Bröcker/Czychowski/Schäfer

Praxishandbuch Geistiges Eigentum im Internet

Gewerblicher Rechtsschutz · Urheberrecht · Angrenzende Rechtsgebiete

Praxishandbuch Geistiges Eigentum im Internet

Gewerblicher Rechtsschutz · Urheberrecht · Angrenzende Rechtsgebiete

Herausgegeben von

Dr. iur. Klaus Tim Bröcker, Rechtsanwalt in Berlin
Dr. iur. Christian Czychowski, Rechtsanwalt in Berlin
Dr. iur. Detmar Schäfer, Rechtsanwalt in Bremen

Bearbeitet von den Herausgebern und von

Dipl.-Phys. Dr. Thomas L. Bittner, Patentanwalt in Berlin; *Dr. rer. oec. Martin Boehme,* Unternehmensberater in München; *Dr. iur. Andreas Dustmann*, LL.M., Rechtsanwalt in Potsdam; *Dr. iur. Jan Bernd Nordemann*, LL.M., Rechtsanwalt in Berlin; *Dr. iur. Anke Nordemann-Schiffel*, maitre en droit, Rechtsanwältin in Potsdam; *Dr. iur. Volker Schmitz*, Rechtsanwalt in München; *Dipl.-Phys. Dr. Dirk Vollmer*, Patentanwaltskandidat in Bremen; *Dr. iur. Martin Wirtz*, Rechtsanwalt in Düsseldorf

Verlag C. H. Beck München 2003

Zitiervorschlag:
Bearbeiter, in: Bröcker/Czychowski/Schäfer,
Praxishandbuch Geistiges Eigentum im Internet, §, Rdnr.

Verlag C. H. Beck im Internet:
beck.de

ISBN 3 406 49668 7

Wilhelmstraße 9, 80801 München
Druck: fgb · freiburger graphische betriebe
Bebelstraße 11, 79108 Freiburg

Satz: Druckerei C. H. Beck, Nördlingen

Gedruckt auf säurefreiem, alterungsbeständigem Papier
(hergestellt aus chlorfrei gebleichtem Zellstoff)

Vorwort

Die Verbreitung des Internets und seine Bedeutung für kommunikative, kommerzielle und wissenschaftliche Aktivitäten mag zwar jüngst einen durchaus empfindlichen Dämpfer erlitten haben. Gleichwohl scheint der Glaube an seine weitere Entfaltung ungebrochen, jedenfalls wenn die technischen und rechtlichen Voraussetzungen für eine sichere elektronische Kommunikation bzw. für einen sicheren elektronischen Rechtsverkehr (weiterhin) ausgebaut und verbessert werden.

Den besonderen rechtlichen Herausforderungen des Internets sind Bund und Länder mit dem Erlass spezifischen „Internet-Rechts", namentlich des Informations- und Kommunikationsdienste-Gesetzes (IuKDG) und dem Mediendienste-Staatsvertrag, recht frühzeitig begegnet. Dabei wurde die rechtliche Regulierung der Tele- und Mediendienste durch das Teledienste-, das Teledienstedatenschutzgesetz und den Mediendienste-Staatsvertrag flankiert von technologieoffenen Rahmenbedingungen für die Sicherheitsinfrastruktur (Signaturgesetz und Signaturverordnung) und der Teilanpassung bestehenden Rechts an die neuen Bedingungen elektronischer Kommunikation. Zusätzlich musste sich aber das auf herkömmliche Kommunikationsformen zugeschnittene „klassische" Recht für das neue Medium öffnen, was etwa durch das Schuldrechtsmodernisierungsgesetz, das auch der Umsetzung der Richtlinie über den elektronischen Handel diente, oder das Formgesetz geschah. Schließlich wird der Rechtsrahmen des spezifischen „Internet-Rechts" durch das Telekommunikationsrecht als das „Transportrecht" mitdefiniert.

Damit ist allerdings nur ein Teilausschnitt der Regelungen umschrieben, welche die Rechtsbeziehungen im Internet zu steuern versuchen. Hinzu treten etwa spezielle steuerrechtliche und versicherungsrechtliche Bestimmungen, aber vor allem all die Vorschriften, die nicht als spezifisches „Internet-Recht" begriffen werden können, sie regeln (schon seit jeher) bestimmte Sachbereiche und sind daher mutatis mutandis auch auf netzbasierte Sachverhalte anzuwenden. Eines dieser klassischen Rechtsgebiete ist das Recht des Geistigen Eigentums: Der internetgestützte Austausch von urheberrechtlich geschützten Werken, die Problematik der Internet-Domains, neue Werbe- und Preisfindungsformen – all dies richtet sich nach den (weitgehend) überkommenen Vorschriften des Urheber-, Kennzeichen- und Wettbewerbsrechts.

Hiermit ist der Gegenstand und das Anliegen dieses Praxishandbuchs umrissen: Es soll versucht werden, das *Recht des Geistigen Eigentums im spezifischen Kontext des Internets* abzubilden. Damit ist naturgemäß eine Ausgrenzung verbunden – in diesem Handbuch findet der Leser weder eine umfassende Darstellung des vorstehend skizzierten spezifischen „Internet-Rechts" noch wird er auf allgemeine Fragen aus dem Bereich des Geistigen Eigentums eine erschöpfende Antwort erhalten. Soweit ihn also etwa das Telekommunikationsrecht oder Spezifika des allgemeinen Urheberrechts interessieren, müssen wir ihn auf die einschlägigen Publikationen verweisen.

Bei der Darstellung der Rechtsgebiete wurde auf einen besonderen Praxisbezug Wert gelegt und versucht, die Rechtsprechung – soweit vorhanden – erschöpfend abzubilden. Eher theoretisch anmutende Meinungsverschiedenheiten wurden zugunsten einer pointierten Darstellung bewusst nur angerissen, gleichwohl sollte der erforderliche Tiefgang nicht fehlen. Die Erstellung des Praxishandbuches wurde begleitet von einer Fülle von gesetzlichen Neuregelungen, die sämtlich aufgearbeitet werden konnten. Zu erwähnen sind insoweit vor allem das Schuldrechtsmodernisierungsgesetz, die Novellierung des Teledienste- und des Teledienstedatenschutzgesetzes und des Mediensdienstestaatsvertrages sowie die Anpassung des Signaturrechtes (Signaturgesetz und Signaturverordnung) an das Europäische Recht, aber auch in Umsetzung befindliche EG-Richtlinien wie etwa die Richtlinie über das Urheberrecht in der Informationsgesellschaft. Letztere ist in Deutschland kürzlich durch das Gesetz über das Urheberrecht in der Informationsgesellschaft umgesetzt worden. Insoweit liegt der Redaktionsschluss im Juli 2003.

Das Handbuch folgt einem bewährten Gliederungsschema, indem die Rechtsbereiche geschlossen abgehandelt werden: Nach einem einführenden Teil, der neben den *Zusammenhängen* und einem *Überblick* (§ 1) die *wirtschaftliche Bedeutung internetbasierten Handelns* insbesondere im Bereich des Geistigen Eigentums beleuchtet (§ 2), ist der Zweite Teil des Buches *Allgemeinen Themen* im Sinne eines „Allgemeinen Teils" gewidmet, die auch im gegebenen Kontext von (besonderer) Relevanz sind. Behandelt werden hier das *Internet und internationales Recht* (§ 3), die *Haftung der Anbieter* (§ 4) und *Datenschutz und Datensicherheit* (§ 5). Der Dritte und Vierte Teil des Praxishandbuches behandeln (verstanden als ein „Besonderer Teil") die *Einzelnen Rechtsgebiete* und das *Vertragsrecht*. Der herausragenden praktischen Bedeutung der Rechtsfragen rund um die Internet-Domain versucht das Buch durch einen eigenen – den Dritten Teil beginnenden – Abschnitt betreffend *Kommunikationskennzeichen* (§ 6) gerecht zu werden. Hierauf folgt die Darstellung der *„Klassischen" Kennzeichen- und Namensrechte* (§ 7) und des *Urheberrechts und der verwandten Schutzrechte* (§ 8). Die Behandlung des Gewerblichen Rechtsschutzes wird komplettiert durch Erläuterungen zum *Patentschutz für softwarebezogene Erfindungen* (§ 9) und zu *Anderen gewerblichen Schutzrechten* (§ 10). Mit dem „kleinen" *Wettbewerbsrecht* des Internets (§ 11) und dem *Kartellrecht* (§ 12) schließt die Darstellung der Rechtsgebiete. Im vertragsrechtlichen Teil schließlich wird der *Elektronische Handel mit Geistigem Eigentum* (§ 13) beleuchtet.

Zu danken haben die Herausgeber in allererster Linie den Mitautoren dieses Buches. Dank schulden wir und die Bearbeiter auch dem Beck-Verlag für sein Engagement. Für Kritik und Anregungen sind wir natürlich aufgeschlossen und dankbar.

Berlin, im Juli 2003 *Die Herausgeber*

Inhaltsübersicht

Inhaltsverzeichnis

§ 2. Wirtschaftliche Bedeutung internetbasierten Handelns und ausgewählte Beispiele

2. Teil. Allgemeine Themen

§ 3. Internet und Internationales Recht

§ 4. Haftung der Anbieter

§ 5. Schutz des Nutzers im Netz: Datenschutz und Datensicherheit

§ 7. „Klassisches" Kennzeichen- und Namensrecht

§ 8. Urheberrecht und verwandte Schutzrechte

§ 10. Andere Gewerbliche Schutzrechte

§ 11. Wettbewerbsrecht

§ 12. Kartellrecht

Abkürzungsverzeichnis

a. A	anderer Ansicht
a. E.	am Ende
a. F.	alte Fassung
Abb.	Abbildung
Abl.	Amtsblatt, insb. Amtsblatt der Europäischen Gemeinschaft
Abs.	Absatz
abw.	abweichend
AcP	Archiv für die zivilistische Praxis
ADSL	Asynchronous Digital Subscriber Line
AG	Amtsgericht
AGB	Allgemeine Geschäftsbedingungen
AGBG	Gesetz zur Regelung des Rechts der Allgemeinen Geschäftsbedingungen (AGB-Gesetz)
allg.	allgemein
allg. M.	allgemeine Meinung
Alt.	Alternative
amtl.	amtlich
Anh.	Anhang
Anm.	Anmerkung
ArbEG	Arbeitnehmererfindungsgesetz
Art.	Artikel
Auff.	Auffassung
Aufl.	Auflage
ausf.	ausführlich
Az.	Aktenzeichen
B2B (auch B to B)	Business to Business
B2c (auch B to c)	Business to Consumer
BB	Betriebs-Berater
Bd.	Band
Begr.	Begründung
Beil.	Beilage
Beschl.	Beschluss
BFH	Bundesfinanzhof
BGB	Bürgerliches Gesetzbuch
BGBI, I (II, III)	Bundesgesetzblatt Teil I (II, III)
BGH	Bundesgerichtshof
BGHZ	Amtliche Sammlung der Entscheidungen des BGH in Zivilsachen
BKartA	Bundeskartellamt
Bl. f. PMZ	Blatt für Patent-, Muster- und Zeichenwesen

BPatG	Bundespatentgericht
BT-Drucks.	Bundestag-Drucksache
Btx	Bildschirmtext
BVB	Besondere Vertragsbedingungen (zwischen der öffentlichen Hand und privaten Anbietern)
CAD	Computer Aided Design
ccTLD	Country Code Top Level Domainnamen
CDRP	Common Name Dispute Resolution Policy
CHIP	Mikrocomputer-Magazin
Copyright	offizielles Publikationsorgan der WIPO, englische Ausgabe
CPR	CPR Institute for Dispute Resolution
CPU	Central Processing Unit
CR	Computer und Recht
CRi	Computer und Recht international
d.h.	das heißt
DB	Der Betrieb
DdA	Le Droit d'Auteur, offizielles Publikationsorgan der WIPO, französische Ausgabe
ders.	derselbe
DFÜ	Datenfernübertragung
DIN	Deutsche Industrienorm
Diss.	Dissertation
DPMA	Deutsches Patent- und Markenamt
DNS	Domainnamen System
DOS	Disk Operating System
DSWR	Datenverarbeitung in Steuer, Wirtschaft und Recht
DuD	Datenschutz und Datensicherheit
DV	Datenverarbeitung
DVD	Digital Versatile Disk
DV-Rechtsprechung	Zahrnt, DV-Rechtsprechung
E	Entwurf (als Zusatz zu einem Gesetz zur Kennzeichnung derselben als Entwurf)
ECR	Entscheidungen zum Computerrecht
ECLR	European Competition Law Report
ECRL	E-Commerce-Richtlinie
EDI	Elecronic Data Interchange
EDV	Elektronische Datenverarbeitung
EFT	Elektronischer Fondstransfer
EG	Europäische Gemeinschaft
EGBGB	Einführungsgesetz zum Bürgerlichen Gesetzbuch
EGG	Gesetz zum elektronischen Geschäftsverkehr
EGV	Vertrag zur Gründung der Europäischen Gemeinschaft (früher: Vertrag zur Gründung der Europäischen Wirtschaftsgemeinschaft)
einsch.	einschränkend

E.I.P.R.	European Intellectual Property Review
Entsch.	Entscheidung
entspr.	entsprechend
EPA	Europäisches Patentamt
EPÜ	Europäisches Patentübereinkommen
EPROM	Erasable Programmable Read Only Memory
ERDRP	Eligibility Requirements Dispute Resolution Policy
EuG	Gericht erster Instanz der Europäischen Gemeinschaft
EuGH	Europäischer Gerichtshof
EuGVÜ	Übereinkommen der Europäischen Gemeinschaften über die gerichtliche Zuständigkeit und die Vollstreckung gerichtlicher Entscheidungen in Zivil- und Handelssachen
euVO	Verordnung (EG) Nr. 733/2002 des Europäischen Parlaments und des Rates vom 22. April 2002 zur Einführung der Domäne oberster Stufe „.eu".
EVB-IT	Ergänzende Vertragsbedingungen Informationstechnologie (zwischen der öffentlichen Hand und privaten Anbietern)
EWiR	Entscheidungen zum Wirtschaftsrecht
f.	folgende Seite
FARL	Fernabsatz-Richtlinie
FS	Festschrift
ff.	folgende Seiten
FuR	Film und Recht
Fußn.	Fußnote
G	Gesetz
BGl.	Gesetzblatt
GebrMG	Gebrauchsmustergesetz
Gem	GeschmMVO
gem.	gemäß
GEMA	Gesellschaft für musikalische Aufführungs- und mechanische Vervielfältigungsrechte
GemGeschmMVO	Gemeinschaftsgeschmacksmusterverordnung
GeschmMG	Geschmacksmustergesetz
ggfs.	gegebenenfalls
GMV	Gemeinschaftsmarkenverordnung
grdl.	grundlegend
grds.	grundsätzlich
GRUR	Gewerblicher Rechtsschutz und Urheberrecht (m. Zusatz Int.: Auslands- und internationaler Teil)
GRUR-RR	Gewerblicher Rechtsschutz und Urheberrecht Rechtsprechungsreport
gTLD	generische Top Level Domainnamen
GVG	Gerichtsverfassungsgesetz
GWB	Gesetz gegen Wettbewerbsbeschränkungen
HABM	Harmonisierungsamt für den Binnenmarkt
h. A.	herrschende Ansicht
h. M.	herrschende Meinung

HalblSchG .... Gesetz über den Schutz der Topographien von mikroelektronischen Halbleitererzeugnissen (Halbleiterschutzgesetz)
Halbs. .... Halbsatz
HautürWG .... Gesetz über den Widerruf von Haustürgeschäften und ähnlichen Geschäften
Hbd. .... Halbband
Hdb. .... Handbuch
HGB .... Handelsgesetzbuch
h.M. .... herrschende Meinung
Hrsg., hrsg. .... Herausgeber, herausgegeben
html .... Hypertext Markup Language
http .... Hyptertext Transfer Protocol

IANA .... Internet Assigned Numbers Authority
IAHAC .... Internet Ad Hoc Commitee
ICANN .... Internet Corporation for Assigned Names and Numbers
i.d.F. .... in der Fassung
i.d.R. .... in der Regel
i.e.S. .... im engeren Sinne
i. Erg. .... im Ergebnis
InfoRL .... Richtlinie zur Harmonisierung bestimmter Aspekte des Urheberrechts und der verwandten Schutzrechte in der Informationsgesellschaft
i.S.d. .... im Sinne des/der
ISDN .... Integrated Services Digital Network
ISO .... International Organisation for Standardisation
i.S.v. .... im Sinne von
IuKDG .... Informations- und Kommunikationsdienste-Gesetz
i.V.m. .... in Verbindung mit
Ind.Prop .... Industrial Property, offizielles Publikationsorgan der WIPO, englische Ausgabe
insb. .... insbesondere
int. .... international
IPRax .... Praxis des internationalen Privat- und Verfahrensrechts
IuR .... Informatik und Recht
IP .... Internet Protocol

JA .... Juristische Arbeitsblätter
JurPC .... Zeitschrift (nur noch elektronisch)
JuS .... Juristische Schulung
JZ .... Juristenzeitung

K, KB .... Kilobyte
Kap. .... Kapitel
KG .... Kammergericht
KJ .... Kritische Justiz
Komm. .... Kommentar

KRDP	Keywort Dispute Resolution Policy
krit.	kritisch
K & R	Kommunikation und Recht
LAN	Local Area Network
LG	Landgericht
LM	Lindenmaier-Möhring, Nachschlagewerk des BGH
MA	Markenartikel
MarkenG	Gesetz über den Schutz von Marken und sonstigen Kennzeichen
MarkenR	Markenrecht
MarlyRC	Marly, Rechtsprechung zum Computerrecht, Entscheidungssammlung
m. E.	meines Erachtens
mgl.	möglich
m. w. N.	mit weiteren Nachweisen
MDR	Monatsschrift für Deutsches Recht
Mitt.	Mitteilungen der deutschen Patentanwälte
MDStV	Mediendienstestaatsvertrag
MMR	MultiMedia und Recht
MünchKomm	Münchener Kommentar zum BGB
MPEG	Motion Pictures Expert Group
MP3-Format	Motion Pictures Expert Group Audio Layer 3
NAF	The National Arbitration Forum
n. F.	neue Fassung, neue Folge
NIC	Network Information Center
NJW	Neue Juristische Wochenschau
NJW-RR	NJW-Rechtsprechung-Report
o.	oben
OLG	Oberlandesgericht
OLGZ	Entscheidungen der OLG in Zivilsachen
ÖOGH	Österreichischer Oberster Gerichtshof
PatG	Patentgesetz
PC	Personal Computer
PD	Public Domain
PGP	Pretty Good Privacy (Computerprogramm)
PHI	Produkthaftpflicht International
PROM	Programmable Read Only Memory
Prop.ind.	La Propriété industrielle, offizielles Publikationsorgan der WIPO, französische Ausgabe
PVÜ	Pariser Verbandsübereinkunft
RAM	Random Access Memory
RBÜ	Revidierte Berner Übereinkunft

RdD .... Recht der Datenverarbeitung
Rdnr. .... Randnummer
RDRP .... Restrictions Dispute Resolution Policy
RdW .... Recht der Wirtschaft
RdfÄndStV .... Rundfunkänderungsstaatsvertrag
RegTP .... Regulierungsbehörde für Telekommunikation und Post
RFC .... Request for comments
RG .... Reichsgericht
RGZ .... Entscheidungen des Reichsgerichts in Zivilsachen
RIW .... Recht der Internationalen Wirtschaft
RLeS .... Richtlinie über elektronische Signaturen
ROM .... Read Only Memory
Rspr. .... Rechtsprechung

s. .... siehe
S. .... Seite, Satz (bei Rechtsnormen)
SLA .... Service Level Agreement
SCTP .... Stream Control Transmission Protocol
SSL .... Secure Sockets Layer
st. .... ständig

TCP .... Transmission Control Protocol
TLD .... Top Level Domainname
teilw. .... teilweise
TKP .... Tausender-Kontaktpreis
TRIPS .... Agreement on Trade-Related Aspects of Intellectual Property Rights, including Trade in Counterfeit Goods
TDDSG .... Teledienstedatenschutz GmbH
TDG .... Teledienstegesetz

u. .... unten
u. a. .... unter anderen (m), und andere
u. ö. .... und öfter
u. U. .... unter Umständen
UFITA .... Archiv für Urheber-, Film-, Funk- und Theaterrecht
UKlaG .... Unterlassungsklagegesetz
umstr. .... umstritten
UrhG .... Urheberrechtsgesetz
UrhGE .... Referentenentwurf für ein Gesetz zur Regelung des Urheberrechts in der Informationsgesellschaft
URL .... Uniform Resource Locator
Urt. .... Urteil
UWG .... Gesetz gegen den unlauteren Wettbewerb

v. .... vom, von
v. Chr. .... vor Christus
VerbrKrG .... Gesetz über Verbraucherkredite
VersR .... Versicherungsrecht

vgl. .... vergleiche
Vorb. .... Vorbemerkung
VwVfg .... Verwaltungsverfahrensgesetz

WCT .... WIPO Copyright Treaty
WIPO .... World Intellectual Property Organization (Weltorganisation für geistiges Eigentum, Genf; franz. Abk.: OMPI)
WM .... Wertpapier-Mitteilungen
WRP .... Wettbewerb in Recht und Praxis
WTO .... World Trade Organisation
WUA .... Welturheberrechtsabkommen
WuW .... Wirtschaft und Wettbewerb, Entscheidungssammlung zum Kartellrecht
WWW .... World Wide Web

XML .... Extensive Mark up Language

z. B. .... zum Beispiel
z. T. .... zum Teil
ZPO .... Zivilprozessordnung
ZUM .... Zeitschrift für Urheber- und Medienrecht, früher: Film und Recht (FuR)
zust. .... zustimmend

Literaturverzeichnis

Althammer/Ströbele/Klaka, Markengesetz, 6. Aufl., 2000
Bartsch/Lutterbeck (Hrsg.), Neues Recht für Neue Medien, 1998
Baumbach/Hefermehl, Wettbewerbsrecht, 22. Aufl. 2001
Bechtold, Kartellgesetz, 3. Aufl. 2002
Beier/Götting/Lehmann/Moufang (Hrsg.), Urhebervertragsrecht, Festgabe für Gerhard Schricker zum 65. Geburtstag, 1996 (FS Schricker)
Büchner/Ehmer et al. (Hrsg.), Beck'scher TKG Kommentar, 2. Aufl. 2000 (Beck'scher TKG-Kommentar)
Benkhard, Patentgesetz, 9. Aufl. 1993
Busse, Patentgesetz, 5. Aufl. 1999
Dustmann, Die privilegierten Provider, 2001
Engel-Flechsig/Maennel/Tettenborn (Hrsg.), Beck'scher IuKDG-Kommentar, 2001 (Beck'scher IuKDG-Kommentar)
Fezer, Markenrecht, 3. Aufl. 2001
Fromm/Nordemann, Urheberrecht, 9. Aufl. 1998
Grabitz/Hilf (Hrsg.), Das Recht der Europäischen Union, Loseblatt Stand: 5/2001
v. Gamm, Wettbewerbsrecht, 5. Aufl. 1987
Gloy (Hrsg.), Handbuch des Wettbewerbsrechts, 2. Aufl. 1998
Haberstumpf, Handbuch des Urheberrechts, 2. Aufl. 2000
Hamann/Weidert, E-Commerce und Recht – Ein Leitfaden für Unternehmen, 2002
Hasselblatt (Hrsg.), Münchener Anwaltshandbuch Gewerblicher Rechtsschutz, 2001
Hoeren, Rechtsfragen des Internet, 1998 (Rechtsfragen)
ders., Grundzüge des Internet-Rechts, 2. Aufl. 2002 (Grundzüge)
Hoeren/Sieber (Hrsg.), Handbuch Multimedia-Recht, Loseblatt Stand: 12/2001
Immenga/Mestmäcker, GWB, 3. Aufl. 2001
Ingerl/Rohnke, Markengesetz, 1998
Kaminski/Henßler/Kolaschnik/Papathoma-Baetge (Hrsg.), Rechtshandbuch E-Business, 2002
Kilian/Heussen (Hrsg.), Computerrechts-Handbuch, Loseblatt Stand 8/2002
Koch, Internet-Recht, 1998
Köhler/Piper, UWG, 3. Aufl. 2002
Kröger/Gimmy (Hrsg.), Handbuch zum Internet-Recht, 2. Aufl. 2002
Langen/Bunte, Kommentar zum deutschen und europäischen Kartellrecht, 9. Aufl. 2001
Lessig, Code and other Laws of Cyberspace, 1999 – deutsch: Code und andere Gesetze des Cyberspace, 2001
Löffler/Ricker, Handbuch des Presserechts, 4. Aufl. 2000
Loewenheim/Koch (Hrsg.), Praxis des Online-Rechts, 2. Aufl. 2000
Mestmäcker/Schulze, Urheberrechtskommentar Loseblatt Stand: 7/1999
Möhring/Nicolini (Hrsg.), Urheberrechtsgesetz, Kommentar, 2. Aufl. 2000

Moritz/Dreier (Hrsg.), Rechts-Handbuch zum E-Commerce, 2002
Münchener Vertragshandbuch, Band 3 Wirtschaftsrecht 1. Halbband, 4. Aufl. 1998
Münchener Kommentar zum Bürgerlichen Gesetzbuch, Band 1 (§§ 1–240), AGB-Gesetz, 4. Aufl. 2001; Band 2 (§§ 241–432), 4. Aufl. 2001; Band 10 (Internationales Privatrecht), 3. Aufl. 1999
Nordemann, Wettbewerbs- und Markenrecht, 9. Aufl. 2003
Palandt, Bürgerliches Gesetzbuch, 62. Aufl. 2003
Rifkin, The age of access: The new culture of hyper-capitalism where all of life is a paid-for experience, 2000
Rehbinder, Urheberrecht, 11. Aufl. 2001
Reinbothe/von Lewinski, The WIPO Treaties 1996, 2002
Roßnagel (Hrsg.), Recht der Multimediadienste, Loseblatt Stand: 11/2000
Schack, Urheber- und Urhebervertragsrecht, 2. Aufl. 2001
Schertz/Omsels (Hrsg.), Festschrift für Paul Hertin zum 65. Geburtstag, 2001
Schricker, Urheberrecht, 2. Aufl. 1999
Schulte, Patentgesetz, 6. Aufl. 2001
Schwarz (Hrsg.), Recht im Internet, Loseblatt Stand: 3/2002
Spindler (Hrsg.), Vertragsrecht der Internet-Provider, 2000
Staudinger, Kommentar zum Bürgerlichen Gesetzbuch mit Einführungsgesetz und Nebengesetzen, Band 3, 1996
Strömer, Online Recht, 1999
Spindler (Hrsg.), Vertragsrecht der Internet-Provider, 2000
Ulmer/Brandner/Hensen, AGBG, 9. Aufl. 2001
Walter (Hrsg.), Europäisches Urheberrecht, 2001
Wand, Technische Schutzmaßnahmen und Urheberrecht, 2001
Wandtke/Bullinger, Praxiskommentar zum Urheberrecht, 2002
Westphalen, Graf von, Vertragsrecht und AGB-Klauselwerke, Loseblatt Stand: 8/2001
Wolf/Horn/Lindacher, AGBG, Kommentar, 4. Aufl. 1999
Zöller, Zivilprozeßordnung, 23. Aufl. 2002
Zollner/Fitzner (Hrsg.), Festschrift für Wilhelm Nordemann, Baden 1996 (FS Nordemann).

1. Teil. Einführung

§ 1. Zusammenhänge und Überblick

Christian Czychowski

A. Welches Ziel hat das Handbuch?

1 *Dag Hammarskjöld,* der große Humanist, Weltbürger und Kämpfer für die Vereinten Nationen hat einmal gesagt:

„Ohne Anerkennung eines wirklich internationalen Rechts, werden wir nie Frieden haben."[1]

Wir wollen mit diesem Buch einen profunden Überblick über die Internet-spezifischen Probleme des Rechts des Geistigen Eigentums geben und versuchen, zumindest ansatzweise auch die großen Herausforderungen und Chancen des Internets darzustellen.[2] Dabei haben wir uns bewusst auf die Rechtsgebiete rund um das **geistige Eigentum** beschränkt, da wir der Auffassung sind, dass diese den Kernbestand einer Rechtsordnung in der Wissensgesellschaft darstellen. Zudem sind sie es, die sich am allermeisten internet-spezifischen Herausforderungen gegenüber sehen, wenn man nur an das Domain-Recht, Fragen der Online-Nutzung von Musik oder neue Formen der Preisfindung, wie Internet-Auktionen denkt. Das Buch verfolgt dabei nicht das Ziel, eine umfassende Darstellung des jeweiligen Rechtsgebietes zu leisten; Kenntnisse aus dem „alten Recht" dieser Gebiete werden also vorausgesetzt, damit wir dieses „neue Recht" möglichst knapp und prägnant darstellen können.

2 Ausgangspunkt unserer Betrachtung sind die beiden einen Praktiker besonders beschäftigenden Phänomene des Rechts im Internet: Dies ist zum einen der **internationale Bezug** – und hier schließt sich der Kreis zu dem eingangs erwähnten Zitat von *Dag Hammarskjöld*: Vielleicht kann das Internet einem einheitlichen internationalen Recht[3] Vorschub leisten – und zum anderen die Frage der **praktischen Durchsetzbarkeit der Regeln,** eingeschlossen die Darstellung der **wirtschaftlichen Zusammenhänge.** Gerade letztere geraten der Juristerei allzu oft aus dem Blickfeld, obwohl sie als Disziplin doch ohne diese kaum existieren würde, ist die Juristerei doch immer Regelwerk für soziales Interagieren.

---

[1] *Hammarskjöld,* Ansprache zur Feier des 180. Jahrestages der Virginia Declaration of Rights, 1776–1956 Williamsburg, Virginia, 14. 5. 1956 (Übersetzung durch den Verfasser).

[2] Nach *Sterling,* Philosophical and Legal Challeges in the Context of Copyright and Digital Technologie IIC 2001, 508 (525), geht es in Bezug auf das Urheberrecht z. B. um nicht mehr und nicht weniger als „the ordered presentation and dissemination of the cultural heritage of menkind".

[3] Zur Frage anderweitiger internationaler Regeln vgl. *Roßnagel,* Weltweites Internet – globale Rechtsordnung? MMR 2002, 67; zum Versuch einer Lösung im Urheberrecht über ein internationales Gesetzbuch vgl. *Sterling,* The International Copyright Code and E-Justice: Basic Proposals for Global Solution to Global Problems, E. I. P. R. 2001, 528 ff.

3 Hatte *von Hajek* noch propagiert, dass es für eine blühende Gesellschaft neben der Familie und dem Wettbewerb insbesondere des Privateigentums bedarf, steht im Zentrum der **Wissensverkehrsgesellschaft,** die nicht mehr Waren von A nach B transferiert, das Geistige. Dabei könnte man verleitet sein, damit das geistige Eigentum und dessen Begriff in das Zentrum der neuen Wirtschaftsordnung zu stellen. Sicher ist eine der Voraussetzungen für die Entwicklung des Unkörperlichen die **Digitalisierung** und die mit ihr einhergehende Weiterentwicklung der Computertechnik, die über größere Speicher, schnellere Prozessoren und größere Übertragungsbandbreiten in Netzen die exponentielle Ausbreitung von Unkörperlichem beförderte. Indessen dürfte das geistige Eigentum zwar eine zentrale Rolle, wenn nicht die Grundvoraussetzung der Wissensverkehrsgesellschaft spielen; es wird in ihr jedoch vielleicht nicht mehr derart um den Austausch von (geistigem) Eigentum gegen Geld gehen, wie wir es noch aus der Warenverkehrsgesellschaft gewöhnt waren, sondern mehr um den Zugang zu demselben.[4] Deshalb wird auch bereits das „Verschwinden des Eigentums" postuliert.[5]

4 Wir wollen vor diesem Hintergrund mit vorliegendem Buch versuchen, den aktuellen Stand der Rechtsentwicklung darzustellen und dem Praktiker bei vorhandenen Vorkenntnissen in den spezifischen Rechtsgebieten einen Überblick über die jeweiligen Besonderheiten, die das Internet für dieses Rechtsgebiet bereithält, aufzeigen. Es will darüber hinaus aber auch – und dies stellt die Einleitung in ihr Zentrum – **neue Sichtweisen und Denkansätze** geben, denn auch wenn das Internet in den einzelnen Rechtsgebieten keine unlösbaren neuen Fragen aufwirft, stellt es uns doch vor eine der größten Umwälzungen der letzten Jahrzehnte, die auch das Recht nicht unbeeinflusst lassen wird. *Lessig* führt einem dies in seinem Buch „Code and other Laws of Cyberspace"[6] eindrucksvoll vor Augen, wenn er davon spricht, dass der Code, verstanden als **Quellcode,** das **neue Gesetz** sein wird. Der in den Kindertagen des Internets entstandene Eindruck eines chaotischen Netzwerkes, das einer Regulierung nicht zugänglich ist, erweist sich möglicherweise nur als eine vorübergehende Tendenz. Für die Zukunft steht zu befürchten, dass das Internet der am engsten regulierte Raum dieser Welt sein wird. Dabei wird diese Regulierung eben – anders als in den Jahrhunderten zuvor – nicht mehr vom Staat alleine ausgehen, sondern zu großen Teilen von den Inhabern des Code, möglicherweise unter direkter oder indirekter Einflussnahme des Staates, möglicherweise aber auch selbstständig. Dann aber ist es in der Tat bedeutsam, dass Juristen sich über den Inhalt derartiger Regulierung Gedanken machen; und genau dies wollen wir an den entsprechenden Stellen[7] bei allem Praxisbezug im Detail durchklingen lassen.

Der verfassungsrechtlichen, rechtssoziologischen und philosophisch-moralischen sowie wirtschaftstheoretischen **Rechtfertigung von geistigen Eigentumsrechten** werden wir uns allerdings nicht widmen (können). Die in ihrer Grundstruktur als Anreiz für geistiges Schaffen einerseits, als Ausdruck menschenrechtsgleicher Persön-

---

[4] Vgl. hierzu unten Rdnr. 45 ff.

[5] *Rifkin,* The age of access: The new culture of hyper-capitalism where all of life is a paid-for experience, 2000 passim.

[6] *Lessig,* passim.

[7] Vgl. z. B. unten im Zusammenhang mit den urhebervertragsrechtlichen Digital Rights Management Systemen oder mit Kopierschutzvorrichtungen, § 13, Rdnr. 250 ff. und allg. unten Rdnr. 69.

lichkeitsrechte andererseits auf eine mehrere Jahrhunderte[8] dauernde Entwicklung zurückgreifenden Errungenschaften unserer geistigen Eigentumsrechte sind mittlerweile verfassungsrechtlich verankert.[9] Auch den Schwierigkeiten, die sich aus dem Verhältnis von geistigen Eigentumsrechten als Monopolrechten zu den berechtigten Interessen der Allgemeinheit ergeben, ist rechtshistorisch nicht zuletzt durch *Josef Kohler* nachgegangen worden.[10] Dennoch ist seit einiger Zeit erneut eine Debatte um den Sinn von geistigen Eigentumsrechten entbrannt, die all diese bereits diskutierten gegenläufigen Interessen noch einmal kulminieren lässt.[11] Vielen der in diesem Zusammenhang vorgetragenen Argumente scheint eine tiefsitzende Angst vor einer alles umfassenden Ökonomisierung unserer Gesellschaft zu Grunde zu liegen. Darüber hinaus befürchten viele – insofern anknüpfend an die gerade dargestellten Gedanken von *Lessigs* code as law –, dass Digital Rights Management Systeme den freien Fluss von Informationen verhindern werden.[12] Auffällig an dieser Debatte ist allerdings, dass sie zum einen Diskussionen, die bereits vor Jahren und Jahrzehnten geführt wurden, wieder aufgreift, zum anderen aber das als bedroht erkannte Lebenselexier der Wissensverkehrsgesellschaft, nämlich Informationen, irrigerweise mit den ausdifferenzierten Schutzgegenständen geistiger Eigentumsrechte gleichsetzt.

Ein wesentliches Phänomen dieser neuen Welt – zum Teil essentieller „Bestand- 5
teil“ dieses Codes – ist dabei die von *Lessig* zu Recht als janusköpfig bezeichnete **Kryptographie.**[13] Wir widmen uns dieser Technik daher gleich in einem der ersten Kapitel im Rahmen des Nutzerverhaltens bzw. Nutzerschutzes[14], nicht zuletzt im Zusammenhang mit der Digitalen Signatur, aber auch bei Fragen des Patentschutzes.[15] Die Kryptographie wird einerseits Voraussetzung dafür sein, dass wir z. B. **Authentifizierung** im Internet rechtssicher durchsetzen können und zudem die **Privatsphäre durch Verschlüsselung absichern;**[16] sie wird andererseits aber auch eine erhebliche Hürde für die Verfolgung von Rechtsverletzungen etwa bei verschlüsselt übermittelten urheberrechtsverletzenden Kopien beinhalten und uns zum Beispiel bei Digital Rights Management-Systemen wiederbegegnen. Sodann werden wir in den Kapiteln über die einzelnen Teildisziplinen des Geistigen Eigentums die

---

[8] Zu den historischen Wurzeln z. B. des Urheberrechts und der rechtshistorischen Herleitung vgl. nur *Gieseke,* Vom Privileg zum Urheberrecht, 1995.

[9] Beispielhaft zum Urheberrecht: *BVerfG* GRUR 1980, 44, 46 f. – Kirchenmusik.

[10] *Fikentscher/Theiss,* Josef Kohler und das Monopol: Eins Schlüssel zu TRIPs vs. WIPO, in: *Adrian/Nordemann, W./Wandtke,* Josef Kohler und der Schutz des geistigen Eigentums in Europa, 1996.

[11] Vgl. hierzu beispielhaft *Heinrich-Böll-Stiftung,* Wem gehört das Wissen? Geistiges Eigentum in Zeiten des Internet, Dokumentation Nr. 9; *Siethmann,* Wissen ist Geld – Urheberschutz „Geistiges Eigentum“ und die Rechteverwerter, c't 24/2002, S. 108 ff.; *Krempel,* Gibt es Auswege aus dem Patent- und Copyright-Regime – weltweit wird eine Plüderung der Informationsumwelt befürchtet, http://www.heise.de./tp/deutsch/special/copy/13574/1.html [abgerufen am 12. 11. 2002] und aus rechtlicher Sicht beispielhaft nur *Wiese,* The justification of the copyright system in the digital age, E. I. P. R., 2002, 387 jeweils m. w. N.

[12] Vgl. zu den urheberrechtlichen Fragen unten § 13 Rdnr. 250 ff.

[13] *Lessig,* S. 35 ff. apostrophiert diese sogar als die wichtigste Erfindung der Menschheit seit 1000 Jahren.

[14] Vgl. § 5, Rdnr. 31 ff.

[15] Vgl. § 9, Rdnr. 51.

[16] Insofern handelt es sich hier um eine andersartige Sicht der Janusköpfigkeit als sie *Lessig* vertritt, der diese beiden Punkte gegenüberstellt.

Anwendungen und den Schutz derselben im Internet betrachten, durchaus wiederum mit einem kritischen Blick auf die These, dass der Code als Regulierer zu einem zu starken Schutz des Geistigen Eigentums führen wird.[17] Bei all dem spielt der **Datenschutz**[18] eine immer wichtigere Rolle und gerät zunehmend (Stichwort: Personal Data as Intellectual Property) in den „Sog" des Geistigen Eigentums. Schließlich ist auch die **Open Source-Bewegung** aus der Diskussion nicht wegzudenken, die mit ihrer Offenlegung des Quellcodes als eine der Lösungen aus der Zwickmühle des „Code as Law" bezeichnet wird.[19] Vielleicht also wird sich die von *Hammarskjöld* geforderte internationale Rechtsordnung im „Code" verwirklichen.
All dies umfasst die herkömmlichen Gebiete des Geistigen Eigentums – bzw. des **Gewerblichen Rechtsschutzes** und des **Urheberrechts** –, also Urheber-, Kennzeichen-, Patent-, Gebrauchsmuster- sowie Geschmacksmuster – aber auch Wettbewerbs- und Kartellrecht. Wir haben uns bewusst dazu entschlossen, Kennzeichen, mit denen Inhalte in der Kommunikationstechnologie identifiziert werden, gesondert in einem eigenen Kapitel darzustellen.[20] Zweifelsohne bilden die Domainnamen derzeit die wichtigste Möglichkeit, Inhalte zu kennzeichnen, die mittels elektronischer Medien kommuniziert werden. Es ist allerdings keineswegs gesagt, dass dies auch zukünftig so bleiben wird. Es ist fast sicher davon auszugehen, dass neue Kommunikationsformen (Vanity-Nummern, Keywords) ihre eigenen Adresssysteme mit sich bringen, deren Einzeladressen fast zwangsläufig dann auch Kennzeichnungscharakter zukommen wird. Schließlich rundet ein Blick auf den Elektronischen Handel, der nicht zuletzt im **Vertragsrecht** der einzelnen Teilbereiche des Geistigen Eigentums eine wichtige Rolle einnimmt, das Bild ab.

6 Die schöne neue digitale Welt hält zudem einige Neuerungen für das Wirtschaftssystem bereit: An dieser Stelle seien nur beispielhaft das bereits erwähnte mögliche **„Verschwinden"** der Bedeutung des **Eigentums** zugunsten der **Frage des Zugangs** (Stichwort: Napster) genannt;[21] oder der zunehmende Einsatz von **Software-Robotern** zum Ver- und Einkauf von Waren und Dienstleistungen;[22] oder die grundsätzliche Debatte über Robotic, Gentechnik und Nanotechnologie, u.a. begonnen von *Bill Joy*;[23] ganz zu schweigen von der diese Revolution erst ermöglichenden **Digitalisierung.** In diesem Kontext sind die rechtlichen Regelungen zu sehen, und sie stellen vielleicht einen der letzten Versuche staatlicher Einflussnahmen auf soziale Interaktionen dar, die wir erleben werden. Wir wollen daher an den Stellen, an denen es sich anbietet, bewusst auch Anregungen für eine Weiterentwicklung des Rechts, unserer „Spielregeln", geben. Dies betrifft nicht zuletzt die zunehmende Verbreitung von **Schiedsgerichtsverfahren.**[24]

---

[17] *Lessig,* S. 139 ff.

[18] Vgl. § 5, Rdnr. 2 ff.

[19] *Lessig,* S. 100 ff.

[20] Vgl. § 6.

[21] *Rifkin,* S. 9 ff.

[22] *Eisenberg,* In e-commerce „bots will slug it out for us", International Herald Tribune, 21. 8. 2000, S. 11.

[23] *Joy, Bill – Warum die Zukunft uns nicht braucht,* deutsche Übersetzung eines zuerst in Wired erschienenen Artikels, in: FAZ vom 6. 6. 2000, S. 49 und die sich darin anschließende Debatte auf whythefuture@wired.com [abgerufen am 1. 6. 2001].

[24] Vgl. dazu z.B. im Internationalen Recht § 3, Rdnr. 235 ff., im Domainbereich: § 6, Rdnr. 130 ff. und allgemein beispielhaft die entsprechenden Vorträge der ALAI-Tagung 2002 unter

B. Historischer Abriss

Die Geschichte der Kommunikation ist geprägt von zwei Entwicklungen: Zum einen die ständige Zunahme der **Schnelligkeit** einhergehend mit einer immer größer werdenden Zahl von Kommunikationstechniken, zum Anderen der wachsenden **Zahl der Personen,** mit denen man sich (zum Teil gleichzeitig) **austauschen** kann. 7
Wir wollen einen kurzen Abriss dieser historischen Entwicklungen voranstellen.

I. Von der Urzeit zur Digitalisierung

Der Mensch denkt und kommuniziert immer auf Grundlage von Abstraktionen, Vereinfachungen und Begrenzungen. Um nicht immer wieder neu lernen zu müssen und das einmal geschaffene Wissen weitergeben zu können, hat der Mensch sich wiederverwendbare **Kommunikations- und Wissens-Referenzmodelle** geschaffen. 8

Riten, Rituale, Märchen, Sagen oder Höhlenzeichnungen waren die ersten **sprachlichen** und visuellen **Wissensspeicher** für die Wissens-Referenzmodelle der Ur- und Frühzeit. Die Menschen lebten in Stammesverbänden und konnten ihr Wissen nur durch die gesprochene Sprache weitergeben und nur in ihren Köpfen speichern, weil die Menschen in dieser Zeit noch nicht lesen und schreiben konnten. 9

Die Sumerer erfanden 3000 v. Chr. eine **formalisierte Bildzeichenschrift,** um komplexe Regeln, Gesetze und Verwaltungsvorschriften, also verbindliche Aussagesysteme für die Beherrschung der wachsenden Komplexität der ersten sich entwickelnden Gesellschaften und Hochkulturen in der Menschheitsgeschichte auf Ton- oder Steinplatten niederzuschreiben und damit dauerhaft zu speichern und verfügbar zu machen. Auch die chinesische Gesellschaft und Hochkultur (*Shang* Dynastie) hat schon 1500 v. Chr. zur Verwaltung und Beschreibung der komplexer werdenden gesellschaftlichen Lebens- und Arbeitsprozesse eine formalisierte Bildzeichenschrift hervorgebracht und weiterentwickelt und als Speichermedien ebenfalls Steinplatten, aber später auch Elfenbein und gewebte Stoffe benutzt. Die Hieroglyphen als eine ebenfalls formalisierte Bildzeichensprache und Papyrusrollen als neuartige Wissensspeichermedien bildeten das Wissensmodellierungs- und Wissensspeichersystem der ägyptischen Gesellschaft und Hochkultur. Nur auf dieser Grundlage konnten die komplexen Wissensmodelle der Nilregulierung weitergegeben werden. Die Griechen und Römer abstrahierten von den formalisierten Bildzeichensprachsystemen und revolutionierten die Wissensdarstellung. Vor allem die Römer haben die Schriftsprache durch ein **abstraktes lautsprachliches Schriftzeichensystem** entscheidend weiterentwickelt. Sie reduzierten Tausende von formalisierten Bildzeichen auf die wenigen Dutzend abstrakter Lautzeichen der lateinischen Sprache. 10

Die Mönche und Gelehrten des Mittelalters haben das Wissen aus existierenden **handgeschriebenen Büchern** wiederum handschriftlich kopiert bzw. neues Wissen in Büchern manuell niedergeschrieben. Die Zahl der **manuell zu erstellenden Kopien** 11

---

http://www.alai.org sowie allgemein http://www.intellicourt.com oder http://www.justfair.de [abgerufen am 12. 4. 2002].

war klein und nur relativ wenige Menschen konnten lesen und schreiben. Wissen war Macht für die herrschende Klasse und vor allem ein Privileg der Kirche und des Adels. Mit der **Erfindung des Buchdruckes** durch *Gutenberg* und die weitere Entwicklung der Druckmaschinen konnte das Wissen der Menschen in Millionen von Buchexemplaren gespeichert und weitergegeben werden. Die Erfindung der Druckmaschine war bis in die Gegenwart die wichtigste technische Erfindung in der Geschichte der Kommunikationsentwicklung der Menschen.

12 Die nächsten Schritte in der Neuzeit waren zunächst eher klein: Der Buchdruck wurde verbessert, **neue Print-Medien** entstanden mit Zeitschriften, aber erst Ende des 19./Anfang des 20. Jahrhunderts kamen neue Medien zur Kommunikation, wie **Funk, Telefon, Film und später Fernsehen,** hinzu.

13 Dann kam die **Digitalisierung:** Angefangen mit Höhlenzeichnungen der Urzeit, über die formalisierten Bildzeichensprachen der Frühzeit (bis heute in großen Teilen Asiens benutzt), die abstrakten Laut- und Schreibschriften der Antike und des europäischen Mittelalters und vor allem beflügelt von der Revolution der maschinell druckbaren Zeichen durch Gutenberg, kam es zu der einfachsten, abstraktesten und elementarsten Schrift der Neuzeit, der Binärschrift und des binären Zeichen- und Zahlensystems. Durch die Verbindung der Binärschrift mit den physikalischen Eigenschaften des elektrischen Stroms und ihre technische Realisierung in Informations- und Kommunikationssystemen wie digital arbeitenden Computersystemen und digitalen globalen Kommunikationsnetzwerken, wurde die Basis für die globale digitale Revolution gelegt. Digitale Dateien und damit arbeitende Software- und Datenbanksysteme sind heute moderne technische Trägersysteme für dynamische Wissensreferenzmodelle. Die Erfindung des Computers und der Computerprogramme stellt hierbei einen der vorerst letzten Schritte der Menschheit dar. *Konrad Zuse*, einem der ersten Pioniere der Computer, ging es zunächst lediglich um die Automatisierung bestimmter Rechenleistungen. Früh jedoch erkannte man die Notwendigkeit, Daten zwischen einzelnen Computern auszutauschen. Zu Beginn des Computerzeitalters war dies nur durch den Transport von Materialien wie Lochstreifen oder Bänder möglich. Schon bald richtete man Standleitungen zwischen Computern ein, die eigentlich aber zunächst nur lange Terminalleitungen waren und aus diesem Grund immer nur von einem Nutzer benutzt werden konnten.

II. Das Internet

14 Es war das US-Verteidigungsministerium[25], das diese Anfänge der Verknüpfung von Computern aufgriff. Im Jahr 1958 gründete es eine Arbeitsgruppe mit Namen **ARPA** (Advanced Research Projects Agency). ARPA selbst trat jedoch nur als Investor auf und koordinierte wissenschaftliche Projekte an Universitäten und Instituten, deren Ergebnisse nur am Rande militärisch, im Übrigen vor allem für die Grundlagenforschung (man befand sich im technologischen Kalten Krieg mit der Sowjetunion um die Vormacht nicht nur im Weltraum) genutzt werden sollten. Die **Vernetzung von Computern** war dabei eines der (anfänglich eher belächelten) Forschungsprojekte.

15 Auf der Basis von wissenschaftlichen Vorarbeiten von *Paul Baran* und *Donald Davies,* die **Netzkonzepte** entwickelt hatten, machte sich eine von der ARPA beauftragte

[25] Vgl. zum folgenden ausführlich *Hafner/Lyon,* Where wizards stay up late: The Origins of the Internet, 1996, passim.

kleinere Beraterfirma (BBN) daran, ein so genanntes **„Dezentrales Netzwerk"**, das paketorientiert Daten übertrug, zu entwerfen. Dabei wurden die zu übermittelnden Daten in einzelne Pakete zerlegt, die unabhängig voneinander an dieselbe Adresse geschickt wurden. Dort wurden die Pakete wieder zusammengefügt. Begeisterung erntete weder die ARPA noch die BBN; die beteiligten Universitäten und andere Institutionen wollten den Sinn eines solchen Netzes nicht einsehen, zumal die damaligen Rechnerkapazitäten bei weniger als einem 100 000stel der heutigen Möglichkeiten lagen – einer der eingesetzten Großrechner verfügte über eine Speicherkapazität von „sagenhaften" 12 Kilobyte. Ein solches Netzwerk war – so geht die Erzählung[26] – für das Militär interessant, weil es auch nach teilweiser Zerstörung einzelner Computer durch atomare Angriffe noch hätte weiter funktionieren können.

ARPA hatte zudem die Idee, statt jeder Forschungseinrichtung neue Großrechner 16
zur Verfügung zu stellen, die schon vorhandenen Rechner miteinander zu vernetzen und damit allen Anwendern zugänglich zu machen. Ende 1969 war es soweit: Eine kleine Gruppe bestehend aus Studenten, Professoren, Ingenieuren und Computertechnikern tat sich zusammen, um vier Forschungszentren, nämlich die Universitäten in Los Angeles, Santa Barbara, Menlo Park und Salt Lake City zu vernetzen. Das Experiment glückte, vier miteinander verschaltete, durch Telefonleitungen verbundene Rechner bildeten ein Netzwerk. Dieses wurde im Jahr 1970 erweitert um das Massachusetts Institute of Technology (MIT) und Harvard sowie die Firma BBN und wuchs in den folgenden Jahren weiter.

Die ersten Dienste im so genannten ARPAnet waren **Telnet** und das so genannte 17
File Transfer Protocol (FTP), mit denen es zwar möglich war, einen anderen Rechner per Netzverbindung zu steuern und Daten zu übertragen, aber noch keine interaktive Arbeit mit anderen Wissenschaftlern durchzuführen. Schon kurze Zeit später erfand Ray Tomlison, ein Mitarbeiter von BBN, 1972 ein Computerprogramm für **elektronische Post:** „E-Mail", und bereits 1973 sind drei Viertel aller über das damalige Netz geschickten Daten E-Mails.[27] Nach wenigen Jahren zeigte sich, dass das bisherige Übertragungsprotokoll FTP den Anforderungen nicht mehr gerecht wurde, man forschte nach neuen Übertragungsprotokollen, und *Vinton Cerf* sowie *Robert Kahn* entwickelten schließlich 1974 das **Transmission Control Protocol (TCP)**, welches durch Überwachung des Versands jedes einzelnen Datenpaketes für eine fehlerfreie Übertragung der Daten sorgte.

1980 übernahm das **Internet Protocol (IP)** die Adressierung im Netz, für die bis 18
zu diesem Zeitpunkt auch das TCP zuständig war. Damit war das „Internet" auch als Wort geboren.

Zunächst waren an das ARPAnet nur Universitäten angeschlossen, die Forschung 19
für ARPA betrieben. Dies führte zu Beginn der 80er Jahre dazu, dass nicht anerkannte Institutionen der Forschung im Universitätsbereich darauf drangen, ein eigenes Netzwerk aufzubauen. Dies nahm die National Science Foundation (NSF)

---

[26] Anders *Rademacher,* Internet – das Netz der Netze, GEO 3/2001, S. 67 (72), der dies als Fama bezeichnet und erläutert, dass dies lediglich eine nicht realisierte Idee des ARPA war.

[27] *Rademacher* GEO 3/2001, S. 67, (76), der davon spricht, dass 1973 2000 Menschen über 35 Host Rechner das Netz benutzten, während es 1981 bereits 500 000 Nutzer bei 188 Host-Rechnern waren – immer noch jedoch ausschließlich im Bereich der Wissenschaft und im Wesentlichen nur mit den oben beschriebenen Funktionalitäten ftp und E-Mail.

in die Hand und gründete das **CSnet**, das zunächst allen Universitäten mit computerwissenschaftlichen Akademien offenstand. Das CSnet wurde wiederum 1984 in das **NSFnet** umgewandelt, da auch andere Fachbereiche Interesse bekundeten und nun alle US-Universitäten Zugang zu dem Netz bekamen.

20 Es dauerte nicht lange und es entstand eine Verbindung zwischen NSFnet und dem ARPAnet. NSFnet durfte die Ressourcen des ARPAnets mitbenutzen, Teilnehmer des ARPAnets verwendeten die Rechner des NSFnets. Das US-Verteidigungsministerium machte sich jedoch bald Sorgen über die Offenheit des ARPAnets, die durch die Mitbenutzung durch NSF nur noch stieg, und teilte das ARPAnet in zwei Netze auf. Das Erste behielt den Namen ARPAnet, das Zweite wurde zum **Milnet**, welches nur noch die militärischen Einrichtungen verband.

21 Es folgten weitere Netzwerke, wie das **Bitnet**, das 1981 von den Universitäten in New York und Yale gegründet wurden und den treffenden Namen „because it is time network" bekam. In Europa entstand das **ERAN** (European Academie Research Network).

22 Als gegen Ende der 80er Jahre auch diese Netze eine immer weitere Verbreitung fanden – es waren vermutlich etwa 159 000 Host-Rechner zugeschaltet[28] – und der Sinn derartiger Netze außer jeder Frage stand, kam es schließlich zur Vereinigung dieser Netze im **Netz der Netze**, dem **Internet.**

23 Damit dieses Netz weltweit Verbreitung fand, bedurfte es allerdings noch einiger technischer Entwicklungen. Protagonisten waren dabei Forscher des europäischen Labors für Teilchenphysik (CERN) in Genf, allen voran *Tim Berners-Lee*. Er überlegte, wie das schon einige Jahre bestehende Internet von den ans Netzwerk angeschlossenen Rechnern optimal genutzt werden könnte. Denn bis zum Ende der 80er Jahre wurde das Netz lediglich zum Austausch von Daten und E-Mails zwischen akademischen Institutionen verwendet, weder war eine privatwirtschaftliche Nutzung absehbar, noch war das Netz besonders einfach zu bedienen. Nach Vorstellung von *Tim Berners-Lee* sollten die Daten online zur Verfügung stehen. Sein Ziel war die Verbesserung des Informationsflusses und die Rationalisierung der Dokumentenverwaltung. Er wollte ein auf viele Server verteiltes und von vielen Quellen bereitgestelltes, aber allgemein zugängliches Netz von Wissen und Forschungsergebnissen realisieren. Zur Verwirklichung seiner Vision, die er **„World Wide Web"** nannte, griff *Berners-Lee* auf das **Hypertext-Konzept** von *Ted Nelson* zurück. Neu an seiner Idee war, dass *Bernes-Lee* auf Dokumente verweisen wollte, die nicht auf demselben Computer lagen. Durch diese Hypertext-Verlinkung sollte ein schneller Zuwachs an Informationen möglich werden, da eine zentrale Verwaltung der Links nicht notwendig sein würde. *Berners-Lee* entwickelte daher die Seitenbeschreibungssprache HTML (**Hypertext Markup Lanugage**), mit der die Dokumente im World Wide Web geschrieben werden, sowie das Datenübertragungsprotokoll HTTP (**Hypertext Transfer Protocol**), mit dem die Daten übertragen werden. Durch den Hypertext gab es die Möglichkeit, den Benutzer von einem Dokument zu anderen weiterzuleiten, ohne dass irgendwelche schwierigen Befehle eingegeben werden mussten. Dabei konnten die Dokumente auch auf weit entfernten Servern liegen. Im Jahr 1991 wurde das World Wide Web offiziell am CERN eingeführt, wo es zunächst von den vernetzten Großrechnern benutzt wurde, allerdings keine allzu große Verbreitung fand. Erst durch die Entscheidung des CERN noch im Jahr

---

[28] *Rademacher* GEO 3/2001, S. 67, (78).

1991, die WWW-Technik im Internet offenzulegen und keinerlei Patentansprüche geltend zu machen, begann dann endgültig der Siegeszug des WWW.

Gleichwohl bedurfte es noch eines Hilfsprogramm, des so genannten 24
„Browsers", um die angeforderten Informationen leserlich darzustellen. Man wird sagen können, dass bis zur Entwicklung dieses Browsers eine wirkliche Durchsetzung des WWW im Internet nicht stattgefunden hat. Der erste attraktive Browser – **Mosaic** genannt – wurde 1993 von *Marc Andressen* vom NCSA (National Center for Supercomputing Applications) entwickelt. Noch heute wird die Grundstruktur dieses Browsers in den meisten Zugangsprogrammen verwendet. *Andressen* gründete später zusammen mit *Jim Clark* die Firma Netscape, deren Browser **Netscape Navigator** zusammen mit dem Internet Explorer von Microsoft heute den Markt beherrscht. Am 15. Dezember 1994 gab es den Netscape Navigator zum ersten Mal zum Herunterladen im Internet. Man wird diesen Tag als den endgültigen Durchbruch des Internet für den Endverbraucher bezeichnen können; er wird uns weiter unten bei der Bestimmung des Zeitpunkts, ab wann bestimmte Anwendungen im Internet eine urheberrechtlich bekannte Nutzungsart wurden, wiederbegegnen.[29]

Auf dem Weg zu immer einfacherer Übertragung von immer größeren Daten- 25
mengen, die das Internet erst zum wirklich universell einsetzbaren Medium machte, ist als nächster Schritt die Einführung der **XML-Sprache,** der so genannten Extensible Mark Up Language, zu nennen. Hierbei handelt es sich um eine Metasprache für das Verfassen von Dokumenttypen. XML kann wesentlich mehr als HTML und SGML; durch den XML-Standard wird der Austausch von Online-Daten noch erleichtert, und XML ist flexibel genug, um an individuelle Unternehmensbedürfnisse angepasst zu werden. Dabei ist XML keine Auszeichnungssprache, sondern dient vielmehr zur Erzeugung und Definition solcher Sprachen. Diese Programmiersprache ermöglicht es, Webinhalte wie Texte und Bilder so zu definieren, dass sie automatisch verarbeitet werden können.

Einher ging diese Entwicklung mit der Ausbreitung der **ISDN-Technologie** und 26
der Erweiterung der Bandbreiten.

Die **Zahl der Nutzer** entwickelte sich rasant: Während es im Jahr 1996 lediglich 27
etwa 60 Millionen Nutzer gab, wird die Zahl der Internet-Nutzer im Jahr 2001 von der International Telecommunication Union auf 300 Millionen geschätzt[30]. In Deutschland hingegen gab es 1992 gerade einmal ca. 500000 Nutzer[31]. Nach einer Umfrage von FORSA soll es Ende 2000 über 20 Millionen Nutzer in Deutschland gegeben haben[32]. Anfang 2002 sollen es 27,8 Millionen Deutsche gewesen sein.[33]

In diese Zeit der 90er Jahre fällt auch der Aufbau der meisten Internet-Firmen. 28
Das Internet entwickelte sich somit Anfang/Mitte der 90er Jahre vom Forschungsnetz zum Wirtschaftsnetz, das zunehmend Besitz ergriff vom regulären Wirtschaftskreislauf. So war es nur folgerichtig, dass über das vom Erlangener Fraunhofer Institut für integrierte Schaltungen entwickelte **MP3-Format,** eigentlich Moving Picture Experts Group I Audio Layer 3, zu einer wahren Herausforderung für die

---

[29] Vgl. unten § 13, Rdnr. 250 ff.

[30] www.glossar.de [abgerufen am 2. 4. 2001].

[31] www.dai.de [abgerufen am 2. 4. 2001].

[32] http://www.glossar.de Stichwort „Internetnutzer" [abgerufen am 2. 4. 2001].

[33] http://www.gfk-webauge.com [abgerufen am 12. 4. 2002].

Tonträgerindustrie weltweit wurde und damit den endgültigen „Zusammenstoß" der alten mit der neuen Wirtschaft zeigte.

29 Heute ist die neue Generation des Internet-Protokolls bereits am Start. Das Protokoll **SCTP (Stream Control Transmission Protocol)** ist eine neue Technologie zum Transport von Signalisierungsmeldungen über IP-basierte Netze. Es bietet eine reihenfolgegesicherte Übertragung von Meldungen in mehreren unabhängigen SCTP-Streams, ist fehlersicher und unterstützt Multiplexing und fortgeschrittene TCP-Konzepte.

III. Die Rechnerzuordnung im Internet (DNS)

30 Und was hält die Internet-Welt, wie wir sie heute kennen, im Innersten zusammen? Die eindeutige Identifizierung eines jeden Computers, der einen direkten Zugang zum Netz hat. Dies wird über so genannte **IP-Nummern** sichergestellt. Da die langen IP-Nummern schwer zu behalten sind, wurde in den Jahren 1982–1985,[34] als die Anzahl der Internet-Rechner immer weiter anstieg, das Domainnamen System (DNS) eingeführt, mit dem es möglich ist, mit allgemein verständlichen Begriffen den gewünschten Rechner zu erreichen.[35]

31 Das DNS besteht auf oberster Ebene aus den so genannten **Top Level Domainnamen (TLDs).** Es gibt zwei Arten von Top Level Domainnamen, so genannte generische Domainnamen sowie länderspezifische Top Level Domainnamen (ccTLDs). Zu den wichtigen generischen Top Level Domainnamen gehören vor allem .COM, .ORG, .NET sowie die neu eingeführten Domainnamen .INFO und .BIZ.[36] Die länderspezifischen ccTLDs beruhen auf den Regeln der International Organisation for Standardisation (ISO). Für Deutschland gilt beispielsweise der Top Level .DE. Grob vereinfacht funktioniert das DNS folgendermaßen: Ein Internet-Nutzer gibt einen Domainnamen ein, diese Anfrage wird vom Server des Nutzers an einen so genannten **Nameserver** weitergegeben. Wenn dieser die Adresse nicht kennt, kann er aus Bestandteilen des Domainnamens erkennen, bei wem er seinerseits nachfragen kann. Die Anfrage landet schließlich bei einem **Root-Name-Server,** der dem Domainnamen die IP-Adresse zuordnet und somit den Zugang zu dem entsprechenden Computer möglich macht. Dieses System funktionierte – für den Juristen kaum vorstellbar – lange Zeit im Wesentlichen ohne rechtliche Bindungen. Die entscheidenden Weichenstellungen wurden weitestgehend von einem kleinen Kreis von Personen in den USA getroffen. Im Zuge der zunehmenden wirtschaftlichen Bedeutung des Internets kam es dann Ende der 90er Jahre des vorigen Jahrhunderts zu Bestrebungen, das Domainnamen System zu verrechtlichen. Am Ende dieser Entwicklung stand die Gründung der **Internet Corporation for Assigned Names and Numbers (ICANN)** als private, nicht auf Gewinn orientierte Vereinigung mit Sitz im kalifornischen Marina del Rey. Neben anderen Aufgaben obliegt dieser Organisation auch die Verwaltung und Weiterentwicklung des Domainnamen-Systems. Eine Gefährdung des Domainnamen-Systems, das sich allein auf ein faktisches Monopol gründet, erwächst aus Versuchen verschiedener alternativer Registrierungsstellen, eigene Top Level Domainnamen zu etablieren. Bereits in

---

[34] Zur Geschichte vgl. § 6, Rdnr. 4 ff.

[35] Auch wenn es Zufall ist, bezeichnend ist die namensmäßige Übereinstimmung von DNS im Internet mit DNS in der Gentechnik dennoch!

[36] Vgl. hierzu im Einzelnen unten § 6, Rdnr. 8.

der Vergangenheit tauchten solche „wilde“ Registrierungsstellen wie **AlterNic** auf, die dann allerdings von den Internetnutzern nicht akzeptiert wurden. Einen neuen Vorstoß in dieser Richtung macht nun NEW.NET. Bei dieser alternativen Registrierungsstelle kann man Top Level Domainnamen wie .AGENT, .GOLF oder .SHOP ordern. Freilich haben diese alternativen Domainnamen den Nachteil, dass sie nicht ohne weiteres von jedem an das Internet angeschlossenen Rechner erkannt werden. Die jeweiligen Internetbrowser müssen vielmehr zuvor durch Installation eines Plug-Ins erweitert werden. Diese Mühe dürfte sich eine Vielzahl der Internetnutzer nicht machen, so dass fraglich ist, ob sich die alternativen Domainnamen-Systeme durchsetzen. Sollte dies tatsächlich der Fall sein, droht eine Balkanisierung des Internets, da beim Nebeneinander mehrerer nicht aufeinander abgestimmter Systeme eine eindeutige Adressierung nicht mehr möglich ist. Die Universalität des Mediums Internet wäre damit verloren.[37]

Sonja Cekri bringt die Problematik rund um das DNS, das immer noch in seiner Struktur dem halb privat, halb offiziellen, jedenfalls dem US-kontrollierten Internet entspricht, wie folgt auf dem Punkt: 32

> Doch ob und wie gewählt wird, ist für das Wirken und die Macht von ICANN einerlei. Denn im Internet gilt nicht die Demokratie, sondern eine Grundregel, die der Harward-Jurist Lawrence Lessig mit „code is law“ ausdrückt: Technische Standards und Software-codes regieren das Netz. Und über die Standards gebietet ICANN. Wer Sinn für semantische Ironie hat, dem wird die Doppelbedeutung der drei Buchstaben DNS nicht entgangen sein. Sie bezeichnen nicht nur die Architektur des Internets, das „Domainname System“, über dessen Aufbau ICANN wacht, sondern auch den Code des Lebens. Da ist wieder der alte Anspruch, Herr über Leben und Tod zu sein.“[38]

C. Technische Grundlagen

Zu den technischen Rahmenbedingungen, die an anderer Stelle detaillierter beschrieben sind,[39] seien zur Einleitung drei wesentliche Neuerungen im Netzzeitalter herausgehoben: Die Protokolle zur Übertragung von Nutzerdaten, die das Internet ermöglichen, die (automatisch) globale Wirkung des Internets und die Kryptographie: 33

I. Protokolle zur Übertragung von Nutzerdaten

Wichtigstes Protokoll zur Übertragung von Nutzerdaten im Internet ist das **Internet Protocol (IP)**, das sich des wichtigsten Transportprotokolls, des **Transmission Control Protocol (TCP)**, bedient. Das so gewissermaßen „kombinierte“ TCP/IP stellt ein implementiertes Paket an Protokollen für Fernnetze (WAN) dar, das vor allem im Internet, inzwischen aber auch in lokalen Netzwerken (LAN) eingesetzt wird. Es wurde – wie erwähnt – in den 70er Jahren entworfen. Das TCP ist zuständig für den Auf- und Abbau der Verbindungen zwischen den Computern eines 34

[37] Vgl. hierzu im Einzelnen unten § 6, Rdnr. 6ff.

[38] *Cekri,* 19 Direktoren, FAZ vom 11. 7. 2000, S. 49.

[39] Vgl. nur *Hoeren/Sieber,* Teil 1 oder *Moritz/Dreier/Fedderath/Pfitzmann* A Rdnr. 1ff. jeweils mit umfangreichen w. Nachw.; i.ü, vgl. auch § 5, Rdnr. 6ff.

Netzwerkes (Arbeitsstationen). Es steuert den Datenfluss und stellt die Vollständigkeit der Datenübertragung sicher. Das IP ist dagegen für die Organisation und Adressierung der Daten zuständig. Es regelt die „Zustellung" der Datenpakete anhand von Zieladressen. Hierfür werden die zu übertragenden Daten in Datenpakete aufgeteilt, die einen Kopf (sog. Header) und die eigentlichen Daten (sog. Payload) enthalten, und beim Empfänger wieder zusammengefügt werden. Das TCP/IP ist durch seine Verbreitung mittlerweile das Standard-Protokollpaket für den Datentransfer im Internet. Es ermöglicht Übertragungen zwischen Rechnern mit unterschiedlichen Prozessoren und Betriebssystemen. Neben dem TCP als Transportprotokoll gibt es z. B. noch das **User Datagram Protocol (UDP)**, das – anders als das TCP – eine wiederholte Übertragung von ggfs. verlorengegangenen Datenpaketen nicht erlaubt und hauptsächlich für Audio- und Videoübertragungen eingesetzt wird.[40] **Weitere Protokollarten**[41] sollen in Zukunft die Qualität derartiger Übertragungen verbessern. Das hier behandelte Übertragungsprotokoll und das sogleich[42] beschriebene Thema Sicherheit/Kryptographie verbinden sich bei der neuen Generation des **Internet Protocols (Ipv6)**,[43] das bereits auf Protokollebene Verschlüsselungs- und damit Sicherheitsmechanismen einzusetzen erlaubt.

II. Lokale Begrenzbarkeit von Angeboten?

35 Eine (bislang noch) wesentliche technische Bedingung des Internets scheint es auch zu sein, dass man – trotz verschiedener Versuche – Nutzungshandlungen nicht auf das Gebiet eines Staates begrenzen kann. Durch das eben beschriebene Paketverfahren und die IP-Nummern basierte Versendung von Datenpaketen suchen diese sich, auch wenn ein Teil des Netzes ausfallen sollte, ihren Empfänger. Dabei helfen nicht zuletzt gespiegelte Seiten in Drittländern, etwaig bestehende Beschränkungen in bestimmten Staaten zu umgehen.[44] Die Musikindustrie war eine der Ersten, die mit ihrem Rights-Protection-System (RPS) eine Art elektronische Grenzbeschlagnahme einführen wollte. Das System suchte unautorisierte Online-Musikangebote mit technischen Hilfsmitteln, erkannte sie und unterbrach den illegalen Bestell- oder Liefervorgang durch eine „elektronische Grenzbeschlagnahme". Es unterbindet gezielt den Zugriff auf einzelne Websites, sogar auf Objektebene, also beispielsweise auf einen einzelnen MP 3-Song mit unerlaubt angebotenen Inhalten.[45] Bislang hat sich dieses System in der Praxis allerdings nicht durchgesetzt.[46] Auch T-Online versucht verstärkt, diese technische Bedingung des Internets zu „umgehen". In ihrem Angebot T-Vision soll es möglich sein, den Zugriff auf bestimmte Inhalte nur von autorisierten Seiten aus zu ermöglichen; dies ist allerdings der umgekehrte Vorgang zu dem retrospektiven Versuch der IFPI, illegale Inhalte nicht kursieren zu lassen. All diese Diskussionen oder Systeme sind in engem Zusammenhang mit den un-

---

[40] *Moritz/Dreier/Fedderath/Pfitzmann* A, Rdnr. 21.

[41] Vgl. hierzu *Moritz/Dreier/Fedderath/Pfitzmann* A, Rdnr. 21.

[42] Rdnr. 36 ff.

[43] Dazu im Detail http://www.ipv6.org und *Moritz/Dreier/Fedderath/Pfitzmann* A, Rdnr. 34.

[44] Lange Zeit war es beispielsweise durch us-amerikanische Ausfuhrbestimmungen untersagt, das PGP-Verschlüsselungsprogramm außerhalb der USA zu exportieren. Eine in bestimmter Form quasi-gespiegelte Website in Schweden ermöglichte gleichwohl auch Europäern, auf dieses Programm zuzugreifen.

[45] http://www.ifpi.de [abgerufen am 9. 3. 2002].

[46] Zu diesem gesamten Komplex aus Sicht der Verantwortlichkeitsfrage vgl. § 4, Rdnr. 151 ff.

ten[47] erläuterten technischen Schutzmaßnahmen und Digital-Rights-Management im Urheberrecht zu sehen.

III. Kryptographie

Die fortschreitende Ablösung des Briefes durch E-Mails, der Austausch von Informationen, Leistungen und Geld über das Internet, die Verwendung von EC-Karten und Kreditkarten zeigen deutlich, wie sehr die technisch-digitalisierte Übertragung von Nachrichten die persönliche Informationsübertragung in vielen Bereichen ersetzt hat. Die Umwandlung von Information in digitale Daten sowie die Übertragung dieser digitalisierten Nachrichten ermöglicht zwar eine wesentlich **schnellere und einfachere Kommunikation,** führt aber gleichzeitig zu einem **Kontroll-** und damit einhergehenden **Vertrauensverlust** der beteiligten Personen. So sind digitalisierte Nachrichten ohne größeren Aufwand manipulierbar. Dies gilt z.B. für alle über das Internet Protocol alter Form versandten Daten; wie oben erwähnt,[48] soll sich dies mit dem Ipv6, dem Internet Protocol der neuen Generation, ändern. Auch lässt es sich nur schwer nachvollziehen, inwieweit unberechtigte Dritte den Datenverkehr abhören können. Da die Personen, die hinter dem Absender oder Empfänger der versendeten Information stecken, meist nicht identifizierbar sind, folgt aus dem Verlust der persönlichen Begegnung zugleich auch die **Anonymität** des Kontaktes. Um zu verhindern, dass durch kriminelle Manipulation brisanter Daten ein großer Schaden angerichtet wird, ist eine Verschlüsselung der Daten geboten, denn Vertrauen ist Basis jeglichen sozialen Interagierens – nicht zuletzt in neuen Räumen wie dem Internet. Kryptographie im digitalen Zeitalter beschäftigt sich wissenschaftlich mit der Lösung dieser bestehenden Vertrauens- und Beweisprobleme im digitalen Datenverkehr und bedient sich dabei gewisser Systeme zur Verschlüsselung und Verheimlichung von digitalisierten Daten. Der Datenbestand wird in scheinbar sinnlose Information umgewandelt, um ihn vor der Einsichtnahme Unberechtigter zu schützen. Nach der Chiffrierung können die Daten dann über das Internet an Dritte weitergegeben werden, ohne dass sie dabei von Unberechtigten eingesehen werden können. Eine Rückführung der Datensammlung in eine lesbare Form ist nur anhand eines Dechiffrierschlüssels möglich. Die Disziplin, solche verschlüsselten Nachrichten zu entschlüsseln und wieder lesbar zu machen, bezeichnet man als **Kryptanalyse.** Kryptographie und Kryptanalyse werden unter dem Begriff der Kryptologie zusammengefasst, welche ein wissenschaftliches Teilgebiet der angewandten Mathematik darstellt. 36

Der Einsatz kryptographischer Verfahren kann dabei verschiedene Ziele verfolgen: 37
- die **Vertraulichkeit** des Inhaltes eines Dokumentes,
- die **Integrität** des Inhaltes eines Dokuments,
- die **Authentifizierung** des Autors eines Dokuments,
- die **Verbindlichkeit** des Dokuments für den Autor oder
- die Vertraulichkeit des Kommunikationsvorganges (**Anonymität**) sicherzustellen.

Bei kryptographischen Verfahren werden diese Ziele dadurch erreicht, dass der Text unter Anwendung eines Algorithmus (Verschlüsselungsfunktion) mit einem 38

---

[47] § 13, Rdnr. 250ff.

[48] Rdnr. 34.

Schlüssel, einer meist **binär codierten Zeichenkette,** dem so genannten String, verknüpft wird. Sender und Empfänger einer Nachricht einigen sich zuerst auf einen Algorithmus zur Chiffrierung (z.B. das Verschieben aller Buchstaben des Alphabets um eine gewisse Anzahl von Positionen). Um zu verhindern, dass die Kenntnis des Algorithmus schon eine Entschlüsselung der Botschaft ermöglicht, wird als Schlüssel dann ein variabler Parameter (String) hinzugefügt, anhand dessen der Sender die Nachricht chiffriert und der Empfänger sie dechiffriert – im Beispielsfall die Anzahl der Zeichen, um die die Buchstaben im Alphabet verschoben werden. Die Rückumwandlung des chiffrierten Textes in den Klartext erfolgt mit Hilfe eines weiteren Algorithmus, der Entschlüsselungsfunktion, und anhand des dazugehörenden Parameters, dem Entschlüsselungsschlüssels. Eine Dechiffrierung setzt also voraus, dass der Entschlüsselungsschlüssel dem Empfänger bekannt ist.

39 Bei **symmetrischer Kryptographie** sind jeweils die Verschlüsselungs- und Entschlüsselungsfunktion als auch der Verschlüsselung- und Entschlüsselungsschlüssel identisch. Sender und Empfänger müssen sich daher vorher über den Algorithmus und über den variablem Parameter geeinigt haben. Der Vorteil bei den symmetrischen Kryptosystemen ist, dass Daten mit sehr großer Geschwindigkeit chiffriert und dechiffriert werden können. Da jedoch häufig das Risiko besteht, dass der Algorithmus auch andern bekannt ist, hängt die Sicherheit eines solchen Kryptosystems ausschließlich von der Geheimhaltung des Schlüssel ab. Hierin liegt zugleich der große Sicherheitsnachteil symmetrischer Verschlüsselungssysteme. Symmetrische Kryptosysteme setzen immer eine Einigung zwischen Sender und Empfänger über den zu benutzenden Schlüssel voraus. Sobald diese Einigung durch einen Boten oder ein technisches Telekommunikationsmedium zustande kommt, besteht daher die Gefahr, dass ein unbefugter Dritter Kenntnis von dem Schlüssel erhält und danach alle Nachrichten lesen, ändern, fälschen oder unterschreiben kann, indem er diesen Schlüssel verwendet.

40 Um diese Probleme der Sicherung des Schlüssels zu beheben, wurde erstmals 1976 ein **asymmetrisches Kryptosystem** entwickelt. Bei einem solchen asymmetrischen Verschlüsselungsverfahren existieren für jede Partei zwei Schlüssel, ein öffentlicher Verschlüsselungsschlüssel **(public key)** und ein privater Entschlüsselungsschlüssel **(private key).** Mit dem Verschlüsselungsschlüssel ist es nicht möglich, die verschlüsselte Nachricht wieder zu entschlüsseln. Um verschlüsselte Nachrichten zu erhalten, gibt man den Verschlüsselungsschlüssel möglichst vielen anderen Personen bekannt, indem man ihn (z.B. im Internet) veröffentlicht. Unter Benutzung des öffentlichen Verschlüsselungsschlüssels kann dann jeder an den Empfänger eine verschlüsselte Nachricht senden, die nur dieser mit seinem privaten und geheimen Entschlüsselungsschlüssel wieder entschlüsseln kann. Die Notwendigkeit eines gemeinsamen Schlüssels zwischen Sender und Empfänger entfällt, so dass sich das Problem nicht mehr stellt, dass der Schlüssel auf geheimen Weg übertragen werden muss und dabei in falsche Hände geraten kann. Dennoch birgt auch das asymmetrische Kryptosystem Sicherheitsrisiken. So liegt ein generelles Problem asymmetrischer Kryptosysteme darin, sicherzustellen, dass ein bekannt gegebener öffentlicher Schlüssel wirklich zu einer bestimmten Person gehört. Es bietet nämlich keinen Schutz davor, dass ein Angreifer unter einem fremden Namen einen Verschlüsselungsschlüssel veröffentlicht, den er selbst mit dem dazugehörigen Entschlüsselungsschlüssel erzeugt hat, um dann die Nachrichten, die von Dritten an diese ver-

meintliche Person mit dem falschen öffentlichen Verschlüsselungsschlüssel geschickt werden, abzufangen und zu lesen bzw. zu manipulieren und dann an den eigentlichen Empfänger weiterzuleiten.

41 Vor allem in der Wirtschaft besteht eine große Nachfrage nach neuen, verbesserten Kryptosystemen, die zu einer weiteren Steigerung der Sicherheit des Datenverkehrs im Internet beitragen. Insbesondere die dynamischen Entwicklung des elektronischen Handels hat eine enorme Nachfrage nach Kryptosystemen ausgelöst. Wichtige Anwendungsbereiche neben dem traditionellen Vertraulichkeitsschutz sind im digitalen Geschäftsverkehr vor allem der **Urheberschutz,** urheberrechtliche Rechteverwaltung, die **digitale Signatur** sowie **digitales Geld.**[49] Zugleich berührt die Weiterentwicklung kryptographischer Sicherheitssysteme aber auch das **staatliche Sicherheitsinteresse** an einer effizienten Strafverfolgung und möglichst effektiven sicherheitsdienstliche Aufklärung, da hierdurch immer neue, vom Staat nicht mehr zu kontrollierende Freiräume für die Benutzer der Kryptosysteme geschaffen werden. Es ist absehbar, dass nicht nur Internet-Radikale, sondern auch Diebe geistigen Eigentums und andere Produktpiraten den Nutzen der Verschlüsselung erkennen. Dann stehen wir vor der zweiten Debatte um Verschlüsselung, deren Ausgang keineswegs gesichert ist.

42 Die Politik hat auf diese Entwicklung relativ frühzeitig reagiert. So spiegelt auch die Kryptopolitik der Bundesregierung diese Kryptokontroverse in Deutschland wieder.[50] Zum einen ist es das erklärte Ziel der Bundesregierung, die Verbreitung von Verschlüsselungstechnologien zu unterstützen, um den Datenschutz der Bürger zu gewährleisten, Unternehmensgeheimnisse zu schützen und die weitere Entwicklung des elektronischen Geschäftsverkehrs zu ermöglichen. Zum anderen ist die Bundesregierung darauf bedacht, dass die gesetzlichen Befugnisse der Strafverfolgungs- und Sicherheitsbehörden zur Telekommunikationsüberwachung nicht ausgehöhlt werden. Es bleibt abzuwarten, wie die Praxis hierauf reagiert und wie die Technik sich weiterentwickelt.

D. Wirtschaftliche Zusammenhänge

43 Auch wenn wir mit dem Höhenflug der so genannten Internet-start-ups Mitte der 90er und deren (vorübergehenden?) Fall in den Jahren 2000 und 2001 an den weltweiten neuen Technologiebörsen eine von vielen als „leere Blase" apostrophierte Entwicklung erlebt haben, zeigen sich doch rund um den rasanten Boom des Internets zwei auch für die Rechtswissenschaft bedeutsame Entwicklungsstränge:

44 Dies ist zum einen die **Ausbildung einer Wissens-(Verkehrs-) Gesellschaft** im Gegensatz zu den bisherigen Waren-(Verkehrs-) Gesellschaften sowie die damit möglicherweise **abnehmende Bedeutung der Eigentumsverschiebung** und zum anderen die Herausbildung **neuer Unternehmensstrukturen.**

---

[49] Alles dies auch in Verbindung mit Patentschutz: § 9, Rdnr. 51.

[50] So die Eckpunkte des Bundesministeriums für Wirtschaft und Technologie für die deutsche Kryptopolitik, 2. 6. 1999, www.omwi.de [abgerufen am 1. 5. 2001] und die Pressemitteilung im Presseforum unter www.bmwi.de [abgerufen am 20. 12. 2001].

I. Zugang versus Eigentum

45 Hatte *von Hajek* noch propagiert, dass es für eine blühende Gesellschaft neben der Familie und dem Wettbewerb insbesondere des **Privateigentums** bedarf, steht im Zentrum der Wissensverkehrsgesellschaft, die nicht mehr Waren von A nach B transferiert, das Geistige. Dabei könnte man verleitet sein, damit das **geistige Eigentum** und dessen Begriff in das **Zentrum der neuen Wirtschaftsordnung** zu stellen.[51] Indessen dürfte das geistige Eigentum zwar eine zentrale Rolle, wenn nicht die Grundvoraussetzung der Wissensverkehrsgesellschaft spielen; es wird in ihr jedoch vielleicht nicht um den Austausch von Eigentum gegen Geld gehen, wie wir es noch aus der Warenverkehrsgesellschaft gewöhnt waren. Vielmehr wird bereits das Verschwinden des Eigentums postuliert.[52] Damit wird eine der Hauptangriffspunkte des Kommunismus auf den Kapitalismus ad absurdum geführt. Und dies gerade einmal zehn Jahre nach dem Fall der real-existierenden sozialistischen Systeme.

46 Die **Macht des Marktes,** die jedem Gut seinen Wert zuordnet, um es billig zu kaufen bzw. teuer zu verkaufen, lernt bereits jedes Kind. Nicht umsonst ist Ziel der überwiegenden Mehrheit der Bevölkerung, Güter miteinander auszutauschen und wohlhabende Mitglieder der Gesellschaft zu werden. Im Internet-Zeitalter hingegen mögen Märkte durch **Netzwerke** ersetzt werden und das Streben nach Eigentum durch das **Streben nach Zugang;** Zugang zu eben dem, was in den Netzwerken angeboten wird. Natürlich werden die Teilnehmer dieser Netzwerke weiterhin Eigentum besitzen;[53] es wird nur vermutlich erheblich seltener als bisher den Besitzer wechseln. Anders als bislang wird der Wirtschaftskreislauf weniger auf den Austausch von Eigentum gerichtet sein, als auf den kurzfristigen Zugang zu Informationen bzw. Daten. Damit aber bleiben Märkte zwar bestehen, spielen in den Beziehungen zwischen den Personen aber eine immer geringere Rolle. Insbesondere **Eigentum an Sachkapital,** Kern der Auseinandersetzung im Industriezeitalter zwischen den Systemen, wird im ökonomischen Prozess **unbedeutender** werden. Hingegen wird geistiges Kapital zur treibenden Kraft der neuen Gesellschaft und zum eigentlichen Ziel des „Rennens", zu dem man allerdings nur Zugang benötigt, weniger Eigentum. Nicht umsonst verschlanken sich Unternehmen durch Auslagerung, Leasen ihrer Ausstattung und Mieten ihrer Grundstücke, denn immobiles Eigentum macht unflexibel, der Todesstoß eines jeden Unternehmens in der neuen Wirtschaft. Nicht zuletzt das Application Service Providing (ASP)[54], das selbst die Nutzung von Computerprogrammen zu einem Dienstleister auslagert, zeigt selbst bei so modernen Anwendungen wie Computerprogrammen, dass es nicht mehr um möglichst viel Besitz geht, sondern um möglichst **besitzneutralen, effizienten und aufwandsgeringen Zugang** zu demselben Gut.

---

[51] Vgl. *Hartmann/Rieder,* Der Pirat des Wissens ist ein guter Pirat – Ein Gespräch mit *Michel Serres* www.heise.de/newsticker/data//r-04.03.01–000 [abgerufen am 5. 3. 2001].

[52] *Rifkin,* S. 9 ff.

[53] Dies wird allerdings von denen, die das geistige Eigentum zunehmend in Frage stellen oder reduzieren wollen, verneint: Vgl. statt aller Heinrich-Böll-Stiftung, Wem gehört das Wissen? Geistiges Eigentum in Zeiten des Internet, Dokumentation Nr. 9/2000; zu neuen Lösungen vgl. auch Goodenourgh, The Future of Intellectual Property: Broadening the sense of Ought. E.I.P.R. 2002, 291 ff.

[54] Dazu unten § 13, Rdnr. 152 ff.

Deshalb dreht sich in der neuen Wirtschaft auch alles um Anbieter und Nutzer, weniger um Verkäufer und Käufer; und **Allianzen, Agoras** und **andere** unten beschriebene **Geschäftsnetze** treten an die Stelle von vertikal integrierten Vollunternehmen. Unnötig zu erwähnen, dass damit auch eine Umstrukturierung der Industrie als solcher einhergeht: Weg von traditionellen Industriegütern und Dienstleistungen hin zur Vermarktung von Erlebnissen und Erfahrungen, zu denen man Zugang benötigt. 47

Eines der besten Beispiele für diese neue Wirtschaft ist die Internet-**Musik-Tauschbörse Napster** oder andere Musiktauschbörsen,[55] die erst durch das oben beschriebene MP3-Format technisch möglich wurde. Napster bietet Nutzern die Möglichkeit, sich Musik untereinander auszutauschen, ohne die verhältnismäßig teuren Datenträger zu erwerben. Dabei funktionierte die Börse zwar eine Zeit lang kostenlos, wurde jedoch mit der Übernahme durch Bertelsmann auf eine Abonnementsgebühr umgestellt, womit die Nutzer sich nach einer Umfrage auch wohl grundsätzlich bereit erklärt hatten. Damit also zahlt man nicht mehr für das materielle Eigentum eines Datenträgers, sondern für die jederzeitige Möglichkeit, ein Erlebnis (hier: Musik zu hören) zu haben, also den reinen Zugang. Hintergrund ist natürlich, dass der Kauf oder Besitz einer CD immer weniger Sinn macht, wenn man im Netz wie dem Internet alle Informationen ständig auf dem aktuellsten Stand zur Verfügung hat, um zudem auch noch billiger als durch einen Kauf hierzu Zugang zu haben. Die zukünftige wirtschaftliche Bedeutung ist am Ausmaß des tatsächlichen Missbrauchs zu erkennen. So geht die Recording Industry Association of America (RIAA) von 200000 Raubkopien pro Tag online aus.[56] Allein für das Jahr 2001 wird der in Deutschland entstandene wirtschaftliche Schaden durch deutsche Webseiten mit raubkopierter Musik auf über DM 20 Mio. geschätzt[57]. 48

II. Neue Unternehmensstrukturen

Einher mit dem eben dargestellten Wandel von der Warenverkehrs- zur Wissensverkehrsgesellschaft ging eine Umstrukturierung der Unternehmen, die vielfältige Ansätze und Folgen hat.[58] Hier soll beispielhaft nur eine Entwicklung herausgegriffen werden: Dies ist die Entwicklung vom vertikal integrierten Unternehmen hin zum Netzwerk-Unternehmen. Dies ist nicht die Stelle, wirtschaftswissenschaftlich zu analysieren, wie sich mikro- und makroökonomisch die Entwicklung des Internets auswirkt. Wir sehen jedoch – und dies hat Bedeutung auch für die rechtlichen Bewertungen – eine zunehmende Auflösung von Unternehmen, die die gesamte Wertschöpfungskette abdecken.[59] Giganten wie General Electric haben es zunehmend schwer, mit den wendigen und sich schnell den Anforderungen anpassenden 49

[55] Vgl. zu deren Entstehen und Funktionieren § 13, Rdnr. 208 ff.

[56] Angaben der RIAA in www.riaa.com [abgerufen am 20. 12. 2001].

[57] So die Schätzung der International Federation of the Phonographic Industry, www.ifpi.org [abgerufen am 27. 12. 2001] und deren Piracy Report unter www.ifpi.org/site-content/library/piracy/2001.pdf [abgerufen am 27. 12. 2001].

[58] Vgl. z. B. *Buxmann/König,* Zwischenbetriebliche Kooperationen auf Basis von SAP-Systemen, 2000, passim; *Weitzer/Harder/Buxmann,* Electronic Business und EDI mit XML, 2001, passim.

[59] Zu den wirtschaftlichen Zusammenhängen vgl. i. ü. sogleich § 2, Rdnr. 1 ff., zu den neuen Werbeformen und deren zunehmender Bedeutung vgl. § 11, Rdnr. 2 ff.; zu kartellrechtlichen Fragen § 12, Rdnr. 58 ff.

neuen Netzwerk-Unternehmen standzuhalten. *Tapscott*[60] unterscheidet fünf Modelle der Netzwerkunternehmen: **Agoras** wiederbeleben die ursprüngliche Markt- oder Auktionsform, eine der grundsätzlichsten Arten, Preise zu bilden. EBay ist eines der herausragenden Beispiele dieser Netzwerk-Unternehmen, die extrem effiziente Marktplätze bilden. So genannte **Aggregations,** wie Webvan oder The Home Depot hingegen organisieren auf einer höheren Stufe den Austausch zwischen Käufer und Verkäufer und helfen dem Kunden dabei, die für ihn richtigen Güter zu finden. **Wertketten,** die dritte Art von Netzwerkunternehmen, sind, anders als bei den bisherigen Unternehmen, die produzieren und verkaufen, ausschließlich nachfrageorientiert und können unmittelbar und simultan auf Kundenanfragen reagieren; Dell Computer ist ein hervorragendes Beispiel hierfür, aber auch Cisco. Schließlich sind **Allianzen** zu nennen, die etwa im Bereich der Open-Source-Bewegung ausgehend von einem führenden Unternehmen, das die Bewegung leitet, versuchen, möglichst viele Beteiligte zum gemeinsamen Nutzen zusammenzubringen. Linux oder Sun seien hier als Beispiele genannt. Zu guter Letzt nennt *Tapscott* die **Vertriebsnetzwerke,** ein lang bekanntes Phänomen; sie unterstützen die anderen Formen der Netzwerke und sind mehr als Dienstleister tätig. Genannt seien hier die Tracking-Systeme großer Paketversandunternehmen, wie Federal Express.

50 Nimmt man die beiden Entwicklungen – zunehmende Bedeutung des Zugangs und Umstrukturierung der Unternehmen – zusammen und addiert die grundlegenden Denkansätze von *Lessigs* „Code as Law" hinzu, stellt das Internet, verbunden mit der zugrunde liegenden Digitalisierung, eine der größten Herausforderungen für unser Wirtschaftsleben und damit auch für den Rechtsrahmen dar, wenn auch alte Regeln wie der Vertragsschluss oder die Definition von Rechtssubjekten zweifelsohne weiterhin Gültigkeit haben werden. Allerdings macht diese wirtschaftliche Entwicklung die zunehmende Bedeutung des geistigen Eigentums deutlich. Ein Grund mehr also – wenn nicht der entscheidende – sich den Internet-spezifischen Problemen unserer Rechtsordnung in diesem Zusammenhang zu widmen.

E. Überblick über den geltenden Rechtsrahmen unter Berücksichtigung internationaler Übereinkommen und europäischen Rechts

51 Im Gegensatz zu anderen technischen Übertragungssystemen von Informationen wie z.B. dem Fernsehen oder dem Telefax, berührt das Internet viele einzelne Rechtsgebiete, ja eigentlich unser **ganzes Rechtssystem,** da es theoretisch in jedem Rechtsgebiet Verwendung als Medium finden kann; es ist also ein Querschnittsphänomen. Während dies in den USA frühzeitig erkannt wurde und sich dort bereits seit einiger Zeit Expertengruppen mit den rechtlichen Rahmenbedingungen im Internet beschäftigen, ist in Europa relativ spät „aufgewacht". Erst nachdem die EU-Kommission ein erstes Papier zum Urheberrecht im Zusammenhang mit der Digitalisierung erstellt hatte[61], begann die Debatte, insbesondere im Bezug auf das

[60] *Tapscott/Ticoll/Lowy* – Digital capital harnessing the power of business webs, 2000, S. 3ff.

[61] EU Kommission, Grünbuch – Urheberrecht und verwandte Schutzrechte in der Informationsgesellschaft.

Geistige Eigentum, auch auf europäischer Ebene. Die vom nationalen Gesetzgeber wohl allein nicht zu bewältigende rechtliche Gesamtproblematik lässt sich dabei auf folgende Wesensmerkmale des Internets zurückführen[62]:

– Das Internet ist global zugänglich.
– Das Internet ist dezentralisiert.
– Das Internet unterliegt einer multinationalen Gerichtsbarkeit.
– Das Internet ist unregiert im Sinne einer leitenden Institution.
– Das Internet ist digital.
– Das Internet ist anonym.

Vor allem die **Globalität** und **Dezentralität** des Internets scheinen zunächst im Widerspruch zu den existierenden Rechtssystemen zu stehen, die von getrennten Zuständigkeiten ausgehen, indem sie an die körperliche Belegenheit eines Sachverhaltes anknüpfen. Die verschiedenen nationalen Rechtssysteme zum Schutz des Geistigen Eigentums folgen dem Territorialitätsprinzip, welches auch das Fundament der geltenden Internationalen Konventionen bilden: das Pariser Verbandsübereinkommen, die Revidierte Berner Übereinkunft, das Rom-Abkommen und seit kurzem das TRIPS-Übereinkommen. 52

Wer jedoch digitalisierte Daten im Internet zugänglich macht, verbreitet diese unmittelbar global und überschreitet territoriale Grenzen, so dass weder der Autor noch ein sonstiger Berechtigter in der Lage ist, Einfluss darauf zu nehmen, welcher Nutzer Zugang zu diesen Daten hat. Dass mangels eines weltweit einheitlichen „Internetrechts" elektronische Transaktionen, insbesondere solche aus dem Recht des Geistigen Eigentums, im Internet territorialen Regeln unterfallen, birgt die Gefahr in sich, dass Internetnutzer einer Vielzahl von uneinheitlichen Rechtsverpflichtungen ausgesetzt sind, deren jeweilige Anwendbarkeit sie nicht kontrollieren können und deren Rechtsfolgen nicht mehr im Ansatz kalkulierbar erscheinen[63]. Eine der wichtigsten Herausforderungen ist es daher, durch eine **fortschreitende Harmonisierung territorial ausgerichteter Rechtsordnungen** das Internet einen rechtlich überschaubaren Rahmen zu geben, denn Rechtssicherheit und Vertrauen bilden – wie oben betont – das Fundament für die Verbreitung derartiger neuer Medien. 53

Wir wollen daher im folgenden Teil einen ersten kursorischen Überblick über die **Harmonisierungsbestrebungen** und den gegenwärtigen Rechtsrahmen auf internationaler und europäischer Ebene geben, innerhalb dessen erste Ansätze für Rechtssicherheit und Vertrauen im Internet aufscheinen. Die Details zu den hier nur angerissenen Materien finden sich in den einzelnen Kapiteln unseres Handbuches. 54

I. Internationale Ebene

Die folgend dargestellten Entwicklungen auf internationaler Ebene lassen erahnen, dass die Nationen erkannt haben, dass Gesetzgebung im Zeitalter des Internet nie mehr rein national sein kann; eine wirkliche Aufgabe des überkommenen Territorialitätsprinzips ist jedoch nicht in Sicht.[64] 55

---

[62] Vgl. *Jones,* An Artist's Entry into Cyberspace: Intellectual Property on the Internet, E.I.P.R. 2000, 81 ff.

[63] *Jones,* E.I.P.R. 2000, 81 (82).

[64] Vgl. gleichwohl zur Kritik hieran umfassend *Schack,* Rdnr. 798 ff.

1. TRIPS-Abkommen

56 Die Verabschiedung des TRIPS-Abkommens[65] in der Uruguay Runde der WTO-Verhandlungen im Jahre 1994 stellt zweifelsohne einen der bedeutendsten Schritte in der Entwicklung des Rechts zum Schutz des geistigen Eigentums im letzten Jahrhundert[66] dar. Das Abkommen wurde ursprünglich von 111 Staaten unterzeichnet und trat 1996 in Kraft.[67] Es stellt trotz der Bezeichnung „agreement" keinen eigenständigen völkerrechtlichen Vertrag dar. Vielmehr handelt es sich um ein multilaterales Abkommen, das integraler Bestandteil des WTO-Abkommen ist. Inhaltlich befasst sich das TRIPS-Abkommen mit den gerade auch für das Internet wesentlichen Bereichen des geistigen Eigentums, nämlich dem Urheberrecht, einschließlich der Computerprogramme, den Marken, geografischen Herkunftshinweisen, gewerblichen Mustern, Patenten, dem Schutz geheimer Informationen, der Kontrolle von wettbewerbsschädlichen Praktiken in vertraglich vereinbarten Lizenzen und mit Topografien integrierter Schaltungen. Es findet auf alle Länder Anwendung, die durch ihre Unterzeichnung Mitgliedstaaten der WTO geworden sind. Das TRIPS Abkommen **inkorporiert** sowohl die **Pariser Verbandsübereinkunft** (PVÜ)[68] als auch die **Revidierte Berner Übereinkunft** (RBÜ)[69] mit der Folge, dass die Mindeststandards der PVÜ und der RBÜ sich nun auch auf Länder erstreckt, die den Konventionen bislang nicht beigetreten waren, aber Mitglieder der WTO sind. Dies führt faktisch dazu, dass es kaum noch weiße Flächen auf der Weltkarte des Schutzes Geistigen Eigentums mehr gibt. Das TRIPS-Abkommen hat im Urheberrecht außerdem neue **materielle Mindestvorschriften** eingeführt und zwar hinsichtlich der Schutzgegenstände (Computerprogramme und schöpferische Datensammlungen, vgl. Art. 10 TRIPS-Abkommen) als auch hinsichtlich der geschützten Rechte (Vermietrecht, vgl. Art. 11 TRIPS-Abkommen). Dieser Weg machte es möglich, die RBÜ als eine der ältesten und wichtigsten internationalen Konventionen auf dem Gebiet des Urheberrechts den Herausforderungen des digitalen Zeitalters anzupassen, ohne auf Grund des bestehenden Einstimmigkeitsprinzips (Art. 27. Abs. 3 RBÜ) den nahezu unmöglichen Weg einer erneuten Revision derselben gehen zu müssen.[70] Im Übrigen erschien eine erneute Revision der RBÜ für die Europäische Union politisch nicht erstrebenswert, da sie selbst als Nicht-Mitgliedstaat der Berner Union befürchten musste, auf den Änderungsprozess keinen angemessenen politischen Einfluss ausüben zu können.[71]

---

[65] Agreement on Trade-Related Aspects of Intellectual Property Rights vom 15. 12. 1993, GATT-Dokument MTN.TNC/W/FA, deutsche Transformation in BGBl. 1994 II S. 1565 (engl.) und 1730 (dt.).

[66] *Gervais,* The TRIPS Agreement, 1998, S. 3.

[67] *Rehbinder/Staehelein,* Das Urheberrecht im TRIPS-Abkommen – Entwicklungsschub durch die New Economic World Order, UFITA 1995, 5.

[68] Pariser Verbandsübereinkunft zum Schutz des gewerblichen Eigentums vom 20. 3. 1883, in der letzten Revision vom 14. 7. 1967 veröffentlicht unter BGBl. 1970 II S. 391, geändert durch Bek. vom 20. 8. 1984, BGBl. II 1984 S. 799.

[69] Berner Übereinkunft zum Schutz von Werken der Literatur und Kunst vom 9. 9. 1886 in der letzten Revision vom 24. 7. 1971 veröffentlicht unter BGBl. II 1973 S. 1071.

[70] *Reinbothe,* Geistiges Eigentum und die Europäische Gemeinschaft, Zeitschrift für Europäisches Privatrecht 2000, 24; *Sterling,* World Copyright Law, 1999, S. 558.

[71] *Reinbothe,* Zeitschrift für Europäisches Privatrecht 2000, 24.

Obwohl das TRIPS-Abkommen dem nationalen Gesetzgeber auch weiterhin die Regelungen der Einzelheiten hinsichtlich des Umfangs und der Durchsetzung des Rechtsschutzes überlässt, enthält es einen Gesamtrahmen, der den nationalen Spielraum enger werden lässt.[72] Die Tatsache, dass die Europäische Union neben ihren Mitgliedsstaaten selbst Mitglied des TRIPS-Abkommens ist, führt außerdem dazu, dass das TRIPS auch **gemeinschaftsrechtlich** zur **Harmonisierung** beiträgt. Während es in Großbritannien, Irland und Dänemark im Unterschied zu Deutschland bisher nicht möglich war, sich auf Vorschriften völkerrechtlicher Verträge ohne Dazwischentreten nationaler Rechtsvorschriften zu berufen, ist auf Grund der Mitgliedschaft der Europäischen Union die Anwendungsfrage gemeinschaftsrechtlich zu beurteilen.[73] 57

2. Die WIPO Verträge von 1996

Nur wenige Jahre nach TRIPS verabschiedeten Delegierte aus mehr als 120 Mitgliedsländern der WIPO auf der Diplomatischen Konferenz der WIPO am 20. Dezember 1996 in Genf zwei neue Verträge auf dem Gebiet des Urheberrechtes und der verwandten Schutzrechte,[74] die wegen ihres starken inhaltlichen Bezuges zu den neuen Medien, insbesondere auch zum Internet auch als „Internet Treaties" bezeichnet werden: Der **WIPO Copyright Treaty (WCT)**[75] und der **WIPO Performances and Phonograms Treaty (WPPT)**.[76] Beide Verträge stellen inhaltlich für den Rechtsschutz im traditionellen und im digitalen Umfeld einen erheblichen Mehrwert zu den bestehenden internationalen Übereinkommen auf dem Gebiet des Urheberrechtes dar. Sie sind mit dem Beitritt Gabuns als 30. Staat im Dezember 2001 in Kraft getreten.[77] Die fortschreitende Entwicklung im Bereich der Software- und Computertechnologien seit der letzten Revision der RBÜ im Jahre 1971 machte eine Modernisierung derselben dringend erforderlich.[78] 58

Als Resultat einer von der WIPO eingesetzten Expertenkommission, die sich aus Regierungsvertretern der einzelnen Mitgliedländer zusammensetzte und die den Auftrag hatte, ein neues internationales Vertragswerk zum Schutz von Urheberrechten zu entwickeln, wurde 1996 in Genf der **WIPO Copyright Treaty (WCT)** angenommen.[79] Im Gegensatz zur RBÜ sieht der WCT explizit vor, dass die EG Mitglied des Vertrages werden kann (Art. 17 Abs. 3 WCT). Aus diesem Grund ist es auch geplant, dass alle Mitgliedstaaten der EG und die Gemeinschaft selbst gleichzeitig Vertragsmitglieder des WCT werden. Aufgrund der bestehenden gemischten 59

---

[72] Vgl. hierzu auch *Ginsburg,* Die Rolle des nationalen Urheberrechts im Zeitalter der internationalen Urheberrechtsnormen, GRUR Int. 2000, 100.

[73] Vgl. *Drexel,* Nach „GATT und WIPO": Das TRIPs-Abkommen und seine Anwendung in der Europäischen Gemeinschaft, GRUR Int. 1994, 779.

[74] Vgl. zur Entstehungsgeschichte *Reinbothe/Martin-Prat/von Lewinski,* The New WIPO Treaties: A first Resume, E.I.P.R. 1997, 171 und nunmehr ausführlich *Reinbothe/von Lewinski,* passim.

[75] WIPO Copyright Treaty vom 20. 12. 1996, deutsche Fassung veröffentlicht in Abl. EG 1998 Nr. C 165, S. 9.

[76] WIPO Performances and Phonograms Treaty vom 20. 12. 1996, deutsche Fassung veröffentlicht in Abl. EG 1998 Nr. C 165, S. 13.

[77] Information in World Internet Report 2002, 36.

[78] Detailliert hierzu § 8, Rdnr. 17 ff.

[79] Vgl. hierzu von *Lewinski,* WIPO Diplomatic Conference Results in Two New Treaties, IIC 1997, 203.

Kompetenz der EG und der EG-Mitgliedstaaten müssen die im WCT enthaltenen Verpflichtungen auch durch die Gemeinschaft umgesetzt werden. Dies geschieht durch die sogleich unten näher behandelte Richtlinie zum Urheberrecht in der Informationsgesellschaft,[80] so dass die Verabschiedung des WCT neben einer internationalen Harmonisierung auch einen Fortschritt für die europäische Harmonisierung bewirkt. Der WCT bezieht sich ausschließlich auf die RBÜ, revidiert diese *de facto* ein Vierteljahrhundert nach ihrer letzen Revision und bringt sie umfassend auf den neusten Stand. Dabei stellt der WCT auch gegenüber den Vorschriften des TRIPS-Abkommens mit seinen Bestimmungen über ein allgemeines Verbreitungsrecht (vgl. Art. 6 WCT), ein **Recht der öffentlichen Zugänglichmachung** (vgl. Art. 8 WCT), Verpflichtungen in Bezug auf **technische Maßnahmen** (vgl. Art. 11 WCT) oder in Bezug auf **Informationen über die Rechteverwaltung** (vgl. Art. 12 WCT) eine erhebliche Verbesserung des Schutzes der Urheber sowohl für das traditionelle als auch für das neue digitale Umfeld dar.[81]

60 Gegenstand des **WIPO Performances and Phonogram Treaty (WPPT)** sind die Rechte der Tonträgerhersteller, sowie der ausübenden Künstler von Tondarbietungen. Der WPPT hat zum Ziel – neben dem international nicht sonderlich durchgesetzten **Rom-Abkommen**[82] zum Schutz der ausübenden Künstler Hersteller von Tonträgern und Sendeunternehmen von 1961 – diesen Leistungsschutzberechtigten ein international im Verhältnis zu den bisherigen Vertragswerken praktisch wirksameres Schutzinstrument zur Verfügung zu stellen, welches zugleich den Rechtsschutz an die fortgeschrittene technische Entwicklung im gesamten Bereich der Medien anpasst. Der WPPT stellt im Vergleich zum TRIPS-Abkommen und zum Rom-Abkommen wesentlich **umfangreichere Mindestrechte** zur Verfügung, die einen weiten Bereich der Leistungserbringung im Internet abdecken. So umfasst nach den „Agreed Statements" zum WPPT das Vervielfältigungsrecht sowohl die Digitalisierung eines analogen Tonträgers als auch das Up- und Downladen von Tonträgern in den Computerspeicher[83]. Starken Bezug zum Internet hat auch das neue **On-Demand-Übertragungsrecht** (vgl. Art. 14 WPPT), welches die digitale Übermittlung von Tonträgern regelt, die für den Abruf bereitgehalten werden und gegen Zahlung eines Entgelts an einen Kunden übermittelt werden, sobald dieser die Übertragung eines Tonträgers in Auftrag gegeben hat.

II. Europäische Ebene

61 Auch wenn unser Handbuch den Rechtszustand in Deutschland beschreibt, kann man diesen heutzutage nicht mehr ohne Einbeziehung der Regelungen auf Europäischer Ebene betrachten. Wir wollen daher an dieser Stelle – ohne auf die nationalen Umsetzungsakte einzugehen, die im jeweiligen Einzelkapitel Raum finden –

---

[80] Richtlinie 2001/29 EG des Europäischen Parlaments und des Rates vom 22. 5. 2001 zur Harmonisierung bestimmter Aspekte des Urheberrechts und verwandter Schutzrechte in der Informationsgesellschaft Abl. Nr. L 167/10.

[81] *Reinbothe,* Zeitschrift für Europäisches Privatrecht 2000, S. 25; eine gute Übersicht bieten *Reinbothe/Martin-Prat/Lewinski,* E.I.P.R. 2000, 171 ff.

[82] Internationales Abkommen über den Schutz der Ausübenden Künstler, der Hersteller von Tonträgern und der Sendeunternehmen vom 26. 10. 1961, BGBl. 1965 II S. 1245.

[83] Agreed Statements Concerning the WIPO Performance and Phonogram Treaty, angenommen von der Diplomatischen Konferenz am 20. 12. 1996, WIPO Dok. CRNR/DC/97 vom 23. 12. 1997.

gewissermaßen als Schirm den europäischen Rechtsstatus rund um das geistige Eigentum und das Internet kurz vorstellen. Obwohl einige der insbesondere von der EU-Kommission vorbereiteten Richtlinien einen direkten inhaltlichen Bezug zum Internet haben, erfordert die Darstellung des Rechtsrahmens des Internets wegen der großen wirtschaftlichen Bedeutung gewerblicher Schutzrechte im Zusammenhang mit dem Internet auch einen kurzen Überblick über das allgemeine europäische gewerbliche Rechtsschutzsystem. Bei der Darstellung des rechtlichen Rahmens auf europäischer Ebene ist daher zu differenzieren zwischen **unmittelbar geltendem supranationalem Gemeinschaftsrecht, transnationalem europäischem Recht** und den in das nationale Recht umzusetzenden **Richtlinien** als Teil des supranationalen Gemeinschaftsrechts.

1. Unmittelbar geltendes supranationales Gemeinschaftsrecht

Die EU stellt bekanntlich bislang nicht mehr als eine Vereinigung von Staaten auf 62
der Grundlage einer wirtschaftlichen Gemeinschaft dar. Es gibt daher kein übergeordnetes einheitliches europäisches Rechtssystem – die EU strebt zur Schaffung eines gemeinsamen Marktes ohne Handelsbarrieren vielmehr eine Harmonisierung der nationalen Gesetze an. Die nationalen Rechtssysteme werden daher solange weiterbestehen, bis eine europaweite Lösung in dem betroffenen Bereich gefunden wurde. Diese Annäherung erfolgt – neben dem unmittelbar geltenden Primarrecht der Verträge (vor allem das **Kartellrecht** in Art. 81 ff. EGV) – im Wesentlichen durch die bekannten Richtlinien, die vom Rat auf der Grundlage des EG-Vertrages (Art. 249 EGV) in Abstimmung mit dem europäischen Parlament verabschiedet werden. Hinzu tritt aber auch die Harmonisierung durch supranationales Gemeinschaftsrecht.

Unter supranationalem Gemeinschaftsrecht sind Rechtsakte zu verstehen, die 63
ohne weitere Umsetzung in das nationales Recht der Mitgliedsstaaten für das gesamte Gebiet der Europäischen Gemeinschaft gelten (z. B. Verordnungen). Im Bereich des gewerblichen Rechtschutzes wird ein solches supranationales Rechtssystem auch als Single System bezeichnet, da dem Inhaber des gewerblichen Schutzrechts mit einem einzigen Erteilungsverfahren ein supranationales EG-weites Schutzrecht gewährt wird. Das Territorialitätsprinzips bleibt bestehen, lediglich die territorialen Grenzen des Schutzrechtes werden von den nationalen Grenzen auf die Grenzen der EU verschoben.

a) Markenrecht

Zuerst existierte ein solches Single System nur bei Marken. Durch die Marken- 64
rechts-Verordnung[84] wurde ein Gemeinschaftsmarkenrecht eingeführt, welches parallel neben dem nationalen Markenrecht – das durch eine entsprechende Richtlinie[85] harmonisiert wurde – existiert.[86] Die Einführung der europäischen Gemeinschaftsmarke ermöglicht es, durch eine einzige erfolgreiche Anmeldung vor dem

---

[84] Verordnung (EG) Nr. 40/94 des Rates über die Gemeinschaftsmarke vom 20. 12. 1993 Abl. 1994 11/1.

[85] Erste Richtlinie 89/104/EG zur Angleichung der Rechtsvorschriften der Mitgliedstaaten über die Marken vom 21. 12. 1988, Abl. 1989 L 40/1.

[86] Zu den kennzeichenrechtlichen Fragen ausführlich die Kapitel Kennzeichenrecht unten § 7 und Domainrecht unten § 6.

Europäischen Markenamt (Harmonisierungsamt für den Binnenmarkt (Marken, Muster und Modelle)) in Alicante/Spanien einen europaweiten einheitlichen Schutz für eine Marke zu erhalten. Die Erteilung, der Bestand, der Schutz einer Gemeinschaftsmarke ist dabei ausschließlich nach Gemeinschaftsrecht zu beurteilen, welches in allen Mitgliedsländern direkt anwendbar ist. Internetspezifische Regelungen enthält das europäische Markenrecht bislang noch nicht, wenn auch die Verordnung und die später zu behandelnde Richtlinie wesentlich bei der Lösung der unten separat zu behandelnden Fragen rund um Domain-Namen sind.

b) Patentrecht

65 Im Bereich des Patentrechts ist es seit dem fehlgeschlagenen Versuch von 1975 immer noch nicht gelungen, ein für die gesamte Europäische Union geltendes **Gemeinschaftspatent** zu schaffen. Dieses liegt zu wesentlichen Teilen auch daran, dass das Europäische Patentübereinkommen (Fußnote 66 und in § 9 Softwarepatent) große wirtschaftliche Bedeutung erlangt hat. Im Unterschied zu dem Patent auf der Basis des Europäischen Patentübereinkommens soll das Gemeinschaftspatent ohne Nationalisierung in den Mitgliedsländern überall Gültigkeit haben. Gegenwärtig ist nicht absehbar, wann es zu einer Umsetzung des Gemeinschaftspatents kommen wird, obwohl dieses Thema von der jeweiligen Präsidentschaft der Europäischen Union häufig zum Gegenstand von Arbeitspapieren gemacht wird, so dass der Anmelder auf absehbarer Zeit auf das etablierte und gut funktionierende Europäische Patentübereinkommen gern zurückgreifen wird.

c) Geschmacksmusterrecht

65 a Die Harmonisierung der nationalen Geschmacksmusterrechte in der Europäischen Union wurde 1998 mit einer Richtlinie[87] über den Schutz von Mustern und Modellen eingeleitet. Diese Richtlinie wurde vom deutschen Gesetzgeber bisher nicht umgesetzt. Ein Referentenentwurf[88] für ein neues nationales Geschmacksmusterrecht liegt jedoch vor. Mit der am 6. März 2002 in Kraft getretenen Gemeinschaftsgeschmacksmuster-Verordnung[89] wurde neben dem Markenrecht ein zweites, in der gesamten Europäischen Union geltendes Schutzrecht geschaffen, das Gemeinschaftsgeschmacksmuster. Diese Verordnung liefert die Rechtsgrundlage für zwei Formen des Schutzrechts, ein nicht eingetragenes und ein eingetragenes Gemeinschaftsgeschmacksmuster. Das nicht eingetragene Gemeinschaftsgeschmacksmuster mit einer Schutzdauer von drei Jahren ist vor allem für Wirtschaftszweige interessant, die zahlreiche Geschmacksmuster für Produkte von kurzer Lebensdauer hervorbringen. Es bietet Schutz gegen Nachahmungen. Das eingetragene Gemeinschaftsgeschmacksmuster muss beim Harmonisierungsamt für den Binnenmarkt angemeldet und registriert werden[90] und bietet einen mit dem Patentrecht vergleichbaren absoluten Schutz des registrierten Musters für fünf Jahre. Die Schutzdauer kann um Zeiträume von jeweils fünf Jahren bis zu einer Gesamtdauer von 25 Jahren verlängert

---

[87] Richtlinie 98/71/EG des Europäischen Parlaments und des Rates über den rechtlichen Schutz von Mustern und Modellen vom 13. 10. 1998, Abl. L 289/28.

[88] Referentenentwurf für ein Geschmacksmusterreformgesetz vom 22. 4. 2002.

[89] Verordnung (EG) Nr. 6/2002 des Rates vom 12. 12. 2001 über das Gemeinschaftsgeschmacksmuster, Abl. 2002 L 3/1.

[90] Für das eingetragene Gemeinschaftsgeschmacksmuster werden Anträge vom Harmonisierungsamt für den Binnenmarkt mit Wirkung vom 1. April 2003 entgegengenommen.

werden. Die Schutzfähigkeit und der Schutzumfang sind ausschließlich nach Gemeinschaftsrecht zu beurteilen. Für die Rechtsdurchsetzung sind von den Mitgliedsstaaten zu benennende nationale Gemeinschaftsgeschmacksmustergerichte zuständig. Die Schutzfähigkeit eines Gemeinschaftsgeschmacksmusters kann im Wege einer Widerklage im Rahmen eines Verletzungsprozesses sowie von jedermann durch einen Antrag auf Nichtigerklärung vor dem Harmonisierungsamt überprüft werden.

2. Transnationales europäisches Recht

Das EPÜ (Europäisches Patentübereinkommen) bietet einen europaweiten transnationalen Schutz eines Patents durch die Erteilung eines europäischen Bündelpatents. Bislang haben 26 europäische Länder[91] das EPÜ unterzeichnet. Das EPÜ ist kein gemeinschaftsrechtliches Übereinkommen und ermöglicht auch europäischen Ländern, die nicht Mitglied der EU sind, den Beitritt. Der Anmelder eines Patents muss bei seiner Anmeldung die europäischen Vertragsstaaten angeben, für die er ein Patentrecht anstrebt. Für den Fall, dass er die im EPÜ geregelten formellen und materiellen Voraussetzungen erfüllt, erhält er vom Europäischen Patentamt ein europäisches Patent, welches er in den von ihm angegebenen Staaten nationalisieren kann. Das auf diese Weise erlangte Patent wird in den jeweiligen Staaten wie ein nationales Patent behandelt, so dass von der Gewährung eines Bündels nationaler Patente gesprochen werden kann (Bundle System). Auch die Einführung des EPÜ hat faktisch zu einer Angleichung des europäischen Patentrechts geführt. In Verbindung mit dem Entstehen neuer Technologien steht es jedoch immer wieder vor einer Herausforderung. Aktuelles Beispiel ist die nicht einheitliche Rechtsprechung zum Patentschutz von Erfindungen in Verbindung mit Software, die wir weiter unten detailliert beschreiben werden.[92] 66

3. EU-Richtlinien und ihre Umsetzung in nationales Recht

Die EU-Kommission hat sich der rechtlichen Probleme rund um die Digitalisierung seit einigen Jahren angenommen und versucht insbesondere durch die Vorbereitung und Erlass von Richtlinien bestehende Rechtsunsicherheiten zu beseitigen, Schutzlücken zu schließen und einen einheitlichen Rechtsrahmen für die Informationsgesellschaft zu schaffen. Erlassen werden Richtlinien seit dem Vertrag von Amsterdam nicht mehr von der Kommission allein, sondern nach Konsultation des Parlaments in einem gesonderten Verfahren. 67

a) Datenbankrichtlinie

Eine der ersten Richtlinien,[93] die wesentliche Teile des Internets betrafen, war die Datenbankrichtlinie,[94] die bis zum 2. 1. 1998 in nationales Recht umgesetzt werden 68

---

[91] Österreich, Belgien, Zypern, Dänemark, Finnland, Frankreich, Deutschland, Griechenland, Irland, Italien, Liechtenstein, Luxemburg, Monaco, Niederlande, Portugal, Spanien, Schweden, Großbritannien, Bulgarien, Tschechien, Estland, Slowakei, Slowenien, Ungarn und schließlich die Türkei.

[92] Vgl. § 9, Rdnr. 20 ff.

[93] Zu sämtlichen Richtlinien mit Urheberrechtsschutz vgl. *Walter*, passim.

[94] Richtlinie 96/9/EG des Europäischen Parlamentes und des Rates vom 11. 3. 1996 über den rechtlichen Schutz von Datenbanken, Abl. L 77/20.

musste und den Schutz von Datenbanken zum Inhalt hat. Wie aus ihren Erwägungsgründen hervorgeht, strebt sie explizit auch die Verbesserung des Schutzes von Online-Datenbanken an.[95] Neben dem urheberrechtlichen Schutz von Datenbanken schöpferischer Qualität wurde ein neuartiger und weltweit bis jetzt einmaliger *sui generis*-Schutz für solche Datenbanken vorgesehen, die mangels Werkcharakter einem urheberrechtlichen Schutz nicht zugänglich sind, auf Grund ihrer Beschaffenheit jedoch eine quantitativ oder qualitativ wesentliche Investition des Hersteller erfordern und daher als schützenswert angesehen werden. Da ein vergleichbares Recht der Datenbankindustrie in den USA nicht zur Verfügung steht,[96] wird der hierdurch für die europäische neue Wirtschaft bestehende Rechtsvorteil den amerikanischen Gesetzgeber zum Handeln zwingen[97] und faktisch zu einer weiteren weltweiten Harmonisierung der Urheberrechtssysteme beitragen.

b) Richtlinie über das Urheberrecht und die verwandten Rechte in der Informationsgesellschaft

69 Das Urheberrecht war einer der ersten Anlässe für die EU-Kommission, sich mit dem Internet zu beschäftigen.[98] Das Urheberrecht stellt in der Tat eines der zentralen Rechtsgebiete im Internet dar.[99] Die vor Verabschiedung hart umkämpfte Richtlinie zum Urheberrecht und zu verwandten Schutzrechten[100] soll den bestehenden EU-Rahmen für das Urheberrecht und verwandte Schutzrechte anpassen und ergänzen, um neuen technischen Entwicklungen und der Informationsgesellschaft Rechnung zu tragen.[101] Sie regelt insbesondere das **Vervielfältigungsrecht** inklusive seiner Schranken, das Recht der **öffentlichen Wiedergabe** und **Zugänglichmachung,** das Verbreitungsrecht sowie den rechtlichen **Schutz von Systemen** zur Verhinderung unerlaubten Kopierens und zur **Verwaltung von Rechten.**[102] Diese Urheberrechts-Richtlinie stellt zweifelsohne die europäische *Magna Charta* des Urheberrechts im Internet-Zeitalter dar, denn sie regelt entsprechend der eingangs angesprochenen Herausforderungen: Internationalität, Verschlüsselung und insbesondere Rechteverwaltung. Sie sollte aber auch vor dem Hintergrund einer parallelen bzw. ihr vorangehenden Gesetzgebung der USA, dem Digital Millenium Copyright Act, gesehen werden.[103] In Deutschland ist ihre Umsetzung soeben abgeschlos-

---

[95] Erwägungsgründe Nr. 33, 34 und 43 Datenbankrichtlinie.

[96] Seitdem durch eine Entscheidung des *US Supreme Court* die bis dahin geltende „sweat of the brow-theory" verworfen wurde und die bestehenden niedrigen Voraussetzungen für den die Erlangung eines Urheberrechtes an Datensammlungen auf annähernd europäisches Niveau gehoben worden sind, ist auch in den USA ein schöpferischer Akt des Urhebers zur Erlangung eines Copyrights an Datensammlungen notwendig. Siehe hierzu ausführlich *McManis,* Intellectual Property and International Mergers and Acquisition, Intellectual Property Law Review 1999, 641 ff.

[97] Vgl. hierzu *Ayyar,* Interest or Right? The Process and Politics of a Diplomatic Conference on Copyright, The Journal of World Intellectual Property 1998, 9; *McManis,* Intellectual Property and International Mergers and Acquisition, in: Intellectual Property Law Review 1999, 642.

[98] Vgl. zum Grünbuch Rdnr. 51.

[99] Vgl. hierzu ausführlich unten § 8.

[100] Richtlinie 2001/29/EG des Europäischen Parlamentes und des Rates vom 22. 5. 2001 zur Harmonisierung bestimmter Aspekte des Urheberrechts und der verwandten Schutzrechte in der Informationsgesellschaft, Abl. L 167/10 und oben Rdnr. 59.

[101] Detailliert hierzu § 8, Rdnr. 24 ff.

[102] Vgl. zu speziellen urhebervertragsrechtlichen Fragen unten § 13 Rdnr. 250 ff.

[103] Digital Millenium Copyright Act, Pob. L. No. 105–304, 112 Stat. 2060, vgl. http://www.thomas.loc.go [abgerufen am 1. 2. 2002]; vgl. zum Digital Millenium Copyright Act beispielhaft: *Frey-*

sen;[104, 105] Zu beachten ist in diesem Zusammenhang auch die sogenannte **Conditional-Access-Richtlinie,**[106] deren Umsetzung Anfang 2002 durch das **Zugangskontrolldiensteschutzgesetz** erfolgte.[107]

c) Datenschutzrichtlinie

Recht im Internet berührt immer auch den Datenschutz[108]. Die EU hat dies früh erkannt und bereits 1995 die EU-Richtlinie zum Datenschutz[109] verabschiedet. Sie erweitert gerade im Bereich der Online-Datenübermittelung den Anwendungsbereich des bundesdeutschen Datenschutzrechtes erheblich. So werden ausländische Online-Dienste den innerstaatlichen Regelungen unterfallen, soweit ihre Tochterunternehmen im jeweiligen Mitgliedstaat Datenverarbeitung betreiben. Die Datenverarbeitung der Mutterunternehmen unterliegt diesen Regelungen ebenfalls, soweit die Datenverarbeitungsmittel in einem Mitgliedsstaat liegen. Schließlich regelt die Richtlinie auch die (online) Übermittlung von personenbezogenen Daten in Drittstaaten, wobei für die Zulässigkeit der Übermittelung das Datenschutzniveau im Drittland entscheidend ist. 70

d) Elektronischer Handel

Die EU hatte – neben dem geistigen Eigentumsrecht – immer das Ziel, durch eine umfassende Politik jeden geschäftlichen Schritt im elektronischen Handel zu regeln. Dies hat zu einer Reihe von Richtlinien und Entwürfen geführt, die im Folgenden nur überblicksartig aufgelistet werden sollen: Die Richtlinie über den Verbraucherschutz,[110] die bereits erwähnte Richtlinie über den Schutz von bedingten Zugangsdiensten,[111] die Richtlinie über digitale Signaturen[112] und schließlich die Richtlinie über den elektronischen Handel.[113] Diese Richtlinien werden uns überwiegend weiter unten im Kapitel über Verträge im Zusammenhang mit dem Geistigen Eigentum wiederbegegnen,[114] aber auch im Wettbewerbsrecht.[115] Sie können zudem als erste 71

---

tag, MMR 1999, 207; *Wand,* S. 218ff. m.w.N. und zur ersten verfassungsrechtlichen Überprüfung: *Friedmann,* The Good Guys Win in the Movies, CRi 2002, 40.

[104] Gesetz zur Regelung des Urheberrechts in der Informationsgesellschaft noch nicht im BGBl. veröffentlicht; vgl. zu ihm § 8, Rdnr. 30ff. und § 13, Rdnr. 215f. für Peer-to-Peer-Verträge.

[105] Detailliert hierzu § 8, Rdnr. 36ff.

[106] Richtlinie 98/84/EG des Europäischen Parlamentes und des Rates vom 20. 11. 1998 über den rechtlichen Schutz von Zugangskontrolldiensten, Abl. EG Nr. L 320/54.

[107] Gesetz über den Schutz von zugangskontrollierten Diensten und von Zugangskontrolldiensten (Zugangskontrolldiensteschutz-Gesetz – ZKDSG) vom 19. 3. 2002, BGBl. I 2002 S. 1090.

[108] Vgl. dazu ausführlich unten § 5.

[109] Richtlinie 95/46/EG des Europäischen Parlaments und des Rates vom 24. 10. 1995 zum Schutz natürlicher Personen bei der Verarbeitung personenbezogener Daten und zum freien Datenverkehr, Abl. EG Nr. L. 281/31.

[110] Richtlinie 97/7/EG des Europäischen Parlamentes und des Rates vom 20. 5. 1997 über den Verbraucherschutz bei Vertragsschlüssen im Fernabsatz, Abl. EG Nr. L 144/19.

[111] Vgl. Fn. 106.

[112] Richtlinie 1999/93/EG des Europäischen Parlamentes und des Rates vom 13. 12. 1999 über gemeinsame Rahmenbedingungen für elektronische Signaturen Abl. EG Nr. L 13/12.

[113] Richtlinie 2000/31/EG des Europäischen Parlamentes und des Rates vom 8. 6. 2000 über bestimmte rechtliche Aspekte der Dienste der Informationsgesellschaft, insbesondere des elektronischen Geschäftsverkehrs, im Binnenmarkt, Abl. EG Nr. L 178/1.

[114] Vgl. unten § 13.

[115] Vgl. § 11, Rdnr. 37ff.

Ansatzpunkte eines europäischen Zivilrechts gesehen werden. Gleichwohl bringen sie erhebliche Bewegung auch in das deutsche Zivilrecht, was an dieser Stelle ebenfalls nur nachgewiesen werden soll: So ist bereits in Kraft das Fernabsatzgesetz, das der Umsetzung der Fernabsatzrichtlinie dient.[116] Ebenso umgesetzt ist die Richtlinie über elektronische Signaturen mit der Novelle des Signaturgesetzes,[117] mit dem Deutschland als erstes europäisches Land mit einer solchen Regelung schon im Jahr 1997 vorgeprescht war. Wichtigstes Begleitgesetz zu diesem Signaturgesetz ist das entsprechende Formgesetz,[118] das derartige Signaturen beweis- und zivilrechtlich unter bestimmten Bedingungen anerkennt. Darüber hinaus hat der Bundestag zur Umsetzung der Richtlinie über den elektronischen Geschäftsverkehr ein eigenes Gesetz erlassen,[119] hinzuzuzählen sind ferner das Teledienstegesetz und der Mediendienstestaatsvertrag, und – natürlich nicht zu vergessen – das große Schuldrechtsmodernisierungsgesetz,[120] das in diesem Zusammenhang auch zu nennen ist. Generell zum Elektronischen Handel, aber auch zum Kartellrecht gehört nicht zuletzt auch das **Telekommunikationsrecht.** Wir werden diese Sondermaterie, die vielfach mit den hier behandelten Fragen (insb. im Kartellrecht und im Vertragsrecht) verwoben ist, an den jeweiligen Stellen soweit notwendig, darstellen. Unser Ziel ist es gleichwohl nicht, ein Handbuch des TK-Rechts zu schreiben; hier sei auf die einschlägige, zahlreich vorhandene Literatur verwiesen. Allerdings zeigt gerade dieses Rechtsgebiet, dass die zunehmende allseits beschriebene **Konvergenz der Medien** immer mehr auch im zivilrechtlich geprägten Geistigen Eigentum Bedeutung gewinnt.

F. Schluss

72 Diese Einleitung hat versucht, dem Leser den größeren Zusammenhang der internet-spezifischen Probleme des Rechts des Geistigen Eigentums aufzuzeigen. Sie sollte gleichzeitig die großen Herausforderungen und Chancen des Internets zumindest ansatzweise darstellen. Der Leser mag sich nun die einzelnen Rechtsgebiete rund um das geistige Eigentum als Kernbestand einer Rechtsordnung in der Wissensgesellschaft erobern.

---

[116] Richtlinie 97/7/EG des Europäischen Parlamentes und des Rates vom 20. 5. 1997 über den Verbraucherschutz bei Vertragsabschlüssen im Fernabsatz, Abl. EG Nr. L 144/19; Fernabsatzgesetz vom 27. 6. 2000, BGBl. I 2000, S. 897.

[117] Gesetz über Rahmenbedingungen für elektronische Signaturen und zur Änderung weiterer Vorschriften vom 16. 5. 2001, BGBI. I 2001, S. 876.

[118] Gesetz zur Anpassung der Formvorschriften des Privatrechts und anderer Vorschriften an den modernen Rechtsverkehr vom 13. 7. 2001, BGBl. I 2001 S. 1542.

[119] Gesetz über rechtliche Rahmenbedingungen für den elektronischen Geschäftsverkehr vom 14. 12. 2001, BGBI. I 2001, S. 3721.

[120] Gesetz zur Modernisierung des Schuldrechts vom 26. 11. 2001, BGBI. I 2001 S. 3138.

§ 2. Wirtschaftliche Bedeutung internetbasierten Handelns und ausgewählte Beispiele

Martin Boehme

Übersicht

Literatur: *Aldrich,* Mastering the Digital Marketplace, 1999; *Andelman,* The Profit Zone, 1998; *Amor,* The e-business R/Evolution, 2002; *Bleicher (Hrsg.),* Organisation als System, 1972; *Burkert,* The law of information technology – Basic concepts, DvD 1988, 394; *Bodendorf,* Wirtschaftsinformatik im Dienstleistungsbereich, 1999; *Cairncross,* The Death of Distance, 1997; *Cusumano/Selby,* Microsoft Secrets, 1995; *Hamel,* Leading the Revolution 2000; *Jerzembek/Maderner,* Interview mit Michael Ganal, Vertriebsvorstand BMW Group – Einmal mehr kein Raumwunder, Automobilindustrie 2001, 72; *Kalakota/Robinson,* M Business, 2002; *Kalakota/Whinston,* Electronic Commerce, 2001; *Krogh/Nonaka/Aben,* Making the Most of Your Company's Knowledge, Long Range Planning, 2001; *Maderner,* Direkter Draht zum Endkunden, Automobilindustrie 2001, 68; *Neofiodow,* Der sechste Kondratieff, 1997; *Perez,* Structural change and the assimilation of new technologies in the economic and social system, Futures Vol. 15 No. 4/1998, 357; *Schmaten,*

Grundlage mit Problem der Betriebswirtschaft, 10. Aufl. 1996; *Schneider*, Mikroökonomie, 4 Aufl. 1986; *Schneider/Schnetkamp*, E-Markets, 2000.

A. Prolog

1 An einem Mittwochmorgen setzt sich Bob Nowlan in Chicago an seinen Laptop, um den Status seines Aktienportfolios zu überprüfen. Als Bob feststellt, dass ein Teil seiner Anlagen über Nacht deutlich im Wert gestiegen ist, loggt er sich auf der Website seiner Bank ein und verkauft einige seiner Anteile seines internationalen Aktienfonds. Dazu nutzt er den Zugang ins Internet über einen Provider[1] (z. B. AOL, UUNet, T-Online, etc.). Darüber hinaus nutzt er über die spezifische Banking Software nutzergesteuerte Abfragen von Datenbank seiner Bank, die die Informationen über sein Aktienportfolio enthalten. Dann klickt er die Website seines bevorzugten Autohändlers an, um ein neues Cabriolet zu konfigurieren, das er beabsichtigt zu kaufen. Neben dem oben erklärten Zugangsprovider spielt hier die Abfrage von Datenbanken des Automobilherstellers mit den Möglichkeiten der käuferspezifischen Konfiguration von Autos eine zentrale Rolle.[2] Diese Konfiguration schickt er anschließend seinem Autobroker und bestätigt diesen Kauf telefonisch. Innerhalb einer Stunde erhalten die Arbeiter eines deutschen Automobilwerkes die Werksspezifikationen zur Herstellung eines silbernen Cabriolets mit Ledersitzen, Soundanlage und weiteren Extras, die Bob bestellt hat. Gleichzeitig erwirbt in Japan ein institutioneller Anleger, der über einen Online-Nachrichtendienst für Finanzinformationen per E-Mail über den plötzlichen Absatzaufschwung für Transportanlagen der höheren Preisklasse informiert wurde, die Fondsanteile, die Bob verkauft hat. Bis Mittag (Atlanta Zeit) legt der Fonds weitere 2,5 Prozentpunkte zu. Eine asiatische Fluggesellschaft, die an dem Fonds beteiligt ist, nutzt die erhöhte Bewertung, um zwei Jumbojets von Boeing, Inc. in Seattle im US-Staat Washington zu ordern. Boeing seinerseits verwendet die Erträge aus dieser Transaktion dazu, die Löhne und Gehälter mehrerer Tausend seiner Mitarbeiter auszuzahlen, u. a. auch die Angestellte Mary Nowlan. Mary weiß, dass ihr Monatslohn um 17:00 Uhr Pazifikzeit elektronisch auf ihr Bankkonto überwiesen wird und hält auf dem Heimweg beim örtlichen Blumenhändler. Sie lässt ihrem Bruder Bob in Atlanta, der gerade seinen 45. Geburtstag mit der Bestellung seines Traumwagens feiert, ein Dutzend Rosen schicken und bezahlt mit ihrer Scheckkarte. Bei ihrer Ankunft zu Hause schickt Mary zusätzlich eine grafisch besonders schön gestaltete elektronische Grußkarte an ihren Bruder. Auch sie benutzt einen Provider und die Abfrage der Datenbank des Anbieters elektronischer Grußkarten, aus der sie sich die passende Karte auswählt, per Digital-Right-Management-Software die notwendigen urheberrechtlichen Nutzungsrechte erwirbt und ihre persönlichen Grüße hinzufügt.[3]

---

[1] Zu Zugangsverträgen vgl. § 13, Rdnr. 81 ff.

[2] Der Konfigurator, den mittlerweile fast alle Automobilhersteller anbieten, ist ein gutes Beispiel für nutzerspezifische Produktinformation einerseits und ein möglichst realistisches „look-and-feel" über das Internet. Es zeigt aber auch, dass das Internet ein Besuch im Autohaus und schon gar keine Probefahrt des Wunschautos ersetzen kann. Der „ökonomische" Effekt des Internets ist in diesem Beispiel der informierte Kunde, der ein sehr viel zielbezogeneres Informationsgespräch im Autohaus und eine zielgerichtetere Probefahrt ermöglicht.

[3] Vgl. *Aldrich*, 1999, S. 3 f.

Innerhalb weniger Stunden löst ein Mann aus seiner Wohnung in Atlanta eine Reihe von Ereignissen aus, die sich auf die Konjunktur in vier Ländern, auf sieben Branchen und auf unzählige Einzelpersonen auswirken und bei der das **geistige Eigentum** einer Vielzahl von Unternehmen **genutzt** wird. Bei diesem Beispiel wurden nicht nur **Informationen** und **Daten** zwischen Personen, Unternehmen und Gemeinschaften nahezu zeitnah ausgetauscht, sondern auch Transaktionen fast reibungslos durchgeführt. Genau das bezeichnen wir als „elektronischen Handel". Wenn man nun berücksichtigt, dass täglich Millionen ähnlicher Transaktionen ablaufen, kann man verstehen, dass der „elektronische Handel" für jedes Geschäft und jedes Individuum heute von enormer Bedeutung ist. Wird sich diese Entwicklung fortsetzen? Ja! 2

Die **Verbesserungsmöglichkeiten** heutiger **Wertschöpfungsprozesse**, insbesondere durch die veränderten Möglichkeiten in der Informationsgesellschaft sind erheblich. Einige Beispiele mögen dies verdeutlichen: 3

- Für die Zusammenstellung der Forschungs- und Entwicklungsausgaben der Automobilindustrie der letzten zehn Jahre schätzt ein Beamter des Bundeswirtschaftsministeriums drei bis vier Wochen. Die Identifikation eines Experten beim Verband Deutscher Automobilhersteller (VDA) verkürzt diese Zeit auf drei Tage – eine Produktivitätsverbesserung um den Faktor 10. Die Recherche im Internet ermöglicht den Kontakt zu einem Forschungs- und Beratungshaus, das die Information per E-Mail in einer halben Stunde zur Verfügung stellt – eine Produktivitätsverbesserung größer 1000. Der Zugriff auf eine Datenbank eines Informationsproviders, der über das Internet möglich ist, **beschleunigt** die **Informationsbereitstellung** nochmals.
- Die Verwaltung der Reisekosten der Mitarbeiter des US-Verteidigungsministeriums in Höhe von zwei Milliarden Dollar verursacht interne Kosten in Höhe von drei Milliarden Dollar.
- Für die Erstellung der jährlichen Einkommenssteuererklärung wenden die Amerikaner pro Jahr 3,7 Milliarden Stunden auf. Das entspricht der Arbeitsleistung von 1,5 Millionen Angestellten!

Welche **Veränderungen** ergeben sich für die **Durchsetzung von Recht** und die notwendigen Spielregeln für elektronischen Handel?

Der **bisherige Fokus** von Gesetzgebung und Rechtsprechung auf dem Gebiet des Wirtschaftsrechts lag auf **materiellem Eigentum**, der Durchsetzung desselben, der Herstellung fairer Wettbewerbsbedingungen und dem Schutz technischer und wirtschaftlicher Innovationen – also z.B. Arbeits- und Kündigungsschutz, Aktien-, Wettbewerbsrecht, natürlich aber auch Patentrecht und andere gewerbliche Schutzrechte sowie Urheberrecht – in denen in den letzten zwei Jahrzehnten wesentliche Änderungen vollzogen wurden. 4

Mit der zunehmenden Dematerialisierung in der Informationsgesellschaft kommt dem **Schutz immaterieller Wirtschaftgüter zunehmend Bedeutung** zu. Mit der Dematerialisierung von Rechtsgegenständen wird teilweise juristisches Neuland betreten.[4] Diese Entwicklung aufzugreifen, ist mit Anlass dieses Buches. 5

Die zunehmende Internationalisierung des Wirtschaftslebens (auch durch die Einflüsse des Internets[5]) wirft darüber hinaus Fragen supranationaler Vereinbarung, 6

[4] *Burkert*, DvD 1988, S. 383 (384).
[5] Vgl. dazu unten Rdnr. 32 und § 3.

Überwachung und Durchsetzung auf. Insbesondere die internationale Durchsetzung von geistigen Eigentumsrechten stellt in manchen Ländern ein Problem dar.

B. Zielsetzung des Beitrags

7 Auch oder gerade nach den Erfahrungen der Rezession (2001 und 2002) lässt sich sagen: „Die digitale Wirtschaft ist nicht aufzuhalten". Die digitale Vernetzung von Wertschöpfungsketten insbesondere durch Nutzung des Internets durchdringt in schnellen Schritten unser Geschäftsleben und führt schon heute dazu, dass über das Internet bereits Milliardenbeträge umgesetzt werden. Der vorliegende Beitrag erklärt zunächst die Ursachen für die **Bedeutung digitaler Geschäftsprozesse** und **Märkte.** Hierzu werden einerseits quantitative Daten herangezogen und andererseits ökonomische Überlegungen bemüht. Die Treiber für die Ausweitung internetbasierten Wirtschaftens werden erläutert und kritisch reflektiert. Dann wird eine Bewertung der Auswirkungen des Internets auf die Gesetze der Marktwirtschaft vorgenommen, um eine **Einordnung der Veränderungen** in verschiedenen **Branchen** zu ermöglichen. Diese Auswirkungen werden anhand verschiedener Branchen beispielhaft dargelegt. Schließlich wird in den Darstellungen Bezug zu rechtlichen Fragen Stellung genommen, die in den Folgebeiträgen detailliert diskutiert werden.

C. Internet und elektronischer Handel

8 Das Internet hat sich – besonders seit der Standardfreigabe des World Wide Web im Jahr 1991[6] – zu einem **universellen Informations- und Kommunikationsmedium** entwickelt. Heute ist das Internet aus dem Geschäftsleben nicht mehr wegzudenken.[7] Die gezielte Nutzung des Internets in bestehenden Wertschöpfungsprozessen ermöglicht nachhaltige Effizienzsteigerungen. In einigen Industrien ermöglicht das Internet auch das Erschließen ganz neuer Märkte, Kundengruppen und Regionen.[8]

Im vorliegenden Kapitel sollen zunächst einige begriffliche Grundlagen diskutiert werden. Im Anschluss wird die zunehmende Bedeutung des Internets für private und geschäftliche Zwecke anhand quantitativer Daten belegt und diskutiert.

I. Internet und World Wide Web (WWW)

9 Der Unterschied zwischen Internet und Internet Protocol (IP) trägt zur allgemeinen Verwirrung vieler Menschen bei. Das Internet, das seinen Ursprung in dem vom Militär genutzten ARPANet hat, existiert seit den frühen 60er Jahren.[9] Grundidee war die Einrichtung eines Netzes, das als Ganzes auch dann funktionieren sollte, wenn einzelne Komponenten ausfallen sollten. Internet bezieht sich auf

---

[6] Vgl. § 1, Rdnr. 23.

[7] Man muss allerdings anmerken, dass das Internet auf Grund einiger Konstruktionsfehler nur bedingt businesstauglich ist und die Einbeziehung zusätzlicher Maßnahmen erfordert. Hierzu gehören die Konzeption des IP-Adressraums, E-Mail, Antwortzeiten, Bandbreiten, etc.

[8] Das Anbieten von Zugang ins Internet sind z. B. ein neues Marktsegment für Telekommunikationsunternehmen.

[9] Vgl. § 1, Rdnr. 14ff.

eine Netzinfrastruktur, die auf bestimmten **Standards,**[10] die gemeinsam von den Teilnehmern zur gegenseitigen Verbindung genutzt werden, aufgebaut ist. Das Internet Protocol (IP) dagegen legt fest, wie der Informationsfluss innerhalb dieses Netzes organisiert ist. Diese Spezifikation bezieht sich auf die Ebene oberhalb des Internets. Eines der Protokolle für den Informationsaustausch ist das so genannte Hypertext Transfer Protocol (HTTP) des World Wide Web. Daneben gibt es weitere Protokolle, die den Nutzern die Kommunikation über E-mail (SMTP, IMAP, POP3), Online Chat (IRC) und Newsgroups (NNTP) ermöglichen.[11]

Das **World Wide Web** ist daher nur **eine von vielen** über das Internet angebotenen **Dienstleistungen.** Es ist eine einfach zu nutzende Schnittstelle, die auch Nutzern mit sehr geringem Computerwissen den Zugang zu Web-Services über das Internet ermöglicht. Allerdings ist das Internet keine neue Applikation, da es weder Soft- noch Hardware ist. Durch Integration und Standardisierung existierender Technologien in einen Rahmen entwickelt sich das Internet zunehmend als das Umfeld für Geschäft und Kommunikation der Zukunft. Daten über kontinuierlich steigenden Interneteinsatz bekräftigen diese Aussage. 10

II. Verbreitung des Internets – ein demographischer Über- und Ausblick

Der Run auf das Netz der Netze ist ungebrochen. Schätzungen gehen mittlerweile von weltweit über 250 Millionen Menschen aus, die Zugang zum Internet haben.[12] 11

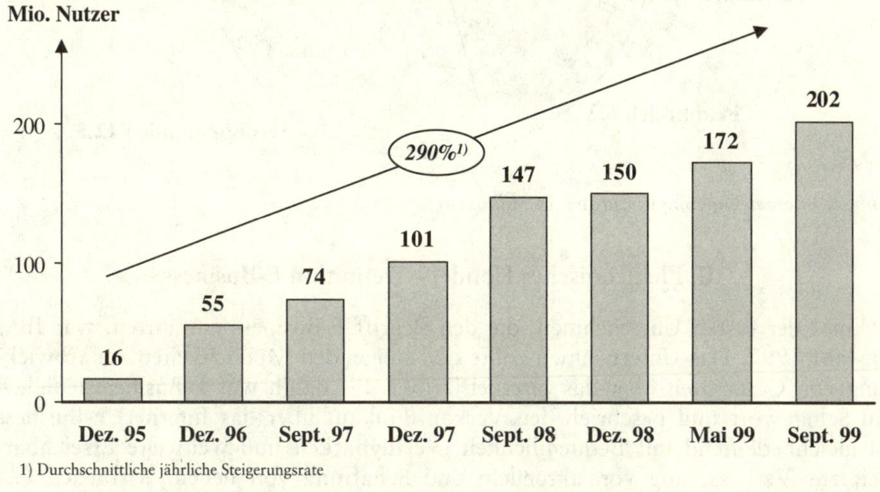

Abb. 1: Internet-Nutzung weltweit (in Millionen)

Die **Wachstumsraten** sind weiter **steigend.**[13] In der Zeit von Ende 1997 bis Ende 1999 hat sich die Zahl der Internetnutzer mehr als verdoppelt. Gleichwohl ist die globale Marktdurchdringung bei einer Weltbevölkerung von ca. sechs Milliarden Menschen mit ca. 3 Prozent noch sehr gering.

[10] Vgl. § 1, Rdnr. 17 ff.
[11] Vgl. dazu auch § 1, Rdnr. 16 ff.
[12] Quelle: ECIN, Nutzerzahlen.
[13] Quelle: ECIN, Nutzerzahlen.

12 Wie nicht anders zu erwarten, sind die **regionalen Unterschiede** der Internetnutzung immens. Die USA/Kanada liegen mit über 130 Millionen Internetnutzern deutlich vor Europa mit über 60 Millionen Nutzern und Asien mit über 40 Millionen Nutzern. Für 2005 wird geschätzt, dass sich die Nutzerzahlen für die USA auf ca. 230 Millionen, Westeuropa auf ca. 210 Millionen und Asien auf ca. 190 Millionen nicht nur drastisch erhöhen, sondern auch in der Marktdurchdringung angleichen. In Europa hat Großbritannien die größten Nutzungszahlen gefolgt von Deutschland, Frankreich und Italien. Mit mehr als 50% Marktdurchdringung ist Island der weltweit führende Staat.

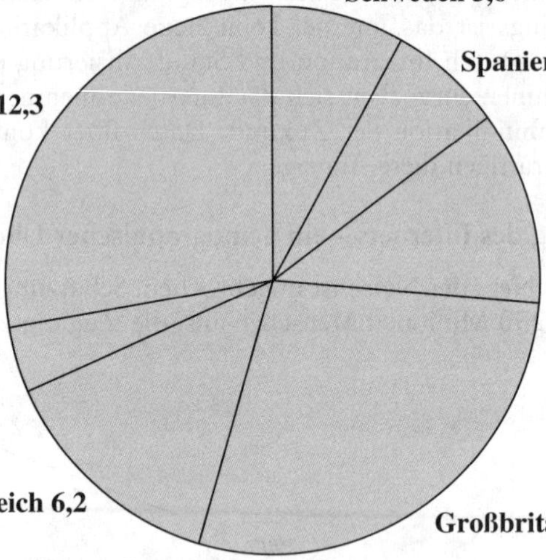

Abb. 2: Internet-Nutzung in Europa (in Millionen)

III. Elektronischer Handel – Definition E-Business

13 Eines der ersten Unternehmen, die den Begriff E-Business einführten, war IBM im Jahr 1997. Das Unternehmen zollte den steigenden Möglichkeiten zur Abwicklung von Geschäften über das Internet Tribut. Bis dahin war E-Business lediglich ein Schlagwort und beschrieb den Verkauf/Einkauf über das Internet. E-Business ist gleichbedeutend mit **Bequemlichkeit, Verfügbarkeit** und **weltweite Erreichbarkeit** zur Verbesserung von aktuellem und Schaffung von neuem, virtuellen Geschäft.

„E-Business ist ein sicherer, flexibler und integrierter Ansatz zur Erzielung eines differenzierten Geschäftswertes durch die Kombination von Systemen und Prozessen, die mit Hilfe der Internettechnologie einfache Kerngeschäftsabläufe mit hoher Reichweite gewährleisten."[14]

14 **E-Business** ist das Ergebnis aus der **Kombination von Ressourcen** traditioneller Informationssysteme **mit** der **breiten Reichweite** des Internets und der direkten An-

[14] Vgl. http://www.ibm.com/ebusiness.htm [abgerufen am 1.12. 2002].

bindung der wichtigsten Beteiligten – d.h. Kunden, Mitarbeiter, Lieferanten, Investoren, etc. – an wichtige Geschäftssysteme über Intranets, Extranets und das Internet. Fortschrittliche Unternehmen haben ihr Dienstleistungsangebot bereits in einem hohen Grad automatisiert, neu organisiert, standardisiert und stabilisiert, um nachhaltige Geschäftsabläufe entlang des E-Business-Lebenszyklus[15] zu schaffen und aufrechtzuerhalten.

Elektronischer Handel ist die Transaktion von Informationen, Produkten/Dienst- 15
leistungen oder Bezahlung über Telefone, Computernetzwerke, etc. auf Basis automatisierter Geschäftsprozesse und Arbeitsflüsse. Diese spezifische Nutzung des Internets führt zu einer **erhöhten Leistungsfähigkeit** (d.h. Qualität, Kundenzufriedenheit) von Organisationen, **höherer wirtschaftlicher** Effizienz (d.h. niedrigeren Transaktionskosten) von Wertschöpfungsketten und **beschleunigtem Austausch** (d.h. Echtzeit-Interaktion) **von Informationen.**

IV. Entwicklung des E-Business

Das E-Business begann seinen Siegeszug in den 70er Jahren, als Finanzinstitute 16
den **elektronischen Fondstransfer (EFT)** zwischen Banken über sichere private Netze einführten und somit dramatische Veränderungen auf den Finanzmärkten herbeiführten. Elektronischer Fondstransfer optimiert die Informationsgenerierung und -verarbeitung hinsichtlich elektronischer Bezahlung und Geldüberweisung. Während der frühen 80er Jahre verbreitete sich E-Business bei Unternehmen sehr schnell in der Form der Electronic Messaging Technologies, dem so genannten **Electronic Data Interchange (EDI)**[16] und der Electronic Mail. Dadurch wurde der Papieraufwand reduziert und die Prozessautomatisierung erhöht. In den späten 80er Jahren wurden die Electronic Messaging Technologies zum integralen Bestandteil des Arbeitsflusses oder der Collaborative Computing Systems (so genannte Groupware). Lotus Notes ist ein markantes Produkt aus dieser Zeit.

Mitte der 80er Jahre ermöglichten Online-Services den Nutzern **neue Formen der** 17
sozialen Interaktion (Chatting) und des **Wissensaustausches** (Newsgroups). Soziale Interaktion schuf eine virtuelle Gemeinschaft. Der Zugang zu und Austausch von Informationen wurde für jeden erschwinglich. In den 90er Jahren stellte das World Wide Web im Internet durch Bereitstellung einer einfach zu nutzenden Technologie zur Lösung des Problems der Informationsveröffentlichung und -verbreitung den Durchbruch für das E-Business dar. Mit Hilfe des Internets können Transaktionen kostengünstiger abgewickelt (auf Grund von Volumeneffekten, Standardisierung) und facettenreichere Geschäftsaktivitäten ermöglicht (Economies of Scope) werden.

---

[15] The concept of electronic business was invented before the Internet ever became popular. In the 1970s, E-Business was already popular among financial networks that used propriety hardware and software solutions. Electronic Data Interchange (EDI) was also available long before the Internet was used for business transactions. But without the Internet, E-Business would not have been possible on such a large scale. Private networks used in the 1970s and 80s cost too much for smaller enterprises and were not accessible for private use.

[16] Vgl. zu den damit einhergehenden vertragsrechtlichen Fragen § 13, Rdnr. 52 ff.

V. Wirtschaftliche Bedeutung des elektronischen Handels

18 Nach der E-Business-Euphorie bis 2000 folgte die unausweichliche Ernüchterung für viele Anleger aber eben auch der Beginn für notwendige Konsolidierung.

19 Neueste Marktforschungen zeigen, dass die **E-Commerce-Umsätze** sowohl im Geschäft mit dem Endkonsumenten (B2C) als auch im zwischenbetrieblichen Handel (B2B) weiterhin **stark wachsen.**[17] In 1999 wurden allein im B2B Bereich Umsatzsteigerungen von über 200 Prozent realisiert, in 2000 lagen die Steigerungen immer noch bei über 180 Prozent. Laut einigen Marktforschungsinstituten werden diese Umsatzsteigerungen auch in den Folgejahren Bestand haben.[18]

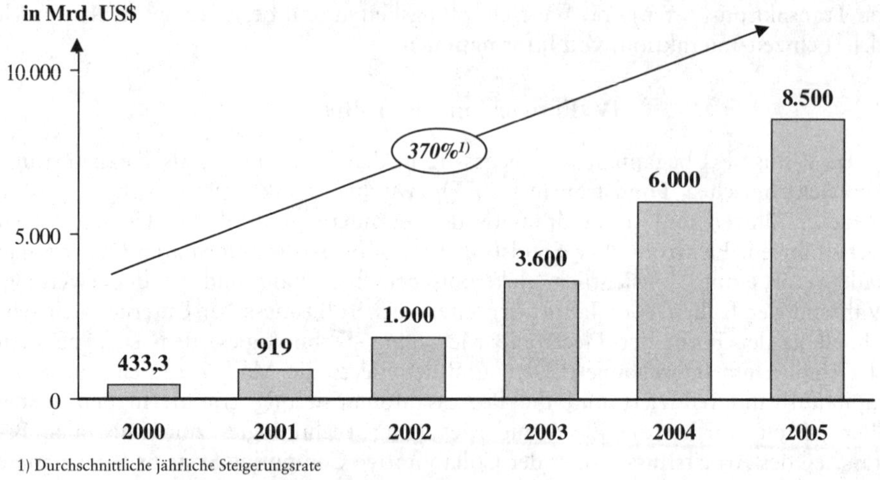

Abb. 3: B2B E-Commerce-Umsätze weltweit (in Mrd. US$)

20 Das Jahr **2001** hat trotz dieser Umsatzsteigerungen aber auch einen **Prozess der Konsolidierung** bei den Marktplätzen in Gang gebracht. Marktforschungen zeigen, dass von den ca. 1000 Marktplätzen in 2001 lediglich ca. 50 eine langfristige Perspektive haben.[19] Folglich findet eine Konzentration der dramatisch steigenden Umsätze auf eine geringe Anzahl von Marktplätzen statt.

21 Ähnlich wie bei den **Nutzungszahlen des Internets** wird ein Großteil der Online-Transaktionen in Nordamerika abgewickelt. Aber auch hier zeigen Marktforschungen, dass europäische und asiatische Märkte bis 2005 die Rückstände deutlich verringern werden.[20]

---

[17] Zu den speziellen Zahlen der Werbeumsätze vgl. § 11, Rdnr. 1.
[18] Vgl. Gartner Group, B2B-Handel in Zahlen, 2001, passim.
[19] Vgl. Forrester Research Marktplätze im Internet 2000, S. 31.
[20] Vgl. Gartner Group, aaO., passim.

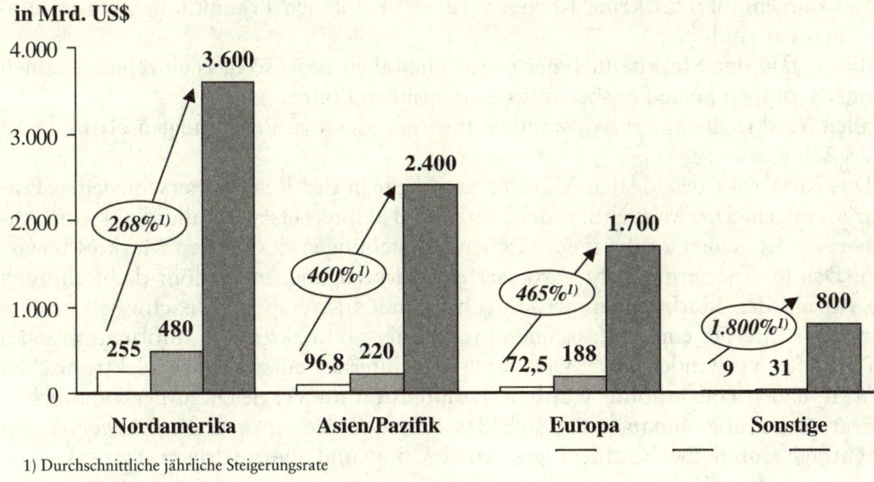

Abb. 4: B2B Umsätze nach Regionen (in Mrd. US$)

22 Wir können also festhalten, dass der besondere **Vorteil des Internets** in seiner Fähigkeit liegt, eine Aktivität mit einer anderen zu verknüpfen und Echtzeit-Daten, die in einer Aktivität generiert werden, sowohl innerhalb des Unternehmens als auch über Lieferanten, Kanäle und Kunden quasi grenzen- und fast kostenlos zu verbreiten. Durch die Integration einer Reihe allgemeiner offener Kommunikationsprotokolle gewährleistet die Internettechnologie eine standardisierte Infrastruktur sowie eine unmittelbare Browser-Schnittstelle für Informationszugang und -bereitstellung, bi-direktionale Kommunikation und leichte Verknüpfbarkeit – zu viel niedrigeren Kosten als private Netze und Electronic Data Interchange (EDI).

D. Ökonomie des elektronischen Handels

23 Die Ausführungen im vorausgegangenen Kapitel haben verdeutlicht, dass das **Internet** eine zunehmend große **Bedeutung** für Privatpersonen und das Wirtschaftsleben hat. Die nachfolgenden Überlegungen skizzieren, welche **Auswirkungen** das Internet auf die **Gesetzmäßigkeiten** unserer **Marktwirtschaften** hat. Die eher theoretisch geprägten Überlegungen dienen einerseits dem besseren Verständnis für die große Bedeutung des Internets für moderne Marktwirtschaften. Andererseits begründen sie die Aussage, dass die Veränderungen von Wertschöpfungsprozessen durch die gezielte Einbindung des Internets nachhaltig sind. Im Folgenden werden lediglich diejenigen Aspekte und Gesetzmäßigkeiten erwähnt, die durch die Nutzung des Internets nachhaltig betroffen sind.

I. Annäherung an ideale Marktbedingungen

24 In der ökonomischen Theorie ist das **Grundkonzept des idealen Marktes** beschrieben. Von idealem Markt wird gesprochen, wenn
– die Produkte der Hersteller homogen sind, sich also nicht unterscheiden,

- Ressourcenmobilität keine Kosten verursacht, folglich Produktionsfaktoren umschichtbar sind,
- die Anzahl der Marktteilnehmer gegen unendlich geht, so dass einzelne Personen oder Gruppen keine Preisbeeinflussung ausüben können und
- allen Marktteilnehmern vollständige Informationen zu Produkteigenschaften und Preisen vorliegen.[21]

25 Das Konstrukt des idealen Marktes unterliegt in der Realität verschiedenen **Einschränkungen.** Die Ausweitung der Nutzung des Internets wird allerdings eine Annäherung der realen an die theoretischen Vorstellungen des idealen Marktes bewirken. Das Internet ermöglicht verbesserten Marktzugang und erhöht dadurch auch die Anzahl der Marktteilnehmer. Darüber hinaus ist empirisch nachweisbar, dass durch das Internet eine umfassendere, fundiertere und aktuellere Informationsbasis bei Kunden vorhanden ist.[22] Die durch das Internet entstehenden elektronischen Märkte haben eine **erhöhte Wettbewerbsintensität** im Vergleich zu herkömmlichen Märkten. Darüber hinaus stellt sich das Pareto-Optimum zwischen Angebot und Nachfrage durch die beschleunigte Abwicklung und die niedrigen Transaktionskosten schneller ein.[23]

II. Weitreichende Vernetzung durch Standardisierung

26 Das Internet bietet einen **offenen Standard** für den weltweiten Austausch verschiedenster Computernetzwerke. Diese standardisierte Vernetzung ermöglicht eine teilweise signifikante Reduzierung von Transaktionskosten im Vergleich zu herkömmlichen Wertschöpfungsketten. So lassen sich beispielweise die Anbahnungskosten[24] durch gezielte internetbasierte Recherchen um ein Vielfaches reduzieren.[25]

III. Leverage zunehmender Vernetzung/Nutzung

27 Die Anzahl der Internetnutzer und das Content-Angebot ist in den letzten Jahren explosionsartig gestiegen.[26] Diese Nutzungsausweitung des Internets führt zu steigenden Grenzerlösen,[27] die ab einer gewissen kritischen Größenordnung zunehmend spürbar werden. Für Unternehmen bedeutet dies, zunächst **hohe Investitionen** in die Kundenakquisition tätigen zu müssen, die sich mit zunehmender Nutzungsausweitung (z. B. Kundenstamm, Transaktionsvolumen, etc.) **überproportional rentieren.** Die rasche **Gewinnung von Marktanteilen** wird dadurch zum zentralen **Erfolgsfaktor.** Die Pleitewelle vieler 2001er Start-ups und das Überleben einiger weniger „Marken" (z. B. ebay, amazon, etc. im B2C-Geschäft und z. B. CoVisint, Supply On, etc. im B2B-Geschäft) ist vor allem auf Probleme bei der Marktanteilsausweitung zurückzuführen. Das Phänomen steigender Grenzerlöse jenseits kritischer Masse begünstigt **monopolartige Positionen** und führt auf einen längeren

---

[21] Vgl. z. B. *Bodendorf,* S. 171 ff.

[22] Vgl. *Jerzembek/Maderner,* Automobil Industrie, 2001, 72 ff.

[23] Vgl. dazu die Ausführungen in § 1, Rdnr. 46.

[24] Vgl. *Schmalen,* S. 320 ff.

[27] Vgl. zum aktuellen „Kampf" um die Entwicklung von Standards im Digital-Rights-Management § 13, Rdnr. 250 ff.

[26] Vgl. dazu insbesondere unten Rdnr. 11.

[27] Zur Theorie der Grenzerlöse vgl. z. B. Schneider, passim.

Zeitraum betrachtet zu einem Konzentrationsprozess[28]. Das Betriebssystem Microsoft Windows ist hier nur ein prominentes Beispiel.

IV. Zunehmende Digitalisierung

Die technische Leistungsfähigkeit von Netzen und Endgeräten erhöht sich mit zunehmendem Tempo. Ein wesentlicher Treiber dieser Entwicklung ist z. B. die Speicherkapazität von Chips, die sowohl für die Steuerung von Endgeräten als auch von Netzwerken (wireless und wire-based) von zentraler Bedeutung sind. Folglich **sinken die Kosten** für **Übertragung, Speicherung** und **Verarbeitung von Informationen.** Die Möglichkeiten kostengünstiger Distribution und Verarbeitung insbesondere durch das Internet führen zu einer zunehmenden Digitalisierung von Handelsgütern (Bücher, Bilder, Filme, Software, Produktbeschreibungen, Musik, etc.). So können z. B. Services an einem Laptop an jeder beliebigen Stelle weltweit ohne Zeitverlust durchgeführt und genutzt werden. 28

V. Bewertung von Informationen

Mit zunehmender Digitalisierung einerseits und zunehmender kommerzieller Nutzung des Internets andererseits **verringern** sich die **Grenzkosten der Informationsübermittlung.** Wie oben beschrieben liegt dies insbesondere an drastisch reduzierten Transaktionskosten im Falle digitalisierter oder digitalisierbarer Produkte. Folglich übersteigen die Kosten der Informationserstellung die Kosten der Informationsübermittlung in einem zunehmenden Masse. Eine kostenorientierte Bewertung von Informationen kann kaum noch in Betracht gezogen werden. Vielmehr sind Nutzungspotential, Verbreitung und Einzigartigkeit der Informationen relevante Bemessungsgrundlagen. 29

VI. Schutz von Informationen

Der starke proportionale Anstieg der Kosten für die Informationserstellung gegenüber denen für die Distribution erfordert **neue Überlegungen** zum **Schutz geistigen Eigentums.** Urheber-, Marken- oder Patentrechte stellen die „Hersteller" wertvoller Informationen zeitlich begrenzt unter Schutz, um durch die **exklusive Vermarktung** einen angemessenen Erlös für die Herstellungsaufwendungen erzielen zu können. Im Internet ist der Schutz einer „exklusiven Vermarktung" auf Grund der reduzierten Distributionskosten in vielen Fällen **wirtschaftlich nicht** sinnvoll und organisatorisch nur schwer zu gewährleisten. Die Vorstellungen einer „exklusiven" Vermarktung **widersprechen** der **fundamentalen Idee** des Internets und den realen Möglichkeiten, die das Internet heute schon als neuer Distributionskanal bietet. Das Problem des Rechtsschutzes im Internet limitiert nicht nur die Nutzung des Internets durch Rechtsinhaber, sondern stellt auch Risiken für potentielle Nutzer dar.[29] Unter anderem aus diesem Grund befasst sich das vorliegende Buch mit Problemen und Lösungen des geistigen Eigentums im Internetzeitalter. 30

---

[28] Zu den damit einhergehenden kartellrechtlichen Fragen vgl. § 12.

[29] Die Diskussion um Napster oder auch um das „Digital Rights Management" zeigt, dass dieses Thema von großer Bedeutung ist und erste Lösungen bereits vorgeschlagen sind. Vgl. dazu auch die Ausführungen in § 13, Rdnr. 250 ff. und speziell zum Peer-to-Peer, Rdnr. 208 ff.

VII. Beschleunigung von Veränderungsprozessen

31 Der Zwang zum Einstieg in E-Business wird durch die innovativen Marktpartner getrieben: *„Wenn irgendein Glied der Wertekette damit beginnt, Geschäfte elektronisch abzuwickeln, müssen alle Firmen entlang der Wertekette nachziehen, oder es riskieren, abgelöst zu werden."* Dieser **Schneeballeffekt,** die zunehmende Konvergenz von Technologien und die weltweite Informationsverfügbarkeit zu jeder beliebigen Zeit werden Innovations- und Entwicklungs- und Entscheidungsprozesse dramatisch beschleunigen. Daraus folgt zwangsläufig eine Beschleunigung des Wandels unseres Wirtschaftssystems.

VIII. Globalisierung

32 Der global operierende Kapitalmarkt, die fortschreitende Deregulierung von Märkten und der zunehmende Abbau von Handelsschranken u.a. durch die Bemühungen verschiedener supranationaler Organisationen führt zu einer wirtschaftlichen Konvergenz zunächst der entwickelten Märkte in den USA, Asien und Europa. Dies zeigt sich u.a. in der zunehmenden Bildung und Organisation von Handelsräumen wie der NAFTA und der Europäischen Union. Das globale Medium Internet unterstützt und verstärkt diese Entwicklung durch die Bildung eines weltweit verfügbaren virtuellen, grenzübergreifenden Wirtschaftsraumes.

33 Zusammenfassend ist festzuhalten, dass das Internet eine Infrastruktur erlaubt, die **neue Freiheitsgrade** für die Gestaltung der internen und externen Arbeitsteilung und damit neue Geschäftsmodelle der inner- und zwischenbetrieblichen Zusammenarbeit ermöglicht. Dies führt zu einer **Verringerung von Durchlaufzeiten,** einer **Reduzierung von Lagerbeständen,** einer **Erhöhung der Prozesseffizienz** sowie deutlicher **Innovations- und Flexibilitätsgewinne.** Diese Änderungen werden nachhaltig sein, da, wie oben gezeigt, die Gesetze der Marktwirtschaft durch den elektronischen Handel berührt sind und Verbesserungen in der Praxis nachweisbar sind.

E. Attraktion „Internet" – Nutzen und Wunschvorstellungen

34 Die Ineffizienz einer Vielzahl bestehender Geschäftsbeziehungen ist der wesentliche Faktor für die „Attraktion Internet" im Wirtschaftsleben. Darüber hinaus wirken Initiativen und Managementkonzepte wie „Business Process Reengineering", „Total Quality Management", „Shareholder Value", etc. zur Verbesserung von Strukturen und Abläufen vornehmlich auf die unternehmensinternen Wertschöpfungsprozesse und weniger auf die unternehmensübergreifenden Lieferketten.[30] Nehmen wir exemplarisch zwei Funktionsbereiche, die besonders von den Möglichkeiten, die das Internet bietet, betroffen sind. Der **Einkauf** in einer Vielzahl von Unternehmen stützt sich auf wenige bewährte Lieferanten. Die Integration dieser Lieferanten ist oftmals gering mit einer Vielzahl von Ineffizienzen bei Lagerbeständen, Auftragsabwicklung und Administration. Im **Verkauf** sind ein personal- und kostenintensiver Außendienst oder ein kostspieliger Direktvertrieb weiterhin sehr verbreitet. Verkaufsunterstützung und Kommunikationskonzepte sind wenig fokussiert auf Zielsegmente, zeitlich und örtlich unflexibel. Es wird oftmals Massenmar-

[30] Vgl. dazu auch die Ausführungen in § 1, Rdnr. 46.

keting mit hohen Streuverlusten betrieben. Im Folgenden soll die „Attraktivität" für Wirtschaftssysteme beleuchtet und beschrieben werden. Ausgehend von Treibern und Risiken der Internetnutzung wird die Auswirkung des Internets auf Wettbewerbsstrategien beleuchtet.

I. Treiber der Internetnutzung durch Unternehmen

Das Internet wird durch die folgenden Treiber zunehmend attraktiv für Unternehmen: 35

- **Senkung der Transaktionskosten:** In fast allen Branchen verspricht die gezielte Nutzung des Internets signifikante Verbesserungen der Kostenpositionen in den meisten Prozessschritten von Wertschöpfungsketten. Die gezielte Abstimmung der Bestandsentwicklungen kann z. B. die Lagerhaltungskosten in Wertschöpfungsketten drastisch reduzieren. Die damit einhergehenden Bestandsverringerungen bzw. die erhöhte Umschlagshäufigkeit senken insbesondere die Kapitalkosten z. B. von Retailern erheblich. Internetbasierte Einkaufslösungen vermögen die Beschaffungs- und Verwaltungskosten erheblich zu reduzieren, Kommunikations- und Informationskosten sinken durch die produktbezogene Informationsvielfalt, die das Internet heute bieten kann.
- **Beschleunigte Reaktionsgeschwindigkeit:** „Time to market" ist eine der wichtigsten Zielsetzungen in vielen Branchen geworden. Nachhaltige Wettbewerbsvorteile lassen sich für diejenigen Anbieter erzielen, die ihre Wertschöpfungsprozesse kundenorientiert und schnell organisieren. Internetbasierte Lösungen ermöglichen sowohl in der Produktentwicklung (Verfügbarkeit von Informationen, gezielte Zusammenarbeit mit einer Vielzahl geographisch getrennter Entwicklungspartner, Einbeziehung von internem und externem Wissen und Experten, etc.) als auch in der Auftragsabwicklung (Verbesserte Antizipation von Kaufverhalten, Produktkonfiguration durch den Kunden, zeitnahe Verfügbarkeit von Auftragseingängen, optimierte Logistikabläufe, etc.) die Realisierung signifikanter Verbesserungspotenziale.
- **Neue Märkte:** Das Internet ermöglicht den „geographischen" Zugriff und den Zugang auf neue Märkte und damit auch neue Geschäftspartner. Die Zugriffszeiten auf Informationen verringern sich deutlich, der Zugang zu Kunden in bisher unattraktiven „B" und „C" Regionen und Segmenten ist mit deutlich geringeren Grenzkosten verbunden.
- **Neue Geschäftsfelder:** Für eine Vielzahl von Branchen ergeben sich durch das Internet vollkommen neue Geschäftsfelder. Dies gilt insbesondere für die Branchen, deren Innovationen zur Weiterentwicklung der Informationstechnologien beitragen.
- **Kundenbindung:** Das Internet ermöglicht ganz neue Möglichkeiten der Kundeninteraktion, der Analyse von Kundenkaufverhalten (z. B. durch vermehrtes elektronisches Bezahlen, Besuch von web pages, etc.) und dem Verstehen von Kundenbedürfnissen (Chats, Communities, Tests, etc.). Diese Erkenntnisse werden zunehmend von professionellen Organisationen einerseits zum Management der Kundenbeziehungen und andererseits einer Differenzierung und Weiterentwicklung des Produktprogramms/Serviceangebotes genutzt.

Die Ausführungen haben deutlich werden lassen, dass die Nutzung des Internets auf fast jeder Wertschöpfungsstufe in fast allen Industrien zu **nachhaltigen Effi-** 36

zienzverbesserungen führt, **neue Regionen,** neue Geschäftsfelder und **neue Kundensegmente** zu akzeptablen Grenzkosten erschließbar macht und schließlich **Kundenorientierung** und **Innovation** fördert. Dabei sollten freigesetzte Kapazitäten zu einer Steigerung des Qualitäts- und Leistungsniveaus genutzt werden.[31] Folglich erfordert das Internet ein Überdenken bestehender Strategien.

II. Risiken der Internetnutzung durch Unternehmen

37 Bevor im folgenden Kapitel auf die Frage der Strategien zur Integration des Internets in verschiedenen Branchen eingegangen wird, soll aber noch auf die derzeit offenen Fragen, Herausforderungen und insbesondere Risiken der Internetnutzung eingegangen werden.

- **Sicherheitsrisiken:** „Encryption" und „Authentication" sind derzeit die Zauberwörter zum Verhindern unbefugten Zugriffs auf Informationen im Internet. Die Diskussion um Datenschutz im Internet hat vor allem deshalb einen hohen Stellenwert, da das Internet vor allem dort Einsparmöglichkeiten bietet, wo viele oftmals geheime Informationen z. B. über Leistungskennwerte, Preise, etc. ausgetauscht werden. Gelingt es nicht, die Informationen vor dem Zugriff Unberechtigter zu schützen, ist die Einbindung des Internets mit vermeintlich gravierenden Wettbewerbsrisiken verbunden.[32]
- **Legacy-Systeme:** Die Beschleunigung von Informationsprozessen ist entscheidend von bestehenden und in vielen Unternehmen stark veralteten Datenverarbeitungssystemen abhängig. Diese Altsysteme stellen in der Praxis oftmals ein sehr viel größeres Problem dar, als die Entwicklung/Konfiguration z. B. eines virtuellen Projektraumes im Internet oder die Internetanbindung zum Informationsaustausch zwischen Unternehmen.
- **Prozessneugestaltung:** Unternehmen, die das Hauptaugenmerk ihrer Internetstrategie auf den Auftritt im Internet und die Anbindung von Partnern über das Internet legen, werden ihre wirtschaftlichen Ziele und Erwartungen nicht erfüllen. Nur das Zusammenspiel aus gezielter Neugestaltung von Wertschöpfungsketten insbesondere an den Stellen, wo das Internet Effizienzsteigerungen ermöglicht, und der Konzeptionierung der spezifischen internetbasierten Lösung (z. B. Markplatz) verspricht Erfolg.[33] Generell macht eine internetbasierte Lösung überall dort Sinn, wo eine Vielzahl von Beteiligten an verschiedenen geographischen Standorten zeitnah eine Vielzahl von Informationen austauschen und weiterverarbeiten müssen.
- **Limitierung persönlicher Kontakte:** Trotz der potentiellen Möglichkeiten einer Ausweitung des Kundenkreises und effektiverer persönlicher Beratungs- und Verkaufsgespräche birgt das Internet die Gefahr, wertvolles Detailwissen über Kunden und Lieferanten in geringerem Umfang zu erhalten. Dieser Wissensver-

---

[31] Dies führt in der Praxis häufig nicht zu einer Substitution bestehender Konzepte, sondern zu einer durch die gezielte Einbindung des Internets Effizienzsteigerung der Konzepte. In vielen Fällen ersetzt das Internet nicht den Vertriebsaußendienst sondern das Internet ermöglicht ein sehr viel effektiveres Arbeiten des Außendienstes durch den Umgang mit informierteren Kunden und einer differenzierteren Informationsbasis z. B. über regionales Käuferverhalten.

[32] Vgl. dazu auch die Ausführungen in § 5, Rdnr. 60 ff.

[33] Vgl. dazu insbesondere die Ausführungen unten Rdnr. 52 ff.

lust kann sich unter Umständen negativ auf die Wettbewerbspositionierung auswirken. So führt z.B. die gezielte Zusammenführung von Vertrieb, Marketing und Entwicklern in den frühen Phasen von Entwicklungsprozessen zu nachhaltigen Wettbewerbsvorteilen und differenziert erfolgreiche von weniger erfolgreichen Unternehmen.

– **Limitierung des Wissenstransfers:** Qua Definition ist der Wissenstransfer über das Internet auf kodifiziertes Wissen beschränkt. Das Internet ermöglicht zwar kundenorientierte Ansprache auf der Basis von Erfahrungsdaten, Spontanreaktionen oder gezielte Antworten auf spezifische Fragestellungen sind allerdings im Gegensatz zum persönlichen Verkaufsgespräch nicht zu realisieren.
– **Senkung variabler Kosten und zunehmende Preisfokussierung:** Das Internet wirkt sich kostenseitig insbesondere auf die variablen Kosten von Produkten aus (z.B. Distributions- und Vertriebskosten, Transaktionskosten). Dies führt viele Unternehmen (oft fälschlicher Weise) dazu, über Preissenkungen Marktanteile zu gewinnen, um so Fixkostendegression zu erreichen. Die Fokussierung auf den Preis drängt oftmals andere Produktdifferenzierungsmerkmale in den Hintergrund und kann die durchschnittliche Rentabilität einer Branche nachhaltig mindern.
– **„Making money":** Insbesondere das Jahr 2001 hat gezeigt, dass es differenzierter Strategien bedarf, um im Internet und mit der Nutzung des Internets Geld zu verdienen. Viele der bis 2001 aufgebauten Geschäftsmodelle waren durch „distorted revenues, distorted costs, distorted share prices" und „creative accounting approaches" gekennzeichnet.

III. Wettbewerbsvorteil Internet? – Abwägung von Nutzen und Wunschvorstellungen

Trotz der erwähnten offenen Fragen und Risiken bei der gezielten Einbindung 38
des Internets in bestehende Wertschöpfungsprozesse stellt sich für Unternehmen heute nicht mehr die Frage, ob das Internet genutzt werden soll oder nicht, sondern vielmehr die Frage, wie und wo es nutzbar gemacht werden kann, um Wettbewerbsvorteile zu erzielen. Bei den Wettbewerbsvorteilen liegt aus **mikroökonomischer Sicht** das Interessante der Internetnutzung. Einerseits nutzen Unternehmen die unübersehbaren Vorteile des Internets wie z.B. vereinfachter Informationszugang, höhere Preistransparenz, Effizienzsteigerungen, reduzierte Transaktionskosten, etc. Andererseits erschweren diese Vorteile des Internets aber auch das Erreichen nachhaltiger Wettbewerbsvorteile. Dies wirkt sich fundamental auf die Rentabilität aus.

Die **Ertragsstärke** von Unternehmen richtet sich einerseits nach der Branche und 39
andererseits nach dem nachhaltigen Wettbewerbsvorteil des betrachteten Unternehmens.[34]

Selbstverständlich sind die Auswirkungen des Internets auf **Branchen** unter- 40
schiedlich stark, trotzdem lassen sich gewisse generelle Aussagen treffen. Als wichtigste positive Auswirkungen des Internets auf Branchenstrukturen sind der direkte **Kundenzugang,** die **Ausweitung** von **Markt- und Kundensegmenten,** die **Reduzierung von Transaktionskosten** und die **Effizienzsteigerungen** von Wertschöpfungsketten zu nennen. Diesen stehen allerdings eine Vielzahl negativer Auswirkungen gegenüber. Das Internet steigert die Wettbewerbsintensität fast aller Branchen

[34] Vgl. dazu insbesondere *Porter,* Wettbewerbsstrategien, 10. Aufl., 1999, S. 122 ff.

durch höhere Imitation von Innovationen, stärkeren Preiswettbewerb und mehr Konkurrenten durch weltweiten Zugang. Darüber hinaus verlieren angestammte Wettbewerbsvorteile wie bestehende Distributionsstrukturen, etc. durch das Internet an Bedeutung. Das Internet senkt oftmals die Markteintrittsbarrieren, es steigert die Wechselbereitschaft von Kunden, reduziert die Verhandlungsmacht von Großhändlern und erhöht die Standardisierung bei Transaktionen und Produkten. Alle diese Elemente wirken sich nachhaltig negativ auf die Profitabilität von Branchen und Nachhaltigkeit von erreichten oder angestrebten Wettbewerbspositionen einzelner Unternehmen aus.

41 Nachhaltige **Wettbewerbsvorteile** lassen sich einerseits durch Effektivität in den Wertschöpfungsketten und andererseits durch strategische Positionierung erzielen. Zweifelsohne hat das Internet signifikante Auswirkungen auf **Effizienz** und **Effektivität** einer Vielzahl von **Wertschöpfungsketten.** Die verbesserte Imitierbarkeit durch die höhere Standardisierung des Internets und die wertschöpfungsstufenübergreifenden Lösungen machen diese Wettbewerbsvorteile wenig nachhaltig. Folglich muss das Internet überall dort besonders gezielt eingesetzt werden, wo die strategische Positionierung beeinflusst wird. Die Internet-Applikationen müssen Bestandteil eines unternehmensspezifischen Systems sein, das für den Wettbewerber eine Anzahl schwer kopierbarer Kernkompetenzen umfasst. Einerseits müssen dazu die auf Ziel und Wertversprechen ausgerichteten Kernkompetenzen definiert (und untereinander stimmig) sein und andererseits müssen die Internetapplikationen dort eingesetzt sein, wo die Internetvorzüge wie z. B. 24 h Verfügbarkeit, Bequemlichkeit, Kundennähe, etc. wirksam werden können. Folglich muss das Internet **Bestandteil der bestehenden Wettbewerbsstrategie** sein. Für die meisten Branchen bedeutet das Internet daher eine Ergänzung zu bestehender Strategie und Prozessen und keine Revolution. Einige Praxisbeispiele sollen dies belegen:

- Merril Lynch kopierte Internetanwendungen der Dotcoms, um neue Marktsegmente zu erschließen. Die Kernkompetenz „Beratungsleistung" konnte im Billigsegment nicht wettbewerbsentscheidend eingebracht werden, so dass das nicht integrierte Internetkonzept nicht erfolgreich war.
- EBay hat das Web-Auktionsgeschäft wesentlich bestimmt. Als Wettbewerber wie Buy.com durch massive Preisnachlässe Marktanteile gewannen, beteiligte sich EBay nicht an dem Preiskrieg und behielt definierte Rentabilitätskriterien bei. Das fehlende strategische Konzept für einen „Billiganbieter Buy.com" führte zur Insolvenz.
- Vertriebswegkonflikte durch das Internet sind ein viel diskutiertes Thema. In der Praxis stellt sich oftmals heraus, dass das gezielte Nutzen des Internets als separater Vertriebskanal andere Kanäle eher stärkt als schwächt oder gar substituiert. Walgreens, die amerikanische Apothekenkette, bietet eine Vielzahl an Informationen über ihre Website (und auch Direktvertrieb) und gleichzeitig die fachkompetente Beratung in den Filialen. Die strategisch gesteuerte bewusste Koexistenz der Vertriebskanäle ermöglichte Walgreens signifikante Marktanteilsgewinne.

42 Schließlich soll nicht unerwähnt bleiben, dass das Internet in vielen Branchen dort **besondere Effizienzsteigerungen** ermöglicht, wo Aufgaben bewältigt werden, die nötig aber nicht wettbewerbsentscheidend sind. Bestehende Kernkompetenzen wie Personal, Wissen über Kundenbedürfnisse, Logistiksysteme, etc. werden von Internetapplikationen nicht nachhaltig verändert und ermöglichen weiterhin Wettbewerbsdifferenzierung.

Zusammenfassend ist herauszuheben, dass neben den signifikanten Effizienzsteigerungsmöglichkeiten, die das Internet bietet, Probleme der mittelfristigen Rentabilität von Branchen und Unternehmen durch die veränderten Marktbedingungen des elektronischen Handels nicht aus den Augen verloren werden dürfen. Unternehmen müssen deshalb eine Integration ihrer Internetstrategie in die bestehende Wettbewerbsstrategie anstreben und nachhaltig verfolgen. 43

F. Elektronischer Handel – Auswirkungen auf Geschäftsmodelle und bestehende Wertschöpfungsketten

Verschiedene bahnbrechende Erfindungen und Phänomene haben die Entwicklung von Wirtschaft und Gesellschaft in den letzten beiden Jahrhunderten wesentlich beeinflusst und geformt. Diese Erfindungen und Phänomene werden im Folgenden als **Basisinnovationen** bezeichnet. Basisinnovationen sind diejenigen Neuerungen, die einen umfassenden Reorganisationsprozess des Wirtschaftens und der Gesellschaft verursachen und substantielle Verbesserungen schaffen.[35] 44
Es soll im Folgenden der Frage nachgegangen werden, ob das Internet eine Basisinnovation darstellt. Darauf aufbauend werden die Auswirkungen des Internets auf Geschäftsmodelle und Wertschöpfungsketten beispielhaft diskutiert.

Die Erfindung der **Dampfmaschine** und grundlegende Neuerungen in der Textilindustrie markierten Ende des 18./Anfang des 19. Jahrhunderts den Übergang von der Agrar- zur Industriegesellschaft. Es entstand die neue Gesellschaftsklasse „Arbeiter", eine Konzentration von Wertschöpfung in Fabriken und die fortschreitende Ausbildung städtischer Infrastruktur. Mit der Erfindung des **Stahls** stieg die Produktivität durch neue Maschinen und Anlagen rapide an. Die wichtigste Anwendung war aber die Eisenbahn, die die Reichweite des Handels wesentlich erweiterte und eine neue Phase der industriellen Massenproduktion einläutete. Durch die effiziente Nutzung neuer Möglichkeiten wurde Großbritannien im 19. Jahrhundert zur Führungsmacht („Pax Britannica"). Die **Nutzung** von **Elektrizität** und **Chemie** führt zu einem weitreichenden wirtschaftlichen und gesellschaftlichen Wandel. USA und Deutschland entwickeln sich insbesondere auf Grund wissenschaftlichen und technischen Vorsprungs vor dem Zweiten Weltkrieg zu Großmächten. Das Zeitalter nach dem Zweiten Weltkrieg steht zunehmend im Zeichen der **Mobilität.** Die dramatischen Wachstumszahlen der Automobile und die drastische Ausweitung des Flugverkehrs zeigen dies deutlich. Mobilität erschließt neue Wachstumsmöglichkeiten für unterschiedlichste Branchen, verändert Konsumentenverhalten nachhaltig und beschleunigt den gesellschaftlichen Wandel. 45

Der bisherige Wandel ist vor allem durch die neuartige **Verwertung von Bodenschätzen, Stoffumwandlungsprozessen** und **Energien** bestimmt. Seit den 70er Jahren gewinnt die **Informationstechnik** als Basisinnovation zunehmend an Bedeutung. Der produktive und kreative Umgang mit Informationen verändert einerseits Wertschöpfungsprozesse nachhaltig und fördert gleichzeitig den gesellschaftlichen Wandel. Dieser Wandel wird vor allem dadurch bestimmt, dass der zunehmend wichtig werdende Umgang mit Informationen Eigenschaften wie Lernbereitschaft, Denken 46

[35] Vgl. z. B. *Perez,* Futures, Vol. 15, No. 4/1983, 357 (367 f.).

in Systemen, Kommunikations- und Teamfähigkeit, usw. erfordern.[36] Stellt das Internet eine neue Basisinnovation dar, oder ist es lediglich ein wichtiges **Werkzeug der Informationsgesellschaft?** Hierzu muss zunächst definiert werden, welche Kriterien eine Basisinnovation ausmachen.

I. Basisinnovation Internet?

47 Die **Systemtheorie** besagt, dass Systeme wachsen, wenn sie durch Strukturerweiterung und/oder Strukturverbesserung in die Lage versetzt werden, mehr Energie und/oder Informationen aufzunehmen und zu verarbeiten, als sie zur Strukturerhaltung benötigen.[37] Diejenigen Treiber der Strukturerweiterung und -verbesserung, die die folgenden Merkmale erfüllen, werden als Basisinnovationen bezeichnet.

48 **Vernetzung von Technologien:** Die Bündelung eng vernetzter Technologien zielt auf nachhaltige Verbesserung von Wertschöpfungsprozessen. So fördert z. B. die zunehmende Mobilität eine Vielzahl von Innovationen in so scheinbar unterschiedlichen Disziplinen wie Straßenbau, Elektrotechnik und Elektronik, Kommunikation, Antriebstechnik, Tourismus, Banken, Versicherungen, etc.

- Die Vernetzung lässt sich besonders gut mit Hilfe von „technology maps" darstellen. Sie stellen die Beziehung zwischen Technologie dar und sind ein Indikator für die Konvergenz von Technologien.
- Das Entstehen neuer Märkte durch die spezifische Basisinnovation stellen einen deutlichen Indikator für die Veränderungswirkung der neu vernetzten Technologien dar.
- Die Veränderung von Markteintrittsbarrieren ist ein Indikator für die Auswirkung der Vernetzung neuer Technologien auf bestehende Märkte.

49 **Breite und Nachhaltigkeit der Veränderung von Wertschöpfungsprozessen:** Basisinnovationen verändern die Wirtschaft umfassend und nachhaltig durch die gezielte Beseitigung und/oder Verbesserung von Knappheiten. Die gezielte Nutzung der Basisinnovation bestimmt Richtung und Tempo der wirtschaftlichen und gesellschaftlichen Veränderungsprozesse. Zur Messung von Breite und Nachhaltigkeit der Veränderungen lassen sich qualitative Kriterien heranziehen:

- Richtung und Tempo der Veränderungen lässt sich insbesondere aus Forschungs- und Entwicklungsaufwendungen erkennen.
- Die Wachstumsrate und Nachhaltigkeit von betroffenen Märkten sind ein Indikator für die Dynamik der Veränderung.
- Die Breite der Veränderung lässt sich an dem Volumen der betroffenen oder neu entstandenen Märkte ablesen.

50 **Reorganisation von Gesellschaften:** Basisinnovationen bewirken das Entstehen neuer gesellschaftlicher Erfolgsmuster und fördern den Wertewandel nachhaltig.

- Substitutionseffekte auf betroffenen Märkten sind ein Indikator für das Entstehen neuer Erfolgsmuster.
- Die Veränderung des Käuferverhaltens beim Konsumenten ebenso wie bei Investitionsgütern.
- Die Beeinflussung des gesellschaftlichen Wertewandels.

---

[36] Vgl. dazu auch den historischen Abriss in § 1, Rdnr. 14 ff.

[37] Vgl. *Bleicher/Fuchs*, S. 48 (54).

Vor dem Hintergrund der skizzierten Kriterien ist das Internet eine Basisinnovation. Der heutigen Informationsgesellschaft liegt ein komplexes Netzwerk der Informationstechnik zugrunde. Die Informationsverarbeitungskapazitäten nehmen durch die Computer- und deren Basistechnologien mit zunehmender Dynamik zu. Das Internet schafft durch die standardisierte Vernetzung dezentraler Informationsspeicher- und -verarbeitungskapazitäten neue und beschleunigte Zugriffsmöglichkeiten auf Informationen unabhängig vom geographischen Standort. Ist das Internet nun aber ein Bestandteil der „Informationstechnik" oder eine eigenständige Basisinnovation? Unabhängig von den oben angeführten Kriterien muss zunächst festgehalten werden, dass das Internet auf **Informationstechnologie** als **notwendige Voraussetzung** angewiesen ist. Darüber hinaus sind die Möglichkeiten und die Reichweite der Substitution bestehender Lösungen und Märkte eher begrenzt, wie in den folgenden Ausführungen noch zu zeigen sein wird. Gleichwohl beeinflusst das Internet Käuferverhalten zunehmend und ist auch ein treibender Faktor des Wertewandels unserer Gesellschaft geworden. Zusammenfassend schlagen wir vor, das **Internet** als **wesentlichen Bestandteil** der Informationstechnik, **nicht** aber als **eigenständige Basisinnovation** zu betrachten.[38] Warum das Internet aber ein wesentlicher Bestandteil des Informationszeitalters geworden ist, zeigen die folgenden Ausführungen. 51

II. Electronic Commerce-Rahmen

Electronic Commerce wirkt sich nicht nur auf Transaktionen zwischen den Beteiligten aus, E-Commerce beeinflusst auch die Art und Weise, in der **Märkte struk-** 52

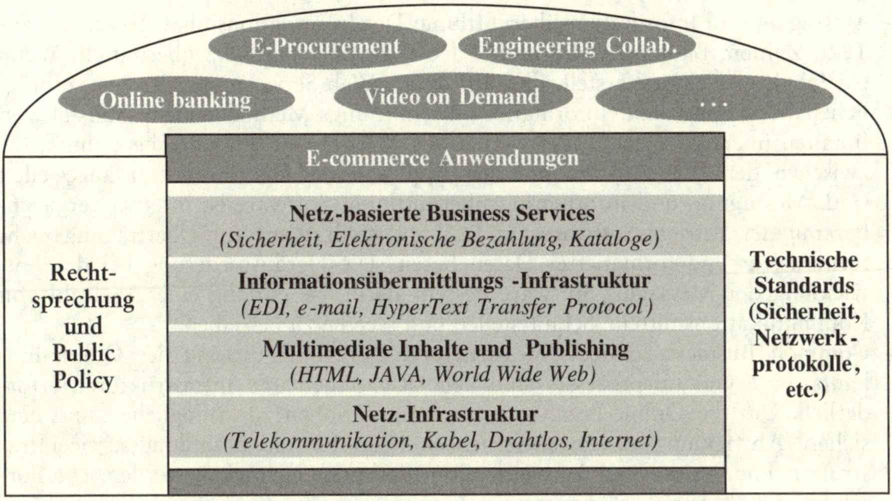

Abb. 5: Electronic Commerce-Rahmen

[38] Diese Einschätzung spiegelt sich schließlich auch in der Bedeutung des Internets für das Rechtssystem wider. Das Internet bringt kein neues Internet-Recht. Vielmehr ist Internet-Recht ein Querschnittsmaterie, die u. a. im Rechtsgebiet „Geistiges Eigentum" neue Probleme aber keine Revolutionen bringt (vgl. dazu die Ausführungen in § 1).

turiert werden. Traditionellerweise wurden Marktverbindungen durch den Austausch von Gütern, Dienstleistungen und Geld geknüpft – Electronic Commerce fügt ein **neues Element** hinzu: die **Information.** Zukünftig werden Marktverbindungen verstärkt auf Güter des geistigen Eigentums, Informationsdienstleistungen und Electronic Money basieren. Dies schafft neue Marktchancen, die neuen Playern einen Markteintritt und die Veränderung der Marktdynamik ermöglichen. Ein relativ einfacher Rahmen hilft, ein verbessertes Verständnis der **Marktstrukturen** um das Electronic Commerce zu gewinnen (vgl. Abb. 5).[39]

53 Grundsätzlich unterscheiden wir fünf **Kernsegmente** des Electronic Commerce:

- **Information Transport Providers:** Information muss zwischen Orten übermittelt werden. Dazu stellen Telekommunikationsunternehmen Telefonnetz, Kabel-TV-Systeme, Satelliten, Mobilfunkunternehmen Mobilfunk und Satellitennetze etc. bereit, daneben gibt es private und öffentliche Computerdatennetz (d.h. private, wie CompuServe, AOL oder öffentliche wie das Internet). Das Router Business, das von großen Anbietern wie Cisco, Bay Networks, und 3COM dominiert wird, nimmt einen großen Bereich ein. Router verbinden Local Area Networks (LANs) innerhalb der Unternehmen mit den Wide Area Networks (WANs) der verschiedenen Netzanbieter.
- **Multimedia Content und Network Publishing:** Die gängigste Architektur, die das Network Publishing unterstützt, ist das World Wide Web. Mit Hilfe des Web können kleinere Unternehmen und Einzelpersonen Content in Form der HyperText Markup Language (HTML) entwickeln und auf einem Web-Server veröffentlichen. Folglich ist das Web ein Mittel zur Erstellung von Produktinformationen (Content) sowie zur Veröffentlichung in einem Distributionszentrum (Network Server).
- **Messaging und Informationsübermittlung:** Der Informationsinhalt bestehend aus Text, Zahlen, Bildern, Audio und Video wird über ein Netz übermittelt. Wenn ein Inhalt erst einmal erstellt und auf einem Web Server gespeichert ist, ermöglichen Messaging- und Informationsübermittlungs-Methoden den Transfer von Inhalten über das Netz. Diese werden als Middleware-Software bezeichnet, die zwischen den Web-Servern und den Applikationen der Endnutzer angesiedelt sind. Messaging- und Informationsübermittlungs-Software ist in etwa vergleichbar mit der Betriebs-Software auf PCs und stellt Wege zur Übertragung nicht formatierter und formatierter Daten bereit. Die Herausforderung bei der Entwicklung der Messaging-Software besteht darin, sie entlang einer Vielzahl von Kommunikationsmitteln, Schnittstellen und Netzen zu betreiben.
- **Common Business Services Infrastructure:** Zur Unterstützung des Online-Einkaufs- und Verkaufsprozesses sind neue Richtlinien und Infrastrukturen erforderlich. Um die Online-Bezahlung für Informationen zu ermöglichen und eine sichere Abwicklung zu gewährleisten, müssen für die Bezahlungsserviceinfrastruktur Encryption- und Authentication-Methoden entwickelt werden. Die Forschung im Bereich E-Commerce fokussiert derzeit die Entwicklung sicherer Transaktionen und sicherer Online-Bezahlungsinstrumente.
- **Public Policy:** Public Policy bezüglich Electronic Commerce betrifft Themen wie Universal Access, Privacy und Information Pricing. Electronic Commerce stellt derzeit vor grundlegende politikbezogene und rechtliche Fragen wie z.B. zur Re-

[39] Vgl. *Kalakota/Whinston*, S. 12ff.

gulierung zum Schutze des Verbrauchers vor Missbrauch und Rechte zum Schutz der Privatsphäre etc.
- **Technical Standards:** Standards sind zur Sicherstellung der Kompatibilität entlang des gesamten Netzes erforderlich.

Microsoft bietet ein ausgezeichnetes Beispiel zur Darstellung dieses Rahmens in 54 der realen Welt. Die Logik hinter den Akquisitionen und strategischen Partnerschaften von Microsoft im Bereich Electronic Commerce war simpel: Wenn die Nutzer ein Microsoft Betriebssystem installiert haben, sollten sie sich auch für Microsoft Network/Microsoft Explorer entscheiden. Durch dieses Konzept konnte Microsoft den Marktanteil von Online-Serviceprovidern wie AOL einschränken. Zum Start seines Microsoft Network (MSN) erwarb Microsoft 20 Prozent der Anteile an UUNET Technologies, ein Unternehmen, das Verbrauchern den Internetzugang sicherte. Durch UUNET hatte Microsoft den Zugang zu einer Telekommunikationsinfrastruktur, die mehrere Hundert Städte in den USA versorgt und somit Microsofts Unabhängigkeit von jedem Access-Provider sicherstellte.

III. Virtuelle Märkte – Eine Typologisierung

Eine der wichtigsten branchenübergreifenden Veränderungen durch das Internet 55 sind virtuelle Marktplätze[40]. Sie dienen dem Ein- und Verkauf, sind also auf die Vorbereitung und Durchführung von Transaktionen ausgerichtet. **Kernbaustein** virtueller Marktplätze ist eine **Marktplatzsoftware,** die die Transaktionen zwischen Anbietern und Nachfragern unterstützt. Es sind dies z.B. die Informationssuche, Ausschreibungskonfiguration, Angebotsabgabe, Auktionierung, etc. Betrieben werden Marktplätze entweder von etablierten Unternehmen (allein oder konsortial) oder aber unabhängigen Betreibern. Die heute existierende **Marktplatzlandschaft** ist vielfältig:
- Einkaufsorientierte Marktplätze haben das Ziel, die Beschaffungsprozesse und -organisationen der Betreiberunternehmen zu optimieren.
- Verkaufsorientierte Marktplätze verfolgen das Ziel, einen weiteren Absatzkanal zu betreiben oder auch eine größere Anzahl von Kunden kostengünstig zu erreichen.
- Neutrale Marktplätze stellen als Intermediäre Dienstleistungen für Ein- und Verkäufer zur Verfügung.

Neben den Arten von Marktplätzen ist insbesondere deren **Ausrichtung** von be- 56 sonderer Bedeutung:
- **Horizontale Marktplätze:** Diese Marktplätze sind branchenübergreifend mit dem Ziel tätig, Effizienzsteigerungen des Beschaffungsprozesses und Kosteneinsparungen durch Volumeneffekte zu erzielen. Folglich fokussieren sich diese Marktplätze einerseits auf Gemeinkostenmaterial und andererseits auf Dienstleistungen. Vertacross[41], der von Siemens gegründete Marktplatz für Automatisierungstechnik, ist ein offener, absatzorientierter virtueller Markt mit Produktkatalogen und zusätzlichen Services.
- **Vertikale Marktplätze:** Sie beschränken sich weitgehend auf eine Branche. Ihr Ziel ist es, eine leistungsfähige Plattform für das Zusammenwirken von Endproduktherstellern und deren Lieferanten zu schaffen. In einer weiteren Entwick-

---

[40] Vgl. § 1, Rdnr. 49f.; zu kartellrechtlichen Fragen § 12, Rdnr. 58ff.
[41] Vgl. dazu insbesondere http://www.vertacross.com [abgerufen am 27. 4. 2002].

lungsstufe sollen gemeinsame Produktions-, Logistikplanung und -steuerung sowie gemeinsames Engineering unterstützt werden. Bekannte Beispiele sind Covisint[42] (Automobilindustrie), SupplyOn[43] (Automobilzulieferindustrie), MyAircraft[44] (Luftfahrt) und Transora (Konsumgüter). Für den Aspekt „internetbasierte Zusammenarbeit" ist insbesondere EC4EC[45], der Marktplatz für den Maschinen- und Anlagenbau, zu erwähnen.

57 Die folgende Abbildung zeigt die **Ausrichtungen** virtueller Marktplätze:

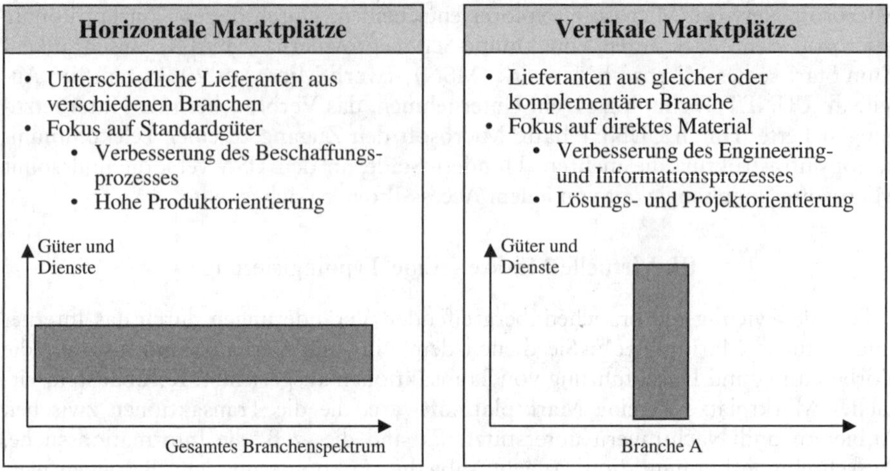

Abb. 6: Ausrichtungen virtueller Marktplätze

58 Wie **funktionieren** virtuelle Märkte ganz praktisch? Ab einem bestimmten Beschaffungsvolumen für bestimmte Warengruppen können Einkäufer Bedarfe über das Internet ausschreiben und in einer so genannten „Reverse Auction" unter mehreren Lieferanten versteigern.[46] Marktplatzbetreiber stellen dabei nicht nur die Software für die Ausschreibung (Produktspezifikation, Lieferbedingungen, etc.) und die Transaktion (Auktionierung, elektronische Bezahlung, etc.), sondern bieten auch **Services** an z.B. zur Identifizierung neuer Lieferanten durch weltweite Abfragen. In der Auktion können sich die ausgewählten Lieferanten während eines abgegrenzten Zeitraums online unterbieten. Die abgegebenen Gebote sind für jeden Teilnehmer in einer Grafik sichtbar, so dass der gesamte Angebotsprozess transparent ist und der Abschluss unter bestimmten Regeln zeitnah erfolgen kann.

IV. Elektronischer Handel im Banking

59 Bankgeschäfte lassen sich im Wesentlichen in fünf Bereiche unterteilen: Privatkunden, Geschäftskunden national, Geschäftskunden international, Investmentgeschäfte und Fondsmanagement. Vor allem Privatkunden- und Investmentgeschäfte

42 Vgl. http://www.covisint.com [abgerufen am 27. 4. 02].
43 Vgl. http://www.supplyon.com [abgerufen am 27. 4. 02].
44 Vgl. http://www.transora.com, http://www.vertacross.com [abgerufen am 27. 4. 02].
45 Vgl. http://www.ec4ec.com, http://www.vertacross.com [abgerufen am 27. 4. 02].
46 Zu den damit einhergehenden wettbewerbsrechtlichen Fragen vgl. § 11, Rdnr. 137ff.

sind von technischen Innovationen im Online-Bereich betroffen. Sie können aber auch am meisten vom elektronischen Handel profitieren. Die Auswirkungen des elektronischen Handels auf das Bankgeschäft sind vielschichtig und vielfältig, ausgehend von technischen Veränderungen, der **Deregulierung** zahlreicher Bereiche des Finanzwesens, der Entstehung **neuer Finanzinstitute** und einer grundlegenden Umstrukturierung der Wirtschaft.

Die Veränderungen in der Finanzbranche werden insbesondere von drei Faktoren 60
getrieben:

- Veränderte Verbraucherbedürfnisse (teilweise getrieben durch die neuen technischen Möglichkeiten).
- Optimierung der Vernetzung der Geschäftsstellen mit dem Ziel der Kostenreduzierung.
- Neue Online-Finanzprodukte.

Einerseits tragen Investitionen in neue Technologien zur **Senkung** der **Netzwerk-** 61
und Bearbeitungskosten sowie der Kosten für die Analyse von Kundenentscheidungen bei. Neue Produkte und Dienstleistungen, wie z.B. Online-Banking, werden hierdurch unterstützt und es wird möglich, zu jeder Zeit und an jedem Ort mit Kunden und Verbrauchern zu interagieren. Andererseits ziehen solche Marktchancen auch neue Player an, deren Markteintrittsbarrieren zunehmend abgebaut werden. So spielen bankenfremde Unternehmen eine immer wichtigere Rolle im Bereich des Online-Zahlungsverkehrs. Neben den niedrigeren Markteintrittsbarrieren müssen sich die Banken mit immer kürzer werdenden Entwicklungszyklen ihrer Produkte auseinander setzen.

In jüngster Zeit hat gerade das Online-Banking einen rasanten Aufschwung er- 62
lebt. Kein bankeneigenes Netzwerk verfügt auch nur annähernd über die Reichweite und die Kapazitäten von Computernetzwerken (insbesondere dem Internet). Für den Kunden hat das den großen Vorteil, dass er seine Geldgeschäfte **zu jeder Zeit** und **an jedem Ort** erledigen kann. Die Ressourcenanforderungen für integrierte Lösungen sind so hoch, dass die Banken sich gezwungen sehen, Inhalte (Finanzprodukte) und Vertriebskanäle (Geschäftsstellennetzwerke) voneinander zu trennen. Sie haben dies auch bereits erfolgreich umgesetzt. Außerdem besteht für die traditionellen Player der Branche ein großer Anreiz darin, möglichst schnell ins Online-Geschäft zu kommen und sich First-Mover-Vorteile und einen Anteil an einem bereits recht engen Markt zu sichern.

V. Elektronischer Handel im Einzelhandel

„Shopping at Home" ist das Schlagwort, bequemes Einkaufen, ohne dass man 63
seine Wohnung oder sein Haus verlassen muss. Hierbei stellt sich die Frage, ab welchem Umfang Online-Shopping zu einer Umstrukturierung der Einzelhandelsbranche und deren Geschäftsmodelle führen wird. Dem Einzelhandel bieten sich heute eine Reihe wesentlicher **Verbesserungspotentiale:**

- Angebotseffizienz statt Angebotsüberschuss.
- Veränderung von Verbraucherdemographien hin zu einem zeiteffizienten Einkauf.
- Technische Verbesserungen, die höhere Transparenz bei den Produkteigenschaften und Preisen sowie mehr Bequemlichkeit bieten.

Der Online-Einkauf von Lebensmitteln bei Peapod oder Tesco ist nur ein Beispiel 64
möglicher Geschäftsmodelle für den Online-Einzelhandel. Die Geschäfte unterhal-

ten **Online-Datenbanken** von etwa 20000–30000 Lebensmittel- und Drogerieartikeln. **Produktvergleiche** können nach verschiedenen Kriterien vorgenommen werden, so zum Beispiel nach Preis, Nährwert, Fettgehalt oder Kalorienzahl. Der Kunde greift über den Internetzugang auf seinem PC und einem speziellem Softwarepaket des Warenanbieters auf die Datenbanken zu. Mit Hilfe der Software können auch die **Rechnungs- und Zahlungsvereinbarungen** getroffen werden. Die Kunden können wiederverwendbare Einkaufslisten erstellen (Grillbedarf, Babyartikel, etc.). Außerdem besteht die Möglichkeit, vergleichbare Produkte anzeigen zu lassen, die zu niedrigeren Preisen angeboten werden oder sofort lieferbar sind. Durch den Einsatz von interaktiver Technik wird das Einkaufsverhalten grundlegend verändert, werden kundenspezifische Werbung und Information möglich, wird das Einkaufen bequemer und effizienter.

65 Die Aspekte **Zeitersparnis** und **Bequemlichkeit** stehen auch in der Tourismusindustrie im Zentrum des innovativen Denkens. Die Buchung von Hotels, Bestellung von Mietwagen und Ausstellung von Tickets werden zunehmend über das Internet abgewickelt, da dies die Kosten der Anbieter senkt und der Kunde Zeit und Ärger spart.

66 Allein der Blick auf die Lebensmittel- und Tourismusindustrie hat gezeigt, dass Electronic Commerce auf allen wichtigen Stufen des Einzelhandels große Potentiale bietet: Neukunden gewinnen, Kunden qualifizieren, Kundenbedürfnisse kennen lernen, den Einkaufsprozess eines Kunden verstehen, das Angebot auswählen, das Angebot präsentieren und optimieren, Reklamationen bearbeiten, Verhandlungen führen, das Geschäft abschließen, eine langfristige Kundenbeziehung aufbauen, etc. Vor diesem Hintergrund wird das Online-Shopping eine zunehmend wichtigere Rolle einnehmen. Jedoch wird es in den meisten Fällen die **bestehenden Vertriebskanäle ergänzen** und nicht **ersetzen.** Aus heutiger Sicht kann man davon ausgehen, dass das Online-Shopping zu gewissen Preissenkungen führen wird, wenn die kritische Masse der Transaktionen überschritten wird.

VI. Elektronischer Handel im Online-Publishing

67 Wesentliche Wachstumstreiber des Online-Publishing-Marktes waren zunächst die Möglichkeiten, die mit den neuen interaktiven Technologien und Anwendungen verbunden wurden. Von diesen Möglichkeiten waren Content-Provider und die Öffentlichkeit gleichermaßen angetan. Ein Geschäftsmodell im Bereich Online-Publishing muss – darin unterscheidet es sich nicht von anderen Branchen – vor allem auf den **Kundenwert** (Customer Value) fokussieren. Außerdem sollte es sich klar von anderen Publikationskanälen abgrenzen. Das Problem, dem sich das Online-Publishing gegenüber sieht, ist die Tatsache, dass die Öffentlichkeit daran gewöhnt ist, dass Information und Unterhaltung zu einem wesentlichen Teil durch Werbeeinnahmen finanziert werden. Der große Erfolg von Online-Werbung ist bisher jedoch noch ausgeblieben, so dass sich die Content-Provider verstärkt auf ihre Kernkompetenzen, d.h. gute Kenntnis der Kundenbedürfnisse, das Verpacken und die aktuelle Bereitstellung von Inhalten konzentrieren.

68 Zum Verständnis von Geschäftsmodellen im Bereich Online-Publishing müssen drei wesentliche Aspekte betrachtet werden:

- **Markenbildung:** Die Schaffung eines Markenbewusstseins ist eine unerlässliche Voraussetzung dafür, dass eine Webseite besucht wird.

- **„Digitales" Urheberrecht:** Der Einsatz von wirkungsvollen technischen Schutzmechanismen[47] ist unverzichtbar, wenn qualitativ anspruchsvolle Inhalte online bereitgestellt werden sollen. Ohne diesen Schutz wird wertvolles geistiges Kapital aufs Spiel gesetzt. Insbesondere im Internet ist es ein Leichtes, geistiges Eigentum unerlaubt zu kopieren oder zu übertragen.[48]
- Abwicklung von **Micropayments:** Da die Online-Werbung bisher nicht den gewünschten Erfolg gebracht hat, muss für den gezielten Verkauf von spezifischen Inhalten eine anwenderfreundliche Abrechnungsmethode für Kleinbeträge eingerichtet werden.[49]

Es ist leicht nachvollziehbar, dass gerade das zweite Problem des Urheberrechts das Wachstum des Online-Publishing-Marktes hemmt. Zwei Aspekte spielen hierbei eine wesentliche Rolle. Die Eigentümer von Urheberrechten werden nicht das Risiko eingehen, ihre Inhalte zur Verfügung zu stellen, wenn kein wirkungsvoller Urheberschutz sichergestellt werden kann. Andererseits werden Online-Nutzer nur dann Gebrauch von den angebotenen Leistungen machen, wenn ein ausreichend großes Angebot an Content bereitgestellt wird – und zwar zu fairen und angemessenen Bedingungen – und die Integrität der Beiträge sichergestellt ist.

Wie lässt sich der Schutz von Urheberrechten im Internet sicherstellen? Gerade 69
bei einem Medium, das auf moderner Technik aufgebaut ist, liegt die Lösung vor allem im technischen Bereich:[50]

- **Zugangsbeschränkungen** für die Quelle des Content-Beitrags.
- **Beschränkung** der **Manipulationsmöglichkeiten** der elektronischen Datei, auf der der Content-Beitrag gespeichert ist.

In den letzten Jahren konnte man verschiedene Formen des Online-Publishing beobachten. Die einfachste Form besteht darin, Informationen aus Unternehmensarchiven in das Internet zu stellen. Herausgeber von Fachzeitschriften nutzen diese Möglichkeit häufig als ersten Schritt ins Online-Publishing-Geschäft und als Unterstützung des Markenbildungsprozesses. Herausgeber von kommerziellen Printmedien setzen häufig auf die Bereitstellung von **Real-Time-Nachrichten** und personalisierten Informationen. Ziel ist die Entwicklung von neuem Material speziell für das Internet bzw. die Bereitstellung von bestehenden Inhalten in neuem Gewand. Sich im Internet zurecht zu finden, stellt vielfach ein Problem dar, das zwischengeschaltete Provider inzwischen erfolgreich für sich genutzt haben. Die bekanntesten sind Yahoo und Google, die sich darauf spezialisiert haben, **„Meta-Information"** im Internet zu verkaufen. Schließlich gibt es noch das dynamische Publishing, das die „Verpackung" von verfügbaren Inhalten auf Kundenpräferenzen und technische Voraussetzungen ausrichtet. PointCasting ist ein erfolgreiches Unternehmen aus dieser Gruppe, das Informationen nach den Vorgaben des Nutzers zusammenstellt.

Die Zukunft wird **technische Neuerungen** bringen, die dem Online-Publishing 70
neue Perspektiven eröffnen werden. Zum Beispiel die **Intercast-Technik** ermöglicht die Integration von Video- und Datenströmen (HTML). Diese Technik ermöglicht die Konvergenz von digitalisierten Informationen und deren weltweite Aussendung

---

[47] Vgl. hierzu § 13, Rdnr. 256.

[48] Im Internet kann man durch die Missachtung von Urheberrechten weitaus mehr Schaden anrichten als z. B. mit einem Kopierer.

[49] Zu den damit einhergehenden Nutzerschutz-, also Datenschutzfragen vgl. § 5, Rdnr. 33 ff.

[50] Zu den rechtlichen Fragen vgl. detailliert unten § 13, Rdnr. 250 ff.

an PCs. CNN nutzt diese neue Technik für einen Service, bei dem Real-Time-Nachrichtenvideos und Real-Time-Nachrichtentexte an Desktop-Computer geschickt werden, ein Service, der bislang nur für Geschäftsleute angeboten wird. Die Möglichkeiten, die diese Technik bietet, sind für Content Provider und die Werbung gleichermaßen interessant. Das Internet und die damit verbundenen technischen Möglichkeiten führen zu einer nachhaltigen Veränderung im Umgang mit Produkten und Dienstleitungen aus den Bereichen Information und Unterhaltung sowohl im privaten als auch im geschäftlichen Bereich. Mit der verstärkten Nutzung des Internets zur Schaffung neuer Content-Produkte (z. B. die globalen Softwareentwicklungsgesellschaften LINUX), zur Verbreitung von Content (z. B. globales Publishing mit LEXIS/NEXIS), zur Reproduktion von Content (z. B. der Point-Casting-Service von CNN für zielgerichtete konvergierte multimediale Informationen) oder zur Organisation von Inhalten (z. B. GOOGLE mit seinen intelligenten Suchmaschinen) werden ganz neue Möglichkeiten geschaffen und bestehende Wertschöpfungsketten verändert.

VII. Elektronischer Handel in der Automobilindustrie

71 Die **Wertschöpfungsketten** in der Automobilindustrie werden immer **schneller.** Das reicht von der Produktentwicklung über die Produktherstellung zur Produktvermarktung und revolutioniert das Service- ebenso wie das Aftermarket-Geschäft. Im vorliegenden Beitrag sollen nur zwei der derzeit umfassend diskutierten Themenfelder kurz skizziert werden.

1. Unternehmensübergreifende Optimierung von Wertschöpfungsketten (Supply Chain Management)

72 Die Spieler der vielen Wertschöpfungsketten in der Automobilindustrie müssen eine Vielzahl von Lieferanten und Partnern koordinieren, um sicherzustellen, dass die **richtigen Teile** zum **benötigten Zeitpunkt** an der vorgesehenen Montagelinie eintreffen. Dies erfordert zunehmend **unternehmensübergreifende Transparenz** entlang der Wertschöpfungsketten. Insbesondere bei der unternehmensübergreifenden Zusammenarbeit zwischen Herstellern und Zulieferern, aber auch Händlern und Endkunden bietet die gezielte Nutzung des Internets erheblich Effizienzpotenziale. Die hohe **Komplexität der Logistikprozesse** in der Automobilindustrie erschwert die Realisierung von E-business-Lösungen einerseits. Andererseits nimmt die Automobilindustrie auf Grund einerseits dieser Komplexität aber auch den erheblichen Verbesserungspotenzialen bei E-business-Lösungen eine gewisse Pilotfunktion ein.

73 Neben vorkonfigurierten teilstandardisierten E-business-Lösungen spielen so genannte **Portale** eine wesentliche Rolle. Sie stellen einen vordefinierten Arbeitsplatz für Mitglieder der Wertschöpfungsketten dar. Über diesen Arbeitsplatz, zu dem alle berechtigten Teilnehmer den gleichen Zugriff über das Internet haben, werden Informationen ausgetauscht (Testergebnisse, Zielerreichungen, Lagerbestände, Abrufmengen, etc.), Meetings zu bestimmten Problembereichen online abgehalten, Verbesserungsideen zeitnah und unter Einbeziehung aller Betroffenen diskutiert und entschieden, etc. Das Internet kann aber nur dort wirkungsvoll eingesetzt werden, wo Basissysteme digitalisierte Informationen produzieren. So beschränken sich E-business-Projekte in der Praxis nicht auf die Vernetzung spezifischer Primärda-

tenquellen (z.B. Datenbanken, etc.)[51] über das Internet und die Konzeptionierung nutzerfreundlicher Informationsaufbereitung (Web Design). Wichtige Voraussetzung für den nachhaltigen wirtschaftlichen Erfolg sind einerseits die **Neugestaltung bestehender Wertschöpfungsprozesse** und andererseits die **Digitalisierung bestehender Systeme.** So ermöglicht beispielsweise Electronic Kanban die Reduzierung von Planungs- und Steuerungsaufwendungen in der Produktion und ermöglicht so unternehmensübergreifende Bestandsreduzierungen bei gleichzeitiger Erhöhung der Verfügbarkeit. Auktionen und Fachbörsen führen dazu, den Leerfahrtenanteil zu reduzieren und die Frachtkosten dadurch zu senken. Virtuelle Lagerkonzepte verringern Distributionsstufen und reduzieren auf diese Weise die Bestandskosten. All diese beispielhaft aufgeführten Lösungen werden mittels eines Portals im Internet zusammengefasst.[52] Kurz gesagt: Das Portal ist der Zugang aller Beteiligten zu dem spezifischen Wertschöpfungsprozess.

2. Kundenbeziehungsmanagement (Customer Relationsship Management)

Dem **direkten Kontakt** zum Kunden kommt eine immer größere Bedeutung zu. 74
Dies hat viele Gründe. Zunächst geht es darum, Kunden zu kennen, um Bedürfnisse abzuleiten und z.B. in zukünftige Innovationen, Marketingaktionen[53], Sonderausstattungspakete, etc. einfließen zu lassen[54], Markenimage zu intensivieren, Informationen bereitzustellen, Softwareupdates am Produkt drahtlos oder drahtgebunden durchzuführen, etc. Durch Customer Relationship Management (CRM) Konzepte soll vor allem eine intensivere Kommunikation zwischen Hersteller, Handelsorganisation und Kunde erreicht werden.

Ein wesentlicher Auslöser für eine Welle von CRM Projekten in der Automobil- 75
industrie war die dramatische Zunahme der Kundenanfragen über unterschiedlichste Kanäle. Täglich verzeichnet z.B. das weltweite BMW-Händlernetz in Summe weit über 200000 Kundenkontakte. Vor allem die Anfragen über das Internet haben sich in den letzten fünf Jahren mehr als versechsfacht. Ein effizienterer Umgang mit diesen Anfragen erfordert nicht nur eine Vernetzung von Hersteller, und Handelsorganisationen, sondern auch die zunehmende Standardisierung und Integration von Prozessen und IT-Systemen. Im Mittelpunkt der Optimierungen stehen dabei kürzere Reaktionszeiten und eine Verbesserung der Informationsqualität. So werden z.B. bei BMW Informationen über einen Nutzer des Fahrzeugkonfigurators im Internet innerhalb weniger Stunden an den zuständigen Händler weitergeleitet. Anschließend hat dieser im System 48 Stunden Zeit, den Kundenkontakt „abzuarbeiten". Ansonsten wechselt in der Bildschirmmaske des Händlers der Vorgang von grün auf rot – Verkehrserziehung im Automobilvertrieb![55]

Die Antwortqualität wird gezielt durch **intelligente Datenbanksysteme** unter- 76
stützt, die durch den Zugriff auf stets aktuelle Datenserver Antworten auf Kunden-

[51] Zu den vertragsrechtlichen Aspekten vgl. § 13, Rdnr. 184ff.

[52] Erfolgreiche Projekte zeigen, dass Bestandsreduzierungen von bis zu 40%, Durchlaufzeitreduzierungen von bis zu 30% und Vertriebskostenreduzierungen von bis zu 60% möglich sind.

[53] Zu den wettbewerbsrechtlichen Grenzen – auch im Internet – vgl. § 11.

[54] Die Entscheidungen der europäischen Union zur Freistellungsverordnung hat die Notwendigkeit des direkten Kundenkontakts vom Hersteller zum Kunden nochmals deutlicher werden lassen. Das Internet bietet hier beste Möglichkeiten.

[55] Vgl. *Maderner,* Automobil Industrie, 2001, 68 (69).

anfragen vorkonfigurieren, dem Kundenbetreuer Hinweise auf weiteres Informationsmaterial, -quellen oder Experten geben, etc.

77 Darüber hinaus macht die Verwendung neuer Technologien im Fahrzeug **neue Lösungen im Servicegeschäft** erforderlich. Über das Internetangebot im neuen 7er BMW haben Kunden direkten Kontakt mit dem Hersteller. Der Hersteller muss nicht nur den Informationsbedarf dieser Premium-Kunden nachkommen (z.B. Telefonnumern-Download, Verkehrsinformationen, Reiseservices, etc.), sondern auch immer wieder neuen Service und Inhalte über diese Medien anbieten. Je besser der Hersteller die Kundengewohnheiten kennt, desto weniger bietet er „Services mit der Gießkanne" (und macht das gute Angebot für den Nutzer uninteressant oder gar lästig ... Golfurlaub für den Jogging-Freak, Finanzierungsangebote für den Fleet-Fahrzeugnutzer, etc.) Das Internet bietet hier eine standardisierte Möglichkeit, den Kunden dort kostengünstig und zielgerichtet zu erreichen, wo er wenig abgelenkt ist und Zeit zum kreativen Nachdenken hat: Im Auto! Aber auch die zunehmenden Telematikdienste ermöglichen Services mit enormem Kundenwert. Die intelligenten Diagnosesysteme im Fahrzeug können dazu genutzt werden, dem Kunden Vorschläge für Servicebesuche beim Händler zu unterbreiten, online einen Termin und einen Ersatzwagen zu organisieren, Servicezeiten abzufragen, den möglichen Serviceumfang dem Händler mitzuteilen, dessen Ressourcenplanungen auf Grund der vorhersagbareren Notwendigkeiten zu optimieren, etc.

78 Die **Liste an Beispielen der Veränderungen** bestehender Wertschöpfungsketten, die auch das geistige Eigentum berühren, ließe sich beliebig fortsetzen. Wichtig sind die folgenden Aspekte: die Veränderungen durch das Internet sind in fast allen Branchen umfassend, die Effizienzsteigerungen sind nachhaltig oder werden es in Zukunft sein und die sich bietenden Potentiale sind noch lange nicht ausgeschöpft.

G. Zusammenfassung und Ausblick – Web zwischen Anspruch und Realität

79 Die Globalisierung des Wettbewerbs, kürzere Produktentwicklungs- und -lebenszyklen und zunehmend anspruchsvollere Kundenbedürfnisse erfordern permanent neugestaltete Wertschöpfungsketten unter gezielter Zuhilfenahme neuer Informations- und Kommunikationstechnologien. Unter dem Schlagwort „Elektronischer Handel" bzw. „E-Business" werden heute solche Ansätze der **zunehmenden Vernetzung** über das Internet mit den Zielen der **Effizienzsteigerung** und **Kosteneinsparung** zusammengefasst. Neben der Abbildung von Geschäftsprozessen durch gezielte Einbindung des Internets geht es insbesondere um die unternehmensübergreifende Optimierung von Wertschöpfungsketten. Der multimediale Kommunikationsstandard World Wide Web bietet hier kostengünstig Echtzeitkommunikation, Überwindung von Medienbrüchen durch Standardisierung, weltweiten Informationszugriff, reduzierte Transaktionskosten und hohe Effizienzsteigerungen von Wertschöpfungsketten.

80 Das Internet stellt eine Infrastruktur dar, die neue Freiheitsgrade für die Gestaltung der internen und externen Arbeitsteilung und damit neue Geschäftsmodelle der inner- und zwischenbetrieblichen Zusammenarbeit ermöglicht. Das Internet kann Kostenreduzierungen in Branchen und Unternehmen bewirken. Gleichzeitig führt die zunehmende Einbindung des Internets auch zu verringerter Rentabilität von Branchen und Unternehmen. Dies kann zu einer Erosion bestehender Wettbe-

werbsvorteile führen und wird es in Zukunft schwieriger machen, erzielte Wettbewerbsvorteile längerfristig zu verteidigen. Unternehmen müssen deshalb eine Integration ihrer Internetstrategie in die bestehende Wettbewerbsstrategie anstreben und nachhaltig verfolgen.

Die Ausführungen haben deutlich gemacht, dass die **Veränderungen des Wirtschaftssystems** durch das Internet **umfassend** und **nachhaltig** sind. Die angeführten Branchenbeispiele zeigen, dass die Optimierung unternehmensübergreifender Wertschöpfungsketten gerade erst begonnen hat und sich noch deutlich intensivieren wird. Dabei stellt das **Internet** trotz seiner weitreichenden Wirkung auf fast alle Branchen **keine Basisinnovation** dar. Der Hauptgrund liegt hier insbesondere in der **komplementären Rolle** für bestehende Wertschöpfungsketten versus einer Substitution bestehender Prozesse, die durch das Internet nur in den seltensten Fällen erreicht wird. Darüber hinaus wirkt das Internet oftmals auf diejenigen Prozesse und Systeme, die nicht zu den **wettbewerbsdifferenzierenden Kernkompetenzen** zählen. 81

Weitere Dynamik entsteht durch die Möglichkeiten des mobilen elektronischen Handelns. Der sogenannte „M-commerce" stellt eine neue Art des Konsumverhaltens dar und ermöglicht eine sehr spezifische Ansprache von Kunden. Dies erfordert insbesondere ein differenziertes Verständnis der Bedeutung von Mobilität für den spezifischen Kunden und damit dessen fundamentaler Wünsche und Lebensziele. Die Potentiale des mobilen elektronischen Handelns sind groß, sind aber nur mit differenzierten Lösungen zu realisieren. 82

Neben den Treibern des elektronischen Handelns muss auch auf die **Risiken** deutlich hingewiesen werden. Eines der wichtigsten Risiken ist das der **Datensicherheit** einhergehend mit den Möglichkeiten des Rechtsschutzes beim elektronischen Handel. Die Probleme des Rechtsschutzes im Internet limitieren nicht nur die Nutzung des Internets durch Schutzinhaber, sondern stellen auch Risiken für potentielle Nutzer dar. Unter anderem aus diesem Grund befasst sich das vorliegende Buch mit Problemen und Lösungen des geistigen Eigentums im Internetzeitalter. 83

2. Teil. Allgemeine Themen

§ 3. Internet und Internationales Recht

Anke Nordemann-Schiffel

Übersicht:

Literatur: *Apel/Grapperhaus,* Das Offline-Online-Chaos oder wie die Europäische Kommission den grenzüberschreitenden Werbemarkt zu harmonisieren droht, WRP 1999, 1247; *Bachmann,* Der Gerichtsstand der unerlaubten Handlungen im Internet, IPRax 1998, 179; *Bartenbach/Volz,* Arbeitnehmererfindungsgesetz, 3. Aufl. 1997; *S. Bechtold,* Multimedia und Urheberrecht, GRUR 1998, 18; *Bettinger,* Die WIPO-Vorschläge zum Schutz von Marken und anderen Zeichenrechten im Internet, WRP 2001, 789; *ders.*, ICANN's Uniform Domain Name Dispute Resolution Policy, CR 2000, 234; *ders.*, Kennzeichenrecht im Cyberspace: Der Kampf um die Domain-Namen, GRUR Int. 1997, 402; *Bettinger/Thum,* Territoriales Markenrecht im Global Village, GRUR Int. 1999, 659; *Bodewig,* Elektronischer Geschäftsverkehr und unlauterer Wettbewerb, GRUR Int. 2000, 475; *Boehme-Neßler,* Rechtsprobleme der Internet-Werbung, ZUM 2001, 547; *Bornkamm,* Gerichtsstand und anwendbares Recht bei Kennzeichen- und Wettbewerbsverstößen im Internet, in *Bartsch/Lutterbeck* (Hrsg.), Neues Recht für neue Medien, 1998, S. 99; *Bücking,* Update Domainrecht: Aktuelle Entwicklungen im deutschen Recht der Internet-Domains, MMR 2000, 656; *Dessemontet,* Conflict of Laws in Cyberspace, Journal of International Arbitration 18 (2001), 487; *ders.*, Internet, le droit d'auteur, SJZ 92 (1996) 285; *Dethloff,* Europäisches Kollisionsrecht des unlauteren Wettbewerbs, JZ 2000, 179; *dies.*, Marketing im Internet und internationales Wettbewerbsrecht, NJW 1998, 1596; *Ernst*, Internet und Recht, JuS 1997, 776; *Essl*, E-Commerce-Richtlinie und Wettbewerbsrecht: Eine kritische Anmerkung, ÖBl. 2000, 156; *Geis*, Die elektronische Signatur: Eine internationale Architektur der Identifizierung im e-commerce, MMR 2000, 667; *Geller* in *Hugenholtz* (Hrsg.), The Future of Copyright in a Digital Environment, 1996, S. 27; *Ginsburg*, Gutachten für die WIPO, 1998, abrufbar unter http://www.wipo.int/eng/meetings/1998/gcpic/index.htm; *Grabinski*, Zur Bedeutung des europäischen Gerichtsstands- und Vollstreckungsübereinkommens (Brüsseler Übereinkommen) und des Lugano-Übereinkommens in Rechtsstreitigkeiten über Patentverletzungen, GRUR Int. 2001, 199; *Grandpierre*, Herkunftslandprinzip contra Marktortanknüpfung. Auswirkungen des Gemeinschaftsrechts auf die Kollisionsregeln im Wettbewerbsrecht, 1999; *Hoeren*, Vorschlag für eine EU-Richtlinie über e-commerce – eine erste kritische Analyse, MMR 1999, 192; *Holeweg*, Europäischer und internationaler gewerblicher Rechtsschutz und Urheberrecht – Tabellarischer Überblick und aktuelle Entwicklungen, GRUR Int. 2001, 141; *Intveen*, Internationales Urheberrecht und Internet – Zur Frage des anzuwendenden Urheberrechts bei grenzüberschreitenden Datenübertragungen, 2000; *Kieninger*, Internationale Zuständigkeit bei der Verletzung ausländischer Immaterialgüterrechte: Common Law auf dem Prüfstand des EuGVÜ, GRUR Int. 1998, 280; *Kiethe*, Werbung im Internet, WRP 2000, 616; *Koch*, Internationale Gerichtszuständigkeit und Internet, CR 1999, 121; *Koch*, Kollisionsrecht und electronic commerce, in *Bartsch/Lutterbeck* (Hrsg.), Neues Recht für neue Medien, 1998; *Koenig/Müller*, Der werbliche Auftritt von Online-Apotheken im europäischen Binnenmarkt, WRP 2000, 1366; *Köhler/Arndt*, Recht des Internet, 1999; *Kort*, Zur „Multistate“-Problematik grenzüberschreitender Fernsehwerbung, GRUR Int. 1994, 594; *Köster*, Urheberkollisionsrecht im Internet – Aufweichung des „Territorialitätsprinzips“ durch das europäische „Ursprungslandprinzip“?, in *Götting* (Hrsg.), Multimedia, Urheberrecht und Internet, S. 153; *Kotthoff*, Die Anwendbarkeit des deutschen Wettbewerbsrechts auf Werbemaßnahmen im Internet, CR 1997, 676; *Kuner*, Internationale Zuständigkeitskonflikte im Internet, CR 1996, 453; *Kur*, Territorialität versus Globalität – Kennzeichenkonflikte im Internet, WRP 2000, 935; *Lange*, Der internationale Gerichtsstand der unerlaubten Handlungen nach dem EuGVÜ bei Verletzung von nationalen Kennzeichen, WRP 2000, 940; *Lehmann*, Domains – weltweiter Schutz für Name, Firma, Marke, geschäftliche Bezeichnung im Internet?, WRP 2000, 947; *Leupold/Bräutigam/Pfeiffer*, Von der Werbung zur kommerziellen Kommunikation: Die Vermarktung von Waren und Dienstleistungen im Internet, WRP 2000, 575; *Löffler*, Werbung im Cyberspace – Eine kollisionsrechtliche Betrachtung, WRP 2001, 379; *Mankowski*, Anmerkung zu LG Köln *Budweiser.com*, MMR 2002, 61; *ders.*, Das Internet im internationalen Vertrags- und Deliktsrecht, RabelsZ 63 (1999), 203; *ders.*, E-Commerce und internationales Verbraucherschutzrecht, MMR Beilage 7/2000, 22; *ders.*, Internet und internationales Wettbewerbsrecht, GRUR Int. 1999, 909; *ders.*, Wettbewerbsrechtliches Gerichtspflichtigkeits- und Rechtsanwendungsrisiko bei Werbung über Websites, CR 2000, 763; *Mayer*, Recht und Cyberspace, NJW 1996, 1782; *Moos*, Die Entwicklung eines supranationalen und internationalen Rechtsrahmens für das Internet, in *Kröger/Gimmy* (Hrsg.), Handbuch zum Internetrecht, 1. Aufl. 2000, S. 3; *Moritz*, Quo vadis elektronischer Geschäftsverkehr?, CR 2000, 61; *A. Nordemann/Czychowski/Goddar/Tönhardt*, Gewerblicher Rechtsschutz und Urheberrecht im Internet, CR 1996, 645; *Nordemann-Schiffel*, Deutsch-französische Produkthaftung im Spannungsfeld zwischen Vertrag und Delikt, 2000; *Ohly*, Herkunftslandprinzip und Kollisionsrecht, GRUR Int. 2001, 899; *Omsels*, Die Kennzeichenrechte im Internet, GRUR 1997, 328; *Petsch*, Internationale Anerkennung und Schutz der berühmten und bekannten Marken, Markenrecht 1999, 261; *Pilz*, Vom EuGVÜ zur Brüssel-I-Verordnung, NJW 2002, 789; *Remien*, Einseitige Unterlassungsverfügungen im europäischen Binnenmarkt und das EuGVÜ, WRP 1994, 25; *Rüßmann*, Wettbewerbshandlungen im Internet – internationale Zuständigkeit und anwendbares Recht, K&R 1998, 422; *Sack*, Das internationale Wettbewerbs- und Immaterialgüterrecht nach der EGBGB-Novelle, WRP 2000, 269; *ders.*, Das internationale Wettbewerbsrecht nach der e-commerce-Richtlinie (ECRL) und dem EGG-/ TDG-Entwurf, WRP 2001, 1408; *ders.*, Herkunftslandprinzip und internationale elektronische Werbung nach der Novellierung des Teledienstegesetzes (TDG), WRP 2002, 271; *Schack*, Internationale Urheber-, Marken- und Wettbewerbsrechtsverletzungen im Internet – Internationales Zivilprozeßrecht, MMR 2000, 135; *ders.*, Neue Techniken und geistiges Eigentum, JZ 1988, 753; *Schließ*, Übertragung von „.com“-Domains an deutsche Unternehmen, K&R 2000, 180; *Schönherr*, Wettbewerbsrechtliche Aspekte des Internet, ÖBl. 1999, 267; *Spindler*, Das Gesetz zum elektronischen Geschäftsverkehr – Verantwortlichkeit der Diensteanbieter und Herkunftslandprinzip, NJW 2002, 921; *ders.*, Deliktsrechtliche Haftung im Internet – nationale und internationale Rechtsprobleme, ZUM 1996, 533; *ders.*, Europäisches Urheberrecht in der Informationsgesellschaft, GRUR 2002, 105; *ders.*, Internationales Verbraucherschutzrecht im Internet, MMR 2000, 18; *Stauder*, Grenzüberschreitende Verletzungsverbote im gewerblichen Rechtsschutz und das EuGVÜ, IPRax, 1998, 317; *Thomas/Putzo*, ZPO, 23. Aufl. 2000; *Thum*, Das Territorialitätsprinzip im Zeitalter des Internet, in: *Bartsch/Lutterbeck* (Hrsg.), Neues Recht für neue Medien, 1998, S. 117; *dies.*, Internationalprivatrechtliche Aspekte der Verwertung urheberrechtlich geschützter Werke im Internet, GRUR Int. 2001, 9; *Tilmann*, Gemeinschaftsmarke und internationales Privatrecht, GRUR Int. 2001, 673; *Ubber*, Rechtsschutz bei Mißbrauch von Internet-Domains, WRP 1997, 497; *Völker/Weidert*, Domain-Namen im Internet, WRP 1997, 652; *Wagner*, Ein neuer Anlauf zur Vereinheitlichung des IPR für außervertragliche Schuldverhältnisse auf EU-Ebene, EuZW 1999, 709; *Wegner*, Rechtlicher Schutz von Internet-Domains (Kollisionsrecht), CR 1998, 676; *Wernicke/Hoppe*, Die neue EGVVO-Auswirkungen auf die internationale Zuständigkeit bei Internetverträgen, MMR 2002, 643.

Einführung

Bereits der Name deutet es an: Das Internet ist heute der inter- und supranationale Raum überhaupt. Angesichts der grundsätzlich weltweiten Abrufbarkeit jeder Seite des Netzes scheinen Staatsgrenzen keine Rolle mehr zu spielen. Heute ist man sich allerdings weitgehend einig darüber, dass das Internet deshalb keineswegs ein von den nationalen Rechtsordnungen völlig losgelöster, eigenständiger *Cyberspace* ist und sein darf, wenn man das Internet als Marktplatz nicht ohne jede Regelung ganz sich selbst überlassen möchte[1]. Angesichts der Internationalität des Internet liegt es nahe, insofern nicht auf nationale, sondern auf internationale Regeln zurückzugreifen – eine **internationale Rechtsordnung** für ein internationales Medium. 1

Allerdings gibt es aktuell keine internationalen Regelungswerke und Kontrollmechanismen[2]; ein Durchbruch ist hier jedenfalls in naher Zukunft auch kaum realistisch zu erwarten. Um den vielfältigen Missbrauchsmöglichkeiten und sonstigen Gefahren des Internet wirksam begegnen zu können, ist eine **Anknüpfung an nationale Rechtsordnungen** also unumgänglich. Viele Internet-Sachverhalte besitzen nun aber so viele Berührungspunkte zu verschiedenen Rechtsordnungen – vom Standort des oder der Server über den Sitz des Providers des Homepage-Betreibers oder dessen Sitz bis hin zu Provider und Sitz des Nutzers, um nur einige zu nennen –, dass auch eine Vielzahl von nationalen Rechtsordnungen jedenfalls grundsätzlich Anwendung finden könnte. Welches Recht wählt man nun aber aus? Dies ist die klassische Frage des so genannten Kollisionsrechts, des internationalen Privatrechts, das in diesem Abschnitt in seiner Anwendbarkeit auf das Internet untersucht werden soll. 2

Das **Kollisionsrecht** ist das System, nach dem jeder Staat für sich selbst und grundsätzlich eigenständig entscheidet, auf welche – abstrahierte – Situation er wel- 3

---

[1] So aber z.B. *Mayer*, NJW 1996, 1782 (1790); *Bechtold*, GRUR 1998, 18 (23); *Ernst*, JuS 1997, 776 (782); *Kuner*, CR 1996, 453 (458); vgl. auch *Thum* in: *Bartsch/Lutterbeck*, S. 117 (144).

[2] Einmal abgesehen von ersten Ansätzen z.B. bei dem *ICANN* Dispute Resolution Verfahren; vgl. § 6, Rdnr. 133ff.

ches Recht anwendet. Dabei wendet ein angerufenes Gericht immer das eigene Kollisionsrecht an[3]. Das so genannte internationale Privatrecht ist also tatsächlich nationales Recht[4]. Das klassische Kollisionsrecht, dessen Konzeption noch heute im Wesentlichen auf Arbeiten aus dem 19. Jahrhundert beruht[5], knüpft internationale Situationen über für die meisten Rechtsgebiete festgelegte so genannte Anknüpfungspunkte an. Dies sind in der Regel unschwer und eindeutig lokalisierbare Handlungen, Tatsachen oder persönliche Bezugspunkte wie etwa die Staatsangehörigkeit, der gewöhnliche Aufenthaltsort und ähnliches. So wird z. B. eine unerlaubte Handlung im deutschen internationalen Privatrecht am Tatort lokalisiert (Art. 40 EGBGB), auf Voraussetzungen und Umfang der Ansprüche des Geschädigten also das Recht des Tatortes angewandt. Welchen Namen eine Person führt, bestimmt sich nach deutschen internationalem Privatrecht grundsätzlich nach der Staatsangehörigkeit dieser Person. Diese festen **Anknüpfungspunkte** sollen dazu dienen, für die Beteiligten das anwendbare Recht so einfach und eindeutig vorhersehbar wie irgend möglich zu machen. An diesem Ziel des Kollisionsrechtes wird aber bereits deutlich, mit welchen Problemen sich die klassischen Anknüpfungsmechanismen im Internet konfrontiert sehen: Denn hier kommen häufig für einen einzigen Anknüpfungspunkt so viele Bezugspunkte zu einzelnen Rechtsordnungen in Betracht, dass eine eindeutige Lokalisierung für die Betroffenen jedenfalls nach den klassischen Regeln kaum möglich sein wird. Wo soll z. B. der „Tatort" einer durch Veröffentlichung im Internet begangenen Urheberrechtsverletzung liegen? Ist dies der Sitz desjenigen, der die Veröffentlichung veranlasst hat und daraus seinen Nutzen zieht? Oder der Standort des Servers, über den das Uploading stattgefunden hat? Oder liegt der Schwerpunkt beim Nutzer, der sich den urheberrechtsverletzenden Inhalt herunterlädt? Das Kollisionsrecht wird also, wenn es weiterhin praxistauglich sein, d. h. zu einem für die Betroffenen vorhersehbaren Recht führen will, internetspezifische Lösungsmöglichkeiten entwickeln müssen.

4 Das Kollisionsrecht will dabei nur – grundsätzlich abstrakt – zur **Anwendung des geographisch geeignetsten, des sachnächsten Rechts** führen, also sozusagen den internationalen Sachverhalt in die passende Rechtsumgebung setzen. Auf Inhalte der in Betracht kommenden oder gar des anzuwendenden Rechts kommt es dabei – wenn überhaupt – erst und allenfalls in zweiter Linie an, wenn man einmal die Sonderfälle des *ordre public* in seinen verschiedenen Ausprägungen und in einem weiteren Sinne auch der international zwingenden Bestimmung[6] außer Acht lässt. Inhalte spielen aber natürlich insofern eine Rolle, als auch das Kollisionsrecht dem Missbrauch ausgesetzt ist. Wenn z. B. das Kollisionsrecht für die Frage der Haftung eines Internet-Anbieters über eine Tatsache anknüpft, die ohne großen tatsächlichen und logistischen Aufwand von dem Betroffenen von einem Land in ein anderes verlegt werden kann – wie z. B. der Standort des Servers –, besteht

[3] Von einem Renvoi, Art. 4 EGBGB, einmal abgesehen.

[4] Dies gilt jedenfalls dort, wo kein internationales Einheitsrecht – wie z. B. im Wiener UN Kaufrechtsübereinkommen von 1980 – in Kraft ist. Auch dort ist jedoch das internationale Recht jedenfalls soweit nationales Recht, als der einzelne Staat die Entscheidung treffen muss, ob er dieses Einheitsrecht anwenden will.

[5] Vor allem auf den Arbeiten Friedrich Carl von *Savignys,* näher *MünchKomm/Sonnenberger,* Einl. EGBGB, Rdnr. 13.

[6] Vgl. Art. 34 EGBGB.

die große Gefahr, dass gut informierte Anbieter den Standort ihres Servers in eine Haftungsoase verlegen. Gerade im Internet, bei dem auf Grund der technischen Möglichkeiten die Manipulationsvarianten schier unendlich sein können, muss in jede Überlegung, wie Kollisionsrecht gestaltet werden kann, die Frage einbezogen werden, ob die angedachte Regel Missbräuche begünstigt und wie dem begegnet werden kann. Das Kollisionsrecht hat hier zuvorderst die Aufgabe, das jeder rechtlichen Regulierung des Internet immanente Spannungsfeld aufzulösen: Auf der einen Seite die Chancen, die das Internet bietet, auch und vor allem international soweit wie möglich realisierbar zu machen; auf der anderen Seite den Missbrauchsrisiken und sonstigen Gefahren im Internet auch und vor allem international zu begegnen.

Mitunter wird bezweifelt, ob das Kollisionsrecht dieser schwierigen Aufgabe 5 überhaupt gewachsen ist. Nicht über das Kollisionsrecht, sondern allein über eine **Harmonisierung der materiellen Rechtsordnungen** seien die mannigfaltigen Probleme, die der Rechtsverkehr im Internet aufwirft, wirklich zufrieden stellend zu lösen[7]. Unabhängig von der Tatsache, dass eine weltweite Harmonisierung wohl kaum in naher Zukunft zu erwarten ist – jede geographisch nur begrenzte Harmonisierung würde ja jedenfalls einige Oasen fortbestehen lassen und somit nicht viel nützen –, muss man sich jedoch fragen, nach wessen Maßstäben denn harmonisiert werden soll. Wenn in der europäischen und US-amerikanischen Literatur eine Harmonisierung als das Ziel und die Lösung gepriesen wird, geschieht dies fast immer unter der stillschweigenden Voraussetzung, dass möglichst der aus eigener Sicht erwünschte Standard harmonisiert, also der allenfalls leicht abgeschwächte Schutz des eigenen Rechts weltweit garantiert wird. Wenn man bedenkt, wie stark jede Rechtsordnung durch den ihr ganz eigenen kulturellen, historischen und politischen Hintergrund geprägt ist – wie z.B. das kontinentaleuropäische Verständnis des Urheberrechts, das diesem auch einen persönlichkeitsrechtlichen Gehalt zumisst, der in anderen Staaten der Welt eine geringere Rolle spielt –, wird klar, welche Schwierigkeiten jeder Harmonisierungsversuch überwinden und wie kompromissbereit hier alle beteiligten Staaten, vor allem auch die mit einem hohen Schutzstandard, sein müssten. Fraglich ist aber darüber hinaus, ob eine weltweite materiellrechtliche Harmonisierung wirklich so wünschenswert ist. Denn jede Harmonisierung bedeutet häufig nicht nur eine Regelung auf dem kleinsten gemeinsamen Nenner, sondern auch ein Abschleifen der (rechts-)kulturellen Unterschiede, die die Welt so spannend und einzigartig machen. Nicht eine – zugespitzt – gleichmachende Harmonisierung, sondern die die Vielfalt erhaltende Organisation eines Neben- und Miteinander der unterschiedlichen Rechtsordnungen ist die große Aufgabe, vor die das Internet uns stellt.

Wenden wir uns also konkret der kollisionsrechtlichen Behandlung der einzelnen 6 Rechtsgebiete des geistigen Eigentums zu. Die nachfolgenden Erläuterungen führen in jedes Einzelrechtsgebiet durch einen kurzen Fall, der die praktische Problematik verdeutlichen soll, ein. Nach einem kurzen Überblick über die aktuelle kollisionsrechtliche Behandlung internationaler Konfliktfälle außerhalb des Internet sollen dann die verschiedenen speziell für das Internet vorgeschlagenen Lösungsansätze näher beleuchtet und schließlich die Darstellung mit einem jeweils eigenen Lö-

[7] *Thum* in: *Bartsch/Lutterbeck,* S. 117 (144); *Kröger/Grimmy/Moos,* S. 3 ff.; *Hoeren/Sieber/Hoeren,* Teil 7.10, Rdnr. 51; *Koch* in: *Bartsch/Lutterbeck,* S. 83 (84 f.).

sungsvorschlag für die Praxis der Rechtsanwendung beschlossen werden. Da sich hier sehr viel noch mitten in der Entwicklung befindet, müssen die vertretenen Ansichten etwas ausführlicher dargestellt werden, als dies sonst in einem Praxishandbuch üblich ist. Insbesondere die Rechtsprechung ist noch zu uneinheitlich und zu wenig gefestigt, als dass dies verzichtbar wäre.

A. Kollisionsrecht bei Domainkonflikten

I. Einführung

7 Die Produktdesignerin Xenia Paulsen betreibt seit 1992 unter der Bezeichnung „XP Design" ein Produktdesignbüro in Deutschland nahe der französischen Grenze. Sie hat überall in Deutschland und seit einiger Zeit auch im Elsass nahe der deutschen Grenze Kunden. Als sie für ihre neu erstellte Internetpräsentation sich die Domains xpdesign.de, xpdesign.fr und xpdesign.com reservieren möchte, muss sie feststellen, dass alle drei Domains bereits an ein US-amerikanisches Grafikdesignstudio vergeben sind, das ebenfalls unter „XP Design" firmiert.

8 Domainkonflikte wie der eben skizzierte sind durch die Internationalität des Internet vorprogrammiert. In jedem Land bestehen unterschiedliche Kennzeichen- und Namensrechte, häufig im Hinblick auf dasselbe Kennzeichen zugunsten unterschiedlicher Personen oder Unternehmen. Domainnamen setzen sich wie nahezu alles im Internet über die territorialen Grenzen hinweg; sie sind weltweit abrufbar. Eine Internetdomain kann also Kennzeichen- und Namensrechte potenziell in jedem Land der Welt verletzen, in dem dieser Name oder dieses Kennzeichen zugunsten eines anderen geschützt ist. Auf der anderen Seite geht es häufig zu weit, die Nutzung einer Domain generell zu untersagen, nur weil deren Bezeichnung in einem – unter Umständen einzigen – Land bestehende Rechte verletzt. Die Lösung dieses Konfliktes muss das Domainkollisionsrecht vorbereiten, indem es in einem ersten Schritt klärt, nach welchem Recht der Kollisionsfall zu behandeln ist.

9 Untersucht werden im Folgenden nur die Fälle, in denen ein **Anspruch auf eine Domain** im Raum steht. Mögliche Kennzeichenverletzungen[8] oder unlauterer Wettbewerb[9] auf Webseiten selbst, also durch Inhalte des Internets, werden unten näher erläutert.

II. Allgemeine Anknüpfungsregeln

10 Ansprüche auf eine Domain können materiellrechtlich aus Kennzeichen- oder Markenrecht, aus klassischem Namensrecht oder aus Wettbewerbsrecht entstehen[10]. Alle drei Bereiche werden im Allgemeinen, d.h. im „Offline-Kollisionsrecht" eigenständig und durchaus unterschiedlich angeknüpft. Alle Anknüpfungen sind dabei grundsätzlich als **allseitige**, nicht als einseitige **Kollisionsnormen** zu verstehen: Sie entscheiden nicht lediglich darüber, wann deutsches Recht anwendbar ist, sondern führen ebenso zur Anwendung ausländischen Rechts, wenn der Anknüpfungspunkt dort liegt, Art. 3 Abs. 1 Satz 1 EGBGB.

---

[8] Rdnr. 93ff.
[9] Rdnr. 139ff.
[10] Näher etwa § 6 Rdnr. 51 ff.

1. Kennzeichenrechtliche Ansprüche

a) Schutzlandprinzip

Kennzeichenrechte im weiteren Sinn (Marken, Geschäfts- und Unternehmensbezeichnungen, Werktitel, geografische Herkunftsangaben) knüpft die wohl allgemeine Auffassung in Deutschland nach dem so genannten Schutzlandprinzip, der *lex loci protectionis* an[11]. Diese Anknüpfung ist auch in der übrigen Welt weit verbreitet[12]. Angewendet wird dabei das Recht des Staates, für den Schutz beansprucht wird. Das kollisionsrechtliche Schutzlandprinzip folgt aus dem sachrechtlichen **Territorialitätsprinzip**: Der Schutz eines nationalen Kennzeichenrechts ist auf das Gebiet desjenigen Staates, der es gewährt – sei es durch individuelle Verleihung, zum Beispiel durch Eintragung im Markenregister, oder durch generelle Anerkennung bei Erfüllung bestimmter Voraussetzungen –, beschränkt. Eine Verletzung des nationalen Kennzeichenrechts ist deshalb nur in diesem Schutzstaat denkbar. 11

Die Bestimmung des anwendbaren Rechts über das Schutzlandprinzip war bereits lange vor der IPR-Teilkodifikation 1999 (neue **Art. 38 ff. EGBGB**) nahezu allgemeine Ansicht. Trotzdem enthält die EGBGB-Novelle keinerlei ausdrückliche Kollisionsnorm für das internationale Immaterialgüterrecht. Nach der Gesetzesbegründung sollen vielmehr die allgemeinen Regelungen des internationalen Deliktsrechts in Art. 40 bis 42 EGBGB auch internationale Immaterialgüterrechtskonflikte erfassen. Der Gesetzgeber war der Auffassung, angesichts der im internationalen Immaterialgüterrecht allgemeinen Geltung des Schutzlandprinzips, der hohen Flexibilität der neu gefassten **Tatortregel** in Art. 40 Abs. 1 EGBGB sowie der Ausweichklausel des Art. 41 EGBGB sei eine ausdrückliche Regelung entbehrlich. Die in Art. 40 ausdrücklich vorgesehene Anknüpfung an das Recht eines gemeinsamen gewöhnlichen Aufenthalts der Parteien statt an das Recht des Tatorts und die Möglichkeit einer Rechtswahl sind jedoch auch nach der Gesetzesbegründung mit dem Schutzlandprinzip nicht zu vereinbaren, für diese Anknüpfung ist im internationalen Immaterialgüterrecht also kein Raum[13]. Aus der Begründung des Gesetzentwurfs ergibt sich jedoch nicht, welcher Norm – Art. 40 Abs. 1 (Tatortprinzip) oder Art. 41 (Ausweichklausel der wesentlich engeren Verbindung) EGBGB – das Schutzlandprinzip dogmatisch zuzuordnen ist[14]. In der Literatur wird die *lex loci protectionis* z.T. der Tatortregel des Art. 40 EGBGB entnommen[15]: Im internationalen Immaterialgüterrecht sei der Handlungsort dort, wo die relevante Benutzungshandlung stattgefunden habe. Da eine Rechtsverletzung durch derartige Benutzungshandlungen nur in demjenigen Staat denkbar sei, in dem auch ein Schutzrecht gewährt werde[16], führe die Tatortregel zwangsläufig zum Recht des Schutzlandes. Richtiger ist aber wohl die dogmatische **Verortung des Schutzlandprinzips in Art. 41 EGBGB**, der abweichend von der Tatortregel das Recht desjenigen Staates für anwendbar erklärt, zu dem eine wesentlich engere Verbindung be- 12

[11] *MünchKomm/Kreuzer,* nach Art. 38 EGBGB Anhang II, Rdnr. 1 ff., insbesondere 7 ff.; *Fezer,* Einl. Rdnr. 154 ff.; *Ingerl/Rohnke,* Einl. Rdnr. 14; *Sack,* WRP 2000, 269 (270 f.).

[12] *Ingerl/Rohnke,* Einl. Rdnr. 14.

[13] Begründung zum Regierungsentwurf, BT-Drucks. 14/343, S. 10.

[14] Ausführlich *Schack,* WRP 2000, 269 (271 ff.).

[15] *Schack,* WRP 2000, 269 (271 ff.).

[16] *Schack,* WRP 2000, 269 (271).

steht. Denn das Konzept des Tatortrechts erscheint nicht ganz passend: Ein Tatort, der zu einer sinnvollen Anknüpfung führt, kann ja nur dort liegen, wo auch ein „Schutzland" ist, wo also das angeblich verletzte Recht geschützt wird. Der Tatort hängt also vom Schutzland ab, nicht umgekehrt. Damit führt allenfalls das Schutzlandprinzip zum Tatortrecht, nicht jedoch die Tatortregel zum Recht des Schutzlandes, weil die Bestimmung des Tatortes dem des Schutzlandes notwendig nachfolgt. Letztlich ist diese dogmatische Diskussion aber müßig, da allgemeine Einigkeit besteht, dass, wie erwähnt, jedenfalls Art. 40 Abs. 2 (Recht des gemeinsamen gewöhnlichen Aufenthaltsorts) und Art. 42 EGBGB (Rechtswahl) im internationalen Immaterialgüterrecht keine Anwendung finden.

13 Ein **Renvoi** durch das Schutzlandrecht ist grundsätzlich zu beachten[17], wird aber angesichts der sehr verbreiteten Geltung des Schutzlandprinzips kaum vorkommen.

b) Umfang der Anwendung des Schutzlandrechts

14 Das Recht des Schutzstaates bestimmt über Entstehen und Inhaberschaft, Fortbestand, Schutzumfang und Erlöschen des betreffenden Kennzeichenrechts. Wann bzw. durch welche Handlungen das Kennzeichenrecht verletzt wird und welche Ansprüche bzw. Sanktionsmöglichkeiten dem Rechtsinhaber zustehen, entscheidet ebenfalls das Recht des Schutzlandes. So wird also die Frage, ob eine (nur) in Deutschland eingetragene Marke durch eine identische oder ähnliche Kennzeichnung verletzt wird, nach deutschem materiellem Recht beurteilt. Das deutsche materielle Recht bestimmt in diesem Falle auch, ob überhaupt eine materiellrechtlich ausreichende Verletzungshandlung auf deutschem Territorium vorliegt, ob also beispielsweise das mit der eingetragenen Marke gekennzeichnete Produkt in Deutschland in den Verkehr gebracht oder gezielt beworben worden ist.

2. Ansprüche aus Namensrecht

a) Schutz des bürgerlichen Namens

15 Die ganz herrschende Meinung in Deutschland knüpft namensrechtliche Ansprüche nach dem Deliktsstatut an. Der bürgerliche Name wird also nach dem **am Tatort geltenden Recht** geschützt (Art. 40 Abs. 1 EGBGB)[18]. Streitig ist dabei nur, ob bei einem Auseinanderfallen von Handlungs- und Erfolgsort der Betroffene ein Wahlrecht im Sinne der (nun durch Art. 40 Abs. 1 S. 1 und 2 eingeschränkten) Günstigkeitsregel haben soll. Meines Erachtens muss auch der Namensschutz als den Immaterialgütern jedenfalls sehr ähnliches Abwehrrecht dem **Recht des Schutzlandes,** d.h. des Landes, für das der Betroffene sich schützen will, unterstellt werden, so dass für ein Wahlrecht des Betroffenen kein Raum ist: Als immaterielles Gut kann das Namensführungsrecht in mehreren Rechtsgebieten gleichzeitig – z.B. bei Namensanmaßung in einer internationalen Zeitung – verletzt werden. In dem in der Praxis wohl bedeutsamsten Fall der Namensanmaßung kann das Namensrecht grundsätzlich überall dort verletzt sein, wo der Name der Behauptung des Anspruchstellers nach von einem anderen angemaßt wird. Dies läuft letztlich auf eine Anwendung des Rechts des Schutzlandes als des Staates, für dessen Gebiet man sich

---

[17] Str.; *MünchKomm/Sonnenberger,* Art. 4 EGBGB, Rdnr. 5 ff.; *Nordemann-Schiffel,* S. 154 ff.

[18] Zum Ganzen *MünchKomm/Kreuzer,* Art. 38 EGBGB, Rdnr. 205 ff.; *MünchKomm/Birk,* Art. 10 EGBGB, Rdnr. 14 ff., 37.

vor der Anmaßung schützen will, hinaus[19]. Im Ergebnis entspricht dies der Rechtsprechung[20]. Bei mehrstaatigen, gestreckten oder Streudelikten kann dies also parallel zur Anwendung mehrerer Rechte führen.

Das Recht des Schutzlandes bestimmt jedoch nur über **Voraussetzungen, Inhalt und Umfang des Schutzes** an sich. Es entscheidet zum Beispiel, ob und unter welchen Voraussetzungen auch Künstlernamen geschützt sind und ob sie zugunsten des Betroffenen generell oder beschränkt auf den Tätigkeitsbereich des Künstlers Schutz gewähren. Welchen Namen eine Person führt, ob und wie sie den Namen wieder verloren hat (z. B. durch eine Ehescheidung), ist hingegen eine selbstständig anzuknüpfende Vorfrage, die die wohl herrschende Meinung zutreffend dem Personalstatut des Betroffenen (Art. 10 EGBGB[21]) unterstellt[22]. 16

b) Schutz von Unternehmensnamen

Der Schutz von Handelsnamen und sonstigen Unternehmenskennzeichen richtet sich nach heute ganz herrschender Meinung ausschließlich nach dem **Recht des Schutzlandes**[23]. Allein die Frage, wer Rechtsträger ist und ob das betreffende Unternehmen als Teilaspekt der Rechtsfähigkeit fähig ist, einen Namen zu tragen, wird bei ausländischen Unternehmen, die Namensrechte im Schutzland beanspruchen, dem „Personalstatut" des Unternehmens, also dem Recht des Herkunftslandes unterstellt[24]. 17

3. Wettbewerbsrechtliche Ansprüche

Wettbewerbsrechtliche Ansprüche in ihren Voraussetzungen, Folgen und Umfang werden im heutigen deutschen internationalen Privatrecht[25] ganz allgemein nach dem **Recht des Marktortes** als des spezifisch wettbewerbsrechtlichen Tatortes beurteilt[26]. Der Marktort wird dabei verstanden als **der Staat, in dem die wettbewerblichen Interessen aufeinander treffen,** in dem also zum Beispiel beide Parteien ihre Produkte absetzen, ihre Dienstleistungen bewerben und anbieten. Letztlich ist das Marktortprinzip dem Grundgedanken des Schutzlandes nicht fern: Auch hier soll das Recht des Staates angewendet werden, für dessen Gebiet – für dessen Markt – ein Wettbewerber Schutz vor gegen ihn gerichteten Maßnahmen oder das Unterlassen eines angeblich unlauteren Verhaltens verlangt. Dabei kann der Marktort für verschiedene Verhaltenskomplexe durchaus in unterschiedlichen Staaten liegen, je nachdem, auf wie vielen verschiedenen Märkten zwei Wettbewerber aufeinandertreffen. Wirbt zum Beispiel ein Hersteller nur in Spanien mit unrichtigen Angaben über sein Produkt, beeinflusst dies regelmäßig nur den spanischen Markt. Ein 18

---

[19] *MünchKomm/Kreuzer,* Art. 38 EGBGB, Rdnr. 207; ähnlich *Schack,* MMR 2000, 59 (61).

[20] Für das allg. Persönlichkeitsrecht *BGH* NJW 1996, 1128; *MünchKomm/Kreuzer,* Art. 38 EGBGB, Rdnr. 208.

[21] In erster Linie das Recht der Staatsangehörigkeit; bei Staatenlosen Recht am gewöhnlichen Aufenthaltsort.

[22] Zum Schutz des bürgerlichen Namens *MünchKomm/Kreuzer,* Art. 38 EGBGB, Rdnr. 205 ff. m. w. N.

[23] *MünchKomm/Kreuzer,* Nach Art. 38 EGBGB Anh. II, Rdnr. 36 ff. m. w. N.

[24] Statt aller *MünchKomm/Kreuzer,* Nach Art. 38 EGBGB Anhang II, Rdnr. 39, 40 m. w. N.

[25] Zu den Bestrebungen, auch das Kollisionsrecht der außervertraglichen Schuldverhältnisse und Sachen auf europäischer Ebene zu vereinheitlichen („Rom II"), *Wagner,* EuZW 1999, 709 (712).

[26] Zur Entwicklung des Wettbewerbskollisionsrechts unten Rdnr. 128 ff.

Wettbewerber kann also gegen die Werbung seines Konkurrenten nur dann vorgehen, wenn das spanische Recht als Marktortrecht dies ermöglicht. Setzt der Hersteller sein Produkt dann in Deutschland unter Gewährung eines auch nach Abschaffung des Rabattgesetzes unzulässigen Rabatts ab, kann diese Absatzhandlung wiederum nur nach dem deutschen Recht des Absatzmarktes beurteilt werden.

19 Eine Ausnahme gilt nach Rechtsprechung und der wohl überwiegenden Literatur allerdings in den Fällen, in denen der Wettbewerb auf dem betreffenden Markt nicht spürbar beeinflusst wird (sog. **Spürbarkeitsregel**)[27]: Das Recht dieses Marktes ist dann nicht anwendbar. Dies soll vor allem die Fälle zufrieden stellend lösen, in denen eine wettbewerbswidrige Handlung nur zufällig auf einem bestimmten Markt wahrgenommen wird, ohne dass der Handelnde dies unmittelbar veranlasst oder bezweckt hätte[28].

III. Kollisionsrecht für Domainkonflikte

20 Wie lassen sich nun aber diese allgemeinen Kollisionsregeln auf die besondere Situation der Internetdomains übertragen? Das klassische Kollisionsrecht geht wie dargestellt davon aus, dass sich Handlungen und Erfolge in der Regel einem genau umrissenen Territorium mit seiner Rechtsordnung zuordnen lassen. Dies mag im Internet für die nationalen Top Level Domains (.de, .fr, .ch usw.) eingeschränkt noch zutreffen. Äußerst schwierig wird die praktische Umsetzung dieses klassischen kollisionsrechtlichen Konzeptes aber bereits bei den zahlreichen generischen Top Level Domains wie .com, .net, .info, .org[29, 30]. Schließlich muss das Kollisionsrecht auch im Internet den **Grundkonflikt** lösen: Auf der einen Seite möglichst umfassender Schutz des Namens- oder Kennzeichenrechtsinhabers, kein unzumutbares Rechtsanwendungsrisiko für den Anbieter auf der anderen Seite. Vor allem die Literatur hat deshalb domainspezifische Lösungsvorschläge erarbeitet, während die Rechtsprechung, soweit ersichtlich, bislang kaum Gelegenheit hatte, sich mit dieser Problematik auseinanderzusetzen.

1. Lösungsansätze der Rechtsprechung

a) Generelle Anwendung deutschen Rechts

21 Die Rechtsprechung zum anwendbaren Recht bei internationalen Domainkonflikten ist in Deutschland relativ spärlich. In einigen Fällen gehen die Gerichte auf die kollisionsrechtliche Problematik überhaupt nicht ein, auch wenn dies an sich angezeigt gewesen wäre[31]. Wird die Frage des anwendbaren Rechts erörtert, so ge-

---

[27] Grundlegend *BGH* GRUR 1971, 151 ff. (154) – Tampax.

[28] Näher zum Wettbewerbskollisionsrecht unten Rdnr. 128 ff.

[29] Allerdings ist die US-amerikanische Rechtsprechung offenbar der Ansicht, auch .com-Domains seien im Wesentlichen nationale, nämlich US-amerikanische Domains. Damit hielt man US-amerikanisches Kennzeichenrecht für anwendbar: *US District Court for the District of Eastern Virginia,* World Internet Law Report 02/2002 – Cable News Network LP vs. cnnews.com.

[30] Zur praktischen Vorgehensweise bei Übertragung einer .com-Domain *Schließ,* K&R 2000, 180 ff.

[31] Z. B. *OLG Stuttgart,* K&R 1998, 263 (264) – steiff.com; vgl. auch *OLG München,* ZUM-RD 2001, 564 – champagner.de; nur zur Zuständigkeit *LG Düsseldorf,* GRUR 1998, 159 (160) – epson.de und *LG Braunschweig,* CR 1998, 364 (365) – deta.com; nur am Rande gestreift z. B. in *OLG München,* MMR 2000, 277.

langen die Gerichte über die **Tatortregel** zur Anwendung des materiellen deutschen Rechts. So urteilte das *Kammergericht*[32] in einer der – soweit ersichtlich – ersten Entscheidungen, die sich mit dieser Thematik auseinandersetzten, Tatort der Verletzung von Kennzeichenrechten durch Verwendung von Domains im Internet sei dort, wo die Domain **bestimmungsgemäß abrufbar** sei[33]. Dies sei angesichts der weltweiten Abrufbarkeit im Internet regelmäßig auch in Deutschland der Fall. Eine Einschränkung erwog das *Kammergericht* nicht und verurteilte den beklagten Domaininhaber, die Domain <concert-concept.com> löschen zu lassen. Die Problematik, dass eine Domain, die möglicherweise überall sonst auf der Welt genutzt werden darf, bei Durchsetzung des deutschen Verbots faktisch auf der ganzen Welt nicht mehr zugänglich ist, tat das *Kammergericht* mit der lapidaren Bemerkung ab, angesichts der technischen Gegebenheiten zum aktuellen Zeitpunkt müsse man sich damit abfinden[34]. Ähnlich urteilte das *OLG Karlsruhe*[35], der Schutz gegen Verletzung eines Namens im Internet richte sich nach deutschem Recht, wenn die Domain im Inland bestimmungsgemäß abrufbar sei. Zur Frage, wann eine bestimmungsgemäße Abrufbarkeit im Inland überhaupt vorliegt oder ob dies im Internet immer der Fall ist, nimmt das *OLG Karlsruhe* jedoch nicht Stellung. Ähnlich meint auch das *LG München I*[36], die Anwendbarkeit des deutschen Rechts ergebe sich aus Art. 40 Abs. 1 Satz 2 EGBGB, der im Deliktsrecht, das das *LG München* ohne weitere Erörterung auch auf Domainstreitigkeiten anwendet, das Recht des Erfolgsortes jedenfalls dann berufe, wenn der mutmaßlich Geschädigte sich darauf berufe. Da die betreffenden Internet-Seiten in der Bundesrepublik Deutschland abgerufen werden könnten, sei deutsches Recht als Erfolgsortrecht anzuwenden[37].

Die **US-amerikanische Rechtsprechung** ist jedenfalls z.T. der Ansicht, eines 22
US-Inlandsbezuges bedürfe es jedenfalls dann nicht, wenn eine .com-Domain im Streit steht: Diese Domains seien im Wesentlichen amerikanische Top Level Domains, so dass der Domainname jedenfalls im US-amerikanischen geschäftlichen Verkehr („in commerce") benutzt werde[38]. Damit soll US-amerikanisches Kennzeichenrecht anwendbar sein, auch wenn das Internetangebot im Übrigen keinerlei Bezug zu den USA aufweist.

b) Einschränkungsversuche

Demgegenüber versuchen einige Gerichte, die Anwendung des deutschen Rechts 23
auf Internet-Streitigkeiten sinnvoll einzugrenzen, indem über die Abrufbarkeit in

---

[32] *KG,* NJW 1997, 3321 = MMR 1998, 56 = CR 1997, 685 – concert-concept.com.

[33] *KG,* NJW 1997, 3321 (Ls.) – concert-concept.com; i.E. auch *LG Düsseldorf,* GRUR 1998, 159 (160) – epson.de.

[34] *KG,* NJW 1997, 3321 – concert-concept.com.

[35] *OLG Karlsruhe,* MMR 1999, 604f. – badwildbad.com.

[36] *LG München I,* K&R 2000, 360f. – Intershopping; in zweiter Instanz *OLG München,* MMR 2000, 277.

[37] Das *OLG Frankfurt/M.,* CR 1999, 450 – Anbieten im Internet, will zwar ebenfalls nur eine bestimmungsgemäße Abrufbarkeit ausreichen lassen, siedelt diesen Ort aber überall dort an, an dem „eine Interessenkollision bewirkt", d.h. „das Immaterialgüterrecht verletzt wird". Dass dies keine Einschränkung bedeutet, liegt auf der Hand.

[38] *US District Court for the District of Eastern Virginia,* World Internet Law Report 02/2002 – *Cable News Network LP vs. cnnews.com.*

Deutschland hinaus ein **Inlandsbezug** verlangt wird[39]. Allerdings ist, soweit ersichtlich, keine derart einschränkende Entscheidung zu einem Domainnamenkonflikt ergangen; vielmehr ging es immer um Markenverletzungen oder unlautere Werbung auf der Homepage selbst. Einen etwas anderen Weg schlägt das *OLG München*[40] ein: Man will zwar wohl deutsches Recht bereits bei (technischer) Abrufbarkeit der Domain in Deutschland anwenden, weist aber ausdrücklich darauf hin, eine gerichtliche Unterlassungsverfügung sei wegen des Territorialitätsprinzips nur in Deutschland vollstreckbar[41]. Dies ist allerdings m.E. etwas missverständlich formuliert: Der Unterlassungsanspruch besteht *materiellrechtlich* nur für Deutschland, d.h. nur für eine Nutzung der Domain auf dem Territorium der Bundesrepublik. Eine andere Frage ist die nach der internationalen Vollstreckung der Entscheidung[42]. Denkbar ist eine Anerkennung und Vollstreckung im Ausland z.B. in den Fällen, in denen eine .de-Domain im Streit steht, also die Durchsetzung des Unterlassungsanspruchs jedenfalls hauptsächlich Wirkung in Deutschland haben wird, der Beklagte aber im Ausland sitzt[43].

24 Insgesamt gibt es jedoch eine begrüßenswerte Tendenz der Gerichte, das anzuwendende Recht nach sinnvollen und somit vorhersehbaren Kriterien möglichst praxisnah zu bestimmen.

2. Lösungsansätze in der Literatur[44]

a) Anknüpfung an das Recht des Herkunftslands oder den Serverstandort?

25 Eine – ja immerhin denkbare – Anwendung des Rechts der Herkunftsstaates[45] des angegriffenen Domaininhabers wird, soweit ersichtlich, heute ebenso wenig vertreten[46] wie eine Anknüpfung an das Recht des Serverstandortes[47]. Auf den ersten Blick erscheint eine Anwendung des Herkunftslandprinzips allerdings verlockend: Man könnte so das Problem der (international) Gleichnamigen umgehen. Wer sich von seinem Heimatstaat aus, in dem er den Domainnamen befugtermaßen nutzt, eine Domain reserviert, müsste nicht befürchten, dass gegen ihn in irgendeinem Land der Welt auf Grund dort vielleicht bestehender Markenrechte, die der Domaininhaber im Vorfeld nur mit größtem Aufwand recherchieren könnte, vorgegangen wird. Man käme damit zu der schlichten Lösung des „Wer zuerst kommt…" bei

---

[39] So *LG Hamburg,* MMR 1999, 612f. – animalplanet; *LG Köln,* MMR 2002, 60f. – budweiser.com.

[40] *OLG München,* MMR 2000, 277 – intershopping.com.

[41] I.E. ebenso *Wegner,* CR 1998, 676 (683f.); *Kur,* WRP 2000, 935 (939); *Bettinger,* WRP 2001, 789 (791).

[42] Dazu unten Rdnr. 232ff.

[43] Vgl. zu diesem Punkt auch *Wegner,* CR 1998, 676 (683).

[44] An dieser Stelle werden der gebotenen Kürze halber nur die Vorschläge vorgestellt, die sich spezifisch mit der Anknüpfung von Domainstreitigkeiten befassen. Zu den Vorschlägen zur Anknüpfung internationaler Marken-, Urheberrechts- und Wettbewerbskonflikte vgl. unten in den jeweiligen Abschnitten.

[45] Allgemein zur Herkunftslandregel im Kollisionsrecht *Ohly,* GRUR Int. 2001, 899ff.

[46] Zu Recht weist *Ahrens,* CR 2000, 835 (837), darauf hin, dass Domainkonflikte nicht in den Anwendungsbereich der E-Commerce-Richtlinie fallen, da die Angabe einer elektronischen Zugangsadresse keine kommerzielle Kommunikation im Sinne der Richtlinie ist. Auch über diesen Umweg kann das Herkunftslandprinzip also nicht zur Anwendung gelangen.

[47] Ausdrücklich gegen eine Berücksichtigung des Serverstandortes z.B. *Fezer,* § 3 MarkenG, Rdnr. 356.

Konflikten um Domains. Allerdings bietet das Herkunftslandprinzip letztlich keine zufrieden stellende Lösung: Im Internet ist es schließlich besonders leicht, weil ohne größeren technischen und logistischen Aufwand möglich, seine Geschäfte von einer „Oase" aus zu betreiben. Eine Herkunftslandregel würde geradezu dazu einladen, von einer solchen Oase aus alle möglichen Domains auch berühmter Marken zu sichern, ohne dass das betroffene Unternehmen hiergegen etwas unternehmen könnte. Die Anknüpfung an das Recht des Herkunftslandes hätte auch erhebliche Wettbewerbsverzerrungen zur Folge und ist deshalb abzulehnen[48].

b) Anwendung der lex loci protectionis

Die Literatur spricht sich im Ergebnis nahezu einhellig dafür aus, Domainnamenkonflikte an das **Recht des Schutzlandes** anzuknüpfen[49]. Domains werden dabei ganz selbstverständlich als unter das materielle Kennzeichenrecht fallend angesehen; wo wettbewerbsrechtliche Ansprüche auf eine Domain angesprochen werden, läuft die Befürwortung des Marktortrechts ebenfalls, wie oben dargelegt, in aller Regel auf eine Anwendung des Schutzlandrechts hinaus. Insofern ist man sich des Weiteren weitgehend einig, dass das Schutzlandrecht auf einen Domainkonflikt **nicht undifferenziert** und nur deshalb angewendet werden darf, weil die streitbefangene Domain im Schutzland technisch abrufbar ist[50]. Streit besteht jedoch darüber, auf welcher Ebene und durch welche Kriterien die Anwendung des Schutzlandrechts eingeschränkt bzw. modifiziert werden soll. 26

aa) Einschränkung nur auf der materiellrechtlichen Ebene?

Ein Teil der Literatur will die Kollisionsregel als solche nicht – etwa durch ein Spürbarkeitserfordernis – einschränken. Dies wird begründet mit der Internationalität des Internet, die jedem Teilnehmer ermöglicht, seinen Domainnamen in jedem Land der Welt zu verwenden. Bereits das Zugänglichmachen von Inhalten unter einer Domain sei deshalb als Gebrauch des Domainnamens im Inland zu werten[51]. Da aber auch die Vertreter dieser Ansicht keine uferlose Durchsetzung von Unterlassungsansprüchen nach deutschem Recht wünschen, will man die erforderlichen Einschränkungen **bei den Tatbestandsmerkmalen des materiellen Rechts** vornehmen[52], also z.B. im Rahmen des § 12 BGB prüfen, ob der Namensgebrauch zu einer Interessenverletzung im Inland führen kann oder – bei markenrechtlichen Ansprüchen – im geschäftlichen Verkehr in der Bundesrepublik Deutschland gehandelt wird und die Verwendung der Domain hier zur einer Verwechslungsgefahr führt[53]. Das Risiko für den Internet-Anbieter, sich der Anwendung einer Vielzahl ihm unbe- 27

---

[48] Ebenso *Wegner,* CR 1998, 676 (681).

[49] *Bettinger/Thum,* GRUR 1999, 659 (679) = IIC 31 (2000), 162 ff. (285 ff.); *Omsels,* GRUR 1997, 328 (336); *Völker/Weidert,* WRP 1997, 652 (662); *Bettinger,* GRUR Int. 1997, 402 (416 f.); *Wegner,* CR 1998, 676 (679 f.); *Fezer,* § 3 MarkenG, Rdnr. 356.

[50] *Bornkamm* in *Bartsch/Lutterbeck,* S. 99 (115); *Wegner,* CR 1998, 676 (680); *Fezer,* § 3 MarkenG, Rdnr. 356; a. A. *Mankowski,* RabelsZ 63 (1999), S. 203 (276 ff.); wohl auch *Köhler/Arndt,* Rdnr. 358 ff.

[51] *Völker/Weidert,* WRP 1997, 652 (662); *Bettinger/Thum,* GRUR Int. 1999, 659 (669 f.).

[52] *Völker/Weidert,* aaO.; *Bettinger/Thum,* GRUR Int. 1999, 659 (669 f.); s. auch die Regelungsvorschläge über den Schutz von Marken und anderen Kennzeichenrechten im Internet des *Standing Committee on the Law of Trademarks, Industrial Designs and Geographical Indications* der WIPO, näher unten Rdnr. 105.

[53] Vgl. auch *Kur,* WRP 2000, 935 (937).

kannter Rechte ausgesetzt zu sehen, halten die Vertreter dieser Auffassung angesichts der dementsprechenden Möglichkeiten des Internets offenbar für hinnehmbar[54].

28 Dieser **Lösungsansatz** ist jedoch m.E. **nicht geeignet,** die Problematik – möglichst umfassender Schutz des Namens- oder Kennzeichenrechtsinhabers auf der einen, kein unzumutbares Rechtsanwendungsrisiko für den Anbieter auf der anderen Seite – zufrieden stellend zu lösen. So geht es sicherlich zu weit, jeden Domainnamen, nur weil er technisch bedingt überall auf der Welt abrufbar ist, deshalb auch dem deutschen und gleichzeitig jedem anderen Recht auf der Welt zu unterwerfen. Zwar wird die Prüfung unzähliger Rechtsordnungen in der Praxis wohl in kaum einem Rechtsstreit erforderlich werden: Denn auf der Grundlage des Schutzlandprinzips werden ja nur die Rechtsordnungen geprüft, aus denen der Kläger Schutz beansprucht, wo ihm also seiner Behauptung nach ein Recht zustehen kann. Allerdings würde dem nur lokal oder auf ein einziges Land beschränkt Tätigen im Ergebnis die Nutzung des Mediums Internet unzumutbar erschwert, müsste er schon im Hinblick auf die Wahl seines Domainnamens damit rechnen, auch in für ihn fern liegenden Ländern nach dortigem Recht zur Rechenschaft gezogen zu werden. Darüber hinaus vermengt eine Einschränkung erst auf der materiellrechtlichen Ebene zwei an sich unterschiedliche Probleme und greift deshalb zu kurz: In einem ersten Schritt muss geklärt werden, in welchen Fällen das deutsche Recht grundsätzlich zur Anwendung gelangt, wann also eine **hinreichende Inlandsbeziehung** besteht. Erst der zweite Schritt befasst sich mit der Frage, ob bei Anwendung des materiellen deutschen Rechts tatsächlich in jedem Fall die Nutzung einer Domain durch einen ausländischen Anbieter ein inländisches Kennzeichenrecht verletzt.

bb) Einschränkung zunächst auf der kollisionsrechtlichen Ebene

29 Die wohl überwiegende Auffassung in der Literatur will deshalb nur das Recht des Landes anwenden, in dem der Domainname **bestimmungsgemäß und nicht lediglich technisch bedingt** in Erscheinung tritt, in dem sich also das betreffende Unternehmen auch wirtschaftlich betätigt oder zumindest betätigen will[55]. Streitig ist hier wiederum, ob die Abgrenzung negativ – nur wenn ein Bezug zum Schutzland *fehlt,* ist die *lex loci protectionis* unanwendbar[56] – oder positiv – das Schutzlandrecht wird nur dann angewendet, wenn ein Inlandsbezug *gegeben* ist[57] – vorgenommen werden soll. Auswirkungen hat diese Unterscheidung in den Fällen, in denen sich kein eindeutiger Bezug zu dem Schutzland nachweisen lässt: Bei negativer Abgrenzung ist das Schutzlandrecht anwendbar, bei positiver nicht.

30 Für die **negative Abgrenzung** spricht, dass ein positiver Bezug zum Schutzlandrecht deutlich schwieriger nachzuweisen sein kann, zum Beispiel in den Fällen, in denen unter einer generischen Top-Level-Domain in englischer Sprache Inhalte angeboten werden. Diese Fälle würden bei positiver Abgrenzung durch die Maschen des Schutzlandrechts fallen und den Schutz des inländischen Rechtsinhabers mög-

---

[54] *Völker/Weidert,* WRP 1997, 652 (663).

[55] *Bettinger,* GRUR Int. 1997, 402 (416); *Ubber,* WRP 1997, 497 (503); *Mankowski,* RabelsZ 63 (1999), 203 (280); *Omsels,* GRUR 1997, 328 (337); *Wegner,* CR 1998, 676 (681f.); *Bücking,* MMR 2000, 656 (663); *Fezer,* § 3 MarkenG, Rdnr. 356; krit. *Bettinger/Thum,* GRUR Int. 1999, 659 (672f.).

[56] So wohl *Bettinger,* GRUR Int. 1997, 402 (417); *Wegner,* CR 1998, 676 (681); *Baumbach/Hefermehl,* Einl. UWG, Rdnr. 187.

[57] So wohl *Kur,* WRP 2000, 935 (938).

licherweise empfindlich einschränken. Allerdings wäre es für den Anbieter in der Praxis nur sehr schwierig oder zumindest nur mit einigem Aufwand möglich, den fehlenden Bezug so umzusetzen, dass er einigermaßen verlässlich vor der Anwendung ihm ferner Rechtsordnungen bewahrt wird. Darüber hinaus ist nicht recht einzusehen, weshalb – z.B. – deutsches Recht zur Anwendung kommen soll, wenn sich ein Inlandsbezug nicht nachweisen lässt. Denn dann ist doch ganz offensichtlich Deutschland und mit ihm das inländische Kennzeichenrecht kaum direkt betroffen. Eine wesentliche oder auch nur spürbare Verkürzung des inländischen Immaterialgüterschutzes bewirkt eine positive Abgrenzung deshalb nicht.

Das Recht des Schutzlandes sollte somit nur dann zur Anwendung kommen, 31
wenn ein Inlandsbezug positiv festgestellt werden kann. Für die nationale Top Level Domain des jeweiligen Schutzlandes, also in Deutschland für die Top Level Domain .de, ist diese **positive Abgrenzung** einfach: Man wird grundsätzlich davon ausgehen können, dass diese Domain jedenfalls auch auf den deutschen Markt einwirken soll[58] (auf welchen sonst?). Bei gegenüber dem Schutzland fremden nationalen Domains, also in Deutschland z.B. .fr, .ch, .dk usw., kann eine Zielrichtung auf das Schutzland ebenso wie für generische Top Level Domains, insbesondere die Top Level Domain .com, umgekehrt nicht ohne weiteres angenommen werden. Die Zielrichtung kann sich bei diesen Top Level Domains nur aus dem Inhalt der Homepage ergeben. Anhand verschiedener **Abgrenzungskriterien** muss bestimmt werden, ob die Homepage auf einen bestimmten Staat ausgerichtet ist oder der Bezug vielmehr fehlt. Zu berücksichtigen sind hier die Sprache des Webauftrittes, die allgemeine Gestaltung, angegebene Kontaktadressen oder Telefonnummern, die Art der Werbung, u.U. die Zahlungswährung, die Art der beworbenen Produkte und Dienstleistungen (sind diese nur in bestimmten Regionen oder weltweit brauchbar, sind sie ohne größere Kosten zu transportieren, können sie überhaupt verschickt werden usw.), der Aktionsradius des Anbieters (ist er nur lokal tätig, z.B. als Pizza-Bringdienst oder Babysitter, oder kann seine Leistung grundsätzlich auch im Schutzland erbracht werden), seine tatsächliche oder fehlende Tätigkeit im Schutzland, die Verwendung der Domain in begleitender (Offline-)Werbung im Schutzland oder die Werbung für die Webpage auf einer erkennbar auf das Schutzland ausgerichteten Seite, aktiv auf andere, auf das Schutzland ausgerichtete Webseiten gelegte Links, (eingehaltene[59]) Disclaimer usw. Diese und weitere Kriterien müssen insgesamt betrachtet werden; für sich genommen wird keines ausreichen, eine ausreichende Inlandsbeziehung zu begründen oder auszuschließen.

cc) Weitere Einschränkung bei Anwendung des materiellen Rechts[60]

Internationale Domainkonflikte sollten nach alledem grundsätzlich dann dem 32
Recht des Schutzlandes, also dem Recht des Landes, auf das der Anspruchsteller sich zur Begründung seiner Namens- oder Kennzeichenrechte beruft, unterstellt werden, wenn der Internetauftritt dort bestimmungsgemäß abrufbar ist, sich also eine Beziehung zum Schutzland aus dem Internetauftritt ablesen lässt. Das deutsche

---

[58] Ebenso *LG Düsseldorf*, GRUR 1998, 159 (160) – epson.de; *Wegner*, CR 1998, 676 (681).

[59] *Kur*, WRP 2000, 935 (938).

[60] Das Ziel der einschränkenden Anwendung des materiellen Rechts verfolgen auch die Regelungsvorschläge über den Schutz von Marken und anderen Kennzeichenrechten im Internet des *Standing Committee on the Law of Trademarks, Industrial Designs and Geographical Indications* der WIPO; näher unten Rdnr. 105.

materielle Recht sollte allerdings auch dann nicht undifferenziert zur Anwendung kommen: Bei der Prüfung einer Verletzung des inländischen Kennzeichenrechts muss die Rechts- und Interessenlage beider Parteien insgesamt berücksichtigt und abgewogen und darf erst dann über den Unterlassungsanspruch entschieden werden[61]. Denn anderenfalls würde möglicherweise die Nutzung einer Domain – und nur um diese geht es an dieser Stelle –, die der Inhaber in seinem Heimatstaat und u.U. in einer Vielzahl weiterer Staaten befugt innehat, unzumutbar eingeschränkt. Angesichts der Internationalität des Internet, von der ja jeder – auch ein mutmaßlich verletzter – Anbieter profitiert, muss unter bestimmten Voraussetzungen hingenommen werden, dass ein Dritter im Inland über das Internet eine hier geschützte Kennzeichnung benutzt. Ein Verbotsanspruch käme also nur dann in Frage, wenn eine generelle Abwägung der beiderseitigen Interessen diesen zumutbar erscheinen lässt[62]. Dies wird allerdings wohl weitgehend nur *de lege ferenda* möglich sein: Denn ist deutsches materielles Recht anwendbar, sehen jedenfalls die namens- und kennzeichenrechtlichen Vorschriften wohl nur eine Berücksichtigung *inländischer* Rechte vor. Für eine Berücksichtigung ausländischer Kennzeichenrechte ist hingegen vielfach kein Raum[63]. Insofern ist also der Gesetzgeber gefordert.

33 *Bettinger/Thum*[64] schlagen in diesem Zusammenhang *de lege ferenda* folgende Ergänzung der kennzeichenrechtlichen Vorschriften vor: Ein Unterlassungsanspruch gegen eine Zeichennutzung im Internet soll nur dann bestehen, wenn die Benutzung in unlauterer Weise erfolgt[65]. Nur wenn der angebliche Verletzer in seinem Herkunftsland oder in dem Staat seiner hauptsächlichen Tätigkeit kein **anzuerkennendes Recht** auf Führung des Namens oder der Kennzeichnung, um die es bei der Domain geht, besitzt und er das Zeichen unlauter als Domain benutzt, kommt ein Verbot in Betracht. Dies kann z.B. der Fall sein, wenn ein Wettbewerber durch Reservierung einer Domain einen anderen **gezielt behindert.** Auch hier ist eine Verpflichtung des Behindernden, die Domain freizugeben, aber wohl nur dann gerechtfertigt, wenn der Behinderte das insgesamt betrachtet „bessere" Recht hat. Ist dies nicht der Fall, wird der Behinderte allenfalls den Inhalt der Domain ggf. untersagen lassen können, aber wohl nicht das Reservierthalten der Domain als solche.

34 Bei **Absatzhandlungen** – nicht dem bloßen Angebot – unter einer Domain, die ein inländisches Namens- oder Kennzeichenrecht potentiell verletzt, erscheint es hingegen nicht notwendig, eine derartige Einschränkung im materiellen Recht vorzunehmen. Im Rahmen der Anknüpfung scheidet man nach der hier vertretenen Auffassung sowieso die Fälle aus, in denen der Anbieter mit seinem Auftritt weder auf den Markt des Schutzlandes abzielt noch dorthin tatsächlich Kundenkontakte unterhält. Für den Anbieter ist es – im Gegensatz zu den Fällen der bloßen Werbung oder des sonstigen Auftretens im Internet – ohne weiteres möglich, durch Verwendung von Passwortsystemen oder über die Nichtentgegennahme bzw. Nichtausführung von Bestellungen aus dem Schutzland sicherzustellen, dass er dort bestehende Rechte Dritter nicht verletzt.

---

61 *Bettinger,* GRUR Int. 1997, 402 (417).

62 *Bettinger/Thum,* GRUR Int. 1999, 659 (673f.).

63 Ähnlich *Kur,* WRP 2000, 935 (938); z.T. a.A. *Bettinger/Thum,* GRUR Int. 1999, 659 (674).

64 *Bettinger/Thum,* GRUR Int. 1999, 659, 674ff.; ähnlich schon *Bettinger,* GRUR Int. 1997, 402 (417).

65 *Bettinger/Thum,* GRUR Int. 1999, 659 (675f.).

Im **Eingangsbeispiel** wäre somit auf die Frage, ob Frau Paulsen die Domain xpdesign.de beanspruchen kann, bereits wegen der eindeutigen Zielgerichtetheit auf den deutschen Markt der Top Level Domain .de deutsches Recht als Recht des Schutzlandes anwendbar. Es wäre dann zu prüfen, ob das US-amerikanische Unternehmen in Deutschland möglicherweise ebenfalls ein (Unternehmens-)Kennzeichenrecht erworben hat und welchen Prioritätsrang dieses, falls es besteht, gegenüber der Kennzeichnung von Frau Paulsen besitzt. Da die Domain xpdesign.fr bereits durch die Top Level Domain nicht so sehr auf den deutschen, sondern eher auf den französischen Markt abzielt, kommt eine Verletzung der Rechte der Frau Paulsen in erster Linie in Frankreich in Betracht. Schutzlandrecht wäre in diesem Falle französisches Recht; Frau Paulsen könnte also nur dann erfolgreich Ansprüche auf Freigabe der Domain geltend machen, wenn sie in Frankreich gegenüber dem US-amerikanischen Grafikdesignstudio vorrangige Kennzeichenrechte hat erwerben können. Im Hinblick auf die Domain xpdesign.com ist schließlich für die Frage des anwendbaren Rechts die Ausrichtung der angebotenen Inhalte zu untersuchen. Sodann ist in einer umfassenden Abwägung zu prüfen, ob ein Unterlassungsanspruch für Frau Paulsen besteht. Anderenfalls hat Frau Paulsen als zu spät Gekommene das Nachsehen. 35

B. Urheberkollisionsrecht

I. Einführung

Das auf internationale Sachverhalte im Internet anwendbare Recht ist eines der zentralen Probleme, mit denen das Urheberrecht durch die neuen Medien konfrontiert wird. Dies liegt vor allem daran, dass das Urheberrecht jedenfalls nach der ganz vorherrschenden Meinung[66] in Deutschland für jedes Land einzeln und grundsätzlich in seinem Schutz auf das Territorium dieses Landes beschränkt gewährt wird. Der Urheber hat danach nicht ein einzelnes, weltweit bestehendes und sich nur in seinen Ausprägungen von Land zu Land unterscheidendes Schutzrecht[67], sondern ein **Bündel nationaler**, im Wesentlichen von einander unabhängiger **Urheberrechte**[68]. Er kann und muss sein Recht also grundsätzlich in jedem Land einzeln und unabhängig vermarkten. Verletzungshandlungen muss er in jedem Land, das ihm insofern Schutz gewährt, einzeln und auf das Territorium jenes Landes beschränkt verfolgen. Dies bereitet in der realen Welt, in der die Staatsgrenzen das Territorium eines Landes leicht erkennbar umgrenzen und somit rechtmäßige Verwertungs- oder Verletzungshandlungen in der Regel relativ eindeutig in dem einen oder anderen Land verortet werden können, keine wirklichen praktischen Probleme. Einen ersten Vorgeschmack auf die hier erörterte Problematik gibt die (u.a.) urheberrechtliche Anknüpfung grenzüberschreitender Radio- und Fernsehsendungen. Soll es z.B. für den Verwerter eines urheberrechtlich geschützten Werkes ausreichen, wenn er für das Land, von dem aus er sendet, Nutzungsrechte eingeholt hat (Herkunfts- oder Sendelandprinzip; vgl. die sog. Satellitenrichtlinie der EU[69], 36

---

[66] Zur a.A. näher Rdnr. 46f., 57ff.

[67] A.A. *Schack*, JZ 1998, 753 (762).

[68] *BGH* NJW 1998, 1395 (1396) – Spielbankaffäre.

[69] Richtlinie 93/83/EWG des Rates vom 27. 9. 1993 zur Koordinierung bestimmter urheber- und leistungsschutzrechtlicher Vorschriften betreffend Satellitenrundfunk und Kabelweiterverbreitung, ABl. EG 1993, L 248/15, näher Rdnr. 46.

umgesetzt in § 20a UrhG)? Oder muss er darüber hinaus das Urheberrecht jedes weiteren Landes, in dem die Sendung empfangen werden kann, beachten (sog. *Bogsch*-Theorie[70])?

37 Noch stärker zugespitzt ist die Situation im Internet: Jede Webseite kann potenziell von jedem Ort der Welt aus in das Netz gestellt und ebenso weltweit abgerufen werden. Das Schutzland als solches ist dabei nach wie vor unproblematisch bestimmbar: Es ist das Land, für das der Anspruchsteller behauptet, ein Urheberrecht zu besitzen. Fraglich ist allerdings im Internet stets, ob die (behauptete) **Urheberrechtsverletzung im territorialen Geltungsbereich des Schutzlandstatuts begangen** worden ist. Probleme wirft die Anwendung des Schutzlandprinzips auf die Frage nach dem Entstehen eines Urheberrechts auch auf, wenn das Werk zuerst oder sogar ausschließlich im Internet veröffentlicht wird: Können dann überhaupt Urheberrechte in einem bestimmten Territorium entstehen, und wenn ja, wo? Die Zuordnung einer Website zu einem bestimmten Territorium mag bei nationalen Top Level Domains (.de, .fr, .it) noch in Grenzen möglich sein; bei unter generischen Top Level Domains angebotenen Seiten scheitert sie jedenfalls[71]. Dementsprechend können Verwertungshandlungen kaum noch in einem bestimmten Staat lokalisiert werden. Dabei ist gerade diese Lokalisierung angesichts des Bündels an einzelnen nationalen Urheberrechten für die Beantwortung der Frage, ob eine Verwertung rechtmäßig ist oder eine Urheberrechtsverletzung darstellt, unabdingbar, zumal die einzelstaatlichen Urheberrechte weit von einer Harmonisierung entfernt sind und häufig erhebliche Schutzdifferenzen aufweisen. Die Problematik sei an dem folgenden, sehr anschaulichen **Beispiel** von *Geller*[72] kurz verdeutlicht:

38 Ein weltweit tätiger Video-on-demand-Anbieter bietet im Internet den Buster-Keaton-Film „Der General" in einer kolorierten Fassung an. Die Verbreitung erfolgt aus technischen Gründen über mehrere Hostserver, die in unterschiedlichen Staaten stehen. Die Filme Buster Keatons sind in den USA bereits gemeinfrei, in Deutschland jedoch noch geschützt. In Frankreich wiederum kann zwar frei verwertet werden; die Verbreitung einer kolorierten Fassung verletzt jedoch nach dortigem Verständnis die Persönlichkeitsrechte des Regisseurs. Ist die Verwertung nun insgesamt rechtmäßig, weil sie in dem Staat, von dem aus der Anbieter tätig ist, rechtmäßig ist? Oder können die Urheberrechtsnachfolger Buster Keatons die Verbreitung ganz verhindern, weil sie in Deutschland unzulässig ist? Können die Rechtsnachfolger u. U. unter Berufung auf die im französischen Recht begründete Persönlichkeitsrechtsverletzung die Verbreitung des Films untersagen? Und soll dabei schließlich eine Rolle spielen, ob die Website, über die der Film angeboten wird, in Deutschland und in Frankreich außerhalb des Internet beworben oder der Film in englischer Sprache in diesen Ländern überhaupt schon von Nutzern abgerufen worden ist?

---

[70] Näher Rdnr. 46.

[71] S. aber die Entscheidung des *US District Court for the District of Eastern Virginia*, World Internet Law Report 02/2002 – Cable News Network LP vs. cnnews.com, in der die Ansicht vertreten wird, auch .com-Domains seien im Wesentlichen nationale, nämlich US-amerikanische Domains. Damit hielt man US-amerikanisches Kennzeichenrecht für anwendbar.

[72] *Geller* in *Hugenholtz* (Hrsg.), S. 27.

II. Allgemeines Urheberkollisionsrecht

Die wesentlichen in Deutschland geltenden Staatsverträge[73] und die hier ganz überwiegende Auffassung unterstellen das Urheberrecht wie die anderen Immaterialgüterrechte insgesamt der *lex loci protectionis*, dem **Recht des Schutzlandes**[74]. Einige wollen allerdings die Fragen des Entstehens und der ersten Inhaberschaft des Urheberrechts aus dem Schutzlandrecht herausnehmen und gesondert nach dem Recht des Ursprungslandes beurteilen. Nach nahezu allgemeiner Ansicht[75] ist die vorgeschlagene Anknüpfung jeweils eine **allseitige**, keine einseitige **Kollisionsnorm**: Sie befindet nicht lediglich über die Anwendbarkeit deutschen, sondern ggf. auch eines ausländischen Rechts, Art. 3 Abs. 1 Satz 1 EGBGB. 39

1. Staatsverträge auf dem Gebiet der Urheber- und Leistungsschutzrechte[76]

Die wichtigsten für Deutschland geltenden[77] internationalen Verträge[78], die Revidierte Berner Übereinkunft (RBÜ)[79], das TRIPS-Übereinkommen (TRIPS)[80], das Welturheberrechtsabkommen (WUA)[81] und – für das Gebiet der Leistungsschutzrechte der ausübenden Künstler und Verwerter – das Rom-Abkommen vom 26. 10. 1961 über den Schutz der ausübenden Künstler, der Hersteller von Tonträgern und der Sendeunternehmen (RA)[82], das Genfer Tonträger-Abkommen vom 29. 10. 1971[83], 40

---

[73] Zu der Frage, inwieweit die Staatsverträge Kollisionsrecht enthalten oder voraussetzen, s. sogleich Rdnr. 41.

[74] Zur historischen Entwicklung *Schricker/Katzenberger,* vor §§ 120 ff., Rdnr. 8 ff.

[75] Anders heute – für das Markenkollisionsrecht – wohl nur *Fezer,* Einl., Rdnr. 198.

[76] Vgl. § 1 Rdnr. 56 ff., tabellarischer Überblick über die jüngste Entwicklung bei *Holeweg,* GRUR Int. 2001, 141 (142 ff.); näher *MünchKomm/Kreuzer,* Nach Art. 38 EGBGB Anh. II, Rdnr. 103 ff.; s. auch *Walter/Walter,* Rdnr. 92 ff. Zur Entwicklung des (materiellen) Rechts auf europäischer Ebene *Spindler,* GRUR Int. 2002, 105 ff.

[77] Zur innerstaatlichen Anwendbarkeit *Schricker/Katzenberger,* vor §§ 120 ff., Rdnr. 114 ff.

[78] Den WCT (WIPO-Copyright Treaty) hat Deutschland zwar gezeichnet, jedoch noch nicht ratifiziert – vgl. aber oben § 1, Rdnr. 6 a; abrufbar unter http://www.wipo.int/treaties/ip/copyright/wipe-copyright.pdf, [abgerufen am 30. 3. 2002]. Näher *Schricker/Katzenberger,* vor §§ 120 ff., Rdnr. 50 ff. – Das Europäische Übereinkommen vom 11. 5. 1994 über Fragen des Urheberrechts und verwandter Schutzrechte im Bereich des grenzüberschreitenden Satellitenrundfunks hat die Bundesrepublik noch nicht gezeichnet;. deutscher Text im Bundesratsdrucksache 184/96, S. 12 ff.

[79] In der Fassung vom 24. 7. 1971 (Pariser Fassung), BGBl. 1973 II S. 1069; näher *Schricker/Katzenberger,* vor §§ 120 ff., Rdnr. 41 ff.; Liste der Vertragsstaaten dort Rdnr. 45; neue Beitritte in GRUR Int. 2001, 572 f.

[80] Übereinkommen über handelsbezogene Aspekte der Rechte des geistigen Eigentums vom 15. 4. 1994, BGBl. II, S. 1730; näher *Schricker/Katzenberger,* vor §§ 120 ff., Rdnr. 13 ff.; Liste der Vertragsstaaten dort Rdnr. 16.

[81] Vom 6. 9. 1952, Fassung vom 24. 7. 1971 – Paris – BGBl. 1973 II S. 1069 (1111); näher *Schricker/Katzenberger,* vor §§ 120 ff., Rdnr. 58 ff.; Liste der Vertragsstaaten dort Rdnr. 60; neue Beitritte in GRUR Int. 2001, 572 f.

[82] BGBl. 1965 II S. 1243; näher *Schricker/Katzenberger,* vor §§ 120 ff., Rdnr. 75 ff.; Liste der Vertragsstaaten dort Rdnr. 76; neue Beitritte in GRUR Int. 2001, 572 f. Zu einem Anwendungsfall *BGH* NJW 1993, 2183 (2184 f.) – *The Doors.*

[83] Genfer Übereinkommen zum Schutz der Hersteller von Tonträgern gegen die unerlaubte Vervielfältigung ihrer Tonträger vom 29. 10. 1971, BGBl. 1973 II, S. 1670; näher *Schricker/Katzenberger,* vor §§ 120 ff., Rdnr. 92 ff.; Liste der Vertragsstaaten dort Rdnr. 93; neue Beitritte in GRUR Int. 2001, 572 f. Zum WIPO Performances and Phonograms Treaty vom 20. 12. 1996, den Deutschland und die EU noch nicht ratifiziert haben, *Schricker/Katzenberger,* vor §§ 120 ff., Rdnr. 84 ff.

das Straßburger Fernsehabkommen[84] und das Brüsseler Satellitenabkommen[85], enthalten ebenso wie die für Deutschland geltenden bilateralen Staatsverträge[86] nur für wenige Einzelfälle ausdrückliche Kollisionsnormen. Sie beschränken sich zumeist auf völkerrechtliche Verpflichtungen und fremdenrechtliche Vorschriften, legen einen von den Vertragsstaaten einzuhaltenden **Mindestschutz** fest und verpflichten die Konventionsstaaten, Konventionsausländern grundsätzlich die gleichen Rechte wie Inländern zu gewähren (sog. **Inländerbehandlungsgrundsatz**; vgl. Art. 5 RBÜ, Art. 2, 3 TRIPS, Art. II WUA, Art. 2 Nr. 2 in Verbindung mit Art. 10–14 bzw. 4–6 RA). Auf der Grundlage des Inländerbehandlungsgrundsatzes wird jeder Urheber, der einem anderen Mitgliedsland des jeweiligen Abkommens als dem Schutzland angehört, im Schutzland so geschützt, als ob er sein Werk dort geschaffen bzw. veröffentlicht hätte. In der Bundesrepublik steht also z. B. einem französischen Urheber oder ausübenden Künstler ein Urheber- bzw. verwandtes Schutzrecht nach den internen deutschen Normen zu[87].

41 Viele entnehmen aus dem Inländerbehandlungsgrundsatz das **kollisionsrechtliche Schutzlandprinzip**[88]. Auch die Rechtsprechung behandelt das Assimilationsprinzip im Ergebnis als Verweisung auf die inländischen Sachnormen, ohne dies jedoch ausdrücklich zu erwähnen. Eine andere Auffassung versteht den staatsvertraglichen Inländerbehandlungsgrundsatz als eine bloß **fremdenrechtliche Regelung**, die keine kollisionsrechtliche Bedeutung habe[89]. Relevant kann die Streitfrage allenfalls dann werden, wenn ein Konventionsstaat nicht das Schutzlandprinzip als Kollisionsnorm anwenden wollte, weil er dann nach der ersten Auffassung durch die konventionsrechtliche Regelung jedenfalls gegenüber den anderen Mitgliedstaaten gebunden wäre. Dies ist erst in jüngster Zeit durch die vor allem auch kollisionsrechtlichen Probleme, die das Internet aufwirft, wieder zu einer gewissen praktischen Bedeutung gelangt: Gerade für den Bereich des Internet wird immer noch sehr heftig diskutiert, ob man nicht vom Schutzlandprinzip abgehen und Immaterialgüterrechte im Internet nach einem – wie auch immer konkret ausgestalteten – Herkunfts- oder Ursprungslandprinzip anknüpfen sollte[90]. Dies wäre nicht möglich, wenn die Übereinkommen kollisionsrechtlich bindende Regelungen enthielten. Um den vorliegenden Rahmen nicht zu sprengen, muss auf eine ausführliche Erörterung hier verzichtet werden. Sicherlich setzen die Abkommen jedenfalls eine strenge territoriale Begrenzung der Urheber- und Leistungsschutzrechte voraus; sie wären, wie *Kreuzer*

---

[84] Europäisches Abkommen vom 22. 6. 1960 zum Schutz von Fernsehsendungen, BGBl. 1965 II S. 1234; BGBl. 1974 II S. 1314; BGBl. 1974 II S. 1014 jeweils mit Änderungs- bzw. Zusatzprotokollen; näher *Schricker/Katzenberger,* vor §§ 120 ff., Rdnr. 100 ff.; Liste der Vertragsstaaten dort Rdnr. 100.

[85] Übereinkommen über die Verbreitung der durch Satelliten übertragenen programmtragenden Signale vom 21. 5. 1974, BGBl. II 1974, S. 114; näher *Schricker/Katzenberger,* vor §§ 120 ff., Rdnr. 96 ff.; Liste der Vertragsstaaten dort Rdnr. 96.

[86] In der Praxis spielte in den letzten Jahren insbesondere das Übereinkommen zwischen dem Deutschen Reich und den Vereinigten Staaten von Amerika über den gegenseitigen Schutz der Urheberrechte vom 15. 1. 1892, BGBl. 1892 S. 473, eine Rolle; näher *Schricker/Katzenberger,* vor §§ 120 ff., Rdnr. 68 ff.; Liste dort Rdnr. 70.

[87] Zum Schutzfristenvergleich unten Rdnr. 50.

[88] *Dieselhorst,* ZUM 1998, 293 (298); *MünchKomm/Kreuzer,* Nach Art. 38 EGBGB Anh. II, Rdnr. 3 m. v. w. N.; krit. *Thum* in *Bartsch/Lutterbeck,* S. 117 (126).

[89] *Thum,* aaO, S. 126; *Hoeren/Sieber/Hoeren,* Teil 7.10, Rdnr. 7.

[90] Rdnr. 53 ff.

zu Recht anmerkt[91], überflüssig, insbesondere der Inländerbehandlungsgrundsatz sinnentleert, wenn die behandelten Schutzrechte weltweit gelten würden. Im Folgenden soll deshalb davon ausgegangen werden, dass die entsprechenden Übereinkommen und unter ihnen insbesondere die praktisch wichtigste RBÜ keine zwingenden kollisionsrechtlichen Bestimmungen enthalten, d.h. insofern offen sind[92].

Als einziges von Deutschland gezeichnetes internationales Abkommen enthält die **Übereinkunft von Montevideo** vom 11. 1. 1889 betreffend den Schutz von Werken der Literatur und Kunst[93] einheitliche Kollisionsregeln für das Urheberrecht. Danach war grundsätzlich das Recht der Erstveröffentlichung oder -herstellung, die so genannte *lex originis,* maßgeblich. Das Übereinkommen hat allerdings keinerlei Relevanz mehr für die Bundesrepublik, da alle Vertragsstaaten der revidierten Berner Übereinkunft (RBÜ) bzw. dem Welturheberrechtsabkommen (WUA), die beide Vorrang genießen[94], beigetreten sind. 42

2. Autonomes deutsches Urheberkollisionsrecht

a) Anknüpfung an die lex loci protectionis

In Deutschland werden urheberrechtliche Fragen nach der Rechtsprechung und der heute ganz herrschenden Meinung im Grundsatz an die *lex loci protectionis* angeknüpft[95]. Das Schutzlandprinzip beherrscht nicht nur das deutsche Kollisionsrecht des Urheber- und Leistungsschutzrechts, sondern auch eine Vielzahl anderer (vor allem EU-) Länder knüpft nach diesem Grundsatz an. Auch der Europäische Gerichtshof[96] geht grundsätzlich von einer Anknüpfung der Immaterialgüterrechte an die *lex loci protectionis* aus. Wiederum ist allerdings streitig, ob das Schutzlandprinzip aus der **Tatortregel** als Grundnorm des internationalen Deliktrechts herzuleiten ist. Der Streit hat insbesondere in der aktuellen Diskussion um die Anknüpfung von urheberrechtlichen Fragen im Internet Bedeutung. Ergibt sich das Schutzlandprinzip aus der Tatortregel, so stehen im Internet grundsätzlich sowohl Handlungs- als auch Erfolgsort als Anknüpfungspunkte zur Verfügung. Ist die *lex loci protectionis* hingegen als eigenständige Anknüpfung zu verstehen, kommt eine derartige Aufspaltung wohl nicht in Betracht. 43

In der Literatur wird das **Schutzlandprinzip vielfach der Tatortregel entnommen**[97]. Dabei prüft man allerdings häufig ohne ausdrückliche Auseinandersetzung mit der Frage lediglich, wo Handlungs- und Erfolgsort bei Urheberrechtsverletzungen liegen können[98]. Zurecht weist demgegenüber der *BGH*[99] ausdrücklich darauf 44

---

[91] *MünchKomm/Kreuzer,* Nach Art. 38 EGBGB Anh. II, Rdnr. 3 a. E.

[92] Ebenso *Thum* in: *Bartsch/Lutterbeck,* S. 117 (126).

[93] Übereinkunft von Montevideo vom 11. 1. 1889 betreffend den Schutz von Werken der Literatur und Kunst, RGBl. 1927 II, S. 95; näher *Schricker/Katzenberger,* vor §§ 120ff., Rdnr. 66ff.

[94] Art. 20 RBÜ; Art. XIX WUA.

[95] St. Rspr., z. B. *BGH* NJW 1998, 1395 (1396) = GRUR Int. 1998, 427 (429) – Spielbankaffäre; *BGHZ* 126, 252 (254f.) – Folgerechtsanspruch bei Auslandsbezug; *Schricker/Katzenberger,* vor §§ 120ff., Rdnr. 120ff.; *MünchKomm/Kreuzer,* Nach Art. 38 EGBGB Anh. II, Rdnr. 7ff.

[96] *EuGH* Slg. 1994, I-2789 (2844) – Ideal Standard; ausführlich *Sack,* WRP 2000, 269 (281f.).

[97] *Schricker/Katzenberger,* vor §§ 120ff., Rdnr. 130; *Sack,* WRP 2000, 269 (271); wohl auch *Schack,* MMR 2000, 59 (64)f.; *Dieselhorst,* ZUM 1998, 293; *Fromm/Nordemann,* vor § 120, Rdnr. 10; *A. Nordemann/Goddar/Tönhardt/Czychowski,* CR 1996, 645 (651).

[98] Z. B. *Dieselhorst,* ZUM 1998, 293; *Köhler/Arndt,* Rdnr. 352; vgl. auch *Mankowski,* RabelsZ 63 (1999), 203 (256ff.).

[99] *BGH* NJW 1998, 1396 = GRUR Int. 1998, 427 (429) – Spielbankaffäre.

hin, dass „die für das allgemeine Deliktsrecht geltende Rechtsanknüpfung an das Recht des Tatorts, d.h. des Handlungs- oder des Erfolgsorts, (...) bei Verletzungen von urheberrechtlichen Befugnissen nicht anwendbar“ ist[100]. Die Anwendung der Tatortregel, die nunmehr in Art. 40 Abs. 1 EGBGB kodifiziert ist, war als solche vom Gesetzgeber bei der Kodifizierung des internationalen Deliktsrechts in Art. 40ff. EGBGB 1999 nicht gewollt[101] und macht im Immaterialgüterrecht nicht viel Sinn: Da das Urheber- und Leistungsschutzrecht sich selbst streng territorial begrenzt, also nur für Handlungen auf seinem eigenen Gebiet anwendbar sein will, kann ein Tatort nur dort liegen, wo auch Schutz besteht. Das Tatortkonzept passt also als solches im internationalen Immaterialgüterrecht nicht wirklich. Ein Tatort besteht nur dort, wo auch ein Schutzland liegt; der Tatort hängt also von der Existenz eines Schutzlandes ab, nicht umgekehrt. Ein Auseinanderfallen von Handlungs- und Erfolgsort ist demgegenüber – da in der Regel die Vornahme der Handlung selbst, z.B. die unerlaubte Vervielfältigung oder Veröffentlichung, den Verletzungserfolg bedeutet – kaum jemals anzunehmen. Darüber hinaus muss man, will man das Schutzlandprinzip lediglich als besondere Ausprägung der Tatortregel begreifen, die für die Tatortregel im EGBGB ausdrücklich vorgesehenen Abweichungen irgendwie umgehen. Denn es besteht im Grundsatz Einigkeit darüber, dass die im Gesetz vorgesehene Wahl zwischen Handlungs- und Erfolgsortrecht (Art. 40 Abs. 1 Satz 2 und 3 EGBGB[102]) ebenso wenig gewährt werden kann wie die Anwendung des Rechts am gemeinsamen gewöhnlichen Aufenthalt von Urheber und Verletzer in Betracht kommt[103] (Art. 40 Abs. 2 EGBGB). Auch die in Art. 42 EGBGB in Abweichung von der Tatortregel ausdrücklich vorgesehene Möglichkeit der Parteien, das anwendbare Recht zu wählen, wird nahezu einhellig abgelehnt[104]. Diese Ablehnung ist bei Verortung des Schutzlandprinzips in der Tatortregel wenig überzeugend. Dogmatisch sauberer erscheint es insofern, das **Schutzlandprinzip** von vornherein als immaterialgüterrechtliche und gegenüber der Tatortregel **eigenständige Anknüpfungsnorm** des internationalen Deliktrechts zu begreifen[105]. Wenn man das Schutzlandprinzip im geschriebenen Kollisionsrecht verorten will, sollte es also aus Art. 41 Abs. 1 EGBGB, der das Recht der engsten Verbindung für anwendbar erklärt, hergeleitet werden.

45 Ein **Renvoi** durch das Schutzlandrecht ist grundsätzlich zu beachten[106], wird aber angesichts der sehr verbreiteten Geltung des Schutzlandprinzips kaum vorkommen.

---

[100] *BGH* NJW 1998, 1396 = GRUR Int. 1998, 427 (429) – Spielbankaffäre; ebenso *Palandt/Heldrich,* Art. 40 EGBGB, Rdnr. 13 m.w.N.; *Thum* in: *Bartsch/Lutterbeck,* S. 117, 126.

[101] Der Gesetzgeber war ausdrücklich der Ansicht, angesichts der im internationalen Vergleich im Immaterialgüterrecht nahezu allgemeinen Geltung des Schutzlandprinzips, der hohen Flexibilität der neu gefassten Tatortregel in Art. 40 Abs. 1 EGBGB sowie der Ausweichklausel des Art. 41 EGBGB sei eine ausdrückliche Regelung entbehrlich; Begr. Reg.Entwurf, BT-Drucks. 14/343, S. 10.

[102] Sog. Günstigkeitsprinzip des allgemeinen internationalen Deliktsrechts.

[103] *Schricker/Katzenberger,* vor §§ 120ff., Rdnr. 134; *MünchKomm/Kreuzer,* Nach Art. 38 EGBGB Anh. II, Rdnr. 15; *Schack,* MMR 2000, 59 (64); *Sack,* WRP 2000, 269 (278), jeweils m.w.N.

[104] *MünchKomm/Kreuzer,* Nach Art. 38 EGBGB Anh. II, Rdnr. 15; *Schack,* MMR 2000, 59 (64), jeweils m.w.N. Dies entspricht der Begründung des Entwurfs; Begr. Reg.Entwurf, BT-Drucksache 14/343, S. 10.

[105] Ebenso *MünchKomm/Kreuzer,* nach Art. 38 Anhang II, Rdnr. 26; *Thum* in: *Bartsch/Lutterbeck,* S. 117 (126f.).

[106] Str.; zum allg. Deliktsrecht *MünchKomm/Sonnenberger,* Art. 4 EGBGB, Rdnr. 5ff.; *Nordemann-Schiffel,* S. 154ff.

b) Ursprungsland- oder Universalitätsprinzip

Früher wurde vielfach vertreten, das Urheberrecht sei Teil des Persönlichkeitsrechts und müsse deshalb dem Urheber überallhin folgen. Alle urheberrechtlichen Fragen sollten somit dem Recht des Ursprungslandes unterstellt werden[107]. Die Anknüpfung des Urheberrechts insgesamt an das Recht des Ursprungslandes wird heute jedenfalls in Deutschland nur noch sehr vereinzelt vertreten[108]. Allerdings versucht das europäische Recht mitunter, die urheberrechtlichen Nutzungsrechte im grenzüberschreitenden Verkehr mit Hilfe des so genannten **Herkunftslandprinzips**, das dem Ursprungslandprinzip verwandt ist[109], zu lösen. So enthalten die so genannten Satellitenrichtlinien[110] und der sie umsetzende § 20a UrhG in Abkehr von der vorher vielfach vertretenen Anknüpfung auch an das Recht der Empfangsländer[111] Sachnormen[112], die im Ergebnis dazu führen, dass die Frage der urheberrechtlichen Nutzungsbefugnis für durch Satelliten übertragene Sendungen innerhalb der EU dem Ursprungsland der Sendung – dem Ort der öffentlichen Wiedergabe über Satellit – untersteht[113]. Der Verwerter muss sich also nur nach dem in diesem Land geltenden Recht richten. Wird von einem Staat außerhalb der EU oder des EWR gesendet, so fingiert § 20a UrhG dennoch die Sendung aus einem Mitgliedstaat, wenn das Recht des Sendestaates nicht den EU-Schutzstandard erreicht (§ 20a Abs. 2 UrhG). Die urheberrechtliche Behandlung der Sendung selbst regelt die Richtlinie allerdings nicht, so dass hier wohl wieder an das Recht des Schutzlandes anzuknüpfen ist. Sehr ähnlich entscheidet die Rechtsprechung zum Teil, dass terrestrische Rundfunksendungen nur nach dem Urheberrecht des Sendelandes zu beurteilen seien[114]. Etwas anderes soll nur dann gelten, wenn die Sendung nur auf das Bestimmungsland ausgerichtet, in anderen Staaten hingegen lediglich technisch bedingt zu empfangen ist und auch die Werbeeinnahmen von dort kommen: Dann sei das Urheberrecht dieses Landes anwendbar[115]. 46

c) Anwendung des Rechts des Ursprungslandes auf Teilfragen

Eine weitere Auffassung in der Literatur will zwar im Grundsatz ebenfalls die *lex loci protectionis* anwenden, vor allem unter dem Gesichtspunkt der einfacheren Vermarktung eines urheberrechtlich geschützten Werks jedoch die Fragen der (ersten) **Inhaberschaft und Existenz des Urheberrechts** dem Recht des Ursprungs- 47

---

[107] Nachweise bei *Schricker/Katzenberger,* vor §§ 120ff., Rdnr. 122.

[108] Dafür aber *Intveen,* Internationales Urheberrecht und Internet – Zur Frage des anzuwendenden Urheberrechts bei grenzüberschreitenden Datenübertragungen.

[109] Das Herkunftslandprinzip soll grundsätzlich nur regeln, ob und welche Nutzungsrechte der Verwerter eines urheberrechtlich geschützten Werkes einholen muss, unterstellt damit aber nicht den Schutz des verwerteten Werks nur seinem Ursprungsland.

[110] Richtlinie 93/83/EWG des Rates vom 27. 9. 1993 zur Koordinierung bestimmter urheber- und leistungsschutzrechtlicher Vorschriften betreffend Satellitenrundfunk und Kabelweiterverbreitung, ABl. EG Nr. L 248/15.

[111] Sog. *Bogsch*-Theorie; näher *Sack,* WRP 2000, 269, 275 m. w. N.; *Schricker/Katzenberger,* vor §§ 120ff., Rdnr. 141.

[112] Kollisionsnormen wollte die Richtlinie nicht schaffen; näher *MünchKomm/Kreuzer,* Nach Art. 38 EGBGB Anh. II, Rdnr. 108b m. w. N.

[113] Eingehend *Sack,* WRP 2000, 269 (275f.); *MünchKomm/Kreuzer,* Nach Art. 38 EGBGB Anh. II, Rdnr. 108 b.

[114] *OLG Saarbrücken,* GRUR Int. 2000, 993 = ZUM-RD 2001, 196 – Felsberg.

[115] *OLG Saarbrücken,* GRUR Int. 2000, 993 = ZUM-RD 2001, 196 – Felsberg.

staates, der so genannten *lex originis* unterstellen[116]. Als Herkunftsstaat wird dabei in der Regel das Land der ersten Veröffentlichung, bei unveröffentlichten Werken das Herkunftsland des Urhebers angesehen. Insbesondere für eine weltweite Vermarktung müsste dann derjenige, der nach seinem eigenen Recht Urheber ist bzw. diese Stellung vom Urheber erworben hat, nicht mehr darauf achten, ob er dies in den anderen für ihn wesentlichen Ländern auch ist und ggf. mit dem nach dem Recht dieser Länder „wahren" Urheber Zusatzvereinbarungen schließen. Er könnte sich darüber hinaus darauf verlassen, dass das, was sein eigenes Recht als schutzfähig ansieht, auch überall sonst auf der Welt Urheberrechtsschutz genießt. Die Anwendung des Rechts des Ursprungslandes soll schließlich den menschenrechtlichen Gehalt des Urheberrechts, das wenigstens im Kern nicht von staatlicher (konstitutiv wirkender) Verleihung abhängig sei, unterstreichen[117].

48 Allerdings wirft diese Auffassung mehr Probleme auf, als sie löst. Denn eine gewisse **Sicherheit für den Verwerter** wird mit völliger **Unsicherheit für die Umwelt,** in der verwertet wird, erkauft. So müsste jeder, der nach dem Urheberrecht seines eigenen Landes ein Werk rechtmäßig nutzt, weil es dort zum Beispiel nicht als schutzfähig angesehen wird, zunächst einmal nachforschen, woher das Werk eigentlich stammt. Gelingt ihm dies, muss er dann noch aufwändig herausfinden, ob das Recht dieses Ursprungslandes das jeweilige Werk schützt. Vor allem aber muss er angesichts des fehlenden Schutzes in seinem eigenen Land erst einmal darauf kommen, sich die Frage nach einem möglicherweise woanders begründeten Urheberrechtsschutz zu stellen. Darüber hinaus verkennt diese Ansicht, dass wesentliche materiellrechtliche Bestimmungen, die mit Inhaberschaft und Existenz des Urheberrechts in Zusammenhang stehen, eng mit dem persönlichkeitsrechtlichem Gehalt des Urheberrechts verknüpft sind und insofern Grundwertungen des jeweiligen Gesetzgebers widerspiegeln. Dies gilt zum Beispiel für die enge Beziehung, die das deutsche Urheberrecht zwischen dem Urheber und seinem Werk annimmt und durch die Unübertragbarkeit des Urheberrechts als solchem und der verschiedenen persönlichkeitsrechtlichen Befugnisse des Urhebers zum Ausdruck bringt. Auch sind viele **Urheberpersönlichkeitsrechte** nur für den wahren Urheber wirklich sinnvoll; bereits für eine juristische Person, die zum Beispiel in den USA durchaus Urheber sein kann, wird man Existenz und Durchsetzung der Urheberpersönlichkeitsrechte nur schwierig begründen können. Dann aber führt die Anwendung des Rechts des Ursprungslandes auf die Frage der Inhaberschaft des Urheberrechts bei Anwendung des Schutzlandrechtes im Übrigen zu Widersprüchen. Schließlich befasst sich die dargestellte Auffassung auch – soweit ersichtlich – nicht mit der Tatsache, dass eine ganze Reihe von Rechtsordnungen ihr Immaterialgüterrecht dem Territorialitätsprinzip unterstellen, d.h. die Anwendbarkeit des eigenen materiellen Rechts streng auf das eigene Staatsgebiet begrenzen. Es ist aber sicherlich problematisch, einen solchen expliziten Nichtanwendungswillen schlicht zu missachten.

49 Das Ursprungslandprinzip kann nach alledem auch für den dargestellten kleinen Teilbereich nicht überzeugen. Im Übrigen funktioniert die weltweite Vermarktung vieler urheberrechtlich geschützter Werke ja bereits seit einigen Jahrzehnten ganz offensichtlich recht gut; große Probleme scheint die Anwendbarkeit einer Vielzahl

---

[116] Vor allem *Schack,* MMR 2000, 59 (60f.).
[117] *Schack,* MMR 2000, 59 (62).

von nationalen Urheberrechten auf eine weltweite Vermarktung dem Verwerter jedenfalls nicht zu bereiten.

d) Stellungnahme

Allein eine **umfassende Anknüpfung an das Recht des Schutzlandes**[118] bietet die für die Praxis notwendige Einfachheit und problemlose Vorhersehbarkeit. Die Unterstellung des Urheberrechts insgesamt unter das Recht des Schutzlandes ist sinnvoll, weil allein dies der „Verwertungsumwelt" die notwendige Rechtssicherheit gibt. Ein deutscher Kunsthistoriker beispielsweise, der in einem Werk über die Kunst des 20. Jahrhunderts einige beispielhafte Gemälde abbilden wollte, könnte sich nicht ohne weiteres darauf verlassen, dass dies durch das Zitatrecht des § 52 UrhG gedeckt ist. Gleiches gilt für die Frage, ob ein Werk bereits gemeinfrei ist oder nicht. Die ganz herrschende Meinung[119] unterstellt deshalb alle Fragen der **Entstehung, der Inhaberschaft, des Umfangs, Inhalts und der Schranken** der Urheber- oder Leistungsschutzrechte sowie jedenfalls die Verfügung über diese Rechte[120] dem Schutzlandrecht. Auch über das Erlöschen des Urheberrechts und die Dauer der Schutzfrist muss das Recht des Schutzlandes entscheiden. Allerdings lassen sowohl die RBÜ (Art. 5 Abs. 4) als auch das WUA (Art. IV Abs. 1, Abs. 4a) jedenfalls gegenüber Urhebern aus Nicht-EU-Staaten[121] den so genannten **Schutzfristenvergleich** zu: Kein Land muss ein ausländisches Werk länger schützen, als dieser Schutz im Ursprungsland gewährt wird. Schließlich werden auch die Voraussetzungen und Rechtsfolgen einer Verletzung, d. h. die entstehenden Ansprüche dem Schutzlandrecht entnommen.[122] Das Recht des Schutzlandes entscheidet in diesem Zusammenhang auch darüber, ob auf dem Gebiet des Schutzlandes vorgenommene Teilhandlungen eine Urheberrechtsverletzung darstellen[123]. Dabei ist allerdings nicht ausgeschlossen, dass **ausländische Sachverhalte** (nicht die Schutzrechtslage) in die Beurteilung nach inländischem Recht einbezogen werden können[124]: So erstreckt sich der Unterlassungsanspruch des Urhebers aus § 96 UrhG auch auf im Ausland hergestellte Vervielfältigungsstücke[125]. Das Schutzlandrecht entscheidet auch darüber, wer aus einer Rechtsverletzung in Anspruch genommen werden kann (z.B. nur der Autor eines verletzenden Werkes oder auch der Verlag). Schließlich obliegt auch die Abgrenzung zwischen Schutz nach Urheber- oder nach Geschmacksmusterrecht der *lex loci protectionis*[126]. Vertreibt also der Anbieter im obigen Beispielsfall einen *Buster-Keaton*-Film als „reales" Video in Deutschland, so befindet das deutsche materielle Urheberrecht darüber, ob das Werk als solches urheberrechtsschutzfähig ist, wer Inhaber des Urheberrechts ist, ob das Werk noch 50

---

[118] Zur Anknüpfung der Einräumung urheberrechtlicher Nutzungsrechte unten, Rdnr. 189 f.

[119] *Schricker/Katzenberger,* vor §§ 120 ff., Rdnr. 127 (129 ff.); *MünchKomm/Kreuzer,* Nach Art. 38 EGBGB Anh. II, Rdnr. 113 (120 ff.); a. A. *Schack,* MMR 2000, 59, 60 ff.

[120] Näher unten Rdnr. 189 f.

[121] Gegenüber Urhebern aus EU-Staaten würde der Vergleich gegen das Diskriminierungsverbot des Art. Art. 12 Abs. 1 EG verstoßen; *MünchKomm/Kreuzer,* Nach Art. 38 EGBGB Anh. II, Rdnr. 130.

[122] *BGH* NJW 1998, 1396 = GRUR Int. 1998, 427 (430) – Spielbankaffäre; *OLG München,* MMR 2002, 312 – Spielbankaffäre.

[123] *Schricker/Katzenberger,* vor §§ 120 ff., Rdnr. 135 ff.

[124] *BGH* NJW 1993, 2183 (2185) – The Doors.

[125] *BGH* NJW 1993, 2183 (2185) – The Doors.

[126] *MünchKomm/Kreuzer,* Nach Art. 38 EGBGB Anh. II, Rdnr. 111.

geschützt ist, ob hier möglicherweise wegen einer eingreifenden Schranke die Verwertung ausnahmsweise zulässig ist und welche Ansprüche den Urheberrechtsnachfolgern gegen den Verwerter im Falle einer Rechtsverletzung zustehen.

III. Urheberkollisionsrecht im Internet

51 Im Internet bringt eine konsequente Anknüpfung an das Recht des Schutzlandes das Problem mit sich, dass die weltweite Abrufbarkeit dem **Urheber parallel in allen Schutzländern Ansprüche gibt,** wenn deren materiellrechtliche Voraussetzungen objektiv jeweils erfüllt sind. Bei uneingeschränkter Anknüpfung an die *lex loci protectionis* könnte also nur der Inhaber weltweiter Nutzungsrechte das Internet ohne Risiko nutzen. Der erwähnte US-amerikanische Anbieter des *Buster-Keaton*-Films „Der General" könnte diesen nicht im Internet als Video-on-demand anbieten, ohne sich Ansprüchen jedenfalls in Deutschland und Frankreich auszusetzen. Darüber hinaus bestehen hier natürlich wieder die bekannten Probleme: Darf der Verwerter nur in einem einzigen Land der Welt das Werk nicht nutzen, so wird er es angesichts der grundsätzlich weltweiten Abrufbarkeit und noch weitgehend[127] fehlender technischer Beschränkungsmöglichkeiten häufig ganz aus dem Internet nehmen müssen, will er nicht immer wieder neuen Rechtsstreitigkeiten ausgesetzt werden. Darüber hinaus kann das jeweils anwendbare Schutzlandrecht nur über die auf seinem Territorium begangenen oder drohenden Verletzungshandlungen befinden (Territorialitätsprinzip; sog. Mosaikbetrachtung[128]). Es ist also nicht etwa ein Recht auf den gesamten Verletzungssachverhalt anwendbar, sondern für eine Verwertungshandlung im Internet möglicherweise eine Vielzahl von Rechtsordnungen jeweils für die auf ihrem Gebiet eingetretene Teilverletzung aus dem Gesamtsachverhalt. Die Anknüpfung an die *lex loci protectionis* kann somit, konsequent angewendet, im Internet kaum vorhersehbare und wohl auch unangemessene Folgen haben.

52 Die Frage ist also, ob sich das **Schutzlandprinzip sinnvoll einschränken** lässt oder ob es **für den Bereich des Internet ganz aufgegeben** werden muss. Denkbar ist neben der einschränkenden Anwendung des Schutzlandprinzips eine Anwendung des Herkunftslandes des Anbieters oder des Serverstandortes, eine Anknüpfung des Urheberrechts insgesamt an das Recht des Ursprungslandes des betreffenden Werkes sowie eine Anknüpfung an das Recht der im Einzelfall engsten Verbindung.

1. Anknüpfung an das Recht am gewöhnlichen Aufenthalt, am Sitz oder der Niederlassung des Verwerters?

53 Die Anknüpfung urheberrechtlicher Verwertungshandlungen im Internet an das **Recht des Herkunftslandes des Anbieters** wird in der Literatur damit begründet, die Verwertungshandlung werde als Vervielfältigung am Ort des Einspeisens vorgenommen[129]. Da im Urheberkollisionsrecht stets der Handlungsort maßgeblich sei, bedeute dies die Anwendung des Rechts des Ursprungslandes[130]. Auf den ersten Blick scheint es tatsächlich verlockend, das Urheberrecht im Internet entsprechend

[127] Zu neuen Entwicklungen auf diesem Gebiet oben § 1, Rdnr. 35.
[128] Dazu *Schack*, MMR 2000, 59 (64 m. w. N.).
[129] Vgl. *Schricker/Katzenberger,* vor §§ 120 ff., Rdnr. 84.
[130] Vgl. *Goddar/A.Nordemann/Tönhardt/Czychowski,* CR 1996, 645 (651).

der Satellitenrichtlinie[131] – die Situation bei grenzüberschreitenden Satellitensendungen ist der der grenzüberschreitenden Abrufbarkeit im Internet durchaus vergleichbar – dem im Herkunftsland des Anbieters geltenden Recht zu unterstellen[132]. Dieser müsste nur noch das in seinem eigenen Land geltende Recht daraufhin überprüfen, ob, in welchem Umfang und in welcher Form er ein geschütztes Werk verwerten darf. Er sähe sich nicht Rechtsstreitigkeiten in anderen Ländern ausgesetzt und entginge vor allem dem Risiko, dass eine im Anbieterland und möglicherweise vielen weiteren Staaten rechtmäßige Verwertung im Internet allein deshalb angegriffen werden könnte, weil in einem einzigen Land der Welt der Anbieter kein Nutzungsrecht hat. Die Vermarktungschancen des Internet könnten voll ausgeschöpft werden.

Dieses Anknüpfungsmodell mag dann eine echte Alternative sein, wenn der **urheberrechtliche Schutz** in den potentiellen Herkunftsländern einen im Wesentlichen **einheitlichen Standard** aufweist, wie dies z.B. in der Satellitenrichtlinie innerhalb der EU vorausgesetzt wird[133]. Gerade dies ist jedoch weltweit weder aktuell der Fall noch in naher Zukunft zu erwarten. Auch eine nur auf die EU oder jedenfalls auf Staaten mit ähnlichem Schutzstandard begrenzte Kollisionsregel, die über das Herkunftslandprinzip anknüpft, bringt keine zufrieden stellende Lösung: Ein derart gespaltenes Kollisionsrecht würde mehr Probleme aufwerfen, als es beseitigt. Das Kollisionsrecht würde nicht nur deutlich unübersichtlicher, sondern es müsste darüber hinaus eine Meta-Kollisionsnorm gefunden werden, die – praktikabel! – festlegt, wann die EU-Anknüpfung und wann die weltweite Norm zur Anwendung kommt. Ziel jeder Anknüpfungsnorm muss immer auch sein, das anwendbare Recht so einfach wie möglich bestimmbar, d.h. so vorhersehbar wie möglich zu machen. Dem steht ein gespaltenes Kollisionsrecht diametral entgegen. 54

Eine Anknüpfung an das Recht des Herkunftslandes des Anbieters kann jedoch auch dem Grundgedanken nach nicht überzeugen: Sie birgt das offensichtliche **Risiko**, dass sich Internetverwerter urheberrechtlich geschützter Werke **in free havens zurückziehen** und die Werke von dort aus ins Netz stellen[134]. Mag die Wahrscheinlichkeit einer solchen Sitzverlagerung noch bei Fernsehstationen[135] durchaus zweifelhaft sein, so ist sie in der virtuellen Welt ohne größeren technischen und logistischen Aufwand möglich. Vor allem aber bevorzugt eine derartige Anknüpfung einseitig die Verwerterinteressen gegenüber denen des Urhebers. Schließlich steht am Anfang jeder Regelung des Urheberrechts nicht so sehr der Gedanke, eine möglichst unproblematische Verwertung eines Werkes durch Dritte zu ermöglichen, sondern den Urheber in seinen Rechten wirksam zu schützen und so weit wie mög- 55

[131] Richtlinie 93/83/EWG des Rates vom 27. 9. 1993 zur Koordinierung bestimmter urheber- und leistungsschutzrechtlicher Vorschriften betreffend Satellitenrundfunk und Kabelweiterverbreitung, ABl. EG Nr. L 248/15.

[132] Dafür *Köster* in *Götting,* S. 153 (168); krit. *A.Nordemann/Goddar/Tönhard/Czychowski,* CR 1996, 645, 652. – Die E-Commerce-Richtlinie, die das Herkunftslandprinzip festschreibt, regelt keine urheberrechtlichen Fragen und hat hier also keine Relevanz; näher unten Rdnr. 141ff.

[133] Ebenso *Schack,* MMR 2000, 59 (63); auch *Köster* in *Götting*, S. 153 (168).

[134] *Schack,* MMR 2000, 59 (63); *Köhler/Arndt,* Rdnr. 354; *Thum* in: *Bartsch/Lutterbeck,* S. 117 (137).

[135] In Umsetzung der Satellitenrichtlinie versucht § 20a II UrhG allerdings, derartige Umgehungen auszuschließen, indem bei Sendung aus einem Staat außerhalb der EU, der nicht deren Schutzstandard einhält, eine Sendung aus einem EU-Mitgliedstaat fingiert wird.

lich sicherzustellen, dass der Urheber eines Werkes auch den wirtschaftlichen Nutzen daraus ziehen kann. Bei einer Anknüpfung urheberrechtlicher Verwertungshandlungen im Internet an das Anbieterland aber würde man diesen Schutz des Urhebers zumindest ernsthaft gefährden. Der Anbieter könnte steuern, wieviel Urheberrecht er dem Urheber überhaupt zugestehen will. Dies kann nicht gewollt sein. Dementsprechend wird auch in der urheberrechtlichen Literatur zum Internet – soweit ersichtlich – das Anbieterland als Anknüpfungspunkt heute nahezu einhellig abgelehnt[136].

2. Anknüpfung an das Recht am Serverstandort?

56 Zu Recht wird **heute** auch eine Anknüpfung an das Recht des Serverstandortes **mehr und mehr verneint**[137]. Denn abgesehen davon, dass dieser in der Regel für Außenstehende nicht erkennbar und häufig bereits nach wenigen Monaten nicht einmal mehr nachweisbar ist, ist die Wahl des Serverstandortes bzw. eines bestimmten Servers in erster Linie von technisch-logistischen Gegebenheiten abhängig, die keinerlei Bezug zur eigentlich anzuknüpfenden Urheberrechtsfrage haben. Im Übrigen werden Inhalte im Internet in zunehmenden Maße aus Kapazitätsgründen nicht mehr nur über einen einzigen, sondern über mehrere Server gleichzeitig zum Abruf bereit gehalten. Das Ziel der Anknüpfung an den Serverstandort, möglichst ein einziges, leicht zu bestimmendes Recht auf internationale Urheberrechtssachverhalte im Internet anwenden zu können, wird dann gerade nicht erreicht. Eine Anwendung der einzelnen Serverrechtsordnungen nebeneinander je nachdem, welches Land von welchem Server „bedient" worden ist, bringt gegenüber den anderen Anknüpfungsregeln keinerlei Vorteil. Schließlich würde eine Anknüpfung an den Serverstandort auch noch stärker als die an die Rechtsordnung, in der der Anbieter oder Verwerter seinen Sitz hat, ein Aufstellen der Server in Urheberrechtsoasen begünstigen. Auch die Anknüpfung an das Recht am Serverstandort ist somit keine geeignete Lösung.

3. Recht des Ursprungslandes?

57 Denkbar ist schließlich auch, alle urheberrechtlich relevanten Sachverhalte im Internet dem Recht des Ursprungslandes des betreffenden Werkes zu unterstellen[138]. Dies hätte wiederum den Vorteil, dass gegenüber der Vielzahl der möglichen Schutzländer ein **einziges Recht alle mit der Verwertung eines bestimmten Werkes im Internet zusammenhängenden Fragen** regeln würde. Auch hat der Urheber regelmäßig zum Ursprungsland des Werkes – generell verstanden als das Recht der Erstveröffentlichung, bei nicht veröffentlichten Werken das des Urhebers selbst[139] – eine so enge Beziehung, dass ein eventuell dort nicht oder nur rudimentär bestehender Schutz noch hinnehmbar sein könnte. Außerdem hat der Urheber jeden-

---

[136] Z.B. *Sack,* WRP 2000, 269 (282f.). Dies war in den Anfängen der Diskussion um Urheberrecht im Internet noch anders.

[137] Z.B. *Thum,* in: *Bartsch/Lutterbeck,* S. 117 (136ff.); *Schack,* MMR 2000, 59 (63); a.A. *Dieselhorst,* ZUM 1998, 293 (299); *Köhler/Arndt,* Rdnr. 357; *Bechtold,* GRUR 1998, 18 (23); wohl auch *Hoeren/Sieber/Hoeren,* Teil 7.10, Rdnr. 50.

[138] Dafür *Intveen,* Internationales Urheberrecht und Internet – Zur Frage des anzuwendenden Urheberrechts bei grenzüberschreitenden Datenübertragungen.

[139] *Schack,* MMR 2000, 59 (64 m.w.N.)

falls in Grenzen die Möglichkeit, auf das Ursprungsland Einfluss zu nehmen, indem er das Werk in diesem oder in jenem Land zuerst veröffentlicht. Im obigen Beispiel könnten die *Buster-Keaton*-Filme bei Anwendung dieser Anknüpfungsregel im Internet vermarktet werden, weil dies in den USA als ihrem Ursprungsland zulässig ist.

In der Praxis dürfte diese Anknüpfung allerdings Probleme bereiten: Dem Verwerter bzw. dem Nutzer eines urheberrechtlichen geschützten Werkes im Internet müsste man zumuten, das Ursprungsland und die dort geltenden Urheberrechtsbestimmungen zu recherchieren. Bereits die Recherche wird häufig kaum möglich sein. Die mit einer Anknüpfung an das Ursprungsland verbundene **Rechtsunsicherheit** wäre immens[140]. Schwierig wird die Anknüpfung auch, wenn der Schutz erstmals im Internet veröffentlichter Werke im Raume steht[141]. Ein Ursprungsland in diesem Sinne hätten diese Werke ja nicht. Man müsste dann also an das Herkunftsland des Urhebers anknüpfen, das aber seinerseits möglicherweise eine Veröffentlichung im Internet nicht vorsieht. Problematisch ist speziell im Internet auch, dass die im Internet verwerteten Werke nicht von einem einzigen Urheber zu stammen brauchen; insbesondere bei Multimedia-Werken ist in der Praxis eine internationale Zusammenarbeit direkt über das Internet durchaus üblich geworden. Problematisch wäre in diesen Fällen schließlich, dass bei Werken, die ein anderes geschütztes Werk im Sinne einer unfreien Bearbeitung verwenden – wie zum Beispiel die einen Roman vertonende Oper, deren Libretto darüber hinaus weite Passagen des Textes des zugrundeliegenden Romans wortwörtlich aufgreift –, der Text der Oper und ihre Musik, wenn sie in unterschiedlichen Ländern zuerst veröffentlicht worden sind, mit dem Ursprungslandprinzip unterschiedlichen Rechten unterstehen würden. Dies alles macht eine Anknüpfung an das Ursprungsland wenig hilfreich. 58

Die Anknüpfung von **Teilfragen** des Urheberrechts (Entstehen und erste Inhaberschaft) wird auch für das Internet vertreten[142], ist jedoch hier aus parallelen Gründen wie im allgemeinen Urheberkollisionsrecht abzulehnen[143]. 59

Denkbar ist jedoch auch, nicht auf das Ursprungsland des verwerteten Werkes, sondern auf das **Ursprungsland der Verletzungshandlung** zurückzugreifen (sog. *root-copy-approach* oder *initiation theory*). Dies wird teilweise von US-amerikanischen Gerichten vertreten[144], funktioniert allerdings natürlich nur wirklich, wenn es tatsächlich eine erste unzulässige Handlung außerhalb des Internet gibt und diese nicht erst in der Zugänglichmachung im Internet liegt. In letzterem Fall müsste man wohl auf den Ort zurückgreifen, an dem der urheberrechtsverletzende Inhalt in das Internet eingespeist worden ist; man wäre faktisch wieder beim Recht des Anbieters, was zu den oben beschriebenen misslichen Konsequenzen führen würde. 60

Insgesamt kommt eine Anknüpfung an das Recht des Ursprungslandes auch im Internet nicht in Betracht. 61

---

[140] *Thum* in: *Bartsch/Lutterbeck*, S. 117 (138); *Hoeren/Sieber/Hoeren*, Teil 7.10, Rdnr. 34.

[141] Dazu *Thum*, GRUR Int. 2001, 9 (11 ff.); *Hoeren/Sieber/Hoeren*, Teil 7.10, Rdnr. 42 ff.

[142] *Schack*, MMR 2000, 59 (63 f.).

[143] Rdnr. 47 ff.

[144] *Los Angeles News Service v. Reuters Television International*, 149 F. 3d 987 (9th Cir. 1998); zit. bei *Ginsburg*, Study, Seite 36 f, http://www.wipo.int/eng/meetings/1998/gcpic/index.htm [abgerufen am 5. 12. 2001].

4. Anwendung des Rechts der engsten Verbindung?

62 *Ginsburg* schlägt vor, über eine **Kombination mehrerer Anknüpfungspunkte** das Recht der engsten Verbindung zu ermitteln[145]. Ein beträchtlicher Teil der Schwierigkeiten bei den Versuchen, eine zufrieden stellende Anknüpfungsregel für Internetsachverhalte zu finden, beruhen nach Ansicht von *Ginsburg* darauf, dass man immer zu einem einzigen maßgeblichen Anknüpfungspunkt gelangen wolle. Eine Kombination mehrerer Anknüpfungspunkten könne jedoch deutlich besser die Vorteile der einzelnen Anknüpfungspunkte in sich zusammenfassen und gleichzeitig die jeweiligen Nachteile ausschließen. *Ginsburg* schlägt daher folgende Regelung vor: In erster Linie wird auf eine (behauptete) Urheberrechtsverletzung insgesamt das Recht des Landes angewendet, indem sich der das Material speichernde Server befindet, wenn das Urheberrecht dieses Staats den Standard von RBÜ und WUA einhält. Sieht das so berufene Recht keinen hinreichenden Schutz vor, soll auf die Urheberrechtsverletzung insgesamt das Recht des Landes, in dem der Betreiber der betreffenden Website seinen gewöhnlichen Aufenthalt oder seine Hauptniederlassung hat, angewendet werden, wiederum unter der Voraussetzung, dass das Recht dieses Landes den Standard von RBÜ und WUA einhält. Schützt auch dieses Recht nur unzureichend und ist der Forumstaat Mitglied der RBÜ, der WTO oder des WUA, so regelt die materiellrechtliche *lex fori* den Verletzungsvorgang im Internet insgesamt. Die Parteien sollen aber nachweisen können, dass in einzelnen Staaten, in denen die Verletzungshandlung angeblich stattfand, das nationale Recht aus Sicht des Urhebers besseren oder schlechteren Schutz als das des Forums gewährt.

63 Eine ähnliche **Mehrfachanknüpfung** schlägt *Ginsburg* gemeinsam mit *Dessemontet*[146] vor: Angeknüpft werden soll zunächst an das materielle Recht des Landes, indem der durch die behauptete Urheberrechtsverletzung verursachte Schaden eintritt. Dies soll in der Regel das Land sein, in dem der Verletzte seinen gewöhnlichen Aufenthalt oder seinen Geschäftssitz hat[147]. Diese Anknüpfung soll allerdings dann nicht greifen, wenn der Eintritt des Schadens am eben bestimmten Ort für den Verursacher des Schadens nicht vorhersehbar war, etwa weil mehrere Personen geschädigt wurden, die jeweils in unterschiedlichen Ländern ansässig sind. In diesem Fall soll an das Recht des Ausstrahlungslandes angeknüpft werden. Kann keiner der eben beschriebenen Anknüpfungspunkte festgestellt werden, soll das Recht des Aufenthalts- bzw. Hauptniederlassungslandes des Beklagten angewendet werden.

64 Auch diese Anknüpfung ist jedoch nicht wirklich und dann nicht mit zufrieden stellenden Ergebnissen praktikabel[148]. Der primäre Anknüpfungspunkt des Vorschlags, der Ort des Schadenseintritts, ist nach richtiger und im Übrigen nahezu einhelliger Auffassung im deutschen internationalen Privatrecht für die Anknüpfung der allgemeinen Deliktshaftung **ungeeignet**. Denn dieser Ort ist mehr oder weniger zufällig – man denke nur an die möglichen Folgeschäden einer Körperverletzung – und deshalb für den Haftenden häufig mit völlig unvorhersehbaren Folgen verbun-

---

145 Study S. 45; eingehend *Thum,* GRUR Int. 2001, 9 (11) (17 f.).
146 Anhang zu *Dessemontet,* SJZ 92 (1996), 285, 293 f.
147 Ähnlich *Dessemontet,* J. Int.Arb. 18 (2001), 487 (507).
148 *Thum* in: *Bartsch/Lutterbeck,* S. 117 (140 ff.).

den. Gerade diese Folgen wollen aber auch *Ginsburg/Dessemontet* vermeiden, indem sie bei **Unvorhersehbarkeit** des Schadensortes auf das Ausstrahlungsland abstellen. Dieses ist aber wiederum für den Geschädigten nicht vorhersehbar; auch kann er kaum einschätzen, ob und in welchen Fällen der Ort des Schadenseintritts für den Verletzer unvorhersehbar ist. Der Vorschlag würde also einem Grundbedürfnis des Kollisionsrechts in der Praxis, ein möglichst vorhersehbares Recht zur Anwendung zu berufen, zuwiderlaufen, weil das anwendbare Recht kaum im Vorfeld bestimmt werden könnte. Zu Recht weist schließlich *Thum*[149] darauf hin, dass die Anknüpfung an den Ort des Schadenseintritts für alle Ansprüche, die – wie zum Beispiel Unterlassungsansprüche, die in der Praxis des Immaterialgüterrechtsschutzes eines sehr große Rolle spielen – keinen wirklich entstandenen Schaden voraussetzen, keine Lösung ermöglicht. Auch dieser Lösungsansatz ist somit abzulehnen.

5. Anknüpfung an den Eingriffsort?

65 Einige wollen für jede urheberrechtliche Verwertungshandlung den Vornahmeort gesondert bestimmen, um dann u. U. an das an diesem Ort geltende Recht anzuknüpfen[150]. Dies läuft im Ergebnis auf eine **Anwendung der Tatortregel** hinaus: Zuerst wird der Eingriffsort bestimmt, dann erst wird auf der Grundlage des am Eingriffsort geltenden Urheberrechts geprüft, ob dieses Recht Schutz gewährt, also eine *lex loci protectionis* im eigentlichen Sinne sein kann. So soll beim Zurverfügungstellen, d. h. wohl beim Zugänglichmachen im Internet der Ort der Verwertungshandlung am Standort des Servers sein, wo das Werk geladen worden ist (uploading)[151]. Sowohl für das Browsen als auch für das dauerhafte Herunterladen sollen Verwertungshandlungen sowohl im Heraufladen auf den Server als auch im Abruf durch den Nutzer stattfinden, die an beiden Orten geltenden Rechtsordnungen also anwendbar sein[152].

66 Dieser Lösungsansatz ist m. E. bereits aus einer grundsätzlichen Erwägung heraus abzulehnen: Die Tatortregel des allgemeinen internationalen Deliktsrechts geht davon aus, dass Schutz – z. B. gegen Körperverletzungen – grundsätzlich besteht, und legt über den Handlungs- bzw. den Erfolgsort lediglich das geografisch am besten geeignete Recht fest. Sie geht davon aus, dass das Tatort- zugleich ein Schutzland ist; nur auf Ersteren kommt es somit an. Das Immaterialgüterrecht wird hingegen geprägt durch den Territorialitätsgrundsatz: Das Urheberrecht kann nur für jedes einzelne Land und beschränkt auf dieses bestehen. Jedes Land entscheidet eigenständig und jeweils neu, ob es ein Urheberrecht gewährt oder nicht. In ein Urheberrecht kann deshalb nur dort eingegriffen werden, wo das Urheberrecht besteht, also entsprechender Schutz gewährt wird. Ein **Tatort** kann also **nur in einem Schutzland** liegen: Die Bestimmung des Schutzlandes liegt notwendig vor der eines möglichen

149 *Thum* in: *Bartsch/Lutterbeck*, S. 117 (142).

150 Z. B. *Dieselhorst*, ZUM 1998, 293 (298 ff.); *Köhler/Arndt*, Rdnr. 357; etwas anders *Thum* in; *Bartsch/Lutterbeck*, S. 117 (130 ff.); vgl. auch *Hoeren/Sieber/Hoeren*, Teil 7.10, Rdnr. 11 ff.; *Sack*, WRP 2000, 269 (277).

151 *Dieselhorst*, ZUM 1998, 293 (299).

152 *Dieselhorst*, ZUM 1998, 293 (300); *Köhler/Arndt*, Rdnr. 357; vgl. auch *Mankowski*, RabelsZ 63 (1999), 203 (292).

Tatortes[153]. Die Tatortregel hat somit als solche keinen Platz im internationalen Urheberrecht[154]. Auch dieser Anknüpfungsvorschlag führt mithin nicht weiter.

6. Anwendung der *lex fori*?

67 In Betracht kommt auch die schlichte Anwendung der *lex fori*, des Rechts des angerufenen Gerichts[155]. Die Vereinfachung wäre ganz erheblich: Man könnte auf den gesamten Sachverhalt ein einheitliches Recht anwenden, und das Gericht müsste sich nur mit seiner eigenen, ihm vertrauten Rechtsordnung auseinandersetzen. Allerdings wären die **Manipulationsmöglichkeiten** *(forum shopping)* groß[156]. Will man dieses Risiko ausschließen, muss man die Zuständigkeit des Gerichts nur unter einschränkenden Voraussetzungen, die zugleich einen Missbrauch ausschließen und eine gewisse Sachnähe des entscheidenden Gerichts sicherstellen, eröffnen. Dann aber verlagert man Fragen, die in das materielle Recht gehören, weil sie dort ihren Ursprung haben, nur in die Zuständigkeitsprüfung, ohne die Lage wirklich zu vereinfachen. Auch auf die *lex fori* kann daher nicht ausgewichen werden.

7. Einschränkende Anwendung der *lex loci protectionis*

68 Eine wirkliche Alternative zur Schutzlandanknüpfung bieten die dargestellten Lösungsvorschläge nicht. Dementsprechend geht die bisherige deutsche Rechtsprechung ebenso wie die wohl überwiegende Literatur weiterhin von der *lex loci protectionis* aus. Allerdings kann, wie oben gesehen, auch die undifferenzierte Anwendung des Schutzlandprinzips nicht zufrieden stellen. Die Anknüpfung an das Schutzlandrecht muss deshalb dahingehend einschränkend ausgelegt werden, dass ein **hinreichender Inlandsbezug** zur jeweiligen *lex loci protectionis* vorliegen muss[157]. Dieses grundsätzliche Erfordernis eines – wie auch immer im Einzelfall gearteten – Inlandsbezugs ist aus dem allgemeinen Kollisionsrecht bekannt[158]. Fraglich ist jedoch, wie dieser hinreichende Inlandsbezug bei Urheberrechtsverletzungen im weitesten Sinne aussehen kann.

a) Spürbarkeit?

69 Man könnte zunächst daran denken, parallel zum Wettbewerbskollisionsrecht[159] die *lex loci protectionis* nur dann anzuwenden, wenn die Rechtsverletzung im Inland spürbar ist. Allerdings ist dieses Kriterium genau betrachtet im Urheberrecht schon deshalb problematisch, weil das Urheberrecht die Spürbarkeit einer Rechtsverletzung nicht voraussetzt: Die Verletzung liegt entweder vor oder eben nicht; eine **Geringfügigkeitsgrenze**, die ja Grundgedanke der Spürbarkeit ist, kennt das deutsche Urheberrecht nicht. Darüber hinaus bestünde das Problem, dass für vorbeu-

---

[153] Dies schließt aber natürlich nicht aus, dass sowohl das Recht des Einspeisungsortes als auch das des Abrufs als Schutzlandrechte zur Anwendung kommen; der Anknüpfungsweg ist allerdings ein anderer.

[154] So ausdrücklich *BGH* NJW 1998, 1396 = GRUR Int. 1998, 427 (429) – Spielbankaffäre; ebenso *Palandt/Heldrich*, Art. 40 EGBGB, Rdnr. 13 m. w. N.

[155] *Hoeren/Sieber/Hoeren*, Teil 7.10, Rdnr. 40 f.

[156] *Hoeren/Sieber/Hoeren*, Teil 7.10, Rdnr. 41.

[157] Für das allgemeine Urheberkollisionsrecht *BGHZ* 126, (252, 254 f.) – Folgerechtsanspruch.

[158] Dort z. T. als „räumlich gerechte Zuordnung" verstanden; näher *MünchKomm/Sonnenberger*, Einl. EGBGB, Rdnr. 79 ff.

[159] Unten Rdnr. 128 ff.

gende Unterlassungsansprüche eine Rechtsverletzung noch gar nicht eingetreten zu sein braucht. Man würde dann den Urheber immer darauf verweisen müssen, die Rechtsverletzung erst einmal abzuwarten. Dies ist sicherlich alles andere als interessengerecht. Darüber hinaus müsste der Urheber, um die Spürbarkeit darlegen zu können, wohl zunächst einmal Auskunft von dem Verwerter beanspruchen können, wobei dieser Auskunftsanspruch wiederum wenigstens die Möglichkeit einer Rechtsverletzung voraussetzt. Dann bestünde aber das Problem, dass der Urheber Auskunft nach einem materiellen Recht verlangen muss, von dem diese Auskunft erst auf kollisionsrechtlicher Ebene, also sozusagen einen Schritt vorher, klären soll, ob das materielle Recht überhaupt anwendbar ist. Auch ist natürlich denkbar, dass in keinem betroffenen Land eine Spürbarkeit in diesem Sinne bejaht werden könnte; dann müsste ein Ausweichrecht gefunden werden. Die Spürbarkeit ist nach alledem kein geeignetes Kriterium zur Eingrenzung der Kollisionsregel der *lex loci protectionis*.

b) Negative Abgrenzung nach Ausrichtung der Webseite?

Stattdessen kann man auf die Ausrichtung der Webseite, die im Streit steht, abstellen. Dabei kommt zunächst eine negative Abgrenzung in Betracht: Das Recht des Schutzlandes wird grundsätzlich angewendet, wenn nicht ausnahmsweise die betreffende Webseite **erkennbar nicht auf das Schutzland abzielt.** Dies kann anhand verschiedener Indizien geprüft werden, z. B. Sprache, Währung, Kontaktadressen, nationale Top Level Domain, allgemeine Darstellungsformen, Art der Werbung und der angebotenen Produkte, Tätigkeitsbereich des Anbieters, Nutzer bzw. Abnehmer im Schutzland, Möglichkeit der Versendung bzw. Übermittlung der Produkte, (eingehaltene) Disclaimer u. ä. 70

Die Einschränkung der Anwendung der *lex loci protectionis* soll vor allem dazu führen, für den Verwerter wenigstens ein gewisses Maß an **Vorhersehbarkeit** zu schaffen, indem die Zahl der in Betracht kommenden Rechtsordnungen vernünftig beschränkt und anhand objektiver Kriterien im Voraus bestimmbar wird. Eine negative Abgrenzung kann dies kaum leisten: Der Anbieter müsste, um sicherzugehen, für jedes Land, dessen Rechtsordnung er ausschließen will, dies auf seiner Webseite entsprechend offensichtlich zum Ausdruck bringen. Ob dies überhaupt praktikabel ist, erscheint sehr fraglich. Die negative Abgrenzung wird deshalb wohl nur in einer Minderheit der Fälle weiterhelfen, das Recht des Schutzlandes weiterhin in einer großen Zahl der Fälle zur Anwendung kommen, ohne dass ein enger Bezug zum Schutzland gegeben wäre. In diesen Fällen müsste dann wiederum auf materiellrechtlicher Ebene ein Ausgleich gefunden werden. Dies stellt kaum zufrieden. Im Übrigen ist auch nicht recht einzusehen, weshalb die *lex loci protectionis* angewendet werden sollte, wenn der Bezug zu ihr nur darin besteht, dass jedenfalls sein eindeutiges Fehlen nicht dargelegt werden kann: Das Interesse des verletzten Urhebers an einem Verbot gerade nach dem Recht dieses Landes muss dann vergleichsweise gering wiegen. 71

Eine negative Abgrenzung scheint nach alledem nicht geeignet, die Anwendung des Schutzlandrechts sinnvoll einzugrenzen. 72

c) Positive Abgrenzung

Statt dessen sollte die Kollisionsregel positiv – nur bei **erkennbarer Ausrichtung der Seite auf das Schutzland** wird eine ausreichende Inlandsbeziehung angenommen – eingeschränkt werden. Für die Beurteilung können insofern die 73 oben[160] genannten **Kriterien**[161] wie Sprache, Präsentation, Kontaktadressen, beworbene Produkte, Art der Top Level Domain, Tätigkeitsbereich des Anbieters, Nutzer oder Geschäftskontakte im Inland usw. herangezogen werden. Diese Indizien werden in der Regel nicht für sich genommen[162], sondern nur in der Zusammenschau die Ausrichtung der Site auf ein bestimmtes Land ergeben; ihre Gewichtung muss deshalb jeweils im Einzelfall erfolgen. Hat der Anbieter Werbebanner auf anderen Seiten plaziert oder Links dorthin gelegt, so partizipiert er an der Ausrichtung der fremden Seite. Zwar wird die Zielgerichtetheit auf ein konkretes Land mitunter nicht zufrieden stellend dargelegt werden können. Wenn aber keines der genannten – und weiterer denkbarer – Indizien auf das Schutzland verweist, besteht kein Grund, das Recht dieses Landes anzuwenden. Eine echte Urheberrechtsverletzung liegt dann dort nicht vor; die positive Abgrenzung schränkt also auch den Urheberrechtsschutz nicht über Gebühr ein. Eine sinnvolle positive Eingrenzung liegt schließlich auch im Interesse des verletzten Urhebers: Denn je seltener das Schutzlandrecht sich einen aus Sicht der übrigen Staaten übergroßen Anwendungsbereich zugesteht, umso eher wird die ergangene Entscheidung auch im Ausland anerkennungs- und damit vollstreckungsfähig sein. Nur über das Erfordernis eines positiv erkennbaren Inlandsbezuges kann die Kollisionsregel der *lex loci protectionis* nach alledem sinnvoll, nämlich auf die Fälle, in denen ein anzuerkennendes Rechtsanwendungsinteresse des Schutzlandes besteht, beschränkt werden.

74 Mit Hilfe der Voraussetzung des erkennbaren Inlandsbezuges werden sich viele der in der **Praxis** auftretenden **Konfliktfälle** insgesamt lösen lassen. Darf z.B. ein Verwerter ein literarisches Werk nur in einem bestimmten Land verwerten, gerät er im Internet möglicherweise in Konflikt mit anderen rechtmäßigen Verwertern. Es macht sicherlich keinen Sinn, die Verwertung im Internet jeweils ganz zu versagen, weil in einem dritten Schutzland für den Verwerter keine Rechte bestehen. Dann wäre auch vertraglich nur noch eine weltweite Nutzung im Internet sinnvoll zu vereinbaren; hat der Urheber Nutzungsrechte für die reale Welt immer nur für jeweils ein Land oder einen Sprachraum eingeräumt, wäre er gezwungen, die Internet-Nutzung gesondert zu vergeben. Eine Koexistenz ist in der Praxis dann möglich, wenn die Verwerter jeweils darauf achten, ihre Webseiten nur auf den eigenen geographischen Nutzungsraum auszurichten. Um ganz sicherzugehen, kann der national beschränkte Verwerter seine Seite schließlich so einrichten, dass das betreffende Werk nur über ein Passwortsystem zugänglich ist und Passwörter nur an Besucher aus den Ländern vergeben werden, für die er die Nutzungsrechte besitzt[163]. Sofern das System nicht ohne weiteres umgangen werden kann und von dem jeweiligen Verwerter konsequent angewendet wird, wird dies in der Regel die Zielgerichtetheit bereits auf der kollisionsrechtlichen Ebene ausschließen und so von dem betreffenden Nutzungsrechtsraum abweichende Schutzländer von der Anwendung ausschließen. In diesen Fällen ist es m.E. für die Verwerter hinnehmbar, die parallele Verwertung durch den jeweils anderen zu dulden.

---

[160] Rdnr. 31.

[161] Checkliste Rdnr. 238.

[162] Mit Ausnahme der nationalen Top Level Domains, bei denen wohl nur ganz ausnahmsweise einmal die Ausrichtung auf den Domain-Staat verneint werden kann.

[163] So *District Court of New York*, 39 USPQ 2d 1746 (SDNY 1996) – Playboy Enterprises v. Chuckleberry Publishing Inc.

C. Kollisionsrecht der Marken und Kennzeichen

I. Einführung

Ein deutscher Jeans-Hersteller vertreibt seine Produkte in Deutschland, Österreich und Teilen der Schweiz unter der deutschen Marke TEX, eingetragen unter anderem in Klasse 8 für Damen-, Herren- und Kinderoberbekleidung, insbesondere aus Jeansstoffen. Auch im Internet wirbt er unter der Domain tex.de für seine Produkte; zwar kann man dort die Ware nicht direkt bestellen, es wird aber eine Kontaktadresse in Deutschland mit E-Mail angegeben. Die Website ist im Wesentlichen in deutscher Sprache gehalten. Nur ein Hinweis „Producer of Top Quality Jeans Garments" und der Hinweis auf die (deutschen) Kontaktadressen sind auch in englischer Sprache vorhanden. Zufällig stößt der Jeans-Produzent beim Surfen im Internet auf die Site Fr.com, unter der die französische Supermarktkette Fr unter anderem Bekleidung anbietet. Die Site kann wahlweise auf französisch und auf englisch abgerufen werden. Dabei wird die französischsprachige Site auf die Domain Fr.fr umgeleitet, die ebenfalls von Fr betrieben wird. Bestellmöglichkeiten gibt es weder in dem französischsprachigen noch im englischsprachigen Auftritt. Unter der Bezeichnung TEX vertreibt Fr frankreichweit und in einigen ausgewählten Auslandssupermärkten, nicht jedoch in der Bundesrepublik, Bekleidung. TEX ist in Frankreich zugunsten von Fr als Marke unter anderem für Damen-, Herren- und Kinderoberbekleidung eingetragen. 75

Auch das Marken- und Kennzeichenrecht wird durch den Grundgedanken, dass Inhalt und Schutz der **Immaterialgüterrechte notwendig territorial begrenzt** sind, geprägt. Parallel hierzu wird das auf Marken- und Kennzeichenstreitigkeiten im weitesten Sinne anwendbare Recht in Deutschland wie auch in weiten Teilen der übrigen Welt bereits seit Jahrzehnten[164] dem **Recht des Schutzlandes,** d.h. des Staates, für dessen Gebiet Schutz beansprucht wird, unterstellt. Wiederum bereitet die Anknüpfung internationaler Kennzeichenkonflikte im Internet Schwierigkeiten. Zum einen ist die – durch das klassische Kollisionsrecht aber vorausgesetzte – Lokalisierung von Handlungen im Internet problematisch. Zum anderen muss die Bestimmung des anwendbaren Rechts den Grundkonflikt des internationalen Immaterialgüterrechts im Internet auflösen: Das angesichts der Territorialität der Schutzrechte auf der einen und der weltweiten Abrufbarkeit des Internet auf der anderen Seite immer gleichzeitig rechtmäßige und unrechtmäßige Verwenden von Marken und Kennzeichen. 76

II. Marken- und Kennzeichenkollisionsrecht außerhalb des Internet

Marken- und Kennzeichensachen im weitesten Sinne werden ebenso wie die übrigen Immaterialgüterrechte nach in Deutschland allgemeiner Ansicht dem **Schutzlandrecht** (*lex loci protectionis*) unterstellt[165]. Territorialitäts- und Schutzlandprinzip kommen auch in den einschlägigen internationalen Abkommen zum Ausdruck. 77

---

[164] In der deutschen Rechtsprechung wohl seit dem Urteil des *Reichsgerichts* vom 20. September 1927, RGZ 118, 76 (81) – Hengstenberg.

[165] Auch weltweit wird vielfach an das Schutzlandrecht angeknüpft, z.B. § 34 österr. IPRG, Art. 110 Abs. 1 schweiz. IPRG, Art. X italienisches IPR-Gesetz.

Das Schutzlandrecht bestimmt dabei grundsätzlich über alle mit der Marke oder dem Kennzeichen zusammenhängenden Fragen.

1. Internationale Abkommen und europäisches Recht[166]

78 Die im Bereich des Marken- und Kennzeichenrechts wichtigsten internationalen Übereinkommen, die Pariser Verbandsübereinkunft (PVÜ), das TRIPS-Übereinkommen und das Madrider Markenabkommen mit seinem Protokoll enthalten ebenso wie die Gemeinschaftsmarkenverordnung (GMV) im Wesentlichen **materiellrechtliche Vorschriften,** die vor allem die Voraussetzungen, unter denen auf der Grundlage einer Marke aus einem Verbandsstaat in anderen Verbandsstaaten eine Eintragung beansprucht werden kann, betreffen. Die Gemeinschaftsmarkenverordnung regelt die Eintragung einer einzigen, gemeinschaftsweit gültigen Marke beim Harmonisierungsamt für den Binnenmarkt (Marken, Muster und Modelle; kurz HABM) in Alicante.

a) Internationale Verträge

79 Die **Pariser Verbandsübereinkunft** zum Schutz des gewerblichen Eigentums vom 20. 3. 1883 (PVÜ)[167] gilt für alle gewerblichen Schutzrechte (Patente, Gebrauchsmuster, Muster, Modelle, Marken, Handelsnamen und Herkunftsangaben, ausgenommen Sortenschutzrechte). Wesentlicher Inhalt ist der **Inländerbehandlungsgrundsatz** (Art. 2, 3 PVÜ). Daneben legt die PVÜ vor allem fremdenrechtliche materielle **Mindestschutzrechte** und die so genannte **Unionspriorität** (Art. 4)[168] fest. Artikel 6 Abs. 1 PVÜ bestimmt, dass die Bedingungen für die Hinterlegung und Eintragung von Marken in jedem Verbandsstaat durch dessen innerstaatliche Normen geregelt werden, wobei die Schutzgewährung in einem Mitgliedsstaat in der Regel von einem Schutz im Ursprungsland unabhängig ist (Art. 6 Abs. 1 i. V. m. Abs. 2 und 3 PVÜ). Art. 6 PVÜ setzt damit ebenso wie Art. 2 und 3 PVÜ (Inländerbehandlungsgrundsatz) die Geltung des Territorialitätsprinzips zumindest voraus. Ob die Norm über ihren sach- und fremdenrechtlichen Gehalt hinaus auch einen kollisionsrechtlichen Verweis auf das Schutzland enthält, ist streitig[169]. Da aber jedenfalls das deutsche autonome Kennzeichenkollisionsrecht ebenso wie das vieler anderer Mitgliedsstaaten an das Schutzlandrecht anknüpft, wird dieser Streit nur dann erheblich, wenn man etwa im deutschen autonomen Kollisionsrecht vom Schutzlandprinzip abweichen wollte. Hat Art. 6 PVÜ kollisionsrechtlichen Inhalt, wäre Deutschland als Verbandsstaat an diesen Inhalt gebunden und könnte deshalb ohne Revision der Konvention keine andere Anknüpfung praktizieren.

80 Das **TRIPS-Übereinkommen**, das alle Immaterialgüterrechte, gewerblichen Schutzrechte, Topographien und geographische Herkunftsangaben betrifft, enthält abgesehen von dem Inländerbehandlungsgrundsatz (Art. 3 TRIPS) keine kollisionsrecht-

---

[166] Tabellarischer Überblick bei *Holeweg,* GRUR int. 2001, 141 (157ff.); *Ingerl/Rohnke,* Einl., Rdnr. 15ff.

[167] In der Fassung vom 14. 7. 1967 (Stockholmer Fassung), BGBl. 1970 II Seite 293 (391, 1073). Zum aktuellen Beitrittsstand GRUR Int. 2001, 572f.; näher dazu *MünchKomm/Kreuzer,* Nach Art. 38 Anh. II, Rdnr. 35f., 50 a.

[168] Danach kann sich der Angehörige eines Verbandsstaates auf die Priorität seiner Erst- oder Heimatanmeldung berufen, wenn er die Anmeldung in einem anderen Verbandsstaat binnen einer bestimmten Frist vornimmt.

[169] Vgl. die Nachweise bei *MünchKomm/Kreuzer,* Nach Art. 38 Anh. II, Rdnr. 3.

lichen Regelungen[170]. Es formuliert in Art. 22 ff. einige Sonderregeln für geographische Herkunftsangaben. Das **Madrider Markenabkommen** vom 14. 4. 1891 über die internationale Registrierung von Fabrik- oder Handelsmarken (MMA)[171] normiert ebenfalls ausdrücklich keinerlei Anknüpfung. Allerdings setzt Art. 4 MMA, der ein „Markenbündel", d.h. in den einzelnen Registrierungsstaaten nebeneinander und grundsätzlich unabhängig voneinander bestehende Markenrechte vorsieht, die Geltung des Territorialitätsprinzips voraus. Das **Protokoll zum Madrider Markenabkommen** vom 27. 6. 1989 (MMP)[172] soll in erster Linie weiteren Ländern und zwischenstaatlichen Organisationen das System der internationalen Markenregistrierung zugänglich machen; Kollisionsnormen enthält das Protokoll nicht. Zwischen MMA-Verbandsstaaten ist ausschließlich dieses, nicht das MMP anwendbar[173]. Das Madrider Herkunftsabkommen[174] (MHA) geht ebenfalls im Grundsatz vom Schutzland- als Herkunftsangabenstatut aus; allerdings sieht Art. 4 MHA die Anwendung des Rechts des Ursprungslandes für Weinbauerzeugnisse vor.

b) Die Gemeinschaftsmarkenverordnung (GMV) [175]

Die Gemeinschaftsmarkenverordnung schafft für das Gebiet der EU eine **einzige, einheitliche Gemeinschaftsmarke,** die autonom neben den nationalen Marken 81 steht[176]. Voraussetzungen und Schutzwirkung der Gemeinschaftsmarke werden abschließend in der GMV geregelt, Art. 14 Abs. 1 S. 1 GMV. Allerdings enthält die GMV keine einheitlich abschließende Regelung im Hinblick auf Voraussetzungen und Folgen einer Verletzung der Gemeinschaftsmarke; auch Sanktionen sind – bis auf ein Unterlassungsgebot in Art. 9 i.V.m. Art. 98 Abs. 1 Satz 1 GMV – nicht vorgesehen, sondern die GMV verweist insofern auf das jeweilige nationale Recht. Hier enthält die GMV **Kollisionsnormen**[177]: So bestimmt Art. 14 Abs. 1 S. 2 GMV, die Verletzung einer Gemeinschaftsmarke unterliege dem für die Verletzung natio-

---

[170] Zum Streit um den kollisionsrechtlichen Gehalt des Inländerbehandlungsgrundsatzes siehe oben Rdnr. 41.

[171] In der Fassung vom 14. 7. 1967 (Stockholmer Fassung), BGBl. 1970 II S. 418; näher *MünchKomm/Kreuzer,* Nach Art. 38 Anh. II, Rdnr. 51. Das Madrider Markenabkommen ist eines der im Rahmen der PVÜ (Art. 19 PVÜ) vorgesehenen Sonderabkommen; neue Beitritte in GRUR Int. 2001, 572 f.

[172] Protokoll zum Madrider Markenabkommen vom 27. 6. 1989, BGBl. 1995 II, 1016; *MünchKomm/Kreuzer,* Nach Art. 38 Anh. II, Rdnr. 51 a.

[173] Kaum praktische Bedeutung erlangt hat der Trade Mark Registration Treaty vom 12. 6. 1973, der in Art. 12 Abs. 1 (i) eine begrenzte Verweisung auf das Recht des Erstregistrierungsstaates enthält, wenn einer international registrierten Marke in einem anderen Staat der Schutz verweigert werden soll. Das Abkommen ist jedoch nur zwischen Burkina Faso, Gabun, Kongo, Togo und der früheren UdSSR in Kraft getreten; näher *MünchKomm/Kreuzer,* Nach Art. 38 Anh. II, Rdnr. 52. Der Trade Mark Law Treaty vom 28. 10. 1994 soll lediglich das formelle Markenrecht zum Teil harmonisieren; auch er enthält keine kollisionsrechtlichen Vorschriften; näher *MünchKomm/Kreuzer,* Nach Art. 38 Anh. II, Rdnr. 52.

[174] Abkommen vom 14. 4. 1891 über die Unterdrückung falscher oder irreführender Herkunftsangaben, i.d.F. v. Lissabon vom 31. 10. 1958, BGBl. 1961 II, S. 293; Stockholmer Fassung in BGBl. 1970 II, S. 444; näher *MünchKomm/Kreuzer,* Nach Art. 38 Anh. II, Rdnr. 66.

[175] Verordnung EG Nr. 40/94 des Rates vom 20. 12. 1993 über die Gemeinschaftsmarke, ABl. EG Nr. L 11/1; näher *MünchKomm/Kreuzer,* Nach Art. 38 Anh. II, Rdnr. 53; zu zweiseitigen Staatsverträgen auf diesem Gebiet ebenfalls *MünchKomm/Kreuzer,* Nach Art. 38 Anh. II, Rdnr. 67.

[176] Näher unten § 7 Rdnr. 62 ff.

[177] Ausführlich *Tilmann,* GRUR Int. 2001, 673 ff.

naler Marken geltenden Recht gem. Titel X (Art. 90ff.). Art. 97 GMV wiederum, der ausdrücklich mit „Anwendbares Recht" überschrieben ist, bestimmt, die Gemeinschaftsmarkengerichte wendeten zuvorderst die Vorschriften der GMV an. In allen Fragen aber, die die Verordnung nicht regelt, ist gem. Art. 97 Abs. 2 GMV die *lex fori* einschließlich des internationalen Privatrechts des Forums anwendbar. Artikel 98 Abs. 2 GMV ergänzt, auch im Hinblick auf die neben der Unterlassung weiteren Sanktionsmöglichkeiten, die die GMV nicht regelt, sei das Recht des Mitgliedsstaates einschließlich seines internationalen Privatrechts anwendbar, in dem die Verletzungshandlungen begangen worden sind oder drohen. Auch die GMV geht also grundsätzlich von der **Geltung des Schutzlandprinzips** aus. Nach Sinn und Zweck der GMV handelt es sich wohl um das Gemeinschaftssachrecht ergänzendes Kollisionsrecht, nicht hingegen um das mitgliedsstaatliche Kollisionsrecht harmonisierende Normen[178].

82 Weitere für das Marken- und Kennzeichenrecht relevante Kollisionsnormen finden sich im europäischen Gemeinschaftsrecht nicht. Insbesondere bewirkt auch die **E-Commerce-Richtlinie**[179] insofern keine Veränderung, da der Schutz der Immaterialgüterrechte ausdrücklich aus ihrem Anwendungsbereich ausgenommen ist (Art. 3 Abs. 3 i.V.m. Anhang der E-Commerce-Richtlinie[180]). Ob wegen einer Kennzeichenverletzung möglicherweise parallel aus Wettbewerbsrecht bestehende Ansprüche hingegen von der Richtlinie erfasst werden, wurde bislang – soweit ersichtlich – nicht diskutiert. Da die Richtlinie insofern nicht nach Anspruchsgrundlagen, etwa aus Wettbewerbs- oder aus Markenrecht, unterscheidet, sondern auf den Gegenstand des Schutzes – die gewerblichen Schutzrechte – abstellt[181], müssen auch diese Ansprüche aus dem Anwendungsbereich ausgenommen sein.

2. Autonomes Kollisionsrecht

83 Im autonomen deutschen Kollisionsrecht wird seit langem nahezu einhellig an das **Recht des Schutzlandes** angeknüpft, soweit immaterialgüterrechtliche Ansprüche betroffen sind[182]. In letzter Zeit wird aber in der Literatur zunehmend eine Auflockerung des Schutzlandprinzips gefordert. Umgekehrt vertreten andere eine stärkere Berücksichtigung von Auslandssachverhalten, d.h. eine gewisse Ausdehnung der Anwendbarkeit deutschen Rechts.

a) Das Schutzlandprinzip

84 Traditionell werden im deutschen internationalen Privatrecht marken- und kennzeichenrechtliche Fragen ebenso dem Recht des Schutzlandes unterstellt[183] wie der Schutz geografischer Herkunftsangaben[184]. Das Marken- und Kennzeichenstatut er-

---

178 *MünchKomm/ Kreuzer,* Nach Art. 38 EGBGB Anh. II, Rdnr. 53.

179 Richtlinie 2000/31/EG des Rates vom 8. 6. 2000 über bestimmte rechtliche Aspekte der Dienste der Informationsgesellschaft, insbesondere des elektronischen Geschäftsverkehrs im Binnenmarkt, Abl. EG Nr. L 178/1 ff. abgedruckt in NJW, Beilage zu 36/2000, S. 3 ff.

180 *Ahrens,* CR 2000, 835 (839).

181 Art. 3 Abs. 3 i.V.m. Anhang der RL.

182 Zur Anknüpfung möglicher wettbewerbsrechtlicher Ansprüche s. sogleich, Rdnr. 128 ff.

183 Statt aller *MünchKomm/Kreuzer,* Nach Art. 38 Anh. II, Rdnr. 7 ff.; *Bornkamm* in: *Bartsch/ Lutterbeck,* S. 99 (108); *Bettinger/Thum,* GRUR Int. 1999, 659 (670); krit. *Schack,* MMR 2000, 59 (62).

184 *MünchKomm/Kreuzer,* Nach Art. 38 Anh. II, Rdnr. 70; zu einem Domainstreit auf diesem Gebiet *OLG München,* ZUM-RD 2001, 564 ff. – champagner.de.

fasst alle Kennzeichnungen, die Waren oder Dienstleistungen eines Unternehmens, das Unternehmen selbst oder einzelne Werke individualisieren und so eine Zuordnung ermöglichen sollen[185] (**Qualifikation**). Der kollisionsrechtliche Begriff der Marke umfasst mithin auch Unternehmenskennzeichen[186] und Werktitel[187], soweit deren kennzeichenrechtlicher Schutz betroffen ist.

Auch im Marken- und Kennzeichenrecht beruht das Schutzlandprinzip auf dem 85
das gesamte Immaterialgüterrecht immer noch beherrschenden **Territorialitätsgrundsatz**[188]. Immaterialgüter sind nicht sichtbar; man kann sie nicht anfassen und mit sich von Land zu Land nehmen. Es besteht deshalb für die betroffenen Staaten auch keinerlei Notwendigkeit, ihre reale Existenz – wie etwa die einer beweglichen Sache – ohne weiteres zu akzeptieren. Vielmehr bedarf es dafür, dass ein Immaterialgut überhaupt existiert, notwendig seiner Anerkennung und Umsetzung durch das Recht. Das Immaterialgüterrecht ist deshalb zwingend an den territorialen Geltungsbereich der Rechtsordnung gebunden, die es als existierend anerkennt. In diesem Sinne muss jedes Immaterialgüterrecht tatsächlich hoheitlich und für jeden Staat einzeln verliehen werden, um zu existieren[189]. Dies bedeutet gleichzeitig, dass Tatsachen, die nicht innerhalb des verleihenden Territoriums auftreten, für Bestand, Schutz, Inhalt usw. des hiesigen Immaterialgüterrechts nur ausnahmsweise relevant sind. Diese Sichtweise war jedoch nicht immer selbstverständlich. Obgleich die bereits aus den Jahren 1883 bzw. 1889 stammenden großen internationalen Konventionen (PVÜ, MMA) das Territorialitätsprinzip bereits voraussetzen, erkannte das deutsche *Reichsgericht* die territoriale Begrenzung des Markenrechts erst in seiner *Hengstenberg*-Entscheidung[190] 1927 an. Bis dahin hatte die herrschende Auffassung das Marken- und Kennzeichenrecht für ein weltweit bestehendes, umfassendes Persönlichkeitsrecht gehalten (sog. **Universalitäts- oder Ursprungslandprinzip**[191]). Über das Universalitätsprinzip konnte vor allem problemlos deutsches Recht auch auf Benutzungs- und Verletzungshandlungen im Ausland Anwendung finden. Angesichts der Schwierigkeiten, die eine derartige Anknüpfung aufwirft[192] – vor allem mangelnde Erkennbarkeit von Kennzeichenrechten in jedem anderen als dem Ursprungsstaat, Rechtsunsicherheit – wird eine Anknüpfung von Kennzeichenrechten über das Universalitätsprinzip in der heutigen Literatur, soweit ersichtlich, nur noch für die Frage des Entstehens und der ersten Inhaberschaft vertreten[193].

Das Territorialitätsprinzip beschränkt die Wirkung des Marken- und Kennzei- 86
chenrechts zunächst einmal materiellrechtlich in räumlicher Hinsicht. Ein Markeninhaber besitzt kein weltweit gültiges, einheitliches Markenrecht, sondern ein **Bündel** voneinander grundsätzlich unabhängiger **nationaler Schutzrechte**[194]. Auf

---

[185] *MünchKomm/Kreuzer,* Nach Art. 38 EGBGB Anh. II, Rdnr. 55.

[186] Dazu *MünchKomm/Kreuzer,* Nach Art. 38 Anh. II, Rdnr. 36 ff.; zur namensrechtlichen Anknüpfung der Unternehmensbezeichnung oben Rdnr. 17.

[187] Zur Anknüpfung eines eventuellen urheberrechtlichen Schutzes oben B. Rdnr. 39 ff.

[188] *Ingerl/Rohnke,* Einl., Rdnr. 14; *Sack,* WRP 2000, 269 (270 f.).

[189] *Fezer,* Einl. Rdnr. 158 f.

[190] RGZ 118, 76 (81) – Hengstenberg.

[191] Zu dieser Auffassung im Urheberkollisionsrecht oben Rdnr. 46 f.

[192] Näher oben Rdnr. 48 f.

[193] *Schack,* MMR 2000, 62, 63; *Neuhaus,* RabelsZ 40 (1976), 191, 192 f.

[194] *BGH* NJW 1998, 1395 (1396) = GRUR Int. 1998, 427 (429) – Spielbankaffäre (zum UrhR); BGHZ 18, 1 (13) – Hückel; *EuGH,* GRUR 1994, 614 (615) – Ideal Standard.

kollisionsrechtlicher Ebene ergibt sich daraus notwendig eine Anknüpfung an das Recht des Schutzlandes: Denn wenn jedes Recht streng begrenzt auf sein eigenes Territorium darüber entscheidet, ob und unter welchen Voraussetzungen es ein Schutzrecht gewährt, das Schutzrecht also nur auf dem Territorium dieses Staates besteht, kann auch nur das Recht dieses Staates darüber entscheiden, wann die Marke bzw. das Kennzeichen benutzt oder verletzt wird und welche Ansprüche dem Inhaber daraus entstehen. Das Schutzlandrecht ist also das Recht desjenigen Landes, für dessen Gebiet der Schutz beansprucht wird[195]. Die Schutzlandregel ist deshalb eine **allseitige,** keine einseitige **Kollisionsnorm**[196]: Sie entscheidet nicht lediglich darüber, wann deutsches Recht anwendbar ist, sondern führt ebenso zur Anwendung ausländischen Rechts, wenn der (vermeintliche) Rechtsinhaber für das Gebiet eines ausländischen Staates Schutz beansprucht. Die Schutzlandanknüpfung ist **Gesamtnormverweisung** (Art. 4 Abs. 1 Satz 1 EGBGB): Sie erklärt nicht lediglich das interne materielle Recht des Schutzlandes für anwendbar, sondern dessen gesamte Rechtsordnung unter Einschluss des internationalen Privatrechts. Eine Rück- oder Weiterverweisung wird im deutschen internationalen Privatrecht grundsätzlich anerkannt, Art. 4 Abs. 1 EGBGB. Angesichts der weltweit sehr verbreiteten Geltung des Schutzlandprinzips ist ein **Renvoi** in der Praxis allerdings kaum zu erwarten.

87 Auch hier wird das Schutzlandprinzip z.T. zwar aus der Tatortregel (Art. 40 Abs. 1 EGBGB) hergeleitet[197]; es besteht jedoch Einigkeit, dass weder die Anwendung des Günstigkeitsprinzips aus Art. 40 Abs. 1 EGBGB noch eine Rechtswahl (Art. 42 EGBGB) noch die Anwendung des Rechts am gemeinsamen gewöhnlichen Aufenthalt der Parteien (Art. 40 Abs. 2 EGBGB) in Betracht kommen[198]. Der *BGH* hält demgegenüber die Tatortregel für im internationalen Immaterialgüterrecht unanwendbar und sieht das Schutzlandprinzip zu recht als eine **eigenständige Kollisionsnorm** an[199].

88 Das **Schutzlandrecht bestimmt umfassend** über Entstehen, Fortbestand, Inhalt, Umfang und Erlöschen des Marken- und Kennzeichenrechts. Es regelt, wann eine rechtmäßige Benutzung und wann eine Verletzung des Schutzrechts gegeben ist sowie welche Ansprüche der Rechtsinhaber hieraus herleiten und welche Sanktionen er durchsetzen kann. Außerdem befindet das Recht des Schutzlandes darüber, ob und unter welchen Voraussetzungen ggf. Auslandtatsachen tatbestandliche Voraussetzungen des materiellen Rechts ausfüllen können[200]. Das Schutzlandrecht entscheidet auch darüber, wer aus einer Rechtsverletzung in Anspruch genommen werden kann.

---

[195] Die Formulierung, Recht des Schutzlandes sei das Recht desjenigen Staates, *in* dem um Schutz nachgesucht wird, führt leicht zu dem Missverständnis, anwendbar sei immer die *lex fori*, und sollte deshalb vermieden werden.

[196] So bereits *BGH* NJW 1957, 140, 142; *OLG Düsseldorf*, GRUR Int. 1968, 100; a.A. soweit ersichtlich nur *Fezer*, Einl. Rdnr. 198.

[197] Z.B. *Sack*, WRP 2000, 269 (270); *Mankowski*, RabelsZ 63 (1999), 203 (292); a.A. *BGH*, NJW 1998, 1396 = GRUR Int. 1998, 427 (429) – Spielbankaffäre; *Palandt/Heldrich*, Art. 40 EGBGB, Rdnr. 13 m.w.N.

[198] *Sack*, WRP 2000, 269 (278 f., 284); *Bornkamm* in: *Bartsch/Lutterbeck*, S. 99 (109, 111).

[199] *BGH*, NJW 1998, 1396 = GRUR Int. 1998, 427 (429) – Spielbankaffäre; ebenso *Palandt/Heldrich*, Art. 40 EGBGB, Rdnr. 13 m.w.N.

[200] Ob also z.B. Benutzungshandlungen im Ausland für § 26 MarkenG ausreichen können; vgl. *BGH*, ZUM-RD 2000, 424 ff. – Berufung auf Markenbenutzungshandlungen in der Schweiz; *BGH*, GRUR 1966, 427 ff. – Prince Albert.

b) „Auflockerung" oder Ausdehnung des Schutzlandprinzips

aa) Anknüpfung von „Vorfragen" an das Recht des Ursprungslandes

In der jüngeren Literatur wird teilweise vorgeschlagen, die Geltung des Schutzlandsprinzips insofern einzuschränken, als Entstehung und erste Inhaberschaft des Marken- oder Kennzeichenrechts betroffen sind. *Schack*[201] will jedenfalls überall dort, wo das Immaterialgüterrecht nicht durch behördlichen Akt erst geschaffen wird (wie z.B. die durch Eintragung erworbene Marke des § 4 Nr. 1 MarkenG), an das **Recht des Ursprungslandes** anknüpfen: Z.B. **Entstehung und Inhaberschaft** einer bekannten Benutzungsmarke sollen nach dem Recht des Ursprungslandes beurteilt werden[202]. Dies führt jedoch ähnlich wie im Urheberrecht zu Problemen. Denn vor allem bei den formlosen Kennzeichenrechten wie der reinen Benutzungsmarke, die allein von tatsächlichen Voraussetzungen abhängen, ließe sich, wollte man ihr Entstehen nach einem ausländischen Recht beurteilen, im Inland nie einschätzen, ob das Recht überhaupt besteht. Gerade im Markenrecht, wo auch verhältnismäßig geringfügige Rechtsverletzungen durch häufig hohe Regelstreitwerte sehr hohe Kosten verursachen können – von den materiellrechtlichen Ansprüchen ganz abgesehen –, ist es aber unumgänglich, dass jeder, der eine bestimmte Kennzeichnung im Inland für sich selbst verwenden will, auch im Vorfeld beurteilen kann, ob er dies darf. Im Vorfeld jeder neuen Markenbenutzung müsste geprüft werden, ob ein im Inland u.U. nur in ganz geringem Umfang tätiger und deshalb kaum bekannter ausländischer Hersteller in seinem Heimatland eine bekannte Marke besitzt, die eine Verwendung dieser Kennzeichnung im Inland verbietet. Und wie sollen Fälle, in denen das betreffende ausländische Recht u.U. reine Benutzungsmarken gewährt, für deren Schutz nicht einmal eine Verkehrsdurchsetzung erforderlich ist, gehandhabt werden? Auch die Anknüpfung nur der Inhaberschaft eines Kennzeichenrechts an das Recht des Ursprungslandes führt nicht zu zufrieden stellenden Ergebnissen. Denn wiederum muss für den inländischen Verkehr klar erkennbar sein, wer Inhaber eines hier bestehenden Kennzeichenrechts ist. Im Übrigen ergibt sich die Inhaberschaft häufig bereits aus der Form der Entstehung des Kennzeichenrechts; bei einer eingetragenen Marke ist dies jedenfalls offiziell der Anmelder. Hier von einer möglicherweise abweichenden Beurteilung durch ein ausländisches „Ursprungsrecht" auszugehen, würde den Erfordernissen des inländischen Rechtsverkehrs nicht gerecht. Benutzungsmarken entstehen grundsätzlich für den, der sie tatsächlich benutzt. Auch hier würde es stärker verwirrend als klärend wirken, auf eine möglicherweise abweichende Beurteilung durch ein ausländisches Recht abzustellen. Eine echte Durchbrechung des Schutzlandprinzips kommt nach alledem auch nicht teilweise in Betracht. 89

bb) Ausdehung der Anwendung des deutschen Rechts

Teilweise wird vertreten, unter gewissen Voraussetzungen auch Auslandsaktivitäten als inländische Markenrechtsverletzung[203] zu verstehen, d.h. Schutz nach deutschem Recht auch dann zu gewähren, wenn die Verletzungshandlung im Ausland stattgefunden hat. Grundsätzlich entscheidet das Schutzlandrecht über Inhalt und 90

[201] *Schack,* MMR 2000, 59 (62f.).
[202] *Schack,* MMR 2000, 59 (60f.).
[203] *Fezer,* Einl. Rdnr. 179.

Umfang des gewährten Schutzes und damit auch über die Frage, ob und inwieweit auch eine (zum Teil) im Ausland vorgenommene Handlung ein inländisches Kennzeichenrecht verletzen kann[204]. Die herrschende Meinung schließt eine Verletzung eines inländischen Kennzeichenrechts durch eine (vollständig) **im Ausland begangene Handlung** aus. Einzige Ausnahme ist jedenfalls im Offline-Kollisionsrecht der nunmehr in § 24 MarkenG kodifizierte Grundsatz der EU- und EWR-weiten Erschöpfung des Kennzeichenrechts[205]. *Fezer*[206] hält eine Verletzung inländischer Kennzeichenrechte durch Verletzungshandlungen im Ausland nur dann nicht mehr für denkbar, wenn kein im Sinne des Territorialitätsgedankens hinreichender Inlandsbezug mehr vorliege[207]. Jede andere Beurteilung führe zu einer Verkürzung des Rechtsschutzes eines inländischen Kennzeichens, zum Beispiel in Fällen internationaler Rufausbeutung und -beeinträchtigung einer **Weltmarke**[208]. Wer in solchen Fällen eine rechtserhebliche Verletzungshandlung ablehne, weil diese außerhalb des territorialen Geltungsbereichs des deutschen Markengesetzes vorgenommen worden sei, vernachlässige, dass es zunehmend Marken und andere Kennzeichen mit Weltgeltung gebe. Das Schutzlandprinzip müsse deshalb weltmarktkompatibel und das Territorialitätsprinzip warenverkehrsfreundlich ausgelegt werden[209]. *Fezer* will dies allerdings als eine Durchbrechung des Schutzlandprinzips nicht auf kollisionsrechtlicher Ebene – es soll weiterhin an das Recht des Landes angeknüpft werden, für das Schutz beansprucht wird –, sondern erst auf sachrechtlicher Ebene verstanden wissen: Lediglich die materiellrechtliche Frage, ob eine Schutzrechtsverletzung vorliege, beziehe den ausländischen Sachverhalt ein[210].

91 Allerdings überzeugt diese Auffassung nicht. Zum einen sind bereits kaum Fälle denkbar, in denen eine Verletzungshandlung eines Kennzeichenrechts teilweise im Aus- und teilweise im Inland begangen werden könnte. Denn das deutsche Immaterialgüterrecht bestimmt die relevanten Verletzungshandlungen so punktgenau, dass sie regelmäßig nur an einem Ort verwirklicht werden können. Wenn aber eine Verletzungshandlung ganz im Ausland begangen worden ist, wo dieses Verhalten vielleicht völlig rechtmäßig ist, ist nicht einzusehen, weshalb darauf deutsches Recht angewendet werden könnte. Selbst bei einem gezielten Angriff auf einen Mitbewerber, den *Fezer* als Beispiel einer hinreichenden Inlandsbeziehung anführt, erscheint die regelmäßige Ausdehnung der Anwendbarkeit deutschen Rechts auf einen solchen Auslandsangriff nicht gerechtfertigt: Hat nämlich eine ausländische Verletzungshandlung tatsächlich nachvollziehbare Auswirkungen etwa auf den deutschen Markt, d.h. auf Ruf und Kennzeichnungskraft des Kennzeichens in

---

[204] Dazu *MünchKomm/Kreuzer,* Nach Art. 38 Anh. II, Rdnr. 17. Im Grunde ist dies dem aus dem allgemeinen internationalen Privatrecht bekannten Problem, inwieweit ausländische Tatsachen und Sachverhalte Voraussetzungen des inländischen Rechts erfüllen können, sehr ähnlich; näher *MünchKomm/Sonnenberger,* Einl. IPR, Rdnr. 555.

[205] Danach kann der Inhaber eines inländischen Kennzeichenrechts keine Rechte aus Markenverletzung geltend machen, wenn die im Ausland mit seiner Kennzeichnung versehene und dort in Verkehr gebrachte Originalware in das Inland importiert wird, sogenannte Erschöpfung; näher unten § 7. Rdnr. 223 ff.; *EuGH* WRP 2002, 65 ff. – Zino Davidoff.

[206] *Fezer,* Einl., Rdnr. 184 ff.

[207] *Fezer,* Einl., Rdnr. 184.

[208] *Fezer,* Einl., Rdnr. 186; zum internationalen Schutz berühmter Marken *Petsch,* MarkenR 1999, 261 ff.

[209] *Fezer,* Einl., Rdnr. 187.

[210] *Fezer,* Einl., Rdnr. 189.

Deutschland, so wird auch die **Verletzungshandlung in Deutschland lokalisiert** werden können, etwa wenn der ausländische Angreifer die Verletzungshandlungen im Geschäftsverkehr mit deutschen Markbeteiligten vornimmt. Eine grundsätzlich erweiternde Auslegung ist m. E. deshalb nicht angezeigt.

c) Kennzeichenrechtliche Ansprüche aus Wettbewerbsrecht

Gegebenenfalls bestehende ergänzende Ansprüche aus Wettbewerbsrecht, mit 92
denen der Kennzeicheninhaber gegen eine Verletzungshandlung vorgehen kann, werden nach in Deutschland herrschender Auffassung dem **Recht des Marktortes,** also dem Recht des Landes, auf dessen Markt die wettbewerblichen Interessen aufeinandertreffen, unterstellt[211]. Da die *lex loci protectionis* wie dargestellt kennzeichenrechtliche Ansprüche dem Recht des Staates unterstellt, für dessen Gebiet Schutz beansprucht wird, dürften Marktort- und Schutzlandrecht in nahezu allen Fällen auf das Recht desselben Landes verweisen.

III. Kennzeichenkollisionsrecht im Internet

Überträgt man das Schutzlandprinzip undifferenziert auf das Internet, entstehen 93
auch für Marken- und Kennzeichenkonflikte die bekannten Schwierigkeiten. Das Schutzland als solches ist dabei nach wie vor unproblematisch bestimmbar: Es ist das Land, für das der Anspruchsteller behauptet, ein Kennzeichenrecht zu besitzen. Fraglich ist allerdings im Internet stets, ob die (behauptete) **Kennzeichenverletzung im territorialen Geltungsbereich des Schutzlandstatuts begangen** worden ist. Aufgrund der weltweiten Abrufbarkeit des Internet ist jede Verwendung eines Kennzeichens im Internet überall auf der Welt erkennbar und jedenfalls potentiell geeignet, in einzelnen Ländern bestehende Kennzeichenrechte zu beeinträchtigen. So tritt die Supermarktkette *Fr* mit ihrem eingangs beschriebenen Internet-Auftritt grundsätzlich auch in Deutschland in Erscheinung. Bei einer uneingeschränkten Anwendung des Schutzlandprinzips könnte unser deutscher Markenrechtsinhaber nach deutschem Recht gegen *Fr* vorgehen, auch wenn *Fr* auf dem deutschen Markt vielleicht überhaupt nicht auftreten wollte und eine Verwechslung der Kennzeichen durch den deutschen Verkehr schon aus sprachlichen Gründen eher unwahrscheinlich ist. *Fr* müsste sich also, um gefahrlos im Internet auftreten zu können, vorher bezüglich aller Details vergewissern, dass der Auftritt nach dem Recht jedes potenziellen Schutzlandes – also grundsätzlich jedes Landes der Welt – rechtmäßig ist. Probleme wirft die Anwendung des Schutzlandprinzips auf die Frage nach dem **Entstehen eines Kennzeichenrechts** auch auf, wenn es **lediglich im Internet benutzt** wird: Können dann überhaupt Kennzeichenrechte in einem bestimmten Territorium entstehen, und wenn ja, wo? Dass die uneingeschränkte Anknüpfung an die *lex loci protectionis* mehr Probleme aufwirft als löst, liegt auf der Hand. Dennoch kann das Internet jedenfalls nicht als eigenständiger Rechtsraum, als „Cyberspace" sich selbst überlassen werden[212]. Denn auf internationaler Ebene gibt es keine hinreichende Regelung, geschweige denn eine effiziente Kontrolle[213]. Eine derartige

---

211 Näher unten Rdnr. 128 ff.

212 So aber *Mayer,* NJW 1996, 1782 (1790); *Bechtold,* GRUR 1998, 18, 23; *Ernst,* JuS 1997, 776 (782); vgl. auch *Thum* in: *Bartsch/Lutterbeck,* S. 117 (144).

213 S. aber das noch junge *ICANN* Streitschlichtungsverfahren bei Domainkonflikten; näher unten § 6, Rdnr. 133 ff.

Regelung ist in naher Zukunft wohl auch kaum zu erwarten. Literatur und Rechtsprechung suchen deshalb seit einigen Jahren nach anderen Wegen, internationale Kennzeichenkonflikte im Internet zufrieden stellend zu lösen.

1. Anknüpfung an das Herkunftsland[214]

94 Eine konsequente Anknüpfung an die *lex loci protectionis* hat aus Sicht desjenigen, der im Internet auftritt, den entscheidenden Nachteil, dass aus jeder Verwendung eines Kennzeichens Ansprüche nach einer Vielzahl verschiedener Rechtsordnungen entstehen können. In der Literatur wird deshalb vorgeschlagen, im Internet nicht an die *lex loci protectionis*, sondern statt dessen an das Herkunfts- oder Ursprungsland aus Sicht des Anbieters (allgemein verstanden als desjenigen, der im Internet auftritt) anzuknüpfen[215]. Fraglich ist allerdings, wie dieses Herkunftsland bestimmt werden, also insbesondere welcher Ort hier maßgeblich sein soll.

a) Serverstandort?

95 In den Anfängen der Diskussion um das Kollisionsrecht im Internet wurde vielfach vorgeschlagen, als Herkunftsland das Land anzusehen, in dem der Server steht, auf dem der betreffende Internet-Auftritt bzw., allgemeiner, die betreffende Datei liegt. Allerdings wurde schnell erkannt, dass und weshalb der Serverstandort ein **letztlich ungeeignetes Anknüpfungskriterium** ist[216]: Zum einen ist dieser willkürlich wählbar, was eine Flucht in „Immaterialgüterrechtsoasen" begünstigen würde. In anderen Fällen kann der Anbieter den Serverstandort unter Umständen überhaupt nicht beeinflussen; dann ist jedoch nicht ersichtlich, weshalb ausgerechnet dieses Recht sein Verhalten steuern können sollte. Auch ist in der Praxis häufig bereits nach einiger Zeit nur noch schwierig nachweisbar, von welchem konkreten Server ein Internet-Inhalt während einer bestimmten Zeit bereitgehalten wurde. Im Übrigen sind für die Wahl des Servers in erster Linie technische Gesichtspunkte entscheidend, für die nicht ersichtlich ist, weshalb sie indirekt einen Einfluss auf das anzuwendende Recht haben sollten. Schließlich wird heute immer häufiger ein Internet-Auftritt nicht nur auf einem, sondern parallel auf mehreren Servern bereitgehalten, um die Kapazitäten zu steigern und ggf. auftretende technische Probleme eines Servers zu umgehen. Ein einziges Recht könnte in diesen Fällen der Serverstandort also nicht bestimmen; das Grundziel einer Anknüpfung an das Herkunftsland des Anbieters wäre verfehlt. Dementsprechend wird diese Lokalisierung des Herkunftslandes jedenfalls als Grundanknüpfung heute nicht mehr vertreten.

b) Recht des Landes der Konzeption des Internet-Auftritts bzw. der Entscheidung über seine Einstellung in das Netz?

96 Einige schlagen vor, als Herkunftsland das Recht des Landes zu verstehen, in dem der betreffende Internet-Auftritt konzipiert bzw. die Entscheidung über seine Einstellung in das Netz getroffen wurde[217]. Für eine Anknüpfung an das Recht dieses Herkunftslandes spricht, dass Immaterialgüterrecht als Schutzrecht (auch) Ver-

---

[214] Ausführlich *Ohly*, GRUR Int. 2001, 899 ff.

[215] Ausführlich, aber krit. für das allgemeine Immaterialgüterkollisionsrecht *Sack*, WRP 2000, 269 (281 f.); krit. auch *Schack*, MMR 2000, 59 (62 f.).

[216] *OLG Frankfurt am Main*, CR 1999, 450 = K&R 1999, 138 – Anbieten im Internet.

[217] Ablehnend *OLG Frankfurt am Main*, CR 1999, 450 – Anbieten im Internet.

halten steuern soll. Das **Verhalten beeinflussen** kann aber nur die Rechtsordnung, in der sich der Betreffende regelmäßig bewegt. Dieses Recht ist dann auch am ehesten geeignet, die Konzeption bzw. die Entscheidung über die Einstellung eines bestimmten Auftrittes in das Internet zu lenken. Es lässt sich deshalb gut vertreten, dass auch die Verletzungshandlung in erster Linie an diesem Ort vorgenommen wird. Dafür spricht des Weiteren, dass der Anbieter nur an diesem Ort wirklich Einfluss auf das Geschehen ausübt. Denn selbst wenn er einen Abruf seines Auftritts im Internet natürlich bezweckt, kann er häufig kaum noch steuern, wo, von wem und wie häufig auf seine Webseiten zugegriffen wird[218].

Problematisch ist bei dieser Anknüpfung allerdings bereits, dass sie auf **subjektiv** 97
gefärbte und deshalb in der Praxis nur **schwierig nachweisbare Anknüpfungspunkte** zurückgreift. Häufig wird sich gerade für einen international tätigen Anbieter selbst kaum noch sagen lassen, wo er die Entscheidung über einen bestimmten Internet-Auftritt getroffen hat. Auch die Anknüpfung an die Konzeption des Internet-Auftritts erscheint problematisch, denn häufig wird ein Auftritt nicht etwa im Hause des Anbieters selbst, sondern durch eine – u. U. in einem anderen Staat ansässige – Werbeagentur erarbeitet. Man müsste in diesen Fällen, um wieder zu dem eigentlich verfolgten Ziel einer Anwendung des Anbieterrechts zurückzukommen, unwiderleglich vermuten, dass ein Webauftritt immer am Sitz des Anbieters konzipiert und auch die Entscheidung über seine Einstellung in das Netz immer dort getroffen wird. Denn sonst müsste man ein Recht anwenden, das mit dem Anbieter möglicherweise ebenso wenig zu tun hat wie – nach den Vertretern dieser Auffassung – das Recht des Schutzlandes. Dann kann man aber auch unmittelbar das Herkunftsland am Sitz bzw. der Niederlassung des Anbieters lokalisieren.

c) Sitz bzw. Niederlassungsort des Anbieters?

Kann man also sinnvoll auf Kennzeichenkonflikte im Internet (nur) das Recht des 98
Landes, in dem der Anbieter seinen Sitz bzw. seine Niederlassung hat, anwenden? Dies hätte den aus Anbietersicht immensen Vorteil, dass man die Vermarktungsmöglichkeiten des Internet bestmöglich ausnutzen könnte. Man müsste sich nur an das eigene Recht halten; **kennzeichenrechtliche Risiken** des eigenen Auftritts wären **vorhersehbar.** Der Anbieter liefe außerdem nicht Gefahr, seinen Auftritt unter Umständen wegen eines nur in einem einzigen Land bestehenden Kennzeichenrechts ändern oder gar ganz aus dem Netz nehmen zu müssen.

Allerdings **bevorzugt** dies m. E. **den Anbieter unangemessen** gegenüber dem Inha- 99
ber eines (möglicherweise) verletzten Immaterialgüterrechts. Dem Anbieter wäre es nicht nur möglich, durch entsprechende Wahl seines Sitzes in einer „Oase" sich nahezu allen denkbaren Ansprüchen zu entziehen, was im Internet auch kein größeres praktisches Problem darstellt. Unabhängig davon ist bereits nicht einzusehen, weshalb den Vermarktungsinteressen des Anbieters einseitig der Vorzug gegeben werden soll vor den Schutzinteressen des Immaterialgüterrechtsinhabers. Beide sind mindestens gleichrangig; diese **Gleichrangigkeit** muss auch das **Kollisionsrecht widerspiegeln.** Schließlich bleibt unverständlich, weshalb der Anbieter nur an dem Recht seines Herkunftslandes gemessen werden soll, wenn er seinen Auftritt gezielt auf einen bestimmten Markt ausrichtet: Dann muss er sich grundsätzlich auch an dem Recht dieses Marktes messen lassen. Eine Anknüpfung an das Herkunftsland

---

[218] Vgl. aber oben § 1, Rdnr. 35.

lässt sich auch nicht durch das Motiv rechtfertigen, den Anbieter, der in seiner eigenen Rechtsumwelt vielleicht rechtmäßig handelt, nicht Unterlassungsansprüchen aus ihm möglicherweise ganz fern liegenden Schutzländern auszusetzen. Denn die kollisionsrechtliche Anknüpfung soll in erster Linie das sachnächste Recht bestimmen. Diese Entscheidung bedeutet aber selbstverständlich noch nicht, dass man unter Anwendung dieser Rechtsordnung auch und gerade bei Internet-Sachverhalten in jedem Fall, in dem formell eine Verletzung des Markenrechts vorliegt, einen Unterlassungsanspruch gewähren müsste[219]. Auch die Anknüpfung an das Recht des Herkunftslandes des Anbieters kommt mithin nicht in Betracht.

2. Anknüpfung an die Eingriffsorte

100 Einige wollen **für jede Kennzeichenbenutzung den Vornahmeort gesondert** bestimmen, um dann u. U. an das an diesem Ort geltende Recht anzuknüpfen[220]. Dies läuft im Ergebnis auf eine Anwendung der Tatortregel hinaus: Zuerst wird der Eingriffsort bestimmt, dann erst wird auf der Grundlage des am Eingriffsort geltenden Rechts geprüft, ob dieses Recht Schutz gewährt, also eine *lex loci protectionis* im eigentlichen Sinne sein kann[221]. Dieser Lösungsansatz ist bereits aus der grundsätzlichen Überlegung abzulehnen, dass angesichts der Prägung des Immaterialgüterrechts durch den Territorialitätsgrundsatz ein Tatort nur in einem Schutzland liegen kann: Die Bestimmung des Schutzlandes liegt notwendig vor der eines möglichen Tatortes[222]. Die Tatortregel hat deshalb als solche keinen Platz im internationalen Kennzeichenrecht[223]. Auch dieser Anknüpfungsvorschlag führt mithin nicht weiter.

3. Modifizierte Anwendung des Schutzlandprinzips[224]

101 In Literatur und Rechtsprechung werden mehrere Möglichkeiten vorgeschlagen, die Anwendung des Schutzlandrechts einzuschränken. In der Sache wird dabei zum einen versucht, nur dann an die *lex loci protectionis* anzuknüpfen, wenn der betreffende Internet-Auftritt oder die Datei dort **bestimmungsgemäß abrufbar** bzw. wenn der Auftritt (auch) **auf den deutschen Markt gerichtet** ist. Zum anderen wird verlangt, dass die angegriffene Handlung sich im Schutzland spürbar auswirken[225] müsse. Schließlich gibt es Tendenzen, bei im Wesentlichen uneingeschränkter An-

---

[219] Näher unten Rdnr. 105 f.

[220] Vgl. *Dieselhorst,* ZUM 1998, 293 (298 ff.); *Köhler/Arndt,* Rdnr. 357; *Mankowski,* RabelsZ 63 (1999), 203 (292); etwas anders *Thum,* in *Bartsch/Lutterbeck,* S. 117 (130 ff.); vgl. auch *Hoeren/Sieber/Hoeren,* Teil 7.10, Rdnr. 11 ff.; *Sack,* WRP 2000, 269 (277).

[221] So wohl *OLG Frankfurt am Main,* CR 1999, 450 – Anbieten im Internet.

[222] Dies schließt aber natürlich nicht aus, dass sowohl das Recht des Einspeisungsortes als auch das des Abrufs als Schutzlandrechte zur Anwendung kommen; der Anknüpfungsweg ist allerdings ein anderer.

[223] So ausdrücklich *BGH* NJW 1998, 1396 = GRUR Int. 1998, 427 (429) – Spielbankaffäre; ebenso *Palandt/Heldrich,* Art. 40 EGBGB, Rdnr. 13 m. w. N.

[224] Zu weiteren Anknüpfungsvorschlägen, die allerdings nicht zum Markenrecht gemacht wurden, oben Rdnr. 51 ff.

[225] Dies bedeutet eine Übertragung des ursprünglich aus dem internationalen Kartellrecht stammenden und im Wettbewerbskollisionsrecht bereits verwendeten Erfordernisses, die Handlung müsse den betreffenden Markt *spürbar* beeinflussen; näher unten Rdnr. 158 ff.

wendung der Schutzlandregel das materielle Recht des Schutzlandes einschränkend auszulegen.

a) Spürbarkeit

Im Wettbewerbskollisionsrecht wird vielfach vertreten, das Recht des Marktortes sei nur dann anzuwenden, wenn die vorgeworfene Handlung dort den Markt spürbar beeinflusst. Fraglich ist zunächst einmal, ob und wie dieses **Kriterium in das Immaterialgüterkollisionsrecht übertragen** werden kann[226]. Im Kennzeichenrecht ist entscheidendes Anknüpfungskriterium die (behauptete) Rechtsverletzung. Eine Rechtsverletzung kann aber nicht spürbar sein: Entweder die Verletzung ist gegeben, dann ist sie gewissermaßen *ipsa lege* auch spürbar, oder sie liegt eben nicht vor. Die Spürbarkeit könnte also allenfalls bei dem bekannten und berühmten Marken gewährten Verwässerungsschutz, dem Schutz gegen Rufausbeutung und -beeinträchtigung und ähnlichen „weichen" Voraussetzungen einer Rechtsverletzung eine Rolle spielen. Dies führt aber bereits tief in die Anwendung des materiellen Rechts hinein. Darüber hinaus könnte das Vorliegen einer (spürbaren) Verwässerung, Rufausbeutung usw. als Anknüpfungskriterium nur für die Kennzeichenrechte sinnvoll herangezogen werden, bei denen dieser Rufaspekt auch tatsächlich eine Rolle spielt. 102

Das Kriterium der Spürbarkeit ist demnach im internationalen Immaterialgüterrecht **ungeeignet**, die Schutzlandanknüpfung im Internet sinnvoll einzuschränken. 103

b) Beschränkung durch das Erfordernis der bestimmungsgemäßen Abrufbarkeit

Denkbar ist weiter, das Schutzlandrecht nur dann anzuwenden, wenn der betreffende Internet-Auftritt dort bestimmungsgemäß und nicht lediglich auf Grund der technischen Gegebenheiten des Internet abrufbar ist[227]. Dies soll (nur) dann nicht der Fall sein, wenn das Angebot erkennbar nicht auf das Schutzland abzielt (negative Abgrenzung)[228]. Weshalb diese Form der Einschränkung der Schutzlandregel nicht zufriedenstellt, wurde oben ausführlich erörtert[229]. Statt dessen muss die **Einschränkung positiv** erfolgen, die *lex loci protectionis* also nur in den Fällen berufen werden, in denen das betreffende Internet-Angebot **erkennbar auf den jeweiligen Markt abzielt**[230]. Dies kann in aller Regel für nationale Top Level Domains der einzelnen Schutzländer, d.h. .fr, .it, .dk, angenommen werden[231]. Im Übrigen sollte die Ausrichtung anhand der oben erläuterten **Kriterien**[232] wie Sprache, Art der 104

---

[226] Dafür *Sack,* WRP 2000, 269 (277f.), der das Kriterium aber dem der bestimmungsgemäßen Abrufbarkeit gleichstellt; *Köhler/Arndt*, Rdnr. 366

[227] *Sack,* WRP 2000, 269 (277f.); *Bornkamm,* in *Bartsch/Lutterbeck,* S. 99, (112); *Ingerl/Rohnke,* § 14, Rdnr. 31; krit. *Bettinger/Thum,* GRUR Int. 1999, 659 (673). Das *OLG Frankfurt am Main,* CR 1999, 450 – Anbieten im Internet, will zwar ebenfalls nur eine bestimmungsgemäße Abrufbarkeit ausreichen lassen, siedelt diesen Ort aber überall dort an, wo „eine Interessenkollision bewirkt", d.h. „das Immaterialgüterrecht verletzt wird". Dass dies keine Einschränkung bedeutet, liegt auf der Hand.

[228] Vgl. *LG Köln,* MMR 2002, 60 – budweiser.com; näher oben Rdnr. 70ff.

[229] Rdnr. 73ff.

[230] Ähnlich *Bornkamm,* in: *Bartsch/Lutterbeck,* S. 99 (115); *LG Hamburg* MMR, 1999, 612 (613); krit. *Bettinger/Thum,* GRUR Int. 1999, 659 (670).

[231] *Ingerl/Rohnke,* § 14, Rdnr. 31.

[232] Checkliste Rdnr. 238.

Werbung, Bezugnahme auf die Site in der „realen“ oder in anderer Online-Werbung, Art der angebotenen Produkte, Tätigkeitsradius des Anbieters, geschäftliche Aktivitäten auch im Schutzland[233] usw. bestimmt werden. Ist danach das Recht des Schutzlandes als des Landes, für dessen Gebiet der mutmaßlich Verletzte Schutz beansprucht, nicht anwendbar, muss die Klage abgewiesen werden, wenn kein anderes Schutzland in Betracht kommt[234].

c) Schutzlandprinzip und materiellrechtlicher Ausgleich

105 Ist das Schutzlandrecht zur Anwendung berufen, stellt sich die weitere Frage, ob damit bei bestehendem Kennzeichenrecht automatisch ein Unterlassungsanspruch des Inhabers verbunden sein muss. Auch das materielle Recht hat grundsätzlich die Aufgabe, die im Internet durch dessen Globalität zwangsläufig aufeinanderstoßenden unterschiedlichen subjektiven nationalen Kennzeichenrechte zu einem sinnvollen Ausgleich zu bringen. Die tatsächlich entscheidende Frage ist möglicherweise nicht, ob deutsches Zeichenrecht anwendbar ist (Kollisionsrecht), sondern ob ein deutsches Zeichenrecht verletzt ist (materielles Recht)[235]. Man könnte dem Kennzeicheninhaber die Sanktionen des Kennzeichenrechts – insbesondere den Unterlassungsanspruch – nur dann gewähren, wenn dies nach Abwägung aller sich gegenüberstehenden Interessen gerechtfertigt erscheint. Dies hätte den großen Vorteil, Konfliktfälle nach den Umständen des Einzelfalles gerecht lösen zu können, gerade weil dieser Ansatz Raum für die Berücksichtigung auch und vor allem der möglicherweise im Ausland erworbenen Kennzeichenrechte des (behaupteten) Kennzeichenverletzers lässt[236]. Das Ziel der einschränkenden Anwendung des materiellen Rechts verfolgen auch die **Regelungsvorschläge** über den Schutz von Marken und anderen Kennzeichenrechten im Internet des *Standing Committee on the Law of Trademarks, Industrial Designs and Geographical Indications* der **WIPO**[237]. Dabei soll kein eigenes Internet-Recht geschaffen, sondern lediglich das existierende nationale Recht internetverträglich gestaltet werden[238]: Die Regelungen sollen im Rahmen der Prüfung der Entstehung und der Verletzung eines Kennzeichenrechts durch Benutzungshandlungen im Internet und der wettbewerbsrechtlichen Zulässigkeit der Kennzeichenbenutzung angewendet werden. Nach dem Vorschlag soll die bloße Wahrnehmbarkeit eines Kennzeichens auf einer Website noch keine Zeichenrechtsverletzung darstellen. Vielmehr soll Voraussetzung von Verletzungsansprüchen[239], der Entstehung und Erhaltung eines Kennzeichenrechts[240] eine **wirtschaftliche Wirkung** *(commercial effect)* im Inland sein. Das Vorliegen dieser wirtschaftlichen Wirkung soll im Einzelfall anhand einer Reihe von Kriterien, wie tatsächliche geschäftliche Tätigkeit außerhalb des Internet auf dem Gebiet des

---

233 *Bornkamm*, in: *Bartsch/Lutterbeck*, S. 99 (116).

234 So im Ergebnis *LG Köln*, CR 2002, 58 f – budweiser.com.

235 *Bettinger/Thum*, GRUR Int. 1999, 659 (670 ff.); vgl. auch *Omsels*, GRUR 1997, 328 (337); *Ingerl/Rohnke*, § 14, Rdnr. 30.

236 Ähnlich *Bornkamm*, in: *Bartsch/Lutterbeck*, S. 99 (116); *Omsels*, GRUR 1997, 328 (337); zum ganzen ausführlich *Bettinger/Thum*, GRUR Int. 1999, 659 (670 ff.); oben Rdnr. 105 f.

237 Vorschlag vom 16. 3. 2001, Text in WRP 2001, 883 ff.; zu dem Vorschlag eingehend *Bettinger*, WRP 2001, 789 ff.; vgl. auch *Kur*, WRP 2000, 935 ff.

238 *Bettinger*, WRP 2001, 789 (792).

239 Art. 2 i. V. m. 6 des Vorschlags.

240 Art. 5 i. V. m. Art. 3 Vorschlag; näher *Bettinger*, WRP 2001, 789 (795 f.)

Schutzlandes oder deren Vorbereitung, Ausmaß und Art der Benutzung des Zeichens im Inland oder Disclaimer auf der Website, die alle zu berücksichtigen sind, ohne dass einem Kriterium abstrakt ausschlaggebende Bedeutung zukäme, bestimmt werden[241]. In diesem Zusammenhang soll ebenfalls eine Rolle spielen, ob die Nutzung des Zeichens gut- oder bösgläubig erfolgt[242]. Der Verwender eines Kennzeichens im Internet soll ferner von der Haftung so lange freigestellt sein, bis ihn der inländische Zeicheninhaber von dem (behaupteten) Konflikt unterrichtet[243]. Auch nach dieser Notifizierung haftet der Zeichenverwender nicht, wenn er unverzüglich Maßnahmen umsetzt, die die Verletzung oder jedenfalls deren wirtschaftliche Wirkung im Schutzland beseitigen[244]. Voraussetzung des Haftungsausschlusses ist allerdings die lautere Benutzung des Kennzeichens[245]. Umfassende Unterlassungsgebote sollen nur in Fällen bösgläubiger Zeichenverwendung verhängt werden[246].

Dies wird allerdings *de lege lata* kaum möglich sein, denn ist deutsches Kennzei- 106
chenrecht anwendbar, ist Raum wohl nur für die Berücksichtigung deutscher, nicht hingegen auch ausländischer Schutzrechte. Vor allem aber scheidet man nach der hier vertretenen Auffassung bereits im Rahmen der Anknüpfung die Fälle aus, in denen der Anbieter mit seinem Auftritt weder auf den Markt des Schutzlandes abzielt noch dorthin tatsächlich Kundenkontakte unterhält. Würde man ihm zugestehen, sein Internetangebot erkennbar auf den Markt des Schutzlandes auszurichten, ohne dass er dort für Dritte bestehende Zeichenrechte beachten müsste, würde dies die gewerblichen Schutzrechte unzumutbar entwerten. Für den Anbieter dürfte es in der Praxis regelmäßig möglich und zumutbar sein, sein Angebot entsprechend auszurichten und im Notfall über Passwortsysteme sicherzustellen, dass er, will er das Zeichen verwenden, dies jedenfalls nicht gegenüber Nutzern im Schutzland tut. Eine Abwägung auf materiellrechtlicher Ebene wird daher **nur in Ausnahmefällen** – z.B. wenn der ausländische Nutzer Inhaber einer Weltmarke ist, die zufällig im Schutzland keinen Schutz genießt – angezeigt sein[247].

Im **Ergebnis** ist das Recht des Schutzlandes anzuwenden, wenn der Internetauf- 107
tritt, in dem das im Streit stehende Kennzeichen verwendet wird, auf das Schutzland ausgerichtet ist. Dies ergibt sich aus einer Gesamtschau objektiver Kriterien. Für eine materiellrechtliche Einschränkung ist daneben nur in Ausnahmefällen Raum. Im obigen Beispielsfall hat der deutsche Jeans-Hersteller lediglich eine deutsche Marke; Schutzland ist mithin Deutschland. Er wird also gegen den Internet-Auftritt des französischen Supermarktunternehmens Fr nur dann etwas unternehmen können, wenn dessen Website vor dem Hintergrund der oben näher erläuterten Kriterien auf Deutschland ausgerichtet ist. Dies ist hier insgesamt nicht der Fall: Fr ist in Deutschland nicht tätig, tritt also auf dem hiesigen Markt nicht in Erscheinung; dementsprechend ist die Website auf deutsch nicht abrufbar und wird hierzulande auch ebensowenig wie die sonstigen Leistungen von Fr beworben. Auf dem deut-

---

241 Art. 3 Vorschlag; ausführlich *Bettinger,* WRP 2001, 789 (792ff.).

242 Näher *Bettinger,* WRP 2001, 789 (793).

243 Art. 9 Vorschlag; *Bettinger,* WRP 2001, 789 (793f.).

244 Art. 10, 12 Vorschlag; *Bettinger,* WRP 2001, 789 (794f.).

245 Art. 9 i.V.m. Art. 4 Vorschlag; *Bettinger,* WRP 2001, 789 (795).

246 Art. 13, 14 Vorschlag; *Bettinger,* WRP 2001, 789 (795).

247 Dies ist bei reinen Domainkonflikten m.E. anders, da dort die Nutzung des Internet als solche im Raume steht, nicht hingegen Inhalte eines Angebots. Näher oben Rdnr. 26ff.

schen Markt, für den der deutsche Jeans-Hersteller im obigen Beispiel allein Schutz besitzt, begegnen sich die beiden Kennzeichen also überhaupt nicht. Der deutsche Hersteller wird deshalb nach der hier vertretenen Auffassung gegen den Internet-Auftritt der Supermarktkette Fr nichts unternehmen können.

D. Kollisionsrecht der technischen Erfindungen[248]

I. Einführung

108 Durch die Entwicklung des Internet haben auch für die technischen Schutzrechte im weiteren Sinne (alle privaten Rechte an technischen Erfindungen, Halbleitererzeugnissen und Pflanzenzüchtungen[249], z. B. Patente, Gebrauchsmuster, Sortenschutzrechte, auch als Arbeitnehmererfindungen) die Risiken internationaler Kollisionsfälle erheblich zugenommen. Durch die Ubiquität des Internet ist jedes Anbieten patentierter Erfindungen im Internet, jede Werbung mit dem Besitz eines Patents, jede Veräußerung patentierter oder gebrauchsmuster- bzw. sortengeschützter Waren überall auf der Welt zugänglich und kann somit auch grundsätzlich überall zugunsten Dritter bestehende Schutzrechte an technischen Erfindungen verletzen. Da jedenfalls die kollisionsrechtliche Problematik derjenigen der anderen Immaterialgüterrechte im Wesentlichen entspricht[250], sollen an dieser Stelle nur die einschlägigen internationalen Abkommen sowie das europäische Recht, im Übrigen aber nur die wenigen Besonderheiten im Kollisionsrecht der technischen Erfindungen erörtert werden.

II. Allgemeines Kollisionsrecht der technischen Erfindungen

109 Im Bereich der technischen Erfindungen bestehen zahlreiche praktisch wichtige internationale Übereinkommen neben einigen grundlegenden europäischen Vertrags- und Regelungswerken. Das autonome Kollisionsrecht beruht, von der Anknüpfung der Arbeitnehmererfindung einmal abgesehen, im Wesentlichen auf dem **Schutzlandprinzip.**

1. Internationale Abkommen und europäisches Recht[251]

a) Internationale Übereinkommen

110 Auch im Bereich der technischen Erfindungen ist die Pariser Verbandsübereinkunft zum Schutz des gewerblichen Eigentums vom 20. 3. 1883[252] **(PVÜ)** grundlegend. Wesentlicher Inhalt der PVÜ ist das **Inländerbehandlungsprinzip** (Art. 2, 3 PVÜ)[253]. Darüber hinaus regelt die PVÜ in erster Linie materielle **Mindestschutzrechte** und die so genannte **Unionspriorität,** nach der ein Verbandsausländer, der

---

[248] Zum materiellen Recht vgl. §§ 9, 10.

[249] *MünchKomm/Kreuzer,* Nach Art. 38 Anh. II, Rdnr. 84.

[250] Dazu insbes. oben Rdnr. 93 ff.

[251] Überblick bei *Holeweg,* GRUR Int. 2001, 141 f. (143 ff.); zur internationalen Patentanmeldestrategie unten *Bittner,* § 9 Rdnr. 10 ff.

[252] In der Fassung vom 14. 7. 1967 (Stockholmer Fassung), BGBl. 1970 II Seite 293 (391, 1073); im Internet unter www.wipo.int/treaties/ip/paris/paris.pdf [abgerufen am 31. 3. 2002]; näher *Benkhard,* Einl., Rdnr. 9 ff.; *MünchKomm/Kreuzer,* Nach Art. 38 Anh. II, Rdnr. 77 a.

[253] Oben Rdnr. 79 f.

im Inland binnen einer bestimmten Frist ein Schutzrecht anmeldet, sich für die Priorität auf eine ordnungsgemäße Erstanmeldung in einem anderen Verbandsstaat berufen kann. Ausdrückliche Kollisionsnormen enthält das PVÜ im Übrigen nicht.

Das **TRIPS-Übereinkommen**[254], Teil des Übereinkommens zur Errichtung der Welthandelsorganisation (WTO), enthält ebenfalls eine Reihe materiellrechtlicher Normen über Patente und weitere Rechte an technischen Erfindungen (Art. 27 bis 34), jedoch ebenso wenig ausdrückliche Kollisionsnormen. Der **Inländerbehandlungsgrundsatz** ist auch dort verankert (Art. 2 bzw. 3 TRIPS). TRIPS verpflichtet die Mitgliedstaaten außerdem, Angehörige anderer Unterzeichnerstaaten nach dem **Meistbegünstigungsgrundsatz** (Art. 4 TRIPS) zu behandeln. Auch der so genannte Budapester Vertrag über die internationale Anerkennung der Hinterlegung von Mikroorganismen für die Zwecke von Patentverfahren vom 28. 4. 1977[255] (BV) verpflichtet die Vertragsparteien lediglich, unter bestimmten Voraussetzungen für die Zwecke ihrer nationalen Patentverfahren die Hinterlegung von Mikroorganismen bei jeder internationalen Hinterlegungsstelle anzuerkennen. Kollisionsnormen sind auch dort nicht enthalten. Überragende praktische Bedeutung auf dem Gebiet der technischen Erfindungen hat der Patentzusammenarbeitsvertrag (Patent Cooperation Treaty – **PCT**)[256], aber keinerlei Vorschriften zum Kollisionsrecht enthält, sondern lediglich das **internationale Hinterlegungs- und Anmeldeverfahren** regelt. Insbesondere wird festgelegt, welche (vertragsgemäßen) internationalen Sachverhalte die Vertragsstaaten wie Inlandssachverhalte behandeln, also gewissermaßen anerkennen müssen[257]. 111

Für die Praxis von Bedeutung ist schließlich auch das internationale Übereinkommen zum Schutz von Pflanzenzüchtungen vom 2. 12. 1961[258] (**IPÜ**). Es legt in enger Anlehnung an die PVÜ ebenfalls den **Inländerbehandlungsgrundsatz** fest (Art. 3 IPÜ), enthält im Übrigen jedoch in erster Linie Regelungen, die die nationalen Sortenschutzrechte harmonisieren sollen, indem sie insbesondere Schutzvoraussetzungen und Nichtigkeitsgründe abschließend festlegen. Das IPÜ regelt jedoch weder ein inter- oder transnationales Verfahren der Erteilung von Patenten oder anderen Schutzrechten in diesem Bereich, noch schafft es ein eigenständiges Schutzrecht. – Eine Vereinheitlichung der Anmeldeformalitäten und -verfahren soll schließlich der Patent Law Treaty vom 1. 6. 2000 (**PLT**)[259] bringen. Er ist jedoch bislang nicht in Kraft getreten. Kollisionsnormen enthält er nicht. 112

[254] Übereinkommen über handelsbezogene Aspekte der Rechte des geistigen Eigentums vom 15. 4. 1994, BGBl. II, 1994 S. 1730; Liste der Vertragsstaaten bei *Schricker/Katzenberger,* vor §§ 120 ff., Rdnr. 16; *Benkhard,* Einl., Rdnr. 4; *MünchKomm/Kreuzer,* Nach Art. 38 Anh. II, Rdnr. 77 a.

[255] Budapester Vertrag über die internationale Anerkennung der Hinterlegung von Mikroorganismen für die Zwecke von Patentverfahren vom 28. 4. 1977, BGBl. 1980 II, S. 1104; www.wipo.int/treaties/registration/budapest/budapesttreatis-eng.pdf; *MünchKomm/Kreuzer,* Nach Art. 38 Anh. II, Rdnr. 79.

[256] Vertrag vom 19. 6. 1970 über die internationale Zusammenarbeit auf dem Gebiet des Patentwesens, BGBl. 1976 II, S. 649 (664); www.wipo.int/treaties/registration/pct/pct.pdf; *MünchKomm/Kreuzer,* Nach Art. 38 Anh. II, Rdnr. 78.

[257] *MünchKomm/Kreuzer,* Nach Art. 38 Anh. II, Rdnr. 78.

[258] BGBl. 1968 II, 428; zuletzt revidiert am 19. 3. 1991 in Genf, BGBl. 1998 II, S. 259; *MünchKomm/Kreuzer,* Nach Art. 38 Anh. II, Rdnr. 80.

[259] Von Deutschland noch nicht gezeichnet.

b) Europäisches Recht

113 Im europäischen Recht gibt es neben wichtigen Patentübereinkommen auch einige Versuche der Kommission bzw. des Rates, durch Verordnungen und Richtlinien europaweit einheitliche Normen zu schaffen. Zentral ist das Übereinkommen vom 5. 10. 1973 über die Erteilung europäischer Patente (**Europäisches Patentübereinkommen**, EPÜ)[260]. Es fasst die nationalen Anmelde- und Erteilungsverfahren der Vertragsstaaten zu einem einzigen **Verfahren** vor dem europäischen Patentamt in München zusammen. Durch einen einzigen Erteilungsakt wird ein „europäisches Patent" erteilt, das allerdings nicht – wie etwa die Gemeinschaftsmarke – als Gemeinschaftspatent fortbesteht, sondern nach der Erteilung in die einzelnen nationalen Patente zerfällt (**Patentbündel**; Art. 2 Abs. 2 EPÜ). Das EPÜ regelt darüber hinaus nur das Verfahren als solches, nicht jedoch Wirkung und Schutz der einzelnen nationalen Rechte aus dem Patentbündel. Diese richten sich grundsätzlich nach dem nationalen Recht des Vertragsstaates, in dem konkret Schutz beansprucht wird (Art. 2 Abs. 2, 64 Abs. 1 EPÜ). Ausdrückliche Kollisionsregeln enthält das EPÜ nicht.

114 Die Bemühungen, ein von nationalen Rechten unabhängiges **Gemeinschaftspatent** zu schaffen, haben hingegen noch nicht zum Ziel geführt. So ist das Übereinkommen über das europäische Patent für den gemeinsamen Markt in der Fassung der Vereinbarung über Gemeinschaftspatente vom 21. 12. 1989 (Gemeinschaftspatentübereinkommen, GPÜ)[261], das insbesondere ein Protokoll über die Regelung von Streitigkeiten über die Verletzung und die Rechtsgültigkeit von Gemeinschaftspatenten (**GPÜ-Streitregelungsprotokoll**)[262] enthält, nicht in Kraft getreten. Vorgesehen ist auf der Grundlage des EPÜ-Patenterteilungsverfahrens die Schaffung eines von den nationalen Schutzsystemen unabhängigen, gemeinschaftsweit einheitlichen Patents mit grundsätzlich gleichen Wirkungen in allen Mitgliedstaaten (Art. 2 Abs. 2 GPÜ). Die nationalen Patente sollen – ähnlich wie bei der Gemeinschaftsmarke – daneben weiterbestehen (Art. 5 GPÜ). Auch die Wirkungen des Gemeinschaftspatents sollen sich nach dem GPÜ richten (Art. 34 GPÜ). Behauptete Verletzungen sollen – nach Maßgabe des GPÜ-Streitregelungsprotokolls – nach dem nationalen Recht, das im Falle der Verletzung eines rein nationalen Patents angewendet würde, geprüft werden (Art. 34 GPÜ). Alle weiteren nicht geregelten Fragen unterstehen der *lex fori* einschließlich ihres internationalen Privatrechts (Gesamtverweisung). Abgesehen von einem Unterlassungsgebot in Art. 35 GPÜ-Streitregelungsprotokoll soll auch die Durchsetzung des Verbotes der *lex fori* des angerufenen Gemeinschaftspatentgerichts entnommen werden. Alle übrigen Sanktionen werden dem Recht des Vertragsstaates unterstellt, in dem Verletzungshandlungen drohen oder begangen worden sind (Art. 35 Abs. 3 GPÜ-Streitregelungsprotokoll). Im Übrigen ist das (materielle) Recht des Staates anwendbar, das das angerufene Gericht auf der Grundlage seines eigenen Kollisionsrechts anwenden würde, wenn ein nationales Patent verletzt wäre (Art. 34 GPÜ). Die in der *lex fori* für ein nationales Patent vorgesehenen einstweiligen und Sicherungsmaßnahmen können auch

[260] BGBl. 1976 II, 649 (826); www.european-patent-office.org/legal/epc/index_d.html [abgerufen am 2. 4. 2002]; *MünchKomm/Kreuzer*, Nach Art. 38 Anh. II, Rdnr. 81.

[261] BGBl. 1991 II, S. 1358 (1361); *MünchKomm/Kreuzer*, Nach Art. 38 Anh. II, Rdnr. 82.

[262] Protokoll über die Regelung von Streitigkeiten über die Verletzung und die Rechtsgültigkeit von Gemeinschaftspatenten, BGBl. 1991 II, S. 1378.

zum Schutz von Gemeinschaftspatenten beantragt werden (Art. 36 Abs. 1 GPÜ-Streitregelungsprotokoll). Dem Zweck des Normenwerks entsprechend handelt es sich um **einheitssachrechtsergänzendes Kollisionsrecht**[263]. Da das Übereinkommen über das Gemeinschaftspatent immer noch nicht in Kraft getreten ist und dies auch nicht unmittelbar bevorsteht, soll nun über eine Verordnung[264] ein Gemeinschaftspatent geschaffen werden. Auch dieser Verordnungsvorschlag wird jedoch jedenfalls in absehbarer Zeit wohl nicht verabschiedet werden. Umstritten ist nicht nur die vorgesehene Schaffung einer zentralen europäischen ersten Instanz, sondern auch der Umfang des Übersetzungserfordernisses und schließlich die Technik des Anschlusses an das Europäische Patentübereinkommen.

Kollisionsrechtlich begrenzt relevant ist schließlich die **Verordnung** (EG) Nr. 115
2100/94 des Rates vom 27. 7. 1994 über den **gemeinschaftlichen Sortenschutz**[265], die eine einzige Form des gemeinschaftlichen gewerblichen Rechtsschutzes für Pflanzensorten schafft. Dieses besteht neben den nationalen Sortenschutzrechten, hat aber gemeinschaftsweit einheitliche Wirkung. Die Sortenschutzverordnung enthält im Wesentlichen einheitliche Sachnormen für Voraussetzungen und Rechtsfolgen einer Verletzung. In Art. 97 Abs. 1 und 2 enthält sie eine ergänzende **kollisionsrechtliche Verweisung,** die allerdings nur für Bereichungsansprüche relevant ist[266]. Für diese Ansprüche ist das nach dem Kollisionsrecht der *lex fori* angeknüpfte Recht im Sinne einer Gesamtverweisung anwendbar. Auch dies ist nach Sinn und Zweck der Verordnung gemeinschaftsrechtsergänzendes Kollisionsrecht[267].

c) Arbeitnehmererfindung

Eine kollisionsrechtliche Sonderregelung enthält das **EPÜ** für Arbeitnehmererfin- 116
dungen[268]. Entgegen der im autonomen Recht ganz herrschend vertretenen Anknüpfung an das Arbeitsvertragsstatut[269] unterstellt Art. 60 Abs. 1 Satz 2 EPÜ die Frage, wem das Patent bei einer Arbeitnehmererfindung zusteht, dem **Recht des Staates, in dem der Arbeitnehmer überwiegend beschäftigt** ist. Ist dies nicht feststellbar, so soll das Recht des Staates angewendet werden, in dem der Arbeitgeber den Betrieb unterhält, dem der Arbeitnehmer angehört. Streitig ist, ob es sich dabei um eine Gesamt- oder eine Sachnormverweisung handelt, ob also das Recht des Beschäftigungsstaates einschließlich seines internationalen Privatrechts oder nur dessen internes materielles Recht anwendbar ist. Eine Meinung geht von einer **Sachnormverweisung** aus[270]. Die wohl vorzugswürdige Ansicht will Art. 60 Abs. 1

---

263 *MünchKomm/Kreuzer*, Nach Art. 38 Anhang II, Rdnr. 82.

264 Vorschlag für eine Verordnung des Rates über das Gemeinschaftspatent vom 1. 8. 2000 (KOM 2000, 412); www.europa.eu.int/comm/internalmarket/en/intprop/indprop/412de.pdf [abgerufen am 2. 4. 2002].

265 ABl. EG Nr. L 227/1.

266 *MünchKomm/Kreuzer,* Nach Art. 38 Anhang II, Rdnr. 82 a.

267 Ausschließlich materiellrechtliche Regelungen enthalten die Richtlinie des Europäischen Parlamentes und des Rates über den rechtlichen Schutz biotechnologischer Erfindungen vom 6. 7. 1998 (RL 98/44/EG), ABl. EG Nr. L 213, 13, sowie der Vorschlag für eine Richtlinie über die Patentierbarkeit von Computerprogrammen; Diskussionspapier unter www.europa.eu.int/comm/internalmarket/en/intprop [abgerufen am 31. 3. 2002].

268 *Bartenbach/Volz,* § 1 Rdnr. 35 a. E.; *MünchKomm/Martiny,* Art. 30 Rdnr. 57.

269 *MünchKomm/Martiny,* Art. 30 Rdnr. 56 f.; *Bartenbach/Volz,* § 1 Rdnr. 109 f.

270 Nachweise bei *Straus,* GRUR Int. 1984, 1, 6.

Satz 2 EPÜ hingegen als **Gesamtverweisung** auffassen, so dass eine Weiterverweisung dieses Rechts auf das Arbeitsvertragsstatut möglich wäre[271]. Damit wäre sichergestellt, dass Arbeitnehmererfindungen, die unter das EPÜ fallen, und solche außerhalb des Anwendungsbereichs des EPÜ kollisionsrechtlich dem gleichen Statut unterstellt werden[272].

2. Autonomes Kollisionsrecht

117 Schutzrechte aus bzw. an technischen Erfindungen (Patente, Gebrauchsmuster, Sortenschutzrechte usw.) werden wie alle anderen Immaterialgüterrechte nach wohl allgemeiner Ansicht der **lex loci protectionis** unterstellt, also nach dem Recht des Landes beurteilt, für dessen Gebiet Schutz in Anspruch genommen wird[273]. *Lex loci protectionis* sind dabei nicht nur die Normen, die tatsächlich innerstaatlichen oder etwa gemeinschaftsrechtlichen Ursprungs sind, sondern ebenso und in aller Regel vorrangig Vorschriften aus völkerrechtlichen Übereinkommen[274]. Grundsätzlich ist auch hier die Anknüpfung an das Schutzland Gesamtverweisung, so dass ein **Renvoi** durch das Schutzlandrecht möglich und beachtlich wäre. Angesichts der nahezu weltweiten Anknüpfung an die *lex loci protectionis* wird dies jedoch – von den oben genannten staatsvertraglichen Kollisionsnormen einmal abgesehen – kaum jemals praktisch relevant. **„Auflockerungen"** des Schutzlandstatuts (Günstigkeitsregel, gemeinsamer gewöhnlicher Aufenthaltsort der Parteien, Rechtswahl)[275] werden im Patentkollisionsrecht ebenso wenig anerkannt wie im übrigen Immaterialgüterkollisionsrecht[276]. Das Schutzlandrecht regelt wiederum **alle Fragen**[277], die das Schutzrecht als solches betreffen, also z. B. Entstehen des Schutzrechts, insbesondere, ob und unter welchen Voraussetzungen – ob etwa eine Veröffentlichung im Internet ausreicht bzw. schädlich ist – und in welcher Form (z. B. Patent oder Gebrauchsmuster) das Recht geschützt wird. Das Schutzlandrecht regelt insofern auch, ob und welche **Auslandssachverhalte** ggf. im Tatbestand der materiellrechtlichen Norm berücksichtigt werden können[278]. Auch die Priorität bestimmt sich grundsätzlich nach dem Recht des Schutzlandes[279]. Über das Erlöschen entscheidet grundsätzlich ebenfalls die *lex loci protectionis*. Schließlich werden auch die **Wirkungen des Schutzrechtes**, d. h. Inhalt, Schutzumfang, Voraussetzungen und Folgen einer Rechtsverletzung dem Schutzlandrecht unterstellt[280].

---

271 *Bartenbach/Volz,* § 1 Rdnr. 35 a. E.; Straus, GRUR Int. 1984, 1 (6).

272 Zur Begründung der Anknüpfung an das Arbeitsvertragsstatut siehe sogleich unter Rdnr. 117 ff.

273 *Benkhard,* Einl., Rdnr. 1, § 9 PatG, Rdnr. 8 ff.; *Schulte,* § 9, Rdnr. 80; *Busse,* Einl. Rdnr. 73; *MünchKomm/Kreuzer,* Nach Art. 38 Anhang II, Rdnr. 6 ff., 83, m. v. w. N.; BGHZ 49, 331 (334 f.) – Territorialitätsprinzip im Sortenschutz; ferner Rdnr. 8 f.

274 Statt aller *MünchKomm/Kreuzer,* Nach Art. 38 Anhang II, Rdnr. 9; zur Begründung des Schutzlandprinzips letztlich aus dem Territorialitätsprinzip siehe oben Rdnr. 85.

275 *Busse,* Einl., Rdnr. 77, mit Ausnahme der Frage, wem eine Arbeitnehmererfindung zusteht; dazu sogleich.

276 Statt aller *MünchKomm/Kreuzer,* Nach Art. 38 Anhang 2, Rdnr. 15 m. w. N.

277 *MünchKomm/Kreuzer,* Nach Art. 38 Anh. II, Rdnr. 85 ff.

278 *Benkhard,* § 9 PatG, Rdnr. 11 ff.

279 Abgesehen von den oben beschriebenen, sich aus staatsvertraglichen Regelungen ergebenen Ausnahmen.

280 Für ein Beispiel jüngst *BGH* GRUR 2002, 599 – Funkuhr; zu dem auf Verfügungen über Schutzrechte anwendbaren Recht siehe unten Rdnr. 189 f.

118 Auch Entstehen, Inhalt und Erlöschen eines Patent- oder Gebrauchsmusterschutzes für **Arbeitnehmererfindungen** regelt die *lex loci protectionis*[281]. Nach ganz herrschender Meinung entscheidet jedoch das **Arbeitsvertragsstatut** bzw. – mangels Rechtswahl – das über Art. 30 EGBGB[282] bestimmte anwendbare Recht, ob überhaupt eine Dienst- oder vielmehr eine freie Erfindung vorliegt, wem diese Erfindung zusteht und ob der Arbeitnehmer unabhängig von den vertraglichen Regelungen Entgeltansprüche hat[283]. Dabei soll das deutsche ArbEG eine Schutzbestimmung i.S.d. Art. 30 Abs. 1 EGBGB darstellen, eine Rechtswahl also nicht zur Umgehung des ArbEG führen[284].

III. Kollisionsrecht der technischen Erfindungen im Internet

119 Auch im Bereich der technischen Erfindungen gilt es, angesichts der Potenzierung der Kollisionsfälle durch das Internet zufrieden stellende Anknüpfungsmöglichkeiten zu finden. Die Problematik ist hier im Wesentlichen die gleiche wie bei den Marken- und Kennzeichenrechten[285]. In Betracht kommen eine uneingeschränkte Anwendung des Schutzlandrechts, ein Anknüpfung an das Herkunftsland des Anbieters, konkretisiert als Standort des Servers oder Recht am Sitz bzw. der Niederlassung des Anbieters, oder aber eine **einschränkende, konkretisierende Anknüpfung an das Schutzlandrecht**. Allein letztere Anknüpfung kann m.E. wenigstens einen gewissen Ausgleich zwischen den sich gegenüberstehenden Interessen des (potenziellen) Patent- oder Gebrauchsmusterverletzers auf der einen und des Schutzrechtsinhabers auf der anderen Seite ermöglichen. Auch Schutzrechte an technischen Erfindungen sind somit dem Recht des Schutzlandes zu unterstellen, wenn der **Internetauftritt erkennbar für das Schutzland bestimmt** ist oder der Anbieter über diesen Auftritt geschäftliche Kontakte mit dem Schutzland hält (z.B. über eine Absatztätigkeit dort). Dies wird in der Regel dann der Fall sein, wenn es sich um eine nationale Top Level Domain des Schutzlandes handelt oder aber sich der Bezug aus anderen Indizien (Kontaktadressen auf der Homepage, angegebene Währung, unter Umständen auch die verwendete Sprache oder die in der Werbung auftretenden Personen usw.[286]) ergibt[287].

---

[281] *Birk,* RabelsZ 46 (1982) 384 (400); *MünchKomm/Kreuzer,* Nach Art. 38 Anh. II, Rdnr. 87; *MünchKomm/Martiny,* Art. 30 Rdnr. 56f.

[282] Zum Arbeitsvertragsstatut speziell in diesem Bereich *Bartenbach/Volz,* § 1 Rdnr. 32ff.

[283] *MünchKomm/Martiny,* Art. 30 EGBGB, Rdnr. 56; *Busse,* Einl. ArbEG, Rdnr. 8f.

[284] *Bartenbach/Volz,* § 1 Rdnr. 109. Allerdings soll die Rechtswahl gültig sein, wenn das gewählte Recht den Arbeitnehmer in gleichem Maße oder besser schützende Normen kennt, *Bartenbach/Volz,* § 1 Rdnr. 110.

[285] Oben Rdnr. 93ff.

[286] Näher oben Rdnr. 31, Rdnr. 104.

[287] Checkliste Rdnr. 238.

E. Kollisionsrecht der Geschmacksmuster

I. Einführung

120 Das Geschmacksmusterkollisionsrecht knüpft jedenfalls dort, wo es keine speziellen staatsvertraglichen Regelungen gibt, ebenfalls an die ***lex loci protectionis*** an. Als Geschmacksmuster im kollisionsrechtlichen Sinn bezeichnet man alle privaten Ausschließlichkeitsrechte an gewerblich verwertbaren ästhetisch wirkenden Flächen oder (auch dreidimensionalen) Formen, das heißt Mustern oder Modellen[288]. Ein Geschmacksmuster schützt eine „dekorative" Leistung, die jedoch nicht zweckfrei ist, sondern (nur) im Zusammenhange mit Waren verwendet werden soll. Das Geschmacksmuster liegt damit im **Grenzbereich von gewerblichem Schutzrecht** auf der einen und **Urheberrecht** auf der anderen Seite. Kollisionsrechtlich und insbesondere im Hinblick auf die bestehenden internationalen Konventionen kommt somit die Heranziehung der Anknüpfungen aus beiden Bereichen grundsätzlich in Betracht.

II. Geschmacksmusterkollisionsrecht außerhalb des Internet

1. Staatsverträge und Gemeinschaftsrecht

a) Internationale Abkommen

121 Die **PVÜ**[289] schützt als gewerbliches Eigentum ausdrücklich auch gewerbliche Muster und Modelle, Art. 1 Abs. 2 PVÜ. Somit findet auch auf Geschmacksmuster der **Inländerbehandlungsgrundsatz** Anwendung (Art. 2, 3 PVÜ). Die weiteren Normen der PVÜ, die speziell Geschmacksmuster regeln, enthalten kein Kollisionsrecht. Das **TRIPS-Übereinkommen** regelt in seinen Art. 25 und 26 einen sachrechtlichen Mindestschutz für gewerbliche Muster und Modelle. Der Inländerbehandlungsgrundsatz gilt auch hier; Kollisionsnormen fehlen hingegen. Die größte praktische Bedeutung in diesem Bereich hat wohl das sogenannte Haager Musterabkommen vom 6. 11. 1925[290] (**HMA**). Ähnlich wie das MMA eröffnet es die Möglichkeit, eine Vielzahl nationaler Musterhinterlegungen durch eine einzige internationale Anmeldung zu ersetzten (Art. 4 HMA). Kollisionsrechtliche Regelungen trifft das HMA nicht. Am 2. 7. 1999 wurde die so genannte Genfer Fassung des Haager Abkommens über die internationale Hinterlegung gewerblicher Muster und Modelle verabschiedet, die in erster Linie den Staaten einen Beitritt erleichtern soll, nach deren Recht bei einer Musteranmeldung eine materiellrechtliche Prüfung stattfinden muss. Das Abkommen ist bislang nicht in Kraft getreten. Zu nennen ist weiter das **Abkommen von Locarno** zu Errichtung einer internationalen Klassifikation für gewerbliche Muster und Modelle vom 8. 10. 1968 in der revidierten Fassung vom 2. 10. 1979[291].

---

288 *MünchKomm/Kreuzer*, Nach Art. 38 Anh. II, Rdnr. 99.

289 Oben Rdnr. 78 f.

290 Hager Abkommen vom 6. 11. 1925 über die internationale Hinterlegung gewerblicher Muster und Modelle, RGBl. 1928 II, S. 175 (203), revidiert in London 1934, RGBl. 1937 II, S. 583 (617), und in Den Haag 1960, BGBl. 1962 II, S. 774 (797). Für die Bundesrepublik Deutschland ist es in Kraft seit 1. 8. 1984, BGBl. II, S. 798.

291 Für Deutschland in Kraft seit 25. 10. 1990, BGBl. 1990 II, S. 1677; www.wipo.in/treaties/classification/locarno/locarno.pdf [abgerufen am 2. 4. 2002].

Im urheberrechtlichen Bereich enthält die Revidierte Berner Übereinkunft (**RBÜ**)[292] in Art. 2 Sonderbestimmungen für Geschmacksmuster. 122

b) Europäisches Recht

Auf europäischer Ebene gibt es nach der Geschmacksmusterrichtlinie[293] nun auch eine **Verordnung über ein Gemeinschaftsgeschmacksmuster**[294], das nach dem Vorbild der Gemeinschaftsmarke ein EU-weit einheitliches, von den nationalen Schutzrechten unabhängiges Geschmacksmuster schafft[295]. Insbesondere entsteht der Schutz für das Gemeinschaftsgeschmacksmuster sowohl durch Registrierung beim HABM in Alicante als auch durch bloße Veröffentlichung (Art. 1 GemGeschmMVO). **Kollisionsrechtlich** soll ebenso wie bei der Gemeinschaftsmarke die nationale *lex fori* einschließlich ihres internationalen Privatrechts über alle Fragen entscheiden, die die Verordnung nicht selbst regelt, Art. 88 Abs. 2, 3 GemGeschmMVO, also insbesondere Verletzungssanktionen (Art. 89) und einstweilige Maßnahmen (Art. 90). Vereinheitlichendes Kollisionsrecht enthält die Verordnung allerdings nicht. 123

2. Autonomes Kollisionsrecht

Das Geschmacksmuster wird wie alle Immaterialgüterrechte der ***lex loci protectionis*** unterstellt[296]. Diese entscheidet umfassend über Entstehen, Inhalt, Umfang des Schutzes und Erlöschen. Im Anwendungsbereich der **RBÜ** allerdings ergibt sich eine Besonderheit aus Art. 2 Abs. 7 Satz 2 RBÜ[297]. Sind danach Werke in ihrem Ursprungsland nur als Muster bzw. Modell geschützt, muss auch ein anderer Verbandsstaat nur Geschmacksmusterschutz gewähren. Lediglich wenn er diesen nicht kennt, ist er verpflichtet, das Werk urheberrechtlich zu schützen. Im Anwendungsbereich des **HMA** ist zu beachten, dass ein beim internationalen Büro der WIPO in Genf hinterlegtes Geschmacksmuster die förmlichen nationalen Entstehungsvoraussetzungen ersetzt, sofern auf einen Schutz im Schutzland nicht ausdrücklich verzichtet worden ist. Die internationale Hinterlegung wird also behandelt, als wenn das Geschmacksmuster gleichzeitig national angemeldet worden wäre (Art. 4 Abs. 2 Satz 2 HMA). Dies stellt allerdings kein Kollisionsrecht im engeren Sinne dar, sondern regelt lediglich die Berücksichtigung eines ausländischen bzw. internationalen Sachverhalts als national. Die internationale Hinterlegung führt wie beim MMA zu einem **Bündel von nationalen Geschmacksmusterrechten**, nicht jedoch zu einem international übergreifenden, unabhängigen Geschmacksmuster[298]. 124

---

[292] In der Fassung vom 24. 7. 1971 (Pariser Fassung), BGBl. 1973 II S. 1069; näher *Schricker/Katzenberger,* vor §§ 120 ff., Rdnr. 41 ff.; Liste der Vertragsstaaten dort Rdnr. 45; neue Beitritte in GRUR Int. 2001, 572 f.

[293] Richtlinie 98/71/EG des europäischen Parlaments und des Rates über den rechtlichen Schutz von Mustern und Modellen vom 13. 10. 1998, Abl. EG Nr. L 289/28; www.europa.eu.int/eur-lex/de/lif/dat/1998/de_389L0071.html [abgerufen am 2. 4. 2002].

[294] Verordnung (EG) 6/2002 des Rates vom 12. 12. 2001 über das Gemeinschaftsgeschmacksmuster, ABl. EG Nr., L 003/1; im Internet unter http//www.europa.eu.int [abgerufen am 31. 3. 2002].

[295] Näher unten § 10, Rdnr. 31 ff.

[296] *MünchKomm/Kreuzer,* Nach Art. 38 Anh. II, Rdnr. 98, 100.

[297] *MünchKomm/Kreuzer,* Nach Art. 38 Anh. II, Rdnr. 101.

[298] *MünchKomm/Kreuzer,* Nach Art. 38 Anh. II, Rdnr. 102.

III. Kollisionsrecht im Internet

125 Die Problematik der Anknüpfung ist derjenigen bei den Marken und Kennzeichen bzw. bei den technischen Schutzrechten gleich. Auch Geschmacksmusterkonflikte im Internet sind somit grundsätzlich dem **Recht des Schutzlandes** zu unterstellen, wenn der betreffende Internet-**Auftritt erkennbar für das Schutzland bestimmt** ist oder Geschäftskontakte des Anbieters in das Schutzland (z. B. Absatztätigkeit) vermittelt. Dies ist in der Regel bei nationalen Top Level Domains des Schutzlandes oder unter Umständen auf Grund von Indizien der Fall (Kontaktadressen, Währung, unter Umständen Sprache usw.[299]).

F. Wettbewerbskollisionsrecht

I. Einführung

126 Der britische Getränkehersteller G, der seine Getränke auch in Deutschland vertreibt, wirbt auf seiner Website unter <g.com> mit einem Vergleich der eigenen Leistung mit der anderer Hersteller, der nach § 2 deutsches UWG wettbewerbswidrig wäre. Die Domain ist in englischer Sprache gehalten. Neben einer Kontaktmöglichkeit über e-mail über die g.com-Domain sind eine britische Kontaktadresse und britische 0–800-Telefonnummern angegeben. Auf der Website werden regelmäßig Werbebanner, in denen in erster Linie Schauspieler englischer Fernsehserien und englische Sportler für die Getränke des Anbieters werben, gezeigt. Man kann auch an einem Gewinnspiel teilnehmen, dessen Hauptgewinn ein Warengutschein über 500,00 £ ist. Schließlich ist es möglich, sich eine Probierauswahl der angebotenen Getränke zu bestellen, in dem man ein auf der Site aufrufbares Formular ausfüllt. Dieses enthält Felder für den Namen, die Straße, den Ort, die Grafschaft und den „post code". Unter dem Formular wird darauf aufmerksam gemacht, dass der Versand nur innerhalb Englands kostenfrei erfolge; in Schottland, Wales und Nordirland würden 3,00 £ Versandkostenanteil in Rechnung gestellt. Ein deutscher Verbraucherschutzverband, zu dessen Mitgliedern unter anderem mehrere größere Getränkehersteller zählen, will gegen den britischen Anbieter wegen der unzulässigen vergleichenden Werbung vorgehen.

127 Im Internet wird, zugespitzt formuliert, aus jedem in der realen Welt nur lokal tätigen Anbieter potenziell ein „global player". Er sieht sich damit gleichzeitig dem Risiko ausgesetzt, dass sein Internetauftritt in allen möglichen Ecken der Welt Rechtsvorschriften verletzen kann. Ein Unterlassungsgebot in auch nur einem dieser Länder könnte, wollte er es befolgen, angesichts der immer noch in der Regel bestehenden technischen Unteilbarkeit seines Auftrittes[300] diesen überall auf der Welt – also auch dort, wo er zulässig ist – verhindern. Um dieses Risiko auszuschließen, müsste er im Vorfeld alle Rechte der Welt untersuchen und seinen Auftritt an dem strengsten ausrichten. Gerade einem kleineren Anbieter würde damit die Nutzung des Internets als Marketinginstrument faktisch unmöglich gemacht. Auf der anderen Seite unterliegen die einzelnen nationalen Märkte durch die Entwicklung des In-

[299] Näher oben Rdnr. 31; Checkliste Rdnr. 238.
[300] Zu diesem Punkt aber oben § 1, Rdnr. 35.

ternet vielfältigen neuen Einflüssen von überall her. Im Gegensatz zu den Immaterialgüterrechten bezweckt das **Wettbewerbsrecht** nach richtiger Auffassung nicht lediglich **Individualschutz**, sondern will in gewissem Umfang auch die **Marktordnung als solche**, d.h. die darin zum Ausdruck kommenden Allgemeininteressen wie Verbraucherschutz, Schutz der Lauterkeit des Wettbewerbs u.ä., schützen. Das **Wettbewerbskollisionsrecht** muss also den **Ausgleich** nicht nur der sich gegenüberstehenden Individualinteressen des ausländischen Anbieters mit denen des inländischen, potenziell verletzten Wettbewerbers, sondern darüber hinaus auch mit den Interessen des Marktstaates an der Erhaltung seiner Marktordnung schaffen.

II. Kollisionsrecht außerhalb des Internet

1. Grundsätzliches

a) Marktortprinzip

Internationale Abkommen gibt es in diesem Bereich nicht[301]. Im autonomen deut- 128
schen Wettbewerbskollisionsrecht werden unlautere Wettbewerbshandlungen wie im innerstaatlichen Recht in aller Regel zu den **unerlaubten Handlungen** gezählt[302]. Deshalb werden Ansprüche aus Wettbewerbsrecht dem **Recht des Tatortes** unterstellt. Als Tatort sieht die ganz allgemeine Rechtsprechung und Lehre in Deutschland[303] (nur) den **Ort der wettbewerblichen Interessenkollision**[304], d.h. den jeweils betroffenen Marktort an. Dabei sind eine Rechtswahl und die Anwendung des Rechts am gemeinsamen gewöhnlichen Aufenthalt nach heute wohl allgemeiner Ansicht[305] grundsätzlich ausgeschlossen[306].

Nach dieser Anknüpfungsregel wurde seit jeher der **Wettbewerb im Inland** dem 129
deutschen Recht unterstellt. Zunächst ging allerdings die Rechtsprechung davon aus, auch auf den **Wettbewerb unter deutschen Unternehmen auf einem ausländischen Markt** sei deutsches Recht anzuwenden[307]. Dies wurde und wird in der Literatur zu Recht zum Teil heftig kritisiert[308]: Es ist nicht recht einzusehen, weshalb deutsche Unternehmen, die auf einem Auslandsmarkt tätig sind, dort im Wettbe-

---

[301] Das europäische Recht, insbes. die sog. Irreführungsrichtlinie (ABl. EG Nr. L 250/20 = GRUR Int. 1984, 688) enthält insofern keine Kollisionsnormen. Vgl. aber zur E-Commerce-Richtlinie unten Rdnr. 141 ff.

[302] Statt aller *Baumbach/Hefermehl*, Einl. UWG, Rdnr. 176.

[303] Diese Anknüpfung praktizieren auch viele weitere, insbesondere die europäischen Staaten. Auch der Entwurf einer Verordnung des Rates zur Vereinheitlichung des Kollisionsrechts bei außervertraglichen Schuldverhältnissen und Sachen („Rom II") sieht die Anknüpfung an das Recht des Marktortes vor. Zu den ersten Entwürfen *Wagner,* EuZW 1999, 709 (712); *Essl,* ÖBl. 2000, 156 (158); *Bodewig*, GRUR Int. 2000, 475.

[304] *Baumbach/Hefermehl,* Einl. UWG, Rdnr. 184; *MünchKomm/Kreuzer,* Art. 38 EGBGB, Rdnr. 234; *Palandt/Heldrich,* Art. 40 EGBGB, Rdnr. 11; *Bornkamm* in *Bartsch/Lutterbeck,* S. 99 (104 f.); *Sack,* WRP 2000, 269 (272); *Schack,* MMR 2000, 59 (61); *Kort,* GRUR Int. 1994, 594 (595 f.).

[305] *BGH* GRUR 1988, 453 (454) – Ein Champagner unter den Mineralwässern; *MünchKomm/Kreuzer,* Art. 38 EGBGB, Rdnr. 249, 250; *Sack,* WRP 2000, 269 (280, 285).

[306] Mit Ausnahme der betriebsbezogenen Wettbewerbshandlungen; dazu sogleich Rdnr. 134.

[307] RGZ 140, 25 (29) – Mundharmonika; *BGH* GRUR 1964, 316 (318) – Stahlexport; 1982, 495 (497) – Domgartenbrand; vgl. auch *OLG Düsseldorf* NJW 1994, 869; zur Entwicklung *Baumbach/Hefermehl*, Einl. UWG, Rdnr. 175; *MünchKomm/Kreuzer,* Art. 38 EGBGB, Rdnr. 231 ff.

[308] Statt aller *MünchKomm/Kreuzer*, Art. 38 EGBGB, Rdnr. 250 f.

werb mit ihren deutschen Konkurrenten anderen Wettbewerbsregeln unterworfen sein sollten als ihre ausländischen Wettbewerber. Darüber hinaus greift eine derartige Ausdehnung der Anwendbarkeit deutschen Rechts zu stark in die jedenfalls auch marktordnenden Interessen des fremden Markstaates ein. Heute wird nur noch in Ausnahmefällen – vor allem bei gezielter Behinderung eines inländischen Konkurrenten – der Auslandwettbewerb unter inländischen Unternehmen deutschem Wettbewerbsrecht unterstellt[309]; in diesem Fall sollen immerhin die ausländischen Rechts- und Verkehrsanschauungen berücksichtigt werden[310].

130 Das **anwendbare Recht bestimmt umfassend** über alle mit dem (behaupteten) Wettbewerbsverstoß zusammenhängenden Fragen, insbesondere auch darüber, ob einem **Verband** eine Klagebefugnis zukommt[311].

131 Der **Marktort** als Ort der wettbewerblichen Interessenkollisionen liegt **dort, wo der Interessenkonflikt effektiv** wird, wo sich die Konkurrenzprodukte direkt im Vertrieb oder in der Werbung begegnen[312]. Dabei ist relevant allein der Markt, auf dem sich die unlautere Handlung direkt auswirkt. An dieser Anknüpfung hat die am 1. 6. 1999 in Kraft getretene EGBGB-(Teil-)Novelle nichts geändert. Zwar enthalten die **neuen Art. 40–42 EGBGB**, die das internationale Deliktsrecht regeln, für das Wettbewerbskollisionsrecht ebenso wenig Sonderregeln wie für das internationale Immaterialgüterrecht. Der Gesetzgeber ging aber hier ebenfalls davon aus, dass die in Rechtsprechung und Literatur gefestigte Marktortregel weiterhin Geltung haben solle[313]. Streitig ist heute lediglich, in welcher Norm sich die Marktortregel dogmatisch verorten lässt, ohne dass diese Diskussion zu unterschiedlichen Ergebnissen führen würde. Nach richtiger Auffassung ist hier wohl **Art. 40 Abs. 1 EGBGB**[314] heranzuziehen und das Recht am Handlungsort anzuwenden. Dies ist nach der Rechtsprechung des *BGH* der Ort, an dem auf die Marktgegenseite eingewirkt wird[315]. Dieser Handlungsort ist zugleich der Erfolgsort (Art. 40 Abs. 1 Satz 2 EGBGB), denn die Einwirkung auf die Marktgegenseite ist der relevante (und mit der unlauteren Wettbewerbshandlung bezweckte) Erfolg. Handlungs- und Erfolgsort fallen also stets am Marktort als Ort der wettbewerblichen Interessenkollision zusammen[316]. Der Ort des Schadenseintritts ist hier wie im allgemeinen internationalen Deliktsrecht nach ganz allgemeiner Auffassung unerheblich. Irrelevant sind auch die Orte, an denen vorbereitende oder Teilhandlungen vorgenommen werden[317]. Ein **Renvoi** ist grundsätzlich zu beachten[318], Art. 4 Abs. 1 EGBGB, allerdings angesichts der weltweit weiten Verbreitung der Marktortanknüpfung in der Praxis kaum zu erwarten.

---

309 *Baumbach/Hefermehl*, Einl. UWG, Rdnr. 185; *Bornkamm* in: *Bartsch/Lutterbeck*, S. 99 (111).

310 *BGH* GRUR 1958, 189 (197) – Zeiss; *BGH* GRUR 1960, 372 (377) – Kodak; BGHZ 35, 329 (332) – Kindersaugflaschen; *BGH* GRUR 1964, 316 (318f.) – Stahlexport; *Baumbach/Hefermehl*, Einl. UWG, Rdnr. 179.

311 *MünchKomm/Kreuzer*, Art. 38, Rdnr. 256; i. E. *LG München I*, CR 2001, 191 – champagner.de.

312 *Baumbach/Hefermehl*, Einl. UWG, Rdnr. 186 a.

313 Begr. Reg.Entw., BT-Drucks. 14/343, S. 10.

314 *Sack*, WRP 2000, 269 (272); *Mankowski*, GRUR Int. 1999, 909 (910); anders im internationalen Immaterialgüterrecht, oben Rdnr. 69.

315 BGHZ 113, 11 (15) – Kauf im Ausland; *BGH* NJW 1998, 12.27 (12.28) – Gewinnspiel im Ausland; *Sack*, WRP 2000, 269 (272).

316 *Sack*, WRP 2000, 269 (272); *Löffler*, WRP 2001, 379.

317 BGHZ 35, 329 (334ff.) – Kindersaugflaschen, ganz h. M.

318 A. A. *MünchKomm/Kreuzer*, Art. 38 EGBGB, Rdnr. 239.

b) Einzelfälle

Geht es also um eine **unlautere Werbung**[319] im weitesten Sinne und liegt der Absatzmarkt in einem anderen Staat als der Werbemarkt, so ist nach richtiger herrschender Auffassung allein an den Werbemarkt anzuknüpfen, da hier das Publikum unlauter – durch Irreführung, Anreizen, Ausnutzen von Spielleidenschaft oder Gewinnsucht oder ähnliche Methoden – für eine bestimmte Ware eingenommen wird[320]. Der tatsächliche Absatz der Ware ist dann nur eine Auswirkung der unlauteren Werbung[321]. Selbst wenn man den Absatzmarkt als Erfolgsort einer unlauteren Werbemaßnahme sehen wollte, hätte dies m. E. keine Anknüpfung der unlauteren Werbehandlungen an das Recht des Absatzmarktes zur Folge: Denn die zu prüfende unlautere Werbung hätte wohl in aller Regel zu dem Recht des Werbemarktes eine wesentlich engere Verbindung als dem des Absatzmarktes; in diesen Fällen erklärt die Ausweichklausel des Art. 41 Abs. 1 BGB grundsätzlich nur das Recht des Ortes für anwendbar, mit dem die wesentlich engere Verbindung besteht[322]. Dies gilt im Übrigen ebenso für die so genannten **Kaffeefahrten ins Ausland,** für die im Inland geworben wird und die auch hier beginnen und aufhören, und zwar auch dann, wenn die bezweckte Werbe- und Verkaufsveranstaltung erst nach Überschreiten der Grenzen im Ausland abgehalten wird: Hier wird im Inland für die Fahrt geworben. Die Fahrt beginnt und endet im Inland und betrifft nur inländisches Publikum. Ob der Reisebus oder das Schiff schon zufällig eine Grenze überfahren hat, ändert an der eigentlichen Verortung der Veranstaltung auf dem deutschen Markt und somit an der Anwendbarkeit deutschen Wettbewerbsrechts nichts. In diesen Fällen besteht also eine wesentlich engere Beziehung zum inländischen Markt als zu dem ausländischen Staat, dessen Grenze der Bus vielleicht schon überschritten hat, Art. 41 Abs. 1 EGBGB[323]. Nach den gleichen Grundsätzen müssen auch die so genannten **Gran-Canaria-Fälle** gelöst werden: Hier wurden in spanischen Hotels speziell deutsche Urlauber von deutschen Unternehmern bzw. deren Agenten in Spanien in deutscher Sprache umworben und zur Eingehung von Verträgen veranlasst, die wiederum in deutscher Sprache verfasst waren, erst in Deutschland erfüllt werden sollten und in aller Regel Gegenstände betrafen, die keinerlei Bezug zum Urlaubsland aufwiesen (in einem vom *BGH* entschiedenen Fall Daunenbettdecken[324]), die die deutschen Urlauber in Spanien nicht benötigten und für die die deutschen Unternehmen in Deutschland Garantie leisten wollten. Der einzige Bezug zu Spanien bestand in diesen Fällen darin, dass die umworbenen Urlauber und die umwerbenden Vertreter der deutschen Unternehmen sich dort aufhielten. Alle anderen Umstände wiesen hingegen nach Deutschland. Dementsprechend müssen derartige Fälle gemäß Art. 41 EGBGB deutschem Wettbewerbsrecht als dem Recht der engsten Verbindungen unterstellt werden[325]. 132

---

[319] Zur Fernsehwerbung innerhalb der EU aber sogleich Rdnr. 138.

[320] *Baumbach/Hefermehl,* Einl. UWG, Rdnr. 187; *MünchKomm/Kreuzer,* Art. 38 EGBGB, Rdnr. 241; *Sack,* WRP 2000, 269 (272).

[321] Vgl. BGHZ, 113, 11 (15) = GRUR 1991, 463 – Kauf im Ausland; *MünchKomm/Kreuzer,* Art. 38 EGBGB, Rdnr. 241; *Sack,* WRP 2000, 269 (272).

[322] Dafür wohl generell *Ahrens,* CR 2000, 835, 840; wie hier *Sack,* WRP 2000, 269 (272).

[323] *Sack,* WRP 2000, 269 (273).

[324] BGHZ 113, 11 (16) – Kauf im Ausland.

[325] *Sack,* WRP 2000, 269 (273); *MünchKomm/Kreuzer,* Art. 38, Rdnr. 253; a. A. BGHZ 113, 11, 16 – Kauf im Ausland; *Lindacher,* WRP 1996, 645 (648 f.); Staudinger/*v. Hoffmann,* Art. 38,

133 Geht es um unlautere **Absatzmaßnahmen**, so ist hingegen der Absatzmarkt entscheidend. Im Falle einer **unlauteren Behinderung** liegt der relevante Markt in der Regel dort, wo die Mitbewerber behindert bzw. die Lauterkeit des Wettbewerbs gefährdet wird[326]. In den Fällen des **Vorsprungs durch Rechtsbruch** ist meist an den Markt am Ort der Gesetzesverletzung anzuknüpfen[327].

134 Die wohl herrschende Meinung knüpft allerdings nur marktbezogene Wettbewerbshandlungen an den Marktort an. **Betriebsbezogene Wettbewerbshandlungen**, die unmittelbar gegen ein konkretes konkurrierendes Unternehmen gerichtet sind (z.B. Verstöße gegen §§ 17, 18 UWG, unberechtigte Abmahnungen, wettbewerbswidriges Abwerben von Mitarbeitern), beurteilt die wohl zutreffende überwiegende Ansicht nach **allgemeinem internationalem Deliktsrecht**[328]. Handlungsort ist in diesen Fällen der Ort, an dem das aktive Unternehmen gegen seinen Konkurrenten handelt, also in aller Regel der Ort des Sitzes oder der Niederlassung des wettbewerbswidrig handelnden Unternehmens. Erfolgsort ist hingegen der Sitz des angegriffenen Unternehmens, weil dort in den Betrieb eingegriffen wird. Sind Kunden, Abnehmer, Lieferanten usw. an der Wettbewerbshandlung beteiligt, so ist Handlungsort der Ort, an dem auf die Kunden, Anbieter oder Lieferanten eingewirkt wird. Erfolgsort ist wiederum der Sitz bzw. die betroffene Niederlassung des angegriffenen Unternehmens. Handlungs- und Erfolgsort können also in diesen Fällen in unterschiedlichen Staaten liegen; das geschädigte Unternehmen hat dann gemäß Art. 40 Abs. 1 S. 2 die Möglichkeit, statt des Handlungsortrechts das Recht am Erfolgsort zu wählen.

c) Sonderregeln im europäischen Recht[329]

135 Eine generelle Anknüpfungsregel an das **Herkunftsland** gibt es im europäischen Recht nach richtiger h.M. nicht[330]. Für die grenzüberschreitende **Fernsehwerbung** innerhalb der EU legt die so genannte Fernseh-Richtlinie[331] für Fernsehwerbung die Anwendung des Werbe- und Wettbewerbsrechts des (Aus-)Sendelandes fest, soweit das Wettbewerbs- und Werberecht durch die Richtlinie koordiniert worden ist, Art. 2, 2a RL. Im Übrigen bleibt aber das Recht der Empfangsländer kollisionsrechtlich anwendbar[332].

2. Multi-State- oder Streudelikte

136 Bei Multi-State- oder Streudelikten galt bislang im internationalen Wettbewerbsrecht ebenfalls das **Marktortprinzip**, verstanden als Anknüpfung an das Recht des Ortes der wettbewerblichen Interessenkollision. Bei Multi-State-Wettbewerbsdelik-

Rdnr. 538. In diesen Fällen kann man m. E. schon fragen, ob tatsächlich auf dem betreffenden ausländischen Markt gehandelt wurde, wenn alle Marktteilnehmer, auf die es hier ankommt, sich nur zufällig und vorübergehend in dem betreffenden Ausland aufhielten.

326 *Baumbach/Hefermehl*, Einl. UWG, Rdnr. 187.

327 *Baumbach/Hefermehl*, Einl. UWG, Rdnr. 187.

328 *MünchKomm/Kreuzer*, Art. 38 EGBGB, Rdnr. 247; *Sack*, WRP 2000, 269 (273); krit. *Baumbach/Hefermehl*, Einl. UWG, Rdnr. 183.

329 Zur E-Commerce-Richtlinie sogleich Rdnr. 141ff.

330 Statt aller *MünchKomm/Kreuzer*, Art. 38 EGBGB, Rdnr. 227 m.w.N.

331 Richtlinie 89/552/EWG in der Fassung der Richtlinie 97/36/EG, veränderte Fassung in GRUR Int. 1998, 120ff.

332 *EuGH* Slg. 1997, I3843 (3844) (Ls.) – de Agostini.

ten ist jedenfalls außerhalb des Internet grundsätzlich das Recht jedes Landes anwendbar, auf dessen Markt diese Wettbewerbshandlungen auf die Marktgegenseite einwirken[333]. Die wettbewerbsrechtlichen Folgen auch einer einheitlichen grenzüberschreitenden Wettbewerbshandlung werden dabei – wie auch im internationalen Immaterialgüterrecht – nach dem so genannten **Mosaikprinzip** für jedes Land gesondert angeknüpft und beurteilt. Bei unteilbaren Handlungen – z. B. in einer Anzeige in einer internationalen, d. h. in mehreren Ländern in der gleichen Form erscheinenden Zeitung – bedeutet die parallele Anwendung des Rechts jedes betroffenen Marktes, dass das beanstandete Verhalten faktisch insgesamt unterbleiben muss, wenn es gegen das Wettbewerbsrecht auch nur eines beteiligten Staates verstößt[334]. In der Ausnutzung eines derartigen „Rechtsgefälles" durch einen Anspruchsteller liegt nach richtiger herrschender Meinung kein Missbrauch[335].

Die Rechtsprechung und die wohl überwiegende Literatur haben es jedenfalls bis 137
zur Entwicklung des Internet in aller Regel abgelehnt, diesen Grundsatz einzuschränken. Allenfalls dann, wenn die beanstandete Handlung den Wettbewerb auf dem betroffenen Markt nicht **spürbar beeinflusst**, weil es sich um einen reinen *spill over* handelt, soll die Anwendung des Rechts dieses Marktes ausgeschlossen sein[336]. Diese Spürbarkeit ist ein in erster Linie **quantitatives Kriterium**[337]. Erheblich kann also nach Auffassung des *BGH* z. B. sein, wieviele inländische Marktteilnehmer die Sprache, in der die Anzeige verfasst ist, verstehen und ob die betreffenden Waren im Inland überhaupt vertrieben werden[338]. Ganz unerheblich soll allerdings sein, ob der Werbende selbst die beworbenen Waren im Inland vertreibt, wenn quantitativ eine spürbare Beeinflussung anzunehmen ist. Diesem Ansatz ist zuzustimmen: Kann eine (auch nur potentiell) spürbare Beeinflussung des Marktes nicht festgestellt bzw. befürchtet werden, besteht die – im Kollisionsrecht dem Grunde nach stets vorausgesetzte – hinreichende Beziehung der Situation zum inländischen Recht nicht. Wirbt aber jemand in einer Sprache, die im Inland verstanden wird, für Waren, die ebenfalls hier vertrieben werden, und kann und muss er damit rechnen, dass die Anzeige auf dem inländischen Markt zur Kenntnis genommen wird, etwa weil die betreffende Zeitung regelmäßig in das Inland gelangt, so ist ihm durchaus zuzumuten, seine Anzeige auch an inländischem Recht auszurichten.

Dem Marktort als Ort der wettbewerblichen Interessenkollision werden nach 138
richtiger Auffassung[339] auch grenzüberschreitende **Radio- und Fernsehsendungen** unterstellt[340].

---

333 *Baumbach/Hefermehl,* Einl. UWG, Rdnr. 186 b; *MünchKomm/Kreuzer,* Art. 38 EGBGB, Rdnr. 248; *Sack,* WRP 2000, 269 (273).

334 *Sack,* WRP 2000, 269 (274); *Köhler/Arndt,* Rdnr. 365.

335 *BGH* GRUR 1971, 153 (155) – Tampax; *Sack,* WRP 2000, 269 (274); *Köhler/Arndt,* Rdnr. 365.

336 *Sack,* WRP 2000, 269 (278).

337 *Kort,* GRUR Int. 1994, 594 (596).

338 *BGH* GRUR 1971, 151 (154) – Tampax.

339 *Sack,* WRP 2000, 69 (76).

340 Die Richtlinie 93/83/EWG des Rates vom 27. 9. 1993 zur Koordinierung bestimmter urheber- und leistungsschutzrechtlicher Vorschriften betreffend Satellitenrundfunk und Kabelweiterverbreitung, ABl. EG Nr. L 248/15 = GRUR Int. 1993, 936 ff., betrifft in erster Linie das Urheberrecht und ist dementsprechend (nur) in § 20 a UrhG in das deutsche Recht umgesetzt worden. Im Anwendungsbereich der Richtlinie ist nur das Recht des Ausstrahlungsortes, der allerdings genau definiert ist, anwendbar. Handlungs- und Erfolgsort ist hier in aller Regel der Markt des Empfangslandes als des Ortes, an dem auf die Marktgegenseite eingewirkt wird. Das Recht des Ausstrahlungsortes ist

III. Wettbewerbskollisionsrecht im Internet

139 Die vorstehenden Grundsätze waren in der deutschen Literatur und Rechtsprechung anerkannt, bis das Internet auf den Plan trat. Im Internet sind schon auf Grund seiner Ubiquität Multi-State-Wettbewerbshandlungen auf einmal nicht mehr die in der Praxis selten auftretende Ausnahme, sondern die Regel. Potenziell können bei jedem Internetauftritt die Märkte aller Staaten der Welt betroffen sein. Dass die undifferenzierte Anknüpfung nach der Marktortregel, vorsichtig gesagt, unbefriedigend ist, ist klar: Jeder Anbieter müsste, bevor er sich auf einen Internetauftritt einlässt, alle Wettbewerbsrechte der Welt überprüfen und sich sodann am strengsten Recht ausrichten. Anderenfalls müsste er befürchten, dass irgendein betroffenes Recht seinen Auftritt für wettbewerbswidrig hält und in diesem Land deshalb gerichtlich gegen ihn vorgegangen werden kann. Das Internet als Marketinginstrument wäre für den größten Teil der wirtschaftlich tätigen Unternehmen nicht nutzbar.

140 In Literatur und Rechtsprechung herrscht deshalb weitgehend Einigkeit darüber, dass das Marktortprinzip und damit die uneingeschränkte Anwendung des jeweiligen Wettbewerbsrechts so im Internet nicht gelten kann. Die Vorstellungen, **wie Wettbewerbshandlungen im Internet sinnvoll angeknüpft** werden können, gehen allerdings mitunter weit auseinander. Einige wollen es beim Marktortprinzip belassen, um dann im materiellen Recht einen Ausgleich zu schaffen, also z. B. das deutsche Recht nur insoweit anwenden, als ein tatsächlicher, konkreter Bezug des Auftritts zum deutschen Markt besteht. Andere gehen davon aus, dass allein die Anknüpfung an das Recht des Herkunftslandes des betroffenen Anbieters für Wettbewerbshandlungen im Internet sinnvolle Lösungen bringt. Nach wohl richtiger Auffassung ist das Marktortprinzip bei Internetfällen dahingehend konkretisierend auszulegen, dass das Recht des Marktortes dann nicht zur Anwendung kommt, wenn der betreffende Internetauftritt nicht erkennbar für den jeweiligen Markt bestimmt ist. Allerdings beeinflussen die so genannte E-Commerce-Richtlinie[341] (ECRL) und die sie umsetzenden, hier relevanten §§ 2, 4 Teledienstegesetz (TDG) trotz ihrer sachrechtlichen Ausrichtung das Wettbewerbskollisionsrecht zwischen den EU-Mitgliedstaaten ganz entscheidend.

1. E-Commerce-Richtlinie und §§ 2, 4 TDG

141 Artikel 3 Abs. 1 ECRL, § 4 Abs. 1 TDG verpflichten jeden Mitgliedsstaat, die Einhaltung der eigenen innerstaatlichen Vorschriften durch die dort niedergelassenen[342] Diensteanbieter sicherzustellen. Gleichzeitig verbieten Art. 3 Abs. 2 ECRL,

---

daneben als Handlungsortrecht nicht anwendbar, da an diesem Ort – ähnlich wie im allgemeinen Wettbewerbskollisionsrecht – noch nicht auf die Gegenseite eingewirkt wird, dort also noch keine wettbewerbsrechtliche Interessenkollision entstehen kann.

[341] Richtlinie 2000/31 EG über den elektronischen Geschäftsverkehr vom 8. 6. 2000, ABl. EG Nr. L 178/1 = GRUR Int. 2000, 1004 f.

[342] Nach Erwägungsgrund 19 ECRL ist Niederlassung gemäß den Vorgaben des *EuGH* die „Ausübung einer wirtschaftlichen Tätigkeit mittels einer festen Einrichtung auf unbestimmte Zeit“, auch wenn dies ausdrücklich befristet geschieht. Ausdrücklich als Niederlassungsorte ausgeschlossen sind der bloße Standort des Servers oder anderer technischer Mittel sowie der Ort, an dem die Website zugänglich ist. Ist der Anbieter an mehreren Orten niedergelassen, so ist auf den Ort abzustellen, von dem aus der betreffende Dienst erbracht wird. Ist dies nicht oder nur schwierig be-

§ 4 Abs. 2 TDG den Mitgliedsstaaten, die aus anderen EU-Staaten stammenden Anbieter aus „Gründen ein(zu)schränken, die in den koordinierten Bereich fallen" (Art. 3 Abs. 2 ECRL). Auslegung und Reichweite des in diesen Vorschriften zum Ausdruck kommenden **Herkunftslandprinzips** sind umstritten.

a) Anwendungsbereich

Der durch die Richtlinie **koordinierte Bereich** umfasst vor allem die Ausübung 142
der Tätigkeit im Hinblick auf Verhalten des Anbieters, Inhalt oder Qualität des Dienstes einschließlich Werbung und Verträgen (Art. 2 Abs. h) lit. i) ECRL). Geregelt werden nahezu alle Formen der kommerziellen Kommunikation, d.h. im elektronischen Geschäftsverkehr alle Formen der Werbung wie Direktmarketing, Sponsoring, unmittelbare Verkaufsförderung, die Werbung für Waren und sonstige PR-Arbeit. Werbung per E-Mail ist allerdings nicht erfasst[343], Art. 3 Abs. 3 i.V.m. Anhang ECRL, § 4 Abs. 4 Nr. 3 TDG. Nahezu alle im Internet denkbaren Wettbewerbshandlungen fallen somit in den Anwendungsbereich der E-Commerce-Richtlinie. Dies gilt allerdings nur für den elektronischen Geschäftsverkehr zwischen den Mitgliedsstaaten der EU; der Geschäftsverkehr zwischen Drittstaaten und Mitgliedsländern ist nicht erfasst. Ebenfalls ausgenommen sind Verbraucherverträge[344].

b) Kollisionsrechtliche Neutralität der ECRL

In der Literatur wird z.T. angenommen, die Richtlinie enthalte eine Kollisions- 143
norm, die abweichend von der auch auf europäischer Ebene anerkannten Marktortanknüpfung Dienste im Internet kollisionsrechtlich (nur) dem Recht an dessen Niederlassung unterstelle[345]. Für einen kollisionsrechtlichen Gehalt der Art. 3 Abs. 2 ECRL, **§ 4 Abs. 2 TDG** spricht der Wortlaut der Normen: Wenn der Diensteanbieter in keinem anderen Mitgliedsstaat strengeren Bestimmungen unterworfen sein darf als in seinem Herkunftsland, so kann im Kollisionsrecht sinnvoll nur das Herkunftslandrecht anwendbar sein. Dem stehen allerdings Erwägungsgrund 23 ECRL, Art. 1 Abs. 4 ECRL und § 2 Abs. 6 TDG entgegen: Dort heißt es ausdrücklich, die Richtlinie schaffe keine zusätzlichen Regeln im internationalen Privatrecht[346]. Artikel 3 Abs. 2 ECRL enthält also bereits nach dem ausdrücklichen Willen des EU-Gesetzgebers kein Kollisionsrecht; vielmehr ist die E-Commerce-Richtlinie kollisionsrechtlich neutral[347]. Allein diese Regelung macht im Hinterblick auf die geplante Kodifikation des Kollisionsrechts im außervertraglichen Bereich in Ergänzung zum römischen Übereinkommen von 1980 („Rom II") Sinn. Denn dort sieht der Regelungsentwurf für das internationale Wettbewerbsrecht die Anknüpfung an das Marktortland vor[348]. Eine Aushebelung dieses Grundsatzes für ganz wesentliche

---

stimmbar, kommt es auf den Ort an, an dem der Mittelpunkt der Tätigkeit im Hinblick auf den betreffenden Dienst liegt.

[343] Dazu *Ahrens,* CR 2000, 835 (839); *Sack,* WRP 2002, 271 (272).

[344] *Ahrens,* CR 2000, 835 (839).

[345] Bräutigam/*Leupold/Pfeiffer,* WRP 2000, 575, 583; *Mankowski,* GRUR Int. 1999, 909 (912f.).

[346] Dieser Hinweis wurde in der ECRL gegenüber ihrem Entwurf verdeutlicht, *Sack,* WRP 2001, 1408; *ders.,* WRP 2002, 271, (273).

[347] *Palandt/Heldrich,* Art. 40 EGBGB, Rdnr. 11; *Sack,* WRP 2002, 271 (273ff.); *ders.,* WRP 2001, 1408f.: *Ahrens,* CR 2000, 835 (837); *Löffler,* WRP 2001, 379 (380); ähnlich *Ohly,* GRUR Int. 2001, 899 (902); *Bodewig,* GRUR Int. 2000, 475 (479f.); *Apel/Grapperhaus,* WRP 1999, 1247 (1253); vgl. auch *Hoeren,* MMR 1999, 192 (195).

[348] Zu den ersten Entwürfen *Wagner,* EuZW 1999, 709 (712); *Dethloff,* JZ 2000, 179 (180).

Teile des internationalen Wettbewerbsrechts in einer bloßen Richtlinie bezweckt auch die Kommission wohl nicht.

144 Gleiches gilt für Art. 3 Abs. 1 ECRL, **§ 4 Abs. 1 TDG.** Wegen Art. 1 Abs. 4 ECRL besagt diese Norm lediglich, dass die Mitgliedsstaaten verpflichtet sind, die eigenen innerstaatlichen Sachnormen durchzusetzen[349]. Auch Art. 3 Abs. 2 ECRL schränkt nicht das Kollisionsrecht ein, indem er die Mitgliederstaaten verpflichtet, Diensteanbieter aus einem anderen EU-Land nur (und direkt) nach deren Herkunftsrecht zu beurteilen, sondern beschränkt lediglich – ähnlich wie die europäischen Grundfreiheiten insbesondere nach der *Cassis*-Rechtsprechung[350] – die Anwendung des durch das Kollisionsrecht der Mitgliedstaaten berufenen Sachrechts[351].

c) Das auf die im eigenen Land niedergelassenen Anbieter anwendbare Recht

145 Nach Art. 3 Abs. 1 ECRL (§ 4 Abs. 1 TDG) trägt jeder Mitgliedsstaat dafür Sorge, dass die im eigenen Land niedergelassenen Anbieter die dortigen innerstaatlichen Vorschriften beachten. **Herkunftsland im Sinne der Richtlinie** ist das Land, in dem der Diensteanbieter seine Niederlassung hat, also dort, wo er mittels einer Festeinrichtung auf unbestimmte Zeit eine Wirtschaftstätigkeit tatsächlich ausübt[352]. Die Literatur geht z. T. davon aus, angesichts der kollisionsrechtlichen Neutralität der ECRL (s. o.) müssten die EU-Staaten nur dann auf die eigenen Anbieter ihr eigenes Sach- (z. B. Wettbewerbs-)Recht anwenden, wenn dies auch **kollisionsrechtlich berufen** sei: In Deutschland niedergelassene Anbieter müssten nach § 4 Abs. 1 TDG nur dann deutsches Wettbewerbsrecht beachten, wenn Deutschland (zumindest auch) Marktland ist[353].

146 Meines Erachtens stehen dieser Auslegung trotz Erwägungsgrund 23 ECRL, Art. 1 Abs. 4 ECRL und § 2 Abs. 6 TDG sowohl der eindeutige Wortlaut des Art. 3 Abs. 1 ECRL bzw. § 4 Abs. 1 TDG als auch Sinn und Zweck des Herkunftslandprinzips in der Richtlinie entgegen. Die Richtlinie dient der Vereinfachung des elektronischen Geschäftsverkehrs für die Anbieter, d. h. dem Abbau der faktischen Handelshindernisse zwischen den Mitgliedsstaaten, Erw. 5, 9 ECRL. Ein Anbieter soll sich grundsätzlich gerade darauf verlassen können, nur das ihm vertraute **Sachrecht** seiner ständigen Rechtsumwelt beachten zu müssen[354], auch wenn er über seine Websites (nur) in anderen EU-Staaten tätig ist, nicht auch ein über das eigene Kollisionsrecht berufene fremde Recht. Dies bringt auch der insofern eindeutige Wortlaut des Art. 3 Abs. 1 ECRL zum Ausdruck, der bestimmt, die Aktivitäten des in einem EU-Staat niedergelassenen Diensteanbieters müssten „den in diesem Mit-

[349] *Sack*, WRP 2001, 1408 (1409); *Ohly*, GRUR Int. 2001, 899 (902).

[350] *EuGH* GRUR Int. 1979, 468 ff. – Cassis de Dijon; vgl. dazu auch *MünchKomm/Sonnenberger*, Einl. IPR, Rdnr. 159.

[351] *Sack*, WRP 2002, 271 (274 f.); *Ohly*, GRUR Int. 2001, 899 (902); *Ahrens*, CR 2000, 835 (838). Ebenso die Erläuterung des BMJ zum EGG unter http://www.bmj.de/frames/ger/service/pressemitteilungen/egg.html [abgerufen am 1. 4. 2002]: „Für einen in Deutschland niedergelassenen Diensteanbieter ist zukünftig grundsätzlich allein das deutsche Recht maßgeblich ... Dies gilt auch dann, wenn die Regeln des internationalen Privatrechts bestimmen, dass das Sachrecht eines anderen Staates anwendbar ist."

[352] Erw. 19 ECRL; dazu *Sack*, WRP 2001, 1408 (1410).

[353] *Sack*, WRP 2002, 271 (276 f.); a. A. *Spindler*, NJW 2002, 921 (926).

[354] Ausgenommen die in Art. 3 Abs. 4 ECRL, § 4 Abs. 5 TDG vorgesehenen Rechtfertigungsgründe.

gliedstaat geltenden *innerstaatlichen* Vorschriften entsprechen", und zwar ohne vorherigen Blick auf das Kollisionsrecht, insbesondere also ohne Unterscheidung danach, ob der Anbieter ausschließlich auf ausländische Märkte abzielt oder nicht[355]. Ob dies rechtspolitisch sinnvoll ist, darf zwar bezweifelt werden, kann aber an der insofern eindeutigen Regelung nichts ändern.

d) Das auf Anbieter aus anderen EU-Mitgliedstaaten anwendbare Recht

Artikel 3 Abs. 2 ECRL, § 4 Abs. 2 TDG untersagen den Mitgliedsstaaten, die aus anderen EU-Staaten stammenden Anbieter aus „Gründen ein(zu)schränken, die in den koordinierten Bereich fallen" (Art. 3 Abs. 2 ECRL). Damit ist angesichts der kollisionsrechtlichen Neutralität der Richtlinie zwar **keine Anknüpfung an das Herkunftsland** des Anbieters verbunden. Ein im Streitfall im Marktstaat, in dem der Anbieter nicht niedergelassen ist, angerufenes Gericht prüft also zunächst nach seinem eigenen Recht, ob das dem Anbieter vorgeworfene Verhalten rechtmäßig ist[356]. Da das Marktrecht den Anbieter aber nicht stärker einschränken darf als das Recht am Ort seiner Niederlassung, wird die Anwendung des Marktortrechts durch die Vorgaben des Niederlassungsrechts – ähnlich wie unter der *Cassis*-Rechtsprechung des *EuGH*[357] – **„gedeckelt"**. Dass das Recht des Marktortes den Anbieter stärker einschränkt, wird dieser ggf. selbst darzulegen haben; vor allem in Eilverfahren wird also das Gericht zunächst schlicht das Marktortrecht anwenden können[358]. Dies schränkt den Anbieter auch nicht ein, da er sich im Ergebnis nur auf sein Heimatrecht einstellen muss. Er muss eben nur darlegen, dass und weshalb dieses ihm günstiger ist. 147

Der **Anbieter** muss sich im Ergebnis also **nur nach dem eigenen Recht** richten. Dies gilt allerdings wohl nur für die Verbotsbestimmungen als solche, nicht für Rechtsfolgen, Klagemöglichkeiten usw. im Einzelnen[359], wenn diese nicht ausnahmsweise einem Verbot gleichkommen. Ist das Recht des Niederlassungsstaates hingegen strenger als das Marktortrecht, unterliegt die Anwendung des Marktortrechts keiner Einschränkung: Die E-Commerce-Richtlinie verbietet ja nur, den Anbieter *stärker* zu beschränken, als dies nach dem Recht seines Herkunftslandes möglich wäre[360]. Allerdings hat jeder Mitgliedstaat die Möglichkeit, bei Vorliegen bestimmter **Rechtfertigungsgründe** das eigene Recht auch auf fremde Anbieter anzuwenden, Art. 3 Abs. 4, 5 ECRL, § 4 Abs. 5 TDG[361]. Dies betrifft den Verbraucherschutz[362], d.h. im Rahmen der E-Commerce-Richtlinie in erster Linie die kundenbezogene Unlauterkeit (Irreführungsverbot)[363]. 148

---

355 I.E. ebenso *Spindler,* NJW 2002, 921 (926); a.A. *Sack,* WRP 2002, 271 (276). Dann wäre das Niederlassungsland nicht wenigstens auch Marktstaat und somit kollisionsrechtlich sein Recht unanwendbar.

356 *Spindler,* NJW 2002, 921 (926).

357 *EuGH* GRUR Int. 1979, 468 ff. – Cassis de Dijon.

358 *Ahrens,* CR 2000, 835 (838). A.A. wohl *Spindler,* NJW 2002, 921 (927), der umgekehrt meint, der Eilantrag dürfe nicht wegen mangelnder Glaubhaftmachung des ausländischen Rechts abgelehnt werden.

359 *Sack,* WRP 2002, 271 (276).

360 Ausführlich *Sack,* WRP 2001, 1408 (1411 f.).

361 Ausführlich *Sack,* WRP 2002, 271 (280 ff.); *Ahrens,* CR 2000, 835 (839 f.).

362 Dazu *OLG Frankfurt am Main,* MMR 2001, 751 (752) – Internet-Apotheke Doc Morris; ebenso die 1. Instanz, *LG Frankfurt am Main,* K&R 2001, 153 (159 f.).

363 Ausführlich *Sack,* WRP 2002, 271 (281).

149 Fraglich ist schließlich, ob im Anwendungsbereich der Richtlinie **Schadensersatzansprüche** nur nach dem Recht des Herkunftslandes gewährt oder gar nur der im Herkunftsland verursachte Schaden ersetzt werden kann. Allerdings bezweckt die E-Commerce-Richtlinie vor allem eine Vereinfachung: Der Anbieter im Internet soll sich nur nach der Rechtsordnung seines Niederlassungsstaates richten müssen. Dies kann selbstverständlich nicht bedeuten, dass der Diensteanbieter soweit begünstigt würde, dass auch nur der in seinem Herkunftsland verursachte Schaden von ihm zu ersetzen wäre. Angesichts des IPR-Vorbehalts in Erwägungsgrund 23 ECRL, Art. 1 Abs. 4 ECRL und § 2 Abs. 6 TDG, die das Kollisionsrecht insofern unberührt lassen, sollte man deshalb bei der Berechnung von Schadensersatzansprüchen das jeweilige Sachrecht der einzelnen betroffenen Mitgliedsstaaten im Sinne einer Parzellierung anwenden, diese ausländischen Rechte jedoch nach den Maßstäben des Herkunftslandes begrenzen[364].

e) Wettbewerbsrechtliche Kontrolle fremder Diensteanbieter durch den Markstaat

150 Fraglich ist schließlich, ob das Verbot, Diensteanbieter aus anderen Mitgliedstaaten „einzuschränken" (Art. 3 Abs. 2 ECRL, § 4 Abs. 2 TDG), die Marktstaaten an jedweder Kontrolle der fremden Anbieter hindert und insbesondere verbietet, dass die Gerichte des Marktstaates über Wettbewerbshandlungen dieser Anbieter befinden. Dies wird in der Literatur z.T. vertreten[365]. Zwar ist der Wortlaut von Richtlinie und TDG insofern durchaus weit. Allerdings **verbietet die Richtlinie nur die Einschränkung, nicht jedoch jede Kontrolle**[366]. So weit reicht der Zweck des Herkunftslandprinzips nicht: Eine Kontrolle ist *per se* noch keine Einschränkung, sondern nur dann, wenn sie den Anbieter im Ergebnis schlechter stellt als das Recht seines Herkunftslandes. Wollte man den Gerichten des Marktstaates jede Kontrolle verbieten, könnte ein inländischer Wettbewerber sich gegen das unlautere Verhalten eines ausländischen Diensteanbieters im Inland selbst dann nicht zur Wehr setzen, wenn dessen Verhalten nach dem Wettbewerbsrecht des Herkunftsstaates rechtswidrig wäre. Er wäre vielmehr gezwungen, sich – in einer ihm fremden Sprache, durch einen dortigen Rechtsanwalt – an die Gerichte im Herkunftsstaat zu wenden. Eine so wesentliche Benachteiligung des inländischen Anbieters ist durch den Zweck der Richtlinie – Abbau der Handelshemmnisse auch im Bereich des E-Commerce – nicht geboten und ohne ausreichend klare Regelung nicht anzunehmen[367].

f) Zwischenergebnis

151 Im Ergebnis wird das **Marktortprinzip** im Anwendungsbereich der ECRL und des § 4 TDG weitgehend durch die Anwendung des Rechts des Herkunftslandes ausgehebelt. Außerhalb dieses Bereichs und insbesondere im Verhältnis zu Nicht-EU-Staaten bildet es jedoch weiterhin die Grundanknüpfung des deutschen internationalen Wettbewerbsrechts. Für diesen Bereich stellt sich somit die Frage, ob und wie die Anknüpfung an das Marktrecht für Internetsachverhalte sinnvoll beschränkt oder konkretisiert werden kann.

---

364 *Sack,* WRP 2001, 1408 (1412).

365 Vgl. *Sack,* WRP 2002, 271 (278); a.A. *KG,* ZUM-RD 2001, 431 (432) – Versandhandel mit Arzneimitteln über das Internet.

366 *KG,* ZUM-RD 2001, 431 (432) – Versandhandel mit Arzneimitteln über das Internet.

367 Für eine teleologische Reduktion in dem hier vertretenen Sinne, diese allerdings als nicht möglich ansehend *Sack,* WRP 2002, 271 (280).

2. Uneingeschränkte Anwendung der Marktortregel?

Teile der Literatur wollen auch auf Internetsachverhalte das Recht am Ort der wettbewerblichen Interessenkollision (Marktortrecht) uneingeschränkt anwenden[368]. Denn wer die Möglichkeit des Internet, sich ohne großen Aufwand weltweit präsentieren zu können, nutzen wolle, müsse **parallel dazu eine Ausweitung des eigenen Haftungsrisikos hinnehmen**. Angesichts der Schutzinteressen der Verbraucher und der übrigen Wettbewerber auf den einzelnen Märkten müssten die Marktstaaten ihr eigenes Recht jeweils durchsetzen können. Eine Beschränkung des Marktortprinzips durch das Erfordernis einer Spürbarkeit der Marktbeeinflussung oder die Forderung nach einer Zielgerichtetheit der beanstandeten Wettbewerbshandlung auf den betroffenen Markt lasse sich im Voraus nicht festlegen und widerspreche deshalb dem grundliegenden Anspruch des IPR, einfach handhabbar zu sein und zu einem vorhersehbaren Recht zu führen. Wenn man versuche, die Spürbarkeit bzw. die Zielrichtung eines Angebotes anhand bestimmter Kriterien (wie Sprache, Währung, allgemeine Aufmachung der Internetseite usw.; näher unten) näher zu konkretisieren, vermische man kollisionsrechtliche Fragestellungen mit sachrechtlichen Problemen insbesondere des Rechtsanwendungsinteresses[369]. Diese Auffassung verkennt allerdings, dass das **Rechtsanwendungsinteresse** eine der wesentlichen, wenn auch nicht ausdrücklich erwähnten Voraussetzungen für die Wahl dieser oder jener Anknüpfung ist. Denn das Kollisionsrecht muss selbstverständlich davon ausgehen, dass das Recht, das es beruft, einen hinreichenden Bezug zum Inland aufweist, der betreffende Staat also ein (anzuerkennendes) Interesse an der Anwendung seines eigenen Rechts besitzt. 152

Man will also das Marktortprinzip zunächst einmal uneingeschränkt anwenden, um dann **auf der sachrechtlichen Ebene eine Einschränkung** der Anwendbarkeit vorzunehmen[370]. Denkbar wäre z. B., bei dem Kriterium des Handelns im (deutschen) geschäftlichen Verkehr anzusetzen. Allerdings verschiebt diese Auffassung das Problem, wann nämlich eine Anwendung des Marktortrechtes noch gerechtfertigt ist und wann nicht, lediglich eine Ebene weiter, ohne es damit zufrieden stellend zu lösen. Probleme und Fragen ergeben sich auf der sachrechtlichen Ebene ebenso wie auf der kollisionsrechtlichen; für den Anbieter hat dies jedoch den entscheidenden Nachteil, dass er sich zunächst einmal mit allen potenziell anwendbaren Sachrechten auseinandersetzen muss, um feststellen zu können, ob und inwiefern dieses möglicherweise dann doch nicht auf seine Tätigkeit anwendbar ist. Die Auffassung lässt sich schließlich auch nicht mit der Forderung nach einer möglichst weltweiten Harmonisierung der Sachrechte rechtfertigen[371]. Denn eine solche Harmonisierung, so sie überhaupt jemals erfolgt, dürfte noch in weiter Ferne liegen. Die wenigen existierenden **Harmonisierungsversuche auf internationaler Ebene**, z. B. die ICC-Guidelines[372], sind ohne jeden praktischen Einfluss geblieben. 153

---

368 *Schönherr,* ÖBl. 1999, 267 (269).

369 *Löffler,* WRP 2001, 379 (383 f.).

370 *Löffler,* WRP 2001, 379 (383 f.).

371 Dafür *Löffler,* WRP 2001, 379 (384).

372 „ICC Guidelines on Interactive Marketing" der Internationalen Handelskammer, abrufbar unter http://www.iccwbo.org/commissions/marketing/internet_guidelines.htm [abgerufen am 2. 4. 2002].

154 Eine uneingeschränkte Einwendung des Marktortrechts, sei es auch mit einschränkender Auslegung des Sachrechts, ist somit abzulehnen.

3. Anwendung des Rechts des Herkunftslandes des Anbieters?

155 Angesichts der vielfachen Probleme, die eine Anwendung der Marktortregel im Internet mit sich bringt, wird in der Literatur zum Teil vertreten, den Anbieter jedenfalls im internationalen Wettbewerbsrecht ausschließlich dem Recht seines Herkunftslandes zu unterwerfen[373]. Dabei wird das Herkunftsland in der Regel als Recht der **Niederlassung des Anbieters** verstanden[374]; der Standort des Servers wird, soweit ersichtlich, allgemein zu Recht für irrelevant gehalten[375]. Die Anwendung des Herkunftslandrechts hätte aus Sicht des Anbieters den großen Vorteil, dass er sich nur auf dieses Recht, das er gut kennt und nachdem er sich ohnehin richten muss, orientieren muss; er kann im Voraus genau abschätzen, ob und welche Ansprüche wegen seiner Internet-Tätigkeit auf ihn zukommen können. Dies kann insbesondere kleinen im Internet auftretenden Unternehmen ihre Marketingaktivitäten wesentlich erleichtern.

156 Z.T. ist man unabhängig davon der Ansicht, ohnehin sei nicht die Marktortregel, sondern das Herkunftslandprinzip die europarechtlich vorgegebene Kollisionsnorm[376]. Nach richtiger und mittlerweile nahezu einhelliger Auffassung schränken die Grundfreiheiten des EG-Vertrages jedoch nicht etwa das Kollisionsrecht der Mitgliedsstaaten ein, sondern begrenzen nur im Einzelfall die Anwendung nationaler Sachnormen, soweit diese die Warenverkehrs- oder die Dienstleistungsfreiheit einschränken und nicht gerechtfertigt sind[377]. Dies hat der *EuGH* in mehreren Entscheidungen ausdrücklich oder doch implizit bestätigt[378]. Das Herkunftslandrecht verdrängt in diesen Fällen auch nicht etwa deshalb das Marktortrecht, weil es als Ort der engsten Verbindung im Sinne des Art. 41 EGBGB angesehen werden könnte. Diese engste Verbindung lässt sich nur dann herstellen, wenn man den engen Bezug zu dem Markt, auf dem geworben wird und in dessen Rechtsumwelt sich also die beanstandete Handlung abspielt, außer Acht lässt und statt dessen die Interessen des Anbieters in der Wertung an die erste Stelle setzt. Gegen eine derartige Vorgehensweise bestehen erhebliche Bedenken. Abgesehen von der räumlich engsten Verbindung einer Handlung zu dem Markt, auf dem sie die Marktgegenseite

---

[373] *Dethloff,* JZ 2000, 179 (182 f.); *dies.,* NJW 1998, 1596 (1603); für „Indizwirkung" der Niederlassung *Mankowski,* GRUR Int. 1999, 909 (911), i. ü. aber krit. (S. 913 ff.); krit. *Bornkamm* in: *Bartsch/Lutterbeck,* S. 99 (114); *Bücking,* MMR 2000, 656 (663); *Essl,* ÖBl. 2000, 156 (157); *Bodewig,* GRUR Int. 2000, 475 (481 f.). Für eine teilweise Anwendung des Herkunftslandrechts, wenn dies dem Anbieter günstiger ist als das des Marktes, *Grandpierre,* S. 206.

[374] Vgl. *Dethloff,* JZ 2000, 179 (184).

[375] Z. B. *Baumbach/Hefermehl,* Einl. UWG, Rdnr. 187; *Köhler/Arndt,* Rdnr. 363; *Dieselhorst,* ZUM 1998, 293 (294); *Bornkamm* in *Bartsch/Lutterbeck,* S. 99 (114); *Rüßmann,* K&R 1998, 422 (425); vgl. aber *KG,* ZUM-RD 2001, 431 (432) – Versandhandel mit Arzneimitteln über das Internet.

[376] *Dethloff,* JZ 2000, 179 (182 f.); *Apel/Grapperhaus,* WRP 1999, 1247 (1250); *Basedow,* NJW 1996, 1921 (1922); *Bernhard,* EuZW 1992, 437 ff.; etwas enger *Jayme/Kohler,* IPRax 1993, 357 (370 f.); vgl. auch *Bräutigam/Leupold/Pfeiffer,* WRP 2000, 575 (583); krit. *Kort,* GRUR Int. 1994, 594 (600 ff.).

[377] Ausführlich *Sack,* WRP 2000, 269 (280 ff.).

[378] *EuGH* Slg. 1981, 181 = GRUR 1981, 393 – *Dansk Supermarked/Imerco*; *EuGH* Slg. 1994, I, 2789 (2844) – *IHT/Ideal Standard*; *EuGH* Slg. 1992, I, 5529 (5557) – *Exportur/LOR*; ausführlich zur Diskussion *Sack* WRP 2000, 269 (282); *ders.,* WRP 2001, 1408 (1413 f.).

beeinflussen soll, sichert auch nur die Anwendung des Marktortrechtes die unverzichtbare *par condicio concurrentium* am Marktort[379]. Nur dieses schafft die für jeden Wettbewerb erforderliche weitestmögliche Chancengleichheit. Die Anknüpfung an das Recht des Herkunftslandes des Anbieters berücksichtigt nicht ausreichend, dass Wettbewerbsrecht nach heutigem Verständnis nicht nur rein individualschützende, sondern darüber hinaus auch marktordnende Funktionen hat. Eine solche Marktordnung wäre aber nicht möglich, wenn jeder Internet-Anbieter auch und vor allem in den Fällen, in denen er gezielt den Markt eines bestimmten (fremden) Landes anspricht, gewissermaßen sein eigenes Recht mitbringen würde. Schließlich würde das Herkunftslandprinzip eine Flucht in Wettbewerbsoasen nahezu provozieren, zumal dies im Internet-Bereich im Gegensatz zur „realen" Welt in der Regel ohne größeren Aufwand möglich wäre[380].

Das Herkunftslandprinzip ist als Anknüpfung somit abzulehnen. **157**

4. Konkretisiertes Marktortprinzip

a) Grundsätzliches; Kriterien

Als sinnvolle Anknüpfung im internationalen Wettbewerbsrecht bleibt auch bei **158**
Internet-Fällen somit nur die Marktortregel. Um aber den Anbieter nicht, wie oben beschrieben, nur deshalb dem Wettbewerbsrecht jedes Landes der Welt zu unterwerfen, weil das Internet naturgemäß überall abrufbar ist, muss die Marktortregel sinnvoll eingeschränkt und konkretisiert werden. Vorgeschlagen wird in Literatur und Rechtsprechung im Wesentlichen, das Recht des Marktlandes nur dann anzuwenden, wenn die beanstandete Wettbewerbshandlung dort **spürbar auf die Marktgegenseite einwirken** kann[381] oder, etwas anders, die Marktortrechte der Staaten nicht anzuwenden, in denen die beanstandete Handlung nicht spürbar auf die Marktgegenseite einwirken kann[382]. Andere formulieren eine Einschränkung durch das Erfordernis, dass der betreffende Internet-Auftritt im Marktstaat **bestimmungsgemäß abrufbar** sein müsse[383]. Einigkeit besteht jedenfalls darüber, dass dies anhand objektiver Kriterien festzustellen ist, die subjektiven Vorstellungen des Anbieters also außer Betracht bleiben. Zum Teil werden Spürbarkeit und bestimmungsgemäße Verbreitung auch mehr oder weniger synonym verwendet[384].

Vorzuziehen ist m.E. das Kriterium der **Spürbarkeit**, weil es weiter geht als das **159**
der bestimmungsgemäßen Verbreitung[385]. So ist zwar bei einer bestimmungsgemä-

---

[379] *Bornkamm* in: *Bartsch/Lutterbeck*, S. 99 (107).

[380] Ähnlich bereits *A. Nordemann/Goddar/Tönhardt/Czychowski*, CR 1996, 645 (654).

[381] So bereits *Kort*, GRUR Int. 1994, 594 (599); *Dethloff*, NJW 1998, 1596 (1600); *Bräutigam/Leupold/Pfeiffer*, WRP 2000, 575 (582); *Mankowski*, GRUR Int. 1999, 909 (911); *Boehme-Neßler*, ZUM 2001, 547 (548); a.A. *Kotthoff*, CR 1997, 676 (680); *Löffler*, WRP 2001, 379 (381).

[382] So wohl *LG Köln*, MMR 2002, 60 – budweiser.com; *Baumbach/Hefermehl*, Einl. UWG, Rdnr. 187 a.E.; *Palandt/Heldrich*, Art. 40 EGBGB, Rdnr. 11; *Sack*, WRP 2000, 269 (278); *Köhler/Arndt*, Rdnr. 366; *Kiethe*, WRP 2000, 616 (619); ähnlich *Bornkamm* in: *Bartsch/Lutterbeck*, S. 99 (115); *Löffler*, WRP 2001, 379 (383f.); zweifelnd *Spindler*, ZUM 1996, 533 (561).

[383] *OLG Frankfurt am Main*, CR 1999, 450 – Anbieten im Internet; ähnlich *KG*, GRUR Int. 2002, 448, 449 – Knoblauchkapseln; *Bücking*, MMR 2000, 656 (663); *Rüßmann*, K&R 1998, 422 (426f.).

[384] Z.B. *Dieselhorst*, ZUM 1998, 293 (294).

[385] A.A. *Kotthoff*, CR 1997, 676 (681). Anders auch im Immaterialguterkollisionsrecht, dazu oben Rdnr. 69.

ßen Abrufbarkeit eines Internet-Auftritts, also seiner Zielrichtung auf einen bestimmten Markt die Spürbarkeit gegeben. Umgekehrt jedoch wird die Spürbarkeit zwar häufig, jedoch nicht notwendig nur am bestimmungsgemäßen Verbreitungsort gegeben sein[386]. Spürbarkeit in diesem Sinne ist nur dort gegeben, wo die beanstandete Wettbewerbshandlung geeignet ist, Kauf- oder andere Annahmeentscheidungen des Internet-Publikums in gewissem Umfang und nicht nur zufällig zu beeinflussen. Dies ist festzustellen anhand einer **Reihe objektiver Indizien**[387], die jeweils für sich genommen nur selten ausreichen werden, die Spürbarkeit bzw. die Zielgerichtetheit auf einen bestimmten Markt zu begründen, im Zusammenspiel jedoch mehr oder minder großes Gewicht haben können[388]. Eines der wichtigsten Indizien ist die verwendete Top Level Domain[389]: Ist der Internet-Auftritt unter der nationalen Top Level Domain des betreffenden Marktlandes abrufbar, so ist in aller Regel auch ohne weitere Indizien davon auszugehen, dass der Auftritt auf den Markt dieses Landes abzielt und deshalb geeignet ist, dort den Wettbewerb spürbar zu beeinflussen[390]. Das Recht dieses Landes kommt also zur Anwendung. Umgekehrt spricht jedenfalls sehr viel dafür, dass ein Internet-Auftritt unter einer nationalen Top Level Domain, die nicht dem Marktland entspricht, nur bei Vorliegen gewichtiger weiterer Umstände den Wettbewerb auf dem Markt eines anderen Landes spürbar beeinflussen kann. Allerdings kann sich dies durchaus aus Indizien wie der verwendeten Sprache[391], Kontaktadressen[392] oder -Telefonnummern, unterschiedlichen Preisen für unterschiedliche Länder, Buttons mit Fahnen verschiedener Länder, die spezifische Informationen für diese konkreten Länder enthalten, der generellen Aufmachung der Website[393], Personen, mit denen geworben wird[394], oder sonst der Art der betriebenen Werbung, u.U. – in Europa jedoch sehr begrenzt – die angegebene Währung u.ä.[395] Weiterhin können auch (eingehaltene[396]) Disclaimer[397] eine Rolle spielen, da diese jedenfalls den gewöhnlichen Nutzer davon abhalten werden, eine Bestellung aufzugeben. Auch die Art des vertriebenen oder

---

386 Ebenso *Sack*, WRP 2000, 269 (278).

387 *LG Köln*, MMR 2002, 60 – budweiser.com, *OLG Frankfurt/M.*, CR 1999, 450 (451) – Anbieten im Internet; *OLG Frankfurt/M.*, MMR 2001, 751 (752) – Internet-Apotheke Doc Morris; ähnlich i.E. *KG*, GRUR Int. 2002, 448, 449 – Knoblauchkapseln; *Dethloff*, NJW 1998, 1596 (1600); *Kiethe*, WRP 2000, 616 (619); *Mankowski*, GRUR Int. 1999, 909 (917ff.); *Kotthoff*, CR 1997, 676 (682); *Boehme-Neßler*, ZUM 2001, 547 (548).

388 Checkliste Rdnr. 238.

389 A.A. *Rüßmann*, K&R 1998, 422 (426).

390 Ebenso *Koenig/Müller*, WRP 2000, 1366 (1367).

391 *OLG Frankfurt/M.*, MMR 2001, 751 (752) – Internet-Apotheke Doc Morris; *KG*, ZUM-RD 2001, 431 (432) – Versandhandel mit Arzneimitteln über das Internet; *Kort*, GRUR Int. 1994, 594 (599); *Kiethe*, WRP 2000, 616 (619); *Mankowski*, GRUR Int. 1999, 909 (917f.).

392 *LG Köln*, MMR 2002, 60 – budweiser.com; *OLG Frankfurt/M.*, MMR 2001, 751 (752) – Internet-Apotheke Doc Morris.

393 *Mankowski*, GRUR Int. 1999, 909 (919).

394 *LG Köln*, MMR 2002, 60 – budweiser.com; dazu *Mankowski*, MMR 2002, 61 (62).

395 Ähnlich *Dieselhorst*, ZUM 1998, 293 (295); *Bornkamm* in: *Bartsch/Lutterbeck*, S. 99 (116); *Mankowski*, MMR 2002, 61.

396 *OLG Frankfurt am Main*, MMR 2001, 751 (752) – Internet-Apotheke Doc Morris; KG GRUR Int. 2002, 448, 449f. – Knoblauchkapseln.

397 *OLG Frankfurt am Main*, CR 1999, 450 (451) – Anbieten im Internet; *KG*, GRUR Int. 2002, 448, 449f. – Knoblauchkapseln; *Dieselhorst*, ZUM 1998, 293 (295); *Mankowski*, GRUR Int. 1999, 909 (919f.).

beworbenen Produktes bzw. der Dienstleistung[398] können bedeutsam sein: Können diese überhaupt über weitere als kurze Entfernungen versandt werden (Pizzadienst), können diese auf dem Markt des betreffenden Landes Verwendung finden, ist ihre Versendung möglicherweise mit prohibitiv hohen Kosten verbunden, kann die Dienstleistung außerhalb eines bestimmten Gebiets noch sinnvoll erbracht werden (Rechtsberatung) u. ä. Schließlich wird auch eine Rolle spielen, ob und in welchem Umfang der betreffende Anbieter auf dem Markt des Staates, dessen Recht potentiell anwendbar ist, präsent ist, ob er in diesem Staat unter Angabe der betreffenden Internet-Adresse **begleitend wirbt** u. ä. Schließlich spielen auch jedenfalls durch den Anbieter veranlasste **Links** und von diesem auf anderen Webseiten platzierte **Werbebanner** eine Rolle: Jedenfalls in aller Regel ist davon auszugehen, dass der Anbieter, der einen Banner oder einen Link auf einer fremden Website platziert, das Publikum jener Website erreichen möchte und somit an der Reichweite dieser Seite teilnimmt[399]. Wenn also ein österreichischer Hersteller einen Banner für seine .at-Domain auf einer deutschen Website schaltet, ist seine Website auch auf den deutschen Markt gerichtet, so dass deutsches Marktortrecht zur Anwendung kommt. Auch bei den so genannten generischen Top Level Domains (vor allem .com und .info) und dort vor allem bei Internet-Auftritten in englischer Sprache müssen diese Indizien herangezogen werden, um einschätzen zu können, ob der betreffende Internet-Auftritt für den Markt des Landes, dessen Recht man anwenden will, bestimmt oder wenigstens sonst geeignet ist, den Wettbewerb dort spürbar zu beeinflussen.

Fraglich ist allerdings, ob für die Anknüpfung, wie zum Teil in der Literatur vor- 160
geschlagen wird, zwischen **Webseiten mit Vertriebs-** und solchen mit reiner **Marketingfunktion unterschieden** werden soll[400]. Die Vertreter dieser Auffassung wollen Webseiten mit Vertriebsfunktion nur dann dem Marktortrecht unterstellen, wenn der betreffende Markt tatsächlich für den Anbieter auch Absatzmarkt ist[401]. Bei Webseiten mit Marketingfunktion soll es hingegen stärker auf die Umstände des Einzelfalles ankommen. Meines Erachtens ist diese grundsätzliche Unterscheidung unnötig. Die genannten Indizien für eine Spürbarkeit bzw. eine Ausrichtung auf den Markt eines bestimmten Landes reichen bereits für sich genommen vollständig aus, um für die unterschiedlichsten Webseiten zufrieden stellende wettbewerbskollisionsrechtliche Lösungen zu finden. Darüber hinaus führt dieser Ansatz naturgemäß in den Fällen zu Schwierigkeiten, in denen Webseiten Marketing- und Vertriebsfunktionen miteinander vereinen.

b) Kritik

Von Teilen der Literatur wird die Einschränkung der Marktortregel durch das 161
Spürbarkeitskriterium zum Teil heftig kritisiert. Insbesondere wird vorgebracht, die genannten „weichen" Kriterien seien in der Praxis **nicht gut handhabbar** und würden außerdem den betroffenen Anbietern nicht erlauben, das anwendbare Recht mit einiger Sicherheit vorherzusehen. Jedoch sorgt gerade die Vielzahl und die mögliche Gewichtung der einzelnen Kriterien dafür, dass die Praxis nicht starr ein

[398] *Mankowski,* GRUR Int. 1999, 909 (918).
[399] *Mankowski,* GRUR Int. 1999, 909 (920).
[400] Dafür *Leupold/Bräutigam/Pfeiffer,* WRP 2000, 575 (582); *Kotthoff,* CR 1997, 676 (681 ff.).
[401] *Kotthoff,* CR 1997, 676 (682).

Marktortrecht anwenden muss, das dem Anbieter möglicherweise ganz fern liegt. Vielmehr kann und muss jeder Einzelfall so genau betrachtet werden, dass es für einen Anbieter, der einen bestimmten Markt nicht bedienen will, relativ unaufwändig möglich sein dürfte, die Website so einzurichten, dass keine ausreichenden Kriterien mehr für eine Bestimmung für jenen Markt sprechen. Andere sind der Auffassung, die **Spürbarkeit** sei auch deshalb ein ungeeignetes Kriterium, weil sie **dem internationalen Kartellrecht entstamme** und dort aus Marktordnungsgedanken heraus begründet sei, die es so im internationalen Wettbewerbsrecht nicht gebe[402]. Allerdings ist die Spürbarkeitsschwelle im Grunde genommen der Marktortanknüpfung, so wie sie heute als Ort der wettbewerblichen Interessenkollision verstanden wird, immanent. Denn eine wettbewerbliche Interessenkollision ist nur dort möglich, wo überhaupt eine Einwirkung der beanstandeten Handlung auf den betreffenden Markt denkbar ist. Kann aber das betreffende Internet-Angebot in einem bestimmten Staat kaum zur Kenntnis genommen werden – etwa weil es in einer Sprache gehalten ist, die dort kaum jemand versteht, oder weil Produkte angeboten werden, die auf jenem Markt nicht sinnvoll verwendet werden können –, so ist auch keine wettbewerbliche Interessenkollision möglich.

c) Negative oder positive Anwendungsvoraussetzung

162 Fraglich ist allerdings, ob man das Spürbarkeitserfordernis als negative oder als positive Anwendungsvoraussetzung des Marktortrechts versteht. Im ersten Fall wäre das Marktortrecht immer anwendbar, wenn sich nicht aus den Umständen ergibt, dass der betreffende **Internet-Auftritt nicht für das Marktortland bestimmt** bzw. nicht geeignet ist, den Wettbewerb dort spürbar zu beeinflussen[403]. Das Marktortrecht würde mit diesem Verständnis auch die unklaren Fälle erfassen, in denen nicht genau feststellbar ist, ob ein Internet-Auftritt (auch) auf den Markt eines bestimmten Landes abzielt bzw. den Wettbewerb dort spürbar beeinflussen kann oder nicht. Im umgekehrten Fall, wenn man also das Spürbarkeitserfordernis als positive Anwendungsvoraussetzung des Marktortrechts sieht, wäre dieses in den erwähnten offenen Fällen nicht anwendbar, da nur solche Wettbewerbshandlungen dem Marktstatut unterstellt würden, bei denen sich aus den Umständen ergibt, dass der betreffende **Auftritt auf den Markt dieses Landes gerichtet** oder geeignet ist, den Wettbewerb dort spürbar zu beeinflussen. Eine negative Schranke müsste im Zweifelsfalle wohl der angegriffene Anbieter darlegen, ein *non liquet* ginge also zu seinen Lasten. Die positive Voraussetzung müsste hingegen der Anspruchsteller vortragen. Bereits dieser Gesichtspunkt spricht für das Verständnis der Spürbarkeitsregel als einer positiven Anwendungsvoraussetzung des Marktortrechts. Denn das Wettbewerbskollisionsrecht soll nicht nur die Marktordnung als solche bzw. Verbraucher und Wettbewerb auf einem bestimmten Markt schützen, sondern auch für den Handelnden das Recht soweit als möglich vorhersehbar und damit die potenziell anwendbaren Rechte so gut wie möglich eingrenzbar machen. Wettbewerbsrecht bezweckt schließlich Verhaltenssteuerung. Eine **Verhaltensteuerung** ist aber nur dann möglich, wenn der Anbieter weiß, nach welchen Rechtsordnungen er sich jedenfalls potentiell richten muss. Auch die Spürbarkeitsregel als positives

[402] *MünchKomm/Kreuzer,* Art. 38 EGBGB, Rdnr. 238; *Rüßmann,* K&R 1998, 422 (426); a. A. *Kort,* GRUR Int. 1994, 594 (598 f.).
[403] So *Palandt/Heldrich,* Art. 40 EGBGB, Rdnr. 11.

Anwendungserfordernis schützt die Interessen des Marktstaates und der dort zu schützenden Verbraucher und Wettbewerber hinreichend: Denn wenn weder aus einer beanstandeten Website noch aus den Begleitumständen sich ein Bezug zu dem betreffenden Markt ergibt, ist nicht einzusehen, weshalb Wettbewerber bzw. Verbraucher dort ein schützenswertes Interesse haben könnten, gegen den Anbieter vorzugehen. Dieser kann jedoch darauf vertrauen, dass tatsächlich nur positive Signale gegen ihn ausgelegt werden, er sich jedoch nicht für jedes einzelne Land der Welt, dessen Marktrecht er sich nicht unterwerfen will, bemühen muss, dies auch deutlich zu signalisieren. Damit wären insbesondere kleinere Anbieter sicherlich häufig überfordert.

Festzuhalten bleibt also: Das Marktortrecht als Recht am Ort der wettbewerblichen Interessenkollision ist nur dann anwendbar, wenn die beanstandete Handlung im Internet geeignet ist, den Wettbewerb auf dem betreffenden Markt spürbar zu beeinflussen, etwa weil sie sich erkennbar auf diesen Markt richtet. Kann dies nicht geklärt werden, so ist das Markortrecht nicht anwendbar. 163

Danach ist im obigen **Beispiel** des Getränkeherstellers *G* sein Internetauftritt nicht auf den deutschen Markt gerichtet: Sprache, Kontaktadressen, Bestellmöglichkeit einer Probe, ausgelobte Gewinne, Art der Werbung, Werbeträger, nahezu alle Indizien weisen allein auf Großbritannien hin. Daran ändert nach der hier vertretenen Auffassung auch die Tatsache nichts, dass *G*'s Getränke auch in Deutschland verkauft werden: Dieses Indiz ist für sich genommen nicht ausreichend, um von einer Ausrichtung der Website auch auf Deutschland ausgehen zu können. Möglicherweise hat *G* eine weitere Site, die (nur) für den deutschen Markt bestimmt ist. 164

G. Kartellkollisionsrecht

I. Einführung

Wohl offensichtlichster Problembereich des internationalen Kartellrechts im Internet ist die Vervielfachung zumindest potentiell internationaler Kartellsachverhalte durch Wettbewerbsbeschränkungen jeglicher Art im oder über das Internet. Im Kartellrecht muss jede Entscheidung über das anwendbare Recht in ganz besonderem Maße nicht nur die im Raum stehenden privaten Interessen berücksichtigen, sondern auch die im Kartellrecht deutlich zutage tretenden **öffentlichen Interessen** der beteiligten Staaten gegeneinander abgrenzen und respektieren[404]. Die Voraussetzungen der Anwendung eines nationalen Kartellrechts auf Internetsachverhalte müssen deshalb hier noch stärker als in den bereits besprochenen Rechtsgebieten gegenüber dem allgemeinen Kollisionsrecht präzisiert und konkretisiert werden. 165

II. Allgemeines Kartellkollisionsrecht[405]

Deutsches Kartellrecht ist gemäß § 130 Abs. 2 GWB n. F. (früher § 98 Abs. 2 GWB) anwendbar, wenn sich eine Wettbewerbsbeschränkung im Inland auswirkt 166

---

[404] Vgl. dazu auch *MünchKomm/Sonnenberger*, Einl. IPR Rdnr. 104.

[405] Zum internationalen Kartellverfahrensrecht *Immenga/Mestmäcker/Rehbinder*, § 130 Abs. 2, Rdnr. 244 ff.; *MünchKomm/Immenga*, Nach Art. 37, Rdnr. 83 ff.

(sog. **Auswirkungsprinzip**). Die Norm legt allerdings nur fest, wann deutsches, nicht jedoch, wann möglicherweise ausländisches Kartellrecht anwendbar ist. Dies muss nach eigenen Maßstäben entschieden werden.

1. Das Auswirkungsprinzip

167 Nach § 130 Abs. 2 ist das GWB nur dann anwendbar, wenn sich die im Raume stehende Wettbewerbsbeschränkung im Geltungsbereich des GWB auswirkt[406]. Dabei sind Wettbewerbsbeschränkungen i. S. d. § 130 Abs. 2 GWB alle Tatbestände, d.h. alle Handlungen und strukturellen Veränderungen, die das GWB regelt. Eine **Inlandsauswirkung** soll dann vorliegen, wenn der beanstandete Sachverhalt den **Schutzbereich der jeweiligen Sachnorm im Inland** verletzt[407]. Die zu prüfende Wettbewerbsbeschränkung muss also den freien Wettbewerb auf dem Inlandsmarkt beeinträchtigen[408] bzw. beeinträchtigen können. Auch im **EU-Kartellrecht** gilt grundsätzlich das Auswirkungsprinzip[409]: Die europäischen Wettbewerbsregeln sind dann heranzuziehen, wenn sich eine Wettbewerbsbeschränkung auf das Gebiet des Gemeinsamen Marktes erstreckt[410], und zwar in der Praxis grundsätzlich unabhängig davon, ob die beteiligten Unternehmen ihren Sitz innerhalb oder außerhalb der EU haben[411]. Um eine schon aus völkerrechtlichen Gründen unerwünschte uferlose Anwendung des GWB auch auf Auslandssachverhalte zu vermeiden, muss der Begriff der Inlandsauswirkung allerdings weiter konkretisiert werden.

a) Bezug zum inländischen Markt

168 Der zu prüfende Sachverhalt muss zunächst einen Bezug zum Inlandsmarkt aufweisen[412]. Der Inlandsmarkt ist dann berührt, wenn dort Angebot und Nachfrage für die Ware oder gewerbliche Leistung zusammentreffen, auf die sich die Wettbewerbsbeschränkung bezieht[413]. Bei dem **Vertrieb von Waren** ist dies der Markt des (konkreten) Abnehmers, nicht etwa das möglicherweise davon abweichende Gebiet, für welches der Abnehmer die Ware erwirbt bzw. in welchem er die Ware später absetzen möchte[414]. Bei **Dienstleistungen** ist nach richtiger Ansicht zu differenzieren. Bei Dienstleistungen, die grenzüberschreitend erbracht werden, ist der relevante Markt der, auf dem die Dienstleistung angeboten wird[415]. Wird die Dienstleistung jedoch in vollem Umfang im Ausland erbracht, ist also auch wettbewerblich nahezu vollständig in das dortige Umfeld eingebettet, ist sinnvollerweise auf diesen ausländischen Markt abzustellen[416]. Die herrschende Meinung geht im Übrigen da-

---

[406] *BGH* WuW/E 1276 ff. – Ölfeldrohre.

[407] *BGH* WuW/E 1276 (1279) – Ölfeldrohre; *BGH* WuW/E 1613 (1614) – Organische Pigmente; *BGH* WuW/E 2596 – Eisenbahnschwellen; aus der Literatur z. B. *Immenga/Mestmäcker/Rehbinder*, § 130 Abs. 2, Rdnr. 40 m. w. N.

[408] *BGH* WuW/E 1276 (1279) – Ölfeldrohre.

[409] Allerdings hat der *EuGH* bislang eine Festlegung vermieden; näher *Langen/Bunte/Bunte*, Einführung EG-KartellR, Rdnr. 40 f.

[410] Näher *Langen/Bunte/Bunte*, Einführung EG-KartellR, Rdnr. 36 ff.

[411] *Langen/Bunte/Bunte*, Einführung EG-KartellR, Rdnr. 39 m. w. N.

[412] Im EU-Kartellrecht wird ein ausreichender räumlicher Bezug zum Gebiet der EU verlangt; *EuGH* Slg. 1974, 1405 (1420) – Radrennsport.

[413] *BGH* WuW/E 1276 (1279) – *Ölfeldrohre.*

[414] *Immenga/Mestmäcker/Rehbinder*, § 130 Abs. 2, Rdnr. 53 m. w. N.

[415] *Immenga/Mestmäcker/Rehbinder*, § 130 Abs. 2, Rdnr. 54.

[416] *Immenga/Mestmäcker/Rehbinder*, a. a. O.

von aus, dass eine zur Anwendbarkeit des GWB führende Inlandsauswirkung nur dann vorliegt, wenn tatsächlich der **Inlandswettbewerb beeinträchtigt** ist. Damit ist das GWB grundsätzlich nicht anwendbar auf Sachverhalte, bei denen die Betätigungsfreiheit deutscher Unternehmen auf einem ausländischen Markt (möglicherweise) beeinträchtigt ist[417].

Damit nicht jede noch so entfernte Beziehung zu dem eben definierten Inlandsmarkt die Anwendbarkeit des deutschen GWB nach sich zieht, nimmt die herrschende Meinung eine Inlandsauswirkung i. S. d. § 130 Abs. 2 GWB nur bei **Vorliegen weiterer einschränkender Voraussetzungen** an. Dabei wird vielfach zwischen der Anknüpfung gegenüber inländischen und gegenüber ausländischen Unternehmen differenziert. 169

b) Tatsächliche Beschränkung des Wettbewerbs oder Eignung zur Gefährdung?

Streitig ist vor allem, ob eine Inlandsauswirkung nur dann vorliegt, wenn der Kartellsachverhalt den inländischen Wettbewerb tatsächlich beeinflusst, oder ob hierfür die Eignung, den inländischen Wettbewerb zu beschränken, genügt. Der *BGH* hat die Frage bislang nicht eindeutig beantwortet[418]. In der Literatur verlangt man teilweise grundsätzlich eine tatsächliche und nachgewiesene Auswirkung jedenfalls für die unter § 1 GWB fallenden Sachverhalte[419], will dann aber bei der Zusammenschlusskontrolle die Möglichkeit einer Wettbewerbsbeschränkung bzw. Verstärkung einer marktbeherrschenden Stellung ausreichen lassen[420]. Letzteres ist m. E. insgesamt der richtige Ansatz: Denn ein grundsätzliches Erfordernis einer tatsächlich eingetretenen wettbewerbsbeschränkenden Wirkung würde jede präventive Kontrolle bei Auslandssachverhalten ausschließen. Gerade diese **Präventivkontrolle** ist im deutschen Kartellrecht aber überaus bedeutend. Richtig ist daher **nach der jeweils betroffenen Sachnorm** zu differenzieren. Verlangt diese eine tatsächlich eingetretene Wettbewerbsbeschränkung, so muss dies auch im kollisionsrechtlichen Bereich gelten: Das GWB ist in diesen Fällen deshalb nur dann anwendbar, wenn tatsächlich eine Inlandsauswirkung vorliegt. Erfasst die Sachnorm hingegen **Gefährdungstatbestände**, so reicht das Vorliegen eines solchen Gefährdungstatbestandes grundsätzlich aus, um den Kartellsachverhalt dem deutschen GWB unterstellen zu können. Um allerdings das GWB nicht bereits bei rein theoretischen Inlandsauswirkungen anzuwenden, darf eine Inlandsauswirkung i. S. d. § 130 Abs. 2 GWB in diesen Fällen nur dann angenommen werden, wenn die zu prüfende Wettbewerbsbeschränkung nach der Lebenserfahrung geeignet ist, den freien Wettbewerb auf dem inländischen Markt zu beeinträchtigen[421]. Sind hingegen nur ausländische Unternehmen an der gefährdenden Wettbewerbsbeschränkung beteiligt, so soll eine Inlandsauswirkung nur dann vorliegen, wenn die Wettbewerbsbeschränkung über die Gefährdung hinaus konkret geeignet ist, den inländischen freien Wettbewerb zu beschränken[422]. 170

---

[417] *Immenga/Mestmäcker/Rehbinder,* § 130 Abs. 2, Rdnr. 80 ff. m. w. N.

[418] Offen gelassen in *BGH* WuW/E, 1276 (1280) – Ölfeldrohre; vgl. *BGH* WuW/E, 1613 (1615) – Organische Pigmente.

[419] *Bechtold,* § 130 Rdnr. 14.

[420] *Bechtold,* a. a. O.

[421] *Immenga/Mestmäcker/Rehbinder,* 130 Abs. 2 Rdnr. 67.

[422] *Immenga/Mestmäcker/Rehbinder,* § 130 Abs. 2 Rdnr. 76, 79.

c) Erfordernis einer unmittelbaren Inlandsauswirkung?

171 In der Rechtsprechung, der Praxis des Bundeskartellamts und der Literatur wird vielfach festgehalten, dass nur unmittelbare Auswirkungen einer Wettbewerbsbeschränkung einen ausreichenden Inlandsbezug begründen können[423]. Insbesondere sollen damit bloße **Reflexwirkungen** nicht zur Anwendbarkeit des deutschen GWB führen können. Allerdings können mittelbare Wirkungen z.B. von Kartellabreden oder Fusionen den Wettbewerb ebenso nachhaltig beeinflussen wie unmittelbare Wirkungen. Soweit der Schutzbereich der im Raume stehenden Sachnorm auch mittelbare Wirkungen grundsätzlich erfasst, muss deshalb auch eine **mittelbare Inlandsauswirkung** für die Anwendbarkeit des GWB genügen[424]. Sind nur ausländische Unternehmen an der Wettbewerbsbeschränkung beteiligt, sollen allerdings nur solche Fernwirkungen ausreichen, die den ausländischen Unternehmen zurechenbar, weil für diese vorhersehbar und kontrollierbar sind[425]; im Grundsatz ist nach der wohl herrschenden Meinung eine unmittelbare Auswirkung der Wettbewerbsbeschränkung erforderlich[426]. Eine unmittelbare Inlandsauswirkung liegt z.B. vor, wenn ein inländisches Unternehmen durch ausländische Unternehmen für den Inlandsmarkt gebunden wird.

d) Spürbarkeit der Inlandsauswirkung

172 Nach ganz allgemeiner Auffassung muss die Inlandsauswirkung die **Bagatellgrenze** überschreiten: Das GWB ist nur dann anwendbar, wenn die zu prüfende Wettbewerbsbeschränkung den Wettbewerb im Inland spürbar beeinflusst bzw. beeinflussen kann. Erforderlich ist hier ein in erster Linie **quantitatives Mindestmaß**. Die Praxis tendiert dementsprechend dazu, nur bei relevanten Inlandsumsätzen von über ca. € 1,5 Mio. von einer Spürbarkeit auszugehen. Dies gilt nach wohl richtiger Auffassung grundsätzlich unabhängig von der jeweiligen Sachnorm. Verlangt allerdings bereits die Sachnorm eine Spürbarkeit, so ist das Kriterium kollisionsrechtlich ebenso auszulegen und zu beurteilen wie in der Sachnorm[427].

173 Das Erfordernis einer Spürbarkeit der Inlandsauswirkung gilt auch in der **Fusionskontrolle**. Allerdings sind hier in der Rechtsprechung bislang keine sehr hohen Anforderungen gestellt worden; hat das erworbene ausländische Unternehmen im Inland Marktanteile von 0,14% bzw. 0,23%, so kann dies für eine Spürbarkeit ausreichen[428]. In der Tendenz liegt die Spürbarkeitsschwelle umso niedriger, je größer der Marktanteil des erwerbenden Unternehmens ist. Darüber hinaus wird in der Praxis bei jeder **im Inland vollzogenen Fusion** die Inlandsauswirkung i.S.d. § 130 Abs. 2 GWB angenommen. Wird die Fusion hingegen im Ausland vollzogen, so wird einschränkend verlangt, mindestens eines der beteiligten Unternehmen müsse unmittelbar oder mittelbar im Inland unternehmerisch genutztes Vermögen besitzen[429]. Das Bundeskartellamt nimmt eine Inlandsauswirkung hingegen dann an,

---

[423] Für das EU-Kartellrecht wird gefordert, die Auswirkung müsse unmittelbar voraussehbar und wesentlich sein, z.B. *Langen/Bunte/Bunte*, Einführung EG-KartellR, Rdnr. 42.

[424] *Immenga/Mestmäcker/Rehbinder*, § 130 Abs. 2, Rdnr. 64.

[425] *Immenga/Mestmäcker/Rehbinder*, § 130 Abs. 2, Rdnr. 75.

[426] *Langen/Bunte/Jungbluth*, § 98, Rdnr. 109; *MünchKomm/Immenga*, Nach Art. 37, Rdnr. 38; *Immenga/Mestmäcker/Rehbinder*, § 130 Abs. 2 Rdnr. 73 m.N. insbes. zur a.A.

[427] Ebenso wohl *Bechtold*, § 130 Rdnr. 15.

[428] *BGH* WuW/E 1633 (1635) – Organische Pigmente.

[429] *Bechtold*, § 130 Rdnr. 18.

wenn beide Unternehmen bislang im Inland tätig waren. War nur eines hier aktiv, so versucht man die Inlandsauswirkung anhand möglicher Zusammenhänge zwischen den Tätigkeiten des ausländischen und allein dort tätigen und des im Inland tätigen Unternehmens zu bestimmen[430].

2. Anwendungsbereich des Auswirkungsprinzips

§ 130 Abs. 2 GWB ist nach ganz allgemeiner Ansicht **zwingend**[431]. Es ist deshalb ebenso wenig möglich, über die Wahl des deutschen Rechts zur Anwendbarkeit des GWB zu gelangen, wenn keine Inlandsauswirkung i. S. d. § 130 Abs. 2 vorliegt, wie durch eine abweichende Rechtswahl die Geltung des GWB auszuschließen, wenn eine solche Inlandsauswirkung vorliegt. Das GWB findet parallel nur insoweit Anwendung, als die Wettbewerbsbeschränkung sich auch tatsächlich im Inland auswirkt[432]. Das GWB gilt somit unter Umständen für lediglich einen Teil des zu prüfenden Kartellsachverhaltes. Das Kartellkollisionsrecht verdrängt darüber hinaus die allgemeinen international privatrechtlichen Anknüpfungsregeln nicht nur aus dem schuldvertraglichen, sondern insbesondere auch aus dem deliktsrechtlichen und dem Formbereich (Art. 11 EGBGB)[433]. 174

§ 130 Abs. 2 ist eine **einseitige Kollisionsnorm**, d. h. die Vorschrift bestimmt nur, wann das GWB, nicht jedoch, ob und welches ausländische Recht den Sachverhalt gegebenenfalls regelt[434]. Allerdings folgen insbesondere das EU-Kartellrecht und das amerikanische Recht ebenfalls dem Auswirkungsprinzip, so dass sich hier vielfach Parallelen ergeben. 175

Zur **Anknüpfung ausländischen Kartellrechts** werden in der Literatur mehrere Möglichkeiten vorgeschlagen. Ein Teil der Literatur versucht dabei, **allseitige Kollisionsnormen** für das internationale Kartellrecht aufzustellen, sich also hier stark am allgemeinen IPR zu orientieren[435]. Allerdings soll dann – ähnlich wie beim System des Renvoi im allgemeinen Kollisionsrecht – ein möglicherweise fehlender Anwendungswille des an sich berufenen ausländischen Rechts respektiert werden. Die wohl überwiegende Ansicht geht demgegenüber davon aus, dass allein ein **System von einseitigen Sonderanknüpfungen** das internationale Kartellrecht zufrieden stellend regeln kann[436]. Ein ausländisches Kartellrecht ist demnach dann anwendbar, wenn es selbst angewendet sein will und dies nicht – etwa auf Grund eines fehlenden räumlichen Bezugs – völlig unangemessen erscheint. 176

Von der Anknüpfung eines ausländischen Kartellrechts zu trennen ist die Frage, ob auch ein zuständiges deutsches Gericht ggf. **ausländisches Kartellrecht anwenden** kann. Dies wird nahezu allgemein jedenfalls im Grundsatz bejaht. Die Rechtsprechung wendet ausländisches Kartellrecht jedenfalls dann an, wenn sich dies in 177

---

[430] Zur Konkretisierung des Auswirkungsprinzips in den einzelnen Teilbereichen des GWB *Immenga/Mestmäcker/Rehbinder,* § 130 Abs. 2, Rdnr. 89 ff; *Langen/Bunte/Jungbluth,* § 98 Abs. 2, Rdnr. 132 ff, *MünchKomm/Immenga,* Nach Art. 37, Rdnr. 48 ff.

[431] *MünchKomm/Immenga,* Nach Art. 37, Rdnr. 15; *Immenga/Mestmäcker/Rehbinder,* § 130 Abs. 2, Rdnr. 7, 222.

[432] *Immenga/Mestmäcker/Rehbinder,* § 130 Abs. 2, Rdnr. 223.

[433] Zum internationalen Verwaltungs- und Ordnungswidrigkeitenrecht ausf. *Immenga/Mestmäcker/Rehbinder,* § 130 Abs. 2 Rdnr. 228 ff.

[434] *MünchKomm/Immenga,* Nach Art. 37, Rdnr. 17.

[435] Nachweise bei *Immenga/Mestmäcker/Rehbinder,* § 130 Abs. 2, Rdnr. 242.

[436] *MünchKomm/Immenga,* Nach Art. 37, Rdnr. 19.

den Grenzen des (in erster Linie territorialen) Eingriffsbereichs des fremden Staates hält; darüber hinaus sollen grundsätzlich nur solche ausländischen Kartellnormen anwendbar sein, die in erster Linie oder jedenfalls auch dem Schutze Privater dienen[437]. Die wohl herrschende Lehre verlangt darüber hinaus, ausländisches Kartellrecht auch dann anzuwenden, wenn **Interessengleichheit** besteht. Denn jeder Staat habe ein anzuerkennendes Interesse daran, dass ordnungspolitisches Privatrecht, das er in seinem rechtmäßigen Herrschaftsbereich erlassen hat, jedenfalls von den Staaten anerkannt wird, die sich in gleicher oder ähnlicher Lage befinden[438].

III. Internationales Kartellrecht bei Internetsachverhalten

178 Fraglich ist nun, ob das Auswirkungsprinzip in gleicher Weise konkretisiert werden kann, wenn es um Kartellsachverhalte im Internet geht. Schwierigkeiten macht hier naturgemäß insbesondere, dass sowohl der Internetmarkt als solcher als auch der über das Internet angesprochene „reale" Markt nur schwierig territorial bestimmt und abgegrenzt werden können. Literatur und Rechtsprechung haben sich bislang – soweit ersichtlich – nicht mit der speziellen Problematik befasst.

179 Meines Erachtens kann eine Inlandsauswirkung i. S. d. § 130 Abs. 2 GWB, die zur Anwendung des deutschen Kartellrechts führt, wie in der realen Welt nur dann angenommen werden, wenn der **Wettbewerb im Inland tatsächlich beschränkt** wird oder die zu prüfende Handlung jedenfalls nach der Lebenserfahrung **tatsächlich und konkret geeignet** ist, den Inlandswettbewerb zu beschränken. Dies ist zum einen sicherlich in der Regel dann der Fall, wenn die beteiligten Unternehmen die Waren und Dienstleistungen, die Gegenstand der Wettbewerbsbeschränkung sind, auf dem deutschen Markt tatsächlich anbieten bzw. absetzen. Ob sie dies über das Internet, per Post, direkt, telefonisch oder auf sonst einem Vertriebswege tun, ist grundsätzlich gleichgültig. Ähnliches gilt bei der **Zusammenschlusskontrolle:** Haben die betroffenen Unternehmen hier Marktanteile oder sind sie in Deutschland sichtbar tätig, d. h. haben sie hier Kunden, Abnehmer, Vertriebsnetze und ähnliches, wird häufig von einer Inlandsauswirkung auszugehen sein.

180 Eine Inlandsauswirkung wird sich in der Praxis auch bei Internetsachverhalten dann unschwer feststellen lassen, wenn die Sachnorm, deren Anwendung im Raume steht, eine tatsächliche Beschränkung des inländischen Wettbewerbs erfordert: Denn dann ist die Wettbewerbsbeschränkung im Inland bereits eingetreten. Es liegt also handfestes Material vor, um über die Anwendbarkeit des GWB entscheiden zu können. Schwierig ist die Situation im Grunde nur bei den Gefährdungstatbeständen des GWB, bei denen nach der oben kurz umrissenen richtigen Auffassung die Beschränkung wenigstens nach der Lebenserfahrung tatsächlich und konkret geeignet sein muss, den Wettbewerb im Inland zu beschränken. Diese Eignung wird grundsätzlich nur dann gegeben sein, wenn die entsprechenden Internet-Auftritte der betroffenen Unternehmen im Inland **bestimmungsgemäß abrufbar** sind. Diese bestimmungsgemäße Abrufbarkeit muss hier wie in den anderen besprochenen Rechtsgebieten **anhand objektiver Kriterien**[439] bestimmt werden. So wird in der Re-

[437] *BGH* NJW 1960, 669.
[438] *Immenga/Mestmäcker/Rehbinder,* § 130 Abs. 2, Rdnr. 241.
[439] Checkliste Rdnr. 238.

gel bei .de-Domains davon ausgegangen werden können, dass diese für den deutschen Markt bestimmt sind. Gleiches gilt in aller Regel bei deutschsprachigen generischen Top Level Domains deutscher Unternehmen (vor allen .com, .info). Bei ausländischen nationalen Top Level Domains und generischen Top Level Domains in anderen Sprachen wird man die Bestimmung der Site im Einzelnen zu prüfen haben. Indizien sind hier wiederum Sprache, Währung, Kontaktadressen oder Telefonnummern, allgemeine Gestaltung der Site, Persönlichkeiten, mit denen geworben wird, Angabe der Website in der begleitenden (Offline-)Werbung, Art der beworbenen bzw. angebotenen Ware oder Dienstleistung, Möglichkeit eines Vertriebs der Ware oder eines Angebots der Dienstleistung im Inland; tatsächlicher Vertrieb des betroffenen Unternehmens im Inland, ggf. Nutzer der Site im Inland. Wiederum wird ein Kriterium für sich weder für die positive Feststellung der Zielrichtung auf den deutschen Markt noch für ihre Ablehnung ausreichen. Z. B. muss die Verwendung einer in Deutschland eher wenig verstandenen Sprache nicht bedeuten, dass die Site nicht für Deutschland bestimmt ist: Denn wenn z. B. eine Site in griechischer Sprache von allen griechischen Restaurants in Deutschland genutzt wird, liegt eine Inlandsauswirkung sicherlich nahe.

Insgesamt gilt auch hier: Die Wettbewerbsbeschränkung muss immer im **„realen" Inland spürbar** sein. Dies kann nur dann der Fall sein, wenn das Unternehmen in Deutschland auch tatsächlich tätig ist, die betreffende Ware oder Dienstleistung in Deutschland anbietet bzw. vertreibt, Kunden hier – sei es auch direkt über das Internet – beliefert usw. Dieser Maßstab muss auch für nur im Internet tätige Unternehmen wie z. B. Provider oder andere Internet-Dienstleister, seien sie kreativ oder rein technisch tätig, dienen: Wenn diese im Inland tätig sind, d. h. hier relevante Marktanteile besitzen, für hier ansässige Unternehmen oberhalb der Spürbarkeitsschwelle Dienstleistungen erbringen, kann grundsätzlich von einer Inlandsauswirkung des wettbewerbsbeschränkenden Verhaltens ausgegangen werden. Es ist auch kein Grund ersichtlich, die betroffenen Unternehmen hier anders zu behandeln als in der „realen" Welt. Denn wenn sie mit in Deutschland ansässigen Nutzern im weitesten Sinne oder anderen hier ansässigen Unternehmen in mehr als nur ganz unerheblichem Umfang Geschäfte tätigen, so ist ihnen durchaus zuzumuten, ihr Verhalten ebenso an den Vorschriften des GWB auszurichten, wie sie dies in der „realen" Welt tun müssten. Für die Unternehmen ist dies auch in aller Regel vorhersehbar. Wollen sie die Anwendung des GWB vermeiden, können sie auf dem deutschen Markt nicht tätig werden und müssen dies ggf. auf ihrer Site durch Disclaimer und ein Passwortsystem, das Nutzern aus Deutschland keinen Zugang bzw. keine Bestellung der Ware oder Dienstleistung ermöglicht, sicherstellen. 181

H. Kollisionsrecht im elektronischen Handel (E-Commerce)

I. Einführung

Auch im **internationalen Schuldvertragsrecht** wirft das Internet neue Fragen auf, die spezifischer Konkretisierung bedürfen[440]. Während im allgemeinen Vertragskollisionsrecht wegen der grundsätzlichen Rechtswahlfreiheit (Art. 27 EGBGB, Art. 3 182

[440] Zu den einzelnen Vertragssystemen des elektronischen Handels mit geistigem Eigentum vgl. unten § 13.

Europäisches Schuldvertragsübereinkommen, EVÜ)[441] bei der Bestimmung des Vertragsstatuts gegenüber dem „Offline"-Kollisionsrecht" keine wesentlichen Auslegungsschwierigkeiten bestehen, ergeben sich Probleme bei der Anknüpfung von **Verbraucherverträgen**, konkret insbesondere bei der Feststellung, wann ein Anbieter im Wohnsitzstaat bzw. Land des gewöhnlichen Aufenthalts des Verbrauchers Angebote unterbreitet oder Werbung betrieben hat.

II. Allgemeines Vertragskollisionsrecht

1. Allgemeines

183 Das deutsche Vertragskollisionsrecht der **Art. 27ff. EGBGB**, das im Wesentlichen das EVÜ umsetzt, unterstellt jeden Vertrag grundsätzlich dem von den Parteien – bei Vertragsschluss oder nachträglich[442] – gewählten Sachrecht[443] (Art. 27 Abs. 1 Satz 1, Abs. 2 EGBGB). Die **Rechtswahl** kann den gesamten Vertrag oder nur einen Teil[444] erfassen, ausdrücklich sein oder sich aus den Umständen des Falles bzw. den sonstigen Bestimmungen des Vertrages ergeben[445] (Art. 27 Abs. 1 Satz 3 bzw. 2 EGBGB). Für die Rechtswahl ist grundsätzlich nicht erforderlich, dass irgendeine Beziehung des gewählten Rechts zu dem ihm unterstellten Vertrag oder den Parteien besteht[446]. Allerdings enthält Art. 27 Abs. 3 EGBGB insofern einen Vorbehalt: Ist nämlich der Gesamtsachverhalt im Zeitpunkt der Rechtswahl nur mit einem einzigen Staat verbunden, so verdrängen dessen zwingende Bestimmungen jeweils punktuell die parallelen Bestimmungen des gewählten Rechts[447]. Das gewählte Recht entscheidet darüber, ob die Parteien sich wirksam über die Rechtswahl geeinigt haben (Art. 27 Abs. 4 EGBGB i. V. m. Art. 31 Abs. 1 EGBGB). Das gewählte Recht[448] befindet des Weiteren über Zustandekommen und Wirksamkeit des Vertrages oder einzelner Klauseln, und zwar auch dann, wenn der Vertrag nach diesem Recht nicht wirksam wäre (Art. 31 Abs. 1 EGBGB). Als Ausnahme bestimmt aber Art. 31 Abs. 2 EGBGB, dass das Rechts am Aufenthaltsort der betroffenen Partei anzuwenden ist, wenn nach dem gewählten oder über Art. 28 EGBGB bestimmten Recht ihr Verhalten eine Rechtswirkung hätte, mit der sie nicht rechnen musste. Dies betrifft z. B. Fälle einer Zustimmung durch Schweigen[449].

184 Haben die Parteien keine (wirksame) Rechtswahl getroffen, so ist Vertragsstatut grundsätzlich das Recht des Staates, mit dem der Vertrag die **engsten Verbindungen** aufweist (Art. 28 Abs. 1 Satz 1 EGBGB; Sachnormverweisung[450]). Voneinander trennbare Teile des Vertrages können dabei ausnahmsweise unterschiedlichen Rechten unterliegen, Art. 28 Abs. 2 Satz 2 EGBGB. Nach der Grundvermutung des

---

[441] Europäisches Schuldvertragsübereinkommen, geschlossen in Rom am 19. 6. 1980, BGBl. II 1986, S. 819; *Jayme/Hausmann* Nr. 43.

[442] Näher *Palandt/Heldrich*, Art. 27 EGBGB, Rdnr. 10; die Rechtswahl kann später auch geändert werden, z. B. *BGH* NJW 1991, 1293; NJW-RR 2000, 1004.

[443] Ohne das IPR des gewählten Rechts; Art. 35 Abs. 1 EGBGB schließt im vertraglichen Bereich den Renvoi aus.

[444] Näher *Palandt/Heldrich*, Art. 27 EGBGB, Rdnr. 9.

[445] Näher *Palandt/Heldrich*, Art. 27 EGBGB, Rdnr. 5 ff.

[446] *MünchKomm/Martiny*, Art. 27 EGBGB Rdnr. 17; *Palandt/Heldrich*, Art. 27 EGBGB, Rdnr. 3.

[447] Näher *Palandt/Heldrich*, Art. 27 EGBGB, Rdnr. 4; dort auch zu Art. 34 EGBGB.

[448] Ebenso das über Art. 28 EGBGB bestimmte Recht.

[449] Näher *Palandt/Heldrich*, Art. 32 EGBGB, Rdnr. 4 f.

[450] Art. 35 Abs. 1 EGBGB.

Art. 28 Abs. 2 EGBGB besitzt ein Vertrag grundsätzlich die engsten Verbindungen mit dem Staat, in dem die Partei, die die **charakteristische Leistung** erbringt, im Zeitpunkt des Vertragsschlusses ihren gewöhnlichen Aufenthalt oder ihre Niederlassung hat. Bei dem Verkauf einer beweglichen Sache ist dies z.B. regelmäßig der Verkäufer[451]; ebenso ist bei einer Dienstleistung, die grenzüberschreitend erbracht wird, regelmäßig das Recht am Sitz des Erbringers anzuwenden[452]. Spezifische Vermutungen für Grundstücksverträge und Güterbeförderungsverträge enthalten Art. 28 Abs. 3 und 4 EGBGB. Gemäß Art. 28 Abs. 5 EGBGB kommt die Vermutung des Art. 28 Abs. 2 EGBGB jedoch dann nicht zur Anwendung, wenn der Vertrag ausnahmsweise nach der Gesamtheit der Umstände engere Verbindungen zu einem anderen Staat aufweist (sog. **Ausweichklausel**). Dies kann z.B. dann der Fall sein, wenn ein ausländischer Dienstleister die Leistung nicht grenzüberschreitend, sondern ausschließlich in einem anderen Staat erbringt, wenn also zum Beispiel ein französischer Architekt mit Sitz in Paris bei seinem Auftraggeber in Deutschland ein Haus entwirft und die Bauleitung der späteren Baustelle übernimmt. Als Ausnahmeregelung ist Art. 28 Abs. 5 EGBGB nach richtiger Auffassung grundsätzlich eng auszulegen.

Ein Vertrag ist gemäß Art. 11 Abs. 1, Abs. 2 EGBGB **formwirksam**, wenn er die Voraussetzungen des Vertragsstatuts oder des am Ort des Vertragsschlusses geltenden Rechts bzw. am Aufenthaltsort jeder Partei, wenn der Vertrag nicht bei gleichzeitiger Anwesenheit beider geschlossen wird, erfüllt. 185

2. Verträge über Immaterialgüterrechte

Artikel 27ff. EGBGB gelten grundsätzlich auch für Verträge über Immaterialgüterrechte. Allerdings schränkt hier vor allem das **Schutzlandprinzip** die Rechtswahlfreiheit in gewissem Umfang ein und führt wohl auch zu einer spezifisch immaterialgüterrechtlichen Vermutung der engsten Verbindung im Sinne des Art. 28 EGBGB bei fehlender Rechtswahl. 186

a) Verträge über Domains[453]

Verträge über Domains unterliegen in erster Linie dem von den Parteien gewählten Recht. Da ein Recht an einer konkreten Domain jedoch nicht losgelöst von den zuständigen Vergabestellen bestehen kann, werden die Parteien gegebenenfalls nach dem nationalen Recht der Vergabestelle bestehende materiellrechtliche oder Formerfordernisse faktisch zu beachten haben. Haben die Parteien kein Recht gewählt, so ist fraglich, zu welcher Rechtsordnung die engste Verbindung besteht. Bei einem Rechtsgeschäft über eine **generische Top Level Domain** als solche – **Verkauf, Vermietung/Verpachtung** oder sonst Zugänglichmachen für einen Dritten – erbringt die charakteristische Leistung im Sinne der Vermutung des Art. 28 Abs. 2 EGBGB wohl derjenige, der die Domain überträgt oder zur Verfügung stellt. Dies gilt m.E. auch in den Fällen, in denen **Werbeflächen** auf einer Domain einem Dritten zur Verfügung gestellt werden. Eine engere Verbindung zu einem anderen Staat ist in diesen Fällen nicht ersichtlich. Wird vertraglich das Legen von **Links** von einer Webseite auf eine andere vereinbart, so ist die Bestimmung der charakteristischen 187

[451] *Palandt/Heldrich,* Art. 27 EGBGB, Rdnr. 7 f.

[452] *Palandt/Heldrich,* Art. 27 EGBGB, Rdnr. 13.

[453] Zu .com-Domains *Schließ,* K&R 2000, 180ff.

Leistung und damit der engsten Verbindung schon schwieriger. Legt eine Vertragspartei einen Link und wird dafür von der anderen Vertragspartei bezahlt, so spricht wiederum viel für eine Anknüpfung an das Recht am Sitz desjenigen, der den Link legt. Wird hingegen eine gegenseitige Verlinkung vereinbart, wird ein Schwerpunkt sich kaum erkennen lassen. Sofern nicht andere Indizien eine Verbindung zu einem bestimmten Staat ergeben, wird man in diesen Fällen die Vertragsteile trennen und jeden Link seinem eigenen Recht unterstellen müssen[454].

188 Dies gilt grundsätzlich auch bei Rechtsgeschäften über **nationale Top Level Domains.** Denkbar ist hier allerdings auch eine Anknüpfung über die Ausweichklausel des Art. 28 Abs. 5 EGBGB an das Recht des Top Level Domainstaates. Jedoch ist Art. 28 Abs. 5 EGBGB Ausnahmeregelung gegenüber der Grundvermutung des Art. 28 Abs. 2 EGBGB und als solche eng auszulegen. Eine regelmäßige Ausnahmeanknüpfung gemäß Art. 28 Abs. 5 EGBGB für nationale Top Level Domains kommt deshalb eher nicht in Betracht. Darüber hinaus ist aber auch bereits nicht erkennbar, weshalb in jedem Fall zu dem Recht des Top Level Domainstaates engere Verbindungen bestehen sollten als zu dem Recht an dem Sitz desjenigen, der die Domain verkauft, vermietet oder sonst zur Verfügung stellt. Allerdings werden die Parteien auch hier faktisch gegebenenfalls bestehende Form- oder materiellrechtliche Übertragungserfordernisse des Rechts der (nationalen) Domainvergabestelle zu beachten haben.

b) Urheberrechtsverträge

189 Urheberrechtsverträge verknüpfen in aller Regel Verpflichtungs- und Verfügungsgeschäft miteinander. Streitig ist in diesem Zusammenhang insbesondere, ob Verpflichtungs- und Verfügungsgeschäft einem einheitlichen Vertragsstatut zu unterstellen sind (sog. **Einheitstheorie**)[455] oder ob das Verpflichtungsgeschäft nach dem gewählten oder über Art. 28 EGBGB bestimmten Recht beurteilt werden kann, während auf den Verfügungsteil des Geschäfts das Recht des Schutzlandes anzuwenden wäre[456] (sog. **Spaltungstheorie**)[457]. Eine dritte, vereinzelt gebliebene Auffassung nimmt als Urheberrechtsstatut überhaupt das **Recht des Ursprungslandes** an[458]. Die **Spaltungstheorie** trennt streng zwischen Verfügungs- und Verpflichtungsgeschäft; das Verpflichtungsgeschäft soll dem gewählten oder dem nach Art. 28 EGBGB bestimmten Recht unterliegen, während über das Verfügungsgeschäft das Recht des Schutzlandes bestimmt. Dies wird insbesondere damit begründet, dass das Urheberrecht als Immaterialgüterrecht für jedes Schutzland gesondert, aber auch auf dieses Schutzland beschränkt entsteht, erlischt, seinen Inhalt und Schutzumfang erhält und schließlich auch als übertragbar oder nicht übertragbar ausgestaltet ist[459]. Allerdings führt diese Auffassung vor allem bei Verträgen, die Urheberrechte für mehrere nationale Territorien gleichzeitig oder gar weltweit einräumen oder übertragen, zu Schwierigkeiten. Denn dann müsste der Vertrag im Extremfall in eine Vielzahl unterschiedlicher Rechte aufgespalten werden, die mög-

---

[454] Art. 28 Abs. 2 S. 2 EGBGB.

[455] Näher *Schricker/Katzenberger,* vor §§ 120 ff., Rdnr. 148 f.

[456] Näher *Schricker/Katzenberger,* vor §§ 120 ff., Rdnr. 148.

[457] *MünchKomm/Kreuzer,* Nach Art. 38 Anh. II, Rdnr. 20, 22; *MünchKomm/Martiny,* Art. 28 EGBGB, Rdnr. 261, 263; vgl. *BGH* GRUR Int. 2001, 873 (877) – Barfuß ins Bett.

[458] *Schack,* Urheberrecht, S. 70 ff.

[459] *Schricker/Katzenberger,* vor §§ 120 ff., Rdnr. 148.

licherweise alle unterschiedliche Voraussetzungen aufstellen. Bereits die Auslegung des Vertrages dürfte dann äußerst schwierig sein. Deshalb will die **Einheitstheorie** auf Urheberrechtsverträge insgesamt grundsätzlich das Vertragsstatut anwenden. Jedoch sollen bestimmte Fragen wie z. B. die Zulässigkeit der Übertragung überhaupt, die Möglichkeit der Einräumung einzelner Nutzungsrechte, die Schutzdauer eines Urheberrechts auch nach dieser Auffassung nach dem Recht des Schutzlandes beurteilt werden[460]. Zu folgen ist der **Einheitstheorie**. Denn sie gestattet eine soweit wie möglich einheitliche Vertragsauslegung[461]. Haben also die Parteien das **anwendbare Recht gewählt**, so bestimmt dieses – vorbehaltlich einiger weniger durch das Schutzlandrecht zu entscheidender Fragen – über Inhalt und Auslegung des gesamten Vertrages, d. h. sowohl seines schuld- als auch seines verfügungsrechtlichen Teils. Trotz der Wahl eines anderen als des deutschen Rechts kann allerdings nicht von dessen international zwingenden Bestimmungen – wie z. B. den neuen §§ 32, 32a UrhG, vgl. § 32b UrhG – abgewichen werden, Art. 34 EGBGB[462].

Streitig ist jedoch die **objektive Anknüpfung** des Vertragsstatutes[463], wenn die 190
Parteien kein Recht gewählt haben. Die herrschende und m. E. richtige Auffassung nimmt an, dass der Urheber jedenfalls dann die charakteristische Leistung i. S. d. Art. 28 Abs. 2 EGBGB erbringt, wenn er ein **einfaches Nutzungsrecht** einräumt, der Vertragspartner also lediglich ein Entgelt zahlen muss[464]. In diesen Fällen ist Vertragsstatut also das Recht am Sitz des Urhebers. Wird dem Erwerber hingegen ein **ausschließliches Recht** übertragen oder übernimmt er eine **Verwertungspflicht**, verschiebt sich der Schwerpunkt des Vertrages hin zur Verwertung, so dass hier davon auszugehen ist, dass der Verwerter die charakteristische Leistung erbringt[465]. Bei einem Verlagsvertrag ist dann z. B. das Recht am Niederlassungsort des Verlages anzuwenden[466]. Gleiches gilt für Filmverleih- und Filmauswertungsverträge[467]. Bei **Wahrnehmungsverträgen** zwischen Urhebern und Bühnenverlagen oder Verwertungsgesellschaften steht die Rechtewahrnehmung im Vordergrund. Vertragsstatut muss somit die Rechtsordnung am Niederlassungsort des wahrnehmenden Unternehmens sein[468]. Dies gilt grundsätzlich auch für Nutzungsrechte, die eine Wahrnehmungsgesellschaft einem individuellen Nutzer einräumt.

Die **Formwirksamkeit** eines Urheberrechtsvertrages ist dementsprechend entwe- 191
der nach dem Recht am Ort des Vertragsschlusses bzw. am Aufenthaltsort jeder Partei, wenn der Vertrag nicht bei gleichzeitiger Anwesenheit beider geschlossen wird, oder nach dem Vertragsstatut zu beurteilen, Art. 11 Abs. 1, Abs. 2 EGBGB[469].

---

460 Ausführlich *Schricker/Katzenberger,* vor §§ 120 ff., Rdnr. 150 f.

461 *OLG München,* MMR 2002, 312, 313 – Spielbankaffäre; *Schricker/Katzenberger,* vor §§ 120 ff., Rdnr. 149.

462 Ähnliches gilt i. R. d. Art. 27 Abs. 3 EGBGB auch für ein dem Sachverhalt eng verbundenes, aber nicht gewähltes Recht; oben Rdnr. 183.

463 Zur Entwicklung *Schricker/Katzenberger,* vor §§ 120 ff., Rdnr. 155.

464 *MünchKomm/Martiny,* Art. 28 EGBGB, Rdnr. 263 a; *Hilty/Peukert,* GRUR Int. 2002, 643, 647.

465 *Schricker/Katzenberger,* vor §§ 120 ff., Rdnr. 156; *MünchKomm/Martiny,* Art. 28 EGBGB, Rdnr. 263 a.

466 *MünchKomm/Martiny,* Art. 28 EGBGB, Rdnr. 264.

467 *MünchKomm/Martiny,* Art. 28 EGBGB, Rdnr. 266.

468 *MünchKomm/Martiny,* Art. 28 EGBGB, Rdnr. 267.

469 *Schricker/Katzenberger,* vor §§ 120 ff., Rdnr. 169; a. A. *MünchKomm/Kreuzer,* Nach Art. 38 Anh. II, Rdnr. 21.

c) Verträge über gewerbliche Schutzrechte

192 Verträge, die ein Schutzrecht (Marke, Gebrauchsmuster, Geschmacksmuster, Patent usw.) übertragen, unterliegen nach allgemeiner Auffassung dem **Recht des Schutzlandes**[470]. Denn da auf Grund des Territorialitätsprinzips das Schutzrecht nicht unabhängig von dieser Rechtsordnung existieren kann, muss diese über seine Übertragung, Voraussetzungen und Folgen entscheiden. Dies betrifft allerdings nur die verfügungsrechtliche Seite. Im Hinblick auf das **zugrunde liegende Verpflichtungsgeschäft** kann nach wohl herrschender Meinung das **anwendbare Recht gewählt**[471] werden (Art. 27 EGBGB). Liegt keine Rechtswahl vor, ist die **objektive Anknüpfung** gemäß Art. 28 EGBGB streitig. Die wohl überwiegende Ansicht knüpft hier an den Niederlassungsort des Lizenzgebers an, dies jedenfalls dann, wenn nur eine nicht ausschließliche Lizenz eingeräumt und der Lizenznehmer im Wesentlichen verpflichtet wird, eine Lizenzgebühr zu zahlen[472]. Nach Auffassung des *BGH* ist auch auf den Verpflichtungsvertrag das Recht des Schutzlandes anzuwenden[473]. Problematisch ist dann allerdings die Aufspaltung eines einheitlichen Vertrages bei Lizenzvergabe gleich für mehrere Staaten. Eine weitere Auffassung will das Verpflichtungsgeschäft dem Recht am Niederlassungsort des Lizenznehmers zum Teil generell, zum Teil jedenfalls dann unterstellen, wenn eine ausschließliche Lizenz vergeben wird[474]. Meines Erachtens spricht viel dafür, auch auf das Verpflichtungsgeschäft das Recht des Schutzlandes anzuwenden. Denn dort soll eine Verwertung des Schutzrechtes erfolgen. Darüber hinaus führt dies zu einer sinnvollen Parallelanknüpfung von Verpflichtungs- und Verfügungsgeschäft. Dies mag anders sein, wenn in einem einzigen Vertrag eine Vielzahl einzelner nationaler Schutzrechte übertragen wird: Dann ist in der Regel das Recht am Sitz des Lizenzgebers als des Erbringers der charakteristischen Leistung anzuwenden, bei Übertragung von Schutzrechten das Recht am Sitz des Zedenten[475]. Wird eine Lizenz für mehrere Staaten mit Verwertungspflicht vergeben, kann sich der Schwerpunkt zum Lizenznehmer hin verschieben[476]. Probleme macht die Schwerpunktanknüpfung des Art. 28 Abs. 2 regelmäßig in den Fällen, in denen die Parteien **Rechte untereinander austauschen** (z. B. Markenrechte an unterschiedlichen Marken): Da eine für den gesamten Vertrag charakteristische Leistung nicht besteht, muss der Vertrag für jede Verpflichtung gesondert angeknüpft[477] (Art. 28 Abs. 2 Satz 2 EGBGB) und die Übertragung jeweils dem Recht des Schutzlandes unterstellt werden.

193 **Rechte des Lizenznehmers gegen Dritte** (z. B. Rechtsverletzer) richten sich nach der wohl überwiegenden Auffassung nach dem Recht Schutzlandes[478].

---

[470] *BGH* GRUR 2002, 972, 973 – FROMMIA; *MünchKomm/Kreuzer,* Nach Art. 38 Anh. II, Rdnr. 61 ff. (Marken), 88 (Patente); *MünchKomm/Martiny,* Art. 28 EGBGB, Rdnr. 268.

[471] *MünchKomm/Martiny,* Art. 28 EGBGB, Rdnr. 269.

[472] *Schricker/Katzenberger,* vor §§ 120 ff., Rdnr. 156.

[473] *BGH* GRUR 2002, 972, 973 – FROMMIA; *MünchKomm/Martiny,* Art. 28 EGBGB, Rdnr. 269.

[474] Zur Anknüpfung des Know-How-Übertragungsvertrages *MünchKomm/Martiny,* Art. 28 EGBGB Rdnr. 270.

[475] *MünchKomm/Martiny,* Art. 28 EGBGB, Rdnr. 269 a.

[476] Ebenso *Fezer,* Einl., Rdnr. 206, 207; *MünchKomm/Martiny,* Art. 28 EGBGB, Rdnr. 269 b.

[477] A. A. *Palandt/Heldrich,* Art. 28 EGBGB, Rdnr. 9.

[478] Vgl. insofern BGHZ 118, 394 (397 f.) – ALF.

3. Verbraucherverträge

Für Verbraucherverträge[479] enthalten Art. 29 und Art. 29a EGBGB besondere Vorschriften, die dem Verbraucher bei Vorliegen bestimmter Voraussetzungen den Schutz des Rechts an seinem gewöhnlichen Aufenthalt erhalten sollen. 194

a) Art. 29 EGBGB

Hat der Vertragspartner des Verbrauchers vor Vertragsschluss im Staat des gewöhnlichen Aufenthalts des Verbrauchers die Leistung ausdrücklich angeboten oder dafür geworben und der Verbraucher in diesem Staat oder von diesem Staat aus das Angebot des Vertragspartners angenommen oder selbst ein Angebot gemacht, oder hat der Vertragspartner des Verbrauchers bzw. sein Vertreter im Aufenthaltsstaat des Verbrauchers dessen Bestellung entgegengenommen oder hat der Vertragspartner des Verbrauchers für diesen eine Reise in einen anderen Staat organisiert, während derer der Verbraucher Ware beim Vertragspartner kauft (Kaffeefahrten), so kommt Art. 29 EGBGB zur Anwendung. Die Parteien können dann zwar gemäß Art. 29 Abs. 1 EGBGB grundsätzlich das auf den Vertrag anwendbare Recht frei wählen; dieses Recht wird jedoch punktuell von den **verbraucherschützenden Bestimmungen des Aufenthaltsrechts** des Verbrauchers verdrängt[480]. Haben die Parteien kein Recht gewählt, so unterliegt der Vertrag, wenn die eben bezeichneten Voraussetzungen vorliegen, insgesamt dem Recht am gewöhnlichen Aufenthaltsort des Verbrauchers[481] (Art. 29 Abs. 2 EGBGB). In jedem Fall unterliegt der Vertrag ausschließlich den Formvorschriften des Rechts am gewöhnlichen Aufenthaltsort des Verbrauchers, Art. 29 Abs. 3 EGBGB (z.B. den Bestimmungen des Fernabsatz- oder Haustürwiderrufsgesetzes). 195

b) Anwendung verbraucherschützender Richtlinien

Die Anwendung des gewählten Rechts schränkt über Art. 29 Abs. 1 und 3 hinaus auch **Art. 29a EGBGB** ein. Nach dieser Vorschrift sind bei Wahl des Rechts eines Staates, der nicht der EU oder dem EWR angehört, die in den Mitgliedsstaaten der EU und EWR geltenden Bestimmungen zur Umsetzung der **Verbraucherschutzrichtlinien anzuwenden**[482], wenn der Vertrag einen engen Zusammenhang mit dem Gebiet eines EU- oder EWR-Mitgliedsstaates aufweist[483]. Dieser enge Zusammenhang soll nach Art. 29a Abs. 2 EGBGB insbesondere (aber nicht nur) dann vorliegen, wenn der Vertrag auf Grund eines öffentlichen Angebotes, einer öffentlichen Werbung oder einer ähnlichen geschäftlichen Tätigkeit in einem Mitgliedsstaat der EU oder des EWR zustande kommt und der Verbraucher bei seiner Annahmeerklärung oder seinem Angebot seinen gewöhnlichen Aufenthalt in einem EU- oder EWR-Mitgliedsstaat hat. Verbraucherschutzrichtlinien sind gemäß Art. 29a Abs. 4 EGBGB die Richtlinie 93/13/EWG über missbräuchliche Klauseln, die Richtlinie 94/47/EG 196

---

[479] Zu diesem Begriff näher *Palandt/Heldrich,* Art. 29 EGBGB, Rdnr. 2.

[480] Näher *Palandt/Heldrich,* Art. 29 EGBGB, Rdnr. 4.

[481] Näher *Palandt/Heldrich,* Art. 29 EGBGB, Rdnr. 7.

[482] Näher zu dieser Rechtsfolge *Palandt/Heldrich,* Art. 29a EGBGB, Rdnr. 5.

[483] Nach e.A. soll die Norm unterschiedslos auf *alle* Verträge anwendbar sein, also auch dann, wenn es sich nicht um Verbraucherverträge handelt; *Palandt/Heldrich,* Art. 29a EGBGB, Rdnr. 3. Dann dürfte aber häufig die relevante Richtlinie unanwendbar sein. Ablehnend auch *Freitag/Leible,* EWS 2000, 344.

über Verträge über den Erwerb von Teilnutzungsrechten an Immobilien, die Richtlinien 97/7/EG über den Verbraucherschutz bei Fernabsatzverträgen und die Richtlinie 1999/44/EG zum Verbrauchsgüterkauf.

III. Vertragskollisionsrecht bei Vertragsschluss im oder über das Internet

197 Für Verträge, an denen kein Verbraucher beteiligt ist, lassen sich die speziell durch den Vertragsschluss im oder über das Internet aufgeworfenen Probleme mit den bestehenden Kollisionsnormen ohne weiteres lösen. Lediglich die kollisionsrechtlichen Bestimmungen zu Verbraucherverträgen bedürfen einer näheren Konkretisierung für das Internet.

1. Verträge ohne Beteiligung von Verbrauchern[484]

a) Allgemeines

198 Solche Verträge können auch dann, wenn sie im oder über das Internet geschlossen werden, unproblematisch über Art. 27, 28 EGBGB anknüpft werden. Haben die Parteien das anwendbare Recht gewählt, so befindet dieses gewählte Recht über die **Wirksamkeit** seiner Wahl (Art. 27 Abs. 4 EGBGB), also insbesondere darüber, ob eine Rechtswahlklausel in AGB auch im Internet ausreichend ist[485]. Das gewählte Recht entscheidet auch, ob und wann eine wirksame Willenserklärung vorliegt,[486] ob die Rechtswahl also z.B. durch so genannte click-wrap-agreement getroffen, d.h. ein Vertragsangebot mit Rechtswahlklausel durch die andere Partei durch Anklicken eines Buttons angenommen werden kann. Gemäß Art. 11 EGBGB müssen entweder die **Formerfordernisse** des gewählten Rechts oder die am Ort des Vertragsschlusses eingehalten werden.

b) Vertragserfüllung außerhalb des Internet

199 Haben die Parteien kein Recht gewählt, so kommt gemäß Art. 28 Abs. 2 EGBGB bei E-Commerce-Verträgen, die nicht Immaterialgüterrechte betreffen, das Recht am Sitz desjenigen zur Anwendung, der die charakteristische Leistung erbringt. Dies wird in aller Regel der Verkäufer bzw. Dienstleister sein[487]. Bei Verträgen über Immaterialgüterrechte, die zwar im Internet geschlossen werden, aber **Verwertungshandlungen in der „realen" Welt** betreffen, ist auch bei Verkauf bzw. Lizenzierung im oder über das Internet mangels Rechtswahl bei Einräumung nicht ausschließlicher Nutzungs- oder Verwertungsrechte das Recht am Sitz des Lizenzgebers anzuwenden, bei Übertragung eines Immaterialgüterrechts oder Einräumung einer ausschließlichen Lizenz verlagert sich der Schwerpunkt hingegen zum Erwerber bzw. Nutzungsbefugten, so dass dann das Recht an dessen Sitz anwendbar ist. Dies gilt jedoch nur für das Verpflichtungsgeschäft; das Verfügungsgeschäft in seinen Voraussetzungen und Folgen unterliegt auch hier dem Recht des Schutzlandes.

---

[484] Zum CISG im Internet *Koch* in *Bartsch/Lutterbeck,* S. 83 (86f.).

[485] *Köhler/Arndt,* Rdnr. 370; ausführlich *Mankowski,* RabelsZ 63 (1999), 203 (210ff.).

[486] Zu den in diesem Zusammenhang auch interessierenden Fragen der elektronischen Signatur vgl. *Geis,* MMR 2000, 667ff. und § 5, Rdnr. 60ff.

[487] *Köhler/Arndt,* Rdnr. 380.

c) Vertragsverfüllung im bzw. über das Internet

Wird ein **Nutzungsrecht zur Nutzung im Internet** eingeräumt oder übertragen (z. B. Lizenzierung einer Marke zur Verwendung auf der Website des Vertragspartners), so wirft die Anwendung des Recht des Schutzlandes auf das Verfügungsgeschäft wohl keine größeren Probleme auf, als die immaterialgüterrechtliche Anknüpfung im Internet sonst hervorruft. Denn das lizenzierte Recht muss ja (mindestens) ein Schutzland haben. Eine Marke kann also auch im Internet nur für die Länder, in denen sie zugunsten des Lizenzgebers besteht, lizenziert werden. Will der Lizenznehmer das Kennzeichenrecht auf einer Site verwenden, die auch auf andere Länder bestimmungsgemäß ausgerichtet ist als auf die Länder, für die zugunsten seines Lizenzgebers Schutz besteht, so müssen Lizenzgeber und Lizenznehmer sich darüber im Klaren sein, dass dies erhebliche Haftungsrisiken für den Lizenznehmer in sich bergen kann. 200

Das eben näher umrissene Vertragsstatut findet **bei allen Verträgen, bei denen Immaterialgüterrechte betroffen** sind, Anwendung, also z. B. auch dann, wenn MIDI-Files mit urheberrechtlich geschützter Musik durch einen in den USA ansässigen Anbieter über seine .com-Site an einen deutschen Nutzer über das Internet veräußert werden. Hiervon streng zu trennen ist die Frage, ob und unter welchen Voraussetzungen der Anbieter in Deutschland möglicherweise Urheberrechte verletzt; hier ist allein das Recht des Schutzlandes[488] – im Beispielsfall also deutsches Recht – anzuwenden. Die Frage der deliktischen Verantwortlichkeit eines Vertragspartners hat aber als solches auf das Vertragsstatut keinen Einfluss. 201

2. Verbraucherverträge

a) Angebot im Internet

Etwas schwieriger gestaltet sich die Anwendung des Kollisionsrechts bei Verbraucherverträgen. Denn Art. 29 und Art. 29a EGBGB stellen – ebenso wie die parallelen europäischen Normen, d. h. Art. 5, 9 Abs. 5 EVÜ und Art. 12 Abs. 2 Fernabsatzrichtlinie[489] – zur Anwendung des Rechts am gewöhnlichen Aufenthaltsort des Verbrauchers darauf ab, ob in diesem Staat die Ware oder Leistung ausdrücklich angeboten oder beworben worden ist oder der Vertragspartner des Verbrauchers oder sein Vertreter die Bestellung des Verbrauchers in diesem Staat entgegengenommen hat[490] (Art. 29 EGBGB) bzw. ob der Vertragspartner des Verbrauchers in einem Staat der EU bzw. des EWR seine Leistung öffentlich anbietet, öffentlich bewirbt oder in ähnlicher Weise geschäftlich tätig ist (Art. 29a EGBGB). Dies soll vor allem bei **Angeboten im Internet** regelmäßig der Fall sein, und zwar unabhängig davon, ob die Site erkennbar auf das Aufenthaltsland des Verbrauchers ausgerichtet ist[491]: Denn der Vertragspartner des Verbrauchers muss hier – anders als z. B. bei Werbung oder der Verwendung eines bestimmten Kennzeichens auf einer Website – aktiv tätig werden, damit er mit dem Verbraucher aus dem bestimmten Land einen 202

[488] Oben Rdnr. 68 ff.

[489] Richtlinie 97/7/EG, über den Verbraucherschutz bei Vertragsabschlüssen im Fernabsatz vom 20. 5. 1997, ABl. EG Nr. L 144/19 = NJW 1998, 212.

[490] Art. 29 Abs. 1 Nr. 3 EGBGB (sog. Kaffeefahrten-Fälle) spielt bei Internetsachverhalten keine Rolle.

[491] *Palandt/Heldrich*, Art. 29 EGBGB, Rdnr. 5 m. w. N.; *ders.*, Art. 29a EGBGB, Rdnr. 3; *Mankowski*, RabelsZ 63 (1999), 203 (292); *ders.*, MMR Beilage 7/2000, 22 (24 ff.).

Vertrag schließen kann. Er muss in vielen Fällen – soweit nicht eine Lieferung direkt über das Internet stattfindet (Midi-Files, Software, Informationen u. Ä.) – die Adresse des Vertragspartners kennen, mit diesem die Zahlungsweise regeln usw. Er hat also nicht nur die Möglichkeit, sondern muss faktisch vor Vertragsschluss erfahren, wo sein Vertragspartner sitzt. Dies ermöglicht ihm dann natürlich auch, mit Verbrauchern aus Staaten, deren Recht er sich nicht unterwerfen will, keine Verträge zu schließen[492]. Das Rechtsanwendungsrisiko wird daher in der Regel für den Vertragspartner des Verbrauches vorhersehbar und zudem kaum mit zusätzlichem Aufwand verbunden sein.

b) Anwendung des Aufenthaltsrechts des Verbrauchers nur bei bestimmungsgemäßem Abruf

203 Allerdings sollte auch in diesen Fällen ein Angebot, eine Werbung usw. des Anbieters im Aufenthaltsstaat des Verbrauchers nur dann angenommen werden, wenn der Auftritt des Vertragspartners tatsächlich auf jenen Staat gerichtet ist[493], wie es Voraussetzung für die Anwendbarkeit des Schutzland- bzw. Marktortrechts im außervertraglichen Kollisionsrecht sein muss[494]. Dies würde das **Haftungsrisiko des Anbieters** auf die ihm im weitesten Sinne vorhersehbaren Rechtsordnungen beschränken. Denn es ist nicht recht einzusehen, weshalb ein Verbraucher, der bewusst im Internet auf einer Site unter einer fremden nationalen Top Level Domain oder bei einem Anbieter, der in einer fremden Sprache anbietet, bestellt, sich dann auf die verbraucherschützenden Normen seines Aufenthaltsstaates berufen können soll[495]: Wer z. B. unter einer australischen Internetadresse Waren oder sonstige Leistungen abruft, weil sie dort preiswerter zu haben sind, kann nicht ernsthaft erwarten, dass sein eigenes Recht zur Anwendung kommt. Es sollte deshalb nur dann von einer Werbung oder einem Angebot im Aufenthaltsstaat des Verbrauchers ausgegangen werden können, wenn der Internetauftritt tatsächlich auf diesen Staat ausgerichtet ist. Dies sollte anhand der gleichen oder doch ähnlicher **objektiver Indizien**[496] bestimmt werden wie im außervertraglichen Bereich bei der Bestimmung des Schutz- bzw. Marktlandes[497]. Zu berücksichtigen sind hier also Sprache des Auftritts, generelle Gestaltung, Kontaktadressen und Telefonnummern, möglicherweise Währung, eventuelle Disclaimer, Verweis auf die Homepage in anderen Werbemitteln im Inland, angebotene Ware oder Dienstleistung, Tätigkeit des Anbieters im „realen" Inland, usw. Bei fremden nationalen Top Level Domains ist dabei nur bei Vorliegen besonderer Voraussetzungen davon auszugehen, dass ein Angebot im Aufenthaltsstaat des Verbrauchers vorliegt. Bei Auftritten unter der „eigenen" Top Level Domain des Verbrauchers ist auch für einen ausländischen Anbieter immer von einem Angebot im Wohnsitzstaat auszugehen. Dies führt auch **nicht etwa zu einer Verkürzung des Verbraucherschutzes** im Internet: Denn wenn der Anbieter tatsächlich mit Verbrauchern im Inland ins Geschäft kommen will, seine Website also entsprechend gestaltet hat, kann er, da seine Website auf das Inland ausgerich-

[492] *Mankowski*, MMR Beilage 7/2000, 22 (24 f.); krit. *Spindler*, MMR 2000, 18 (21 ff.).
[493] Ebenso *Köhler/Arndt*, Rdnr. 381; *Moritz*, CR 2000, 61 (65); ähnlich *Spindler*, MMR 2000, 18 (23).
[494] Oben A. – G., jeweils III.
[495] *Spindler*, MMR 2000, 18 (24); a. A. *Mankowski*, MMR Beilage 7/2000, 22 (24 f.).
[496] Checkliste Rdnr. 238.
[497] Vgl. *Spindler*, MMR 2000, 18 (20 f.).

tet ist, nach der hier vertretenen Ansicht die Verbraucherschutzbestimmungen im Inland nicht etwa dadurch umgehen, dass er vom Ausland aus bzw. unter einer .com-Adresse agiert. Umgekehrt ist der Verbraucher nicht schutzwürdig, der bewusst auf einer erkennbar nicht für den deutschen Markt bestimmten Website bestellt.

I. Internationale Zuständigkeit, Anerkennung und Vollstreckung

Mehrere Normenkomplexe regeln heute die internationale Zuständigkeit deutscher Gerichte. Die Zuständigkeit der Gerichte der EU-Mitgliedstaaten untereinander – also der Zuständigkeit der Gerichte eines Mitgliedstaates für Verfahren, bei denen mindestens eine Partei in einem anderen EU-Mitgliedstaat ansässig ist – bestimmt sich seit dem 1. 3. 2002 nach der Europäischen Verordnung Nr. 54/2001 vom 22. 12. 2000 über die gerichtliche Zuständigkeit und die Anerkennung und Vollstreckung von Entscheidung in Zivil- und Handelssachen[498] (**EuGVVO**). Diese ersetzt zwischen den Mitgliedstaaten mit Ausnahme von Dänemark das **EuGVÜ** (Brüsseler Übereinkommen) in der Fassung des dritten Beitrittsübereinkommens[499]. Im Wesentlichen übernimmt sie die Regelungen des Brüsseler Übereinkommens, präzisiert und ergänzt diese allerdings in einigen Punkten. In ihrem Anwendungsbereich verdrängt die EuGVVO ebenso wie bereits vorher das EuGVÜ autonome nationale Zuständigkeitsregelungen vollständig. Nach der **ZPO** richtet sich die internationale Zuständigkeit deutscher Gerichte also nur in den Fällen, in denen der persönliche und/oder der sachliche Anwendungsbereich der EuGVVO bzw. des EuGVÜ nicht eröffnet sind[500]. Richtet sich die internationale Zuständigkeit nach den Vorschriften der ZPO, so sind dort die Regeln zur Bestimmung der örtlichen Zuständigkeit spiegelbildlich auf die der internationalen anzuwenden[501]. Die **Haager Konferenz** bereitet bereits seit einiger Zeit eine Haager Konvention über die gerichtliche Zuständigkeit und die Anerkennung und Vollstreckung ausländischer Urteile in Zivil- und Handelssachen vor, deren Abschluss aber jedenfalls nicht unmittelbar bevorsteht[502]. 204

Die EuGVVO bzw. das EuGVÜ ist dann anzuwenden, wenn der **Beklagte seinen Wohnsitz oder Sitz** innerhalb eines Vertragsstaates hat; gewöhnlicher Aufenthalt reicht insofern nicht aus, Art. 2 EuGVVO/EuGVÜ/LugVÜ. Darüber hinaus findet die EuGVVO bzw. das EuGVÜ auch dann Anwendung, wenn eine der im Katalog des Art. 22 EuGVVO (Art. 16 EuGVÜ bzw. LugVÜ) genannten **ausschließlichen Zuständigkeiten** oder eine **Gerichtsstandsvereinbarung** gemäß Art. 23 EuGVVO (Art. 17 EuGVÜ bzw. LugVÜ) vorliegt, d.h. lediglich eine Partei ihren Sitz in einem Vertragsstaat hat und die Parteien die Zuständigkeit der Gerichte eines Vertragsstaates vereinbart haben. 205

---

[498] Amtsblatt Nr. L012 vom 16. 1. 2002, Seite 1 ff; im Internet abrufbar über www.europa.eu.int [abgerufen am 31. 3. 2002]; näher *Piltz*, NJW 2002, 789 ff.

[499] Europäisches Gerichtsstand- und Vollstreckungsübereinkommen vom 27. 9. 1968 (Brüsseler Übereinkommen), BGBl. 1973 II, 60; 3. Beitrittsübk. BGBl. 1994 II, 519; *Jayme/Hausmann*, Nr. 70.

[500] Unten Rdnr. 205.

[501] Ganz allg. Ansicht, aus dem Wettbewerbsrecht z.B. *Baumbach/Hefermehl*, Einl. UWG, Rdnr. 192a.

[502] Insbesondere die USA lehnen offenbar eine allgemeine Konvention ab; vgl. hierzu GRUR 2001, 404 f. (809 f.); NvWR 02, 28 f.

I. Allgemeine und ausschließliche Gerichtsstände

206 Hier ergeben sich im Internet-Bereich keinerlei Besonderheiten; auf diese Zuständigkeiten soll deshalb nur sehr kurz eingegangen werden.

1. Zuständigkeit am Wohnsitz bzw. Sitz des Beklagten

207 **Artikel 2 EuGVVO** (Art. 2 EuGVÜ bzw. LUGVÜ) erklärt grundsätzlich die Gerichte des Staates, in dem die beklagte Partei ihren Sitz bzw. ihren Wohnsitz hat, unabhängig von deren Staatsangehörigkeit für anwendbar. Gemäß **Art. 59 EuGVVO** bestimmt das Recht des Staates, in dem der Wohnsitz der betroffenen Partei (angeblich) liegt, ob dort tatsächlich ein Wohnsitz besteht oder nicht. Die Vorschrift entspricht insofern Art. 52 EuGVÜ bzw. LugVÜ. Art. 60 EuGVVO verändert allerdings die bisher unter EuGVÜ und LugVÜ geltende Rechtslage für die Bestimmung des Sitzes von Gesellschaften und **juristischen Personen** in einem wesentlichen Punkt[503]: Bislang bestimmte das angerufene Gericht gemäß Art. 53 EuGVÜ/LugVÜ nach seinem eigenen internationalen Privatrecht, wo der Sitz der betroffenen juristischen Person sich befand. Artikel 60 EuGVVO stellt nun, im Wesentlichen übereinstimmend mit Art. 58 EGV, auf drei materielle Kriterien, nämlich den satzungsmäßigen Sitz, die Hauptverwaltung oder die Hauptniederlassung der juristischen Person ab (Art. 60 Abs. 1 EuGVVO). Nur für trusts soll das angerufene Gericht dessen Sitz weiterhin nach seinen eigenen kollisionsrechtlichen Vorschriften bestimmen (Art. 60 Abs. 2 EuGVVO). In Großbritannien und Irland soll als „satzungsmäßiger Sitz“ das registered office oder, in Ermangelung eines solchen, der place of incorporation bzw. hilfsweise der Gründungsort gelten (Art. 60 Abs. 2 EuGVVO).

2. Ausschließliche Zuständigkeiten

208 Unter den ausschließlichen Zuständigkeiten des Art. 22 EuGVVO, der im Wesentlichen Art. 16 EuGVÜ/LugVÜ entspricht, sind nur **Art. 22 Nr. 4** und – allein für Fragen der Zwangsvollstreckung – Art. 22 Nr. 5 im immaterialgüterrechtlichen Bereich relevant. Art. 22 Nr. 4 EuGVVO erklärt für Klagen, die die Eintragung oder Gültigkeit von Patenten, Marken, Mustern, Modellen oder ähnlichen Rechten, bei denen Anmeldung bzw. Hinterlegung konstitutiv wirken, zum Gegenstand haben, die **Gerichte des Anmelde- bzw. Hinterlegungsstaates** unabhängig vom Wohnsitz der Parteien für ausschließlich zuständig. Dies gilt nach Art. 22 Nr. 4 Satz 2 unbeschadet der Zuständigkeit des Europäischen Patentamtes gemäß dem Europäischen Patentübereinkommen vom 5. 10. 1973. Als Ausnahmeregelung ist Art. 22 Nr. 4 EuGVVO eng auszulegen; für Verletzungsverfahren gilt die ausschließliche Zuständigkeit[504] wohl auch dann nicht, wenn die Nichtigkeit des Rechts, aus dem vorgegangen wird, in dem Verletzungsverfahren dem Kläger entgegengehalten wird[505].

---

[503] *Zöller/Geimer*, Art. 5 EuGVVO, Rdnr. 7.

[504] Die Regelzuständigkeit nach Art. 2 Abs. 1 EuGVÜ/EuGVVO ist in diesem Fall allerdings auch in Verletzungsverfahren gegeben, z. B. *LG Düsseldorf*, GRUR Int. 2001, 983 – Schwungrad.

[505] *Fezer*, Einl., Rdnr. 226; *Schack*, MMR 2000, 135 (136); *Grabinski*, GRUR Int. 2001, 199 (208); *Kieninger*, GRUR Int. 1998, 280 (281).

Ganz ähnliche Zuständigkeitsregelungen enthalten insbesondere Art. 90ff. der EG-Verordnung Nr. 40/94 über die Gemeinschaftsmarke[506].

II. Internationale Zuständigkeit bei Delikten

Die für Deutschland relevanten Normen (Art. 5 Nr. 3 EuGVVO; Art. 5 Nr. 3 EuGVÜ/LugVÜ; § 32 ZPO, § 24 UWG) eröffnen alle eine (konkurrierende) Zuständigkeit der Gerichte am Tatort der unerlaubten Handlung im weitesten Sinne. 209

1. Grundlegendes zur Tatortzuständigkeit

a) EuGVVO, EuGVÜ[507]

Artikel 5 Nr. 3 EuGVVO erklärt das Gericht des **Ortes, an dem das schädigende Ereignis eingetreten** ist oder einzutreten droht, für alle Verfahren, deren Gegenstand eine unerlaubte Handlung oder ihr gleichgestellte Handlung bzw. Ansprüche aus einer solchen Handlung sind, für zuständig. Insofern enthält die EuGVVO eine Klarstellung gegenüber Art. 5 Nr. 3 EuGVÜ/LugVÜ: Diese stellen nur auf den Ort ab, an dem das schädigende Ereignis eingetreten ist. Allerdings waren derartige Ansprüche auch nach bislang herrschender Meinung von Art. 5 Nr. 3 EuGVÜ erfasst. Artikel 5 Nr. 3 EuGVVO erfasst ebenso wie Art. 5 Nr. 3 EuGVÜ die gesamte **Haftung für außervertragliche Rechtsverletzungen**[508] mit Ausnahme von Ansprüchen aus ungerechtfertigter Bereicherung. Insbesondere Ansprüche aus der Verletzung von Immaterialgüterrechten und aus Wettbewerbsrecht fallen unter Art. 5 Nr. 3. Bislang war streitig, jedoch von der vorherrschende Auffassung in der Literatur bejaht[509], ob auch **vorbeugende Unterlassungsklagen** unter Art. 5 Nr. 3 fallen; dies klärt nun Art. 5 Nr. 3 EuGVVO positiv[510]. Ob auch negative Feststellungsklagen in dem Gerichtsstand des Art. 5 Nr. 3 EuGVVO erhoben werden können[511], ist streitig und durch den *EuGH* noch nicht geklärt. 210

Der **„Ort, an dem das schädigende Ereignis eingetreten** ist oder einzutreten droht", ist nach ständiger Rechtsprechung des *EuGH* **vertragsautonom zu bestimmen**[512], hängt also nicht von möglicherweise abweichenden materiell- oder kollisionsrechtlichen Regeln des angerufenen Gerichts ab. Auch hier gibt es keinen Gleichlauf zwischen internationaler Zuständigkeit und anwendbarem Recht, so dass ein deutsches Gericht auch dann zuständig sein kann, wenn deutsches materielles Recht nicht zur Anwendung gelangt[513]. Als Ort, an dem das schädigende Ereignis eingetreten ist, gilt im europäischen ähnlich wie im autonomen deutschen 211

---

[506] GMVO vom 20. Dezember 1993, ABl. L11, 1ff.; dazu *Knaak,* GRUR 2001, 21ff.; *Schack,* MMR 2000, 135 (136); *Tilmann,* GRUR Int. 2001, 673 (674).

[507] Speziell zu urheberrechtlichen Streitigkeiten *Schricker/Katzenberger,* vor §§ 120ff., Rdnr. 171f.; zum Patentrecht *Grabinski,* GRUR Int. 2001, 199ff.

[508] *Zöller/Geimer,* Art. 5 EuGVVO, Rdnr. 22.

[509] *Ingerl/Rohnke,* § 140, Rdnr. 15; *Thomas/Putzo,* Art. 5 EuGVÜ, Rdnr. 10; *Baumbach/Hefermehl,* Einl. UWG, Rdnr. 194; *Lange,* WRP 2000, 940 (942).

[510] *Zöller/Geimer,* Art. 5 EuGVVO, Rdnr. 25.

[511] Dafür *Grabinski,* GRUR Int. 2001, 199 (203).

[512] *Zöller/Geimer,* Art. 5 EuGVVO, Rdnr. 23, unter Verweis auf *EuGH,* Slg. 1998, I-6511 – Réunion européenne.

[513] A.A. im Anwendungsbereich der E-Commerce-Richtlinie *Sack,* WRP 2002, 271 (278); wie hier *KG,* ZUM-RD 2001, 431 (432) – Versandhandel mit Arzneimitteln über das Internet.

Zuständigkeitsrecht sowohl der **Handlungs-** als auch der **Erfolgsort**; lediglich der Ort des nachfolgenden Schadens eröffnet keine internationale Zuständigkeit[514]. Der Geschädigte hat dabei die Wahl, an welchem der beiden Orte er vorgehen will. Streitig ist im Anschluss an die *Shevill*-Entscheidung des *EuGH*[515], ob das angerufene Gericht nur über den auf seinem Hoheitsgebiet eingetretenen Schaden oder aber über den Gesamtschaden entscheiden kann. Nach richtiger Auffassung ist die Kognitionsbefugnis jedenfalls außerhalb des Bereichs der Ehrverletzungen durch Presseorgane nicht eingeschränkt[516], so dass das angerufene Gericht grundsätzlich über den ganzen durch die eine unerlaubte Handlung entstandenen Schaden entscheiden kann[517]. Anderenfalls würde der Deliktsgerichtsstand, der dem Kläger ja grundsätzlich die Rechtsverfolgung erleichtern soll[518], für den Kläger keine Erleichterung, sondern bei Multistate- oder Streudelikten eine nahezu unzumutbare Erschwerung gegenüber dem allgemeinen Beklagtengerichtsstand bedeuten.

212 Wird die Klage parallel sowohl auf **deliktische als auch auf vertragliche Anspruchsgrundlagen** gestützt, so ist das angerufene Gericht des Deliktsgerichtsstandes allerdings nur zuständig für die deliktischen, nicht auch für die vertraglichen Ansprüche[519].

b) Autonomes deutsches Recht

213 Sehr ähnlich eröffnen auch **§ 32 ZPO** und **§ 24 UWG** eine **Zuständigkeit am Tatort.** Auch hier liegt der Tatort sowohl am Handlungs- als auch am Erfolgsort einer unerlaubten Handlung, wobei der Schadensort wiederum außer Betracht bleibt[520]. Handlungsort ist der Ort, an dem der Täter gehandelt hat; Erfolgsort der Ort, an dem in das geschützte Rechtsgut eingegriffen worden ist[521]. Im Rahmen des § 24 UWG ist Erfolgsort der Ort der **wettbewerblichen Interessenkollision**[522], d.h. der Ort, an dem die Wettbewerbsinteressen der Konkurrenten aufeinander stoßen[523]. Speziell bei **Urheberrechtsverletzungen** wird die Verletzungshandlung am Ort der Vornahme der Handlung (z.B. der nicht genehmigten Ausstellung oder Aufführung), nicht am Sitz des Urhebers[524] begangen. Wird ein Urheberrecht oder ein **gewerbliches Schutzrecht** durch Inverkehrbringen einer (urheberrechts- oder schutzrechtswidrig hergestellten bzw. ausgezeichneten) Ware begangen, ist Handlungsort nicht nur jeder Ort, an dem die Ware verkauft wird, sondern auch dort, wo jedenfalls wesentliche, auf den späteren Verkauf gerichtete Teilhandlungen vorgenommen worden sind[525]. Bloße Vorbereitungshandlungen genügen zur Begrün-

---

514 *Zöller/Geimer,* Art. 5 EuGVVO, Rdnr. 26.

515 *EuGH* NJW 1995, 1882 ff. – Fiona Shevill.

516 *Zöller/Geimer,* Art. 5 EuGVVO, Rdnr. 31 f.; differenzierend *Stauder,* IPRax 1998, 317 (320).

517 A.A. *Sack,* WRP 2002, 271 (277); *Lange,* WRP 2000, 940 (943); differenzierend *Bachmann,* IPRax 1998, 179 (187).

518 Allgemeine Auffassung; z.B. *Zöller/Geimer,* Art. 5 EuGVVO, Rdnr. 15.

519 *EuGH* IPRax 1989, 288; ebenso *BGH* NJW 1996, 1411 für § 32 ZPO; a.A. *Zöller/Geimer,* Art. 5 EuGVVO, Rdnr. 34.

520 *Zöller/Vollkommer,* § 32, Rdnr. 16 m.w.N.

521 Für eine Persönlichkeitsrechtsverletzung in der Presse *BGH* GRUR 1978, 194 – *profil.*

522 *Zöller/Vollkommer,* § 32, Rdnr. 17 a.E.; *Apel/Grapperhaus,* WRP 1999, 1247 (1249).

523 *OLG Brandenburg,* MMR 2002, 463; *OLG Bremen,* CR 2000, 770 (Ls.); *LG Potsdam,* MMR 2001, 833 (834).

524 *BGH* NJW 1969, 1532; *Zöller/Vollkommer,* § 32, Rdnr. 17.

525 *Zöller/Vollkommer,* § 32, Rdnr. 17 m.w.N.

dung eines Tatortes jedoch nicht. Aus dem Territorialitätsprinzip ergibt sich kein Gleichlauf zwischen Zuständigkeit und anwendbarem Recht: Deutsche Gerichte können und müssen ggf. ausländisches Recht anwenden[526].

c) Doppelrelevante Tatsachen

Bei Art. 5 Nr. 3 EuGVVO/EuGVÜ/LugVÜ muss die Zuständigkeit ebenso wie bei § 32 ZPO und § 24 UWG anhand von Tatsachen festgestellt werden, die im Rahmen der Begründetheit ebenfalls eine wesentliche Rolle spielen: Denn um festzustellen, wo gegebenenfalls ein Tatort liegt, muss zunächst einmal bestimmt werden, ob überhaupt eine Rechtsverletzung, d.h. eine unerlaubte Handlung vorliegt. Man müsste also den wesentlichen Teil der Begründetheitsprüfung bereits im Rahmen der Zulässigkeit vornehmen. Bei solchermaßen doppelrelevanten Tatsachen genügt es deshalb nach allgemeiner Auffassung, dass der Kläger eine unerlaubte Handlung im Gerichtsbezirk schlüssig behauptet[527]. Gelingt dem Kläger der Nachweis dieser Tatsachen später nicht, so ist die Klage nicht etwa unzulässig, sondern unbegründet[528]. 214

2. Besonderheiten bei Internetdelikten

a) Allgemeines

Auch im Rahmen der Zuständigkeit ist bei Internetdelikten problematisch, wie der Tatort zu bestimmen ist. In den Anfängen der Rechtsprechung auf diesem Gebiet waren die Gerichte mitunter der Auffassung, die bloße Abrufbarkeit der Website mit rechtsverletzendem Inhalt am Ort des angerufenen Gerichts sei ausreichend für die Begründung der Deliktszuständigkeit[529]. Meines Erachtens wird bei Urheberrechtsdelikten, Verletzungen gewerblicher Schutzrechte und Wettbewerbsdelikten im Internet wie im Kollisionsrecht auch für die Zuständigkeit nicht zwischen Handlungs- und Erfolgsort unterschieden werden können[530]. So bewirkt bei Immaterialgüterrechten in aller Regel die Handlung selbst die Rechtsverletzung (z.B. Vervielfältigung eines urheberrechtlich geschützten Werkes); als Verletzungshandlungen werden nahezu alle Stufen einer auch als einheitlich denkbaren Verletzungshandlung erfasst (z.B. auf der ersten Stufe die Vervielfältigung eines geschützten Werkes, auf der zweiten Stufe dessen Verbreitung). Handlungs- und Erfolgsort dürften deshalb kaum jemals auseinanderfallen. Fraglich kann dann bei Internetdelikten nur die **genaue Lokalisierung der jeweiligen Verletzung** sein. 215

---

526 Allg. Ansicht; zum Urheberrecht *Schricker/Katzenberger*, vor §§ 120ff., Rdnr. 170; *Baumbach/Hefermehl*, Einl. UWG, Rdnr. 192b.

527 BGHZ 124, 241 = NJW 1994, 1413; a.A. soweit ersichtlich nur *Würthwein*, ZZP 106, 64ff.

528 Ganz h.M., vgl. statt aller *Zöller/Vollkommer*, § 32, Rdnr. 19; a.A. soweit ersichtlich wohl nur *Würthwein*, ZZP 106, 54ff. (60)

529 Z.B. *KG*, NJW 1997, 3321 = MMR 1998, 56 = CR 1997, 685 – concert-concept.com; ebenso *Schack*, MMR 2000, 135 (139); *ders.*, JZ 1998, 753 (762f.); ähnlich *LG München I*, K&R 2000, 360 – intershopping.com; *Bachmann*, IPRax 1998, 179 (185f.); *Bücking*, MMR 2000, 656 (662); *Wegner*, CR 1998, 676 (679); vgl. auch *LG Braunschweig*, CR 1998, 364 – deta.com. Anders *OLG München*, MMR 2000, 277 – steiff.com, das zwar ebenfalls wohl die Zuständigkeit bei Internetsachen nicht beschränken will, aber meint, die Unterlassungsverfügung sei nur in der Bundesrepublik vollstreckbar.

530 *Schack*, MMR 2000, 135 (137).

b) Vervielfältigungsdelikte

216 Bei Vervielfältigungsdelikten ist also fraglich, ob der Begehungsort bei Internetdelikten an dem Ort liegt, an dem das rechtsverletzende Vervielfältigungsstück **heraufgeladen** wird, also am Standort des Servers oder am Sitz des Verletzers, oder aber der Begehungsort vielmehr überall dort zu sehen ist, wo **durch Abruf** der rechtsverletzend hergestellten Kopien tatsächlich vervielfältigt wird. Eine Antwort ergibt sich über eine Betrachtung von Sinn und Zweck des Vervielfältigungsrechts (im deutschen Recht § 16 UrhG). Vom Vervielfältigungsrecht ist jede körperliche Festlegung eines Werkes betroffen, wenn diese für die menschlichen Sinne auf irgendeine Weise unmittelbar oder mittelbar wahrnehmbar ist[531]. Das Vervielfältigungsrecht soll dabei dem Urheber vor allem ein Entgelt für solche Nutzungshandlungen sichern, bei denen nicht das Werk selbst bzw. das Original, sondern lediglich Vervielfältigungsstücke betrachtet oder sonst genossen werden[532]. Da also im Vervielfältigungsrecht die Kopie, nicht das Original die wesentliche Rolle spielt[533], muss auch für die **Lokalisierung einer Verletzungshandlung** nicht der **Belegenheitsort des Originals** wesentlich sein, sondern der **Ort, an dem die Kopie entsteht**[534]. Tatort ist in diesen Fällen also der Ort des Herunterladens z.B. eines urheberrechtlich geschützten Werkes[535]. Dabei ist nach richtiger Auffassung grundsätzlich unerheblich, ob das Werk dauerhaft auf den Empfangscomputer heruntergeladen oder dort nur zwischengespeichert wird (**browsing**). Entsteht allerdings auch beim **uploading** eine digitale Kopie auf dem Server, auf den heraufgeladen wird, so liegt auch dort eine Vervielfältigung und somit ein Tatort. Im Ergebnis ähnlich ist der Tatort für eine Verletzung des **Rechts der Online-Zurverfügungstellung** (Art. 8 WCT: sog. *making available right*) zu bestimmen. Ein Zugänglichmachen in diesem Sinne kann richtigerweise nur dort vorliegen, wo das betreffende Werk von der Öffentlichkeit, der es zugänglich gemacht wird, auch tatsächlich wahrgenommen wird. Das bloße Angebot des Werkes reicht deshalb für einen Tatort nicht aus; erforderlich ist vielmehr, dass die angesprochene Öffentlichkeit zu dem Werk Zugang hat. Hier liegt der Tatort daher nur dort, wo sich die angesprochene Öffentlichkeit befindet.

c) Bestimmungsgemäßer Abruf; Wettbewerbsdelikte

217 Ähnlich wie im Kollisionsrecht kann jedoch auch für die Bestimmung der internationalen Zuständigkeit nicht die bloße technische Abrufbarkeit einer Internetsite am Ort des angegriffenen Gerichts ausreichend sein. Vielmehr muss die betreffende Website dort bestimmungsgemäß abrufbar sein[536]. Dies wird wiederum parallel

---

[531] *Thum*, in *Bartsch/Lutterbeck*, S. 117 (130); *Schricker/Loewenheim*, § 16 Rdnr. 6; *Fromm/Nordemann*, § 16 Rdnr. 1.

[532] *Thum*, in *Bartsch/Lutterbeck*, S. 117 (130); *Schricker/Loewenheim*, § 16 Rdnr. 1.

[533] *Thum*, in *Bartsch/Lutterbeck*, S. 117 (130).

[534] *Hoeren/Sieber/Pichler*, 31, Rdnr. 145.

[535] A. A. wohl *KG*, GRUR-RR 2002, 343 – Übersetzungen (zu § 32 ZPO).

[536] Ebenso *KG*, ZUM-RD 2001, 431 (432) – Versandhandel mit Arzneimitteln über das Internet; *LG Bremen*, ZUM 2001, 257 (Ls.); *LG Frankfurt am Main*, K&R 2001, 153 (154) – Internetapotheke Doc Morris; *LG Düsseldorf*, GRUR 1998, 160 (161) – epson.de; *Zöller/Geimer*, Art. 5 EuGVVO, Rdnr. 28; *Zöller/Vollkommer*, § 32, Rdnr. 17; *Rüßmann*, K&R 1998, 422 (424); *Mankowski*, CR 2000, 763 (764); *Fezer*, Einl., Rdnr. 221; *Koch*, CR 1999, 121 (124); vgl. *OLG Frankfurt am Main*, CR 1999, 450 – Anbieten im Internet und *Bachmann*, IPRax 1998, 179 (186); wohl auch *Ubber*, WRP 1997, 497 (503); a.A., weil auf materiellrechtliche Korrektur abstellend, wohl *Bettinger/Thum*, GRUR Int. 1999, 659 (669); ähnlich *Kur*, WRP 2000, 935 (936).

zum Kollisionsrecht **anhand objektiver Kriterien** beurteilt, wie Sprache des Angebots, allgemeine Präsentation der Website, die Tatsache, ob es sich um eine eigene, eine fremde nationale oder etwa um eine generische Top Level Domain handelt, welche Waren oder Dienstleistungen dort angeboten werden, usw. Ähnliches gilt für die Bestimmung des Tatortes im **Wettbewerbsrecht.** Auch die Zuständigkeit kann nur dort gegeben sein, wo die wettbewerblichen Interessen der Beteiligten tatsächlich aufeinander stoßen[537], wenn dies der Markt ist, für den die Website bestimmt ist[538]. Die Belegenheit dieses Marktes wird wiederum wie im Kollisionsrecht anhand objektiver Kriterien bestimmt. Ein fliegender Gerichtsstand sollte damit auch bei Internetsachverhalten soweit als möglich eingeschränkt sein.

III. Internationale Zuständigkeit bei Ansprüchen aus Vertrag

Die internationale Zuständigkeit bei Streitigkeiten aus Vertragsverhältnissen regeln Art. 5 Nr. 1 EuGVVO; Art. 5 Nr. 1 EuGVÜ/LugVÜ bzw. § 29 ZPO sowie – für Verbrauchersachen – Art. 13 EuGVÜ bzw. § 6 UKlagG (früher § 14 Abs. 1 AGBG). Im Internet ergeben sich nur wenig Besonderheiten. 218

1. Grundsätzliches

a) Europäisches Recht

Artikel 5 Nr. 1a EuGVVO erklärt wie bereits Art. 5 Nr. 1 EuGVÜ/LugVÜ die Gerichte am **Erfüllungsort** des jeweiligen Vertrages für zuständig. Im Rahmen des EuGVÜ und des LugVÜ sowie nach den Erläuterungen der Kommission bei Art. 5 Nr. 1a EuGVVO wird nach der Tessili-Entscheidung des *EuGH*[539] der Erfüllungsort nach dem Kollisionsrecht des Gerichtsstaates bestimmt[540]. Die EuGVVO bringt insofern eine wichtige Neuerung, als **Art. 5 Nr. 1b EuGVVO** die Bestimmung des Erfüllungsortes nicht mehr dem IPR des Gerichtsstaates überlässt, sondern diesen anhand „faktischer" Kriterien jedenfalls für den Verkauf von Waren und die Erbringung von Dienstleistungen selbst festlegt[541]. Gemäß Art. 5 Nr. 1b EuGVVO ist Erfüllungsort des Vertrages beim **Verkauf beweglicher Sachen** der Ort, an dem die Waren nach dem Vertrag zu liefern sind; bei der Erbringung von **Dienstleistungen** ist Erfüllungsort der Ort, an dem die Dienstleistung nach dem Vertrag erbracht werden muss. Der Erfüllungsort wird dann – in Abweichung von Art. 5 Nr. 1 EuGVÜ – für den gesamten Vertrag einheitlich festgelegt[542]. Dies gilt allerdings nur, wenn der so bestimmte Erfüllungsort in einem Mitgliedsstaat der EU liegt. Ist dies nicht der Fall oder handelt es sich nicht um Verkäufe von Waren oder Erbringung von Dienstleistungen, so wird gemäß Art. 5 Nr. 1c EuGVVO der Erfüllungsort wie bislang nach dem IPR des Gerichtsstaates bestimmt[543]. Der Erfüllungsort ist in diesen Fällen wie bisher für die konkret streitige (primäre Haupt-) Verpflichtung je- 219

---

537 *OLG Bremen,* CR 2000, 770 (Ls.); *LG Bremen,* ZUM 2001, 257 (258); *LG Potsdam,* MMR 2001, 833 (834); vgl. *OLG Frankfurt am Main,* CR 1999, 450 – Anbieten im Internet.

538 *OLG Bremen,* CR 2000, 770 (771); *Hoeren/Sieber/Pichler,* 31, Rdnr. 67, 141 ff.

539 *EuGH,* Slg. 1976, 1473 = NJW 1977, 491 – Tessili.

540 Näher *Zöller/Geimer,* ZPO, Anhang I, Art. 5 GVÜ Rz. 1f mit weiteren Nachweisen.

541 *Zöller/Geimer,* Art. 5 EuGVVO, Rdnr. 3 f.

542 *Zöller/Vollkommer,* § 29, Rdnr. 3; *Wernicke/Hoppe,* MMR 2002, 643, 644 f.; a.A. wohl *Zöller/Geimer,* Art. 5 EuGVVO, Rdnr. 7.

543 *Zöller/Geimer,* Art. 5 EuGVVO, Rdnr. 1 ff.

weils selbstständig zu prüfen und festzustellen[544]. Artikel 5 Nr. 1 eröffnet **keinen Gerichtsstand des Vertragszusammenhangs**, d.h. das wegen einer Verpflichtung angerufene und zuständige Gericht kann nicht auch über die übrigen Ansprüche aus dem gleichen Vertrag entscheiden[545]. Bei Streitigkeiten über generell, d.h. überörtlich zu erfüllende **Unterlassungsverpflichtungen** ist nach einer neuen Entscheidung des *EuGH*[546] Art. 5 Nr. 1 EuGVVO/EuGVÜ jedoch nicht anwendbar, da in diesen Fällen kein konkreter Erfüllungsort feststellbar sei. Die Zuständigkeit könne dann nur über Art. 2 EuGVVO/EuGVÜ bestimmt werden.

220 Auch eine mündliche **Vereinbarung des Erfüllungsortes** kann die Zuständigkeit nach Art. 5 Nr. 1 EuGVVO begründen, wenn die maßgebliche *lex causae* dies ermöglicht[547].

b) Autonomes deutsches Recht

221 Im Rahmen des **§ 29 ZPO** ist der vertragliche **Erfüllungsort** (selbstverständlich) nach deutschem IPR als dem Recht des angerufenen Gerichts zu bestimmen. Beim gegenseitigen Vertrag wird der Erfüllungsort für die Verbindlichkeiten jeder Partei in aller Regel ebenfalls selbstständig bestimmt[548]. Allerdings neigt die Rechtsprechung dazu, jedenfalls dann einen gemeinsamen Erfüllungsort für den gesamten Vertrag anzunehmen, wenn charakteristische Leistung des Vertrages eine Werk- oder Dienstleistung und diese in besonderem Maße ortsgebunden ist. Ist Streitgegenstand das Bestehen oder Nichtbestehen des ganzen Vertrages, so ist an jedem potenziellem Erfüllungsort ein Gerichtsstand für die gesamte streitige Frage begründet[549]. § 29 Abs. 2 ZPO eröffnet darüber hinaus einen Gerichtsstand des **vereinbarten Erfüllungsortes**. Entgegen dem Wortlaut des § 29 Abs. 2 ZPO kann ein vereinbarter Erfüllungsort bei internationalen Verträgen auch dann eine Zuständigkeit begründen, wenn die Vertragsparteien nicht Kaufleute, juristische Personen des öffentlichen Rechts oder öffentlich rechtliche Sondervermögen sind, solange die Voraussetzungen des § 38 Abs. 2 ZPO eingehalten sind[550].

c) Zuständigkeit bei Verbrauchersachen

222 Ähnlich der bisherigen Regelung des Art. 13 EuGVÜ/LugVÜ eröffnet auch **Art. 15 EuGVVO** spezielle Zuständigkeiten für Verbrauchersachen[551]. Gemäß Art. 16 Abs. 1 EuGVVO kann der Verbraucher seinen Vertragspartner sowohl vor den Gerichten an dessen Sitz als auch an seinem eigenen Wohnsitzort verklagen, während der Vertragspartner des Verbrauchers den Verbraucher nur am Wohnsitz des Verbrauchers belangen kann. Anwendbar ist diese Regelung gemäß Art. 15 Abs. 1 EuGVVO, wenn ein **Verbrauchervertrag**[552] oder Ansprüche daraus im Streit stehen, d.h. ein Vertrag, den eine Person zu einem Zweck geschlossen hat, der nicht

---

[544] *Zöller/Geimer,* Art. 5 EuGVVO, Rdnr. 7.

[545] H. M., st.Rspr. des *EuGH*, vgl. die Nachweise bei *Zöller/Geimer,* Art. 5 EuGVVO, Rdnr. 9 f.

[546] *EuGH,* NJW 2002, 1407 (Ls.) – Besix SA ./. WABAG und Plafog.

[547] *Zöller/Geimer,* Art. 5 EuGVVO, Rdnr. 17.

[548] *BGH* NJW 1995, 1546; *Zöller/Vollkommer,* § 29, Rdnr. 3.

[549] *Zöller/Vollkommer,* § 29, Rdnr. 26.

[550] *Zöller/Vollkommer,* § 29, Rdnr. 26.

[551] Art. 15 ff. EuGVVO ist allerdings wie bereits Art. 13 ff. EuGVÜ/LugVÜ bei Verbandsklagen nach wohl h. M. nicht anwendbar; *Mankowski,* MMR, Beilage 7/2000, 22 (32 m. w. N.).

[552] Zu diesem Begriff *Zöller/Geimer,* Art. 15–17 EuGVVO, Rdnr. 4; *Spindler,* MMR 2000, 18.

ihrer beruflichen oder gewerblichen Tätigkeit zugerechnet werden kann, und es dabei um den Kauf beweglicher Sachen auf Teilzahlung, um ein in Raten zurückzuzahlendes Darlehen oder ein anderes zur Finanzierung eines Kaufs beweglicher Sachen dienendes Kreditgeschäft geht. Darüber hinaus erweitert Art. 15 Abs. 1c EuGVVO die Anwendbarkeit des Verbrauchergerichtsstandes gegenüber Art. 13 EuGVÜ/LugVÜ jedoch ganz wesentlich[553]: Unter Art. 13 EuGVÜ musste der Verbraucher, um in seinem Wohnsitzstaat klagen zu können, über die genannten Erfordernisse hinaus die „zum Abschluss des Vertrages erforderlichen Rechtshandlungen" in seinem Wohnsitzstaat vorgenommen haben. Artikel 15 Abs. 1c EuGVÜ bestimmt demgegenüber, dass der andere Vertragspartner immer bereits dann dem Verbrauchergerichtsstand unterliegt, wenn er im Hoheitsgebiet des Verbraucherwohnsitzstaates eine berufliche oder gewerbliche Tätigkeit ausübt oder eine solche auf irgendeinem Wege auf diesen Mitgliedsstaat oder mehrere Staaten einschließlich dieses Mitgliedsstaates ausrichtet und der Vertrag in den Bereich dieser Tätigkeit fällt. Dies sollte auch im Bereich der Zuständigkeit den Verbraucherschutz verbessern. Insbesondere wollte der EU-Gesetzgeber damit wohl **offenbar alle Verträge, die über das Internet via aktive Website**[554] **abgeschlossen** werden, erfassen (näher sogleich unter 2.).

§ 6 UKlaG (früher § 14 Abs. 1 AGBG) eröffnet außerhalb des Anwendungsbereichs der EuGVVO/EuGVÜ die internationale Zuständigkeit[555] deutscher Gerichte am Sitz[556] des Verwenders der streitgegenständlichen AGB (§ 6 Abs. 1 Satz 1 UKlaG) bzw., bei fehlendem inländischen Gerichtsstand, an Ort der Verwendung[557] (§ 6 Abs. 1 Satz 2 UKlaG). 223

2. Besonderheiten im Internet

a) Zuständigkeit am Erfüllungsort

Im Hinblick auf die Erfüllungsortzuständigkeit (Art. 5 Nr. 3 EuGVVO, Art. 5 Nr. 3 EuGVÜ/LugVÜ, § 29 ZPO) ergeben sich im Bereich des Internet keine wirklichen Besonderheiten[558]. Werden Waren und Dienstleistungen zwar online bestellt, der Vertrag also **online abgeschlossen**, aber **offline erfüllt**, bestimmt man den Erfüllungsort wie bei jedem anderen Offline-Vertrag auch. Wird hingegen **über das Internet erfüllt**, so ergeben sich im Grunde genommen durch das Medium Internet ebenso wenig wirkliche Besonderheiten[559]. Muss beispielsweise eine über das Internet zu verschickende Software dem Erwerber eigens übermittelt werden, so ist Erfüllungsort gemäß Art. 5 Nr. 1b EuGVVO wohl im Wohnsitzstaat des Erwerbers. Stellt der Softwareveräußerer die Software hingegen nur zum eigenen Herunterladen durch den Erwerber zur Verfügung, ist Erfüllungsort wohl am Sitz des Veräußerers. Für den Standort des Servers ist hingegen schon wegen der technischen Zufälligkeit ebenso wenig Raum wie im Kollisionsrecht. 224

---

[553] *Zöller/Geimer,* Art. 1 EuGVVO, Rdnr. 10; *ders.,* Art. 15–17 EuGVVO, Rdnr. 12.

[554] Über die also – im Gegensatz zur reinen Präsentation – bestellt werden kann; vgl. *Wernicke/Hoppe,* MMR 2002, 643 (646).

[555] *Palandt/Heinrichs,* § 14 AGBG, Rdnr. 4.

[556] Näher *Palandt/Heinrichs,* § 14 AGBG, Rdnr. 5 f.

[557] Näher *Palandt/Heinrichs,* § 14 AGBG, Rdnr. 7.

[558] Näher *Hoeren/Sieber/Pichler,* 31, Rdnr. 95 ff.

[559] Vgl. *Hoeren/Sieber/Pichler,* 31, Rdnr. 100.

b) Verbrauchersachen

225 Besonderheit ergeben sich allerdings bei Verbrauchersachen. Im Rahmen des Art. 13 EuGVÜ war fraglich und streitig, **ob ein Angebot im Internet ein ausdrückliches Angebot oder eine Werbung im Wohnsitzstaat des Verbrauchers** i.S.d. Art. 13 Nr. 3a darstellte. Meines Erachtens spricht viel dafür, auch für den Verbrauchergerichtsstand nur dann ein ausdrückliches Angebot oder eine Werbung durch den Veräußerer anzunehmen, wenn die **Website für den Wohnsitzstaat des Verbrauchers bestimmt** war[560]. Dies ist wiederum nach ähnlichen **objektiven Kriterien** zu bestimmen wie im allgemeinen Kollisionsrecht. Dem wird entgegengehalten, der Vertragspartner des Verbrauchers sei hier weniger schutzbedürftig, da er im Rahmen des Vertragsschlusses, bei dem sich sein Vertragspartner ja zu erkennen geben müsse, kontrollieren könne und deshalb müsse, ob der Verbraucher eventuell in einem Staat ansässig ist, dessen Recht der Veräußerer sich nicht unterwerfen will. Der über die Website Anbietende müsse deshalb in jedem Staat gerichtspflichtig sein, in dem er tatsächlich Kunden hat. Dabei wird offenbar vorausgesetzt, dass der Anbieter auf Grund der technisch weltweiten Abrufbarkeit des Internet mit seiner Tätigkeit grundsätzlich auch immer seinen Wirkungskreis weltweit erweitern will und ihm damit zuzumuten ist, sich potenziell weltweit gerichtspflichtig zu machen[561]. Allerdings ist nicht einzusehen, weshalb ein Verbraucher, der z.B. gezielt eine Website unter der Top Level Domain .sp, die allein in spanischer Sprache gehalten ist, anwählt, um von dem dortigen preiswerteren Angebot zu profitieren, dadurch geschützt werden soll, dass er nur in seinem Wohnsitzstaat verklagt werden und dort auch klagen kann. Der Nutzer nutzt ebenso wie der Anbieter die technisch weltweiten Möglichkeiten des Internet. Im Gegensatz zu diesem jedoch hat er durch sein Surfen die Möglichkeit, bewusst und gezielt bestimmte Anbieter anzuwählen; wenn er dann auf einer offensichtlich nicht auf sein Heimatland zugeschnittenen Website Waren erwirbt oder Dienstleistungen bestellt, so kann er grundsätzlich nicht davon ausgehen, für diesen Vertrag ähnlichen Schutz zu genießen wie in seinem Heimatland. Dies **benachteiligt den Verbraucher auch nicht unangemessen:** Denn wenn und sobald das Angebot des Anbieters objektiv (zumindest auch) auf seinen Wohnsitzstaat ausgerichtet ist, ist ja von einem ausdrücklichen Angebot des Anbieters bzw. einer Werbung im Wohnsitzstaat des Verbrauchers gemäß Art. 13 Nr. 3a EuGVÜ auszugehen.

226 Um den Anbieter also nicht unangemessen schrankenlos gerichtspflichtig zu machen, ist dementsprechend auch **Art. 15 Abs. 1c EuGVVO dahingehend einschränkend auszulegen,** dass eine Ausübung einer gewerblichen Tätigkeit bzw. eine Ausrichtung dieser Tätigkeit auf den Wohnsitzstaat des Verbrauchers nur dann gegeben ist, wenn die bereits im Rahmen der kollisionsrechtlichen Erörterung ausführlich aufgezählten objektiven Kriterien gegeben sind[562]. Allerdings entspricht dies offenbar nicht der Zielsetzung des EU-Gesetzgebers, der ausdrücklich alle über Internet geschlossenen Verträge unabhängig von einer objektiven Ausrichtung unter Art. 15 Abs. 1c EuGVVO fallen lassen wollte[563].

---

560 Ähnlich *Spindler,* MMR 2000, 18 (20ff.); *Hoeren/Sieber/Pichler,* 31, Rdnr. 183.

561 Zurückhaltend *Rüßmann,* K&R 1998, 422, 424f.; krit. *Spindler,* MMR 2000, 18 (21ff.).

562 Ähnlich *Spindler,* MMR 2000, 18 (23f.).

563 *Zöller/Geimer,* Art. 15–17 EuGVVO, Rdnr. 13; vgl auch *Wernicke/Hoppe,* MMR 2002, 643 (645).

IV. Konnexzuständigkeit und Zuständigkeitsvereinbarungen

1. Konnexzuständigkeit

Wie bereits Art. 6 Nr. 1 EuGVÜ sieht auch Art. 6 Nr. 1 EuGVVO einen **Gerichtsstand der Streitgenossenschaft** vor. Danach kann, wenn mehrere Personen zusammen verklagt werden, ein Beklagter, der seinen Wohnsitz im Hoheitsgebiet eines Mitgliedstaates hat, auch vor dem Gericht des Ortes am Wohnsitz eines der anderen Beklagten verklagt werden, wenn zwischen den verschiedenen Klagen eine so enge Beziehung besteht, dass diese zur Vermeidung widersprüchlicher Entscheidungen gemeinsam verhandelt und entschieden werden müssen. Das Erfordernis der Konnexität der Klagen, das Art. 6 Nr. 1 EuGVVO nunmehr explizit aufstellt, entspricht im Wesentlichen der Rechtsprechung des *EuGH* zu Art. 6 Nr. 1 EuGVÜ, der es seinem Wortlaut nach noch nicht enthielt[564]. Artikel 6 Nr. 1 EuGVVO eröffnet allerdings nur über den Wohnsitz eines der Beklagten einen Gerichtsstand, nicht jedoch z. B. über einen Vertragsgerichtsstand nach Art. 5 Nr. 1 EuGVVO oder den Deliktsgerichtstand des Art. 5 Nr. 3 EuGVVO bzw. EuGVÜ[565]. Artikel 6 Nr. 1 EuGVVO kann ebenso wenig eine Zuständigkeit des Gerichtes, das für den weiteren Beklagten nur auf Grund einer Gerichtsstandsklausel, Art. 23 EuGVVO bzw. Art. 17 EuGVÜ, zuständig ist, eröffnen. Denn Art. 6 Nr. 1 EuGVVO kann nicht dazu führen, dass eine Gerichtsstandsklausel auch gegen Beklagte wirkt, die sie nicht gezeichnet haben[566]. 227

2. Gerichtsstandsvereinbarungen

a) Europäisches Recht

Der neue Art. 23 EuGVVO[567] lässt Zuständigkeitsvereinbarungen ebenso weitgehend zu wie bisher schon Art. 17 EuGVÜ. Artikel 23 EuGVVO enthält allerdings gegenüber Art. 17 EuGVÜ einige Klarstellungen. Nach Art. 23 EuGVVO können die Parteien eine Gerichtsstandsvereinbarung **schriftlich oder mündlich mit schriftlicher Bestätigung** (Art. 23 Abs. 1 a EuGVVO), in einer **zwischen den Parteien gebräuchlichen Form** (Art. 23 Abs. 1 b EuGVVO) oder im internationalen Handel in einer den **Bräuchen der betreffenden Branche entsprechenden Form** (Art. 23 Abs. 1 c EuGVVO) schließen, wenn mindestens eine von ihnen ihren Wohnsitz im Hoheitsgebiet eines Mitgliedstaates hat. Das vereinbarte Gericht ist dann ausschließlich zuständig, wenn die Parteien nichts anderes vereinbart haben, Art. 23 Abs. 1 EuGVVO. Artikel 23 Abs. 2 EuGVVO stellt nunmehr ausdrücklich klar, dass **elektronische Übermittlungen** jedenfalls dann der Schriftform gleichgestellt sind, wenn sie eine dauerhafte Aufzeichnung der Vereinbarung ermöglichen[568]. Die vereinbarte Zuständigkeit kann allerdings eine ausschließliche Zuständigkeit nach Art. 22 EuGVVO bzw. Art. 16 EuGVÜ nicht verändern; insofern hat die Vereinbarung dann keinerlei Wirkung (Art. 23 Abs. 5 EuGVVO, Art. 17 Abs. 3 EuGVÜ). Bei Verbraucherverträgen ist eine Gerichtsstandsvereinbarung nur wirksam, wenn 228

---

564 *EuGH,* Slg. 1988, 5589 = NJW 1988, 3088 – Kalfelis.

565 *EuGH,* Slg. 1998, I-6511 – Réunion européenne; *Zöller/Geimer,* Art. 6 EuGVVO, Rdnr. 2.

566 *Frz. Cour de cassation, Civ. I,* 5. Januar 1999, Bull. I, Nr. 5.

567 Näher *Zöller/Geimer,* Art. 23 EuGVVO, Rdnr. 1 ff.

568 Zu diesem Punkt bei Art. 17 EuGVÜ *Mankowski,* RabelsZ 63 (1999), 203 (218 f.).

sie nach der Entstehung der Streitigkeit getroffen wird, einseitig dem Verbraucher die Wahl eines anderen Gerichts eröffnet oder der Verbraucher und sein Vertragspartner im Zeitpunkt des Vertragsschlusses ihren Wohnsitz in dem gleichen Mitgliedstaat haben und die Zuständigkeit der Gerichte dieses Mitgliedstaates vereinbart wird (Art. 17 EuGVVO; Art. 15 EuGVÜ).

b) Autonomes deutsches Recht

229 Im autonomen deutschen internationalen Zivilprozessrecht ist die Vereinbarung der Zuständigkeit eines (deutschen) Gerichts gemäß **§ 38 Abs. 2 ZPO** zulässig, wenn mindestens eine der Parteien der Zuständigkeitsvereinbarung keinen allgemeinen Gerichtsstand im Inland hat. Die Vereinbarung muss jedoch zumindest **schriftlich bestätigt** werden. Noch nicht abschließend geklärt ist, ob für eine schriftliche Bestätigung in diesem Sinne auch eine **elektronische Übermittlung** ausreicht. Da allerdings § 38 Abs. 2 ZPO nach dem Vorbild des Art. 17 EuGVÜ geschaffen wurde und in erster Linie der Erleichterung des internationalen Rechtsverkehrs dienen sollte, ist dies wohl zu bejahen[569]. Hat eine der Parteien der Zuständigkeitsvereinbarung im Inland einen allgemeinen Gerichtsstand, so kann für das Inland nur die Zuständigkeit eines Gerichts gewählt werden, an dem diese Partei entweder ihren allgemeinen oder einen besonderen Gerichtsstand aus der ZPO hat[570].

V. Einstweilige Maßnahmen

230 Artikel 31 EuGVVO bestimmt wie bereits Art. 24 EuGVÜ[571], dass die Gerichte jedes Mitgliedstaats über einstweilige Maßnahmen[572], die ihr eigenes Recht vorsieht, auch dann entscheiden dürfen, wenn in der Hauptsache die Gerichte eines anderen Vertragsstaates zuständig sind. Das **nationale Zuständigkeitsrecht** wird also in diesem Bereich nicht durch das europäische Recht verdrängt, so dass grundsätzlich auch über § 23 ZPO eine Zuständigkeit begründet sein kann[573].

231 Allerdings kann insbesondere bei Einstweiligen Verfügungen, die ohne Anhörung des Gegners erlassen worden sind, die **spätere Anerkennung und Vollstreckung** in einem anderen Mitgliedstaat problematisch sein. Denn nach der Rechtsprechung des *EuGH* sind solche Maßnahmen keine Entscheidungen i. S. d. Art. 32 EuGVVO[574] bzw. Art. 25 EuGVÜ und müssen somit nicht grundsätzlich ohne weitere Prüfung anerkannt werden, wie Art. 33 EuGVVO bzw. Art. 26 EuGVÜ dies für Urteile und Titel aus kontradiktorischen Verfahren vorschreiben[575].

---

569 *Hoeren/Sieber/Pichler,* 31, Rdnr. 159 f.

570 Näher *Zöller/Vollkommer,* § 38, Rdnr. 23 ff.

571 Dazu ausführlich *Remien,* WRP 1994, 25 ff.

572 Zum Zusammenspiel von EuGVÜ und Art. 50 Abs. 6 TRIPS *EuGH,* ZUM-RD 2001, 533 ff.

573 *OLG Köln* NJW RR 1997, 59; *OLG Düsseldorf,* RIW 1999, 873 (874).

574 *EuGH,* IPRax 1981, 95; *OLG Hamm,* NJW-RR 1995, 189; *OLG München,* RIW 2000, 464; *Zöller/Geimer,* Art. 32 EuGVVO, Rdnr. 8; *Schack,* MMR 2000, 135 (139 f.).

575 *EuGH* IPRax 1981, 95; vgl. aus der deutschen Rechtsprechung *OLG Hamm,* NJW RR 1995, 189; *OLG München,* RIW 2000, 464.

VI. Anerkennung und Vollstreckung gerichtlicher Entscheidungen

Gemäß **Art. 33 EuGVVO** werden Entscheidungen aus einem anderen Mitgliedstaat der Europäischen Union grundsätzlich **ohne weiteres Verfahren anerkannt.** Art. 34 und Art. 35 EuGVVO zählen grundsätzlich abschließend die Gründe auf, aus denen ausnahmsweise die Anerkennung einmal versagt werden darf. Die wichtigsten sind die *ordre-public*-Widrigkeit der anzuerkennenden Entscheidung gemäß Art. 34 Nr. 1 EuGVVO[576], die Versagung rechtlichen Gehörs bzw. die Nichtbeteiligung des Beklagten am Verfahren, Art. 34 Nr. 2 EuGVVO, sowie das Vorliegen einer widersprechenden früheren Entscheidung über denselben Streitgegenstand aus einem anderen bzw. einer widersprechenden Entscheidung in der gleichen Sache aus dem anerkennenden Mitgliedstaat, Art. 34 Nr. 3 und 4 EuGVVO[577]. Eine Überprüfung der ausländischen Entscheidung in der Sache schließt Art. 36 jedoch ausdrücklich aus. 232

Außerhalb des Anwendungsbereichs des EuGVÜ werden ausländische Urteile in Deutschland gemäß **§ 328 ZPO** dann anerkannt[578], wenn das ausländische Gericht nach deutschen Zuständigkeitsnormen zuständig war, § 328 Abs. 1 Nr. 1 ZPO. Ein ausländischer Titel kann hingegen nicht anerkannt werden, wenn dem Beklagten das rechtliche Gehör versagt worden war, § 328 Abs. 1 Nr. 2 ZPO, wenn es einem früheren Urteil in der gleichen Sache widerspricht oder aber die Entscheidung *ordre-public*-widrig ist[579]. 233

Für die **Vollstreckung** eines ausländischen Titels ist grundsätzlich eine Vollstreckbarerklärung *(exequatur)* erforderlich. Im autonomen deutschen Recht geschieht dies grundsätzlich durch ein Vollstreckungsurteil, § 722 ZPO. Im europäischen Recht ist ebenfalls eine Vollstreckbarerklärung erforderlich, Art. 38 EuGVVO bzw. Art. 31 EuGVÜ. Zu den Einzelheiten Art. 38 ff. EuGVVO bzw. Art. 31 ff. EuGVÜ. 234

VII. Schiedsverfahren

Auf Grund der vielfältigen Fragen, die die Behandlung des Internet im herkömmlichen internationalen Zuständigkeitsrecht aufwarf, gibt es seit einigen Jahren verschiedene Versuche, Schieds- und Schlichtungsverfahren speziell für das Internet und im Internet zu etablieren[580]. So gibt es auf der Website <www.cybercourt.org> das Pilotprojekt eines Cybercourt-Schiedsgerichts[581]. Soweit ersichtlich, hat praktische Bedeutung allerdings bislang allein das bei der WIPO angesiedelte **ICANN** für Domain-Streitschlichtungen erlangt[582]. 235

Im Übrigen enthält die EuGVVO ebenso wenig eine Regelung zu **Schiedsklauseln** wie bislang das EuGVÜ. Über Wirksamkeit und Anerkennung einer Schiedsklau- 236

---

576 Die Zuerkennung eines Rechts des geistigen Eigentums an Kraftfahrzeug- und Karosserieteilen verstößt nicht gegen den *ordre public; EuGH* MarkenR 2000, 208 – Renault/Maxicar.

577 Hierzu zuletzt *EuGH* GRUR Int. 2002, 838 – Italian Leather ./. WECO (zu Aert. 27 EuGVÜ).

578 Näher *Zöller/Geimer*, § 328, Rdnr. 67 ff.

579 Näher *Sack,* WRP 2000, 269 (288).

580 Dazu bereits *Mayer*, NJW 1996, 1782 (1789 f.); auch *Schack*, MMR 2000, 135 (140).

581 Ausführlich *Damm/Niedermayer/Splittgerber*, K&R 2000, 431 ff; *Jung*, K&R 1999, 65 ff.

582 Unten § 6, Rdnr. 130 ff.; *Bettinger*, CR 2000, 234 ff.

sel[583] entscheidet also die jeweilige *lex fori*. Im deutschen Recht ist dies geregelt in §§ 1029 ff ZPO[584].

J. Ergebnisse im Überblick

237

Rechtsgebiete	**Deutsche Gerichte zuständig, wenn**	**Deutsches Recht anwendbar, wenn**
Domainkonflikte	Beklagtenwohnsitz; Domain erkennbar auf das Inland ausgerichtet; Vereinbarung	Domain erkennbar auf das Inland ausgerichtet; keine Rechtswahl mgl., außer in Grenzen bei Vertrag
Urheberrecht	Beklagtenwohnsitz; Website erkennbar auf das Inland ausgerichtet; Vereinbarung	Website erkennbar auf das Inland ausgerichtet; keine Rechtswahl mgl., außer in Grenzen bei Vertrag
Marken-, Kennzeichenrecht	Beklagtenwohnsitz; Auftritt erkennbar auf das Inland ausgerichtet; u. U. als Registrierungsstaat; Vereinbarung	Website erkennbar auf das Inland ausgerichtet; keine Rechtswahl mgl., außer in Grenzen bei Vertrag
Technische Erfindungen	Beklagtenwohnsitz; Website erkennbar auf das Inland ausgerichtet; u. U. als Registrierungsstaat; Vereinbarung	Website erkennbar auf das Inland ausgerichtet; keine Rechtswahl mgl., außer in Grenzen bei Vertrag
Geschmacksmusterrecht	Beklagtenwohnsitz; Website erkennbar auf das Inland ausgerichtet; u. U. als Registrierungsstaat; Vereinbarung	Website erkennbar auf das Inland ausgerichtet; keine Rechtswahl mgl., außer in Grenzen bei Vertrag
Wettbewerbsrecht	Beklagtenwohnsitz; Website erkennbar auf das Inland ausgerichtet und Interessenkollision hier; Vereinbarung	Website erkennbar (spürbar) auf das Inland ausgerichtet und hier Interessenkollision der Wettbewerber; keine Rechtswahl mgl., außer betriebsbezogene Eingriffe

[583] Dazu auch *Mankowski*, RabelsZ 63 (1999), 203 (214 ff.).
[584] Ausführlich *Zöller/Geimer*, § 1029, Rdnr. 1 ff.; für ein Beispiel *OLG Köln*, GRUR-RR 2002, 309 – Zerowatt.

Rechtsgebiete	Deutsche Gerichte zuständig, wenn	Deutsches Recht anwendbar, wenn
Kartellprivatrecht	Beklagtenwohnsitz hier; Website geeignet, Inlandsmarkt spürbar zu beeinflussen; Vereinbarung	Website geeignet, Inlandsmarkt spürbar zu beeinflussen
E-Commerce	Beklagtenwohnsitz; Erfüllungsort; Angebot an Verbraucher über Website (außer eingehaltene Disclaimer); Vereinbarung	Rechtswahl; charakteristische Leistung wird hier erbracht; bei Verbraucherverträgen u. U., wenn hier Verbraucheraufenthalt

K. Checkliste Ausrüstung einer Website auf Deutschland/Spürbarkeit auf dem deutschen Markt

1. Präsentation der Site 238

- Top-Level-Domain: Wenn <.de>, Ausrichtung auf Deutschland anzunehmen, außer besondere Umstände
- Sprache deutsch?
- Aufmachung: Ist Website für deutsche Verhältnisse unüblich gestaltet?
- Kontaktadressen bzw. Telefonnummern oder E-Mails in Deutschland/über <.de>-Domains?
- Deutsche Fahne auf Site als Verweis auf weiteres Angebot/unterschiedliche Angebote in verschiedenen Sprachen/ausdrücklich auch für Deutschland?
- sehr begrenzt: Währung

2. Inhalt der Site

- Beworbenes Produkt bzw. Leistung in Deutschland sinnvoll verwendbar/nach Deutschland sinnvoll zu versenden?
- Disclaimer für Deutschland?
- Werbung auf Site für Dritte in Deutschland oder für Websites deutscher Anbieter oder unter <.de>-Domain?
- Werbeträger: Wird mit in Deutschland bekannten Personen/Sachverhalten/Orten geworben?

3. Äußere Kriterien

- Nutzerkreis (soweit feststellbar): Hat die Website Nutzer in Deutschland?
- Werbung für die Site auf anderen Sites: Sind diese erkennbar auf Deutschland ausgerichtet, z. B. weil <.de>-Domain oder deutscher Anbieter?
- Offline-Werbung: Wird in der sonstigen Werbung in Deutschland auf diese Site hingewiesen?
- Links: Hat der Anbieter Links von anderen Sites, die ihrerseits erkennbar auf Deutschland abzielen, legen lassen?
- Falls feststellbar: Tätigkeitsbereich des Anbieters (Kontakte nach Deutschland?)

§ 4 Haftung der Anbieter

Andreas Dustmann

Übersicht

Literaturübersicht: *Alpert,* Virtuelle Marktplätze im Internet: Typische Haftungsrisiken des Anbieters von B2B-Portalen, CR 2001, 604; *Altenhein,* Die gebilligte Verbreitung mißbilligter Inhalte – Auslegung und Kritik des § 5 Teledienstegesetz, AfP 1998, 457; *Barton,* Der Gegendarstellungsanspruch nach § 10 MDStV, MMR 1998, 294; *Becker,* Bewertung der Richtlinienentwürfe der EU, in: Schwarze, Rechtsschutz gegen Urheberrechtsverletzungen und Wettbewerbsverstöße in grenzüberschreitenden Medien, 2000, S. 241; *Bettinger/Freytag,* Privatrechtliche Verantwortlichkeit für Links, CR 1998, 545; *Bleisteiner,* Rechtliche Verantwortlichkeit im Internet, 1999; *Boddien,* Links und Recht – Eigene und die Zurechnung fremder Rechtsverletzungen im Gewerblichen Rechtsschutz und Urheberrecht bei der Verwendung von Links im Internet, Mitt. 1999, 401; *von Bonin/Köster,* Internet im Lichte neuer Gesetze, ZUM 1997, 821; *Bortloff,* Erfahrungen mit der Bekämpfung der elektronischen Musikpiraterie im Internet, GRUR Int. 2000, 665; *Damm/Rehbock,* Widerruf, Unterlassung und Schadensersatz in Presse und Rundfunk, 2. Aufl. 2001; *Decker,* Haftung für Urheberrechtsverletzungen im Internet, MMR 1999, 7; *Deutsch,* Allgemeines Haftungsrecht, 2. Aufl. 1995; *Eichler/Helmers/Schneider,* Link(s) – Recht(s), BB Beilage 18/1997, 23; *Engel-Flechsig/Maennel/Tettenborn,* Neue gesetzliche Rahmenbedingungen für Multimedia, 1998; *dies.,* Das neue Informations- und Kommunikationsdienste-Gesetz. NJW 1997, 2981 ff.; *Engels,* Zivilrechtliche Haftung für Inhalte im World Wide Web, AfP 2000, 524–529; *Engels/Köster,* Haftung für „werbende Links" in Online-Angeboten, MMR 1999, 522; *Federrath,* Zur Kontrollierbarkeit des Internet, ZUM 1999, 177; *Flechsig/Gabel,* Strafrechtliche Verantwortlichkeit im Netz durch Einrichten und Vorhalten von Hyperlinks, CR 1998, 351; *Flechsig,* Subdomain: Sicher versteckt und unerreichbar? MMR 2002, 347; *Freytag,* Haftung im Netz – Verantwortlichkeit für Urheber-, Marken-, Wettbewerbsrechtsverletzungen nach § 5 TDG und § 5 MDStV, 1999; *ders.,* Urheberrechtliche Haftung im Netz. Zur dogmatischen Einordnung und praktischen Umsetzung von § 5 TDG und § 5 MDStV bei Urheberrechtsverletzungen im Internet, ZUM 1999, 185; *ders.,* Digital Millenium Copyright Act und europäisches Urheberrecht für die Informationsgesellschaft, MMR 1999, 207; *ders.,* Providerhaftung im Binnenmarkt, Verantwortlichkeit für rechtswidrige Inhalte nach der E-Commerce-Richtlinie, CR 2000, 600; *Garrotte,* Linking and Framing, EIPR 2002, 184; *Gercke,* „Virtuelles" Bereithalten i. S. d. § 5 TDG – Zur zivil- und strafrechtlichen Verantwortlichkeit bei der Einrichtung von Hyperlinks, ZUM 2001, 34; *Greiner,* Sperrungsverfügung als Mittel der Gefahrenabwehr im Internet, CR 2002, 620; *Haedicke,* Die Haftung für mittelbare Urheber- und Wettbewerbsrechtsverletzungen, GRUR 1999, 397; *ders.,* „Lex informatica" oder allgemeines Deliktsrecht? § 5 TDG und § 5 MDStV als gesetzlich normierte Verkehrssicherungspflichten und ihre Einordnung in das System des allgemeinen Deliktsrechts, CR 1999, 309; *Heghmanns,* Strafrechtliche Verantwortlichkeit für illegale Inhalte im Internet, JA 2001, 71; *Hoffmann,* Zivilrechtliche Haftung im Internet, MMR 2002, 284; *Klett,* Urheberrecht im Internet, 1998; *Koch,* Zivilrechtliche Anbieterhaftung für Inhalte in Kommunikationsnetzen, CR 1997, 193; *Kochinke/Tröndle,* Links, Frames und Meta-Tags, CR 1999, 190; *Koenig/Loetz,* Sperrungsanordnungen gegenüber Network- und Access Providern, CR 1999, 438; *Kötz,* Deliktsrecht, 7. Aufl. 1998; *Kreutzer,* Napster, Gnutella & Co.: Rechtsfragen zu Filesharing-Netzen, GRUR 2001, 193 (Teil 1) und 307 (Teil 2); *Kröger/Moos,* Mediendienst oder Teledienst? Zur Aufteilung der Gesetzgebungsmaterie. Informations- und Kommunikationsdienste zwischen Bund und Ländern, AfP 1997, S. 675; *Landfermann,* Der Richtlinienvorschlag „Elektronischer Geschäftsverkehr" – Ziele und Probleme, ZUM 1999, 795; *Lehmann,* Unvereinbarkeit des § 5 Teledienstegesetz mit Völkerrecht und Europarecht, CR 1998, 232; *ders.;* Rechtsgeschäfte und Verantwortlichkeit im Netz – Der Richtlinienvorschlag der EU-Kommission, ZUM 1999, 180; *Löffler/Ricker,* Handbuch des Presserechts. 4. Aufl. 2000; *Lubitz,* Die Haftung der Internet Service Provider für Urheberrechtsverletzungen, GRUR Int. 2001, 283; *Lütcke,* Persönlichkeitsrechtsverletzungen im Internet, 2000; *Mankowski,* Die Düsseldorfer Sperrungsverfügung – alles andere als rheinischer Karneval, MMR 2002, 277; *Mann,* Zur äußerungsrechtlichen Verantwortlichkeits für Hyperlinks in Online-Angeboten, AfP 1998, 129; *Martenczuk,* Die Haftung für Mediendienste zwischen Bundes- und Landrecht. Zur kompetenzrechtlichen Problematik des § 5 MDStV, ZUM 1999, 104; *Marwitz,* Haftung für Hyperlinks, K&R 1998, 369; *Müglich,* Auswirkungen des EGG auf die haftungsrechtliche Behandlung von Hyperlinks, CR 2002, 583; *Müller-Terpitz,* Regelungsreichweite des § 5 MDStV, MMR 1998, 478; *von Münch/Kunig,* Grundgesetzkommentar; Band 3, 4. Aufl. 1996 *Pankoke,* Von der Presse- zur Providerhaftung, 2000; *Podehl,* Internetportale mit journalistisch-redaktionellem Inhalt – Anbieterpflichten und Haftungsrisiken, CR 2001, 17; *Pelz,* Die strafrechtliche Verantwortlichkeit von Internet-Providern, ZUM 1998, 530; *Pichler,* Haftung des Host-Provider für Persönlichkeitsverletzungen vor und nach dem TDG, MMR 1998, 79; *Plaß,* Hyperlinks im Spannungsfeld von Urheber-, Wettbewerbs- und Markenrecht, WRP 2000, 599;*Säcker,* Die Haftung von Diensteanbietern nach dem Entwurf des EGG, MMR Beilage 9/2001, 2; *Satzger,* Strafrechtliche Verantwortlichkeit von Zugangsvermittlern, CR 2001, 109; *Schack,* Die urheberrechtliche Gestaltung von Webseiten unter Einsatz von Links und Frames, MMR 2001. 9; *Schaefer/Rasch/Braun,* Zur Verantwortlichkeit von Online-Diensten und Zugangsvermittlern für fremde urheberrechtsverletzende Inhalte, ZUM 1998, 451; *Schneider,* Urheberrechtsverletzungen im Internet bei Anwendung des § 5 TDG, GRUR 2000, 969; *Sieber,* Verantwortlichkeit im Internet, 1999; *ders.,* Rechtliche Verantwortlichkeit im Internet. Ziele und Auslegung von § 5 TDG und § 5 MDStV, Beilage MMR 2/1998, 1; *Soehring,* Presserecht, 3. Aufl. 2000; *Sosnitza,* Das Internet im Gravitationsfeld des Rechts – Zur rechtlichen Beurteilung sogenannter Deep Links, CR 2001, 693; *Spindler,* Verantwortlichkeit von Diensteanbietern nach dem Vorschlag einer E-Commerce-Richtlinie, MMR 1999, 199; *ders.,* Urheberrecht und Haftung der Provider – ein Drama ohne Ende?, CR 2001, 324; *ders.,* Die zivilrechtliche Verantwortlichkeit von Internetauktionshäusern, MMR 2001, 737; *ders.,* Verantwortlichkeit und Haftung für Hyperlinks im neuen Recht, MMR 2002, 495; *ders.,* Das Gesetz zum elektronischen Geschäftsverkehr – Verantwortlichkeit der Diensteanbieter und Herkunftslandprinzip, NJW 2002, 822; *Stadler,* Sperrungsverfügung gegen Access Provider, MMR 2002, 343; *Teplitzky,* Wettbewerbsrechtliche Ansprüche, 7. Aufl. 1997. *Vassilaki,* Strafrechtliche Haftung nach §§ 8 ,TDG, MMR 2002, 659; *dies.,* Strafrechtliche Verantwortlichkeit der Diensteanbieter nach dem TDG, MMR 1998, 630; *dies.,* Strafrechtliche Verantwortlichkeit durch Einrichten und Aufrechterhalten von elektronischen Verweisen (Hyperlinks), CR 1999, 85; *Waldenberger,* Teledienste, Mediendienste und die „Verantwortlichkeit" ihrer Anbieter, MMR 1998, 124; *ders.,* Zur zivilrechtlichen Verantwortlichkeit für Urheberrechtsverletzungen im Internet, ZUM 1997, 176; *Wimmer/Michael,* Der Online-Provider im neuen Multimediarecht, 1998; *Wimmer,* Die Verantwortlichkeit des Online-Providers nach dem neuen Multimediarecht, ZUM 1999, 436.

A. Einleitung

1 Die Verantwortlichkeit der Internet-Provider hat sich zum juristischen Dauerbrenner entwickelt. Kaum ein anderes Thema hat die Diskussion über das Internetrecht so geprägt wie die Frage, ob und in welchem Umfang Internet-Provider für

die von ihnen gespeicherten oder vermittelten Daten zur Verantwortung gezogen werden können. Früh sorgte in der Öffentlichkeit die – scheinbar ungehinderte – Verbreitung von **Kinderpornographie** und **gewaltverherrlichender, rassistischer Propaganda** über das Internet für Schlagzeilen. Als deutsche Staatsanwaltschaften strafrechtliche Ermittlungsverfahren gegen Internet-Provider einleiteten, sorgte dies insbesondere im Ausland für helle Aufregung.[1] Das berühmte, inzwischen aufgehobene CompuServe–Urteil des *AG München*[2] verurteilte den früheren Geschäftsführer des Online-Dienstes wegen der Verbreitung von Kinderpornographie sogar zu einer Freiheitsstrafe. Schnell war die Rede von **investitionsfeindlichen Standortbedingungen** und der Gefährdung der Entwicklung der Informationsgesellschaft in Deutschland. Doch auch im Ausland blieben Diensteanbieter nicht verschont. In Frankreich verurteilte etwa ein Gericht einen Online-Dienst zu hohem Schadensersatz, weil er die private Homepage eines Kunden speicherte, die Nacktaufnahmen des Fotomodells Estelle Halliday zeigte.[3] Nicht zu Unrecht beklagen sich Provider oft darüber, als „Sündenböcke" für Inhalte einstehen zu müssen, die sie selbst nicht zu verantworten haben und deren Einspeisung und Verbreitung im Netz sie mitunter nicht einmal verhindern können.

Die Sorge um unübersehbare Haftungsrisiken der Provider veranlasste den deut- 2
schen Gesetzgeber frühzeitig tätig zu werden. Das jeweils zum 1. 8. 1997 in Kraft getretene **Teledienstegesetz** (TDG)[4] und der **Mediendienste-Staatsvertrag** (MDStV)[5] der Länder – beides oft als Multimediagesetze bezeichnet – enthalten zentrale Regelungen zur Verantwortlichkeit der Diensteanbieter. Ein langes Leben wurde den Vorschriften freilich nicht beschert. Nur wenig später legte die Europäische Kommission den Entwurf einer Richtlinie über bestimmte rechtliche Aspekte des elektronischen Geschäftsverkehrs[6] (**E-Commerce-Richtlinie**) vor, die ebenfalls zugunsten der Anbieter haftungsbeschränkende Regelungen vorsieht. Die Richtlinie ist mittlerweile durch das **Gesetz zum elektronischen Geschäftsverkehr** (EGG)[7] bzw. den **Sechsten Rundfunkänderungsstaatsvertrag**[8] **(6. RdfÄndStV)** umgesetzt, wodurch TDG und MDStV jeweils grundlegend neu gefasst wurden.

---

[1] Ein Verfahrensüberblick findet sich bei *Strömer,* S. 207.

[2] *AG München,* NJW 1998, 2836 = MMR 1998, 438 – CompuServe/Felix Somm; aufgehoben durch *LG München I,* CR 2000, 117 mit Anm. *Moritz.*

[3] *Cour d'appel de Paris,* 14. Kammer, Urt. vom 10. 2. 1999, http://www.legalis.net, Stichwort „Responsabilité" [abgerufen am 1. 12. 2002]. Die Schadensersatzhöhe belief sich auf 100 000 FF. In England verurteilte der High Court in *Godfrey v. Demon Internet Ltd.,* CRi 2000, 56, einen Online-Dienst wegen der Verbreitung eines ehrverletzenden Newsbeitrags zu einer hohen Schadensersatzzahlung.

[4] Art. 1 des Informations- und Kommunikationsdienstegesetz vom 22. 7. 1997, BGBl. I 1997, S. 1870; neugefasst durch das Gesetz über rechtliche Rahmenbedingungen zum Elektronischen Geschäftsverkehr (EGG) vom 14. 12. 2001, BGBl. I 2001, S. 3271.

[5] Abgedruckt in den Gesetz- und Verordnungsblättern der Länder, etwa BWGBl. 1997, 181 ff.; BayGVBl. 1997, 225 ff.; NWGVBl. 1997, 158 ff.; neugefasst durch 6. RdfÄndStV vom 20./21. 12. 2001.

[6] Richtlinie 2000/31/EG des Europäischen Parlaments und des Rates vom 17. 6. 2000 über bestimmte rechtliche Aspekte der Dienste der Informationsgesellschaft, insbesondere des elektronischen Geschäftsverkehrs, im Binnenmarkt, ABl. EG Nr. L 178/1 vom 17. 7. 2000.

[7] BGBl. I 2001, S. 3271.

[8] Sechster Staatsvertrag zur Änderung des Rundfunkstaatsvertrages, des Rundfunkfinanzierungsstaatsvertrages und des Mediendienste-Staatsvertrages vom 20./21. 12. 2001, BayGVBl. 2002, 229; BlnGVBl. 2002, 162; BWGVBl. 2002, 138; HbgGVBl. 2002, 96; HessGVBl. 2002; MV-GVBl. 2002, 362; NRWGVBl. 2002, 178; SächsGVBl. 2002, 132. Der Staatsvertrag trat am 1. 7. 2002 in Kraft.

3 Richtete sich in Deutschland die Diskussion zunächst auf die Haftung der Provider für die Verbreitung von gewaltverherrlichenden und kinderpornographischen Inhalten, so ist spätestens seit **Napster** und der massenhaften Verbreitung raubkopierter **Musikdateien (MP3)** über das Internet klar, dass sich die zivilrechtlichen Haftungsrisiken der Provider vordergründig für **Immaterialgüterrechtsverletzungen** ergeben. Software und Musik sind im Internet zum Nulltarif zu haben. Urheber und Leistungsschutzberechtigte ziehen es aus nahe liegenden Gründen vor, nicht gegen die – zumeist anonym agierenden – Piraten, sondern gegen die Diensteanbieter vorzugehen, die an der Einspeisung und Verbreitung der Raubkopien beteiligt sind.[9]

4 Haftungsrisiken drohen Diensteanbietern aber auch für die Verletzung anderer Immaterialgüterrechte: Persönlichkeits- und Kennzeichenrechtsverletzungen – sei es durch **Domain-Grabbing, Links, Meta-Tags, Keyword-Buys** – sind im Internet an der Tagesordnung. Jeweils liegt der Gedanke nahe, dass für die Rechtsverletzung nicht nur der sie unmittelbar begehende Akteur, sondern auch der Provider, der das rechtsverletzende Angebot speichert, vermittelt oder sonstwie dazu beiträgt, als Mitstörer haftet. Symptomatisch in diesem Zusammenhang ist vielleicht der Versuch des bekannten Fernsehmoderators *Günther Jauch,* einen Vermittler von Internet-Domainnamen dafür haftbar zu machen, dass sich ein Kunde über ihn die Domain *guenter-jauch.de* registrieren konnte.[10] Wie verhält sich die Haftung des Betreibers eines Musikforums, dem Nutzer illegale Dateien auf seinen Server spielen?[11] Haftet der Anbieter eines Links, wenn das verknüpfte Angebot wettbewerbswidrig ist? Hat ein Zugangsanbieter auf Aufforderung illegale MP3-Archive aus dem Ausland zu sperren?

5 Immer wieder treten neue haftungsrechtliche Konstellationen und Fragen auf, die in kollisionsrechtlicher Hinsicht auf Grund der Globalität des Internet noch vervielfältigt werden.[12] Die Grenzen der Haftung der Anbieter aufzuzeigen, dürfte Rechtsprechung und Literatur noch lange beschäftigen. Nachfolgende Darstellung beschränkt sich auf die zivilrechtliche Verantwortlichkeit der Diensteanbieter für Immaterialgüterrechtsverletzungen. Im Blickpunkt stehen dabei das **Urheber-, Persönlichkeits-, Kennzeichen-** und **Wettbewerbsrecht,** sind diese Rechte im Internet in besonderem Maße der Gefährdung ausgesetzt. Nicht erörtert wird dabei die nach materiellen Recht zu beurteilende Frage, ob eine Rechtsverletzung überhaupt vorliegt. Dies bleibt den besonderen Abschnitten dieses Handbuchs vorbehalten. Die Darstellung beschränkt sich auf die Haftung für die angebotenen *Informationen* bzw. *Inhalte.* Ausgeklammert bleiben die im Zusammenhang mit **Domainnamen** auftretenden Haftungsfragen, insbesondere die Haftung der DENIC eG[13], ebenso wie der Bereich der – zumeist vertraglichen – Haftung für technische Mängel der Providerleistung.[14]

---

[9] Übersicht zu Kooperationsmodellen zwischen Musikindustrie und Providern („Notice and Take-Down") bei *Bortloff,* GRUR Int. 2000, 665 ff.

[10] Bejahend *LG Köln,* CR 2001, 564 – guenter-jauch.de; verneinend die Berufungsinstanz *OLG Köln,* MMR 2002, 476.

[11] *OLG München,* ZUM 2001, 420 – MIDI-Files.

[12] Dazu § 3, Rdnr. 7 ff. m. w. N. sowie *Schack,* MMR 2000, 59 ff.

[13] Dazu § 6, Rdnr. 190 ff.

[14] Dazu § 13, Rdnr. 142 ff. (Access Provider) und 317 ff. (Host Provider).

B. Grundfragen

I. Aufgabe der Verantwortlichkeitsverteilung im Internet

Kommunikation ist ein komplexer Vorgang, der – abgesehen von Gesprächen unter Anwesenden – nur durch die Erbringung diverser Arten von Dienstleistungen möglich wird. Das gilt gleichermaßen für die traditionellen Medien, Rundfunk und Presse, wie für neue Kommunikationsformen. So sind an der Verbreitung von Pressenachrichten Autoren, Verleger, Herausgeber, Agenturen, Drucker, Spediteure, Grossisten und Einzelhändler beteiligt. An der Erstellung, Einspeisung und Übermittlung einer Webseite im Internet wirken **Content-**, **Host-**, **Access-**, **Cache-** und **Netzwerkprovider** ebenso wie die Betreiber von **Routern** und **Domainservern** mit.[15] 6

Es handelt sich damit um nichts Neuartiges, wenn als zivilrechtlich haftende Anspruchsgegner regelmäßig eine Vielzahl von Beteiligten in Betracht kommen, die sich jeweils durch ihre Nähe zu, und ihre Möglichkeit der Einflussnahme auf rechtsverletzende Inhalte voneinander unterscheiden. Die Besonderheit gegenüber den traditionellen Medien besteht freilich darin, dass eine Kontrolle aller eingehenden bzw. übermittelten Inhalte angesichts der riesigen volatilen **Datenmassen** kaum möglich ist, auf Grund der vorgegebenen **Interaktivität** des Internet eine vorhergehende Überprüfung auch gar nicht möglich wäre. 7

An jeden dieser technischen Dienstleister muss die Rechtsordnung deshalb angemessene Sorgfaltsanforderungen stellen, damit rechtswidrige Inhalte möglichst zurückgehalten werden[16], umgekehrt aber rechtmäßige und daher sozial nützliche Inhalte nicht aus übertriebener Sorgfalt unveröffentlicht und technische Innovationen auf der Strecke bleiben. In verfassungsrechtlicher Terminologie bedeutet dies: Das Haftungsrecht sollte in praktischer Konkordanz einen Ausgleich zwischen der Meinungs- und Informationsfreiheit einerseits, sowie dem Rechtsgüterschutz andererseits verwirklichen helfen. Diese Grundsätze gelten für Presse- und Rundfunkinhalte gleichermaßen wie für Informationsangebote in Datennetzen. Entsprechend individuell muss die Verantwortlichkeitsverteilung im Internet ausgestaltet werden. Jeweils ist die **funktionale Beteiligung** eines Akteurs auf den in Rede stehenden Inhalt genau zu untersuchen. Pauschalierungen sind tunlichst zu vermeiden. 8

II. Kernproblem der Haftung in Internet – Wie weit reicht die Zurechnung von Rechtsverletzungen?

Unproblematisch ist die Haftung der Anbieter für die Informationen, die sie selbst anbieten und ins Netz stellen. Dies sind die Inhaltsanbieter (**Content Provider**). Hier gilt der viel zitierte – plakative wie inhaltsleere – Satz „Was offline verboten ist, ist auch online nicht erlaubt". Sieht man einmal von dem Sonderfall der Haftung für Hyperlinks, die auf rechtsverletzende Inhalte Dritter verweisen[17], ab, weist die Haftung der Inhaltsanbieter keine Besonderheiten auf. Hier besteht kein Grund für eine Privilegierung. 9

---

[15] Zur Erläuterung dieser unterschiedlichen Providerformen vgl. jeweils die Einleitungen in Abschnitt D; zu ihrer vertragstypologischen Einordnung § 13 Rdnr. 13.

[16] Zum Präventionszweck der Haftungsverteilung im Internet *Dustmann,* S. 40 m. w. N.

[17] Dazu unten Rdnr. 96 ff.

10 Viel schwieriger und im Blickpunkt der Diskussion ist die Haftung derjenigen, welche die rechtsverletzenden Daten gar nicht ins Netz gestellt haben, aber die technischen Voraussetzungen dafür schaffen, dass elektronische Informationsangebote – rechtmäßige wie rechtswidrige – bereitgestellt und abgerufen werden können. Gemeint sind insbesondere die **Host Provider,** die auf ihren Servern den notwendigen Speicherplatz für das Angebot von Webseiten anbieten, und die **Access Provider,** die den Zugang zum Internet anbieten. Die Beurteilung ihres Verantwortlichkeitsgrads erweist sich als schwieriger, da sie zum einen die rechtsverletzenden Daten nicht selbst ins Netz eingespeist haben und zum anderen meist vor riesigen, volatilen Datenmassen stehen, die sie gar nicht kontrollieren können. Möchte man die von Host- und Access Providern erbrachte Dienstleistung – deren Bedeutung für die Informationsgesellschaft unbestritten ist – erhalten, so bedarf es einer Begrenzung ihrer Mitverantwortlichkeit.

11 Bei dieser gebotenen Begrenzung geht es dem Grund nach – gleich ob es sich um eine Persönlichkeits-, Marken-, Urheber- oder Wettbewerbsrechtsverletzung handelt – um eine möglichst sachgerechte **Einschränkung der Kausalität bzw. des Zurechnungszusammenhangs.** Denn die als technische Informationsmittler tätigen Diensteanbieter leisten durch ihre Tätigkeit jeweils kausale Beiträge, damit die Inhaltsanbieter die Rechte Dritter verletzen können. Ohne den Server des Host Providers kann der MP3-Pirat keine raubkopierte Musik anbieten, ohne den Access Provider bleibt ihm der Zugang zum Internet überhaupt versperrt. Seit der *Pertussin II*-Entscheidung[18] macht der *BGH* die **immaterialgüterrechtliche Mitstörerhaftung** nur vom Vorliegen eines adäquaten Kausalzusammenhangs abhängig. Störer und damit Anspruchsgegner einer Rechtsverletzung sei nicht nur, wer die Rechtsverletzung selbst begeht, sondern jeder, der auch nur mittelbar willentlich und adäquat kausal dazu beiträgt, sofern er nur die rechtliche und tatsächliche Möglichkeit zur Verhinderung der Handlung hat.[19] In der *Pertussin II*-Entscheidung führte dies etwa dazu, dass als Mitstörer einer Kennzeichenrechtsverletzung auch der Spediteur angesehen wurde, der die markenrechtsverletzende Ware transportierte. Zum Störer eines Wettbewerbsverstoßes wurde jemand, dessen Faxgerät durch einen Dritten zur Absendung eines wettbewerbswidrigen Schreibens verwendet wurde.[20] Für die Ehr- oder Urheberverletzung in einer Zeitschrift haftet nicht nur dessen Verleger, sondern auch Drucker, Setzer[21] oder Importeur.[22] Denkbarer Anspruchsgegner einer Urheberrechtsverletzung war nach Auffassung des *BGH* sogar ein Tonbandgerätehersteller, wenn deren Käufer die Geräte zu unrechtmäßigen Musiküberspielungen nutzen.[23]

---

[18] *BGH* GRUR 1957, 352 – *Pertussin II* (Kennzeichensache).

[19] Vgl. etwa für die wettbewerbsrechtliche Störerhaftung *BGH* GRUR 1955, 97 – Constanze II; *BGH* GRUR 1996, 258 (258) – Rechenscheibe; *BGH* GRUR 1990, 379 – Schönheits-Chirurgie; *BGH* GRUR 1991, 769 – Honoraranfrage; *BGH* GRUR 1995, 62 (64) – Betonerhaltung; für das Urheberrecht *BGHZ* 42, 118 (124) – Personalausweise; *BGH* GRUR 1984, 54 – Kopierläden.

[20] *OLG Stuttgart,* ZIP 1993, 1469.

[21] Für Urheberrechtsverletzungen *OLG Stuttgart,* UFITA 41 (1964), 218 (221); *LG München I,* ZUM 1990, 725 (726).

[22] Vgl. *BGH* NJW 1976, 799 (780) – Alleinimporteur; *OLG München,* ZUM-RD 2001, 73 (77).

[23] *BGHZ* 42, 118 (124) – Personalausweise; die Haftung wurde jedoch dadurch begrenzt, dass der Hersteller nur Warnhinweise zur Beachtung des Urheberrechts (der frühere „GEMA-Hinweis") an die Geräte anbringen musste; zum ganzen *Dustmann,* S. 49 ff.

12 Wenngleich sich in der jüngeren Rechtsprechung des Bundesgerichtshofs über die **Einbeziehung von Prüf- und Kontrollpflichten** in den Störerbegriff eine Abkehr von dieser strengen Rechtsprechung abzeichnet[24], bleibt das Kriterium der adäquaten Kausalität das tragende Kriterium für die Bestimmung der Mitverantwortlichkeit für Immaterialgüterrechtsverletzungen. Für Host Provider, die – bewusst oder unbewusst – rechtsverletzende Angebote ihrer Kunden auf ihren Servern speichern, bedeutet dies ein immanentes Haftungsrisiko. Dieses wird dadurch erschwert, dass bei Immaterialgüterrechtsverletzungen die betreffenden Inhalte selbst nicht rechtswidrig sind, sondern deren unbefugte Nutzung ohne Zustimmung des Rechtsinhabers. Selbst ein Scannen sämtlicher Inhalte garantiert längst nicht den Ausschluss rechtswidriger Inhalte.[25] Auch Access Provider, die ihren Kunden den Zugang zum Internet und damit Milliarden von abrufbaren Inhalten eröffnen, werden durch ihre Tätigkeit für Rechtsverletzungen ursächlich, wenn ihre Kunden den Dienst zum Abruf oder die Einspeisung rechtswidriger Inhalte nutzen.

13 Die Rechtsprechung zur weitreichenden **Störerhaftung Dritter**[26] bereitete damit gewissermaßen den Nährboden für die rechtspolitische Forderung, die Verantwortlichkeit der Diensteanbieter im Internet explizit zu regeln, wie dies der Gesetzgeber mit § 5 TDG/MDStV a.F. getan hat. Nach Umsetzung der E-Commerce-Richtlinie sind die Haftungsrisiken und Sorgfaltspflichten der Diensteanbieter nunmehr gesetzlich in §§ 8–11 TDG/§§ 6–9 MDStV positiv-rechtlich definiert. Gleichwohl bleiben zahlreiche Restfragen über die Reichweite und Auslegung dieser allgemeinen Haftungsvorschriften für Internet-Provider übrig.[27]

C. Rechtsgrundlagen

14 Trotz der zentralen Bedeutung der §§ 8–11 TDG bzw. §§ 6–9 MDStV für die Verantwortlichkeit der Anbieter darf nicht übersehen werden, dass sich die **Haftungsrisiken** der Provider nicht aus diesen Vorschriften, sondern aus den **spezialgesetzlichen Ansprüchen** des immaterialgüterrechtlichen Sonderrechts ergeben. Denn die Verantwortlichkeitsregelungen im TDG und MDStV stellen keine selbstständigen Haftungstatbestände dar, da sie weder die Rechtsverletzungen, für welche die Diensteanbieter einstehen sollen, noch deren Rechtsfolgen definieren. Diensteanbieter haften nicht abstrakt für „Informationen", sondern für Rechtsverletzungen, die sich aus den unterschiedlichsten Regelungen des Zivil-, Straf- und öffentlichen Rechts ergeben.[28] Für sich allein vermögen die Verantwortlichkeitsregelungen eine Haftung weder zu begründen noch auszuschließen.[29] Auch für die praktische

[24] Dazu unten Rdnr. 18 ff.

[25] Bedingt Abhilfe versprechen insoweit digitale Wasserzeichen, mit deren Hilfe der Lizenzstatus eines urheberrechtlichen Werkes ermittelt werden kann und die eine digitale Rechtewahrnehmung ermöglichen. Dazu § 13, Rdnr. 250 ff.

[26] Kritisch insbesondere *Köhler,* WRP 1997, 897 ff.

[27] Aus dem kaum überschaubaren Schrifttum zu § 5 TDG/MDStV a.F. seien nur die Kommentierung von *Hoeren/Sieber/Spindler,* Teil 29 und die Dissertationen von *Freytag,* Haftung im Netz, *Pankoke,* Von der Presse- zur Providerhaftung, und *Dustmann,* Die privilegierten Provider, genannt.

[28] *Dustmann,* S. 146.

[29] Ebenso Begründung des EGG-Regierungsentwurfs, Vorbemerkungen zu §§ 8–11 TDG, BT-Drucks. 14/6098, S. 23.

Rechtsanwendung bedeutet dies, dass zunächst die Voraussetzungen des relevanten Haftungstatbestandes zu prüfen sind, welche gegebenenfalls durch die Haftungseinschränkungen nach dem TDG bzw. MDStV modifiziert werden.[30]

I. Haftungstatbestände

15 Die zivilrechtlichen Haftungsrisiken der Anbieter ergeben sich aus dem jeweiligen **materiellen Recht.** Entsprechend unterschiedlich sind die Voraussetzungen, die an eine (Mit-) Haftung eines Internet-Anbieters zu stellen sind. Selbst für die verschiedenen Immaterialgüterrechte zeigen sich Unterschiede. Jedoch sind alle **deliktischen, negatorischen** und **quasi-negatorischen** Ansprüche nach dem gleichen Muster aufgebaut: Egal ob es sich um Schadensersatz-, Unterlassungs-, Beseitigungs-, Auskunfts- oder Vernichtungsansprüche handelt, stets bedarf es für die Begründung der Haftung des Eintritts eines rechtswidrigen Verletzungserfolgs und eines mindestens adäquat-kausal haftungsbegründenden Verhaltens des Anspruchsgegners. Der Schadensersatzanspruch erfordert zusätzlich das Verschuldens des Verletzers sowie einen Schadenseintritt.

1. Unterlassung

a) Allgemeine Anspruchsvoraussetzungen

16 Im zivilrechtlichen Immaterialgüterrecht ist der Unterlassungsanspruch von herausragender Bedeutung. Er ist zumeist spezialgesetzlich geregelt[31], ansonsten wird analog auf den allgemeinen bürgerlich-rechtlichen Unterlassungsanspruch nach § 1004 BGB zurückgegriffen. Der Anspruch richtet sich auf die Unterlassung **künftiger Verletzungshandlungen,** er knüpft damit grundsätzlich an einen bereits eingetretenen, objektiv rechtswidrigen Verletzungserfolg an.[32] Die entweder ausdrücklich[33] oder als ungeschriebenes Merkmal[34] vorausgesetzte **Wiederholungsgefahr** wird durch die eingetretene Rechtsverletzung indiziert[35] und kann durch den Verletzer regelmäßig nur durch Abgabe einer **Unterlassungserklärung** – abgesichert durch das Versprechen, eine angemessene Vertragsstrafe (§ 339 BGB) für den Fall der erneuten Zuwiderhandlung zu zahlen – ausgeräumt werden.[36] Ein **Verschulden** des Anspruchsgegner ist nicht erforderlich; der Anspruch knüpft vielmehr ausschließlich an den Eintritt eines objektiv rechtswidrigen Verletzungserfolgs an, zu dem der Anspruchsgegner durch sein Verhalten adäquat kausal beigetragen haben muss.

[30] Zur dogmatischen Einordnung der Verantwortlichkeitsregelungen in den zivilrechtlichen Haftungsaufbau vgl. unten Rdnr. 61 ff.

[31] Vgl. § 97 Abs. 1 UrhG; §§ 14 Abs. 5, 15 Abs. 4 MarkenG; §§ 139 Abs. 1 PatG; §§ 1, 3, 13 Abs. 1 UWG.

[32] Auch einer erstmals drohenden Rechtsverletzung muss der Berechtigte nicht tatenlos zuschauen. Anerkannt ist ein *vorbeugender* Unterlassungsanspruch, sofern eine objektiv rechtswidrige Verletzung unmittelbar bevorsteht; Einzelheiten dazu aus wettbewerbsrechtlicher Sicht *Teplitzky,* Wettbewerbsrechtliche Ansprüche, Kap. 9; für das Persönlichkeitsrecht *Soehring,* Rdnr. 30.12.

[33] Vgl. § 97 Abs. 1 UrhG; § 12 S. 2 BGB.

[34] Für das Wettbewerbsrecht *BGH* GRUR 1983, 186 – Wiederholte Unterwerfung I; *BGH* GRUR 1992, 318 (319) – Jubiläumsverkauf; für das Persönlichkeitsrecht *BGHZ* 14, 163 (167) – Constanze II.

[35] *OLG Hamburg,* WRP 1997, 106 (108) für § 14 Abs. 5 MarkenG.

[36] Einzelheiten bei *Köhler/Piper,* vor § 13 UWG Rdnr. 5 ff.; *Teplitzky,* Wettbewerbsrechtliche Ansprüche, Kap. 7.

b) Störerhaftung

Der Unterlassungsanspruch ist nicht nur verschuldensunabhängig. Es spielt auch keine Rolle, ob der Inanspruchgenommene von der eingetretenen Rechtsverletzung wirtschaftlich oder sonstwie profitiert. So spielt es für den wettbewerbsrechtlichen Unterlassungsanspruch keine Rolle, ob der Anspruchsgegner zu Zwecken des – eigenen oder fremden – Wettbewerbs und im geschäftlichen Verkehr handelt und damit selbst die Tatbestandsvoraussetzungen der §§ 1, 3 ff. UWG verwirklicht. Als „Störer“ haftet nach traditioneller Rechtsprechung vielmehr jeder, der willentlich und adäquat kausal an der Herbeiführung der Rechtsverletzung (eines Dritten) mitwirkt, soweit er nur die rechtliche und tatsächliche Möglichkeit zur Verhinderung seiner Handlung hat.[37] Entscheidend ist nur, dass das Verhalten des Dritten tatsächlich wettbewerbswidrig ist (**Akzessorietätserfordernis**).[38] Diesen weiten – im Wesentlichen nur durch das Kriterium der **adäquaten Kausalität** beschränkten – Störerbegriff legt die Rechtsprechung auch bei den anderen Immaterialgüterrechten zugrunde, wenngleich gewisse Nuancen zu erkennen waren.[39] 17

Um eine uferlose Ausdehnung der Störerhaftung zu vermeiden, hat der *BGH* in jüngerer Zeit – für alle Immaterialgüterrechte – eine Einschränkung durch die **Einbeziehung von Prüf- und Sorgfaltspflichten** in den Störerbegriff vorgenommen. Wer lediglich technische oder organisatorische Beiträge zu Rechtsverletzungen Dritter leiste, müsse einwenden können, dass er im konkreten Fall nicht gegen eine Pflicht zur Prüfung auf mögliche Rechtsverletzungen verstoßen habe. Er müsse insbesondere geltend machen können, dass ihm eine solche Prüfung überhaupt nicht oder nur eingeschränkt zumutbar sei.[40] Wer eine solche Prüfpflicht nicht verletzt habe, könne auch nicht als Störer auf Unterlassung in Anspruch genommen habe. 18

Durch die Einbeziehung von Prüf- und Sorgfaltspflichten in den – an sich verschuldensunabhängigen – Störerbegriff schränkt der *BGH* die Mitverantwortlichkeit Dritter bereits auf Tatbestandsebene ein. Das Gericht nähert sich damit den Grundsätzen, die es seit langem im allgemeinen Haftungs- und Unfallrecht für mittelbare Verletzungshandlungen heranzieht.[41] Gemeint ist die **Lehre von den Verkehrssicherungspflichten.** So sind Unfälle bei der Benutzung einer Schlittschuhbahn, einer Badeanstalt oder beim Betreten einer Baustelle[42] nicht schon deshalb dem Betreiber zuzurechnen, weil er diese Anlagen unterhält. Er haftet nur, wenn die Unfälle darauf zurückzuführen sind, dass er die Besucher nicht ausreichend vor den aus der Benutzung der Anlage resultierenden Gefahren geschützt, d. h. eine Verkehrssicherungspflicht verletzt hat.[43] 19

---

[37] *BGH* GRUR 1955, 97 – Constanze II; *BGH* GRUR 1996, 258 (258) – Rechenscheibe; *BGH* GRUR 1990, 379 – Schönheits-Chirurgie; *BGH* GRUR 1991, 769 – Honoraranfrage; *BGH* GRUR 1995, 62 (64) – Betonerhaltung.

[38] *Köhler/Piper,* vor § 13 Rdnr. 68 ff. m. w. N.

[39] Vgl. etwa für das Urheberrecht *BGHZ* 42, 118 (142) – Personalausweise, wonach sich die Haftung auf zumutbare Maßnahmen beschränkt.

[40] *BGH* GRUR 1997, 313 – Architektenwettbewerb (UWG); *BGH* GRUR 1997, 909 – Branchenbuch-Nomenklatur (Markenrecht); *BGH* GRUR 1999, 418 – Möbelklassiker (Urheberrecht); *BGH* MMR 2001, 671 – ambiente.de; dazu *Haedicke,* GRUR 1999, 397; folgend OLG Karlsruhe GRUR-RR 2002, 78.

[41] *Haedicke,* GRUR 1999, 397 (401); folgend *Dustmann,* S. 57 f.

[42] Beispiele nach *Kötz,* Deliktsrecht, Rdnr. 232.

[43] Vgl. nur *Medicus,* Bürgerliches Recht, 18. Aufl., Rdnr. 646; *Kötz,* Deliktsrecht, Rdnr. 103.

20 Bei der **inhaltlichen Ausgestaltung** dieser Prüfpflicht neigt die bisherige Rechtsprechung dazu, – ohne es namentlich zu nennen – sich an den Grundsätzen der gemilderten **Haftung der Presse für wettbewerbswidrige Anzeigen** zu orientieren. Für diese haftet die Presse nur, wenn der Wettbewerbsverstoß offensichtlich und für jedermann zu erkennen war.[44] Entsprechend befand der *BGH,* dass die Domain-Vergabestelle DENIC Domainregistrierungen nur dann zu überprüfen und auf Aufforderung zu löschen habe, wenn diese erkennbar und für jedermann offensichtlich die Rechte Dritter verletze.[45] Der Anbieter eines Musikforums habe eingehende Dateien nur auf offensichtliche Urheberrechtsverstöße zu überprüfen.[46] Die neue Rechtsprechung geht jedoch über die bloße Pflicht zur Evidenzkontrolle hinaus. Die Störerhaftung ist vielmehr schon dann ausgeschlossen, wenn eine Überprüfung im Einzelfall gar nicht möglich oder unzumutbar ist.[47] Entsprechend schloss das *OLG Köln* die Störerhaftung eines Internet-Auktionators aus, solange er keine Kenntnis von der auf seiner Plattform angebotenen markenrechtsverletzender Ware habe.[48]

21 Die **neuen Grundsätze zur Störerhaftung** sind für die Haftung der (technischen) Diensteanbieter im Internet von zentraler Bedeutung. Dies gilt schon deshalb, weil die besonderen Haftungseinschränkungen der §§ 9–11 TDG/§§ 6–11 MDStV nach § 8 Abs. 2 Satz 2 TDG/§ 6 Abs. 2 S. 2 nicht für die Ansprüche auf Unterlassung und Beseitigung gelten[49] und ihr Anwendungsbereich ohnehin beschränkt ist. Umgekehrt bedarf es des Rückgriffs auf die Rechtsprechungsgrundsätze nicht, wenn TDG bzw. MDStV die Verantwortlichkeit positiv regeln[50].

Grundsatz: Sind Diensteanbieter an der Verbreitung von rechtsverletzenden Dateninhalten lediglich dadurch beteiligt, dass sie dazu technische oder organisatorische Dienste geleistet haben, haften sie nur dann als Mitstörer, wenn sie im Hinblick auf ihr zum Verletzungserfolg führendes Verhalten eine Prüfpflicht verletzt haben und die Beachtung dieser Prüfpflicht ihnen im Einzelfalls auch möglich und zumutbar war.

[44] St. Rspr. *BGH* GRUR 1973, 203 (204) – Badische Rundschau; *BGH* GRUR 1990, 1012 (1013) – Pressehaftung I; *BGH* GRUR 1992, 618 (619) – Pressehaftung II; *BGH* GRUR 1993, 53 (54) – Ausländischer Inserent; *BGH* GRUR 1994, 454 (455) – Schlankheitswerbung; *BGH* GRUR 1994, 841 – Suchwort; *BGH* GRUR 1995, 751 (752) – Schlussverkaufswerbung.

[45] *BGH* MMR 2001, 671 – ambiente.de; diese Prüfpflicht setzt zudem erst ein, nachdem die DENIC zur Löschung einer *eingetragenen* Domain aufgefordert wurde; ebenso LG Frankfurt ZUM-RD 2002, 299.

[46] *LG München I,* ZUM 2000, 418 (424) – MIDI-Files; anders das Berufungsgericht *OLG München,* ZUM 2001, 420 (427) welches den traditionellen Störerbegriff zugrunde legte.

[47] Vgl. *BGH* GRUR 1999, 418 (419) – *Möbelklassiker:* „So muss er insbesondere geltend machen können, dass ihm eine solche Prüfung nach den Umständen überhaupt nicht oder nur eingeschränkt zumutbar war"; ähnlich *BGH* MMR 2001, 671 (673) – ambiente.de; *BGH* GRUR 1997, 313 (314) – Architektenwettbewerb.

[48] *OLG Köln,* MMR 2002, 110; zur praktischen Konkordanz dieser Rechtsprechung mit § 11 TDG siehe unten Rdnr. 140.

[49] Vgl. unten Rdnr. 66.

[50] Zur systematischen Einordnung der Verantwortlichkeitsregelungen in den zivilrechtlichen Haftungsaufbau vgl. Rdnr. 61 ff.

c) Inhalt und Umfang der Unterlassungspflicht

Der Unterlassungsschuldner ist verpflichtet, zukünftige Rechtsverletzungen zu unterlassen. Nicht immer beschränkt sich diese Pflicht indessen auf bloßes Nichtstun. Besteht ein Unterlassungsanspruch wegen rechtswidriger Inhalte im Internet, so muss der Anbieter diese Inhalte löschen oder gegen den Abruf sperren. Besteht hierzu Anlass, so muss er im Rahmen des ihm Möglichen und Zumutbaren Vorkehrungen treffen, um ein erneutes Auftauchen dieser Inhalte zu verhindern. Der Unterlassungsschuldner kann durchaus zu positivem und **aktivem Handeln** verpflichtet sein, um erneute Rechtsverletzungen auszuschließen.[51] Zu Recht erblickte das *OLG Köln* deshalb einen Verstoß gegen eine einstweilige Verfügung, weil der verurteilte Anbieter einer Homepage nicht ausreichend sichergestellt hatte, dass nur noch deren Neufassung im Internet abgerufen werden konnte und er die technische Umsetzung durch den Provider nicht überwacht hatte.[52] Besteht die Rechtsverletzung eines Anbieters darin, dass er wettbewerbs- oder markenrechtswidrige Suchmaschineneinträge oder Keyword-Buys gebucht[53] oder entsprechende Einträge durch Meta-Tags generiert hat, so hat er die Betreiber der Suchmaschinen anzuhalten, die Einträge unverzüglich wieder zu löschen.[54] Gleiches gilt für Datenkopien, die noch auf Spiegel- oder Proxy-Cache-Servern vorgehalten werden. Kein Verstoß gegen das Unterlassungsgebot liegt dagegen vor, wenn zwar im Datenbestand einer Suchmaschine auf die rechtswidrige Information oder Domain noch hingewiesen wird, der Schuldner auf den Datenbestand der Suchmaschine aber keinen Einfluss nehmen konnte.[55] 22

Mitstörer haften grundsätzlich in Höhe ihres Tatbeitrags, der zu der Rechtsverletzung ursächlich beigetragen hat; der Host Provider etwa muss sicherstellen, dass die raubkopierte MP3-Datei gelöscht und nicht erneut auf seinen Server gespielt wird. Besonderheiten ergeben sich bei der Beurteilung des Verstoßes gegen das Unterlassungsgebot des Mitstörers, wenn daran die Verwirkung einer Vertragsstrafe oder eines Ordnungsgeldes verknüpft ist. Kann sich der Mitstörer für die von ihm ausgeübte Tätigkeit auf §§ 9–11 TDG bzw. §§ 7–9 MDStV berufen, sind diese Vorschriften ergänzend bei der Auslegung des Unterlassungsgebots heranzuziehen.[56] 23

Die **räumliche Wirkung** des Unterlassungsanspruchs ist stets auf das Bundesgebiet beschränkt. Deutsche Gerichte können zwar unter Beachtung der Regeln des internationalen Zivilprozesses und des Internationalen Privatrechts[57] wegen Handlungen im Ausland Unterlassungsgebote bzw. Ordnungsgelder aussprechen. Voraussetzung für einen Verstoß und damit die Durchsetzung von Ordnungsgeldern ist jedoch, dass sich die Zuwiderhandlung auch gegen ein im Inland ausgesprochenes Verbot richtet. 24

---

[51] Vgl. *BGH* GRUR 1993, 415 (416) – Straßenverengung; *Köhler/Piper,* vor § 13 UWG Rdnr. 32 m.w.N.

[52] *OLG Köln,* MMR 2001, 53 (54); ähnlich *LG Berlin,* MMR 2002, 399.

[53] Siehe § 11, Rdnr. 89.

[54] *OLG Frankfurt/M.,* MMR 2000, 493 – DiaProg; ähnlich *OLG Karlsruhe,* ITRB 2001, 81; *Moritz/Dreier/Freytag,* D Rdnr. 173.

[55] Zutreffend *OLG Köln,* MMR 2001, 695 für Verweis auf Domain; ähnlich OLG Zweibrücken, Jur-PC Web-Dok. 62/2002.

[56] Einzelheiten bei *Dustmann,* S. 218.

[57] Vgl. hierzu § 3 m.w.N.

2. Beseitigung

25 Der gleichfalls für alle Immaterialgüterrechte anerkannte Beseitigungsanspruch, verpflichtet den Verletzer zur Beendigung eines noch **andauernden störenden Zustandes.** Der Anspruch ist damit ein Unterfall des Unterlassungsanspruchs[58], von dem er oft nicht klar abgegrenzt werden kann. Er setzt ebenfalls kein Verschulden voraus, sondern nur einen objektiv rechtswidrigen und noch fortdauernden Eingriff, dessen Beseitigung dem Störer möglich ist. Wie für den Unterlassungsanspruch gilt, dass sich die Beseitigungspflicht des Störers auf alle erforderlichen und zumutbaren Maßnahmen beschränkt. Es gilt der Grundsatz der Verhältnismäßigkeit.[59] Unzumutbar kann es etwa sein, den Absender eines ehrverletzenden Newsbeitrags in die Pflicht zu nehmen, für eine Löschung des Beitrags auf allen Newsservern zu sorgen, solange die Löschung nicht durch automatische **Cancelposting-Befehle** möglich ist.[60]

26 Ein besonderer Fall des Beseitigungsanspruchs ist der **Widerrufs- oder Berichtigungsanspruch.**[61] Er wird bei Persönlichkeits- und Geschäftsehrverletzungen gewährt, wenn diese auf nachgewiesenen unrichtigen Tatsachenbehauptungen beruhen. Voraussetzung ist die erwiesene Unwahrheit der beanstandeten Äußerung, die stets eine **Tatsachenbehauptung** sein muss.[62] Für den Anspruch ist grundsätzlich nur passivlegitimiert, wer die ehrverletzende Behauptung auch selbst aufgestellt hat. Beschränkt sich der Tatbeitrag eines Webhosters darauf, die Internetpräsenz eines Kunden mit verleumderischen Behauptungen gespeichert zu haben, kann er denklogisch nicht verpflichtet sein, diese zu widerrufen. Verbreiten indessen Portalanbieter, z.B. Internet-Zeitschriften („e-zines"), Newsplattformen, virtuelle Markplätze etc., die ehrverletzenden **Behauptungen Dritter,** so kommt ein Widerrufsanspruch in Gestalt eines **Distanzierungsanspruchs** in Betracht.[63]

27 Für den Widerrufsanspruch gibt es keine feststehenden Formulierungen. In der Praxis werden aber verschiedene Formen der Berichtigung unterschieden, je nachdem inwieweit die beanstandete Aussage überhaupt widerrufsfähig ist: der förmliche Widerruf, die Richtigstellung, die Erklärung, dass eine Behauptung nicht weiter aufrecht erhalten wird sowie die Distanzierung.[64]

3. Schadensersatz

28 Von großer praktischer Bedeutung für alle Immaterialgüterrechte ist der Schadensersatzanspruch. Er ist zumeist spezialgesetzlich geregelt (vgl. § 97 Abs. 1 UrhG, §§ 14 Abs. 6, 15 Abs. 5 MarkenG, § 139 Abs. 2 PatG; § 14 GeschmG; §§ 823 ff. BGB, §§ 1, 14, 19, 13 Abs. 6 UWG). Während es bei den negatorischen Ansprüchen um die Beseitigung eingetretener und Abwehr zukünftiger Rechtsverletzungen

---

[58] *Köhler/Piper,* vor § 13 UWG Rdnr. 33.

[59] *Köhler/Piper,* vor § 13 UWG Rdnr. 38.

[60] Das Cancelposting ist eine Nachricht mit einem Kontrolleintrag, der Newssysteme anweist, einen bestimmten Artikel zu löschen bzw. erst gar nicht anzunehmen. Der Löschungsbefehl ist grundsätzlich nur dem Autor oder dem *Local Administrator* vorbehalten. Viele Newsserver akzeptieren jedoch Cancel-Befehle nicht.

[61] Einzelheiten bei *Damm/Rehbock,* Rdnr. 607 ff.; *Soehring,* Rdnr. 31.5.

[62] St. Rspr. *BGH* NJW 1974, 797 – Fiete Schulze; *BGH* NJW 1976, 1198 – Panorama; weitere Nachweise und Einzelheiten bei *Damm/Rehbock,* Rdnr. 625 ff.

[63] St. Rspr. *BGH* NJW 1976, 651 – Panorama.

[64] Einzelheiten bei *Damm/Rehbock,* Rdnr. 659 ff.

geht, betrifft der Schadensersatzanspruch die **Kompensation** des Verletzten für infolge der Verletzungshandlung eingetretene Schäden.

Die Schadensersatzpflicht setzt neben dem Erfordernis einer eingetretenen Rechtsverletzung und eines haftungsbegründenden Verhaltens des Anspruchsgegners zusätzlich dessen **Verschulden** voraus. Zu vertreten hat er dabei Vorsatz und Fahrlässigkeit (§ 276 BGB). 29

Bei der **Fahrlässigkeitsprüfung** und der im Verkehr zu beachtenden erforderlichen Sorgfalt legt die Rechtsprechung für alle Immaterialgüterrechte zumindest bei unmittelbaren Verletzern strenge Maßstäbe an. Dies gilt gerade für das Urheberrecht. Jeder, der ein Nutzungsrecht ausüben will, muss sich über dessen Bestand Gewissheit verschaffen und sich gegebenenfalls die Legitimation dessen, von dem man das Recht erwirbt, nachweisen lassen.[65] Zweifel und Unsicherheiten über die Lizenzlage gehen regelmäßig zu Lasten der Verwerter[66], selbst wenn die Rechtslage erkennbar noch nicht eindeutig geklärt ist.[67] Haftungsverschärfend wirkt sich zudem aus, wenn mit der Nutzung urheberrechtlicher Werke wirtschaftliche Zwecken verfolgt werden. Die Verwerter treffen hier derart umfassende **Prüf- und Erkundigungspflichten,** die faktisch zu einer Gefährdungshaftung führen.[68] 30

Bei der Schadensersatzpflicht mittelbar beteiligter Dritter (Störer) ist die Rechtsprechung dagegen eher großzügig. Zwar lässt die Unkenntnis der die Verletzung begründenden Umstände den Fahrlässigkeitsvorwurf allein nicht entfallen, doch berücksichtigt die Rechtsprechung regelmäßig, dass dem Verletzer eine vollständige eigene Überprüfung auf Grund seiner untergeordneten Mitwirkung an der Verletzungshandlung nicht zugemutet werden kann.[69] 31

Einen Schadensersatzanspruch hat der Geschädigte freilich nur, wenn ihm durch die Rechtsverletzung auch ein **Schaden** entstanden ist und er diesen nachweisen kann. An dieser Nachweispflicht scheitert bei Wettbewerbsverletzungen oft der Schadensersatzanspruch. Der Anspruchsteller muss nachweisen, dass er auf Grund der Rechtsverletzung des Konkurrenten, etwa der irreführenden Werbung, eine Umsatzeinbuße erlitten hat. Ansonsten ist für alle Immaterialgüterrechte – einschließlich des ergänzenden wettbewerbsrechtlichen Leistungsschutzes – die **Möglichkeit der dreifachen Schadensberechnung** anerkannt.[70] Der Geschädigte kann wahlweise entweder seinen konkret entstandenen Schaden, die übliche Lizenzge- 32

[65] Vgl. etwa *BGH,* GRUR 1960, 253 – Auto-Skooter; *BGH* GRUR 1960, 606 (608) – Eisrevue II; *BGH* GRUR 1960, 256 (260) – Chérie; aus jüngerer Zeit *BGH* GRUR 1990, 1035 (1038) – Urselters II; *BGH* GRUR 1998, 568 (569) – Beatles-Doppel-CD; *BGH* GRUR 1999, 62 (65) – Bruce Springsteen; *BGH* ZUM 1999, 644 (649) – Laras Tochter.

[66] *Schack,* Rdnr. 681.

[67] *BGH* GRUR 1990, 1035 (1038) – Urselters II; *BGH* GRUR 1996, 744 – Feuer, Eis & Dynamit; *BGH* GRUR 1998, 568 (569) – Beatles-Doppel-CD; *BGH* GRUR 1999, 62 (65) – Bruce Springsteen; *BGH* ZUM 1999, 644 (649) – Laras Tochter; für das Kennzeichenrecht *BGH* GRUR 1996, 271 (275) – Gefärbte Jeans sowie *Köhler/Piper,* vor §§ 14–19 UWG, Rdnr. 61 f.

[68] So sind bei urheberrechtlichen Lizenzketten Bruchstellen *ex ante* oft nicht vorherzusehen; gleichwohl ist bei kommerziellen Rechteverwertern eine Berufung auf die Unkenntnis des Lizenzmangels nahezu ausgeschlossen.

[69] Vgl. etwa *OLG Hamburg,* GRUR 1989, 916 – Verschiffungsmarkierung (Kennzeichenrecht); *Soehring,* Rdnr. 28.7; *Löffler/Ricker,* Kap. 41 Rdnr. 21 für Persönlichkeitsverletzungen; verfehlt dagegen *OLG Stuttgart,* UFITA 41 (1964), 218 (222), das einen Druckereibetrieb zu Schadensersatz verurteilte.

[70] Vgl. *Schricker/Wild,* § 97 Rdnr. 56 ff. m. w. N.

bühr oder den Gewinn des Verletzers verlangen. Vorherrschend, weil praktikabel, ist die Berechnung im Wege der **Lizenzanalogie.**[71] Ihr liegt der Gedanke zugrunde, dass der Verletzer nicht besser, aber auch nicht schlechter stehen soll als ein vertraglicher Lizenznehmer, der eine Lizenzgebühr entrichtet hätte. Deshalb wird zum Zwecke der Schadensberechnung ein Lizenzvertrag fingiert und ermittelt, was vernünftig denkende Parteien vereinbart hätten. Die **angemessene Höhe** lässt sich auf Grund einer wertenden Entscheidungen unter Berücksichtigung des Einzelfalles gemäß § 287 Abs. 1 ZPO schätzen. Im Urheberrecht kann dabei meist auf Gesamtverträge zwischen Verwertern und Nutzern, Regelwerke, Honorarempfehlungen[72] oder auch die Tarife der Verwertungsgesellschaften zurückgegriffen werden. Bei letzteren wird die Angemessenheit widerleglich vermutet.[73] In Zukunft werden an dieser Stelle sicherlich auch die neuen kollektiven Absprachen des Urhebervertragsrechts (§ 36 UrhG n. F.) eine Rolle spielen[74].

33 Verlangt der Verletzer Herausgabe des **Verletzergewinns,** muss er in den Grenzen des § 287 ZPO nachweisen, dass die Verletzungshandlung mit Wahrscheinlichkeit nicht nur bei ihm zu einem Schaden, sondern auch bei dem Verletzer zu einem Gewinn geführt hat. Hintergrund ist der Gedanke der Gewinnabschöpfung. Der erzielte Gewinn ist nicht vollständig, sondern nur insoweit herauszugeben, als er auf der unerlaubten Nutzung des Immaterialguts beruht. **Gemeinkosten** wurden bisher generell abgezogen. Nach neuerer Rechtsprechung des *BGH* ist dies allerdings bei so genannten nicht stückbezogenen Gemeinkosten nicht mehr zulässig.[75]

4. Auskunft und Rechnungslegung

34 Auskunft und Rechnungslegung dienen der Berechnung und Durchsetzung von anderen Ansprüchen, insbesondere des Beseitigungs-, Schadensersatz- und Bereicherungsanspruchs. Sie haben damit den Charakter von **Hilfsansprüchen.** Zu unterscheiden ist der **selbstständige Auskunftsanspruch,** insbesondere der Anspruch auf Drittauskunft, und der **unselbstständige, akzessorische Auskunftsanspruch** nach Treu und Glauben, § 242 BGB.

35 Der unselbstständige, akzessorische Auskunftsanspruch ist gewohnheitsrechtlich anerkannt und wird in allen Fällen gewährt, in denen der Verletzte in entschuldbarer Weise über Bestehen und Umfang seines Anspruchs im unklaren ist, während der Verletzer unschwer Auskunft darüber erteilen kann.[76] Erfasst werden insbesondere Angaben, die notwendig sind, um die Schadensberechnung nach den

[71] So auch im Fall des *LG München I,* ZUM 2000, 418 (419) – MIDI-Files.

[72] Anerkannt etwa im Fotobereich für die Honorarempfehlungen der Mittelstands-Gemeinschaft Fotomarketing (MFM): *OLG München,* ZUM 1992, 152 (153); *OLG Düsseldorf,* ZUM 1998, 673 (674); *OLG Frankfurt,* ZUM 1998, 662 f.; *OLG Hamburg* MMR 2002, 677 (679) speziell zur Online-Nutzung von Fotos; für das Designer-Honorar die AGD- und BDG-Tarifverträge, *OLG Frankfurt,* NJW-RR 1997, 120; zu derartigen Übersichten für alle urheberrechtlichen Werkkategorien *Hasselblatt/A. Nordemann/Czychowski,* Münchner Anwaltshandbuch Gewerblicher Rechtsschutz, § 36 Rdnr. 68 ff.

[73] *BGH* GRUR 1974, 35 (38) – Musikautomat; *BGH* GRUR 1983, 565 (567) – Tarifüberprüfung II; weitere Nachweise bei *Fromm/Nordemann/Nordemann,* § 13 WahrnG Rdnr. 1.

[74] Vgl. dazu etwa *W. Nordemann,* Das neue Urhebervertragsrecht, 2002.

[75] *BGH* WRP 2001, 276.

[76] *BGH* GRUR 1974, 53 – Nebelscheinwerfer; *BGH* GRUR 1980, 227 (232) – Monumenta Germaniae Historica; *BGHZ* 95, 274 (278 f.) – GEMA-Vermutung I. Zu den Tatbestandsvoraussetzungen im Einzelnen *Schricker/Wild,* § 97 Rdnr. 81; *Ingerl/Rohnke,* vor §§ 14–19 Rdnr. 74 ff.

drei Berechnungsarten vorzunehmen und die Richtigkeit der Rechnungslegung nachzuprüfen.[77] Im Rahmen der Zumutbarkeit ist auch ein **schützenswertes Geheimhaltungsinteresse** des Verletzers zu berücksichtigen. Diesem wird regelmäßig durch die Aufnahme eines Wirtschaftsprüfervorbehaltes hinreichend Rechnung getragen.

Von großer praktischer Bedeutung ist im Urheberrecht und gewerblichen Rechtsschutz der **Anspruch auf Drittauskunft,** §§ 101a UrhG, § 19 MarkenG, § 140b PatG. Er geht über den gewohnheitsrechtlich anerkannten Auskunftsanspruch hinaus, indem er auch Auskünfte über Dritte zulässt. So schuldet der Verletzer Auskunft über die Herkunft und den Vertriebsweg unautorisierter Vervielfältigungsstücke. Er muss Namen und Anschrift seiner Lieferanten und Abnehmer nennen sowie Angaben über die Menge rechtswidrig gehandelter Vervielfältigungsstücke machen. Dadurch können die Absatz- und Vertriebsketten bei Pirateriefällen besser bekämpft werden.[78] 36

Prozessual werden Auskunftsansprüche durch Leistungsklage und Vollstreckung nach § 888 ZPO durchgesetzt. Die Wahrheit lässt sich auch damit oftmals nicht ermitteln; der Gläubiger hat lediglich Anspruch auf Abgabe einer eidesstattlichen Versicherung, wenn Grund zu der Annahme besteht, dass die Angaben des Verletzers nicht mit der erforderlichen Sorgfalt gemacht wurden, §§ 259 Abs. 2, 260 Abs. 2 BGB. 37

5. Bereicherungsherausgabe

Im Wege der bereicherungsrechtlichen Eingriffskondiktion nach § 812ff. BGB kann der Verletzte zudem Herausgabe der Bereicherung verlangen. Der Bereicherungsanspruch ist für alle Immaterialgüterrechte anerkannt.[79] Dabei gelten die gleichen Grundsätze wie für die Zahlung der **angemessenen Lizenzgebühr** im Rahmen der objektiven Schadensberechnung. Das Erlangte ist die Nutzung des fremden Rechts.[80] Die unmittelbare Herausgabe ist nicht möglich, so dass Wertersatz im Form der Zahlung einer angemessenen Lizenzgebühr geschuldet wird. Der Inhalt des Bereicherungsanspruchs ist damit deckungsgleich mit dem des Schadensersatzanspruchs in Form der Lizenzanalogie. Anders als bei den deliktischen Ansprüchen ist Verschulden keine Voraussetzung, was dem Bereicherungsanspruch große praktische Bedeutung verschafft. 38

6. Gegendarstellung

Ein besonderer und praktisch bedeutsamer Rechtsbehelf bei Verletzungen des allgemeinen Persönlichkeitsrechts ist der Gegendarstellungsanspruch. Er unterscheidet sich von allen anderen zivilrechtlichen Konsequenzen der Medienberichterstattung dadurch, dass er nicht die Rechtswidrigkeit der in Frage stehenden Veröffentlichung voraussetzt. Maßgebend ist nur, dass der Anspruchsteller von einer aufgestellten Tatsachenbehauptung **betroffen** ist und er ein berechtigtes Interesse an der Gegendarstellung hat. Der Gegendarstellungsanspruch ist nicht nur für den Bereich der 39

---

[77] *Schricker/Wild,* § 97 Rdnr. 81 m. w. N. aus der Rechtsprechung.

[78] Zur Anwendbarkeit bei Online-Piraterie vgl. unten Rdnr. 142.

[79] Grundlegend *BGHZ* 20, 345 – Paul Dahlke (Recht am eigenen Bild).

[80] *BGHZ* 82, 299 – Kunststoffhohlprofil II.

Printmedien und des Rundfunks gesetzlich vorgesehen[81], sondern wird auch für das Internet – beschränkt auf Mediendienste – spezialgesetzlich durch § 14 MDStV (§ 10 MDStV a. F.) gewährt. Der Anspruch kann aber nicht gegen jeden Anbieter eines Mediendienstes geltend gemacht werden, sondern nur gegenüber Anbietern von journalistisch-redaktionell gestalteten Angeboten. Die Betreiber der Internetpräsenzen von Unternehmen oder Privatleuten, etc. sind damit nicht passivlegitimiert[82], ebenso erst recht nicht die Anbieter von Telediensten oder technischer Dienstleistungen.

40 Wegen der Einzelheiten des Inhalts und der Durchsetzung des Gegendarstellungsanspruchs muss auf die weiterführende Literatur verwiesen werden.[83] Eine besondere Regelung trifft § 14 Abs. 1 MDStV hinsichtlich der Verweildauer der Gegendarstellung: Ist die angegriffene Erstmitteilung noch auf dem Server verfügbar, muss die Gegendarstellung mindestens solange eingestellt werden, wie auch die angeriffene Tatsachenbehauptung in dem Mediendienst abzurufen ist. Ist sie bereits gelöscht oder wird sie nach Zugang der Gegendarstellung entfernt, bevor Gegendarstellung und Erstmitteilung einen Monat lang gemeinsam bereitgehalten wurden, so ist die Gegendarstellung nach § 10 Abs. 1 Satz 2 MDStV so lange anzubieten, wie der Betroffene es verlangt, längstens jedoch einen Monat.

II. Haftungsbeschränkungen nach dem Teledienstegesetz (TDG) und dem Mediendienste-Staatsvertrag (MDStV)

41 Von zentraler Bedeutung für die Haftung der Diensteanbieter sind die Regelungen der §§ 8–11 TDG bzw. §§ 6–11 MDStV. Sie sind *lex specialis* für die Haftung bestimmter Internet-Akteure.[84] Die Regelungen gehen auf die weitgehend wortgleichen Vorschriften der **E-Commerce-Richtlinie**[85] zurück und ersetzen die früheren § 5 TDG a. F. bzw. § 5 MDStV a. F. Die neuen Regelungen sind wesentlich präziser gefasst und dürften zahlreiche Schwierigkeiten bei Anwendung des früheren Rechts erübrigen.

1. Entstehungsgeschichte – Das duale Haftungssystem von TDG und MDStV

42 §§ 8–11 TDG bzw. §§ 6–9 MDStV setzen das parallele Haftungssystem ihrer Vorläufer § 5 TDG/MDStV a. F. fort. Schon im alten Recht galten die Verantwortlichkeitsregelungen des TDG nur für die Inhalte von Telediensten, diejenigen des MDStV demgegenüber nur für die Inhalte von Mediendiensten. Wie heute waren die Verantwortlichkeitsregelungen dabei weitgehend identisch. Ausgangspunkt dieses „dualen Systems des Multimediarechts“ war ein Streit um die **Gesetzgebungszuständigkeit.** Bund und Länder konnten sich nicht einigen, wer verfassungsrechtlich für die neuen Informationstechnologien zuständig ist. Während die Länder ihre Zu-

[81] Vgl. für die Presse jeweils § 11 LPG der Länder bzw. § 10 LPG für Berlin, Bayern, Hessen, Mecklenburg-Vorpommern, Sachsen, Sachsen-Anhalt; Rundfunk: z. B. § 18 LRG NRW; Art. 18 Bay MedienG; § 61 LMedienG BW.

[82] Vgl. *LG Düsseldorf,* MMR 276 f.

[83] Vgl. *Soehring,* § 29; *Barton,* MMR 1998, 294 speziell zu § 10 MDStV.

[84] *Hoeren/Sieber/Spindler,* Teil 29, Rdnr. 13.

[85] Richtlinie 2000/31/EG des Europäischen Parlaments und des Rates vom 17. 6. 2000 über bestimmte rechtliche Aspekte der Dienste der Informationsgesellschaft, insbesondere des elektronischen Geschäftsverkehrs, im Binnenmarkt, Abl. EG Nr. L 178/1 vom 17. 7. 2000.

ständigkeit für die Rundfunkgesetzgebung reklamierten, berief sich der Bund auf seine Kompetenz für die Telekommunikation, das Wirtschaftsrecht, den Jugendschutz, gewerblichen Rechtsschutz und Urheberrecht sowie für das bürgerliche Recht und Strafrecht.[86] Dabei bestand im Ergebnis Einigkeit, dass eine Zersplitterung von Zuständigkeiten dem erklärten Ziel der Rechtssicherheit nicht dienlich ist.

Bund und Länder einigten sich schließlich darauf, „im Rahmen der Zuständig- 43
keitsverteilung des Grundgesetzes einen in der Sache einheitlichen Rechtsrahmen in Form eines Bundesgesetzes und eines Länderstaatsvertrags zu schaffen“ und „die notwendigen Regeln nicht an unterschiedlichen Auffassungen in Kompetenzfragen scheitern zu lassen“.[87] Die einheitliche Ausgestaltung eines bundes- und landesgesetzlichen Rahmens sollte der Entstehung von Regelungslücken im Bereich der neuen Medien vorbeugen. Abgrenzungsfragen zwischen Tele- und Mediendiensten – durch die zunehmende Konvergenz der Medien ohnehin erschwert – sollten sich so möglichst erübrigen.

Die Neuregelungen in §§ 8–12 TDG und §§ 6–8 MDStV setzten dieses duale Sys- 44
tem des Multimediarechts fort, wenngleich die bisherige einheitliche Nummerierung leider nicht beibehalten wurde. Die Vorgabe für die Verantwortlichkeit der Anbieter lautet damit: Gleichgültig ob ein Dienst dem MDStV oder dem TDG zuzuordnen ist, die haftungsrechtlichen Risiken und Pflichten der Anbieter richten sich nach gleichen Regeln. Leider blieb bei Umsetzung der Richtlinie auch diesmal – trotz intensiver Diskussion im Vorfeld – unberücksichtigt, dass die Länder gar keine Gesetzgebungskompetenz im Bereich des Zivil- und Strafrechts, insbesondere der Immaterialgüterrechte, haben.[88]

2. Der Anwendungsbereich der Verantwortlichkeitsregelungen

Bereits die Praxis zu § 5 TDG a.F. zeigte, dass die Verantwortlichkeitsregelungen 45
längst nicht darauf angelegt sind, jedes nur denkbar Verhalten eines Internet-Akteurs haftungsrechtlich zu erfassen. Der Anwendungsbereich der – präziser gefassten – §§ 8–11 TDG bzw. §§ 6–9 MDStV ist noch enger. Die Privilegierungen beschränken sich auf Diensteanbieter, die passiv und auf eine inhaltsneutrale, technische Vermittlerrolle beschränkt an der Verbreitung von Dateninhalten beteiligt sind.[89]

a) Sachlich-gegenständlicher Anwendungsbereich

§§ 8–11 TDG bzw. §§ 6–9 MDStV regeln die Verantwortlichkeit der Dienstean- 46
bieter für **Informationen.** Die neuen Regelungen ersetzen damit den früher gewählten Begriff der **Inhalte.** Änderungen ergeben sich dadurch nicht.[90] Der Begriff ist ausgehend vom allgemeinen Anwendungsbereich der beiden Multimediagesetze und insbesondere den Regelbeispielen des § 2 Abs. 2 TDG/MDStV auszulegen. Denn

---

[86] Zur Entwicklung dieses Kompetenzkonflikts etwa *Gounalakis/Rhode,* K&R 1998, 321 (322); *Roßnagel/Roßnagel,* § 1 MDStV Rdnr. 28.

[87] Vgl. die sogenannte „Bonner Erklärung“ vom 18. 12. 1996; abgedruckt bei *Engel-Flechsig,* ZUM 1997, 231.

[88] Zu dieser Problematik unten Rdnr. 54 f.

[89] Zutreffend zu § 5 TDG a.F. *OLG Hamburg,* MMR 2000, 92 (94) – Golden Jackpot: „Das TDG erfasst weder von seinem Wortlaut, noch von seinem Zweck jede nur denkbare Handlung von Anbietern im Zusammenhang mit Internet-Aktivitäten, sondern regelt konkrete Anwendungsbereiche und gilt nicht für die gesamte Internet-Wirtschaft, was immer darunter zu verstehen ist.“

[90] Vgl. EGG-Regierungsentwurf, Begründung zu § 8 TDG, BT-Drucks. 14/6098, S. 23.

dort ist näher festgelegt, was unter einem Tele- bzw. Mediendienst zu verstehen ist, das heißt was für Informationen diese zum Gegenstand haben. Richtigerweise sind „Informationen" deshalb alle **sinnlich wahrnehmbaren Daten,** die im Rahmen der Abrufs eines Tele- oder Mediendienstes an den Nutzer übermittelt werden.[91] Die Merkmale „Information" und „Tele-" bzw. „Mediendienst" sind **weitgehend synonym** zu verstehen.[92] Informationen können damit sein: Texte, Bilder, Töne, Videos, zum Download angebotene Computerprogramme und alle sonstige online abzurufenden Waren.[93] Kein Grund besteht dafür, im Anwendungsbereich des MDStV den Begriff „Information" restriktiver auszulegen[94], da der MDStV nur Dienste kommunikativen Charakters, die sich an die Allgemeinheit richten, umfasst.[95] Information ist im Zweifelsfall alles, „was in einem Mediendienst enthalten ist" und umfasst damit etwa auch Telespiele oder Computerprogramme, wenn diese Bestandteil eines Mediendienstes sind.

47 Keine Anwendung finden die Haftungsmodifikationen dagegen auf **technische** oder **organisatorische Belange.** Fällt z.B. ein Server aus oder bricht eine Datenleitung zusammen, kann sich ein Diensteanbieter bei etwaigen Schadensersatzforderungen ebenso wenig auf §§ 8–11 TDG/MDStV berufen wie im Fall der Mißachtung allgemeiner Betriebspflichten. Das Gleiche gilt für Daten, die lediglich den technischen Übermittlungsvorgang steuern und ermöglichen, jedoch keine darüber hinausgehenden Informationen enthalten.[96] Die Regelungen haben im Grundsatz auch keinen Einfluss auf organisatorische Verkehrssicherungspflichten der Anbieter.[97]

48 Umstritten ist, ob die Regelungen auch im Fall der Haftung für (rechtswidrige) **Domain-Registrierungen** Anwendung finden. Die Frage ist insbesondere für die Domain-Vergabestelle DENIC eG, aber auch für Webhosting-Anbieter von Bedeutung, die ihren Kunden die Möglichkeit der Domain-Registrierung vermitteln. Haftet die DENIC eG bzw. der Provider, wenn der Kunde mit ihrer Hilfe eine rechtsverletzende Domain registriert?[98] Rechtsprechung und Literatur haben sich im Fall der DENIC eG ganz überwiegend gegen die Anwendung der Verantwortlichkeitsregelungen entschieden.[99] Der Gesetzgeber habe nur die Haftung für *Informationen,* die von dem *mit Hilfe* der Domain identifizierten Rechner abgerufen werden können, regeln wollen.

b) Rechtlicher Anwendungsbereich

49 Bereits im alten Recht des § 5 TDG/MDStV a.F. entsprach es der Absicht der Gesetzgeber, die Haftung der Diensteanbieter **horizontal** und **querschnittsartig** zu

---

[91] *Dustmann,* S. 90; *Freytag,* S. 161.

[92] *Moritz/Dreier/Hütig,* D Rdnr. 517.

[93] Vgl. auch die Entwurfsbegründung der Kommission zur ECRL, KOM (1998), 586 endg. vom 18. 11. 1998, S. 32.

[94] So insbesondere zu § 5 MDStV a.F. *Hoeren/Sieber/Spindler,* Teil 29 Rdnr. 86.

[95] Vgl. die Legaldefinition in § 2 Abs. 1 MDStV.

[96] *Freytag,* S. 161. Entsprechend hat das *OLG Hamburg,* MMR 2000, 92f. – Golden Jackpot, die Anwendung von § 5 TDG a.F. auf den Betreiber eines Domain-Name-Servers abgelehnt, der nur für die technische Anbindung eines fremden Angebots sorgte.

[97] *Hoeren/Sieber/Spindler,* Teil 29 Rdnr. 93f.

[98] Einzelheiten dazu in § 6, Rdnr. 190ff.

[99] *OLG Frankfurt,* MMR 2000, 36 – ambiente.de (offengelassen von *BGH* MMR 2001, 670); *Bettinger/Freytag,* CR 1999, 28ff.; zur Haftung eines Providers *OLG Köln,* MMR 2002, 476 – guenter-jauch.de; *LG Bremen,* MMR 2000, 375; *LG München I,* MMR 2002, 690 (691).

regeln. Die Verantwortlichkeitsregelungen sollten für alle einschlägigen Rechtsbereiche gelten und alle denkbaren zivil- und strafrechtlichen *Verantwortlichkeiten* von Internetteilnehmern erfassen.[100] Sie beschränken sich also nicht auf eine bestimmte Rechtsmaterie, sondern kommen immer dann zum Tragen, wenn die von Tele- oder Mediendiensten angebotenen Informationen rechtlich relevante Folgen auslösen. Auch die neuen Regelungen in §§ 8–11 TDG/§§ 6–9 MDStV setzen diese Konzeption der Anbieterverantwortlichkeit als Querschnittsregelung fort.[101] Die Regelungen sind – so die Gesetzesbegründungen – ein Filter, die den Haftungsgrundlagen vorgelagert seien.

aa) Anwendbarkeit von §§ 8–11 TDG bei Urheber- und gewerblichen Schutzrechtsverletzungen

Trotz dieses weitgefassten, horizontalen Regelungsanspruchs war für § 5 TDG a. F. umstritten, inwieweit die Regelungen im Fall der Verletzung des Urheberrechts und der gewerblichen Schutzrechte gelten. Verwiesen wurde auf die Entstehungsgeschichte von § 5 TDG/MDStV a. F. und die diesbezüglichen Gesetzesmaterialien, die das Urheberrecht und die gewerblichen Schutzrechte nicht namentlich erwähnen.[102] Der Gesetzeswortlaut beziehe sich zudem nur auf die Verantwortlichkeit für (rechtswidrige) Inhalte. Im Urheberrecht seien aber die Inhalte selbst nicht rechtswidrig, sondern rechtlich neutral. Die Rechtsverletzung bestehe vielmehr in der *rechtswidrigen Nutzung* des geschützten Materials.[103] „Inhalte" bzw. „Informationen" könnten deshalb nur Daten sein, bei denen der Inhalt selbst Grundlage der Beurteilung der Rechtmäßigkeit oder -widrigkeit sei, wie dies typischerweise bei Ehrverletzungen oder jugendgefährdenden, pornographischen oder gewaltverherrlichenden Inhalten der Fall sei. 50

Diesen Argumenten folgend hat der 29. Zivilsenat des *OLG München* in einer viel beachteten Entscheidung vom 8. 3. 2001 die Anwendbarkeit von § 5 TDG a. F. auf Urheberrechtsverletzungen verneint.[104] Im Bereich des Urheberrechts bleibe es bei den allgemeinen Haftungsvorschriften. Die Entscheidung ist zu Recht heftig kritisiert worden.[105] Das Gericht übersieht, dass die Verantwortlichkeitsregelungen nicht an die inhaltlichen Aussagen eines Dateninhalts, sondern *funktional* an die jeweils von einem Diensteanbieter im Hinblick auf den Inhalt ausgeübte Tätigkeit – dem Bereithalten oder Vermitteln von Inhalten – anknüpfen. Bei Wahrnehmung dieser Tätigkeiten soll der Diensteanbieter pauschal und ungeachtet des einschlägigen Rechtsgebiets in den Genuss der Haftungsmodifikationen kommen. Die vom *OLG München* vorgenommene Unterscheidung zwischen rechtswidrigen Inhalten einerseits und der rechtswidrigen Nutzung von Inhalten andererseits erweist sich zudem kaum als praktikabel. So ergibt sich die Rechtswidrigkeit etwa eines Plagiats sehr wohl aus dem Inhalt des Plagiats selbst, welches mit dem Original verglichen werden muss. 51

---

[100] Vgl. Entwurfsbegründung zum TDG a. F., BT-Drucks. 13/7385, S. 20, 51 sowie Amtl. Begründung zu § 5 MDStV (abgedr. bei *Roßnagel/Ukrow*, § 5 MDStV Rdnr. 9).

[101] Vgl. Begründung des EEG-Regierungsentwurf, Vorbemerkungen zu §§ 8–11 TDG, BT-Drucks. 14/6098, S. 22 f.

[102] *Schäfer/Rasch/Braun,* ZUM 1998, 451 (453); *Brauneck,* ZUM 2000, 480 (481); *Schack,* MMR 2001, 916; folgend *OLG München,* ZUM 2001, 420 (424 f). – MIDI-Files.

[103] So *Schäfer/Rasch/Braun,* ZUM 1998, 451 (452); *Waldenberger,* MMR 1998, 125 (127); folgend *OLG München,* ZUM 2001, 420 (424 f).

[104] *OLG München,* ZUM 2001, 420 (424 f).

[105] Siehe die Anmerkungen von *Hoeren,* MMR 2001, 379 und *Spindler,* CR 2001, 324 ff.

52 Der Streit dürfte freilich der Rechtsgeschichte angehören. Im Anwendungsbereich der neuen §§ 8–11 TDG ist nämlich zumindest unter entstehungsgeschichtlichen Aspekten unstrittig, dass die Regelungen auch für das Urheberrecht und die gewerblichen Schutzrechte gelten. In der Entwurfsbegründung zur ECRL hat die Kommission ausdrücklich erklärt, dass die Verantwortlichkeitsregelungen auch auf das Urheberrecht Anwendung finden.[106] Darüber waren sich alle Beteiligten einig. Für die Richtlinie zum Urheberrecht in der Informationsgemeinschaft hat der EG-Gesetzgeber entgegen anders lautender Forderung ausdrücklich darauf verzichtet, Haftungsvorschriften für die Provider aufzustellen, da dies einer horizontalen Regelung – eben der ECRL – vorbehalten sein soll.[107] Schließlich schließt der Wortlaut des § 11 TDG nunmehr „rechtswidrige Handlungen" ein, womit auch die rechtswidrige Nutzung von Informationen gemeint ist.[108]

53 Überholt durch das neue Recht dürfte auch die Auffassung des *OLG Köln*[109] sein, das im Bereich des **Markenrechts** die Anwendung von § 5 TDG auf Grund eines angeblichen Vorrang des Gemeinschaftsrechts verneinte.[110] § 5 TDG bliebe bei solchen Haftungsgrundlagen jegliche Wirkung versagt, wenn diese – wie hier § 14 MarkenG – auf Vorgaben des Gemeinschaftsrechts (Art. 5 der Markenrechtsrichtlinie[111]) beruhe. Dagegen spricht schon, dass Art. 5 der Markenrechtsrichtlinie, wie im Übrigen auch Art. 44, 45 TRIPS, erkennbar keine harmonisierende Regelung zur Passivlegitimation entfernter oder mittelbarer Markenverletzer trifft.[112] Ebenso wie das *OLG München* in der Entscheidung MIDI-Files[113] verkannte das Gericht zudem sehenden Auges, dass der Gemeinschaftsgesetzgeber mit Art. 12–15 E-Commerce-Richtlinie just für die Frage der Haftung eine konkrete Regelung getroffen hatte.[114] Mit Umsetzung der Richtlinie am 1. 1. 2002 durch das EGG ist damit das Argument eines gemeinschaftsrechtlichen Vorrangs hinfällig.

bb) Anwendbarkeit von §§ 6–9 MDStV bei Urheber- und gewerblichen Schutzrechtsverletzungen

54 Im Anwendungsbereich des MDStV hat sich auch nach Umsetzung der ECRL nichts daran geändert, dass die Länder über keine **Gesetzgebungskompetenz** für das Urheberrecht und die gewerblichen Schutzrechte verfügen. Diese steht nach Art. 73 Nr. 9 GG vielmehr ausschließlich dem Bund zu. Die überwiegende Literaturmeinung ging deshalb für § 5 MDStV a.F. davon aus, dass die Norm – anders als § 5 TDG a.F. – die Haftung der Diensteanbieter für die Vermittlung von Mediendiens-

---

[106] Vgl. die Begründung der Kommission zum Richtlinienentwurf KOM (1998) 586 v. 18. 11. 1998: „Die Verantwortlichkeit wird generell („horizontal") eingeschränkt, d.h. in Bezug auf alle unerlaubten Netz-Aktivitäten Dritter (wie z.B. Urheberrechts-Piraterie, …)".

[107] KOM (1997) 629 endg.; Begründung Kap. 2 Rdnr. 7, S. 10.

[108] Vgl. unten Rdnr. 84.

[109] *OLG Köln*, MMR 2002, 110.

[110] Ähnlich *Lehmann*, CR 1998, 232f; *ders.*, ZUM 1999, 180 (194), der § 5 TDG a.F. als Verstoß gegen Art. 41, 45 TRIPS und damit auch des gemeinschaftsrechtlichen *acquis communautaire* wertet.

[111] Erste Richtlinie des Rates zur Angleichung der Rechtsvorschriften der Mitgliedstaaten über die Marken 89/014/EG v. 21. 12. 1988; abgedruckt in *Ingerl/Rohnke*, Angang Nr. 5.

[112] Einzelheiten dazu bei *Dustmann*, S. 111.

[113] *OLG München*, ZUM 2001, 420 (424f.).

[114] Kritisch auch *Wiebe*, CR 2002, 53, demzufolge ein Vorlagebeschluss an den EuGH nach Art. 234 EGV hätte erfolgen müssen.

ten bei Immaterialgüterrechtsverletzungen nicht modifizieren konnte.[115] Da nach Art. 74 Nr. 1 GG dem Bund zudem die konkurrierende Gesetzgebungszuständigkeit für das bürgerliche Recht und Strafrecht zugewiesen sei, könnten die Verantwortlichkeitsregelungen allenfalls für den Bereich des Presserechts Geltung beanspruchen, wo die Länder über die Gesetzgebungszuständigkeit verfügten.[116]

Es verwundert sehr, dass die Länder bei Umsetzung der ECRL durch den Sechsten Rundfunkänderungsstaatsvertrag dieses bekannte – von vielen als große Rechtsunsicherheit empfundene – Problem schlicht ignoriert haben.[117] Denn eine partielle Kompetenzwidrigkeit der Haftungsnormen des MDStV gefährdet den angestrebten Haftungsgleichlauf.[118] Für jeden einzelnen Haftungsfall müsste geprüft werden, ob die rechtswidrige Informationen Bestandteil eines Medien- oder Teledienstes sind – ein angesichts der zunehmendem Medienkonvergenz abenteuerliches Unterfangen.[119] Es wäre für die Länder indessen einfach gewesen, im Zuge der Umsetzung der ECRL für die Haftung der Diensteanbieter auf die parallelen Vorschriften des TDG zu verweisen. Dadurch wäre jegliche Rechtsunsicherheit beseitigt worden. Die Begründung zum 6. RdfÄndStV spricht jedoch offen davon, dass §§ 6–9 MDStV auch auf Urheberrechtsverletzungen Anwendung finden.[120] Nur an anderer Stelle zur Begründung von § 2 Abs. 3 MDStV gibt es folgenden Hinweis: 55

„Aus Gründen der Rechtssicherheit und Normklarheit für den Rechtsanwender sind Bund und Länder übereingekommen, die Regelungen des Teledienstegesetzes und des Mediendienste-Staatsvertrages parallel wortgleich zu fassen. Da im Einzelnen umstritten ist, inwieweit die Annexkompetenz der Länder zur Regelung für Mediendienste reicht, wenn sie in Bundesregelungen hineinragt, führt diese Parallelität der Regelungen im Wortlaut zur Rechtssicherheit für den Rechtsanwender. Die Berühmung einer nicht bestehenden Gesetzgebungskompetenz der Länder für diesen Bereich ist nicht bezweckt."

Dieser Anmerkung lässt sich der Wille der Länder entnehmen, dass für diejenigen Regelungsbereiche des MDStV, in denen ihnen die Gesetzgebungszuständigkeit fehlt, die aus der ECRL übernommenen Regelungen lediglich deklaratorischen Charakter haben und die parallelen Regelungen des TDG Anwendung finden. Da- 56

[115] *Koch,* CR 1997, 193 (198); *ders.,* S. 226; *Pichler,* MMR 1998, 79 (80); *Hoeren/Sieber/Spindler,* Teil 29 Rdnr. 19 ff.; *Mann,* AfP 1998, 129 (132); *Waldenberger,* MMR 1998, 124 (127 f.); *Schack,* MMR 2001, 9 (16); *Loewenheim/Koch/Hoeren/Pichler,* S. 381 (413); *Schaefer/Rasch/Braun,* ZUM 1998, 451 (454); *Decker,* MMR 1999, 7 f.; *Martenczuk,* ZUM 1999, 104 (108); *Pankoke,* S. 12 ff.; *Schricker/Wild,* § 97 Rdnr. 40 a; a. A. *Freytag,* S. 31 ff.; *ders.,* ZUM 1999, 185 (186 f.); *Dustmann,* S. 116 ff.

[116] *Koch,* CR 1997, 193 (194). Umgekehrt ist zweifelhaft, worauf sich die Kompetenz des Bundes zur Regelung der polizeirechtlichen Haftung eines Teledienstes stützen soll. Dazu *Wimmer/Michael,* S. 18 f.

[117] An anderer Stelle heißt es in der Begründung zum 6. RfÄndStV: „Die Berühmung einer nicht bestehenden Gesetzgebungskompetenz der Länder für diesen Bereich ist nicht bezweckt".

[118] Siehe oben Rdnr. 44.

[119] Zu dem mühseligen Versuch der Abgrenzung von Tele- und Mediendiensten vgl. etwa *Engel-Flechsig,* ZUM 1997, 230; *Kröger/Moos,* AfP 1997, 675; *Jarass,* AfP 1998, 133; *von Heyl,* ZUM 1998, 115; *Gounalakis/Rhode,* CR 1998, 487; *Börner,* K&R 1998, 345 ff.; *Hoeren/Sieber/Spindler,* Teil 29 Rdnr. 43–81.

[120] Vgl. Begründung zu § 8 MDStV: „Die gesonderte, vor allem auf den Bereich des Urheberrechts ausgerichtete Regelung der Verantwortlichkeitsbeschränkung beruht darauf, dass das Caching über die reine Durchleitung hinausgeht und daher besonderen Anforderungen zu unterwerfen ist."

durch wird der an sich **wechselseitig beschränkte Anwendungsbereich** des TDG und MDStV (vgl. § 2 Abs. 4 Nr. 3 TDG; § 2 Abs. 1 Satz 3 MDStV) durchbrochen und der Weg zum TDG frei gemacht. Im alten Recht wurden diese Sperrregelungen, wonach das TDG nicht auf Mediendienste und umgekehrt der MDStV nicht auf Teledienste Anwendung finden soll, als Hindernis für eine **analoge Anwendung des § 5 TDG a.F.** erachtet, da eine Regelungslücke nicht erkennbar war.[121] Offensichtlich sind die Länder aber gewillt, den Weg zur Anwendung des TDG zumindest dann zu eröffnen, wenn dort inhaltsgleiche Regelungen – die zudem auf die ECRL zurückgehen – vorzufinden sind.

57 Ebenso lässt sich argumentieren, dass §§ 6–9 MDStV gar **keine urheber- bzw. schutzrechtsrechtsspezifischen Regelungen** treffen, sondern nur festlegen, unter welchen Voraussetzungen Diensteanbieter als mittelbare Verursacher für die von Dritten begangenen Rechtsverletzungen einzustehen haben.[122] Unmittelbar betroffen und eingeschränkt wird nur die Verletzereigenschaft, d.h. die **Passivlegitimation** des Anspruchsgegners, nicht hingegen der Bestand oder das Wesen des materiellen Rechts selbst. Für die Zuordnung eines Gesetzes unter eine Kompetenznorm als kompetenzthematisches „Sonderrecht" kommt es nach der Rechtsprechung des *BVerfG* aber darauf an, dass das Kompetenzthema *unmittelbar* und nicht nur *mittelbar* Regelungsgegenstand ist.[123] Kompetenzthematisch geht es um die Zurechnung einer Rechtsverletzung. Die Zurechnung einer Immaterialgüterrechtsverletzung gegenüber einem (mittelbaren) Verletzer ist aber keine spezifische Fragestellung des Immaterialgüterrechts, sondern eine des allgemeinen Zivilrechts.[124] Insoweit bleiben die allgemeinen Grundsätze des Zivilrechts anwendbar, die damit nicht zu einem Teil des Art. 73 Nr. 9 GG werden.[125] Ebenso sind beispielsweise auch Vorsatz und Fahrlässigkeit Kernelemente des allgemeinen Zivilrechts, auf die die spezialgesetzlichen Schadensersatzansprüche (§ 97 Abs. 1 UrhG; § 14 Abs. 6 MarkenG) tatbestandlich lediglich verweisen.

58 Für den Bereich des **Zivil- und Strafrechts,** für den dem Bund lediglich eine konkurrierende Zuständigkeit zusteht (Art. 74 Abs. 1 Nr. 1 GG) lässt sich dann gut vertreten, dass der Bund auf Grund des Bund-Länder-Kompromisses[126] die Länder stillschweigend ermächtigt hat, für den Bereich der Mediendienste die Verantwortlichkeit der Anbieter selbst zu regeln. Der Bund hat insoweit seinen bislang erschöpfenden Regelungsanspruch[127] zurückgenommen und eine Regelungslücke („Enkla-

[121] So *Spindler,* NJW 1997, 3193 (3194); *Boddien,* Mitt. 1999, 401 (402f.); *Schack,* MMR 2001, 9 (15); a.A. *Engel-Flechsig,* ZUM 1997, 231 (239); *Freytag,* S. 34; *Martenczuk,* ZUM 1999, 104 (112); *Pankoke,* S. 19.

[122] Einzelheiten dazu bei *Dustmann,* S. 117f.

[123] BVerfGE 8, 104, 116; 8, 143, 148ff.; 9, 185, 189; 13, 181, 196; 26, 281, 298; 28, 119, 149; 29, 402, 409. In anderen Entscheidungen spricht das BVerfG davon, dass das betreffende Kompetenzthema „ausschließlich" (E 33, 206, 217) „als solches" oder nicht nur „als Reflex" (E 28, 119, 149) geregelt werden dürfe.

[124] Ebenso *Freytag,* ZUM 1999, 185 (187).

[125] Ebenso *Martenczuk,* ZUM 1999, 104 (109); *Freytag,* S. 32f. Einzelheiten bei *Dustmann,* S. 117f.

[126] Siehe oben Rdnr. 43.

[127] Im Bereich des Zivilrechts ist anerkannt, dass der Bund an sich *erschöpfend* von seiner Zuständigkeit Gebrauch gemacht hat und deshalb den Ländern eine gesetzgeberische Tätigkeit versperrt ist (sogenannte Sperrwirkung der Konkurrenzklausel des Art. 72 I GG); *BVerfGE* 29, 11 (16); 36, 193 (198); *Kunig* in: *v. Münch/Kunig,* GG Kommentar, Band III, § 72 Rdnr. 12.

ve") zugunsten der Länder geschaffen.[128] Denkbar wäre schließlich auch, auf eine landesrechtliche Kompetenz kraft Sachzusammenhangs abzustellen.[129]

Letztlich erübrigt sich die Diskussion um die partielle Kompetenzwidrigkeit von §§ 6–9 MDStV und einer analogen Anwendung des TDG dadurch, dass – eine solche Kompetenzwidrigkeit unterstellt – in jedem Fall die weitgehend wortgleichen Vorschriften der ECRL Anwendung finden, da diese als **gemeinschaftsrechtliche Regelungen** dem nationalen Recht vorgehen und hinreichend bestimmt sind, um unmittelbar angewendet zu werden. Bedauerlich bleibt die Unklarheit, die die Länder einmal mehr hinterlassen haben. 59

Grundsatz: Für die Prüfung der Verantwortlichkeit der Anbieter ist eine Abgrenzung zwischen Tele- und Mediendienst nicht erforderlich, da TDG und MDStV insoweit übereinstimmende Regeln aufstellen. Eine denkbare Kompetenzwidrigkeit der Normen MDStV für den Bereich des Immaterialgüterrechts wäre unschädlich, da in diesem Fall die wortgleichen Regelungen der E-Commerce-Richtlinie unmittelbar Anwendung finden.

c) Persönlicher Anwendungsbereich

Die Verantwortlichkeitsregelungen gelten für **Diensteanbieter.** Dies ist nach der übereinstimmenden Legaldefinition in § 3 Nr. 1 TDG/MDStV „jede natürliche oder juristische Person, die eigene oder fremde Teledienste zur Nutzung bereithält oder den Zugang zur Nutzung vermittelt". Anders als in der ECRL[130] spielt es keine Rolle, ob der Anbieter privat, geschäftsmäßig oder gewerblich tätig ist. Die Definition erfolgt vielmehr ausgehend vom Begriff des Teledienstes bzw. Mediendienstes. Wer einen solchen Tele- bzw. Mediendienst anbietet, zur Nutzung bereit hält oder den Zugang zur Nutzung vermittelt, ist Diensteanbieter. Gemeint sind damit in erster Linie Content-, Host- und Access-Provider. Der Diensteanbieter muss also nicht notwendig selbst Anbieter eines Tele- oder Mediendienstes sein; damit werden auch als Access Provider tätige **Telekommunikationsdienstleister** in den Anwendungsbereich einbezogen. Ebenso wird der Nutzer zum Diensteanbieter, wenn er sich eine private Homepage einrichtet. 60

3. Systematische Einordnung in das zivilrechtliche Haftungsrecht

Die Verantwortlichkeitsregelungen der §§ 9–11 TDG bzw. §§ 7–9 MDStV sind wie erwähnt selbst keine Haftungsgrundlagen. Diese ergeben sich vielmehr aus dem 61

[128] Wie hier für *Dustmann,* S. 119 ff. m. w. N.; *Müller-Terpitz,* MMR 1998, 478 (479 f).; *Freytag,* S. 34 ff., *Pankoke,* S. 22 alle für § 5 MDStV a. F.; a. A. *Martenczuk,* ZUM 1999, 104 (111), der diesen Vorgang als reinen politischen Kompromiss wertet; *Pichler,* MMR 1998, 79 (81) und die in Rdnr. 54 genannten Nachweise.

[129] Bejahend *Knothe,* AfP 1997, 494 (498); *Roßnagel/Ukrow,* § 5 MDStV Rdnr. 14; *Wimmer/-Michael,* S. 22 f.; dagegen *Pichler,* MMR 1998, 79 (81) und *Spindler,* NJW 1997, 3193 (3194).

[130] Siehe die Legaldefinition in Art. 2 lit. a) ECRL i. V. m. Art. 1 Abs. 2 der Richtlinie 83/189/EWG über ein Informationsverfahren auf dem Gebiet der Normen und technischen Vorschriften vom 28. 3. 1983, ABl. EG Nr. L 109, S. 8 in der Fassung der Richtlinienänderung 98/48/EG vom 20. 7. 1998, ABl. EG Nr. L 217, S. 18: „Jede in der Regel gegen Entgelt elektronisch im Fernabsatz und auf individuellen Abruf eines Empfängers erbrachte Dienstleistung". Anbieter von privaten Homepages, aber auch Universitäten und sonstige non-profit Einrichtungen sind demnach nicht „Dienste der Informationsgesellschaft" i. S. d. der ECRL.

materiellen Recht. Alleine vermögen die Regelungen eine Haftung weder zu begründen noch zu erweitern.[131] Damit stellt sich die Frage, wie die Verantwortlichkeitsregelungen in bestehende immaterialgüterrechtliche Haftungsgrundlagen einzuordnen sind (§§ 97 Abs. 1 UrhG; § 14 Abs. 2, 5 MarkenG, §§ 823 ff. BGB, etc.). Wie dies zu erfolgen hat, ist noch nicht abschließend geklärt. Der Begriff der „Verantwortlichkeit" vermag darüber nichts auszusagen, da er weitgehend inhaltsleer ist.

62 Überwiegend wird mit den Gesetzbegründungen[132] die Auffassung vertreten, die Funktion von §§ 9–11 TDG/§§ 7-9 MDStV sei einem **vorgeschalteten Filter** vergleichbar, der den eigentlichen Haftungsgrundlagen vorgelagert sei.[133] Zunächst müsse anhand der Verantwortlichkeitsregelungen festgestellt werden, ob die Haftung des Anbieters nicht von vornherein ausgeschlossen ist. Erst im Anschluss daran seien die spezialgesetzlichen Haftungsgrundlagen zu prüfen. Mit der Systematik des zivil- und strafrechtlichen Haftungsrechts ist dieses **Zwei-Stufen-Modell** aber nicht zu vereinbaren.[134] Es führt dazu, dass zunächst völlig losgelöst vom materiellen Haftungsrecht, also insbesondere den Kriterien Handlung, Erfolgseintritt und Kausalität, abstrakt die Tätigkeit eines Internetteilnehmers untersucht werden müsste, um hieraus bereits Rechtsfolgen abzuleiten. Dem steht der allgemeine Haftungsgrundsatz gegenüber, wonach ein bestimmtes Verhalten zunächst rechtlich zu *qualifizieren* ist, bevor die Frage gestellt wird, ob der Betroffene hierfür rechtlich auch *einzustehen* hat. Überdies führt das Zwei-Stufen-Modell zu einem **Nebeneinander von Zurechnungskriterien.** Unklar bleibt, inwieweit nach „Passieren des Filters" das von der Rechtsprechung für die Störerhaftung neuerdings entwickelte Kriterium der Prüfpflichtverletzung überhaupt noch berücksichtigt werden darf. Diese mangelnde Abstimmung mit allgemeinen haftungsrechtlichen Grundsätzen muss zwangsläufig zu Ungereimtheiten führen.[135]

63 Richtig dürfte sein, sowohl in §§ 8–11 bzw. §§ 6–9 MDStV **tatbestandsergänzende, positiv-rechtliche Regelungen des Zurechnungszusammenhangs** zu sehen.[136] Dafür spricht, dass das Wesen des Haftungsrechts in der *Zurechnung* von Schadens- oder Gefahrzuständen zu anderen Rechtspersonen als der des Betroffenen besteht.[137] Die erfolgsbezogenen Haftungstatbestände nehmen diese Zurechnung mit Hilfe des Kriteriums der Kausalität vor: Anspruchsgegner, Täter, Teilnehmer oder

---

[131] So übereinstimmend auch die Begründung zum Regierungsentwurf zum EGG, BT-Drucks. 14/6098, S. 23 und Begründung zu Art. 3 Nr. 6 des 6. RfÄndStV.

[132] Vgl. Entwurfsbegründung des TDG a. F., BT-Drucks. 13/7385, S. 20 sowie Begründung des EGG-Regierungsentwurfs, BT-Drucks. 14/6098, S. 23; vgl. auch *Maennel/Flechsig/Tettenborn,* NJW 1997, 2981 (2984).

[133] Vgl. *OLG Hamburg,* MMR 2000, 92 f. – Golden Jackpot; *OLG München,* ZUM 2001, 420 – MIDI-Files; *OLG Köln,* MMR 2002, 110; *Maennel/Flechsig/Tettenborn,* NJW 1997, 2981 (2984); *Sieber,* MMR 1998, 438 (439.

[134] Kritisch auch *Haedicke,* CR 1999, 309 (310); *Freytag,* 136 ff.; *Spindler,* MMR 1998, 639 (641); Übersicht bei *Dustmann,* S. 128 f.

[135] Zutreffend spricht *Spindler,* MMR 1998, 639 (641) davon, dass im Fall einer Zwei-Stufen-Prüfung den tradierten dogmatischen Systemen eine querschnittsartige Norm „aufgepfropft" wird.

[136] So erstmals *Freytag,* S. 139 ff.; *ders.,* ZUM 1999, 185 (189); *Bettinger/Freytag,* CR 1998, 545 (548); folgend *Dustmann,* S. 130 ff.; Haedicke, CR 1999, 309 ff.; ähnlich auch *Spindler,* MMR 1998, 639 (643), der § 5 TDG a. F. als akzessorisches Tatbestandsmerkmal einordnet.

[137] *Kötz,* Deliktsrecht, Rdnr. 5. Ausgangspunkt ist dabei, dass Schäden grundsätzlich dem Träger des Rechtsguts zur Last fallen *(casum sentit dominus),* die Zurechnung kehrt dieses Verhältnis zu Lasten des Verantwortlichen um.

polizeilicher Störer ist nur, wer den tatbestandlich definierten Erfolg äquivalent (mit-)verursacht hat *(Verursachungsgrundsatz).*[138] Als praktisches Prüfschema und argumentatives Kleid für Kausalurteile fungiert dabei regelmäßig das als „conditio-sine-qua-non-Formel" bekannte Konditional.[139] In einem weiteren Schritt sind dann **normative Zurechnungskriterien** zu berücksichtigen, ließe sich bei bloßer Äquivalenz stets eine unüberschaubare Vielzahl von Ereignissen als causae identifizieren. Diese Kriterien sind je nach Rechtsmaterie verschieden, im Zivilrecht ist es der Gedanke der Adäquanz[140], im Strafrecht die Lehre von der objektiven Zurechnung und im Gefahrenabwehrrecht das Erfordernis des Unmittelbarkeitszusammenhangs.

Um haftungsbegrenzende positiv-rechtliche Zurechnungskriterien handelt es sich 64 auch bei den Verantwortlichkeitsregelungen des TDG. Sie treten an die Stelle der bisher von der Rechtsprechung angewandten ungeschriebenen Grundsätze der Begründung und gleichzeitigen Begrenzung des Zurechnungszusammenhangs.[141] Für diese Sichtweise spricht, dass es dem Gesetzgeber erkennbar um eine Begrenzung der Haftung für bestimmte mittelbare Verursachungsbeiträge ging. Zudem ist eine Eingliederung in die unterschiedlichen Haftungssysteme insofern möglich, als alle das Prinzip der Kausalität und der ergänzenden Zurechnung kennen.

Damit ergibt sich folgende **Prüfungssystematik:** 65

Zunächst ist die jeweilige Rechtsgutsverletzung herauszuarbeiten, im Urheberrecht beispielsweise die Verletzung des Vervielfältigungsrechts oder des Rechts der öffentlichen Wiedergabe. Im Anschluss daran ist zu prüfen, ob das Verhalten des Diensteanbieters für den konkreten Verletzungserfolg zumindest adäquat kausal ist. Sodann ist festzustellen, ob §§ 9–11 TDG/§§ 7–9 – MDStV einschlägig sind. Ist dies zu bejahen, so ist die Verantwortlichkeit zu prüfen. Wird sie verneint, so ist das Verhalten des Anbieters tatbestandslos, die Rechtsverletzung kann ihm nicht zugerechnet werden. Im umgekehrten Fall ist die Rechtswidrigkeit indiziert und das Verschulden nach allgemeinen Regeln zu prüfen.

Auf Grund ihrer Eigenschaft als Zurechnungsregelung folgt, dass die Verant- 66 wortlichkeitsregelungen unterschiedslos für alle denkbaren Haftungsansprüche gelten, bei denen es auf eine Zurechnung der Rechtsverletzung zum Diensteanbieter ankommt. Das sind im immaterialgüterrechtlichen Haftungsrecht die **deliktischen** und **quasi-deliktischen Ansprüche** auf Schadensersatz, die dazu bestehenden Hilfsansprüche auf **Auskunftserteilung** und **Rechnungslegung,** die speziellen **Vernichtungs-** und **Überlassungsansprüche,** aber auch die **negatorischen Abwehransprüche** auf Unterlassung und Beseitigung. Um wenigstens diese weniger einschneidenden **negatorischen Abwehransprüche** auf Unterlassung und Beseitigung zuzulassen, musste der Gesetzgeber deshalb Ausnahmen vorsehen. Dies hat er in § 8 Abs. 2 Satz 2 TDG/§ 6 Abs. 2 MDStV Satz 2 getan, wonach Ansprüche auf Löschung und Sperrung durch die speziellen Verantwortlichkeitsregelungen der §§ 9–11 nicht ausgeschlossen werden[142].

---

[138] *Deutsch,* Allgemeines Haftungsrecht, Rdnr. 15. Eine Ausnahme ist die Haftung für fremdes Verhalten, z. B. § 3 I PflVersG.

[139] So etwa für das Zivilrecht: *BGHZ* 2, 138, 141, st. Rspr; *Palandt-Heinrichs,* vor § 249 BGB Rdnr. 57; für das Strafrecht: *BGHSt* 1, 332 st. Rspr.

[140] Einzelheiten bei *Deutsch,* Allgemeines Haftungsrecht, Rdnr. 133 ff.

[141] *Deutsch,* Allgemeines Haftungsrecht, Rdnr. 15; eine Ausnahme bildet die Haftung für fremdes Verhalten, z. B. § 3 I PflVersG.

[142] Einzelheiten unter Rdnr. 89.

67

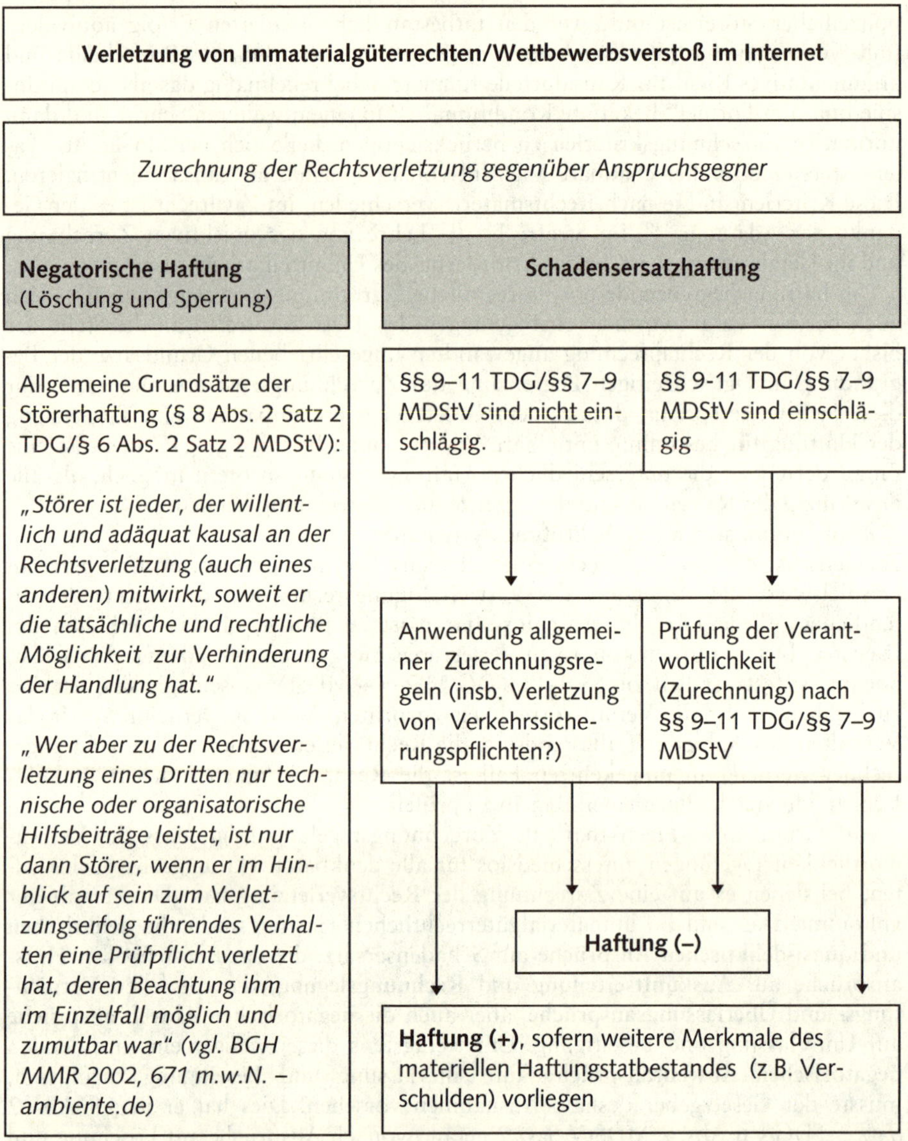

68 Keine Anwendung finden die Verantwortlichkeitsregelungen auf **vertragliche Haftungsansprüche**[143], mag man dies angesichts ihres Wortlauts noch für denkbar halten. §§ 8–11 TDG bzw. §§ 6–9 MDStV passen Sinn und Zweck nach nicht auf das vertragliche Haftungsrisiko des Providers. Verpflichtet sich ein Provider gegenüber seinem Vertragspartner, bestimmte Informationen nicht bereit zu halten oder zu vermitteln, so geht er ein selbstgeschaffenes Risiko ein. Der Gesetzgeber wollte dieses Risiko durch die Verantwortlichkeitsregelungen nicht abmildern. Es steht

[143] *Dustmann*, S. 136 f.

jedem Provider frei, seine vertraglichen Haftungsrisiken privatautonom im Rahmen allgemeiner Geschäftsbedingungen oder individualvertraglich abzumildern.[144]

4. Die Verantwortlichkeitsregelungen im Einzelnen

Wie im alten Recht des § 5 TDG a.F. knüpfen die Vorschriften jeweils an die *funktional* von einem Diensteanbieter im Hinblick auf die Information ausgeübte Tätigkeit an. Das Gesetz differenziert insoweit zwischen dem **Bereithalten eigener Informationen** (§ 8 Abs. 1 TDG) und dem **Durchleiten** (§ 9 TDG, „Access Providing"), der **Zwischenspeicherung zur beschleunigten Übermittlung** (§ 10 TDG, „Caching") sowie der **Speicherung** (§ 11 TDG, „Hosting") von **fremden Informationen.** Je nachdem, welche Funktion ein Diensteanbieter im Hinblick auf die in Rede stehende Information ausübt, ist eine der Verantwortlichkeitsregelungen anwendbar. 69

Allerdings darf nicht der im alten Recht wiederholt gemachte Fehler begangen werden, *jegliches* Verhalten eines Internet-Anbieters in eine der Verantwortlichkeitsregelungen der §§ 8–11 TDG bzw. §§ 6–9 MDStV einzuordnen. §§ 9–11 TDG bleiben ihrem Sinn und Zweck nach **Ausnahmevorschriften**, deren Anwendung sich auf bestimmte, klar definierte technische Verbreitungshandlungen beschränkt. Sind §§ 9–11 TDG/6–9 MDStV nicht einschlägig, bleibt es bei der Anwendung allgemeiner Grundsätze. Dies gilt insbesondere für **Unterlassungs- und Beseitigungsansprüche gegen Diensteanbieter,** welche durch die Verantwortlichkeitsregelungen nicht berührt werden, § 8 Abs. 2 Satz 2 TDG bzw. § 6 Abs. 2 Satz 2 MDStV.[145] Insoweit bleibt es bei den dargestellten allgemeinen Zurechnungsregeln der Störerhaftung.[146] 70

a) Bereithalten eigener Informationen – § 8 Abs. 1 TDG/§ 6 Abs. 1 MDStV

Für ihre eigenen Informationsangebote sind Diensteanbieter im vollen Umfang nach allgemeinen Regeln verantwortlich.[147] Insoweit besteht kein Grund für eine Privilegierung. Denn wer als Diensteanbieter eigene Inhalte zur Nutzung bereithält, kann diese in aller Regel kontrollieren, da er sie selbst gestaltet oder ausgewählt hat. Er hat deswegen die gleiche Verpflichtung „nach den allgemeinen Gesetzten" wie derjenige, der eigene Informationen in Druckschriften, Ton- oder Bildträgern oder im Rundfunk- veröffentlicht. § 8 TDG ist damit rein deklaratorischer Natur. Die Regelung beschränkt sich ohnehin nur auf Diensteanbieter, die die betreffende Information selbst **bereithalten,** also den (Online-)Zugriff ausüben. Nicht erfasst werden andere Akteure, wie z.B. die **Web-Agentur**, welche die graphische Gestaltung einzelner Inhalte übernommen hat, oder der mitwirkende **Textautor, Fotograf, Programmierer** etc. Auch diese haften ausnahmslos nach allgemeinen Regeln[148]. 71

b) Durchleitung von Informationen – § 9 TDG/§ 7 MDStV

§ 9 TDG/§ 7 MDStV geht auf die weitgehend wortgleiche Regelung des Art. 12 ECRL zurück. Sie regelt die Haftung des als **Access- und Netzwerk-Provider** tätigen 72

---

[144] Vgl. dazu unten § 13 mit seinem besonderen Teil der einzelnen Vertragstypen.

[145] Siehe unten Rdnr. 89

[146] Siehe oben Rdnr. 17ff.

[147] Zur Abgrenzung zwischen eigenen und fremden Inhalten siehe unten Rdnr. 118ff. sowie *Dustmann,* S. 137ff.; *Sieber,* Rdnr. 293.

[148] Vgl. etwa zur Haftung einer Werbeagentur *OLG Hamburg,* AfP 1999, 175; *OLG Frankfurt/M.*, ZUM 2001, 505 unter Berücksichtigung der neuen BGH-Rechtsprechung.

Anbieters. Sie werden beschrieben als Diensteanbieter, die „in einem Kommunikationsnetz fremde Informationen übermitteln oder zu denen sie den Zugang zur Nutzung vermitteln". Anders als im Recht des § 5 Abs. 3 TDG/MDStV a.F., bei dem erst anhand der Gesetzgebungsmaterialien und restriktiver Wortlautinterpretationen deutlich wird, dass nur **telekommunikationsähnliche Leistungen** als Zugangsvermittlung zu qualifizieren waren, umschreibt die neue Regelung recht präzise die typische Tätigkeit des Access-Providers: Die Übermittlung von Informationen des Nutzers in ein Kommunikationsnetz (Uploading) sowie umgekehrt den Abruf von Informationen aus einem solchen Netz (Downloading). Erfasst – zumindest im Wege eines Erst-Recht-Schlusses – werden auch reine **Netzbetreiber**, die Zugangsanbietern Netzkapazitäten zur Verfügung stellen. Für diese Tätigkeit befreit § 9 Abs. 1 TDG den Diensteanbieter von jeglicher zivil-, straf- oder öffentlich-rechtlicher Verantwortung[149], sofern er

- die Übermittlung nicht veranlasst,
- den Adressaten der übermittelten Informationen nicht ausgewählt, und
- die übermittelten Informationen nicht ausgewählt oder verändert hat.

73 Diese einschränkenden Voraussetzungen stellen sicher, dass die Tätigkeit des Diensteanbieters auf eine rein technische und inhaltsneutrale, passive Übermittlerrolle beschränkt bleibt. Sobald er in einer der beschriebenen Weise an den Übermittlungsvorgängen beteiligt ist, haftet er wie für eigene Informationen.[150] Als Veränderung der übermittelten Informationen (§ 9 Abs. 1 Nr. 3 TDG) gelten allerdings nicht Eingriffe technischer Art (z.B. Routing), da sie die Integrität der übermittelten Informationen nicht verletzten.

74 § 9 Abs. 2 TDG bzw. § 7 Abs. 2 MDStV stellen ergänzend klar, dass auch vorübergehende und allein durch den Datentransport bedingte Zwischenspeicherungen unter den Haftungsausschluss fallen, soweit sie nur der Übermittlung dienen und die Information nicht länger gespeichert wird als für den jeweiligen Übermittlungsvorgang erforderlich. Gemeint ist damit nicht etwa das **Proxy-Caching im Zugangsbereich;** hierfür sieht § 10 TDG/§ 8 MDStV eigens eine gesonderte Bestimmung vor. Erfasst werden vielmehr die Zwischenspeicherungen in **Routern, Relais-Stationen** und **Netzwerksystemen,** die aus rein übermittlungstechnischen Gründen – in der Regel nur für Sekundenbruchteile – erfolgen. Diese Zwischenspeicherungen bieten keine eigenständigen Nutzungsmöglichkeiten; die Gleichstellung mit dem reinen Übermittlungsvorang erweist sich deshalb als sachgerecht.

c) Zwischenspeicherung zur beschleunigten Übermittlung von Informationen – § 10 TDG/§ 8 MDStV

75 Eine weitgehende Haftungsfreistellung kommt auch Betreibern von **Proxy-Cache-Servern** zugute. Proxy-Cache-Server werden von Access Providern und großen lokalen Netzwerken eingesetzt, um die Zugriffszeiten ihrer Kunden auf angeforderte externe Dateninhalte zu verkürzen.[151] Hierbei wird jeder von einem Nutzer abgerufene Inhalt über den Proxy-Cache-Server abgewickelt und dort für einen längeren

[149] Eine Ausnahme bildet die Unterlassungshaftung, die nach § 8 Abs. 2 TDG von den Verantwortlichkeitsregelungen unberührt bleibt; siehe Rdnr. 151ff.

[150] Vgl. Begründung des EGG-Regierungsentwurfs zu § 9 Abs. 1 TDG, BT-Drucks. 14/6098, S. 25.

[151] Einzelheiten bei *Sieber,* Rdnr. 22.

Zeitraum „zwischengelagert" *(Caching)*. Die bereits vorhandenen Daten müssen dann bei späteren Abrufen nicht noch einmal von dem entfernten Server geholt werden, was die Übermittlungswege erheblich entlastet.[152]

Das Gesetz beschreibt das Caching in § 10 TDG/§ 8 MDStV als „automatische, zeitlich begrenzte Zwischenspeicherung, die allein dem Zweck dient, die Übermittlung der Information an andere Nutzer auf deren Anfrage effizienter zu gestalten". Bei diesem völlig automatisiert ablaufenden Prozess trifft der Betreiber des Caching-Systems – ebenso wie beim Durchleiten – keine eigene Entscheidung. Der Haftungsausschluss erweist sich insoweit als sachgerecht. Dieser ist allerdings an mehrere Vorbehalte geknüpft, die sicherstellen sollen, dass es sich wirklich nur um Proxy-Caching handelt und technische Standards gewahrt werden. Der Anbieter darf die Information nicht verändern (Nr. 1); er muss die Bedingung für den Zugang zur Information (Nr. 2) und die **Industriestandards zur Aktualisierung** der Information (Nr. 3) beachten. Letzteres ist besonders von Bedeutung, wenn der betroffene Dateninhalt inzwischen auf dem Ursprungsserver gelöscht worden ist. Jede Standardsoftware eines Caching-Systems stellt heutzutage sicher, dass dann auch die Datenkopie im Cache gelöscht wird und damit lokal nicht weiter verfügbar ist.[153] Von Bedeutung ist in diesem Zusammenhang die letzte Voraussetzung (Nr. 5): Um das Haftungsprivileg zu erhalten, muss der Diensteanbieter zügig handeln und eine Information entfernen, sobald er **tatsächlich Kenntnis** davon erhält, dass die Information im Ursprungsserver entfernt oder der Zugang zu ihr unmöglich gemacht wurde. 76

Alle einschränkenden Voraussetzungen zielen darauf ab, dass ein erfolgreiches Vorgehen gegen einen Dateninhalt am Ursprungsort nicht dadurch leerläuft, dass dieser immer noch über einen Proxy-Cache-Server abrufbar ist. Gleichzeitig liegt § 10 TDG/§ 8 MDStV der Gedanke zugrunde, dass eine Verantwortlichkeit für bloße Zwischenspeicherungen wenig sinnvoll ist, wenn und solange der Inhalt am Ursprungsort weiterhin abgerufen werden kann. 77

d) Speicherung von fremden Informationen – § 11 TDG/§ 9 MDStV

§ 11 TDG bzw. § 9 MDStV regeln das **Hosting** (Speicherung) von fremden Dateninhalten, wie es typischer Weise von einem Host Provider[154], der sich auf die Speicherung von Internet-Präsenzen spezialisiert hat, angeboten wird. Für diese fremden Informationen haftet der Host Provider nur, wenn er sie kennt, ihre 78

[152] Hierbei ersetzt bei Kapazitätsengpässen auf dem Proxy-Cache-Server die jüngste Datei die jeweils älteste. Um eine stete Aktualität zu gewährleisten, führt der Proxy-Cache-Server bei jeder Anforderung durch den Nutzer zunächst einen Datumsvergleich mit der Originalquelle durch. Sind die Daten des Original-Hosts inzwischen erneuert worden, werden sie auf den Proxy-Cache-Server heruntergeladen und ersetzen die vorhandene Version. Einzelheiten dazu bei *Sieber*, Rdnr. 22.

[153] § 10 TDG findet keine Anwendung, wenn insbesondere Suchmaschinenbetreiber Kopien veralteter, inzwischen gelöschter Seiten in ihren Archiven bereitstellen (vgl. etwa die Archivfunktion bei http://www.google.de). Es handelt sich um kein Caching, sondern um „Speicherung fremder Informationen" nach § 11 TDG/§ 9 MDStV.

[154] Die Terminologie ist sehr unterschiedlich. Häufig wird der Host Provider als „Internet Service Provider" (z.B. *LG Verden*, MMR 2000, 375; *Hoeren/Sieber/Spindler*, Teil 29, Rdnr. 231 ff.; *Pankoke*, S. 170 ff.) oder „Presence Provider" (so *Strömer*, S. 10; *Loewenheim/Koch/Hage/Hitzfeld*, S. 16) bezeichnet. Der Begriff „Host" (Gastgeber) wird jedoch am ehesten der funktionalen Aufgabe gerecht und setzt sich zunehmend durch. Er wird auch in Art. 14 der ECRL und in der Begründung zu § 11 TDG, BT-Drucks. 14/6098, S. 25, verwendet.

Rechtswidrigkeit zumindest offensichtlich ist und er sie nicht unverzüglich daraufhin entfernt oder sperrt. Die Regelung geht auf Art. 14 ECRL zurück und hat mit ihrem deutschen Vorläufer § 5 Abs. 2 TDG a.F. gemein, dass sie von allen Regelungen den meisten Diskussionsstoff liefert. Die weitgehende Haftungsfreistellung der Host Provider wurde in Kreisen der Urheber- und Leistungsschutzberechtigten bisweilen als weitgehende Rechtlosstellung interpretiert.[155] In der Tat ist das Haftungsprivileg **rechtspolitisch fragwürdig.**[156] Denn es ist der Host Provider, der im Kundenauftrag Inhalte speichert und neben dem unmittelbar verantwortlichen Inhaltsanbieter am ehesten eine Kontrolle darüber ausüben kann. Die bisherige Rechtsprechung zu § 5 Abs. 2 TDG a.F. hat die Regelung nur zögerlich – wenn nicht sogar mit Unwillen – angenommen und neigte dazu, sie gar nicht erst anzuwenden.[157] Der Regelung sollte jedoch erheblich praktische Bedeutung zukommen.

aa) Speicherung von fremden Informationen im Auftrag des Nutzers

79 § 11 TDG/§ 9 MDStV gilt für Diensteanbieter, die für Nutzer **fremde Informationen** speichern. **Nutzer** im Sprachgebrauch der beiden Multimediagesetze ist dabei auch, wer einen Dienst der Informationsgesellschaft in Anspruch nimmt, um Informationen zugänglich zu machen[158], d.h. der Inhaltsanbieter, der Speicherplatz etwa bei einem Webhoster anmietet. Damit umschreiben die Vorschriften die typische Funktion eines Host Providers, nämlich die Speicherung von Daten im Auftrag Dritter. Auf das Bestehen eines Vertragsverhältnisses zwischen Nutzer und Diensteanbieter kommt es dabei nicht an; maßgebend ist, dass die Inhalte auf den Willen des Nutzers und unter Ausnutzung der Speichermöglichkeit auf dem Server des Diensteanbieters bereitgestellt werden. Erfasst wird somit auch die missbräuchliche Ausnutzung von Speicherkapazität im Wege des Hacking.

80 Entgegen der Richtlinienvorgabe behalten die deutschen Regelungen die im Recht des § 5 TDG/MDStV a.F. grundlegende – in der praktischen Anwendung aber auch schwierige – Unterscheidung zwischen **eigenen** und **fremden Inhalten** bei. Praktisch bedeutsam ist die Unterscheidung im Wesentlichen für **Anbieter von Kommunikationsplattformen,** deren eigene Inhalte – die Plattform – durch die Inhalte Dritter ausgefüllt werden. Dies sind bspw. die Anbieter von Internet-Auktionen, Gästebüchern, Newsgroups, Foren, Chat-Rooms, etc. Hier erweist sich die Abgrenzung zwischen eigenen und fremden Inhalten als schwierig, da die von Dritten stammenden Angebote in die Plattform eingebunden und integriert werden. Die Einzelheiten dieser Abgrenzung werden sachgerechterweise bei der Darstellung der Haftung dieser Akteure erörtert.[159] Ansonsten wird die Abgrenzung nur selten erforderlich. Bei den von einem Webhoster gespeicherten Internet-Präsenzen (Homepages, FTP-Archive, Newsgroups) handelt es sich durchweg um **fremde Inhalte,** da diese In-

---

155 Kritisch vor allem *Schaefer/Rasch/Braun,* ZUM 1998, 451; *Lehmann,* CR 1998, 232 (233); *Waldenberger,* MMR 1998, 505 (alle zu § 5 Abs. 2 TDG a.F.); zu Art. 14 ECRL *Lehmann,* ZUM 1999, 180 (183); *Spindler,* ZUM 1999, 199 (202); *ders.,* Beilage MMR 7/2000, 6 (18); *Becker* in: Schwarze, Rechtsschutz gegen Urheberrechtsverletzungen, S. 29, 46 f.

156 Eingehend aus urheberrechtlicher Sicht *Dustmann,* S. 165 ff m.w.N.

157 Vgl. *OLG München,* ZUM 2001, 420 – MIDI-Files; *OLG Köln,* MMR 2002, 110; ferner *OLG München,* CR 1998, 300 – lastminute.com; *AG München,* MMR 1998, 438 – CompuServe/Felix Somm.

158 Vgl. § 3 Nr. 2 TDG/MDStV; die Regelung geht auf Art. 1 lit. d) ECRL zurück.

159 Vgl. unten Rdnr. 118 f.

formationen allein auf Veranlassung der Nutzer auf den Server bereitgestellt werden, und der – nach außen meist gar nicht erkennbare – Webhoster sich auf die bloße technische Dienstleistung des Angebots von Speicherkapazität beschränkt.

Vorzugswürdig und genauer als in § 5 Abs. 2 TDG a.F. ist das Abstellen auf die *Speicherung* der Information. Während der im TDG von 1997 gewählte Begriff des *Bereithaltens* nicht immer eindeutig von der Zugangsvermittlung zu trennen ist und damit möglicherweise auch für externe Inhalte gilt[160], stellt die Neuregelung sicher, dass nur diejenigen Inhalte von der Haftungseinschränkung umfasst sind, über die der Diensteanbieter als Herr des Speichermediums unproblematisch verfügen, d.h. löschen kann. Es kommt deshalb nicht auf die Eigentums- oder Besitz verhältnisse am Server an[161]; maßgebend ist vielmehr, wer als **Hostmaster** die Zugriffsmöglichkeit auf den Speicherplatz hat. Dem Diensteanbieter können deshalb die auf fremden Servern gespeicherten Informationen zugerechnet werden, wenn er dort Speicherkapazitäten angemietet hat und als Hostmaster den Online-Zugriff auf die dort verfügbaren Informationen ausübt und ggf. löschen kann.[162] 81

§ 11 Satz 2 TDG/§ 9 S. 2 MDStV schließt die Haftungsprivilegierung aus, wenn der „Nutzer des Dienstes dem Diensteanbieter untersteht oder von ihm beaufsichtigt wird“. Die Haftungsprivilegierung gilt damit nicht für das Hosting von Inhalten eigener Mitarbeiter, Angestellter oder sonstwie abhängiger Personen. Dem entspricht der allgemeine Rechtsgedanke, dass Herrschaft mit Verantwortung einhergeht.[163] 82

bb) Fehlende Kenntnis der fremden Information und ihrer Rechtswidrigkeit

Ähnlich wie § 5 Abs. 2 TDG/MDStV a.F. sehen auch die Neuregelungen in § 11 TDG/§ 9 MDStV in der Kenntnis der Anbieter über den rechtswidrigen Dateninhalt das maßgebliche Verantwortlichkeitskriterium. Ihre Haftung für gespeicherte fremde Informationen ist nur ausgeschlossen, wenn und solange 83

> „sie keine Kenntnis von der rechtswidrigen Handlung oder der Information haben, und ihnen im Falle von Schadensersatzansprüchen auch keine Tatsachen oder Umstände bekannt sind, aus denen die rechtswidrige Tätigkeit oder Information offensichtlich wird.“ (§ 11 S. 1 Nr. 1 TDG/§ 9 Satz 1 Nr. 1 MDStV).

Damit zeigt sich ein gegenüber dem alten Recht grundlegender Unterschied, der zu einer noch weitergehenden Haftungseinschränkung führt:

Während im Recht des § 5 Abs. 2 TDG a.F. die Haftungsprivilegierung schon entfiel, wenn der Host Provider die fragliche Information in **tatsächlicher Hinsicht** positiv kannte[164], erfordert die Neuregelung im Einklang mit der ECRL auch die 84

---

[160] So vertraten zahlreiche Autoren die Auffassung, auch beim Vorhalten eines Hyperlinks auf eine externe Webseite werden „fremde Inhalte bereitgehalten“. Einzelheiten dazu in Rdnr. 106f.

[161] *Dustmann,* S. 159 m.w.N.

[162] Ebenso zu § 5 TDG a.F. *Sieber,* Beilage MMR 2/1999, 16; *Pankoke,* S. 51; *Gercke,* MMR 2001, 34 (37); *Kreutzer,* GRUR 2001, 307 (309); *Moritz/Dreier/Hütig,* D Rdnr. 47; *Dustmann,* S. 159 m.w.N.

[163] *Pankoke,* S. 176.

[164] *LG München I,* ZUM 2000, 418 (423f.) – MIDI-Files; *Decker,* MMR 1999, 7 (9); *Pichler,* MMR 1998, 79 (88); *Sieber,* Beilage MMR 2/1999, 20; *Freytag,* S. 180; *ders.,* ZUM 1999, 185 (192); *Spindler,* NJW 1997, 3193 (3196); *Hoeren/Sieber/Spindler,* Teil 29 Rdnr. 104f.; *Wimmer/Michael,* S. 56; *Brauneck,* ZUM 2000, 480 (481); *Lehmann,* CR 2000, 392; *Pankoke,* S. 177f.

Kenntnis deren Rechtswidrigkeit.[165] Der Anbieter muss positiv wissen, dass die gespeicherte Information rechtswidrig ist. Erfasst werden sowohl Fälle, bei denen die Information inhaltlich als solche rechtlich zu beanstanden ist (Aussagedelikte, Jugendschutz, etc.), aber auch diejenigen, bei denen sich die Rechtswidrigkeit aus der **unbefugten Nutzung des Inhalts** ergibt, wie dies typischerweise bei Urheber- und gewerblichen Schutzrechtsverletzungen der Fall ist. Bloße tatsächliche Kenntnis der Information reicht nicht, der Diensteanbieter muss wissen, dass die Nutzung rechtswidrig erfolgt. Für zivilrechtliche **Schadensersatzansprüche** wird dieser Grundsatz dahin eingeschränkt, dass dem Anbieter keine Tatsachen oder Umstände bekannt sein dürfen, aus denen die rechtswidrige Tätigkeit oder Information *offensichtlich* wird.[166] Selbst im Fall konkreter Kenntnis eines Inhalts bleibt die Haftung des Anbieters noch ausgeschlossen, solange sich ihm die Rechtswidrigkeit des Inhalts bzw. seiner rechtswidrigen Nutzung nicht aufdrängt. Nicht nur (bewusst) unwissende Provider, sondern auch rechtsunkundige Anbieter werden privilegiert.[167]

85 Andererseits ist die Privilegierung auch enger gefasst. Sie setzt anders als § 5 Abs. 2 TDG a.F. nicht voraus, dass der Host Provider den fraglichen Inhalt als solchen konkret kennt. Bereits das Bewusstsein von „Umständen oder Tatsachen", die offensichtlich auf eine rechtswidrige Tätigkeit hindeuten, reicht aus, um die Privilegierung entfallen zu lassen. Der Host Provider geht seines Haftungsprivilegs nicht erst bei konkreter Kenntnis einer Information, sondern schon bei Hinweisen auf ihre offensichtliche Existenz und Rechtswidrigkeit verlustig. § 11 TDG/§ 9 MDStV lässt damit in gewissem Umfang Raum für eine Haftung wegen grober Fahrlässigkeit.[168] Zu beachten ist allerdings das Spannungsverhältnis zu § 8 Abs. 2 Satz 1 TDG/§ 6 Abs. 2 Satz 1 MDStV[169]: Zu **aktiven, präventiven Kontrollen** seiner Speichermedien ist der Host Provider nicht verpflichtet.[170]

cc) Unverzügliche Entfernung des Dateninhalts

86 Ergänzend schreiben § 11 Nr. 2 TDG/§ 9 Nr. 2 MDStV vor, dass der Host Provider, nachdem er die haftungsbegründende Kenntnis erlangt hat, unverzüglich tätig werden muss, um die Information zu entfernen oder den Zugang zu ihr zu sperren. Dieses Verfahren des **Notice and Take Down**[171] ist an sich eine Selbstverständlichkeit: Die Privilegierung entfällt, wenn ihre tatbestandlichen Voraussetzungen nicht mehr gegeben sind. Die Formulierung „unverzüglich tätig werden" lässt allerdings

[165] Vgl. EGG-Regierungsentwurf, Begründung zu § 11 TDG, BT-Drucks. 14/6098, S. 25; *Spindler,* Beilage MMR 7/2000, 6 (18) zu Art. 14 ECRL; *Dustmann,* S. 162; *Moritz/Dreier/Hütig,* D Rdnr. 52.

[166] Da § 11 TDG/§ 9 MDStV auf negatorische Ansprüche keine Anwendung findet, erschöpft sich der Anwendungsbereich der 1. Alternative damit auf die strafrechtliche Verantwortlichkeit der Provider, ebenso *Spindler,* MMR 1999, 199 (202) für Art. 14 ECRL.

[167] So plakativ *Spindler,* MMR 1999, 199 (202) für Art. 14 ECRL.

[168] *Landfermann,* ZUM 1999, 795 (801); kritisch deswegen *Tettenborn,* K&R 2000, 59 (63) und *Spindler,* Beilage MMR 7/2000, 6 (18).

[169] Vgl. unten Rdnr. 87f.

[170] A. A. *Spindler,* Beilage MMR 7/2000, 6 (18), der meint Art. 14 ECRL (= § 8 Abs. 2 S. 1 TDG) öffne der Fahrlässigkeitshaftung „Tür und Tor", weil der Host Provider nunmehr zu Grobkontrollen der Serverinhalte verpflichtet sei.

[171] Der Begriff entstammt dem US-amerikanischen Recht des Digital Copyright Millenium Acts von 1998, der in Sec. 512a ff. Haftungserleichterungen für Internet-Provider in den US Copyright Act einfügte und insbesondere Verfahrensregeln für das Notice-and-Take-Down festlegt. Einzelheiten dazu bei *Pankoke,* S. 172ff.; *Lubitz,* GRUR Int. 2001, 283ff.; *Freytag,* MMR 1999, 207ff.

darauf schließen, dass bereits der *Versuch* des Diensteanbieters, die Inhalte zu löschen, die Haftungsfreistellung aufrechterhält. Auf den Erfolg der Löschung bzw. Sperrung kommt es deshalb nicht unbedingt an. Insoweit bietet die Regelung Raum für **Zumutbarkeitserwägungen.**[172] Dem Host Provider als „Herr des Speichermediums" ist aber im Regelfall die Löschung gespeicherter Daten problemlos möglich, sobald er nur den Verzeichnisnamen (URL) der Datei kennt. Etwas anderes gilt allenfalls für Datenlöschungen auf Spiegelservern oder Newsservern. Hier bewirkt die einmalige Entfernung des Dateninhalts nur, dass dieser bis zur nächsten Aktualisierung nicht mehr vorgehalten wird. Dann wird der fragliche Inhalt erneut auf den Server gespielt. In einem solchen Fall hat das *OLG München* die Zumutbarkeit der Löschung verneint, blieb eine nähere Begründung freilich schuldig.[173] Hier muss im Einzelfall geprüft werden, ob nicht durch Einrichtung einfacher Filter die erneute Spiegelung des betreffenden Dateninhalts verhindert werden kann.

e) Keine Überwachungs- und Nachforschungspflicht der Diensteanbieter

Eine zentrale Regelung zur Verantwortlichkeit der Diensteanbieter findet sich in § 8 Abs. 2 Satz 1 TDG/§ 6 Abs. 2 Satz 1 MDStV: Die in §§ 9–11 TDG genannten Diensteanbieter (Access-, Cache- und Host Provider) sind nicht verpflichtet, 87

„die von ihnen übermittelten oder gespeicherten Informationen zu überwachen oder nach Umständen zu forschen, die auf eine rechtswidrige Tätigkeit hinweisen".

Damit folgt das Gesetz der Vorgabe der ECRL, Diensteanbieter von **präventiven Kontrollpflichten** zu entbinden. Ein Host Provider muss den bereitgehaltenen Datenbestand nicht auf rechtswidrige Inhalte untersuchen, der Access Provider braucht im Netz nicht nach illegalen Inhalten Ausschau halten. Nur auf Anordnung einer Behörde soll ein Anbieter verpflichtet sein, diese über mutmaßliche rechtswidrige Tätigkeiten oder über Informationen der Nutzer ihrer Dienste zu unterrichten (Art. 15 Abs. 2 ECRL).

Haftungsrechtlich führt die Regelung dazu, dass eine delikts- oder strafrechtliche Verantwortlichkeit der Anbieter niemals allein auf mangelnde Kontrollen oder Sicherungsmaßnahmen gestützt werden kann, sondern nur bei Vorliegen der engen Voraussetzungen der §§ 9–11 TDG. Ein Host Provider, der bewusst die Augen vor illegalen Inhalten auf seinem Server verschließt und damit keine Kenntnis nachzuweisen ist, wird privilegiert. Dies ist im Hinblick auf die in Art. 14 Abs. 1 GG **grundrechtlich verbürgte Garantie** des Urheberrechts und der gewerblichen Schutzrechte bedenklich.[174] Dem kann nur dadurch begegnet werden, dass von jedem Provider ein Mindestmaß an Sorgfalt bei der Verhinderung rechtswidriger Dateninhalte abzuverlangen ist und bei grober Mißachtung dieser Pflicht in verfassungskonformer Auslegung seine deliktische Haftung durchaus zu bejahen ist.[175] 88

---

[172] *Spindler,* MMR 1999, 198 (203); *ders.,* Beilage MMR 7/2000, 6 (18).

[173] *OLG München,* MMR 2000, 617 – CD-Bench, bezogen auf die Sperrpflicht nach § 5 Abs. 4 TDG a. F.

[174] Einzelheiten bei *Dustmann,* S. 123 ff.

[175] Dafür spricht auch Erwägungsgrund Nr. 48 der ECRL. Danach bleibt die Möglichkeit unberührt, „von Diensteanbietern, die von Nutzern ihres Dienstes bereitgestellte Informationen speichern" (= Host Provider), zu verlangen, „die nach vernünftigen Ermessen von ihnen zu erwartende und in innerstaatlichen Rechtsvorschriften niedergelegte Sorgfaltspflicht anzuwenden, um bestimmte Arten rechtswidriger Tätigkeiten aufzudecken und zu verhindern". Das „Wegschauen" darf also nicht prämiert werden.

f) Pflicht zur Entfernung und Sperrung von Informationen

89 Von den Privilegierungen der §§ 9–11 TDG/§§ 7–9 MDStV jeweils ausdrücklich ausgenommen sind Unterlassungs- und Beseitigungsansprüche gegen den Diensteanbieter[176]. Das Gesetz drückt das in der Weise aus, dass „Verpflichtungen zur Entfernung oder Sperrung der Nutzung von Informationen" nach den allgemeinen Gesetzen auch im Fall der Nichtverantwortlichkeit des Diensteanbieters nach den §§ 9–11 TDG unberührt bleiben. In den Mittelpunkt rücken insoweit die Grundsätze der Mitstörerhaftung, wie sie der Bundesgerichtshof seit der *Architektenwettbewerb*-Entscheidung für die Haftung technischer Verbreiter aufstellt: Ein Diensteanbieter, der für die Verbreitung eines Dateninhalts lediglich einen technischen oder organisatorischen Beitrag leistet, haftet nur dann als Mitstörer, wenn er im konkreten Fall eine Prüfpflicht verletzt hat und ihm deren Einhaltung auch zumutbar war.[177]

D. Die Haftung einzelner Internet-Akteure

90 Aufbauend auf der allgemeinen Analyse der relevanten Rechtsgrundlagen wird nachfolgend konkret die Haftung einzelner Online-Akteure für Immaterialgüterrechtsverletzungen dargestellt. Die Darstellung erhebt dabei keinen Anspruch auf Vollständigkeit. Zu unterschiedlich kann die jeweilige funktionale Stellung eines Akteurs sein, der an der Verbreitung rechtsverletzender Daten – unmittelbar oder mittelbar – beteiligt ist.

Vorweg sei daran erinnert, dass die scharfe und statische Trennung der Anbieterformen in der Praxis eher die Ausnahme als die Regel ist. Ein im Online-Bereich tätiges Unternehmen kann nicht statisch einer bestimmten Gruppe zugeordnet werden. Es kommen vielfältige Mischformen vor. Die Anbieterbezeichnungen sind immer funktional und nicht personal zu verstehen. Viele Online-Dienste sind beispielsweise sowohl als **Inhaltsanbieter** (Erstellung eigener Informationsangebote) **Host Provider** (Angebote von Webspace für Homepages sowie von Domains) als auch **Access Provider** (Zugangsvermittlung zum Internet) tätig. Auch die große Masse der **Internet-Nutzer** („User"), die Informationen abfragen, ist nicht auf eine passive Rolle festgelegt. So wird der Nutzer bereits zum Inhaltsanbieter, wenn er per E-Mail einen Beitrag an eine Newsgroup schreibt.

I. Die Haftung des Inhaltsanbieters

1. Begriff

91 Stellen Rechteinhaber fest, dass im Internet verbreitete Informationen ihre immaterialgüterrechtlichen Befugnisse verletzen, werden sie sich zunächst an dessen Anbieter wenden. Inhalts- oder Informationsanbieter (**Content Provider**) kann in diesem Zusammenhang der Anbieter einer Website oder Datenbank sein, ebenso der Verfasser eines einzelnen Newsbeitrags oder der annoncierende Verkäufer einer Online-Autobörse. Inhaltsanbieter ist also immer, auf wessen unmittelbare Veran-

---

[176] Ebenso *OLG München,* MMR 2002, 611 (612); *Spindler,* MMR 2001, 737 (743); *ders.,* NJW 2002, 922, 925; *Moritz/Dreier/Hütig,* D Rdnr. 61; *Hoffmann,* MMR 2002, 284 (286); übersehen von *LG Potsdam,* MMR 2002, 829 – Verantwortlichkeit eines Auktionshauses.

[177] Vgl. Einzelheiten oben Rdnr. 18.

lassung Informationen im Internet der Öffentlichkeit zugänglich gemacht werden. Er muss die Informationen dabei nicht notwendigerweise selbst erstellt haben, wie dies regelmäßig bei einer MP3-Datei oder einem Software-Programm der Fall ist.

2. Umfassende Verantwortlichkeit des Inhaltsanbieters

Für den so beschriebenen Inhaltsanbieter gilt: Was offline illegal ist, bleibt auch 92
online illegal. Für die immaterialgüterrechtliche Haftung des Inhaltsanbieters ergeben sich keine Unterschiede zu herkömmlichen Medien. Ebenso wie ein Zeitungsverleger oder ein Fernsehproduzent muss auch der Inhaltsanbieter darauf achten, dass die von ihm ins Netz gestellten Inhalte nicht die immaterialgüterrechtlichen Befugnisse Dritter verletzen. Er muss sicherstellen, dass ihm von Urhebern und Leistungsschutzberechtigten alle zur Online-Wiedergabe ihrer Werke bzw. Leistungen erforderlichen **urheberrechtlichen Nutzungsrechte** eingeräumt worden sind.[178] Der für den Internetauftritt gewählte **Domainnamen** und die dort angebotenen Waren und Dienstleistungen dürfen nicht die **Kennzeichenrechte** Dritter verletzen; handelt der Anbieter im geschäftlichen Verkehr, so hat er die Spielregeln des Lauterkeitrechts einzuhalten[179]. Die Haftung des Inhaltsanbieters, der Dateninhalte erstellt oder erstellen lässt und diese zum Abruf in Datennetze einspeichert, richtet sich ausnahmslos nach allgemeinen Regeln. Die Haftungsmodifikationen der §§ 9–11 TDG/§§ 7–9 MDStV kommen ihm nicht zugute, da die von ihm angebotenen Inhalte nicht „fremd“ sind. Besonderheiten ergeben sich allenfalls für Plattformanbieter, die Dritten die Möglichkeit geben, auf ihrer Internetpräsenz Inhalte zu präsentieren.[180]

Möchte der geschädigte Rechtsinhaber gegen den Inhaltsanbieter vorgehen, so 93
liegen die Probleme meist weniger in der materiellen Anspruchslage als in deren **faktischen Durchsetzung.** Allzu oft lassen sich die Anbieter illegaler Inhalte nicht oder nur unter großen Schwierigkeiten ermitteln. Entsprechende Auskunftsgesuche an den Host Provider, der die rechtsverletzende Seite gespeichert hat, führen häufig ins Leere.[181]

3. Haftung für Werbebanner

Webangebote, die vollständig werbefrei sind, findet man immer seltener. Die 94
Internetpräsenzen großer News-Portale, Suchmaschinen, Internet-Zeitschriften („e-zines“) aber auch von Datenbankanbietern sind gefüllt mit Werbebannern jeglicher Art und Größe, „Pop-Up“-Fenstern, etc[182]. Selbst Anbieter von privaten Homepages erhoffen sich durch die Platzierung von Werbebannern auf ihrer Homepage einen kleinen Nebenverdienst[183]. Erweist sich der geschaltete Werbebanner als wettbewerbs-, kennzeichen- oder urheberrechtswidrig, haftet der Inhaltsanbieter dafür nach allgemeinen Regeln. Auf die Privilegierung des § 11 TDG bzw. § 9 MDStV kann er sich nicht berufen, mag man die Regelung dem Wortlaut nach noch für einschlägig halten. Doch sind die Werbebanner für den Inhaltsanbieter

[178] Vgl. dazu § 8.
[179] Vgl. dazu § 11.
[180] Zur Haftung der Plattformanbieter siehe Rdnr. 116 ff.
[181] *Bortloff,* GRUR Int. 2000, 666.
[182] Zu den einzelnen Werbeformen im Internet vgl. § 11, Rdnr. 39.
[183] Zur rechtlichen Einordnung von Bannerverträgen vgl. § 13, Rdnr. 342 ff.

keine „fremde Inhalte“, die er – einem Host Provider vergleichbar – im Auftrag Dritter speichert. Vielmehr hat er den Banner bewusst und in autonomer Entscheidung ausgewählt und in seine Internet-Präsenz eingebunden.

95 Entsprechend ist im Fall eines Rechtsverstoßes eine Unterlassungs- und Schadensersatzhaftung des Inhaltsanbieters für den Werbebanner denkbar. Anbieter von **redaktionell-journalistischen Angeboten** werden sich aber regelmäßig auf die gemilderten Haftungsmaßstäbe berufen können, wie sie die Rechtsprechung seit jeher den Printmedien für den Anzeigenteil zubilligt. Danach haftet die Presse nur, wenn die veröffentlichte Anzeige offensichtlich und erkennbar rechtswidrig war[184]. Der Zweck dieser Privilegierung, nämlich den Medien mit Rücksicht auf Art. 5 Abs. 2 GG ihre Arbeit nicht unangemessen zu erschweren, gebietet es, die Grundsätze auch auf journalistisch-redaktionell gestaltete Internet-Angebote auszuweiten. Anbietern von Unternehmens-Homepages bleibt die Privilegierung dagegen verwehrt.

II. Haftung für Links

1. Übersicht – Links im Mittelpunkt des Rechts

96 Eine breite und bisweilen leidenschaftlich geführte Diskussion hat sich um die Zulässigkeit von (Hyper-)Links und verwandter Techniken entwickelt.[185] Jeder Versuch, die Möglichkeit des Linkens rechtlich einzuschränken, wird dabei von der Internetgemeinde zuweilen als Angriff auf das Internet selbst gewertet.[186] Denn die **Hyperlink-Technik** (HREF) ist gewiss eine der Erfolgsfaktoren des World Wide Web. Erst durch die Möglichkeit, Webseiten durch Querverweise mit anderen Dokumenten direkt zu verknüpfen, erhält das Internet seinen Charakter als weltweit verwobenes, dezentral organisiertes Netz. Viele Webseiten würden nie gefunden, wenn andere nicht auf sie verweisen würden.[187]

97 Einigkeit besteht darüber, dass das Verweisen auf eine fremde Webseite mittels Hyperlink im Regelfall keine Rechtsverletzung begründet. Denn die Funktion des WWW würde schwer beeinträchtigt, gäbe man jedem Anbieter die Kontrolle darüber, welche anderen Anbieter einen Link auf seine Seite setzen dürfen. Dennoch kann im Einzelfall ein Hyperlink den Juristen vor zahlreiche Probleme stellen – Probleme, die auch die deutschen Gerichte zahlreich beschäftigt haben. Dabei treten im Wesentlichen **zwei Grundkonstellationen** auf:

---

[184] Vgl. für das UWG nur *BGH* GRUR 1994, 841 – Suchwort; *BGH* GRUR 1995, 751 – Schlussverkaufswerbung jeweils m. w. N.; für das Urheberrecht *BGH* GRUR 1999, 418 – Möbelklassiker.

[185] Vgl. beispielhaft etwa *Ernst,* NJW-CoR 1997, 224 ff.; *Eichler/Helmers/Schneider,* Beilage BB 18/1997, 23 ff.; *Mann,* AfP 1998, 129 ff.; *Flechsig/Gabel,* CR 1998, 351 ff.; *Waldenberger,* AfP 1998, 373 ff.; *Bettinger/Freytag,* CR 1998, 545 ff.; *Marwitz,* K&R 1998, 369 ff.; *Kochinke/Tröndle,* CR 1999, 190 f.; *Vassilaki,* CR 1999, 85 ff.; *Engels/Köster,* MMR 1999, 522 ff.; *Wiebe,* WRP 1999, 734 ff.; *Boddien,* Mitt. 1999, 401 ff.; *Leistner/Bettinger,* Beilage CR 12/1999, 1 (6 ff.); *Plaß,* WRP 2000, 599 ff.; *Pankoke,* S. 115 ff.; *Schack,* MMR 2001, 9 ff.; *Gercke,* ZUM 2001, 34 ff., *Sosnitza,* CR 2001, 693; *Müglich,* CR 2002, 583. Eine ausgezeichnete Zusammenstellung internationaler Rechtsprechung und Literatur zum Thema bietet die Link Controversy Page von *Bechtold,* http://www.jura.uni-tuebingen.de/~s-bes1/lcp.html. Rechtsvergleichend auch *Garotte,* EIPR 2002, 184 ff.

[186] Siehe die – bisweilen polemischen – Beiträge unter http://www.freedomforlinks.de.

[187] Hierin liegt ein wesentlicher Unterschied zu früheren Anwendungen wie z. B. Gopher, wo erst die gesamte Baumstruktur eines Servers durchlaufen werden musste, um ein bestimmtes, dort abgelegtes Dokument zu finden.

- **Links auf rechtswidrige Inhalte:** Der Link eines Anbieter verweist auf die Webseite (URL) eines anderen Anbieters, die rechtswidrige Inhalte zum Abruf bereithält, z.B. Raubkopien, strafbare Äußerungen, Piraterieware, wettbewerbswidrige Äußerungen, etc.
- **Rechtsverletzender Einsatz von Links:** Der Link auf die fremde Webseite wird dazu eingesetzt, um sich gezielt die schöpferischen Leistungen oder Arbeitsergebnisse anderer Anbieter zu Nutze machen und dem Nutzer präsentieren zu können. Der Anbieter möchte sich „größer machen" als er ist. Typisches Beispiel ist die systematische, ausbeutende Verknüpfung von Stellenbörsen, Lexika, Internet-Zeitungen, etc. in das eigene Angebot mit Hilfe von Links oder auch Frames.[188]

Nachfolgend erörtert wird nur die **erste Konstellation,** die Verantwortlichkeit für Links auf rechtswidrige Inhalte. Der rechtsverletzende Einsatz von **Links** und **Frames** wird dagegen der größeren Sachnähe wegen in den Abschnitten dargestellt, die sich speziell mit dem rechtlichen Schutz gegen das „Ausbeuten" von Internet-Angeboten befassen. Dies sind insbesondere das Urheber-, Wettbewerbs- und Markenrecht.[189] 98

Die Haftung für **Links auf rechtswidrige Inhalte** ist von erheblicher praktischer Bedeutung. Oft erweist sich das – inhaltlich vermeintlich bestechende – Angebot eines anderen Anbieters, auf das der Link die Internetnutzer verweisen soll, als rechtswidrig. Der Rechtsverstoß mag dabei die unterschiedlichsten Ursachen haben: Der verlinkte Anbieter versäumte es, die **urheberrechtlichen Nutzungsrechte** an verwendeten Texten, Fotos, Audio- oder Videodateien einzuholen[190], Textbeiträge entpuppen sich als **ehrverletzende Äußerungen**[191] oder als **Anleitung zu Straftaten**[192], die Domain oder Inhalte des verlinkten Internetauftritts verletzen **Kennzeichenrechte**[193] oder es wird dort **gefälschte Markenware** angeboten.[194] 99

Dass in allen Fällen der geschädigte Rechteinhaber jeweils Unterlassungs- und gegebenenfalls Schadensersatzansprüche gegen den die Rechtsverletzung unmittelbar begehenden Anbieter hat, steht außer Frage. Kann aber der Rechteinhaber daneben auch den Anbieter des Links in Anspruch nehmen, vermittelt er doch durch den Link den Zugang zu der rechtsverletzender Webseite und verschafft ihr eine größere Verbreitung? Man denke nur an den Link eines Suchmaschinenanbieters, über den die fragliche Seite überhaupt nur gefunden werden kann. Welche **Prüf- und Sorgfaltspflichten** obliegen dem Link-Anbieter bei Auswahl der fremden, verlinkten Seite? Hat er auch tieferliegende Weiterverweisungen zu überprüfen? Privilegieren §§ 9–11 TDG bzw. § 5 TDG a.F. den Link-Anbieter? 100

---

[188] Vgl. etwa *LG Berlin,* AfP 1998, 649; *LG Köln,* CR 1999, 593; *OLG Düsseldorf,* CR 2000, 184; *LG Hamburg,* MMR 2000, 761 (762); *OLG Schleswig,* MMR 2001, 399; *OLG Hamburg,* ZUM 2001, 512 (514); *LG Köln,* ZUM 2001, 714; *öOGH,* JurPC-Web.-Dok. 111/2001; *LG München I,* MMR 2002, 58; *KG,* MMR 2002, 119.

[189] Vgl. zum Urheberrecht § 8 Rdnr. 140f.; zum Wettbewerbsrecht § 11, Rdnr. 128ff.

[190] *LG Frankenthal,* MMR 2001, 401 – Pfälzer Links.

[191] *LG Hamburg,* MMR 1998, 547.

[192] Vgl. *AG Berlin-Tiergarten,* MMR 1998, 49 m. Anm. *Hütig* – Marquardt/radikal.

[193] Vgl. die zahlreichen „Explorer"-Fälle *LG München I,* MMR 2000, 566; *LG Braunschweig,* CR 2001, 47; *LG München I,* CR 2001, 46; *LG Düsseldorf,* MMR 2001, 183, *OLG Hamm,* MMR 2001, 611; *OLG Braunschweig,* MMR 2001, 608.

[194] *LG Köln,* CR 2001, 417; *OLG Köln,* CR 2002, 50.

2. Technik und Wirkungsweise des Hyperlink

101 Ein Hyperlink lässt sich mit wenigen Schritten in ein Webdokument einfügen.[195] Wenn der Nutzer den Link durch einen Mausklick aktiviert, wird der Browser angewiesen, den gegenwärtig betrachteten Inhalt zu verlassen und einen bestimmten neuen Inhalt aufzusuchen. Der Link kann den Betrachter dabei zu einer anderen Stelle im gleichen Dokument bringen (sog. **Inline-Inserting**), eine weitere Seite desselben Anbieters aufrufen oder aber zu einer beliebigen Webseite eines anderen Anbieters auf einem anderen Server führen. Der Hyperlink ist nichts anderes als ein Hinweis, dass an einem anderen Ort im Netz – wo genau, wird in aller Regel nicht angegeben – ein bestimmter Inhalt liegt, verbunden mit der technischen Hilfe, diese Stelle sofort aufzurufen. Dem Nutzer bleibt so erspart, im Browser die vollständige Internetadresse eingeben zu müssen.

102 Zahlreiche Webseiten erschöpfen sich inhaltlich darin, ausschließlich Links zu anderen Webangeboten im Netz zu Verfügung zustellen. Der Erfolg vieler Webpräsentationen beruht gerade darauf, eine große Anzahl von Links – geordnet nach Themenbereichen – anzubieten. **Suchmaschinen** wie Google, Yahoo, Altavista, usw. stellen praktisch Suchbäume organisierter Link-Sammlungen dar. Nicht nur der geschulte Internetnutzer wird den Wechsel zu einem anderen Inhaltsanbieter meist daran erkennen, dass sich die URL[196] in der Browser-Kopfzeile ändert und die Verbindung zum Hostrechner hergestellt wird[197].

3. Links auf rechtswidrige Inhalte – Haftungsrechtliche Einordnung

a) Das haftungsbegründende Verhalten

103 Eine Haftung des Link-Anbieters als **unmittelbarer Verletzer** scheidet zumindest bei Urheber- und Kennzeichenrechtsverletzungen in aller Regel aus. Denn wer mit Hilfe eines Hyperlinks auf einen urheberrechtlich geschützten Inhalt verweist, nimmt selbst **keine Vervielfältigung** dieses Inhalts i. S. v. § 16 UrhG vor.[198] Er eröffnet dem Nutzer lediglich den Zugriff auf die fremde Webseite. Erst wenn dieser den Hyperlink aktiviert, wird die adressierte Webseite aufgerufen und im Arbeitsspeicher des Nutzers eine Kopie der Seite erstellt.[199] Aus diesem Grund liegt im Linken auch **keine öffentliche Wiedergabe** (§ 15 Abs. 2 UrhG)[200] bzw. **Zugänglichmachung** (§ 19a UrhG-E) des fremden Inhalts, da der Link-Anbieter diesen nicht selbst zum

---

[195] Der Hyperlink beruht auf dem HTML-Befehl <HREF> (Hypertext REFerence).

[196] URL = Uniform Resource Locator, bezeichnet die eindeutige Adresse des Netzinhalts.

[197] Eine Fortentwicklung des einfachen Hyperlink-Befehls ist das Framing, welches fremde Webseiten innerhalb der eigenen Webpräsentation einbindet. Dadurch entstehen urheber- und wettbewerbsrechtliche Probleme, vgl. § 11 Rdnr. 129.

[198] *Schricker/Loewenheim*, § 16 Rdnr. 22; *Koch*, GRUR 1997, 417 (430); *Boddien*, Mitt. 1999, 401 (406f.); *Plaß*, WRP 2000, 599 (601); *Schack*, MMR 2001, 9 (13). So auch *Högsta Domstolen* (Oberster Gerichtshof Schweden) GRUR Int. 2001, 264 (265) – Olssons Links.

[199] Strittig ist, ob der die Raubkopie abrufende Nutzer dadurch das Vervielfältigungsrecht (§ 16 UrhG) verletzt oder sich auf das Recht zur Privatkopie nach § 53 UrhG berufen kann; für letzteres *Mönkemöller*, GRUR 2000, 663 (667f.).; *Bosak*, CR 2001, 176 (181); *Kreutzer*, GRUR 2001, 193 (200); *Schack*, Rdnr. 496; dagegen *Dustmann*, S. 81; *Klett*, Urheberrecht im Internet, S. 120; *Schaefer*, in: FS Nordemann, S. 191 (196); *Leupold/Demisch*, ZUM 2000, 379 (384) und unten § 13, Rdnr. 178.

[200] *Koch*, GRUR 1997, 417 (430); *Marwitz*, K&R 1998, 369 (372); *Plaß*, WRP 2000, 599 (601).

Abruf bereit hält.[201] Bei Kennzeichenrechtsverstößen ist es ebenfalls nur der verlinkte Anbieter, der den Rechtsverstoß selbst unmittelbar begeht, in dem er etwa die eingetragene Marke eines Dritten zur Kennzeichnung seines Angebots verwendet. Bei den **Äußerungsdelikten** ist indessen ein Haftung des Link-Anbieters als unmittelbarer Verletzer denkbar, wenn diese tatbestandsmäßig – wie etwa §§ 130, 184, 187 StGB – bereits das **Verbreiten** der beleidigenden, jugendgefährdenden oder sonstwie illegalen Inhalte als tatbestandsmäßig erfassen.

Ansonsten kann der Link-Anbieter zumeist nur als **Mitstörer** bzw. **mittelbarer** 104
Verletzer in Anspruch genommen werden. Zwar veranlasst er die fremde Rechtsverletzung nicht, auch würde das Entfernen des Link nichts daran ändern, dass die Rechtsverletzung fortbesteht. Doch *verstärkt* der Link-Anbieter die Rechtsverletzung, in dem er einer größeren Personenzahl Zugang zu der rechtsverletzenden Seite verschafft. Störer und Anspruchsgegner einer Immaterialgüterrechtsverletzung ist nach zumindest traditioneller Rechtsprechung[202] jeder, der auch nur mittelbar **willentlich** und **adäquat kausal** zu der Rechtsverletzung eines anderen beiträgt, sofern er nur die Möglichkeit zu der Verhinderung seiner Handlung hat. Wer etwa einen Link auf ein wettbewerbswidriges Gewinnspiel oder eine raubkopierte MP3-Musikdatei setzt, trägt objektiv zu der Rechtsverletzung bei. Für den Bereich des Wettbewerbs- und Kennzeichenrechts ist für die Mitstörerhaftung zudem nicht erforderlich, dass der Link Anbieter durch das Setzen des Links selbst in **Wettbewerbsförderungsabsicht** oder **im geschäftlichen Verkehr** handelt.[203] Entsprechend ist selbst eine Universität als Mitstörer nach §§ 14, 15 MarkenG passivlegitimiert, wenn auf ihrer Homepage ein Download-Link auf eine markenrechtsverletzende Software verweist.[204] Fehlt es indessen am Wettbewerbs- oder Kennzeichenverstoß des verlinkten Anbieters, so scheidet auch jegliche Störerhaftung aus. Die Mitstörerhaftung ist insoweit streng akzessorisch.[205]

b) Anwendbarkeit von §§ 9–11 TDG auf Links?

Ist damit auf Grund des weiten Störerbegriffs eine Haftung des Link-Anbieters 105
für die fremde Rechtsverletzung denkbar, so stellt sich weiterhin die Frage, ob sich der Anbieter des Links auf die Privilegierungen des §§ 9–11 TDG berufen kann. Dies ist zu verneinen. Im Anwendungsbereich des **§ 5 TDG a.F.** wurde noch heftig darüber gestritten, ob und in welcher Weise Links auf fremde Webangebote in das System der Anbieterverantwortlichkeit nach § 5 TDG einzuordnen sind.[206] Viele sprachen sich dafür aus, auf den Link-Anbieter § 5 Abs. 2 TDG a.F. zumindest analog anzuwenden, da er ähnlich wie ein Host Provider „fremde Inhalte zur Nut-

---

201 Ebenso *Plaß,* WRP 2000, 599 (602); a.A. *Marwitz,* K&R 1998, 369 (373) und *Pankoke,* S. 148, die tatbestandlich ein „Zugänglichmachen“ der fremden Webseite bejahen. A.A. auch *Högsta Domstolen* GRUR Int. 2001, 264 (265) – Olssons Links.

202 Zum Störerbegriff und der gebotenen Einschränkung der Kausalität siehe oben Rdnr. 18.

203 St. Rspr., *BGH* GRUR 1955, 97 – Constanze II; *BGH* GRUR 1957, 352 – Pertussin II; GRUR 1990, 379 – Schönheits-Chirurgie; *BGH* GRUR 1991, 769 – Honoraranfrage; *BGH* GRUR 1997, 313 – Architektenwettbewerb; *BGH* GRUR 1997, 909 – Branchenbuch-Nomenklatur; weitere Nachweise bei *Köhler/Piper,* Einf. UWG Rdnr. 247.

204 So *LG Braunschweig,* CR 2001, 47 – FTPX-Explorer; ähnlich *LG München I,* CR 2001, 46 (47).

205 Vgl. *BGH* GRUR 2000, 613 – Klinik Sanssouci; *Köhler/Piper,* vor § 13 Rdnr. 68 f.

206 Übersicht über den Streitstand etwa bei *Dustmann,* S. 191 ff.; *Hoeren/Sieber/Spindler,* Teil 29 Rdnr. 132 ff.; *Pankoke,* S. 129 ff.

zung bereithalte".[207] Andere befürworteten die Anwendung des § 5 Abs. 3 TDG a.F., da der Link Anbieter wie ein Access Provider nur den Zugang zu einem fremden Inhalt vermittele, ohne den fremden Inhalt selbst kontrollieren oder beherrschen zu können.[208] Danach wäre der Anbieter des Links von jeglicher Haftung für die fremden verlinkten Inhalte frei, unabhängig davon, ob er Kenntnis von den fremden Inhalten hatte. Zur Vermeidung von Wertungswidersprüchen solle dies bei „qualifizierten Hyperlinks", bei denen sich der Link-Anbieter den fremde Inhalt zu eigen machen, wiederum nicht gelten.[209]

106 Nach zutreffender Auffassung regelte § 5 a.F. TDG die Haftung für Links aber gerade nicht.[210] Trotz ihres weiten Wortlauts beschränkte sich die Privilegierung von § 5 Abs. 3. a.F. TDG auf Zugangsanbieter, die rein technische, telekommunikationsähnliche und inhaltsneutrale Dienstleistungen erbringen. Privilegiert werden sollen reine Übermittlungsvorgänge zum abrufenden Nutzer, bei denen dem Anbieter eine Einflussnahme versagt bleibt.[211] Der Link-Anbieter nimmt dagegen die Angebote anderer Anbieter nicht wahllos in sein Angebot auf, sondern trifft eine **bewusste inhaltliche Auswahl.**[212] Anders als ein Access Provider behält er die volle Entscheidungs- und Kontrollgewalt hinsichtlich der gesetzten Links. Aus dem gleichen Grund erwies sich auch die Anwendung von § 5 Abs. 2 TDG a.F. auf Links („Virtuelles Bereithalten") als wenig sachgerecht, da der Host Provider typischerweise eine Vielzahl von fremden Inhalten auf seinem Server bereithält, die er meist gar nicht kennt. Auch im Anwendungsbereich des alten § 5 TDG blieb es bei allgemeinen Haftungsregeln.[213] Im Zuge der Diskussion über die Regelungsreichweite von § 5 TDG a.F. forderten viele eine **spezialgesetzliche Regelung** für die Verantwortlichkeit für Link-Techniken[214], wie sie etwa die USA mit dem **Digital Millenium Copyright Act** in § 512 (d) Copyright Act getroffen haben.[215] Der Gesetzgeber

---

[207] *OLG Braunschweig,* MMR 2001, 608; *von Bonin/Köster,* ZUM 1997, 821 (823); *Bettinger/Freytag,* CR 1998, 545 (550f.); *Ernst,* K&R 1998, 536 (538); *Boddien,* Mitt. 1999, 401 (404); *Engels/Köster,* MMR 1999, 522 (524); *Freytag,* S. 228ff. und ZUM 1999, 185 (192); *Sieber,* Rdnr. 327f.; *Gercke,* ZUM 2001, 34 (36); schließlich *Waldenberger,* MMR 1998, 124 (128) und AfP 1998, 373 (375) der § 5 Abs. 2 TDG analog anwenden möchte.

[208] *Koch,* CR 1997, 193 (198); *Hoeren/Sieber/Spindler,* Teil 29 Rdnr. 135ff.; *Engel-Flechsig/Maennel/Tettenborn,* NJW 1997, 2981 (2985); *Loewenheim/Koch/Hoeren/Pichler,* S. 381 (444); *Koenig,* Beilage MMR 12/1998, 1 (7); *Vassilaki,* CR 1999, 85f.; ähnlich *OLG Schleswig,* MMR 2001, 399; *LG Frankenthal,* MMR 2001, 401.

[209] Vgl. *Hoeren/Sieber/Spindler,* Teil 29 Rdnr. 135ff.

[210] *Dustmann,* S. 191; ebenso *Flechsig/Gabel,* CR 1998, 351 (354); *Pankoke,* S. 129; *Schack,* MMR 2001, 9 (15).

[211] Vgl. Begründung zum TDG-Entwurf, BT-Drucks. 13/7385, S. 20.

[212] Das gilt allerdings nur eingeschränkt für die von Suchmaschinen erstellten Hyperlinks; dazu unten Rdnr. 112.

[213] Auch die Rechtsprechung neigte zu der Anwendung allgemeiner Regeln, freilich ohne nähere Begründung; vgl. etwa *LG Frankfurt/M.* CR 1999, 45 (46); *LG München I,* MMR 2000, 566; *LG München I,* CR 2001, 46; *LG Braunschweig,* CR 2001, 47; *OLG Hamburg,* ZUM 2001, 512; *OLG Hamm,* MMR 2001, 611; *OLG München,* MMR 2002, 625; *OLG Frankfurt,* GRUR-RR 2002, 83.

[214] Vgl. etwa *Spindler,* MMR 1999, 199 (204); *ders.,* Beilage MMR 7/2000, 6 (20); *Brisch,* CR 1999, 235 (242); *Hoffmann,* MMR 2001, 129; auch der Bundesrat sprach sich anlässlich der Umsetzung der ECRL dafür aus, BT-Drucks. 14/6098, S. 32.

[215] Ausführlich dazu *Bettinger/Freytag,* CR 1998, 545; *Pankoke,* S. 141ff.; *Lubitz,* GRUR Int. 2001, 283.

ist diesem Ruf bislang nicht gefolgt: Weder die ECRL noch das EEG sehen eine besondere Regelung für Links vor.[216]

Ebenso wenig lässt sich die Verantwortlichkeit für verlinkte Inhalte unter die neuen Tatbestände des §§ 9–11 TDG subsumieren.[217] Zwar richtet sich § 9 Abs. 1 TDG nach seinem Wortlaut allgemein an Diensteanbieter, die *den Zugang zur Nutzung* fremder Inhalte vermitteln. Die einschränkenden Voraussetzungen für den Haftungsausschluss des Diensteanbieters – er darf den übermittelten Inhalt nicht ausgewählt oder die Übermittlung veranlasst haben – machen schnell deutlich, dass sich die Regelung auf **telekommunikationsähnliche Anbieter** beschränkt, die den Zugang zu Kommunikationsnetzen vermitteln, keinesfalls aber auf Links Anwendung finden. 107

c) Allgemeine Störerhaftung

Die Verantwortlichkeit der Link-Anbieters für den verlinkten rechtswidrigen Inhalt beurteilt sich damit nach **allgemeinen Regeln der Mitstörerhaftung** bei Verletzung von Immaterialgüterrechten. Damit drängt sich einmal mehr die Anwendung der Grundsätze auf, wie sie der *BGH* in der *Architektenwettbewerb*-Entscheidung[218] für die wettbewerbsrechtliche Mitstörerhaftung herausgearbeitet und später auf andere Immaterialgüterrechte ausgeweitet hat.[219] Als Mitstörer haftet nur, wer (1) eine **Prüfpflicht** hinsichtlich seines mittelbar zum Verletzungserfolg führenden Verhaltens verletzt hat und (2) wem die Beachtung dieser Prüfpflicht im Einzelfall auch **möglich** und **zumutbar** gewesen ist.[220] 108

Eine Pflicht, den durch einen Hyperlink verknüpften Inhalt auf seine rechtliche Bedenklichkeit zu überprüfen, wird man im Grundsatz bejahen müssen.[221] Mit dem *OLG München*[222] mag man insoweit von einer **„Internet-Verkehrssicherungspflicht"** des Linksetzers sprechen. Diese kann sich aber regelmäßig nur auf das unmittelbar verknüpfte Dokument beziehen und nicht auf die gesamte Homepage einschließlich aller Untergliederungen.[223] Andernfalls drohte dem Anbieter eines Hy- 109

[216] Vgl. die Antwort der Bundesregierung auf eine Initiative des Bundesrats, BT-Drucks. 14/6098, S. 37 „Im Hinblick auf die Komplexität der damit zusammenhängenden Fragen [...] ist zunächst die weitere Entwicklung und Rechtsprechung zu verfolgen und eine generelle Regelung möglichst auf europäischer Ebene anzustreben".

[217] Ausführlich *Spindler,* MMR 2002, 495 (496f.); *Freytag,* CR 2000, 600 (604); *Pankoke,* S. 123.

[218] *BGH* GRUR 1997, 313 (315).

[219] *BGH* GRUR 1997, 909 (911) – Branchenbuch-Nomenklatur (Kennzeichenrecht), BGH GRUR 1999, 418 (419) – Möbelklassiker (Urheberrecht); BGH MMR 2001, 671 – ambiente.de (Domain-/Kennzeichenrecht).

[220] Ebenso *LG München I,* CR 2001, 46 (47) für die Haftung eines Suchmaschinenbetreibers unter Berufung auf *BGH* GRUR 1997, 909 – Branchenbuch -Nomenklatur; *LG Frankfurt,* GRUR-RR, 2002, 83.

[221] Ebenso *Niebler* in: Loewenheim/Koch, S. 264; *Mann,* AfP 1998, 129 (131); Bettinger/Freytag, CR 1998, 545 (552); *Sieber,* Rdnr. 308; *Schack,* MMR 2001, 9 (14); *LG Hamburg,* MMR 1998, 547; aus strafrechtlicher Sicht bejahend *AG Berlin-Tiergarten,* MMR 1998, 50 – Marquardt/radikal.

[222] *OLG München,* MMR 2002, 625.

[223] Eine starre Regelung, dass nur für die unmittelbar verknüpfte Webseite gehaftet wird, wird man dennoch nicht aufstellen können, insbesondere dann nicht, wenn diese deutliche Anhaltspunkte für illegale Aktivitäten liefert. Ein Beispiel hierfür ist der werbende Link auf eine Eingangsseite, hinter der offenkundig illegale MP3 Dateien zum Abruf bereitstehen. Zu weitgehend *LG Frankfurt/M.*, CR 1999, 45, wo der (wettbewerbswidrige) Inhalt erst durch Abruf zahlreicher weiterer Links verfügbar war.

perlinks ein unüberschaubares Risiko. Angesichts der starken Vernetzung des Internet wäre letztlich jeder, der eine Webseite mit Links einrichtet, für den gesamten Datenbestand des WWW verantwortlich.[224] Eine Haftung für Links scheidet deshalb schon aus, wenn über die verknüpfte Webseite weitere Hyperlinks aktiviert werden müssen, die erst den Zugriff zu den rechtsverletzenden Inhalten ermöglichen. Auch wird man eine Pflicht, sich nach Einrichtung des Links kontinuierlich über etwaige inhaltliche Änderungen der gelinkten Seite zu vergewissern, nur in Ausnahmefällen bejahen können.[225]

110 Weiterhin muss die Überprüfung des jeweils verknüpften Netzinhalts dem Anbieter auch möglich und zumutbar sein. Hier ist zu berücksichtigen, dass es jedem Internet-Akteur meist nur unter erheblichem Aufwand möglich sein wird, festzustellen, ob fremde Webseiten die Immaterialgüterrechte Dritter verletzen. Möchte man Hyperlinks als für das WWW nützliche, wenn nicht sogar unverzichtbare Technik erhalten, dann darf der Link Anbieter nicht mit **übersteigerten Prüfpflichten** belastet werden. Ähnlich wie die Rechtsprechung den Haftungsmaßstab der Presse für die im Anzeigenteil enthaltenen Wettbewerbs-[226] und Urheberrechtsverstöße[227] herabsetzt, sollte man deshalb die Prüfpflicht des Link Providers auf eine **Evidenzkontrolle der Zielinhalte** beschränken.[228] Eine Prüfpflicht kann nur bestehen, wenn die verlinkte Webseite für jedermann erkennbar und eindeutig die Rechte Dritter verletzt. Bietet jemand beispielsweise auf einer privaten Homepage bekannte lizenzpflichtige Software oder **Cracks**[229] zum Download an, so ist der Link Provider gehalten, durch Nachfrage sicherzustellen, ob nicht offenkundig eine Raubkopie ins Netz gestellt wurde. Vorsicht geboten ist auch bei Links auf so genannte „Hass-Seiten", bei denen sich jeder seiner Ärger aus der Seele schreiben darf und Beleidigungen Dritter an der Tagesordnung sind.[230]

111 Die Pflicht zur Evidenzkontrolle des verlinkten Inhalts beschränkt sich auf den Zeitpunkt der Einrichtung des Links. Erhält der Link-Anbieter später Kenntnis von der Rechtsverletzung – etwa im Wege einer Abmahnung – dann darf er den Hyperlink nicht weiter vorhalten. Ansonsten besteht Erstbegehungsgefahr.[231]

---

224 *Schack,* JZ 1998, 753 (758); *Mann,* AfP 1998, 129 (132); *Sieber,* Rdnr. 308, 330, der für alle tieferen Linkebenen § 5 Abs. 3 TDG a. F. anwenden möchte.

225 *Schack,* MMR 2001, 9 (16).

226 St. Rspr. *BGH* GRUR 1973, 203 (204) – Badische Rundschau; *BGH* GRUR 1990, 1012, 1013 – Pressehaftung I; GRUR 1992, 618 (619) – Pressehaftung II; *BGH* GRUR 1993, 53 (54) – Ausländischer Inserent; *BGH* GRUR 1994, 454 (455 f). – Schlankheitswerbung; *BGH* GRUR 1994, 841 – Suchwort; *BGH* GRUR 1995, 751 (752) – Schlussverkaufswerbung.

227 *BGH* GRUR 1999, 418 – Möbelklassiker; ebenso die Vorinstanz *OLG Frankfurt,* AfP 1997, 547.

228 Ähnlich *LG München I,* CR 2001, 46 (47) für Suchmaschine; *Bettinger/Freytag,* CR 1998, 545 (552); *Schack,* MMR 2001, 9 (16).

229 Cracks sind kleine Software-Tools, mit deren Hilfe man die Laufzeitbegrenzung oder den Kopierschutz von Software aufheben („cracken") kann.

230 Ähnliche Konstellation *LG Hamburg,* MMR 1998, 547.

231 So die Rechtsprechung bei nicht evidenten Wettbewerbsverstößen im Anzeigenteil einer Zeitung; vgl. *BGH* GRUR 1992, 618 (619) – Pressehaftung II; KG AfP 1990, 40 f. In der *Möbelklassiker*-Entscheidung hat der *BGH* die Forderung aufgestellt, die Abmahnung müsse substantiierte Hinweise auf die konkrete Urheberrechtsverletzung enthalten, GRUR 1999, 418 f.

4. Haftung von Suchmaschinen für Links

Suchmaschinen sind für die Nutzung des Internet existentiell, da sich häufig nur mit ihrer Hilfe ein bestimmtes Angebot im Netz finden lässt. Die Suchmaschinen halten die Inhalte dabei nicht selbst bereit, sondern erfassen neben der URL lediglich Titelüberschriften und Schlüsselwörter.[232] Als Suchergebnis erhält der Nutzer eine Liste von Hyperlinks, versehen mit den Kurzbeschreibungen der jeweiligen Webseite. So wertvoll die Suchmaschinen für die Recherche und Nutzung des Internet sind, so groß ist auch ihre Bedeutung für das Finden rechtswidriger Inhalte. Ohne sie lassen sich raubkopierte Computerprogramme, Musik-Dateien und Fotografien, verbotene Schriften, gefälschte Markenartikel, usw. gar nicht finden. Wer etwa die Bildsuchmaschine von *Google* benutzt, kann dort in Sekundenschnelle die – illegal eingespeisten – Playboy-Nacktfotos bekannter Schauspieler oder Sportler finden. Seriöse wie unseriöse Suchmaschinenbetreiber wissen auf Grund ihrer Suchwortstatistiken nur zu gut, dass neben Erotik das Interesse an lizenzpflichtiger Software, Musik oder auch Fan-Bilder „zum Nulltarif“ äußerst groß ist.[233] 112

Die für die Haftung des Suchmaschinenbetreibers **erforderliche adäquate Kausalität** zwischen dem durch die Suchabfrage erzeugten Hyperlink und dem anschließenden Zugriff des Nutzers auf den Dateninhalt ist zu bejahen. Ebenso klar ist, dass der Suchmaschinenbetreiber bei weitem überfordert wäre, müsste er zur Vermeidung eigener Haftung den gesamten von ihm erfassten Datenbestand darauf überprüfen, ob dieser zu rechtsverletzenden Inhalten führt. Suchmaschinen sind „Angebote zur Nutzung des Internet“ (§ 2 Abs. 2 Nr. 3 TDG)[234] und für die Recherche unabdingbar. Haftungsrelevante Prüfpflichten müssen sich deshalb auf die automatische und computergesteuerte Filterung des Datenbestandes beschränken.[235] Im Rahmen dieser Möglichkeiten sind die Betreiber allerdings verpflichtet, Dateneinträge, die zu eindeutig rechtswidrigen Inhalten führen, zu löschen. Solange der Suchmaschinenbetreiber diesen zumutbaren und technisch möglichen Sperrungs- und Sicherungspflichten nachkommt, trifft ihn keine Haftung für Hyperlinks.[236] 113

Zu Recht verneinte das *LG München I*[237] die Haftung eines Suchmaschinenbetreibers, der in seinem Datenbestand den **Link auf eine kennzeichenrechtsverletzende Software** aufgenommen hatte, wobei das Verletzungszeichen („Explorer“) im Suchdatenbestand selbst auftrat. Es sei nicht Aufgabe des Suchmaschinenbetreibers, 114

---

232 Um in den Datenbestand einer Suchmaschine aufgenommen zu werden, muss jeder Inhaltsanbieter seine Webseite bei der Suchmaschine anmelden. Dabei stehen ihm Befehle der Indexierung, sog. META-Tags, zur Verfügung, mit deren Hilfe er das Ergebnis eines Suchmaschinendurchlaufs beeinflussen kann. Zu den wettbewerbsrechtlichen Problemen von META-Tags § 11 Rdnr. 98.

233 Vgl. etwa die tägliche Suchwortstatistik des Anbieters Fireball (http://www.fireball.de).

234 *Engel-Flechsig/Maennel/Tettenborn,* NJW 1997, 2981, 2983.

235 Ähnlich *Pankoke,* S. 126, der ebenfalls betont, dass kein Grund dafür besteht, dem Suchmaschinenbetreiber von der Haftung freizustellen, wenn er allgemein akzeptierte technische Standards nicht beachtet.

236 So befreit in den USA § 512 (d) C. A. die Suchmaschinenanbieter nicht *per se* von der Haftung, sondern nur, wenn sie (1) keine Kenntnis vom rechtsverletzenden Inhalt haben, (2) finanziell nicht davon profitieren, und (3) den Link bei Aufforderung sofort entfernen.und (4) zudem bestimmte technische Präventionsmaßnahmen getroffen haben. Einzelheiten bei *Bettinger/Freytag,* CR 1998, 545 (553 f).

237 *LG München I,* MMR 2002, 56 = CR 2002, 46.

„wettbewerbsmäßige oder markenrechtliche Unterlassungsansprüche zu prüfen und ggf. Eintragungen abzulehnen". Aus dem gleichen Grund lehnte das *LG Frankfurt*[238] die Mitstörerhaftung eines Suchmaschinenbetreibers für wettbewerbswidrige Einträge der Online-Apotheke *DocMorris* ab. Bei Bejahung entsprechender Prüfpflichten des Betreibers wäre die Funktionsfähigkeit der Suchmaschine gefährdet. Dem Betreiber fehle zudem die Möglichkeit, die vielfältigen Beeinflussungsmöglichkeiten von DocMorris auf den Suchdatenbestand zu kontrollieren. Selbst bei – meist immer erst im Nachhinein – **offenkundigen Kennzeichenverstößen** der in der Suchmaschine erfassten Daten scheidet eine Störerhaftung der Suchmaschinenbetreiber aus, es sei denn, bei der automatischen Erfassung und Filterung der Daten wird der Rechtsverstoß offensichtlich.

Praxistipp: Möchten Rechteinhaber gegen den Eintrag einer Suchmaschine vorgehen, weil dieser zu urheber-, persönlichkeits-, kennzeichen- oder wettbewerbsverletzenden Inhalten führt, ist der Suchmaschinenanbieter zunächst auf den Eintrag bzw. Rechtsverstoß unter Vorlage aussagekräftiger Nachweisen hinzuweisen, so dass der Rechtsverstoß dem Anbieter offenkundig wird. Entfernt der Suchmaschinenbetreiber den Eintrag bzw. Link nicht, ist er bösgläubig und kann abgemahnt werden.

115 Nicht besser als ein „gewöhnlicher" Anbieter eines Links steht allerdings ein Suchmaschinenanbieter, der entgeltlich Internetpräsenzen in seinen Datenbestand aufnimmt, die dann meist bei Eingabe der gebuchten Suchwörtern (**keyword-buys**)[239] an erster Stelle im Suchergebnis auftreten. Verletzen die gebuchten Suchwörter Kennzeichenrechte Dritter, ist der Suchmaschinenanbieter nicht sonderlich schutzwürdig, da er den Rechtsverstoß zu eigenen wirtschaftlichen Zwecken nutzt.[240]

III. Verantwortlichkeit von Plattformanbietern

1. Begriff

116 Unter der Bezeichnung Plattformanbieter können Internet-Akteure zusammengefasst werden, die unter eigenem Namen Internet-Präzenzen anbieten, welche von Dritten allerdings erst mit Informationen aufgefüllt werden müssen. Typische Beispiele sind **Internet-Auktionshäuser, virtuelle Marktplätze, Nutzerforen, Gästebücher, Newsgroups, Chat-Rooms, Bulletin-Boards,** etc. Deren Anbieter haben alle gemein, dass sie sich darauf beschränken, Nutzern – technisch bisweilen anspruchsvolle – interaktive Kommunikationsmechanismen zur Verfügung zu stellen, damit diese Informationen präsentieren und mit anderen Nutzern in Kontakt treten können.[241] Im Fall eines Online-Automarkts ist dies der annoncierende Autoverkäufer, bei einem Musikforum der eine MP3-Datei in das Forum stellende Nutzer, bei einer Newsgroup der Absender eines Newsbeitrags. Die Plattformanbieter beschränken

[238] *LG Frankfurt,* GRUR-RR 2002, 85 = CR 2002, 220, unter Anwendung des § 5 Abs. 4 TDG a. F.].

[239] Dazu § 11 Rdnr. 94.

[240] So auch *LG Hamburg,* CR 2000, 392 (395) unter Berufung auf § 1 UWG.

[241] Dazu gehören auch File-Sharing-Netze wie Napster, dazu § 8 Rdnr. 160 ff.; zu den dazugehörigen vertragsrechtlichen Fragen vgl. § 13, Rdnr. 208 ff.

sich jeweils darauf, den Kommunikationsvorgang zu ermöglichen. Bei der Fülle der Datenmassen wissen die Anbieter zumeist gar nicht, welche Informationen (Angebote) genau aktuell auf ihrer Plattform angeboten werden. Eine **Vorkontrolle** aller eingehenden Informationen findet in der Regel nicht statt.

Derartige Plattformanbieter sind einem latenten Haftungsrisiko ausgesetzt. So werden Internet-Auktionshäuser allzu gern zur Versteigerung gefälschter Markenartikeln[242] oder NS-Memorabilia[243] missbraucht. Der Anbieter eines Musikforums muss damit rechnen, dass ihm Nutzer urheberrechtlich geschütztes Musikrepertoire auf seinen Server spielen.[244] In Foren und Newsgroups sind Ehrverletzungen an der Tagesordnung.[245] Die **haftungsrechtliche Einordnung** dieser Plattformanbieter bereitet Schwierigkeiten: Die Grenze zwischen klassischem Content Provider und lediglich Speicherkapazität anbietenden Host Provider verschwimmt. Mag man den Plattformanbieter einerseits in Schutz nehmen wollen, wenn Dritte seine – gesellschaftlich mitunter wertvolle – Kommunikationsplattform zu rechtswidrigen Zwecken missbrauchen, so profitiert er andererseits wirtschaftlich in erheblichem Maße davon, auf seiner Plattform möglichst viele Informationen – rechtmäßige wie rechtswidrige – anbieten zu können. Denn im Internet gilt nun einmal: „Wer Content hat, ist King".[246] 117

2. Eigene versus fremde Informationen

Für die deliktische Haftung der Plattformanbieter ist von zentraler Bedeutung, ob es sich bei den von Dritten angebotenen Informationen (z.B. MP3-Files, gefälschte Markenartikel, beleidigende Äußerungen, etc.) um eigene oder fremde Informationen des Plattformanbieters handelt. Im letzteren Fall kommt eine Privilegierung des Plattformanbieters nach § 11 TDG/§ 9 MDStV in Betracht. Das Gesetz wie auch die Gesetzgebungsmaterialien helfen für die Abgrenzung nicht viel weiter. In den Entwurfsbegründungen zum TDG[247] und zum EGG[248] heißt es jeweils nur, eigene Inhalte seien auch die von Dritten hergestellten Inhalte, die sich der Anbieter **zu eigen mache.** Damit bleibt aber unbeantwortet, wonach im Normalfall zwischen eigenen und fremden Inhalten zu unterscheiden ist und welche Anforderungen gegebenenfalls an ein „Zueigenmachen" zu stellen sind.[249] Wie schwierig im Einzelfall die Abgrenzung sein kann, verdeutlichen folgende drei Beispiele: 118

– Der Online-Dienst AOL bezahlte den namhaften Gerüchtekolumnisten Matt Drudge dafür, dessen aus Klatsch- und Lügengeschichten bestehende Kolumne (Drudge Report) auf der AOL-Webseite veröffentlichen zu dürfen.[250] Handelt es sich beim Drudge-Report für AOL um fremde oder eigene Informationen?

---

[242] Vgl. *OLG Köln,* MMR 2002, 110.

[243] Vgl. *Tribunal de Grande Instance de Paris,* MMR 2001, 309; *LG Potsdam,* MMR 2002, 829.

[244] Vgl. *OLG München,* ZUM 2001, 418 – MIDI-Files.

[245] Dazu *OLG Köln,* MMR 2002, 548 – Steffi Graf; *OLG München,* MMR 2002, 609.

[246] *Kuch,* ZUM 2000, 801.

[247] Vgl. TDG-Entwurfsbegründung, BT-Drucks. 13/7385, S. 19f.

[248] Regierungsentwurf EGG vom 17. 5. 2001, Vorbemerkungen zu §§ 8–11 TDG, BT-Drucks. 14/6098, S. 23.

[249] *Freytag,* S. 172.

[250] Vgl. *Blumenthal v. Drudge and America Online,* 992 F. Suppl. 44 (D.D.C. 1998). Obwohl AOL den Drudge Report bezahlte und ihn auch in seiner Werbung einband, konnte der Online-Dienst sich einer Haftung auf Grund der „Good Samaritan Clause" des § 230 Communications

- Ein Anbieter hatte auf seiner Homepage ein Gästebuch eingerichtet, in denen Besucher der Homepage Nachrichten hinterlassen können. Auf diese Weise gelang ein offenkundig ehrverletzender Beitrag in das Gästebuch, der dort über einen Monat bis zu seiner Löschung verblieb.[251]
- Ein weiteres Beispiel bildet der vom *OLG München*[252] entschiedene Fall eines Reiseforums, das Reiseveranstaltern die Möglichkeit anbot, auf seinem Server Last-Minute Angebote zu veröffentlichen. Auf diese Weise waren mehr als 250000 Reiseangebote von dem Server abrufbar. Handelte es sich um eigene Informationen des Forumanbieters, wenn nicht erkennbar war, wer die Reiseveranstalter waren, die hinter den (in unlauterer Weise beworbenen) Reiseangeboten standen?[253]

Die Beispiele lassen bereits erahnen, dass sich allgemeingültige Abgrenzungskriterien, die gleichermaßen auf alle Fallgestaltungen angewendet werden können, nur schwer finden lassen.

a) Abgrenzungskriterien

119 Die Literatur und Teile der Rechtsprechung befürworten überwiegend, die Abgrenzung in Anlehnung an **presserechtliche Grundsätze** mit Hilfe der äußerlich erkennbaren Einstellung des Diensteanbieters zu der Information vorzunehmen. Für das Vorliegen eines eigenen Inhalts bzw. Information wird darauf abgestellt, dass jemand eine Information nicht als fremde kennzeichnet[254], dass sich jemand von dem Inhalt nicht distanziert[255], dass er sich den Inhalt objektiv erkennbar zurechnen lassen will, dass er für den Inhalt aus der Sicht eines objektiven Nutzers die Verantwortung übernehmen will[256], oder dass er sich mit dem einzelnen konkreten Inhalt identifiziert[257] oder ihn billigt.

120 Diese Abgrenzungskriterien leisten aus äußerungsrechtlicher Sicht sicher wertvolle Hilfestellungen. Als ungeeignet erweisen sie sich aber im Fall von Urheber- und Schutzrechtsverletzungen. Bei letzteren liegt das Wesen der Rechtsverletzung darin, dass ein gezeigtes Verhalten objektiv die Rechte Dritter verletzt. Welche in-

Decency Act (CDA) von 1996 entziehen. Die Vorschrift lautet: „No provider or user of an interactive computer service shall be treated as the publisher or speaker of any information provided by another Information Content Provider".

[251] *LG Trier,* MMR 2002, 694 m. Anm. *Gercke.*

[252] *OLG München,* CR 1998, 300 mit Anm. *Hackbarth* – last-minute Reisen = MMR 1998, 539 mit Anm. *Pichler.*

[253] Das Gericht hat dies unter Anwendung der früheren strengen Grundsätze der wettbewerbsrechtlichen Störerhaftung bejaht. Eine Auseinandersetzung mit § 5 TDG a. F. fehlt allerdings in der Entscheidung.

[254] *AG München,* CR 1998, 500 (505) – Compuserve/Felix Somm; *Koch,* CR 1997, 193 (197).

[255] *OLG Köln,* MMR 2002, 548 – Steffi Graf; *Spindler,* NJW 1997, 3193 (3196); *Hoeren/Sieber/Spindler,* Teil 29 Rdnr. 95; *Koch,* CR 1997, 193 (197); *Vassilaki,* MMR 1998, 630 (633); *Roßnagel/Ukrow,* § 5 MDStV Rdnr. 40. Eine ausdrückliche Distanzierung wird im Presserecht insbesondere für Zitate und Leserbriefe gefordert. Die Presse muss sich die Äußerungen Dritter als eigene zurechnen lassen, wenn es an einer eigenen und ernsthaften Distanzierung fehlt; *BGH* NJW 1997, 1148 (1149) – Stern TV; *BGH* NJW 1996, 1131 (1132) – Lohnkiller; *BGH* NJW 1976, 651 (653) – Panorama. Überblick bei *Soehring,* Rdnr. 16.18.

[256] *OLG Braunschweig,* MMR 2001, 249; *LG Bonn,* ZUM-RD 2002, 160; *OLG Hamburg,* GRUR-RR 2002, 234; *Spindler,* NJW 1997, 3193 (3196); *Pichler,* MMR 1998, 438 (448).

[257] *LG Lübeck,* MMR 1999, 686; ebenso *Eichler,* K&R 1998, 412 (414); *Pelz,* ZUM 1998, 530 (534);.

nere oder äußerlich erkennbare Einstellung der Verletzer dazu hat, ist unerheblich.[258] Der Anbieter eines illegalen MP3-Musikarchivs bietet nicht dadurch fremde Informationen i.S.d. § 11 TDG an, dass er die MP3-Dateien als Werke Dritter kennzeichnet oder ausdrücklich nicht die Verantwortung für die Beachtung von Urheberrechten übernehmen will. Eine ausdrückliche Distanzierung, im Internet gängig als **Disclaimer** bezeichnet, ändert nichts daran, dass er Urheberrechte Dritter verletzt. Ansonsten müsste der Anbieter nur hinreichend deutlich machen, dass der Inhalt nicht sein eigener ist, um in den Genuss der Haftungsprivilegierung zu kommen. Die Kenntlichmachung eines Beitrags als fremd oder die förmliche Distanzierung dazu (Disclaimer) schließen deshalb die Zurechnung als eigene Information des Anbieters keinesweg automatisch aus.[259]

Vieles spricht dafür, dass der Abgrenzung zwischen eigenen und fremden Inhalten ein **technisches Verständnis** zugrunde liegt. Dies wird bei Betrachtung der Normalfälle der §§ 8ff. TDG/§§ 6 MDStV deutlich. „Normalfälle" sind insoweit die typischen Fallkonstellationen, die der Gesetzgeber bei der Fassung der Verantwortlichkeitsregelungen jeweils im Auge hatte. Diese typisierende Betrachtungsweise der **Normalfallmethode** vermag am ehesten Ansatzpunkte für die Unterscheidung zwischen eigenen und fremden Inhalten zu liefern:[260] 121

§ 8 TDG/§ 6 MDStV regelt den typischen Fall eines selbstverantwortlich handelnden Anbieters, der Informationsangebote verfasst oder zusammenstellt und dann auf einem Internetserver zum Abruf zur Verfügung stellt. Ob er dabei anonym auftritt, seine Identität offenbart, sich mit den Inhalten identifiziert oder über die erforderlichen Nutzungsrechte verfügt, spielt keine Rolle. Entscheidend ist, dass die Daten nach dem **autonomen Willen des Anbieters** ins Netz gestellt worden sind. Diese Informationen sieht das Gesetz als eigene Inhalte des Anbieters an. 122

Die Regelung des § 11 TDG/§ 9 MDStV zielt dagegen auf die Dienstleistung eines Host Providers ab, die sich darin erschöpft, Anbietern von Internetpräsenzen Speicherkapazität zur Verfügung zu stellen. Daraus folgt bereits, dass die bloße Speicherung einer Information für ein „Zueigenmachen"(Verursachungsbeitrag) noch nicht ausreicht, da dies ersichtlich den Normalfall des § 11 TDG/§ 9 MDStV bildet. Das Erfordernis der Kenntnis verdeutlicht zudem, dass auch dieses kein Kriterium für das Vorliegen einer eigenen Information ist. Maßgebend ist vielmehr, dass sich der Anbieter im Hinblick auf die in Rede stehenden Informationen rein passiv verhält und nur eine technische Dienstleistung – ohne Rücksicht auf die Information – anbietet. 123

Diese Überlegungen verdeutlichen, dass der „Fremdheit" im TDG/MDStV ein vordergründig technisches Verständnis zugrunde liegt.[261] Der Begriff erfasst im Online-Bereich Tätigkeiten, die im klassischen Medienhaftungsrecht üblicherweise von **technischen Verbreitern**[262] (Drucker, Spediteure, Grossisten) ausgeübt werden, die auf die verbreiteten Inhalte keinen Einfluss nehmen, mögen sie diese im Einzelfall auch kennen und inhaltlich billigen. 124

---

[258] Ähnlich *Freytag,* S. 173; *Sieber,* Rdnr. 295; *Pankoke,* S. 101.

[259] Ebenso *OLG Köln,* MMR 2002, 548 – Steffi Graf.

[260] Ähnlich *Sieber,* Rdnr. 299, der insoweit von einer teledienste- bzw. mediendienstespezifischen Abgrenzung spricht; folgend *Dustemann,* S. 141.

[261] Ebenso *Pankoke,* S. 105; *Spindler,* NJW 2002, 922 (923).

[262] Zu dem Begriff und der Haftung der einzelnen Presseangehörigen *Soehring,* Rdnr. 16.10; *Löffler/Ricker,* Kap. 41 Rdnr. 19ff.

b) Anforderungen an ein „Zueigenmachen" von Informationen

125 An ein „Zueigenmachen" fremder Informationen ist deshalb qualitativ die Anforderung zu stellen, dass es dem Normalfall der „eigenen" Informationen vergleichbar sein muss. Der Anbieter muss – einem intellektuellen Verbreiter vergleichbar – unmittelbar die Dateneinspeisung der Information im Internet veranlasst haben. Ähnlich wie der Inhaltsanbieter nach § 8 TDG/§ 6 MDStV muss er die Information bewusst und in autonomer Entscheidung ausgewählt haben. Dies kann etwa dadurch geschehen, dass ein Anbieter fremde Netzinhalte kopiert und in sein Angebot integriert oder durch die Gestaltung des äußeren Rahmens fremde Inhalte als eigene ausgeben möchte. Entscheidend ist jeweils, dass der Diensteanbieter einen konkreten Inhalt bewusst auswählt. Dies kann auch dadurch geschehen, dass andere Inhalte in dem gleichen Zusammenhang gelöscht werden. Fremd sind hingegen Inhalte, wenn und solange sich der Beitrag des Anbieters auf die **technische Vermittlerrolle** beschränkt.

126 Für die Abgrenzung ist hingegen unerheblich, ob der Anbieter die geistige Aussage des fremden Inhalts teilt und ob er seine Herkunft kennzeichnet. Ein Anbieter, der in seiner Homepage die Aussagen/Inhalte eines Dritten einbindet, indem er etwa Bannerwerbung schaltet, und dabei die Fremdheit der Äußerung ausdrücklich kennzeichnet, hält eigene Inhalte bereit. In dem eingangs geschilderten Fall um den **Drudge-Report** handelte es sich deshalb für AOL um eigene Informationen. §§ 8 ff. TDG/§ 6 ff. MDStV zielen nicht darauf ab, die Haftung zwischen den verschiedenen **intellektuellen Verbreitern** (Verfasser, Anzeigenkunde, Redakteur, Herausgeber) zu verteilen. Die allgemeinen Gesetze bieten hierfür eine geeignete Handhabe. So wäre weiter zu prüfen, ob der Homepage-Anbieter sich auf Grund der Kennzeichnung oder Distanzierung zu dem Inhalts auf die herabgesetzten Haftungsmaßstäbe berufen kann, wie sie die Presse insbesondere für die Veröffentlichung von Leserbriefen, Interviews, Anzeigen usw. genießt.[263]

127 Unerheblich für die Abgrenzung zwischen eigenen und fremden Inhalten ist die **Anzahl der angebotenen Inhalte Dritter.** Der Anbieter einer Internet-Auktion mit über 100 000 aktuellen Angeboten kann dem Grunde nach nicht besser stehen als ein Anbieter eines exklusiven virtuellen Kaufhauses, der nur wenigen ausgewählten Kunden die Nutzung seiner Plattform ermöglicht. Die Anzahl der bereitgehaltenen Informationen mag allenfalls eine Rolle bei der Frage spielen, ob dem Diensteanbieter Kenntnis der Inhalte unterstellt werden kann.

c) Einzelfälle

128 Bei **Internet-Auktionen, virtuellen Marktplätzen** und sonstigen **Warenbörsen** dürften die Informationen, die der Kunde zur Bewerbung seines Angebot auf die Plattform einspeichert, für den Plattformanbieter **fremde Informationen** sein.[264] Allein der annoncierende Kunde veranlasst die Einspeisung der relevanten Informationen. Das Auktionshaus verhält sich inhaltsneutral. Seine Tätigkeit beschränkt sich auf die Vermittlung des Kontakts zwischen den Vertragspartnern. Verfehlt ist die Einstufung der Information als eigene, nur weil sich der annoncierende Kunde hinter einem Pseudonym verstecken kann und der Bieter nur das Auktionshaus na-

263 Vgl. dazu *Soehring,* Rdnr. 16.18.

264 Ebenso *Spindler,* MMR 2001, 737 (738) für Internet-Auktionen, folgend *LG Potsdam,* MMR 2002, 829 (30).

mentlich kennt.[265] Dies spielt für die Differenzierung zwischen eigenen und fremden Informationen keine Rolle.

Um fremde Inhalte aus Sicht des Betreibers dürfte es sich auch bei **Musik- oder Software-Foren, Bulletin-Boards, Foren, Newsgroups** handeln. Die Betreiber oder Moderatoren der Newsgroups oder Foren wählen die eingesandten Beiträge nicht aus, sondern legen nur das inhaltliche Thema des Forums fest und/oder schaffen die technischen Voraussetzungen für die Kommunikation der Teilnehmer. Solange der Betreiber nichts weiter tut, reicht das für ein Zueigenmachen der einzelnen Beiträge nicht aus. Eine gegenteilige Auffassung vertrat zuletzt das *OLG Köln*[266] für ein Nutzerforum („Community"), in welches ein Nutzer unter einem Pseudonym Nacktfotomontagen der Tennisspielerin Steffi Graf eingestellt hatte. Der Anbieter des Forums habe sich den Beitrag zu eigen gemacht, da er die Infrastruktur und Themen der Foren inhaltlich vorgebe und damit den Anschein wecke, sich mit den fremden Inhalten zu identifizieren[267]. Auch in anderen Fällen ehrverletzender Beiträge in Foren und Communities tendieren die Gerichte dazu, diese dem Plattformanbieter als eigene Information zuzuschreiben[268]. Dahinter stecken hintergründig meist rechtspolitische Erwägungen, da die Haftungsprivilegierungen nicht zu einer Aushöhlung des Persönlichkeitsrechtschutzes führen dürften[269]. Genau dies ist aber die umstrittene gewollte Konsequenz des Gesetzes, die erst durch eine verfassungskonforme Korrektur des Kenntnisbegriffs in § 11 TDG n. F.[270] – nicht aber durch die Verschiebung fremder zu eigenen Inhalten – beseitigt wird. Bei Einträgen in virtuellen **Gästebüchern** neigt die Rechtsprechung dazu, für die Abgrenzung auf ein zeitliches Kriterium abstellen. Wer über längeren Zeitraum sein Gästebuch nicht kontrolliere, müsse sich die Beiträge der Besucher als eigene Inhalte zurechnen.[271] In welchen Abständen eine Kontrolle zu erfolgen habe, hänge vom Einzelfall, insbesondere der Frequentierung des Gästebuchs, ab. Auch wenn diese Auffassung im Gesetz keine unmittelbare Stütze findet, ist ihr eine gewisse Praktikabilität nicht abzusprechen. Sie läuft aber ebenfalls auf die – nach § 8 Abs. 2 S. 1 TDG unzulässige, verfassungsrechtlich freilich gebotene – Einbeziehung von Such- und Prüfpflichten in § 11 TDG hinaus. 129

Zweifelhaft sind Fälle, bei denen eine **Vorkontrolle** der eingesandten Beiträge durch den Moderator stattfindet. Dies war etwa in dem Münchener Verfahren gegen den Online-Dienst AOL wegen der Verbreitung von MIDI-Musikdateien der Fall.[272] Für sein Musikforum setzte AOL so genannte Scouts ein, um die von Nutzern bereitgestellten Dateien auf etwaige Copyright-Vermerke zu untersuchen. Erst nach dieser Vorkontrolle wurden die Dateien für den Nutzerabruf freigeschalten. Einige Stimmen gehen in diesem Fall davon aus, dass sich der Anbieter damit den fremden Inhalt zu eigen macht.[273] Das *LG München I* hat die Musikdateien indes 130

[265] So aber *LG Köln*, CR 2001, 417 (418).

[266] *OLG Köln*, MMR 2002, 548 – Steffi Graf, m. krit. Anm. *Spindler*.

[267] *OLG Köln*, MMR 2002, 548 (549).

[268] Vgl. etwa *OLG München*, MMR 2002, 611; *LG Düsseldorf*, GRUR-RR, 2002, 234; *LG Trier*, MMR 2002, 591 (Gästebuch); *LG Düsseldorf*, JurPC Web-Dok. 323/2002 (Gästebuch).

[269] So ausdrücklich *OLG Köln*, MMR 2002, 548 – Steffi Graf.

[270] Dazu oben Rdnr. 88.

[271] Vgl. *LG Trier*, MMR 2002, 591 (1 Monat zu lang); *LG Düsseldorf*, JurPC Web-Dok. 323/2002 (3 Monate zu lang).

[272] *OLG München*, ZUM 2001, 420; Vorinstanz: *LG München I*, ZUM 2000, 418 – MIDI-Files.

[273] *Brauneck*, ZUM 2000, 480 (481); *Pelz*, ZUM 1998, 530 (533).

als fremde Inhalte eingestuft, ohne dies freilich näher zu begründen.[274] Dass dieses Ergebnis richtig ist, bestätigt folgende Überlegung: Ein Host Provider, der Eingangskontrollen durchführt, würde nach § 8 Abs. 1 TDG haften, während ein Anbieter, der dies unterlässt, die mildere Haftung des § 11 TDG zugute käme. Dieses Ergebnis wäre kontraproduktiv. Die bloße Kontrolle eingehender Beiträge durch den Plattformanbieter rechtfertigt deshalb noch nicht, diese mit eigenen Inhalten gleichzustellen.[275] Erst wenn der Anbieter eine inhaltliche Auswahl vornimmt, etwa indem er nach Gutdünken nur bestimmte Inhalte der Öffentlichkeit präsentieren möchte, ist ein Zueigenmachen denkbar.

131 Bei **Nachrichtenportalen,** bei denen der Anbieter die Nachrichten nicht selbst erstellt, sondern im Rahmen von Content-Verträgen von anderen Anbietern bezieht, handelt es sich dagegen durchweg um **eigene Informationen** im Sinne des TDG/MDStV. Zwar erfolgt die Übernahme dieser von Dritten (Presse- oder Webagenturen, etc.) verfassten Daten weitgehend automatisiert. Dies ändert aber nichts daran, dass die Inhalte auf den Willen und auf Veranlassung des Anbieters des Informations-Portals ins Netz gestellt werden.[276] Daran ändert sich auch nichts, wenn der Portalanbieter sich ernstlich von Inhalten oder Teilen davon distanziert oder die Äußerung lediglich – als Teil einer Dokumentation des Meinungsstands – weiteren Stellungnahmen zur Seite gegenüberstellt.[277] Davon strikt zu trennen ist die Frage, inwieweit dem Portalanbieter Haftungserleichterungen nach allgemeinen Regeln des Presserechts zugute kommen können. Hier bietet sich die Anwendung der Grundsätze der Haftung der Presse für Leserbriefe und Interviews an.[278]

3. Haftung des Plattformanbieters für fremde Informationen

132 Handelt es sich bei den bereitgehaltenen Informationen um fremde Informationen, kommt für den Plattformanbieter die Privilegierung nach § 11 TDG/§ 9 MDStV in Betracht. Denn die auf seiner Plattform angebotenen Informationen (z.B. Versteigerungsangebote, Newsbeiträge, Musikdateien, etc.) speichern sie im Auftrage der jeweiligen Absender. Die **Schadensersatzpflicht** des Plattformanbieters ist deshalb solange ausgeschlossen, solange ihm keine Umstände bekannt sind, aus denen die Rechtswidrigkeit der Information bzw. der Tätigkeit offensichtlich ist.[279] Da Immaterialgüterrechtsverletzungen oftmals nicht offenkundig sind, wird die haftungsbegründende Kenntnis erst bei Zugang einer Abmahnung nachzuweisen sein.

133 Für die **Unterlassungs- und Beseitigungspflicht** bleibt es dagegen auch bei fremden Informationen bei der Haftung nach allgemeinen Regeln, § 8 Abs. 2 Satz 2

---

[274] LG München I, ZUM 2000, 418 (421) – MIDI-Files. Dort heißt es: „Die Inhalte sind nämlich die von den jeweiligen Nutzern upgeloadeten Inhalte, nicht etwa die Menüführung des Forums". Das OLG München, ZUM 2001, 420 als Berufungsinstanz musste sich mit der Frage der Fremdheit nicht befassen, da es die Anwendung von § 5 TDG a.F. insgesamt ablehnte, siehe oben Rdnr. 51.

[275] *Sieber,* Rdnr. 301.

[276] Ebenso *Podehl,* MMR 2001, 17 (19).

[277] Ähnlich *OLG Köln,* MMR 2002, 548 – Steffi Graf, für Foren.

[278] Ebenso *OLG München,* JurPC-Dok 263/2002, S. 9; vgl. dazu *Löffler/Ricker,* Kap. 41 Rdnr. 17; nach der Rechtsprechung entfällt die Haftung der Presse für Leserbriefe nur, wenn ein Informationsinteresse gegeben ist und eine hinreichende Distanzierung erfolgte, *BGH* NJW 1986, 2505.

[279] Vgl. oben Rdnr. 83.

TDG/§ 6 Abs. 2 S. 2 MDStV.[280] Das *OLG Köln* hat insoweit für ein Online-Auktionshaus bestätigt, dass die Grundsätze der Mitstörerhaftung Anwendung finden, wie sie der Bundesgerichtshof in der Architektenwettbewerb-Entscheidung[281] entwickelt hat. In dem Verfahren hatte der Uhrenhersteller Rolex das Online-Auktionshaus Ricardo auf Grund von Auktionsangeboten, bei denen markenrechtsverletzende Rolex-Replika zum Verkauf angeboten wurden, verklagt.[282] Das Gericht betonte, dass die bloße adäquate Mitwirkung an der Verbreitung markenrechtswidriger Waren für die Störerhaftung nicht ausreiche. Das Gericht berücksichtigte insoweit, dass die Angebote im Wege eines automatisierten Verfahrens freigeschaltet werden, bei dem es technisch nicht möglich sei, vor der ersten Veröffentlichung der Angebote eine präventiv arbeitende Software zu installieren, die Angebote auf rechtswidrige Informationen untersuche. Die für eine Haftung als Störer zu fordernde willentliche Mitwirkung setze die **Kenntnis der tatsächlichen Umstände** voraus, aus denen sich die rechtswidrige Beeinträchtigung ergebe.[283] Damit führt das *OLG Köln* für die Unterlassungshaftung eine **praktisch sinnvolle Konkordanz** mit der Regelung des § 11 TDG herbei.

Anders verhält es sich, wenn Plattformanbieter Foren unterhalten, bei denen der rechtsverletzende Upload von Daten geradezu der Regelfall ist. Beispiel sind Musik- und Softwareforen, die aus urheberrechtlicher Sicht besonders kritisch sind. Unter Zugrundelegung der *Prüfpflicht*-Rechtsprechung des *BGH* kann hier dem Plattformanbieter durchaus abverlangt werden, bereits im Vorfeld regelmäßige Kontrollen der eingehenden Informationen durchzuführen. Wenngleich § 8 Abs. 2 Satz 1 TDG Diensteanbieter ausdrücklich von präventiven Kontroll- und Nachforschungspflichten entbindet, ist es im Hinblick auf den nach Art. 14 GG gebotenen effektiven Schutz geistigen Eigentums nicht hinnehmbar, würde das bloße „Wegschauen“ der Plattformanbieter hier prämiert werden.[284] 134

4. Haftung des Plattformanbieters für eigene Informationen

Für seine eigene bereitgestellten Informationen haftet der Plattformanbieter uneingeschränkt und nach allgemeinen Regeln. Für eine Privilegierung besteht kein Anlass. Haftungserleichterungen können ihnen im Bereich des Äußerungsrechts nur dann zugute kommen, wenn der Plattformanbieter einen „Markt der Meinungen“ präsentieren möchte.[285] Insoweit bieten die althergebrachten Grundsätze zur Haftung der Presse für Leserbriefe und Interviews eine geeignete Handhabe.[286] 135

IV. Haftung des Host Providers

Die Funktion des Host Providers beschränkt sich typischerweise darauf, Anbietern von Internetpräsenzen (Homepages) auf seinem Server Speicherplatz („Webspace“) zur Verfügung zu stellen und für die notwendige Anbindung an das Internet 136

---

280 Vgl. oben Rdnr. 89.
281 *BGH* GRUR 1997, 313 – Architektenwettbewerb; vgl. dazu oben Rdnr. 17ff. m. w. N.
282 *OLG Köln*, MMR 2002, 110.
283 *OLG Köln*, MMR 2002, 110 (111 f.).
284 Vgl. dazu oben Rdnr. 88 sowie *Dustmann*, S. 126, ähnlich *Spindler*, MMR 2002, 549 (551).
285 *OLG München*, MMR 2002, 511 (513).
286 Vgl. oben Rdnr. 134.

zu sorgen. Viele Webspace-Provider hosten auf diese Weise weit über 100000 Domains. Das Webhosting bildet damit gewissermaßen den Musterfall für die Privilegierung nach § 11 TDG/§ 9 MDStV: Der Host Provider speichert im Auftrag Dritter Informationen, wobei er nur die Funktionsfähigkeit des Webservers sicherstellt. Die Einspeisung der zu publizierenden Daten auf den Server (Uploading) geschieht autonom durch die Inhaltsanbieter, die dem Host Provider nicht einmal bekannt sein müssen. Im Regelfall wird der Host Provider gar keine Kenntnis davon erlangen, dass sein Kunde neue Webseiten auf seinem Server bereitgestellt hat. Seine Kontrolle beschränkt sich auf die pauschale Vergabe von Zugriffsrechten an interessierte Nutzer.[287]

1. Schadensersatzhaftung

137 Ist somit in aller Regel § 11 TDG/§ 9 MDStV einschlägig, haftet der Host Provider für rechtsverletzende Informationen, die Inhaltsanbieter auf seinen Server gespeichert haben, nur, wenn ihm insoweit Kenntnis von Umständen unterstellt werden kann, aus denen die Rechtswidrigkeit der Information bzw. Handlung offensichtlich ist. Da die Beweislast für die Kenntnis des Diensteanbieters beim Anspruchsteller liegt und diese auch nicht prima facie unterstellt werden kann, ist die Schadensersatzpflicht in aller Regel ausgeschlossen, solange der Berechtigte den Host Provider nicht auf die Rechtsverletzung aufmerksam gemacht hat. Ist die Rechtsverletzung nicht offensichtlich, sind Rechteinhaber gezwungen, Nachweise vorzulegen, aus denen sich ihre Rechteinhaberschaft bzw. Rechtsverletzung ergibt.

138 Im Fall der Kenntniserlangung muss der Host Provider unverzüglich tätig werden, um die beanstandete Information zu löschen **(Notice and Take-down)**. Dies ist ihm in aller Regel auch möglich, kann er doch als Hostmaster unmittelbar auf den Speicherplatz zugreifen und seinem Kunden den weiteren Zugang dazu versperren. In der Praxis spielt die Kooperation zwischen Host Providern und Rechteinhabern inzwischen eine zentrale Rolle. Erfahrungswerte der IFPI belegen, dass urheberrechtsverletzende Musikdateien zumeist innerhalb von 24 Stunden durch den Host Provider nach dessen Benachrichtigung gelöscht werden.[288] In Europa haben Verwertungsgesellschaften, IFPI und andere Interessenverbände begonnen, mit Host Providern Kooperationsvereinbarungen über entsprechende „Notice und Take Down"-Verfahren abzuschließen.[289] Tausende illegaler Musik- und Softwarearchive konnten dadurch auf unbürokratische Weise geschlossen werden.

139 Probleme, den beanstandeten Inhalt zu löschen, ergeben sich allenfalls dann, wenn dieser im Wege einer automatischen Spiegelung wieder auf den Server gespielt wird.[290] Insoweit ist der Host Provider gehalten, durch Einbau von Filtermechanismen das Verzeichnis für die erneute Spiegelung zu sperren.

[287] Inzwischen ist es üblich geworden, dass Zugangsanbieter ihren Kunden ohne zusätzliche Kosten Speicherplatz für Homepages (Webspace) zur Verfügung stellen.

[288] *Bortloff*, GRUR Int. 2000, 665 (666). Nach Angaben der IFPI-Deutschland, in: Phonographische Wirtschaft – Jahrbuch 2001, Kap. 2 (http://www.ifpi.de), konnten 1999 und 2000 allein in Deutschland jeweils ca. 800 illegale MP3-Sites geschlossen werden.

[289] Überblick bei *Bortloff*, GRUR Int. 2000, 665 (667ff.).

[290] Vgl. dazu oben Rdnr. 86.

2. Unterlassungs- und Beseitigungspflicht

Für die Ansprüche auf Unterlassung und Beseitigung findet § 11 TDG/§ 9 MDStV keine Anwendung.[291] Vielmehr bleibt es bei der Anwendung allgemeiner Regeln, § 8 Abs. 2 Satz 2 TDG/§ 6 Abs. 2 Satz 2 MDStV. Wie im Fall der Plattformanbieter[292] drängt sich auch hier die Anwendung der Grundsätze der **Prüfpflicht-Rechtssprechung** auf: Der Host Provider haftet nur dann als Störer, wenn er im Hinblick auf die rechtsverletzende Information eine Prüfpflicht verletzt hat und ihm im Einzelfall dessen Beachtung auch zumutbar war. Dabei ist die Wertung des § 8 Abs. 2 Satz 1 TDG/§ 6 Abs. 2 Satz 2 MDStV zu berücksichtigen, wonach der Host Provider nicht verpflichtet ist, nach Umständen zu forschen, die auf eine rechtswidrige Tätigkeit hinwiesen. Im Ergebnis führt dies dazu, dass – in begrüßenswerter praktischer Konkordanz zu § 11 TDG/§ 9 MDStV – ein Unterlassungsanspruch gegen den Host Provider nur besteht, wenn ihm Umstände bekannt sind, aus denen die Rechtswidrigkeit der Information offensichtlich wird. Solange dies nicht der Fall ist, geht der Unterlassungs- und Beseitigungsanspruch ins Leere. Aus dem gleichen Grund können gegenüber Host Provider keine Durchsuchungsanordnungen nach der StPO verhängt werden, solange keine Anhaltspunkte dafür vorliegen, dass der Diensteanbieter einen strafrechtlich relevanten Dateninhalt bewusst in seinem Angebot bereithält bzw. mit dessen Urheber kollusiv zusammenwirkt.[293] **140**

Erlangt der Host Provider dagegen Kenntnis von der rechtswidrigen Information – sei es auf Grund einer Benachrichtigung des Rechtsinhabers oder auch durch Dritte – oder kann ihm die Verletzung einer Prüfpflicht unterstellt werden, so ist er verpflichtet, unverzüglich die Information zu löschen. Insoweit ist der Anspruch auf Unterlassung und Beseitigung nunmehr gegeben. Aus Sicht des Rechteinhabers spielt dies vor allem für die **Erstattung von Rechtsverfolgungskosten** eine Rolle. Diese kann der Rechteinhaber vom Host Provider unter dem Gesichtspunkt der Geschäftsführung ohne Auftrag (§§ 683 Satz 1, 677, 670 BGB) erst verlangen,[294] wenn tatsächlich eine Unterlassungshaftung des Host Providers als Mitstörer begründet ist. Erlangt der Host Provider dagegen erst infolge einer anwaltlichen Abmahnung Kenntnis von den rechtsverletzenden Informationen, ist er im Zeitpunkt des Zugangs der Abmahnung nicht als Störer verantwortlich. Entsprechend braucht er die im Zeitpunkt der Beauftragung des Rechtsanwalts entstandenen Kosten der Abmahnung nicht zu tragen.[295] Im Fall **unberechtigter Abmahnung** billigt die Rechtsprechung dem Abgemahnten sogar einen Aufwendungsersatzanspruch aus § 678 BGB zu.[296] Unter Kostengesichtspunkten ist der Geschädigte deshalb gut beraten, dem Host Provider zunächst nur schlicht – aber nachweisbar – Kenntnis zu verschaffen, um auf diese Weise die Unterlassungshaftung zu begründen und erst im **141**

---

[291] Vgl. oben Rdnr. 89.

[292] Vgl. oben Rdnr. 133.

[293] So zutreffend *LG Stuttgart,* CR 2001, 626 (628).

[294] Allgemein zur Erstattung von Abmahnkosten aus wettbewerbsrechtlicher Sicht *Köhler/Piper,* vor § 13 UWG Rdnr. 192 ff.; *Teplitzky,* Kap. 41 Rdnr. 81 ff. jeweils m. w. N. aus der Rspr.

[295] Im Ergebnis wie hier *OLG Hamburg,* MMR 2000, 92 (97) – Golden Jackpot; *Freytag,* ZUM 1999, 185 (194); *Hoeren/Sieber/Spindler,* Teil 29 Rdnr. 151; *Dustmann,* S. 216 f.

[296] *OLG Hamburg,* GRUR 1983, 200; *OLG Hamm,* GRUR 1983, 772; Einzelheiten m. w. N. bei *Baumbach/Hefermehl,* Einl. UWG Rdnr. 560.

Anschluss daran – sollte die beanstandete Information nicht unverzüglich entfernt werden – mit dem eigentlichen Abmahnverfahren zu beginnen.

3. Auskunftspflicht des Host Providers zur Identitätsfeststellung des Inhaltsanbieters

142 Praktisch bedeutsam ist, ob der geschädigte Rechtsinhaber vom Host Provider die Offenlegung der Identität des Inhaltsanbieters verlangen kann. Oft ist der Host Provider nämlich der einzige Akteur, der bei der Ermittlung des Content Provider und damit primären Verursachers der Rechtsverletzung weiterhelfen kann, steht er doch mit diesem in vertraglichen Beziehungen. Freilich verstecken sich Online-Piraten typischerweise auch gegenüber dem Host Provider hinter Pseudonymen und hinterlassen allenfalls E-Mail-Adressen[297]. Doch können auch diese Angaben Ansatzpunkt für die Rechtsverfolgung bilden.

a) Spezialgesetzliche Drittauskunftsansprüche

143 Besondere Bedeutung hat in diesem Zusammenhang der durch das Produktpirateriegesetz (ProdPirG)[298] für das Urheberrecht und die gewerblichen Schutzrechte vorgesehene Drittauskunftsanspruch (vgl. § 101 a UrhG, § 19 MarkenG, § 14 a Abs. 3 GeschmG; § 140 b PatG). Er geht über den gewohnheitsrechtlich anerkannten, akzessorischen Auskunftsanspruch[299] weit hinaus, indem er auch Auskünfte über Dritte zulässt, sofern der Verletzer im geschäftlichen Verkehr agiert. Er schuldet Auskunft über die **Herkunft und den Vertriebsweg** unautorisierter Vervielfältigungsstücke, muss Namen und Anschrift seiner Lieferanten und Abnehmer nennen sowie Angaben über die Menge rechtswidrig gehandelter Plagiate machen. Auf diese Weise können in Pirateriefällen die Absatz- und Vertriebsketten der Piraten aufgedeckt werden[300]. Auf ein **Verschulden** des Verletzers kommt es nicht an.[301] Begrenzt wird die Auskunftspflicht allerdings durch das Verhältnismäßigkeitsprinzip[302].

144 Danach kann auch der Host Provider zur Auskunftserteilung verpflichtet sein. Zwar ist er an der Verletzungshandlung nur mittelbar beteiligt, in dem er dem Inhaltsanbieter Speicherplatz zur Verfügung stellt. Insoweit könnte zweifelhaft sein, inwieweit der Host Provider überhaupt **Verletzer** im Sinne der genannten Vorschriften ist. Der Zweck des Drittauskunftsanspruchs, möglichst umfassend im Interesse effektiven Rechtsschutzes die Absatz- und Vertriebsketten der Piraten offenzulegen, gebietet aber, auch Mitstörer zur Aukunftserteilung zu verpflichten, sofern dieser im geschäftlichen Verkehr agiert. Der schuldlose Host Provider, über dessen Server Pirateriedateien verbreitet werden, kann nicht anders behandelt werden, als ein Großhändler oder Spediteur, der ahnungslos raubkopierte Tonträger vertreibt. Beide sind wesentliches Bindeglied bei der Verbreitung der Piraterieprodukte.

145 Bei Urheberrechtsverletzungen ist allerdings eine **analoge Anwendung** des § 101 a UrhG geboten, denn der Drittauskunftsanspruch knüpft tatbestandlich an die widerrechtliche „Herstellung oder Verbreitung von Vervielfältigungsstücken“ an. Ver-

---

[297] Vgl. *Bortloff,* GRUR Int. 2000, 666 (667) zu entsprechenden Erfahrungswerten der IFPI.

[298] Gesetz zur Stärkung des Schutzes des geistigen Eigentums und zur Bekämpfung der Produktpiraterie vom 7. 3. 1990, BGBl. I 1990, S. 422.

[299] Dazu oben Rdnr. 35.

[300] Vgl. Amtliche Begründung zum ProdPirG, BlfPMZ 1990, 183 ff. = BT-Drucks. 11/4792, S. 15.

[301] *Fromm/Nordemann,* § 101 a Rdnr. 1; *Ingerl/Rohnke,* § 19 Rdnr. 7.

[302] *Ingerl/Rohnke,* § 19 Rdnr. 11 ff.

letzt wird im Internet dagegen das Recht der öffentlichen Wiedergabe nach § 15 Abs. 2 UrhG (§ 19a UrhGE)[303]. Für die analoge Anwendung spricht, dass bei der Online-Piraterie die einmalige Einspeisung des Werks auf einen Internetserver wirtschaftlich die Herstellung und die Verbreitung körperlicher Vervielfältigungsstücke ersetzt und dem Gesetzgeber bei Verabschiedung des ProdPirG die Online-Piraterie noch nicht bekannt war. Hätte er gewusst, dass die Tonträger- und Softwarepiraterie im Internet die Offline-Piraterie bald übertreffen wird, so hätte er die einschlägige Regelung sicher auf die Online-Piraterie ausgedehnt.

In einer bemerkenswerten Entscheidung hat das *LG Hamburg* den Drittauskunftsanspruch auch auf den Bereich des **Persönlichkeitsrechts** ausgedehnt, indem es den Anbieter eines Bulletinboards, in dem ehrverletzende Nachrichten Dritter verbreitet wurden, analog § 101a UrhG zur Drittauskunft verurteilte.[304]

b) Umfang der Auskunftspflicht – Datenschutz

Der Auskunftsschuldner hat nach den Sonderregeln des Urheberrechts und des gewerblichen Rechtsschutzes Angaben über Namen und Anschrift des Herstellers, der Lieferanten und der gewerblichen Abnehmer der rechtsverletzenden Informationen zu machen.[305] Auch insoweit gebietet das Internet eine begriffliche Anpassung: Im Internet entspricht der Content Provider dem Hersteller, die abrufenden Nutzer sind die Abnehmer. Da Nutzer aber regelmäßig zu privaten und nicht zu gewerblichen Zwecken Informationen im Internet abrufen, scheidet eine direkte Anwendung dieser Auskunftsansprüche hinsichtlich der Nutzer in der Regel aus. Darüber hinaus steht ein solcher Auskunftsanspruch im Spannungsverhältnis zu den **datenschutzrechtlichen Pflichten** des Host Providers nach §§ 5 und 6 TDDSG, der nur unter bestimmten Bedingungen personenbezogenen Daten der abrufenden Nutzer erheben, verarbeiten und nutzen darf.[306] 146

Im Ergebnis ist der Host Provider damit verpflichtet, dem Berechtigten alle verfügbaren Informationen zu erteilen, die für die Ermittlung des Content Providers von Bedeutung sind. Verfügt der Host Provider über Informationen, wie oft die in Rede stehende Information abgerufen wurde (**„Hit-Count"**), so hat er auch darüber Angaben zu machen. Die Informationen können für den geschädigten Rechtsinhaber zur Berechnung seines Schadensersatzanspruchs von Bedeutung sein.[307] § 101a UrhG verpflichtet den Host Provider allerdings nicht, von vornherein Maßnahmen zur Identitätsfeststellung zu ergreifen. Es steht ihm grundsätzlich frei, wie er die Zugangsmöglichkeiten zu seinem Server gestaltet. 147

V. Haftung des Access Providers

Neben dem reinen Netzbetreiber steht der Access Provider am Ende der Reihe potentieller Haftungssubjekte. Der Access Provider erstellt weder Informationsangebote, noch hält er solche auf Speichermedien bereit. Seine Tätigkeit erschöpft sich darin, seinen Kunden den Zugang zum Internet und damit zu der Gesamtheit der weltweit verfügbaren Daten im Internet zu vermitteln.[308] 148

---

[303] Einzelheiten in § 8, Rdnr. 38f. und 134.
[304] *LG Hamburg*, Beschl. v. 3. 11. 1999, Az: 324 O 496/99, nicht veröffentlicht.
[305] Vgl. § 101a Abs. 2 UrhG; § 19 Abs. 2 MarkenG; § 140b Abs. 2 PatG.
[306] Einzelheiten dazu in § 5, Rdnr. 31ff.
[307] Vgl. *OLG Hamburg*, MMR 2002, 667 (679).
[308] Zur vertragstypologischen Einordnung des Access Providing § 13, Rdnr. 88.

1. Ausschluss der deliktischen und strafrechtlichen Verantwortlichkeit

149 § 9 TDG/§ 7 MDStV schließen – wie bereits im alten Recht § 5 Abs. 3 TDG/ MDStV a.F. – eine deliktische und strafrechtliche Verantwortlichkeit der Access Provider für die von ihnen vermittelten externen Informationen regelmäßig aus.[309] In der Literatur hat dies vergleichsweise wenig Kritik hervorgerufen.[310] Noch weniger als ein Host Provider ist der Access Provider mit Akteuren klassischer Medien zu vergleichen. Er erbringt der Sache nach Telekommunikationsdienstleistungen mit keinem Inhaltsbezug. Es ist ihm schlicht unmöglich, den weltweiten Bestand aller abrufbaren Daten auf rechtswidrige Informationen zu kontrollieren. Das **Fernmeldegeheimnis** nach § 85 TKG verbietet ihm überdies, den fließenden Datenverkehr seiner Kunden zu kontrollieren.[311] Letztlich eröffnet der Access Provider auch keine eigenständige Gefahrenquelle, welche über die allgemeine Kommunikationsmöglichkeit hinausgeht, da es Sache des Nutzers bleibt, welche Kommunikationsdienste er in Anspruch nimmt.[312]

150 Nur wenn der Access Provider **kollusiv** mit einem Inhaltsanbieter zusammenarbeitet und/oder seine Kunden bewusst auf rechtswidrige Informations- und Datenangebote lenkt, erweist sich eine deliktische Haftung der Access Provider sachgerecht. Entsprechend knüpft die Privilegierung des § 9 TDG/§ 7 MDStV daran an, dass der Anbieter die fremde Informationsangebote nicht ausgewählt haben darf und deren Übermittlung auch nicht veranlasst; Abruf bzw. umgekehrt Netzeinspeisung der Information müssen also jeweils auf den autonomen Willen des Nutzers erfolgen.

2. Einrichtung von Zugangssperren

151 Die Diskussion um die Verantwortlichkeit der Access Provider konzentrierte sich deshalb von Anfang an darauf, ob von ihnen zumindest verlangt werden kann, den **Zugang** zu bestimmten, als rechtswidrig identifizierten Informationen **zu sperren.**[313] § 8 Abs. 2 Satz 2 TDG/§ 6 Abs. 2 Satz MDStV schließen explizit derartige Sperrpflichten der Access Provider in Form von Unterlassungsansprüchen nicht aus. Gerade zu Beginn der Verbreitung des Internet in Deutschland verfügten Staatsanwaltschaften und Behörden mehrfach Sperranordnungen.[314] Da ein Access Provider auf

---

[309] Zu den tatbestandlichen Voraussetzungen vgl. oben Rdnr. 72.

[310] Kritisch etwa *Altenhain,* AfP 1998, 457 (463); *Schaefer/Rasch/Braun,* ZUM 1998, 451 (454); *Wimmer/Michael,* S. 60f.; *Becker* in: Schwarze, Rechtsschutz gegen Urheberrechtsverletzungen, S. 29 (45). Zustimmend dagegen *Sieber,* Rdnr. 285; *Freytag,* S. 224f.; *Hoeren/Sieber/Spindler,* Teil 29 Rdnr. 150. Noch weitergehend *Koenig/Lötz,* CR 1999, 438 (441) und *Stadler,* MMR 2002, 243f.; die sogar eine Befreiung des Access Providers von der Sperrpflicht fordern.

[311] Zu den damit einhergehenden vertragsrechtlichen Fragen vgl. § 13, Rdnr. 141f.

[312] *Hoeren/Sieber/Spindler,* Teil 29 Rdnr. 150.

[313] Dagegen zumindest de lege ferenda *Koenig,* Beilage MMR 12/1998, 1 (7) im Hinblick auf § 5 Abs. 4 TDG a.F.; *Koenig/Lötz,* CR 1999, 438 (441); zu der Diskussion um die „Düsseldorfer Sperrungsverfügung" vom 6. 2. 2002 *Stadler,* MMR 2002, 343ff.; *Mankowski,* MMR 2002, 277f.

[314] Vgl. *Generalbundesanwalt,* Einstellungsverfügung vom 26. 11. 1997 gegen den DFN-Verein, MMR 1998, 93; ähnlich *AG München,* NJW 1998, 2836 – Compuserve/Felix Somm; weitere Nachweise bei *Strömer,* S. 207f. Unter dem 6. 2. 2002 verfügte die Bezirksregierung Düsseldorf eine Sperrungsverfügung auf Grundlage des § 18 Abs. 3 MDStV a.F., nach der Access Provider bestimmte ausländische Webseiten mit NS-Propaganda zu sperren hatten. Die Verfügung ist abrufbar unter http://www.uni-rostock.de/fakult/jurfak/Gersdorf/News/news.html [abgerufen am 1. 12. 2002]; dazu etwa *Stadler,* MMR 2002, 343ff.

den beanstandeten Inhalt aber gar nicht zugreifen, sondern lediglich versuchen kann, den Zugang zu der betreffenden URL, den Verzeichnisnamen oder gar den kompletten Server zu sperren[315], ist die Einrichtung – und mehr noch die Überwachung – entsprechender Zugangssperren oft mit erheblichem technischen Aufwand verbunden.

Inhaber von Immaterialgüterrechten werden die Einrichtung von Zugangssperren 152 nur dann in Betracht ziehen, wenn ein Vorgehen gegen Content oder Host Provider aussichtslos erscheint, etwa weil beide anonym oder aus dem fernen Ausland agieren.[316] Den deutschen Access Providern würde in diesem Fall die Aufgabe einer „elektronischen Grenzbeschlagnahme" zuwachsen. So möchte die deutsche Landesgruppe der IFPI die Access Provider in Deutschland unlängst verpflichtet wissen, mit Hilfe des **Rights Protection System** (RPS) den Zugriff zu ausländischen illegalen MP3-Archiven zu blockieren.[317]

a) Rechtspflicht zur Sperrung?

Die Einrichtung einer Zugangssperre kann dem Access Provider indessen nur ab- 153 verlangt werden, wenn ihm eine entsprechende Rechtspflicht obliegt. § 8 Abs. 2 Satz 2 TDG/§ 6 Abs. 2 Satz 2 MDStV Recht lassen dies explizit offen und verweisen insoweit auf die allgemeinen Gesetze. Die Sperrung des Zugangs etwa zu einem illegalen Softwarearchiv in Russland kann nur verlangt werden, wenn die Zugangsvermittlung zu diesem Archiv eine Verletzungshandlung darstellt, zu deren Unterlassung der Access Provider nach § 97 Abs. 1 UrhG als Mitstörer verpflichtet ist. Erst dann ist in einem weiteren Schritt zu prüfen, inwieweit der Access Provider überhaupt zur Sperrung in der Lage ist (nemo posse ultra obligatur), ob sich diese als kontraproduktiv oder unzumutbar erweist oder schädliche Nebenwirkungen hat.

Bereits die Qualifizierung des Access Providers als **Störer** bereitet Schwierigkeiten: 154 Zwar ist er an der Verbreitung ehr-, urheber- oder kennzeichenrechtsverletzender Informationen kausal beteiligt, wenn diese Dateninhalte über ihn abgerufen werden können. Die bloße – zweifellos adäquate – Kausalität zwischen Zugangsvermittlung und Rechtsverletzung reicht nach neuerer Rechtsprechung für die Haftung als Mitstörer indessen nicht aus. Zusätzlich erfordert diese die Verletzung einer **Prüfpflicht,** deren Einhaltung dem Access Provider im Einzelfall auch möglich und zumutbar ist[318]. Keinesfalls muss der Access Provider von sich aus das Netz nach rechtswidrigen Inhalten durchsuchen. Eine derartige Pflicht wird von § 8 Abs. 2 TDG/§ 6 Abs. 2 MDStV ausdrücklich ausgeschlossen. Es wäre auch verfassungsrechtlich bedenklich, den Access Provider zum „Netzpolizisten" zu machen und ihm die Entscheidung aufzubürden, Inhalte zu überprüfen und gegebenenfalls zu sperren. Eine Prüfpflicht kann dem Access Provider überhaupt erst erwachsen, wenn er konkret auf rechtswidriges Datenmaterial im Netz aufmerksam gemacht wird. Un-

---

[315] Einzelheiten zu den Kontroll- und Sperrmöglichkeiten bei *Sieber,* Rdnr. 128 f.; *Köhntopp/Köhntopp/Seeger,* K&R 1998, 25; *Federrath,* ZUM 1999, 177 ff.; *Stadler,* MMR 2002, 343 (345). Grundsätzlich kommen als Maßnahmen in Betracht: Ausschluss von Domains im Domain-Servern (DNS); Verwendung von Proxy-Servern; Ausschluss von IP-Adressen durch Sperrung im Router.

[316] Insbesondere in Osteuropa erweist sich die Rechtdurchsetzung schwierig; dort existieren unbehelligt Hunderte von illegalen Software- und Musikarchiven; vgl. dazu den IFPI Piracy Report 2001, http://www.ifpi.org [abgerufen am 1. 5. 2002].

[317] Einzelheiten zu RPS unten Rdnr. 158.

[318] Vgl. oben Rdnr. 18.

substantiierten Hinweisen, dass über eine Webseite Raubkopien verbreitet werden, muss der Access Provider deshalb nicht nachgehen. Rechteinhaber sind vielmehr gehalten, dem Provider aussagekräftige Nachweise vorzulegen, die offenkundig belegen, dass der betreffende Inhalt rechtswidrig ist, ohne dass der Access Provider weitere Nachforschungen anstellen muss.[319] Es ist grundsätzlich nicht Aufgabe des Access Providers, den Lizenzstatus eines Dateninhalts zu überprüfen.[320]

b) Technische Möglichkeit der Sperrung

155 Mag deshalb im Einzelfall eine Prüfpflicht des Access Providers bestehen, so muss ihm deren Einhaltung auch möglich und zumutbar,[321] d.h. die Sperrung des fremden Dateninhalts muss **technisch realisierbar** und **verhältnismäßig** sein. Damit wird eine wünschenswerte Übereinstimmung zu § 5 Abs. 4 TDG a.F. erzielt, nach dem die Sperrpflicht des Access Providers ebenfalls davon abhing, dass dieser den zu sperrenden Inhalt kennt und die Sperrung technisch möglich und zumutbar ist. Eine Sperrung wird letztlich immer möglich sein, gegebenenfalls unter Inkaufnahme des Abschaltens weiter Teile des Internet, es kommt nur auf den zu betreibenden Aufwand an. Zentrales einschränkendes Kriterium für die Sperrpflicht ist deshalb deren **Zumutbarkeit**[322] und das Verhältnis von Kosten und Nutzen: Access Provider müssen nicht jeden erdenklichen Aufwand betreiben, sondern die Bedeutung des Einzelfalles und der Aufwand sowie die Auswirkung auf andere Teile des Dienstes müssen ins Verhältnis zueinander gesetzt werden.[323]

156 Für diese Interessenabwägung sind insbesondere zu berücksichtigen:

- **Technisch-wirtschaftliche Interessen** des Access Providers, insbesondere der Aufwand zur Einrichtung und Überwachung der Sperre.
- die **verletzten bzw. gefährdeten Rechtsgüter,** insbesondere die Wertigkeit und Bedeutung des Rechtsguts in der Rechtsordnung;
- die **Interessen unbeteiligter Dritter,** welche durch die Sperrmaßnahmen betroffen sind. Wird der Zugang auch zu unbedenklichen, möglicherweise essentiellem Informationen versperrt?[324]
- **Subsidiaritätsgesichtspunkte:** Lassen sich Content oder Host Provider ermitteln, wird ein Vorgehen gegen diese Akteure regelmäßig Erfolg versprechender sein.[325] Die Einrichtung einer Zugangssperre kann nur *ultima ratio* sein.

---

[319] Ähnlich *Bettinger/Freytag,* CR 1998, 545 (551) für die Zumutbarkeitsprüfung nach § 5 Abs. 4 TDG a.F.

[320] Ähnlich *BGH* MMR 2001, 671 (673 f.) – ambiente.de zur Pflicht der DENIC, auf Aufforderung eine Domain zu löschen. Diese besteht nur wenn, wenn die Rechtswidrigkeit der Domain-Registrierung jedermann offenkundig ist.

[321] *BGH* GRUR 1997, 313 – Architektenwettbewerb; *BGH* GRUR 1997, 909 – Branchenbuch-Nomenklatur; *BGH* GRUR 1999, 418 – Möbelklassiker; MMR 2001, 671 – ambiente.de; vgl. dazu oben Rdnr. 12.

[322] Zutreffend *Sieber,* CR 1997, 581 (584): Da „technisch unmögliche" Maßnahmen stets „unzumutbar" sind, geht die technische Möglichkeit in der Zumutbarkeit auf. Die – allein durch Computer- und Netztechnik bestimmte – Abgrenzung der technischen Unmöglichkeit ist deswegen regelmäßig nur eine Abgrenzung zur Unzumutbarkeit.

[323] Vgl. auch Antwort der Bundesregierung auf eine Kleine Anfrage von Bündnis90/Die Grünen, BT-Drucks. 13/8153, S. 16.

[324] So wurden im Fall der von der Generalbundesanwaltschaft veranlassten Sperrung des niederländischen Servers „xs4all" durch das Deutsche Forschungsnetz (DFN) nicht nur die beanstandete Webseite „radikal" gesperrt, sondern auch die WWW-Seiten weiterer 6000 Kunden[324]; vgl. *Generalbundesanwalt,* Einstellungsverfügung vom 26. 11. 1997, MMR 1998, 93.

[325] Subsidiarität sieht § 22 Abs. 3 MDStV ausdrücklich für die sicherheitsrechtlichen Eingriffsbefugnisse der Aufsichtsbehörden gegen Diensteanbieter vor.

– Die **Effektivität der Maßnahme.** Bisweilen erweisen sich Sperrungen als kontraproduktiv, die zu einer höheren Verbreitung als zu einer Eindämmung führen, wenn nämlich „zensierte" Inhalte durch Nutzer auf andere Server kopiert werden.

Letztlich muss es bei Einrichtung einer Zugangssperre darauf ankommen, ob 157
dem Rechtsschutzanliegen des Anspruchstellers überhaupt effektiv geholfen werden kann. Ein minimaler Verhinderungserfolg steht grundsätzlich außer Verhältnis zu aufwendigen und kostenintensiven Sperrmaßnahmen.[326] Dem Rechteinhaber ist kaum damit gedient, nur einen Online-Dienst mit einem kleinen Kundenstamm in Anspruch zunehmen, während der rechtswidrige Dateninhalt weiterhin über größere Provider mit vielversprechenderen Sperrmöglichkeiten abgerufen werden kann. Sperrversuche sind nicht Selbstzweck. Ziel muss sein, die Nutzung rechtsverletzender Inhalte zu verhindern.

c) Das Rights Protection System (RPS) – Zulässige elektronische Grenzbeschlagnahme oder das Internet gefährdende Zensur?

Zugangssperren erweisen sich dann als effizient, wenn sie von möglichst vielen 158
Access Providern eingerichtet werden. Sperrt nur ein einzelner Access Provider die fragliche Information, bleibt sie über alle anderen Zugangsanbieter abrufbar. Konsequenterweise setzen wirkungsvolle Sperrmaßnahmen eine Kooperation der Access Provider voraus, weil Rechteinhaber regelmäßig überfordert wären, sämtliche Anbieter einzeln auf Sperrung in Anspruch zu nehmen.

Auf ein solches zentral gesteuertes Sperrsystem zielt das im Auftrag des Bundes- 159
verbandes der Phonographischen Wirtschaft (IFPI) entwickelte **Rights Protection System** ab.[327] Dabei handelt es sich um eine Filtersoftware, die auf dem Proxy-Cache-Server installiert wird, über den der Access Provider den Datenverkehr abwickelt. Die Filtersoftware überprüft jede Dateianforderung der Nutzer und gleicht diese anhand einer – mehrmals täglich aktualisierten – URL-Negativliste ab. RPS soll dabei präzise den Zugang nur zu der Einzelnen beanstandeten Datei blockieren können ohne dass rechtmäßige Informationsangebote in Mitleidenschaft gezogen werden. Nach den Vorstellungen der IFPI sollen die deutschen Access Provider online mit einer ständig aktualisierten URL-Negativliste versorgt werden. Die IFPI, staatliche Stellen oder ein unabhängiges Gremium würden die Aufgabe übernehmen, das Internet nach Pirateriedateien zu durchsuchen und die Entscheidung über die Sperrung zu treffen. Sollte sich im Nachhinein eine Sperrung als unberechtigt erweisen, müsste die IFPI für den eingetretenen Schaden aufkommen und zu diesem Zweck wie bei der Grenzbeschlagnahme gemäß § 111a UrhG eine Sicherheit leisten.

RPS zielt auf eine freiwillige Kooperation der Access Provider zur Bekämpfung 160
der Musikpiraterie im Internet ab. Zum Einsatz der Filtersoftware können sie nicht gezwungen werden, da sie immer erst ab konkreter Kenntnis eines rechtswidrigen Dateninhalts haften, die URL-Sperrliste aber automatisiert und ohne Nachweis der Rechtswidrigkeit der gesperrten Inhalte übermittelt wird. Bei Providern und einschlägigen Interessenverbänden ist RPS bislang auf Ablehnung gestoßen. Der Vor-

---

326 Ebenso *Sieber,* Rdnr. 420; ähnlich die Antwort der Bundesregierung auf eine Kleine Anfrage von Bündnis 90/Die Grünen, BT-Drucks. 13/8153, S. 16: „Maßnahmen sind nach Auffassung der Bundesregierung insbesondere unzumutbar, wenn sie einen erheblichen Aufwand erfordern, ihre Wirksamkeit jedoch durch einen Zugriff auf entsprechende Informationsangebote im Ausland oder über andere Netzverbindungen mit einem vergleichsweise geringen Aufwand umgangen werden können."

327 Einzelheiten dazu bei *Bortloff,* GRUR Int. 2000, 665 (669).

wurf verbotener Zensur erweist sich indes als unberechtigt. Denn die Kommunikationsfreiheiten nach Art. 5 GG finden anerkanntermaßen dort ihre Schranken, wo grundrechtlich geschützte Positionen Dritter, wie etwa die der Urheber und Leistungsschutzberechtigten, verletzt werden. So würde niemand den Vorwurf der Zensur erheben, wenn etwa an der Zollgrenze raubkopierte Tonträger sichergestellt werden.

161 Bedenken gegen RPS ergeben sich erst bei Betrachtung der weiteren Konsequenzen der Anwendung dieses Filtersystems: Würde RPS auch auf andere Länder und andere Immaterialgüterrechte ausgedehnt werden, bestünde die Gefahr einer Aufspaltung des Internet in virtuelle Grenzräume. Gerade die Inhaber von Markenrechten, die sich besonders durch ihre territoriale Aufspaltung auszeichnen, könnten geneigt sein, die Einrichtung von Zugangssperren zu verlangen, um die Abrufbarkeit von Homepages der Inhaber kollidierender Markenrechte zu verhindern.[328] RPS könnte mittelfristig die Basisarchitektur des Internet verändern, fort von einem globalen Medium hin zu einer Landschaft „virtueller Grenzräume“, wenn die Durchlässigkeit des Internet auf den kleinsten gemeinsamen Nenner der jeweils zu passierenden Filter beschränkt wird. In Deutschland wäre möglicherweise nur ein Bruchteil der weltweit vorhandenen Internetadressen abrufbar. Damit wäre der Gedanke des Internet als weltweiter Kommunikationsplattform zerstört. So faszinierend und rechtlich einwandfrei RPS aus Sicht der Tonträgerindustrie auch sein mag, bestehen gegen den uneingeschränkten Einsatz dieses Systems doch Bedenken.

VI. Haftung des Netzbetreibers

162 Schließlich mag man noch an eine Haftung des Netzbetreibers für die über seine Leitungen transportierten Daten denken. Netzbetreiber ist in Deutschland längst nicht mehr nur die Deutschen Telekom, sondern auch zahlreiche andere Anbeiter von Hochgeschwindigkeitsleitungen und Netzinfrastrukturen. Die Nähe des Netzbetreibers zu den transportierten Informationen ist noch geringer als die des Access-Providers. Der Netzbetreiber stellt lediglich die technische Infrastruktur zur Verfügung, und dies meist nicht einmal speziell für das Internet.

163 Eine Schadensersatz- wie Unterlassungshaftung des Netzbetreibers für rechtswidrige Dateninhalte scheidet von vornherein aus.[329] Der Netzbetreiber ist technisch meist gar nicht in der Lage, die Übertragung einzelner Daten zu verhindern, geschweige denn, auf ihre rechtliche Bedenklichkeit zu überprüfen. Dies erwartet von ihm auch niemand. Eine Filterung von Inhalten – selbst wenn sie technisch möglich wäre – ist dem Netzbetreiber auch auf Grund des **Telekommunikationsgeheimnis** nach § 85 TKG weitgehend verwehrt. Schließlich bedingt die auf dem TCP/IP Protokoll basierende dezentrale Übertragungstechnik – die Fragmentierung der Information in winzige Datenpakete – dass der Abruf einer Information von einem Server selbst dann regelmäßig nicht verhindert werden kann, wenn das ganze Netz abgeschaltet wird. Die Datenpakete würden sich einfach einen neuen Weg suchen. Keiner Haftung unterliegen deshalb auch die Betreiber von **Routern,** die im Internet Netzknotenpunkte bilden.

---

[328] Fiktives Beispiel ist etwa der Konflikt um die Biermarke BUDWEISER, bei der die Markenrechtslage weltweit zwischen einer amerikanischen und tschechischen Brauerei aufgeteilt ist.

[329] Im Ergebnis ebenso *Kröger/Gimmy/Netzer,* S. 222; *Loewenheim/Koch/Hoeren/Pichler,* S. 381 (446).

§ 5 Schutz des Nutzers im Netz: Datenschutz und Datensicherheit

Klaus Tim Bröcker

Übersicht:

Literatur: *Abel,* Urkundenbeweis durch digitale Dokumente, MMR 1998, 644; *Arbeitskreis „Datenschutz-Audit Multimedia“,* Prinzipien und Leitlinien zum Datenschutz bei Multimedia-Diensten, DuD 1999, 285; *Bäumler,* Das TDDSG aus Sicht eines Datenschutzbeauftragten, DuD 1999, 258; *Bieser,* Bundesregierung plant Gesetz zur digitalen Signatur, CR 1996, 564; *ders.,* Das neue Signaturgesetz – Die digitale Signatur im europäischen und internationalen Kontext, DStR 2001, 27; *ders./Kersten,* Elektronisch unterschreiben – Die digitale Signatur in der Praxis, 2. Auflage, Heidelberg 1999; *Bizer,* Web-Cookies – datenschutzrechtlich, DuD 1998, 277; *Blum,* Das UNCITRAL-Modellgesetz zu elektronischen Signaturen, K&R 2000, 63; *Blum,* Entwurf eines neuen Signaturgesetzes, DuD 2001, 71; *Boehme-Neßler,* CyberLaw – Lehrbuch zum Internet-Recht, 2001; *Breme,* Rechtsfolge der Unsicherheit von Systemen – Zivilrechtliche Haftung der Zertifizierungsstellen unter Berücksichtigung europäischer Regelungsansätze, 2001; *Büllesbach,* Das TDDSG aus der Sicht der Wirtschaft, DuD 1999, 263; *ders./Höss-Löw,* Vertragslösung, Safe Harbor oder Privacy Code of Conduct – Handlungsoptionen globaler Unternehmen, DuD 2001, 135; *ders./Rieß/Miedbrodt,* Digitale Signaturen zwischen Anwendung und Regulierung am Beispiel der

Situation in Europa, Japan und in den Vereinigten Staaten von Amerika, in: Geis (Hrsg.), Die digitale Signatur – eine Sicherheitstechnik für die Informationsgesellschaft, 2000, S. 1; *Buxel,* Die sieben Kernprobleme des Online-Profiling aus Nutzerperspektive, DuD 2001, 579; *Creutzig/Buhl/Zimmermann,* PGP – Pretty Good Privacy: Der Briefumschlag für Ihre elektrische Post, 4. Auflage, 2000; *Emmert,* Haftung der Zertifizierungsstellen, CR 1999, 244; *Fox,* Eine kritische Würdigung des SigG, DuD 1999, 508; *Enzmann/Roßnagel,* Realisierter Datenschutz für den Einkauf im Internet: Das Projekt DASIT, CR 2002, 141; *Fünten, aus der,* Die Haftung der Zertifizierungsstellen nach dem Signaturgesetz, 2000; *Fuhrmann,* Vertrauen im Electronic Commerce – Rechtliche Gestaltungsmöglichkeiten unter besonderer Berücksichtigung verbindlicher Rechtsgeschäfte und des Datenschutzes, 2001; *Gabel,* Neue Rahmenbedingungen für den Datenschutz im Internet, ZUM 2002, 607; *Garstka,* Bestandsaufnahme über die Situation des Datenschutzes „10 Jahre nach dem Volkszählungsurteil", DuD 1994, 243; *Geis,* Die elektronische Signatur: Eine internationale Architektur der Identifizierung im E-Commerce, MMR 2000, 667; *ders.,* Die neue Signaturverordnung: Das Sicherheitssystem für die elektronische Kommunikation, K&R 2002, 59; *Gerhold/Heil,* Das neue Bundesdatenschutzgesetz 2001, DuD 2001, 377; *Gounalakis/Rhode,* Haftung der Zertifizierungsstellen – Neue Signaturnormen als Schutzgesetze im Sinne des § 823 Abs. 2 BGB, K&R 1998, 225; *Gravesen/Dumortier/Van Eecke,* Die europäische Signaturrichtlinie – Regulative Funktion und Bedeutung der Rechtswirkung, MMR 1999, 577; *Greß,* Datenschutzprojekt P3P, DuD 2001, 144; *Grimm/Löhndorf/Scholz,* Datenschutz in Telediensten (DASIT) – Am Beispiel von Einkaufen und Bezahlen im Internet, DuD 1999, 272; *Haas,* Zur Haftung der Zertifizierungsstellen nach dem Signaturgesetz gegenüber Dritten, in: *Heldrich/Schlechtriem/Schmidt* (Hrsg.), FS für Helmut Heinrichs zum 70. Geburtstag, 1998, S. 261; *Hammer/Roßnagel,* Informationstechnische Vernetzung, Techniksicherheit und Demokratieverträglichkeit – Ein lösbarer oder ein unlösbarer Wiederspruch, in: *Senghaas-Knobloch/Volmerg* (Hrsg.), Technischer Fortschritt und Verantwortungsbewußtsein, 1990, 232; *Harnier,* Organisationsmöglichkeiten für Zertifizierungsstellen nach dem Signaturgesetz, 2000; *Herchenbach,* Das Signaturgesetz im Umbruch, K&R 2000, Beilage 2 zu Heft 10, 6; *Hillenbrand-Beck/Greß,* Datengewinnung im Internet – Cookies und ihre Bewertung unter Berücksichtigung der Novellierung des TDDSG, DuD 2001, 389; *Leier,* Haftung der Zertifizierungsstellen nach dem SigG – Betrachtung der geltenden und Überlegungen zur zukünftigen Rechtslage, MMR 2000, 13; *Luckhardt,* Pretty Good Privacy, Teil 1: Einstieg in das Web of Trust, c't 12/1999, S. 212; *Ludl,* Verschlüsselungstechnik und Kryptographie, Telekom Praxis 2001, 16; *Malzer,* Gesetzesentwurf des BMJ: Die Anpassung der Formvorschriften an den modernen Rechtsverkehr, in: *Geis* (Hrsg.), Die digitale Signatur – eine Sicherheitstechnik für die Informationsgesellschaft, 2000, S. 171; *Mertes,* Die signtaturgesetzkonforme Signatur in der Praxis – Ein Leitfaden für Einsteiger, in: Geis (Hrsg.), Die digitale Signatur – eine Sicherheitstechnik für die Informationsgesellschaft, 2000, S. 29; *Mertes,* Gesetz und Verordnung zur digitalen Signatur – Bewegung auf der Datenautobahn?, CR 1996, 769; *Miedbrodt,* Das Signaturgesetz in den USA – Electronic Signatures in Global and National Commerce Act, DuD 2001, 541; *dies./Meyer,* E-Commerce – Digitale Signaturen in der Praxis, MDR 2001, 432; *Niesing/Schmeh,* Schlüssel des Vertrauens: Digitale Ausweise im Internet, c't 2001, Heft 4, 224; *Ondarza,* Digitale Signaturen und die staatliche Kontrolle von Fremdleistungen, 2001; *Rasmussen,* Datenschutz im Internet – Gesetzgeberische Maßnahmen zur Verhinderung der Erstellung ungewollter Nutzerprofile im Web – Zur Neufassung des TDDSG, CR 2002, 36; *Reinermann/Lucke* (Hrsg.), Portale in der öffentlichen Verwaltung: Internet – Call Center – Bürgerbüro, Speyerer Forschungsbericht 205; *Rieß,* Signaturgesetz – Der Markt ist unsicher, DuD 2000, 530; *Rosenbach,* Erläuterungen und Anmerkungen zum Entwurf eines Gesetzes zur Änderung des Verwaltungsverfahrensgesetzes, DVBl 2001, 332; *Roßnagel,* Das Gesetz und die Verordnung zur digitalen Signatur – Entstehung und Regelungsgehalt, RDV 1998, 5; *ders.,* Das neue Recht elektronischer Signaturen – Neufassung des Signaturgesetzes und Änderungen des BGB und der ZPO, NJW 2001, 1817; *ders.,* Das Signaturgesetz nach zwei Jahren – Hinweise zur Gesetzesevaluierung, NJW 1999, 1591; *ders.,* Datenschutz-Audit, DuD 1997, 505; *ders.,* Datenschutz in globalen Netzen – Das TDDSG – ein wichtiger erster Schritt, DuD 1999, 253; *ders.,* Der europäische Standard: Die elektronische Signatur der europäischen Richtlinie, in: *Geis* (Hsrg.), Die digitale Signatur – eine Sicherheitstechnik für die Informationsgesellschaft, 2000, S. 195; *ders.,* Die elektronische Signatur im Verwaltungsrecht – Modernisierung des VwVfG und des VwZG, DÖV 2001, 221; *ders.,* Die Sicherheitsvermutung des Signaturgesetzes, NJW 1998, 3312; *ders.,* Digitale Signaturen im europäischen elektronischen Rechtsverkehr, K&R 2000, 313; *ders.,* Rechtliche Unterschiede von Signaturverfahren, MMR 2002, 215; *ders./Pfitzmann/Garstka,* Die Modernisierung des Datenschutzrechts – Gutachten im Auftrag des Bundesministeriums des Inneren, 2001; *Rott,* Die Auswirkungen des Signaturgesetzes auf die rechtliche Behandlung von elektronischem Datenmanagement und Datenaustausch – eine Prognose, NJW-CoR 1998, 420; *Schaar,* Datenschutz im Internet – Die Grundlagen, 2002; *ders.,* Datenschutzrechtliche Einwilligung im Internet, MMR 2001, 644; *ders.,* Orientierungshilfe Tele- und Mediendienste – Was bei der Gestaltung von Webseiten zu beachten ist, 2002; *ders.,* Persönlichkeitsprofile im Internet, DuD 2001, 383; *Schaffland/Wiltfang,* Bundesdatenschutzgesetz (BDSG) – Ergänzbarer Kommentar nebst einschlägigen Rechtsvorschriften (Loseblattsammlung, Stand: 3. 2. 2002); *Schild,* Die EG-Datenschutz-Richtlinie, EuZW 1996, 549; *Schmidl,* Die elektronische Signatur – Funktionsweise, rechtliche Implikationen, Auswirkungen der EG-Richtlinie, CR 2002, 508; *Schmitz,* Datenschutzgerechte Gestaltung von AGB für Telemedia-Dienste, DuD 2001, 395; *ders.,* TDDSG und das Recht auf informationelle Selbstbestimmung, 2000; *Seidel,* Das neue Datenschutzrecht der Telediensteanbieter – Das Teledienstedatenschutzgesetz (TDDSG), WiSt 1998, 636; *Sieber/Nöding,* Die Reform der elektronischen Unterschrift, ZUM 2001, 199; *Simitis,* Das Volkszählungsurteil oder der lange Weg zur Informationsaskese – (BVerfGE 65, 1), KritV 2000, 359; *ders.,* Die EU- Datenschutzrichtlinie – Stillstand oder Anreiz?, NJW 1997, 281; *Tettenborn,* Die Evaluierung des Signaturgesetzes und Umsetzung der EG-Signaturrichtlinie, in: Geis (Hrsg.), Die digitale Signatur – eine Sicherheitstechnik für die Informationsgesellschaft, 2000, S. 231; *ders.,* Die Novelle des Signaturgesetzes, CR 2000, 683; *Thomale,* Haftung und Prävention nach dem Signaturgesetz, 2003; *Weber,* EG-Datenschutzrichtlinie – Konsequenzen für die deutsche Datenschutzgesetzgebung, CR 1995, 297; *Welsch,* Das Signaturänderungsgesetz – Der Entwurf vom April 2000, DuD 2000, 408; *ders./Bremer,* Die europäische Signaturrichtlinie in der Praxis, DuD 2000, 85; *Wenning/Köhntopp,* P3P im europäischen Rahmen – Einsatz und Nutzen in Gegenwart und Zukunft, DuD 2001, 139; *Wichert,* Web-Cookies, Mythos und Wirklichkeit, DuD 1998, 273; *Winkel,* Ist die elektronische Kryptographie demokratieverträglich? – Einige grundlegende Anmerkungen zum schwierigen Verhältnis von Bürger und Staat im elektronischen Zeitalter unter Rückgriff auf Hobbes, Locke und Rousseau, ZfP 2000, 73; *Wolters,* Einkauf via Internet: Verbraucherschutz durch Datenschutz, DuD 1999, 277; *Zeuner,* Erfahrungen mit der Umsetzung des deutschen Signaturgesetzes, in: *Geis,* (Hrsg.), Die digitale Signatur – eine Sicherheitstechnik für die Informationsgesellschaft, 2000, S. 51.

A. Einführung

1 Der elektronischen Kommunikation und dem darauf basierenden E-Commerce kommt im heutigen Privat- und Geschäftsverkehr eine außerordentliche Bedeutung zu. Für Unternehmen als auch für Verbraucher bringt diese Art der Kommunikation und Eingehung von Rechtsbeziehungen enorme Vorteile mit sich und ist im Hinblick auf den Wertschöpfungsprozess von Unternehmen, Banken und Versicherungen kaum mehr wegzudenken.[1] Der weitere **„Siegeszug" des Netzes** nicht nur für die Privatwirtschaft, sondern auch im Hinblick auf eine Modernisierung der Verwaltungstätigkeit – der ohnehin nach einer eher schon irrationalen Anfangseuphorie einen zumindest empfindlichen Rückschlag erlitten hat – wird sich nur dann fortsetzen lassen, wenn die mit der Übermittlung von (häufig) kritischen Daten prinzipiell verbundenen **Vertrauens- und Kontrollverluste** vermindert werden. Angesprochen sind damit zwei voneinander zu scheidende Themenkreise: Einerseits das Bedürfnis der Akteure an dem Schutz „ihrer" bewusst oder auch unbewusst übermittelten Daten. Andererseits das Interesse des Empfängers von Daten und elektronischen Nachrichten, dass diese ihn unverfälscht erreicht haben und der ausgewiesene Absender tatsächlich existiert und authentisch ist. Datenschutz und Schutz der Authentizität und Integrität sowie Vertraulichkeit von Daten bedingen

[1] Vgl. hierzu ausführlich § 2, Rdnr. 16 ff.

die weitere Entfaltung des Internets und insbesondere des E-Commerce und liegen diesem somit voraus.

B. Datenschutz im Internet

I. Ausgangslage

Daten, verstanden als digitalisierte Informationen, sind seit jeher der **Grundstoff des Internets.** Seine Fortentwicklung vom reinen Wissenschaftsnetz zum ubiquitären kommerziellen Informations-, Kommunikations-, Marketing- und Vertriebsmedium hat zur Entstehung von Gefährdungspotentialen für die Nutzer des Internets geführt, die zwar schon in der Offline-Welt virulent waren, nun aber – insbesondere technisch bedingt – eine neue Qualität erreicht haben. Der Internetnutzer bangt um „seine" Daten: Einerseits solche, die bei netzgestützten Einkaufs- und Bezahlvorgängen in Form von **Verbindungs- und Nutzungsdaten** in enormem Ausmaß anfallen. Doch auch unabhängig von solchen kommerziellen Aktivitäten hinterlässt der Nutzer andererseits allein bei der Betrachtung der Netzauftritte **Datenspuren,** ohne dass ihm dies auch nur bewusst sein müsste.[2] Diesen Risiken sieht man sich in der Offline-Welt allenfalls ansatzweise ausgesetzt: Welches Buch man in einer Buchhandlung näher betrachtet hat, bleibt dem Buchhändler verborgen – jedenfalls wurde es bislang nicht systematisch aufgezeichnet. Beim bargeldlosen Kauf fallen keinerlei Daten an, der Vorgang verflüchtigt sich rasch. 2

Den Nutzer-Daten kommt ein ausgesprochen hoher wirtschaftlicher Wert zu, sie stellen ein eigenes Wirtschaftsgut dar und werden gleich Rohstoffen gehandelt. Sie lassen sich systematisch aufzeichnen, sammeln und zur Erstellung von **Nutzerprofilen (Customer Profiles)** verwenden. Diese Datensammlungen können Aufschluss über die persönlichen Vorlieben, Verhältnisse und Umstände von Privatpersonen geben und zu zielgerichteten Marketing- und Werbeaktionen eingesetzt werden.[3] 3

Die hiermit verbundenen Ängste der Nutzer sind keineswegs irrational. Ihr Bewusstsein für die mit der Nutzung des Internet verbundenen Gefahren wächst,[4] sie fürchten zum **„gläsernen Kunden"** bzw. **„gläsernen Nutzer"** zu werden. Diese Besorgnisse manifestieren sich in den einschlägigen Umfragen und wirken sich auf das Nutzerverhalten aus: Mehr als die Hälfte der deutschen Internet-Nutzer befürchtet eine Bedrohung ihrer Privatsphäre.[5] Insgesamt zeigen zahlreiche Umfrageergebnisse,[6] dass auf Seiten der Nutzer in erheblichem Maße Unsicherheit und Befürchtungen bestehen. Diese Ängste können auch die Internet-Anbieter nicht gleichgültig lassen, ist doch längst erwiesen, dass sie sich „materialisiert" haben und Kauf- bzw. 4

---

[2] Zur Datengewinnung vgl. sogleich unten Rdnr. 6 ff.

[3] Zur Datenauswertung vgl. sogleich unten Rdnr. 11 ff.

[4] Ebenso *Grimm/Löhndorf/Scholz,* DuD 1999, 272.

[5] Laut einer im Auftrag von IBM durchgeführten Umfrage aus dem Jahre 1999: http://www.ibm.com/services/files/privacy_survey_oct991.pdf [abgerufen am 14. 3. 2002].

[6] Siehe etwa die von Fuhrmann, S. 133 f., und *Grimm/Löhndorf/Scholz,* DuD 1999, 272 (272 f), erläuterten Studien; *Wenning/Köhntopp,* DuD 2001, 139 (140), setzen insbesondere unter Verweis auf die „Pew-Umfrage" des Pew Internet & American Life Project: Trust and privacy online: Why Americans want to rewrite the rules, abrufbar unter http://63 210.24.35/reports/pdfs/PIP_Trust_Privacy_Report.pdf [abgerufen am 12. 2. 2002]., einen anderen Akzent und sprechen von einem „Mix aus Befürchtungen und realen Bedrohungen".

Nutzungsentscheidungen nachteilig beeinflussen.[7] Daher stellt im B2C-Bereich (**Business-to-Customer**) neben mangelnder Sicherheit[8] ein unzulänglicher – oder ein als unzulänglich empfundener – Datenschutz das Haupthindernis für den weiteren Erfolg des E-Commerce dar. Hier gilt es also, das Vertrauen der Nutzer zu gewinnen und die Akzeptanz von Multimediadiensten zu fördern.[9]

5 Umgekehrt kann ein wirksamer und ausreichend vermittelter Datenschutz einen nicht zu unterschätzenden Wettbewerbsvorteil für ein Unternehmen darstellen. Nebenbei: Die Einhaltung der zwingenden Datenschutzvorschriften ist für die Unternehmen ohnehin konstitutiv. Neben der Verwirklichung von Straf- und Ordnungswidrigkeitstatbeständen (§ 9 TDDSG, § 20 Abs. 1 Nr. 8–16 MDStV, §§ 43, 44 BDSG) droht den rechtsuntreuen Unternehmern die wettbewerbsrechtliche Inanspruchnahme durch ihre Konkurrenten bzw. den Verbraucherschutzverbänden unter dem Gesichtspunkt des „Vorsprungs durch Rechtsbruch".[10]

II. Internet-Daten und ihre Verwertung

1. Möglichkeiten der Datengewinnung

6 Das Internet bietet neue – früher ungeahnte – Möglichkeiten der Datengewinnung. Bedingt durch das Identifizierungs- und Adressierungssystem – jeder Rechner im Netz muss zur Identifizierung über eine eigene Adresse, die sogenannte **IP-Adresse,**[11] verfügen – hinterlässt der Nutzer schon mit dem ersten Seitenaufruf im World Wide Web (www.) **Datenspuren.** Bei den auf Grund der herrschenden Internet-Technologie zwangsläufig – und ohne seine Kenntnis – an den Diensteanbieter übermittelten Angaben[12] handelt es sich um: Die IP-Adresse selbst, das eingesetzte Betriebssystem, Typ und Version des **Browsers,**[13] die verwendeten **Protokolle,**[14] die **URL** der Seite,[15] über die der Nutzer weiterverwiesen wurde, die Wahl der Sprache und gegebenenfalls **Cookies.**[16]

---

[7] Nach der IBM-Umfrage hat fast die Hälfte der Befragten die Nutzung eines Internet-Dienstes bzw. einen Online-Kauf unterlassen, weil ein Missbrauch der Daten befürchtet wurde; vgl. S. 27 des unter http://www.ibm.com/services/files/privacy_survey_oct991.pdf abrufbaren Dokuments [abgerufen am 14. 3. 2002].

[8] Vgl. hierzu unten 60 ff.

[9] Zur Bedeutung des Vertrauens für den endgültigen Durchbruch des E-Commerce vgl. nur *Fuhrmann,* S. 35 ff., 133 ff.; *Roßnagel,* NJW 1999, 1591.

[10] So *OLG Köln,* MMR 2000, 106 ff.

[11] Eine Nummer, die eindeutig einem bestimmten Computer im Netz zugeordnet ist. Durch die einmalige Zahlenkombinationen ist der Rechner eindeutig identifizierbar.

[12] Instruktiv zur Datenübermittlung *Schaar,* DuD 2001, 383 (384); *Wolters,* DuD 1999, 277 (278).

[13] Software zur Navigation und zur grafischen Darstellung im World Wide Web.

[14] Ein Protokoll ist ein System von Regeln, das die Datenübertragung steuert und damit erst ermöglicht. Das Internet basiert auf mehreren Protokollen (beispielsweise FTP, HTTP, TCP/IP); vgl. http://www.twnetwork.de/ebusiness/weblexikon/pages.

[15] **Uniform Resource Locator** ist ein Adressformat für Dokumente im World Wide Web. Gleich einem Adressbuch definiert auch die URL die Struktur der Adresselemente, die mit Slashes voneinander getrennt werden: Zunächst wird die Datentransfermethode benannt, also etwa „http:" oder „ftp:", Doppelslash, dann folgt die Server-Adresse wie z. B. „www.petermüller.de" und evtl. eine Pfadangabe zu einem bestimmten Dokument der Website; zur näheren Erläuterung vgl. http://www.twnetwork.de/ebusiness/weblexikon/pages [abgerufen am 14. 3. 2002].

[16] Hierzu sogleich Rdnr. 8 f.

Der Diensteanbieter kann die ihm übermittelten Daten prinzipiell speichern (übrigens auch die übrigen an dem Kommunikationsvorgang Beteiligten, wie der Access-Provider oder sonstige Internet-Service-Provider)[17] und (durch Auswertung weiterer Nutzungsdaten) nachzeichnen, wer zu welchem Zeitpunkt auf bestimmte Inhalte zugegriffen hat. Die Problematik stellt sich allerdings bei der Verwendung sogenannter **dynamischer IP-Adressen** nicht in gleicher Schärfe: Solche Adressen werden von großen Zugangsanbietern insbesondere an private Internet-Nutzer nach dem Zufallsprinzip vergeben, und zwar nur für den Zeitraum der aktuellen Nutzung. Da bei der Folgenutzung eine andere IP-Adresse übermittelt wird, ließ sich hier eine Zuordnung nur bewerkstelligen, wenn der zugangverschaffende Access-Provider mitwirkt (dem die erforderlichen Daten zur Verfügung stehen). 7

Als eine besondere Bedrohung der Privatsphäre des Nutzers werden so genannte **Cookies** ausgemacht.[18] Hierbei handelt es sich um kleine Textdateien mit Informationen, die auf die Festplatte des Nutzers kopiert werden. Anhand eines solchen Cookie können die Server eines Anbieters die Besucher seines Internet-Auftrittes wiedererkennen und seine Bewegungen im Netz nachzeichnen.[19] In den Cookie kann eine eindeutige Identifizierungsnummer geschrieben werden, damit der Computer des Nutzers trotz wechselnder IP-Adressen wiedererkannt werden kann.[20] 8

Die Eigenschaft, dass Cookies vom Nutzer erkannt und verhindert werden können, lässt sich durch den Einsatz sogenannter **Web-Bugs** umgehen. Hierbei handelt es sich um winzige Bilddateien,[21] die sich – für den Nutzer unbemerkt[22] – in Grafiken wie etwa Werbebannern verstecken lassen. Ein Web-Bug übermittelt die IP-Adresse, die URL der besuchten Website, den Zeitpunkt, an dem der Web-Bug betrachtet wurde, den Browsertyp sowie die Informationen eines zuvor gesetzten Cookies an einen Server. Der Anbieter eines Banner-Service kann auf diesem Wege erkennen, auf welchen Seiten sich der Nutzer aufhält und eine angepasste Werbung senden. Im Verbund mit Cookies – die teilweise unterschiedliche Informationen ermitteln – können mithin genauere statistische Informationen über den Nutzer ermittelt werden. 9

Neben diese **„verdeckte Datenerhebung"**, bei der der Nutzer nicht über den Zweck der Datenerhebung informiert wird bzw. diese nicht einmal bemerkt,[23] tritt die so genannte **offene Datenerhebung.** Für den Nutzer ist hierbei erkennbar, dass ein Anbieter Daten über ihn erhebt. Dies ist naturgemäß stets der Fall, wenn ein Nutzer bei einem Online-Kauf dem Anbieter Informationen über seine Person (Name, Anschrift) und die für die Zahlungsabwicklung notwendigen Daten be- 10

---

[17] Zutreffend *Schaar,* DuD 2001, 383 (384).

[18] Hierzu etwa *Wichert,* DuD 1998, 277 ff.; Bizer, DuD 1998, 277 ff.

[19] Browser lassen sich zwar so konfigurieren, dass Cookies von Fall zu Fall oder generell abgelehnt werden können. Manche Anbieter von Websites verwehren dem Nutzer dann allerdings den Zugang zu ihrem Auftritt, vgl. http://www.twnetwork.de/ebusiness/weblexikon/pages [abgerufen am 12. 2. 2002].

[20] *Hillenbrand-Beck/Greß,* DuD 2001, 389 (390).

[21] Genauer: Sogenannte GIFs (Graphics Interchange Format), also stark komprimierte Dateiformate für Bilder und Grafiken, näheres hierzu unter http://www.twnetwork.de/ebusiness/weblexikon/pages [abgerufen am 14. 3. 2002].

[22] Dies gelingt nur, wenn der Nutzer den Source Code einer Website betrachtet, was aber nur die Minderheit tun dürfte.

[23] Zur Unterscheidung zwischen verdeckter und offener Datenerhebung etwa *Hillenbrand-Beck/Greß,* DuD 2001, 389 (389 f.).

wusst übermittelt.[24] Häufig werden dem Besteller zwar zusätzliche, für die Abwicklung des Rechtsgeschäftes nicht erforderliche Informationen abverlangt.[25] Diese Form der Datengewinnung ist aber gleichwohl keine Besonderheit des Internets, sie gleicht vielmehr derjenigen einer Katalogbestellung in der Offline-Welt. Besondere Gefährungspotentiale können sich allerdings dann ergeben, wenn diese Daten mit den offen oder verdeckt erhobenen Daten kombiniert und ausgewertet werden.[26]

2. Möglichkeiten der Datenauswertung und ihre Gefahren

11 Die bei der Nutzung willenlos hinterlassener Daten, aber natürlich auch die vom Nutzer „freiwillig" hingegebenen Daten können in technisch unaufwändiger Art und Weise systematisch erhoben, ausgewertet, mit anderen Datenbeständen verknüpft und abgeglichen werden. So gelangen **Nutzerprofile (Customer Profiles)**[27] zur Entstehung, welche die Online-Aktivitäten des Nutzers erschöpfend abbilden: Wie sich sein Surfverhalten gestaltet, welche Betriebssysteme und welchen Browser er dabei einsetzt, für welche Waren und Dienste er sich interessiert. Kurzum: Die Verhaltensweisen und Interessen der Nutzer werden in Gänze offenkundig.

12 Für die Markt- und Kundenforschung sind dies traumhafte Bedingungen: Unternehmen können ihr **Kundenbeziehungsmanagement (Customer Relationship Management)** auf aussagekräftige Datensätze stützen und die Vorlieben, Bedürfnisse und Kaufgewohnheiten ihrer Kunden prognostizieren. Der Einsatz gezielter Werbung (**Eins-zu-Eins-Marketing**) etwa durch **individualisierte Werbebanner**[28] wird damit möglich. Die bei den Diensteanbietern zu diesen Zwecken entstehenden sogenannten **Data-Warehouses**[29] stellen zudem ein eigenständiges Wirtschaftsgut dar. Ihr Erwerb ist vor allem für solche Dritte von Interesse, die ihrerseits bereits über Datenbestände verfügen und diese mit den erworbenen Datensammlungen verknüpfen können (**„Data-Mining"**).

13 Der Phantasie sind auf diesem Felde kaum Grenzen gesetzt. Das hieraus resultierende Gefährdungspotential für den Internet-Nutzer kann hier nur angerissen werden: Unternehmen werden in die Lage versetzt, die Bedürfnisse, Begierden und

---

[24] Erhebliche Datenmengen werden auch über Fragebögen erhoben, die von den Nutzern „freiwillig" ausgefüllt werden, um in den Genuss eines kostengünstigen oder kostenfreien Dienstes oder sonstiger – zumeist vermeintlicher – Vergünstigungen (z. B. **„Webmiles"**) zu kommen. Beispiele hierfür sind etwa die sogenannten **Meinungsportale**, die unter dem „Deckmantel" der Nutzerorientiertheit (dort lassen sich Bewertungen zu Produkten abgeben) letztlich nur der Meinungsforschung zu kommerziellen Zwecken dienen.

[25] Hierzu etwa *Wolters,* DuD 1999, 277 (278).

[26] Ein neues Bedrohungsniveau dürfte mit dem sogenannten **Internet-Ausweis** erreicht werden, mit denen sich Internet-Nutzer neuerdings von „Internet-Identifzierungsdiensten" ausstatten lassen können: Nach der Registrierung genügt dann eine einmalige Anmeldung zu Beginn einer Internet-Sitzung, um sich gegenüber jedem angeschlossenen Anbieter von Internet-Diensten zu legitimieren. Für die etwaig erforderlichen Bezahlvorgänge sind keine weiteren Formalitäten mehr vonnöten, da diese zentral über den „Internet-Identifizierungsdienst" abgewickelt werden. Dort können also ungeheure Datenmengen gezielt erhoben und verarbeitet werden, der Inhaber des Internet-Ausweises ist hier ein „offenes Buch"; vgl. zu diesem Angebot Süddeutsche Zeitung vom 2. 4. 2002, S. V2/9.

[27] Zu Nutzerprofilen vgl. etwa *Buxel,* DuD 2001, 579 ff.; Schaar, DuD 2001, 383 (384 f.).

[28] Zur Funktionsweise und den Analysemöglichkeiten *Schaar,* DuD 2001, 383 (384 f.).

[29] Datenlager, die Daten unter verschiedenen Gesichtspunkten und Parametern ordnen und miteinander verknüpfen, vgl. *Boehme-Neßler,* S. 302 m. w. N.

Kaufhandlungen der Nutzer zielgenau zu verstärken und – womöglich übersteigerte – Kaufhandlungen anzureizen. Ferner könnte dem Nutzer ein nur beschränktes Angebot suggeriert werden, indem ihm ausschließlich eine bestimmte Produktauswahl präsentiert, das ihm möglicherweise vorteilhaftere Angebot jedoch vorenthalten wird.[30] Diese Beeinflussungsmöglichkeiten begründen die **Gefahr einer Manipulation** des Nutzers. Daneben besteht per se das Risiko, dass die gesammelten Daten durch den Anbieter **missbräuchlich verwendet** oder unbefugt an Dritte weitergegeben werden. Schließlich ist insbesondere mit der Erstellung ausdifferenzierter Nutzerprofile eine Gefährdung der Privat- und gegebenenfalls auch der Intimsphäre der Internet-Nutzer verbunden, denen die Sammlung ihrer Daten zumeist verborgen bleiben wird und sich daher ihrer Kontrolle von vornherein entzieht.

III. Schichten des Internet-Datenschutzrechtes

1. Überblick

Das zur Beherrschung und Eindämmung der vorbeschriebenen Gefahren in Deutschland geltende Internet-Datenschutzrecht ist nicht in einem einheitlichen Regelungswerk zusammengefasst, sondern speist sich aus verschiedenen Rechtsquellen unterschiedlicher Normsetzungsstufen und Normgeber. Vorab ist auf den verfassungsrechtlichen Rahmen (sub. 2) einzugehen, um sodann die Regelungswerke des nationalen Internet-Datenschutzrechtes voneinander abzugrenzen (sub 3.), also das kürzlich novellierte (allgemeine) **Bundesdatenschutzgesetz**[31] (BDSG) sowie das (besondere) Datenschutzrecht des Internets, das **Telekommunikationsgesetz**[32] (TKG), die hierauf ergangene **Telekommunikations-Datenschutzverordnung**[33] (TDSV), das ebenfalls jüngst neugefasste **Teledienstedatenschutzgesetz**[34] (TDDSG) und schließlich der mit einer kleinen Verzögerung hieran angeglichene **Mediendienste-Staatsvertrag**[35] (MDStV). Die Vorgaben des einschlägigen europäischen Rechts in Form der **EG-Datenschutzrichtlinie**[36] **und der ISDN-Richtlinie,**[37] die durch die im Entwurf vorliegende **Richtlinie zum Datenschutz in der elektronischen Kommuni-** 14

[30] Beispiele bei *Buxel,* DuD 2001, 579 (581), der auch auf eine spezifische Diskriminierungsgefahr verweist, wenn Nutzern Informationen über Produkte und Dienstleistungen bewusst vorenthalten werden.

[31] Gesetz zur Änderung des Bundesdatenschutzgesetzes und anderer Gesetze vom 18. 5. 2001, BGBl. I 2001, S. 904.

[32] Telekommunikationsgesetz (TKG) vom 25. 7. 1996, BGBl. I 1996, S. 1120.

[33] Telekommunikations-Datenschutzverordnung vom 18. 12. 2000, BGBl. I 2000, S. 1740.

[34] Gesetz über den Datenschutz bei Telediensten (Teledienstedatenschutzgesetz – TDDSG), als Art. 3 des Gesetzes über rechtliche Rahmenbedingungen für den elektronischen Rechtsverkehr (Elektronischer Geschäftsverkehr-Gesetz – EGG) vom 14. Dezember 2001, BGBl. I 2001, S. 3721.

[35] Staatsvertrag über Mediendienste (Mediendienste-Staatsvertrag), in der zuletzt durch den Sechsten Rundfunkänderungsstaatsvertrag vom 20. 12. 2001 geänderten Fassung, vgl. für Berlin GVBl. 2002, 162.

[36] Richtlinie 95/46/EG des Europäischen Parlamentes und des Rates vom 24. 10. 1995 zum Schutz natürlicher Personen bei der Verarbeitung personenbezogener Daten und zum freien Datenverkehr, ABl. Nr. L 281/31; vgl. hierzu *Schild,* EuZW, 549 ff.; *Simitis,* NJW 1997, 281 ff.; *Weber,* CR 1995, 297 ff.

[37] Richtlinie 97/66/EG des Europäischen Parlamentes und des Rates über die Verarbeitung personenbezogener Daten und den Schutz der Privatsphäre im Bereich der Telekommunikation vom 15. 12. 1997, ABl. EG Nr. L 24/8, hierzu etwa *Roßnagel/Engel-Flechsig,* Einl. TDDSG Rdnr. 41 ff.

kation[38] ersetzt werden soll, werden – soweit erforderlich – im Zusammenhang mit der Darstellung der Internet-Datenschutzrechtes mitbehandelt (sub IV.).

2. Verfassungsrechtliche Vorgaben

a) Grundrecht auf informationelle Selbstbestimmung als Abwehrrecht gegenüber dem Staat

15 Mit seinem richtungsweisenden Volkszählungsurteil[39] hat das *BVerfG* maßgeblich aus dem allgemeinen Persönlichkeitsrecht ein **Recht auf informationelle Selbstbestimmung** abgeleitet: Die aus dem Gedanken der Selbstbestimmung folgende Befugnis des Einzelnen, grundsätzlich selber zu entscheiden, wann und innerhalb welcher Grenzen persönliche Lebenssachverhalte offenbart werden, „bedarf unter den heutigen und künftigen Bedingungen der automatisierten Datenverarbeitung in besonderem Maße des Schutzes".[40] Das Gericht anerkannte zwar für die Handlungsfähigkeit des Staates und seiner sozialstaatlichen Maßnahmen die Notwendigkeit eines funktionierenden Informationszugangs. Andererseits muss aber der Einzelne unter den Bedingungen des modernen Datenverkehrs gegen unbegrenzte Erhebung, Speicherung, Verwendung und Weitergabe seiner persönlichen Daten geschützt werden.[41] Dieser Schutz des Einzelnen sowie dessen Befugnis grundsätzlich selbst darüber zu bestimmen, ob und wie seine persönlichen Daten preisgegeben oder verwendet werden, bilden den Inhalt und den Schutzbereich des Grundrechts auf informationelle Selbstbestimmung, dessen verfassungsrechtliches Fundament in Art. 2 Abs. 1 GG i.V.m. Art. 1 Abs. 1 GG wurzelt.[42] Wie das *BVerfG* später klarstellte, handelt es sich bei dem hierdurch verbürgten Schutz um einen „grundrechtlichen Datenschutz".[43] Das Recht auf informationelle Selbstbestimmung ist (natürlich) nicht schrankenlos gewährleistet. Es findet seine Einschränkungen im überwiegenden Allgemeininteresse, wobei der Verhältnismäßigkeitsgrundsatz zu beachten ist: „Grundsätzlich muss daher der Einzelne Einschränkungen seines Rechts auf informationelle Selbstbestimmung im überwiegenden Allgemeininteresse hinnehmen."[44] Bei einer – nur auf gesetzlicher Grundlage möglichen – Beschränkung dieses Grundrechts ist zwischen dem Interesse des Betroffenen am Recht auf informationelle Selbstbestimmung und dem Allgemeininteresse abzuwägen.

b) Schutz vor privater Datenmacht

16 Die Entstehung des Datenschutzrechtes stand im Zeichen der damals herrschenden Großrechnertechnologie und der Furcht vor dem allmächtigen Staat, der un-

---

[38] Entwurf einer Richtlinie des Europäischen Parlaments und des Rates über die Verarbeitung personenbezogener Daten und den Schutz der Privatsphäre in der elektronischen Kommunikation, basierend auf dem Vorschlag der Kommission vom 12. 7. 2000 (ABl. C 365 E vom 19. 12. 2000, S. 223), nach Stellungnahme des Europäischen Parlaments vom 13. 11. 2001 in der Fassung des Gemeinsamen Standpunktes des Rates 2000/0189 [COD]).

[39] Damit wurde das sogenannte **Volkszählungsgesetz** (Gesetz über eine Volks-, Berufs-, Wohnungs- und Arbeitsstättenzählung vom 25. 3. 1982, BGBl. I 1982, S. 369) für verfassungswidrig erklärt; vgl. zu den damaligen Ereignissen etwa *Simitis*, KritV 2000, 359 (359 f.).

[40] *BVerfGE* 65, 1 (42).

[41] *BVerfGE* 65, 1 (43).

[42] *BVerfGE* 65, 1 (41).

[43] *BVerfGE* 84, 239 (279 f.), in der Quellensteuer-Entscheidung rekurrierte das Gericht zur Fundierung des grundrechtlich vermittelten Datenschutzes aber (auch) auf Art. 14 GG.

[44] *BVerfGE* 65, 1 (44).

kontrolliert die Daten der Rechtsunterworfenen sammelt und verarbeitet. Durch die rasante Entwicklung der Informationstechnik und des Internets haben sich die Bezugspunkte des Datenschutzes grundlegend verändert. Datenschutz wird heute zunehmend als **Schutz vor privater Datenmacht** begriffen, was insbesondere für den spezifischen Internet-Datenschutz gilt. Verfassungsrechtlich sind die Interventionen des Gesetzgebers zur Bändigung dieser privaten Datenmacht abgesichert: Es trifft sicher zu, dass die Grundrechte – und damit auch das informationelle Selbstbestimmungsrecht – zunächst als **Abwehrrechte des Bürgers gegen den Staat** ausgestaltet sind und primär dazu dienen, „die Freiheitssphäre des Einzelnen vor Eingriffen der öffentlichen Gewalt zu sichern".[45] Die Grundrechte verkörpern aber zugleich eine **objektive Wertordnung,** die „für alle Bereich des Rechts"[46] gilt und damit – jedenfalls mittelbaren – Einfluss auf das Verhältnis zwischen Privaten haben. Diese Grundsätze wurden vom Bundesverfassungsgericht auch im Hinblick auf das informationelle Selbstbestimmungsrecht ausdrücklich bestätigt: Diese Grundrechtsverbürgung schützt nicht nur unmittelbar vor staatlichen Eingriffen, sondern entfaltet als objektive Norm ihren Rechtsgehalt auch im Privatrecht und strahlt auf die Auslegung und Anwendung privatrechtlicher Vorschriften aus.[47] Zudem erwachsen auf Seiten des Staates angesichts der Bedrohungspotentiale privater Datensammlungen sogar echte Handlungspflichten zum Schutz der Bürger vor der Gefährdung durch andere Private (**staatliche Schutzpflichten**).[48] Im Rahmen der sich beim Datenschutz vor Privaten ergebenden Grundrechtskollison – die Interessen der Daten verarbeitenden Privaten sind ebenfalls grundrechtlich abgesichert[49] – hat der Gesetzgeber entsprechend allgemeiner Prinzipien einen schonenden Ausgleich zwischen den sich gegenüberstehenden Grundrechtspositionen zu schaffen.[50]

3. Rechtsgrundlagen und ihre Anwendungsbereiche

a) Anwendungsvorrang der speziellen Datenschutzgesetze

Den allgemeinen Rahmen für das deutsche Internet-Datenschutzrecht bildet das 17
Bundesdatenschutzgesetz. Es ist prinzipiell auf Ergänzung und Ausfüllung durch sogenannte **bereichsspezifische Regelungen** angelegt, die in ihrem Anwendungsbereich dem allgemeinen Recht des Bundesdatenschutzgesetzes vorgehen (**Subsidiarität gemäß § 1 Abs. 3 Satz 1 BDSG**). Soweit diese bereichsspezifischen Regelungen keine abweichenden Vorschriften enthält, ist mithin ergänzend auf das allgemeine Datenschutzrecht des Bundes zurückzugreifen.

b) Anwendungsbereiche der speziellen Datenschutzgesetze

Das spezielle Internet-Datenschutzrecht ist durch eine Fülle verschiedener Rege- 18
lungswerke[51] gekennzeichnet: Neben dem jüngst novellierten **Teledienstedatenschutzgesetz** sind insoweit das **Telekommunikationsgesetz** mitsamt der hierauf ergangenen **Telekommunikations-Datenschutzverordnung** und der **Mediendienste-Staatsvertrag** zu nennen. Die verschiedenen Regelung sind wie folgt voneinander abzugrenzen:

---

[45] Vgl. nur *BVerfGE,* 7, 198 (204); *BVerfGE* 50, 290 (336 f.); *BVerfGE* 68, 193 (205).
[46] *BVerfGE* 7, 198 (205).
[47] *BVerfGE,* 84, 192 (194 f.).
[48] Zutreffend *Fuhrmann,* S. 135 ff.
[49] Hierauf verweist *Kröger/Gimmy/Moos,* S. 426.
[50] Vgl. *Roßnagel/Engel-Flechsig,* Einl. TDDSG Rdnr. 27 ff.
[51] Vgl. die Fundstellen oben bei Rdnr. 14.

aa) Teledienste

19 Die Vorschriften des Teledienstedatenschutzgesetzes gelten „für den Schutz personenbezogener Daten der Nutzer von Telediensten im Sinne des Teledienstegesetzes bei der Erhebung, Verarbeitung und Nutzung dieser Daten durch Diensteanbieter" (§ 1 Abs. 1 Satz 1 TDDSG).[52] **Teledienste** wiederum sind in (dem ebenfalls jüngst novellierten) Teledienstegesetz[53] insbesondere als Angebote im Bereich der Individualkommunikation bzw. zur Information oder Kommunikation – soweit nicht die redaktionelle Gestaltung für die Meinungsbildung im Vordergrund steht – definiert (§ 2 Abs. 1 und Abs. 2 TDG). Zusammenfassend lassen sich Teledienste als **Informations- und Kommunikationsdienste** bezeichnen, die für eine **individuelle Nutzung** bestimmt sind. Nach § 2 Abs. 1 TDG muss ihnen ferner eine Übermittlung mittels Telekommunikation zugrunde liegen. Es steht also der einzelne Nutzer mit seinen individuellen Geschäften im Vordergrund. Unter Teledienste fallen etwa Bankgeschäfte via Internet (Telebanking, § 2 Abs. 2 Nr. 1 TDG), die Nutzung von Informationsangeboten (Datenbanken etc.) ohne redaktionelle Bearbeitung (§ 2 Abs. 2 Nr. 2 TDG).

bb) Mediendienste

20 Nach dem Mediendienste-Staatsvertrag handelt es sich bei **Mediendiensten** um das Angebot und die Nutzung von an die Allgemeinheit gerichteten Informations- und Kommunikationsdienstleistungen in Text, Ton und Bild, die unter Benutzung elektromagnetischer Schwingungen ohne Verbindungsleitung oder längs oder mittels eines Leiters verbreitet werden, also insbesondere elektronische Verteilerdienste und solche, bei denen die redaktionelle Gestaltung zur Meinungsbildung im Vordergrund steht (§ 2 Abs. 1 Satz 1, Abs. 2 MDStV). Hierunter fallen beispielsweise Angebote von Tageszeitungen und Zeitschriften, elektronische Fanzines, redaktionell bearbeitete Newsletter.[54] Sowohl bei Mediendiensten als auch bei Telediensten handelt es sich somit um Informations- und Kommunikationsdienste, die mittels Telekommunikation übertragen werden. Die entscheidenden **Abgrenzungskriterien** sind der Adressatenkreis, die **inhaltliche Ausgestaltung und die Zielsetzung** des konkreten Angebots. Die Trennung in Tele- und Mediendienste – bedingt durch die unterschiedlichen Regelungszuständigkeiten für Bund und Länder in diesen Sachbereichen[55] – ließ sich trotz der Regelbeispiele in § 2 Abs. 2 TDG nicht immer einfach bewerkstelligen.[56] So dürfte etwa weiterhin unklar sein, ob schlichte Unternehmenspräsentationen im Netz dem einen oder dem anderen Dienst zuzuordnen sind.[57] Dies alles muss hier nicht vertieft werden, da die datenschutzrechtlichen Bestim-

---

[52] Mit der ausdrücklichen Bezugnahme auf Diensteanbieter und Nutzer von Telediensten werden die auf Grundlage der allgemeineren Fassung des § 1 Abs. 1 Satz 1 TDDSG a.F. („Schutz personenbezogener Daten bei Telediensten") entstandenen Unklarheiten zum Geltungsbereich des Teledienstedatenschutzgesetzes ausgeräumt, vgl. BT-Drucks. 14/6098, S. 27.

[53] Gesetz über die Nutzung von Telediensten (Teledienstegesetz – TDG), als Art. 1 des Gesetzes über rechtliche Rahmenbedingungen für den elektronischen Rechtsverkehr (Elektronischer Geschäftsverkehr-Gesetz – EGG) vom 14. 12. 2001, BGBl. I 2001, S. 3721.

[54] Weitere Beispiele bei *Schaar,* Orientierungshilfe, S. 3.

[55] Vgl. nur *Engel-Flechsig/Maennel/Tettenborn/Tettenborn,* vor § 1 TDG Rdnr. 14ff.

[56] Vgl. zur Kritik an dieser Aufteilung etwa *Kröger/Gimmy/Moos,* S. 425 m.w.N.

[57] *Schaar,* Orientierungshilfe, S. 3, ordnet sie auch nach der Novellierung des Teledienstegesetzes den Mediendiensten zu, obschon Internet-Auftritten von Unternehmen regelmäßig ein kommerziell-individueller Charakter zukommen dürfte.

mungen des Teledienstegesetzes und des Mediendienstestaatsvertrages annähernd identisch sind[58] und daher vorliegend gemeinsam behandelt werden können.

cc) Telekommunikationsdienste

Die Telekommunikation stellt die technische Grundlage für Tele- und Mediendienste dar, Telekommunikationsrecht konstituiert gewissermaßen das **Transportrecht** für diese Dienstformen. Das Telekommunikationsgesetz und die auf Grundlage von § 89 Abs. 1 TKG ergangene Telekomunikations-Datenschutzverordnung regeln die Befugnisse der Telekommunikationsdiensteanbieter zur Erhebung, Verarbeitung und Nutzung personenbezogener Daten abschließend. Telekommunikationsdatenschutz und Tele- und Mediendienstedatenschutz betreffen also miteinander verbundene Sachbereiche, die wie folgt abzugrenzen sind: 21

Wenn und soweit im Rahmen der Telekommunikation (§ 3 Nr. 16 TKG i.V.m. § 3 Nr. 17 TKG) personenbezogene Daten anfallen, richtet sich deren Schutz nach dem Telekommunikationsdatenschutz. Bezugspunkt ist insoweit nicht die übermittelte Information, sondern die **technische Seite der Übermittlung.** Datenschutzrechtlich stehen also Bestands-, Verbindungs- und Abrechnungsdaten im Vordergrund.[59] Die vermittels Telekommunikation übermittelten Inhalte hingegen unterliegen den Regelungen des Tele- und Mediendienste-Datenschutzes.[60] Die beiden Regelungsbereiche schließen sich also nicht einander aus, sondern stehen selbständig nebeneinander und haben jeweils ihren ureigenen Anwendungsbereich.[61] Soweit ein Anbieter Telekommunikations- und Tele- bzw. Mediendienste gleichermaßen anbietet, hat er beide datenschutzrechtlichen Regime zu beachten.[62]

IV. Tele- und Mediendienste-Datenschutz

Mit dem Teledienstedatenschutzgesetz a.F. (und den Regelungen der §§ 12–17 MDStV a.F.)[63] reagierte der Gesetzgeber auf die Herausforderungen der neuen Informations- und Kommunikationstechniken für den Datenschutz und erließ eine als 22

[58] Dies war schon vor der inhaltlich parallelen Novellierung der beiden Regelungswerke der Fall, vgl. etwa *Bäumler,* DuD 1999, 258 (259); seit der Neufassung des Bundesdatenschutzgesetzes sind die Unterschiede noch geringer geworden, da das Bundesrecht – dem sogenannten **Systemdatenschutz** verpflichtet – nunmehr in § 9a BDSG eine allgemeine Regelung zum Datenschutzaudit vorsieht, die auch im Bereich des Teledienstedatenschutzes Anwendung findet, wodurch eine Angleichung zu § 21 MDStV erfolgt.

[59] Hierzu *Bäumler,* DuD 1999, 258 (259); ausführlich zur Abgrenzung zwischen Telediensten und Telekommunikationsdiensten, *Schmitz,* S. 70ff.

[60] So die Gesetzesbegründung zum Informations- und Kommunikations-Dienstegesetz, BT-Drucks. 13/7385, S. 18.

[61] Die Abgrenzung der Dienste ist freilich zuweilen nicht einfach: Das OLG Hamburg, MMR 2000, 612, hat in einer jüngeren Entscheidung zu einer zuweilen kontrovers diskutierten Abgrenzungsproblematik Stellung nehmen müssen und dabei das Access-Providing als Telekommunikationsdienst eingestuft.

[62] Im Rahmen der folgenden Erörterungen wird dem Telekommunikations-Datenschutz wegen der Ausrichtung des Handbuches auf das Geistige Eigentum im Internet, also auf die netzgestützte Verbreitung von Inhalten, nicht nachgegangen werden können.

[63] Im Folgenden werden wegen der inhaltlichen Übereinstimmung Tele- und Mediendienstedatenschutz gemeinsam kommentiert. Zur Vermeidung sprachlicher Schwerfälligkeiten wird regelmäßig nur von Telediensten die Rede sein. Die Ausführungen beziehen sich inhaltlich gleichwohl auch auf Mediendienste, soweit nicht explizit zwischen den beiden Dienstformen unterschieden wird.

modern und zukunftsträchtig gepriesene[64] bereichsspezifische Regelung zum Schutz personenbezogener Daten. Mit seinem frühzeitigen Erlass sollte der **Internet-Datenschutz verbessert** und somit Rechtssicherheit und Akzeptanz der neuen Multimediadienste befördert werden. Das Gesetz enthielt eine Reihe von echten Neuregelungen, die auch in Umsetzung der EG-Datenschutzrichtlinie nunmehr Eingang in das (allgemeine) Bundesdatenschutzrecht gefunden haben (mussten) und daher im Zuge der Novellierung des Teledienstedatenschutzgesetzes gestrichen werden konnten.[65]

1. Geltungsbereich

23 Das Teledienstedatenschutzgesetz bzw. die datenschutzrechtlichen Bestimmungen des Mediendienstestaatsvertrages dienen dem Schutz personenbezogener Daten der Nutzer, wenn diese durch Diensteanbieter erhoben, verarbeitet oder genutzt werden (§ 1 Abs. 1 Satz 1 TDDSG, § 16 Abs. 1 Satz 1 MDStV). Adressaten des Gesetzes sind damit die **Diensteanbieter** i.S.d. § 2 Nr. 1 TDDSG und des § 3 Nr. 1 MDStV, also natürliche oder juristische Personen, die eigene oder fremde Tele- bzw. Mediendienste zur Nutzung bereit halten oder den Zugang zur Nutzung vermitteln. Wie bereits erläutert,[66] wendet sich der Tele- und Mediendienstedatenschutz – in Abgrenzung zum Telekommunikationsdatenschutz – an Unternehmen, die (zumindest auch) eigene oder fremde Inhalte über das Netz anbieten. Von dem weit auszulegenden Begriff des Diensteanbieters werden neben geschäftsmäßig und gewerblich Handelnden auch nur gelegentliche und private Angebote mitumfasst. Das Gesetz differenziert auch nicht nach öffentlichen und nicht-öffentlichen Anbietern.[67]

24 Außerhalb des Geltungsbereichs des Teledienstedatenschutzgesetzes bzw. des Mediendienstestaatsvertrages steht der Datenumgang durch Diensteanbieter in den Bereichen, bei denen zwischen den Beteiligten besondere Interessen bestehen. Namentlich bei Informations- und Kommunikationssystemen, die ausschließlich zu beruflichen oder dienstlichen Zwecken oder zur ausschließlichen Steuerung von Arbeits- oder Geschäftsprozessen innerhalb von oder zwischen Unternehmen bzw. öffentlichen Stellen bereitgestellt werden (§ 2 Abs. 1 Satz 2 TDDSG, § 16 Abs. 1 Satz 2 MDStV). Gemeint sind damit etwa Systeme, die unternehmensintern oder – übergreifend Produktionsprozesse verknüpfen.[68]

2. Grundsätze der Datenverarbeitung

25 Zentrale Regelungen enthält § 3 TDDSG, in dem die **Grundsätze des Datenschutzrechts für Teledienste** niedergelegt sind (§ 17 MDStV). Die Vorschrift enthält

---

[64] So etwa *Roßnagel,* DuD 1999, 253; und *Bäumler,* DuD 1999, 258 (258 f.).

[65] Etwa die Grundsätze der Datenvermeidung und -sparsamkeit, die in § 3 Abs. 4 TDDSG a.F. erstmalig positiviert worden waren. Sie sind nunmehr in der novellierten Fassung des BDSG in § 3a BDSG als übergreifende Regelung übernommen worden, so dass es wegen der ergänzenden Anwendbarkeit des Bundesdatenschutzgesetzes im Bereich des Tele- und Mediendienstedatenschutzes selbst keiner besonderen Regelung mehr bedarf, vgl. BT-Drucks. 14/6098, S. 27.

[66] Unter Rdnr. 18 ff.

[67] Vgl. *Roßnagel/Schulz,* § 2 TDDSG Rdnr. 16 ff., unter Rekurs auf die Gesetzesbegründung.

[68] S. hierzu BT-Drucks. 14/6098, S. 27, dort werden als Beispiel etwa die in der Automobilbranche bestehenden Informations- und Kommunikationssysteme zwischen Herstellern und Zulieferern genannt.

bedeutsame Regelungselemente aus dem allgemeinen Datenschutzrecht, wie etwa das in § 4 Abs. 1 BDSG verankerte allgemeine Verbot mit Erlaubnisvorbehalt für die Erhebung, Verarbeitung und Nutzung personenbezogener Daten. Es besteht Einigkeit darüber, dass den in § 3 TDDSG (§ 17 MDStV) festgehaltenen Grundsätzen nicht nur ein unverbindlicher programmatischer Charakter zukommt, sie vielmehr unmittelbare Rechte und Pflichten begründen.[69]

a) Verbot mit Erlaubnisvorbehalt

Entsprechend der verfassungsrechtlichen Vorgaben (und gleich § 4 Abs. 1 BDSG) 26
ordnet § 3 Abs. 1 TDDSG (§ 17 Abs. 1 MDStV) ein **allgemeines Verbot mit Erlaubnisvorbehalt** für die Erhebung, Verarbeitung und Nutzung personenbezogener Daten an. Diensteanbieter dürfen hiernach zur Durchführung von Telediensten personenbezogene Daten nur erheben, verarbeiten oder nutzen, soweit das Teledienstedatenschutzgesetz (Mediendienstestaatsvertrag) oder eine andere Rechtsvorschrift es erlaubt oder der Nutzer eingewilligt hat. Die Vorschrift begründet außerhalb der abschließenden Erlaubnisvorbehalte ein generelles Verwendungsverbot für personenbezogene Daten, es sei denn der Nutzer hat in einen weitergehenden Datenumgang eingewilligt.

Nach der Begriffsbestimmung in § 3 Abs. 1 BDSG sind **personenbezogene Daten** 27
Einzelangaben über persönliche oder sachliche Verhältnisse einer bestimmten oder bestimmbaren Person. Eine Person ist bestimmt, wenn sie auf Grund der Angaben eindeutig identifizierbar ist, sie ist bestimmbar, wenn sie nicht eindeutig identifizierbar ist, aber mit Hilfe anderer Merkmale festgestellt werden kann.[70] Im Hinblick auf die Rechtsprechung des *BVerfG,* wonach es unter den Bedingungen moderner Informationsverarbeitung kein belangloses Datum (mehr) gebe,[71] dürfte wenig zweifelhaft sein, dass im Grundsatz sämtliche Daten, die im Verlauf einer Internet-Sitzung (auch in verdeckter Form) von einem Nutzer gesammelt werden können, als personenbezogene Daten einzustufen sind. Bezweifelt wird aber, ob es sich bei solchen – etwa durch den Einsatz von Cookies – gewonnenen Daten um Einzelangaben einer **bestimmten oder bestimmbaren Person** handelt (was bei Bestellungen und Teilnahmen an Umfragen unter Mitteilung des Nutzernamens außer Frage steht). Jedenfalls bei der Nutzung dynamischer IP-Adressen sei dies nicht der Fall, da es dabei dem Diensteanbieter unmöglich sei, die Identität des Nutzers zu ermitteln. Nur wenn Zugangsvermittler und Diensteanbieter identisch seien – was aber nicht der Regelfall sei – könnten die durch Cookies gewonnenen Informationen auch bei Verwendung dynamischer IP-Adressen einer bestimmten Person zugeordnet werden.[72] Zutreffend hieran ist, dass bei den dynamischen IP-Adressen der Diensteanbieter nicht einmal einen Rechnerbezug unmittelbar herstellen kann.[73] Allerdings verfügt auch in diesen Fällen der Zugangsprovider über Zuordnungsmöglichkeiten – er will die Internet-Nutzung schließlich gegenüber seinem Kunden

[69] Vgl. nur *Bäumler,* DuD 1999, 258 (260).

[70] So *Roßnagel/Bizer,* § 3 TDDSG Rdnr. 68.

[71] Zur verfassungsgerichtlichen Rechtsprechung vgl. oben Rdnr. 15.

[72] Exemplarisch *Kröger/Gimmy/Moos,* S. 430 f.

[73] Der Umstand, dass die IP-Adresse – ob statisch oder dynamisch – stets nur einen Bezug zu einem Rechner aufweist, führt *Roßnagel/Schulz,* § 1 TDDSG Rdnr. 34, zu der Annahme, dass auch die statischen IP-Adressen für andere als den jeweiligen Zugangsprovider im Grundsatz keine personenbezogenen Angaben darstellen.

auch abrechnen. Da die Möglichkeit einer Weitergabe der entschlüsselten Nutzeridentität faktisch besteht, kann eine Bestimmbarkeit der Daten von vornherein nicht ausgeschlossen werden. Da zudem diese Auffassung zu einer Aufspaltung des Begriffs des personenbezogenen Datums führt – je nach der eingesetzten Technik –, erscheint es nicht angezeigt, die dynamische IP-Adresse und die unter ihrer Verwendung erlangten Daten von vornherein aus dem Anwendungsbereich des Teledienstedatenschutzgesetzes auszunehmen.[74]

b) Zweckbindung

28 Der datenschutzrechtliche **Grundsatz der Zweckbindung** ist in § 3 Abs. 2 TDDSG (§ 17 Abs. 2 MDStV) verankert. Danach darf ein Diensteanbieter die erhobenen personenbezogenen Daten nur zweckgebunden verwenden, und zwar nur „für die Durchführung von Telediensten“. Eine Verarbeitung oder Nutzung der Daten außerhalb dieser Zweckbestimmung ist nur gestattet, soweit das Teledienstedatenschutzgesetz (Mediendienstestaatsvertrag) oder eine andere Rechtsvorschrift es erlaubt oder der Nutzer eingewilligt hat. Die Daten dürfen damit nur für den erhobenen Zweck rechtmäßig verwendet werden. Diese **strikte Zweckbindung auf den primären Erhebungszweck**[75] verhindert eine zweckändernde Nutzung der erhobenen Daten ohne Einwilligung oder ohne gesetzliche Grundlage. So ist etwa die Nutzung von rechtmäßig erhobenen Bestands- oder Nutzungsdaten außerhalb der gesetzlichen Ermächtigungen unzulässig, wenn der Nutzer nicht einwilligt.[76]

c) Koppelungsverbot

29 Der Diensteanbieter darf gemäß § 3 Abs. 4 TDDSG (§ 17 Abs. 4 MDStV) die Erbringung von Telediensten nicht von einer Einwilligung des Nutzers in eine Verarbeitung oder Nutzung seiner Daten für andere Zwecke abhängig machen, wenn dem Nutzer ein anderer Zugang zu diesen Telediensten nicht oder in nicht zumutbarer Weise möglich ist. Mit dieser Vorschrift soll verhindert werden, dass die gesetzlich angeordnete strikte Zweckbindung (§ 3 Abs. 2 TDDSG) dadurch umgangen wird, dass der Diensteanbieter die **Einwilligung des Nutzers gegen die Erbringung einer Dienstleistung „erkauft“**.[77] § 3 Abs. 4 TDDSG schützt damit die freie und eigenständige Willensbetätigung des Nutzers bei der Einwilligung,[78] um dem Recht des Nutzers auf informationelle Selbstbestimmung zu seiner Geltung zu verhelfen. Hiernach wäre es also unzulässig, wenn ein Diensteanbieter in seinen Allgemeinen Geschäftsbedingungen die Einwilligung in die Verarbeitung der Nutzerdaten für andere als die gesetzlich erlaubten Zwecke zur Voraussetzung der Nutzung seines Dienstes machen würde. Anders sind allerdings Angebote zu beurteilen, die von ihrer Natur her darauf abzielen, Nutzerdaten etwa für Werbezwecke zu erheben und dieser Zweck dem Nutzer auch vorab mitgeteilt wurde. Hier findet keine Zweckänderung statt und das Koppelungsverbot somit keine Anwendung.[79]

---

[74] So auch *Schaar,* Datenschutz im Internet, Rdnr. 170ff., der zudem auf die zu erwartende Renaissance der statischen IP-Adressen durch Einsatz einer bestimmten Version des Internet-Protokolls verweist.

[75] *Roßnagel/Bizer,* § 3 TDDSG Rdnr. 97.

[76] Vgl. *Bäumler,* DuD 1999, 258 (260).

[77] *Roßnagel/Bizer,* § 3 TDDSG, Rdnr. 121.

[78] Vgl. *Schmitz,* S. 108.

[79] So zutreffend *Schaar,* MMR 2001, 644 (648).

Das Koppelungsverbot greift aber nur, wenn der Nutzer keine andere oder keine andere zumutbare Zugangsmöglichkeit zu „diesen" Telediensten hat. Dies ist dann der Fall, wenn ihm der Zugang zu einem Teledienst der nachgefragten Art nicht möglich ist, ohne in die Zweckänderung einzuwilligen. Soweit der Nutzer auf einen anderen Anbieter ausweichen kann, ist der Anwendungsbereich von § 3 Abs. 4 TDDSG also nicht eröffnet. Die Vorschrift bezweckt mithin lediglich, dass ein **Diensteanbieter eine Monopolstellung ausnutzt** (dann nämlich gibt es keine Ausweichmöglichkeit für den Nutzer).[80] Dem Nutzer ist der Zugang dann in nur unzumutbarer Weise möglich, wenn er den erwünschten Teledienst nur unter einer wesentlichen Beeinträchtigung seiner Entscheidungsfreiheit nutzen kann. Dies ist beispielsweise der Fall, wenn ihm der Zugang nur mit einem unverhältnismäßigen Aufwand an Zeit und Geld möglich ist.[81] 30

3. Erlaubte Datenverarbeitung

Das Teledienstedatenschutzgesetz und der Mediendienstestaatsvertrag kennen vier prinzipielle Ausnahmen von dem Verbot der Datenerhebung, -verarbeitung und -nutzung: 31

- Regelungen zu Bestandsdaten (§ 5 TDDSG, § 19 Abs. 1 MDStV),
- Regelungen zu Nutzungs- und Abrechnungsdaten (§ 6 Abs. 1–7 TDDSG, § 19 Abs. 2–8 MDStV),
- Regelung zu personenbezogenen Daten zum Zwecke der Forderungsdurchsetzung (§ 6 Abs. 8 TDDSG, § 19 Abs. 9 MDStV),
- bei Einwilligung des Nutzers.

a) Bestandsdaten

Dem Diensteanbieter ist es auf Grundlage des § 5 TDDSG (§ 19 Abs. 1 MDStV) auch ohne Einwilligung des Nutzers gestattet, die für die **Abwicklung eines Teledienste-Vertrages** (für die Begründung, Ausgestaltung oder Änderung des Vertragsverhältnisses) notwendigen personenbezogenen Daten zu erheben, zu verarbeiten und zu nutzen. Hierunter zählen – je nach Art des Teledienste-Vertrages – etwa Name, Vorname, Anschrift, Rufnummer, Angaben für den Zahlungsverkehr wie die Bankverbindung oder die Kreditkartennummer, aber auch Teilnehmer- und Anschlusskennungen.[82] Die Fassung der Vorschrift – „darf ... nur erheben, verarbeiten und nutzen, soweit sie für ... erforderlich sind" – bringt die strikte Zweckbindung der Erlaubnis zum Ausdruck: Ohne Einwilligung des Nutzers ist die Verwendung der Bestandsdaten zu anderen Zwecken – etwa zu Werbezwecken oder zur Erstellung von Nutzerprofilen – nicht erlaubt, was sich freilich bereits aus dem in § 3 Abs. 2 TDDSG (§ 17 Abs. 2 MDStV) niedergelegten allgemeinen Zweckbindungsgebot ergibt.[83] 32

---

[80] Vgl. *Hoeren/Sieber/Schmitz,* Teil 16.4 Rdnr. 64f.; *Roßnagel/Bizer,* § 3 TDDSG Rdnr. 123; *Engel-Flechsig/Maennel/Tettenborn/Engel-Flechsig,* § 3 TDDSG Rdnr. 34.

[81] *Roßnagel/Bizer,* § 3 TDDSG, Rdnr. 127f.

[82] Weitere Beispiele bei *Roßnagel/Dix,* § 5 TDDSG Rdnr. 28.

[83] Im Zuge der Novellierung wurde § 5 Abs. 2 TDDSG aufgehoben, da der dort verankerte ausdrückliche Hinweis auf die Möglichkeit einer weitergehenden Verarbeitung und Nutzung der Bestandsdaten im Falle der ausdrücklichen Einwilligung in der Praxis zu einer Rechtsunsicherheit im Hinblick auf den Anwendungsbereich der Einwilligungsregelung in § 3 Abs. 2 TDDSG geführt hat, vgl. BT-Drucks. 14/6098, S. 29.

b) Nutzungs- und Abrechnungsdaten

33 § 6 TDDSG (§ 19 Abs. 2 bis 9 MDStV) enthält im Hinblick auf **Nutzungsdaten und Abrechnungsdaten** verschiedene, scharf konturierte Erlaubnistatbestände zu Gunsten des Diensteanbieters. Außerhalb ihrer Anwendungsbereiche ist der Umgang mit diesen Daten nicht erlaubt.[84]

aa) Verwendung von Nutzungsdaten

34 Dem Diensteanbieter ist es zunächst gestattet, personenbezogene Daten eines Nutzers ohne dessen Einwilligung zu erheben, zu verarbeiten und zu nutzen, soweit dies erforderlich ist, um die **Inanspruchnahme von Tele- bzw. Mediendiensten** zu ermöglichen und abzurechnen (§ 6 Abs. 1 Satz 1 TDDSG, § 19 Abs. 2 Satz 1 MDStV). Nutzungsdaten sind nach dieser Legaldefinition und entsprechend der aus Klarstellungsgründen[85] neueingeführten Regelbeispiele[86] Daten, die während der Nutzung eines Teledienstes entstehen, also insbesondere typische Steuerungsinformationen, technische Angaben (Betriebssystem, Browsertyp), E-Mail-Adressen und Nutzerkennungen.[87] Auch hier gilt die strikte Zweckbindung, die für einen Datenumgang außerhalb des definierten Zwecks die Erlaubnis des Nutzers erforderlich macht.

bb) Zusammenführung von Nutzungsdaten

35 Nach § 6 Abs. 2 TDDSG (§ 19 Abs. 3 MDStV) dürfen Diensteanbieter Nutzungsdaten eines Nutzers über die Inanspruchnahme verschiedener Teledienste nur zusammenführen, soweit dies für Abrechnungszwecke mit dem Nutzer erforderlich ist. Diese Befugnis – als **Ausnahme zum prinzipiell statuierten Trennungsgebot**[88] bei der Verarbeitung von Nutzungsdaten – wird vor allem für solche Anbieter relevant, die den Zugang zu einer großen Zahl von Telediensten ermöglichen und dabei die Abrechnung der verschiedenen Dienste übernehmen.[89] Außerhalb der Zweckbestimmung ist die Zusammenführung wiederum nur nach Maßgabe des § 3 Abs. 2 TDDSG erlaubt, also insbesondere bei Einwilligung des Nutzers.[90]

cc) Erstellung von Nutzungsprofilen

36 Gemäß § 6 Abs. 3 Satz 1 TDDSG (§ 19 Abs. 4 Satz 1 MDStV) darf ein Diensteanbieter für Zwecke der Werbung, der Marktforschung oder der bedarfsgerechten Gestaltung des Dienstes **Nutzungsprofile** unter Verwendung von Pseudonymen erstellen, sofern der Nutzer dem nicht widerspricht. Der Nutzer ist „zu Beginn des Nutzungsvorgangs"[91] auf dieses Widerspruchsrecht hinzuweisen (§ 6 Abs. 3 Satz 2 TDDSG, § 19 Abs. 4 Satz 2 MDStV), woraus zu folgern ist, dass ihm die Möglichkeit eingeräumt werden muss, von diesem Recht Gebrauch zu machen.

---

[84] Hier nicht näher erläutert wird § 6 Abs. 5 Satz 5 TDDSG (§ 19 Abs. 6 Satz 5 MDStV), wonach der Diensteanbieter entsprechend den geltenden Bestimmungen den zuständigen Stellen Auskunft zum Zwecke der Strafverfolgung erteilen darf.

[85] Vgl. BT-Drucks. 14/6098, S. 29.

[86] In § 6 Abs. 1 Satz 2 TDDSG und § 19 Abs. 2 Satz 2 MDStV: Merkmale zur Identifikation des Nutzers, Angaben über Beginn, Ende und Umfang der jeweiligen Nutzung sowie Angaben über die vom Nutzer in Anspruch genommenen Teledienste.

[87] Vgl. die eingehende Darstellung bei *Roßnagel/Dix,* § 6 TDDSG Rdnr. 81 ff.

[88] Vgl. nur *Engel-Flechsig/Maennel/Tettenborn/Engel-Flechsig,* § 4 TDDSG Rdnr. 34.

[89] So *Roßnagel/Schaar/Schulz,* § 4 TDDSG Rdnr. 99.

[90] BT-Drucks. 14/6098, S. 29.

[91] § 4 Abs. Satz 1 TDDSG, dazu sogleich Rdnr. 51 ff.

Die Regelungen zur besonderen Zweckbestimmung, zum Widerspruchsrecht und zur Unterrichtung hierüber haben erst im Zuge der Novellierung Eingang in das Teledienstedatenschutzgesetz gefunden, um die bisherige Regelung in § 4 Abs. 4 Satz 1 TDDSG a.F. den Anforderungen aus der EG-Datenschutzrichtlinie entsprechend zu ergänzen.[92] Entscheidend ist dabei einerseits, dass die Nutzerprofile nur unter **Verwendung von Pseudonymen und zu bestimmten Zwecken**[93] erstellt werden dürfen. So ist etwa die Führung von Nutzungsprofilen, bei denen eine nachträgliche Herstellung des Personenbezugs möglich ist, ebenso unzulässig wie die Verwendung solcher Profile für andere als die gesetzlich niedergelegten Zwecke (z.B. zur Bonitätsprüfung).[94] Andererseits dürfen in die Nutzungsprofile nur rechtmäßig erhobene Nutzungsdaten – nicht andere Datenarten – einfließen, wofür Wortlaut und Gesetzessystematik sprechen.[95]

dd) Verwendung von Abrechnungsdaten

§ 6 Abs. 4 Satz 1 TDDSG (§ 19 Abs. 5 Satz 1 MDStV) enthält zunächst eine Be- 37
griffsbestimmung für **Abrechnungsdaten,** die einen Unterfall der Nutzungsdaten darstellen: Hierbei handelt es sich um solche Nutzungsdaten, die für Abrechnungszwecke mit dem Nutzer erforderlich sind. Diese Daten dürfen über das Ende des Nutzungsvorgangs hinaus verarbeitet und genutzt werden. Ist die Zweckbestimmung erfüllt, sind Abrechnungsdaten zu löschen, was sich nach der Neufassung der Vorschrift nun unmittelbar aus § 35 Abs. 2 Nr. 3 BDSG ergibt.[96] Nach § 6 Abs. 4 Satz 2 TDDSG (§ 19 Abs. 5 Satz 2 MDStV) darf der Diensteanbieter zur Erfüllung bestehender gesetzlicher, satzungsmäßiger oder vertraglicher Aufbewahrungsfristen die Daten – anstelle der Löschung – sperren. Hierdurch wird klargestellt, dass das Gesetz nicht zur Löschung von Daten zwingt, die nach anderen Bestimmungen aufzubewahren sind.[97]

ee) Übermittlung von Nutzungs- und Abrechnungsdaten

Der ebenfalls infolge der Novellierung des Teledienstedatenschutzgesetzes neuge- 38
fasste § 6 Abs. 5 TDDSG (§ 19 Abs. 6 MDStV) regelt die Befugnisse des Diensteanbieters zur **Übermittlung von Nutzungs- und Abrechnungsdaten** an andere Diensteanbieter und Dritte. Dabei sind verschiedene Erlaubnistatbestände zu unterscheiden:

(1) Dem Diensteanbieter ist die **Übermittlung von Abrechnungsdaten** nur unter Beachtung einer strikten Zweckbindung, und zwar auf Zwecke der Entgeltermittlung und zur Abrechnung mit dem Nutzer, erlaubt (§ 6 Abs. 5 Satz 1 TDDSG, § 19 Abs. 6 Satz MDStV).

---

92 Vgl. Art. 7 und 14 EG-Datenschutzrichtlinie.

93 Insoweit kann nunmehr auf die seit der jüngsten Änderung im Bundesdatenschutzgesetz enthaltene Legaldefinition des „pseudonymisierens" in § 3 Abs. 6a BDSG zurückgegriffen werden: „Pseudonymisieren ist das Ersetzen des Namens und anderer Identifikationsmerkmale durch ein Kennzeichen zu dem Zweck, die Bestimmung des Betroffenen auszuschließen oder wesentlich zu erschwerden.

94 Diese und weitere Beispiele bei *Schaar,* Orientierungshilfe, S. 10f.

95 Zutreffend *Schaar,* DuD 2001, 383 (385); der Mediendienstestaatsvertrag ist insoweit präziser, da die im Übrigen wortgleiche Fassung des § 19 Abs. 4 Satz 1 noch die Bezugnahme „aus Nutzungsdaten" enthält.

96 Zu der Löschungsverpflichtung für Abrechnungsdaten zur Erstellung von Einzelnachweisen vgl. sogleich Rdnr. 39.

97 BT-Drucks. 14/6098, S. 30.

(2) Hat er mit einem Dritten – also nicht einem anderen Diensteanbieter[98] – einen **Vertrag über den Einzug des Entgelts** geschlossen, ist dem Diensteanbieter ebenfalls gestattet, diesem Abrechnungsdaten zu übermitteln, soweit es eben für diesen Zweck erforderlich ist. In diesem Fall ist der Dritte – wenn und soweit es sich um Daten handelt, die dem Fernmeldegeheimnis unterliegen – zur Wahrung des Fernmeldegeheimnisses zu verpflichten (§ 6 Abs. 5 Satz 2 und 3 TDDSG, § 19 Abs. 6 Satz 2 und 3 MDStV). Da den bei der Abrechnung von Telediensten verwendeten Daten überwiegend dieser Charakter zukommt,[99] besteht vorliegend im Rahmen der **Gestaltung von Abrechnungsverträgen** Regelungsbedarf.

(3) Schließlich dürfen **anonymisierte Nutzungsdaten** nur zum Zwecke der Marktforschung anderer Diensteanbieter übermittelt werden.

ff) Speicherung von Abrechnungsdaten

39 Die Abrechnung über die Inanspruchnahme von Telediensten darf nur dann Anbieter, Zeitpunkt, Dauer, Art, Inhalt und Häufigkeit bestimmter von einem Nutzer in Anspruch genommener Teledienste erkennen lassen, wenn dieser einen **Einzelnachweis** verlangt (§ 6 Abs. 6 TDDSG, § 19 Abs. 7 MDStV). Diese im Zeichen des Gebotes der **Datenaskese** stehende Regelung soll von vornherein der Entstehung von Nutzerprofilen entgegenwirken.[100] Für den Fall, dass der Nutzer einen Einzelnachweis verlangt, dürfen die hierfür verarbeiteten Abrechnungsdaten nur bis zum Ablauf von sechs Monaten nach Versendung der Rechnung gespeichert werden[101] (§ 6 Abs. 7 Satz 1 TDDSG, § 19 Abs. 8 Satz 1 MDStV). Die Löschungsverpflichtung setzt dann später ein, wenn Einwendungen gegen die Rechnung erhoben werden oder diese nicht beglichen wird.[102]

c) Verwendung von personenbezogenen Daten zum Zwecke der Forderungsdurchsetzung

40 In § 6 Abs. 8 TDDSG (§ 19 Abs. 9 MDStV) hat der Gesetzgeber im Zuge der Novellierung einen **neuen Erlaubnistatbestand** eingeführt: Liegen dem Diensteanbieter zu dokumentierende tatsächliche Anhaltspunkte vor, dass seine Dienste von Nutzern in der Absicht in Anspruch genommen werden, das Entgelt nicht oder nicht vollständig zu entrichten, darf er die **personenbezogenen Daten** dieser Nutzer über das Ende des Nutzungsvorgangs sowie die in § 6 Abs. 7 TDDSG (§ 19 Abs. 8 MDStV) niedergelegte Speicherfrist hinaus (nur) verarbeiten und nutzen, soweit dies zur Durchsetzung seiner Ansprüche gegenüber dem Nutzer erforderlich ist.[103] Die Vorschrift bezieht sich ausdrücklich nicht auf die Datenkategorien des Teledienstedatenschutzgesetzes (Mediendienstestaatsvertrages), sondern auf den umfassenden Begriff der personenbezogenen Daten. Da die Vorschrift die berechtigten Interessen der Diensteanbieter an der Forderungsdurchsetzung schützt, wäre eine

---

[98] Zutreffend *Engel-Flechsig/Maennel/Tettenborn/Engel-Flechsig*, § 6 TDDSG Rdnr. 23.

[99] *Roßnagel/Dix/Schaar*, § 6 TDDSG Rdnr. 179, 15, 43 ff.

[100] Vgl. die Begründung zum Informations- und Kommunikations-Dienstegesetz, BT-Drucks. 13/7385, S. 25.

[101] Die mit der Novellierung eingeführte 6-Monatsfrist – anstelle der 80-Tagefrist – führt zu einer Angleichung mit § 7 Abs. 3 Satz 3 TDSV, was vor allem zu Erleichterungen für solche Diensteanbieter führen wird, die zugleich den Vorgaben der Telekommunikations-Datenschutzverordnung unterfallen, vgl. BT-Drucks. 14/6098, S. 30.

[102] § 6 Abs. 7 Satz 2 TDDSG, § 19 Abs. 8 Satz 2 MDStV.

[103] § 6 Abs. 8 Satz 1 TDDSG, § 19 Abs. 9 Satz 1 MDStV.

Beschränkung nur auf Nutzungs- oder Abrechnungsdaten auch nicht sachgerecht. Der Diensteanbieter soll vielmehr in diesem – zumal eng gehaltenen[104] – Fall sämtliche, ihm zur Verfügung stehende Daten verarbeiten und nutzen dürfen, um seine zivilrechtlichen Ansprüche gegen den nicht rechtstreuen Nutzer durchsetzen zu können. Systematisch betrachtet, ist die Erlaubnisnorm in § 6 TDDSG unter der genannten Prämisse freilich unzutreffend verortet. Wenn die genannten Voraussetzungen nicht mehr vorliegen oder die Daten für die Rechtsverfolgung nicht mehr benötigt werden, sind sie unverzüglich zu löschen, wovon der Nutzer zu unterrichten ist, sobald die Forderungsdurchsetzung nicht mehr gefährdet ist (§ 6 Abs. 8 Satz 2 und 3 TDDSG, § 19 Abs. 9 Satz 2 und 3 MDStV).

d) Einwilligung des Nutzers

Soweit ein Diensteanbieter die personenbezogenen Daten des Nutzers außerhalb 41
der vorstehend nachgezeichneten gesetzlichen Befugnisse erheben, verarbeiten oder nutzen will, bedarf er der **Einwilligung des Nutzers** (§ 3 Abs. 1 TDDSG, § 17 Abs. 1 MDStV). Ein Einwilligungserfordernis seitens des Nutzers besteht nach dem Gebot der Zweckbindung auch für den Fall, dass der Diensteanbieter die rechtmäßig „für die Durchführung von Telediensten" erhobenen Daten zu anderen Zwecken (zweckändernd) verwenden will (§ 3 Abs. 2 TDDSG, § 17 Abs. 2 MDStV).

aa) Reichweite der Einwilligung

Bevor die Voraussetzungen einer wirksamen Einwilligung seitens des Dateninhabers 42
erläutert werden, hat zunächst eine Klarstellung zur **Reichweite der Einwilligung** im Bereich des Tele- bzw. Mediendienstedatenschutzes zu erfolgen: Grundsätzlich kann sich der Diensteanbieter für jede Datenart (Bestandsdaten, Nutzungsdaten, Abrechnungsdaten, sonstige personenbezogene Daten des Nutzers) vom Nutzer qua Einwilligung die Befugnis einräumen lassen, diese Daten über die gesetzlichen Erlaubnistatbestände hinaus zu erheben, zu verarbeiten und zu nutzen.[105] Weiterhin ist es dem Diensteanbieter gestattet, mit diesen Daten auch zu anderen Zwecken – also solchen, die nicht der „Durchführung von Telediensten" entsprechen – umzugehen, wenn er über eine wirksame (hierauf bezogene) Einwilligung des Nutzers verfügt. In diesem Falle kann er also auch Daten erheben und verarbeiten, die für die Erbringung seines Dienstes nicht erforderlich sind.[106] Eine – wohlgemerkt: gesetzeskonforme – Einwilligung kann also durchaus einen sehr weiten Umfang sowohl im Hinblick auf die betroffenen Daten als auch hinsichtlich der Verarbeitungszwecke haben. Schließlich disponiert der Nutzer hiermit selbst und freiwillig über sein Recht auf informationelle Selbstbestimmung. Er allein kann

[104] So schon die Begründung der Bundesregierung zu der ursprünglichen Entwurfsfassung der Vorschrift, die über die in Kraft getretene Fassung deutlich hinausreichte: Der Erlaubnistatbestand sollte sich auf jegliche missbräuchliche Inanspruchnahme der Dienste erstrecken, als Verarbeitungszweck die Wahrung der Interessen des Diensteanbieters genügen lassen und schließlich eine Übermittlungsbefugnis an Dritte enthalten, vgl. BT-Drucks. 14/6098, S. 10, 30.

[105] Dies dürfte nach der Neufassung des Gesetzes nunmehr nicht mehr in Zweifel gezogen werden: Der Umstand, dass nur § 5 Abs. 2 TDDSG eine explizite Einwilligungs-Regelung zur Verarbeitung und Nutzung der Bestandsdaten enthielt, warf die Frage auf, ob in Abwesenheit einer entsprechenden Regelung für Nutzungsdaten eine diesbezügliche Einwilligung überhaupt statthaft sei, vgl. BT-Drucks. 14/6098, S. 29.

[106] A. A. offenbar *Schaar*, Orientierungshilfe, S. 13.

„über die Preisgabe und Verwendung seiner persönlichen Daten bestimmen"[107] und dies auch über die gesetzlichen Beschränkungen hinaus.[108] Die inhaltlichen und formellen Anforderungen an eine wirksame Einwilligung können freilich kaum überschätzt werden. Hier bestehen hohe Hürden, die eine „formularmäßige" Erteilung von weitreichenden Einwilligungen so gut wie ausschließen.

bb) Inhaltliche Anforderungen an die Einwilligung

43 Das Teledienstedatenschutzgesetz (Mediendienstestaatsvertrag) stellt keine besonderen inhaltlichen Anforderungen an die Einwilligung, so dass insoweit auf die allgemeinen Regelungen des Bundesdatenschutzgesetzes zurückzugreifen ist.

44 Gemäß § 4a Abs. 1 Satz 1 BDSG ist die Einwilligung nur wirksam, wenn sie auf der **freien Entscheidung** des Betroffenen beruht. Die Vorschrift verdeutlicht, dass die Einwilligung ohne jeglichen Zwang erteilt werden muss.[109] Das in § 3 Abs. 4 TDDSG (§ 17 Abs. 4 MDStV) niedergelegte Koppelungsverbot sichert die Entscheidungsfreiheit des Nutzers von Telediensten für den Fall ab, dass ein Diensteanbieter, der eine Monopolstellung innehat, die Erbringung von Telediensten von einer Einwilligung des Nutzers in eine Verarbeitung oder Nutzung seiner Daten für andere Zwecke abhängig macht.[110]

45 Eine wirksame Einwilligung setzt weiterhin voraus, dass der Betroffene auf den vorgesehenen Zweck der Erhebung, Verarbeitung oder Nutzung der Daten ausdrücklich hinzuweisen ist (§ 4a Abs. 1 Satz 2 BDSG).[111] Die Information des Diensteanbieters muss also so formuliert sein, dass sie verständlich und umfassend den Umfang und die Zwecke umschreibt, für welche die Daten verwendet werden sollen.[112] Nur bei Erfüllung dieser Unterrichtungspflicht kann der Betroffene übersehen, zu welchen Zwecken er seine Einwilligung erteilt und auf welche Daten sich die Einwilligung erstreckt. Erst dann ist er in der Lage, seine Einwilligung mit der für ihre Wirksamkeit **erforderlichen Zweckbestimmung** zu versehen.[113] Eine **unkonkretisierte Einwilligung** stellt hingegen keinen rechtsgültigen Erlaubnistatbestand für die Einwilligung dar. So dürften pauschale Erklärungen der Betroffenen, wonach sie mit jeder weiteren Form der Verarbeitung seiner Daten einverstanden seien, in aller Regel nicht ausreichen. Dies gilt jedenfalls dann, wenn diese Erklärungen in Form von Allgemeinen Geschäftsbedingungen abgegeben werden.[114]

cc) Form der Einwilligung

46 Nach § 4a Abs. 1 Satz 3 BDSG bedarf die Einwilligung der Schriftform, soweit nicht wegen besonderer Umstände eine andere Form angemessen ist. Dieses Schriftformerfordernis würde im Bereich des Tele- und Mediendienstedatenschutzrechtes unweigerlich zu einem **Medienbruch** führen, da der Nutzer stets zur Abgabe seiner Einwilligung auf ein anderes Medium ausweichen müsste. Dieses Hemmnis für die

---

[107] *BVerfGE* 65, 1 (42).

[108] *Roßnagel/Bizer*, § 3 TDDSG Rdnr. 84.

[109] Vgl. nur *Schaar*, MMR 2001, 644.

[110] Zum Koppelungsverbot vgl. oben Rdnr. 29f.

[111] Nach § 4a Abs. 1 Satz 2 BDSG ist der Betroffene zusätzlich – soweit nach den Umständen des Einzelfalls erforderlich – ferner auf die Folgen der Verweigerung der Einwilligung hinzuweisen.

[112] *Schaar*, MMR 2001, 644 (645).

[113] Vgl. zur Zweckbestimmung der Einwilligung *Roßnagel/Bizer*, § 3 TDDSG Rdnr. 84f.

[114] *OLG Karlsruhe*, CR 1997, 152; ebenso *Schaffland/Wiltfang*, § 4a BDSG Rdnr. 11 m.w.N.

Entwicklung der Multimediadienste wollte der Gesetzgeber vermeiden und hat die **elektronische Einwilligung** beim Erlass des Teledienstedatenschutzgesetzes (Mediendienstestaatsvertrages) erstmalig[115] generell zugelassen. Die Novellierung des Teledienstedatenschutzgesetzes (Mediendienstestaatsvertrages) hat die ursprünglichen Regelungen zur elektronischen Einwilligung – womöglich auch in Reaktion auf die Kritik im Schrifttum[116] – neu strukturiert.

Gemäß § 3 Abs. 3 TDDSG i.V.m. § 4 Abs. 2 TDDSG (§ 17 Abs. 3 MDStV i.V.m. § 18 Abs. 2 MDStV) kann die Einwilligung elektronisch erklärt werden, wenn 47

- (1) sie nur durch eine eindeutige und bewusste Handlung des Nutzers erfolgen kann,
- (2) die Einwilligung protokolliert wird und
- (3) der Inhalt der Einwilligung jederzeit vom Nutzer abgerufen werden kann.

Der Gesetzgeber hat durch die Neuregelung die (technischen) **Anforderungen** an die elektronische Einwilligung **deutlich abgesenkt.** Hatte ursprünglich der Diensteanbieter noch sicherzustellen, dass die Einwilligung nicht unerkennbar verändert und ihr Urheber erkannt werden kann[117] (was im Ergebnis auf die Verwendung digitaler Signaturen[118] hinauslief), wurden diese Vorgaben nun fallengelassen. Der Gesetzgeber hebt nun ausdrücklich hervor, dass „die Erfüllung der Voraussetzungen einer elektronischen Einwilligung nicht an die Verwendung gesetzlicher elektronischer Signaturen anknüpft".[119] Besondere Bedeutung wird zukünftig der **Autorisierung** gemäß § 4 Abs. 2 Nr. 1 TDDSG (§ 18 Abs. 2 Nr. 1 MDStV) zukommen,[120] während sich das Erfordernis der Abrufbarkeit des Einwilligungsinhaltes schon durch eine Online-Verfügbarkeit des standardisierten Einwilligungstextes (nicht der konkreten Einwilligung) erfüllen lassen wird.[121]

dd) Widerruf der Einwilligung

Der Nutzer ist vor Erklärung der Einwilligung auf sein Recht hinzuweisen, seine Einwilligung jederzeit mit Wirkung für die Zukunft widerrufen zu können (§ 4 Abs. 3 Satz 1 TDDSG, § 18 Abs. 3 Satz MDStV). Dieser Hinweis auf das **Recht des jederzeitigen Widerrufs** muss für den Nutzer jederzeit abrufbar sein.[122] Mit diesen Regelungen soll der Nutzer seine ursprüngliche Billigung der Verwendung der personenbezogenen Daten nachträglich kontrollieren können. Er allein bleibt berufen, über die weitere Nutzung seiner Daten zu entscheiden. Da der Widerruf nur für die Zukunft gilt, sind die Interessen des Nutzers, der in die Verarbeitung seiner personenbezogenen Daten bereits eingewilligt hatte, und die des Anbieters, der mit der Verarbeitung schon begonnen hat, sachgerecht in Ausgleich gebracht.[123] 48

---

[115] Hierzu *Roßnagel,* DuD 1999, 253.

[116] Etwa bei *Hoeren/Sieber/Schmitz,* Teil 16.4 Rdnr. 49 ff.

[117] § 3 Abs. 7 Nr. 2 und 3 TDDSG, § 12 Abs. 8 Nr. 2 und 3 MDStV.

[118] Begriffsbestimmung aus dem Signaturgesetz a.F.; vgl. hierzu ausführlich unten Rdnr. 73 ff.; das Signaturgesetz verwendet nun den (technikoffeneren) Begriff der elektronischen Signatur.

[119] BT-Drucks. 14/6098, S. 28.

[120] Zu den Einzelheiten *Roßnagel/Bizer,* § 3 TDDSG Rdnr. 272 ff.

[121] Vgl. *Schaar,* MMR 2001, 644 (646).

[122] § 4 Abs. 3 Satz 2 i.V.m. Abs. 1 Satz 3 TDDSG, § 18 Abs. 3 Satz 2 i.V.m. Abs. 1 Satz 3 MDStV.

[123] *Roßnagel/Bizer,* § 3 TDDSG, Rdnr. 238.

ee) Gestaltung vertraglicher Einwilligungsklauseln

49 Bei der **Gestaltung von entsprechenden vertraglichen Einwilligungsklauseln** ist angesichts der zuweilen äußerst restriktiven Rechtsprechung[124] **besondere Sorgfalt** anzuwenden: Es dürfte sich empfehlen, nicht nur die Datenverarbeitungszwecke (Werbung, Marktforschung, bedarfsgerechte Gestaltung der Teledienste, Erstellung von Nutzerprofilen, sonstige konkret umschriebene Zwecke) und die Phasen der Datenverarbeitung gemäß § 3 Abs. 3–5 BDSG (Erheben, Speichern, Verändern, Übermitteln, Sperren, Löschen, Nutzen) präzise aufzulisten, sondern darüber hinaus die Datenarten (Bestandsdaten, Nutzungsdaten, Abrechnungsdaten, sonstige personenbezogene Daten des Nutzers) konkret zu benennen. Trotz größter Sorgfalt bei der Formulierung einer Einwilligungsklausel kann im Bereich **Allgemeiner Geschäftsbedingungen** nicht ausgeschlossen werden, dass die Gerichte hierin nicht doch eine unangemessen benachteiligende (§ 307 BGB) oder überraschende Klausel (§ 305 c BGB) erblicken.[125] Der im Schrifttum vertretenen Auffassung, wonach die in § 5 Abs. 2 TDDSG a.F. (§ 14 Abs. 2 MDStV a.F.) verankerte Regelung eine ausdrückliche Einwilligungsmöglichkeit (sog. „Opt-in"-Option) dargestellt habe, so dass entsprechende Einwilligungsklauseln der gesetzlichen Regelung und damit einer AGB-Kontrolle standhalten würden,[126] kann hier nicht beigepflichtet werden. § 5 Abs. 2 TDDSG a.F. (§ 14 Abs. 2 MDStV a.F.) stellte lediglich eine – überflüssige – Vorschrift ohne besonderen Regelungsgehalt dar. Sie konnte daher auch bedenkenlos – ohne dass sich der Rechtszustand geändert hätte – vom Gesetzgeber gestrichen werden; die Einwilligung in die Verarbeitung von Bestandsdaten richtet sich vielmehr nach § 3 Abs. 1 TDDSG (§ 17 Abs. 1 MDStV) bzw. – soweit eine Zweckänderung angestrebt wird – nach § 3 Abs. 2 TDDSG (§ 17 Abs. 2 MDStV).

4. Pflichten des Diensteanbieters

50 Bei den in § 4 TDDSG (§ 18 MDStV) geregelten Pflichten des Diensteanbieters handelt es sich um ein „Kernstück" der datenschutzrechtlichen Bestimmungen des TDDSG.[127] Die Vorschrift ist infolge der Novellierung neu gefasst worden[128] und beschränkt sich nun konsequent auf die verschiedenen datenschutzrechtlichen Pflichten des Anbieters.

a) Unterrichtungspflicht

51 § 4 Abs. 1 TDDSG (§ 19 Abs. 1 MDStV) statuiert unterschiedlich gelagerte **Informationspflichten** zu Lasten des Diensteanbieters.

52 So hat der Diensteanbieter den Nutzer zu Beginn des Nutzungsvorgangs über Art, Umfang und Zwecke der Erhebung, Verarbeitung und Nutzung personenbezogener Daten sowie über die Verarbeitung seiner Daten außerhalb des Anwendungsbereichs der EG-Datenschutzrichtlinie zu unterrichten (§ 4 Abs. 1 Satz 1 TDDSG, § 19 Abs. 1 Satz 1 MDStV). Die Bestimmung stellt seit ihrer Änderung auf einen späteren Zeitpunkt für die Unterrichtung ab: Dieser ist auf den **Beginn des Nut-**

---

[124] Exemplarisch *OLG Celle,* NJW 1980, 347 ff., das eine beispielhafte Aufzählung der Datenarten, in deren Verarbeitung eingewilligt wird, verlangt.

[125] So im Falle des „Payback"-Rabattsystems, LG München I, MMR 2001, 466 ff.

[126] *Schmitz,* DuD 2001, 395 (397); *Schuster/Schmitz,* Kapitel 3, Rdnr. 224.

[127] So *Bäumler,* DuD 1999, 258 (260).

[128] Hierzu *Rasmussen,* CR 2002, 36 (38 ff.).

zungsvorgangs[129] verschoben worden, da bereits bei Abruf des Angebotes eine automatische Erhebung von Nutzungsdaten erfolgen kann[130] und eine Unterrichtung vor der Erhebung dann (technisch bedingt) nicht möglich ist.[131] Sobald allerdings der Nutzer persönliche Daten angibt oder Dateien mit direktem oder indirektem Personenbezug von dem Rechner des Nutzers abgerufen werden, die dort schon gespeichert vorliegen (z. B. in Cookies), greift die Informationspflicht.[132] Im Lichte der EG-Datenschutzrichtline[133] wurde ein besonderes Unterrichtungsgebot etabliert, nämlich für den Fall, dass die Nutzerdaten **außerhalb des Anwendungsbereiches der EG-Datenschutzrichtlinie** (also außerhalb des Europäischen Wirtschaftsraums, bestehend aus den EU-Staaten, Norwegen, Island und Liechtenstein) verarbeitet werden, da dann nicht zwangsläufig von einem gleichwertigen Datenschutzniveau ausgegangen werden kann. Die Unterrichtung muss freilich nicht bei jeder neuen Sitzung wiederholt werden, wie die Neufassung der Vorschrift – „sofern eine solche Unterrichtung nicht bereits erfolgt ist" – nun ausdrücklich klarstellt.[134] Schließlich hat der Diensteanbieter den Inhalt der Unterrichtung für den Nutzer jederzeit abrufbar zu halten (§ 4 Abs. 1 Satz 3 TDDSG, § 18 Abs. 1 Satz 3 MDStV).[135] Dabei muss der Nutzer die Unterrichtung ohne besondere Vorkenntnisse im Angebot finden können.[136] Die Unterrichtung hat **umfassend und in verständlicher Sprache** zu erfolgen.[137] Die Unterrichtung ist daher im oberen, normalerweise direkt sichtbaren Bereich des Bildschirms anzubringen, damit sie der Nutzer zur Kenntnis nimmt, wenn er das jeweilige Angebot aufruft. Die Schriftgröße sollte entsprechend groß und auffällig (farbig und Fettdruck) gestaltet sein. Die Unterrichtung kann auf der Homepage des Diensteanbieters selbst, durch einen ausdrücklichen Verweis (Link) auf die Unterrichtung auf einer anderen Seite, mittels eines elektronischen Erhebungsformulars bzw. eines Links auf die dortige Unterrichtung oder die schriftliche Information des Nutzers vor der ersten Erhebung personenbezogener Daten erfolgen.[138]

§ 4 Abs. 1 Satz 2 TDDSG (§ 18 Abs. 1 Satz 2 MDStV) legt fest, dass der Nutzer 53
zu Beginn von automatisierten Verfahren, die eine spätere Identifizierung des Nut-

[129] Anstelle von „vor der Erhebung" in § 3 Abs. 5 TDDSG a. F.

[130] Z. B. die IP-Adresse des benutzten Rechners und weitere technischen Angaben, die automatisch an den Anbieter übermittelt werden, vgl. oben Rdnr. 6 ff.

[131] BT-Drucks. 14/6098, S. 28.

[132] Vgl. *Schaar,* Orientierungshilfe, S. 7.

[133] Gemäß Art. 25 Abs. 1 der EG-Datenschutzrichtlinie ist die Übermittlung personenbezogener Daten in ein Drittland nur zulässig, wenn dort ein angemessenes Schutzniveau gewährleistet ist. Vgl. das insoweit zwischen der Europäischen Union und den U. S. A. geschlossene Datenschutzabkommen (sogenannte **Safe-Harbour-Vereinbarung**) unter http://www.europa.eu.int/comm/internal_market/de/media/dataprot/news/harbor4.htm. [abgerufen am 18. 3. 2002] und die Übernahme in das Gemeinschaftsrecht durch die Entscheidung 2000/520/EG der Kommission vom 26. 7. 2000 gemäß der Richtlinie 95/46/EG des Europäischen Parlamentes und des Rates über die Angemesenheit des von den Grundsätzen des „sicheren Hafens" und der diesbezüglichen „Häufig gestellten Fragen" (FAQ) gewährleisteten Schutzes, vorgelegt vom Handelsministerium der USA (ABl. EG Nr. L 215/7).

[134] Unzutreffend daher Rasmussen, CR 2002, 36 (42), der zufolge sich dies nur aus der Gesetzesbegründung ergebe.

[135] Vgl. BT-Drucks. 14/6098, S. 28.

[136] Vgl. *Schaar,* Datenschutz im Internet, Rdnr. 331.

[137] *Schmitz,* TDDSG, S. 105.

[138] Beispiele bei *Schaar,* Datenschutz im Internet, Rdnr. 330; nicht ausreichend wären hingegen pauschale Hinweise, z. B. dass der Datenschutz beachtet wird, oder der allgemeine Hinweis auf Nutzungsbedingungen oder Allgemeine Geschäftsbedingungen.

zers ermöglichen und eine Erhebung, Verarbeitung oder Nutzung personenbezogener Daten vorbereiten, zu unterrichten ist. Diese Vorschrift ist „maßgeschneidert"[139] für die **Ablage von sogenannten Cookies** auf der Festplatte des Nutzers. Wenn und soweit Cookies zur Wiedererkennung desselben Nutzers bei mehrfacher Nutzung eines Angebots verwendet und auf seiner Festplatte gespeichert werden, ist die spätere Identifizierung des Nutzers möglich. Solche Cookies unterliegen der Unterrichtungspflicht nach § 4 Abs. 1 Satz 2 TDDSG (§ 18 Abs. 1 Satz 2 MDStV). Dies gilt nicht, wenn Cookies lediglich zur Verbindungssteuerung während einer Sitzung eingesetzt werden, da sie in diesem Fall nach Beendigung der Sitzung wieder gelöscht werden, so dass ein Personenbezug nicht hergestellt werden kann.

b) Technische und organisatorische Vorkehrungen

54 In Ausformulierung der Grundsätze des **Systemdatenschutzes** verpflichtet § 4 Abs. 4 TDDSG (§ 18 Abs. 4 MDStV) den Diensteanbieter auf die Einhaltung konkreter technischer und organisatorischer Vorkehrungen. Im Einzelnen handelt es sich um Vorkehrungen zum Abbruch der Kommunikation, zur Datenlöschung und –sperrung, zur Geheimhaltung, zur Datentrennung und zur Verhinderung der Zusammenführung von Daten.[140]

c) Pflicht zur Anzeige der Weitervermittlung

55 Nach § 4 Abs. 5 TDDSG (§ 18 Abs. 5 MDStV) hat der Diensteanbieter dem Nutzer die Weitervermittlung zu einem anderen Diensteanbieter anzuzeigen. Der Nutzer soll stets genaue Kenntnis darüber haben, auf welchem Server er sich befindet, so dass das Setzen eines „externen Links" mit einer entsprechenden Erläuterung zu versehen ist.[141]

d) Ermöglichung anonymer und pseudonymer Nutzungsmöglichkeiten

56 Im Zeichen der **Datenvermeidung und Datensparsamkeit**[142] hat der Diensteanbieter dem Nutzer die Inanspruchnahme von Telediensten und ihre Bezahlung anonym oder unter Pseudonym zu ermöglichen, soweit dies technisch möglich und zumutbar ist; der Nutzer ist über diese Möglichkeit zu informieren (§ 4 Abs. 6 Satz 1 und 2, § 18 Abs. 6 Satz 1 und 2 MDStV). Auf Grundlage dieser Vorschrift sollen dem Nutzer Dienste ohne Individualisierung und Personalisierung angeboten werden, wenn der konkrete Dienst – wie etwa im Bereich der Information – dies nicht zwingend voraussetzt.

5. Rechte des Nutzers

57 Der Nutzer genießt auf Grundlage des § 4 Abs. 7 TDDSG (§ 20 Abs. 1 MDStV) ein umfassendes **Auskunftsrecht** gegenüber dem Diensteanbieter. Dieser hat dem Nutzer unentgeltlich und unverzüglich Auskunft über die zu seiner Person gespeicherten Daten zu erteilen, wobei die Auskunft auf Verlangen des Nutzers hin auch elektronisch erteilt werden kann. Nach § 6a Abs. 3 BDSG erstreckt sich das Aus-

---

[139] *Kröger/Gimmy/Moos*, S. 432.

[140] Zu den Einzelheiten *Roßnagel/Schaar/Schulz*, § 4 TDDSG Rdnr. 58ff.; zu den Neuerungen infolge der Novellierung des Teledienstedatenschutzgesetzes Rasmussen, CR 2002, 36 (40f.).

[141] Zu den Realisierungsmöglichkeiten vgl. *Schaar*, Orientierungshilfe, S. 20.

[142] Vgl. die diesbezüglichen Neuregelungen in § 3a BDSG.

kunftsrecht auch auf den logischen Aufbau der automatisierten Verarbeitung der den Nutzer betreffenden Daten.[143]

IV. Ausblick

Mögen die gesetzlichen Anforderungen stringent und auch der technischen Entwicklung angepasst sein, ein – früher gerne im Bereich des Umweltrechtes beklagtes – **erhebliches Vollzugsdefizit** ist unverkennbar. Es besteht eine sehr hohe Wahrscheinlichkeit, dass schon der Anbieter des ersten Tele- oder Mediendienstes, den man zu Beginn einer Internet-Sitzung ansteuert, die gesetzlichen Vorgaben nicht einhält. Im Ansatz ist dies fast noch verständlich – fehlt es doch in einer verunsicherten Branche an verlässlichen und vor allem verständlichen Informationen zur Reichweite der normativen Anforderungen. Allerdings ist ebenso zu konstatieren, dass die Verfolgung von Rechtsverstößen in jüngster Zeit angestiegen ist, jedenfalls scheinen die Wettbewerbszentralen nun (endlich) die auch **wettbewerbsrechtliche Relevanz** des Tele- und Mediendienstedatenschutzrechtes erkannt zu haben. 58

Es steht zu erwarten, dass der Schutz personenbezogener Daten bei Nutzung des Internets zukünftig nicht ausschließlich durch staatliche Regulierung bewirkt werden kann und wird. In der kommenden Entwicklung wird es zu einem stärkeren **Ineinandergreifen verschiedener Modelle zur Sicherung des Datenschutzes** führen. Neben die Etablierung eines hoheitlich gesetzten Rechtsrahmen werden Selbstverpflichtungen der Wirtschaft treten (müssen), etwa in Form des nunmehr auch bundesgesetzlich (§ 9a BDSG) verankerten **Datenschutzaudits.**[144] Die Unternehmen können mit der Etablierung dieses neuartigen Instruments die Chance ergreifen, Datenschutz als Grundlage ihrer Geschäftspolitik zu Marketingzwecken positiv herauszustellen und die Handhabung der betriebsinternen Datenverarbeitung gegenüber ihren Kunden offenlegen. Zugleich werden die Nutzer offensiver agieren und ihre „Datenmacht" erkennen lernen. Mit Hilfe von sogenannten **Privacy-Enhancing Technologies** (PETs) – wie insbesondere das **„Platform for Privacy Preferences Project"** (P3P)[145] – soll Datenschutz durch den Einsatz modernster (Software)Technik verwirklicht werden. Diese Schutzkombination aus Technik und Recht könnte auf dem Boden eines erweiterten Begriffs des Geistigen Eigentums gedeihen, der **Privacy as Intellectual Property**[146] begreift und die Schaffung eines **Property Right** für personenbezogene Daten voraussetzt.[147] Damit würde zwar der Kommerzialisierung ein weiteres Feld eröffnet, aber zumindest gewährleistet, dass die mit der Vermarktung personenbezogener Daten verbundenen wirtschaftlichen Erträge den Inhabern der Daten zufließen, und nicht mehr – wie bisher – unberechtigten Akteuren. 59

---

[143] § 20 Abs. 2 bis 3 MDStV enthält Sonderbestimmungen für die journalistisch-redaktionelle Datenverarbeitung, vgl. hierzu etwa *Roßnagel/Schaar,* § 16 MDStV Rdnr. 67 ff.

[144] Vgl. hierzu etwa *Roßnagel,* DuD 1997, 505 ff.; *Arbeitskreis „Datenschutz-Audit Multimedia",* DuD 1999, 285 ff.

[145] Hiermit soll ein Industriestandard für maschinenlesbare Datenschutzerklärungen geschaffen werden. Die Nutzer werden durch die Anwendung des Systems in den Stand gesetzt, sicher und einfach darüber zu entscheiden, ob und welche Daten sie dem Anbieter preisgeben wollen; vgl. näheres unter http://www.w3.org/P3P [abgerufen am 17. 4. 2002], zu P3P *Greß,* DuD 2001, 144 ff.; *Wenning/Köhntopp,* DuD 2001, 139 ff.

[146] So der Titel der Abhandlung von *Samuelson,* 52. Stan. L. Rev. 1125 (2000).

[147] Dies fordert *Lessig,* S. 160.

C. Elektronische Signatur und Kryptographie*

60 Neben das Bedürfnis der Akteure an dem Schutz ihrer Daten tritt das Interesse der Nutzer an der Überwindung der mit der netzgestützten Kommunikation verbundenen **Vertrauens- und Kontrollverluste.** Erreichen ihn elektronische Nachrichten unverfälscht? Stammen sie von dem angegebenen Absender? In der Online-Welt ist dies alles recht unsicher. Im Folgenden werden die (u.a.) zur Herstellung von **Sicherheit im Netz** vorhandenen Verfahren der elektronischen Signatur und der Kryptographie aus rechtlicher Sicht vorgestellt. Hierbei sind zunächst die Funktionen elektronischer Signaturen und kryptographischer Verfahren zu beschreiben und voneinander abzugrenzen (sub I.). Vor der Darstellung des für die elektronische Signatur geschaffenen rechtlichen Rahmens (sub III.) ist zum besseren Verständnis der Materie die Grundstruktur elektronischer Signaturverfahren zu beleuchten (sub II.). Nachdem in einem praxisorientierten Teil einerseits die Einsatzmöglichkeiten der (qualifizierten) elektronischen Signatur in der Praxis des elektronischen Rechtsverkehrs aufgezeigt (sub IV.) und andererseits der Weg zur qualifizierten elektronischen Signatur beschrieben wurde (sub V.), schließt der Abschnitt mit einer Darstellung der Grundlagen der Kryptographie (sub VI.).

I. Funktionen elektronischer Signaturen und kryptographischer Verfahren

61 Die elektronische Kommunikation bringt im Vergleich zur herkömmlichen, verkörperten Kommunikation wesentliche Nachteile mit sich: In Ermangelung einer Verkörperung fehlt es ihr an Beständigkeit und Einmaligkeit, elektronische Kommunikation ist vielmehr flüchtig. Darüber hinaus ist die Vertraulichkeit der versandten Daten nicht geschützt. So kann nicht ausgeschlossen werden, dass andere Personen als der Empfänger vom Inhalt des elektronisch versandten Dokuments Kenntnis erlangen und dieses sogar (unbemerkt) verändern können (Problem der **Vertraulichkeit** und der **Datenintegrität**). Ferner können elektronische Nachrichten nicht unterschrieben werden, so dass der Autor der Erklärung nicht zuverlässig identifiziert werden und der unterschriebene Inhalt nicht bestätigt werden kann (Problem der **Authentizität**). Aus diesem Grund wurde elektronischen Willenserklärungen bisher keine besondere Beweiskraft zugesprochen. Sie genügten überdies nicht den überkommenen gesetzlich vorgeschriebenen Formerfordernissen. Es gibt verschiedene, technisch und auch rechtlich klar voneinander zu scheidende Möglichkeiten, die beschriebenen Mängel der elektronischen Kommunikation zu beheben:

62 Mit **Verschlüsselungstechniken** kann die Vertraulichkeit der Daten sichergestellt werden.[148] Ein kryptographisches Verfahren wandelt dabei den Inhalt eines elektronischen Dokuments so um, dass er nur mit einem „Schlüssel" des Empfängers rückumgewandelt werden kann. Damit wird gewährleistet, dass die übermittelten Dateninhalte zwischen dem Erklärungsabsender und dem Erklärungsempfänger vertraulich bleiben und vor Einsichtnahme durch unbefugte Dritte geschützt sind.

63 Die **elektronische Signatur** hat dagegen zum Ziel, die **Identität des Ausstellers** und die **Integrität der signierten Daten** zu gewährleisten. Der Erklärungsempfänger

---

* Ich danke Herrn Rechtsanwalt Dr. Hans-Christoph Thomale für seine wertvolle Mitarbeit.

148 Vgl. hierzu einleitend § 1, Rdnr. 36 ff.

soll also darauf vertrauen können, dass die elektronisch signierten Dateninhalte von der als ihr Aussteller bezeichneten Person stammen und auf dem Übermittlungsweg nicht (von Dritten) verändert wurden. Bei den technisch anspruchsvollen und sicheren elektronischen Signaturen kommen zwar auch Verschlüsselungstechniken, also kryptographische Verfahren zum Einsatz;[149] dies ändert allerdings nichts daran, dass Signaturverfahren und Kryptographie unterschiedlichen rechtlichen Anforderungen unterliegen.[150] Mit dem Einsatz elektronischer Signaturen sollen (und können) nunmehr auch **formgebundene Rechtsgeschäfte** ohne Umwege über andere Medien auf elektronischem Wege verbindlich geschlossen werden und elektronische Dokumente im Streitfall einen ähnlich hohen Beweiswert vor Gericht erhalten wie etwa Papierurkunden. Aus diesen Gründen wird fast jeder Teilnehmer des elektronischen Rechtsverkehrs zukünftig auf elektronische Signaturen angewiesen sein. Elektronische Signaturen stellen damit die Basistechnologie des elektronischen Rechtsverkehrs dar,[151] da nur mit ihnen der E-Commerce und auch das E-Government zu seinem eigentlichen Durchbruch gelangen kann.

II. Grundstruktur elektronischer Signaturverfahren

Technisch anspruchsvollen und sicheren elektronischen Signaturverfahren[152] liegt im Ausgangspunkt ein Dreiecksverhältnis zugrunde, dessen Pole durch (1.) den Aussteller eines mit einer Signatur versehenen elektronischen Dokuments, (2.) den Empfänger dieser elektronischen (signierten) Nachricht und (3.) durch eine an der Übermittlung des Dokuments unmittelbar nicht beteiligte, aber insbesondere Kontrollfunktionen wahrnehmende Instanz markiert sind. Der Ablauf des Verfahrens vollzieht sich in seiner Grundstruktur wie folgt:[153] 64

(1) Der Aussteller, der zum Zwecke der Online-Übermittlung ein elektronisches Dokument signieren möchte, bedient sich hierzu eines Verschlüsselungsverfahrens. Mit einem nur ihm zur Verfügung stehenden **privaten Schlüssel (Private Key)** erstellt er eine fälschungssichere Signatur für das von ihm zu signierende elektronische Dokument und versendet schließlich das durch die Vorgänge nicht veränderte Originaldokument mitsamt der erzeugten elektronischen Signatur. Der Aussteller verfügt also über den Schlüssel „zum Signieren", den so genannten Signaturschlüssel; das Signaturrecht bezeichnet ihn daher als Signaturschlüssel-Inhaber.[154] 65

(2) Der Empfänger des signierten elektronischen Dokuments ist im Besitz eines so genannten **öffentlichen Schlüssels (Public Key)**, der zu dem vom Aussteller bei der Verschlüsselung eingesetzten Schlüssel „gehört". Mit diesem Schlüssel kann der Empfänger die Signatur entschlüsseln und sich sicher sein, dass der Absender zur Verschlüsselung denjenigen privaten Schlüssel eingesetzt hat, der zu dem ihm zur 66

---

149 Vgl. hierzu sogleich unter Rdnr. 64 ff.

150 Nach den Bekundungen des Gesetzgebers ist Kryptographie nicht unmittelbarer Gegenstand des Signaturrechts, vgl. Gesetzesbegründung zum Informations- und Kommunikationsdienste-Gesetz, BT-Drucks. 13/7385, S. 28.

151 So zutreffend *Roßnagel,* NJW 2001, 1817.

152 Zur Einführung etwa *Niesing/Schmeh,* c't 2001, Heft 4, 224 ff.; eingehend *Roßnagel/Roßnagel,* Einl. SigG Rdnr. 11 ff.; vgl. auch *Moritz/Dreier/Miedbrodt,* F. Rdnr. 66 ff.

153 An dieser Stelle wird nur die Grundstruktur von Signaturverfahren erläutert. Zu den genaueren Abläufen – insbesondere auch in technischer Hinsicht – s. unten Rdnr. 148 ff.

154 § 2 Nr. 9 SigG, allerdings nur, wenn der eingesetzte Signaturschlüssel besondere gesetzliche Voraussetzungen erfüllt, hierzu unten Rdnr. 96 ff.

Verfügung stehenden öffentlichen Schlüssel passt. Der Empfänger ist sich aber noch nicht darüber im Klaren, wer der Absender der Nachricht ist, denn schließlich könnte der private Schlüssel von jedermann verwendet werden und nicht nur von dem angeblichen Austeller. Es fehlt also an einer sicheren Zuordnung des privaten – und wegen ihrer Zugehörigkeit zueinander damit auch des öffentlichen – Schlüssels zu dem ausgewiesenen Schlüsselinhaber.

67 (3) Hier nun kommt die unbeteiligte „Kontrollinstanz", der **vertrauenswürdige Dritte (Trusted Third Party)**, ins Spiel. Diese Instanz bescheinigt vermittels des von ihr ausgegebenen so genannten **Zertifikats** den zuverlässigen Nachweis über die Zuordnung der beiden Schlüssel zu einer bestimmten Person. Hierdurch wird auf Seiten des Empfängers erst die Gewähr dafür geschaffen, dass die empfangene Nachricht tatsächlich von ihrem Aussteller stammt.[155] Im deutschen (und europäischen) Signaturrecht wird diese „Kontrollinstanz" als **Zertifizierungsdiensteanbieter** bezeichnet. Damit ist aber auch noch nicht sichergestellt, dass das Zertifikat als solches „echt" ist, also von dem angegebenen Zertifizierungsdiensteanbieter stammt. Insoweit bedarf es also einer weiteren (übergeordneten) Instanz, die ihrerseits die von den Anbietern verwendeten Zertifikate ausstellt. Als eine solche **„Wurzelzertifizierungsstelle" (Root Certification Authority)** fungiert in Deutschland die Regulierungsbehörde für Post und Telekommunikation. Dieses (pyramidal aufgebaute) System bestehend aus der übergeordneten Instanz, den Zertifizierungsdiensteanbietern und den Endnutzern wird **Zertifizierungsinfrastruktur** oder **Public Key Infrastructure** genannt.

III. Rechtlicher Rahmen

1. Überblick

68 Elektronische Signaturverfahren erfuhren in Deutschland seit dem 1. 8. 1997 in dem **Signaturgesetz**[156] (im Folgenden Signaturgesetz a.F. bzw. SigG a.F.) und ergänzend in der hierauf beruhenden **Signaturverordnung**[157] eine gesetzliche Regelung. Dort wurden die rechtlichen Rahmenbedingungen für **digitale Signaturverfahren** festgelegt, die ein Höchstmaß an Sicherheit und damit einen hohen Beweiswert gewährleisten sollten.

69 In anderen europäischen Ländern gab es ebenfalls in diesem Bereich gesetzgeberische Aktivitäten. Zur Schaffung einer einheitlichen Rechtslage in der Europäischen Union, wurde am 13. 12. 1999 die **Richtlinie für elektronische Signaturen**[158] verabschiedet, die am 19. 1. 2000 in Kraft trat. Das **Signaturgesetz vom 16. 5. 2001**[159] setzte die Richtlinie in deutsches Recht um. Auch das untergesetzliche Regelungswerk erfuhr die erforderliche Novellierung, indem die Signaturverordnung aus dem Jahre 1997 durch die **Signaturverordnung vom 16. 11. 2001**[160] ersetzt wurde.

---

155 Zutreffend *Moritz/Dreier/Miedbrodt,* F. Rdnr. 69.

156 Signaturgesetz vom 22. 7. 1997, BGBl. I 1997, S. 1870.

157 Signaturverordnung vom 22. 10. 1997, BGBl. I 1997, S. 2498.

158 Richtlinie 1999/23/EG des Europäischen Parlamentes und des Rates über gemeinschaftliche Rahmenbedingungen für elektronische Signaturen vom 13. 12. 1999, ABl. EG Nr. L 13/12.

159 Gesetz über Rahmenbedingungen für elektronische Signaturen und zur Änderung weiterer Vorschriften vom 16. 5. 2001, BGBl. I 2001, S. 876.

160 Verordnung zur elektronischen Signatur vom 16. 11. 2001, BGBl. I 2001, S. 3074.

2. Verfassungsrechtliche Vorgaben

70 Das Signaturgesetz (alter und neuer Fassung) schränkt die Grundrechte der Berufswahl und der Berufsausübung nach Art. 12 Abs. 1 GG, des Persönlichkeitsrechts und der informationellen Selbstbestimmung nach Art. 2 Abs. 1 GG i. V. m. Art. 1 Abs. 1 GG ein. Die grundrechtsbeschränkenden Regelungen mussten daher durch Gesetz erfolgen, das die Zulässigkeit und die Grenzen des jeweils möglichen Eingriffs festlegt.[161]

71 Die allgemeinen Anforderungen an die Zertifizierungsdiensteanbieter in § 4 SigG enthalten **subjektive Zulassungsvoraussetzungen**, die in die Freiheit der Berufswahl des Betreibers eines Zertifizierungsdienstes eingreifen. Andere Vorschriften wie die Vergabe, der Inhalt und die Sperrung von qualifizierten Zertifikaten sowie die Unterrichtungspflicht und die Dokumentation stellen Regelungen zur Berufsausübung dar. Diese Eingriffe sind im Lichte der Regelungsziele, namentlich der Sicherheit des elektronischen Rechtsverkehrs und dem Schutz der Rechte Dritter, verfassungsrechtlich gerechtfertigt.[162]

72 Die Vergabe und der Inhalt der qualifizierten Zertifikate beschränkt darüber hinaus die **informationelle Selbstbestimmung** der Signaturschlüssel-Inhaber, da sie hinsichtlich der Daten und des Mindestinhalts, die in ein qualifiziertes Zertifikat aufgenommen werden, nicht selbst entscheiden können, welche Informationen registriert werden.[163] Diese Einschränkungen sind aber ebenfalls verfassungsrechtlich zulässig, da nur anhand dieser Angaben qualifizierte elektronische Signaturen überprüft werden können. Die informationelle Selbstbestimmung wird ferner dann berührt, wenn eine Sperrung des qualifizierten elektronischen Zertifikates gegen den Willen des Signaturschlüssel-Inhabers geschieht. In diesem Fall kann dieser nicht darüber bestimmen, welche personenbezogenen Informationen gespeichert, verarbeitet und verbreitet werden. Auch dies ist im Interesse eines sicheren elektronischen Rechtsverkehrs verfassungsrechtlich hinzunehmen.

72 Die **Gesetzgebungskompetenz** für das Signaturgesetz steht nach Art. 74 Abs. 1 Nr. 11 GG dem Bund zu. Es gehört zum „Recht der Wirtschaft“, da es gewerbe- und technikrechtliche Regelungen für den elektronischen Rechtsverkehr enthält. Der Bund durfte von dieser Gesetzgebungskompetenz zur „Wahrung der Rechts- und Wirtschaftseinheit im gesamtstaatlichen Interesse“ auch Gebrauch machen, da für die Nutzung der elektronischen Signatur ein bundesweit einheitliches Sicherheitsniveau erforderlich ist.[164]

3. Das Signaturgesetz a.F.

73 Das Signaturgesetz a.F. vom 22. 7. 1997[165] sollte eine rechtlich gesicherte, technische und organisatorische Basis für den elektronischen Rechtsverkehr schaffen und zu diesem Zwecke eine faktische Sicherheit der Signaturverfahren sicherstellen.[166]

---

161 *Roßnagel/Roßnagel,* Einl. SigG Rdnr. 96.

162 *Roßnagel/Roßnagel,* § 4 SigG Rdnr. 25.

163 *Roßnagel/Roßnagel,* § 5 SigG Rdnr. 25; § 7 SigG Rdnr. 18.

164 BR-Drucks. 966/96, S. 30.

165 BGBl. I 1997, S. 1870.

166 Vgl. zur Entstehungsgeschichte des Signaturgesetzes a.F. *Roßnagel/Roßnagel,* Einl. SigG, Rdnr. 41 ff.; *Thomale,* S. 31 ff.; siehe auch *Zeuner,* in: Geis (Hrsg.), Die digitale Signatur – eine Sicherheitstechnik für die Informationsgesellschaft, S. 51 ff.

Es regelte mit der Zulassung und den Pflichten der Zertifizierungsdiensteanbieter[167] sowie den Anforderungen an die technischen Komponenten lediglich die Technologie der digitalen Signatur und die Verwaltung von Signaturverfahren. Unter diesen **technologieoffenen Rahmenbedingungen** gemäß § 1 Abs. 1 SigG a. F. konnten digitale Signaturverfahren „als sicher gelten". Im Folgenden wird zum näheren Verständnis der gegenwärtigen Rechtslage auf die wesentlichen Regelungsschwerpunkte des Signaturgesetzes a. F. eingegangen.

a) Konzeption und Struktur des Signaturgesetzes a. F.

74 Den Dreh- und Angelpunkt der Sicherheitsinfrastruktur des Signaturgesetzes a. F. bildeten die **Zertifizierungsdiensteanbieter.**[168] Sie durften nur tätig werden, wenn der Betrieb zuvor von der zuständigen Behörde genehmigt wurde. Die Genehmigung war auf Antrag zu erteilen, wenn der Zertifizierungsdiensteanbieter die notwendige Zuverlässigkeit besaß und seine Angestellten die erforderliche Fachkunde aufwiesen (§ 4 Abs. 1 und 2 SigG a. F.). Der genehmigte Betrieb musste alle Anforderungen des Signaturgesetzes a. F. und der Signaturverordnung a. F. dauerhaft erfüllen,[169] worüber die Zulassungsbehörde wachte.[170] Der Zertifizierungsdiensteanbieter hatte alle gesetzlich normierten Pflichtdienstleistungen selbst zu erbringen, eine Übertragung von Dienstleistungen an Dritte war nicht möglich.[171]

75 Das **Signaturverfahren** nach § 1 Abs. 1 SigG a. F. baute auf einer zweistufigen Zertifizierungsstruktur auf. Die Regulierungsbehörde, die als zuständige Behörde die Zertifizierungsdiensteanbieter kontrollierte und den öffentlichen Schlüssel der Anbieter ausstellte, fungierte als so genannte **Wurzel-Zertifizierungsinstanz.** Damit spielte sich das Signaturverfahren auf drei Ebenen ab: dem Teilnehmer des elektronischen Rechtsverkehrs, dem Zertifizierungsdiensteanbieter, der durch seine signierten Zertifikate bescheinigte, dass ein öffentlicher Schlüssel dem jeweiligen Teilnehmer gehörte, und der Regulierungsbehörde, welche die von den Zertifizierungsdiensteanbietern hergestellten und verwendeten öffentlichen Schlüssel durch ein eigenes signiertes Zertifikat wiederum bestätigte.[172]

76 Das Signaturgesetz a. F. erlegte den Zertifizierungsdiensteanbietern **Pflichtdienstleistungen** auf, die sie zur Realisierung der Sicherheitsinfrastruktur erbringen mussten. Hierunter fielen insbesondere die zuverlässige Identifizierung des Schlüsselinhabers und die korrekte Zuordnung der Schlüsselpaare zum Schlüsselinhaber, die durch ein Zertifikat bestätigt werden und öffentlich für jeden zugänglich sein musste (§ 5 Abs. 1 SigG a. F.).

77 Die hohe faktische Sicherheit des Signaturverfahrens nach dem Signaturgesetz a. F. basierte also auf „fünf ineinandergreifenden Sicherheitsbausteinen":[173]

---

[167] Im Gegensatz zum (derzeit gültigen) Signaturgesetz verwendete das Signaturgesetz a. F. den Terminus „Zertifizierungsstellen". Das Signaturgesetz passte die Begriffsbestimmungen jedoch an die Richtlinie für elektronische Signaturen an und führte ebenfalls den Begriff „Zertifizierungsdiensteanbieter" ein. Vorliegend wird daher ausschließlich der neue Begriff des Zertifizierungsdiensteanbieters verwendet.

[168] So *Mertes,* CR 1996, 769 (771).

[169] Vgl. *Roßnagel,* RDV 1998, 5 (13).

[170] *Haas,* S. 264.

[171] Hierzu *Fox,* DuD 1999, 508 (510); *Roßnagel,* NJW 1999, 1591 (1595); siehe ausführlich zu dieser Problematik *Harnier,* S. 75 ff.

[172] *Herchenbach,* K&R 2000, Beilage 2, 6, 6 f.

[173] *Roßnagel,* K&R 2000, 313 (314).

- 1. die genehmigten Zertifizierungsdiensteanbieter, die
- 2. in eine einfache zweistufige Zertifizierungsstruktur eingebunden waren und
- 3. eine Fülle von Pflichtdienstleistungen zu erbringen hatten,
- 4. durften die Zertifizierungsdiensteanbieter nur geprüfte technische Komponenten einsetzen und wurden
- 5. von der Regulierungsbehörde während ihrer Tätigkeit überwacht.

b) Rechtsfolge des Signaturgesetzes a.F.

Das Signaturgesetz a.F. bestimmte als einzige Rechtsfolge, dass digitale Signaturen „als sicher gelten" können (§ 1 Abs. 1 SigG a.F.). Dabei handelte es sich jedoch nicht um eine gesetzliche Vermutung i.S.d. § 292 ZPO,[174] da die Rechtsfolge lediglich war, dass elektronische Signaturen als sicher gelten „können", nicht hingegen die, dass sie als sicher zu gelten haben. Auch erfüllten digital signierte Dokumente (offenkundig) nicht die Voraussetzungen des Urkundsbeweises nach § 416 ZPO, da sie keine „verkörperte Gedankenerklärung" enthielten – vielmehr erfordert es technische Hilfsmittel, um den Inhalt des elektronischen Dokumentes lesbar werden zu lassen. § 1 Abs. 1 SigG stellte vielmehr einen **„vorgezogenen Anscheinsbeweis"** dar. Es existierte damit (lediglich) eine gesetzliche Sicherheitsvermutung, dass die elektronische Signatur vom Schlüsselinhaber stammt und die Daten unverändert sind.[175] Die Sicherheitsvermutung konnte auf Grund der Zertifizierungsstruktur und der hohen Sicherheitsanforderungen aufgestellt werden. Es konnte aus diesem Grund davon ausgegangen werden, dass elektronisch signierte Daten nicht unbemerkt verfälscht werden konnten und die Signatur tatsächlich vom Schlüsselinhaber stammt. Damit war aber allein die Beweisführung des Signaturschlüssel-Inhabers erleichtert, denn die Sicherheitsvermutung konnte durch den Nachweis widerlegt werden, dass einer der fünf Sicherheitsbausteine[176] nicht eingehalten wurde. Um es noch einmal zu betonen: Das Signaturgesetz a.F. enthielt also weder eine allgemeine Beweisregel noch zeitigte es Wirkungen im materiellen Recht (etwa im Bereich der Formvorschriften). 78

c) Haftungsfragen

Das Signaturgesetz a.F. besaß keine spezifischen Haftungsregeln. Mögliche Haftungsfragen sollten „aus den jeweiligen Verantwortlichkeiten und dem allgemeinen Haftungsrecht (jeder haftet für sein schuldhaftes Handeln oder Unterlassen)"[177] beantwortet werden. 79

Hinsichtlich der Rechtsbeziehungen zwischen Signaturschlüssel-Inhaber und Zertifizierungsdienstanbieter war das Schweigen des Gesetzgebers wenig problematisch – haftet der Anbieter seinem Vertragspartner bei schuldhafter Verletzung seiner Vertragspflichten doch grundsätzlich aus einem (typengemischten) Vertrag.[178] In 80

---

174 *Ondarza,* S. 93ff.; a.A. *Abel,* MMR 1998, 644 (647).

175 *Blum,* K&R 2000, 63 (67); *Harnier,* S. 55; siehe ausführlich zur Sicherheitsvermutung nach dem Signaturgesetz a.F. *Roßnagel,* NJW 1998, 3312ff.; a.A. *Ondarza,* S. 96ff.

176 Vgl. oben Rdnr. 77.

177 Vgl. Gesetzesbegründung zum Informations- und Kommunikationsdienste-Gesetz, BT-Drucks. 13/7385, S. 27.

178 Hinsichtlich der Vergabe und Verwaltung der Zertifikate sowie der Bereitstellung des Verzeichnis-, Sperr- und Zeitstempeldienstes ist von einem Dienst(leistungs)vertrag auszugehen. Die Schlüsselgenerierung und die Erstellung des Zertifikates enthalten zusätzlich werkvertragliche Elemente. Vgl. etwa *Fünten,* S. 109; *Leier,* MMR 2000, 13 (14); *Rott,* NJW-CoR, 420; *Bieser,* CR

Bezug auf die Haftung des Zertifizierungsdiensteanbieters gegenüber dem Empfänger einer digitalen Signatur jedoch führte die Abwesenheit einer spezialgesetzlichen Haftungsregelung zu veritablen Haftungslücken:
Vertragliche Ansprüche gegen den Zertifizierungsdiensteanbieter – auch nicht aus einem zuweilen angenommenen Auskunftsanspruch[179] – standen dem Empfänger einer digitalen Signatur nicht zur Seite.[180] Ein Anspruch auf Grund eines Vertrages mit Schutzwirkung zugunsten Dritter scheitert wiederum daran, dass der Zertifizierungsdiensteanbieter nicht erkennen kann, dass der Empfänger in den Gefahrenbereich der Leistung mit einbezogen wird und der Gläubiger der Leistung ein schutzwürdiges Interesse an dieser Einbeziehung hat. Die potentiellen Vertragspartner wären praktisch nicht näher eingrenzbar.[181] Da Ansprüche aus unerlaubter Haftung ebenso regelmäßig zu verneinen sind,[182] sahen sich die Empfänger von digitalen Signaturen gegenüber dem fehlerhaften Agieren der Zertifizierungsdiensteanbieter deutlichen Haftungsrisiken ausgesetzt. Die hiermit verbundene Rechtsunsicherheit ist aber mit der Neuregelung des Signaturgesetzes beseitigt worden, da der Änderungsgesetzgeber nunmehr eine Haftungsregelung in das Regelungswerk aufgenommen hat.

4. Die Richtlinie für elektronische Signaturen

81 Die Richtlinie für elektronische Signaturen vom 13. 12. 1999[183] soll in der Europäischen Union einen **einheitlichen Standard** für das Angebot und die Nutzung von elektronischen Signaturen schaffen. Eine einheitliche europäische Regelung wurde erforderlich, da in vielen Mitgliedstaaten – angestoßen durch die Entwicklung in Deutschland – gesetzgeberische Aktivitäten zur Schaffung normativer Vorgaben für Signaturen in Angriff genommen worden waren. Für das Funktionieren des Binnenmarktes war eine unionsweite Regelung unerlässlich, da divergierende technische und rechtliche Standards nachteilige Folgen für die Entwicklung und Verbreitung des elektronischen Rechtsverkehrs im Unionsgebiet gezeitigt hätten.

a) Entstehungsgeschichte

82 Das Europäische Parlament trat bereits 1996 an die Kommission heran, Anforderungen für eine sichere und vertrauliche elektronische Kommunikation auszuarbeiten. Die Kommission legte ihren ersten Richtlinienvorschlag am 13. 5. 1998 vor.[184] Dieser ursprüngliche Vorschlag strebte zwar harmonisierte rechtliche Rahmenbe-

---

1996, 564 (565), und *Emmert,* CR 1999, 244 (245), ordnen den Vertrag zwischen Zertifizierungsdiensteanbieter und Signaturschlüssel-Inhaber als reinen Dienstvertrag, *Gounalakis/Rohde,* K&R 1998, 225 (227), hingegen als reinen Werkvertrag ein.

[179] So *Fünten,* S. 182.

[180] Zutreffend *Leier,* MMR 2000, 13 (14); *Breme,* S. 165

[181] Siehe hierzu *Thomale,* S. 74 ff.; die Erkennbarkeit des zu schützenden Personenkreis für den Zertifizierungsdiensteanbieter ablehnend auch *Gounalakis/Rohde,* K&R 1998, 225 (227); *Breme,* S. 97; *Fünten,* S. 198; bejahend hingegen *Leier,* MMR 2000, 13 (15); *Emmert,* CR 1999, 244 (246).

[182] *Breme,* S. 105; eine Haftung nach § 823 Abs. 2 BGB in Verbindung mit den Vorschriften des Signaturgesetzes a. F. als Schutzgesetze ist abzulehnen, da der hierfür erforderliche Individualschutz nicht angestrebt, sondern allenfalls ein nicht ausreichender reflexartiger Schutz des Einzelnen gefördert wurde, so *Haas,* S. 281; *Leier,* MMR 2000, 13 (16); *Thomale,* S. 79 ff.; a. A. *Gounalakis/Rohde,* K&R 1998, 225 (229); *Emmert,* CR 1999, 244 (247).

[183] ABl. Nr. L 13/12.

[184] KOM (1998) 297 endg.

dingungen für elektronische Signaturen an, zeigte sich aber einem anderen Regelungsansatz als die bestehenden nationalen Regelungen verpflichtet: Die Sicherheitsinfrastruktur sollte nicht staatlicherseits gewährleistet werden (im Sinne einer Erfüllungsverantwortung des Staates), sondern sich vielmehr weitgehend – unter **Ausnutzung seiner Steuerungspotentiale** – durch den Markt selbst entwickeln. Kernelemente dieses Ansatzes waren die Verankerung einer verschuldensunabhängigen Haftung des Zertifizierungsdiensteanbieters und das Anreizen der (freiwilligen) Einhaltung der gesetzlichen Anforderungen durch das gezielte Setzen von rechtlichen „Belohnungen".[185] Diesen Vorschlag lehnte der Europäische Rat jedoch ab, da sich die Mehrheit der Mitgliedstaaten nicht auf einen solchen rein marktwirtschaftlichen Ansatz verlassen wollte. Der überarbeitete Richtlinienvorschlag der Kommission vom 29. 4. 1999[186] war der Konzeption des Signaturgesetzes a. F. deutlich stärker angenähert. Die marktwirtschaftliche Gewährleistung von sicheren und zuverlässigen Signaturverfahren wurde durch die Normierung technischer Anforderungen sowie (staatlicher) Kontroll- und Überwachungsverfahren flankiert. Im Gegenzug wurde die Gefährdungshaftung durch eine Verschuldenshaftung mit Beweislastumkehr ersetzt.

b) Anwendungsbereich, Konzeption und Regelungsschwerpunkte

Die Richtlinie für elektronische Signaturen soll die Verwendung elektronischer 83
Signaturen erleichtern und zu ihrer rechtlichen Anerkennung beitragen und stellt für elektronische Signaturen und für bestimmte Zertifizierungsdienste (**technologieoffene) rechtliche Rahmenbedingungen** auf (Art. 1 Abs. 1). Darüber hinaus soll die Akzeptanz und das Vertrauen in diese neue Technologie gestärkt werden. Im Unterschied zum Signaturgesetz a. F. erstreckt sich der Anwendungsbereich der Richtlinie für elektronische Signaturen nicht allein auf digitale Signaturen, sondern auf **elektronische Signaturen im Allgemeinen.**[187] Denn der Richtliniengeber wollte ein Konzept verwirklichen, das zukünftigen Technologien und Dienstleistungen im Bereich der elektronischen Authentifizierung offensteht.[188]

aa) Signaturverfahren

Die Richtlinie für elektronische Signaturen unterscheidet und definiert in Arti- 84
kel 2 die sich gegenüberstehenden Begriffspaare „elektronische Signatur"[189] und „fortgeschrittene elektronische Signatur",[190] „Zertifikat[191]" und „qualifiziertes Zer-

[185] Vgl. ausführlich zur Entstehungsgeschichte der Richtlinie für elektronische Signaturen *Roßnagel,* in: Geis (Hrsg.), Die digitale Signatur – eine Sicherheitstechnik für die Informationsgesellschaft, S. 197.

[186] COM (1999) 195 endg.

[187] Ausgenommen sind aber elektronische Signaturen, die in abgeschlossenen, privatrechtlichen Vereinbarungen unterliegenden Systemen zum Einsatz kommen, vgl. Erwägungsgrund 16 der Richtlinie für elektronische Signaturen.

[188] Erwägungsgrund 8 der Richtlinie für elektronische Signaturen.

[189] Daten in elektronischer Form, die anderen elektronischen Daten beigefügt oder logisch mit ihnen verknüpft sind und die zur Authentifizierung dienen (Art. 2 Nr. 1 RLeS).

[190] Eine elektronische Signatur, die ausschließlich dem Unterzeichner zugeordnet ist, dessen Identifizierung ermöglicht, mit Mitteln erstellt wird, die der Unterzeichner unter seiner alleinigen Kontrolle halten kann und die so mit den Daten, auf die sie sich beziehen, verknüpft ist, dass eine nachträgliche Veränderung der Daten erkannt werden kann (Art. 1 Nr. 2 RLeS).

[191] Eine elektronische Bescheinigung, mit der Signaturprüfdaten einer Person zugeordnet werden und die Identität dieser Person bestätigt wird (Art. 2 Nr. 9 RLeS).

tifikat", sowie „Signaturerstellungseinheit[192]" und „sichere Signaturerstellungseinheit". Bereits die hieraus resultierenden Kombinationsmöglichkeiten erlauben die Etablierung sechs verschiedener Signaturverfahren.[193] Die in der Richtlinie für elektronische Signaturen verankerten weiteren vielfältigen Definitionen legen zwar – in dem Bestreben, die marktorientierte Innovationsfreiheit zu fördern[194] – Zeugnis von ihrem technologieoffenen Konzept ab. Zu bemerken ist aber, dass konkrete Rechtswirkungen nur an diejenige „fortgeschrittene elektronische Signatur" geknüpft werden,[195] die auf einem „qualifizierten Zertifikat" beruht und mit einer „sicheren Signaturerstellungseinheit" erzeugt wurde. Den übrigen, diese (qualifizierte) fortgeschrittene elektronische Signatur nicht betreffenden Definitionen kommt mithin keine besondere Rechtserheblichkeit zu.

bb) Zertifizierungsdiensteanbieter

85 Die unterschiedlichen Signaturverfahren werden von so genannten **Zertifizierungsdiensteanbietern** angeboten, also von Stellen, die Zertifikate ausstellen oder anderweitige Dienste im Zusammenhang mit elektronischen Signaturen bereitstellen (Art. 2 Nr. 11 RLeS). Dabei unterscheidet die Richtlinie für elektronische Signaturen zwischen einfachen und qualifizierten Zertifizierungsdiensteanbieter und stellt nur an die Anbieter, die qualifizierte Zertifikate öffentlich ausstellen, materielle Anforderungen. Solche qualifizierten Zertifizierungsdiensteanbieter müssen die recht allgemein gehaltenen Anforderungen in Anhang II der Richtlinie für elektronische Signaturen einhalten, bei denen es sich um Sicherheitsmaßnahmen und Pflichtdienstleistungen zur Einhaltung der Sicherheitsinfrastruktur handelt. **Qualifizierte Zertifizierungsdiensteanbieter** haben hiernach insbesondere

- die erforderliche Zuverlässigkeit aufzuweisen,[196]
- die Identität der Person zu überprüfen, für die ein qualifiziertes Zertifikat ausgestellt wird,[197]
- vertrauenswürdige Systeme und Produkte einzusetzen, die vor Veränderungen geschützt sind,[198]
- Maßnahmen gegen Fälschungen von Zertifikaten zu ergreifen und die Vertraulichkeit während der Erzeugung der Zertifikate zu gewährleisten,[199]
- sowie ferner vertrauenswürdige Systeme für die Speicherung von Zertifikaten in einer überprüfbaren Form zu verwenden.[200]

86 Die Einhaltung der einzelnen Anforderungen der Richtlinie für elektronische Signaturen wird nicht vor Inbetriebnahme des Dienstes überprüft. Vielmehr dürfen die Mitgliedstaaten die Bereitstellung eines Zertifizierungsdienstes **nicht von einer „vorherigen Genehmigung"** abhängig machen (Art. 3 Abs. 1 RLeS). Hierunter fällt

---

[192] Eine konfigurierte Software oder Hardware, die zur Implementierung der Signaturerstellungsdaten verwendet wird (Art. 2 Nr. 5 RLeS).

[193] *Roßnagel,* in: Geis (Hrsg.), Die digitale Signatur – eine Sicherheitstechnik für die Informationsgesellschaft, S. 201; *Welsch/Bremer,* DuD 2000, 85 (86), kommen sogar auf zwölf verschiedene Möglichkeiten.

[194] *Gravesen/Dumortier/Van Ecke,* MMR 1999, 577 (578).

[195] Vgl. dazu sogleich unten 94.

[196] Anhang II lit. a RLeS.

[197] Anhang II lit. d RLeS.

[198] Anhang II lit. f RLeS.

[199] Anhang II lit. g RLeS.

[200] Anhang II lit. l RLeS.

nicht nur eine Erlaubnis, wonach der betreffende Zertifizierungsdiensteanbieter einen Bescheid der einzelstaatlichen Stellen einholen muss, bevor er seine Zertifizierungsdienste erbringen darf, sondern auch alle sonstigen Maßnahmen mit der gleichen Wirkung.[201] Für qualifizierte Zertifizierungsdiensteanbieter ist allerdings ein geeignetes System zur Überwachung einzurichten,[202] nach dem die Einhaltung der Anforderungen stichprobenartig und einzelfallbezogen überprüft werden kann. Ein vorgängiges Genehmigungsverfahren wie noch auf Grundlage des Signaturgesetzes a. F. kann in den Mitgliedstaaten somit nicht mehr etabliert werden.

Die Richtlinie für elektronische Signaturen sieht zudem keine Vorgaben für 87 eine Zertifizierungsstruktur – wie nach dem Signaturgesetz a. F. – vor. Die Zertifizierungsdiensteanbieter müssen sich daher „selbst" zertifizieren und sich eine europaweite faktische Anerkennung ihrer Zertifikate erst durch ein vielfältiges **Cross-Zertifizieren**[203] schaffen.[204] Auf Grund der fehlenden Vorabprüfung fehlt diesen Zertifizierungsdiensteanbietern also der Nachweis einer umfassend geprüften Sicherheit.[205]

cc) Freiwillige Akkreditierung/Einsatz elektronischer Signaturen im öffentlichen Bereich

Um hieraus etwaig resultierende Vertrauensdefizite zu beseitigen, dürfen die Mit- 88 gliedstaaten **„freiwillige Akkreditierungssysteme"** einführen, die auf eine Steigerung des Niveaus der erbrachten Zertifizierungsdienste abzielen.[206] Im Rahmen dieser Öffnungsklausel können Rechte und Pflichten für Anbieter festgelegt werden, wobei auch eine vorherige Kontrolle der Anbieter erfolgen darf. Diese Anforderungen müssen allerdings objektiv, transparent, verhältnismäßig und insbesondere nichtdiskriminierend sein (Art. 3 Abs. 2 Satz 2 RLeS). Die mit Art. 3 RLeS verbundene Regelungsfreiheit dürfte ein Entgegenkommen an die Mitgliedstaaten darstellen, die bereits vor Inkrafttreten der Richtlinie für elektronische Signaturen über entsprechende gesetzliche Regelungen verfügten.[207] Die Etablierung eines solchen freiwilligen Akkreditierungssystems führt jedoch für sich genommen nicht zu besonderen Rechtswirkungen. Es wird allerdings immerhin die Sicherheit eines Anbieters nachgewiesen.[208] Artikel 3 Abs. 7 RLeS eröffnet den Mitgliedstaaten zusätzlich die Möglichkeit, den **Einsatz elektronischer Signaturen im öffentlichen Bereich** möglichen zusätzlichen Anforderungen zu unterwerfen. Diese Anforderungen müssen wiederum objektiv, transparent, verhältnismäßig und nichtdiskriminierend sein (Art. 3 Abs. 7 Satz 2 RLeS). Bei Einhaltung dieser Schranken können die Mitgliedstaaten im öffentlichen Bereich akkreditierte Zertifizierungsdienste mithin zwingend vorschreiben.

---

[201] So der Erwägungsgrund 10 der Richtlinie für elektronische Signaturen.

[202] Art. 3 Abs. 3 RLeS.

[203] Also die gegenseitige Anerkennung von Zertifizierungsdiensteanbietern, bestätigt durch das gegenseitige Ausstellen digitaler Zertifikate.

[204] Zutreffend *Roßnagel,* in: Geis (Hrsg.), Die digitale Signatur – eine Sicherheitstechnik für die Informationsgesellschaft, S. 210.

[205] *Tettenborn,* CR 2000, 683 (688).

[206] Art. 3 Abs. 2 Satz 1 RLeS.

[207] Also insbesondere Deutschland mit seinem Signaturgesetz a. F.

[208] *Tettenborn,* CR 2000, 683 (688).

dd) Technische Komponenten

89 Technische Komponenten werden in Art. 2 Nr. 5 RLeS (Signaturerstellungseinheit) und in Art. 2 Nr. 8 RLeS (Signaturprüfeinheit) erläutert. Es werden für diese aber weder konkrete Anforderungen aufgestellt noch an ihre Verwendung Rechtsfolgen geknüpft. Anhang III der Richtlinie für elektronische Signaturen demgegenüber normiert Anforderungen an „sichere Signaturerstellungseinheiten".[209] Nach Art. 3 Abs. 4 Satz 1 RLeS haben die Mitgliedstaaten geeignete öffentliche oder private Stellen zu benennen, welche die Übereinstimmung dieser sicheren Signaturerstellungseinheiten mit den Anforderungen nach Anhang III feststellen. Dem an sie gerichteten Auftrag, hierfür Kriterien gegenüber den Mitgliedstaaten festzulegen,[210] ist die Kommission am 6. 11. 2000 nachgekommen.[211] Hinsichtlich der sicheren Signaturprüfung werden in Anhang IV der Richtlinie für elektronische Signaturen lediglich Empfehlungen ausgesprochen. Anhang II der Richtlinie für elektronische Signaturen schließlich enthält mit den Anforderungen für das Speichern von qualifizierten Zertifikaten[212] ebenfalls Vorgaben für die technischen Komponenten.[213] Insgesamt bleibt festzustellen, dass die normativen Vorgaben für die technischen Komponenten recht vage bleiben. Es ist daher noch nicht absehbar, ob sie ihren Zweck – zu gewährleisten, dass die verwendeten Systeme sicher sind – erfüllen werden.

ee) Haftung

90 Artikel 6 RLeS sieht eine umfängliche und nicht unkomplizierte Haftungsregelung nur für (**qualifizierte**) **Zertifizierungsdiensteanbieter**[214] vor. Hiernach haben solche Anbieter, die ein Zertifikat als qualifiziertes Zertifikat öffentlich ausstellen oder für ein derartiges Zertifikat öffentlich einstehen, in Bezug auf Schäden gegenüber einer Stelle, die vernünftigerweise auf das Zertifikat vertraut, zunächst dafür zu haften,[215] dass

- alle Informationen in dem qualifizierten Zertifikat zum Zeitpunkt seiner Ausstellung richtig sind und das Zertifikat alle für ein qualifiziertes Zertifikat vorgeschriebenen Angaben enthält;
- zum Zeitpunkt der Ausstellung des Zertifikates der in dem qualifizierten Zertifikat angegebene Unterzeichner im Besitz der Siganturerstellungsdaten war, die den im Zertifikat angegebenen bzw. identifizierten Signaturprüfdaten entsprechen;
- in Fällen, in denen der Zertifizierungsdiensteanbieter sowohl die Signaturerstellungsdaten als auch die Signaturprüfdaten erzeugt, beide Komponenten in komplementärer Weise genutzt werden können;
- es sei denn, dem Zertifizierungsdiensteanbieter gelingt der Nachweis, dass er nicht fahrlässig gehandelt hat.

---

[209] Vgl. Art. 2 Nr. 6 RLeS, wonach eine „sichere Signaturerstellungseinheit" eine solche ist, welche die Anforderungen des Anhangs III erfüllt.

[210] Art. 3 Abs. 4 Satz 2 RLeS.

[211] Entscheidung der Kommission vom 6. 11. 2000 über die Mindestkriterien, die von den Mitgliedstaaten bei der Benennung der Stellen gemäß Artikel 3 Absatz 4 der Richtlinie 1999/93/EG des Europäischen Parlaments und des Rates über gemeinschaftliche Rahmenbedingungen für elektronische Signaturen zu berücksichtigen sind, Abl. EG Nr. L 289/42.

[212] Anhang II lit. i RLeS.

[213] Vgl. hierzu *Roßnagel,* K&R 2000, 313 (317).

[214] Zu den unterschiedlichen Anforderungen an einfache und qualifizierte Zertifizierungsdienstanbieter vgl. oben Rdnr. 85.

[215] Art. 6 Abs. 1 RLeS.

Als Mindestregelung ist für die unterschiedlichen Anknüpfungspunkte der Haftung von den Mitgliedstaaten eine **Verschuldenshaftung mit Beweislastumkehr** umzusetzen.[216] Der Begriff „öffentlich“ stellt dabei klar, dass die Haftungsregelung im Bereich von geschlossenen Benutzergruppen keine Anwendung finden soll.[217] Der (qualifizierte) Zertifizierungsdiensteanbieter hat weiterhin dafür zu haften, dass der Widerruf des Zertifikats nicht registriert worden ist.[218] Auch insoweit ist von den Mitgliedstaaten eine Verschuldenshaftung mit Beweislastumkehr zu etablieren. 91

Artikel 6 Abs. 3 und Abs. 4 RLeS enthält zwingende Vorgaben für eine **Einschränkung der Haftung** des Zertifizierungsdiensteanbieters: Das von ihm öffentlich ausgestellte qualifizierte Zertifikat kann Beschränkungen hinsichtlich der Verwendung des Zertifikates und hinsichtlich des Wertes der Transaktion, für die das Zertifikat verwendet werden kann, enthalten. Soweit diese Beschränkungen für Dritte erkennbar sind, haftet der Anbieter nicht für Schäden, die sich aus der Überschreitung der Höchstgrenzen ergeben.[219] 92

ff) Zertifikate aus Drittstaaten

Für die **Gleichstellung von Zertifikaten,** die von einem Zertifizierungsdiensteanbieter aus einem Drittland öffentlich als qualifizierte Zertifikate ausgestellt werden, mit den Zertifikaten eines in der Europäischen Union niedergelassenen Anbieters stellt die Richtlinie für elektronische Signaturen drei Möglichkeiten bereit:[220] Der Zertifizierungsdiensteanbieter aus dem Drittland hat 93

- entweder die Anforderungen der Richtlinie für elektronische Signaturen zu erfüllen und ist im Rahmen eines freiwilligen Akkreditierungssystems eines Mitgliedstaats akkreditiert oder
- ein Zertifizierungsdiensteanbieter aus einem Mitgliedstaat steht für das Zertifikat des aus einem Drittland stammenden Anbieters ein oder
- das Zertifikat oder der Zertifizierungsdiensteanbieter ist im Rahmen einer bilateralen oder multilateralen Vereinbarung zwischen der Europäischen Union und Drittländern oder internationalen Organisationen anerkannt.

c) Rechtswirkungen elektronischer Signaturen

Artikel 5 RLeS normiert die Rechtswirkungen elektronischer Signaturen. Rechtliche Folgen werden dabei ausschließlich an solche „fortgeschrittenen elektronischen Signaturen“ geknüpft, die auf einem „qualifizierten Zertifikat“ beruhen und von einer „sicheren Signaturerstellungseinheit“ erstellt wurden.[221] Rechtsfolgen lösen also **„fortgeschrittene elektronische Signaturen“** nur dann aus, wenn die ein besonderes Sicherheitsniveau gewährleistenden technischen und organisatorischen Anforderungen der Anhänge I bis III der Richtlinie für elektronische Signaturen eingehalten werden.[222] Artikel 5 Abs. 1 RLeS bestimmt, dass eine solche Signatur von den 94

---

[216] So zutreffend *Roßnagel,* K&R 2000 313 (317).

[217] *Tettenborn,* in: Geis (Hrsg.), Die digitale Signatur – eine Sicherheitstechnik für die Informationsgesellschaft, S. 248.

[218] Art. 6 Abs. 2 RLeS.

[219] Art. 6 Abs. 3 Satz 2, Abs. 4 Satz 2 RLeS.

[220] Art. 7 Abs. 1 RLeS.

[221] Art. 5 Abs. 1 RLeS.

[222] Zutreffend *Moritz/Dreier/Miedbrodt,* F. Rdnr. 78; die Inbezugnahme der Anhänge I bis III der Richtlinie für elektronische Signaturen ergibt sich aus den Begriffsbestimmungen des „qualifizierten Zertifikats“ und der „sicheren Signaturerstellungseinheit“ in Art. 2 Nr. 6 und 9 RLeS.

Mitgliedstaaten rechtlich **der eigenhändigen Unterschrift gleichzustellen** und im Gerichtsverfahren **als Beweismittel zuzulassen** ist.

95 In Bezug auf sämtliche anderen elektronischen Signaturen sieht Art. 5 Abs. 2 RLeS ein **„Diskriminierungsverbot"** vor: Die Mitgliedstaaten sind aufgefordert, Beschränkungen der rechtlichen Wirksamkeit und der Zulässigkeit elektronischer Signaturen als Beweismittel in Gerichtsverfahren abzubauen. Damit ist aber keine Verpflichtung zur Gleichstellung der anderen Arten elektronischer Signaturen verbunden,[223] wie bereits der Vergleich zu Art. 5 Abs. 1 RLeS zeigt. Diese Regelung ist nur für die Rechtsordnungen (umsetzungs)relevant, in denen zur Beweisführung unter bestimmten Voraussetzungen die Schriftform erforderlich ist oder in denen Beweismittel konkret zugelassen werden müssen.[224] In Deutschland ist dies jedoch nicht der Fall, so dass insoweit kein Umsetzungsbedarf vorhanden war.

5. Das Signaturgesetz

96 In Umsetzung der Richtlinie für elektronische Signaturen verabschiedete der Gesetzgeber das **Gesetz über Rahmenbedingungen für elektronische Signaturen** und zur Änderung weiterer Vorschriften vom 16. 5. 2001,[225] mit dem zugleich das bestehende Signaturgesetz vom 22. 7. 1997 novelliert wurde.[226] Das Gesetz greift ferner die Ergebnisse der Evaluierung des Signaturgesetzes a.F. aus dem Jahr 1999 auf.[227] Trotz der Einarbeitung der europäischen Vorgaben konnte das Regelungskonzept des Signaturgesetzes a.F. bei der Neufassung weitgehend beibehalten werden; hatte die deutsche Gesetzgebung die Entwicklung auf der Unionsebene doch maßgeblich (mit)bestimmt und sich dadurch der durch die Richtliniengebung erwachsene Anpassungsbedarf in Grenzen gehalten. Der deutsche Gesetzgeber erfüllte die aus der Richtlinie für elektronische Signaturen resultierende Umsetzungsverpflichtung nicht allein durch das Signaturgesetz, sondern insbesondere auch durch das **Gesetz zur Anpassung der Formvorschriften des Privatrechts** und anderer Vorschriften an den modernen Rechtsgeschäftsverkehr vom 13. 7. 2001.[228] Mit der hiermit vorgenommenen Änderung der bürgerlich-rechtlichen Formvorschriften und der beweisrechtlichen Regelungen wird die in Art. 5 RLeS angeordnete Rechtswirkung elektronischer Signaturen in das deutsche Recht übernommen. Die Regelungen im Signaturgesetz betreffen demgegenüber (lediglich) die aus der Richtlinie für elektronische Signaturen resultierenden **technisch-organisatorischen Vorgaben,** also insbesondere die Anforderungen an die Sicherheitsinfrastruktur.

---

223 *Roßnagel,* in: Geis (Hrsg.), Die digitale Signatur – eine Sicherheitstechnik für die Informationsgesellschaft, S. 217; *Gravesen/Dumortier/Van Ecke,* MMR 1999, 577 (579).

224 Zutreffend *Geis,* MMR 2000, 667 (669).

225 BGBl. I 2001, S. 876.

226 Zur Neufassung des Signaturgesetzes vgl. insbesondere *Roßnagel,* NJW 2001, 1817 ff.; *ders.,* MMR 2002, 215 ff.; *Moritz/Dreier/Miedbrodt,* F. Rdnr. 89 ff.

227 Vgl. BT-Drucks. 14/4662, S. 1, 14; vgl. zur Evaluierung den Bericht der Bundesregierung über die Erfahrungen und Entwicklungen bei den neuen Informations- und Kommunikationsdiensten im Zusammenhang mit der Umsetzung des Informations- und Kommunikationsdienste-Gesetzes (IuKDG) vom 18. 6. 1999, BT-Drucks. 14/1191, sowie *Tettenborn,* in: Geis (Hrsg.), Die digitale Signatur – eine Sicherheitstechnik für die Informationsgesellschaft, S. 231 ff.

228 BGBl. I 2001, S. 1542.

a) Übersicht

Das Signaturgesetz verfolgt nun gemäß § 1 Abs. 1 SigG den Zweck, Rahmenbedingungen für elektronische Signaturen zu schaffen. Die unter dem Signaturgesetz a. F. gültige Zweckbestimmung, Rahmenbedingungen nur für digitale Signaturen zu schaffen „unter denen diese als sicher gelten" (§ 1 Abs. 1 SigG a. F.), konnte auf Grund der aus dem Europäischen Recht resultierenden Vorgaben[229] nicht mehr aufrecht erhalten werden. Der Regelungsbereich des Signaturgesetzes hat sich durch die Novellierung mithin erweitert, namentlich auf elektronische Signaturen im Allgemeinen. 97

Auch nach der Novellierung schreibt das Signaturgesetz den Einsatz bestimmter Signaturverfahren nicht verbindlich vor, die Teilnehmer im Rechtsverkehr sind bei der Wahl des Signaturverfahrens vielmehr grundsätzlich frei, wie § 1 Abs. 2 SigG deutlich macht. Nach dieser Vorschrift ist die Verwendung von elektronischen Signaturen freigestellt, soweit nicht bestimmte elektronische Signaturen durch Rechtsvorschriften vorgeschrieben sind. Der Gesetzgeber bietet mithin lediglich einen **technikoffenen Rechtsrahmen** an, dem sich Zertifizierungsdiensteanbieter freiwillig unterordnen können.[230] 98

Gleich der Richtlinie für elektronische Signaturen unterscheidet das Signaturgesetz nunmehr zwischen „elektronischen Signaturen" und „fortgeschrittenen elektronischen Signaturen", führt darüber hinaus jedoch den Begriff der **„qualifizierten elektronischen Signatur"** ein (§ 2 Nr. 1, Nr. 2, Nr. 3 SigG). Solche „qualifizierten elektronischen Signaturen" sind gemäß § 2 Nr. 3 SigG „fortgeschrittene elektronische Signaturen", die auf einem zum Zeitpunkt ihrer Erzeugung gültigen „qualifizierten Zertifikat" beruhen und mit einer „sicheren Signaturerstellungseinheit" erzeugt werden. Der deutsche Gesetzgeber hat somit – im Unterschied zum Richtliniengeber – derjenigen elektronischen Signatur eine eigene Benennung gegeben und hierunter die Voraussetzungen zusammengefasst, an die Art. 5 Abs. 1 RLeS veritable Rechtswirkungen knüpft.[231] 99

Die Zweiteilung der Signaturgesetz nach dem Signaturgesetz a. F. wurde zu einer Dreiteilung weiterentwickelt. Das Signaturgesetz differenziert nunmehr zwischen sonstigen Signaturverfahren, qualifizierten Signaturverfahren und akkreditierten Signaturverfahren, die jeweils durch unterschiedliche Sicherheits- und Kontrollniveaus gekennzeichnet sind.[232] Rechtsfolgen löst dabei lediglich der Einsatz von qualifizierten und akkreditierten Signaturverfahren aus. 100

In Umsetzung der Richtlinie für elektronische Signaturen war insbesondere die Zulassungsfreiheit für Zertifizierungsdiensteanbieter, die Einführung eines Überwachungssystems und einer Haftungsregelung sowie die internationale Anerkennung von Signaturen gesetzlich neu zu regeln. Daneben sind die Begriffsbestimmungen aus der Richtlinie für elektronische Signaturen übernommen worden, wodurch die Anzahl der Legaldefinitionen in § 2 SigG deutlich angewachsen ist. 101

---

229 Angesprochen ist damit die Erstreckung des Anwendungsbereichs auf elektronische Signaturen im Allgemeinen (und nicht nur für digitale Signaturen) und das Verbot der Etablierung einer Vorabkontrolle.

230 Zutreffend *Roßnagel,* MMR 2002, 215.

231 Also solche „fortgeschrittenen elektronischen Signaturen", die auf einem „qualifizierten Zertifikat" beruhen und von einer „sicheren Signaturerstellungseinheit" erstellt wurden; so bereits *Moritz/Dreier/Miedbrodt,* F. Rdnr. 91.

232 Vgl. zu dieser Unterscheidung *Roßnagel,* MMR 2002, 215.

b) Sonstige Signaturverfahren

102 Als **sonstige Signaturverfahren** können solche Verfahren bezeichnet werden, an die das Signaturgesetz **keine besonderen Anforderungen** stellt. Diese Verfahren unterfallen zwar auch dem Anwendungsbereich des Signaturgesetzes (vgl. die Zweckbestimmung in § 1 Abs. 1 SigG), sie erfahren jedoch keine spezifische „Regelung" durch das Signaturgesetz und es sind somit auch keine Rechtswirkungen mit ihrer Verwendung verbunden (insbesondere werden sie nicht der eigenhändigen Unterschrift gleichgestellt). Sonstige Signaturverfahren werden vielmehr von Diensteanbietern angeboten, die weder angemeldet noch akkreditiert sind und damit nicht den Anforderungen für Zertifizierungsdiensteanbieter des Signaturgesetzes unterliegen. Mit solchen Verfahren können „elektronische Signaturen" und „fortgeschrittene elektronische Signaturen" angeboten werden, also Signaturen, an die nur geringe normative Sicherheitsanforderungen gestellt werden:

103 **Elektronische Signaturen** sind nach der Legaldefinition in § 2 Nr. 1 SigG Daten in elektronischer Form, die anderen elektronischen Daten beigefügt oder logisch mit ihnen verknüpft sind und die zur Authentifizierung dienen. Unter eine elektronische Signatur in diesem Sinne fallen beispielsweise eingescannte Unterschriften oder biometrische Verfahren.[233]

104 Eine **fortgeschrittene elektronische Signatur** ist eine elektronische Signatur, die ausschließlich dem Signaturschlüssel-Inhaber zugeordnet ist. Sie muss ferner die Identifizierung des Signaturschlüssel-Inhabers ermöglichen und mit Mitteln erzeugt werden, die dieser unter seiner alleinigen Kontrolle halten kann und schließlich mit den Daten, auf die sie sich bezieht, so verknüpft sein, dass eine nachträgliche Veränderung der Daten erkannt werden kann.[234] Die fortgeschrittene elektronische Signatur verwirklicht also bereits einen besonderen Sicherheitsstandard. Diesem Verfahren fehlt aber ein angemeldeter oder akkreditierter Zertifizierungsdiensteanbieter als vertrauenswürdiger Dritter, der u.a. vermittels des (qualifizierten) Zertifikats[235] den zuverlässigen Nachweis über die Zuordnung der Schlüssel zu einer bestimmten Person erbringt. Insbesondere bestehen daher keine spezifischen Anforderungen an die Sicherheit des organisatorischen Prozesses der Schlüsselverwaltung und der technischen Komponenten. So erfüllt bereits die Nutzung von „Pretty Good Privacy" (PGP) die Voraussetzungen für eine fortgeschrittene elektronische Signatur.[236] PGP stellt eine Softwarelösung dar, bei der der Signaturschlüssel auf Diskette oder einem anderen lesbaren Datenträgern gespeichert wird. Demgegenüber führt nur die Verwendung einer Hardwarelösung dazu, dass der geheime Schlüssel von außen nicht erkannt werden kann.[237] Bei solchen Lösungen ist der geheime Schlüssel auf einer gesonderten Mikroprozessorkarte, die sich auf einer Chipkarte befindet, gespeichert und verlässt diese Karte nie. Damit wird der Schutz des Schlüssels umfassend gewährleistet. Ein weiterer Nachteil von PGP ist, dass sich hierdurch der Nachweis der Zuordnung nicht erbringen lässt. PGP ist daher ein für

---

[233] *Bieser/Kersten,* S. 2; Begründung zum Gesetzentwurf, BT-Drucks. 14/4662, S. 18.

[234] § 2 Nr. 2 SigG.

[235] Vgl. die Begriffsbestimmungen für „Zertifikate" und „qualifzierte Zertifikate" in § 2 Nr. 6 und 7 SigG.

[236] Hierzu www.pgp.com [abgerufen am 12. 2. 2002]; grundlegend *Creutzig/Buhl/Zimmermann,* passim; instruktiv *Luckhardt,* c't 12/1999, S. 212ff.; vgl. zu ähnlichen Verfahren *Harnier,* S. 58ff.

[237] Zutreffend *Roßnagel/Roßnagel,* § 14 SigG Rdnr. 79.

geschlossene Benutzerkreise geeignetes Verfahren; es bietet sich jedoch nicht für offene Netze an, da dort die Identität der Nutzer nicht bekannt ist.

c) Qualifizierte Signaturverfahren

Unter qualifizierten Signaturverfahren sind Signaturverfahren zu verstehen, die von angemeldeten, nicht jedoch akkreditierten Zertifizierungsdiensteanbietern angeboten werden. Erst die Einbeziehung der besonderen rechtlichen Anforderungen unterliegenden Zertifizierungsdiensteanbieter ermöglicht die Verwendung **„qualifizierter elektronischer Signaturen“**, also gemäß der Begriffsbestimmung in § 2 Nr. 3 SigG „fortgeschrittener elektronischer Signaturen“, die auf einem zum Zeitpunkt ihrer Erzeugung gültigen qualifizierten Zertifikat beruhen und mit einer sicheren Signaturerstellungseinheit erzeugt werden. 105

aa) Rechtliche Stellung der Zertifizierungsdiensteanbieter

In Umsetzung der Richtlinie für elektronische Signaturen ist der **Betrieb eines Zertifizierungsdienstes** nunmehr gemäß § 4 Abs. 1 SigG **genehmigungsfrei.** Das auf Grundlage des Art. 3 Abs. 3 RLeS zu etablierende Überwachungssystem für Zertifizierungsdiensteanbieter macht jedoch eine Regelung erforderlich, wonach die Anbieter den Betrieb bei der zuständigen Behörde[238] spätestens mit der Betriebsaufnahme anzuzeigen haben (§ 4 Abs. 3 Satz 1 SigG). Mit der **Anzeige** ist in geeigneter Form darzulegen, dass die gesetzlichen Voraussetzungen zum Betrieb eines Zertifizierungsdienstes vorliegen.[239] Die Erfüllung dieser Voraussetzungen ist zwar gemäß § 4 Abs. 4 Satz 1 SigG während der gesamten Betriebszeit zu gewährleisten und der Zertifizierungsdiensteanbieter unterliegt mit der Aufnahme des Betriebes der Aufsicht der Regulierungsbehörde für Post und Telekommunikation (§ 19 Abs. 1 Satz 2 SigG),[240] die allerdings im Lichte der Richtlinie für elektronische Signaturen ihrer Intensität nach nicht einer vorherigen Genehmigung gleichkommen darf.[241] 106

Bei qualifizierten Signaturverfahren kann die Regulierungsbehörde für Post und Telekommunikation (als die zuständige Behörde) nicht als Wurzel-Zertifizierungsinstanz fungieren, da die Zertifizierungsdiensteanbieter im Vorfeld nicht (mehr) überprüft und zugelassen werden. Die qualifizierten Zertifizierungsdiensteanbieter müssen sich ihre Zertifizierungsstruktur also durch **Cross-Zertifizierungen** mit anderen Anbietern erst schaffen.[242] Dies stellt für eine problemlose Interoperabilität eine wichtige Voraussetzung dar.[243] 107

Ein Zertifizierungsdiensteanbieter ist nach der Legaldefinition in § 2 Nr. 8 SigG eine natürliche oder juristische Person, die qualifizierte Zertifikate oder qualifizierte Zeitstempel ausstellt. Diese Definition beschränkt sich nur auf zwei von vielen ver- 108

[238] Zuständige Behörde ist gemäß § 3 SigG i. V. m. § 66 TKG die Regulierungsbehörde für Post und Telekommunikation.

[239] § 4 Abs. 3 Satz 2 SigG; vgl. hierzu BT-Drucks. 14/4662, S. 20.

[240] § 19 SigG sieht einen Kanon von Aufsichtsmaßnahmen vor, der von „Maßnahmen zur Sicherstellung“ der Einhaltung des Gesetzes (Absatz 2) bis zur teilweisen oder gänzlichen Betriebsuntersagung (Absatz 3) reicht.

[241] Erwägungsgrund 10 RLeS schließt nicht nur vorherige Genehmigungen, sondern auch alle sonstigen Maßnahmen gleicher Wirkung aus; *Roßnagel,* MMR 2002, 215 (216), folgert hieraus ein Verbot systematischer Kontrollen.

[242] Vgl. hierzu oben Rdnr. 87.

[243] *Roßnagel,* NJW 2001, 1817 (1820).

schiedenen Funktionen der erforderlichen Sicherheitsinfrastruktur. In § 4 Abs. 5 SigG ist nunmehr gesetzlich geregelt, dass der Zertifizierungsdiensteanbieter Aufgaben an Dritte übertragen kann.[244] Dabei muss er die Dritten in sein Sicherheitskonzept einbeziehen.

bb) Pflichten der Zertifizierungsdiensteanbieter

109 § 4 Abs. 2 SigG normiert die **Betreiberpflichten** der Zertifizierungsdiensteanbieter. Hierbei handelt es sich um die gleichen materiellen Voraussetzungen, die in § 4 Abs. 2 SigG a.F. als Genehmigungsvoraussetzungen für den Betrieb eines Zertifizierungsdienstes verankert waren.[245] Der Anbieter muss insbesondere die erforderliche Zuverlässigkeit und Fachkunde besitzen[246] und die Maßnahmen zur Erfüllung der gesetzlichen Sicherheitsanforderungen der zuständigen Behörde in einem „Sicherheitskonzept" aufzeigen bzw. praktisch umsetzen (§ 4 Abs. 2 Satz 1 und 4 SigG). Mit der Novellierung des Signaturgesetzes wurde zudem die Pflicht zum Nachweis einer Deckungsvorsorge gemäß § 12 SigG eingeführt.

110 Die Aufgaben der Zertifizierungsdiensteanbieter sind als **Pflichtdienstleistungen** ausgestaltet,[247] um ein sicheres System elektronischer Signaturen zu etablieren. Die Anbieter sind gewissermaßen die Garanten einer sicheren Infrastruktur, eine Stellung, die durch die sie treffende Haftung gemäß § 11 SigG rechtlich abgesichert werden soll.[248]

111 Zentrale Aufgabe des Zertifizierungsdiensteanbieters ist die **Vergabe qualifizierter Zertifikate,** wodurch die Zuordnung eines öffentlichen Schlüssels (Signaturprüfschlüssels[249]) zu einer zuvor von ihm zuverlässig identifizierten Person bestätigt wird (§§ 2 Nr. 6, 5 Abs. 1 Satz 1 und 2 SigG). Dieses von dem Zertifizierungsdiensteanbieter für jeden über öffentlich erreichbare Kommunikationsverbindungen nachprüfbar und abrufbar zu haltende qualifizierte Zertifikat stellt die Zugehörigkeit des Schlüsselpaars (privater Schlüssel des Ausstellers einer elektronischen Signatur sowie der entsprechende öffentliche Schlüssel) zu einer bestimmten Person her und schafft erst die Gewähr dafür, dass die empfangene Nachricht tatsächlich von ihrem Absender – der in dem Zertifikat als Inhaber des korrelierenden Schlüsselpaars[250] ausgewiesen ist – stammt.[251] Der **zwingende Inhalt qualifizierter Zertifikate** ist in § 7 SigG geregelt. Für den Antragsteller eines solchen Zertifikats ist insbesondere ein eindeutiger Name festzulegen, unter dem er im elektronischen

---

244 Siehe zu dem Problem der Auslagerung anderer Funktionen und des Dienstleistungsangebotes in der Fläche nach dem Signaturgesetz a.F. *Harnier*, S. 99ff.

245 Vgl. hierzu oben Rdnr. 74.

246 Diese beiden Voraussetzungen sind in § 4 Abs. 2 Satz 2 und 3 SigG legaldefiniert: „Die erforderliche Zuverlässigkeit besitzt, wer die Gewähr dafür bietet, als Zertifizierungsdiensteanbieter die für den Betrieb maßgeblichen Rechtsvorschriften einzuhalten. Die erforderliche Fachkunde liegt vor, wenn die im Betrieb eines Zertifizierungsdienstes tätigen Personen über die für diese Tätigkeit notwendigen Kenntnisse, Erfahrungen und Fertigkeiten verfügen."

247 Eingehend hierzu Thomale, S. 142ff.

248 Hierzu ausführlich unten Rdnr. 123ff.

249 Also etwa öffentliche kryptographische Schlüssel, die zur Überprüfung der elektronischen Signatur verwendet werden (§ 2 Nr. 5 SigG).

250 In den Worten des Signaturgesetzes: „Signaturschlüssel-Inhaber", also natürliche Personen, die Signaturschlüssel besitzen und denen die zugehörigen Signaturprüfschlüssel durch qualifizierte Zertifikate zugeordnet sind" (§ 2 Nr. 9).

251 Zutreffend *Moritz/Dreier/Miedbrodt*, F. Rdnr. 69.

Rechtsverkehr auftreten kann. Anstelle des Namens kann der Antragsteller auch ein Pseudonym führen, das als solches kenntlich zu machen ist.[252] Vorschriften zur Aufdeckung eines solchen **Pseudonyms** enthält § 14 Abs. 2 SigG. So ist die Identität des Signaturschlüssel-Inhabers etwa zum Zwecke der Strafverfolgung zu enthüllen. Ein gerichtlich kontrolliertes Aufdeckungsverfahren ist aber auch zum Zwecke der Durchsetzung zivilrechtlicher Ansprüche zulässig.

Ein qualifiziertes Zertifikat kann ferner **berufsbezogene oder sonstige Angaben** 112 zur Person des Signaturschlüssel-Inhabers oder seiner Vertretungsmacht für dritte Personen enthalten (§ 5 Abs. 2 SigG). Zu solchen Angaben zählen beispielsweise die Zugehörigkeit zu Institutionen, die Spezifizierung von Aufgabenbereichen, Berufsbezeichnungen oder berufsrechtliche Zulassungen. Diese besonderen Angaben – vom Signaturgesetz als **Attribute** bezeichnet – sind durch die für die berufsbezogene oder sonstige Angaben zuständige Stelle zu bestätigen,[253] wodurch die Richtigkeit und die Aktualität der Angaben gewährleistet werden soll. Liegen die Voraussetzungen für das Tragen der berufsbezogenen Angaben nicht mehr vor, hat die zuständige Stelle einen eigenen Anspruch auf Sperrung der Zertifikate (§ 8 Abs. 2 SigG). Sollen berufsbezogene Angaben im Zusammenhang mit der Nutzung eines Pseudonyms verwendet werden, ist hierfür wiederum die Zustimmung der zuständigen Stelle erforderlich (§ 5 Abs. 3 Satz 2 SigG).

Eine weitere wichtige Pflichtdienstleistung[254] stellt nunmehr die **Unterrichtungspflicht** gemäß § 6 SigG dar. Der Zertifizierungsdiensteanbieter hat den Antragsteller nicht nur über die Maßnahmen zu unterrichten, die erforderlich sind, um zur Sicherheit von qualifizierten elektronischen Signaturen und zu deren zuverlässiger Prüfung beizutragen (§ 6 Abs. 1 Satz 1 SigG). Der Antragsteller muss vielmehr auch darüber unterrichtet werden, dass die qualifizierte elektronische Signatur in ihrer **rechtlichen Wirkung** der eigenhändigen Unterschrift im Grundsatz gleichkommt.[255] Zur Unterrichtung ist dem Antragsteller bei der ersten Beantragung eines qualifizierten Zertifikats eine schriftliche (nicht elektronische)[256] Belehrung auszuhändigen, die durch gesonderte Unterschrift zu bestätigen ist (§ 6 Abs. 3 Satz 1 SigG). 113

Keine Pflichtdienstleistung, sondern nach der Novellierung des Signaturgesetzes 114 eine **Wahldienstleistung** des Zertifizierungsdiensteanbieters ist die Ausstellung qualifizierter **Zeitstempel,** also eine elektronische Signatur über einen bestimmten Zeitpunkt.[257] Mit einem solchen Stempel bescheinigt der Diensteanbieter, dass ihm bestimmte elektronische Daten zu einem bestimmten Zeitpunkt vorgelegen haben (§ 2 Nr. 14 SigG), nicht aber, dass ein Dokument zu einem bestimmten Zeitpunkt existiert hat. Werden (qualifizierte) Zeitstempel angeboten, unterliegen die Zertifizierungsdiensteanbieter auch insoweit den an die Ausübung ihrer Tätigkeit gestellten Sicherheitsanforderungen (§ 9 SigG i. V. m. § 5 Abs. 5 SigG).

---

[252] § 5 Abs. 3 SigG.

[253] § 5 Abs. 2 Satz 2 Halbs. 2 SigG.

[254] Weitere – hier nicht näher behandelte – Pflichten des Zertifizierungsdiensteanbieters normieren § 8 SigG (Sperrung von qualifizierten Zertifikaten), § 10 SigG (Dokumentation) sowie § 13 (Einstellung der Tätigkeit).

[255] § 6 Abs. 2 SigG.

[256] Vgl. die Begründung des Gesetzesentwurfs, BT-Drucks. 14/4662, S. 22.

[257] *Mertes,* in: Geis (Hrsg.), Die digitale Signatur – eine Sicherheitstechnik für die Informationsgesellschaft, S. 43.

cc) Technische Anforderungen an Zertifizierungsdiensteanbieter

115 Die Zertifizierungsdiensteanbieter haben für die Ausübung ihrer Zertifizierungstätigkeit zuverlässiges Personal und Produkte für qualifizierte elektronische Signaturen einzusetzen, die insbesondere die in § 17 SigG niedergelegten **Sicherheitsanforderungen** erfüllen.[258] Hierbei handelt es sich um den Einsatz „sicherer Signaturerstellungseinheiten" für die Speicherung von Signaturschlüsseln sowie die Erzeugung qualifizierter elektronischer Signaturen (§ 17 Abs. 1 SigG), die Verwendung ausdifferenzierter „Signaturanwendungskomponenten" für die Darstellung der zu signierenden Daten (§ 17 Abs. 2 SigG) und die Festlegung bestimmter Vorkehrungen für die „technischen Komponenten für Zertifizierungsdienste" (§ 17 Abs. 3 SigG).

116 In Teilen ergeben sich materielle Änderungen im Vergleich zum Signaturgesetz a.F.: War dort noch für sämtliche Sicherheitsanforderungen die Prüfung und die Bestätigung der Erfüllung der Anforderungen durch die zuständige Behörde notwendig,[259] gilt dies gemäß § 17 Abs. 4 Satz 2 SigG nur noch für die „sicheren Signaturerstellungseinheiten" und teilweise für die „technischen Komponenten für Zertifizierungsdienste". Im Übrigen lässt das Signaturgesetz zur Erfüllung der normativen Anforderungen eine Herstellererklärung genügen.[260] Eine weitere Verminderung des Sicherheitsniveaus begründen die Regelungen zur Verwendung der „Signaturanwendungskomponenten", deren Einsatz nunmehr in das „Ermessen" des Signaturschlüssel-Inhabers gestellt ist (§ 17 Abs. 2 Satz 4 SigG).[261] Immerhin lässt sich feststellen, dass das Signaturgesetz in Bezug auf die technischen Anforderungen über die aus der Richtlinie für elektronische Signaturen resultierenden Umsetzungsvorgaben hinausgegangen ist.[262]

d) Akkreditierte Signaturverfahren

117 Der deutsche Gesetzgeber hat in §§ 15 und 16 SigG von der gemeinschaftsrechtlich eröffneten Möglichkeit, **„freiwillige Akkreditierungssysteme"** einzuführen oder beizubehalten, Gebrauch gemacht.[263] Hierdurch können in der Bundesrepublik Deutschland – neben den angemeldeten Diensteanbietern – akkreditierte Zertifizierungsdiensteanbieter qualifizierte Zertifikate anbieten, auf deren Grundlage akkreditierte Signaturverfahren ermöglicht werden.[264]

aa) Voraussetzungen der Akkreditierung

118 Die – wohlgemerkt: freiwillige – Akkreditierung setzt zunächst einen entsprechenden Antrag des Zertifizierungsdiensteanbieters bei der Regulierungsbehörde für

---

[258] Vgl. § 5 Abs. 5 SigG.

[259] § 14 Abs. 4 SigG a.F.

[260] Hierzu *Roßnagel*, NJW 2001, 1817 (1821).

[261] Die Verwendung von Signaturanwendungskomponenten ist deswegen nicht zwingende Voraussetzung für die Erzeugung einer qualifizierten elektronischen Signatur, da nicht ersichtlich ist, welche Signaturanwendungskomponten bei ihrer Erzeugung konkret zum Einsatz kommen, vgl. BT-Drucks. 14/4662, S. 30.

[262] Vgl. die Beispiele bei *Moritz/Dreier/Miedbrodt*, F. Rdnr. 92.

[263] Art. 3 Abs. 2 RLeS, s. hierzu oben Rdnr. 88.

[264] Nach der Übergangsvorschrift in § 25 Abs. SigG gelten die nach dem Signaturgesetz a.F. genehmigten Zertifizierungsstellen (so die damalige Terminologie) als akkreditiert. Dieser Privilegierung liegt die zutreffende Erwägung des Gesetzgebers zugrunde, dass die genehmigten Anbieter durch das erfolgreiche Absolvieren des Genehmigungsverfahrens bereits den Nachweis über die Erfüllung der Akkreditierungsvoraussetzungen erbracht haben, vgl. hierzu die Gesetzesbegründung BT-Drucks. 14/4662, S. 35.

Post und Telekommunikation voraus. Der Antragsteller hat einen **Anspruch auf Akkreditierung,** wenn er nachweist, dass die Vorgaben des Signaturrechts erfüllt sind (§ 15 Abs. 1 Satz 2 SigG). Hierzu wird das vom Zertifizierungsdiensteanbieter erstellte Sicherheitskonzept (§ 4 Abs. 2 Satz 4 SigG) von einer anerkannten Prüf- und Bestätigungsstelle umfassend auf seine Eignung und praktische Umsetzung geprüft und bestätigt.[265] Prüfung und Bestätigung sind nach sicherheitserheblichen Veränderungen und in regelmäßigen Abständen zu wiederholen (§ 15 Abs. 2 Satz 2 SigG). Hinsichtlich der in § 17 SigG verankerten **Sicherheitsanforderungen** ergibt sich im Vergleich zu qualifizierten Signaturverfahren eine weitere Verschärfung der Anforderungen: Bei den akkreditierten Signaturverfahren ist nicht nur die Erfüllung der Anforderungen an die sicheren Signaturerstellungseinheiten und bezüglich einiger Vorkehrungen für die „technischen Komponenten für Zertifizierungsdienste" von einer anerkannten Prüf- und Bestätigungsstelle zu prüfen und zu bestätigen. Gemäß § 15 Abs. 7 SigG unterliegen vielmehr sämtliche Sicherheitsanforderungen dieser Vorgabe.

bb) Folgen der Akkreditierung

Unmittelbare Folge der Akkreditierung ist zunächst der Erhalt eines **„Gütezeichens"** (§ 15 Abs. 1 Satz 3 SigG). Dieses, von der RegTP als zuständiger Behörde verliehene Zeichen gilt als expliziter Nachweis für eine umfassend geprüfte technische und administrative Sicherheit.[266] **Akkreditierte Zertifizierungsdiensteanbieter** dürfen sich als solche bezeichnen und im Rechtsverkehr auf die nachgewiesene Sicherheit berufen; die auf ihren qualifizierten Zertifikaten beruhenden qualifizierten elektronischen Signaturen haben die nicht besonders prägnante Bezeichnung **„qualifizierte elektronische Signaturen mit Anbieter-Akkreditierung"** erhalten (§ 15 Abs. 1 Satz 4 und 5 SigG). Nur bei akkreditierten Signaturverfahren – wie unter Geltung des Signaturgesetzes a. F. – kann die zuständige Behörde gemäß § 16 Abs. 1 SigG als **Wurzelzertifizierungsstelle** fungieren, so dass im Rahmen dieser Verfahren eine zweistufige Zertifizierungshierarchie besteht.[267] Die RegTP stellt dabei den akkreditierten Zertifizierungsdiensteanbieter die für ihre Tätigkeit benötigten qualifizierten Zertifikate aus, die in dem Verzeichnis der Behörde überprüft werden können. 119

cc) Unterschiede zu qualifizierten Signaturverfahren

Akkreditierte Zertifizierungsdiensteanbieter sind also an dem Gütezeichen und an dem Wurzelzertifikat der RegTP zu erkennen. Hierin kommt auch der entscheidende Unterschied zwischen akkreditierten und qualifizierten Zertifizierungsdiensteanbietern bzw. akkreditierten und qualifizierten Signaturverfahren zum Ausdruck.[268] Denn lediglich die akkreditierten Zertifizierungsdiensteanbieter sind vor Betriebsbeginn durch eine unabhängige Instanz geprüft worden und haben den **„Nachweis der umfassend geprüften technischen und administrativen Sicherheit"** erbracht, Umständen, denen zuweilen eine ähnliche Wirkung wie die Sicherheitsvermutung nach § 1 Abs. 1 SigG a. F. beigemessen wird.[269] Bei den qualifizierten Sig- 120

[265] § 15 Abs. 2 Satz 1 SigG i. V. m. 18 SigG.
[266] § 15 Abs. 1 Satz 4 SigG.
[267] Vgl. hierzu oben Rdnr. 75.
[268] Eingehend hierzu *Roßnagel,* MMR 2002, 215 (216 ff.).
[269] Im Sinne einer Beweiserleichterung *Tettenborn,* in: Geis (Hrsg.), Die digitale Signatur – eine Sicherheitstechnik für die Informationsgesellschaft, S. 247; *Roßnagel,* NJW 2001, 1817 (1822); kritisch hierzu *Rieß,* DuD 2000, 530 (534).

naturverfahren der lediglich angemeldeten Zertifizierungsdiensteanbieter wird demgegenüber dieser Nachweis nicht erbracht. Es ist daher nicht gewährleistet, ob diese die gesetzlichen Anforderungen erfüllen. Beide Verfahren können selbstverständlich gleich sicher sein, qualifizierte Signaturverfahren verfügen allerdings nur über eine behauptete, nicht aber über eine nachgewiesene Sicherheit.[270] Dies gilt insbesondere im Hinblick auf einige der von § 17 SigG vorgeschriebenen Sicherheitsanforderungen, namentlich diejenigen, bei denen zum Nachweis der Erfüllung der gesetzlichen Anforderungen lediglich eine Herstellererklärung genügt (§ 17 Abs. 4 Satz 2 SigG).[271] Angemeldete Zertifizierungsdiensteanbieter verfügen nicht über überprüfte sichere technische Komponenten, sondern dies wird lediglich angenommen.[272]

121 Ein weiterer – nicht unerheblicher – Unterschied liegt in der **langfristigen Überprüfbarkeit** der qualifizierten Zertifikate von akkreditierten Anbietern: Sie müssen gemäß § 4 Abs. 2 SigV 30 Jahre nach dem Ende ihrer Gültigkeit nachprüfbar bleiben, was zu einem erheblichen zusätzlichen Mehrwert führt.[273] Qualifizierte Zertifikate von lediglich angemeldeten Zertifizierungsdiensteanbietern müssen hingegen nur fünf Jahre aufbewahrt werden (§ 4 Abs. 1 SigV). Entsprechend abweichende Vorgaben sind für die Aufbewahrungsfristen der Dokumentation gemäß § 10 SigG normiert.[274] Stellt der akkreditierte Anbieter seine Tätigkeit ein, übernimmt die RegTP dessen Zertifikate, wenn sie nicht von einem anderen akkreditierten Anbieter übernommen werden (§ 15 Abs. 6 Satz 1 und Satz 3 Halbs. 1 SigG). Die noch gültigen Zertifikate sind zu sperren und mitsamt der Dokumentation an die RegTP zu übergeben, die nun die langfristige Aufbewahrungspflicht trifft. Hierdurch wird auch im Falle der Betriebseinstellung (etwa eines Konkurses) eines Zertifizierungsdiensteanbieters die langfristige Nachprüfbarkeit der ausgestellten Zertifikate und der entsprechenden Dokumentationen gesichert.[275] Stellt demgegenüber ein nur angemeldeter Zertifizierungsdiensteanbieter seine Tätigkeit ein, so sind dessen Zertifikate – wenn sie nicht von einem anderen Anbieter übernommen werden – zu sperren (§ 13 Abs. 1 Satz 2 SigG). In Ermangelung einer entsprechenden Einstandspflicht der RegTP ist bei qualifizierten Signaturverfahren die langfristige Überprüfbarkeit der Zertifikate also nicht gewährleistet.

dd) Akkreditierte Verfahren im öffentlichen Bereich

122 Wie bereits ausgeführt,[276] eröffnet Art. 3 Abs. 7 RLeS den Mitgliedstaaten unter Einhaltung konkretisierter Schranken die Möglichkeit, im öffentlichen Bereich akkreditierte Zertifizierungsdienste zwingend vorzuschreiben. Der Bundesgesetzgeber hat von dieser Öffnungsklausel insofern Gebrauch gemacht, als dass er hierfür eine **Referenzvorschrift** erlassen hat: Nach § 1 Abs. 3 SigG können Rechtsvorschriften für die öffentlich-rechtliche Verwaltungsvorschrift bestimmen, dass der Einsatz qualifizierter elektronischer Signaturen zusätzlichen Anforderungen unterworfen

270 *Tettenborn*, in: Geis (Hrsg.), Die digitale Signatur – eine Sicherheitstechnik für die Informationsgesellschaft, S. 244; *Roßnagel*, MMR 2002, 215 (216).

271 Hierzu oben Rdnr. 115 f.

272 Vgl. *Roßnagel*, NJW 2001, 1817 (1823).

273 BT-Drucks. 14/4662, S. 28.

274 § 8 Abs. 3 SigV i. V. m. § 4 SigV; hierzu *Roßnagel*, MMR 2002, 215 (219).

275 Zutreffend *Roßnagel*, MMR 2002, 215 (219), der prägnant von der „Konkursresistenz der Zertifikate" spricht.

276 Vgl. oben Rdnr. 88.

wird.[277] Diese Vorschrift schreibt mithin den Einsatz akkreditierter Verfahren im öffentlichen Bereich nicht selbst vor, sondern bildet nur die Regelungsgrundlage, auf die sich die noch zu erlassenden Rechtsvorschriften beziehen können. Hintergrund dieser Regelung ist die nachgewiesene Sicherheit und verlässliche Überprüfbarkeit akkreditierter Signaturverfahren, die ihren Einsatz im Interesse aller Beteiligter im öffentlichen Bereich als Äquivalent zur eigenhändigen Unterschrift notwendig macht.[278] Entsprechend der gemeinschaftsrechtlichen Vorgaben[279] haben die an den Einsatz qualifizierter elektronischer Signaturen gestellten zusätzlichen Anforderungen objektiv, transparent verhältnismäßig und nicht diskriminierend zu sein und dürfen sich nur auf die spezifischen Merkmale der betreffenden Anwendung beziehen. Der Bund hat mit dem Dritten Gesetz zur Änderung verwaltungsverfahrensrechtlicher Vorschriften[280] bereits entsprechende Vorgaben für das Verwaltungsverfahren eingeführt.

e) Haftung der Zertifizierungsdiensteanbieter

123 Gegenüber ihrem Vertragspartner, dem Signaturschlüssel-Inhaber, haften die Zertifizierungsdiensteanbieter – gleich für welches Signaturverfahren – nach allgemeinen, insbesondere vertragsrechtlichen Grundsätzen. Unter Geltung des Signaturgesetzes a.F. führte hingegen die Abwesenheit einer spezialgesetzlichen Haftungsregelung in Bezug auf die Haftung des – fehlerhaft agierenden – Zertifizierungsdiensteanbieters gegenüber dem Empfänger einer digitalen Signatur zu veritablen Haftungslücken.[281] Gemäß Art. 6 RLeS war der deutsche Gesetzgeber explizit aufgefordert, diese Haftungslücke zu schließen.

124 Das Signaturgesetz sieht nunmehr in Entsprechung zum gemeinschaftsrechtlichen Umsetzungsbefehl (und darüber hinausgehend)[282] in § 11 für angemeldete und akkreditierte Zertifizierungsdiensteanbieter[283] eine entsprechende Haftungsregelung vor, die in Form einer **Verschuldenshaftung mit Beweislastumkehr** ausgestaltet ist.[284] Da die Einhaltung der gesetzlichen Anforderungen nicht mehr im Rahmen eines vorgängigen Genehmigungsverfahrens überprüft werden, kommt der Haftungsnorm eine beträchtliche Bedeutung für die Durchsetzung der gesetzlichen Anforderungen und damit für die Akzeptanz der Signaturverfahren im Wirtschaftsverkehr zu. Die Haftungsregelung soll – so der Gesetzgeber – dem bislang rechtlich nicht abgesicherten Teilnehmer des elektronischen Rechtsverkehrs Sicherheit geben und Vertrauen gewährleisten.[285] § 11 Abs. 1 Satz 1 SigG knüpft an die **Verletzung einer Verhaltensnorm** an und ordnet die Haftung für den Fall an, dass ein (angemeldeter oder akkreditierter) Zertifizierungsdiensteanbieter die Anforderungen des Gesetzes oder der Signaturverordnung verletzt oder seine Produkte für qualifizierte elektronische Signaturen oder sonstige technische Sicherungseinrichtungen versagen. Der

---

[277] Eingehend zum Einsatz elektronischer Signaturen im Verwaltungsrecht *Roßnagel,* DÖV 2001, 221 ff.

[278] BT-Drucks. 14/4662, S. 28.

[279] Art. 3 Abs. 7 Satz 2 RLeS.

[280] Vom 21. 8. 2002, BGBl. I 2002, S. 3322; vgl. hierzu eingehend unten Rdnr. 145 ff.

[281] Vgl. hierzu ausführlich oben Rdnr. 79 f.

[282] Art. 6 RLeS erlegte den Mitgliedstaaten lediglich die Einführung einer „Mindestregelung" auf.

[283] Hinsichtlich der sonstigen Signaturverfahren verbleibt es mithin bei der konstatierten Haftungslücke; ebenso *Roßnagel*, MMR 2002, 215 (221).

[284] Ausführlich zur Haftungsregelung in § 11 SigG *Thomale,* S. 123 ff., 163 ff.

[285] BT-Drucks. 14/4662, S. 24.

Diensteanbieter hat dann einem Dritten den Schaden zu ersetzen, den dieser dadurch erleidet, dass er auf die Angaben in einem qualifizierten Zertifikat, einem qualifizierten Zeitstempel oder einer Auskunft aus einem Verzeichnisdienst gemäß § 5 Abs. 1 Satz 2 SigG vertraut hat.

125 Das Signaturgesetz bietet zwei Ansatzpunkte für einen **Ausschluss der Haftung** des Zertifizierungsdiensteanbieters: Einerseits tritt nach § 11 Abs. 1 Satz 2 SigG die Ersatzpflicht nicht ein, wenn der Dritte die Fehlerhaftigkeit der Angaben kannte oder kennen musste. Im Rahmen dieses „Alles-oder-Nichts-Prinzips" dürfte § 254 BGB keine Anwendung finden.[286] § 254 BGB ist jedoch anwendbar, wenn bei dem in redlicher Weise vertrauenden Dritten ein Mitverschulden bei der Schadensabwendung oder -minderung vorliegt. Andererseits besteht keine Haftung des Zertifizierungsdiensteanbieters, wenn dieser nicht schuldhaft gehandelt hat (§ 11 Abs. 2 SigG). Der Wortlaut der Bestimmung lässt deutlich werden, dass die Haftung des Zertifizierungsdiensteanbieters als eine Verschuldenshaftung ausgestaltet ist, bei der das Verschulden des Anbieters vermutet wird. Ihm obliegt es, sich zu exkulpieren, mithin den erforderlichen Entlastungsbeweis zur Widerlegung der Verschuldensvermutung zu erbringen (**Verschuldenshaftung mit Beweislastumkehr**). Das Exkulpationserfordernis dürfte einen Anreiz zur sorgfältigen Dokumentation in Gemäßheit des § 10 SigG liefern.

126 Eine Möglichkeit der **Haftungsbeschränkung** sieht § 11 Abs. 3 SigG vor: Hiernach können qualifizierte Zertifikate die Nutzung des Signaturschlüssels auf bestimmte Anwendungen nach Art oder Umfang beschränken. Im Falle einer solchen Verwendungsbeschränkung haftet der Zertifizierungsdiensteanbieter nicht für die Nutzungen, welche die vorgesehene Beschränkung überschreiten. Der Dritte ist in einem solchen Fall nicht schutzwürdig, da die Verwendungsbeschränkung aus dem Zertifikat für jedermann ersichtlich ist. Darüber hinausgehende Haftungsbeschränkungen sind nicht zulässig.[287]

127 Der Zertifizierungsdiensteanbieter haftet nach § 11 Abs. 4 Satz 1 SigG auch dann, wenn er sich Dritter bedient oder für Dritte einsteht. Die in § 831 Abs. 1 BGB verankerte Exkulpationsmöglichkeit für Verrichtungsgehilfen ist dabei ausgeschlossen (§ 11 Abs. 4 Satz 2 SigG). Der Anwendungsbereich dieser Vorschrift ist aber auf den speziellen Fall des Verrichtungsgehilfen zugeschnitten, für sämtliche andere „beauftragte Dritte" haftet der Zertifzierungsdiensteanbieter ohnehin nach § 13 Abs. Satz 1 SigG.[288]

f) Deckungsvorsorge

128 Nach § 12 SigG ist der Zertifizierungsdiensteanbieter verpflichtet, eine **Deckungsvorsorge** zu treffen, um etwaigen, aus § 11 resultierenden Haftungsverpflichtungen nachkommen zu können. Die vorgesehene Mindestdeckungssumme gilt für den einzelnen Schadensfall, wobei eine Vielzahl von solchen Einzelschäden durch nur ein Ereignis (z.B. ein gefälschtes Zertifikat) ausgelöst werden kann.[289] Die nähere Ausgestaltung der Deckungsvorsorge ist in § 9 SigV geregelt; hiernach kann sie durch eine Haftpflichtversicherung oder – bei Gewährleistung einer vergleichbaren Sicherheit – durch eine Freistellungs- oder Gewährleistungsverpflichtung eines

[286] Kritisch hierzu *Thomale,* S. 180ff.
[287] BT-Drucks. 14/4662, S. 25.
[288] BT-Drucks. 14/4662, S. 25.
[289] BT-Drucks. 14/4662, S. 26.

Kreditinstitutes erbracht werden. Mit Aufnahme des Betriebes eines Zertifizierungsdienstes ist der zuständigen Behörde das Bestehen der Deckungsvorsorge nachzuweisen.[290]

g) Ordnungswidrigkeiten

§ 21 SigG enthält eine Fülle von Ordnungswidrigkeits-Tatbeständen, die etwa bei Verstößen gegen zentrale Handlungsgebote des Signaturgesetzes zum Tragen kommen können. Der Wegfall der Genehmigungspflicht für Zertifizierungsdiensteanbieter macht die Einführung von Bußgeldvorschriften erforderlich, um eine **wirkungsvolle Durchsetzung der gesetzlichen Vorschriften** zu ermöglichen. Entscheidend ist dabei, dass die Bußgeldvorschrift im Gegensatz zur Haftungsregelung in § 11 SigG auch dann greift, wenn durch das normwidrige Verhalten noch kein Schaden eingetreten ist oder dieser strittig ist.[291] § 21 SigG ist – wenn nicht gar geboten – durch die Richtlinie für elektronische Signaturen zumindest gedeckt, da Art. 3 Abs. 3 RLeS zur Etablierung eines geeigneten Systems zur Überwachung zwingt.[292] **129**

h) Internationale Anerkennung von elektronischen Signaturen

Die internationale Anerkennung von elektronischen Signaturen ist in § 23 SigG geregelt,[293] wobei Absatz 1 der Vorschrift qualifizierte elektronische Signaturen betrifft, während Absatz 2 qualifizierte elektronische Signaturen eines akkreditierten Zertifizierungsdiensteanbieters behandelt. Dabei differenziert der Gesetzgeber zwischen elektronischen Signaturen aus der Europäischen Union sowie den Vertragsstaaten des Abkommens über den Europäischen Wirtschaftsraum einerseits und aus Drittstaaten andererseits. **130**

Aus einem EU-Mitgliedstaat oder einem anderen Vertragsstaat des EWR stammende (qualifizierte) elektronische Signaturen, die auf einem qualifizierten Zertifikat beruhen und die Voraussetzungen nach Art. 5 Abs. 1 RLeS erfüllen, werden qualifizierten elektronischen Signaturen gleichgestellt (§ 23 Abs. 1 Satz 1 SigG). Diese **Gleichstellung** bezieht sich auch auf Drittstaaten,[294] wenn der Anbieter in einem Mitgliedstaat der Europäischen Union oder eines Vertragsstaates des EWR akkreditiert ist oder wenn ein in der Europäischen Union niedergelassener Zertifizierungsdiensteanbieter für das Zertifikat einsteht oder wenn der Zertifizierungsdiensteanbieter im Rahmen einer bilateralen oder multilateralen Vereinbarung zwischen der Europäischen Union und Drittstaaten oder internationalen Organisationen anerkannt ist.[295] § 23 Abs. 1 SigG bezieht sich dabei nur auf qualifizierte elektronische Signaturen und die an sie gekoppelten Rechtsfolgen. Elektronische Signaturen, welche die Voraussetzungen nach § 23 Abs. 1 SigG erfüllen, sind qualifizierten elektronischen Signaturen eines akkreditierten Zertifizierungsdiensteanbieter gleichgestellt, wenn sie **nachweislich gleichwertige Sicherheit** aufweisen. Hierzu müssen sie rechtlichen Anforderungen unterliegen, die denen des deutschen Signa- **131**

---

[290] Vgl. § 4 Abs. 2 Satz 1, Abs. 3 SigG.

[291] BT-Drucks. 14/4662, S. 31.

[292] Vgl. oben Rdnr. 86.

[293] Auch insoweit traf den Gesetzgeber eine Umsetzungsverpflichtung aus der Richtlinie für elektronische Signaturen (vgl. Art. 7 RLeS sowie Art. 4, 5 RLeS).

[294] Vgl. BT-Drucks. 14/4662, S. 33.

[295] § 23 Abs. 1 Satz SigG.

turrechts gleichen oder gleichwertig sind, und die Erfüllung dieser Anforderungen muss vorab im Rahmen eines Akkreditierungsverfahrens in gleicher oder gleichwertiger Weise geprüft und bestätigt worden sein.[296]

6. Die Signaturverordnung

132 Die Bundesregierung hat von den in § 24 SigG verankerten spezifischen Ermächtigungsgrundlagen zum Erlass der zur Durchführung des Signaturgesetzes erforderlichen Rechtsvorschriften mit der am 24. 10. 2001 beschlossenen Signaturverordnung[297] Gebrauch gemacht. Die Signaturverordnung[298] enthält insbesondere Vorschriften für die Anmeldung der Zertifizierungsdiensteanbieter (§ 1 SigV), die nähere Ausgestaltung ihrer Pflichten,[299] Konkretisierungen zum Akkreditierungsverfahren (§ 11 SigG) und zum Inhalt und zur Gültigkeitsdauer von qualifizierten Zertifikaten (§ 14 SigV), Präzisierungen der Anforderungen an Produkte der qualifizierten elektronischen Signatur (§ 15 SigV) sowie Verfahrensbestimmungen in §§ 16 und 18 SigV.[300]

IV. Die (qualifizierte) elektronische Signatur in der Praxis des elektronischen Rechtsverkehrs

133 Mit der Verwendung qualifizierter elektronischer Signaturen lässt sich die Beweissicherheit elektronischer Bestellvorgänge nunmehr deutlich verbessern. Damit kann der elektronische Geschäftsverkehr effizienter gestaltet werden und sich auf neue Marktsegmente orientieren, die heute noch auf Grund eines möglichen Verlustrisikos auf herkömmlichem Wege abgewickelt werden müssen.[301] Viele Probleme der Rechtspraxis im Onlinebereich lassen sich zukünftig mit dem vom Gesetzgeber durch das Signaturrecht geschaffenen **(technikermöglichenden) Instrumentarium** vermeiden, wenn die Einbettung der (qualifizierten) elektronischen Signatur in das allgemeine Recht weiter voranschreitet und vermehrt Rechtsgrundlagen für die Verwendung von elektronischen Signaturverfahren geschaffen werden.

1. Anpassung der Formvorschriften des Privatrechts

134 Wie bereits ausgeführt,[302] erfüllte der deutsche Gesetzgeber die aus der Richtlinie für elektronische Signaturen resultierende Umsetzungsverpflichtung nicht allein

---

[296] BT-Drucks. 14/4662, S. 33; zum Verfahren zur Feststellung der Gleichwertigkeit vgl. § 18 Abs. 2 SigV.

[297] Verordnung zur elektronischen Signatur vom 16. 11. 2001 (Signaturverordnung – SigV), BGBl. I 2001, S. 3074.

[298] Eingehend hierzu *Geis*, K&R 2002, 59f.

[299] § 2: Inhalt des Sicherheitskonzepts, § 3: Identitätsprüfung und Attributsnachweise, § 4: Führung eines Zertifikatsverzeichnisses; § 5: Einzelne Sicherheitsvorkehrungen, § 6: Ausgestaltung der Unterrichtung, § 7: Sperrung von qualifizierten Zertifikaten, § 8: Umfang der Dokumentation, § 9: Ausgestaltung der Deckungsvorsorge, § 10: Einstellen der Tätigkeit.

[300] Zum Verfahren der Anerkennung und Tätigkeit der Prüf- und Bestätigungsstellen nach § 18 SigG (§ 16 SigV) sowie zum Verfahren zur Feststellung der gleichwertigen Sicherheit von ausländischen elektronischen Signaturen und Produkten (§ 18 SigV).

[301] Hierzu *Miedbrodt/Meyer*, MDR 2001, 432 (435).

[302] Vgl. oben Rdnr. 96.

durch das Signaturgesetz, sondern insbesondere auch durch das so genannte **Formgesetz.**[303] Mit der hiermit vorgenommenen Änderung der bürgerlich-rechtlichen Formvorschriften und der beweisrechtlichen Regelungen wird einerseits die in Art. 5 RLeS angeordnete Rechtswirkung elektronischer Signaturen in das deutsche Recht übernommen. Andererseits kommt der Gesetzgeber mit dem Formgesetz der aus Art. 9 der Richtlinie über den elektronischen Rechtsverkehr[304] resultierenden Umsetzungsverpflichtung nach, wonach die Mitgliedstaaten sicherzustellen hatten, dass dem Abschluss elektronischer Verträge keine Rechtsvorschriften entgegenstehen. Diese Anordnung zielte insbesondere auf eine Änderung der mitgliedstaatlichen Formvorschriften, wobei die Vorgaben aus Art. 5 Abs. 1a – Gleichstellung der qualifizierten elektronischen Signatur[305] mit der eigenhändigen Unterschrift – insoweit zu berücksichtigen waren.[306]

a) Schriftformersatz

aa) Ausgangslage

Grundsätzlich sind Rechtsgeschäfte formfrei, damit sich der Rechtsverkehr möglichst einfach entfalten kann.[307] Rechtsgeschäfte und auch prozessuale Handlungen bedürfen nur dann einer bestimmten Form, wenn das Gesetz dies ausdrücklich anordnet. Soweit also ein solches Schriftformgebot nicht bestand, konnten auch vor dem Inkrafttreten des Formgesetzes Verträge verbindlich auf elektronischem Wege geschlossen werden. Sah ein Gesetz (oder auch eine Parteienvereinbarung) für den Abschluss eines Vertrages oder die Abgabe einer Erklärung hingegen die Schriftform vor, war dies nicht in elektronischer Form – gleichviel ob und welche Signaturverfahren eingesetzt wurden – möglich. Denn § 126 Abs. 1 BGB, der die gesetzliche Schriftform definiert, verlangt hierfür ein vom Aussteller eigenhändig unterschriebenes schriftlich abgefasstes (verkörpertes) Dokument. Dies war bei elektronischen Dokumenten (signiert oder auch nicht) ersichtlich nicht der Fall. 135

bb) Elektronische Form

Das Formgesetz sieht nun die Ersetzung der schriftlichen Form durch die **„elektronische Form“** vor, wenn sich nicht aus dem Gesetz ein anderes ergibt (§ 126 Abs. 3 BGB). Voraussetzung für die Ersetzung ist aber gemäß § 126a Abs. 1 BGB, dass der Aussteller der Erklärung seinen Namen hinzufügt und das elektronische Dokument mit einer **qualifizierten elektronischen Signatur** versehen ist. Hier offenbart sich die **Verzahnung des Signaturrechts mit den allgemeinen Vorschriften:** Das Signaturrecht setzt den Rechtsrahmen für sicheres Signieren im elektronischen Rechtsverkehr; für sich genommen verbleibt es aber ohne Rechtswirkungen, es bedarf vielmehr noch der Integration des Signaturrechts in die allgemeinen Vorschriften durch die Schaffung von Rechtsgrundlagen für den Einsatz elektronischer Signa- 136

[303] Gesetz zur Anpassung der Formvorschriften des Privatrechts und anderer Vorschriften an den modernen Rechtsgeschäftsverkehr vom 13. 7. 2001, BGBl. I 2001, S. 1542.

[304] Richtlinie 2000/31/EG vom 8. 6. 2000 über bestimmte rechtliche Aspekte der Dienste der Informationsgesellschaft, insbesondere des elektronischen Rechtsverkehrs, im Binnenmarkt, ABl. EG Nr. L 178/1.

[305] In der Diktion des Signaturgesetzes.

[306] So der Erwägungsgrund 34 der Richtlinie über den elektronischen Rechtsverkehr.

[307] Vgl. nur *Palandt/Heinrichs,* § 125 BGB, Rdnr. 1.

turverfahren.[308] Die Anforderungen des § 126a Abs. 1 BGB an die elektronische Form werden prinzipiell sowohl von akkreditierten als auch von qualifizierten Signaturverfahren erfüllt (nicht aber von sonstigen Signaturverfahren). Bei akkreditierten Verfahren können sich die Beteiligten aber sicher sein, dass die verwendeten elektronischen Signaturen den gesetzlichen Anforderungen an die elektronische Form – „qualifizierte elektronische Signaturen nach dem Signaturgesetz" – gerecht werden, wurde die Einhaltung dieser Vorgaben doch vorab im Rahmen des Akkreditierungsverfahrens geprüft (und bestätigt).[309] Diese Sicherheit besteht bei qualifizierten Signaturverfahren nicht, da es bei diesen Verfahren an der Vorabkontrolle fehlt.[310] Da diese Verfahren nur über eine behauptete Sicherheit verfügen, besteht das Risiko, dass die hiermit erzeugten Signaturen nicht den Anforderungen des § 126a Abs. 1 BGB genügen und somit sämtliche formgebundene Willenserklärungen nichtig sind.[311]

cc) Elektronischer Vertragsschluss

137 Für den elektronischen Abschluss (schrift)formgebundener Verträge verlangt § 126a Abs. 2 BGB, dass die „Parteien jeweils ein gleich lautendes Dokument in der in Absatz 1 beschriebenen Weise elektronisch signieren". Es genügt also nicht, wenn die Parteien nur ihre eigene Erklärung signieren, es muss vielmehr ein Dokument von beiden Seiten signiert werden.[312] In der elektronischen Vertragspraxis wird also der anderen Partei das gesamte Dokument inklusive der qualifizierten elektronischen Signatur zu übersenden sein.[313] Nach Auffassung des Gesetzgebers kann die gesetzlich angeordnete Schriftform beim Vertragsschluss auch dadurch erfüllt werden, dass eine Partei die elektronische Form wählt, während sich die andere der herkömmlichen Schriftform nach § 126 Abs. 1 BGB bedient.[314]

dd) Ausnahmen

138 Die elektronische Form ist vom Gesetzgeber zur Wahrung der Schriftform grundsätzlich zugelassen. Eine Ausnahme von diesem Grundsatz muss gesetzlich angeordnet werden (§ 126 Abs. 3 BGB). Das Formgesetz enthält eine Vielzahl von solchen Ausnahmebestimmungen, die nun insbesondere in das Bürgerliche Gesetzbuch Eingang gefunden haben. So ist etwa die Kündigung von Arbeitsverhältnissen (§ 623 BGB), die Erteilung eines Zeugnisses (§ 630 BGB), die Erteilung der Bürgschaftserklärung (§ 766 BGB), die Abgabe des Schuldversprechens (§ 780 BGB) und des Schuldanerkenntnisses (§ 781 BGB) in elektrischer Form ausgeschlossen.[315]

---

[308] Der Gesetzgeber konnte wegen der an die qualifizierte elektronische Signatur gestellten hohen technischen Anforderungen die sogenannte Funktionsäquivalenz zwischen der elektronischen Form und herkömmlichen Schriftform bejahen, geht mithin davon aus, dass auch die elektronische Form die Funktionen der Schriftform (insbesondere Warn-, Perpetuierungs- und Beweisfunktion) gewährleistet, vgl. BT-Drucks. 14/4987, S. 15 ff.

[309] Zutreffend *Roßnagel,* MMR 2002, 215 (217).

[310] Ausführlich hierzu oben Rdnr. 120 f.

[311] Vgl. *Roßnagel,* MMR 2002, 215 (217), der zudem darauf verweist, dass sich dieses Risiko womöglich erst nach Jahren aktualisiert.

[312] BT-Drucks. 14/4987, S. 17.

[313] *Moritz/Dreier/Miedbrodt,* F. Rdnr. 102.

[314] Wenngleich dies wegen des hiermit verbundenen Medienbruchs schwerlich dem Bedürfnis des elektronischen Geschäftsverkehrs entsprechend dürfte, vgl. BT-Drucks. 14/4987, S. 18.

[315] Motiviert sind diese Ausnahmen vor allem mit dem der Schriftform innewohnenden, im Vergleich zur elektronischen Form (doch) erhöhten Übereilungsschutz, BT-Drucks. 14/4987, 22.

b) Textform

Das Formgesetz führte neben der elektronischen Form eine weitere neue „Formkategorie“ ein, die **Textform.** Sie kann als zwischen der formfreien Erklärung und der Schriftform (bzw. der elektronischen Form) liegend eingestuft werden.[316] Für die Textform ist es gemäß § 126b BGB erforderlich, dass die Erklärung in Schriftzeichen lesbar, die Person des Erklärenden angegeben und der Abschluss der Erklärung in geeigneter Weise erkennbar gemacht ist. Im Unterschied zur elektronischen Form, muss die Textform durch Gesetz ausdrücklich zugelassen werden. Die Textform ist für die Bereiche vorgesehen, in denen das Erfordernis der eigenhändigen Unterschrift unangemessen und verkehrserschwerend ist. Dies trifft insbesondere für Erklärungen ohne erhebliche Beweiswirkungen zu, sowie für solche, die nicht erheblich sind oder leicht wieder rückgängig zu machende Rechtsfolgen haben.[317] Hierbei handelt es sich im Wesentlichen um die Fälle, in denen die Beweis- und Warnfunktion der Schriftform kaum Bedeutung hat.[318] Durch das Formgesetz wurde bereits in einer Vielzahl von Vorschriften das vormals gültige Schriftformerfordernis durch die neue Textform abgelöst. 139

c) Gewillkürte Schriftform

Die gewillkürte Schriftform ist (wie bisher) in § 127 BGB geregelt, nun aber erweitert auf die durch §§ 126a, 126b BGB neugeschaffenen gesetzlichen Formen. Nach § 127 Abs. 3 Satz 2 BGB ist es für die durch Rechtsgeschäft bestimmte elektronische Form nicht erforderlich, dass eine qualifizierte elektronische Signatur verwendet wird. Zur Wahrung der gewillkürten elektronischen Form genügen vielmehr – soweit nicht ein anderer Wille anzunehmen ist – **auch sonstige Signaturverfahren**[319] (und bei einem Vertrag der Austausch von Angebots- und Annahmeerklärung). Wird eine einfache Signatur gewählt, so kann nachträglich verlangt werden, dass die Willenserklärung mit einer qualifizierten elektronischen Signatur versehen oder – falls dies technisch nicht möglich ist – in Gemäßheit des § 126 BGB in schriftlicher Form abgegeben wird.[320] 140

2. Beweiseignung im Zivilprozessrecht

Schon vor Inkrafttreten des Formgesetzes war die Beweisführung mit elektronisch signierten Dokumenten möglich. Zwar galten für sie nicht die Vorschriften über den Beweis durch Urkunden, die Beweisaufnahme richtete sich vielmehr nach den **Beweisregeln des Augenscheins** (§§ 371f. ZPO).[321] Hieran hat das Formgesetz nicht gerührt – im Gegenteil der Gesetzgeber hat explizit davon abgesehen, das elektronische Dokument den Vorschriften über den Urkundenbeweis zu unterstel- 141

---

[316] *Malzer,* in: Geis (Hrsg.), Die digitale Signatur – eine Sicherheitstechnik für die Informationsgesellschaft, S. 171 (173).

[317] Vgl. BT-Drucks. 14/4987, S. 18.

[318] *Malzer,* in: Geis (Hrsg.), Die digitale Signatur – eine Sicherheitstechnik für die Informationsgesellschaft, S. 171 (184).

[319] Hier wird § 1 Abs. 2 SigG aufgegriffen, wonach dem Rechtsverkehr die Verwendung elektronischer Signaturen freigestellt ist, soweit nicht Rechtsvorschriften den Einsatz bestimmter Signaturverfahren vorschreiben.

[320] Vgl. *Roßnagel,* MMR 2002, 215 (217) m. w. N.

[321] *Roßnagel,* NJW 1998, 3312 (3315); *Moritz/Dreier/Miedbrodt,* F. Rdnr. 106 m. w. N.

len.[322] Er hat vielmehr klargestellt, dass das elektronische Dokument ein Objekt des Augenschein darstellt (371 Satz 2 ZPO), das der freien Beweiswürdigung des Gerichtes unterliegt. Insoweit kommt der qualifizierten elektronischen Signatur aus akkreditierten Verfahren die höchste Beweiseignung zu, da solche Signaturen den „Nachweis der umfassend geprüften technischen und administrativen Sicherheit" (§ 15 Abs. 1 Satz 4 SigG) in sich tragen. Im Rahmen der freien Beweiswürdigung wird damit eine hohe Beweissicherheit erreicht.[323]

142 Mit dem Formgesetz hat der Gesetzgeber die Beweisführung des Empfängers eines elektronischen Dokumentes durch die Einführung eines **„Anscheinsbeweises bei qualifizierter elektronischer Signatur"** erleichtert: Gemäß § 292a ZPO trägt eine in elektronischer Form (§ 126a BGB) vorliegende Willenserklärung einen sich auf Grund der Prüfung nach dem Signaturgesetz ergebenden Anschein der Echtheit in sich.[324] Dieser Anschein kann nur durch Tatsachen erschüttert werden, die ernsthafte Zweifel daran begründen, dass die Erklärung mit dem Willen des Signaturschlüssel-Inhabers abgegeben worden ist. Um in den Genuss der Beweiserleichterung des § 292a ZPO zu kommen, hat der Empfänger eines elektronischen Dokumentes (immerhin) nachzuweisen, dass das von ihm empfangene Dokument vermittels einer qualifizierten elektronischen Signatur gemäß § 2 Nr. 2 und 3 SigG signiert wurde, der Hashwert die Unverfälschtheit des Dokuments bestätigt hat und die Prüfung mit dem öffentlichen Schlüssel ergeben hat, dass zur Erstellung der Signatur der private Schlüssel des Ausstellers verwendet wurde. Der Anscheinsbeweis erstreckt sich dabei nicht nur auf die Echtheit der Erklärung, sondern auch darauf, dass der Aussteller sie willentlich abgegeben hat.[325] Wenn und soweit das elektronische Dokument mit einer **qualifizierten elektronischen Signatur mit Anbieter-Akkreditierung** versehen war, wird dem Empfänger dieser Nachweis leichter fallen, kann er sich doch (zusätzlich) auf den – ohnehin im Rahmen der allgemeinen Beweisführung schlagkräftigen[326] – „Nachweis der umfassend geprüften technischen und administrativen Sicherheit" (§ 15 Abs. 1 Satz 4 SigG) berufen.[327]

143 Der durch § 292a ZPO gesetzlich angeordnete Anscheinsbeweis soll nur durch Tatsachen erschüttert werden können, die „es ernsthaft als möglich erscheinen lassen",[328] dass die Erklärung nicht mit Willen des Signaturschlüssel-Inhabers abgegeben wurde. Der Aussteller wird hierfür den Beweis der potentiellen Möglichkeit von Manipulationen zu erbringen haben.[329] Dies dürfte ihm – jedenfalls bei einer qualifizierten elektronischen Signatur eines akkreditierten Zertifizierungsdiensteanbieters – nur schwerlich gelingen.[330] Ebenso dürfte es dem Aussteller kaum möglich

---

322 Ausweislich der Gesetzesbegründung hätte dies zur Folge gehabt, dass der Erklärungsempfänger als beweispflichtige Partei schutzlos wäre gegenüber dem unberechtigten Einwand des Beweisgegners, die Erklärung sei nicht von Signaturschlüssel-Inhaber abgegeben worde, BT-Drucks. 14/4987, S. 23.

323 Zutreffend *Geis,* K&R 2002, 59 (61).

324 Vgl. hierzu *Roßnagel,* NJW 2001, 1817 (1826); *Sieber/Nöding,* ZUM 2001, 199 (208).

325 *Sieber/Nöding,* ZUM 2001 199 (208).

326 Vgl. hierzu zuvor Rdnr. 141.

327 So *Roßnagel,* MMR 2002, 215 (218), der hierin offenbar die eigentliche Beweiserleichterung erblickt und somit § 292a ZPO – wenn auch nicht explizit – eine eigenständige Beweiserleichterungsfunktion abspricht.

328 So die Begründung der Bundesregierung, BT-Drucks. 14/4987, S. 23.

329 *Sieber/Nöding,* ZUM 2001 199 (208).

330 *Roßnagel,* NJW 2001, 1818 (1826); *Bieser,* DStR 2001, 27 (31).

sein, zu beweisen, dass der private Schlüssel durch fahrlässiges Handeln des Zertifizierungsdiensteanbieters in die Hände von Dritten gefallen ist. § 292a ZPO unterbindet somit unsubstantielle Abwehrbehauptungen des Ausstellers.[331]

3. Elektronischer Gerichtsverkehr

§ 130a ZPO führt das elektronische Dokument in das Gerichtsverfahren ein. 144
Zukünftig[332] genügt – soweit für vorbereitende Schriftsätze, Anträge, Erklärungen der Parteien sowie Auskünfte, Aussagen, Gutachten und Erklärungen Dritter die Schriftform vorgesehen ist – die Aufzeichnung als elektronisches Dokument, wenn dieses für die Bearbeitung durch das Gericht geeignet ist. Die Verwendung einer qualifizierten elektronischen Signatur ist dabei nur als „Sollanforderung" normiert, wodurch der Zugang zu den Gerichten zwar erleichtert wird, womöglich aber auf Kosten der Integrität und Authentizität der Dokumente.[333]

4. Anpassung des Verwaltungsrechts

In der politischen und öffentlichen Diskussion wird an die **Modernisierung der** 145
Verwaltungstätigkeit durch den Einsatz von Online-Anwendungen erhebliche Hoffnung geknüpft. Die Dienstleistungen der öffentlichen Verwaltung sollen sich qualitativ verbessern, effizienter und unbürokratischer gestalten und räumlich und zeitlich unbegrenzt angeboten werden können – und dies alles zu niedrigeren Verwaltungskosten. Beispiele für das sogenannte **virtuelle Rathaus** sind An- und Abmeldungen per Email; Kfz-Anmeldungen und das Stellen von Anträgen bzw. die Durchführung von Rechtsbehelfsverfahren über das Internet. Gemeinhin wird die Online-Erbringung kommunaler Dienstleistungen gegenüber dem Bürger als **Administration to Consumer Electronic-E-Commerce (A2C-E-Commerce)** bezeichnet. Mit **Administration to Business Electronic-Eommerce (A2B-E-Commerce)** ist dagegen die Online-Interaktion zwischen Verwaltung und Wirtschaft gemeint, für die als prominentestes Beispiel die Vergabe öffentlicher Aufträge an Unternehmen steht.

All diese Anwendungsbeispiele[334] haben eine sichere und rechtsverbindliche 146
Kommunikation auf elektronischem Wege vermittels elektronischer Signaturverfahren zur Voraussetzung.[335] Auf Ebene des Bundes mündeten die Diskussionen in das Dritte Gesetz zur Änderung verwaltungsverfahrensrechtlicher Vorschriften[336], auf dessen Grundlage die elektronische Form (unter Verwendung einer qualifizierten elektronischen Signatur) und der elektronische Verwaltungsakt eingeführt wur-

---

[331] Vgl. allerdings die ablehnende Äußerung des Bundesrates zu § 292a ZPO, BT-Drucks. 14/4987, S. 36f., der insbesondere auf das für die Etablierung dieses gesetzlichen Anscheinsbeweises fehlende Erfahrungswissen verwies. Ebenso etwa *Moritz/Dreier/Miedbrodt*, F. Rdnr. 108.

[332] Da die Nutzbarmachung elektronischer Dokumente bei den Gerichten zunächst den Aufbau einer technologischen Infrastruktur erfordert, sieht § 130a Abs. 2 ZPO vor, dass Bund und Länder für ihren Bereich den Zeitpunkt, von dem an elektronische Dokumente bei den Gerichten eingereicht werden können, sowie die für die Bearbeitung der Dokumente geeignete Form, vgl. *BT-Dr.* 14/4987, 23.

[333] Vgl. *Roßnagel*, NJW 2001, 1818 (1825).

[334] Vgl. den von *Reinermann/Lucke* herausgegebenen Sammelband, in dem Erfahrungsberichte zu Portalen der öffentlichen Verwaltung aus einer Vielzahl von Staaten zusammengetragen wurden.

[335] Siehe zur praktischen Umsetzung der elektronischen Signatur beim „virtuellen Rathaus" und dem „virtuellen Marktplatz", www.mediakomm.net. [abgerufen am 16. 4. 2002].

[336] Vom 21. 8. 2002, BGBl. I 2002, S. 3322.

den.[337] Hierdurch dürfte auch die **E-Government-Initiative** des Bundes **„BundOnline 2005“**[338] gestärkt werden.

147 Das Verwaltungsverfahrensrecht und die Fachgesetze sind (noch) vom Schriftformgebot beherrscht. Da elektronischen Dokumenten, die mit einer qualifizierten elektronischen Signatur versehen sind, eine konventionellen Schriftstücken vergleichbare Beweiskraft zukommt, sieht das neue Gesetz die **Einführung der elektronischen Kommunikation** und damit einhergehend der **elektrischen Form** vor (§ 3a VwVfG). Nach Absatz 1 dieser Vorschrift ist die Übermittlung elektronischer Dokumente zulässig, soweit ein Zugang hierfür eröffnet ist. Nach § 3a Abs. 2 Satz 1 und 2 VwVfG kann die elektronische Form die durch Rechtsvorschrift angeordnete Schriftform ersetzen, soweit gesetzlich nicht etwas anderes bestimmt wurde. Diese Ersetzung setzt aber voraus, dass das elektronische Dokument mit einer qualifizierten elektronischen Signatur versehen ist (§ 3a Abs. 2 Satz 2 VwVfG).[339] § 3a VwVfG stellt also eine Generalklausel dar, auf deren Grundlage die elektronische Form mit der gesetzlich vorgeschriebenen Schriftform im Grundsatz gleichgestellt wird, wodurch eine Änderung der zahlreich vorhandenen Schriftformregelungen entbehrlich ist.[340] Der Gesetzgeber beschreitet im Verwaltungsrecht mithin den gleichen Weg, den er bei der Reform der Formvorschriften des Zivilrechtes bereits vollendet hat: Die elektronische Form ist stets schriftformwahrend, es sei denn das Gesetz bestimmt ein anderes. Nach § 37 Abs. 2 VwVfG kann ein **Verwaltungsakt** auch **elektronisch erlassen** werden. Soweit aber für einen Verwaltungsakt durch Gesetz die Schriftform ausdrücklich vorgeschrieben ist, kann die elektrische Form nur dann schriftformwahrend verwendet werden, wenn auch das der Signatur zugrunde liegende qualifizierte Zertifikat oder ein zugehöriges Attributzertifikat die erlassende Behörde erkennen lassen (§ 37 Abs. 3 VwVfG).[341]

V. Der Weg zur qualifizierten elektronischen Signatur

148 Nach Erörterung der abstrakten Rechtsgrundlagen des deutschen Signaturrechts und ihrem Einsatz der Praxis des Rechtsverkehrs wird im Folgenden der Weg zur qualifizierten elektronischen Signatur dargestellt. Die Schilderung der Verfahrensschritte, die erforderlich sind, damit eine Person vermittels der qualifizierten elektronischen Signatur sicher und rechtlich verbindlich elektronisch am Rechtsverkehr teilnehmen kann, wird dabei – soweit notwendig – die Darstellung der technischen Zusammenhänge einschließen.[342]

---

337 Zum Einsatz elektronischer Signaturen im Verwaltungsrecht vgl. nur *Roßnagel,* DÖV 2001, 221 ff.

338 Bis 2005 will der Bund insgesamt 376 internetfähige Dienstleistungen der Bundesverwaltung bereitgestellt haben, vgl. den Umsetzungsplan unter www.bund.de/Anlage 67126/pdf_datei.pdf.

339 Die Signierung mit einem Pseudonym gemäß § 5 Abs. 3 SigG, das die Identifizierung des Signaturschlüssel-Inhabers nicht ermöglicht, soll aber nicht zulässig sein (§ 3a Abs. 2 Satz 3 VwVfG neu).

340 *Rosenbach,* DVBl. 2001, 332 (334).

341 Hierdurch soll sichergestellt werden, dass sich die inhaltlichen Anforderungen elektronischer und schriftlicher Verwaltungsakte entsprechen – auch letztere müssen ihren Aussteller erkennen lassen, vgl. Regierungsbegründung, pdf.-Ausdruck unter: www.bmi.bund.de, S. 18.

342 Für eine technische Einführung etwa *Niesing/Schmeh,* c't 2001, Heft 4, 224 ff.; eingehende Darstellung bei *RoßnagelRoßnagel,* Einl. SigG Rdnrn. 11 ff.; einen Überblick liefert *Engel-Flechsig/Maennel/Tettenborn/Bieser,* Vorb. SigG Rdnrn. 11 ff.; s. auch den Leitfaden von *Mertes,* in: Geis (Hrsg.), Die digitale Signatur – eine Sicherheitstechnik für die Informationsgesellschaft, S. 29 ff.

1. Beantragung der Chipkarte und des Zertifikates

Zunächst hat der Teilnehmer des elektronischen Rechtsverkehrs bei einem Zertifizierungsdiensteanbieter[343] eine **Chipkarte** und ein **Zertifikat** zu beantragen. Die Chipkarte ist gleichsam der Personalausweis in der digitalen Welt.[344] Mit der Chipkarte – auch Smartcard genannt – werden später die elektronischen Dokumente signiert. Bei der Beantragung ist es von besonderer Bedeutung, dass der Antragsteller zuverlässig identifiziert wird, damit die Chipkarte und das qualifizierte Zertifikat eindeutig einer bestimmten Person zugeordnet werden können. Andernfalls erhielte der Antragssteller eine falsche elektronische Identität und wäre in der Lage, unter falschem Namen Nachrichten zu empfangen und elektronische Dokumente zu signieren. 149

Der Antragsteller muss in einem Antragsformular des Zertifizierungsdiensteanbieters alle Angaben zu seiner Person eintragen. Die Daten des Antragsstellers werden später von den Mitarbeitern des Diensteanbieters anhand des Bundespersonalausweises, des Reisepasses oder vergleichbarer Dokumente überprüft. Der Antragsteller kann jedoch ein Pseudonym beantragen, damit er ohne Spuren zu hinterlassen, im Internet Geschäfte tätigen kann. Solange sich er sich rechtskonform verhält, wird seine Identität nicht offenbart. Nur im Falle eines Missbrauchs ist der Zertifizierungsdiensteanbieter verpflichtet, die wahre Identität des Antragsstellers zu offenbaren.

2. Schlüsselerzeugung

Nachdem der Antragsteller zuverlässig identifiziert wurde, erzeugt der Zertifizierungsdiensteanbieter ein asymmetrisches Schlüsselpaar, also einen privaten und einen öffentlichen Schlüssel.[345] Der private Schlüssel ist geheim und befindet sich zur **Signaturerzeugung** im Besitz des Signierenden, auf der ihm zugeordneten Chipkarte. Der öffentliche Schlüssel dient der **Signaturprüfung** und ist Dritten öffentlich zugänglich, wobei dem Inhaber des privaten Schlüssels freigestellt ist, wie er den öffentlichen Schlüssel publik macht (eigener Internet-Auftritt, Übergabe nur an Erklärungsempfänger oder über öffentliche Verzeichnisse). Dieses Verfahren wird **asymmetrisches Verschlüsselungsverfahren (Public-Key-Verfahren)**[346] genannt, da es aus asymmetrischen Schlüsselpaaren besteht. Dabei handelt es sich um verschiedene, aber komplementäre Schlüssel. Jeder Schlüssel besteht aus einer Reihe von verschiedensten Zahlen und Buchstaben. Beide Schlüssel passen zusammen, da zwischen ihnen ein funktionaler mathematischer Zusammenhang besteht. Es ist aber praktisch unmöglich, aus dem einen Schlüssel den anderen zu berechnen.[347] Der ge- 150

---

[343] Der Internet-Auftritt der RegTP unter www.regtp.de listet die akkreditierten, angemeldeten und sonstigen Zertifizierungsdiensteanbieter auf.

[344] So *Mertes*, in: Geis (Hrsg.), Die digitale Signatur – eine Sicherheitstechnik für die Informationsgesellschaft, S. 30.

[345] Eingehend hierzu etwa *Roßnagel/HammerRoßnagel*, § 5 SigV Rdnr. 58 ff.

[346] Zur Abgrenzung zu symmetrischen Verschlüsselungsverfahren vgl. sogleich unter Rdnr. 161.

[347] So die allgemeine Auffassung, vgl. exemplarisch *Roßnagel*, NJW 1998, 3312 (3314). In jüngster Zeit wird jedoch hervorgehoben, dass die Annahme, niemand könne den privaten Schlüssel aus dem öffentlichen Schlüssel berechnen, letztlich unbewiesen sei (so etwa *Böhm*, zitiert nach Süddeutsche Zeitung vom 30.4./1. 5. 2002, S. V2/11); absolute Sicherheit sei nur durch eine Verschlüsselung auf Basis der Quantenmechanik zu erreichen, da sich Lichtquanten nicht beobachten ließen, ohne dass sich ihr Zustand verändert – jeder Eingriff wird mithin für Sender und Empfänger offenbar.

heime Schlüssel dient dazu, eine Signatur herzustellen, der öffentliche dazu, diese zu überprüfen.

151 Die **Schlüsselerzeugung** ist der Verfahrensabschnitt, der der größten Sorgfalt des Zertifizierungsdiensteanbieters bedarf. Es hat insbesondere sicherzustellen, dass ein Schlüsselpaar nur einmal erzeugt wird und dass der geheime Schlüssel auf die Chipkarte übertragen und dort dauerhaft gespeichert wird. Gleichzeitig muss ausgeschlossen sein, dass der geheime Schlüssel auf der Chipkarte ausgelesen, errechnet oder kopiert werden kann. Berechnungen, die mit dem geheimen Schlüssel zur Signaturerzeugung durchgeführt werden, werden auf der Chipkarte ausgeführt. Lediglich das Rechenergebnis darf danach die Chipkarte verlassen, nicht aber der geheime Schlüssel selbst.

3. Zuordnung des Schlüsselpaars

152 Nach seiner Erzeugung wird das **Schlüsselpaar** dem Antragsteller zugeordnet, es wird **personalisiert,** wobei ein Schlüsselpaar nur einmal zugeordnet werden darf. Der Zertifizierungsdiensteanbieter bestätigt die Zuordnung eines solchen einmaligen Schlüsselpaares zu einer bestimmten – von ihm vorab zuverlässig identifizierten – Person durch ein **qualifiziertes Zertifikat.** Das qualifizierte Zertifikat – ein digitales Dokument – bescheinigt zwar explizit nur die Zuordnung eines öffentlichen Schlüssels zu einer bestimmten Person. Da der geheime Schlüssel aber in einem funktionalen Zusammenhang zu dem öffentlichen Schlüssel steht, wird mit der Zuordnung des öffentlichen Schlüssels zu einer Person zwangsläufig auch der private Signaturschlüssel der jeweiligen Person zugeordnet.[348] Der Vorgang der Zuordnung wird regelmäßig **Zertifizierung** genannt. Mit dem Zertifikat wird das Schlüsselpaar, die Benutzeridentität und deren Verknüpfung durch einen eigenen geheimen Schlüssel des Zertifizierungsdiensteanbieters signiert. Das Zertifikat kann stets mit dem öffentlichen Schlüssel des Zertifizierungsdiensteanbieters überprüft werden. Dadurch hat der Teilnehmer des elektronischen Rechtsverkehrs die Gewähr, dass die Zuordnung der Schlüssel zu einer bestimmten Person nicht von Dritten manipuliert wurde.[349]

4. Verzeichnisdienst

153 Vermittels des qualifizierten Zertifikates kann die Identität des Urhebers einer qualifizierten elektronischen Signatur sowie dessen Berechtigungen und Beschränkungen rasch und sicher überprüft werden.[350] Hierzu wird das Zertifikat in einem für jedermann zugänglichen öffentlichen Verzeichnisdienst nachprüfbar und abrufbar gehalten. Hier kann insbesondere überprüft werden, ob ein Zertifikat noch gültig und nicht widerrufen (gesperrt) ist. Erst der Einblick in den Verzeichnisdienst verschafft also dem Empfänger einer elektronisch signierten Nachricht die Gewähr über deren Authentizität und Integrität. Daher muss der Verzeichnisdienst jeden Tag einer Woche 24 Stunden lang erreichbar sein. Auch sind von den Zertifizierungsdiensteanbietern Vorkehrungen für Notfälle zu treffen, damit der Verzeichnisdienst

---

[348] Vgl. BR-Drucks. 966/96, S. 31 f.

[349] *Mertes,* in: Geis (Hrsg.), Die digitale Signatur – eine Sicherheitstechnik für die Informationsgesellschaft, S. 33.

[350] Vgl. *Roßnagel/Roßnagel,* § 2 SigG, Rdnr. 57.

nicht länger als 180 Minuten ausfällt. Von hoher Bedeutung ist ein „24-Stunden-Sperrdienst“: Ist etwa eine Chipkarte entwendet worden, ist ein zuverlässig funktionierender Sperrdienst unabdingbar, um potentiellen Schaden zu vermeiden. Bei einer Sperrung wird das Zertifikat mit einem Sperrvermerk versehen und in ein Sperrverzeichnis aufgenommen. Gleichzeitig wird es aus dem Verzeichnisdienst gelöscht.

5. Ausgabe der Chipkarte und Unterrichtung des Antragstellers

Der Zertifizierungsdiensteanbieter hat dem Antragsteller die den privaten Schlüssel enthaltene Chipkarte persönlich zu übergeben. Die Übergabe muss der Antragsteller schriftlich bestätigen.[351] Die Chipkarte darf auf keinen Fall an eine falsche Person ausgehändigt werden. Andernfalls könnten Dritte unter dem Namen des eigentlichen Schlüsselinhabers Signaturen erstellen. Die korrekte Übergabe ist für eine rechtsverbindliche Telekooperation unabdingbar. An dieser Stelle zeigt sich auch, wie wichtig eine zuverlässige und korrekte Identifizierung ist. 154

Der Zertifizierungsdiensteanbieter muss weiterhin den Antragsteller in hinreichender Form über den Gebrauch sowie die rechtlichen Konsequenzen von qualifizierten elektronischen Signaturen unterrichten: Um die allgemeine Sicherheit zu gewährleisten, muss der Antragsteller die geeigneten technischen Komponenten verwenden und Signaturen zuverlässig erstellen und prüfen können. Der Zertifizierungsdiensteanbieter hat ferner darauf hinzuweisen, dass nur der Antragsteller über die Chipkarte verfügen darf und dieser geheim und in seinem persönlichen Gewahrsam aufzubewahren ist. Bei einem möglichen Verlust ist umgehend eine Sperrung zu veranlassen. Durch die Gleichstellung der qualifizierten elektronischen Signatur mit der eigenhändigen Unterschrift wird eine besondere Verantwortung des Antragstellers begründet.[352] Er ist daher gesondert darüber zu unterrichten, dass die qualifizierte elektronische Signatur in ihrer rechtlichen Wirkung der eigenhändigen Unterschrift im Grundsatz gleichkommt. 155

Nach Ausgabe und Unterrichtung ist die Chipkarte zu entsperren, bevor sie genutzt werden kann. Hierzu wird dem Antragsteller von dem Zertifizierungsdiensteanbieter ein spezieller Entsperr-Code übermittelt.[353] Der Antragsteller braucht lediglich noch die Signatursoftware zu installieren, um eine Email signieren zu können. Auch wenn das Signaturgesetz nicht zum Einsatz von Software verpflichtet, die vorher von neutralen Stellen geprüft und getestet wurde, sollte nur solche Software verwendet werden. Diese garantiert, dass während des Signierens keine Fehler oder Manipulationen möglich sind. 156

6. Signieren von Daten

Nunmehr können elektronische Dokumente signiert werden. Je nachdem, welche Signatursoftware der Aussteller verwendet, kann direkt aus dem Emailprogramm heraus signiert werden oder aus einer anderen Standard-Windowsanwendung.[354] 157

---

[351] Der Antragsteller kann allerdings eine andere Übergabe verlangen. Insofern ist die Form der Übergabe dispositiv, nicht aber deren Bestätigung.

[352] *Welsch,* DuD 2000, 408 (411).

[353] Vgl. *Mertes,* in: Geis (Hrsg.), Die digitale Signatur – eine Sicherheitstechnik für die Informationsgesellschaft, S. 33.

[354] Beispiel nach *Mertes,* in: Geis (Hrsg.), Die digitale Signatur – eine Sicherheitstechnik für die Informationsgesellschaft, S. 34 ff.

Zunächst ist die zu signierende Datei auszuwählen, sodann klickt der Aussteller auf den Menüpunkt „Signatur erstellen". Nun wird die den geheimen privaten Schlüssel enthaltende Chipkarte benötigt, für deren Einsatz sich der Aussteller mit der zugehörigen PIN zu identifizieren hat; nach erfolgreicher Identifikation erscheint auf dem Bildschirm das eigentliche Signaturfenster. Auf dem Signaturfenster kann zunächst überprüft werden, ob die richtige Datei zum Signieren ausgewählt wurde. Schließlich kann sich der Aussteller davon überzeugen, dass der Inhalt seines persönlichen Zertifikates und der Signaturzeitpunkt zutreffend sind. Sodann wird der Signaturvorgang mit dem Button „OK" gestartet.[355] Neben der Originaldatei existiert nun eine weitere Datei mit der Endung „*.sig". Dabei handelt es sich um die signierte Originaldatei. Die Originaldatei und die signierte Datei werden nun an die Email angehängt und an den Empfänger verschickt.

7. Überprüfung der Daten

158 Der Empfänger der Email leitet die Überprüfung der empfangenen Nachricht durch sein Signaturprogramm mit der Funktion „Signatur prüfen" ein. Nach Abfrage der PIN des Empfängers erscheint das Fenster „Zertifikatsprüfung"; durch diese Funktion kann der Empfänger Daten über den Aussteller, den Zertifizierungsdiensteanbieter und die Gültigkeit des Zertifikates überprüfen.[356]

159 Nach einer allfälligen Überprüfung des Zertifikates, rechnet das Signaturprogramm mit Hilfe des öffentlichen Schlüssels des Ausstellers in einem aufwändigen mathematischen Verfahren nach, ob die signierte Datei auf dem Weg vom Aussteller zum Empfänger verändert wurde. Die technischen Abläufe können wie folgt zusammengefasst werden:[357]

– Die Signatursoftware des Empfängers entschlüsselt zunächst mit Hilfe des öffentlichen Schlüssels des Ausstellers dessen qualifizierte elektronische Signatur. Ergibt die Entschlüsselung den von dem Aussteller errechneten – dem Empfänger bekannten – Hashwert, steht fest, dass der Aussteller bei der Verschlüsselung den zum öffentlichen Schlüssel passenden privaten Schlüssel verwendet hat. Da über diesen (geheimen) Schlüssel nur der Aussteller verfügt, ist der Nachweis geführt, dass die übersandte Nachricht von diesem (ausgewiesenen) Aussteller stammt. Das signierte Dokument ist also authentifiziert.
– Durch eine weitere Rechenoperation wird die Integrität der übermittelten Daten gewährleistet: Der Empfänger berechnet nun seinerseits den Hashwert des über-

---

[355] Im Hintergrund spielt sich dabei folgendes ab: Die Signatursoftware erzeugt von der zu signierenden Datei einen so genannten **Hashwert.** Dies ist eine Kurzfassung des Dokuments und stellt eine Art Komprimat des Original-Dokuments dar. Jede noch so kleine Veränderung der Originaldatei hätte einen anderen Hashwert zur Folge. Der private Schlüssel des Ausstellers verschlüsselt diesen Hashwert. Dieser Rechenvorgang findet auf der Chipkarte statt und nur sein Ergebnis wird an den Rechner zurück gesendet. Das Ergebnis der Verschlüsselung des Hashwerts ist die qualifizierte elektronische Signatur. Diese wird an das durch die Vorgänge nicht veränderte Originaldokument angehängt und an den Empfänger verschickt; vgl. eingehend hierzu *Roßnagel/Roßnagel,* § 2 SigG, Rdnr. 30 ff. m. w. N.

[356] Wie bereits ausgeführt (oben Rdnr. 153), kann der Empfänger einer Nachricht in dem Verzeichnisdienst des Zertifizierungsdiensteanbieters, der die Schlüssel des Ausstellers generiert hat, überprüfen, ob das Zertifikat noch gültig und nicht gesperrt ist. Darüber hinaus bestätigt allein das Zertifikat die Zuordnung eines öffentlichen Schlüssels zu einer bestimmten Person.

[357] Instruktiv *Moritz/Dreier/Miedbrodt,* F. Rdnr. 68.

sandten Originaldokuments und vergleicht diesen Wert mit dem Hashwert, der ihm vom Aussteller zur Verfügung gestellt wurde. Stimmen beide Werte überein, so ist gewährleistet, dass die Nachricht unterwegs nicht verändert wurde und der Empfänger kann von der Integrität der Daten ausgehen. Denn wenn nur ein Leerzeichen in der Originaldatei verändert worden wäre, würden die beiden Hashwerte – als einmalige Komprimate von Dokumenten – nicht übereinstimmen können.

VI. Verschlüsselung von Daten

160 Wie bereits ausgeführt,[358] sind die elektronische Signatur und die Verschlüsselung von vertraulichen Daten von ihrer Funktion her klar voneinander zu scheiden. Während die elektronische Signatur zum Ziel hat, die Identität des Ausstellers und die Integrität der signierten Daten zu gewährleisten, wobei die Lesbarkeit des signierten Dokuments jedoch nicht beeinträchtigt wird, kann mit Verschlüsselungstechniken die Vertraulichkeit der Daten und der Schutz vor der unbefugten Einsichtnahme Dritter sichergestellt werden. Beide Verfahren beruhen auf kryptographischen Verfahren – zumindest wenn qualifizierte elektronische Signaturen zum Einsatz kommen – und können kombiniert werden, indem ein Dokument nicht nur elektronisch signiert, sondern zusätzlich dessen Inhalt verschlüsselt wird. Signaturverfahren und Kryptographie sind aber nicht nur funktional voneinander abzugrenzen, sie unterliegen insbesondere unterschiedlichen rechtlichen Anforderungen.[359]

1. Zur Funktionsweise kryptographischer Verfahren

161 Von ihrer Grundstruktur her lassen sich zwei verschiedene Verschlüsselungsverfahren unterscheiden:[360] symmetrische und asymmetrische Verfahren. Bei symmetrischen Verfahren kommt nur ein Schlüssel zum Einsatz, Absender und Empfänger verwenden denselben geheimen Schlüssel (**Secret-Key-Verfahren**). Das Grundproblem dieses Verfahrens besteht in dem Austausch des Schlüssels, ein (anderes) abhörsicheres Medium muss hierfür gefunden werden. Im Unterschied hierzu beruhen asymmetrische Verschlüsselungsverfahren auf zwei aufeinander bezogenen Schlüsseln, einem geheimen und einem öffentlichen (**Public-Key-Verfahren**). Bei der Erstellung qualifizierter elektronischer Signaturen kommt – wie bereits ausführlich dargestellt und erläutert[361] – dieses Verfahren zum Einsatz, das insbesondere auch durch die Zuordnung des Schlüsselpaars durch einen vertrauenswürdigen Dritten gekennzeichnet ist. Anders als beim elektronischen Signieren werden die Daten allerdings nicht mit dem privaten Schlüssel des Ausstellers, sondern mit dem öffentlichen Schlüssel des Empfängers verschlüsselt und folgerichtig mit dem privaten Schlüssel entschlüsselt. **Beispiele**[362] für verwendete Verschlüsselungsverfahren sind

---

[358] Vgl. oben Rdnr. 61ff.

[359] Die Kryptographie ist – so der Gesetzgeber – nicht unmittelbarer Gegenstand des Signaturrechts, vgl. Gesetzesbegründung zum Informations- und Kommunikationsdienste-Gesetz, BT-Drucks. 13/7385, S. 28.

[360] Vgl. schon oben § 1, Rdnrn. 38ff.

[361] Vgl. oben Rdnr. 64ff., 150.

[362] Vgl. *Roßnagel/Pordesch/Roßnagel,* § 14 SigG Rdnr. 76; *Moritz/Dreier/Miedbrodt,* F. Rdnr. 114f.

etwa der verbreitete, asymmetrische RSA-Algorithmus, der Data Encryption Standard (DES), der Digital Signature Standard (DSS) sowie der Rijndael-Code.[363]

2. Regulierung von Verschlüsselungsverfahren

162 Die Nutzung kryptographischer Verfahren schützt den rechtstreuen Nutzer vor unbefugter Ausspähung und zielt damit zunächst auf den grundrechtlich verbürgten Schutz der Privatsphäre. Gleichzeitig wird aber nicht verhindert werden können, dass diese Technik auch von Straftätern zum Einsatz gebracht wird. So ist die Nutzung kryptographischer Verfahren etwa für elektronische Geldwäsche, Vermarktung von Kinderpornographie und beim Aufbau extremistischer Netze bereits heute virulent. Auch die illegale Verbreitung von urheberrechtlich geschützten Inhalten durch in sich abgeschlossene, von außen nicht kontrollierbare Netze kann durch die Verwendung von Verschlüsselungsverfahren entscheidend begünstigt werden. Wenn und soweit Verschlüsselungsprodukte für diese Zwecke eingesetzt werden, stellt dies die Strafverfolgungsbehörden vor immense Probleme.

a) Kryptokontroverse

163 Auf diesem Boden entbrannte die so genannte **Kryptokontroverse,** der weltweit geführte Streit um die staatliche Reglementierung von Verschlüsselungsverfahren. Politisch betrachtet, mag es bei der Krpytokontroverse um nichts anderes als um ein ausgewogenes Verhältnis zwischen bürgerlichem Freiheitsanspruch und staatlichem Herrschaftsanspruch gehen.[364] Vom rechtlichen Standpunkt aus gesehen, steht hingegen – jedenfalls in Deutschland – der Ausgleich widerstreitender verfassungsverbürgter Rechte im Vordergrund: Die Grundrechte der Nutzer von kryptographischen Verfahren, also das Fernmeldegeheimnis (Art. 10 GG) und informationelle Selbstbestimmungrecht (Art. 2 Abs. 1, 1 Abs. 1 GG) einerseits und das Recht der öffentlichen Sicherheit, das insbesondere auch der Verwirklichung des privaten Grundrechtsschutzes dient, andererseits.

164 Die seinerzeit diskutierten **kryptopolitischen Strategien**[365] reichten vom generellen Verbot von Verschlüsselungsverfahren über die beschränkte Freigabe etwa durch die treuhänderische Verwaltung kryptographischer Schlüssel[366] bis hin zur unbeschränkten Freigabe von Verschlüsselungsverfahren. Nach einer lang anhaltenden Diskussion hat sich die Bundesregierung – auch eingedenk der zutage getretenen erheblichen Zweifel an der Wirksamkeit von Verboten und Benutzungseinschränkungen – dazu entschlossen, den Schutz der Privatsphäre des Bürgers zu stärken und etwaige Einschränkungen der Strafverfolgungsmöglichkeiten hinzunehmen. In

---

[363] Jüngst zum neuen Verschlüsselungsstandard in den U.S.A. erhoben, vgl. den Internet-Auftritt des National Institute of Standards and Technology unter www.csrc.nist.gov. [abgerufen am 2. 4. 2002].

[364] So *Winkel,* ZfP 2000, 73 (74).

[365] Vgl. hierzu etwa *Bizer,* S. 214 ff.

[366] Bei diesem Treuhandmodell werden sichere Schlüssel von unabhängigen Einrichtungen verwaltet und unter bestimmten Voraussetzungen zu Strafverfolgungszwecken an die entsprechenden Behörden ausgehändigt. Dieser Ansatz wirft jedoch fast unlösbare Problem im Hinblick auf die Ergreifung geeigneter Schutzmaßnahmen dieser Treuhandeinrichtung und die Auswahl und Überprüfung dessen Personals auf, hierzu ausführlich *Winkel,* ZfP 2000, 73 (82 ff.), und *Hammer/Roßnagel,* in: Senghass-Knobloch/Volmerg (Hrsg.), Technischer Fortschritt und Verantwortungsbewusstsein, 232 ff.

ihrem Eckpunktepapier für die deutsche Kryptopolitik[367] hat die Bundesregierung eindeutig festgelegt, dass sie nicht beabsichtige, die freie Verfügbarkeit von Verschlüsselungsprodukten in Deutschland einzuschränken. Allerdings ist sie auch darauf bedacht, dass die Befugnisse der Strafverfolgungs- und Sicherheitsbehörden durch den Einsatz von leistungsfähigen Verschlüsselungsverfahren nicht (weiter) ausgehöhlt werden. Der in dem Eckpunktepapier für das Jahr 2001 avisierte Folgebericht zur weiteren Entwicklung lässt allerdings weiter auf sich warten.

b) Freie Verfügbar- und Nutzbarkeit von Verschlüsselungsverfahren

Festzuhalten ist mithin, dass es in Deutschland keine rechtlichen Einschränkun- **165**
gen zur Verfügbar- und Nutzbarkeit von Verschlüsselungsverfahren gibt. Kryptographische Verfahren können also **ohne jegliche Restriktionen** entwickelt, hergestellt, vermarktet und auch – jedenfalls von Privaten[368] – genutzt werden. Für den Teilnehmer des elektronischen Rechtsverkehrs bedeutet dies eine zügellose Freiheit, beim Einsatz von Verschlüsselungsverfahren – gleich welcher Güte – läuft er nicht Gefahr, staatliche Gebote zu verletzen. In Abwesenheit von Importbeschränkungen[369] wird die deutsche Rechtspraxis im Bereich der Verschlüsselungsverfahren somit nahezu ausschließlich durch die Regelung des Exports bestimmt.[370] Von erheblicher Bedeutung sind insoweit die EG-Dual-Use-Verordnung,[371] wonach die Ausfuhr von (technisch hochstehenden) Verschlüsselungstechniken im Grundsatz genehmigungspflichtig ist.[372] Auf nationaler Ebene ist vor allem das Außenwirtschaftsgesetz und die auf seiner Grundlage ergangene Außenwirtschaftverordnung zu nennen.

---

367 Eckpunkte des Bundesministeriums für Wirtschaft und Technologie für die deutsche Kryptopolitik vom 2. 6. 1999, abrufbar unter www.bmwi.de [abgerufen am 1. 9. 2001].

368 Einer Beschränkung der Nutzung von Verschlüsselungsverfahren sind lediglich die Betreiber von Telekommunikationsanlagen i. S. d. § 3 Nr. 19 TKG unterworfen: Auf Grundlage des § 8 Abs. 3 der Telekommunikations-Überwachungsverordnung (TKÜV) sind sie für den Fall, dass sie die ihnen zur Übermittlung anvertraute Telekommunikation netzseitig gegen unbefugte Kenntnisnahme durch Dritte schützen, dazu verpflichtet, entweder die Schutzvorkehrungen aufzuheben oder die zeitgleiche Kenntnisnahme der ungeschützten Kommunikation zu ermöglichen.

369 Zu beachten sind aber gegebenenfalls die Reexportvorschriften der U. S. A., worauf *Moritz/Dreier/Miedbrodt,* F. Rdnr. 143, zutreffend verweist.

370 *Ludl,* telekom praxis 2001, 16 (19), verweist zutreffend auf diesen – auch international – vorherrschenden Befund.

371 Verordnung (EG) Nr. 1334/2000 des Rates vom 22. 6. 2000 über die Gemeinschaftsregelung für die Kontrolle der Ausfuhr von Gütern und Technologie mit doppeltem Verwendungszweck, ABl. L 159/1 vom 30. 6. 2000.

372 Hierzu eingehend *Moritz/Dreier/Miedbrodt,* F. Rdnr. 123 ff.; sowie *Ludl,* telekom praxis 2001, 16 (20 f.).

3. Teil. Einzelne Rechtsgebiete

§ 6. Kommunikationskennzeichen

Detmar Schäfer

Übersicht:

Literatur: *Abel,* Generische Domains – Geklärte und ungeklärte Fragen zur Zulässigkeit beschreibender second-level-Domains nach dem Urteil des BGH vom 17. 5. 2001 – mitwohnzentrale.de, WRP 2001, 1426 ff.; *Almendinger,* Probleme bei der Umsetzung namens- und markenrechtlicher Unterlassungsverpflichtungen im Internet, GRUR 2000, 966 ff.; *Anthony,* Domain Names: The New Trademarks, 17 ff., in: *Cristal/Greenfield,* Trademark Law & the Internet, New York 1999; *Apel/Große-Ruse,* Markenrecht versus Domainrecht. Ein Plädoyer für die Paradigmen des Markenrechts im Rechtsvergleich, WRP 2000, 816 ff.; *Bäumer,* Domain Namen und Markenrecht – Die Gerichtspraxis in den Vereinigten Staaten, CR 1998, 174 ff.; *Beater,* Internet-Domains, Marktzugang und Monopolisierung geschäftlicher Kommunikationsmöglichkeiten, JZ 2002, 275 ff.; *Bettink,* Domain Name Dispute Resolution under the UDRP: the first two years, E.I.P.R. 2002, 244 ff.; *Bettinger,* ICANN's Uniform Dispute Resolution Policy: Neue außergerichtliche Konfliktlösungsverfahren im Kampf gegen mißbräuchliche Domainregistrierungen, CR 2000, 234 ff.; *ders.,* Kennzeichenrecht im Cyberspace: Der Kampf um die Domain-Namen, GRUR Int. 1997, 402 ff.; *ders.,* Abschlußbericht der WIPO zum Internet Domain Name Process, CR 1999, 445 ff.; *ders.,* Online-Schiedsgerichte für Domainnamenstreitigkeiten, WRP 2000, 1109 ff.; *ders./Freytag,* Verantwortlichkeit der DENIC e. G. für rechtswidrige Domains, CR 1999, 28 ff.; *ders.,* Kennzeichenkollisionen im Internet, in: *Mayer-Schönberger* u. a. (Hrsg.), Das Recht der Domain-Namen, Wien 2001, 139; *Biermann,* Kennzeichenrechtliche Probleme des Internet, WRP 1999, 997 ff.; *Bonse/Geiseler-Bonse,* Erwartungen an www.sauna.de, WRP 2001, 737 ff.; *Bottenschein,* Namensschutz bei Streitigkeiten um Internet-Domains, MMR 2001, 286 ff.; *Brandl/Fallenbröck,* Der Schutz von Internet Domain Namen nach UWG, RdW 1999, 186; *Bücking,* Namens- und Kennzeichenrechte im Internet (Domainrecht), Stuttgart 1999; *ders.,* Update Domainrecht: Aktuelle Entwicklung im deutschen Recht der Internet-domains, MMR 2000, 656 ff.; *Burri,* domainnamedisputeresolution.ca, WILR 2002/02, 4 f.; *Burshtein,* „Confusingly Similar" in the Canadian Domain Name Dispute Resolution Policy: Not similar and perhaps confusing, WILR 2002/09, 23 ff.; *Chiang Ling Li,* The People's Republic of China Domain-Name Regulatory Regime, The Journal of World Intellectual Property 2001, 105 ff.; *Demmel/Skrobotz,* Vergabe und Nutzung von Vanity-Nummern vor dem Hintergrund der Domainrechtsprechung, MMR 1999, 74 ff.; *Dommering,* Adresses in Cyberspace have no physical Space – Adresses, Telephone Numbers and Domain Names, in: *Kabel/Mom,* Intellectual Property and Information Law, 1998, 299 ff.; *Dreyfus,* How the UDRP (Uniform Domain Name Dispute Resolution Policy) works, ECTA Newsletter Nr. 43, 31 ff.; *Engler,* Der Übertragungsanspruch im Domainrecht, Münster 2002; *Erd,* Probleme des Online-Rechts, Teil 1: Probleme der Domainvergabe und -nutzung, KJ 2000, 107; *Ernst,* Verträge rund um die Domain, MMR 2002, 714 ff.; *Evens,* Comment on the Terms of Reference and Procedure for the Second WIPO Internet Domain Name Process, E.I.P.R. 2001, 61 ff.; *Fezer,* Die Kennzeichenfunktion von Domainnamen, WRP 2000, 669 ff.; *Foerstl,* Die Entscheidung „shell.de" – Stärkung von Kennzeichenrechten im Internet?, CR 2002, 518 ff.; *Freys,* Zur Zulässigkeit von beschreibenden Domains im Internet, ZUM 2002, 114 ff.; *Gabel,* Internet: Die Domain-Namen, NJW-CoR 1996, 322 ff.; *Gey,* Bad Faith under ICANN's Uniform Dispute Resolution Policy, E.I.P.R. 2001, 507 ff.; *Gibson,* Digital Dispute Resolution, CRi 2001, 33 ff.; *Graefe,* Marken und Internet, MA 1996, 100 ff.; *Greenfield,* Searching for Trademarks and Domain Names on the Internet, 35 ff., in: *Cristal/Greenfield,* Trademark Law & the Internet, New York 1999; *Haas,* Die französische Rechtsprechung zum Konflikt zwischen Domain-Namen und Kennzeichenrechten, GRUR Int. 1998, 934; *Hanloser,* Die Pfändung deutscher Internet-Domains, Rpfleger 2000, 525 ff.; *ders.,* Die „Domain-Pfändung" in der aktuellen Diskussion, CR 2001, 456 ff.; *Härting,* Domainverträge, ITRB 2002, 96 ff.; *Heinrich,* Der kennzeichenrechtliche Schutz von Internet Domains, MarkenR 2003, 89 ff.; *Hoffmann,* Alternative dispute resolution dot com – Neue Fakten zu den Schieds- und Schlichtungsverfahren bei Domainkonflikten als Alternative zur gerichtlichen Streitbeilegung, Mitt. 2002, 261 ff.; *ders.,* Die autonome Begründung von kennzeichenrechtlichen Schutzpositionen durch die Zeichenverwendung innerhalb einer Internetdomain, Mitt. 2002, 104 ff.; *Hofmann,* Und wer regiert das Internet? – Regimewechsel im Cyberspace, http://duplox.wz-berlin.de/people/jeanette/intergov.html; *Huber/Dingeldey,* Ratgeber Domain-Namen, Starnberg 2001; *Hurdle,* Domain Names – The Scope of a Trade Mark Proprietor's Monopoly Avnet Inc. v. Isoact Ltd, E.I.P.R. 1998, 74 ff.; *Jaeger-Lenz,* Kennzeichenschutz gegen ähnliche Domainbezeichnungen?, K&R 1998, 9 ff.; *Joller,* Zur Verletzung von Markenrechten durch Domainnames – eine Standortbestimmung, Markenrecht 2000, 341 ff.; *Jonas/Schmitz,* Neue Möglichkeiten für den Kennzeichenmißbrauch? – Zur Einordnung von sogenannten Vanity-Rufnummern, GRUR 2000, 183 ff.; *Kelleher,* Generic Domain Names on the Internet, E.I.P.R. 1998, 62 ff.; *Kieser,* „shell.de" – Ende des Domainübertragungsanspruchs?, K&R 2002, 537 ff.; *Kiethe/Groeschke,* Die „Classe E"-Entscheidung des BGH als Ausgangspunkt für den Rechtsschutz gegen das Domain-Grabbing, WRP 2002, 27 ff.; *Killheffer,* UDRP: A Good Start, WILR 01/01, 30 ff.; *Kleespies,* Die Domain als selbständiger Vermögensgegenstand in der Einzelzwangsvollstreckung, GRUR 2002, 764 ff.; *Kleinwächter,* ICANN als United Nations der Informationsgesellschaft? Der lange Weg zur Selbstregulierung des Internet, MMR 1999, 452; *Koch/Leonti,* Domain-Namen: Wo klagt man mit welchem Antrag?, ITRB 2002, 187 ff.; *Kochinke/Schmitter,* Domain Name Dispute – InterNIC-Richtlinie (Rev.03), CR 1998, 188 ff.; *Koenig/Neumann,* Internet-Protokoll-Adressen als „Nummern" im Sinne des Telekommunikationsrechts?, K&R 1999, 145 ff.; *dies.,* Telekommunikationsrechtliche Regulierung von Domainnamen, CR 2003, 182 ff.; *Kort,* Markenrechtliche Verwechslungsgefahr bei Domain-Namen, WRP 2002, 302 ff.; *ders.,* Namens- und markenrechtliche Fragen bei der Verwendung von Domain-Namen, DB 2001, 249 ff.; *Kunze,* Zur Frage der Identität des Domainnamens mit der Marke im STOP Verfahren, WRP 2003, 339 ff.; *Kur,* Internet Domain Names – Brauchen wir strengere Zulassungsvoraussetzungen für die Datenautobahn?, CR 1996, 325 ff.; *dies.,* Kennzeichnungskonflikte im Internet, Aktuelle Herausforderungen des geistigen Eigentums, in: *Straus* (Hrsg.), Festgabe von Freunden und Mitarbeitern für Friedrich-Karl Beier zum 70. Geburtstag, Köln 1996, 265 ff.; *dies.,* Namens- und Kennzeichenschutz im Cyberspace, CR 1996, 590 ff.; *dies.,* Neue Entwicklungen bei Internet-Domainnamen, GRUR Int. 1999, 613 ff.; *dies.,* Neue Perspektiven für die Lösung von Domainnamenkonflikten: Der WIPO-Interim Report, GRUR Int. 1999, 212 ff.; *dies.,* UDRP A Study by the Max-Planck-Institute for Foreign and International Patent, Copyright and Competition Law, http://www.intellecprop.mpg.de/Enhanced/Deutsch/

Homepage.HTM; *dies.*, Territorialität versus Globalität – Kennzeichenkonflikte im Internet, WRP 2000, 935 ff.; *Lehmann,* Domains – weltweiter Schutz für Name, Firma, Marke, geschäftliche Bezeichnung im Internet?, WRP 2000, 947 ff.; *Linke,* Das Recht der Gleichnamigen bei Domains, CR 2002, 271 ff; *Lwowski/Dahm,* Auf dem Weg zur europäischen Informationsgesellschaft – Zu Übertragbarkeit und Pfändbarkeit von de- und eu-Domains – WM 2001, 1135 ff.; *Maniatis,* Trade Mark Law and Domain Names: Back to Basics?, E.I.P.R. 2002, 397 ff.; *Mann,* Das System der Domainnamen, ZUM 2001, 398, 404; *Meyer,* Neue Begriffe in Neuen Medien – Eine Herausforderung für das Markenrecht, GRUR 2001, 204; *Milbradt,* Generische Domainnamen, MarkenR 2002, 33 ff.; *Mueller,* Rough Justice An Analysis of ICANN's Uniform Dispute Resolution Policy, http://dcc.syr.edu/roughjustice.htm; *H.-F. Müller,* Internet-Domains von Rechtsanwaltskanzleien, WRP 2002, 160 ff.; *U. Müller,* Die Rechtsprechung des BGH zu Domain-Namen, Mitteilungen, 2003, 145 ff.; *Nägele,* Die Rechtsprechung des Bundesgerichtshofs zu Internet-Domains, WRP 2002, 138 ff.; *A. Nordemann,* Internet-Domains und zeichenrechtliche Kollisionen, NJW 1997, 1891 ff.; *ders./Goddar/Tönhardt/Czychowski,* Gewerblicher Rechtsschutz und Urheberrecht im Internet, CR 1996, 645 ff.; *Olsen/Maniatis/Wood,* Domain Names – Global Practice and Procedure, Loseblatt, London 2000; *Omsels,* Die Kennzeichenrechte im Internet, GRUR 1997, 328 ff.; *Osborne/Willoughby,* Nominet's New Dispute Resolution Procedure – They CANN too!, ECTA Newsletter 42, May 2001, 63 ff.; *ders.*, ICANN Arbitration or Court?, ECTA Newsletter 43, 45 ff.; *ders.*, Domain Names, Registration and Dispute Resolution and Recent U.K. Cases, E.I.P.R. 1997, 644 ff.; *Pahlow,* Das Recht der Gleichnamigen im Internet, WRP 2002, 1228 ff.; *Pattloch,* Domainrecht und Website-Namen in der VR China, GRUR Int. 2001, 813 ff.; *Pawlitschko,* Domain-Sharing-Vertrag – Ein neuer Lösungsweg bei Domain-Streitigkeiten, ITRB 2002; *Perrey,* Das Namensrecht der Gebietskörperschaften im Internet – Umfang und Durchsetzung, CR 2002, 349 ff.; *Pfeiffer,* Cyberwar gegen Cybersquatter, GRUR 2001, 92 ff.; *Plaß,* Die Zwangsvollstreckung in die Domain, WRP 2000, 1077 ff.; *Renck,* Kennzeichenrechte versus Domain-Names – Eine Analyse der Rechtsprechung, NJW 1999, 3587 ff.; *ders.*, Scheiden allgemeine Begriffe und Gattungsbezeichnungen als Internet-Domains aus?, WRP 2000, 264 ff.; *Reinhart,* Bedeutung und Zukunft der Top-Level-Domains im Markenrecht einerseits und im Namens- und Wettbewerbsrecht andererseits, WRP 2002, 628 ff.; *ders.*, Kollisionen zwischen eingetragenen Marken und Domainnamen, WRP 2001, 13 ff.; *Reinholz,* Das ICANN-Beschwerdeverfahren für Domainstreitigkeiten und das ZPO-Schiedsgerichtsverfahren, ITRB 2002, 140 ff.; *Rhein,* Reverse Domain Name Hijacking: Analysis and Suggestions, E.I.P.R. 2001, 557 ff.; *E. Rony/P. Rony,* The Domain Name Handbook, High Stakes and Strategies in Cyberspace, Lawrence USA 1998; *Samson,* Domain-Grabbing in den USA: Ist die Einführung des „Trademark Cyberpiracy Prevention Act" notwendig?, GRUR Int. 2000, 137 ff.; *ders.*, Domain-Grabbing Ein Vergleich der Rechtslagen in den USA und Deutschland, München 1998; *D. Schäfer,* ENUM – Domainnamensystem und Rufnummernraum wachsen zusammen, CR 2002, 690 ff.; *E. Schäfer,* ADR – Alternative Dispute Resolution, Mitt. 2001, 109 ff.; *Schafft,* Die systematische Registrierung von Domainnamen, CR 2002, 434 ff.; *Schließ,* Übertragung von Domainnamensrechten, ZUM 1999, 307 ff.; *Schmittmann,* Domain Names von Gebietskörperschaften – Streitpunkte in der Praxis, K&R 1999, 513; *Schmidt-Bogatzky,* Die Verwendung von Gattungsbegriffen als Internetdomains, GRUR 2002, 941 ff.; *ders.*, Zeichenrechtliche Fragen im Internet, GRUR 2000, 959 ff.; *Schneider,* Development of DNS, 205 ff., in: *Kaestner* (Hrsg.), Legal Aspects of Intellectual Property Rights in Electronic Commerce, München 1999; *Schmitz/Schröder,* Streitwertbestimmung bei Domainstreitigkeiten, K&R 2002, 189 ff.; *Schönberger,* Der Schutz des Namens von Gerichten gegen die Verwendung als oder in Domain-Namen, GRUR 2002, 478 ff.; *Seifert,* Das Recht der Domainnamen, Berlin 2003; *Sengpiel/Mostardini/Durand,* Conflicts between Domain Names and Distinctive Signs – Comparative analysis of the solutions to domain name conflicts in three jurisdictions before and after the Second WIPO Internet Domain Name Process, CRi 2001, 171 ff.; *Sosnitza,* Gattungsbegriffe als Domain-Namen im Internet, K&R 2000, 209 ff.; *Stratmann,* Internet Domain Names oder der Schutz von Namen, Firmenbezeichnungen und Marken gegen die Benutzung durch Dritte als Internet-Adresse, BB 1997, 689 ff.; *Strittmatter,* Gattungsbezeichnungen als Internet-Domains, MC 1/2001, 21 ff.; *Strömer,* Das ICANN-Schiedsverfahren, Heidelberg 2002 Das ICANN-Schiedsverfahren – Königsweg bei Domainstreitigkeiten, K&R 2000, 587 ff.; *ders.*, First come – first serve: Keine Regel ohne Ausnahme, K&R 2002, 306 ff.; *Teoh/Smith,* New Chinese Language Domain Name Dispute Resolution Procedures, http://www.perkinscoie.com/resource/intldocs/ICANN-China.htm; *Thiele,* US-amerikanisches Gesetz gegen Domaingrabbing, Wirtschaftsrechtliche Blätter 2000, 549 ff.; *ders.*, Internet-Domain-Namen und Wettbewerbsrecht, 75 ff., in: *Gruber/Mader (Hrsg.)*, Internet und eCommerce. Neue Herausforderungen im Privatrecht, Wien 2000; *Ubber*, Rechtsschutz bei Mißbrauch von Internet-Domains, WRP 1997, 497 ff.; *Ullrich*, Der Schutz einer Unternehmens-Domain, WM 2001, 1129 ff.; *Vergani*, Electronic Commerce and Trade Marks in the United States: Domain Names, Trade Marks and the Use in Commerce Requirement on the Internet, E.I.P.R. 1999, 450 ff.; *ders.*, Reputationsschutz bei Domain Names und Kennzeichenrecht, MMR 1999, 123 ff.; *ders.*, Domain-Name-Sharing, MMR 2000, 334 ff.; *ders.*, Folgt die Rechtsprechung zu den Domain-Names wirklich den Grundsätzen des Kennzeichenrechtes?, NJW 2000, 3239; *Völker/Weidert*, Domain-Namen im Internet, WRP 1997, 652 ff.; *Wagner*, Zeichenkollisionen im Internet, ZHR 162 (1998), 701 ff.; *Weidert/Lührig*, Was hat Vossius, was Shell nicht hat und umgekehrt, WRP 2002, 880 ff.; *Welzel*, Zwangsvollstreckung in Internet-Domains, MMR 2001, 131 ff.; *Wendlandt*, Gattungsbegriffe als Domainnamen – Marken- und wettbewerbsrechtliche Behandlung aus deutscher und U.S.-amerikanischer Sicht, WRP 2001, 629 ff.; *dies.*, Kennzeichenfunktion von Subdomains und Verzeichnisnamen im deutschen und amerikanischen Recht, CR 2001, 612 ff.; *Wichard*, Übersicht über aktuelle Aktivitäten der Weltorganisation für geistiges Eigentum (WIPO) im Markenrecht, MarkenR, 2000, 402 ff.; MarkenR 2001, 201 ff.; MarkenR 2002, 302 ff.; *Wilmer*, Offene Fragen der rechtlichen Einordnung von Internetdomains, CR 1997, 562 ff.; *Winter/Donath*, Das Vergabesystem von Domain-Namen: entspricht es den Bedürfnissen der Internet-User und der Zeicheninhaber?, Mitteilungen 2000, 291 ff.; *Wüstenberg*, Das Namensrecht der Domain, GRUR 2003, 109 ff.; *Yamasaki/Sugiyama*, Japan – Domain Name Disputes in the Courts and Arbitration Centre, WILR 2001 05/01, 17 ff.

A. Überblick

Bei einem universellen System wie dem Internet kann nur eine eindeutige Re- 1
gelung die zuverlässige Adressierung von Inhalten ermöglichen. Wie in anderem Zusammenhang auch trifft bei den Adressierungsregeln interneteigene beziehungsweise internetspezifische Regelung und damit Rechtsetzung auf die existierenden nationalen Rechtsordnungen und einen internationalen Rechtsrahmen. Der Nutzer ist daher keineswegs so ungebunden wie vielfach vermutet. Er muss sich im Gegenteil ganz erheblichen hoheitlichen wie privaten Reglementierungen unterwerfen, um überhaupt an der Kommunikation – sei es über das Telefon, das Internet oder andere Interaktionsformen – teilnehmen zu können. Kommunikation im Sinne einer Verständigung setzt voraus, dass man sich auf einen gemeinsamen Code zur Adressierung von Inhalten beziehungsweise Schnittstellen verständigt. Die Besonderheit von Kennzeichen zur Bezeichnung elektronisch abrufbarer Inhalte besteht darin, dass der gekennzeichnete Inhalt keine Entsprechung in der über die menschlichen Sinne wahrnehmbaren Welt hat.[1] Das ist bei den herkömmlichen Kennzeichen anders. Beispielsweise sind Personennamen einer natürlichen Person zugeordnet, so genannte Etablissementbezeichnungen weisen auf Geschäfte, wie den Bäcker um die Ecke, hin. Selbst Marken als auf einem Produkt angebrachte Kennzeichen haben einen räumlich wahrnehmbaren Bezug. Im Cyberspace und der Kommunikationstechnologie insgesamt gibt es hingegen keine Räumlichkeit. Der zu kennzeichnende Inhalt ist im Speicher eines Computers abgelegt. Um ihn wiederzufinden, bedarf es einer Adresse im binären Code, der Sprache des Computers. Ziffernkolonnen aus Nullen und Einsen lassen sich aber kaum merken. Vielmehr haben Menschen es seit jeher bevorzugt, Adressen in ihrer Sprache auszudrücken, um einmal beschrittene

[1] Hierzu und zum folgenden: *Kabel/Mom/Dommering*, in: Intellectual Property and Information Law, 299 ff.

Kommunikationswege später leicht wiederzufinden. Die Adresse tagesschau.de vergisst man nicht so leicht wie eine achtstellige Ziffernkombination, die unter technischen Gesichtspunkten die Adressierungsfunktion genauso gut erfüllt wie eine alphanumerische Zeichenfolge.

2 Die derzeit wichtigsten **Kommunikationskennzeichen** sind zweifelsohne die Domainnamen, wobei der Terminus Kommunikationskennzeichen als Oberbegriff für jedwede Art von Kennzeichen zur Bezeichnung elektronisch abrufbarer Inhalte verstanden wird. Ausgangspunkt dieser Terminologie ist der informationstechnische Kommunikationsbegriff, der Kommunikation als Vorgang des Informationsaustausches zwischen einem Sender und einem Empfänger mittels bestimmter Zeichen und Codes beschreibt.[2] Der Begriff des Kommunikationskennzeichens lässt eine gewisse Spannung entstehen, da auch der rechtliche Kennzeichenbegriff (§ 1 MarkenG) eine Kommunikation zwischen den Akteuren im Marktgeschehen impliziert.[3] In der kennzeichenrechtlichen Diskussion dominieren gegenwärtig die Domainnamen. Sie individualisieren einzelne Computer (sog. Server), die millionenfach vernetzt das Internet in seiner Gesamtheit bilden. Es ist allerdings keineswegs gesagt, dass die Domainnamen auch in Zukunft ihre Bedeutung behalten. Vielmehr wird es von der Etablierung etwaig neuer elektronischer Kommunikationsformen (Stichwort **ENUM**[4]), aber auch vom Grad der Gewöhnung an diese Kommunikationsformen abhängen, ob **Domainnamen** sich tatsächlich dauerhaft als Adressen durchsetzen oder durch andere Adressen wie **Keywords**[5] oder **Vanity Rufnummern**[6] ersetzt werden.

B. Das Domainnamensystem

3 Domainnamen sind in unserem sozialen Leben mittlerweile allgegenwärtig. Dementsprechend entstehen auch rechtliche Herausforderungen, die es mit den Mitteln des Rechts zu bewältigen gilt. Die Einrichtung des **Domainnamensystems (DNS)** wurde an den Zweckmäßigkeiten im Zusammenhang mit der technischen Organisation eines Computernetzwerks ausgerichtet. Die junge Entstehungsgeschichte des Domainnamensystems ist aber auch rechtlich relevant. Rein technische Lösungsansätze wurden im Laufe der Zeit durch wirtschaftliche und rechtliche Anforderungen überlagert und dominieren die aktuelle Diskussion. In der juristischen Methodenlehre ist die historische Auslegung anerkannt, um Rechtstexte zu interpretieren. Auch die mannigfaltigen Rechtsfragen, die sich im Zusammenhang mit Domainnamen ergeben, lassen sich häufig unter Beachtung der technisch administrativen Entwicklungslinien besser einordnen. Betrachtet man die Entwicklung, so wird gleichermaßen auch die Struktur des heutigen Domainnamensystems deutlich. Ohne eingehende Kenntnis der Struktur und Systematik des Domainnamensystems lassen sich vielfach auch namensrechtliche Konflikte um Domainnamen nicht sachgerecht lösen.

---

[2] *Schäfers* (Hrsg.), Grundbegriffe der Soziologie (Nachschlagewerk für soziologische Kategorien), Stichwort „Kommunikation", S. 154 f.

[3] Näher hierzu: *Fezer,* § 3, Rdnr. 11 f.

[4] Dazu Rdnr. 213.

[5] Dazu Rdnr. 217 ff.

[6] Dazu Rdnr. 203 ff.

I. Die Anfänge

Jedes Netzwerk bringt es mit sich, dass seine einzelnen Knotenpunkte adressiert werden müssen, damit ein Datenaustausch zwischen den Teilnehmern möglich wird. Es war **Jon Postel,** der als erster Anfang der siebziger Jahre die Bedeutung der Vergabe von Nummern zur Adressierung von Netzwerkteilnehmern als zentrale Aufgabe bei der Netzwerkorganisation erkannte. Er brachte eine Diskussion in Gang, die 1984 in der Einführung des Domainnamensystems und damit den Domainnamen, wie wir sie heute kennen, mündete. Als Forum für diese Diskussionen diente die sogenannte „Anfrage zwecks Kommentierung" (request for comments „RFC"), in der der jeweilige Autor im Netzwerk seine Verbesserungsvorschläge zur allgemeinen Prüfung veröffentlichte. Ein Meilenstein in der Entwicklung des Internets ist das Dokument RFC 349 vom 30. 5. 1972, in dem Postel ein zentralisiertes Adressvergabeverfahren vorschlug.[7] „I propose that there be a czar (me?) who hands out official socket numbers for use by standard protocols." Man darf diese Äußerung nun keineswegs dahingehend missverstehen, dass Jon Postel beabsichtigte, sich zum Zar im Sinne eines absolutistischen Herrschers über das Internet aufzuschwingen. Er wollte sich lediglich als zentraler Ansprechpartner für die Vergabe von Nummern zur Verfügung stellen, um so eine eindeutige Adressierung zum Nutzen aller zu ermöglichen. Die von Postel übernommene Aufgabe war zunächst noch recht überschaubar. In den Anfangsjahren diente das globale Netz der Verbindung einzelner Computernetze, die zumeist nur mit einem Rechner an das Gesamtnetz angeschlossen waren. Noch 1977 gab es bloß 16 Computernetze, so dass zur Adressverwaltung ein 8 Bit Adressfeld ausreichte.[8] Im Binärcode lassen sich mit 8 Bits maximal 255 Adressen darstellen, genug für die damaligen Bedürfnisse. 4

Mit der Ausweitung des Netzes wurde der Nummernraum jedoch bald zu eng, ein Phänomen, das sich später bei den Domainnamen wiederholen sollte. Im Jahr 1981 erweiterte man das Adressfeld daher auf 32 Bit.[9] Damit hatte man einen Adressraum von mehr als 4 Milliarden Nummern geschaffen. Auf diesem 32 Bit System beruhen auch heute noch die Internet Protokoll Nummern (IP-Nummern).[10] Zur besseren Lesbarkeit werden die Binärcodes in vier 8 Bit Pakete unterteilt, die dann ins Dezimalsystem umgerechnet und durch einzelne Punkte voneinander getrennt werden. Die Internetadresse von Boehmert & Boehmert lautet dementsprechend 195.126.27.209. Jede der durch einen Punkt getrennten Zahlen muss notwendigerweise kleiner als 265 sein. Der Mensch tut sich allerdings schwer damit, Kombinationen aus vier dreistelligen Zahlen zu behalten. Bereits vor Einführung des Domainnamensystems hatte man für den E-Mail Verkehr im ARPAnet 5

---

[7] *Postel,* Proposed Standard Socket Numbers, RFC 349 vom 30. 5. 1972, http://sun-site.dk/RFC/rfc/rfc349.html [abgerufen am 4. 3. 2002].

[8] *Postel,* Assigned Numbers, RFC 739 vom 11. 11. 1977, http://sunsite.dk/RFC/rfc/rfc739.html [abgerufen am 4. 3. 2002].

[9] *Postel,* Assigned Numbers RFC 790 vom September 1981, http://sunsite.dk/RFC/rfc/rfc790.html [abgerufen am 4. 3. 2002].

[10] Da mittlerweile fast die Hälfte aller IP-Nummern vergeben ist, erwägt man das Adressfeld auf 128 Bit auszuweiten, dazu: Interim Report of the Second WIPO Internet Domain Name Process, April 12, 2001: http://wipo2.wipo.int/process2/rfc/rfc3/report.html [abgerufen am 4. 3. 2002].

eine benutzerfreundliche Grammatik entwickelt.[11] Der numerischen Adresse einzelner Rechner im Netzwerk hatte man eine alphanumerische Kennung zugeordnet. Dieser Name des Hostrechners ließ sich leicht merken. Der Benutzer stellte nach dem Schema Fred@ISIF (<Benutzername>@<host>) vorzugsweise seinen Vornamen dem Namen des Hostrechners voran und hatte damit seinen elektronischen Briefkasten.

II. Der Namensraum

6 Erst in den Jahren zwischen 1982 und 1985 kam es aufbauend auf dem existierenden Adresssystem zur Einführung des Domainnamensystems, wie wir es in seiner Grundstruktur auch heute kennen.[12] Das Domainnamensystem ist durch folgende Prinzipien gekennzeichnet:

- **Hierarchische Struktur.** Die entscheidende Neuerung des Domainnamensystems bestand darin, dass man sich bei der Adressierung von der topographischen Netzwerkstruktur löste und statt dessen eine hierarchische Baumstruktur einführte.[13] Bleibt man beim Bild des Baumes, so steht dieser Kopf. Die Wurzel (root) ist der Punkt „." (dot). Das Root-Verzeichnis verweist auf die definierten Top Level Domainnamen (TLDs), zum Beispiel .COM, .NET, .DE usw. Es folgt die zweite Hierarchiestufe, der Second Level Domainnamen, beispielsweise bundesgerichtshof.de, wobei der Second Level stets durch den Punkt (dot) getrennt unmittelbar dem Top Level vorgeht. Es können sodann beliebig viele weitere Level (third, fourth usw.) definiert werden, beispielsweise ibm.co.uk.
- **Dezentralisierung.** Die Verwaltung des Domainnamensystems ist dezentral aufgebaut. Jeder Level hat sein eigenes Verzeichnis, die sogenannten zone files, die die in diesem Level vorhandenen Domainnamen enthalten. Über ständig mit dem Netz verbundene Computer, so genannte Name-Server, kann das Verzeichnis abgefragt werden. Die Verwaltung des Root Servers obliegt derzeit der Internet Assigned Numbers Authority (ICANN). Die Name-Server der einzelnen Top Level werden von den jeweiligen Registrierstellen administriert. Dort kann ein Second Level Domainname beantragt werden. Innerhalb der dem Domaininhaber zugewiesenen Domain-Zone kann diese beliebig weiter strukturiert werden. Der Vorteil eines solchen Systems liegt wie bei jeder Dezentralisierung darin, dass sich die vielfältigen Aufgaben, die die Organisation eines Namensraums mit sich bringt, auf viele Schultern verteilen.
- **Eindeutigkeit.** Eine korrekte Adressierung kann nur dann gelingen, wenn es jede Adresse nur einmal gibt. Diese Binsenweisheit gilt für alle Adresssysteme, sei es Telefonnummern oder postalische Anschriften. Das ist auch im Domainnamensystem nicht anders. Von daher kann innerhalb der Hierarchie jeder Domainname in seinem Level nur einmal vergeben werden. Man hatte die Verwaltung einzelner Top Level Domainnamen daher zunächst jeweils einer einzigen Organisation zugewiesen. Damit war aber zwangsläufig eine Monopolisierung verbun-

[11] *Crocker/Vittal/Progran/Henderson,* standard for the format of ARPA network text messages (1), RFC 733 vom 21. 11. 1977, http://sunsite.dk/RFC/rfc/rfc733.html [abgerufen am 4. 3. 2002].

[12] Zu kartellrechtlichen Aspekten des Domainnamensystems vgl. § 12 Rdnr. 18, 27, 37, 55 f.

[13] Grundlegend *Zaw-Sing Su/Postel,* Domain Naming Convention for Internet User Applications, RFC 819 vom August 1982, http://sunsite.dk/RFC/rfc/rfc819.html [abgerufen am 4. 3. 2002].

den, was kartellrechtliche Bedenken aufwirft. Die zone files des Top Level Domainnamen .COM werden aus diesem Grund nicht mehr von einer Registrierstelle, sondern von über einhundert konkurrierenden Unternehmen verwaltet, wobei die Wahrung der Eindeutigkeit durch entsprechende für die beteiligten Registrierstellen verbindliche Regeln sichergestellt wird.[14]

Vor dem Hintergrund dieser Strukturprinzipien gelingt auch die Definition 7
des Begriffs *Domainname*. Ein Domainname ist demnach ein bestimmter eindeutiger Teil des Domainnamensraums, der durch die Gesamtheit aller Bestandteile des Domainnamensystems gebildet und zugänglich gemacht wird. Der Domainname besteht aus einer alphanumerischen Zeichenfolge, die sich durch Trennungssymbole in kleinere Teilfolgen untergliedert. Die höchste Hierarchieebene (Top Level) steht ganz rechts, nach links schließen sich die Teilfolgen der niedrigeren Hierarchieebenen an.[15] Bei dieser Definition handelt es sich um eine Beschreibung der technischen Funktionalität. Zumindest ungenau ist die häufig zu lesende Behauptung, ein Domainname entspräche der Internetadresse, da der Domainname allenfalls den Teil einer Internetadresse bildet (sog. Uniform Resource Locator [URL]). Auch gibt es keinen eigenständigen Rechtsbegriff des Domainnamens, noch viel weniger ist der Domainname per se ein Kennzeichenrecht. Insoweit gilt der gesetzliche numerus clausus aus Marken, geschäftlichen Bezeichnungen, Unternehmenskennzeichen, Werktiteln und Namen.[16] Die unbestreitbare Nähe zur Vorstellung des Eigentums wird indes sprachlich deutlich. Der Begriff des Domainnamens leitet sich von der „Domäne", lateinisch „dominium", im Sinne eines dem Landesherren gehörenden Landgutes ab. Durch die Registrierung von Domainnamen kann man gleichsam virtuelle Domänen im Internet erwerben und Dritte wegen des Prinzips der Eindeutigkeit von der Nutzung ausschließen.

Nachdem die Vorarbeiten zur Strukturierung geleistet waren, wurde das Domain- 8
namensystem 1985 implementiert. Die ausgewählten Bezeichnungen entsprachen Abkürzungen englischer Begriffe. Damals wurden die bis heute fortbestehenden generischen Top Level Domainnamen .GOV (government), .EDU (education), .COM (commercial), .MIL (military) und .ORG (organization) eingeführt.[17] Am 15. 3. 1985 wird mit symbolics.com der allererste Domainname im bis heute dominierenden .COM Register eingetragen. Kurz darauf folgen im April 1985 cmu.edu, purdue.edu, rice.edu und ucla.edu im .EDU Register.[18] Außer den genannten wurden nachfolgend die generischen Top Level Domainnamen .NET und .INT eingerichtet. Am 16. 11. 2000 wurde beschlossen, zusätzlich die generischen Top Level Domainnamen .AERO, .BIZ, .COOP, .INFO, .MUSEUM, .NAME und .PRO einzuführen. Bei Top Level Domainnamen unterscheidet man zwischen „offenen" und „reglementierten" Registern. Während in offenen Registern jedermann einen Second Level Domainnamen erwerben kann, sind die reglementierten Top Level bestimmten Gruppen vorbehalten. Zu den offenen generischen Top Level Domainnamen zählen

---

[14] Zur Trennung von Register und Registrierstelle s. Rdnr. 23f.

[15] Vgl. *Rony/Rony*, S. 61.

[16] Vgl. *Fezer*, WRP 2000, 669ff.

[17] Dazu *Postel/Reynolds*, Domain Requirements, RFC 920 vom Oktober 1984, http://sunsite.dk/RFC/rfc/rfc920.html [abgerufen am 4. 3. 2002].

[18] *Rutkowski*, Internet DNS Historical Timeline, http://www.wia.org/dns-law/pub/timeline.html [abgerufen am 4. 3. 2002].

.BIZ, .COM, .NET, .ORG, und .INFO, wobei es hinsichtlich .ORG Bestrebungen gibt, eine Nutzung nur noch durch gemeinnützige Organisationen zuzulassen. Die reglementierten generischen Top Level Domainnamen sind wie folgt strukturiert[19]:

- **.AERO:** Der Top Level .AERO ist dem Luftverkehr und damit im Zusammenhang stehenden Unternehmen wie Flugzeugherstellern, Flughäfen, etc. vorbehalten. Verantwortlich für die Vergabe von Second Level Domainnamen zeichnet die Societé International de Télécommunications Aéronautiques.[20]
- **.COOP** (cooperative): Der Top Level .COOP wurde an die National Cooperative Business Association (NCBA) vergeben. Das Register steht Kooperativen offen, die nach den Prinzipien der NCBA wirtschaften.[21]
- **.EDU** (educational): Dieser Top Level Domainname war zunächst für Bildungseinrichtungen aller Art gedacht. Derzeit ist dieser Top Level allerdings nur für US amerikanische Universitäten und andere höhere Bildungseinrichtungen nutzbar.
- **.GOV** (government): Auch dieser Top Level Domainname war zunächst für jedwede Regierungsstelle gedacht. Nunmehr ist dieser Top Level allerdings US amerikanischen Bundesbehörden vorbehalten.[22]
- **.INT** (international): Das .INT Register steht allen Organisationen offen, die auf Grund internationaler Verträge errichtet wurden.[23]
- **.MIL** (military): Dieser Top Level Domainname ist ausschließlich für das US Militär bestimmt.[24]
- **.MUSEUM:** Für den Top Level .MUSEUM hat sich erfolgreich die Museum Domain Management Association[25] beworben, hinter der das J. Paul Getty Trust und das International Council of Museums stehen. .MUSEUM steht Museen, deren Einrichtungen sowie natürlichen Personen offen, die für Museen beruflich tätig sind. Der Begriff des Museums wird sehr weit verstanden, hierzu zählen neben klassischen Museen beispielsweise auch Naturparks, zoologische Gärten und Planetarien.[26] Der Adressraum ist so strukturiert, dass für den Second Level ein geographischer, thematischer oder tätigkeitsbezogener Begriff zu wählen ist. Erst der Third Level ist individuell belegbar. So hat beispielsweise The Metropolitan Museum of Art, New York mit dem Domainnamen metropolitan.art.museum einen thematischen Second Level gewählt. Das Bauhaus-Archiv/Museum für Gestaltung in Berlin ist unter bauhaus.berlin.museum mit einem geographisch untergliederten Domainnamen zu finden.

---

[19] Hierzu *Postel,* Domain Name System Structure and Delegation, RFC 1591 vom März 1994, http://sunsite.dk/RFC/rfc/rfc1591.html [abgerufen am 4. 3. 2002].

[20] Zum Top Level .AERO: http://www.sita.int [abgerufen am 4. 3. 2002].

[21] Näheres zum Top Level .COOP: http://www.nic.coop/[abgerufen am 4. 3. 2002].

[22] Federal Networking Council, U.S. Government Internet Domain Names, RFC 2146 vom Mai 1997, http://www.nic.gov/REFERENCE/rfc2146.txt [abgerufen am 4. 3. 2002].

[23] Anfragen auf Zuteilung eines Second Level Domainnamens müssen schriftlich gestellt werden, http://www.iana.org/int-dom/int.htm [abgerufen am 4. 3. 2002].

[24] Die Verwaltung erfolgt über das United States Department of Defense Network Information Center, http://www.nic.mil/dodnic/[abgerufen am 5. 3. 2002].

[25] Hierzu: http://musedoma.museum/[abgerufen am 4. 3. 2002].

[26] Die Definition für ein Museum im Sinne der Vergabebestimmung richtet sich nach Artikel 2 der Statuten des International Council of Museums (ICOM), http://www.icom.org/statutes.html#2 [abgerufen am 4. 3. 2002].

- **.NAME:** Wie der Name schon nahelegt, ist .NAME für natürliche Personen gedacht, die einen mit ihrem Personennamen übereinstimmenden Domainnamen belegen wollen. Um möglichst vielen Interessierten ihren persönlichen Domainnamen zu ermöglichen, muss eine Kombination aus Vor- und Nachnamen gewählt werden (z.B. hans.meier.name), die Registrierung von Nachnamen in Alleinstellung (z.B. meier.name) ist damit ausgeschlossen. Des weiteren ist auch die Registrierung von Namen fiktiver Charaktere möglich, soweit der Anmelder entsprechende Markenrechte nachweisen kann (z.B. bugs.bunny.name).[27]
- **.PRO:** (professional) Unter dem Top Level .PRO können sich verschiedene Berufsgruppen präsentieren. Belegungen direkt unter .PRO sind dabei nicht möglich. Vielmehr werden für die Berufe Second Level eingerichtet. In einem ersten Schritt können Juristen (.law.pro), Ärzte (.med.pro) und Buchhalter (.cpa.pro) Registrierungen vornehmen. Die Abkürzung „cpa" steht für „certified public accountant".[28]

Neben den generischen gibt es nationale sogenannte **country code Top Level Domainnamen (ccTLD).** Auch hier reichen die Anfänge bis ins Jahr 1985 zurück. Für Großbritannien wird im Juli 1985 das Register mit dem Kürzel .UK eingerichtet. Mittlerweile gibt es 250 country code Top Level Domainnamen für praktisch alle Staaten der Welt, darunter .DE für Deutschland, .FR für Frankreich, .US für die Vereinigten Staaten von Amerika und .JP für Japan.[29] Jeder besteht aus zwei Buchstaben. Die country code Top Level Domainnamen leiten sich aus dem Standard **ISO 3166** der International Standard Organization ab.[30] Eine Ausnahme bildet Großbritannien, für das der ISO 3166 Standard eigentlich das Kürzel .GB vorsieht. Auch bei den country code Top Level Domainnamen gibt es offene und reglementierte Register. Die Regeln zur Registrierung von Second Level Domainnamen in diesen nationalen Registern richten sich nach den Vergaberichtlinien der jeweiligen nationalen Network Information Centers (NICs). Die Zuständigkeit zur Verwaltung der country code Top Level Domainnamen wurde ad hoc von der Internet Assigned Numbers Authority (IANA), namentlich von Jon Postel, ohne förmliches Verfahren einzelnen Personen oder Organisationen zugewiesen. Die nationalen NICs sind zum Teil privatwirtschaftliche Unternehmen, andere sind wie in Deutschland aus universitären Einrichtungen hervorgegangen. Schließlich gibt es auch Länder wie China, in denen staatliche Stellen mit der Verwaltung der nationalen Register befasst sind.[31] Die nationalen Vergabebestimmungen spiegeln die Besonderheiten nationaler Kulturen wider. Dementsprechend vielfältig fallen die Reglementierungen aus. In Deutschland werden Domainnamen aufgrund dieser gewachsenen Struktur von einer privaten Genossenschaft, der DENIC eG[32] vergeben. Eine gesetzliche Regelung, mit der der DENIC diese Aufgabe zugewiesen würde, gibt es nicht. Von daher stellt sich die jetzige Praxis als rechtswidrig dar. Nach Art. 87f Abs. 1 GG obliegt dem Staat die **Gewährleistung ausreichender und angemessener Telekommunikationsdienstleistungen,** die dieser in bundeseigener Verwal- 9

[27] Vgl. zu .NAME: http://www.theglobalname.org [abgerufen am 4. 3. 2002].

[28] Nähere Einzelheiten unter http://www.registrypro.com/[abgerufen am 4. 3. 2002].

[29] Eine jeweils aktuelle Übersicht findet sich bei der IANA, http://www.iana.org/cctld/cctld-whois.htm [abgerufen am 4. 3. 2002].

[30] http://www.din.de/gremien/nas/nabd/iso3166ma/index.html [abgerufen am 4. 3. 2002].

[31] Näher dazu *Pattloch,* GRUR Int. 2001, 813 (814ff.).

[32] Näheres unter http://www.denic.de.

tung zu erbringen hat (Art. 87f Abs. 2 S. 2 GG). Die Regulierung der Telekommunikation ist damit eine hoheitliche Aufgabe (§ 2 Abs. 1 TKG). Sie ist der Regulierungsbehörde für Telekommunikation und Post (**RegTP**) zugewiesen worden, die unter anderem für die Strukturierung und Ausgestaltung des Nummernraums (§ 43 Abs. 1 S. 2 TKG) und die Zuteilung von Nummern an Betreiber von Telekommunikationsnetzen und Nutzer zuständig ist (§ 43 Abs. 1 S. 4 TKG). Das Gesetz enthält in § 3 Nr. 10 TKG eine Legaldefinition, was unter einer **Nummer** zu verstehen ist. Nummern sind demnach Zeichenfolgen, die in Telekommunikationsnetzen Zwecken der Adressierung dienen. Eine Übertragung derart hoheitlicher Aufgaben auf Private wie die DENIC ist nicht statthaft.[33] Domainnamen und IP-Nummern dienen in Telekommunikationsnetzen der Adressierung, da sie den Zweck haben im Internet einzelne Systeme eindeutig zu identifizieren und damit eine Kommunikation zu ermöglichen.[34] Da zukünftig sämtliche Kommunikationsdienste wie Internet, Telefonfestnetz- und Mobiltelekommunikation zu einem Multiservicenetz zusammenwachsen und über IP-Nummern adressiert werden, ist eine unterschiedliche Behandlung von Telefonrufnummern und Domainnamen auch sachlich nicht zu rechtfertigen.[35]

Solange aber der Staat seinen Regulierungsaufgaben nicht nachkommt bleibt es bei dem auf privatrechtlicher Konvention geschaffenen Regelungsrahmen der DENIC, die für die Domainnamen auf Grundlage der eigenen Registrierungsbedingungen und Registrierungsrichtlinien vergibt.[36] Nach diesen stehen deutsche Domainnamen auch Ausländern zur Registrierung offen. Allerdings muss als so genannter **administrativer Kontakt** eine natürliche Person bestellt werden, die ihren Wohnsitz in der Bundesrepublik Deutschland hat (III Abs. 2 DENIC Registrierungsrichtlinien). Manche Länder sind strenger, sie gestatten nur natürlichen Personen eigener Nationalität beziehungsweise juristischen Personen mit einer Niederlassung im Inland die Belegung von Domainnamen (z.B. Schweden, Norwegen). Von dem Inländervorbehalt machen Länder wie Irland, Kanada und Ungarn eine Ausnahme, wenn der Anmelder ein Markenrecht an der Zeichenfolge nachweist, für die der korrespondierende Domainname begehrt wird. Um dem Problem des Domaingrabbings zu begegnen, darf in etlichen Ländern jede Person nur einen einzigen Domainnamen belegen (z.B. Griechenland bei natürlichen Personen, Japan), ein entsprechendes Ziel dürfte mit der zahlenmäßigen Begrenzung auf beispielsweise zehn Domainnamen in Israel verfolgt werden. Die nachfolgende Übersicht vermittelt zusammengefasste Informationen für einige wichtige Länder und deren ccTDLs.[37]

---

[33] *D. Schäfer,* CR 2002, 690 (693); *Schuster* in Beck'scher TKG-Komm. § 3 Rdnr. 13; a.A. *Koenig/Neumann,* K&R 1999, 145 ff.

[34] Die von *Koenig/Neumann,* K&R 1999, 145 (148), *dies.,* CR 2003, 182 (183) vorgenommene unterschiedliche Einordnung von IP-Nummern und Domainnamen greift nicht, da letztere zwar in eine IP-Nummer umgewandelt werden, dieser aber fest zugeordnet sind.

[35] *D. Schäfer,* CR 2002, 690 ff.

[36] Denic Registrierungsbedingungen unter http://www.denic.de/doc/DENIC/agb.html und Denic Registrierungsrichtlinien unter http://www.denic.de/doc/faq/vergaberichtlinie.html abrufbar.

[37] Einen umfassenden Überblick über die nationalen Regelungen bietet *Olsen/Maniatis/Wood,* Domain Names – Global Practice and Procedure, Loseblatt.

10

Staat/ Top-Level	Belegbare Level und Sublevel	Anmelde-berechti-gung	Wichtigste Einschrän-kungen	Nachweis IP-Rechte	DRP[38]	Homepage/ Name und Anschrift der Registrierstelle
Argentinien .ar	.ar;. com.ar; .edu.ar; .mil.ar; .gov.ar; .int.ar; .net.ar; .org.ar	nat. u. jur. Pers.; lokale Präsenz n. erf.	Dn. muss jährl. erneuert werden	(–)	Nein	www.nic.ar Servicio NIC-Argentina Cancilleria Argentina Arenales 819–3° Piso (1007) Capital Federal Rca. Argentina
Belgien .be	.be	lokale Präsenz n. erf.		(–)	Ja	www.dns.be DNS Belgium VZW Koning Leopold I straat 1 bus 2 3000 Leuven
Deutschland .de	.de	nat. und jur. Pers.	admin. Kontakt muss Wohnsitz im Inl. haben	(–)	Nein	www.nic.de Denic e. G. Wiesenhüttenplatz 26 60329 Frankfurt a. M.
China .cn	.cn; .ac.cn; .com.cn; .edu.cn; .gov.cn; .net.cn; .org.cn	nat. und jur. Pers.	Verbot pornographischer und rechtswidriger Domainnamen	(–)	Ja	www.cnnic.cn CNNIC No. 6, Branch-box of No. 349 Mailbox, Beijing Post-code: 100 080
Dänemark .dk	.dk	lokale Präsenz n. erf.		(–)	Ja	www.nic.dk DK Hostmaster A/S Gl. Koge Landevej 55, 3.sal DK-2500 Valby Danmark
Estland .ee	.ee; .com.ee; .edu.ee; .org.ee; .pri.ee	lokale Präsenz n. erf.	ein Dn. pro Inhaber, mehrere bei Begr.	(–)	Nein	www.eenet.de EENet Raekoja pl. 14 Tartu 51004 Estonia
Finnland .fi	.fi	Nur für jur. Pers., n. f. nat. Pers.; lokale Präsenz erf.	Nur ein Dn. pro Inhaber, es sei denn Markenrechte vorh.	(–)	Nein	www.ficora.fi Ficora P. O. Box 313 FIN-00 181 Helsinki

[38] Zu den verschiedenen Schiedsgerichtsverfahren (Dispute Resolution Policies [DRP]) siehe im Einzelnen unten Rdnr. 178 ff.

Staat/ Top-Level	Belegbare Level und Sublevel	Anmeldeberechtigung	Wichtigste Einschränkungen	Nachweis IP-Rechte	DRP	Homepage/ Name und Anschrift der Registrierstelle
Frankreich .fr	.fr, .asso.fr, .com.fr, .nom.fr, .prd.fr, .presse.fr, .tm.fr	**fr:** franz. Firma od. ausl. Firma mit franz. Niederl. **.tm.fr:** in- oder ausl. Markeninh.	Gener. und geogr. Begriffe nicht zugelassen	**.fr:** Handelsregisterauszug („Kbis") **.tm.fr:** begl. Kopie d. Markeneintr.	Nein	www.nic.fr AFNIC Immeuble International 2, rue Stephenson Montigny le Bretonneux 78 181 Saint Quentin en Yvelines cedex France
Griechenland **.gr**	.gr; .com.gr; .net.gr; .org.gr; .edu.gr	Lokale Präsenz erf.	Nat. Pers. nur ein Dn. pro Inhaber, bei jur. Personen bis zu zehn Dn.	(–)	Ja	www.gr Institute of Computer Science Foundation for Research and Technology Scientific and Technological Park of Crete P. O. Box 1385 Heraklion, Crete
Großbritannien **.uk**	.uk .co.uk; .org.uk; .ltd.uk; .plc.uk; .net.uk; .sch.uk; .ac.uk; .gov.uk; .nhs.uk; .police. uk; .mod.uk	nat. und jur. Personen; lokale Präsenz n. erf., keine Einschr. bei .uk, .co.uk, .org.uk, .net.uk	**.ltd:** nur für UK limited companies **.plc:** nur für UK public limited companies .sch: nur für Schulen .police: nur für Polizeikräfte	(–)	Ja	www.nic.uk Nominet UK Sandford Gate Sandy Lane West Oxford OX4 6LB England
Hongkong **.hk**	.hk; .com.hk; .org.hk; .net.hk; .edu.hk; .gov.hk	nur jur. Personen; lokale Präsenz erf. bzw. multinationale Ges. mit Niederl. in Hongkong		(–)	Ja	www.hkdnr.net.hk Hong Kong Domain Name Registration Company Ltd. 306A, Tech Centre 72 Tat Chee Avenue Kowloon Tong Hong Kong

Staat/ Top-Level	Belegbare Level und Sublevel	Anmelde-berechti-gung	Wichtigste Einschrän-kungen	Nachweis IP-Rechte	DRP	Homepage/ Name und Anschrift der Registrierstelle
Indien .in	.in; .res.in; .co.in; .net.in; .gov.in; .ac.in; .mil.in; .org.in	Lokale Präsenz n. erf.	gener./ beschreibende Begriffe sind nicht erlaubt in .co.in Dn.	(–)	Nein	www.iisc.ernet.in The Registrar Indian Institute of Science Bangalore 560012 India
Irland .ie	.ie	nat. und jur. Personen, lokale Präsenz n. erf., wenn Marke vorh.	gener. und geogr. Begriffe nicht zugelassen; nur ein Dn. bei nat. Pers.	Wird Dn. aufgr. Marke beantr., ist begl. Kopie d. Markeneintr. einzureichen	Ja	www.domain-registry.ie IE Domain Registry Limited, Windsor House 14 Windsor Terrace Sandycove, Co. Dublin Ireland
Island .is	.is	nat. und jur. Personen, lokale Präsenz n. erf., wenn Marke vorh.	gener./ beschreibende Begriffe nicht zugelassen	Wird Dn. aufgr. Marke beantr., ist begl. Kopie d. Markeneintr. einzureichen	Ja	http://www.isnic.is ISNIC – Internet Iceland ltd. Taeknigardi Dunhagi 5 107 Reykjavik Iceland
Israel .il	.il .k12.il; .org.il; .ac.il; .gov.il; .muni.il; .net.il; .co.il; .idf.il	Lokale Präsenz n. erf.	Max. zehn Dn. pro Inhaber	(–)	Ja	www.isoc.org.il Israeli Internet Association Moshe Levi 11 Suite 316 Rishon-Lezion 75658 Israel
Italien .it	.it	Nat. und jur. Personen aus der EU		(–)	Ja	www.nic.it Istituto per le Applicazioni Telematiche del CNR Via Giuseppe Moruzzi, 1–56124 Pisa Italia
Japan .jp	.jp	Lokale Präsenz erf.	Nur ein Dn. pro Inhaber	(–)	Ja	www.nic.ad.jp Fuundo Bldg. 1F 1–2 Kanda-Ogawama-chi Chiyoda-ku Tokyo 101–0052 Japan

Staat/ Top-Level	Belegbare Level und Sublevel	Anmelde-berechti-gung	Wichtigste Einschrän-kungen	Nachweis IP-Rechte	DRP	Homepage/ Name und Anschrift der Registrierstelle
Kanada **.ca**	.ab.ca; .bc.ca; .mb.ca; .nb.ca; .nf.ca; .ns.ca; .nt.ca; .on.ca; .pe.ca; .qc.ca; .sk.ca; .yk.ca	nat. und jur. Personen, lokale Präsenz n. erf., wenn Marke vorh.		Wird Dn. aufgr. Marke beantr., ist begl. Kopie d. Markeneintr. einzureichen	Ja	www.cira.ca CIRA 350 Sparks Street Suite 1110 Ottawa, Ontario K1R 7S8 Canada
Kroatien **.hr**	.hr	Lokale Präsenz erf.	Nur ein Dn. pro Inhaber	(–)	Nein	www.carnet.hr CARNet Ulica Josipa Marohni 10 000 Zagreb
Lettland **.lv**	.lv; .com.lv; .edu.lv; .gov.lv; .org.lv; .mil.lv; .id.lv; .net.lv; .asn.lv; .conf.lv	Lokale Präsenz n. erf.	Bekannte Kennz. dürfen nur v. jew. Inhaber als Dn. eingetr. werden	(–)	Nicht obl.	www.nic.lv NIC, DNS Registry Institute of Mathematics and Computer Science Raina bulv. 29 Riga LV-1459 Latvia
Litauen **.lt**	.lt	nat. und jur. Personen, lokale Präsenz n. erf.	Nur ein Dn. pro Inhaber	(–)	Nein	www.domreg.lt Kaunas University of Technology Computer Centre Studentu 48 a – 101, 3028 Kaunas, Lithuania
Luxemburg **.lu**	.lu	Nat. und jur. Personen	admin. Kontakt muss Wohnsitz im Inl. haben	(–)	Nein	www.dns.lu RESTENA DNS-Luxembourg 6, rue Coudenhove-Kalergi L-1359 Luxembourg Luxembourg
Niederlande **.nl**	.nl	Nat. und jur. Personen		(–)	Ja	www.domain-registry.nl SIDN (Stichting Internet Domeinregistratie Nederland) Postbus 9035 6800 ET Arnhem

Staat/ Top-Level	Belegbare Level und Sublevel	Anmelde-berechti-gung	Wichtigste Einschrän-kungen	Nachweis IP-Rechte	DRP	Homepage/ Name und Anschrift der Registrierstelle
Norwegen **.no**	.no	Lokale Präsenz erf.	Bis zu fünfzehn Dn. pro Inhaber	(–)	Nein	www.norid.no UNINETT FAS N-7465 Trondheim
Österreich **.at**	.at .or.at; .co.at; .ac.at; .gv.at	Lokale Präsenz n. erf.		(–)	Nein	www.nic.at Internet Verwaltungs- und Betriebsgesellschaft m. b. H. Jakob-Haringer-Str. 8 A-5020 Salzburg
Polen **.pl**	.pl .com.pl; .net.pl	Lokale Präsenz erf.		(–)	Nein	www.nask.pl NASK .ul Bartycka 18 00–716 Warszawa
Portugal **.pt**	.pt	Lokale Präsenz erf.		(–)	Nein	www.fccn.pt Fundacao para a Computacao Cientifica Nacional Av. do Brasil 101 Lisboa 1700–066 Portugal
Rumänien **.ro**	.ro	Keine Einschr.; Lokale Präsenz n. erf.		(–)	Ja	www.rnc.ro Research Institute for Informatics Bd. Averescu 8–10, Sector 1, Bucharest 71 316 Romania
Russland **.ru**	.ru .com.ru; .net.ru; .org.ru	**.ru:** russ. Gesell. Vorbe-halten; **.com.ru:** Lokale Präsenz n. erf.		(–)	Nein	www.nic.ru Russian Institute for Public Networks (RIPN), 123 182, Kurchatov square, 1 Moscow, Russia
Schweden **.se**	.se	Nat. und jur. Per-sonen	Ausl. muss in-länd. Kontakt benennen	(–)	Ja	www.nic-se.se NIC-SE Box 5774, S-11 487 Stockholm, Sweden
Schweiz **.ch**	.ch	Lokale Präsenz n. erf.		(–)	Nein	www.nic.ch SWITCH Domain Name Registration Neumühlequai 6, CH-8001 Zürich, Schweiz

Staat/ Top-Level	**Belegbare Level und Sublevel**	**Anmelde-berechti-gung**	**Wichtigste Einschrän-kungen**	**Nachweis IP-Rechte**	**DRP**	**Homepage/ Name und Anschrift der Registrierstelle**
Singapur .sg	.sg .com.sg; .net.sg; .edu.sg; .gov.sg; .org.sg	Nat. Personen dürfen keine .sg Domain registrieren lassen	SGNIC behält sich das Recht vor, ohne Angabe von Gründen eine Dn. zu verweigern	(–)	Ja	www.nic.net.sg SGNIC 8 Temasek Boulevard #14–00 Suntec Tower Three Singapore 038 988
Spanien .es	.es	nur jur. Pers., keine nat. Pers., lokale Präsenz erf.;	gener./ beschreibende Begriffe n. zugel., Steuer ID ist anzugeben; Nur ein Dn. pro Inhaber	Handelsreg. Auszug erf.	Nein	www.nic.es ES-NIC Registro Delegado de Internet en España Paseo de la Habana 138 E-28 036 Madrid
Türkei .tr	.tr; .bbs.tr; .org.tr .com.tr; .edu.tr; .gen.tr; .gov.tr; .k12.tr; .mil.tr; .net.tr; .nom.tr	nat. und jur. Pers., k. lokale Präsenz erf.	gener./ beschreibende Begriffe nicht zugelassen	(–)	Nein	http://dns.metu.edu.tr Orta Dogu Teknik Üniyersitesi Bilgi Islem Dairesi Baskanligi Inönü Bulvari 06 531 Ankara
Ungarn .hu	.hu; .com.hu; .info.hu; .org.hu u. 27 andere Sublevel	**.hu:** nat. und jur. Personen, lokale Präsenz n. erf., wenn Marke vorh.		Wird Dn. aufgr. Marke beantr., ist begl. Kopie d. Markeneintr. einzureichen	Nein	www.nic.hu Council of Hungarian Internet Porviders Victor Hugo u. 18–22. I.140. H-1132 Budapest Hungary
USA .us	.us	nat. und jur. Personen	Ausländer müssen „bona fide presence" nachweisen		Ja	www.neustar.us NeuStar, Inc. 1120 Vermont Avenue, NW Suite 550, Washington, DC 20 005 202/533–2600

11 In eine eigene Kategorie von Top Level Domainnamen fällt das .EU Register. Der Top Level Domainname .EU soll nicht nur für ein bestimmtes Land, sondern parallel zu den weiterhin bestehenden ccTLD eingerichtet werden. Ausgangspunkt ist eine EU-Verordnung, mit dem der ordnungspolitische Rahmen für den .EU Top Le-

vel Domainnamen gebildet wird.[39] Die Verordnung steht damit in bemerkenswertem Gegensatz zu der nationalen Entwicklung in Deutschland und den meisten anderen europäischen Staaten, in denen die Ausgestaltung des Namensraums den selbstordnenden Mechanismen des Internets überlassen wird. Die Verwaltung der .EU Second Level Domainnamen obliegt dem sogenannten **Register,** einer privatrechtlichen Gesellschaft, die nach einer öffentlichen Ausschreibung von der EU-Kommission benannt wird (Art. 3 Abs. 1 lit. b .euVO). Die eigentliche Registrierungstätigkeit übernehmen hingegen eine Vielzahl von **Registrierstellen,** die zueinander in Wettbewerb stehen (Art. 4 Abs. 2 lit. e .euVO). Offensichtlich hat die Erfahrung in den USA mit dem Monopol der Firma Network Solutions für den Top Level Domainnamen .COM und dessen Zerschlagung das Europäische Parlament dazu bewogen, von vornherein eine pluralistische Anbieterstruktur vorzusehen. Zur Belegung von .EU Domainnamen sind gemäß Art. 4 Abs. 2 .euVO berechtigt

- Unternehmen, die ihren satzungsgemäßen Sitz, ihre Hauptverwaltung oder Hauptniederlassung innerhalb der Europäischen Gemeinschaft haben;
- innerhalb der Europäischen Gemeinschaft niedergelassene Organisationen unbeschadet der Anwendung nationaler Rechtsvorschriften;
- natürliche Personen mit Wohnsitz innerhalb der Europäischen Gemeinschaft.

Um der missbräuchlichen Eintragung von Domainnamen vorzubeugen, ist zum Schutz gewerblicher Schutzrechte die Einführung eines Schiedsverfahrens vorgesehen, das den Empfehlungen der WIPO Rechnung trägt (Art. 4 Abs. 2 lit. d .euVO).

III. Zugriff auf den Root Server, die Entwicklung bis zu ICANN

Die hierarchische Struktur des Domainnamensystems bedingt, dass auf der höch- 12
sten Hierarchieebene die Grundlage für die Gestalt des Gesamtsystems gelegt wird. Mit anderen Worten besitzt derjenige die legislatorische Kompetenz, der Zugriff auf die zone files des Root Servers besitzt. Für das Domainnamensystem trifft von daher das Postulat von *Lessig,* wonach im Internet der Code das Gesetz ist, in besonderem Maße zu.[40] Auch wenn im Laufe der Zeit die Organisationen wechselten, denen die Aufgabe der Adressverwaltung oblag, so waren es doch de facto wenige Personen, allen voran *Jon Postel,* die letztendlich auf Grund ihrer persönlichen Autorität seit 1971 bis in die neunziger Jahre des letzten Jahrhunderts hinein die Stan-

[39] Verordnung (EG) Nr. 733/2002 des Europäischen Parlaments und des Rates vom 22. 04. 2002 zur Einführung der Domäne oberster Stufe „.eu", EG Amtsbl. L 113, 1 ff.; http://europa.eu.int/eur-lex/de/dat/2002/l_113/l_11320020430de00010005.pdf [abgerufen am 14. 5. 2002 (.euVO); zu den legislativen Vorarbeiten: Arbeitspapier der Europäischen Kommission über die „Schaffung von .eu als Internet-Bereichsname oberster Stufe" vom 2. 2. 2000, http://www.europa.eu.int/comm/information_society/policy/internet/workingpaper_en.htm [abgerufen am 4. 3. 2002]; dazu *Rademacher,* EU: eigenen Domainnamen „.EU", MMR 4/2000, S. XI f.; darauf aufbauend: Vorschlag der Kommission für eine Verordnung des Europäischen Parlaments und des Rates zur Einführung des Internet-Bereichs oberster Stufe „.EU" (KOM (2000) 827 endg.), http://www.europa.eu.int/comm/information_society/policy/internet/registry_en.htm [abgerufen am 4. 3. 2002] (VO-KommissionsE); sowie der Bericht des Europäischen Parlaments vom 21. 6. 2001; http://www2.europarl.eu.int/omk/OM-Europarl?L=DE&PROG=REPORT&PUBREF=-//EP//TEXT+REPORT+A5-2001-0226+0+NOT+SGML+V0//DE&LEVEL=4&SAME_LEVEL=1 [abgerufen am 4. 3. 2002]; s. a. *Lwowski/Dahm,* WM 2001, 1135 (1138 ff.).

[40] *Lessig,* Code and other laws of cyberspace, S. 3 ff.; vgl dazu auch § 1, Rdnr. 4 ff.

dards der Nummernverwaltung im Internet gesetzt haben.[41] Seit 1993 war die zentrale Nummernverwaltung bei der **Internet Assigned Numbers Authority (IANA)** angesiedelt, einer nichtrechtsfähigen Organisation, die in den Räumen des Information Science Institute der University of Southern California residierte.[42] Seit 1994 rückten zunehmend wirtschaftliche Interessen im Zuge der schnellen Verbreitung des World Wide Web (www) in den Vordergrund. Die ersten Kennzeichenkonflikte traten auf und der Öffentlichkeit wurde bewusst, dass Domainnamen eine knappe Ressource bilden. Vor diesem Hintergrund konstituierte sich im Oktober 1996 das **Internet Ad Hoc Comittee (IAHC)**, gebildet von verschiedenen nichtstaatlichen Internetorganisationen und supranationalen Einrichtungen, was nicht verhinderte, dass das IAHC maßgeblich von US-amerikanischen Interessenvertretern dominiert war.[43] Man erarbeitete einen Vorschlag, wonach ein neu zu etablierendes Registrierungssystem mit weiteren generischen Top Level Domainnamen auf der Basis eines „Memorandum of Understanding" (gTLD-MoU) eingeführt werden sollte.[44] Um Monopolisierungen vorzubeugen, war nicht exklusiv eine, sondern eine Vielzahl miteinander konkurrierender Registrierstellen vorgesehen. Neu war auch der Ansatz, die Schlichtung von Streitigkeiten über Namens- und Kennzeichenrechte einer internationalen Schieds- und Schlichtungsstelle zuzuweisen. Die US-amerikanische Regierung beäugte argwöhnisch diese Entwicklung der Selbstregulierung, aufgeschreckt auch durch die EU-Kommission, die die Gestaltung des Domainnamensystems mit vorantreiben wollte.[45] Im Sommer 1998 veröffentlichte das US-amerikanische Wirtschaftsministerium sein „White Paper"[46], das vorsah, die Kontrolle des Domainnamensraums auf eine rechtsfähige Organisation, **die Internet Corporation for Assigned Names and Numbers (ICANN)** zu übertragen.[47] Gleichzeitig wurde der WIPO im „White Paper" ein Mandat zur Ausarbeitung des Konzepts für ein Streitschlichtungsverfahren bei kennzeichenrechtlichen Auseinandersetzungen um Domainnamen erteilt. Dieser Auftrag wurde mit der Vorlage des Final Report of the WIPO Internet Domain Name Process erfüllt, der ein obligatorisches Schiedsgerichtsverfahren vorschlug, das allerdings auf Fälle der bösgläubigen und rechtsmissbräuchlichen Registrierung von Domainnamen beschränkt sein sollte.[48] Die ICANN konstituierte sich und verabschiedete die im Wesentlichen auf den Vorgaben der WIPO basierende Uniform Domain Name Dispute Resolution Policy

---

[41] Dazu: US DOD [Internet] Assigned Numbers [Authority], Network Information Centers (NICs), Contractors and Activities, http://www.wia.org/pub/iana.html [abgerufen am 4. 3. 2002].

[42] *Hofmann,* http://duplox.wz-berlin.de/people/jeanette/intergov.html [abgerufen am 4. 3. 2002].

[43] Dazu: *Kaestner/Schneider,* Development of DNS, S. 214 f.

[44] http://www.gtld-mou.org [abgerufen am 4. 3. 2002].

[45] Im sog. „Green Paper" (http://www.ntia.doc.gov/ntiahome/domainname/dnsdrft.htm) [abgerufen am 4. 3. 2002] von Anfang 1998 wurde die Absicht angekündigt, die Domainnamenverwaltung auf eine in den USA ansässige privatrechtliche Organisation zu übertragen, ohne dass das Reformkonzept der IAHC gewürdigt wurde, dazu: *Hofmann,* a. a. O., http://duplox.wz-berlin.de/people/jeanette/intergov.html [abgerufen am 4. 3. 2002].

[46] http://www.ntia.doc.gov/ntiahome/domainname/6_5_98dns.htm [abgerufen am 4. 3. 2002].

[47] Dazu *Kleinwächter,* MMR 1999, 452 ff.

[48] Final Report of the WIPO Internet Domain Name Process, April 30, 1999, http://wipo2.wipo.int/process1/report/finalreport.html [abgerufen am 4. 3. 2002], dazu: *Kur,* GRUR Int. 1999, 613 f.; *Bettinger,* CR 1999, 445 ff.; zum Entwurf: Interim Report of the WIPO Internet Domain Name Process, December 23, 1998, http://wipo2.wipo.int/process1/rfc/3/index.html [abgerufen am 4. 3. 2002], vgl. *Kur,* GRUR Int. 1999, 212 ff.

(UDRP) mit Geltung für die generischen Top Level Domainnamen.[49] Bei der Einführung neuer generischer Top Level Domainnamen behielt sich ICANN hingegen die Kompetenzen vor. Ohne dass man im Vorfeld für die neu zu schaffenden Top Level Domainnamen strukturierte Auswahlkriterien festlegte, wurde im Jahr 2000 eine für jedermann offene Bewerbungsrunde ausgeschrieben.[50] Daraufhin wurden 43 Vorschläge für neue Top Level Domainnamen von den unterschiedlichsten Organisationen und Unternehmen bei ICANN eingereicht. In einem undurchsichtigen Entscheidungsverfahren legte man sich auf sieben neue Top Level fest (.AERO, .BIZ, .COOP, .INFO, .MUSEUM, .NAME, .PRO), die den jeweiligen Bewerbern zur exklusiven kommerziellen Nutzung zugewiesen wurden.

IV. Regeln für die Bildung von Domainnamen

Eine allgemeine Grammatik für die Bildung von Second Level Domainnamen im Sinne eines internationalen Mindeststandards lässt sich nicht feststellen. Die meisten NICs orientieren sich an den Vorgaben des RFC 1035.[51] Folgende Syntax gilt für das .DE Register[52]: 13

Als Zeichensatz, aus dem der Domainname zu bilden ist, stehen Buchstabenfolgen aus den Buchstaben des lateinischen Alphabets, also „A–Z" beziehungsweise „a–z" zur Verfügung, wobei die Groß-/Kleinschreibung nicht berücksichtigt wird. Zulässig sind auch die Ziffern „0–9". Sonderzeichen wie! ˜ @ # $ % ^ & * () + = { } [ ] \: ; „ < > ? / können nicht Bestandteil eines gültigen Domainnamens sein. Gleiches gilt für Umlaute. Hingegen ist der Bindestrich grundsätzlich zugelassen und auch sehr gebräuchlich (z. B. harry-potter.de). Abweichend hiervon sind wegen des Freihaltebedürfnisses für Internationalisierte Domainnamen (IDN) solche Domainnamen nicht zugelassen, in denen der Bindestrich gleichzeitig an dritter und vierter Stelle steht (z. B. zq-beispiel.de).[53] In der Autonation Deutschland gibt es nicht ganz überraschend im Zusammenhang mit Kraftfahrzeugen eine Besonderheit. So ist die Vergabe von amtlichen deutschen KFZ-Kennzeichen als Second Level Domainnamen unter .DE ausgeschlossen.[54]

Ein Second Level Domainname muss aus mindestens drei Zeichen bestehen und darf höchstens 63 Zeichen lang sein. Er darf mit einem Bindestrich weder beginnen noch enden. Unzulässig sind andere Top Level Domainnamen. Würde man sie zulassen, wäre eine Irreführung der Internetnutzer unvermeidbar. Schlechte Erfahrungen musste man in Großbritannien machen. Clevere Geschäftsleute hatten sich unter dem gTLD .COM den Second Level Domainnamen uk.com eintragen lassen und offerierten

---

[49] Vgl. *Bettinger,* CR 2000, 234 ff.; zur UDRP siehe unten Rdnr. 130 ff.

[50] Dazu Zwischenbericht *Kleinwächter,* Fortschritt aber kein Durchbruch: Die 5. Tagung des ICANN Board in Kairo, MMR 4/2000, S. XVIII.

[51] *Mockapetris,* Domain Names – Implementation and Specification, RFC 1035 vom November 1987, http://sunsite.dk/RFC/rfc/rfc1035.html [abgerufen am 4. 3. 2002].

[52] DENIC-Registrierungsrichtlinien, http://www.denic.de/doc/faq/vergaberichtlinie.html [abgerufen am 4. 3. 2002].

[53] Vgl. Pressemitteilung v. 25. 2. 2002, DENIC beschränkt Registrierung von Domains mit Bindestrichen an dritter und vierter Stelle, http://www.denic.de/doc/DENIC/presse/bindestriche.html [abgerufen am 4. 3. 2002].

[54] Vgl. II. S. 5 DENIC-Registrierungsrichtlinien, http://www.denic.de/doc/faq/vergaberichtlinie.html [abgerufen am 4. 3. 2002].

Third Level Domainnamen an das breite Publikum (z.B. wunschdomain.uk.com).[55] Nun ist aber der Top Level Domainname .UK schon offiziell unterstrukturiert und nur im Third Level belegbar (.ltd.uk, .co.uk usw.). Verwechselungen zwischen Domainnamen wie company.co.uk und company.uk.com sind damit vorprogrammiert.[56] .DE Domainnamen müssen mindestens einen Buchstaben enthalten, da andernfalls die Gefahr bestünde, dass man den Domainnamen mit einer IP-Adresse verwechseln könnte.[57]

V. Vertragsverhältnisse

14 Bei der Registrierung von Domainnamen sind regelmäßig mindestens drei Akteure beteiligt, deren Rechtsbeziehungen einer rechtlichen Zuordnung bedürfen. Eine Registrierung von Second-Level Domainnamen direkt bei der jeweiligen **Registrierstelle** (DENIC) beziehungsweise dem **Register** ist für den Internetnutzer (**Domaininhaber**) normalerweise nicht möglich.[58] Dritter ist der **Serviceprovider,** der die Eintragung des Domainnamens vermittelt. Es entsteht damit ein Dreieck vertraglicher Beziehungen. Der Domaininhaber und die Registrierstelle sind durch den Domain-Registrierungsvertrag verbunden. Hinzu kommt der durch entsprechende Beauftragung des Domaininhabers mit dem Serviceprovider abgeschlossene Vermittlungs- und Pflegevertrag. Bei deutschen Domainnamen bestimmt sich das Rechtsverhältnis zwischen der Registrierstelle (DENIC) und dem Serviceprovider maßgeblich durch das Statut der DENIC eG und das sich daraus ergebende Mitgliedschaftsverhältnis.[59] Weitere vertragliche Beziehungen bestehen zwischen dem Register und der ICANN beziehungsweise bei den gTLDs und dem .EU Top Level Domainnamen zwischen der ICANN und den Registrierstellen sowie dem Register und den Registrierstellen.[60]

15 **Domain-Registrierungsvertrag.** Der (künftige) Domainhaber und die Registrierstelle (DENIC) schließen einen Vertrag ab, für den die DENIC Registrierungsbedingungen und die DENIC Registrierungsrichtlinien gelten. Der Vertragsabschluss wird über den jeweiligen Serviceprovider vermittelt, dessen Allgemeine Geschäftsbedingungen auf die entsprechenden Vertragsbestimmungen der Registrierstellen

---

[55] www.centralnic.net [abgerufen am 4. 3. 2002].

[56] Die WIPO schlägt die Erstreckung der UDRP auch auf diese unautorisierten Sublevel vor: Report of the Second WIPO Internet Domain Name Process, September 3, 2001, Rdnr. 268 ff. (295), http://wipo2.wipo.int/process2/report/html/report.html [abgerufen am 4. 3. 2002], weitergehend noch Interim Report of the Second WIPO Internet Domain Name Process, Rdnr. 271 ff., http://wipo2.wipo.int/process2/rfc/rfc3/report.html [abgerufen am 4. 3. 2002], wonach sämtliche Länderkürzel nach dem ISO 3166 Standard in neu zu schaffenden gTLDs gesperrt werden sollten; für freie wirtschaftliche Verwertung des Domainnamen .co.dk in Dänemark hingegen der Østre Landsret, W.I.L.R. 2002, 9 ff. Digital Marketing Support ApS ./. Dansk Internet Forum.

[57] Vgl. *LG Frankfurt am Main,* K&R 2001, 328–01051.de.

[58] Ausnahme bei .DE Domainnamen bildet der Service DENIC direct, http://www.denic.de/DENICdb/domainreg/DENICdirect/index.html [abgerufen am 4. 3. 2002], ansonsten muss der Domainname über einen der in der DENIC eG genossenschaftlich organisierten Serviceprovider vermittelt werden, eine Liste findet sich unter http://www.denic.de/doc/DENIC/mitglieder.shtml [abgerufen am 4. 3. 2002]; zu den Vertragsverhältnissen in Österreich für den ccTLD .AT s. *Gruber/Mader/Thiele,* 75 ff. (78 f.).

[59] Statut der DENIC eG, vom 27. 3. 1997, zuletzt geändert am 25. 4. 2001, http://www.denic.de/doc/DENIC/statuten.html [abgerufen am 4. 3. 2002].

[60] Dazu Rdnr. 23 f.

verweisen.[61] Da regelmäßig die Geschäftsabwicklung einschließlich Rechnungsstellung zwischen der DENIC und dem Serviceprovider erfolgt handelt letzterer als Vertreter des Domaininhabers, so dass die Vertretungsvorschriften Anwendung finden. Die DENIC trifft angesichts ihres Monopols und dem öffentlichen Interesse an der Vergabe von Domainnamen ein Kontrahierungszwang.[62] Der Domain-Registrierungsvertrag ist ein Vertrag sui generis und lässt sich keinem gesetzlich geregelten Vertragstyp zuordnen.[63] Es wurde vorgeschlagen, den Domain-Registrierungsvertrag als eine Art Pachtvertrag anzusehen.[64] Ähnlich wie ein Lizenzvertrag über ein gewerbliches Schutzrecht, der auch als verwandt mit einem Pachtvertrag einzustufen sei, verleihe der Vertrag mit der Registrierstelle dem Pächter ein Nutzungsrecht, wohingegen die grundsätzliche Berechtigung bei der DENIC verbleibe, die von der ICANN exklusiv mit der Verwaltung eines Teils des Namensraums betraut sei. Diese Argumentation ist in mehrfacher Hinsicht schief. Domainnamen sind eben keine gewerblichen Schutzrechte, die exklusive Ausschließlichkeitsrechte verleihen. Es fehlt daher an einem verdinglichten Recht, das lizensierbar wäre. Auch ist der DENIC der Namensraum unter dem Top Level Domainnamen .DE keineswegs zur Eigennutzung übertragen worden. Vielmehr dient die Verwaltung und Zuweisung von Second Level Domainnamen allein dem allgemeinen Interesse an einem funktionierenden Adresssystem für das Internet. Nach zutreffender Auffassung entspricht der Domain-Registrierungsvertrag am ehesten einem **Geschäftsbesorgungsvertrag** (§§ 675, 631 BGB). Der Registrierungsvertrag vermittelt einen Anspruch auf Eintragung des Second-Level Domainnamen in den von der Registrierstelle verwalteten Nameserver.[65] Ist der Domainname einmal zugunsten des Domaininhabers eingetragen, so besteht die vertragliche Beziehung zwischen dem Domaininhaber und der Registrierstelle als Dauerschuldverhältnis fort. Bei unbefristeten Vertragsverhältnissen ist der Domaininhaber verpflichtet, die regelmäßig anfallenden Verlängerungsgebühren zu entrichten. Für die Dauer des Bestehens eines Domainpflegevertrages mit einem Serviceprovider ruht allerdings die Zahlungspflicht gegenüber der Registrierstelle (§ 4 Abs. 1 DENIC-Registrierungsbedingungen). Der Domaininhaber hat einen Anspruch darauf, dass die Eintragung des Domainnamens fortbesteht. Auch bezüglich dieses **Aufrechterhaltungsanspruchs** schuldet die Registrierstelle im werkvertragsrechtlichen Sinne Erfolg, da das bloße (ggf. erfolglose) Bemühen der Registrierstelle um die Aufrechterhaltung des Domainnamens ohne wirtschaftlichen Wert ist.[66] Die Registrierstelle ist verpflichtet, Änderungen zum Domainnamen, beispielsweise Änderungen des Wohnorts oder in der Person des administrativen und technischen Kontakts, entsprechend der Instruktionen des Domaininhabers vorzunehmen. Der Domainvertrag bündelt damit eine Fülle schuldrechtlicher Pflichten. Dem Domaininhaber wächst allerdings trotz seiner faktischen Monopolstellung kein ab-

---

[61] A. A. ohne Begründung *LG Frankfurt am Main,* Az. 2–06 O280/01, Beschl. v. 23. 8. 2001 – comNetworld, http://www.denic.de/doc/recht/rspr/comnetworld-LG-eV-B.pdf [abgerufen am 4. 3. 2002], wonach zwischen der DENIC und dem Domaininhaber keine unmittelbaren Vertragsbeziehungen bestehen; s. a. *Schließ,* ZUM 1999, 307 (313).

[62] *Ernst,* MMR 2002, 714 f.

[63] *LG Essen,* MMR 2000, 286; *Welzel,* MMR 2001, 131 (132).

[64] *Lwowski/Dahm,* WM 2001, 1135 (1138).

[65] *Welzel,* MMR 2001, 131 (132).

[66] *Hanloser,* CR 2001, 456 (457); a. A.: *Welzel,* MMR 2001, 131 (132).

solutes Recht zu, das sich mit dem Eigentum oder gewerblichen Schutzrechten vergleichen ließe.[67]

16 Den Domaininhaber treffen neben der Pflicht zur Zahlung des Registrierungsentgelts Mitwirkungspflichten bei der korrekten Angabe von Daten, die zur Eintragung nötig sind. Bei der Erfüllung dieser Mitwirkungspflichten hilft dem Domaininhaber in der Regel der Serviceprovider. Eine spezifisch kennzeichenrechtliche Nebenpflicht erwächst dem Domaininhaber dadurch, dass er bei Abschluss des Vertrages versichern muss, zur Nutzung des Domainnamens berechtigt zu sein und mit der Registrierung des Domainnamens keine Rechte Dritter zu verletzen (§ 3 Abs. 1 DENIC-Registrierungsbedingungen).[68] Unabhängig von dieser vertragsrechtlichen Abrede steht der Registrierstelle bei schuldhaftem Verhalten des Domaininhabers ein Aufwendungsersatzanspruch in Form eines Freistellungs- bzw. Schadensersatzanspruchs zu, wenn sie von Dritter Seite wegen der Verletzung von Kennzeichenrechten in Anspruch genommen wird.[69] Sofern der Domaininhaber nicht vor Einreichung des Registrierungsauftrags seine Berechtigung überprüft hat, ist ihm zumindest der Vorwurf fahrlässigen Verhaltens zu machen. Bei geschäftlichen Benutzungsabsichten ist von dem Domaininhaber zu fordern, dass er im Vorfeld eine professionelle Recherche in den relevanten Marken- und Handelsregistern durchführen lässt.[70] Mit einer derartigen Recherche ist es freilich nicht getan. Kann sich der Domaininhaber nicht auf bereits bestehende oder auf Grund der geplanten Nutzung des Domainnamens entstehende Namens-, Firmen- oder Titelrechte stützen, so ist zur weiteren Absicherung etwaiger eigener gewerblicher Aktivitäten eine **eigene Markenanmeldung dringend anzuraten.** Da die Domainregistrierung per se keine Schutzrechte begründet, gilt auch insoweit der Grundsatz: keine Eintragung von Domainnamen ohne korrespondierende Schutzrechte. Hat der Domaininhaber seinen Obliegenheiten genüge getan, so kann es dennoch zur Verletzung von Kennzeichenrechten Dritter kommen, beispielsweise weil eine kürzlich hinterlegte Markenanmeldung auch für professionell arbeitende Rechercheure nicht auffindbar war. Die rechtliche Bewältigung derartiger Zufallsschäden gibt seit jeher Probleme auf.[71] Wendet man die Grundsätze der Risikozurechnung bei schadensgeneigter Tätigkeit im fremden Interesse an, so hat der Domaininhaber das für die Registrierstelle im Interesse des Domaininhabers eingegangene Risiko zu tragen, das mit der jeder Domaineintragung eigenen Gefahr von Kennzeichenrechtsverletzungen einhergeht. Der Domaininhaber muss daher auch wenn ihm kein Verschulden zur Last fällt den bei der Registrierstelle entstandenen Schaden tragen.

---

[67] *Viefhues,* MMR 2000, 287; *Spindler/Schuppert,* VI Rdnr. 12; *Welzel,* MMR 2001, 131 (133); *Hanloser,* CR 2001, 456 (458 f.).

[68] Zustimmend zu dieser Klausel unter Verweis auf den RFC 1591 vom März 1994, http://sunsite.dk/RFC/rfc/rfc1591.html [abgerufen am 4. 3. 2002]: *BGH* GRUR 2001, 1038 (1040) – ambiente.de; entsprechend auch Final Report of the WIPO Internet Domain Name Process, April 30, 1999, http://wipo2.wipo.int/process1/report/finalreport.html [abgerufen am 4. 3. 2002] Rdnr. 107 ff.; zum RFC 1591 s. a. oben Rdnr. 8.

[69] *Spindler/Schuppert,* VI Rdnr. 23.

[70] Unter Hinweis auf die einschlägige Rechtsprechung bzgl. Rechercheobliegenheiten bei Markenbenutzung, *Spindler/Schuppert,* VI Rdnr. 23; *Ingerl/Rohnke,* Vor §§ 14–19, Rdnr. 61; *BGH* GRUR 1970, 87 (88) – Muschi-Blix; *BGH* GRUR 1960, 186 (188 f.) – Arctos.

[71] M. w. N. *Palandt/Thomas,* § 670, Rdnr. 9–13.

Den sich aus dem Domain-Registrierungsvertrag ergebenden auf den Domainnamen bezogenen Aufrechterhaltungsanspruch kann der Domaininhaber übertragen, indem er diesen Anspruch an einen Dritten abtritt (§§ 398 ff. BGB). Rechtsgrund für den Abtretungsvertrag können Kauf, Schenkung, Treuhandvereinbarung[72], Auftrag oder sonstige Vereinbarungen sein. So verstanden ist auch die **Übertragung eines Domainnamens** möglich.[73] Der Konnektierungsanspruch ist hinreichend bestimmt, auch wird sein Leistungsgegenstand durch die Abtretung nicht verändert (§ 399 1. Alt. BGB). Zwar sind nach einem Inhaberwechsel regelmäßig neue Nameservereinträge für den Domainnamen vorzunehmen. Dieses Änderungsrecht war aber bereits in dem ursprünglichen Aufrechterhaltungsanspruch mit enthalten, da auch der ursprüngliche Gläubiger Änderungen der Servereinträge von der Registrierstelle verlangen konnte. Auch nach § 6 Abs. 2 DENIC-Registrierungsbedingungen ist ein Domainname übertragbar. Die DENIC überträgt nach dieser Vorschrift den Domainnamen an einen vom Kunden benannten Dritten, wenn der Kunde den Registrierungsvertrag kündigt und der Dritte einen Auftrag zur Registrierung erteilt. Die DENIC tritt damit der Konstruktion einer umfassenden Vertragsübernahme des zwischen ihr und dem bisherigen Domaininhaber bestehenden Domain-Registrierungsvertrags entgegen. Stattdessen ist der alte Domaininhaber nur in der Lage, den Aufrechterhaltungsanspruch an den Domaininhaber abzutreten. Andere Modalitäten des bisherigen Vertragsverhältnisses finden hingegen im Verhältnis zum Erwerber des Domainnamens keine Anwendung. So gilt für ihn beispielsweise erneut eine einjährige Mindestlaufzeit des Domain-Registrierungsvertrags (§ 7 Abs. 1 DENIC-Registrierungsbedingungen). Auch muss sich der Erwerber einen etwaigen Dispute-Eintrag Dritter entgegenhalten lassen. Soweit ein solcher Dispute-Eintrag besteht behält sich die DENIC vor, den neuen Registrierungsauftrag abzulehnen. Dieser Vorbehalt wäre nicht möglich, wenn der Erwerber im Sinne einer Vertragsübernahme in die Parteistellung des bisherigen Domaininhabers eintreten würde. Nach der Abtretung des Aufrechtserhaltungsanspruchs findet dementsprechend ein Austausch bei dem zugrundeliegenden Domain-Registrierungvertrag statt. Der neue Inhaber ist damit rechtsgeschäftlicher und nicht nur faktischer Rechtsnachfolger des alten Domaininhabers.[74] Zwar endet normalerweise mit der Kündigung des bisherigen Domain-Registrierungsvertrags auch der Aufrechterhaltungsanspruch des Domaininhabers. Zwischen allen Beteiligten Zedenten (altem Domaininhaber), Zessionar (neuem Domaininhaber) und Schuldner (DENIC) des Aufrechterhaltungsanspruchs herrscht aber Einigkeit, dass die Konnektierung des Domainnamens fortbestehen soll. Im Sinne eines rechtsgeschäftlich ohne weiteres zu vereinbarenden Übergangs[75] übernimmt der neue Domaininhaber mit dem Aufrechterhaltungsanspruch also einen Teil des alten Vertragsverhältnisses. In der praktischen Umsetzung verlangt die Registrierstelle (DENIC) als Nachweis für den Übergang des Aufrechterhaltungsanspruchs ein sogenanntes Inhaberwechselschreiben, das sowohl von dem bisherigen als auch vom

[72] Dazu Rdnr. 20.

[73] Zur Domainübertragung: *Schließ,* ZUM 1999, 307 ff.; *Kleespieß,* GRUR 2002, 764 (768 ff.); *Engler,* Der Übertragungsanspruch im Domainrecht, 68 ff.; *Hanloser,* CR 2001, 456 (457 f.); *Welzel,* MMR 2001, 131 (132); *Härtimg,* ITRB 2002, 96, 97.

[74] A. A. *Engler,* Der Übertragungsanspruch im Domainrecht, 75.

[75] M. w. N. zur grds. Zulässigkeit der Vertragsübernahme *Kleespies,* GRUR 2002, 764 (768), der freilich von einer Universalsukzession des neuen Domaininhabers ausgeht.

neuen Domaininhaber unterzeichnet ist und über den Internetserviceprovider bei der DENIC vorgelegt wird.

17 **Domain-Vermittlungs- und Pflegevertrag.** Der zwischen dem Domaininhaber und dem Serviceprovider abgeschlossene Vertrag verpflichtet letzteren, die Registrierung des gewählten Domainnamens zu vermitteln und nach dessen Eintragung nach Maßgabe der Instruktionen des Domaininhabers zu pflegen. Vertragsgegenstand ist die Erstellung und Vermittlung des entsprechend den Anforderungen der jeweiligen Registrierstelle ausgefüllten Antrags. Die Eintragung des Domainnamens selbst wird hingegen nicht vom Serviceprovider, sondern von der Registrierstelle geschuldet.[76] Darüber hinaus werden wiederkehrende Leistungen, wie die Zahlung der Verlängerungsgebühren bei der Registrierstelle, vereinbart. Auch geht der Serviceprovider die vertragliche Verpflichtung ein, für den Domainnamen als so genannter „technischer Kontakt" eingetragen zu werden. Kann der Domaininhaber keinen eigenen Name-Server stellen, so übernimmt der Serviceprovider auch diese Leistung. Eine bloße Reservierung des Domainnamens ohne Angabe eines Name-Servers, der die Information enthält, welche IP Adresse dem Domainnamen zugeordnet ist, ist nicht möglich (Nr. 3 Abs. 4 DENIC-Registrierungsrichtlinien). Als Hauptleistungspflicht trifft den Serviceprovider zunächst die Pflicht zu überprüfen, ob der Domainname tatsächlich noch frei ist (sog. **Domain-Check**).[77] Bei dem zwischen Domaininhaber und Serviceprovider abgeschlossenen Vertrag handelt es sich um eine entgeltliche Geschäftsbesorgung (§§ 675, 631 BGB). Der Serviceprovider ist vorbehaltlich zwischenzeitlich anderweitiger Vergabe an Dritte verpflichtet, den Domainnamen erfolgreich zu vermitteln.[78] Vertragsgegenstand ist damit nicht allein das Bemühen um eine Eintragung (Dienstleistung), sondern der konkrete Erfolg. Wird die Beauftragung zur Registrierung des Domainnamens schuldhaft verzögert, so macht sich der Serviceprovider schadensersatzpflichtig.[79] Regelungen in allgemeinen Geschäftsbedingungen, wonach eine Bearbeitung innerhalb von zwei oder gar vier Werktagen erfolgt, dürften sich am Rande des von § 308 Nr. 1 BGB (früher § 10 Nr. 1 AGBG) Zugelassenen bewegen. Kommt es zu einer anderweitigen Vergabe an Dritte, so muss der Provider seinem Kunden den dadurch entstehenden Schaden ersetzen, einschließlich etwaiger Aufwendungen, die dieser für den Erwerb des Domainnamens tätigt.

18 Wird der Serviceprovider von Dritter Seite wegen einer Rechtsverletzung in Anspruch genommen, so gelten die vorstehenden Ausführungen zum Rechtsverhältnis zwischen dem Domaininhaber und der Registrierstelle entsprechend. Eine derartige Inanspruchnahme kommt insbesondere wegen der Mitstörerhaftung des nach außen hin als technischem Kontakt in Erscheinung tretenden Serviceproviders in Betracht.[80] Für entstehende Schäden ist der Domaininhaber dem Serviceprovider gegenüber ersatzpflichtig, wobei es auf die Frage eines etwaigen Verschuldens des Domaininhabers nicht ankommt. Übernimmt der Serviceprovider neben der Registrierung auch die Pflege des Domainnamens, so entsteht ein Dauerschuldverhältnis,

---

[76] Vgl. im Einzelnen *Spindler/Schuppert,* VI Rdnr. 13 ff. (21).

[77] *Ernst,* MMR 2002, 714 (717); zur Verantwortlichkeit des Serviceproviders bei Domain-Checks s. a. Rdnr. 189.

[78] *Spindler/Schuppert,* VI Rdnr. 11; *Ernst,* MMR 2002, 714 (717); *LG Hamburg,* CR 1997, 157 – Zurückbehaltungsrecht an Domain Names.

[79] *Ernst,* MMR 2002, 714.

[80] Dazu Rdnr. 188.

das den allgemeinen Kündigungsregeln unterliegt. In dem Vertrag sollte auch eine Bestimmung über ordentliche Kündigungsfristen enthalten sein, die sich in der Regel an der Dauer der Abrechnungszeiträume orientieren. Fehlt eine vertragliche Abrede wäre es denkbar, die kurzen Kündigungsfristen aus dem Mietvertragsrecht anzuwenden, oder aber die werkvertragliche Vorschrift des § 649 BGB, der eine fristlose Kündigungsmöglichkeit vorsieht. Eine außerordentliche Kündigung aus wichtigem Grund ist natürlich immer möglich und unterliegt den üblichen AGB-rechtlichen Einschränkungen nach § 309 BGB (früher § 11 Nr. 8 und 9 AGBG). Als zusätzliche Vertragspflichten im Rahmen der Pflege des Domainnamens kommen insbesondere der Betrieb eines **Name Servers**[81] oder die fortlaufende Entrichtung der z.B. jährlich fällig werdenden **Verlängerungsgebühren** in Betracht. Dabei ist der Provider gerade bei internationalen Domainnamen gut beraten, seine Überweisung an die jeweilige Registrierstelle zu dokumentieren. Endet das Vertragsverhältnis, so hat der Serviceprovider das durch das Geschäftsbesorgungsverhältnis Erlangte herauszugeben (§§ 675, 667 BGB).[82]

Namentlich hat er der Eintragung des vom Domaininhaber ausgewählten neuen Serviceproviders als „technischem Kontakt" zuzustimmen. Die Überleitung des Domainnamens wird mittels eines sogenannten **KK-Antrags** (Konnektivitäts-Koordination-Antrag) vollzogen. Dieser KK-Antrag wird vom neuen Serviceprovider an den alten versandt, welcher dann zustimmen muss. Sind noch Forderungen des Serviceproviders aus dem Vertragsverhältnis mit dem Domaininhaber offen, so kann ihm ein **Zurückbehaltungsrecht** an dem Domainnamen zustehen.[83] Wünscht der Domaininhaber nach Kündigung eines umfassenden Pflegevertrages keine weitere Aufrechterhaltung des Domainnamens, so ist hierin konkludent auch die Kündigung des mit der Registrierstelle bestehenden Domain-Registrierungsvertrags zu sehen. Der Serviceprovider ist, sofern dies nicht ohnehin schriftlich geregelt ist[84], im Rahmen nachvertraglicher Nebenpflichten gehalten, die Kündigungserklärung an die Registrierstelle weiterzuleiten. Endet der Pflegevertrag mit dem Serviceprovider, ohne dass der Domaininhaber die Aufgabe des Domainnamens wünscht, so bleibt der mit der DENIC abgeschlossene Domain-Registrierungsvertrag unberührt. Wird für den Serviceprovider kein Ersatz gestellt, so geht der Domainname vorübergehend in die Verwaltung der DENIC über (sog. **Transit-Zustand**).[85] Da die DENIC zwingend die Betreuung des Domainnamens verlangt, muss der Domaininhaber einen neuen Pflegevertrag abschließen oder das Serviceangebot DENICdirect wahrnehmen. Es kommt nicht selten vor, dass Serviceprovider vertragswidrig abgelaufene Domainnamen im Namen ihrer Kunden horten, um sie gegebenenfalls später anderweitig zu vermarkten. Der Domaininhaber, dessen Name und Anschrift vom Serviceprovider unverändert in der Whois-Datenbank belassen bleibt, weiß hiervon in der Regel nichts. Kommt es im weiteren zu einer kennzeichenrechtlichen Auseinandersetzung mit einem Dritten, so ist der Serviceprovider gegenüber dem ehemaligen Domaininhaber schadensersatzpflichtig. 19

---

[81] *Spindler/Schuppert,* Teil VI Rdnr. 18.
[82] *Spindler/Schuppert,*Teil VI Rdnr. 33.
[83] *LG Hamburg,* CR 1997, 157 – Zurückbehaltungsrecht an Domain Names; dazu *Bücking,* Domainrecht, Rdnr. 243; *Ernst,* MMR 2002, 714 (720).
[84] Formulierungsvorschlag für eine entsprechende Vertragsklausel: *Härtling,* ITRB 2002, 96, 97.
[85] Dazu http://www.denic.de/doc/faq/transit.html [abgerufen am 4. 3. 2002] sowie Rdnr. 188.

20 **Domain Treuhandverträge.** Bei Werbeagenturen und Full Service Providern ist es weit verbreitet, dass Sie ihren Kunden einen vollständigen Internetauftritt realisieren. Der Provider übernimmt von der Beschaffung des Domainnamens über die Entwicklung der Internetseiten bis hin zum Web-Hosting alle Aufgaben. In diesen Konstellationen kommt es vor, dass der für den Gesamtauftritt genutzte Domainname, der häufig auch einem Kennzeichenrecht des Auftraggebers entspricht, durch den Provider im eigenen Namen eingetragen wird. Im Außenverhältnis besteht ein Domain-Registrierungsvertrag zwischen dem Provider und der Registrierstelle. Der Provider muss freilich im Innenverhältnis gegenüber seinem Kunden den Domainnamen entsprechend dessen Anweisungen konfigurieren. Gerät die Werbeagentur bzw. der Provider in finanzielle Schwierigkeiten, so droht der Verlust des materiellrechtlich dem Kunden zustehenden Domainnamens. Wenn eine freiwillige Herausgabe des Domainnamens zwecks Überleitung auf einen neuen Provider nicht erfolgt, wird man dem Kunden nur mit der ausnahmsweise zulässigen einstweiligen Verfügung auf Leistung helfen können. Dem Provider wird aufgegeben, die notwendigen Erklärungen zur Übergabe des Domainnamens an einen Sequestor abzugeben, damit dieser dafür sorgen kann, dass der Domainname vorläufig wieder an das Internet angeschlossen wird.[86] Der vorläufige Übertragungsanspruch ergibt sich aus dem Treuhandvertrag, der die Pflicht zur Bereithaltung des Domainnamens mitumfasst. Kann der Provider dieser Verpflichtung nicht mehr nachkommen, so drohen mehrtägige Ausfälle des Internetauftritts, was im Einzelfall das Ende der Geschäftstätigkeit bedeuten kann. Wegen der sonst drohenden Gefahr, den Domainnamen zu verlieren, sollte der materiell Berechtigte nicht auf einen Treuhänder vertrauen, sondern stets darauf bestehen, selbst als Domaininhaber eingetragen zu werden.

Domain-Pachtvertrag. Überlässt der Domaininhaber einem Dritten die aufgrund der Domaineintragung vermittelte Nutzungsmöglichkeit, ohne dabei seine Stellung als Domaininhaber aufzugeben, so handelt es sich um einen Vertrag mit miet- bzw. pachtrechtlichem Charakter.[87] Dabei ist freilich die Nutzungsmöglichkeit des Domainnamens als solchem klar von einem Web-Hosting Vertrag abzugrenzen. Der Domaininhaber, der Dritten die Nutzung seines Domainnamens überlässt, stellt nicht notwendigerweise auch Speicherkapazität und einen Netzzugang zur Verfügung. Es empfiehlt sich in dem Domain-Pachtvertrag neben Haftungsfragen detailliert zu regeln, welcher Provider für die Domainpflege zuständig sein soll.

21 **Administrativer Kontakt.** Ist der Domaininhaber eine natürliche Person, so wird dieser häufig auch die Position des administrativen Kontakts übernehmen. Bei .DE Domainnamen muss die Person als administrativer Kontakt ihren Wohnsitz in Deutschland haben (Nr. III Abs. 2 DENIC-Registrierungsrichtlinien). Handelt es sich bei dem Domaininhaber um eine juristische Person oder eine natürliche Person mit Wohnsitz im Ausland, so muss ein von Domaininhaber abweichender administrativer Kontakt bestellt werden. Vielfach wird das Verhältnis zwischen Domaininhaber und administrativem Kontakt durch anderweitige Rechtsbeziehungen bestimmt sein. So wird bei juristischen Personen typischerweise deren verfassungsmäßig berufener Vertreter als administrativer Kontakt eingetragen (z. B. der Geschäftsführer einer GmbH, oder der Bürgermeister einer Stadt). Die rechtliche Stellung der Person

---

[86] Zu einem solchen Fall *LG Cottbus,* Beschl. v. 17. 8. 2001, – 3 O 311/01, – spreewald.de, nicht veröffentlicht.

[87] *OLG Köln,* CR 2002, 832 ff. – Domainüberlassung als Miet- bzw. Pachtvertrag.

des administrativen Kontakts ist durch die organschaftliche Stellung bestimmt. Wird ein Geschäftsführer beispielsweise abberufen, so hat er im Zweifel auch die Stellung als administrativer Kontakt aufzugeben. In anderen Fällen übernimmt ein instruierter Mitarbeiter des Domaininhabers die Aufgabe des administrativen Kontakts. In dieser Konstellation ist das Arbeitsverhältnis oder sonstige Vertragsverhältnis entscheidend, mit dessen Beendigung auch die Berechtigung und Verpflichtung endet, als administrativer Kontakt zu fungieren. Scheidet der verfassungsmäßig berufene Vertreter beziehungsweise der Arbeitnehmer in der Organisation des Domaininhabers aus, so ist es dessen Pflicht, eine neue Person zu berufen. Fehlt es an einem sonstigen Vertragsverhältnis, so verbindet den Domaininhaber und den administrativen Kontakt im Zweifel ein Geschäftsbesorgungsvertrag. Da der administrative Kontakt insbesondere im Fall von Kennzeichenverletzungen passivlegitimiert ist, kann es im Einzelfall zu einer Inanspruchnahme durch Dritte kommen. Der Domaininhaber ist dann verpflichtet, dem administrativen Kontakt seine Aufwendungen zu ersetzen.

Im Verhältnis zwischen der Person des administrativen Kontaktes und den anderen Beteiligten, namentlich der Registrierstelle und dem Serviceprovider, entstehen keine gesonderten Vertragsbeziehungen. Der Domaininhaber muss sich allerdings ein etwaig schuldhaftes Verhalten seines administrativen Kontaktes zurechnen lassen. Gegenüber Dritten ist der administrative Kontakt als Erfüllungsgehilfe (§ 278 BGB) des Domaininhabers zu qualifizieren. 22

Vertrag zwischen der ICANN und dem Register. Die Verwaltung eines Top Level Domainnnamens wird durch die ICANN einer Organisation zugewiesen, die das Register der Domainnamen führt. Der Registerführer oder kurz das Register ist die Einrichtung, die mit der Organisation und Verwaltung des Top Level Domainnames, einschließlich der Wartung der entsprechenden Datenbanken betraut ist. Es überwacht die Registrierung der Domainnamen und den Betrieb des Domainnamenregisters nebst Pflege der entsprechenden Zone Files.[88] Von dem Register ist die Registrierstelle zu unterscheiden. Die Registrierstelle ist die Einrichtung, die auf Grund eines Domain-Registrierungsvertrags mit dem Domaininhaber die Registrierung von Domainnamen tatsächlich durchführt. Oftmals fallen die Funktionen des Registers und der Registrierstelle zusammen. So ist es beispielsweise in der Bundesrepublik Deutschland. Die DENIC schließt unmittelbar mit den Domaininhabern Registrierungsverträge ab und ist gleichzeitig Verwalterin der Zone Files für den Top Level .DE. Vorstehend und im Folgenden wird aus Gründen der Lesbarkeit auch von der DENIC als einer Registrierstelle gesprochen. Auf europäischer Ebene beim .EU Register und international bei den meisten gTLDs (.COM, .NET, .INFO usw.) sind die Aufgaben hingegen verteilt. Aus wettbewerblichen Gründen wird das Monopol für das Register ausgegliedert, wohingegen eine Vielzahl von Registrierstellen untereinander um den Abschluss von Domain-Registrierungsverträgen konkurriert. Die Aufgaben des Registers sind im Einzelnen durch einen mit der ICANN abgeschlossenen Vertrag geregelt.[89] 23

---

[88] Begriffsbildung in Anlehnung an Art. 2 .euVO.

[89] Zu den Registry bzw. Sponsorship Agreements für die TLDs .AERO (17 Dezember 2001), .AU (Oktober 2001), .COM, .NET, .ORG, .BIZ (Mai 2001), .COOP (November 2001), .INFO (Mai 2001), .JP (Februar 2002), .MUSEUM (Oktober 2001), .NAME (August 2001), .PRO (Mai 2002) s. http://www.icann.org/general/agreements.htm [abgerufen am 14. 5. 2002].

24 **Vertrag zwischen dem Register und der Registrierstelle.** Hinsichtlich der generischen Top Level Domainnamen, bei denen das Register und die Registrierstellen getrennt sind, werden die Einzelheiten des rechtlichen Verhältnisses zwischen dem Register und der Registrierstelle bereits durch den Vertrag zwischen der ICANN und dem Register vorgegeben. Der mit dem Register abgeschlossene Vertrag inkorporiert einen Mustervertragsentwurf, den das Register mit den Registrierungsstellen abzuschließen hat. So enthält beispielsweise die Anlage F des Vertrages zwischen der ICANN und der Afilias Ltd., dem Register für .INFO den Entwurf eines umfangreichen „Registry-Registrar Agreements".[90] Die Register dürfen sich bei der Wahl ihres Vertragspartners die Registrierstellen keineswegs frei aussuchen. Sie sind in ihrer Auswahl auf solche Registrierstellen beschränkt, die sich zuvor bei der ICANN akkreditiert haben.[91]

VI. Schonfristen bei Änderungen des Domainnamenregisters

25 Es liegt auf der Hand, dass es bei der Verwaltung der Domainnamenregister (zone files) zu Fehlern kommen kann. In vielen Fällen können die Unrichtigkeiten problemlos korrigiert werden. Wechselt hingegen der technische oder administrative Kontakt oder wird der Domainname von einer neuen Registrierstelle verwaltet, so kann es schwierig oder gar unmöglich werden, Änderungen des Domainnamenregisters rückgängig zu machen. Am häufigsten dürften Fehler auf das Verhalten der Domaininhaber zurückgehen. Wird vom Domaininhaber keine Verlängerungsgebühr gezahlt, obwohl diese gewünscht wird, so kann dies zumindest unter den generischen Top Level Domainnamen zur Löschung führen. In manchen Fällen erreicht den Domaininhaber die E-Mail mit der Verlängerungsanfrage der Registrierstelle nicht, da er gerade seinen Internet Service Provider gewechselt hat. Manch einer wird auch die E-Mail mit der Verlängerungsanfrage in seinem mit Werbung überquellenden elektronischen Briefkasten schlicht überlesen. In einzelnen Fällen kommt es allerdings auch zu bewussten Manipulationen der Domainnamenregister, um attraktive Domainnamen zu erlangen. Nach einem derartigen **„Diebstahl von Domainnamen"** (Domain Name Hijacking) versucht der Unberechtigte oftmals, den Domainnamen über den Verkauf in Domainbörsen zu Geld zu machen, noch bevor der eigentlich berechtigte Domaininhaber von den Manipulationen etwas merkt. Bei einer anderen Masche wird der Domainname auf eine neue Registrierstelle umgeleitet. Sodann wird die Löschung des Domainnamens beantragt. Nach Freigabe des Domainnamens wird der Domainname von einem Strohmann neu belegt. Um derartigen Manipulationen entgegenzuwirken, sind bei den generischen Top Level Domainnamen **Schonfristen** vorgesehen.[92] Die Schonfristen beziehen sich auf verschiedene Registeroperationen wie die Eintragung, Übertragung, Verlängerung und Löschung von Domainnamen.

---

[90] .INFO Registry Agreement, 11. 5. 2001, Appendix F, Registry-Registrar Agreement, http://www.icann.org/tlds/agreements/info [abgerufen am 14. 5. 2002].

[91] Registrar Accreditation Agreement, http://www.icann.org/registrars/ra-agreement-17may01.htm [abgerufen am 14. 5. 2002].

[92] Dazu beispielsweise die „Grace period policy" aus dem Vertrag zwischen der ICANN und Verisign zum .COM Top Level: Revised VeriSign Registry Agreements: Appendix C, 16. 4. 2001, http://www.icann.org/tlds/agreements/verisign/registry-agmt-appc-16apr01.htm#3 [abgerufen am 4. 3. 2002].

Die Schonfrist für die Umsetzung von Löschungen beträgt derzeit normalerweise fünf Tage. Innerhalb der Frist kann eine Löschungsanordnung noch zurückgenommen werden. Nach Ablauf dieser Frist wird der gelöschte Domainname wieder dem Pool der verfügbaren Domainnamen zugeführt. Derart kurze Fristen sind allerdings im Hinblick auf das hohe Potential missbräuchlichen Handelns völlig unzureichend.

VII. WHOIS-Datenbanken

Wer einen Second Level Domainnamen registriert, wird damit automatisch namentlich in einer Datenbank verzeichnet. Diese sogenannte WHOIS-Datenbank ist im Regelfall im Internet für jedermann einsehbar, wobei Art und Umfang der zu recherchierenden Informationen je nach Top Level Domainnamen stark differieren. Die Möglichkeit zur Onlinerecherche beruht auf entsprechenden vertraglichen Verpflichtungen der Registrierstelle gegenüber der ICANN.[93] Gibt der Domaininhaber falsche Angaben an oder versäumt er es, Änderungen mitzuteilen, so soll dies zur Löschung des Domainnamens durch die Registrierstelle führen.[94] Entsprechend den Empfehlungen der WIPO sollen in Whois-Datenbanken der vollständige Name des Domaininhabers, seine postalische Adresse, E-Mail Adresse, Telefon- und Faxnummer veröffentlicht werden. Des Weiteren werden entsprechende Angaben über den administrativen und den technischen Kontakt zur Verfügung gestellt. Die praktische Bedeutung der WHOIS-Datenbank bei der Verfolgung von Rechtsverstößen ist kaum zu überschätzen, da sie Rückschlüsse auf die Verantwortlichkeiten erlaubt.[95] Grenzen für eine unbeschränkte Auskunft sowie komplexe Auswertungen setzen allerdings die nationalen Datenschutzbestimmungen. So war es für deutsche Domainnamen ursprünglich möglich, sogenannte **reverse Abfragen** zu Domaininhabern vorzunehmen, bei denen Listen über alle für eine bestimmte Person registrierten „.de" Domainnamen erstellt wurden.[96] Ganz generell dürfte die systematische Auswertung personenbezogener Daten in Teilnehmerverzeichnissen von Medien auf Grund des Verwertungsverbotes des § 4 Abs. 1 BDSG unzulässig sein.[97] In der täglichen Praxis bewähren sich folgende Möglichkeiten zur Recherche, die auch datenschutzrechtlich unbedenklich sind: 26

.DE: Die WHOIS Abfrage für Second Level Domainnamen unter dem country code .DE findet sich unter der Adresse http://www.denic.de/servlet/Whois. Die Angaben zum Domaininhaber, administrativen und technischen Kontakt sind dort vollständig einsehbar. Um sämtliche .DE Eintragungen für einen Domaininhaber in Erfahrung zu bringen, ist eine schriftliche Anfrage bei der DENIC unter Glaubhaftmachung eines rechtlichen Interesses er- 27

[93] ICANN Registrar Accreditation Agreement, Art. II F, http://www.icann.org/nsi/icann-raa-04nov99.htm [abgerufen am 4. 3. 2002], dazu *Marwitz,* ZUM 2001, 398 (399).

[94] ICANN Registrar Accreditation Agreement, Art. II J (7)a, http://www.icann.org/nsi /icann-raa-04nov99.htm [abgerufen am 4. 3. 2002].

[95] In diesem Sinne auch WIPO, ccTLDs Best Practices for the Prevention and Resolution of Intellectual Property disputes (Version: June 20, 2001): http://ecommerce.wipo.int/domains/cctlds/bestpractices/bestpractices.html [abgerufen am 4. 3. 2002].

[96] Die reverse Abfrage zum Domaininhaber wurde von DENIC wegen angeblichen Missbrauchs unterbunden: http://www.denic.de/doc/DENIC/presse/datenschutz.html [abgerufen am 4. 3. 2002].

[97] Zur Invers-Suche in Telefonverzeichnissen s. *OLG Köln,* CR 2001, 454 ff.

forderlich. Weitergehende nützliche Recherchen sind beispielsweise über http://www.domaxx.de möglich. Dort lassen sich über eine Suchfunktion alle .DE Domainnamen recherchieren, die den abgefragten Begriff an beliebiger Stelle innerhalb des Domainnamens enthalten (z. B. den Firmenkern IBM in ibmcomputer.de, mein-ibm.de usw.).

28 ccTLDs: Für die Information über Second Level Domainnamen der einzelnen country code Top Level Domainnamen sind die diesbezüglichen nationalen Registrierstellen zuständig. Diese lassen sich über die IANA ausfindig machen.[98] Hilfreich sind aber auch private Anbieter wie alldomains.com, wo direkt ein Link zu den jeweiligen WHOIS-Datenbanken der ccTLD Register gesetzt wird. Für die europäischen ccTLDs bietet das RIPE (Réseaux IP Européens) einen zentralen Zugriff auf die WHOIS-Datenbanken.[99] Soweit von den nationalen Registrierstellen unterstützt, können bei RIPE auch komplexe Suchanfragen gestellt werden.[100]

29 gTLDs: Schwieriger gestaltet es sich, wenn man zuverlässige Informationen über Domaininhaber von generischen Second Level Domainnamen gewinnen will. Namentlich bei .COM gibt es nach dem Fall des Monopols der Firma Network Solutions Inc. mehr als einhundert miteinander konkurrierende Registrierstellen, die alle ihren eigenen WHOIS Service betreiben. Insbesondere bei der Verfolgung von Rechtsverstößen wäre es gefährlich, sich ausschließlich auf die Recherchemöglichkeiten auf den Websites privater Anbieter zu verlassen. Es empfiehlt sich von daher eine zweistufige Abfrage. Zunächst ist über die von ICANN autorisierte zentrale Suchfunktion (http://www.nsiregistry.com/) die Registrierstelle ausfindig zu machen, bei der der Domainname eingetragen ist (.COM, .NET, .ORG, .EDU). In einem zweiten Schritt lässt sich in der WHOIS Datenbank der ermittelten Registrierstelle näheres zum Domaininhaber in Erfahrung bringen. Für .MIL findet sich die WHOIS Datenbank unter (http://www.nic.mil/dodnic/) und für .GOV unter (http://www.nic.gov/cgi-bin/whois).

30 Um den Nachweis zu erbringen, dass ein Cybersquatter eine Vielzahl von Domainnamen registriert hat, die für Dritte geschützt sind, empfiehlt sich vor allem die Durchführung einer Inhaberrecherche. Eine solche können registrierte Kunden kostenpflichtig beispielsweise bei Saegis (www.saegis.com) für einige generische Top Level Domainnamen durchführen. Eine kostenfreie Recherche bietet Network Solutions an. Auf der Seite http://www.netsol.com/cgi-bin/whois/whois ist das Suchfeld „Name“ auszuwählen.

---

[98] http://www.iana.org/cctld/cctld-whois.htm [abgerufen am 4. 3. 2002].

[99] Unter http://www.ripe.net/perl/whois [abgerufen am 4. 3. 2002].

[100] http://www.ripe.net/cgi-bin/ripedbsearch [abgerufen am 4. 3. 2002].

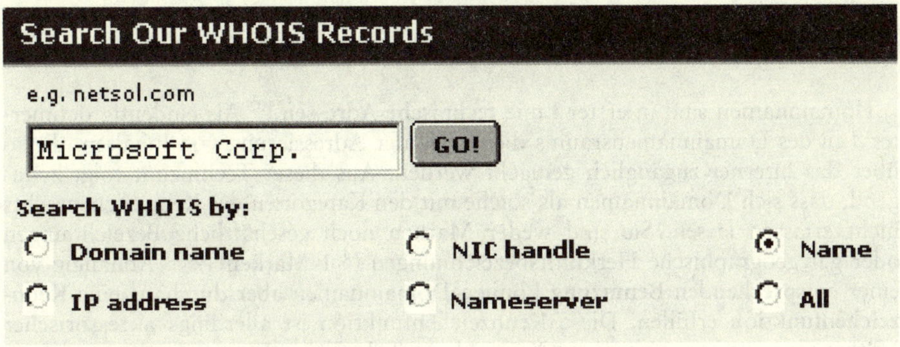

Mit der vorstehenden Suchabfrage „Microsoft Corp." kann man beispielsweise über die Suchoption „Name" die für die Firma Microsoft Corp. eingetragenen Domainnamen ermitteln. Die generierte Liste wird allerdings auf maximal 10 Treffer begrenzt.

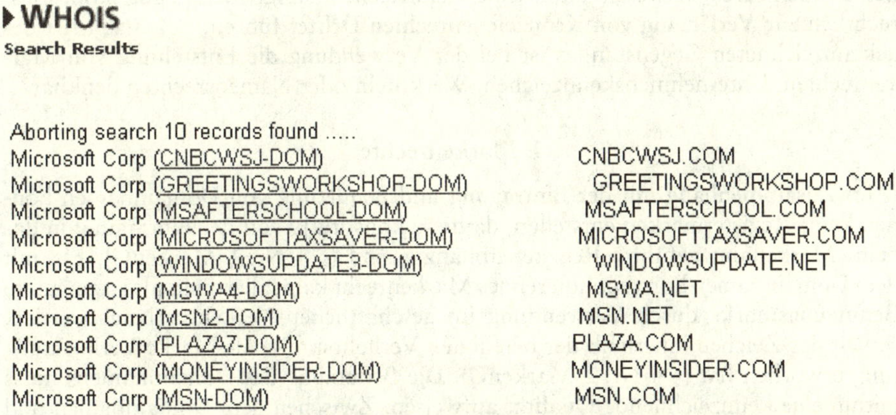
WHOIS
Search Results

Aborting search 10 records found .....

Microsoft Corp (CNBCWSJ-DOM)	CNBCWSJ.COM
Microsoft Corp (GREETINGSWORKSHOP-DOM)	GREETINGSWORKSHOP.COM
Microsoft Corp (MSAFTERSCHOOL-DOM)	MSAFTERSCHOOL.COM
Microsoft Corp (MICROSOFTTAXSAVER-DOM)	MICROSOFTTAXSAVER.COM
Microsoft Corp (WINDOWSUPDATE3-DOM)	WINDOWSUPDATE.NET
Microsoft Corp (MSWA4-DOM)	MSWA.NET
Microsoft Corp (MSN2-DOM)	MSN.NET
Microsoft Corp (PLAZA7-DOM)	PLAZA.COM
Microsoft Corp (MONEYINSIDER-DOM)	MONEYINSIDER.COM
Microsoft Corp (MSN-DOM)	MSN.COM

Sehr hilfreich sind auch ergänzende Recherchetools privater Anbieter, mit denen gleichzeitig eine Vielzahl oder gar weltweit alle Top Level Domainnamen auf einen Begriff hin abgefragt werden können.[101] Insbesondere Markeninhaber mit einem internationalen Markenportfolio können so schnell überprüfen, ob und gegebenenfalls wo ihre Marken als Domainnamen bereits von Dritter Seite als Domainnamen belegt sind. Allerdings bieten solche globalen Abfragen zunächst nur ein Screening ohne Gewähr für Vollständigkeit. Um verlässliche Daten zu erhalten, ist die zeitaufwändigere Einzelabfrage bei den WHOIS Datenbanken der jeweiligen Registrierstelle anzuraten. 31

[101] Beispielsweise netnames.com; zur Domainnamenrecherche *Cristal/Greenfield/Greenfield,* 35 (43 ff.).

C. Technische Adressierungsfunktion und Kennzeichnungsfunktion

32 Domainnamen sind in erster Linie **technische Adressen.**[102] Als eindeutig definierter Teil des Domainnamensraums dienen sie der Adressierung von Inhalten, die so über das Internet zugänglich gemacht werden. Aus dieser Technizität folgt zwingend, dass sich Domainnamen als solche mit den Kategorien des Kennzeichenrechts nicht erfassen lassen. Sie sind weder Marken noch geschäftliche Bezeichnungen oder gar geographische Herkunftsbezeichnungen (§ 1 MarkenG).[103] Abhängig von einer entsprechenden **Benutzung** können Domainnamen aber durchaus eine **Kennzeichenfunktion** erfüllen. Diese Kennzeichenfunktion ist allerdings **akzessorischer Natur.** Sie knüpft an den vom Gesetzgeber geschaffenen Kanon der Kennzeichenrechte an. Schon der Vorbehalt des Gesetzes bedingt einen numerus clausus der Kennzeichenrechte, der nicht in freier Rechtsschöpfung um Domainnamen erweitert werden kann. Allein dem Gesetzgeber stünde es demnach zu, neue Arten von Kennzeichenrechten zu schaffen. Die akzessorische Kennzeichenfunktion von Domainnamen spielt in zweifacher Hinsicht eine Rolle.[104] Sie kann einerseits bewirken, dass auf Grund der Benutzung des Domainnamens **Kennzeichenrechte begründet** werden. Des Weiteren kann eine kennzeichenmäßige Benutzung kollisionsrechtlich zur **Verletzung von Kennzeichenrechten Dritter** führen.[105] Je nach Art des gekennzeichneten Gegenstandes ist bei der Verwendung die Entstehung von Markenrechten, Unternehmenskennzeichen, Werktiteln oder Namensrechten denkbar.

I. Markenrechte

33 Im Zusammenhang mit der Eintragung und Benutzung von Domainnamen können keine Registermarken entstehen, da diese konstitutiv von der Eintragung in das beim Markenamt geführte Register abhängig sind (§ 4 Nr. 1 MarkenG). Ein mit dem Domainnamen korrespondierendes Markenrecht kann allerdings als so genannte **Benutzungsmarke** durch Verwendung im geschäftlichen Verkehr erlangt werden, soweit das Zeichen innerhalb der beteiligten Verkehrskreise als Marke Verkehrsgeltung erworben hat (§ 4 Nr. 2 MarkenG). Die Benutzung des Domainnamens muss mithin eine kennzeichnende Qualität aufweisen. Zwischen dem Domainnamen und den gekennzeichneten Waren und Dienstleistungen muss ein innerer Bezug hergestellt werden, der den Domainnamen für den Internetnutzer als Merkmal zur Identifizierung der jeweiligen Ware oder Dienstleistung erscheinen lässt. Ein solcher innerer Bezug kann beispielsweise dadurch entstehen, dass auf der mit dem Domainnamen verbundenen Homepage Waren oder Dienstleistungen beworben werden, die ersichtlich mit dem Domainnamen in Verbindung stehen. Ein kennzeichnender Bezug wäre dementsprechend nicht gegeben, wenn auf der Homepage ausschließlich anderweitige Markenfabrikate oder Produkte und Dienstleistungen ohne Bezeichnung präsentiert werden. Vielmehr müssen Domainname und Produkt einan-

---

[102] *OLG München,* CR 1998, 556 (557) – freundin.de; *A. Nordemann,* NJW 1997, 1891 (1892); *Gabel,* NJW-CoR 1996, 322 (323); *Kur,* CR 1996, 325 (326 f.).

[103] So auch für die USA: *Supreme Court of the State New York,* CRi 2001, 181 f. – laborzionist.org.

[104] *Fezer,* WRP 2000, 669 (671).

[105] Dazu unten Rdnr. 51 ff.

der thematisch zugeordnet sein. In der Praxis dürften auf Grund Benutzung entstandene Markenrechte für Domainnamen nur eine untergeordnete Rolle spielen, da für deren Entstehung des weiteren **Verkehrsgeltung** innerhalb der beteiligten Verkehrskreise vorliegen muss.[106] Bei von Haus aus unterscheidungskräftigen Zeichen ist ein Zuordnungsgrad von mindestens 20% von Nöten. In den meisten Fällen dürfte der Domaininhaber bei derart bekannten Domainnamen parallel auch über eine Registermarke verfügen.

II. Geschäftliche Bezeichnungen

Domainnamen können auch zur Kennzeichnung von Unternehmen oder Geschäftsteilen zum Einsatz kommen. Die zunehmende Nutzung von Domainnamen als zentralen Kommunikationsmitteln hat dazu geführt, dass teilweise Firmierungen der Grammatik des Domainnamensystems folgen (z.B. Web.de AG, Wavepower.net Inc., Medium4.com Inc.). Domainname und Unternehmenskennzeichen werden bei diesen Firmen miteinander verschmolzen, um so besondere Kompetenz im Internet zu signalisieren. Eine andere Frage ist, ob auch für Unternehmen, die keinen Top Level in ihrer Firmierung führen, auf Grund Benutzung ihres Domainnamens Rechte an einer geschäftlichen Bezeichnung entstehen. Insoweit muss man mit der Terminologie des Gesetzes zwischen **Unternehmenskennzeichen** einerseits (§ 5 Abs. 2 Satz 1 MarkenG) und **Geschäftsabzeichen** beziehungsweise sonstigen betrieblichen Unterscheidungszeichen andererseits (§ 5 Abs. 2 Satz 2 MarkenG) differenzieren. Kennzeichnungsobjekt des Unternehmenskennzeichens, beispielsweise der Firma, ist stets das Unternehmen oder ein abgrenzbarer Teil desselben. Der Domainname ist aber allenfalls aus einem Unternehmenskennzeichen abgeleitet. Der Domainname ist eben nicht der Name des Unternehmens selbst.[107] Er nimmt von daher an dem Schutz des Unternehmenskennzeichens teil, ist mit diesem aber nicht gleichgesetzt.[108] Eigenständigen Schutz als zusätzliches betriebliches Unterscheidungsmittel kann der Domainname somit nur entfalten, wenn er als Geschäftsabzeichen beziehungsweise sonstiges betriebliches Unterscheidungszeichen im geschäftlichen Verkehr **Verkehrsgeltung**[109] erlangt hat. 34

Der Zeitpunkt der Eintragung eines Domainnamens kann allerdings dennoch kennzeichenrechtliche Bedeutung haben. Die Entstehung des Schutzes für ein Unternehmenskennzeichen ist nämlich nicht von formellen Aspekten abhängig. Entscheidend ist vielmehr allein die Benutzungsaufnahme. Dabei ist jede nach außen gerichtete geschäftliche Tätigkeit hinreichend, sofern sie auf eine dauerhafte wirtschaftliche Betätigung schließen lässt.[110] Nicht selten stellt die Eintragung eines Domainnamens die erste nach außen gerichtete Handlung eines neu gegründeten Unternehmens dar. Ist der gewünschte Domainname noch frei, so legt sich der Geschäftstreibende oftmals auf einen korrespondierenden Unternehmensnamen fest 35

[106] *Omsels,* GRUR 1997, 328 (329).

[107] Entsprechend zur Fernschreibkennung: *BGH* GRUR 1986, 475 (476) – Fernschreibkennung.

[108] *Hoeren/Sieber/Viefhues,* § 6 Rdnr. 50; *Fezer,* WRP 2000, 669 (672f.); *Omsels,* GRUR 1997, 328 (331).

[109] Dazu die Kommentarliteratur: *Ingerl/Rohnke,* § 5 Rdnr. 27ff.; a.A. *LG München,* GRUR 2000, 800 – fnet.de, wonach Domainnamen auch ohne Verkehrsgeltung als Unternehmenskennzeichen Schutz genießen können.

[110] St. Rspr. z.B. *BGH* GRUR 1969, 357 (359) – Sihl.

und trägt die neu gewählte Firma als Inhaber des Domainnamens ein. Da auch anderweitige Vorbereitungshandlungen wie die Schaltung eines Telefonanschlusses, die Anmietung eines Ladenlokals und die Eintragung ins Handelsregister als ausreichende Ingebrauchnahme im geschäftlichen Verkehr erachtet werden, **begründet die Eintragung eines Domainnamens für ein gleichnamiges Unternehmen dessen Rechte an dem Unternehmenskennzeichen.**[111] Man wird allerdings nicht so weit gehen können, der Eintragung eines Domainnamens auch dann schutzbegründende Wirkung zuzumessen, wenn die Reservierung nicht im Namen des Unternehmens, sondern für eine anderweitige Person erfolgt. In der Auseinandersetzung um den Domainnamen nominator.de hatte sich ein Student den Domainamen im eigenen Namen eintragen lassen. Das Landgericht München sah hierin eine Ingebrauchnahme als Unternehmenskennzeichen, da der Domainname nominator.de erkennbar aus einem Namen bestehe und der Verkehr diesen ohne weiteres als Bezeichnung des über den Domainnamen erreichbaren Unternehmens verstehe.[112] Dem ist entgegenzuhalten, dass die Eintragung des Domainnamens für eine natürliche Person oder ein andersnamiges Unternehmen für sich genommen keinerlei Rückschlüsse auf den eigentlichen Verwendungszweck zulässt. Objektiv gesehen ist eine private oder geschäftliche Nutzung ohne Bezug zu einem Unternehmensnamen sogar eher wahrscheinlich.

III. Werktitel

36 Von größerer praktischer Relevanz dürfte die Begründung von Werktitelrechten an Domainnamen sein, da diese bei gegebener Schutzfähigkeit des Titels bereits auf Grund Benutzungsaufnahme entstehen und nicht vom Erwerb einer Verkehrsgeltung abhängig sind. Neben Namen und besonderen Bezeichnungen von Druckschriften, Filmwerken, Tonwerken und Bühnenwerken sind auch **sonstige vergleichbare Werke** gemäß § 5 Abs. 3 MarkenG einem Werktitelschutz zugänglich. Die Rechtsprechung fasst diesen Begriff weit. Als sonstige Werke sind all solche geistigen Schöpfungen titelschutzfähig, die ihrem Wesen nach Kommunikationsmittel sind und deren gedanklicher Gehalt für andere erst durch geistige Umsetzung beim angesprochenen Leser oder Betrachter existent wird. Sonstige Werke im Sinne dieser Vorschrift kennzeichnen damit immer etwas Immaterielles und in der gegenständlichen Welt nicht Fassbares.[113] Diese Anforderungen erfüllen nicht nur Computerprogramme[114], sondern auch Datenbanken[115], Linksammlungen und Suchmaschinen.[116] Für Domainnamen entsteht der Werktitelschutz, sofern dieser ein Werk als Titel kennzeichnet.[117] Eine solche Titelfunktion des Domainnamens ist indes nicht schon deshalb gegeben, weil der Domainname dem Internetnutzer den Weg zu einer Onlinezeitschrift weist.[118] Der Leser einer Internetzeitschrift wie SPIEGEL ONLINE vertraut auf ergänzende aktuelle Informationen in der Onlineausgabe des ihm ver-

---

[111] M.w.N. zur allg. Rspr. *Ingerl/Rohnke,* § 5 Rdnr. 33; speziell für Domainnamen: *LG München I,* ZUM-RD 2001, 359 (361) – nominator.de.

[112] *LG München I,* ZUM-RD 2001, 359 (361) – nominator.de.

[113] *BGH* GRUR 1993, 767 – Zappel-Fisch.

[114] *BGH* WRP 1997, 1184 – PowerPoint; *BGH* WRP 1997, 1181 – FTOS.

[115] *Ingerl/Rohnke,* § 5 Rdnr. 47 a.E.

[116] *LG Düsseldorf,* 34 O 2/99, Urt. v. 5. 1. 1999, – klugsuchen.de, http://www.online-recht.de/vorent.html?LGDuesseldorf 990105 [abgerufen am 4. 3. 2002].

[117] *LG Mannheim,* CR 1999, 528 – bautip.de.

[118] A.A. *Fezer,* WRP 2000, 669 (673); *Bücking,* Domainrecht, Rdnr. 122 ff.

trauten Printmagazins. Es entspricht daher nicht der Verkehrsanschauung, den Domainnamen spiegel.de mit dem Titel gleichzusetzen.[119] Der Domainname ist lediglich das Mittel der Kontaktaufnahme, nicht aber das Kennzeichen des Werkes. Das gilt selbst für Angebote, die ihren Ursprung im Internet haben. Wer yahoo.de anwählt, der findet eine Suchmaschine namens YAHOO! Der Schutz für den Titel YAHOO! entsteht auf Grund der titelmäßigen Benutzung auf der Homepage und nicht durch den Domainnamen, in dem sich das Ausrufezeichen gar nicht wiederfindet. Bei spezifischen Internetmedien kommt es allerdings häufig vor, dass der Domainname mit dem Werktitel übereinstimmt (z.B. das Heimtierportal mypetstop.com). Bei Anwahl erscheint der Domainname in titelmäßiger Hervorhebung auch auf der Internetseite. In diesen Fällen kann man jedoch kaum von einem originären Titelrecht des Domainnamens sprechen, da dessen Schutz reflexhaft dem gekennzeichneten Werk folgt.

Originärer Titelschutz an einem Domainnamen entsteht aber dort, wo aus der 37
Art der Benutzung erkennbar wird, dass der Domainname selbst den Titel eines Werkes darstellt.[120] Es wäre freilich verfehlt, jedem Domainnamen, bei dessen Anwahl eine individuell gestaltete Homepage erscheint, Titelschutz zuzusprechen.[121] Der abrufbare Inhalt muss vielmehr die Qualität eines immateriellen geistigen Arbeitsergebnisses aufweisen, das bezeichnungsfähig ist.[122] Diese Anforderungen können durchaus durch eine Internetseite oder aber einen lockeren Verbund von thematisch aufeinander ausgerichteten Seiten erfüllt werden. Wesentlich ist, dass ein innerer thematischer Bezug der über den gemeinsamen Domainnamen verbundenen Seiten erkennbar wird. Dabei ist unerheblich, ob die Internetseiten häufiger ausgetauscht oder aktualisiert werden. Es ist ausreichend, wenn zu einem bestimmten Thema ein redaktionell betreutes Angebot abgelegt ist, das in regelmäßigen Abständen aktualisiert wird.[123] Der Titelschutz entsteht mit der Inbenutzungnahme des Domainnamens als Werktitel. Die bloße Registrierung eines Domainnamens stellt noch keine hinreichende Benutzungshandlung dar, die zum Erwerb eines Titelschutzes ausreicht.[124] Wie für andere Titelschutzrechte, so kann allerdings auch für Domainnamen der Zeitrang durch eine entsprechende Anzeige in einem anerkannten Titelschutzanzeiger um maximal ein halbes Jahr vorverlagert werden.[125]

IV. Namensrechte

Vereinzelt wird Domainnamen auch ein originärerzeichenrechtlicher Schutz zu- 38
gesprochen, da es sich um namensartige Kennzeichen handele, die von § 12 BGB erfasst würden. Soweit Unterscheidungskraft gegeben ist entstehe der Schutz mit Aufnahme der entsprechenden Benutzung.[126] Diese Auffassung ist zu Recht ganz

---

[119] *Omsels,* GRUR 1997, 328 (333).

[120] Ebenda.

[121] *Fezer,* WRP 2000, 669 (673).

[122] *OLG Dresden,* CR 1999, 102 (103) – dresden-online.de; *Omsels,* GRUR 1997, 328 (332).

[123] *LG Frankfurt am Main,* GRUR-RR 2002, 68 f. – uhren-magazin.de.

[124] *OLG München,* CR 2001, 406 (407) – kueche-online.de; anders die Rechtslage bei geschäftlichen Bezeichnungen, dazu Rdnr. 35.

[125] Zur Titelschutzanzeige *Ingerl/Rohnke,* § 5 Rdnr. 50 ff.

[126] *OLG Hamburg,* CR 1999, 184 (185) – emergency.de, mit kritischen Anm. *Hackbarth,* CR 1999, 186 f.; *LG Hamburg,* CR 1997, 157 – Zurückbehaltungsrecht an Domainnamen; s.a. *OLG Hamburg,* NJWE-WettbR 2000, 237 – kulturwerbung.de [abgerufen am 4. 3. 2002].

überwiegend auf Ablehnung gestoßen.[127] Allerdings wird in der Diskussion meist nicht sauber zwischen der Namensfunktion des Domainnamens zum Rechtserwerb und der Namensfunktion im Zusammenhang mit der Verletzung von Kennzeichen Dritter unterschieden.[128] Eine kennzeichenrechtsverletzende Funktion ist eher anzunehmen, da Domainnamen bewusst als Teil unternehmerischer Kommunikationsstrategien eingesetzt werden. Richtig ist, dass der Domainname neben seiner Funktion als technische Internetadresse auch dazu dienen kann, einen bestimmten Anbieter zu erreichen.[129] Bei der rechtsbegründenden Namensfunktion ist aber nicht auf die auf den Domainnamen bezogenen Erwartungen der Internetnutzer abzustellen. Vielmehr ist objektiv das Subjekt zu ermitteln, auf den sich der Namensschutz bezieht. Auch insoweit gilt, dass der Domainname zwar aus dem Namen einer natürlichen oder juristischen Person abgeleitet sein mag, keinesfalls aber mit diesem gleichzusetzen ist. Die Rechtsprechung hat zwar den Anwendungsbereich des Namensschutzes über die Individualisierung der Persönlichkeit hinaus auf Bezeichnungen ausgedehnt, die der Benennung von Gegenständen dient.[130] Als bezeichneter Gegenstand mag hier die jeweilige Homepage gelten, die bei Anwahl des Domainnamens erscheint. Eine derart extensive Ausweitung des Namensschutzes ist bei Domainnamen aber nicht von Nöten. Insoweit geht nämlich der Werktitelschutz als spezialgesetzliche Vorschrift vor. Das immateriell geistige Arbeitsergebnis einer Internetseite wird gegebenenfalls durch den Domainnamen als Werktitel gekennzeichnet. Originären Namensschutz, der über den Werktitelschutz hinausgeht, vermag ein Domainname von daher nicht zu begründen.

D. Domainnamen entgegenstehende absolute Hindernisse

I. Generische Begriffe als Domainnamen

39 Generische Begriffe sind wegen ihrer besonderen Werbeeignung als Domainnamen sehr beliebt. Es entspricht nämlich den Suchgewohnheiten der Internetnutzer, dass sie bevorzugt in der Eingabezeile ihres Browsers einen beschreibenden Begriff wie „Rechtsanwalt", „Englischunterricht" als Domainname (z.B. rechtsanwalt.de) eingeben, in der Hoffnung, so schnell auf eine Internetseite zu gelangen, die gewünschte Informationen zum Thema bereithält. Die alternative Möglichkeit, eine Suchmaschine zu bemühen, wird oftmals als zu umständlich empfunden, zumal dann das passende Angebot erst noch aus der generierten Trefferliste auszuwählen ist.[131] Die Internet Anbieter haben auf dieses Bedürfnis der Nutzer reagiert. So sind mittlerweile fast alle gängigen oder nahe liegenden generischen Begriffe regist-

[127] *OLG Stuttgart,* K&R 2002, 377 (378) – netz.de; *Hoeren/Sieber/Viefhues,* § 6 Rdnr. 59; *Hackbarth,* CR 1999, 186 f.; *Fezer,* Markenrecht, § 3 Rdnr. 320; *ders.,* WRP 2000, 669 (673].

[128] *öOGH,* GRUR Int. 1999, 358 (359 f.) – jusline.com; *Hoffmann,* Mitt. 2002, 104 (106 ff.); *öOGH,* Cri 2000, 59 – ortig.at, der auf Entscheidungen wie *OLG Karlsruhe,* CR 1999, 783 (784) – badwildbach.com und *OLG München,* CR 1999, 382 – shell.de verweist, die aber die rechtsverletzende und nicht die rechtsbegründende Namensfunktion betraf; ebenso ungenau *Fezer,* Markenrecht, § 3 Rdnr. 320; *ders.,* WRP 2000, 669 (673).

[129] So aber *OLG Hamburg,* CR 1999, 184 (186) – emergency.de.

[130] M. w. N. *Fezer,* Markenrecht, § 3 Rdnr. 321 und § 15 Rdnr. 21 ff.

[131] *OLG Hamburg,* CR 1999, 779 (780) – mitwohnzentrale.de m. abl. Anm. *Strömer,* K&R 2000, 192 f.

riert.[132] Die Erwartung des Internetnutzers, statt einer Fehlermeldung ein brauchbares Ergebnis zu erzielen, erhöht die Attraktivität generischer Domainnamen. Je gängiger der Begriff, desto höher sind im Allgemeinen die spontanen Zugriffe (page views), was sich unmittelbar im objektivierbaren Werbewert des Domainnamens (Bannerwerbung) niederschlägt. Als Marken sind solcherart generische Begriffe nicht schutzfähig, da es ihnen in dem beschreibenden Zusammenhang an jeglicher **Unterscheidungskraft mangelt** (§ 8 Abs. 2 Nr. 1 MarkenG) und zugunsten der Mitbewerber ein **Freihaltebedürfnis** besteht (§ 8 Abs. 2 Nr. 2 MarkenG). Im Interesse der Allgemeinheit obliegt es dem jeweiligen Markenamt, im Rahmen eines rechtsförmlichen Verfahrens dafür Sorge zu tragen, dass derart absoluten Schutzhindernissen unterliegende Bezeichnungen nicht durch Markeneintragen für einzelne monopolisiert werden. Ein vergleichbar formalisiertes Verfahren, das der Vergabe von generischen Domainnamen vorbeugen könnte gibt es weder für die offenen generischen Top Level (.COM, .NET, .BIZ) noch für den deutschen Top Level .DE. Eine Reglementierung durch den Gesetzgeber wäre theoretisch denkbar.[133] Ähnlich wie im Anmeldeverfahren für Marken könnte gesetzlich geregelt werden, dass der Vergabe von Domainnamen eine Schutzfähigkeitsprüfung vorausgeht. Mit entsprechenden gesetzgeberischen Aktivitäten ist indes derzeit nicht zu rechnen.[134] Auch die DENIC als Vergabestelle für deutsche Domainnamen könnte im Wege angepasster Vergabebedingungen die Zuweisung von generischen Domainnamen reglementieren oder unterbinden.[135] So sind beispielsweise die Vergabestellen in den Niederlanden, Frankreich, Spanien, Norwegen und Schweden diesen Weg gegangen. Dabei gibt es drei grundsätzliche Modelle. Einige Registrierstellen veröffentlichen vorab eine Liste mit Domainnamen, die einer Eintragung nicht zugängliche Begriffe enthalten.[136] Neben generischen Begriffen umfassen diese Listen oftmals auch Begriffe, die aus anderen Gründen freizuhalten sind. Andere Registrierstellen erlassen abstrakt generelle Regelungen, durch die nicht eintragungsfähige Begriffe definiert werden.[137] Schließlich gibt es Länder, in denen freizuhaltende Begriffe treuhänderisch von Organisationen verwaltet werden, die dann die Belegung von Third Level Domainnamen unter diesen Gattungsbegriffen ermöglichen.[138]

1. Generelle Zulässigkeit generischer Domainnamen

Solange es aber in Deutschland keine regulatorischen Beschränkungen gibt, ist 40 das Phänomen der generischen Domainnamen auf Grundlage der gegebenen Gesetzeslage zu bewältigen. Wettbewerbliche Relevanz gewinnt die Monopolisierung von generischen Domainnamen dadurch, dass sie eine **Kanalisierung von Kundenströ-**

---

[132] Laut *Bettinger,* CR 2000, 619 waren bereits im Jahr 1999 von 25 500 englischen Standardwörtern nur 1760 noch nicht unter dem Top Level .COM vergeben.

[133] *BGH* GRUR 2001, 1061 (1064) – mitwohnzentrale.de.

[134] Ebenda.

[135] Ebenda.

[136] Niederlande: http://www.domain-registry.nl/sidn/flat/Domeinnamen/Vrijgaveregeling/index.html [abgerufen am 4. 3. 2002]; s. a. *Sosnitza,* K&R 2000, 209 (216); *Bettinger,* CR 2000, 618 (619).

[137] Frankreich: http://www.nic.fr/english/register/charter-fr.html [abgerufen am 4. 3. 2002]; Schweden: http://www.iis.se/regulations.shtml [abgerufen am 4. 3. 2002]; Spanien: http://www.nic.es/normas/index.html [abgerufen am 5. 3. 2002].

[138] Norwegen: Additional Requirements for Geographic and Generic Second-Level Domains: http://www.norid.no/name-policy.html#link4 [abgerufen am 4. 3. 2002].

men in Richtung auf die Homepage des Domaininhabers bewirkt.[139] Weniger erfahrene Internetnutzer könnten auch irrig davon ausgehen, die gefundene Webseite verschaffe ihnen einen Zugang zum gesamten Angebot des durch den generischen Begriff vorgegebenen Themas, was sie von weiteren Suchbemühungen bei anderen Anbietern abhalten könnte.[140] Mangels spezialgesetzlicher Regelung wäre daran zu denken, in **analoger Anwendung des § 8 Abs. 2 MarkenG** generische Domainnamen generell oder bei Vorliegen weiterer Voraussetzungen von einer Belegung auszunehmen. Wie stets setzt ein solcher Analogieschluss voraus, dass eine gesetzgeberische Lücke besteht, die bei vergleichbaren Sachverhalten durch eine entsprechende Anwendung der gesetzlichen Vorschriften geschlossen werden kann. Insoweit sind durchaus gewisse Parallelen zwischen Markenrecht und Domainnamen zu erkennen.[141] Der Inhaber eines Domainnamens, der mit einem generischen Begriff übereinstimmt, gewinnt eine faktische Monopolstellung, die darin besteht, dass er Dritte von einer Nutzung dieses Domainnamens ausschließen kann.[142] Insoweit ähnelt seine Stellung der eines Markeninhabers, der ebenfalls Dritte daran hindern kann, sein Kennzeichen zu benutzen. Zwar kann dieses Monopol dadurch umgangen werden, dass ein anderweitiger Interessent auf ähnliche Gattungsbegriffe ausweicht oder kaum ins Gewicht fallende Zusätze hinzufügt. Auch entfaltet sich die Sperrwirkung nur im Internet. Niemand ist in der realen Welt daran gehindert, den Gattungsbegriff in jedweder Hinsicht zu nutzen.[143] Es bleibt aber zumindest im Bereich der Identität bei einem nicht wegzudiskutierenden Monopol des Domaininhabers im immer wichtiger werdenden Medium Internet.[144] Diese Vergleichbarkeit im tatsächlichen Bereich vermag jedoch eine analoge Anwendung der markenrechtlichen Vorschriften zu den absoluten Schutzhindernissen nicht zu rechtfertigen. Anders als die Belegung eines Domainnamens bewirkt die Verleihung eines Markenrechts nämlich eine normative Zuordnung. Der Markeninhaber hat gesetzlich näher geregelte Ansprüche, insbesondere Unterlassungsansprüche, die er bei etwaigen Verletzungen gegenüber Dritten durchsetzen kann. Hingegen werden durch die Eintragung eines beschreibenden Begriffs als Domainnamen keinerlei durchsetzbare Rechtspositionen begründet.[145] Gegen einen Analogieschluss spricht auch, dass es

---

[139] *BGH* GRUR 2001, 1061 (1063) – mitwohnzentrale.de zust. Anm.: *Hoeren,* MMR 2001, 669 ff.; *Jaeger-Lenz,* CR 2001, 780 ff.; *Meissner/Baars,* JR 2002, 201 ff.; *OLG Hamburg,* CR 1999, 779 (780) – mitwohnzentrale.de; *OLG Braunschweig,* CR 2000, 614, (615) – stahlguss.de; *Völker/Weidert,* WRP 1997, 652 (660); *Kur,* CR 1996, 325 (328); *Sosnitza,* K&R 2000, 209 (213); *Hoeren/Sieber/Viefhues,* § 6 Rdnr. 205; *Thiele/Rohlfing,* MMR 2000, 591 (595).

[140] *BGH* GRUR 2001, 1061 (1063) – mitwohnzentrale.de; *OLG München,* CR 2001, 463 ff. = MMR 2001, 615 ff. – autovermietung.com, m. zust. Anm. *Jung/Bartenbach* 617 ff.; *LG München I,* MMR 2001, 185 (186) – autovermietung.com; *OLG Hamm,* GRUR-RR 2001, 105 – sauna.de, dazu *Bonse/Geiseler-Bonse,* WRP 2001, 737 ff.; *LG München I,* K&R 2001, 108 (110) – rechtsanwaelte.de m. Anm. *Härting,* BB 2001, 488 (491 f.); *Ernst,* MMR 2001, 181 ff.; *Schmittmann,* Mitteilungen 2001, 140 (142 f.).

[141] *OLG Frankfurt am Main,* CR 1997, 271 (272) – wirtschaft-online.de.

[142] *LG Mannheim,* CR 2002, 689 – rechtsanwalt.com.

[143] *Kur,* CR 1996, 325 (328).

[144] *Hoeren/Sieber/Viefhues,* § 6 Rdnr. 208.

[145] *BGH* GRUR 2001, 1061 (1063) – mitwohnzentrale.de entsprechend für Vanity-Rufnummern *BGH* GRUR 2002, 902 (906); *OLG Frankfurt am Main,* CR 1997, 271 (272) – wirtschaft-online.de; *LG München I,* CR 1997, 545 (546) – sat-shop.com; *Ernst,* BB 1997, 1057 (1061); *Renck,* WRP 2000, 264 (267); *Wendlandt,* WRP 2001, 629 (634).

wie dargelegt im deutschen Vergabeverfahren für Domainnamen **kein staatliches Prüfungs- und Überwachungsinstrumentarium**[146] gibt, durch das die Interessen der Allgemeinheit und des die Eintragung begehrenden Interessenten austariert würden. Beanstandet das Deutsche Patent- und Markenamt eine Markenanmeldung wegen absoluter Schutzunfähigkeit, so steht dem Anmelder der Rechtsweg zur Überprüfung dieser Verwaltungsentscheidung offen. Der Bundesgerichtshof hat der DENIC die Schaffung eines solchen Prüfungsverfahrens aber nicht aufgegeben, zumal das Gericht zu einem so weitgehenden Eingriff auch gar nicht befugt ist.[147] Die Schaffung solcher Regularien obliegt wegen des Vorbehalts des Gesetzes allein dem Gesetzgeber. Hinzukommt, dass die Gerichte in den kontradiktorischen Verfahren, in denen eine analoge Anwendung des § 8 Abs. 2 MarkenG erwogen wird, nicht in der Lage sind, eine dem Markenrecht vergleichbare Rechtsfolge herbeizuführen. Typischerweise geht in derlei Fällen ein Mitbewerber gegen den anderen vor, um eine Freigabe des generischen Domainnamen zu erwirken. Würde das Gericht unter analogem Rückgriff auf § 8 Abs. 2 Nr. 1 und Nr. 2 MarkenG die Löschung des beanstandeten Domainnamens verfügen, so würde diese Anordnung nur inter partes wirken. Da die DENIC den generischen Domainnamen wieder dem Pool der verfügbaren Domainnamen zufließen lässt, kann jeder Dritte den generischen Begriff erneut belegen. Aufgrund der Tenorierung, die allein den Beklagten bindet, wäre nicht einmal der Kläger des vorangegangenen Prozesses an einer Registrierung gehindert. Ein letztes Argument, das gegen die analoge Anwendung von § 8 Abs. 2 Nr. 1 und Nr. 2 MarkenG spricht, zielt auf den Schutzzweck dieser Norm ab. Die Versagung einer Markeneintragung für beschreibende und nicht unterscheidungskräftige Begriffe dient dem allgemeinen Interesse an der freien Benutzbarkeit derselben. Die Folge einer Übertragung des Rechtsgedankens der absoluten Schutzhindernisse auf Domainnamen bewirkt aber nicht deren Verfügbarkeit für jedermann. Das Begehren der klagenden Mitbewerber zielt im Gegenteil darauf ab, dass der Domainname durch niemanden, zumindest aber nicht durch den beklagten Domaininhaber benutzt wird.[148] Letzterer Gedanke leitet zu der Frage über, ob nicht ein **Sperrbedürfnis** an generischen Begriffen besteht, da eine freie Verwendbarkeit durch jedermann systembedingt nicht gewährleistet werden kann.[149] Die Sperrung einer großen Anzahl von Domainnamen hätte indes eine nicht unerhebliche Verkleinerung des Namensraums zur Folge. Ob eine derartige marktbeschränkende Verknappung der ohnehin nur in begrenzter Zahl verfügbaren Domainnamen im Sinne eines funktionierenden Leistungswettbewerbs ist, wurde zu Recht bezweifelt.[150] Auch sind keine rechtlichen Gesichtspunkte vorhanden, wonach die mit der Registrierung von generischen Domainnamen verbundenen Vorteile generell zu missbilligen wären.[151] Das bei der Vergabe von Domainnamen angewandte Prioritätsprinzip wird auch in anderem Zusammenhang als gerecht empfunden. Von daher ist nicht erkennbar, wes-

---

[146] *OLG Frankfurt am Main,* CR 1997, 271 (272) – wirtschaft-online.de; zust.: *Ubber,* WRP 1997, 497 (510); *Sosnitza,* K&R 2000, 209 (215).

[147] *LG Hamburg,* CR 2000, 617 (618) – lastminute.com.

[148] *BGH* GRUR 2001, 1061 (1063) – mitwohnzentrale.de.

[149] *Hoeren/Sieber/Viefhues,* § 6 Rdnr. 211 f. spricht von einem Tabuisierungsbedürfnis; zur vergleichbaren Sperrlösung bei Gleichnamigkeit s. Rdnr. 55.

[150] *Gruber/Mader/Thiele,* 75 (96).

[151] *BGH* GRUR 2001, 1061 (1064) – mitwohnzentrale.de; *LG Hamburg,* CR 2000, 617 (618) – lastminute.de.

halb bei Fehlen anderweitiger Unlauterkeitsmerkmale die Registrierung von Gattungsbegriffen unbillig sein soll.[152]

41 Auch unter wettbewerbsrechtlichen Gesichtspunkten erscheint die Verwendung einer Gattungsbezeichnung als Domainname nicht aus sich selbst heraus sittenwidrig im Sinne von § 1 UWG. Eine Wettbewerbswidrigkeit wird teilweise unter Verweis auf die Rechtsfigur des **Vorsprungs durch Rechtsbruch** in Erwägung gezogen.[153] Zwar wird zutreffend erkannt, dass mangels Vorschriften ein Rechtsbruch an sich nicht gegeben ist. Das Fehlen rechtlicher Regelungen zur Behandlung generischer Begriffe als Domainnamen stelle jedoch ein durch die Schnelligkeit der Entwicklung entstandenes Defizit dar, das nicht dadurch zur Störung des Wettbewerbs ausgenutzt werden dürfe, dass man sich derartige Domainnamen zur ausschließlichen Nutzung aneigne. Der Bundesgerichtshof stellt dieser Erwägung das als schutzwürdig erachtete **Vertrauen auf das Fehlen eines Verbots** der Registrierung generischer Domainnamen gegenüber.[154] Viele Unternehmen haben in den Jahren der rechtlichen Unsicherheit nicht nur generische Domainnamen eingetragen, sondern darüber hinaus teilweise erhebliche Investitionen getätigt, die bei einem generellen Verbot von Gattungsbezeichnungen als Domainnamen gefährdet wären.[155]

2. Fallgruppen rechtswidriger Nutzung generischer Domainnamen

42 Die generelle Zulässigkeit der Belegung von generischen Domainnamen schließt allerdings nicht aus, dass bei Hinzutreten **weiterer Umstände** nicht doch ein Wettbewerbsverstoß entsteht. Insofern haben sich in der Rechtsprechung verschiedene Fallgruppen herausgebildet. Eine Fallgruppe betrifft die sittenwidrige Beeinträchtigung der wettbewerblichen Entfaltungsmöglichkeiten eines Mitbewerbers. Eine **wettbewerbswidrige Behinderung** wäre dort gegeben, wo die Nutzung des generischen Domainnamens zu dem gezielten Zweck erfolgt, den Mitbewerber an seinen eigenen wettbewerblichen Entfaltungsmöglichkeiten zu hindern. Insoweit muss eine Behinderungsabsicht des Domaininhabers positiv festgestellt werden. Nach Auffassung des *OLG Hamburg* führt die Verwendung der Gattungsbezeichnung „Mitwohnzentrale“ als Domainname mitwohnzentrale.de zu einer unlauteren Absatzbehinderung der Mitbewerber unter dem Gesichtspunkt des **Abfangens potentieller Kunden.**[156] Die auf das unter dem generischen Domainnamen abrufbare Angebot kanalisierten Kunden würden die Alternativen der Mitbewerber vielfach nicht wahrnehmen, so dass der anzustrebende echte Leistungsvergleich verhindert werde. Dieser Argumentation ist der Bundesgerichthof entgegengetreten.[157] Trotz der nicht zu leugnenden Kanalisierungswirkung ergebe sich nicht notwendigerweise, dass der damit verbundene Vorteil in unlauterer Weise nutzbar gemacht werde. Dem Domaininhaber kann es nämlich nicht verwehrt sein, auch progressiv für seine Kunden zu werben. Von einem unlauteren Abfangen kann nur dort die Rede sein, wo sich der Anbieter gewissermaßen zwischen den Mitbewerber und seinen Kunden stellt,

---

[152] Ebenda.

[153] *Kur,* CR 1996, 325 (330); *OLG Hamburg,* CR 1999, 779 (781) – mitwohnzentrale.de spricht von einem Wettbewerbsvorteil.

[154] *BGH* GRUR 2001, 1061 (1064) – mitwohnzentrale.de.

[155] Ebenda.

[156] *OLG Hamburg,* CR 1999, 779 (780) – mitwohnzentrale.de.

[157] *BGH* GRUR 2001, 1063 (1063) – mitwohnzentrale.de.

um diesen bei seinem Kaufentschluss zu beeinflussen. Bei der Anwahl eines generischen Domainnamens geht die Initiative aber vom Internetnutzer aus. Ihm ist es durch den Besuch anderer Internetseiten ohne weiteres möglich, auch das Angebot anderer Anbieter abzurufen.[158] Die Rechtsfigur des Abfangens von Kunden ist für Fallkonstellationen entwickelt worden, in denen sich der Kunde in unmittelbarer Nähe des Ladengeschäfts durch das Verhalten des Anbieters eines psychologischen Kaufzwangs ausgesetzt sieht. Diese Zwangslage entspringt der zwischenmenschlichen Interaktion zwischen Verkäufer und Käufer. Im Internet läuft die Kommunikation hingegen weitgehend anonym ab. Ohne sich weiter erklären zu müssen, kann der Internetnutzer mittels weniger Klicks weitere Angebote einholen.[159] Die Verwendung eines generischen Domainnamens bewirkt mithin kein Ablenken, sondern das Hinlenken auf ein bestimmtes Angebot.[160]

Die Grenze zur Mißbräuchlichkeit ist nach Auffassung des Bundesgerichtshofs 43
überschritten, wenn die Entfaltungsmöglichkeiten der Mitbewerber dadurch beeinträchtigt werden, dass der Domaininhaber durch die **Registrierung einer Vielzahl generischer Domainnamen** gezielt versucht, die Kontaktaufnahme potentieller Kunden mit Mitbewerbern zu erschweren (**Cluster-Registrierungen**). In Betracht kommt die Registrierung diverser thematisch zusammenpassender Gattungsbegriffe oder die Belegung eines Begriffs in verschiedenen Schreibweisen oder unter mehreren Top Leveln.[161] Erforderlich ist aber eine flächendeckende Abriegelung des Namensraums. Man wird dabei nicht statisch auf eine bestimmte Anzahl von Domainnamen abstellen können. Vielmehr ist bezogen auf die jeweiligen Branchen flexibel zu ermitteln, ob das Domain-Bündel die Entfaltungsmöglichkeit der Mitbewerber erheblich beeinträchtigt. Die Schwelle der Erheblichkeit dürfte bei der Registrierung von zwei oder drei generischen Domainnamen noch nicht überschritten sein. Gerade in Branchen, in denen die Verwendung einer Vielzahl von Synonymen naheliegt (baumarkt.de, heimwerker.info, heimwerken.de, heim-werken.com), wird durch die Monopolisierung weniger Domainnamen die Kommunikation nicht in wettbewerblich relevanter Weise beeinträchtigt. Dies mag im Einzelfall dort anders sein, wo der Internetnutzer ganz spezielle Produkte nachfragt oder im geschäftlichen Verkehr im Zusammenhang bei der Bestellung von Waren und Dienstleistungen nur wenige beschreibende Schlüsselbegriffe verwendet werden. Zu denken wäre insofern unter anderem an Produktnamen (wintergarten.de) und Berufsbezeichnungen (z. B. steuerberater.de).

Eine weitere Fallgruppe des unlauteren Wettbewerbsverhaltens betrifft die unzu- 44
lässige **Alleinstellungsbehauptung.** Eine solche ist gegeben, wenn sich auf Grund der Verwendung des generischen Begriffs als Domainname für den Internetnutzer der Eindruck ergibt, das angewählte Angebot sei das Einzige seiner Art im Internet. Ist dies tatsächlich nicht der Fall, so wird der Internetnutzer in wettbewerbswidriger Weise irregeführt. Die Fehlvorstellung, sich bereits einen Überblick über das gesamte Angebot verschafft zu haben, hält den Internetnutzer davon ab, seine Suche bei

---

[158] *Sosnitza,* K&R 2000, 209 (214).

[159] *LG Hamburg,* CR 2000, 617 (618) – lastminute.de.

[160] *BGH* GRUR 2001, 1061 (1063) – mitwohnzentrale.de.

[161] *BGH* GRUR 2001, 1061 (1064) – mitwohnzentrale.de; *Sosnitza,* K&R 2000, 209 (213); insoweit ablehnend und für die Zulässigkeit von Cluster-Registrierungen: *Schafft,* CR 2002, 434 ff.; *Abel,* WRP 2001, 1426 (1429 f.); abwägend *Leible/Sosnitza,* K&R 2001, 587.

anderen Anbietern fortzusetzen. Dieser Gesichtspunkt spielt freilich bei der Mehrzahl der Gattungsbegriffe keine Rolle, da der Verkehr bei allgemeinen Begriffen von vornherein erkennt, dass die gefundene Homepage nicht das gesamte Angebot repräsentiert.[162] Die Behauptung einer Alleinstellung kann allerdings auf Grund der Benutzung entstehen. Wird der generische Domainname für ein Internetportal eingesetzt, das nach seinem Erscheinungsbild den Eindruck vermittelt, einen umfassenden Überblick über die Anbieter der entsprechenden Branche zu geben, so wird der Internetnutzer von weitergehenden Recherchen oftmals absehen. Eine entsprechende Fallkonstellation lag der Entscheidung des Bundesgerichtshofs in der Auseinandersetzung um den Domainnamen mitwohnzentrale.de zugrunde. Die Website vermittelte den fälschlichen Eindruck, dass es sich bei dem Betreiber um den einzigen, zumindest aber um den größten Verband von Mitwohnzentralen handelte. Aus derartig wettbewerbswidrigen Alleinstellungsbehauptungen folgt indes kein Gebot, die Verwendung des generischen Domainnamens schlechthin zu unterlassen. Vielmehr kann die Irreführung durch einen auf der mit der Gattungsdomain verbundenen Homepage platzierten Hinweis auf die Mitbewerber ausgeräumt werden.[163] Man wird noch einen Schritt weitergehen und den Mitbewerbern einen Anspruch auf Platzierung eines Links zugestehen müssen, sofern sie mit einer entsprechenden Bitte an den Betreiber der Homepage herantreten. Nur so wird den Besonderheiten des Mediums Internet Rechnung getragen und gewährleistet, dass der Internetnutzer das Alternativangebot auch tatsächlich findet. Schwierigkeiten dürfte in der Praxis die Frage bereiten, in welcher Aufmachung, Größe und an welcher Stelle die entsprechenden Hinweise und Links zu platzieren sind.[164] Unter Abwägung der beiderseitigen Interessen wird man nicht soweit gehen können, Konkurrenten eine eigene Werbeplattform zuzugestehen. Andererseits muss der Hinweis so prominent sein, dass er bei der oftmals geradezu erschlagenden Informationsfülle nicht völlig untergeht. Bei der Abwägung im Einzelfall spielt auch eine Rolle, ob die Nutzung des generischen Domainnamens von seinen Inhabern als **offenes Angebot** konzipiert ist, oder die Präsentation einzelnen Personen beziehungsweise Gruppen vorbehalten ist. Ist die Internetseite erkennbar für jeden offen, so erhält jeder Mitbewerber eine faire Chance, an der Kanalisierungswirkung teilzuhaben.[165] Die wettbewerbliche Relevanz relativiert sich, da die Monopolisierung der Gattungsdomain entfällt. Zwar ist nicht auszuschließen, dass einzelne Mitbewerber nicht geneigt sind, sich den vom Betreiber des Internetauftritts vorgegebenen Zwängen des Seitenaufbaus, etwaigen Qualitätsanforderungen oder Kostenbeteiligungen zu unterwerfen. Das ist auch ihr gutes Recht. Schließlich muss niemand seine Werbung beim Mitbewerber buchen. Bei offenen Angeboten dürfte jedoch das Interesse des Betreibers an einer homogenen Gestal-

---

[162] *BGH* GRUR 2001, 1061 (1063) – mitwohnzentrale.de; *OLG Hamburg,* WRP 2001, 717 (719f.); *OLG Hamm,* GRUR-RR 2001, 105 (106) – sauna.de; *LG Köln,* MMR 2001, 197 – zeitarbeit.de (Ls.); *LG München I,* MMR 2001, 185 (186); LG Darmstadt, ZUM-RD 2002, 90 (91) – kueche.de; *Renck,* WRP 2000, 264 (267).

[163] *BGH* GRUR 2001, 1061 (1064) – mitwohnzentrale.de; ablehnend *Freys,* ZUM 2002, 114 (119), da eine nachträgliche nähere Befassung des Publikums den vollendeten Irreführungstatbestand nicht wieder ausräumen könne.

[164] *Ernst,* MMR 2001, 181 (183).

[165] *OLG Braunschweig,* CR 2000, 614 (615) – stahlguss.de; *LG Frankfurt am Main,* CR 2001, 713 (714) – drogerie.de; für eine Wettbewerbswidrigkeit nach schweizer Recht: HG Bern, MMR 2000, 214 – berneroberland.ch.

tung stärker zu berücksichtigen sein. Der Mitbewerber muss sich dementsprechend mit einem kleineren Hinweis auf sein Alternativangebot zufriedengeben. Letztendlich läuft das Hinweisgebot jedoch auf eine **beschränkte Teilhabe** an generischen Domainnamen hinaus, die bereits seit längerem in der Diskussion ist.[166] Zwar hat der Bundesgerichtshof die Lösung über einen Anspruch auf echte Teilhabe verworfen, da dann zu befürchten wäre, das sich der Streit um die Behinderung der Mitbewerber als Streit über eine angemessene entgeltliche Beteiligung fortsetzt.[167] Es besteht indes kein qualitativer Unterschied zwischen einer geteilten Homepage in gleichberechtigter Nutzung und dem Zugestehen eines beschränkten Hinweisfelds mit Link. Nur der Umfang der Fremdnutzung durch den Mitbewerber variiert.

Schließlich können generische Domainnamen inhaltliche Aussagen implizieren, 45
von denen die Inhalte der Internetseite abweichen. Insofern liegt eine **Irreführung** über die tatsächlichen Verhältnisse gemäß § 3 UWG vor. Der Domainname stellt sich in diesem Zusammenhang als ganz normale werbliche Aussage dar, die sich als zutreffend bewahrheiten muss. Findet sich beispielsweise unter baumschulen.de nur das Angebot eines einzelnen Gartenbaubetriebs, so wird die durch die Verwendung des Plurals geweckte Erwartung eines Überblicks über mehrere Baumschulen enttäuscht.[168] Das Leistungsangebot muss dementsprechend durch den Domainnamen zutreffend beschrieben sein.[169] Eine Irreführung kann sich auch unter dem Gesichtspunkt ergeben, dass das abrufbare Angebot unspezifisch ist. So hatte beispielsweise eine Baustoffhändlerin unter dem Domainnamen drogerie.de sowie mehreren tausend weiteren gehorteten Domainnamen der breiten Öffentlichkeit die Möglichkeit eingeräumt, E-Mail Adressen beziehungsweise Subdomainnamen einzurichten. Die Erwartung des Internetnutzers wird aber dahingehen, unter dem thematisch eindeutigen Domainnamen drogerie.de wie auch immer geartete Informationen zu Drogerien zu finden.[170] In dieser Erwartung wird aber der Internetnutzer enttäuscht, wenn er lediglich einen allgemeinen Internetführer vorfindet. Man wird allerdings auch keinen zu strengen Maßstab anlegen dürfen. Kommen mehrere Bedeutungsvarianten in Betracht, so muss es ausreichen, dass sich der unter dem Domainnamen aufzufindende Inhalt zumindest im Hinblick auf einen der denkbaren Aussagegehalte als zutreffend erweist.[171]

3. Besonderheiten bei bestimmten Berufsgruppen

Über das allgemeine Wettbewerbsrecht hinausgehend können Verstöße gegen **be-** 46
rufsrechtliche Vorschriften zugleich den Vorwurf einer wettbewerbswidrigen Hand-

[166] *Hoeren/Sieber/Viefhues,* § 6 Rdnr. 221; *Renck,* WRP 2000, 264 (268).

[167] *BGH* GRUR 2001, 1061 (1064) – mitwohnzentrale.de.

[168] *Hoeren/Sieber/Viefhues,* § 6 Rdnr. 221; weitere Beispiele bei *Kur,* CR 1996, 325 (329f.); *Sosnitza,* K&R 2000, 209 (215); *Abel,* WRP 2001, 1426 (1429); Anwendbarkeit von § 3 UWG noch vor der Entscheidung des *BGH* zu mitwohnzentrale.de offen lassend: *LG Köln,* MMR 2001, 55 (56) – zwangsversteigerungen.de.

[169] *OLG Hamm,* GRUR-RR 2001, 105 – sauna.de.

[170] *LG Frankfurt am Main,* CR 2001, 713 ff. – drogerie.de, mit zustimmenden Anm. *Bücking,* MMR 2001, 543 ff.; mit kritischen Anm. hingegen *Pahlow,* CR 2001, 715 (716); a.A. die Berufungsinstanz, *OLG Frankfurt,* Urteil v. 12. 9. 2002, 6 U 128/01, http://www.jurpc.de/rechtspr/20020322.htm – drogerie.de, wonach der aufgeklärte Internetnutzer lediglich diffuse Erwartungen habe und jederzeit mit der Möglichkeit eines Fehlschlags rechne.

[171] *Leible/Sosnitza,* K&R 2001, 587.

lung nach § 1 UWG begründen. So ist beispielsweise Rechtsanwälten eine Werbung standesrechtlich nur insoweit erlaubt, als dadurch über ihre berufliche Tätigkeit in Form und Inhalt **sachlich** unterrichtet wird und sie nicht auf die Erteilung eines Auftrags im Einzelfall gerichtet ist (§ 43 lit. b BRAO).[172] Diese Vorschrift ist im Lichte der verfassungsrechtlich gewährleisteten Berufsfreiheit auszulegen (Art. 12 GG). Demnach dürfen Rechtsanwälte, wie alle anderen Angehörigen freier Berufe auch, werben, soweit dies sachgerecht ist.[173] Neben irreführender Werbung sind allerdings **aufdringliche Werbemethoden** untersagt, die Ausdruck eines rein geschäftsmäßigen, ausschließlich an Gewinn orientierten Verhaltens sind.[174] Unter Bezugnahme auf diese Maßstäbe hat die Instanzrechtsprechung die Verwendung von generischen Domainnamen wie zum Beispiel rechtsanwaelte.de als standeswidrig eingestuft.[175] Der Rechtsanwalt verschaffe sich durch die monopolisierende Besetzung einer Branchenbezeichnung einen privilegierten Zugang zu potentiellen Mandanten. Man könne die Verwendung von Gattungsdomains insoweit mit einem ebenfalls unzulässigen übertrieben blickfangmäßig herausgestellten Eintrag in einem Branchenverzeichnis vergleichen. Die Grenzen einer auf sachliche Informationen über die berufliche Betätigung beschränkten Außendarstellung würden bei der Verwendung derart „anreißerischer Kennungen"[176] überschritten. Trotz solcher markigen Urteile sprechen bei verfassungskonformer Auslegung keine grundsätzlichen Bedenken gegen die Verwendung von Gattungsdomains auch im rechtsanwaltlichen Bereich. So bietet der Deutsche Anwaltsverein mit seinem Vermittlungsservice anwaltauskunft.de eine für Rechtsanwaltskollegen offene Plattform an, ohne dass die Rechtmäßigkeit dieses vielgenutzten Services in Frage gestellt würde. Im Übrigen ist es schlichtweg abwegig zu behaupten, ein Anwalt, der Domainnamen wie scheidungsrecht.de oder arbeitsrecht.de belegt, würde damit zum Ausdruck bringen, er allein erbringe Beratungsdienstleistungen auf diesem Rechtsgebiet.[177] Unter Bezugnahme auf die Leitentscheidung mitwohnzentrale.de hat der Bundesgerichtshof klargestellt, daß die Eintragung und Benutzung des Domainnamens rechtsanwaelte-notare.de durch entsprechende Berufsträger nicht unsachlich ist.[178] Die Eintragung eines generischen Domainnamens als solches ist weder marktschreierisch noch aufdringlich. Die Kategorien der Unsachlichkeit und Aufdringlichkeit beziehen sich auf den Inhalt oder die Form der Werbung.[179] Auch in der zur Vanity-Rufnummer 0800RECHTSANWALT ergangenen Entscheidung hebt der

---

[172] Dazu *Müller,* WRP 2002, 160 ff.

[173] *BVerfG,* BRAK-Mitteilungen 2000, 89.

[174] *BVerfG,* BRAK-Mitteilungen, 2000, 137 (138).

[175] *OLG Celle,* MMR 2001, 531 – anwalt-hannover.de; *LG München I,* K&R 2001, 108 (111) – rechtsanwaelte.de; *BGH* BRAK-Mitt. 2003, 82 ff. – presserecht.de; s. a. die Vorinstanz: *AGH Berlin,* BRAK-Mitt. 2002, 187 ff. – presserecht.de, mit kritischen Anm. *Heskamp,* BRAK-Mitt. 2002, 189 f.; *AnwG Hamm,* BRAK-Mitt. 2002, 286 – immobilienanwalt.de; a. A. *OLG Celle,* CR 2001, 857 – recht-freundlich.de; *LG Braunschweig,* MMR 2002, 248 f. – pruefungsrecht.de; ebenso die Vorinstanz: *LG Hannover,* CR 2001, 467 – recht-freundlich.de; zur vergleichbaren Problematik bei Vanity Rufnummern: *OLG Stuttgart,* ZUM-RD 2000, 248 (252) – 0800RECHTSANWALT; allgemein zu Vanity-Rufnummern s. Rdnr. 203 ff.

[176] *LG München I,* K&R 2001, 108 (111) – rechtsanwaelte.de.

[177] *Ernst,* MMR 2001, 181 (182); *Sosnitza,* K&R 2001, 111 (113); a. A. *Feuerich/Braun,* BRAO, § 6 BO Rdnr. 39.

[178] BGH BRAK-Mitt. 2003, 22 (23) – rechtsanwaelte-notar.de, m. Anm. *Dahns.*

[179] *Abel,* WRP 2001, 1426 (1431).

BGH hervor, dass die allgemeine Zulässigkeit von beschreibenden Domainnamen gleichermaßen für die rechtsberatenden Berufe gilt.[180] Erst bei einer anreißerischen Präsentation auf der mit dem Domainnamen verbundenen Internetseite kann sich eine Wettbewerbs- und Standeswidrigkeit ergeben. Insoweit gelten aber die allgemeinen Grundsätze, ohne dass dem generischen Domainnamen eine besondere Bedeutung zukäme. Der rechtssuchende Internetnutzer erwartet bei Anwahl eines Domainnamens wie presserecht.de kaum mehr als irgendwie geartete Informationen zum Thema.[181] Gattungsdomains sind mit den Entscheidungen mitwohnzentrale.de und 0800RECHTSANWALT höchstrichterlich positiv sanktioniert worden und werden sich zukünftig noch stärker verbreiten. Es ist von daher nicht einsichtig, warum den freien Berufen diese Kommunikationsmöglichkeit grundsätzlich verschlossen bleiben soll.

Selbstverständlich ist von besonderen Berufsgruppen und Vereinen auch das Irreführungsverbot des § 3 UWG zu beachten. Im Hinblick auf die eingeschränkte Beratungsbefugnis von Lohnsteuerhilfevereinen nach § 4 Nr. 11 StBerG erblickte das *OLG Nürnberg* in der Belegung des Domainnamens steuererklaerung.de durch einen Lohnsteuerhilfeverein eine Irreführung der Internetnutzer.[182] Der Domainname steuererklaerung.de erweckt nach Auffassung des Gerichts bei den Verbrauchern die Erwartung einer Unterstützung bei der Abfassung von Steuererklärungen für alle Einkunftsarten. Eine derart umfassende Beratungstätigkeit ist aber einem Lohnsteuerhilfeverein verwehrt. Auch wenn diese Entscheidung im Ergebnis zutrifft, so wird man doch im Einzelfall sehr genau prüfen müssen, welche Erwartungen der Internetnutzer mit einem Domainnamen verbindet. Es verbietet sich dabei, einen strengeren Maßstab an bestimmte Organisationen oder Berufsgruppen anzulegen. Geht man vom Leitbild des durchschnittlich informierten und verständigen Verbrauchers aus[183], so wird dieser kaum unter einem Domainnamen wie anwalt-hannover.de eine repräsentative Auswahl an Anwaltskanzleien im Raum Hannover erwarten.[184] Deutet der Gattungsbegriff auf ein bestimmtes Rechtsgebiet hin, so braucht der ensprechende Rechtsanwalt auf dem Rechtsgebiet keine herausragenden Qualifikationen vorweisen. Auch braucht der Inhaber des Domainnamens arbeitsrechtskanzlei.de nicht zwingend Fachanwalt für Arbeitsrecht sein.[185] Andererseits erwartet man unter dem Domainnamen aerztekammer.de ein Angebot der Bundesärztekammer oder einer Landesärztekammer.[186] Sind bestimmte Berufsbezeichnungen spezialgesetzlich – z. B. nach § 132a StGB – geschützt, so dürfen nur Angehörige der entsprechenden Berufs- 47

[180] *BGH* GRUR 2002, 902ff. – 0800RECHTSANWALT, allgemein zu Vanity-Rufnummern s. Rdnr. 203ff.

[181] *BGH,* BRAK-Mitt. 2003, 82ff., 83; s.a. die Vorinstanz: *Heskamp,* BRAK-Mitt. 2002, 189 (190) zu *AGH Berlin,* BRAK-Mitt. 2002, 187ff. – presserecht.de.

[182] *OLG Nürnberg,* WRP 2002, 343f. – steuererklärung.de.

[183] M.w.N. *BGH* GRUR 2001, 1061 (1063) – mitwohnzentrale.de; zu diesem Aspekt der Entscheidung auch *Freys,* ZUM 2002, 114 (115).

[184] Im Anschluss an die Entscheidung mitwohnzentrale.de des BGH nun auch die Instanzrechtsprechung teilweise für Zulässigkeit von generischen Domainnamen im Anwaltsbereich: *LG Duisburg,* NJW 2002, 2114 = K&R 2002, 612f. – anwalt-muelheim.de; a.A. *OLG Celle,* MMR 2001, 531 (532) – anwalt-hannover.de; *OLG München,* CR 2002, 757f. = K&R 2002, 608 – rechtsanwaelte-dachau.de; *Müller,* WRP 2002, 160 (163).

[185] *Müller,* WRP 2002, 160 (163).

[186] *LG Heidelberg,* WRP 1997, 1230 – aerztekammer.de.

gruppen oder deren Berufs- bzw. Standesvertretungen die entsprechenden Domainnamen belegen.[187]

II. Namen pharmazeutischer Substanzen – International Nonproprietary Names (INN-Zeichen)

48 Auch unter anderweitigen Gesichtspunkten ist an eine absolute Sperre für die Eintragung von Begriffen als Domainnamen zu denken. Bei den INN-Zeichen handelt es sich um internationale gesetzlich nicht geschützte Bezeichnungen von Substanzen für pharmazeutische Zwecke. Die INN-Zeichen werden von der Weltgesundheitsorganisation nach Konsultation nationaler Stellen vergeben und in einer Liste (sog. Rote Liste) veröffentlicht.[188] Da INN-Zeichen im Interesse der Allgemeinheit zur Bezeichnung von Wirkstoffen benötigt werden, unterliegen sie einem Freihaltebedürfnis und sind als Marke nicht eintragbar (§ 8 Abs. 2. Nr. 2 MarkenG).[189] Im Zusammenhang mit Domainnamen hat die WIPO vorgeschlagen, INN-Zeichen in den generischen Top Level Registern zu sperren beziehungsweise bereits eingetragene Domainnamen, die mit INN-Zeichen übereinstimmen, zu löschen.[190] Vor diesem Hintergrund fragt es sich, ob nicht auch nach deutschem Wettbewerbsrecht die Registrierung von INN-Zeichen unter dem Gesichtspunkt des Vorsprungs durch Rechtsbruch sittenwidrig ist (§ 1 UWG). Mit INN-Zeichen übereinstimmende Domainnamen können genutzt werden, um auf der verbundenen Internetseite für Produkte einzelner Firmen zu werben oder aber subjektiv eingefärbte Informationen über den Wirkstoff zugänglich zu machen. Beides gefährdet die Bestimmung der INN-Zeichen, die durch eine derartige Benutzung verwässert werden können. Im Interesse der Gesundheit von Patienten ist eine eindeutige Bezeichnung pharmakologisch wirksamer Substanzen zu gewährleisten. Es gibt zwar keine deutsche Rechtsvorschrift, die die Belegung von mit INN-Zeichen übereinstimmenden Domainnamen untersagt. Dennoch verschafft sich ein Pharmaunternehmen in derartigen Fällen einen rechtlich nicht zu billigenden Vorsprung, da das Fehlen einer gesetzlichen beziehungsweise interneteigenen Regelung nur mit der Schnelligkeit der Entwicklung zu erklären ist.[191] Anders als bei allgemeinen generischen Begriffen kann sich auch niemand auf ein schutzwürdiges Interesse berufen. Niemand kann auf das Fehlen eines Verbots der Registrierung von INN-Zeichen als Domainnamen vertrauen.[192]

III. Namen und Akronyme internationaler zwischenstaatlicher Organisationen

49 Nach Art. 6ter PVÜ sind die Verbandsländer der Pariser Verbandsübereinkunft gehalten, den markenrechtlichen Gebrauch von Bezeichnungen internationaler zwi-

---

[187] *OLG Hamburg,* BRAK-Mitt. 2002, 287ff. – rechtsanwalt.com; m. kritischen Anm. *Creutz,* BRAK Mitt. 2002, 289f.; a. A. auch *LG Mannheim,* BRAK-Mitt. 2002, 290ff. – rechtsanwalt.com.

[188] Es existieren über 8000 INN-Zeichen, zu denen jedes Jahr 120 bis 150 neue hinzukommen.

[189] BPatGE 32, 44ff. – FELOPIN; *BGH* Mitt. 1994, 269 (270) – Alphaferon; *Fezer,* Markenrecht, § 8 Rdnr. 52.

[190] Report of the Second WIPO Internet Domain Name Process, September 3, 2001, Rdnr. 119ff. http://wipo2.wipo.int/process2/report/html/report.html [abgerufen am 4. 3. 2002].

[191] *Kur,* CR 1996, 325 (330).

[192] Anders bei allgemeinen generischen Begriffen *BGH* GRUR 2001, 1061 (1064) – mitwohnzentrale.de; dazu Rdnr. 41.

schenstaatlicher Organisationen durch geeignete Maßnahmen zu verbieten. Aufgrund nationaler Umsetzung in deutsches Recht handelt demnach ordnungswidrig, wer im geschäftlichen Verkehr widerrechtlich in identischer oder nachgeahmter Form die Bezeichnung einer vom Bundesjustizministerium bekanntgemachten[193] internationalen zwischenstaatlichen Organisation zur Kennzeichnung von Waren oder Dienstleistungen benutzt (§ 145 Abs. 1 Nr. 3 i.V.m. § 8 Abs. 2 Nr. 8 MarkenG). Dementsprechend ist in Deutschland die markenmäßige Verwendung von Domainnamen unzulässig, durch die die Bezeichnungen internationaler zwischenstaatlicher Organisationen (z.B. United Nations Organisation) nachgeahmt werden.[194] Zur Klarstellung der Rechtslage in Bezug auf Domainnamen hat die WIPO vorgeschlagen, dass sowohl für generische als auch für country code Top Level Domainnamen ein Beschwerdeverfahren eingerichtet werden soll.[195] Entsprechend dieser Verfahrensordnung könnten die internationalen zwischenstaatlichen Organisationen die Löschung oder Übertragung von Domainnamen betreiben. Nach dem Vorschlag müssten folgende Voraussetzungen erfüllt sein: Der streitgegenständliche Domainname ist mit dem Namen der antragstellenden Organisation oder dem von dieser Organisation verwendeten Akronym identisch oder verwechslungsfähig ähnlich. Des Weiteren ist die Eintragung des Domainnamens durch den Domaininhaber rechtlich nicht gerechtfertigt. Schließlich muss zu befürchten sein, dass die Internetnutzer irrtümlich davon ausgehen, es bestünde eine wie auch immer geartete Beziehung zwischen der internationalen zwischenstaatlichen Organisation und dem Inhaber des Domainnamens.

IV. Verstoß gegen strafrechtliche Vorschriften und allgemeine Gesetze

Nach § 3 Abs. 1 der DENIC-Registrierungsbedingungen sichert der Domaininhaber zu, dass er mit der Eintragung des Domainnamens nicht gegen die allgemeinen Gesetzte verstößt. Da das Internet in erheblichem Umfang auch von extremistischen Organisationen genutzt wird, liegt es auf der Hand, dass thematisch einschlägige Domainnamen für Propagandazwecke genutzt werden. Domainnamen, die als Aufruf gegen die freiheitlich demokratische Grundordnung zu verstehen sind, sind schon von Verfassungs wegen unzulässig. So wurde von der DENIC beispielsweise der Domainname heil-hitler.de gelöscht, da sich die Eintragung dieses Begriffs als volksverhetzend (§ 130 StGB) sowie als Verwendung von Kennzeichen verfassungswidriger Organisationen (§ 86 lit. a StGB) und damit als offensichtlich strafrechtswidrig erwies.[196] Im Übrigen kennt die rechtliche Ordnung eine Vielzahl von Bezeichnungen, deren Benutzung im Hinblick auf das Allgemeininteresse untersagt ist. In der Regel ergibt sich die Gesetzeswidrigkeit dabei aber nicht aus dem Zeichen als solchem. Vielmehr müssen bei öffentlich-rechtlichen Verbotsnormen, wie etwa im Lebensmittelrecht oder im Heilmittelwerberecht weitere meist produktbe- 50

[193] Ein Fundstellenverzeichnis der bisher bekanntgemachten Bezeichnungen internationaler zwischenstaatlicher Organisationen findet sich bei *Fezer*, § 8 Rdnr. 399.

[194] Zur kennzeichenmäßigen Verwendung von Domainnamen s. Rdnr. 71.

[195] Report of the Second WIPO Internet Domain Name Process, September 3, 2001, Rdnr. 164 ff. http://wipo2.wipo.int/process2/report/html/report.html [abgerufen am 4. 3. 2002].

[196] Dazu DENIC Pressemitteilung vom 7. 8. 2000, http://www.denic.de/doc/DENIC/presse/domain_geloescht.html [abgerufen am 4. 3. 2002].

zogene Umstände hinzutreten. Von daher kann im Allgemeinen in der bloßen Eintragung derartiger Domainnamen noch kein Verstoß gegen die allgemeinen Gesetze gesehen werden. Erst bei zu erwartender oder bereits erfolgter Verwendung des Domainnamens für ein entsprechendes Internetangebot, kann sich das Verhalten insgesamt als rechtswidrig darstellen.

E. Kollision zwischen Kennzeichenrecht und Domainname

I. Konstellationen

51 Bei der Beurteilung von Kollisionsfällen um Domainnamen sind die im allgemeinen Kennzeichenrecht entwickelten Grundsätze heranzuziehen.[197] Rechtlich relevante Konflikte um die Zuweisung von Domainnamen treten immer dort auf, wo ein Inhaber von Kennzeichenrechten feststellen muss, dass der von ihm gewünschte Domainname schon anderweitig vergeben ist. Stehen hingegen demjenigen, der an einem vergebenen Domainnamen interessiert ist, keine Kennzeichenrechte zu, so besteht auch keine zeichenrechtliche Konfliktslage. Der Interessent kann dem Inhaber von Rechts wegen seinen Domainnamen nicht streitig machen. Will er den Domainnamen erwerben, so ist er darauf angewiesen, dass der Inhaber des Domainnamens mit ihm einen Vertrag abschließt, der die Übertragung des Domainnamens zum Gegenstand hat. Folgende Grundkonstellationen treten in der Praxis bei Konflikten zwischen dem Kennzeichen- und dem Domaininhaber auf:[198]

- der Domaininhaber benutzt den mit dem Kennzeichen identischen oder verwechslungsfähig ähnlichen Domainnamen im geschäftlichen Verkehr (**Kennzeichenkollision**);
- der Domaininhaber benutzt den mit dem Kennzeichen identischen oder verwechslungsfähig ähnlichen Domainnamen nicht im geschäftlichen Verkehr, sondern ausschließlich für private Zwecke (z. B. private Homepage);
- der vom anspruchstellenden Kennzeicheninhaber begehrte Domainname wird nicht benutzt, eine konkrete Benutzung ist auch nicht vorgesehen. Das heißt, der Domainname ist nicht mit einer Internetseite verbunden, auch wird kein Datentransfer oder E-Mail Verkehr über den Domainnamen abgewickelt (**Domainblockade**).

52 Wegen der potentiellen Verletzung von Kennzeichenrechten Dritter gilt als Grundregel für den Domaininhaber, dass er sich selbst vor Eintragung des Domainnamens einer eigenen kennzeichenrechtlichen Absicherung vergewissert haben sollte. Alle bekannten Kennzeichen kommen in Betracht, um hierauf Ansprüche gegen den Domaininhaber zu stützen. Neben eingetragenen **Marken** (deutsche Marken nach § 4 Nr. 1 MarkenG, internationale Registrierungen mit deutschem Anteil, Gemeinschaftsmarken) und Benutzungsmarken (§ 4 Nr. 2 MarkenG) sind dies insbesondere **geschäftliche Bezeichnungen,** also Unternehmenskennzeichen, das heißt Zeichen, die im geschäftlichen Verkehr als Name, Firma oder als besondere Bezeichnung eines Geschäftsbetriebs oder eines Unternehmens (sog. Etablissementsbezeichnungen) benutzt werden (§ 5 Abs. 2 MarkenG), daneben Werktitel, also Bezeichnungen von

[197] *Fezer,* WRP 2000, 669 (674); *öOGH* GRUR Int. 2002, 450 ff. – pro-solution.de.
[198] Vgl. auch Kategorisierung bei *Bücking,* Domainrecht, Rdnr. 8.

Druckschriften, Filmwerken, Tonwerken, Bühnenwerken oder sonstigen vergleichbaren Werken wie Computerprogrammen[199] oder Linksammlungen (§ 5 Abs. 3 MarkenG), weiterhin **geographische Herkunftsangaben** (§ 126 MarkenG), **Sortenbezeichnungen** (SortenSchG), **Namen** und Pseudonyme von natürlichen Personen, politischen Parteien, Verbänden, Vereinen, Stiftungen, Gewerkschaften, Körperschaften und Anstalten des öffentlichen Rechts, insbesondere Städten (§ 12 BGB) und schließlich **Kennzeichen von Religionsgemeinschaften** (Art. 140 GG i.V.m. Art. 137 Abs. 3 WRV)[200], beispielsweise Ordensnamen, Gemeindenamen, Bezeichnungen von res sacrae etc.

II. Priorität und Recht der Gleichnamigen

Einer der wichtigsten Grundsätze, der seit jeher zur Lösung von Kennzeichenkollisionen herangezogen wird, ist der **Prioritätsgrundsatz,** der das gesamte Kennzeichenrecht und darüber hinaus den gewerblichen Rechtsschutz generell durchzieht. Er sieht vor, dass sich ein gewerbliches Schutzrecht dann gegenüber anderen Rechten durchsetzt, wenn sein Rechtsgrund zeitlich vor dem anderen Recht gelegt worden ist. Das zeitlich relativ bessere Recht erlaubt es unter dem Gesichtspunkt der Rechtssicherheit und des Vertrauensschutzes, denjenigen zu verdrängen, der erst später eine Rechtsposition begründet hat. Auch wenn dies häufig zu lesen ist, so ist doch der Prioritätsgrundsatz keineswegs mit dem bei der Vergabe von Domainnamen praktizierten „first come, first served" Prinzip gleichzusetzen. Letzterer drückt lediglich den aus allen Lebensbereichen bekannten Umstand aus, wonach derjenige, der zuerst kommt, auch zuerst mahlt. Bei dem Prioritätsgrundsatz handelt es sich hingegen um einen normativen Grundsatz zur Zuordnung von Rechten untereinander. Aus dieser geradezu banalen Erkenntnis folgt die weitreichende Konsequenz, dass ein Domaininhaber sich keineswegs sicher sein kann, den Domainnamen zu behalten, auch wenn er der Erste war, der den Domainnamen registrieren konnte. 53

Bei der Lösung von Kennzeichenkollisionen hilft der Prioritätsgrundsatz dort nicht weiter, wo mehrere Personen gleichermaßen befugt sind, ein identisches Zeichen zu benutzen.[201] Das Rechtsphänomen der **Gleichnamigkeit** ist nicht neu. Es ist seit jeher anerkannt, dass ein Gewerbetreibender das Recht hat, seinen bürgerlichen Namen im geschäftlichen Verkehr zur Kennzeichnung seines Unternehmens zu benutzen. So kann es beispielsweise einem Herrn Karstadt nicht verwehrt werden, unter Verwendung seines Nachnamens ein Einzelhandelsgeschäft zu betreiben. Um Verwechslungen zu vermeiden, ist zwischen den Inhabern der sich gegenüberstehenden gleichnamigen Rechte ein **Interessenausgleich** herbeizuführen.[202] Regelmäßig hat der Jüngere alles Erforderliche und ihm Zumutbare zu unternehmen, um die Verwechslungsgefahr möglichst zu minimieren. Dies kann zum Beispiel dadurch geschehen, dass der prioritätsjüngere Benutzer seinem Kennzeichen unterscheidungskräftige Zusätze hinzufügt, beispielsweise den Vornamen (Schuhhaus Alfons Kar- 54

---

[199] *BGH* WRP 1997, 1184 – PowerPoint; *BGH* WRP 1997, 1181 – FTOS.

[200] Grdlg. zur Bezeichnung römisch-katholisch: *BVerfG,* NJW 1994, 2346f.; zuvor *BGH* NJW 1994, 245ff.; zum Domainnamen katholisch.de s. Urt. *LG Bonn* v. 12. 11. 1999, 7 C 154/99, http://www.netlaw.de/urteile/lgbn_3.htm [abgerufen am 4. 3. 2002].

[201] *OLG München,* K&R 2001, 524 (526) – boos.de.

[202] *BGH,* GRUR 2002, 622 (624), shell.de; *LG Erfurt,* CR 2002, 302 (Ls.) – suhl.de.

stadt).[203] Ein gewisser Rest an Verwechslungsgefahr ist nicht zu vermeiden und vom Inhaber der prioritätsälteren Rechte hinzunehmen. Im Internet stellt sich das Problem der Gleichnamigkeit in besonderer Schärfe.[204] Während in der realen Welt wegen unterschiedlicher Lebensbereiche ein ungestörtes Nebeneinander identischer Kennzeichen möglich ist, kann im Domainnamensystem jeder Domainname nur ein einziges Mal vergeben werden. Damit konkurrieren Bewerber um Domainnamen, die sich in der nicht-virtuellen Welt möglicherweise noch nie begegnet sind.[205] Auch bei anderweitigen Koexistenzsituationen sind die Grundsätze der Interessenabwägung bei eintretenden Veränderungen anzuwenden. Derartige **wettbewerbliche Gleichgewichtslagen** entstehen, wenn zwei gleichnamige Unternehmen über einen langandauernden Zeitraum unbeanstandet nebeneinander bestehen.[206] Bei Kollisionen unter Gleichnamigen beziehungsweise dem Bestehen einer wettbewerblichen Gleichgewichtslage gibt es zur Beilegung von Auseinandersetzungen um Domainnamen fünf denkbare Alternativlösungen.

- Keiner der beiden Gleichnamigen darf den mit dem Kennzeichenrecht kollidierenden Domainnamen registrieren. Beide sind gehalten, auf Domainnamen auszuweichen, die einen individualisierenden Zusatz enthalten (**Sperrlösung**);
- Derjenige, der in der realen Welt das ältere Recht innehat, bekommt den Domainnamen (**Prioritätslösung**);
- Unabhängig davon, ob die Rechte des Anspruchstellers prioritätsälter sind oder nicht, kann sich dieser nicht gegenüber dem durch gleichberechtigte Zeichenrechte legitimierten Domaininhaber durchsetzen, der damit seinen Domainnamen behält (**Gleichberechtigung**);
- Dem Anspruchsteller stehen die prioritätsälteren Rechte zu. Obwohl er in der realen Welt mangels Verwechslungsgefahr dem Domaininhaber die Benutzung des mit dem Domainnamen übereinstimmenden Kennzeichens nicht streitig machen kann, überwiegen seine Interessen und er kann die Löschung des streitgegenständlichen Domainnamens verlangen (**Vorberechtigung**);
- Der Domainname wird gemeinsam von dem Anspruchsteller und dem bisherigen Domaininhaber genutzt (sog. **Domain Name Sharing**).

55 **Sperrlösung.** Die Einführung des Domainnamensystems bewirkt auch ohne Registrierung des entsprechenden Second Level Domainnamens eine potentielle Verschiebung der zwischen den Gleichnamigen bestehenden Gleichgewichtslage. Im Sinne eines Interessenausgleichs könnte man von daher daran denken, beiden Gleichnamigen die Belegung des Domainnamens zu verwehren, um sie auf alternative Domainnamen zu verweisen, die individualisierende Zusätze enthalten. Natürlichen Personen obläge es, ihrem Familiennamen den Vornamen voranzusetzen, Unternehmen müssten einen Rechtsformzusatz hinzufügen.[207] Insoweit besteht allerdings das Problem, dass ein derartiges Registrierungsverbot immer nur inter par-

---

[203] Grdlg. *BGH* GRUR 1985, 389 – Familienname; weitere Nachweise zum allgemeinen Rechtsproblem der Gleichnamigkeit bei *Althammer/Klaka,* § 15 Rdnr. 71 ff., speziell zu Domainnamen Rdnr. 36 f.

[204] *OLG München,* K&R 2001, 524 (526) – boos.de.

[205] *Apel/Große-Ruse,* WRP 2000, 816 (820); vgl. auch *Marwitz,* WRP 2001, 9 (10 f.); *A. Nordemann/Goddar/Tönhardt/Czychowski,* CR 1996, 645 (653).

[206] *LG Düsseldorf,* K&R 1999, 137 – alltours.de; *Bettinger,* GRUR Int. 1997, 402 (410); *Bücking,* Domainrecht, Rdnr. 187; grds. *Ingerl/Rohnke,* § 23 Rdnr. 32.

[207] So der Vorschlag von *Ubber,* WRP 1997, 497 (508).

tes wirkt. Da die Registrierungsbedingungen keine Sperregistrierungen mehrer Rechtsinhaber kennen, bestünde demnach die Gefahr, dass sich Dritte des Domainnamens bemächtigen.[208]

Prioritätslösung. Knüpft man an den Grundsätzen des in der realen Welt entwickelten Rechts der Gleichnamigen an, so wäre der Inhaber der prioritätsjüngeren Rechte gehalten, auf einen Domainnamen unter Verwendung von Zusätzen auszuweichen.[209] Eine Interessengewichtung, die sich ausschließlich an den Prioritätsverhältnissen in der realen Welt orientiert, wäre zur Lösung von Konflikten um Domainnamen allerdings nicht sachgerecht. Der Prioritätsgrundsatz wurde zur Lösung von Konflikten entwickelt, bei denen das ältere Recht gleichzeitig auch als das bessere Recht gelten kann.[210] Dem Prioritätsjüngeren ist in der realen Welt ein Ausweichen zuzumuten, da wegen der bestehenden Waren- und Dienstleistungsnähe beziehungsweise Branchennähe eine Verwechslungsgefahr besteht und seine Interessen zurückstehen müssen. Eine Verwechslungsgefahr oder die Gefahr einer Identitäts- und Zuordnungsverwirrung ist in den hier zu beurteilenden Auseinandersetzungen um Domainnamen aber gerade nicht gegeben. Es würde zu willkürlichen Ergebnissen führen, wollte man für die Zuweisung des begehrten Domainnamens ohne Zusätze nur auf den Zeitrang des Rechtes abstellen. Unternehmen, die oft hohe Summen in den auf einen bestimmten Domainnamen zugeschnittenen Internetauftritt investieren, müssten ständig befürchten, dass irgendwann ein Träger gleichen Namens auftritt, der ältere Namensrechte nachweisen kann.[211] 56

Die Anwendung des Prioritätsgrundsatzes im allgemeinen Kennzeichenrecht legitimiert sich aus der Überlegung heraus, dass der Prioritätsjüngere bei angemessener Überprüfung auf das ältere Recht hätte aufmerksam werden können, so dass durch ein Ausweichen im Vorfeld der Konflikt vermeidbar gewesen wäre. Branchenverschiedene Unternehmen trifft eine solche Prüfungsobliegenheit aber gerade nicht, so dass der Prioritätsgrundsatz als Anknüpfungspunkt insoweit ungeeignet ist. Zu vollends unlösbaren Problemen führt der Prioritätsgedanke beim Aufeinandertreffen wesensverschiedener Kennzeichenrechte. Es bliebe beispielsweise offen, ob sich eine natürliche Person gegenüber dem feststehenden Anmeldetag des Markenrechts eines Gleichnamigen auf den Zeitrang des eigenen Geburtsdatums oder das eines Vorfahrens berufen könnte. 57

Gleichberechtigung. Im Normalfall kann daher niemand daran gehindert werden, einen mit seinem Kennzeichenrecht übereinstimmenden Domainnamen zu belegen. Auch der Inhaber eines relativ stärkeren Rechtes muss sich damit abfinden, dass sein Name oder sonstiges Kennzeichen bereits von einem Gleichnamigen als Domainname registriert ist.[212] Abstrakt gesehen sind sämtliche Kennzeichenrechte gleichwertig.[213] Diese Gleichwertigkeit folgt unmittelbar dem Umstand, dass gewerbliche Schutzrechte über die Eigentumsgarantie (Art. 14 GG)[214] genauso wie Namensrechte natürlicher Personen als Ausfluss des allgemeinen Persönlichkeits- 58

---

[208] Eine Ausnahme bilden die sog. „defensive registrations" unter .NAME, dazu unten Rdnr. 169.

[209] *LG Düsseldorf,* K&R 1999, 137 (138) – alltours.de; *Völker/Weidert,* WRP 1997, 652 (657); *A. Nordemann/Goddar/Tönhardt/Czychowski,* CR 1996, 645 (653).

[210] *Bettinger,* GRUR Int. 1997, 402 (410).

[211] *OLG München,* K&R 2001, 524 (527) – boos.de.

[212] *BGH* GRUR 2002, 622 (624) – shell.de.

[213] *Wagner,* ZHR 162 (1998), 701 (715).

[214] *BVerfG,* GRUR 1979, 773 (778) – Weinbergsrolle.

rechts (Art. 2 Abs. 1 GG) verfassungsrechtlich verankert sind. Kennzeichenrechte von juristischen Personen des öffentlichen Rechts genießen keine höhere Wertigkeit als die von privaten Rechtssubjekten. Dem Kennzeichenrecht ist es nämlich grundsätzlich fremd, Konflikte danach zu entscheiden, ob die Tätigkeit sich am Allgemeinwohl orientiert oder nicht.[215] Auch sind Wahlnamen (Marken, Unternehmenskennzeichen) gegenüber historischen Namen (Gebietskörperschaften) oder durch Geburt erworbenen Namen von natürlichen Namen nicht nachrangig.[216] Die Namensrechte von Gebietskörperschaften überwiegen daher nicht gegenüber den Rechten an einem Unternehmenskennzeichen[217], einem Familiennamen[218], einer Etablissementsbezeichnung[219] oder den Namensrechten eines Akronyms, das sich aus der Bezeichnung einer kirchlichen Vereinigung ableitet.[220] Auch umgekehrt sind Rechte an einem Unternehmenskennzeichen gegenüber einem Familiennamen[221] ebenso gleichwertig wie Unternehmenskennzeichen gegenüber Markenrechten.[222] Dasselbe gilt für Pseudonyme[223] oder Spitznamen[224], die gegenüber dem Schutz des bürgerlichen Namens nicht zurücktreten. Wer den Domainnamen als Abkürzung aus seiner Firmierung ableitet, braucht gegenüber einem anderen Unternehmen mit entsprechender Firmierung nicht zu weichen.[225]

59 Das jeweilig, gleichermaßen verfassungsrechtlich fundierte Kennzeichenrecht rechtfertigt aus sich heraus die Belegung und Benutzung des Domainnamens im Internet, soweit sich diese Benutzung im Rahmen der durch den Schutzbereich des Kennzeichenrechts gezogenen Grenzen bewegt. Es wäre hingegen verfehlt, für die Rechtfertigung des kennzeichenrechtlich abgesicherten Domaininhabers § 23 Nr. 1 MarkenG heranzuziehen. So wird vorgeschlagen, den Domainnamen als „Anschrift" im Sinne dieser Vorschrift zu qualifizieren, mit der Folge, dass Unterlassungsansprüche gegen den Domaininhaber nur in Betracht kämen, wenn die konkrete Benutzungsform einen Verstoß gegen die guten Sitten darstellt.[226] Die Vorschrift des

---

215 *OLG Koblenz,* WRP 2002, 340 (342f.) – vallendar.de, m. kritischen Anm. *Eckhardt,* CR 2002, 282ff.; *OLG München,* K&R 2001, 524 (526) – boos.de, eine abweichende Sichtweise könne sich allerdings ergeben, wenn das Wohl der Allgemeinheit im Sinne von Art. 14 Abs. 2 GG eine ausschließliche Nutzung des Domainnamens unabweisbar erscheinen lasse.

216 *OLG München,* K&R 2001, 524 (525) – boos.de; *OLG Koblenz,* WRP 2002, 340 (342) – vallendar.de; *OLG Nürnberg,* Urteil v. 5. 6. 2001, http://www.jurpc.de/rechtspr/2 002 0357.htm, – haug.de [abgerufen am 24. 11. 2002].

217 *OLG Koblenz,* WRP 2002, 340 (342) – vallendar.de.

218 *OLG München,* K&R 2001, 524 (526) – boos.de; *LG Augsburg,* K&R 2001, 423 – boos.de; *LG Coburg,* Urt. v. 13. 6. 2001, http://www.jurpc.de/rechtspr/20010212.htm [abgerufen am 4. 3. 2002], – tschirn.de.

219 *LG Leipzig,* Urt. v. 8. 2. 2001, http://www.jurpc.de/rechtspr/20020006.htm [abgerufen am 4. 3. 2002], – waldheim.de; Mitteilungen 2003, 172 (Ls.).

220 *LG Düsseldorf,* Urt. v. 22. 11. 2001, http://www.netlaw.de/urteile/olgd_5.htm [abgerufen am 4. 3. 2002], – selk.de.

221 *LG Paderborn,* MMR 2000, 49 (50) – Domainname einer Familie; *LG Düsseldorf,* MMR 2002, 398f. – bocklet.de.

222 *LG Düsseldorf,* MMR 1999, 369 (370) – nazar.de.

223 *OLG Köln,* CR 2000, 696 (697) – maxem.de.

224 *LG Bremen,* Urt. v. 12. 11. 1998, http://www.netlaw.de/urteile/lghb_1.htm [abgerufen am 4. 3. 2002], – henne.de; a. A. *LG Memmingen,* http://www.netlaw.de/urteile/lgmem_01.htm [abgerufen am 4. 3. 2002] – paule.de.

225 *LG Bonn,* ZUM-RD 1998, 347f. – detag.de.

226 So der Vorschlag von *Bettinger,* GRUR Int. 1997, 402 (410f.).

§ 23 Nr. 1 MarkenG passt jedoch nicht, da sie als Schutzschranke die vom besser berechtigten Kennzeicheninhaber hinzunehmenden Benutzunghandlungen Dritter regelt. Der durch sein Kennzeichenrecht legitimierte Domaininhaber benutzt aber nicht das Zeichenrecht des Prioritätsälteren („dessen Anschrift"), sondern er stützt seine Domaineintragung auf ein originär eigenes und unbestrittenes Recht.

Aus dem Umstand der Gleichberechtigung folgt, dass beide Gleichnamigen gehalten sind, alles zu unterlassen, was eine **Veränderung der Gleichgewichtslage** bewirkt. So sind bei der Wahl des Domainnamens selbst minimalste Annäherungen an das Kennzeichen des anderen zu vermeiden. Die Firma All-Tours Y.Z. GmbH hatte den Domainnamen alltours.de für sich eintragen lassen. Hiergegen wandte sich ein anderes Unternehmen, dem Rechte an dem Firmenkern Alltours zustanden. In dem Umstand, dass die All-Tours Y.Z. GmbH bei der Belegung des Domainnamens den in ihrer Firmenbezeichnung enthaltenen Bindestrich weggelassen hatte, wurde ein Verstoß gegen das Gebot der Rücksichtnahme und der Verpflichtung gesehen, Verwechslungen weitestgehend zu vermindern.[227] Auch darf ein lediglich regional tätiges Unternehmen im Domainnamen keine Zusätze führen, die bundesweite Aktivitäten vermuten lassen und damit eine tatsächlich nicht bestehende Nähe zum Gleichnamigen suggerieren.[228] 60

Ganz besondere Probleme ergeben sich, wenn der im geschäftlichen Verkehr zur Rücksichtsnahme verpflichtete Domaininhaber den mit seinem bürgerlichen Namen übereinstimmenden Domainnamen hat registrieren lassen.[229] Eine entsprechende Fallgestaltung lag der BGH-Entscheidung zum Domainnamen vossius.de zugrunde. Herr Volker Vossius war aufgrund des Gebots zur Rücksichtnahme gegenüber seiner früheren Rechtsanwaltskanzlei verpflichtet, im Rahmen anwaltlicher Tätigkeit die bestehende Verwechslungsgefahr durch Aufnahme unterscheidungskräftiger Zusätze abzumildern (z.B. Verwendung von Vor- und Nachname). Gleichwohl wurde Herrn Vossius ein berechtigtes Interesse zur Verwendung des Domainnamens vossius.de in Alleinstellung für private Zwecke zugebilligt. Das so gegebene rechtliche Spannungsverhältnis zwischen geschäftlicher und privater Nutzung ist laut BGH dadurch aufzulösen, dass auf der ersten sich bei Anwahl des Domainnamens öffnenden Seite ein Hinweis erfolgt, der den Internetnutzer aufklärt, nicht auf der Internetseite des besser Berechtigten zu sein. Soweit dieser es wünsche müsse ihm darüber hinaus die Möglichkeit gegeben werden einen Link auf seine Internetpräsenz zu setzen.

Vorberechtigung. Das Interesse des Domaininhabers tritt allerdings auf Grund der vorzunehmenden Abwägung zurück, wenn es verglichen mit dem Interesse des Antragstellers von derart geringerem Gewicht ist, dass der Grundsatz der Gleichberechtigung zu unangemessenen Resultaten führen würde. Kann sich der Anspruchsteller auf ein überragend bekanntes Kennzeichenrecht berufen, so ist es dem Domaininhaber zuzumuten, auf einen anderweitigen Domainnamen mit weiteren Zusätzen auszuweichen.[230] Nutzt der Domaininhaber den Domainnamen selbst für 61

---

[227] *LG Düsseldorf,* K&R 1999, 138 (139) – alltours.de.

[228] *LG Hamburg,* NJOZ 2001, 206 ff. – kaefer-germany.de.

[229] *BGH* GRUR 2002, 706 ff. – vossius.de; dazu *Weidert/Lührig,* WRP 2002, 880 ff.

[230] *BGH* GRUR 2002, 622 (625) – m. zust. Anm. *Hoeren,* MMR 2002, 382 (386); *Ullrich,* MDR 2002, 835 (837 f.); *Ubber,* BB 2002, 1167 ff.; ebenso die Vorinstanz *OLG München,* CR 1999, 382 (383); *OLG Hamm,* MMR 1998, 214 (215) – krupp.de; *LG Hamburg,* MMR 2000, 620 (622) – joop.de.

geschäftliche Zwecke, so gebührt dem Inhaber des überragend bekannten Kennzeichens der Vorrang. Nur so kann einer Verwässerungsgefahr vorgebeugt werden, die durch die Beeinträchtigung der Werbekraft des bekannten Kennzeichens droht.[231] Oftmals wird auch der Gleichnamige, der den Domainnamen in Kenntnis des überragend bekannten Kennzeichens angemeldet hat, nicht redlich sein. Nach Auffassung des *OLG Hamburg* verschärfte ein Domaininhaber, der mit Vornamen Derrick hieß mit der Belegung des Domainnamens derrick.de die Gefahr, dass es zu Verwechslungen mit der gleichnamigen bekannten Fernsehserie kommt.[232] Nutzt der Gleichnamige den Domainnamen ausschließlich privat, so gebietet die geschuldete Rücksichtname ein Ausweichen.[233] Ein Unternehmen, das sein überragend bekanntes Kennzeichen im Internet präsentieren will, wendet sich an einen **heterogenen Kreis** von Internet-Nutzern. Es ist schwierig, diese Nutzer darüber zu informieren, dass sich das auf das bekannte Kennzeichen beziehende Angebot unter einem abweichenden Domainnamen finden lässt. Andererseits richtet sich eine private Homepage an einen **homogenen Nutzerkreis.** Freunde, Bekannte und Familienmitglieder können mit ungleich geringerem Aufwand über die Änderung des Domainnamens informiert werden.[234]

62 In Konflikten um Domainnamen kommt es auch nicht selten vor, dass die Konstellation der Gleichnamigkeit erst während der Auseinandersetzung eintritt. So kann der zeichenrechtlich nicht legitimierte Domaininhaber versuchen, nachträglich kennzeichenrechtlichen Schutz zu begründen, indem er eine Marke anmeldet, die dem Domainnamen entspricht. Denkbar ist auch, dass der Domainname auf einen Dritten übertragen wird, der anders als der ursprüngliche Domaininhaber über entsprechende Firmen-, Namens- oder Markenrechte verfügt. Schließlich kann dem Domaininhaber von einem kennzeichenrechtlich Berechtigten eine Lizenz zur Belegung und Nutzung des Domainnamens eingeräumt werden. Auch in diesen Fällen werden sich nur über eine umfassende Interessenabwägung sachgerechte Ergebnisse erzielen lassen. Ob dem Domainnamen nach einer Umschreibung der „Makel" eines Gegenrechts anhaftet, ist im Einzelfall zu prüfen.[235] Sucht sich der angegangene Domaininhaber ohne nachvollziehbares Eigeninteresse einen Gleichnamigen, um sich der Verantwortlichkeit gegenüber dem anspruchstellenden Kennzeicheninhaber zu entziehen, so bleibt letzterer vorberechtigt und kann auch gegenüber dem Rechtsnachfolger des Domaininhabers die Aufgabe des streitbefangenen Domainnamens verlangen. Entsprechendes gilt, wenn der Domaininhaber eine Marke anmeldet, obwohl er keine entsprechenden Waren oder Dienstleistungen über die unter dem Domainnamen unterhaltene Internetseite vermarktet. Es ist mithin die wirtschaftliche Gesamtkonstellation zu berücksichtigen. Meldet daher der Geschäftsführer einer berechtigten Firma den Domainnamen im eigenem Namen an, so kann die erst nachträglich erfolgte Umschreibung nicht als unlauter abgetan werden. Dies gilt auch dann, wenn innerhalb eines Konzernverbundes ein Unter-

---

231 *OLG Hamm,* MMR 1998, 214 (216) – krupp.de; *LG Hamburg,* MMR 2000, 620 (622) – joop.de.

232 *OLG Hamburg,* GRUR-RR 2002, 100 = OLGR Bremen, Hamburg, Schleswig, 2001, 159 – derrick.de.

233 *BGH* GRUR 2002, 622 (625) – shell.de.

234 Ebenda.

235 So *LG Düsseldorf,* GRUR-RR 2002, 28 (29) – centrotherm.com; a. A. *BGH* GRUR 2002, 622 (625) – shell.de.

nehmen den Domainnamen anmeldet, obwohl die Kennzeichenrechte einer Tochterfirma zustehen.[236]

Domain Name Sharing. Eigentlich ist es nahe liegend, dass sich zwei gleichermaßen an einem Domainnamen Interessierte darauf verständigen, den Domainnamen gemeinsam zu nutzen. Regelmäßig streiten sich Unternehmen um Domainnamen, die in der realen Welt gar nicht miteinander konkurrieren, sei es dass sie aus unterschiedlichen Branchen stammen, oder dass sie räumlich in verschiedenen Gebieten geschäftlich tätig sind. Es verwundert von daher nicht, dass tatsächlich eine Vielzahl von Domainnamen auf Grund vertraglicher Absprachen gemeinschaftlich genutzt werden (sog. Domain Name Sharing).[237] Dabei sind die unterschiedlichsten Kooperationsmodelle denkbar. Das höchste Maß an Gleichberechtigung wird bei einer gemeinschaftlichen Eintragung mehrerer Personen als Inhaber in das Domainnamenregister erreicht. Sie sind damit gegenüber der Registrierstelle Gesamtgläubiger des Anspruchs auf Aufrechterhaltung der Eintragung des Domainnamens. In allen anderen Fällen beschränkter Teilhabe ist nur ein Berechtigter als Domaininhaber eingetragen. Im Rahmen eines **Lizenzverhältnisses** wird dem Dritten ein mehr oder weniger weitgehendes Mitbenutzungsrecht an der Benutzung des Domainnamens eingeräumt. Wird die Einrichtung einer gesplitteten Eingangsseite (auch Index-Seite) vereinbart, so wird der Internetnutzer bei Anwahl des Domainnamens mit einer Seite verbunden, über die er mittels weitergehender Erläuterungen auf das ihn eigentlich interessierende Angebot weitergeleitet wird. Insbesondere bei generischen Top Level Domainnamen wird eine territoriale Abgrenzung vorkommen, da sich mit ihnen anders als mit country code Top Level Domainnamen keine Vermutung für ein Angebot aus einem bestimmten Land verbindet. Ein Beispiel für eine territorial gesplittete Eingangsseite bietet der Domainname scrabble.com. Die Markenrechte für das gleichnamige Spiel liegen in den USA bei der Firma Hasbro Inc. und ansonsten weltweit bei der Firma J. W. Spear & Sons Limited. Bei Anwahl des Domainnamens erscheint eine farbig entsprechend den Markenrechten aufgeteilte Weltkarte, die den Internutzer über einen Link weiterleitet.[238] Die Teilhabe des Dritten an der Eingangsseite kann auf Grund der vertraglichen Abrede aber auch beschränkt werden, beispielsweise auf einen kleinen Rahmen oder gar bloß eine Schaltfläche mit Bannerwerbung. Es empfiehlt sich, die gemeinsame Nutzung in einem eingehenden schriftlichen Lizenzvertrag zu regeln. Neben der Frage, ob der Lizenznehmer eine Vergütung zu entrichten hat, wäre insbesondere eine Freistellungsklausel mit in der Vereinbarung aufzunehmen, da der Domaininhaber von Dritten als Störer in Anspruch genommen werden könnte. Inhaltlich sollte der Umfang der Teilhabe möglichst genau anhand technischer Spezifikationen definiert werden. Soweit es nicht auf Grund einvernehmlicher vertraglicher Absprache zu einer Beteiligung kommt, hat ein Kennzeicheninhaber keine Möglichkeit, eine Teilhabe gerichtlich durchzusetzen. Mangels gesetzlicher Regelung steht ihm nämlich von Rechts wegen kein **Teilhabeanspruch** zu.[239] Dennoch dürfte das Domain Name 63

[236] A. A. *LG Düsseldorf*, GRUR-RR 2002, 28 (29 f.) – centrotherm.com.

[237] Eingehend *Viefhues*, MMR 2000, 334 ff.; *Pawlitschko*, ITRB 2002, 71 ff.

[238] Weitere Beispiele bilden der Domainname winterthur.ch, den sich die gleichnamige Versicherung und die Stadt Winterthur teilen, der Domainname disc.com, der von zwei gleichnamigen Softwarefirmen genutzt wird.

[239] Dazu *Viefhues*, MMR 2000, 334 (338 f.).

Sharing auch zukünftig eine gewisse Rolle spielen. So kann es sich in grenzüberschreitenden Kennzeichenkonflikten mit unterschiedlichen Prioritätslagen anbieten, im Rahmen einer umfassenden Abgrenzungsvereinbarung auch die gemeinschaftliche Nutzung von Domainnamen mit zu regeln. Dies insbesondere dann, wenn in den verschiedenen Ländern auch die jeweiligen Domainnamen bei beiden Parteien liegen. Auch wird der Anwalt bei offener Prognose beziehungsweise das Gericht die Möglichkeit eines vergleichsweisen Domain Name Sharing ansprechen, um den Konflikt einer sachgerechten Lösung zuzuführen.

III. Gefahr von Verwechslungen und Zuordnungsverwirrungen zwischen Kennzeichen und Domainnamen

64 Die dem Kennzeicheninhaber gegenüber dem Domaininhaber zustehenden Ansprüche ergeben sich aus den gesetzlichen Bestimmungen zum jeweiligen Schutzrecht. Die Kennzeichenrechte vermitteln ihrem Inhaber dabei ein Ausschließlichkeitsrecht. Bei Vorliegen der Tatbestandsvoraussetzungen kann der Kennzeicheninhaber vom Domaininhaber **Unterlassung** der Verwendung des seine Kennzeichenrechte verletzenden Domainnamens verlangen. Die Unterlassung umfasst dabei auch die Erklärung des Verzichts gegenüber der jeweiligen Registrierstelle. Eine Übertragung des Domainnamens kann der Kennzeicheninhaber hingegen nicht verlangen.[240] Bei schuldhafter, das heißt vorsätzlicher oder fahrlässiger Benutzung des Domainnamens, ist der Domaininhaber zur Leistung von **Schadensersatz** verpflichtet. Zur Vorbereitung seiner Schadensersatzansprüche kann der Domaininhaber schließlich die Erteilung von **Auskunft** über Art und Umfang der Verletzungshandlungen verlangen.

65 Am häufigsten begehrt der Kennzeicheninhaber gegenüber dem Domaininhaber Unterlassung der Verwendung des Domainnamens gestützt auf Markenrechte (§ 14 Abs. 2 MarkenG) oder auf Rechte an einer geschäftlichen Bezeichnung (§ 15 MarkenG). Nach § 14 Abs. 2 Nr. 1 MarkenG ist es dem Domaininhaber untersagt, den Domainnamen **im geschäftlichen Verkehr** zu verwenden, wenn dieser ein mit der Marke identisches Zeichen darstellt und für mit der Marke identische Waren oder Dienstleistungen benutzt wird. Gleiches gilt, wenn wegen der Identität oder Ähnlichkeit des Domainnamens mit der geschützten Marke und der Ähnlichkeit der durch die Marke und den Domainnamen erfassten Waren und Dienstleistungen die **Gefahr von Verwechslungen** besteht (§ 14 Abs. 2 Nr. 2 MarkenG). Auch der Inhaber einer geschäftlichen Bezeichnung kann es Dritten untersagen, einen Domainnamen im geschäftlichen Verkehr zu verwenden, durch den in unbefugter Weise Verwechslungen mit seiner geschäftlichen Bezeichnung hervorgerufen werden (§ 15 Abs. 2 MarkenG). Nach § 12 BGB kann der Inhaber von Namensrechten Unterlassung der Benutzung von Domainnamen verlangen, die mit seinem Namen „gleich" sind, sofern durch den unbefugten Gebrauch die Interessen des Namensträgers verletzt werden. Schließlich sind auch geographische Herkunftsangaben vor rechtswidrigen Beeinträchtigungen geschützt (§ 126 MarkenG).

---

[240] Im Einzelnen hierzu Rdnr. 124 f.

1. Benutzung im geschäftlichen Verkehr

Eine Verletzung von Markenrechten oder geschäftlichen Bezeichnungen durch die Belegung eines Domainnamens setzt voraus, dass diese als rechtsverletzende Benutzung im geschäftlichen Verkehr zu qualifizieren ist. Unter einer Benutzung im geschäftlichen Verkehr wird eine im weitesten Sinne wirtschaftliche, das heißt nicht rein private Betätigung verstanden, mit der in Wahrnehmung oder Förderung eigener oder fremder Geschäftsinteressen am Erwerbsleben teilgenommen wird.[241] Ideelle, politische und gewerkschaftlich motivierte Handlungen liegen außerhalb der Benutzung zu geschäftlichen Zwecken. Gegen die Verwendung des Domainnamens digitalebibliothek.de für das Angebot einer linguistischen Datenbank durch eine öffentlich-rechtliche Hochschule konnten weder marken- noch wettbewerbsrechtliche Unterlassungsansprüche geltend gemacht werden, da sich das Verhalten als rein wissenschaftliches Handeln darstellte.[242] 66

Jede Art der Kommunikation unter Verwendung des Domainnamens beispielsweise für den Datentransfer oder die E-Mail Korrespondenz stellt eine **Benutzung** dar. Insofern wäre es verfehlt, die Benutzung eines Domainnamens mit der Konnektierung einer Homepage gleichzusetzen.[243] Ob ein Domainname benutzt wird, ist indes dort umstritten, wo zwar eine Registrierung erfolgt ist, andererseits aber über den Domainnamen (noch) keine Kommunikation erfolgt. Der Bundesgerichtshof hat diese Problematik in der ambiente.de Entscheidung angerissen[244], mangels Relevanz für den zu entscheidenden Fall aber keine Stellung bezogen. Überwiegend wird vertreten, man müsse die Registrierung des Domainnamens mit einer Markenanmeldung oder der Eintragung einer Firma im Handelsregister gleichsetzen.[245] Nach der hergebrachten kennzeichenrechtlichen Rechtsprechung indizieren derartige Anmeldungen die Absicht, Verletzungshandlungen zu begehen, so dass im Wege der vorbeugenden Unterlassungsklage eingeschritten werden kann.[246] Niemand würde einen Domainnamen registrieren und die damit verbundenen Unkosten in Kauf nehmen, wenn er nicht eine mehr oder weniger konkrete Benutzungsabsicht hegt. Die Schwäche des Vergleichs der Domaineintragung mit einer Markenanmeldung liegt darin, dass sie zwar eine Benutzungsabsicht, nicht aber eine Benutzung erklärt.[247] So ist zwar eine Erstbegehungsgefahr indiziert, im Einzelfall ist es aber durchaus möglich, dass der Domaininhaber glaubhaft darlegt, dass eine Benutzungsabsicht nicht (mehr) besteht.[248] Nach der hier vertretenen Ansicht ist aber bereits die Registrierung selbst ein Teil der Benutzung. Wer bei einer Registrierstelle 67

---

[241] *Baumbach/Hefermehl,* Einl. Rdnr. 208; *OLG Köln,* WRP 2002, 244 (247) – lotto-privat.de.

[242] *LG Berlin,* CR 2001, 197 – digitalebibliothek.de.

[243] Insoweit zu eng *Bücking,* Domainrecht, Rdnr. 137.

[244] *BGH* GRUR 2001, 1038 (1039) – ambiente.de.

[245] So *A. Nordemann,* NJW 1997, 1891 (1893); zust. *LG Braunschweig,* CR 1998, 364 (365) – deta.com; *Bücking,* Domainrecht, Rdnr. 137; *Hoeren/Sieber/Viefhues,* § 6 Rdnr. 78; *Reinhart,* WRP 2001, 13 (15); *Joller,* MarkenR 2000, 341 (342); a. A. *öOGH,* MarkenR 2001, 253 (254) – cyta.at; *Kort,* DB 2001, 249 (254); *Ubber,* WRP 1997, 497 (504); s. a. *Kur,* CR 1996, 590 (591); rechtsvergleichend und zur Annahme des „Use in Commerce" bei Domainstreitsachen in den USA: *Vergani,* E.I.P.R 1999, 450 (454 ff.).

[246] *BGH* GRUR 1993, 556 (557) – Triangle.

[247] Insoweit konsequent *LG Düsseldorf,* Mitt. 1997, 225 (227) – epson.de, das bei einer bloß spekulativen Registrierung noch keine Benutzung zu erkennen vermag.

[248] *LG München,* Mitteilungen 2003, 166 f. – gointershop.de.

einen Domainnamen eintragen lässt, hat diese Internetadresse damit dem Pool der verfügbaren Domainnamen entzogen. Er nutzt den Domainnamen, indem er Dritte daran hindert, eben diesen Domainnamen zu belegen.[249] Unabhängig von seinen weiteren Nutzungsplänen bildet die Registrierung des Domainnamens die Basis für die Realisierung seiner Absichten.

68 Während die Benutzung des Domainnamens damit objektiv über die Tatsache der Domainregistrierung feststellbar ist, müssen zur Feststellung der Benutzung **im geschäftlichen Verkehr** weitere Umstände hinzukommen. Insofern kann vornehmlich darauf abgestellt werden, durch wen die Reservierung des Domainnamens erfolgte. Handelt es sich bei dem Inhaber eines nicht mit einer Webseite konnektierten Domainnamens um einen Gewerbetreibenden, so ist im Zweifel anzunehmen, dass er in irgendeiner Weise geschäftliche Zwecke verfolgt.[250] Soweit hingegen eine Privatperson den Domainnamen reserviert hat, ohne ihn zu benutzen, liegt eine Benutzung zu geschäftlichen Zwecken bei Fehlen anderweitiger Anhaltspunkte nicht vor.[251] Der Kennzeicheninhaber kann sich in solchen Fällen allenfalls auf Ansprüche aus § 823 Abs. 1 BGB oder § 826 BGB stützen, sofern ein Fall der privaten Domainblockade vorliegt.[252] Anhaltspunkte für eine Geschäftsabsicht von Privatpersonen können sich aus dem Domainnamen selbst (z.B. hannes-autoreparatur.de) oder dem Top-Level ergeben. So ist bei .COM, .BIZ Domainnamen wegen ihres Bestimmungszwecks von geschäftlichen Interessen auszugehen.[253] Ein geschäftliches Interesse ist auch dort gegeben, wo die Privatperson sich an den Kennzeicheninhaber wendet, um diesem den Domainnamen zu verkaufen. Entsprechendes gilt, wenn der Domainname öffentlich meistbietend zum Kauf angeboten beziehungsweise versteigert wird.[254] In derartigen Fällen des **„Domain-Grabbing"** wird der Bereich der privaten Nutzung verlassen, um im geschäftlichen Verkehr tätig zu werden.[255] Ein rein privates Handeln liegt hingegen vor, wenn der Domainname als Forum für eine private Gemeinschaft, beispielsweise in Form einer Spiel- oder Tippgemeinschaft[256] dienen soll.

69 Auch aus dem Inhalt etwaig konnektierter Internetseiten lassen sich Rückschlüsse auf geschäftliche Interessen von Privatpersonen ziehen.[257] So ist es bei Privatpersonen weit verbreitet, auf ihrer privaten Homepage Werbebanner für gewerbliche Angebote zu plazieren. Für derartige **Bannerwerbung** erhält die Privatperson entweder direkte Zahlungen, oder es werden ihr vom Internet Service Provider Nachlässe für das Web Hosting gewährt.[258] Damit wird die Bannerwerbung für Private attraktiv und ist entsprechend weit verbreitet. Auch die Rechtsprechung geht bei privaten Websites mit Bannerwerbung von einer Tätigkeit im geschäftlichen Ver-

---

249 Zutreffend *OLG Dresden,* CR 1999, 589 (591) – cyberspace.de; *LG München I,* ZUM-RD 1998, 284 (286) – deutsches-theater.de; *Gruber/Mader/Thiele,* 75 (83).

250 *OLG Rostock,* K&R 2000, 303 – mueritz-online.de; *LG Frankfurt am Main,* MMR 1998, 151 (152) – lit.de.

251 *LG Berlin* – esotera.de, http://www.online-recht.de/vorent.html?LGBerlin971030+ref=Kennzeichenrecht [abgerufen am 4. 3. 2002].

252 Dazu unten Rdnr. 110.

253 So auch *Völker/Weidert,* WRP 1997, 652 (658).

254 *LG Hamburg,* CR 1999, 47 (48) – eltern.de.

255 *LG München I,* CR 1998, 434 – paulaner.de (Ls.); *A. Nordemann,* NJW 1997, 1891 (1893); *Bücking,* Domainrecht, Rdnr. 138; *Ingerl/Rohnke,* § 14 Rdnr. 37.

256 *OLG Köln,* WRP 2002, 244 (247) – lotto-privat.de.

257 *Hoeren/Sieber/Viefhues,* § 6 Rdnr. 76.

258 Eingehend dazu § 13 Rdnr. 342 ff.

kehr aus. Ähnlich wie jemand, der auf seiner Hauswand oder seinem Auto Werbebotschaften eines Unternehmens anbringt, so beteiligt sich auch der Domaininhaber als Werbeträger an den geschäftlichen Aktivitäten eines anderen.[259] Überhaupt tendiert die Rechtsprechung entsprechend des Schutzgedankens im Markenrecht im Zweifelsfall dazu, ein Handeln im geschäftlichen Verkehr anzunehmen.[260]

Die Tätigkeit von Registrierstellen, die mit der Eintragung und Verwaltung von 70
Domainnamen betraut sind, ist hingegen nicht als eine Benutzung im geschäftlichen Verkehr anzusehen. So hat der Bundesgerichtshof die Aufgaben der DENIC mit denen des Deutschen Patent- und Markenamts verglichen.[261] Wie dieses erfülle die DENIC Aufgaben im öffentlichen Interesse. Würde die Vergabe und Verwaltung von Domainnamen nicht von privaten Organisationen wie der DENIC wahrgenommen, so müsse der Staat ähnlich wie bei der Vergabe von Straßennamen oder Hausnummern eingreifen, um einen organisatorischen Rahmen zu schaffen. Die Wahrnehmung von Aufgaben im öffentlichen Interesse schließe daher die Annahme eines Handelns zur Förderung des eigenen oder fremden Wettbewerbs zu Zwecken des Wettbewerbs aus.

2. Kennzeichenmäßige und namensmäßige Benutzung

Grundsätzlich umstritten ist, ob die Verletzung von Kennzeichenrechten nur bei 71
einer kennzeichenmäßigen Benutzung gegeben ist.[262] Unter einer kennzeichenmäßigen Verwendung versteht man jede Benutzung, bei der das Zeichen nach der Auffassung eines nicht ganz unerheblichen Teils der Verkehrskreise als markenmäßiger Hinweis auf die Herkunft eines Produkts beziehungsweise einer Dienstleistung, als Hinweis auf die betriebliche Herkunft von einem bestimmten Unternehmen oder als titelmäßiger Hinweis aufgefasst wird. In den von der Rechtsprechung zu entscheidenden Fällen kann diese Frage oftmals dahinstehen, da bei Domainnamen, die mit einer Homepage verbunden sind, auf der Produkte angeboten werden, die Hinweisfunktion auf das Angebot des Domaininhabers evident ist.[263] Weitergehende Überlegungen sind anzustellen, wenn der Domainname nicht benutzt wird. Ergibt sich

---

[259] So für eine private Homepage mit Werbung des Internetproviders: *LG Hamburg,* MMR 2000, 436 f. – luckystrike.de; ebenfalls zur Bannerwerbung bei Registrierung von 1500 Domainnamen: *OLG Karlsruhe,* ZUM 1998, 944 – zwilling.de; Revision mit Beschl. v. 9. 11. 2000 (I ZR 23/00) vom *BGH* nicht angenommen.

[260] *LG Braunschweig,* CR 1998, 364 (365) – deta.com; *OLG Dresden,* CR 1999, 589 (591) – cyberspace.de; *LG München I,* ZUM-RD 1998, 284 (286); *LG Düsseldorf,* Mitt. 1997, 225 (227) – epson.de allerdings nur unter dem Gesichtspunkt des vorbeugenden Unterlassungsanspruchs wegen einer konkret drohenden Verletzungsgefahr.

[261] *BGH* GRUR 2001, 1038 (1039) – ambiente.de; ebenso *OLG Dresden,* CR 2001, 408 – kurtbiedenkopf.de.

[262] Auch die Entscheidung des *EuGH,* MarkenR 1999, 84 ff. hat keine abschließende Klarheit gebracht; zu den unterschiedlichen Auslegungen *v. Linstow,* WRP 2000, 955 (957); aus der Literatur speziell zu Domainnamen: *Fezer,* § 3, Rdnr. 329; *Hoeren/Sieber/Viefhues,* § 6 Rdnr. 65; *Ingerl/Rohnke,* § 14 Rdnr. 65; *Bettinger,* GRUR Int. 1997, 402 (408); ablehnend zum Kriterium des kennzeichenmäßigen Gebrauchs: *Omsels,* GRUR 1997, 328 (334); *A. Nordemann,* NJW 1997, 1891 (1893); zustimmend zu diesem Kriterium: *Ubber,* WRP 1997, 497 (504); *Völker/Weidert,* WRP 1997, 652 (658); *Bücking,* Domainrecht, Rdnr. 162 (164).

[263] *OLG Hamburg,* MarkenR 2001, 213 (215) – 1001buecher.de; *OLG Hamburg,* OLGR Bremen, Hamburg, Schleswig, 2001, 159 (162) – derrick.de; *LG Hamburg,* MMR 2000, 620 (622) – joop.de.

aus den sonstigen Umständen, beispielsweise auf Grund entsprechender Ankündigungen durch den Domaininhaber, dass eine kennzeichenmäßige Benutzung beabsichtigt ist, so können Verbietungsansprüche unter dem Gesichtspunkt des vorbeugenden Rechtsschutzes gegeben sein.[264] Hat ein Provider den Domainnamen für einen seiner Kunden reserviert, um diesen für dessen Internetauftritt freizuhalten, so ist auf die geschäftlichen Absichten des Kunden abzustellen.[265] Fehlt es bei einem unbenutzten Domainnamen an solchen zusätzlichen Anhaltspunkten, so ist bei der Auslegung des Kriteriums des kennzeichenmäßigen Gebrauchs ein großzügiger Maßstab anzulegen.[266] Es genügt die objektive Möglichkeit, dass der Verkehr von einem Herkunftshinweis ausgeht. Die Beurteilung ist insoweit abstrakt anzustellen. Sie orientiert sich an dem dem Domainnamen innewohnenden Aussagegehalt. Legt der Domainname ein beschreibendes Verständnis nahe (mitwohnzentrale.de, sauna.de etc.), scheidet ein Herkunftshinweis aus. Ist sowohl ein kennzeichenmäßiges als auch ein Verständnis im Sinne eines generischen Begriffs denkbar, so ist darauf abzustellen, was der überwiegende Teil der Internetnutzer mit dem Begriff verbindet.[267] Bei Phantasiebegriffen erwartet zumindest ein relevanter Teil der Internetnutzer, dass diese auf einen Produktnamen oder ein Unternehmenskennzeichen zurückgehen. Der Internetnutzer geht nämlich nicht davon aus, dass die für den Domainnamen verwendeten Zeichenfolgen wahllos zusammengestellt werden, er erwartet vielmehr sinnvolle und damit kennzeichnende Buchstabenfolgen.[268]

72 Steht die Verletzung von Namensrechten im Raum, so braucht der Anspruchsteller eine namensmäßige Verwendung des Domainnamens durch den Domaininhaber nicht nachzuweisen. Die Verbotsnorm des § 12 BGB schützt den Namensinhaber in viel weiterem Umfang vor Namensanmaßungen durch Dritte, so dass die Qualität einer etwaigen Benutzungshandlung in Domainstreitigkeiten irrelevant ist.[269] Zwar ist auch der namensrechtliche Schutz von Unternehmenskennzeichen aus § 12 BGB im geschäftlichen Bereich stets auf den Funktionsbereich des betreffenden Unternehmens beschränkt und reicht nur so weit, wie geschäftliche Beeinträchtigungen zu befürchten sind.[270] Lässt aber ein nichtberechtigter Dritter einen mit einem Namen übereinstimmenden Domainnamen eintragen, so werden dessen Interessen massiv beeinträchtigt, unabhängig davon, ob der Domaininhaber aus privaten oder geschäftlichen Motiven heraus handelt. Entsprechendes gilt für die Verletzung von Namensrechten nicht geschäftlich tätiger Namensträger. So erwartet beispielsweise der Internetnutzer bei einem Domainnamen, der ersichtlich einem Städtenamen entspricht, Informationen über und von der jeweiligen Stadt, so dass eine namensmäßige Benutzung gegeben ist.[271]

---

[264] *LG Düsseldorf,* Mitt. 1997, 225 (227) – epson.de.

[265] A. A.: Keine Markenrechtsverletzung durch Domainregistrierung zwecks Freihaltung, *OLG Karlsruhe,* GRUR-RR 2002, 138 (139) – dino.de.

[266] *BGH* GRUR 1996, 68 (70) – Cotton Line; *BGH* GRUR 1995, 57 (60) Markenverunglimpfung II.

[267] *LG Deggendorf,* CR 2001, 266 ff. – winzer.de.

[268] Vgl. *BGH* GRUR 1986, 475 (476) – Fernschreibkennung; *LG Braunschweig,* CR 1998, 364 (365) – deta.com; *Ingerl/Rohnke,* § 14 Rdnr. 65.

[269] Vgl. *Kur,* CR 1996, 590 (592).

[270] *BGH* GRUR 2002, 622 (624) – shell.de.

[271] *OLG Karlsruhe,* CR 1999, 783 (784) – badwildbad.com; *LG Heidelberg,* NJW 1996, 2736 (2737) – heidelberg.de; *OLG Köln,* GRUR 2000, 798 (799) – alsdorf.de; *OLG Köln,* K&R 1999,

3. Zeichenidentität und Verwechslungsgefahr

a) Zeichenidentität

Eine Verletzung von Markenrechten ist gegeben, wenn der Domainname bei Waren- beziehungsweise Dienstleistungsidentität mit der Markenbezeichnung identisch übereinstimmt (§ 14 Abs. 2 Nr. 1 MarkenG). Von einer Identität im markenrechtlichen Sinne kann nur ausgegangen werden, wenn eine vollständige Übereinstimmung der zu vergleichenden Zeichen besteht. Im Hinblick darauf, dass ein Domainname zwingend aus alphanumerischen und numerischen Zeichen besteht, fehlt es an einer Identität, soweit sich der Anspruchsteller auf eine kombinierte Wort-/Bildmarke stützt.[272] Da bei dem Identitätstatbestand nicht geprüft wird, ob es zu Verwechslungen kommt oder nicht, spricht einiges dafür, das Tatbestandsmerkmal der Identität eng auszulegen.[273] Bereits bei Abweichungen des Domainnamens, die sich nur auf einen einzigen Buchstaben beziehen, fehlt es an einer Zeichenidentität. Dies gilt namentlich bei dem beliebten Weglassen von Buchstaben (z. B.: nfoseek.com) oder absichtlich falscher Schreibweise (z. B.: jahoo.com), um Internetnutzer bei „Vertippern" auf das eigene Angebot umzuleiten. Unzutreffend ist auch die vielfach in Rechtsprechung[274] und Literatur[275] geäußerte Auffassung, wonach der jeweilige Top Level bei der Identitätsprüfung zu vernachlässigen sei.[276] Die durchaus zutreffende Erkenntnis, wonach allein der Second Level frei wählbar ist, führt nämlich allenfalls dazu, dass dem Top Level (.COM, .ORG usw.) eine mitprägende Kraft innerhalb des als eine Einheit zu betrachtenden Domainnamen (beispiel.com) grundsätzlich abzusprechen ist. Wie stets im Kennzeichenrecht ist auch bei dem Vergleich zwischen Marke und Domainname zu prüfen, ob bei mehrgliedrigen Bezeichnungen einzelnen Zeichenbestandteilen eine eigenständig kennzeichnende Bedeutung wegen ihres beschreibenden Charakters nicht zukommt.[277] Diese Prüfung findet aber im Rahmen der zur Ermittlung des Bestehens einer etwaigen Verwechslungsgefahr anzustellenden Gesamtbetrachtung statt. Eine zeichenrechtliche Identität zwischen der Marke WDR und dem Domainnamen wdr.org besteht mangels vollständiger Übereinstimmung der Zeichenfolgen nicht.[278] Der Anwendungsbereich des § 14 Abs. 2 Nr. 1 MarkenG in Auseinandersetzungen um Domainnamen ist von daher sehr beschränkt. Es kommt zwar durchaus vor, dass Markenbezeichnungen unter Einschluss eines Top Level Domainnamens angemeldet werden. Zwi- 73

234 – herzogenrath.de; *OLG Brandenburg,* MMR 2001, 174 – luckau.de; *LG Ansbach,* NJW 1997, 2688 – ansbach.de; *Schmittmann,* K&R 1999, 510 f.; *LG Lüneburg,* CR 1999, 288 (289) – celle.de; a. A. *LG Köln,* CR 1997, 291 – pulheim.de; *LG Köln,* NJW-CoR 1997, 304 – kerpen.de; *LG Köln,* NJW-CoR 1997, 304 – huerth.de; zur Rechtslage in der Schweiz: *LG Bern,* MMR 2000, 214 ff. – berneroberland.ch.

[272] *OLG Köln,* GRUR 2001, 525 (528) – online.de.

[273] *Joller,* MarkenR 2000, 341 (343); *Ingerl/Rohnke,* § 14 Rdnr. 137.

[274] *OLG Dresden,* CR 1999, 589 (591) – cyberspace.de; *LG Düsseldorf,* Mitt. 1997, 225 (227) – epson.de; *LG Braunschweig,* CR 1998, 364 (366) – deta.com.

[275] *Ubber,* WRP 1997, 497 (505).

[276] Zutreffend *KG,* ZUM RD 2002, 4 (5) – checkin.de; a. A. zu dieser Entscheidung *Kort,* WRP 2002, 302.

[277] St. Rspr. *BGH* GRUR 1976, 353 (354) – Colorboy; *BGH* GRUR 1991, 319 (320) – Hurricane; *BGH* GRUR 1996, 198 (199) – Springende Raubkatze.

[278] *LG Köln,* MMR 2000, 625 (626) – wdr.org; in diesem Sinn auch *Joller,* MarkenR 2000, 341 (343).

schen der Marke beispiel.com und dem entsprechenden Domainnamen besteht zeichenrechtliche Identität. Allerdings dürfte in der Praxis eine Kollision in diesen Fällen kaum je einmal vorkommen. Derjenige, der eine Markenanmeldung an einem Domainnamen ausrichtet, wird sich zuvor den korrespondierenden Domainnamen gesichert haben.

b) Verwechslungsgefahr

74 Ein Markeninhaber wird sich daher im Normalfall auf Ansprüche gemäß § 14 Abs. 2 Nr. 2 MarkenG stützen. Demnach verletzt der Domaininhaber die Rechte des Markeninhabers, wenn auf Grund der Identität oder Ähnlichkeit des Domainnamens mit der Marke und der Identität oder Ähnlichkeit der durch die Marke und den Domainnamen erfassten Waren oder Dienstleistungen für das Publikum die Gefahr von Verwechslungen besteht, einschließlich der Gefahr, dass der Domainname mit der Marke gedanklich in Verbindung gebracht wird. Bei der Verwechslungsgefahr handelt es sich um einen Rechtsbegriff, dessen Auslegung von mehreren Komponenten abhängig ist. Bei auf Markenrechte gestützten Ansprüchen ist auf die in Wechselwirkung zueinander tretenden Elemente der **Ähnlichkeitsgrade der Kennzeichen**, deren **Kennzeichnungskraft** sowie **den Grad der jeweiligen Nähe der sich gegenüberstehenden Waren beziehungsweise Dienstleistungen** abzustellen.[279] Das Medium Internet bringt bei der Anwendung dieser Grundsätze Besonderheiten mit sich. Der Internetnutzer, der Kontakt zu einem Unternehmen aufnehmen möchte, wird häufig versuchen, einen aus der Marke oder der geschäftlichen Bezeichnung abgeleiteten Begriff in seinen Browser einzugeben, um so auf die Homepage des gewünschten Anbieters zu gelangen. Wird ihm statt dessen das Angebot eines Anbieters der gleichen oder ähnlichen Branche präsentiert, so wird er nicht selten zu der fälschlichen Annahme gelangen, dass zwischen den Unternehmen wirtschaftliche oder organisatorische Zusammenhänge bestehen.[280]

75 Bei der Feststellung der **Markenähnlichkeit** gibt es allgemein anerkannte Beurteilungskriterien, die im Einzelfall zueinander in Beziehung zu setzen und zu gewichten sind. Neben der meist entscheidenden **klanglichen Ähnlichkeit** der zu beurteilenden Zeichen kommt es auch auf den **schriftbildlichen Vergleich** und gegebenenfalls auf **begriffliche Übereinstimmungen** an.[281] Verschiedentlich wird angeregt, bei Kollisionsfällen mit Domainnamen von den herkömmlichen Grundsätzen zur Ermittlung der Zeichenähnlichkeit abzuweichen. Zum Teil wird vorgeschlagen, eine eigene Kasuistik zu entwickeln, die den spezifischen Gegebenheiten der Domainnamen Rechnung trägt.[282] Dabei wird freilich offen gelassen, an welchen Grundsätzen sich eine solche Kasuistik orientieren könnte. In eine ähnliche Richtung geht eine Auffassung, die sich auf die ältere Rechtsprechung des Bundesgerichtshofs zu den heute kaum noch gebräuchlichen Fernschreibkennungen beruft.[283] Demnach könne dem

---

[279] Im Einzelnen kann auf die Kommentarliteratur verwiesen werden, z. B. *Althammer/Ströbele*, § 9 Rdnr. 7 ff.; zu Domainstreitigkeiten: *BGH* GRUR 2002, 898 f. – defacto.de; *OLG München*, ZUM-RD 2002, 87 (88) – mbp.de; *LG Hamburg*, Urt. v. 30. 9. 1998, http://www.jurpc.de/rechtspr/20000043.htm [abgerufen am 4. 3. 2002], – xtra.net.

[280] *LG Braunschweig*, CR 1998, 364 (366) – deta.com.

[281] Auch hierzu muss auf die Kommentarliteratur m. w. N. verwiesen werden: *Althammer/Ströbele*, § 9 Rdnr. 61 ff.

[282] *Völker/Weidert*, WRP 1997, 652 (658).

[283] *BGH* GRUR 1986, 475 (477) – Fernschreibkennung.

jeweiligen Kennzeicheninhaber durchaus zugemutet werden, dass es durch die Belegung von Domainnamen zu Überschneidungen mit dem geschützten Kennzeichen, zumindest aber in einem stärkeren Maß zu Annäherungen kommt.[284] Die Anzahl der verfügbaren Domainnamen sei ohnehin begrenzt, so dass man diese für unsere Kommunikationsgesellschaft so wichtige Ressource nicht durch ein übertrieben weitgehendes **Abstandsgebot** gegenüber Kennzeichenrechten noch weiter verknappen solle. Dies, zumal der Domaininhaber anders als der Markeninhaber bei seiner Wahl des Domainnamens den Zwängen der Grammatik des Domainnamensystems unterliege[285] und damit keine zusätzlichen Unterscheidungshilfen durch Schriftarten, Bildelemente oder Farbgebung geben könne.[286] Weiterhin sei dem Interesse der Internetanbieter an kurzen einprägsamen Domainnamen Rechnung zu tragen, was zwangsläufig den tatsächlichen Pool verfügbarer Domainnamen weiter verringere. Auch könne man bei einem Internetnutzer, anders als nach der herkömmlichen Auffassung, nicht von einem flüchtigen und unkritischen Verbraucher ausgehen.[287] Vielmehr wende der Internetnutzer eine erhöhte Aufmerksamkeit bei der Eingabe von Domainnamen auf. Schließlich sei ihm bekannt, dass er schon bei kleinsten Abweichungen und Irrtümern nicht mit der gewünschten, sondern einer völlig anderen Internetseite verbunden wird. Man geht so weit, dem Markeninhaber nur dann Verbietungsansprüche zuzusprechen, wenn unter Vernachlässigung des jeweiligen Top Level eine **Identität** zwischen Domainname und Kennzeichenrecht besteht.[288] Damit wäre dann das gesetzlich vorgesehene Kriterium der Zeichenähnlichkeit weitgehend gegenstandslos.

Die Rechtsprechung wendet hingegen überwiegend auch auf Kollisionsfälle in Domainsachen die herkömmlichen Grundsätze zur Ermittlung einer etwaig bestehenden Verwechslungsgefahr an.[289] Dies ist auch gut so. Es bestehen nämlich keineswegs so grundlegende Unterschiede zwischen dem Cyberspace und unserer real wahrnehmbaren Welt, als dass sich eine derartig abweichende rechtliche Behandlung rechtfertigen ließe, zumal sich eine derartige Differenzierung auch nicht mit dem eindeutigen Wortlaut des § 14 Abs. 2 Nr. 2 MarkenG vereinbaren lässt.[290] Die Neueinführung weiterer für jedermann offen stehender generischer Top Level Domainnamen (.BIZ, .INFO, .NAME) hat zu einer nicht unerheblichen Ausweitung 76

[284] *Bettinger,* GRUR Int. 1997, 402 (415); für Zurückhaltung bei der Anwendung der hergebrachten Grundsätze auch: *OLG Rostock,* K&R 2000, 303 – mueritz-online.de; *KG,* ZUM RD 2002, 4 (5) – checkin.de; *Ingerl/Rohnke,* § 15 Rdnr. 48; *Hoeren/Sieber/Viefhues,* § 6 Rdnr. 81; *Bücking,* Domainrecht, Rdnr. 151; *ders.,* MMR 2000, 656 (658f.); *Kort,* DB 2001, 249 (254); *Ubber,* WRP 1997, 497 (505); *Kur,* CR 1996, 590 (593); *Gruber/Mader/Thiele,* 75 (83); *Jaeger-Lenz,* K&R 1998, 9 (13).

[285] Dazu oben Rdnr. 13.

[286] *Hoeren/Sieber/Viefhues,* § 6 Rdnr. 81.

[287] Zum Verbraucherleitbild des EuGH im Hinblick auf die Beurteilung der Verwechslungsgefahr, *Althammer/Ströbele,* § 9 Rdnr. 70.

[288] *Bücking,* Domainrecht, Rdnr. 152.

[289] *BGH* GRUR 2002, 898 (900) – defacto.de, ohne freilich auf die Streitfrage eines eingeschränkten Abstandsgebots bei Domainnamen ausdrücklich einzugehen; s. a. *OLG Hamburg,* MarkenR 2001, 213 (215) – 1001buecher.de; *A. Nordemann,* NJW 1997, 1891 (1894); *Fezer,* WRP 2000, 669 (674); *Kort,* WRP 2002, 302 (303); offen lassend *öOGH,* GRUR Int. 2001, 468 (469) – gewinn.at; a. A. *OLG Rostock,* K&R 2000, 303 – mueritz-online.de; *KG,* ZUM RD 2002, 4 (5) – checkin.de; *LG Hamburg,* Mitteilungen 2003, 165ff. – public-com.de.

[290] *Reinhart,* WRP 2001, 13 (17).

des Domainnamensraums geführt. Auch ist keineswegs gesagt, dass tatsächlich jeder Nutzer mit größter Sorgfalt auf die Korrektheit der Eingabe von Domainnamen achtet. Die beliebtesten Inhalte im Internet (Werbung, Spiele, Sex, Shopping) lassen vielmehr vermuten, dass auch Online der sprichwörtliche „Durchschnittsverbraucher" mit flüchtiger Wahrnehmung anzutreffen ist, zumal sich das Internet zunehmend zum Massenmedium entwickelt. Der entscheidende Punkt ist aber, dass im Geschäftsleben Markenbezeichnung und Domainname zunehmend aufeinander abgestimmt sind, und dieser Gleichlauf gegenüber den Verbrauchern auch kommuniziert wird. So gibt es kaum noch eine Fernsehwerbung, an deren Ende nicht der mit dem Markennamen des beworbenen Produkts übereinstimmende Domainname eingeblendet wäre. Einen solchen Gleichlauf hat es bei den Fernschreibkennungen nie gegeben.[291] Sie kamen im Büroalltag beim überwiegend geschäftlich genutzten Telex zum Einsatz. Für die Kommunikation einer Marke mit breiten Verbraucherkreisen haben Fernschreibkennungen nie eine Relevanz besessen. Auch wird von den Vertretern des eingeschränkten Abstandsgebots bei Domainnamen übersehen, dass die herkömmliche Dogmatik mit der Lehre von der flexiblen Wechselwirkung zwischen der Kennzeichnungskraft des Markenrechts, der Zeichenähnlichkeit und der Produktähnlichkeit ein hinreichendes Korrektiv bietet, das im Regelfall eine unproblematische Koexistenz von weitgehend übereinstimmenden Domainnamen unter demselben Top Level ermöglicht.[292] So kann ALDI nicht nur in der realen Welt seine Kunden mit erlesenen Lebensmitteln beliefern und AUDI ungestört die gleichnamigen Autos verkaufen, obwohl die Bezeichnungen nur in einem Buchstaben abweichen. Die Produktferne sorgt auch dafür, dass für beide Marken vielbesuchte Internetportale unter www.aldi.de und www.audi.de vorzufinden sind, ohne dass man sich ins Gehege käme. Bei Verwendung von kennzeichnungsschwachen Bezeichnungen reichen bereits geringe Abweichungen aus, die trotz gleichem Angebot zu einem ungestörten Nebeneinander führen. Stellenangebote für Jobsuchende finden sich beispielsweise sowohl unter www.job24.de als auch beim Online Stellenmarkt www.arbeit24.de.

77 Die Gefahr von Verwechslungen schließt gemäß § 14 Abs. 2 Nr. 2 MarkenG die Gefahr mit ein, dass das prioritätsältere Zeichen mit der rechtsverletzenden Marke gedanklich in Verbindung gebracht wird (**assoziative Verwechslungsgefahr**). Dabei ist nicht jegliche wie auch immer geartete gedankliche Assoziation ausreichend, um eine Verwechslungsgefahr zu begründen.[293] Bedeutung gewinnt diese Bestimmung insbesondere in Fällen der sogenannten mittelbaren Verwechslungsgefahr, in denen die beteiligten Verkehrskreise zwar die Unterschiede zwischen den sich gegenüberstehenden Zeichen erkennen, gleichwohl aber einem Stammbestandteil für sich genommen die maßgebliche Herkunftsfunktion beimessen. Ist der Stammbestandteil rein beschreibend oder kennzeichnungsschwach, bewirkt er keinen eigenständigen Herkunftshinweis.[294] In der Auseinandersetzung um den Domainnamen playmatemoni.de wurde die Annahme einer assoziativen Verwechslungsfahr in Erwägung

[291] Zum eingeschränkten Abstandsgebot bei Fernschreibkennungen *BGH* GRUR 1986, 475 (477).

[292] *OLG Hamm,* NJW-RR 1999, 631 – pizza-direkt.de.

[293] Std. Rspr. *BGH* GRUR 1996, 198 (200) – Springende Raubkatze.

[294] Markenserie mit dem Bestandteil „D-" ohne Herkunftsfunktion: *LG Köln,* K&R 1999, 519 (520) – d-net.de.

gezogen, da sich bei unterstellter Bekanntheit der Bezeichnung Playmate für ein Herrenmagazin, der Bezug zu einer bestimmten Person („Moni") mittelbar erschließe.[295]

78 Entsprechend den vom Bundesgerichtshof aufgestellten Erfahrungssätzen ist davon auszugehen, dass die zu vergleichenden Zeichen von den Verbrauchern so aufgenommen werden, wie sie ihnen entgegentreten.[296] Auch der Internetnutzer neigt nicht dazu, der Bedeutung einzelner Zeichenbestandteile oder deren Begriffsdeutung nachzuhängen. Für die Beurteilung der Verwechslungsgefahr ist damit allein der **Gesamteindruck** der Kennzeichen maßgeblich, den der Internetnutzer bei unbefangener Betrachtungsweise gewinnt.[297] Einzelnen Bestandteilen eines aus mehreren Elementen zusammengesetzten Zeichens kommt dabei eine den **Gesamteindruck prägende Kraft** nur dann zu, wenn sie selbstständig kollisionsbegründend wirken. Das ist der Fall, wenn ein Zeichenbestandteil auf Grund seiner Kennzeichnungskraft den Gesamteindruck des Zeichens prägt oder doch wesentlich mitbestimmt, wobei es nicht genügt, wenn mehrere Zeichenteile gleichberechtigt nebeneinander stehen.[298] Bei Kollisionen, die Domainnamen betreffen, kommt die Prägetheorie zwingend zur Anwendung, da die durch den Internetnutzer belegbaren Second Level Domainnamen stets aus einer Kombination des vorgegebenen Top Levels mit einem frei wählbaren Zeichenbestandteil im zweiten Level gebildet werden.[299] In aller Regel wird man dem Top Level eine mitprägende Kraft absprechen müssen, da den Internetnutzern bekannt ist, dass er keine individualisierende Funktion hat.[300] Ausnahmsweise ist der Top Level Domainname dann nicht abzuspalten, wenn er mit dem Second Level derart verschmolzen ist, dass er für den Verbraucher nicht mehr als solcher erkennbar ist. So denkt man bei swat.ch eher an die gleichnamige Uhrenmarke als an das Zeichen SWAT mit bezug zur Schweiz (ccTLD der Schweiz ist .CH) und bei merced.es eher an Nobelkarossen als an ein Internetangebot unter der Bezeichnung MERCED aus Spanien (ccTLD von Spanien ist .ES). Das Landgericht Hamburg geht so weit, den Domainnamen xtra.net als Einheit zu betrachten, so dass man zur Annahme einer Verwechslungsgefahr mit der Marke XTRANET kommt.[301]

79 Auch **anderweitige schutzunfähige Angaben** des Kennzeichens[302] oder Bestandteile des Domainnamens mit deutlich produktbeschreibenden Anklängen wirken nicht mitprägend und fallen im Rahmen der Gesamtbetrachtung nicht ins Ge-

---

295 *LG Stuttgart,* WRP 2002, 347 (348) – playmatemoni96.de.

296 *BGH* GRUR 1995, 408 (409) – Protech, m. w. N.

297 *BGH* GRUR 1996, 198 (200) – Springende Raubkatze; *BGH* GRUR 1996, 406 (407) – Juwel; *BGH* GRUR 1996, 777 (778) – Joy; *BGH* GRUR 1996, 977 – DRANO/P3-drano; für Kollisionsfälle mit Domainnamen: *OLG Köln,* GRUR 2001, 525 (528) – online.de; *OLG Köln,* WRP 2002, 249 (251) – freelotto.de; *LG München I,* MMR 1999, 234 (236) – juris-solvendi.de.

298 *BGH* GRUR 1991, 319 (320) – Hurricane; *BGH* GRUR 1992, 203 (205) Roter mit Genever; *BGH* GRUR 1996, 198 (200) – Springende Raubkatze.

299 *Joller,* MarkenR 2000, 341 (345).

300 *OLG Hamburg,* MarkenR 2001, 213 (216) – 1001buecher.de; *OLG München,* ZUM-RD 2002, 87 (89) – mbp.de; *LG Düsseldorf,* Mitt. 1997, 225 (227) – epson.de; *LG Hamburg,* Urt. v. 13. 1. 1999, 315 O 478/98 – welt-online.de, http://www.netlaw.de/urteile/lghh_7.htm [abgerufen am 4. 3. 2002]; *Ubber,* WRP 1997, 497 (505); *Joller,* MarkenR 2000, 341 (345).

301 *LG Hamburg,* Urt. v. 30. 9. 1998, http://www.jurpc.de/rechtspr/20000043.htm [abgerufen am 4. 3. 2002], – xtra.net.

302 *BGH* GRUR 2002, 898 (899) – defacto.de.

wicht.[303] So ist der Bestandteil „buecher" in dem Domainnamen 1001buecher.de rein beschreibend, da er allein auf die unter dem Domainnamen angebotenen Waren hinweist, er bleibt bei der Prüfung der Verwechslungsgefahr außer Betracht.[304] Aufgrund des beschränkten Namensraums hat es sich eingebürgert, dem eigentlich kennzeichnenden Teil des Domainnamens einen weitgehend nichts sagenden Zusatz voranzustellen. So erfreut sich beispielsweise der Zusatz „my" großer Beliebtheit. Er dürfte von daher auch kombiniert in Domainnamen wie mymcdonalds.de, myintel.de usw. keine mitprägende Wirkung haben.[305] Kritikwürdig ist hingegen die Entscheidung des Landgerichts Hamburg in der Auseinandersetzung um den Domainnamen bodenseeklinik.net.[306] Obwohl das Gericht davon ausging, dass der Begriff „Bodenseeklinik" rein beschreibend ist und sich auch nicht im Verkehr durchgesetzt habe, kam es gleichwohl zu dem Ergebnis, der Kennzeichenbestandteil habe innerhalb des Gesamtkennzeichens „Bodenseeklinik Prof. Dr. N." eine selbstständig kollisionsbegründende Wirkung.

80 Werden Ansprüche gegen einen Domainnamen auf eine **kombinierte Wort-/Bildmarke** gestützt, so ist grundsätzlich nur auf den jeweiligen Wortbestandteil abzustellen, da dieser für den Verkehr regelmäßig die einfachste Bezeichnungsform darstellt.[307] Dieser Grundsatz gilt allerdings nur insoweit, als nicht dem Bildbestandteil wegen seiner eigenständig herkunftshinweisenden Bedeutung ausnahmsweise eine mitprägende Kraft zuzubilligen ist.[308] Mitprägend wirkt der Bildbestandteil entweder wegen seiner graphischen Eigentümlichkeit oder aber, weil der Wortbestandteil für sich genommen schutzunfähig ist. Derartige Kombinationsmarken sind allein wegen ihrer bildlichen Kennzeichnungskraft eingetragen worden. Wegen fehlender Mitbestimmung des kennzeichenrechtlichen Gesamteindrucks können aus den schutzunfähigen Wortbestandteilen keine Ansprüche gegenüber dem Domaininhaber abgeleitet werden. Mangels eigenständiger Kennzeichnungskraft des Wortbestandteils „online" als Teil einer kombinierten Wort-/Bildmarke konnte daher dem Inhaber des Domainnamens online.de dieser nicht streitig gemacht werden.[309] Hingegen wurde eine Wort-/Bildmarke mit dem Wortbestandteil „Stadtinfo" als ausreichend erachtet, um die Verwendung des Domainnamens stadtinfo.com zu untersagen.[310] Die Auslegung des Rechtsbegriffs der Verwechslungsgefahr wird dementsprechend ganz wesentlich durch das Kriterium der **Kennzeichnungskraft** beeinflusst.[311] Die Kennzeichnungskraft stellt eine variable Größe dar, die den Schutzumfang des Mar-

---

303 *BGH* GRUR 1995, 808 (809) – P3-plastoclin; *LG München I,* MMR 1999, 234 (236) – jurissolvendi.de.

304 *OLG Hamburg,* MarkenR 2001, 213 (216) – 1001buecher.de; ebenso der Bestandteil „boerse" in rollsroyceboerse.de und rolls-royce-boerse.de: *OLG München,* MMR 2000, 104 sowie in fordboerse.de: *LG München I,* ZUM-RD 2002, 105 (106 f.).

305 Beispiele aus der Entscheidung *LG München I,* ZUM-RD 2000, 295 (296) – myintershop.de; das Gericht nimmt eine Verwechslungsgefahr unter dem Gesichtspunkt des gedanklichen Verbindens an.

306 *LG Hamburg,* CR 2001, 418 ff. m. kritischen Anm. *Dieselhorst,* CR 2001, 420 f.

307 *BGH* GRUR 1996, 198 (200) – Springende Raubkatze; *BGH* GRUR 1996, 267 (269) – AQUA; *BGH* GRUR 1989, 425 (427) – Herzsymbol.

308 *BGH* GRUR 1996, 267 (269) – AQUA; *BGH* GRUR 1989, 425 (427) – Herzsymbol.

309 *OLG Köln,* GRUR 2001, 525 (528) – online.de.

310 *LG Braunschweig,* K&R 1999, 573 – stadtinfo.com; ebenso *OLG Hamburg,* GRUR-RR 2001, 7 (8 f.) – funfunradio.de.

311 *BGH* GRUR 1995, 50 (52) – Indorektal/Indohexal.

kenrechts bestimmt. Kennzeichnungsschwache Marken verfügen nur über einen eingeschränkten Schutzbereich, der im Einzelfall lediglich ein Vorgehen gegenüber identischen Zeichen erlaubt. So wurde bei angenommener extremer Kennzeichenschwäche der Marke „Pizza Direct" trotz klanglicher Übereinstimmung eine abweichende Schreibweise des Domainnamens pizza-direkt.de als ausreichend erachtet, um eine Verwechslungsgefahr auszuschließen.[312]

Klangliche Ähnlichkeit. Die Bedeutung der phonetischen Ähnlichkeit für die Beurteilung der Verwechslungsgefahr in Auseinandersetzungen um Domainnamen hängt zunächst davon ab, welche Relevanz einer wörtlichen Benennung tatsächlich zukommt. In der herkömmlichen Praxis wird nach der Verkehrsauffassung auf dem jeweiligen Warensektor differenziert. Bei Waren und Dienstleistungen, die telefonisch oder auf Grund mündlicher Benennung geordert werden, spielt die klangliche Ähnlichkeit die entscheidende Rolle.[313] Anders ist es bei Bekleidungsstücken und anderen Waren, die man auf Sicht kauft. Dort hat die Vorstellung des Verbrauchers von der schriftbildlichen Erscheinungsform des Zeichens einen weitaus höheren Stellenwert.[314] Da das Internet zumindest derzeit ein vorwiegend optisch wahrnehmbares Medium ist, ist der von dem Domainnamen hervorgerufene visuelle Eindruck von besonderem Gewicht.[315] Gleichwohl muss auch bei Kollisionen von Domainnamen der phonetische Eindruck Berücksichtigung finden. So werden gute Internetseiten mündlich weiterempfohlen. Auch prägt der Klangeindruck eines Wortes auf Grund des gedanklichen Aussprechens das Erinnerungsbild selbst dort, wo eine wörtliche Benennung nie stattgefunden hat.[316] Welchen klanglichen Gesamteindruck ein Zeichen im Einzelfall hervorruft, ist von einer Vielzahl phonetischer Faktoren abhängig. Es gibt insoweit einige Erfahrungssätze, die allerdings nicht schematisch angewandt werden dürfen. Im Allgemeinen spielt die Vokalfolge eine größere Rolle für die Lautung als die Konsonanten. Auch pflegt der Verkehr auf die jeweiligen Zeichenanfänge sein erhöhtes Augenmerk zu richten, wohingegen die unbetonte Zeichenmitte in der lautlichen Wahrnehmung eher zurücktritt.[317] Im Zusammenhang mit Domainnamen ergeben sich Besonderheiten bei der weit verbreiteten Verwendung von Bindestrichen. Aufgrund der zwingenden Syntax der Registrierstellen ersetzt dieser regelmäßig das Leerzeichen. Werden bei natürlichem Sprachrhythmus die Silben des Markenwortes entsprechend der Verwendung des Bindestrichs getrennt, hat dieser auf den klanglichen Eindruck keine Auswirkung. Dementsprechend wurde der Domainname t-net.de als klanglich identisch mit der Marke TNET angesehen.[318] Umgekehrt kann aber der Bindestrich auch eine von 81

[312] *OLG Hamm,* NJW-RR 1999, 631 – pizza-direkt.de.

[313] *BGH* GRUR 1995, 50 (52) – Indorektal/Indohexal.

[314] *BPatG,* GRUR 1996, 356 (360) – John Lord/John Lobb; *BPatG,* GRUR 1996, 419, (420) – Fontana.

[315] *Joller,* MarkenR 2000, 341 (347); *Ingerl/Rohnke,* § 14 Rdnr. 331.

[316] *OLG Hamburg,* MarkenR 2001, 213 (216) – 1001buecher.de.

[317] Zu den Einzelheiten die Kommentarliteratur: *Ingerl/Rohnke,* § 14 Rdnr. 338 ff.; *Althammer/Ströbele,* § 9 Rdnr. 80 ff.

[318] *OLG München,* ZUM 2000, 71 (72) – tnet.de; Revision mit Beschl. v. 24. 5. 2000, I ZR 269/99, vom *BGH* nicht angenommen; ebenso die Vorinstanz *LG München I,* CR 1999, 325 – tnet.de, OLG Köln, Urteil v. 8. 5. 2002, http://www.jurpc.de/rechtspr/20020233.htm – citipost.de [abgerufen am 25. 11. 2002] und *LG Hamburg,* Urt. v. 30. 9. 1998, http://www.jurpc.de/rechtspr/20000043.htm [abgerufen am 4. 3. 2002], – xtra.net.

dem Klang des Markenzeichens abweichende Aussprache nahe legen. So wurde im Vergleich der Marke T-Online mit dem Domainnamen donline.de der Bindestrich als entscheidend für einen unterschiedlichen Klangeindruck angesehen, da bei der Aussprache des Wortes T-Online nach dem vorangestellten Buchstaben „T" eine kurze Pause eingelegt wird, wohingegen bei der Aussprache der Domain donline.de die Silbe „don" ohne Pause ausgesprochen wird und eine Zäsur erst nach dieser Silbe erfolgt („don-line").[319]

82 **Schriftbildliche Ähnlichkeit.** Auch beim schriftbildlichen Vergleich ist bei der Ermittlung des Gesamteindrucks besonderes Augenmerk auf die Anfangs- und Schlusselemente der zur Beurteilung anstehenden Bezeichnungen zu legen. Wie stets im Kennzeichenrecht[320] so ist auch bei rechtlichen Auseinandersetzungen um Domainnamen die jeweilige Groß-/Kleinschreibung zu vernachlässigen. Dieser Grundsatz gilt für Domainnamen umso mehr, als auf Grund der Regeln zur Bildung von Domainnamen die Groß-/Kleinschreibung zu Gunsten einer durchgehenden Schreibweise in Kleinbuchstaben festgelegt ist.[321] Entsprechend sind die für Domainnamen ebenfalls nicht zugelassenen Umlaute mit den gebräuchlichen Schreibweisen „ue", „ae", „oe" gleichzusetzen.[322] Bei der schriftbildlichen Unterscheidbarkeit kommt der jeweiligen Zeichenlänge des Domainnamens beziehungsweise des Markenworts eine Bedeutung zu.[323] Bei ausgesprochenen Kurzbezeichnungen fallen Abweichungen schon rein quantitativ stärker ins Gewicht. Auch hier vermag aber die Verwendung eines Bindestrichs im Domainnamen dessen schriftliches Erscheinungsbild in der Regel nicht zu beeinflussen.[324]

83 **Begriffliche Ähnlichkeit.** Bei begrifflichen Ähnlichkeiten können die Verbraucher zwar keiner unmittelbaren Verwechslungsgefahr unterliegen. Trotz klanglicher und schriftbildlicher Abweichungen sind aber begriffliche Verwechslungen dort zu befürchten, wo sich Begriffe gegenüberstehen, die ihrem Sinn nach vollständig oder doch im Wesentlichen übereinstimmen. Wegen der Vielfältigkeit denkbarer Assoziationen ist Ähnlichkeit auf Grund Sinnverwandtheit nur bei Synonymen gegeben, entferntere Begriffsähnlichkeiten oder Begriffsanklänge sind für die Beurteilung der Verwechslungsgefahr irrelevant.[325] Die Semantik eines Zeichens kann aber auch umgekehrt eine an sich bestehende klangliche oder schriftliche Übereinstimmung kompensieren. Entsprechende Überlegungen stellte das *OLG Hamburg* in der Auseinandersetzung um den Domainnamen 1001buecher.de an. So werde der innerhalb

---

[319] *LG Düsseldorf,* Urt. vom 21. 7. 1999 – 34 O 56/99 – donline.de, http://www.netlaw.de/urteile/lgd_19.htm [abgerufen am 4. 3. 2002], auch zwischen der Marke Intershop und dem Domainnamen intershopping.com wurde Zeichenähnlichkeit angenommen: *OLG München* MMR 2000, 277 – intershopping.com, m. Anm. *Röhrborn,* CR 2000, 464 (466 f.).

[320] *Althammer/Ströbele,* § 9 Rdnr. 77.

[321] *OLG Rostock,* K&R 2000, 303 – mueritz-online.de.

[322] *OLG Rostock,* K&R 2000, 303 – mueritz-online.de.

[323] Fragwürdig insoweit *OLG Hamburg,* MarkenR 2001, 213 (216) – 1001buecher.de, das schriftbildliche Ähnlichkeit zwischen dem Domainbestandteil „1001" und dem Markenwort „Zweitausendeins" annimmt.

[324] *LG Köln,* ZUM-RD 2000, 195 (197) – x-computer.de; *LG Hamburg,* Urt. v. 13. 11 999, 315 O 478/98 – welt-online.de, http://www.netlaw.de/urteile/lghh_7.htm [abgerufen am 4. 3. 2002]; a. A. *LG Koblenz,* Beschl. v. 27. 10. 1999, 1 HO 125/99, http://www.netlaw.de/urteile/lgko_1.htm [abgerufen am 4. 3. 2002], zu einem Bestrafungsantrag nach § 890 ZPO.

[325] Vgl. die Kommentarliteratur: *Althammer/Ströbele,* § 9 Rdnr. 92 ff.; *Ingerl/Rohnke,* § 14 Rdnr. 349 ff.

des Domainnamens allein kennzeichnend wirkende Bestandteil „1001“ durchaus mit den Märchen aus „1001 Nacht“ assoziiert. Diese und andere mögliche gedanklichen Verbindungen reichten jedoch nicht aus, um eine Verwechslungsgefahr mit der Marke ZWEITAUSENDEINS mit hinreichender Sicherheit auszuschließen.[326]

4. Warenähnlichkeit

Kann sich der Anspruchsteller in einem Domainkonflikt nicht auf eine bekannte Marke, sondern nur auf ein Kennzeichen mit normaler oder verminderter Kennzeichnungskraft stützen, so setzt die Annahme einer Verwechslungsgefahr weiterhin voraus, dass durch den Domainnamen Waren oder Dienstleistungen erfasst werden, die mit denen des Markenrechts identisch oder ähnlich sind (§ 14 Abs. 2 Nr. 2 MarkenG). Bei der Beurteilung der **Waren-** bzw. **Dienstleistungsähnlichkeit** sind alle erheblichen Faktoren zu berücksichtigen, die das Verhältnis zwischen den zu vergleichenden Waren oder Dienstleistungen beeinflussen, insbesondere deren Art, Verwendungszweck und Nutzung sowie ihre Eigenart als miteinander konkurrierende oder einander ergänzende Waren oder Dienstleistungen.[327] Ist der **Domainname mit einer Internetseite verbunden,** so ist maßgeblich, ob und gegebenenfalls welche Waren und Dienstleistungen dort beworben oder angeboten werden. Stellt sich heraus, dass die auf der Internetseite angebotenen Waren oder Dienstleistungen ähnlich im Sinne der vorgenannten Kriterien[328] sind, so liegt bei gleichzeitiger Zeichenähnlichkeit eine Verwechslungsgefahr vor. Bei der Ermittlung der Warenähnlichkeit ist insoweit kein anderer Beurteilungsmaßstab anzulegen als in sonstigen Kennzeichenstreitsachen.[329] Vereinzelt wird allerdings vertreten, es komme nicht darauf an, welche Waren und Inhalte auf der Homepage präsentiert werden. Demnach sei die Homepage als solche die verwechslungsfähige Ware beziehungsweise Dienstleistung.[330] Diese Ansicht ist zu Recht überwiegend auf Ablehnung gestoßen.[331] Sie liefe darauf hinaus, ähnlich wie im UDRP Schiedsgerichtsverfahren vor der WIPO[332], das Kriterium der Warenähnlichkeit auch bei der Anwendung des nationalen deutschen Rechts ganz fallen zu lassen. Da das Tatbestandsmerkmal der Warenähnlichkeit gesetzlich durch § 14 Abs. 2 Nr. 2 MarkenG festgeschrieben ist, bleibt für eine derartige Auslegung gegen den Gesetzeswortlaut kein Raum.[333] Ist der **Domainname hingegen lediglich registriert und im Übrigen unbenutzt,** das heißt weder mit einer Homepage verbunden, noch für anderweitigen Datenaustausch verwendet worden, so fehlt es an einer unmittelbaren Benutzungshandlung im Internet, die als Anknüpfungspunkt für die Beurteilung der Waren- und Dienstleistungsähnlichkeit dienen könnte. In derartigen Fällen ist danach zu differenzieren, ob der Domaininhaber in der realen Welt ein vom dem Domainnamen abgeleitetes 84

---

[326] *OLG Hamburg,* MarkenR 2001, 213 (216) – 1001buecher.de.

[327] *EuGH,* WRP 1998, 1165, (1166) – Canon.

[328] *LG München I,* CR 1997, 540 (541) – freundin.de.

[329] *LG München I,* CR 2000, 464 (465) – intershopping.com.

[330] *LG Düsseldorf,* Mitt. 1997, 225 (228) – epson.de.

[331] *Völker/Weidert,* WRP 1997, 652 (658); *Joller,* MarkenR 2000, 341 (345); *Bücking,* Domainrecht, Rdnr. 168 f.; *Hoeren/Sieber/Viefhues,* § 6 Rdnr. 99; *Wagner,* ZHR 162 (1998), 701 (713); *Bottenschein,* MMR 2001, 286 (289).

[332] Dazu unten Rdnr. 133 ff.

[333] *Hoeren/Sieber/Viefhues,* § 6 Rdnr. 90.

Kennzeichenrecht besitzt oder nicht. Namentlich wird es häufig vorkommen, dass der Domainname einem angemeldeten, eingetragenen oder benutzten Markenrecht beziehungsweise einer Firmenbezeichnung des Domaininhabers entspricht. Bei diesen Konstellationen besteht ein ganz normaler Kennzeichenkonflikt in der realen Welt zwischen den Markenrechten des Markeninhabers und den Kennzeichenrechten des Domaininhabers. Die Waren beziehungsweise Dienstleistungen der prioritätsälteren *Klagmarke* sind auf ihre Ähnlichkeit mit den vom Warenverzeichnis der Marke des Domaininhabers umfassten Produkten beziehungsweise eine etwaige Branchennähe hin zu untersuchen. Der Domainname spielt dabei zeichenrechtlich nur **akzessorisch** insoweit eine Rolle, als bei gegebener Produktähnlichkeit ein auch die Benutzung des Domainnamens erfassender **Unterlassungsanspruch** gegeben ist. Ein darüber hinausgehender auf den Domainnamen bezogener markenrechtlicher Löschungsanspruch scheitert hingegen, wenn der Domaininhaber den Domainnamen bei Beachtung des Unterlassungsgebots wegen eines rechtsbeständigen Kennzeichenrechts für außerhalb des Produktähnlichkeitsbereichs liegende Waren und Dienstleistungen benutzen darf. Markenrechtliche Ansprüche auf Löschung des Domainnamens sind daher nur bei einem bestehenden **Schlechthin-Verbot** gegeben, also in den Fällen, in denen eine Verwendung des Domainnamens in keiner denkbaren Weise zulässig wäre.[334] Kann der Domaininhaber allerdings auf kein die Belegung des Domainnamens rechtfertigendes Recht verweisen, so hat er den blockierten Domainnamen freizugeben.[335]

85 Ist der Domainname unbenutzt und lässt sich keine Übereinstimmung mit einem Kennzeichenrecht des Domaininhabers feststellen, so können gegebenenfalls anderweitige Umstände darauf hinweisen, für welchen Zweck der Domainname nach dem Willen des Domaininhabers vorgesehen ist. Diese Indizien können sodann für die Überprüfung der Waren- und Dienstleistungsähnlichkeit herangezogen werden und begründen gleichzeitig eine Erstbegehungsgefahr. Fehlt es an derlei Indizien, so wäre daran zu denken, aus dem Unternehmensgegenstand beziehungsweise dem allgemeinen wirtschaftlichen Tätigkeitsbereich des Domaininhabers auf eine entsprechend beabsichtigte Verwendung des Domainnamens zu schließen. Bei einer derartig **vermuteten Warenähnlichkeit**[336] würden indes Zusammenhänge konstruiert, die keineswegs zwingend sind. Zwar spricht der Umstand einer Domaineintragung durch ein Wirtschaftsunternehmen für eine Benutzungsabsicht im geschäftlichen Verkehr, Mutmaßungen über den konkreten Verwendungszweck sind hingegen reine Spekulation. So ist es durchaus denkbar, dass ein Unternehmen einen neuen Geschäftszweig plant und noch vor einer Markenanmeldung beziehungsweise der Eintragung eines erweiterten Geschäftsgegenstands im Handelsregister einen Domainnamen reserviert. Kann der darlegungspflichtige Markeninhaber eine beabsichtigte Geschäftstätigkeit des Domaininhabers im Ähnlichkeitsbereich nicht schlüssig beweisen, so scheidet die Annahme einer Verwechslungsgefahr aus. Es bleiben gegebenenfalls ergänzende wettbewerbsrechtliche Unterlassungsansprüche aus § 1 UWG.

---

[334] *BGH* GRUR 1989, 425 (427) – Herzsymbol; *BGH* GRUR 1991, 401 (402) – Erneute Vernehmung.

[335] Zur Domainblockade wettbewerblichen Domainblockade Rdnr. 107 zur privaten Domainblockade Rdnr. 110.

[336] *Hoeren/Sieber/Viefhues,* § 6 Rdnr. 93 ff.

5. Verwechslungsgefahr bei geschäftlichen Bezeichnungen

Wie ein Markenrecht, so vermittelt auch das Recht an einer geschäftlichen Bezeichnung Schutz gegenüber einer Benutzung von Domainnamen, die geeignet ist, Verwechslungen mit der geschäftlichen Bezeichnung hervorzurufen (§ 15 Abs. 2 MarkenG). Die Beurteilung der Zeichenähnlichkeit von geschäftlichen Bezeichnungen, also Unternehmenskennzeichen und Werktiteln, erfolgt nach denselben Grundsätzen wie bei den Markenrechten, so dass insoweit auf die dortigen Ausführungen verwiesen werden kann.[337] Das zweite Erfordernis der Waren- beziehungsweise Dienstleistungsähnlichkeit wird bei den Unternehmenskennzeichen durch die sogenannte **Branchennähe** ersetzt. Eine Verwechslungsgefahr ist demnach anzunehmen, wenn die jeweiligen Geschäftsbereiche so weitgehend übereinstimmen, dass die beteiligten Verkehrskreise auf Grund der Ähnlichkeit der Zeichen zu der irrigen Annahme verleitet werden, es bestünden zwischen den betroffenen Unternehmen irgendwelche geschäftlichen, wirtschaftlichen oder organisatorischen Zusammenhänge.[338] Werktitel dienen grundsätzlich der Unterscheidung eines Werkes von einem anderen. Sie sind damit gegenüber einer Benutzung von Domainnamen für ähnliche Werktitel geschützt[339], soweit sie von Hause aus schutzfähig sind.[340] Darüber hinausgehend kann auch die Verwendung eines Domainnamens im Zusammenhang mit Unternehmenskennzeichen oder Marken titelverletzend sein, wenn dem Titel auf Grund seiner über die Werktitelfunktion hinausgehenden Kennzeichnungskraft auch ein Herkunfts- beziehungsweise ein Produkthinweis zukommt. Besonderheiten in Kollisionsfällen um Domainnamen, bei denen sich der Anspruchsteller auf geschäftliche Bezeichnungen stützt, ergeben sich insofern, als der räumliche Schutzbereich insbesondere von Unternehmensbezeichnungen häufig begrenzt ist. Beispielsweise genießen lokal tätige Einzelhandelsgeschäfte, Restaurants etc., nur so weit Kennzeichenschutz, wie ihr Einzugsgebiet reicht (sog. Etablissementbezeichnungen oder Platzgeschäfte). In der realen Welt können so ohne weiteres das Parkhotel in Bremen und ein gleichnamiger Hotelleriebetrieb in Bad Reichenhall nebeneinander bestehen, ohne dass es bei den Gästen zu Verwirrungen käme. Der Cyberspace kennt hingegen keine räumlichen Schranken. Damit ergeben sich ähnliche Fragestellungen wie bei internationalen Domainkonflikten. Es wäre allerdings wenig sachgerecht, wenn das Parkhotel in Bremen dem Namensvetter in Bad Reichenhall den Domainnamen parkhotel.de erfolgreich streitig machen könnte, nur weil die mit diesem Domainnamen verbundene Internetseite auch in Bremen abrufbar ist. Der Inhaber von territorial begrenzten Schutzrechten kann demnach nur dann in einer kennzeichenrechtlichen Auseinandersetzung um einen Domainnamen obsiegen, wenn in der realen Welt Verbietungsrechte bestehen, die sich auf den räumlichen 86

---

[337] Dazu Rdnr. 75.

[338] Vgl. im Einzelnen die Kommentarliteratur, *Althammer/Klaka*, § 15 Rdnr. 6ff.

[339] *LG Hamburg* – welt-online.de, http://www.netlaw.de/urteile/lghh_7.htm [abgerufen am 4. 3. 2002]; *LG Köln*, AfP 1997, 655 – karriere.de; einen auf Titelrechte gestützten Verfügungsantrag betraf auch *OLG Hamburg*, CR 1999, 184 (185) – emergency.de.

[340] Dem Zeitschriftentitel Bike kommt nach *LG Hamburg*, MMR 1998, 46f. – bike.de minimale originäre Schutzfähigkeit aus, der Domainname bike.de mit Informationsseiten für Fahrradinteressierte falle nicht mehr in den Schutzbereich des Titelrechts; auch der Begriff „Motorradmarkt“ sei als Titel unterscheidungskräftig: *OLG Hamburg*, GRUR-RR 2002, 393f. = K&R 2002, 557 (Ls.) – motorradmarkt.de; ähnlich *KG*, NJWE-WettbR 2000, 234f. – toolshopping.de.

Tätigkeitsbereich des Domaininhabers beziehen. Auch in diesem Zusammenhang zeigt sich der **akzessorische Charakter des Domainnamens** gegenüber dem gleich lautenden gewerblichen Schutzrecht. Andererseits verletzt ein bloß regional berechtigter Domaininhaber, dessen Internetauftritt sich allein auf sein Tätigkeitsgebiet bezieht, nicht schon deshalb die Rechte eines bundesweit tätigen Mitbewerbers, weil der Domainname notwendigerweise bundesweit im Internet abrufbar ist.[341]

6. Kasuistik zur Verwechslungsgefahr

87 **Verwechslungsgefahr auf Grund von Markenrechten bejaht.** Domainname 24-translation.de bzw. translation-24.de gegenüber der Marke 24translate, jeweils für Übersetzungsdienstleistungen (*OLG Hamburg,* GRUR-RR 2002, 256 – **24-translation.de**); Die Marke PLANET ANIMAL eingetragen für die Dienstleistungen „Produktion von Fernsehsendungen gegenüber dem Domainnamen planetanimal.com" benutzt für eine Fernsehprogrammvorschau (*LG Hamburg,* CR 1999, 785 – **animalplanet.com**); Domainname deta.com registriert von einem Unternehmen für „Softwarehandel sowie EDV und Internetdienstleistungen" gegenüber der Marke DETA, eingetragen für „Datenverarbeitungsanlagen und Computer sowie Überwachungs- und Steuerungsgeräte für Batterien und Akkumulatoren" (*LG Braunschweig,* CR 1998, 364 (366) – **deta.com**); Domainname eltern.de für Informationen und Werbemöglichkeiten zum Thema Eltern gegenüber der Marke ELTERN für „Druckschriften, Zeitschriften, Magazine und Bücher sowie für Telekommunikation" (*LG Hamburg,* CR 1999, 47 – **eltern.de**); Domainname freundin.de mit angekündigtem „internetbasierten Partnervermittlungsdienst" gegenüber Marke FREUNDIN mit gesteigerter Kennzeichnungskraft eingetragen für „Druckschriften, Zeitungen, Zeitschriften, Bücher, Veröffentlichung und Herausgabe dieser Medien, Datenträger, Software, Telekommunikationsdienstleistungen, Informationsvermittlung und -verbreitung, Produktion und Verbreitung von Hörfunksendungen, Online-Dienste und Online-Sendungen (*OLG München,* CR 1999, 556 (559) – **freundin.de**); die Wort-/Bildmarke FUN RADIO für die Dienstleistungen eines Radiosenders gegenüber dem Domainnamen funfunradio.de benutzt für identische Dienstleistungen (*OLG Hamburg,* GRUR-RR 2001, 7ff. – **funfunradio.de**); Domainnamen in-motion.de und inmotion.de für den „Export von Waren aller Art" gegenüber der Marke INMOTION für die „Produktion von Fernseh-, Kinofilmen und Musik" (*LG Frankfurt a. M.,* Urteil v. 11. 10. 2000, 3/11 O 144/00, http://www.jurawelt.com/gerichtsurteile/zivilrecht/lg/927 – **inmotion.de**; zweifelhaft); Ähnlichkeit beziehungsweise Identität von Intershopping.com, benutzt für „Werbung" gegenüber der Marke INTER-SHOPPING, eingetragen für „Vermittlung von Angeboten und Verträgen über die Anschaffung und Veräußerung von Waren sowie über die Erbringung von Dienstleistungen mittels Internet, Werbung" (*OLG München,* MMR 2000, 277 – **intershopping.com**); zwischen der Marke JURIS, eingetragen für „Betrieb und Ausbau eines computergestützten juristischen Auskunftssystems" und dem Domainnamen juris-solvendi.de, benutzt für „Multimedia-Dienstleistungen für rechts- und steuerberatende Berufe (*LG München I,* MMR 1999, 234 (236) – **juris-solvendi.de**); lexdata.de für EDV-Beratungsleistungen gegenüber der Marke LEX-DATA für „Entwicklung von Programmen für

[341] A. A. *OLG Karlsruhe,* GRUR-RR 2003, 83 (84) – hufeland.de.

die Datenverarbeitung" und „Organisationsberatung in allen geschäftlichen Angelegenheiten" (*LG Düsseldorf,* Urteil v. 24. 10. 2001, Az. 34 O 110/01, http://www.netlaw.de/urteile/lgd_27.htm – **lexdata.de**); Domainname freelotto.de benutzt zur „Werbung für Spielergemeinschaften", gegenüber der im Verkehr durchgesetzten Marke LOTTO, geschützt für die „Durchführung von Lotterien" (*OLG Köln,* WRP 2002, 249 (251 ff.) – **free-lotto.de**); playmate-moni.de für ein Lifestylemagazin gegenüber der Marke PLAYMATE für ein Magazin (*LG Stuttgart,* WRP 2002, 347 ff. – **playmate-moni.de**); wdr.org für „Journalismus im Print- und Internetbereich" gegenüber der Marke WDR für die „Veranstaltung von Rundfunk" (*LG Köln,* MMR 2000, 625 (626) – **wdr.org**).

Verwechslungsgefahr auf Grund von Markenrechten verneint. Beabsichtigte 88 Nutzung der Domain alte.de für ein Senioreninformationssystem gegenüber der Wort-Bild-Marke ALTE für Industrieofenbau (*LG Düsseldorf,* MMR 2002, 324 – **alte.de**); zwischen dem Domainnamen checkin.com, benutzt für die Zurverfügungstellung von Informationen über Fluggesellschaften und der Wortmarke CHECK IN für die „Vermittlung von Reisen und Verkehrsleistungen" (KG ZUM-RD 2002, 4 ff. – **checkin.com;** zweifelhaft[342]); cyta.at benutzt für „EDV-Beratung und Softwaremanagement" gegenüber der Marke CYTA, eingetragen für „Werbung, Geschäftsführung, Unternehmensverwaltung, Büroarbeiten" (*öOGH,* MarkenR 2001, 253 (254) – **cyta.at**); zwischen der Wortmarke DEUTSCHE POST bzw. der Wort-/Bildmarke POST und dem Domainnamen citipost.de, jeweils für Transportdienstleistungen (*OLG Köln,* Urteil v. 8. 5. 2002, http://www.jurpc.de/rechtspr/20020233.htm – citipost.de); die Marke DERRICK für die „Sendung von Fernsehprogrammen" gegenüber dem Domainnamen derrick.de, benutzt für die „Gestaltung von Internetauftritten und Erarbeitung von Lösungen für das Internet" (*OLG Hamburg,* GRUR-RR 2002, 100 (101) = OLGR Bremen, Hamburg, Schleswig, 2001, 159 (164) – **derrick.de**); diverse Wort-/Bildmarken mit dem Serienbestandteil „D-" gegenüber dem Domainnamen d-net.de (*LG Köln,* K&R 1999, 519 f. – **d-net.de**); exes.de benutzt für „Design und Programmierung" gegenüber der Marke EXES für „Werbung, Geschäftsführung, Unternehmensverwaltung, Büroarbeiten" (*LG Düsseldorf,* MMR 2002, 489 – **exes.de**); Angebot von „Online-Gewinnspielen" unter gewinn.at gegenüber Zeitschriftentitel und Marke GEWINN für „Zeitschriften, Werbung, Schallplatten" (*öOGH,* GRUR Int. 2001, 468 (469) – **gewinn.at**); die Marke GUS gegenüber dem Domainnamen gus.de bei Branchenidentität (*OLG Köln,* MMR 2002, 475 – **gus.de** [Ls.]); die Marke MB'&P, eingetragen für patentanwaltliche Beratungsdienstleistungen, gegenüber dem Domainnamen mbp.de für identische Dienstleistungen (OLG München, ZUM-RD 2002, 87 ff. – **mbp.de**); Absicht, unter pizza-direkt.de eine Werbeplattform für Anbieter von Pizza einzurichten gegenüber der Marke PIZZA-DIRECT für „Lieferung von Speisen" (*OLG Hamm,* Az. 4 U 243/97, Urteil v. 28. 5. 1998, – http://www.netlaw.de/urteile/olgha_2.htm – **pizza-direkt.de**); zwischen dem Domainnamen public-com.de benutzt für Werbedienstleistungen und der Firmenmarke PubliKom für Public Relations und Unternehmenskommunikation (*LG Hamburg,* Mitteilungen 2003, 165 f. – **public-com.de** [zwfl.]); Domainname t-box.de für den Betrieb eines Teehandels gegenüber der Marke T-BOX für „Geräte und Dienstleistungen der Telekommunikation" (*OLG Düsseldorf,* ZUM-RD 2001, 456 – **t-box.de**); zwil-

[342] Kritisch zu dieser Entscheidung *Kort,* WRP 2002, 302 f.

ling.de für die „entgeltliche Schaltung von Werbebannern und Link" gegenüber der Marke ZWILLING für „Stahlwaren, insbesondere Schneidewaren" (*OLG Karlsruhe*, ZUM 1998, 944 – **zwilling.de**).

89 **Verwechslungsgefahr auf Grund von geschäftlichen Bezeichnungen bejaht.** Domainname herstellerkatalog.com benutzt für die Darstellung der Produktpalette von Unternehmen gegenüber Firmenkern HERSTELLERKATALOG bei Branchenidentität (*LG Stuttgart*, MMR 2001, 768f. – **herstellerkatalog.com**). **Verwechslungsgefahr auf Grund von geschäftlichen Beziehungen verneint.** Zwischen dem Domainnamen alcon.de, benutzt für „Vermögensverwaltung sowie den Erwerb und die Veräußerung von Beteiligungsgeschäften" und dem Firmenkern ALCON für den „Vertrieb von Pharmazeutika und Medizinprodukten für die Augenheilkunde" (*OLG Frankfurt*, CR 2000, 698 – **alcon.de**); zwischen dem Domainnamen claro.de für Informationen für Jugendliche über Bildung, Jobs o.ä. und dem Firmenkern sowie der Marke CLARO für „Korbwaren und Futtermittel" (*OLG Düsseldorf*, ZUM-RD 2001, 446 – **claro.de**); zwischen dem Domainnamen defacto.de, benutzt durch eine Firma Defacto Inkasso GmbH für „die Dienstleistung der Einziehung fremder Forderungen" gegenüber der Firma defacto marketing GmbH, die Marketingdienstleistungen erbringt (*OLG Braunschweig*, 2 U 188/98, Urteil v. 15. 7. 1999 – **defacto.de**), offenlassend hingegen die Revisionsinstanz: *BGH* GRUR 2002, 898ff. – **defacto.de**); zwischen dem Titel PIZZA CONNECTION für ein Computerspiel und dem Domainnamen pizzaconnection.de für einen Pizza Lieferservice (*OLG Hamburg*, ZUM-RD 2002, 349 – **pizzaconnection.de**); zwischen dem Domainnamen schneider-intercom.de und dem Firmenbestandteil INTERKOM jeweils im Bereich Telekommunikation (*OLG Köln*, MMR 2002, 170 – **schneider-intercom.de**); zwischen dem Firmenschlagwort SIEH AN! und siehan.de trotz Zeichenähnlichkeit wegen fehlender Branchennähe zwischen „Versandhandel mit Textilien" und „Internetmagazin mit allgemeinen Inhalten" (*OLG Hamburg*, CR 2002, 833, m. Anm. *Florstedt*, 836 = K&R 2002, 557 – **siehan.de**); Registrierung des Domainnamens teambus.de gegenüber dem Firmenkernwort der Marke TEMBUS für „Vertrieb und Service von Kommunikations- und EDV-Systemen, Dienstleistungen im Zusammenhang mit dem Internet, Schulungen und Consulting" (*OLG München*, Mitt. 2000, 512 – **teambus.de**).

7. Schutz bekannter und berühmter Kennzeichen

90 Ist ein Kennzeichen bekannt oder gar berühmt, so kommt ihm ein erweiterter Schutz zu. Aus **bekannten Marken** lässt sich nicht nur gegen die Verwendung eines ähnlichen Zeichens für Waren- oder Dienstleistungen innerhalb des Ähnlichkeitsbereichs vorgehen. Darüber hinaus gewähren sie ihrem Inhaber auch ein ausschließliches Recht gegen die Benutzung für nicht ähnliche Waren oder Dienstleistungen, sofern dadurch die Unterscheidungskraft oder die Wertschätzung des bekannten Zeichens ohne rechtfertigenden Grund in unlauterer Weise ausgenutzt oder beeinträchtigt wird (§ 14 Abs. 2 Nr. 3 MarkenG). Gleichermaßen genießen auch bekannte geschäftliche Bezeichnungen (§ 15 Abs. 3 MarkenG) und bekannte Namen (§ 12 BGB) einen erweiterten Schutz. Die Bekanntheit eines Zeichens lässt sich nicht anhand starrer Kriterien bestimmen. Neben dem quantitativen Element des Bekanntheitsgrades ist in qualitativer Hinsicht auch der gute Ruf zu berücksichtigen, der maßgeblich durch die Produktqualität bestimmt

wird.[343] Auch wenn es keine festen Prozentsätze gibt, so wird im Regelfall ein Durchsetzungsgrad von mindestens 30% zu fordern sein, um von einer bekannten Marke sprechen zu können.[344] Darüber hinausgehend kann der Inhaber eines **berühmten Kennzeichens** mit überragender Verkehrsgeltung gegen jegliche Verwässerung seines Zeichens vorgehen.[345] Anders als bekannte Kennzeichen sind berühmte Kennzeichen auch dann geschützt, wenn dem Verursacher der Beeinträchtigung ein Vorwurf der Unlauterkeit nicht zu machen ist. Um die Kennzeichnungskraft seines berühmten Zeichens zu erhalten, wird der Berechtigte konsequent auch gegen die in der Praxis häufig anzutreffenden Domainnamen vorgehen, die das Kennzeichen mit beschreibenden Zusätzen kombinieren (z.B. bmw-teile.com).[346]

Kennzeichenverwässerung. Aufgrund der gesetzlichen Vorgaben lassen sich zum 91
Bekanntheitsschutz von Marken verschiedene Fallgruppen bilden. Wird die Unterscheidungskraft einer bekannten Marke oder geschäftlichen Bezeichnung beeinträchtigt, so bezeichnet man dies als Kennzeichenverwässerung. Insoweit ist aber fraglich, ob der Domainname als solcher überhaupt geeignet ist, eine Schwächung der Werbekraft des bekannten Kennzeichens herbeizuführen.[347] Auch wenn Domainnamen eine akzessorische Kennzeichenfunktion zukommen kann, so sind sie doch in erster Linie technische Adressen. Die Registrierung eines Domainnamens beziehungsweise die Verwendung innerhalb der Internetadresse oder in der Werbung dürfte oftmals nicht ausreichend sein, um den Werbewert des Kennzeichens konkret zu beeinträchtigen, zumal im Hinblick auf Art und Ausmaß eine bloß kursorische Beeinträchtigung hinzunehmen ist. Im Einzelfall kann es zu einer beachtlichen Gefährdung des Werbewerts und damit zu einer drohenden Verwässerung kommen, wenn der Domainname in der Werbung als zentrales Kommunikationsmittel herausgestellt werden soll, und es damit zu einer rechtlich relevanten Verwässerung der Unterscheidungskraft des bekannten Kennzeichen kommt.[348] Der Bekanntheitsgrad steht insoweit in einer Wechselbeziehung zu dem Grad der Beeinträchtigung. Je weiter sich das bekannte Kennzeichen dem Berühmtheitsschutz annähert, desto eher greift der Aspekt des Verwässerung.[349] Bei überragend bekannten Kennzeichen droht bereits bei jeglicher Art kommerzieller Verwendung des Domainnamens eine Verwässerung der Attraktionskraft und des Werbewerts. In der Entscheidung um den Domainnamen derrick.de hat das *OLG Hamburg* dahinstehen lassen, ob der Titel der Krimiserie „Derrick" einen Durchsetzungsgrad in der Größenordnung von 70–80% bezogen auf die Gesamtbevölkerung erreicht. Die Unterscheidungskraft der in jedem Fall bekannten Marke „Derrick" werde durch die Belegung des Domainnamens derrick.de verwässert und damit beeinträchtigt, da der Verkehr auf Grund der Benutzung des Zeichens durch den Domaininhaber

[343] M. w. N. zur Rspr. *Althammer/Klaka,* Rdnr. 33 ff.

[344] *OLG Hamburg,* GRUR 1999, 339 (341) – Yves Rocher.

[345] *BGH* GRUR 1983, 247 – Rolls-Royce; *BGH* GRUR 1981, 142 (144) – Kräutermeister.

[346] *LG München I,* CR 2001, 416 f. – Verwendung einer berühmten Marke in Domain.

[347] *Bettinger,* GRUR Int. 1997, 402 (412); zurückhaltend auch *Hoeren/Sieber/Viefhues,* § 6 Rdnr. 146 ff.

[348] Weitergehend *OLG Hamm,* CR 2002, 217 (218 f.) – veltins.com.

[349] *OLG München,* MMR 2000, 104 (105) – rolls-royce.de; *OLG Hamm,* MMR 1998, 214 (215) – krupp.de; *OLG München,* CR 1999, 382 (383) – shell.de; *LG Hamburg,* MMR 2000, 620 (622) – joop.de.

nicht mehr nur an die Krimiserie denkt, sondern gleichzeitig auch das Angebot des Domaininhabers mit assoziiere.[350]

92 **Kennzeichenausbeutung.** Eine weitere Fallgruppe betrifft die Beeinträchtigung der Wertschätzung (Rufgefährdung) und die Ausnutzung der Wertschätzung bzw. Unterscheidungskraft eines bekannten Kennzeichens (Rufausbeutung). Diese Konstellationen lassen sich gemeinsam als Kennzeichenausbeutung bezeichnen.[351] Die Wertschätzung einer Marke oder geschäftlichen Bezeichnung wird in diesen Fällen dadurch beeinträchtigt, dass der Zeichenwert durch qualitativ minderwertige Produkte herabgesetzt wird. Auch eine Verwendung einer Marke für Waren, die nicht zu dem vom Markeninhaber aufgebauten Produktimage passen, kann zu einer unangemessenen Gefährdung des Rufes führen.[352] Bei einer Rufausbeutung wird das Image des Zeichens genutzt, um die damit verbundenen Qualitäts- und Gütevorstellungen für die eigenen Produkte zu nutzen. Dies geschieht regelmäßig durch einen **Imagetransfer,** kann aber auch unter Ausnutzung eines vom Zeicheninhaber nicht erwünschten **Kontrasteffekts**[353] erfolgen. Im Hinblick auf Domainnamen wird man unterscheiden müssen. Ist der Domainname mit einer Internetseite verbunden, so kann es auf Grund der Art und Weise der Verwendung dazu kommen, dass ein negatives Image auf die Marke übertragen wird. Hier ist beispielsweise an Fallgestaltungen zu denken, in denen pornographische oder in anderer Weise verunglimpfende Inhalte bereitgehalten werden.[354] Im Fall freundin.de hatte der beklagte Domaininhaber für eine Partnervermittlung geworben. Das Oberlandesgericht München erkannte hierin eine Rufausbeutung. Angesichts der Bekanntheit der Frauenzeitschrift sei es nahe liegend, dass der Internetnutzer meinen könnte, die im Printmedium abgedruckten Kontaktadressen bei Anwahl des Domainnamens aufzufinden. Der Domaininhaber nutze diese Erwartung der Verbraucher in unlauterer Weise für die Präsentation seiner eigenen Partnervermittlung aus, um so ins Geschäft zu kommen.[355] Auch der Entscheidung veltins.com lag ein vergleichbarer Sachverhalt zugrunde.[356] Der Domaininhaber hatte angekündigt, unter dem Domainnamen Textilerzeugnisse zu bewerben. Das *OLG Hamm* gab der auf Marken- und Firmenrechte gestützten Klage der Veltins Brauerei statt. Biertrinker seien auch potentielle Käufer von Textilprodukten, so dass es zu Überschneidungen bei den Abnehmerkreisen und damit zu einem Imagetransfer komme. Da jedermann Bedarf an Textilien hat, vermag diese Abgrenzung nach Abnehmerkreisen jedoch nicht zu überzeugen. Ein Imagetransfer findet bei der Verwendung bekannter Marken als Domainnamen regelmäßig nicht statt. Wer auf die mit dem Domainnamen verbundene Internetseite gelangt, wird nämlich in den hier interessierenden Konstellationen feststellen, dass die bekannte Marke und das Angebot in keinerlei Zusammenhang zueinander

[350] *OLG Hamburg,* GRUR-RR 2002, 100 (101) = OLGR Bremen, Hamburg, Schleswig 2001, 159 (162) – derrick.de.

[351] *Fezer,* § 14 Rdnr. 425.

[352] *BGH* GRUR 1999, 161 (164) – Mac Dog.

[353] *BGH* GRUR 1994, 808 (809) – Markenverunglimpfung I.

[354] *Bettinger,* GRUR Int. 1997, 402 (413).

[355] *OLG München,* CR 1998, 556 (557) – freundin.de; a. A. die Vorinstanz *LG München I,* CR 1997, 540 ff. m. Anm. *Kloos.*

[356] *OLG Hamm,* CR 2002, 217 ff. – veltins.com.; vgl. a. *LG Hamburg,* MMR 2000, 436 f. – luckystrike.de; *LG Mannheim,* K&R 1998, 558 ff. – brockhaus.de.

stehen.[357] So stellt denn auch das *OLG Karlsruhe* in der Entscheidung zwilling.de einen anderen Aspekt in den Mittelpunkt.[358] Der Domaininhaber mache sich die Qualitäts- und Gütevorstellungen zunutze, um die Aufmerksamkeit der Internetnutzer auf sich zu lenken. Diese Rechtsprechung ist auf Kritik gestoßen, da es nach der bisherigen höchstrichterlichen Rechtsprechung des Bundesgerichtshofes eine Rufausbeutung ohne Imagetransfer beziehungsweise Imagekontrast bei bloßer Erzielung eines **Aufmerksamkeitseffekts** nicht geben könne.[359] Ließe man den Aufmerksamkeitseffekt genügen, so würde bei einer Übereinstimmung mit einer bekannten Marke jeder benutzte Domainname eine Rechtsverletzung begründen. Dies bedeute aber, dass man die bekannte Marke mit der berühmten Marke gleichstelle, da die Nachahmung der bekannten Marke als unlauter angesehen wird, ohne dass weitere Umstände hinzutreten müssen. Im Übrigen sei fraglich, ob der Aufmerksamkeitseffekt gerade auf die bekannte Marke gerichtet sei. Die Erwartung der Interessenten werde zwar instrumentalisiert, um neue Käuferschichten auf die eigene Internetseite zu lenken. Dieses Phänomen sei aber eher mit den Grundsätzen der wettbewerblichen Behinderung als mit der Kategorie der Rufausbeutung zu fassen.[360] Der Bundesgerichtshof hat aber in jüngerer Zeit wiederholt ausgesprochen, dass der Schutz der bekannten Marke im Markengesetz eine umfassende und abschließende spezialgesetzliche Regelung gefunden hat, mit dem der von der Rechtsprechung entwickelte wettbewerbsrechtliche Schutz nach § 1 UWG zwar ausgebaut und fixiert werden soll, der diesen aber auch ersetzt.[361] Man wird daher die Überlegungen zum Behinderungswettbewerb in den kennzeichenrechtlichen Schutz bekannter Marken gegenüber der Eintragung und Benutzung von Domainnamen mit hineinlesen müssen.[362] Unter diesem Aspekt werden alle Fälle des Behinderungswettbewerbs durch Registrierung von Domainnamen in Sperrabsicht, zu Spekulationszwecken oder aber auch ohne rechtfertigenden Grund abgedeckt, gegenüber dem die bekannte Marke, genauso wie die mit normaler Kennzeichnungskraft ausgestattete Marke, geschützt ist. Nicht erfasst vom Gedanken des Behinderungswettbewerbs werden hingegen die Kollisionen, in denen sich auch der Domaininhaber selbst auf ein Kennzeichenrecht berufen kann. Sachgerechte Lösungen werden sich insoweit nur nach dem Recht der Gleichnamigen finden lassen.[363] Der Domaininhaber, der sich nur auf ein mit einfacher oder verminderter Kennzeichnungskraft ausgestattetes Recht berufen kann, wird gegenüber einem Anspruchsteller zurückstehen müssen, der sich auf ein überragend bekannntes Kennzeichen stützen kann.

8. Verletzung von Namensrechten (§ 12 BGB)

Auch außerhalb des geschäftlichen Verkehrs können Inhaber von Kennzeichenrechten gegen Domainnamen Dritter vorgehen, soweit die Belegung des Domainnamens diese Kennzeichenrechte verletzt. Die Vorschrift des § 12 BGB bildet insofern die Grundlage des zivilrechtlichen Kennzeichenschutzes. Der Schutz des § 12 93

[357] *OLG Hamburg,* OLGR Bremen, Hamburg, Schleswig, 2001, 159 (163) – derrick.de.

[358] *OLG Karlsruhe,* ZUM 1998, 944 (945) – zwilling.de; Revision mit Beschl. v. 9. 11. 2000 (I ZR 23/00), vom *BGH* nicht angenommen.

[359] *Viefhues,* MMR 1999, 123 (125).

[360] *Bettinger,* GRUR Int. 1997, 402 (413).

[361] *BGH* GRUR 2002, 622 (623) – shell.de; *BGH* GRUR 1999, 161 (162) – Mac Dog.

[362] Hierzu im Einzelnen Rdnr. 104 ff.

[363] Dazu Rdnr. 54 ff.

BGB umfasst nicht nur die bürgerlichen Namen[364] von natürlichen Personen. Er erstreckt sich gleichermaßen auf die Namen von privatrechtlichen und öffentlich rechtlichen juristischen Personen[365] sowie auf die von nicht rechtsfähigen Vereinen und Personenvereinigungen jeder Art (z. B. Gesellschaften bürgerlichen Rechts[366]), darüber hinaus auch auf andere namensartige Kennzeichen einschließlich Pseudonyme[367], Spitznamen[368], aus dem Namen abgeleitete Abkürzungen und Bestandteile[369], Ortsteilnamen[370], sowie Gebäude- und Hotelnamen.[371] Damit kommt § 12 BGB ergänzend auch den Inhabern von Unternehmenskennzeichen (§§ 5, 15 MarkenG) zu Hilfe. Das Namensrecht schützt vor zweierlei Eingriffen. So braucht der Namensträger nicht hinzunehmen, dass sein Recht zum Gebrauch des Namens von anderen bestritten wird (Namensleugnung). Des Weiteren kann er gegen den unbefugten Gebrauch des gleichen Namens vorgehen, wenn dadurch seine schutzwürdigen Interessen verletzt werden (Namensanmaßung).

94 Eine **Namensleugnung** liegt bereits in dem Bestreiten des Rechts zur Namensführung als solches, ohne dass es darauf ankäme, ob der Name von dem Dritten gebraucht würde oder darüber hinaus irgendwelche Interessen des Namensträgers verletzt wären. Die Namensleugnung muss nicht unbedingt gegenüber dem Namensträger vorgenommen werden, sie kann auch gegenüber Dritten ausdrücklich oder konkludent erfolgen. Insoweit fragt es sich, ob unabhängig von der Ingebrauchnahme bereits in der bloßen Eintragung des Domainnamens eine Namensleugnung gesehen werden kann. Dies wurde von der Rechtsprechung teilweise angenommen, da der Domaininhaber mit der Eintragung gegenüber der Registrierstelle (DENIC) als Drittem für sich das Recht in Anspruch nehme, zukünftig eigene Inhalte zu präsentieren.[372] Die Eintragung des Domainnamens verschaffe dem Domaininhaber ein Ausschlussrecht gegenüber dem Namensberechtigten, worin ohne weiteres ein Bestreiten des Namensrechts gesehen werden könne.[373] Nach richtiger Ansicht hingegen wird durch die Registrierung des Domainnamens das Namensführungsrecht des berechtigten Namensträgers nicht in Abrede gestellt.[374] Er wird lediglich faktisch daran gehindert, einen mit seinem Namen übereinstimmenden Domainnamen zu

---

364 Bekannte Persönlichkeiten sollen auch für ihren Vornamen Schutz genießen: *OLG Hamburg,* CR 2002, 910 – verona.tv.

365 *OLG München,* MMR 2002, 166 = GRUR-RR, 2002, 109 – literaturhaus.de; bzgl. Rspr. Zu Städtenamen s. Nachweise Fn. 271.

366 *OLG Stuttgart,* MMR 2002, 326 – medi-s.de.

367 *OLG Köln,* CR 2000, 696 – maxem.de.

368 *LG Bremen,* Urt. v. 12. 11. 1998, http://www.netlaw.de/urteile/lghb_1.htm [abgerufen am 4. 3. 2002] – henne.de.

369 *OLG Düsseldorf,* WRP 1999, 343 (345) – ufa.de; *LG Düsseldorf,* NJW 1999, 629 ff. – jpnw.de.

370 *LG München,* CR 2002, 840 ff., m. Anm. *Eckhardt; LG Münster,* Urt. v. 25. 2. 2002, Az. 12 O 417/01, http://www.jurpc.de/rechtspr/20020175.htm [abgerufen am 10. 11. 2002] – roet.de.

371 *LG München I,* ZUM-RD 2002, 107 (108 f.) – neuschwanstein.de; zu einem gastronomischen Betrieb: *LG Düsseldorf,* CR 2002, 839 f. – canalegrande.de.

372 *LG Frankfurt am Main,* CR 1997, 287 – das.de; zust. *Ubber,* WRP 1997, 497 (507); *Ingerl/Rohnke,* nach § 15 Rdnr. 12; *Völker/Weidert,* WRP 1997, 652 (657); offen lassend *LG Düsseldorf,* Mitt. 1997, 225 (230) – epson.de.

373 *OLG Düsseldorf,* WRP 1999, 343 (346) – ufa.de; offenlassend *öOGH* MMR 2002, 452 (454 f.) – graz2003.at, m. Anm. *Schanda,* MMR 2002, 455; *LG Düsseldorf,* GRUR-RR 2002, 28 – centrotherm.com; ablehnend *Viefhues,* NJW 2000, 3239 (3240).

374 *BGH* GRUR 2002, 622 (624) – shell.de.

belegen.[375] Namensrechtliche Konflikte um Domainnamen sind daher über die Grundsätze der Namensanmaßung zu lösen.

95 Eine rechtsverletzende **Namensanmaßung** setzt neben dem unbefugten Namensgebrauch eines gleichen Namens voraus, dass ein schutzwürdiges Interesse des Namensträgers verletzt wird.[376] Nicht jede Verwendung ist dabei als **namensmäßiger Gebrauch** anzusehen. Vielmehr muss das Zeichen zur namensmäßigen Bezeichnung einer Person, ihres Geschäftsbetriebs, ihrer Einrichtungen oder Produkte verwendet werden. Dem gleichgestellt sind Benutzungshandlungen, die in anderer Weise eine Identitäts- oder **Zuordnungsverwirrung** hervorrufen.[377] Eine derartige Zuordnungsverwirrung kann auch bei nicht kennzeichenmäßigem Gebrauch dadurch erfolgen, dass der Namensträger in Beziehung zu Gegenständen gesetzt wird, mit denen er nichts zu tun hat. Auch insoweit stellt sich die Frage, ob bei einer bloßen Domaineintragung ein Namensgebrauch angenommen werden kann.[378] Dass die Domaineintragung eine Benutzung beziehungsweise einen Gebrauch darstellt, wurde bereits ausgeführt.[379] Trotz gegenteiliger Ansicht des Bundesgerichtshofs[380] erscheint es zweifelhaft, bei einem unbenutzten Domainnamen zwingend auf eine Zuordnungsverwirrung zu schließen.[381] Bei einer Anfrage an die Whois-Datenbank der jeweiligen Registrierstelle wird automatisch mitgeteilt, wer Inhaber des Domainnamens ist. Niemand wird sich von daher Fehlvorstellungen über die Identität des eingetragenen Domaininhabers machen. Regelmäßig begründet aber die Registrierung des Domainnamens die **Erstbegehungsgefahr** für einen namensmäßigen Gebrauch. Unabhängig davon, ob der Domainname für den E-Mail Verkehr oder eine Internetpräsenz bestimmt ist, kommt bei der zu erwartenden Benutzungsaufnahme die **Doppelnatur** des Domainnamens zum Tragen. Der Domainname individualisiert nicht nur einen bestimmten Rechner, sondern mittelbar auch das dahinterstehende Rechtssubjekt, das unter diesem Namen im Internet in Erscheinung tritt.[382] Darüber hinaus kann auch die Gefahr einer Zuordnungsverwirrung bestehen, da zumindest in bestimmten zeichenrechtlichen Konstellationen ein nicht unerheblicher Teil der Internetnutzer den Domainnamen mit dem Namensträger in Verbindung bringt.[383] Mit der Doppelnatur des Domainnamens ist zwar der namensmäßige Gebrauch festgestellt, dennoch ist das Kriterium der Identitäts- und Zuordnungsverwirrung wichtig, da bei ihrem Vorliegen auch eine Verletzung der Interessen des Namensträgers indiziert ist.[384] Bei Domainnamen, die **Städtenamen**[385] oder **Länder-**

---

[375] *OLG Köln,* CR 2000, 696 (697 f.) – maxem.de; *Hoeren/Sieber/Viefhues,* § 6 Rdnr. 124.

[376] *BGH* GRUR 2002, 622 (624) – shell.de.

[377] *BGH* GRUR 1993, 151 (153) – Universitätsemblem; *BGH* GRUR 1983, 262 – Uwe.

[378] Bejahend *OLG München,* MMR 2002, 166 (167) = GRUR-RR, 2002, 109 (110) – literaturhaus.de; offenlassend *OLG Stuttgart,* CR 1998, 621 – steiff.com.

[379] Dazu Rdnr. 66.

[380] *BGH* GRUR 2002, 622 (624) – shell.de; ebenso *LG Braunschweig,* CR 1998, 364 (367) – deta.com.

[381] Zweifelnd auch *Bücking,* Domainrecht, Rdnr. 114.

[382] So *LG Düsseldorf,* Mitt. 1997, 225 (230) – epson.de.

[383] *LG Braunschweig,* CR 1998, 364 (367) – deta.com; *LG Mannheim,* CR 1996, 353 (354) – heidelberg.de; a. A. *LG Köln,* CR 1997, 291 f. – pulheim.de.

[384] *Ingerl/Rohnke,* nach § 15 Rdnr. 19.

[385] *OLG Karlsruhe,* CR 1999, 783 (784) – badwildbad.com; *OLG Brandenburg,* MMR 2001, 174 (175) – luckau.de; *LG Mannheim,* CR 1996, 353 (354) – heidelberg.de; *LG Lüneburg,* CR 1997, 288 (289) – celle.de; *LG Ansbach,* NJW 1997, 2688 – ansbach.de; *LG Berlin,* CR 2000.

namen[386] entsprechen, erwartet der Internetnutzer, dass entsprechend konnektierte Internetseiten Informationen zur jeweiligen Stadt beziehungsweise Region enthalten. Insbesondere öffentlich rechtliche Institutionen wie **Ministerien**[387] konnten gegen die Belegung von Domainnamen vorgehen, die zwar nicht genau mit ihrem offiziellen Namen übereinstimmten, aber aus diesem abgeleitet wurden. § 12 BGB schützt nämlich auch nichtamtliche Bezeichnungen öffentlicher Einrichtungen.[388] Die Zuordnungsverwirrung entsteht bei einer konnektierten Internetseite unabhängig davon, ob sich auf der Internetseite ein Hinweis findet, wonach die abrufbaren Inhalte nicht vom Namensträger stammen. Hierdurch kann die bereits eingetretene Zuordnungsverwirrung allenfalls nachträglich relativiert werden.[389] Dies gilt auch dann, wenn der Städtename als Domainname unter dem Top Level „.com" registriert wurde, da auch nicht kommerziell handelnde Gebietskörperschaften dieses internationale Register für ihre Informationen nutzen.[390]

96 Die vorstehenden Grundsätze gelten bei geographischen Bezeichnungen wie Städtenamen allerdings nur insoweit, als der Domainname dem Städtenamen in **Alleinstellung** entspricht. So konnte die Stadt Duisburg, die bereits im Besitz des Domainnamens duisburg.de war, Dritten die Belegung des Domainnamens duisburg-info.de, sowie anderer Domainnamen, in denen der Städtename mit beschreibenden Zusätzen kombiniert war, nicht streitig machen.[391] Bei derartig kombinierten Domainnamen fehlt es an einer Zuordnungsverwirrung, da der Internetnutzer die Verwendung des Städtenamens als geographischen Hinweis begreift.[392] Verschiedenste Anbieter kombinieren einen inhaltlichen mit einem geographischen Begriff, um so die auf der Internetseite zu erwartenden Inhalte sowohl thematisch als auch räumlich zu beschreiben. Im Einzelfall kann sich die Namensanmaßung allerdings auch durch Kombination eines geographischen Begriffs mit einem Namen ergeben. Dies gilt insbesondere für **territorial strukturierte Organisationen** wie Parteien (spd-frankfurt.de), Gewerkschaften (gew-bayern.de) oder Behördenbezeichnungen (polizeibrandenburg.de[393]). Der Internetnutzer erwartet nämlich eine Internetpräsenz der jeweiligen Untergliederung unter dem entsprechenden Domainnamen.

97 Eine Namenanmaßung im Sinne des § 12 BGB setzt weiterhin die Verletzung von Interessen des Namensträgers voraus. Von einer solchen **Interessenverletzung** ist immer dann auszugehen, wenn eine Verwechslungsgefahr besteht.[394] Insoweit kann auf die zum Markengesetz entwickelten Grundsätze zur Beurteilung der Verwechslungsgefahr zurückgegriffen werden. Das verletzte Interesse muss allerdings nicht unbedingt vermögensrechtlicher Natur sein, vielmehr kommen auch persönliche,

386 *LG Berlin*, CR 2000, 700 (701) – deutschland.de.

387 *LG Hannover*, CR 2001, 860 – verteidigungsministerium.de m. zust. Anm. *Berlit*, K&R 2001, 652 (654 ff.); *LG Köln*, NJW-RR 1999, 629 – zivildienst.de; ebenso in Österreich: *öOGH*, K&R 2001, 120 – bundesheer.at; *öOGH*, K&R 2002, 324 ff. – bundesheer.at II.

388 Eingehend *Schönberger*, GRUR 2002, 478 (482).

389 *LG Hannover*, CR 2001, 860 – verteidigungsministerium.de.

390 *OLG Karlsruhe*, CR 1999, 783 (785) – badwildbad.com.

391 *LG Düsseldorf*, WRP 2002, 1085 (1086) = ZUM-RD 2002, 92 (93) – duisburg-info.de.

392 Zur Begrenzung von Namnensrechten wegen Benutzung des Domainnamens im Sinne eines geographischen Begriffs auch *LG Düsseldorf*, CR 2002, 839 f. – canalegrande.de.

393 *LG Potsdam*, Urt. v. 16. 1. 2002, http://www.jurpc.de/rechtspr/20020085.htm, polizeibrandenburg.de.

394 *Palandt/Heinrichs*, § 12 Rdnr. 30; *OLG München*, MMR 2000, 102 (103) – vossius.de; *LG München I*, CR 1997, 479 (481) – juris.de.

ideelle oder Affektionsinteressen in Betracht.[395] Handelt es sich bei dem Namensträger um ein Unternehmen, so werden freilich vermögensrechtliche Interessen im Vordergrund stehen. Ist auch der Domaininhaber gewerblich tätig, scheidet eine Verwechslungsgefahr wegen Branchenverschiedenheit oftmals aus.[396] In derartigen Fällen kann aber die Interessenverletzung darin liegen, dass der Namensträger durch die Reservierung daran gehindert ist, sich des mit seinem Namen übereinstimmenden Domainnamens zu bedienen.[397] Der Namensträger dringt in diesen Konstellationen mit seinem Anspruch durch, es sei denn, der Domaininhaber hat ein eigenes Recht zum Gebrauch des Namens.[398] Eine ideelle Interessenverletzung lag der Entscheidung des Landgerichts Nürnberg-Fürth zugrunde, in der es um den Domainnamen pinakothek.de ging. Der Domaininhaber hatte auf der entsprechenden Internetseite eine Gemäldesammlung eingestellt. Nach Auffassung des Gerichts müsse der durchschnittliche Internetnutzer auf Grund dieser Benutzung irrig davon ausgehen, er befinde sich auf der Homepage der durch die Bayerischen Staatsgemäldesammlungen unterhaltenen Pinakothek in München.[399]

9. Verletzung von geographischen Herkunftsangaben

Geographische Herkunftsangaben, also insbesondere Namen von Orten, Gegenden, Gebieten oder Ländern, die im geschäftlichen Verkehr zur Kennzeichnung der geographischen Herkunft von Waren oder Dienstleistungen benutzt werden (§ 126 Abs. 1 MarkenG), dürfen nicht für Waren und Dienstleistungen anderer Herkunft verwandt werden, wenn dadurch die Gefahr einer Irreführung über deren geographische Herkunft entsteht (§ 127 Abs. 1 MarkenG). Genießt eine geographische Herkunftsangabe einen besonderen Ruf, so ist die Verwendung auch dann unzulässig, wenn eine Gefahr der Irreführung über die geographische Herkunft nicht besteht, sofern die Benutzung für Waren oder Dienstleistungen anderer Herkunft geeignet ist, den Ruf der geographischen Herkunftsangabe oder ihre Unterscheidungskraft ohne rechtfertigenden Grund in unlauterer Weise auszunutzen oder zu beeinträchtigen (§ 127 Abs. 3 MarkenG). Domainnamen, die einer geographischen Herkunftsangabe entsprechen, müssen sich an diesen rechtlichen Maßgaben messen lassen. 98

So dürfen Domainnamen, die einer einfachen geographischen Herkunftsangabe entsprechen, nicht derart benutzt werden, dass die beteiligten Verkehrskreise über die geographische Herkunft der entsprechend beworbenen Waren **irregeführt** werden. Wird beispielsweise unter dem Domainnamen luebecker-marzipan.de Marzipan angeboten, das nicht in Lübeck hergestellt wurde, so kann hiergegen im Wege der Unterlassungsklage vorgegangen werden. Anders ist die Rechtslage in Fallkonstellationen, in denen auf der mit dem Domainnamen verbundenen Internetseite ausschließlich Informationen und Werbung zu Produkten aus dem entsprechenden Ursprungsgebiet angeboten werden. So hatte beispielsweise ein deutscher Domaininhaber vor, unter dem Domainnamen champagner.de ein Internetportal mit Informationen zum Champagner ins Internet zu stellen. Hersteller und Handelsfirmen 99

---

[395] *Ingerl/Rohnke,* nach § 15 Rdnr. 19.

[396] So *OLG Hamm,* MMR 1998, 214 (215) – krupp.de.

[397] *OLG München,* MMR 2002, 166 (167) = GRUR-RR 2002, 109 (110) – literaturhaus.de; *LG München I,* CR 1997, 479 (481) – juris.de.

[398] *LG Augsburg,* K&R 2001, 423 – boos.de.

[399] *LG Nürnberg-Fürth,* MMR 2000, 629 (630) – pinakothek.de.

sollten die Möglichkeit erhalten, auf der Seite für ihren Champagner zu werben. Hiergegen wandte sich eine französische Interessenvereinigung von Verbänden, in der ein Großteil der Champagnerhersteller organisiert war. Das Oberlandesgericht München konnte keine Irreführung gemäß § 127 Abs. 2 MarkenG feststellen.[400] Durch die geplanten Informationen und Werbung werde der Internetnutzer nicht in seinen Erwartungen enttäuscht. Man erwarte zwar ein thematisch auf Champagner ausgerichtetes Angebot, nicht aber, dass ein derartiger Informationsdienst unter dem Top Level Domainnamen .DE von einem Anbieter aus der Champagne stamme. Diese zutreffende Erkenntnis lässt sich auch auf inländische geographische Herkunftsangaben übertragen. Der Schutz geographischer Herkunftsangaben ist sachbezogen. Anders als Marken und geschäftliche Bezeichnungen vermitteln geographische Herkunftsangaben keine Individualrechte.[401] Von daher ist jeder befugt, entsprechende Domainnamen für Informationen über Produkte aus dem Herkunftsgebiet zu nutzen. Ist der Domainname lediglich registriert und im Übrigen unbenutzt, so besteht bei einfachen geographischen Herkunftsangaben nur die Möglichkeit, hiergegen unter dem Gesichtspunkt des Wettbewerbsverstoßes (§ 1 UWG) beziehungsweise der Sittenwidrigkeit wegen Sperrabsicht (§ 826 BGB) vorzugehen.[402]

100 Einen weitergehenden Schutz genießen allerdings geographische Herkunftsangaben mit einem **besonderen Ruf.** Sie dürfen auch als Domainname unabhängig von einer Irreführungsgefahr nicht für Waren oder Dienstleistungen anderer Herkunft verwendet werden, sofern die Beeinträchtigung oder Ausnutzung des Rufs zu besorgen ist (§ 127 Abs. 3 MarkenG). Im Zusammenhang mit Auseinandersetzungen um Domainnamen wurde die Auslegung des Tatbestandsmerkmals der „Benutzung von Waren oder Dienstleistungen anderer Herkunft" problematisiert.[403] Domaininhaber, die nicht eigene Ware aus dem entsprechenden Gebiet vertreiben und allgemeine Informationsseiten mit Werbemöglichkeit unterhalten, benutzen den Domainnamen für „Werbedienstleistungen" und damit für Dienstleistungen anderer betrieblicher und geographischer Herkunft. Mit den verschiedenen Werbeformen, insbesondere der Bannerwerbung, verfolgt der Domaininhaber keine altruistischen Motive zur Pflege der geographischen Herkunftsangabe. Es geht ihm letztendlich um handfeste wirtschaftliche Interessen zwecks Erzielung von Gewinnen.[404] Der entscheidende Punkt ist aber ein anderer. Nach vorherrschender Auffassung soll das Verbot der Ausnutzung oder Beeinträchtigung des besonderen Rufs einem **Imagetransfer** vorbeugen.[405] Eine Übertragung der Wertschätzung, die für bekannte geographische Herkunftsangaben wie „Champagner" besteht, ist aber in den skizzierten Kollisionsfällen nicht zu befürchten. Ein von Deutschen betriebenes Internetportal wie champagner.de kann durchaus der Wertschätzung des Champagners und seiner

---

400 *OLG München,* WRP 2002, 111 (114) – champagner.de; insoweit bereits die Vorinstanz, *LG München I,* CR 2001, 191 f. – champagner.de; zur Anwendbarkeit der Vorschriften zum Schutz geographischer Herkunftsangaben im Sinne des TRIPS-Abkommens auch *öOGH* Beschl. v. 14. 5. 2001 – adnet.de, http://www.internet4jurists.at/entscheidungen/ogh4_106_01v.htm [abgerufen am 4. 3. 2002], mit Anm. *Thiele.*

401 *Ingerl/Rohnke,* vor §§ 126–139, Rdnr. 1.

402 Hierzu unter Rdnr. 104 ff.

403 Eingehend hierzu *OLG München,* WRP 2002, 111 (115) – champagner.de.

404 *LG München I,* CR 2001, 191 (192) – champagner.de.

405 *Ingerl/Rohnke,* § 127 Rdnr. 10 ff. (12); zur Auslegung des vergleichbaren § 14 Abs. 2 Nr. 3 MarkenG: *Kur,* GRUR 1994, 330 (333); *Piper,* GRUR 1996, 429 (434).

Verbreitung zu Gute kommen.[406] Aus diesem Grund kommt eine **Rufbeeinträchtigung** in den beschriebenen Fallkonstellationen nicht in Betracht. Ist das entsprechende Internetportal ansprechend gestaltet, so steht nicht zu befürchten, dass das Image der Produkte beschädigt und damit der Ruf beeinträchtigt wird.[407] Der besondere Ruf geographischer Herkunftsangaben ist darüber hinaus aber auch vor unlauterer **Rufausnutzung** geschützt. Dem Gesetzeswortlaut lässt sich nicht entnehmen, dass die Ausnutzung des Rufs von dem weiteren Tatbestandsmerkmal eines Imagetransfers abhängig ist. Wer eine geographische Herkunftsangabe als Domainnamen nutzt, der spekuliert darauf, dass eine Vielzahl von Internetnutzern diese nahe liegende Internetadresse anwählt, um sich zu informieren. Hersteller von Produkten entsprechenden Ursprungs bleibt zur Vermeidung von Wettbewerbsnachteilen gar nichts anderes übrig, als Werbung beim Domaininhaber zu buchen. Damit profitiert der Domaininhaber ohne ersichtlich eigene Leistung von dem besonderen Ruf, den die Herkunftsangabe im geschäftlichen Verkehr genießt.[408] Ein solches Verhalten ist auch unlauter. Dem lässt sich nicht entgegenhalten, dass es zweifelsohne vom Grundsatz her niemandem verwehrt sein kann, Domainnamen mittels Vermietung von Werbefläche zum Geldverdienen zu nutzen.[409] Als gewerbliches Schutzrecht ist die geographische Herkunftsangabe mit besonderem Ruf genauso geschützt wie die bekannte Marke nach § 14 Abs. 2 Nr. 3 MarkenG. Besteht Identität zwischen der bekannten Marke beziehungsweise geographischen Herkunftsangabe und dem Domainnamen des nicht durch eigene gewerbliche Schutzrechte legitimierten Domaininhabers, so ist die Unlauterkeit zu vermuten.[410]

10. Subdomains, Datei- und Verzeichnisnamen

Die vorstehenden Ausführungen bezogen sich auf die kennzeichenrechtliche Bewältigung von Konflikten, die den ersten durch den Domaininhaber frei belegbaren 101
Level betreffen. In Deutschland ist unter dem country code Top Level bereits der Second Level registrierbar. Bei anderen ccTLDs (z.B. .UK), aber auch bei generischen Top Level Domainnamen (z.B. .NAME) ist erst der **Third Level** durch den Internetnutzer individuell registrierbar. Hat der Domaininhaber im belegbaren Level einen Domainnamen zugewiesen bekommen, so steht es ihm frei, beliebig viele Subdomains (http://www.fourth.third.secondlevel.de) einzurichten. Die Sublevel schließen sich jeweils links an und werden durch einen „." voneinander getrennt. Die Subdomain identifiziert einen eigenen Rechner. Damit kann der Domaininhaber sein Angebot strukturieren und über unterschiedliche Computer, seien es eigene oder die von Dritten, Angebote zugänglich machen. Von den Subdomains sind **Verzeichnis- und Dateinamen** zu unterscheiden. Diese sind Teil der Internetadresse (URL) und ermöglichen damit die Anwahl konkreter Inhalte, die im Speicher des Servers abgespeichert sind, der dem jeweiligen Domainnamen zugeordnet ist. Die Verzeichnisnamen schließen sich hierarchisch absteigend rechts an den Top Level

---

[406] *OLG München,* WRP 2002, 111 (115) – champagner.de.

[407] Ebenda.; a. A. *LG München I,* CR 2001, 191 (192) – champagner.de.

[408] So *LG München I,* CR 2001, 191 (192) – champagner.de; a. A. *OLG München,* WRP 2002, 111 (115) – champagner.de.

[409] *OLG München,* WRP 2002, 111 (115) – champagner.de

[410] *OLG Karlsruhe,* ZUM 1998, 944 – zwilling.de; Revision mit Beschl. v. 9. 11. 2000, I ZR 23/00, vom *BGH* nicht angenommen; *LG Hamburg,* MMR 2000, 436 (437) – luckystrike.de.

Domainnamen an. Sie werden jeweils durch einen Schrägstrich „/" voneinander getrennt. Die Internetadresse endet mit dem Dateinamen, der durch einen Punkt „." nebst Kürzel zum Dateiformat (z. B. „html") abgeschlossen wird. Schematisch lässt sich die Internetadresse damit wie folgt darstellen: http://www.third.secondlevel.de/hauptvereichnis/unterverzeichnis.dateiname.html.

102 Anders als bei einer Eintragung im ersten frei belegbaren Level kann es bei der Einrichtung von Subdomains und Verzeichnissen nicht zu einer Blockade von Kennzeicheninhabern kommen. Die Verwendung der Subdomain hindert den Kennzeicheninhaber nicht daran, den mit seinem Kennzeichen übereinstimmenden Begriff im ersten frei belegbaren Level registrieren zu lassen. Soweit der Subdomain beziehungsweise den Verzeichnisnamen eine eigenständige **Kennzeichenfunktion** zukommt, ist jedoch an die Verletzung von Kennzeichenrechten Dritter zu denken. Ob dies der Fall ist, hängt von der Auffassung der beteiligten Verkehrskreise ab. Verspricht die Subdomain ein eigenständiges Angebot, beispielsweise unter dem Dach eines großen Providers (z. B. zdf.msn.com), so wird die Subdomain eigenständig wahrgenommen und wirkt insoweit auch kennzeichnend.[411] Andererseits wäre es lebensfremd, jedem Verzeichnisnamen eine eigenständig kollisionsbegründende Wirkung zuzumessen. Innerhalb der nachfolgenden Internetadresse (URL) http://www.amazon.de/exec/obidos/browse/234528/rstk.html dürfte lediglich dem Second Level „amazon" Kennzeichnungsfunktion zukommen, die übrigen Bestandteile sind nichts sagende Buchstaben- und Zahlenkombinationen.[412] Die Verkehrsauffassung wird auch wesentlich von dem Bekanntheitsgrad des betroffenen Kennzeichens abhängen. Je bekannter das als Subdomain oder Verzeichnisname verwendete Kennzeichen ist, desto eher wird es gesondert wahrgenommen.[413]

103 Die Rechtsprechung hatte sich vereinzelt mit Subdomains und Verzeichnisnamen zu befassen. Bei der Beurteilung der Verwechslungsgefahr wird dabei von dem zeichenrechtlichen Grundsatz ausgegangen, dass auf den jeweiligen **Gesamteindruck** der gesamten Internetadresse abzustellen ist. Handelt es sich bei dem Second Level Domainnamen um einen beschreibenden Begriff, so ist dieser nicht geeignet, das Gesamtzeichen mitzuprägen. Dementsprechend wurde innerhalb der Internetadresse buchhandel.de/nautilus allein der Verzeichnisname „nautilus" als kennzeichnend angesehen und dem Inhaber des Unternehmenskennzeichens NAUTILUS ein Unterlassungsanspruch zuerkannt.[414] Auch die Stadt Kamp-Lintfort konnte, gestützt auf ihr Namensrecht (§ 12 BGB), erfolgreich gegen ein Internetportal vorgehen, das unter www.cty.de mit Städte- und Gemeindenamen übereinstimmende Third Level Domainnamen (kamplintfort.cty.de) eingerichtet hatte.[415] Da der Third Level Domainname „kamplintfort" nicht nur der Zuordnung zu einem bestimmten Rechner, sondern darüber hinaus auch dazu diene, das Internetangebot von denen anderer Anbieter abzugrenzen, käme der Subdomain Namensfunktion zu. Internetnutzer, die mit der Strukturierung des Namensraums nicht so vertraut sind, könnten meinen, bei dem Kürzel „cty.de" handele es sich um eine offizielle Unterteilung, wobei „cty" ohne weiteres mit dem englischsprachigen Begriff „city" gleichgesetzt werde.

---

411 Vgl. *Wendlandt,* CR 2001, 612 (614).
412 *Omsels,* GRUR 1997, 328 (334).
413 *A. Nordemann,* NJW 1997, 1891 (1895).
414 *LG Mannheim,* MMR 2000, 47 (48) – buchhandel.de/nautilus.
415 *LG Duisburg,* MMR 2000, 168 – k.cty.de.

Bei diesen Nutzern bestehe dann die Gefahr, dass sie unter der Internetadresse fälschlicherweise die offizielle Internetseite der Stadt Kamp-Lintfort vermuten. Aber auch der sachkundige Internetnutzer könne Fehlvorstellungen unterliegen.[416] Dieser erkenne zwar zutreffend, dass das unter dieser Adresse abrufbare Angebot nicht auf dem Server mit der Domain „.cty.de", sondern auf einem eigenen Rechner mit der Subdomain „kamplintfort.cty.de" abgespeichert ist. Auch der kundige Nutzer könne aber irrtümlich davon ausgehen, dass die Stadt, wenn auch nicht bei einer offiziellen Registrierstelle, so aber doch bei einem privaten Anbieter, der die Einrichtung von Subdomains ermöglicht, eine offizielle Homepage eingerichtet habe. Diese Auffassung verdient Zustimmung. Gerade bei Subdomains ist die Unterscheidung zwischen offiziellen und inoffiziellen Anbietern fragwürdig, da das gesamte Domainnamensystem nicht auf öffentlich-rechtliche Normsetzung, sondern private Initiative gegründet ist.

IV. Wettbewerbswidrige Belegung von Domainnamen (§ 1 UWG)

Hat der Domaininhaber kein eigenes schutzwertes Nutzungsinteresse an dem 104
Domainnamen, so kommen Ansprüche des Kennzeicheninhabers nach § 1 UWG wegen unlauterem Behinderungswettbewerb in Betracht.[417] Das Markengesetz regelt zwar abschließend und umfassend den Schutz von Marken und geschäftlichen Bezeichnungen. Dort wird aber neben der Verwechslungsgefahr nur die Ausnutzung beziehungsweise Beeinträchtigung der Wertschätzung von Kennzeichen angesprochen. Steht in der Auseinandersetzung der Aspekt der Behinderung im Vordergrund, so kann nach wie vor auf den ergänzenden wettbewerbsrechtlichen Schutz zurückgegriffen werden.[418] Eine Behinderung kann sich bei der Belegung von Domainnamen ergeben, wenn der Kennzeicheninhaber in seinen wettbewerblichen Entfaltungsmöglichkeiten beeinträchtigt ist, da er den Domainnamen nicht nutzen kann. Dies gilt insbesondere für die Fälle, in denen der Domaininhaber zur Freigabe des Domainnamens die Zahlung eines bestimmten Geldbetrages verlangt (sog. **Domain-Grabbing**). Eine Übertragung der Rechtsprechung, die der Bundesgerichtshof für die missbräuchliche Ausnutzung der durch eine Markeneintragung erlangten formalen Rechtsposition aufgestellt hat (sog. Marken-Grabbing),[419] ist allerdings nicht möglich. Anders als ein Markenrecht, vermittelt nämlich die Belegung eines Domainnamens keine formale Rechtsposition im Sinne eines Monopolrechts, das zur Durchsetzung von Verbietungsrechten missbraucht werden könnte.[420]

Eine wettbewerbswidrige Behinderung ergibt sich auch, wenn Domainnamen zu 105
Spekulationszwecken gehortet werden.[421] Hält der Domaininhaber eine Vielzahl

---

416 Zum generellen Problem von Unterstrukturierungen des Domainnamensraums durch inoffizielle Anbieter s. Rdnr. 13.

417 Zu sonstigen wettbewerbsrechtlichen Fragen im Internet vgl. § 11.

418 *OLG München,* MMR 2000, 100 (101) – buecherde.com; *BGH* GRUR 1999, 161 (162) – Mac Dog; entsprechend zur ergänzenden Anwendung von § 12 BGB *BGH* GRUR 2002, 622 (624) – shell.de.

419 Dazu *BGH* WRP 2001, 160ff. – Classe E.

420 Anders *Kiethe/Groeschke,* WRP 2002, 27ff.

421 Vgl. allerdings zu §§ 826, 1004 BGB: *OLG Frankfurt am Main,* GRUR-RR 2001, 264 (265f.) weltonline.de; *OLG Frankfurt am Main,* CR 2001, 620 (621) praline-tv.de; *OLG Frankfurt am Main,* CR 2000, 615 (616) – weideglueck.de; *LG München I,* ZUM-RD 2002, 107 (108f.) – neuschwanstein.de.

von Domainnamen, ohne ein jeweils spezifisches Angebot zu präsentieren, so rechtfertigt dies die Annahme einer spekulativen Absicht. Sollen Domainnamen zum Abverkauf je nach Angebotslage oder aber dazu dienen, Kennzeicheninhaber zur Erteilung von Aufträgen für Angebote des Domaininhabers zu bewegen, so ist dieses Verhalten rechtsmissbräuchlich.

106 Hat der gewerbliche Domaininhaber bei der Anmeldung des Domainnamens bewusst falsche Angaben gemacht beziehungsweise wichtige Umstände verschwiegen, so liegt ein Wettbewerbsverstoß unter dem Gesichtspunkt der **Domainnamenerschleichung** vor.[422] In der Praxis kommt es sehr häufig vor, dass der Domaininhaber falsche Angaben macht, insbesondere dann, wenn er die Anforderungen der Registrierungsbedingungen nicht erfüllt. Bei .DE Domainnamen kommt hier insbesondere die Benennung einer Person als administrativer Kontakt in Betracht, der entgegen der gegenüber der DENIC gemachten Angaben über keinen Wohnsitz im Inland verfügt.

107 Kann der im Übrigen geschäftlich tätige Domaininhaber **keine sachliche Begründung** für die Belegung des Domainnamens liefern, so begründet auch die Reservierung und Nutzung eines Domainnamens eine unzulässige Absatzbehinderung, selbst wenn der Domaininhaber noch nicht mit einer Geldforderung an den Kennzeicheninhaber herangetreten ist (**wettbewerbliche Domainblockade**).[423] Wer kein ersichtliches Eigeninteresse an der Belegung eines Domainnamens hat, der mit dem Kennzeichen eines Dritten übereinstimmt, der blockiert in rechtswidriger Weise die geschäftliche Entfaltung des Kennzeicheninhabers. Er unterbindet in wettbewerbswidriger Weise die Absatzinteressen des Kennzeicheninhabers, da dessen Kunden zuerst unter dem für sie nahe liegenden Domainnamen suchen werden. Dabei ist unerheblich, ob der Kennzeicheninhaber bereits unter anderen Top-Leveln einen mit seinem Kennzeichen übereinstimmenden Domainnamen belegt und sein Internetangebot eingerichtet hat.[424] Das subjektive Tatbestandselement der Behinderungsabsicht braucht nicht notwendigerweise bereits zum Zeitpunkt der Eintragung des Domainnamens vorliegen.[425] Auch bei anfänglicher Unkenntnis von den Kennzeichenrechten eines Dritten entsteht die Behinderungsabsicht, wenn der Domaininhaber auf die Kennzeichenrechte hingewiesen wird und dennoch an dem Domainnamen festhält. Eine sachliche Rechtfertigung kann sich bei dem selbst geschäftlich tätigen Domaininhaber nur aus einem eigenen Kennzeichenrecht ergeben.[426] Es gilt der Grundsatz, dass kein Domainname belegt werden sollte, ohne dass man sich zuvor einer kennzeichenrechtlichen Absicherung vergewissert. Hat der Domaininhaber eine Markenanmeldung hinterlegt, so ist diese als ausreichende Rechtfertigung anzuerkennen, auch wenn sich Verbietungsrechte aus der Anmeldung noch nicht ableiten lassen.

---

[422] Zur parallelen Fallgruppe der Markenerschleichung (§ 50 Abs. 1 Nr. 4 MarkenG) vgl. *Althammer/Ströbele,* § 50 Rdnr. 5.

[423] *OLG Dresden,* CR 1999, 589 (591) – cyberspace.de; *OLG Karlsruhe,* ZUM 1998, 944 (945) – zwilling.de, Revision mit Beschl. v. 9. 11. 2000 (I ZR 23/00) vom *BGH* nicht angenommen; offen lassend *OLG München,* CR 1998, 556 (558) – freundin.de.

[424] A. A. *LG Düsseldorf,* ZUM-RD 2001 408 (409) – mediapool.net.

[425] So aber für Österreich: *öOGH* K&R 2002, 52 (54) – taeglichalles.at, m. zust. Anm. *Thiele,* K&R 2002, 55 f.

[426] Kritisch insofern *Hoeren/Sieber/Viefhues,* § 6 Rdnr. 155.

Verfügt der Anspruchsteller über keine Kennzeichenrechte, so fragt es sich, ob dieser gleichwohl gegen einen Domaininhaber vorgehen kann, wenn dem Anspruchsteller an der mit dem Domainnamen übereinstimmenden Bezeichnung ein **schutzwürdiger Besitzstand** zusteht. In Bezug auf Kennzeichenrechte ist es anerkannt, dass derjenige einen Wettbewerbsverstoß begeht, der eine Marke zu dem ersichtlichen Zweck eintragen lässt, ihre Monopolwirkung zweckfremd als Mittel des Wettbewerbskampfs einzusetzen.[427] Derartige Fallkonstellationen ergeben sich insbesondere, wenn ein im Ausland bekanntes Kennzeichen von einem Inländer bösgläubig in der Absicht angemeldet wird, dem ausländischen Kennzeicheninhaber mit Hilfe des Kennzeichenrechts den Marktzutritt im Inland zu versperren. Da Domainnamen ihrem Inhaber kein Monopolrecht, sondern bloß eine faktische Sperrposition verschaffen, lässt sich diese Rechtsprechung zu den Sperrmarken nicht auf Domainnamen übertragen. Anders als die in Sperrabsicht erworbene Markeneintragung lässt sich ein Domainname nicht instrumentalisieren, da er seinem Inhaber kein einklagbares Recht verleiht. Eine Wettbewerbswidrigkeit kann sich aber unter dem Gesichtspunkt des Ausbeutens auf Grund Nachahmen fremder Kennzeichnungen ergeben. Ist beispielsweise eine Marke erst angemeldet, aber noch nicht eingetragen, oder aber ohne Verkehrsgeltung bloß benutzt, so kommt ein **ergänzender Leistungsschutz** nach § 1 UWG in Betracht. Zwar ist bei der Nachahmung von Kennzeichen, für die kein Sonderrechtsschutz besteht, vom Grundsatz der Nachahmungsfreiheit auszugehen.[428] Treten aber auf Grund des Verhaltens des Mitbewerbers besondere Umstände hinzu, so kann sich die Übernahme der fremden Leistung insgesamt als wettbewerbswidrig darstellen. Diese Rechtsprechung ist grundsätzlich auch auf Domainnamen anwendbar, da die Eintragung und Verwendung von Domainnamen im geschäftlichen Verkehr ebenso rechtsverletzend sein kann wie jede andere Benutzung von sonderrechtlich nicht geschützten Kennzeichen. Voraussetzung für einen ergänzenden wettbewerbsrechtlichen Schutz ist allerdings eine gewisse **wettbewerbliche Eigenart** des Kennzeichens.[429] Einen Leistungsschutz verdient eine Bezeichnung nur dann, wenn sie von Haus aus oder auf Grund der Bekanntheit dazu geeignet ist, als Kennzeichen für ein Unternehmen beziehungsweise ein Produkt zu wirken. Insoweit hatte das Landgericht Köln in der Auseinandersetzung um den Domainnamen hauptbahnhof.de dahinstehen lassen, ob der Begriff „Hauptbahnhof" als namensmäßiger Hinweis auf die Deutsche Bahn AG oder aber als Sachbegriff verstanden wird.[430] Da dieser Begriff aber von der Deutschen Bahn geprägt sei, erwarte ein nicht unbeträchtlicher Teil des angesprochenen Publikums unter dem Domainnamen hauptbahnhof.de ein Informationsangebot der Deutschen Bahn. Dieser Umstand werde von dem beklagten Domaininhaber in wettbewerbswidriger Weise ausgenutzt, da er die Kunden der Deutschen Bahn mit dem Domainnamen hauptbahnhof.de abfange, um sie mit seinem eigenen Angebot zu konfrontieren. Er setze den Domainnamen damit als unlauteren Vorspann für seine eigene Werbung ein. Auch wenn man der Entscheidung im Ergebnis zustimmen mag, so überzeugt die Begründung nicht. Wie der Bundesgerichtshof in 108

---

[427] Std. Rspr. *BGH* GRUR 1995, 117 (121) – Neutrex; *BGH* GRUR 1980, 110 (111) – Torch; *OLG Hamburg* GRUR 1995, 816 – Xtensions.

[428] *BGH* GRUR 1967, 315 – skai-cubana; *BGH* 1969, 190 (191) – halazon.

[429] *BGH* GRUR 1963, 423 (428) – coffeinfrei; m. w. N. *Köhler/Pieper,* § 1, Rdnr. 497 ff.

[430] *LG Köln,* MMR 2000, 45 f. – hauptbahnhof.de.

der Entscheidung mitwohnzentrale.de dargelegt hat, ist die Belegung von generischen Domainnamen gerade nicht als unlautere Absatzbehinderung unter dem Gesichtspunkt des Abfangens potentieller Kunden zu qualifizieren.[431] Die Gerichte müssen von daher auch im Konflikt um Domainnamen Farbe bekennen. Nur wenn dem Domainnamen eine wettbewerbliche Eigenart zukommt, kann dessen Belegung wettbewerbswidrig sein.

V. Unlautere Registrierung von Domainnamen

109 Verfolgt der Domaininhaber keine geschäftlichen Interessen, so scheiden kennzeichen- und wettbewerbsrechtliche Ansprüche mangels einer Handlung im geschäftlichen Verkehr aus. Der Inhaber eines Firmenrechts kann sich bei der privaten Nutzung eines Domainnamens auf § 12 BGB stützen, da dieser gleichermaßen geschäftliche und außergeschäftliche Verletzungstatbestände betrifft.[432] Für Inhaber von Markenrechten und Werktiteln bleibt nur der Rückgriff auf deliktsrechtliche Vorschriften.

110 Nach **§ 826 BGB** sind in Schädigungsabsicht vorgenommene Registrierungen von Domainnamen verboten, sofern damit gegen die guten Sitten verstoßen wird. Von einer solch sittenwidrigen Behinderung in Schädigungsabsicht ist dort auszugehen, wo der Domaininhaber das Ziel verfolgt, dem Kennzeicheninhaber die Nutzung des mit seinem Kennzeichen übereinstimmenden Domainnamen unmöglich zu machen.[433] Ist der von einer Privatperson registrierte Domainname über längere Zeit unbenutzt und ist auch sonst kein Eigeninteresse erkennbar, so ist eine Blockadeabsicht und damit eine sittenwidrige Behinderungsabsicht zu vermuten (**private Domainblockade**).[434] Wird der Domainname hingegen für private Zwecke, beispielsweise eine Homepage mit privaten Inhalten genutzt, so wird es dem Domaininhaber im Zweifel um diese Nutzung und nicht um die vorsätzliche Schädigung des Inhabers eines Kennzeichenrechts gehen. Da die Anwendung der Vorschrift des § 826 BGB zumindest eine bedingte Schädigungsabsicht voraussetzt, wird man auch nicht soweit gehen und jede Belegung eines Domainnamens ohne korrespondierendes Kennzeichenrecht als schikanös und damit vorsätzlich sittenwidrig einstufen können.[435] In Betracht kommt aber ein rechtswidriger Eingriff in das **Recht am eingerichteten und ausgeübten Gewerbebetrieb.**[436] Auch die Kennzeichen, unter denen der Gewerbetreibende seine wirtschaftliche Tätigkeit ausübt, gehören zur betrieblichen Gesamtheit, die den wirtschaftlichen Wert eines Betriebes ausmacht. Die Kennzeichenrechte sind damit gegenüber betriebsbezogenen Eingriffen Dritter geschützt, die darauf abzielen, den Kennzeicheninhaber an einer Nutzung seines Kennzeichens als Internetadresse zu hindern. Ist das Kennzeichen am Markt etab-

---

431 Dazu Rdnr. 42.

432 Insofern wird auf die Ausführungen zu § 12 BGB unter Rdnr. 84 ff. verwiesen.

433 *OLG Frankfurt am Main,* CR 2000, 615 (616) – weideglueck.de; *LG München I,* ZUM-RD 2002, 107 (108 f.) – neuschwanstein.de.

434 *LG Düsseldorf,* CR 2002, 138 – literaturen.de, m. Anm. *Graf,* CR 2002, 138 ff.; m. kritischen Anm. *Beckmann,* K&R 2002, 99 ff.; *Völker/Weidert,* WRP 1997, 652 (660 f.).

435 So aber *OLG Frankfurt am Main,* CR 2000, 615 (616) – weideglueck.de; abwägend *LG Frankfurt am Main,* GRUR-RR 2002, 68 f. – uhren-magazin.de.

436 *Bücking,* Domainrecht, Rdnr. 225 f.; *Hoeren/Sieber/Viefhues,* § 6 Rdnr. 168 f.; *Bettinger,* GRUR Int. 1997 402 (414).

liert und umfangreich beworben, so kann ein Privater, der den korrespondierenden Domainnamen belegt, auf Unterlassung in Anspruch genommen werden. Dies sollte selbst dann gelten, wenn dieser zum Zeitpunkt der Eintragung des Domainnamens nichts von den Kennzeichenrechten gewusst hat. Wird er im Nachhinein über die etablierten Kennzeichenrechte unterrichtet und gibt er den Domainnamen nicht frei, so richtet sich der Domaininhaber in betriebsbezogener Weise gegen die Vermarktungschancen des Kennzeicheninhabers. Beließe man dem privat Handelnden Domaininhaber den Domainnamen, so käme es im Übrigen zu unauflösbaren Wertungswidersprüchen. Es ist nicht einsichtig, weshalb der Inhaber von Firmen- und Namensrechten, der auf Grund von § 12 BGB gegenüber jeder Belegung von Domainnamen ohne rechtfertigenden Grund auch gegenüber Privaten geschützt ist, besser gestellt sein soll als der Inhaber von Marken- oder Titelschutzrechten.

VI. Beschränkung von Kennzeichenrechten

1. Benutzung von Namen und beschreibenden Angaben (§ 23 Nr. 1 MarkenG)

Die Verbietungsrechte des Inhabers einer Marke oder einer geschäftlichen Bezeichnung werden dadurch begrenzt, dass er nicht das Recht hat, Dritten die Benutzung von dessen Namen oder Anschrift zu untersagen, sofern diese Benutzung nicht sittenwidrig ist (§ 23 Nr. 1 MarkenG). Die Vorschrift dient dazu, dass niemand am redlichen Gebrauch seines Namens oder seiner Anschrift im geschäftlichen Verkehr gehindert werden soll. Im Hinblick auf die Belegung von Domainnamen durch kennzeichenrechtlich nicht abgesicherte Personen ist aber bereits fraglich, ob derartig frei wählbare Adressen überhaupt vom Schutzzweck dieser Vorschrift erfasst werden sollen.[437] Anders als bei seinem Namen und auch bezüglich des Wohnsitzes, den man zwar frei wählen kann, auf dessen amtliche Bezeichnung man aber keinen Einfluss hat, besteht für die Verwendung eines bestimmten Domainnamens keine zwangsläufige Notwendigkeit. Stimmt der in Streit stehende Domainname mit dem bürgerlichen Namen des Domaininhabers überein, so kommt hingegen § 23 Nr. 1 MarkenG zum Zuge. Dies schließt freilich nicht aus, dass sich bei Gleichnamigkeit der Inhaber eines überragend bekannten Kennzeichens dennoch durchsetzt.[438] 111

Darüber hinaus kann der Kennzeicheninhaber nicht verbieten, dass ein mit seinem Kennzeichen identisches oder ähnliches Zeichen als Angabe über Merkmale oder Eigenschaften von Waren oder Dienstleistungen genutzt wird (§ 23 Nr. 2 MarkenG). Mit dieser Vorschrift wird die rein beschreibende, also nicht kennzeichenmäßige Benutzung vom Schutz des Kennzeichenrechts ausgenommen. Gegen die Annahme, dass mit Kennzeichen übereinstimmende Domainnamen im geschäftlichen Verkehr als beschreibend aufgefasst werden, spricht allerdings ihre herausgehobene Stellung bei der Verwendung in der Browserzeile.[439] Hinzukommt, dass 112

---

[437] *OLG München,* CR 1998, 556 (557) – freundin.de; *Althammer/Klaka,* § 23, Rdnr. 10; *Ubber,* WRP 1997, 497 (506) *Völker/Weidert,* WRP 1997, 652 (659).

[438] *LG Hamburg,* MMR 2000, 620 (622) – joop.de; s.a. *BGH* GRUR 2002, 622 (625) – shell.de; sowie zur Gleichnamigkeit Rdnr. 61.

[439] Eine blickfangmäßige Hervorhebung spricht gegen eine beschreibende Verwendung, wobei bei kennzeichnungsschwachen Begriffen dennoch ein beschreibendes Verständnis denkbar ist, m. w. N. *BGH* WRP 1999, 931 (934 f.) – BIG PACK.

Domainnamen auf Grund ihrer relativen Kürze ein eindeutiges Verständnis oftmals gar nicht zulassen. So konnte beispielsweise bezogen auf den Domainnamen fordboerse.de kein einheitliches Verständnis der Verbraucher dahingehend festgestellt werden, dass dieser der Beschreibung des Angebotes von FORD Gebrauchtwagen dient.[440]

2. Beschränkungen auf Grund von Grundrechten

113 Im Hinblick auf die Bedeutung, die Domainnamen für die Kommunikationsstrategie von Unternehmen gewonnen haben, werden sie zunehmend auch als Mittel der politischen Auseinandersetzung mit diesen Unternehmen eingesetzt. So hatte Greenpeace den Domainnamen oil-of-elf.de belegt und auf den verbundenen Internetseiten kritisch über die Geschäftspraktiken des Ölkonzerns TotalFinaElf berichtet. Während der Konzern in der Belegung des Domainnamens eine Verletzung seiner Namensrechte (§ 12 BGB) sah, berief sich Greenpeace erfolgreich auf die Meinungsäußerungs- und Pressefreiheit gemäß Art. 5 Abs. 1 GG.[441] Markenrechtliche oder wettbewerbsrechtliche Ansprüche scheiden in derartigen Konstellationen mit Grundrechtsbezug von vornherein aus, da der Domaininhaber ideelle und keine geschäftlichen Ziele verfolgt.[442] Nur in Fällen, in denen der Domaininhaber die kritische Auseinandersetzung bloß vorschiebt und in Wahrheit den Domainnamen kommerziell dazu nutzt, ein sonst nicht käufliches Produkt in den Markt zu bringen, ist ein Handeln im geschäftlichen Verkehr gegeben.[443] Eine derart verdeckte gewerbliche Verwendung fällt aber aus dem Schutzbereich des Art. 5 GG heraus.[444] Entspricht der Domainname dem Firmennamen so bleibt die Möglichkeit einer Namensverletzung. Bei Übereinstimmung des Domainnamens mit einer Marke steht der Verstoß gegen §§ 823, 826 BGB im Raum.[445] Das Grundrecht der Meinungsfreiheit nach Art. 5 GG erlaubt dem Domaininhaber, seinen Standpunkt unter Verwendung des Kennzeichens, auf die sich die Kritik bezieht, in überpointierter Form zur Geltung zu bringen. Ohne auf die Interessen des Kennzeicheninhabers Rücksicht nehmen zu müssen, braucht er sich nicht auf eine ausgewogene oder schonende Darstellung beschränken.[446] Hat der Domaininhaber keine gewerblichen Interessen, so muss sich der Kennzeicheninhaber auch herabsetzende Äußerungen gefallen lassen.[447] Der Domainname ist insoweit mit dem themenbezogenen Titel einer Presseveröffentlichung vergleichbar, der ebenfalls von der Meinungs- und Pressefreiheit des nachfolgenden Artikels mit umfasst wird. Andererseits sind die Grundrechte des Domaininhabers nicht schrankenlos. Sie finden ihre Begrenzung in den ebenfalls grundrechtlich nach Art. 14 GG verbürgten Kennzeichenrechten, so

---

440 *LG München I,* ZUM-RD 2002, 105 (107) – fordboerse.de.

441 KG CR 2002, 760 (762) – oil-of-elf.de; mit zust. Anm. *Graf,* CR 2002, 762 ff.; a. A. die Vorinstanz *LG Berlin,* MMR 2001, 630 f., oil-of-elf.de.

442 KG CR 2002, 760 – oil-of-elf.de; *LG Essen,* GRUR 2002, 920 – castor.de; *BGH* GRUR, 1976, 379 (380).

443 *BGH* GRUR 1994, 808 (810) – Markenverunglimpfung I.

444 *BVerfG,* NJW 1994, 3342 (3343) – zu *BGH* GRUR 1994, 808 ff. – Markenverunglimpfung I.

445 *LG Essen,* GRUR 2002, 920 – castor.de.

446 *BGH* GRUR, 1984, 684 (686) – Mordoro; *OLG Köln,* AfP 2000, 581 – Meinungsfreiheit im Internet; a. A. *LG Berlin,* MMR 2001, 630 (631) – oil-of-elf.de.

447 A. A. *LG Düsseldorf,* Urt. v. 30. 1. 2002, http://www.netlaw.de/urteile/lgd_31.htm [abgerufen am 10. 11. 2002] – scheiss-t-online.de.

dass eine Interessenabwägung vorzunehmen ist. Bei der Abwägung ist zu berücksichtigen, dass der Inhaber der Kennzeichenrechte auf Grund der Belegung des Domainnamens daran gehindert ist, die Internetnutzer anzusprechen, die unter dem mit dem Kennzeichenrecht übereinstimmenden Domainnamen Informationen des Kennzeicheninhabers erwarten.[448] Stattdessen werden sie mit kritischen Äußerungen konfrontiert. Dem Kritiker ist es von daher zuzumuten, dass er für sein Anliegen auf einen Domainnamen ausweicht, der das Kennzeichen mit weiteren, gegebenenfalls beschreibenden Bestandteilen kombiniert.[449]

3. Kollision von Kennzeichen mit Gattungsdomain

Besondere Fragen werfen Konstellationen auf, in denen Kennzeichenrechte einem Domainnamen gegenüber stehen, der einem generischen Begriff entspricht. Seit der Entscheidung des Bundesgerichtshofs in der Sache mitwohnzentrale.de[450] steht fest, dass die Belegung und Verwendung von generischen Begriffen als Domainnamen grundsätzlich zulässig und billigenswert ist. Da ein Begriff gleichermaßen in dem einen Zusammenhang beschreibend und im Übrigen ein unterscheidungskräftiges Kennzeichen sein kann, kommt es nicht selten zu Konflikten, in denen entschieden werden muss, ob dem Kennzeicheninhaber ein relativ besseres Recht zusteht. In der Auseinandersetzung um den Domainnamen saeugling.de konnte sich ein Herr Säugling, der unter seinem Familiennamen als Journalist tätig war, nicht durchsetzen.[451] Der Domaininhaber berichtete unter der mit dem Domainnamen verbundenen Internetseite über Erfahrungen bei der Pflege und Erziehung von Neugeborenen. Das Landgericht München konnte auf Grund dieser Art der Verwendung eine Namensanmaßung (§ 12 BGB) nicht erkennen, da bei einer derart beschreibenden Verwendung eine namensmäßige Verwendung nicht gegeben sei. Auch sei nicht erkennbar, woraus sich eine Zuordnungsverwirrung ergebe, wobei das Gericht eine weitergehende Begründung für seine Ansicht schuldig bleibt. Mehr Begründungsaufwand wird in der Entscheidung des Landgerichts Deggendorf in der Auseinandersetzung um den Domainnamen winzer.de betrieben.[452] Kläger war der niederbayerische Ort Winzer, der sich durch die Belegung des Domainnamens gleichfalls in seinen Namensrechten nach § 12 BGB verletzt sah. Das Gericht kam ebenfalls zu der Erkenntnis, dass eine Zuordnungsverwirrung nicht zu besorgen sei. Es stellte dabei maßgeblich darauf ab, dass der überwiegende Teil der hier allein relevanten deutschen Internetnutzer mit dem Wort „Winzer" in erster Linie einen Weinbauern verbindet. Nur ein geringer Teil der Bevölkerung würde hingegen den gleichnamigen Ort mit 3800 Einwohnern überhaupt kennen. Von daher stehe dem Kennzeicheninhaber kein vorrangiges Recht an dem Domainnamen zu. Das OLG Wien wies eine auf die für Schokoladenprodukte erklärtermaßen bekannte Marke KINDER gestützte Klage gegen die Belegung des Domainnamens kinder.at zu- 114

[448] *LG Hannover,* CR 2001, 860 (861) – verteidigungsministerium.de.

[449] Vgl. zur parallelen Spruchpraxis der UDRP-Schiedsgerichte Rdnr. 165.

[450] *BGH* GRUR 2001, 1061 ff. – mitwohnzentrale.de; dazu Rdnr. 40 ff.

[451] *LG München I,* K&R 2001, 270 f. – sauegling.de; ebenso *OLG Stuttgart,* K&R 2002, 377 f. – netz.de.

[452] *LG Deggendorf,* CR 2001, 266 ff. – winzer.de; ebenso *LG Düsseldorf,* MMR 2002, 324 f. – alte.de, wobei allerdings offen gelassen wird, ob die Klägerin an dem Zeichen Alte in Alleinstellung überhaupt Rechte innehatte.

rück.[453] Der Beklagte Inhaber des Domainnamens kinder.at hatte eine Informationsportal für Kinder unter dem Domainnamen eingerichtet. Zu einem anderen Ergebnis kam das Landgericht Hamburg in der Entscheidung um den Domainnamen schuhmarkt.de.[454] Das Gericht stellte zunächst fest, dass der Klägerin ein Titelrecht an dem Zeitschriftentitel „Schuhmarkt" zustehe, da dieser die geringen Anforderungen, die an die Unterscheidungskraft von Titeln zu stellen sind, bezogen auf ein Fachjournal für die Schuhbranche erfülle. Die Beklagte, die auch eine Vielzahl anderer generischer Domainnamen reserviert hielt, hatte unter dem zunächst unbenutzten Domainnamen im Verlauf der Auseinandersetzung eine Werbe und Verkaufsplattform eingerichtet, auf der sich Schuhgeschäfte dem Endverbraucher präsentieren konnten. Nachdem unter kennzeichenrechtlichen Gesichtspunkten eine Verwechslungsgefahr wegen der unterschiedlichen Zielgruppen verneint wurde, erblickte das Gericht im Rahmen einer Gesamtwürdigung im Verhalten der beklagten Domaininhaberin eine sittenwidrige Behinderung nach § 1 UWG. Zutreffend führt das Gericht aus, dass das Interesse der Domaininhaberin an der Monopolisierung des von ihr als Gattungsbegriff genutzten Domainnamens zurückstehen muss, wenn dieser mit bereits bestehenden Kennzeichenrechten kollidiert. Kennzeichenrechten hinter denen ein realer Geschäftsbetrieb steht, gebührt zumindest dann der Vorrang, wenn sich das Interesse des Domaininhabers im Verkauf der Gattungsdomain erschöpft. Auch eine erst im Laufe des Konflikts aufgenommene Benutzung der Gattungsdomain in bloßer Verteidigungsabsicht, vermag ein schutzwürdiges Interesse des Domaininhabers nicht zu begründen.

115 Auch wenn der Domaininhaber einen Gattungsbegriff als Domainnamen für anderweitige Waren oder Dienstleistungen benutzt, die einen beschreibenden Bezug nicht erkennen lassen, kann er sich nicht auf die Gattungseigenschaft des Domainnamens gegenüber dem Inhaber von Kennzeichenrechten berufen.[455] Entsprechendes gilt, wenn die Gattungsdomain über Jahre hinweg nicht in Benutzung genommen wird.[456]

4. Verwirkung und Verzicht

116 Der Einwand der Verwirkung droht dem Kennzeicheninhaber in Konflikten um Domainnamen in besonderer Weise. Durch das Medium Internet wird eine Ausweitung geschäftlicher Aktivitäten sowohl in territorialer als auch in sachlicher Hinsicht begünstigt. Unternehmen, die sich bislang am Markt nicht begegnet waren, stehen sich unversehens in einer Konfliktsituation gegenüber. Auch wenn der in Streit befindliche Domainname nicht als eingetragene Marke oder geschäftliche Bezeichnung (hierzu § 21 MarkenG) geschützt ist, kommt eine Verwirkung der Kennzeichenrechte nach den allgemeinen Vorschriften gemäß § 242 BGB in Betracht. Der Verwirkungseinwand setzt zunächst voraus, dass der Domaininhaber auf Grund der Duldung durch den Kennzeicheninhaber einen **wertvollen Besitzstand**

[453] *OLG Wien,* MMR 2002, 540 ff. – kinder.at, ebenso die Vorinstanz *HG Wien,* WRP 2002, 349 (353) – kinder.at.

[454] *LG Hamburg,* GRUR-RR 2002, 267 ff. – schuhmarkt.de.

[455] So *OLG Hamburg,* CR 2002, 446 ff. in einer im Ergebnis zweifelhaften Entscheidung, da der Antragsgegner die streitgegenständlichen Domainnamen handy.biz und handy.com entgegen der Auffassung des Gerichts beschreibend für Handy Kommunikationsdienstleistungen benutzte.

[456] *OLG München,* GRUR-RR 2002, 243 (244) – duck.de.

erlangt hat.[457] Allein die Registrierung des Domainnamens wird einen solchen wertvollen Besitzstand nicht begründen können. Es wird vielmehr eine Nutzung desselben durch Präsentation eines Internetangebots zu verlangen sein. Ist indes eine Online-Präsenz vorhanden, so ist eine positive Kenntnis des Kennzeicheninhabers nicht in jedem Fall erforderlich. Auch in Bezug auf Domainnamen trifft den Kennzeicheninhaber eine **Marktbeobachtungspflicht.**[458] Es erscheint allerdings übertrieben, dem Kennzeicheninhaber aufzugeben, sämtliche Top Level fortlaufend auf Domainnamen hin zu überprüfen, die das eigene Kennzeichen möglicherweise nur kombiniert mit weiteren beschreibenden Bestandteilen enthalten. Der Umfang der Marktbeobachtungspflicht ist anhand der Gesamtumstände zu beurteilen und im Hinblick auf Domainnamen auf mit dem Kennzeichen identisch übereinstimmende Domainnamen unter den wichtigsten generischen Top Leveln (.COM, .NET, .BIZ, .INFO) sowie dem .DE Register zu beschränken. Ob es auf Grund einer Duldung trotz Kennenmüssens des Kennzeicheninhabers zu einer Verwirkung der Kennzeichenrechte kommt, ist im Rahmen einer sorgfältigen Abwägung der beiderseitigen Interessen zu entscheiden.[459] Eine unbeanstandete Duldung des Domainnamens während eines Zeitraums von weniger als fünf Jahren dürfte in der Regel nicht ausreichen.[460]

In Domainstreitigkeiten wird vom Beklagten gern der Einwand erhoben, der Kennzeicheninhaber habe speziell ihm gegenüber oder aber generell auf den Domainnamen verzichtet. Nicht selten war der Kennzeicheninhaber vormals selbst Inhaber des Domainnamens gewesen und hat diesen freiwillig oder unwissentlich[461] freigegeben. Ein rechtsverbindlicher Verzicht gegenüber jedermann ist mit einer Aufgabe des Domainnamens freilich schon deshalb nicht verbunden, weil der Verzicht als empfangsbedürftige Willenserklärung einem bestimmten Dritten gegenüber abgegeben werden muss. Oftmals treten auch Geschäftemacher an den Kennzeicheninhaber heran und versuchen diesem einen mit dem Kennzeichenrecht übereinstimmenden Domainnamen zu verkaufen.[462] Geht der Berechtigte nicht auf das Angebot ein, so kann daraus kein Verzicht auf etwaige Verbietungsansprüche abgeleitet werden. Dies gilt umso mehr, wenn die Weigerung sich den Domainnamen aufdrängen zu lassen, nicht vom verfassungsmäßig berufenen Organ sondern von Mitarbeitern des Kennzeicheninhabers erfolgt.[463]

F. Benutzungszwang für Domainnamen

Mit einem etwaigen Benutzungszwang für Domainnamen ist die Frage angesprochen, ob dem Domaininhaber aus dem Umstand einer Nichtbenutzung Nachteile, bis 117

[457] St. Rspr. *BGH* GRUR 1957, 25 – Hausbücherei.

[458] *OLG Stuttgart,* Urt. v. 6. 4. 2001, S. 19 d. G. – soco.de unter Hinweis auf *BGH* GRUR 1989, 449 (452) – Maritim; *Althammer/Klaka,* § 21, Rdnr. 26; zurückgewiesener Verwirkungseinwand auch im Urt. *LG München I,* MMR 1999, 234 (236) – juris-solvendi.de.

[459] *BGH* GRUR 1967, 490 (494) – Pudelzeichen.

[460] M. w. N.: *Althammer/Klaka,* § 21, Rdnr. 26.

[461] Häufig ist der Verlust unbeabsichtigt, z. B. bei fehlerhaft durchgeführtem Providerwechsel, *LG Düsseldorf,* NJW 1999, 629 (630) – jpnw.de.

[462] Vgl. *BGH,* GRUR 2002, 622 (623) – shell.de, sowie die Vorinstanz *OLG München,* CR 1999, 382 (383) – shell.de.

[463] Rechtswirksamer Verzicht auf Domainnamen durch eine Gemeinde bedarf schriftlicher Erklärung durch den Bürgermeister: *OLG Brandenburg,* MMR 2001, 174 (175) – luckau.de.

hin zum Entzug seines Domainnamens entstehen können.[464] Da es sich bei Domainnamen um eine knappe Ressource handelt, ist es nahe liegend, über Regeln zur Vermeidung von Fehlallokationen nachzudenken. Dies umso mehr, als eine Vielzahl der weltweit vergebenen Domainnamen unbenutzt ist.[465] Bei ihrer Anwahl erfolgt entweder eine Fehlermeldung (sog. socket error), oder man wird mit einer Testseite (under construction) verbunden. So wie der Markeninhaber bei Nichtbenutzung seiner Rechte aus der Markeneintragung nach Ablauf der Benutzungsschonfrist verlustig geht, kann auch der Inhaber von Domainnamen nicht davon ausgehen, dass ihm ein auf Dauer unbenutzter Domainname verbleibt. Legitimiert durch die verfassungsrechtlich verankerte Sozialbindung des Eigentums wäre der Gesetzgeber befugt, Regelungen zur Benutzung von Domainnamen zu erlassen. Bereits gegenwärtig gibt es Mechanismen und Regeln, die eine Benutzung sicherstellen und damit insbesondere dem spekulativen Horten von Domainnamen entgegenwirken sollen.

118 Einen ersten Filter bilden die Vergabebestimmungen der Registrierstellen. So muss jeder Domainname zwingend mit zwei Nameservern verbunden sein.[466] Bereits im Februar 1997 hatte die DENIC ihren einfachen Registrierungsservice eingestellt, der es ermöglichte, auch ohne Vertrag mit einem Internet Serviceprovider und ohne Eintragung von Nameservern einen Domainnamen zu belegen.[467] Durch die nunmehr obligatorische Verbindung des Domainnamens mit zwei Nameservern soll die jederzeitige Erreichbarkeit des Domainnamens gewährleistet werden. Verstößt der Domaininhaber gegen seine Pflicht zur Eintragung von Nameservern, so kann der Vertrag durch die DENIC gekündigt werden. Die Praxis zeigt aber, dass die DENIC bei etwaigen Verstößen dem Domaininhaber beziehungsweise dem Internet Serviceprovider als DENIC-Mitglied zunächst die Möglichkeit gibt, innerhalb einer angemessenen Frist die Mängel zu beheben.

119 Da es sich bei der Verbindung des Domainnamens mit Nameservern nur um einen technischen Vorgang handelt, ist trotz vorhandener Nameservereinträge häufig eine inhaltliche Nutzung nicht vorhanden. Insofern könnte man an eine analoge Anwendung der markenrechtlichen Vorschriften (§ 49 Abs. 1 i.V.m. § 26 MarkenG) zur **Löschung von Domainamen wegen Verfalls** denken. Gegen einen solchen Analogieschluss sprechen die allgemeinen Bedenken, die auch gegen die Heranziehung der markenrechtlichen Grundsätze zum Freihaltebedürfnis (§ 8 Abs. 2 Nr. 2 MarkenG) vorgebracht werden.[468] Anders als Kennzeichenrechte vermitteln Do-

---

[464] Der Benutzungszwang für Domainnamen ist nicht mit der Fragestellung zu verwechseln, ob durch die Verwendung von Domainnamen eine Markeneintragung rechtserhaltend i.S.v. § 26 MarkenG benutzt werden kann, vgl. dazu § 7, Rdnr. 71 ff.

[465] So sind nach Meldungen ein Viertel aller .DE Domainnamen nicht benutzt: http://www.zdnet.de/internet/artikel/scene199912/report02-wc.html [abgerufen am 4. 3. 2002]; die WIPO hat sich in einer ersten Stellungnahme gegen einen Benutzungszwang ausgesprochen: Ziffer 91 ff. des Final Report of the WIPO Internet Domain Name Process, April 30, 1999, http://wipo2.wipo.int/process1/report/finalreport.html [abgerufen am 4. 3. 2002].

[466] III Abs. 4 DENIC-Registrierungsrichtlinien, http://www.denic.de/doc/faq/vergaberichtlinie.html [abgerufen am 4. 3. 2002]; s.a. *Elz/Bush/Bradner/Patton,* Selection and Operation of Secondary DNS Servers, RFC 2182 vom Juli 1997, http://www.denic.de/doc/rfc/domain/rfc2182.en.html [abgerufen am 4. 3. 2002].

[467] Dazu *Bücking,* Domainrecht, Rdnr. 38; *LG Lüneburg,* CR 1997, 288 (289) – celle.de.

[468] *BGH* GRUR 2001, 1061 (1063) – mitwohnzentrale.de; *OLG Frankfurt am Main,* CR 1997, 271 (272) – wirtschaft-online.de; *LG München I,* CR 1997, 545 (546).

mainnamen ihrem Inhaber keine gegenüber Dritten durchsetzbaren Ausschließlichkeitsrechte.[469] Ein Domainname, sei er nun benutzt oder unbenutzt, kann – von der faktischen Sperrwirkung einmal abgesehen – nicht dazu verwendet werden, andere in ihren Entfaltungsmöglichkeiten zu behindern. Hinzu kommt, dass die Nichtbenutzung eines Domainnamens unter dem Gesichtspunkt der wettbewerblichen[470] oder privaten[471] Domainblockade durchaus eine rechtliche Relevanz entfalten kann. Auf die Einführung eines Popularverfahrens zur Löschung von Domainnamen in analoger Anwendung markenrechtlicher Vorschriften sollte daher verzichtet werden.

Bei den offenen generischen Top Level Domainnamen[472] mit einer besonderen thematischen Ausrichtung kommt noch ein weiterer Gesichtspunkt hinzu. Hier kommt es neben der Benutzung des Domainnamens als solcher darauf an, ob diese Benutzung bestimmte qualitative Anforderungen erfüllt. Der Internetnutzer erwartet nämlich bei der Anwahl beispielsweise eines .COM Domainnamens ein kommerzielles Angebot, da .COM für „commercial" steht.[473] Anders als bei den reglementierten generischen Top Level Domainnamen gibt es für die offenen Register kein Zulassungsverfahren, durch das sich missbräuchliche Belegungen bereits im Vorfeld verhindern ließen. Um einer Verwässerung der thematischen Ausrichtung entgegenzuwirken, wie sie beispielsweise in besonderem Maße bei dem beliebten .COM Top Level eingetreten ist, wurde für den Top Level .BIZ mit der **Restrictions Dispute Resolution Policy** („**RDRP**") ein nachgeschaltetes Beschwerdeverfahren geschaffen.[474] Mit Abschluss des Registrierungsvertrages für einen .BIZ Domainnamen erkennt der Inhaber weitgehende inhaltliche Reglementierungen an (.BIZ Registration Restrictions).[475] Der Domaininhaber verpflichtet sich, den .BIZ Domainnamen für vorwiegend geschäftliche beziehungsweise kommerzielle Zwecke zu benutzen („primarily for bona fide business or commercial purposes"). Einer bereits erfolgten wirtschaftlichen Benutzung ist die wirtschaftliche Benutzungsabsicht gleichgesellt. Sie ist gegeben, wenn über den Domainnamen Inhalte, insbesondere Software, Materialien, Graphiken oder anderweitige Informationen zugänglich gemacht werden, mittels derer der Austausch von Waren, Dienstleistungen oder sonstigen Gegenständen ermöglicht wird. Dem ist eine Benutzung im Rahmen der gewöhnlichen Geschäftsaktivitäten des Domaininhabers gleichgestellt („ordinary course of trade or business"). Obwohl zweifelsohne geschäftlich motiviert, wird das Benutzungserfordernis nicht erfüllt, wenn der Domainname lediglich Dritten zum Kauf angeboten wird oder in anderer Weise, beispielsweise durch Vermietung, wirtschaftlich verwertet wird. Eine nicht wirtschaftliche Benutzung liegt typischerweise bei der Verwendung für persönliche Zwecke vor (z. B. private Homepage). Gleiches gilt, wenn der Domainname zur Verbreitung nichtkommerzieller Ideen 120

469 *LG Mannheim,* CR 2002, 689 – rechtsanwalt.com.
470 Dazu Rdnr. 107.
471 Dazu Rdnr. 110.
472 Zu den Begrifflichkeiten vgl. oben Rdnr. 8.
473 *Postel,* Domain Name System Structure and Delegation, RFC 1591 vom März 1994, http://sunsite.dk/RFC/rfc/rfc1591.html [abgerufen am 4. 3. 2002].
474 Restrictions Dispute Resolution Policy („RDRP"), http://www.neulevel.com/countdown/rdrp.html [abgerufen am 4. 3. 2002].
475 .BIZ Registration Restrictions, http://www.neulevel.com/countdown/registrationRestrictions.html [abgerufen am 4. 3. 2002].

zum Einsatz kommt. Hierzu gehört auch die kritische Auseinandersetzung mit den Produkten oder Dienstleistungen eines anderen Unternehmens. Ob der Domaininhaber seinen .BIZ Domainnamen tatsächlich wirtschaftlich nutzt, kann im Rahmen des obligatorischen Schiedsgerichtsverfahrens der RDRP überprüft werden. Die RDRP wird von denselben sogenannten Providern administriert, die auch mit den Schiedsgerichtsverfahren nach der UDRP betraut sind.[476] Zu ihnen zählt unter anderem die World Intellectual Property Organization (WIPO). Zur Einreichung einer Beschwerde nach der RDRP ist jedermann befugt, eine Beschränkung der Aktivlegitimation ist nicht vorgesehen. Ein solches **Popularverfahren** entspricht der deutschen Löschungsklage gegen Markeneintragungen wegen Verfalls (§ 55 MarkenG). Wie bei unbenutzten Marken, so besteht auch bei Domainnamen ein Interesse der Allgemeinheit an deren Verfügbarkeit.[477] Anders als bei der markenrechtlichen Löschungsklage ist der Beschwerdeführer allerdings nicht darauf beschränkt, die Löschung des Domainnamens zu verlangen. Alternativ zur Löschung kann er auch die Übertragung des Domainnamens auf sich begehren (§ 4 lit. i RDRP). Die Beschwerde muss auf den **doppelten Vorwurf** gestützt werden, dass der Domaininhaber seinen .BIZ Domainnamen weder für geschäftliche beziehungsweise kommerzielle Zwecke („bona fide business or commercial purposes“) benutze noch eine solche Benutzung beabsichtige. Der Beschwerdeführer ist für den Nachweis dieses Sachverhalts voll darlegungs- und beweispflichtig (§ 4 lit. a Abs. 2 Satz 1 RDRP). Stützt sich der Beschwerdeführer nur auf die Behauptung, der Domainname werde derzeit nicht benutzt, so wird die Beschwerde als unzulässig verworfen, da insofern eine etwaige Benutzungsabsicht des Domaininhabers nicht berücksichtigt wurde (§ 4 lit. a Abs. 2 Satz 2 RDRP). Soweit sich der Domaininhaber nicht im Vorfeld des Schiedsgerichtsverfahrens geäußert hat, dürfte es dem Beschwerdeführer schwerlich möglich sein, bei unbenutzten Domainnamen die Absichten des Domaininhabers zu ergründen. Es steht von daher zu erwarten, dass die Beschwerdeführer vornehmlich dort Erfolg haben, wo der Domaininhaber den Domainnamen für nicht wirtschaftliche Zwecke benutzt. Auch gibt es keine Benutzungsschonfrist, nach deren Ablauf zwingend anzunehmen ist, dass eine wirtschaftliche Benutzungsabsicht nicht besteht. Allerdings dürfte nach einer mehrjährigen Nichtbenutzung eine Vermutung dafür sprechen, dass der Domaininhaber keine konkreten Pläne zur wirtschaftlichen Nutzung seines Domainnamens hat. In diesem Fall wäre vom Domaininhaber plausibel darzulegen, warum sich die Benutzungsaufnahme verzögert.

121 In verfahrensrechtlicher Hinsicht orientiert sich die RDRP stark an den Vorgaben der UDRP.[478] Deren Regeln finden insoweit ergänzende Anwendung, als die RDRP nichts Abweichendes vorsieht (§ 1 RDRP Supplemental Rules). Es wäre allerdings verfehlt, anzunehmen, dass die RDRP neben der UDRP keine gewichtige eigenständige Bedeutung hätte. Die RDRP knüpft nämlich an andere Tatbestandsvoraussetzungen an. Während die RDRP den Verfall eines Domainnamens wegen fehlender qualifizierter Benutzung betrifft, dient die UDRP der Lösung von Kennzeichenkonflikten. Es bleibt abzuwarten, ob zukünftig dem Vorbild .BIZ folgend auch für andere offene Top Level eine Benutzungsregelung eingeführt wird.

---

[476] Im Einzelnen dazu Rdnr. 134.
[477] Zur markenrechtlichen Situation *Ingerl/Rohnke,* § 55 Rdnr. 5.
[478] Es wird von daher auf die Ausführungen zur UDRP verwiesen Rdnr. 133 ff.

G. Rechtsdurchsetzung

I. Ansprüche

Der Kennzeicheninhaber kann mit der Durchsetzung seiner Rechte gegenüber dem Domaininhaber verschiedene Zielrichtungen verfolgen. Geht es ihm lediglich darum, die Verwendung seines Kennzeichenrechts durch den Domaininhaber zu unterbinden, so ist ihm mit der Unterlassung der Nutzung des Domainnamens gedient. Hat der Kennzeicheninhaber hingegen ein weitergehendes Interesse daran, dass auch Dritte an einer Nutzung des Domainnamens gehindert werden, so ist die Durchsetzung eines **Unterlassungsanspruchs** gegenüber dem aktuellen Domaininhaber nicht ausreichend. Da die Registrierstellen eine Sperrung des Domainnamens nicht vornehmen, muss der Kennzeicheninhaber versuchen, selbst als neuer Inhaber eingetragen zu werden. Das selbe gilt für den Fall, dass der Berechtigte ein eigenes Interesse an der Nutzung des Domainnamens hat. Um das Ziel einer **Übertragung** zu erreichen, empfiehlt es sich bei „.DE"-Domainnamen, dass der Berechtigte bei der DENIC für den in Streit befindlichen Domainnamen einen so genannten **Dispute-Eintrag** erwirkt.[479] Nach Erteilung des Dispute-Eintrags ist der Domaininhaber daran gehindert, den Domainnamen auf Dritte zu übertragen. Aus diesem Grund ist der Dispute-Eintrag auch bei der Verfolgung von bloßen Unterlassungsansprüchen ratsam. Der Kennzeicheninhaber muss dann nämlich während eines rechtshängigen Gerichtsverfahrens nicht befürchten, dass die Passivlegitimation wegen eines Inhaberwechsels entfällt.[480] Darüber hinaus gewährleistet der Dispute-Eintrag, dass der Berechtigte dem Domaininhaber als Inhaber nachfolgt, sofern dieser freiwillig oder auf Grund der Vollstreckung eines gerichtlichen Urteils auf den Domainnamen verzichtet. Da mit dem Dispute-Eintrag erheblich in die Verwertungsbefugnis des Domaininhabers eingegriffen wird, kann dieser unberechtigte Einträge im Wege der Löschungsklage entfernen lassen.[481] Der Antrag auf Erteilung eines Dispute-Eintrags ist bei der DENIC mit den zur Verfügung gestellten Formbriefen einzureichen. Darin hat der Antragsteller zu bestätigen, dass er mit dem Domaininhaber eine Auseinandersetzung um den Domainnamen führt. Dem Antrag sind Unterlagen beizufügen, aus denen sich ergibt, dass der Antragsteller tatsächlich Inhaber von Kennzeichenrechten ist, die mit dem streitgegenständlichen Domainnamen ähnlich sind (z.B. Kopien von Markenurkunden und Handelsregisterauszügen). Ist bereits für einen Dritten ein Dispute-Eintrag vorgenommen worden, so wird der neuerliche Antrag zurückgewiesen. Es gibt dementsprechend keine Liste mit Dispute-Einträgen verschiedenen Rangs. Ist der Domainname noch nicht in Streit, so führt die DENIC lediglich eine Plausibilitätskontrolle zu den behaupteten Kennzeichenrechten des Antragstellers durch, ohne der tatsächlichen Berechtigung des Antragstellers im Einzelnen nachzugehen. Der Dispute-Eintrag wird für die Dauer eines Jahres gewährt. Eine Verlängerung ist möglich, wenn der Antragsteller glaubhaft darlegt, dass die Auseinandersetzung um den Domainnamen noch andauert. 122

---

[479] Dazu *BGH* GRUR 2002, 622 (626) – shell.de.

[480] Zum Dispute-Eintrag *Althammer/Klaka*, § 15 Rdnr. 46; im Zusammenhang mit der Passivlegitimation s. Rdnr. 184.

[481] *OLG Nürnberg*, Urteil v. 5. 6. 2001, http://www.jurpc.de/rechtspr/20020357.htm, – haug.de [abgerufen am 24. 11. 2002].

123 Wird der Domaininhaber auf Antrag des Kennzeicheninhabers hin verurteilt, es zu unterlassen, den Domainnamen zu benutzen, so stellt sich die Frage, ob dieser seinen Verpflichtungen bereits dadurch genügt, dass er keinerlei Inhalte mehr über den Domainnamen zugänglich macht. So könnte der Domaininhaber unter Beibehaltung seiner Eintragung bei der DENIC die Homepage abschalten und sämtliche E-Mail Adressen löschen lassen. Sieht man indes bereits in der Belegung und Aufrechterhaltung des Domainnamens eine relevante Benutzungshandlung,[482] so umfasst die auf Unterlassung gerichtete Tenorierung auch den Verzicht auf den Domainnamen. Das Unterlassungsgebot schlägt insoweit in ein Handlungsgebot um. Der zur Unterlassung Verpflichtete hat umgehend nach Eintritt der Rechtskraft die Registrierung des streitgegenständlichen Domainnamens zu beenden, entweder durch Vermittlung des Providers oder notfalls auch durch ein direktes Herantreten an die Registrierstelle (DENIC).[483] Gleichwohl ist es dem Kennzeicheninhaber aus Gründen der Klarstellung anzuraten, in seinem Klagantrag neben dem allgemeinen Unterlassungsantrag explizit auch das Begehren auf den **Verzicht und die Einwilligung in die Löschung** des Domainnamens gegenüber der jeweiligen Registrierstelle mit aufzunehmen.[484] In analoger Anwendung des § 1004 BGB ist der Domaininhaber zur Beseitigung des eingetretenen Störungszustandes verpflichtet.[485] Insoweit ist eine nachhaltige Beseitigung der Gefahr nur dadurch möglich, dass der Inhaber auf den Domainnamen gegenüber der Registrierstelle verzichtet.[486] Hat der Kläger ausdrücklich den Verzicht auf den Domainnamen beantragt, so geht die Verpflichtung des Domaininhabers dahin, dass gegenüber der Registrierstelle eine auf Aufgabe des Domainnamens gerichtete Willenserklärung abgegeben wird. Dementsprechend gilt die Verzichtserklärung mit Rechtskraft des Urteils als erteilt (§ 894 Abs. 1 ZPO).[487] Ist hingegen der Unterlassungsanspruch nur allgemein tenoriert, so ist der Kläger gehalten, mittels Festsetzung eines Zwangsgeldes nach § 888 Abs. 1 ZPO die Freigabe des streitgegenständlichen Domainnamens durchzusetzen. Kommt es zu einer Löschung des Domainnamens, so zeigt sich der Wert des Dispute-Eintrags. Hatte der klagende Kennzeicheninhaber im Vorfeld des Prozesses einen Dispute-Eintrag erwirkt, so folgt er nach Vollstreckung des Unterlassungstitels dem Beklagten als Inhaber des Domainnamens nach. Verkürzt gesagt bewirkt die Kombination der erfolgreichen Unterlassungsklage mit dem Dispute-Eintrag die Übertragung des Domainnamens. Hat der Kläger es hingegen versäumt, einen Dispute-Eintrag vorzunehmen, so muss er gegebenenfalls erneut gegen einen Dritten vorgehen, der zwischenzeitlich auf Grund eines eigenen Dispute-Eintrags dem Kläger zuvorgekommen ist.[488]

124 Ob dem Kennzeicheninhaber neben dem Unterlassungsanspruch auch ein Anspruch auf **Übertragung des Domainnamens**[489] zusteht, war lange umstritten. Zur

---

[482] Vgl. Rdnr. 66.

[483] *OLG Hamm,* CR 2002, 752f.

[484] Unterlassung und Löschung gewährt: *LG Mannheim,* K&R 1998, 558ff. – brockhaus.de; a. A. wohl allerdings unter gleichzeitiger Gewährung eines Übertragungsanspruchs: *LG Frankfurt am Main,* MMR 1998, 151ff. – lit.de.

[485] *OLG Köln,* WRP 2002, 249 (253) – freelotto.de.

[486] *BGH* GRUR 2002, 622 (626) – shell.de; *LG Düsseldorf,* Mitt. 1997, 225 (229) – epson.de; *LG Frankfurt am Main,* CR 1997, 287 (288) – das.de; *Althammer/Klaka,* § 15 Rdnr. 45.

[487] *Hoffmann,* NJW 2001, Beilage zu Heft 14/2001, 24f.; a. A. *OLG Nürnberg,* CR 2001, 54.

[488] *Althammer/Klaka,* § 15 Rdnr. 45.

[489] Umfassend *Engler,* Der Übertragungsanspruch im Domainrecht, insbesondere S. 62ff.

Begründung eines solchen Übertragungsanspruchs wurden die unterschiedlichsten Anspruchsgrundlagen herangezogen. Gestützt auf Beseitigungs- beziehungsweise Schadensersatzansprüche könne der Kennzeicheninhaber die Überleitung verlangen (§§ 12 Satz 1, 823 Abs. 1, 1004 BGB; §§ 14 Abs. 5, 15 Abs. 4 MarkenG). Im Rahmen der Naturalrestitution sei der Kläger so zu stellen, wie er gestanden hätte, wenn er bei seinem Versuch, den streitgegenständlichen Domainnamen zu belegen, nicht an der bestehenden Eintragung des beklagten Domaininhabers gescheitert wäre.[490] Bei vorsätzlichem Verhalten wird darüber hinaus vertreten, dass dem Kennzeicheninhaber ein Übertragungsanspruch nach den Regeln über die auftragslose Geschäftsführung zustehe.[491] Zu einem entsprechenden Ergebnis kommt das Oberlandesgericht München in analoger Anwendung des Grundbuchberichtigungsanspruchs (§ 894 BGB) beziehungsweise des Patentvindikationsanspruchs (§ 8 PatG). Ähnlich wie bei einem mit der materiellen Rechtslage nicht im Einklang stehenden Grundbuch sei auch im Konflikt um Domainnamen der Beklagte Zug um Zug gegen Erstattung der Registrierungsgebühren zur Einwilligung in die Umschreibung zu verurteilen.[492] Bei nicht schuldhaftem Verhalten des Domaininhabers sei zusätzlich an einen bereicherungsrechtlichen Übertragungsanspruch nach § 812 Abs. 1 Satz 1 2. Alt. BGB (Eingriffskondiktion) zu denken, da die Belegung des Domainnamens einen Eingriff in den durch das Markenrecht vermittelten Zuweisungsgehalt bewirke.[493]

Der Bundesgerichtshof hat nun entschieden, dass dem Kennzeicheninhaber kein **125**
Anspruch auf Übertragung des Domainnamens zusteht.[494] Die Einwilligung des beklagten Domaininhabers in die Umschreibung des Domainnamens beseitige nicht nur den Störungszustand, sondern verbessere darüber hinaus die Rechtsposition des Kennzeicheninhabers. Die Gesichtspunkte des Schadensersatzes und der Störungsbeseitigung können von daher insoweit keine Berücksichtigung finden.[495] Auch ein Anspruch aus angemaßter Eigengeschäftsführung oder eine Analogie zum Grundbuchberichtigungsanspruch ist abzulehnen.[496] Anders als das Eigentumsrecht verleiht der Eintrag eines Domainnamens kein absolutes Recht. Im Übrigen findet der Grundbuchberichtigungsanspruch seine Rechtfertigung in dem in § 892 Abs. 1

---

490 *LG München I,* CR 1997, 479 (481) – juris.de.

491 *Fezer,* Markenrecht, § 3, Rdnr. 351; *Hackbarth,* CR 1999, 384; *LG München I,* CR 1997, 479 (481) – juris.de.

492 *OLG München,* CR 1999, 382 (383) – shell.de; ebenso *LG München I,* CR 2001, 191 (192) – champagner.de.

493 *LG Braunschweig,* Urt. v. 14. 6. 2000, http://www.jurpc.de/rechtspr/20000229.htm [abgerufen am 4. 3. 2002], – spacecannon.de; *Fezer,* Markenrecht, § 3, Rdnr. 351; *Hackbarth,* CR 1999, 384.

494 *BGH* GRUR 2002, 622 (626) – shell.de; ausführlich ebenso *LG Hamburg,* MMR 2000, 620 (622 f.) – joop.de, mit zust. Anm. *Bottenschein,* MMR 2000, 623 (625); ablehnend zum Übertragungsanspruch auch *OLG Frankfurt am Main,* ZUM-RD 2001, 391 (392) – shuttlesoft-online.de; *OLG Hamburg,* OLGR Bremen, Hamburg, Schleswig, 2001, 159 (164) – derrick.de; Revision mit Beschl. v. 5. 7. 2001 (I ZR 23/00) vom *BGH* nicht angenommen.; *OLG Hamm,* MMR 1998, 214 (216) – krupp.de; *OLG München,* MMR 2000, 104 (105) – rolls-royce.de mit zust. Anm. *Hoffmann* MMR 2000, 105 (106); *LG Hamburg,* CR 2001, 131 – marine.de; *LG Hannover,* CR 2001, 860 (861) – verteidigungsministerium.de; *OLG Hamburg,* K&R 2002, 557 – motorradmarkt.de.

495 *BGH* GRUR 2002, 622 (626) – shell.de; *OLG Frankfurt am Main,* ZUM-RD 2001, 391 (392) – shuttlesoft-online.de; *LG Hamburg,* MMR 2000, 620 (623) – joop.de.

496 *BGH* GRUR 2002, 622 (626) – shell.de; kritisch dazu *Kieser,* 537 (539 ff.).

BGB verankerten Grundsatz des öffentlichen Glaubens bezüglich der Richtigkeit des Grundbuchinhalts. Einen solchen öffentlichen Glauben genießen aber die von den privaten Registern geführten Datenbanken mit Domainnamen nicht.[497] Des Weiteren verbietet sich in diesem Zusammenhang eine Heranziehung patentrechtlicher Vorschriften. Im Kennzeichenrecht stehen dem Kennzeicheninhaber mit Ausnahme von § 17 MarkenG nur Löschungs-, nicht aber Übertragungsansprüche zu. Die dem Herausgabeanspruch des Eigentümers nachgebildete Patentvindikation des § 8 PatG rechtfertigt sich aus patentrechtlichen Besonderheiten. Zum Zeitpunkt der Entscheidung über die Abtretung des Patents kann der tatsächliche Erfinder mangels Neuheit nämlich gar keine aussichtsreiche eigene Anmeldung mehr hinterlegen. Bereicherungsrechtliche Ansprüche scheitern daran, dass aus der Kennzeichenverletzung der Nutzungsvorteil am Gebrauch des Domainnamens erlangt wird, nicht aber die Domaineintragung als solche.[498] Dem BGH ist entgegengehalten worden, dass zumindest dem Inhaber von überragend bekannten Kennzeichen ein Übertragungsanspruch zustehen müsse, da in diesen Fällen ausgeschlossen werden könne dass irgendein Dritter sich auf bessere Rechte gegenüber dem Kennzeicheninhaber berufen könne.[499] Dabei wird übersehen, dass sich die Rechtsposition des Domaininhabers in einem schuldrechtlichen Aufrechterhaltungsanspruch gegenüber der Registrierstelle erschöpft, der auch vom Zuweisungsgehalt eines berühmten Kennzeichens nicht erfasst wird.

126 Im Zusammenhang mit Auseinandersetzungen um Domainnamen ist die Bedeutung von **Auskunftsansprüchen** bislang eher unterschätzt worden. Nach § 19 Abs. 1 MarkenG kann der Inhaber einer Marke oder geschäftlichen Bezeichnung vom Verletzer unverzüglich Auskunft über Herkunft und Vertriebsweg von widerrechtlich gekennzeichneten Gegenständen verlangen, soweit dies nicht im Einzelfall unverhältnismäßig ist. Dabei hat der Auskunftsverpflichtete auch den Namen und die Anschrift seines gewerblichen Auftraggebers zu nennen (§ 19 Abs. 2 MarkenG). Der Begriff des Gegenstands ist dabei weit gefasst. Er wird anerkanntermaßen konkretisiert durch die Vorschriften des § 14 Abs. 3 und Abs. 4 MarkenG[500] und umfasst damit neben widerrechtlich gekennzeichneten Waren und Dienstleistungen auch deren Aufmachungen, Verpackungen und Geschäftspapiere (§ 14 Abs. 3 Nr. 5 MarkenG). Im Zusammenhang mit Auseinandersetzungen um Domainnamen kommt es nicht selten vor, dass es sich bei dem eingetragenen Inhaber des Domainnamens gar nicht um den eigentlichen wirtschaftlichen Akteur handelt. Oftmals werden die Domainnamen von Internet-Service Providern oder Werbeagenturen registriert, die den Domainnamen im Kundenauftrag halten. Sachlich handelt es sich bei den Eintragungen im Domainnamenregister um virtuelle Geschäftspapiere, so dass es angezeigt erscheint, die Auskunftspflicht bei erkennbar wirtschaftlichen

---

[497] *Hackbarth,* CR 1999, 384; *LG Hamburg,* MMR 2000, 620 (623) – joop.de.

[498] *LG Hamburg,* MMR 2000, 620 (623) – joop.de; a. A. *Kieser,* K&R 2002, 537 (541); *Fezer,* Markenrecht, § 3 Rdnr. 351; grds. zum Bereicherungsanspruch bei Markenverletzungen *Althammer/Klaka,* § 14 Rdnr. 53.

[499] *Hoeren,* MMR 2002, 386 (388) unter Berufung auf *Engler,* Der Übertragungsanspruch im Domainrecht, 89 ff. (91), der bei Belegung eines bekannten Kennzeichens eine vorsätzliche Geschäftsanmaßung wegen Tätigwerdens im Rechtskreis des Kennzeicheninhabers und einen auf den Domainnamen gerichteten Herausgabeanspruch nach § 667 BGB annimmt; s. a. *Foerstel,* CR 2002, 518 (524).

[500] *Fezer,* § 19 Rdnr. 8 f.

Interessen auch auf den gewerblichen Auftraggeber des gegebenenfalls nur vorgeschobenen Domaininhabers zu erstrecken.

127 Bei schuldhaftem Verhalten des Domaininhabers steht dem Verletzten darüber hinaus, wie in allen Kennzeichenverletzungen, ein gewohnheitsrechtlicher Auskunftsanspruch (§ 242 BGB) zur Vorbereitung etwaiger **Schadensersatzansprüche** zu.[501] Wie wie häufig, so bestehen auch in diesem Zusammenhang für den Verletzten erhebliche Probleme, seinen Schaden konkret zu beziffern. Es wird ihm kaum möglich sein, den konkret bei ihm entstandenen Schaden zu beziffern, der auf die Vorenthaltung des Domainnamens zurückzuführen ist.[502] Entsprechendes gilt für den Verletztergewinn, der sich selten monokausal gerade auf den Domainnamen zurückführen lassen dürfte. Es bleibt die Möglichkeit, im Wege der Lizenzgebührenanalogie den beim Verletzer entstandenen Gewinn abzuschöpfen, da dieser nicht besser gestellt sein kann als ein Lizenznehmer, der vom Kennzeicheninhaber ein Recht zur Nutzung des Domainnamens erworben hat.[503] Im Schadensersatzprozess um den Domainnamen zwilling.de hatte der Kläger vorgeschlagen, sich bei der Bemessung der Lizenzgebühr an den Gebührensätzen der Verwertungsgesellschaft Bild-Kunst für die Einspeisung von Werken der bildenden Kunst und der Fotografie in das Internet oder andere Netzwerke zu orientieren.[504] Da der Beklagte den Domainnamen bewusst als Anlockmittel für eigene Werbe- und Imagezwecke genutzt habe, sei darüber hinaus ein Zuschlag in Höhe von 100% für die Nutzung als Domainname, ein zweiter Zuschlag von 100% wegen der rechtswidrigen Nutzung und schließlich ein dritter Zuschlag in Höhe von 100% angezeigt, da es sich bei der Marke ZWILLING um eine berühmte Marke handele. Das Gericht ist diesem Berechnungsvorschlag nicht gefolgt. Stattdessen hat man den Schadensersatzanspruch nach § 287 ZPO geschätzt.[505] Dabei wurde maßgeblich auf die Kalkulation der Beklagten abgestellt, die Dritten unter dem Domainnamen zwilling.de die Einrichtung von eigenen Internetseiten anbot. Der so ermittelte Wert von 300.– DM im Monat sei zu verdoppeln, da unter Berücksichtigung der eingetretenen Marktverwirrung auch die Ausnutzung des guten Rufes und der Wertschätzung der Marke ZWILLING mit abgegolten werden müsse.[506] In anderen Fällen, in denen der Verletzer den Domainnamen selbst genutzt hat, können auch die Besuche auf der Internetseite (page views) als objektives Kriterium für den Wert eines Domainnamen mit herangezogen werden. Bei einem durch den Verletzer selbst genutzten, markenrechtsverletzenden Domainnamen kommt das Landgericht Hamburg auf einen schätzweise ermittelten Schadensersatz in Höhe von 500.– € pro Monat.[507]

128 Besondere Fragestellungen ergeben sich, wenn der Kennzeicheninhaber seine Ansprüche im Wege des **vorläufigen Rechtsschutzes** durchsetzen will. Insoweit besteht die Gefahr der Vorwegnahme der Hauptsache, wenn der Domaininhaber in Erfül-

---

501 Grdlgd.: *BGH* GRUR 1973, 375 (377) – Miss Petite; zu Domainnamen bspielsweise *LG Frankfurt am Main,* GRUR-RR 2002, 68 (69) – uhren-magazin.de; *LG Braunschweig,* CR 1998, 364 (367) – deta.com.

502 *Ullrich,* WM 2001, 1129 (1131).

503 BGH WRP 1992, 700 – Tchibo/Rolex II; zu Domainnamen: LG Hamburg, CR 2002, 296 f. – diacos.de.

504 *LG Mannheim,* WRP 2002, 254 (255) – zwilling.de II.

505 Schätzung auch durch *LG Hamburg,* CR 2002, 296 (297) – diacos.de.

506 *LG Mannheim,* WRP 2002, 254 (257) – zwilling.de II.

507 *LG Hamburg,* CR 2002, 296 (297) – diacos.de.

lung einer einstweiligen Verfügung auf den streitgegenständlichen Domainnamen verzichtet. Hat der Domaininhaber den Domainnamen löschen lassen, so kann nämlich ein Dritter denselben belegen. Der Domainname wäre damit selbst für den Fall verloren, dass der Domaininhaber im Hauptsacheprozess gegen den Kennzeicheninhaber obsiegt.[508] Die DENIC bietet leider kein spezielles Verfahren an, das dazu bestimmt ist, die Eintragung des Domainnamens vorläufig zu suspendieren.[509] Ausnahmsweise wird eine Vorwegnahme der Hauptsache für tolerabel erachtet, wenn bereits im Verfügungsverfahren sichere Anhaltspunkte dafür bestehen, dass die Registrierung des Domainnamens durch den Antragsgegner in sittenwidriger Schädigungsabsicht erfolgte.[510] Man wird aber noch einen Schritt weitergehen können. Dem Domaininhaber ist es durchaus zumutbar, auf den Domainnamen vorläufig zu verzichten, wenn sichergestellt ist, dass er bei einem späteren Erfolg im Hauptsacheverfahren seinen Domainnamen zurückerhält. Auch wenn die DENIC insoweit keine vorläufige Suspendierung von Domainnamen vorsieht, so bietet doch der Dispute-Eintrag ein hinreichendes Instrumentarium zur Umsetzung einer bloß vorläufigen Regelung. Stellt der Kennzeicheninhaber im Verfügungsverfahren den Antrag auf vorläufigen Verzicht auf den Domainnamen gegenüber der zuständigen Registrierstelle und kann er zusätzlich einen Dispute-Eintrag nachweisen, so ist es dem Domaininhaber ohne weiteres möglich, den endgültigen Verlust des Domainnamens zu verhindern. Er kann gegenüber der DENIC auf den Domainnamen mit der Maßgabe verzichten, dass für ihn ein Dispute-Eintrag vorgenommen wird. Der bisherige Dispute-Eintrag des Antragstellers erledigt sich mit dem Verzicht des Domaininhabers. Der Kennzeicheninhaber rückt in die Position des Domaininhabers nach, und für den bisherigen Domaininhaber wird ein Dispute-Eintrag gesetzt. Bei einem solchen Vorgehen ist ein Dazwischentreten Dritter ausgeschlossen.[511] Für die Dauer des Hauptsacheverfahrens bleibt der Dispute-Eintrag des Beklagten bestehen. Soweit erforderlich, ist er zu verlängern, was wegen der andauernden Auseinandersetzung ohne weiteres möglich ist. Kann der Kennzeicheninhaber auch den Hauptsacheprozess für sich entscheiden, so ist der Dispute-Eintrag zu löschen, da rechtskräftig feststeht, dass er materiell-rechtlich gegenüber dem Beklagten besser berechtigt ist. Sofern der Beklagte nicht aus eigenen Stücken die Aufhebung des Dispute-Eintrags veranlasst, kann der Kennzeicheninhaber auch selbst die Löschung bei der DENIC beantragen. Nach Abschluss des Hauptsacheverfahrens dauert die Auseinanderset-

---

[508] *OLG Frankfurt am Main,* CR 2001, 412 – mediafacts.de; *OLG München,* Urt. v. 20. 4. 2000 – intersearch.de, http://www.netlaw.de/urteile/olgm_07.htm [abgerufen am 4. 3. 2002]; *OLG Hamm,* MMR 2001, 695 – pc69.com; *LG Coburg,* Urt. v. 7. 2. 2001, http://www.jurpc.de/rechtspr/20010083.htm [abgerufen am 30. 3. 2002], Domain-Namensrecht und Providerwechsel; *Bücking,* Domainrecht, Rdnr. 299; in der älteren Rechtsprechung wird die Vorwegnahme der Hauptsache nicht problematisiert: *OLG Karlsruhe,* ZUM 1998, 944 – zwilling.de; Revision mit Beschl. v. 9. 11. 2000 (I ZR 23/00) vom *BGH* nicht angenommen.

[509] A. A. offenbar unter Verkennung der DENIC Vergabebedingungen *LG Bremen,* CR 2000, 543 (544) – photo-dose.de.

[510] *OLG Frankfurt am Main,* CR 2001, 412 – mediafacts.de unter Hinweis auf *OLG Frankfurt am Main,* CR 2000, 615 f. – weideglück.de; weitergehend *LG Wiesbaden,* MMR 2001, 59 f.; *LG Saarbrücken,* Urt. v. 30. 1. 2001 – show-agenturen-pool.de, http://www.jurpc.de/rechtspr/20010175.htm.

[511] Ähnlich *Hoffmann,* NJW 2001, Beilage zu Heft 14/2001, 24, der bei einer Nachfolge der antragstellenden Partei im Falle des gegenteiligen Ausgangs auf die Möglichkeit der Rückübertragung verweist.

zung nicht mehr an. Ist der Dispute-Eintrag aufgehoben, so kann der erfolgreiche Kennzeicheninhaber frei über den Domainnamen verfügen. Im Fall eines entgegengesetzten Ausgangs des Hauptsacheverfahrens, wenn also der Beklagte und frühere Domaininhaber obsiegt, kann die vorläufige Übertragung rückgängig gemacht werden, da der unterlegene Kennzeicheninhaber wegen des Dispute-Eintrags an Zwischenverfügungen gehindert war. Verzichtet der Kennzeicheninhaber nicht freiwillig, so kann der vormalige Domaininhaber seinen Anspruch auf Rückeinräumung der Inhaberposition als Schadensersatzanspruch gemäß § 945 ZPO durchsetzen.[512]

II. Streitwert

Der für die Berechnung der Anwalts- und Gerichtsgebühren maßgebliche Streitwert wird in Streitigkeiten um Domainnamen vom Gericht gemäß § 3 ZPO nach freiem Ermessen geschätzt und festgesetzt.[513] Dabei ist für die Bemessung maßgeblich auf das wirtschaftliche Interesse des Klägers an der Durchsetzung seiner Ansprüche abzustellen, wohingegen das Interesse des Beklagten an der Klagabweisung regelmäßig ohne Einfluss auf die Höhe des Streitwertes bleibt. In Kennzeichenstreitsachen liefert der Umsatz, der unter der jeweiligen Marke erzielt wird, ein maßgebliches Indiz für den Wert der Marke und damit das Interesse des Beklagten, weitere Rechtsverletzungen zu unterbinden. Der Begründungsaufwand der Gerichte zur Streitwertbemessung ist erfahrungsgemäß gering. Dementsprechend unterschiedlich fallen die Festsetzungen aus. Die Bandbreite liegt zwischen 5000 € und 500 000 €, wobei sich die Mehrzahl der Domainstreitigkeiten bei Streitwerten zwischen 50 000 € und 120 000 € bewegt.[514] 129

[512] Ein Verfahren nach § 945 ZPO betraf das Urt. des *LG Bielefeld* v. 21. 11. 2001, – pc69. com, http://www.bonnanwalt.de/entscheidungen/LG-Bielefeld16O202–01.html [abgerufen am 4. 3. 2002].

[513] Ausführlich zur Streitwertbemessung in Domainstreitigkeiten: Schmitz/Schröder, K&R 2002, 189 ff.

[514] Streitwert bei verletzten Markenrechten im Verfügungsverfahren: **1 000 000.– DM,** *LG Düsseldorf,* Urteil v. 17. 9. 1997 – Az. 34 O 118/97, – cartronic.de, http://www.online-recht.de/vorent.html?LGDuesseldorf970917+ref=Kennzeichenrecht; **500 000.– DM,** *LG Köln,* Urteil v. 23. 5. 2000 – Az. 33 O 216/00, – wdr.org, http://www.jurpc.de/rechtspr/20000221.htm; **150 000.– DM,** *LG Düsseldorf,* Urteil v. 24. 10. 2001 – Az. 34 O 110/01, – lexdata.de, http://www.netlaw.de/urteile/lgd_27.htm; bei verletzten Markenrechten im Hauptsacheverfahren: **150 000.– DM,** *LG Düsseldorf,* Urteil v. 9. 11. 2001 – Az. 38 O 81/01, – alte.de, http://www.bonnanwalt.de/entscheidungen/LG-Duesseldorf38O81–01.html; **100 000.– DM,** *LG Düsseldorf,* Urteil v. 3. 8. 2001 – Az. 38 O 38/01, – exes.de, http://www.jurpc.de/rechtspr/20020003.htm; bei verletzten Unternehmenskennzeichen im Verfügungsverfahren: **50 000.– DM,** *LG Berlin,* Beschluss v. 5. 12. 1996 – Az. 16 O 602/96, – bally-wulff.de, http://www.online-recht.de/vorent.html?LGBerlin961205+ref=Kennzeichenrecht; bei verletzten Unternehmenskennzeichen im Hauptsacheverfahren: **250 000.– DM,** *LG Düsseldorf,* Urteil v. 4. 4. 1997 – Az. 34 O 191/96, – epson.de, http://www.online-recht.de/vorent.html?LGDuesseldorf970404+ref=Kennzeichenrecht; **100 000.– DM,** *LG Köln,* Urteil v. 19. 9. 2000 – Az. 33 O 248/00, – printerstore.de, http://www.bonnanwalt.de/entscheidungen/LG-Koeln33O248–00.html; **20 000.– DM,** *LG Frankfurt/M.,* Urteil v. 10. 9. 1997 – Az. 2/6 O 261/97, – lit.de, http://www.online-recht.de/vorent.html?LGFrankfurt970910+ref=Kenn-zeichenrecht; bei verletzten Namensrechten: **200 000.– DM,** *LG Düsseldorf,* Urteil v. 30. 9. 1997 – Az. 4 O 179/97, – ufa.de, http://www.netlaw.de/urteile/lgd_02.htm; **100 000.– DM,** *LG Berlin,* Urteil v. 18. 1. 2001 – Az. 16 O 33/01, – oil-of-elf.de, http://www.netlaw.de/urteile/lgb_9.htm; **50 000.– DM,** *OLG Hamburg,* Urteil v. 5. 11. 1998 – Az. 3 U 130/98, – emergency.de, http://www.netlaw.de/urteile/olghh_1.htm; **15 000.– DM,** *OLG Köln,* Urteil v. 6. 7. 2000 – Az. 18 U 34/00, – maxem.de, http://www.netlaw.de/urteile/olgk_03.htm; [sämtliche Links abgerufen am 8. 5. 2002].

III. Schiedsverfahren

1. Eignung von Schiedsverfahren zur Beilegung von Domainstreitigkeiten

130 Auf den ersten Blick scheint ein nichtstaatliches Schiedsgerichtsverfahren zur Beilegung von Streitigkeiten um Domainnamen am ehesten der vor staatlicher Hoheitsgewalt nicht Halt machenden Ubiquität des Internets zu entsprechen.[515] Ein besonderer Charme liegt auch in der scheinbar mühelosen Durchsetzbarkeit von Entscheidungen der Spruchkörper in Domainsachen. Es reicht aus, wenn derjenige, der die tatsächliche Verfügungsgewalt über die Zone Files des jeweiligen Domain Levels besitzt, einen Datenbanksatz umschreibt, ohne dass auf die Formalitäten eines rechtsstaatlichen Vollstreckungsverfahrens Rücksicht genommen zu werden bräuchte. Hinzu kommt, dass die Schiedsgerichtsabrede der Parteien keineswegs wie sonst üblich auf rein freiwilliger Konvention beruht. Vielmehr inkorporieren die allgemeinen Geschäftsbedingungen, die ein Domaininhaber bei Vertragsabschluss mit seinem Provider akzeptiert, die Vorschriften zum jeweiligen Schiedsverfahren. Ein Entrinnen durch Ausweichen auf andere Provider ist nicht möglich, da letztere ihrerseits von der Registrierstelle als Hüterin der Zone Files die Verpflichtung zum Abschluss von Verträgen mit Schiedsklausel auferlegt bekommen. Die Strukturprinzipien des Domainnamensystems ermöglichen somit ein gedanklich lückenloses Regulationsinstrumentarium.

131 Im Vergleich zu staatlichen Gerichtsverfahren sind Schiedsverfahren häufig schneller. Insbesondere bei Verfahren nach der Uniform Dispute Resolution Policy (UDRP) ergeht eine Entscheidung meist innerhalb der ersten fünfundvierzig Tage nach Einlegung der Beschwerde.[516] Bei einem gerichtlichen Verfahren, in dem die Parteien irgendwo auf der Welt verstreut ansässig sind und sich die Registrierstelle gar an einem dritten Ort befindet, wäre eine solch kurze Verfahrensdauer illusorisch. Unterliegen hingegen alle Beteiligten mit Wohnsitz im selben Land dessen Jurisdiktion, kann das gerichtliche Verfahren neben anderen Vorteilen auch das schnellere sein.[517] So kann in Deutschland im vorläufigen Rechtsschutz notfalls binnen Stunden gegen einen hiesigen Domaingrabber eine einstweilige Verfügung erwirkt werden. Nach Zustellung und Abschlusserklärung kann so eine Auseinandersetzung im günstigsten Fall innerhalb Wochenfrist vollständig abgewickelt sein, zumal eine nicht unerhebliche Anzahl von Domaingrabbern langwierige gerichtliche Auseinandersetzungen scheut.

132 Meist gibt es bei Schiedsgerichtsverfahren keinen Instanzenzug. Da das Schiedsgericht die staatliche Gerichtsbarkeit nicht ersetzt, sondern ihr vorgeschaltet ist, erscheint eine Beschwerdeinstanz zu Gunsten eines zügigen Verfahrens vielen verzichtbar.[518] Bei Domainstreitigkeiten gibt es freilich nicht die nationale Gerichts-

[515] Allgemein zur Schiedsgerichtsbarkeit im gewerblichen Rechtsschutz, *E. Schäfer,* Mitt. 2001, 109 ff.

[516] Zu den Vor- und Nachteilen *Bettinger,* CR 2000, 234 ff.; *ders.,* WRP 2000, 1109 ff.; *Gibson,* CRi 2001, 33 ff.; *Killheffer,* WILR 2001/01, S. 30 f.; *Pfeiffer,* GRUR 2001, 92 (97); *Strömer,* K&R 2000, 587 ff.; *Samson,* GRUR Int. 2001, 137 (138 f.); *Gey,* E.I.P.R. 2001, 507.

[517] *Osborne,* ECTA Newsletter 43, 45 (46).

[518] Die Beschwerdefähigkeit von UDRP Entscheidungen wurde im Vorfeld kontrovers diskutiert, dazu: Interim Report of the WIPO Internet Domain Name Process, December 23, 1998, Rdnr. 188, http://wipo2.wipo.int/process1/rfc/3/index.html [abgerufen am 4. 3. 2002].

barkeit nur eines Staates, die mit einem Instanzenzug für vorhersagbare Rechtsfindung und damit Rechtssicherheit sorgt. Da potentiell jedes zuständige nationale Gericht einen Fall behandeln kann, divergiert die Rechtsprechung zu einzelnen Rechtsfragen von Land zu Land. Wer im privatrechtlichen Schlichtungsverfahren das für das Internet adäquate Instrument zur Konfliktbewältigung sieht, der muss konsequent auch ein schiedsgerichtliches Beschwerdeverfahren befürworten. Nur Berufungsentscheidungen können die Einheitlichkeit gewährleisten, die notwendig ist, um zufällige Ergebnisse je nach Zusammensetzung des jeweiligen Spruchköpers zu vermeiden.[519]

2. Uniform Dispute Resolution Policy (UDRP)

a) Anwendungsbereich

In einem Schiedsgerichtsverfahren nach der Uniform Dispute Resolution Policy (UDRP)[520] können Second Level Domainnamen unter den generischen Levels **. AERO, .COOP, .BIZ, .COM, .INFO, .MUSEUM, .NAME, .NET** und **.ORG** angegriffen werden. Auch verschiedene nationale Vergabestellen für ccTLDs haben sich der von Anfang an offen konzipierten UDRP angeschlossen. Derzeit ist das Verfahren für die Register **AE** (Vereinigte Arabische Emirate), **.AG** (Antigua und Barbados), **.AS** (Amerikanisch Samoa), **.AU** (Australien), **.BS** (Bahamas), **.BZ** (Belize), **.CC** (Cocos Inseln), **.CY** (Zypern), **.EC** (Ecuador), **.FJ** (Fiji), **.GT** (Guatemala), **.IE** (Irland), **.LA** (Laos), **.MD** (Moldawien), **.MW** (Malawi), **.MX** (Mexico), **.NA** (Namibia), **.NL** (Niederlande), **.NU** (Niue), **.PA** (Panama), **.PH** (Philippinen), **.PL** (Polen), **.PN** (Pitcairn), **.RO** (Rumänien), **.SC** (Seychellen), **.TM** (Turkmenistan), **.TT** (Trinidad und Tobago), **.TV** (Tuvalu), **.UG** (Uganda), **.VE** (Venezuela) und **.WS** (West Samoa)[521] anwendbar. Der Regelungsrahmen wird aus der UDRP selbst und den Rules for Uniform Dispute Resolution Policy[522] (UDRP Rules) gebildet. 133

b) Verfahren

aa) UDRP Provider

Die Abwicklung des Verfahrens ist bei von der ICANN zugelassenen Providern angesiedelt. Derzeit gibt es derer vier[523], das CPR Institute for Dispute Resolution (CPR)[524], The National Arbitration Forum (NAF)[525], das Asian Domain Name Dispute Resolution Centre (ADNDRC)[526] und die World Intellectual Property Organi- 134

[519] Sehr kritisch zu „Ausreißern" bei UDRP Schiedssprüchen: *Mueller,* http://dcc.syr.edu/roughjustice.htm [abgerufen am 4. 3. 2002].

[520] Der Text der Verfahrensordnung ist abrufbar unter: http://www.icann.org/udrp/udrp-policy-24oct99.htm [abgerufen am 4. 3. 2002]; regelmäßige Entscheidungsübersichten zur UDRP finden sich im World Internet Law Report (WILR).

[521] Eine aktuelle Länderübersicht findet sich unter http://arbiter.wipo.int/domains/cctld/index.html [abgerufen am 4. 3. 2002], wobei zu beachten ist, dass auf die dort erwähnten Top Level .AC (Ascencion) und .SH (Sankt Helena) nicht die UDRP, sondern eine von der WIPO entworfene Verfahrensordnung anwendbar ist, dazu unten Rdnr. 166.

[522] http://www.icann.org/udrp/udrp-rules-24oct99.htm [abgerufen am 12. 11. 2002].

[523] Eine aktuelle Liste der Provider findet sich unter http://www.icann.org/udrp/approved-providers.htm [abgerufen am 4. 3. 2002].

[524] http://www.cpradr.org/ICANN_Menu.htm [abgerufen am 4. 3. 2002].

[525] http://www.arbforum.com/domains/[abgerufen am 4. 3. 2002].

[526] http://www.adndrc.org/adndrc/index.html [abgerufen am 14. 11. 2002].

zation (WIPO).[527] Der UDRP Provider eResolution (eRes) hat sich von den UDRP Verfahren mittlerweile zurückgezogen. Jeder UDRP Provider hat ergänzende Verfahrensregeln (Supplemental Rules) erlassen, die jeweils nur für die bei ihm anhängig gemachten Fälle Anwendung finden.[528] Bezogen auf die Anzahl der betreuten Fälle ist die WIPO mit 3457 Verfahren bis Anfang Februar 2002 der bedeutendste Provider.[529] Prozentual entfallen auf die WIPO 61% aller UDRP Fälle.[530] Der Beschwerdeführer muss sich einen Provider aussuchen, bei dem er seine Beschwerde anhängig machen möchte. Insofern besteht die Gefahr des „forum shopping", da der Beschwerdeführer einen Provider bevorzugen wird, dessen Schiedsgerichte dazu tendieren, den angegriffenen Domainamen auf den Antragsteller zu übertragen. Es verwundert von daher nicht, dass bei der WIPO 67,5% und beim NAF sogar 71,5% aller Verfahren zu Gunsten des Beschwerdeführers ausgehen, bei eResolution waren es hingegen nur 44%.[531]

bb) Allgemeine Verfahrensvorschriften

135 Der Beschwerdeführer reicht zur Einleitung des Beschwerdeverfahrens eine Beschwerdeschrift bei dem von ihm ausgewählten UDRP Provider ein. Der UDRP Provider kann die Beschwerde, sei es wegen Überlastung oder aus anderen Gründen, zurückweisen. Dem Beschwerdeführer steht es in diesem Fall frei, sich an einen anderen UDRP Provider zu wenden (§ 3 lit. a UDRP Rules). Die formalen Anforderungen, denen die Beschwerdeschrift genügen muss, sind sehr streng. Um eine Hilfestellung zu geben, hat die WIPO einen englischen Musterschriftsatz veröffentlicht, der dem Beschwerdeführer als Gerüst dienen kann.[532] Der eigentlichen Beschwerdeschrift ist ein Vorblatt („Complaint Transmittal Coversheet"[533] § 4 lit. a WIPO Supplemental Rules) voranzustellen. Dieses Vorblatt enthält einführende Informationen für den Beschwerdegegner, da dieser einen Angriff auf den von ihm belegten Domainnamen möglicherweise gar nicht erwartet.

---

[527] http://arbiter.wipo.int/domains/[abgerufen am 4. 3. 2002].

[528] Die Darstellung orientiert sich im weiteren an den WIPO Supplemental Rules for Uniform Dipute Resolution Policy: http://arbiter.wipo.int/domains/rules/supplemental.html [abgerufen am 4. 3. 2002]; im Übrigen s. NAF Supplemental Rules gültig seit 1. 2. 2002: http://www.arbforum.com/domains/UDRP/rules.asp [abgerufen am 4. 3. 2002]; CPR Supplemental Rules to ICANN's Rules for Uniform Domain Name Dispute Resolution Policy: http://www.cpradr.org/ICANN_RulesAndFees.htm [abgerufen am 4. 3. 2002]; ADNDRC Supplemental Rules des Hong Kong Büros: http://www.adndrc.org/adndrc/hk_supplemental_rules.html und des Peking Büros http://www.adndrc.org/adndrc/bj_supplemental_rules.html jeweils gültig seit 28. 2. 2002 [abgerufen am 14. 11. 2002].

[529] Aktuelle Statistiken finden sich für die WIPO unter http://arbiter.wipo.int/domains/statistics/results.html [abgerufen am 4. 3. 2002].

[530] Auf WIPO u. NAF entfallen 92% aller UDRP Fälle; während das NAF fast ausschließlich von US-amerik. Beschwerdeführern angerufen wird, stammen die WIPO Fälle aus aller Welt; dazu *M. Mueller,* Rough Justice An Analysis of ICANN's Uniform Dispute Resolution Policy, http://dcc.syr.edu/roughjustice.htm [abgerufen am 4. 3. 2002].

[531] Dazu *M. Mueller,* Rough Justice – An Analysis of ICANN's Uniform Dispute Resolution Policy, http://dcc.syr.edu/roughjustice.htm [abgerufen am 4. 3. 2002].

[532] Praktische Hilfestellungen sowie das WIPO Model Complaint finden sich unter: http://arbiter.wipo.int/domains/complainant/index.html [abgerufen am 4. 3. 2002]; entsprechende Download Angebote des NAF unter http://www.arbforum.com/domains/UDRP/forms.asp [abgerufen am 4. 3. 2002].

[533] http://arbiter.wipo.int/domains/complainant/coversheet.html [abgerufen am 4. 3. 2002].

Die Beschwerdeschrift enthält zunächst den einleitenden Antrag, dass um eine Entscheidung nach der UDRP und den ergänzenden Ausführungsvorschriften nachgesucht wird (§ 3 lit. b i UDRP Rules). Die Antragsschrift muss Namen, Postanschrift, E-Mail Adressen sowie Telefon- und Telefaxnummern sowohl des Beschwerdeführers als auch etwaiger Rechtsvertreter enthalten (§ 3 lit. b ii UDRP Rules). Es herrscht kein Anwaltszwang. Das heißt, dass der Beschwerdeführer sämtliche Verfahrenshandlungen selbst wirksam vornehmen kann. Sodann ist vom Beschwerdeführer die von ihm bevorzugte Art der Kommunikation zu benennen. Er kann auswählen, ob er im Wege herkömmlicher schriftlicher Korrespondenz oder aber mittels elektronischer Medien kommunizieren möchte (§ 3 lit. b iii UDRP Rules). 136

Des Weiteren ist anzugeben, ob der Spruchkörper (Panel) durch einen oder durch drei Personen besetzt sein soll. Besteht das Panel nur aus einer Person, so wird diese durch den Provider ernannt. Entscheidet sich der Beschwerdeführer für ein dreiköpfiges Panel, so hat er drei Kandidaten auszuwählen (§ 3 lit. b iv UDRP Rules), aus denen der Provider ein Mitglied für das Panel ernennt (§ 6 lit. e UDRP Rules). Die WIPO wird sich bei der Ernennung der Mitglieder, vorbehaltlich der Verfügbarkeit der einzelnen Personen, an die vom Beschwerdeführer vorgegebene Reihenfolge der drei Kandidaten halten (§ 7 lit. a Satz. 2 WIPO Rules). Die Provider veröffentlichen jeweils eine Liste möglicher Panelmitglieder mit genauen Personenangaben und Hinweisen zur Qualifikation, um eine Auswahl zu erleichtern.[534] Nach den selben Regeln wählt auch der Domaininhaber drei Kandidaten aus, von denen einer zum zweiten Panelist ernannt wird (§ 5 lit. b iv UDRP Rules). Der Vorsitzende des Panels wird im Regelfall aus einer Liste von fünf Kandidaten ausgewählt, die der Provider den Parteien vorab übermittelt. Sodann haben die Parteien bei Verfahren vor der WIPO Gelegenheit, jeweils eine Rangliste für den Vorsitzenden einzureichen. An der Reihenfolge orientiert sich die WIPO dann bei der Benennung des Vorsitzenden (§ 7 lit. b i WIPO Rules). Alternativ hierzu ist es auch möglich, dass sich die Parteien einvernehmlich auf einen Vorsitzenden verständigen (§ 7 lit. b iii WIPO Rules). Je nachdem aus welchem Rechtskreis die einzelnen Mitglieder des Panels stammen, wird auch deren Vorverständnis geprägt sein. Da es nur die UDRP und im Übrigen kein supranationales Domainrecht gibt, orientieren sich die Panelists an Vorgaben ihnen bekannter nationaler Jurisdiktionen. Es verwundert daher kaum, dass die Entscheidungen US amerikanisch besetzter Panel in Stil und rechtlicher Argumentation ganz erheblich von denen europäischer Spruchkörper abweichen. 137

In der Beschwerdeschrift sind des Weiteren alle dem Beschwerdeführer bekannten Post- und E-Mail Adressen des Domaininhabers aufzuführen. Das Gleiche gilt für die entsprechenden Angaben eines etwaig bekannten Rechtsvertreters (§ 3 lit. b v UDRP Rules). Es sind der oder die Domainnamen zu benennen, die Gegenstand des Verfahrens sind. Des Weiteren obliegt es dem Beschwerdeführer, die Registrierstelle zu benennen, die zum Zeitpunkt der Einreichung des Antrags registriert ist (§ 3 lit. b vii UDRP Rules). Die entsprechenden Informationen lassen sich über eine zweistufige WHOIS Abfrage gewinnen.[535] Es sind sodann die einzelnen 138

[534] Die WIPO Panelists finden sich unter http://arbiter.wipo.int/domains/panel/panelists.html [abgerufen am 4. 3. 2002], die NAF Panelists unter http://www.arbforum.com/domains/domain-judges.asp [abgerufen am 4. 3. 2002], die CPR Panelists unter http://www.cpradr.org/speclpan_domainname.htm [abgerufen am 4. 3. 2002].

[535] Hierzu im Einzelnen oben Rdnr. 29.

Markenregistrierungen aufzulisten, auf die der Antrag gestützt wird. Dies erfolgt unter Auflistung der im Waren- und Dienstleistungsverzeichnis enthaltenen Waren und Dienstleistungen, für die die Marke vom Beschwerdeführer benutzt wird. Nach Angabe all dieser Formalien folgt die materiellrechtliche Begründung der Beschwerde. Bei der WIPO muss sich der Beschwerdeführer auf 5000 Worte Begründung beschränken (§ 10 lit. a WIPO Rules). In der Begründung ist auszuführen, warum eine Verwechslungsgefahr zwischen der Marke des Beschwerdeführers und dem Domainnamen des Domaininhabers besteht. Des Weiteren ist darzulegen, warum der Domaininhaber kein Recht beziehungsweise legitimes Interesse an dem Domainnamen hat und worauf sich der doppelte Vorwurf der bösgläubigen Eintragung und Benutzung des Domainnamens gründet.

139 Der Beschwerdeführer ist bei der Stellung der Sachanträge stark eingeschränkt. Er kann lediglich beantragen, dass der angegriffene Domainname entweder auf ihn übertragen oder gelöscht wird (§ 4 lit. i UDRP). Weitergehende Unterlassungs-, Auskunfts- oder Schadensersatzansprüche sind mittels der UDRP nicht durchsetzbar. Die Beschwerdeschrift muss eine Aufstellung zu allen anhängigen oder abgeschlossenen Verfahren enthalten, die den angegriffenen Domainnamen betreffen. Des Weiteren muss der Beschwerdeführer erklären, dass er eine Kopie der Beschwerdeschrift zusammen mit dem WIPO Complaint Transmittal Coversheet an den Domaininhaber übermittelt hat.

140 Weiterhin wird eine Erklärung verlangt, mit der sich der Beschwerdeführer der Jurisdiktion eines Gerichts gemeinsamer Gerichtsbarkeit („mutual jurisdiction") für den Fall unterwirft, dass die Entscheidung des Panels gerichtlich angegriffen wird (§ 3 lit. b xiii UDRP Rules).[536] Eine gemeinsame Gerichtsbarkeit und damit die Möglichkeit einer Überprüfung der Entscheidung des Schiedsgerichts durch das örtlich zuständige staatliche Gericht ist gemäß den Definitionen in § 1 UDRP Rules dort gegeben, wo entweder

– die Registrierstelle des angegriffenen Domainnamens ihren Hauptsitz hat, vorausgesetzt, der Domaininhaber hat vertraglich gegenüber der Registrierstelle die Gerichtsbarkeit am Sitz der Registrierstelle für alle Rechtsstreitigkeiten anerkannt, die sich auf Grund der Benutzung des Domainnamens ergeben. Eine entsprechende Gerichtsstandsvereinbarung wird zwischen Registrierstelle und Domaininhaber bei Vertragsabschluss mittels allgemeiner Geschäftsbedingungen eingegangen. Fraglich ist, ob derartige Gerichtsstandsvereinbarungen nach nationalem Recht Bestand haben. In Deutschland wäre das Prorogationsverbot des § 38 ZPO zu beachten. Letztendlich wird diese Frage von dem jeweils angerufenen Gericht am Sitz der Registrierstelle entschieden, das seine Zuständigkeit unabhängig von den Vorgaben der UDRP prüft.
– Alternativ kann der Beschwerdeführer als Gericht gemeinsamer Gerichtsbarkeit den Wohnsitz des Domaininhabers angeben, so wie er in der WHOIS Datenbank zum Zeitpunkt der Einreichung der Beschwerdeschrift eingetragen ist.

141 Die Erklärung zur gemeinsamen Gerichtsbarkeit ist für den Beschwerdeführer nicht ganz risikolos. Zwar steht den Parteien nach § 4 lit. k UDRP sowohl während als auch nach Abschluss des Schiedsgerichtsverfahrens der Weg zu den staatlichen Gerichten ohne Einschränkung offen. Es besteht aber dennoch die Gefahr, dass die Erklärung später für nicht den Schiedsspruch betreffende gerichtliche Auseinander-

[536] Näher zur gerichtlichen Überprüfung des Schiedsspruches Rdnr. 152.

setzungen im Sinne einer verbindlichen Gerichtsstandsvereinbarung ausgelegt wird. Es empfiehlt sich daher, in der Beschwerdeschrift einen einschränkenden Zusatz aufzunehmen, wonach die Erklärung nicht als Angebot zum Abschluss einer Gerichtsstandsvereinbarung für rechtliche Auseinandersetzungen um den Domainnamen zu verstehen ist, mit denen nicht die Entscheidung des Schiedsgerichts einer gerichtlichen Überprüfung unterzogen werden soll.

Abschließend ist eine in § 4 lit. xiv UDRP Rules vorformulierte Erklärung ab- 142
zugeben, wonach gegenüber der Registrierstelle, dem UDRP Provider und ICANN eine Haftungsfreistellung erfolgt und die Vollständigkeit und Korrektheit der Angaben sowie die Lauterkeit des Beschwerdeführers zu versichern ist. Fehlt diese Erklärung, so wird die Beschwerde als unzulässig zurückgewiesen.[537]

Der Beschwerdeschrift sind Kopien der relevanten Markenregistrierungen beizu- 143
fügen. Des Weiteren sind die auf den in Streit befindlichen Domainnamen anwendbaren Vergabebestimmungen vom Beschwerdeführer vorzulegen („Policy applicable to the domain name in dispute" § 3 lit. b lit. xv UDRP Rules). Damit werden dem Beschwerdeführer Darlegungen abverlangt, die er aus eigener Kenntnis nicht erbringen kann. Nur der Domaininhaber und sein Vertragspartner, die jeweilige Registrierstelle, können Auskunft über die Vergabebestimmungen geben, die der Registrierung des Domainnamens zugrunde liegen. Da der Domaininhaber kaum gewillt sein wird, Auskünfte zu erteilen, muss sich der Beschwerdeführer noch vor Einreichung der Beschwerde an die jeweilige Registrierstelle wenden und sie auffordern, die gewünschten Vertragsunterlagen zur Verfügung zu stellen.[538] Häufig wird aber die Registrierstelle keine oder nur unvollständige Angaben machen. Der Beschwerdeführer muss dann auf die ihm verfügbaren Informationen zurückgreifen, beispielsweise eine aktuelle Vergabebestimmung, die auf der Internetseite der Registrierstelle veröffentlicht wird. Die Panels entscheiden dementsprechend auch dann, wenn der Beschwerdeführer die Unterlagen für den im Streit befindlichen Domainnamen nicht vollständig vorlegen kann. Das Dilemma besteht freilich darin, dass die Anwendbarkeit der UDRP eine Unterwerfung des Domaininhabers bei Vertragsabschluss oder danach voraussetzt. Bei sämtlichen Domainnamen, die nach Inkrafttreten der UDRP eingetragen wurden, ist das Schiedsgerichtsverfahren obligatorisch mit im Registrierungsvertrag inkorporiert worden. In Verträgen, die 1999 oder zuvor abgeschlossen wurden, konnte die UDRP hingegen noch keine Berücksichtigung finden. Hier kann die UDRP nur über nachträgliche Änderungen der Vergabebestimmungen Verbindlichkeit erlangen, was wiederum die ausdrückliche oder vertraglich zugelassene stillschweigende Zustimmung des Domaininhabers voraussetzt.[539]

Die Beschwerdeschrift ist vom Antragsteller sowohl dem Domaininhaber als 144
auch dem Provider zu übermitteln. Der Domaininhaber erhält eine Kopie der Beschwerdeschrift zusammen mit dem Complaint Transmittal Coversheet. Da der

---

[537] Vgl. zur parallelen Vorschrift für den Domaininhaber § 5 viii UDRP Rules: talk-city.com (WIPO Case Number D2000–0009), http://arbiter.wipo.int/domains/decisions/html/2000/d2000–0009.html [abgerufen am 4. 3. 2002].

[538] Ein Beispiel für die Formulierung einer solchen Anfrage an die Registrierstelle findet sich in der ersten UDRP Entscheidung worldwrestlingfederation.com (WIPO Case No. D99–0001) http://arbiter.wipo.int/domains/decisions/html/1999/d1999–0001.html [abgerufen am 4. 3. 2002].

[539] theeconomictimes.com (WIPO D 2000–0014), http://arbiter.wipo.int/domains/decisions/html/2000/d2000–0014.html [abgerufen am 4. 3. 2002].

Domaininhaber in diesem Verfahrensstadium noch keine bevorzugte Art der Kommunikation gewählt hat, kann die Übertragungsart vom Beschwerdeführer frei gewählt werden. Es dürfte sich bei Ausländern ein Telefax mit Sendeprotokoll als Beleg für den Zugang anbieten. Der Provider legt in seinen ergänzenden Verfahrensregeln die Form der Kommunikation fest (§ 2 lit. c UDRP). Bei der WIPO kann die Beschwerdeschrift wie jegliche andere Korrespondenz per Fax mit Bestätigungskopie in vierfacher Ausfertigung, per E-Mail oder über ein Online System zur Durchführung des Schiedsgerichtsverfahrens[540] hinterlegt werden.

cc) Verfahrenskosten

145 Mit Einreichung der Beschwerdeschrift hat der Beschwerdeführer eine Gebühr entsprechend Tarif der ergänzenden Verfahrensvorschriften des UDRP Providers zu entrichten (§ 19 UDRP Rules). Soll die Sache durch ein einzelnes Panelmitglied entschieden werden, so trägt der Beschwerdeführer die Gebühr allein. Bei einem mit drei Mitgliedern besetzten Panel teilen sich Beschwerdeführer und Domaininhaber die Kosten. Die Verfahrenskosten bei der WIPO hängen von der Anzahl der in der Beschwerdeschrift angegriffenen Domainnamen ab. Soweit sich die Beschwerde auf bis zu fünf Domainnamen bezieht, sind 1500 US $ zu entrichten, von denen der Panelist 1000 US $ und das WIPO Arbitration and Mediation Center 500 US $ erhält. Besteht der Spruchkörper aus drei Personen, so beträgt die Gebühr bei der WIPO 3000 US $, die sich mit 900 US $ auf den Vorsitzenden, 750 US $ auf die beiden Beisitzer und 600 US $ auf die WIPO verteilt.[541] Soweit die Beschwerdegebühr nicht innerhalb von zehn Tagen nach Einreichung der Beschwerdeschrift beim UDRP Provider eingeht, gilt der Antrag als zurückgenommen. Das Streitschlichtungsverfahren ist damit beendet. Die Parteien tragen die Kosten unabhängig vom Verfahrensausgang; eine Kostenerstattung ist nicht vorgesehen.[542]

dd) Verfahrenssprache (§ 11 UDRP Rules)

146 Die Parteien können einvernehmlich eine Verfahrenssprache festlegen. Soweit sie dies wie regelmäßig nicht tun, folgt die Verfahrenssprache der in den Vergabebestimmungen der jeweiligen Registrierstelle verwendeten Sprache. Das Panel kann unter Berücksichtigung der Umstände des Einzelfalls eine abweichende Sprachwahl treffen. Werden Schriftstücke in anderen Sprachen als der Verfahrenssprache eingereicht, so kann das Panel die Vorlage einer vollständigen oder teilweisen Übersetzung verlangen. Wegen der Dominanz der englischen Sprache im Internet ist als Verfahrenssprache fast ausschließlich Englisch anzutreffen, Ausnahmen bilden einige in deutsch, französisch, spanisch beziehungsweise portugiesisch ergangene Entscheidungen.[543]

---

[540] Das Online Complaint Filing Form findet sich unter http://arbiter.wipo.int/domains/filing/udrp/index.html [abgerufen am 4. 3. 2002].

[541] WIPO Schedule of Fees under the ICANN Policy (valid as of August 15, 2000), http://arbiter.wipo.int/domains/fees/index.html [abgerufen am 4. 3. 2002]; die Gebühr für einen Domainnamen beträgt beim NAF 1150 US $ bei einem Panelist und 2500 US $ bei drei Mitgliedern des Panels, http://www.arbforum.com/domains/UDRP/fees.asp [abgerufen am 4. 3. 2002] und bei CPR für ein bis zwei Domainnamen 2000 US $ (einzelner Panelist) bzw. 4500 US $ (drei Mitglieder), http://www.cpradr.org/ICANN_RulesAndFees.htm [abgerufen am 4. 3. 2002].

[542] *Osborne,* ECTA Newsletter 43, 45 (46).

[543] **Deutsch** z. B. depfa.org (WIPO Case No. D2002–0401), http://arbiter.wipo.int/domains/decisions/html/2002/d2002–0401.html [abgerufen am 15. 11. 2002]; **französisch** z. B.: merinos.com

ee) Beschwerdeerwiderung

Nach dem Eingang überprüft der UDRP Provider die Beschwerdeschrift auf formelle Mängel. Weist sie solche auf, erhält der Beschwerdeführer Gelegenheit, die Mängel binnen fünf Tagen zu beheben (§ 4 lit. b Satz 2 UDRP Rules). Wird diese Frist versäumt, so gilt die Beschwerde als zurückgenommen. Sobald der UDRP Provider die Zulässigkeit der Beschwerde festgestellt hat, wird die Beschwerdeschrift dem Domaininhaber zugestellt. Auch die Registrierstelle, die den Domainnamen verwaltet, wird über das Schiedsverfahren in Kenntnis gesetzt. Für die Dauer des gesamten Verfahrens wird der staus quo festgehalten (§ 7 UDRP). Es ist dem Domaininhaber untersagt, den Domainnamen während des anhängigen Schiedsverfahrens („pending administration proceeding") auf Dritte zu übertragen, es sei denn der Dritte erkennt schriftlich die auch ihm gegenüber bestehende Verbindlichkeit des Schiedsspruchs an (§ 8 lit. a UDRP). Trotz dieser Vorschrift kommt es vor, dass Domainnamen nach Einreichung der Beschwerdeschrift übertragen werden. Leider ist dem Wortlaut der UDRP nicht eindeutig zu entnehmen, ab welchem Zeitpunkt das Verfahren anhängig ist. In § 4 lit. c UDRP Rules heißt es, dass das Verfahren mit der förmlichen Zustellung der Beschwerdeschrift durch den UDRP Provider an den Domaininhaber beginnt („date of commencement of the administrative proceeding"). Da der Beschwerdeführer aber gezwungen wird, bereits mit Einreichung der Beschwerdeschrift beim UDRP Provider eine Kopie derselben an den Domaininhaber zu übersenden[544] hat letzterer oftmals mehrere Wochen vor der förmlichen Zustellung Kenntnis davon, dass ein Beschwerdeverfahren droht. Glücklicherweise legen die Schiedsgerichte die Verfahrensordnung so aus, dass die Anhängigkeit bereits mit der informatorischen Übersendung der Beschwerdeschrift an den Domaininhaber eintritt. Eine andere Auslegung würde den Beschwerdeführer massiv benachteiligen und den Domaininhaber zur rechtsmissbräuchlichen Übertragung des Domainnamens auf Dritte geradezu ermutigen.[545] Kommt es zu einer unzulässigen Übertragung des Domainnamens nach Anhängigkeit, so weist der UDRP Provider auf Anordnung des Schiedsgerichts die Registrierstelle an, durch Rückübertragung des Domainnamens auf den ursprünglichen Domaininhaber den status quo ante wiederherzustellen.[546] 147

Der Domaininhaber erhält Gelegenheit, innerhalb einer Frist von zwanzig Tagen eine **Erwiderungsschrift** einzureichen (§ 5 lit. a UDRP Rules).[547] Eine Fristverlängerung kann vom UDRP Provider nur bei außergewöhnlichen Umständen gewährt wer- 148

(WIPO Case No. D2000–0803), http://arbiter.wipo.int/domains/decisions/html/2000/d2000–0803.html [abgerufen am 4. 3. 2002]; jet-tour.com (WIPO Case No. D2000–0451), http://arbiter.wipo.int/domains/decisions/html/2000/d2000–0451.html [abgerufen am 4. 3. 2002]; **spanisch** z. B. bancared.com (WIPO Case No. D2000–0484), http://arbiter.wipo.int/domains/decisions/html/2000/d2000–0484.html [abgerufen am 4. 3. 2002]; **portugiesisch**, tramontina.com (WIPO Case No. D2000–0832), http://arbiter.wipo.int/domains/decisions/html/2000/d2000–0832.html [abgerufen am 4. 3. 2002].

544 Dazu Rdnr. 144.

545 koestritzer.com (WIPO Case No. D2001–0936), http://arbiter.wipo.int/domains/decisions/html/2001/d2001–0936.html [abgerufen am 27. 3. 2002], bbcnews.com (WIPO Case No. D2000–0683), http://arbiter.wipo.int/domains/decisions/html/2000/d2000–0683.html [abgerufen am 27. 3. 2002].

546 koestritzer.com (WIPO Case No. D2001–0936), http://arbiter.wipo.int/domains/decisions/html/2001/d2001–0936.html [abgerufen am 27. 3. 2002].

547 Auch für die Erwiderung gibt es einen Formschriftsatz: Model Form of Response, http://arbiter.wipo.int/domains/respondent/index.html [abgerufen am 4. 3. 2002].

den. Hingegen ist eine schriftliche, einvernehmliche Fristverlängerung statthaft, falls auch der UDRP Provider zustimmt. Wird keine Erwiderung eingereicht, so liegt ein Fall der Säumnis vor. Das Panel entscheidet dann allein auf Grund des Vorbringens des Beschwerdeführers (§ 5 lit. e UDRP Rules).[548] Versäumt ein Verfahrensbeteiligter die ihm gesetzte Frist, so kann das Panel nachträgliches Vorbringen nach eigenem Ermessen als verspätet zurückweisen (§ 14 UDRP Rules). Geringfügige Überschreitungen der Fristen werden meist toleriert, wohingegen umfangreiches nachträgliches Vorbringen oftmals keine Berücksichtigung mehr findet.[549] Das Panel kann zwar ergänzende Stellungnahmen anfordern (§ 12 UDRP), unaufgeforderte Repliken bleiben indes überwiegend unbeachtet.[550] Ausnahmen werden dort gemacht, wo sich während des Verfahrens neue tatsächliche Entwicklungen ergeben.[551]

ff) Verfahrensgrundsätze für die Entscheidung des Panels

149 Erst nach Erhalt der Beschwerdeerwiderung wird das Panel innerhalb einer Frist von fünf Tagen vom UDRP Provider ernannt. Soweit sich ein Mitglied des Panels für befangen erklärt, hat der UDRP Provider unverzüglich einen Ersatz zu bestellen. Der Umstand, dass der anwaltliche Vertreter einer Partei gleichzeitig für andere UDRP Verfahren als Schiedsrichter fungiert, soll kein Befangenheits- bzw. Ausschlussgrund sein.[552]

150 Das Verfahren wird durch den Beibringungsgrundsatz bestimmt. Der Sach- und Rechtsstand ist von den Parteien in der Beschwerde- und der Erwiderungsschrift umfassend vorzutragen. Gelegenheit zum Replizieren wird nicht eingeräumt. Es können nationale Rechtsgrundsätze herangezogen werden, die das Schiedsgericht für anwendbar erachtet. Nach eigenem Ermessen führt das Schiedsgericht ergänzende Untersuchungen durch, wofür insbesondere Überprüfungen von relevanten Internetseiten in Betracht kommen.[553] Mündliche Verhandlungen sind nicht

---

[548] telstra.org (WIPO Case No. D2000–0003), http://arbiter.wipo.int/domains/decisions/html/2000/d2000–0003.html [abgerufen am 4. 3. 2002].

[549] Folgende Beschwerdeerwiderungen wurden noch berücksichtigt: drei Tage nach Fristablauf, viacomtv.net (WIPO Case No. D2000–1253), http://arbiter.wipo.int/domains/decisions/html/2000/d2000–1253.html [abgerufen am 4. 3. 2002], 15 Tage nach Fristablauf, younggenius.com (WIPO Case No. D2000–0591), http://arbiter.wipo.int/domains/decisions/html/2000/d2000–0591.html [abgerufen am 4. 3. 2002].

[550] easyjet.net (WIPO Case No. D 2000–0024), http://arbiter.wipo.int/domains/decisions/html/2000/d2000–0024.html [abgerufen am 4. 3. 2002]; jpmorgan.org (WIPO Case No. D2000–0035), http://arbiter.wipo.int/domains/decisions/html/2000/d2000-0035.html [abgerufen am 4. 3. 2002]; anders hingegen buypc.com (NAF Case No. FA0002000093633), http://www.arbforum. com/domains/decisions/93633.htm [abgerufen am 4. 3. 2002]; areoturbine.net (NAF Case No. FA0002000093675), http://www.arbforum.com/domains/decisions/93675.htm [abgerufen am 4. 3. 2002]; destinationpuertorico.com (NAF Case No. FA0001000092524), http://www.arbforum.com/domains/decisions/92524.htm [abgerufen am 4. 3. 2002].

[551] e-auto-parts.com (WIPO Case Number D2000–0120), http://arbiter.wipo.int/domains/decisions/html/2000/d2000–0120.html [abgerufen am 4. 3. 2002].

[552] tonsil.com (WIPO Case No. D2000–0376), http://arbiter.wipo.int/domains/decisions/html/2000/d2000–0376.html [abgerufen am 5. 3. 2002].

[553] So in corinthians.com (WIPO Case No. D2000–0461), http://arbiter.wipo.int/domains/decisions/html/2000/d2000–0461.html [abgerufen am 5. 3. 2002]; indiainfospace.com (WIPO Case No. D2000–0076), http://arbiter.wipo.int/domains/decisions/html/2000/d2000–0076.html [abgerufen am 5.3. 2002]; mariahboats.net (NAF Case. No. FA0004000094392), http://www.arbforum.com/domains/decisions/94392.htm [abgerufen am 5. 3. 2002].

vorgesehen, können aber ausnahmsweise in Form von Telefon-, Video- oder Webkonferenzen abgehalten werden (§ 13 UDRP Rules).[554] War bereits vor der Einlegung der Beschwerde ein gerichtliches Verfahren in Bezug auf den Domainnamen anhängig oder wird ein solches Gerichtsverfahren eingeleitet, so ist das Panel nach pflichtgemäßem Ermessen befugt, das Schiedsverfahren auszusetzen bzw. fortzusetzen (§ 18 UDRP Rules). Ist das Panel mit drei Mitgliedern besetzt, so ergeht die Entscheidung per Mehrheitsbeschluss. Abweichende Minderheitsvoten werden zusammen mit der Mehrheitsentscheidung veröffentlicht.[555] Der Schiedsspruch ist schriftlich abzusetzen. Er soll innerhalb von vierzehn Tagen nach der Ernennung des Panels ergehen. Sämtliche Entscheidungen werden im Internet im Volltext veröffentlicht.[556] Wurde zwischen den Parteien bereits in einem früheren UDRP Verfahren um den identischen Domainnamen gestritten und ein Schiedsspruch gefällt, so kann auf Grund der „Rechtskraft" der gleiche Fall nicht erneut in der Sache entschieden werden. Vielmehr wird die Beschwerde als unzulässig zurückgewiesen.[557]

Bei seinem Schiedsspruch ist das Panel auf vier denkbare Sachentscheidungen be- 151
schränkt (§ 15 lit. e UDRP Rules). Kommt man zu dem Ergebnis, dass die materiell-rechtlichen Voraussetzungen der UDRP nicht gegeben sind, so wird die Beschwerde zurückgewiesen. In diesem Fall prüft das Panel weiterhin, ob die Einreichung der Beschwerde ihrerseits in bösgläubiger Absicht erfolgte. Eine solche ist zum einen dann festzustellen, wenn der Beschwerdeführer in bösgläubiger Absicht versucht, dem berechtigten Domaininhaber seinen Domainnamen mit den Mitteln der UDRP zu entziehen (§ 15 lit. e Satz 3 1. Alt. UDRP Rules i.V.m. § 1 UDRP Rules Stichwort „Reverse Domain Name Hijacking"[558]). Der Vorwurf der Bösgläubigkeit besteht aber auch dort, wo der Beschwerdeführer vordringlich das Ziel verfolgt, den Domaininhaber zu behindern.[559] Gelangt das Panel hingegen zu der Überzeugung, dass die Belegung des Domainnamens durch den Domaininhaber rechtsmissbräuchlich im Sinne von § 4 lit. a UDRP ist, so wird je nach Antrag des Beschwerdeführers entweder die Löschung oder die Übertragung des Domainnamens auf den Beschwerdeführer angeordnet (§ 4 lit. i UDRP). Anderweitige differenzierende Schiedssprüche wären denkbar, sind aber nicht zugelassen. So ist das Panel nicht befugt, dem Domaininhaber unter Belassung des Domainnamens zu untersagen, bestimmte Waren auf der mit dem Domainnamen verbundenen Internet-

---

[554] Anträge der Parteien auf mündliche Anhörungen werden regelmäßig zurückgewiesen: icipa-ris.org (NAF Case No. FA0010000095752), http://www.arbforum.com/domains/decisions/95752.htm [abgerufen am 5. 3. 2002].

[555] Beispiele hierfür: esquire.com (NAF Case No. FA0093763), http://www.arbforum.com/domains/decisions/93763.htm [abgerufen am 5. 3. 2002]; les-pages-jaunes.com (WIPO Case No. D2000–490), http://arbiter.wipo.int/domains/decisions/html/2000/d2000–0490.html [abgerufen am 5. 3. 2002], netvault.com (WIPO Case No. D2000–0095), http://arbiter.wipo.int/domains/decisions/html/2000/d2000–0095.html [abgerufen am 5. 3. 2002].

[556] Eine Suchmaschine, mit der sich die Entscheidungen aller Provider bequem recherchieren lassen, findet sich unter: http://www.icann.org/udrp/udrpdec.htm [abgerufen am 5. 3. 2002] nur für die WIPO Entscheidungen s.: http://arbiter.wipo.int/domains/search/index.html.

[557] iriefm.com (WIPO Case No. D2000–0703), http://arbiter.wipo.int/domains/decisions/html/2000/d2000–0703.html [abgerufen am 5. 3. 2002].

[558] Näher zum Reverse Domain Name Hijacking Rdnr. 177.

[559] The complaint was brought primarily to harass the domain-name holder (§ 15 e Satz 3 2. Alt. UDRP Rules).

seite zu verkaufen[560]. Auch eine Pflicht zur Auskunftserteilung[561] bezüglich etwaig anderer belegter Domainnamen oder ein Schadensersatz darf nicht auferlegt werden.

c) Klage gegen den Schiedsspruch vor den ordentlichen Gerichten

152 Die Entscheidung wird dem UDRP Provider vom Panel übersandt. Dieser muss die Entscheidung binnen drei Tagen an die Parteien weiterleiten. Einer der größten Vorteile der UDRP besteht darin, dass die Vollziehung der Entscheidung sichergestellt ist, so dass sich die bei staatlichen Urteilen ergebende Frage der Vollstreckung nicht stellt. Die jeweilige Registrierstelle ist nämlich für den Fall, dass vom Panel die Löschung oder Übertragung verfügt wird, verpflichtet, diesen Spruch nach Ablauf einer zehntägigen Karenzfrist umzusetzen (§ 4 lit. k Satz 2 UDRP). Geht innerhalb dieser Frist bei der Registrierstelle ein Nachweis des Domaininhabers ein, dass er Klage gegen den Schiedsspruch vor einem Gericht gemeinsamer Jurisdiktion („mutual jurisdiction")[562] erhoben hat, so wird die Vollziehung des Schiedsspruchs bis zum Erlass eines rechtskräftigen Urteils beziehungsweise einer anderweitigen Beilegung der gerichtlichen Auseinandersetzung ausgesetzt. Soweit deutsche Gerichte zuständig sind, kommt hier eine negative Feststellungsklage (§ 256 ZPO) in Betracht, mit der der Domaininhaber um die Feststellung nachsucht, dass dem Beschwerdeführer kein Anspruch auf Übertragung bzw. Löschung des in Streit befindlichen Domainnamens zusteht.[563] Bislang sind UDRP Schiedssprüche vor allem von amerikanischen Gerichten überprüft worden, was damit zusammenhängt, dass nach wie vor die meisten generischen Second-Level Domainnamen über amerikanische Registrierstellen bezogen werden.[564] Die Gerichte beschränken sich nicht auf die rechtliche Überprüfung des Schiedsspruchs. Vielmehr unterziehen sie den Rechtsstreit einer umfassenden Prüfung in tatsächlicher und rechtlicher Hinsicht.[565] Der **„Anticybersquatting Consumer Protection Act"** (ACPA) sieht in § 1114 Abs. 2 lit. D v ausdrücklich vor, dass nicht rechtmäßige Schiedsurteile in Domainangelegenheiten rückgängig zu machen sind: „A domain name registrant whose domain name has been suspended, disabled, or transferred under a policy [UDRP] may, upon notice to the mark owner, file a civil action to establish that the registration or use of the domain name by such registrant is not unlawful under this Act. The court may grant injunctive relief to the domain name registrant, including the reactivation of the domain name or transfer of the domain name to the domain name regis-

---

[560] walmartcanada.com (WIPO Case No. D2000–0150), http://arbiter.wipo.int/domains/decisions/html/2000/d2000–0150.html [abgerufen am 5. 3. 2002].

[561] atlantayahoo.com (WIPO Case No. D2000–0273), http://arbiter.wipo.int/domains/decisions/html/2000/d2000–0273.html [abgerufen am 5. 3. 2002].

[562] Vgl. Rdnr. 140.

[563] Eine Feststellungsklage mit dem Antrag festzustellen, dass die Domainregistrierung rechtmäßig war, entspricht nicht dem Schiedsspruch und dürfte von daher ins Leere gehen; anders *Bettinger,* CR 2000, 234, (238).

[564] Die WIPO veröffentlicht eine Liste mit Nachweisen zu UDRP bezogenen Gerichtsentscheidungen, http://arbiter.wipo.int/domains/challenged/[abgerufen am 15. 3. 2002].

[565] Weber-Stephen Products Co. v. Armitage Hardware and Building Supply, No. 00-C-1738 (N.D. Ill. May 3, 2000), http://pub.bna.com/ptcj/001738.htm [abgerufen am 15. 3. 2002]; dazu webergrills.com (Case No. D2000–0187), http://arbiter.wipo.int/domains/decisions/html/2000/d2000–0187.html [abgerufen am 15. 3. 2002].

trant."[566] Auch ohne weiteren Bezug zu den Vereinigten Staaten wendet der District Court for the eastern part of Virginia den amerikanischen ACPA als spezialgesetzliche Norm zur Lösung von internetspezifischen Kennzeichenstreitsachen auf UDRP bezogenene Auseinandersetzungen um Domainnamen zwischen Parteien an, die weder amerikanischer Nationalität sind, noch ihren Aufenthaltsort dort haben.[567] Dem Gericht reicht es aus, wenn die Registrierstelle des Domainnamens in den USA ansässig ist. Weitere inhaltliche Anknüpfungspunkte werden nicht gefordert. Der US-amerikanische Gesetzgeber habe bei Erlass des Gesetzes angesichts des ubiquitären Charakters des Internets bewusst nicht zwischen amerikanischen und ausländischen Markenrechten unterschieden, so dass letztere von dem nationalen Recht profitieren.

d) Anspruchsgrundlagen

Das Schiedsgericht prüft im UDRP Verfahren keineswegs umfassend, ob dem Beschwerdeführer ein Anspruch auf Übertragung bzw. Löschung des angegriffenen Domainnamens zusteht. Die materiell-rechtlichen Voraussetzungen sind vielmehr eng gefasst und greifen nur in Fällen definierter Rechtsverletzungen durch den Domaininhaber. In allen Zweifelsfällen ist der Anspruchsteller daher gut beraten, statt eines Schiedsverfahrens andere Wege zu wählen. Nur soweit die folgenden drei Tatbestandsvoraussetzungen des § 4 lit. a UDRP kumulativ erfüllt sind, kann der Beschwerdeführer mit seinem Anspruch auf Übertragung oder Löschung des Domainnamens durchdringen: 153

- Der angegriffene Domainname ist identisch oder verwechslungsfähig ähnlich mit einer Marke, an der dem Beschwerdeführer Rechte zustehen (§ 4 lit. a i UDRP);
- Der Domaininhaber hat kein Recht oder legitimes Interesse bezogen auf den Domainnamen (§ 4 lit. a ii UDRP);
- Der Domainname wurde bösgläubig registriert und wird bösgläubig benutzt (§ 4 lit. a iii UDRP).

aa) Identität oder verwechslungsfähige Ähnlichkeit mit einer Marke

Markenrechte im Sinne des § 4 lit. a UDRP sind zunächst **Markenregistrierungen,** wobei sämtliche nationalen Registrierungen gleichermaßen geeignet sind, einen Anspruch hierauf zu gründen. Es ist auch unerheblich, dass die Markenrechte lediglich in einem Staat bestehen, in dem der Domaininhaber weder seinen Wohnsitz hat noch irgendein anderer Anknüpfungspunkt existiert.[568] Eine bloße Markenanmeldung reicht hingegen nicht aus, sie vermittelt ihrem Inhaber noch kein gegenüber Dritten durchsetzbares Verbietungsrecht.[569] Den eingetragenen Marken sind aber solche Marken gleichgestellt, die auf Grund Benutzung Schutz erlangt haben. 154

---

[566] Hierzu, U. S. Court of Appeals, GRUR Int. 2003, 82 ff. – Sallen v. Corinthians, sowie die angegriffene WIPO Entscheidung corinthians.com (WIPO Case No. D2000–0461), http://arbiter.wipo.int/domains/decisions/html/2000/d2000–0461.html [abgerufen am 5. 3. 2002].

[567] Barcelona.com, Inc. v. Excelentisimo Ayuntamiento de Barcelona, 00–1412-A (E.D. Va. Feb. 22, 2002), http://www.udrplaw.net/barcelona.pdf, dazu barcelona.com (WIPO Case No. D2000–0505), http://arbiter.wipo.int/domains/decisions/html/2000/d2000–0505.html [abgerufen am 14. 3. 2002].

[568] microinfospace.com (WIPO Case No. D2000–0074), http://arbiter.wipo.int/domains/decisions/html/2000/d2000–0074.html [abgerufen am 5. 3. 2002].

[569] So in Bezug auf eine EU-Markenanmeldung VIATLANTICO.COM/VIATLANTICO.NET (WIPO Case No. D2000–0795), http://arbiter.wipo.int/domains/decisions/html/2000/d2000-0795.html [abgerufen am 5. 3. 2002].

In der Bundesrepublik Deutschland entstehen Benutzungsmarken erst mit Verkehrsgeltung (§ 4 Nr. 2 MarkenG). In anderen Rechtsordnungen, wie der US amerikanischen oder der dänischen, kann die markenmäßige Benutzung eines unterscheidungskräftigen Zeichens ausreichen, um auch ohne Verkehrsbekanntheit Markenrechte hervorzubringen.[570] Insofern ist es durchaus denkbar, dass beispielsweise zu Gunsten eines Deutschen auf Grund der markenmäßigen Benutzung eines Zeichens auf einer international ausgerichteten Internetseite dänische Markenrechte anerkannt werden. Voraussetzung hierfür ist freilich, dass das Schiedsgericht das entsprechende nationale Markenrecht gemäß § 15 lit. a UDRP Rules für anwendbar erachtet („any rules and principles of law that it deems applicable").[571] Einige Schiedsgerichte legen den Begriff des Markenrechts sehr weit aus. So konnten auch verschiedene berühmte Persönlichkeiten, gestützt auf ihre **Namensrechte,** mit ihren Namen übereinstimmende Domainnamen zurückerlangen.[572] Nach angelsächsischem Recht können nämlich auch die Namen von natürlichen Personen markenrechtlich als „common law trademark rights" geschützt sein. Den bürgerlichen Namen sollen Künstlernamen gleichgestellt sein.[573] Es wird jedoch stets verlangt, dass der Beschwerdeführer einen Nachweis für die Berühmtheit seines Namens erbringt. Gelingt dies nicht, so wird die Beschwerde bereits aus diesem Grund zurückgewiesen.[574] Andere Schiedsgerichte haben sich allerdings dagegen ausgesprochen, Namensrechte mit in den Schutzbereich der UDRP aufzunehmen. In der Auseinandersetzung um den Domainnamen sting.com unterlag der gleichnamige Sänger. Das Schiedsgericht verwies darauf, dass sich

---

[570] Vgl. iseekamerica.com (WIPO Case No. D2000–1082), http://arbiter.wipo.int/domains/decisions/html/2000/d2000–1082.html [abgerufen am 5. 3. 2002]; drmath.com, (WIPO Case No. D2000–0743), http://arbiter.wipo.int/domains/decisions/html/2000/d2000–0743.html [abgerufen am 5. 3. 2002]; scrapconnect.com (WIPO Case No. D2000–1418), http://arbiter.wipo.int/domains/decisions/html/2000/d2000–1418.html [abgerufen am 5. 3. 2002]; gallerina.com (WIPO Case No. D2000–0730), http://arbiter.wipo.int/domains/decisions/html/2000/d2000–0730.html [abgerufen am 5. 3. 2002].

[571] Zur Prüfung des anwendbaren Rechts: jeanettewinterson.com (WIPO Case No. D2000–0235), http://arbiter.wipo.int/domains/decisions/html/2000/d2000–0235.html [abgerufen am 5. 3. 2002].

[572] Eine Übersicht mit allen UDRP Entscheidungen der WIPO zu Namensrechten findet sich als Annex V zum Report of the Second WIPO Internet Domain Name Process, September 3, 2001, http://wipo2.wipo.int/process2/report/html/report.html [abgerufen am 5. 3. 2002]; s. a. juliaroberts.com (WIPO Case No. D2000–0210), http://arbiter.wipo.int/domains/decisions/html/2000/d2000–0210.html [abgerufen am 5. 3. 2002]; jeanettewinterson.com (WIPO Case No. D2000–0235), http://arbiter.wipo.int/domains/decisions/html/2000/d2000–0235.html [abgerufen am 5. 3. 2002]; nicolekidman.com (WIPO Case No. D2000–1415), http://arbiter.wipo.int/domains/decisions/html/2000/d2000–1415.html [abgerufen am 5. 3. 2002]; margaretdrabble.com (WIPO Case No. D 2001–0209), http://arbiter.wipo.int/domains/decisions/html/2001/d2001–0209.html [abgerufen am 5. 3. 2002]; celinedion.com (WIPO Case No. D2000–1838), http://arbiter.wipo.int/domains/decisions/html/2000/d2000–1838.html [abgerufen am 5. 3. 2002]; juliebrown.com (WIPO Case No. D2000–1628), http://arbiter.wipo.int/domains/decisions/html/2000/d2000-1628.html [abgerufen am 5. 3. 2002]; antonybeevor.com (WIPO Case No. D 2001–0123), http://arbiter.wipo.int/domains/decisions/html/2001/d2001–0123.html [abgerufen am 5. 3. 2002]; zweifelnd brucespringsteen.com (WIPO Case No. D2000–1532), http://arbiter.wipo.int/domains/decisions/html/2000/d2000–1532.html [abgerufen am 5. 3. 2002].

[573] sade.com (WIPO Case No. D2000–0794), http://arbiter.wipo.int/domains/decisions/html/2000/d2000–0794.html [abgerufen am 5. 3. 2002].

[574] jonesapparelgroup.com (WIPO Case No. D2001–0719), http://arbiter.wipo.int/domains/decisions/html/2001/d2001–0719.html [abgerufen am 5. 3. 2002].

die ICANN bei Erlass der UDRP bewusst dagegen ausgesprochen habe, geschäftliche Bezeichnungen, geographische Herkunftsangaben und Namensrechte mit in die UDRP einzubeziehen.[575] Auch in Bezug auf **Städtenamen** ist die Spruchpraxis inkonsistent.[576] Die WIPO hat sich nach erneuter ausführlicher Befassung abermals gegen eine klarstellende Änderung der UDRP ausgesprochen.[577] Der Schutz von Namensrechten sei in den jeweiligen nationalen Rechtsordnungen heterogen ausgestaltet. Man könne daher heute mit der UDRP noch keine weltweit einheitliche Regelung für Domainnamen vorgeben. Es bleibt abzuwarten, ob und wie diese Vorgabe von den Schiedsgerichten umgesetzt wird.

Nach dem Wortlaut von § 4 lit. a i UDRP braucht der Beschwerdeführer nicht unbedingt Inhaber der Markenrechte sein. Aktivlegitimiert ist jeder, der Rechte an der Marke hat („mark in which complainant has rights"). Unter Rechten im Sinne dieser Vorschrift sind Ausschließlichkeitsrechte zu verstehen. Somit können UDRP Beschwerdeverfahren auch von exklusiven Lizenznehmern des Markeninhabers angestrengt werden,[578] nicht aber von anderweitigen Berechtigten, beispielsweise einfachen Lizenznehmern, denen keine gegenüber Dritten durchsetzbaren Ausschließlichkeitsrechte zustehen. 155

Identität zwischen Domainname und Markenrecht ist gegeben, wenn die Zeichenfolge von Marke und Domainname übereinstimmen, wobei der jeweilige Top Level (.COM, .NET usw.)[579], der gebräuchliche Gedankenstrich (eurotunnel.com)[580] bzw. 156

---

[575] sting.com (WIPO Case No. D2000–0596), http://arbiter.wipo.int/domains/decisions/html/2000/d2000–0596.html [abgerufen am 5. 3. 2002].

[576] Ein Markenrecht im Sinne der UDRP sei gegeben, wenn der Städtename nicht nur als geographische Bezeichnung, sondern darüber hinaus auch zur Kennzeichnung von Waren oder Dienstleistungen benutzt werde: sydneymarkets.com (WIPO Case No. D2001–0932), http://arbiter.wipo.int/domains/decisions/html/2001/d2001–0932.html [abgerufen am 27. 3. 2002]; heidelberg.net (WIPO Case No. D2001–1500), http://arbiter.wipo.int/domains/decisions/html/2001/d2001–1500.html [abgerufen am 27. 3. 2002].

[577] Report of the Second WIPO Internet Domain Name Process, September 3, 2001; http://wipo2.wipo.int/process2/report/html/report.html [abgerufen am 5. 3. 2002], zu den Namensrechten: Rdnr. 169 ff. (199 ff.); auch die geschäftlichen Bezeichnungen (Rdnr. 298 ff. [318 ff.]) sollen ausgeklammert bleiben; differenzierende Vorschläge hingegen für geographische Herkunftsangaben (Rdnr. 205 ff. [271 ff.]) sowie für INN-Zeichen (Rdnr. 81 ff. [116 ff.]) und für Namen internationaler zwischenstaatlicher Organisationen (Rdnr. 125 ff. [158]); zu den WIPO Aktivitäten auch *Wichard*, MarkenR 2002, 13 (14).

[578] corinthians.com (WIPO Case No. D2000–0461), http://arbiter.wipo.int/domains/decisions/html/2000/d2000–0461.html [abgerufen am 5. 3. 2002]; speedmate.com (WIPO Case No. D2000–0380), http://arbiter.wipo.int/domains/decisions/html/2000/d2000–0380.html [abgerufen am 5. 3. 2002]; cornelltrading.com (WIPO Case No. D2000–0887), http://arbiter.wipo.int/domains/deci-sions/html/ 2000/d2000–0887.html [abgerufen am 5. 3. 2002]; knicks.com (WIPO Case Case No. D2000–1211), http://arbiter.wipo.int/domains/decisions/html/2000/d2000–1211.html [abgerufen am 5. 3. 2002].

[579] Microsoft.org (WIPO Case No. D2000–0053), http://arbiter.wipo.int/domains/decisions/html/2000/d2000–0053.html [abgerufen am 5. 3. 2002]; anders unter dem deutschen MarkenG s. Rdnr. 73.

[580] euro-tunnel.com (WIPO Case No. D2000–0038), http://arbiter.wipo.int/domains/decisions/html/2000/d2000–0038.html [abgerufen am 5. 3. 2002]; info-space.com (WIPO Case No. D2000–0075), http://arbiter.wipo.int/domains/decisions/html/2000/d2000–0075.html [abgerufen am 5. 3. 2002]; zu einem Gedankenstrich in der Marke: 4tel.com (WIPO Case No. D2000–0026), http://arbiter.wipo.int/domains/decisions/html/2000/d2000-0026.html [abgerufen am 5. 3. 2002].

das Fehlen eines Leerzeichens[581] außer Betracht bleiben. Soweit Marken aus dem deutschsprachigen Bereich Umlaute enthalten, besteht Quasi-Identität sowohl dann, wenn die Pünktchen im Domainnamen weggelassen werden[582], als auch wenn die Umlaute zu zwei Vokalen auseinandergezogen werden (ö zu oe; ä zu ae usw.). Ausnahmsweise wurde der Top Level .NET beim Domainnamen six.net mit einbezogen, da die entsprechende Zeichenfolge auch in der Marke SIXNET enthalten war.[583] Bestehen Abweichungen, so ist zu prüfen, ob eine **Ähnlichkeit** gegeben ist. Auch insoweit greifen die jeweiligen Schiedsgerichte auf die ihnen geläufige nationale markenrechtliche Praxis zurück. Nach herkömmlicher deutscher Übung kann sich eine Zeichenähnlichkeit auf Grund klanglicher, schriftbildlicher oder begrifflicher Überschneidungen ergeben. Die Verwechslungsgefahr ist abstrakt unter Berücksichtigung der Verkehrsanschauung zu beurteilen. Selbst wenn der Domainname nachweislich noch nicht benutzt wurde und tatsächliche Verwechslungen nicht eingetreten sind, kann gleichwohl eine Verwechslungsgefahr bestehen.[584] Häufig begnügen sich Domaingrabber damit, bekannte Marken unter Abwandlung nur eines einzigen Buchstabens zu belegen (hewlittpackard.com).[585] Offensichtlich spekuliert man hier auf Tippfehler bei der Eingabe des Domainnamens, so dass Quasi-Identität gegeben ist. Anders verhält es sich bei relativ kurzen oder an beschreibende Begriffe angelehnten Bezeichnungen. So wurde wegen beschreibender Anklänge die Marke ESMAS für nicht verwechslungsfähig ähnlich mit eresmas.com angesehen.[586]

157 Besondere Probleme werfen naturgemäß kombinierte Bezeichnungen auf. Dabei sind zwei Fragenkreise auseinanderzuhalten. Zum einen werden vielfach längere Domainnamen angegriffen, in deren Zeichenfolge die Marke enthalten ist. Andererseits kann auch die Marke selbst ein Kombinationszeichen sein.

158 **Abspaltung von Teilen des Domainnamens.** Beschreibende oder aus anderen Gründen schutzunfähige Bestandteile des Domainnamens bleiben beim Ähnlichkeitsvergleich außer Betracht. So sind geographische Zusätze wie „latinamerica" im Domainnamen att-latinamerica.com bei der zeichenrechtlichen Beurteilung nicht zu berücksichtigen.[587] Gleiches gilt für Hinweise auf die Gesellschaftsform

---

581 sanriosurprises.com (WIPO Case No. D2000–0172), http://arbiter.wipo.int/domains/decisions/html/2000/d2000–0172.html [abgerufen am 5. 3. 2002].

582 movenpickhotels.com (WIPO Case No. D2000–1540), http://arbiter.wipo.int/domains/decisions/html/2000/d2000–1540.html [abgerufen am 5. 3. 2002].

583 sixnet.com/six.net (WIPO Case No. D2000–0008), http://arbiter.wipo.int/domains/decisions/html/2000/d2000–0008.html [abgerufen am 5. 3. 2002].

584 tdwatergouse.com (WIPO Case No. D2000–1571), http://arbiter.wipo.int/domains/decisions/html/2000/d2000–1571.html [abgerufen am 5. 3. 2002]; zur vergl. Frage im deutschen Kennzeichenrecht *Althammer/Ströbele,* § 19 Rdnr. 19.

585 hewlittpackard.com (NAF Case No. FA0002000093562), http://www.arbforum.com/domains/decisions/93562.htm [abgerufen am 5. 3. 2002]; alleymcbeal.com (NAF Case No. FA 0011000096118), http://www.arbforum.com/domains/decisions/96118.htm [abgerufen am 5. 3. 2002]; guinnes.com (WIPO Case No. D2000–0541), http://arbiter.wipo.int/domains/decisions/html/2000/d2000–0541.html [abgerufen am 5. 3. 2002].

586 eresmas.com (WIPO Case No. D2000–0264), http://arbiter.wipo.int/domains/decisions/html/2000/d2000–0264.html [abgerufen am 5. 3. 2002].

587 Vgl. attmexico.com/att-latinamerica.com (WIPO Case No. D2000–0553), http://arbiter.wipo.int/domains/decisions/html/2000/d2000–0553.html [abgerufen am 5. 3. 2002]; bild-dominicana.com/bilddominicana.com (WIPO Case No. D2000–1335), http://arbiter.wipo.int/domains/decisions/html/2000/d2000–1335.html [abgerufen am 5. 3. 2002].

wie AG für Aktiengesellschaft[588] oder Ltd.[589] Geläufige Begriffe wie „girls" in nokia-girls.com[590] und beschreibende Bestandteile wie „spares" und „parts" in caterpillarspares.com und caterpillarparts.com[591], „machines" in catmachines.com[592], „software" in hp-software.com[593] „sign-up" in quixtar-sign-up.com[594], „lamps" in eautolamps.com[595] wurden als nicht mitprägend angesehen. Die Beispiele zeigen, dass einzelne Bestandteile besonders dann vernachlässigt werden, wenn dadurch eine bekannte oder berühmte Marke abgewandelt wird. Gleiches ist bei Domainnamen zu beobachten, die beleidigende oder anderweitig herabsetzende Begriffe mit einer bekannten Marke kombinieren. So wurde der Begriff „sucks" in walmartcanadasucks.com[596] und anderen Domainnamen abgespalten. Zum Teil wird das Kriterium der verwechslungsfähigen Ähnlichkeit sehr großzügig ausgelegt. Dies geschieht offenbar auch vor dem Hintergrund, ein sachgerechtes Ergebnis erzielen zu wollen. So wurde Ähnlichkeit zwischen der Marke YAHOO und dem Domainnamen yahholigans.com angenommen, wobei aber zu berücksichtigen ist, dass der Domaininhaber zweiundzwanzig weitere teilweise eindeutig ähnliche Domainnamen (z.B. yahoomessinger.com, yahoogreatings.com) reserviert hatte.[597] Ganz generell wird es für ausreichend erachtet, wenn der mit dem Domainnamen übereinstimmende Teil der Marke überwiegend prägend ist bzw. dominiert.[598] So sei Tonsil in der mehrgliedrigen Marke Tonsil S Süd Chemie der Hauptbestandteil, was zur Ähnlichkeit mit dem Domainnamen tonsil.com führe.[599] In der Marke CELLCONTROL Biomedical Laboratories GmbH wurde der Firmenname vernachlässigt, da auf Grund

[588] deutsche-bank-ag.com (WIPO Case No. D-2000-0277) http://arbiter.wipo.int/domains/decisions/html/2000/d2000-0277.html [abgerufen am 5. 3. 2002].

[589] win-ltd.com (NAF Case FA0012000096191), http://www.arbforum.com/domains/decisions/96191.htm [abgerufen am 5. 3. 2002].

[590] nokia-girls.com (WIPO Case No. D2000-0912), http://arbiter.wipo.int/domains/decisions/html/2000/d2000-0912.html [abgerufen am 5. 3. 2002].

[591] caterpillarspares.com/caterpillarparts.com (WIPO Case No. D2000-0314), http://arbiter.wipo.int/domains/decisions/html/2000/d2000-0314.html [abgerufen am 5. 3. 2002].

[592] catmachines.com (WIPO Case No. D2000-0275), http://arbiter.wipo.int/domains/decisions/html/2000/d2000-0275.html [abgerufen am 5. 3. 2002].

[593] hp-software.com (NAF Case No. FA0008000095322), http://www.arbforum.com/domains/decisions/95322.htm [abgerufen am 5. 3. 2002]; ebenso: pivotalsoftware.com (WIPO Case No. D2000-0648), http://arbiter.wipo.int/domains/decisions/html/2000/d2000-0648.html [abgerufen am 5. 3. 2002].

[594] quixtar-sign-up.com (WIPO Case No. D2000-0138), http://arbiter.wipo.int/domains/decisions/html/2000/d2000-0138.html [abgerufen am 5. 3. 2002].

[595] eautolamps.com (WIPO Case No. D2000-0047), http://arbiter.wipo.int/domains/decisions/html/2000/d2000-0047.html [abgerufen am 5. 3. 2002].

[596] walmartcanadasucks.com (WIPO Case No. D2000-0477), http://arbiter.wipo.int/domains/decisions/html/2000/d2000-0477.html [abgerufen am 5. 3. 2002]; directlinesucks.com (WIPO Case No. D 2000-0583), http://arbiter.wipo.int/domains/decisions/html/2000/d2000-0583.html [abgerufen am 5. 3. 2002]; freeservesucks.com (WIPO Case No. D 2000-0585), http://arbiter.wipo.int/domains/decisions/html/2000/d2000-0585.html [abgerufen am 5. 3. 2002].

[597] yahholigans.com u.a. (WIPO Case No. D2000-0928), http://arbiter.wipo.int/domains/decisions/html/2000/d2000-0928.html [abgerufen am 5. 3. 2002].

[598] eltec.com (WIPO Case No. D 2000-0406), http://arbiter.wipo.int/domains/decisions/html/2000/d2000-0406.html [abgerufen am 5. 3. 2002].

[599] tonsil.com (WIPO Case No. D2000-0376), http://arbiter.wipo.int/domains/decisions/html/2000/d2000-0376.html [abgerufen am 5. 3. 2002].

der Größenverhältnisse der Zeichenbestandteil CELLCONTROL dominierend sei.[600]

159 **Kombinationsmarken.** Nicht selten ist der Domainname zwar als Wortbestandteil identisch oder ähnlich in dem Kennzeichen enthalten, auf das die Beschwerde gestützt wird. Das Kennzeichen enthält daneben aber weitere Bildbestandteile. Ist der streitgegenständliche Wortbestandteil für sich genommen unterscheidungskräftig, so greift der allgemeine Grundsatz, wonach der Verbraucher geneigt ist, sich vornehmlich an dem Wortbestandteil zu orientieren, da die wörtliche Benennung die einfachste Möglichkeit darstellt, eine Ware zu bezeichnen.[601] Umfasst das Beschwerdekennzeichen keine anderweitigen mitprägenden Wortelemente, so ist Identität bzw. Ähnlichkeit gegeben.

160 **Warenähnlichkeit unerheblich.** Die Prüfung der Verwechslungsgefahr unter der UDRP ist einstufig. Anders als sonst im Markenrecht kommt es neben der Zeichenähnlichkeit auf eine etwaige Ähnlichkeit der Waren und Dienstleistungen nicht an. Somit sind die Domainnamen ausschließlich aus ihrer Zeichenfolge heraus zu deuten. Anderweitige Umstände, beispielsweise die Tatsache, dass der Domaininhaber auf der mit dem Domainnamen verbundenen Internetseite mit den von der Markeneintragung erfassten Dienstleistungen vergleichbare Dienstleistungen anbietet, bleiben außer Betracht.[602]

bb) Kein Recht oder legitimes Interesse

161 Zweite Voraussetzung für eine erfolgreiche Beschwerde ist, dass dem Domainnameninhaber kein Recht oder legitimes Interesse an dem Domainnamen zusteht (§ 4 lit. a ii UDRP). Als Rechte des Domainnameninhabers, die dieser zu seiner Rechtfertigung anführen kann, kommen sämtliche denkbaren gewerblichen Schutzrechte in Betracht, insbesondere Markenrechte, geschäftliche Bezeichnungen einschließlich Titelrechte, Namensrechte, geographische Herkunftsangaben und Sortenbezeichnungen. Dabei ist es unerheblich, ob die Rechte in dem selben Land bestehen, wie die des Beschwerdeführers oder nicht. Auch regional begrenzte Rechte, beispielsweise sogenannte Etablissementbezeichnungen, wie Namen von Gaststätten, rechtfertigen ohne weiteres die Belegung von Domainnamen. Dabei kommt es auf die Frage, wem die prioritätsälteren Rechte zustehen, nicht an.[603] Selbst wenn die Rechte des Beschwerdeführers älter sind, kann er mit diesen nicht durchdringen, nicht einmal dann, wenn wegen Überschneidungen bei den Waren oder dem jeweiligen Unternehmenszweck die Gefahr von Verwechslungen evident ist. Eine zeitliche Schranke gibt es indes. Rechte können nur insoweit anerkannt werden, als diese vor der Mitteilung über die Einlegung der Beschwerde vom Domaininhaber erworben wurden.[604]

---

[600] cellcontrol.com (WIPO Case No. D2000–1257), http://arbiter.wipo.int/domains/decisions/html/2000/d2000–1257.html [abgerufen am 5. 3. 2002].

[601] *BGH* GRUR 1989, 425 (427) – Herzsymbol; *BGH* GRUR 1996, 267 (269) – AQUA; und UDRP Fall: paris-lasvegas.com (WIPO Case No. D2000–0699) http://arbiter.wipo.int/domains/decisions/html/2000/d2000–0699.html [abgerufen am 5. 3. 2002].

[602] Vgl. *Jones,* A child's first steps, E. I. P. R., 2/2001, 66; kritisch auch zu der vereinzelt abweichenden Praxis: xpediatravel.com (WIPO Case No. D2000–0137), http://arbiter.wipo.int/domains/decisions/html/2000/d2000–0137.html [abgerufen am 5. 3. 2002].

[603] fuji.com (WIPO Case No D2000–0409), http://arbiter.wipo.int/domains/decisions/html/2000/d2000–0409.html [abgerufen am 5. 3. 2002].

[604] euro2000.com (WIPO Case No. D2000–0230), http://arbiter.wipo.int/domains/decisions/html/2000/d2000–0230.html [abgerufen am 5. 3. 2002].

162 Die Darlegungslast, dass dem Domaininhaber kein Recht oder legitimes Interesse zusteht, trifft – wie bei allen anderen Tatbestandsvoraussetzungen auch – den Beschwerdeführer.[605] Da der Beschwerdeführer regelmäßig keine detaillierten Kenntnisse über die Rechte und Interessenlage des Domaininhabers hat, werden die Anforderungen an die Darlegung nicht überspannt. So soll es beispielsweise ausreichen, wenn laut Aussage des Beschwerdeführers eine Markenrecherche in dem Staat durchgeführt wurde, in dem der Domaininhaber ansässig ist und sich dort keine Markenrechte des Domaininhabers ermitteln ließen.[606] Des Weiteren ist in Ermangelung einer gegenteiligen Stellungnahme durch den Domaininhaber bei Domainnamen ohne beschreibende Anklänge zu vermuten, dass kein Recht oder legitimes Interesse des Domaininhabers vorhanden ist.[607] Mit anderen Worten obliegt es dem Domaininhaber, der einen mit einer unterscheidungskräftigen Marke verwechslungsfähig ähnlichen Begriff als Domainnamen belegt, seine Berechtigung darzulegen. Es kommt in diesen Fällen zu einer Umkehrung der Darlegungslast auf den Domaininhaber.

163 Die UDRP zählt in § 4 lit. c drei Regelbeispiele auf, von denen zwei Hinweise dafür geben, wann von einem legitimen Interesse des Domaininhabers auszugehen ist:

- Der Domaininhaber hat vor der Mitteilung über die Beschwerde den Domainnamen benutzt, um darunter in gutem Glauben Waren oder Dienstleistungen anzubieten. Hiermit gleichgestellt sind nachweisbare Vorbereitungshandlungen zu derartigen Benutzungen.
- Der Domaininhaber benutzt den Domainnamen für andere nicht wirtschaftliche Zwecke, namentlich wird nicht die Absicht verfolgt, wirtschaftlichen Nutzen aus der Irreführung von Verbrauchern zu schlagen. Die sonstige nicht wirtschaftliche Nutzung führt nicht dazu, dass die Markenrechte des Beschwerdeführers beeinträchtigt werden.

164 Essentiell für die Anerkennung eines legitimen Interesses ist demnach eine **Benutzung** des Domainnamens.[608] Die bloße Tatsache, dass der Domainname registriert wurde und mit einer Testseite verbunden ist oder eine Weiterschaltung auf eine andere Internetseite erfolgt, stellt noch keine Benutzungshandlung dar.[609] Dabei wird eine Benutzung auch dann anerkannt, wenn diese sich auf die Abwicklung von E-Mail Korrespondenz und Datenübertragungen beschränkt. Eine Präsenz im World Wide Web soll nicht zwingend notwendig sein.[610] Der tatsächlichen Benutzung ist die Benutzungsabsicht für wirtschaftliche Zwecke gleichgestellt, soweit der Domaininhaber nachweisbar Vorbereitungen getroffen hat. Insofern reichen vage Ideen des Domaininhabers zur wirtschaftlichen Verwendung des Domainnamens nicht

---

605 thyme.com (eResolution Case No. AF-0104).

606 toeic.net (WIPO Case No. D 2000–0087), http://arbiter.wipo.int/domains/decisions/html/2000/d2000–0087.html [abgerufen am 5. 3. 2002].

607 funskool.com (WIPO Case No. D2000–0796), http://arbiter.wipo.int/domains/decisions/html/2000/d2000–0796.html [abgerufen am 5. 3. 2002].

608 tryg-baltica.com (WIPO Case No. D2000–0645), http://arbiter.wipo.int/domains/decisions/html/2000/d2000–0645.html [abgerufen am 5. 3. 2002].

609 hamburgerhamlet.com (Case No. D2000–0073), http://arbiter.wipo.int/domains/decisions/html/2000/d2000–0073.html [abgerufen am 5. 3. 2002].

610 zero.com (WIPO Case No. D2000–0161), http://arbiter.wipo.int/domains/decisions/html/2000/d2000–0161.html [abgerufen am 5. 3. 2002].

aus.[611] Vielmehr ist die Vorbereitung substantiiert unter Berufung auf Konzeptionen, Verträge mit Dritten usw. darzulegen. Fehlt es an einer Benutzung des Domainnamens in der vorstehend beschriebenen Weise, so kann ein legitimes Interesse nicht gegeben sein, da die UDRP eine Benutzung zwingend voraussetzt. Nach hiesiger Ansicht sind dementsprechend Entscheidungen[612] verfehlt, in denen unter Berufung auf den vorgeblich beschreibenden Charakter des Domainnamens die vom Domaininhaber geäußerte Absicht, den Domainnamen meistbietend zu veräußern, als legitim erachtet wurde. Das Panel muss sich entscheiden, ob die vom Beschwerdeführer angeführten Markenrechte diesem an der mit dem Domainnamen übereinstimmenden Zeichenfolge ein Recht vermitteln oder nicht. Wird dies bejaht, so ist es inkonsequent, ihm an anderer Stelle diese Ausschließlichkeitsrechte wegen des vorgeblich beschreibenden Charakters der Zeichenfolge wieder abzusprechen.

165 Als nicht wirtschaftliche Interessen sind vordringlich jene Beweggründe anzuerkennen, die in freiheitlichen Rechtsordnungen auch grundrechtlich abgesichert sind.[613] In Betracht kommen hier vordringlich das Recht auf freie Meinungsäußerung, die Religionsausübung sowie die Betätigung von Parteien und Gewerkschaften. Da das Internet von vielen als Plattform für kritische Äußerungen zu wirtschaftlichen Entwicklungen genutzt wird, spiegelt sich dieses Anliegen nicht nur in den Inhalten von Internetseiten, sondern bereits in der Wahl des Domainnamens wider. Ob es legitim ist, dass Minderheitsaktionäre, Interessenverbände oder Einzelpersonen Domainnamen gezielt in ihre Kritik mit einbinden, wird unterschiedlich beurteilt.[614] Die Berechtigung zur Kritik durch die Wahl eines mit der Marke identisch übereinstimmenden Domainnamens wird teilweise in Abrede gestellt, da der Domaininhaber für seine Meinungsäußerung nicht auf den Domainnamen angewiesen sei. Die eigentliche Kritik finde sich ohnehin auf der Internetseite selbst, deren Inhalt das Panel nicht zu bewerten habe.[615] Generell tendieren die Schiedsgerichte dazu, der Meinungsfreiheit ein erhebliches Gewicht zuzumessen.[616] Dort, wo keine weitergehenden wirtschaftlichen Interessen des Domaininhabers im Raum stehen, anerkennen einige Schiedsgerichte auch bei Domainnamen mit Zusätzen, die die Marke herabsetzen, ein legitimes Interesse.[617] Andere Spruchkör-

---

[611] libro.com (WIPO Case No. D 2000–0186), http://arbiter.wipo.int/domains/decisions/html/2000/d2000–0186.html [abgerufen am 5. 3. 2002].

[612] allocation.com (WIPO Case No. D2000–0016), http://arbiter.wipo.int/domains/decisions/html/2000/d2000–0016.html [abgerufen am 5. 3. 2002].

[613] Zur Beschränkung von Kennzeichenrechten wegen der Ausübung von Grundrechten nach deutschem Recht s. Rdnr. 113.

[614] Bejahend: bridgestone-firestone.net (WIPO Case No. D2000–0190), http://arbiter.wipo.int/domains/decisions/html/2000/d2000-0190.html [abgerufen am 5. 3. 2002].

[615] estelauder.com (WIPO Case No. D2000–0869), http://arbiter.wipo.int/domains/decisions/html/2000/d2000–0869.html [abgerufen am 5. 3. 2002]; skatteetaten.com (WIPO Case No. D2000–1314), http://arbiter.wipo.int/domains/decisions/html/2000/d2000-1314.html [abgerufen am 5. 3. 2002]; roboenterprises-investors.com (NAF Case No. FA0010000095857), http://www.arbforum.com/domains/decisions/95857.htm [abgerufen am 5. 3. 2002].

[616] quirkchevrolet.com (NAF Case No. FA0006000094964), http://www.arbforum.com/domains/decisions/94 964.htm [abgerufen am 5. 3. 2002].

[617] Vgl. directlinesucks.com (WIPO Case No. D 2000–0583), http://arbiter.wipo.int/domains/decisions/html/2000/d2000–0583.html [abgerufen am 5. 3. 2002]; walmartcanadasucks.com (WIPO Case No. D2000–0477), http://arbiter.wipo.int/domains/decisions/html/2000/d2000–0477.html [abgerufen am 5. 3. 2002].

per[618] sehen hingegen bei harscher Kritik „die Markenrechte des Beschwerdeführers beeinträchtigt" und sprechen dem Domaininhaber damit ein legitimes Interesse ab. Insgesamt ist die Spruchpraxis uneinheitlich, was zu einer nicht unerheblichen Rechtsunsicherheit führt, zumal sich die Domaininhaber in einer Vielzahl von Fällen auf ihre Meinungsäußerungsfreiheit berufen.

Seiten mit religiösem Inhalt sind im Internet weit verbreitet. Es kann nicht 166
die Aufgabe der Schiedsgerichte sein, die Legitimität von Glaubensfragen zu überprüfen.[619] Kommt das Panel zu dem Ergebnis, dass unter dem Domainnamen religiöse Inhalte verbreitet werden, so ist diese Nutzung als legitim anzuerkennen. Dies gilt auch für den Fall, dass sich der Domaininhaber auf der Seite kritisch mit den religiösen Ansichten des Beschwerdeführers auseinandersetzt, da die Religionsausübungsfreiheit auch die Kritik an Glaubensäußerungen Dritter mit umfasst.[620]

Nicht selten leitet der Domaininhaber sein Recht zur Benutzung vom Be- 167
schwerdeführer ab. In diese Kategorie fallen zunächst sämtliche Lizenzverhältnisse. Sieht der Lizenzvertrag ausdrücklich vor, dass dem Lizenznehmer eine Benutzung der Bezeichnung nur insoweit gestattet ist, als dies vertraglich bestimmt ist, so kann sich der Lizenznehmer nicht auf ein eigenes Recht oder legitimes Interesse gegenüber dem Beschwerdeführer berufen. Aus der Natur des Lizenzverhältnisses dürfte sich im Übrigen ergeben, dass auch ohne solch einen Vorbehalt die Belegung eines Domainnamens, der mit der Bezeichnung des lizenzierten Produkts übereinstimmt, ausgeschlossen ist.[621] Darüber hinaus sprechen die Schiedsgerichte dem Domaininhaber ein legitimes Recht oder Interesse dort ab, wo dieser auf Grund vertraglicher Beziehungen die Interessen des Beschwerdeführers wahrzunehmen hatte. Dies gilt beispielsweise für Vertragsfirmen, die Wartungsdienstleistungen für die vom Prinzipal hergestellten Produkte durchführen[622], aber auch für Vertriebspartner, selbst dann, wenn der Vertriebsvertrag nicht direkt zwischen den Parteien des Schiedsverfahrens, sondern als Untervertrag mit einem dritten Haupt-Vertriebspartner besteht.[623] Häufig lassen auch Internet Serviceprovider sich selbst statt ihres Auftraggebers als Domaininhaber eintragen. Solchen Providern fehlt eine eigene schützenswerte Rechtsposition[624], und zwar unabhängig davon, ob ihnen noch Zahlungsansprüche gegenüber dem Beschwerdeführer, meist aus dem Web-Hosting Vertrag, zustehen oder

---

[618] huntonandwilliams.com (WIPO Case No. D2000–0501), http://arbiter.wipo.int/domains/decisions/html/2000/d2000–0501.html [abgerufen am 5. 3. 2002].

[619] Entscheidungen mit religiösem Hintergrund: sahajmarg.org (NAF Case No. FA003000094 237), http://www.arbforum.com/domains/decisions/94237.htm [abgerufen am 5. 3. 2002]; scientologie.org (WIPO Case No. D2000–0410), http://arbiter.wipo.int/domains/decisions/html/2000/d2000–0410.html [abgerufen am 5. 3. 2002].

[620] *BVerfGE* 33, 23 (28 f.).

[621] So heelquik.com (NAF Case No. FA0092527), http://www.arbforum.com/domains/decisions/92 527.htm [abgerufen am 5. 3. 2002].

[622] steamist.com (NAF Case No. FA0002000093556), http://www.arbforum.com/domains/decisions/93556.htm [abgerufen am 5. 3. 2002].

[623] obagi.com (NAF Case No. FA0002000093767), http://www.arbforum.com/domains/decisions/93767.htm [abgerufen am 5. 3. 2002]; a. A. piper.com (NAF Case No. FA # 94 367), http://www.arbforum.com/domains/decisions/94367.htm [abgerufen am 5. 3. 2002].

[624] fishtech.com (NAF Case No. FA0001000092976), http://www.arbforum.com/domains/decisions/92976.htm [abgerufen am 5. 3. 2002].

nicht.[625] Diese Grundsätze gelten umso mehr für den Fall, dass das Vertragsverhältnis zum Zeitpunkt der Einreichung des Beschwerdeschriftsatzes bereits beendet war.[626] Schwieriger ist die Beurteilung der Rechtslage dort, wo der Beschwerdeführer mit der Belegung des Domainnamens durch den Domainnameninhaber unstreitig ursprünglich einverstanden war, dieses Einverständnis nach dem Vortrag des Beschwerdeführers nachträglich aber widerrufen wurde. In derartigen Fällen, die eine eingehende Beweisaufnahme nötig machen, wird die Beschwerde zurückzuweisen und gegebenenfalls einer nachfolgend umfassenden gerichtlichen Klärung zuzuführen sein.[627]

cc) Doppelte Bösgläubigkeit bei der Registrierung und Benutzung

168 Selbst dann, wenn der Domainname mit dem Markenrecht des Beschwerdeführers verwechslungsfähig ist und der Domaininhaber kein Recht oder legitimes Interesse an der Belegung hat, so bedeutet dies nicht automatisch, dass der Domainname freizugeben ist. Die Beschwerde hat vielmehr nur unter der zusätzlichen Voraussetzung Erfolg, dass der Domaininhaber zum Zeitpunkt der Eintragung des Domainnamens bösgläubig war und auch die Benutzung in missbräuchlicher Absicht erfolgt (§ 4 lit. a iii UDRP).[628] Der Vorwurf der Missbräuchlichkeit muss also kumulativ sowohl bezogen auf den Zeitpunkt der Eintragung als auch auf die nachfolgende Benutzung durchgreifen.[629] Dabei reicht es aus, wenn in der Vergangenheit eine missbräuchliche Benutzung stattgefunden hat. Eine bis zur Einlegung der Beschwerde oder gar darüber hinaus andauernde Benutzung braucht nicht nachgewiesen zu werden.[630] Bei Vorliegen folgender nicht abschließender Regelbeispiele ist das Tatbestandsmerkmal der doppelten Bösgläubigkeit erfüllt:
- es liegen Umstände vor, die darauf hinweisen, dass der Domainname vornehmlich in der Absicht registriert wurde, diesen an den Beschwerdeführer oder einen seiner Mitbewerber zu verkaufen, zu lizenzieren oder auf sonstige Weise zu übertragen, um damit Erlöse zu erzielen, die über den nachweisbaren Aufwendungen liegen, die der Domaininhaber für den Domainnamen aufgebracht hat (§ 4 lit. b i UDRP) oder
- die Registrierung des Domainnamens erfolgte mit dem Ziel, den Beschwerdeführer daran zu hindern, den mit seinem Markenrecht übereinstimmenden Domainnamen zu belegen (§ 4 lit. b ii UDRP) oder
- die Domainregistrierung diente in erster Linie dazu, den Beschwerdeführer in seinen geschäftlichen Aktivitäten zu behindern (§ 4 lit. b iii UDRP) oder
- die Registrierung des Domainnamens erfolgte in der wettbewerblichen Absicht, Internetnutzer auf die eigene Website oder eine anderweitige Online-Präsenz zu

[625] Insoweit offen lassend *Jones,* A child's first steps, E. I. P. R., 2/2001, 66, 72; zur vergleichbaren Problematik des Zurückbehaltungsrechts eines Internet Service Providers am Domainnamen auch *LG Hamburg,* CR 1997, 157 sowie Ausführungen Rdnr. 19.

[626] mariahboats.net (NAF Case. No. FA0004000094392), http://www.arbforum.com/domains/decisions/94392.htm.

[627] militec.com (WIPO Case No. D2000–0006), http://arbiter.wipo.int/domains/decisions/html/2000/d2000–0006.html [abgerufen am 5. 3. 2002].

[628] Ausführlich zur Bösgläubigkeit: *Gey,* E. I. P. R. 2001, 507 (510 ff.).

[629] cellularonechina.com (WIPO Case No. D2000–28), http://arbiter.wipo.int/domains/decisions/html/2000/d2000–0028.html [abgerufen am 5. 3. 2002].

[630] ingersoll-rand.net (WIPO Case No. D2000–0021), http://arbiter.wipo.int/domains/decisions/html/2000/d2000–0021.html [abgerufen am 5. 3. 2002].

leiten, so dass eine Verwechslungsgefahr hinsichtlich der dem Beschwerdeführer zustehenden Markenrechte in Bezug auf die Herkunft, Unterstützung, Zugehörigkeit, Inhaberschaft der Website oder der dort angebotenen Waren oder Dienstleistungen entsteht (§ 4 lit. b iv UDRP).

Über den Aufwendungsersatz hinausgehende Forderung (§ 4 lit. b i UDRP). Der 169
Domaininhaber handelt bösgläubig, wenn er vornehmlich darauf aus ist, mit der wirtschaftlichen Verwertung des Domainnamens Erlöse zu erzielen, die seine Aufwendungen (out of pocket costs) übersteigen. Unter einer Aufwendung ist dabei nicht etwa jede Aufopferung von Vermögenswerten zu verstehen, die adäquat kausal für den Domainnamen erfolgt ist. Außer Betracht bleiben damit Recherchekosten, beispielsweise für Markenähnlichkeitsrecherchen, Reisekosten oder Vorlaufkosten für eine vorgebliche Geschäftsgründung.[631] Damit bleiben als maßgebliche Aufwendungen die Eintragungskosten für den Domainnamen, mithin die Gebühren der Registrierstellen, sowie die übrigen vom jeweiligen Internet Serviceprovider bisher in Rechnung gestellten Kosten und die bis zur nächstmöglichen Kündigung noch auflaufenden derartigen Kosten. Schließlich gehören auch die mit der Übertragung auf den Markeninhaber verbundenen Kosten zu den zuzugestehenden Aufwendungen. Forderungen in der Größenordnung um 500.– US $[632] dürften angemessen sein. Wesentlich darüber liegende Forderungen stellen hingegen keinen Aufwendungsersatz dar, auch wenn entsprechende Beträge vom Domaininhaber tatsächlich ausgegeben wurden, wobei unerheblich ist, ob der Domaininhaber eine Geldsumme, Aktienpakete[633], Sachleistungen (z.B. ein Popstar Foto[634] oder eine Bootsausrüstung[635]) fordert.

Nach der Praxis der Schiedsgerichte ist es nun aber keineswegs so, dass bei ge- 170
äußerter Verkaufsbereitschaft des Domaininhabers zwingend von einer Bösgläubigkeit auszugehen ist, wenn die Preisvorstellungen über dem Aufwendungsersatz liegen. Es wird als durchaus legitim erachtet, dass der Domaininhaber den Domainnamen als Wirtschaftsgut betrachtet.[636] So könne es dem Domaininhaber nicht zum Nachteil gereichen, wenn der Beschwerdeführer ihm unaufgefordert ein Kaufangebot unterbreitet, der Domaininhaber daraufhin aber einen höheren Preis fordert.[637] Gleiches sei anzunehmen, wenn der Domaininhaber im Auftrag des Beschwerdeführers kontaktiert wird und signalisiert, bei einem bestimmten Betrag, der über dem Aufwendungsersatz liegt, zum Verkauf bereit zu

---

[631] e-auto-parts.com (WIPO Case No. D2000–0120), http://arbiter.wipo.int/domains/decisions/html/2000/d2000–0120.html [abgerufen am 5. 3. 2002].

[632] toeic.net (WIPO Case No. D 2000–0087), http://arbiter.wipo.int/domains/decisions/html/2000/d2000–0087.html [abgerufen am 5. 3. 2002].

[633] veritasdgc.net (NAF Case No. FA0004000094425), http://www.arbforum.com/domains/decisions/94425.htm [abgerufen am 5. 3. 2002].

[634] Choyongpil.com (WIPO Case No. D2000–0229), http://arbiter.wipo.int/domains/decisions/html/2000/d2000–0229.html [abgerufen am 5. 3. 2002].

[635] mariahboats.net (NAF Case No. FA0004000094392), http://www.arbforum.com/domains/decisions/94392.htm [abgerufen am 5. 3. 2002].

[636] eurovision.org (WIPO Case No: D2000–0737), http://arbiter.wipo.int/domains/decisions/html/2000/d2000–0737.html [abgerufen am 5. 3. 2002]; dw.com (WIPO Case No. D 2000–1202), http://arbiter.wipo.int/domains/decisions/html/2000/d2000–1202.html [abgerufen am 5. 3. 2002].

[637] piper.com (NAF Case No. 94367), http://www.arbforum.com/domains/decisions/94367.htm [abgerufen am 5. 3. 2002]; zero.com (WIPO Case No. D2000–0161), http://arbiter.wipo.int/domains/decisions/html/2000/d2000–0161.html [abgerufen am 5. 3. 2002].

sein.[638] Zur Feststellung der Missbräuchlichkeit müssen mithin weitere Umstände hinzutreten, die den Schluss rechtfertigen, dass das Gewinnerzielungsstreben des Domaininhabers nicht nur Nebenzweck, sondern vordringlich für die Belegung des in Streit befindlichen Domainnamens war. Insofern können sich Fallgruppen bilden lassen, bei denen im Rahmen der Gesamtabwägung aller Umstände eine Missbräuchlichkeit indiziert ist.

- **Angebot zum Kauf gegenüber Beschwerdeführer.** Es liegt auf der Hand, dass der Domaininhaber vornehmlich auf Gewinnerzielung aus ist, wenn er von sich aus den Beschwerdeführer kontaktiert und den Domainnamen zum Kauf anbietet. Besonders eklatant sind die Fälle, in denen das Verkaufsangebot zeitlich unmittelbar der Registrierung nachfolgt.[639] Angeblich spricht es dagegen, eine Bösgläubigkeit zu vermuten, wenn das unaufgeforderte Angebot durch den Domaininhaber mehr als zwei Jahre nach der Registrierung erfolgt.[640]
- **Öffentliches Anbieten des Domainnamens.** Auch dort, wo der Domaininhaber den Domainnamen öffentlich zum Kauf anbietet, ist die Missbräuchlichkeit regelmäßig indiziert. Die allgemeine Verkaufsbereitschaft wird zum Teil in den WHOIS Datenbankeinträgen,[641] auf den mit dem Domainnamen verbundenen Internetseiten,[642] durch Plazierung bei Domainhändlern[643] oder durch Ausschreibung von Auktionen[644] kundgetan.

---

[638] pacificplace.com (WIPO Case No. D2000–0089), http://arbiter.wipo.int/domains/decisions/html/2000/d2000–0089.html [abgerufen am 5. 3. 2002].

[639] babydior.com (WIPO Case No 2000–0098), http://arbiter.wipo.int/domains/decisions/html/2000/d2000–0098.html [abgerufen am 5. 3. 2002]; paris-lasvegas.com (WIPO Case No. D2000–0699), http://arbiter.wipo.int/domains/decisions/html/2000/d2000–0699.html [abgerufen am 5. 3. 2002].

[640] Zweifelhaft: worldcup2002.com (WIPO Case No. D2000–0034), http://arbiter.wipo.int/domains/decisions/html/2000/d2000–0034.html [abgerufen am 5. 3. 2002].

[641] dior.org (WIPO Case No. D2000–0023), http://arbiter.wipo.int/domains/decisions/html/2000/d2000–0023.html [abgerufen am 5. 3. 2002]; newenglandjournalofmedicine.com (WIPO Case No. D2000–0282), http://arbiter.wipo.int/domains/decisions/html/2000/d2000–0282.html [abgerufen am 5. 3. 2002].

[642] jornalnacional.com (WIPO Case No. D 2000–0245), http://www.arbiter.wipo.int/domains/decisions/html/2000/d2000–0245.html [abgerufen am 5. 3. 2002]; easyjet.net (WIPO Case No. D 2000–0024), http://arbiter.wipo.int/domains/decisions/html/2000/d2000–0024.html [abgerufen am 5. 3. 2002].

[643] emi1897.com (WIPO Case No. D2000–0712), http://arbiter.wipo.int/domains/decisions/html/2000/d2000–0712.html [abgerufen am 5. 3. 2002]; sizesunlimited.com (WIPO Case No. D2000–0013), http://arbiter.wipo.int/domains/decisions/html/2000/d2000–0013.html [abgerufen am 5. 3. 2002].

[644] eresolution.com (WIPO Case No. D2000–0110), http://arbiter.wipo.int/domains/decisions/html/2000/d2000–0110.html [abgerufen am 5. 3. 2002]; louisvuiton.com (WIPO Case No. D2000–1115), http://arbiter.wipo.int/domains/decisions/html/2000/d2000–1115.html [abgerufen am 5. 3. 2002]; dodgeviper.com (WIPO Case No. D2000–0222), http://arbiter.wipo.int/domains/decisions/html/2000/d2000–0222.html [abgerufen am 5. 3. 2002], einschränkend wonach eine Auktion nur Bösgläubigkeit bei Benutzung nicht aber bezüglich Registrierung belegt: friuladria.com (WIPO Case No. D 2000–0793), http://arbiter.wipo.int/domains/decisions/html/2000/d2000-0793.html [abgerufen am 5. 3. 2002], ausdrücklich im Sinne Indizierung doppelter Bösgläubigkeit durch Auktion hingegen: homealone2dvd.com (WIPO Case No. D2000–1355), http://arbiter.wipo.int/do-mains/decisions/html/2000/d2000–1355.html [abgerufen am 5. 3. 2002].

- **Bekannte oder berühmte Marke.** Ist der Domainname aus einer bekannten bzw. berühmten Marke abgeleitet, so reicht dieser zusätzliche Umstand zur Annahme einer Bösgläubigkeit aus.[645]
- **Domaininhaber besitzt Vielzahl von Domainnamen.** Hat der Domaininhaber eine Vielzahl von Domainnamen belegt, die mit den Marken des Beschwerde führers verwechslungsfähig ähnlich sind, so spricht dieser Umstand für die Missbräuchlichkeit seines Verhaltens.[646] Schwieriger gestaltet sich die Lage, wenn der Domaininhaber eine Vielzahl anderweitiger Domainnamen belegt hat, die keinen Bezug zu den Markenrechten des Beschwerdeführers aufweisen. Handelt es sich ausnahmslos um generische Begriffe, so ist nach der überwiegenden Auffassung der Schiedsgerichte dem Domaininhaber kein Vorwurf zu machen.[647]

Behinderungsabsicht (§ 4 lit. b ii und iii UDRP). Fälle, in denen der Domaininhaber den Domainnamen in der Absicht registriert, den Beschwerdeführer daran zu hindern, einen mit seiner Marke übereinstimmenden Domainnamen zu belegen (§ 4 lit. b ii UDRP), sind weniger häufig. In diese Fallgruppe fallen zunächst Konstellationen, in denen der Domaininhaber die wirtschaftliche Nutzung des Domainnamens anstrebt, um an der Reputation der Marke zu partizipieren, ohne dass es zu Verwechslungen bei den Internetnutzern kommt. So hatte beispielsweise ein Händler eine Vielzahl von Domainnamen reserviert, die alle aus einem bekannten Markennamen abgeleitet waren, um die Markenartikel des Beschwerdeführers unter diesen Domainnamen Online anzubieten. Für den Beschwerdeführer waren damit alle sinnvollen Domainnamen zum Aufbau eines eigenen Internetauftritts blockiert.[648] Der Domaininhaber kann aber auch aus nichtwirtschaftlichen Motiven heraus die Behinderung des Beschwerdeführers bezwecken. Eine solche Behinderungsabsicht ist dort anzunehmen, wo der Domaininhaber aus politischen, religiösen oder anderen Gründen verhindern will, dass der Markeninhaber den Domainnamen nutzt. Statt Informationen zu dem Markenprodukt findet der Internetnutzer dann häufig auf den entsprechenden Websites kritische Kommentare über die Geschäftsaktivitäten des Markeninhabers.[649] Die weitere Fallgruppe des § 4 lit. b iii UDRP, wonach Missbräuchlichkeit auch anzunehmen ist, wenn die Domainregistrierung in erster Linie dazu dient, den Beschwerdeführer in seinen geschäftlichen Aktivitäten zu behindern, stellt bei genauer Betrachtung nur einen Unterfall der allgemeinen Behinderungsabsicht dar, wie sie in § 4 lit. b ii UDRP ihren Ausdruck gefunden hat. 171

---

[645] scaniabilar.com (WIPO Case No. D2000–0169), http://arbiter.wipo.int/domains/decisions/html/2000/d2000–0169.html [abgerufen am 5. 3. 2002]; balisto.com (WIPO Case No. D2000–1433), http://arbiter.wipo.int/domains/decisions/html/2000/d2000–1433.html [abgerufen am 5. 3. 2002].

[646] worldcup2002.com (WIPO Case No. D2000–0034), http://arbiter.wipo.int/domains/decisions/html/2000/d2000–0034.html [abgerufen am 5. 3. 2002].

[647] allocation.com (WIPO Case No. D2000–0016), http://arbiter.wipo.int/domains/decisions/html/2000/d2000–0016.html [abgerufen am 5. 3. 2002].

[648] stanleybostitch.com (WIPO Case No. D2000–0113), http://arbiter.wipo.int/domains/decisions/html/2000/d2000–0113.html [abgerufen am 5. 3. 2002]; s. a. transavia.org (WIPO Case No. D2000–0965), http://arbiter.wipo.int/domains/decisions/html/2000/d2000–0965.html [abgerufen am 5. 3. 2002].

[649] aolmoviefone.com (NAF Case No. FA 0003000094265), http://www.arbforum.com/domains/decisions/94265.htm [abgerufen am 5. 3. 2002].

172 **Verwechslungsabsicht (§ 4 lit. b iv UDRP).** Missbräuchlichkeit ist auch gegeben, wenn die Registrierung in der wettbewerblichen Absicht erfolgte, Internetnutzer auf eigene Angebote des Domaininhabers aufmerksam zu machen, so dass der Internetnutzer Verwechslungen in Bezug auf die Marke des Beschwerdeführers unterliegt. Dabei muss es nicht notwendigerweise bereits zu Verwechslungen gekommen sein. Es ist durchaus denkbar, dass der Domainname aus sich heraus die Verwechslungsabsicht des Domaininhabers indiziert. Wählt der Domaininhaber als Wettbewerber des Beschwerdeführers einen Domainnamen, der die kennzeichnungskräftige Marke des Beschwerdeführers bewusst falsch buchstabiert, oder umfasst der Domainname Gedankenstriche[650] oder anderweitige beschreibende Zusätze[651], so ist die Verwechslungsabsicht evident, ohne dass es darauf ankäme, ob der Domainname bereits benutzt wurde oder nicht. Bei Domainnamen, die generischen Begriffen entsprechen, gibt es hingegen keine Vermutung für eine Verwechslungsabsicht des Domaininhabers. Soweit es im Vorfeld keine Verkaufsangebote durch den Domaininhaber gegeben hat, gehen die Schiedsgerichte regelmäßig davon aus, dass die Belegung im Hinblick auf den generischen Bedeutungsgehalt des Domainnamens erfolgte. Demnach ist es durchaus anerkennenswert, einen beschreibenden Domainnamen zu halten, auch wenn dieser mit der Marke des Beschwerdeführers übereinstimmt.[652]

173 Ist der Domainname mit einer Internetseite verbunden, so lässt sich diese Benutzung zur Beurteilung mit heranziehen, ob der Domaininhaber in der Absicht handelt, Verwechslungen herbeizuführen oder nicht. Wird der Internetnutzer bei Anwahl des Domainnamens mit der gewerblichen Site des Domaininhabers oder eines anderweitigen Dritten[653] verbunden, auf der Waren oder Dienstleistungen angeboten oder beworben werden, die mit den für die Marke eingetragenen Waren und Dienstleistungen ähnlich sind, so liegt eine Verwechslungsgefahr und damit Bösgläubigkeit vor.[654] Die denkbaren Fallgestaltungen sind mannigfaltig. Ist die Marke des Beschwerdeführers nach der Überzeugung des Schiedsgerichts bekannt oder berühmt, so wird dem Domaininhaber auch bei Benutzung für nicht ähnliche Waren oder Dienstleistungen eine Verwechslungsabsicht unterstellt.[655] Der Beschwerdeführer braucht sich auch nicht gefallen zu lassen, dass seine Marke mit pornographischen Inhalten in Verbindung gebracht wird.[656] Selbst wenn der Internetnutzer nicht annimmt, dass entsprechende Inhalte vom Beschwerdeführer stammen, so

---

650 seek-america.com (WIPO Case No. D2000–0131), http://arbiter.wipo.int/domains/decisions/html/2000/d2000–0131.html [abgerufen am 5. 3. 2002].

651 deutsche-bank-ag.com (WIPO Case No. D-2000–0277), http://arbiter.wipo.int/domains/decisions/html/2000/d2000–0277.html [abgerufen am 5. 3. 2002].

652 libro.com (WIPO Case No. D 2000–0186), http://arbiter.wipo.int/domains/decisions/html/2000/d2000–0186.html [abgerufen am 5. 3. 2002].

653 zwackunicum.com (WIPO Case No. D2000–0037), http://arbiter.wipo.int/domains/decisions/html/2000/d2000–0037.html [abgerufen am 5. 3. 2002].

654 theeconomictimes.com/thetimesofindia.com (WIPO Cases No. D 2000–0014 and 2000–0015), http://arbiter.wipo.int/domains/decisions/html/2000/d2000-0014.html [abgerufen am 5. 3. 2002]; sound-choice.com (NAF Case No. FA#2002000093636), http://www.arbforum.com/domains/decisions/93636.htm [abgerufen am 5. 3. 2002].

655 altavistausa.com (WIPO Case No. D2000–0927), http://arbiter.wipo.int/domains/decisions/html/2000/d2000–0927.html [abgerufen am 5. 3. 2002].

656 bikinizone.com (WIPO Case No. D2000–0148), http://arbiter.wipo.int/domains/decisions/html/2000/d2000–0148.html [abgerufen am 5. 3. 2002].

kann doch fälschlicherweise auf eine nicht gegebene Unterstützung durch den Beschwerdeführer und Markeninhaber geschlossen werden.[657]

174 An dem Vorwurf der Bösgläubigkeit ändert sich auch dann nichts, wenn der Domaininhaber auf seiner Seite einen Disclaimer mit aufnimmt, wonach sein Angebot mit dem des Markeninhabers nichts zu tun hat.[658] Der Internetnutzer, der diesen Disclaimer liest, hat nämlich bereits den Domainnamen angewählt.[659] Selbst wenn der Disclaimer der eigentlichen Internetseite vorangestellt ist, zeigt die Erfahrung, dass eine Vielzahl von Internetnutzern diesen Hinweis gar nicht liest oder aber missversteht.[660] Aus dem Umstand, dass der Domaininhaber sich mit dem Disclaimer auf die Markenrechte des Beschwerdeführers bezieht, kann vielmehr umgekehrt darauf geschlossen werden, dass dem Domaininhaber die Markenrechte bereits zum Zeitpunkt der Registrierung bekannt waren.[661]

175 **Andere Gründe für Bösgläubigkeit.** Der Katalog der in der UDRP angeführten Regelbeispiele, bei denen eine Bösgläubigkeit anzunehmen ist, ist nicht abschließend. Die Schiedsgerichte nehmen vielfach eine Gesamtbetrachtung vor und listen verschiedene Umstände, die nach der jeweils subjektiven Meinung für die Bösgläubigkeit sprechen, enumerativ nacheinander auf.[662] Eine solche teilweise kaum noch am Text der UDRP orientierte Kasuistik lässt häufig die innere Stringenz vermissen. Andere Fallgestaltungen sind hingegen so eindeutig, dass Auslegungsprobleme gar nicht erst auftreten. So liegt ein Fall offensichtlicher Missbräuchlichkeit vor, wenn der Domaininhaber den Domainnamen unter Zuhilfenahme unlauterer Mittel vom Beschwerdeführer und vormaligen Inhaber auf sich übergeleitet hat. Es ist beispielsweise denkbar, dass der Domainname durch Manipulationen bei der Registrierstelle „gestohlen" wurde. Es kommt auch vor, dass der Beschwerdeführer ausgespäht wird oder ihm unter Vorwand Informationen entlockt werden, um eine Überleitung des Domainnamens zu bewirken.[663] Auch das Schalten von Bannerwerbung stellt ein unlauteres Ausnutzen fremden Goodwills dar, ohne dass es hier zu einer Zuordnungsverwirrung bei den Internetnutzern im Sinne einer Verwechslungsgefahr käme.[664] Der Domaininhaber versucht, über die mit Dritten abgeschlossenen Verträge zur Bannerwerbung Profit aus dem mit der Marke übereinstimmenden Domainnamen zu schlagen.[665]

176 Weiterhin kann Bösgläubigkeit gegeben sein, wenn der Domaininhaber bewusst falsche Angaben in der WHOIS Datenbank zu seiner Person macht, um dadurch

---

657 chargergirls.com (WIPO Case No. D2000–0118), http://arbiter.wipo.int/domains/decisions/html/2000/d2000–0118.html [abgerufen am 5. 3. 2002].

658 dennys.net (WIPO Case No. D2000–0181), http://arbiter.wipo.int/domains/decisions/html/2000/d2000–0181.html [abgerufen am 5. 3. 2002].

659 estelauder.com (WIPO Case No. D2000–0869), http://arbiter.wipo.int/domains/decisions/html/2000/d2000–0869.html [abgerufen am 5. 3. 2002].

660 madonna.com (WIPO Case No. D2000–0847), http://arbiter.wipo.int/domains/decisions/html/2000/d2000–0847.html [abgerufen am 5. 3. 2002].

661 nimm2.com (WIPO Case No. D2000–0576), http://arbiter.wipo.int/domains/decisions/html/2000/d2000–0576.html [abgerufen am 5. 3. 2002].

662 Vgl. *Bettinger,* WRP 2000, 1109 (1115).

663 Für solch einen Fall: host.com (eResolution Case No. AF 0343).

664 nokiagirls.com (Case No. D2000–0102), http://arbiter.wipo.int/domains/decisions/html/2000/d2000–0102.html [abgerufen am 5. 3. 2002].

665 club-med.com (WIPO Case No. D2000–1350), http://arbiter.wipo.int/domains/decisions/html/2000/d2000–1350.html [abgerufen am 5. 3. 2002].

seine Identität zu verschleiern.[666] Kleinere Unrichtigkeiten sind hingegen unschädlich.[667] Lässt der Domaininhaber sich auf die Beschwerde nicht ein, so ist er säumig und das Panel erlässt seine Entscheidung auf Grundlage des Vorbringens des Beschwerdeführers. Darüber hinaus kann dieses Schweigen aber auch unter bestimmten Umständen für die Annahme der Bösgläubigkeit des Domaininhabers herangezogen werden. Reagiert der Domaininhaber weder auf Abmahnungen des Beschwerdeführers, noch nach Zustellung der Beschwerdeschrift, so spricht die Vermutung gegen den Domaininhaber.[668]

e) Reverse Domain Name Hijacking

177 Nicht nur dem Domaininhaber, auch dem Beschwerdeführer kann unter Umständen der Vorwurf rechtsmissbräuchlichen Verhaltens gemacht werden. Die Verfahrensordnung spricht hier sehr plastisch vom „Reverse Domain Name Hijacking" (§ 15 lit. e UDRP-Policy), was man vielleicht mit „Domainnamenentführung unter umgekehrten Vorzeichen" übersetzen kann. Allein der Umstand, dass der Beschwerdeführer mit seinem Antrag unterliegt, sei es dass er seine Rechte nicht hinreichend nachweisen kann oder die doppelte Bösgläubigkeit des Domaininhabers sich nicht feststellen lässt, rechtfertigt noch nicht, dem Beschwerdeführer Rechtsmissbräuchlichkeit vorzuwerfen.[669] Die Panels sind dementsprechend zurückhaltend, den Beschwerdeführer anzuprangern. Ohnehin sind die Schiedsgerichte darauf beschränkt, förmlich festzustellen, dass die Beschwerde rechtsmissbräuchlich eingereicht wurde. Es müssen mithin weitere Umstände hinzutreten, die das Vorgehen des Antragsstellers insgesamt als rechtsmissbräuchlich erscheinen lassen. Ob falscher bzw. widersprüchlicher Tatsachenvortrag des Beschwerdeführers gegen ihn spricht, wird unterschiedlich beurteilt.[670] Den Beschwerdeführer trifft aber die Obliegenheit, sich vor Einreichung der Beschwerde mit der Verfahrensordnung der UDRP vertraut zu machen und auch eigene Recherchen zu etwaigen die Belegung des Domainnamens rechtfertigenden Rechten anzustellen. Geht der Beschwerdeführer völlig unvorbereitet in das Verfahren in der irrigen Meinung, er könne seine Markenrechte unbeschränkt durchsetzen, so sei ihm dies vorzuwerfen. Wie weitgehend die Obliegenheiten des Beschwerdeführers zur Vorbereitung sind, ist offen.[671] Man wird verlangen können, dass

---

[666] telstra.org (WIPO Case No. D2000–0003), http://arbiter.wipo.int/domains/decisions/html/2000/d2000–0003.html [abgerufen am 5. 3. 2002].

[667] balisto.com (WIPO Case No. D2000–1433), http://arbiter.wipo.int/domains/decisions/html/2000/d2000–1433.html [abgerufen am 5. 3. 2002].

[668] carolinapanthers.com (WIPO Case No. D2000–0147), http://arbiter.wipo.int/domains/decisions/html/2000/d2000–0147.html [abgerufen am 5. 3. 2002].

[669] pets.com (Case No. D2000–0105) http://arbiter.wipo.int/domains/decisions/html/2000/d2000–0105.html [abgerufen am 5. 3. 2002]; eradio.com (WIPO Case No. D2000–0174), http://arbiter.wipo.int/domains/decisions/html/2000/d2000–0174.html [abgerufen am 5. 3. 2002].

[670] Für die Annahme von Bösgläubigkeit: k2r.com (WIPO Case No. D2000–0622), http://arbiter.wipo.int/domains/decisions/html/2000/d2000-0622.html [abgerufen am 5. 3. 2002] auf Grund Mehrheitsentscheidung; anders hingegen: teranet.com (WIPO Case No D2000–1123), http://arbiter.wipo.int/domains/decisions/html/2000/d2000–1123.html [abgerufen am 5. 3. 2002] mit Minderheitsvotum.

[671] dw.com (WIPO Case No. D 2000–1202), http://arbiter.wipo.int/domains/decisions/html/2000/d2000–1202.html [abgerufen am 5. 3. 2002]; mit abweichenden Voten zum Reverse Domain Name Hijacking s. a. Besprechung dieser Entscheidung von *Rhein*, E. I. P. R. 2001, 557 ff.

der Beschwerdeführer aus seiner Sicht ex ante eine plausible Begründung dafür liefern kann, dass der Domaininhaber kein eigenes legitimes Interesse hat und bösgläubig ist. Ist sein Vortrag in sich unschlüssig, oder lässt sich der erhobene Vorwurf selbst bei großzügiger Betrachtung nicht einmal nachvollziehen, so hat der Beschwerdeführer versucht, die UDRP in zweckentfremdender Weise einzusetzen.

3. Schiedsverfahren für andere country code Top Level Domainnamen

Einige Registrierungsstellen für nationale ccTLDs haben, statt die UDRP zu adaptieren, eigene obligatorische Schiedsgerichtsverfahren eingerichtet. Manche stellen in ihren materiell-rechtlichen Regelungen mehr oder weniger ein Abbild der UDRP dar. Der Beweggrund dafür, eigene Wege zu gehen, dürfte in dem Bestreben liegen, Unabhängigkeit gegenüber ICANN und starken UDRP Providern wie der WIPO zu wahren. Ein Beispiel hierfür ist **Japan** (**.JP**), wo sich die JP Domain Name Dispute Resolution Policy wörtlich an dem ICANN Vorbild orientiert.[672] Auch in **Hong Kong (.HK)**[673], **Singapur (.SK)**[674], **Italien (.IT)**[675], **Island (.IS)**[676], **Kanada**[677] und **Belgien** (**.BE**) sind die Verfahren ebenfalls der UDRP nachgebildet.[678] In **Großbritannien (.UK)** hatte man dagegen bereits vor Einführung der ICANN UDRP seit 1997 ein eigenes Schiedsverfahren.[679] Mit der neuen DRS Policy wurden einige Regelungen der UDRP übernommen, ohne die Eigenständigkeit aufzugeben.[680] Die wesentliche Besonderheit der Verfahrensordnung in Großbritannien besteht darin, dass der Übertragungsanspruch bereits bei Erfüllung von zwei Tatbestandsmerkmalen begründet ist, namentlich bei Identität oder Ähnlichkeit des Kennzeichens mit dem Domainnamen und Rechtsmissbräuchlichkeit („the Domain Name, in the hands of the Respondent, is an Abusive Registration" Nr. 2a ii DRS). In den **USA** (**.US**) erfolgte im Jahr 2002 eine grundlegende Reform und Liberalisierung der Vergabepraxis. Im gleichen Zug wurde eine an die UDRP angelehnte Schiedsgerichts- 178

---

[672] Zur JP-DRP siehe JPNIC Website http://www.nic.ad.jp/en/regist/dom/drp/index.html [abgerufen am 5. 3. 2002]; zu einzelnen Schiedssprüchen: *Yamasaki/Sugiyama*, WILR 2001 05/01, 17ff.

[673] Hong Kong Domain Name Registration Company Limited Domain Name Dispute Resolution Policy, http://web.hkdnr.net.hk/legal/dispute_resolution_policy.html [abgerufen am 5. 3. 2002].

[674] Singapore Domain Name Dispute Resolution Policy (SDRP), http://www.nic.net.sg/ [abgerufen am 5. 3. 2002].

[675] Die Dispute Resolution Procedure für den Top Level Domainnamen .IT ist geregelt in Section 2 der Naming Rules Version – 3.6. http://www.nic.it/NA/regole-naming-curr-engl.txt [abgerufen am 5. 3. 2002]; eine Liste der schiedsgerichtlichen Entscheidungen im italienischen Volltext findet sich unter http://www.nic.it/NA/maps/decisioni.html [abgerufen am 5. 3. 2002].

[676] Vgl. Nr. 9ff. der .IS top-level domain naming policy, http://www.isnic.is/index.php?session=kwkJyZoFxLLA2yzNkUnjqpdV&lang=en&action=reglur [abgerufen am 5. 3. 2002].

[677] CIRA Domain Name Dispute Resolution Policy, http://www.cira.ca/en/cat_Dpr.html; zu den Unterschieden gegenüber der UDRP s: *Burri*, WILR 2002/02, 4f.

[678] Das Verfahren wird durch das Belgische Zentrum für Schiedsgerichtsbarkeit und Mediation (CEPANI) betraut, die „Rules for Domain Name Dispute Resolution" finden sich unter http://www.cepani.be/domainnames_internet_rules.html [abgerufen am 5. 3. 2002], eine Entscheidungssammlung unter http://www.dns.be/eng/DomainInfo/disputes.htm [abgerufen am 5. 3. 2002].

[679] *Osborne*, E.I.P.R. 1997, 644 (647).

[680] DRS Policy vom 26. 9. 2001 http://www.nominet.org.uk/ref/drs-policy.html [abgerufen am 5. 3. 2002]; Übersichtsseite unter http://www.nominet.org.uk/ref/drs-new.html [abgerufen am 5. 3. 2002]; zum Entwurf der DRS Policy: *Osborne/Willoughby*, ECTA Newsletter 42, May 2001, 63ff.

ordnung eingeführt[681], die allerdings anders als die UDRP[682] alternativ Bösgläubigkeit zum Zeitpunkt der Eintragung oder bei der Benutzung ausreichen lässt. Auch in **Dänemark** (**.DK**) kann ein schiedsgerichtliches Beschwerdeverfahren darauf gestützt werden, der Domainname sei bösgläubig registriert worden (Nr. 5.2 DK-Rules).[683]

179 **Ascencion** (**.AS**), das **Britische Territorium im Indischen Ozean** (**.IO**) und **Sankt Helena** (**.SH**) wenden eine von der WIPO entworfene und administrierte Schiedsgerichtsordnung an (WIPO Expedited Arbitration Rules[684]), die im Gegensatz zur UDRP keinerlei materiell-rechtliche Vorgaben macht, unter welchen Voraussetzungen ein Domainname zu übertragen ist. Die Verfahrensordnung der WIPO gibt lediglich einen formellen Rahmen vor. Der Beschwerdeführer ist bei der Fassung seiner Anträge frei, in Betracht kommen in erster Linie Löschungs- und Übertragungsbegehren. Das Schiedsgericht behandelt die Beschwerde in der für angemessen erachteten Art und Weise. Der Schiedsspruch ist endgültig, die Überprüfung durch staatliche Gerichte ausgeschlossen (Art. 53a WIPO Expedited Arbitration Rules). Auch in **Griechenland** (**.GR**) ist ein obligatorisches Schiedsverfahren bei kennzeichenrechtlichen Auseinandersetzungen um Domainnamen vorgesehen, wobei die Registrierstelle weder materiell-rechtlich noch formell einen festen Ordnungsrahmen vorgibt[685], entsprechendes gilt für **Israel** (**.IL**).[686]

180 Einen eigenen Weg geht man in der **Volksrepublik China** (**.CN**).[687] Neben dem Namensraum mit lateinischem Alphabet (ASCII-Code) hat die chinesische Regierung die Möglichkeit eröffnet, auch chinesische Schriftzeichen unter dem country code Top Level .CN zu belegen (chinesischesSchriftzeichen.cn). Für die beiden parallelen Systeme bestehen unterschiedliche Verfahren zur Lösung von Konflikten um entsprechende Domainnamen. Die Schlichtungsordnung für chinesische Domainnamen orientiert sich eng an dem Vorbild der von der ICANN erlassenen UDRP.[688] Der Registrierung von Domainnamen, die aus nicht-chinesischen Schriftzeichen bestehen, ist hingegen ein Widerspruchsverfahren vorgeschaltet. Der Inhaber von Rechten an einer Marke oder einem Unternehmenskennzeichen kann gegen

---

681 usTLD Dispute Resolution Policy and Rules (Approved by the U.S. Dept. of Commerce on February, 21, 2002), http://www.neustar.us/policies/docs/usdrp.pdf [abgerufen am 28. 3. 2002].

682 Zum Erfordernis der doppelten Bösgläubigkeit unter der UDRP s. Rdnr. 155.

683 In Dänemark werden die Schiedsgerichtsverfahren vom DIFO – „Dansk Internet Forum" betraut (http://www.difo.dk) [abgerufen am 5. 3. 2002]; die „Rules for Registration, Administration and Conflict Resolution regarding Domain Names under the Top Level Domain .dk – Vers. No. 04 of 30 May 2001" (DK-Rules) finden sich unter http://www.difo.dk/regel-eng.html [abgerufen am 5. 3. 2002], eine Entscheidungssammlung unter http://www.difo.dk/klageafg.html [abgerufen am 5. 3. 2002].

684 WIPO Expedited Arbitration Rules, http://arbiter.wipo.int/domains/cctld/rules/expedited.html [abgerufen am 5. 3. 2002].

685 Policy of Handling Disagreements-Disputes about Internet Names, http://www.gr/english/index.html [abgerufen am 5. 3. 2002].

686 In Israel enthalten die §§ 19ff der „Rules for the Allocation of Domain Names under the .il (Israel) Top Level Domain", http://www.isoc.org.il/fr_reload.html?domains/acp. 3 [abgerufen am 5. 3. 2002], die Schiedsgerichtsvorschriften.

687 Instruktiv hierzu *Pattloch*, GRUR Int. 2001, 813 (818f.).

688 Procedures for the Resolution of Chinese Domain Name Disputes; dazu *Teoh/Smith*, http://www.perkinscoie.com/resource/intldocs/ICANN-China.htm [abgerufen am 5. 3. 2002].

die Registrierung von Domainnamen, die identisch mit seinem Kennzeichenrecht übereinstimmen, Widerspruch einlegen.[689]

4. NAME Schiedsverfahren (ERDRP)

Für Domainnamen, die unter dem Top Level .NAME registriert werden, gilt neben der UDRP mit der „Eligibility Requirements Dispute Resolution Policy"[690] **(ERDRP)** noch eine weitere Schiedsgerichtsordnung, durch die sichergestellt werden soll, dass nur solche Domainnamen belegt werden, die auch die besonderen Vergabebedingungen für .NAME erfüllen. Nach den Vergabebedingungen können natürliche Personen einen mit ihrem Vor- und Nachnamen übereinstimmenden Domainnamen belegen (z.B. rudi.carell.name). Die Befugnis zur Eintragung von .NAME Domainnamen steht auch Inhabern von Markenrechten zu, die den Namen eines fiktiven Charakters betreffen (z.B. clark.kent.name).[691] Da der Vergabe von .NAME Domainnamen keine Prüfung vorausgeht, ob diese tatsächlich für eine Person mit entsprechenden Namensrechten erfolgt, ist es möglich, sich ohne Berechtigung einen entsprechenden Domainnamen zu verschaffen. Hiergegen kann jedermann vorgehen, indem er eine Beschwerde entsprechend der ERDRP bei einem der von der ICANN zugelassenen Provider einreicht (§ 3 lit. a ERDRP Rules). Der Beschwerdeführer ist insoweit darlegungspflichtig, dass der Domaininhaber die Anforderungen nicht erfüllt. Soweit in der WHOIS Datenbank eine Person mit anderem Namen als Inhaber eingetragen ist, ist ein Verstoß evident. Stimmen hingegen Name und Domainname überein, so muss der Beschwerdeführer darlegen, dass es diese Person nicht gibt. Das Verfahren ist stark an das der UDRP angelehnt, so dass hinsichtlich der formellen Fragen auf die dortigen Ausführungen verwiesen werden kann. Innerhalb von zwanzig Tagen ab Zustellung der Beschwerdeschrift kann der Domaininhaber einen Erwiderungsschriftsatz einreichen und seine Berechtigung gegenüber dem Schiedsgericht nachweisen. Kommt das Schiedsgericht zu der Erkenntnis, dass der Domaininhaber nicht zur Belegung des .NAME Domainnamens berechtigt ist, so sind drei verschiedene Entscheidungen denkbar. Auf entsprechenden Antrag des Beschwerdeführers hin wird der Domainname gelöscht (§ 5 lit. f i A ERDRP). Er ist damit zur anderweitigen Vergabe frei. Erfüllt der Beschwerdeführer selbst die Eintragungsbedingungen, so kann er die Übertragung des Domainnamens auf sich verlangen (§ 5 lit. f i B ERDRP). Dies dürfte praktisch der häufigste Anwendungsfall sein, da vordringlich Personen mit entsprechendem Namen ein Interesse daran haben dürften, bei Verstößen gegen die Vergabeordnung den Domainnamen auf sich überzuleiten. Schließlich kann ein Beschwerdeführer mit abweichendem Namen auch eine kombinierte Second und Third Level **„Defensive Registration"** beantragen. 181

---

[689] *Chiang Ling Li,* The Journal of World Intellectual Property 2001, 105.

[690] Eligibility Requirements Dispute Resolution Policy als EXHIBIT 1 des Proposed Unsponsored TLD Agreement: Appendix M (.name) (3 July 2001), dort finden sich auch als EXHIBIT 2 die Rules for Eligibility Requirements Dispute Resolution Policy (ERDRP Rules), http://www.icann.org/tlds/agreements/name/registry-agmt-appm-03jul01.htm [abgerufen am 5. 3. 2002]; dazu *Wichard,* MarkenR 2002, 13 (15).

[691] Vgl. dazu die .NAME Registration Restrictions, http://www.icann.org/tlds/agreements/name/registry-agmt-appl-03jul01.htm [abgerufen am 5. 3. 2002].

182 Eine Defensive Registration[692] bewirkt eine Sperre der entsprechenden Zeichenfolge, die damit nicht mehr zur Registrierung durch Dritte zur Verfügung steht. Eine Defensive Registration kann nicht nur über ein vorangegangenes ERDRP Verfahren erreicht werden. Vielmehr sind solche defensiven Eintragungen jederzeit ohne Angabe von Gründen möglich. Sie dürften insbesondere für Inhaber von Marken- und anderweitigen Kennzeichenrechten, aber auch für Prominente mit ausgefallenen Namen interessant sein, die so verhindern können, dass ihr Vor- oder Nachname von Nichtberechtigten missbraucht wird. Es gibt drei Arten von Defensive Registrations. Die Second Level Defensive Registration erfasst sämtliche Kombinationen mit einem bestimmten Second Level und einem variablen Third Level. Eine Second Level Defensive Registration für die Zeichenfolge „Chrysler" sperrt dementsprechend Domainnamen wie daimler.chrysler.name, mercedes.crysler.name, james.chrysler.name etc. Bei der Third Level Defensive Registration ist es genau umgekehrt. Sie deckt bei einem vorgegebenen Third Level Kombinationen mit einem variablen Second Level ab. Eine Defensive Registration für „Coca" verhindert gleichermaßen Eintragungen für den Domainnamen coca.cola.name als auch für coca.reallysucks.name. Die kombinierte Second und Third Level Defensive Registration blockiert für beide Level vorgegebene Zeichenfolgen. Eine solche kombinierte Second und Third Level Defensive Registration für „Boris" im Third und „Becker" im Second Level verhindert boris.becker.name, verhindert aber nicht die Eintragung von becker.boris.name. Für einen Markeninhaber, der seine Kennzeichen umfassend sperren möchte, kämen gegebenenfalls jeweils eine Second und Third Level Defensive Registration in Betracht. So könnte beispielsweise eine Defensive Registration für die Zeichenfolge „Karstadt" im Second und im Third Level Domainnamen wie karstadt.online.name und kaufhaus.karstadt.name verhindern.

183 Die Defensive Registration hat eine Laufzeit von zehn Jahren (§ 2 lit. f ii .NAME Registration Restrictions). Die Registrierungsgebühr wird von dem jeweiligen Provider festgesetzt, sie darf allerdings 6000 US $ für die Second bzw. Third Level Defensive Registration nicht überschreiten. Bei der kombinierten Second und Third Level Defensive Registration gilt ein Höchstbetrag von 250 US $.[693] Die Defensive Registration verleiht ihrem Inhaber allerdings keinen absoluten Schutz. In Abwägung der Interessen von Markeninhabern einerseits mit den Namensrechten von natürlichen Personen andererseits wurde in letzter Konsequenz den Namensrechten der Vorrang eingeräumt. Der Namensinhaber kann ein ERDRP Beschwerdeverfahren gegen eine Defensive Registration mit dem Ziel anstrengen, selbst den Domainnamen zugewiesen zu bekommen (§ 4 lit. a iii ERDRP). Ist beispielsweise der Antrag eines Herrn Hans Karstadt wegen der Second Level Defensive Registration für die Zeichenfolge „Karstadt" zurückgewiesen worden, so kann dieser – gestützt auf seine Namensrechte – im förmlichen Beschwerdeverfahren erfolgreich die Zuweisung des Domainnamens hans.karstadt.name durchsetzen (§ 5 lit. f ii B ERDRP). Dabei unterliegt die Defensive Registration der aus dem amerikanischen Baseball

---

692 Während der Einführungsphase von .NAME gab es für Markeninhaber gesonderte Vorschriften für den Erwerb einer sogenannten Phase I Defensive Registration, bei den im Folgenden behandelten Defensive Registrations handelt es sich um die zeitlich unbeschränkt verfügbaren Phase II Defensive Registrations.

693 Vgl. Nr. 7 des Registry Operator Maximum Price Schedule, http://www.icann.org/tlds/agreements/name/registry-agmt-appg-03jul01.htm [abgerufen am 5. 3. 2002].

bekannten **„three strikes out" Regel.** Haben sich drei natürliche Personen mit entsprechenden Beschwerden erfolgreich gegen die Defensive Registration durchgesetzt, so wird diese gelöscht (§ 5 lit. f ii C ERDRP). Selbst Inhabern bekannter Marken ist von daher die Defensive Registration als Mittel des effektiven Markenschutzes nur dann zu empfehlen, wenn die Marke aus einem ausgesprochenen Phantasiewort besteht (Xerox, Whiskas, Kodak etc.). Bei diesen Marken ist es weniger wahrscheinlich, dass es tatsächlich Personen gleichen Namens gibt, die die Sperre der Defensive Registration überwinden und damit zu Fall bringen könnten.

IV. Passivlegitimation bei gerichtlichen Auseinandersetzungen

Domaininhaber. Als unmittelbarer Handlungsstörer ist bei Kennzeichenverlet- 184
zungen auf Grund Eintragung von Domainnamen in erster Linie der Domaininhaber verantwortlich.[694] Die Identität des Domaininhabers lässt sich durch eine entsprechende Abfrage der jeweiligen Whois-Datenbank ermitteln.[695] Diese Datenbank ist in der Regel tagesaktuell. Um sicherzugehen, kann bei der Registrierstelle um Bestätigung der Inhaberangaben gebeten werden. Die DENIC beantwortet entsprechende formlose Anfragen, wenn sich der Anspruchsteller auf eine Verletzung seiner Kennzeichenrechte beruft. Um zu verhindern, dass der Domainname während eines Rechtsstreits vom bisher eingetragenen Inhaber auf eine dritte Person umgeschrieben wird, empfiehlt es sich, bei .DE Domainnamen, einen **Dispute-Eintrag** zu erwirken.[696] Damit ist der Domaininhaber daran gehindert, den Domainnamen ohne Zustimmung des Anspruchstellers zu übertragen, um sich so einer etwaigen rechtlichen Auseinandersetzung zu entziehen. Bei Domainnamen, die der UDRP unterfallen (.COM, .BIZ, .INFO, .NET usw.), kann eine entsprechende Sperre durch in Gang setzen eines entsprechenden Beschwerdeverfahrens erzielt werden (§ 8 lit. a UDRP). Bevorzugt der Beschwerdeführer eine Entscheidung durch die nationalen Gerichte im Rahmen eines parallel geführten Rechtsstreits vor den Gerichten, so kann er einen Aussetzungsantrag bezüglich des Schiedsgerichtsverfahrens stellen. Das Schiedsgericht kann diesem im Rahmen des eigenen Ermessens zustimmen (§ 18 lit. a UDRP-Rules).

Versäumt es der Domaininhaber, einen Dispute Eintrag zu erwirken bzw. ein 185
UDRP-Verfahren zu initiieren, so fragt sich, ob bei Übertragung des Domainnamens nach Rechtshängigkeit eines den Domainnamen betreffenden Prozesses das Verfahren gegen den bisherigen oder gegen den neuen Domaininhaber fortzusetzen ist. Nach § 265 ZPO schließt die Rechtshängigkeit nicht aus, die in Streit befangene Sache zu veräußern. Mangels Zustimmung des Klägers ist der Prozess mit dem bisherigen Beklagten fortzusetzen, die subjektive Rechtskraft des Urteils erstreckt sich auch auf den Rechtsnachfolger (§ 325 Abs. 1 ZPO). Diese Vorschriften sind jedoch nur anwendbar, wenn man im Domainprozess den Domainnamen als die „in Streit befangene Sache" qualifizieren kann. Der Begriff der Sache ist nicht gleichzusetzen mit einem körperlichen Gegenstand (§ 90 BGB). Eine Sache im Sinne von § 265 Abs. 1 ZPO kann vielmehr auch ein Recht sein, dessen Verlust die Sachlegitimation

---

[694] *Ingerl/Rohnke,* Vor §§ 14–19, Rdnr. 10; *Bücking,* Domainrecht, Rdnr. 245; *Hoeren/Sieber/Viefhues,* § 6 Rdnr. 263.

[695] Vgl. dazu Rdnr. 26ff.

[696] Zum Dispute Eintrag vgl. auch Rdnr. 122.

beseitigt. Ein derartiges Recht kann dinglicher oder schuldrechtlicher Natur sein, im letzteren Fall aber nur, wenn die Sachlegitimation aus einem dinglichen Recht herrührt.[697] Der Domainname an sich stellt kein absolutes Recht im Sinne eines Ausschließlichkeitsrechts dar. Streitgegenstand des Domainrechtsstreits ist der schuldrechtliche Anspruch des Beklagten auf Aufrechterhaltung der Eintragung seines Namens im Nameserver gegenüber der jeweiligen Registrierstelle. Da dieser Anspruch auf Aufrechterhaltung des Domainnamens nicht aus einem dinglichen Recht herrührt, entfällt die Sachlegitimation des alten Domaininhabers mit Kündigung des zwischen ihm und der Registrierstelle (DENIC) bestehenden Domain-Registrierungsvertrags. Dem Kläger bleibt bei der Übertragung des Domainnamens auf einen Dritten demnach nur die Erledigungserklärung und ein Kostenantrag nach § 91a ZPO. Anders ist die Rechtslage in Fällen, in denen nicht isoliert gegen den Domainnamen vorgegangen wird. Geht der Kläger in dem Rechtsstreit umfassend gegen die Verletzung seiner Kennzeichenrechte auf Grund Benutzung durch den Beklagten im geschäftlichen Verkehr vor und überträgt der Domaininhaber neben dem Domainnamen mit diesem korrespondierende Kennzeichenrechte, insbesondere Marken-, Firmen- oder Titelschutzrechte auf einen Rechtsnachfolger, so sind diese gewerblichen Schutzrechte streitbefangen. Der Domainname ist in diesen Konstellationen auf das Schutzrecht bezogen, so dass der Rechtsstreit einheitlich fortgeführt werden kann, einschließlich der Rechtskraftwirkung gegen den Rechtsnachfolger des bisherigen Domaininhabers gemäß § 325 Abs. 1 ZPO.

186 **Administrativer Kontakt.** Nach Nr. 3 Abs. 2 der DENIC-Registrierungsrichtlinien ist der administrative Kontakt die vom Domaininhaber benannte natürliche Person, die als sein Bevollmächtigter berechtigt und verpflichtet ist, sämtliche den Domainnamen betreffenden Angelegenheiten verbindlich zu entscheiden. Entsprechend dem weiten Störerbegriff der Rechtsprechung ist damit auch die Person des für den Domainnamen eingetragenen administrativen Kontakts zumindest als **Mitstörer** passivlegitimiert. Mitstörer ist jeder, der an den wettbewerbswidrigen Handlungen eines Dritten, hier des Domaininhabers, adäquat kausal mitwirkt, soweit er die Möglichkeit besitzt, die rechtsverletzende Handlung zu verhindern. Um die Störerhaftung nicht über Gebühr auf Dritte zu erstrecken, die nicht selbst die rechtswidrige Beeinträchtigung vorgenommen haben, setzt die Inanspruchnahme zusätzlich die **Verletzung eigener Prüfungspflichten** voraus. Der Umfang dieser Prüfungspflichten wird durch die jeweilige Zumutbarkeit beschränkt.[698] Da der administrative Kontakt im Außenverhältnis gegenüber der Registrierstelle befugt ist, auf den Domainnamen zu verzichten, ist sein Verhalten adäquat mit kausal für die Verletzungshandlung des Domaininhabers. In der Instanzrechtsprechung wird die Passivlegitimation des administrativen Kontakts hinsichtlich der Durchsetzung von Unterlassungsansprüchen unterschiedlich gehandhabt, ohne dass dem Umfang der Störerhaftung näher nachgegangen würde.[699] Was die Prüfungsobliegenheit des administrativen Kontakts angeht, so ist dieser gehalten, sich beim Domaininhaber

[697] *Zöller/Greger,* § 265 ZPO, Rdnr. 3.

[698] Std. Rspr.: *BGH* GRUR 2001, 1038 (1039) – ambiente.de; *BGH* GRUR 1986, 248 (250f.) – sporthosen.de; m. w. N. *Baumbach/Hefermehl,* Einl. UWG, Rdnr. 327.

[699] Für Passivlegitimation des AdminC: *OLG München,* MMR 2000, 277 – intershopping.de; *LG Hamburg,* MMR 2000, 620 (621) – joop.de; *LG Hamburg,* NJOZ 2001, 206 (208) – kaefergermany.de: dagegen: *OLG Koblenz,* WRP 2002, 340 (341) – vallendar.de.

über dessen Berechtigung zur Belegung des Domainnamens zu vergewissern. Soweit die Zusicherung des Domaininhabers plausibel ist und nicht ersichtlich ein mit einer bekannten oder berühmten Marke übereinstimmender Domainname registriert werden soll, dürften ergänzende Nachforschungen, z.B. eigenständige Markenverfügbarkeitsrecherchen, kaum zumutbar sein. Weitergehende Prüfungspflichten können allerdings dann entstehen, wenn der administrative Kontakt von einem Kennzeicheninhaber auf dessen Rechte hingewiesen wird. Der administrative Kontakt ist in derartigen Fällen gehalten, die rechtliche Lage einer eingehenden Würdigung zu unterziehen. Hält er dennoch an seiner Stellung als administrativer Kontakt fest, so stellt er sich auf eine Stufe mit dem Domaininhaber und teilt dessen Verantwortlichkeit. Stellt der administrative Kontakt hingegen die Ansprüche des Kennzeicheninhabers durch Verzicht auf seine Stellung klaglos, so entfällt seine Verantwortlichkeit. Er ist auch nicht zur Erstattung der Abmahnkosten verpflichtet, da dem administrativen Kontakt zum Zeitpunkt der Abmahnung die Rechte des Anspruchstellers unverschuldet unbekannt waren und erst durch die Abmahnung weitergehende Prüfungspflichten ausgelöst wurden.

Erhebliche praktische Relevanz kommt der Inanspruchnahme des administrati- 187
ven Kontakts in Fällen zu, in denen der Domainnameninhaber keinen Sitz im Inland hat. Der Verletzte kann sich insoweit zur Vermeidung einer Durchsetzung bzw. Vollstreckung seiner Ansprüche im Ausland an den administrativen Kontakt in Deutschland halten.

Technischer Kontakt (Serviceprovider). Ob die Person, die als sogenannter tech- 188
nischer Kontakt als Betreiber des Nameservers für einen Domainnamen im Register eingetragen ist, in jedem Fall nach den allgemeinen wettbewerbsrechtlichen Vorschriften als Mitstörer zu qualifizieren ist, ist fraglich.[700] Wie in anderem Zusammenhang auch, muss man dahingehend differenzieren, ob der Kläger die Verletzung seiner Rechte wegen der Inhalte rügt, die auf der mit dem Domainnamen verbundenen Internetseite abrufbar sind, oder ob er gegen den Domainnamen als solchen vorgeht.[701] Nur in letzterem Fall liegt ein Konflikt um einen Domainnamen vor.[702] Entsprechend dem rechtlichen Begriff des Mitstörers ist der technische Kontakt nur dann passivlegitimiert, wenn er die Möglichkeit hat, die rechtsverletzende Handlung zu unterbinden. Die Befugnis zur eigenmächtigen Änderung der Inhaberangaben kommt aber dem technischen Kontakt, der gleichzeitig meist mit dem den Domain-Registrierungsvertrag vermittelnden Serviceprovider identisch ist, nicht zu. Die Eintragungen im Nameserver der Registrierstelle dürfen nur verändert werden, wenn hierzu eine entsprechende Beauftragung durch den Domaininhaber bzw. den administrativen Kontakt vorliegt. Selbst wenn der technische Kontakt ein gegen ihn ergangenes Urteil bei der Registrierstelle vorlegt, das ihn zur Freigabe des Domainnamens verpflichtet,[703] würde die insoweit von der Rechtskraft des Urteils nicht erfasste Registrierstelle dem Begehren nicht nachkommen, da sie sich wegen des fortbestehenden Aufrechterhaltungsanspruchs des Domaininhabers an einer Befolgung

---

[700] In diesem Sinne aber *LG Hamburg,* NJOZ 2001, 206 (208) – kaefer-germany.de.

[701] *OLG Hamburg,* CR 2000, 385 ff. – goldenjackpot.com betrifft Haftung des technischen Kontakts wegen Ermöglichung des Zugangs zu einem verbotenen Glücksspiel; zur Anwendung der Haftungsspivilegien des § 5 TDG in diesen Fällen § 4 Rdnr. 47 f.

[702] A. A. *LG Coburg,* Urt. v. 7. 2. 2001, http://www.jurpc.de/rechtspr/20010083.htm, Domain-Namensrecht und Providerwechsel.

[703] Ein solches Vorgehen schlägt das *LG Bremen,* CR 2000, 543 (544) – photo-dose.de vor.

des Urteilsspruchs gehindert sähe. Der technische Kontakt hat allenfalls die Möglichkeit, seine diesbezügliche Funktion aufzugeben. Soweit er gleichzeitig auch Serviceprovider ist, könnte er gegebenenfalls den zum Domainnamen bestehenden Pflegevertrag mit dem Domaininhaber kündigen. Diese Kündigung hätte allerdings lediglich zur Folge, dass die Zahlungspflicht des Domaininhabers gegenüber der Registrierstelle wieder auflebt (§ 4 Abs. 1 DENIC-Registrierungsbedingungen). Die Eintragung des bisherigen Domaininhabers bliebe hingegen völlig unberührt. Mit Kündigung des Domain-Pflegevertrags wird der Domainname in die direkte Verwaltung der DENIC überführt (sog. **Transit-Zustand**).[704] Der Domaininhaber kann dann wählen, ob er mit einem anderweitigen Serviceprovider einen Pflegevertrag abschließt oder das Serviceangebot DENICdirect wahrnimmt.

189 Ausnahmsweise ergibt sich eine eigene Verantwortlichkeit des Serviceproviders, wenn er über die bloße Vermittlung des Domainnamens hinaus auf Grund eigener Handlungen die rechtsverletzende Belegung eines Domainnamens unterstützt. Problematisch ist insoweit die weit verbreitete Praxis der Serviceprovider, zu Werbezwecken einen **Domain-Check** anzubieten. Der an einem Domainnamen interessierte Internetnutzer wird im Rahmen einer auf der Homepage des Serviceproviders integrierten Verfügbarkeitsrecherche zum gewünschten Domainnamen darauf aufmerksam gemacht, dass ähnliche Domainnamen, seien es solche mit beschreibenden Zusätzen oder identische Zeichenfolgen, unter anderen Top Leveln noch verfügbar seien und registriert werden könnten.[705] Das OLG Köln hält derlei Geschäftsgebaren für zulässig, da im Rahmen eines automatisierten Verfahrens lediglich zutreffende Informationen über die Registrierbarkeit von Domainnamen erteilt würden.[706] Dem ist entgegenzuhalten, dass bei dem gekoppelten Angebot von Domain-Check und automatisierten Anmeldeverfahren der Eindruck entseht, der Domainname sei nicht nur technisch verfügbar sondern darüber hinaus frei von Rechten Dritter registrierbar.[707]

190 **Registrierstelle (DENIC).** Zur Reichweite der **Störerhaftung der DENIC** hat sich der Bundesgerichtshof in der Auseinandersetzung um den Domainnamen ambiente.de geäußert.[708] Ausgangspunkt der Überlegungen war auch insoweit der weite Mitstörerbegriff, der grundsätzlich die Möglichkeit der Verhinderung einer rechtsverletzenden Handlung zur Begründung einer eigenen Verantwortlichkeit genügen lässt. Die Haftung wird allerdings **durch die Prüfungspflichten beschränkt,** die der Registrierstelle zuzumuten sind. Der Umfang der Prüfungspflichten wird durch die Eigenverantwortung des unmittelbar handelnden Störers sowie die Aufgabenstellung des als Mitstörer Belangten bestimmt.[709] Bei der Beurteilung des Prüfungsum-

---

[704] Domain-Transit, http://www.denic.de/doc/faq/transit.html [abgerufen am 5. 3. 2002] sowie Rdnr. 19.

[705] *LG Köln,* CR 2001, 622 – guenter-jauch.de; mit zustimmenden Anmerkungen *Leible/Sosnitza,* CR 2001, 624 f.; ablehnend *Ernst,* CR 2001, 625 f.

[706] *OLG Köln,* CR 2002, 533 (534) = MMR 2002, 476 (477) – guenter-jauch.de II, m. zust. Anm. *Ernst,* CR 2002, 535 f.

[707] *Leible/Sosnitza,* MMR 2002, 479 (480); *Engler,* Der Übertragungsanspruch im Domainrecht, S. 61; a. A. *Ernst,* CR 2002, 535 (536).

[708] *BGH* GRUR 2001, 1038 ff. – ambiente.de; zust. Anm. *Freytag,* CR 2001, 853 ff.; in der früheren Instanzrechtsprechung offen lassend KG, NJW 1997, 3321 (3322) – concert-concept.com; *LG Mannheim,* NJW 1996, 2736 (2737) – heidelberg.de.

[709] *BGH* GRUR 2001, 1038 (1040) – ambiente.de; *Bettinger/Freytag,* CR 1999, 28 (34).

fangs einer Registrierstelle für Domainnamen sei insoweit zu berücksichtigen, dass diese Aufgaben wahrnimmt, deren Erfüllung im Allgemeininteresse liegt. Die preiswerte und schnelle Vergabe einer großen Zahl von Domainnamen sei von gesamtwirtschaftlichem Interesse. Sie sei nur durch ein automatisiertes Verfahren ohne Einzelfallprüfung zu gewährleisten, bei dem eine Zuweisung der Domainnamen allein nach dem Prioritätsprinzip erfolgt. Nur ausnahmsweise komme daher eine Verletzung von Kennzeichenrechten durch die Registrierstelle selbst in Betracht. Eine dogmatische Herleitung für die beschränkte Prüfungspflicht bleibt das Gericht allerdings schuldig. Weder aus Markenrecht noch aus Grundrechten heraus lässt sich eine Privilegierung der Registrierstelle ableiten.[710] Es bleiben die Zumutbarkeitserwägungen, die im Hinblick auf das Fehlen eines Schiedsgerichtsverfahrens für .DE Domainnamen jedoch nicht stichhaltig sind.

Der Bundesgerichtshof nennt allerdings zwei denkbare Anwendungsfälle für eine eigene Verantwortlichkeit.[711] Die Registrierstelle ist gehalten, den Domainnamen freizugeben, wenn ihr ein vorläufig vollstreckbarer[712] oder rechtskräftiger **gerichtlicher Titel** gegen den Domaininhaber vorgelegt wird, der vom Anspruchsteller erstritten wurde. Nicht ausreichend ist eine einstweilige Verfügung, die von einem Gericht ohne vorherige mündliche Verhandlung erlassen wurde.[713] Einem solchen Titel steht eine vertragsstrafebewehrte **Unterlassungserklärung** des Domaininhabers gleich, soweit zwischen dem Domaininhaber und dem Anspruchsteller kein ernsthafter Streit über die Wirksamkeit des Unterlassungsvertrags besteht.[714] Des Weiteren trifft die Registrierstelle eine eigene Verantwortung, wenn sich die Rechtsverletzung der Registrierstelle aufdrängen muss.[715] Man muss insoweit zeitlich **zwei Phasen** auseinanderhalten. Allein der Umstand, dass die Registrierstelle einen mit einem überragend bekannten Kennzeichen übereinstimmenden Domainnamen an einen offensichtlich Nichtberechtigten vergibt, begründet noch keine eigene Verantwortlichkeit. Die DENIC darf bei der Vergabe von Domainnamen an dem bewährten automatisierten Verfahren festhalten, das auch bei offensichtlich rechtswidrigen Anfragen keine Sperrmöglichkeit erlaubt. Erst **nach** Vergabe des Domainnamens an einen Nichtberechtigten kommt es in Ausnahmefällen zu einer eingeschränkten Prüfungspflicht der Registrierstelle. Wird die DENIC von einem Kennzeicheninhaber darauf hingewiesen, dass der vergebene Domainname gegen ein ihm zustehendes Kennzeichenrecht verstößt, so entsteht eine Störerhaftung der Registrierstelle, wenn für diese **die Rechtsverletzung offenkundig und ohne weiteres** 191

---

[710] Kritisch zur ambiente.de Entscheidung des *BGH* Anm. *Ubber,* K&R 2001, 593 ff.; in den USA wurde eine Verantwortlichkeit der Registrierstelle Network Solutions mit der Erwägung abgelehnt, dass diese nicht im geschäftlichen Verkehr handele: Lockheed Martin Corp. vs. Network Solutions, Inc., http://normative.zusammenhaenge.at/faelle/lockhead_v_nsi.html, [abgerufen am 1. 4. 2002].

[711] *BGH* GRUR 2001, 1038 (1040) – ambiente.de; s.a. *OLG Frankfurt am Main,* WRP 2000, 214 (217 f.) – ambiente.de; *OLG Dresden,* CR 2001, 408 (409) – kurt-biedenkopf.de; a.A. *LG Magdeburg,* MMR 1999, 607 (609) – foris.de.

[712] Der BGH erwähnt nur rechtskräftige Titel, gleichwohl reicht ein vorläufig vollstreckbarer Titel nach Sicherheitsleistung aus, da die Rechtsordnung mit den Regeln zur vorläufigen Vollstreckbarkeit die gegensätzlichen Interessen austariert hat.

[713] *OLG Naumburg,* MMR 2002, 57 f. – anwalts-auskunft.de, wohl aber eine einstweilige Verfügung mit Abschlusserklärung: Welzel, MMR 2001, 744 (745).

[714] *BGH* GRUR 2001, 1038 (1041) – ambiente.de; *Renck,* NJW 1999, 3587 (3593).

[715] *BGH* GRUR 2001, 1038 (1040 f.) – ambiente.de; *Welzel,* MMR 2000, 39 (40); *Renck,* NJW 1999, 3587 (3593); a.A. *Völker/Weidert,* WRP 1997, 652 (661 f.).

feststellbar ist.[716] Von einer solchen offenkundigen Feststellbarkeit kann nach den Ausführungen des Bundesgerichtshofes nur ausgegangen werden, wenn der streitgegenständliche Domainname mit einer **berühmten Marke** identisch ist, die auch in den allgemeinen Verkehrskreisen über eine überragende Verkehrsgeltung verfügt.[717] Der Anspruchsteller wird dementsprechend bei der Registrierstelle nachweisen müssen, dass sein Kennzeichenrecht im geschäftlichen Verkehr einen Durchsetzungsgrad von zumindest achtzig Prozent genießt. Man wird allerdings auch von einem offenkundigen Rechtsverstoß sprechen können, wenn der Domainname zwar nicht identisch mit der berühmten Marke übereinstimmt, dieser aber das berühmte Kennzeichen mit einem einschlägig beschreibenden Begriff kombiniert (z.B. coca-cola-schmeckt.de). In den allermeisten Konflikten um Domainnamen kann sich der Kennzeicheninhaber hingegen nicht auf ein berühmtes Kennzeichen stützen. In Fällen, in denen sich der Anspruchsteller auf ein Recht mit normaler oder aber auch auf ein bekanntes, aber nicht berühmtes Kennzeichen beruft, ist es der Registrierstelle nicht zumutbar, weitergehende Nachforschungen zu betreiben. Andernfalls würde man die Registrierstelle mit der Klärung schwieriger Rechtsfragen belasten und ihr insbesondere ein eigenes Urteil hinsichtlich der häufig schwer zu beurteilenden Frage abverlangen, ob die Belegung des Domainnamens eine Verwechslungsgefahr begründet.[718]

192 Mit der an und für sich nahe liegenden Frage, ob der DENIC im Rahmen ihrer Prüfungsobliegenheiten die Einrichtung eines **schiedsgerichtlichen Verfahrens** zur Klärung kennzeichenrechtlicher Kollisionen zuzumuten ist, hat sich der Bundesgerichthof nicht auseinandergesetzt. Dies verwundert nicht nur insofern, als für die Mehrzahl der generischen und country code Top Level Domainnamen derartige Schiedsverfahren eingerichtet sind.[719] Vielmehr war die Begrenzung der rechtlichen Verantwortlichkeit von Registrierstellen ein ganz entscheidender Beweggrund für die Anregung der WIPO zur Implementierung der Schiedsgerichtsbarkeit für Domainnamen: „Moreover, registration authorities have frequently been named as parties to the dispute in litigation, exposing them to potential liability and further complicating their task of running the domain name registration process."[720] Bekanntlich fand der Vorstoß der WIPO seine Umsetzung in der UDRP, deren Bedeutung bei aller Kritikwürdigkeit für Auseinandersetzungen um Domainnamen heute kaum zu überschätzen ist. Die gleichen Erwägungen zur Haftungsbeschränkung finden sich auch in den Empfehlungen der WIPO für ccTLD Registrierstellen.[721] Offenbar hat der Bundesgerichtshof die Option nicht erkannt, dass man der

---

[716] *BGH* GRUR 2001, 1038 – ambiente.de; ebenso *LG Kiel,* MMR 2002, 64 – nordsee.de (Ls.) entsprechend auch für Österreich: *öOGH*, K&R 2001, 232 (nur Ls.) – fpo.at.

[717] *BGH* GRUR 2001, 1038 (1041) – ambiente.de.

[718] Weitergehend das *LG Frankfurt am Main,* CR 2001, 51 (52) – dresdnerhypovereinsbank.de, das die Verantwortlichkeit der DENIC auch auf Fälle normaler Verwechslungsgefahr erstreckt; ebenso *LG Frankfurt am Main,* CR 2001, 785 – viagratip.de.

[719] Dazu im Einzelnen Rdnr. 133, Rdnr. 178 und die Übersicht unter Rdnr. 10.

[720] Nr. 131 des Final Report of the WIPO Internet Domain Name Process, April 30, 1999, http://wipo2.wipo.int/process1/report/finalreport.html [abgerufen am 5. 3. 2002].

[721] Überschrift: Alternative Dispute Resolution (ADR) – The Value of ADR, Abs. 2 5. Spiegelstrich, WIPO, ccTLDs Best Practices for the Prevention and Resolution of Intellectual Property disputes (Version: June 20, 2001): http://ecommerce.wipo.int/domains/cctlds/bestpractices/bestpractices.html [abgerufen am 5. 3. 2002].

DENIC im Rahmen ihrer Prüfungspflichten die Schaffung eines Schiedsgerichtsverfahrens hätte aufgeben können. Der BGH belässt es bei der Feststellung, dass bei den Sachbearbeitern der DENIC nicht vorausgesetzt werden könne, dass diese hinreichende Kenntnisse im Markenrecht besäßen, die für die Beurteilung von Nöten sind, ob eine Verwechslungsgefahr gegeben ist.[722] Dabei ist es gar nicht erforderlich, dass die DENIC derartige Prüfungen mit eigenem Personal vornimmt. Die Aufgabe der rechtlichen Würdigung kann an das fachlich qualifizierte Schiedsgericht delegiert werden, wohingegen die DENIC sich auf die eigentliche Aufgabe der Domainvergabe konzentrieren könnte. Orientiert man sich bei der Bemessung der Prüfungspflichten an dem Kriterium der Zumutbarkeit, so wäre es der DENIC ohne weiteres zuzumuten, eine am internationalen Standard der WIPO orientierte Schiedsgerichtsbarkeit zu etablieren. In eine ähnliche Richtung gehen auch die Überlegungen des Landgerichts Frankfurt. In der Entscheidung viagratip.de skizziert das Gericht ein von der DENIC einzurichtendes Verfahrensmodell.[723] So müsse die Registrierstelle für den Fall, dass ihr eine Rechtsverletzung schlüssig unterbreitet wurde, den Domaininhaber mit der Bitte um Stellungnahme und dem Hinweis anschreiben, dass eine Löschung des Domainnamens in Betracht komme. Nur wenn der Domaininhaber tatsächlich ernst zu nehmende Einwände gegen die Löschung des Domainnamens erhebe, könne die DENIC darauf bestehen, dass der Rechtsstreit zwischen dem Anspruchsteller und dem Domaininhaber vor den staatlichen Gerichten ausgetragen werde.

Inhaber eines Dispute-Eintrags. Auch der Inhaber eines sogenannten Dispute-Eintrags kann wegen Verletzung von Kennzeichenrechten Dritter passivlegitimiert sein. 193
Ist der Domainname für einen anderweitigen Dritten registriert worden, so kann freilich in dem Dispute-Eintrag für sich genommen noch keine Leugnung der möglicherweise vorrangigen Kennzeichenrechte des Klägers gesehen werden.[724] Der Dispute-Eintrag stellt sich als eine bloße Option dar, und es bleibt völlig offen, ob der Eingetragene bei einem etwaigen freiwilligen Verzicht des bisherigen Domaininhabers in die Inhaberstellung nachrückt. Der Anspruchsteller ist gehalten, seine Ansprüche gegen den aktuell eingetragenen Domaininhaber, gegebenenfalls unter Inanspruchnahme gerichtlicher Hilfe, durchzusetzen. War der klagende Kennzeicheninhaber erfolgreich, so wird der bisherige Domaininhaber gelöscht, und der Inhaber des Dispute-Eintrags folgt ihm nach. Mit der übernommenen Stellung als Domaininhaber liegt dann gegebenenfalls eine eigenständige Rechtsverletzung vor, gegen die der Kennzeicheninhaber in einem zweiten Schritt vorgehen kann.

V. Pfändung von Domainnamen

Die Frage, ob eine Zwangvollstreckung in Domainnamen möglich ist oder nicht, 194
ist stark umstritten. Sie lässt sich nur beantworten, wenn man sich darauf festlegt, dass Domainnamen eine eigene Rechtsnatur haben und welcher Art diese Rechtsnatur ist. Domainnamen sind weder Sachen noch Teil des unbeweglichen Vermögens oder Geldforderungen. Es kommt von daher allenfalls eine Pfändung nach §§ 829,

[722] *BGH* GRUR 2001, 1038 (1041) – ambiente.de.
[723] *LG Frankfurt am Main,* CR 2001, 785 – viagratip.de.
[724] *LG Bochum,* Urt. v. 5. 4. 2001, – schumacher.de, http://www.jurawelt.com/gerichtsurteile/zivilrecht/lg/2188 [abgerufen am 5. 3. 2002].

857 ff. ZPO in Betracht, soweit sich Domainnamen als „andere Vermögensrechte" im Sinne dieser Vorschrift qualifizieren lassen. Überdies müssten Domainnamen einer Übertragung (§ 851 ZPO) zugänglich sein, da im Falle ihrer Unveräußerlichkeit eine Zuweisung an den Gläubiger scheitert. Als Vermögensrechte sind Rechte aller Art pfändbar, die einen Vermögenswert derart verkörpern, dass die Pfandverwertung zur Befriedigung des Gläubigers führen kann.[725] Insofern muss zwischen der Pfändbarkeit des Domainnamens als solchem und der Pfändbarkeit des Anspruchs auf Aufrechterhaltung der Domaineintragung gegenüber der Registrierstelle (DENIC) unterschieden werden.

1. Pfändung des Domainnamens als solchem

195 Eine Zwangsvollstreckung ist ohne weiteres in Immaterialgüterrechte wie Markenrechte, Patentrechte usw. möglich, da der Gesetzgeber insoweit vom Inhaber verselbstständigte Rechte geschaffen hat und die Pfändbarkeit ausdrücklich geregelt ist (z.B. § 29 Abs. 1 Nr. 1 MarkenG). Nach der hier vertretenen Auffassung ist es indes nicht angezeigt, den numerus clausus der gesetzlich normierten Immaterialgüterrechte in freier Rechtsschöpfung um Domainnamen zu erweitern.[726] Dem steht der Vorbehalt des Gesetzes entgegen. Daran ändert auch die faktische Sperrwirkung des registrierten Domainnamens zugunsten des Domaininhabers nichts. Diese faktische Sperre bewirkt, dass der einmal vergebene Domainname für keinen Dritten mehr verfügbar ist. Anders als bei Immaterialgüterrechten verleiht die faktische Ausschließlichkeit zu Gunsten des Domaininhabers diesem nämlich kein normatives Recht, Dritten die Nutzung des Domainnamens zu untersagen.[727] Niemand kann beispielsweise daran gehindert werden, ein alternatives Domainnamensystem zu etablieren, um in Konkurrenz zu dem ICANN Domainnamensystem Second Level Domainnamen etwa unter dem Top Level .DE anzubieten. Das existierende Domainnamensystem gründet sich ausschließlich auf die Akzeptanz der Internetnutzer, die potentiell jederzeit unterminiert werden kann. Bei gesetzlichen Ausschließlichkeitsrechten ist dies anders. Der Markeninhaber ist befugt, aus seinem Recht gegen jede Verletzung vorzugehen. Der Domaininhaber kann das nicht.

196 Man kann Domainnamen auch nicht einfach als sonstiges „Rechtsinstitut sui generis, vergleichbar etwa mit einer Lizenz" bezeichnen,[728] um dann ohne weiteren Begründungsaufwand auf die Pfändbarkeit von Domainnamen zu schließen. Unbestritten kommt einem Domainnamen ein wirtschaftlicher Wert zu. Dieser kann im Einzelfall sogar erheblich sein. Domainnamen werden in Domain-Börsen gehandelt, es existiert also ein regelrechter Markt. Nicht zufällig verwendet aber das Gesetz in § 857 ZPO das Kompositum „Vermögensrecht". Mit anderen Worten müssen Vermögen und rechtliche Position zusammenkommen. Eine rechtliche Zuordnung von Domainnamen erfolgt zweifelsohne durch die DENIC-Registrierungsbedingungen[729]

---

[725] *Zöller/Stöber,* § 857, Rdnr. 2.

[726] Vgl. *Hanloser,* Rpfleger 2000, 525 (526); *Fezer,* WRP 2000, 669 f.; *Viefhues,* MMR 2000, 286 (287).

[727] A.A. *Welzel,* MMR 2001, 131 (133).

[728] So *LG Essen,* CR 2000, 247; ähnlich *LG Düsseldorf,* CR 2001, 468.

[729] Denic-Registrierungsbedingungen, http://www.denic.de/doc/DENIC/agb.html [abgerufen am 5. 3. 2002].

und Registrierungsrichtlinien,[730] die als Allgemeine Geschäftsbedingungen die vertraglichen Beziehungen zwischen dem Domaininhaber und der Registrierstelle regeln.[731] Durch den Domainvertrag mit DENIC entsteht ein Vertragsverhältnis eigener Art, das die Registrierstelle bezüglich des Domainnamens zur Eintragung, Aufrechterhaltung und Pflege der Eintragungsdaten (Wechsel des Wohnorts, des administrativen Kontakts usw.) verpflichtet.[732] Es ist allerdings nicht angängig, dieses Vertragsverhältnis mit seinem Bündel vertraglicher Ansprüche mit dem Domainnamen als solchem gleichzusetzen.[733] Der Second-Level Domainname ist ein definierter Teil des Domainnamensystems und damit allenfalls Objekt des Registrierungsvertrags. Daran ändert auch § 6 Abs. 2 DENIC-Registrierungsbedingungen nichts, der vorsieht, dass ein Domainname übertragbar ist. Mit dieser vertraglichen Bestimmung soll keine Aussage zur materiell-rechtlichen Möglichkeit der Übertragbarkeit eines verselbstständigten Domainnamens gemacht werden.[734] Bei genauerem Hinsehen stellt sich die Bestimmung des § 6 Abs. 2 DENIC-Registrierungsbedingungen denn auch nur als eine Verpflichtung der DENIC heraus, mit einem vom bisherigen Domaininhaber zu bestimmenden Dritten einen Vertrag zur weiteren Registrierung des Domainnamens abzuschließen. Der Wechsel wird dadurch vollzogen, dass der bisherige Domaininhaber „den Registrierungsvertrag kündigt und der Dritte einen Auftrag zur Registrierung erteilt“.[735] Der Domainname als Vermögenswert ohne die Qualität eines Vermögensrechts i.S. von § 857 ZPO ist damit der Zwangvollstreckung nicht zugänglich.

2. Pfändung des Anspruchs auf Aufrechterhaltung des Domainnamens

Von der Pfändung des Domainnamens als solchem ist die Vollstreckung in ver- 197
tragliche Ansprüche zu unterscheiden, die dem Domaininhaber aus dem vertraglichen Verhältnis mit der Registrierstelle (DENIC) erwachsen. Freilich kann der Gläubiger nicht im Wege der Vollstreckung in das mit dem Schuldner bestehende Domainvertragsverhältnis eintreten. Die Vollstreckung beschränkt sich auf die aus dem Domainvertrag entspringenden Einzelansprüche (Eintragung, Aufrechterhaltung). Die DENIC als Drittschuldnerin braucht sich nämlich keinen neuen Vertragspartner aufzwingen zu lassen. So wie materiellrechtlich Verträge zu Lasten Dritter unwirksam sind, können auch vollstreckungsrechtlich Vertragsparteien nicht ohne Zustimmung des Drittschuldners ausgewechselt werden.[736] Zwar ist die DENIC als Monopolistin, von krassen Ausnahmefällen einmal abgesehen, gehalten, mit jeder Person einen Domainvertrag abzuschließen[737], ein zwingendes Erfordernis, vom Verbot der Vollstreckung zu Lasten Dritter abzuweichen, ergibt sich aus diesem Monopol aber nicht.

Es ist für den Gläubiger völlig ausreichend, wenn er den dem Domaininhaber ge- 198
gen die DENIC zustehenden vermögenswerten Anspruch auf Aufrechterhaltung des

[730] DENIC-Registrierungsrichtlinien, http://www.denic.de/doc/faq/vergaberichtlinie.html [abgerufen am 5. 3. 2002].

[731] Vgl. *LG München I,* CR 2001, 342, 343 – ftp-explorer.de.

[732] Dazu Rdnr. 17.

[733] A. A. *Welzel,* MMR 2001, 131, 132; *Hartmann/Kloos,* CR 2001, 469.

[734] *Hanloser,* MMR 2001, 344.

[735] Näher zur Domainübertragung Rdnr. 16.

[736] *Hanloser,* CR 2001, 456, 457.

[737] *Hartmann/Kloos,* CR 2001, 469.

Domainnamens pfändet (§§ 857, 829 ZPO).[738] Die Pfändung erfolgt durch den Erlass eines Pfändungsbeschlusses durch das hierfür zuständige Vollstreckungsgericht (§§ 857, 828 ZPO). Bei Domaininhabern, die ihren Wohnsitz in Deutschland haben, ist das am Wohnsitz befindliche Amtsgericht örtlich als Vollstreckungsgericht zuständig (§ 828 Abs. 2 ZPO). Fehlt es an solch einem Inlandswohnsitz, was bei den vielen ausländischen Inhabern von .DE Domainnamen nicht selten sein dürfte, so ist das Amtsgericht zuständig, in dessen Bezirk sich der Domainname als Streitobjekt befindet (§ 828 Abs. 2, 23 ZPO). Bei .DE Domainnamen dürfte dies das AG Frankfurt sein. Zwar befinden sich die Nameserver für die .DE Domainnamen bei der Universität Karlsruhe. Da jedoch nicht der Domainname als solcher, sondern vertragliche Ansprüche des Schuldners gegenüber der in Frankfurt ansässigen DENIC gepfändet werden, ist auch das dortige Amtsgericht Vollstreckungsgericht.

199 Weitere Besonderheiten ergeben sich nicht. Der Pfändungsantrag ist dahingehend zu stellen, dass „die Ansprüche des Schuldners gegen die DENIC eG aus dem Registrierungsvertrag zum Domainnamen abc.de gepfändet werden." Der Gläubiger hat in seinem Antrag den zu pfändenden Domainnamen exakt zu bezeichnen. Ein Antrag auf Pfändung sämtlicher Ansprüche aus Domainverträgen mit der DENIC wäre als unzulässig zurückzuweisen. Andernfalls würde es zu einer im Pfändungsverfahren unstatthaften Ausforschung des Schuldners über dem Gläubiger bisher unbekannter Domainnamen kommen.[739] Mit der Zustellung des Pfändungsbeschlusses an die Registrierstelle (DENIC) als Drittschuldnerin wird die Pfändung wirksam und es tritt die öffentlich-rechtliche Verstrickung ein. Zusätzlich ist der Pfändungsbeschluss auch dem Domaininhaber zuzustellen.[740] Die Stellung der Registrierstelle als Drittschuldnerin wurde verschiedentlich in Frage gestellt, da die Umschreibung des Domainnamens allein durch den Schuldner veranlasst werden könne, ohne dass es einer Einbeziehung der DENIC hierfür bedürfe.[741] Dabei wird übersehen, dass die Mitwirkung der Registrierstelle bei der späteren Eintragung eines neuen Inhabers zwingend erforderlich ist.[742] Im Übrigen droht, dass die Registrierstelle in Unkenntnis der Pfändung gegebenenfalls bereits vom Schuldner vor der Zustellung beantragte Verfügungen umsetzt, was dem Wirksamwerden des Verfügungsverbots zuwiderläuft.

200 Ist der Domainname wirksam gepfändet, so stellt sich die Frage, wie dieser zur Befriedigung der Forderung des Gläubigers verwertet werden kann. Die Verwertung des Pfandrechts durch Überweisung des Anspruchs auf Aufrechterhaltung des Domainnamens zur Einziehung an den Gläubiger (§§ 857 Abs. 1, 835 Abs. 1 1. Alt. ZPO) scheitert daran, dass Domainnamen anders als beispielsweise Geldforderungen keinen ihnen innewohnenden bestimmten Vermögenswert haben. Auch eine Überweisung an Zahlungs statt (§ 835 Abs. 1 2. Alt. ZPO) scheidet aus, da nach dem Gesetzeswortlaut eine solche nur zum Nennwert erfolgen darf und der Domainname keinen Nennwert besitzt. Es bleibt also nur die Anordnung einer anderen Verwertungsart durch das Vollstreckungsgericht (§§ 857, 844 Abs. 1 ZPO). So kann beispielsweise auf Antrag des Gläubigers eine Versteigerung angeordnet wer-

---

[738] So *AG Langenfeld Rhld.*, CR 2001, 477.
[739] *Welzel*, MMR 2001, 131 (136).
[740] *Plaß*, WRP 2000, 1077 (1084).
[741] Ebenda.
[742] Zutreffend *Hanloser*, CR 2001, 345.

den.[743] Die normalerweise übliche Versteigerung durch den Gerichtsvollzieher dürfte sich regelmäßig verbieten, da nicht zu erwarten ist, dass bei einer herkömmlichen Versteigerung ausreichend Interessenten zugegen sind. Statt dessen dürfte sich eine Onlineauktion anbieten, da bei einer solchen ausreichend kaufwilliges Publikum zu erwarten ist. Um zu verhindern, dass der Domainname verschleudert wird, ist ein Mindestverkaufspreis festzulegen. Alternativ hierzu kann auch eine freihändige Veräußerung in Betracht kommen, soweit sich denn abzeichnet, dass es konkrete Interessenten für den Domainnamen gibt. Auch hier ist ein Mindestpreis gerichtlich festzulegen. Die Zuweisung des Domainnamens an den Gläubiger durch das Gericht zum Schätzpreis sollte hingegen vermieden werden. Angesichts der hohen Bandbreite bei der Bewertung von Domainnamen sollte sich das Gericht auf keinen Fall auf eigene Schätzungen verlassen. Auch die Schätzungen von Sachverständigen sind mit nicht hinzunehmender Unsicherheit belastet. Die Festlegung eines Mindestpreises für die Versteigerung oder den freihändigen Verkauf dürfte für das Gericht bereits schwierig genug sein. Nach der Zuweisung in der Verwertung schließt dann der Erwerber mit der Registrierstelle einen eigenen Registrierungsvertrag ab. Zwar ist der Domainname bereits durch den Schuldner belegt, gleichwohl kann die Registrierstelle ihre Verpflichtung zur Eintragung des Erwerbers erfüllen, da auf diesen das Recht zur Aufrechterhaltung des Domainnamens übergegangen ist.[744]

Im Ergebnis bleibt festzuhalten, dass der Domainname als solcher der Zwangs- 201
vollstreckung mangels Rechtsqualität nicht zugänglich ist. Über die Pfändung und Verwertung der vertraglichen Ansprüche gegenüber der Registrierstelle kann der Gläubiger letztendlich dennoch Befriedigung erlangen.

3. Pfändungshindernisse

Bei der Pfändung von Domainnamen kann es unter Umständen zu Konflikten mit 202
den Persönlichkeitsrechten des Domaininhabers kommen. Die persönlichkeitsrechtlichen Momente können dabei gegebenenfalls das Verwertungsinteresse des Gläubigers überwiegen und damit der Pfändung des Domainnamens entgegenstehen.[745] Insbesondere dort, wo der Domainname mit dem Nachnamen des Schuldners übereinstimmt, ist bei der zwischen dem Verwertungsinteresse und dem Persönlichkeitsschutz vorzunehmenden Abwägung letzterem ein höheres Gewicht einzuräumen. Namensgleiche Domainnamen sind dem Schuldner sowohl im privaten als auch im geschäftlichen Bereich für die zunehmend an Bedeutung gewinnende Kommunikation über das Internet zu belassen.[746] Dasselbe dürfte bei Unternehmen für die mit ihrem Firmenkern übereinstimmenden Domainnamen gelten, wenn sich das Unternehmen unter diesem Domainnamen im Internet präsentiert. Zwischen Domainname, Firmenname und Unternehmen besteht dann eine derart enge Beziehung, dass deren Auflösung schlechterdings nicht hinzunehmen ist.[747] Eine Ausnahme dürfte nur dort in Betracht kommen, wo der Schuldner wegen gegebener Ver-

---

[743] So *AG Berleburg,* Mitteilungen 2003, 194 (Ls.).

[744] Zur rechtsgeschäftlichen Übertragung des Aufrechterhaltungsanspruchs s. Rdnr. 16.

[745] *Hartmann/Kloos,* CR 2001, 469; zur vergl. Lage bei Markenrechten m. w. N.: *Althammer/Klaka,* § 29, Rdnr. 3.

[746] So *LG München I,* MMR 2000, 565; *LG Düsseldorf,* CR 2001, 468; a. A. *Welzel,* MMR 2001, 131 (134).

[747] *Hartmann/Kloos,* CR 2001, 469.

wechslungsgefahr mit einem Kennzeichen des Gläubigers ohnehin seinen Firmennamen ändern muss und der Domainname als Vermögensteil zur Befriedigung von Schadensersatzansprüchen herangezogen werden kann. Andererseits kann nicht schon jedes gewerbliche Schutzrecht (Markenrechte, Titelrechte) per se ein Pfändungshindernis bewirken. Bei Markenrechten wie Titelrechten fehlt es an der persönlichkeitsrechtlichen Komponente. Eine andere Sichtweise würde die Verwertungsinteressen des Gläubigers in nicht hinnehmbarer Weise beschneiden und darauf hinauslaufen, dass eine Pfändung von Domainnamen nur bei gleichzeitiger Pfändung der korrespondierenden Schutzrechte möglich wäre. Insoweit besteht vollstreckungsrechtlich gerade keine Akzessorietät zwischen Kennzeichenrecht und Domainnamen, eine solche ist in der Zwangsvollstreckung weder wünschenswert noch rechtlich begründbar.

H. Sonstige Kommunikationskennzeichen

I. Vanity-Rufnummern und ENUM

203 Nahezu alle aktuell verkauften Telefonendgeräte ermöglichen die Eingabe von Texten über die Telefontastatur. Die Erfassung alphanumerischer Zeichen wird über die Mehrfachbelegung der Zifferntasten 2 bis 9 ermöglicht. Der Zifferntaste 2 sind die Buchstaben A, B, C, der Zifferntaste 3 die Buchstaben D, E, F, der Zifferntaste 4 die Buchstaben G, H, I, der Zifferntaste 5 die Buchstaben J, K, L, der Zifferntaste 6 die Buchstaben M, N, O, der Zifferntaste 7 die Buchstaben P, Q, R, S, der Zifferntaste 8 die Buchstaben T, U, V und der Zifferntaste 9 die Buchstaben W, X, Y, Z zugeordnet. Die Zuordnung von Ziffern zu bestimmten Buchstaben ist international standardisiert.[748] Es liegt von daher nahe, dass sich die Anrufer statt einer langen Telefonnummer einen Begriff merken, der sich aus einer Ziffernkombination ergibt. Die Situation ist insofern ähnlich wie bei den Domainnamen, wo der Domainname die IP-Nummer ersetzt.[749] Die Idee, Telefonnummern als Begriff darzustellen, stammt aus Amerika, wo auch die Bezeichnung **Vanity-Rufnummer** geprägt wurde. Überall dort, wo der Nutzer auf die Zuteilung einer bestimmten Rufnummer Einfluss nehmen kann, ist Raum für „Eitelkeit" und Vanity-Rufnummern. In der Bundesrepublik Deutschland hat die Regulierungsbehörde für Telekommunikation und Post (RegTP) den Nummernraum geordnet und damit den ordnungspolitischen Rahmen vorgegeben.[750] Der Endnutzer kann nicht beliebige Nummern belegen, vielmehr ist der Nummernraum über reservierte Vorwahlen (sog. Dienstekennzahlen) in Teilbereiche unterteilt. Für den privaten Bereich sind die **Persönlichen Rufnummern** vorgesehen. Der Dienstekennzahl (0)700 folgt die persönliche Teilnehmerrufnummer, die immer aus genau acht Stellen bestehen muss

[748] Zur Belegung von beschreibenden Begriffen als Vanity-Rufnummer *BGH* GRUR 2002, 902 ff. – 0800RECHTSANWALT; s. dazu auch Rdnr. 46; die Zuordnung wurde von der Internationalen Fernmeldeunion (ITU) in der Empfehlung E.161 festgelegt: ITU-T Rec. E.161 (02/01) – Arrangement of digits, letters and symbols on telephones and other devices that can be used for gaining access to a telephone network, http://www.itu.int/rec/recommendation.asp?type=items&lang=e&parent=T-REC-E.161–200102-I [abge-rufen am 5. 3. 2002].

[749] *Jonas/Schmitz,* GRUR 2000, 183; *Demmel/Skrobotz,* MMR 1999, 74 (75); *Fezer,* § 3, Rdnr. 348.

[750] Ausführliche Informationen finden sich unter der Online-Rpäsenz regtp.de.

(z.B. 0700BOEHMERT [0700–26346978]). Vanity-Rufnummern mit mehr als acht Stellen sind möglich, beim Wählvorgang werden dann aber nur acht Stellen berücksichtigt.[751] Dem **„Free Phone"**, auch als „Entgeltfreie Mehrwertdienste" bezeichnet, sind die (0)800-Rufnummern vorbehalten, denen eine Teilnehmerrufnummer mit genau sieben Stellen folgt (z.B. 0800SIEMENS (0800–7436367]). Der Anrufer zahlt für das Telefonat nichts, da das Entgelt vollständig vom Nutzer getragen wird.[752] Bei den **Shared Cost Diensten** (Dienstekennzahl (0)180) teilen sich der Anrufende und der Nutzer die Kosten, wobei sich die Kostenteilung aus der der Dienstekennzahl unmittelbar folgenden Tarifkennung (z.B. (0)1805) ergibt.[753] Dem Nutzer von Shared Cost Diensten stehen sechs Stellen zur freien Auswahl offen (z.B. 01805KINDER [01805–546337]). Im Teilbereich der (0)900-Rufnummern (bisher (0)190)[754], den sogenannten **Premium Rate Diensten,** erbringt der Nutzer gegenüber dem Anrufer eine zusätzliche Dienstleistung, die dem Anrufer neben den Telefonkosten in Rechnung gestellt wird.[755] Die Dienstekennzahl für die Premium Rate Dienste umfasst eine weitere Ziffer, die die inhaltliche Ausrichtung des Angebots kenntlich macht.[756] Die Rufnummerngasse (0)9001 steht für ein Informationsangebot, das keinen sexuellen oder erotischen Inhalt oder Bezug haben und Kinder und Jugendliche nicht sittlich gefährden oder in ihrem Wohl beeinträchtigen darf. Entsprechende Einschränkungen gelten für (0)9003-Rufnummern, unter denen Dienste abrufbar sind, bei denen ein Unterhaltungsangebot im Vordergrund steht. Die Dienstekennzahl (0)9005 ist inhaltlich nicht reglementiert. An die Dienstekennzahl schließt sich eine sechsstellige Teilnehmerrufnummer an.

Bei allen Diensten kann die frei wählbare Teilnehmerrufnummer als Vanity-Ruf- 204
nummer genutzt werden. Da jede Rufnummer nur einmal vergeben wird, kommt es zwangsläufig zu Kennzeichenkonflikten. Die Zuteilung der Teilnehmerrufnummern erfolgt durch die RegTP gemäß § 43 Abs. 2 TKG. Die als normkonkretisierende Verwaltungsvorschriften[757] erlassenen Zuteilungsregeln sehen vor, dass die Zuteilung nach dem Prioritätsgrundsatz („first come first served") erfolgt. Nur in Fällen, in denen mehrere Antragsteller die Zuteilung derselben Rufnummer beantragen, spielen Schutzrechte nach den Zuteilungsregeln Ziffer 5.2 für Shared Cost und für Premium Rate Dienste eine Rolle. Das Schutzrecht verleiht dem jeweiligen Inhaber eine Bevorrechtigung gegenüber Antragstellern, die über kein mittels Teilnehmernummer darstellbares Kennzeichenrecht verfügen. Treffen mehrere Kennzeicheninhaber gleichzeitig aufeinander, so setzen sich „Inhaber eingetragener Schutzrechte"

---

[751] Vorläufige Regeln für die Zuteilung von Persönlichen Rufnummern veröffentlicht im Amtsblatt des Bundesministeriums für Post und Telekommunikation (Nr. 27/97 Vfg 249).

[752] Vorläufige Regeln für die Zuteilung von Rufnummern für entgeltfreie Mehrwertdienste, veröffentlicht im Amtsblatt des Bundesministeriums für Post und Telekommunikation (Nr. 17/97 Vfg 138).

[753] Vorläufige Regeln für die Zuteilung von Rufnummern für „Shared Cost-Dienste, veröffentlicht im Amtsblatt des Bundesministeriums für Post und Telekommunikation (Nr. 34/97 Vfg 302).

[754] Die (0)190-Rufnummern laufen aus, die Nutzungsmöglichkeit endet am 31. 12. 2005.

[755] Regeln für die Zuteilung von (0)900-Rufnummern für Premium Rate-Dienste, veröffentlicht im Amtsblatt der Reg TP Nr. 5/2001 Vfg 19/2001 vom 14. 3. 2001, geändert mit Vfg 33/2001 im Amtsblatt Nr. 15/2001 und VfG 50/2001 im Amtsblatt Nr. 22/2001.

[756] Diese Strukturierung folgt dem Verhaltenskodex für Telefonmehrwertdienste des „Freiwillige Selbstkontrolle Telefonmehrwertdienste" e. V (Stand 19. 10. 2000), http://www.fst-ev.org/ [abgerufen am 5. 3. 2002].

[757] M.w.N. *VG Köln,* MMR 2001, 190 (191).

gegenüber Antragstellern durch, die sich auf Namensrechte berufen. Diese Regelung ist einigermaßen verunglückt. Eine solche Stufung von Kennzeichenrechten ist sachlich nicht gerechtfertigt. Man könnte allenfalls generell bei gewerblichen Diensten einen Vorrang gewerblicher Schutzrechte gegenüber Namensrechten vornehmen. Bei den „Free Call" Diensten (0800), die zweifelsohne zu den gewerblichen Diensten zählen, fehlt aber eine vergleichbare Regelung zur Bevorrechtigung von Schutzrechtsinhabern bei gleichzeitiger Mehrfachbeantragung völlig.[758] Auch geraten dem Verordnungsgeber die Begrifflichkeiten durcheinander. Zu den gegenüber den Namensrechten bevorzugten „eingetragenen Schutzrechten" sollen nach den Zuteilungsregeln für Premium Rate Dienste auch geschäftliche Bezeichnungen zählen. Der Schutz von geschäftlichen Bezeichnungen (§ 5 MarkenG) setzt aber keine Eintragung voraus, er entsteht mit der Benutzungsaufnahme eines unterscheidungskräftigen Kennzeichens.

205 Regelmäßig werden Kennzeichenkonflikte um Vanity-Rufnummern aber anders gelagert sein. Der Kennzeicheninhaber stellt fest, dass die seinem Kennzeichenrecht entsprechende Teilnehmernummer bereits anderweitig vergeben ist. Insoweit bieten sich für den Kennzeicheninhaber zwei denkbare Vorgehensweisen. Er kann entweder direkt gegen die RegTP als Vergabestelle vorgehen. Alternativ hierzu kann auch gegen den Nutzer vorgegangen werden, dem die Teilnehmernummer zugewiesen wurde.

1. Vorgehen gegen die RegTP

206 Wendet sich der Anspruchsteller gegen die Zuteilungsentscheidung der RegTP, so handelt es sich um eine öffentlich-rechtliche Streitigkeit. Damit ist der Verwaltungsgerichtsweg gegeben (§ 40 VwGO), so dass sich zivilrechtliche Überlegungen zur Störerhaftung der RegTP erübrigen.[759] Da ein Vorverfahren gegen die Vergabeentscheidung der RegTP nicht stattfindet ist (§ 90 TKG), kann versucht werden, im Wege der Drittanfechtungsklage (§ 42 Abs. 2 VwGO) hiergegen vorzugehen. Nach der Schutznormtheorie müssten die Vergabebestimmungen sich nicht lediglich als wertneutrale Vorschriften darstellen, sondern zumindest auch den Interessen des Anspruchstellers zu dienen bestimmt sein.[760] Prozessual handelt es sich bei dem Streit um eine Konkurrentenverdrängungsklage.[761] Die in Streit befindliche Teilnehmernummer wurde von der Behörde bereits vergeben, so dass eine Begünstigung des Anspruchstellers nur durch Entzug der Teilnehmernummer erreicht werden kann. Der Schutzrechtsinhaber ist in seinen Rechten betroffen, da er auf Grund der Zuweisungsentscheidung der Vergabestelle daran gehindert wird, die mit seinem Kennzeichenrecht übereinstimmende Vanity-Rufnummer zu nutzen. Um sein Ziel zu erreichen, muss er neben der Anfechtung des Zuweisungsbescheids im Wege der Verpflichtungsklage die Zuweisung der Teilnehmernummer begehren. In materiellrechtlicher Hinsicht fragt es sich, ob die RegTP den ihr nach § 43 Abs. 2 TKG zustehenden Ermessensspielraum dadurch verletzt hat, dass sie bei der Ausgestaltung

---

[758] Ebenda.

[759] A. A. wohl *Jonas/Schmitz*, GRUR 2000, 183 (187).

[760] Sog. Schutznormtheorie, st. Rspr.: *BVerwGE* 107, 215 (220).

[761] Ob eine Klagebefugnis des übergangenen Bewerbers gegeben ist, ist umstritten: verneinend zum Hochschulzulassungsstreit *BVerwGE* 25 (30); *BVerwG* DVBl 1989, 1150 zur Ernennungskonkurrenz im Beamtenrecht; bejahend *BVerwGE* 80, 270 (273) zum Güterkraftverkehrsgesetz.

der Zuteilungsregelungen für Vanity-Rufnummern Namens- und Markenrechte unberücksichtigt gelassen hat. Das Verwaltungsgericht Köln verneint dies, da die Zuteilungsregelungen diskriminierungsfrei seien und nach objektiven Maßstäben erfolgten. Die Berücksichtigung von Kennzeichenrechten erschwere die Nummernvergabe, da bei der großen Anzahl zu vergebender Teilnehmernummern die Rechte in einem aufwändigen Verwaltungsverfahren überprüft werden müssten.[762] Die Erwägungen sind insoweit im Prinzip die gleichen, die auch den Bundesgerichtshof in der Entscheidung ambiente.de zur Störerhaftung der Registrierstelle DENIC geleitet haben. Es besteht ein öffentliches Interesse daran, dass zum Aufbau funktionsfähiger Telekommunikationsdienstleistungen Teilnehmernummern problemlos in großer Zahl vergeben werden. Dem Kennzeicheninhaber ist es von daher zuzumuten, dass er sich zur Durchsetzung seiner Kennzeichenrechte auf ein Vorgehen gegen den Inhaber der Teilnehmernummer verlegt.

Denkbar ist aber eine Klage auf Widerruf des Zuweisungsbescheids. So kann der 207
Kennzeicheninhaber überprüfen lassen, ob die Behörde ihre Zuweisungsentscheidung im Einklang mit den gesetzlichen Bestimmungen und den Zuweisungsregeln getroffen hat. Von erheblicher praktischer Relevanz ist auch die Auflage, die zugeteilte Rufnummer innerhalb einer vorgegebenen Frist tatsächlich zu nutzen. Auch Vanity-Rufnummern unterliegen damit einer Art **Benutzungszwang,** was angesichts des knappen Nummernraums auch zwingend geboten erscheint. Der Antragsteller wird auf Grund Ziffer 6. der für den jeweiligen Dienst geltenden Zuweisungsregeln verpflichtet, die Rufnummer innerhalb einer Frist von 180 Kalendertagen nach Wirksamwerden der Zuweisung zu nutzen. Benutzt im Sinne dieser Vorschrift ist eine Rufnummer, die freigeschaltet ist, das heißt, wenn bei Anwahl eine Endeinrichtung im öffentlichen Netz erreicht werden kann. Einen darüber hinausgehenden Nachweis, dass über die Rufnummer tatsächlich auch ein Dienst erreichbar ist, soll dem Nutzer nach der Auffassung des Verwaltungsgerichts Köln hingegen nicht zugemutet werden.[763]

2. Vorgehen gegen den Nutzer der Vanity-Rufnummer

Gegen den Nutzer der Rufnummer steht dem Kennzeicheninhaber der Zivil- 208
rechtsweg offen. Die rechtlichen Fragestellungen entsprechen denen bei der Auseinandersetzung um Domainnamen. Anders als bei Domainnamen erschöpft sich die Zuweisung einer Vanity-Rufnummer aber nicht in einer faktischen Monopolstellung. Vielmehr erwirbt der Nutzer mit der Zuteilung gemäß § 43 Abs. 2 Satz 1 TKG i.V.m. § 20 Abs. 3 TKV ein von den Telekommunikationsunternehmen unabhängiges, dauerhaftes **Nutzungsrecht** an der Teilnehmernummer. Wechselt der Berechtigte das Telekommunikationsunternehmen, so kann er seine Rufnummer mitnehmen. Eine nochmalige Zuweisung der selben Rufnummer an einen anderen Teilnehmer ist ausgeschlossen, solange die Rufnummer nicht auf Grund eines Widerrufs der Zuteilungsentscheidung oder freiwilliger Rückgabe in den Pool verfügbarer Nummern zurückgekehrt ist.

Eine Markenverletzung gemäß § 14 Abs. 2 MarkenG setzt voraus, dass die Vani- 209
ty-Rufnummer **im geschäftlichen Verkehr** benutzt wurde. Man wird im Hinblick

762 *VG Köln,* MMR 2001, 190 (191).
763 *VG Köln,* MMR 2001, 190 (192).

auf die verschiedenen Dienste differenzieren müssen. Bereits vor Freischaltung der Rufnummer wird bei den Free Phone (0800), Shared Cost (0180) und Premium Rate Diensten (0900) ein gewerbliches Handeln zu unterstellen sein. Diese Dienste sind für gewerbliche Anbieter konzipiert. Wird eine solche Rufnummer auf Antrag zugeteilt, so ist diese dem Pool der verfügbaren Nummern entzogen. Bereits mit der Zuweisung nutzt der Berechtigte die Rufnummer, indem er Dritte an dem Erwerb eines eigenen Nutzungsrechts hindert.[764] Etwas anderes gilt für die persönlichen Rufnummern (0700). Sie dienen der persönlichen und damit regelmäßig privaten Kommunikation, unabhängig von Standort, Endgerät und Übertragungsart. Soweit nicht anderweitige Umstände gewerbliche Absichten des Nutzers nahelegen, ist daher bei der Belegung von 0700-Rufnummern im Zweifel eine Benutzung im geschäftlichen Verkehr nicht gegeben. Auch bei den Rufnummern stellt sich die Frage, ob eine Kennzeichenverletzung nur bei einer **kennzeichenmäßigen Benutzung** in Betracht kommt. Hält man an diesem Erfordernis fest, so wäre ähnlich wie bei den Domainnamen ein großzügiger Maßstab anzulegen.[765] Dabei ist die Willensrichtung des Nutzungsberechtigten nicht entscheidend. Sofern die Rufnummer objektiv von einem relevanten Teil der Verkehrskreise als Vanity-Rufnummer verstanden wird, wird man von einer kennzeichenmäßigen Benutzung ausgehen müssen. Auch in Konstellationen, in denen der Nutzer die ihm zugewiesene Rufnummer in der Werbung nicht nach Art einer Vanity-Rufnummer herausstellt (z.B. 0800VOLKSWAGEN), wird ein Teil der Verbraucher die Rufnummer in den textlichen Zusammenhang einer Vanity-Rufnummer stellen. Insbesondere bei Jugendlichen hat der SMS-Boom dazu geführt, dass die Texteingabe übers Telefon selbstverständlich geworden ist. Auch führt die zunehmende Verbreitung von Vanity-Rufnummern dazu, dass die Verbraucher zumindest bei den 0700, 0800, 0900 und 0180 Rufnummern verstärkt die Nutzung als Vanity-Rufnummer erwarten. Dieser Trend wird durch die spezielle T_9 Software der Firma Tegic verstärkt, die auf allen Mobiltelefonen der großen Hersteller installiert ist. T_9 wurde ursprünglich zur Erleichterung der Texteingabe für Schwerstbehinderte entwickelt. Die Software erleichtert die Texteingabe über die auf den Telefongeräten mehrfach belegten Zifferntasten. Zu diesem Zweck wird die eingegebene Zeichenfolge mit einem Wörterbuch abgeglichen, das im Telefon integriert ist. Dieser Abgleich ermöglicht bei gespeicherten Vokabeln die eindeutige Zuordnung einer Tastenkombination zu einem Begriff, da bereits bei Ziffernkombinationen mit vier oder fünf Stellen in der Regel nur ein sinnvoller Begriff zuzuordnen ist. Bislang wird diese Technik im Wesentlichen zum Versenden von SMS eingesetzt, sie lässt sich aber genau so gut auch für die einfache Eingabe von Kennzeichen in Kommunikationsgeräte nutzen.

210 In Literatur und Rechtsprechung wird die Übertragbarkeit der zu den Domainnamen entwickelten Grundsätze auf Vanity-Rufnummern allerdings abgelehnt, da eine eindeutige Übersetzung der Zahlenkombination in einen alphanumerischen Begriff nicht gegeben ist.[766] Woraus sich diese Forderung nach einer eindeutigen Übersetzbarkeit rechtfertigt, wird freilich offen gelassen. Auch wird nicht berücksichtigt, dass es nach herkömmlichen kennzeichenrechtlichen Grundsätzen aus-

764 Zu der entsprechenden Fragestellung bei Domainnamen s. Rdnr. 60; laut *Jonas/Schmitz*, GRUR 2000, 183 (184) indiziert die Reservierung einer Vanity-Rufnummer die Benutzungsabsicht.

765 Dazu oben. Rdnr. 71.

766 *LG Aachen*, MMR 2001, 178; *Demmel/Skrobotz*, MMR 1999, 74 (77).

reicht, wenn ein Teil der relevanten Verkehrskreise die Zahlenkombination der Telefonnummer als Vanity-Rufnummer auffasst.[767] Wegen des möglichen Einsatzes der T_9 Software erscheint diese Argumentation zusätzlich fragwürdig. Ist T_9 aktiviert, so erkennt das System nicht nur allgemeine Worte der deutschen Sprache. Auch etliche Markenbegriffe wie VOLKSWAGEN, MOTOROLA, NOKIA oder COCA COLA sind bereits in dem Wörterbuch enthalten und werden auf Anhieb erkannt.

Markenrechtliche Verbietungsansprüche gegenüber dem Inhaber einer Vanity- 211
Rufnummer entstehen allerdings nur, wenn die Gefahr besteht, dass es bei den beteiligten Verkehrskreisen zu Verwechslungen kommen kann. Wie stets ist bei der Beurteilung der **Verwechslungsgefahr** auf den Grad der Ähnlichkeit der zu Beurteilung anstehenden Zeichen, die Kennzeichnungskraft des älteren Kennzeichens sowie die Nähe der sich gegenüberstehenden Waren bzw. Dienstleistungen abzustellen. Die jeweilige Dienstekennzahl (0800 usw.) findet dabei keine Berücksichtigung, da die beteiligten Verkehrskreise wissen, dass diese nicht Teil der individuellen Teilnehmernummer ist.[768] Besonderheiten ergeben sich insofern, als im Einzelfall eine Rufnummer gleichermaßen in mehrere Begriffe übersetzt werden kann. Dies wird zwar selten vorkommen, da durch die Strukturierung des Nummernraums Teilnehmernummern zwischen fünf Stellen (bei den 0180-Rufnummern) und acht Stellen (bei den 0800-Rufnummern) vorgegeben sind. In derartigen Konfliktfällen tritt der Prioritätsgrundsatz zurück, wenn sich der berechtigte Nutzer der Vanity-Rufnummer auf eigene Rechte an einem Kennzeichen berufen kann, das weder klanglich noch schriftbildlich an das Zeichen des Anspruchstellers heranreicht. Bei der Beurteilung der Waren- bzw. Dienstleistungsähnlichkeit kommt es darauf an, ob die Vanity-Rufnummer für ein konkretes Angebot verwendet wird. Der Bezug zwischen einer bestimmten Rufnummer und dem Angebot wird entweder über werbliche Anpreisungen oder durch das unter der Teilnehmernummer erreichbare Angebot hergestellt. Ist außer dem Freizeichen eine Verwendung der Rufnummer nicht feststellbar, so können gegebenenfalls weitere Indizien auf eine beabsichtigte Verwendung für ähnliche Waren- und Dienstleistungen schließen. In Ermangelung solcher Indizien ist es nicht angängig, eine Warenähnlichkeit beispielsweise wegen des Geschäftsgegenstandes des Inhabers der Vanity-Rufnummer zu vermuten. Nur dort, wo sich der Kennzeicheninhaber auf ein bekanntes oder berühmtes Kennzeichen stützen kann, kommt ein weitergehender Schutz gemäß §§ 14 Abs. 2 Nr. 3, 15 Abs. 3 MarkenG in Betracht.

In Amerika ist die Rechtsprechung in Auseinandersetzungen um Vanity-Rufnum- 212
mern uneinheitlich. Keine Kennzeichenverletzung wurde bei der Belegung der Rufnummer 1–800–4054329 durch einen Hotel Reservierungsservice festgestellt.[769] Diese Rufnummer entspricht der Vanity-Rufnummer 1–800-H0LIDAY. Man spekulierte darauf, dass die Nutzer statt der Ziffer „6“, die dem Buchstaben „O“ entspricht, die Ziffer „0“ verwenden und so den eigenen Service nutzten. Die bekannte

[767] M. w. N. zur Verwechsellungsgefahr bei uneinheitlicher Verkehrsauffassung: *Ingerl/Rohnke,* Markenrecht, § 14 Rdnr. 174 ff.

[768] *Jonas/Schmitz,* GRUR 2000, 183 (185).

[769] United States District Court for the Eastern District of Tennessee, http://www.law.emory.edu/pub-cgi/print_hit_bold.pl/6circuit/june96/96a0179p.06.html [abgerufen am 5. 3. 2002] – Holiday Inns, Inc. v. 800 Reservation Inc.; dazu *Demmel/Skrobotz,* MMR 1999, 74 (78).

Hotelgruppe Holiday Inns hatte ihren Reservierungsservice unter der entsprechend beworbenen Vanity-Rufnummer 1–800-HOLIDAY (1–800–4654329) eingerichtet. Für das Zeichen 1–800-HOLIDAY bestand auch Markenschutz. Das Gericht konnte eine kennzeichenmäßige Verwendung dieser Marke nicht feststellen, da die Beklagte die Marke der Klägerin nicht benutzt hatte, sondern lediglich darauf setzte, dass sich Anrufer zu ihr verirrten. Für diese Entscheidung dürfte allerdings der Umstand, dass der Begriff „Holiday" beschreibend ist, eine maßgebliche Rolle gespielt haben. In einem anderen Fall ging es um die Vanity-Rufnummer 1–800-AMERICAN.[770] Hier hatte ein Unternehmen einen Reservierungsservice für Flugreisen in den Gelben Seiten unter Verwendung der Vanity-Rufnummer 1–800-AMERICAN beworben. Das Gericht erblickte darin eine Verletzung der Kennzeichenrechte an der Marke American Airlines, da sich der Beklagte nicht darauf beschränkt hatte, die Rufnummer als solche zu benutzen, sondern diese aktiv als Vanity-Rufnummer einsetzte.

3. ENUM, die Telefonnummer als Domainname

213 Die Bedeutung der Vanity-Rufnummern dürfte im Zuge des Zusammenwachsens von Domainnamensystem und Rufnummernraum noch zunehmen.[771] Auch Telefonate sollen zukünftig über IP-Nummern adressiert werden. Da sich die Strukturprinzipien des Domainnamensystems und des Rufnummernraums ähneln, ist die Integration der Systeme vergleichsweise einfach. Beide Systeme beruhen auf einer **hierarchischen, dezentralen und eindeutigen Struktur.**[772] Der Rufnummernraum wird in der obersten Stufe von der International Telecommunication Union (ITU) verwaltet. Diese hat das internationale Nummernformat E.164[773] vorgegeben. Demnach besteht jede Telefonnummer nach dem internationalen Nummernformat aus maximal fünfzehn Ziffern. Ähnlich wie bei Domainnamen gibt es neben den Landeskennzahlen (Country Codes) auch globale Dienstekennziffern. Die internationale Rufnummerngasse +878 ist beispielsweise persönlichen Rufnummern vorbehalten, wohingegen die Rufnummerngasse +808 internationalen Mehrwertdiensten zugewiesen wurde. Für die Bundesrepublik Deutschland gilt bei Rufnummern der Country Code +49. Dem Country Code schließt sich als zweite Hierarchiestufe eine nationale Nummer mit maximal dreizehn Ziffern an.[774]

214 Um die Rufnummer in einen Domainnamen zu übersetzen bedient man sich des Top Level Domainnamens **.ARPA.** Dieser Top Level Domainname wurde beim Aufbau des Domainnamensystems freigehalten, um ihn zu einem späteren Zeitpunkt zum Ausbau der Internet Infrastruktur nutzen zu können. Für die Integration des Rufnummernsystems in das Domainnamensystem ist der Second Level Domainname e164.arpa vergeben worden. Aufbauend auf diesem Second Level Domainnamen wird die Telefonnummer in einen Domainnamen, die sogenannte ENUM umgeschrieben. Der Begriff ENUM ist ein Akronym und lässt sich mit *Telefone*

---

[770] American Airlines, Inc. v. A 1–800-A-M-E-R-I-C-A-N Corp., 622 F. Supp. 673 (N.D. Ill. 1985).

[771] Dazu und zum folgenden *D. Schäfer,* CR 2002, 690 ff.; *Koenig/Neumann,* CR 2003, 182 ff.

[772] Zu den Strukturprinzipien des Domainnamensystems s. Rdnr. 6.

[773] List of ITU-T Recommendation E.164 Assigned Country Codes (Position on 1 June 2000) (POSITION ON 1 JUNE 2000), http://www.itu.int/itudoc/itu-t/ob-lists/icc/e164_717.html.

[774] Zur Struktur des deutschen Rufnummernraums s. Rdnr. 203.

Number Mapping bzw. *Electronic Numbering* oder *Telefone Number URI*[775] *Mapping* übersetzen. Der Domainname e164.arpa wird auch als Tier 0 (Ebene 0) bezeichnet, da er gleichsam die Basis für alle hieraus abgeleiten ENUMs ist. Die Prinzipien des ENUM Dienstes beruhen auf dem Request for Comments 2916[776], der von der International Engeneering Task Force (IETF) vorgeschlagen wurde. Über die ENUM kann die von einem Teilnehmer gewählte Rufnummer eines anderen Teilnehmers in einen Domainnamen umgewandelt und damit für die IP Telefonie nutzbar gemacht werden. Des Weiteren kann auf Grund der ENUM abgefragt werden, welche weiteren Dienste (E-Mail, Internet usw.) des gewünschten Teilnehmers verfügbar sind. Die Umrechnung einer E.164 Rufnummer in einen Domainnamen erfolgt nach folgendem Schema.

1. Der Anrufer gibt die E.164 Nummer des Angerufenen vollständig, unter Einschluss der Landeskennzahl ein.
   Beispiel: +49–421–633859
2. Alle nicht numerischen Teile dieser Rufnummer werden entfernt
   Beispiel: 49421633859.
3. Zwischen allen Ziffern werden Punkte („.") eingefügt
   Beispiel: 4.9.4.2.1.6.3.3.8.5.9.
4. Sodann kehrt man die Reihenfolge der entstanden Folge um
   Beispiel 9.5.8.3.3.6.1.2.4.9.4.
5. Dieser Folge fügt man dann den Second Level Domainnamen e.164.arpa am Ende an
   Beispiel: 9.5.8.3.3.6.1.2.4.9.4.e164.arpa.

Wie jeder andere Domainname ist auch die ENUM im Rahmen der Domainnamenabfrage ermittelbar. Bei ENUMs werden allerdings noch weitere Informationen in Form von sogenannten NAPTR Records[777] hinterlegt. Wie bei einer ganz normalen Abfrage von Domainnamen wird in mehreren Schritten über den Root und die ENUM Tier 0 die IP-Adresse des Servers ermittelt, in dem die gewünschten Informationen abgelegt sind. Hinzu kommt, dass die NAPTR Records Daten enthalten, aus denen sich ergibt, ob der angerufene Teilnehmer über den jeweils angewählten Dienst überhaupt verfügt. In Betracht kommen beispielsweise normale Telefondienste, E-Mail und www-Dienste. Ist der gewünschte Dienst in dem NAPTR Record verzeichnet, so wird die Verbindung aufgebaut. 215

Anträge zur Verwaltung von ENUM Country Codes (nationale Tier 01) können bei der RIPE gestellt werden.[778] Die Entscheidung über die Zuweisung trifft allerdings die ITU. Auf entsprechenden Antrag wurde für Deutschland der DENIC die Verwaltung der deutschen ENUM Tier 01 (9.4.e164.arpa) vorläufig übertragen.[779] Aus rechtlicher und ordnungspolitischer Sicht ist es sehr fraglich, ob der Denic e.G. 216

---

[775] URI (Uniform Resource Identifier).

[776] *P. Faltstrom,* E.164 number and DNS, http://www.ietf.org/rfc/rfc2916.txt?number=2916.

[777] NAPTR (Naming Authority Pointer).

[778] Das Vergabeverfahren wird öffentlich von der RIPE dokumentiert unter http://www.ripe.net/enum/index.html.

[779] Detaillierte Unterlagen zur Bewerbung der Denic eG mit dem Schriftwechsel zwischen der Denic und dem Bundesministerium für Wirtschaft und Technologie können unter http://www.ripe.net/enum/request-archives/enum-request-arch%2B49 abgerufen werden, s.a. die Mailing List u.a mit dem Denic e.G. Antrag vom 12. 2. 2002: http://www.ripe.net/ripencc/mail-archives/enum-request-arch+49.

tatsächlich die Verwaltung der deutschen Tier 01 zugewiesen werden kann. Die Regulierung der Telekommunikation ist eine hoheitliche Aufgabe, die nicht auf Private übertragen werden kann.[780] Eine ENUM wird nicht isoliert zugewiesen. Sie kann nur demjenigen zugeteilt werden, der bereits der Nutzungsberechtigte der jeweilig korrespondierenden Telefonnummer ist. In kennzeichenrechtlicher Hinsicht spielt die Einführung von ENUMs in zweierlei Hinsicht eine Rolle. Zum einen sind Internetseiten nun auch über eine Telefonnummer erreichbar. Die ENUMs treten damit neben die herkömmlichen Domainnamen. Umgekehrt ist jeder Domainname auch als Telefonnummer einsetzbar. Die Bedeutung der Telefonnummern, insbesondere auch in ihrer Ausgestaltung als Vanity-Rufnummern dürfte von daher erheblich zunehmen.

II. Internet Keywords

217 Neben den Domainnamen kommt mit den sogenannten Keywords zunehmend eine weitere Art von Kennzeichen zur Adressierung von Inhalten im Internet zum Einsatz. Leider wird der Begriff des Keywords für verschiedene Phänomene verwendet. Neben den Keywords, die sich im Quellcode von HTML-Seiten befinden (Meta-tags)[781], verkaufen auch die Betreiber von Suchmaschinen ihre eigenen Keywords, vornehmlich an Werbetreibende (sog. Keyword Advertisement).[782] Kennzeichnende Funktion im Sinne der Adressierung von elektronischen Inhalten haben allein solche Keywords, die in der Eingabezeile des Browsers statt der vollständigen Internetadresse eingegeben werden und die im folgenden Internet Keywords genannt werden sollen.[783] Die Internet Keywords erleichtern dem Internetnutzer das Auffinden der gewünschten Internetseite. Es reicht aus, einzelne individualisierende Begriffe einzugeben, ohne dass weitere Elemente der URL wie „http", „www" oder ein Top Level Domainname, beispielsweise „.de" von Nöten wären.

218 Die Vergabe von Internet Keywords erfolgt durch verschiedene private Anbieter. In erster Linie ist die Firma CommonName Ltd.[784] zu nennen. Der Kunde kann dem von ihm registrierten Internet Keyword eine bestimmte IP-Adresse zuordnen. Die Funktionalität wird über die Browser-Hersteller sichergestellt. Damit ist auch die größte Schwäche der Internet Keywords angesprochen. Anders als beim Domainnamensystem sind die Internet Keywords nicht eindeutig. Je nachdem welchen Internet Browser man verwendet, wird man mit unterschiedlichen Internetseiten verbunden. Auch bei den Internet Keywords gilt das Prioritätsprinzip. Die Keywords werden an den ersten Interessenten verkauft. Netscape[785] geht bei den Internet Keywords (smart browsing) einen ganz eigenen Weg. Der Netscape Browser gleicht das Internet Keyword automatisch mit Second Level Domainnamen ab. Der

[780] *D. Schäfer,* CR 2002, 690 (693); a. A. *Koenig/Neumann,* CR 2003, 182 (186 f.); näher zum entsprechenden Regulierungsauftrag bei Domainnamen Rdnr. 9.

[781] Dazu § 11, Rdnr. 98 ff.

[782] Dazu § 11, Rdnr. 86 ff.

[783] Terminologie entspricht der der WIPO: Report of the Second WIPO Internet Domain Name Process, September 3, 2001, Rdnr. 40 ff.; http://wipo2.wipo.int/process2/report/html/report.html [abgerufen am 5. 3. 2002].

[784] www.commonname.com [abgerufen am 5. 3. 2002]; andere Anbieter haben ihren Dienst eingestellt, z. B. RealNames Corporation (www.realnames.com).

[785] http://home.netscape.com/escapes/keywords/faq.html [abgerufen am 5. 3. 2002].

Internetnutzer wird dann mit einer Seite verbunden, die vom System als passend erachtet wird. Gibt es keine derartige Seite, öffnet sich eine Suchmaschine. Es liegt auf der Hand, dass bei der Verwendung von Internet Keywords ähnlich wie bei Domainnamen Konflikte mit den Inhabern von gewerblichen Schutzrechten entstehen. ComonName hat aus diesem Grund ein **obligatorisches Schiedsgerichtsverfahren** eingerichtet, das sich **am Vorbild der UDRP orientiert.** Für die Internet Keywords von CommonName gibt es mit der CommonName Dispute Resolution Policy (CDRP)[786] ein von der WIPO administriertes Schiedsgerichts-verfahren.[787] In einem wesentlichen Punkt weicht die Schiedsgerichtsordnung allerdings gegenüber der UDRP ab. So braucht der Beschwerdeführer, der sich gegen das für einen Dritten eingetragene Internet Keyword wendet, keine doppelte Bösgläubigkeit bezüglich der Eintragung und Benutzung nachweisen. Es reicht vielmehr aus, wenn dem Keyword Inhaber zum Zeitpunkt der Eintragung oder im Zuge der Benutzung der Vorwurf der Unlauterkeit gemacht werden kann (§ 2 lit. a iii CDRP).

219 Die Zukunft wird zeigen, ob sich die Internet Keywords zur Identifizierung von Inhalten in der Kommunikationstechnologie durchsetzen und damit das Domainnamensystem verdrängen. Der Erfolg neuer Adressierungssysteme wird dabei von der Akzeptanz der Internetnutzer abhängen. So wie die Entstehung des Domainnamensystems nicht auf die regulative Entscheidung einer normsetzenden Instanz zurückgeht, so sind auch Internet Keywords nicht zentral eingeführt worden. Es bleibt daher abzuwarten, ob sich die Internet Keywords durchsetzen oder ob sich statt dessen zukünftig ein völlig anderes Adresssystem etabliert.

III. E-Mail Adressen

220 Auch die Verwendung von E-Mail Adressen kann im Einzelfall kennzeichenrechtsverletzend sein.[788] E-Mail Adressen dienen der Zuordnung von elektronischer Post zu einem bestimmten Teilnehmer. Sie bestehen aus einer persönlichen Kennung (sog. **„log-in"-Name**), dem sich anschließenden @-Zeichen und dem Namen des Servers (Domainname), auf dem der Teilnehmer angemeldet ist. Während der Nutzer den „log-in"-Namen frei wählen kann, ist der Domainname vorgegeben. Aufgrund der Funktionalität von E-Mail Adressen als elektronischem Briefkasten für einzelne Nutzer rücken zeichenrechtlich in erster Linie namensrechtliche Fragestellungen ins Blickfeld. Es liegt nahe, als E-Mail Adresse seinen bürgerlichen Namen (z.B. hans.meier@t-online.de) oder nur den Nachnamen (nolte@web.de) zu wählen. Stimmt der „log-in"-Name der E-Mail Adresse mit dem Namensrecht des Rechtsinhabers überein, so könnte dies eine Namensanmaßung (§ 12 Satz 1 2. Alt. BGB) darstellen. Bei den vielfältigen Freemail Diensten (web.de, Hotmail usw.) haben sich viele Nutzer eine E-Mail Adresse unter einem Pseudonym angelegt. Eine derartige Verwendung von Pseudonymen ist indes nicht unbefugt, da

---

[786] CommonName Dispute Resolution Policy, http://www.commonname.com/English/Master.asp?asp=/English/LegalDocs/CommonNameDisputeResolutionPolicy.html [abgerufen am 5. 3. 2002].

[787] WIPO Informationsseite zur CDRP, http://arbiter.wipo.int/keywords/commonname/index.html [abgerufen am 5. 3. 2002]; die WIPO hat mit den Supplemental Rules to the CommonName Dispute Resolution Policy ergänzende Verfahrensregeln erlassen, http://arbiter.wipo.int/keywords/rules/commonname-supplemental.html [abgerufen am 5. 3. 2002].

[788] *Hoeren/Sieber/Viefhues,* § 6 Rdnr. 192.

Pseudonyme, genau wie bürgerliche Namen auch, den Schutz des § 12 BGB genießen.

221 Im Übrigen ist die Benutzung von Namen anderer nur dann rechtswidrig, wenn hierdurch die **schutzwürdigen Interessen** des Berechtigten verletzt werden. Die namensrechtlichen Überlegungen zu Domainnamen[789] lassen sich insoweit auf E-Mail Adressen nicht vollständig übertragen, da der Namensträger anders als bei den Domainnamen nicht daran gehindert ist, einen mit seinem Namen übereinstimmenden „log-in"-Namen für eine eigene E-Mail Adresse zu verwenden. Eine Interessenverletzung ist allerdings insoweit gegeben, als es auf Grund der Verwendung der E-Mail Adresse zu einer **Verwechslungsgefahr** kommt. Die Gefahr einer Verwechslung ist gegeben, wenn es innerhalb der beteiligten Verkehrskreise über die Identität der betroffenen Person zu fehlerhaften Vorstellungen kommt. Bei der klassischen Post hat die Rechtsprechung es zur Annahme einer Verwechslungsgefahr genügen lassen, dass es zu einer fehlerhaften Zustellung kommen konnte.[790] Nach der Auffassung des Landgerichts Köln ist diese Rechtsprechung auf elektronische Post nicht übertragbar, da die Gefahr einer falschen Zustellung beim E-Mail Verkehr nicht zu befürchten sei.[791] Der Absender einer E-Mail werde sich vorab sehr genau nach der genauen E-Mail Adresse des beabsichtigten Empfängers erkundigen, da es ohne Kenntnis der E-Mail Adresse nahezu unmöglich sei, dass die E-Mail den gewünschten Empfänger erreiche. Dieser Argumentation liegt wohl die Vorstellung zugrunde, dass sich der Absender einer Briefpost oftmals mit unvollständigen Adressangaben begnügt, in der Hoffnung, dass der Postbote die fehlenden Informationen schon erschließen werde. Die Praxis zeigt jedoch, dass wegen ungenauer Adressierung und der Verwendung ähnlicher E-Mail Adressen, auch bei der elektronischen Post, viele Sendungen fehlgeleitet werden. Es ist auch keineswegs so, dass der E-Mail Verkehr vollautomatisch ohne menschliches Zutun abgewickelt wird. E-Mails mit nicht zuzuordnenden „Log-in"-Namen laufen beim Hostmaster des entsprechenden Servers auf. Dieser wird ähnlich wie der Postbote geneigt sein, bei Ähnlichkeiten die Nachricht an eine vorhandene Person mit vergleichbarem „Log-in"-Namen weiterzuleiten. Man wird daher im Ergebnis dem Namensträger ein schutzwürdiges Interesse an der unberechtigten Verwendung seines Namens als „Log-in" Name für E-Mail Adressen nicht absprechen können. Dies gilt umso mehr, wenn der Name von bekannten Personen des öffentlichen Lebens verwandt wird (z. B. boris.becker@aol.com). Bei solchen Namensrechten mit Verkehrsgeltung werden die Internetnutzer irrig davon ausgehen, der bekannte Namensträger sei unter der entsprechenden E-Mail Adresse tatsächlich erreichbar.[792]

222 Neben Namensrechten können durch die Verwendung von E-Mail Adressen auch andere gewerbliche Schutzrechte verletzt werden. Beruft sich der Berechtigte auf ein Markenrecht oder eine geschäftliche Bezeichnung, so ist diese wie stets im Rahmen einer Gesamtbetrachtung der E-Mail Adresse gegenüberzustellen. Ein isolierter Vergleich des „Log-in" Namens mit dem Kennzeichenrecht ist nicht statthaft. Dies

789 Dazu Rdnr. 93 ff.

790 *RGZ* 108, 272 (274) – Merx; *BGH* GRUR 1957, 426 – Getränke Industrie.

791 *LG Köln,* MMR 2000, 437 (438) – maxem.de; bestätigend *OLG Köln,* CR 2000, 696 ff. – maxem.de.

792 Das *LG Köln,* MMR 2000, 437 (438) – maxem.de, will den Namensschutz auf Namensrechte mit Verkehrsgeltung beschränken.

schließt freilich nicht aus, dass der „Log-in"-Name auf die beteiligten Verkehrskreise eigenständig kollisionsbegründend wirkt, da diesen der Aufbau einer E-Mail Adresse bekannt ist. So würde beispielsweise innerhalb der E-Mail Adresse bugsbunny@t-online.de allein der „log-in" Name „bugsbunny" prägend wirken, da die Serverbezeichnung „t-online.de" ohne weiteres als solche erkannt wird.

§ 7. „Klassisches“ Kennzeichen- und Namensrecht

Volker Schmitz

Übersicht

Literatur: *Abel,* Generische Domains, WRP 2001, 426; *Bender,* Die absoluten Schutzversagungsgründe für die Gemeinschaftsmarke, MarkenR 2000, 118; *Biermann,* Kennzeichenrechtliche Probleme des Internets: Das Domain-Name-System, WRP 1999, 997; *Boddien,* Links und Recht – Eigene und die Zurechnung fremder Rechtsverletzungen im gewerblichen Rechtsschutz und Urheberrecht bei der Verwendung von Links im Internet, Mitt. 1999, 401; *Deutsch,* Quo vadis, BGH, beim Titelschutz?, GRUR 1994, 673; *Erdmann,* Schwerpunkte der markenrechtlichen Rechtsprechung des Bundesgerichtshofs, GRUR 2001, 609; *Ernst,* NJW-CoR, Rechtliche Fragen bei der Verwendung von Hyperlinks im Internet, 1997, 227; *Ernst,* Internet-Suchmaschinen und Wettbewerbsrecht, NJW-CoR 1997, 493; *Ernst/Wiebe,* Immaterialgüterrechtliche Haftung für das Setzen von Links und vertragliche Gestaltungsmöglichkeiten, MMR Beilage 2001, 20; *Fezer,* Rechtsverletzende Benutzung einer Marke als Handeln im geschäftlichen Verkehr, GRUR 1996, 566; *Grabrucker,* Offene Rechtsfragen zur Praxis der abstrakten Farbmarke, WRP 2000, 1331; *Grabrucker,* Neue Markenformen, GRUR 2001, 609; *Hackbarth,* Anmerkungen zum OLG Hamburg, Kennzeichenschutz für Domainnamen, CR 1999, 184; *Hacker,* Rechtsgrund und Reichweite des § 8 Abs. 2 Nr. 1 MarkenG, GRUR 2001, 630; *Hallstein,* Der Schutz von Form- und Farbmarken in der neueren deutschen Praxis, MarkenR 2000, 389; *Hoffmann,* Kritische Tendenzen in der deutschen „Domain-Name“-Rechtsprechung – Erfolgt die juristische Behandlung von Internet-Domains stets sachgerecht?, MarkenR 2001, 387; *Hoffmann,* Die autonome Begründung von kennzeichenrechtlichen Schutzpositionen durch die Zeichenverwendung innerhalb einer Internetdomain; Mitt. 2002, 101; *Ingerl,* Allgemeiner Namensschutz für geistige Produkte – zu den Softwaretitel-Entscheidungen „FTOS“ und „PowerPoint“, WRP 1997, 1127; *Keller,* Die zeichenmäßige Benutzung im Markenrecht, GRUR 1996, 607; *Knaak,* Die Durchsetzung der Rechte aus der Gemeinschaftsmarke, GRUR 2001, 21; *Koch,* Neue Rechtsprobleme der Internetnutzung, NJW-CoR 1998, 45; *Kunz-Hallstein,* Der Schutz von Form- und Farbmarken in der neueren deutschen Praxis, MarkenR 2000, 389; *Kur,* Metatags – pauschale Verurteilung oder differenzierte Betrachtung?, CR 2000, 448;

Kotthof, Fremde Kennzeichen in Metatags: Marken- und Wettbewerbsrecht, K&R 1999, 157; *v. Linstow,* Die Verwendung fremder Zeichen zur Bezeichnung fremder Waren, WRP 2000, 955; *v. Linstow/Schrell,* WRP 1996, 94; *Menke,* Die Verwendung fremder Kennzeichen in Meta-Tags: Ein Fall für das Kennzeichen- und/oder das Wettbewerbsrecht, WRP 1999, 982; *Metzger,* Anmerkungen zu LG Hamburg, Urheberrechtsverletzung beim Framing, CR 2000, 778; *Man,* in: FS Hertin, Der Verkauf von Keywords durch die Betreiber von Suchmaschinen – e-advertising contra legem, 2000; *Milbradt,* Generische Domain-Namen, MarkenR 2002, 33; *Nägele,* Die Rechtsprechung des Bundesgerichtshofs zu Internet-Domains, WRP 2002, 138; *Omsels,* Die Kennzeichenrechte im Internet, GRUR 1997, 328; *Over,* Die Gemeinschaftsmarke – anmelden oder abwarten?, WRP 1996, 274; *Plaß,* Hyperlinks im Spannungsfeld von Urheber-, Wettbewerbs- und Haftungsrecht, WRP 2000, 599; *Plaß,* Unternehmenskennzeichen im Wandel? WRP 2001, 661; *Richter/Stoppel,* Die Ähnlichkeit von Waren und Dienstleistungen, 11. Aufl., 1999; *Sack,* Doppelidentität und gedankliches Inverbindungbringen im neuen deutschen und europäischen Markenrecht, GRUR 1996, 663; *Schricker,* in: Vieregge, Der Schutz des Werktitel im neuen Kennzeichenrecht, 775 ff., 1995; *Schmidt-Bogatzky,* Zeichenrechtliche Fragen im Internet, GRUR 2000, 959; *Sosnitza,* Das Internet im Gravitationsfeld des Rechts: Zur rechtlichen Beurteilung von sogenannten Deep Links, CR 2001, 693; *Stark,* Markenrechtliche Verwechslungsgefahr, MarkenR 2000, 233; *Stark,* Markenschutz – Bemerkungen zum Schutz gegen Rufausbeutung und Rufbeeinträchtigung, MarkenR 2000, 73; *Stark,* Zur aktuellen Rechtsprechung des Bundesgerichtshofs im Markenrecht, MarkenR 2001, 89; *Steinhaus,* Basiswissen Internet, 2. Aufl., 1999; *Ströbele,* Probleme der markenrechtlichen Verwechslungsgefahr, MarkenR 2001, 106; *Ubber,* Markenrecht im Internet, 1. Aufl. 2002; *Varadinek,* Trefferlisten von Suchmaschinen im Internet als Werbeplatz für Wettbewerber, WRP 2000, 279; *Viefhues,* Internet und Kennzeichenrecht: Meta-Tags, MMR 1999, 336; *Völker/Weidert,* Domain-Namen im Internet, WRP 1997, 661; *Wüstenberg,* Die Haftung des Internetauktionators auf Unterlassung wegen Markenverletzung im Internet, WRP 2002, 497.

Einleitung

Die nachfolgende Darstellung ist dem Kennzeichenrecht gewidmet. Auch wenn es 1
vor allem domainrechtliche Problemkreise waren, die in den letzten Jahren zunehmend die Rechtsprechung beschäftigten und eine Flut von Literaturbeiträgen auslösten, wäre der Eindruck falsch, dass das **Kennzeichenrecht außerhalb des Domainrechts** im Internet keine Rolle spielt. Da Kennzeichen insbesondere beim Marketing und Vertrieb von Produkten eine überragende Werbe- und Kommunikationsfunktion zukommt, wird das Internet als Plattform für den Einsatz von Kennzeichen immer bedeutender. Während der Einsatz von Kennzeichen innerhalb eines Domainnamens auf Wortzeichen beschränkt ist, kann auf den Webseiten selbst die ganze Bandbreite möglicher Zeichenformen zum Einsatz kommen. Für die Verwendung von Kennzeichenrechten im Internet gelten zunächst einmal die allgemeinen Grundsätze, wie sie sich insbesondere im Markengesetz wiederfinden.[1] Es ist daher unabdingbar, diese allgemeinen Grundsätze darzustellen. Schwerpunktmäßig sollen hierbei die Grundsätze erörtert werden, die für Entstehung und Aufrechterhaltung der einzelnen Kennzeichenrechte, für das Verhältnis der Kennzeichenrechte zueinander und für die Verletzung von Kennzeichenrechten maßgeblich sind. Im Rahmen der **Darstellung** dieser **Grundsätze** werden intensiv die **internetspezifischen Besonderheiten** behandelt werden. Zu den internetspezifischen Besonderheiten zählt der Autor neben der Grenzenlosigkeit des Internets nicht nur die Sujets, die ihrer Natur nach nur im Internetbereich vorkommen (z. B. virtuelle Marken, Schutzfähigkeit von generischen Domainnamen, Metatags, Links, etc.), sondern auch solche Themenfelder, die eine besondere Relevanz für den Internetbereich be-

---

[1] *Ubber,* S. 29; *Nägele,* WRP 2002, 138 (153).

sitzen (z.B. Bewegungsmarken, rechtsverletzende Benutzung in Abgrenzung zur Kennzeichennennung etc.). Es würde den Rahmen der nachfolgenden Darstellung sprengen, die umfangreiche Kasuistik zu beleuchten, die die Rechtsprechung unter anderem zu den absoluten Schutzhindernissen oder auch zur Verwechslungsgefahr entwickelt hat. Insoweit werden nur die Grundzüge dargestellt und im Übrigen auf die entsprechende Kommentarliteratur verwiesen. Ebenfalls nur am Rand gestreift werden die verfahrensrechtlichen Vorschriften in Kennzeichenangelegenheiten. Ziel der nachfolgenden Ausführungen ist es, dem juristisch Vorgebildeten, selbst wenn er über keine detaillierten Kenntnisse des Kennzeichenrechts verfügt, eine kompakte Darstellung derjenigen Themenfelder zu liefern, die für Internetnutzer aus kennzeichenrechtlicher Sicht von Bedeutung sind.

2 Der Schutz von Kennzeichnungen ist der dritte Pfeiler neben dem Schutz ästhetischer Werke und dem Schutz technischer Werke im gewerblichen Rechtsschutz und Urheberrecht. Wie dem Begriff Kennzeichen immanent, bezwecken Kennzeichen, Rechtsträger und deren Güter und Leistungen voneinander zu unterscheiden. Der bürgerliche Name ist ebenfalls ein Kennzeichen und dient der Individualisierung einer natürlichen Person. Kennzeichnungen können grob in drei Kategorien unterteilt werden. So kann man **produktbezogenen Kennzeichen** (Marke, Titel, geographische Herkunftsangabe), **personenbezogenen Kennzeichen** (bürgerlicher Name, Spitzname, Pseudonyme) und **Unternehmenskennzeichen** (Firma, besondere Geschäftsbezeichnungen und Geschäftsabzeichen) unterscheiden.

A. Einzelne Kennzeichen- und Namensrechte im Internet

I. Der Markenschutz im Internet

3 Der Anbieter von Waren und Dienstleistungen im Internet muss sich wie jeder in der realen Welt tätige Anbieter überlegen, ob er Markenschutz für die dabei verwendeten Zeichen anstrebt. Ihm stehen grundsätzlich all die Markenformen zum kennzeichenrechtlichen Schutz seiner Produkte zur Verfügung, auf die andere Anbieter auch zurückgreifen können. Vom markenrechtlichen Schutz des Domainnamens als Wortmarke über den Schutz der auf der Internetseite verwendeten Farben als Farbmarke bis hin zum Schutz von Jingles, die beim Aufruf der Webseite erklingen, ist alles denkbar. Für die Beurteilung der abstrakten Markenfähigkeit gemäß § 3 MarkenG spielt die beabsichtigte Verwendung der Marken im Internet zunächst keine Rolle. Die ausschließliche oder auch nur vorrangige Verwendung der Marke im Internet ist vielmehr für die Frage von Bedeutung, ob eine solche „Online-Marke“ rechtsbegründend bzw. rechtserhaltend benutzt wird. Für die Eintragungsfähigkeit von im Internet benutzten Marken gelten grundsätzlich die allgemeinen Regeln, die ausführlich darzustellen sein werden, da die Marke auch im Internet das am häufigsten verwendete Kennzeichen ist. Eine internetspezifische Besonderheit ist die rein virtuelle Marke, deren Eintragungsvoraussetzungen in den nachfolgenden Ausführungen besonders eingehend unter die Lupe genommen werden. Über Schutzfähigkeit von häufig im Internet verwendeten Wort und Bildzeichen bzw. -bestandteilen, gilt es ebenso Klarheit zu gewinnen wie über die Einordnung gewisser spezifischer Internet-Dienstleistungen, die sich nur schwer unter die Oberbegriffe der Nizza-Klasseneinteilung subsumieren lassen.

1. Allgemeines

Die Marke ist das am umfangreichsten kodifizierte Kennzeichenrecht. Nach § 3 MarkenG ist eine Marke ein Zeichen, das geeignet ist, Waren oder Dienstleistungen eines Unternehmens von denjenigen anderer Unternehmen zu unterscheiden. Maßgebliche Funktion der Marke ist also, den Verkehr auf die Herkunft der mit der Marke versehenen Waren- und Dienstleistungen hinzuweisen. Wenn auch heute der Marke andere Funktionen, insbesondere eine Garantie-, Vertrauens-, Werbe- und Monopolisierungsfunktion zugewiesen werden, ist die **betriebliche Herkunftsfunktion** nach wie vor der zentrale Zweck des Markenschutzes[2]. 4

Wenn auch die Form der Ware oder auch eine farbliche Aufmachung als Marke fungieren kann, so setzt doch die Markenfähigkeit zwingend die **Selbständigkeit der Marke** gegenüber der Ware/Dienstleistung voraus. Eine Unterscheidung zwischen dem Zeichen, also der Marke, und dem Bezeichneten, also den Waren und Dienstleistungen, muss möglich sein. Die Ware als Objekt der Kennzeichnung kann nicht gleichzeitig Kennzeichen sein[3]. 5

§ 4 MarkenG weist **drei Entstehungsgründe** für Markenschutz in Deutschland aus. Danach kann Markenschutz alternativ oder kumulativ durch Eintragung in das Markenregister, durch Benutzung oder durch notorische Bekanntheit im Sinne des Art. 6 BIS der Pariser Verbandsübereinkunft (PVÜ) erworben werden. In der Praxis spielt der Markenschutz durch Eintragung bei weitem die größte Rolle. Markenschutz durch Benutzung setzt voraus, dass die Marke Verkehrsgeltung innerhalb der beteiligten Verkehrskreise erworben hat. Dies erfordert regelmäßig eine lange, werbeintensive Nutzung der Marke. 6

2. Markenfähigkeit

a) Markenformen 7

Wie eben ausgeführt, kann jedes Zeichen, das zur Unterscheidung von Waren und Dienstleistungen geeignet ist, die Funktion einer Marke wahrnehmen. Die Aufzählung im Gesetz deckt die wichtigsten in der Praxis vorkommenden Markenformen ab, ist aber nicht abschließend. Die **Tatbestandsoffenheit des § 3 Abs. 1 MarkenG** ermöglicht es, neue Markenformen (z.B. virtuelle Marke) zu definieren, wie nachfolgend ausgeführt werden wird[4].

- Die Wortmarke ist mit Abstand die häufigste Markenform. Die Wortmarke kann ein Phantasiebegriff sein oder auch aus einzelnen oder mehreren Wörtern der deutschen bzw. einer fremden Sprache bestehen.
- Im Gegensatz zur alten Rechtslage, die Buchstaben sowie nicht-aussprechbare Buchstabenkombinationen nur im Falle der Verkehrsdurchsetzung als Marke anerkannte (z.B. BMW, VW), sieht das neue Gesetz die Markenfähigkeit von Buchstaben ausdrücklich vor. Bei Einzelbuchstaben und Abkürzungen muss allerdings sehr sorgfältig geprüft werden, ob das entsprechende Zeichen unterscheidungskräftig und nicht freihaltebedürftig ist[5].

---

[2] Vgl. *EuGH* GRUR 1998, 387 (388) – Sabèl/Puma; *BGH* GRUR 1999, 164 (166) – JOHN LOBB; *Althammer/Ströbele/Klaka*, § 9, Rdnr. 42.

[3] *Althammer/Ströbele/Klaka*, § 3, Rdnr. 9.

[4] Vgl. Rdnr. 9.

[5] *BPatGE* 38, 116 (199 ff.) – L; *BPatG* GRUR 1998, 10 (11) – K.

- Zahlen können sowohl als Grundzahlen[6] als auch als Zahlenwörter Markenschutz beanspruchen (z.B. Fünfer[7] oder quattro[8]). Zahlen unterliegen ebenfalls einem erhöhten Freihaltebedürfnis[9].
- Abbildungen aller Art können als Bildmarken fungieren. Die Abbildungen können schwarz/weiß, farbig, gegenständlich oder abstrakt sein. Häufig werden Abbildungen mit Wörtern kombiniert.
- Das neue Markengesetz hat Hörzeichen ausdrücklich die Markenfähigkeit zugesprochen und trägt damit dem Umstand Rechnung, dass akustische Erkennungsmittel umfangreich in der Werbung, aber auch zur Unterscheidung von Radio- und Fernsehsendungen (vgl. die Entscheidung SWF-3-Nachrichten[10]) benutzt werden. Auch **im Internet** werden Hörzeichen als Kennung des Portalinhabers eine zunehmende Bedeutung erlangen.
- Im Gegensatz zum alten Warenzeichengesetz, das nur einen Ausstattungsschutz auf Grund Verkehrsgeltung kannte, wird die Markenfähigkeit von **dreidimensionale Gestaltungen** in der Form der Ware, der Verpackung der Ware, aber auch jeder anderen Aufmachung in § 3 MarkenG als Markenform ausdrücklich anerkannt. Um die besonderen Voraussetzungen und zeitlichen Befristungen von anderen gewerblichen Schutzrechten (Urheberrecht, Geschmacksmusterrecht, technische Schutzrechte) nicht auszuhöhlen, sieht § 3 Abs. 2 MarkenG für Formmarken besondere Schutzausschließungsgründe vor. Überdies stellt die Rechtsprechung erhebliche Anforderungen an die Unterscheidungskraft und das Freihaltebedürfnis von Formmarken.
- **Farbmarken** sind ebenfalls vom Markengesetz als neue Markenformen eingeführt worden. Hierbei wird unterschieden zwischen abstrakten Marken, d.h. konturunbestimmten Farben, die häufig als Hausfarben eines Unternehmens dienen (z.B. Magenta/Grau für die Deutsche Telekom[11]), und so genannten Aufmachungsfarben, deren Schutzgegenstand die konkrete Aufmachung der Ware ist[12].

b) Neue Markenformen im Internet – virtuelle Marken

8 Im Internet stößt man auf zahlreiche computergenerierte Gestaltungen, denen grundsätzlich Markenfunktion zukommen kann. Wegen ihres **computergenerierten Charakters** kann man solche Gestaltungen, wenn ihnen Kennzeichenfunktion zukommt, als virtuelle Marken bezeichnen[13]. Solche virtuellen Marken sind zu unterscheiden von allen anderen im Internet intensiv benutzen Markenformen, für die das Internet nur eine neue Projektionsfläche bietet. Das Besondere an virtuellen Marken ist, dass sie ausschließlich im Internet verwendet werden und zur Sichtbarmachung ein Computer vonnöten ist. Solche virtuellen Marken reichen von einfachen statischen Bildzeichen (z.B. Drahtgittermodell), über auf Webseiten verwendeten animierten Bildsequenzen bis hin zu komplexen akustisch-visuellen Kombinations-

[6] *BPatG* GRUR 1998, 572 (573) – 9000.
[7] *BGH* MarkenR 1999, 400 (402) – FÜNFER.
[8] *BGH* Mitt. 95, 184 (185) – quattro II.
[9] *Althammer/Ströbele/Klaka,* § 8, Rdnr. 123.
[10] *BPatG* GRUR 1999, 730 – SWF-3-Nachrichten.
[11] *BGH* GRUR 1997, 60 – Farbmarke Magenta/Grau.
[12] *Grabrucker,* GRUR 1999, 850 (851 f.); BGH GRUR 2002, 538 – grün eingefärbte Prozessorengehäuse.
[13] Vgl. auch *Fezer,* § 3, Rdnr. 294c und 294d.

marken. Gerade die letztgenannten komplexen akustisch-visuellen Kombinationsmarken nehmen auf Grund der steigenden Rechnerkapazität und der damit einher gehenden größeren Übertragungsgeschwindigkeit im Internet ständig zu und werfen interessante Fragen auf. Sie sind vergleichbar mit Bild-/Tonsequenzen (z.B. die bewegten Wolken von der Produktionsfirma Dreamwork oder auch der brüllende Löwe von MGM), wie sie Filmstudios seit langem zur Kennzeichnung ihrer Produktionen verwenden. Einem ähnlichen Phänomen begegnet man auch im Fernsehen zur Kennzeichnung bestimmter Sendungen (z.B. Sportschau, Tagesthemen, Abenteuer Forschung oder Monitor). Die dabei verwendeten Eingangsspots sind ebenfalls häufig computergenerierte, bewegte Bild- und Tonsequenzen. Soweit erkennbar, fehlen bisher Entscheidungen, die sich mit der Markenfähigkeit und Eintragungsfähigkeit solcher virtueller Marken befassen.

Wie ausgeführt, ist § 3 Abs. 1 MarkenG tatbestandsoffen und sieht grundsätzlich 9 die Möglichkeit des Markenschutzes für jede denkbare Markenform vor. Auch der Umstand, dass die Markenverordnung neben der Regelung der bekannten Markenformen in § 12 MarkenV ohne nähere Einschränkung eine Regelung für sonstige Markenformen aufweist, unterstreicht den offenen Charakter des deutschen Markengesetzes für neue Markenformen. **Der virtuelle Charakter von Marken,** also der Umstand, dass sie nur **mit Hilfe eines Computers wahrnehmbar**[14] sind, steht ihrer Einordnung als Marke i.S.d. § 3 Abs. 1 MarkenG nicht entgegen. Entscheidend ist nach der Definition von § 3 Abs. 1 MarkenG allein, ob das Zeichen abstrakt geeignet ist, Waren oder Dienstleistungen eines Unternehmens von denjenigen anderer Unternehmen zu unterscheiden. An der grundsätzlichen Eignung von virtuellen Marken, die in ihrer wahrnehmbaren Form letztlich bekannte Zeichenbestandteile wie Bilder, Farben und Töne integrieren, kann kein Zweifel bestehen. Auch das Erfordernis der Einheitlichkeit, d.h. der Erkennbarkeit der Marke als eine Einheit, ist bei virtuellen Marken regelmäßig erfüllt. Etwas anderes könnte beispielsweise für eine animierte Bildmarke auf einer Website gelten, die von einem Zufallsgenerator gesteuert wird und der somit jede erkennbare Struktur fehlt.

Größere Probleme als die Markenfähigkeit einer virtuellen Marke wirft ihre **Eintragungsfähigkeit** auf, wie noch auszuführen sein wird[15]. In diesem Zusammenhang 10 muss allerdings betont werden, dass virtuelle Marken, ebenso wie alle anderen Markenformen auch, allein durch Benutzung entstehen können. Selbst wenn man also – ungerechtfertigterweise – die Eintragungsfähigkeit von virtuellen Marken grundsätzlich verneinen sollte, wird man sich auf **virtuelle Marken als Benutzungsmarken** einzustellen haben.

3. Markenschutz durch Eintragung – Die Registermarke

a) Allgemeines

Der Eintragung der Marke in das Markenregister geht eine **Amtsprüfung** der ge- 11 setzlich normierten Voraussetzungen (§§ 3, 7, 8 MarkenG) voraus. Erst durch Eintragung in das beim Deutschen Patent- und Markenamt geführte Markenregister entfaltet die Registermarke ihren Schutz, d.h. erst mit der Eintragung können die in § 14 MarkenG normierten Verbietungsrechte geltend gemacht werden. Für den

[14] *Ingerl/Rohnke,* § 3, Rdnr. 8.
[15] Vgl. Rdnr. 12.

Zeitrang (§ 6 MarkenG) ist aber der Anmeldetag bzw. der in Anspruch genommene Prioritätstag maßgeblich.

b) Graphische Darstellbarkeit von virtuellen Marken

12 Gemäß § 8 Abs. 1 MarkenG sind von der Eintragung Zeichen ausgeschlossen, die sich nicht graphisch darstellen lassen. Mangelnde graphische Darstellbarkeit wird in § 8 Abs. 1 MarkenG unter der Überschrift der absoluten Schutzhindernisse angeführt, obwohl dieses Erfordernis jedem Registerrecht immanent ist und somit eine Frage der Markenfähigkeit von Registermarken ist[16]. Denn während bei der benutzten Marke Inhalt und Grenzen des Markenschutzes durch die Benutzungsform bestimmt wird, muss diese Bestimmung bei einem Recht, das durch Eintragung entsteht, über das Register erfolgen. Nur so ist eine angemessene Information des Verkehrs über Gegenstand und Reichweite des Rechts gewährleistet. Graphische Darstellbarkeit bedeutet allerdings nicht, dass die Marke seinem Wesen nach auch optisch darstellbar ist. Andernfalls schiede der vom Markengesetz vorgesehene Registerschutz von Hör- und Geruchsmarken von vornherein aus. Die Probleme, die mit den Erfordernissen der graphischen Darstellbarkeit für die neuen Markenformen verbunden sind, sind noch längst nicht abschließend geklärt. Die wesentlichen Vorschriften hinsichtlich der graphische Darstellbarkeit von Marken sind in den §§ 7–12 der Verordnung zur Ausführung des Markengesetzes (= MarkenV) enthalten. Die graphische Wiedergabe bei einer Hörmarke gemäß § 11 MarkenV wird durch eine Notenschrift oder ein Sonogramm sichergestellt. Überdies muss der Anmelder eine klangliche Wiedergabe der Marke (z.B. bespielte Kassette) einreichen.

13 Besondere Probleme wirft die **graphische Darstellbarkeit virtueller Marken** auf. Mangels anderweitiger Regeln findet § 12 MarkenV über sonstige Markenformen auf virtuelle Marken Anwendung. Gemäß § 12 Abs. 1 MarkenV müssen von einer Marke, die als sonstige Markenform eingetragen werden soll, vier übereinstimmende zweidimensionale graphische Wiedergaben der Marke beigefügt werden. Nachdem die graphische Darstellbarkeit einer Marke nicht unbedingt ihre optische Wahrnehmbarkeit erfordert, wäre es denkbar, den für die Generierung der virtuellen Marke in der jeweiligen Programmiersprache enthaltenen **Quelltext** einzugeben. Im Unterschied zur chemischen Formel bei der Geruchsmarke wäre damit zumindest die hinreichende Bestimmtheit der entsprechenden virtuellen Marke garantiert. Der Nachteil einer solchen graphischen Wiedergabeform, die ja dann auch veröffentlicht würde, ist, dass dem Informationsinteresse der Allgemeinheit über den Gegenstand der Markenanmeldung in keinster Weise Rechnung getragen würde. Daher sollten die Inhaber virtueller Marken auf deren optische Wahrnehmbarkeit verpflichtet werden. Bei statischen virtuellen Gestaltungen kann die Wiedergabe durch Zeichnungen oder Lichtbilder sichergestellt werden. Schwieriger ist dies bei animierten virtuellen Marken, deren Bildsequenz gegebenenfalls aus 100 oder mehr Einzelbildern besteht. Das gleiche Problem stellt sich im Übrigen bei allen komplexen Bewegungsmarken[17]. Analog dem Gedanken des § 9 Abs. 1 MarkenV, der bei 3D-Marken die Möglichkeit unterschiedlicher Ansichten vorsieht, könnten bei ani-

[16] Vgl. zum Hintergrund dieser systemwidrigen Einordnung: *Althammer/Ströbele/Klaka,* § 3, Rdnr. 11.

[17] *Fezer,* § 3, Rdnr. 289.

mierten Bildsequenzen unterschiedliche Standbilder in chronologischer Reihenfolge eingereicht werden, die den Bewegungsablauf für den Betrachter zumindest skizzieren. Wie viele solcher Standbilder letztlich vom Anmelder verlangt werden müssen, hängt von Inhalt und Länge der Bildsequenz ab. Der Umstand, dass eine solche Aneinanderreihung von Standbildern den Bewegungsablauf nicht nachzeichnen, sondern nur skizzieren kann, ist aus Praktikabilitätserwägungen hinzunehmen. Die hierbei gemachten Zugeständnisse an die graphische Darstellbarkeit rechtfertigen sich mit Blick auf die Grundsatzentscheidung des Gesetzgebers, das ganze Spektrum möglicher Markenformen zuzulassen[18]. Sollte die animierte Bilderfolge überdies mit einer akustischen Untermalung versehen sein, müsste gemäß § 11 Abs. 2 MarkenV die übliche Notenschrift oder ein Sonogramm eingereicht werden. In jedem Fall sollte das Deutsche Patent- und Markenamt analog dem Rechtsgedanken des §§ 11 Abs. 3 i. V. m. 12 Abs. 2 MarkenV eine visuelle bzw. visuell-akustische Wiedergabe der Marke in Form einer Diskette oder CD-ROM verlangen. Die genauen Anforderungen hierzu könnte der Präsident des Deutschen Patent- und Markenamts gemäß §§ 12 Abs. 2 i. V. m. 11 Abs. 5 MarkenV festlegen.

Zusammenfassend lässt sich also festhalten, dass auch eine komplexe virtuelle Kombinationsmarke, die sowohl Elemente einer Bewegungs- als auch einer Hörmarke enthält, grundsätzlich graphisch darstellbar und somit eintragungsfähig ist.

c) Absolute Schutzhindernisse

aa) Allgemeines

Für die Eintragung von Zeichen, die ausschließlich oder vorrangig im Internet benutzt werden sollen, gelten hinsichtlich der absoluten Schutzhindernisse keine erkennbaren Besonderheiten. Gerade wenn es sich um eine klassische Markenform handelt, wird für den Prüfer in der Regel gar nicht erkennbar sein, welche Verwendungsabsicht der Markenanmelder besitzt. Aber selbst wenn es sich um eine offensichtlich im Internet zur Anwendung kommende Markenform handelt (z. B. virtuelle Marke), finden die allgemeinen Anforderungen an Registermarken Anwendung. Bei der Beurteilung der Unterscheidungskraft von Internetmarken, deren Waren bzw. Dienstleistungen sich nicht an spezielle Fachkreise wenden, muss grundsätzlich das Verkehrsverständnis der Allgemeinheit zugrunde gelegt werden, da das Internet längst zu einem Massenmedium geworden ist. Allerdings werden Internetfirmen mit dem Argument, bei der angemeldeten Marke handele es sich um eine englischsprachige Bezeichnung, die vom deutschen Verkehr nicht verstanden werde, noch weniger durchdringen als dies ohnehin nach der ständigen Praxis des Deutschen Patent- und Markenamts der Fall ist, denn es gilt weiterhin, dass das Bildungsniveau und der Ausbildungsgrad deutschsprachiger Internetanwender im Vergleich zur Gesamtbevölkerung überdurchschnittlich hoch ist[19]. Überdies dominiert im Internet, nicht zuletzt wegen seines amerikanischen Ursprungs, die englische Sprache. 14

Die mit Abstand **wichtigsten absoluten Schutzhindernisse** sind die fehlende Unterscheidungskraft und das Bestehen eines Freihaltebedürfnisses. Von den übrigen 15

[18] Vgl. dazu auch *Ingerl/Rohnke*, § 8, Rdnr. 12.

[19] *Steinhaus* S. 39. Demnach besaßen im Jahre 1998 63,9% der Internetnutzer die Hochschulreife, während nur 23,4% der deutschen Internetbenutzer die Mittlere Reife und 8,8% den Hauptschulabschluss hatten. Gegenüber dem Jahr 1996 hatte sich der Anteil der Internetbenutzer mit Hauptschulabschluss allerdings mehr als verdoppelt (1996: 4,2%).

in § 8 Abs. 2 MarkenG genannten Schutzhindernissen spielt in der Praxis noch die „übliche Bezeichnung" i. S. v. § 8 Abs. 2 Nr. 3 MarkenG und die Täuschungsgefahr i. S. v. § 8 Abs. 2 Nr. 4 MarkenG gelegentlich eine Rolle. Von Bedeutung für die Praxis ist auch die Möglichkeit, sich gemäß § 8 Abs. 3 MarkenG auf Verkehrsdurchsetzung der angemeldeten Marke zu berufen, um die Schutzhindernisse der mangelnden Unterscheidungskraft, des Freihaltebedürfnisses und/oder der üblichen Bezeichnung zu überwinden.

16 Ein nur schwer zu bemäntelnder **Dissens** besteht zwischen dem *BGH* und dem *BPatG* bei der Auslegung der wichtigsten in § 8 Abs. 2 MarkenG genannten Schutzhindernisse. Während das *BPatG* keinen Anlass sieht, die noch aus dem Warenzeichengesetz stammenden Prüfungsmaßstäbe auf Grund des neuen Markenrechts grundlegend zu überdenken, legt die Rechtsprechung des *BGH* seit Inkrafttreten des neuen Markenrechts insgesamt einen großzügigeren Beurteilungsmaßstab bei der Eintragungsfähigkeit von Marken an. Interessant wird es sein zu beobachten, wie sich der *EuGH* in dieser Frage positionieren wird. Auf Grund des Umstandes, dass das neue Markenrecht maßgeblich hinsichtlich des Erwerbs und der Aufrechterhaltung einer eingetragenen Marke auf der Richtlinie 89/104 EGV beruht, besitzt der *EuGH* bei der Prüfung der absoluten Schutzhindernisse die letztlich maßgebende Auslegungskompetenz. Die kürzlich ergangenen Entscheidungen BABY-DRY[20] und BRAVO[21] sprechen dafür, dass der *EuGH* nicht nur den großzügigen Prüfungsmaßstab des *BGH* bei der Eintragungsfähigkeit stützt, sondern – wie insbesondere die BABY-DRY-Entscheidung zeigt – die Eintragungshindernisse noch restriktiver auslegt und somit den Kreis eintragungsfähiger Zeichen weiter erhöht.

In jedem Fall steht fest, dass momentan eine **erhebliche Unsicherheit** bei der Beurteilung der absoluten Schutzfähigkeit besteht. Deshalb ist **bei entsprechender wirtschaftlicher Bedeutung** dem Verwender eines Zeichens bei zweifelhafter Schutzfähigkeit anzuraten, die Schutzfähigkeit durch Eintragung einer Marke beim Deutschen Patent- und Markenamt bzw. dem Harmonisierungsamt überprüfen zu lassen und gegebenenfalls eine letztinstanzliche Entscheidung herbeizuführen, um bei endgültiger Versagung der Eintragungsfähigkeit zumindest Gewissheit zu haben, dass auch ein Dritter für das Zeichen keinen Markenschutz erlangen kann. Die unterschiedlichen Positionen zum anzulegenden Prüfungsmaßstab beruhen auf unterschiedlichen Vorstellungen zum Ausgleich der beteiligten Interessen. Während einerseits die Notwendigkeit betont wird, im Interesse der Rechtssicherheit möglichen Fehlmonopolisierungen durch eine strikte Handhabung der Eintragungshindernisse vorzubeugen, wird andererseits der neue Geist des Markenrechts beschworen. Es wird auf die Möglichkeit verwiesen, im Verletzungsprozess durch eine angemessene Bestimmung des Schutzumfangs und adäquater Auslegung der Schranken des Markenschutzes einen angemessenen Ausgleich zwischen den Interessen des Anmelders an einem effektiven Markenschutz einerseits und den Interessen der Allgemeinheit an der freien Verwendbarkeit andererseits zu erreichen. Gegen einen allzu großzügigen Maßstab bei der Eintragungsfähigkeit, wie sie in der BABY-DRY-Entscheidung des *EuGH* zum Ausdruck kommt, spricht das Drohpotential, das von einem staatlich geprüften Recht wie der Marke für kleinere und mittlere Unternehmen ausgeht, die mit den Feinheiten des Markenrechts nicht vertraut sind.

---

[20] *EuGH* MarkenR 2001, 400 – Baby-Dry; vgl. aber *EuGH* MarkenR 2002, 391.
[21] *EuGH* MarkenR 2001, 403 – Bravo.

Im Rahmen dieser Darstellung ist es nicht geboten, das ausgesprochen umfangreiche Fallrecht zu den einzelnen absoluten Schutzhindernissen im Einzelnen zu erörtern. Diesbezüglich wird auf die einschlägigen Kommentare[22] verwiesen. Es werden vielmehr nur die wesentlichen Grundprinzipien dargestellt, die dem Leser eine erste Einschätzung der Schutzfähigkeit des von ihm verwendeten Zeichens ermöglichen sollen.

bb) Unterscheidungskraft

Die abstrakte Eignung zur Unterscheidung von Waren- und Dienstleistungen, die ein Zeichen besitzen muss, um markenfähig i. S. v. § 3 MarkenG zu sein, gilt es zu differenzieren von der konkreten Unterscheidungskraft, die in § 8 Abs. 2 Nr. 1 MarkenG gemeint ist. Das Zeichenwort „PRALINE" ist beispielsweise ohne weiteres abstrakt geeignet, Waren oder Dienstleistungen eines Unternehmens von denjenigen eines anderen Unternehmens zu unterscheiden. Für die konkreten Waren „Süßigkeiten" fehlt dem Zeichenwort PRALINE jedoch jegliche konkrete Unterscheidungskraft. Andererseits kann PRALINE sehr wohl als konkretes Unterscheidungsmittel für eine „Zeitschrift" dienen und ist für diesen Warenbereich auch unterscheidungskräftig. Unterscheidungskräftig sind also Zeichen, die geeignet sind, für die konkret beanspruchten Waren und/oder Dienstleistungen als Herkunftshinweis zu dienen. Grundsätzlich besitzen also diejenigen Zeichen Unterscheidungskraft, die weder die Ware/Dienstleistung noch die Eigenschaften derselben beschreiben. Nach der Rechtsprechung des *BGH* ist bei der Frage, ob ein Zeichen unterscheidungskräftig ist, von einem großzügigen Maßstab auszugehen, da der Verkehr in der Regel ein als Marke verwendetes Zeichen so aufnimmt, wie es ihm entgegentritt, ohne es einer näheren analysierenden Betrachtungsweise zu unterziehen[23]. 17

Maßgeblich für die Beurteilung eines beschreibenden Aussagegehalts sind die angesprochenen Verkehrskreise. Hierbei wird wiederum auf den **durchschnittlich informierten, aufmerksamen verständigen Durchschnittsverbraucher** abgestellt[24]. 18

Der **Begriff „Unterscheidungskraft"** wird nicht nur bei Marken, sondern im gesamten Kennzeichenrecht gebraucht. Die jeweiligen Anforderungen an die Unterscheidungskraft richten sich **nach den Besonderheiten des jeweiligen Kennzeichens** und den Übungen der Branche und differieren daher erheblich. So muss beispielsweise ein Werktitel ein Werk von einem anderen unterscheiden, wozu auch ein farbloser, den Inhalt des Werkes wiedergebender Titel geeignet sein kann, der aber andererseits sich nicht als betriebliches Unterscheidungsmittel eignen würde. 19

Der *BGH* hat der gelegentlich in der Rechtsprechung des *BPatG* erkennbaren Tendenz, bei neuen Markenformen[25] strengere Anforderungen an die Unterscheidungskraft zu stellen als bei herkömmlichen Markenformen, eine eindeutige Absage erteilt[26]. Die mögliche Gefahr der Behinderung von Produktgestaltungen durch die Monopolisierung von bestimmten Farben oder Formen betrachtet der *BGH* mit Recht nicht als Rechtfertigung für strengere Anforderungen an die Unterscheidungskraft, zumal er im Einklang mit der Rechtsprechung des *EuGH*[27] eine Wech- 20

---

22 *Althammer/Ströbele/Klaka,* passim; *Fezer,* passim; *Ingerl/Rohnke,* passim.

23 *BGH* GRUR 1995, 269 (270) – U-Key; *BGH* GRUR 1999, 1089 (1091) – YES.

24 Vgl. dazu *EuGH* WRP 2000, 289 (292) – Lifting Creme.

25 Dazu ausführlich *Kunz-Hallstein,* MarkenR 2000, 389.

26 *BGH* GRUR 2001, 334 (335 f.). – Gabelstapler; *BGH* WRP 2001, 1198 – Violettfarben.

27 *EuGH* GRUR 1999, 723 (Tz. 48) – Chiemsee.

selwirkung zwischen der Unterscheidungskraft und dem Freihaltebedürfnis ablehnt. Die freie Produktgestaltung durch den Verkehr soll vielmehr bei der Prüfung des Freihaltebedürfnisses i.S.v. § 8 Abs. 2 Nr. 2 MarkenG, sowie bei der Bestimmung des Schutzumfangs der eingetragenen Marke berücksichtigt werden. Insoweit hat auch die Praxis des *BPatG*, die bei Werbeslogans[28] oder auch Abbildungen der betroffenen Ware oder ihrer Teile[29] eine besondere Eigentümlichkeit oder einen besonders hohen Grad der Originalität verlangte, keine Grundlage mehr in der Rechtsprechung des *BGH*[30]. Unter Zugrundelegung dieser BGH-Rechtsprechung, die letztlich die **Gleichbehandlung aller Markenformen** fordert, gibt es keinen Anlass, an die Unterscheidungskraft **virtueller Marken** per se strengere Anforderungen zu stellen.

21 Wenn man dem *BGH* folgt und für alle Markenformen jede auch noch so geringe Unterscheidungskraft ausreichen lässt, so bedeutet dies nicht, dass bei der Beurteilung der Unterscheidungskraft im Hinblick auf die verschiedenen Markenformen und die konkret beanspruchten Waren und Dienstleistungen keine Unterschiede bestehen. Farben werden beispielsweise in der Werbung umfangreich zu rein dekorativen Zwecken oder auch als Hinweis auf bestimmte Eigenschaften der Waren eingesetzt. Wenn also tatsächliche Feststellungen dahin erfolgen, dass der Verkehr sich an die entsprechende Farbe als Sachhinweis oder auch als dekoratives Element in dem betroffenen Warenbereich gewöhnt hat, muss der Farbmarke die Unterscheidungskraft abgesprochen werden. Diese Verkehrsgewöhnung ist auch der Grund, warum beispielsweise einfachen graphischen Gestaltungsmitteln wie Dreiecken, Kreisen, etc. häufig die Herkunftshinweisfunktion fehlt. Auch bei Buchstabenmarken wird die Bedeutung von Branchengewohnheiten bei der Frage der Unterscheidungskraft bestimmter Markenformen deutlich. Während beispielsweise dem Buchstaben K[31] die Unterscheidungskraft für Schlosserwaren, Klempnerzubehör etc. nicht abgesprochen wurde, fehlen Buchstabenmarken in der Automobilbranche regelmäßig die Unterscheidungskraft, da der Verkehr an Buchstaben als Typenangaben hinreichend gewöhnt ist. Die Frage der Unterscheidungskraft richtet sich also immer nach den **Anschauungen des Verkehrs** in dem konkret betroffenen Warenbereich. Diese Anschauungen des Verkehrs werden durch die konkreten Verwendungsgewohnheiten geprägt.

22 Der *BGH* hat in der jüngsten Rechtsprechung deutlich gemacht, dass nur **unmittelbar beschreibenden Angaben** die erforderliche Unterscheidungskraft fehlt. Eine Einschränkung zum Erfordernis des unmittelbar beschreibenden Charakters macht er allerdings insoweit, als er auch Bezeichnungen, die vom Verkehr nur als solche und nicht als betriebliches Unterscheidungsmittel verstanden werden, vom Markenschutz ausnimmt[32].

cc) Freihaltebedürfnis

23 Ziel des am Allgemeininteresse orientierten Freihaltebedürfnisses ist es, dass beschreibende Zeichen und Angaben von jedermann, insbesondere den Mitbewerbern, frei verwendet werden können. Da der Begriff des Freihaltebedürfnisses im

---

28 *BPatGE* 39, 6 (9) – Unter Uns.
29 *BPatG* GRUR 1998, 713 (714) – Zahnpastastrang.
30 *BGH* MarkenR 2001, 239 (240) – Zahnpastastrang.
31 *BPatG* GRUR 1998, 710 (711 f.) – K.
32 *BGH* GRUR 1999, 1093 (1095) – FOR YOU.

Gesetzestext nicht erwähnt ist, könnte der Eindruck entstehen, dass es sich um ein außergesetzliches Schutzhindernis handelt. Tatsächlich stellt das Freihaltebedürfnis eine **immanente Einschränkung** der in § 8 Abs. 2 Nr. 2 MarkenG aufgeführten Schutzhindernisse dar[33]. Denn während § 8 Abs. 2 Nr. 2 MarkenG bestimmt, dass alle Zeichen und Angaben, die zur Bezeichnung der Waren oder Dienstleistungen dienen können, von der Eintragung ausgeschlossen sind, sind nur solche Zeichen und Angaben freihaltebedürftig, deren Monopolisierung dem Allgemeininteresse an der freien Verwendbarkeit widerspricht.

Dem mit den Feinheiten des Markenrechts nicht im Einzelnen Vertrauten drängt 24
sich die Frage auf, welcher **Unterschied zwischen** dem Schutzhindernis der **mangelnden Unterscheidungskraft** und des **Freihaltebedürfnisses** besteht. Denn auch das Schutzhindernis der Unterscheidungskraft stellt darauf ab, ob sich ein Zeichen in einer reinen Beschreibung der Waren/Dienstleistungen erschöpft, oder vom Verkehr als Phantasiezeichen und somit als betrieblicher Herkunftshinweis aufgefasst wird. Der entscheidende Unterschied zwischen den beiden Schutzhindernissen besteht darin, dass sich die Beurteilung der Unterscheidungskraft allein an den Vorstellungen der angesprochenen Verkehrskreise orientiert, während beim Freihaltebedürfnis die objektive Eignung des Zeichens zur Beschreibung der Waren/Dienstleistungen untersucht wird.

Das Freihaltebedürfnis muss immer für die **konkret angemeldeten Waren und** 25
Dienstleistungen bestehen. Dies bedeutet allerdings nicht, dass die Prüfungsstelle die beschreibende Bedeutung für jede einzelne Ware/Dienstleistung belegen muss, was im summarischen Anmeldeverfahren nicht zu leisten wäre. Ausreichend ist, dass das fragliche Zeichen für Waren/Dienstleistungen beschreibend verwendet wird, die mit den Waren/Dienstleistungen der Anmeldung ohne weiteres vergleichbar sind[34].

Als Schutzhindernis kommt sowohl ein **aktuelles** als auch ein **zukünftiges Freihal-** 26
tebedürfnis in Betracht. Das aktuelle Freihaltebedürfnis setzt allerdings nicht voraus, dass die Prüfungsstelle dem Anmelder einen Nachweis für die beschreibende Benutzung des fraglichen Zeichens liefern muss. Denn nach dem eindeutigen Wortlaut des § 8 Abs. 2 MarkenG reicht es aus, wenn das Zeichen zur Beschreibung **dienen kann.** Insoweit kann das häufig vom Anmelder vorgebrachte Argument, das angemeldete Zeichen ließe sich nicht lexikalisch nachweisen, nur als Indiz gegen das Bestehen eines Freihaltebedürfnis gewertet werden. Wortverbindungen und Mehrwortmarken können eine rein beschreibende Bedeutung haben, ohne dass sie lexikalisch nachweisbar sind[35]. Auch ein zukünftiges Freihaltebedürfnis ist nach dem Wortlaut des § 8 Abs. 2 Nr. 2 MarkenG zu berücksichtigen.

Nach der in den letzten Jahren vom *BGH* befürworteten restriktiven Anwendung 27
des Schutzhindernisses sind folgende Vorgaben bei Prüfung des Freihaltebedürfnisses zu beachten:

– Das Zeichen muss einen **eindeutigen,** vom Verkehr **erkennbaren beschreibenden Begriffsinhalt** erkennen lassen. Ein mehrdeutiger, uneinheitlicher, ver-

[33] Vgl. dazu *Althammer/Ströbele/Klaka,* § 8 Rdnr. 69.

[34] *BPatG* BlPMZ 2000, 61 (62) – TAKE IT SHAKE IT USE IT.

[35] Vgl. u.a. *BPatG* GRUR 1997, 640 (641) – ASTHMA-BRAUSE; *BPatG* GRUR 1997, 132 (133) – Ergo Panel; *BGH* GRUR 1996, 68 – Cotton Line; *BGH* GRUR 2000, 882 – Bücher für eine bessere Welt.

schwommener Begriffsinhalt steht der Annahme eines Freihaltebedürfnisses entgegen[36].

- Es ist stets das Zeichen in seiner **Gesamtheit** mit allen Bestandteilen, wie es dem Verkehr entgegentritt, zu beurteilen[37]. So wurde beispielsweise das Zeichen „FLEUR charme" für nicht freihaltebedürftig für die Waren „Seifen und Parfümerien" angesehen, obwohl das *BPatG*[38] sowohl das Wort FLEUR als auch das Wort „charme" für rein beschreibend hielt.
- Das Zeichen ist der Beurteilung als solches in **Alleinstellung,** also ohne zusätzlich gedachte Wort- oder Bildbestandteile, zugrunde zu legen[39].
- Das Zeichen muss einen **unmittelbaren Bezug** zu den Waren und Dienstleistungen aufweisen. Ein solcher unmittelbarer Bezug fehlt nach der Rechtsprechung, wenn das Zeichen nur „Verkaufs- und Vertriebsmodalitäten der Ware"[40] beschreibt, es die werbliche Aufforderung, zu den betreffenden Waren zu wechseln, enthält[41] oder es nur eine schlagwortartige Aussage[42] macht, welche die Aufmerksamkeit des Verbrauchers weckt und auf die Ware lenken soll.

28 Hinsichtlich des Freihaltebedürfnisses an neuen Markenformen haben kürzlich ergangene Entscheidungen des *EuGH*[43] Klärung gebracht. Wie sich aus den Entscheidungen ergibt, tendiert der *EuGH* offenbar dazu, bei dreidimensionalen **Produktformmarken** grundsätzlich ein Freihaltebedürfnisses zu bejahen. Aus der Entscheidung des *EuGH* läßt sich sogar schließen, dass das Freihaltebedürfnis an eine Produktform grundsätzlich nur durch Verkehrsdurchsetzung überwunden werden kann. Hintergrund dieser sehr restriktiven Auslegung ist, dass ein markenrechtlicher Schutz von Formgebungen auf ein Dauermonopol für die Formgebung selbst hinauslaufen würde und damit ungeachtet der unterschiedlichen Schutzziele und Schutzvoraussetzungen in das anders geartete System der Sonderschutzrechte, insbesondere des Geschmacksmusterrechts, eingreifen könnte[44]. Aus dem eben Gesagten folgt umgekehrt, dass keine besonderen Anforderungen für **virtuelle Marken** gelten, die den Anschein von Dreidimensionalität erwecken, denn die Gefahr der Unterminierung anderer Schutzrechte ist bei virtuellen Marken nicht gegeben. Hinsichtlich des Freihaltebedürfnisses an **Farben**[45] hat der *BGH*[46] in der „violettfarben"-Entscheidung, in der es um den Schutz eines konturlosen violetten Farbtons für Katzenfutter ging, betont, dass die mögliche Verwendung von Farben als Angabe über Merkmale einer Ware ein Freihaltebedürfnis von Gewicht darstellen kann. Dafür reiche es aber nicht aus, die Verwendung eines Farbtons in der Warenwerbung überhaupt nachzuweisen, sondern die Verwendung müsse für die konkret beanspruchten Waren belegt werden. Im Übrigen sei zu

[36] *BGH* GRUR 1995, 269 – U-KEY; *BGH* GRUR 1996, 771 – THE HOME DEPOT.
[37] *BGH* Mitt 2001, 37 – RATIONAL SOFTWARE CORPORATION.
[38] *BPatG* GRUR 1992, 607.
[39] *BGH* GRUR 1997, 627 – à la carte; *BGH* Mitt. 1995, 184 – quattro.
[40] *BGH* GRUR 1998, 465 – Bonus.
[41] *BGH* GRUR 1998, 813 – CHANGE.
[42] *BGH* GRUR 1999, 1093.
[43] EuGH MarkenR 2003, 187 – Linde
[44] Vgl. auch *Erdmann,* GRUR 2001, 609 (613).
[45] *Grabrucker,* WRP 2000, 1331 (1338).
[46] *BGH* WRP 2001, 1198; vgl. jetzt auch *EuGH* MarkenR 2003, 223 – Orange.

berücksichtigen, dass nicht ein Farbton schlechthin Schutz beanspruche, sondern nur ein bestimmter Farbton aus einem bestimmten Farbgemisch. Bei der Prüfung des Freihaltebedürfnisses sei also zu berücksichtigen, dass durch eine sachgerechte Handhabung der Verwechslungsgefahr der Schutzbereich angemessen beschränkt werden könne.

Komplexe Kombinationsmarken, die Elemente von Bewegungs-, Farb- und Hörzeichen vereinen und als virtuelle Marken im Internet gut vorstellbar sind, werden im Hinblick auf ein mögliches Freihaltebedürfnis vom für alle Kombinationsmarken geltenden Grundsatz profitieren, dass für die Eintragungsfähigkeit einer Kombinationsmarke, wie bei allen anderen Kombinationsmarken auch, die Schutzfähigkeit eines Elements ausreicht, um dem Gesamtzeichen die Schutzfähigkeit zu verleihen. 29

Ein in der Praxis beliebtes Argument der Anmelder gegen die Annahme eines Freihaltebedürfnisses ist der Verweis auf **inländische und ausländische Voreintragungen** identischer oder vergleichbarer Marken. Nach ständiger Spruchpraxis[47] begründen eingetragene identische oder vergleichbare Marken keine Selbstbindung des Deutschen Patent- und Markenamtes, da die Entscheidung über die Schutzfähigkeit der Marke keine Ermessens-, sondern eine reine Rechtsfrage darstelle. Wenn es auch **keine Selbstbindung des Deutschen Patent- und Markenamtes** gibt, liegt dennoch auf der Hand, dass Voreintragungen identischer Marken für identische Waren/Dienstleistungen das Deutschen Patent- und Markenamt nicht unbeeindruckt lassen. Eine von der Rechtsprechung ausdrücklich anerkannte Indizwirkung[48] besitzen dagegen ausländische Markenanmeldungen fremdsprachiger Angaben, die in dem betreffenden Sprachkreis erfolgt sind. Denn die Eintragung des fremdsprachigen Zeichens in dem betreffenden Sprachkreis lässt zumindest vermuten, dass das Bedürfnis an der freien Verwendbarkeit des Zeichens nicht besonders groß sein kann. 30

dd) Schutzhindernis der üblichen Bezeichnungen i.S.v. § 8 Abs. 2 Nr. 3 MarkenG

Zur Auslegung des § 8 Abs. 2 Nr. 3 MarkenG bestand eine offensichtliche Meinungsverschiedenheit zwischen dem *BPatG* und dem *BGH*. Der *BGH*[49] war der Ansicht, dass sich die Bedeutung des § 8 Abs. 2 Nr. 3 MarkenG darin erschöpfe, allgemein sprachübliche oder verkehrsübliche Bezeichnungen für die beanspruchten Waren von der Eintragung auszuschließen. Weitere, die angemeldeten Waren oder Dienstleistungen nicht unmittelbar beschreibende Wörter oder Begriffe der allgemeinen Sprache seien dagegen von diesem Eintragungshindernis nicht erfasst. Das *BPatG* hatte dies in der ADVANTAGE-Entscheidung[50] anders gesehen, worauf der *BGH* in der ABSOLUT-Entscheidung[51] seinen Standpunkt erneut bekräftigt hatte. Daraufhin hat das *BPatG* im BRAVO-Beschluss[52] die Frage dem *EuGH* zur Vorab-Entscheidung vorgelegt. Der *EuGH*[53] hat inzwischen den Rechtsstandpunkt des 31

[47] *BPatG* 32, 5 (9 ff.). – CREATION GROSS; *BGH* GRUR 1997, 527, 529 – Autofelge.

[48] *BGH* GRUR 1990, 570 – SMARTWARE; *BGH* GRUR 1996, 771, 772 – THE HOME DEPOT.

[49] *BGH* GRUR 1998, 465 – Bonus.

[50] *BPatG* GRUR 1999, 177 – ADVANTAGE.

[51] *BGH* GRUR 1999, 1096.

[52] *BPatG* GRUR 2000, 424.

[53] *EuGH* MarkenR 2001, 403.

BGH bestätigt. Demnach fallen unter § 8 Abs. 2 Nr. 3 MarkenG nur so genannte **Freizeichen und Gattungsbezeichnungen**[54].

ee) Täuschungsgefahr gemäß § 8 Abs. 2 Nr. 4 MarkenG

32 Gemäß § 8 Abs. 2 Nr. 4 MarkenG sind solche Zeichen von der Eintragung ausgeschlossen, die das Publikum insbesondere über die Art, die Beschaffenheit und/oder die geographische Herkunft der Waren oder Dienstleistungen täuschen. Bei Anwendung dieses Schutzhindernisses ist zu beachten, dass die Täuschungsgefahr von der angemeldeten Marke, also ihrem Aussagegehalt selbst, ausgehen muss. Auf die Modalitäten selbst einer bereits erfolgten Markenbenutzung kommt es nicht an[55]. Für die Beurteilung des Täuschungspotentials einer Marke ist auf die Auffassung der beteiligten Verkehrskreise abzustellen. Hierbei ist das **Verbraucherleitbild des *EuGH***[56] zugrunde zu legen, der im Unterschied zur alten deutschen Spruchpraxis von einem durchschnittlich informierten, aufmerksamen und verständigen Durchschnittsverbraucher ausgeht.

33 Nach neuer Rechtsprechung ist eine Marke nur dann von der Eintragung ausgeschlossen, wenn sie in Bezug auf die beanspruchten Waren/Dienstleistungen in jedem denkbaren Fall ihrer anmeldungsgemäßen Verwendung eine unrichtige Angabe enthält[57]. Die hohen Anforderungen, die die Rechtsprechung an das absolute Schutzhindernis des § 8 Abs. 2 Nr. 4 MarkenG im Eintragungsverfahren stellt, findet seine Rechtfertigung in § 37 Abs. 3 MarkenG, der eine Zurückweisung der Anmeldung auf Grund dieses Schutzhindernisses nur dann zulässt, wenn die Eignung zur **Täuschung ersichtlich** ist.

ff) Schutzfähigkeit von typischen Internetwort- und Bildzeichen

34 Sehr häufig wird in Wort-/Bildzeichen das **@-Zeichen** verwendet. Nach Ansicht der Rechtsprechung[58] besitzt das @-Zeichen zumindest für Telekommunikations- und typische Online-Dienstleistungen keinerlei Kennzeichnungskraft.

Ebenfalls schutzunfähig ist das häufig im Internet verwendet **„e"**, das regelmäßig auf die elektronische Natur der Waren oder Dienstleistungen hinweist. So hat das *BPatG*[59] beispielsweise die Markenanmeldung „eLINES" für „elektrische Apparate, Datenverarbeitungsgeräte, etc." als schutzunfähig betrachtet. Das *BPatG* hat die Markenanmeldung als beschreibende Sachaussage in dem Sinne gewertet, dass die beanspruchten Waren und Dienstleistungen zum Erzeugen und Bearbeiten von Linien unter Einsatz von EDV benutzt würden. Ebenfalls nicht schutzfähig im Bereich der Internetbranche ist der Begriff **„Online"**. Nach Ansicht des *OLG Köln*[60] ist der Begriff „Online" im Zeitalter des Internets allgemeines Sprachgut geworden. Der Verkehr assoziiere mit diesem Begriff, dass das entsprechende Unternehmen in irgendeiner Form etwas mit technischer Kommunikation, namentlich dem Internet, und in diesem Zusammenhang auch mit der elektronischen Datenverarbeitung zu tun habe. Ebenfalls schutzunfähig sind die häufig verwendeten Bestandteile

---

[54] *Althammer/Ströbele/Klaka,* § 8, Rdnr. 163.
[55] Vgl. *BGH* GRUR 1994, 120 (121) – EURO CONSULT.
[56] *EuGH* GRUR Int. 1998, 795 (799) – Gut Springenheide.
[57] *BPatG* GRUR 1989, 593 – Molino; *BPatG* GRUR 1991, 145 – Mascasano.
[58] *BPatG* CR 2000, 841.
[59] *BPatG*, Beschl. v. 13. 3. 2001 – 33 W (pat) 21/00 – eLINES.
[60] *OLG Köln*, MMR 2001, 392; vgl. aber *OLG München,* MMR 2001, 391 – kuechenonline.de.

„*Tele*“[61] für „Telekommunikation“ sowie die Bestandteile **„com“**[62] für „Computer“ und **„net“**[63] für „Netzwerk“. Wer diese Bestandteile in einer zusammengesetzten Marke verwendet, sollte darauf achten, dass die weiteren Bestandteile unterscheidungskräftig sind bzw. ein eigenständiger, kennzeichnungskräftiger Gesamtbegriff entsteht. Nicht überraschend ist auch, dass das *BPatG*[64] den Slogan „Internet – Schnell & einfach“ als inhaltlich beschreibende und unzweideutige Angabe des Verwendungs- und Bestimmungszwecks der angemeldeten Waren bzw. Dienstleistungen zurückgewiesen hat. Als der Anmelder dann alle Internetdienstleistungen aus dem Waren- und Dienstleistungsverzeichnis strich und nur Schutz für „EDV Hard- und Software, Mediendienstleistungen, etc.“ beanspruchte, betrachtete das *BPatG* die sloganartige Wortfolge als irreführend i. S. v. § 8 Abs. 2 Nr. 4 MarkenG. Andererseits erachtete der *BGH*[65] die Marke RATIONAL SOFTWARE CORPORATION als schutzfähig, da das Fehlen jeglicher Unterscheidungskraft sowie das Vorliegen eines Freihaltebedürfnisses der Wortfolge in ihrer Gesamtmarke nicht festzustellen sei. Ebenso als eintragungsfähig erachtete das *BPatG*[66] die Marke COMPUTER ASSOCIATES SOFTWARE SUPERIOR BY DESIGN für Dienstleistungen auf dem Sektor der elektronischen Datenverarbeitung.

d) Sonderproblem – Schutzfähigfähigkeit von Domainnamen als Marke

aa) Allgemeines

Die Beurteilung der Schutzfähigkeit von Domainnamen als Marke ist von erheb- 35
licher praktischer Bedeutung, wie die inzwischen zahlreichen hierzu ergangenen Entscheidungen des *BPatG* belegen. Die meisten Senate des *BPatG* halten Domainnamen nur dann für eintragungsfähig, wenn der Second Level des Domainnamens unterscheidungskräftig und nicht freihaltebedürftig ist. So hat das *BPatG* die angemeldete Marke „mathé.de“[67] für „Computerhardware, Computersoftware, Bereitstellung von Zugangsmöglichkeiten zum Internet und zu anderen Datennetzen“ für schutzfähig erachtet, da der sich auf dem „e“ befindliche accent aigu von der Kurzform „Mathe“ für Mathematik wegführe und daher die Marke nicht unmittelbar beschreibend sei. Ebenso als schutzfähig erachtet wurde die Domain „web.de“[68] für „Druckereierzeugnisse, Online-Informationsdienste“, da der Begriffsinhalt des Wortes „web“ in Bezug auf die beanspruchten Waren und Dienstleistungen verschwommen sei. Gleichfalls für schutzfähig erachtet wurde der Domainname „advocat.de“[69] u. a. für „Tätigkeit eines Nachrichtenbüros, einer Presseagentur; Erstellen von Programmen für die Datenverarbeitung“. Nach Ansicht des *BPatG* sei „advocat“ eine veraltete Bezeichnung für einen Rechtsanwalt und werde heutzutage nicht mehr ernsthaft zur Bezeichnung von Rechtsanwälten verwendet. Der Begriff

---

[61] *BPatGE* 43, 46 – Tele-Check; *HABM* MarkenR 2001, 85 – Tele Aid.

[62] *BGH* MMR 2000, 640 – comtes/comTel.

[63] *BGH* MarkenR 2001, 307 (309) – CompuNet/ComNet; *BGH* GRUR 1997, 468 (469) – Net-Com.

[64] *BPatG* Beschl. v. 23. 7. 2001 – 30 W (pat) 170/00.

[65] *BGH* GRUR 2001, 162 – RATIONAL SOFWARE CORPORATION.

[66] *BPatG* Mitt. 2001, 128 – COMPUTER ASSOCIATES software superior by design.

[67] *BPatG* Beschl. v. 23. 6. 1999 – 32 W (pat) 102/99.

[68] *BPatG* Beschl. v. 3. 11. 1999 – 29 W (pat) 281/98.

[69] *BPatG* Beschl. v. 7. 3. 2001 – 32 W (pat) 16/00.

habe insoweit einen Bedeutungswandel erfahren und sei nicht unmittelbar beschreibend.

36 Die eben erläuterten Entscheidungen stehen im Einklang mit den allgemeinen Grundsätzen zur Eintragungsfähigkeit von Marken. Es handelte sich durchweg um mehrgliedrige Marken (Second Level Domain in Verbindung mit einem Top Level Domainnamen), für deren Eintragungsfähigkeit es nach ständiger Rechtsprechung ausreicht, wenn nur ein Bestandteil unterscheidungskräftig und nicht freihaltebedürftig ist.

37 Viel interessanter ist die Frage, ob Domainnamen immer dann die Eintragungsfähigkeit abzusprechen ist, wenn der Domainname eine beschreibende, insbesondere **gattungsmäßige Second Level Domain** aufweist[70], oder ob im Hinblick auf die technisch bedingte Einzigartigkeit jedes Domainnamens eigene Maßstäbe erforderlich sind. **Das *BPatG*** mit einer Ausnahme[71] **verneint die Eintragungsfähigkeit beschreibender Domainnamen** in inzwischen gefestigter Rechtsprechung, wenn auch die Begründung variiert. Auch die Beschwerdekammern[72] des Harmonisierungsamtes sind der Ansicht, dass Domainnamen mit beschreibenden Second Level Domains keine Unterscheidungskraft besitzen. Im Nachfolgenden soll anhand der vom *BPatG* gegebenen Begründungen die Rechtsprechung kritisch analysiert werden.

bb) Die Rechtsprechung des BPatG *im Einzelnen*

38 Die erste Entscheidung des *BPatG* zu beschreibenden Domainnamen betraf das angemeldete Zeichen „www.patent.de“[73]. Die Buchstabenfolge www.patent.de war unter anderem für „Dienstleistungen von Patentanwälten, insbesondere Nachforschungen in Rechtsangelegenheiten, Recherchen technischer und rechtlicher Art einschließlich der Beschaffung von Dokumenten, technische und patentrechtliche Beratung sowie gutachterliche Tätigkeit“ angemeldet. Das *BPatG* ging von der Gesamtbezeichnung aus und war der Ansicht, dass der Verkehr eine Internetadresse auch mit einem beschreibend wirkenden Wort nicht benötige, um eine bestimmte Art von Dienstleistungen werbend zu umschreiben. Insofern verneinte das *BPatG* sowohl ein aktuelles als auch ein zukünftiges Freihaltebedürfnis. Allerdings betrachtete das Bundespatentgericht den Domainnamen nicht als unterscheidungskräftig. Das *BPatG* wies diesbezüglich auf mit Sachbegriffen gebildete Domainnamen hin, die zwar unter der Adresse Information zu einem bestimmten Thema enthielten, aber deren Urheber nicht erkennen ließen. Der Verkehr werde daher die Buchstaben-Wort-Folge http://www.patent.de als Möglichkeit ansehen, Informationen über Patentdienstleistungen abzurufen und sie nicht mit einem bestimmten Anbieter in Verbindung bringen. Ähnlich argumentierte das *BPatG*[74], als es die Wortmarke „http://www.cyberlaw.de“, die unter anderem für die Dienstleistungen „Wirtschaftsberatung, Steuerberatung“ Schutz begehrte, auf ihre Eintragungsfähigkeit überprüfen musste. Der Begriff „Cyberlaw“ bedeute „Recht im Internet“ und werde somit nur als Sachhinweis auf die angebotenen Dienstleistungen verstanden, während den Bestandteilen „http://“, „www.“ und dem Top Level Domainnamen „.de“ keine eigenständige Bedeutung in einer Internetadresse zukomme. Trotzdem

---

[70] *Milbradt,* MarkenR 2002, 33.
[71] *BPatG* 32 W (pat) 48/01 – Deutschland heute; vgl. auch CR 2002, 524 (L. S.)
[72] HABM-BK, E. T. M. R. 2002, 540 – BUY.COM.
[73] *BPatG* CR 1999, 321 – http://www.patent.de.
[74] *BPatG*, Beschl. v. 26. 1. 2000 – 29 W (pat) 160/99 – cyberlaw.

verneinte das *BPatG* ein aktuelles und zukünftiges Freihaltebedürfnis unter anderem mit dem Hinweis, dass der Domainname nur einem bestimmten Adressaten zugeordnet sei und somit kein Freihaltebedürfnis für Konkurrenten erkennbar sei. Die Unterscheidungskraft wurde auch in dieser Entscheidung mit dem Argument verneint, dass der Verkehr wegen des Sachhinweises „Cyberlaw" den Domainnamen nur als Hinweis auf eine Website mit Informationen über damit in Verbindung stehende Dienstleistungen verstehe, den Domainnamen aber nicht in Form eines markenmäßigen Hinweises mit einem ganz bestimmten, individualisierten Anbieter in Verbindung bringe.

In der Entscheidung der angemeldeten Marke „agrarnet.de"[75] wird ohne Umschweife dem Bestandteil „.de" jegliche Unterscheidungskraft für das Gesamtzeichen abgesprochen, da die Verkehrskreise in dem sogenannten Country Code[76] nur den Top Level Domainnamen für Deutschland erkennen würden. Der Bestandteil „agrarnet" sei sprachüblich gebildet und werde daher für die beanspruchten Dienstleistungen „Marketing, Telekommunikation, Internetdienste, Erstellen von Programmen für die Datenverarbeitung, etc." als sachbezogener Hinweis darauf verstanden, dass die Dienstleistungen einen Bezug zur Landwirtschaft aufwiesen. 39

Besonders aufschlussreich im Hinblick auf die der Entscheidungspraxis zugrunde liegenden Erwägungen sind die Ausführungen des *BPatG* in der „ecollect.de"-Entscheidung[77], die allerdings nur obiter dictum erfolgten, da das *BPatG* letztlich die Second Level Domain „ecollect" nicht als rein beschreibend für „Computersoftware, Computerhardware, Werbung, Verkaufsförderung, etc." ansah. So führte das *BPatG* aus, dass einer Internetadresse an sich von Natur aus eine kennzeichnende Funktion immanent sei. Da aber eine wie ein Internetdomainname gebildete Bezeichnung weder etwas über die tatsächliche Existenz eines solchen Domainnamens noch über die Herkunftsidentität mit einer derartigen Internetadresse noch über deren Einmaligkeit besage, fehle einer solchen Bezeichnung jegliche Unterscheidungskraft, wenn der in der Art einer Second Level Domain auftretende Bestandteil vom Verkehr bloß als beschreibende Angabe angesehen werde. Der Vollständigkeit wegen seien noch zwei weitere Entscheidungen erwähnt. So wurde beispielsweise dem angemeldeten Zeichen „kleverland.de"[78] für „elektronische Apparate, Datenverarbeitung mittels Computer" die Eintragungsfähigkeit versagt, da sich das Zeichen auf die geographische Herkunft des Internetgebiets, in dem das Netzwerk sich befinde, beziehe. Ebenfalls als nicht schutzfähig angesehen wurde das Zeichen „yingyang.de"[79] für „Werbebüro, Gesundheitsinstitut, Lehrveranstaltungen, Erstellen von Computerprogrammen", da sich das Zeichen auf die Polarität als philosophische Ausrichtung der Dienstleistungen beziehe. 40

cc) Kritik an der Argumentation des BPatG

Die generelle Ablehnung der Eintragungsfähigkeit von Domainnamen, deren Second Level Domain in Bezug auf die beanspruchten Waren und Dienstleistungen eine beschreibende Bedeutung aufweist, ist nach diesseitiger Ansicht nicht haltbar. Zum einen ist dem Verkehr bekannt, dass hinter jeder Internetdomain ein Domain- 41

---

[75] *BPatG*, Beschl. v. 24. 7. 2001 – 27 W (pat) 93/00 – agrarnet.
[76] Zum Begriff vgl. § 6 Rdnr. 9.
[77] *BPatG* BlPMZ 2001, 192 – ecollect.de.
[78] *BPatG*, Beschl. v. 28. 7. 1999 – 32 W (pat) 131/99.
[79] *BPatG*, Beschl. v. 18. 8. 1999 –32 W (pat) 119/99 – yingyang.de.

inhaber steht, der Zeit und Geld aufgewandt hat, um die Domain für sich registrieren zu lassen, und häufig noch mehr Zeit aufwendet, um auf der entsprechenden Website dem Verkehr etwas zu bieten. Wenn also auch eine Internetdomain zunächst einmal nur eine Bezeichnung für einen bestimmten Computer ist, bedient sich doch der Domaininhaber des Domainnamens als Kennzeichen für die unter der Domainadresse angebotenen Inhalte. Auf dieses Wissen des Verbrauchers stellt auch die relativ neue Entscheidung des *BPatG* ab[80], die trotz der beschreibenden Second-Level-Domain „deutschland-heute“ die Schutzfähigkeit der Domain „www.deutschland-heute.de“ bejaht. Wie die nachfolgenden Entscheidungen u.a. des gleichen Senats zeigen[81], handelt es sich bei dieser Entscheidung um eine singulär gebliebene Ausnahme von der ständigen Spruchpraxis. Für die Schutzfähigkeit spricht zudem, dass der Verkehr weiß, dass jede Domain **technisch nur einmal existieren** kann und dass für jeden Domainnamen, wie auch immer er zusammengesetzt sein mag, nur eine bestimmte Person bzw. ein bestimmtes Unternehmen verantwortlich ist. Diese Einmaligkeit des Domainnamens begründet dessen Kennzeichnungsfunktion. Insoweit ist es richtig, wenn das *BPatG* in der „ecollect“-Entscheidung von der immanenten kennzeichnenden Funktion der Internetadresse spricht bzw. in der „www.cyberlaw.de“-Entscheidung das Freihaltebedürfnis mit dem Hinweis verneint, dass jeder Domainname nur einem bestimmten Adressaten zugeordnet ist.

42 Ebenfalls nicht zutreffend ist die auch von anderen Instanzgerichten[82] vertretene Auffassung, dass für die Frage der Unterscheidungskraft lediglich die Second Level Domain relevant sei und insbesondere der **Top Level** Domainname grundsätzlich **unbeachtlich** sei. Diese Auffassung berücksichtigt zu wenig, dass die anfänglich sehr beschränkte Zahl von Top Level Domainnamen inzwischen erheblich erhöht wurde. Die ICANN hat sieben neue Top Level Domainnamen (z.B. „.biz“, „.info“)[83] eingeführt, weitere werden möglicherweise noch folgen. Der Verkehr wird also in Zukunft sich daran gewöhnen müssen, mehr Aufmerksamkeit dem Top Level Domainnamen zu widmen, um den richtigen Adressaten im Internet aufzufinden. So wird es in Zukunft häufiger vorkommen, dass Second Level Domains unterschiedlicher Domaininhaber in der Second Level Domain übereinstimmen und nur anhand des Top Level Domainnamens unterschieden werden können. Das Argument, dass der Verkehr daran gewöhnt sei, dass unter Domainnamen, die als Second Level Domains einen Sachhinweis aufweisen, lediglich Informationen über das entsprechende Thema abrufbar seien, wird in dieser Allgemeinheit den Gegebenheiten im Internet nicht gerecht. Wie nicht zuletzt die zahlreichen Entscheidungen der Instanzgerichte zur wettbewerbsrechtlichen Zulässigkeit von Gattungsdomainnamen zeigen, wird der Verkehr im Internet mit zahlreichen entsprechenden Domainnamen konfrontiert, hinter denen kommerziell orientierte Unternehmen stehen. Im Übrigen ist der Verkehr durch so bekannte Websites wie „buecher.de“, „lastminute.com“, „autoscout.de“, „wissen.de“ oder auch „wetter.de“, deren Inhaber auch außerhalb des Internets Werbung treiben, daran gewöhnt, dass Gattungsbegriffe in Verbindung mit einem Top Level Domainnamen als Kennzeichen im geschäftlichen Verkehr verwendet werden. Die nunmehr vom *BPatG* obiter dic-

---

80 Vgl. Fn. 71.

81 BPatG CR 2002, 770 – reise.de; BPatG CR 2002, 770 – sportwetten.de.

82 *OLG Karlsruhe,* MMR 1999, 604 – badwildbad.de.

83 Dazu § 6 Rdnr. 8.

tum in der „ecollect"-Entscheidung vorgetragenen Argumente gegen die Eintragungsfähigkeit beschreibender Domainnamen können ebenfalls nicht überzeugen. Ob der Domainname, der als Marke angemeldet wird, tatsächlich existiert, ist für die Frage der Eignung des Domainnamens, vom Verkehr als Herkunftsunterscheidungsmittel aufgefasst zu werden, ohne Bedeutung. Nach der Abschaffung des Geschäftsbetriebserfordernisses spielt es schließlich auch keine Rolle, ob bei der Eintragung der Marke auch Benutzungsabsicht besteht. Ebenso unbeachtlich ist die Herkunftsidentität des Domaininhabers und des Anmelders einer entsprechenden Marke. Mit Ausnahme von notorisch bekannten Marken spielt es bei der Eintragung anderer Marken ebenfalls keine Rolle, ob der Anmelder, sollte das entsprechende Zeichen bereits im Verkehr benutzt werden, mit dem Zeichenbenutzer identisch ist.

dd) Befürwortung des Schutzes gattungsmäßiger Domainnamen

Insgesamt ist also nicht einzusehen, warum einem Domainnamen, der als Second 43
Level Domain eine in Bezug auf die Waren und Dienstleistungen beschreibende Angabe enthält, die Unterscheidungskraft abgesprochen werden soll. Auf Grund des Wissens des Verkehrs um die **Einmaligkeit** eines jeden Domainnamens im Internet und angesichts der **Gewöhnung** des Verkehrs an Unternehmen, die ihre entsprechenden Dienstleistungen unter einem so zusammengesetzten Domainnamen anbieten, besitzt selbst ein Domainname, dessen Second Level Domain beschreibend ist, die konkrete Eignung, vom Verkehr als Herkunftsunterscheidungsmittel für die angesprochenen Waren/Dienstleistungen aufgefasst zu werden und damit die betriebliche Zuordnung der angemeldeten Waren/Dienstleistungen zu ermöglichen. Dieser Auffassung scheint auch das *OLG München*[84] zu sein, das der Firmenbezeichnung „buecher.de" Kennzeichnungskraft zugesprochen hat. Der Umstand, dass es sich in dieser Entscheidung um eine Firmenbezeichnung handelte, kann keine abweichende Beurteilung beim Markennamen rechtfertigen, da sich das Problem der Unterscheidungskraft in beiden Fällen gleichermaßen stellt. Ein Freihaltebedürfnis ist im Einklang mit der Rechtsprechung des *BPatG* ebenso zu verneinen, da wegen der technischen Einmaligkeit jedes Domainnamens kein Bedürfnis des Verkehrs erkennbar ist, die durch die Markenanmeldung Schutz beanspruchenden Waren und Dienstleistungen gerade mit dem entsprechenden Domainnamen zu bezeichnen. Eine andere Frage ist allerdings, ob rein beschreibenden Domainnamen nicht aus anderen Gründen[85] die Eintragung im Einzelfall versagt werden kann. So hat das *LG Köln*[86] die Nutzung des Domainnamens „amtsgericht.de" als irreführend i.S.v. § 3 UWG angesehen, da die berechtigte Erwartung des Publikums enttäuscht werde, auf dieser Seite alle deutschen Amtsgerichte zu finden. Mit dieser Argumentation hätte das *BPatG* dem Zeichen „patent.de" die Eintragung gemäß § 8 Abs. 2 Nr. 4 MarkenG versagen können. Zudem lässt auch die Entscheidung des *BGH* zum gattungsmäßigen Domainnamen „mietwohnzentrale.de"[87] Raum, im Einzelfall gegen beschreibende Domainnamen und damit auch gegen deren Benutzung als Marke wettbewerbsrechtlich[88] vorzugehen.

---

[84] *OLG München,* GRUR 2000, 518 – buecher.de.
[85] Vgl. § 6 Rdnr. 39ff.
[86] *LG Köln,* Beschl. v. 1. 9. 1998, 31 O 714/98.
[87] *BGH* Mitt. 2001, 520 – Mitwohnzentrale.de.
[88] Vgl. § 6 Rdnr. 40ff.

ee) Folgen der Eintragungsfähigkeit von beschreibenden Domainnamen

44 Wenn auch hier grundsätzlich für die Schutzfähigkeit von beschreibenden Domainnamen plädiert wird, muss gleichzeitig klargestellt werden, dass der Schutzumfang einer solch eingetragenen Marke sehr gering ist. Er beschränkt sich auf die **unterscheidungskräftige Eigenprägung** einer solchen Marke, die gerade in der Kombination[89] eines beschreibenden Hinweises mit den weiteren Bestandteilen eines Domainnamens, regelmäßig insbesondere dem Top Level Domainnamen, liegt. Somit kann selbstverständlich unabhängig von § 23 MarkenG unter Berufung auf eine solche Marke nicht gegen ein Drittzeichen vorgegangen werden, das mit der beschreibenden Second Level Domain identisch bzw. ähnlich ist. Angesichts dieses sehr geringen Schutzumfangs, der sich, wie gesagt, mangels anderer unterscheidungskräftiger Bestandteile auf die Kombination beschränkt, stellt sich die Frage nach der Zweckmäßigkeit der Eintragung eines solchen Domainnamens. In der Regel wird der Nutzen einer solchen Markenanmeldung gering sein.

45 Erreicht werden kann durch eine solche Eintragung aber im Einzelfall, dass diejenigen Inhaber solcher Domainnamen, die sich auf den Handel mit Gattungsdomainnamen spezialisiert haben, zur Unterlassung und Aufgabe des Domainnamens verpflichtet werden können. Überdies könnte mit der Anerkennung der Schutzfähigkeit beschreibender Domainnamen als Marke ein gewisser Schutz für die Unternehmen sichergestellt werden, die unter einem solchem Domainnamen Waren und Dienstleistungen anbieten wollen, aber noch über keine Verkehrsgeltung verfügen. Die momentanen Inhaber generischer Domainnamen, die unter dieser Domain tatsächlich im geschäftlichen Verkehr tätig sind, brauchen keine Sorge vor der Markenanmeldung ihres Domainnamen haben, wenn sie den Domainnamen auf ihrer Internetseite als Unternehmenskennzeichen benutzen. Denn wenn man der hierzu ergangenen Rechtsprechung[90] folgt, können Inhaber von Domainnamen durch Benutzung Rechte an dem Zeichen als Unternehmenskennzeichen erwerben, die dann gegenüber der Markeneintragung prioritätsälter sind. Diejenigen Domaininhaber, die rein ideelle Interessen vertreten, können einer Markenanmeldung ihrer Domain durch Dritte ebenfalls gelassen entgegensehen, da ihre Benutzung des Domainnamens nicht im geschäftlichen Verkehr erfolgt. Schließlich bleibt die Möglichkeit für den Benutzer einer generischen Domain, sich gegenüber der Markenregistrierung auf § 1 UWG wegen sittenwidriger Behinderung zu berufen[91].

e) Verkehrsdurchsetzung gemäß § 8 Abs. 3 MarkenG

46 Gemäß § 8 Abs. 3 MarkenG können die Eintragungshindernisse der mangelnden Unterscheidungskraft gemäß § 8 Abs. 2 Nr. 1 MarkenG, des Freihaltebedürfnisses gemäß § 8 Abs. 2 Nr. 2 MarkenG und der im Sprachgebrauch üblichen Angaben gemäß § 8 Abs. 2 Nr. 3 MarkenG durch die Durchsetzung der Marke für die Waren und Dienstleistungen in den beteiligten Verkehrskreisen überwunden werden.

47 Voraussetzung für jede Verkehrsdurchsetzung ist, dass das Zeichen tatsächlich als **markenmäßiger Hinweis** im Verkehr verwendet wird. Bei der Nutzung der Marke für Waren in einem Domainnamen ist dies nur ausnahmsweise der

---

[89] Vgl. dazu *BPatG,* GRUR 1992, 607 – FLEUR charme.

[90] Vgl. *LG Frankfurt,* Urt. v. 26. 8. 1998 – 2/6 O 438/98 – „warez"; *OLG München,* CR 1999, 778 – tnet.

[91] Vgl. *Ingerl/Rohnke,* § 50 Rdnr. 12ff.

Fall.[92] Zudem muss sich die konkret angemeldete Marke im Verkehr durchgesetzt haben. So rechtfertigt die Durchsetzung eines Bestandteils einer Kombinationsmarke regelmäßig nicht die Durchsetzung der Gesamtmarke. Umgekehrt reicht regelmäßig auch die Durchsetzung der Kombinationsmarke nicht aus, um die Eintragung eines Bestandteils zu erreichen[93]. Etwas anderes mag im Einzelfall dann gelten, wenn der Bestandteil für den Gesamteindruck der durchgesetzten Kombinationsmarke so prägend ist, dass die übrigen Elemente völlig zurücktreten.

Die Durchsetzung muss **innerhalb der beteiligten Verkehrskreise** erfolgen. Zu den 48
beteiligten Verkehrskreisen zählen regelmäßig sowohl die Endabnehmer als auch die Handelskreise. Bei der Bestimmung der Verkehrskreise muss berücksichtigt werden, dass mit Verkehrsdurchsetzung ein bundesweites Monopolrecht entsteht, das beliebig verlängerbar ist. Einzubeziehen sind also alle Verkehrskreise, innerhalb derer die Marke Verwendung finden könnte[94]. Neben aktuellen Konsumenten gehören hierzu auch die Kreise, die an den entsprechenden Waren und Dienstleistungen interessiert sein könnten, auch wenn sie sie zum maßgeblichen Zeitpunkt noch nicht benutzen. Bei Waren des Massenkonsums muss also grundsätzlich eine Durchsetzung innerhalb der Gesamtbevölkerung erfolgen. Bei Waren des Massenkonsums oder des täglichen Bedarfs wird eine Bekanntheit allein unter Internetnutzern regelmäßig selbst dann nicht ausreichen, wenn die Waren/Dienstleistungen **ausschließlich über das Internet** vertrieben werden. Angesichts der stetig steigenden Zahl von Internetnutzern und im Lichte der Rechtsprechung, die auch potentielle Abnehmer zu den beteiligten Verkehrskreisen zählt, muss die Verkehrsgeltung innerhalb der Gesamtbevölkerung erlangt werden.

Nach früherer deutscher Rechtsprechung[95] musste eine Durchsetzung innerhalb 49
der beteiligten Verkehrskreise in einem Umfang von mindestens 50% erfolgen. Bei stark freihaltebedürftigen Angaben war gegebenenfalls sogar eine Verkehrsbekanntheit von deutlich über 80% erforderlich[96]. Diese Spruchpraxis muss allerdings **im Lichte der „Chiemsee"-Entscheidung**[97] **überdacht** werden. Der *EuGH* hat eine Differenzierung nach dem Grad des Freihaltebedürfnisses abgelehnt. Entscheidend ist nach der Entscheidung des *EuGH*, ob ein zumindest erheblicher Teil der beteiligten Verkehrskreise die betreffende Marke einem bestimmten Unternehmen zuordnet, wobei nicht nur auf generelle und abstrakte Angaben, wie z. B. bestimmte Prozentsätze, abgestellt werden dürfe. Obwohl der *EuGH* eine Differenzierung nach dem Grad des Freihaltebedürfnisses ablehnt, führt er gleichzeitig aus, dass eine sehr bekannte beschreibende Angabe nur auf Grund einer langen und intensiven Benutzung die Schutzfähigkeit erlangen könnte.

Im Lichte der **aktuellen Bedeutung des Internets** ist es in der Praxis nur sehr 50
schwer vorstellbar, dass eine Marke allein durch ihre Nutzung im Internet innerhalb der beteiligten Verkehrskreise die notwendige Bekanntheit für eine Verkehrsdurchsetzung erreicht. Auf Grund der rasanten Entwicklung des Internets allein in den letzten fünf Jahren ist aber nicht ausgeschlossen, dass in Zukunft selbst eine

---

92 Vgl. Rdnr. 69.
93 *Althammer/Ströbele/Klaka*, § 8, Rdnr. 182.
94 *BGH* GRUR 1990, 360 (361) – Apropos Film II.
95 *BGH* GRUR 1990, 360 (361) – Apropos Film II; *BPatGE* 28, 44 (49) – BUSINESS WEEK.
96 *BGH* GRUR 1991, 863 (866) – Avon.
97 *EuGH* GRUR 1999, 723 (727).

ausschließliche Nutzung im Internet zur Verkehrsdurchsetzung eines eigentlich schutzunfähigen Zeichens führt, zumindest wenn die Art der Waren und/oder Dienstleistung eine Begrenzung auf spezifische Internetnutzer zulässt. Momentan werden es vor allem **Mischnutzungen,** also neben der Internetnutzung eine starke Werbepräsenz in anderen elektronischen Medien sein, die in der Praxis zur Verkehrsdurchsetzung einer Internetmarke führen können.

f) Gang des Anmeldeverfahrens und Anmeldeerfordernisse

aa) Allgemeines

51 Das Anmeldeverfahren beginnt mit der Einreichung der Anmeldung bei den Annahmestellen des Deutschen Patent- und Markenamts in München oder Jena. Die Anmeldung kann schriftlich, per Telekopie sowie durch Telegramm und Telex eingereicht werden (§§ 64 ff. MarkenV). Es empfiehlt sich, das im Annex eingereichte Formblatt des Deutschen Patent- und Markenamts zu verwenden. § 32 Abs. 2–4 MarkenG enthält drei Kategorien von Anmeldeerfordernissen, die jeweils unterschiedliche Rechtsfolgen zeitigen.

bb) Zwingende Anmeldeerfordernisse

52 § 32 Abs. 2 MarkenG enthält die Mindestanmeldeerfordernisse, die für die **Zuerkennung eines Anmeldetags** notwendig sind. Sollten diesbezüglich Mängel vorliegen, kann der Anmelder zwar innerhalb einer vom DPMA gesetzten Frist diesen Mängeln abhelfen, muss allerdings die – gegebenenfalls schwerwiegende – Konsequenz in Kauf nehmen, dass sich der Anmeldetag auf den Zeitpunkt der Beseitigung der Mängel gemäß § 36 Abs. 2 Satz 2 MarkenG verschiebt.
Zwingende Anmeldeerfordernisse sind:
- Angaben zur Identität des Anmelders, § 32 Abs. 2 Nr. 1 MarkenG,
- Wiedergabe der Marke, § 32 Abs. 2 Nr. 2 MarkenG,
- Verzeichnis der Waren und Dienstleistungen, § 32 Abs. 2 Nr. 3 MarkenG.

53 Das **Verzeichnis der Waren und Dienstleistungen** ist für **die Bestimmung des Schutzumfangs** der Marke von ebenso **großer Bedeutung** wie die Wiedergabe der Marke selbst. Die angegebenen Waren und Dienstleistungen werden nach § 15 Abs. 1 MarkenV nach Klassen eingeteilt, wobei es 34 Waren- und 11 Dienstleistungsklassen gibt. Sie entspricht der internationalen Klassifikation. Das Waren- und Dienstleistungsverzeichnis muss die notwendige Bestimmtheit aufweisen, um den Schutzumfang der Marke eindeutig festlegen zu können. Die Klasseneinteilung enthält teilweise nur sehr allgemeine Oberbegriffe. So findet sich beispielsweise in Klasse 20 der Oberbegriff „Möbel". „Spezialmobiliar für Laboratorien" fällt aber in Klasse 9, „Spezialmobiliar für den ärztlichen Gebrauch" in Klasse 10 und ein „Billardtisch" in Klasse 28. Bei der Formulierung des Waren- und Dienstleistungsverzeichnisses sollte unbedingt die Empfehlungsliste zur Klasseneinteilung der Waren- und Dienstleistungen für die Eintragung von Marken des DPMA konsultiert werden. Eine große Hilfe bei der Formulierung des Waren- und Dienstleistungsverzeichnisses stellt auch die alphabetische Liste der Waren und Dienstleistungen unter dem Titel „Internationale Klassifikation von Waren und Dienstleistungen für die Eintragung von Marken" dar[98].

---

[98] Diese alphabetische Liste, derzeit in 8. Auflage erhältlich, kann bei der Weltorganisation für Geistiges Eigentum (OMPI/WIPO), 34, chemin des Colombettes, CH-1211 Genf 20, bezogen werden.

Es obliegt dem Anmelder, ob er bei der Formulierung des Waren- und Dienstleistungsverzeichnisses weite Oberbegriffe (z. B. „Spielzeug") oder spezifische Produktkategorien (z. B. „Plüschtiere") wählt. Wie später noch zu erläutern sein wird, genießt der Markeninhaber ungeachtet jeglicher Benutzung der Marke für die beanspruchten Waren und Dienstleistungen zunächst einmal fünf Jahre Schutz für alle im Verzeichnis angegebenen Waren und Dienstleistungen, was zunächst einmal eine weite Fassung des Waren- und Dienstleistungsverzeichnisses nahelegt. Überdies kann der Anmelder das Waren- und Dienstleistungsverzeichnis **jederzeit einschränken,** während umgekehrt eine Erweiterung nach der Anmeldung nicht mehr möglich ist. Andererseits kann es aber in Hinblick auf die Drittzeichenlage empfehlenswert sein, sich auf die tatsächlich notwendigen Waren und Dienstleistungen zu beschränken, um unnötige Widerspruchsverfahren zu vermeiden. 54

Das Deutsche Patent- und Markenamt hat **Vorschläge zur Klasseneinteilung von spezifischen Online- und Internet-Dienstleistungen** gemacht. Diese Vorschläge sollten bei der Abfassung von Dienstleistungsverzeichnissen beachtet werden, um unnötige Beanstandungen zu vermeiden. 55

Online-Dienstleistungen 56

- Vermittlung von Verkäufen und deren Abrechnung (Online-Shopping) in Computernetzwerken und/oder mittels anderer Vertriebskanäle (Klasse 35)
- Übermittlung von Nachrichten aller Art in Ton, Schrift und Bild (Klasse 38)
- Vermietung von Telekommunikationseinrichtungen (Klasse 38)
- Betreiben eines Tele-Shopping-Kanals (Klasse 38)
- Betreiben eines Internet-Shopping-Kanals (Klasse 38)
- Dienstleistungen für Online-Einkauf, nämlich Betrieb von sich auf Verkauf von Waren beziehenden Datenbanken einschließlich Produktinformationen und Verbraucherberatung (Klasse 38)

Internet-Dienstleistungen 57

- Vermittlung/Vermietung von Zugriffszeiten auf Datenbanken (Klasse 42)
- Sammeln, Speichern und Verarbeiten von Daten/Nachrichten (Klasse 42)
- Gestalten, Design, Bereitstellung von Webseiten (Klasse 42)
- Dienstleistungen einer Datenbank (Klasse 42)

cc) Weitere Anmeldeerfordernisse

Bei Nichterfüllung der weiteren Anmeldeerfordernisse, also den Erfordernissen, die über die Mindesterfordernisse des § 32 Abs. 2 MarkenG hinausgehen, wird dem Anmelder vom DPMA im Rahmen der formalen Prüfung eine Frist zur **Mängelbeseitigung** gesetzt. Beseitigt der Anmelder die Mängel innerhalb der gesetzten Frist, nimmt das Anmeldeverfahren ohne Auswirkung auf den Prioritätstag seinen Lauf. Andernfalls wird die Anmeldung zurückgewiesen. 58

§ 3 MarkenV definiert die weiteren Anmeldeerfordernisse. Dazu gehören gemäß § 3 Abs. 1 Nr. 1 MarkenV die in § 5 MarkenV aufgezählten Angaben zum Anmelder und seinem Vertreter. Gemäß § 3 Abs. 1 Nr. 2 MarkenV muss gemäß § 6 MarkenV die Markenform präzisiert werden sowie eine Wiedergabe der Marke gemäß §§ 7–12 MarkenV erfolgen. Schließlich muss die Anmeldung gemäß § 3 Abs. 1 Nr. 3 MarkenV das eben ausführlich diskutierte Waren- und Dienstleistungsverzeichnis enthalten. Während § 32 Abs. 2 Nr. 3 MarkenG auch unbestimmte oder nicht klassifizierende Angaben ausreichen lässt, müssen vorliegend die strengen Anforderungen des § 14 MarkenV erfüllt sein.

dd) Gebührenentrichtung

59 Die bei der Anmeldung zu zahlenden Gebühren richten sich nach dem Gesetz über die Gebühren des Patentamts und des Patentgerichts (PatGebG). Die Gebühren können durch Schecks, Abbuchungsaufträge, Überweisungen sowie durch Einzahlungen auf ein Konto der Zahlstelle des DPMA geleistet werden. Momentan belaufen sich die Gebühren auf € 300 Anmeldegebühr einschließlich der Klassengebühr bis zu drei Klassen sowie € 100 für jede weitere Klasse[99]. Sofern der Anmelder die anfallenden Gebühren nicht bereits bei der Anmeldung begleicht, teilt das DPMA gemäß § 36 Abs. 3 Satz 1 MarkenG dem Anmelder mit, dass die Anmeldung als zurückgenommen gilt, wenn die Gebühren nicht innerhalb eines Monats nach Zustellung des entsprechenden Bescheids entrichtet werden.

ee) Markenrechtsfähigkeit

60 § 36 Abs. 5 MarkenG bestimmt, dass das *DPMA* die Markenrechtsfähigkeit des Anmelders nach § 7 MarkenG zu prüfen hat. Die Markenrechtsfähigkeit gemäß § 7 MarkenG ist also ein materielles Anmeldeerfordernis. Es liegt auf der Hand, dass die Markenrechtsfähigkeit nicht heilbar ist und somit bei Nichtvorliegen es zur Abweisung der Anmeldung kommt. Neben natürlichen und juristischen Personen sind gemäß § 7 Nr. 3 MarkenG auch rechtsfähige Personengesellschaften markenrechtsfähig. BGB-Gesellschaften schieden somit nach bisheriger Rechtsprechung[100] als Inhaber einer Marke aus. In einer richtungsweisenden Entscheidung hat der Gesellschaftsrechtssenat des *BGH* die Rechts- und Parteifähigkeit von BGB-Gesellschaften als Außengesellschaften anerkannt[101]. Ob damit eine Markenrechtsfähigkeit gemäß § 7 MarkenG von BGB-Gesellschaften einher geht, bleibt abzuwarten[102].

ff) Prioritätsbeanspruchung

61 Sollte die Möglichkeit der Beanspruchung einer Auslands- bzw. Ausstellungspriorität bestehen, geschieht dies regelmäßig bereits bei der Anmeldung. Es besteht allerdings die Möglichkeit, noch innerhalb von zwei Monaten nach dem Anmeldetag die Priorität geltend zu machen, vgl. § 34 Abs. 3 MarkenG und § 35 Abs. 4 MarkenG. Die Beanspruchung einer Priorität gibt dem Anmelder unter bestimmten Voraussetzungen die Möglichkeit, den Zeitrang der Marke gegenüber dem Regelfall des Anmeldetags vorzuziehen. Der Zeitrang der Marke ist bei der Kollision von Kennzeichenrechten entscheidend[103]. Nach § 34 MarkenG kann innerhalb von sechs Monaten nach der Auslandsanmeldung die Priorität der ausländischen Anmeldung in Anspruch genommen werden, soweit Anmelder und die Marke identisch sind. Gemäß § 35 MarkenG kann für bestimmte Ausstellungen, die in § 35 Abs. 1 Nr. 1 und Nr. 2 MarkenG näher spezifiziert werden, innerhalb von sechs Monaten die Priorität des erstmaligen Zurschaustellens der Waren/Dienstleistungen in Anspruch genommen werden.

---

[99] Die aktuellen Gebühren können unter der Website http://www.dpma.de/formulare/allgemein.html abgerufen werden [abgerufen im April 2002].

[100] *BGH* GRUR 2000, 1028 – Ballermann.

[101] *BGH* NJW 2001, 1056.

[102] Für eine Markenrechtsfähigkeit der BGB-Gesellschaft: *Fezer,* § 7, Rdnr. 36 f.; zweifelnd im Hinblick auf die Registerfähigkeit: *Ann,* Mitt 2001, 181.

[103] Rdnr. 143.

g) Internationaler Markenschutz

Nach dem im internationalen Markenrecht geltenden Grundsatz der Territorialität sind die Rechtswirkungen einer Markenanmeldung auf das Gebiet des jeweiligen Landes beschränkt. Die bisherigen Ausführungen haben sich ausschließlich auf den Markenschutz in der Bundesrepublik Deutschland beschränkt. Die **Abrufbarkeit von Internetangeboten** kennt zunächst einmal **keine nationalen Grenzen.** Die technischen Möglichkeiten des Internets ermöglichen es Internetfirmen, ohne größeren Aufwand ihr Angebot auch im Ausland zu präsentieren. Es stellt sich also für Internetfirmen im besonderen Maße die Frage, ob sie die dabei zum Einsatz kommenden Kennzeichen nicht auch im Ausland schützen lassen sollten. 62

Parallel zum deutschen Markenschutz kann der jeweilige Wirtschaftsakteur ausländische Markenanmeldungen tätigen, wobei es sich empfiehlt, einen ausländischen Anwalt bzw. Markenvertreter einzuschalten. Ausländische Markenanmeldungen sind regelmäßig mit hohen Kosten verbunden. Erheblich kostengünstiger sind zwei andere Wege, um im Ausland Markenschutz zu erlangen. Zum einen ist das die **internationale** Registrierung und zum anderen die **Gemeinschafts**marke. Der Hauptvorteil der **internationalen** Registrierung besteht darin, dass die Erlangung möglichen Markenschutzes nicht auf die Länder der Europäischen Union begrenzt ist. Überdies führt ein entgegenstehendes Recht in einem der Vertragsstaaten nur zur Schutzversagung in dem betreffenden Land, während die Gemeinschaftsmarke damit insgesamt zu Fall gebracht werden kann. In letzterem Fall besteht jedoch die Möglichkeit der Umwandlung in nationale Markenanmeldungen in den Ländern, in denen keine Drittrechte entgegenstehen[104]. 63

Der Vorteil der Gemeinschaftsmarke besteht in dem beim Harmonisierungsamt **zentralisierten Verfahren.** Während im Falle einer Schutzversagung für einen Vertragsstaat in der Regel zur Verteidigung der Marke ein dort ansässiger Anwalt eingeschaltet werden muss, kann die Verteidigung der Gemeinschaftsmarke durch den Inhaber oder seinen Vertreter zentral erfolgen. Gewisse Erleichterungen bestehen überdies in den Anforderungen an die rechtserhaltende Benutzung. Obwohl hierzu noch keine Rechtsprechung ergangen ist, bedarf es für die rechtserhaltende Benutzung einer Gemeinschaftsmarke nicht unbedingt einer nachgewiesenen Benutzung in allen Mitgliedstaaten der Europäischen Union. Überdies bestehen auch Erleichterungen bei der Durchsetzung der Rechte aus der Gemeinschaftsmarke. So kann der Unterlassungsanspruch nach Art. 9 Abs. 2 und Art. 10 GMV gemäß Art. 98 GMV gemeinschaftsweit durchgesetzt werden[105]. 64

4. Die Benutzung von Marken im Internet

a) Allgemeines

Die Nutzung von Marken im Internet kann in vielfältiger Weise erfolgen. Die wichtigsten Nutzungsformen sind: 65

- Kennzeichnung eines Waren- und Dienstleistungsangebots,
- in der Internetwerbung und/oder
- als Bestandteil einer Internet- oder E-Mailadresse.

---

[104] Vgl. 108 ff. GMVO.
[105] *Knaak,* GRUR 2001, 21.

66 Es liegt auf der Hand, dass sich diese Nutzungsformen häufig auch überschneiden. Die unterschiedlichen Nutzungsarten führen zu teilweise unterschiedlichen Rechtsfolgen und sollten deswegen gedanklich auseinandergehalten werden. Zudem ist selbstverständlich sowohl bei der Frage der rechtsbegründenden als auch der rechtserhaltenden Benutzung die Offline-Nutzung der Marke zu berücksichtigen. Selbst die Unternehmen, deren Geschäftstätigkeit sich ausschließlich im Internet abspielt (z.B. „amazon.com", „autoscout.de"), nutzen ihre Kennzeichen auch außerhalb des Internets, indem sie beispielsweise Rechnungen stellen, die Marke auf Lieferscheinen aufdrucken und/oder in anderen Medien unter dem Kennzeichen werben.

b) Die Benutzungsmarke im Internet

67 Das Recht an einer Marke wird regelmäßig durch Eintragung erworben, denn die Anforderungen an das Entstehen einer **Benutzungsmarke** sind hoch. Gemäß § 4 Nr. 2 MarkenG muss das Zeichen Verkehrsgeltung erlangen. Im Lichte der aktuellen Bedeutung des Internets ist es in der Praxis nur sehr schwer vorstellbar, dass eine Marke allein durch Nutzung im Internet diese **Verkehrsgeltung** erlangt. Allerdings ist aber auf Grund der rasanten Entwicklung des Internets allein in den letzten fünf Jahren nicht ausgeschlossen, dass in Zukunft selbst eine ausschließliche Nutzung im Internet für das Erlangen der Verkehrsgeltung ausreichend sein kann. In der aktuellen Medienlandschaft werden es vor allem **Mischnutzungen** sein, also neben der Internetnutzung eine massive Werbetätigkeit in anderen elektronischen Medien, die in der Praxis zur Verkehrsgeltung einer Marke führen können.

68 Zur Erlangung der Verkehrsgeltung ist es erforderlich, dass der Verkehr das Zeichen als Hinweis auf die betriebliche Herkunft eines bzw. mehrerer miteinander in Verbindung stehender Unternehmen[106] versteht. Dabei ist nicht unbedingt nötig, dass der Verkehr das entsprechende Unternehmen auch benennen kann. Die Zuordnung zu einem bestimmten Unternehmen muss allerdings ohne Hilfsmittel durch den Verkehr erfolgen können[107]. Für die Frage, wer zu den beteiligten Verkehrskreisen gehört, kann auf die Ausführungen zur Verkehrsdurchsetzung gemäß § 8 Abs. 3 MarkenG verwiesen werden[108]. Keine eindeutige Antwort kann bei der Verkehrsgeltung auf die Frage nach den notwendigen Prozentsätzen gegeben werden. Fest steht nur, dass die Benutzungsmarke gemäß § 4 Nr. 2 MarkenG Verkehrsgeltung „innerhalb" der beteiligten Verkehrskreise verlangt, während Verkehrsdurchsetzung gemäß § 8 Abs. 3 MarkenG eine Verkehrsgeltung in „den" beteiligten Verkehrskreisen (also in allen) verlangt, was zunächst einmal auf einen weniger strengen Maßstab schließen lässt[109]. Nach allgemeiner Rechtsprechung[110] kann in Einzelfällen ein Bekanntheitsgrad von 20 bis 25% ausreichen. Wie schon erörtert, fordert ein starkes Freihaltebedürfnis einen höheren Prozentsatz. So reichten dem *BGH*[111] 36% für die Bezeichnung „Nährbier" nicht aus. Für „Stonsdorfer", einer Gattungsbezeichnung für Kräuterlikör, reichte dem *BGH*[112] sogar eine 70-prozen-

---

[106] *BGHZ* 34, 299 (307) – Almglocke.
[107] *BGHZ* 21, 266 – Uhrrohwerk.
[108] Vgl. Rdnr. 48.
[109] *Ingerl/Rohnke,* § 4, Rdnr. 14.
[110] *BGH* GRUR 1960, 130 (133) – Sunpearl II; *BGH* GRUR 1963, 622 (623) – Sunkist.
[111] *BGH* GRUR 1960, 83 – Nährbier.
[112] *BGH* GRUR 1974, 337 (338) – Stonsdorfer.

tige Verkehrsgeltung nicht aus. Der *EuGH* hat sich ausdrücklich gegen feste Prozentsätze[113] für die Feststellung der Verkehrsgeltung ausgesprochen. Wenn auch das geforderte Maß der Verkehrsgeltung eine Rechtsfrage ist, ist die Feststellung des Grades der Verkehrsgeltung immer eine Tatsachenfrage, die regelmäßig nur durch Meinungsforschungsgutachten ermittelt werden kann. Umsätzen, Werbeaufwendungen, Beliebtheit der Ware etc. kann somit immer nur eine indizielle Bedeutung zukommen. Die Feststellung des Zeitpunkts der Schutzentstehung wirft in der Praxis schwierige Fragen auf, da in einem Verletzungsprozess häufig eine ältere Priorität der Benutzungsmarke im Hinblick auf den Verletzungszeitpunkt beansprucht wird, gleichzeitig aber mit der Umfrage die Verkehrsgeltung nur für den Zeitpunkt der Befragung festgestellt werden kann[114].

Einer rechtsbegründenden Nutzung eines Zeichens im Internet wird zudem häu- 69
fig **die Art und Weise der Nutzung** entgegenstehen. Nach der Rechtsprechung[115] muss die Nutzung des Zeichens in einer solchen Weise erfolgen, dass der Verkehr das Zeichen als Marke, also als Hinweis auf die betriebliche Herkunft der konkreten Ware versteht. Entgegen der früher vertretenen Auffassung dürfte nach der „Vision"-Entscheidung des *BPatG*[116] der Entstehung von Markenschutz durch Nutzung im Internet nicht mehr entgegenstehen, dass keine unmittelbare körperliche Verbindung zwischen Marke und Ware besteht, solange eine hinreichende Beziehung zwischen Zeichen und Ware für den Verkehr erkennbar wird. Allerdings wird die Nutzung des Zeichens in einem Domainnamen regelmäßig diese eindeutige Zuordnung zwischen Zeichen und Ware nicht herstellen können. Anders verhält sich dies bei Dienstleistungsmarken[117], da wegen der unkörperlichen Natur der Dienstleistungen eine gedankliche Verbindung zwischen der Marke und der Dienstleistung auch im Internet leichter herzustellen ist. Schon heute hat die Benutzung von Dienstleistungsmarken im Internet, insbesondere bei Vermittlungsgeschäften (Immobilien, Autos) Auktionsgeschäften, Bankdienstleistungen oder auch Suchdienstleistungen (insbesondere Suchmaschinen) eine große Bedeutung. Abzulehnen und im Übrigen auch nicht vereinbar mit der deutschen Rechtsprechung ist daher die Auffassung[118] der 4. Beschwerdekammer des Harmonisierungsamtes, wonach die Nutzung einer Marke innerhalb eines Domainnamens grundsätzlich keine markenmäßige Benutzung der Marke wegen der Adressfunktion des Domainnamens sein kann. Diese Auffassung wird offensichtlich auch von der 2. Beschwerdekammer[119] nicht geteilt.

Eine besondere praktische Bedeutung wird der Benutzungsmarke dabei vor allem 70
beim traditionellen Ausstattungsschutz zukommen. Vor Einführung des neuen Markengesetzes, also zu einem Zeitpunkt als 3D-Gegenstände und Farben noch nicht als eintragungsfähig erachtet wurden, hatte der Ausstattungsschutz vor allem bei der Gestaltung von Waren bzw. deren Verpackung Bedeutung. An dieser Stelle sei auf die umfangreiche Rechtsprechung zum Ausstattungsrecht verwiesen, die

---

113 *EuGH* GRUR 1999, 723 (727ff.) – CHIEMSEE.

114 Vgl. zum gleichen Problem der Feststellung der Bekanntheit *LG Mannheim* MarkenR 2002, 60 [68] – intel inside.

115 *BGH* GRUR 1968, 371 (373f.); vgl. auch *Ingerl/Rohnke,* § 4, Rdnr. 11.

116 Vgl. Rdnr. 77; so auch *Ubber,* S. 66.

117 *Ubber,* S. 67.

118 HABM-BK, E.T.M.R. 2002, 540 (548).

119 HABM-BK, E.T.M.R. 2002, 534 (538) – LAST MINUTE.

grundsätzlich auch für die rechtliche Beurteilung der Benutzungsmarke herangezogen werden kann[120], wobei allerdings insbesondere hinsichtlich des erforderlichen Grads an Verkehrsgeltung die neue, durch das Markenrecht geschaffene Rechtslage berücksichtigt werden muss. **Im Internet** wird die Benutzungsmarke ihre Rolle im **e-branding** und bei der Gestaltung von Internetwebseiten spielen. Für Wortmarken bzw. Wort-/Bildmarken (z.B. Logos) wird auch im Internetbereich gelten, dass Firmen, die überhaupt die kritische Größe besitzen, um für ihre Kennzeichen in den Bereich der Verkehrsgeltung zu gelangen, regelmäßig die entsprechende Marke auch eintragen werden.

c) Rechtserhaltende Benutzung

aa) Allgemeines

71 Der funktionsgemäßen Benutzung einer Marke, d.h. als Unterscheidungsmittel von Waren und Dienstleistungen eines Unternehmens von denjenigen anderer Unternehmen, kommt im Markenrecht eine überragende Bedeutung zu. Neben den bereits angesprochenen rechtsbegründenden und den Schutzumfang der Marke steigernden Wirkungen ist die Benutzung vor allem für den Fortbestand eines Registerrechts nach Ablauf der fünfjährigen Benutzungsschonfrist sehr wichtig. Die Schutzrechte aus einer eingetragenen Marke verfallen, wenn die Marke ohne rechtfertigende Gründe nach dem Ablauf einer **Schonfrist von fünf Jahren** nicht ernsthaft benutzt wird. Die daraus folgende Obliegenheit für den Inhaber der Marke, die Marke für die geschützten Waren und Dienstleistungen zu benutzen, wird allgemein – in irreführender Weise – Benutzungszwang genannt. Der Begriff „Zwang" passt nicht recht, da selbstverständlich der Inhaber der Marke nicht zur Benutzung verpflichtet ist. Der nicht-benutzende Inhaber entkleidet sich lediglich der aus der Marke fließenden Ausschließlichkeitsrechte. Der Benutzungszwang ist als Korrektiv dazu zu verstehen, dass die Registermarke allein durch den formalen Eintragungsakt entsteht. Nach Ablauf der fünfjährigen Benutzungsschonfrist stellt dieser formale Eintragungsakt keine ausreichende Rechtfertigungsgrundlage mehr für den Ausschließlichkeitscharakter der Marke dar. Die Folgen mangelnder Benutzung sind an unterschiedlicher Stelle im Markenrecht geregelt. § 25 Abs. 2 MarkenG regelt die Einrede der Nichtbenutzung im Klageverfahren, § 55 Abs. 3 MarkenG die Einrede der Nichtbenutzung im Löschungsverfahren und § 43 MarkenG die Einrede der Nichtbenutzung im Widerspruchsverfahren. Überdies kann jeder die Löschung der Marke wegen Verfalls bei Nichtbenutzung gemäß § 49 MarkenG geltend machen. Die genannten Vorschriften verweisen alle direkt oder indirekt auf § 26 MarkenG, der grundlegende Erfordernisse der Benutzung aufstellt. Die Definition der Benutzung selbst ist der Rechtsprechung überlassen worden. In der Praxis kann immer wieder die Beobachtung gemacht werden, dass die Markeninhaber häufig mit erheblichen Kosten- und Zeitaufwand Markenschutz erlangen, der Benutzung der Marke selbst aber nicht die angemessene Aufmerksamkeit zukommen lassen. Der Frust ist dann regelmäßig groß, wenn die Markeninhaber später feststellen müssen, dass wegen nicht formgerechter Benutzung der Marke die Marke wertlos geworden ist.

72 Die **rechtserhaltende Benutzung von Marken im Internet** war bisher nur in einem Verfahren vor dem *BPatG* Gegenstand einer gerichtlichen Entscheidung, was ange-

---

120 *Fezer*, § 4, Rdnr. 21.

sichts des Umstandes, dass das Internet als Massenmedium ein Phänomen der jüngsten Vergangenheit ist und sich registrierte Marken einer fünfjährigen Benutzungsschonfrist erfreuen, nicht weiter überrascht. Ebenso wie bei der rechtsbegründenden Benutzung von Marken im Internet muss auch bei der rechtserhaltenden Benutzung nach der Art der Benutzung differenziert werden. Zudem wird auch bei der rechtserhaltenden Benutzung gelten, dass in vielen Fällen erst die Kombination einer Off- und Online-Nutzung die Anforderungen einer rechtserhaltenden Benutzung genügen wird.

Für die rechtserhaltenden Benutzung von Marken im Internet müssen die nach- 73
folgenden, allgemeinen Voraussetzungen erfüllt sein:
- Funktionsgemäße Benutzung der Marke,
- Benutzung in der eingetragenen Form oder in einer abweichenden Form ohne Veränderung des kennzeichnenden Charakters,
- Benutzung im Inland,
- Benutzung für die eingetragenen Waren und Dienstleistungen,
- Eine nach Dauer und Umfang ernsthafte Benutzung,
- Benutzung durch Markeninhaber oder mit dessen Zustimmung.

bb) Funktionsgerechte Benutzung

Nur eine funktionsgerechte Benutzung wirkt rechtserhaltend. Da es – wie ausge- 74
führt – unterschiedliche Auffassungen zu den einzelnen Funktionen der Marke gibt, überrascht es nicht weiter, dass im Einzelfall strittig ist, was unter einer **funktionsgerechten Benutzung** verstanden werden muss. Unstreitig ist allerdings die Herkunftshinweisfunktion der Marke. Folgerichtig besteht auch Einigkeit, dass die Anbringung der Marke auf der Ware, der Verpackung oder der Umhüllung, d.h. eine körperliche Verbindung der Marke mit der Ware, in jedem Fall funktionsgerecht ist. Strittig ist dagegen, ob auch ohne körperliche Verbindung (wie z.B. im Katalog, in der Geschäftskorrespondenz oder in der Werbung) eine funktionsgerechte Benutzung einer Marke erfolgen kann. Die Befürworter eines weiten Benutzungsbegriffs berufen sich unter anderem auf die Mehrfunktionalität der Marke und die amtliche Begründung des Markengesetzes, die ausdrücklich keine **körperliche Verbindung** mehr fordert. Die Gegner[121] eines weiten Benutzungsbegriffs, die wohl die Sorge um den Verlust einer klarer Abgrenzung umtreibt, berufen sich auf die strengen Anforderungen des europäischen Rechts. Während der *BGH*[122] sich zu dieser Frage nach der neuen Rechtslage noch nicht abschließend geäußert hat, hielt das *BPatG* bisher weitgehend[123] an der alten Praxis zum Warenzeichengesetz fest. Die Instanzgerichte[124] sind unentschieden.

Die Bedeutung dieser Frage sollte nicht zu hoch gehängt werden. So ist allgemein 75
anerkannt, dass in bestimmten Fällen (z.B. bei Flüssigkeiten, Fertighäusern[125] oder auch bei Einbauteilen) eine funktionsgerechte Benutzung auch ohne körperliche Verbindung der Marken mit der Ware erfolgen kann. Wenn man sich an der Formel des *BGH* orientiert, der eine **im Verkehr übliche und wirtschaftlich sinnvolle Benutzung** der Marke fordert, ist nicht einzusehen, warum nicht auch in anderen

---

121 Vgl. *Althammer/Ströbele/Klaka*, § 26, Rdnr. 9.
122 Die „Montana"-Entscheidung (*BGH* GRUR 1995, 583) bringt keine endgültige Klärung.
123 Vgl. aber *BPatG* MarkenR 2000, 439 – Vision.
124 Vgl. beispielsweise *OLG München*, Mitt. 1997, 30 (34) – Aliseo.
125 *BGH* GRUR 1999, 995 (997) – HONKA.

als den eben genannten Beispielsfällen eine Benutzung der Marke, beispielsweise in der Werbung, ausreichen soll. Etwaigem Missbrauch kann immer noch durch entsprechend strenge Anforderungen an die Ernsthaftigkeit der Benutzung vorgebeugt werden.

76 Wegen der Unkörperlichkeit der Dienstleistungen gelten für **Dienstleistungsmarken eigene Maßstäbe**[126], die sich allerdings ebenso an dem im Verkehr üblichen und wirtschaftlich Sinnvollen orientieren. Üblich ist neben der Verwendung der Dienstleistungsmarke in der Werbung, auf Prospekten, Preislisten und/oder Briefbögen in manchen Branchen auch die Verwendung auf Gegenständen, die bei der Dienstleistungserbringung zum Einsatz kommen oder auf den Gebäuden, in denen die Dienstleistungen erbracht werden. Auch bei Dienstleistungsmarken gilt, dass die Benutzung immer einen konkreten Bezug zu den Dienstleistungen aufweisen muss und eine allgemeine firmenmäßige Benutzung nicht ausreicht.

77 Das *BPatG*[127] hat kürzlich in einer Entscheidung ausführlich zur Frage Stellung genommen, welche Rechtswirkung der **Nutzung** einer Marke im **Internet** zukommt. In dem entschiedenen Fall des *BPatG* hatte ein bekannter Haarwaschmittelhersteller in einem Pilotprojekt eine Haarpflegeserie für Herren ausschließlich über das Internet vertrieben. Auf der entsprechenden Webpage des Haarwaschmittelherstellers, der wie ein Online-Shop geführt wurde, waren sowohl die Marke selbst als auch die mit ihr versehenen Produkte abgebildet. Auf Grund dieser Marke legte der Haarwaschmittelhersteller Widerspruch gegen die Eintragung einer jüngeren Marke ein, dessen Inhaber die Einrede der Nichtbenutzung erhob. Das *BPatG* führte aus, dass die Abwicklung von Angebot und Verkauf von Waren über das Internet den Anforderungen an eine verkehrsübliche Betätigung genüge. **Denn Geschäftsabschlüsse** hinsichtlich Waren und Dienstleistungen **über das Internet** seien zu einer **üblichen Variante des allgemeinen Geschäftslebens** in der Bundesrepublik geworden. Die Darstellung der mit der Marke versehenen konkreten Waren und deren Angebot zum Verkauf im Internet seien daher als geeignete Benutzungshandlungen anzusehen. Diese Aussage des *BPatG* ist zunächst einmal wenig überraschend, denn auch in der Vergangenheit hat die Rechtsprechung bei der Frage nach der rechtserhaltenden Benutzung nicht nach dem Vertriebsweg differenziert. Wie das *BPatG* zurecht herausstellt, ist der Vertrieb von Waren/Dienstleistungen über das Internet zu einer verkehrsüblichen Vertriebsform in Deutschland geworden, so dass kein Grund ersichtlich ist, einen Vertrieb über das Internet anders zu behandeln als die bisher bekannten Vertriebsformen.

78 Im Hinblick auf die bisherige Haltung des *BPatG* zur rechtserhaltenden Benutzung von Warenmarken liefert die Entscheidung des BPatG dann doch eine Überraschung. Obiter dictum erklärt das *BPatG*, dass eine entsprechende **Internetwerbung** für sich gesehen zur Anerkennung einer rechtserhaltenden Benutzung führen könne, sofern eine hinreichende Beziehung zwischen der jeweilige Ware und der Marke erkennbar werde und die Werbung auf eine tatsächlich beabsichtigte Lieferung der beworbenen Produkte bezogen sei. In diesem Zusammenhang sei zu berücksichtigen, dass die mit einer solchen Werbeaktion regelmäßig verbundenen hohen Kosten ein wesentliches Indiz für eine ernsthafte Gebrauchsabsicht im Verkehr darstelle. Zumindest für den Internetbereich scheint das *BPatG* eine in der realen Welt nach-

---

[126] Vgl. *Althammer/Ströbele/Klaka,* § 26, Rdnr. 17.

[127] *BPatG* MarkenR 2000, 439 – Vision; a. A. noch *Omsels,* GRUR 1997, 328 (329).

weisbare körperliche Verbindung im relevanten Benutzungszeitraum nicht mehr unbedingt für erforderlich zu halten, wenn auch das *BPatG* den Vorhalt macht, dass eine Lieferung des virtuell abgebildeten Produkts geplant sein müsse. Fraglich ist, ob diese Einschränkung bei der Abgrenzung der Scheinbenutzung von der ernsthaften Benutzung nicht besser angesiedelt wäre.

Es bleibt abzuwarten, ob das *BPatG* seine geäußerte Auffassung bestätigen wird. 79
Konsequenterweise müsste dann insgesamt vom Erfordernis der körperlichen Verbindung zwischen Marke und Ware Abstand genommen werden. Ebenso wenig wie die Internetnutzung einer Marke gegenüber anderen Nutzungsformen diskriminiert werden darf, sind Gründe für eine Privilegierung erkennbar. Nach diesseitiger Auffassung ist bei **Nutzung einer Warenmarke,** die keine **körperlicher** Verbindung zur Ware aufweist, das Hauptaugenmerk darauf zu richten, ob der Bezug zwischen der Marke und den geschützten Waren für den Verkehr deutlich wird und ob eine ernsthafte Benutzung der Marke anzunehmen ist.

Wer beispielsweise ein unterscheidungskräftiges Zeichen auf seiner Website 80
blickfangmäßig herausstellt und auf dieser Website ausschließlich eine Software zum Downloaden anbietet, benutzt die Marke nach diesseitiger Ansicht rechtserhaltend, solange die übrigen Voraussetzungen, insbesondere hinsichtlich des Umfangs der Benutzung, erfüllt sind. Denn eine solche Art der Nutzung scheint im Internet verkehrsüblich und wirtschaftlich angebracht, zumal die entsprechende Software in körperlicher Form überhaupt nicht vertrieben wird. In solchen Fallkonstellationen erfolgt die **Nutzung** der Marke **rein virtuell.** Umgekehrt reicht es sicherlich nicht aus, wenn die eingetragene Marke auf der Website zwar in herausgestellter Weise verwendet wird, der Verkehr aber wegen der Verwendung anderer Zeichen auf den abgebildeten Waren selbst bzw. im engen räumlichen Zusammenhang mit ihnen eine eindeutige Zuordnung zu einer bestimmten Ware nicht vornehmen kann. Regelmäßig wird in einem solchen Fall auch nicht von der Nutzung der Marke als Zweit- oder Dachmarke gesprochen werden können, da auch die funktionsmäßige Benutzung der Zweitmarke einen eindeutigen Warenbezug erfordert. In einem solchen Fall wäre allerdings zu prüfen, ob sich der Inhaber der Internetseite nicht auf Firmenrechte an dem Zeichen berufen kann.

Bei **Dienstleistungsmarken** ist sehr viel eher denkbar, dass die Marke allein durch 81
ihre Nutzung **im Internet** rechtserhaltend benutzt wird. So gibt es bereits heute zahlreiche Dienstleistungen (Online-Auktionen, Bankdienstleistungen, Suchmaschinen, Zurverfügungstellung von Informationen und Preisvergleichen), die von ihren Anbietern nur über das Internet erbracht werden. In solchen Fällen bestehen keine grundsätzlichen Bedenken, in der Verwendung der Dienstleistungsmarke auf der Website eine rechtserhaltende Benutzung zu sehen. Allerdings muss auch hier eine eindeutige Zuordnung der Marke zu den entsprechenden Dienstleistung möglich sein. Daher wird in solchen Fallkonstellationen der Schwerpunkt der Prüfung auf der Frage nach der Zuordnung des Zeichens liegen. Denn identifiziert das Zeichen in den Augen des Verkehrs nur den Internetanbieter, nicht aber die Dienstleistung selbst, liegt nur eine Nutzung des Zeichens als Firmenkennzeichen vor, die sich allerdings dann auf das gesamte Leistungsangebots des Internetanbieters bezieht.

Von großer praktischer Bedeutung ist die Frage, ob bei der ausschließlichen Nut- 82
zung einer Warenmarke innerhalb einer **Internetadresse,** also konkret als Second

oder Third Level Domain im URL, eine funktionsgemäße Benutzung bejaht werden kann. Die herkömmliche Rechtsprechungspraxis[128] wird eine funktionsgerechte Benutzung der Marke innerhalb des Domainnamens regelmäßig mangels körperlichen Bezugs verneinen. Allerdings wird sie auch Ausnahmen zulassen müssen, wenn der Bezug zur Ware eindeutig ist und überdies eine solche Nutzungsform wirtschaftlich angebracht ist. Eine rechtserhaltende Benutzung durch Nutzung der Marke als Second Level Domain kommt allerdings für **Dienstleistungsmarken** in Betracht. Auch hier muss dann aber ein eindeutiger Bezug zwischen dem Domainnamen und den angebotenen Dienstleistungen bestehen, der für den Verkehr sichtbar wird, etwa dadurch, dass das als Second Level Domain dienende Zeichen nicht ausschließlich als Bestandteil des Domainnamens auf der Website zur Bezeichnung der Dienstleistungen benutzt wird.

cc) Benutzung in der eingetragenen Form oder in einer abweichenden Form ohne Veränderung des kennzeichnenden Charakters

83 Grundsätzlich muss die Marke in ihrer eingetragenen Form benutzt werden, wobei gemäß § 26 Abs. 3 MarkenG eine Abweichung in der Benutzungsform dann unschädlich ist, wenn die Abweichung den **kennzeichnenden Charakter** der Marke nicht verändert. Mit dieser auch inhaltlich neuen Formulierung des § 26 Abs. 3 MarkenG macht das neue Markengesetz deutlich, dass im Unterschied zu der bisherigen Rechtsprechung zum WZG, die regelmäßig die Frage nach der Rechtfertigung der Abweichung (z.B. als verkehrsüblich, Anpassung an Verpackungsform etc.) aufwarf, es nunmehr allein darauf ankommt, ob die Abweichung den kennzeichnenden Charakter der Marke verändert.

84 Fest steht, dass die rechtserhaltende Benutzung nach § 26 Abs. 2 MarkenG keine so enge Bindung der benutzten Form an die eingetragene Form mehr voraussetzt, wie das früher der Fall war.

Es ist immer eine Frage des Einzelfalls, ob eine von der Eintragung abweichende Benutzungsform den kennzeichnenden Charakter der Marke verändert. Trotz der Schwierigkeiten einer vernünftigen Abgrenzung werden zur Orientierung nachfolgende häufig in der Praxis vorkommende Fallgruppen gebildet:

85 **Weglassen eines Wortbestandteils:** Wegen des häufig prägenden Charakters von Wortbestandteilen stellt das Weglassen eines Wortbestandteils einer Mehrwortmarke häufig eine so wesentliche Markenabweichung dar, dass der kennzeichnende Charakter der eingetragenen Marke verändert wird. Das Weglassen eines Wortbestandteils war allerdings bereits nach der alten Rechtsprechung dann nicht schädlich, wenn dem Bestandteil beispielsweise wegen seiner Eigenschaft als rein beschreibende Angabe keine eigene kennzeichnende Funktion zukam. Der *BGH*[129] hat diese Rechtsprechung fortgesetzt und das Weglassen des Bestandteils MILANO in der Wort/Bildmarke ECCO MILANO wegen des Charakters des Bestandteils MILANO als beschreibende Herkunftsangabe als unschädlich angesehen.

86 **Weglassen eines Bildbestandteils:** Das Weglassen von Bildbestandteilen ist bei Wort-/Bildmarken dann unschädlich, wenn der Bildbestandteil – wie dies häufig der Fall ist – hinter dem Wortbestandteil zurücktritt[130]. Bei reinen Bildmarken da-

---

[128] Vgl. Rdnr. 69.

[129] *BGH* GRUR 1997, 744 (746) – ECCO I.

[130] *OLG München*, Mitt. 1997, 30 (33) – Aliseo.

gegen führt jede wesentliche Veränderung, erst Recht das Weglassen eines Bestandteils, zur Veränderung des kennzeichnenden Charakters der eingetragenen Marke.

87 **Hinzufügen von Wort- bzw. Bildbestandteilen:** Bei der Hinzufügung von Bestandteilen ist nach der Art der Zeichenbestandteile zu differenzieren. Schädlich ist in jedem Fall die Hinzufügung eines selbstständig kennzeichnungskräftigen Bestandteils[131]. Ebenso schädlich ist es, wenn durch das Hinzufügen eines Bestandteils ein neues Gesamtzeichen mit eigenem Aussagegehalt entsteht. Deshalb lehnte es beispielsweise die Rechtsprechung[132] ab, die Verwendungsform PRINCESSE D'ALBRET als rechtserhaltende Benutzung der eingetragenen Marke PRINCESS anzusehen. Umgekehrt entspricht es der ständigen Rechtsprechung auch schon zur alten Rechtslage, dass das Hinzufügen bedeutungsloser, austauschbarer Zusätze regelmäßig die rechtserhaltende Benutzung nicht hindert. Die rechtserhaltende Benutzung der Marke SILVA für Zigaretten wird somit durch die Verwendungsform SILVA LONG[133] (LONG als Hinweis auf lange Zigaretten) oder auch der Marke IDEE durch die Verwendungsform IDEE-KAFFEE[134] nicht beeinträchtigt.

88 **Trennung eines Wortzeichens:** Die Trennung eines Wortzeichens z.B. des Gesamtbegriffs ArthrexForte[135] in die Bestandteile ARTHREX und FORTE wurde von der bisherigen Rechtsprechung als schädlich für die rechtserhaltende Benutzung angesehen. Diese Rechtsprechung ist unter Geltung des neuen Markengesetzes zu überprüfen[136].

89 **Modernisierungen hinsichtlich des Schrift-/Wortbilds oder der Schreibweise:** Modernisierungen wurden – wenn auch aus anderen Gründen – bereits nach der Rechtsprechung zur alten Rechtslage grundsätzlich als unschädlich angesehen. Das galt sowohl für die Schreibweise (Ersetzung der alten Schreibweise Thee durch Tee, Curant durch Kurant[137]) als auch für das Schriftbild[138]. Das Weglassen eines Buchstabens[139] oder auch die Verdoppelung eines Buchstabens[140] ist so lange unschädlich, als die begriffliche Aussage bzw. das phonetische Erscheinungsbild nicht beeinträchtigt wird. Die Modernisierung eines stilisierten Schriftzugs kann allerdings dann zu Schwierigkeiten führen, wenn der kennzeichnende Charakter der Gesamtmarke beispielsweise wegen mangelnder Kennzeichnungskraft des Wortbestandteils entscheidend auf der besonderen graphischen Ausgestaltung beruht[141].

90 Im **Internet** stellt sich in diesem Zusammenhang insbesondere die Frage, ob die Verwendung der Marke im Rahmen einer Internetadresse den kennzeichnenden Charakter der Marke verändert. Der Umstand, dass die Marke von den typischen Zusätzen einer Internetadresse (z.B. http://www., Top Level Domainname) eingerahmt ist,

---

131 *BGH* GRUR 1984, 813 (814) – Ski-Delial.
132 *BPatGE* 21, 166 – Princesse D'ALBRET.
133 *BGH* GRUR 1978, 642 – SILVA.
134 *BGH* GRUR 1985, 46 – IDEE-KAFFEE.
135 *BGH* GRUR 1981, 53 – Arthrexforte.
136 Vgl. dazu auch *Althammer/Ströbele/Klaka,* § 26, Rdnr. 81.
137 *BGH* GRUR 1989, 510 (512) – Teekanne II, *BPatG* GRUR 1979, 709 – Kurant.
138 *BPatGE* 32, 227 (229) – Procto-Kaban.
139 *BPatG* GRUR 1977, 256 (256) – POSTAFEN.
140 *BPatG* GRUR 1995, 588 – Jeannette.
141 *BGH* GRUR 1999, 498 (499) – Achterdiek.

sollte regelmäßig den Kennzeichnungscharakter der Marke nicht verändern, da die Zusätze sehr kennzeichnungsschwach sind und das Gesamtzeichen regelmäßig durch die Second Level Domain geprägt wird. Etwas anderes gilt allerdings dann, wenn im Gesamteindruck ein neuer Begriff entsteht (z.B. Nutzung des Zeichens INTER in der Domainadresse „INTER.NET". In der „Vision"-Entscheidung[142] hat das *BPatG* entschieden, dass die Hinzufügung des Symbols @ den kennzeichnenden Charakter der Marke nicht verändert, zumindest wenn es im Zusammenhang mit Verkaufsangeboten eingesetzt wird, die ausschließlich im Internet erscheinen.

91 Ein Sonderproblem stellt sich, wenn es um die rechtserhaltende Benutzung einer eingetragenen Marke geht, die wie ein **gattungsmäßiger Domainname** gebildet wird. Wenn man eine solche Marke überhaupt, wie diesseits vertreten[143], für eintragungsfähig hält, kann nur eine Nutzung der Marke in ihrer eingetragenen Form, also der Domainname in seiner Gesamtheit, als rechtserhaltende Benutzung angesehen werden. Unproblematisch ist die Benutzung, wenn sie auf den Waren selbst erfolgt. Bei einer reinen Verwendung der Marke im Internet dürfte eine Nutzung nur im URL nicht ausreichen, da der Verkehr diese Nutzung nicht als Benutzung der eingetragenen Marke (d.h. einschließlich des Top Level Domainnamens) wahrnehmen wird.

92 Es ist noch völlig offen, welche Anforderungen die Rechtsprechung an die rechtserhaltende Benutzung neuer Markenformen stellen wird. Grundsätzlich sollte gelten, dass die Benutzung in der Form erfolgen muss, die der Markenform entspricht. So kann eine Hörmarke nur klanglich, eine Farbmarke nur farbig wiedergegeben werden[144]. Gerade bei den angesprochenen[145] **computergenerierten komplexen virtuellen Marken,** die neben Form- und Farbelementen sich durch Bewegungsabläufe auszeichnen, bedeutet dies, dass die statische Darstellung einzelner Teile einer Bildsequenz genauso wenig eine rechtserhaltende Benutzung einer solchen Marke darstellen wird wie das Weglassen eines graphischen Form- oder Bildbestandteils. Überdies wird bei Bewegungsmarken darauf zu achten sein, dass die Bildsequenz vom dem Internetnutzer tatsächlich als Einheit gesehen wird, und nicht etwa als willkürlicher Ablauf unterschiedlicher Bildelemente.

dd) Benutzung im Inland

93 Die Markenbenutzung muss im Inland erfolgen, wobei auch ein örtlich begrenzter Gebrauch ausreicht, sofern nicht nur eine Scheinbenutzung vorliegt. § 26 Abs. 4 MarkenG bestimmt, dass die Anbringung der Marke auf einer Ware im Inland selbst dann als rechtserhaltend angesehen wird, wenn die Ware ausschließlich für die Ausfuhr bestimmt ist. Für die rechtserhaltende Benutzung einer in Deutschland eingetragenen Marke **im Internet** ist nicht erforderlich, dass der Server, der die Internetseite speist, auf der das Produkt angeboten wird, tatsächlich in Deutschland steht. So kann zwar nach dem Territorialitätsprinzip nur eine Benutzung im Inland rechtserhaltend sein. Entscheidend ist allerdings allein, ob der entsprechende **Internetauftritt** des Wirtschaftsteilnehmers sich zumindest auch an **deutsche Verkehrskreise** wendet, also einen eindeutigen Inlandsbezug hat. Indizien dafür sind die Prä-

[142] *BPatG MarkenR* 2000, 439, 443.
[143] Vgl. Rdnr. 43.
[144] Vgl. *Ingerl/Rohnke,* § 14, Rdnr. 57.
[145] Vgl. Rdnr. 8.

sentation des Angebots in deutscher Sprache, eine deutsche Kontaktadresse, der Hinweis, dass die Ware auch nach Deutschland geliefert wird[146], die Möglichkeit der Bezahlung in Euro, die Art der Gestaltung der Website[147] etc. Nach Ansicht des *BPatG* kann das Angebot, Bestellung und Lieferung jedenfalls dann dem inländischen Geschäftsverkehr zugeordnet werden, wenn die Internetwerbung (auch) in deutscher Sprache gehalten ist und die Produktion der beworbenen Waren im Inland erfolgt. Das letztgenannte Kriterium darf nach diesseitigem Erachten keine Rolle spielen, außer es geht im Falle von Exportwaren um die Frage, ob die Anbringung der Marke im Inland erfolgte.

Gerade für ausländische Unternehmen, die in Deutschland über **keine eigene Offline-Vertriebsstruktur** verfügen, bietet die weltweite Abrufbarkeit der Internetseiten die Möglichkeit, ihre in Deutschland eingetragenen Marken rechtserhaltend zu benutzen. 94

ee) Benutzung für die eingetragenen Waren und Dienstleistungen

Die Benutzung muss für die Waren und Dienstleistungen erfolgen, für die die Marke eingetragen ist. Eine Benutzung für ähnliche Waren/Dienstleistungen reicht nicht aus. Das praktische Problem besteht darin, dass im Waren- und Dienstleistungsverzeichnis häufig Oberbegriffe benutzt werden, die nicht mit der Bezeichnung der tatsächlich benutzten Waren/Dienstleistungen korrespondieren. Es stellt sich also zunächst die Frage, ob die entsprechenden Waren/Dienstleistungen unter die im Warenverzeichnis verwandten abstrakten Oberbegriffe subsumiert werden können (z. B. „Kunststofffolien" unter dem Oberbegriff „Papier und Pappwaren"[148]). Hierbei sind die gegebenenfalls inzwischen eingetretenen technischen Fortschritte zu berücksichtigen[149]. Nach erfolgter **Subsumtion** schließt sich die Frage an, ob durch eine Benutzung der konkreten Ware/Dienstleistung (z. B. „Plüschtier") auch eine Benutzung der Waren/Dienstleistungen erfolgt, die mit dem im Waren- und Dienstleistungsverzeichnis verwandten Oberbegriff (z. B. „Spielzeug") bezeichnet werden. In der Praxis kann dies im Kollisionsfall bei der Frage der Warenähnlichkeit von entscheidender Bedeutung sein. So liegt beispielsweise zwischen „Plüschspieltieren" und „Kinderfahrrädern" keine Warenähnlichkeit vor, während zwischen dem Oberbegriff „Spielzeug" und „Kinderfahrrädern" durchaus eine Warenähnlichkeit gegeben ist. Die Rechtsprechung des *BPatG* im Widerspruchsverfahren folgt der so genannten **„erweiterten Minimallösung"**. Demnach ist grundsätzlich von der konkret benutzten Einzelware auszugehen, darüber hinaus ist aber eine Benutzung auch für die Waren und Dienstleistungen anzuerkennen, die nach der Verkehrsauffassung dem gleichen Bereich angehören, d. h. in ihrer Eigenschaft und Zweckbestimmung übereinstimmen. Wer also beispielsweise den Oberbegriff „pharmazeutische Präparate" zur Anmeldung gebracht hat, die Marke allerdings nur für „Hämorrhoidensalben" benutzt, darf sich auf die Benutzung der Marke für alle Hämorrhoidenmittel berufen. Der *BGH*[150] geht ebenfalls von der konkreten Ein- 95

[146] Das *KG Berlin* (GRUR-RR 2001, 180) bejahte selbst für eine ausschließlich in Englisch gehaltene Website ihre Nutzung im Inland. Umgekehrt reichte die Verwendung der deutschen Sprache allein dem LG Hamburg (GRUR Int. 2002, 163) nicht, um eine Inlandsbeziehung zu bejahen.

[147] *LG Köln* MMR 2002, 60.

[148] *BPatGE* 22, 204 – POLYCHROME.

[149] *BPatG* GRUR 1997, 133 (134) – ORION.

[150] *BGH* GRUR 1990, 39 (41) – Taurus.

zelware aus, berücksichtigt aber auch solche Waren und Dienstleistungen, die zum gleichen Bereich gehören.

ff) Ernsthafte Benutzung nach Dauer, Umfang und Gebiet

96 Das Erfordernis der ernsthaften Benutzung soll die wirtschaftlich sinnvollen Benutzungshandlungen von reinen Scheinhandlungen, die nur zum Zwecke der Aufrechterhaltung des Markenrechts erfolgen, abgrenzen. Der für die Frage der ernsthaften Benutzung maßgebliche Zeitraum ist regelmäßig der Fünfjahreszeitraum vor Geltendmachung der Nichtbenutzung durch einen Dritten (§§ 25 Abs. 1, Abs. 2, 43 Abs. 1 Satz 1, 49 Abs. 1, 51 Abs. 2, 55 Abs. 3 MarkenG).

97 Es liegt auf der Hand, dass eine **Wechselwirkung** zwischen dem Umfang, der Dauer und dem Gebiet, in dem die Benutzung erfolgt, besteht. Eine sehr intensive, über einen längeren Zeitraum erfolgte Benutzung kann beispielsweise selbst dann ausreichen, wenn sie nur in einem örtlich begrenzten Gebiet erfolgt. Ebenso bedeutsam ist die Größe des Unternehmens des Markeninhabers und die Art der Waren/Dienstleistungen. So hat beispielsweise das *BPatG*[151] eine rechtserhaltende Benutzung der Marke COBRA/CROSS trotz Verkaufs von nur ein bis sechs Autos pro Jahr in der Bundesrepublik Deutschland bejaht. Hintergrund war, dass das Unternehmen nur etwa 400 hochwertige Autos, teilweise in Handfertigung, in den letzten zehn Jahren überhaupt hergestellt hatte.

II. Unternehmenskennzeichen im Internet

1. Allgemeines

98 In der Praxis sehen sich Inhaber von Marken oder Unternehmenskennzeichen, wenn sie unter Berufung auf ihre Ausschließlichkeitsrechte gegen die Verwendung ihres Zeichens im Internet, ob als Domainname, E-Mailadresse oder in sonstiger Form, vorgehen wollen, immer wieder mit dem Einwand des Internetanbieters konfrontiert, dass dieser über die prioritätsälteren Rechte an dem Zeichen verfüge, die gerade auf der Nutzung des Zeichens im Internet beruhen[152]. Tatsächlich können nach allgemeinen Grundsätzen Rechte aus geschäftlichen Bezeichnungen, also Unternehmenskennzeichen und Werktiteln, allein durch Benutzungsaufnahme entstehen. Ihre Entstehung setzt also im Unterschied zum Markenrecht weder formalen Eintragungstag (Registermarke) noch Verkehrsgeltung (Benutzungsmarke) voraus. Dieser Umstand führt zwangsläufig zur Überlegung, ob durch die **bloße Benutzung eines Zeichens im Internet** eigenständige Unternehmenskennzeichenrechte entstehen können. Diese Frage ist allerdings nur dann rechtserheblich, wenn der entsprechende Internetanbieter nicht auch in der realen Welt unter seiner Firmenbezeichnung tätig ist[153], sei es, dass er seine Firma zum Handelsregister anmeldet, mit seinen Geschäftspartnern korrespondiert oder für seine im Internet erbrachten Leistungen Rechnungen an seine Kunden verschickt und dadurch bereits Kennzeichenrechte erwirbt. Wenn auch viele Fragen durch Verweis auf die in der nicht-virtuellen Welt entstandenen Kennzeichenrechte gelöst werden können, kommt im Einzelfall der

---

[151] *BPatG* Mitt. 2000, 509 – COBRA-CROSS.

[152] Vgl. etwa die Sachverhaltskonstellationen in den Entscheidungen *LG Frankfurt/Main*, Urt. v. 26. 8. 1998 – 2/6 O 438/98 – „warez" und *OLG München* CR 1999, 778 – tnet.

[153] Vgl. dazu *Ubber*, S. 71.

Benutzung des Unternehmenskennzeichens im Internet eine große praktische Bedeutung zu. Das gilt insbesondere für den **Zeitpunkt der Kennzeichenentstehung** und die Reichweite des Kennzeichenschutzes. Für **ausländische Unternehmen** bietet das Internet die Chance, auch ohne Tätigwerden in der realen Welt inländische Kennzeichenrechte zu erwerben.

2. Das Unternehmenskennzeichen

Gemäß § 5 Abs. 1 MarkenG sind Unternehmenskennzeichen als so genannte **geschäftliche Bezeichnungen** geschützt. Während – wie ausgeführt – die Marke in erster Linie auf die Herkunft von Waren/Dienstleistungen aus bestimmten Unternehmen hinweist und das Produkt kennzeichnet, identifiziert das Unternehmenskennzeichen das Unternehmen selbst. 99

Nach § 5 Abs. 2 MarkenG sind **Unternehmenskennzeichen** Zeichen, die im geschäftlichen Verkehr als Firma, als Name oder als besondere Bezeichnung eines Geschäftsbetriebs oder eines Unternehmens benutzt werden. Eine Besonderheit stellt das Geschäftsabzeichen i. S. v. § 5 Abs. 2 Satz 2 dar. 100

Der Begriff der **Firma** ist in § 17 HGB definiert. Firma ist der Name eines Kaufmanns, unter dem dieser Geschäfte betreibt. 101

Der Begriff des **Namens** in § 5 Abs. 2 MarkenG ist weiter als der Begriff der Firma. Eine genaue Abgrenzung erübrigt sich aber, da das Gesetz keine Differenzierung hinsichtlich der Voraussetzungen und Rechtsfolgen macht[154]. Der Name i. S. v. § 5 Abs. 2 MarkenG entspricht dem Namensbegriff in § 12 BGB. Ein Name bezeichnet zunächst einmal eine natürliche oder juristische Person. Namensschutz genießen aber unabhängig von ihrer Rechtsfähigkeit auch Vereine, Parteien, BGB-Gesellschaften (z. B. Anwaltskanzleien) und unter bestimmten Voraussetzungen auch die Bezeichnung eines Gebäudes[155]. 102

Die „besondere Bezeichnung eines Geschäftsbetriebes oder Unternehmens" wird häufig auch **„Etablissementbezeichnung"** genannt und hat gegenüber der Firma und dem Namen **objektbezogenen** Charakter. Während Name und Firma auf den Unternehmensträger hinweisen und somit subjektbezogen sind, sind Gegenstand der besonderen Bezeichnung organisatorische Einheiten eines Unternehmens oder eines Geschäftsbetriebes. Als besondere geschäftliche Bezeichnung genießen beispielsweise Hotels, Gaststätten und Kinos Kennzeichenschutz. 103

Geschäftsabzeichen und sonstige **Kennzeichen zur Unterscheidung eines Geschäftsbetriebes** i. S. v. § 5 Abs. 2 Satz 2 MarkenG sind Kennzeichen ohne Namensfunktion. Hierzu gehören reine Bildelemente[156] (z. B. der Mercedes-Stern), Telefonnummern[157], Werbesprüche[158] oder auch die charakteristische Architektur eines Geschäftslokals[159]. Mangels Namensfunktion setzt der Schutz eines Geschäftsabzeichens Verkehrsgeltung voraus. 104

---

[154] *Ingerl/Rohnke,* § 5, Rdnr. 12.
[155] *LG München I,* MDR 88, 772 – THERESIENHOF.
[156] *BGH* GRUR 1957, 281 – KARO-ASS.
[157] *BGH* GRUR 1953, 290 – FERNSPRECHNUMMERN.
[158] *OLG Hamburg* WRP 1958, 340 – BLUMEN IN ALLER WELT.
[159] *BGH* GRUR 1997, 615 – GEBÄUDEFASSADE.

3. Entstehung von Schutz an Unternehmenskennzeichen im Internet

a) Allgemeine Grundsätze

105 Für die Entstehung von Unternehmenskennzeichen im Internet gelten die allgemeinen Grundsätze. Wie bereits ausgeführt, entsteht der Schutz von Unternehmenskennzeichen durch **tatsächliche Benutzungsaufnahme,** soweit die Unternehmensbezeichnung Namensfunktion bzw. Unterscheidungskraft besitzt. So bejahte das *OLG München*[160] die Entstehung von Unternehmenskennzeichenrechten durch die Aufnahme der Benutzung einer unterscheidungskräftigen Domain für e-mail-Services. Auch für die Entstehung von Unternehmenskennzeichen gilt selbstverständlich, dass das fragliche Zeichen – unabhängig davon, ob es innerhalb des URL[161] und/oder auf der Website verwendet wird – vom Verkehr als Kennzeichen für eine darunter getätigte Geschäftstätigkeit wahrgenommen wird. Durch Nichtannahmebeschluss vom 24. 5. 2000 hat der *BGH* (I 2 R 269/99) die Revision gegen dieses Urteil nicht angenommen und somit indirekt bestätigt, dass allein durch Nutzung eines Zeichens im Internet Firmenrechte nach §§ 5, 15 MarkenG entstehen können. Im vom *OLG München* entschiedenen Fall stellte die entsprechende Bezeichnung erkennbar eine Abkürzung des Firmennamens dar.

106 Als schutzbegründende Benutzungsaufnahme eines Unternehmenskennzeichens im geschäftlichen Verkehr genügt **jede Art der nach außen gerichteten geschäftlichen Tätigkeit,** sofern sie auf eine dauernde wirtschaftliche Betätigung schließen lässt[162]. Unzutreffend ist die weit verbreitete Annahme, dass Kennzeichenschutz an einer Unternehmensbezeichnung erst mit Eintragung in das Handelsregister entsteht. Ebenfalls nicht unbedingt erforderlich ist, dass bereits Waren oder Dienstleistungen unter dem Unternehmenskennzeichen angeboten werden. So können auch Vorbereitungshandlungen, wie beispielsweise die Anmietung von Geschäftsräumen unter Verwendung der Unternehmensbezeichnung oder auch die Durchführung von Informationsveranstaltungen, für die Entstehung kennzeichenrechtlichen Schutzes ausreichen[163]. Wie ausgeführt, muss es sich allerdings um eine nach außen gerichtete wirtschaftliche Betätigung handeln, so dass rein interne Vorbereitungshandlungen, z.B. der Abschluss eines Gesellschaftervertrages, nicht genügen. Selbst für Unternehmen, die vorrangig in der nicht-virtuellen Welt tätig sind, kann eine frühzeitige Internet-Präsenz entscheidend für den **Zeitrang des Unternehmenskennzeichens** sein. Ein Unternehmen, das eine konkrete Geschäftsidee hat, die eigentliche Geschäftstätigkeit aber noch nicht aufgenommen hat, kann durch Registrierung einer entsprechenden Domain und der Vorstellung des Geschäftsgegenstands unter Verwendung des Unternehmenskennzeichens auf der entsprechenden Internetseite den kennzeichenrechtlichen Schutz gegebenenfalls **vorverlagern.** Ob man eine solche Internet-Präsenz bereits als Teil einer nach außen gerichteten geschäftlichen Tätigkeit oder nur als ausreichende Vorbereitungshandlung einstuft, ist nach den oben gemachten Ausführungen zweitrangig. Die **bloße Registrierung** eines den Firmennamen bzw. das Firmenschlagwort enthaltenden **Domainnamens** wird man nur

[160] *OLG München,* ZUM 2000, 71.

[161] Zur Begründung von Rechten an Unternehmenskennzeichen durch die Eintragung und Benutzung von Domainnamen vgl. § 6, Rdnr. 34f.; vgl. auch *Ubber,* S. 68.

[162] *BGH* GRUR 1969, 537 – SIHL.

[163] *Althammer/Ströbele/Klaka,* § 5, Rdnr. 31 m.w.N.

dann als schutzbegründende Vorbereitungshandlung werten können, wenn eine auf Dauer ausgerichtete wirtschaftliche Betätigung unter der im Domainnamen enthaltenen Unternehmensbezeichnung tatsächlich unmittelbar im Anschluss daran aufgenommen wird. Ein zu großzügiger Maßstab bei der Anerkennung einer Domainnamenregistrierung als Vorbereitungshandlung hätte negative Auswirkungen auf die Rechtssicherheit. Denn aus der Registrierung eines Domainnamens allein ist für den Verkehr nicht erkennbar, für welche Branche die in der Internet-Adresse enthaltene Bezeichnung Schutz beansprucht. Mindestvoraussetzung für die Schutzentstehung durch Registrierung eines Domainnamens ist, dass der Domainname auch tatsächlich im Namen des Unternehmens angemeldet wird.

Schutz erlangt ein Unternehmenskennzeichen nur dann, wenn es entweder eine 107 **natürliche Namensfunktion** (z.B. K. Schmidt OHG) bzw. **Unterscheidungskraft** aufweist. Die Unterscheidungskraft wird von der Rechtsprechung dann bejaht, wenn die Unternehmensbezeichnung ausreichend eigentümlich ist, um vom Verkehr als Hinweis auf ein bestimmtes Unternehmen angesehen zu werden, und somit der Unterscheidung eines bestimmten Unternehmens von anderen Unternehmen dienen kann. Es liegt auf der Hand, dass rein beschreibende Angaben (z.B. Software OHG) oder Gattungsbezeichnungen (z.B. Online-Börse GmbH & Co. KG; Internet-Provider AG) diese notwendige Unterscheidungskraft nicht besitzen. Selbstverständlich ist für die Schutzfähigkeit ausreichend, wenn nur ein Element einer mehrgliedrigen Unternehmensbezeichnung, beispielsweise der Name „Obermaier", der Unternehmensbezeichnung „Software Obermaier OHG" oder auch die Phantasiebezeichnung „Exon" in der Gesamtbezeichnung „Exon Online-Börse GmbH & Co. KG" Unterscheidungskraft zukommt. Umgekehrt besitzt aber dann regelmäßig auch nur dieser namensmäßige bzw. unterscheidungskräftige Bestandteil Schutz gegenüber störenden Drittzeichen von Konkurrenten[164].

Ohne Namensfunktion bzw. Unterscheidungskraft kann eine Unternehmens- 108 bezeichnung nur dann Schutz beanspruchen, wenn sie **Verkehrsgeltung** besitzt. So genießen beispielsweise die Deutsche Bank oder auch die Münchner Rück-Versicherung trotz fehlender originärer Unterscheidungskraft ihrer Firmierungen auf Grund ihrer großen Bekanntheit Kennzeichenschutz.

Grundsätzlich beschränkt sich der Schutz eines Unternehmenskennzeichens auf den räumlichen Bereich, in dem die geschäftlichen Aktivitäten tatsächlich getätigt werden, wobei allerdings die natürliche künftige Ausdehnung je nach Art des Geschäftsbetriebs zu berücksichtigen ist. Es liegt auf der Hand, dass durch entsprechende Internetaktivitäten (z.B. bundesweiter Online-Vertrieb eines nur lokal tätigen Fachhandels) der räumliche Schutzbereich erheblich ausgedehnt werden kann.

b) Internetspezifische Probleme

Entsprechend den eben genannten Voraussetzungen wird die Nutzung einer Un- 109 ternehmenskennzeichnung im **Internet** auf einer entsprechenden Website dann schutzbegründend sein, wenn die entsprechende Bezeichnung in nachvollziehbarer Weise für den Verkehr als Hinweis für geschäftliche Aktivitäten dient, mögen diese auch nur in der virtuellen Welt getätigt werden.

---

164 So kann beispielsweise nicht auf Grund der Firmenbezeichnung „Software Obermaier OHG" gegen die Unternehmensbezeichnung „Software Schmidt OHG" vorgegangen werden.

aa) Gattungsbezeichnung als Bestandteil einer Firmenbezeichnung im Internet

110 Probleme hinsichtlich der Unterscheidungskraft werfen die in der Internetbranche nicht selten anzutreffenden Unternehmen auf, die als Firmenbezeichnung eine Kombination einer **Gattungsbezeichnung** und eines Top Level Domainnamens gewählt haben (z. B. buecher.de AG, internet.com LLC, lastminute.com AG), um dem Verkehr bereits mit ihrer Firmenbezeichnung ihren Internetbezug zu signalisieren. Bei diesem Unternehmen stimmt regelmäßig das Firmenschlagwort mit dem wichtigsten Teil der Internetadresse überein. Das *OLG München*[165] hat der Firmenbezeichnung „buecher.de" Unterscheidungskraft zugesprochen, da die Verwendung eines Bestandteils in einer Firmenbezeichnung, der wie ein Top Level Domainname wirkt, im Verkehr ungewöhnlich sei. Aus den bereits zu gattungsmäßigen Markennamen ausgeführten Gründen ist dieser Ansicht des *OLG München* zuzustimmen. Allerdings reicht es nach diesseitiger Ansicht für die Schutzentstehung nicht aus, wenn die Verwendung eines solchen Zeichens allein auf den URL beschränkt bleibt, also nur innerhalb der Internetadresse erfolgt[166]. Vielmehr muss aus dem weiteren Internetauftritt oder der Verwendung der Bezeichnung außerhalb des Internets deutlich werden, dass die Unternehmensbezeichnung zwar die Form eines gattungsmäßigen Domainnamens besitzt, über ihre Funktion als Internetadresse hinaus aber der namensmäßigen Bezeichnung des Unternehmens dient.

bb) Eigenständiger Kennzeichenschutz des E-Commerce-Geschäftsbereich

111 Viele Unternehmen der so genannten „old economy" haben inzwischen einen eigenständigen **E-Commerce-Geschäftsbereich** entwickelt. Dieser E-Commerce-Geschäftsbereich führt eine von der Firmenbezeichnung des Gesamtunternehmens eigene Geschäftsbezeichnung. Beispielhaft sei hier auf das virtuelle Kaufhaus des *Karstadt*-Konzerns unter dem Domainnamen „my-world.de", den E-Commerce-Bereich des *Bertelmann Verlags* unter „bol.com" oder auch die Online-Börse der *Sparkasse* unter „sbroker.de" verwiesen. Es stellt sich die Frage, ob an den Bezeichnungen dieser E-Commerce-Geschäftsbereiche ein eigenständiger Kennzeichenschutz entsteht[167]. Zur Beantwortung dieser Frage sollten auf die von der Rechtsprechung entwickelten Kriterien zur Schutzfähigkeit besonderer Geschäftsbezeichnungen von Unternehmensabteilungen eines Konzerns zurückgegriffen werden. So wurde beispielsweise der eigenständige Schutz des Zeichens ARENA als besondere Geschäftsbezeichnung für den Schwimmmodebereich des Sportartikelherstellers ADIDAS anerkannt[168]. Für den eigenständigen Schutz ist nicht etwa die Rechtsfähigkeit des Unternehmensteils, wohl aber eine gewisse organisatorische Selbständigkeit notwendig. Keinen selbstständigen Schutz genießt die Bezeichnung eines Unternehmensteils allerdings dann, wenn mit gleichem Personal und ohne erkennbare organisatorische Abgrenzung darunter eine besondere Dienstleistung erbracht wird. Nach Ansicht des *KG*[169] konnte sich somit der Intercity Dienst der Deutschen Bank

---

[165] *OLG München*, GRUR 2000, 518.

[166] Eine Ausnahme kann dann gemacht werden, wenn bereits die Bildung der Internetadresse die Zusammensetzung aus Gattungsbegriff und Top Level Domain erkennen lässt, z. B. „www.buecherde.com".

[167] Vgl. *Hoffmann*, Mitt. 2002, 104 (118).

[168] *OLG München*, GRUR 1980, 1004 – ARENA.

[169] *KG*, WRP 1989, 409 – INTER CITY.

AG nicht erfolgreich auf den eigenständigen Schutz der Bezeichnung INTERCITY berufen. Für die Schutzfähigkeit des Kennzeichens des virtuellen Geschäftsbereich des Gesamtunternehmens ist also die **organisatorische Selbstständigkeit** entscheidend. Eine solche organisatorische Selbstständigkeit wird bei den E-Commerce Geschäftsbereichen größerer Gesamtunternehmen wie in den genannten Beispielen regelmäßig gegeben sein, wofür unterschiedliche Waren- und Dienstleistungsangebote, unterschiedliche „Geschäftszeiten" (z.B. 24 Stundenservice), eine eigene Gewinnermittlung und Personalstruktur Indizien sind. An der notwendigen organisatorischen Selbständigkeit wird es dagegen regelmäßig fehlen, wenn Unternehmen lediglich als weitere Vertriebsmaßnahme einen Online-Vertrieb derselben Produkte über ihr Internetportal anbieten, ohne dass in irgendeiner Weise eine Abgrenzung zum Offline-Geschäftsbereich des Unternehmens erkennbar wird. In der Praxis überwiegen solche unselbstständigen Internet-Präsenzen bei weitem. Sollte sich die Internet-Präsenz dann nicht – wie regelmäßig – der gleichen Bezeichnung wie das Unternehmen bedienen, wird an der Bezeichnung des Internetportals einschließlich des regelmäßig gleich lautenden Domainnamens kein Kennzeichenschutz entstehen, da es an der dann notwendigen Verkehrsgeltung dieser Bezeichnung gemäß § 5 Abs. 2 Satz 2 MarkenG fehlt, die als Geschäftsabzeichen einzuordnen ist.

Wie die oben genannten Beispiele eigenständiger E-Commerce-Geschäftsbereiche 112
zeigen, sind die entsprechenden Firmenbezeichnungen dieser virtuellen Geschäftsbereiche häufig – zumindest in ihrer schlagwortartigen Form – mit dem Domainnamen der Geschäftsbereiche identisch. Da die Verwendung der Firmenbezeichnung bei solchen eigenständigen virtuellen Geschäftsbereichen regelmäßig nicht auf die Internetadresse im URL beschränkt bleiben wird, sondern diese Geschäftsbereiche ihre Firmierung auch außerhalb des Internets, sei es in der Werbung des Gesamtunternehmens oder auch in anderen Medien, benutzen, wird für den Verkehr der Charakter des Zeichens als besondere Geschäftsbezeichnung leicht erkennbar sein.

cc) Cold sites und „Fliegenfänger"-Internetpräsenzen

Für die Entstehung von Rechten an Unternehmenskennzeichen ist es unbedingt 113
erforderlich, dass unter dem Unternehmenskennzeichen tatsächlich zuordnungsbare **geschäftliche Aktivitäten** erfolgen[170]. Somit kann eine so genannte **„cold site"**, also lediglich die Registrierung eines Domainnamens mit dem häufig anzutreffenden Hinweis „site under construction" oder lediglich die Einstellung einer das Zeichen enthaltenen E-Mailadresse auf der Website nicht ausreichen, Unternehmenskennzeichenrechte zu begründen. Auch die Praxis vieler Internetfirmen, sich zahlreiche Domainnamen, die häufig einen sprechenden Charakter aufweisen, registrieren zu lassen und mit ihrem Hauptportal zu verbinden, um neue Kunden für ihre geschäftliche Aktivitäten zu gewinnen, führt regelmäßig nicht – ungeachtet der Frage der Unterscheidungskraft – zur Entstehung von Kennzeichenrechten an diesen Domainnamen, die nur als **„Fliegenfänger"** fungieren. Solche „Fliegenfänger-Domains" werden vom Verkehr nicht als Name des Unternehmens aufgefasst, sondern stellen lediglich eine zusätzliche Adresse dar, um das Unternehmen zu erreichen. Entsprechend könnten solche „Fliegenfänger-Domainnamen" Schutz nur als **geschäftliche Bezeichnung erlangen,** wenn sie im Verkehr Verkehrsgeltung i.S.v. § 5 Abs. 2 Satz 2 MarkenG erlangen würden, was in der Praxis wohl kaum vorkommen wird.

---

170 *Hoffmann,* Mitt. 2002, 104 (110).

c) Entstehung inländischen Kennzeichenschutzes für ausländische Kennzeicheninhaber

114 Nach den allgemeinen Grundsätzen gelten für ausländische Unternehmenskennzeichen im Hinblick auf Art. 8 PVÜ die gleichen Maßstäbe wie für inländische Kennzeichen. Ebenso wie bei inländischen Kennzeichen bedarf es für die Schutzentstehung einer auf Dauer angelegten wirtschaftlichen Tätigkeit im Inland. Die Anforderungen an eine ausreichende Geschäftstätigkeit im Inland sind allerdings – wie ausgeführt[171] – nicht sehr hoch. Nach diesseitiger Ansicht reicht dafür auch eine **Internet-Präsenz** aus, die unter dem Unternehmenskennzeichen geführt wird und auf der Waren und/oder Dienstleistungen angeboten werden. Voraussetzung ist allerdings, dass sich diese Internet-Präsenz tatsächlich auch an die **inländischen Verkehrskreise** wendet und, wenn auch nur durch einen Hyperlink auf das Hauptportal des Unternehmens, dem inländischen Nutzer die Möglichkeit gibt, die Leistungen des ausländischen Unternehmens in Anspruch zu nehmen. Lediglich eine „.com“-Domain, die zwar in Deutschland abrufbar ist, die aber eine Ansprache des inländischen Verkehrs in der einen oder anderen Weise vermissen lässt, reicht nicht aus[172]. Für ausländische Unternehmen, die ihre geschäftlichen Aktivitäten auf lange Sicht auch im Inland entwickeln wollen, ohne sich eine teure Vertriebsstruktur bzw. Repräsentanz leisten zu können, bietet ein auf das Inland zugeschnittener Versandhandel die Möglichkeit, eigene Kennzeichenrechte zu erwerben.

4. Erlöschen des Schutzes an Unternehmenskennzeichen

115 Ebenso wie die Entstehung von Kennzeichenschutz an Geschäftsbezeichnungen von nach außen gerichteter wirtschaftlicher Tätigkeit abhängig ist, kann der **Kennzeichenschutz** wieder **erlöschen,** wenn die geschäftliche Tätigkeit eingestellt wird bzw. es zu wesentlichen Veränderungen kommt. Ob die Unterbrechung einer Benutzung im Einzelfall zum Erlöschen des Kennzeichenschutzes an einer Unternehmensbezeichnung führt, ist von den Umständen des Einzelfalls, insbesondere der Dauer der Unterbrechung[173], der Bekanntheit des Unternehmenszeichens[174] und/oder den Gründen für die Unterbrechung der Benutzung[175] abhängig. Die **Trennung** des **Kennzeichens** vom **Geschäftsbetrieb,** d.h. die Übertragung des Kennzeichenschutzes ohne gleichzeitig den Geschäftsbetrieb zu übertragen, führt grundsätzlich zum Erlöschen der Kennzeichenrechte[176].

III. Werktitelschutz im Internet

1. Allgemeines

116 Durch das Bereitstellen von Online-Werken im Internet können Werktitelrechte entstehen. Unabhängig davon ist die Frage des urheberrechtlichen Schutzes des entsprechenden Werkes[177]. Die **praktische Relevanz des Werktitelschutzes im Internet**

---

171 Vgl. Rdnr. 106.
172 Vgl. dazu Rdnr. 93.
173 Vgl. *OLG Hamburg,* WRP 1972, 368.
174 *BGH* GRUR 1959, 45 (47) – DEUTSCHE ILLUSTRIERTE.
175 *OLG Köln,* GRUR 1950, 238 – FILMTHEATER.
176 *Ingerl/Rohnke,* § 5, Rdnr. 40.
177 Vgl. § 8 Rdnr. 52ff.

ist sogar besonders **groß**, da nicht nur ein Großteil der in § 5 Abs. 3 MarkenG genannten Werke, sondern auch die von der Rechtsprechung als vergleichbar anerkannten Werke inzwischen online angeboten werden. Zudem sind internetspezifische Werke (z.B. Suchmaschinen, Linksammlung) hinzugekommen, die ebenfalls Werktitelschutz beanspruchen. Angesichts der wachsenden Bedeutung des Internets als Massenmedium ist ein weiterer wichtiger Aspekt, inwieweit eine Nutzung des Titels im Internet zur Vorverlagerung des Titelschutzes führen kann. Es wäre eine unzulässige Verkürzung, sich bei der Frage nach Werktitelschutz im Internet auf die Frage von Domainnamen zu kaprizieren[178]. Wenn auch häufig der Domainname den Werktitel enthalten wird bzw. der Werktitel sogar vollständig mit dem Domainnamen überstimmen wird, können Werktitelrechte, wie andere Kennzeichenrechte auch, durch anderweitige Verwendung im Internet entstehen, sei es als besondere Rubrik bzw. Kolumne einer Internet-Zeitschrift, sei es als eigenständiges Computerprogramm oder Computerspiel auf einem anders lautenden Internet-Portal, oder sei es nur, weil der Domainname nicht die Bezeichnung des virtuellen Werkes übernimmt (z.B. „spiegelonline" unter dem Domainnamen „spiegel.de"). Voraussetzung für die Schutzentstehung ist die Verwendung eines unterscheidungskräftigen Titels für ein titelschutzfähiges Werk.

Der Werktitel ist zwar ebenso wie die Marke ein Produktkennzeichen, unterscheidet aber – anders als die Marke – das Werk von anderen Werken **nach Inhalt und Beschaffenheit** und **nicht nach Herkunft.** So unterscheidet der Titel „Die Blechtrommel" dieses Buch von Günther Grass von anderen Büchern, weist aber nicht auf den das Buch herausgebenden Verlag hin. Mit dem Unternehmenskennzeichen hat der Werktitel gemeinsam, dass zur Schutzbegründung eine **bloße Benutzung** des unterscheidungskräftigen Werktitels im Verkehr – auch ohne Verkehrsgeltung – ausreicht. Wie auch bereits nach der alten Rechtsordnung werden Unternehmenskennzeichen und Werktitel als geschäftliche Bezeichnungen i.S.v. § 5 Abs. 1 MarkenG angesehen. 117

Die Titelschutzrechte stehen grundsätzlich dem **Verfasser des Werkes,** also dem Autor, Komponisten oder Drehbuchautor bzw. Regisseur zu[179]. Dies verhält sich allerdings dann anders, wenn der Verlag und/oder Produzent im Rahmen von Sammelwerken den Grundtitel vorgibt (z.B. „Prüfe Dein Wissen"-Reihe). Umstritten ist, inwieweit Werktitel ohne das Werk übertragen werden können[180]. 118

Im Internet gilt grundsätzlich nichts anderes. Bei Internet-Zeitungen wird regelmäßig der Verleger Inhaber der Werktitelrechte sein, während bei werktitelschutzfähigen Websites dem für die Gestaltung Verantwortlichen die Titelrechte zustehen, mag er auch die Sites selbst nicht gestaltet haben.

2. Das titelschutzfähige Werk

Nach § 5 Abs. 3 MarkenG sind Werktitel die Namen oder besonderen Bezeichnungen von Druckschriften, Filmwerken, Tonwerken, Bühnenwerken oder sonstigen vergleichbaren Werken. Die in § 5 Abs. 3 MarkenG ausdrücklich erwähnten Druckschriften, Film- und Tonwerke haben inzwischen ihre Entsprechung im Online-Bereich gefunden. Die wohl am häufigsten aufzufindenden Werke im Internet 119

---

[178] Dazu § 6 Rdnr. 36f.
[179] *BGH* GRUR 1990, 218 – Verschenktexte I.
[180] *Schricker* in: FS Vieregge, 775 (786ff.); a.A. *Fezer,* § 15, Rdnr. 170.

sind sogenannte **Internetzeitungen bzw. -zeitschriften.** So haben zum einen viele große Zeitungen eine entsprechende Online-Version entwickelt, die häufig zusätzliche Informationen enthalten, ein eigenes Layout besitzen und überdies nach anderen Kriterien zusammengestellt sind. Als eigenständige Werke genießen sie eigenständigen Werktitelschutz. Es existieren zudem zahlreiche **Internet-Publikationen,** im Fachjargon auch E-Journals genannt, die nur online existieren. Schließlich gibt es noch eine Reihe anderer, auch in die Kategorie Druckschriften fallender Werke, wie beispielsweise Enzyklopädien, Sprachlexika oder auch wissenschaftliche Skripten, die häufig nur online existieren. In vielen Promotionsordnungen ist heute vorgesehen, dass die ausschließliche Abrufbarkeit im Internet dem Publikationserfordernis genügt. Stephen King hat letztes Jahr Aufsehen erregt, als er seinen neuen Roman zunächst einmal nur im Internet veröffentlichte. Es ist wohl nur eine Frage der Zeit, bis auch Filme in vollständiger Fassung über das Internet abrufbar sind. Ebenso wie im Videobereich bereits heute üblich, ist es gut vorstellbar, dass in Zukunft Filme ausschließlich für die Verwertung im Internet produziert werden. Ähnliche Überlegungen gelten für Tonwerke.

120 Besonders interessant im Kontext der vorliegenden Darstellung ist die Frage, was unter **„sonstigen vergleichbaren Werken"** zu verstehen ist. Die Rechtsprechung und überwiegende Literatur schließt aus dem systematischen Zusammenhang mit den in § 5 Abs. 3 MarkenG definierten Werktiteln, dass es sich hierbei um Produkte handeln muss, die von ihrem geistigen Inhalt dominiert werden. Ein sonstiges geistiges Werk liegt also vor, wenn die Kaufentscheidung nicht von spezifizierten Warenmerkmalen, sondern vom geistigen Inhalt abhängig ist[181]. Als vergleichbare Werke und somit titelschutzfähig werden von der Rechtsprechung[182] **Computerprogramme** angesehen. Unter „sonstige vergleichbare Werke" fallen auch Gesellschaftsspiele und Computerspiele. Offen ist noch, ob Titelschutz generell für alle geistigen Leistungen, die als verkehrsfähige Produkte vermarktet werden können, anerkannt werden soll. So ist beispielsweise in der Diskussion, ob nicht auch Datenbanken, Koch-, Backrezepte oder auch Therapieverfahren titelschutzfähig sind[183].

121 Es stellt sich die Frage, welche Folgerungen sich daraus für zahlreiche Internetangebote ergeben. Nach einer teilweise in der Literatur[184] vertretenen Auffassung erlangt jede unter einer unterscheidungskräftigen Bezeichnung im Internet abrufbare, **individuell gestaltete Homepage** Titelschutz. Diese Auffassung wird scheinbar durch die *„dresden-online"*-Entscheidung des *OLG Dresden*[185] gestützt. *Fezer*[186] sieht die Gefahr von Millionen von Werktitelrechten an Domainnamen und damit einhergehend einen Verlust der praktischen Bedeutung des Kennzeichenrechts. Dieser Gefahr will *Fezer* dadurch vorbeugen, dass er einer Homepage regelmäßig das Merkmal der Bezeichnungsfähigkeit absprechen will. Bezeichnungsfähigkeit ist nach seiner Ansicht nur dann gegeben, wenn das immaterielle Arbeitsergebnis im Verkehr zu kennzeichnen gepflegt wird. Obwohl *Fezers* Warnung vor einer Inflation von Kennzeichenrechten sehr berechtigt ist, wird vorliegend der **Werkbegriff**

181 *Ingerl/Rohnke,* § 5, Rdnr. 40.
182 *BGH* GRUR 1998, 155 – POWER POINT; *BGH* GRUR 1998, 1010 – Wincad.
183 *Ingerl,* WRP 1979, 1132.
184 Vgl. *Omsels,* GRUR 1997, 328 (333); *Hackbarth,* CR 1999, 184 (186).
185 *OLG Dresden,* CR 1999, 102ff.
186 *Fezer,* § 3, Rdnr. 319.

selbst als der entscheidende Ansatzpunkt gesehen, um schutzfähige Websites von der Masse der nicht-schutzfähigen Websites abzugrenzen. Denn entgegen der Auffassung von *Fezer* pflegen Websites nun einmal mit dem Domainnamen gekennzeichnet zu werden[187].

Wie ausgeführt, liegt nach Ansicht des *BGH*[188] ein sonstiges vergleichbares Werk 122
dann vor, wenn es **vom immateriellen geistigen Gehalt** geprägt ist. In wertender Abgrenzung zur Marke ist also ein Bedürfnis nach Titelschutz nur dann anzuerkennen, wenn das Produkt nicht nach der Herkunft, sondern entsprechend seinem geistigen Gehalt unterschieden werden soll. Dieser geistige Gehalt muss überdies prägend sein, wobei hierfür nicht unbedingt ästhetische Kriterien ausschlaggebend sind und es im Übrigen nicht erforderlich ist, dass das Werk urheberrechtsschutzfähig i. S. v. § 2 Abs. 2 UrhG ist. Ein solcher geistiger Gehalt fehlt einem Produkt, wenn der Hersteller des **Produktes nur mechanisch oder handwerklich tätig geworden** ist[189]. Den meisten Websites wird es bereits an einem prägenden geistigen Gehalt fehlen. Das gilt insbesondere für firmenrechtliche Websites, die in der Art eines **Online-Katalogs bzw. einer Online-Broschüre** nur ihre Produkte bzw. das Unternehmen präsentieren[190]. Überdies dient der Domainname bei diesen Websites gerade nicht der Unterscheidung nach dem geistigen Gehalt der Website, sondern nach der Herkunft aus einem bestimmten Betrieb.[191] Das Gleiche gilt im Übrigen für die meisten privaten Websites. Häufig finden sich darauf banale Selbstdarstellungen, die keinen eigenen **schutzwürdigen geistigen Gehalt** aufweisen, aus dem sich eine Rechtfertigung für Werktitelschutz ergibt. Allerdings gibt es umgekehrt auch **Websites,** die sowohl nach Inhalt als auch nach Form das geistige Wirken des Erstellers der Website erkennen lassen. Selbst im **privaten Bereich** trifft man auf Websites, beispielsweise auf so genannte Fan-Websites, die sehr aufwändig und anspruchsvoll gestaltet sind und neben allgemeinen Informationen, Lexika und kommentierten Linksammlungen auch interaktive Teilnahmemöglichkeiten für den Nutzer vorsehen. Die Finanzierung dieser Websites wird häufig durch Mitgliedsbeiträge oder Bannerwerbung finanziert. Es ist nicht einzusehen, warum solchen Websites der Titelschutz versagt werden sollte.

Ebenso titelschutzfähig sind nach diesseitiger Ansicht **Online-Datenbanken**[192]. 123
Die geistige Leistung des Erstellers einer solchen Datenbank liegt in der von ihm vorgenommen Auswahl. Eine geistige Leistung ist zumindest so lange anzuerkennen, solange die Auswahl nicht nach rein chronologischen oder alphabetischen Ordnungsgesichtspunkten erfolgt. Ebenfalls titelschutzfähig sind **Linksammlungen,** wofür auch spricht, dass einer ausgewählten Sammlung von Linkseiten sogar bereits Urheberrechtsschutz vom *LG Köln*[193] zugebilligt wurde. Ebenfalls titelschutzfähig

---

187 Vgl. auch *Ubber,* S. 74.

188 *BGH* GRUR 1993, 767 (768) – Zappel Fisch.

189 Vgl. *ÖOGH,* MMR 2002, 42 – telering.at, das allerdings zum urheberrechtlichen Schutz einer Website Stellung nimmt.

190 So auch *LG Düsseldorf,* MMR 298, 670 – Baumarkt zum urheberrechtlichen Schutz einer Internetseite.

191 *Hoffmann,* Mitt. 2002, 104 (120).

192 Hinsichtlich der damit einhergehenden urheberrechtlichen Fragen vgl. § 8 Rdnr. 84 ff. (Datenbankwerke) und 118 ff. (einfache Datenbanken), zu den vertragsrechtlichen Fragen § 13 Rdnr. 184 ff.

193 *LG Köln,* Urt. v. 12. 5. 1998 – 28 O 216/18.

können Internetportale sein, die einen umfassenden Informationsservice bieten. In der schon angesprochenen *„dresden-online"*-Entscheidung stufte das *OLG Dresden*[194] einem **Informationsprogramm** über die Stadt Dresden, ihre besonderen örtlichen Gegebenheiten, Einrichtungen und Veranstaltungen als immaterielles geistiges Arbeitsergebnis ein und erkannte der entsprechenden Website Titelschutz zu. Ebenso als titelschutzfähig wurde vom *LG Düsseldorf*[195] eine **Suchmaschine** angesehen.

3. Titelfunktion

124 Erforderlich für die Anerkennung eines Zeichens als Titel ist, dass der Verkehr das fragliche Zeichen als die Gesamtheit der betreffenden Seiten kennzeichnende Bezeichnung ansieht. Häufig wird der Domainname, insbesondere die Second Level Domain, diese Werktitelfunktion ausfüllen. Im Einzelfall kann einer Third Level Domain oder einer Subdomain Werktitelschutz zukommen, zumal auch in der realen Welt anerkannt ist, dass Untertitel, Rubriken oder Kolumnen titelschutzfähig sind. Bei der *„dresden-online"*-Entscheidung fehlte es an einer Titelfunktion der Bezeichnung *„dresden-online"*. So musste der Nutzer, um zum Informationsangebot vorzudringen, eine Reihe von Rubriken anklicken und Stichwörter eingeben. Die Bezeichnung *„dresden-online"* verstand der Verkehr nach Ansicht des *OLG Dresden* daher mehr als Ordnungsbegriff denn als einen das Werk kennzeichnenden Untertitel. Im Einzelfall kann auch der Domainname und der Werktitel bei einem schutzfähigen virtuellen Werk auseinanderfallen. Die von dem Domainnamen abweichende Bezeichnung des Werkes muss allerdings für den Verkehr durch entsprechende Gestaltung des Internetangebots (z.B. blickfangmäßiges Herausstellen des Werktitels auf der Anfangsseite) deutlich werden, um eigenständigen Kennzeichenschutz in Anspruch nehmen zu können. In einem solchen Fall scheiden Werktitelrechte am Domainnamen selbst aus.

4. Zeitpunkt der Entstehung des Titelschutzes

125 Ebenso, wie die ebenfalls als geschäftliche Bezeichnungen i.S.v. § 5 Abs. 1 MarkenG definierten Unternehmenskennzeichen, entstehen Titelschutzrechte allein durch **Verwendung eines unterscheidungskräftigen Titels im Verkehr.** Spätestens also wenn das entsprechende Werk in den Verkehr gebracht wird (z.B. Erscheinen des Buches, Premiere des Theaterstücks), kann sich der Verfasser des Werkes auf Titelschutz berufen.

126 Umstritten ist allerdings, welche Benutzungshandlungen bereits vor Fertigstellung und Inverkehrbringen des Werkes im konkreten Fall schutzbegründend sein können. Entgegen der teilweise in der Literatur[196] vertretenen Auffassung, die einen Gleichlauf zwischen Unternehmenskennzeichenschutz und Werktitelschutz befürwortet, stellt der *BGH*[197] an die Entstehung von Werktitelschutz strengere Anforderungen. So hat er die Lieferung eines Computerprogramms an einen Pilotkunden

---

[194] *OLG Dresden,* CR 1999, 102 (103).

[195] *OLG Düsseldorf,* Urt. v. 5. 11. 1999 – 34 O 2/99 – klugsuchen.de.

[196] Vgl. *Ingerl/Rohnke,* § 5, Rdnr. 49.

[197] Vgl. *BGH* GRUR 1998, 1010 – WinCad.

nicht als ausreichende schutzbegründende Benutzungshandlung erachtet[198]. Umgekehrt wird eine der Auslieferung der fertigen Software unmittelbar vorausgehende werbliche Ankündigung als ausreichend angesehen[199]. Für den Internetbereich bedeutet dies, dass im Unterschied zu Unternehmenskennzeichen die **bloße Registrierung** einer entsprechenden Domain niemals ausreichend für die Entstehung von Werktitelschutz sein kann[200]. Wenn man die Ansicht des *BGH* zur Titelschutzentstehung bei Computerprogrammen vorliegend ernst nimmt, kann höchstens eine der Auslieferung des fertigen Produktes unmittelbar vorausgehende werbliche Ankündigung im Internet unter der entsprechend bezeichneten Website oder in anderen Medien zu einer Titelschutzentstehung vor der tatsächlichen Markteinführung führen. Für eine Online-Zeitschrift hat das *OLG München*[201] weder eine bereits im Internet abrufbare Inhaltsangabe der Online-Zeitung noch mehrere im Vorfeld erfolgten Werbemaßnahmen für die Online-Zeitschrift zur Titelschutzentstehung als ausreichend erachtet, sondern vielmehr den **Zeitpunkt der Fertigstellung** der Online-Zeitung als maßgeblich angesehen.

5. Sonderproblem: Vorverlagerung des Schutzes durch Titelschutzanzeige

Das Titelschutzrecht zeichnet sich durch die Besonderheit aus, dass durch eine öffentliche **Titelschutzanzeige** der Zeitrang des Schutzes vorverlagert werden kann. Um zu verhindern, dass einem Werk, das eine lange Entwicklungs- bzw. Entstehungsphase benötigt, nicht im Zeitpunkt seines Erscheinens vorrangige Drittrechte entgegenstehen, wird in ständiger Rechtsprechung[202] anerkannt, dass eine in branchenüblicher Weise geschaltete Titelschutzanzeige den Zeitpunkt der Schutzentstehung vorverlagert, wenn das Werk anschließend in einer angemessenen Frist auf dem Markt erscheint. Die angemessene Frist richtet sich nach den Branchengewohnheiten, d.h. dem üblichen Zeitrahmen von der Entwicklung bis zur Marktreife eines Produkts[203]. Das *OLG Hamburg*[204] sah neun Monate als angemessenen Zeitraum für die Veröffentlichung der **Internetversion** eines Branchentelefonbuchs an, während es der Printversion drei Monate länger einräumte. 127

Die **Schaltung** einer Titelschutzanzeige selbst stellt nach der Rechtsprechung des *BGH*[205] noch **keine Benutzungsaufnahme** dar und begründet somit lediglich eine Begehungsgefahr. In der Praxis wird immer häufiger zur Wahrung der Anonymität des für die Titelschutzanzeige Verantwortlichen die Titelschutzanzeige im Namen eines Rechtsanwalts geschaltet. 128

Im Einzelnen noch ungeklärt ist, ob und unter welchen Voraussetzungen ein Hinweis **in anderer Form als in den einschlägigen Branchenblättern** zur Vorverlagerung 129

---

198 *BGH* GRUR 1997, 902 – Eftos.

199 *BGH* GRUR 1998, 155 – POWER POINT.

200 Vgl. *OLG München,* WRP 2001, 571 (576) – kücheonline.

201 Vgl. *OLG München,* WRP 2001, 571 (576) – kücheonline.

202 *BGH* WRP 2001, 1193.

203 Das *OLG Hamburg* (WRP 1981, 30 (31)) hat den Zeitrahmen von fünf Monaten bei einer Frauenzeitschrift noch als angemessen betrachtet. Das gleiche Gericht (*OLG Hamburg,* AfP 1997, 815) hat den Zeitraum von zehn Monaten ebenfalls für eine Zeitschrift als zu lange angesehen.

204 *OLG Hamburg,* CR 2002, 337, 338.

205 *BGH* WRP 2001, 1193 (1194).

des Titelschutzes ausreicht. Nach richtiger Ansicht muss grundsätzlich für die Konkurrenz die Möglichkeit bestehen, in zumutbarer Weise von der Titelschutzanzeige Kenntnis zu erlangen. Eine Titelankündigung im redaktionellen Teil einer Werbebroschüre würde demnach nicht ausreichen[206].

130 In Bezug auf das Institut der Titelschutzanzeigen drängt sich die Frage auf, ob neben einer Veröffentlichung in den anerkannten Branchenblättern[207] auch eine **öffentliche Ankündigung im Internet** ausreichen kann. So ist es bei Kinofilmen längst üblich, dass unter einer mit dem Titel gleich lautenden Domain lange vor dem Kinostart Informationen über den Film, häufig auch Trailer abrufbar sind. Ähnliches gilt für Tonträger. Selbst nach der strengen Rechtsprechungslinie des *BGH* zum Zeitpunkt der Titelschutzentstehung muss eine solche Ankündigung als ausreichend erachtet werden, zumindest wenn das Werk bereits fertiggestellt[208] ist. Auf Grund der rasanten Entwicklung des Internets zum Massenmedium ist eine solche Ankündigung im Internet zumal unter einem eigens dafür eingerichteten und mit dem Titel gleich lautenden Domainnamen ein für den Verkehr einfacher Weg, von dem Titel Kenntnis zu nehmen.

6. Unterscheidungskraft des Werktitels

131 Ein Titel ist unterscheidungskräftig, wenn er geeignet ist, ein Werk von einem anderen zu unterscheiden. Bei näherer Betrachtung der Rechtsprechung ist festzuhalten, dass die Rechtsprechung insbesondere im Zeitschriften- und Sachbücherbereich, aber auch bei Fernseh- und Rundfunktitel nur sehr **geringe Anforderungen** an die Unterscheidungskraft stellt. So wurden farblose und häufig beschreibende Titel wie „Hobby“[209], „PC-Welt“[210], „Szene Hamburg“[211], „Multimedia“[212], „FACTS“[213], „Tagesschau“[214], „Deutsch im Alltag“[215] als schutzfähig angesehen. Umgekehrt wurde den rein beschreibenden Titeln wie „Starrevue“[216] und „Snowboard“[217] die Schutzfähigkeit versagt. Begründet werden diese sehr geringen Anforderungen an die Unterscheidungskraft mit der Gewöhnung des Verkehrs an wenig eigentümliche und farblose Titel, als auch mit dem Zweck eines Titels, nämlich vom Titel auf den Inhalt des Werkes zu schließen.

132 Ob über die allgemeinen geringen Anforderungen an die Unterscheidungskraft eines Werktitels hinaus[218] **im Internet für Werktitel** noch geringere Anforderungen an die **Unterscheidungskraft** zu stellen sind, da sich der Verkehr an vereinfachte, leicht zu merkende, kurze und beschreibende Angaben gewöhnt habe und darum

---

206 Althammer/Ströbele/*Klaka,* § 5, Rdnr. 62; *Deutsch,* GRUR 1994, 673 (677).

207 Als übliche Branchenblätter kommen in Betracht: „Börsenblatt des Deutschen Buchhandels“, „Der Titelschutzanzeiger“, „Der Softwaretitel“.

208 Auf Grund der unterschiedlichen Produktzyklen in den Vereinigten Staaten und Europa kommen hierzulande häufig titelschutzfähige Werke erst ein halbes Jahr später in den Verkehr.

209 *BGH* GRUR 1961, 232.

210 *OLG Köln,* GRUR 1997, 63.

211 *BGH* MarkenR 1999, 396 (398).

212 *OLG München,* CR 1995, 394 – Multimedia.

213 *BGH* MarkenR 2000, 172 (174).

214 *BGH* WRP 2001, 1193 (1195).

215 *OLG München,* GRUR 1993, 991 (für Sachbuch).

216 *BGH* GRUR 1957, 276.

217 *OLG Hamburg,* AFP 1992, 160.

218 Vgl. *OLG Dresden,* CR 1999, 102 (103); *Upper,* WRP 1997, 497 (505).

wisse, dass bereits leichte Abweichungen, etwa bei der Schreibweise, zur Anwahl einer anderen Internetadresse und somit zu einem anderen Rechneranschluss führen können, darf bezweifelt werden. So sind zum einen die bereits in der realen Welt gestellten Anforderungen kaum mehr zu unterbieten. Zum anderen ist zu berücksichtigen, dass gerade die häufig als Werktitel dienenden Domainnamen im Unterschied zu Werktiteln in der realen Welt keine zusätzlichen graphischen Elemente aufweisen, die über den farblosen Begriffsinhalt hinaus eine gewisse Unterscheidung ermöglichen. Das Argument der Bedeutsamkeit geringfügiger Abweichungen bei der Schreibweise im Internet kann allenfalls für die Frage der Verwechslungsgefahr eine Rolle spielen.

7. Erlöschen des Titelschutzes

Ebenso wie bei Unternehmenskennzeichen kann Titelschutz durch **Aufgabe des Gebrauchs** des Titels auch wieder erlöschen. Eine kurzfristige Unterbrechung schadet allerdings nicht. Welche Zeitspanne im Einzelfall noch toleriert wird, hängt, wie immer, von den Umständen des Einzelfalls ab[219]. Bei einigen Werktiteln ist überdies zu berücksichtigen, dass die Verwertung in unterschiedlichen Medien erfolgt und somit ein Ende des Titelschutzes erst nach Durchlauf aller Verwertungsstufen in Betracht kommt[220]. 133

IV. Namenschutz nach § 12 BGB im Internet

Der in § 12 BGB verankerte Namensschutz schützt den Namensträger gegen die Leugnung und Anmaßung seines Namens durch einen Dritten. Ebenso wie bei allen anderen Kennzeichen auch, besteht die Funktion des Namens in der Individualisierung einer Person oder eines Gegenstands. Der ursprünglich nur auf den bürgerlichen Namen natürlicher Personen ausgerichtete Schutzzweck des § 12 BGB hat in ständiger Rechtsprechung eine enorme Ausdehnung erfahren. So findet nach heute allgemeiner Ansicht der Namenschutz nach **§ 12 BGB auch im geschäftlichen Verkehr** Anwendung. Die Rechtsprechung folgt überdies einem sehr weiten Namenbegriff. Ebenso wie beim Unternehmenskennzeichen fallen darunter alle Bezeichnungen, denen Namenfunktion zukommen, insbesondere auch Pseudonyme und Spitznamen. Allerdings setzt der Schutz eines **Spitznamens bzw. Künstlernamens** voraus, dass der Name von der bezeichneten Person in Gebrauch genommen wurde. Als eine solche Ingebrauchnahme wertete das *OLG Hamburg*[221] die **Registrierung** einer entsprechenden **Internetdomain.** Unerheblich ist überdies, welche Rechtsnatur der Namensträger hat. So sind neben dem Namen einer natürlichen und juristischen Person auch Bezeichnungen nicht rechtsfähiger Vereine geschützt. Auch die Firma eines Einzelkaufmanns, selbst wenn diese nicht mit dem bürgerlichen Namen seines Inhabers korrespondiert (z.B. bei Unternehmensübertragung gemäß § 22 HGB) genießt Schutz nach § 12 BGB. 134

---

[219] Der Zeitraum von vier Jahren wurde vom *OLG Köln*, GRUR 1997, 63 – PC Welt – als zu lang angesehen.

[220] Die Absetzung eines Films in Kinos bedeutet noch nicht das Ende des Titelschutzes, da regelmäßig Verwertungen im Video-, Pay- und Free-TV-Bereich sich anschließen.

[221] *OLG Hamburg*, GRUR-RR 2001, 308, 310 – Quick Nick.

135 Im Lichte der „emergency"-Entscheidung des *OLG Hamburg*[222] ist umstritten[223], ob der Domainname selbst als eigenständiges namensartiges Kennzeichen i.S.v. § 12 BGB angesehen werden kann.

136 Ebenso wie alle anderen Kennzeichen auch, muss ein Name, um nach § 12 BGB Schutz beanspruchen zu können, **unterscheidungskräftig** sein. So hat der Nachname „Meyer" beispielsweise nur eine sehr geringe Unterscheidungskraft, die allerdings durch die Beifügung der Initialen des Vornamens erheblich gestärkt wird.

V. Geographische Herkunftsangaben im Internet

137 Ein weiteres Kennzeichenrecht ist die **geographische Herkunftsangabe**, die durch das neue Markenrecht ebenfalls im MarkenG, nämlich in den §§ 126ff. MarkenG verankert wurde. Obwohl die geographische Herkunftsangabe in §§ 1 und 2 MarkenG in einem Atemzug mit den anderen Kennzeichenrechten genannt wird, besteht doch ein entscheidender Unterschied zur Marke und den geschäftlichen Bezeichnungen. Die geographische Herkunftsangabe ist **kein Individualrecht.** Vielmehr handelt es sich um eine Ausprägung des allgemeinen wettbewerblichen Irreführungsschutzes. Konsequenterweise sieht der *BGH* nunmehr die Vorschrift des § 3 UWG, nach der früher irreführende geographische Herkunftsangaben beurteilt wurden, als subsidiär gegenüber den §§ 126f. MarkenG an. Die geographische Herkunftsangabe ist keinem Inhaber zugeordnet, sondern vermittelt dem Wirtschaftsteilnehmer eines Ortes bzw. einer Region mittelbaren Schutz, indem es den kollektiven Goodwill dieses Gebietes zum Schutzgegenstand macht. Die Berechtigung zur Nutzung einer geographischen Herkunftsangabe knüpft regelmäßig ausschließlich an tatsächliche Verhältnisse an. Allerdings bedarf der Schutz geographischer Angaben und Ursprungsbezeichnungen nach der VO Nr. 2081/92 der Gemeinschaft der Eintragung in ein von der Kommission geführtes Verzeichnis.

138 § 126 Abs. 1 MarkenG definiert geographische Herkunftsangaben als „Namen von Orten, Gegenden, Gebieten oder Ländern sowie sonstige Angaben oder Zeichen, die im geschäftlichen Verkehr zur Kennzeichnung der geographischen Herkunft von Waren oder Dienstleistungen benutzt werden." Bei der geographischen Herkunftsangabe kommt es nicht darauf an, ob sie adjektivisch, z.B. in „Lübecker Marzipan", substantivisch, z.B. in „*Orientteppich*" oder mit einer Präposition, z.B. „*Made in Germany*" benutzt wird. Unter den sonstigen Angaben oder Zeichen i.S.v. § 126 Abs. 1 MarkenG versteht man so genannte mittelbare Herkunftsangaben, d.h. Angaben, bei denen der Ortsbezug anders als durch Benutzung des geographischen Namens hergestellt wird. Dies können z.B. die Nationalfarben des jeweiligen Landes[224] oder auch eine bestimmte Flaschenform[225] sein. Neben der einfachen geographischen Herkunftsangabe gibt es die so genannte „qualifizierte geographische Herkunftsangabe", die zugleich eine Angabe über die Beschaffenheit oder besondere Qualität der Ware ist (z.B. Havanna-Zigarren).

---

[222] OLG Hamburg, CR 1999, 184.
[223] Vgl. § 6, Rdnr. 38.
[224] *BGH* GRUR 1981, 666 – Ungarische Salami.
[225] *BGH* GRUR 1971, 313 – Bocksbeutelflasche für Frankenweine.

Der **country code Top Level Domainname**[226] kann im Einzelfall, ähnlich wie die Nationalfarben eines Landes, als mittelbare Herkunftsangabe vom Verkehr angesehen werden. 139

B. Kennzeichenrechtliche Kollisionvorschriften und ihre Anwendbarkeit im Internetbereich

I. Allgemeines

Die Kollision zwischen Kennzeichenrechten und Domainnamen ist nicht nur in der Literatur umfangreich diskutiert worden, sondern ist inzwischen auch Gegenstand zahlreicher instanzgerichtlicher Entscheidungen gewesen[227]. Kennzeichenrechte werden aber regelmäßig auch durch die Benutzung von Zeichen außerhalb des URL verletzt. So kann es durch die Nutzung von Zeichen auf einer Website zu Verwechslungen mit prioritätsälteren Marken aber auch zu Beeinträchtigungen bekannter Marken kommen. Es stellt sich die Frage, ob bei der Prüfung der Verwechslungsgefahr internetspezifische Besonderheiten zu beachten sind, wie dies die Vertreter einer eingeschränkten Abstandslehre zumindest für Domainnamen fordern, oder ob im Internet die allgemeinen Grundsätze der Verwechslungsgefahr zur Anwendung kommen. Zudem muss der Frage nachgegangen werden, ob man durch das Anbringen von Hyperlinks und Frames auf der Website gegebenenfalls den Waren-/Dienstleistungsbereich erweitert, von dem bei der Prüfung der Verwechslungsgefahr auszugehen ist. Schließlich soll die bisherige Rechtsprechung zur Warenähnlichkeit im Internet und Computerbereich kurz erläutert werden. 140

In den §§ 9–15 MarkenG finden sich die wesentlichen Kollisionstatbestände für Marken und geschäftliche Bezeichnungen. Für den bürgerrechtlichen Namensschutz sind die Regelungen des § 12 BGB und für geographische Herkunftsangaben die Regelungen der §§ 126 ff. MarkenG maßgeblich. 141

Die in markenrechtlichen Kollisionsfällen einschlägigen §§ 9 Abs. 1 und 14 Abs. 2 MarkenG sind im Wesentlichen gleich lautend. Während § 9 Abs. 1 MarkenG im gerichtlichen Löschungsverfahren (§ 51 Abs. 1 MarkenG) und mit Ausnahme des § 9 Abs. 1 Nr. 3 MarkenG im Widerspruchsverfahren (§ 42 Abs. 2 Nr. 1 MarkenG) Anwendung findet, stellt § 14 Abs. 2 MarkenG die im Verletzungsverfahren anzuwendende Spezialnorm dar. § 9 Abs. 1 MarkenG bzw. § 14 Abs. 2 MarkenG enthalten drei Tatbestände. § 9 Abs. 1 Nr. 1 MarkenG regelt den Fall, dass sich identische Marken gegenüberstehen, die überdies für identische Waren/Dienstleistungen eingetragen sind. Es liegt auf der Hand, dass in einer solchen Konstellation ohne weitere Prüfung eine Kollision bejaht wird, also ein eindeutiger Löschungsgrund bzw. Verletzungsfall vorliegt. Praktisch haben § 9 Abs. 1 Nr. 1 bzw. § 14 Abs. 2 Nr. 1 MarkenG kaum Bedeutung. Die zentrale Kollisionsvorschrift ist § 9 Abs. 1 Nr. 2 bzw. § 14 Abs. 2 Nr. 2 MarkenG, die auf das Bestehen einer Verwechslungsgefahr abstellt. Der Begriff der **Verwechslungsgefahr** steht daher auch im Mittelpunkt der nachfolgenden Ausführungen. Ebenfalls von nicht unerheblicher praktischer Bedeutung ist § 9 Abs. 1 Nr. 3 bzw. § 14 Abs. 2 Nr. 3 MarkenG, der bekannte Marken auch bei Verneinung einer Verwechslungsgefahr 142

---

[226] § 6, Rdnr. 9.

[227] § 6, Rdnr. 51 ff.

gegen **Rufausbeutung** schützt. Für Unternehmenskennzeichen und Werktitel ist die entscheidende Kollisionsnorm § 15 Abs. 2 MarkenG, der tatbestandlich ebenfalls die Feststellung einer Verwechslungsgefahr voraussetzt. Ebenso wie Marken sind auch bekannte Unternehmenskennzeichen und Werktitel gegen Rufausbeutung gemäß § 15 Abs. 3 MarkenG geschützt. Hinsichtlich der übrigen, praktisch wenig relevanten Kollisionsnormen § 10 MarkenG für die notorisch bekannte Marke, §§ 11, 17 für die Agentenmarke und § 13 für sonstige ältere Rechte sei auf die einschlägigen Kommentierungen verwiesen. § 12 MarkenG ist die Norm, die Kollisionen einer eingetragenen Marke mit einer prioritätsälteren Benutzungsmarke bzw. geschäftlichen Bezeichnung regelt. Die Begründetheit des in § 12 MarkenG vorgesehenen Löschungsanspruchs richtet sich aber ebenfalls nach den materiellen Vorgaben der §§ 9, 14 und 15 MarkenG.

143 Im Kennzeichenrecht gilt der Grundsatz, dass für die Frage des **Vorrangs** bei Kollisionen von Kennzeichenrechten unterschiedlicher Inhaber der **Zeitrang maßgeblich** ist (= Prioritätsprinzip). Das prioritätsältere Recht, d.h. das Recht, das früher entstanden ist, setzt sich gegenüber dem prioritätsjüngeren Kennzeichen durch. Das Prioritätsprinzip ist fundamental für das Verständnis des Kennzeichenrechts. Es gilt sowohl im Widerspruchs-, Löschungs- und Verletzungsverfahren. In Ausnahmefällen wird das Prioritätsprinzip durch andere Grundsätze (z. B. Recht der Gleichnamigkeit, Verwirkung) überlagert. § 6 Abs. 1 MarkenG, der sich im ersten Halbsatz auf das Prioritätsprinzip bezieht, ohne es zu begründen, verweist für die Bestimmung des maßgeblichen Zeitrangs auf den § 6 Abs. 2 bis 4 MarkenG. § 6 Abs. 2 MarkenG besagt, dass bei eingetragenen Marken grundsätzlich[228] der **Anmeldetag** entscheidend ist, sollte der Inhaber keine Priorität (ausländische Anmeldung § 34 MarkenG oder Ausstellungspriorität § 35 MarkenG) in Anspruch nehmen können. Gemäß § 6 Abs. 3 MarkenG ist für Benutzungsmarken, notorisch bekannte Marken und geschäftliche Bezeichnungen der **Zeitpunkt der Entstehung** maßgeblich. Auf den Zeitpunkt der Entstehung und insbesondere die Möglichkeit durch Nutzung der Kennzeichen im Internet den Schutz gegebenenfalls vorzuverlagern, wurde bereits[229] eingegangen. § 6 Abs. 4 MarkenG bestimmt, dass Kennzeichen, die am selben Kalendertag entstehen, gleichrangig sind. § 6 Abs. 4 MarkenG gewinnt seine Bedeutung in Verbindung mit § 156 MarkenG, der bestimmt, dass für Marken, die bereits vor Inkrafttreten des MarkenG angemeldet wurden, aber nach der alten Rechtslage noch nicht eintragungsfähig waren (Buchstaben, 3D-Marken, etc.) als Anmeldetag der 1. 1. 1995 fingiert wird.

II. Markenrechtliche Verwechslungsgefahr im Internet

1. Allgemeines

144 Mit Hilfe des Begriffs der Verwechslungsgefahr wird der **sachliche Schutzumfang** von Kennzeichen beschrieben. Anhand der Verwechslungsgefahr werden also die Grenzen festgelegt, die jüngere Kennzeichen einzuhalten haben, um sich keinen Ansprüchen des Inhabers des prioritätsälteren Zeichens auszusetzen. Die Verwechslungs-

[228] Bei Mängeln der Anmeldung ist der Zeitpunkt der Mängelbeseitigung maßgeblich.
[229] Rdnr. 106.

gefahr ist nach allgemeiner Meinung[230] eine **Rechtsfrage,** in die aber neben normativen Gesichtspunkten auch tatsächliche Gesichtspunkte mit eingehen. Nur wer sich die normative Natur des Begriffs der Verwechslungsgefahr vor Augen hält, kann verstehen, warum beispielsweise bekannte Marken wie COCA COLA, MARS, MARLBORO etc. einen sehr weiten Schutzumfang besitzen, sich also auch gegen nur entfernt ähnliche, prioritätsjüngere Marken durchsetzen, obwohl gerade die große Bekanntheit faktisch dafür bürgt, dass es nicht zu tatsächlichen Verwechslungen kommt (z.B. MARLBORO würde vom Verkehr wohl kaum mit der Marke NARLBORO verwechselt werden). Grund für den weiten Schutzumfang ist also nicht vorrangig die Sorge vor tatsächlichen Verwechslungen, sondern die Anerkennung der Bekanntheit, die auf entsprechenden wettbewerblichen Leistungen (Marktanteil, hohe Werbeinvestitionen etc.) des Markeninhabers beruht, durch die Rechtsordnung.

Aus dem eben Ausgeführten und dem Begriff der Verwechslungsgefahr selbst **145** geht hervor, dass der Nachweis tatsächlich vorgekommener Verwechslungen zwar von indizieller Bedeutung[231] für die Bejahung einer Verwechslungsgefahr sein kann, nicht aber entscheidend ist. So wird beispielsweise auch im Widerspruchsverfahren die Verwechslungsgefahr der sich gegenüberstehenden Zeichen geprüft, obwohl es nur in den seltensten Fällen bereits zu einer Begegnung der sich gegenüberstehenden Zeichen im Verkehr gekommen sein wird. Im Rahmen des vorliegenden Werkes kann unmöglich das kaum mehr überschaubare Fallrecht zur Verwechslungsgefahr umfassend dargestellt werden. Es wird insoweit auf die einschlägigen Kommentierungen verwiesen. Andererseits kann eine praxisorientierte Darstellung des Kennzeichenrechts im Internet auch nicht ohne Eingehen auf die wesentlichen Grundsätze der Verwechslungsgefahr erfolgen.

Nach der Rechtsprechung des *EuGH*[232] und des *BGH*[233] sind für die Beurteilung **146** der Verwechslungsgefahr insbesondere drei Faktoren maßgeblich, die zueinander in **Wechselwirkung** stehen:

- Ähnlichkeit der zu vergleichenden Zeichen,
- Ähnlichkeit der jeweils beanspruchten Waren und Dienstleistungen,
- Kennzeichnungskraft der älteren Marke.

2. Zeichenähnlichkeit

a) Allgemeine Grundsätze

Die Zeichenähnlichkeit wird regelmäßig von **mehreren Ähnlichkeitsfaktoren** be- **147** stimmt, die in Abhängigkeit von den zu vergleichenden Zeichenformen variieren. Für den häufigsten Fall sich gegenüberstehender Wortmarken kommt es sowohl auf die schriftbildlichen, klanglichen als auch begrifflichen Übereinstimmungen an. Bei Bildmarken und 3D-Marken ist neben der Ähnlichkeit nach dem Sinngehalt vor allem die bildliche[234] bzw. förmliche Ähnlichkeit der Zeichen maßgeblich. Nach der Rechtsprechung[235] reicht regelmäßig die Bejahung der Ähnlichkeit in einer dieser

[230] *BGH* GRUR 1995, 216 (219) – Oxygenol; *Ingerl/Rohnke,* § 14, Rdnr. 164 m.w.N.
[231] Vgl. *BGH* GRUR 1992, 48, 52 – frei öl.
[232] *EuGH* GRUR 1998, 387, 389 – Sabèl/Puma; *EuGH* GRUR Int. 1999, 734 (736) – Lloyd.
[233] *BGH* GRUR 1998, 924 (925) – Salvent/Salventerol; BGH GRUR 1999, 735 (736) – MONOFLAM/POLYFLAM.
[234] *BGH* MarkenR 2000, 134 – ARD-1.
[235] *BGH* GRUR 1990, 367 (368) – Alpi/Alba Moda.

Richtungen für die Bejahung der Verwechslungsgefahr aus. Die unterschiedlichen Erscheinungsformen der Zeichenähnlichkeit können sich auch summieren und damit in der Gesamtschau zur Bejahung einer komplexen Verwechslungsgefahr[236] führen.

148 Die Rechtsprechung hat für die Beurteilung der Zeichenähnlichkeit zahlreiche Grundsätze und Erfahrungssätze aufgestellt. Eingehend gewarnt sei allerdings davor, diese Grundsätze und Erfahrungssätze schematisch anzuwenden. Im Einzelfall können sie nur als grobe Richtschnur dienen. Im Nachfolgenden sollen die wichtigsten Grundsätze und Erfahrungssätze kurz erörtert werden.

149 – Die Frage nach der Ähnlichkeit der Marken ist im Hinblick auf die **Verkehrskreise** zu beurteilen, an die sich die beanspruchten Waren und Dienstleistungen richten. So ist in der Rechtsprechung[237] anerkannt, dass Fachleute Kennzeichen mit größerer Aufmerksamkeit begegnen als breite Verkehrskreise. Ebenfalls werden nach der Rechtsprechung[238] die Marken hochwertiger Gebrauchsgüter genauer unter die Lupe genommen als die Marken von Waren des täglichen Bedarfs.

150 – Nach einem von der Rechtsprechung[239] immer wieder betonten Erfahrungssatz gewinnt der Verkehr, der die Zeichen regelmäßig nicht gleichzeitig wahrnimmt, nur einen **undeutlichen Erinnerungseindruck** dieser Zeichen. In diesem Erinnerungseindruck sollen die Übereinstimmungen dominieren.

151 – Es ist anerkannt[240], dass für die **klangliche Ähnlichkeit** insbesondere die **Vokal- und Silbenfolge** entscheidend ist. Ebenfalls wird immer wieder betont, dass Klangrotationen[241] als auch das Einfügen von Zwischensilben[242] häufig vom Verkehr unbeachtet bleiben und folglich eine Verwechslungsgefahr nicht ausschließen können. Beim **schriftbildlichen** Vergleich werden neben der Wortlänge, der Stellung derselben Buchstaben, der Groß- und Kleinschreibweise sogar die unterschiedlichen Über- und Oberlängen der verschiedenen Buchstaben berücksichtigt[243]. Eine **begriffliche Verwechslungsgefahr** wird in der Rechtsprechung[244] besonders dann bejaht, wenn neben dem gleichen Sinngehalt auch wörtliche Übereinstimmungen zu verzeichnen sind. Bei der begrifflichen Ähnlichkeit von Bildmarken ist zudem anerkannt[245], dass Darstellungen, die sich eng an ein bekanntes Motiv anlehnen, vom Verkehr leichter auseinandergehalten werden können.

152 – Schließlich ist anerkannt, dass auch **Verwechslungen zwischen unterschiedlichen Markenformen** möglich sind. So kann beispielsweise ein Bildzeichen durch eine dreidimensionale Wiedergabe verletzt werden[246]. Ebenso kann ein Bildzei-

236 Vgl. *BPatG* GRUR 1994, 291 (292) – Calimbo/CALYPSO.
237 *BGH* GRUR 1958, 604 (606) – Wella-Perla.
238 *BGH* GRUR 1999, 241 (243).
239 *BGH* GRUR 1999, 735 (736) – Monoflam/Polyflam.
240 *Althammer/Ströbele/Klaka*, § 9, Rdnr. 96.
241 Vgl. *BPatG* Mitt. 1988, 154 (155) – Gastropirenz/Pirenzgast.
242 *BPatGE* 4, 176 (178) – Preta/Prämeta.
243 Vgl. *Althammer/Ströbele/Klaka*, § 9, Rdnr. 106.
244 *BGH* Mitt. 1996, 196 – Jägerfürst/Jägermeister; *BPatG* Mitt. 1967, 103 – Starlight/Starlooks.
245 *BGH* GRUR 1996, 198 (200) – Springende Raubkatze.
246 *BGH* GRUR 1982, 111 (112) – Maraschino (Verletzung des Bildzeichens einer Flaschenabbildung durch eine Flasche).

chen durch die wörtliche Wiedergabe[247] bzw. umgekehrt ein Wortzeichen durch ein Bildzeichen[248] verletzt werden, wenn das jeweils jüngere Zeichen eine nahe liegende und erschöpfende Benennung bzw. Darstellung der älteren Marke ist.

b) Prägetheorie

Viele Marken weisen mehrere Elemente auf, wobei die unterschiedlichsten Kombinationen von Elementen (Wort-, Bild-, Farb-, Form-, Bewegungselemente) in der Praxis vorkommen. Zudem sind selbst reine Wortmarken häufig mehrgliedrig (z. B. ALKA-SELTZER, DIE GELBEN SEITEN etc.). Es stellt sich die Frage, nach welchen Regeln die Kollision solcher Marken beurteilt wird. Grundsätzlich ist von der Marke in ihrer **Gesamtheit**, bei Registermarken also in ihrer registrierten Form, auszugehen. Das Kennzeichenrecht gewährt **keinen Elementenschutz.** Die Bejahung einer Verwechslungsgefahr unter Berufung auf ein herausgelöstes Element der älteren mehrteiligen Marke, die dann ähnlich mit der jüngeren Marke ist, ist ebenso wenig erlaubt wie aus einer jüngeren Marke ein Element herauszugreifen und dessen Übereinstimmung mit der älteren Marke festzustellen. **Die Maßgeblichkeit des Gesamteindrucks,** die von der Rechtsprechung[249] immer wieder betont wird, bedeutet umgekehrt nicht, dass die sich gegenüberstehenden Zeichen auch immer in ihrer Gesamtheit tatsächlich zu vergleichen sind. Vielmehr kann ein Element den Gesamteindruck eines Kombinations- bzw. Mehrwortzeichens prägen und somit **allein kollisionsbegründend** sein. 153

Die **Prägung einer Marke** durch einen Bestandteil liegt nach der sich in den letzten Jahren zunehmend verschärfenden Rechtsprechungspraxis[250] des *BGH* nur dann vor, wenn dem entsprechenden Bestandteil im Gesamtzeichen eine so dominierende Bedeutung zukommt, dass die übrigen Bestandteile vernachlässigt werden können. In der neueren Rechtsprechung legt der *BGH*[251] größten Wert darauf, dass die Frage nach der Prägung einer Marke durch einen einzelnen Bestandteil unabhängig von der Gegenmarke zu erfolgen hat. 154

Bevor die prägende Bedeutung eines Zeichenbestandteils geprüft wird, muss logischerweise zunächst der Frage nachgegangen werden, ob der Verkehr überhaupt Anlass hat, sich nur an einem Bestandteil des Gesamtzeichens zu orientieren. Hierbei ist der in der Rechtsprechung[252] anerkannte Erfahrungssatz zu berücksichtigen, wonach der Verkehr dazu neigt, Kennzeichen in einer die Merkbarkeit und Aussprechbarkeit erleichternden Weise zu **verkürzen.** Eine Verkürzung ist z. B. bei Mehrwortmarken dann unwahrscheinlich, wenn es sich nur um eine kurze und prägnante Wortverbindung handelt[253]. Eine Verkürzung scheidet zudem regelmäßig aus, wenn es sich bei dem mehrgliedrigen Zeichen um einen **Gesamtbegriff** handelt. 155

---

247 *BPatG* GRUR 1997, 877 – Schlüsselbild.

248 *BGH* GRUR 1971, 251 – Oldtimer (das Wortzeichen Oldtimer wurde hier durch eine Oldtimer-Abbildung auf der Ware als verletzt angesehen).

249 *BGH* GRUR 1996, 777 (787) – Joy.

250 Während in der Sabèl-Entscheidung (*BGH* GRUR 1996, 198 (200)) noch eine Mitprägung als ausreichend erachtet wurde, verlangt der BGH nunmehr erneut eine alleinige Prägung durch den betreffenden Bestandteil (*BGH* GRUR 2000, 233, 234 – Rausch/Elfi Rauch).

251 *BGH* GRUR 2000, 233 (234) – Rausch/Elfi Rauch.

252 *BGH* GRUR 1999, 241 (244) – Lions.

253 Vgl. *BGH* GRUR 1995, 507 (508) – City-Hotel.

So verneinte beispielsweise das *BPatG*[254] mangels Verkürzung eine Verwechslungsgefahr zwischen der Mehrwortmarke BIENE MAJA (= Gesamtbegriff) und der Marke MAJAM.

156 Die prägende Bedeutung eines Bestandteils eines Gesamtzeichens liegt insbesondere dann auf der Hand, wenn die übrigen Bestandteile **rein beschreibender Natur** sind. So wird die Beispielsmarke ASTRA BERGMILCH, eingetragen für Milchprodukte, allein durch den phantasievollen Bestandteil ASTRA geprägt. Aber auch hier verbietet sich eine schematische Sichtweise. In Einzelfällen kann auch ein beschreibender Bestandteil den Gesamteindruck mitprägen, z. B. dann, wenn er sich mit dem übrigen Bestandteil zu einem Gesamtbegriff verbindet. Aus diesem Grund verneinte der BGH[255] eine Verwechslungsgefahr zwischen MEISTERBRAND, eingetragen für „Spirituosen“, und der Marke MEISTER, eingetragen für „Wein“, obwohl der Bestandteil BRAND in der Marke MEISTERBRAND rein beschreibend für Spirituosen ist. Ebenfalls häufig im Gesamteindruck vernachlässigt werden verbrauchte Begriffe, Motive oder sonstige Gestaltungsmittel, so dass den übrigen kennzeichnungskräftigen Bestandteilen der Gesamtmarke eine prägende Bedeutung zukommt.

157 Bei der Beurteilung der Verwechslungsgefahr von **dreidimensionalen Formgestaltungen** scheint der *BGH* ebenfalls der Prägetheorie[256] zu folgen. So bemängelte es der *BGH*[257] in der „MAG-LITE“-Entscheidung, dass das Berufungsgericht bei der Prüfung der Verwechslungsgefahr einfach die Gestaltungsmerkmale der sich gegenüberstehenden Taschenlampen miteinander verglich, ohne festzustellen, welche dieser Merkmale an der herkunftshinweisenden Wirkung teilhaben und welche Merkmale für die Bestimmung der Schutzwirkung unbeachtet bleiben müssen, da sie nach § 3 Abs. 2 MarkenG dem Schutz als Marke nicht zugänglich sind.

158 Als Fazit für die Praxis bleibt, dass im Lichte der Prägetheorie der Anmelder von mehrgliedrigen Wortkombinationsmarken, aber auch von Markenformen, die regelmäßig nur in Kombination mit anderen Markenbestandteilen zur Anwendung kommen, sich gewahr sein muss, dass sein **Markenschutz** sich häufig als **„stumpfes Schwert“** erweisen wird.

c) Besonderheiten bei der Beurteilung der Zeichenähnlichkeit im Internet

159 Grundsätzlich gelten im Internet die oben dargelegten allgemeinen Grundsätze. Es ist kein Grund[258] ersichtlich, warum die Verwendung von Marken auf Websites eine andere Beurteilung der Verwechslungsgefahr rechtfertigen sollte, als die Verwendung derselben Marke in der nicht-virtuellen Welt. Denn das Internet ist zunächst einmal **nur eine neue Projektionsfläche** für Kennzeichen. Niemand käme auf die Idee, eigene Verwechslungsmaßstäbe für Kennzeichenkollisionen im Fernsehen zu fordern.

160 Zumindest für Kollisionsfälle unter Beteiligung von Domainnamen soll allerdings nach einer überwiegenden Meinung im Schrifttum[259] etwas anderes gelten.

---

[254] *BPatG* Mitt. 1984, 154 – Biene Maja.
[255] *BGH* GRUR 1998, 932 – Meisterbrand.
[256] So auch *Kunz-Hallstein,* MarkenR 2000, 389.
[257] *BGH* MarkenR 2000, 178 – MAG-LITE.
[258] Vgl. *Hoeren/Sieber/Viefhues,* Teil 6, Rdnr. 241.
[259] Vgl. dazu *Ubber,* WRP 1997, 497 (505); *Biermann,* WRP 1999, 997 (1000); *Kur,* CR 1996, 590.

Argumentiert wird dabei mit der Begrenztheit der zur Verfügung stehenden gewünschten Zeichen (keine Koexistenz identischer Marken unter dem gleichen Top Level Domainnamen) und dem nicht möglichen Rückgriff auf weitere Unterscheidungsmerkmale wie Bilder, Farben, Schrifttypen, etc. Überdies seien sich die angesprochenen Verkehrskreise, die Internetnutzer, gewahr, dass jeder abweichende Buchstabe eine andere Adresse ergeben könne, was zu einer besonderen Aufmerksamkeit führe. Aus den genannten Gründen wird daher befürwortet, bei Kollisionsfällen unter Beteiligung von Domainnamen **höhere Anforderungen an die Verwechslungsgefahr** zu stellen. Manche[260] gehen sogar soweit, eine Verwechslungsgefahr nur bei Identität des Domainnamens mit dem Kennzeichen anzunehmen. Auch in der Rechtsprechung[261] hat diese Auffassung teilweise Zustimmung erfahren. Das *KG*[262] will nicht nur für die Frage der Zeichenähnlichkeit, sondern überdies für die Beurteilung der Waren- bzw. Dienstleistungsähnlichkeit strengere Maßstäbe bei der Beurteilung der Verwechslungsgefahr anlegen.

Diese Auffassung ist jedoch entschieden abzulehnen[263]. Gegen die Anwen- 161
dung anderer Grundsätze auf Kollisionsfälle unter Beteiligung von Domainnamen spricht unter anderem, dass die im Domainnamen enthaltenden Kennzeichen auch **außerhalb des Internets,** beispielsweise in der Werbung des Internetanbieters, intensiv benutzt werden können[264]. Die Gegenauffassung hätte unterschiedliche Beurteilungsmaßstäbe zur Folge, je nach der Art der Verwendung der Marke im Verkehr.

Auf die Zeichenähnlichkeit von **virtuellen Marken** finden die allgemeinen Grund- 162
sätze Anwendung. Gerade bei den angesprochenen komplexen visuell-akustischen Kombinationsmarken wird sorgfältig zu prüfen sein, welchen Bestandteilen eine herkunftshinweisende und somit den Schutzumfang bestimmende Bedeutung zukommt. Überdies wird sich auch hier, wie bei allen Kombinationsmarken, das Problem stellen, dass selbst bei starken Übereinstimmungen hinsichtlich der Bild- und Bewegungselemente Unterschiede im Wortelement die Verwechslungsgefahr im Gesamteindruck ausschließen können. Umgekehrt kann selbst bei einer Übereinstimmung im Wortbestandteil eine Verwechslungsgefahr ausscheiden, wenn die ältere Marke ihre Unterscheidungskraft aus der graphischen Gestaltung zieht[265]. Bei Bewegungsmarken ist besonders sorgfältig zu prüfen, ob ihre Verwendung nicht die Rechte Dritter an einer statischen Bildmarke verletzt. Wenn beispielsweise ein mit einem Drittzeichen ähnliches bzw. identisches Bildelement innerhalb einer Bildsequenz wegen seiner Herausstellung, klanglichen Untermalung oder seines rein zeitlichen Übergewichts die gesamte Bildsequenz prägt, kann eine Verletzung nach den Grundsätzen der Prägetheorie vorliegen.

---

260 *Biermann*, WRP 1999, 997 (1000).
261 Vgl. *OLG Frankfurt/Main*, Beschl. v. 13. 2. 1997 – 7 O 96/96; *OLG Rostock*, MMR 2001, 128 – mueritz-online.de.
262 *KG* GRUR-RR 2001, 180 (181).
263 Vgl. § 6, Rdnr. 74 ff.
264 So auch *ÖOHG* MMR 2002, 44 – pro-solution.at.
265 *OLG Wien* KuR 2002, 436 – kinder.at.

3. Waren/Dienstleistungsähnlichkeit

a) Allgemeine Grundsätze

163 Für die Beurteilung der Ähnlichkeit von Waren- und Dienstleistungen, die im Internet angeboten werden bzw. von Marken beansprucht werden, die Internetdienstleistungen zum Gegenstand haben, gelten die allgemeinen Grundsätze.

Gegenüber dem Gleichartigkeitsbegriff[266] des Warenzeichengesetzes ist der **Ähnlichkeitsbegriff** des MarkenG von einer großen **Flexibilität**[267] geprägt. Angesichts der vom *EuGH*[268] und *BGH*[269] betonten Wechselwirkung zwischen den einzelnen Faktoren der Verwechslungsgefahr kann bei identischen Zeichen und einer entsprechend erhöhten Kennzeichnungskraft der älteren Marke auch eine erhebliche Waren- bzw. Dienstleistungsferne noch zur Bejahung der Verwechslungsgefahr führen. Umgekehrt kann bei einem entsprechend geringen Grad der Kennzeichnungskraft bzw. der Markenähnlichkeit selbst eine große Nähe der Waren/Dienstleistungen im Einzelfall nicht ausreichen. Bei aller Bedeutung der Wechselwirkung ist allerdings zu betonen, dass es nach wie vor einen Bereich der absoluten Waren- bzw. Dienstleistungsunähnlichkeit gibt. Überdies kommt es bei der Beurteilung der Ähnlichkeit – entgegen der Gleichartigkeitspraxis im Warenzeichengesetz – weniger auf örtlich identische Herkunftsstätten an. Nach den Vorgaben des *EuGH*[270], die inzwischen vom *BGH*[271] bestätigt wurden, ist vielmehr entscheidend, ob der Verkehr zur Ansicht gelangt, dass die beiderseitigen Waren/Dienstleistungen unter der Kontrolle desselben Unternehmens hergestellt bzw. erbracht werden. Die in den Augen des Verkehrs bestehende gemeinsame **Produktverantwortung und -kontrolle** ist also heute für die Feststellung der Ähnlichkeit ausschlaggebend. Die neue Begrifflichkeit bedeutet umgekehrt aber nicht, dass die ältere Spruchpraxis zur Waren/Dienstleistungsgleichartigkeit völlig ihre Bedeutung verloren hätte. Die in *Richter/Stoppel* zitierte ältere Spruchpraxis spielt in der Entscheidungspraxis des Amtes weiterhin eine große Bedeutung. Das von *Richter/Stoppel* erstellte Kompendium ist ohnehin für den Praktiker unverzichtbar und sei jedermann, der sich intensiver mit Marken beschäftigt, empfohlen. Wenn vorliegend vor einer pauschalen Übernahme der alten Spruchpraxis gewarnt wird, geschieht dies nicht nur vor dem Hintergrund des neuen Ähnlichkeitsbegriffs, sondern insbesondere vor dem Hintergrund einer rasant fortschreitenden **technischen Entwicklung,** die viele Überschneidungen ehemals getrennter Waren/Dienstleistungsbereiche entstehen hat lassen. Zudem ist eine **Veränderung der Vertriebsstrukturen** und eine **starke Diversifikation** in zahlreichen Branchen bemerkbar. Anhand der Umstände jedes Einzelfalls ist im Lichte der von der Rechtsprechung anerkannten, nachfolgend aufgelisteten Kriterien zu beurteilen, ob die sich gegenüberstehenden Waren bzw. Dienstleistungen so enge Berührungspunkte aufweisen, dass bei Unterstellung identischer Marken sich für die beteiligten Verkehrskreise der Eindruck aufdrängen würde, dass die Waren/Dienstleistungen aus demselben bzw. wirtschaftlich miteinander verbundenen Unternehmen stam-

---

[266] Vgl. dazu auch *Ingerl/Rohnke,* § 14, Rdnr. 248.
[267] So *Althammer/Ströbele/Klaka,* § 9, Rdnr. 36.
[268] *EuGH* GRUR 1998, 387 (389) – Sabèl/Puma.
[269] *BGH* GRUR 1999, 735 – MONOFLAM/POLYFLAM.
[270] *EuGH* GRUR 1998, 922 (924) – CANON.
[271] *BGH* GRUR 1999, 164 (166) – JOHN LOBB.

men. Inwieweit aufklärende Hinweise geeignet sind, die Verwechslungsgefahr zu beseitigen, hängt nicht zuletzt davon ab, wo sich die Hinweise auf der Website befinden[272].

b) Die Website als Ware

Wie oben ausgeführt[273], kann es für die markenrechtliche Beurteilung keinen Unterschied machen, ob die Kennzeichen im Internet, sei es als Domainnamen oder auf der Website, oder in der nicht-virtuellen Welt benutzt werden. Die anfänglich in der Literatur und in einer Entscheidung des *LG Düsseldorf* vertretene Auffassung, dass es bei der Kollision von Kennzeichen im Internet nicht auf die von der Domain erfassten Waren/Dienstleistungen ankommt bzw. die Website selbst die Ware darstellt, wird inzwischen von den meisten Stimmen in der Literatur und der instanzgerichtlichen Rechtsprechung[274] abgelehnt. Die möglichen Fehlvorstellungen hinsichtlich des wahren Inhabers der Domain, die beim Internetnutzer bis zum Aufruf der Website im Einzelfall bestehen, sind hinzunehmen, zumal sie auch in der nicht-virtuellen Welt vorkommen, wenn mehrere Unternehmen unter dem gleich Firmenschlagwort, z. B. in einem Telefonbuch, aufgelistet sind. **164**

Das *OLG Düsseldorf*[275] hat hierzu überzeugend ausgeführt: **165**

„Ebenso ist der Schutzbereich von Marken – wiederum abgesehen von den Fällen der Bekanntheit – auf identische oder ähnliche Waren bzw. Dienstleistungen begrenzt. Ein – internetspezifischer – vollständiger Schutz ist demgegenüber nicht vorgesehen. Das Internet ist hier lediglich ein Mittel zur Präsentation von Waren bzw. Dienstleistungen, nicht die Ware bzw. die Dienstleistung selbst. Allein die Tatsache, dass sich ein Unternehmen eines bestimmten Vertriebsweges oder Werbemittels unter seinem Unternehmenskennzeichen bedient, schließt nicht aus, dass ein anderes – hinreichend branchenfernes – Unternehmen mit dem gleichen Unternehmenskennzeichen ebenfalls den Vertriebsweg oder das Werbemittel benutzt. Auch der Aufruf einer bestimmten Website, deren Domain mit einem Unternehmenskennzeichen identisch ist, führt noch nicht zu einer Verwechslung, weil der Internetbenutzer auf Grund der Vielzahl der nach dem Gesetz nebeneinander koexistierenden Unternehmenskennzeichen und Marken nicht davon ausgehen kann, er erreiche damit eine Website gerade des von ihm gesuchten Unternehmens. Auch internetspezifische Gründe sind für einen weitergehenden Schutz nicht ersichtlich ... Zwar konnten im Internet – anders als im sonstigen Verkehr – gleiche Unternehmenskennzeichen oder Marken hinsichtlich unterschiedlicher Branchen oder Waren/Dienstleistungen nicht derart koexistieren, dass sie als gleiche Domain beider Marken/Unternehmen zur Verfügung stehen, wenn nicht freiwillig Domainsharingverträge zustande kommen. Dies ist aber hinzunehmen. Zum einen ist es technisch möglich, anstelle gleicher Domainnamen auch nur geringfügig abweichende Domains zu nutzen, zum anderen kann ein Nutzer des Internets mit Hilfe von Suchmaschinen die von ihm genutzte Website auffinden."

---

272 *ÖOHG* MMR 2002, 40 – adnet.at.

273 Vgl. Rdnr. 161.

274 *OLG Frankfurt/Main,* CR 2000, 698 – alcon.de; *OLG München,* MarkenR 2000, 428 (429) – Teambus; *OLG Düsseldorf,* MarkenR 2001, 413 (414) – Claro; *OLG Köln,* WRP 2002, 251 – freelotto; *OLG Karlsruhe,* CR 2002, 60; *ÖOHG* MMR 2002, 40 – adnet.at; *OLG Hamburg,* MMR 2002, 682 – siehan.de; *KG* GRUR-RR 2001, 181 – checkin.com.

275 *OLG Düsseldorf,* MarkenR 2001, 413 (414).

c) Hyperlinks

166 Im Hinblick auf die im Internet weit verbreiteten Hyperlinks und Frames[276] muss geklärt werden, ob das auf der Referenzseite benutzte Kennzeichen, sei es in Form eines Domainnamens oder in sonstiger markenmäßiger Form auch für solche Waren/Dienstleistungen als benutzt angesehen werden muss, die auf durch Links bzw. Frames verbundenen Websites Dritter präsentiert bzw. angeboten werden.

Der Kennzeicheninhaber muss sich nur dann die auf Webseiten Dritter angebotenen Waren und Dienstleistungen zurechnen lassen, wenn beim Internetnutzer der Eindruck entsteht, er beziehe die Drittseiten in sein Angebot mit ein oder pflege zumindest geschäftliche Beziehungen zu dem Anbieter der Drittwaren bzw. Dienstleistungen (Verwechslungsgefahr im weiteren Sinne). Wann ein solches **„zu Eigen machen“** von Websites Dritter vorliegt, hängt immer von den Umständen des Einzelfalls ab. Hierbei ist die Art der Links bzw. Frames sowie das Erscheinungsbild der unter dem Domainnamen aufgerufenen Website von besonderer Bedeutung. Feststeht, dass ein einfacher Link sicherlich nicht ausreicht. So verneinte das *OLG Hamburg*[277] eine Branchennähe zwischen einem Versandhändler für Textilien und einem interaktiven Internetmagazin, obwohl letzteres einen Link auf die Website des Otto-Versands gelegt hatte. Eine Zurechnung wird hingegen regelmäßig bei der Verwendung so genannter **Inline-Links,** d.h. bei Links, die bereits beim Seitenaufbau der aufgerufenen Website mit aufgebaut werden, zu bejahen sein. Ähnlich verhält es sich, wenn der betreffende Link nicht die vollständige Internetadresse aufführt, sondern sich als in die Ausgestaltung der aufgerufenen Website **ein passender Icon** präsentiert. In einem solchen Fall wird der Verkehr häufig gar nicht bemerken, dass er beim Anklicken des Icons auf die Webseite eines Dritten gelangt. Den Veränderungen, die sich dabei im URL der Website abspielen, wird ein großer Teil des Verkehrs keine Aufmerksamkeit schenken. Aber selbst der Teil des Verkehrs, der die Veränderungen im URL wahrnimmt, wird bei entsprechender graphischer bzw. inhaltlicher Einfügung des Links in die aufgerufene Website zumindest auf geschäftliche Verbindungen zwischen den Inhabern der beiden Websites schließen. Auch so genannte **Deep-Links,** die die Referenzseite unter Umgehung der Homepage unmittelbar mit einer Unterseite der Website eines Dritten verbinden, können geschäftliche Verbindungen suggerieren. Im Einzelfall kann dies sogar bei einfachen Links der Fall sein. Eine große Gefahr für Domaininhaber stellen in diesem Fall auch so genannte **Frames** dar. Gerade bei Frames, die mit der aufgerufenen Website mit geladen werden, kann beim Verkehr schnell der Eindruck entstehen, dass der Inhalt der Frames vom Angebot der Website mit umfasst wird. Der Domaininhaber, der eine solche Zuordnung von Drittwaren/-dienstleistungen durch auf seiner Website angebrachte Links bzw. Frames befürchtet, kann durch entsprechende Gegenmaßnahmen (z.B. deutliche sprachliche Hinweise, Anbringung einer Zwischenseite) sicherstellen, dass der Verkehr keine Verbindungen zwischen den jeweiligen Websites herstellt.

d) Online-Vertrieb als mögliches Kriterium bei der Beurteilung der Waren- und Dienstleistungsähnlichkeit

167 Die schlichte Präsenz zweier Unternehmer im Internet unter einem identischen bzw. ähnlichen Zeichen kann eine nicht bestehende Waren-/Dienstleistungsähn-

[276] Vgl. zu den einzelnen Arten von Links und Frames Rdnr. 283.
[277] *OLG Hamburg,* MMR 2002, 682, 684.

lichkeit[278] nicht überbrücken. Ebenfalls wird umgekehrt eine bestehende Waren-/Dienstleistungsähnlichkeit regelmäßig nicht dadurch ausgeschlossen, dass die Waren/Dienstleistungen des einen Unternehmens ausschließlich online, während dieselben oder ähnliche Waren/Dienstleistungen des anderen Kennzeicheninhabers nur offline vertrieben werden. So ist zwar der **Vertriebsweg ein Kriterium zur Beurteilung der Waren-/Dienstleistungsähnlichkeit,** kann aber nur dann eine Differenzierung zwischen Waren/Dienstleistungen begründen, wenn der Vertriebsweg Rückschlüsse auf die Art der Waren/Dienstleistungen oder die von den Waren/Dienstleistungen angesprochenen Verkehrskreise zulässt.

Bei Waren wird dies grundsätzlich nicht der Fall sein. Ausnahmen mögen für ge- 168
wisse im Internet erbrachte Dienstleistungen (z.B. Veranstaltungen von Tauschbörsen, Online-Auktionen) gelten, die sich durch technisch bedingte **internetspezifische Eigenarten** und andere Betriebsstrukturen bei der Erbringung der Dienstleistungen auszeichnen, die sie von entsprechenden Offline-Aktivitäten unterscheiden und somit zumindest einen gewissen Abstand zwischen den entsprechenden Online- und Offline-Dienstleistungen begründen.

Angesichts der Entwicklung des Internets zum Massenmedium sind **kaum noch** 169
Unterschiede zwischen Offline- und Online-Verkehrskreisen festzustellen, so dass hieraus sich ebenfalls regelmäßig keine Unähnlichkeit im Hinblick auf das angebotene Waren- und Dienstleistungsangebot ergibt. Zwischen den Dienstleistungen beispielsweise eines Online-Versicherungsmaklers bzw. Online-Bankinstituts und den entsprechenden Dienstleistungen eines in der realen Welt tätigen Versicherungsmaklers bzw. Bankinstituts besteht somit Identität.

e) Überblick über die Rechtsprechung zur Ähnlichkeit von internetspezifischen Waren und Dienstleistungen

– Software

In Deutschland wird im Unterschied zu den Vereinigten Staaten bisher in 170
der Rechtsprechung kaum zwischen dem unterschiedlichen Verwendungszwecken der sich auf dem Markt befindlichen Software unterschieden. So wird beispielsweise Software zum Zwecke der Textverarbeitung und Software zum Energiemanagement regelmäßig als identisch bzw. hochgradig ähnlich angesehen, obwohl zwischen den beiden Arten der Software erhebliche Unterschiede bestehen. Eine baldige Berücksichtigung der enormen **Ausdifferenziertheit des** sich auf dem Markt befindlichen **Softwareangebots** durch die Rechtsprechung ist wünschenswert. Bis es hierzu allerdings zu einem eindeutigen Verdikt des *BGH* kommt, sollten die Anbieter von Software bei der Beurteilung der Warenähnlichkeit größte Sorgfalt walten lassen. Das gilt umso mehr, als nach der Rechtsprechung zudem eine Warenähnlichkeit zwischen **Software** einerseits und den nachfolgend aufgelisteten Waren besteht:
- Datenverarbeitungsgeräte,[279]
- Monitore,[280]
- Erstellen von Datenverarbeitungsprogrammen,[281]

---

[278] *OLG Düsseldorf,* MarkenR 2001, 413 (414) – Claro; *ÖOGH,* GRUR Int. 2001, 468.
[279] *BPatG* Beschl. v. 12. 2. 1997 – 29 W (pat) 184/95.
[280] *BPatG* Beschl. v. 31. 1. 1997 – 33 W (pat) 121/96 in *Richter/Stoppel*, S. 112.
[281] *BPatG* Beschl. v. 2. 8. 1993 – 30 W (pat) 412/91.

- Betrieb von Datenbanken,[282]
- EDV-Organisationsberatung,[283]
- Elektronische und elektrotechnische Bauteile,[284]
- Telefon-, Scheck-, Kredit-, Identifikationskarten,[285]
- Vermietung, Wartung und Installation von Computern,[286]
- Veranstaltung von Messen im EDV-Bereich.[287]

171 Nach diesseitiger Ansicht muss nach den herkömmlichen Kriterien zur Beurteilung der Waren-/Dienstleistungsähnlichkeit wohl auch eine Ähnlichkeit zu **typischen Internetdienstleistungen** wie **„Webdesign; Einstellen von Webseiten** im Internet für Dritte; **Bereitstellen, Zurverfügungstellen, Vermietung von Zugangsmöglichkeiten; E-Mail-Datendienste"** angenommen werden, da die meisten Internetservicedienstleister häufig auch Software in ihrer Produktpalette führen und somit gleiche betriebliche Herkunftsvorstellungen ausgelöst werden.

– *Erstellen von Software (Datenverarbeitungsprogramme)*

172 Der Ähnlichkeitsbereich der Dienstleistung „Erstellen von Software" wird ebenfalls sehr weit gesehen. So wurde eine Ähnlichkeit zu den folgenden Waren/Dienstleistungen von der Rechtsprechung des *BPatG* bejaht:
- Datenverarbeitungsgeräte,[288]
- Dienstleistungen eines Ingenieurs,[289]
- Installation und Montage von elektrotechnischen Erzeugnissen,[290]
- Programmmodule,[291]
- Telefon-, Scheck-, Kredit-, Identifikationskarten.[292]

4. Kennzeichnungskraft

173 Die Kennzeichnungskraft der älteren Marke stellt das dritte maßgebliche Kriterium zur Beurteilung der Verwechslungsgefahr dar. Auch bei der Bemessung der Kennzeichnungskraft einer Marke verbietet sich jede schematische Lösung. Eine Marke kann **von Haus aus** (z.B. wegen ihres beschreibenden Anklangs) ausgesprochen kennzeichnungsschwach sein, aber im Laufe der Zeit durch **umfangreiche Benutzung** eine erhebliche Kennzeichnungskraft erlangen. Umgekehrt kann eine von Haus aus phantasievolle, zumindest mit normaler Kennzeichnungskraft ausgestattete Marke durch zahlreiche benutzte ähnliche Drittzeichen ihre Kennzeichnungskraft einbüßen. Die Kennzeichnungskraft ist zudem immer für die betroffenen Waren/Dienstleistungen festzustellen, denn hier können innerhalb eines weiten Waren- und Dienstleistungsverzeichnisses erhebliche Unterschiede bestehen (z.B.

---

[282] *BPatG* Beschl. v. 12. 2. 1997 – 29 W (pat) 184/95 in *Richter/Stoppel*, S. 111.
[283] *BPatG* Beschl. v. 1. 3. 1996 – 30 W (pat) 295/94.
[284] *BPatG* Beschl. v. 4. 5. 1995 – 30 W (pat) 315/94.
[285] *BPatG* Beschl. v. 24. 4. 1996 – 29 W (pat) 77/94 in *Richter/Stoppel*, S. 112.
[286] *BPatG* Beschl. v. 6. 6. 1987 – 29 W (pat) 193/86 in *Richter/Stoppel*, S. 112.
[287] *BPatG* Beschl. v. 24. 4. 1996 – 29 W (pat) 77/94 in *Richter/Stoppel*, S. 380.
[288] *BPatG* Beschl. v. 14. 8. 1998 – 30 W (pat) 66/96 in *Richter/Stoppel*, S. 374.
[289] *BPatG* Beschl. v. 6. 9. 1995 – 29 W (pat) 196/93 in *Richter/Stoppel*, S. 374.
[290] *BPatG* CR 1998, 4.
[291] *BPatG* Beschl. v. 27. 10. 1997 – 30 W (pat) 7/94 in *Richter/Stoppel*, S. 374.
[292] *BPatG* Beschl. v. 26. 8. 1997 – 30 W (pat) 303/96 in *Richter/Stoppel*, S. 374.

ADIDAS: überragende Kennzeichnungskraft wegen Verkehrbekanntheit hinsichtlich „Sportbekleidung", weniger stark für „Kosmetika"). So ist beispielsweise **in der Praxis** genau zu prüfen, ob die von der Gegenseite geltend gemachte erhöhte Kennzeichnungskraft der Marke auch tatsächlich den Waren im Ähnlichkeitsbereich zukommt. Zudem muss je nach Bildung des Gesamtzeichens die erhöhte Kennzeichnungskraft eines Markenbestandteils nicht unbedingt der Gesamtmarke zugute kommen.

In der Praxis wird man häufig mit dem Argument konfrontiert, dass die **Kennzeichnungskraft** der eigenen Marke durch zahlreiche Drittmarken **geschwächt sei.** Zu diesem Zwecke werden dann umfangreiche Datenbankauszüge mit Drittmarken vorgelegt. Bei dem Einfluss von Drittmarken auf die Kennzeichnungskraft ist nach der Rechtsprechung zu differenzieren, ob die Drittmarken auch tatsächlich benutzt werden oder nur im Register eingetragen sind. 174

– Benutzte Drittzeichen

Die Schwächung der Kennzeichnungskraft durch benutzte Drittmarken findet ihre Wurzel in der so genannten **Abstandslehre,** nach der der Schutzbereich einer Marke gegenüber einem Kollisionszeichen nicht über den Abstand hinausreichen darf, den die Marke selbst von Drittmarken gewählt hat[293]. Die Abstandslehre darf nach inzwischen allgemeiner Meinung nicht in dem streng formalen Sinne verstanden werden, dass bereits eine Drittmarke, die dem Vergleichszeichen nahe kommt, die Kennzeichnungskraft der Klage- bzw. Widerspruchsmarke erheblich schwächt. Vielmehr geht man heute davon aus, dass regelmäßig erst mehrere benutzte Drittzeichen, die der Klage- bzw. Widerspruchsmarke ähnlich nahe kommen wie der prioritätsjüngeren Marke und zudem auch für dieselben oder zumindest eng benachbarte Waren/Dienstleistungsbereiche[294] benutzt werden, zu einer Schwächung der Kennzeichnungskraft führen. Im Unterschied zur Abstandslehre wird heute ein eher im Tatsächlichen liegendes Argument zur Begründung des Schwächungseinwands bemüht[295]. So werde der Verkehr durch das Nebeneinander mehrerer ähnlicher benutzter Zeichen dazu genötigt, auf geringfügige Unterschiede zu achten, so dass bereits geringfügige Unterschiede die Verwechslungsgefahr ausschließen könnten. 175

– Formale Registerrechte

Der *BGH*[296] hat nunmehr auch in Bezug auf das neue Markenrecht seine Rechtsauffassung bestätigt, wonach auch formalen Registerrechten Bedeutung hinsichtlich der **originären Kennzeichnungskraft** einer Marke zukommt. Eine Reihe ähnlicher Marken, wobei es auf den Zeitrang der Marken nicht ankommt, ist ein Indiz dafür, dass es sich um eine **verbrauchte** Marke von nur geringer Originalität handelt. Allerdings hat der *BGH*[297] erst kürzlich deutlich gemacht, dass ein originärer Originalitätsmangel nur im Falle einer **größeren Anzahl ähnlicher Drittzeichen** (vier als nicht als ausreichend erachtet) unterstellt werden kann. 176

[293] *BGH* GRUR 1952, 419 (420) – Gumax/Gumasal.
[294] *BGH* GRUR 1967, 253 (254) – CONNY.
[295] *BGH* GRUR 1967, 246 (249 ff.) – Vitapur.
[296] *BGH* GRUR 1999, 241 (242) – Lions.
[297] *BGH* GRUR 1999, 241 (243) – Lions.

5. Ausnutzung und Beeinträchtigung bekannter Marken

a) Allgemeines

177 Der Schutz bekannter internationaler Marken wird in Zukunft weiter an Bedeutung gewinnen. Für die Unternehmen bietet eine einheitliche, grenzüberschreitende Markenstrategie die Möglichkeit, erhebliche Kostenvorteile zu erzielen. Angesichts der fortschreitenden Globalisierung und der damit einher gehenden Auflösung der nationalen Waren- und Dienstleistungsmärkte wird das Bedürfnis der Konsumenten nach Orientierung im Hinblick auf ein kaum mehr zu überblickendes Waren- und Dienstleistungsangebot zunehmen. Bekannte Marken stellen solche Orientierungspunkte dar. Gerade für die im Internet tätigen Wirtschaftsakteure ist die Versuchung groß, durch die Herstellung von Bezügen, sei es auf ihrer Website selbst, sei es durch die Wahl der Internetadresse oder sei es durch die Verwendung von entsprechenden Metatags und Keywords, die Ausstrahlung bekannter Marken für eigene Zwecke zu instrumentalisieren. Wegen der vielfältigen Ausbeutungs- und Beeinträchtigungsmöglichkeiten bekannter Marken im Internet werden die Inhaber bekannter Marken sich in Zukunft noch stärker genötigt sehen, diese wertvollen Schutzrechte effektiv auch im Internet zu verteidigen.

178 § 14 Abs. 3 MarkenG sieht nunmehr im Unterschied zum WZG einen markenrechtlichen Schutz der bekannten Marke auch außerhalb des Anwendungsbereichs der Verwechslungsgefahr vor. Der erweiterte Schutz der bekannten Marke stellt einen Fall des wettbewerblichen Leistungsschutzes dar. Schutzobjekte sind nach dem Gesetzeswortlaut die „Unterscheidungskraft“ und „Wertschätzung“ einer bekannten Marke. Die amtliche Begründung[298] spricht insoweit von dem in einer bekannten Marke verkörperten „Goodwill“, den sich der Inhaber durch besondere Anstrengungen im Wettbewerb (z.B. hohen Werbeinvestitionen, hohe Qualität der Erzeugnisse) erarbeitet hat und der einen erheblichen wirtschaftlichen Wert besitzt. Der erweiterte Schutz bekannter Marken geht auf die Optionsregelung der Art. 4 Abs. 4 lit. A und Art. 5 Abs. 2 der europäischen Markenrichtlinie zurück und unterliegt somit ebenfalls der Auslegungskompetenz des *EuGH*. Die bisherige deutsche Rechtsprechung hatte einen über die Verwechslungsgefahr hinaus reichenden Schutz bekannter Marken auf zwei Arten gewährt. So genossen bekannte Marken über § 1 UWG Schutz gegen Rufausbeutung bzw. Rufbeeinträchtigung, während berühmten Marken, also Marken mit einer überragenden Verkehrsgeltung, zudem Schutz vor einer Verwässerung eingeräumt wurde. Die Drittbenutzung wurde hierbei als ein Eingriff in den ausgeübten und eingerichteten Gewerbebetrieb gemäß §§ 823, 1004 BGB angesehen. Es ist in der Literatur nicht unumstritten, welche Bedeutung der bisherigen Rechtsprechung für die Auslegung des neuen markenrechtlichen Schutztatbestandes beizumessen ist. Überwiegend wird in der Literatur[299] und in der instanzgerichtlichen Rechtsprechung[300] befürwortet, den neuen Tatbestand in Übereinstimmung mit der bisherigen deutschen Rechtsprechung auszulegen, während andererseits zu Recht – nicht zuletzt wegen seines gemeinschaftsrechtlichen Ursprungs und dem Gebot der richtlinienkonformen Auslegung – die Eigenständig-

---

[298] Regierungsbegründung zum Markenrechtsreformgesetz, Bl. f. PMZ 1994 – Sonderheft, S. 66.

[299] *Stark*, WRP 1996, 269 (273); *Piper*, GRUR 1996, 430.

[300] *OLG Düsseldorf*, WRP 1997, 588 (590) – McPaint; *OLG München*, GRUR 1996, 63 (65) – MAC Fash.

keit des neuen Tatbestands hervorgehoben wird[301]. In der Praxis wird man, solange noch keine europäischen Vorgaben aus Luxemburg bestehen, gar nicht umhin kommen, die bisherige deutsche Rechtsprechung zu berücksichtigen.

Die Tatbestandsvoraussetzungen des § 9 Abs. 1 Nr. 3 bzw. 14 Abs. 2 Nr. 3 MarkenG sind: 179

- die Benutzung eines mit der bekannten Marke identischen oder ähnlichen Zeichens,
- für Waren oder Dienstleistungen, die nicht ähnlich sind mit denen, für die die bekannte Marke Schutz genießt,
- was zur Ausnutzung/Beeinträchtigung der Unterscheidungskraft oder der Wertschätzung der bekannten Marke führt.

b) Bekannte Marke

Konstitutives Tatbestandsmerkmal der §§ 9 Abs. 1 Nr. 3, 14 Abs. 2 Nr. 3 MarkenG ist der Begriff der bekannten Marke, der durch das Gesetz nicht näher definiert ist. Der *EuGH*[302] hat in seiner ersten Entscheidung zur bekannten Marke **keinen festen Prozentsatz** genannt, bei dem von einer bekannten Marke auszugehen ist. Nach Ansicht des *EuGH* liegt eine bekannte Marke dann vor, wenn die Marke „einem bedeutenden Teil der angesprochenen Verkehrskreise bekannt ist." Bei der Feststellung der Bekanntheit sollen laut dem *EuGH*[303] Kriterien wie Marktanteil der Marke, die Intensität, die geographische Ausdehnung und die Dauer der Benutzung sowie der Umfang der hinsichtlich der Marke gemachten Investitionen herangezogen werden. Der *BGH*[304] ist dieser Vorgabe des *EuGH* in einer kürzlich ergangenen Entscheidung gefolgt. Das Berufungsgericht hatte unter Hinweis auf die alte Rechtsprechung des *BGH*[305] zur Rufausbeutung gemäß § 1 UWG eine Bekanntheit der Marke verneint, da vorliegend nach dem Ergebnis des Meinungsforschungsgutachtens eine Bekanntheit von höchstens 13% festzustellen war. Da Feststellungen zu denen vom *EuGH* als relevant angesehenen Kriterien fehlten, wurde der Rechtsstreit an das Berufungsgericht zurückverwiesen. Der *BGH*[306] hatte in seiner früheren Rechtsprechung zur Rufausbeutung überdies deutlich gemacht, dass neben dem Bekanntheitsgrad bei den angesprochenen Verkehrskreisen auch **qualitative Kriterien** zu berücksichtigen sind. So stellte der *BGH* insbesondere auf die Art der unter Kennzeichnung vertriebenen Waren, deren Qualität und Ansehen und die Eigenart der Kennzeichnung ab. Ob auch unter dem Einfluss der europäischen Rechtsprechung qualitative Kriterien im Sinne eines „guten Rufs" erfüllt sein müssen, bleibt abzuwarten. *Ingerl/Rohnke*[307] weisen darauf hin, dass die Wertschätzung nach dem Gesetzeswortlaut keine zwingende Voraussetzung des erweiterten Schutzes bekannter Marken ist und daher nicht mit dem Tatbestandsmerkmal der Bekanntheit verquickt werden sollte. 180

---

301 *Ingerl/Rohnke,* § 14, Rdnr. 464; so wohl auch *Althammer/Ströbele/Klaka,* § 14, Rdnr. 54.

302 *EuGH* MarkenR 1999, 388 (390) – Chevy.

303 *EuGH* MarkenR 1999, 388 (390) – Chevy.

304 *BGH* MarkenR 2002, 23 – Fabergé.

305 Während in der Dimple-Entscheidung (*BGH* GRUR 1985, 550) ein Bekanntheitsgrad von 33% genügte, reichte in der Salomon-Entscheidung (*BGH* GRUR 1991, 465) ein Bekanntheitsgrad von 30% nicht aus.

306 *BGH* GRUR 1985, 550 (552) – Dimple.

307 *Ingerl/Rohnke,* § 14, Rdnr. 479.

c) Ausnutzung oder Beeinträchtigung der Unterscheidungskraft bzw. des guten Rufs

181 Die Benutzung der bekannten Marke muss entweder zu einer unlauteren Ausnutzung oder Beeinträchtigung der Unterscheidungskraft bzw. des guten Rufs der bekannten Marke führen. Es handelt sich also um vier Eingriffstatbestände, die sich in der Praxis allerdings häufig überschneiden werden. In Anlehnung an die Termini der bisherige Rechtsprechung kann man[308] von einer Aufmerksamkeitsausbeutung (Ausnutzung der Unterscheidungskraft), Rufausbeutung (Ausnutzung des guten Rufs), Verwässerung (Beeinträchtigung der Unterscheidungskraft) und Rufschädigung (Beeinträchtigung des guten Rufs) sprechen. Hinsichtlich der wenig gesicherten Auslegung der einzelnen Eingriffstatbestände wird auf die einschlägige Kommentierung verwiesen. Das *OLG Hamburg*[309] hat die Verwendung einer bekannten Marke innerhalb einer Internetdomain dann als Verstoß gegen § 14 Abs. 2 Nr. 3 MarkenG gewertet, wenn deren Unterscheidungs- und Anziehungskraft als Aufmerksamkeitswerbung genutzt werde.

d) Fallgruppen zu § 1 UWG und deren Subsumtion unter den erweiterten Schutz der bekannten Marke i.S.v. § 14, Abs. 2 Nr. 3 MarkenG

182 Die beste Art für den Praktiker, sich dem möglichen Anwendungsbereich der §§ 9 Abs. 1 Nr. 3, 14 Abs. 2 Nr. 3 MarkenG zu nähern, ist es, die **vier Fallgruppen** kurz zu betrachten, die der *BGH* vor Inkrafttreten des neuen Markengesetzes noch unter wettbewerbsrechtlichen Gesichtspunkten beurteilte:

– Bekanntheitsschutz außerhalb des Ähnlichkeitsbereichs

183 Die wichtigste Fallgruppe betrifft Sachverhaltsgestaltungen **fehlender Warenähnlichkeit.** In dem wohl bekanntesten Fall[310] nutzte ein Hersteller von Herrenkosmetik die für Whisky bekannte Marke DIMPLE aus. Der *BGH* sah darin eine unlautere Rufausbeutung unter dem Gesichtspunkt des § 1 UWG.

– Bekanntheitsschutz ohne markenmäßige Benutzung

184 In der zweiten Fallgruppe wird das mit der bekannten Marke identische oder ähnliche Zeichen auf eine Art oder Weise benutzt, die **keine kennzeichenmäßige Benutzung** nach der Rechtsprechung[311] darstellt. Leitentscheidung dieser Fallgruppe ist die „Rolls-Royce“-Entscheidung[312], in der die Abkürzung RR sowie die Kühlerpartei des Rolls-Royce-Automobils in der Werbung für den Whisky JIM BEAM verwendet wurde. Zu dieser Fallgruppe gehört nach diesseitiger Einschätzung auch die Fallkonstellation, in der eine bekannte Marke als Produkt selbst (z.B. Mercedesstern als Schlüsselanhänger) oder als schmückender Aufdruck (z.B. die POKEMON-Figur PIKACHU auf einem T-Shirt) verwendet wird.

– Bekanntheitsschutz gegen Verunglimpfungen

185 Bei dieser Fallgruppe werden bekannte Marken entweder durch Verwendung im Zusammenhang mit „unpassenden Waren“ (z.B. MARS für Kondome[313]) oder

---

[308] *Ingerl/Rohnke,* § 14, Rdnr. 493.

[309] *OLG Hamburg,* MMR 2001, 196 – derrick.de; vgl. auch Nichtannahmebeschluss des BGH v. 9. 11. 2000 (I 2 R 23/00) zu zwilling.de.

[310] *BGH* GRUR 1985, 550 – Dimple.

[311] Vgl. Rdnr. 219 m. w. N.

[312] *BGHZ* 86, 90 – Rolls-Royce.

[313] *BGH* GRUR 1994, 808 – Mars.

durch erkennbare Abweichungen (z.B. LUFTHANSA – LUSTHANSA) verballhornt. Bei dieser Fallgruppe kann es sowohl an der für die Verwechslungsgefahr erforderlichen Warennähe als auch an der kennzeichenmäßigen Benutzung fehlen.

– *Bekanntheitsschutz ohne Ähnlichkeit der Marken*

Bei dieser Fallgruppe scheitert die Verwechslungsgefahr nicht an der Waren- bzw. Dienstleistungsähnlichkeit, sondern an der mangelnden Markenähnlichkeit. In dem bekannten „Kräutermeister"-Fall[314] nutzte ein Dritter in Anlehnung an die Marke JÄGERMEISTER die Bezeichnung KRÄUTERMEISTER ebenfalls für Kräuterlikör. In dem SL-Fall[315] wurde von Fiat die bekannte Marke SL von Mercedes Benz in der Bezeichnung UNO 70 SL integriert. Im Lichte der oben erörterten Prägetheorie konnte angesichts des kennzeichnungsstarken weiteren Bestandteils UNO nicht von einer Prägung der Gesamtmarke durch den Bestandteil SL ausgegangen werden. Mangels Zeichenähnlichkeit musste also eine Verwechslungsgefahr verneint werden. Der *BGH* sah allerdings in der Benutzung des Zeichens SL eine unzulässige Rufausbeutung gemäß § 1 UWG. 186

In der „MAC DOG"-Entscheidung hat der *BGH*[316] klar gestellt, dass für Sachverhalte, die in den Anwendungsbereich des § 14 Abs. 2 Nr. 3 MarkenG fallen, **§ 1 UWG nicht mehr zur Anwendung kommt.** Nach diesseitiger Ansicht kann ein großer Teil der geschilderten Sachverhaltskonstellationen nunmehr unter § 14 Abs. 2 Nr. 3 MarkenG subsumiert werden. Für die erste Fallgruppe des Bekanntheitsschutzes außerhalb des Warenähnlichkeitsbereichs ergibt sich dies unmittelbar aus dem Wortlaut. Soweit es in Bezug auf die Sachverhaltskonstellationen der Fallgruppe 2 und 3 an der markenmäßigen Benutzung fehlt, hängt die Subsumtion dieser Fallgruppen unter § 14 Abs. 2 Nr. 3 MarkenG davon ab, wie man die Benutzungshandlung in § 14 Abs. 2 Nr. 3 MarkenG interpretiert. Wenn man im Einklang mit der neuesten höchstrichterlichen Rechtsprechung eine markenmäßige Benutzung[317] für erforderlich hält, wird man bezüglich dieser Sachverhaltskonstellationen weiterhin auf das Gesetz gegen den unlauteren Wettbewerb zurückgreifen müssen. Denn Art. 5 Abs. 5 der Markenrechtsrichtlinie stellt eindeutig klar, dass der harmonisierte Markenschutz solche nationalen Schutzvorschriften unberührt lässt, die anderen Zwecken als der Unterscheidung von Waren oder Dienstleistungen dienen. Wenn man dagegen eine markenmäßige Benutzung nicht für die Anwendung des § 14 Abs. 2 Nr. 3 MarkenG erforderlich hält oder zumindest, wie in der BMW-Entscheidung[318] des *EuGH*, dieses Merkmal sehr großzügig interpretiert, werden diese Sachverhaltskonstellationen nunmehr durch § 14 Abs. 2 Nr. 3 MarkenG erfasst[319]. 187

Die zukünftige rechtliche Behandlung der vierten Fallgruppe muß im Lichte der „Davidoff"-Entscheidung des *EuGH*[320] gesehen werden. In dem zugrundeliegenden Sachverhalt wendete sich der Inhaber der Marke DAVIDOFF, die unter anderem für Zigaretten geschützt ist, gegen die Verwendung der Marke D DURFI in einem 188

---

314 *BGH* GRUR 1981, 142 – Kräutermeister.
315 *BGH* GRUR 1991, 609 – SL.
316 *BGH* GRUR 1999, 161 – MAC Dog; bestätigt durch *BGH* Urt. v. 12. 7. 2001 – I ZR 100/99.
317 Vgl. Rdnr. 222.
318 *EuGH* MarkenR 1999, 88 (87) – BMW.
319 So auch *Althammer/Ströbele/Klaka*, § 14, Rdnr. 68.
320 *EuGH* MarkenR 2003, 61 – Davidoff.

Schriftbild, das wegen Übernahme der markanten Schrift an das Schriftbild von DAVIDOFF erinnert. Obwohl die Vorlagefrage des *BGH* scheinbar nur darauf abstellte, ob § 14 Abs. 2 Nr. 3 MarkenG auch bei ähnlichen bzw. identischen Waren Anwendung findet, ging es letztlich darum, ob eine Annäherung an eine bekannte Marke den Tatbestand der §§ 9 Abs. 1 Nr. 3, 14 Abs. 2 Nr. 3 MarkenG auch dann erfüllt, wenn eine Markenähnlichkeit nach den anerkannten Rechtsprechungsgrundsätzen nicht vorliegt. Der *EuGH* hat die Vorlagefrage des *BGH* entgegen dem eindeutigen Gesetzeswortlaut der Richtlinie bejaht, was letztendlich eine Teilharmonisierung des divergierenden Unlauterkeitsrechts innerhalb der Europäischen Union zur Folge haben wird. Zugleich bewirkt die Anwendung der §§ 9 Abs. 1 Nr. 3, 14 Abs. 2 Nr. 3 MarkenG im Ähnlichkeitsbereich, dass die Grenzen des Abstands, die Drittmarken zu einer bekannten Marke einzuhalten haben, verwischt werden und der ohnehin sehr weite Schutz der bekannten Marke noch weiter ausgedehnt werden würde.

III. Firmenrechtliche Verwechslungsgefahr im Internet

1. Allgemeines

189 Zur firmenrechtlichen Verwechslungsgefahr im Internet kann weitgehend auf die Ausführungen zur markenrechtlichen Verwechslungsgefahr im Internet verwiesen werden. In Bezug auf die Zeichenähnlichkeit gilt auch hier, dass bei Kollisionsfällen unter Beteiligung von Domainnamen keine Besonderheiten gelten. Zudem muss die mit der Waren-/Dienstleistungsähnlichkeit korrelierende Branchennähe für die Bejahung der Verwechslungsgefahr nach der Rechtsprechung[321] vorliegen. Das schließt das Bestehen einer Verwechslungsgefahr aus, wenn noch keine Website eingerichtet ist[322]. Auch für das Firmenrecht gilt, dass ebenso wenig wie alleinig das beidseitige Auftreten im Internet eine Branchennähe begründen kann, man auch nicht zur Feststellung einer Branchenunähnlichkeit ausschließlich wegen Unterschieden im Auftreten gegenüber dem Publikum (Online anstatt Offline) kommen wird.

190 Für alle geschäftlichen Bezeichnungen, also insbesondere Unternehmenskennzeichen und Titel, ist die entscheidende Kollisionsnorm § 15 Abs. 2 MarkenG, welche § 16 UWG a. F. abgelöst hat. Danach ist es Dritten untersagt, die geschäftliche Bezeichnung oder ein ähnliches Zeichen im geschäftlichen Verkehr unbefugt in einer Weise zu benutzen, die geeignet ist, Verwechslungen mit der geschützten Bezeichnung hervorzurufen. Ebenso wie im Markenrecht kann es im Anwendungsbereich des § 15 MarkenG zu unmittelbaren Verwechslungen, mittelbaren Verwechslungen und so genannten Verwechslungen im weiteren Sinne kommen. Insbesondere die **Verwechslungsgefahr im weiteren Sinne** spielt in der Praxis eine nicht unerhebliche Rolle. Sie liegt bereits vor, wenn zwar der Verkehr grundsätzlich in der Lage ist, die geschäftlichen Bezeichnungen auseinanderzuhalten, jedoch wegen sachlicher Berührungspunkte zu der Annahme gelangt, dass zwischen den bezeichneten Unternehmen vertragliche, organisatorische oder sonstige wirtschaftliche Zusammenhänge

---

321 *OLG Hamburg,* CR 2001, 552 (553) – buecher1001.de; *OLG Frankfurt/Main,* CR 2000, 698 (699) – alcon.de; *OLG München,* MarkenR 2000, 428 (429) – Teambus.

322 *ÖOHG* MMR 2002, 38 – dullinger.at.

bestehen. Die Anerkennung der Verwechslungsgefahr im weiteren Sinne durch die Rechtsprechung führt zu einer erheblichen Ausweitung des Schutzumfanges von Unternehmenskennzeichen. **In der Praxis** ist also bei der Prüfung von **Kollisionslagen** unbedingt darauf zu achten, dass auch eine Verwechslungsgefahr im weiteren Sinne angesichts der sehr weitgehenden Rechtsprechung ausgeschlossen werden kann. So kommt es nicht selten vor, dass ein markenrechtlicher Anspruch in Bezug auf eine gleich lautende Marke mangels Warenähnlichkeit verneint wird, gleichwohl der firmenrechtliche Anspruch wegen Verwechslungsgefahr im weiteren Sinne bejaht wird. Vor der Aufnahme der Benutzung des Firmennamens sollte daher unbedingt neben einer Ähnlichkeitsrecherche im Markenbereich eine entsprechende Recherche im Firmenbereich durchgeführt werden.

Ebenso wie die §§ 9 Abs. 1 Nr. 3 MarkenG gewährt auch § 15 Abs. 3 MarkenG für bekannte geschäftliche Bezeichnungen einen erweiterten Schutz gegen unlautere Ausnutzung oder Beeinträchtigung ihrer Wertschätzung oder Unterscheidungskraft.

Die Grundstruktur der firmenrechtlichen Verwechslungsgefahr entspricht der 191
Struktur der markenrechtlichen Verwechslungsgefahr mit der Besonderheit, dass als Korrelat zur Waren-/Dienstleistungsähnlichkeit der Begriff der **Branchennähe** verwendet wird. Nach ständiger Rechtsprechung[323] sind für die Beurteilung der Verwechslungsgefahr also die Kriterien des Ähnlichkeitsgrads der einander gegenüberstehenden Bezeichnungen, der Branchennähe und der Kennzeichnungskraft der prioritätsälteren Bezeichnung maßgeblich, wobei diese Faktoren in Wechselwirkung zueinander stehen. Für die Beurteilung der Verwechslungsgefahr kann weitgehend auf die Ausführungen zur markenrechtlichen Verwechslungsgefahr verwiesen werden[324]. An dieser Stelle soll nur auf einige Besonderheiten eingegangen werden. Ob tatsächlich grundsätzlich geringere Anforderungen an die firmenrechtliche als an die markenrechtliche Verwechslungsgefahr zu stellen sind, wie dies der *BGH*[325] betont hat, ist fraglich. Vielmehr ist wohl davon auszugehen, dass eine firmenrechtliche Kennzeichnung, die das gesamte Tätigkeitsfeld des Unternehmens bezeichnet, regelmäßig im Schutzumfang weiter reicht als die Kennzeichnung einer einem Produkt dienenden Marke. Die Beurteilung der Gefahr von Verwechslungen selbst rechtfertigt keine unterschiedlichen Anforderungen. Die zu § 16 UWG a.F. entwickelte Rechtsprechungspraxis kann grundsätzlich im Rahmen des § 15 Abs. 2 MarkenG herangezogen werden[326].

2. Zeichenähnlichkeit

In einem jüngst vom *BGH*[327] entschiedenen Fall standen sich die Firmenbezeich- 192
nungen *CompuNet Computer AG & Co. OHG* und die Firma *ComNet Computer im Netzwerk Vertriebs GmbH* gegenüber. Für die in der Praxis so wichtige Frage, welche Bestandteile einer solchen mehrgliedrigen Firmenbezeichnung der Verwechslungsgefahr zugrunde zu legen sind, hat die Rechtsprechung eigene Regeln entwickelt, die nur bedingt mit den Grundsätzen übereinstimmen, die im Markenrecht unter dem Stichwort Prägetheorie von der Rechtsprechung entwickelt wor-

[323] *BGH* GRUR 1990, 1042 (1044) – Datacolor; *BGH* GRUR 1997, 468 (470) – NetCom.
[324] Vgl. Rdnr. 144 ff.
[325] *BGH* GRUR 1995, 825 (827 f.) – Torres.
[326] So auch *Althammer/Ströbele/Klaka,* § 15, Rdnr. 3.
[327] *BGH* MarkenR 2001, 307 – CompuNet/ComNet.

den sind. Allerdings gilt ebenso wie im Markenrecht der Erfahrungssatz, dass längere Bezeichnungen in einer die Merkbarkeit und Aussprechbarkeit erleichternden Weise verkürzt und anstelle der vollständigen Bezeichnung nur ein Bestandteil, teilweise auch nur eine Buchstabenabkürzung verwendet wird (z. B. *BMW* anstatt *Bayerische Motorenwerke*). Der **selbstständige Schutz** eines **Firmenschlagwortes** bzw. einer sonstigen **Abkürzung** setzt nach der Rechtsprechung[328] lediglich voraus, dass das Schlagwort bzw. die Abkürzung unterscheidungskräftig ist und nach ihrer Art im Vergleich zu den übrigen Firmenbestandteilen geeignet erscheint, sich im Verkehr als schlagwortartiger Hinweis auf das Unternehmen durchzusetzen. Der Inhaber muss also nicht einmal dafür Sorge tragen, dass das Firmenschlagwort bzw. die Firmenabkürzung tatsächlich auch im Verkehr in Alleinstellung verwendet wird. Diese Reduktion der Gesamtbezeichnung auf einen unterscheidungskräftigen Bestandteil muss sich selbstverständlich auch die gegenüberstehende Firmenbezeichnung gefallen lassen. In dem obengenannten Beispiel prüfte der *BGH* letztlich die Verwechslungsgefahr zwischen dem Firmenschlagwort COMPUNET und COMNET.

3. Branchennähe

193 Die Rechtsprechung bejaht eine Branchennähe zwischen den Tätigkeitsfeldern zweier Unternehmen, wenn ausreichend **sachliche Berührungspunkte** vorliegen, die den Verkehr zumindest an geschäftliche Verbindungen (Verwechslungsgefahr im weiteren Sinne) glauben lassen. Dafür ist keinesfalls erforderlich, dass zwischen den Unternehmen ein **konkretes Wettbewerbsverhältnis** besteht. Unter der Voraussetzung des hinreichenden Grads der Ähnlichkeit der Unternehmensbezeichnungen wurde in der Vergangenheit selbst dann eine Verwechslungsgefahr von der Rechtsprechung angenommen, wenn sich deutlich unterscheidbare Branchen gegenüberstanden. Beispielsweise wurde eine Verwechslungsgefahr wegen Verwendung desselben Zeichens MARITIM[329] zwischen dem Hotelgewerbe und dem Reisegewerbe, wegen Verwendung der Zeichen ZENTIS/SÄNTIS[330] zwischen einem Marmeladenhersteller und einer Molkerei, wegen Verwendung desselben Zeichens FÜRSTENBERG[331] zwischen einem Hersteller von Körperpflegemitteln und einem Hersteller von modischen Accessoires und schließlich wegen der Verwendung der Zeichen CONDUX/KONDEX[332] zwischen dem Hersteller von Zerkleinerungsmaschinen und dem Hersteller wärmetechnischer Apparate bejaht. Zu einer entsprechenden Ausweitung des Schutzes insbesondere bekannter Firmenkennzeichen führt auch die vom Verkehr gemachte Erfahrung, dass immer mehr Unternehmen dazu übergehen, das in einem Geschäftsbereich gewonnene Renommee zu nutzen, um in andere Geschäftsbereiche vorzudringen (z. B. ADIDAS, BOSS, die als Sportartikel- bzw. Textilunternehmen inzwischen auch Kosmetika vertreiben). Nicht ausreichend für die Bejahung einer Branchennähe ist es nach der Rechtsprechung[333] allerdings, wenn die Unternehmen lediglich einem **gemeinsamen Oberbegriff** zugeordnet werden

---

328 *BGH* GRUR 1985, 461 (462) – Gefa/Gewa; *BGH* GRUR 1996, 68 (69) – COTTON LINE.
329 *BGH* GRUR 1989, 449 (451) – Maritim.
330 *BGH* GRUR 1986, 253 (254) – Zentis.
331 *BGH* GRUR 1986, 402 – Fürstenberg.
332 *BGH* GRUR 1959, 484 – Condux.
333 *BGH* GRUR 1997, 468 (470) – NetCom I.

können (z.B. Computerbranche, Gesundheitswesen). Zudem ist bei der Bestimmung der Branchennähe nach der Rechtsprechung[334] auf den **Schwerpunkt der Geschäftstätigkeit** der Unternehmen abzustellen. Völlig untergeordnete oder nur nebenher wahrgenommene Tätigkeitsbereiche bleiben also außer Betracht.

Eine konsistente und gesicherte Rechtsprechungspraxis zur Branchennähe im 194 **Computer- und Internetbereich** hat sich angesichts der wenigen ergangenen Entscheidungen, die allerdings eine erste Orientierung bieten, noch nicht herausgebildet. In der *„Netkom"*-Entscheidung führte der *BGH* aus, dass der Umstand, dass beide Unternehmen sich mit elektronischer Datenverarbeitung befassen und somit zur Computerbranche gehören, nicht ausreiche, um eine Branchenähnlichkeit zu bejahen. Denn mit Blick auf die Vielfältigkeit der verschiedenen Waren und Dienstleistungen, die in diesem Bereich angeboten werden, könne nicht ohne weiteres angenommen werden, dass sich die Unternehmen allein wegen des Bezugs zur Datenverarbeitung in einem ins Gewicht fallenden Umfang am Markt begegneten. Dennoch wollte der *BGH*[335] im konkreten Fall nicht ausschließen, dass der überwachungs- und sicherheitstechnische Bereich des einen Unternehmens mit den vom anderen Unternehmen angebotenen Systemen für Netzwerke und Kommunikation ausreichend Berührungspunkte zur Bejahung einer Verwechslungsgefahr aufweisen. In dem ebenfalls vom *BGH* entschiedenen „comtes/comtel"-Fall standen sich zwei auf die Herstellung und den Vertrieb von Datenverarbeitungsanlagen spezialisierte Unternehmen gegenüber. Der Umstand, dass eines der Unternehmen angeblich nur Produkte an alternative Netzbetreiber vertrieb, konnte nach Ansicht des *BGH*[336] eine ausreichende Branchenferne nicht begründen. Eine Branchennähe verneinte der *BGH*[337] allerdings zwischen einem Unternehmen, das Farbmessdatenverarbeitungsanlagen, und einem gleichnamigen Unternehmen, das u.a. Computerformulare herstellte. Sehr zweifelhaft ist eine Entscheidung des *LG Düsseldorf*[338], das ausreichende sachliche Berührungspunkte zwischen den Dienstleistungen „Entwicklung von Programmen für die Datenverarbeitung" und „Beratung im Datenschutz" mit dem Argument bejahte, dass beide Parteien Dienstleistungen im Zusammenhang mit Daten erbrächten.

Insgesamt zu begrüßen ist die Feststellung der höchstrichterlichen Rechtspre- 195 chung, dass zur Bejahung der Branchenähnlichkeit es nicht ausreicht, wenn das Tätigkeitsfeld der sich gegenüberstehenden Unternehmen unter **den Oberbegriff „Datenverarbeitung"** fällt. Diese Rechtsprechung bedeutet wohl auch, dass nicht pauschal eine Branchennähe zwischen einem Internetanbieter und Anbieter von Computerhardware und -software bejaht werden kann. Vielmehr ist im konkreten Einzelfall anhand des Verwendungszwecks und des wirtschaftlichen Nutzens der Waren zu prüfen, ob zwischen den Unternehmen ausreichend sachliche Berührungspunkte bestehen, um unter Beachtung der Wechselwirkungstheorie zumindest rechtliche, geschäftliche oder sonstige wirtschaftliche Beziehungen zwischen den Unternehmen anzunehmen.

---

[334] *BGH* GRUR 1990, 1042 (1044f.).

[335] *BGH* GRUR 1997, 468 (470) – NetCom, s. auch *BGH* MarkenR 2001, 307 – CompuNet/ComNet.

[336] *BGH* MarkenR 2000, 130 (131) – comtes/Comtel.

[337] *BGH* GRUR 1999, 1042 – Datacolor.

[338] *LG Düsseldorf*, Beschl. v. 24. 10. 2001, 34 O 110/01, nicht veröffentlicht.

4. Kennzeichnungskraft

196 Für die Kennzeichnungskraft eines Unternehmenskennzeichens gelten die im Markenbereich aufgezeigten Grundsätze[339]. Im Unterschied zu Registermarken, die bereits bei der Eintragung auf ihre Unterscheidungskraft durch das Deutsche Patent- und Markenamt überprüft werden – und an dessen Feststellung das Verletzungsgericht zumindest in gewissem Umfang gebunden ist[340] – muss das Gericht bei Unternehmenskennzeichen erst einmal überprüfen, ob das unter Umständen langjährig benutzte Unternehmenskennzeichen unterscheidungskräftig ist und somit überhaupt ein Unternehmenskennzeichenrecht entstanden ist. Diese Erfahrung musste ein Versandhandel machen, der unter der Bezeichnung Toolshop GbR Taschenwerkzeuge vertrieb. Der Unterlassungsanspruch gegenüber einem Unternehmen, das unter der Internetadresse „www.toolshopping.de" hochwertige Werkzeuge vertrieb, wurde vom *KG*[341] mangels Unterscheidungskraft der Unternehmensbezeichnung abgelehnt. Wie bei der Entstehung von Unternehmenskennzeichen ausgeführt, sind die Anforderungen an die Unterscheidungskraft von Unternehmenskennzeichen etwas geringer, was nicht selten dazu führt, dass sich Unternehmenskennzeichen mit nur geringer Unterscheidungskraft gegenüberstehen.

5. Ausnutzung und Beeinträchtigung bekannter Unternehmenskennzeichen

197 Für bekannte Unternehmenskennzeichen gemäß § 15 Abs. 3 MarkenG wird vollumfänglich auf die Ausführungen zu den §§ 9 Abs. 1 Nr. 3, 14 Abs. 2 Nr. 3 MarkenG hinsichtlich bekannter Marken verwiesen[342]. Die entsprechenden Tatbestände sind gleich lautend. Da, wie ausgeführt, auch in der Vergangenheit schon über Branchengrenzen hinweg eine Verwechslungsgefahr im weiteren Sinne bei Unternehmenskennzeichen bejaht wurde, ist der praktische Anwendungsbereich von § 15 Abs. 3 MarkenG geringer als bei den korrespondierenden markenrechtlichen Vorschriften.

6. Internetspezifische Kollision von geographisch beschränkten Kennzeichenrechten

198 Auf Grund der weltweiten Abrufbarkeit von Internetseiten kann es zu Kollisionen zwischen Unternehmen bzw. besonderen Geschäftsbezeichnungen kommen, die in der realen Welt nicht bestehen, da die jeweiligen Kennzeichenrechte geographisch auf ein bestimmtes Gebiet beschränkt sind. Das ist beispielsweise der Fall, wenn der allein in München tätige Handwerksbetrieb *Allfix* im Internet unter dieser Bezeichnung tätig wird und sich dadurch ein in Hamburg unter derselben Bezeichnung tätiges Handwerksunternehmen in seinen Rechten verletzt sieht. Eine solche Kollision wird der Hamburger Handwerksbetrieb hinzunehmen haben, da nur eine Scheinkollision vorliegt. Die Internetnutzer werden bei verständiger Würdigung der entsprechende Website erkennen, dass sich diese trotz ihrer ubiquitären Abrufbarkeit nur an die Münchener Verkehrskreise wendet. Wenn das Münchener Unternehmen überdies den Domainnamen „allfix.de" zur Bezeichnung

339 Vgl. Rdnr. 173.
340 *Ingerl/Rohnke,* § 14, Rdnr. 197.
341 *KG,* AfP 2001, 124.
342 Vgl. Rdnr. 177.

seiner Website hat registrieren lassen, wird das Hamburger Unternehmen diese Nutzung seines Zeichens ebenfalls akzeptieren müssen. Denn selbst wenn das Hamburger Unternehmen über prioritätsältere Firmenrechte verfügen würde, scheiden kennzeichenrechtliche Ansprüche wegen der örtlichen Begrenztheit des Unternehmenskennzeichens des Hamburger Betriebs aus. Wer in der realen Welt keine kennzeichenrechtlichen Ansprüche besitzt, sollte sie nicht über den Umweg des Internets eingeräumt bekommen.

IV. Titelrechtliche Verwechslungsgefahr im Internet

1. Allgemeines

Für die titelrechtliche Verwechslungsgefahr im Internet gelten die allgemeinen 199
Grundsätze. Auf die Ausführungen zu internetspezifischen Besonderheiten bei der markenrechtlichen und firmenrechtlichen Verwechslungsgefahr kann verwiesen werden[343]. Wie die bisher ergangenen Entscheidungen im Internetbereich zeigen, war für die Gerichte der **Grad an Kennzeichnungskraft** des prioritätsälteren Titels bei der Beurteilung der titelrechtlichen Verwechslungsgefahr häufig ausschlaggebend.

Auf den Werktitel als geschäftliche Bezeichnung findet ebenso wie bei Unterneh- 200
menskennzeichen § 15 Abs. 2 MarkenG als Kollisionsnorm Anwendung. Für das Verständnis der titelrechtlichen Verwechslungsgefahr ist es entscheidend, sich der Funktion eines Titels zu vergewissern. Wie ausgeführt, unterscheidet der Werktitel regelmäßig das Werk von anderen Werken **nach Inhalt und Beschaffenheit,** nicht aber nach deren Herkunft. Vom Grundsatz her sind also Werktitel nur gegen die Verwendung desselben oder eines ähnlichen Titels für gleichartige Werke geschützt. So schützt beispielsweise der Titel eines Buches (z.B. „Buddenbrocks") nur gegen die Verwendung desselben oder eines ähnlichen Titels für andere Bücher, nicht aber gegen die Verwendung des Zeichens als Firmenbezeichnung für einen Waschmaschinenhersteller oder als Produktkennzeichen für Gummibärchen. Allerdings ist in der Rechtsprechung anerkannt, dass unter bestimmten Voraussetzungen, insbesondere bei Bekanntheit[344], ein Werktitel auch unternehmensbezogene Herkunftsvorstellungen auslösen kann. In einem solchen Fall genießt der Werktitel auch Schutz gegen mittelbare Verwechslungen (Werk und Produkt unterscheidbar, aber Annahme einer betrieblichen Herkunftsidentität) als auch gegen Verwechslungen im weiteren Sinne (Werk und Produkt unterscheidbar, aber Annahme geschäftlicher Beziehungen). Auch für die titelrechtliche Verwechslungsgefahr sind die in einer Wechselbeziehung stehenden Faktoren Zeichenähnlichkeit, Kennzeichnungskraft des Werktitels und Werk- bzw. Produktähnlichkeit maßgeblich[345].

2. Zeichenähnlichkeit

Für Werktitel gelten hinsichtlich des Schutzes von Bestandteilen und Abkürzun- 201
gen weitgehend die für Unternehmenskennzeichen dargestellten Grundsätze[346]. Ein

---

343 Vgl. Rdnr. 144ff.
344 *BGH* GRUR 1999, 581 (582) – Max; *BGH* GRUR 2000, 504 (505).
345 *BGH* WRP 2001, 1193 (1195) – Tagesreport.
346 Vgl. Rdnr. 192.

unterscheidungskräftiger Bestandteil eines Werktitels genießt auch ohne Verwendung in Alleinstellung Schutz, wenn der Bestandteil für einen nicht unbeachtlichen Teil des Verkehrs als Hinweis auf das Werk dient, z.B. MORGENPOST für „Berliner Morgenpost"[347].

3. Werk- oder Produktähnlichkeit

202 Eine Werk- oder Produktähnlichkeit ist ohne weiteres dann gegeben, wenn sich zwei Werke der gleichen Kategorie gegenüberstehen (= Ähnlichkeit der Werkkategorien[348]). Sollte dies nicht der Fall sein, muss ähnlich wie bei der Branchennähe untersucht werden, ob zwischen dem Werk, das Titelschutz genießt, und dem Werk bzw. Produkt, das dasselbe bzw. ein ähnliches Zeichen verwendet, ausreichend sachliche Berührungspunkte bestehen, um zumindest zur Annahme von geschäftlichen Beziehungen zu kommen. Ein eindeutiger sachliche Berührungspunkt liegt dann vor, wenn der Titel für eine Fortsetzung, Bearbeitung oder Begleitung desselben Werks verwendet wird. So wurde beispielsweise eine Verwechslungsgefahr zwischen der Fernsehsendung „Der 7. Sinn" und dem gleichnamigen Spiel zur Fernsehsendung trotz der unterschiedlichen Werkgattungen von der Rechtsprechung[349] bejaht. Ebenso für verwechselbar hielt die Rechtsprechung[350] den Buchtitel „Sherlock Holmes" mit dem gleichnamigen Film. Außer in den geschilderten Sonderfällen setzt nach der Rechtsprechung die Bejahung einer Verwechslungsgefahr zwischen Werken bzw. Produkten unterschiedlicher Kategorie nicht nur eine **gesteigerte Kennzeichnungskraft** des Werktitels, sondern überdies einen nachvollziehbaren **Sachzusammenhang** voraus. So wurde beispielsweise eine Verwechslungsgefahr zwischen dem Titel „Ran" des DGB-Jugendmagazins und einem gleich lautenden Fußballbuch verneint[351]. Im Einzelfall ist sogar eine Verwechslungsgefahr zwischen einem Werktitel und einem Unternehmenskennzeichen denkbar. Mangels eines konkreten sachlichen Zusammenhangs wurde allerdings die Gefahr von Verwechslungen zwischen dem Musical mit dem Titel „Starlight" und einem Videofilmverleiher mit der identischen Bezeichnung verneint[352].

203 Das *LG Hamburg*[353] hat im Lichte dieser Grundsätze eine Verwechslungsgefahr zwischen dem Titel *BIKE* für eine Zeitschrift für Mountainbike-Interessierte und der Internetadresse „www.bike.de" für eine Internetplattform rund um das Thema „Fahrrad" verneint und ausgeführt, dass wegen der beschreibenden Sachaussage der Schutz auf Identitätsverletzungen beschränkt sei. Die Verwechslungsgefahr zwischen der unter Bezeichnung KARRIERE vertriebenen Beilage des „Handelsblatt" und dem Internetportal eines Medienunternehmens unter der Adresse „www.uni-online-de/karriere/karriere" wurde dagegen vom *LG Köln*[354] trotz der nur schwachen Kennzeichnungskraft des Titels bejaht, da der Inhalt (redaktionelle Beiträge zum Thema Berufswelt, Stellenanzeigen) der entsprechenden Erzeugnisse

---

347 *BGH* GRUR 1992, 547 (549) – Morgenpost.
348 *BGH* WRP 2001, 1193 (1196).
349 *BGH* GRUR 1977, 543 (546) – Der 7. Sinn.
350 *BGH* GRUR 1958, 354 (357) – Sherlock Holmes.
351 *OLG Frankfurt/Main,* WRP 1995, 231.
352 *LG Hamburg,* GRUR 1988, 927.
353 *LG Hamburg,* MMR 1998, 46 – bike.
354 *LG Köln,* AfP 1998, 655.

beider Anbieter nahezu identisch war. Der Verwechslungsgefahr stand nach Ansicht des *LG Köln* nicht entgegen, dass die angegriffene Internetkennung (Dateiname) unter einer anderen Hauptkennung (Second Level Domain) angeboten wurde.

4. Kennzeichnungskraft des prioritätsälteren Titel

Die Kennzeichnungskraft eines Werktitels kann – wie dies für alle anderen Kennzeichen auch der Fall ist – durch Benutzung gesteigert werden. Wie der *BGH*[355] kürzlich ausführte, muss bei der Bemessung des Schutzumfangs allerdings das **schutzwürdige Interesse** der Mitbewerber berücksichtigt werden, für ihre Werke ebenfalls eine sprechende Marke wählen zu können. Aus diesem Grund verneinte der *BGH* eine Verwechslungsgefahr zwischen den sehr bekannten Titeln TAGESSCHAU bzw. TAGESTHEMEN und dem Titel TAGESBILD, die beide Schutz für Nachrichtensendungen beanspruchten. 204

Auf Grund einer durch umfangreiche Benutzung erhöhten Kennzeichnungskraft bejahte das *LG München*[356] eine Verwechslungsgefahr zwischen dem Werktitel FREUNDIN für eine bekannte Frauenzeitschrift und einer im Internet unter der Kennung „freundin.de" betriebenen Vermittlungsagentur, obwohl sich hier ein Werk und ein Dienstleistungsanbieter gegenüberstanden. Ebenso sah das *LG Hamburg*[357] in der Verwendung der Domain „eltern.de", unter der Informationen und Werbemöglichkeiten zum Thema Eltern angeboten wurden, eine Verletzung des Titels der Monatszeitschrift ELTERN. 205

5. Unlautere Ausnutzung und Beeinträchtigung bekannter Werktitel

Die Anwendung des § 15 Abs. 3 MarkenG auf bekannte Titel wird vor allem dann in der Praxis eine eigene Bedeutung gewinnen, wenn man § 15 Abs. 3 MarkenG auch ohne titelmäßige, d.h. kennzeichenmäßige Verwendung der Bezeichnung als erfüllt ansieht. Zu denken ist beispielsweise an die aufmerksamkeitsheischende Verwendung eines Titels in der Werbung für ein Drittprodukt. Die Verwendung des bekannten Titels „Wetten dass ..." in der Ford-Werbung[358] wäre hierfür ein Beispiel. Die klassischen Fälle der Rufausbeutung bekannter Titel für werkfremde Produkte (z.B. im Merchandisingbereich) werden vielfach bereits unter § 15 Abs. 2 MarkenG als Verwechslungsgefahr im weiteren Sinne subsumiert werden können. Denn durch die massive Zunahme des Merchandising in den letzten Jahren (Fußballclubs, Filmcharaktere etc.) hat sich der Verkehr daran gewöhnt, dass kaum eine Produktgattung beim Merchandising ausgespart wird. So könnte beispielsweise der noch unter wettbewerbsrechtlichen Gesichtspunkten entschiedene Fall[359], in dem ein Schokoladenfabrikant den berühmten Filmtitel „Bambi" als Produktkennzeichen für ein Schokoladenprodukt verwendete, wohl bereits unter § 15 Abs. 2 MarkenG subsumiert werden. 206

---

355 *BGH* WRP 2001, 1188 – Tagesschau.
356 *LG München I*, CR 1997, 540 – freundin.de.
357 *LG Hamburg*, K&R 1998, 365.
358 *OLG München*, GRUR 1989, 60.
359 *BGH* GRUR 1960, 144 – Bambi.

V. Namensrechtliche Verwechslungsgefahr im Internet

1. Allgemeines

207 Das Namensrecht gemäß § 12 BGB spielt im Internetbereich vor allem im Domainrecht eine große Rolle[360]. Darüber hinaus sind keine internetspezifischen Besonderheiten erkennbar, die nicht bereits ausführlich bei der marken- und firmenrechtlichen Verwechslungsgefahr erörtert wurden. Auch im Namensrecht finden im Internet die nachfolgend aufgeführten allgemeinen Grundsätzen Anwendung.

208 Im geschäftlichen Bereich besteht zwischen dem Schutz des Unternehmenskennzeichens nach den §§ 5, 15 MarkenG und § 12 BGB Anspruchskonkurrenz. Noch nicht letztendlich geklärt ist, inwieweit § 12 BGB im Bereich des geschäftlichen Verkehrs einen über § 15 MarkenG hinausgehenden Schutz bietet. Nachdem das neue Markenrecht nunmehr in § 15 Abs. 3 MarkenG auch einen Bekanntheitsschutz für Firmennamen vorsieht, dürften Abweichungen sich auf Marginalien begrenzen, zumindest, wenn man von einem weiten Benutzungsbegriff ausgeht[361].

209 Die eigentliche Bedeutung des § 12 BGB gegenüber dem in §§ 5, 15 MarkenG geschützten Unternehmenskennzeichen liegt darin, dass ein Namenschutz nach § 12 BGB **keine Handlungen im geschäftlichen Verkehr** erfordert, weder durch den Verletzer noch den Verletzten. So ist zum einen denkbar, dass ein geschäftliches Kennzeichen durch eine außergeschäftliche Handlung beeinträchtigt wird[362], wie auch, dass ein außergeschäftlich gebrauchter Name durch ein geschäftliches Kennzeichen verletzt wird. So wurde beispielsweise die Abkürzung des Deutschen Beamtenbundes, der gewerkschaftliche Ziele verfolgt, durch die Firmenbezeichnung „DBB Steuerberatungsgesellschaft“ verletzt[363].

2. Namensleugnung und Namensanmaßung

210 Eine namensrechtliche Kollision i.S.v. § 12 BGB ist sowohl im Falle der Namensleugnung als auch der Namensanmaßung anerkannt. Eine Namensleugnung liegt vor, wenn jemand das Recht des Namensträgers zum Gebrauch des Namens bestreitet, wobei dafür ausreicht, dass unbefugt ein eigenes Recht an dem Namen in Anspruch genommen wird.

211 Eine Namensanmaßung ist demgegenüber dann gegeben, wenn ein anderer unbefugt den gleichen Namen gebraucht und dadurch ein **schutzwürdiges Interesse** des Namensträgers verletzt. Nach der Rechtsprechung ist ein solcher Namensgebrauch nur dann gegeben, wenn die Namensanmaßung geeignet ist, eine namensmäßige **Zuordnungsverwirrung** auszulösen. Dafür ist nicht unbedingt erforderlich, dass ein kennzeichenmäßiger Gebrauch erfolgt, d.h. der Name herkunftshinweisend verwendet wird. Es reicht aus, dass eine Beziehung zwischen dem Namen und Produkten, Geschäftsfeldern, Einrichtungen, etc. hergestellt wird, die vom Namensträger

---

[360] Vgl. § 6, Rdnr. 93 ff.
[361] Vgl. hierzu *Ingerl/Rohnke,* nach § 15, Rdnr. 6.
[362] Der Firmenname „Allianz“ wird verletzt durch den Vereinsnamen „Deutsche Allianz“, einer politischen Gruppierung, *LG München I,* GRUR 1992, 76.
[363] *OLG Frankfurt/Main,* GRUR 1988, 850.

missbilligt werden. So wurde beispielsweise das Namensrecht einer Universität durch die schmückende Verwendung des Universitätsemblems auf Textilien von der Rechtsprechung[364] als verletzt angesehen. Umgekehrt liegt eine Namensverletzung dann nicht vor, wenn der fremde Name lediglich genannt wird und für den Verkehr erkennbar ist, dass die Verwendung des Namens ohne Zustimmung des Namensinhabers erfolgt ist. Eine solche Namensnennung lag beispielsweise in einem vom *BGH* entschiedenen Fall vor, in dem in einer *„Kukident"*-Werbung Bezug auf die bekannte Sängerin *Caterina Valente* genommen wurde. Hier sind gegebenenfalls Ansprüche, die sich auf das allgemeine Persönlichkeitsrecht stützen, zu prüfen. Ebenfalls keine Zuordnungsverwirrung ist nach der Rechtsprechung gegeben, wenn ein Name in parodistischer Absicht verballhornt wird. So lehnte es die Rechtsprechung beispielsweise ab, den Scherzartikelaufkleber „Lusthansa" in Anspielung auf „Lufthansa"[365] ebenso wie die Verwendung von „Mordoro"[366] in satirisch verfremdeter Wiedergabe eines „Marlboro"-Plakats als Namensverletzung zu werten.

Durch den unbefugten Namensgebrauch muss es zu einer Interessenverletzung des Namensinhabers kommen. Hierfür reicht es aus, wenn ideelle Interessen verletzt werden. Lediglich für den Namensschutz von Unternehmensbezeichnungen muss die Verletzung ideeller Interessen nach der Rechtsprechung[367] auf die Verletzung geschäftlicher Interessen durchschlagen. Bei nicht identischen Zeichen greift die Rechtsprechung[368] zur Feststellung der Interessenverletzung auf die Grundsätze zur Prüfung der Verwechslungsgefahr zurück. 212

VI. Die Verletzung geographischer Herkunftsangaben im Internet

Geographische Herkunftsangaben können durch jede Art der Nutzung durch Nichtberechtigte, somit selbstverständlich auch durch Verwendung im Internet, verletzt werden. Der Schutzinhalt der geographischen Herkunftsangabe ist in § 127 MarkenG geregelt. Die geographische Herkunftsangabe ist – wie ausgeführt – im Unterschied zu den anderen Kennzeichenrechten kein Individualrecht, sondern eine besondere **Ausprägung des allgemeinen wettbewerblichen Irreführungsschutzes.** 213

Internetspezifische Besonderheiten sind nicht zu erkennen. Es gelten auch hier die allgemeinen Grundsätze, die nachfolgend kurz erläutert werden. Interessant ist die Entscheidung des *OLG München*[369] zum Domainnamen „champagner.de", nach der dem Verband der Champagner-Hersteller kein ausschließliches Recht zusteht, unter Benutzung des Domainnamen Werbung für Champagner zu betreiben[370]. 214

§ 127 Abs. 1 MarkenG regelt den Schutz gegen die Verwendung einer sogenannten einfachen geographischen Herkunftsangabe. Ob durch die Verwendung der geographischen Herkunftsangabe die tatbestandlich geforderte Irreführung tatsäch- 215

[364] *BGH* GRUR 1993, 151, 153 – Universitätsemblem.
[365] *OLG Frankfurt/Main,* NJW 1982, 648.
[366] *BGH* GRUR 1984, 684 (685).
[367] *BGH* GRUR 1976, 379 (381) – KSB.
[368] *BGH* GRUR 1994, 844 – Rotes Kreuz.
[369] *OLG München,* WRP 2002, 111 – „www.champagner.de".
[370] Vgl. § 6, Rdnr. 99f.

lich eintritt, ist anhand der Verkehrsauffassung zu beurteilen. Wie für die Bejahung einer Irreführung nach § 3 UWG reicht es aus, wenn ein hinreichender Teil der angesprochenen Verkehrskreise (regelmäßig über 10%) einem Irrtum über die geographische Herkunft erliegt. In der Praxis ist man häufig mit Fallkonstellationen konfrontiert, in denen auf der Ware selbst oder auf der Verpackung aufklärende Zusätze angebracht sind. Ob diese Zusätze tatsächlich entlokalisierend wirken und eine Verwechslungsgefahr ausschließen, ist eine Frage des Einzelfalls. Es liegt auf der Hand, dass die Maßstäbe an entlokalisierende Zusätze weniger streng sind, wenn es sich nur um eine **mittelbare Herkunftsangabe** (z. B. Flaschenform, Nationalfarben des Landes) handelt[371]. Allerdings dürften auch bei nur mittelbaren Herkunftsangaben die aufklärenden Zusätze in Relation zur Darstellung der mittelbaren Herkunftsangaben nicht völlig in den Hintergrund treten[372]. Denkbar ist, dass durch eine **country code Top Level Domain** mittelbar der Verkehr über die Herkunft der auf dem Portal angebotenen Waren- und Dienstleistungen irregeführt wird. Nachdem dem Verkehr bekannt ist, dass country code Top Level Domains nicht für die eigenen Staatsbürger bzw. für die in dem jeweiligen Land hergestellten Waren reserviert sind, müssen regelmäßig noch andere Umstände hinzutreten, um von einer Irreführung des Verkehrs ausgehen zu können.

216 § 127 Abs. 2 MarkenG regelt den Sonderfall, dass eine qualifizierte Herkunftsangabe zwar für Produkte verwendet wird, die aus dem entsprechenden geographischen Gebiet stammen, nicht aber die an die Herkunftsangabe geknüpften Qualitätsvorstellungen erfüllen. Im Unterschied zu § 3 UWG setzt die qualifizierte Herkunftsangabe i. S. v. § 127 Abs. 2 MarkenG voraus, dass die mit der Herkunftsangabe verbundenen Eigenschaften der Produkte tatsächlich feststellbar sind. Eine lediglich subjektive Zuweisung gewisser Qualitätsmerkmale durch den Verkehr reicht nicht aus[373].

217 In Anlehnung an die Vorschriften der §§ 9 Abs. 1 Nr. 3, 14 Abs. 2 Nr. 3 bzw. 15 Abs. 3 MarkenG wird auch die geographische Herkunftsangabe, die einen besonderen Ruf genießt, auch ohne dass die Gefahr von Irreführungen heraufbeschworen wird, gegen eine rufausnützende bzw. rufbeeinträchtigende Verwendung geschützt[374]. Exemplarisch kann hier auf die Entscheidung des *BGH*[375] zum Werbeslogan „Ein Champagner unter den Mineralwässern“ verwiesen werden. Im Unterschied zum Schutz der Marke und Firmenbezeichnung außerhalb des Anwendungsbereichs der Verwechslungsgefahr stellt der Tatbestand des § 127 Abs. 3 MarkenG nicht auf die Bekanntheit des Zeichens, sondern auf den besonderen Ruf der geographischen Herkunftsangabe ab. Die Bekanntheit der geographischen Herkunftsangabe ist so lange ohne Belang, solange die geographische Herkunftsangabe nicht gleichzeitig ein positiv besetztes Image vermittelt[376].

---

371 *BGH* GRUR 1965, 681 (683) – De Paris.
372 *BGH* GRUR 1971, 29 (33) – Deutscher Sekt.
373 *Ingerl/Rohnke,* § 127, Rdnr. 6.
374 Vgl. § 6, Rdnr. 100.
375 *BGH* GRUR 1988, 453 – Ein Champagner unter den Mineralwässern.
376 *Ingerl/Rohnke,* § 127, Rdnr. 10.

C. Verletzung, Schranken und Durchsetzung von Kennzeichenrechten im Internet

I. Rechtsverletzende Benutzung von Kennzeichenrechten im Internet

1. Allgemeines

Ebenso wenig wie in der nicht-virtuellen Welt stellt selbstverständlich auch nicht jede Wiedergabe eines geschützten Kennzeichens im Internet eine rechtsverletzende Benutzung dar. Hierbei gilt es sich zu vergegenwärtigen, dass sich das Internet nicht nur einer wachsenden Popularität als Marketing- und Vertriebsinstrument erfreut, sondern vor allem auch eine wichtige Kommunikationsplattform ist. So ist es Webseitenbetreibern ebenso wie jedem Teilnehmer an einem Chatforum beispielsweise erlaubt, sich kritisch mit Unternehmen und deren Produkten auseinanderzusetzen und dabei deren Kennzeichen zu verwenden, auch wenn dies vom Kennzeicheninhaber nicht goutiert wird. Umgekehrt gilt auch im Internet, dass die in einem Kennzeichenrecht liegende unternehmerische Leistung des Kennzeicheninhabers respektiert werden muss und das Internet auch insoweit kein rechtsfreier Raum ist. Der Umstand, dass eine Kennzeichenverletzung im Internet stattfindet, stellt **keinerlei Entlastung** für den Verletzer dar. Es gelten die allgemeinen Grundsätze[377]. Jedoch gibt es internetspezifische Fragestellungen. 218

2. Die Notwendigkeit des kennzeichenmäßigen Gebrauchs

Durch ein Kennzeichenrecht wird einem Rechtssubjekt das Recht eingeräumt, ein Zeichen im geschäftlichen Verkehr unter Ausschluss der Allgemeinheit zu benutzen. Dieses **Ausschließungsrecht** steht in einem **Widerstreit** mit **berechtigten Anliegen der Allgemeinheit,** das Zeichen innerhalb oder außerhalb des geschäftlichen Verkehrs zu verwenden, sei es zur Beschreibung von Eigenschaften ihrer eigenen Waren/Dienstleistungen, sei es den Bestimmungszweck ihrer Waren (z.B. Zubehörteile) anzugeben, oder sei es nur, um sich kritisch mit dem Kennzeicheninhaber öffentlich auseinanderzusetzen. Diesem Interessenwiderstreit zwischen Ausschließungsrecht des Einzelnen und dem Allgemeininteresse an der freien Verwendung wird – sofern die Registermarke betroffen ist – durch das absolute Schutzhindernis des **Freihaltebedürfnisses** Rechnung getragen. Da aber die Amtsprüfung nur das Freihaltebedürfnis in Bezug auf die konkret beanspruchten Waren und Dienstleistungen untersucht, und überdies viele Kennzeichenrechte ohne jegliche Amtsprüfung entstehen, müssen dem Ausschließungsrecht weitere Schranken gesetzt werden, um sicherzustellen, dass nicht jede Wiedergabe des Kennzeichens im geschäftlichen Verkehr Verletzungsansprüche auslöst. Neben den in Art. 6 Markenrechtsrichtlinie bzw. § 23 MarkenG enthaltenen Schranken erwies sich in der Vergangenheit die Notwendigkeit eines **kennzeichenmäßigen Gebrauchs als wichtige Schranke.** Die Kennzeichenverletzung sollte nach ständiger Rechtsprechung[378] bei einem Gebrauch im geschäftlichen Verkehr nur in Betracht kommen, falls ein zumindest nicht ganz un- 219

[377] Vgl. auch *Hoeren/Sieber/Viefhues,* Teil 6, Rdnr. 250, 251; *Fezer,* § 3, Rdnr. 325.

[378] *BGH* GRUR 1981, 592, 593 – Campione du Monde; BGH GRUR 1994, 808 (812) – Markenverunglimpfung I.

erheblicher Teil der angesprochenen Verkehrskreise zu der Annahme gelangte, das Zeichen diene als Hinweis auf die betriebliche Herkunft des gekennzeichneten Produkts[379]. Somit ist das rechtlich geschützte Interesse des Kennzeicheninhabers auf solche Verwendungsformen durch Dritte beschränkt, bei denen das Zeichen nach Anschauung des Verkehrs eine kennzeichnende, d.h. herkunftshinweisende Funktion besitzt. Diese Beschränkung des Kennzeichenrechts, die sich im alten Recht tatbestandlich an § 16 WZG festmachen ließ, ist durch das neue Markenrecht, das in §§ 14 und 15 MarkenG nur noch von einer Benutzung des Kennzeichenrechts spricht, in die Diskussion geraten. Unter Bezugnahme auf die amtliche Begründung[380] des neuen Markenrechts fordern große Teile des Schrifttums[381] einen von der Schranke des kennzeichenmäßigen Gebrauchs losgelösten weiten Benutzungsbegriffs.

Die Gegenmeinung[382], die auch weiterhin an dem Erfordernis des kennzeichenmäßigen Gebrauchs festhält, beruft sich auf einen Umkehrschluss aus Art. 5 Abs. 5 der Markenrechtsrichtlinie. So heißt es in Art. 5 Abs. 5 der Markenrechtsrichtlinie, dass die die Verletzungshandlungen definierenden Absätze 1–4 solche nationalen Bestimmungen nicht berühren, die zu anderen Zwecken als der Unterscheidung von Waren und Dienstleistungen dienen.

220 Fest steht, dass die Auslegungskompetenz für diese sehr umstrittene Frage des Markenrechts letztlich beim *EuGH* liegt, da § 14 MarkenG auf Art. 5 der gemeinschaftlichen Markenrechtsrichtlinie beruht. Die BMW/DEENIK-Entscheidung des *EuGH*[383] hatte noch nicht die erhoffte endgültige Klarheit gebracht, wenn auch der jetzt beschrittene Weg sich abzeichnete. Nach Ansicht des *EuGH* soll die Anwendung von Art. 5 Abs. 1 MRRL davon abhängen, ob das Zeichen *zur* Unterscheidung von Waren und Dienstleistungen eines bestimmten Unternehmens, also als Marke benutzt werde oder die Verwendung zu anderen Zwecken erfolge. Ersteres sei jedenfalls dann der Fall, wenn das Zeichen benutzt werde, um die Herkunft von Waren oder Dienstleistungen zu bezeichnen. In der BMW-Entscheidung reichte dem *EuGH* eine nur mittelbare Herkunftsbezeichnung als Benutzungshandlung schon aus. Die Marke diente dazu, die Art der Dienstleistungen (Reparatur von BMW-Automobilen) zu bezeichnen. Eine Herkunftsbezeichnung in Bezug auf die vom Benutzer selbst *angebotenen Dienstleistung* war nicht notwendig. Ob es daneben auch Benutzungen als Marke geben kann, die nicht herkunftsbezeichnend sind, ließ der *EuGH* noch offen.

Obwohl die kürzlich ergangenen Entscheidungen des *EuGH* stark einzelfallorientierte Begründungen aufweisen, steht dennoch fest, dass der *EuGH* in jedem Fall nur herkunftsbezeichnende Verwendungen des Kennzeichens vom Benutzungsbegriff erfasst sieht und insoweit die Verkehrsauffassung maßgeblich sein soll. In der Hölterhoff-Entscheidung[384] ging es um die Verwendung einer fantasievoll gewählten Marke („spirit sun“ für einen Diamantenschliff) in einem Verkaufsge-

---

[379] Anders *v. Linstow*, WRP 2000, 955, der jede Nutzung, die der Unterscheidung von Waren/Dienstleistungen dient, als markenmäßigen Gebrauch ansieht.

[380] Regierungsbegründung zum Markenrechtsreformgesetz, Bl.f.PMZ 1994 – Sonderheft – S. 69.

[381] Althammer/Ströbele/*Klaka*, § 14 MarkenG, Rdnr. 21; *Fezer*, GRUR 1996, 566; *Stark*, GRUR 1996, 690; *Ingerl/Rohnke*, § 14 MarkenG, Rdnr. 52ff.

[382] *Keller*, GRUR 1996, 609.

[383] *EuGH* JZ 1999, 835 mit Anm. KuR.

[384] *EuGH* WRP 2002, 664ff.

spräch, um auf Eigenschaften hinzuweisen, die die angebotene Ware mit der markengeschützten Ware gemeinsam hatte, und um auf diese Weise die angebotene Ware zu beschreiben. Der *EuGH* berief sich darauf, dass durch die Art der Benutzung keines der nach Art. 5 Abs. 1 der Markenrechtsrichtlinie geschütztes Interesse beeinträchtigt werde, ohne darzulegen, welche Interessen dieses sind. Der *EuGH* machte allerdings deutlich, dass eine Beeinträchtigung der Interessen ausscheide, wenn ausgeschlossen sei, dass die benutzte Marke vom Verkehr als betriebliches Herkunftszeichen aufgefasst werde[385].

In der Arsenal-Entscheidung[386] konkretisiert der *EuGH* den Begriff der spezifischen Interessen des Markeninhabers ein Stück weit, ohne ihn jedoch abstrakt zu definieren. Der *EuGH* hatte sich mit der Frage auseinanderzusetzen, ob eine Benutzung als Marke vorliege, wenn ein Unternehmer Kennzeichen eines berühmten Fußballclubs ohne diesbezügliche Lizenz auf Kleidungsstücke drucke und gleichzeitig durch ein großes Plakat am Stand darauf hinweise, dass die auf den Fanartikeln aufgedruckten Kennzeichen lediglich Dekorationszwecken dienten und deren Herstellung nicht vom betroffenen Fußballclub autorisiert sei. Der *EuGH* stellte fest, die Beeinträchtigung spezifischer Interessen des Markeninhabers setze die Beeinträchtigungen von Funktionen der Marke voraus. Hauptfunktion der Marke sei die Gewährleistung der Herkunft der Ware. Ist diese Herkunftsgarantie gefährdet, liege eine Benutzung der Marke vor. Eine solche Gefährdung trete bereits dadurch ein, dass die Benutzung des Zeichens den Eindruck aufkommen lasse, dass eine Verbindung im geschäftlichen Verkehr zwischen den betroffenen Waren und dem Markeninhaber bestehe. Die angesprochene Gefährdung liege auch dann vor, wenn die Marke im Rahmen der Benutzung als Ausdruck der Unterstützung, der Treue oder der Zugehörigkeit gegenüber dem Markeninhaber aufgefasst werde. Eine Folge dieser Entscheidung ist, dass zukünftig die Verwendung von Marken auf Fan- und Merchandisingartikeln vom Benutzungsbegriff umfasst wird.

Der im Ausgangsfall vorliegende Hinweis des Anbieters auf den „inoffiziellen" Charakter der Waren konnte die Benutzung als Marke nach Ansicht des *EuGH* schon deswegen nicht ausschließen, da zumindest einige Verbraucher, die mit den Waren außerhalb der Verkaufsstätte in Berührung kommen, die Marke als Herkunftshinweis auffassen könnten. Diese Begründung des *EuGH* dürfte sich auf die häufig anzutreffenden Haftungsablehnungserklärungen auf Hompages übertragen lassen, solange es technisch möglich ist, über Suchmaschinen oder *Deep Links* die Marke ohne einen solchen *Disclaimer* wahrzunehmen. Der *EuGH* lässt ausdrücklich offen, ob ein solcher Hinweis jemals eine wirksame Verteidigung gegen eine Klage wegen Markenverletzung darstellen kann.

Durch die zitierten drei Entscheidungen des *EuGH*, aus denen man zumindest 221
schließen kann, dass der *EuGH* den Benutzungsbegriff auf herkunftskennzeichnende Benutzungsformen beschränkt, wird sich die Auseinandersetzung um den Benutzungsbegriff verlagern. Von zentraler Bedeutung in Zukunft wird sein, in welchen Fällen der *EuGH* die spezifischen Interessen des Markeninhabers, insbesondere die Herkunftsgarantiefunktion, beeinträchtigt sieht.

Auch auf nationaler Ebene sind wichtige Entscheidung zu Fragen der markenmä- 222
ßigen Benutzung ergangen. In seiner Festspielhaus-Entscheidung, noch auf der

[385] *EuGH* aaO, Tz. 17.
[386] *EuGH* WRP 2002, 1415.

Grundlage des BMW-Urteils des *EuGH*, nimmt der *BGH* eine Markenbenutzung nur dann an, wenn sie jedenfalls im Rahmen des Produkt- oder Leistungsabsatzes **auch** der Unterscheidung der Waren/Dienstleistungen eines Unternehmens von denen anderer dient[387]. Eine Benutzung als Marke liegt danach nicht vor, wenn der Bestandteil einer Marke, in jener Entscheidung eben „Festspielhaus“, nur als Ortsangabe verwendet wird. Ebenfalls keine rechtsverletzende Benutzung mangels kennzeichenmäßiger Benutzung hat der *BGH* in der Verwendung der Bezeichnung „Frühstücks-Trunk“ gesehen, da die Bezeichnung eine beschreibende Angabe sei und von dem angesprochenen, durchschnittlich informierten, aufmerksamen Durchschnittsverbraucher nur als solche und nicht als Herkunftshinweis verstanden werde. Dies gelte auch dann, wenn der Begriff lexikalisch nicht nachweisbar sei[388].

In der kürzlich ergangenen Feldenkrais-Entscheidung hat der *BGH* die Zulässigkeit einer nur beschreibenden Verwendung einer Marke nur auf § 23 Nr. 2 MarkenG gestützt[389] und ist interessanterweise gar nicht darauf eingegangen, ob in der Verwendung der Bezeichnung „Feldenkrais“ überhaupt eine kennzeichenmäßige Benutzung besteht. Fest steht, dass nunmehr auch der *BGH* sich positioniert hat. Am Erfordernis der kennzeichenmäßigen Benutzung hält der *BGH* fest, wenn er auch gegenüber der alten Rechtsprechung den Benutzungsbegriff ausweitet, indem er es ausreichen lässt, wenn die Markenbenutzung **auch** der Unterscheidung von Waren und Dienstleistungen dient und somit neben der Herkunftsfunktion auch andere Zwecke (z.B. Loyalitätsbekundung, Dekorationszwecke) verfolgt werden.

223 Obwohl die Klarstellung durch den *EuGH* zum Benutzungsbegriff zu begrüßen ist, sind weitere wichtige Fragen offen. Wie die nachfolgenden Fallgruppen zeigen, werden fremde Marken durchaus als Herkunftszeichen benutzt, ohne dass sie der Bezeichnung des eigenen Produktangebots des Benutzers dienen.

Für solche Kennzeichenverwendungen, die nach überwiegender Meinung ebenfalls nicht als rechtsverletzende Nutzung der Marke im Sinne von § 14 MarkenG anzusehen sind, verwenden *Ingerl/Rohnke*[390] in Anlehnung an das Namensrecht, das die **bloße Namensnennung** nicht als Namensgebrauch qualifiziert, den treffenden Begriff der Nennung (Markennennung, Titelnennung).

a) Keine rechtsverletzende Benutzung von Kennzeichen

224 – Bei der **vergleichenden Werbung**, die inzwischen durch gemeinschaftsrechtliche Harmonisierung auch in Deutschland unter allerdings strengen Voraussetzungen ausdrücklich erlaubt ist, wird das fremde Kennzeichen des Wettbewerbers nur genannt, ohne dass es zum Teil des eigenen Produktangebots gemacht wird[391]. In einer kürzlich ergangenen Entscheidung hat der *EuGH* den Vergleichsbegriff der

[387] *BGH* GRUR 2002, 814 f. – Festspielhaus.

[388] *BGH* GRUR 2002, 812, 813 – Frühstücks-Drink II.

[389] *BGH* Urteil v. 27. Juni 2002, I ZR 103/00, S. 18 – Feldenkrais, abzurufen unter www.bundesgerichtshof.de.

[390] *Ingerl/Rohnke*, § 14 MarkenG, Rdnr. 85.

[391] Regierungsbegründung zum Markenrechtsreformgesetz, Bl.f.PMZ 1994 – Sonderheft – S. 69; gemeinsames Protokoll von Rat und Kommission zu Art. 5 Abs. 3 der Markenrichtlinie, *HABM* Amtsblatt 96, 606; *OLG Hamburg* MDR 1993, 126 (132) – Chanel; Althammer/Ströbele/*Klaka*, § 14 MarkenG, Rdnr. 32 m.w.N.; anderer Ansicht: *Fezer*, § 14 MarkenG, Rdnr. 96, der die Nennung eines fremden Kennzeichens als beschreibende Angabe im Sinne von § 23 Nr. 2 MarkenG qualifiziert.

Richtlinie sogar noch erweitert und selbst die Gegenüberstellung markenrechtlich geschützter Ersatzteilartikelnummern eines Konkurrenten in einem Katalog als zulässig erachtet[392].

- Ebenfalls keine Kennzeichenverletzung ist die **redaktionelle Nennung** des Zeichens oder dessen Verwendung in einem meinungsbildenden Kontext. Unternehmenskennzeichen, Marken oder auch Titel werden von den Medien in ihrer redaktionellen Arbeit tagtäglich in den unterschiedlichen Kontexten verwendet. Sei es, dass sich kritisch mit den Arbeitsbedingungen des Unternehmens auseinandergesetzt wird, sei es, dass wegen der Fehlerhaftigkeit eines Produktes Warnhinweise gegeben werden, oder sei es eine Rezension über das Erscheinen eines neuen Kinofilms. Wenn auch die Zeichen hier zweifellos zur Unterscheidung der Unternehmen, Produkte bzw. Werke von anderen Unternehmen, Produkten bzw. Werken verwendet werden, werden sie nicht Teil des Produktangebots des Verwenders, sondern benennen lediglich den Gegenstand des redaktionellen Beitrags. Mangels kennzeichenmäßigen Gebrauchs war es daher von jeher allgemeine Auffassung[393], dass die Wiedergabe von Kennzeichen in einer redaktionellen Bearbeitung, ob in Printmedien, Fernsehen und Hörfunk oder auch in Lexika keine rechtsverletzende Benutzung ist, selbst wenn das Kennzeichen in der Titelzeile hervorgehoben wird. 225

Im Internet ist diese Fallgruppe von großer Bedeutung. Denn bereits heute ist das Internet ein wichtiger Faktor in der **öffentlichen Meinungsbildung.** Mit relativ geringem Aufwand können Informationen und Standpunkte einer großen Öffentlichkeit zugänglich gemacht werden. Nicht umsonst verfügen heute fast alle Parteien, Verbände und sonstige politische Interessengruppen über eine eigene Internetpräsenz. Zudem gibt es unzählige Foren zu den unterschiedlichsten Themen im Internet. Vor allem aber gibt es eine nicht mehr überschaubare Zahl von Publikationen im Internet, die Informationen und Meinungen zu fast jedem denkbaren Thema aufweisen. Auf vielen dieser Internetangebote, insbesondere, wenn sie verbraucherpolitisch motiviert sind, finden sich geschützte Kennzeichen wieder. Wer eine Marke bzw. ein Unternehmenskennzeichen in eine Suchmaschine eingibt, wird daher bei bekannteren Kennzeichen Tausende von Treffern erzielen, von denen die wenigsten eine kennzeichenrelevante Nutzung darstellen. Häufig wird es hinsichtlich dieser Websites an einer Nutzung des Kennzeichens **im geschäftlichen Verkehr**[394] fehlen. Aber selbst wenn der Anbieter nachweisbare geschäftliche Interessen verfolgt, beschränkt sich die Verwendung des geschützten Kennzeichens in Bezug auf die eben genannten Internetangebote auf eine so genannte redaktionelle Nennung. 226

- Die so genannte **Markenparodie,** also die Wiedergabe einer Marke in verfremdeter Form oder in einem verfremdeten Zusammenhang ist differenziert zu behandeln. Es besteht Einigkeit, dass keine Markenverletzung vorliegt, wenn das Zeichen lediglich genannt wird, um sich mit dem entsprechenden Erzeugnis in satirischer oder parodistischer Weise auseinanderzusetzen. So hat der *BGH*[395] beispielsweise die satirische Verfremdung eines Marlboro-Plakats in einem 227

---

392 *EuGH* GRUR Int 2002, 50 – Toshiba/Kuton.
393 Vgl. *BGH* GRUR 1979, 564 (565) – Metallzeitung; *Ingerl/Rohnke*, § 14 MarkenG, Rdnr. 90.
394 Vgl. dazu KG CR 2002, 760 – oil-of-elf.de; *LG Essen* GRUR 2002, 920 – castor.de.
395 *BGH* GRUR 1984, 684 (685) – Mordoro.

Nichtraucherkalender als nicht kennzeichenmäßig angesehen. Ebenfalls wurde vom *BGH*[396] eine Persiflagensammlung mit dem Titel „Die hysterischen Abenteuer von Isterix“ nicht als rechtsverletzende Benutzung der Marke ASTERIX angesehen, obwohl ISTERIX blickfangmäßig herausgestellt war. Umgekehrt hat der *BGH*[397] ein Kondompäckchen mit dem Aufdruck „Mars macht mobil bei Sex-Sport und Spiel“ als Rechtsverletzung angesehen, da das entsprechende Kondompäckchen als Werbegag des Markeninhabers verstanden werden könne. Umstritten ist die Fallgruppe der Verwendung von Markenparodien durch Dritte in produktgestaltender Weise (z. B. Scherzartikelaufkleber mit dem Aufdruck LUSTHANSA[398]). Hierauf wird später beim produktgestaltenden Gebrauch noch zurückzukommen sein.

b) Strittige Fallgruppen mit besonderer Relevanz für die Internetnutzung

aa) Produktgestaltender Gebrauch eines Kennzeichens – websitegestaltender Gebrauch

228 In dieser Fallgruppe verwendet ein Dritter eine Marke zur Gestaltung eines von ihm selbst vertriebenen Produkts. Häufig wird in diesem Zusammenhang auch vom **dekorativen bzw. ornamentalen Gebrauch** eines Zeichens gesprochen. Ein solcher produktgestaltender Gebrauch liegt beispielsweise vor, wenn ein Mercedes-Stern als Schlüsselanhänger verwendet wird, ein Sweatshirt[399] mit Schriftzügen bekannter Uhrenhersteller versehen ist oder auch im Merchandisingbereich, wenn die unterschiedlichsten Waren mit bekannten Comicfiguren geschmückt werden. Ebenso hierher gehören die Fälle, in denen die produktgestaltenden Marken in satirisch oder parodistisch verfremdeter Weise auf den Produkten des Verwenders wiedergegeben werden. So hatte beispielsweise das *OLG Hamburg*[400] zu entscheiden, ob ein T-Shirt, das mit der Wortfolge „Adihash gives you speed“ und einem hanfblattartig veränderten Adidas-Dreiblatt versehen war, eine Markenverletzung darstellte. Schließlich fällt auch das Gestalten eines Modells eines Originalprodukts mit der Marke des Originalherstellers in die Fallgruppe des produktgestaltenden Gebrauchs.

229 Nach der bisherigen Rechtsprechung lag in einer solchen Fallgestaltung grundsätzlich keine Markenverletzung vor, da der Verkehr in dem produktgestaltenden Gebrauch regelmäßig keinen herkunftsmäßigen Hinweis sehe.

Nach der Arsenal-Entscheidung des *EuGH*[401] wird in diesen Fällen nun regelmäßig von einer Gefährdung der Herkunftsgarantie und damit einer Benutzung als Marke auszugehen sein. Denn regelmäßig wird durch die Benutzung des Zeichens der Eindruck erweckt, dass eine Verbindung (insbesondere Lizenzierung) zwischen den betroffenen Waren und dem Markeninhaber besteht bzw. – wie schon in der früheren Rechtsprechung[402] als ausreichend anerkannt – ein Werbegag des Markeninhabers vorliegt. Eine Markenbenutzung liegt unabhängig davon vor, ob das

---

396 *BGH* GRUR 1994, 191 (201) – Asterix Persiflagen.
397 *BGH* GRUR 1994, 808, (809) – Markenverunglimpfung I.
398 *OLG Frankfurt*, NJW 1982, 648.
399 *BGH* GRUR 1994, 635 (636) – Pulloverbeschriftung.
400 *OLG Hamburg*, GRUR 1992, 58.
401 *EuGH* WRP 2002, 1415, Tz. 56 ff.
402 *BGH* GRUR 1994, 808 (809) – Markenverunglimpfung.

Kennzeichen 1:1 oder in verfremdeter, parodistischer Form von einem Dritten übernommen wird[403]. Etwas anderes gilt – wie ausgeführt[404] – nur dann, wenn die geistige Auseinandersetzung mit dem Unternehmen bzw. dem Produkt im Vordergrund steht. So verneinte beispielsweise das *KG*[405] eine Markenverletzung bei der Verwendung des T in der geschützten Schreibweise der Telekom im Wort „Teurer" auf einer Postkarte, die mit dem Spruch „Alles wird Teurer" Preiskritik an der Deutschen Telekom übte.

Eine internetspezifische Form der produktgestaltenden Kennzeichenbenutzung ist der **websitegestaltende Gebrauch von Kennzeichen.** Nicht selten werden geschützte Kennzeichen Dritter zur Gestaltung der eigenen Website verwendet. So gibt es zahlreiche Websites von Privatpersonen, die mit der Wiedergabe des Kennzeichens ihre besondere Vorliebe für ein bestimmtes Produkt oder Unternehmen zum Ausdruck bringen wollen. In diesen Fällen fehlt es häufig bereits an dem für eine Kennzeichenverletzung notwendigen **Handeln im geschäftlichen Verkehr**[406]. Kennzeichenrechtlich relevant wird die Verwendung von Kennzeichen Dritter zur Gestaltung der Website, wenn die Website einen kommerziellen Charakter hat, also auf der Website entweder Waren/Dienstleistungen beworben oder vertrieben werden. Durch die Verwendung des fremden Kennzeichens wird dieses, wenn häufig auch nur mittelbar, zum Inhalt des eigenen Angebots gemacht. Während die herkömmliche Auffassung in solchen Sachverhaltskonstellationen wohl regelmäßig eine Kennzeichenverletzung verneinen würde, liegt aus den oben genannten Gründen[407] nach der neuesten Rechtsprechung eine Kennzeichenverletzung vor. In der Regel wird es sich bei den geschützten Kennzeichen um bekannte Kennzeichen handeln, so dass nicht unbedingt eine Waren-/Dienstleistungsähnlichkeit bzw. Branchennähe vorliegen muss. In vielen Fällen wird man **zumindest eine Rufausbeutung bzw. Beeinträchtigung der Unterscheidungskraft** bejahen können. 230

bb) Verwendung als Werktitel

Nach der bisherigen Rechtsprechung[408] liegt in der Verwendung eines Kennzeichens in einem Titel nur dann eine Kennzeichenverletzung, wenn der Titel vom Verkehr nicht nur – wie regelmäßig – zur Unterscheidung des Werkes von anderen Werken, sondern als betrieblicher Herkunftshinweis wahrgenommen wird. Nach diesseitiger Ansicht ist dagegen die Verwendung eines Zeichens in einem Titel, sei es als Titel einer Zeitschrift, eines Computerspiels oder auch einer Datenbank immer eine Zeichenbenutzung i.S.v. § 14 bzw. § 15 MarkenG, falls es sich nicht eindeutig um eine bloß titelnennende Verwendung in einem meinungsbildenden Kontext (z.B. der Buchtitel „Das Kirchimperium in Not") handelt. Wie *Ingerl/ Rohnke* zu Recht betonen, müssen die Fälle einer rein inhaltsbeschreibenden Verwendung eines Zeichens nach § 23 Nr. 2 MarkenG beurteilt werden, der mit der Schranken-Schranke des Unlauterkeitsvorbehalts einen interessengerechten Aus- 231

---

[403] So auch *OLG Hamburg*, GRUR 1992, 58 – „Adihash gives you speed"; anders *BGH* GRUR 1986, 759 (760) – BMW; *OLG Frankfurt*, NJW 82, 648 – Lusthansa.

[404] Vgl. Rdnr. 225.

[405] *KG* GRUR 1997, 295 – Alles wird Teurer.

[406] Vgl. Rdnr. 253.

[407] Vgl. Rdnr. 229.

[408] *BGH* GRUR 1994, 908 – Wir im Südwesten.

gleich[409] ermöglicht. Im Internet spielt diese Fallgruppe eine besondere Bedeutung, wenn man der hier vertretenen Ansicht[410] folgt und u. a. auch individuell gestaltete Websites als Werke anerkennt.

cc) Logoversand

232 Der Logoversand hat sich seit der massenhaften Verbreitung von Handys zu einem einträglichen Geschäft entwickelt. Die Abwicklung des Logoversands erfolgt sehr häufig über das Internet. Die Dienstleistung besteht vorrangig in der Übermittlung des Logos auf das Display eines Handy. Wenn es sich bei dem Logo um ein geschütztes Kennzeichen handelt, liegt ein Fall des produktgestaltenden Gebrauchs vor, denn das geschützte Kennzeichen wird zum Gegenstand des eigenen Angebots gemacht. Nach der hier vertretenen Auffassung liegt darin somit eine Kennzeichenverletzung vor. Da die als Logos angebotenen Kennzeichen in der Regel bekannt sind und der Vertrieb dieser Logos eine Rufausbeutung darstellt, sind auch die weiteren Voraussetzungen einer Kennzeichenverletzung regelmäßig gegeben.

dd) Sonderproblem von Fanseiten

233 Das Internet ist ein ideales Medium, um seine Vorliebe für reale oder fiktive Personen, Popgruppen, Fußballclubs, etc. durch Gestaltung einer um das Objekt der Zuneigung kreisende Webseite zu demonstrieren und gleichzeitig mit Gleichgesinnten über große Entfernungen hinweg in Kontakt zu treten. Zahlreiche dieser Fanseiten sind rein privater Natur und somit kennzeichenrechtlich ohne Relevanz. Neben diesen rein privaten Websites gibt es viele Websites, die zwar ebenfalls von privaten Personen betrieben werden, die aber zumindest durch die Schaltung von Bannerwerbung[411] eigene geschäftliche Interessen verfolgen. Schließlich gibt es viele ähnlich gestaltete Websites, die nur im weiteren Sinne als Fanseiten bezeichnet werden können, da sie strikt kommerziell ausgerichtet sind. Diese Websites finanzieren sich häufig durch Werbung oder als Vertriebsplattform für den Verkauf damit zusammenhängender Produkte.

234 Bei vielen dieser Fanwebsites werden geschützte Kennzeichen im Domainnamen oder blickfangmäßig auf der Homepage verwendet. Es stellt sich also die Frage, ob eine solche Verwendung der Kennzeichen eine Rechtsverletzung darstellt. Häufig werden die so herausgestellt verwendeten Kennzeichen Teil des Titels der Website sein, denn gerade die besonders aufwändig gestalteten Websites sind vergleichbare Werke i. S. v. § 5 Abs. 3 MarkenG. In diesem Zusammenhang stellt sich das eben[412] diskutierte Problem, ob die **Verwendung eines Kennzeichens als Werktitel** eine kennzeichenmäßige Nutzung ist. Wenn man der hier vertretenen Auffassung folgt, liegt eine rechtsverletzende Benutzung vor. Es stellt sich dann die Frage, ob diese Nutzung nach § 23 Nr. 2 MarkenG im Sinne einer **inhaltsbeschreibenden Angabe** gerechtfertigt ist. Dies wird maßgeblich davon abhängen, ob die Verwendung des Kennzeichens im Titel lauter ist. Die Lauterkeit kann nicht bereits daran scheitern, dass die verkehrsübliche Bezeichnung des Objekts der Website im Domainnamen bzw. als herausgestellter Titel der Website verwendet wird, denn nur so kann auf

---

409 Vgl. dazu auch *OLG Hamburg*, MarkenR 2000, 32 (33) – FC Schalke 04.
410 Vgl. Rdnr. 121 ff.
411 Vgl. zu den vertragsrechtlichen Problemen § 13, Rdnr. 342 ff.
412 Rdnr. 231.

den geistigen Inhalt der entsprechenden Website hingewiesen werden. In die Beurteilung der Unlauterkeit muss überdies mit einfließen, dass die **Berücksichtigung der Meinungs- und Pressefreiheit** es grundsätzlich jedermann gestattet, zu Filmen, Personen der Zeitgeschichte oder anderen öffentlichkeitswirksamen Themen Stellung zu nehmen, ohne sich gleich kennzeichenrechtlichen Ansprüchen auszusetzen. Andererseits muss bei Verwendung von geschützten Kennzeichen auch auf die Interessen des Kennzeicheninhabers Rücksicht genommen werden. Denn die hohe Werbewirksamkeit, die solchen professionalisierten Websites zukommt, hängt ganz maßgeblich von der Bekanntheit und der Ausstrahlungskraft des mit dem Kennzeichen bezeichneten Gegenstands ab. Viele Objekte dieser Websites sind ausgesprochen **merchandiseträchtig.** Die kommerzielle Vermarktung des mit dem Kennzeichen hervorgerufenen Aufmerksamkeitseffekts steht aber dem Kennzeicheninhaber zu. Die Grenze jeder lauteren Nutzung fremder Kennzeichen in solchen Fanwebsites ist spätestens dann erreicht, wenn beim Verkehr falsche Herkunftsvorstellungen ausgelöst werden, d.h. der Eindruck erweckt wird, die Website sei vom Kennzeicheninhaber entweder selbst oder zumindest mit seiner ausdrücklichen Zustimmung (Lizenz) ins Netz gestellt worden. Ob sich ein solcher Eindruck für den Verkehr aufdrängt, hängt von der konkreten Gestaltung der Website ab. Die Übernahme des vom Kennzeicheninhabers verwendeten eigentümlichen Schriftzugs, die Verwendung seiner Farben oder auch Zusätze wie z.B. „original", „offiziell", etc. werden beim Verkehr Fehlvorstellungen hervorrufen. Als Grundregel für solche Fanseiten gilt, dass je eindeutiger die Website kommerziell orientiert ist, desto mehr Rücksicht muss der Webseiteninhaber auf die Interessen des Kennzeicheninhabers nehmen.

3. Schranken

Die Bejahung einer rechtsverletzenden Benutzung gemäß § 14 bzw. § 15 MarkenG eines Kennzeichens löst nicht automatisch kennzeichenrechtliche Ansprüche aus. Zunächst ist zu prüfen, ob nicht die Schutzschranken des § 23 MarkenG, die gleichermaßen auf Marken und geschäftliche Bezeichnungen Anwendung finden, einschlägig sind. Die Schutzschranken des § 23 MarkenG übernehmen in der Systematik des neuen Markenrechtes die Funktion der **Eingrenzung der Monopolrechte des Kennzeicheninhabers,** die nach der herkömmlichen Rechtsprechung dem **kennzeichenmäßigen Gebrauch** zufiel. Neben den Schutzschranken des § 23 MarkenG wird an dieser Stelle auch die ungeschriebene Beschränkung der Kennzeichenrechte nach den Grundsätzen der Gleichnamigkeit und die für alle gewerblichen Schutzrechte so wichtige Schranke der Erschöpfung gemäß § 24 MarkenG behandelt. 235

a) § 23 Nr. 1 MarkenG

236 Gemäß § 23 Nr. 1 MarkenG sind kennzeichenrechtliche Ansprüche dann ausgeschlossen, wenn diese einem Dritten untersagen würden, seinen Namen oder Anschrift zu benutzen. Nach nicht unbestrittener Ansicht[413] ist unter Namen nur der **Vor- und Nachname natürlicher Personen** zu verstehen, da diese für den Namensinhaber nicht frei wählbar sind und überdies das Recht, seinen Namen auch im geschäftlichen Verkehr zu führen, Ausfluss des allgemeinen Persönlich-

[413] Vgl. *Ingerl/Rohnke,* § 23, Rdnr. 10 m.w.N.; a.A. *Fezer,* § 23, Rdnr. 20, der das Namenführungsrecht auf den Familiennamen beschränkt sehen will.

keitsrechts ist. Nach der Rechtsprechung[414] können sich nicht nur der Namensinhaber, sondern auch Personen, denen er die Verwendung seines Namens als Hinweis auf sich selbst gestattet hat, auf § 23 Nr. 1 MarkenG berufen. Mit § 23 Nr. 1 MarkenG hat der Gesetzgeber nun zum Teil nachvollzogen, was von der Rechtsprechung unter dem Stichwort „Recht der Gleichnamigen“ entwickelt wurde[415]. Fraglich ist, ob § 23 Nr. 1 auf Domainnamen in ihrer Adressenfunktion Anwendung findet[416].

b) § 23 Nr. 2 MarkenG

237 § 23 Nr. 2 MarkenG ist wohl die wichtigste Schutzschranke. Sie schließt kennzeichenrechtliche Ansprüche immer dann aus, wenn das Zeichen oder ein ähnliches Zeichen zur Beschreibung von Eigenschaften der Waren oder Dienstleistungen benutzt wird. Nach einem Teil der Rechtsprechung[417] soll § 23 Nr. 2 MarkenG bei **kennzeichenmäßigem Gebrauch** des Zeichens im Sinne der Rechtsprechung unanwendbar sein. Nach richtiger Ansicht[418] steht auch ein kennzeichenmäßiger Gebrauch des Zeichens einer Anwendung des § 23 MarkenG grundsätzlich nicht entgegen. Die früher in § 16 WZG verankerte ausdrückliche Beschränkung auf den nicht warenzeichenmäßigen Gebrauch findet sich im neuen Markengesetz nicht wieder. Die Auslegung des § 23 Nr. 2 MarkenG hängt naturgemäß auch davon ab, welchen Standpunkt man zur Frage der rechtsverletzenden Benutzung bezieht. Derjenige, der beispielsweise auch die Zeichenverwendung in einem Titel als Benutzung des Zeichens i. S. v. § 14 bzw. § 15 MarkenG ansieht, muss konsequenterweise den Anwendungsbereich des § 23 Nr. 2 MarkenG weiter ziehen, um eindeutig inhaltsbeschreibende Angaben zu erfassen. Die Vertreter der verschiedenen Auffassungen werden daher in der Praxis häufig zum gleichen Ergebnis kommen, wenn auch auf unterschiedlichen Wegen. Das gilt umso mehr, als auch die Befürworter einer Anwendung des § 23 MarkenG bei kennzeichenmäßigem Gebrauch durchaus nach der Art der Benutzung der Marke differenzieren. Wer eine mit einem geschützten Zeichen identische Angabe blickfangmäßig herausstellt und zudem sich beispielsweise in der Schreibweise an das geschützte Kennzeichen annähert, wird es im Einzelfall sehr schwer haben, sich auf einen beschreibenden Gebrauch zu berufen. Aber selbst wenn man den beschreibenden Gebrauch noch bejahen sollte, wird dann häufig die Schranken-Schranke des Unlauterkeitsvorbehalts unter dem Gesichtspunkt der Rufausbeutung oder Verwässerung greifen[419]. Neben der konkreten Verwendungsform des Zeichens können eine Reihe anderer Gesichtspunkte in die Beurteilung der Unlauterkeit einfließen[420]. Dazu zählt auch die Art des geschützten Kennzeichens. Glatte Beschaffenheitsangaben werden nach der Lebenserfahrung als solche und nicht als betrieblicher Herkunftshinweis selbst bei blickfangmäßiger

---

[414] Vgl. dazu *OLG Hamburg,* WRP 1997, 106 (111) – Gucchi.

[415] Vgl. Rdnr. 242.

[416] Vgl. § 6, Rdnr. 92.

[417] Vgl. *OLG Hamburg* GRUR 1996, 982 (983) – Für Kinder; *OLG Stuttgart,* WRP 1996, 634 (637) – Baggerparty.

[418] *Althammer/Ströbele/Klaka,* § 23, Rdnr. 5; *Ingerl/Rohnke,* § 23, Rdnr. 35; vgl. auch *OLG München,* WRP 1996, 1052 (1054) – BicPac; so wohl auch der *BGH* Beschl. v. 7. 2. 2002, I ZR 258/98, der diese Frage dem *EuGH* vorgelegt hat.

[419] *OLG Hamburg,* WRP 1997, 106 (111) – Gucchi.

[420] Vgl. dazu *Ingerl/Rohnke,* § 23, Rdnr. 46.

Herausstellung gewertet[421]. Allerdings kann bei Zweifeln hinsichtlich des beschreibenden Charakters der Angabe gerade ihre schlagwortartige Verwendung[422] die Unlauterkeit begründen.

Die beschreibende Verwendung eines geschützten Zeichens im Internet ist nicht notwendigerweise auf eine Nutzung im Fließtext der Website beschränkt. So sah das *LG Bochum*[423] die Verwendung des geschützten Zeichens WEBSPACE in **der Kopfzeile einer Homepage** als rein beschreibende Nutzung gemäß § 23 MarkenG im Sinne des englischsprachigen Ausdrucks für Speicherplatz an. 238

§ 23 Nr. 2 MarkenG kommt – wie noch zu erläutern sein wird[424] – eine bedeutende Rolle bei der Verwendung von beschreibenden Angaben in **Metatags** zu, die mit geschützten Zeichen identisch sind. 239

c) § 23 Nr. 3 MarkenG

§ 23 Nr. 3 MarkenG erlaubt die Benutzung eines geschützten Kennzeichens, um diejenigen Originalwaren/-dienstleistungen des Markeninhabers zu identifizieren, für welche die Waren/Dienstleistungen des Verwenders bestimmt sind. Wer also beispielsweise Handy-Oberschalen herstellt, dem ist es erlaubt, auf der Verpackung der Handy-Oberschale diejenigen Handys zu bezeichnen, auf die die Handy-Oberschale aufgesetzt werden kann. § 23 Nr. 3 MarkenG kommt somit eine große Bedeutung für Ersatzteile und Zubehörwaren sowie für Wartungs- und Reparaturdienstleistungen zu. Da die bezugnehmende Bestimmungsangabe nicht unerhebliche Gefahren für den Ruf des Kennzeicheninhabers beinhaltet, hat der Gesetzgeber als weitere Einschränkung neben dem Unlauterkeitsvorbehalt die **Notwendigkeit** der Verwendung der Bestimmungsangabe bestimmt. Jede Bezugnahme in Art und Weise, die über das sachlich Erforderliche hinausgeht[425], ist somit unzulässig, wobei im Einzelfall eine Abgrenzung zum Unlauterkeitsvorbehalt schwierig sein wird. 240

Eine große Bedeutung kommt den nach § 23 Nr. 3 MarkenG privilegierten Bestimmungsangaben bei der Verwendung von **Metatags**[426] aber auch Einsatz von **Keywords** zu. So kann ein Anbieter von Ersatzteilen ohne weiteres im kodierten Teil seiner Website auf das Produkt hinweisen, für das die Ersatzteile bestimmt sind, wie später noch im Einzelnen auszuführen sein wird. Andererseits ist es kaum vorstellbar, dass die Verwendung einer mit einem Kennzeichen identischen Bestimmungsangabe in einem Domainnamen als notwendig und lauter angesehen wird. 241

d) Grundsatz der Gleichnamigkeit

Die als Recht der Gleichnamigen bezeichnete und von der Rechtsprechung entwickelte Schranke basiert auf dem im Persönlichkeitsrechte wurzelnden Grundsatz, dass niemandem die redliche Benutzung seines Namens im Geschäftsverkehr untersagt werden darf. Dieser Grundsatz findet nunmehr auch in § 23 Nr. 1 MarkenG seinen Ausdruck, geht aber über dessen Anwendungsbereich hinaus[427]. Obwohl die 242

---

421 *Althammer/Ströbele/Klaka*, § 23, Rdnr. 5; *OLG München*, WRP 1996, 1052 (1054) – Bic-Pac.

422 *OLG Stuttgart*, WRP 1996, 634 (636) – Baggerparty; *OLG München*, Mitt. 1996, 174 (175) – Fat Tire.

423 *LG Bochum*, NJW-CoR 2000, 47 – WEBSPACE.

424 Vgl. Rdnr. 276.

425 Instruktiv hierzu *OLG Düsseldorf*, CR 2000, 583 (585) – Pentium.

426 Rdnr. 276.

427 Vgl. dazu *Ingerl/Rohnke*, § 23, Rdnr. 21.

zum Recht der Gleichnamigen entwickelten Rechtsgrundsätze in der Rechtsprechung[428] bisher nur auf die Kollision von identischen Familiennamen Anwendung fand, ist kein Grund ersichtlich, sie nicht auch bei ähnlich gelagerten Kollisionsfragen anzuwenden. Im Ergebnis stellt das Recht der Gleichnamigen eine Einschränkung des Prioritätsgrundsatzes dar.

243 Der prioritätsältere Kennzeicheninhaber muss im Einzelfall bei redlicher Führung des Eigennamens durch den Prioritätsjüngeren **einen Rest an Verwechslungsgefahr hinnehmen**[429]. Vorher muss allerdings der prioritätsjüngere Namensführer eventuell durch Aufnahme unterscheidungskräftiger Zusätze das ihm Zumutbare tun, um Verwechslungen zu vermeiden. Welche Anforderungen an unterscheidbare Zusätze zu stellen sind, richtet sich immer nach den Umständen des Einzelfalls, also insbesondere nach der Bekanntheit des älteren Zeichens, dem Grad der Branchennähe und dem schutzwürdigen Interesse des Prioritätsjüngeren. Eine nach den Grundsätzen des Rechts der Gleichnamigen bestehende Gleichgewichtslage darf allerdings auch nicht ohne weiteres vom Prioritätsälteren zu Lasten des Prioritätsjüngeren verschoben werden. Auch ihn trifft die Pflicht, eine Erhöhung der Verwechslungsgefahr zu vermeiden. Eine verwechslungserhöhende Änderung seines Firmennamens, sei es, dass ein Bestandteil nunmehr in Alleinstellung benutzt wird oder das Geschäftsfeld ausgeweitet wird, darf also nur nach einer umfassenden Interessenabwägung erfolgen. Nach ständiger Rechtsprechung[430] berechtigt die Gleichnamigkeit des Prioritätsjüngeren allerdings nicht zur Verwendung seines Namens als Marke. Begründet wird dies mit dem geringeren Bedürfnis an der Markenverwendung. Insoweit ist auch die Veränderung der **Gleichgewichtslage** in der Form eines Übergangs vom firmenmäßigen zum markenmäßigen Gebrauch unzulässig.

e) Erschöpfung

aa) Reichweite der Erschöpfungseinrede

244 Nach § 24 MarkenG hat der Inhaber eines Kennzeichens nicht das Recht, einem Dritten die Benutzung des Kennzeichens für Waren zu verwehren, die durch ihn oder mit seiner Zustimmung in einen Mitgliedsstaat der Europäischen Union oder in einen Vertragsstaat des Abkommens über den Europäischen Wirtschaftsraum[431] gebracht worden sind. Die Erschöpfung tritt nicht etwa hinsichtlich des Kennzeichenrechts selbst, sondern nur in Bezug auf die konkreten in den Verkehr gebrachten **Waren** ein. Somit ist schon rein begrifflich eine Erschöpfung für Dienstleistungen ausgeschlossen. Während ursprünglich die Erschöpfung vor allem mit Hinweis auf die Natur der Waren als Originalerzeugnisse begründet wurde[432], werden heute auch wettbewerbsrechtliche Gesichtspunkte angeführt[433]; ohne Erschöpfung könnte nämlich der Kennzeicheninhaber den gesamten Vertrieb der Ware steuern. Die Erschöpfung tritt allerdings nur hinsichtlich derjenigen markenrechtlichen Benutzungsformen ein, die für den Weitervertrieb der Waren erforderlich sind. Hierzu

---

[428] *BGH* GRUR 1993, 579 – Römer GmbH; *BGH* GRUR 1960, 33 (36) – Zamek I.

[429] Vgl. *BGH* GRUR 1993, 579 (580) – Römer GmbH.

[430] Vgl. z.B. *BGH* GRUR 1991, 475 (478) – Karen Pfleger.

[431] Mitglieder jenseits der EU-Mitgliedstaaten des sogenannten „EWR" sind Island, Liechtenstein und Norwegen.

[432] Vgl. *BGHZ* 41, 84 (93) – Maja.

[433] Vgl. *BGHZ* 60, 185, 190 – Cincano.

gehören neben dem Anbieten, dem Inverkehrbringen, der Einfuhr und Ausfuhr auch das sogenannte Ankündigungsrecht, wie vom *EuGH*[434] inzwischen bestätigt wurde. Unter der Erschöpfung des Ankündigungsrechts versteht man, dass sich der Kennzeicheninhaber der Verwendung der Marke in Werbeanzeigen nicht widersetzen kann, mit denen ein Händler auf die Erhältlichkeit der von ihm legal vertriebenen Produkte hinweist. Seit der Bristol-Myers-Squibb-Entscheidung des *EuGH*[435] geht man[436] davon aus, dass auch die Handlungsform des Anbringens des Kennzeichens bei notwendiger Umverpackung der Originalware sich erschöpft.

Auf die Erschöpfung des **Ankündigungsrechts** kann sich auch jeder **Internet-Online-Anbieter,** der rechtmäßig Ware unter der Marke auf seiner Website vertreibt, berufen. Unter Hinweis auf Art 7 Abs. 2 der Markenrichtlinie (= § 24 Abs. 2 MarkenG) hat der *EuGH*[437] allerdings die Einschränkung gemacht, dass die entsprechende Ankündigung bzw. Werbung nicht den Ruf der Marke erheblich schädigen dürfe. Es wird immer von den Umständen des Einzelfalls abhängen, wann der betreffende Online-Vertrieb die Wertschätzung der Marke erheblich schädigt. Eine solche Schädigung sollte beispielsweise angenommen werden, wenn ein exquisites Luxusprodukt auf einer Website angeboten wird, die sonst nur Billigprodukte anbietet und die zudem die Waren in einer wenig ansprechenden Weise präsentiert. Das Ankündigungs- bzw. Werbehinweisrecht ist auch für die Beurteilung der Zulässigkeit von Metatags wichtig, da es dem Händler von Markenware – wie noch auszuführen sein wird[438] – grundsätzlich nicht untersagt werden darf, diese geschützte Marke auch als Metatag in seine Website aufzunehmen[439]. 245

bb) Tatbestandsvoraussetzungen der Erschöpfung

Tatbestandsvoraussetzung der Erschöpfung ist das Inverkehrbringen der Ware, wozu – außer bei rein konzerninternen Sachverhalten[440] – die körperliche Übergabe zu Absatzzwecken gehört. Nach der „Silhouette"-Entscheidung des *EuGH*[441] steht endgültig fest, dass die deutsche Rechtsprechung[442] vom Grundsatz der weltweiten Erschöpfung Abstand nehmen muss. Wenn auch der Grundsatz der nur **europaweiten Erschöpfung** wirtschaftspolitisch umstritten bleibt, stellt somit der Import von Originalwaren, die außerhalb der Europäischen Union in den Verkehr gebracht worden sind, eine Verletzung des im Inland bestehenden Kennzeichenschutzes des Inhabers dar. In der kürzlich ergangenen „Davidoff"-Entscheidung hat der *EuGH*[443] zudem klargestellt, dass es unerheblich ist, ob der einführende Wirtschaftsteilnehmer Kenntnis davon hatte, dass sich der Markeninhaber der unautorisierten Einfuhr widersetzt. Zudem kann nach Ansicht des *EuGH* keine konkludente Zustimmung zur Einfuhr darin gesehen werden, dass auf den Waren nicht 246

---

[434] Vgl. *BGH* GRUR Int. 1998, 140 – Dior/Evora.
[435] *EuGH* GRUR Int. 1996, 1144 – Bristol-Myers-Squibb.
[436] Vgl. *Althammer/Ströbele/Klaka,* § 24, Rdnr. 3.
[437] *EuGH* GRUR 1998, 141.
[438] Rdnr. 277.
[439] *LG Hamburg,* CR 2002, 136, 137.
[440] Vgl. *BGH* GRUR 1982, 100 – Schallplattenexport.
[441] Vgl. *EuGH* GRUR 1998, 919 – Silhouette; bestätigt durch die Entscheidung *EuGH* GRUR Int. 1999, 870 – Sebago.
[442] Vgl. auch vorher schon *BGH* GRUR 1996, 271 – Gefärbte Jeans.
[443] *EuGH* WRP 2002, 65 – Davidoff.

angegeben ist, dass das Inverkehrbringen im Europäischen Wirtschaftsraum verboten ist.

247 Um zu verhindern, dass es durch Konzernstrukturen zu Marktaufteilungen kommt, wird das Inverkehrbringen durch den Markeninhaber dem Inverkehrbringen durch ein Konzernunternehmen gleichgestellt[444]. Wichtigster Fall des Inverkehrbringens mit Zustimmung des Kennzeicheninhabers ist das Inverkehrbringen durch die Lizenznehmer, wobei § 30 MarkenG insbesondere in Bezug auf die Qualität der lizenzierten Ware gewisse Einschränkungen hinsichtlich der Erschöpfung zugunsten des Kennzeicheninhabers macht. Nach herrschender Meinung[445] trifft die Darlegungs- und Beweislast für die Voraussetzung der Erschöpfung den Verletzer, da er sich auf eine Ausnahme vom Verbietungsrecht beruft.

cc) Ausnahmen zum Erschöpfungseinwand

248 Nach § 24 Abs. 2 MarkenG findet die Erschöpfung des Abs. 1 dann keine Anwendung, wenn der Kennzeicheninhaber **berechtigte Gründe** hat, sich dem Weitervertrieb der Waren zu widersetzen, wobei das Gesetz als berechtigten Grund insbesondere eine Veränderung oder Verschlechterung des Zustands der Waren ansieht. Eine Zustandsveränderung bzw. -verschlechterung liegt zumindest dann vor, wenn die Eigenart der Ware betroffen ist. So hat der *BGH* die Umfärbung von Jeans[446], als auch die Hinzufügung von Brillianten auf einer Rolex-Uhr[447] als eine solche zustandsbeeinträchtigende Veränderung angesehen. Zum Umpacken von Originalware mit dem Zweck der Anpassung an die jeweiligen nationalen Gegebenheiten hat der *EuGH* insbesondere für den Arzneimittelbereich eine umfangreiche Rechtsprechung entwickelt[448].

dd) Online-Vertrieb von außerhalb der Europäischen Union ansässigen Anbietern

249 Gerade bei der Produktpirateriebekämpfung wird man immer wieder mit Waren konfrontiert, die von Online-Anbietern stammen, die außerhalb der Europäischen Union ansässig sind. Die Überraschung für die Käufer ist dann groß, wenn diese im Versand vertriebenen Waren bei der Einfuhr in die Europäische Union vom Zoll beschlagnahmt werden. Diese Waren sind nämlich nach der geschilderten Rechtsprechung des *EuGH* und des *BGH* Parallelimporte und verletzen somit die inländischen Kennzeichenrechte. Der Umstand, dass dieser **Kauf im Internet** stattgefunden hat und zudem häufig auf der Website des Online-Verkäufers jeglicher warnende Hinweis fehlt, steht dem Unterlassungsanspruch des Kennzeicheninhaber nicht entgegen. Lediglich Privatpersonen, die überdies kleine Mengen einführen, können sich gegebenenfalls darauf berufen, dass die Einfuhr der Waren keine Handlung im geschäftlichen Verkehr ist. Eine inländische Kennzeichenverletzung begeht selbstverständlich auch der außerhalb der Europäischen Union ansässige Online-Anbieter, dessen Warenangebot beispielsweise durch Angabe der Preise in Euro sich eindeutig

---

444 Vgl. *BGHZ* 60, 185 – Cincano.

445 Vgl. *EuGH* MarkenR 2003, 193 – Stüssy; *OLG München,* Mitt. 1998, 186 – Baseballkappe; *OLG Köln,* GRUR 1999, 346 – Davidoff Cool Water; anderer Ansicht: *Ingerl/Rohnke,* § 24, Rdnr. 15, unter Hinweis auf das Tatbestandsmerkmal „ohne Zustimmung des Inhabers".

446 Vgl. *BGH* GRUR 1996, 271 – gefärbte Jeans.

447 *BGH* GRUR 1998, 696 – Rolex Uhr mit Diamanten.

448 Vgl. hierzu *Althammer/Ströbele/Klaka,* § 24, Rdnr. 36 ff.

auch an inländische Verbraucher wendet. Die Durchsetzung der kennzeichenrechtlichen Ansprüche gegen diesen Online-Anbieter stößt allerdings in der Praxis auf viele Schwierigkeiten.

II. Begehung im räumlichen Schutzbereich

Ansprüche nach den §§ 14, 15 MarkenG kommen nur in Betracht, wenn die Verletzungshandlung im **territorialen Schutzbereich der Marke und/oder geschäftlichen Bezeichnung** begangen worden ist bzw. droht[449]. Registermarken genießen grundsätzlich Schutz im gesamten Bundesgebiet. Der territoriale Schutzanspruch von Benutzungsmarken hängt dagegen von der geographischen Ausdehnung der Verkehrsgeltung ab. Das Gleiche gilt für geschäftliche Bezeichnungen. Nach einer nicht unumstrittenen[450] Rechtsprechung des *BGH*[451] müssen sich geschäftliche Bezeichnungen mit nur einem territorial begrenzten Schutzanspruch bei Kollisionen mit Kennzeichenrechten bundesweit tätiger Unternehmen überdies gefallen lassen, dass ihr Verbietungsrecht unter dem Vorbehalt einer Abwägung mit den Interessen des bundesweit tätigen Unternehmens steht. 250

Eine rechtserhebliche Benutzungshandlung im Inland setzt voraus, dass ein zur tatbestandsmäßigen Handlung gehörender **Teilakt im Inland** vorgenommen oder der **Verletzungserfolg** im Inland eintritt. Für vorbeugende Unterlassungsansprüche ist der Ort maßgeblich, an dem die Begehung droht. Das *OLG Stuttgart*[452] ist der Auffassung, dass es für eine inländische Kennzeichenverletzung ausreicht, wenn vom Inland aus das Angebot der Waren **über das Internet gesteuert** wird, selbst wenn sich das Angebot an ausländische Verkehrskreise richtet. 251

Allgemein gilt, dass ein **Internetangebot,** das der Natur des „World Wide Web" nach grundsätzlich weltweit abrufbar ist, nur dann zu einer Verletzung inländischer Kennzeichenrechte führen kann, wenn das Angebot einen **Inlandsbezug** aufweist[453]. Hinsichtlich näherer Ausführungen zum Territorialitätsprinzip und für den im Internet geforderten Inlandsbezug wird auf die Ausführungen von *Nordemann*[454] verwiesen. 252

III. Handeln im geschäftlichen Verkehr

Marken und geschäftliche Bezeichnungen sind grundsätzlich nur gegenüber solchen Handlungen geschützt, die im geschäftlichen Verkehr vorgenommen werden[455]. Der Anspruch des Kennzeicheninhabers gegenüber dem Herausgeber von Lexika, Nachschlagewerken etc. zum Schutz ihres Kennzeichens vor Verwässerung oder Verfall zur Gattungsbezeichnung einen klärenden Zusatz aufzunehmen, stellt 253

---

[449] Detailliert zu den international-privatrechtlichen Fragen, § 3, Rdnr. 75 ff.

[450] Vgl. dazu *Ingerl/Rohnke,* § 15, Rdnr. 20.

[451] Vgl. etwa *BGH* GRUR 1991, 155, 156 – Rialto.

[452] *OLG Stuttgart,* CR 1998, 372.

[453] Vgl. dazu *LG Hamburg,* CR 1999, 785 (786) – Animal Planet; *OLG Bremen,* CR 2000, 770 (771); *LG Köln,* CR 2002, 58 – „budweiser.com"; *LG Hamburg* GRUR Int. 2002, 163; *KG Berlin* GRUR-RR 2001, 180 – check in; a.A. *OLG Hamburg,* K&R 2000, 138 (140) – Goldenjackpot.com.

[454] § 3, Rdnr. 93 ff., 104.

[455] Vgl. dazu ausführlich § 6, Rdnr. 66 ff.; vgl. zur parallelen wettbewerbsrechtlichen Voraussetzung § 11, Rdnr. 18 ff.

die einzige Ausnahme vom Erfordernis des geschäftlichen Verkehrs dar. Nach der Rechtsprechung wird unter einer Handlung im geschäftlichen Verkehr jede Tätigkeit verstanden, die einem beliebigen eigenen oder fremden Geschäftszweck dient, wobei Gewinnabsicht, Entgeltlichkeit oder ein Wettbewerbsverhältnis nicht unbedingt notwendig sind[456]. Das **Setzen eines Hyperlinks** auf ein kommerziell ausgerichtetes Internetangebot kann auch gegen den Inhaber einer Website, der selbst keine geschäftlichen Zwecke verfolgt, markenrechtliche Ansprüche auslösen. Das Tatbestandsmerkmal des geschäftlichen Verkehrs ist häufig maßgeblich für die Beurteilung von Markenverletzungen bei **Internetauktionen.** Das Verkaufen von Produktpiraterieware über Internetauktionshäuser erfreut sich zunehmender Beliebtheit, was wohl auch darin begründet liegt, dass die Verkäufer im Internet ihre Identität nicht preisgeben müssen. Es ist eine Frage des Einzelfalls, wann eine private oder geschäftliche Tätigkeit anzunehmen ist. Die Einfuhr von zehn gefälschten Sweatshirts und sechs Kapuzenjacken wurde dem Privatbereich zugeordnet[457], während die Einfuhr von 94 Markentextilien, darunter 14 gefälschten T-Shirts, als geschäftliche Tätigkeit angesehen wurde[458]. In einem kürzlich entschiedenen Fall wurden 39 über ein Internetauktionshaus getätigte Transaktionen innerhalb eines Zeitraums von fünf Monaten durch eine Privatperson als ein Handeln im geschäftlichen Verkehr gewertet. Das Gericht[459] betrachtete es als zusätzlichen, maßgeblichen Umstand, dass der Verletzer erhebliche Gewinnspannen erzielt hatte.

Ein anderer Aspekt ist die Haftung des Auktionshauses. Da die Angebotstexte von den Verkäufern selbst abgefasst werden und somit der Auktionator die Marke nicht selbst benutzt, kommt für den Auktionator nur eine Zurechnung über die Grundsätze der Störerhaftung[460] in Betracht.

IV. Störer

254 Im Kennzeichenrecht gilt die Störerhaftung. Störer und somit Gegner des Inhabers kennzeichenrechtlicher Ansprüche ist derjenige, der als Täter, Mittäter, Anstifter oder Gehilfe die Verletzung begeht, veranlasst hat, verhindern könnte, von ihr profitiert oder das Handeln rechtswidrig duldet. Ob jemand als Täter, Mittäter, Anstifter oder Gehilfe einer Kennzeichenverletzung in Betracht kommt, richtet sich nach den **allgemeinen deliktrechtlichen Bestimmungen** (§§ 830ff. BGB). Sollten mehrere Personen beteiligt sein, haften sie dementsprechend auch als Gesamtschuldner nach § 840 BGB. Juristische Personen haften für ihre Organe bzw. Handelsgesellschaften für ihre Vertreter gemäß den §§ 31, 89 BGB. Die gesetzlichen Vertreter von juristischen Personen bzw. Handelsgesellschaften handeln überdies regelmäßig auch persönlich, da sie entweder bereits als Täter bzw. Mittäter an der Verletzungshandlung teilgenommen haben oder zumindest, da sie von der Verletzung Kenntnis und die Möglichkeit hatten, sie zu verhindern, was im Lichte des weiten Störerbegriffs der Rechtsprechung[461] genügt.

---

[456] *BGH* GRUR 1987, 438, 440 – Handtuchspender.
[457] *LG Düsseldorf*, Mitt 1996, 22 (23).
[458] *LG Mannheim* 1999, 1057.
[459] *LG Berlin*, CR 2002, 371.
[460] Vgl. Rdnr. 256.
[461] Vgl. *BGH* GRUR 1986, 248, 250 – Sporthosen.

Gemäß §§ 14 Abs. 7 bzw. 15 Abs. 6 MarkenG haftet der Betriebsinhaber für Kennzeichenverletzungshandlungen seiner Angestellten, ohne dass er, anders als nach § 831 BGB, eine Exkulpationsmöglichkeit besitzt. 255

Für das **Internet** bedeutet der weite Störerbegriff, dass neben dem Webseiteninhaber regelmäßig auch der **Provider**, sobald er von einer Kennzeichenverletzung Kenntnis erlangt, als Störer angesehen werden muss[462]. Nach Kenntniserlangung von der Kennzeichenverletzung wird dem Internet-Serviceprovider auch die Haftungsprivilegierung des § 8 Abs. 2 TDG nicht weiterhelfen. Mit der „ambiente.de"-Entscheidung[463] hat sich der *BGH* zur Störerhaftung der **DENIC** geäußert. Für die Registrierungsphase hat der *BGH* mangels Prüfungspflicht eine Störerhaftung verneint. Wird die DENIC allerdings von einem Dritten auf eine Kennzeichenrechtsverletzung hingewiesen, kommt eine Haftung als Störerin in Betracht, wenn die Rechtsverletzung offenkundig und für die DENIC ohne weiteres feststellbar[464] ist. Kein Störer ist nach Ansicht des *LG München* grundsätzlich auch der **Suchmaschinenbetreiber**[465]. Dieser Ansicht ist zuzustimmen. Auch für den Suchmaschinenbetreiber ist es praktisch unmöglich, den Inhalt aller Websites zu kontrollieren, die von der Suchmaschine erfasst werden. Im Übrigen wäre bei Statuierung einer allgemeinen Prüfungspflicht die Funktionsfähigkeit der Suchmaschinen und damit des Internets selbst in Frage gestellt. Eine allgemeine Prüfungspflicht scheidet somit aus. Bei Offenkundigkeit einer Rechtsverletzung muss allerdings auch der Suchmaschinenbetreiber das ihm Mögliche tun, um die Rechtsverletzung zu beseitigen. 256

Nach den vom *BGH* in der „ambiente.de-Entscheidung" aufgestellten Grundsätzen wird auch eine Haftung des **Internetauktionators** nur selten zu begründen sein, obwohl kein Zweifel darin bestehen kann, dass der Internetauktionator durch Bereitstellen der entsprechenden Verkaufsplattform an der Rechtsverletzung adäquat kausal mitwirkt. Regelmäßig wird es aber an einer Prüfungspflicht fehlen, da eine Kontrolle aller Verkaufsangebote praktisch kaum möglich ist und somit unzumutbar ist. Eine Prüfungspflicht liegt allerdings dann vor, wenn die Rechtsverletzung offenkundig, d. h. beispielsweise sich aus einem rechtskräftigen Titel ergibt[466].

Derjenige Internetanbieter, der auf seiner Website einen **Link** setzt, kann als Störer für die auf den verlinkten Seiten stattfindenden Kennzeichenverletzungen in Anspruch genommen werden. Bezüglich der Einzelheiten wird auf die Ausführungen zu Hyperlinks[467] verwiesen. 257

V. Durchsetzung von Kennzeichenrechten

1. Allgemeines zu den Ansprüchen gegen den Verletzer bei Kennzeichenverletzung

Die Verletzung von Kennzeichenrechten hat insbesondere **Unterlassungs-, Auskunfts-, Schadensersatz-** und **Vernichtungsansprüche** zur Folge[468]. Das Verfahren 258

---

[462] Vgl. zu dem gesamten Komplex der Haftung ausführlich § 4 und auch *Völker/Weidert,* WRP 1967, 661; *OLG München*, CR 1998, 300; *LG Bremen*, Urt. v. 13. 1. 2000, 12 O 453/99, abrufbar unter „http://www.netlaw.de/urteile/lghb_3. htm" [abgerufen am 1. 5. 2002].

[463] *BGH* GRUR 2001, 1038 – ambiente.de.

[464] Hinsichtlich der weiteren Einzelheiten vgl. § 6, Rdnr. 190 f.

[465] *LG München*, CR 2001, 196.

[466] *Wüstenberg*, WRP 2002, 497; vgl. auch *OLG Köln*, CR 2002, 50 – Rolex.

[467] Vgl. Rdnr. 300.

[468] Zu den allgemeinen Haftungsfragen vgl. § 4.

zur Durchsetzung von Verletzungsansprüchen vor den ordentlichen Gerichten ist im Markengesetz nur rudimentär geregelt (vgl. z.B. §§ 19 Abs. 3, 96 Abs. 2 oder 140–142 MarkenG). Soweit das MarkenG keine spezielle Regelung enthält, gelten die Vorschriften über den Zivilprozess, also insbesondere ZPO und GVG. Bei der Durchsetzung von Kennzeichenrechten gibt es viele Parallelen zu anderen gewerblichen Schutzrechten und insbesondere zum Wettbewerbsrecht. Die vorprozessuale Geltendmachung von Kennzeichenrechten durch Abmahnung spielt in der Praxis eine überragende Rolle. In der großen Mehrheit der Fälle werden die Streitigkeiten vorprozessual durch die Abgabe entsprechender Unterlassungserklärungen ausgeräumt. Wenn es dennoch zu gerichtlichen Auseinandersetzungen kommt, werden diese häufig im einstweiligen Rechtsschutz ausgetragen. Viele der bisher ergangenen Entscheidungen zum Kennzeichenrecht im Internet sind daher auch niemals Gegenstand eines Hauptsacheverfahrens gewesen. Es würde den Rahmen der hiesigen Darstellung sprengen, auf alle spezifischen Probleme, die mit der Durchsetzung von Kennzeichenrechten verbunden sind, einzugehen. Insoweit wird auf die einschlägige Literatur verwiesen[469]. An dieser Stelle werden daher nur kurz die Grundzüge dargestellt.

2. Unterlassungsanspruch

259 Der mit Abstand wichtigste Anspruch ist der in §§ 14 Abs. 5, 15 Abs. 4 MarkenG bzw. § 12 Satz 2 BGB geregelte Unterlassungsanspruch, der auf die Abwehr künftiger Kennzeichenverletzungen gerichtet ist. Der Unterlassungsanspruch ist verschuldensunabhängig; es spielt insbesondere keine Rolle, ob dem Verletzer das verletzte Kennzeichenrecht überhaupt bekannt war.

260 Da ein Unterlassungsanspruch in die Zukunft gerichtet ist, muss entweder eine **Wiederholungsgefahr** oder eine **Erstbegehungsgefahr** bestehen. Eine Wiederholungsgefahr liegt regelmäßig dann vor, wenn der Verletzer bereits das Kennzeichen einmal verletzt hat[470]. Die Wiederholungsgefahr kann grundsätzlich nur durch Abgabe einer vertragsstrafebewehrten **Unterlassungserklärung** ausgeräumt werden. Die Unterlassungserklärung muss unbefristet und unbedingt ohne Inanspruchnahme einer Aufbrauchsfrist abgegeben werden[471]. Die Unterlassungserklärung kann ein abstraktes Schuldversprechen darstellen und muss dann gemäß § 780 BGB schriftlich[472] erfolgen, soweit sie nicht von einem Kaufmann (§ 350 HGB) abgegeben wird. Sollte die Unterlassungserklärung per Fax erfolgen, muss sie schriftlich wiederholt werden[473]. Die Unterlassungserklärung muss durch eine **angemessene Vertragsstrafe** gesichert werden. In Kennzeichenstreitigkeiten ist dafür regelmäßig eine Vertragsstrafe von nicht unter € 5000 erforderlich. Die Angemessenheit der Vertragsstrafe ist nach objektiven Kriterien, insbesondere den Umsätzen und der finanziellen Situation des verletzten Unternehmens zu bestimmen. Welche Vertragsstrafe im Einzelfall angemessen ist, kann letztlich nur das Gericht entscheiden, so dass derjenige Verletzer, der eine niedrige Vertragsstrafe ansetzt, das Risiko auf sich nimmt, dass das Gericht im Nachhinein die angesetzte Vertragsstrafe nicht für aus-

---

469 Gute Darstellung bei *Ingerl/Rohnke,* Vor § 14; *Pastor/Ahrens,* insbes. Kap. 14, 27.
470 *BGH* GRUR 1993, 579, 581 – Römer GmbH.
471 *Althammer/Ströbele/Klaka,* § 14, Rdnr. 112 m.w.N.
472 Vgl. hierzu *Köhler/Piper,* UWG, Vor § 13, Rdnr. 209ff.
473 Vgl. dazu *BGH* GRUR 1990, 532 (535); *OLG München* CR 1994, 216.

reichend erachtet. Die Wiederholungsgefahr kann auch nach Abgabe der vertragsstrafebewehrten Unterlassungserklärung durch eine erneute Kennzeichenverletzung wieder aufleben[474].

Eine den Unterlassungsanspruch ebenfalls auslösende Erstbegehungsgefahr liegt vor, wenn die erstmalige Begehung der Kennzeichenverletzung ernstlich und unmittelbar zu besorgen ist[475]. An die Erstbegehungsgefahr stellt die Rechtsprechung keine hohen Anforderungen[476]. Es genügen **typische Vorbereitungshandlungen** sowie die Berühmung, zur Nutzung eines Kennzeichens berechtigt zu sein. Nach ständiger Rechtsprechung[477] wird durch die **Anmeldung einer deutschen Marke bzw. der Schutzgewährung einer IR-Marke in Deutschland** eine Erstbegehungsgefahr begründet. Die Anmeldung einer Gemeinschaftsmarke kann nur dann eine Erstbegehungsgefahr begründen, wenn besondere Umstände, die auf eine Nutzung in Deutschland schließen lassen, hinzutreten[478]. Es liegt noch keine spezifisch kennzeichenrechtliche Rechtsprechung zu der Frage vor, welche Anforderungen für die Ausräumung der Erstbegehungsgefahr bestehen. So ist es insbesondere strittig[479], ob die Rücknahme der Markenanmeldung bzw. Löschung derselben ausreichen, um die Erstbegehungsgefahr entfallen zu lassen. Derjenige, der auf „Nummer Sicher" gehen will und ohnehin Interesse an seiner Marke verloren hat, sollte in jedem Fall eine vertragsstrafebewehrte Unterlassungserklärung abgeben. 261

Im Einzelfall muss der eine Unterlassungserklärung Abgebende zur Beachtung seiner Unterlassungspflicht selbst tätig werden (z. B. durch Rückruf des Werbematerials von Außendienstmitarbeitern[480]). Bei einer Markenverletzung auf einer Website bedeutet dies entweder die Verpflichtung, die Website zu ändern bzw. den Provider anzuweisen, die Website zu dekonnektieren. Aus dem Unterlassungsanspruch wird zudem der Beseitigungsanspruch abgeleitet, der darauf gerichtet ist, die fortbestehenden, rechtswidrigen Folgen der Verletzungshandlung zu beseitigen. Das kann je nach Sachverhaltskonstellation bedeuten, die rechtsverletzende Domain zu löschen oder auch einen Link zu entfernen. Die Beseitigung der Störung kann allerdings im einstweiligen Verfügungsverfahren nicht verlangt werden, wenn dadurch die Hauptsacheentscheidung vorweggenommen würde (z. B. Löschung der Domain). Um unnötige Vertragsstrafen zu vermeiden, muss derjenige, der eine strafbewehrte Unterlassungserklärung im Hinblick auf die Nutzung einer Marke **im Internet** abgibt, sicherstellen, dass die Marke nicht nur vom sichtbaren Teil seiner Website entfernt wird, sondern dass die Marke auch als Metatag bzw. beim Word Stuffing auf dem für den Nutzer nicht erkennbaren Hintergrund der Website nicht mehr auftaucht. Allerdings liegt nach der Rechtsprechung des *OLG Köln*[481] dann keine, eine Vertragsstrafe auslösende Zuwiderhandlung gegen eine Unterlassungsverpflichtung vor, wenn Suchmaschinen weiterhin auf das verbotene Zeichen verweisen, da weder der Zeicheninhaber noch der Provider Zugriff 261 a

---

474 Vgl. *BGH* GRUR 1990, 534.

475 Vgl. *BGH* GRUR 1994, 530 (532) – Beta.

476 Vgl. dazu *Ingerl/Rohnke*, Vor §§ 14, 25 ff.

477 Vgl. *OLG München*, WRP 1997, 116 (117) – Deutsche Telekom; *OLG Köln*, WRP 1997, 827 – Spring.

478 So *Althammer/Ströbele/Klaka*, § 14, Rdnr. 108.

479 Dafür plädiert *Teplitzky*, 10. Kap. Rdnr. 20; a. A. *Ingerl/Rohnke*, Vor §§ 14–19, Rdnr. 33.

480 *OLG Hamburg*, GRUR 1985, 105.

481 *OLG Köln*, K&R 2002, 257.

auf die Datenbanken der Suchmaschinenbetreiber haben und somit nicht schuldhaft handeln.

3. Auskunftsanspruch

262 Der in § 19 MarkenG geregelte verschuldensunabhängige Auskunftsanspruch, der auf das Produktpirateriegesetz aus dem Jahre 1990 zurückgeht, ist geschaffen worden, um durch schnelle Aufdeckung der Lieferanten und gewerblichen Abnehmer des Verletzers die Vertriebswege zu verschließen. Im Produktpirateriebereich hat die Vorschrift eine große Bedeutung, da der Auskunftsanspruch nach § 19 Abs. 3 MarkenG auch im **einstweiligen Rechtsschutz** durchgesetzt werden kann.

263 Der in § 19 MarkenG geregelte Auskunftsanspruch (Drittauskunftsanspruch) ist streng zu unterscheiden vom **unselbstständigen Auskunftsanspruch,** der als Hilfsanspruch zur Durchsetzung kennzeichenrechtlicher Schadensersatzansprüche dient und sich gewohnheitsrechtlich auf **§ 242 BGB** stützt. Dieser gewohnheitsrechtlich anerkannte Hilfsanspruch setzt voraus, dass die Voraussetzungen eines Schadensersatzanspruchs dem Grunde nach gegeben sind und ein ersatzfähiger Schaden zumindest wahrscheinlich ist. In diesem Zusammenhang ist darauf hinzuweisen, dass die Rechtsprechung auch einen **Bereicherungsanspruch** bei Verletzung von Kennzeichenrechten anerkennt, der verschuldensunabhängig ist. Da der unselbstständige Auskunftsanspruch auch zur Berechnung dieses Bereicherungsanspruches geltend gemacht werden kann, muss nicht unbedingt ein Verschulden des Verletzers nachgewiesen werden, um den unselbstständigen Auskunftsanspruch geltend zu machen. Nach der bisherigen Rechtsprechung[482] kann nur Auskunft über die erzielten Verletzerumsätze und über Art und Umfang der getätigten Werbung verlangt werden.

4. Schadensersatzanspruch

264 Der in §§ 14 Abs. 6 und 15 Abs. 5 MarkenG geregelte kennzeichenrechtliche Schadensersatzanspruch setzt Vorsatz oder Fahrlässigkeit voraus. Der häufig in der Praxis gemachte Einwand des Verletzers, das prioritätsältere Recht nicht gekannt zu haben, verfängt nur selten, da die Rechtsprechung[483] sehr **strenge Anforderungen** an die Sorgfaltspflichten vor Anmeldung einer Marke oder deren Benutzungsaufnahme stellt.

265 Wie bei allen anderen gewerblichen Schutzrechten auch, kann der Verletzte zwischen **drei Arten der Schadensberechnung** wählen. So kann der Verletzte den tatsächlich erlittenen, konkreten Vermögensnachteil einschließlich entgangenem Gewinn gemäß §§ 249, 252 BGB verlangen. Diese Schadensberechnungsart erweist sich aber oft als unpraktikabel, da der erlittene Vermögensnachteil nur schwer zu beziffern und für den entgangenen Gewinn der Nachweis der Kausalität Schwierigkeiten bereitet. Die zweite von der Rechtsprechung anerkannte Schadensberechnungsart ist die Herausgabe des Verletzergewinns. Der Verletzergewinn ist derjenige Gewinnanteil, der gerade auf der Kennzeichenbenutzung durch den Verletzer beruht. Auch hierbei treten Beweisschwierigkeiten auf, wobei die höchstrichterliche Recht-

[482] *BGH* GRUR 1995, 50 (54) – Indorektal/Indohexal; *BGH* GRUR 1991, 153 (155) – Pizza & Pasta.

[483] *BGH* GRUR 1970, 87, 88 – Muschi-Blix.

sprechung[484] dem Verletzten gewisse Beweiserleichterungen eingeräumt hat. Die dritte Schadensberechnungsart beruht auf Lizenzanalogie. Der Verletzer muss die Lizenzgebühr bezahlen, die er dem Kennzeicheninhaber bei rechtmäßiger Einräumung einer marktüblichen Lizenz hätte zahlen müssen[485]. Da sich die Lizenzgebühr am Umsatz orientiert und bei vielen der typischen Kennzeichenverletzungen im Internet kein nennenswerter Umsatz erzielt wird, wird dieser Anspruch häufig leerlaufen[486]. Neben diesen drei möglichen Schadensberechnungsarten kann der Verletzte überdies nach der Rechtsprechung[487] den sogenannten Marktverwirrungsschaden geltend machen.

5. Vernichtungsanspruch

Der ebenfalls verschuldensunabhängig gewährte Vernichtungsanspruch berechtigt den Kennzeicheninhaber, die Vernichtung der sich im Besitz oder Eigentum des Verletzers befindlichen widerrechtlich gekennzeichneten Gegenstände zu verlangen. Zu den widerrechtlich gekennzeichneten Gegenständen gehören nicht nur die Ware, sondern auch die Verpackungen, Werbemittel (z. B. Katalog) und sogar gegebenenfalls Geschäftspapiere. 266

D. Internetspezifische Phänomene aus kennzeichenrechtlicher Sicht

I. Metatags

1. Allgemeines

So genannte Metatags[488] sind ein sehr spezifisches Phänomen des Internets. Als Wegweiser für die Suche nach den richtigen Seiten leisten sie angesichts der ständig wachsenden Zahl von Websites unverzichtbare Dienste, laden aber gleichzeitig Trittbrettfahrer zum Missbrauch ein. Metatags haben nicht nur in Deutschland[489] die Gerichte bereits mehrfach beschäftigt. Bei der Verwendung fremder Kennzeichen als Metatags hat die deutsche Rechtsprechung[490] bisher offenbar keine Probleme, kennzeichenrechtliche Ansprüche zu bejahen und hat sich dabei über die vielfach geäußerten Bedenken in der Literatur[491] hinweggesetzt. Neben der Frage, ob die Verwendung eines fremden Kennzeichens als Metatag überhaupt eine rechtsverletzende Benutzung darstellt, muss darüber nachgedacht werden, welche **Schranken** den kennzeichenrechtlichen Ansprüchen gestellt sind, um die Möglichkeit der Benutzung von Metatags im Internet nicht unangemessen zu beschränken. 267

---

484 *BGH* GRUR 1993, 55, 59 – Tschibo/Rolex II.

485 Vgl. hierzu *Ingerl/Rohnke,* Vor §§ 14–19, Rdnr. 66; *LG Hamburg,* CR 2002, 296 – markenrechtswidrige Domainnutzung.

486 Vgl. aber *LG Mannheim,* WRP, 254 (257).

487 *BGH* GRUR 1987, 346 (365) – Vier-Streifen-Schuh.

488 Vgl. zur wettbewerbsrechtlichen Einordnung von Metatags § 11, Rdnr. 98 ff.

489 Vgl. World Internet Law Report, 2001, S. 20 – Genertel ./. Cowe Italia; *ÖOGH* MMR 2001, 516 – Metatags; „Metatags: The case of the invisible infringer" in www.ljx.com/practice [abgerufen am 1. 5. 2002].

490 *LG Mannheim,* CR 1998, 306 – Avis; *LG Hamburg,* CR 2000, 121; *LG Frankfurt,* CR 2000, 462; *OLG München,* CR 2000, 775 – Hanseatic.

491 *Kotthoff,* K&R 1999, 157; *Viefhues,* MMR 1999, 336.

2. Der technische Hintergrund

268 Unter Metatags versteht man Steuerzeichen, mit denen der Programmierer einer Website auf Browser und automatische Suchmaschinen einwirken kann. Metatags befinden sich in der Kopfzeile des http-Dokuments und können ohne weiteres durch Anzeigen des Quellcodes sichtbar gemacht werden. Es werden grundsätzlich zwei Typen von Metatags, nämlich so genannte http-equiv-Metatags und so genannte name-Metatags unterschieden, denen unterschiedliche Funktionen zukommen. Die http-equiv-Metatags, auf die an dieser Stelle nicht weiter eingegangen wird, wirken auf den Browser ein. Mit ihnen kann beispielsweise das caching durch den Browser verhindert werden. Aus kennzeichenrechtlicher Sicht sind die **name-Metatags** interessant, die sich an die Filterprogramme der Suchmaschinen richten. Bei der regelmäßig stattfindenden Durchforstung der Internetdokumente durch diese Filterprogramme werden die in den name-Metatag eingegebenen Begriffe als Stichworte über den Inhalt des Dokuments in den Suchdatenbanken der Suchmaschinen gespeichert. Durch die Eingabe eines Stichwortes als Metatag wird also gewährleistet, dass das entsprechende Dokument bei Eingabe des Suchbegriffs in eine Suchmaschine als Treffermeldung mit einem Link zur Website erscheint. Selbst für die Suchmaschinen, die auch den Volltext eines Dokuments durchsuchen, ist die Verwendung von Stichwörtern als Metatags von großer Bedeutung, da dadurch die Auffindwahrscheinlichkeit des entsprechenden Dokuments bei Eingabe des Suchwortes gesteigert wird. Denn auf der durch die Suchmaschine erstellten Trefferliste werden die einzelnen Treffer, sprich Links, zu den entsprechenden Dokumenten in hierarchischer Ordnung nach abnehmender Relevanz aufgeführt. Die Eingabe eines Stichworts als Metatag führt also regelmäßig zu einer besseren Position auf der Trefferliste, als wenn sich dieses Stichwort nur im Volltext befindet. Kurz gesagt sind Metatags für Suchmaschinen **nützliche Wegweiser** durch die **unübersehbare Informationsvielfalt des Internets,** um den Benutzern der Suchmaschinen ein für sie relevantes Suchergebnis in Form der Trefferliste zu präsentieren.

269 Angesichts der Arbeitsweise dieser Suchmaschinen liegt die **Missbrauchsmöglichkeit** auf der Hand. Durch die Verwendung beispielsweise eines bekannten Kennzeichens als Metatag wird die Aufrufwahrscheinlichkeit der entsprechenden Website erhöht. Da das Ziel vieler Websites ist, möglichst viele Webnutzer auf ihre Seite zu locken, da dies auch die Attraktivität der Website für Werbekunden erhöht, besteht die Versuchung, möglichst viele bekannte Kennzeichen als Metatags zu verwenden. Dieses Verhalten wird als so genanntes „search-engine-spamming" bezeichnet. Für den Webnutzer ist der Missbrauch von Metatags äußerst ärgerlich, da sein Suchergebnis durch Treffer, die keinerlei Bezug zu diesem Kennzeichen haben, entwertet wird. Neben diesem „search-engine-spamming" gibt es auch andere Missbrauchsmöglichkeiten, wie der vom *LG Mannheim*[492] entschiedene Fall zeigt, in dem ein unmittelbarer Konkurrent des Inhabers der für die Dienstleistung „Unternehmensberatung" eingetragenen Marke AVIS offenbar auf seiner Website als Metatag AWIS eingetragen hat. Das führte dazu, dass bei Eingabe des Suchworts AWIS unter zehn Treffern an dritter Stelle auch ein Link zu der Website dieses Konkurrenten erschien.

---

[492] *LG Mannheim,* CR 1998, 306 – Arwis.

3. Verwendung eines Kennzeichens als Metatag als rechtserhebliche Nutzung

Im Mittelpunkt der kennzeichenrechtlichen Beurteilung von Metatags steht die Frage, ob die Verwendung eines Kennzeichens als Metatag eine rechtserhebliche Benutzung i.S.v. §§ 14 Abs. 2 bzw. 15 Abs. 2 MarkenG ist. Die Vertreter eines weiten Nutzungsbegriffs werden die Verwendung fremder Kennzeichen in Metatags, die im Ergebnis dazu führt, den Suchmaschinennutzer auf die eigene Website aufmerksam zu machen, ohne weiteres als Verletzungshandlung ansehen. Auch wenn man zwischen Markennutzung und einer rein referierenden Markenbenennung unterscheidet[493], muss eine **rechtserhebliche Benutzung** bejaht werden, da bei Verwendung eines Kennzeichens als Metatag das Kennzeichen als „Köder" für das eigene Internetangebot gemacht wird, was weit über die allgemeine Kennzeichenbenennung hinausgeht. *Pellens*[494] ordnet die Verwendung des fremden Zeichens als Metatag als eine Form der Werbung ein, der Begriff der Werbung sei weit zu verstehen. Durch das Metatagging nutze der Verwender die Anziehungskraft des fremden Kennzeichens und somit dessen Werbewirkung aus. Auf die äußere Form der Verwendung komme es auch bei den anderen Handlungsarten der § 14 Abs. 3 Nr. 1–4 nicht an. Nicht überzeugen kann es, wenn *Kotthoff*[495] bereits eine relevante Benutzungshandlung unter Hinweis auf die **mangelnde Sichtbarkeit** des Metatags in Abrede stellt. Zunächst einmal kann jedermann durch Abrufen des Quellcodes die Benutzung der Marke sichtbar machen. Überdies erscheint das Kennzeichen, das kurz zuvor vom Suchmaschinennutzer in die Suchmaschine eingegeben wurde, regelmäßig markiert auf der Trefferliste der Suchmaschine. *Kur*[496], die einen an der „BMW-Deenik"-Entscheidung des *EuGH*[497] orientierten Benutzungsbegriff zur Beurteilung heranzieht, bejaht ebenfalls eine rechtserhebliche Benutzung. Sie stellt dabei auf die Besonderheit des Internets ab, die darin besteht, dass das Betrachten einer Website nicht en passant wie beim Durchblättern einer Zeitschrift erfolge, sondern voraussetze, dass der Internetnutzer die Website konkret aufruft. Das Metatagging stelle sich daher als ein internetadäquates Pendant zur Visualisierung einer Marke in der Werbung dar. 270

Wenn man im Einklang mit der neuesten Rechtsprechung[498] am Erfordernis einer **kennzeichenmäßigen Benutzung** festhält, ist es am problematischsten, eine Kennzeichenverletzung zu bejahen. Denn es ist fraglich, ob der Verkehr, auf dessen Auffassung es bei der Frage des kennzeichenmäßigen Gebrauchs ankommt, die Verwendung als Metatag als betrieblichen Herkunftshinweis auffasst[499]. Im Lichte der Arsenal-Entscheidung des *EuGH*[500] kann eine kennzeichenmäßige Benutzung allerdings bejaht werden, denn durch die Nutzung wird die Herkunftsgarantiefunktion insoweit beeinträchtigt, als der Verkehr über Verbindungen zwischen dem in der Trefferliste aufgeführten Inhaber der Website und dem Markeninhaber irregeführt wird. Die instanzgerichtliche Rechtsprechung hat in 271

---

[493] Vgl. Rdnr. 223.
[494] *Pellens,* CR 2002, 137.
[495] *Kotthoff,* K&R 1999, 157 (160).
[496] *Kur,* CR 2000, 448 (452).
[497] *EuGH* WRP 1999, 307 – BMW.
[498] Vgl. Rdnr. 219 ff.
[499] Vgl. dazu *Viefhues,* MMR 1999, 336 (338).
[500] *EuGH* WRP 2002, 1415, Tz. 50 ff.

den Metatag-Fällen stets eine Kennzeichenverletzung bejaht. Das *OLG München*[501] sieht offenbar im Hinblick auf die Verletzungshandlung keinen Unterschied, ob die Bezeichnung sichtbar ist oder nicht. Die Verwendung als Metatag wird als Benutzung eines geschützten Kennzeichens in der Werbung angesehen. Eine ältere Entscheidung des *LG Hamburg*[502], die Entscheidung des *LG Mannheim* und die Entscheidung des *LG Stuttgart*[503] setzen sich in ihren Urteilsbegründungen mit der Frage des kennzeichnenden Gebrauchs überhaupt nicht auseinander. Nach einer kürzlich ergangene Entscheidung des *LG Hamburg*[504] reicht es für die Bejahung der kennzeichenmäßigen Benutzung beim Metatagging aus, dass für den Nutzer über die Suchworteingabe das fremde Zeichen zumindest mittelbar wahrnehmbar war[505].

272 Wer eine rechtserhebliche Benutzungshandlung bejaht, muss zudem prüfen, ob eine Verwechslungsgefahr vorliegt. Unproblematisch ist dabei die Zeichenähnlichkeit, da die Suchmaschine die den rechtsverletzenden Metatag enthaltende Website nur dann als Treffer auflisten wird, wenn das entsprechende Stichwort mit dem Kennzeichen identisch ist. In den Metatag-Fällen liegt also **zwingend Zeichenidentität** vor. Ob auch eine Warenähnlichkeit bzw. Branchennähe vorliegt, ist nach dem Inhalt der das Metatag verwendenden Website zu beurteilen. Zumindest eine Verwechslungsgefahr im weiteren Sinne wird man regelmäßig unter dem Gesichtspunkt bejahen können, dass der Webnutzer wegen des Metatags zur Auffassung gelangt, zwischen dem Kennzeicheninhaber und dem Verwender des Metatags bestehe eine rechtliche oder wirtschaftliche Beziehung. Auch der Umstand, dass der Suchmaschinennutzer nach Aufrufen der auf Grund des Metatags irrtümlich angesteuerten Website sofort erkennt, dass es sich um das Internetangebot eines anderen Anbieters handelt, wird regelmäßig eine Verwechslungsgefahr nicht ausschließen. Denn wie der *US-Court of Appeals for the 9th Circuit*[506] überzeugend ausführte, unterliegt der Suchmaschinennutzer einer **anfänglichen Verwechslungsgefahr**[507], die in dem Moment vorliegt, in dem dem Nutzer die mit dem kollidierenden Metatag versehene Site auf der Trefferliste präsentiert wird.

273 Bei bekannten Kennzeichen wird man auch ohne Waren- oder Branchennähe regelmäßig eine Kennzeichenverletzung i. S. v. §§ 14 Abs. 3 Nr. 3 bzw. 15 Abs. 3 MarkenG bejahen[508] können, da die Verwendung der bekannten Marke als **Ausnutzung der Wertschätzung bzw. Unterscheidungskraft** angesehen werden kann.

274 Wenn im Einzelfall eine Kennzeichenverletzung durch Verwendung eines geschützten Kennzeichens als Metatag verneint werden sollte, ist überdies zu prüfen, ob nicht eine Wettbewerbsverletzung vorliegt.

---

501 *OLG München,* CR 2000, 461 (462).
502 *LG Hamburg,* CR 2000, 121.
503 *LG Stuttgart,* WRP 2002, 347.
504 *LG Hamburg,* CR 2002, 136.
505 *LG Frankfurt* MMR 2000, 493, 495.
506 Vgl. hierzu *Kur,* CR 2000, 448 (449) Fußnote 5 m. w. N.
507 Anders wohl *KG Berlin* CR 2002, 760 – oil-of-elf.de.
508 *Kur,* CR 2000, 448 (454).

4. Ausschluss einer Kennzeichenverletzung bei Eingreifen der Schranken der §§ 23, 24 MarkenG

Die Nutzung eines mit einem geschützten Kennzeichen identischen Zeichens als Metatag in kodierter Form auf seiner Website muss nicht zwangsläufig zur Bejahung einer Kennzeichenverletzung führen. Die Schranken des §§ 23 und 24 MarkenG sind zu beachten. Wie *Kur*[509] zu Recht betont, kann aus dem Umstand, dass Metatags nicht sichtbar sind, nicht auf deren generelle Unlauterkeit im Sinne des § 23 MarkenG geschlossen werden, denn eine solche Betrachtungsweise würde die positive Bedeutung von Metatags für die Informationssuche im Internet verkennen. Nach diesseitiger Ansicht kommen den Schranken der §§ 23, 24 MarkenG eine große Bedeutung für die **erwünschte Beschränkung kennzeichenrechtlicher Ansprüche** gegen die Verwendung von Metatags zu. 275

So kann es beispielsweise nach § 23 Nr. 1 MarkenG dem Bürger Shell nicht untersagt werden, in seiner Website als Metatag das Stichwort „Shell" einzugeben. Ebensowenig kann es jemandem gemäß § 23 Nr. 2 untersagt werden, die beschreibende Angabe „Cineaction" in einer Website mit Informationen rund um Kinos zu benutzen, wenn auch diese Marke für andere Dienstleistungen geschützt ist. Im Einzelfall ist aber sorgfältig zu prüfen, ob die beschreibende Verwendung nicht nur vorgeschoben[510] ist. Genauso kann gemäß § 23 Nr. 3 MarkenG derjenige, der Zubehör- oder Ersatzteilwaren anbietet, das Kennzeichen der entsprechenden Hauptprodukte ebenso als Metatag in seine Website aufnehmen wie derjenige, der auf die Bestimmung der von ihm angebotenen Dienstleistungen hinweisen will[511], wie das in dem dem *EuGH* vorgelegten BMW/Deenik-Sachverhalt[512] der Fall war. 276

Schließlich kann auch derjenige, der rechtmäßig Markenware vertreibt, unter Berufung auf die Erschöpfung des Ankündigungsrechts gemäß § 24 Abs. 1 MarkenG unter Beachtung der Schranken des § 24 Abs. 2 MarkenG die entsprechenden Marken als Metatags verwenden. Dies wurde kürzlich vom *LG Hamburg*[513] ausdrücklich anerkannt. 277

II. Verkauf von Keywords

Ein ebenfalls internetspezifisches Phänomen ist der Verkauf von so genannten Keywords durch die Betreiber von Suchmaschinen[514]. Der Verkauf kann in zweierlei Weise erfolgen. Der Suchmaschinenbetreiber kann entweder einen Link – regelmäßig in Form eines Werbebanners – außerhalb der Suchliste einblenden oder dem Käufer einen prominenten Platz auf der Suchliste versprechen. Das *LG Hamburg* hatte über die Zulässigkeit der ersten der beiden Formen zu entscheiden. Im konkreten Fall hatte der Suchmaschinenbetreiber „Excite" die markenrechtlich geschützten Bezeichnungen Estée Lauder, Clinique und Origins als Keywords an ei- 278

[509] *Kur,* CR 2000, 448 (453).

[510] *LG Stuttgart* MMR 2002, 486, 487.

[511] Vgl. hierzu *OLG München,* WRP 2000, 775 (778), das allerdings im Unterschied zur Vorinstanz eine Anwendung des § 23 Nr. 3 MarkenG im konkreten Fall ablehnte.

[512] *EuGH* JZ 1999, 835.

[513] *LG Hamburg* CR 2002, 136, 137.

[514] Vgl. zu den vertragsrechtlichen Fragen § 13, Rdnr. 363 ff.; zu den wettbewerbsrechtlichen Fragen vgl. § 11, Rdnr. 86 ff.

nen amerikanischen Kosmetikdiscounter verkauft, der, obwohl kein offizieller Vertriebspartner von Estée Lauder, im Internet Estée Lauder-Produkte anbot. Bei Eingabe der entsprechenden geschützten Bezeichnungen in das Suchfeld der Suchmaschine wurden automatisch die Werbebanners des amerikanischen Kosmetikdiscounters auf den Bildschirm eingeblendet. Die entsprechenden Werbebanners enthielten Hyperlinks zur Website des Kosmetikherstellers und wiesen die geschützte Bezeichnung auf.

279 Das *LG Hamburg* sah lediglich die Benutzung der geschützten Markenbezeichnungen innerhalb der Werbebanners als Verletzung der Markenrechte der Firma Estée Lauder an. Interessanterweise verneinte aber das *LG Hamburg* eine Markenverletzung hinsichtlich der eigentlichen Keyword-Funktion, d.h. der Kopplung der Werbung des Discounters mit der auf die Marken der Klägerin gerichteten Suchanfrage. Entscheidend war, dass das Gericht in der Verwendung der Keywords keine markenmäßige Benutzung erkennen konnte. Es wies darauf hin, dass durch die Nutzung der geschützten Marken gegebenenfalls deren Werbewert, nicht aber deren Herkunftshinweisfunktion beeinträchtigt werde, da die eigentliche Kopplung der Werbung des Discounters mit der auf die Marken von Estée Lauder gerichteten Suchanfrage für den Nutzer unsichtbar bliebe. Wegen der Unsichtbarkeit der Keyword-Funktion stellen sich vorliegend ähnliche Probleme[515] wie bei der Verwendung von Metatags. Aus den dort genannte Gründen[516] hätte das *LG Hamburg* vorliegend von einer Markenverletzung ausgehen sollen. Das *LG Hamburg* bejahte allerdings einen Unterlassungsanspruch gemäß § 1 UWG unter dem Gesichtspunkt der unzulässigen Rufausbeutung[517].

280 Anstelle der Einblendung eines Werbebanners wird – wie ausgeführt – bei einigen Suchmaschinen durch den Kauf von Keywords den Käufern auch die Möglichkeit geboten, ihr Angebot ganz weit oben auf der Trefferliste einer Suchmaschine zu platzieren. Wenn es sich bei dem Keyword um ein geschütztes Kennzeichen eines Dritten handelt, liegt nach der zu Metatags[518] vertretenen Auffassung eine Kennzeichenverletzung vor[519], sollten nicht die Schranken der § 23 MarkenG[520] eingreifen.

III. Word Stuffing und Spamdexing

280a Neben der missbräuchlichen Verwendung von Metatags und Keywords gibt es noch zahlreiche andere manipulierende Methoden, um die Erfassung durch Suchmaschinen zu optimieren und so die Aufmerksamkeit der Nutzer, das knappste Gut der Informationsgesellschaft, zu erlangen. Auch diese Methoden zielen darauf ab, Nutzer über die Relevanz der angezeigten Fundstellen zu täuschen. Der Erfolg solcher Methoden ist ungewiss, da sie negative Reaktionen der potentiellen Kunden auslösen können. Zudem führt die stetige Fortentwicklung von Filtern und Suchalgorithmen dazu, dass Suchmaschinen die gängigsten dieser Methoden erkennen und mit Herabstufung bestrafen. Höhere Listenplätze erreicht man daher gegenwärtig

[515] Vgl. *Mann* in: FS Hertin, S. 609, 617.
[516] Vgl. Rdnr. 270ff.
[517] Vgl. dazu ausführlich § 11, Rdnr. 93.
[518] Vgl. Rdnr. 271.
[519] Vgl. zu der wettbewerbsrechtlichen Beurteilung § 11, Rdnr. 89ff.
[520] Rdnr. 275ff.

am besten durch eine große Zahl externer Links auf die eigene Seite, notfalls mit Hilfe von „link-Kartellen"; diese sind kennzeichenrechtlich ohne eigene Relevanz, können aber bei Missbrauch zur Unlauterkeit im Sinne des § 1 UWG führen.

Eine immer noch häufig angewandte Methode ist das **Word Stuffing.** Stichwörter werden viele Male auf der Site wiederholt, dabei ist die Schrift in gleicher Farbe gehalten wie der Hintergrund und bleibt dem Betrachter der Site verborgen. Oft ist die Schrift auch unleserlich klein (Größe 1 oder 2), was besonders viele Wortwiederholungen ermöglicht. **Spamdexing,** eine weitere populäre Methode, bedeutet das Anmelden einer Vielzahl von Websites, die sich inhaltlich nur unwesentlich voneinander unterscheiden. 280b

Ungeachtet der Möglichkeiten rechtlicher Durchsetzung wird es in der Praxis oft den Versuch wert, Kontakt zu den Betreibern der führenden Suchmaschinen aufzunehmen und diese über Missbräuche in Kenntnis zu setzen. Da sich die Interessen der Suchmaschinenbetreiber hier oft mit denen der Kennzeicheninhaber decken, kann diese Vorgehensweise schnell und effektiv zum Erfolg führen. 280c

Wie bei Metatags stellt sich beim **Word Stuffing** die Frage nach dem Vorliegen einer rechtsverletzenden Benutzung des Kennzeichens, da der Suchende das vom Dritten verwendete Kennzeichen nicht unmittelbar wahrnimmt[521]. Es ist also zu fragen, ob durch eine Verwendung des Kennzeichens die Herkunftsgarantie als Hauptfunktion des Kennzeichens[522] beeinträchtigt wird. Wer einen Suchbegriff eingibt, erwartet Ergebnisse, deren Inhalt mit dem Suchbegriff in Verbindung steht. Wird die Suchmaschine bewusst manipuliert, kann (und soll) dies dazu führen, dass sich der Suchende statt auf den Websites des Kennzeicheninhabers auf den Sites eines Anderen wiederfindet. Zumindest beim Klick auf die Verbindung zu der manipulierenden Website wird er annehmen, dass die Website oder die darauf angebotenen Produkte aus dem Unternehmen des Kennzeicheninhabers stammen, denn gerade darum hatte er das Kennzeichen als Suchbegriff eingegeben. Eine Markenbenutzung liegt i.S.d. § 14 Abs. 2 MarkenG also vor. Die Schrankentatbestände des § 23 MarkenG sowie der vergleichenden Werbung sind auch hier grundsätzlich anwendbar. Die vielfache Verwendung des fremden Kennzeichens wird allerdings regelmäßig zur Unlauterkeit i.S.d. § 23 Nr. 2 MarkenG.

Beim *Spamdexing* ist die Kennzeichenverletzung grundsätzlich unproblematisch, da die Verletzung – für jedermann erkennbar – im Domainnamen oder auf der Website erfolgt.

IV. Hyperlinks

1. Allgemeines

Ein charakteristisches Phänomen des Internets ist die Verwendung von so genannten Links zur Gestaltung von Webseiten. Seiner Struktur nach ist das Internet ein Netzwerk von Informationen. Die **Attraktivität und Benutzerfreundlichkeit** des Netzwerkes hängt entscheidend davon ab, dass Verknüpfungen zwischen den einzelnen Informationsangeboten des Netzes bestehen. Diese Verknüpfungen werden durch Links hergestellt, wobei die Links entweder auf andere Dateien desselben In- 281

---

[521] Vgl. dazu *LG Frankfurt* MMR 2000, 493, 495

[522] *EuGH* WRP 2002, 1415, Tz. 50 – Arsenal.

ternetangebots, auch lokale Links genannt[523], oder auf andere Internetangebote zugreifen. Durch Anklicken des Links, der häufig sich in Form einer unterlegten Internetadresse darstellt, zunehmend aber auch als Piktogramm, Logo bzw. Bildmarke ausgestaltet ist, gelangt man unmittelbar zu der verknüpften Datei. Die Links sind somit integraler Bestandteil des „world wide webs“ und steigern dessen Attraktivität und Benutzerfreundlichkeit erheblich. Links werden häufig auch mit Querverweisen bzw. Fußnoten verglichen, da sie, ähnlich wie sie, dem Internetnutzer ein leichtes Auffinden fremder Inhalte ermöglichen.

282 Es liegt auf der Hand, dass die Verwendung von Links zahlreiche kennzeichenrechtliche Fragen aufwirft[524]. Zwar gibt es inzwischen einige Entscheidungen zur kennzeichenrechtlichen Beurteilung von Links, viele Fragen sind allerdings weiter offen und überdies in der Literatur heftig umstritten. In den nachfolgenden Ausführungen werden auch die zu urheberrechtlichen bzw. wettbewerbsrechtlichen Fragestellungen ergangenen Entscheidungen berücksichtigt, die wegen der offensichtlichen inhaltlichen Parallelen interessante Rückschlüsse auf das Kennzeichenrecht zulassen. Die kennzeichenrechtliche Beurteilung von Links kann nach Art der möglichen Anspruchsgegner unterschieden werden. Der Setzer eines Links kann sich zum einen kennzeichenrechtlichen Ansprüchen **des Inhabers der verlinkten Website** aussetzen. Zum anderen kann das Setzen eines Links eine Haftung für den Inhalt der verlinkten Website **gegenüber Dritten** auslösen. Eine solche Haftung ist in dreifacher Hinsicht denkbar. Zum einen können dem Domaininhaber die sich auf der verlinkten Website befindenden Waren und Dienstleistungen zugerechnet werden, was im Einzelfall erst die Verwechslungsgefahr begründen kann. Wie die vielen „Explorer“-Entscheidungen zeigen, kann zudem die Wiedergabe eines Zeichens in einem Link die vorrangigen Kennzeichenrechte Dritter verletzen. Schließlich kann der Linksetzer auch für Kennzeichenverletzungen, die auf der verlinkten Seite stattfinden und gegebenenfalls keinerlei Bezug zum Link selbst besitzen, in Anspruch genommen werden. Kompliziert wird die kennzeichenrechtliche Beurteilung von Links dadurch, dass es sehr unterschiedliche Arten von Links gibt, die jeweils eine andere rechtliche Bewertung erfordern.

2. Unterschiedliche Arten von Links

283 Die in der Praxis am häufigsten auftretende und für den Linksetzer wohl rechtlich unproblematischste Form des Links ist der so genannte Surface-Link. Der **Surface-Link** verweist auf eine fremde Homepage, also auf die Eingangsseite der fremden Website. Außer der höheren Benutzerfreundlichkeit besteht für den Internetnutzer kein Unterschied, ob er die Internetadresse der fremden Website selbst eingibt oder durch Anklicken des Surface-Links auf die Homepage des fremden Websiteinhabers gelangt. Von dort aus kann der Nutzer dann auf tiefer liegende Seiten, die durch lokale Links mit der Homepage verknüpft sind, vordringen.

284 Im Unterschied zum Surface-Link handelt es sich beim sogenannten **Deep-Link** um eine Verknüpfung, mit der man direkt auf die tiefer liegende Seite der fremden Website gelangt. Dem Internetnutzer wird also die Homepage der fremden Website bei Setzung eines Deep-Links vorenthalten. Rechtlich relevante Hinweise oder auch

---

[523] Vgl. *Boddien,* Mitt. 1999, 401.

[524] Auch wettbewerbsrechtlich unterliegen Links Grenzen § 11, Rdnr. 128 ff.; zu den speziellen Haftungsfragen vgl. § 4, Rdnr. 96 ff.

die zur Finanzierung vieler Internetangebote auf der Homepage befindende Werbung wird der Internetnutzer also nur dann wahrnehmen, wenn er selbstständig zur Homepage zurück blättert.

Bei so genannten **Inline-Links** wird der Inhalt einer fremden Website unmittelbar 285
in die eigene Seite integriert, ohne dass der Internetnutzer diese fremde Website vorher in irgendeiner Weise aktiviert hätte. Häufig wird der Internetnutzer nicht einmal erkennen, dass das entsprechende Element von einer anderen Website stammt, da sich der URL nicht verändert. Das integrierte Element der fremden Seite erscheint deshalb dem Nutzer regelmäßig als Bestandteil der von ihm aufgerufenen Website.

Als **Framing** wird die Unterteilung einer Website durch Frames (= Rahmen) ver- 286
standen, so dass der Internetnutzer gleichzeitig mehrere Dokumente nebeneinander wahrnehmen kann. Die Frames sind unterschiedlich ausgestaltet. So gibt es Frames, in denen das verlinkte Dokument noch aufgerufen werden muss, wodurch der Nutzer auf die unterschiedliche Verantwortlichkeit für den Fremdinhalt hingewiesen wird. Es gibt allerdings auch Frames, die, wie Inline-Links, fremde Inhalte präsentieren, ohne dass dazu eine aktivierende Tätigkeit des Nutzers erforderlich ist. Beide Arten des Framings haben allerdings gemeinsam, dass räumlich bedingt nur ein Ausschnitt des fremden Dokuments sichtbar gemacht wird.

3. Links aus der Sicht des Inhabers der verlinkten Website

Derjenige, der einen Link auf seiner Website setzt, muss zunächst einmal prüfen, 287
ob er dadurch nicht die Kennzeichenrechte des Inhabers der verlinkten Website verletzt. Wie oben bereits kurz erläutert, können Links die unterschiedlichsten Formen annehmen. Häufig wird der Link in Form der Internetadresse bzw. des Domainnamens der verlinkten Website erfolgen. Der kennzeichenrechtlich prägende Bestandteil der Internetadresse bzw. des Domainnamens ist wiederum die Second Level Domain, die üblicherweise aus dem Unternehmenskennzeichen bzw. der Marke des Inhabers der verlinkten Seite besteht. Nicht selten wird anstatt der Internetadresse der Link auch als Icon die Form der geschützten Marke besitzen. Bei Inline-Links, ob nun innerhalb oder außerhalb eines Frames, ist zudem denkbar, dass der integrierte Bestandteil der fremden Website das Kennzeichen aufweist.

a) Rechtserhebliche Nutzung

Es gilt zunächst festzustellen, ob eine solche Nutzung des Drittzeichens eine 288
rechtserhebliche Nutzung im Sinne des Markengesetzes ist. Dieses Problem ist in der Literatur bisher kaum erörtert worden.

Das *LG München I*[525] ist offenbar der Ansicht, dass jede Verwendung von ge- 289
schützten Kennzeichen in Links eine rechtserhebliche Benutzung i.S.d. §§ 14, 15 MarkenG darstellt. Nach der hier vertretenen Auffassung muss auf die konkreten Umstände des Einzelfalls abgestellt werden. In der Regel wird die Verwendung des fremden Kennzeichens im Surface Link nur eine Nennung des fremden Kennzeichens darstellen. So kann beispielsweise[526] der Link im Rahmen einer offenen vergleichenden Werbung verwendet werden. Ebenfalls stellt die Nennung eines geschützten Kennzeichens in einer vom Websiteinhaber erstellten Linkliste keine

[525] *LG München I*, CR 2001, 46 (47).
[526] Vgl. dazu *Sosnitza*, CR 2001, 693 (701).

rechtserhebliche Benutzung dar, da die Verwendung nicht zur Kennzeichnung des eigenen Produkts, sondern als Hinweis auf das Angebot des Kennzeicheninhabers dient. Vereinzelt wird aber in der Verwendung eines Links mehr als nur eine Nennung des fremden Kennzeichens liegen. So genügt es, wenn durch die Verwendung des Links der unzutreffende Eindruck entsteht, dass der Website-Inhaber mit dem Kennzeicheninhaber firmenrechtlich verbunden ist[527]. Eine rechtserhebliche Benutzung liegt insbesondere dann nahe, wenn das geschützte Kennzeichen bekannt ist[528] bzw. das Kennzeichen nicht nur in der Internetadresse, sondern als Bildzeichen verwendet wird und der Website-Inhaber inhaltlich nicht zwischen seinem und dem fremden Waren- bzw. Dienstleistungsangebot trennt. Keine Trennung findet regelmäßig beim Inline-Link statt.[529]

b) Ohne Zustimmung des Kennzeicheninhabers

290 Eine Kennzeichenverletzung begeht nur der derjenige, der ohne Zustimmung des Kennzeicheninhabers handelt. In der Literatur[530] herrscht überwiegend die Meinung vor, dass derjenige, der eine Website ins Internet stellt, mit Verweisungen auf seine Website rechnet und damit grundsätzlich einverstanden ist. Es wird also von einer **stillschweigenden Zustimmung** auch zur Nutzung des Kennzeichens ausgegangen. Dieser Ansicht ist vom Grundsatz her zuzustimmen. Wer eine Website ins Internet stellt, wünscht sich möglichst viele Zugriffe. Letztlich kann es dem Website-Inhaber egal sein, ob diese Zugriffe durch Eingabe der vollständigen Internetadresse oder durch die Aktivierung eines Links auf einer fremden Website erfolgen. Regelmäßig wird es dem Website-Inhaber sehr recht sein, dass ein die Zugriffswahrscheinlichkeit erhöhender Link auf seine Website gesetzt wird. Selbst wenn man die konkludente Zustimmung für konstruiert hält, müsste man dem Website-Inhaber, der im Wissen um die massenhafte Verwendung von Links sein Angebot ins Internet einstellt, **widersprüchliches Verhalten** vorwerfen, wenn er sich gegenüber der Einrichtung des Links auf seine Kennzeichenrechte beruft[531]. *Fezer*[532] bejaht ebenfalls die grundsätzliche Zulässigkeit von Links in Hinblick auf deren geringes Verletzungspotential und einer befürchteten unangemessenen Beschränkung der Internet-Kultur. Er hält die Begründung der konkludenten Zustimmung allerdings für eine Fiktion und beruft sich für die Zulässigkeit von Links auf den verfassungsrechtlich verbürgten Schutz der Kommunikationsfreiheit im Internet.

291 Auch das *OLG Düsseldorf*[533], das allerdings über einen urheberrechtlichen Sachverhalt zu entscheiden hatte, geht davon aus, dass derjenige, der Websites ins Internet stellt, mit Verweisen rechnet und grundsätzlich damit einverstanden ist. Das gelte im besonderen Maße dann, wenn die Site Werbung enthielte, denn durch die Verlinkung werde eine raschere und wirksamere Verbreitung dieser Werbung gewährleistet, was im Interesse des auf die Werbung angewiesenen Betreibers liege. Die Annahme einer

---

[527] Vgl. dazu *Boddien,* Mitt. 1999, 401 (410); *Ernst/Wiebe,* MMR Beilage 2001, 20 (22); *Ubber,* S. 157.

[528] *BGH* GRUR 1995, 354, 358 – Rügenwalder Teewurst II.

[529] Vgl. auch *Ubber,* S. 160. Aber auch beim Framing droht diese Gefahr.

[530] *Boddien,* Mitt. 1999, 401 (407); *Ernst,* NJW-CoR 97, 227; *Hoeren/Sieber/Viefhues,* Teil 6, Rdnr. 197.

[531] So zu Recht *Hoeren/Sieber/Viefhues,* Teil 6, Rdnr. 198.

[532] *Fezer,* § 3, Rdnr. 338.

[533] *OLG Düsseldorf,* CR 2000, 184 (187).

konkludenten Zustimmung durch den Website-Inhaber bedeutet allerdings auch, dass es jedem Website-Inhaber grundsätzlich frei steht, seine Zustimmung gegenüber dem Linksetzer zu widerrufen[534]. Der Website-Inhaber kann überdies durch entsprechende Hinweise auf seiner Site entweder ein allgemeines Verlinkungsverbot bzw. Modalitäten festlegen, unter denen die Verlinkung gestattet wird[535].

Von einer konkludenten Zustimmung kann nach diesseitigem Erachten allerdings 292
grundsätzlich dann ausgegangen werden, wenn es sich um einen einfachen **Surface-Link** handelt[536]. Beim Deep-Link wird, wie ausgeführt, die Homepage des verlinkten Internetangebots übergangen. Eine etwaige, auf der Homepage platzierte Werbung oder auch andere wichtige rechtliche oder tatsächliche Hinweise werden zum Nachteil des Angebotsinhabers damit vom Nutzer nicht zur Kenntnis genommen. Da eine solche Verlinkung kaum im Interesse des Website-Inhabers liegen dürfte, kann auch nicht von seiner konkludenten Zustimmung ausgegangen werden. Ein Deep-Link unter Verwendung des geschützten Kennzeichens kann somit eine Kennzeichenverletzung darstellen. Der Umstand, dass in vielen Fällen der Kennzeicheninhaber keine Einwände gegen die Setzung eines Deep-Links haben mag, schließt die Kennzeichenverletzung nicht aus[537]. Eine besondere Fallgruppe stellt das Setzen eines Deep-Links durch einen Suchmaschinenbetreiber dar. Wer sein Angebot ins Internet stellt, muss damit rechnen, dass Suchmaschinen darauf zurückgreifen. Da Suchmaschinen im Sinne ihrer Benutzerfreundlichkeit bekanntermaßen grundsätzlich mit Deep-Links arbeiten, hat der Websiteinhaber somit auch konkludent seine Zustimmung zu einem solchen Zugriff gegeben.

Beim Framing kann ebenfalls nicht von einer konkludenten Zustimmung des 292a
Kennzeicheninhabers ausgegangen werden, selbst wenn im Frame die Website des Kennzeicheninhabers noch aufgerufen werden muss. Gegen die konkludente Zustimmung des Kennzeicheninhabers spricht, dass durch den Frame, der sich auf der Webseite des Linksetzers befindet, sich der Inhalt der Website in einem anderen Umfeld präsentiert. Vor allem aber wird im Frame nur ein Ausschnitt der unter dem Kennzeichen abrufbaren Website dargestellt. Für den Website-Inhaber wichtige Bestandteile, wie z.B. die auf der Webseite platzierte Werbung oder auch die Navigationsleiste, können dadurch vom Framenden ausgespart werden[538].

Ebenfalls muss eine konkludente Zustimmung des Kennzeicheninhabers bei der 293
Anbringung eines Inline-Links verneint werden. In vielen Fällen des Inline-Links wird es allerdings an einer Kennzeichenverletzung im Sinne der Nutzung des Kennzeichens innerhalb der Domain – nicht aber Urheberrechtsverletzung – fehlen, da

---

[534] Vgl. § 13, Rdnr. 363ff. zu vertragsrechtlichen Fragen und auch *Ernst/Wiebe*, MMR Beilage 2001, 20 (23) mit interessanten Ausführungen zu vertraglichen Gestaltungsmöglichkeiten für die Gestattung von Links.

[535] Vgl. dazu *Ubber*, S. 172ff.

[536] *Ubber*, S. 146; vgl. aber *LG Hamburg*, CR 2001, 265.

[537] A.A. *Plaß*, WRP 2000, 599 (602), die wiederum in Bezug auf mögliche Urheberrechtsverletzung auch beim Deep-Link, beim Framing und beim Inline-Link von einer grundsätzlichen Zustimmung des Webseiten-Inhabers ausgeht. Nach Ansicht von Plaß muss der Kennzeicheninhaber auch mit solchen Arten von Links rechnen und kann die nachteiligen Wirkungen in Bezug auf die Werbeintensität der Homepage dadurch ausgleichen, dass er auf allen Seiten seines Internetangebots Werbung platziert; so wohl *Ubber*, S. 147.

[538] Vgl. dazu auch *OLG Düsseldorf*, CR 2000, 184 (187), mit zustimmender Anmerkung von Leisner; *Boddien*, Mitt 1999, S 401 (410); *Ernst/Wiebe*, MMR Beilage 2001, 21; *Schack*, MMR 2001, 9 (14); *Metzger*, CR 2000, 778.

gerade Wesen des Inline-Links ist, dass Bestandteile der verlinkten Website direkt in den Aufbau der verlinkenden Site integriert werden. Eine Rechtsverletzung kommt allerdings dann in Betracht, wenn in diesem integrierten Bestandteil das geschützte Kennzeichen erscheint und somit für den Nutzer der Eindruck entsteht, der Anbieter der aufgerufenen Website stehe in rechtlicher bzw. wirtschaftlicher Verbindung mit dem Kennzeicheninhaber.

294 Markenrechtliche Abwehransprüche der Kennzeicheninhaber kommen insbesondere dann in Betracht, wenn der Verknüpfende anstatt der Internetadresse bzw. des Domainnamens als Link-Zeichen das geschützte Bildzeichen verwendet[539]. Die Verwendung des Bildzeichens stellt eine intensivere Nutzungsform des fremden Kennzeichens dar und ist von der konkludenten Zustimmung nicht mehr gedeckt. Wer das Bildzeichen eines Dritten als Icon verwenden will, muss grundsätzlich die Zustimmung des Kennzeicheninhabers einholen. Eine Zustimmung ist mangels Kennzeichenverletzung allerdings nach der neuesten Rechtsprechung[540] entbehrlich, wenn der Linksetzer auf seiner Website Waren oder Dienstleistungen des Kennzeicheninhabers anbietet. Denn in einem solchen Fall ist die Verwendung des Kennzeichens von § 23 Nr. 3 MarkenG bzw. durch Grundsatz der Erschöpfung gedeckt.

295 Die kennzeichenrechtliche Beurteilung von **Virtual Malls** oder so genannten **Linking Sites** kann anhand der eben genannten Grundsätze erfolgen. Unter Virtual Malls versteht man Websites, die nach bestimmten Kriterien Hyperlinks zu verschiedenen Anbietern von Produkten oder Informationen enthalten. Die Bandbreite von Virtual Malls reicht von branchenspezifischen Malls (z. B. Zusammenstellung der Links von Textilanbietern) über Schnäppchen-Malls bis hin zu Malls, die die Anbieter von Gewinnspielen im Internet auflisten. Die Anbieter solcher Malls finanzieren sich durch Werbung, die auf den Malls geschaltet ist. Nach den genannten Grundsätzen sind solche Malls so lange zulässig, solange einfache Surface-Links gesetzt werden und überdies keine geschützten Bildzeichen verwendet werden. Derjenige Mall-Anbieter, der sich nicht innerhalb dieser Parameter bewegt, setzt sich kennzeichenrechtlichen Ansprüchen aus. Auch ohne das Bestehen einer Waren-/Dienstleistungsähnlichkeit bzw. Branchennähe kann in diesen Fällen häufig eine Markenverletzung gestützt auf Rufausbeutung bejaht werden. Denn es handelt sich häufig um bekannte Marken, deren Ruf von den Betreibern der Malls zum Zwecke der Erzielung von Werbeeinnahmen ausgenutzt werden[541].

296 Abschließend sei noch darauf hingewiesen, dass **§§ 8 ff. TDG** für die hier behandelte Frage keine Rolle spielt. §§ 8 ff. TDG regeln die Haftung für fremde Inhalte, nicht aber für die Verwendung von Links und den darin enthaltenen Kennzeichen im Zusammenhang mit dem eigenen Internetangebot[542].

4. Kennzeichenrechtliche Verantwortung des Linksetzers gegenüber Dritten

297 Durch das Setzen von Links kann sich der Webseiten-Inhaber nicht nur Ansprüchen des Verlinkten aussetzen. Er kann überdies mit kennzeichenrechtlichen Ansprüchen Dritter konfrontiert werden, deren Kennzeichenrechte durch den Link selbst bzw. durch den Inhalt der verlinkten Website verletzt werden.

---

539 Vgl. *Hoeren/Sieber/Viefhues*, Teil 6, Rdnr. 198; *Sosnitza*, CR 2001, 693 (701).
540 *OLG Düsseldorf* GRUR-RR 2001, 299.
541 So auch *Hoeren/Sieber/Viefhues*, Teil 6, Rdnr. 200; *Ubber*, S. 157.
542 So auch *Plaß*, WRP 2000, 599 (604).

a) Verletzung von Kennzeichenrechten Dritter durch das im Link enthaltene Zeichen

Die im Link enthaltenen Zeichen können mit prioritätsälteren Kennzeichenrechten kollidieren. Exemplarisch für eine solche Kennzeichenverletzung sind die von mehreren Instanzgerichten entschiedenen Rechtsstreitigkeiten hinsichtlich der Nutzung der Marke EXPLORER. Der Inhaber der deutschen Markenregistrierung EXPLORER hat in der Vergangenheit mehrere Inhaber von Webseiten auf Unterlassung in Anspruch genommen, die auf ihrer Seite einen Link zum Downloaden des Computerprogramms „FT Explorer" des amerikanischen Softwareherstellers FTPX Corporation gesetzt hatten. In mehreren Verfahren wurde zunächst einmal über die Frage der Benutzung im geschäftlichen Verkehr gestritten. In dem vom *LG Braunschweig*[543] entschiedenen Fall hatte die Fachhochschule ihren Studenten einen Teil ihrer Domain zur Verfügung gestellt. In diesem von Studenten genutzten Teil der Domain war der streitgegenständliche Link zu dem amerikanischen Hersteller der FTPX Explorer Software geschaltet. Obwohl die Tätigkeit einer Hochschule eigentlich außerhalb des geschäftlichen Verkehrs steht, bejahte das *LG Braunschweig* in Hinblick auf den weiten Störerbegriff ein Handeln im geschäftlichen Verkehr. Das Handeln im geschäftlichen Verkehr sah das *LG Braunschweig* in der Förderung des fremden Wettbewerbers, nämlich des amerikanischen Softwareherstellers. Durch das Setzen des Links leiste die Hochschule Beihilfe, da auf ihrer Domain auf die Möglichkeit zum Download der entsprechenden Software hingewiesen werde. Ähnlich entschied das *OLG München*[544] in einem Fall, in dem ebenfalls eine Universität eine angeblich rechtsverletzende Bezeichnung auf ihrem Server benutzte. Der Umstand, dass die Benutzung des Servers unentgeltlich und bestimmungsgemäß zu wissenschaftlichen Zwecken erfolge, könne ein Handeln im geschäftlichen Verkehr nicht ausschließen, da eine Zulassungsbeschränkung etwa im Sinne eines geschlossenen Benutzerkreises nicht existiere, so dass sich das Angebot faktisch an jedermann richte. Anders war der Sachverhalt in einem vom *OLG Schleswig*[545] entschiedenen Fall zu beurteilen. Die Benutzung des geschützten Zeichens befand sich auf einer privat betriebenen Website. Die Benutzung des Zeichens selbst stand in keinerlei Zusammenhang mit einer geschäftlichen Tätigkeit. Der Umstand, dass auf der Website auch noch verschiedene andere Links zu Seiten kommerziell tätiger anderer Internetanbieter geschaltet waren, konnte nach Ansicht des *OLG Schleswig* kein Handeln im geschäftlichen Verkehr begründen. Etwas anderes könne nur dann gelten, wenn sich der Website-Inhaber die kommerziellen Angebote der Dritten zu eigen mache. Das *OLG Schleswig* betonte in diesem Zusammenhang ausdrücklich, dass es sich bei den fraglichen Links auf den Seiten kommerzieller Anbieter um normale (d.h. wohl Surface-Links) handele, keine inhaltliche Einbettung der Aussagen der fremden Seiten erfolge und zudem auch keine wirtschaftliche Verbindung zwischen dem Verweisenden und den kommerziellen Anbietern bestehe, aus denen der Verweisende wirtschaftliche Vorteile beziehe. Für die Frage der Nutzung im geschäftlichen Verkehr kann also festgehalten werden, dass auf Grund des weiten Störerbegriffs auch Inhaber von Website, die selbst keine eigenen geschäftlichen Zwecke verfolgen, in Anspruch genommen werden können, wenn sie durch die Installation des Links fremden Wettbewerb fördern. 298

[543] *LG Braunschweig,* MMR 2001, 187.
[544] *OLG München,* CR 2000, 541 – CDbench.
[545] *OLG Schleswig,* CR 2001, 465, 466.

299 Die Verwendung der Links wurde in der genannten Sachverhaltskonstellation von der Rechtsprechung durchgehend als markenmäßige Benutzung des in dem Link enthaltenen Kennzeichens angesehen[546]. Nach Ansicht des *LG München*[547] in der Explorer-Sachverhaltskonstellation wird die fremde Marke hier nicht lediglich in dem Sinne benannt, dass auf die Existenz der fremden Webseite hingewiesen werde, sondern zum Download, d.h. letztlich zum Erwerb des konkreten Programmes benutzt. Eine andere Kammer des *LG München I*[548] sah selbst in einem von einer Suchmaschine ausgeworfenen Link eine rechtserhebliche Benutzung, verneinte aber letztlich mangels Störereigenschaft eine Kennzeichenverletzung des Suchmaschinenbetreibers. Auch das *LG Braunschweig*[549] sowie das *LG Düsseldorf* haben ohne nähere Begründung in der Explorer-Sachverhaltskonstellation eine markenmäßige Benutzung bejaht.

b) Kennzeichenverletzungen auf den verlinkten Seiten

300 Durch das Setzen eines Links kann der Setzer des Links für den Inhalt der verlinkten Seite haftbar gemacht werden[550]. Denn durch das Setzen des Links wird dem Internetnutzer die Nutzung der verlinkten Seite zur Nutzung bereitgehalten. Nach dem weiten kennzeichenrechtlichen Störerbegriff reicht für die kennzeichenrechtliche Verantwortung bereits aus, dass der Handelnde als Täter oder Gehilfe die Verletzung veranlasst, verhindern könnte oder sie rechtswidrig duldet. Entsprechend der jeweiligen Ausgestaltung des Links kommt also derjenige, der einen Link auf eine kennzeichenrechtsverletzende Website setzt, als Mittäter oder Gehilfe einer Kennzeichenverletzung in Betracht. Selbst derjenige, der nur einen einfachen Surface-Link setzt, wird spätestens dann zum Störer, wenn er von dem Verletzten auf die Kennzeichenverletzung hingewiesen wird und dennoch den Link nicht entfernt. Ab diesem Moment duldet der Linksetzer die Kennzeichenverletzung und ist somit zumindest als Gehilfe einer fremden Kennzeichenverletzung anzusehen. Wer mit einem Inline-Link bzw. einem Frame die fremde Website zum Inhalt des eigenen Internetangebots macht, kann im Einzelfall sogar als Mittäter der Kennzeichenverletzung angesehen werden. Allerdings sollte die Haftung nicht uferlos ausgedehnt werden und auf die unmittelbar verlinkte Website beschränkt werden. Diejenigen Websites, die wiederum mit der verlinkten Website vernetzt sind, entziehen sich der Kontrollmöglichkeit des Linksetzers.

301 Eine andere, hier nicht behandelte Frage ist es, ob der Linksetzer von der Privilegierung der §§ 8ff. TDG profitiert. Hierzu wird auf die obigen Ausführungen[551] verwiesen.

c) Ausweitung des Waren- und Dienstleistungsbereichs durch den Inhalt der verlinkten Website

302 Wie oben[552] bereits erörtert wurde, kann das Setzen eines Links zudem dazu führen, dass sich der Linksetzer die auf der verlinkten Website angebotenen Waren

546 Vgl. *Ubber*, S. 160.
547 *LG München*, MMR 2000, 566 (567).
548 *LG München*, CR 2001, 46 (47).
549 *LG Braunschweig*, MMR 2001, 187.
550 Vgl. dazu u.a. *LG Frankfurt*, CR 1999, 45 – Verantwortlichkeit für Links; *LG Hamburg*, AfP 199, 421 – „Dorfdepp der Woche"; *Viefhues* in: Hoeren/Sieber, Kap. 6, Rdnr. 253.
551 Vgl. Rdnr. 296.
552 Vgl. Rdnr. 166.

und Dienstleistungen zurechnen lassen muss. Im Einzelfall kann dies bedeuten, dass erst durch die Berücksichtigung der auf der verlinkten Seite angebotenen Waren und Dienstleistungen eine Verwechslungsgefahr begründet wird. Voraussetzung für eine Zurechnung ist, dass sich der Linksetzer das Angebot auf der verlinkten Seite zu Eigen macht. Hinsichtlich der Einzelheiten wird auf die obigen Ausführungen verwiesen.

§ 8. Urheberrecht und verwandte Schutzrechte

Martin Wirtz

Übersicht

Literatur: *Ahrens,* Napster, Gnutella, Freenet & Co – Die immaterialgüterrechtliche Beurteilung von Internet-Musiktauschbörsen, ZUM 2000, 1029; *Apel/Steden,* Urheberrechtsverletzungen durch Werbeblocker im Internet?, WRP 2001, 112; *Bayreuther,* Beschränkungen des Urheberrechts nach der neuen EU-Urheberrechtsrichtlinie, ZUM 2001, 828; *Bechthold,* Vom Urheber- zum Informationsrecht – Implikationen des Digital Rights Management, 2002; *ders.* Der Schutz des Anbieters von Information – Urheberrecht und Gewerblicher Rechtsschutz im Internet, ZUM 1997, 427; *ders.* Multimedia und Urheberrecht – einige grundsätzliche Anmerkungen GRUR 1998, 18; *Becker,* Rechtsprobleme internationaler Datennetze, 1996; *ders.,* Die Wahrnehmung von Urheberrechten an Sprachwerken: Symposion für Ferdinand Melichar, 1999; *ders.,* Neue Übertragungstechniken und Urheberrechtsschutz, ZUM 1995, 231; *ders.,* Die Schöpfer von Filmmusik und die Verwaltung ihrer Rechte durch die GEMA, ZUM 1999, 16; *Becker/Dreier,* Urheberrecht und digitale Technologie, 1994; *Berger,* Urheberrechtliche Erschöpfungslehre und digitale Informationstechnologie, GRUR 2002, 198; *Boddien,* Links und Recht – Eigene und die Zurechung fremder Rechtsverletzungen im Gewerblichen Rechtsschutz und Urheberrecht bei der Verwendung von Links im Internet, Mitt. 1999, 401; *Bortloff,* Tonträgersampling als Vervielfältigung, ZUM 1993, 476; *Bosak,* Urheberrechtliche Zulässigkeit privaten Downloadings von Musikdateien, CR 2001, 176; *Braun,* Filesharing-Netze und deutsches Urheberrecht, GRUR 2001, 1106; *Briem,* Elektronische Lizenzierung von urheberrechtlich geschützten Werken, MMR 1999, 256; *Boehme-Neßler,* Cyber-Law, 2001; *ders.,* Internetrecht.com, 2001; *Cichon,* Urheberrechte an Webseiten, ZUM 1998, 897; *Cohen-Jehoram,* The Future of Copyright Collecting Societies, EIPR 2001, 134; *ders.* Krtische Überlegungen zur wirtschaftlichen Bedeutung des Urheberrechts, GRUR Int. 1989, 23; *ders.*; Basic Principles of Copyright Organisations, Copyright 1990, 214; *Cornish,* Intellectual Property: Patents, Copyright,

Trade Marks and Allied Rights, 4. Aufl., 1999; *Czychowski,* Karlsruhe locuta, causa finita: Elektronische Pressespiegel nunmehr erlaubt?!, NJW 2003, 118; *Däubler-Gmelin,* Urheberrechtspolitik in der 14. Legislaturperiode – Ausgangspunkt und Zielsetzung, ZUM 1999, 265; *dies.*, Private Vervielfältigung unter dem Vorzeichen digitaler Technik, ZUM 1999, 769; *Dietz,* Das primäre Urhebervertragsrecht in der Bundesrepublik Deutschland und in den anderen Mitgliedsstaaten der EG, 1984; *ders.*, Das Urheberrecht in seiner Rechtspolitischen Bedeutung, in: FS Schricker, 1; *Dördelmann,* Die gemeinsame Vertretung der Wahrnehmungsberechtigten nach § 6 Abs. 2 WahrnG; in: FS Hertin, 31; *ders.*, Gedanken zur Zukunft der Staatsaufsicht über Verwertungsgesellschaften, GRUR 1999, 890; *Dreier,* Die Umsetzung der Urheberrechtsrichtlinie 2001/29/EG in deutsches Recht, ZUM 2002, 28; *ders.*, Die Auswirkungen des § 63a UWG auf die Verteilungspraxis der Verwertungsgesellschaften, Gutachten, 2003; *Dreier/Katzenberger/v. Lewinski/Schricker,* Urheberrecht auf dem Weg zur Informationsgesellschaft, 1997; *Duggal,* TRIPs-Übereinkommen und internationales Urheberrecht, 2001; *Dusollier,* Electrifying the Fence: The Legal Protection of Technological Measures for Protecting Coypright, EIPR 1999, 285; *Dustmann,* Die privilegierten Provider: Haftungseinschränkungen im Internet aus urheberrechtlicher Sicht, 2001; *Ernsthaler/Bosch/Völker,* Handbuch Urheberrecht und Internet, 2002; *Ernst,* Wirtschaftsrecht im Internet, BB 1997, 1057; *ders.*, Urheberrechtliche Probleme bei der Veranstaltung von On-Demand-Diensten, GRUR 1997, 592; *ders.*, K&R – Tagung – Bericht, K&R 1998, 536; *ders.*, Rechtliche Fragen bei der Verwendung von Hyperlinks, NJW-CoR 1997, 224; *Federrath,* Zur Kontrollierbarkeit des Internets, ZUM 1999, 177; *Fichte,* Beweis der Unrechtmäßigkeit des Buchnachdruckes (1973) = UFITA Bd. 106 (1987), 155; *Ficsor,* Collective Administration of Copyright and Neighbouring Rights, 1990; *Fischer,* Zur Zulässigkeit des Vertriebs traditioneller und elektronisierter Pressespiegel durch kommerzielle Anbieter, ZUM 1995, 117; *Flechsig,* Grundlagen des Europäischen Urheberrechts – Die Richtlinie zur Harmonisierung des Urheberrechtsschutzes in Europa und die Anforderungen an ihre Umsetzung in deutsches Recht, ZUM 2002, 1; *Frey,* Peer-to-Peer File-Sharing, das Urheberrecht und die Verantwortlichkeit von Dienstanbietern am Beispiel Napster, Inc. im Lichte des US-amerikanischen und des EG-Rechts, ZUM 2001, 466; *Garrote,* Linking and Framing: A Comparative Law Approach, EIPR 2002, 184; *Gerlach,* Lizenzrecht und Internet – Statement aus Sicht der GVL, ZUM 2000, 856; *Häußer,* Praxis und Probleme der Aufsicht über Verwertungsgesellschaften, FuR 1980, 57; *ders.*, Das Recht der Verwertungsgesellschaften aus der Sicht der Aufsichtsbehörde, Mitt. 1984, 64; *Haller,* Music on demand: Internet, Abrufdienste und Urheberrecht, 2001; *Hart,* The Copyright in the Information Society Directive: An Overview, EIPR 2002, 58; *Hartmann,* Überlegungen zum Werkbegriff – insbesondere zur Individualität – an Beispielen zeitgenössicher Musikformen, UFITA Bd. 122, (1993) 57; *Hauptmann,* Die Vergesellschaftung des Urheberrechts, 1994; *Heide,* Copyright in the E.U. and United States: What „Access Right"?, EIPR 2001, 469; *Hillig,* Urheber- und Verlagsrecht, Textbuch, 8. Aufl. 2001; *Hilty (Hrsg.),* Information Highway, 1996; *ders.*, Die Verwertung von Urheberrechten in Europa, 1995; *Hoeren,* Entwurf einer EU-Richtlinie zum Urheberrecht in der Informationsgesellschaft, MMR 2000, 515; *ders.*, Überlegungen zur urheberrechtlichen Qualifizierung des elektronischen Abrufs, CR 1996, 517; *ders.*, Multimedia als noch nicht bekannte Nutzungsart, CR 1995, 710; *ders.*, Sounds von der Datenbank – zum Schutz des Tonträgerherstellers gegen Sampling, in: FS Hertin, 113; *ders.*, Pressespiegel und das Urheberrecht, GRUR 2002, 1022; *Intveen,* Internationales Urheberrecht und Internet, 1999; *Jaeger/Metzger,* Open Source Software: Rechtliche Rahmenbedingungen der Freien Software, 2002; *Jaeger/Koglin,* Der rechtliche Schutz von Fonts, CR 2002, 169; *Jones,* An Artist's Entry into Cyberspace: Intellectual Property on the Internet, EIPR 2000, 79; *Kaestner (Hrsg.),* Legal Aspects of Intellectual Property Rights in Electronic Commerce, 1999; *Karnell,* Collective Administration of Authors' Rights, Copyright 1986, 45; *Klett,* Urheberrecht im Internet aus deutscher und amerikanischer Sicht, 1998; *Knies,* Kopierschutz für Audio-CD's, ZUM 2003, 793; *Koch,* Zur Regelung der Online – Übermittlung von Datenbanken und Datenbankwerken im Diskussionsentwurf zum Fünften Urheberrechtsänderungsgesetz, ZUM 2001, 839; *ders.*, Grundlagen des Urheberrechtschutz im Internet und in Online-Diensten, GRUR 1997, 417; *ders.* Rechte an Webseiten, NJW-CoR 1997, 298; *ders.* Rechtsschutz für Benutzeroberflächen von Software, GRUR 1991, 180; *Kochinke/Tröndle,* Links, Frames und Meta-Tags, Urheber- und markenrechtliche Implikationen im Internet, CR 1999, 190; *Köhler/Arndt,* Recht des Internet, 3. Aufl. 2001; *Köhler,* Der Schutz von Websites gemäß §§ 87a ff. UrhG, ZUM 1999, 548; *Köhn,* Die Technisierung der Popmusikproduktion, ZUM 1994, 278; *König,* Der wettbewerbsrechtliche Schutz von Computerprogrammen vor Nachahmung, NJW 1990,

2233; *Kreile*, Rechtedurchsetzung und Rechteverwaltung durch Verwertungsgesellschaften in der Informationsgesellschaft, in: FS Thurow, 41; *ders.*, Die Zusammenarbeit der Verwertungsgesellschaften unter der Aufsicht des Deutschen Patent- und Markenamtes, GRUR 1999, 885; *Kreile/Becker*, Multimedia und die Praxis der Lizenzierung von Urheberrechten, GRUR Int. 1996, 677; *dies.*, Rechtedurchsetzung und Rechteverwaltung durch Verwertungsgesellschaften in der Informationsgesellschaft in: GEMA-Jahrbuch 2000/2001, S. 84; *dies.*; Verwertungsgesellschaften in der Informationsgesellschaft, in: FS Mestmäcker, 77; *Kreile/Wallner*, Schutz der Urheberpersönlichkeitsrechte im Multimediazeitaler, ZUM 1997, 625; *Kretschmer*, The Failure of Property Rules in Collective Administration: Rethinking Copyright Societies als Regulatory Instruments, EIPR 2002, 126; *Kreutzer*, Napster, Gnutella & Co.: Rechtsfragen zu Filesharing-Netzen aus der Sicht des deutschen Urheberrechts de lege lata und de lege ferenda, GRUR 2001, 193 (Teil 1) und GRUR 2001, 307 (Teil 2); *Kröber* Vergütungspflicht für digitales Kopieren bestätigt, ZUM 2000, 545; *Kröger*, Die Urheberrechtsrichtlinie für die Informationsgesellschaft – Bestandsaufnahme und kritische Bewertung, K&R 2001, 316; *Krüger*, Kritische Bemerkungen zum Regierungsentwurf für ein Gesetz zur Regelung des Urheberrechts in der Informationsgesellschaft aus der Sicht eines Praktikers, ZUM 2003, 122; *Lehmann*, (*Hrsg.*) Internet- und Multimediarecht (Cyberlaw), 1997; *Leistner/Bettinger* Creating Cyberspace, Immaterialgüterrechtlicher und wettbewerbsrechtlicher Schutz des Web-Designers, CR 1999 Beilage, 1; *Leupold/Bräutigam/Pfeiffer*, Von der Werbung zur kommerziellen Kommunikation: Die Vermarktung von Waren und Dienstleistungen im Internet, WRP 2000, 575; *Leupold*, „Push" und „Narrowcasting" im Lichte des Medien- und Urheberrechts, ZUM 1998, 99; *ders./Demisch*, Bereithalten von Musikwerken zum Abruf in digitalen Netzen, ZUM 2000, 379; *v. Lewinski*, Die Diplomatische Konferenz der WIPO 2000 zum Schutz der audiovisuellen Darbietungen, GRUR Int. 2001, 529; *dies.*, Die diplomatische Konferenz der WIPO 1996 zum Urheberrecht und zu verwandten Schutzrechten, GRUR Int. 1997, 667; *dies.*, Die Multimedia-Richtlinie, Der EG-Richtlinienvorschlag zum Urheberrecht in der Informationsgesellschaft, MMR 1998, 115; *dies./Gaster*, Die diplomatische Konferenz der WIPO 1996 zum Urheberrecht und den verwandten Schutzrechten, ZUM 1997, 607; *Liholm*, GEMA and IFPI, EIPR 2002, 112; *Loewenheim*, Die urheber- und wettbewerbsrechtliche Beurteilung der Herstellung und Verbreitung kommerzieller elektronischer Pressespiegel, GRUR 1996, 636; *Loock-Wagner*, Das Internet und sein Recht, 2000; *Maaßen*, Urheberrechtliche Probleme der elekronischen Bildverarbeitung, ZUM 1992, 338; *Marly*, Rechtsschutz für technische Schutzmechanismen geistiger Leistungen, K&R 1999, 106; *Mauhs*, Der Wahrnehmungsvertrag, 1991; *Melichar*, Schöpfer vorbestehender Werke aus Sicht der VG Wort, ZUM 1999, 12; *ders.*, Die Wahrnehmung von Urheberrechten durch die Verwertungsgesellschaften, 1983; *Merx/Tandler/Hahn*, Multimedia-Recht für die Praxis, 2002; *Metzger/Kreutzer*, Richtlinie zum Urheberrecht in der „Informationsgesellschaft", MMR 2002, 139; *Möhrig/Lieberknecht*, Kartellrecht und Urheberrecht, UFITA, Bd. 29 (1959), 269; *Möschel/Bechthold*, Copyright Management im Netz, MMR 1998, 571; *Moser/Scheuermann*, Handbuch der Musikwirtschaft, 5. Aufl. 1999; *Mönkemöller*, Moderne Freibeuter unter uns? Internet, MP3 und CD-R als Gau für die Musikbranche, GRUR 2000, 663; *Morrison/Gillies*, Securing Webcast Content in European Union: Copyright, Technical Protection and problems of Jurisdiction on the Internet, EIPR 2002, 74; *Nippe*, Urheber und Datenbank: Schutz des Urhebers bei der Verwendung seiner Werke in elektronischen Datenbanken, 2000; *Nordemann, A./Goddar/Tönhardt/Czychowski*, Gewerblicher Rechtsschutz und Urheberrecht im Internet, CR 1996, 645; *Nordemann, A./Nordemann J. B./Czychowski*, Die Entwicklung der Gesetzgebung und Rechtsprechung zum Urheberrecht in den Jahren 1998 und 1999, *NJW* 2000, 620; *dies.*, Die Entwicklung der Getzgebung und Rechtsprechung zum Urheberrecht in den Jahren 2000 und 2001, NJW 2002, 562; *Nordemann, W.*, Entwicklung und Bedeutung der Verwertungsgesellschaften, in: FS GRUR, 1197; *ders.*, Mängel der Staatsaufsicht über die deutschen Verwertungsgesellschaften?, GRUR 1992, 584; *ders./Schierholz*, Neue Medien und Presserecht – eine Erwiderung auf Katzenbergers Thesen, AfP 1998, 365; *Omsels*, Open Source und das deutsche Vertrags- und Urheberrecht, in: FS Hertin, 141; *Pfennig*, Die Berechtigten am Filmwerk, ZUM 1999, 36; *Pickrahn*, Verwertungsgesellschaften nach deutschem und europäischem Kartellrecht, 1996; *Plaß*, Hyperlinks im Spannungsfeld von Urheber-, Wettbewerbs- und Haftungsrecht, WRP 2000, 599; *Porter*, European Union Competition Policy: Should the Role of Collecting Societies be legitimised?, EIPR 1996, 672; *Prütting* (Hrsg.), Die Entwicklung des Urheberrechtes im Europäischem Rahmen, 1999; *Raubenheimer*, Beseitigung/Umgehung eines technischen Programmschutzes nach UrhG und UWG, CR 1996, 69; *Raue/Bensinger* Umsetzung des Sui-generis-Rechts an

Datenbanken in den §§ 87a ff. UrhG, MMR 1998, 507; *Rehbinder,* Urheberrecht, 12. Aufl. 2002; *ders.,* Mängel der Staatsaufsicht über die deutschen Verwertungsgesellschaften, DVBl 1992, 216; *ders.* (Hrsg.), Schutz von Kultur und geistigem Eigentum in der Informationsgesellschaft: XIII. INTERGRU- Kongreß, 1998; *Rehbinder/Schaefer/Zombik,* Aktuelle Rechtsprobleme des Urheber- und Leistungsschutzes sowie der Rechtewahrnehmung, FS Thurow, 1999; *Reinbothe,* Die EG-Richtlinie zum Urheberrecht in der Informationsgesellschaft, GRUR Int. 2001, 733; *ders.,* Die Umsetzung der EU-Urheberrechtsrichtlinie in deutsches Recht ZUM 2002, 43; *ders.* Der EU-Richtlinienentwurf zum Urheberrecht und zu den Leistungsschutzrechten in der Informationsgesellschaft, ZUM 1998, 429; *Reinbothe/v. Lewinski,* The WIPO Treaties 1996: Ready to Come into Force, EIPR 2002, 199; *dies.,* The WIPO Copyright Treaties 1996, 2002; *ders./Martin-Prat/v. Lewinski,* The new WIPO Treaties: A first Résumé, EIPR 1997, 171; *Reuter,* Digitale Bild- und Filmbearbeitung im Licht des Urheberrechts, GRUR 1997, 23; *Riklin,* Das Urheberrecht als individuelles Herrschaftsrecht und seine Stellung im Rahmen der zentralen Wahrnehmung urheberrechtlicher Befugnisse sowie der Kunstförderung, 1978; *Rossbach,* Die Vergütungsansprüche im deutschem Urheberrecht, 1990; *Schack,* Urheber- und Urhebervertragsrecht, 2. Aufl. 2001; *ders.,* Urheberrechtliche Gestaltung von Webseiten, MMR 2001, 9; *ders.,* Neue Techniken und Geistiges Eigentum, JZ 1998, 753; *ders.,* Neuregelung des Urhebervertragrechts, ZUM 2001, 453; *Schardt,* Multimedia-Fakten und Rechtsfragen, GRUR 1996, 827; *ders./Lehment/Peukert* Haftung für Hyperlinks im Internet, UFITA 2001/III, 841; *Schippan,* Die Harmonisierung des Urheberrechts in Europa im Zeitalter von Internet und digitaler Technologie, 1999; *ders.* Harmonisierung oder Wahrung der nationalen Kulturhoheit? – Die wundersame Vermehrung der Schrankenbestimmungen in Art. 5 der >Multimedia-Richtlinie<, ZUM 2001, 116; *ders.,* Die Klärung von „Multimediarechten" in Europa – das VERDI-Projekt und andere von der EU-Kommission unterstützte MMRCS-Projekte, ZUM 1999, 135; *Schricker (Hrsg.),* Urheberrecht auf dem Weg zur Informationsgesellschaft, 1997; *ders.,* Der Urheberrechtsschutz von Werbeschöpfungen, Werbeideen, Werbekonzeptionen und Werbekampagnen, GRUR 1996, 815; *Schulze, G.,* Rechtsfragen von Printmedien im Internet, ZUM 2000, 432; *ders.,* Zur Tarifhoheit der GEMA, ZUM 1999, 827; *ders.,* Teil-Werknutzung, Bearbeitung und Werkverbindung bei Musikwerken – Grenzen des Wahrnehmungsumfanges der GEMA, ZUM 1993, 255; *Schwarz,* Urheberrecht und unkörperliche Verbreitung multimedialer Werke, GRUR 1996, 836; *Schwenzer,* Tonträgerauswertung zwischen Exklusivrecht und Sendeprivileg im Lichte von Internetradio, GRUR Int. 2001, 722; *Sosnitza,* Das Internet im Gravitationsfeld des Rechts: Zur rechtlichen Beurteilung so genannter Deep Links, CR 2001, 693; *Spieß,* Urheber- und Wettbewerbsrechtliche Probleme des Samplings in der Popmusik, ZUM 1991, 524; *Spindler,* Europäisches Urheberrecht in der Informationsgesellschaft GRUR 2002, 105; *Stamaoudi,* The European Court's Love-Hate-Relationship with Collecting Societies, EIPR 1997, 289; *Stolz,* Die Rechte der Sendeunternehmen nach dem Urheberrechtsgesetz und ihre Wahrnehmung, 1987; *Strittmatter,* Tarife vor der urheberrechtlichen Schiedsstelle, 1994; *Thum,* Internationalprivatrechtliche Aspekte der Verwertung urheberrechtlich geschützter Werke im Internet, GRUR Int., 2001, 9; *Thurow,* Rechtsschutz für den Urheber und den Urheberrechtsnutzer, ZUM 1997, 320; *Ulbricht/Meuss,* Juristische Aspekte von Extended Links und Smart Tags, CR 2002, 162; *Vogel,* Wahrnehmungsrecht und Verwertungsgesellschaften in der Bundesrepublik Deutschland, GRUR 1993, 513; *Völker/Lühring,* Abwehr unerwünschter Inline-Links, K&R 2000, 20; *Waldenberger,* Zur zivilrechtlichen Verantwortlichkeit für Urheberrechtsverletzungen im Internet, ZUM 1997, 176; *Wand,* Technische Schutzmaßnahmen und Urheberrecht – Vergleich des internationalen, europäischen, deutschen und US-amerikanischen Rechts, 2001; *Wandtke,* Copyright und virtueller Markt in der Informationsgesellschaft oder das Verschwinden des Urhebers im Nebel der Postmoderne, GRUR 2002, 1; *Warustel,* La Propriété Intelectuelle et L'Internet, 2001; *Weßling,* Der zivilrechliche Schutz gegen digitales Sound-Sampling, 1995; *Wiebe,* Deep-Links-Neue Kommunikationsformen im Wettbewerb aus lauterkeitsrechtlicher Sicht, WRP 1999, 734; *Wirtz,* Die Kontrolle von Verwertungsgesellschaften, 2002; *Wittgenstein,* Über die negativen Auswirkungen einer Verstärkung des Urheberrechts auf die Entwicklung des Internet, UFITA 2000/I, 39; *Wünschmann,* Die kollektive Wahrnehmung von Urheber- und Leistungsschutzrechten nach europäischem Wettbewerbsrecht, 2000; *ders.,* Clearingstellen für Multimedia-Produkte und europäisches Wettbewerbsrecht, ZUM 2000, 572; Zscherpe, Urheberrechtsschutz digitalisierter Werke im Internet, MMR 1998, 404; *Zecher,* Die Umsetzung der EU-Urheberrechtsrichtlinie in deutsches Recht, ZUM 2002, 52.

Wirtz

Ideals are dangerous things. Realities are better.[1]

A. Einleitung: Urheberrecht und Internet

1 Das Urheberrecht ist die **juristische Schlüsseldisziplin** des Internets.[2] Unter dem Stichwort „Content is King"[3] wird schlagwortartig das Bedürfnis formuliert, die technisch ausgefeilten Dienste des Internets auch mit Inhalten zu füllen. Kein Anwender wird allein auf Grund von technischen Möglichkeiten eine Seite im Netz besuchen. Ausschlaggebend ist vielmehr der Inhalt der Seite, wobei die Produkte unserer Alltagskultur, wie Popsongs, Boulevardnachrichten, etc. im Vordergrund stehen werden. Dabei richtet sich dann auch die Attraktivität der Seite nach der der Inhalte, welche hauptsächlich durch die Vorgaben des Urheberrechts geschützt sind. Die vermehrte Nachfrage nach attraktiven Inhalten ist somit nicht zuletzt ein Wettbewerb um urheberrechtliche Befugnisse, die die legale Nutzung der Werke im Rahmen des Internets möglich machen.[4] So sehr das Internet die **Bedeutung des Urheberrechts als Regulierungsinstrument des „Content"** wachsen lässt, so sehr haben die mit dem Internet in Zusammenhang stehende technischen und wirtschaftlichen Veränderungen **Auswirkungen auf das bestehende Urheberrecht** und die **traditionellen Urheberrechtsindustrien** selber.

2 Die Bedeutung des Internets für die Urheberrechtsindustrien wird sich nicht allein auf eine zunehmende Nachfrage nach urheberrechtlich geschützten Inhalten beschränken. Wird die im nachfolgenden noch darzustellende **„Krise" des Urheberrechts**, welche durch die mit dem Internet im Zusammenhang stehende technische und wirtschaftliche Revolution ausgelöst ist, gelöst sein, so werden die mit dem Internet in Zusammenhang stehenden **neuen Vertriebsstrukturen** auch die etablierten Strukturen der Urheberrechtsindustrien verändern. Insbesondere kann das „Internet" dazu führen, dem Schöpfer eine größere Freiheit seinem Primärverwerter gegenüber, beispielsweise dem Verleger oder dem Tonträgerhersteller, zu ermöglichen. Die Vertriebsstrukturen des Internets verschaffen dem Schöpfer eine **eigenständige Verwertungsmöglichkeit,** so dass er Verleger, Tonträgerhersteller oder Konzertveranstalter, nicht mehr einzuschalten braucht. So hat beispielsweise der Popsänger „The Symbol" (vormals Prince) seine Songs über das Internet veröffentlicht, um die Werkvermittler, hier die Tonträgerhersteller, zu umgehen. Die Popkünstlerin „Madonna" hat ein Konzert in einem Club in London gegeben, welches weltweit über das Internet übertragen wurde, und der Bestsellerautor Steven King hat im Sommer 2000 einen Roman im Internet veröffentlicht und sich dessen Lektüre direkt von den Internetlesern bezahlen lassen.[5] Die Bedeutung des Internets für das traditionelle Urheberrecht und die Urheberrechtsindustrien darf somit unter keinem Fall unterschätzt werden.

---

[1] Oscar Wilde, Lady Windermare's Fan.

[2] Andere bezeichnen das Urheberrecht als Magna Charta der Informationsgesellschaft, so *Hoeren,* MMR 2000, 1 (3); *Wandtke,* GRUR 2002, 1 (2).

[3] *Summer Redstone,* zitiert nach Boehme-Neßler, S. 221.

[4] Zu Einzelheiten des Rechtsverkehrs im Urheberrecht, also dem Urhebervertragsrecht, vgl. im Kapitel § 13, Rdnr. 220 ff.

[5] Nachweise bei *Hilty/Wittmeiler,* S. 281 (286); *Boehme-Neßler,* S. 257.

I. Die Bedeutung des Urheberrechts

3 Das Urheberrecht schützt das **Ergebnis eines geistig-ästhetischen Schöpfungsprozesses.** Es wurde insbesondere im Zeitalter der Aufklärung am Ende des 18. Jahrhunderts als Naturrecht angesehen. Es wird zum **„Geistigen Eigentum"** des Schöpfers, welches sich auf das geschaffene Werk bezieht. Der Schöpfer erhält an dem im Manuskript geformten Gedanken ein „natürliches, angeborenes und veräußerndes Eigentumsrecht".[6] Dem Verleger als frühen Primärverwerter wurde lediglich ein Nutzungsrecht, das dem Nießbrauch ähnelt, zugestanden.[7] Mit der Ausgestaltung als Naturrecht entstand das Urheberrecht somit beim Schöpfungsprozess und war eng mit der Person des Schöpfers verknüpft. Diese Vorstellung wirkt bis in die heutige deutsche Urheberrechtsgesetzgebung fort. So ist nach § 29 UrhG das Urheberrecht grundsätzlich nicht übertragbar. Es können lediglich Nutzungsrechte an diesem eingeräumt werden (vgl. § 31 UrhG). Auch in der **kontinental-europäischen Urheberrechtstradition,**[8] steht nach wie vor der Schöpfer des Werkes im Vordergrund. So schützt dann auch nach § 11 UrhG das Urheberrecht den Urheber in seinen geistigen und persönlichen Beziehungen zum Werk und ordnet diesem grundsätzlich sämtliche Nutzungsformen des Werkes zu. Dadurch werden sowohl persönlichkeitsrechtliche Aspekte als auch die kommerzielle Verwertung des Werkes grundsätzlich dem Schöpfer zuerkannt. Somit war auch nach der Vorstellung des Gesetzgebers des deutschen Urhebergesetzes von 1965 das Urheberrecht nichts anderes als die Anerkennung der Bindung des Schöpfers an sein Werk.[9]

4 Schutzgegenstand des Urheberrechtes sind nicht allein die Werke der „hohen Kunst", wie Literatur, bildende Kunst und „E-Musik", d.h. „Ernste" und keine „Massen"-Werke der Musik. Dem Schutz des Urheberrechts unterfallen auch viele Werke unserer Alltagskultur, wie angewandte Kunst, Design, kommerzielle Photographie, Unterhaltungsfilme etc. Auch diese Schöpfungen sind vom Gesetzgeber ausdrücklich als potentielle Werke im Sinne des § 2 UrhG anerkannt worden.[10] Das Urheberrecht wird so zur **Verfassung der Kulturindustrie,** das Voraussetzungen und Grenzen der schöpferisch Tätigen bestimmt, wobei der Begriff der Kulturindustrie und -wirtschaft weit gefasst ist. Diese **Kulturwirtschaft** ist mittlerweile zu einem nicht zu verachtenden Wirtschaftsfaktor der westlichen Industrienationen geworden. Mitte der 80er Jahre wurde diese ökonomische Bedeutung des Urheberrechtes eingehend untersucht und festgestellt, dass die Kulturwirtschaft traditionelle Wirtschaftszweige, wie die Automobilindustrie oder die Landwirtschaft, überrundet hatte.[11] Dieses Ergebnis ist umso erstaunlicher, als die Güter der Kulturindustrie nicht

---

[6] *Fichte*, Beweis der Unrechtmäßigkeit des Büchernachdruckes (1793) = UFITA (1987), 155 (163/161).

[7] Zu Einzelheiten *Schricker/Vogel,* Einl. Rdnr. 60ff.; *Schack,* Rdnr. 100.

[8] Zum Verständnis des „Urheberrechts" nach dem anglo-amerikanischen Copyright-System, *Cornish,* S. 377/378.

[9] *Möhring/Lieberknecht,* UFITA Bd. 29 (1959), 269 (275).

[10] § 2 Abs. 1 Nr. 4, 6 und 7 UrhG.

[11] US-Copyright Office zur Size of the Copyright Industries in the United States, GRUR Int. 1985, 393; vergleichbare Studien in Großbritannien, den Niederlanden, Schweden und Deutschland kamen zu ähnlichen Ergebnissen, *Schricker/Schricker,* Einl., Rdnr. 9; zusammenfassend *Cohem-Jehoram,* GRUR Int. 1989, 23ff.; in der Bundesrepublik Deutschland betrug der Anteil der Urheberrechtsindustrien am Bruttosozialprodukt im Jahre 1987 2,9%, *Däubler-Gmelin,* ZUM 1999,

satt machen oder wärmen, so dass diese eigentlich niemand „braucht". *Schricker* führt dieses Wachstum der Kulturindustrie auf die Bedürfnisse der mittlerweile etablierten **„Freizeitgesellschaft" der westlichen Industrienationen** und des damit zusammenhängenden Bedürfnisses nach Unterhaltung und Information zurück.[12] Dieses Bedürfnis ist durch die technische **Entwicklung im Multimediabereich und des Internets** noch weiter angeheizt worden. Der Verbraucher kann nicht nur zwischen dem Genuss unterschiedlicher Werke und Werkarten auswählen, sondern auch zwischen verschiedenen Vermittlungsmedien, wie beispielsweise traditionelles oder interaktives Fernsehen, wählen. Gerade das Unterhaltungs- und Informationsbedürfnis der Verbraucher wird bei der privaten Massennutzung des Internets im Vordergrund stehen.

II. „Krise" des Urheberrechtes?

Das Urheberrecht ist aus dem Geist der Aufklärung entstanden und zunächst sehr 5
langsam, später aber vehement, zu einem, von der Idee her, **Schutzgesetz der Schöpfer** geworden. Jede Kulturnation, die etwas auf sich hält, setzt sich für ein starkes Urheberrecht ein. Schützt doch das Urheberrecht den Künstler und den Fortschritt der nationalen Kultur, indem es dem Schöpfer einen adäquaten Ausgleich für seine grundsätzlich auch vom Staat her, durch die Einräumung der Rechte, anerkannten Leistung gewährt. Dies ist aber oft nicht Selbstzweck, sondern soll den **Schöpfer** animieren, weiterhin schöpferisch tätig zu werden, und den **Primärverwerter** für seine getätigten Investitionen belohnen, indem dieser rechtlich abgesichert wird.[13] Das Urheberrecht gewährt somit Sicherheit für die vom Schöpfer getätigte Arbeit und für die vom Primärverwerter getätigten finanziellen Aufwendungen. Die Absicherung der schöpferisch Tätigen wäre andernfalls bei Kulturnationen die Aufgabe des Staates im Rahmen seiner Ambitionen zum Schutz und zur Förderung der nationalen Kultur. Darüber hinaus ist, wie die wachsende Bedeutung der Urheberrechtsindustrie zeigt, Urheberrechtsschutz auch **Wirtschaftsförderungspolitik.** Ein starker und effizienter Urheberrechtsschutz wird die an der Schöpfung und Verwertung Beteiligten Anreize geben, weiterhin tätig zu werden bzw. in die Verwertung zu investieren und somit die Wertschöpfung der Urheberrechtsindustrien weiter erhöhen.

Die Zunahme auch der ökonomischen Bedeutung des Urheberrechtes im Sinne 6
einer Verfassung der Kulturwirtschaft ist am Urheberrecht selber nicht spurlos vorübergegangen. Das Urheberrecht hat auch im Rahmen einer wachsenden Kulturwirtschaft die **Interessen der Beteiligten** in Einklang zu bringen. Die gerechte Verteilung der Einnahmen zwischen Urheber und Verwerter ist zu sichern, wobei auch die ideellen Interessen des Schöpfers zu berücksichtigen sind, ohne gleichzeitig den Zugang der Allgemeinheit als Konsument der Werke mehr als nötig einzuschränken. Der Verwerter hat einen Ausgleich für seine Investitionen zu erhalten (**„Amortisationsinteresse"**), der Urheber für seine Schöpfung (**„Alimentationsinteresse"**).[14] Dieses Gefüge ist durch die Realitäten der „New Economy" und des wirt-

265 (267); nach einem Bericht der Weltbank aus den Jahren 1998/1999 hat sich das Geistige Eigentum zu einem der wichtigsten Produktionsfaktoren der großen Industrienationen entwickelt, Nachweise bei *Wandtke,* GRUR 2002, 1 (2/3).

[12] *Schricker/Schricker,* Einl., Rdnr. 9.

[13] *Lessig,* (deutsch), S. 237.

[14] Zu dieser Interessenlage *Schricker/Schricker,* Einl., Rdnr. 10; *Schack,* Rdnr. 9 ff.

schaftlichen Wachstums der Informationsgesellschaft, insbesondere der zunehmenden Bedeutung des Internets als **Baustein der Informationsgesellschaft,** ins Wanken geraten; letztere hat das Urheberrecht in eine Krise gestürzt.

Das aufgezeigte, gut etablierte und funktionierende System der Zuordnung von **Kontrollbefugnissen** an den Schöpfer und Primärverwerter, im Rahmen des Urheberrechts zur Einnahmesicherung,[15] ist durch die im Zusammenhang mit dem Internet entstehende **wirtschaftliche und technische Revolution** in Frage gestellt worden. Technische Gegebenheiten und auch wirtschaftliche Überlegungen machen eine Aufrechterhaltung des traditionellen Urheberrechts schwierig.

1. Urheberrecht und Digitalisierung

7 Ohne die **Digitalisierung** würde es kein Internet geben.[16] Die Digitalisierung führt dazu, dass die unterschiedlichen Schöpfungsformen abrufbar, unzählig kopierbar und leicht verfügbar gemacht werden können, ohne dass die Qualität des kopierten Werkes darunter leidet. Einmal digitalisiert und ins Internet gestellt, setzt der Genuss auch eines urheberrechtlich geschützten Werkes vom Prinzip her **kein Trägermedium,** wie noch das Buch, den Tonträger oder andere Datenträger voraus. Soweit keine Zugangsbeschränkungen bestehen, kann jeder Nutzer die unter einer bestimmten Homepage verfügbaren Daten und Inhalte, zu denen ganze Bücher, Filme, eine komplette CD und auch Werke der bildenden Kunst oder der Photographie gehören können, jederzeit vervielfältigen, abrufen, oder sonstwie nutzen, ohne dass der Primärverwerter oder auch der Schöpfer hierauf noch Einfluss haben. Folglich führt die Digitalisierung, die die **Werkmittlung mittels Trägermedien überflüssig** macht, und somit eine Kontrolle über diese Trägermedien umgehen kann, zu einem Aushebeln der urheberrechtlichen Schutzsysteme und stellt bisher erzielte Erfolge des Schutzes geistiger und künstlerischer Leistungen und somit eine beinahe 200 Jahre reichende Entwicklung in Frage.

2. Soll das Urheberrecht abgeschafft werden?

8 Nicht nur auf Grund seiner **internationalen Strukturen**[17] – grundsätzlich kann jeder Nutzer jede nur verfügbare Homepage besuchen, ohne nationale Grenzen beachten zu müssen –, sondern auch auf Grund der **Digitalisierung** selber, führen die mit dem Funktionieren des Internets im Zusammenhang stehende Technik und faktischen Gegebenheiten dazu, dass dem Schöpfer und auch Werkverwerter **jede Kontrolle an dem Werk entzogen** wird. Es fehlen die Trägermedien und nationale Grenzen, die bislang dafür sorgten, dass Einnahmen für die Nutzung erzielt bzw. die urheberrechtlichen Nutzungsbefugnisse auch durchgesetzt werden konnten.

9 Dieser **Angriff auf etablierte Schutzsysteme des Urheberrechts,** welcher nicht zuletzt durch die verwandte Technik bedingt ist, ist aber nicht Zweckbestimmung des

---

[15] Die Novelle des Urhebervertragsrechtes hat § 32 UrhG grundlegend geändert. Dadurch wird dem Schöpfer ein Anspruch auf angemessene Vergütung gegen seinen Vertragspartner eingeräumt. Hierdurch sollen die in der Vergangenheit immer wieder zu verzeichnenden Schieflagen im Hinblick auf die Beteiligung des Schöpfers an den mit der Verwertung seines Werkes erzielten Einnahmen bzw. die Übervorteilung vieler Urheber durch die Verwerter weitgehend verhindert werden; hierzu § 13, Rdnr. 198/199.

[16] Vgl. zu dieser Schlüsseltechnik § 1, Rdnr. 3.

[17] Vgl. hierzu § 1, Rdnr. 2.

Internets, sondern eine Begleiterscheinung, wenn nicht sogar die potentielle **Entwicklungsvoraussetzung** für die grundsätzlich gewünschte **Akzeptanz und das Wachsen des Internets.** Je mehr nämlich im Rahmen des Internets und auf Homepages frei verfügbare Inhalte zum Abruf gespeichert sind, desto attraktiver wird das Internet für die Nutzer. Niemand wird nämlich beispielsweise stundenlang im Internet surfen, wenn die gesuchte Information, sei es ein Kochrezept, die Wettervorhersage für die nächste Reise, der aktuelle Artikel der Online-Zeitung gebührenpflichtig wäre und die Gebühr erst durch eine komplizierte Zugangsberechtigung erhoben würde. Gerade der **unkomplizierte und kostenlose Zugang** zu einer Reihe von Informationen machen das Internet zu einem attraktiven Medium, welches schnell und leicht Zugang zu einer Reihe von Informationen ermöglicht, die auch nach üblichen Maßstäben urheberrechtlich geschütztes Material beinhalten. Somit ist gerade der kostenlose Zugriff auf Inhalte ein wichtiger Motor zur rasanten Entwicklung des Internets.

Da somit die Beachtung des Urheberrechts, unabhängig von den Schwierigkeiten 10
bei der Durchsetzung des Urheberrechtes, diesen kostenlosen und einfachen Zugriff auf die Inhalte behindern kann, wird gerade von Internetpionieren die **völlige Abschaffung des Urheberrechts** postuliert. So hat der ICANN-Direktor für Europa, *Andy Müller-Maguhn,* dem Urheberrecht in seiner bestehenden Form den Kampf angesagt.[18] Da der Vertrieb von urheberrechtlich geschützten Gütern und Inhalten nicht an eine körperliche Fixierung, in Form eines Trägermediums, wie beispielsweise eines Buches oder sonstigen körperlichen Vervielfältigungsstücken gebunden sei, kann die Verbreitung auch über diese Vertriebsschiene nicht mehr kontrolliert werden. Mit der Digitalisierung des Werkes könne jegliche Kontrollmöglichkeit verloren gehen, so dass es dann auch rechtlich nicht mehr möglich sein soll, Gebühren für die Nutzung der Werke in digitalisierter Form zu erhalten. Das Urheberrecht, das die Verfügungsgewalt über das Werk in der Regel dem Schöpfer zuordnet, **wirke auf Grund seiner Kontrollbefugnisse entwicklungshemmend,** so dass die technisch mögliche Verwertung durch ein Verbotsrecht des Urhebers beschränkt werde. Dies widerspräche dem Geist des Internets, nach der jeder zu jeder Zeit weltweit Zugriff auf alle gespeicherten Daten und Informationen haben soll. Das Urheberrecht dürfe in **diesen Mechanismus nicht kontrollierend eingreifen.** Folglich dürfe der Schöpfer auf diesen Informationsaustausch auch nicht über sein Verbotsrecht eingreifen, bzw. den Vertrieb beeinflussen. Folge ist, dass das Urheberrecht dann ganz abgeschafft werden soll, um die Entwicklung des Internets nicht zu hindern. Der Schöpfer selber soll auf eine Art Spende verwiesen werden, die der Nutzer dem Autor gewährt, wenn ihm das Werk gefallen hat. So soll dem Entlohnungsgedanken, der Grundlage des Urheberrechts ist, Rechnung getragen werden.[19]

3. Ausweg aus der Krise

Die Einschränkung oder gar das Abschaffen des Urheberrechts ist vor dem Hin- 11
tergrund, dass es letztlich, insbesondere bei der kommerziellen Nutzung des Internets, vornehmlich wiederum um die **Inhalte** geht, fragwürdig. Das Internet ist näm-

---

[18] F. A. Z. vom 20. 2. 2001 – Das Zeitalter der Kontrolle ist vorbei; Nachweise auch bei *Däubler-Gmelin* ZUM 1999, 265 (267) mit Verweis auf *Negroponte.*

[19] Im Übrigen auch die Zusammenfassung von *Albrecht,* Wie der Geist zur Beute wird, DIE ZEIT, 15. 3. 2001, 17 ff.

lich nicht allein reine Informations- und Wissensaustauschsbörse, sondern auch ein wirtschaftliches Medium zum Erzielen von Einnahmen. Die (völlige) Abschaffung oder Einschränkung des Urheberrechts würde daher dem Schöpfer auch in den Bereichen schutz- und letztlich einnahmelos stellen, in denen der Inhalteverwalter, wie beispielsweise der Contentprovider, mit der Nutzung erhebliche Einnahmen, sei es durch Werbeblöcke, sei es über Nutzungsgebühren für den Zugriff, erzielen.

12 Die Kulturnationen stehen somit vor einem **Dilemma.** Auf der einen Seite wollen sie die mit der Entwicklung des Internets zusammenstehenden Änderungen ankurbeln und somit diesen neuen Wirtschaftszweig soweit wie möglich fördern. Auf der anderen Seite können sie aber als Kulturnation nicht einfach **ihre urheberrechtliche Tradition über Bord** werfen, und die bislang über das Urheberrecht geschützten, auch für die nationale Wirtschaft, bedeutenden Schöpfer und die Urheberrechtsindustrien, die u. U. ebenfalls ein wichtiger Kulturfaktor sind, im Stich lassen. Es muss somit ein **Ausgleich** gefunden werden zwischen der **freien Verfügbarkeit der Inhalte** im Internet auf der einen Seite, was gerade das Internet und dessen Akzeptanz fördert, und der jahrhundertelang erkämpften **Stellung des Schöpfers** im urheberrechtlichen System, sowie insbesondere dem Schutz seiner ideellen und finanziellen Interessen, auf der anderen Seite. Der Journalist *Jörg Albrecht* hat insgesamt vier Szenarien dieses Ausgleiches entwickelt:

- Im ersten setzt sich die Forderung nach **maximalem Schutz,** und somit nach der Aufrechterhaltung der traditionellen Werte des Urheberrechts, durch. Dann gelten Urheberrechte auch im Internet wie bisher und werden entsprechend durchgesetzt. Dies hat zur Folge, dass jeder Nutzungsvorgang technisch gesichert wird, und ein Zugang nur mit dem jeweils passenden Schlüssel möglich ist, der dann häufig gebührenpflichtig ist. Den nationalen Verwertungsgesellschaften könnte in diesem System eine erhebliche Schlüsselfunktion zukommen. Sie werden jede öffentliche Nutzung kontrollieren und, wie bislang, pauschale Nutzungsgebühren erheben.[20]
- Die zweite Möglichkeit, die **„liberale Lösung“,** wird zu einer erheblichen Einschränkung der Urheberrechte führen. Jede Information und jeder Zugriff auf die Daten bliebe kostenfrei. Jeder hätte dann Zutritt zu allem, ohne dass irgendwelche Beschränkungen durch das Urheberrecht auferlegt würden.
- Die dritte Möglichkeit würde zu einer **„Währungsreform“** führen. Jeder Klick, jede Bewegung im Netz, würde mit „Hypercoins“ im Zusammenhang stehen und entsprechend abgerechnet werden.
- Schließlich würde nach dem vierten Modell eine **Tauschgesellschaft** nach dem Prinzip „do ut des“ etabliert werden. Jeder würde von daher nur dann etwas erhalten, wenn er im Gegenzug hierfür etwas gibt.[21, 22]

---

[20] Die Rolle der Verwertungsgesellschaften wird teilweise auch kritisch gesehen. Vor dem Hintergrund, dass technische Schutzmaßnahmen zum Kopierschutz und auch die sog. Digital Right Management Systeme, die eine Wahrnehmung der Rechte im Rahmen der digitalen Nutzung vereinfachen, ständig perfektioniert und daher immer verbreiteter werden, wird auch vorhergesagt, dass die Rechteinhaber immer mehr dazu übergehen, unter Ausschluss der Verwertungsgesellschaften, die Rechte selbst wahrzunehmen, so dass die Verwertungsgesellschaften in vielen Bereichen überflüssig werden; hierzu § 13, Rdnr. 250 ff. und oben, Rdnr. 182 ff. sowie eingehend *Cohem-Jehoram,* EIPR 2001, 134 ff.

[21] Beispielhaft zu den peer-to-peer-Verträgen, § 13, Rdnr. 208.

[22] *Albrecht,* Wie der Geist zur Beute wird, DIE ZEIT, 15. 3. 2001, 17/22.

Welches dieser vier Ausgleichsmodelle sich durchsetzt, ist derzeit noch nicht abschließend geklärt, wenngleich auf Grund der im nachfolgenden näher darzustellenden Gesetzesinitiativen zumindest im europäischen Raum davon ausgegangen werden kann, dass sich die **Traditionalisten** derzeit **durchgesetzt** haben. Dies machen beispielsweise die **WIPO-Verträge** von 1996[23] und auch die EU-Urheberrechtslinie[24] deutlich. Welche der genannten Alternativen sich allerdings letztendlich durchsetzen wird, und dies gilt insbesondere bei der Wahl zwischen der ersten und zweiten Alternative, wird ausschlaggebend für die weitere **Entwicklung des Internets** sein. Nur dann nämlich, wenn nach wie vor die in das Internet gestellten Inhalte unkompliziert sowie schnell abrufbar und verfügbar sind, wird die derzeit bereits gute **Akzeptanz des Internets** als Wissens- und Informationsquelle, und nicht zuletzt auch als Unterhaltungsmedium zumindest nicht abnehmen oder dieses gar in Frage gestellt. Dies könnte sich allerdings schlagartig dann ändern, wenn die bestehenden urheberrechtlichen Schutzsysteme auch im Rahmen des Internets konsequent durchgesetzt würden, so dass bestimmte Inhalte gar nicht mehr oder nur gegen Gebühr verfügbar sind. Das Beispiel **Napster** ist hier zu nennen. War doch die Musiktauschbörse Napster vor Einleitung entsprechender juristische Schritte durch die Musikindustrie eine der beliebtesten Tauschbörsen im Netz, dem eine große Zukunft vorausgesagt wurde. Aufgrund der Auseinandersetzung mit der Tonträgerindustrie musste Napster seinen kostenlosen Dienst einstellen. Die bisherigen Napster Kunden wanderten zu anderen Anbietern, und vielfach in den „urheberrechtlichen Untergrund" ab.[25] **13**

Es gibt grundsätzlich zwei Möglichkeiten, auf die durch die digitale Technologie hervorgerufene Krise des Urheberrechtes im Sinne der Traditionalisten zu reagieren, und den **bestehenden Schutzstandart,** d. h. die vollständige oder weitgehend vollständige Kontrolle der Werknutzung, wiederherzustellen. Zunächst kann der nationale Gesetzgeber durch eine **Änderung der bestehenden Urheberrechtsgesetze** die Rechte der Berechtigten stärken und dadurch der geänderten Technologie anpassen. Die einzelnen nationalen Urheberrechtsgesetze werden so auf den aktuellen technischen Stand gebracht, eine Entwicklung, wie sie in der Vergangenheit immer wieder zu verzeichnen war, man denke beispielsweise an die gesetzgeberischen Reaktionen auf die Einführung des Photokopiergerätes und die Videotechnik.[26] Obwohl das Urheberrecht so gestaltet ist, dass es grundsätzlich **technikneutral** ist, und folglich auch eine Reihe von Nutzungshandlungen unterschiedlicher Technologien abdecken kann,[27] hinkt es doch in den Fällen, in denen eine Einordnung der nach der neuen Technologie möglichen Nutzungshandlungen unter die bestehenden Rechte schwierig erscheint, **der technischen Entwicklung hinterher,** und erfordert ein gesetzgeberisches Eingreifen und entsprechende Klarstellung. Sofern von daher eine extensive Auslegung der bestehenden Regelungen auf Sachverhalte die mit der neuen Technologie im Zusammenhang stehen nicht ausreichen,[28] ist der Gesetzgeber gefordert, das Urheber- **14**

---

[23] Einzelheiten hierzu unter Rdnr. 17 ff.

[24] Vgl. Rdnr. 24 ff.

[25] Hierzu Rdnr. 160 ff.

[26] Beispielsweise §§ 53 b–54 h UrhG, Einzelheiten in der einschlägigen Kommentarliteratur.

[27] Zu der Diskussion um die Einordnung der Online-Nutzung als unbenanntes Recht des öffentlichen Zugänglichmachens i. S. d. § 15 UrhG, unten Rdnr. 134.

[28] Hier sind insbesondere die Gerichte aufgerufen; vgl. etwa die Entscheidung des *BGH* ZUM 2002, 218, nach der Scanner als nach § 54 a UrhG vergütungspflichtiges Gerät angesehen werden, und Einzelheiten unten, Rdnr. 159.

recht (wieder) **auf den „neuesten technischen“ Stand zu bringen.** Hier sind sowohl internationale und übernationale Institutionen, wie die WIPO und die Europäischen Institutionen, voran die Europäische Kommission, der Rat und das Europäische Parlament, als auch der nationale Gesetzgeber bereits für eine entsprechende Anpassung aktiv geworden und nach wie vor an den Entwicklungen beteiligt.[29]

15 Neben diesem staatlichen Eingriff kann auch grundsätzlich der Rechteinhaber versuchen, im Rahmen seiner Möglichkeit die ihm zustehenden Rechte zu sichern bzw. durchzusetzen.[30] Hierzu müsste er den Zugang zur Digitalisierung bzw. die Nutzung der bereits digitalisierten Werke kontrollieren. *Lesing* spricht insofern von: **„Privaten Zäune anstelle öffentlichen Rechts.“**[31] Eine solche private Kontrolle ist auch technisch grundsätzlich möglich. Der Fortschritt der Technik hat nicht nur im Rahmen der Verbesserung der Technik der Digitalisierung zu einer Vereinfachung von Kopiermöglichkeiten geführt, sondern auch zu einer Verfeinerung der Kopierschutz-Technik. So geht beispielsweise auch die Tonträgerindustrie immer mehr dazu über, die auf CD's in digitaler Form gespeicherten Musikstücke mit einem Kopierschutz zu belegen, die entsprechend eine Vervielfältigung der CD oder Teile von dieser unmöglich macht.[32] Die entsprechende Musik kann dann auch nicht in das Internet gestellt werden. Darüber hinaus ist, entgegen verbreiteter Vorurteile, das Internet auch kein völlig unkontrollierbarer Raum. Obgleich das Internet ein dezentral angelegtes Netz ist, das somit zentral nur sehr schwer zu kontrollieren ist, bietet eine Einflussmöglichkeit und somit **Kontrolle des Internets der** ***Code,*** d.h. die dem Internet zugrundeliegende Software. Sämtliche Handlungen des Internets setzten diesen *Code* voraus, so dass entsprechend über eine Änderung oder Beeinflussung des *Codes* auch Handlungen gesteuert und kontrolliert werden können.[33] Somit ermöglicht eine Veränderung oder Anpassung des *Codes*, dass das einmal mit Zustimmung des Inhabers ins Internet zum Abruf, zur Vervielfältigung und sonstigen Nutzungshandlungen gestellte Werk tatsächlich nur in dem vom Inhaber gebilligten Umfang genutzt werden kann. Dies kann beispielsweise dadurch geschehen, dass die Software vorsieht, dass grundsätzlich nur eine Vervielfältigung möglich ist, oder die Qualität der Vervielfältigungsstücke sich mit jedem, nicht autorisierten Kopieren derart verschlechtert, dass das Kopieren unattraktiv wird. Durch diese **Schutzmechanismen** wird somit der Inhaber in die Lage versetzt, die Nutzung des Werkes zu überwachen, d.h. autorisierte Nutzungshandlungen zu überwachen und unautorisierte zu untersagen.[34]

16 Da aber auch das Urheberrecht vom Gesetzgeber nicht unbeschränkt als Monopolrecht gewährt wurde, sondern nur im Rahmen der gleichzeitig auferlegten gesetzlichen Ausnahmetatbestände Schutz gewährt, dürfen auch die **Schutzsysteme**

---

[29] Zu Einzelheiten, unten Rdnr. 17ff.

[30] Vgl. hierzu auch § 1, Rdnr. 4f.

[31] *Lesing,* S. 226.

[32] F.A.Z. vom 29. 1. 2002, S. 14 – Musikindustrie erwägt Kompromisse beim CD-Kopierschutz; und allg. § 13, Rdnr. 250ff.

[33] Allgemein zur Kontrollierbarkeit des Internets und dem Code: *Federrath,* Zur Kontrollierbarkeit des Internet, ZUM 1999, 177; *Lesing* passim und § 1, Rdnr. 4f.

[34] Hierzu auch § 13, Rdnr. 250ff.; von den technischen Schutzsystemen, die vornehmlich eine Kopiersperre enthalten, zu unterscheiden sind die Digital Right Management Systeme, die eine Rechtewahrnehmung über digitale Technologie, d.h. Lizenzierung etc., ermöglichen, i.ü. zu dem rechtlichen Schutz dieser Systeme, unten Rdnr. 175ff.

grundsätzlich nicht über die Grenzen des Schutzes hinaus gehen. So muss beispielsweise die Vervielfältigung zum privaten und sonstigen eigenen Gebrauch i.S.d. § 53 UrhG auch von den Schutzsystemen akzeptiert werden und eine entsprechende Nutzung vorsehen. Weiterhin darf der Einsatz der Systeme nicht dazu führen, dass die Schutzfristen des Urheberrechtsgesetzes, wie beispielsweise die der §§ 64 bis 67 UrhG, durch die Zugangssperre und Kontrolle der Nutzungshandlungen ungerechtfertigt verlängert werden.[35] Sollten zum Schutz der Rechteinhaber zukünftig solche DRMS oder Trusted Systems vermehrt zum Einsatz kommen, hat der Gesetzgeber sicher zu stellen, dass über diese Systeme der Urheberschutz nicht ungerechtfertigt ausgedehnt wird und auch der Rechteinhaber sich an die gesetzlich auferlegten Schranken des Schutzes hält.[36] Durch einen zu weit gehenden Schutz der Rechteinhaber über die genannten Systeme würde auch der legale Zugang zu den Werken im Internet unnötig erschwert werden. Mangels verfügbarer Inhalte würde auch die Attraktivität des Internets reduziert und letztlich die Entwicklung des Internet ungerechtfertigt gehemmt werden, da ohne verfügbare (attraktive) Inhalte immer weniger Menschen Anlass haben, das Internet zu nutzen.

B. Fortentwicklung des Urheberrechts

17 Die genannten Änderungen vor Augen, haben bereits sehr früh nationale und internationale Institutionen und Gesetzgeber auf die Herausforderungen, die das Internet für das traditionelle Urheberrecht darstellt, reagiert. Diese Bemühungen mündeten in dem Abschluss der so genannten WIPO-Verträge bzw. „Internet-Treaties" im Jahre 1996,[37] der Verabschiedung der EU-Urheberrechtslinie im Mai 2001[38] nach längeren Auseinandersetzungen und weiteren nationalen Initiativen, wie die des deutschen Gesetzgebers.[39]

I. Die Initiativen der WIPO, insbesondere die WIPO-Verträge von 1996

18 Mit der Einberufung von 2 Sachverständigenausschüssen im Januar 1991 bzw. Juni 1993 beabsichtigte die WIPO, die auf Grund der technischen Entwicklung **dringend erforderlichen Anpassungen der Revidierten Berner Übereinkunft** (RBÜ)[40]

---

[35] Zu diesem Problemkreis, Lessig, S. 233 ff.

[36] So enthält auch beispielsweise die EU-Richtlinie über das Urheberrecht in der Informationsgesellschaft (vgl. unten Rdnr. 34) in Art. 6 Abs. 4 2. Unterabsatz eine Regelung vor, die die Mitgliedsstaaten berechtigt, die Urheberrechtsschranken des Art. 5 der Richtlinie auch gegenüber derartigen Systemen durchzusetzen; Einzelheiten bei *Reinbothe*, GRUR 2001, 733 (742).

[37] WIPO Copyright Treaty vom 20. 12. 1996, deutsche Fassung veröffentlicht in ABl. EG 1998 Nr. C 165, S. 9; WIPO Performances and Phonograms Treaty vom 20. 12. 1996, deutsche Fassung veröffentlicht in Abl. EG 1998 Nr. C 165, S. 13; abgedruckt bei *Hillig,* Nr. 25 a und 25 b; vgl. auch § 1, Rdnr. 58.

[38] Richtlinie 2001/29/EG des Europäischen Parlaments und des Rates vom 22. 5. 2001 zur Harmonisierung bestimmter Aspekte des Urheberrechts und der Verwandten Schutzrechte in der Informationsgesellschaft, ABl. EG Nr. L 167/10; abgedruckt auch in GRUR Int. 2001, 745.

[39] Vgl. etwa die von der Bundesregierung in Auftrag gegebene Studie von *Schricker,* (Hrsg.) Urheberrecht auf dem Weg zur Informationsgesellschaft, Baden-Baden 1997 und die Reden von *Däubler-Gmelin,* ZUM 1999, 265 ff. und 769 ff.

[40] Berner Übereinkunft zum Schutz von Werken der Literatur und Kunst vom 9. 9. 1886 (Pariser Fassung von 1971 – RBÜ), BGBl. 1973 II, S. 1071.

in der Fassung von 1971 sowie des **Rom-Abkommens**[41] aus dem Jahre 1961 voranzutreiben. Aufgrund politischer Umstände, insbesondere des Nord-Süd-Konfliktes war nach überwiegender Meinung eine entsprechende Anpassung der RBÜ und auch des Rom-Abkommens nicht möglich.[42] Die sogenannten **WIPO-Verträge bzw. Internet-Treaties,** d.h. der WCT und der WPPT, wurden dann im Jahre 1996 verabschiedet.[43] Sie traten drei Monate nach der 30. Ratifikation in Kraft; der **WCT** am 6. März 2002, der **WPPT** am 20. Mai 2002.[44] Die bereits erwähnte EU-Urheberrechtsrichtlinie in der Informationsgesellschaft knüpft an die Regelungen des WCT und des WPPT an. Dadurch werden die WIPO-Verträge durch alle EG-Mitgliedsstaaten der EG selber ratifiziert.[45, 46]

19 Ziel des **WCT** ist die **Anpassung der Vorschriften der Revidierten Berner Übereinkunft** (RBÜ) an die (neuen) Techniken der Digitalisierung und die Gegebenheiten des Internets. Dabei werden die Vorschriften der RBÜ inhaltlich ergänzt und klargestellt. Gemäß Art. 1 WCT darf der WCT keinen geringeren Schutz vorsehen, als die RBÜ selber, wobei sich der Verbandsschutz nach der RBÜ auch auf Computerprogramme und Datenbanken erstreckt (Art. 4 und 5 WCT). Weiterhin werden **konventionseigene Mindestrechte in Art. 6 bis 8 WCT** eingeführt, die sich auf die Verbreitung und die gewerbliche Vermietung bestimmter Vervielfältigungsstücke sowie der **öffentlichen Wiedergabe, einschließlich der Online-Übermittlung,** beziehen (Art. 6 bis 8 WCT). Art. 10 WCT gewährt den Mitgliedern die Möglichkeit, in den Grenzen des Art. 9 Abs. 2 RBÜ (**3-Stufen-Test**) Schranken und Ausnahmen für alle Rechte des WCT zu regeln.[47] Nach dem Drei-Stufen-Test dürfen nur in bestimmten Sonderfällen Schranken vorgesehen werden, die weder die normale Auswertung des Werkes, bzw. der Darbietung oder des Tonträgers beeinträchtigen noch die berechtigten Interessen der Urheber bzw. ausübenden Künstler oder Tonträgerhersteller unzumutbar verletzen. Ausnahmeregelungen zu den gewährten Rechten dürfen daher nur begrenzt gewährt werden. Auch enthält der WCT Verpflichtungen zum **Schutz technischer Schutzmaßnahmen** und (codierter und gespeicherter) Informationen über die Rechteverwaltung (Art. 11 und 12 WCT).

20 Der **WPPT** stellt eine **Ergänzung des Rom-Abkommens** dar, wobei sich dieser auf die Rechte der Tonträgerhersteller und ausübender Künstler beschränkt. Die Sendeunternehmen werden insofern nicht berücksichtigt.[48] In Art. 5–10 WPPT werden ausübenden Künstlern **konventionseigene Mindestrechte** gewährt, auf die sie sich unmittelbar berufen können. Den ausübenden Künstlern werden die selbstständigen Verwertungsrechte im Hinblick auf **Verbreitung, Vermietung und Online-Übermittlung** zuerkannt sowie in Art. 5 WPPT auch ein Künstlerpersönlichkeitsrecht. Diese Vorschrift ist Art. 6 bis RBÜ nachgebildet. Nach Art. 5 WPPT dürfte von daher ein pauschaler Verzicht des Künstlers auf namentliche Nennung und Ent-

---

[41] Internationales Abkommen über den Schutz der ausübenden Künstler, der Hersteller von Tonträgern und der Sendeunternehmen („Rom-Abkommen") vom 26. 10. 1961, BGBl. 1965 II, S. 1245.
[42] *Duggal,* S. 136; *Schwarz/v. Lewinski,* Teil 3–2.4, 3/4.
[43] Einzelheiten bei *Reinbothe/v. Lewinski,* EIPR 2002, 199 ff.
[44] *Reinbothe/v. Lewinski,* EIPR 2002, 199 (199).
[45] *Schwarz/v. Lewinski* Teil 3.2–4, 5.
[46] Im Übrigen vgl. auch § 1, Rdnr. 58 ff.
[47] *v. Lewinski/Gaster,* ZUM 1997, 607 (618).
[48] *Schippan,* S. 126/127.

stellung seiner Darbietung unzulässig sein.[49] In Artikel 11 bis 14 WPPT sind die Mindestrechte der Tonträgerhersteller geregelt, welche im Vergleich zu den Vorschriften im Rom-Abkommen sehr viel ausführlicher gestaltet sind. Auch nach dem WPPT gilt für Schrankenregelungen der **Drei-Stufen-Test** (Art. 16 Abs. 2 WPPT).

Eine der wichtigsten Vorschriften der beiden neuen Verträge ist das sogenannte 21
Onlinerecht, auch **„Making-Available-Recht"**, für Urheber, Künstler und Tonträgerhersteller.[50] Dieses Recht macht es erforderlich, dass für bestimmte Online-Nutzungen von Werken bzw. Darbietungen von ausübenden Künstlern auf Tonträgern der entsprechende **On-Demand- oder Online-Anbieter** ein Nutzungsrecht vom Rechteinhaber erwirbt. Dabei bedarf bereits das Verfügbarmachen, also das Anbieten zum Zweck des Zugänglichmachens im Netz, der Zustimmung der betroffenen Rechteinhaber. Folglich sind die Rechte der Rechteinhaber bereits berührt, wenn Mitglieder der Öffentlichkeit Zugang zu dem im Netz zur Verfügung gestellten Werken und Leistungen haben. Folglich umfasst das Recht bereits das **Online-Anbieten.** Die Übertragung an die Öffentlichkeit selbst, also an mehrere unverbundene Personen zur gleichen Zeit ist nicht erforderlich. Es genügt insofern das öffentliche Anbieten zum individuellen Abruf.

Für das **Vervielfältigungsrecht** wurde keine entsprechende Regelung getroffen. 22
Allerdings wurde in beiden Verträgen eine **vereinbarte Erklärung** aufgenommen, nach der das Vervielfältigungsrecht nach Art. 9 RBÜ bzw. der Art. 7 und 11 i. V. m. Art. 16 WPPT vor allem **bei der digitalen Nutzung in vollem Umfange Anwendung findet.** Weiterhin wurde vereinbart, dass die Speicherung eines Werkes, einer Darbietung und eines Tonträgers in digitaler Form in einem elektronischen Medium eine Vervielfältigung im Sinne dieser Vorschrift darstellt. Folglich fällt das elektronische Vervielfältigen, einschließlich das Vervielfältigen, welches nur technisch bedingt und vorübergehender Natur ist, in den Anwendungsbereich von WCT und WPPT.[51]

Da man sich auf der Genfer Konferenz im Dezember 1996, auf denen die 23
WIPO-Verträge WCT und WPPT verabschiedet wurden, nicht auf einen **Mindestschutz von Datenbanken und auf den Schutz von Sendeunternehmen und audiovisuellen Leistungen** einigen konnte, befindet sich der WIPO Database Treaty und ein Broadcasting Treaty derzeit im Vorbereitungsstadium.[52] Als weitere Regelungen sind im Internationalem Bereich Art. 9 bis 13 **TRIPS-Abkommen** (Trade-related aspects of Intellectual Property Rights) von Bedeutung.[53] Laut Art. 9 Abs. 1 Satz 1 TRIPS-Abkommen sind schließlich alle Vertragsseiten verpflichtet, die RBÜ zu beachten.

II. Europäisches Recht – insbesondere die EU-Urheberrechtsrichtlinie

Bereits sehr früh haben sich die Europäischen Institutionen, voran die Kommis- 24
sion, den Anforderungen und Realitäten der Informationsgesellschaft angenommen,

---

[49] *Schack,* Rdnr. 885 c.

[50] Art. 8 WCT bzw. Art. 10 und 14 WPPT.

[51] *Schippan,* S. 124/125.

[52] *v. Lewinski,* GRUR Int. 1997, 667 (680/681); vgl. zu dem Stand der Verhandlungen: *Reinbothe/v. Lewinski,* EIPR 2002, 199 (205–208).

[53] Agreement on Trade-Related Aspects of Intellectual Property Rights vom 15. 12. 1993, GATT-Dokument MTN.TNC/W/FA, deutsche Transformation in BGBl. 1994 II S. 1565 (engl.) und 1730 (dt.); vgl. auch § 1, Rdnr. 56.

wobei auch das geltende Urheberrecht in ihren Blickwinkel geraten ist.[54] Dies führte zum Erlass der **EG-Richtlinie zum Urheberrecht in der Informationsgesellschaft.**[55] Nach Art. 13 Abs. 1 der Richtlinie muss diese bis zum 22. Dezember 2002 in nationales Recht umgesetzt worden sein.[56] Diese EG-Richtlinie tritt neben die bereits bestehenden 5 Richtlinien zur Rechtsangleichung des Urheberrechtes auf Gemeinschaftsebene, d.h. die Softwarerichtlinie,[57] die Richtlinie zum Vermiet- und Verleihrecht,[58] die Richtlinie zur Koordination bestimmter urheber- und leistungsschutzrechtlicher Vorschriften betreffend Satellitenrundfunk und Kabelweiterverbreitung,[59] die Richtlinie zur Harmonisierung der Schutzdauer des Urheberrechtes und bestimmter verwandter Schutzrechte,[60] und die Richtlinie über den rechtlichen Schutz von Datenbanken.[61] Die Gesamtheit dieser Richtlinien wird ***aquis communautaire,*** d.h. das Fundament des Urheberrechts in der Europäischen Union, genannt.[62] An diesen *aquis communautaire* knöpft die Richtlinie an und ergänzt ihn im Hinblick auf die Herausforderung der Informationsgesellschaft.

25 Dem Gesetzgebungsverfahren vorausgegangen war eine längere Konsultation der beteiligten Kreise.[63] In der europäischen Kommission wurde das Thema **„Urheberrecht in der Informationsgesellschaft"** seit langem behandelt. Der Bangemann-Bericht befasste sich bereits 1994 mit der Frage des sogenannten „Informationhighways". Es folgte 1995 das Grünbuch zum „Urheberrecht in der Informationsgesellschaft".[64] Hieran knüpfte ein Arbeitsprogramm[65] an, das bestimmte Initiativen enthielt. Diesen Initiativen lag die Erkenntnis der Kommission zugrunde, dass „das Urheberrecht ein Eckpfeiler des geistigen Schöpfungsprozesses" sei und „das Urheberrecht schützen heißt, die Gegenwart und Zukunft der Schöpfung zu bestätigen im Interesse der Urheber, der Unternehmen des Kultursektors und letztlich der gesamten Gesell-

[54] Zu Einzelheiten *Walter/v. Lewinski,* Info-RL, passim.

[55] Richtlinie 2001/29/EG des Europäischen Parlaments und des Rates vom 22. 5. 2001 zur Harmonisierung bestimmter Aspekte des Urheberrechts und der verwandten Schutzrechte in der Informationsgesellschaft, ABl. EG Nr. L 167/10, abgedruckt auch in GRUR Int. 2001, 745–753 (im Folgenden: Informationsgesellschafts-Richtlinie).

[56] Der Bundestag hat am 11. 4. 2003 mittlerweile der Gesetzesnovelle zur Regelung des Urheberrechts zu der Informationsgesellschaft zugestimmt. Einzelheiten hierzu unter Rdnr. 36ff.

[57] Richtlinie 91/250/EWG vom 14. 5. 1991 über den Rechtsschutz von Computerprogrammen, ABl. Nr. L 122/42.

[58] Richtlinie 92/100/EWG des Rates vom 19. 11. 1992 zum Vermiet- und Verleihrecht sowie zu bestimmten, dem Urheberrecht verwandten Schutzrechten im Bereich des geistigen Eigentums, ABl. Nr. L 346/61.

[59] Richtlinie 93/88/EWG des Rates vom 27. 9. 1993 zur Koordinierung bestimmter urheber- und leistungsschutzrechtlicher Vorschriften betreffend Satellitenrundfunk und Kabelweiterverbreitung, ABl. Nr. L 248/15.

[60] Richtlinie 93/93 EWG des Rates vom 29. 10. 1993 zur Harmonisierung der Schutzdauer des Urheberrechts und bestimmter verwandter Schutzrechte, ABl. Nr. L 290/9.

[61] Richtlinie 96/9 des Europäischen Parlamentes und des Rates EG vom 11. 3. 1996 über den rechtlichen Schutz von Datenbanken, ABl. Nr. L 77/20.

[62] *Prütting/Reinbothe,* 1 (2/3).

[63] *Reinbothe,* GRUR Int. 2001, 733 (735).

[64] Grünbuch Urheberrecht und verwandte Schutzrechte in der Informationsgesellschaft vom 19. 7. 1995, KOM (95) 362 endg.

[65] Initiativen zum Grünbuch über Urheberrecht und verwandte Schutzrechte in der Informationsgesellschaft, Mitteilung der Kommission vom 22. 11. 1996, KOM (96) 568, endg.

schaft".[66] Von daher war Hintergrund der Initiative zur Regelung des Urheberrechts in der Informationsgesellschaft nicht allein ein umfänglicher **Harmonisierungsansatz,** sondern auch **die Stärkung der rechtlichen Stellung des Urhebers und der in den Kultursektor investierenden Unternehmen** und insbesondere deren finanzielle Interessen und somit auch die getätigten Investitionen abzusichern. Dies kommt letztlich, angesichts der bereits erwähnten ökonomischen Bedeutung der Kulturwirtschaft in den westlichen Industrienationen, und somit auch in Europa, der europäischen Wirtschaft zugute. Der europäische Gesetzgeber reagierte mit der Richtlinie zum Urheberrecht in der Informationsgesellschaft auf die Herausforderung, die das digitale Umfeld mit ihren elektronischen Diensten auch an das Urheberrecht stellt. Es sollen **Grundlagen für eine erfolgreiche Entwicklung der Informationsgesellschaft** gelegt werden, wobei von einem hohen Schutzniveau des Urheberrechts ausgegangen wird.[67] Dies wird bei der Umsetzung der Richtlinie zu beachten sein.

Die Informationsgesellschafts-Richtlinie harmonisiert nicht nur das „Königsrecht"[68] des Urheberrechts, das **Vervielfältigungsrecht (Art. 2 InfoRL),** sondern auch das **Verbreitungsrecht (Art. 4 InfoRL)** und das **Recht der öffentlichen Wiedergabe (Art. 3 Abs. 1 InfoRL).** Es führt in **Art. 3 Abs. 2 InfoRL das Recht des öffentlichen Zugänglichmachens** neu ein und regelt abschließend in Art. 5 InfoRL 22 mögliche Ausnahmen dieser Rechte, die teilweise verbindlich sind (Art. 5 Abs. 1 InfoRL), teilweise frei von den Mitgliedstaaten gewählt werden können (insb. Art. 5 Abs. 2 und 3 InfoRL).[69] Das Recht des öffentlichen Zugänglichmachens geht auf die WIPO-Verträge von 1996 zurück.[70] Die EU-Kommission war an der Beratung und Verabschiedung dieser Verträge beteiligt. Die Richtlinie setzt so die Regelung der WIPO Verträge um, die dann über die jeweilige Umsetzung der Richtlinie in nationales Recht Gegenstand der Urheberrechte der Mitgliedsstaaten der Europäischen Union werden.[71] 26

Die Definition des Vervielfältigungsrechts im Art. 2 InfoRL ist bewusst weit gefasst und gewährt den fünf aus dem *aquis communautaire* bekannten Gruppen von Urhebern und Inhabern verwandter Schutzrechte[72] ein Verbotsrecht. Danach steht diesen Rechteinhabern das ausschließliche Recht zu, die unmittelbare und mittelbare, vorübergehende oder dauerhafte Vervielfältigung auf jede Art und Weise und in jeder Form ganz oder teilweise zu erlauben oder zu verbieten. Obwohl diese **Definition des Vervielfältigungsrechts** an bereits bekannte Definitionen in der Computerrechts- und Datenbankrichtlinie sowie im WPPT und in der RBÜ teilweise anknüpft,[73] soll durch die bewusst weit gefasste Definition des Vervielfältigungs- 27

[66] Arbeitsprogramm auf dem Gebiet des Urheberrechts und der verwandten Schutzrechte von 1991, KOM (90), 584, endg. S. 2/3; s. im Übrigen auch Erwägungsgründe 9–11 InfoRL.

[67] Erwägungsgründe 4 und 5 der Richtlinie 2001/29/EG vom 22. 5. 2001, s. auch *Reinbothe,* GRUR 2001, 733 (734).

[68] *Reinbothe,* GRUR 2001, 733 (744); kritisch zur Bedeutung des Vervielfältigungsrechts im digitalem Umfeld, *Dreier* ZUM 2002, 28 (29).

[69] Zu Einzelheiten *Reinbothe,* GRUR Int. 2001, 733–745.

[70] Vgl. Rdnr. 36, am 20. 12. 1996; zu Einzelheiten s. *v. Lewinski,* GRUR Int. 1997, 667–681; dieselbe in CR 1997, 438–444; dieselbe/*Gaster,* ZUM 1997, 607–625.

[71] *Reinbothe,* GRUR Int. 2001, 733 (745), Erwägungsgrund 15 der Informationsgesellschafts-Richtlinie.

[72] Dies sind Urheber fast aller Kategorien, ausübende Künstler, Tonträgerhersteller, Filmhersteller und Sendeunternehmen (Art. 2 Ziff. a)–e) InfoRL).

[73] *Reinbothe,* GRUR Int. 2001, 733 (736).

rechts eine Rechtssicherheit im Binnenmarkt gewährleistet werden.[74] Unter die weite Definition fällt folglich jede Art von Vervielfältigung, und somit auch ein flüchtiger, vorübergehender und technischer Kopiervorgang. Somit unterfallen dem Vervielfältigungsrecht auch die Durchleitung, das *Browsing,*[75] *Caching* und *Hos-ting.*[76] Allerdings erfolgt über Art. 5 Abs. 1 InfoRL eine Freistellung vom ausschließlichem Vervielfältigungsrecht, so dass unter den Voraussetzungen der Ausnahmebestimmung entsprechende Vervielfältigungsakte nicht rechtsverletzend sind.[77]

28 Art. 3 der Richtlinie gewährt das **Recht der öffentlichen Wiedergabe** von Werken, einschließlich das Recht des öffentlichen Zugänglichmachens.[78] Nach Art. 3 Abs. 1 InfoRL steht dem Urheber das ausschließliche Recht zu, die drahtgebundene und drahtlose öffentliche Wiedergabe ihrer Werke einschließlich der öffentlichen Zugänglichmachung der Werke in der Weise, dass sie Mitgliedern der Öffentlichkeit von Orten und Zeiten ihrer Wahl zugänglich sind, zu erlauben oder zu verbieten. Art. 3 InfoRL umfasst nicht die öffentliche Wiedergabe i. S. d. § 15 Abs. 2 UrhG, sondern bezieht sich nur auf die Übermittlungsvorgänge auf Distanz.[79] Art. 3 Abs. 2 InfoRL definiert lediglich das Recht der öffentlichen Zugänglichmachung für Leistungsschutzberechtigte. Für diese Rechteinhaber ist folglich die Gewährung des Rechtes der öffentlichen Wiedergabe nicht zwingend. Art. 3 InfoRL gewährt den Inhabern vor allem das Recht zur Nutzung im Wege der interaktiven Übertragung auf Abruf.[80] Das Recht des öffentlichen Zugänglichmachens umfasst keine anderen, nicht interaktiven Vorgänge, wie *near on demand*-Dienste, *Pay-per-view* und *Webcasting.*[81] Diese unterfallen dem allgemeinen Recht der öffentlichen Wiedergabe.[82] Nicht geklärt ist die Einordnung von *Push*-Diensten,[83] da hier nur schwer zwischen Abruf- und Verteilerdiensten zu unterscheiden ist. Würde man das Recht des Zugänglichmachens so verstehen, dass der Nutzer auf das zugänglich gemachte Werk selbst Zugriff nimmt, unterfiele ein Push-Dienst nicht dem Recht des Zugänglichmachens, sondern dem Recht der öffentlichen Wiedergabe. Da es am öffentlichen Zugänglichmachen im Wege der privaten Korrespondenz zwischen zwei Teilnehmern fehlt, unterfallen dem Recht des Art. 3 InfoRL nicht die im Rahmen privater Online-Korrespondenz übermittelten Werke.[84] Auch ist die Bereit-

---

[74] Erwägungsgrund 29 InfoRL.

[75] Erwägungsgrund 33 InfoRL.

[76] *Flechsig,* ZUM 2002, 1 (5); *Dreier* ZUM 2002, 28 (29).

[77] Erwägungsgrund 33 InfoRL; *Dreier,* ZUM 2002, 28 (29), *Flechsig,* ZUM 2002, 1 (5); einschränkend *Spindler,* GRUR 2002, 105 (111), für das *Hosting* und *Caching.*

[78] Die Bestimmungen des Art. 3 InfoRL sind mit den entsprechenden Bestimmungen in Art. 8 WCT und Art. 10, 14 WPPT identisch; *Reinbothe,* GRUR Int. 2001, 733 (736).

[79] *Dreier,* ZUM 2002, 28 (30).

[80] So genanntes Recht zur On-Demand-Nutzung; *Flechsig,* ZUM 2002, 1 (5).

[81] *Reinbothe,* GRUR Int. 2001, 733 (736/742); *Kröger,* CR 2001, 316 (318); *v. Lewinski,* MMR 1998, 115 (116), *Spindler,* GRUR 2002, 105 (108).

[82] *Dreier,* ZUM 2002, 28 (30). Bedeutung hat diese Unterscheidung insbesondere deshalb, weil den Leistungsschutzberechtigten nicht wie den Urhebern ein umfassendes Recht der öffentlichen Wiedergabe zuerkannt wurde, sondern diese beispielsweise nur Vergütungsansprüche zustehen, wie für die Sendung von Tonträgern.

[83] *Spindler,* GRUR 2002, 105 (108); vgl. auch *Bechthold,* GRUR 1998, 18 (25/26); *Leupold,* ZUM 1998, 99 (106); *Leupold/Bräutigam/Pfeiffer,* WRP 2000, 575 (595); s. auch *Hoeren/Sieber/Gahrau,* 7.1., Rdnr. 87 ff. zum Versand von E-Mails.

[84] *Spindler,* GRUR 2002, 105 (108).

stellung der Einrichtung, die eine Wiedergabe ermöglicht oder bewirkt, selbst keine Wiedergabe im Sinne des Art. 3 InfoRL, so dass die Rezeption per Personalcomputer nicht das Recht der öffentlichen Wiedergabe nach Art. 3 InfoRL berührt.[85] Art. 3 Abs. 3 InfoRL sieht einen Ausschluss des Erschöpfungsgrundsatzes[86] für die nach Art. 3 Abs. 1 und 2 InfoRL gewährten Rechte der öffentlichen Wiedergabe und des öffentlichen Zugänglichmachens vor.

Nach Art. 4 InfoRL sind die Mitgliedstaaten verpflichtet, in Bezug auf das Original ihrer Werke oder auf Vervielfältigungsstücken das ausschließliche Recht vorzusehen, die **Verbreitung des Werkes** an die Öffentlichkeit in beliebiger Form durch Verkauf oder auf sonstige Weise zu verbieten oder zu erlauben. Das entsprechende Recht für die Leistungsschutzberechtigten nach Art. 2 Ziff. a)–e) InfoRL wurde bereits durch die Vermiet- und Verleihrichtlinie harmonisiert.[87] Erschöpfung des Verbreitungsrechts tritt nach Art. 4 Abs. 2 InfoRL dann ein, wenn Vervielfältigungsstücke des Werkes mit Zustimmung des Berechtigten verkauft wurden oder Eigentum übertragen wurde, vorausgesetzt diese Handlungen finden innerhalb der Europäischen Gemeinschaft statt.[88] Die Regelung des Erschöpfungsgrundsatzes in Art. 3 Abs. 3 und 4 Abs. 2 InfoRL wirft die Frage auf, ob im Rahmen des Online-Abrufs, welcher mit Zustimmung des Rechteinhabers erfolgt, eine Erschöpfung des Verbreitungsrechts eintritt, da das Vervielfältigungsstück nicht vom Rechteinhaber hergestellt und verbreitet wird, sondern von dem Nutzer selber, der allerdings das Vervielfältigungsstück im Rahmen der Online-Nutzung rechtmäßig hergestellt hat. Nach richtiger Ansicht wird hier entgegen dem Wortlaut eine Erschöpfung des Verbreitungsrechts anzunehmen sein, da ansonsten ein entsprechend hergestelltes Vervielfältigungsstück anders behandelt würde, als ein mit der Post zugesandtes oder im Ladengeschäft erworbenes.[89] Allerdings tritt keine Erschöpfung ein, wenn weitere Vervielfältigungsstücke, die zum eigenen oder privaten Gebrauch hergestellt wurden, verbreitet werden. Diese Vervielfältigungsstücke wurden nämlich nicht mit der Zustimmung des Rechteinhabers hergestellt, sondern auf Grund der Schrankenregelung der freien Nutzung und somit einer Zwangslizenz.[90] 29

Die Richtlinie enthält in Art. 5 InfoRL einen **Katalog von Ausnahmen,** wovon allerdings nur **Art. 5 Abs. 1 InfoRL als zwingende Ausnahmeregelung** von den Mitgliedstaaten umgesetzt werden muss. Danach werden Vervielfältigungen freigestellt, die im Zuge der Übertragung oder der Nutzung erfolgen und keine eigenständige wirtschaftliche Bedeutung haben. Freigestellt werden somit flüchtige und begleitende Vervielfältigungen, die ausschließlich dem Ziel dienen, die effiziente Übertra- 30

---

[85] „Der Genuss ist frei"; *Flechsig,* ZUM 2002, 1 (8) mit Verweis auf Erwähnungsgrund 27 InfoRL.

[86] Ein Urheberrecht ist „erschöpft", wenn die Nutzungshandlung, insbesondere die Erstveröffentlichung und Vervielfältigung des Werkes, mit der Zustimmung des Berechtigten erfolgte. Dann hat der Rechteinhaber grundsätzlich keinen Einfluss mehr auf das weitere Schicksal des Vervielfältigungsstückes; zu Einzelheiten *Schricker/v. Ungern-Sternberg,* § 15, Rdnr. 29 ff., vgl. im Übrigen auch: *Berger,* GRUR 2002, 198 ff.

[87] *Flechsig,* ZUM 2002, 1 (8).

[88] Grundsatz der Europaweiten Erschöpfung, Einzelheiten hierzu: *Schricker/Loewenheim,* § 17, Rdnr. 50 ff.

[89] *Dreier* ZUM 2002, 28 (32); *Rheinbothe,* GRUR Int. 2001, 733 (737); *Spindler,* GRUR 2002, 105 (110).

[90] *Walter/Walter,* InfoRL, Rdnr. 84.

gung zwischen Dritten und dem Vermittler zu gewährleisten oder die rechtmäßige Nutzung eines Werkes oder sonstiger Schutzgegenstände zu ermöglichen, vorausgesetzt die Vervielfältigungshandlungen haben keinen eigenen wirtschaftlichen Wert. Unter diesen Voraussetzungen sind dann auch das *Browsing* oder *Caching* zulässig sowie Nutzungshandlungen, die das effiziente Funktionieren der Übertragung ermöglichen.[91] Entgegen der weiten Definition in Art. 2 InfoRL sind von daher bestimmte Vervielfältigungsakte, insbesondere vorübergehende und flüchtige, vom Vervielfältigungsrecht ausgenommen.[92]

31 Die weiter in **Art. 5 Abs. 2 und 3 InfoRL genannten Schrankenbestimmungen sind abschließend.** Es ist den Mitgliedstaaten zwar freigestellt, von diesen Gebrauch zu machen. Weitere als die aufgeführten Schrankenbestimmungen dürfen die Mitgliedstaaten aber nicht vorsehen.[93] Von Bedeutung dürfte insbesondere die Ausnahme vom **Vervielfältigungsrecht zum privaten Gebrauch** in Art. 5 Abs. 2b InfoRL sein. Diese Ausnahme ist weit gefasst und lässt den Mitgliedstaaten einen Gestaltungsspielraum.[94] Erfasst werden Kopien auf allen Trägern und somit auch Privatkopien auf Festplatten. Diese Kopien müssen aber strikt privater Natur sein, obgleich dies auch den Fall erfasst, dass eine Privatperson für eine andere Privatperson Kopien erstellt.[95] Voraussetzung ist weiter, dass der Berechtigte einen angemessenen Ausgleich erhält.

32 Dabei soll allerdings, um Doppelzahlungen zu vermeiden, bei der Ausgestaltung des Ausgleichs zu berücksichtigen sein, inwiefern private Vervielfältigungsakte bereits durch technische Schutzmaßnahmen nach Art. 6 InfoRL kontrolliert werden.[96] Die weiter in Art. 5 Abs. 2 und 3 InfoRL fakultativ vorgesehenen Ausnahmen betreffen die Reprographie (Art. 5 Abs. 2a) InfoRL); Vervielfältigung durch öffentliche Bibliotheken und Archive (Art. 5 Abs. 2c) InfoRL), ephemere Aufzeichnungen (Art. 5 Abs. 2d) InfoRL), bestimmte Nutzungen durch nicht kommerzielle soziale Einrichtungen (Art. 5 Abs. 2e) InfoRL), im Rahmen von Unterricht und wissenschaftlicher Forschung (Art. 5 Abs. 3a) InfoRL) und öffentlicher Sicherheit, Verfahren (Art. 5 Abs. 3e) InfoRL), Presseschau, Berichterstattung (Art. 5 Abs. 3c) InfoRL); Zitate (Art. 5 Abs. 3d) InfoRL)), Nutzung zugunsten behinderter Personen (Art. 5 Abs. 3b) InfoRL), Nutzung von politischen Reden (Art. 5 Abs. 3f) InfoRL), Nutzung bei religiösen oder offiziellen, von einer Behörde durchgeführten Veranstaltungen (Art. 5 Abs. 3g) InfoRL), Nutzung von Baudenkmälern oder Plastiken (Art. 5 Abs. 3h) InfoRL), beiläufige Einbeziehung eines Werkes oder sonstigen Schutzgegenstandes in anderes Material (Art. 5 Abs. 3i) InfoRL), Nutzung in Ausstellungskatalogen, Plakaten oder in der entsprechenden Werbung (Art. 5 3j) InfoRL), Nutzung von Parodien, Karikaturen und Pastiche (Art. 5 Abs. 3k) InfoRL), Nutzung anlässlich der Reparatur oder Vorführung von Geräten (Art. 5 Abs. 3l InfoRL), Nutzung von Gebäudeformen oder -plänen zu deren Wiederaufbau (Art. 5 Abs. 3m) InfoRL), Nutzung durch bestimmte Institu-tionen in deren Räumlichkeiten (Art. 5 Abs. 3n) InfoRL)sowie die Auffangklausel nach Art. 5 Abs. 3o) InfoRL

[91] Erwägungsgrund 33 InfoRL 2001/29/EG; im Übrigen *Reinbothe,* GRUR Int. 2001, 733 (738).
[92] *Spindler,* GRUR 2002, 105 (111/112).
[93] *Reinbothe,* GRUR Int. 2001, 733 (737/738).
[94] *Reinbothe,* ZUM 1998, 429 (435).
[95] *Reinbothe,* GRUR Int. 2001, 733 (739).
[96] *Spindler,* GRUR 2002, 105 (112); *Reinbothe,* GRUR Int. 2001, 733 (739).

für bestimmte Ausnahmen von geringer Bedeutung (Auffangklausel für Alt-Schranken, sog. *grandfather*-Klausel).[97] Die Anwendung drei dieser Ausnahmen, Art. 5 Abs. 2a, b und e, InfoRL setzt voraus, dass ein gerechter Ausgleich gewährt wird. Hierdurch sollen die Rechteinhaber trotz der Schrankenregelung für die Nutzung des Werkes angemessen vergütet werden. Der Umfang der Vergütung richtet sich nach den Umständen des Einzelfalles.[98] Art. 5 Abs. 4 InfoRL erweitert die Ausnahmereglungen auf das Verbreitungsrecht, wenn eine Ausnahme oder Beschränkung für das Vervielfältigungsrecht gewährt wurde. Hierdurch soll sichergestellt werden, dass die Verbreitung mit der Vervielfältigung gleichläuft, und somit auch die Verbreitung eines unter der Schranke erstellten Vervielfältigungsstückes zulässig ist.[99]

Auf die in Art. 5 InfoRL aufgezählten Schranken finden gemäß Art. 5 InfoRL der 33 sogenannte Drei-Stufen-Test Anwendung. Danach dürfen die erwähnten Schrankenbestimmungen nur in bestimmten Sonderfällen angewandt werden, in denen die normale Verwertung des Werkes oder des sonstigen Schutzgegenstandes nicht beeinträchtigt wird und die berechtigten Interessen des Rechteinhabers nicht ungebührlich verletzt werden. Folglich stehen die genannten Schrankenregelungen unter dem Vorbehalt, dass diese nur in gewissen Sonderfällen gelten können und nur unter den genannten Voraussetzungen.[100]

Nach **Art. 6 InfoRL** sind **technische Schutzmaßnahmen**[101] geschützt. Hierdurch 34 werden Art. 11 WCT und Art. 18 WPPT umgesetzt. Der Anwendungsbereich des Art. 6 InfoRL ist weit gefasst und reicht vom Schutz von Programmen, Datenbanken, Kodierkontrolleinrichtungen bei Musikstücken bis hin zu Codiereinrichtungen im Pay-TV.[102] Art. 6 InfoRL schreibt einen Schutz solcher Schutzsysteme gegen Umgehungen vor. Nach Art. 6 Abs. 2 InfoRL sind bestimmte Vorbereitungshandlungen, wie die Herstellung und Vermarktung von Umgehungsgeräten oder -systemen verboten. Art. 6 Abs. 4 InfoRL sieht eine Ausnahme vom Schutz der Schutzmaßnahmen vor. Dadurch soll ein Ausgleich zwischen dem Schutz technischer Schutzmaßnahmen gegen Umgehungshandlungen und bestimmten Ausnahmen und Schranken der Rechte gefunden werden. Hierdurch soll sichergestellt werden, dass der Nutzer auch in den Genuss der freigestellten Schranke kommt, obwohl der Zugang zum Inhalt durch Schutzmaßnahmen gesichert ist. Trotzt bestehender nationaler Schranken würde andernfalls der Nutzer bei bestehenden Schutzmaßnahmen leer laufen.[103] Art. 6 Abs. 4 InfoRL geht zunächst davon aus, dass sich die Rechteinhaber und die Nutzer freiwillig einigen, und so die gewährten Schranken beachtet werden. Kommt es nicht zu einer solchen freiwilligen Einigung, so können von den

---

[97] Zu Einzelheiten *Reinbothe,* GRUR Int. 2001, 733 (749/740), *Spindler,* GRUR 2002, 105 (112–115), *Flechsig,* ZUM 2002, 1 (4–13).

[98] Erwägungsgrund 35 InfoRL und *Reinbothe,* GRUR Int. 2001, 733 (739), *ders.* ZUM 2002, 43 (49).

[99] *Reinbothe,* GRUR Int. 2001, 733 (740), m. w. N.

[100] Zum Drei-Stufen-Test im Einzelnen: *Lucas* in FS Dietz 2001, S. 423 ff.; *Reinbothe,* in FS *Dittrich,* 2000, S. 251, 255 ff.

[101] Zu den damit zusammenhängenden urhebervertragsrechtlichen Fragen vgl. § 13, Rdnr. 280 ff.

[102] *Spindler,* GRUR 2002, 105 (115); *Marly,* K&R 1999, S. 106 (108).

[103] *Reinbothe,* ZUM 2002, 43 (47); *Spindler,* GRUR 2002, 105 (117/118); *Hoeren/Sieber/Bechthold,* Teil 7.11. Rdnr. 27, 43; im Übrigen zum Aushebeln des Systems der Rechte durch die Errichtung privater Zäune im Internet, zu denen die Schutzmaßnahmen gehören, oben Rdnr. 16.

Mitgliedstaaten Maßnahmen ergriffen werden, durch die die in der Regelung im Einzelnen genannten Schranken und Ausnahmen der Art. 5 Abs. 2 und 3 InfoRL trotz bestehender Schutzmaßnahmen beachtet werden, und der Nutzer folglich die gewährten Schranken und Ausnahmen auch in Anspruch nehmen kann.[104] Art. 6 Abs. 4 2. Unterabschnitt InfoRL sieht ausdrücklich eine vergleichbare, nicht zwingende Option vor, den Rechteinhaber und Verwender der Schutzmaßnahmen zur Beachtung der Schranke zur Vervielfältigung zum privaten Gebrauch anzuhalten, wobei der Rechteinhaber nicht daran gehindert ist, Maßnahmen zu treffen, um die Zahl der Vervielfältigungsstücke zu begrenzen.[105] Art. 6 Abs. 4 4. Unterabsatz InfoRL sieht eine Ausnahme von dieser Beschränkung der Schutzmaßnahme für interaktive Online und On-demand Dienste vor. Werden die Werke und sonstigen Schutzgegenstände auf vertraglicher Grundlage erbracht, so soll kein Raum für die Beschränkungen nach Art. 6 Abs. 4 1. und 2. Unterabsatz InfoRL sein. Dagegen verbleibt es bei Formen der nicht-interaktiven Online Nutzung, wie dem bloßem Streamen von Inhalten bei deren Anwendung.[106]

35 Art. 7 InfoRL sieht den **Schutz von Informationen über Urheberrechte** vor. Hierunter können sowohl die Erkennbarkeit der Urheberrechte als auch die Nutzungsbedingungen verstanden werden. Insbesondere die Einführung des digitalen Wasserzeichens, das dann entsprechend geschützt wäre, ermöglicht es, dass Fälschungen, Raubkopien, etc. erkannt werden können. Wie auch die oben genannten Schutzsysteme werden die Informationen über die Urheberrechte in Umsetzung der Art. 12 WCT und 19 WPPT geschützt. Dabei werden auch schon Vorbereitungshandlungen vom Schutz umfasst.[107]

III. Entwicklung in Deutschland – die Novellierung des Urheberrechts 2003

36 Auch auf nationaler Ebene haben sich staatliche Stellen mit der Auswirkung des Internets auf die Bestimmungen des deutschen Urheberrechts beschäftigt. So hat das Bundesministerium der Justiz im Jahre 1996 eine Studie in Auftrag gegeben, die den Bedarf zur Anpassung des deutschen Urheberrechts im Hinblick auf die technologische Entwicklung zur Informationsgesellschaft klären sollte.[108] Die Studie beinhaltet eine Bestandsaufnahme des geltenden Urheberrechtes und seiner Anwendung auf die Phänomene des Internets und macht eine Reihe von Vorschlägen zur Anpassung des deutschen Urheberrechts.[109] Die Herausforderungen, die das Internet und die neuen Technologien an das Urheberrecht stellen, wurden auch von der Bundesministerin der Justiz erkannt und in einen Aktionsplan eingebunden.[110] Nach den

---

104 Erwägungsgrund 51 InfoRL *Spindler,* GRUR 2002, 105 (118/119).

105 In Deutschland wird eine Zahl zwischen 3 und 7 privaten Kopien für zulässig erachtet; *BGH* GRUR 1978 (476) – Vervielfältigungsstücke (7 Kopien) und *Schack,* Rdnr. 496; *Fromm/Nordemann,* § 53, Rdnr. 3 (3 Kopien); zum Streit: *Schricker/Loewenheim,* § 53 Rdnr. 14; *ders.* in *Hoeren/Sieber/Loewenheim,* Teil 7.4., Rdnr. 19.

106 *Flechsig,* ZUM 2002, 1 (16).

107 Zu Einzelheiten *Spindler,* GRUR 2002, 105 (119); *Flechsig,* ZUM 2002, 1 (16/17).

108 *Schricker,* (Hrsg.) Urheberrecht auf dem Weg in die Informationsgesellschaft, erstellt von *Dreier, Katzenberger, v. Lewinski* und *Schricker,* 1997.

109 *Schricker,* S. 277–287; darüber hinaus hat auch die Enquete-Kommission des Deutschen Bundestages in ihrem Bericht „Neue Medien und Urheberrecht" Empfehlungen zur Anpassungen des Urheberrechtes ausgesprochen, vgl. auch BT-Drucks. 13/8110.

110 *Däubler-Gmelin,* ZUM 1999, 265–273; *dies.* ZUM 1999, 769–775.

Vorstellungen des Gesetzgebers sollen die **Urheberrechte auch im Zeitalter der Informationsgesellschaft Beachtung finden** und entsprechend durchgesetzt werden.[111] Generell sollen die **Rechte der Urheber gestärkt** werden. Das Gesetz zum Urhebervertragsrecht,[112] welches die Stellung des Urhebers gegenüber den Verwertern stärken soll, zielt ebenfalls in diese Richtung.[113]

Das Gesetz zur Regelung des Urheberrechts in der Informationsgesellschaft und 37
eines Gesetzes zu den WIPO-Verträgen ist nach Anrufung des Vermittlungsausschusses noch im Juli 2003 verabschiedet worden. Hierdurch sollen nicht nur die zwingenden Vorgaben in der InfoRL und entsprechend der WIPO-Verträge umgesetzt werden, sondern generell das deutsche Urheberrecht an die technische Entwicklung im Bereich der Informations- und Kommunikationstechnologie angepasst werden. Auf den Referentenentwurf vom 18. März 2002[114] folgte der Gesetzesentwurf der Bundesregierung vom 6. November 2002.[115] Mit dem Gesetz werden vor allem die zwingenden Vorgaben der WIPO-Verträge und der InfoRL umgesetzt. Es beschränkt sich so auf die Anpassung der unproblematischen Vorgaben der Richtlinie und klammert eine Reihe von derzeit noch kontrovers diskutierten Sachverhalten, wie die urheberrechtliche Behandlung von Archivbeständen, elektronischer Pressespiegel oder die Durchsetzung der Privatkopieschranke bei der Anwendung technischer Schutzmaßnahmen aus.[116] Letztere sind als „kann", d.h. nicht zwingende, Schankenregelung in der Richtlinie[117] enthalten und sollen u.U. zu einem späteren Zeitpunkt Gegenstand eines weiteren Gesetzesvorhabens sein.[118] Gekoppelt an die Umsetzung der InfoRL erfolgen gleichzeitig die durch die Umsetzung der beiden WIPO-Verträge, WCT und WPPT, erforderlichen Anpassungen.[119] Auch werden die auf nationaler Ebene ausgesprochenen Empfehlungen zu Änderungen des deutschen Urheberrechtes berücksichtigt.[120] Naturgemäß waren im Laufe des Gesetzgebungsverfahrens eine Reihe von Vorschriften umstritten. Hierzu gehörte insbesondere die Regelung des § 52a UrhG, d.h. die Beschränkung des Rechts der öffentlichen Zugänglichmachung zugunsten von Unterricht und Forschung.[121] Diese Schranke war insbesondere von Wissenschafts-, Schulbuchverlagen und dem Börsenverein des

---

[111] *Däubler-Gmelin,* ZUM 1999, 265 (267/268).

[112] Gesetz zur Stärkung der vertraglichen Stellung von Urhebern und ausübenden Künstlern vom 22. 3. 2002, BGBl. 2002, I S. 1155.

[113] Vgl. hierzu, § 13, Rdnr. 238ff.

[114] Referentenentwurf für ein Gesetz zur Regelung des Urheberrechts in der Informationsgesellschaft, nicht offiziell veröffentlicht, aber abrufbar unter http://www.urheberrecht.org/topic/info-RiLi/ent/RefEntw_Infoges_18_03_02.pdf [abgerufen am 13. 5. 2002] (im folgenden Referentenentwurf).

[115] Entwurf eines Gesetzes zur Regelung in der Informationsgesellschaft v. 6. 11. 2002, BT-Drucks. 15/38 (im folgenden Gesetzesentwurf).

[116] Gesetzesentwurf, S. 33.

[117] Art. 5 Abs. 3 Ziff. c; 6. Abs. 4, 2. Unterabsatz InfoRL.

[118] Gesetzesentwurf, S. 33.

[119] Hierzu der Vertragsgesetzesentwurf mit Denkschriften zu beiden WIPO Verträgen, vgl. Gesetzesentwurf, S. 84 .

[120] Gesetzesentwurf, S. 32.

[121] Zum Streitstand: Beschlussempfehlung und Bericht des Rechtsausschusses (6. Ausschuss) vom 9. 4. 2003, BT-Drucks. 15/837, S. 56ff.; *Hoeren,* Stellungnahme zu § 52a des Entwurfes eines Gesetzes zur Regelung des Urheberrechts in der Informationsgesellschaft; Pressemitteilung Börsenvereine des Deutschen Buchhandels v. 9. 4. 2003; alle abrufbar unter http://www.urheberrecht.org, abgerufen am 30. 4. 2003.

Deutschen Buchhandels kritisiert worden. Es war befürchtet worden, dass Bildungs- und Forschungseinrichtungen urheberrechtlich geschützte Werke umfänglich nutzen dürften, ohne dass eine vorherige Zustimmung der Rechteinhaber erforderlich wäre. Die dann im Gesetzgebungsverfahren erfolgte Präzisierung führte dazu, dass nach der Neufassung des § 52a UrhG erlaubt ist, dass kleine Teile von Werken, Werke geringen Umfangs oder einzelne Beiträge aus Zeitungen oder Zeitschriften in interne Netzwerke eingestellt werden dürfen, vorausgesetzt dies ist zur Veranschaulichung im Unterricht erforderlich. Für Filmwerke gelten im Hinblick auf ihre Auswertungspraxis Sonderbestimmungen. Die Beschränkung zu Lasten von für den Unterrichtsgebrauch an Schulen bestimmten Werken fällt ganz weg. Auch ist die Regelung des § 52a UrhG bis zum 31. Dezember 2006 befristet. Hierdurch soll den Befürchtungen von Wissenschaftsverlagen Sorge getragen werden. Auch formulieren die entsprechenden Begründungen ausdrücklich die Erwartung, die Entwicklung genau zu beobachten, so dass u.U. der Gesetzgeber auch vor Ablauf der genannten Befristung aufgerufen ist, einzuschreiten, sollte sich herausstellen, dass die Interessen der Verlage unangemessen durch die gefundene Regelung beeinträchtigt sind.[122]

38 Bereits der Referentenentwurf ging davon aus, dass die Bestimmungen des deutschen Urheberrechtes weitgehend den Anforderungen der InfoRL und der WIPO Verträge entspricht und **Anpassungen in nur einigen Bereichen notwendig** seien.[123] Die Gesetzesnovellierung sieht zunächst die **Einführung eines Rechtes der öffentlichen Wiedergabe**[124] in §§ 15, 19a und 22 UrhG vor. Durch diese Änderung wird das **Recht der öffentlichen Zugänglichmachung,** das in Art. 3 InfoRL, enthalten ist, umgesetzt. So wird klargestellt, dass das Vorhalten urheberrechtlich geschützter Werke zum Abruf in digitale „Netze“ (On-demand-Dienste) dem ausschließlichen Verwertungsrecht des Urhebers unterfällt.[125] Die Einordnung von On-Demand-Diensten war unter dem bisherigen Urheberrecht nicht vollständig geklärt.[126] Die Neufassung des § 16 UrhG enthält die **klarstellende Definition**, dass auch die vorübergehende Vervielfältigung dem **Vervielfältigungsrecht** nach § 16 UrhG unterfällt.[127]

39 Des Weiteren wird ein Schutz **technischer Maßnahmen und von Informationen über die Rechteverwaltung**[128] in §§ 95a bis 95c UrhG eingeführt.[129] Nach der bisherigen Rechtslage waren nur bestimmte technische Schutzmaßnahmen vor Umgehung geschützt.[130] § 95a UrhG unterstellt technische Schutzmaßnahmen umfassend dem Schutz. Technische Schutzmaßnahmen i.S.d. Vorschrift sind Technologien, Vorrichtungen und Bestandteile, die dazu bestimmt sind, Handlungen einzuschränken oder zu beeinflussen, die urheberrechtliche Werke oder andere Schutzgegenstände betreffen.[131] Diese Handlungen dürfen ohne Zustimmung des Rechteinhabers nicht

---

[122] Beschlussempfehlung und Bericht des Rechtsausschusses v. 9. 4. 2003, BT-Drucks. 15/837, S. 59/60; 76; 78/79; 85.

[123] Gesetzesentwurf, S. 34.

[124] Art. 8 WCT, 10 und 14 WPPT sowie Art. 3 InfoRL.

[125] Gesetzesentwurf, S. 38/39.

[126] Hierzu im Einzelnen unten Rdnr. 134ff.

[127] Vgl. Art. 2 InfoRL 2001/29/EG.

[128] Art. 11, 12 WCT, 18; 19 WPPT und Art. 6, 7 InfoRL.

[129] Hierdurch werden Art. 6 und 7 InfoRL bzw. Art. 11 und 12 WCT und Art. 18 und 19 WPPT umgesetzt; vgl. hierzu aus urhebervertragsrechtlicher Sicht § 13, Rdnr. 250ff.

[130] Zu Einzelheiten, *Wand*, S. 144ff. und 187ff.; *Bechthold*, S. 221ff.

[131] Vgl. auch die umfassendere Definition unter § 13, Rdnr. 252.

umgangen werden, soweit diese Schutzmechanismen der Kontrolle der Nutzung des Werkes oder des Schutzgegenstandes, die Gegenstand des Urheberechtsschutzes sind, dienen.[132] Eine anderweitige Anwendung der Schutzmechanismen, etwa auf gemeinfreie Werke ist nicht durch die Regelung geschützt.[133, 134] Dabei kann die Kontrollvorrichtung eine Zugangskontrolle, ein Schutzmechanismus, wie Verschlüsselung, Verzerrung oder Umwandlung oder ein Mechanismus zur Kontrolle der Vervielfältigung sein. § 95 a Abs. 2 UrhG verbietet die Vorbereitungshandlungen der Umgehung der Schutzmaßnahme sowie sonstige Handlungen im Vorfeld der Umgehungsmaßnahme, wie Verkauf, Vermietung, Verbreitung entsprechender Vorrichtungen, Erzeugnisse und Bestandteile zur Umgehung. Durch § 95 b UrhG wird der Schutz technischer Schutzmaßnahmen zur Durchsetzung bestimmter Schrankenbestimmungen beschränkt. Die Vorschrift dient der Durchsetzung bestimmter Schrankenbestimmungen in den Fällen, in denen der Zugang zum und die Nutzung des Werkes für zulässig erklärt wurde, durch die technische Schutzmaßnahme aber verhindert ist. Zu den insofern geschützten Schranken gehören §§ 45 (Rechtspflege und öffentliche Sicherheit), 45 a (behinderte Menschen), 46 (Sammlungen für den Schul- und Unterrichtsgebrauch), 47 (Schulfunksendungen), 52 a (Öffentliche Zugänglichmachung für Unterricht und Forschung), 53 Abs. 2 S. 1 Nr. 1 (Vervielfältigung zum eigenen wissenschaftlichen Gebrauch), 53 Abs. 2 S. 1 Nr. 2 i. V. m. S. 2 Nr. 1 oder 3 (Aufnahme in eigenes Archiv), 53 Abs. 2 Nr. 3 und 4 jeweils i. V. m. S. 2 Nr. 1 und 3 (Unterrichtung über Tagesfragen bzw. sonstigen eigenen Gebrauch), 55 UrhG (Vervielfältigung durch Sendeunternehmen). Nicht von der Regelung des § 95 b UrhG umfasst ist die Vervielfältigung zum privaten Gebrauch nach § 53 Abs. 1 UrhG bzw. Art. 5 Abs. 2 b InfoRL soweit der digitale Bereich betroffen ist.[135]

40 Wegen der Reichweite einer entsprechenden Beschränkung zugunsten privater Vervielfältigung und der zum Teil bestehenden Kontroverse über **die „Zukunft" der privaten Vervielfältigung im digitalen Umfeld**[136] soll erst zu einem späteren Zeitpunkt über eine Regelung zur Durchsetzung der Privatkopieschranke bei der Anwendung technischer Schutzmaßnahmen im digitalen Bereich entschieden werden.[137] § 95 b Abs. 2 und 3 UrhG regelt die Durchsetzung der Schrankennutzung gegenüber technischen Schutzmaßnahmen im Klagewege. Dabei ist auch eine Verbandsklage möglich.[138] Die Aufrechterhaltung der technischen Schranke entgegen der Regelung des § 95 b Abs. 1 UrhG ist nach § 111 a Abs. 1 Ziff. 2 UrhG eine Ordnungswidrigkeit. Die in Erfüllung von § 95 b Abs. 1 angewandten Schutzmaßnahmen werden wiederum dem Schutz des § 95 a UrhG unterstellt.[139] Hierdurch

---

[132] Gesetzesentwurf, S. 62/63.

[133] Gesetzesentwurf, S. 62.

[134] Hierdurch wird eine ungerechtfertigte Ausdehnung des Schutzes über die Bestimmungen des Urheberrechtsgesetzes hinaus, wie beispielsweise die Erstreckung des Schutzes auf gemeinfreie Werke, über die Zugangsbeschränkung der Schutzsysteme verhindert; allgemein zu diesem Problem, *Lesing*, S. 233 und 251, und oben, Rdnr. 15/16.

[135] Das Gesetz macht somit von der nach Art. 6 Abs. 4 Unterabsatz 2 InfoRL als Kann-Bestimmung vorgesehen Beschränkung des Schutzes technischer Schutzmaßnahmen zugunsten der privaten Vervielfältigung (vorerst) keinen Gebrauch, Gesetzesentwurf, S. 33.

[136] Hierzu unten Rdnr. 155 ff./160 ff.

[137] Gesetzesentwurf, S. 33.

[138] Gesetzesentwurf, S. 64/65.

[139] § 95 b Abs. 4 UrhG.

wird sichergestellt, dass durch Manipulation der entsprechenden Ausnahmemaßnahme die zulässige Nutzung im Rahmen der Schranke unzulässig erweitert wird. Sofern allerdings urheberrechtlich geschützte Werke und sonstige Schutzgegenstände im Rahmen einer interaktiven Online-Nutzung auf vertraglicher Grundlage zur Verfügung gestellt werden, gelten die Regelungen des § 95 b Abs. 2 und 3 UrhG nicht.[140] Folglich finden die allgemeinen Schrankenbestimmungen des Urheberrechts in diesem Bereich dann keine Anwendung. Wer im interaktiven elektronischen Geschäftsverkehr einer Vereinbarung zur Nutzung zustimmt, kann sich somit nicht entgegen dem Vereinbarten auf Schranken oder Ausnahmen berufen.[141] Vorrang hat dann die Vereinbarung. Die Regelung des § 95 b Abs. 3 UrhG ist allein auf das interaktive Zurverfügungstellen anwendbar und nicht auf andere Vertriebsformen im Internet, wie nicht interaktive Online Dienste, beispielsweise *pay-per-view* oder *webcasting*.[142]

41 § 95 c regelt in Umsetzung von Art. 7 InfoRL[143] den **Schutz von Informationen, die zur Rechtewahrnehmung**[144] erforderlich sind.[145] Nach § 95 c Abs. 2 UrhG sind Informationen für die Rechtewahrnehmung elektronische Informationen, die urheberrechtliche Werke oder andere Schutzgegenstände, den Urheber oder andere Rechteinhaber identifizieren, und die Informationen über die Modalitäten und Bedingungen für die Nutzung der Werke oder Schutzgegenstände enthalten sowie die Zahlen und Codes, durch die derartige Informationen ausgedrückt werden. Diese Informationen dürfen nach § 95 a UrhG nicht entfernt oder verändert werden, sofern dies wissentlich erfolgt und dem Handelnden bekannt ist oder bekannt sein muss, dass er dadurch eine Urheberrechtsverletzung oder Verletzung verwandter Schutzrechte veranlasst, ermöglicht, erleichtert oder verschleiert. § 95 c Abs. 3 UrhG verbietet Vertriebshandlungen von Werken oder sonstigen Schutzgegenständen, bei denen elektronische Informationen entfernt oder geändert wurden, vorausgesetzt, dem Handelnden ist positiv bekannt oder hätte bekannt sein müssen, dass er dadurch die Verletzung von Urheberrechten oder verwandter Schutzrechte veranlasst, ermöglicht, erleichtert oder verschleiert. Nach §§ 108 b und 111 a UrhG werden Verstöße gegen die §§ 95 a und 95 c UrhG auch als Straf- bzw. als Ordnungswidrigkeit sanktioniert.

42 Das Gesetz sieht weiter eine **Stärkung der Persönlichkeitsrechte**[146] **der ausübenden Künstler in §§ 73 bis 83** UrhG vor. Dadurch sollen dem ausübenden Künstler nicht nur die dem Urheber zustehenden Persönlichkeitsrechte entsprechend weitgehend zugestanden werden. Diese werden u. a. in §§ 77 bis 83 UrhG normiert. Auch die vermögensrechtlichen Befugnisse des ausübenden Künstlers und des Veranstalters (§ 81 UrhG) werden in §§ 77 bis 83 UrhG erweitert. Der ausübende Künstler bzw. Veranstalter erhält bestimmte Verwertungsbefugnisse durch die Anerkennung ausschließlicher Verwertungsrechte zuerkannt, die die bisherigen Einwilligungsrechte ersetzen.[147] § 73 UrhG enthält eine erweiterte Definition des ausübenden Künst-

---

[140] § 95 b Abs. 3 UrhG; hierdurch wird Art. 6 Abs. 4 4. Unterabsatz InfoRL umgesetzt.
[141] *Reinbothe,* GRUR Int. 2001, 733 (742).
[142] Gesetzesentwurf, S. 65 und *Reinbothe*, GRUR Int. 2001, 733 (742).
[143] Art. 7 InfoRL orientiert sich wiederum an Art. 12 WCT und Art. 19 WPPT.
[144] Management Information.
[145] Gesetzesentwurf, S. 66.
[146] Art. 5 WPPT.
[147] Gesetzesentwurf, S. 53.

lers, die sich an Art. 2a WPPT orientiert.[148] Danach ist ausübender Künstler, wer ein Werk der Literatur oder Kunst oder eine Ausdrucksform der Folklore aufführt, singt, spielt oder auf eine andere Weise darbietet oder an einer solchen Darbietung künstlerisch mitwirkt. §§ 74 und 75 UrhG enthalten die persönlichkeitsrechtlichen Befugnisse, wie das Recht auf Namensnennung und das Recht, sich gegen Entstellungen der Darbietung zu wehren. §§ 77 und 78 UrhG sehen ausschließliche Verwertungsrechte für den ausübenden Künstler vor. Hierzu gehören das Recht zur Aufnahme seiner Darbietung auf Bild- oder Tonträger, sowie das Vervielfältigungs- und Verbreitungsrecht für diese Bild- und Tonträger. Weiterhin erhält der ausübende Künstler das ausschließliche Recht, seine Darbietung öffentlich zugänglich und wahrnehmbar zu machen sowie zu senden. Die genannten Nutzungsrechte sind grundsätzlich übertragbar (§ 79 UrhG) und können somit Gegenstand von Lizenzierungen sein. Nach § 83 UrhG finden die für die Urheberrechte geltenden Schranken auch auf die Rechte nach §§ 77 und 78 Anwendung.[149] Weiterhin werden die Verwertungsrechte der Tonträgerhersteller, Sendeunternehmen und Filmhersteller in Umsetzung der Vorgaben aus Art. 3 Abs. 2 InfoRL bzw. der WPPT auch um das Recht auf öffentliche Zugänglichmachung erweitert.[150]

Damit die zwingenden Bestimmungen der InfoRL möglichst schnell umgesetzt werden konnten, verzichtet die Gesetzesnovellierung auf eine weitgehende Umsetzung der Schrankenregelungen der Art. 5 Abs. 2 und 3 InfoRL. Auch der in Art. 5 Abs. 5 InfoRL normierte Drei-Stufen-Test[151] wird nicht im gleichen Umfang umgesetzt. Die meisten Schrankenregelungen der InfoRL sind ja als Kannbestimmungen normiert. So werden die Schranken der §§ 46 (Sammlungen für Kirchen-, Schul-, und Unterrichtsgebrauch) und 48 UrhG (Öffentliche Reden) auf das Recht des Zugänglichmachens nach § 19a UrhG erweitert, so dass dann unter den entsprechenden Voraussetzungen der Regelungen, auch das Zugänglichmachen für zulässig erklärt wird.[152] Die Schrankenbestimmung des § 50 UrhG (Bild- und Tonberichterstattung) wird so angepasst, dass sowohl vom Medium her, als auch im Hinblick auf die verwendete Technik die Berichterstattung im Rahmen digitaler Online-Medien erfasst wird.[153] Unter den Voraussetzungen des § 50 UrhG sind dann Vervielfältigung, Verbreitung und öffentliche Wiedergabe von Werken zulässig. In Umsetzung der Kannbestimmung des Art. 5 Abs. 3b InfoRL wird in § 45a UrhG eine Schranke des Vervielfältigungs- und Verbreitungsrechts zugunsten behinderter Personen eingeführt. Voraussetzung ist, dass der Zugang zum Werk auf Grund der Behinderung erschwert, und durch die Vervielfältigung erst ermöglicht wird. Die zulässige Vervielfältigung und Verbreitung ist vergütungspflichtig, wobei die Vergütung nur von einer Verwertungsgesellschaft geltend gemacht werden kann.[154] Sofern allerdings das Werk für den behinderten Menschen in geeigneter Form verfügbar ist, ist die Vervielfältigung unzulässig.[155] 43

[148] Gesetzesentwurf, S. 54.

[149] Zu Einzelheiten, Gesetzesentwurf, S. 53ff.

[150] Gesetzesentwurf, S. 58ff.

[151] Zu Einzelheiten, oben Rdnr. 33.

[152] Gesetzesentwurf, S. 34/35.

[153] Gesetzesentwurf, S. 45.

[154] § 45a Abs. 2 UrhG.

[155] § 45a Abs. 1 UrhG; die Vervielfältigung muss den Zugang zum Werk ermöglichen. Diese Vorschrift erinnert an die Schrankenregelung des Art. 6 Abs. 4 InfoRL, die ja im Hinblick auf die Auf-

44 Die **zwingende Schranke in Art. 5 Abs. 1 InfoRL** (Ausnahme vom Vervielfältigungsrecht) wurde in § 44a UrhG umgesetzt. Hierdurch werden gewisse vorübergehende Vervielfältigungshandlungen vom Vervielfältigungsrecht ausgenommen, die technisch notwendig und begleitend sind. Hierzu gehören das *Browsing, Hosting* und *Caching,* die entsprechend freigestellt werden.[156] Wie in der Richtlinie auch wird somit ein Korrelativ für die weit gefasste Definition des Vervielfältigungsrechts in § 16 UrhG bzw. Art. 2 InfoRL normiert.[157]

45 § 52a UrhG enthält eine **Schranke des Rechtes der öffentlichen Zugänglichmachung** für Unterricht und Forschung. Die Regelung des § 52a UrhG enthält eine Reihe von Einschränkungen, die erst im Laufe des Gesetzgebungsverfahrens aufgenommen wurden. § 52a UrhG war wohl die am umstrittenste Norm der Novelle, fürchteten Schulbuch- und Wissenschaftsverlage doch eine erhebliche Aushöhlung ihrer Rechte.[158] Nach § 52a ist es zulässig, veröffentlichte kleine Teile eines Werkes, Werke geringen Umfanges sowie einzelne Beiträge aus Zeitungen oder Zeitschriften zur Veranschaulichung im Unterricht an Schulen, Hochschulen und sonstigen Einrichtungen ausschließlich für Unterrichtsteilnehmer öffentlich zugänglich zu machen, soweit dies geboten und zur Verfolgung nicht kommerzieller Zwecke gerechtfertigt ist (§ 52a Abs. 1 Nr. 1 UrhG). § 52a Abs. 1 Nr. 2 UrhG erweitert die Schranke des Rechtes der öffentlichen Zugänglichmachung auf einen bestimmt abgegrenzten Kreis von Personen für deren eigene wissenschaftliche Forschung. Dies soll nach der Begründung des Rechtsauschusses, welcher maßgeblich für die gefundene Regelung verantwortlich zeichnet, eine Schranke zugunsten kleiner Forschungsteams an Universitäten und an sonstigen wissenschaftlichen Einrichtungen sein. Diese können unter Berufung auf § 52a UrhG Teile eines Werkes, einzelne Beiträge aus Zeitungen oder Zeitschriften sowie Werke geringen Umfanges, wie beispielsweise Monographien ins Intranet einstellen und so den dort tätigen Forschern zur Verfügung stellen. Anders als beim Unterrichtsgebrauch muss es sich jedoch nicht um kleine Teile eines Werkes handeln. Nicht zulässig ist es aber die genannten Werke oder Werkteile beispielsweise in das Intranet einer ganzen Universität einzustellen.[159] Dann fehlt es nämlich an einem entsprechend eng abgegrenzten Personenkreis im Sinne dieser Vorschrift. Nach § 52a Abs. 3 UrhG ist es auch zulässig Vervielfältigungen zu machen, sofern dies zur erlaubten öffentlichen Zugänglichmachung erforderlich ist. Die öffentliche Zugänglichmachung ist vergütungspflichtig, wobei diese Vergütung nur von einer Verwertungsgesellschaft geltend gemacht werden kann (§ 52a Abs. 4 UrhG). Die Regelung des § 52a UrhG un-

---

hebung von technischen Schutzmaßnahmen zur Durchsetzung der allgemeinen Schrankenbestimmungen in diesem Umfeld nur dann eingreifen soll, wenn das Werk auf Grund vertraglicher Vereinbarungen zu angemessenen Bedingungen verfügbar ist, vgl. oben Rdnr. 34 und Gesetzesentwurf, S. 42/43.

[156] Erwägungsgrund 33 InfoRL; *Dreier,* ZUM 2002, 28 (29), *Flechsig,* ZUM 2002 1 (5), einschränkend *Spindler,* GRUR 2002, 105 (111), für das *Hosting* und *Caching.*

[157] Zu Einzelheiten, vgl. oben, Rdnr. 27.

[158] Pressemitteilung des Börsenvereins des Deutschen Buchhandels v. 9. 4. 2003; *Hoeren,* Stellungnahme zu § 52a des Entwurfes eines Gesetzes zur Regelung des Urheberrechts in der Informationsgesellschaft, beide abrufbar unter http://www.urheberrecht.org, abgerufen am 30. 4. 2003, Rede der Bundesministerin der Justiz am 11. April 2003, abrufbar unter http://www.bmj.bund.de/ger/service, abgerufen am 30. 4. 2003.

[159] Beschlussempfehlung und Bericht des Rechtsausschusses, BT-Drucks. 15/837, S. 78.

terliegt weiteren Beschränkungen. Zum einen ist die Regelung zeitlich bis zum 31. Dezember 2006 begrenzt (§ 137k UrhG). Hierdurch soll den Interessen der Rechteinhaber Rechnung getragen werden. Sollte sich herausstellen, dass deren Interessen zu sehr beschränkt wurden, soll die Regelung bereits vorher aufgehoben werden. Dies betrifft vor allem die Interessen von Wissenschafts- und Schulbuchverlagen. Zum anderen gilt nach § 53a Abs. 2 UrhG die Schranke nicht für Werke, die für den Unterricht bestimmt sind, um nicht in den Primärmarkt der Schulbuchverlage einzugreifen. Weiterhin können wegen der Staffelung der Auswertung im Filmbereich Filmwerke erst nach zwei Jahren, gerechnet ab Beginn der üblichen Auswertung in deutschen Kinos, mit einbezogen werden.[160] Da die Schranke des § 52a UrhG nicht voraussetzt, dass vor Einspeisen in ein Intranet tatsächlich auch eine Kopie des oder Lizenz an dem betroffenen Werk rechtmäßig erworben wurde, bleibt abzuwarten, ob die befürchteten Umsatzeinbußen der Verlage sich auch tatsächlich einstellen, was dann die vom Gesetzgeber in Aussicht gestellten Änderung der bestehenden Regelung auch nach sich ziehen müsste.

Des Weiteren wird die Vorschrift des § 53 UrhG, d.h. die **Schranke zugunsten der Vervielfältigung zum privaten und sonstigen eigenen Gebrauch** den Vorgaben in Art. 5 Abs. 2 und 3 InfoRL angepasst. Zunächst wird klargestellt, dass § 53 UrhG auch auf die digitale Vervielfältigung Anwendung findet. Nach der Neuregelung des § 53 Abs. 1 UrhG soll die private Vervielfältigung des Werkes durch eine natürliche Person, oder auch, sofern dies unentgeltlich erfolgt, durch einen Dritten, unabhängig vom Trägermedium zulässig sein, vorausgesetzt die Vervielfältigung dient weder direkten noch indirekten Erwerbszwecken.[161] Die Vervielfältigung kann sowohl in analoger als auch in digitaler Form erfolgen.[162] Nach § 53 Abs. 2 UrhG sind in Anknüpfung an die Schrankenbestimmungen des Art. 5 Abs. 2 und 3 InfoRL (beispielsweise Art. 5 Abs. 2a und c InfoRL) die Vervielfältigung zum eigenen wissenschaftlichen Gebrauch, zur Aufnahme in ein eigenes Archiv, von Funksendungen über Tagesfragen, von kleinen Teilen erschienener Werke unter zusätzlichen Voraussetzungen nach wie vor zulässig. Im Hinblick auf eine analoge Nutzung unter Umsetzung der Regelung in Art. 5 Abs. 2 InfoRL[163] wird die bisherige Regelung beibehalten.[164] § 53 Abs. 5 UrhG enthält eine Einschränkung der Regelung zugunsten von Datenbankwerken. Die Nutzung zu wissenschaftlichen und Unterrichtszwecken ist aber zulässig. 46

Durch die Neufassung des § 56 UrhG wird die **Schrankenregelung zugunsten der Vorführung und Instandsetzung** der Geräte auf Geräte zur elektronischen Datenverarbeitung, wie beispielsweise Computerbildschirme, Drucker, Modems oder Geräte, die zum Empfang von digitalen On-demand-Übermittlungen geeignet sind, erstreckt. Danach ist eine umfassende Präsentation und Funktionsprüfung der Geräte, einschließlich der öffentlichen Wahrnehmbarmachung von Übertragungen ohne Einräumung von Nutzungsrechten zulässig.[165] Weiterhin wurde § 58 UrhG, d.h. die **Schranke zugunsten von Vervielfältigungen zur Förderung der Veranstal-** 47

[160] Beschlussempfehlung und Empfehlung des Rechtsausschusses, BT-Drucks. 15/837, S. 79.

[161] Vgl. die entsprechende Formulierung in Art. 5 Abs. 2b InfoRL.

[162] Gesetzesentwurf, S. 48.

[163] Zu Einzelheiten *Reinbothe,* GRUR Int. 2001, 733 (749/740), *Spindler,* GRUR 2002, 105 (112–115), *Flechsig* ZUM 2002, 1 (4–13).

[164] Gesetzesentwurf, S. 48.

[165] Gesetzesentwurf, S. 49/50.

tung,[166] wie Ausstellung oder Versteigerung, durch den Entwurf den Anforderungen des Art. 5 Abs. 3j) InfoRL angepasst. Danach ist nunmehr das öffentliche Zugänglichmachen des Werkes zulässig und die Verwertung im Rahmen digitaler Offline Medien, wie CD-Rom. Schließlich wurde die **Schrankenregelung in § 60 UrhG, Vervielfältigung und Verbreitung von Bildnissen** so geändert, dass nur noch Verbreitungen zulässig sind, die unentgeltlich sind und nicht gewerblichen Zwecken dienen.[167] Der bisherige § 61 UrhG (Zwangslizenz zur Herstellung von Tonträgern) wird ohne inhaltliche Änderung als neuer § 42a UrhG eingefügt.[168] Weiterhin werden Computerprogramme vom Schutz der §§ 95a bis c UrhG, d.h. des Rechtsschutzes für technische Maßnahmen zum Schutz von Urheberrechten sowie zum Schutz von Informationen über die Rechteverwaltung ausgenommen.[169]

48 Schließlich sieht die Novellierung Änderungen des WahrnG vor. Zum einen werden redaktionelle Änderungen der § 11 Abs. 1 und 2 sowie § 13b Abs. 2 WahrnG vorgenommen,[170] zum anderen der § 13 WahrnG um einen Abs. 4 erweitert. Hierdurch sollen die Verwertungsgesellschaften verpflichtet werden, bei der Gestaltung der Tarife nach §§ 54 und 54a UrhG (Geräteabgabe im Rahmen der privaten Vervielfältigung) zu berücksichtigen, inwieweit **technische Schutzmaßnahmen** i.S.d. § 95a UrhGE im Hinblick auf die betreffenden Werke oder Schutzgegenstände zur Anwendung kommen.[171] Da die Geräteabgabe an die Möglichkeit der Vervielfältigung anknüpft, ohne dass tatsächlich eine Vervielfältigung statt gefunden hat, soll die Geräteabgabe dann nicht (mehr) zur Anwendung kommen, wenn das betroffene Werk oder der Schutzgegenstand der Wahrnehmung im Rahmen von technischen Schutzmaßnahmen unterfällt und folglich der Anwender für die Nutzung der Rechte bereits über die technischen Schutzmaßnahmen eine Vergütung entrichtet. Die Neuregelung soll somit eine Doppelzahlung zum einen über die Geräteabgabe für die potentielle Nutzung, zum anderen im Rahmen der technischen Schutzmaßnahme verhindern,[172] und trägt folglich der Zunahme der individuellen Rechtewahrnehmung, die die Errichtung von technischen Schutzmaßnahmen ermöglicht, Rechnung.[173] Weiterhin enthält § 19 WahrnG eine Konkretisierung der Aufsichtsbefugnisse der DPMA.

49 Obgleich die Beschränkung der Ausnahmeregelung im Hinblick auf die sehr kurze Umsetzungsfrist der Richtlinie sinnvoll erscheint, bleibt abzuwarten, welche der

---

[166] Bislang „Katalogbilder" nach dem Entwurf „Werke in Ausstellungen und Versteigerungen".

[167] Da die Schrankenregelungen der Art. 5 Abs. 2 und 3 InfoRL abschließend sind, und die genannte Vervielfältigung von Bildnissen im Rahmen des § 60 UrhG in der Richtlinie nicht geregelt ist, ist eine weitere Anpassung der Schranke nicht möglich. Die Beibehaltung der Schranke ist aber durch Art. 5 Abs. 3 o-„grandfather"-Klausel zulässig.

[168] Gesetzesentwurf, S. 40/41.

[169] Hintergrund ist, die Schrankenregelung für Computerprogramme nicht noch mehr zu verkomplizieren; s. Gesetzesentwurf, S. 52.

[170] Gesetzesentwurf, S. 70/71.

[171] Hierdurch soll Art. 5 Abs. 2b InfoRL umgesetzt werden.

[172] Gesetzesentwurf, S. 71.

[173] Es wäre noch zu überlegen, inwieweit der Gesetzgeber dem Einsatz der technischen Schutzmaßnahmen auch im Bereich der kollektiven Wahrnehmung, durch den dann eine individuelle Zuordnung der Nutzung an ein bestimmtes Werk oder Schutzgegenstand möglich ist, dadurch Rechnung trägt, dass dann in diesem Fall die Ausschüttung an den Berechtigen individuell zu erfolgen hat, so dass auch § 7 WahrnG (Verteilung der Einnahmen) entsprechend hätte angepasst werden müssen.

in der Richtlinie noch vorgesehenen Schrankenregelungen auch tatsächlich umgesetzt werden, damit auch, wie im analogen Bereich, eine ausgeglichene Regelung im Interesse des einfachen und freien Zugangs zum „Content" im Interesse der Allgemeinheit möglich bleibt. Von besonderem Interesse dürfte dann die Umsetzung der Schranke des Art. 6 Abs. 4 2. Unterabsatz InfoRL und damit die Durchsetzung der Privatkopieschranke auch bei der Anwendung technischer Schutzmaßnahmen sein, um zu verhindern, dass der Rechteinhaber nicht zum Nachteil der Allgemeinheit die Durchsetzung seiner Rechte überzieht.[174] § 95b UrhG enthält ja bereits eine allgemeine Schrankenregelung, die allerdings die Privatkopie (bislang) ausklammert.

C. Weitere einschlägige Regelungen

Neben den einschlägigen Regelungen des Urheberrechtsgesetzes und der eben 50
dargestellten absehbaren Änderungen gibt es weitere Reglungen, die für das Urheberrecht relevant sind. So ist insbesondere die Richtlinie über den elektronischen Geschäftsverkehr aus dem Jahre 2000 von Bedeutung für das Urheberrecht.[175] Zum Teil kann es zu Überschneidungen im Hinblick auf Haftungen im Netzwerkumfeld, bezogen auf das Urheberrecht und die verwandten Schutzrechte kommen,[176] wobei die Richtlinie für den elektronischen Geschäftsverkehr im Hinblick auf die „Haftung von Vermittlern" (Art. 12 bis 15 InfoRL über den elektronischen Geschäftsverkehr) als lex spezialis vorgeht.[177]

D. Der urheberrechtliche Werkbegriff und das Internet

Als **Content** bzw. **„Inhalt"** kommen eine Reihe von unterschiedlichen Formen in 51
Betracht. Nicht nur können Texte, Bilder oder Musik, und somit generell Schöpfungen der Literatur, Wissenschaft oder Kunst, über das Internet in elektronischer Form abgerufen werden. Zu den abrufbaren Inhalten können auch ganze Filme, z. B. im Bereich der On-Demand-Nutzung, Werbeauftritte, Stadtpläne, Spiele oder 3-D-Animationen, sowie Zusammenstellungen von Informationen und Daten, wie beispielsweise Adress- und Telefonverzeichnisse, und schließlich Kombinationen ganz unterschiedlicher Schöpfungen, beispielsweise von Texten, Musik und Bildern, die üblicherweise als Multimediawerke[178] bezeichnet werden, gehören.

---

[174] Zu dieser Gefahr der Abschattung durch die Errichtung „elektronischer" Zäune und gleichzeitiger ungerechtfertigter Ausdehnung des Urheberrechtsschutzes, vgl. oben Rdnr. 15.

[175] Richtlinie 2000/31/EG des Europäischen Parlamentes und des Rates vom 8. 6. 2001 über bestimmte rechtliche Aspekte der Dienste der Informationsgesellschaft, insbesondere des Elektronischen Geschäftsverkehrs, im Binnenmarkt, ABl. EG Nr. L 178/1.

[176] Erwägungsgrund 16 der E-Commerce-R.

[177] *Reinbothe,* GRUR Int. 2001, 733 (744).

[178] Nach *Schricker,* S. 20/21 weisen Multimediawerke folgende Begriffsmerkmale auf: Multimediawerke sind digitalisierte Werke, bei denen mehrere Ausdrucksmittel, wie Sprache, Musik und Bild, auf einem Trägermedium, das Träger der Kommunikation ist, zusammen gefasst sind. Bei der Schaffung der Multimediawerke werden vielfach Mittel der elektronischen Datenverarbeitung eingesetzt und bei der Auswahl der Ausdrucksmittel sowohl auf vorbestehendes, als auch nur für das Multimediawerk geschaffenes Material zurückgegriffen.

I. Der Werkbegriff i.S.d. Urheberrechtsgesetzes

52 All diese Schöpfungen können, sofern sie die Voraussetzungen erfüllen, als urheberrechtliche **Werke** geschützt sein. Diese Werke verlieren allein dadurch, dass sie digitalisiert[179] oder im Internet genutzt werden, nicht ihre Werkeigenschaft.[180] Die **Digitalisierung** betrifft somit nur die **äußere Erscheinung des Werkes,** nicht aber seine inhaltliche Gestaltung oder seinen Gehalt. Will somit der Anbieter beispielsweise eine der vorstehend genannten Schöpfungen im Rahmen des Internets nutzen,[181] so hat er, sofern es sich um Werke oder sonstige Schöpfungen handelt, die dem Schutz des Urheberrechts unterfallen, die erforderlichen Rechte einzuholen, wenn er sich rechtskonform verhalten will. Auf der anderen Seite kann aber auch das eigene Angebot eine solche Schöpfungshöhe erreichen, dass es dem Schutz des Urheberrechts unterfällt. Sofern eine Schöpfung nicht urheberrechtlich geschützt ist, kommt u.U. ein (ergänzender) Wettbewerbsschutz in Betracht.[182]

1. Allgemeine Schutzvoraussetzungen i.S.d. § 2 UrhG

53 Nach § 1 UrhG sind **Werke der Literatur, Wissenschaft und Kunst** urheberrechtlich geschützte Werke. § 2 Abs. 1 UrhG enthält eine nähere Aufzählung der geschützten Werke. Danach sind als Werke insbesondere schutzfähig Sprachwerke, einschließlich Computerprogramme, Werke der Musik sowie der bildenden Kunst, pantomimische Werke, Lichtbildwerke, Filmwerke und Darstellungen wissenschaftlicher Art. Bearbeitungen werden nach § 3 UrhG dann als Werke geschützt, wenn sie persönlich geistige Schöpfungen sind. Dasselbe gilt nach § 4 UrhG für Sammelwerke und Datenbankwerke.

54 Die genannten Werkgruppen sind dann nach dem Urheberrechtsgesetz geschützt, wenn sie **persönlich geistige Schöpfungen** i.S.d. § 2 Abs. 2 UrhG sind. Das Werk hat danach eine gewisse Schöpfungshöhe bzw. Originalität aufzuweisen. Das ist der Fall, wenn durch menschliches Schaffen,[183] in subjektiver Hinsicht etwas Neues entsteht, wobei sich u.U. aber auch die Schutzfähigkeit aus dem neuen und individuellen Zusammenspiel bekannter Elemente ergeben kann.[184] Über die sog. kleine Münze geschützt sind in bestimmten Werkkategorien Werke mit einer geringen Schöpfungshöhe, die gerade noch urheberrechtsschutzfähig sind.[185]

55 Ob das **Erfordernis der Schöpfungshöhe** im Urheberrecht auch zukünftig noch so haltbar ist, bleibt abzuwarten.[186] Derzeit unterscheidet die Rechtsprechung zwi-

---

179 Nach *Schricker,* S. 19, ist unter Digitalisierung die Übersetzung in einen binären Code zu verstehen, wobei das Ergebnis körperlich fixiert oder unkörperlich wiedergegeben werden kann; s. auch *Becker/Dreier,* S. 124 ff.; *Lehmann* in *Lehmann,* S. 26 ff.

180 *Schricker,* S. 20/21; *Moritz/Dreier/Dreier/Würfel,* Teil B, Rdnr. 695.

181 Zur Einordnung der internetspezifischen Nutzungshandlungen unter die Ausschlussbefugnisse des Urheberrechts, Rdnr. 135 ff.

182 Einzelheiten hierzu § 11.

183 Sofern die Schöpfung allein durch den Computer geschaffen wurde, wie beispielsweise einen Übersetzungscomputer, liegt kein menschliches Tun und somit auch kein Werk vor. Sofern die menschlich-gestalterische Tätigkeit aber im Vordergrund steht, schadet eine Computerunterstützung nicht, *Schricker/Loewenheim,* § 2, Rdnr. 12/13.

184 *BGH* GRUR 1991, 533 (535); *Schricker/Loewenheim,* § 2, Rdnr. 37.

185 Zu Einzelheiten *Schricker/Loewenheim,* § 2, Rdnr. 38 ff.

186 Vgl. zur Kritik an *Fromm/Nordemann/Vinck,* § 2, Rdnr. 19 ff.

schen unterschiedlichen Schöpfungshöhen, die von den betroffenen Werkkategorien abhängen.[187] Dies ist nicht zuletzt darauf zurückzuführen, dass sich der Schutzstandard einzelner Werkgruppen, wie beispielsweise der von Computerprogrammen, von Photographien und von Datenbankwerken, nach den **Vorgaben der entsprechenden Europäischen Richtlinien**[188] richtet, und somit geringere Schöpfungsanforderungen gelten, als üblicherweise von der Rechtsprechung angenommen wurde.[189] Warum es aber von der **betroffenen Werkkategorie abhängen** soll, ob die Schöpfungshöhe erreicht ist oder nicht, und nicht eben von einer einheitlichen Anforderung, ist nicht recht einzusehen, so dass diese Differenzierung auch zu Recht kritisiert[190] wurde. Sollte sich allerdings in der Zukunft ein **einheitlicher Standard für die Gestaltungshöhe** durchsetzen,[191] so wird dieser sicherlich niedriger als die bisherigen Anforderungen an die Schutzfähigkeit ausfallen müssen, da ja z.B. die Vorgaben an die Schutzfähigkeit in den betreffenden europäischen Richtlinien nicht überzogen werden dürfen.

Der Urheberrechtsschutz besteht in aller Regel bis zum Ablauf von 70 Jahren nach dem Tod des Urhebers. Das Urheberrecht erlischt aber auch dann nicht, wenn sich beispielsweise Daten von einem Sammelwerk zu einem Branchenstandard durchgesetzt haben, und somit die betroffene Allgemeinheit auf diese angewiesen ist. Auch in diesem Umfeld sind dann die Ausschlussrechte des Berechtigten zu beachten.[192] 56

Dem Urheberrechtsschutz unterfallen aber nicht nur komplette Werke, sondern auch **Werkteile,** sofern sie die oben erwähnten Merkmale eines Werkes aufweisen.[193] Somit müssen die Werkteile eine schutzfähige individuelle Prägung aufweisen, die auch auf der reinen Formgestaltung beruhen kann, sofern der betreffende Teil einen Inhalt ausdrückt.[194] Folglich ist die Benutzung von Werkteilen, die keine persönlich geistigen Schöpfungen darstellen, urheberrechtlich nicht geschützt.[195] 57

Der Werkbegriff des Urheberrechts ist grundsätzlich weit gefasst, um auch neue Schöpfungsformen dem Urheberrechtschutz unterstellen zu können. Als Werke i.S.d. Urheberrechtes werden nicht nur „klassische" Werke der Literatur, Wissenschaft und Kunst geschützt, sondern alle Schöpfungen, die wertungsmäßig den traditionellen urheberrechtlichen Werken zur Seite zu stellen sind. Hierdurch werden 58

---

[187] *BGH* GRUR 1993, 34 (36) – Bedienungsanleitung; *BGH* GRUR 1992, 382 (385) – Leitsätze; *BGH* GRUR 1985, 582 (582) – Silberdistel.

[188] Richtlinie 91/250/EWG des Rates vom 14. 5. 1991 über den Rechtsschutz von Computerprogrammen, ABl. EG 1991 Nr. L 22/42; Richtlinie 93/98/EWG des Rates vom 29. 10. 1993 zur Harmonisierung der Schutzdauer des Urheberrechts und bestimmter verwandter Schutzrechte, ABl. 290/EG Nr. L 9; Richtlinie 96/9/EG des Europäischen Parlamentes und des Rates vom 11. 3. 1996 über den rechtlichen Schutz von Datenbanken, ABl. EG Nr . L 77.

[189] Etwa *BGH* NJW 1996, 1740 – Buchhaltungsprogramm; *Wandtke,* GRUR 2002, 1 (8 f.).

[190] *Schricker/Loewenheim,* § 2, Rdnr. 35, m.w.N.

[191] Hierzu auch *Dietz*, in: FS Schricker, S. 15 ff.; *Schricker*, in: FS Kreile, S. 717 ff.

[192] Etwa dem vom *LG Frankfurt am Main,* entschiedene Fall: „Datensammlung auf dem Pharmamarkt", *LG Frankfurt am Main,* ZUM-RD 2002, 94 ff.

[193] *BGH* GRUR 1961, 631 (633) – Fernsprechbuch; *BGHZ* 9, 262 (268) – Lied der Wildbahn I.

[194] *KG,* UFITA 71 (1974), S. 206 – Gerhard-Hauptmann-Tagebücher; *Rehbinder,* Rdnr. 122; zum Ganzen auch *Schricker,* S. 29/30; deshalb kommt auch ein Schutz des Sounds in der Musik nicht in Betracht; vgl. *Rehbinder,* Rdnr. 122, *Schricker,* S. 31 ff.

[195] *BGH* GRUR 1981, 267 – Dirlada; *BGH* GRUR 1961, 631 (633) – Fernsprechbuch.

auch **neue Schöpfungsformen** erfasst, um Schutzlücken zu vermeiden oder möglichst klein zu halten.[196] Da, wie bereits erwähnt, die Digitalisierung auf den Inhalt der Werke keinen Einfluss hat, gilt die für den analogen Bereich entwickelte Rechtsprechung zur Urheberrechtsschutzfähigkeiten von Werkkategorien und einzelner Schöpfungen auch im digitalen Bereich grundsätzlich fort.[197] Etwas anderes gilt nur dann, wenn die **Technologie oder Digitalisierung** auf den Inhalt der Schöpfung selber Bezug nimmt oder diesen beeinflusst, wie beispielsweise bei **computerunterstützten Werkschöpfungen.**[198] Von daher sind auch internetspezifische Schöpfungen urheberrechtsschutzfähig, sofern sie die Voraussetzungen der §§ 2ff. UrhG erfüllen.

2. Sprachwerke, einschließlich Computerprogramme

59 Zu den schutzfähigen Werken gehören nach § 2 Abs. 1 Nr. 1 UrhG Sprachwerke, wie Schriftwerke und Reden, aber auch Computerprogramme. **Sprachwerke** sind Schöpfungen, die mit sprachlichen Mitteln ausgedrückt werden können. Zu den mit Sprachmitteln ausgedrückten Werken gehören frei gehaltene Reden, Predigten und spontan geschaffene Gedichte sowie Liedtexte, während zu den mit Sprachmitteln wiedergegebenen Werken alles zählt, was fixiert ist und eines Mediums, wie der menschlichen Stimme, phonetischer oder digitaler Wiedergabegeräte, zu seiner Umsetzung bedarf.[199] Folglich gehört zu den als Sprachewerken geschützten Werken **jeder Text, sofern er Raum für eine individuelle Gestaltung lässt** und entsprechend gestaltet ist, wie jede Form von Beschreibungen, aber auch Bedienungsanweisungen, einschließlich Kochrezepten und Gebrauchsanweisungen, Lehrbücher sowie Rätsel[200] Spiele,[201] etc.[202] Hierunter fallen folglich auch die Textbestandteile von Multimediawerken, und eine Reihe von im Internet abrufbaren Texten und Textdateien.

60 Der **Schutz des Textes** kann sich dabei sowohl auf die Form der Darstellung als auch auf den Inhalt, der in der Sammlung, Auswahl, Einteilung und Anordnung zum Ausdruck kommt, beziehen. Dabei ist von der Schutzfähigkeit die Form der Darstellung ausgeschlossen, die sich aus der Natur der Sache ergibt oder durch Zweckmäßigkeit oder sachliche Erfordernisse vorgegeben ist. Von der Schutzfähigkeit des Inhalts ist ausgenommen, was der Urheber nicht selbst geschaffen hat, sei es dass es Gemeingut ist, sei es dass es aus anderen Schöpfungen stammt.[203]

61 Sofern (kommerzielle) Internetauftritte **(Werbe-)Texte** enthalten, so können diese, vor allem als kleine Münze, geschützt sein, wenn sie mit Bedacht und Sorgfalt

---

[196] Zum Ganzen: *Schricker,* S. 27.

[197] Nachweise zur Schutzfähigkeit unterschiedlicher Schöpfungen: die Zusammenstellungen von *Schricker/Loewenheim* und *Fromm/Nordemann/Vinck,* bei den Kommentierungen zu § 2, UrhG.

[198] Hier kann es an einer menschlich-gestalterischen Tätigkeit und somit an einer Schöpfung fehlen, vgl. *Schricker/Loewenheim,* § 2, Rdnr. 11ff.

[199] *Fromm/Nordemann/Vinck,* § 2, Rdnr. 29.

[200] *OLG München,* ZUM GRUR 1992, S. 510 (510f.), *W. Nordemann* in: FS Taub S. 315; *Schricker,* S. 26f.

[201] *BGH* GRUR 1961, 51 (52) – Zahlenlotto; *OLG Hamburg,* GRUR 1983, 436 (437), *OLG München,* ZUM 1995, 48 (49); *OLG Frankfurt am Main,* ZUM 1995, 795 (796f.) – Golfregeln.

[202] Zu Einzelheiten: Zusammenstellung bei *Fromm/Nordemann/Vinck,* § 2, Rdnr. 31ff. und *Schricker/Loewenheim,* § 2, Rdnr. 89–116.

[203] Einzelheiten bei *Schricker/Loewenheim,* § 2, Rdnr. 83.

ausgesucht und formuliert sind.[204] Dagegen werden **Domainnamen,** auch wenn sie aus mehreren Wortbestandteilen bestehen, nur in Ausnahmefällen schutzfähig sein. Sie sind insofern mit Werktiteln und Werbeslogans vergleichbar, die wegen ihrer Kürze von der Rechtsprechung grundsätzlich als nicht schutzfähig angesehen werden.[205] Eine Ausnahme gilt nur dann, wenn der Domainname eine geistvolle oder witzige Aussage enthält, die mit wenigen Worten das auf den Punkt bringt, was ansonsten ausführlicher umschrieben werden müsste.[206]

Texte privater und auch geschäftlicher **E-Mails** können dann schutzfähig sein, 62
wenn sie Mitteilungen enthalten, die über das rein private oder alltägliche hinausgehen und individuell gestaltet sind.[207] Eine persönlich geistige Schöpfung kann in der originellen Art des gedanklichen Inhalts oder in der eigenständigen persönlichen Formgestaltung liegen, wie in der sprachlichen Formulierung oder Auseinandersetzung mit den unterschiedlichen Inhalten.[208]

Im Internet abrufbare Zusammenstellungen von **Adressen** oder **Telefonnummern** 63
können unabhängig vom Schutz als Datenbank(werk) i.S.d. §§ 4 oder 87a UrhG auch als Schriftwerk geschützt sein, wenn Form und Art der Sammlung, Auswahl, Einteilung oder Anordnung des Materials sowie Versehen mit Begleittexten, eine über die übliche Gestaltung, wie etwa Sammlung nach dem Alphabet, Straßen, der Profession, hinausgehende individuelle Gestaltung aufweisen. Insofern geben insbesondere Benutzeroberflächen, Zugriffssysteme, Hilfsanweisungen, etc. Raum für individuelle Gestaltungen.[209] Dasselbe gilt für **Nachschlagewerke,** wie Lexika oder Wörterbücher. Auch hier ergibt sich der Schutz aus der Informationsauswahl, -sammlung und -zusammenstellung,[210] bzw. Gestaltung und Organisation der Benutzeroberfläche.

Benutzeroberflächen von Computerprogrammen, d.h. die textlich-graphische 64
Gestaltung der Bildschirmoberfläche, die durch ein Computerprogramm erzeugt wird,[211] können als Schriftwerke geschützt sein, sofern sie individuell gestaltet sind. Die für die Schutzfähigkeit erforderliche Individualität kann sich auf die übersichtliche, verständliche und benutzerfreundliche Textgestaltung beziehen, die die Kommunikation mit dem Anwender erleichtert. Der Gestaltungsspielraum ist aber

---

[204] *Fromm/Nordemann/Vinck,* § 2, Rdnr. 45, die allerdings im Hinblick auf jüngere Rechtsprechung einen Schutz nur noch eingeschränkt sehen.

[205] Etwa *OLG Frankfurt am Main,* GRUR 1987, 44 – WM-Slogan; *BGH* GRUR 1977, 543 (544), *OLG München,* Schulze 134, 4-Glücksspirale, *OLG München,* UFITA 51 (1968) 375, 377 – Minicar-Minipreis; Einzelheiten bei *Fromm/Nordemann/Vinck,* § 2, Rdnr. 44/45; einzelne Worte werden ohnehin nicht als Werke angesehen: *Schricker,* GRUR 1996, 815 (820).

[206] *Fromm/Nordemann/Vinck,* § 2, Rdnr. 45.

[207] Sofern Urheberrechtsschutz nicht in Betracht, können Briefe auf Grund des allgemeinen Persönlichkeitsrechts geschützt werden, vgl. *Schricker/Loewenheim,* § 2, Rdnr. 94 und *Fromm/Nordemann/Vinck,* § 2, Rdnr. 32.

[208] E-Mails sind von Inhalt und Zweck mit Briefen vergleichbar, so dass die hierzu bestehende Rechtsprechung entsprechend auf E-Mails anwendbar ist; allgemein zum Schutz von Briefen *Schricker/Loewenheim,* § 2, Rdnr. 94, *Fromm/Nordemann/Vinck,* § 2, Rdnr. 32 und *LG Berlin,* UFITA 56 (1970), 349 (352ff.); *KG* NJW 1995, 3392 (3393) – Botho Strauß.

[209] *Schricker/Loewenheim,* § 2, Rdnr. 96; vgl. auch *OLG Frankfurt am Main,* CR 1995, 85, *LG Frankfurt am Main,* CR 1994, 473; *LG Hamburg,* CR 1994, S. 476, *LG Mannheim,* CR 1996, 411.

[210] *BGH* GRUR 1987, 704 (706); *LG Berlin,* AfP 1994, 62 (63).

[211] Zum Begriff *Schricker/Loewenheim,* § 69a, Rdnr. 7; Benutzeroberflächen sind selber keine Computerprogramme: *OLG Düsseldorf,* MMR 1999, 602 – Siedler III.

generell durch die Üblichkeit und das, was technisch notwendig ist, eingeschränkt, was wiederum dazu führt, dass an die für die Schutzfähigkeit notwendige Individualität nicht zu hohe Anforderungen gestellt werden dürfen.[212] Als Benutzeroberflächen können insbesondere **Websites** und **Homepages** geschützt sein.[213]

65 **Hyperlinks,** d.h. Verweisungsstrukturen in Form anklickbarer Markierungen von Textteilen, die auf weitere Seiten mit anderen Inhalten führen, sind nicht als Werk schutzfähig, da sie einen rein funktionalen, nicht aber persönlich-schöpferisch gestalteten Charakter besitzen. Somit besteht auch für das reine Verweisen, **Linking,** keine Vergütungspflicht des Betreibers.[214]

66 Als technische Sprachwerke können auch **Computerprogramme** nach §§ 2 Abs. 1 Nr. 1, 69a ff. geschützt sein. Unter Computerprogramm ist eine Folge von Befehlen zu verstehen, die nach Aufnahme in einen maschinenlesbaren Träger fähig sind, zu bewirken, dass eine Maschine mit informationsverarbeitenden Fähigkeiten eine bestimmte Funktion oder Aufgabe oder ein bestimmtes Ereignis anzeigt, ausführt oder erzielt.[215] Dieser **offenen Begriffsbestimmung** unterfallen eine Reihe von Programmen. Im Bereich des Internet zählen zu den Computerprogrammen die Browser, die Search-Engines oder auch die E-Mail-Software. Computerprogramme sind auch Computerschrifttypen, sog. Fonts.[216] Keine Computerprogramme sind dagegen Textdateien, bloße Daten und Datenbestände.[217]

67 Die ursprüngliche Rechtsprechung des BGH,[218] nach der ein Computerprogramm dann schutzfähig ist, wenn es ein deutliches Überragen der Gestaltungstätigkeit gegenüber dem allgemeinen Durchschnittskönnen wiederspiegelt, führte dazu, dass Computerprogramme nur in wenigen Ausnahmefällen geschützt waren. Aufgrund der dann zwischenzeitlich erlassenen europäischen Richtlinie zum Schutz von Computerprogrammen,[219] die die Schutzgrenze deutlich niedriger ansetzte, hat der BGH seine Rechtsprechung geändert. Mittlerweile sind auch Computerprogramme geschützt,[220] die nur ein Mindestmaß an Individualität aufweisen, und somit nahezu jedes Programm.[221] Diese niedrige Schutzgrenze hat sich mittlerweile in der Rechtsprechung durchgesetzt.[222]

---

212 Zum Ganzen: *Schricker/Loewenheim,* § 2, Rdnr. 93; *Koch* GRUR 1991, 180 (185); *Rehbinder,* Rdnr. 128; *König* NJW 1990, 2233 (2234).

213 Benutzeroberflächen können nicht nur als Sprachwerk, sondern auch nach §§ 2 Abs. 1 Ziff. 4 (Datenbankwerk) bzw. 7 UrhG (wissenschaftlich-technische Darstellung) geschützt sein, *Schricker/Loewenheim,* § 69a, Rdnr. 7, zum Schutz nach § 1 UWG, *Koch*, GRUR 1991, 180 (182 ff.).

214 Hyperlinks können aber als Teil der Website bzw. als Datenbank i.S.d. § 87a UrhG geschützt sein; *Moritz/Dreier/Dreier/Würfel* Teil B, Rdnr. 710 m.w.N.; sie sind aber keine Computerprogramme i.S.d. § 69a UrhG: *Fromm/Nordemann/Vinck/Nordemann,* § 69a, Rdnr. 2; vgl. im Übrigen zum Problem des Linkings unten Rdnr. 140 ff.

215 *BGHZ* 94, 276 (283) – Inkassoprogramm.

216 *LG Köln,* CR 2000, 431; *Jaeger/Koglin,* CR 2002, 169 (172 f.).

217 Hierzu *Fromm/Nordemann/Vinck/Nordemann,* § 69a, Rdnr. 2; *LG Frankfurt am Main,* Urt. v. 9. 5. 2001, 2-0-666/00 – nicht veröffentlicht, für Script-Dateien.

218 *BGHZ* 94, 276 (284) – Inkasso-Programm.

219 Richtlinie 91/250/EWG des Rates vom 14. 5. 1991 über den Rechtsschutz von Computerprogrammen, ABl. 122/42 vom 17. 5. 1991.

220 *BGHZ* 123, 208 (211) – Buchhaltungsprogramme.

221 Einzelheiten bei *Fromm/Nordemann/Vinck,* § 2, Rdnr. 33 und *Schricker/Loewenheim,* § 2, Rdnr. 117, und die jeweilige Kommentierung zu §§ 69a ff.

222 Vgl. die Nachweise in *Nordemann, A./Nordemann, J.-B./Czychowski,* NJW 2000, 620 (621).

3. Werke der Musik

Musik ist nach § 2 Abs. 1 Ziff. 2 UrhG ein Werk, das sich in Tönen ausdrückt. 68
Es kommt weder darauf an, auf welcher Weise der Ton erzeugt wird, noch ist eine körperliche Festlegung, etwa auf Tonträgern oder in Noten erforderlich. Die Tonfolge muss auf menschlich-gestalterischer Tätigkeit des Urhebers beruhen, wobei nach den Grundsätzen der kleinen Münze an die Gestaltungshöhe nicht zu hohe Anforderungen gestellt werden dürfen.[223]

Werden bei der Musikschöpfung **Computer** eingesetzt, sind diese Werke nur 69
dann schutzfähig, wenn die Komposition auf einer menschlich-gestalterische Tätigkeit beruht, was aber nicht ausschließt, dass der Urheber sich eines Computers als Hilfsmittel bei der Komposition bedienen kann. In diesem Fall ist aber nur das schutzfähig, was vom Komponisten stammt, so dass sich dann der Schutz häufig auf Auswahl, Zusammenstellung und Kombination der vorgegebenen „Computermusik" beschränkt.[224] Wird die Klangfolge dagegen durch das Computerprogramm erzeugt und der Komponist wählt auch nicht zwischen mehreren vom Computer geschaffenen Klangfolgen aus, so scheidet eine persönlich geistige Schöpfung aus. Somit ist insbesondere auch die **aleatorische Musik,** bei der die Klangfolge durch den Zufallsgenerator des Computers erzeugt wird, nicht schutzfähig.[225]

Nach denselben Grundsätzen richtet sich die Schutzfähigkeit des **Sound-Samp-** 70
lings. Beim Sampling werden bestimmte Klänge, Töne und Tonfolgen eines bestehenden Musikstückes oder Klangbildes unter Zuhilfenahme eines Samplers digital aufgezeichnet. Diese können dann originalgetreu oder verfremdet wiedergegeben werden und zur Komposition eines eigenen Musikwerkes genutzt werden. Da die auf diese Weise erzeugten Klänge und Geräusche unbeschränkt kombinierbar sind, besteht weiter Raum für individuelle Schöpfungen. Werden beim Sampling ganze Tonfolgen übernommen, die ihrerseits urheberrechtsfähig sind, handelt es sich nicht um originäres Werkschaffen, sondern um Bearbeitung nach § 3 UrhG.[226] Werden allerdings nur geringe Sequenzen übernommen, handelt es sich um eine freie Benutzung (vgl. § 24 UrhG). Die Entnahme von kurzen Geräuschsequenzen aus vorhandenen Tonträgern und deren Einspeisung in Sound-Datenbanken ist ein durch § 53 UrhG gedeckter Kopiervorgang.[227] Da der einzelne Sound ein zu kleiner Werkteil ist, kann dieser keine eigene Schöpfung sein, und ist somit als solches nicht geschützt.[228] Dasselbe gilt für einzelne Töne, einen Akkord, einen Klang- bzw. Musikfetzen.[229]

4. Werke der bildenden Kunst

Der Begriff der bildenden Kunst i. S. d. § 2 Abs. 1 Nr. 4 UrhG ist ein Sammel- 71
begriff und umfasst sowohl Werke der reinen Kunst, wie Malerei, Bildhauerei, als

---

[223] Einzelheiten bei *Fromm/Nordemann/Vinck,* § 2, Rdnr. 46 und bei *Schricker/Loewenheim,* § 2, Rdnr. 118 ff.

[224] Einzelheiten bei *Schricker/Loewenheim,* § 2, Rdnr. 125; *Hartmann,* UFITA 122 (1993), 57 (81 ff.); *Köhn,* ZUM 1994, 278 (280).

[225] *Fromm/Nordemann/Vinck* § 2 Rdnr. 48; *Schricker/Loewenheim* § 2 Rdnr. 125.

[226] Beispiel in der Entscheidung *OLG München,* ZUM 1992, 202.

[227] Zum Ganzen *Fromm/Nordemann/Vinck,* § 2, Rdnr. 48; *Schricker/Loewenheim,* § 2, Rdnr. 126; *Bortloff* ZUM 1993, 476; *Rehbinder* Rdnr. 131/415/419.

[228] *Rehbinder,* Rdnr. 122/131; *Fromm/Nordemann/Vinck,* § 2, Rdnr. 46.

[229] Sog. „licks": *Moritz/Dreier/Dreier/Würfel,* Teil B, Rdnr. 714.

auch die Werke der Gebrauchskunst,[230] d.h. solche, die einem Gebrauchszweck dienen.[231]

72 Zu den geschützten Werken der bildenden Kunst gehören auch **Figuren.** Die Rechtsprechung unterscheidet nicht danach, mit welchen Mitteln die Figuren geschaffen wurden, so dass auch Figuren in dreidimensionaler, **digitaler Form** und **als virtuelle Figuren**[232] geschützt sein können.[233] Voraussetzung für den Schutz ist, dass sich eine individuelle Gestaltung erkennen lässt, wobei sich diese auch auf die Zusammenstellung bekannter Formengebung beziehen kann.[234]

73 Nach der bestehenden Rechtslage ist das **Layout,** d.h. die Text- und/oder Bildgestaltung der Seiten von Büchern, Zeitungen oder Zeitschriften, auch in digitalisierter Form, dann als Werk i.S.d. § 2 Abs. 2 Nr. 4 UrhG schutzfähig, wenn die Gestaltung einen über die Anordnung hinaus gehenden ästhetischen, das menschliche Empfinden ansprechenden Gehalt hat, was allerdings nur in Ausnahmefällen der Fall sein wird.[235] Da auch die Gestaltung bzw. das Lay-Out von **Websites** mit der von Büchern, Zeitungen etc. vergleichbar ist, gelten diese Grundsätze entsprechend. Sofern die Anordnung der einzelnen Texte und Bilder von individueller Eigenart ist, so kann ein Sammelwerk i.S.d. § 4 UrhG vorliegen. Auch könnte Satz und Layout von Websites nach § 2 Abs. 1 Nr. 7 UrhG geschützt sein, sofern die erforderliche gestalterische Höhe erreicht wird.[236]

74 Das Vorstehende gilt auch für verwendete **Werbegraphiken,** die zwar grundsätzlich nicht vom Urheberrechtsschutz ausgenommen sind, die aber nur in seltenen Fällen die erforderliche Gestaltungshöhe und Individualität ausweisen werden.[237] Dasselbe gilt für die Gestaltung des **Bildschirmhintergrundes** durch Muster. Auch an ihm kann Urheberrechtsschutz bestehen, wenn die erforderliche Schöpfungshöhe erreicht ist, [238] die allerdings wegen der Schutzmöglichkeit nach dem Geschmacksmusterrecht höher angesiedelt wird, da es sich bei diesen Mustern meist um Gebrauchsgegenstände handelt.[239] Nach der Rechtsprechung des *BGH* sind dagegen **Schriftzeichen** generell schutzunfähig.[240] Von daher sind auch **Fonts,** d.h. Computerschrifttypen grundsätzlich nur dann nach § 2 Abs. 1 Nr. 4 UrhG schutzfähig, wenn sie eine entsprechende Schöpfungshöhe aufweisen.[241]

---

[230] Zur Abgrenzung von bildender Kunst und dem Schutz nach dem Geschmacksmusterrecht: § 10. Das Urheberrecht schützt in dem Bereich der Gebrauchsmusterkunst nicht die „kleine Münze", Einzelheiten bei *Schricker/Loewenheim,* § 2, Rdnr. 157f.

[231] Zu Einzelheiten der Schutzfähigkeit von „Computerkunst": *Kilian/Heussen/Harte-Bavendamm,* Kap. 54 Rdnr. 37f.

[232] *G. Schulze,* ZUM 1997, 77 (85).

[233] Allgemein zum Figurenschutz *BGHZ* 5, 1 (3) – Hummelfiguren I, *BGH* GRUR 1960, 144 (145) – Bambi; *BGH* GRUR 1970, 250 (251) – Hummelfiguren III; *BGH* GRUR 1974, 669 (671) – Tierfiguren; *Fromm/Nordemann/Vinck,* § 2, Rdnr. 60.

[234] *Schricker/Loewenheim,* § 2, Rdnr. 160.

[235] *Fromm/Nordemann/Vinck,* § 2, Rdnr. 62; *KG,* AfP 1997, 924.

[236] Zweifelnd *Köhler/Arndt,* Rdnr. 345.

[237] *LG Oldenburg,* GRUR 1989, 49 (53).

[238] *BGH* GRUR 1983, 377 (378) – Brombeermuster; *Schricker/Loewenheim,* § 2, Rdnr. 171.

[239] Hierzu allgemein die Ausführungen zum Geschmacksmusterrecht (§ 10).

[240] *BGHZ* 22, 209 (219) – Europapost; *BGHZ* 27, 351 (356) – Candida – Schrift.

[241] Einzelheiten hierzu bei *Jaeger/Koglin* CR 2002, 169 (172/173); daneben sind Fonts aber auch als Computerprogramm i. S. d. § 69a UrhG schutzfähig: *LG Köln* CR 2000, 431.

Werden die Gestaltungselemente ausschließlich durch **Grafikprogramme** oder sonstige Software geschaffen, so scheidet eine Schutzfähigkeit deshalb schon aus, weil es dann an einer individuellen menschlichen Schöpfung fehlt. Soweit allerdings der Anwender bei der Auswahl der Ergebnisse schöpferisch tätig ist oder sich des Programmes bei der Schöpfung nur unterstützend bedient, kann der Urheberrechtsschutz hieran anknüpfen.[242] 75

5. Lichtbildwerke

Lichtbildwerke i. S. d. § 2 Abs. 1 Nr. 5 sind Photographien, die eine gewisse Gestaltungshöhe aufweisen und somit Werkcharakter haben. **Lichtbilder** sind dagegen Photographien, die keinen Werkcharakter haben. Sie sind nach § 72 UrhG durch ein ergänzendes Leistungsschutzrecht geschützt. Daher sind an die Gestaltungshöhe für Lichtbildwerke erhöhte Anforderungen zu stellen, dennoch ist die Schutzuntergrenze insgesamt niedrig.[243] Als Lichtbilder sind auch Einzelbilder aus Filmen geschützt, sofern das aus dem Bewegungslauf herausgelöste Bild noch Individualität ausweist.[244] Für den Schutz als Lichtbild ist nicht erforderlich, dass das Bild körperlich festgelegt wird.[245] Schutzfähig sind also auch **Livesendungen** bzw. Bilder aus diesen, sofern sie Individualität aufweisen.[246] 76

Werden Lichtbilder im Wege des **Photocomposing** oder auf andere Weise bearbeitet, können diese auf Grund der Neukomposition digitalisierter Bilder entstandenen Kompositionen wiederum als Lichtbildwerke geschützt sein, sofern sie eine eigenschöpferische Leistung des Composers sind.[247] Der Composer darf sich insofern eines Computerprogrammes als Hilfsmittel bedienen, ohne dass es Auswirkungen auf die Frage der Schutzfähigkeit hätte. Beruht allerdings das Neuarrangement allein auf der Verwendung des Computers, scheidet eine menschliche Tätigkeit und somit auch ein schutzfähiger Schöpfungsakt i. S. d. UrhG aus.[248] Dasselbe gilt im Übrigen auch für die Herstellung des Lichtbildwerkes selber. Die schutzfähige Bearbeitung im Wege des Photocomposing bedarf zwar nicht zur Herstellung der Zustimmung des Rechteinhabers an der Vorlage, wohl aber zur Verwertung des Neuarrangements.[249] 77

Fehlt der Photographie die für das Lichtbildwerk erforderliche Originalität, kann diese als **Lichtbild** i. S. d. § 72 UrhG geschützt sein. Dieses ist schutzfähig, wenn ein Mindestmass an geistiger Leistung gegeben ist. Dies kann sich aus der handwerklichen Fertigkeit bei der Bedienung der Apparate, der Wahl des Blickwinkels, der Entfernung, des Motives etc. ergeben.[250] Zu den ebenfalls nach § 72 UrhG unter Schutz gestellten Erzeugnissen, die ähnlich wie Lichtbilder hergestellt wur-den, gehören u. a. **elektronisch aufgezeichnete Bilder,** einschließlich **Bildschirmdisplays.**[251] 78

---

[242] Zu Einzelheiten oben Rdnr. 58.

[243] *OLG Düsseldorf* GRUR 1997, 49 (51) – Beuys – Photographien.

[244] *BGHZ* 37, 1 (9) – AKI; *Schack,* Rdnr. 209.

[245] *BGHZ* 37, 1 (6) – AKI.

[246] *Schricker/Loewenheim,* § 2, Rdnr. 177.

[247] *Boehme-Neßler,* 233; *Maaßen,* ZUM 1992, 338 (339); *Schack,* JZ 1998, 753 (754/755).

[248] Zu Einzelheiten oben Rdnr. 58.

[249] Allgemein *Fromm/Nordemann/Vinck,* § 3, Rdnr. 19.

[250] *Schricker/Vogel,* § 72, Rdnr. 22 m. w. N.; *Fromm/Nordemann/Hertin,* § 72, Rdnr. 2/3.

[251] *G. Schulze* CR 1988, S. 181 (190 ff.); *Koch* GRUR 1991, 180 (185); *Maaßen* ZUM 1992, 338 (339/340); *Fromm/Nordemann/Hertin,* § 72, Rdnr. 4.

6. Filmwerke

79 Im Rahmen des Internets kommen oft **Filmwerke** zum Einsatz. Unter Filmwerk i.S.d. § 2 Abs. 1 Nr. 6 UrhG ist die bewegte Bild- oder Bild-Tonfolge zu verstehen, die durch die Aneinanderreihung von photographischen oder photographieähnlichen Einzelbildern den Eindruck eines bewegten Bildes entstehen lässt.[252] Auf den Inhalt des Filmes kommt es ebenso wenig an, wie auf seine Länge, so dass auch kurze Sequenzen, die beispielsweise beim Aufruf einer Homepage erscheinen, geschützt sein können. Im Übrigen bedarf es auch keiner körperlichen Festlegung des Filmwerkes, so dass auch Live-Sendungen geschützt sind.[253] Dem Schutz als Filmwerk unterliegen aber nur persönlich-geistige Schöpfungen, wobei die schutzfähige Leistung in der Auswahl, Sammlung oder Anordnung des Stoffes sowie der Zusammenstellung der einzelnen Bildfolgen bestehen kann. Keine Filmwerke sind in der Regel Berichte über politische, wirtschaftliche oder kulturelle Ereignisse. Hier kommt aber ein Leistungsschutz nach § 95 UrhG als Laufbilder in Betracht.[254]

80 Unter den gegebenen Umständen können somit nicht nur über das Internet abrufbare Werbefilme, Kurzfilme oder auch Filmsequenzen als Teile von längeren (Spiel-)filmen, sondern auch Liveübertragungen im Internet via **Web-Cams** als Laufbilder oder Filmwerke geschützt sein.[255]

81 Ebenfalls als Filmwerke können **Computer-** bzw. **Bildschirmspiele** geschützt sein.[256] Schutzgegenstand ist insofern nicht das den Spielablauf steuernde Computerprogramm, sondern das Erscheinungsbild und der Spielablauf auf dem Bildschirm. Hierbei können dann auch die Figuren des Spieles einschließlich virtueller Figuren und Bewegungsabläufe vom Schutz umfasst sein.[257] Es kommt je nach Schöpfungshöhe ein Schutz als Filmwerk nach § 2 Abs. 1 Nr. 6 UrhG bzw. als Laufbild nach § 95 UrhG in Betracht.

7. Darstellungen wissenschaftlicher oder technischer Art

82 Darstellungen wissenschaftlicher oder technischer Art i.S.d. § 2 Abs. 1 Nr. 7 UrhG sind dadurch gekennzeichnet, dass sie der Informationsvermittlung über den dargestellten Gegenstand mit dem Ausdrucksmittel der graphischen oder räumlichen Darstellung dienen.[258] Vom Schutz umfasst ist dabei allein die konkrete, hinreichend eigentümliche Darstellung.[259]

83 Sofern die Gestaltung von Benutzeroberflächen, wie **Homepages** oder **Websites,** die durch den Einsatz von Datenverarbeitungssystemen auf den Bildschirm projektiert werden können betroffen sind, sind diese bei hinreichender Originalität als Werke i.S.d. § 2 Abs. 1 Ziff. 7 UrhG, unabhängig von einem u.U. auch bestehenden Schutz nach Abs. 1 Ziff. 1 und 4, schutzfähig.[260] Die Originalität kann sich da-

---

[252] Zu dieser Definition *Schricker/Loewenheim,* § 2, Rdnr. 181.
[253] *Schricker/Loewenheim,* § 2, Rdnr. 182.
[254] *Schricker/Loewenheim,* § 2, Rdnr. 186/187; *Fromm/Nordemann/Vinck,* § 2, Rdnr. 77.
[255] *Moritz/Dreier/Dreier/Würfel,* Teil B Rdnr. 722/723; *Schricker/Loewenheim,* § 2, Rdnr. 186 f.
[256] Zu Einzelheiten *Kilian/Heussen/Harte-Bavendamm,* Teil 54 Rdnr. 31 ff. m. w. N.
[257] *Schricker/Loewenheim,* § 2, Rdnr. 184; *G. Schulze,* ZUM 1997, 77 (80 ff).
[258] *Schricker/Loewenheim,* § 2, Rdnr. 192.
[259] *Fromm/Nordemann/Vinck,* § 2, Rdnr. 80.
[260] *Schricker/Loewenheim,* § 2, Rdnr. 201; *Loewenheim/Koch* Teil 7.1.3.2; *Koch,* NJW-CoR 1997, 298.

bei aus der Gestaltung, der Anordnung, Gewichtung, sowie optischen, farblichen Untermalungen und sonstiger Veranschaulichung des darzustellenden Stoffes ergeben. An die Gestaltungshöhe selber sind aber nicht zu hohe Anforderungen zu stellen, so dass eine vom Alltäglichen abhebende Tätigkeit ausreichend sein kann.[261] Dagegen enthält die bloße drucktechnische Hervorhebung einzelner Begriffe und Linien, die Aufteilung der Seite in Spalten und Tabellen, oder die überwiegend routinemäßige Wiedergabe von Fakten keine schöpferische Leistung.[262]

8. Datenbankwerke und sonstige Sammelwerke

Nach § 4 UrhG sind Sammlungen von Werken, von Daten oder von anderen 84
unabhängigen Elementen geschützt. Dabei kann die Sammlung aus Werken unterschiedlicher Kategorien bestehen, wie Sprachwerke, Werke der Musik, der bildenden Kunst oder Lichtbildwerke, die auch untereinander kombiniert werden können, und auch andere nicht schutzfähige Elemente enthalten, wie amtliche Werke, Adressen und Telefonnummern.[263] Diese Sammlungen sind als Sammelwerke geschützt, sofern die Sammlung oder Anordnung des Stoffes eine eigenständige Leistung darstellt, d.h. über das rein Handwerkliche oder Routinemäßige hinausgeht.[264]

§ 4 UrhG unterscheidet **Sammelwerke** und **Datenbankwerke,** wobei Datenbank- 85
werke einen Unterfall des Sammelwerkes darstellen, bei dem, wie auch beim Sammelwerk, die Elemente systematisch und methodisch angeordnet sind, welche dann einzeln elektronisch oder auf andere Weise zugänglich gemacht werden.[265] Da die Anforderungen an die Schutzfähigkeit von Datenbankwerken auf Grund der Umsetzung als EU-Recht[266] sehr gering sind – es reicht aus, dass die Auswahl und Anordnung des Materials systematisch oder methodisch erfolgt – scheidet ein Schutz dann aus, wenn die Sammlungen keine Auswahl treffen und vorgegebenen Ordnungsprinzipien folgen, wie dies bei Adressbüchern, Telefonverzeichnissen, Katalogen, Kulturprogramme etc.[267] der Fall ist. Hier kommt aber ein Schutz als Datenbank nach §§ 87a ff. UrhG in Betracht, wodurch insbesondere die mit der Erstellung verbundene Investition geschützt werden.[268]

Für den Schutz als Datenbankwerk ist erforderlich, dass sich das Werk von der 86
Masse des Alltäglichen abhebt und von dem, was üblicherweise „so gemacht“ wird.[269] Die **persönlich geistige Schöpfung** kann in der Auswahl und Anordnung

---

[261] *BGH* GRUR 1988, 33 (33/34) – Topographische Landeskarten; *BGH* GRUR 1993, 34 ff. – Bedienungsanweisung.

[262] *Kilian/Heussen/Harte-Bavendamm,* Teil 54 Rdnr. 30 m.w.N.

[263] *Fromm/Nordemann/Vinck,* § 4, Rdnr. 2.

[264] *Schricker/Loewenheim,* § 4, Rdnr. 8; *Fromm/Nordemann/Vinck,* § 2, Rdnr. 3.

[265] Die Aufnahme der Datenbankwerke, wie auch die Regelung des sui-generis-Rechts der Datenbank nach §§ 87a f. als Investitionsrecht des Datenbankherstellers, hierzu näher unten Rdnr. 118 ff., geht auf die europäische Datenbankrichtlinie zurück; zu Einzelheiten, *Schricker/Loewenheim,* § 4, Rdnr. 28–52.

[266] Zu den Schutzanforderungen z.B. der Software-Richtlinie, *BGHZ* 123, 208 (209).

[267] *Fromm/Nordemann,* § 4, Rdnr. 3; *OLG Frankfurt am Main,* ZUM-RD 1997, 221 (229) Tele Info-CD; *OLG Hamburg,* ZUM 1999, 851 – gesammelte Börsendaten; *LG Hamburg* ZUM 1997, 145 (146) – Hubert-Fichte-Biographie; *OLG Düsseldorf,* ZUM-RD 1997, 373 (377) – Arbeitshinweise für die Veranlagungstätigkeit.

[268] Hierzu im Einzelnen, unten Rdnr. 118 ff.

[269] *LG Frankfurt am Main,* ZUM-RD 2002, 94 (96/f.).

der Elemente, der Gestaltung der Zugangs- und Abfragemöglichkeiten und auch in der Auswahl, Aufteilung und Anordnung des Materials liegen. Nach diesen Kriterien ist beispielsweise eine Datensammlung auf dem pharmazeutischen Markt[270] als Datenbankwerk angesehen worden, nicht aber eine Sammlung von Börsen-daten[271] und eine Fachdatenbank mit Informationen über Baumarktprodukte.[272] Das zur Schaffung des Datenbankwerkes oder zur Ermöglichung des Zuganges verwendete Computerprogramm ist allerdings nicht Bestandteil des Datenbankwerkes.[273]

87 **Urheber des Daten- bzw. Sammelwerkes** ist derjenige, der die Sammlung, Auswahl bzw. Anordnung vorgenommen hat. Ohne dessen Zustimmung darf das Sammelwerk nicht verwertet und fortgesetzt werden. Besteht das Sammelwerk selber aus geschützten Einzelwerken, so ist zwar nicht für die Erstellung des Sammelwerkes die Zustimmung des Rechteinhabers an dem Sammelwerk erforderlich, wohl aber für die Veröffentlichung und Vervielfältigung.[274]

9. „Multimediawerke"

88 Multimediawerke werden als **Filmwerken ähnliche Werke** angesehen, sofern sie überwiegend audiovisuelle Inhalte haben. Überwiegen dagegen Texte, so soll auf die Regeln für Datenbanken zurückgegriffen werden.[275] Multimediawerke verbinden Text, Ton, Bilder, Daten, Computerprogramme und/oder Musik zu einem Gesamtwerk, das am Computer geschaffen und auf den Betrachter wie ein Filmwerk wirken kann.[276] Multimediawerke sind digitalisiert und können auch über das Internet abrufbar sein. Abhängig von der Einordnung unter die Werkkategorien, sind auch die Anforderungen an die Schutzfähigkeit zu bestimmen.[277]

89 Greifen Multimediawerke auf **bestehende Werke** zurück, so ist u.U. zur Verwertung des Multimediawerkes die Zustimmung der betreffenden Rechteinhaber einzuholen. Die Herstellung des Multimediawerkes unter Verwendung eines Computers ist für die Frage der Schutzfähigkeit unschädlich, sofern der Computer Hilfsmittel ist. Wird dagegen das Multimediawerk allein über den Computer erstellt, so scheitert der Schutz daran, dass keine eigenständige menschliche Tätigkeit gegeben ist.[278]

10. Bearbeitungen

90 Schutzfähig sind auch Bearbeitungen i.S.d. §§ 3 und 23 UrhG, die in Abhängigkeit von einem vorbestehenden Werk geschaffen werden. Zu unterscheiden ist hier

---

[270] *LG Frankfurt am Main*, ZUM-RD 2002, 94 (96/f.).

[271] *OLG Hamburg*, ZUM 1999, 849 ff.

[272] *OLG Düsseldorf*, CR 2000, 184 ff.

[273] *OLG Düsseldorf*, CR 2000, 184 (184/185).

[274] *Fromm/Nordemann*, § 4, Rdnr. 4; *Rehbinder*, Rdnr. 158; zu den sonstigen Rechten an Datenbankwerken: *Schricker/Loewenheim*, § 4, Rdnr. 42 ff.

[275] *Rehbinder*, Rdnr. 162 und *Schack*, Rdnr. 217; kritisch insofern *Wandtke*, GRUR 2002, 1 (8).

[276] Zur Definition *Fromm/Nordemann/Vinck*, § 2 Rdnr. 79 und *Schricker*, S. 20/21. Wegen der besonderen inhaltlichen Gestaltung der Multimediawerke sollen diese allerdings nicht als Datenbankwerke, die ja nur auf die Auswahl und Anordnung abstellen, angesehen werden; Einzelheiten bei *Schricker*, S. 41 ff., insbesondere 49 f.

[277] Einzelheiten hierzu oben Rdnr. 51 ff.

[278] Zu Einzelheiten oben Rdnr. 58.

die Umformung, die das Originalwerk inhaltlich unberührt lässt, wie beispielsweise die sprachliche Neufassung, das Arrangement, etc., von der inhaltlichen Umgestaltung, die die individuellen Züge des Werkes aber noch erkennen lässt. Dagegen sind Neugestaltungen Werke, die sich vom Original inhaltlich gelöst haben, wie beispielsweise die Inspiration zu einem Musikstück durch ein Gedicht.[279] Da Bearbeitungen und Umgestaltungen gegenüber dem Originalwerk unselbstständig sind, bedürfen zumindest die Veröffentlichung und die Verwertung der Zustimmung des Urhebers.[280]

II. „Internetwerke", insbesondere der Schutz von Websites

Als die Schöpfung, die mit dem Internet unmittelbar im Zusammenhang steht, ist die **Website** zu nennen. Ohne Internet ist die Website nicht denkbar und ohne Websites ist mittlerweile auch das Internet kaum noch vorstellbar. Sie wird im virtuellen Raum produziert.[281] Die Website verbindet Text, Bild, u. U. auch Ton und Film, sowie Computerprogramme und ist somit ein typisches **Multimediawerk.**[282] Unabhängig von dem Schutz der einzelnen Elemente der Website, die entsprechend als Sprachwerk, Werk der Musik, oder als unterliegende Software als Computerprogramm geschützt sein können, kann der Gestaltung der Website auch ein eigener Urheberrechtsschutz zukommen, sofern die Schöpfungshöhe nach § 2 Abs. 2 UrhG erreicht ist.[283] Dabei wird sich die Schutzfähigkeit der entsprechenden Gestaltung nach § 2 Abs. 1 Ziff. 7 UrhG richten, wobei dann die **Darstellung technischer Art** im Vordergrund steht, oder insbesondere nach § 2 Abs. 2 Ziff. 4 UrhG, der die Schutzfähigkeit nach der **ästhetischen Gestaltung**[284] beurteilt. Die Darstellung der Website auf dem Computerbildschirm stellt keine Ausdrucksform des zugrundeliegenden **HTML-Codes** dar, und ist somit auch keine Ausdrucksform eines Computerprogrammes.[285] Der HTML-Code ist vielmehr Hilfsmittel. Das der Website zugrundeliegende Programm kann dagegen als Computerprogramm nach § 2 UrhG geschützt sein.[286] Unabhängig von diesem Schutz kann auch die **Auswahl und Anordnung der Daten** auf der Website unter den Voraussetzungen des §§ 4 Abs. 2 UrhG bzw. §§ 87a ff. UrhG als Datenbankwerk bzw. Datenbank geschützt sein.[287] 91

---

279 Zum Ganzen, *Rehbinder*, Rdnr. 151.

280 Zu Details dieser Fragen, die keinen spezifischen Internet-Bezug haben, vgl. die einschlägige Kommentarliteratur zu §§ 3 und 23 f. UrhG.

281 *Wandtke* GRUR 2002, 1 (8).

282 *OLG Düsseldorf*, CR 2000, 184; *LG Hamburg*, CR 2000, 776; *Schack*, Rdnr. 127; *Wandtke*, GRUR 2002, 1 (8).

283 *OLG Düsseldorf*, CR 2000, 184 (184).

284 In diesem Fall ist bei der Frage der Urheberrechtsfähigkeit wieder eine Abgrenzung zum Geschmacksmusterschutz vorzunehmen, da dies auf den Grad der erforderlichen Schöpfungshöhe einen erheblichen Einfluss hat, vgl. hierzu, § 10, Rdnr. 5 ff.; zur Frage der Schutzfähigkeit von Websites als Geschmacksmuster, § 10, Rdnr. 16 ff.

285 *OLG Düsseldorf*, CR 2000, 184 (184), mit Anm. *Leistner*, CR 2000, 187.

286 *OLG Düsseldorf*, CR 2000, 184 (184).

287 *OLG Düsseldorf*, CR 2000, 184 (184/185), das allerdings den Schutz in dem entschiedenen Fall, bei dem es um die Homepage mit werbenden Inhalt im Bereich der Bau- und Heimwerkerbranche ging, verneinte.

E. Inhaberschaft am „Internetwerk"

92 Urheber ist nach § 7 UrhG der Schöpfer des Werkes. Haben mehrere Urheber ein Werk gemeinsam geschaffen, so sind sie nach § 8 UrhG **Miturheber.** Werden Werke, die zunächst in analoger Form vorhanden sind, digitalisiert, um sie dann im Internet verfügbar zu machen, so ist die Frage der Urheberschaft nach den allgemeinen Grundsätzen zu beantworten, wobei nach § 10 UrhG grundsätzlich der als Urheber gilt, der in üblicher Weise als Urheber genannt ist.[288]

93 Schwierigkeiten im Hinblick auf die Bestimmung der Urheberschaft können aber im Bereich der Schöpfung von **Multimediawerken** oder sonstigen **digitalen Werken** bestehen, die zur Nutzung im Internet geschaffen werden. Sofern dies durch nur einen Schöpfer erfolgt, der beispielsweise, ohne Rückgriff auf vorbestehende Werke, sämtliche Bestandteile einer Website erstellt, so ist nach § 7 UrhG nur dieser allein Urheber des Werkes, sofern die Schutzvoraussetzungen erfüllt sind, insbesondere die Schöpfungshöhe erreicht ist.[289]

94 Sind aber an der Schöpfung mehrere beteiligt, so ist zu unterscheiden. Zunächst ist zu prüfen, ob es sich bei den **Beiträgen der einzelnen Schöpfer** um solche mit Werkqualität handelt. Urheber eines Werkes kann nämlich, selbst wenn mehrere beteiligt sind, nur derjenige sein, dessen eigener Beitrag eine **persönlich geistige Schöpfung** darstellt.[290]

95 Verfügen die entsprechenden Beiträge somit über Werkqualität, kommt es neben der Einordnung des Gesamtwerkes darauf an, wie die Beiträge der einzelnen Urheber untereinander im Zusammenhang stehen. Stellt das Gesamtwerk ein **Sammelwerk** i.S.d. § 4 UrhG dar, so bleibt jeder (Mit-)Schöpfer Urheber seines in die Sammlung aufgenommenen Werkes. Hinzu tritt lediglich als Urheber derjenige, der die **Sammlung vornimmt,** sofern diese Werkqualität hat. Die Verwertung bedarf der Zustimmung sämtlicher beteiligter Urheber, einschließlich der des Urhebers, der die Sammlung vorgenommen hat.[291] Handelt es sich dagegen bei dem Gesamtwerk um eine **Werkverbindung,** bei der die einzelnen Werke zu einer Einheit verbunden werden, so liegt eine Werkverbindung nach § 9 UrhG vor. Ebenso ist hier, wie auch im Fall der **Miturheberschaft** nach § 8 UrhG, bei dem mehrere Urheber gemeinsam schöpferisch tätig werden, und der **Bearbeitung** eines Werkes nach §§ 3, 23 UrhG, in der Form, dass die Bearbeitung selber Werkqualität hat, für die Verwertung des Gesamtwerkes die Einwilligung sämtlicher Urheber erforderlich, deren Rechte berührt sind.[292]

96 Wird somit beispielsweise ein **Multimediawerk,** wie eine **Website,** zur Nutzung im Internet geschaffen, kommt es darauf an, ob die einzelnen Beiträge, wie Musik, Text und Bilder, sich von einander unterscheiden lassen, und die Schöpfer nicht in den Prozess eingebunden sind.[293] Ist dies der Fall, so wird es sich bei dem Werk um ein **Sammelwerk** handeln, wobei neben den einzelnen Urhebern der Beiträge die

---

[288] *Fromm/Nordemann* § 10, Rdnr. 3.

[289] Hierzu oben Rdnr. 53 ff.

[290] *Loewenheim/Koch,* Teil 7.1.1.4.

[291] *Fromm/Nordemann,* § 4, Rdnr. 4/5; *Hoeren/Sieber/Gahrau,* Teil 7.1., Rdnr. 4 f.

[292] Zu Einzelheiten *Hoeren/Sieber/Gahrau,* Teil 7.1., Rdnr. 6 f.

[293] Andernfalls läge eine Miturheberschaft vor, bei der sich die einzelnen Beiträge nicht mehr ohne weiteres unterscheiden lassen, *Loewenheim/Koch,* Teil 7.1.1.4.

Sammlung selber auch durch mehrere Schöpfer erfolgen kann, so dass Miturheberschaft an dem Sammelwerk, bezogen auf die „Sammelleistung" bestehen kann.[294] Die Verwertung bedarf dann der Zustimmung aller beteiligten Urheber.

Ist das Werk **interaktiv,** kann der **Nutzer** unter den entsprechenden Voraussetzungen zum einen Bearbeitungsurheber nach §§ 3, 23 UrhG werden, sofern das ursprüngliche Werk entsprechend bearbeitet wird, zum anderen Miturheber, wenn das Werk durch die Einflussnahme des Nutzers neu entsteht.[295] Bei interaktiver Gestaltung des Anwenders eines Computerprogrammes kommt Miturheberschaft von Programmierer und Programmanwender in Betracht.[296] 97

Nichts anderes gilt bei der Open Source Software.[297] Bei ihr sind Urheber sämtliche an der Erstellung der Software beteiligte Programmierer, wobei entweder von einer Miturheberschaft i. S. d. § 8 UrhG auszugehen ist, wenn mehrere Programmierer gemeinsam die Software erstellen, oder von einer Bearbeitung nach §§ 3, 23 UrhG, wenn eine bereits vollständige Open Source Software von einem Programmierer entsprechend bearbeitet wird.[298] 98

F. Urheberpersönlichkeit und das Internet

Neben den allgemeinen in Kapitel H behandelten Verwertungsrechten, die vor allem die wirtschaftliche Verwertung des Werks dem Schöpfer zuordnen, stehen diesem eine Reihe von weiteren Rechten zu, die die mit dem Werk in Zusammenhang stehenden individuellen und persönlichen Interessen des Schöpfers schützen. Zu diesen Rechten gehören insbesondere das **Erstveröffentlichungsrecht** nach § 12 UrhG, das Recht auf **Anerkennung der Urheberschaft** nach § 13 UrhG und das Recht gegen **Entstellungen des Werkes** nach § 14 UrhG.[299] Die Rechte werden durch die Nutzung der Werke im Internet nicht aufgehoben, sondern gelten auch in diesem Rahmen unbeschränkt.[300] Aufgrund der Digitalisierungstechniken können aber Werke im digitalem Format mehr als im analogen Zusammenhang verändert oder manipuliert werden, so dass die Schöpfer im Rahmen der Online-Nutzung besonders stark in ihrer Integrität gefährdet sein können.[301] 99

I. Erstveröffentlichungsrecht

Nach § 12 UrhG steht dem Schöpfer das Recht zu, das Ob und den Zeitpunkt der **Erstveröffentlichung** zu bestimmen. Dieses Recht bezieht sich sowohl auf das gesamte Werk, einschließlich schutzfähiger Bestandteile,[302] als auch gemäß § 12 100

---

[294] Zur allgemeinen Einordnung, *Hoeren/Sieber/Gahrau,* Teil 7.1., Rdnr. 5, 11 ff., 17; die Anwendung der §§ 88, 89 UrhG auf Multimediaprodukte wird selbst dann abgelehnt, wenn Multimediawerke als zu Filmwerken ähnlichen Werken angesehen werden; *Schricker,* S. 72/73.

[295] *Boehme-Neßler,* S. 235.

[296] *Rehbinder,* Rdnr. 128.

[297] Zu deren Bedeutung vgl. § 1, Rdnr. 5, zu urhebervertragsrechtlichen Fragen § 13, Rdnr. 268 f., zu kartellrechtlichen Instanzen § 12, Rdnr. 131.

[298] Zu Einzelheiten, *Jaeger/Metzger,* S. 27 f.

[299] Neben diesen Rechten können auch das Zugangsrecht nach § 25 UrhG, und das Rückrufrecht nach §§ 41, 42 UrhG, betroffen sein; zu Einzelheiten *Schwarz/Kreuzer,* Teil 3–2–2., 17/18.

[300] S. die Zusammenstellung von *Hoeren/Sieber/Decker,* Teil 7.6.

[301] *Loewenheim/Koch,* Teil 7.2.2; *Schricker,* S. 80/81.

[302] *Schricker/Dietz,* § 12, Rdnr. 23.

Abs. 2 UrhG auf dessen Inhalt. Erfolgt eine Veröffentlichung des Werkes mit Zustimmung des Urhebers, so ist sein Recht **erschöpft.** Dagegen wird das Veröffentlichungsrecht nach § 12 Abs. 2 UrhG durch eine vom Urheber genehmigte oder veranlasste Inhaltsmitteilung oder -beschreibung für das Werk als solches nicht erschöpft.[303]

101 Eine Veröffentlichung i. S. d. § 12 UrhG kann auch im Internet erfolgen. Hat somit der Urheber durch das Einspeisen ins **Internet** das Werk zum Abruf durch eine unbeschränkte Personenzahl zur Verfügung gestellt, so ist hierbei eine Erstveröffentlichung zu sehen, vorausgesetzt, dies geschah mit Zustimmung des Schöpfers.[304] Die Veröffentlichung kann dabei in jeder Form des öffentlichen Zugänglichmachens erfolgen, so beispielsweise durch Versenden mittels **E-Mail** an eine unbeschränkte Personenzahl, Bereitstellen auf der eigenen **Website** oder in einer **Newsgroup.**[305] Dagegen fehlt es an dem Merkmal der Öffentlichkeit, wenn das Werk im Rahmen einer privaten E-Mail-Korrespondenz verschickt wird,[306] so dass hierdurch das Erstveröffentlichungsrecht nicht erschöpft wird. Wird dagegen das Werk oder schutzfähige Teile von diesem ohne Zustimmung des Urhebers im Internet veröffentlicht, so stellt dies eine Urheberrechtsverletzung dar, was entsprechende Ansprüche für den Urheber zur Folge hat (§§ 97ff. UrhG).

II. Namensnennungsrecht

102 Dem Urheber steht nach § 13 UrhG das Recht auf Anerkennung seiner Urheberschaft zu. Der Urheber kann bestimmen, ob das Werk mit seiner Urheberbezeichnung versehen wird und welche Bezeichnung zu verwenden ist. Mitum'fasst ist auch das Recht, als Urheber nicht genannt zu werden.[307] Das Recht gilt grundsätzlich für alle Werkarten unbeschränkt und auch im Bereich der **Multimediawerke** und der **Online-Nutzung,** so dass beispielsweise auch der Urheber einer **Website** ein Recht auf Namensnennung hat.[308] Das Recht ist durch **vertragliche Abreden** oder im Rahmen der **Branchenübung** einschränkbar, nach der beispielsweise im literarischen Bereich und im Bereich der Photographie die Nennung als Urheber grundsätzlich üblich ist, im Bereich der Erstellung von Software aber nicht.[309] Da sich im Bereich des **Internet** eine entsprechende Verkehrsübung noch nicht etabliert hat, wird zunächst die im analogen Bereich für das parallele Medium herausgebildete Verkehrssitte anzuwenden sein.[310] Will folglich beispielsweise der Inhaber einer Website die Nennung der betroffenen Urheber aus-

[303] *Fromm/Nordemann/Hertin* § 12, Rdnr. 10.

[304] *Maaßen* ZUM 1992, 338 (343); *Fromm/Nordemann/Hertin* § 12, Rdnr. 5.

[305] *Hoeren/Sieber/Decker,* Teil 7.6., Rdnr. 93/94.

[306] *Hoeren/Sieber/Decker,* Teil 7.6, Rdnr. 95.

[307] *Fromm/Nordemann/Hertin,* § 13, Rdnr. 5, 14; *Schricker/Dietz,* § 13, Rdnr. 10, 15.

[308] *Boehme-Neßler,* S. 236; *Fromm/Nordemann/Hertin,* § 13, Rdnr. 9.

[309] *Hoeren,* S. 143; Einzelheiten bei *Schricker/Dietz,* § 13, Rdnr. 18 ff.

[310] *Hoeren/Sieber/Decker,* Teil 7.6, Rdnr. 37, die allerdings der Auffassung sind, dass wegen der technischen Möglichkeiten, die die Nennung des Urhebers erleichtern, eher zugunsten der Namensnennung zu entscheiden ist; a. A. *Kreile/Wallner,* ZUM 1997, 625 (628), die von einer entsprechenden Branchenübung auf Verzicht im Rahmen von Multimediaprodukten und Online-Nutzungen ausgehen.

schließen, so hat er im zulässigen Rahmen[311] entsprechende Verzichtsabreden[312] zu treffen.[313]

Problematisch ist die Beachtung des Nennungsrechtes im Bereich von **Links** und **Frames.**[314] Links ermöglichen in kürzester Zeit Zugriff und die Verbindung zwischen Dateien auf derselben Website oder zwischen unterschiedlichen Websites. Da einfache Links[315] bzw. Surfacelinks einen bloßen Verweis auf eine fremde Website darstellen, sind sie unproblematisch. Erweckt dagegen der Link den Eindruck, der Inhalt der fremden Website sei vom Schöpfer der verweisenden Website geschaffen worden, so ist § 13 UrhG unter den Gesichtspunkt des Bestreitens der Urheberschaft verletzt.[316] Dagegen verstoßen **Deep-Links,** bei denen fremde Dateien aufgerufen werden und in die eigene Website unverändert integriert werden, ohne dass der Nutzer auf die entsprechend andere Urheberschaft an der übernommen Datei hingewiesen wird, gegen § 13 UrhG. Daneben kommt auch eine Verletzung des § 14 UrhG in Betracht, wenn durch das Deep-Linking Entstellungen oder andere Beeinträchtigungen des Werkes zu befürchten sind, wenn beispielsweise die Datei in einem erheblich schädigendem Umfeld Verwendung findet. Auch kann ein Verstoß gegen §§ 13 und 14 UrhG in Betracht kommen, wenn die Ausgangsseite Werbung enthält und so entsprechend das Werk mit Werbung in Verbindung gebracht wird.[317, 318] 103

Ähnlich problematisch ist auch das **Framing,** bei dem der Bildschirm in unterschiedliche Bestandteile aufgeteilt wird. Dadurch können fremde Seiten in einem Frame auf der eigenen Website dargestellt werden, ohne dass der Nutzer entsprechend merkt, dass auf eine andere Website zugegriffen wird.[319] Da ein solches Framing dazu führen kann, dass der Nutzer über die Zuordnung der Site und somit über die Urheberschaft getäuscht wird, verstößt es gegen § 13 UrhG. Sofern gleichzeitig eine Entstellung zu befürchten ist, kann auch § 14 UrhG verletzt sein.[320] 104

III. Entstellungsverbot

Schließlich steht dem Urheber nach § 14 UrhG das Recht zu, sich gegen Entstellungen und sonstige Beeinträchtigungen seines Werkes im Hinblick auf seine berechtigten und geistigen Interessen am Werk zu wehren. § 14 UrhG schützt die 105

---

311 Zu Einzelheiten, *Schricker/Dietz,* § 13, Rdnr. 29/30; *Schack,* Rdnr. 338, m. w. N.

312 *Köhler/Arndt,* Rdnr. 370; *Kreile/Wallner,* ZUM 1997, 625 (628).

313 Im Übrigen zur Praxis der Namensnennung im Multimediabereich *Hoeren/Sieber/Decker,* Teil 7.6, Rdnr. 15.

314 Im Einzelnen *Plaß,* WRP 2000, 599 (602/603) und *Boddien,* Mitt. 1999, 401 (407); im Übrigen zur Zulässigkeit von Links, unten Rdnr. 140 ff. und zu wettbewerbsrechtlichen Fragen § 11, Rdnr. 128 ff.

315 Z. T. werden diese auch als Hyperlinks, bei denen der Text unterstrichen wird bzw. die Graphik hinterlegt ist, bezeichnet.

316 Allgemein *Fromm/Nordemann/Hertin,* § 13, Rdnr. 4.

317 Allgemein *Schricker/Dietz,* § 14, Rdnr. 24 f.

318 Einzelheiten bei *Hoeren/Sieber/Decker,* Teil 7.6, Rdnr. 38–47; *Boehme-Neßler,* S. 254/255.

319 *Koch,* S. 228 f., 471 ff.; *Ernst,* K&R 1998, 536 (539).

320 Weiterhin stellt das Linking und Framing u. U. auch eine erlaubnispflichtige Vervielfältigung nach § 16 UrhG dar, so dass entsprechende Nutzungsrechte zu erwerben sind. Allgemein *Boehme-Neßler,* S. 255 f. *Hoeren/Sieber/Decker,* Teil 7.6, Rdnr. 48 ff. und Rdnr. 140 ff.

Werkintegrität. Diese kann dadurch beeinträchtigt werden, dass die Wesenszüge des Werkes verzerrt oder verfälscht werden.[321] Sofern **Multimediawerke** als Filmwerke angesehen werden,[322] finden hier die weniger strengen Regelungen des § 93 UrhG Anwendung.[323]

106 Obgleich das **Digitalisieren** als solches keine Entstellung darstellt, so kann doch auf Grund von Qualitätsverlusten als Folge technischer Gegebenheiten oder sonstiger technisch bedingter Änderungen, wie beispielsweise die Farbänderungen bei einem Bild oder der Klangverzerrung bei einem Musikstück, § 14 UrhG berührt sein mit der Folge, dass, obgleich der Anwender das Nutzungsrecht zur Vervielfältigung und damit zur Digitalisierung erworben hat, die Digitalisierung an § 14 UrhG scheitern kann.[324]

107 Weiterhin kann auch die konkrete Verwendung des Werkes eine Beeinträchtigung der Interessen des Urhebers darstellen, wenn diese beispielsweise in einem **inakzeptablen Umfeld** erscheint. So wird etwa die Verwendung eines Werkes im Zusammenhang von rechtsradikalen Websites entstellend wirken. Dasselbe gilt für die Verwendung im Zusammenhang mit **Werbung,** sei es durch Bannerwerbung auf der Website oder durch Werbeunterbrechung im Internetradio oder -fernsehen.[325, 326] Da die Frage der Zulässigkeit von Werbung nicht abschließend geklärt ist, ist es ratsam, in den Nutzungsverträgen mit dem Urheber hierauf hinzuweisen, und sich das Einverständnis der Nutzung im Zusammenhang mit der Werbung geben zu lassen. Zum Teil wird das Entstellungsverbot auch bei internetspezifischen Sachverhalten, wie dem **Linking** oder **Framing** berührt.[327]

G. Schutz der Leistungsschutzberechtigten und der Filmhersteller

108 Neben den urheberrechtlichen Werken, können im Rahmen des Internets auch sonstige Schutzgegenstände zur Anwendung kommen bzw. entstehen. Diese **sonstigen Schutzgegenstände** des Urheberrechtes sind keine persönlich geistigen Schöpfungen, sondern andere Leistungen, die insbesondere durch den Zweiten Teil des Urhebergesetzes unter Schutz gestellt werden.[328] Im Rahmen der Internetnutzung werden insbesondere die Rechte des ausübenden Künstlers, des Lichtbildners, des Tonträgerherstellers, des Sendeunternehmens, des Datenbankherstellers und des Filmherstellers berührt.

I. Ausübender Künstler

109 Nach der Neufassung des § 73 UrhG ist ausübender Künstler, wer ein Werk oder eine Ausdrucksform der Volkskunst aufführt, singt, spielt oder auf eine andere

[321] Einzelheiten bei *Fromm/Nordemann/Hertin,* § 14, Rdnr. 8; *Schricker/Dietz,* § 14, Rdnr. 10.
[322] Vgl. oben Rdnr. 88 ff.
[323] *Hoeren,* S. 142.
[324] Einzelheiten bei *Hoeren/Sieber/Decker,* Teil 65/66; *Boehme-Neßler,* S. 237; *Hoeren,* S. 142 f.
[325] Allgemein zu der Werbeproblematik, *Schricker/Dietz,* § 14, Rdnr. 24/25.
[326] *Hoeren/Sieber/Decker,* Teil 7.6., Rdnr. 72 ff.; *Boehme-Neßler,* S. 237 f.
[327] Hierzu die Ausführungen, oben Rdnr. 103/104.
[328] Der Schutz knüpft insofern nicht an die Schöpfung, sondern an sonstige Leistungen, wie die Interpretation, Werkverwertung oder auch getätigte Investition an: *Fromm/Nordemann/Hertin,* vor § 70, Rdnr. 4; *Rehbinder,* Rdnr. 394; Schutzbegründung und -dauer sind nicht einheitlich geregelt.

Weise darbietet oder an einer solchen Darbietung künstlerisch mitwirkt. Zu den ausübenden Künstlern zählen von daher auch Musiker und Sänger einer Musikaufnahme oder Tänzer, aber auch Regisseure,[329] beispielsweise eines Musikclips. Wird somit eine Aufnahme oder ein Videoclip beispielsweise im Rahmen von On-Demand-Diensten genutzt, so sind auch die Rechte der ausübenden Künstler nach §§ 73ff. UrhG berührt. Die Darbietung des ausübenden Künstlers darf nur mit seiner Zustimmung auf Bild- oder Tonträger nach § 75 UrhG aufgenommen, vervielfältigt und verbreitet werden. Ist der Ton- oder Bildträger bereits öffentlich zugänglich gemacht oder gesendet worden, steht dem ausübenden Künstler lediglich ein Vergütungsanspruch zu. Der ausübende Künstler kann sich somit nicht gegen die Einspeisung seines Werkes beispielsweise im Rahmen des Internetradios, soweit hierin ein Sendevorgang zu sehen ist, wenden. Da der ausübende Künstler auch nur soweit geschützt ist, als er ein Werk vorträgt, so kann er sich, wie im Übrigen der Komponist auch, nicht gegen die Übernahme von nicht schutzfähigen Werkteilen, wie Sounds, und somit gegen das **Soundsampling** wenden.[330]

Der Schutz des ausübenden Künstlers ist im Rahmen der WIPO-Verträge und insbesondere des WPPT,[331] erheblich erweitert und insbesondere sind dessen Persönlichkeits- und Vermögensrechte gestärkt worden. Die Umsetzung dieser Rechteerweiterung in deutsches Recht erfolgte durch die Gesetzesnovellierung 2003.[332] Dadurch wird sichergestellt, dass dem ausübenden Künstler auch das **Internet-Recht** als ausschließliches Recht zusteht, d.h. das Recht seine Darbietung öffentlich zugänglich, wahrnehmbar zu machen und auch zu senden.[333] Entsprechende Nutzungshandlungen bedürfen dann seiner Zustimmung. Auch sind die Persönlichkeitsrechte des ausübenden Künstlers anerkannt worden (§§ 74–76 UrhG). Neben dem ausübenden Künstler steht auch dem **Veranstalter,** d.h. dem Unternehmer, der die Darbietung des Künstlers veranstaltet, ein Leistungsschutzrecht nach § 81 UrhG zu. Für die Aufnahme der Darbietung, Vervielfältigung und Verbreitung des Ton- oder Bildträgers ist ebenfalls seine Zustimmung erforderlich. Die Rechte gelten nicht unbeschränkt, sondern unterliegen den Schrankenbestimmungen des Urheberrechts (§ 83 UrhG). 110

II. Tonträgerhersteller

Nach § 85 Abs. 1 UrhG steht dem Tonträgerhersteller das Recht zu, den Tonträger zu vervielfältigen und zu verbreiten. Die Rechte stehen nur demjenigen zu, der die Erstfixierung der Aufnahme vornimmt.[334] Die Rechte des Tonträgerherstellers sind sowohl bei der vollständigen, als auch teilweisen Vervielfältigung des Tonträgers berührt. Werden dagegen im Wege des **Sound-Samplings** nur kleinste Tonpartikel, sog. Licks, oder generell der Sound oder einzelne Töne übernommen, und ggf. auf einem digitalen Medium gespeichert, um mit anderen Licks kombiniert zu 111

---

[329] Gesetzesbegründung S. 54.
[330] Zu Einzelheiten, des Schutzes des Komponisten oben Rdnr. 70, *Köhler/Arndt,* Rdnr. 367.
[331] Art. 5–10 WPPT.
[332] Zu Einzelheiten oben Rdnr. 36ff.
[333] Zu §§ 77 und 78 UrhG.
[334] *Fromm/Nordemann/Hertin,* §§ 85/86, Rdnr. 3; *Schricker/Vogel,* § 85, Rdnr. 18.

werden, so ist das Recht des Tonträgerherstellers nicht berührt, da keine Vervielfältigung gegeben ist.[335]

112 In Umsetzung der Vorgaben der WPPT[336] ist dem Tonträgerhersteller auch das Recht zur öffentlichen Zugänglichmachung zuerkannt worden (§ 85 Abs. 1 UrhG), so dass beispielsweise die Nutzung von Tonträgern im Rahmen von On-demand-Diensten die Zustimmung auch des Tonträgerherstellers erfordert.[337] Ebenso wenig wie der ausübende Künstler hat der Tonträgerhersteller ein Verbotsrecht für die Sendung oder das öffentliche Wahrnehmbarmachen von erschienenen Tonträgern.

III. Lichtbildner

113 Nach § 72 UrhG ist der Lichtbildhersteller in dem Umfang geschützt, in dem auch Schutz für Lichtbildwerke i. S. d. § 2 Abs. 1 Nr. 5 UrhG besteht. Dem Schutz nach § 72 UrhG unterfallen somit solche Photographien, die durch die Individualität des Photographen geprägt sind, ohne dass es einer persönlich-geistigen Schöpfung bedarf.[338] Zu den Lichtbildern gehören typischerweise alle nicht künstlerischen Photographien und gewöhnliche Amateuraufnahmen, wie z. B. Urlaubsphotos.[339] Zwar stellt das Gesetz an die Leistung des Photographen keine besonderen Anforderungen,[340] vom Schutz ausgenommen sind aber solche Aufnahmen, die allein durch Zufall zustande gekommen sind. Grundsätzlich soll aber als Mindestmass an schutzbegründender Leistung die Fertigkeit bei der Bedienung komplexer Photoapparate, Wahl des Blickwinkels, und Entfernung zum Motiv ausreichen.[341]

114 Unter Beachtung der dargestellten, sehr niedrigen Schutzanforderungen, wären somit als Lichtbilder nicht nur **Amateurphotographien**, wie z. B. Urlaubsphotos oder Photographien von privaten Feiern, die ins Netz gestellt werden, geschützt, sondern auch mit **Webcams** hergestellte Aufnahmen. Dem Lichtbildschutz unterliegen dagegen nicht Bilder, die auf Computerbildschirmen (CAD- und CAM-Bilder) erzeugt werden, und nicht lediglich aus einem Bildspeicher abgerufen werden. Deren Verarbeitung beruht nämlich nicht auf der Verarbeitung von Lichtreizen, sondern beruhen auf elektronischen Befehlen.[342]

115 Der Inhalt des Schutzes bestimmt sich vom Grundsatz her nach dem des Urheberrechts. Die Schutzfrist beträgt nach § 72 Abs. 3 UrhG allerdings 50 Jahre gerechnet vom Ablauf des Jahres an, in dem das Lichtbild erschienen oder hergestellt wurde. Da somit der Schutz des Lichtbildes zu dem des Lichtbildwerkes weitgehend

[335] *OLG München,* ZUM 1991, 540 (548) – U2; *OLG Hamburg,* GRUR Int. 1992, (391); *Schricker/Vogel,* § 85, Rdnr. 34 m. w. N. *Köhler/Arndt,* Rdnr. 368. Wie bei der Vervielfältigung von Musikwerken auch, ist somit das Recht des Herstellers nur dann betroffen, wenn ein substantieller, individualisierbarer Teil des Tonträgers übernommen wird.

[336] Art. 11–14 WPPT.

[337] Gesetzesentwurf, S. 59.

[338] *Schricker/Vogel,* § 72, Rdnr. 21; *Fromm/Nordemann,* § 72, Rdnr. 1 f.; *OLG Düsseldorf,* GRUR 1997, 49 (51) – Beuys-Fotographien.

[339] *BGH* ZUM 1992, S. 427 – Bedienungsanweisungen; *OLG Köln* AfP 17, 1972, 144 – Urlaubsphotos; *Rehbinder* Rdnr. 428.

[340] *BGHZ* 9, 354 – Lied der Wildbahn I.

[341] *Schricker/Vogel,* § 72, Rdnr. 22; anders z. B. *Rehbinder,* Rdnr. 420, der den Schutz z. B. nicht auf Satellitenphotos erstrecken will.

[342] *Schricker/Vogel,* § 72, Rdnr. 18, m. w. N.

parallel läuft, ist das **Picturesampling** auch im Bereich der Lichtbilder soweit zulässig, wie nur schutzunfähige Teile eines Photos Verwendung finden.[343]

IV. Filmhersteller

116 Dem für die Organisation und Finanzierung des Filmes verantwortlichen Produzenten wird in §§ 94 und 95 UrhG ein eigenes, unternehmensbezogenes Leistungsschutzrecht gewährt. Das Recht umfasst nicht nur die Verwertung des gesamten Filmes, sondern auch von Teilen davon, wie **Filmausschnitten** und **Einzelbildern** sofern kein zulässiges Filmzitat vorliegt.[344] Das Recht des Filmherstellers umfasst das Recht, den Bildträger oder den Bild- und Tonträger, auf dem das Filmwerk aufgenommen wurde, zu vervielfältigen, zu verbreiten, zur öffentlichen Vorführung oder Funksendung sowie zur öffentlichen Zugänglichmachung zu benutzen. Somit berührt auch das Einspeisen von Filmen in ihrer Gesamtheit sowie Teilen hiervon, neben den Rechten der am Film sonstigen Berechtigten, wie Drehbuchautoren, Filmregisseure oder ausübenden Künstlern das Recht des Produzenten. Daneben enthalten die besonderen Bestimmungen über Filme im dritten Teil des UrhG auch Auslegungsregeln zugunsten des Filmherstellers.[345] Die Regelung über Filmwerke wird durch § 95 UrhG auf Bildfolgen sowie Bild- und Tonfolgen, die keine Filmwerke sind, z. T. erweitert, so dass die in das Internet gestellt oder entsprechend abrufbaren **Laufbilder** keine Werkqualität haben müssen, um geschützt zu sein.

V. Sendeunternehmen

117 § 87 UrhG gewährt Sendeunternehmen in Bezug auf die von ihnen durchgeführten Sendungen ein gesondertes Leistungsschutzrecht. Danach steht ihnen u. a. das Recht zu, die Funksendung weiterzusenden, öffentlich zugänglich zu machen, auf Ton- und Bildtonträgern zu vervielfältigen und die Ton- und Bildtonträger zu vervielfältigen und zu verbreiten. Da diese Verwertungsrechte aber voraussetzen, dass eine Sendung i. S. v. § 20 UrhG vorliegt, werden die Rechte der Sendeunternehmen im Rahmen der Internet- bzw. Onlinenutzung nur dort berührt, wo tatsächlich auch ein Sendevorgang stattfindet, also außerhalb der interaktiven Onlinenutzung, insbesondere im Bereich des Internetradios und -fernsehens,[346] es sei denn eine Sendung wird aufgezeichnet und zum individuellen Abruf vorgehalten. Dann ist das Recht der öffentlichen Zugänglichmachung berührt.[347]

VI. Datenbankhersteller

118 Die Erstellung und Aktualisierung einer Datenbank ist mit erheblichen Kosten verbunden. In Umsetzung der Richtlinie über den Schutz von Datenbanken[348] gewährt daher der deutsche Gesetzgeber dem **Hersteller** einer Datenbank nach § 87b UrhG ein Leistungsschutzrecht für seine **getätigten Investitionen.**[349]

---

[343] Zu Einzelheiten, oben Rdnr. 57.

[344] *Fromm/Nordemann/Hertin,* § 94, Rdnr. 12.

[345] Zu Einzelheiten *Fromm/Nordemann/Hertin,* vor § 88, Rdnr. 2 ff.

[346] Zu Einzelheiten unten Rdnr. 128 ff.

[347] Gesetzesbegründung, S. 60.

[348] Zu Richtlinie 96/9/EG des Europäischen Parlaments und des Rates über den rechtlichen Schutz von Datenbanken vom 11. 3. 1996, ABl. EG Nr. L 77.

[349] Allgemein hierzu *Raue/Besinger,* MMR 1998, 507 ff.

119 Nach der **Legaldefinition** in § 87a Abs. 1, S. 1 UrhG sind Datenbanken eine Sammlung von Werken, Daten oder anderen Elementen, die systematisch oder methodisch angeordnet und einzeln mit Hilfe elektronischer Mittel oder auf andere Weise zugänglich sind, sofern deren Beschaffung, Überprüfung oder Darstellung eine **erhebliche Investition** erfordert. Das Schutzrecht ist auf einen Dritten übertragbar.[350] Im Unterschied zu **Datenbankwerken,** setzt der Begriff einer Datenbank keine persönlich geistige Schöpfung voraus, sondern knüpft an die getätigte Investition als Schutzgrund an.[351] Dabei ist Datenbankhersteller i.S.d. § 87a UrhG und somit Schutzrechtsinhaber derjenige, der die Initiative zur Erstellung der Datenbank ergreift, sie erstellt oder das Investitionsrisiko trägt,[352] wobei die Investition wesentlich sein muss und vom Datenbankhersteller selbst zu tätigen ist.[353]

120 Als Datenbanken werden insbesondere angesehen, eine umfangreiche **Sammlung von Hyperlinks,**[354] online abrufbare **Zusammenstellung von Anzeigen,**[355] sowie u.U. auch die **Zusammenstellungen von Informationen auf einer Website.**[356, 357] Datenbanken können weiter das beim Amtsgericht geführte elektronische Handelsregister, Telefonnummern- und Adressverzeichnisse, Internetsuchmaschinen, Computerspiele, Fahrpläne sowie Listen aller Art sein.[358] Wegen der sehr weiten Formulierung des Begriffs Datenbank können, sofern entsprechende Investitionen getätigt wurden, auch weite Teile des Internets, wie **Websites**[359] oder **Linksammlungen,**[360] ein **geordneter Bestand von einer Vielzahl von Artikeln und Beiträgen** aus Zeitungen im Internet,[361] als Datenbank geschützt sein, so dass bei der kommerziellen Nutzung fremder Websites, wie z.B. im Zusammenhang mit virtuellen Suchrobotern oder generell von **Suchmaschinen** die Rechte des Inhabers der Website berührt sein können. Datenbanken werden nämlich auch in ihren wesentlichen und unter bestimmten Voraussetzungen in ihren unwesentlichen Teilen geschützt.[362] Als Datenbank nicht geschützt sind nur ganz einfache Datensammlungen, wie private Adressbücher oder zufällig entstehende Zusammenstellungen von Bonmots, die keine wesentlichen Investitionen erfordern[363] oder auch einfacher „Datensalat", wie die Stellenanzeigen in einer Tageszeitung.[364]

---

350 *Rehbinder,* Rdnr. 413.

351 Zur Unterscheidung, *Schricker/Vogel,* § 87a, Rdnr. 8; u.U. kann von daher ein Schutz als Datenbankwerk und Datenbank parallel bestehen.

352 *KG,* ZUM 2001, 70 (72).

353 *OLG Düsseldorf,* CR 2000, 184 (185); der Datenbankhersteller ist insofern im Prozess darlegungs- und beweispflichtig.

354 *LG Köln,* NJW CoR 1999, 248 (Leitsatz).

355 *LG Berlin,* AfP 1998, 649ff.; *LG Köln,* AfP 1999, 95ff.

356 *Berufungsgericht Helsinki,* MMR 1999, 93; *Köhler,* ZUM 1999, 548ff.; *OLG Düsseldorf,* CR 2000, 184 (185f.).

357 Zum Ganzen *Hoeren,* S. 131.

358 Die Zusammenstellungen bei *Schricker/Vogel,* § 87a, Rdnr. 9; *Fromm/Nordemann/Hertin,* § 87a, Rdnr. 6/8.

359 Zu den Schutzanforderungen *OLG Düsseldorf,* CR 2000, 184 (185f.).

360 *AG Rostock,* CR 2001, 786 (786f.).

361 *OLG Köln,* ZUM 2001, 414 (416).

362 Zu Einzelheiten, *Hoeren,* S. 132f.

363 *AG Rostock,* CR 2001, 786f.

364 *KG,* ZUM-RD 2001, 88f.

121 Der Datenbankschutz i.S.d. § 87a UrhG wird von der Rechtsprechung sehr weit gezogen und ist nicht auf elektronische Datenbanken beschränkt, so dass beispielsweise auch **Printmedien** oder die **Zusammenstellung von Musikstücken auf einer CD**, sofern ein gewisser Investitionsgrad überschritten ist, unter diesen Begriff fallen sollen.[365]

122 Der Schutz, der grundsätzlich mit der Veröffentlichung der Datenbank beginnt, besteht nach § 87d UrhG 15 Jahre. Inhaltlich gewährt er dem Hersteller der Datenbank dem Urheberrecht ähnliche **Verwertungsrechte.** Hierzu gehört das ausschließliche Recht, die Datenbank insgesamt oder in wesentlichen Teilen zu **vervielfältigen** und zu **verbreiten** oder **öffentlich wiederzugeben.** Somit ist jede Form der **Online-Nutzung** einer Datenbank, angefangen von der Speicherung, Vervielfältigung und dem Bereithalten zum Abruf, einschließlich der Online-Abfrage einer Datenbank durch einen Nutzer dem Datenbankhersteller vorbehalten.[366] Daneben unterfallen nach § 87b Abs. 1 S. 2 UrhG auch Nutzungshandlungen im Hinblick auf unwesentliche Teile dem Nutzungsrecht des Herstellers, sofern sie wiederholt und systematisch erfolgen und der normalen Auswertung der Datenbank zuwiderlaufen oder die berechtigten Interessen des Datenbankherstellers unzumutbar beeinträchtigen. Ob die Übernahme eines unwesentlichen Teils einer Datenbank vorliegt, hängt unter dem Gesichtspunkt des Investitionsschutzes von den Umständen des Einzelfalles ab, insbesondere der Art und den Umfang der Datenbank, ihrem Verhältnis zum jeweils entnommenen Teil, usw.[367]

123 Die Rechte des Datenbankherstellers unterliegen gemäß § 87c UrhG **Schranken,** die den allgemeinen Schranken für Urheberrechte nachgebildet sind. Danach unterliegt beispielweise der private Gebrauch einer Datenbank einer Schranke des Rechts des Datenbankherstellers, so dass entsprechende Vervielfältigungshandlungen zulässig sind. Dies gilt aber nicht für online abrufbare Datenbanken, die als Datenbanken, die mit elektronischen Mitteln abrufbar sind, gemäß § 87 Abs. 1 Nr. 1 UrhG ganz oder in ihren wesentlichen Teilen ohne die Zustimmung des Rechteinhabers auch für private Zwecke nicht vervielfältigt, beispielsweise durch Abspeicherung auf der Festplatte, werden dürfen.[368]

H. Verwertungsrechte im Internet

I. Verwertungsrechte nach dem Urheberrechtsgesetz

124 Die dem Urheber zuerkannten ausschließlichen Verwertungsrechte sind in § 15 UrhG aufgezählt. Danach steht dem Urheber das ausschließliche Recht zu, sein Werk in körperlicher (§ 15 Abs. 1 UrhG) und unkörperlicher Form zu verwerten (§ 15 Abs. 2 UrhG).[369] Zu den Verwertungsrechten an den Werken in körperlicher

---

365 *OLG Köln,* ZUM-RD 2001, 82 (82); *OLG Dresden,* ZUM 2001, 595 (595); vgl. auch *Fromm/Nordemann/Hertin,* § 87a, Rdnr. 5; zum Schutz eines Stellenmarktes in Tageszeitungen, *KG,* ZUM-RD 2001, 88 (89).

366 Einzelheiten bei *Fromm/Nordemann/Hertin,* § 87b, Rdnr. 6, 9f. *Schricker/Vogel,* § 87a Rdnr. 10, 20.

367 Zu diesen Erwägungen *KG,* ZUM 2001, 70 (72).

368 Einzelheiten bei *Schricker/Vogel,* § 87c, Rdnr. 10; *Fromm/Nordemann/Hertin,* § 87d, Rdnr. 4.

369 Für die Inhaber an den Rechten sonstiger Schutzgegenstände gelten ähnliche Bestimmungen, z.B. § 75 Abs. 1 UrhG, 85 Abs. 1 UrhG.

Form gehören das Vervielfältigungsrecht (§ 16 UrhG), das Verbreitungsrecht (§ 17 UrhG) und das Ausstellungsrecht (§ 18 UrhG). Zu den Rechten im Hinblick auf die Verwertung in unkörperlicher Form, zählen das Vortrags-, Aufführungs- und Vorführungsrecht (§ 19 UrhG), das Recht der öffentlichen Zugänglichmachung (§ 19a UrhG), das Senderecht (§ 20 UrhG), das Recht der Wiedergabe durch Ton- und Bildträger (§ 21 UrhG) und das Recht der Wiedergabe von Funksendungen (§ 22 UrhG). Diese Aufzählung ist nicht abschließend. Die Formulierung „insbesondere" stellt klar, dass dem Urheber jede Form der körperlichen und unkörperlichen Verwertung zustehen soll, so dass sich die Rechte des Urhebers auch auf neue Verwertungsformen erstrecken, ohne dass es eines Eingreifens des Gesetzgebers bedarf.[370] Auch im Hinblick auf die Verwertungsformen ist das UrhG somit **„techniknew tral"**.[371]

125 Sofern urheberrechtlich geschützte Werke oder sonstige Schutzgegenstände im Rahmen des Internet verwendet werden, werden auch die Verwertungsrechte berührt. Die Gesetzesnovellierung 2003 hat mit dem Recht der öffentlichen Zugänglichmachung in § 19a UrhG ausdrücklich ein Online-Recht normiert.[372] Bei der Nutzung im Internet sind aber eine Reihe von weiteren Rechten involviert, wie beispielsweise das Vervielfältigungsrecht oder auch das Senderecht,[373] so dass der Internetanbieter ein Bündel von Rechten erwerben muss. Die Verwendung eines Werkes im Internet ist eine **eigene Nutzungsart**[374] und generell von den Nutzungsbefugnissen im analogen Umfeld nicht mitumfasst. Nutzungshandlungen im Rahmen des Internets sind von daher gesondert zu lizenzieren und abzugelten.[375]

1. Vervielfältigungsrecht

126 Der Begriff der Vervielfältigung i. S. d. § 16 UrhG ist weit gefasst und beinhaltet die Herstellung einer oder mehrerer Festlegungen eines Werkes, die geeignet sind, das Werk den menschlichen Sinnen auf irgend eine Weise wahrnehmbar zu machen.[376] Dabei kommt es weder auf die Art und Weise der Festlegung noch auf die Dauer dieser an, so dass auch die Vervielfältigung mittels digitaler Technik, die auch vorübergehend sein kann, grundsätzlich dem Vervielfältigungsbegriff unterfällt. [377] Das Vervielfältigungsrecht nach § 16 UrhG ist im Rahmen der Internetnutzung immer dann berührt, wenn das Werk in körperlicher Form fixiert wird. Somit stellt nicht nur die Digitalisierung des Werkes,[378] sondern auch jedes (Zwischen-) Speichern auf der Festplatte des Nutzers eine Vervielfältigung dar.[379] Für Compu-

---

[370] *Schack,* Rdnr. 373 f.; *Fromm/Nordemann,* § 15, Rdnr. 1.

[371] Vgl. oben Rdnr. 58.

[372] Zu Einzelheiten vgl. oben Rdnr. 38.

[373] *Moritz/Dreier/Dreier/Buhrow,* Teil B, Rdnr. 800.

[374] Zur Definition und sonstigen urhebervertragsrechtlichen Fragen vgl. unten § 13, Rdnr. 230, 258 ff.

[375] *LG Berlin,* K&R 2000, 249 – Tagesspiegel m. Anm. *Czychowski.*

[376] *Fromm/Nordemann* § 16, Rdnr. 1; *Schricker/Loewenheim,* § 16, Rdnr. 6, m. w. N.; *BGH* GRUR 1991, 449 (453) – Betriebssystem; *OLG Frankfurt am Main,* CR 1997, 275 (276).

[377] *Schricker/Loewenheim,* § 16, Rdnr. 9. Die Änderung des § 16 durch die Wörter „ob vorübergehend oder dauerhaft" durch das Gesetz zur Regelung des Urheberrechts in der Informationsgesellschaft ist somit lediglich klarstellend, Einzelheiten hierzu oben Rdnr. 38.

[378] *Schricker/Loewenheim,* § 16 Rdnr. 18; *Schricker,* S. 110.

[379] Zu dem (bisherigen) Streit hierzu vgl. unten Rdnr. 138 ff.

terprogramme ergibt sich der Zustimmungsvorbehalt für die vorübergehende Vervielfältigung ausdrücklich aus § 69a UrhG.

2. Verbreitungsrecht

Neben dem Vervielfältigungsrecht steht dem Urheber auch das Recht zu, sein Werk (körperlich) zu verbreiten. Die Wiedergabe in unkörperlicher Form stellt keine Verbreitungshandlung i.S.d. § 17 UrhG dar. Das Verbreitungsrecht erfasst die Nutzungen, die sich auf den Vertrieb des Originals oder Vervielfältigungsstückes des Werkes beziehen.[380] Da eine urheberrechtlich relevante Verbreitungshandlung i.S.d. § 17 UrhG an ein körperliches Exemplar des Werkes gebunden ist, berühren die typischen Online-Nutzungen im Internet, die eben von einem körperlichen Exemplar des Werke unabhängig sind, das Verbreitungsrecht nicht. Das Verbreitungsrecht des Urhebers ist allerdings berührt, wenn ein Anwender die über die Online-Nutzung abgerufenen Daten auf einen Träger, beispielsweise eine CD-Rom, vervielfältigt und verbreitet. Insofern bedarf es dann für den Vertrieb dieses Vervielfältigungsstückes der Zustimmung der Rechteinhaber.[381] 127

3. Senderecht

Unter Senderecht wird das Recht verstanden, das Werk **durch Funk,** wie Ton- und Fernsehfunk, Satellitenrundfunk, Kabelrundfunk oder ähnliche terrestrische Mittel **der Öffentlichkeit zugänglich zu machen.** Somit unterfallen dem Senderecht nach § 20 UrhG alle Sendungen, durch die einseitig, allein vom Willen des Sendenden abhängig, Zeichen, Töne oder Bilder ausgestrahlt werden, wobei diese gesendeten Einheiten **auch digitalisiert** sein können.[382] Soweit allerdings die Sendung bzw. Übermittlung erst durch den Nutzer ausgelöst wird, und im Übrigen nicht zur gleichen Zeit von der Öffentlichkeit empfangen wird, ist fraglich, ob eine Öffentlichkeit i.S.d. § 20 UrhG und somit auch an einem entsprechenden Sendevorgang vorliegt. Die sukzessive Nutzung durch die Öffentlichkeit beispielsweise auf Initiative des Empfängers soll insofern nicht ausreichen.[383] 128

Somit unterfallen unproblematisch **alle Formen** der klassischen, **nicht-interaktiven** Übermittlung, bei dem der abrufbare Inhalt für die Empfänger vom Übermittler identisch vorgegeben ist, dem Senderecht des § 20 UrhG. Hierzu zählen beispielsweise die nicht-interaktiven Sendungen, wie Internetradio, Payradio oder Pay-tv, bei denen der Empfänger aus dem vorgegebenen Programm das auswählen kann, was er zu der vom Sender vorgegebenen Zeit empfangen kann.[384] 129

---

380 Zu Einzelheiten, *Loewenheim/Koch,* Teil 7.2.3.2.; *Schricker/Loewenheim,* § 16 Rdnr. 1; *Fromm/Nordemann,* § 16, Rdnr. 1.

381 *Moritz/Dreier/Dreier/Buhrow,* Teil B, Rdnr. 808; wird das Vervielfältigungsstück aber mit Zustimmung des Rechteinhabers in Verkehr gebracht, etwa durch eine entsprechende Lizenzierung beim Abruf, so ist das Verbreitungsrecht erschöpft.

382 *Fromm/Nordemann,* § 20, Rdnr. 1f.; *Schricker/v. Ungern-Sternberg,* § 20, Rdnr. 4; *Schwarz,* GRUR 1996, S. 836 (837).

383 *Schricker/v. Ungern-Sternberg,* § 20, Rdnr. 9; *Fromm/Nordemann,* § 20, Rdnr. 20; *Hoeren,* CR 1996, 518 (520).

384 *Fromm/Nordemann,* § 20, Rdnr. 2, sog. Webcasting, *Moritz/Dreier/Dreier/Buhrow;* Teil B, Rdnr. 809.

130 Dagegen ist fraglich, ob ein **Sendevorgang** i.S.d. § 20 UrhG vorliegt, wenn der Sendevorgang **interaktiv** initiiert wird, d.h. der einzelne Empfänger bestimmt den Inhalt der Sendung, die durch den Übermittler nicht vorgegeben wird. Insofern kann es an einer (gleichzeitigen) Übertragung an die Öffentlichkeit fehlen. Zu dieser Übertragung gehören die interaktive Online-Übertragung, wie die Kommunikation oder Recherche in Datenbanken, Video-on-Demand, Music-on-Demand, Pay-per-view, Home shopping und Homebanking.[385] Die **E-Mail-Übertragung** unterfällt **nicht** dem Senderecht, da es insofern an einer Öffentlichkeit fehlt.[386] Dagegen unterfallen sog. **Push-Dienste,** d.h. Übertragungen, bei denen der Anbieter entscheidet, welche Inhalte er zu welchem Zeitpunkt in das Netz gibt, und die der Nutzer nur dann empfangen kann, wenn er seine Hardware auf Empfang gestellt hat, dem Senderecht nach § 20 UrhG.[387] Die genannten interaktiven Online-Übertragungsformen unterfielen bis zur Novellierung des Urheberrechts dem unbenannten **Recht der öffentlichen Wiedergabe** nach § 15 Abs. 2 UrhG,[388] danach dem Online-Recht bzw. Recht des öffentlichen Zugänglichmachens nach § 19a UrhG.[389] Die Novellierung hat im Hinblick auf den Begriff der Öffentlichkeit was das Kriterium der Gleichzeitigkeit angeht, keine abschließende Regelung getroffen, so dass nach wie vor fraglich ist, ob die genannten Vorgänge (auch) dem Senderecht unterfallen.[390]

4. Bearbeitungen

131 Dem Urheber ausschließlich vorbehalten ist des Weiteren das Recht, Veröffentlichungen und Verwertungen von Bearbeitungen des Werkes nach § 23 UrhG zu genehmigen. Hierunter werden Änderungen und Umgestaltungen des Werkes verstanden, wobei das Ergebnis der Bearbeitung selbst **keine Werkqualität** haben muss. Auch sonstige kleinere Änderungen des Werkes unterliegen dem Zustimmungsrecht des Urhebers.[391] Sofern die Bearbeitung selbst eine persönlich-geistige Schöpfung darstellt, ist sie nach § 3 UrhG als Werk geschützt.[392] Grundsätzlich ist die Bearbeitung und Umgestaltung des Werkes von der Zustimmung des Urhebers unabhängig, so dass allein die **Veröffentlichung und Verwertung** der Bearbeitung der Zustimmung des Urhebers bedarf. Eine Ausnahme von dem Grundsatz der Herstellungsfreiheit findet sich in §§ 23 S. 2 und 69c Nr. 2 UrhG. Danach darf u.a. ein Datenbankwerk und auch Computerprogramme – auch ohne Verwertung – nicht bearbeitet werden. Dies ist dem Berechtigten vorbehalten. Dasselbe gilt nach § 23 S. 2 UrhG für die Bearbeitung von Filmwerken.[393] Das Bearbeitungsverbot für Datenbankwerke bezieht sich auf die Struktur der Datenbank, nicht aber auf deren Inhalt und die unterliegenden Computerprogramme, die ja vom Schutz des Daten-

---

385 *Loewenheim/Koch,* Teil 7.2.3.3.

386 Zum Ganzen *Fromm/Nordemann,* § 20, Rdnr. 2; *Schricker/v. Ungern-Sternberg,* § 20, Rdnr. 9.

387 Einzelheiten bei *Loewenheim/Koch,* Teil 7.2.4.5.; *Leupold,* ZUM 1998, 99 (106); *Bechthold,* GRUR 1998, 18 (25).

388 *Fromm/Nordemann,* § 20 Rdnr. 2.

389 § 19a UrhG; zu Einzelheiten vgl. oben Rdnr. 38.

390 So z.B. *Ersthalter/Bosch/Völker/Völker,* S. 181/182; Gesetzesbegründung, S. 39/40.

391 *Fromm/Nordemann,* § 23, Rdnr. 1; *Schricker/Loewenheim,* § 23, Rdnr. 4.

392 Hierzu oben, Rdnr. 90.

393 Somit ist für die Erstellung eines Datenbankwerkes oder Multimediawerkes, das auch Filmausschnitte verwendet, u.U. die Zustimmung des Rechteinhabers erforderlich; *Hoeren/Sieber/Gahrau,* Teil 7.1, Rdnr. 34.

bankwerkes nicht erfasst sind.[394] Da Multimediawerke[395] häufig sowohl Computerprogramme als auch Datenbankwerke enthalten, unterliegen sie insofern dem Veränderungsverbot der §§ 23 und 69 UrhG.[396]

Angesichts der unbegrenzten Möglichkeit von Veränderungen digitalisierter Werke, kommt dem Bearbeitungsrecht im Bereich der **Online-Nutzung** eine große Bedeutung zu.[397] **Keine Bearbeitungen** i. S. d. § 23 stellt allerdings die **Digitalisierung** eines vorbestehenden Werkes dar. Diese ist Vervielfältigung, da der Werkinhalt selber nicht verändert wird.[398] Des Weiteren sind auch geringfügige Änderungen, wie Kürzungen, Streichungen und das Herstellen von abstracts zur Internetnutzung, sofern hierdurch der Inhalt nicht geändert, sondern nur der Inhalt in eigenen Worten wiedergegeben wird, keine Bearbeitungen.[399] Dasselbe gilt für die Umgestaltung eines Textes zu einer **webfähigen HTML-Version,** das Löschen einer Datei beim Web-Betreiber, und für das Fragmentieren im Zuge des **Routings** oder des **Komprimierens.**[400] 132

Werden dagegen in digitaler Form übertragene Werke ganz oder teilweise verändert, so ist hierfür die Zustimmung des Urhebers erforderlich. Eine **Grenze** besteht da, wo nur kleine Teile des Werkes herausgelöst werden, wie einzelne Töne, Sounds, die als solche nicht schutzfähig sind. Eine zustimmungspflichtige Bearbeitung liegt nämlich nur dann vor, wenn der bearbeitende Teil selber schutzfähig ist, d. h. eine persönlich-geistige Schöpfung darstellt.[401] Folglich sind dann auch das Picture- und Soundsampling, soweit diese sich auf nicht schutzfähige Teile eines Werkes beziehen, zustimmungsfrei.[402] 133

Als Bearbeitung zustimmungspflichtig ist schließlich auch das Erstellen von Multimediawerken, Datenbanken und Websites, sofern zusätzlich zu der Digitalisierung und Verbindung unterschiedlicher Werke oder Werkteile noch eine Bearbeitung tritt, durch die die einzelnen Teile zu einer Gesamtheit werden.

5. „Online-Recht"

Wesensmerkmal des Internets ist das Bereithalten von Dateien zum individuellen Abruf durch eine grundsätzlich unbegrenzte Personenzahl. Der Abrufvorgang selber erfolgt dann durch den einzelnen Nutzer. Auch ist denkbar, dass nur eine bestimmt begrenzte Personenzahl, wie bei zugangsbeschränkten Seiten, den Inhalt abrufen kann. Dieser auch als „Online"-Nutzung bezeichnete Vorgang des Bereithaltens zum Abruf ist nunmehr nach § 19 a UrhG ausdrücklich dem Urheber zugeordnet. Das **Recht der öffentlichen Zugänglichmachung** geht auf die Vorgaben der InfoRL und der WIPO-Verträge zurück,[403] und umfasst „das Recht, das Werk drahtgebunden oder drahtlos der Öffentlichkeit in einer Weise zugänglich zu machen, dass es 134

[394] Zu Einzelheiten *Schricker/Loewenheim,* § 23, Rdnr. 15.
[395] Zum Begriff und Schutz, oben Rdnr. 88.
[396] *Fromm/Nordemann,* § 23, Rdnr. 4; in den Grenzen des § 55 a UrhG ist aber eine Bearbeitung zum Zwecke des Zuganges zum Werk durch den berechtigten Eigentümer zulässig.
[397] *Loewenheim/Koch,* Teil 7.2.3.4; *Hoeren/Sieber/Gahrau,* Teil 7.1., Rdnr. 30.
[398] *Schricker/Loewenheim,* § 23, Rdnr. 6.
[399] *Hoeren/Sieber/Gahrau,* Teil 7.1., Rdnr. 30.
[400] *Hoeren/Sieber/Gahrau,* Teil 7.1. Rdnr. 30.
[401] *BGH* GRUR 1981, 276 – Dirlada; *Schricker/Loewenheim,* § 23, Rdnr. 12.
[402] Einzelheiten hierzu, oben, Rdnr. 57.
[403] Art. 3 Abs. 2 InfoRL; Art. 8 WCT; Art. 10 und 14 WPPT.

Mitgliedern der Öffentlichkeit von Orten und Zeiten ihrer Wahl zugänglich ist." Der Begriff der **Öffentlichkeit** ist in § 15 Abs. 3 UrhG definiert. Danach ist unter Öffentlichkeit eine Mehrzahl von Personen zu verstehen, wobei diese weder mit dem Werkverwerter noch mit den anderen Personen, denen das Werk in unkörperlicher Form wahrnehmbar gemacht wird durch persönliche Beziehungen verbunden sind. Die Handlung muss für eine Mehrzahl von Personen bestimmt sein, eine „zufällige" Öffentlichkeit genügt nicht.[404] Auch ist nicht erforderlich, dass die Öffentlichkeit „gleichzeitig" besteht, so dass insbesondere das Vorhalten von Werken zum individuellen Abruf in digitalen Netzen sich an die Öffentlichkeit im Sinne dieser Vorschrift richtet. Dass mehrere gleichzeitig das Werk abrufen ist nicht erforderlich.[405] Der Begriff der persönlichen Verbundenheit ist eng gefasst. Nach der Gesetzesbegründung sollen beispielsweise hierunter nicht Beziehungen fallen, die im Wesentlichen in einer technischen Verbindung zu einer Werknutzung liegen, etwa im Fall der File-Sharing-Systeme.[406]

134 a Vor der Novellierung war umstritten, wie das Bereithalten von Werken zum Abruf urheberrechtlich einzuordnen ist. Obgleich Einigkeit dahingehend bestand, dass auch diese Werkverwertung dem Urheber zuzuordnen ist, herrschte über die genaue Einordnung Unklarheit. Zum Teil wurde der entsprechende Vorgang des Bereithaltens dem Senderecht nach § 20 UrhG zugeordnet, zum Teil als unbenanntes Recht der öffentlichen Wiedergabe i.S.v. § 15 Abs. 2 angesehen, wobei auch der Begriff der Öffentlichkeit problematisch war. Nach dem herkömmlichen Verständnis vor der Novellierung war eine Wiedergabe im Sinne dieser Vorschrift nur dann öffentlich, wenn eine Mehrzahl von Personen gleichzeitig erreicht werden sollte, was ja eben beim Bereithalten von Werken zum individuellen Abruf nicht eindeutig der Fall ist, da das Werk ja nicht unbedingt gleichzeitig von den Nutzern abgerufen wird.[407] Die Novellierung hat hier ein eigenständiges Recht der öffentlichen Zugänglichmachung in § 19 a UrhG geschaffen, das Teil des Rechts der öffentlichen Wiedergabe nach § 15 Abs. 2 UrhG[408] ist, und im Übrigen den Begriff der Öffentlichkeit angepasst.

II. Nutzung im Internet

1. Digitalisierung und Speichern auf der Festplatte

135 Eine Vervielfältigung nach § 16 UrhG stellt zunächst die **Digitalisierung** des Werkes, d.h. die Übersetzung in einen binären Code, dar,[409] was grundsätzlich Voraussetzung für jede Form der Internetnutzung des Werkes ist. Dabei ist nicht allein die dauerhafte Festlegung in digitaler Form eine Vervielfältigung, sondern

---

[404] Gesetzesbegründung, S. 39.

[405] Gesetzesbegründung, S. 39/40; zum Streitstand vor der Novellierung, etwa *Schricker/v. Ungeru-Sternberg,* § 15 UrhG, Rdnr. 59.

[406] Gesetzesbegründung, S. 39.

[407] Nachweise bei *Ensthalter/Bosch/Völker,* S. 175–180; überwiegend wurde eine Einordnung in das Recht der öffentlichen Wiedergabe befürwortet, etwa LG München, ZUM 2000, 418 (422) – AOL und OLG München GRUR 2001, 500 (502) – AOL; zum Ganzen auch Gesetzesbegründung, S. 38.

[408] Dabei soll aber die Aufzählung der Rechte in § 15 Abs. 2 UrhG nach wie vor nicht abschließend sein, Gesetzesbegründung, S. 38.

[409] *Schricker/Loewenheim,* § 16 Rdnr. 18; *Schricker,* S. 110.

auch die vorübergehende Digitalisierung, um beispielsweise das Werk ausdrucken zu können. Somit ist beispielsweise auch das Scannen von Werken Vervielfältigung.[410] Wird das Werk aber nicht nur in digitaler Form unverändert übertragen, sondern auch verändert oder bearbeitet, so liegt nicht nur eine die Zustimmung des Berechtigten voraussetzende Vervielfältigung vor, sondern auch eine Bearbeitung i. S. d. § 23 UrhG,[411] die ebenfalls zustimmungspflichtig sein kann, sofern die „Bearbeitung" veröffentlicht und verwertet wird.

Vervielfältigen ist nicht nur die Digitalisierung von Werken, die in analoger Form festgelegt sind, sondern auch die **digitale Erstfestlegung,** d. h. die erstmalige Festlegung eines bisher körperlich nicht festgelegten Werkes.[412] Durch die Zuerkennung des Vervielfältigungsrechtes sollen dem Urheber, wie generell bei der Zuerkennung der Verwertungsrechte nach § 15 UrhG auch möglichst alle Werknutzungen zuerkannt werden, damit er an der entsprechenden Nutzung des Werkes auch beteiligt wird. Obwohl von daher die Speicherung des Werkes auf eine Computerfestplatte, und damit die Festlegung der digitalisierten Fassung eines Werkes im **Arbeitsspeicher eines Computers,** für sich allein keine eigene wirtschaftliche Verwertungshandlung darstellt, sondern ein Arbeitsvorgang ist, der eine nachfolgende Handlung, wie das Anzeigen auf dem Bildschirm, ermöglicht,[413] wird das **Speichern auf der Festplatte** eines Computers, generell als Vervielfältigung angesehen,[414] da hierdurch auch gesteigerte Werknutzungen, die dem Urheber generell vorbehalten sind, ermöglicht werden.[415] 136

Weiterhin stellt eine Vervielfältigung der Ausdruck eines digitalisierten Werkes in analoger Form dar, da es erneut eine Festlegung beinhaltet.[416] Dagegen ist mit dem **Anzeigen auf dem Bildschirm** selbst keine Vervielfältigungshandlung verbunden, da hierdurch das Werk selbst nicht körperlich festgelegt, sondern lediglich unkörperlich wiedergegeben wird. Die Bildschirmanzeige setzt aber voraus, dass das Werk einmal auf dem Arbeitsspeicher festgelegt bzw. gespeichert wurde.[417]

2. Up-/Downloading

Dem Vervielfältigungsrecht unterfällt auch jede **Festlegung im Rahmen der Internetnutzung** bzw. Online-Nutzung eines Werkes, wie beispielsweise das Ablegen von Daten auf der Mailbox eines Nutzers.[418] Weiterhin zählen hierzu insbesondere das **Downloading,**[419] d. h. das Herunterladen von Dateien aus dem Internet auf die Festplatte, und das **Uploading,** d. h. das Heraufladen von Dateien vom eigenen 137

[410] *Fromm/Nordemann,* § 16, Rdnr. 2; *Schricker,* S. 111/112. *OLG Frankfurt am Main,* CR 1995, 85 (86); *OLG Frankfurt am Main,* CR 1997, 275 (276); *LG Hamburg,* CR 1996, 734.

[411] *Boehme-Neßler,* S. 242/243; z. T. wird bereits die Digitalisierung als Bearbeitung angesehen; vgl. auch *Loewenheim/Koch,* Teil 7.2.4.9.

[412] *Schricker/Loewenheim,* § 16, Rdnr. 7 und 18.

[413] Zu diesen Überlegungen *Schricker/Loewenheim,* § 16, Rdnr. 19 m. w. N.

[414] *OLG Düsseldorf* CR 1996, S. 728 (729); *Schricker,* Informationsgesellschaft, S. 111; *Goddar/Tönhardt/A. Nordemann/Czychowski,* CR 1996, S. 645 (647).

[415] *Dreier,* CR 1991, 577 (579); *Schricker,* S. 112; *Bechthold,* ZUM 1997, 427 (430).

[416] *Fromm/Nordemann,* § 16, Rdnr. 2; *Schricker/Loewenheim,* § 16, Rdnr. 17. m. w. N.

[417] *Schricker/Loewenheim,* § 16, Rdnr. 20; *Maaßen,* ZUM 1992, 338 (340).

[418] *Loewenheim* GRUR 1996, 636 (638); *Loewenheim/Koch* Teil 7.2.4.5.; *Fischer,* ZUM 1995, 117 (120). Nach *BGH,* GRUR 1994, 365 ist jedes Speichern eine Vervielfaltigung i. S. d. § 16 UrhG.

[419] *LG München I,* ZUM 2001, 260 (263); *OLG Hamburg* ZUM 2001, 512 (513).

Rechner auf einen Serverrechner, etwa durch **Versenden von E-Mails** oder Teilnahme an **Chat-Foren** etc.[420] Die **Wiedergabe auf dem Bildschirm** stellt dagegen keine eigene Vervielfältigung dar, da die Wiedergabe selber keine eigene körperliche Festlegung enthält, sondern eine unkörperliche Wiedergabe eines bereits vorher in digitaler Form festgelegten Werkes.[421]

3. (Zwischen-)Speichern auf der Festplatte/Browsing

138 Ob auch **technisch bedingte,** zur **Kommunikation** erforderliche **Zwischenspeicherungen,** die auch vorübergehend sein können, im eigenen Rechner oder im Serverrechner unter den Vervielfältigungsbegriff fallen, ist in Zweifel gezogen, überwiegend aber bejaht worden.[422] Zu diesen Zwischenspeicherungen gehört das **Browsing,** d.h. Durchsuchen von Datenbanken o.ä., das **Caching,** d.h. zwischenspeichern der bereits abgerufenen Netzinhalte auf dem Server des Anbieters, beim Laden vom Hauptspeicher in den Arbeitsspeicher, und das Downloading auf einen **Proxy-Server,** z.B. des Online-Anbieters.[423] Durch die mit der Neufassung des § 16 UrhG in Verbindung stehende Erweiterung des Vervielfältigungsbegriffes, auch auf vorübergehende Vervielfältigungshandlungen,[424] ist diese Auffassung bestätigt worden. Für die Kommunikation technisch notwendige und begleitende Handlungen sind durch die Regelung des **§ 44a UrhG** ausgenommen worden, so dass beispielsweise das Browsing und Caching freigestellt ist.[425] Nach § 44a UrhG ist die **vorübergehende Vervielfältigung** zulässig, die flüchtig und begleitend ist sowie einen integralen und wesentlichen Teil eines technischen Verfahrens darstellt und deren alleiniger Zweck es ist, eine Übertragung in einem Netz zwischen Dritten durch einen Vermittler oder eine rechtmäßige Nutzung eines Werkes oder sonstigen Schutzgegenstand zu ermöglichen, und die keine eigenständig wirtschaftliche Bedeutung hat. Durch § 44a UrhG wird Art. 5 Abs. 1 InfoRL umgesetzt.[426]

139 Dagegen stellt das **Routing,** bei dem Daten für den Transport im Internet in kleine Einheiten zerteilt werden, eine Vervielfältigungshandlung dar, wobei sich die Vervielfältigung dann auf die Zusammensetzung der Dateien im Zielrechner beschränken wird, da u.U. die Teile, in die die Datei zerlegt wurde, nicht schutzfähig sind und folglich keine urheberrechtsrelevante Vervielfältigung vorliegen kann.[427]

4. Linking und Framing

140 Von **besonderer** urheberrechtlicher **Relevanz** ist das Linking.[428] Durch das Linking werden Informationen miteinander verknüpft. Der Anwender klickt auf den

---

[420] Zum Ganzen *Schricker/Loewenheim,* § 16, Rdnr. 22 m.w.N.

[421] *BGH* GRUR 1991, 449 (423) – Betriebssystem; *Loewenheim/Koch,* Teil 7.2.4.4.

[422] Nachweise bei *Schricker/Lowenheim,* § 16, Rdnr. 23; *Fromm/Nordemann,* § 16, Rdnr. 2.

[423] Zu diesen Begriffen *Loewenheim/Koch,* Teil 7.2.4.6 und 7.2.4.8.

[424] Hierzu vgl. die Neufassung des § 16 UrhG durch die Novellierung 2003, die sich bei der Definition des Vervielfältigungsrechtes an Art. 2 InfoRL orientiert. Zu Einzelheiten vgl. oben, Rdnr. 37 ff.

[425] Hierzu oben Rdnr. 43; Gesetzesentwurf, S. 41.

[426] Zum Ganzen, Gesetzesentwurf, S. 41/42.

[427] *Schricker/Loewenheim,* § 16, Rdnr. 23; *Koch,* GRUR 1997, 417 (425); *Loewenheim/Koch,* Teil 7.2.4.8.

[428] Zu kennzeichenrechtlichen Problemen der Hyperlinks, § 7, Rdnr. 281 ff.

sog. Hyperlink und wird entweder an eine andere Stelle derselben Website oder auf eine andere Website automatisch weitergeleitet, auf der sich dann die gesuchten Informationen befinden. Dabei bezeichnet der Begriff Hyperlink den aufrufbaren Hinweis sowie den Teil, auf den verwiesen wird. Dabei lassen sich unterschiedliche Arten von Hyperlinks unterscheiden. Beim **Inline-Link** wird eigenes oder Material von Dritten unmittelbar in die eigene Website integriert. Die eingebundenen Informationen erscheinen automatisch auf dem Bildschirm und damit auch als Bestandteil der betreffenden Website.[429]

Beim **Framing** wird die Website in mehrere Rahmen unterteilt. Der Nutzer hat 141 die Möglichkeit, die Informationen in einem der Rahmen selbstständig aufzurufen oder diese erscheinen automatisch, wobei immer nur ein Ausschnitt des fremden Dokumentes sichtbar wird.[430]

Der **Surface-Link** verweist den Nutzer auf die Eingangsseite der fremden Home- 142 page, während beim **Deep-Link** der Nutzer auf die tieferliegende Seite direkt verwiesen wird.[431] Inwiefern urheberrechtliche Verwertungsrechte beim Linking berührt sind, hängt von der Frage ab, wie der Hyperlink im Einzelnen ausgestaltet ist.

Beim Linking kann grundsätzlich sowohl das **Vervielfältigungsrecht** nach § 16 143 UrhG, als auch das **Bearbeitungsrecht** i.S.d. § 23 UrhG betroffen sein,[432] vorausgesetzt, die Website, auf die verwiesen wird, enthält urheberrechtlich geschützte Werke bzw. sonstige Schutzgegenstände.[433] Die Aktivierung des Hyperlinks, sei es durch den Nutzer oder automatisch über die Software des Inhabers der Website, setzt ein Ablegen der entsprechenden Website auf dem Arbeitsspeicher des Rechners des Nutzers voraus. Dies stellt eine Vervielfältigung i.S.d. § 16 UrhG dar,[434] sofern die übernommen Teile für sich urheberrechtsfähig sind,[435] die zwar vom Linksetzer nicht selbst vorgenommen, aber **kausal** herbeigeführt wird, was für eine Urheberrechtsverletzung genügt.[436] Sofern durch das Linking die fremde Website auch verändert wird, kann eine Bearbeitung i.S.d. § 23 UrhG vorliegen, die u.U. zustimmungspflichtig ist.

Die **Rechtsprechung** geht vom Grundsatz aus, dass jeder, der eine Website bzw. 144 Informationen ins Internet stellt bzw. zum Abruf verfügbar macht, mit Verweisen rechnen muss und grundsätzlich hiermit einverstanden ist, so dass eine konkludente **Zustimmung zur Vervielfältigung** vorliegt,[437] und somit die Vervielfältigung selber keinen Urheberrechtsverstoß darstellt. Von diesem Einverständnis nicht erfasst sind dann aber Links, bei denen kein vollständiger Wechsel zu der fremden Website erfolgt, sondern die urheberrechtlich geschützte Leistung auf der fremden Website erscheint, ohne dass klar wird, dass es sich um geschütztes Material eines Dritten

---

429 Zum Begriff *Plaß,* WRP 2000, 599 (599); *Leistner/Bettinger,* CR 1999, 1 (6); *Wiebe,* WRP 1999, 734 (735); a.A. *Koch,* GRUR 1997, 417 (430).

430 *Plaß,* WPR 2000, 599 (599).

431 *Plaß,* WRP 2000, 599 (600).

432 Zur Verletzung von Urheberpersönlichkeitsrechten vgl. Rdnr. 103/104.

433 Zu Einzelheiten hierzu, und insbesondere zum Schutz von Websites, oben Rdnr. 91 ff.

434 *OLG Köln,* ZUM 2001, 414 (417f.); *OLG Hamburg,* ZUM 2001, 512 (513).

435 *OLG Hamburg,* ZUM 2001, 512 (513).

436 So ausdrücklich *LG Hamburg,* CR 2000, 776 (778); s. auch *Plaß,* WPR 2000, 599 (601 f.) m.w.N.

437 *OLG Düsseldorf,* CR 2000, 184 (186); *LG Hamburg* CR 2000, 776 (777).

handelt.[438] Daher greifen, abhängig von der konkreten Gestaltung und dem Umfang des Verweises, Inline-Links und Deep-Links,[439] sowie u. U. auch das Framing, sofern der Hinwies auf eine fremde Website nicht deutlich wird, in das Urheberrecht ein.[440, 441]

145 Indem die Rechtsprechung bei der Frage der Zulässigkeit des Linkings auf die **konkludent erteilte Zustimmung** des Inhabers der Website abstellt, wird das weitere Schicksal des Linkings, welches im Internet weit verbreitet ist, letztlich von dem Willen des Inhabers der Website abhängig gemacht, der allerdings, beispielsweise im Urheberrechtsnachweis der Website, dem Linking ausdrücklich wiedersprechen kann, so dass dann auch jeder Nutzer eine rechtsverletzende Vervielfältigungshandlung vornehmen würde. Dies würde letztlich den Nutzer von Hyperlinks mit den unnötigen Risiken einer Urheberrechtsverletzung belasten. Besser wäre es von daher, Hyperlinks mit Fundstellennachweisen zu vergleichen, die folglich keine eigene Vervielfältigung vornehmen, sondern lediglich diese ermöglichen.[442] Auch wäre es möglich, Hyperlinks den Regeln des **Zitates** nach § 51 UrhG zu unterstellen, nach denen beispielsweise die Vervielfältigung von Teilen eines Werkes, hier von Teilen der Website, zulässig ist, sofern u. a. die Quelle angegeben ist.[443] Danach wären beispielsweise auch Deep-Links, Inline-Links und auch u. U. Frames nicht zulässig, wenn sich nicht deutlich ergibt, dass es sich bei den entsprechenden Inhalten der Verweise um Material eines Dritten handelt, und somit es an einer „Quellenangabe" fehlt.

5. Sound-/Picturesampling

146 Dem Berechtigten ist nicht nur die **Vervielfältigung** des gesamten Werkes vorbehalten, sondern auch von **Werkteilen,** selbst von kleinsten Teilen eines Werkes. Ob eine Urheberrechtsverletzung und somit ein Verstoß gegen § 16 UrhG vorliegt, richtet sich danach, ob die übernommenen Teile für sich Werkqualität haben.[444] Folglich können somit auch Nutzungshandlungen, wie das Soundsampling oder das Picturesampling, bei denen Teile auch von Werken übernommen werden, dem Rechteinhaber grundsätzlich vorbehaltene Vervielfältigungshandlungen sein, wenn die übernommenen Teile Werkqualität haben.[445]

---

438 *LG Hamburg,* CR 2000, 776 (777).

439 Zur Zulässigkeit von Deep-Links im Rahmen des Suchdienstes für Zeitungsartikel nach § 53 UrhG: *OLG Köln,* ZUM 2001, 414 (417 f.); a. A.: *OLG Hamburg,* ZUM 2001, 512 (513).

440 *LG Hamburg,* CR 2000, 776 (777), das allerdings die Zulässigkeit des Links von den Umständen des Einzelfalles abhängig machen will, und davon, ob eine stillschweigende Zustimmung zum Link vorliegt.

441 U. U. ist auch eine Urheberpersönlichkeitsverletzung gegeben, Einzelheiten hierzu Rdnr. 103/104.

442 *Loewenheim/Koch,* Teil 7.2.4.7.; *Koch,* GRUR 1997, 417 (430); *Bechthold,* ZUM 1997, 427 (433); *Ernst,* NJW-CoR 1997, 224; *Schricker/Loewenheim,* § 16 Rdnr. 22; *Boddien,* Mitt. 1999, 401 (406/407); *Garrote,* EIPR 2002, 184 (190 f.).

443 Zu Einzelheiten *Fromm/Nordemann/Vinck,* § 51, Rdnr. 4/5.

444 *OLG Frankfurt am Main,* CR 1997, 275 (276) – D-Info 2.0; *OLG Hamburg,* ZUM 2001, 512 (513); *Schricker/Loewenheim,* § 16, Rdnr. 14.

445 Hieran wird es wegen der Größe des übernommenen Teiles meist fehlen, vgl. oben Rdnr. 57; i. ü. *Bortloff,* ZUM 1993, 476 ff.; *Spieß,* ZUM 1991, 524 (525). Beim Soundsampling können im Übrigen auch die Rechte der Tonträgerhersteller nach § 85 Abs. 1 UrhG berührt sein, wenn die Übernahme von einem Tonträger erfolgt; vgl. hierzu *Hoeren,* in: FS Hertin, S. 113–132; *Bortloff,* ZUM 1993, S. 476.

6. Sonstige Online-Nutzungen

Nutzungshandlungen im Rahmen der Online-Nutzung, insbesondere das **öffentliche Zurverfügungstellen** zum interaktiven Abruf, wurden bislang in Anwendung des § 15 Abs. 2 UrhG dem **unbenannten Recht der öffentlichen Wiedergabe** unterstellt.[446] Durch diese extensive Auslegung des Rechtes der Werkverwertung in unkörperlicher Form, wurden unter das sog. unbenannte Recht die Verwertungshandlungen subsumiert, die sich aus der technischen Entwicklung ergeben. Hierzu zählt beispielsweise auch das Recht der öffentlichen Wahrnehmbarmachung geschützter Werke nach Abruf aus der Datenbank.[447] Mittlerweile ist durch die Einführung des § 19 a UrhG dem Urheber ausdrücklich das Recht der öffentlichen Zugänglichmachung zugeordnet. **147**

III. Neuordnung durch die Richtlinie „Urheberrecht in der Informationsgesellschaft" und durch die Novellierung des Urheberrechts 2003

In Umsetzung der WIPO-Verträge[448] und der EU-Richtlinie zum Urheberrecht in der Informationsgesellschaft,[449] wurde im Rahmen der Urheberrechtsnovelle 2003 sowohl das Recht des öffentlichen Zugänglichmachens als auch das Recht der öffentlichen Wiedergabe und des Wahrnehmbarmachens geregelt. § 19 a UrhG definiert das **Recht des öffentlichen Zugänglichmachens** als Recht, „das Werk drahtgebunden oder drahtlos der Öffentlichkeit in einer Weise zugänglich zu machen, dass es Mitgliedern der Öffentlichkeit von Orten und Zeiten ihrer Wahl zugänglich ist". Eine **inhaltsgleiche Bestimmung** findet sich für ausübende **Künstler, Tonträgerhersteller, Sendeunternehmer** und **Filmhersteller.**[450] Hierdurch soll klargestellt werden, dass das Vorhalten urheberrechtlich geschützter Werke und bestimmter Schutzgegenstände zum Abruf in digitalen Netzen dem ausschließlichen Verwertungsrecht des Berechtigten unterfällt, und somit die Nutzung im Rahmen von On-demand-Diensten.[451] Das Recht umfasst die **elektronische Werknutzung** in Form des **Abrufs** aus einer elektronischen Datenbank und das **Bereithalten** eines Werkes in einer Datenbank zum Zwecke der Übertragung auf Einzelabruf.[452] Das Recht umfasst **nicht** die Befugnis zur Vervielfältigung des Werkes, so dass der Anbieter neben dem genannten Online-Recht das Vervielfältigungsrecht zur Einspeisung auf seinen Server ebenfalls vor Nutzung und Bereithalten des Werkes im Netz zusätzlich erwerben muss.[453] Weiterhin wird das Recht der öffentlichen Wiedergabe um das Recht der (öffentlichen) Wiedergabe des öffentlich zugänglich gemachten erweitert, so dass hierunter auch die Wiedergabe mittels eines Bildschirms in einem Schaufenster eines vorher zum Abruf ins Netz gestellten Werkes fällt.[454] **148**

---

[446] *Fromm/Nordemann,* § 20, Rdnr. 2, *Schricker,* S. 133/134; vgl. oben Rdnr. 134 a.

[447] Das Vorführrecht i. S. d. § 19 könnte angesichts der beschränkten Geltung keinen ausreichenden Schutz geben; *Schricker/Loewenheim,* § 15, Rdnr. 22.

[448] Art. 8 WCT und Art. 10 und 14 WPPT, vgl. hierzu,. oben Rdnr. 18 ff.

[449] Art. 3 InfoRL, zu Einzelheiten vgl. oben Rdnr. 24 ff.

[450] §§ 78, 85, 87 und 94 UrhG.

[451] Hierzu die Begründung zum Gesetzesentwurf, S. 38/39, zu Einzelheiten, oben Rdnr. 38 ff.

[452] Zu dieser Unterscheidung *Schricker/v. Ungern-Sternberg,* § 15, Rdnr. 23 ff. Zum Verständnis der Richtlinie vgl. *Reinbothe,* GRUR 2001, 733 (736).

[453] *Moritz/Dreier/Dreier/Buhrow,* Teil B, Rdnr. 812.

[454] Gesetzesentwurf, S. 39.

149 Aufgrund der Einführung des § 19a UrhG stellt sich die Frage der **Einordnung verschiedener Dienste** unter dieses Recht oder das Senderecht. Hierzu gehören die sog. **Pull- oder Pushdienste,** bei denen die Inhalte dem Anwender übermittelt werden, sowie das Webcasting, d.h. **Internetradio** bzw. **Internetfernsehen.** Da diese Dienste meist bereits unter das Senderecht fallen ist ein Rückgriff auf das Online-Recht nicht notwendig, und im Übrigen auch nicht angezeigt, da diese Dienste nicht interaktiv wirken, sondern der Inhalt des Abrufs für die Gesamtheit der Öffentlichkeit auch vom Zeitpunkt der Sendung vorgegeben ist.[455]

150 Da **Verbreitung** i.S.d. § 17 UrhG zwingend an ein körperliches Exemplar des Werkes gebunden ist, berührt die Online-Nutzung von Datenbanken das Verbreitungsrecht nicht. Folglich stellen Nutzungshandlungen im Zusammenhang mit Datenbanken, bei denen der Anwender interaktiv mit der Datenbank kommuniziert und die geforderten Daten abruft keine Verbreitung dar.[456] Da sich die entsprechenden Nutzungshandlungen vor der Novellierung 2003 unter die bestehenden Verwertungsformen, wie Senderecht, öffentliche Wiedergabe – insofern fehlte es nach Stimmen in der Literatur an einer Gleichzeitigkeit der Wiedergabe an die Öffentlichkeit beim Abruf, da sich das Angebot an jeweils nur einen Anwender wendet[457] – nur schwer einordnen lassen und wegen der Systemwidrigkeit auch eine analoge Anwendung des § 17 auf die Online-Nutzung ausscheidet,[458] erweiterten die WIPO-Verträge und die EU-Richtlinie zum Urheberrecht in der Informationsgesellschaft die Verwertungsrechte des Urhebers ausdrücklich um ein Online-Recht bzw. Recht des öffentlichen Zugänglichmachens,[459]das nunmehr in § 19a UrhG enthalten ist.[460]

151 Weiterhin wurde durch die Novellierung die **Definition des Vervielfältigungsrechtes** in § 16 UrhG neu gefasst, wodurch klargestellt wird, dass auch die vorübergehende Vervielfältigung unter § 16 UrhG fällt. Gleichzeitig werden aber in § 44a UrhG **Ausnahmen vom Vervielfältigungsrecht** normiert, nach denen bestimmte technisch notwendige und begleitende Vervielfältigungshandlungen vom Verbotsrecht ausgenommen werden. Dadurch werden z.B. Vervielfältigungshandlungen, wie das Browsing, Caching und Hosting ausgenommen.[461]

I. Schranken des Urheberrechts

152 Die oben im Einzelnen dargestellten urheberrechtlichen Nutzungsbefugnisse unterliegen einer Vielzahl von Beschränkungen. Im Bereich der Internet- bzw. Online-Nutzung ist insbesondere die Schranke zugunsten privater Vervielfältigung sowie aktuell die Anwendung der Schranke des § 49 UrhG auf elektronische Pressearchive von Bedeutung.

---

455 Hierzu im Einzelnen, oben Rdnr. 32ff.; a.A. *Moritz/Dreier/Dreier/Buhrow,* Teil B, Rdnr. 812.

456 *Fromm/Nordemann,* § 17, Rdnr. 7; *Schricker/Loewenheim,* § 17, Rdnr. 5; *Loewenheim,* GRUR 1996, 830 (835); *Schack,* Rdnr. 421; *Bechthold,* ZUM 1997, 427 (431); *Kilian/Heussen/Hoeren,* Teil 141, Rdnr. 12; Differenzierend *Hoeren,* CR 1996, 516 (518).

457 Hierzu, oben Rdnr. 134a.

458 *Schricker/Loewenheim,* § 17, Rdnr. 5; *Schricker,* S. 134ff.

459 Art. 8 WCT und Art. 3 InfoRL, zu Einzelheiten oben Rdnr. 51.

460 Hierzu oben Rdnr. 38.

461 Zu der Regelung in der Richtlinie zum Urheberrecht in der Informationsgesellschaft, die durch § 44a UrhG umgesetzt wird, *Dreier,* ZUM 2002, 28 (29); *Flechsig,* ZUM 2002, 1 (5); einschränkend *Spindler,* GRUR 2002, 105 (111), für das Hosting und Caching.

I. Schrankensystematik des Urheberrechtsgesetzes

In den Fällen, in denen der Gesetzgeber den Interessen der Allgemeinheit den Vorrang gegenüber denen der Berechtigten gegeben hat, hat er die nach dem UrhG generalklauselartig gewährten Verwertungsrechte beschränkt. Diese Beschränkungen[462] sind Ausnahmen von den Verwertungsrechten – eine Beschränkung der Persönlichkeitsrechte ist nicht vorgesehen – und somit **eng auszulegen.**[463] Die Einschränkungen der Rechte sind unterschiedlich stark ausgestaltet.[464] Neben der ersatzlosen **Aufhebung des Rechts,**[465] ist bei der gesetzlichen[466] und der **Zwangslizenz**[467] die Nutzung gegen **Zahlung** einer **Vergütung** zulässig, wobei nur bei der Zwangslizenz die vorherige Einwilligung des Berechtigten, die dieser zu erteilen hat, erforderlich ist. Die entsprechenden Rechte werden durch die Aufhebung des Verbotscharakters zu Vergütungsansprüchen. Schließlich wird das Recht auch dadurch beschränkt, dass es der Wahrnehmung durch eine Verwertungsgesellschaft unterstellt wird.[468] Da aber die Verwertungsgesellschaften über § 11 WahrnG einem Kontrahierungszwang unterliegen, bewirkt die Verwertungspflichtigkeit der Rechte im Ergebnis, dass diese zu **reinen Vergütungsansprüchen** werden. Die Verwertungsgesellschaft ist nämlich nicht in der Lage, den Verwertern die Nutzung der von ihr wahrgenommenen Rechte zu verweigern.[469] 153

Die klassischen Schranken der §§ 45 ff. UrhG sind im **digitalen Bereich** um **weitere Schranken** erweitert worden. Diese betrafen zunächst die Bestimmungen für Computerprogramme[470] und Datenbankwerke[471] und gehen auf entsprechende Bestimmungen in den EG-Richtlinien zurück.[472] Angesichts der durch die digitalen Nutzungsmöglichkeiten gerade im Bereich des Internets und der Online-Nutzung neuen Quantität und Qualität der Werknutzung, wurde schon früh das Bedürfnis zur Anpassung der Schrankenbestimmungen gesehen.[473] Folglich sieht dann auch die **EG-Richtlinie** zum Urheberrecht in der Informationsgesellschaft eine Reihe von Schrankenregelungen vor, von denen aber nur die Freistellung vom Vervielfältigungsrecht für flüchtige und vorübergehende Vervielfältigungshandlungen, insbesondere dem Übertragungsvorgang dienen, zwingend ist.[474] Die Urheberrechtsno- 154

---

[462] Für Inhaber sonstiger Schutzgegenstände gelten dieselben Schrankenregelungen, vgl. § 72 Abs. 1 UrhG (Lichtbildner), § 84 UrhG (ausübende Künstler), § 85 Abs. 3 UrhG (Tonträgerhersteller) und § 94 Abs. 4 UrhG (Filmhersteller).

[463] *BGHZ* 50, 147 (152/153) – *Kandinsky,* I; *BGHZ* 58, 262 (265) – Landesversicherungsanstalt; *BGHZ* 114, 368 (371) – Liedersammlung; *BGHZ* 123, 149 (155/156); *BGHZ* 126, 313 (317) – Museumskatalog; Einzelheiten bei *Fromm/Nordemann,* vor § 45, Rdnr. 3; *Schricker/Melichar,* Vor §§ 45 ff., Rdnr. 15.

[464] Zu Einzelheiten *Schricker/Melichar,* vor §§ 45 ff., Rdnr. 6.

[465] §§ 45, 47, 50, 51, 55, 56, 58, 59, 60 sowie teilweise in 52 und 53 UrhG.

[466] §§ 46, 47, 49, teilweise 52 und 53 i. V. m. 54 UrhG.

[467] Die Zwangslizenz findet sich nur in § 61 UrhG; vgl. oben Rdnr. 47.

[468] § 20 b Abs. 1 UrhG.

[469] Zu Einzelheiten, vgl. unten Rdnr. 217 ff. zur Kritik an dem Kontrahierungszwang des Wahrnehmungsgesetzes, vgl. *Wirtz,* S. 84.

[470] §§ 69 d und 69 e UrhG.

[471] § 87 c UrhG.

[472] Einzelheiten bei *Schricker/Melichar,* vor §§ 45 ff., Rdnr. 5 a.

[473] Einzelheiten bei *Schricker,* S. 178–180; *Schricker/Melichar,* vor §§ 45 ff., Rdnr. 5 a.

[474] Art. 5 Abs. 1 InfoRL; vgl dazu Rdnr. 30 ff.

velle 2003 macht nur in geringem Umfang von der Umsetzungsmöglichkeit der Schrankenregelungen Gebrauch.[475] Insbesondere werden die im Bereich der Internet- bzw. Online-Nutzung berührten Fragen der Reichweite der Schranke zugunsten der privaten Vervielfältigung sowie der Anwendbarkeit des § 49 UrhG auf elektronische Pressearchive ausgeklammert.[476]

II. Vervielfältigung zum privaten Gebrauch und sonstigen Zwecken

155 Der privaten Vervielfältigung kommt im Bereich der Internetnutzung eine besondere Bedeutung zu. Sofern die Vervielfältigung durch die Ausnahmevorschriften der §§ 53 und 54 UrhG gedeckt ist, ist grundsätzlich die Vervielfältigung digitaler Werke ohne Qualitätsverlust zulässig. Daher können nicht nur beliebig viele Dateien heruntergeladen[477] und hiervon Vervielfältigungsstücke hergestellt werden, diese können auch in analoger Form und über das Internet in einem Umfang vertrieben werden, der durch die Schranke nicht gedeckt ist. Die private Vervielfältigung gewinnt auf diesem Weg im Internet eine neue Dimension.[478] § 53 UrhG enthält eine Reihe von Ausnahmetatbeständen für die Vervielfältigung zum privaten Gebrauch und sonstigen eigenen Zwecken. Die betroffenen Regelungen sind durch die Novellierung 2003 insbesondere dahingehend klargestellt worden, dass sie auch auf die digitale Vervielfältigung Anwendung finden.[479] Die für die Internetnutzung vornehmlich einschlägigen Tatbestände werden nachfolgend behandelt.

156 Zunächst erlaubt § 53 Abs. 1 UrhG die Vervielfältigung auf beliebigen Trägern, d.h. analog und digital zum **persönlichen Gebrauch.** Danach darf man, mit einzelnen Ausnahmen, wie für Computerprogramme und Datenbanken,[480] fast alles vervielfältigen.[481] Da auch das Herunterladen aus dem Netz, das Ablegen im Arbeitsspeicher und das Ausdrucken auf Papierform eine Vervielfältigungshandlung darstellt, ist entsprechend das Herunterladen, Speichern, etc., von Musik-, Text- und auch Bilddateien, nicht aber von Datenbanken oder Teilen von diesen aus dem Netz möglich,[482] vorausgesetzt, die Vervielfältigung erfolgt ausschließlich zu privaten Zwecken, wobei eine Vervielfältigung auch durch einen Dritten unter den Voraussetzungen des § 53 Abs. 1 2. HS UrhG möglich ist, d.h. wenn dies unentgeltlich geschieht. Bei der Vervielfältigung in analoger Form ist die Unentgeltlichkeit nicht unbedingt Voraussetzung.[483] Nicht erforderlich ist, dass das Originalwerk Eigentum des Vervielfältigers ist, wohl aber muss das Vervielfältigungsstück rechtmäßig erworben werden, so dass eine Vervielfältigung von Raubkopien folglich nicht gedeckt ist.[484] Die zulässigen Vervielfältigungshandlungen sind ausschließ-

---

[475] Zu Einzelheiten des Gesetzesentwurfes, vgl. oben Rdnr. 37 ff.

[476] Insofern hat der Gesetzgeber wohl auf eine Klarstellung durch den BGH vertraut, Rdnr. 166.

[477] Wobei die Vervielfältigung aber auf einzelne Stücke eines Werkes nach § 53 Abs. 1 UrhG beschränkt ist; zwischen 3 und 7 Exemplaren, vgl. *Fromm/Nordemann,* § 53, Rdnr. 3 m.w.N.

[478] *Nordemann, A./Goddar/Tönhardt/Czychowski,* CR 1996, 645 (649).

[479] Gesetzesbegründung, S. 47–49, insofern wird Art. 5 Abs. 2 und 3 InfoRL umgesetzt.

[480] §§ 87c und 69c–e UrhG.

[481] Zur Neuregelung des § 53 Abs. 1 UhrG nach dem erst im Vermittlungsausschuss gefundenen Kompromiss vgl. unten § 13, Rdnr. 215 f.

[482] *Schricker,* 165; *Fromm/Nordemann,* § 53, Rdnr. 5.

[483] Nach der Gesetzesbegründung soll von daher der Befugte Kopien im Wege der Reprographie auch entgeltlich durch einen anderen herstellen lassen dürfen, Gesetzesbegründung, S. 48.

[484] *Fromm/Nordemann,* § 53, Rdnr. 4; *KG* GRUR 1992, S. 168 (169) – Dia-Kopien.

lich auf den privaten Gebrauch beschränkt. Privater Gebrauch ist der Gebrauch **in der Privatsphäre** des durch die eigene Person oder persönlich verbundenen Dritten zur Befriedigung rein persönlicher Interessen.[485] Dabei können nur natürliche Personen sich auf privaten Gebrauch berufen. Auch darf der private Gebrauch **keinen beruflichen** oder erwerbswirtschaftlichen **Zwecken** dienen, sondern nur privaten.[486]

Nach § 53 Abs. 2 UrhG ist die Vervielfältigung zum **sonstigen eigenen Gebrauch** 157
unter bestimmten Umständen zulässig. Dies setzt voraus, dass die Vervielfältigung dem eigenen Gebrauch und zu einem der in § 53 Abs. 2 Nr. 1 bis 4 UrhG geregelten Gebrauchszwecke dient und nur einzelne Vervielfältigungsstücke[487] hergestellt werden.[488] Der eigene Gebrauch umfasst auch den Einsatz zu beruflichen oder erwerbswirtschaftlichen Zwecken und deckt somit den internen Gebrauch durch Unternehmen und Behörden, Universitäten und Angehörige freier Berufe ab. Der eigene Gebrauch scheidet aber aus, wenn die Weitergabe an Dritte erfolgt oder beabsichtigt ist. Somit stellt die Einspeicherung, Bearbeitung und Ausgabe von Werken in Datenbanken, durch Recherche- und Dokumentationsunternehmen, keinen eigenen Gebrauch dar. Dasselbe gilt, wenn Werke in für Dritte, beispielsweise über das Internet, zugänglichen Datenbanken eingegeben werden.[489] Auch ist das Online-**Angebot** und die **Online-Recherche** von Bibliotheken durch § 53 UrhG nicht gedeckt.[490] Der Umstand, dass der Dritte das Werk dann für den eigenen Gebrauch nutzt, reicht nicht aus. Die erforderliche enge Auslegung knüpft nicht an die Verwendung zum eigenen Gebrauch, sondern bereits an die Herstellung an, wobei das Vervielfältigungsstück dann zum eigenen Gebrauch verwendet wird. Durch diese Beschränkung wird ausgeschlossen, dass Unternehmen, die Werke zusammenstellen, die dann von Dritten zum eigenen Gebrauch verwendet werden, sich auf § 53 UrhG berufen können.[491] Somit sind Nutzungsvorgänge im Rahmen der Online-Recherche auch grundsätzlich für den Anbieter und Nutzer vergütungspflichtig.

Der **eigene Gebrauch nach § 52 Abs. 2 UrhG** umfasst neben dem Gebrauch zu 158
eigenen **wissenschaftlichen Zwecken** (§ 53 Abs. 2 Nr. 1 UrhG), und zu sonstigen eigenen Zwecken (§ 53 Abs. 2 Nr. 4 a), die **Aufnahme in ein Archiv** (§ 53 Abs. 2 Nr. 2 UrhG). Der Gebrauch zu eigenen, wissenschaftlichen Zwecken will vor allem die Wissenschaft privilegieren, so dass der Abruf und das Downloaden von Werken aus dem Internet zu eigenen wissenschaftlichen Zwecken gedeckt ist, vorausgesetzt, die Vervielfältigung ist geboten.[492] Auch können Zeitungen- und Zeitschriftenbei-

---

485 *BGH* GRUR 1978, 474 (475) – Vervielfältigungsstücke.

486 *BGH* GRUR 1993, 899 (900) – Dia-Duplikate; *KG* GRUR 1992, 168 (169) – Dia-Kopien; *Hoeren/Sieber/Loewenheim,* Teil 7.4., Rdnr. 9.

487 Höchstens 7 Vervielfältigungsstücke, s. *BGH* GRUR 1978, 474 (476) – Vervielfältigungsstücke und *Fromm/Nordemann,* § 53, Rdnr. 3 m. w. N.

488 *Hoeren/Sieber/Loewenheim,* Teil 7.4., Rdnr. 14.

489 *Hoeren/Sieber/Loewenheim,* Teil 7.4., Rdnr. 15.

490 *Fromm/Nordemann,* § 53, Rdnr. 2; entgegen *OLG München,* ZUM 1997, S. 136 (138 ff.).

491 Zum Ganzen *BGH,* GRUR 1997, 459 (461 ff.) – CB-Infobank I, *BGH,* GRUR 1997, S. 464 (466) – CB-Infobank II; *OLG Frankfurt am Main,* GRUR 1996, 351 – Infobank; *OLG Düsseldorf,* CR 1996, 728; *LG Hamburg,* CR 1996, 734; *Hoeren/Sieber/Loewenheim,* Teil 7.4., Rdnr. 20/22; Der Vorgang ist auch nicht durch das Herstellenlassen im Sinne dieser Vorschrift gedeckt, vgl. z. B. *Schricker/Loewenheim,* § 53, Rdnr. 20.

492 *Fromm/Nordemann,* § 53, Rdnr. 6; *Schricker/Loewenheim,* § 53, Rdnr. 22/23.

träge sowie kleine Teile[493] von Büchern zum sonstigen eigenen Gebrauch vervielfältigt und somit auch aus dem Internet abgerufen und gespeichert werden. Schließlich ist nach § 53 Abs. 2 Nr. 2 UrhG auch die Aufnahme in ein eigenes Archiv gedeckt, vorausgesetzt, die Archivierung, d.h. Sammlung und Erschließung des Materials, dient der Bestandssicherung und der betriebsinternen Nutzung.[494] Diese Voraussetzungen sind eng auszulegen, so dass durch die Vorschrift weder der Aufbau eines Archives zur Nutzung durch Dritte[495] fällt, noch die Erstellung von Archiven zur Überlassung an Dritte, da es sich um ein betriebsinternes Archiv handeln muss. Auch ist durch § 53 UrhG nicht die Archivierung im Rahmen von sog. elektronischen Inhouse-Kommunikationssystemen[496] geschützt, bei denen Werke in einer Datenbank festgelegt werden, und innerhalb eines geschlossenen, beispielsweise betriebsinternen, Netzwerkes, den Nutzern zur Verfügung stehen, da hierdurch weitere vergütungspflichtige Nutzungsvorgänge ermöglicht werden.[497]

159 Die Aufnahme in ein **elektronisches Archiv** ist durch § 53 Abs. 2 UrhG gedeckt, wenn dies zum eigenen Gebrauch geschieht, nur einzelne Vervielfältigungsstücke dabei hergestellt, und vor allem nicht Dritten zugänglich gemacht werden. Der Abruf aus einem elektronischen Archiv ist dagegen unter den engen Voraussetzungen des § 53 UrhG, also beispielsweise zu Archivzwecken oder zum eigenen wissenschaftlichen Gebrauch, möglich.[498] Nach **§§ 54 und 54a UrhG** besteht gegen den Hersteller und Importeur von Geräten und von Bild- und Tonträgern, die eine nach § 53 UrhG freigestellte Vervielfältigung ermöglichen, ein **Anspruch auf Vergütung.** Diese sog. **Geräte- bzw. Betreiberabgabe** wird für jedes einzelne Gerät fällig, wobei sich die Höhe der Abgabe nach § 54d UrhG bestimmt. Zu den vergütungspflichtigen Geräten und Datenträgern gehören diejenigen, durch die Vervielfältigungen ermöglicht werden. Im digitalen Bereich zählen hierzu auch digitale Aufnahme- und Speichermedien, wie Readerprinter,[499] Scanner,[500] CD-Brenner[501] und letztlich auch Computer[502] sowie Drucker.[503]

III. Vervielfältigung und Gebrauch zu privaten Zwecken: Das Beispiel „Napster"

160 Die Musiktauschbörse Napster hat eine neue Form des Vertriebs und der Verwertung von Musik im Internet ermöglicht und die Musikindustrie herausgefor-

---

493 Zwischen 10 und 20% des Buches; vgl. *Schricker/Loewenheim*, § 53 Rdnr. 31.

494 *Schricker/Loewenheim*, § 53 Rdnr. 25, *BGH* GRUR 1997, S. 459 (461) – CB-Infobank I, Gesetzesbegründung, S. 49.

495 *BGH*, GRUR 1997, S. 459 (461) – CB-Infobank I; *LG Hamburg*, CR 1996, 734.

496 *OLG Düsseldorf*, CR 1996, S. 728 (729/730); *LG Hamburg*, CR 1996, 734 (735).

497 Zum Ganzen, *Schricker/Loewenheim*, § 53, Rdnr. 24ff.; *Hoeren/Sieber/Loewenheim*, Teil 7.4, Rdnr. 23ff.

498 Zum Ganzen *Hoeren/Schricker/Loewenheim*, Teil 7.4., Rdnr. 39ff.; zur Zulässigkeit des Browsens und Caching in diesem Zusammenhang, Rdnr. 42.

499 *BGH* GRUR 1993, 553 (554) – Readerprinter; *Schiedsstelle beim DPMA*, ZUM 1988, 353.

500 *Schiedsstelle beim DPMA*, ZUM 1996, 909; *LG Düsseldorf*, ZUM-RD 1997, 513.

501 *BGH* CR 2002, 176 – Scanner, mit Anm. *Poll*.

502 *Wandtke*, GRUR 2002, 1 (7).

503 *Schricker/Loewenheim*, § 54a UrhG, Rdnr. 9; Vergütungsbericht der Bundesregierung in UFITA 2000/691 (741). Die entsprechende Vergütungspflicht ist allerdings umstritten, etwa Pressemitteilung des Bundesministeriums der Justiz vom 1. 3. 2002 [abrufbar, unter http://ww.bmj.de; abgerufen am 25. 3. 2002].

dert.[504] Die durch die Musiktauschbörsen entstandenen Umsatzeinbußen werden auf mehrere 100 Millionen Euro geschätzt.[505] Technische Grundlage einer Musiktauschbörse ist die MP3-Technik, die vom Erlanger Fraunhofer Institut entwickelt wurde. Die MP3-Technik ermöglicht die Komprimierung von digitalen Dateien in einem erheblichen Umfange, so dass beispielsweise umfangreiche Musikdateien auf ein Mindestmaß verringert, und dann innerhalb kurzer Zeit über das Internet verschickt, heruntergeladen werden können etc. Die **MP3-Technik** erleichtert somit auf der einen Seite der Musikindustrie den Auf- bzw. Ausbau neuer Vertriebswege von Musik über das Internet, wie beispielsweise das Music on demand,[506] auf der anderen Seite aber ermöglicht sie auch die Musikpiraterie in erheblichem Umfange. Ohne die MP3-Technologie würden Musiktauschbörsen und Filesharing-Systeme nicht funktionieren.[507]

Musiktauschbörsen, wie Napster, funktionieren wie folgt:[508] Über einen **zentralen Server** wird dem Nutzer eine Software zum kostenlosen Herunterladen angeboten, durch die der Nutzer dann an der Musiktauschbörse teilnehmen kann. Mit dem Herunterladen und Anmelden bei Napster wird der eigene Computer des Nutzers auch zum Server, da die auf der eigenen Festplatte im MP3-Format abgelegten Musikdateien jedem Napstermitglied zum Herunterladen zur Verfügung stehen. Ist der Nutzer einmal bei Napster angemeldet und hat die Software installiert, so steht ihm eine Suchfunktion zur Verfügung durch die er einen Musiktitel suchen lassen kann, um ihn dann von dem jeweiligen PC des Napstermitgliedes herunterzuladen. Dabei findet aber kein Tausch statt, da der eine Anwender an den anderen nichts weggibt, was er nach dem Tausch dann selber nicht mehr hat, sondern ein Kopieren der Datei auf dem eigenen PC, mit dem Ergebnis, dass nach dem Kopiervorgang jeder der Anwender die Datei auf dem eigenen PC gespeichert hat. Der Begriff „Musiktauschbörse" ist somit irreführend, da es die involvierten Handlungen nicht richtig erfasst.[509] 161

Die Musikindustrie, voran die amerikanische, hat **rechtliche Schritte** gegen Napster eingeleitet, so dass das Filesharing, welches durch Napster ermöglicht wird, von dem angerufenen Gericht als **Urheberrechtsverletzung** angesehen wurde.[510] Auch in Deutschland erging eine entsprechende Entscheidung.[511] Napster hat seinen Dienst eingestellt und wird erst wieder ans Netz gehen, wenn eine Software 162

[504] Vgl. aus der umfangreichen Literatur zur Zulässigkeit von Musiktauschbörsen die Kontroverse bei *Kreutzer,* GRUR 2001, 193 (Teil 1) und 307 (Teil 2), und *Braun* GRUR 2001, 1106; des Weiteren *Mönkemöller,* GRUR 2000, 663; *Bosak,* CR 2001, 176; *Leupold,* ZUM 2000, 379; *Frey,* ZUM 2001, 466 und unten § 13, Rdnr. 208 ff., 215 f.

[505] Der Bundesverband der Phonetischen Wirtschaft schätzt den Schaden durch deutsche Websites auf DM 20 Millionen für das Jahr 1998; Nachweis bei *Leupold/Demisch,* ZUM 2000, 379 (379).

[506] Hierzu *Haller,* S. 2 f. allgemein auch Boehme-Neßler, S. 164.

[507] Für die Komprimierung von Filmen kann die DIVX-Technik verwendet werden, die ähnlich wie die MP3-Technik für Musikstücke, das Einspeisen und Verwenden von ganzen Filmen im Internet ermöglicht; vgl. *Wandtke,* GRUR 2002, 1 (4).

[508] Nach *Braun,* GRUR 2001, 1106 (1106); zur Technik *Schwarz/Stolberg,* Teil 3–2.5., 5/6.

[509] *Braun,* GRUR 2002, 1106 (1106); andere Filesharing-Systeme, wie Gnutella, funktionieren im Gegensatz zu Napster dezentral, da sie nicht über einen zentralen Rechner laufen; Einzelheiten bei *Kreutzer,* GRUR 2001, 195/196.

[510] *US Court of Appeal 9th Circuit,* A&M Records, Inc. and other v. Napster Inc. GRUR Int. 2001, 355 ff. – Napster II; dazu *Frey,* ZUM 2001, 466 ff.; *Nimmer,* CR 2001, 46 ff.

[511] *LG Hamburg,* CR 2001, 477 (Leitsatz).

installiert ist, die das urheberrechtsverletzende Herunterladen von Musikdateien verhindert.[512]

163 Die mit dem Napster-Angebot im Zusammenhang stehenden Handlungen lassen sich nach **deutschem Urheberrecht,** wie folgt einordnen. Zunächst ist das Erstellen einer MP3-Datei, wie jede Festlegung in analoger oder digitaler Form,[513] als Vervielfältigung i. S. d. § 16 UrhG anzusehen.[514] Das anschließende Zurverfügungstellen zum Herunterladen durch einen anderen Napster-Anwender wurde überwiegend als unbenanntes Recht der öffentlichen Wiedergabe[515] angesehen,[516] und fällt nach der Novellierung des deutschen Urheberrechts 2003 unter das Recht der öffentlichen Zugänglichmachung.[517] Das Herunterladen auf den eigenen Server des „Tauschenden" nach dem Zugriff auf die Datei des Anbieters stellt wiederum eine Vervielfältigung nach § 16 UrhG dar.[518] Da die genannten Nutzungshandlungen unentgeltlich und im Rahmen der privaten PCs der Nutzer erfolgte, ist diskutiert worden, ob die dargestellten Handlungen durch die **Schrankenregelung** der §§ 45 ff. UrhG **privilegiert** sind. Eine solche Privilegierung scheitert aber bereits daran, dass die Vervielfältigung durch Komprimierung auf MP3-Format nicht zum Privatgebrauch erfolgt, sondern dazu, die Datei zum „Tausch" vorzubereiten, und somit diese nicht durch § 53 UrhG gedeckt ist, so dass hierfür die Zustimmung des Rechteinhabers erforderlich ist. Erfolgt die Komprimierung ohne Zustimmung des Rechteinhabers, so handelt es sich bei der zum Abruf und Download erstellten MP3-Musikdatei um eine **Raubkopie,** so dass eine Privilegierung der weiteren Nutzungshandlungen bereits deshalb ausscheidet, da sie sich auf ein illegales Vervielfältigungsstück beziehen.[519] Folglich verstoßen die mit Napster zusammenhängenden Nutzungshandlungen auch gegen deutsches Urheberrecht.[520]

IV. Elektronische Pressearchive

164 Nach § 49 Abs. 1 UrhG ist die **Vervielfältigung** und **Verbreitung** von Artikeln aus Zeitungen, Zeitschriften und sonstigen Informationsdruckschriften, wie auch Rundfunkkommentaren, in anderen Zeitungen und Informationsblättern zulässig, sofern die Artikel politische, wirtschaftliche oder religiöse **Tagesfragen** betreffen. Die Freistellung bezieht sich auf Werke i. S. d. § 2 UrhG. Sofern Nachrichten und Tagesneuigkeiten die Schutzanforderungen nicht erfüllen, ist deren Verwendung ohnehin frei.[521]

---

[512] DER SPIEGEL, 13/2002, 81.

[513] Hierzu oben, Rdnr. 135 ff.

[514] *Leupold/Demisch,* ZUM 2000, 379 (381/382); *Mönkemöller,* GRUR 2000, 663 (667).

[515] Allgemein hierzu Rdnr. 134.

[516] *Braun,* GRUR 2001, 1106 (1106); a. A.: *Leupold/Demisch,* ZUM 2000, 379 (382).

[517] Allgemein hierzu, oben Rdnr. 147, i. Ü. auch *Braun,* GRUR 2001, 1106 (1106 f.).

[518] *Mönkemöller,* GRUR 2001, 663 (667).

[519] Im Ergebnis auch *Leupold/Demisch,* ZUM 2000, 379 (382 f.); *Mönkemöller,* GRUR 2000, 663 (667 f.); *Braun,* GRUR 2001, 1106 (1107–1110); *Bosak,* CR 2001, 176 (181) und auch unten § 13, Rdnr. 215 f.

[520] Zu allgemeinen Haftungsfragen, so beispielsweise der von Napster Inc., vgl. *Braun,* GRUR 2001, 1106 (1110 f.) und § 4.

[521] *Fromm/Nordemann,* § 49; Rdnr. 2.

Nach § 49 Abs. 1 UrhG ist die Übernahme von einzelnen Artikeln, d.h. Sprachwerken,[522] zulässig, nicht aber die Übernahme ganzer Zeitungen.[523] Da es für den Begriff Zeitung auf die Aktualität und den Informationsgehalt ankommt, können somit nach richtiger Ansicht auch **Online-Zeitungen** unter den Begriff fallen,[524] so dass die Entnahme von Artikeln auch aus Online-Zeitungen zulässig sein kann.

Sofern die Voraussetzungen für das übernehmende Werk vorliegen, können die Artikel in Zeitungen und Informationsblättern dieser Art, die ausschließlich Tagesinteressen dienen,[525] übernommen werden. Die Übernahme darf allein zum Zwecke der aktuellen Information erfolgen, nicht aber zu anderen Zwecken, wie beispielsweise zur Werbung.[526] Ist die Übernahme nach § 49 UrhG zulässig, so ist nach § 49 Abs. 2 UrhG ein **Vergütungsanspruch** zu zahlen, der nur von einer **Verwertungsgesellschaft,** der VG Wort, geltend gemacht werden kann. Die Vergütungspflicht entfällt nach § 49 Abs. 1, S. 2 UrhG, wenn lediglich kurze Auszüge aus mehreren Kommentaren oder Artikeln in Form einer Übersicht übernommen werden. Bei jeder Form der Übernahme ist nach § 63 Abs. 3 UrhG die Quelle anzugeben. Unter den Voraussetzungen des § 49 Abs. 1 UrhG ist es somit zulässig, Auszüge von Presseartikeln ins Internet zu stellen.[527] 165

Der Anwendungsbereich des § 49 UrhG im Bereich von Pressespiegeln war in der Vergangenheit wenig klar. Umstritten war, ob § 49 UrhG in den Fällen anwendbar ist, in denen Zeitungsartikel in Presseschauen, etwa in Tageszeitungen, Verwendung finden. Auch ist die Wiedergabe von Nachrichten tatsächlichen Inhalts grundsätzlich zulässig, da der Nachrichteninhalt als solcher dem Urheberrechtsschutz nicht untersteht.[528] Umstritten war aber die Anwendung des § 49 Abs. 1 UrhG auf so genannte Pressespiegel. Unter Pressespiegel ist die Zusammenstellung von Artikeln aus Zeitungen und auch Wochenspiegeln zu verstehen, die z.B. themenorientiert bestimmten Institutionen, wie Unternehmen und Verbänden, zur Verfügung gestellt werden. Dabei können diese sowohl intern in der Institution selber erstellt, als auch extern durch Dritte zusammengefasst und der Institution dann zur Verfügung gestellt werden (interner und externer Pressespiegel). Auch ist sowohl ein Pressespiegel in analoger Form als Papierausdruck als auch in digitaler Form als elektronischer Pressespiegel durch Einscannen und entsprechendes Zurverfügungstellen durch Intra- und auch Internet möglich.[529] Der BGH hat sich in seiner Entscheidung **Elektronischer Pressespiegel**[530] ausführlich mit der Frage der Anwendbarkeit des § 49 Abs. 1 UrhG auf 166

---

[522] Sofern der Artikel darüber hinaus auch Photographien oder Zeichnungen enthält, ist deren Übernahme nicht zulässig; vg. *Hoeren,* 145. Entsprechende Rechte können aber von der VG Bild-Kunst oder einen anderen VG erworben werden, vgl. *Schricker/Melichar,* § 49, Rdnr. 19.

[523] Unter Zeitungen und sonstigen Informationsblättern sind hauptsächlich Tageszeitungen und u.U. auch Wochenzeitungen, nicht aber Monatszeitungen zu verstehen, da diese weniger den Tagesinteressen dienen. S. *Fromm/Nordemann,* § 49, Rdnr. 3; *Hoeren/Sieber/Raue/Heagemann,* Teil 7.5, Rdnr. 25/26.

[524] *Hoeren,* S. 146.

[525] *Fromm/Nordemann,* § 49, Rdnr. 3.

[526] *Fromm/Nordemann,* § 49, Rdnr. 3 a.E. m.w.N.

[527] *Hoeren,* S. 147f.

[528] *Ernsthalter/Bosch/Völker/Stepper,* S. 222; *Hoeren* GRUR 2002, 1022 (1023).

[529] Zum Ganzen: *Hoeren* GRUR 2002, 1022 (1023–1024); *Ernsthalter/Bosch/Völker/Stepper,* S. 222–224; *Czychowski,* NJW 2003, 118 (119).

[530] BGH GRUR 2002, 963ff.; hierzu eingehend *Czychowski,* NJW 2003, 118ff.; *Hoeren* GRUR 2002, 1022ff.

Pressespiegel befasst. Hintergrund war die Frage, ob die VG Wort die Rechte an elektronischen Pressespiegeln wahrnehmen kann, oder ob nicht vielmehr die entsprechenden Rechte und somit Einnahmen den Zeitungsverlagen zustehen. Die Frage hatte ganz konkrete Auswirkungen auf die Zuordnung der Vergütung. Während die Einnahmen der VG Wort fast ausschließlich den Urhebern ausgeschüttet werden, steht den Zeitungsverlegern direkt die erzielten Vergütungen dann zu, wenn die VG Wort die entsprechenden Ansprüche über § 49 Abs. 1 S. 3 UrhG der die Ansprüche verwertungsgesellschaftspflichtig macht, nicht wahrnimmt. Die Zeitungsverlage hatten für die Verwaltung eine eigene Gesellschaft gegründet.[531] Der BGH hat nicht nur die intern erstellten analogen Pressespiegel der Privilegierung des § 49 Abs. 1 UrhG unterstellt, sondern auch elektronische Pressespiegel, sofern sie nach Funktion und Nutzungspotential noch im Wesentlichen dem herkömmlichen Pressespiegel entsprechen.[532] Der elektronische Pressespiegel darf dann nur betriebs- oder behördenintern und nur in einer Form zugänglich gemacht werden, die sich im Fall der Speicherung nicht zu einer Volltextrecherche bzw. zu einer Archivierung eignet.[533] Der BGH hat sich im Rahmen dieser Entscheidung ausdrücklich von der Überlegung leiten lassen, dass Grundgedanke des Urheberrechts ist, den Urheber soweit wie möglich an den Erträgen aus der Nutzung seines Werkes zu beteiligen, was bezogen auf den Pressespiegel bedeutet, diesen der Privilegierung des § 49 Abs. 1 UrhG zu unterstellen, da dann über die VG Wort die erzielten Einnahmen den Urhebern zugute kommen.[534] Dagegen sind nach den Feststellungen des BGH extern erstellte elektronische Pressespiegel von der Anwendung des § 49 Abs. 1 UrhG nicht erfasst,[535] so dass die entsprechenden Rechte hierzu bei den Zeitungsverlegern verbleiben. Von daher sind beispielsweise elektronische Pressespiegel, die im Internet abrufbar sind, nicht dem Privileg des § 49 Abs. 1 UrhG unterstellt. Entsprechende Rechte müssten von den Verlegern eingeholt werden. Will allerdings der Verleger die Rechte generell für sich behalten, so kann er die Artikel mit einem entsprechenden Vorbehalt versehen.[536] Diese so gekennzeichneten Artikel können dann nicht über § 49 Abs. 1 UrhG von der VG Wort wahrgenommen werden.

V. Öffentliche Zugänglichmachung für Unterricht und Forschung

166a Nach § 52a UrhG ist es zulässig, veröffentlichte kleine Teile von Werken, Werke geringen Umfanges, sowie einzelne Beiträge aus Zeitungen und Zeitschriften zur

---

[531] Das entsprechende Unternehmen, die Pressemonitor, wurde vom DPMA als Verwertungsgesellschaft angesehen und deren Betrieb, da sie keine Erlaubnis zum Geschäftsbetrieb besaß, untersagt; Einzelheiten, unter Rdnr. 237ff.; *Hoeren,* GRUR 2002, 1022 (1024).

[532] BGH GRUR 2002, 963 (965) – Elektronischer Pressespiegel, vgl. auch OLG München GRUR 2002, 875.

[533] BGH GRUR 2002, 963 (966/967) – Elektronischer Pressespiegel; gegen eine Anwendung des § 49 UrhG LG Hamburg ZUM 2002, 960; OLG Köln ZUM 2000, 240; *Fromm/Nordemann,* § 49, Rdnr. 3; vgl. im Übrigen auch die Übersicht bei BGH GRUR 2002, 963 (965).

[534] BGH GRUR 2002, 963 (966) – Elektronischer Pressespiegel.

[535] BGH GRUR 2002, 963 (966) – Elektronischer Pressespiegel; der BGH lässt es aber im Ergebnis offen, ob auch extern erstellte Pressespiegel in Papierform dem § 49 Abs. 1 UrhG unterfallen, zweifelt allerdings selber hieran; BGH a.a.O. (966); zum Ganzen auch *Ensthaler/Bosch/Völker/Stepper;* S. 223/224; *Hoeren* GRUR 2002, 1022 (1024); *Czychowski* NJW 2003, 118 (120).

[536] BGH GRUR 2002, 963 (966) – Elektronischer Pressespiegel; *Hoeren,* GRUR 2002, 1022 (1025); *Czychowski* NJW 2003, 118 (120).

Veranschaulichung im **Unterricht** an Schulen, Hochschulen, nicht gewerblichen Einrichtungen der Aus- und Weiterbildung sowie an Einrichtungen der Berufsbildung ausschließlich für einen bestimmt abgegrenzten Kreis von Unterrichtsteilnehmern öffentlich zugänglich zu machen, soweit dies zu dem jeweiligen Zweck geboten und zur Verfolgung nicht kommerzieller Zwecke gerechtfertigt ist (§ 52a Abs. 1 Nr. 1 UrhG). § 52a Abs. 1 Nr. 2 UrhG sieht eine entsprechende Ausnahme vom **Recht der öffentlichen Zugänglichmachung** zu **Forschungszwecken** vor, wobei hier die Schranke nicht auf veröffentlichte *kleine* Teile eines Werkes begrenzt ist. § 52a Abs. 2 UrhG nimmt Werke, die ausschließlich zu Unterrichtszwecken bestimmt sind, wie beispielsweise Schulbücher, von der Schranke aus, sowie Filmwerke vor Ablauf von zwei Jahren nach Beginn der üblichen regulären Auswertung. Von der Schranke erfasst sind ebenfalls Vervielfältigungshandlungen, sofern sie zur öffentlichen Zugänglichmachung erforderlich sind (§ 52a Abs. 3 UrhG), wie beispielsweise die Vervielfältigung bzw. Digitalisierung der Werke vor Einstellen in das Intranet. § 52a Abs. 4 UrhG unterstellt die zulässige Nutzung einer Vergütungspflicht, wobei diese nur von Verwertungsgesellschaften wahrgenommen werden können. Als Beschränkung des Rechtes nach § 19a UrhG wird die Vorschrift eng auszulegen sein, so dass beispielsweise unter kleinen Teilen eines Werkes i.S.v. § 52a Abs. 1 Nr. 1 UrhG nur 10 bis 20% beispielsweise eines Buches zu verstehen sein wird.[537] Auch der Begriff der Personen ist eng zu fassen, so dass beispielsweise ein Einstellen in das Intranet einer Universität nicht, wohl aber in das von kleinen Forschungseinrichtungen, von der Schranke gedeckt ist.[538] Aufgrund der heftig geübten Kritik im Rahmen des Gesetzgebungsverfahrens[539] ist die Vorschrift zunähst nur bis zum 31. 12. 2006 gültig (§ 137k UrhG).

VI. Sonstige Schrankenregelungen

Neben den oben im Einzelnen beschriebenen Schrankenregelungen zugunsten der 167
Nutzung im privaten und sonstigen eigenen Gebrauch sowie zugunsten von Pressespiegeln, die auch online abgerufen werden können, finden auch die weiteren Schrankenregelungen des Urheberrechtsgesetzes auf die Nutzung im Internet bzw. im Rahmen von Online-Nutzungen Anwendung. Die Schrankenreglung der **§§ 45 ff. UrhG** finden grundsätzlich auch bei der Werknutzung im digitalen und Online-Bereich Anwendung.[540]

Im Rahmen der Online-Nutzung kann insbesondere das **Zitatrecht** nach § 51 168
UrhG eine Rolle spielen, da die Vervielfältigung, Verbreitung und öffentliche Wiedergabe von wissenschaftlichen Großzitaten (§ 51 Nr. 1 UrhG), Kleinzitaten (§ 51 Nr. 2 UrhG) und das Musikzitat (§ 51 Nr. 3 UrhG) unter den Voraussetzungen des § 51 zulässig ist.[541]

Weiterhin von Bedeutung können im Rahmen der Internetnutzung die Schranken des §§ 48 (**öffentliche Reden**) und 52 (öffentliche, **unentgeltliche Wiedergabe**) eine

---

[537] Man wird sich insofern an die Vorgaben des § 53 UrhG orientieren können; vgl. oben Rdnr. 159.

[538] Beschlussempfehlung und Bericht des Rechtsausschusses, BT-Drucks. 15/837, S. 78/79.

[539] Zum Ganzen, oben Rdnr. 45.

[540] *Hoeren/Sieber/Raue/Hegemann*, Teil 7.5. Rdnr. 12.

[541] Zu Einzelheiten, *Loewenheim/Koch*, Teil 7.2.5.1.; *Hoeren/Sieber/Raue/Hegemann*, Teil 7.5, Rdnr. 88–122.

Rolle spielen.[542] Keine Schranke i. S. d. Urheberrechtsgesetzes stellt aber die Möglichkeit der kostenlosen Nutzung von Computersoftware als Free- bzw. Shareware dar. Hier erfolgt die Nutzungserlaubnis nicht aus dem Gesetz, sondern aus der Einwilligung des Schöpfers.[543]

169 Die Novellierung durch das Gesetz zur Regelung des Urheberrechts in der Informationsgesellschaft lässt, bis auf einige Ausnahmen, das System der Schrankenbestimmung unberührt. U. U. werden aber zu einem späteren Zeitpunkt noch weitere Schrankenbestimmungen in das UrhG aufgenommen, die insbesondere die Kann-Schrankenbestimmungen der europäischen Richtlinie zum Urheberrecht in der Informationsgesellschaft umsetzen.[544] Die von der Novellierung betroffenen Vorschriften, beispielsweise die Regelungen in §§ 46, 48, 50, 52, 56 und 58 UrhG, erweitern zum Teil die Schrankenregelungen auf das Recht der öffentlichen Zugänglichmachung, zum Teil auf die Verwertungsbasis im Rahmen digitaler Medien.[545]

J. Urheber im Arbeits- und Dienstverhältnis

170 Grundsätzlich gelten die Regelungen im Hinblick auf die Urheber in Angestellten- und Dienstverhältnissen auch im Rahmen des Internets. Von daher ist zwar der Schöpfer von Werken, die beispielsweise im Internet verwendet werden, grundsätzlich Urheber bzw. ausübender Künstler i. S. d § 79 UrhG. Der Arbeitgeber erhält nur die aus §§ 43 und 79 UrhG folgenden Nutzungsrechte. **Besonderheiten** gelten aber im Hinblick auf **Computerprogramme** und **Datenbanken** i. S. d. § 87a UrhG. Nach § 69 UrhG wird dem Arbeitgeber die Ausübung aller vermögensrechtlichen Befugnisse an dem **Computerprogramm** zugesprochen, das von einem Arbeitnehmer geschaffen wurde. § 87b UrhG lässt die Verwertungsrechte an der **Datenbank** ausschließlich beim Datenbankhersteller entstehen. Darüber hinaus sehen auch §§ 89 Abs. 1 und 92 Abs. 1 UrhG spezielle Auslegungsregeln zugunsten des Filmherstellers vor, die, soweit ein **Multimediawerk** als Filmwerk angesehen wird,[546] dann entsprechend auf den Hersteller des Multimediawerkes anwendbar sind.[547]

171 Da der angestellte Schöpfer Urheber des auch im Angestelltenverhältnis geschaffenen Werkes bleibt, ist der Arbeitgeber grundsätzlich auf die Einräumung entsprechender Nutzungsrechte angewiesen. Eine **Pflicht zur Einräumung der Nutzungsrechte,** kann sich aus dem Arbeitsvertrag, aus Tarifverträgen[548] sowie aus den Umständen des Einzelfalles nach § 43 UrhG ergeben.[549] Des Weiteren richten sich dann der Umfang der Nutzungseinräumung und die Frage, welche Werke von der allge-

542 Zu Einzelheiten *Hoeren/Sieber/Raue/Hegemann,* Kap, 7.5, Rdnr. 123–143 und *Hoeren,* S. 144–161.

543 Hierzu *Schricker/Loewenheim,* 69c, Rdnr. 3/4; *Fromm/Nordemann/Vinck, v*or § 69a, Rdnr. 3.

544 Zu Einzelheiten, Rdnr. 37ff.

545 Gesetzesentwurf, S. 43ff.

546 Hierzu oben Rdnr. 88.

547 Allgemein zum Arbeitnehmerurheberrecht, *Schack,* Rdnr. 976ff.; *Rehbinder,* Rdnr. 326ff.

548 Die Übersicht zu dem im Multimediabereich geltenden Tarifverträgen *Hoeren/Sieber/v. Olenhusen/Ernst,* Teil 7.3, Rdnr. 31ff.

549 *Schack*, Rdnr. 983.

meinen Verpflichtung erfasst sind, nach den allgemeinen Prinzipien, wie beispielsweise der Zweckübertragungslehre.[550]

Im Bereich der Online- bzw. Internetnutzung stellt sich die Frage, wem die Rechte zur Onlinenutzung des Werkes, das von einem angestellten Urheber in Ausübung seiner Pflichten aus dem Arbeitsverhältnis geschaffen wurde, zustehen. Zum Teil finden sich entsprechende Regelungen in den **Arbeitsverträgen,** zum Teil ergibt sich die Einräumungspflicht des Arbeitnehmers aus den Umständen, beispielsweise dann, wenn das Werk zur Nutzung im Internet geschaffen wurde. Etwas anderes ergibt sich für den Fall, in dem ein bereits geschaffenes Werk später im Internet genutzt werden soll. Hier hängt es ebenfalls von den Umständen des Einzelfalles ab, ob der Arbeitnehmer zur Einräumung der entsprechenden Rechte verpflichtet ist. War das Internet- bzw. Onlinerecht zum Zeitpunkt der Schöpfung eine unbekannte Nutzungsart, so ist der Arbeitgeber darauf angewiesen, sich die entsprechenden Rechte ausdrücklich einräumen zu lassen. Die Vorschrift des § 31 Abs. 4 UrhG ist nämlich auf Arbeits- und auch Tarifverträge anwendbar,[551] so dass die Einräumung von Rechten an zum Zeitpunkt des Vertragsschlusses unbekannten Nutzungsarten weder schriftlich, mündlich noch stillschweigend möglich ist. Allerdings kann die Treuepflicht des Arbeitnehmers aus dem Arbeitsverhältnis dazu führen, dass er die entsprechenden Rechte dem Arbeitgeber anzubieten hat, was auf der anderen Seite aber zu einem zusätzlichen Vergütungsanspruch des angestellten Urhebers führt.[552] 172

Da die Online- bzw. Internetnutzung bis in die Mitte der 90er Jahre[553] wohl als **unbekannte Nutzungsart** galt, ist der Arbeitgeber, der entsprechende Rechte zu Nutzung eines Werkes, welches vor diesem Zeitpunkt geschaffen wurde, benötigt, auf die ausdrückliche Einräumung der Rechte selbst dann angewiesen, wenn das Werk von einem seiner angestellten Arbeitnehmer in Erfüllung seiner Pflichten aus dem Arbeitsverhältnis geschaffen wurde.[554] 173

Bei nach Mitte der 90er Jahre geschlossenen Verträgen, zu einem Zeitpunkt also, bei dem die Online-Nutzung bereits bekannt war, können u.U. die zur Online-Nutzung erforderlichen Rechte stillschweigend eingeräumt worden sein. Soll das Werk beispielsweise nach umfassender Kenntnis des Arbeitnehmers im Internet genutzt werden und widerspricht der Arbeitnehmer nicht, so ist von einer entsprechenden stillschweigenden Vertragsänderung auszugehen. Bei Zweifeln sollte der Arbeitgeber mit dem Arbeitnehmer eine ausdrückliche Vertragsänderung vornehmen.[555] 174

---

[550] Zu Einzelheiten, *Fromm/Nordemann/Vinck,* § 43 UrhG, Rdnr. 3; *Schricker/Rohjahn,* § 43, Rdnr. 48/49.

[551] *BGH* GRUR 1991, S. 133 (135) – Videozweitauswertung; *Schack,* Rdnr. 983.

[552] *Fromm/Nordemann/Vinck,* § 43, Rdnr. 3.

[553] Vgl. dazu unten § 13, Rdnr. 258ff. m.w.N. *Hoeren,* CR 1995, 710 (714); *Ernst,* BB 1997, 1057 (1058), *Endter,* NJW 1997, 975 (976).

[554] *Hoeren/Sieber/v. Olenhusen/Ernst,* Kap. 7.3, Rdnr. 97 nach dem allerdings dann die Rechte selbst an der unbekannten Nutzungsart „Onlinerecht" eingeräumt werden konnten, wenn der Vertrage insofern ausführliche Regelungen enthält. Da nicht sicher ist, ob sich diese Auffassung auch in der Rechtsprechung durchsetzt – der BGH hatte dies in der Entscheidung Videozweitauswertung *BGH* GRUR 1991, 133 (135) offengelassen – ist zu einer entsprechenden nachträglichen Nutzungseinräumung zu raten.

[555] Einzelheiten bei *Hoeren/Sieber/v. Olenhausen/Ernst,* Teil 7.3, Rdnr. 97f.

K. Technische Schutzmaßnahme und Urheberrecht

175 Die mit dem Funktionieren des Internets in Verbindung stehende Technologie macht nicht nur ein einfaches Zugreifen auf Inhalte im Internet möglich. Mit der technischen Verfeinerung wird es zunehmend auch möglich sein, die Internetanwender von der Nutzung urheberrechtlich geschützter Werke und sonstiger Schutzgegenstände auszuschließen und somit die **Nutzung** der Werke und Schutzgegenstände im Internet **zu steuern** und zu **kontrollieren.** Dies erfolgt zum einen durch technische Schutzmaßnahmen, die den Zugriff auf die Werke und Schutzgegenstände generell regeln, insbesondere beschränken, zum anderen durch Informationen zur Rechtewahrnehmung, welche an das Werk oder den Schutzgegenstand angebracht werden und Informationen über den Rechteinhaber und Nutzungsbedingungen des betroffenen Werkes oder Schutzgegenstandes enthalten.[556] Aufgrund dieser Informationen wird es auch möglich sein, Plagiate nachzuweisen etc. Beides zusammen ermöglicht dann eine Wahrnehmung und Kontrolle der Rechte im Internet, wobei das Verfahren häufig als *Digital Right Management*-System[557] bezeichnet wird.[558, 559]

I. DRM-Systeme im Überblick

176 *Bechthold*[560] erläutert das Funktionieren der DRM-Systeme wie folgt:[561] Urheberrechtlich geschützte Werke und sonstige Schutzgegenstände werden **digitalisiert** und **verschlüsselt** sowie mit zusätzlichen Informationen versehen **ins Netz** gestellt. Zu den Informationen können gehören, eine kurze Umschreibung, Lizenzbedingungen oder auch Angaben über den Urheber und Rechteinhaber. Nimmt nun ein Nutzer Zugriff auf ein solchermaßen geschütztes Werk bzw. sonstigen Schutzgegenstand, so hat er, vor dem Genuss dieser zunächst den „Schlüssel" von einer zentralen Stelle (**„Clearing Center"**)[562] zu erwerben. Mit dem Schlüssel wird

[556] Die Definitionen von technischen Schutzmaßnahmen und Informationen zur Rechtewahrnehmung finden sich in §§ 95 a und 95 c UrhG.

[557] Im folgenden DRM-Systeme. Nach *Bechthold,* S. 2 f., sind unter DRM-Systeme elektronische Vertriebssysteme zu verstehen, die die sichere Verbreitung digitaler Inhalte über das Internet ermöglichen. Dabei bedienen sich die DRM-Systeme einer Vielzahl unterschiedlicher technischer Schutzmaßnahmen, wie Verschlüsselungs- und Kopierkontrollverfahren, Metadaten, digitale Wasserzeichen, Verfahren zum Schutz von Authentizität und Integrität, manipulationssicherer Hard- und Software etc.

[558] Zum Teil werden die DRM-Systeme auch als elektronische Lizenzierungssysteme oder Electronic Copyright System (ECMS) bezeichnet; vgl. *Briem,* MMR 1999, 256 (260), *Möschel/ Bechthold,* MMR 1998, 571 (572) und *Bechthold,* S. 2 s. b. Fu. 3.

[559] Zu Einzelheiten § 13, Rdnr. 250 ff.

[560] *Bechthold,* S. 4 f.; *ders.* GRUR 1998, 18 (20/21).

[561] Zu den technischen Voraussetzungen, vgl. *Briem,* MMR 1999, 256 (257/258).

[562] Zu der Rolle die Verwertungsgesellschaften im Konzept der DRM-Systeme unten, L, Rdnr. 251 ff. Auf Grund der Möglichkeiten, die die DRM-Systeme dem Rechteinhaber zur individuellen Wahrnehmung seiner Rechte im digitalen Bereich eröffnen, wird vorhergesagt, dass die Bedeutung und Rolle der Verwertungsgesellschaften im Rahmen der Wahrnehmung der Rechte im digitalen Bereich abnimmt. Ob allerdings der betroffene Schöpfer zum einen die Möglichkeit zur individuellen Wahrnehmung auch realisiert oder zum anderen bereit ist, sich dann hiermit zu befassen, was u. U. zeitaufwändig ist, bleibt abzuwarten. Soweit allerdings mehrere Rechteinhaber dann

der Nutzer dann in die Lage versetzt, das verschlüsselte Werk oder den Schutzgegenstand zu entschlüsseln und dann entsprechend der vereinbarten Bedingungen zu verwenden. Hierbei kann es möglich sein, dass der Nutzer beispielsweise gestaffelt nach der Vergütung, das Werk oder den Schutzgegenstand auf dem Bildschirm nur betrachten kann, oder, wenn er entsprechend mehr zahlt, auch berechtigt ist, das Werk auszudrucken, abzuspeichern, zu kopieren und eventuell Dritten weiterzugeben. Auch ist beispielsweise eine **Beschränkung der Nutzung,** sei es zeitlich – Speicherung des Werkes nur während 48 Stunden – oder vom Umfang her – das Vervielfältigen ist beispielsweise auf 40 Exemplare beschränkt – möglich. Es kann über das DRM sichergestellt werden, dass für jede Nutzung ein bestimmter Betrag zu entrichten ist („pay per view"). Die DRM-Systeme ermöglichen dabei sowohl eine genaue Kontrolle der Nutzungsvorgänge, als auch die Einhaltung der vereinbarten Nutzungsbedingungen durch den Nutzer, so dass dieser sich über die mit dem Betreiber des DRM-Systems vereinbarte Nutzung nicht hinwegsetzen kann.[563]

II. Schutz der DRM-Systeme

Die DRM-Systeme gewährleisten, soweit es um die Zugangsbeschränkung zu urheberrechtlich geschützten Werken und sonstigen Schutzgegenständen des UrhG geht, die Durchsetzung dieser Rechte. Im Interessen der Berechtigten ist sicherzustellen, dass diese Systeme zum Nachteil der Rechteinhaber nicht einfach durchbrochen oder umgangen, und somit ausgehebelt werden. Die DRM-Systeme gewähren nämlich, wie im analogen Bereich die als Ausschlussrechte gewährten Befugnisse, zwar keine Rechte, aber vergleichbare, wenn auch **„nur" faktische Monopol- und Ausschlusspositionen,** die, wie die durch das Urheberrechtsgesetz gewährten Positionen auch, dann dem Rechteinhaber die Verwertung des Werkes zuordnen, um so dessen ideellen und wirtschaftlichen Interessen am Werk bzw. sonstigen Schutzgegenständen durchsetzen zu können. Somit sind wegen derselben Zielrichtung, die ja vom Gesetzgeber durch die Schaffung des Urheberrechtsgesetzes ausdrücklich bestätigt und anerkannt wird, die urheberrechtlichen Befugnisse und die DRM-Systeme in gleichem Umfange geschützt. 177

DRM-Systeme schränken auf der anderen Seite aber den freien Zugang zu den Inhalten des Internets ein, so dass diese Systeme **Interessen der Allgemeinheit** an dem freien und unkomplizierten Zugang berühren. Da die DRM-Systeme auf Grund der gewährten absoluten Ausschluss- und Monopolposition auch gegen jedermann wirken, und verhindern, dass Werke und sonstige Schutzpositionen, wie im analogen Bereich „flüchtig" werden, geben die DRM-Systeme dem jeweiligen Inhaber eine dem **Eigentumsrecht ähnliche Schutzposition,** so dass der Rechteinhaber faktisch sich dann auch über Schranken und Ausnahmen der Nutzungsrechte des Urheberrechtsgesetzes hinwegsetzen und so den gewährten Schutz einseitig zu 178

dieselbe „Clearing Agency" mit der Wahrnehmung seiner Rechte betraut, muss genau geprüft werden, ob diese „Clearing Agency" nicht selbst unter die Definition des § 1 WahrnG fällt und somit zur Verwertungsgesellschaft wird. Vgl. hierzu auch die jüngste Entscheidung des DPMA, die Presse-Monitor betreffend, welche im Internet die Rechte an elektronischen Pressespiegeln anbietet, wobei die Rechte im analogen Bereich von der VG Wort wahrgenommen werden, unten Rdnr. 194.

[563] Die Abrechnung der geschuldeten Nutzungsgebühr kann dann über Kreditkarte, Bankeinzug oder elektronische Zahlungsmittel erfolgen.

seinen Gunsten erweitern kann. Er wäre sogar in der Lage, die Schutzfristen des Urheberrechtes, dadurch, dass er gemeinfreie Werke dem Schutz eines DRM-Systems unterstellt, entgegen der Regelung des Urheberrechtsgesetzes zu seinen Gunsten zu verlängern.[564]

179 Folglich wurde schon sehr früh das Bedürfnis nach gesetzgeberischem Eingreifen gesehen, um auf der einen Seite diese Systeme einem gesonderten Schutz zu unterstellen, auf der anderen Seite aber einen Missbrauch der DRM-Systeme zu Lasten der Allgemeinheit zu verhindern. So sehen sowohl die WIPO-Verträge[565] als auch die EU-Richtlinie zum Urheberrecht in der Informationsgesellschaft,[566] und hieran anknüpfend die Novellierung des Urheberrechts 2003, **Regelungen zum Schutz** und zur **Begrenzung** der DRM-Systeme vor. Dabei sehen die jeweiligen Vorschriften einen Schutz der DRM-Systeme vor und legen gleichzeitig Begrenzungen bzw. Durchbrechungen dieser DRM-Systeme fest. Das Bedürfnis des Rechteinhabers am Schutz und der Kontrolle über die Nutzung des Werkes oder eines sonstigen Schutzgegenstandes wird somit anerkannt. Gleichzeitig wird aber versucht, dieses mit dem **Interesse der Allgemeinheit** an einem leichten und freien Zugang zu den Werken und sonstigen Schutzgegenständen, die sich auch in den Schranken- und Ausnahmeregelungen des Urheberrechtsgesetzes niederschlagen, in Einklang zu bringen.

180 Die bisherige Rechtslage im deutschen Recht vor der Novellierung wird den erwähnten Interessenlagen nicht ausreichend gerecht. Da die DRM-System Software gestützt sind, bestand ein gewisser Schutz vor Umgehung nach den in **§§ 69a bis 69g UrhG** enthaltenen Bestimmungen für Computerprogramme. Die Beseitigung einer technischen Schutzmaßnahme kann eine unberechtigte Bearbeitung **i. S. d. §§ 23, 69c Nr. 2 S. 1 UrhG** sein. Handelt es sich bei der technischen Maßnahme und dem zu schützenden Werk um ein Computerprogramm i. S. d. § 69a UrhG, so ist neben der Veröffentlichung und Verwertung des Werkes ohne die Schutzmaßnahme auch die Beseitigung der Maßnahme verboten.[567] Da aber die Vorschriften **keinen Schutz gegen das Zurverfügungstellen** von Vorrichtungen zur Umgehung der Schutzmechanismen gewährt, ist die Regelung nicht ausreichend, einen wirksamen Schutz technischer Maßnahmen vor Umgehung zu gewährleisten. Auch kann die Umgehung einer Schutzmaßnahme zu unerlaubten Vervielfältigungshandlungen führen.[568] Des Weiteren erscheint auch allein auf Grund der allgemeinen Grundsätze die **Durchsetzung der Schrankenbestimmungen** auch im Rahmen der DRM-Systeme schwierig.[569]

181 Die in den WIPO-Verträgen und der EU-Richtlinie enthaltenen Regelungen zum Schutz technischer Schutzmaßnahmen und von Informationen über die Rechte-

---

[564] Somit kann die Etablierung der DRM-Systeme das Urheberrecht in seiner jetzigen Form überflüssig machen. Durch die DRM-Systeme werden „Schutzzäune" errichtet, die stärker als der urheberrechtliche Schutz sind, vgl. hierzu allgemein *Lesing,* S. 233 ff.; und *Bechthold,* S. 384 f.

[565] Art. 11 und 12 WCT; 18 und 19 WPPT.

[566] Art. 6 und 7 InfoRL.

[567] *Bechthold,* S. 205; *Hoeren/Sieber/Bechthold,* Teil 7.11, Rdnr. 58; *OLG Karlsruhe* CR 1996, 341; *OLG Düsseldorf,* CR 1997, 337; *Hoeren,* MMR 2000, 515 (520); *Raubenheimer,* CR 1996, S. 69 (76); *Dussollier,* EIPR 1999, S. 285 (286).

[568] Einzelheiten zur Lage nach dem deutschen Recht: *Wand* S. 144 ff. und 187 ff. Ergänzend kommt § 1 UWG zur Anwendung.

[569] Einzelheiten bei *Bechthold,* S. 391 ff.

wahrnehmung sind nunmehr in deutsches Recht umgesetzt worden.[570] Da beide Bestandteile des DRM-Systems sein können, werden die DRM-Systeme hierdurch insgesamt einem Schutz unterstellt und somit auch durch den deutschen Gesetzgeber anerkannt. Das Gesetz zur Regelung des Urheberrechts in der Informationsgesellschaft sieht in §§ 95a–95c UrhG den Schutz technischer Maßnahmen und von Informationen über die Rechtewahrnehmung vor. Dabei beschränken sich die Sanktionen gegen einen Verstoß nicht nur auf zivilrechtliche Ansprüche. Nach §§ 108b und 111a UrhG werden Verstöße gegen die §§ 95a und 95b UrhG auch als Straf- bzw. Ordnungswidrigkeit sanktioniert. § 95b UrhG sieht für technische Maßnahmen eine Reihe von Schutzausnahmen vor, die bestimmte Schrankenbestimmungen auch in diesem Rahmen durchsetzen sollen. Eine **Ausnahme** zur Durchsetzung der Privatkopie auch im Bereich der DRM-Systeme fehlt aber.[571]

III. Der Schutz der DRM-Systeme nach Deutschem Recht

Ein Schutz der DRM-Systeme ist nunmehr in §§ 95a–95c und 108b sowie 111a **181a**
UrhG vorgesehen.[572] Nach § 95a UrhG werden technische Schutzmaßnahmen von urheberrechtlich geschützten Werken oder sonstigen Schutzgegenstände vor Umgehung und auch vor bestimmten Vorbereitungshandlungen geschützt. § 95a Abs. 1 UrhG enthält ein Verbot, solche Schutzmaßnahmen zu umgehen. Das Verbot ist auf den Schutz von Werken und Gegenständen beschränkt, so dass die Vorschrift den Schutz von technischen Maßnahmen bezogen auf gemeinfreie Werke nicht mit umfasst. Auch wird die Errichtung von Schutzmechanismen ausschließlich zum Zweck der Beschränkung des Marktzuganges nicht geschützt. Da technische Schutzmaßnahmen unabhängig von der verwendeten Technologie vor Umgehen geschützt werden, gilt § 95a UrhG auch für Software-implementierte Schutzmaßnahmen. § 95a UrhG setzt eine auf Werkzugang und Werkverwertung im urheberrechtlichen Sinne gerichtete Umgehungsabsicht voraus, so dass Umgehungshandlungen, die ausschließlich wissenschaftlichen Zwecken dienen, nicht erfasst werden. Das Verbot setzt Bösgläubigkeit im Sinne von Kennen und auch „Kennenmüssen" voraus.[573]

§ 95a Abs. 2 UrhG enthält eine Legaldefinition der technischen Schutzmaßnahme. § 95a Abs. 3 UrhG erstreckt das Umgehungsverbot auch auf Verbreitungshandlun-

570 Zu den in dem 5. Diskussionsentwurf eines Gesetzes zur Änderung des Urhebergesetzes vom 7. 7. 1998 enthaltenen Regelungen: *Wand,* Technische Schutzmaßnahmen und Urheberrecht, S. 163ff.; *Bechthold,* S. 205f.; *Hoeren/Sieber/Bechthold,* Teil 7.11, Rdnr. 59–61 und 86. Durch den Erlass der InfoRL ist dieser Entwurf überholt und nicht weiterverfolgt worden; *Bechthold,* S. 206.

571 Hintergrund ist, dass der Gesetzgeber eine zeitnahe Umsetzung der Richtlinie im Rahmen eines raschen Gesetzesverfahrens beabsichtigt. Die um die Privatkopieschranke in digitalen Bereich geführte Kontroverse könnte einen solchen raschen Abschluss des Gesetzesverfahrens vereiteln, so dass dieser Problemkreis zunächst einmal ausgegrenzt wurde, vgl. oben Rdnr. 37ff. Es fragt sich aber, ob angesichts der im Rahmen der DRM-Systeme möglichen Nutzungskontrolle, die ja Art, Umfang und Dauer der Verwertungshandlung überprüfen und nachvollziehen kann, die Einhaltung der Schranke zugunsten von Privatkopien nicht auch wirksam über die mit den DRM-Systemen in Zusammenhang stehende Technologie und Nutzungsfestlegungen möglich ist, so dass es auch insofern zu einer „faktischen" und somit effektiven Kontrolle dieser Schrankenbestimmung kommen kann.

572 Zu Einzelheiten, Gesetzesentwurf, S. 62–69.

573 Gesetzesentwurf, S. 62.

gen, wie beispielsweise Herstellung, Einfuhr, Verbreitung, Verkauf, Vermietung, Werbung etc. von bzw. für Vorrichtungen zum Umgehen von Schutzmaßnahmen. § 95a Abs. 4 UrhG enthält eine Schranke des Verbotes im Interesse der öffentlichen Sicherheit und der Strafrechtspflege.

§ 95b UrhG dient der Durchsetzung der Schrankenbestimmungen[574] des UrhG auch in Bereichen, in denen technische Schutzmaßnahmen zur Anwendung kommen. § 95b UrhG enthält die Verpflichtung, die Nutzung bestimmter, aufgezählter Schranken für die Begünstigten sicherzustellen. Da die Regelung keine Vorgaben für die Durchsetzung der Schranken enthält, eröffnet sie dem Verpflichteten einen weiten Gestaltungsspielraum, der unterschiedliche Lösungen zulässt, wie beispielsweise das Überlassen von Schlüsselinformationen an den Schrankenbegünstigten zum einmaligen oder mehrfachen Überwinden der Schlüsselinformation. Weiter können auch Interessenvertretungen von Berechtigten entsprechende Informationen zum Vorteil an die Berechtigten überlassen werden. Entspricht der Verpflichtete den Vorgaben des § 95b Abs. 1 UrhG nicht, so ist der Schrankenbegünstigte nach § 95b Abs. 2 UrhG berechtigt, gerichtliche Hilfe in Anspruch zu nehmen. Besteht allerdings zwischen einer Vereinigung der Rechteinhaber und der durch die Schrankenregelung Begünstigten eine Vereinbarung über die Art der Schrankendurchsetzung, so wird nach § 95b Abs. 2 S. 2 UrhG vermutet, dass die von den Rechteinhabern angebotene Möglichkeit der Werknutzung dem Gebot nach § 95b Abs. 1 UrhG genügt. Damit tritt eine Beweislastumkehr dahingehend ein, dass der durch die Schranke Begünstigte darzulegen hat, warum das angebotene Mittel nicht ausreichend ist.[575]

Werden dagegen urheberrechtlich geschützte Werke und sonstige Schutzgegenstände aufgrund einer vertraglichen Vereinbarung so zugänglich gemacht, dass sie der Öffentlichkeit von Ort und Zeit ihrer Wahl zugänglich sind, so gelten nach § 95b Abs. 3 UrhG die Regelungen der Absätze 1 und 2 nicht. § 95b Abs. 4 UrhG unterstellt diejenigen technischen Maßnahmen, die der Durchsetzung der Schranke nach § 95b Abs. 1 UrhG dienen, dem Schutz nach § 95a Abs. 1 UrhG.

Nach § 95c UrhG werden Informationen, die zur Rechtewahrnehmung erforderlich sind, unter Schutz gestellt. § 95c Abs. 1 UrhG regelt das Verbot der Entfernung oder Änderung elektronischer Informationen zur Rechtewahrnehmung. § 95c Abs. 2 UrhG enthält eine Legaldefinition der Informationen über die Rechtewahrnehmung und Abs. 3 regelt das Verbot von Nutzungen von Werken oder Schutzgegenständen, bei denen elektronische Informationen zur Rechtewahrnehmung unbefugt entfernt oder geändert worden sind.

§ 95d UrhG sieht bestimmte Kennzeichnungspflichten bezogen auf die Schutzmaßnahme vor. §§ 108b, 111a UrhG enthalten Straf- bzw. Ordnungsvorschriften im Hinblick auf das Umgehen von Schutzmaßnahmen.[576]

---

[574] §§ 45 (Rechtspflege und öffentliche Sicherheit), 45a (Behinderte Menschen), 46 (Sammlung für Kirchen-, Schul- oder Unterrichtsgebrauch), mit Ausnahme des Kirchengebrauchs, 47 (Schulfunksendung), 52a (Öffentliche Zugänglichmachung für Unterricht und Forschung), 53 UrhG (Vervielfältigung zum privaten und sonstigen eigenen Gebrauch).

[575] Beschlussempfehlung und Bericht des Rechtsausschusses, BT-Drucks. 15/837, S. 82.

[576] Zum Ganzen auch, oben Rdn. 39.

L. Verwertungsgesellschaften und die kollektive Wahrnehmung von Rechten im Rahmen des Internets

Urheberrechtlich gewährte Nutzungsrechte werden traditionell entweder **individuell** durch den Urheber, Inhaber verwandter Schutzrechte und die sonstigen Berechtigten oder **kollektiv** durch eine Verwertungsgesellschaft wahrgenommen. Die urheberrechtlichen Nutzungsrechte sind generell als individuelle Herrschaftsrechte ausgestaltet. Nach diesem Konzept sind urheberrechtliche Befugnisse als gegen jedermann wirkende **Verbotsrechte** ausgestaltet, durch die dem Schöpfer umfassend die rechtliche und gegebenenfalls physische Herrschaft an seinem geschaffenen Werke zugeordnet wird.[577] So wird dem Schöpfer die Kontrolle über sein Werk ermöglicht, damit er privatautonom seine Interessen wahrnehmen und gegenüber Dritten auch durchsetzen kann.[578] Der deutsche Gesetzgeber hat dieses Konzept im Urhebergesetz von 1965 verwirklicht. In der Regel läuft die **Verwertung eines Werkes** dreistufig. Der Urheber bzw. Schöpfer erlaubt dem Verwerter bzw. Werkmittler, z.B. dem Verleger oder Tonträgerhersteller, die Nutzung bzw. Verwertung seines Werkes,[579] welches die Allgemeinheit dann als Konsument nutzt.[580] 182

Dabei sind unterschiedliche Arten von **Verwertungsstufen** zu unterscheiden:[581] 183
Erst-, Zweit-, Dritt- und Massennutzung. Im Rahmen der ersten Verwertungsstufe geht es zunächst darum, die primäre Nutzung des Werkes zu steuern. Neben der Erstveröffentlichung zählt hierzu beispielsweise die szenische Aufführung des Werkes. Die Rechte dieser Stufe werden individuell durch den Urheber selber wahrgenommen. So kann dieser nicht nur **eigenverantwortlich** die Vergütung aushandeln, sondern auch die sonstigen Bedingungen der Nutzung festlegen, damit sein Urheberpersönlichkeitsrecht ausreichend Beachtung findet. Auf dieser Verwertungsstufe werden auch ausschließliche Nutzungsbefugnisse vergeben und die Nutzungsbedingungen individuell eingeräumt. Oft überträgt der Berechtigte auf dieser Stufe eine ganze Reihe von Nutzungsrechten auf den Erstnutzer. Der konkrete Umfang der Rechtsübertragung hängt nicht allein von den Bedürfnissen des Erstverwerters, sondern auch von der Marktmacht des Berechtigten ab. Häufig begeben sich weniger „mächtige" Berechtigte auf dieser Stufe bereits komplett ihrer Nutzungsrechte, so dass ihnen dann häufig nur die Vergütungsansprüche, falls auch diese nicht abgetreten wurden, sowie die Urheberpersönlichkeitsrechte verbleiben. Der Berechtigte nimmt dann u.U. an dem **wirtschaftlichen Erfolg** seines Werkes nicht mehr teil (Ausnahmen: § 36 a.F. UrhG).[582] Folglich ist die Verwertung auf der ersten Stufe

---

577 *Rinklin,* S. 13f.; zum Ganzen auch *Hauptmann,* S. 7ff.

578 *Wirtz,* S. 3f.

579 Die Rechtsbeziehungen bzw. Vertragsgestaltungen, bei denen der Schöpfer selber in Erscheinung tritt, wird als Primäres Urhebervertragsrecht bezeichnet, während die weiteren Nutzungsverträge über Urheberrechte, also insbesondere die zwischen Werkvermittler und Werkvermittler bzw. Konsument als sekundäres Urhebervertragsrecht bezeichnet wird; vgl. *Dietz* in: FS *Schricker,* 1 (27); *Schricker/Schricker* vor §§ 28ff., Rdnr. 21.

580 *Thurow,* ZUM 1997, 320 (321); vgl. zu den Vertragsgestaltungen auf dieser Ebene vgl. § 13, Rdnr. 183ff.

581 *Hilty/Wittweiler,* S. 281 (292), der von einer Hierarchie der Verwertungsstufen spricht.

582 Vgl. zur Neuregelung des Urhebervertragsrechtes, welches bezweckt, den Schöpfern eine angemessene Vergütung zu sichern: § 13, Rdnr. 239f.

für die Berechtigten äußerst wichtig, da auf dieser Stufe die Weichen für die wirtschaftliche Beteiligung des Schöpfers an der Verwertung seines Werkes gestellt werden.[583]

184 Im Rahmen der nachgeordneten Verwertungsstufen, d.h. **Zweit-, Dritt-** und **Massennutzung,** ist der Einfluss des Berechtigten in der Regel beschränkt. Hier geht es weniger um Steuerung als darum, eine (angemessene) Vergütung zu sichern, und diese gegenüber dem jeweiligen Nutzer oder Konsumenten effektiv und um-fassend geltend zu machen.[584] Typische Zweitverwertungsrechte sind beispiels-weise das Recht der Wiedergabe durch Bild und Tonträger (§ 21 UrhG) sowie das Recht der Wiedergabe von Funksendungen nach § 22 UrhG.[585] In die Bereiche der Dritt- oder Massennutzung fällt das Vervielfältigungsrecht zum privaten oder sonstigen eigenen Gebrauch (§ 53 UrhG), mit der entsprechenden Vergütungsregelung nach §§ 54, 54a und 54b UrhG. Auf der Stufe der Dritt- bzw. Massennutzung werden die Rechte häufig dann auch nur als Vergütungsansprüche durch den Gesetzgeber gewährt. Die Rechte der zweiten und der nachgeordneten Stufen werden in der Regel kollektiv durch Verwertungsgesellschaften wahrgenommen. Diese sind in Deutschland über den Kontrahierungszwang nach § 11 WahrnG[586] verpflichtet, die benötigten Rechte zu angemessenen Bedingungen jedermann einzuräumen, wobei die Verwertungsgesellschaften ausschließlich einfache Nutzungsrechte lizenzieren. Sofern die Verwertungsgesellschaften Vergütungsansprüche wahrnehmen, können sie lediglich die entsprechenden Vergütungen einziehen, da bei diesen der Verbotscharakter der Rechte bereits durch den Gesetzgeber aufgehoben wurde.[587]

185 Derzeit erfolgt die Nutzung urheberrechtlicher Werke im **Internet** vornehmlich im Rahmen der Zweit-, Dritt- und insbesondere Massennutzung. Die Nutzung auf der ersten Stufe, insbesondere die Erstveröffentlichung eines Werkes, erfolgt vor allem außerhalb des Internets. So werden literarische und wissenschaftliche Werke als Bücher gedruckt und vertrieben, die öffentliche Aufführung im Rahmen des § 16 UrhG ist an Konzerte gebunden.[588] Inwiefern die Verwertung im Internet zukünftig in einem weiteren Umfang auf der **Erstverwertungsstufe** erfolgt, wird nicht nur von den technischen Entwicklungen der (digitalen) Ton- und Bildqualität abhängen, sondern auch davon, ob es gelingt, für die Nutzung eine Vergütung zu erzielen, so

---

[583] Vertragsgestaltungen (primäres Urhebervertragsrecht) auf dieser Stufe: § 13, Rdnr. 200ff.

[584] *Hilty/Wittweiler,* S. 281 (292).

[585] *Fromm/Nordemann/Nordemann,* W., § 21 UrhG, Rdnr. 1 und § 22 UrhG, Rdnr. 1; *Schricker/v. Ungern-Sternberg,* § 15 UrhG, Rdnr. 50.

[586] Gesetz über die Wahrnehmung von Urheberrechten und verwandten Schutzrechten (Urheberwarhnehmungsgesetz) – WahrnG vom 9. 9. 1965, BGBl. I 1965, S. 1294.

[587] Allgemein zu den Vergütungsansprüchen des UrhG, *Schricker/Schricker,* Einl., Rdnr. 16/17/20; *Rossbach,* Die Vergütungsansprüche im deutschem Urheberrecht, 1990.

[588] Nachweise bei *Hilty/Wittweiler,* S. 281 (286), nachdem beispielsweise der Popsänger „The Symbol" (vormals „Prince") seine Songs über das Internet veröffentlichen will, um sich von Werkmittlern, hier dem Tonträgerhersteller, unabhängig zu machen, oder die Praxis von Naturwissenschaftlern aktiv übers Internet und nicht in Fachzeitschriften zu veröffentlichen. Auf der anderen Seite hat auch die Popsängerin „Madonna" ein Konzert in einem Club in London gegeben, welches weltweit über das Internet verfolgt werden konnte oder der Bestsellerautor Stephan King hat im Sommer 2000 einen Roman im Internet veröffentlicht und direkt von Internetlesern bezahlen lassen (Nachweise bei *Boehme-Neßler,* S. 275). Die Einschaltung von Werkmittlern, wie Verlagen, Tonträgerherstellern, Konzertveranstaltern wird so überflüssig.

dass es der Zwischenschaltung eines Trägermediums, sei es als gedrucktes Buch, sei es als Ton- oder Bildträger, dann nicht mehr bedarf.[589]

I. Die kollektive Verwertung durch Verwertungsgesellschaften

Urheberrechtlich geschützte Werke und sonstige Schutzgegenstände werden der- 186
zeit in das Internet vornehmlich im Rahmen der Zweit-, Dritt- bzw. Massennutzung eingespeist und abgerufen. Diese Verwertungsstufen werden traditionell von **Verwertungsgesellschaften** wahrgenommen, so dass diesen im Bereich der Nutzung urheberrechtlicher Befugnisse im Internet (derzeit) eine Schlüsselstellung zukommt.

Die ersten Verwertungsgesellschaften wurden Mitte des 19. Jahrhunderts in 187
Frankreich gegründet, um das Recht der öffentlichen Aufführung musikalischer Werke wahrzunehmen.[590] Verwertungsgesellschaften sind Zusammenschlüsse und **Interessenvertretungen** vornehmlich von Urhebern und Inhabern verwandter Schutzrechte, aber auch von Primärverwertern, wie Verlagen.[591] Durch den Berechtigungs- bzw. **Wahrnehmungsvertrag** lassen sich Verwertungsgesellschaften die Rechte treuhänderisch zur Wahrnehmung einräumen, die die Verwertungsgesellschaften dann an die Nutzer weiterlizenzieren. Die Nutzungsbedingungen, wie insbesondere die Vergütungssätze, sind in **Tarifen** enthalten, die einseitig von den Verwertungsgesellschaften pauschal für bestimmte Nutzungsbereiche aufgestellt werden. Verwertungsgesellschaften sind in fast jedem urheberrechtlichen Bereich, d. h. im musikalischen und literarischen Bereich, im Filmbereich und im Bereich der bildenden Kunst tätig und haben mit ihren ausländischen Schwestergesellschaften **Gegenseitigkeitsverträge** abgeschlossen, durch die sich die Gesellschaften gegenseitig ermächtigen, die Rechte anderer Gesellschaften in ihrem nationalen Gebiet wahrzunehmen. So verfügen Verwertungsgesellschaften faktisch über ein **Weltrepertoire** an Rechten, das den Nutzern beschränkt auf ihr nationales Territorium eingeräumt werden kann. Teilweise werden auch **europaweite** Lizenzen vergeben.[592]

Das System der kollektiven Wahrnehmung durch Verwertungsgesellschaften ist 188
mit einer Reihe von Vorteilen, aber auch Gefahren verbunden. Zunächst dient es den **Interessen der Berechtigten.** Verwertungsgesellschaften können Rechte in Bereichen, wie beispielsweise der Massennutzung, durchsetzen, die von den Berechtigten selber nicht kontrolliert werden können, und so deren Ansprüche auch sichern. Verwertungsgesellschaften haben einen effektiven Kontrollapparat entwickelt, welcher Nutzungen in einer Vielzahl von Bereichen nachspüren.[593] Die gleichzeitige Wahrnehmung einer Vielzahl von Rechten unterschiedlicher Berechtigter durch eine

---

[589] Nach *Kaestner/Hoeren,* S. 183 (185 f.) werden angesichts der geänderten Vertriebssysteme auch vermehrt Urheberrechte im Rahmen der Erstverwertung im Internet genutzt.

[590] 1851 wurde die französische SACEM gegründet, die im musikalischen Bereich Rechte insbesondere von Komponisten wahrnehmen sollte; Einzelheiten bei *Ficsor,* S. 9 f. *Nordemann, W.,* in: FS GRUR, S. 1197 ff.

[591] So beispielsweise bei der GEMA Musikverlage, bei der VG Wort Verlage literarischer Werke, *Wirtz,* S. 19 f.

[592] Insbesondere im musikalischen Bereich, zu Einzelheiten *Block,* Die Lizenzierung von Urheberrechten für die Herstellung und den Vertrieb von Tonträgern im europäischen Binnenmarkt, 1997, passim.

[593] Beispielsweise für die GEMA: Musiknutzung in Peep-Shows; *BGH* GRUR 1983, *565* (*567*) – Tarifüberprüfung II.

Verwertungsgesellschaft zu Bedingungen der Tarife führt auf der anderen Seite aber zu einer **Endindividualisierung und Kollektivierung** der einzelnen urheberrechtlichen Befugnisse. Nicht nur wird im Bereich der kollektiven Wahrnehmung die Beachtung der individuellen Interessen der Berechtigten, wie beispielsweise bestimmte Urheberpersönlichkeitsaspekte, nahezu unmöglich sein, auch wird der wirtschaftliche Wert eines Werkes unter Umständen minimiert. Der Erfolg eines Werkes spiegelt sich nicht mehr in der Höhe der Lizenzgebühr für jeden Nutzungsvorgang wider, da die Höhe der Lizenzgebühr durch die Tarife für bestimmte Nutzungsformen pauschal festgelegt ist. Maßstab für den wirtschaftlichen Erfolg eines Werkes ist im Rahmen der kollektiven Wahrnehmung allein die Häufigkeit des Nutzungsvorgangs. Tarife werden so zu den großen Gleichmachern zwischen den Urhebern.[594]

189 Verwertungsgesellschaften ermöglichen aber nicht allein eine bessere Kontrollmöglichkeit in Bereichen, die den Berechtigten faktisch verschlossen sind, sie bündeln auch eine erhebliche **Marktmacht,** die daraus resultiert, dass in Deutschland in jedem urheberrechtlichen Bereich nur eine Verwertungsgesellschaft tätig ist.[595] Diese Marktmacht kann dann zugunsten der Berechtigten den Verwertern gegenüber eingesetzt werden, um für die Berechtigten günstigere Nutzungsbedingungen auszuhandeln, als das der einzelne Berechtigte könnte. Diese Marktmacht ermöglicht ein Verhandeln auf „gleicher Augenhöhe", und somit letztlich eine Chancengleichheit, selbst wenn wirtschaftlich starke Verwerter, wie die global agierenden Urheberrechtskonzerne, an den Verhandlungen beteiligt sind.

190 Die dargestellte **Alleinstellung der Verwertungsgesellschaften,** die aus Praktikabilitätsgründen wünschenswert ist, da sie Verwaltungskosten spart und auch dem Nutzer leichten Zugang zu dem Repertoire verschafft,[596] führt auf der anderen Seite aber zu einer aus den urheberrechtlichen Befugnissen erwachsenen Monopolstellung. Der Charakter der Urheberrechte als ausschließliche Rechte gewährt den Verwertungsgesellschaften bereits eine Monopolstellung. Berücksichtigt man weiter, dass die Verwertungsgesellschaften oftmals in „ihrem" Gebiet allein tätig sind, so konzentriert sich eine erhebliche Marktmacht, die sowohl gegenüber den Berechtigten als auch den Verwertern missbraucht werden kann. Ein solcher **Missbrauch** kann im Bereich der Berechtigten in der Weigerung der Rechtewahrnehmung, in einer zu niedrigen Ausschüttung der eingenommenen Gebühren etc., und im Verhältnis zu den Verwertern, in der Weigerung der Nutzungseinräumung, in überhöhten Lizenzgebühren oder ungerechten Lizenzbedingungen bestehen.[597] Um einen solchen Missbrauch zu verhindern, unterliegen Verwertungsgesellschaften in Deutschland einer umfangreichen **Aufsicht,** die sowohl durch das Deutsche Patent- und Markenamt, als auch durch das Bundeskartellamt wahrgenommen wird.[598]

191 Abgesehen von der Möglichkeit des Missbrauchs der Marktstellung den Verwertern gegenüber liegt die kollektive Wahrnehmung durch Verwertungsgesell-

---

594 Von daher kritisch *Cohen Jehoram,* Copyright 1990, 214 (216).

595 Zum Filmbereich unten, Rdnr. 237ff. Die VG nimmt dann die betroffenen Rechte in ihrem Bereich allein wahr und wird zu einem gleichberechtigten Verhandlungspartner wirtschaftlich bedeutender und starker Verwerter, wie beispielsweise der international operierenden Musikkonzerne.

596 Einzelheiten bei *Wirtz,* S. 9f.; *Fiscor,* S. 68f.; *Karnell,* Copyright 1986, 45 (49); Begründung des Regierungsentwurfes zum UrhG von 1965, BT-Druck. IV/271, S. 8f.

597 Einzelheiten bei *Wirtz,* 32ff.

598 Zur Situation in Europa *Hilty/Katzenberger,* Verwertung, passim.

schaften aber auch im **Interesse der Verwerter.** Sie ermöglicht einen schnellen, leichten und kostengünstigen Zugang zu dem von den Verwertungsgesellschaften verwalteten (Welt-) Repertoire, so dass der Verwerter sich auf Grund der leichten Einräumung von Lizenzen rechtskonform verhalten kann, will er beispielsweise das Werk im Internet nutzen. Im Rahmen ihrer Wahrnehmungsaufgaben dem Berechtigten gegenüber sind die Verwertungsgesellschaften auch grundsätzlich daran interessiert, die Rechte zu lizenzieren und Gebühren zu erzielen, so dass die Weigerung, eine Lizenz einzuräumen, nur in Ausnahmefällen überhaupt denkbar ist.

Schließlich liegt die kollektive Wahrnehmung der Rechte durch Verwertungsge- 192
sellschaften auch im **Interesse der Allgemeinheit,** ermöglicht sie doch einen unkomplizierten Konsum der Werke, die das Urheberrecht und die gesetzlich anerkannten Vergütungsinteressen der Urheber achtet. So ermöglicht beispielsweise die Einschaltung von Verwertungsgesellschaften, dass das Werk auch vom rechtstreuen Internetnutzer abgerufen werden kann, ohne dass langwierige Lizenzverhandlungen mit dem Berechtigten geführt werden müssten.

1. Aufsicht über Verwertungsgesellschaften

Der Gesetzgeber hat die Interessenlage bei der kollektiven Wahrnehmung urhe- 193
berrechtlicher Befugnisse durch Verwertungsgesellschaften grundsätzlich **anerkannt,** hält es aber für unabdingbar, Machtmissbräuche der Verwertungsgesellschaften den Berechtigten und Verwertern gegenüber einzudämmen bzw. zu verhindern.[599] Verwertungsgesellschaften unterstehen in Deutschland einer besonderen Aufsicht nach dem WahrnG, welches Rechte und Pflichten der Verwertungsgesellschaften regelt, sowie einer zusätzlichen allgemeinen Aufsicht, insbesondere nach dem Kartellrecht.[600]

2. Das Wahrnehmungsgesetz

Gleichzeitig mit dem Urhebergesetz wurde 1965 das Wahrnehmungsgesetz[601] 194
verabschiedet. Das deutsche Urheberrechtsgesetz gilt damit als „modernes Urheberrecht", welches auch Regelungen zu dem Recht der Verwertungsgesellschaften enthält. Nach § 1 WahrnG ist unter **Verwertungsgesellschaft** eine natürliche oder juristische Person zu verstehen, die Nutzungs- und Einwilligungsrechte sowie Vergütungsansprüche, die sich aus dem UrhG ergeben, für Rechnung mehrerer Urheber oder Inhaber verwandter Schutzrechte zur gemeinsamen Auswertungen wahrnimmt. Um als Verwertungsgesellschaft in Deutschland tätig sein zu können, ist eine **Erlaubnis** des deutschen Patent- und Markenamtes *(DPMA)* erforderlich, die auf Antrag erteilt wird.[602] Diese darf nur versagt werden, wenn einer der in § 3

---

599 Begründung zum Regierungsentwurf des UrhG 1965, BT-Drucks. IV/271, S. 9 f.

600 Weiter unterliegen Verwertungsgesellschaften in Deutschland einer allgemeinen Kontrolle nach dem Vereinsrecht und dem Recht der Allgemeinen Geschäftsbedingungen nach §§ 305 ff. BGB; *Wirtz*, S. 112.

601 Gesetz über die Wahrnehmung von Urheberrechten und verwandten Schutzrechten (Urheberwahrnehmungsgesetz) – WahrnG vom 9. 9. 1965, S. 1294, zuletzt geändert durch Gesetz zur Regelung des Urheberrechts in der Informationsgesellschaft vom 11. 4. 2003.

602 § 2 WahrnG.

WahrnG aufgezählten Gründe gegeben ist, beispielsweise Satzung oder Gesellschaftsvertrag stehen nicht in Einklang mit den Bestimmungen des WahrnG. Auch kann die Erlaubnis nach einmal erfolgter Erteilung nur aus den engen Voraussetzungen des § 4 WahrnG widerrufen werden. Wird ein Unternehmen, welches die Voraussetzungen des § 1 WahrnG erfüllt, und somit eine Verwertungsgesellschaft ist, ohne die erforderliche Erlaubnis tätig, so kann das DPMA dessen Tätigkeit untersagen.[603]

195 Die **Tätigkeit der Verwertungsgesellschaften** unterliegt nach § 19 WahrnG der Aufsicht durch das *DPMA*. Dieses wacht insbesondere im Verhältnis zu den Berechtigten darüber, ob die Bestimmungen des WahrnG eingehalten werden, d.h. dass die Verwertungsgesellschaften die Rechte zu angemessenen Bedingungen wahrnehmen.[604] Die Lizenzierungspraxis den Verwertern gegenüber unterliegt der Kompetenz der beim *DPMA* eingerichteten **Schiedsstelle.**[605] Diese wird auf Antrag hin tätig, wenn die Nutzung von Werken, welche von Verwertungsgesellschaften wahrgenommen werden, im Streit steht. Daher ist die Schiedsstelle insbesondere in Fragen der Angemessenheit von Tarifen, d.h. Höhe von Lizenzgebühren und Rechtmäßigkeit sonstiger Lizenzbedingungen, betraut. In allen Streitigkeiten, bei denen die Angemessenheit oder Anwendbarkeit eines Tarifs im Streit steht, ist das Anrufen der Schiedsstelle Prozessvoraussetzung für ein Verfahren vor den ordentlichen Gerichten.

196 Neben der Aufsicht durch das *DPMA* und durch die Schiedsstelle unterliegen die deutschen Verwertungsgesellschaften einer zusätzlichen Aufsicht durch das **Bundeskartellamt** nach §§ 19 und 20 GWB, sowie durch die **Europäischen Kartellbehörden** nach Art. 81 und 82 EGV.[606] Diese Aufsicht erstreckt sich nicht nur auf das Verhältnis zu den Berechtigten,[607] sondern auch auf das Verhältnis zu den Verwertern und umfasst insbesondere die Überprüfung von Tarifen.[608] In der Vergangenheit ist die Existenz von Verwertungsgesellschaften durch die europäischen Kartellbehörden immer wieder in Frage gestellt worden.[609] Mittlerweile ist das **System der kollektiven Wahrnehmung** und auch die Rolle von Verwertungsgesellschaften durch

---

[603] Zum Anbieter von elektronischen Pressespiegeln „Presse-Monitor", der wegen mangelnder Erlaubnis den Betrieb einstellen musste; F.A.Z. v. 9. 3. 2002; i.Ü. Financial Times Deutschland vom 30. 4./1. 5. 2001. Die Neufassung des § 19 WahrnG durch die Novelle 2003 sieht nun eine ausdrückliche Untersagungsbefugnis des DPMA vor; vgl. Beschlussempfehlung und Bericht des Rechtsausschusses v. 9. 4. 2003, BT-Drucks. 15/837, 85/86.

[604] §§ 6 und 7 WahrnG.

[605] §§ 14–16 WahrnG.

[606] Zu Einzelheiten *Pickrahn,* Verwertungsgesellschaften nach Deutschem und Europäischen Kartellrecht, 1996 passim sowie *Wünschmann,* Die kollektive Verwertung von Urheber- und Leistungsschutzrechten nach europäischem Wettbewerbsrecht, 2000 passim.

[607] Entscheidung GEMA I, GEMA II, GVL der Europäischen Kommmission und des *EUGH* sowie die Entscheidung GEMA-Wertungsverfahren des Bundeskartellamtes bzw. des BGH; zu Einzelheiten, *Wirtz,* S. 121 f. und 220 ff.

[608] *EUGH* GRUR Int. 1990, 622 ff.

[609] Zuletzt im Rahmen des sog. MTV-Falles, bei dem es um die Weigerung der großen Tonträgerhersteller ging, die Rechte zur Sendung der Tonträger dem Musiksender MTV direkt einzuräumen. Diese hatten die Rechte bereits der britischen Verwertungsgesellschaft Video Performing Ltd. (VPL) übertragen. Die Europäische Kommission hielt einen Kartellverstoß nach Art. 81 EGV für nicht ausgeschlossen, da die großen Tonträgerhersteller die Rechte auch direkt hätten lizenzieren können; zu Einzelheiten *Porter,* European Union Competition Policy: Should the role of Collecting Society be legitimised? E.I.P.R. 1996, 672–677; *Wirtz,* S. 219 ff. m.w.N.

die europäischen Behörden **weitgehend anerkannt,**[610] was nicht zuletzt auf die zunehmende Bedeutung und Tätigkeit von Verwertungsgesellschaften für die Rechtewahrnehmung in der Informationsgesellschaft zurückgeführt wird.[611] Die Richtlinie zum Urheberrecht in der Informationsgesellschaft setzt somit auch die Tätigkeiten von Verwertungsgesellschaften voraus, mahnt aber in den Erwägungsgründen an, dass die Verwertungsgesellschaften ihre Rolle, die ihnen im Bereich der Informationsgesellschaft zukommt, auch effektiv wahrnehmen.[612]

Neben der Regelung der Aufsicht enthält das WahrnG auch eine Reihe von **Privilegien** zugunsten der Verwertungsgesellschaften, wie die Pflicht der Veranstalter nach § 13a WahrnG, vor der öffentlichen Wiedergabe urheberrechtlich geschützter Werke die Erlaubnis der Verwertungsgesellschaft einzuholen und nach der Veranstaltung den Verwertungsgesellschaften eine Liste der benutzten Werke zu übermitteln. 197

Von großer praktischer Bedeutung ist § 13b WahrnG, der insbesondere eine auf die Geltendmachung von Auskunftsansprüchen beschränkte Rechtsvermutung enthält, dass die klagende Verwertungsgesellschaft auch Inhaber der Rechte in dem von ihr betreuten Bereich ist. Diese **Rechtsvermutung** gilt nach § 13b Abs. 1 WahrnG für die **Geltendmachung von Auskunftsansprüchen,** welche nur von einer Verwertungsgesellschaft geltend gemacht werden können. Dies sind vornehmlich die gesetzlich ausdrücklich normierten Ansprüche nach §§ 26 Abs. 5 i.V.m. Abs. 3 und 4 UrhG (Folgerecht beispielsweise für Online-Auktionen) und nach §§ 54g i.V.m. 54h Abs. 1 UrhG (Vergütung für die Vervielfältigung im Wege der Bild- und Tonaufzeichnung sowie Reprographievergütung) und gilt auch für die Fälle, in denen Vergütungsansprüche nach dem Gesetz nur von einer Verwertungsgesellschaft geltend gemacht werden können.[613] § 13b Abs. 2 normiert darüber hinaus eine gesetzliche Vermutung für die Berechtigung an den **Vergütungsansprüchen** nach §§ 27 UrhG (Vergütung für Vermietung und Verleih), 54 UrhG (Vergütung für Vervielfältigung im Wege der Bild- und Tonträgeraufzeichnung) und 54a UrhG (Reprographievergütung). Daneben gilt diese Rechtsvermutung auch für die Geltendmachung der Vergütungsansprüche, die den ausübenden Künstlern, Tonträgerherstellern und Filmherstellern nach §§ 77 Abs. 2, 85 Abs. 4 und 94 Abs. 5 UrhG zustehen. Die gesetzliche Vermutung des § 13b Abs. 1 und 2 WahrnG ist grundsätzlich **widerlegbar.** Der in Anspruch Genommene hat detailliert vorzutragen und zu beweisen, dass den Verwertungsgesellschaften der geltend gemachte Anspruch nicht zusteht. Pauschales Bestreiten der Sachlegitimation reicht insofern nicht aus.[614] Die Vermutung der Sachlegitimation wirkt somit nicht anspruchsbe- 198

[610] Z. B. Europäische Kommission in Grünbuch – Urheberrecht und verwandter Schutzrechte in der Informationsgesellschaft, KOM (95), 362 endg. vom 19. 7. 1995, S. 73f., vgl. auch Erwägungsgrund 17 InfoRL.

[611] *Stamatoudi,* The European Court's Love-Hate-Relationship with Collecting Societies, E.I.P.R., 1997, 289–297.

[612] So heißt es im Erwägungsgrund 17 InfoRL: „Insbesondere auf Grund der durch die Digitaltechnik bedingten Erfordernisse muss sichergestellt werden, dass die Verwertungsgesellschaften im Hinblick auf die Beachtung der Wettbewerbsregeln ihre Tätigkeit stärker rationalisieren und für mehr Transparenz sorgen."

[613] Z.B. §§ 49 Abs. 1 und 27 Abs. 1 UrhG, zu Einzelheiten *Schricker/Reinbothe,* § 13b WahrnG, Rdnr. 6.

[614] *Schricker/Reinbothe,* § 13b WahrnG, Rdnr. 7 und 9; *Fromm/Nordemann/Nordemann,* § 13b WahrnG, Rdnr. 2.

gründend, sie ist lediglich eine prozessuale Erleichterung zugunsten der Verwertungsgesellschaften.

199 Neben den dargestellten Vermutungen des § 13b WahrnG, die ja auf die Geltendmachung von Auskunftsansprüchen bzw. von Entgelten für Vergütungsansprüche beschränkt sind, bestehen die von der Rechtsprechung anerkannten **Vermutungen der Aktivlegitimation.** Insbesondere im Rahmen der „GEMA-Vermutungs"-Rechtsprechung wird der **GEMA** für eine Reihe der von ihr wahrgenommenen Rechte die Vermutung der Aktivlegitimation zuerkannt.[615] Diese Vermutung gilt aber nicht lückenlos und ist ebenfalls widerlegbar. Bezüglich der weiteren Verwertungsgesellschaften, wie gegenüber **VG Wort** und **VG Bild-Kunst,** ist die Rechtsprechung bezüglich der Vermutung der Aktivlegitimation zurückhaltender.[616]

200 Es ist zu erwarten, dass im Rahmen der Nutzung im **Internet** diese Rechtsprechung zur Vermutung der Aktivlegitimation von Verwertungsgesellschaften zunimmt. Dabei wird es darauf ankommen, ob die Verwertungsgesellschaft nachweisen kann, dass das streitgegenständliche Recht üblicherweise von der Verwertungsgesellschaft wahrgenommen wird und folglich einiges für die generelle Sachlegitimation spricht.

201 Die Konzeption des WahrnG ist in der Vergangenheit häufig kritisiert worden.[617] Diese Kritik ist aber nicht auf eine gesetzeswidrige Handhabung der Aufsicht zurückzuführen, sondern darauf, dass der Gesetzgeber den Verwertungsgesellschaften einen weiten Gestaltungsspielraum zugestanden und zu geringe rechtliche Vorgaben zur Regelung des Innen- und Außenverhältnisses der Verwertungsgesellschaften normiert hat. Verwertungsgesellschaften sind gehalten, zu angemessenen Bedingungen sowohl den Berechtigten als auch den Verwertern gegenüber tätig zu werden.[618] Da ein Angemessenheitsvorbehalt einen unbestimmten und weiten Spielraum gibt, kann es in Ausübung dieses auch zu Fehlentwicklungen kommen. Folglich ist nicht die Aufsicht des *DPMA* zu kritisieren, sondern die Vorgaben des WahrnG zu konkretisieren, um Verwertungsgesellschaften und *DPMA* eine eindeutige Richtschnur zu geben.[619]

II. Die Wahrnehmungspraxis der Verwertungsgesellschaften für die Berechtigten

202 Nach § 6 Abs. 1 WahrnG sind Verwertungsgesellschaften verpflichtet, in ihrem Tätigkeitsbereich die Rechte und Ansprüche zu **angemessenen Bedingungen** wahrzunehmen. Anspruchsberechtigter ist jeder Berechtigter, der entweder Deutscher

---

[615] *BGH,* GRUR 1986, 62 (64) – GEMA-Vermutung I; *BGH,* GRUR 1986, 66 (69) – GEMA-Vermutung II.

[616] Zu VG Wort: *KG,* GRUR 1975, 87 – Lesezirkelmappen; *KG,* GRUR 1978, 241 – Verwertungsgesellschaft Jahn und *OLG München,* ZUM 2000, 246 – für den Vergütungsanspruch nach § 49 UrhG – Pressespiegel; verneinend dagegen: *OLG Köln,* GRUR 1980, 213 – Presseschau, bejahend für die VG Bild-Kunst: *OLG Frankfurt am Main,* GRUR 1980, 916, 918 – Folgerecht für ausländische Künstler.

[617] *Rehbinder,* Mängel der Staatsaufsicht über Verwertungsgesellschaften, DVBl. 1992, 216 ff., entgegnend *W. Nordemann,* Mängel der Staatsaufsicht über die deutschen Verwertungsgesellschaft? GRUR 1992, 584 ff.; *Vogel,* Wahrnehmungsrecht und Verwertungsgesellschaften in der Bundesrepublik Deutschland, GRUR 1993, 513 ff.; *Wirtz,* S. 45 ff. und S. 80 ff.

[618] §§ 6 und 7 WahrnG (Berechtigte) und § 11 WahrnG (Verwerter).

[619] *Wirtz,* S. 88.

oder Staatsangehöriger eines Mitgliedsstaates der Europäischen Union oder des europäischen Wirtschaftsraumes ist.[620] Der Anspruch ist auf den **Tätigkeitsbereich der Verwertungsgesellschaften** beschränkt, bei der GEMA beispielsweise auf den musikalischen Bereich, bei der VG Wort auf den literarischen, und bezieht sich nur auf solche Rechte, die anders als durch eine Verwertungsgesellschaft nicht wahrgenommen werden können.[621] Der Anspruch auf Wahrnehmung besteht auch inhaltlich nicht uneingeschränkt, sondern lediglich zu angemessenen Bedingungen. Dies sind in der Regel die Wahrnehmungsbedingungen, die die Verwertungsgesellschaften ihren angeschlossenen Berechtigten üblicherweise auferlegen. Somit ergibt sich Umfang und Inhalt dieses Wahrnehmungsanspruches aus den **üblichen Regelungen des Wahrnehmungs- bzw. Berechtigungsvertrages** der Verwertungsgesellschaften, durch welchen der Berechtigte der Verwertungsgesellschaft die Rechte zur treuhänderischen Wahrnehmung überträgt sowie aus den sonstigen internen gesellschaftlichen Regelung, wie Satzung bzw. Gesellschaftsvertrag, den Verteilungsplänen etc. Der Berechtigte kann auf diese Regelung über die Stellung als Mitglied, bzw. sollte er als Mitglied nicht aufgenommen worden sein,[622] über seine Interessenvertretung der Nichtmitglieder, zum Teil Einfluss nehmen.[623]

1. Wahrnehmungsvertrag und Umfang der Rechteeinräumung

Der Wahrnehmungs- und Berechtigungsvertrag, durch den der Berechtigte der Verwertungsgesellschaft seine Rechte zur Wahrnehmung einräumt, ist ein **urheberrechtlicher Nutzungsvertrag** eigener Art mit Elementen der Treuhand, des Auftrages, des Gesellschaftsvertrages, des Dienst- und des Geschäftsbesorgungsvertrages.[624] 203

Durch den Wahrnehmungsvertrag lassen sich die Verwertungsgesellschaften **eine Vielzahl von Rechten** zur Wahrnehmung einräumen, wobei sich diese nicht allein auf bestehende, sondern auch auf künftig noch zu schaffende Werke beziehen können.[625] Die Verwertungsgesellschaften sind so bemüht, sich ein **umfangreiches Repertoire** zur Wahrnehmung einräumen zu lassen. Aber auch im Bereich der Rechteeinräumung im Wahrnehmungsvertrag gilt der **Zweckübertragungsgedanke**, der den Berechtigten vor einer allzu pauschalen Rechtsübertragung schützt.[626] Soweit 204

---

[620] *Wirtz,* S. 57.

[621] So nehmen z. B. die Verwertungsgesellschaften keine großen Rechte, d. h. solche zur szenischen Aufführung, wahr und somit keine Rechte auf der Erstverwertungsstufe; *Schricker/Reinbothe,* § 6 WahrnG, Rdnr. 2 sowie *Fromm/Nordemann,* § 6 WahrnG, Rdnr. 1.

[622] § 6 Abs. 1 gibt keinen Anspruch auf Aufnahme als Mitglied; § 6 Abs. 2 WahrnG, *Fromm/Nordemann,* § 6 WahrnG, Rdnr. 4.

[623] Zu Einzelheiten und Anforderungen an diese Interessenvertretung *Wirtz,* S. 67 ff. m. w. N.; derzeit entsprechen nicht alle Satzungen bzw. Gesellschaftsverträge der deutschen Verwertungsgesellschaften dem Gebot der angemessenen Vertretung sonstiger Wahrnehmungsberechtigter, d. h. von Nichtmitglieder; vgl. auch *Dördelmann,* Die gemeinsame Vertretung der Wahrnehmungsberechtigten nach § 6 Abs. 2 WahrnG, in: FS für Hertin, 31 ff.

[624] Zu Einzelheiten *Mauhs,* Der Wahrnehmungsvertrag, 1991, passim; *Schricker/Reinbothe,* § 6 WahrnG, Rdnr. 4; *LG Köln,* ZUM 1998, 168 (169).

[625] Zur Zulässigkeit dieser Vorausabtretung *Schricker/Reinbothe,* § 6 WahrnG, Rdnr. 5; *Fromm/Nordemann,* § 6 WahrnG, Rdnr. 8, einschränkend *Schack,* Rdnr. 1204.

[626] *Schricker/Reinbothe,* § 6 WahrnG, Rdnr. 5; *BGH* GRUR 1986, 62 (65 f.) – GEMA-Vermutung I; *OLG Hamburg,* ZUM 1991, 90 (91); vgl. allgemein zu den Regelungen des § 31 Abs. 4 UrhG: § 13, Rdnr. 234.

sich Verwertungsgesellschaften auch Rechte an noch **unbekannten Nutzungsarten** einräumen lassen,[627] können die entsprechenden Auffangklauseln des Wahrnehmungsvertrages gegen **§ 31 Abs. 4 UrhG** verstoßen. Entscheidend für die Zulässigkeit dieser Auffangklauseln ist, ob die betroffene Verwertungsart als wirtschaftlich bedeutsam und verwertbar bekannt ist.[628] Zum Teil wird gefordert, dass die Regelung des § 31 Abs. 4 UrhG, der die Einräumung von Rechten an noch nicht bekannten Nutzungsarten für unwirksam erklärt, nur **eingeschränkt auf die Rechteeinräumung** im Rahmen des Wahrnehmungsvertrages anwendbar ist, um zu verhindern, dass die Berechtigten bezüglich dieser Rechte von Verwerterseite übervorteilt werden.[629] Da aber auch der Berechtigte Interesse an der individuellen Wahrnehmung dieser neuen Nutzungsart haben kann, ist die **pauschale Einräumung von Rechten** an einer noch nicht bekannten Nutzungsart auch in Wahrnehmungsverträgen **unzulässig.** Der Berechtigte soll zum Zeitpunkt des Auftretens der neuen Nutzungsart grundsätzlich selbst entscheiden, ob er diese selber wahrnehmen oder einer Verwertungsgesellschaft zur Wahrnehmung übertragen will.

205 Die Frage der Zulässigkeit der genannten Auffangklauseln der Wahrnehmungsverträge wurde zuletzt bei der Frage der Wahrnehmung von Rechten im Rahmen der **offline**-Nutzung und der **online-Nutzung im Bereich des Internets** praktisch relevant. Mit der Zunahme der Bedeutung des Internets **Mitte der 90er Jahre** waren die Verwertungsgesellschaften mit Nutzungshandlungen in „ihrem" Bereich konfrontiert, ohne sicher zu wissen, ob ihnen auch die entsprechenden Rechte an dieser neuen Nutzungsart eingeräumt wurden. Obgleich die Existenz des Internets, insbesondere im Rahmen des interuniversitären Austausches und somit die technische Möglichkeit der Nutzung bereits längere Zeit bekannt war, kann die online-Nutzung von Werken im Internet erst **seit Mitte der 90er Jahre als bekannte Nutzungsart** gelten,[630] da erst ab diesem Zeitpunkt die wirtschaftliche Bedeutung des Internets und die Verwertbarkeit im Internet als bekannt angesehen werden können.[631] Konfrontiert mit der neuen Nutzungsform „Internet" stellte und stellt sich, bezogen auf die **sog. Altverträge** der Verwertungsgesellschaften, welche vor 1995 abgeschlossen wurden, die Frage, wie die Nutzungshandlungen im Bereich des Internets urheberrechtlich einzustufen sind, und ob den Verwertungsgesellschaften hierfür die Rechte eingeräumt wurden.

206 Einige Verwertungsgesellschaften, voran die **GEMA,** stellten sich auf den Standpunkt, dass die im Rahmen der off- und online-Nutzung von Musikwerken berührten digitalen Rechte unter die gängigen Verwertungsrechte bei extensiver Auslegung zu subsumieren seien und folglich durch den **Berechtigungsvertrag bereits übertragen** wurden.[632] So sollte die Herstellung einer CD-Rom durch das Vervielfältigungs- und Verbreitungsrecht des Urhebers umfasst sein, die unkörperliche Verbreitung im

---

[627] § 1 lit. 1 GEMA Berechtigungsvertrag; § 5 Wahrnehmungsvertrag VG Wort.

[628] *Schricker/Reinbothe,* § 6 WahrnG, Rdnr. 6; *BGH,* GRUR 1987, 279 – GEMA-Vermutung IV; einschränkender *Schack,* Rdnr. 1206.

[629] *Fromm/Nordemann/Hertin,* § 31/32 UrhG, Rdnr. 17.

[630] *Schack,* Rdnr. 551; *Hoeren,* CR 1995, 710 (713f.); *Nordemann, W./Schierholz,* AfP 1998, 365 (366); *BGH,* NJW 1996, 975 (976); *Nordemann/Hertin,* §§ 31/32, Rdnr. 18.

[631] Zu diesen Prüfungskriterien einer „unbekannten" Nutzungsart: *BGHZ,* 128, 336 (341), m. w. N. – Videozweitauswertung III.

[632] *Schwarz/Ventroni,* Teil 3–2.3., 17.

Internet, etwa durch digitalen Rundfunk, durch das Senderecht.[633] Da nach dem üblichen Berechtigungsvertrag das Vervielfältigungs-, Verbreitungs- und Senderecht vom GEMA-Berechtigungsvertrag mit umfasst ist,[634] sei die GEMA dann auch für die **Rechtewahrnehmung** im Internet zuständig, zumal sich ja nach § 1 Buchstabe h Berechtigungsvertrag GEMA die Rechteeinräumung auch auf künftige technische Entwicklungen und Änderungen des Gesetzes beziehen. Da dieser Einbeziehung, wie gezeigt, **§ 31 Abs. 4 UrhG entgegensteht,**[635] war diese Auffassung auch umstritten.[636] Daher haben die Verwertungsgesellschaften ihre Berechtigungsverträge seit Mitte der 90er Jahre **angepasst,** so dass nunmehr auch digitale Rechte von der Rechteübertragung umfasst sein können.[637] Da sich diese **Änderung des Berechtigungsvertrages** nicht automatisch auch auf die bestehenden Altverträge beziehen – insofern ist eine ausdrückliche Zustimmung des Berechtigten erforderlich, damit auch die digitalen Rechte mitumfasst sind – besteht in bestimmten Bereichen nach wie vor eine Unsicherheit, ob die Verwertungsgesellschaften tatsächlich die entsprechenden Rechte wahrnehmen und folglich entsprechend einräumen können.[638] So reicht beispielsweise für die **Nutzung eines auf Tonträger aufgenommen Musikstückes** die Nutzungserlaubnis der **GEMA** allein nicht aus. Die ebenfalls berührten Rechte der ausübenden Künstler und Tonträgerhersteller werden im analogen Bereich von der **GVL** wahrgenommen. Im digitalen Bereich liegen die betroffen Rechte derzeit aber insbesondere nicht bei der GVL, sondern bei den Tonträgerherstellern,[639] so dass die Nutzung auch eine entsprechende Nutzungseinräumung durch diese voraussetzt. Auch ist zu fragen, ob die betroffene Nutzungsart tatsächlich von den Verwertungsgesellschaften wahrgenommen werden kann, oder ob die Rechte nicht **mangels Einbezug in den Wahrnehmungsvertrag** bei den Berechtigten liegen.[640]

Bei **begründeten Zweifeln** sollte von daher noch einmal die Verwertungsgesellschaft kontaktiert werden, oder, soweit bekannt, der Rechteinhaber. Die Verwertungsgesellschaften werden ihre Wahrnehmungsverträge erneut anpassen müssen, um beispielsweise auch das Recht der öffentlichen Zugänglichmachung (§ 19a UrhG) mit aufzunehmen. 207

---

633 *Kreile/Becker,* GRUR 1996, 667 (688ff.); diese Einordnung ist ebenfalls umstritten, da beispielsweise das Recht des öffentlichen Zugänglichmachens zum Abruf im Internet mehrheitlich als „unbenanntes Recht der öffentlichen Wiedergabe" i.S.d. § 15 UrhG angesehen wurde, vgl. zu Einzelheiten oben Rdnr. 134.

634 § 1 lit. h) und b), GEMA-Berechtigungsvertrag.

635 Im Ergebnis auch *Kreile/Becker,* in: FS Mestmäcker, S. 77ff.

636 Dies hinderte beispielsweise die GEMA aber nicht daran, sich an einem Pilotprojekt zu beteiligen und die erforderlichen digitalen Rechte einzuräumen, Nachweise bei *Kreile/Becker,* GRUR 1996, 677 (686), wobei allerdings eine Rechteklärung bis hin zum Berechtigten erfolgen sollte (Lizenzprojekt Online-Park).

637 *Hoeren,* S. 112ff., für GEMA, VG Wort und VG Bild-Kunst; weitere Verwertungsgesellschaften, wie beispielsweise GVL nehmen diese Rechte nicht wahr; *Hoeren,* 113.

638 *Schwarz/Ventroni,* Teil 3–2.3., 17/18; vgl. auch *LG Hamburg,* ZUM 2001, mit Anmerkung *Schierholz,* zur Praxis der Einbeziehung der Rechte an den neuen Nutzungsarten in bestehende Wahrnehmungsverträge.

639 *Hoeren,* S. 113.

640 So liegen die Rechte zur Nutzung von Musikstücken als Handy-Klingelton bei den Berechtigten und müssen erst an die GEMA zur Wahrnehmung übertragen werden, *LG Hamburg,* GRUR-RR 2001, 259 (259f.); vgl. allgemein auch OLG Hamburg NJW-RR 2002, 1410 – Handyklingelton.

208 Derzeit lassen sich die Verwertungsgesellschaften nach ihren gültigen Wahrnehmungsverträgen[641] die **folgenden Rechte zur Wahrnehmung** übertragen:

Die **GEMA** nimmt eine Reihe von **digitalen Nutzungsrechten** wahr. Hierzu gehören u.a. das Recht, Werke der Tonkunst (mit oder ohne Text) in **Datenbanken, Dokumentationssystemen** oder in **Speichern** ähnlicher Art einzubringen, das Recht, Werke der Tonkunst (mit und ohne Text), die in Datenbanken, Dokumentationssystemen oder in Speichern ähnlicher Art eingebracht sind, **elektronisch** oder in **ähnlicher Weise** zu übermitteln sowie Multimediadatenträger **wahrnehmbar zu machen,** beispielsweise im **Internet.**[642] Nach der Neufassung des GEMA-Berechtigungsvertrages lässt sich die GEMA folglich die Rechte für eine Reihe von **Internetnutzungen zur Lizenzierung** einräumen, beispielsweise für **Music-on-Demand, Internet-Radio,** etc. Die GEMA ist insoweit grundsätzlich für die Einräumung von Rechten zur Musiknutzung im Internet zuständig.

209 Dies gilt allerdings nur für die **unveränderte Verwendung,** d.h. die unbearbeitete oder sonst unveränderte Nutzung von Musik. Sollte das Musikwerk mit anderen Werken verbunden werden, wie Bildern und (weiteren) Texten oder bewegten Bildern, beispielsweise zur Verwendung auf der Homepage oder zur interaktiven Nutzung, ist der Nutzer auf die Lizenzierung des sog. **Synchronisationsrechtes** durch den **Schöpfer** oder **Musikverleger** selber angewiesen. Nach § 1 Buchstabe i GEMA-Berechtigungsvertrag wird zwar dieses Recht der GEMA übertragen, dies erfolgt aber unter der aufschiebenden Bedingung, dass der Berechtigte vier Wochen nach Kenntnisnahme von der beabsichtigten Nutzung das Recht nicht zurückruft. Die GEMA hat somit den Berechtigten über eine entsprechende **Anfrage zur Online-Synchronisation** zu unterrichten und ist erst nach Ablauf von vier Wochen berechtigt, dieses zu lizenzieren, d.h. dann, wenn das Recht nicht zurückgerufen wurde.[643] Dieses Verfahren erscheint unnötig kompliziert, langwierig und folglich für den Hersteller entsprechender Werke wenig attraktiv. Da nach § 1 Buchstabe k des GEMA-Berechtigungsvertrages die GEMA grundsätzlich keine Rechte zu **Werbezwecken** wahrnimmt, werden entsprechende Nutzungsvorgänge auch im Internet nicht durch die GEMA lizenziert werden können. Der Nutzer ist auch hier auf eine individuelle Lizenz durch den Rechteinhaber angewiesen.

210 Sofern die **online-Nutzung im Internet** auf bestehende Datenträger zurückzuführen ist, so sind neben den Rechten von Komponisten, Textdichtern und Verlegern auch **Nutzungsbefugnisse der Tonträgerhersteller** nach § 85 UrhG und der **ausübenden Künstler** nach §§ 73ff. UrhG einzuholen, die z.T. von der GVL wahrgenommen werden. Folglich setzt die Verwertung von auf Tonträgern gespeicherter Musik neben einer Lizenz der **GEMA** auch eine solche der **GVL** im Rahmen ihres Wahrnehmungsbereiches voraus. Die GVL hat zwar ebenfalls die Wahrnehmungsverträge für Tonträgerhersteller[644] und die der ausübenden Künstler[645] um bestimmte digitale Rechte erweitert. Diese Erweiterung bezieht sich aber ausschließlich auf bestimmte Mehrkanaldienste, nicht aber auf das **Internet.** Die für die Nutzung von

---

[641] Bei den bereits längere Zeit bestehenden Wahrnehmungsverträgen ist zu fragen, ob die betroffenen Rechte nachträglich der GEMA zur Wahrnehmung eingeräumt wurden.

[642] § 1 lit. h) und g), Berechtigungsvertrag – GEMA.

[643] Zum Ganzen *Hoeren,* S. 113; *Schwarz/Ventroni,* Teil 3–2.3, 19/20.

[644] § 1 Ziff. 3 Wahrnehmungsvertrag GVL, Tonträgerhersteller.

[645] Ziff. I. 1c) Wahrnehmungsvertrag GVL, ausübende Künstler.

Tonträgern im Internet erforderlichen Leistungsschutzrechte (§§ 85 und 73 ff. UrhG) müssten folglich von den **Rechteinhabern,** vornehmlich den Tonträgerherstellern, die sich häufig auch die Leistungsschutzrechte der ausübenden Künstler an der Aufnahme komplett einräumen lassen, direkt erworben werden.[646]

Ähnlich ist die Situation bei der **VG Wort.** Auch hier verbleiben in der Regel die 211 Rechte der Nutzung eines Textes im **online-Bereich** im Internet bei den **Berechtigten.** Nach § 1 Nr. 18 Wahrnehmungsvertrag VG Wort wird aber das Recht, auf Bildtonträgern aufgezeichnete Werke durch **TV on Demand, Pay per View** oder ähnliche Einrichtungen, in denen das Werk der Öffentlichkeit zum individuellen Abruf zugängig gemacht wird, der VG Wort zur Wahrnehmung übertragen. Diese Nutzungsvorgänge können auch **internetrelevant** sein.[647] Die VG Wort bleibt aber zuständig für die Geltendmachung der (verwertungsgesellschaftspflichtigen) **Vergütungsansprüche** auch im Internet, wie beispielsweise **elektronische Pressespiegel,** sofern sie unter die Bestimmung des § 49 Abs. 1 UrhG fallen.[648]

Die **VG Bild-Kunst** nimmt nach der Änderung ihrer Wahrnehmungsverträge für 212 die angeschlossenen Photographen im Rahmen des Bildungsbereiches **im digitalen Bereich deren Rechte** wahr. Dabei muss aber sichergestellt sein, dass durch die **Nutzung keine Werbezwecke** verfolgt werden, die Bilder mit dem Namen des Photographen versehen sind und nicht durch die Digitalisierung entstellend wirken. Im Filmbereich nimmt die VG Bild-Kunst die Nutzung bislang analogen „alten" **Filmmaterials zu digitalen Zwecken** wahr.[649] Dieses Recht bezieht sich auf die Nutzung des vollständigen Werkes und erstreckt sich nicht auf Bearbeitungen und Änderungen des Werkes.

Die **übrigen Filmverwertungsgesellschaften** verfügen bislang über **keine Nut-** 213 **zungsrechte im digitalen Bereich,** so dass sich der einzelne Nutzer, wenn er ein vorbestehendes Filmwerk digitalisieren und auch nur ausschnittsweise im Internet benutzen möchte, an den Filmproduzenten und den Inhabern sonstiger Rechte an dem Werk, wie Drehbuchautor, wenden muss.[650]

Zusammenfassend ergibt sich, dass derzeit lediglich **GEMA** und **VG Bild-Kunst,** 214 sowie eingeschränkt auch die **VG Wort,** Rechte im Rahmen der **online-Nutzung** im Internet vergeben können. Dabei darf das Werk allerdings **nicht zu Werbezwecken**[651] verwendet und im Übrigen nicht bearbeitet oder mit sonstigen Werken, etwa zu einem Multimediawerk, verbunden werden. Diese Rechte nehmen die Verwertungsgesellschaften nicht wahr. Bei diesen und den übrigen Rechtegruppen ist der Nutzer auf eine direkte Verhandlung mit dem Berechtigten angewiesen. Dies macht die Rechteklärung unnötig umständlich und langwierig, so dass zu befürchten ist, dass Nutzer sich gar nicht erst um eine Lizenz bemühen und das Werk ohne Nutzungserlaubnis verwerten werden und darauf hoffen, dass dieser Rechtsverstoß wegen der Unübersichtlichkeit des Internets nicht bemerkt wird. Folglich sollten

---

646 *Schwarz/Ventroni,* Teil 3–2.3, 24/25 und *Gerlach,* Lizenzrecht und Internet-Statement aus der Sicht von GVL, ZUM 2000, 856–859.

647 *Melichar,* Schöpfer vorbestehender Werke aus der Sicht der VG Wort, ZUM 1999, S. 12 (15); *Hoeren,* S. 114.

648 *Hoeren,* S. 95 f. m. w. N., oben Rdnr. 164.

649 § 1 lit. i) und j) Wahrnehmungsvertrag VG Bild-Kunst und *Hoeren,* S. 115 f.

650 *Schwarz/Ventroni,* Teil 3–2.3, 26/27.

651 Beispielsweise die VG Bild – Kunst, *Hoeren,* S. 115; die GEMA nimmt die Rechte zu Werbezwecken ohnehin nicht wahr, vgl. § 1 lit. k, GEMA-Berechtigungsvertrag.

Berechtigte und Verwertungsgesellschaften dazu übergehen, sämtliche relevante Nutzungsrechte, die im digitalen Bereich eine Rolle spielen, auch auf die Verwertungsgesellschaften zu übertragen, um möglichst kurzfristig das System der kollektiven Wahrnehmung der Rechte mitsamt seinen Vorteilen auch auf diesen Bereich zu übertragen.

2. Ausschüttung der Vergütung

215 Nach **§ 7 WahrnG** sind Verwertungsgesellschaften verpflichtet, die eingenommenen Vergütungen nach Abzug der Verwaltungskosten und solcher für kulturelle und soziale Zwecke, zu verteilen, wobei die Verteilung nach **individuellen und kostengünstigen Gesichtspunkten** erfolgen soll.[652] Sollte in Zukunft im Rahmen eines **elektronischen Lizenzmanagements** ein noch zu entwickelndes Codierverfahren Anwendung finden, welches jeden Nutzungsvorgang im Hinblick auf Werk, Dauer, Art, etc., erfasst, so könnten die Einnahmen schnell und so individuell wie möglich verteilt werden.[653] Auch wird zukünftig von Relevanz sein, in welchem Land der Nutzungsvorgang, etwa der Abruf oder das „Downloading" gegen Entgelt stattfindet, um die Vergütungen auch unter den dann betroffenen Verwertungsgesellschaften verteilen zu können.[654]

III. Tarife und Lizenzierungspraxis von Verwertungsgesellschaften

216 Da derzeit lediglich **GEMA, VG Bild-Kunst** und **VG Wort** überhaupt Rechte zur Nutzung im digitalen Bereich im Internet wahrnehmen, und somit lizensieren können, befassen sich die nachfolgenden Ausführungen, die in ihrer Allgemeinheit auch für die übrigen Verwertungsgesellschaften gelten, mit den vorgenannten Verwertungsgesellschaften.

1. Kontrahierungszwang und Vertragsabschluss

217 Verwertungsgesellschaften unterliegen nach **§ 11 WahrnG** gegenüber Verwertern einem **Kontrahierungszwang.** Danach sind sie verpflichtet, Verwertern auf deren Verlangen hin, die zu ihrem Repertoire gehörenden Rechte und Ansprüche zu angemessenen Bedingungen einzuräumen. Obwohl dieser Kontrahierungszwang gesetzlich unbeschränkt normiert wurde, werden in der Praxis **Ausnahmen hiervon zugelassen,** wenn das Interesse von Verwertungsgesellschaften an der Lizenzverweigerung unter Berücksichtigung der Belange der Verwerter an der Lizenzierung als vorrangig anzusehen ist.[655] Die Lizenzierung würde in diesen Fällen dann nicht mehr zu angemessenen Bedingungen erfolgen.[656]

218 Nach diesen Grundsätzen kann eine Verwertungsgesellschaft die Lizenzierung gegenüber **notorischen Rechtsbrechern,** die mehrfach Urheberrechtsverletzungen, beispielsweise bei der Nutzung im Internet, gegenüber der Verwertungsgesellschaft

---

[652] *Wirtz,* S. 73 f.

[653] Einzelheiten bei *Hilty/Wittweiler,* S. 281 (319 f.).

[654] *Kreile,* Rechtedurchsetzung und Rechteverwertung durch Verwertungsgesellschaften in der Informationsgesellschaft in: *Rehbinder/Schaefer/Zombik,* Aktuelle Rechtsprobleme des Urheber- und Leistungsschutzes sowie der Rechtewahrnehmung, in: FS *Thurow,* S. 41 (49 f.).

[655] *OLG München,* GRUR 1994, 118 (120).

[656] *Wirtz,* S. 83.

und ihren Berechtigten begangen haben, Verträge nicht einhalten, oder ähnliches, verweigern.[657] Weiterhin kann die Lizenzierung auch verweigert werden, wenn die Nutzung **berechtigten Interessen der Rechteinhaber zuwiderlaufen** oder **diese erheblich berühren würden,** wie beispielsweise die Lizenzierung persönlichkeitsverletzender und rufschädigender Fälschungen, wie ehrverletzende, verzerrende Abbildungen[658] auf Homepages, oder wenn die Lizenzierung **gegen ein gesetzliches Verbot** verstoßen würde.[659] Da die Lizenzierungsverweigerung eine Ausnahme vom gesetzlich vorgeschriebenen Kontrahierungszwanges ist, ist sie auch **eng auszulegen,** so dass eine Ausnahme vom Kontrahierungszwang schon dann nicht greift, wenn der Berechtigte im Einzelfall die Nutzung nicht wünscht.[660] Der Berechtigte hat durch Einräumung seiner Rechte an die Verwertungsgesellschaft die Wahrnehmung seiner Rechte dem **Kontrahierungszwang unterworfen.** Ein einseitiges Abweichen hiervon ist als Grundsatz nicht möglich.[661]

Der Vorbereitung der Lizenzierung dient der **Auskunftsanspruch nach § 10 WahrnG.** Danach ist die Verwertungsgesellschaft verpflichtet, jedermann auch ohne Nachweis eines berechtigten Interesses Auskunft zu erteilen. Die Auskunft setzt einen **schriftlichen Antrag** voraus und bezieht sich darauf, ob die Verwertungsgesellschaft für ein bestimmtes Werk **Nutzungs-** bzw. **Einwilligungsrechte** oder **Vergütungsansprüche** wahrnimmt, wobei mehrere Einzelanfragen miteinander verbunden werden können.[662] Dass das Recht aber tatsächlich wahrgenommen wird, braucht die Verwertungsgesellschaft nicht nachzuweisen. In der Regel kommen die Verwertungsgesellschaften der Verpflichtung zur Auskunftserteilung durch die **Herausgabe von Verzeichnissen** sämtlicher von ihnen betreuten Wahrnehmungsberechtigten nach, sofern aus diesem Verzeichnis ohne großen Aufwand die erforderlichen Daten entnommen werden können.[663] Die Auskunft erfolgt **grundsätzlich kostenlos,** wobei Auslagen geltend gemacht werden können. Auch ist die Verwertungsgesellschaft berechtigt, eine Gebühr zu erheben, wenn die Auskunftserteilung mit erheblichem Aufwand, etwa bei Vorlage eines Werkkataloges, verbunden ist.[664] 219

Der **Anspruch auf Lizenzeinräumung nach § 11 WahrnG** kann mit Klage vor den ordentlichen Gerichten geltend gemacht werden.[665] Soweit die Verwertungsgesellschaft meint, einer der Berechtigungsgründe, die Lizenzierung zu **verweigern,** sei gegeben, so hat sie deren Voraussetzung darzutun und gegebenenfalls zu beweisen. Wegen des Ausnahmecharakters dieser Sachverhalte, trifft die **Verwertungsgesellschaft** auch grundsätzlich die **Darlegungs- und Beweislast.** Steht die Anwendbarkeit und Angemessenheit eines Tarifes neben der Lizenzverweigerung ebenfalls in Streit, 220

[657] *Fromm/Nordemann,* § 11 WahrnG, Rdnr. 2; *Schricker/Reinbothe,* § 11 WahrnG, Rdnr. 7; einschränkend *OLG München,* GRUR 1994, 118 (120).

[658] *OLG Hamburg,* ZUM 1998, 938 (942), mit Anmerkung *Pfennig,* ZUM 1998, 942 (943).

[659] *OLG München,* ZUM 1994, 304 (306); *G. Schulze,* Zur Tarifhoheit der GEMA, ZUM 1999, 827 (833).

[660] *Fromm/Nordemann,* § 11 WahrnG, Rdnr. 2.

[661] Zur Kritik des Kontrahierungszwanges als zu weitgehenden Eingriff in die ausschließlichen Befugnisse des Urheberrechtes, *Wirtz,* S. 86 ff. m. w. N.

[662] *Schricker/Reinbothe,* § 10 WahrnG, Rdnr. 5; einschränkend *Fromm/Nordemann,* § 10 WahrnG, der grundsätzlich nur Einzelanfragen zulassen will.

[663] *Schricker/Reinbothe,* § 10 WahrnG, Rdnr. 5.

[664] Schricker/*Reinbothe,* § 10 WahrnG, Rdnr. 6.

[665] *Fromm/Nordemann,* § 11 WahrnG, Rdnr. 3.

so kann der Anspruch auf Lizenzierung nach § 11 WahrnG erst nach Abschluss des Verfahrens vor der **Schiedsstelle** beim *DPMA* gerichtlich geltend gemacht werden.[666] Stellt sich im Verfahren erst später heraus, dass die **Anwendbarkeit und Angemessenheit eines Tarifes in Streit** steht, so ist das Verfahren auszusetzen und die Schiedsstelle anzurufen. Sofern die Antragstellung bei der Schiedsstelle nicht innerhalb einer Frist von zwei Monaten nachgewiesen wird, wird der Rechtsstreit fortgesetzt. Die Angemessenheit und Anwendbarkeit des Tarifes gilt dann als zugestanden.[667] Der Anspruch auf Abschluss eines Vertrages kann bei Vorliegen der Voraussetzungen auch im Rahmen des **einstweiligen Rechtsschutzes** geltend gemacht werden. Wird der Anspruch im Rahmen eines einstweiligen Verfügungsverfahrens geltend gemacht, so braucht die Schiedsstelle vorher nicht angerufen zu werden,[668] selbst dann, wenn die Angemessenheit eines Tarifes in Streit steht.

221 Das vorher zu durchlaufende **Schiedsstellenverfahren** will auf der einen Seite die Möglichkeit einer **Einigung der Parteien fördern.** Die Schiedsstelle ist Vertragshelfer und somit bemüht, eine Einigung herbeizuführen.[669] Auf der anderen Seite sollen die Gerichte entlastet und ihnen die besondere Sachkunde der Schiedsstelle in Tariffragen zur Verfügung gestellt werden.[670] Dies erfolgt durch die Entscheidung der Schiedsstelle, die in das Verfahren eingebracht wird. Besteht zwischen Nutzer und Verwertungsgesellschaft **Streit über die Höhe der Vergütung,** so kann der Verwerter das Werk doch nutzen, wenn er gemäß § 11 Abs. 2 WahrnG die von der Verwertungsgesellschaft geforderte Vergütung **unter Vorbehalt zahlt** oder zugunsten der Verwertungsgesellschaft **hinterlegt.** Dabei erstreckt sich diese Zahlung unter Vorbehalt bzw. die Hinterlegungsbefugnis nur auf den zwischen Verwertungsgesellschaft und Nutzer **strittigen Teil** der Vergütung. Der unstreitige Betrag, den der Nutzer gewillt ist zu entrichten, ist vorbehaltlos zu zahlen.[671] Da das Gesetz keiner der Parteien vorschreibt, wegen des strittigen und hinterlegten Teils der Vergütung Klage zu erheben, ist sowohl die Verwertungsgesellschaft als auch der Nutzer berechtigt, insofern Klage zu erheben, wobei, wenn die Vergütungshöhe sich aus einem Tarif ergibt, vorher die Schiedsstelle anzurufen ist.

2. Tarife und sonstige Vergütungsregelungen für die Nutzung

222 Die Verwertungsgesellschaften setzen die Entgelthöhe für die Nutzung eines von ihnen wahrgenommenen Werkes anhand **der aufgestellten Tarife** fest. Sollte für den fraglichen Nutzungsvorgang **noch kein Tarif** existieren, so wird die **Vergütung individuell festgesetzt.**

223 Verwertungsgesellschaften sind nach § 13 Abs. 1 WahrnG verpflichtet, **Tarife für Vergütungen** der von ihnen wahrgenommenen Werke aufzustellen. Diese Verpflichtung erstreckt sich aber nur auf Gruppen von typischen Nutzungshandlungen. Neue Nutzungsarten, wie z. B. die Nutzung im Internet, werden tariflich erst dann

[666] § 16 Abs. 2 i. V. m. § 14 Abs. 1 Ziff. 1 lit. a) WahrnG.
[667] § 16 Abs. 2 Satz 2 und 3 WahrnG.
[668] § 16 Abs. 3 WahrnG.
[669] *Wirtz,* S. 92.
[670] *BGH* ZUM 2000, 952 (955).
[671] *Fromm/Nordemann,* W. § 11 WahrnG, Rdnr. 4; *Schricker/Reinbothe,* § 11 WahrnG, Rdnr. 9.

erfasst, wenn diese Nutzungsformen sich wirtschaftlich etabliert haben und die Werke entsprechend auch genutzt werden.[672] Die Verwertungsgesellschaften wenden dabei die **Tarife aber nicht starr,** sondern flexibel an, um eine angemessene Beteiligung des Berechtigten an dem Nutzungsvorgang sicherzustellen.[673] Um eine doppelte Vergütungspflicht zu verhindern, haben nach § 13 Abs. 4 WahrnG die Verwertungsgesellschaften bei der Aufstellung von Tarifen, die die §§ 54 und 54a UrhG betreffen, zu berücksichtigen, inwiefern technische Schutzmaßnahmen auf die betreffenden Werke oder Schutzgegenstände Anwendung finden.[674]

Nach § 13 Abs. 3 Satz 1 WahrnG sollen **Berechnungsgrundlage für die Tarife die** 224
geldwerten Vorteile sein, die vom Verwerter durch die Verwertungshandlung erzielt werden. An diesem Vorteil, der in der Regel die Bruttoeinnahmen sind, ist der Berechtigte prozentual zu beteiligen.[675] Neben den **Bruttoeinnahmen** sind zur Bestimmung der Tarifhöhe noch **Vergünstigungen** und **Zuwendungen,** wie Einsparungen oder Subventionen, die der Verwerter für die Nutzung erhält, zuzurechnen.[676] Ist der Bruttoumsatz nicht oder nur schwer zu ermitteln, so können **auch andere Größen,** wie Umfang der Nutzung, Bedeutung für den Verwerter, oder ähnliches zugrunde gelegt werden.

Bei der Nutzung im Internet wird sich von daher vornehmlich die Nutzung 225
von **vergütungspflichtigen on-demand-Diensten,** bei denen sich der Umfang der Nutzung bezogen auf ein Werk an der Häufigkeit des Abrufes messen lassen wird, nach dem **Bruttoumsatz** richten. Daneben ist auch eine **Pauschalisierung möglich.**[677] Sofern sich zwischen Nutzung des Werkes und erzielten Einnahmen **keine eindeutige Kausalbeziehung** herstellen lässt, können Tarife nach § 13 Abs. 3 Satz 2 WahrnG auch nach anderen Berechnungen aufgestellt werden. Dies kann der Fall sein, wenn die Nutzung im Verhältnis zu anderen Leistungen des Verwerters eine **untergeordnete Rolle** spielt (beispielsweise Hintergrundmusik), oder sich die **mit der Nutzung erzielten Einnahmen nur schwer feststellen** lassen, wie im Bereich der Massennutzung.[678] Hierzu zählen auch die Konstellationen, bei denen der Abruf der Seite kostenfrei ist und der Betrieb Einnahmen nur über Werbebanner erzielt, soweit diese Nutzungsform noch gedeckt ist.[679] Aber auch bei diesen Fallkonstellationen muss die Gesamtkonzeption des Tarifes so gestaltet sein, dass weiterhin eine **Gesamtakzessorietät zwischen Vergütung** und aus der **Nutzung erzieltem Vorteil** gesichert ist.[680] Anhaltspunkte hierfür können Vorteile auf Verwerterseite liefern, wie die Besucherzahl und die Höhe des verlangten Eintrittsgeldes[681] oder die Höhe der erzielten Einnahmen für die (Banner-)Werbung. Auch ist ein Abstellen auf die Wahrscheinlichkeit der Nutzung zulässig.

---

[672] *G. Schulze,* ZUM 1999, 827 (830).
[673] *G. Schulze,* ZUM 1999, 827 (831).
[674] Gesetzesentwurf, S. 71.
[675] *Schiedsstelle,* ZUM 1987, 183 (185); *Wirtz,* S. 103.
[676] *Schricker/Reinbothe,* § 13 WahrnG, Rdnr. 7, *Schiedsstelle,* ZUM 1987, 183 (185).
[677] *Fromm/Nordemann,* § 13 WahrnG, Rdnr. 5.
[678] *Wirtz,* S. 105.
[679] Sofern in diesem Fall eine Nutzungseinräumung überhaupt möglich ist, da die Verwertungsgesellschaften grundsätzlich keine Rechte zur Nutzung im Rahmen der Werbung wahrnehmen, vgl. dazu oben Rdnr. 214.
[680] *Schiedsstelle,* ZUM 1989, 426 (429) und *Schiedsstelle,* ZUM 1990, 204 (205).
[681] *Schiedsstelle,* ZUM 1989, 426 (439) und *Schiedsstelle* ZUM 1990, 204 (205).

226 Unabhängig von der Art der Berechnungsgrundlage soll nach ständiger Rechtsprechung der Schiedsstelle die **Beteiligung des Berechtigten höchstens 10% des Bruttoumsatzes** betragen.[682] Die Obergrenze gilt auch für Tarife, die auf andere Berechnungsgrundlagen als auf die Bruttoumsätze gestützt werden, wobei die Ermittlung des tatsächlichen Prozentsatzes eines Pauschaltarifes dann anhand der durchschnittlichen Auslastung erfolgt.[683] Von dieser Obergrenze, die nach Auffassung der Schiedsstelle allgemein anerkannt sein soll, sind, für jeden Nutzungsvorgang gesondert, **unter Umständen bestimmte Abzüge,** vorzunehmen, die die Bedeutung des Nutzungsvorganges im Gesamtkontext sowie die Einordnung des Nutzungsvorganges innerhalb der Nutzungsstufen (**sog. Zweit- und Drittverwertungsabschlag**) widerspiegeln sollen.[684] Zulässig sind aber nur Abzüge von der genannten Obergrenze von 10%. Sollte der Wert der Werknutzung wegen der Bedeutung im Gesamtkontext, wenn z.B. beispielsweise der Nutzer nur geringe Investitionen tätigt, und folglich das Werk im Vordergrund steht, **aber höher als üblich zu bewerten sein, so wird die 10% Grenze nicht überschritten.** Es werden dann lediglich keine Abzüge vorgenommen.

227 Im Bereich der **Online-Nutzung im Rahmen des Internets** werden die Tarife vornehmlich nach pauschalisierten Grundsätzen gestaltet sein, die hauptsächlich wohl auf die Möglichkeit der Nutzung und auf sonstige Anhaltspunkte, die auf den Umfang der Nutzung schließen lassen, abstellen werden. Dies betrifft insbesondere die Massennutzung. Sollte zukünftig aber ein noch zu **entwickelndes Codierverfahren im Rahmen eines elektronischen Lizenzmanagements** zur Anwendung kommen, durch das nicht nur die Häufigkeit und der Umfang der Nutzung feststellbar ist, sondern sich auch die betroffenen Werke individualisieren lassen,[685] so könnte die Berechnungsgrundlage auf die prozentuale Beteiligung am erzielten und dann feststellbaren Bruttoumsatz umgestellt werden. Die Ermittlung der Einnahmen anhand der prozentualen Beteiligung wird derzeit wohl **vornehmlich für vergütungspflichtige Dienste,** wie Video-on-Demand oder Music-on-Demand, in Betracht kommen, bei denen anhand der pro Abruf erzielten Einnahmen eine genaue Zuordnung der Umsätze bereits möglich ist. Ob allerdings die Beteiligungshöchstgrenze von **10% im Bereich der Online-Nutzung** im Internet nach wie vor angemessen ist und Gültigkeit beanspruchen kann, **ist fraglich.**[686] Angesichts der Fülle der verwendeten urheberrechtlich geschützten Werke, der Änderung der Investitionen und Vertriebswege, welche eben bei der Veröffentlichung im Internet nicht mehr das Drucken des Buches oder Herstellen des Tonträgers sowie einen Vertrieb über den Einzelhandel voraussetzen, was nicht zuletzt Investitionskosten beim Nutzer spart, ist der Berechtigte auch **mit mehr als 10% an der Nutzung** zu beteiligen.[687]

---

682 *Schiedsstelle,* ZUM 1987, 183 (186) und *Schiedsstelle* ZUM 1988, 471 (478).

683 *Schiedsstelle,* ZUM 1990, 204 (205), *Schiedsstelle,* ZUM 1989, 533 (535) und *Schiedsstelle,* ZUM 1990, 259 (261).

684 Zu Einzelheiten *Strittmatter,* Tarife vor der urheberrechtlichen Schiedsstelle 1994, S. 164 ff.

685 Hierzu oben Rdnr. 215.

686 Die 10%-Grenze wird bereits jetzt für einige Nutzungen, wie beispielsweise für die Kabelweitersendung als zu niedrig angesehen; allgemein *Fromm/Nordemann,* § 13 WahrnG, Rdnr. 6 und *Wirtz,* S. 112.

687 Im Ergebnis auch *Becker,* Neue Übertragungstechniken und Urheberrechtsschutz, ZUM 1995, 231 (248 f.); *Kreile/Becker,* Multimedia und die Praxis der Lizenzierung von Urheberrechten, GRUR Int. 1996, 677 (681 f.).

228 Da lediglich die Verwertungsgesellschaften **GEMA** und **VG Bild-Kunst,** sowie eingeschränkt die **VG Wort,** auf Grund ihrer geänderten Wahrnehmungsverträge digitale Rechte für ihre Berechtigten wahrnehmen,[688] bestehen derzeit nur vereinzelt Tarife für die Nutzung im Internet.[689]

229 So hat die **GEMA** vier Tarife für die Online-Nutzung veröffentlicht.[690] Es handelt sich dabei im Einzelnen um **Tarife für die Nutzung von Werken des GEMA-Repertoires** zur **Veranstaltung von Internet-Radio** (Tarif S-VR/IntR), in Form von **Klingeltönen,** Music-on-Demand mit Download beim Endabnehmer zum privaten Gebrauch (Tarif VR-OD 1),[691] für die Nutzung in **Websites zu Präsentationszwecken** (Tarif VR-W1) sowie für die Nutzung des GEMA-Repertoires in **Websites mit Electronic Commerce** (Tarif VR-W2).[692] Weiterhin hat die GEMA Tarife für **Music-on-Demand mit und ohne Download** veröffentlicht (Tarif VR-OD2 und VR-OD). Die Tarife S-VR und VR-OD-1 beinhalten **Pauschalvergütungen,** die sich an den Einnahmen des Veranstalters bzw. am Endkundenpreis orientieren. Auch ist in beiden Tarifen eine Mindestvergütung vorgesehen. Die **Beteiligungssätze** liegen zwischen **10% und 15%** und somit höher, als die derzeit von der Schiedsstelle und den Gerichten zuerkannten 10% Beteiligung.[693] Die Tarife VR-W1 und VR-W2 enthalten dagegen individuelle Vergütungssätze. Die Vergütung wird pro Werk erhoben und hängt in der Höhe von den Zugriffszahlen und der Nutzungsdauer ab. Die Vergütung zur Nutzung von Werken des GEMA-Repertoires Music-on-Demand mit Download beim Endnutzer zum privaten Gebrauch (ausgenommen Ruftonmelodien) – Tarif VR-OD-2 – liegt bei 15% des Preises, den der Endnutzer beim Download bezahlt, mindestens aber € 0,25 pro abgerufenem Werk. Der Vergütungssatz ohne Download-Tarif VR-OD-3 – beträgt 15% des Preises, den der Endnutzer bezahlt, mindestens aber € 0,125 pro Werk.

230 Die VG Bild-Kunst unterteilt ihre Gebühren für die Einspeisung von Werken der bildenden Kunst und der Fotographie in das Internet oder andere Netzwerke in drei Gruppen: den frei zugänglichen Netzwerken, dem pay-per-view und dem downloading. Die frei zugänglichen Netzwerke sind nochmals unterteilt in solche zu kulturellen und schulischen Zwecken, zur gewerblichen und privaten Nutzung. Die Gebühren hängen davon ab, welche der genannten Nutzungen betroffen sind.[694]

231 In dem Rahmen, in dem die **VG Wort** Rechte im digitalen Bereich wahrnimmt, hat sie ebenfalls Tarife aufgestellt.[695]

232 Sofern für den beabsichtigten Nutzungsvorgang, und insbesondere für den Nutzer im Internet weder ein spezieller Tarif besteht, noch ein bestehender Tarif durch **extensive Auslegung** mangels Vergleichbarkeit der Vorgänge Anwendung finden

---

688 Oben Rdnr. 214.

689 Zu Einzelheiten *Kreile/Becker,* Tarife für Multimedianutzung in: *Moser/Scheuermann,* Handbuch der Musikwirtschaft, S. 750.

690 *Hoeren,* S. 113; Tarife abrufbar unter http://gema.de/kunden/direktion_industrie/tarife/index/html; [abgerufen am 30. 4. 2003].

691 Zum Umfang der Rechtewahrnehmung in diesem Bereich durch die GEMA: *LG Hamburg,* GRUR-RR 2001, 259 (259f.).

692 Zu dem Problem der Wahrnehmung von Rechten zu Werbezwecken, oben Rdnr. 214.

693 Oben Rdnr. 226ff.

694 Abrufbar unter: http://www.bildkunst.de/tarife/inhalte/tarife/tarife.html, [abgerufen am. 30. 4. 2003].

695 Nachweise bei *Hillig,* S. 214f.

kann, sind die Nutzungsbedingungen und Lizenzgebühren **individuell zwischen Verwertungsgesellschaft und Verwerter auszuhandeln.**[696] Erachtet der Nutzer die von der Verwertungsgesellschaft geforderte Gebühr als zu hoch, so kann der Verwerter gemäß § 11 Abs. 2 WahrnG verfahren, den von beiden akzeptierten Sockelbetrag unbedingt zahlen, und den darüber hinaus strittigen Betrag hinterlegen oder unter Vorbehalt an die Verwertungsgesellschaft zahlen.[697]

233 Bei der Lizenzierung von Nutzungsrechten durch Verwertungsgesellschaften ist zunächst zu beachten, dass **Online-Nutzungen** im Internet nicht nur national oder europaweit erfolgen können, sondern auch u. U. global. Aufgrund der **weltweiten Abrufmöglichkeiten** sind die entsprechenden Inhalte dann auch prinzipiell in jedem Land abrufbar, so dass Verwertungsgesellschaften grundsätzlich auch Rechte zur globalen Nutzung einräumen können sollten. Derzeit nehmen die Verwertungsgesellschaften auf Grundlage der mit ihren Schwesterorganisationen abgeschlossenen Gegenseitigkeitsverträgen, lediglich das Repertoire dieser ausländischen Gesellschaften in ihrem eigenen nationalen Gebiet wahr. Von daher müssten sich die jeweiligen Gesellschaften auch die Rechte zur weltweiten Lizenzierung von den Schwestergesellschaften gegenseitig einräumen lassen. Dabei sollte jede Verwertungsgesellschaft die Rechte gegenüber den nationalen Nutzern auf Grund des Territorialitätsprinzips lizenzieren.[698] Dies schließt allerdings nicht aus, dass grundsätzlich jeder Nutzer auch mit anderen ausländischen, insbesondere europäischen Verwertungsgesellschaften Verträge abschließen und sich die Rechte einräumen lassen kann.[699] Ist allerdings der **Abnehmerkreis des Internetangebotes** durch Inhalt, Ausrichtung und beispielsweise Sprache auf den nationalen Bereich beschränkt, so bedarf es grundsätzlich auch nur des Erwerbs der Rechte für das **nationale Gebiet.**[700]

IV. Tarifüberprüfung durch die Schiedsstelle beim DPMA

234 Die Verwertungsgesellschaften sind nicht verpflichtet, für jede denkbare Nutzungshandlung Tarife aufzustellen. Durch die Tarife sollen lediglich typische Benutzungsvorgänge in ihren typischen Gegebenheiten erfasst werden. Den Verwertungsgesellschaften steht eine **Tarifautonomie** zu, d. h. sie können unter Beachtung des Angemessenheitsgebotes des § 11 WahrnG und der weiteren Vorgaben des § 13 WahrnG Lizenzierungsbestimmungen und insbesondere die Tarifhöhe selbstständig festlegen. Daneben sind die Verwertungsgesellschaften nach § 12 WahrnG verpflichtet, mit Verwerterorganisationen **Gesamtverträge** abzuschließen. Diese enthalten für die Mitglieder der Verwertervereinigungen nicht bindende Rahmenvereinbarungen, welche den Inhalt der noch zu schließenden Nutzungsverträge standardisieren. In der Regel wird auf Grund der Mithilfe der Verwertervereinigun-

---

[696] *Schulze* ZUM 1999, 827 (831 f.).

[697] Zu Einzelheiten oben Rdnr. 221.

[698] Zum ganzen *Kreile,* Rechtedurchsetzung und Rechteverwaltung durch Verwertungsgesellschaften in der Informationsgesellschaft in *Rehbinder/Schaefer/Zombik,* Aktuelle Rechtsprobleme des Urheber- und Leistungsschutzes sowie der Rechtewahrnehmung, in: FS Thurow, S. 41.

[699] Nach dem europäischen Kartellrecht kann grundsätzlich keine Verwertungsgesellschaft eine solche Lizenzierung verweigern, Einzelheiten bei *Pickrahn,* S. 170 ff.; *Wünschmann,* 149 f.; *Wirtz,* S. 228.

[700] Zum Ganzen *Hoeren/Sieber/Kreile/Becker* Teil 7.7., Rdnr. 61 ff.

gen die Arbeit der Verwertungsgesellschaften erleichtert, so dass deren Kontroll- und Verwaltungsaufwand reduziert wird. Dies rechtfertigt dann auch für die Mitglieder dieser Verwertungsorganisationen **niedrigere,** als die sonst üblichen **Gebühren.**[701]

Die Angemessenheit eines Tarifes und insbesondere die Gebührenhöhe wird in der Praxis durch die **Schiedsstelle beim *DPMA*** überprüft. Jeder Verwerter kann bei Streit über die Angemessenheit und auch die Anwendbarkeit eines Tarifes[702] die Schiedsstelle anrufen, es sei denn, er hat sich bereits mit der Verwertungsgesellschaft über einen Tarif bei Abschluss des Nutzungsvertrages geeinigt.[703] 235

Da die Verwertungsgesellschaft auf Grund ihrer Tarifhoheit die Tarife selbstständig festlegt, besteht auch keine **prima-facie-Vermutung** für deren Angemessenheit.[704] Vielmehr entscheidet die Schiedsstelle unabhängig und ohne Bindung an bestehende Tarife, welche Gebührensätze und Lizenzbedingungen angemessen sind.[705] Die Schiedsstelle ist eine für den Bereich Tarifüberprüfung mit erheblicher Kompetenz ausgestatteter Vertragshelfer. Ihre **Entscheidungen** sind für die Parteien grundsätzlich **nicht bindend,** so dass der Einigungsvorschlag der Schiedsstelle nach § 14 WahrnG nur dann als angenommen gilt, wenn ihm nicht innerhalb einer Frist von einem Monat widersprochen wird. Dadurch sind die Parteien zur Klärung der Angemessenheit des Tarifes daran gehalten, Klage vor den ordentlichen Gerichten zu erheben, wobei die Sachkompetenz der Schiedsstelle dem dann zuständigen Gericht in Form des Einigungsvorschlages zur Verfügung steht.[706] Neben der Tarifüberprüfung ist die Schiedsstelle für eine Reihe von Ansprüchen zuständig, wie urheberrechtliche Ansprüche aller Art, wie Vergütungs-, Schadensersatz- oder Bereicherungsansprüche. Die Schiedsstelle befasst sich darüber hinaus auch mit allgemeinen urheberrechtlichen Rechtsfragen, wie der Anwendbarkeit der §§ 54 ff. UrhG, beispielsweise auf **Reader Printer** oder **CD-Brenner.**[707] 236

V. Verwertungsgesellschaften in Deutschland

In der Bundesrepublik Deutschland sind derzeit elf Verwertungsgesellschaften – GEMA, GVL, VG Musikedition, VG Wort, VG Bild-Kunst, VFF, VGF, GWFF, GÜFA, AGICOA und die VG Satellit – tätig.[708] 237

---

[701] Bis zu 20%; zu Einzelheiten *Schricker/Reinbothe,* § 12 WahrnG, Rdnr. 4 ff.; *Fromm/Nordemann,* § 12 WahrnG, Rdnr. 1 und 2.

[702] So der Fall der drei Tenöre, *G. Schulze,* ZUM 1999, 827 ff.

[703] *BGH* GRUR 1984, 52 (54).

[704] *Schiedsstelle,* ZUM 1987, 183 (184) und *Schiedsstelle,* ZUM 1987, 187 (188).

[705] Zu Einzelheiten *Strittmatter,* Tarife vor der urheberrechtlichen Schiedsstelle, 1994, passim.

[706] *Wirtz,* S. 92 m. w. N.

[707] *Schiedsstelle,* ZUM 1987, 353 – Reader Printer, bestätigt durch *BGH,* ZUM 1994, 479 und *Schiedsstelle,* ZUM 2000, 599 (602 ff.) CD-Brenner, bestätigt durch *LG Stuttgart,* ZUM 2001, 614 (616 ff.); auch *Kröber,* Vergütungspflicht für digitales Kopieren bestätigt, ZUM 2000, 545 ff.; zum Ganzen und insb. zur Frage der Vergütungspflicht für Computer: Vergütungsbericht der Bundesregierung für §§ 54 ff. UFITA 2000, 691 (741).

[708] Wegen fehlender Erlaubnis hat das *DPMA* den Betrieb des Pressespiegel-Anbieters „Presse-Monitor" untersagt. Die Presse-Monitor, der im Internet Rechte an elektronischen Pressespiegeln anbietet, hatte keine Erlaubnis nach § 1 WahrnG, wurde aber vom *DPMA* als Verwertungsgesellschaft angesehen – Notiz in der F. A. Z. vom 9. 3. 2002.

1. Gesellschaft für musikalische Aufführungs- und mechanische Vervielfältigungsrechte – GEMA[709]

238 Die größte und älteste Verwertungsgesellschaft ist die GEMA. Sie ist die Nachfolgerin der 1933 gegründeten STAGMA. Die GEMA ist im musikalischen Bereich tätig und nimmt für Komponisten, Textdichter und Musikverleger Rechte an musikalischen Werken wahr. Hierzu gehören das musikalische Aufführungsrecht, das Senderecht, das Recht der öffentlichen Wiedergabe durch Bild- und Tonträger sowie von Hörfunk- und Fernsehsendungen, das mechanische Vervielfältigungs- und Verbreitungsrecht, das Herstellungs- und Synchronisationsrecht an Filmen und Multimediaprodukten sowie das Vorführungsrecht.[710] Die GEMA nimmt insbesondere nicht das Recht zur bühnenmäßigen Aufführung[711] sowie Rechte zum Einsatz in der Werbung wahr.[712]

2. Gesellschaft zur Verwertung von Leistungsschutzrechten m. b. H. – GVL[713]

239 Die GVL wurde 1959 von der Deutschen Orchestervereinigung e. V. und der deutschen Landesgruppe der IFPI[714] e. V. gegründet und nimmt für ausübende Künstler, Tonträgerhersteller, Hersteller von Videoclips und für Veranstalter i. S. d. § 81 UrhG insbesondere deren Aufführungs-, Sende- und Vervielfältigungsrechte wahr.[715]

3. VG Musikedition/Verwertungsgesellschaft zur Wahrung von Nutzungsrechten an Editionen (Ausgaben) von Musikwerken r. V.[716]

240 Ebenfalls auf dem Gebiet der Leistungsschutzrechte ist die 1965 gegründet VG Musikedition tätig. Sie nimmt insbesondere die Rechte der Verfasser, Herausgeber und Verleger wissenschaftlicher Ausgaben von Musikwerken aus §§ 16, 17, 27, 46, 49, 52, 54, 70, 71, 88 UrhG wahr.[717]

4. Verwertungsgesellschaft Wort r. V. – VG Wort[718]

241 Die 1958 gegründete VG Wort, seit 1978 vereint mit der VG Wissenschaft,[719] nimmt für Autoren, Übersetzer und Verleger von literarischen und wissenschaftlichen Werken u. a. deren Vortrags-, Senderecht, Recht zur öffentlichen Wiedergabe

---

709 Adresse: Rosenheimer Straße 11, 81677 München und Bayreuther Straße 37, 10787 Berlin; http://www.gema.de.
710 § 1 GEMA – Berechtigungsvertrag; auch *Schulze,* GRUR 1993, 255, insb. 259 ff.
711 *BGH,* GRUR 2000, 228 (230).
712 *OLG München,* ZUM 1997, 275 (278); *Kreile/Becker,* GEMA in: *Moser/Scheuermann,* Handbuch der Musikwirtschaft, S. 663 ff.
713 Adresse: Heimhuder Straße 5, 20148 Hamburg; http://www.gvl.de.
714 International Federation of Phonogram and Videogram Producers.
715 Einzelheiten bei *Dünnwald,* GVL, in: *Moser/Scheuermann* Handbuch der Musikwirtschaft, S. 680 ff.
716 Adresse: Königstor 1, 34117 Kassel.
717 § 1 Berechtigungsvertrag VG Musikedition.
718 Adresse: Goethestraße 49, 80336 München, http://www.vgwort.de.
719 Zur Geschichte *W. Nordemann,* Entwicklung und Bedeutung der Verwertungsgesellschaften, in: FS GRUR, S. 1997 ff.

durch Bild- und Tonträger und von Hörfunk- und Fernsehsendungen, das Recht zur integralen Kabeleinspeisung und EDV-Verwertung sowie das Recht der Vervielfältigung und Wiedergabe erstmals in Zeitungen erscheinenden Artikeln, sowie die Vergütungsansprüche aus §§ 27, Abs. 1, 49 Abs. 1 Satz 2, 54a UrhG wahr.[720]

5. Verwertungsgesellschaft Bild-Kunst e.V. – VG Bild-Kunst[721]

Die VG Bild-Kunst wurde 1968 gegründet und ist für drei verschiedene Berufsgruppen tätig: bildende Künstler und deren Verleger, Bildjournalisten, Graphik-Designer und Illustratoren sowie für Filmurheber und Filmproduzenten. Obwohl sie in der Hauptsache die Jungfilmer vertritt, steht sie in der zuletzt genannten Berufsgruppe, mit den anderen Filmverwertungsgesellschaften, vor allem VGF, VFF und GWFF, in Konkurrenz.[722] Die VG Bild-Kunst nimmt insbesondere das Vervielfältigungs- und Verbreitungsrecht, Ausstellungs-, Vorführungs- und Senderecht, einschließlich des Verbreitungsrechts über Kabel und Satellit, das Recht der öffentlichen Wiedergabe durch Bild- und Tonträger sowie die Vergütungsansprüche aus §§ 26, 27, 46 Abs. 3, 49 Abs. 1 Satz 2, 53, 54 UrhG wahr.[723] 242

6. Verwertungsgesellschaft für Nutzungsrechte an Filmwerken m.b.H. – VGF[724]

Die VGF wurde 1982 vom Verband der Spielfilmproduzenten e.V. und dem Verband der Filmverleiher e.V. zur Wahrnehmung der Rechte im Videobereich gegründet.[725] Sie nimmt insbesondere das Recht der öffentlichen Wiedergabe von Fernsehsendungen gem. § 22 UrhG, die Vergütungsansprüche aus §§ 27, 46, 53, 54 UrhG sowie das Recht der Kabel- und Satellitenweitersendung wahr.[726] 243

7. Gesellschaft für Wahrnehmung von Film- und Fernsehrechten m.b.H. – GWFF[727]

Die 1982 von Filmverleihern gegründete GWFF nimmt hauptsächlich die Rechte ausländischer Produzenten, insbesondere die an Lizenzhändler abgetretenen Rechte und Nutzungsrechte der Produzenten wahr.[728] Dabei handelt es sich insbesondere um die Rechte aus §§ 21, 22 UrhG sowie um Vergütungsansprüche aus §§ 27 und 54 UrhG. 244

8. Verwertungsgesellschaft der Film- und Fernsehproduzenten m.b.H. – VFF[729]

Die VFF wurde 1979 vom Bundesverband Deutscher Fernsehproduzenten gegründet, um die Rechte von selbstständigen Filmherstellern und von Fernsehanstalten bzw. deren Werbegesellschaften wahrzunehmen.[730] Gesellschafter sind neben 245

[720] § 1 Wahrnehmungsvertrag VG Wort; *Melichar,* Die Wahrnehmung von Urheberrechten durch Verwertungsgesellschaften, 1983, S. 88 ff.

[721] Weberstr. 61, 53113 Bonn und Köthner Straße 44, 10963 Berlin; http://www.bildkunst.de.

[722] *Nordemann,* in: FS GRUR, S. 1197 (1200 f.).

[723] § 1 Wahrnehmungsvertrag VG Bild-Kunst.

[724] Adresse: Kreuzberger Ring 56, 65205 Wiesbaden und Beichstr. 8, 80802 München.

[725] *Häußer,* Mitt. 1984, 64 (66).

[726] § 1 Wahrnehmungsvertrag VGF; *Mauhs,* Der Wahrnehmungsvertrag, 1991, S. 15 sub Fu. 14.

[727] Adresse: Marstallstr. 8, 80539 München, http://www.gwff.de.

[728] *Fromm/Nordemann,* Einl. WahrnG, Rdnr. 9; *ders.,* FS GRUR, S. 1197 (1201).

[729] Adresse: Widenmayerstr. 32, 80538 München; http://www.vffvg.de.

[730] W. *Nordemann* in: FS GRUR, S. 1197 (1200); *Häußer,* Mitt. 1984, 64 (66).

dem Bundesverband Deutscher Filmproduzenten das ZDF und der SDR. Sie nimmt insbesondere die Rechte aus §§ 85, 87, 94, 95 UrhG wahr, einschließlich der Vergütungsansprüche aus §§ 53, 54 UrhG.[731]

9. Gesellschaft zur Übernahme und Wahrnehmung von Filmaufführungsrechten m.b.H. – GÜFA[732]

246 Als fünfte Gesellschaft im Filmbereich ist die GÜFA tätig. Sie wurde 1976 gegründet, um Rechte und Vergütungsansprüche wie öffentliche Vorführung, Vermietung und Verleihung sowie die Geräte- und Leerkassettenabgabe, im Bereich des erotischen und pornographischen Filmes wahrzunehmen.[733]

10. Association des Gestion Internationale Collective des Oeuvres Audiovisuelles – AGICOA GmbH[734]

247 Die AGICOA ist ein internationaler Zusammenschluss von Filmproduzentenverbänden mit Sitz in Genf, die Kabelweitersendungsrechte, vorwiegend von ausländischen Rechteinhabern, wahrnimmt.[735] Die AGICOA wurde Anfang 1995 vom *DPMA* als Verwertungsgesellschaft zugelassen. In der Bundesrepublik war die AGICOA im Jahre 1987 an dem Vertrag über die Weiterübertragung von Fernsehsendungen im Breitbandkabel der (damaligen) Deutschen Bundespost neben deutschen Verwertungsgesellschaften und Sendeunternehmen beteiligt gewesen.[736]

11. Gesellschaft zur Verwertung der Leistungsschutzrechte von Sendeunternehmen m.b.H. – VG Satellit[737]

248 Die jüngste Gesellschaft ist die VG Satellit, die die Rechte der Sendeunternehmen aus den §§ 20a und 20b (§ 87 Abs. 4 UrhG) wahrnimmt. Sie wurde 1997 gegründet, nachdem die genannten Leistungsschutzrechte in das UrhG aufgenommen wurden.[738] Sie tritt somit mit den bereits bestehenden Verwertungsgesellschaften des Filmbereiches in Wettbewerb.

12. Inkassostellen

249 Die 1970 gegründete Zentralstelle für private Überspielrechte – **ZPÜ** – nimmt für GEMA, GVL, VG Wort, VG Bild-Kunst, GÜFA, GWFF, VFF und VGF das Inkasso für die Vergütungsansprüche aus § 54 Abs. 1 UrhG wahr. Sie ist eine Gesellschaft bürgerlichen Rechts, deren Geschäftsführung bei der GEMA liegt.[739] Die von ihr eingezogenen Beträge werden nach einem bestimmten Schlüssel an die Verwertungsgesellschaften ausgeschüttet. Die GEMA erhält für ihre Verwaltungstätigkeit

---

[731] Nr. 2 Wahrnehmungsvertrag VFF; *Stolz,* Sendeunternehmen, S. 179.

[732] Adresse: Vautierstr. 72, 40235 Düsseldorf; http://www.guefa.de.

[733] *Häußer,* Mitt. 1984, 64 (66); *Stolz,* Sendeunternehmen, S. 179.

[734] Adresse: Marstallst. 8, 80539 München.

[735] Zum Ganzen: *v. Hartlieb,* Handbuch des Film-, Fernseh- und Videorechts, S. 555; *Hillig* in: *Fuhr/Walter/Wasserburg,* Recht der Neuen Medien 1989, S. 408 f.

[736] *Hillig* in: *Fuhr/Walter/Wasserburg,* S. 409.

[737] Adresse: Medienallee 7, 85744 Unterföhring.

[738] *Fromm/Nordemann,* Einl. WahrnG, Rdnr. 9.

[739] §§ 1, 3 und 5 ZPÜ-Gesellschaftsvertrag.

eine Kommission von 7%.[740] Obwohl die ZPÜ zunächst die Erlaubnis zum Geschäftsbetrieb nach § 1 WahrnG besaß, wird sie heute auf Grund einer Satzungsänderung[741] nicht mehr als Verwertungsgesellschaft angesehen.[742] Neben der ZPÜ bestehen weitere Inkassogesellschaften, die ähnlich wie die ZPÜ organisiert sind und für ihre Gesellschafter urheberrechtliche Vergütungsansprüche verwalten. Dabei handelt es sich insbesondere um die Zentralstelle Bibliothekstantieme (ZBT), die die Bibliothekstantieme gemäß § 27 UrhG geltend macht,[743] sowie die Zentralstelle Fotokopieren an Schulen (ZFS), die die Rechte aus §§ 53 Abs. 3 i.V.m. 54 Abs. 2 Satz 2, 53 Abs. 3 und 54a UrhG geltend macht,[744] und die Zentralstelle für Videovermietung (ZVV), die die Rechte aus § 27 UrhG geltend macht.[745, 746]

13. CMMV – Clearingstelle Multimedia für Verwertungsgesellschaften von Urheber- und Leistungsschutzrechten GmbH[747]

Die CMMV ist ein Zusammenschluss von Verwertungsgesellschaften, die die Lizenzierung im Bereich Multimedia durch eine Zentralisierung erleichtern will.[748] Die CMMV lizenziert selber keine Rechte, sie ist lediglich Informationsvermittlungsstelle und folglich keine Verwertungsgesellschaft.[749] 250

VI. Modelle für die Rechtelizenzierung zur Internetnutzung

Die Nutzung von Urheberrechten im Rahmen des Internets stellt nicht nur eine **Herausforderung für das bestehende Urheberrechtssystem** als solches dar, sondern auch für die Rechtewahrnehmung selber.[750] Grundsätzlich muss, wie auch im analogen Bereich, es jedem gewerblichen Nutzer und privaten Konsumenten möglich sein, sich rechtskonform zu verhalten, d.h. er muss in die Lage versetzt sein, die für die beabsichtigte Nutzung erforderlichen Rechte erwerben zu können, wobei die **Internationalisierung und Globalisierung** der Nutzungsvorgänge des Internets ein Problem, vielleicht auch das Hauptproblem ist. 251

Im analogen Bereich ist die Rechtewahrnehmung zweigeteilt. Der Berechtigte nimmt in der Regel die Rechte wahr, die er auch individuell verwalten und deren Nutzung er kontrollieren kann. Folglich werden in diesem Bereich insbesondere die **Erstverwertungsrechte** wahrgenommen, d.h. die Erstveröffentlichung des Werkes, wie auch die sog. großen Rechte,[751] d.h. die zur szenischen Aufführung im Rahmen 252

[740] Inkassovertrag vom 10. 10. 1989, abgedruckt in *Hillig*, Urheber- und Verlagsrecht, 8. Aufl. 2001, Textbuch, S. 279f.

[741] *Melichar*, Wahrnehmung, S. 69.

[742] *Häußer*, Mitt. 1984, 66 (67); *Schricker/Reinbothe*, Vor §§ 1ff. WahrnG, Rdnr. 14; *Melichar*, Wahrnehmung, S. 69.

[743] §§ 1, 3 und 4 ZBT-Gesellschaftsvertrag, abgedruckt in *Hillig*, S. 222f.

[744] §§ 1, 3 und 4 ZFS-Gesellschaftsvertrag, abgedruckt in *Hillig*, S. 224f.

[745] *V. Hartlieb*, Videorecht, S. 245; Satzung in: GEMA-Jahrbuch 2000/2001, S. 466f.

[746] Einzelheiten und weitere Gesellschaften *Vogel*, Wahrnehmungsrecht und Verwertungsgesellschaften der Bundesrepublik Deutschland, GRUR 1993, 513ff.

[747] Adresse: Rosenheimer Straße 11, 81667 München; http://www.cmmv.de.

[748] §§ 2 und 3 Gesellschaftsvertrag CMMV.

[749] *Kreile*, Die Zusammenarbeit der Verwertungsgesellschaften unter der Aufsicht des Deutschen Patent- und Markenamtes, GRUR 1999, 885 (889); zu Einzelheiten, unten Rdnr. 259.

[750] Allgemein hierzu auch § 13, Rdnr. 220ff.

[751] Hierzu, Rdnr. 182ff.

von Konzerten oder Theateraufführungen des kompletten Werkes. Dagegen werden **Zweit- und Drittverwertungsrechte** in der Regel kollektiv durch Verwertungsgesellschaften wahrgenommen.[752]

253 Je nachdem, welche Verwertungsstufe, Erst-, Zweit- oder Drittverwertungsstufe betroffen ist, weiß der Verwerter, an wen er sich wenden muss, um die erforderlichen Rechte von der Nutzung des Werkes zu erwerben. So weiß beispielsweise der Gastwirt, der in seinem Restaurant auf Tonträgern aufgenommene Musik öffentlich vorspielen will, dass er hierfür eine Lizenz von der GEMA und der GVL erwerben muss und kann.

254 Dies ist im **Bereich des Internets** nicht entsprechend eindeutig. Will z.B. ein **Unternehmen eine Homepage errichten** und dabei eine Photographie von August Sander, eine Szene aus einem Fellini-Film, eine Kurzgeschichte von Heinrich Böll, einen Song von Cesaria Evora sowie die Ouvertüre von Mozarts Don Giovanni in der Aufnahme der Academy of St. Martin in the Fields von Neville Morrierer von 1991 nutzen,[753] wobei die Homepage nicht nur für Deutschland, sondern auch für Europa, USA und Japan bestimmt und nicht nur dort abrufbar ist, so hätte das Unternehmen, selbst wenn die Nutzung nur für Deutschland beschränkt sein sollte, eine Fülle von Rechten unterschiedlicher Berechtigter direkt von diesen oder von Verwertungsgesellschaften zu erwerben – wobei derzeit nicht klar sein dürfte, wer genau die erforderlichen Rechte wahrnimmt[754] –, so dass das Unternehmen zunächst auch die Rechteinhaberschaft klären müsste, was ein zeitaufwändiges und teures Unterfangen ist. Angesichts dieses Aufwandes werden dann auch eine Reihe von Nutzern kapitulieren und die Homepage nicht in dieser Form oder nur mit nicht geschützten Werken ins Netz stellen. Oder der Nutzer wird überhaupt gar keine Lizenz erwerben und darauf vertrauen, dass die Nutzung und damit die Urheberrechtsverletzung nicht bemerkt oder verfolgt wird.[755] Damit von daher die urheberrechtlichen Befugnisse zugunsten der Schöpfer, der investierenden Urheberrechtsindustrie und letztlich auch der Allgemeinheit gerade auch im Rahmen der Online-Nutzung im Internet Bestand haben, ist folglich nicht allein eine Stärkung des Urheberrechts durch Erfassen der technischen Vorgänge erforderlich.[756] Notwendig ist vielmehr auch, dass die zur Nutzung erforderlichen Rechte unkompliziert, schnell und kostengünstig erworben werden können, damit die Berechtigten dann ebenso schnell und kostengünstig die Vergütung für die Nutzung der Rechte erhalten können.[757] Ebenso wie im analogen Bereich muss es von daher, nicht zuletzt wegen des Interesses der Allgemeinheit an dem Konsum von „Kulturgütern", den Nutzern ermöglicht werden, sich

---

752 Vgl. hierzu Rdnr. 183 ff.

753 Beispiel nach *Kaesgner/Schippan*, S. 153 (155).

754 Zur Wahrnehmung der digitalen Rechte durch Verwertungsgesellschaften, oben Rdnr. 208 ff.

755 Von anderen Alternativen, wie der Errichtung des Servers in einem Land, in dem Urheberrechtsschutz weniger stark ausgeprägt ist, und das Unternehmen dann als Nutzer nicht zu erkennen ist, ganz zu schweigen; vgl. insbesondere *Kaestner/Terhegen*, S. 165 (169).

756 Wie beispielsweise geschehen in den WIPO-Verträgen unter der EU-Richtlinie zum Urheberrecht in der Informationsgesellschaft durch die Schaffung des „Right to make available", vgl. zu Einzelheiten, oben Rdnr. 18 ff. und 24 ff.

757 Derzeit sind die Berechtigten mit der Einräumung von digitalen Rechten, nicht nur in Verwertungsgesellschaften wohl sehr zurückhaltend, Nachweise bei *Kaestner/Schippan*, S. 155 (156) und vgl. oben Rdnr. 208 ff. zu den Verwertungsgesellschaften.

rechtskonform zu verhalten und die erforderlichen Rechte auch erwerben zu können.[758]

Die sich mit Fragen des Urheberrechts und der verwandten Schutzrechte in der **Informationsgesellschaft** bereits sehr früh beschäftigende EG-Kommission hat von daher nicht nur Überlegungen zum Schutz der Rechte, sondern auch zur Wahrnehmung dieser angestellt. Die Wahrnehmung der erforderlichen Rechte, ob individuell oder kollektiv durch Verwertungsgesellschaften, wird sich ebenfalls den Bedürfnissen der Informationsgesellschaft und den Nutzungen im Internet anpassen müssen. 255

1. Die Rolle von Verwertungsgesellschaften bei der Wahrnehmung von Rechten zur Nutzung im Internet

Im analogen Bereich hat sich die kollektive Wahrnehmung bestimmter Rechtegruppen durch Verwertungsgesellschaften etabliert. Der Gesetzgeber hat dieses System akzeptiert und insbesondere im Bereich der Vergütungsansprüche diese kollektive Wahrnehmung vorausgesetzt. Teilweise können die Vergütungsansprüche nur von Verwertungsgesellschaften verwaltet werden.[759] Den Verwertungsgesellschaften kommt in diesem System aber nicht allein die Aufgabe zu, Rechte in den Bereichen durchzusetzen, in denen der Berechtigte dazu nicht in der Lage ist, d.h. insbesondere im Bereich der Massennutzung, die Rechte zu lizenzieren und entsprechend auch Kontrolle auszuüben. Verwertungsgesellschaften sind nicht zuletzt **Interessenvertreter der Urheber,** die, insbesondere gegenüber starken Verwertern, eine gleichberechtigte Verhandlungsposition schaffen.[760] Auch können Verwertungsgesellschaften davor schützen, dass die Schöpfer pauschal alle Rechte zu ungerechtfertigt niedrigen Bedingungen an die Nutzer vergeben, indem diese bereits über den Wahrnehmungsvertrag einer Verwertungsgesellschaft übertragen wurden.[761] 256

Weiterhin geben Verwertungsgesellschaften auch über ihre Lizenzierungspraxis den Nutzern Sicherheit, nicht in Rechte Dritter einzugreifen, und so in der Nutzung behindert zu werden, und verwalten, wie das Beispiel Vergütungsanspruch bei privater Vervielfältigung zeigt, selbst dann einen Vergütungsanspruch, wenn die Nutzung im privaten Bereich stattfindet, ohne in die Privatsphäre einzugreifen.[762] Diese Gründe werden auch bei der Wahrnehmung der Rechte zur Internetnutzung ihre 257

---

[758] Eine Alternative zur Verbesserung der „Lizenzierungspraxis" wäre letztlich eine Zwangslizenz für die Multimedianutzung und Nutzung im Internet, über die dann der Verwerter ebenfalls die betroffenen Werke ohne Mühe und Aufwand „rechtskonform" erwerben und nutzen könnte. Dies wird aber aus guten Gründen mehrheitlich abgelehnt, vgl. Einzelheiten bei Grünbuch EG, Urheberrecht und verwandte Schutzrechte in der Informationsgesellschaft, KOM (95), 392 endg., S. 71 f.

[759] §§ 26 (Folgerecht); 27 (Vergütungsanspruch für Vermieten/Verleihen), 54 h i. V. m. 54, 34 a, 54 f Abs. 3 und 54 g (Reprographie) UrhG.

[760] Auch der sog. Professorenentwurf hat zum Urhebervertragsrecht an dieses System angeknüpft und die Rolle der Verwertungsgesellschaften im Interesse der Schöpfer weiter ausbauen wollen. Um das finanzielle Einkommen der Schöpfer auch bei der Verteilung der Einnahmen zu sichern war eine Verteilungsquote und entsprechende Änderung des § 7 WahrnG vorgesehen; vgl. zur Kritik wegen allzu starker Kollektivierung, *Schack,* ZUM 2001, 43 ff.

[761] Beispiel bei *Kaestner/Hoeren,* S. 184 (185); in eine ähnliche Richtung gehen auch Bestimmungen wie in § 27 Abs. 1 S. 1 UrhG, nach dem der Urheber selbst dann einen Anspruch auf angemessene Vergütung aus seinem Vermietrecht (§ 17 UrhG) hat, wenn dieser Anspruch bereits vorher an einen Verwerter übertragen wurde.

[762] *Kaestner/Terhegen,* S. 165 (167).

Berechtigung behalten, wobei insbesondere der Bereich der privaten Vervielfältigung im Internetbereich ähnlich wie die Reprographievergütung gehandhabt werden könnte. Die entsprechend fälligen Vergütungsansprüche, wie beispielsweise die **Geräteabgaben** für Computer oder CD-Brenner[763] können dann durch die zuständigen Verwertungsgesellschaften geltend gemacht werden.

2. Kollektive oder individuelle Wahrnehmung

258 Es ist nicht ausgeschlossen, dass es im Bereich der Lizenzierung von digitalen Rechten zur Internetnutzung zu einer Neuverteilung der Aufgaben der Rechtewahrnehmung zwischen einzelnen Berechtigten und Verwertungsgesellschaften kommt. **Elektronische Nummerierungs-, Kennzeichnungs- und Identifizierungssysteme** können den Aufbau und das Funktionieren eines elektronischen Lizenzierungssystem ermöglichen, auf Grund dessen der einzelne Berechtigte nicht nur jede Nutzung lizenzieren, sondern beispielsweise über ein digitales Wasserzeichen auch die Nutzung kontrollieren kann.[764] Folglich wäre der Berechtigte selbst bei einer Massennutzung, wie das Internet eine darstellt, in die Lage versetzt, die Rechte selbst und somit individuell wahrzunehmen. Ob sich dies allerdings zum Vorteil des Nutzers auswirken wird, der dann mit jedem Berechtigten gesondert Nutzungsgebühren und Lizenzbedingungen aushandeln müsste, anstatt auf die Tarife der Verwertungsgesellschaften, die ja nach deutschem Recht verpflichtet sind, Nutzungsrechte an dem von ihnen wahrgenommenen Repertoire zu erteilen,[765] zurückzugreifen, bleibt ebenso abzuwarten, wie die Beantwortung der Frage, ob die einzelnen Berechtigten den erheblichen Mehraufwand in Kauf nehmen, und die Rechte selbst lizenzieren, oder die Verwertungsgesellschaften lieber mit der Wahrnehmung betrauen.[766] Verwertungsgesellschaften werden jedenfalls sich auch der geänderten Marktsituation, die das Internet schafft, anpassen müssen.[767] Die Verwertungsgesellschaften werden ihre Tarife angleichen und auch in der Lage sein müssen, die erforderlichen Rechte nicht nur für einen nationalen Bereich, sondern auch mit globaler Geltung („weltweite Lizenz") zu vergeben.[768]

3. Nationale Clearingstelle: CMMV

259 Zur Erleichterung der Lizenzierung von Multimediaprodukten zur Offline-Nutzung oder Online-Nutzung im Internet haben die deutschen Verwertungsgesellschaften die CMMV gegründet.[769] Gesellschafter sind GEMA, GVL, VG Wort, VG

---

[763] Hierzu oben, Rdnr. 159.

[764] Zu Einzelheiten *Briem,* Elektronische Lizenzierung von urheberrechtlich geschützten Werken, MMR 1999, 256 ff.; *Mösche/Bechtold,* MMR 1998, 571 ff.; In Art. 6 und 7 InfoRL ist der Schutz solcher Informationssysteme geschützt, vgl. *Reinbothe* GRUR 2001, 733 (740 ff.).

[765] Oben, Rdnr. 217 ff.

[766] Hierzu *Karnell,* EIPR 2001, 134 (136); *Bechthold,* GRUR 1998, 18 (21); *Schack,* Rdnr. 1196; in *Kreile* in: InterGU, 135 (140 f.); *Dördelmann,* GRUR, 890 (892).

[767] Die InfoRL erwähnt Verwertungsgesellschaften nur insofern, als Verwertungsgesellschaften im Hinblick auf die durch die Digitaltechnik bedingten Erfordernissen, ihre Tätigkeiten stärker rationalisieren und transparenter arbeiten sollen; vgl. Erwägungsgrund 17 InfoRL.

[768] *Terhegen,* S. 169; *Masch,* S. 174 f.

[769] Clearingstelle Multimedia für Verwertungsgesellschaften von Urhebern- und Leistungsschutzrechten GmbH; Adresse: Rosenheimerstr. 11, 81667 München; http://www.cmmv.de.

Bild-Kunst, VFF, GWFF, VGF, GÜFA und AGICOA.[770] Die CMMV ist derzeit als Informationsvermittlungsstelle tätig, bei der der Multimedia-Produzent die Rechteinhaberschaft an Werken, die er bei der Erstellung des Multimediawerkes nutzen will, erfragen kann. Die CMMV unterhält eine Datenbank, die 24 Stunden pro Tag zur Verfügung steht. Der Nutzer kann über E-Mail die Rechteinhaberschaft erfragen und erhält innerhalb von 2 Wochen und nach Bezahlung einer Nutzungsgebühr die Rechercheergebnisse. Dabei ist die Recherche aber nicht auf das Repertoire beschränkt, welches von den Verwertungsgesellschaften wahrgenommen wird, sondern kann auch eine weltweite Recherche umfassen. Die CMMV vermittelt dann auch den Namen des Rechteinhabers mit Adresse. Mit dieser Ausweitung der Recherche ermöglicht es die CMMV dem individuellen Berechtigten, der keiner Verwertungsgesellschaft angeschlossen sein braucht, seine digitalen Rechte zu lizenzieren. Die CMMV selber lizenziert keine Rechte, sondern vermittelt lediglich Informationen, so dass sie auch keine Verwertungsgesellschaft i. S. d. WahrnG ist.[771] Die Tätigkeit der CMMV ist derzeit auf Deutschland beschränkt. Kooperation und auch eine internationale Öffnung sind aber beabsichtigt.[772]

4. Das VERDI-Projekt als Vorstufe zu einem internationalen Netzwerk[773]

Das VERDI-Projekt[774] ist ein Pilotprojekt, bei dem Clearingstellen aus sieben ver- 260
schiedenen EU-Mitgliedsstaaten, CEDAR (Niederlande), CMMV (Deutschland), KOPISTO (Finnland), MCC (Irland), SESAM (Frankreich), SGAE (Spanien) und SIAE (Italien), zu einem gemeinsamen Rechteinformations- und später u. U. auch Lizenzierungsdienst zusammengefügt werden. Dabei sollen die jeweiligen Datenbanken zusammengeschlossen werden, um den Multimediaherstellern ein großes, kategorieübergreifendes und internationales Repertoire zur Verfügung stellen zu können. Auch können sich neben den Clearingstellen und Verwertungsgesellschaften sonstige Inhaber von Nutzungsrechten aller Art an der Vernetzung beteiligen. Das VERDI-System soll sich aber, im Gegensatz zu der CMMV, nicht auf eine Rechteinformation beschränken, sondern auch die erforderlichen Lizenzen erteilen können und schließlich sogar das Herunterladen der lizenzierten Werke in digitaler Form ermöglichen. Das VERDI-Projekt wird neben Projekten, wie INDECS, EFRIS, TVFILES, PRISAN, ORS, etc., als MMRCS-Projekt[775] von der EU gefördert, um Möglichkeiten für die Lizenzierung von Rechten zur Multimedia- und Internetnutzung in der Praxis zu überprüfen.[776]

---

770 Zur kartell-rechtlichen Problematik: *Wünschmann*, Clearingstellen für Multimedia-Produkte und Europäisches Wettbewerbsrecht, ZUM 2000, 572 ff.

771 *Kreile*, GRUR 1999, 885 (889).

772 Zu Einzelheiten: *Kreile/Becker*, Rechtedurchsetzung und Rechteverwaltung durch Verwertungsgesellschaften in der Informationsgesellschaft in: GEMA-Jahrbuch 2000/2001, S. 84 ff.; *Lehmann/Melichar*, S. 206 ff.

773 Auch § 13, Rdnr. 250 ff.

774 VERDI = Very Extensive Rights Data Information, http://www.verdi-projekt.com.

775 MMRCS = Multi Media Rights Clearance System.

776 Einzelheiten zu MMRCS und des VERDI-Projektes: *Schippan*: Die Klärung von „Multimediarechten" in Europa – das VERDI-Projekt und andere von der EU-Kommission unterstützte MMRCS-Projekte, ZUM 1999, 135 ff.; *Kaestner/Schippan*, S. 153 ff.

5. Probleme der Lizenzierung

261 Angesichts des internationalen und globalen Aspektes des Internets sowie der entsprechenden Nutzungsvorgänge müssen die Verwertungsgesellschaften in der Lage sein, auch übernationale, u. U. sogar weltweite Lizenzen an dem von ihnen wahrgenommenen Repertoire zu erteilen. So muss beispielsweise ein Internetdienst, der seinen Sitz in den USA hat, seinen Dienst, wie beispielsweise Music-on-Demand, aber weltweit anbietet, von nur einer Verwertungsgesellschaft die erforderlichen Rechte für diese globale Nutzung schnell und unkompliziert erwerben können. Hier helfen die Gegenseitigkeitsverträge der Verwertungsgesellschaften weiter, durch die nationale Gesellschaften ihren ausländischen Schwestergesellschaften jeweils die Rechte zur gegenseitigen Wahrnehmung einräumen und somit dann auch praktisch das Weltrepertoire in ihrem Bereich wahrnehmen können. Es muss aber im Rahmen dieser Verträge sichergestellt werden, dass dann die Gesellschaft nicht nur für ihren nationalen Bereich die Rechte vergeben, sondern vielmehr europaweit oder „global" wirkende Nutzungsrechte lizenzieren kann. Inwiefern dann allerdings auch die Tarife und sonstigen Lizenzbedingungen angepasst werden müssen, um insofern einen einheitlichen Standard zu schaffen, der verhindert, dass der Nutzer – zum Nachteil der Berechtigten – sich an die Verwertungsgesellschaften mit den für ihn günstigsten Tarif- und Lizenzbedingungen wendet, bleibt abzuwarten. Im Interesse der Berechtigten wäre eine solche Angleichung der Tarife auf „hohem Niveau" sicherlich wünschenswert. Dagegen dürften nicht nur die unterschiedlichen Traditionen der Verwertungsgesellschaften sprechen, sondern letztlich auch kartellrechtliche Überlegungen.[777]

262 Anknüpfungspunkt für die Lizenzierung könnte – in Anknüpfung an die europäische Richtlinie „Fernsehen ohne Grenze" – die Niederlassung des Internetanbieters sein.[778] Sofern ein Internetangebot erkennbar „globalen" Bezug hat, ist die danach zuständige Verwertungsgesellschaft dann auch berechtigt, eine global wirkende Lizenz zu erteilen. Ergibt sich allerdings aus dem Angebot, sei es durch die Aufmachung, wie Sprachwahl der Site oder die Vertriebsstruktur des Unternehmens, dass die Site sich nur auf bestimmte Gebiete, d. h. U. S. A., Europa oder Asien beschränkt, so ist eine entsprechend geographisch beschränkte Lizenz zu erteilen.

263 Die Ausschüttung erfolgt dann anhand der von den nationalen Verwertungsgesellschaften aufgestellten Schlüssel. Solange es keinen einheitlichen Tarif für eine globale Nutzung gibt, hat der Verwerter auf Grund der pauschal eingeräumten Nutzungsbefugnis, bezogen auf den Abruf, die Tarife des Abruflandes zu zahlen, sofern dies individuell feststellbar ist, beispielsweise durch Zahlungsvorgänge. Lassen sich solche Anknüpfungspunkte nicht feststellen, so wird die Festlegung der konkreten Gebühr anhand von pauschalisierten Grundsätzen, einer Mittelgebühr der Tarife der beteiligten Verwertungsgesellschaften oder einfach der Gebühr der lizenzierenden Verwertungsgesellschaften erfolgen.[779]

---

[777] *Wünschmann,* ZUM 2000, 572 ff.

[778] *Hoeren/Sieber/Kreile/Becker,* 7.7. Rdnr. 61–64; *Kreile/Becker* in: GEMA Jahrbuch 2000/2001, S. 84 (100 f.).

[779] Zum Ganzen *Hoeren/Sieber/Kreile/Becker,* 7.7., Rdnr. 65 ff.

§ 9. Patentschutz für softwarebezogene Erfindungen

Thomas L. Bittner

Übersicht

Literatur: *Anders,* Aus der Rechtsprechung des Bundespatentgericht im Jahre 1999, Teil I: Patentrecht, Gebrauchsmusterrecht und Geschmacksmusterrecht, GRUR 2000, 257; *Bittner/Czychowski,* Anmerkung zu BGH, Beschl. vom 11. 5. 2000, ZB 15/98, – „Sprachanalyseeinrichtung, K&R 2000, 456; *Busche,* Softwarebezogene Erfindungen in der Entscheidungspraxis des Bundespatentgerichts und des Bundesgerichtshofs, Mitt. 2001, 49; *Clauß,* Entscheidungen – Akteneinsicht XV, BGH, Beschl. vom 17. 10. 2000 – X ZR 4/00, Mitt. 2001, 73; *Czirnich,* Patentrecht contra Urheberrecht, JurPC Web-Dok. 137/2000; *Engelhard,* Sprachanalyseeinrichtung, Mitt. 2001, 58; *Esslinger/Betten,* Patentschutz im Internet, CR 2000, 18; *Esslinger/Hössle,* Zur Entscheidung „State Street v. Signature Financial“ des amerikanischen Court of Appeals for the Federal Circuit, Mitt. 1999, 327; *Hannemann,* The patentability of methods of doing business, epi-Informationen 1/2000, 16; *Holeweg,* Europäischer und internationaler gewerblicher Rechtsschutz und Urheberrecht, Tabellarischer Überblick und aktuelle Entwicklungen, GRUR 2001, 141; *Hössle,* Patentierung von Geschäftsmethoden – Aufregung umsonst? Zur vergleichenden Studie zum trilateralen Projekt B3 b, Mitt. 2000, 331; *ders.,* Der nicht-statische Technikbegriff, Zu den BGH-Beschlüssen „Logikverifikation“ und „Sprachanalyseeinrichtung“, Mitt. 2000, 343; *Horns,* Der Patentschutz für softwarebezogene Erfindungen im Verhältnis zur „Open Source“-Software, JurPC Web-Dok. 223/2000, Abs. 1–80; *ders.,* Anmerkungen zu begrifflichen Fragen des Softwareschutzes, GRUR 2001, 1; *Jaeger/Metzger,* Open Source Software, Verlag C.H. Beck, 2002; *Kiesewetter-Köbinger,* Über die Patentprüfung von Programmen für Datenverarbeitungsanlagen, GRUR 3/2001, 185; *Koch,* Internationale Gerichtszuständigkeit und Internet, CR 1999, 121; *Klopmeier,* Zur Technizität von Software, Mitt. 2002, 65; *Melullis,* Zur Patentfähigkeit von Programmen für Datenverarbeitungsanlagen, GRUR 1998, 843; *Nack,* Sind jetzt computerimplementierte Geschäftsmethoden patentfähig? – Analyse der BGH-Entscheidung „Sprachanalyseeinrichtung“, GRUR Int. 2000, 853; *Nack et al,* Mikro- und makroökonomische Implikationen der Patentierbarkeit von Softwareinnovationen: Geistige Eigentumsrechte in der Informationstechnologie im Spannungsfeld von Wettbewerb und Innovation, Studie im Auftrag des Bundesministeriums für Wirtschaft und Technologie, http.//www.bmwi.de/textonly/homepage/download/technologie/softwarepatentstudie. pdf.; *Ohly,* Software und Geschäftsmethoden im Patentrecht, CR 2001, 809; *Schiuma,* TRIPS and Exclusion of Software „as such" from Patentability, IIC 1/2000, 36; *Schmidtchen,* Zur Patentfähigkeit und zur Patentwürdigkeit von Computerprogrammen und von programmbezogenen Lehren, Mitt. 1999, 281; *Schohe,* Patenting Business Methods: Present Status and Future Developments, AIPPI Journal of the Japanese Group, Band 46, Nr. 12, S. 27 (2001); *Schölch,* Softwarepatente ohne Grenzen, GRUR 2001, 16; *Schöninger,* Patentfähigkeit von Software, CR 1997, 598; *Sedlmaier,* Verwirrung durch Klarstellungen im Softwarepatentrecht, Mitt. 2002, 55; *Tauchert,* Neue Möglichkeiten bei der Patentierung von Software?, K&R 2000; Zur Patentierbarkeit von Programmen für Datenverarbeitungsanlagen, Mitt. 1999, 248; *ders.,* Patentierung von Programmen für Datenverarbeitungsanlagen – neue Rechtsprechung und aktuelle Entwicklungen, JurPC Web-Dok. 40/2001, Abs. 1–58; *Teufel,* The Patentability of Computer Implemented Inventions, VPP-Rundbrief 2001, 17; *ders.,* Open-Source-Programme und Softwarepatente – Ein Widerspruch?, VPP-Rundbrief 2002, 7; *Thomas,* The Patenting of the Liberal Professions, 40. Boston College Law Review 1130; *ders.,* A Proposal for Patent Bounties, 2001 University of Illinois Law Review 305; *Vièl,* Ein Patent auf den Hyperlink?, JurPC Web-Dok. 159/2000, Abs. 1–5.

A. Ziel und Zweck von Patentschutz für softwarebezogene Erfindungen auf dem Gebiet des Internets

1 Patente auf dem Gebiet der elektronischen Datenverarbeitung werden seit Beginn der Entwicklung dieser Technologie erteilt. Das Patent als eines der gewerblichen Schutzrechte zum Schutz und zur Förderung wirtschaftlicher Tätigkeit ist auch für Unternehmen der Internetbranche bereits seit Aufkommen des Internets von Bedeutung. So ist die Firma British Telecom Inhaberin eines Patents in den USA, welches auf dem Gebiet einer der „Ur-Techniken" des Internets[1], des Hyperlinks, liegt[2].

2 Patentschutz in Verbindung mit dem Internet wird gewährt für **Erfindungen** im Rahmen von softwarebezogene und hardwarebezogene Innovationen. Der Begriff der Erfindung ist im Patentgesetz selbst nicht positiv definiert. Unter Berücksichtigung der Rechtsprechung wurde die folgende Definition vorgeschlagen[3]: Eine Erfindung im Sinne des Patentrechts ist eine Lehre zum praktischen Handeln, deren beanspruchter Gegenstand oder deren beanspruchte Tätigkeit technischer Natur, realisierbar und wiederholbar ist und die Lösung einer Aufgabe durch technische Überlegungen darstellt.

3 Schutz durch das Patent entsteht nicht automatisch mit der Entstehung der Erfindung, sondern muss bei den hierfür zuständigen staatlichen bzw. überregionalen Behörden, d. h. den nationalen bzw. regionalen Patentämtern[4], durch **Einreichen einer Patentanmeldung** beantragt werden. Ziel des Antragstellers ist es, für seine Erfindung ein Exklusivrecht – das Patent – derart zu erhalten, dass es Dritten untersagt werden kann, während einer gesetzlich begrenzten Zeit, die in den meisten Ländern 20 Jahre beträgt, die Erfindung ohne Zustimmung des Inhabers des Pa-

[1] Vgl. zur geschichtlichen Entwicklung § 1 Rdnr. 14, 23.

[2] Das US-Patent 4,873,662 wurde am 10. 10. 1989 vom US-Patentamt erteilt. Eine Kopie des Patents ist über http://www.uspto.gov abrufbar.

[3] *Schulte,* § 1 Rdnr. 16 m. w. Nachw.

[4] Neben der Beantragung eines Patentschutzes bei dem zuständigen nationalen Patentamt, beispielsweise dem Deutschen Patent- und Markenamt, kann Patentschutz für 20 europäische Länder auch über das Europäische Patentamt erlangt werden, vgl. hierzu § 1 Rdnr. 16f.

tents zu nutzen. Eine Verpflichtung den Patentschutz durchzusetzen, besteht für den Patentinhaber jedoch nicht.

Bei den zur Realisierung des Internets genutzten Computeranlagen – der Hardware – bestehen im Vergleich zu „klassischen" Maschinen- und Anlagen bezüglich des Patentschutzes keine Besonderheiten, da es sich ohne Zweifel um Vorrichtungen handelt, die patentiert werden können, sofern die Schutzvoraussetzungen erfüllt sind[5]. Die von der Rechtsprechung über viele Jahre entwickelten Kriterien sind anwendbar. 4

Obwohl Patente auch für **softwarebezogene Erfindungen** – hierbei handelt es sich um Lehren, die in einem Computerprogramm enthalten sind und mit diesem ausgeführt werden, wenn das Computerprogramm in einer Computeranlage abgearbeitet wird – seit den Anfangsjahren der Entwicklung der elektronischen Datenverarbeitung erteilt werden, haben die Entstehung und die Verbreitung des Internets dazu geführt, dass eine Vielzahl von Erfindungen gemacht wird, die sich auf Probleme beziehen, die so erst mit dem Internet entstanden sind, beispielsweise die vielfältigen Varianten des elektronischen Handels. 5

Die zunehmende wirtschaftliche Bedeutung des Patentschutzes für softwarebezogene Erfindungen hat dazu geführt, dass interessierte Kreise, die unter dem Schlagwort **„Open Source Bewegung"** zusammengefasst werden können, sich mit dieser Problematik auseinandersetzen[6]. Neben einer grundsätzlich kritischen bis ablehnenden Haltung gegenüber gewerblichen Schutzrechten in jedweder Form wird von der „Open Source Bewegung" insbesondere die Befürchtung geäußert, dass es durch Patente zu einer Einschränkung der Freiheit, neue Programme schreiben zu können, kommen könnte[7]. Die „tatsächlichen Gefahren" für unabhängige Softwareentwickler werden jedoch als eher gering angesehen[8], da es verschiedene Möglichkeiten gibt, die eigene Handlungsfreiheit soweit wie möglich zu erhalten; hierzu gehört insbesondere eine Veröffentlichung eigener Neuentwicklungen, so dass Patentschutz verhindert ist. 6

Die rasante Entwicklung des Internets hat zur Folge, dass der Thematik des Patentschutzes für softwarebezogene Erfindungen in letzter Zeit eine breitere Aufmerksamkeit in Fachkreisen und dem öffentlichen Umfeld gewidmet wird. Nicht zuletzt das Internet hat dazu beigetragen, das Bewusstsein für die wirtschaftliche Bedeutung der Computerbranche und damit auch für softwarebezogene Innovationen zu schärfen. Der Patentschutz wird in diesem Zusammenhang als **Mittel zum möglichst effektiven wirtschaftlichen Schutz von Software-Produkten** vor einer Ausbeutung durch Dritte erkannt. Der Schutz vor Übernahme der softwarebezogenen Innovation, die dem Patentschutz zugänglich sind, durch Wettbewerber bildet für junge Unternehmen, auch und gerade in der Internetbranche, eine Basis für die Unternehmensfinanzierung. Das Patent eignet sich hierbei wegen seiner freien Übertragbarkeit als Kreditgrundlage. Darüber hinaus ist die Inhaberschaft eines Patents für Unternehmen als Marketinginstrument gegenüber Kunden und bei der Einwerbung von Fremdkapital durch Venture-Capital-Gesellschaften von zunehmender 7

[5] Die Schutzvoraussetzungen für die Patentierung einer Erfindung weder unter Rdnr. 19ff. näher erläutert.

[6] *Horns,* JurPC Web-Dok. 223/2000; *Teufel,* VPP-Rundbrief 2002, 17.

[7] *Jaeger/Metzger,* S. 112ff.

[8] *Jaeger/Metzger,* S. 128ff.

Bedeutung. Neben die „klassische" Funktion des Patents im Wirtschaftsleben als Verbietungsrecht gegenüber Wettbewerbern treten also neue Funktionen. Das Patent wird auf diese Weise zu einem herausragenden Wirtschaftsgut der jungen Unternehmen[9] in der Internetbranche.

B. Weltweites Internet – Weltweiter Patentschutz?

8 Grundsätzlich kann Patentschutz in über 100 Ländern der Welt erlangt werden. Die weltweite Verbreitung des Internets und die hiermit verbundene weltweite Nutzungsmöglichkeit einer mittels Patent schützbaren softwarebezogenen Erfindung im Bereich des Internets würde bei oberflächlicher Betrachtung zum Schluss führen, dass Patentschutz in nahezu allen Ländern beantragt werden muss. Eine Ausdehnung des Patentschutzes für eine Erfindung auf eine derart große Anzahl von Ländern würde wegen der jeweils notwendigen Verfahren zur Beantragung des Patentschutzes in den einzelnen Ländern jedoch einen nicht vertretbaren Kostenaufwand bedeuten. Darüber hinaus bestehen die Zweifel an den Möglichkeiten der Rechtsdurchsetzung in Teilen der Welt auch in Verbindung mit dem Patentschutz.

I. Territorialitätsprinzip

9 Beim Patent handelt es sich um ein **territoriales Schutzrecht,** wie dieses auch für andere gewerbliche Schutzrechte, beispielsweise Marken, und das Urheberrecht, gilt. Die Folge hiervon ist, dass die aus einem Patent ableitbaren rechtlichen Ansprüche wegen unberechtigter Benutzung der geschützten Erfindung stets nur in Ländern geltend gemacht werden können, in denen ein Patent tatsächlich beantragt und erteilt wurde. Sofern Patentschutz besteht, kann der Inhaber des Patents dann in den jeweiligen Ländern Dritten das Herstellen, Anbieten, Inverkehrbringen und Importieren des Produkts, in dem die geschützte Erfindung verwirklicht ist, zu diesen Zwecken untersagen.[10]

10 In der Praxis ergibt sich aus dem Territorialitätsprinzip, dass der Patentschutz für eine Erfindung in den Ländern beantragt werden muss, die aus Sicht des Anmelders von wirtschaftlicher Bedeutung für die Produktion oder dem Vertrieb von Produkten sein können, in denen von der Erfindung Gebrauch gemacht wird. Des Weiteren sollte bei der **Auswahl der Länder** für den zu beantragenden Patentschutz der Unternehmenssitz der potentiellen Wettbewerber beachtet werden, so dass diese daran gehindert werden können, eine Software, die die patentgeschützte Erfindung umfasst, von den Ländern ihres Firmensitzes aus zu vertreiben.

II. Patentanmeldestrategien

11 Die wesentlichen rechtlichen Grundlagen für eine weltweite Ausdehnung eines Patentschutzes sind in der Pariser Verbandsübereinkunft (PVÜ) geregelt. Hierbei ist die Gewährung eines **Prioritätsrechts** für die Anmelder von Patenten von besonderer Bedeutung. Wenn ein Anmelder in einem Verbandsstaat der PVÜ eine Erfindung zum ersten Mal zum Patent angemeldet hat, so kann er innerhalb einer Frist

---

[9] *Busche,* Mitt. 2001, 49 ff.

[10] Zu den international-privatrechtlichen Fragen des Patentrechts im Internet vgl. § 3, Rdnr. 108 ff.

von 12 Monaten, die vom Anmeldetag der ersten Anmeldung der Erfindung an läuft, die gleiche Erfindung in anderen Verbandsstaaten zum Patent nachanmelden. Für die Nachanmeldungen sind dann an und nach dem Anmeldetag entstehende Umstände unschädlich für die Gewährung des Patentschutzes. Die wesentliche Folge hiervon ist, dass mit der Einreichung einer Patentanmeldung in einem der Verbandsstaaten[11] ein weltweiter Zeitrang für die Erfindung festgelegt wird, wenn der Anmelder innerhalb der 12-monatigen Prioritätsfrist seine Patentschutzbeantragung auf andere Verbandsstaaten ausdehnt. Für die Praxis ergibt sich hieraus die Möglichkeit, dass für eine softwarebezogene Erfindung für das Internet, für die Patentschutz angestrebt wird, zunächst eine Anmeldung beim Deutschen Patent- und Markenamt eingereicht wird. Innerhalb von 12 Monaten hat der Anmelder dann die Möglichkeit, eine Entscheidung darüber zu treffen, in welchen Staaten weltweit er auf der Basis der deutschen Patentanmeldung ebenfalls einen Patentschutz beantragen möchte.

In Verbindung mit nutzbaren softwarebezogenen Erfindungen für das weltweite 12
Internet ist eine Auswahl der Staaten notwendig, die von besonderer wirtschaftlicher Bedeutung für den Anmelder des Patents sind. Im Zusammenhang mit einer softwarebezogenen Internet-Erfindung sind bei der Auswahl der Länder insbesondere das Potential an möglichen Kunden und die rechtliche Durchsetzbarkeit des Patentschutzes in den jeweiligen Ländern zu berücksichtigen.

Bei der **Wahl eines geeigneten Vorgehens** zur Erlangung eines internationalen Pa- 13
tentschutzes steht der Patentanmelder weiterhin vor dem Problem, dass Patentschutz für eine Erfindung angemeldet wird, bevor die Erfindung erstmalig in irgendeiner Form irgendwo an die Öffentlichkeit gelangt. Darüber hinaus muss der Patentanmelder auch immer damit rechnen, dass Wettbewerber ähnliche Produktentwicklungen betreiben und die zu schützende Erfindung vielleicht selbst zum Patent anmelden.

Deshalb werden Patentanmeldungen in der Regel zu einem sehr frühen Zeitpunkt 14
während der Entwicklungsphase eines Produkts eingereicht. Der Anmelder kann in diesem Stadium der Produktentwicklung häufig noch keine abschließende Entscheidung darüber treffen, in welchen Ländern der Welt das Produkt zukünftig verwendet werden wird. Die 12-monatige Prioritätsfrist nach dem Einreichen einer ersten (deutschen) Patentanmeldung kann deshalb dazu genutzt werden, um hier eine Auswahl zu treffen, die den Vertrieb des Produktes zweckmäßig unterstützt. Sofern der Anmelder vor Ablauf dieser Frist in den ausgewählten Ländern Patentschutz nachträglich beantragt, genießen die Nachanmeldungen den gleichen Zeitrang wie die erste (deutsche) Patentanmeldung.

Eine **„Verlängerung der 12-monatigen Prioritätsfrist“**, das heißt eine Verschie- 15
bung des Zeitpunkts, zu dem der Patentanmelder entscheiden muss, in welchen Staaten der Welt er ausgehend von seiner früheren deutschen Patentanmeldung Patentschutz beantragen möchte, ist mit Hilfe einer internationalen Patentanmeldung nach dem internationalen Patentzusammenarbeitsvertrag (PCT-Vertrag)[12] möglich. Die internationale Anmeldung erlaubt es dem Anmelder, sich die Option auf die Einleitung eines Patentschutzes in den Mitgliedsstaaten des PCT-Vertrags offen zu

[11] In der Regel wird der Anmelder als Land für die erste Hinterlegung der Erfindung aus praktischen Gründen, beispielsweise wegen der Kosten, das Patentamt seines Heimatlandes auswählen.

[12] http://www.wipo.org – Homepage der World Intellectual Property Organization.

halten. Die zeitliche Verzögerung, die mit Hilfe der internationalen Patentanmeldung erreicht werden kann, beträgt maximal 18 Monate.

16 Für die Beantragung eines Patentschutzes im Ausland muss der Anmelder seine Patentanmeldung bei den zuständigen nationalen Patentämtern der Staaten einreichen, für die er Schutz möchte. In der Regel setzt dieses die Einschaltung eines nationalen anwaltlichen Vertreters voraus.

17 Bei der Erlangung eines **Patentschutzes in Europa** besteht darüber hinaus die Möglichkeit, eine Anmeldung beim Europäischen Patentamt[13] einzureichen, welches die Patentanmeldung auf der Basis des Europäischen Patentübereinkommens prüft. Die Besonderheit des Verfahrens vor dem Europäischen Patentamt besteht darin, dass ein vom Europäischen Patentamt erteiltes Patent in den 20 Mitgliedsstaaten[14] automatisch wirksam ist, sofern die für eine Nationalisierung in den Mitgliedsstaaten notwendigen Handlungen nach der Erteilung des Europäischen Patents vorgenommen werden. Das Verfahren vor dem Europäischen Patentamt hat für den Anmelder den Vorteil, dass der das Prüfungsverfahren nicht vor 20 nationalen europäischen Patentämtern durchführen muss.

18 Die Entscheidung darüber, ob der Patentschutz in europäischen Staaten über die nationalen Patentämter oder das Europäische Patentamt beantragt werden sollte, hängt unter Kostengesichtspunkten im Wesentlichen von der Anzahl der Länder ab, in denen Patentschutz erlangt werden soll.

Praxistipp: Ein Verfahren vor dem Europäischen Patentamt mit anschließender Nationalisierung ist in der Regel bereits dann aus Sicht der Gesamtkosten günstiger als getrennte Verfahren vor den nationalen Patentämtern, wenn für wenigstens drei bis vier europäische Staaten Patentschutz angestrebt wird.

19 Für andere wichtige Industrieländer, wie die USA oder Japan, existieren keine dem Europäischen Patentübereinkommen vergleichbaren gesetzlichen Regelungen, so dass die Ausdehnung eines Patentschutzes auf diese Länder in jedem Fall ein Prüfungsverfahren vor den nationalen Patentämtern zu durchlaufen ist.

C. Rechtliche Grundlagen bei der Erlangung von Patentschutz für softwarebezogene Erfindungen in Gesetz und Praxis

I. Schutzvoraussetzungen

20 Die Erteilung eines Patents kann nur erfolgen, wenn eine Erfindung vorliegt. § 1 Abs. 1 PatG regelt die **materiellen Voraussetzungen** für die Erteilung eines Patents. Eine Erfindung ist patentiert, wenn sie neu ist, auf eine erfinderische Tätigkeit beruht und gewerblich anwendbar ist.

---

[13] http://www.european-patent-office.org.

[14] Mitgliedsstaaten sind gegenwärtig: Belgien, Dänemark, Deutschland, Finnland, Frankreich, Griechenland, Großbritannien, Irland, Italien, Luxemburg, Monaco, Niederlande, Österreich, Portugal, Schweden, Spanien, Schweiz/Liechtenstein, Türkei, Zypern; darüber hinaus ist eine Erstreckung des erteilten Patents auf Albanien, Lettland, Litauen, Mazedonien, Rumänien, Slowenien möglich.

Formelle Voraussetzung für die Patenterteilung ist die schriftliche Anmeldung der Erfindung beim Deutschen Patent- und Markenamt unter Beachtung der in §§ 35ff. PatG genannten Verfahrenserfordernissen. Die Patenterteilung ist ein begünstigender Verwaltungsakt, der auf Antrag in dem dafür vorgesehenen Erteilungsverfahren nach Prüfung der Zulässigkeit und Begründetheit des Patentbegehrens ergeht. Ein Patent entsteht mithin nicht wie zum Beispiel das Urheberrecht[15] durch den geistigen Schöpfungsakt der Erfindung, sondern durch die Erteilung des Patents, was die Erfüllung der gesetzlich vorgesehenen materiellen und formellen Anforderungen voraussetzt. 21

1. Erfindung

Der Begriff der Erfindung ist im Gesetz nicht definiert. Lediglich die Anforderungen, die eine Erfindung erfüllen muss, damit ein Patent erteilt wird, sind im § 1 Abs. 1 PatG bestimmt[16]. Die sich hieraus ergebende Flexibilität schafft die Möglichkeit der Anpassung des Patentrechts an technische und naturwissenschaftliche Entwicklungen, beispielsweise das Internet, und die hiermit verbundenen technischen Neuerungen. 22

Gegenstand einer **Erfindung ist eine Lehre zum technischen Handeln.** Ihre Annahme wird nicht dadurch gehindert, dass neben technischen Mitteln auch nicht technische Mittel zur Lösung beitragen. Eine Erfindung setzt sich hierbei zusammen aus dem technischen Problem (der Aufgabe) und der Lösung des technischen Problems. 23

In § 1 Abs. 2 PatG sind geistige Leistungen nicht abschließend aufgeführt, die **nicht als Erfindung** angesehen werden. Wichtig ist, die Entdeckung von der Erfindung im Sinne des Patentschutzes zu unterscheiden. Entdeckungen beinhalten keine Lehre zum technischen Handeln. Es handelt sich um das Auffinden von etwas Vorhandenem, das bisher lediglich nicht bekannt war. 24

Vom Patentschutz ausgeschlossen sind ebenfalls **wissenschaftliche Theorien** und **mathematische Methoden.** Eine Erfindung kann jedoch darin bestehen, dass ein mathematischer Algorithmus zur Lösung einer technischen Aufgabe verwendet wird[17]. 25

Gemäß § 1 Abs. 2 Nr. 3 PatG sind Pläne, Regeln und **Verfahren für geschäftliche Tätigkeiten** sowie **Programme für Datenverarbeitungsanlagen** ebenfalls vom Patentschutz ausgeschlossen. Wer diesen Ausnahmekatalog unbefangen liest und zudem berücksichtigt, dass Computerprogramme gemäß §§ 2 Abs. 1 Nr. 1, Abs. 2, 69aff. UrhG urheberrechtlich geschützt sein können, könnte zur Auffassung gelangen, dass ein Patentschutz für softwarebezogene Erfindungen gesetzlich ausgeschlossen sei. Diese Schlussfolgerung wäre jedoch vorschnell, denn § 1 Abs. 3 PatG bestimmt, dass die Patentfähigkeit für Computerprogramme nur insoweit ausgeschlossen ist, als das für diese als solche Schutz begehrt wird. Die Auslegung der beiden Worte *„als solche"* bedeutet, dass Computerprogramme nicht schlechthin von der Patentierbarkeit ausgeschlossen sind. Eine Definition des **„Computerprogramms als sol-** 26

---

[15] Vgl. § 8, Rdnr. 53ff.

[16] *Busse,* § 1 Rdnr. 5ff.

[17] So wurde beispielsweise die Verwendung des bekannten Viterbi-Algorithmus zur Verbesserung der Qualität übertragener elektronischer Signale als patentierbares Verfahren erachtet; vgl. *BPatG* GRUR 1996, 866 – Viterbi Algorithmus.

ches" ist der ursprünglichen Gesetzesbegründung nicht zu entnehmen. Die Rechtsprechung hat sich lange geweigert, eine verbindliche Definition dieses Begriffs zu entwickeln: „Der Senat, der bislang noch nicht zu entscheiden brauchte, was unter einem vom Patentschutz ausgeschlossenen *Programm als solchem* zu verstehen ist, kann diese Streitfrage auch hier dahin stehen lassen, weil die angemeldete Lehre nach keiner der hier zu vertretenden Meinungen vom Patentschutz ausgeschlossen ist."[18]

27 In der Literatur war das Patentierungsverbot für Computerprogramme *„als solche"* sehr unterschiedlich interpretiert. Während einerseits die Auffassung vertreten wird, es handele sich bei dem Computerprogramm als solchem um das gedanklich logische Konzept (Programminhalt), das mit Hilfe eines Computers ausgeführt werden soll, wird insbesondere von mit der Praxis befassten Anwendern des Patentrechts die Auffassung vertreten, ein Computerprogramm *„als solches"* sei die (urheberrechtlich geschützte) Ausdrucksform des Programms im Gegensatz zum (patentrechtlich geschützten) Programminhalt[19]. Hierdurch scheint eine auch für die Praxis handhabbare Abgrenzung zum Urheberrecht möglich. Die gleiche Auffassung wird in einer Entscheidung des Bundespatentgerichts vertreten[20]. Unter einem Programm für Datenverarbeitungsanlagen *„als solches"* soll also lediglich der als nicht technisch anzusehende Programmcode und dessen Aufzeichnung auf einem beliebigen Speichermedium zu subsumieren sein.

28 Der Bundesgerichtshof hat im Rahmen der Rechtsbeschwerde zu der Entscheidung des Bundespatentgerichts festgestellt, dass es nicht zulässig ist, „... in computergerechte Anweisungen gekleidete Lehre als patentierbar zu erachten, wenn sie nur – irgendwie – über die Bereitstellung der Mittel hinausgeht, welche die Nutzung als Programm für Datenverarbeitungsanlagen erlauben. Die prägenden Anweisungen der beanspruchten Lehre müssen vielmehr insoweit der Lösung eines konkreten technischen Problems dienen. Unter diesen Voraussetzungen ist die beanspruchte Lehre dem Patentschutz auch dann zugänglich, wenn sie als Computerprogramm oder in einer sonstigen Erscheinungsform geschützt werden soll, die eine Datenverarbeitungsanlage nutzt."[21] Die vom Bundesgerichtshof vorgenommene Abgrenzung der *„Programme für Datenverarbeitungsanlagen als solche"* zieht die gleichen Kriterien wie die Prüfung der „Technizität" heran.

2. „Technizität"

29 Das Erfordernis der „Technizität" ist ein wesentliches Element des deutschen und des europäischen Patentrechts. Seine grundsätzliche Aussage besteht darin, dass nur „technische" Erfindungen dem Patentschutz zugänglich sind. Die Forderung nach der „Technizität" ist im Gesetz nicht explizit geregelt. Das Erfordernis ergibt sich unter anderem daraus, dass in § 3 PatG geregelt ist, dass eine Erfindung als neu gilt, wenn sie nicht zum **Stand der Technik** gehört. Die grundlegende patentrechtliche Definition des Begriffs Technik stammt aus der Entscheidung des Bundesgerichtshofs *Rote Taube*[22]. Eine technische Erfindung liegt vor bei einer Anweisung (Lehre)

---

18 *BGH* GRUR 2000, 498.
19 *Tauchert,* Mitt. 1999, 248, 250 f.
20 *BPatG* CR 2001, 155, 156.
21 *BGH* CR 2002, 88 – Fehlerhafte Zeichenketten.
22 *BGH* GRUR 1969, 672 – Rote Taube.

zum planmäßigen Handeln unter Einsatz von Naturkräften, die ohne Zwischenschaltung menschlicher Verstandestätigkeit zu einem kausal übersehbaren Erfolg führt. Eine Präzisierung der Definition in Verbindung mit softwarebezogenen Erfindungen ergibt sich aus einer jüngeren Entscheidung des Bundesgerichtshofs[23]. In dieser Entscheidung ging es um ein Computerprogramm, das zur Durchführung einer Syntaxanalyse von natürlicher Sprache dient. Eine solche Syntaxanalyse ist ein wichtiges Element von Computerprogrammen zur automatischen (maschinellen) Übersetzung von Texten. In der Patentanmeldung war nicht ein Verfahren sondern eine Vorrichtung beansprucht, auf der das Verfahren zur Syntaxanalyse abläuft. Die Vorrichtung war ein handelsüblicher Computer, der im Patentanmeldungstext nicht näher spezifiziert war. Das Gericht bejaht die Technizität und somit die Patentfähigkeit mit der folgenden Begründung:

„(Zur Technik) rechnet ohne weiteres eine industriell herstellbare und gewerblich 30
einsetzbare Vorrichtung, zu deren Betrieb Energie eingesetzt wird und innerhalb derer unterschiedliche Schaltzustände auftreten, wie dies bei einem Universalrechner, aber ebenso bei einer besonders konfigurierten Datenverarbeitungsanlage der Fall ist. Dass der Rechner in bestimmter Weise programmtechnisch eingerichtet ist, nimmt ihm nicht seinen technischen Charakter sondern fügt ihm als technischen Gegenstand lediglich weitere Eigenschaften hinzu, auf deren eigenen technischen Charakter es für die Beurteilung des technischen Charakters der Anlage als solcher nicht ankommt. Dass eine Datenverarbeitungsanlage als solche technischen Charakter aufweist, ist zu dem soweit ersichtlich ernstlich nirgends in Zweifel gezogen worden. Die Diskussion um die Technizität bezieht sich im Wesentlichen auf Programme, die auf solchen Anlagen ablaufen, und auf Verfahren, die mit ihnen durchgeführt werden. Darum geht es hier nicht."

Für den Praktiker ergibt sich hieraus die Schlussfolgerung, dass bei der Formulie- 31
rung der Patentanmeldung, welche zur Beantragung des Patentschutzes für softwarebezogene Erfindungen auf dem Gebiet des Internets eingereicht wird, stets – sofern dies der Charakter der Erfindung erlaubt – eine „Computervorrichtung" in die Patentansprüche aufgenommen werden sollte, um die oft nur schwer nachvollziehbare Auseinandersetzung um die Technizität im Rahmen des Patentprüfungsverfahrens zu vermeiden und eine Bewertung der Patentfähigkeit der Erfindung auf die wesentlichen Aspekte zu erreichen, nämlich die Neuheit und erfinderische Tätigkeit.

Praxistipp: Bei der Formulierung der Patentansprüche für eine Patentanmeldeschrift sollte stets versucht werden, Ansprüche zu integrieren, die sich auf eine Computer-Vorrichtung beziehen, auch wenn es sich bei den softwarebezogenen Erfindungen in der Regel um neuartige Abfolgen von Verfahrensschritten handelt.

3. Neuheit

Gemäß § 3 Abs. 1 PatG gilt eine Erfindung als neu, wenn sie nicht zum Stand der 32
Technik gehört. Der Stand der Technik wird von allen Kenntnissen gebildet, die vor dem für den Zeitrang der Anmeldung maßgeblichen Tag durch **schriftliche** oder **mündliche Beschreibung**, durch **Benutzung** oder sonstiger Weise der **Öffentlichkeit**

[23] *BGH* K&R 2000, 453 – Sprachanalyseeinrichtung, mit Anmerkung *Bittner/Czychowski.*

zugänglich gemacht worden sind[24]. Maßgeblich für den Zeitrang der Anmeldung ist der Eingang der Patentanmeldung beim Deutschen Patent- und Markenamt bzw. im Fall der Prioritätsinanspruchnahme der frühere Zeitpunkt (vgl. §§ 40, 41 PatG i.V.m. Art. 4 PVÜ). Neuheitsschädlich ist nur der vor dem maßgeblichen Tag bekannte Stand der Technik. Der Stand der Technik vom gleichen Tag bleibt unberücksichtigt. Eine Erfindung kann also dann kein Patentschutz mehr zuerkannt werden, wenn sie vor dem Tag der Anmeldung beim Patentamt in die Öffentlichkeit gelangt ist.

33 Das **Internet** bildet auf Grund der weltweiten Verbreitung ein Veröffentlichungsmedium, welches **in Verbindung mit dem Neuheitserfordernis** von softwarebezogenen Erfindungen sowohl Risiken in sich birgt als auch neue Möglichkeiten zum Umgang mit Erfindungen eröffnet. Zwar steht eine höchstrichterliche Entscheidung noch aus, ob durch die Schaffung der Abrufbarkeit eines Textes, in dem eine softwarebezogene Erfindung beschrieben ist, über das Internet bereits eine neuheitsschädliche Veröffentlichung im Sinne des Patentgesetzes ist. Die vom Bundesgerichtshof geprägte Definition[25], derart, dass die „nicht zu entfernte Möglichkeit der Kenntnisnahme durch die Öffentlichkeit" bereits neuheitsschädlich ist, lässt jedoch kaum Zweifel, dass die potentielle Abrufbarkeit über das Internet durch beliebige Personen eine solche „nicht zu entfernte Möglichkeit" ist. Es ist wohl unbeachtlich, ob ein Abruf tatsächlich stattgefunden hat. Von wesentlicher Bedeutung ist sicher, dass die Abrufbarkeit nicht auf einen beschränkten Personenkreis begrenzt war. Im Fall eines Passwortschutzes des Internetinhalts, wobei dass Passwort nur einem ausgewählten Personenkreis bekannt ist, beispielsweise nur bestimmten Firmenmitgliedern, liegt eine neuheitsschädliche Veröffentlichung im Sinne des Patentgesetzes mit großer Wahrscheinlichkeit nicht vor.

34 Zum Nachweis einer tatsächlichen Veröffentlichung der Erfindung über das Internet wird es jedoch notwendig sein, dass die potentielle Abrufbarkeit des Internetinhaltes durch einen unbegrenzten Personenkreis anhand geeigneter Mittel nachgewiesen wird.

35 Wegen des im Patentrechts geltenden absoluten Neuheitsbegriffs ist es **unerheblich,** in **welcher Sprache** und in welchen Staaten der Beschreibungstext der Erfindung abrufbar ist. Patentschutz für eine softwarebezogene Erfindung wäre in Deutschland nicht mehr möglich, wenn ein Beschreibungstext der Erfindung in Chinesisch oder irgend einer anderen Sprache über das Internet einem unbegrenzten Kreis von Personen irgendwo in der Welt zugänglich war.

36 Die Nutzung einer softwarebezogenen Erfindung im Rahmen einer Internetanwendung oder eine Beschreibung der Erfindung in einem abrufbaren Internetinhalt vor dem Tag der Beantragung des Patentschutzes für die Erfindung wird in der Regel dazu führen, dass das Neuheitserfordernis nicht mehr erfüllt ist, so dass Patentschutz nicht gewährt werden kann.

37 Andererseits eröffnet das **Internet** aber auch eine neue kostengünstige und flexibel nutzbare **Möglichkeit zur schnellen und umfassenden öffentlichen Bekanntmachung von Erfindungen.** Wenn sich ein Erfinder entscheidet, die von ihm geschaffene softwarebezogene Erfindung nicht zum Patentschutz anzumelden, kann die Erfindung über das Internet neuheitsschädlich veröffentlicht werden. Auf diese

---

[24] *Busse,* § 3 Rdnr. 24ff.

[25] *Schulte,* § 3 Rdnr. 49ff. m.w. Nachw.

Weise wird verhindert, dass ein Dritter, beispielsweise ein Wettbewerber des Erfinders, der unabhängig die gleiche softwarebezogene Erfindung gemacht hat, hierfür Patentschutz erlangen kann. Dieser Patenschutz würde dem Dritten ein Exklusivrecht auf die Nutzung der Erfindung gewähren.

Wenn die Erfindung einerseits neuheitsschädlich veröffentlicht werden soll, ande- 38
rerseits aber ein Interesse daran besteht, die Erfindung Wettbewerbern nicht ohne weiteres zugänglich zu machen, empfiehlt sich ein Internetdokument in einer (eher seltenen) Fremdsprache auf einer ausländischen Homepage.

4. Erfinderische Tätigkeit

Die Patentfähigkeit einer Erfindung setzt weiterhin das Vorliegen einer erfinderi- 39
schen Tätigkeit voraus. Gemäß § 4 PatG gilt eine Erfindung als auf einer erfinderischen Tätigkeit beruhend, wenn sie sich für den Fachmann **nicht in nahe liegender Weise aus dem Stand der Technik** ergibt. Nicht jede Erfindung, die neu ist, soll patentiert werden, sondern nur solche, die über das hinausgehen, was im Rahmen normaler Entwicklung liegt. Weiterentwicklungen, die nur handwerkliches Können erfordern, bedürfen keines Schutzes. Maßstab für die Bewertung der erfinderischen Tätigkeit ist der **Fachmann,** der auf dem technischen Gebiet tätig ist, auf dem das von der Erfindung gelöste Problem liegt[26]. In Verbindung mit softwarebezogenen Erfindungen sind dies nicht nur Informatiker oder Personen mit informatischen Kenntnissen, sondern auch andere Fachleute, wie Techniker oder Naturwissenschaftler, die Beiträge zur Lösung des mit Hilfe der Erfindung zu lösenden Problems liefern können.

Im Zusammenhang mit softwarebezogenen Erfindungen auf dem Gebiet des In- 40
ternets besteht für die Patentämter häufig die **Schwierigkeit,** dass der **existierende Stand der Technik** auf Grund der rasanten Entwicklung nur ungenügend systematisch recherchierbar ist. Hierbei handelt es sich um ein Problem, was in Verbindung mit neu entstehenden Technologien auch in der Vergangenheit bestand, was mit zunehmender Etablierung der Technologie lösbar erscheint. So handelt es sich beispielsweise bei der Biotechnologie inzwischen um eines der am besten recherchierbaren Gebiete im Bereich des Patentrechts.

Es ist im Einzelfall oft schwierig zu beurteilen, ob eine Erfindung auf erfinderi- 41
scher Tätigkeit beruht. Die Rechtsprechung entwickelte hierfür deshalb sogenannte Beweisanzeichen[27], die herangezogen werden. Ein Anzeichen für das Vorliegen erfinderischer Tätigkeit kann beispielsweise darin liegen, dass ein Problem schon längere Zeit bekannt ist und ein Bedürfnis für seine Lösung bestand. Wenn durch eine Erfindung ein Vorurteil überwunden wird, spricht dies für erfinderische Tätigkeit.

Erfinderische Tätigkeit kann auch dann vorliegen, wenn bekannte Dinge in neuer 42
Art und Weise kombiniert werden; es handelt sich dann um eine Kombinationserfindung.

5. Gewerbliche Anwendbarkeit

In Verbindung mit softwarebezogenen Erfindungen auf dem Gebiet des Internets 43
stellt die gemäß § 5 PatG geforderte gewerbliche Anwendbarkeit kein wirkliches

---

[26] *Busse,* § 4 Rdnr. 123 ff.
[27] *Schulte,* § 4 Rdnr. 65 ff.

Hindernis für die Erteilung eines Patents dar, da eine Erfindung als gewerblich anwendbar gilt, wenn sie auf irgendeinem gewerblichen Gebiet hergestellt oder benutzt werden kann. Softwarebezogene Erfindungen, für die diese Voraussetzung nicht erfüllt ist, sind wohl kaum vorstellbar.

II. Schutzgegenstand des „Software-Patents" – Abgrenzung zum Urheberrecht

44 Patentschutz und Urheberrechtsschutz sind **koexistierende Formen des Rechtsschutzes** in Verbindung mit Internet-Software[28]. Das Urheberrecht schützt persönliche geistige Schöpfungen. Für Computerprogramme sind in §§ 69a ff. UrhG spezielle Regelungen enthalten. Nach § 69a UrhG umfasst der Begriff Computerprogramm nicht nur die Programme, sondern auch das Entwurfsmaterial, zum Beispiel auch die graphische Benutzeroberfläche. Durch das **Urheberrecht** geschützt ist nur die Ausdrucksform des Computerprogramms, nicht die im Computerprogramm enthaltenen Ideen oder Prinzipien. Die Anforderungen an die Individualität eines Computerprogramms sind nach dem Willen des Gesetzgebers niedrig anzusetzen[29]. In der Regel stehen einem Programmierer bei der Schaffung einer Software stets Wahlmöglichkeiten hinsichtlich der konkreten Ausgestaltung der Programmierung zur Verfügung. Wenn durch mehrere Programmierer getrennt voneinander ein gleiches Prinzip bzw. eine gleiche Funktion programmtechnisch umzusetzen ist, so entstehen auf Grund der Wahlmöglichkeiten bei der Programmierung individuell gestaltete Programme, denen man in der Regel Urheberrechtsschutz zugesteht. Lediglich triviale Computerprogramme sollen vom Schutz ausgeschlossen sein[30]. Die bewusst niedrig angesetzte Schutzschwelle hat dann jedoch zur Folge, dass der durch das Urheberrecht gewährte Schutz für Computerprogramme mit Hilfe unter Umständen geringer Programmänderungen umgangen werden kann. Die Beurteilung der Frage, ob eine Urheberrechtsverletzung vorliegt, ist im Einzelfall schwierig und nur im (seltenen) Fall einer Übernahme durch Kopie – es sei denn es handelt sich um Produktpiraterieware – ohne weiteres nachweisbar.

45 Im Gegensatz dazu wird mit Hilfe des **Patentrechts** ein Schutz für das funktionelle Prinzip einer softwarebezogenen Erfindung gewährt. Hierbei kann es sich um eine Vorrichtung oder ein Verfahren handeln, d.h. einen Gegenstand, welcher eine bestimmte Funktion bewirkt.

46 Gegenstand des Patentschutzes ist ausdrücklich nicht der Programm- bzw. Quellcode. Patentschutz wird unabhängig von der konkreten Programmierung gewährt, solange die Merkmale des Gegenstands des Patents mittels der Software umgesetzt werden. So ist es beispielsweise unerheblich, mittels welcher Programmiersprache die patentgeschützte Erfindung umgesetzt wird.

47 Zur Schutzbegründung muss der Anmelder in der Patentanmeldeschrift das funktionelle Prinzip, wofür er Patentschutz anstrebt, detailliert beschreiben. Wenn eine Rechtsverletzung des Patents nachgewiesen werden soll, so liegt damit eine ausführliche Beschreibung des Schutzgegenstands vor. Im Fall des Urheberrechts muss

[28] Im Vorschlag für die Richtlinie des Europäischen Parlaments und des Rates über die Patentierbarkeit computerimplementierter Erfindung wird das kumulative Nebeneinander von Patent- und Urheberrechtsschutz ausdrücklich herausgestellt. – vgl. http:/europa.eu.int/comm/internal_market/en/indprop/com02-92de.pdf [abgerufen am 17. 3. 2002].

[29] Vgl. § 8 Rdnr. 66f.

[30] Vgl. § 8 Rdnr. 67.

hingegen zunächst der Schutzgegenstand festgestellt werden, um anschließend einen Vergleich mit dem potentiellen Verletzungsprogramm durchzuführen, sofern es sich nicht um eine Kopie handelt[31].

III. Relevante Fallgruppen aus der Rechtsprechung für softwarebezogene Erfindungen im Internet

Die vom Bundespatentgericht und vom Bundesgerichtshof ergangenen Entscheidungen[32] für softwarebezogene Erfindungen beziehen sich bisher auf Erfindungen, deren wesentliche Nutzung außerhalb des Internets liegt. Ein Teil dieser Entscheidungen gibt jedoch Hinweise darauf, welche softwarebezogenen Erfindungen aus dem Bereich des Internets als grundsätzlich patentierbar erachtet werden können. 48

1. Signal- und Datenübertragung im Internet

Im Internet werden vielfältige Formen der Datenübertragung genutzt. Von besonderer Bedeutung sind in diesem Zusammenhang Verfahren zur Sicherung einer ausreichenden Qualität der Datenübertragung und zur Gewährleistung von Sicherheitsstandards. Letzteres umfasst beispielsweise Verschlüsselungsverfahren. 49

In der Entscheidung *Viterbi-Algorithmus*[33] hatte sich das Bundespatentgericht mit der Frage auseinanderzusetzen, ob die Nutzung des als solchen bekannten Viterbi-Algorithmus zum Empfangen von über einen gestörten Kanal übertragenen elektronischen Signalen dem Patentschutz zugänglich ist. Hierbei musste beachtet werden, dass der Viterbi-Algorithmus keineswegs auf einen Einsatz bei einem Empfang von gestörten Signalen beschränkt ist, sondern auch auf nicht-technischen Gebieten wie der Optimierung von Vorgehensweisen in Wirtschaft und Verwaltung *(operations research)* einsetzbar ist. Das Bundespatentgericht bewertete das beanspruchte Verfahren als technisch, da der Algorithmus durch die **Zweckangabe** „zum Empfangen von über einen gestörten Kanal übertragenen Signalen" in so enger Beziehung zu technischen Vorgängen stehe, dass es hierdurch inhaltlich auf technische Größen festgelegt sei. Das Kriterium, das zur Bejahung des technischen Charakters der beanspruchten Lehre führte, war die inhaltliche Festlegung auf technische Größen. Bei dem Verfahren wurde ein als solcher bekannter Nachrichtenempfänger genutzt, um die Erfindung auf der Basis des Viterbi-Algorithmus mittels Software umzusetzen. Die Tatsache, dass die softwarebezogene Erfindung in einem Gebiet der Technik verwendet wird und daher zwangsläufig auf technische Größen festgelegt ist, begründet die „Technizität" der Lehre. 50

Wird dieser Argumentation gefolgt, so dürften beispielsweise in Verbindung mit dem Internet genutzte **softwarebasierte Verfahren zum Komprimieren/Dekomprimieren oder Verschlüsseln/Entschlüsseln von Daten dem Patentschutz zugänglich** sein. 51

---

[31] Vgl. § 8 Rdnr. 131 ff.

[32] Eine ausführliche Zusammenstellung der bisherigen Entscheidungen zu softwarebezogenen Erfindungen findet sich in einer Studie mit dem Titel: *Mikro- und makroökonomische Implikationen der Patentierbarkeit von Softwareinnovationen: Geistige Eigentumsrechte in der Informationstechnologie im Spannungsfeld von Wettbewerb und Innovation,* die im Auftrag des Bundesministeriums für Wirtschaft und Technologie durchgeführt wurde. – vgl. http://www.bmwi.de/textonly/homepage/download/technologie/softwarepatentstudie.pdf [abgerufen am 27. 2. 2002].

[33] *BPatG* GRUR 1996, 866 – Viterbi Algorithmus.

52 Auch weitere Entscheidungen des Bundespatentgerichts stützen diese Interpretation. Die Entscheidung *Fourier-Transformationsanordnung*[34] bezog sich auf ein Computerprogramm zur Vorbehandlung von Messdaten, die anschließend mittels einer Fourier-Transformation umgewandelt wurden. Die Vorbehandlung reduzierte die Datenmenge, so dass die anschließende, als solche bekannte Fourier-Transformation weniger Zeit und Ressourcen in Anspruch nahm. Auch in diesem Fall bejahte das Bundespatentgericht die Patentfähigkeit.

53 Ein fehlender Bezug zu einem konkreten (technischen) Herstellungsprozess und eine deshalb nicht gegebene Darstellung, wie sich das Verfahren, für welches Patentschutz beantragt wurde, auf den Herstellungsprozess auswirkt, waren wesentliche Gründe für die Verneinung der Technizität in einer der jüngsten Entscheidungen des Bundespatentgerichts[35]. Nach Auffassung des Bundespatentgerichts erschöpfte sich die Lehre des beanspruchten Verfahrens in einem mathematischen Abbildungsverfahren.

Praxistipp: Bei der Beantragung von Patentschutz für softwarebezogene Erfindungen[36] sollten stets die konkrete praktische Anwendung und die Auswirkungen des mittels Software implementierten Verfahrens so ausführlich wie möglich in der Patentanmeldeschrift erläutert werden.

2. Computerdesign in Internet-Präsentationen

54 Die vielfältige graphische Ausgestaltung von Internetpräsentationen[37] basiert häufig auf neuen softwareimplementierten Verfahren zur graphischen Darstellung, wobei die Entwicklungstätigkeiten in diesem Zusammenhang beispielsweise darauf abzielt, verschiedene Betrachtungsweisen von dreidimensionalen Körpern möglichst schnell und flexibel zu erstellen oder den Speicherbedarf für die Daten zur graphischen Darstellung zu vermindern. Hinweise auf die Patenterteilungspraxis in Verbindung mit Innovationen auf diesem Gebiet können der Rechtsprechung zu CAD/CAM-Programmen entnommen werden.

55 In einer Entscheidung aus dem Jahre 1998 verneinte das Bundespatentgericht die Patentfähigkeit in Verbindung mit einem Computerprogramm zur Darstellung dreidimensionaler Körper. Das Programm berechnete die Figurdaten vor allem aus einer speziell ausgestalteten Schichttabelle.

56 Eine Tendenz derart, dass CAD/CAM-Programme als patentfähig erachtet werden, lässt sich aus der jüngsten Rechtsprechung des Bundesgerichtshofs hierzu erkennen. In der Entscheidung Logikverifikation hatte das Bundespatentgericht einem Computerprogramm zur Erstellung des Layouts von Siliziumchips die Patentfähigkeit abgesprochen. Das Programm überprüft die korrekte Umsetzung eines Logikplans in ein entsprechendes Layout. Der Bundesgerichtshof hob diese Entscheidung auf. In den Entscheidungsgründen wird ausgeführt, dass Fertigungsprozesse hochintegrierter Schaltungen dem industriellen Bereich der Technik angehören.

---

[34] *BPatG* GRUR 1989, 336 – Fourier-Transformationsanordnung.
[35] *BPatG* Mitt. 2002, 78 – SOM II.
[36] Zum Verfahren bei der Beantragung von Patentschutz vgl. Rdnr. 20.
[37] Zur Schutzfähigkeit von Internetpräsentationen als grafische Gestaltungen vgl. § 10, Rdnr. 4 ff.

Bei der Beurteilung der Patentfähigkeit von softwarebezogenen Verfahren beim Computerdesign von Internetpräsentationen stellt sich die Frage, ob die softwareimplementierten Verfahren zum Aufbereiten von elektronischen Daten für eine Darstellung auf dem Computerbildschirm ebenfalls dem Bereich der Technik zuzuordnen sind. Hierbei geht es nicht um die gestalterischen Merkmale der Bildschirmpräsentation. Diese können Gegenstand eines Designschutzes im Rahmen eines Geschmacksmusters sein. Die unabhängig von der konkreten Gestaltung der Bildschirmpräsentation notwendigen Verfahrensschritte zur Bearbeitung der elektronischen Daten für eine schnelle und flexible Bilderstellung sind dem Bereich der Technik wohl zuzuordnen. Sofern das softwarebezogene Verfahren auch die übrigen Schutzvoraussetzungen erfüllt, kann ein Patentschutz wohl kaum verweigert werden. 57

3. Textanalyse und Textübersetzung im Internet

Die weltweite Verbreitung des Internet macht es wünschenswert, dass elektronische Textinformationen, die in einer Sprache erstellt wurden, zur internationalen Verbreitung möglichst effizient auch in andere Sprachen übersetzt werden können. Der Umgang mit elektronischen Textinformationen ist beim Internet darüber hinaus beim Erfassen und anschließenden Analysieren von Benutzer-Texteingaben von herausragender Bedeutung. 58

Bei der **elektronischen Analyse von Texten** werden Vorgehensweisen gewählt, die einerseits Erkenntnisse aus dem nichttechnischen Bereich der Sprachwissenschaften verwenden. Andererseits fordert das elektronische Verarbeiten der Texte in den Internet-Computern Schritte zur Analyse der in elektronischer Form gespeicherten Texte, die auf die Eigenheit des Computers abgestimmt sind und sich deshalb grundlegend vom Vorgehen einer Textanalyse unterscheiden, wie sie durch einen Menschen ohne die Hilfe des Computers ausgeführt werden würde[38]. 59

Der Bundesgerichtshof hatte in einer jüngeren Entscheidung[39] über die Patentierbarkeit einer *Sprachanalyseeinrichtung* zu entscheiden. Eine solche Sprachanalyseeinrichtung dient dazu, Texte in einer Sprache zu analysieren, damit zum Beispiel für eine korrekte maschinelle Übersetzung ihr korrekter Sinngehalt erfasst werden kann. In Verbindung mit der Entscheidung muss hervorgehoben werden, dass Patentschutz nicht für ein auf der softwarebezogenen Erfindung basierendes Verfahren sondern für einen Computer beansprucht wurde, der mittels Software für die Ausführung des Verfahrens ausgestaltet ist. Nachdem das Bundespatentgericht in der Vorinstanz die Patentierbarkeit wegen fehlender „Technizität" verneint hatte, hob der Bundesgerichtshof diese Entscheidung auf. 60

In der Entscheidung des Bundesgerichtshofs wird festgestellt, dass ein Gegenstand ohne weiteres dem Kreis der patentfähigen Erfindungen zuzuordnen ist, wenn im zugehörigen Patentanspruch für eine Vorrichtung Schutz beansprucht wird, die sich unter Verwendung einer mit üblichen Mitteln programmierbaren Datenverar- 61

---

[38] Vgl. Deutsches Patent 43 11 211 – Das Patent bezieht sich auf ein Verfahren zur automatisierten Analyse eines Textes, wobei linguistische Erkenntnisse über die Häufigkeit des Auftretens verschiedener Formen des Dativs berücksichtigt werden. Das Patent wurde vom Patentamt nach Einspruch wegen fehlender erfinderischer Tätigkeit widerrufen. Gegen diese Entscheidung wurde Beschwerde eingelegt.

[39] *BGH* K&R 2001, 453 – Sprachanalyseeinrichtung.

beitungsanlage realisieren lässt. Die beanspruchte Datenverarbeitungsanlage verliert ihren technischen Charakter nicht dadurch, wenn mit ihrer Hilfe „lediglich" Texte überarbeitet werden sollen[40]. Die Überarbeitung von Texten ist als solche, d.h. losgelöst von der Ausführung mittels der Datenverarbeitungsanlage wegen fehlender „Technizität" dem Patentschutz selbstverständlich nicht zugänglich.

IV. Sonderfall: Patentschutz für Geschäftsmethoden

1. Begriffsbestimmung

62 Ausgelöst durch die Entwicklung in den USA, welche vor allem durch zwei Beispiele symbolisiert wird, haben Patente für Geschäftsmethoden, die auf softwarebezogenen Erfindungen beruhen, in den letzten Jahren besondere Aufmerksamkeit erhalten. Das oberste Patentgericht der USA, der *U.S. Court of Appeals for the Federal Circuit*, hielt bei seiner Entscheidung im Fall *State Street Bank*[41] ein Patent für wirksam, das sich auf Verwaltungssoftware für Investment-Fonds bezog. Mit dieser Entscheidung hob der *U.S. Court of Appeals for the Federal Circuit* den bis zu diesem Zeitpunkt auf Grund der Rechtsprechung geltenden Patentierungsausschluss von Verfahren zur Geschäftsausübung auf[42].

63 Im Mittelpunkt einer weiteren Entscheidung stand das sogenannte *„one click"*-Patent[43] der Firma *Amazon*. Grundsätzlich beschreibt dieses Patent ein Verfahren für die Kommunikation zwischen einem Client-Computer und einem Host-Computer, wobei eine den Benutzer identifizierende Information als Reaktion auf eine einzelne Nutzeraktion *(„one click")* übertragen wird, die dann genutzt wird, um vorher für den Benutzer im Host-Computer gespeicherte Information zu empfangen. Das Verfahren wird von *Amazon* bei der Bestellung von Büchern im Internet genutzt. Gestützt auf das Patent erwirkte *Amazon* gegen den Wettbewerber *Barnes and Nobel* Ende 1999 eine einstweilige Verfügung, und zwang ihn so, im laufenden Weihnachtsgeschäft seine Software zu ändern.

64 Bei der Betrachtung des Patentschutzes für Geschäftsmethoden kann zunächst zwischen Patenten für Gegenstände, die zum Ausführen geschäftlicher Verfahren nutzbar sind, und Patenten für neuartige Geschäftskonzepte unterschieden werden[44]. Patente für Gegenstände, die in Verbindung mit geschäftlichen Tätigkeiten Anwendung finden, sind seit langem bekannt. Hierbei kann es sich beispielsweise um alle Arten von Vorrichtungen für die Abwicklung von Zahlungsvorgängen handeln, wie Registrierkassen, Bankautomaten oder Getränkeautomaten. Durch die zunehmende Verbreitung und die hiermit einhergehende wirtschaftliche Bedeutung des Internets ist die zweite Kategorie von Patenten für Geschäftsmethoden in den Blickpunkt gerückt worden. Auf der Basis der Internettechnologie sind neue Möglichkeiten für geschäftliche Tätigkeit entstanden. Zu ihrer Umsetzung werden Konzepte entwickelt, die mit Hilfe von Software implementiert werden. Hierbei können

---

40 Vgl. Rdnr. 38, 45.

41 *U.S. Court of Appeals for the Federal Circuit*, State Street Bank & Trust Co. V. Signature Financial Group Inc., 149 F. 3d 1368 (Fed. Cir. 1998) – vgl. GRUR Int. 1999, 633.

42 *Esslinger/Hössle*, Mitt. 1999, 327.

43 Das US-Patent 5,960,411 wurde am 28. 9. 1989 vom US-Patentamt erteilt. Eine Kopie des Patents ist über http://www.uspto.gov abrufbar.

44 *Schohe*, AIPPI Journal of the Japanese Group, Band 46, Nr. 12, S. 27 (2001).

softwarebezogene Erfindungen entstehen, sofern ein Technikbezug vorhanden ist. Trotz entgegenstehender Einzelfallbeispiele aus den USA scheint es gemeinsame Auffassung der Patentbehörden in den USA, Europa und Japan zu sein, dass eine Patentierung von Geschäftsmethoden nur in Verbindung mit einer Computerimplementierung möglich sein sollte[45].

2. Situation in Deutschland und Europa

Das deutsche Patentgesetz und das Europäische Patentübereinkommen (EPÜ – 65 vgl. § 1 PatG, Art. 52 EPÜ) schließen eine Patentierung von Verfahren für geschäftliche Tätigkeiten aus, sofern für sie *„als solche"* Schutz begehrt wird[46]. Diese Regelung ist im Wesentlichen auch Bestandteil der nationalen Gesetzgebungen der Mitgliedsstaaten der Europäischen Gemeinschaft. Wie in Verbindung mit Computerprogrammen ist die Interpretation der Worte *„als solche"* umstritten. Es herrscht jedoch weitgehend Einigkeit darüber, dass ein Patentschutz von Geschäftsmethoden in jedem Fall dann ausgeschlossen ist, wenn keinerlei **Bezug zu technischen Vorrichtungen** besteht, beispielsweise durch das Ausführen der geschäftlichen Tätigkeit mit Hilfe eines Computers. Dieses ist Ausdruck der bereits erläuterten, aus dem Gesetz ableitbaren Patentierungsvoraussetzung „Technizität".

Der Bezug zur Technik wird auch in der **Richtlinie des Europäischen Parlaments** 66 **und des Rates über die Patentierbarkeit von computerimplementierten Erfindungen** gefordert, für die ein Vorschlag veröffentlicht wurde[47]. Ziel der Richtlinie ist eine Vereinheitlichung der rechtlichen Regelungen für die Patentierbarkeit von softwarebezogenen Erfindungen und deren Auslegung in den Ländern der Europäischen Gemeinschaft. Eine computerimplementierte Erfindung, die dem Patentschutz zugänglich ist, soll jede Erfindung sein, zu deren Ausführung ein Computer, ein Computernetz oder eine sonstige programmierbare Vorrichtung eingesetzt wird und die mindestens ein Merkmal aufweist, das ganz oder teilweise mit einem oder mehreren Computerprogrammen realisiert wird. Die Patentierungsvoraussetzung der erfinderischen Tätigkeit[48] soll nur erfüllt sein, wenn die computerimplementierte Erfindung einen technischen Beitrag leistet, wobei es sich hierbei um einen Beitrag zum Stand der Technik auf dem Gebiet der Technik handeln soll.

Hervorzuheben ist, dass bei der Ermittlung des technischen Beitrags zu beurteilen 67 ist, inwieweit sich der Gegenstand der **Erfindung,** wie er in den Patentansprüchen formuliert ist, **in seiner Gesamtheit** vom Stand der Technik abhebt. Es sind sowohl technische als auch nichttechnische Merkmale des Patentanspruchs zu berücksichtigen.

Nach zwei neueren Entscheidungen des Bundesgerichtshofs sowie einer der Be- 68 schwerdekammern des Europäischen Patentamts besteht ein Ausschluss vom Patentschutz nach gegenwärtiger Rechtsprechung jedenfalls dann nicht, wenn die softwarebezogene Erfindung in Form einer Computereinrichtung beansprucht wird[49]. Hieraus lässt sich ableiten, dass Geschäftsmethoden dem Patentschutz we-

[45] *Hössle,* Mitt. 2000, 31.

[46] Vgl. Rdnr. 25 ff.

[47] Vgl. http://europa.eu.int/comm/internal_market/en/indprop/com02-92de.pdf [abgerufen am 17. 3. 2002].

[48] Vgl. Rdnr. 38 ff.

[49] *BGH* K&R 2000, 453 – Sprachanalyseeinrichtung; *Beschwerdekammer des EPA* ABl. 2001, 441 – Entscheidung T 931/95.

nigstens dann zugänglich sind, wenn sie mit Hilfe eines Computers in irgendeiner Weise automatisch ausgeführt werden. Diese betrifft insbesondere den Bereich des E-Commerce in Verbindung mit dem Internet.

69 In dem Fall *„Automatische Absatzsteuerung"* hatte das Bundespatentgericht[50] über einen Verkaufsautomaten zu befinden, bei dem eine automatische Absatzsteuerung durch Anpassung des Verkaufspreises erfolgt. Wenn es sich bei dem Verkaufsautomaten um einen Getränkeautomaten handelt, der an einem Ausflugsort steht, so wird der Absatz bei schlechtem Wetter naturgemäß sinken, während die angebotenen Getränke bei warmen Sommerwetter begehrt sein werden. Indem der tatsächliche Absatz mit im Voraus gespeicherten Absatzprognosedaten verglichen wird, kann automatisch auf Absatzschwankungen reagiert werden, indem der Verkaufspreis angepasst wird. Dieses bedeutet, dass der Verkaufspreis der mit dem Automaten angebotenen Getränke bei schlechtem Wetter vermindert und im Hochsommer erhöht wird. Die Preisanpassung wird hierbei von dem Verkaufsautomaten mit Hilfe der integrierten Computertechnik anhand der elektronisch gespeicherten Absatzprognosedaten und des elektronisch erfassten Absatzes automatisch ausgeführt.

70 Das Bundespatentgericht hat der in der Patentanmeldung beanspruchten Lehre den notwendigen technischen Charakter zuerkannt, da sich die beanspruchte Lehre nicht in betriebswirtschaftlichen Regeln erschöpft. Es sei vielmehr zu berücksichtigen, dass die Absatzsteuerung automatisch abläuft. Es verbietet sich, die Lehre einer beanspruchten Erfindung unter Abziehung wesentlicher Bestandteile soweit zu entkleiden, dass letztlich nur mehr eine gedankliche Anweisung übrigbleibt. Die bloße betriebswirtschaftliche Regel bedingt hingegen noch nicht die automatische Absatzsteuerung.

71 Die **ganzheitliche Betrachtung** von technischen und nicht technischen Merkmalen, wobei letztere gerade auch Regeln für geschäftliche Tätigkeiten umfassen können, wurde vom Bundespatentgericht auch in einer der jüngsten Entscheidungen zum Problem des Patentschutzes für Geschäftsmethoden angewendet[51].

72 Das Ergebnis ist für den Praktiker von wesentlicher Bedeutung, da für ihn eine Aufspaltung in technische und nicht technische Merkmale der beanspruchten Erfindung zu keiner befriedigenden Lösung führen kann.

73 Das Bundespatentgericht betrachtet somit die **Geschäftsmethode als Teil der Erfindung** und prüft diese als ganze hinsichtlich des Vorliegens der weiteren Patentierungsvoraussetzungen, Neuheit und erfinderische Tätigkeit. In diesem Zusammenhang kam das Gericht dann zum Ergebnis, dass dem beanspruchten Verfahren ein Patentschutz wegen fehlender erfinderischer Tätigkeit nicht zuerkannt werden kann. In der Entscheidung wird dazu ausgeführt: „Das Verfahren war jedoch (...) dem Fachmann nahegelegt. Es ergab sich aus dem Fachwissen und Können eines Wirtschaftsingenieurs. (...) Das (...) Verfahren automatisiert Maßnahmen, die der durchschnittlich tüchtige Kaufmann ergreift, um in seinem Geschäft zum Verkauf angebotene, verderbliche Waren innerhalb einer vorgegebenen Zeit abzusetzen. (...) Bietet der Kaufmann in seinem Betrieb eine Menge verderblicher Ware, zum Beispiel nur begrenzt haltbare oder zum baldigen Verzehr bestimmte Nahrungsmittel, zum Kauf an, so gehört es auf Grund von Absatzschwankungen zu seinen Oblie-

[50] *BPatG* Mitt. 1999, 442 – Automatische Absatzsteuerung.
[51] *BPatG* Mitt. 2002, 78 – Postgebührensicherheitssystem.

genheiten, sich Gedanken darüber zu machen, innerhalb welcher Zeit er eine bestimmte Menge Waren umsetzt. Hat er innerhalb einer festgesetzten Zeitspanne den erwarteten Umsatz nicht erreicht, so wird er, um nicht letztlich auf seiner Warenmenge sitzen zu bleiben, den Verkaufspreis dieser Waren ihrem Absatz entsprechend anpassen und mit diesem niedrigen Verkaufspreis auszeichnen. Diese Art der Absatzförderung entspricht üblichem Geschäftsgebaren und ergibt sich aus der Lebenserfahrung." Mit anderen Worten: Die bloße Umsetzung dessen, was der Mensch üblicherweise tut, mittels des Computers kann – sofern bei der Implementierung auf dem Computer nur auf bekannte Vorgehensweisen zurückgegriffen wird – einen erfinderischen Charakter nicht begründen.

Das Bundespatentgericht zeigt mit seiner Entscheidung einen Weg auf, wie verhindert werden kann, dass Patente für Geschäftsmethoden erteilt werden, deren Neuerung lediglich darin besteht, übliches Geschäftsgebaren mit Hilfe eines Computers auszuführen. Vom Patentschutz potentiell nicht ausgeschlossen sind deshalb Verfahren zur geschäftlichen Tätigkeit, die erst durch die Internettechnologie möglich sind und in der traditionellen Geschäftswelt (noch) nicht geschaffen und genutzt werden konnten. 74

Für die Praxis beim Umgang mit softwarebezogenen Erfindungen, insbesondere Geschäftsmethoden, ist die Entscheidung des Bundespatentgerichts in doppelter Hinsicht von Bedeutung: Zum einen wird die Argumentation im Rahmen des Verfahrens zur Prüfung der Patentanmeldungen von der für den Anmelder nur schwerlich nachvollziehbaren Diskussion über die „Technizität" zugunsten der Neuheit und erfinderischen Tätigkeit verschoben. Zum anderen müssen wohl Anmeldungen, die lediglich eine glatte Umsetzung bereits bekannter Geschäftsverfahren mittels des Computers beanspruchen, wegen fehlender erfinderischer Tätigkeit zurückgewiesen werden. 75

Auch die Beschwerdekammern des Europäischen Patentamts haben in neueren Entscheidungen die Auffassung vertreten, dass es bei der Beurteilung der „Technizität" nicht auf den Beitrag zum Stand der Technik ankomme, sondern allein auf die beanspruchte Erfindung. Im Verfahren vor dem Europäischen Patentamt wird verlangt, dass das der Erfindung zugrunde liegende Problem und dessen Lösung technisch sein müssen. Wenn kein technisches Problem gelöst wird, sondern nur ein geschäftliches Problem, wird ein Patentschutz vom Europäischen Patentamt nicht zuerkannt werden. Die Lösung des technischen Problems muss selbstverständlich neu und erfinderisch sein. 76

3. Situation in den USA

Bis zu der bereits erwähnten Entscheidung *State Street Bank*[52] wurde in den USA ebenfalls ein technischer Charakter in Verbindung mit der Patentierung von Geschäftsmethoden verlangt. Diese Forderung wurde jedoch aufgegeben. Nach der höchstrichterlichen Entscheidung soll alles patentierbar sein, was unter der Sonne von menschlicher Hand geschaffen wird. **Voraussetzung** ist, dass die Erfindung zu einem nützlichen, konkretes und greifbares Ergebnis führt. Damit sind in den USA wohl auch Geschäftsmethoden patentierbar, bei deren Umsetzung die Nutzung eines Computers nicht zwingend erforderlich ist. 77

---

[52] Vgl. Rdnr. 60.

4. Zusammenfassende Betrachtung

78 Nach *Schohe*[53] können die Geschäftsmethoden zur Beurteilung der Frage nach der Zugänglichkeit des Patentschutzes in die folgenden Kategorien unterteilt werden:

i) Geschäftsmethoden, die nicht notwendigerweise technische Mittel anwenden, beispielsweise Verfahren zum Kaufen oder Verkaufen von Aktien in Abhängigkeit von der Entwicklung der Aktienkurse, Werbestrategien für Artikel, Wettbewerbsstrategien.
ii) Geschäftsmethoden gemäß i), wobei technische Mittel zur Kommunikation oder Dokumentation genutzt werden (beispielsweise ein Verfahren zum Kaufen oder Verkaufen von Aktien mittels eines Telefons oder eines Computers zum Ausführen des Kaufs/Verkaufs).
iii) Computersysteme oder Verfahren zum Betreiben eines Computers, der zum Ausführen eines Geschäfts angepasst ist.
iv) Geschäftsmethoden, die nicht mit Hilfe eines Computers sondern mittels anderer speziell angepasster Geräte auszuführen sind.

79 Während in den USA Patente für Geschäftsmethoden in allen genannten Kategorien erteilt werden, sind in Deutschland und Europa wohl nur Geschäftsmethoden mit den Kategorien iii) und iv) dem Patentschutz zugänglich. Patente in der Kategorie i) sind vom Patentschutz ausgeschlossen. Die Erteilung eines Patents für eine Geschäftsmethode nach der Kategorie ii) scheint grundsätzlich möglich, wobei dies im Einzelfall von der konkreten Formulierung der eingereichten Patentansprüche abhängig wird.

D. Rechtsdurchsetzung von Patentschutz im Internet

80 Ein Patent gewährt dem Patentinhaber ein exklusives Benutzungsrecht der patentierten Erfindung. Gemäß § 9 PatG hat das Patent die Wirkung, dass allein der Patentinhaber befugt ist, die patentierte Erfindung zu nutzen. Jedem Dritten ist es verboten, ohne Zustimmung des Patentinhabers den Gegenstand des Patents herzustellen, anzubieten, in Verkehr zu bringen oder zu gebrauchen oder zu den genannten Zwecken entweder einzuführen oder zu besitzen. Der Patentinhaber kann es Dritten somit untersagen, die patentierte Erfindung zu benutzen.

81 Nicht in jedem Fall steht für den Patentinhaber im Vordergrund, Dritten die Nutzung der Erfindung zu untersagen. Betrifft die patentierte Erfindung beispielsweise einen Gegenstand, der sich eignet, einen Software implementierten Standard in einem Technologiefeld zu schaffen, so wird der Patentinhaber es Dritten in der Regel grundsätzlich erlauben, die patentierte Erfindung zu nutzen, da dieses der Verbreitung der dem Patent zugrunde liegenden Technik dient. Der Patentinhaber kann in diesem Fall von dem Dritten eine Lizenzgebühr verlangen, sofern der nationale und internationale Patentschutz von ihm strategisch so zweckmäßig beantragt wurde, dass Umgehungsversuche der Wettbewerber wirksam unterbunden werden können.

82 Der Schutzbereich eines Patents wird durch die **Patentansprüche** definiert, die eine Aufzählung der für die patentgeschützte Erfindung wesentlichen Merkmale umfassen. Eine Verletzung eines Patents liegt grundsätzlich nur dann vor, wenn von allen Merkmalen eines Patentanspruchs Gebrauch gemacht wird.

---

[53] *Schohe,* AIPPI Journal of the Japanese Group, Band 46, Nr. 12, S. 27 (2001).

Es werden im Wesentlichen zwei **Kategorien von Patentansprüchen** unterschieden[54], nämlich Verfahrensansprüche und Vorrichtungsansprüche, wie Geräte, Maschinen oder Computer. Auch eine Client-Server-Architektur ist eine Vorrichtung in diesem Sinne. In Verbindung mit softwarebezogenen Erfindungen kann ein Patent sowohl als Vorrichtung, beispielsweise in Form eines die Erfindung ausführenden Computers, als auch in Gestalt eines Verfahrens, d.h. als Abfolge konzeptioneller Verfahrensschritte, beansprucht werden. 83

Bei der **Vorrichtung** handelt es sich um Hardware, die mit Hilfe der softwarebezogenen Erfindung gestaltet wird. Dieses bedeutet, dass eine Verletzung der Patentansprüche nur stattfindet, wenn die Software mit der Hardware kombiniert wird. Ein Vertreiber der Software allein wird regelmäßig nicht zu belangen sein, sofern nicht mittelbare Patentverletzungen nachgewiesen werden können, was sich häufig jedoch als schwierig gestaltet. Es handelt sich hierbei um einen selbstständigen Verletzungstatbestand. Mit dieser Regelung wird der Schutz von Verfahrenspatenten in ein Vorfeld verlagert, in dem schon das Anbieten und das Liefern von Mitteln, die dem Belieferten in den Stand setzen, die geschützte Erfindung unberechtigt zu benutzen, verboten ist. 84

Wenn mit Hilfe einer Software ein patentgeschütztes **Verfahren** ausgeführt werden kann, so kann das Anbieten oder Vertreiben eine mittelbare Patentverletzung darstellen, wenn ein Nutzer beim Implementieren oder Ausführen der Software das patentgeschützte Verfahren ausführt. Die unmittelbare Patentverletzung erfolgt in diesem Fall durch den Benutzer. Handelt es sich bei dem Benutzer um eine Privatperson, so findet keine Patentverletzung statt, gegen die der Inhaber des Patents vorgehen kann, da Handlungen im Privatbereich freigestellt sind. Hierbei ist es unerheblich, ob die patentgeschützte Software in üblicher Weise mit einer Diskette bzw. CD oder als herunterladbares Programm über das Internet vertrieben wird. Für den Patentinhaber besteht das Problem, dass er allenfalls eine mittelbare Patentverletzung gegenüber dem Anbieter oder Vertreiber der geschützten Software geltend machen kann. 85

Das Europäische Patentamt hat in zwei neueren Entscheidungen[55] die Möglichkeiten für die Beanspruchung eines Patentschutzes für softwarebezogene Erfindungen erweitert, die es dem Patentinhaber erleichtern, gegen potentielle Patentverletzer vorzugehen. Gemäß diesen Entscheidungen ist ein Computerprogramm selbst als Produkt schützbar. Es sind Patentansprüche auf ein Computerprogramm bzw. ein **Computerprogrammprodukt** sowohl auf einem Speichermedium als auch unabhängig davon zulässig. Beansprucht wird hierbei Schutz für ein Computerprogramm, dass beim Laden in den Speicher eines (üblichen) Computers in der Lage ist, ein Verfahren gemäß der Lehre der Erfindung auszuführen. 86

Die von einem Speichermedium unabhängigen Computerprogrammprodukt-Ansprüche sind insbesondere dann nützlich, wenn der Patentinhaber gegen einen Vertrieb seines patentgeschützten Programmes durch „Downloaden" über das Internet vorgehen will. Gerade in diesen Fällen tritt jedoch ein weiteres Problem auf, da im Patentrecht das Territorialprinzip gilt[56]. Das Internet bietet jedoch denkbar einfache Möglichkeiten, den territorial begrenzten Patentschutz zu umgehen. Der Patentver- 87

---

[54] *Schulte,* § 14, Rdnr. 76ff.

[55] *Beschwerdekammern des EPA* ABl. EPA 1999, 609 – Entscheidungen T 1173/7 und T 935/97.

[56] Vgl. Rdnr. 8f.

letzer könnte ein patentgeschütztes Softwareprogramm auf einem Server, der in einem Land steht, in dem Patentschutz nicht beantragt wurde, zum Downloaden weltweit anbieten. Der Schutz der Software als Computerprogrammprodukt, d.h. als Erzeugnis, hilft Umgehungsversuche wirksam zu verhindern, da in diesem Fall nach § 9 Nr. 1 PatG schon das Anbieten der patentgeschützten Software eine Patentverletzung darstellt[57].

88 Nach geltender Rechtsprechung[58] ist bei Angeboten im Internet für den Ort der deliktischen Handlung nicht auf den Ort abzustellen, an dem der Server steht, auf dem die patentgeschützte Software zum Abrufen zur Verfügung gestellt wird, sondern als Begehungsort kommt grundsätzlich jeder Ort in Betracht, an dem die Software bestimmungsgemäß abgerufen werden kann und einen Rechtsverstoß bewirkt. Das Anbieten einer in Deutschland patentgeschützten Software über das Internet stellt unabhängig von dem Ort des Servers mit der abrufbaren Software eine Patentverletzung dar. Ist die Software mittels eines deutschen Patents geschützt, so ist jedoch nicht die bloße Bereitstellung der Software zum Abrufen patentverletzend. Es werden zusätzliche Elemente verlangt, etwa bestimmte kontaktbegründende Handlungen des Anbieters, um den deutschen Kunden „zu erreichen"[59].

89 Falls der Patentverletzer in Deutschland keine Niederlassung hat, ist eine Verfolgung der Patentverletzung trotzdem schwierig, da Vernichtungsansprüche oder eine Zollbeschlagnahme bei über das Internet vertriebenen Softwareprogrammen natürlich ins Leere laufen. Es wird jedoch verhindert, dass ein im Inland ansässiger Anbieter den Patentschutz einfach dadurch unterlaufen kann, dass er die geschützte Software von einem im patentfreien Ausland angesiedelten Server über das Internet vertreibt. Voraussetzung ist, dass der Patentanmelder bei der Auswahl der Länder, in denen Patentschutz beantragt wird, darauf achtet, dass die Länder umfasst sind, in denen die Wettbewerber Sitz oder Niederlassung besitzen[60].

90 Auch der Bundesgerichtshof hatte sich in seiner jüngsten Entscheidung auf dem Gebiet des Patentschutzes für softwarebezogene Erfindungen[61] mit der Frage der Zulässigkeit von Computerprogrammprodukt-Ansprüchen auseinanderzusetzen. Im Ergebnis schließt das Gericht einen Patentschutz für diese Kategorie von Patentansprüchen nicht aus, wenn die prägenden Anweisungen der im Computerprogramm implementierten Lehre der Lösung eines konkreten technischen Problems dienen.

91 Die neuere Entwicklung der Rechtsprechung erleichtert damit die Durchsetzung der rechtlichen Ansprüche im Internet auch in Bezug auf das Patentrecht.

---

[57] *Esslinger/Betten*, CR 2000, 18.

[58] *Koch*, CR 1999, 121.

[59] *Koch*, CR 1999, 121.

[60] Zum Vorgehen bei der Auswahl geeigneter Länder und einer Anmeldestrategie beim Begründen von Patentschutz vgl. Rdnr. 10ff.

[61] *BGH* CR 2002, 88 – Fehlerhafte Zeichenketten.

§ 10. Andere Gewerbliche Schutzrechte

Dirk Vollmer

Übersicht

Literatur: *Leistner/Bettinger,* Creating Cyberspace, CR 1999, 1.

A. Einführung

1 Auch andere gewerbliche Schutzrechte neben dem Patent[1] – wie im Wesentlichen das **Gebrauchsmuster,** der **Schutz der Topographien** von elektronischen Halbleitererzeugnissen (Halbleiterschutzgesetz) und das **Geschmacksmuster** – können im Internet eine Rolle spielen. Sei es, dass der Inhaber einer Website die grafische Gestaltung seiner Website-Oberfläche als Geschmacksmuster anmelden will, sei es dass ein Anbieter von Hardware-Komponenten eine besondere Vorrichtung erfunden hat, sei es, dass die Übernahme einer bestimmten grafischen Gestaltung in Rede steht und neben Urheberrechten und unlauterem Wettbewerb auch das möglicherweise existierende Geschmacksmuster ins Feld geführt wird.

2 Ein **Gebrauchsmuster** stellt als „kleines Patent“ Vorrichtungen unter Schutz, so z.B. Hardwarekomponenten. Mit Hilfe des **Halbleiterschutzgesetzes**[2] können die Topographien, d.h. dreidimensionale Strukturen von mikroelektronischen Halbleitererzeugnissen, insbesondere von Bauelementen und Schaltungen, geschützt werden. Ein **Geschmacksmuster** stellt hingegen zwei- und/oder dreidimensionale (Design-)Gestaltungen von Gegenständen unter Schutz. Beispielsweise kann auf verschiedene Gestaltungsmuster, die auf einem Bildschirm in Verbindung mit einer Internetpräsentation dargestellt werden, ein Schutz durch ein Geschmacksmuster erlangt werden. Dies bezieht sich auf zweidimensionale Gestaltungen wie z.B. Logos, Buttons, Signets, Bildelemente oder Hintergrundmuster. Die geschützten Muster können hierbei auch Bildschirmdarstellungen von dreidimensionalen Gegenständen umfassen.

---

[1] Vgl. § 9.

[2] Gesetz über den Schutz der Topographien von elektronischen Halbleitererzeugnissen vom 22. 10. 1987, BGBl. I 1987 S. 2294.

3 Häufig wird in einer Software oder dem Internet ein Schaltelement bzw. eine Schaltfläche (beispielsweise ein sog. Button) in zwei oder mehreren Schaltzuständen verwendet. Beispielsweise wird in Textverarbeitungsprogrammen durch eine Schaltfläche angezeigt, ob der aktuell geschriebene Text fett, kursiv oder unterstrichen geschrieben wird. Wird der Text nicht fett geschrieben, liegt die Schaltfläche in einer Ebene mit der Bedienoberfläche des Programmes. Wird der Text hingegen fett geschrieben, so liegt das Schaltelement etwas tiefer als die Bedienoberfläche des Programmes. Um geschmacksmusterrechtlichen Schutz für eine solche Schaltfläche zu erlangen, ist die Hinterlegung einer Abbildung der Schaltfläche in jedem Schaltzustand der Schaltfläche notwendig. Ferner kann ein Teilbereich einer Website oder die gesamte Website mittels Geschmacksmuster geschützt werden.

4 Die beschriebenen Beispiele sind in der Regel einem Schutz durch das **Urheberrecht** nicht zugänglich[3], da die Rechtsprechung im Urheberrecht im Vergleich zum Geschmacksmuster bei Werken der sog. angewandten Kunst (§ 2 Abs. 1 Ziff. 4 UrhG) eine gesteigerte Individualität verlangt, die oftmals in dem hier interessierenden Bereich angeblich nicht erfüllt sein soll.[4] Ein Schutz auf der Basis des **Markenrechts** scheidet in der Regel aus[5], wenn die zu schützende Gestaltung nicht geeignet ist, Waren oder Dienstleistungen eines Unternehmens von denen eines anderen Unternehmens zu unterscheiden (§ 3 Abs. 1 MarkenG), so dass die hier beschriebenen anderen gewerblichen Schutzrechte, insbesondere das Geschmacksmusterrecht, für Gestaltungen im Internet durchaus von einiger Bedeutung sind.

I. Abgrenzung zum Urheberrecht

5 Wie betont[6], bezieht das Urheberrecht auch **Werke der angewandten Kunst** ausdrücklich in seinen Schutzbereich mit ein (§ 2 Abs. 1 Ziff. 4 UrhG). Allerdings stellt das Geschmacksmusterrecht – gewissermaßen als „kleines Urheberrecht" – weniger strenge Anforderungen an die Schöpfungshöhe.[7] Anders als das Geschmacksmusterrecht, das für einen Schutz „Neuheit" und „Eigentümlichkeit" des Schutzgegenstandes verlangt,[8] stellt das Urheberrecht hingegen eine **persönliche geistige Schöpfung** unter Schutz (§ 2 Abs. 2 UrhG). Aus der Verwendung des Begriffes „Schöpfung" folgerte die Rechtsprechung zwar, dass das geschaffene Erzeugnis neu sein muss. Mit „Neuheit" ist i. S. d. Urheberrechts jedoch lediglich die subjektive oder relative Neuheit gemeint, d. h. das geschaffene Erzeugnis muss selbstständig erarbeitet sein, also nicht einer bereits vorhandenen Gestaltung bewusst nachgebildet sein,[9] wenn auch sog. Doppelschöpfungen[10] wohl eher ein theoretisches Problem sind. Aus der Verwendung des Begriffes „Schöpfung" folgt ferner, dass dem ge-

[3] Vgl. § 8, Rdnr. 53 ff.

[4] *Nirk/Kurtze,* § 1, Rdnr. 169; vgl. aber zur Kritik an diesen übersteigerten Anforderungen § 8, Rdnr. 47 und *Hasselblatt/Nordemann/Czychowski,* Anwaltshandbuch Gewerblicher Rechtsschutz, § 36 Rdnr. 188 m. w. N.

[5] § 7, Rdnr. 17 ff.

[6] § 8, Rdnr. 71 ff.

[7] Vgl. zu diesem Stufenverhältnis allg. statt aller: *Schricker/Loewenheim,* § 2, Rdnr. 156 m. w. N.; *Nirk/Kurtze,* § 1, Rdnr. 169.

[8] Zu den Voraussetzungen im Einzelnen sogleich unten Rdnr. 16 ff.

[9] *BGH* GRUR 1969, 99 – Rüschenhaube.

[10] Vgl. hierzu statt aller *Fromm/Nordemann/Nordemann* § 2 Rdnr. 8.

schaffenen Erzeugnis eine besondere Leistung des Schaffenden innewohnen muss. Dieser „Gestaltungshöhe“ im Urheberrecht entspricht der Begriff der „Eigentümlichkeit“ im Geschmacksmusterrecht;[11] beide Voraussetzungen unterscheiden sich jedoch in gradueller Hinsicht.

Ein wesentlicher Unterschied betrifft ferner die **Entstehung des Schutzes:** Während beim Geschmacksmuster ein Schutz erst nach Anmeldung entsteht (§ 7 Abs. 1 GeschmMG), entsteht im Urheberrecht der Schutz bereits mit Vollendung des Werkes (§§ 2 Abs. 2, 7 UrhG). 6

Auch wenn für einzelne einfache Gestaltungen, die **im Bereich des Internets** und der elektronischen Datenverarbeitungsanlagen Verwendung finden, eher ein Schutz durch ein Geschmacksmuster in Frage kommt, da die Anforderungen an die künstlerische Komponente nicht so hoch sind wie im Urheberrecht und die grafischen Gestaltungen der erwähnten Buttons oder ganzer Seitenaufbauten in aller Regel eher einfach gehalten sind, gibt es dennoch Fälle, in denen ein **Schutz nur durch Urheberrecht** möglich ist. Beispielsweise kann für einen Bildschirmschoner, der in einem kleinen Bereich in der Mitte des Bildschirms eine Filmsequenz auf einem ansonsten schwarzen Hintergrund wiederholt abspielt, kein Schutz durch ein Geschmacksmuster erlangt werden, wohl aber Urheberrechtsschutz[12]. Zeigt derselbe Bildschirmschoner anstelle einer Filmsequenz jedoch jeweils für einige Sekunden eine Abbildung eines Erzeugnisses, für das ein Geschmacksmuster besteht, so kann der Bildschirmschoner einem Schutz durch das Geschmacksmusterrecht zugänglich sein. 7

Ein Geschmacksmusterschutz kommt ebenso nicht in Betracht bei Objekten, die einer kontinuierlichen, zeitlichen Entwicklung unterworfen sind, die nicht vorher bestimmt werden kann. Als Beispiel sei wieder der **Bildschirmschoner** genannt, bei dem auf einem schwarzen Hintergrund eine Kugel abgebildet ist, die in eine Richtung gestoßen und jeweils an den Rändern des Bildschirms reflektiert wird. Für eine solche Kugel kann ein Geschmacksmuster erlangt werden, jedoch nicht für den Bildschirmschoner an sich. 8

Bildschirmschoner können darüber hinaus in zwei Formen geschützt sein: Die Erscheinungsform auf dem Bildschirm oder der Quellcode kann Gegenstand des Schutzes sein. Besteht der **Schutz nur über den Quellcode** (dann ggfs. Urheberrecht; §§ 69 a ff. UrhG), kann ein potentieller Nachbilder diesen Schutz leichter umgehen, indem er den Bildschirmschoner auf eine andere Art (z.B. durch andere Algorithmen) programmiert, dabei aber das Erscheinungsbild auf dem Bildschirm beibehält. Ist dieser hingegen auch durch ein Geschmacksmuster abgesichert, fällt eine derartige „Umgehung“ schwerer, da nun das Erscheinungsbild auf dem Bildschirm geschützt ist. 9

II. Abgrenzung zum Markenrecht

Trotz der zahlreichen Unterschiede zwischen Marken und Geschmacksmustern[13] kann es zu **Überschneidungen** kommen. So ist es denkbar, dass an ein und demselben Gegenstand, z.B. Button auf einer Website, Kennzeichen- aber auch Geschmacksmusterrechte bestehen, die aber andere Schutzrichtungen aufweisen. 10

---

[11] *Nirk/Kurtze*, § 1, Rdnr. 169.

[12] Vgl. zu den mannigfaltigen anderen urheberrechtlichen Schutzgegenständen im Internet § 8, Rdnr. 59 ff.

[13] Vgl. im Einzelnen zum Kennzeichenrecht und seinen Schutzvoraussetzungen § 7, Rdnr. 14 ff.

11 Als Marke können alle Erzeugnisse geschützt werden, die geeignet sind, die **Waren und Dienstleistungen** des einen Unternehmens von denen des anderen zu unterscheiden (§ 3 MarkenG). Die Marke muss also immer einen Bezug zu einem Produkt oder zu einer Dienstleistung aufweisen, wohingegen ein Geschmacksmuster sich immer auf eine besondere **Formgestaltung** eines Produktes oder Erzeugnisses bezieht.[14] Ferner sind gem. § 3 MarkenG dem Markenschutz auch Wörter, Buchstaben und Zahlen, aber auch Hörzeichen, Gerüche und Farben zugänglich; für diese wäre ein Geschmacksmusterschutz nicht zu erlangen, da sich der Geschmacksmusterschutz auf gewerbliche Formgestaltungen beschränkt.

12 Anders als beim Geschmacksmuster, das **ein ungeprüftes Schutzrecht**[15] ist – d.h. der Schutz wird ohne Prüfung der materiellen Schutzvoraussetzungen erlangt –, prüft das Deutsche Patent- und Markenamt Markenanmeldungen auf ihre Vereinbarkeit mit absoluten Schutzhindernissen (§§ 7–13 MarkenG), nicht allerdings auf entgegenstehende Kennzeichen Dritter.

13 Schließlich unterscheiden sich die beiden Schutzrechte auch hinsichtlich ihrer Dauer: Die **Schutzdauer** für ein Geschmacksmuster ist auf maximal 20 Jahre (§ 9 GeschmMG) beschränkt, die einer Marke währt zwar zunächst nur 10 Jahre, ist aber beliebig oft verlängerbar (§ 47 MarkenG).

B. Das Geschmacksmuster

I. Wie melde ich ein Geschmacksmuster an?

14 Die **Erfordernisse** im Zusammenhang mit einer Geschmacksmusteranmeldung ergeben sich aus dem Geschmacksmustergesetz und der Verordnung über die Anmeldung von Geschmacksmustern und typographischen Schriftzeichen. Für Geschmacksmuster, die nach dem Einreichen einer Anmeldung beim Deutschen Patent- und Markenamt und einer Prüfung formeller Erfordernisse eingetragen werden, wird ein Musterregister geführt. Typografische Schriftzeichen können durch das Schriftzeichengesetz (Gesetz zum Wiener Abkommen über den Schutz typographischer Schriftzeichen sowie ihre internationale Hinterlegung) geschützt sein[16]. Ferner wird für typographische Schriftzeichen ein Musterschutz nach den Vorschriften des Geschmacksmustergesetztes gewährt[17].

15 Das **Geschmacksmuster gehört zu den ungeprüften gewerblichen Schutzrechten.**[18] Dies bedeutet, dass das Deutsche Patent- und Markenamt für angemeldete Geschmacksmuster lediglich prüft, ob die gesetzlichen Formalvorschriften erfüllt sind; nicht geprüft werden materielle Schutzvoraussetzungen, wie die Neuheit und die Eigentümlichkeit. Eine Prüfung des Vorliegens der materiellen Schutzvoraussetzung ist Gegenstand des gerichtlichen Verfahrens, das stattfindet, wenn ein registriertes Geschmacksmuster gegenüber einem potentiellen Verletzer geltend gemacht wird.

---

[14] *Nirk/Kurtze,* § 1, Rdnr. 8.
[15] *Nirk/Kurtze,* § 7, Rdnr. 85–100.
[16] *Nirk/Kurtze,* § 1, Annex A Rdnr. 2.
[17] *Nirk/Kurtze,* § 1, Annex A Rdnr. 4.
[18] Vgl. oben Rdnr. 12.

II. Materielle Schutzvoraussetzungen

1. Neuheit

Ein **Muster gilt als neu,** wenn die seine Eigentümlichkeit begründenden Gestaltungselemente den inländischen Fachkreisen im Anmeldezeitpunkt weder bekannt sind (waren), noch bei einer zumutbaren Beachtung der auf den einschlägigen oder benachbarten Gewerbegebieten vorhandenen Gestaltungen bekannt sein konnten.[19] Der **Bewertung der Neuheit** dienen als Grundlage die Gestaltungsmerkmale, die den ästhetischen Gesamteindruck wesentlich bestimmen.[20] Diese werden anhand des angemeldeten Geschmacksmuster, d.h. der hinterlegten Abbildungen desselben, ermittelt und jeweils durch **Einzelvergleiche** mit den vorbekannten ästhetischen Gestaltungen verglichen.[21] Findet sich kein vorbekanntes Geschmacksmuster, welches alle Gestaltungsmerkmale des zu untersuchenden Geschmacksmuster aufweist, so gilt dieses als neu. 16

Für die nun folgenden Darstellungen der Bezüge zum **Internet** gehen wir vereinfachend von einem Internetnutzer aus, der einem inländischen Fachkreis angehört und nur deutschsprachige Webseiten des Fachgebietes ansteuert. Besucht ein solcher Nutzer Webseiten seines Fachbereiches, wird er dementsprechend zunächst nur deutschsprachige Seiten aufsuchen und auf den fachspezifischen Webseiten überwiegend Werbung für Produkte seines Fachbereiches finden. 17

Will ein solcher Nutzer beispielsweise **eine Recherche nach Geschmacksmustern** anderer Unternehmen seines Fachgebietes, die ihre Produkte im Internet darstellen, durchführen, wird dies zunächst dadurch erschwert, dass das Internet nicht in Branchen eingeteilt ist und auch ein Branchenverzeichnis im klassischen Sinne nicht existiert. Zwar haben die meisten Unternehmen eine Homepage, auf der folgend auch meistens die Produkte des Unternehmens vorgestellt werden, jedoch ist diese zunächst nicht einfach, d.h. mittels eines vorgegebenen Verzeichnisses, zu finden. Der Nutzer wird jedoch einige Unternehmen seines Fachgebietes kennen und diese Webseiten durch den Namen des Unternehmens auch schnell im Internet finden. Dennoch verweisen diese Webseiten selten auf andere Unternehmen des Fachgebietes, wodurch der Nutzer zunächst keine Informationen über andere Unternehmen erhält. 18

Macht sich ein solcher Nutzer auf die Suche nach Produkten oder Erzeugnissen anderer Unternehmen seines Fachgebietes, die ihre Produkte im Internet darstellen, so muss er sich einer **Suchmaschine** bedienen und zum einen sehr genau definieren, wonach er sucht. Zum anderen ist er jedoch darauf angewiesen, dass die Unternehmen Metatags verwendet haben, die den Suchbegriffen der mit Hilfe von Suchmaschinen suchenden Internetnutzern entsprechen. Erst wenn beide Bedingungen erfüllt sind, wird die Webseite auch von ihm gefunden werden. 19

Aufgrund dieser Problematik kann eine Recherche im Internet, auch mit den besten Suchmaschinen, weder alle Unternehmen noch alle Produkte dieser Unternehmen liefern, wodurch eine **solche Recherche lediglich ergänzenden Charakter** haben kann. Es empfiehlt sich daher, auf die „klassischen" Suchmöglichkeiten, wie z.B. 20

[19] *Nirk/Kurtze,* § 1, Rdnr. 12.
[20] *Nirk/Kurtze,* § 1, Rdnr. 146–148.
[21] *BGH* GRUR 1996, 767, 770 – Holzstühle.

Branchenverzeichnisse bzw. eine Geschmacksmusterrecherche beim Deutschen Patent- und Markenamt, zurückzugreifen. Dennoch sind die auf diesen Webseiten gefundenen Gestaltungsformen bei einer Bewertung der Neuheit eines Geschmacksmuster auf jeden Fall einzubeziehen.[22]

21 Der eben dargestellte Rechercheablauf ist grob vereinfacht. Natürlich wird ein Nutzer, der über eine Suchmaschine einen Begriff sucht, Webseiten finden, die nicht deutschsprachig sind und die eventuell auch gar nichts mit seinem Suchbegriff zu tun haben. Da der Nutzer bei der Anzeige der gefundenen Webseiten jedoch nicht mit Gewissheit entscheiden kann, dass diese Webseite nichts mit seinem Begriff zu tun hat, wird er diese aufsuchen und somit **einen Einblick in die „Umgebung" seines Suchbegriffes** bekommen. Der Begriff Umgebung ist vorliegend sowohl räumlich wie auch branchenspezifisch zu verstehen, da der Nutzer über die Suchergebnisse auf internationale Webseiten kommt (räumlich entfernte) und auch auf solche Webseiten, die den gesuchten Begriff in Randgebieten verwenden, von denen der Nutzer evtl. noch gar nichts wusste (branchenferne)[23].

22 Hinzu kommt, dass die **Verbreitung des Internets** sowohl im privaten wie auch auf dem industriellen Bereich zunimmt.[24] Dieses hat zur Folge, dass die internationale Komponente bei der Bewertung der Neuheit von Geschmacksmustern immer wichtiger wird, wobei es im Einzelfall schwierig sein wird, eine Grenze zu ziehen, wie „international" eine Suche sein muss. Es dürfte ein Problem darstellen, genaue Kriterien, wie z.B. bestimmte Ländergruppen oder Besucherzahlen von Webseiten, zu definieren.

23 Geht man davon aus, dass das **Internet ein internationales Medium** ist, welches die inländischen Fachkreise in zumutbarer Weise beachten müssen, so lassen sich folgende Konsequenzen ableiten:

– **Das Internet ist als branchenübergreifendes Werbemedium** bzgl. der Neuheitsprüfung in Verbindung mit dem Geschmacksmusterschutz als **ein Medium** anzusehen; daher ist die Neuheitsprüfung branchenübergreifend anzulegen, da Werbung, bzw. Gestaltungselemente der Werbung, im Internet (noch?) nicht spezialisiert angebracht sind.
– Das **Internet ist als weltweites Medium** nicht auf ein Land begrenzbar[25] und somit verwischt die Grenze bzgl. der Inlandregelung, d.h. die Neuheitsprüfung ist nicht mehr nur auf das Inland begrenzt.

24 Einen teilweise internationalen Ansatz bei der Bewertung der Neuheit findet sich bereits in der Entscheidung *Rüschenhaube* des *BGH*, nach der die Neuheit gegeben ist, „wenn die Merkmale, (...), weder bekannt noch bei zumutbarer Beachtung (...) bekannt gewesen sein konnten".[26] Bei dieser Entscheidung hat der *BGH* bewusst den bekannten Formenschatz auf den Gegenstand eines US-Design-Patents und einer Annonce in der US-Zeitung „The Evening Star" erstreckt.

---

[22] Vgl. Rdnr. 16.
[23] Rdnr. 16: Benachbarte Gewerbegebiete sind zu berücksichtigen.
[24] Vgl. nur die Nachweise über industrielle Nutzung des Internets unter http://www.cyveillance.-com/web/newsroom/releases/2000/2000-07-10.htm; http://www.glossar.de/glossar/1frame.thm?http%3A//www.glossar.de/glossar/z_intrzahl2000.htm [abgerufen am 1. 5. 2002].
[25] Vgl. zu den neueren technischen Entwicklungen einer Begrenzbarkeit § 1, Rdnr. 35.
[26] *BGH* GRUR 1969, 99 – Rüschenhaube.

2. Eigentümlichkeit

Ein Muster oder ein Modell erfüllt die Schutzvoraussetzung der **Eigentümlichkeit,** „wenn es in den für die ästhetische Wirkung maßgebenden Merkmalen als das Ergebnis einer eigenpersönlichen, form- oder farbenschöpferischen Tätigkeit über das Durchschnittskönnen eines mit der Kenntnis des betreffenden Fachgebietes ausgerüsteten Mustergestalters hinausgeht".[27] 25

Die Prüfung der Eigentümlichkeit und ihres Grades ist – anders als die Prüfung der Neuheit – nicht auf der Basis eines Einzelvergleichs des zu untersuchenden Geschmacksmusters mit den vorbekannten ästhetischen Gestaltungen auszuführen, sondern durch einen **Vergleich des Geschmacksmusters in seiner Gesamtheit** mit den vorbekannten Formgestaltungen.[28] 26

Im **Bereich des Internet** ist es besonders einfach, die dort gefundenen Geschmacksmuster zu beschaffen, da ein einfacher Download desselben das Erzeugnis auf dem heimischen Rechner verfügbar macht. Dort kann es beispielsweise mit den gängigen Bildbearbeitungsprogrammen verändert und/oder weiterentwickelt werden. Wird ein auf diese Art verändertes Erzeugnis wieder in das Internet gestellt, so ist zu beachten, dass eine reine Weiterentwicklung des vorbekannten Formenschatzes nicht das Erfordernis der Eigentümlichkeit erfüllt[29]. Erst eine Weiterentwicklung mit einer hinreichenden Gestaltungshöhe führt zu einem Erzeugnis, das eine eigene Eigentümlichkeit begründet. Für das auf diese Weise generierte Erzeugnis kann wiederum ein rechtsbeständiges Geschmacksmuster erlangt werden. 27

3. Eignung zur gewerblichen Verwertbarkeit

Als Geschmacksmuster schutzfähig sind nur Muster/Modelle, die zumindest eine Eignung für eine **gewerbliche Verwertung** aufweisen, d.h. das Muster/Modell muss geeignet sein, einem gewerblichen Erzeugnis (Gebrauchsgegenstand) als Vorlage zu dienen.[30] Die Erfüllung dieses Kriteriums und die hiermit verbundene **Wiederholbarkeit** und **Verkehrsfähigkeit**[31] des geschützten Geschmacksmusters stellen im Bereich des Internets und der elektronischen Datenverarbeitung kein Hindernis für die Schutzbegründung dar. Da die Erzeugnisse für Projektionsflächen oder für die Wiedergabe auf Bildschirmen bestimmt sind, liegen diese regelmäßig in Form einer Datei vor, können somit beliebig kopiert und verteilt werden und sind somit in jeder Herstellungsstufe verkehrsfähig. Bei der Erstellung einer Kopie wird sicherlich eine identische Nachbildung der Datei erstellt. Die Verwendung der Datei in einem neuen Kontext durch Dritte, wie z.B. bei einer Einbindung der Datei in eine Internetseite des Dritten, stellt eine Verletzung des Geschmacksmusters dar. 28

Als **Beispiel** sei hier ein Franchisegeber angeführt, der an seine Franchisenehmer eine Homepage in Form einer Datei heraus gibt, die für alle Franchisenehmer gleich 29

[27] *BGH* GRUR 1966, 97, 99 – Zündaufsatz; *BGH* GRUR 1975, 81, 83 – Dreifachkombinationsschalter; *BGH* GRUR 1977, 547, 551 – Kettenkerze; *Nirk/Kurtze,* § 1, Rdnr. 13.

[28] *BGH* GRUR 1960, 256, 258 – Chérie; *BGH* GRUR 1978, 168, 169 – Haushaltsschneidemaschine I; *BGH* GRUR 1980, 235, 236 – Play-family; *BGH* GRUR 1981, 269, 270 – Haushaltsschneidemaschine II.

[29] *Nirk/Kurtze,* § 1, Rdnr. 156–157.

[30] *Nirk/Kurtze,* § 1, Rdnr. 93–98.

[31] *Eichmann/v. Falckenstein,* § 1, Rdnr. 10.

ist und durch ein Geschmacksmuster geschützt ist. Auf der Homepage werden die vertriebenen Produkte und die Firmenphilosophie vorgestellt. Der Franchisenehmer fügt in die Seite lediglich die Adresse seines Standortes ein und stellt die Seite dann in das Internet. In diesem Beispiel wird eine Zwischenstufe einer Webseite vertrieben, die von dem Endabnehmer noch bearbeitet wird, bevor sie in das Internet gestellt wird.

III. Nationale und internationale Schutzstrategien, insbesondere auch das EU-Geschmacksmuster

1. Schutz in Deutschland

30 Zur Begründung eines für Deutschland wirksamen Geschmacksmusterschutzes kann eine Geschmacksmusteranmeldung beim Deutschen Patent- und Markenamt eingereicht werden. Im Unterschied zur Patent-, Gebrauchsmuster- und Markenanmeldung **entsteht der Schutz nach dem Geschmacksmusterrecht bereits mit dem Einreichen der Anmeldung.** Wesentlicher Inhalt der Anmeldeunterlagen sind der Antrag auf Eintragung des Musters/Modells sowie Abbildungen des zu schützenden Musters/Modells. Wenn für mehrere Muster Schutz beantragt werden soll, können diese zum Einsparen von Kosten im Rahmen einer Sammelanmeldung angemeldet werden. Eine **Sammelanmeldung**[32] bietet die Möglichkeit, mehrere Muster in einer gemeinsamen Anmeldung zusammenzufassen. In einer solchen können bis zu 50 Muster angemeldet werden, die alle derselben Warenklasse angehören müssen[33].

31 Für das Gebiet der Europäischen Union kann seit kurzem Schutz durch das **EU-Geschmacksmuster**[34] durch Registrierung eines solchen beim Harmonisierungsamt für den Binnenmarkt (HABM) in Alicante mit einer einzigen Anmeldung erlangt werden. Es gibt **zwei Varianten des EU-Geschmacksmusters:** das „nicht eingetragene Gemeinschaftsgeschmacksmuster" und das „eingetragene Gemeinschaftsgeschmacksmuster", wobei letzteres ab dem Jahr 2003 zur Verfügung stehen wird, nachdem das HABM die notwendigen organisatorischen Voraussetzungen geschaffen hat.

32 Ein Schutz durch das **eingetragene Gemeinschafts-Geschmacksmuster** setzt eine Anmeldung und nachfolgende Registrierung des Schutzgegenstands beim HABM voraus. Die Laufzeit des Geschmacksmusters kann maximal 25 Jahre betragen. Ein Schutz auf Basis des **nicht eingetragenen Gemeinschaftsgeschmacksmusters** setzt keine Anmeldung und Registrierung der zu schützenden Muster/Modelle beim HABM voraus. Der Schutz entsteht zum Zeitpunkt, an dem das Muster/Modell in der Europäischen Union der Öffentlichkeit erstmalig zugänglich gemacht wird, z.B. durch Prospekte oder einen Internetauftritt. Die Schutzdauer beträgt drei Jahre vom Zeitpunkt der ersten Veröffentlichung an.[35]

33 Gerade **im Bereich des internationalen Mediums Internet** kann das EU-Geschmacksmuster erhebliche Bedeutung erlangen, da es dem Musterinhaber einen

[32] § 7 GeschmMG; *Nirk/Kurtze,* § 7, Rdnr. 70–83.

[33] *Nirk/Kurtze,* § 7, Rdnr. 73.

[34] Verordnung (EG) Nr. 6/2002 des Parlamentes und des Rates über das Gemeinschaftsgeschmacksmuster vom 12. 12. 2001, abgedruckt in Bl. f. PMZ 2002, 152 (169); vgl. dazu auch *Schlötelburg,* Mitt 2002, 70 (73).

[35] *Schlötelburg,* Mitt 2002, 70 (73).

länderübergreifenden Schutz gewährt, welcher im Fall des eingetragenen Geschmacksmusters lediglich eine einzige Schutzrechtsanmeldung beim HABM für alle Mitgliedsstaaten der EU voraussetzt.

Das **Haager Abkommen** über die internationale Hinterlegung gewerblicher Muster oder Modelle (HMA) eröffnet die Möglichkeit, in einer Reihe von Ländern vereinfacht Geschmacksmusterschutz zu erlangen[36]. Die dem HMA angeschlossenen Länder bilden einen Verband, in dem durch eine einzige Anmeldung ein ganzes Bündel von Rechtspositionen entsteht: Die internationale Hinterlegung hat in den im Antrag bezeichneten Ländern die gleichen Wirkungen wie eine nationale Hinterlegung. 34

2. Schutz im Ausland

Soll Geschmacksmusterschutz nur in einem Land oder wenigen Ländern außerhalb Deutschlands erlangt werden, so kann das Muster/Modell bei den jeweiligen nationalen Patentämtern zur Registrierung angemeldet werden. Alternativ zu mehreren nationalen Anmeldungen kann mit Hilfe des EU-Geschmacksmusters, welches in seiner eingetragenen Form lediglich eine einzige Hinterlegung beim HABM voraussetzt, in allen Ländern der Europäischen Union Schutz für Muster/Modelle erlangt werden[37]. Das Haager Abkommen über die internationale Hinterlegung gewerblicher Muster oder Modelle ermöglicht es, auch im Ausland vereinfacht Schutz zu erlangen.[38] Der Anmelder eines gewerblichen Musters oder Modells in einem Mitgliedsstaat der PVÜ genießt für andere Mitgliedsländer sechs Monate ein **Prioritätsrecht,** d.h. das Recht, in anderen Vertragsstaaten eine Anmeldung des gleichen Erzeugnisses mit dem gleichen Zeitrang wie im Ursprungsland vornehmen zu können (Art. 4 C PVÜ). 35

IV. Nachbildungen/Verletzungen

Der Geschmacksmusterschutz gewährt **Schutz gegen unerlaubte Nachbildungen** des geschützten Musters (vgl. §§ 5, 14 GeschmMG). In objektiver Hinsicht liegt eine Nachbildung eines Geschmacksmuster vor, wenn die wesentlichen Merkmale, die den ästhetischen Gesamteindruck des hinterlegten Musters bestimmen, ganz oder teilweise übernommen worden sind. Dabei ist von den Übereinstimmungen auszugehen und nicht von den Abweichungen.[39] Die wahllose Gegenüberstellung von wesentlichen und unwesentlichen Merkmalen und die einfache Addition ihrer Übereinstimmungen führt demgegenüber bei der Beurteilung der objektiven Nachbildung zu falschen Ergebnissen.[40] Es ist deshalb sinnvoll, eine Merkmalsanalyse durchzuführen.[41] 36

Ist die Frage der Verletzung oder Nachahmung für ein **im Internet veröffentlichtes Muster** zu beurteilen, so bieten sich demjenigen, der zum Nachweis der Kenntnisnahme des potentiell Verletzenden verpflichtet ist, verschiedene Vorteile gegenüber der bisherigen Situation. Zum einen werden beim Internet Service Provider, 37

[36] *Kelbel,* GRUR Int. 1982, 434; *Kelbel,* GRUR Int. 1984, 661.
[37] Vgl. Rdnr. 32.
[38] Vgl. auch Rdnr. 34.
[39] *BGH* GRUR 1965, 198, 199 – Küchenmaschine; *BGH* GRUR 1979, 240, 242 – Küchenschütte.
[40] *BGH* GRUR 1977, 547, 551 – Kettenkerze; *BGH* GRUR 1977, 602, 608 – Trockenrasierer.
[41] *Schliebs,* GRUR 1979, 685.

der die Webseite in das Internet stellt, auf der das betreffende Muster dargestellt ist, die IP-Adressen der Besucher dieser Seite registriert. Der Nachweis, dass eine bestimmte Firma oder eine bestimmte Person die betreffende Webseite besucht hat, kann somit beispielsweise dadurch erbracht werden, dass sämtliche IP-Adressen zurückverfolgt werden. Zum anderen kommt es in einigen Fällen vor, dass sich Internetnutzer aus dem Netz einen geschützten Gegenstand, z.B. ein Logo, als Datei herunterladen und diesen unter dem gleichen Dateinamen auf ihrer Webseite wieder in das Internet stellen. In solchen Fällen hat der Verletzer Schwierigkeiten, den Anscheinsbeweis der Kenntnis zu widerlegen.

38 Ein Problem bei der Beurteilung der Frage der Verletzung ist ferner, dass der gleiche **Quellcode von verschiedenen Browsern verschieden dargestellt** wird. Beispielsweise kann eine ganze Webseite als Geschmacksmuster dadurch eingetragen werden, dass ein Ausdruck dieser Webseite aus einem Browser hinterlegt wird. Betrachtet man die Seite jedoch mit einem anderen Browser, so kann es vorkommen, dass diese Seite anders dargestellt wird und somit eine potentielle Nachbildung nicht in den Schutzumfang des hinterlegten Geschmacksmusters fällt. Es empfiehlt sich daher, die betreffende Webseite mit verschiedenen Browsern zu betrachten, um Unterschiede festzustellen und ggfls. die verschiedenen Ausdrucke der gleichen Webseite zu hinterlegen.

C. Das Gebrauchsmuster

39 Das Gebrauchsmuster ist neben dem Patent ein **eigenständiges Schutzsystem für technische Erfindungen.** Im Unterschied zum Patent können mit Hilfe des Gebrauchsmusters keine Verfahren geschützt werden[42]. Dieses hat zur Folge, dass das Gebrauchsmuster im Zusammenhang mit dem Internet Wirkung nur für Erfindungen entfalten kann, für die Schutz auch im Rahmen einer (Computer-)Vorrichtung beansprucht werden kann[43]. Die **Voraussetzungen für eine Schutzbegründung** entsprechen den in Verbindung mit dem Patentschutz erläuterten[44], wobei für die Schutzfähigkeit eines angemeldeten Gebrauchsmusters „lediglich" ein erfinderischer Schritt vorliegen muss, während für den Patentschutz eine erfinderische Tätigkeit gefordert wird[45]. Eine Abgrenzung zwischen diesen beiden Kriterien ist in der Praxis oft schwierig; der erfinderische Schritt soll gegenüber der erfinderischen Tätigkeit ein geringeres Maß an erfinderischer Leistung beim Schaffen der technischen Neuerung zum Ausdruck bringen[46].

40 Ein **Vorteil des Gebrauchsmusters** besteht darin, dass relativ kurzfristig, d.h. etwa drei bis vier Monate nach dem Einreichen der Gebrauchsmusteranmeldung beim Deutschen Patent- und Markenamt, eine Eintragung des Schutzrechts erfolgt, aus dem grundsätzlich die gleichen Rechte wie aus einem erteilten Patent abgeleitet werden können. Der Grund hierfür liegt darin, dass vom Patentamt keine Prüfung des Vorliegens der materiellen Schutzvoraussetzungen, wie Neuheit und erfinderischer Schritt, ausgeführt wird. Das eingetragene Gebrauchsmuster ist deshalb ein

[42] *Busse,* § 1 GebrMG, Rdnr. 8ff.
[43] Vgl. § 9, Rdnr. 83ff.
[44] Vgl. § 9, Rdnr. 20ff.
[45] Vgl. § 9, Rdnr. 39ff.
[46] *Busse,* § 1 GebrMG, Rdnr. 15.

ungeprüftes Schutzrecht. Auf internationaler Ebene soll ein Richtlinienvorschlag für ein **EU-Gebrauchsmuster**[47] entwickelt werden. Eine abschließende Beschlussfassung zu der Richtlinie ist jedoch zurückgestellt worden, um einige Grundentscheidungen in der Diskussion über das Gemeinschaftspatent[48] abzuwarten.

D. Schutz für „integrated circuits“

Um der raschen Entwicklung auf dem Gebiet der Mikroelektronik Rechnung zu tragen, wurde 1987 zur Umsetzung einer EU-Richtlinie das Gesetz über den Schutz der Topographien von mikroelektronischen Halbleitererzeugnissen (Halbleiterschutzgesetz) verabschiedet. Auf Basis dieses Gesetz ist es möglich, **Topographien „als solche“ zu schützen.** Ähnlich dem Urheberrecht hat das Halbleiterschutzgesetz die Wirkung eines Verwertungs- und Nachbildungsverbots. Es werden dreidimensionale Strukturen von mikroelektronischen Halbleitererzeugnissen geschützt,[49] was in Verbindung mit dem Internet ausschließlich für Hardwarekomponenten von Bedeutung sein kann. Die Wirtschaft hat die Schutzmöglichkeiten in Verbindung mit diesem Gesetz bisher kaum genutzt, was sich darin äußert, dass nur eine geringe Anzahl von Schutzrechten für Halbleitertopographien erwirkt wurde[50]. **41**

---

[47] http://www.patentanwaelte.de/aktuell/gebrauchsmuster.html [abgerufen am 1. 5. 2002].
[48] http://www.gemeinschaftspatent.org/ [abgerufen am 1. 5. 2002].
[49] *Busse,* Einleitung HalblSchG, Rdnr. 9 ff.
[50] Vgl. die Statistik in Bl. f. PMZ 2002, 148.

§ 11. Wettbewerbsrecht

*Andreas Dustmann**

Übersicht

---

* Ich danke Herrn Rechtsreferendar Thomas Boddien herzlichst für seine tatkräftige Mitwirkung an dem Beitrag.

Literatur: *Apel,* Der medienübergreifende Trend zum Werbeblocker, in: FS Hertin, S. 337; *Berlit,* Auswirkungen der Aufhebung des Rabattgesetzes und der Zugabeverordnung auf die Auslegung von § 1 UWG und § 3 UWG, WRP 2001, 349; *Boehme-Neßler,* Rechtsprobleme der Internet-Werbung, ZUM 2001, 547; *Boddien,* Links und Recht, Mitt. 1999, 401; *Bodewig,* Elektronischer Geschäftsverkehr und Unlauterer Wettbewerb, GRUR Int. 2000, 475; *Bullinger,* Internet-Auktionen – Die Versteigerung von Neuwaren im Internet aus wettbewerbsrechtlicher Sicht, WRP 2000, 253; *Busche/Kraft,* Werbung per electronic mail: Eine Herausforderung für das Wettbewerbsrecht?, WRP 1998, 1142; *Christiansen,* Selbstregulierung, regulatorischer Wettbewerb und staatliche Eingriffe im Internet, MMR 2000, 123; *Deichfuß,* Neue Werbemöglichkeiten für Rechtsanwälte, WRP 2001, 449, *Dethloff,* Marketing im Internet und Internationales Wettbewerbsrecht, NJW 1998, 1596; *Eichler,* Arzneimittel im Internet, K&R 2001, 144; *Emmerich,* Das Recht des unlauteren Wettbewerbs, 5. Aufl., 1998; *Ernst,* Die Online-Versteigerung, CR 2000, 304; *ders.,* Rechtliche Zulässigkeit von Preisnachlässen an virtuelle Kaufgemeinschaften im Internet, CR 2000, 239; *ders.,* Arzneimittelverkauf im Internet, WRP 2001, 893; *ders.,* Rechtsprobleme im Internet: urheber-, wettbewerbs- und markenrechtliche Sicht, K&R 1998, 536; *Fezer,* Leistungsschutz im Wettbewerbsrecht, WRP 1993, 63; *Flechsig,* Virtuelle Anwaltswerbung im Internet, ZUM 1997, 98; *Funk,* Wettbewerbsrechtliche Grenzen von Werbung per E-Mail, CR 1998, 411; *Freitag/Busemann,* Zur wettbewerbsrechtlichen Zulässigkeit von elektronischer Post als Mittel des Direktmarketings, AfP 1998, 475; *Geis,* Recht im eCommerce – Geschäfte und Internetpräsenz zuverlässig absichern, 2001; *Grönning,* „Und sie bewegt sich doch“ – Die neue Gesetzgebung und Rechtsprechung auf dem Gebiet der Heilmittelwerbung, in: FS Hertin, S. 367; *Gummig,* Rechtsfragen bei Werbung im Internet, ZUM 1996; 573; *Haedicke,* Die künftige Zugabe- und Rabattregulierung durch das UWG zwischen Liberalisierung und Lauterkeitsschutz, CR 2001, 788; *Härting,* Anwaltswerbung – Eine Zwischenbilanz, K&R 2002, 561; *Hafner/Lyon,* Where wizards stay up late – the origins of the internet, 1996; *Hartwig,* Zur Zulässigkeit produktbezogener Sponsoring-Werbung, WRP 1999, 744; *Heermann,* Rabattgesetz und Zugabeverordnung ade!, WRP 2001, 855; *Heiderhoff,* Internetauktionen als Umgehungsgeschäfte, MMR 2001, 640; *Heil,* Gewinnspiele – eine unendliche Geschichte?, WRP 1998, 839; *Henssler/Kilian,* Rechtsinformationssysteme im Internet, CR 2001, 682; *Hess,* Versteigerungen im Internet aus wettbewerbsrechtlicher Sicht, in: FS Hertin, S. 391; *Hoenike/Hülsdunk,* Die Gestaltung von Fernabsatzangeboten im elektronischen Geschäftsverkehr, MMR 2002, 415; *dies.,* Rechtliche Vorgaben für Fernabsatzangebote im elektronischen Geschäftsverkehr bei und nach Vertragsschluss, MMR 2002, 516; *Hoeren,* Rechtliche Zulässigkeit von Meta-Suchmaschinen, MMR Beilage 8/2001, 2; *ders.,* Cybermanners und Wettbewerbsrecht – Einige Überlegungen zum Lauterkeitsrecht im Internet, WRP 1997, 993; *Horn,* Verbraucherschutz bei Internetgeschäften, MMR 2002, 209; *Huppertz, P.,* Wettbewerbsrechtliche Zulässigkeit von Verbraucher-Einkaufsgemeinschaften im Web, MMR 2000, 329; *Huppertz, S.,* Rechtliche Probleme von Online-Auktionen, MMR 2000, 65; *Jankowski,* Kosten beim Empfänger unverlangter E-Mails – nur ein Scheinargument?, K&R 2000, 499; *Kiethe,* Werbung im Internet, WRP 2000, 616; *H. Köhler,* Redaktionelle Werbung, WRP 1998, 349; *Köhler/Arndt,* Recht des Internet, 2. Aufl. 2000; *Kotthoff,* Die Anwendbarkeit des deutschen Wettbewerbsrechts auf Werbemaßnahmen im Internet, CR 1997, 676; *ders.,* Fremde Kennzeichen in Metatags: Marken- und Wettbewerbsrecht, MR 1999, 157; *Ladeur,* Neue Werbeformen und der Grundsatz der Trennung von Werbung und Programm, ZUM 1999, 672; *Lange,* Steht das Power-Shopping vor dem aus?, WRP 2001, 888; *Leible/Sosnitza,* Virtuelle Einkaufsgemeinschaften, ZIP 2000, 732; *Leupold,* Die massenweise Versendung von Werbe-eMails: Innovatives Direktmarketing oder unzumutbare Belästigung des Empfängers?, WRP 1998, 270; *Leupold/Bräutigam/Pfeiffer,* Von der Werbung zur kommerziellen Kommunikation: Die Vermarktung von Waren und Dienstleistungen im Internet, MRP 2000, 575; *Mankowski,* Besondere Formen von Wettbewerbsverstößen im Internet und Internationales Wettbewerbsrecht, GRUR Int. 1999, 995; *ders.,* Fernabsatzrecht: Information über das Widerrufsrecht und Widerrufsbelehrung bei Internetauftritten, CR 2001, 767; *Mann,* Der Verkauf von „keywords" durch die Betreiber von Suchmaschinen – „e-advertising" contra legem?, in: FS Hertin, S. 609; *Marwitz,* Sind Unternehmens-Homepages Werbung?, MMR 1998, 188; *dies.*, Heilmittel im Internet, MMR 1999, 83; *Menke,* Die Verwendung fremder Kennzeichen in Meta-Tags: Ein Fall für das Kennzeichen- und/oder das Wettbewerbsrecht?, WRP 1999, 982; *ders.*, Community Shopping und Wettbewerbsrecht, WRP 2000, 334 ff.; *Meyer,* E-commerce mit Arzneimitteln: ist der Internet-Vertrieb apothekenpflichtiger Arzneimittel an Endverbraucher in Deutschland zulässig?, 2000; *Nirk,* Zur Rechtsfigur des wettbewerbsrechtlichen Leistungsschutzes, GRUR 1993, 247 ff.; *Nordemann, J.*, Wegfall von Zugabeverordnung und Rabattgesetz, NJW 2001, 2505; *Ohly,* Herkunftslandprinzip und Kollisionsrecht, GRUR Int. 2001, 899; *Reichelsdorfer,* „eMails" zu Werbezecken – ein Wettbewerbsverstoß?, GRUR 1997, 191 ff.; *Reichelt,* Werbefreiheit für Apotheker?, WRP 1997, 1133 ff.; *Sack,* Das Internationale Wettbewerbs- und Immaterialgüterrecht nach der EGBGB-Novelle, WRP 2000, 269 ff.; *ders.*, Das internationale Wettbewerbsrecht nach der E-Commerce-Richtlinie (ECRL) und dem EGG/TDG-Entwurf, WRP 2001, 1408; *Scheuerle,* Anwaltswerbung im Internet, NJW 1997, 1291; *Schmidt/Stolz,* Zur Ausbeutung von Datenbanken im Internet, insbesondere durch Recherchedienste, Suchmaschinen und Hyperlinks, AfP 1999, 146; *Schmittmann,* Werbung von Patentanwälten im Internet, Mitt. 1997, 247 ff.; *ders.*, Bannerwerbung – Rechtsprobleme insbesondere bei kammergebundenen Berufen, MMR 2001, 792; *ders.*, Kosten beim Empfänger unerwünschter E-Mail-Werbung, K&R 2002, 135; *Schneider,* Standes- und wettbewerbsrechtliche Grenzen der Internet-Präsentation von Anwälten, MDR 2000, 133; *Schotthöfer,* Gewinnspiele zu Werbezwecken aus zivil-, straf- und wettbewerbsrechtlicher Sicht, in: FS Nordemann, S. 203; *Schrey/Westerwelle,* „Junk-Emails" im Internet, BB 1997, Beilage 18, 17; *Schrick,* Direktmarketing mittels E-Mail und seine Entwicklung, MMR 2000, 399 ff.; *Schulte/Schulte,* Unzulässige Werbung von Anwälten im Internet?, MMR 2002, 585; *Sosnitza,* Das Internet im Gravitationsfeld des Rechts: Zur rechtlichen Beurteilung so genannter Deep Links, CR 2001, 693; *Spindler,* E-Commerce in Europa, MMR Beilage 7/2000, 4; *Spindler/Schmittmann,* Unerwünschte E-Mail-Werbung, *Spindler/Wiebe* (Hrsg.), Internet-Auktionen, 2001; *dies.*, MMR Beilage 8/2001, 10 ff.; *Stoffmehl,* Powershopping und Customer-driven Pricing als Marketing- und Vertriebsformen im Internet, MMR Beilage 8/2001, 35 ff.; *Stögmüller,* Auktionen im Internet, K&R 1999, 391; *Thiele/Rohlfing,* Gattungsbezeichnungen als Domain-Namen, MMR 2000, 591; *Varadinek,* Trefferlisten von Suchmaschinen im Internet als Werbeplatz für Wettbewerber, GRUR 2000, 279; *Vehslage,* Auswirkungen der Fernabsatzrichtlinie auf die Telefon- und E-Mail-Werbung, GRUR 1999, 656; *Viefhues,* Internet und Kennzeichenrecht: Meta-Tags, MMR 1999, 337; *Vieregge/Strothmann,* Preisausschreiben und Gewinnspiele als Werbemittel, in: Westermann/Rosener (Hrsg.), Festschrift für Karlheinz Quack zum 65. Geburtstag, 1991, S. 139; *Völker/Lührig,* Abwehr unerwünschter Inline-Links, K&R 2000, 20; *Wendland,* Gattungsbegriffe als Domainnamen – Marken- und wettbewerbsrechtliche Behandlung aus deutscher und U.S.-amerikanischer Sicht, WRP 2001, 629; *Welser,* Wettbewerbs- und urheberrechtliche Probleme bei Online-Auktionen, ZUM 2000, 472; *Wiebe,* „Deep-Links" – Neue Kommunikationsformen im Wettbewerb aus lauterkeitsrechtlicher Sicht, WRP 1999, 734.

A. Einführung

1 Es war nur eine Frage der Zeit bis die Wirtschaft Mitte der neunziger Jahre das – zunächst militärisch, dann überwiegend wissenschaftlich genutzte – Internet eroberte und zunehmend kommerzialisierte.[1] Nach der Einführung des World Wide Web (WWW) im Jahre 1991 wurde rasch erkannt, dass das Internet sowohl im Bereich der **Werbung** und des **Marketings** als auch im Bereich des **Warenabsatzes** (Vertrieb) ein Potential bietet, das die bisher vorhandenen Mittel in den Schatten stellt. Sei es die unterstützende Online-Bewerbung des Offline-Angebotes, sei es der

[1] Zur Entstehungsgeschichte des Internet § 1, Rdnr. 14 ff. m. w. N. sowie *Hafner/Lyon,* Where Wizards stay up late – The Origins of the Internet, 1996.

Betrieb eines Online-Shops oder aber die bloße Unternehmenspräsentation: Im Internet werden alle multimedialen und technischen Register gezogen, um die Aufmerksamkeit des Kunden zu gewinnen und den Warenabsatz zu fördern. Internetangebote ohne jegliche kommerzielle Elemente sind zumindest bei redaktionellen Diensten rar geworden.

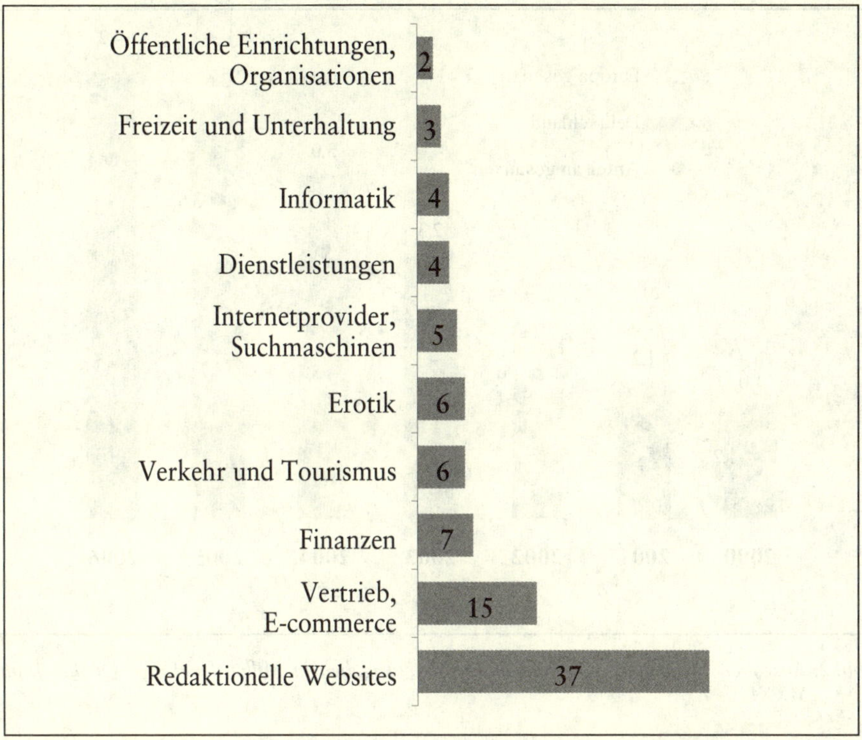

Abb. 1: Websites, auf denen im Juli 2001 Werbebanner geschaltet wurden, Anteil in %, Quelle: Lemonad

Auch das für gewinnbringende Werbung erforderliche **Verbraucherpotential** ist nicht mehr zu verleugnen.[2] Im ersten Quartal 2001 hatten immerhin 34,2 Millionen Deutsche – das sind knapp die Hälfte (48,7%) der deutschen Bevölkerung – Zugang zum Internet.[3] Das Internet ist zur Selbstverständlichkeit im privaten und geschäftlichen Alltag geworden. Bei einer im Frühjahr 2002 durchgeführten Umfrage gaben 38,5% der Befragten an, das Internet spiele für sie im täglichen Leben eine wichtige Rolle.[4] Gar 43,6% möchten auf das Internet überhaupt nicht mehr verzichten. Stehen bei vielen Internetanwendern die Unterhaltung und die Information – oder beides vereint im sogenannten Infotainment – im Vordergrund des Interesses, wächst auch die Akzeptanz der mit dem Internet geschaffenen **E-Commerce-** 2

[2] Zu den allgemeinen Zahlen über E-Commerce-Umsätze vgl. § 2, Rdnr. 19ff.

[3] Jupiter MMXI, http://www.gfk.de/produkte/eigene_pdf/JupiterMMXIOML270801.pdf [abgerufen am 15. 12. 2002].

[4] Fittkau & Maaß, 14. w3b-Umfrage, http://www.w3b.de [abgerufen am 15. 12. 2002].

Möglichkeiten: Über die Hälfte (58,9%) der befragten Internetnutzer gab an, das Internet als Einkaufsmöglichkeit zu nutzen. In den ersten drei Quartalen 2002 wurden immerhin 174,7 Mio. Euro in die **Online-Werbung** investiert.[5] Für das Jahr 2003 planen 63% der von der *GfK/Wirtschaftswoche* befragten Werbeleiter und Agenturleiter den Einsatz von Onlinewerbung.[6]

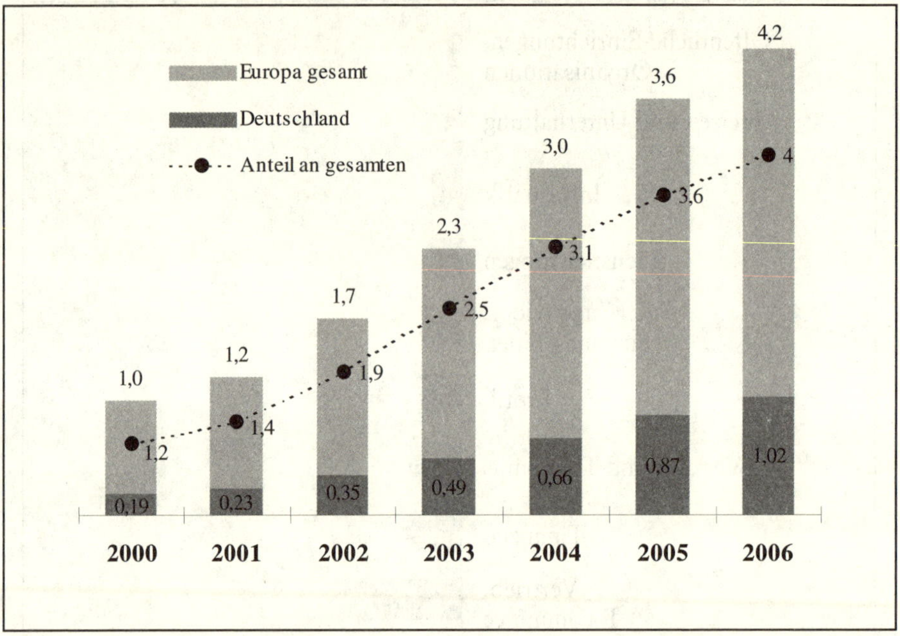

Abb. 2: Ausgaben für Online-Werbung in Europa, Angaben in Milliarden Euro, Quelle: Jupiter MXXI

3 Das Internet bietet gegenüber den klassischen Medien – Printmedien, Rundfunk und Fernsehen – eine Reihe von Vorzügen[7]: Werbekampagnen können bedeutend **schneller, zielgruppenselektierter** und vor allem **kostengünstiger** durchgeführt werden als mit traditionellen Medien.[8] Daneben erfüllt sich beim Einsatz von Online-Werbung der Traum eines jeden Werbestrategen: Die Interaktivität des Internet erlaubt es, die **Effizienz** der Werbung oftmals unmittelbar zu überprüfen. Welcher potentielle Kunde spricht auf welche Werbung an? Auf welche optischen oder akustischen Reize reagiert er? Aus welchem Umfeld stammen die Interessenten? Nach welchem Verhaltensmustern und wie lange durchsuchen sie die Internetpräsenz nach welchen Informationen? **Bilaterale Kommunikation** und **Interaktion** stillen

[5] A. C. Nielsen Werbeforschung, vgl. Pressemitteilung der Nielsen-Media vom 21. 10. 2002, http://www.nielsen-media.de [abgerufen am 15. 12. 2002]

[6] GfK/Wirtschaftswoche Werbeklima-Studie 2003, http://www.gfk.de. [abgerufen am 15. 12. 2002].

[7] Zu den allgemeinen wirtschaftlichen Zusammenhängen vgl. oben § 2.

[8] Vgl. zu dieser Besonderheit des Internet und den sich ergebenen Neuerungen für Verträge rund um Werbung im Internet § 13 Rdnr. 342 ff.

den Wissensdurst der Werbestrategen. Mit diesem Wissen können sie die Werbeeffizienz analysieren und das Verhältnis des Werbeaufwands zum Werbeertrag („**Return on Advertisement**") optimieren. Die vergleichsweise geringen Kosten tragen ebenfalls dazu bei, vermehrt die markenstärkende Strategie des **Branding** (wiederholtes Zeigen der Marke) einzusetzen.

Neben der altbewährten – in den verschiedensten Erscheinungsformen auftretenden – **Bannerwerbung** werden zahlreiche andere Varianten der Werbung genutzt: Während mit **Keyword-Buys** Suchmaschinen-Positionen („Rankings") für die eigene Homepage erkauft werden, wird durch den Einsatz von **META-Tags** und das **Word-Stuffing** versucht, diese Positionen kostenlos zu erzielen, um dadurch gegenüber den Konkurrenten einen Wettbewerbsvorsprung zu erlangen. **Interstitials** (Vorschaltwerbungen) ringen um die Aufmerksamkeit des Kunden und sorgen dafür, dass der Anwender Produktinformationen sieht, bevor er an die gewünschten Webinhalte gelangt. Mittels gezieltem **E-Mail-Versandes** wird schnell und kostengünstig **Direktmarketing** und Kundenpflege betrieben. Bei allen Varianten erlauben es immer schnellere Onlineverbindungen auch datenintensive Werbemaßnahmen, wie **Audiowerbung** und **Videoclips,** einzusetzen, um die Aufmerksamkeit zu erhöhen. 4

Nicht nur die Werbung erfährt im Internet eine neue Dimension. Es entstehen auch neue „Geschäftsideen" oder altbekannte Ideen in neuen Gewändern. Hervorzuheben sind vor allem **Online-Auktionen** in ihren verschiedenen Ausgestaltungen[9] sowie **Powershopping-Angebote,** die sich großer und stetig steigender Beliebtheit erfreuen. Apotheken finden sich nicht mehr nur an der nächsten Straßenecke, sondern in Form von Internet-Apotheken auch auf dem Datenhighway. Desgleichen nutzen immer mehr **Rechtsanwälte, Notare, Steuerberater und Ärzte** das Internet, um sich und ihr Büro bzw. ihre Praxis zeitgemäß zu präsentieren. 5

Es liegt auf der Hand, dass die Nutzung des Internet als Werbeplattform und Absatzumgebung einer **wettbewerbsrechtlichen Beurteilung** bedarf, um den Wettbewerb auch hier in den Schranken der Lauterkeit zu halten. Längst wird das Internet nicht mehr als rechtsfreier Raum betrachtet.[10] Grundkenntnisse des Wettbewerbsrecht voraussetzend, soll das folgende Kapitel die internetspezifischen Besonderheiten des Wettbewerbs aufzeigen und die einhergehenden rechtlichen Probleme erörtern. 6

B. Rechtsquellen und Grundzüge des Wettbewerbsrechts im Internet

Bevor ins Detail gegangen wird, ist ein Überblick darüber zu geben, welche wettbewerbsrechtlichen Rechtsquellen überhaupt im Internet einschlägig sind. Wie in anderen Rechtsgebieten finden auch im Wettbewerbsrecht die bestehenden – für das Offline-Rechtsleben geschaffenen – Normen Anwendung, wenn Internetsachverhalte zu beurteilen sind. Dabei bildet das **Gesetz gegen den unlauteren Wettbewerb (UWG)** den Kern des deutschen Wettbewerbsrechts. Daneben existieren zahlreiche wettbewerbsrechtliche **Spezialbestimmungen,** die der Unlauterkeit des Wettbewerbes entgegenwirken sollen und dabei besondere Einzelaspekte im Auge haben. 7

---

[9] Zu deren Bedeutung im gesamtwirtschaftlichen Umfeld § 1 Rdnr. 49 und § 2.

[10] Vgl. § 1 Rdnr. 4.

I. Anwendbarkeit deutschen Rechts

8 Möchte man eine Handlung am Maßstab des – verglichen mit anderen Rechtsordnungen strengen – deutschen Wettbewerbsrechts auf dessen Lauterkeit überprüfen, muss zuvor ermittelt werden, ob das deutsche Recht überhaupt anwendbar ist. Da das Internet keine Landesgrenzen kennt und die Webinhalte **weltweit abrufbar** sind, kommt es häufig dazu, dass Waren aus dem Ausland bestellt werden oder ausländische Internetanwender deutsche Angebote in Anspruch nehmen – nicht zuletzt deshalb, weil auch die entsprechende Werbung oder Suchmaschineneinträge global abrufbar sind. In diesen Fällen mit **Auslandsbezug** (sog. **Multi-State-Wettbewerb**) ist zu klären, welches materielle Recht zur Anwendung kommt.[11]

1. Marktortprinzip

9 Ausgangspunkt ist das in Art. 40 Abs. 1 EGBGB normierte **Tatortprinzip,** wonach im Bereich der unerlaubten Handlungen wahlweise das Recht des Staates, in dem die Verletzungshandlung begangen wurde (**Handlungsort**) oder aber des Staates, in dem der Verletzungserfolg eingetreten ist (**Erfolgsort**) zur Anwendung kommt. Im Wettbewerbsrecht, das seiner Natur nach dem internationalen Deliktsrecht zuzuordnen ist,[12] erfährt dieser Grundsatz eine wertende Differenzierung, die als **Marktortprinzip**[13] bezeichnet wird. Begehungsort im Sinne des Wettbewerbsrechtes ist der Ort der **wettbewerbsrechtlichen Interessenskollision.** Dies bedeutet, dass zwar als Begehungsort grundsätzlich sowohl der Handlungsort als auch der Erfolgsort in Frage kommt, jedoch nur solange und soweit sich an diesem Ort die wettbewerblichen Interessen der Parteien überschneiden. Das Recht des Ortes, an dem die wettbewerblichen Interessen der Mitbewerber aufeinanderstoßen und die fragliche Wettbewerbshandlung den örtlichen Wettbewerb **spürbar**[14] beeinflusst, bildet den Maßstab der wettbewerbsrechtlichen Beurteilung.

10 Im Falle der **Werbung** ist dies der Ort, an dem auf den Markt eingewirkt wird.[15] Es kommt darauf an, ob die Werbung die Kaufentscheidung der betroffenen Gruppen spürbar beeinflusst, wobei die subjektive Vorstellung des Werbenden unbeachtlich ist. Bei Internethandlungen ist deshalb unerheblich, an welchem Ort der Server steht, auf denen die strittigen Inhalte hinterlegt sind. Erst recht vermag die – ohnehin stets globale – Abrufbarkeit einer Seite den Marktort nicht zu bestimmen.[16] Vielmehr ist die Zielrichtung und die Beeinflussung des Marktes anhand

[11] Zu diesem Problemkreis eingehend § 3 Rdnr. 126 ff. sowie *Kotthoff,* CR 1997, 676 ff.; *Dethloff,* NJW 1998, 1597; *Mankowski,* GRUR Int. 1999, 909 ff.; *Schack,* MMR 2000, 69 ff.; *Sack,* WRP 2001, 1408 ff.

[12] *Kotthoff,* CR 1997, 676 (677) m. w. N.; *Kiethe,* WRP 2000, 616 (617 f.) m. w. N.

[13] Dazu z. B. *Sack,* WRP 2000, 269 (272 f.) m. w. N.

[14] Das Marktortprinzip findet keine Anwendung, wenn die Wettbewerbshandlung den betreffenden Ort nur zufällig oder nur geringfügig berührt (sog. „Spill-Over-Effekt"). Dazu *Sack,* WRP 2000, 269 (274); *Dethloff,* NJW 1998, 1596 (1600).

[15] *Sack,* WRP 2000, 269 (272, 277); *Kotthoff,* CR 1997, 677 ff. m. w. N.

[16] *LG Hamburg,* CR 1999, 785 – Animal Planet; *OLG Bremen,* CR 2000, 770 (771); *LG Köln,* MMR 2002, 60 – budweiser.com; a. A. wohl *OLG Hamburg,* K&R 2000, 138 (140) – Golden Jackpot, das bereits auf Grund der bloßen Abrufbarkeit eine Wettbewerbshandlung in Deutschland bejahte.

objektiver Kriterien zu bestimmen. Das kann mitunter Schwierigkeiten bereiten, da nicht immer eindeutig ist, ob eine Werbung auf den jeweiligen nationalen Markt einwirkt oder nicht. Der Versuch einer objektiven Beurteilung kann sich lediglich auf die Würdigung einzelner **Indizien** beschränken, die den Prüfer möglicherweise zu dem Schluss kommen lassen, dass die streitige Werbung (zumindest auch) auf einen bestimmten nationalen Markt zielt, oder aber jedenfalls der bestimmte nationale Markt eines Landes nicht betroffen ist.[17]

So kann zur Beurteilung die auf den Internetseiten verwendete **Sprache** als Indiz 11
herangezogen werden. Es liegt nahe, dass im Fall der Verwendung der deutschen Sprache jedenfalls auch[18] auf den deutschen Markt eingewirkt werden soll. Andererseits wird eine rein portugiesisch oder griechisch formulierte Werbung ohne weitere Anhaltspunkte kaum auf den deutschen Markt zielen und den hiesigen Wettbewerb beeinflussen. Wenngleich das Kriterium „Sprache" auf den ersten Blick geeignet zu sein scheint, zumindest bestimmte Nationen auszuschließen, so verliert es schnell an Schärfe, wenn beispielsweise eine Homepage in **englischer Sprache** verfasst wurde. Denn in Deutschland wird Englisch von weiten Kreisen der Bevölkerung verstanden.[19] Daraus aber zu folgern, dass englisch verfasste Angebote stets auf den deutschen Markt einwirken, vermag wiederum im Gegenzug nicht zu überzeugen.[20] In derartigen Fällen müssen folglich weitere Indizien hinzutreten, die die Annahme einer Beeinflussung des deutschen Marktes rechtfertigen.

Ebenso ist auch die **Währung,** mit der die auf der Homepage beworbenen Pro- 12
dukte und Dienstleistungen bezahlt werden können, allenfalls dann als Indiz tauglich, wenn die Produkte oder Dienstleistungen etwa nur in einer Landeswährung gezahlt werden können. Andererseits kann wiederum nicht davon ausgegangen werden, dass ein Angebot nicht auf einen nationalen Markt gerichtet ist, wenn die spezifische Landeswährung *nicht* als Zahlungsmittel aufgeführt wurde. Spätestens seit der Einführung des Euro ist dieses Kriterium jedenfalls im Bereich der Gemeinschaft, soweit die Nationen der europäischen Währungsreform gefolgt sind, ohnehin nicht praktikabel.

Weitere Indizien für die Zielrichtung der Werbung können im Einzelfall sein:[21] 13

- Die **Top-Level-Domain,** unter der das Angebot abrufbar ist (beispielsweise „.de" für Deutschland oder „.at" für Österreich)
- Die **Bewerbung** des Internet-Angebotes in inländischen Offline-Medien (Zeitschriften, Fernsehen usw.) unter Angabe der Internetadresse.
- Hinweise auf das räumliche **Betätigungsfeld,** wie „der weltweit größte Anbieter für das Produkt X" oder „Lieferant für das Produkt X in ganz Europa."
- Nennung einer inländischen **Kontaktadresse** im Webangebot.

---

[17] *OLG Bremen,* CR 2000, 770; *LG Köln,* MMR 2002, 60 – budweiser.com.

[18] Daneben käme in Betracht, dass auch auf den Markt Österreichs und der Schweiz eingewirkt werden soll.

[19] Vgl. *BPatG* GRUR 1995, 734 (735 f.).

[20] Zutreffend *LG Köln,* MMR 2002, 60 (61) für die Webseite der – an sich weltbekannten – Biermarke Budweiser: „... es geht lediglich darum, ob ein Surfer bei einer solchen Seite annimmt, dass er ein für ihn als Bewohner Deutschlands bestimmtes Angebot sieht."

[21] Dazu auch *Kotthoff,* CR 1997, 677 (682 f.).

Grundsatz: Bei Sachverhalten mit Auslandsbezug ist immer genau und sensibel zu prüfen, ob auf den jeweiligen nationalen Markt eingewirkt wird bzw. wurde. Die soeben beispielhaft aufgeführten Kriterien sind einzeln betrachtet zumeist nicht ausreichend, um die Zielrichtung der Werbung zu bestimmen. Anbieter von Homepages sollten die Rechtslagen der Länder im Auge haben, in denen der Wettbewerb durch diesen Webauftritt beeinflusst werden könnte.

2. Herkunftslandprinzip

14 Im Bereich des **Internetrechts** erweist sich die Anwendung des Marktortprinzips, wie gezeigt, als problematisch: Schnell gelangt man zu der Erkenntnis, dass letztlich jede Internetinformation an jedem Ort der Welt abrufbar ist, der dortige Wettbewerb betroffen sein könnte und folglich jedes nationale Recht in jedem Lande anwendbar wäre. Die damit verbundene Rechtsunsicherheit soll im Gebiet der **Europäischen Union** durch das in Art. 3 Abs. 1 der Richtlinie über den elektronischen Geschäftsverkehr[22] (**E-Commerce-Richtlinie**) normierte **Herkunftslandprinzip**[23] überwunden werden: Die Mitgliedstaaten haben dafür Sorge zu tragen, dass Dienste der Informationsgesellschaft, die von einem in seinem Hoheitsgebiet niedergelassenen Diensteanbieter erbracht werden, den in diesem Mitgliedsstaat geltenden innerstaatlichen Vorschriften entsprechen, die in den koordinierten Bereich fallen.[24] Dies bedeutet zugleich, dass die EU-Mitgliedstaaten eine Handlung als rechtmäßig zu befinden haben, solange und soweit ein Anbieter die nationalen Bestimmungen des Mitgliedstaates beachtet, in dem er seine Niederlassung hat. Hat sich beispielsweise ein Anbieter in Italien niedergelassen und vertreibt von dort aus Produkte (zumindest auch) nach Deutschland, so handelt er rechtmäßig, solange seine Handlungen mit den italienischen Wettbewerbsbestimmungen in Einklang stehen. Auf die Vereinbarkeit mit dem deutschen Wettbewerbsrecht kommt es dann insoweit nicht an. Hat der Anbieter mehrere Niederlassungen, so ist der Mittelpunkt seines Handelns zu ergründen.

15 Jedoch erfährt das Herkunftslandprinzip über Art. 3 Abs. 3 E-Commerce-Richtlinie in Verbindung mit dessen Anhang wiederum weitreichende **Einschränkungen**[25]: So kommt dieses Prinzip nicht im Bereich des Urheberrechts einschließlich der verwandten Schutzrechte (z. B. das Patent-, Gebrauchsmuster-, Geschmacksmuster-, Markenrecht) zur Geltung. Bei diesen Rechtsgebieten gilt insoweit – anders als im Wettbewerbsrecht – das **Territorial-** bzw. **Schutzlandprinzip.**[26] Ausgenommen wurde ferner das Versenden unverlangter E-Mail-Werbung (**Spamming**),

---

[22] Richtlinie 2000/31/EG des Europäischen Parlaments und des Rates vom 17. 6. 2000 über bestimmte rechtliche Aspekte der Dienste der Informationsgesellschaft, insbesondere des elektronischen Geschäftsverkehrs, im Binnenmarkt, ABl. EG Nr. L 178/1.

[23] Auch „Sitzlandprinzip" genannt. Ausführlich dazu *Spindler,* MMR-Beilage 7/2000, 4 (7 ff.); *ders.,* ZHR 165 (2001), 324 ff.; *Mankowski,* GRUR Int. 1999, 909 ff.; *Ahrens,* CR 2000, 823 ff.; *Ohly,* GRUR Int. 2001, 899 ff.

[24] Zur lebhaft diskutieren Einordnung des Herkunftslandsprinzips als Kollisionsnorm § 3 Rdnr. 141 ff. sowie die Nachweise in den Fußnoten zu Rdnr. 9.

[25] Über die Einschränkungen ausführlich *Ahrens,* CR 2000, 835 (838 ff.).

[26] Dazu oben § 3 Rdnr. 51 (Urheberrecht), 93 (Kennzeichenrecht), 108 ff. (technische Erfindungen und Geschmacksmuster).

vertragliche Schuldverhältnisse in Bezug auf Verbraucherverträge, die freie Rechtswahl, die Ausgabe elektronischen Geldes sowie die formale Gültigkeit von Verträgen, die Rechte an Immobilien begründen oder übertragen, sofern diese Verträge nach dem Recht des Mitgliedstaates, in dem sich die Immobilie befindet, zwingenden Formvorschriften unterliegen.

Die **nationale Umsetzung** des in der E-Commerce-Richtlinie normierten Herkunftslandprinzips erfolgte – für Teledienste – durch das Gesetz über rechtliche Rahmenbedingungen für den elektronischen Rechtsverkehr (EGG) vom 14. Dezember 2001.[27] Das Artikelgesetz führte das Herkunftslandprinzip durch Neufassung des § 4 Teledienstegesetz (TDG) ein.[28] 16

Praxistipp: Bei Fällen mit Auslandsbezügen ist zu beachten, dass die E-Commerce-Richtlinie und das Herkunftslandprinzip nur für die Mitgliedsstaaten der Gemeinschaft („koordinierter Bereich") gilt.[29] Bei Berührungen mit **Drittländern** gilt im Wettbewerbsrecht insoweit das **Marktortprinzip,** das die Wahl zwischen dem Recht des Handlungsortes und dem des Erfolgsortes zulässt.

Die mit dem Inkrafttreten der E-Commerce-Richtlinie und Normierung des Herkunftslandprinzips entstandene Gefahr liegt auf der Hand: Diensteanbieter könnten sich in den EG-Mitgliedstaaten niederlassen, in denen die geringsten wettbewerbsrechtlichen Restriktionen vorherrschen, um sich den möglicherweise strengeren Bestimmungen ihres ursprünglichen Heimatlandes zu entziehen (sog. **„race to the bottom"**-Problematik).[30] Inwieweit Unternehmen diese Möglichkeit tatsächlich in Anspruch nehmen, bleibt abzuwarten, da mit ihrer Realisierung erhebliche Kosten verbunden sind, die von den meisten Unternehmen wohl gescheut werden. Immerhin müsste die so gewonnene Milderung des Wettbewerbsrechts den einhergehenden Aufwand rechtfertigen. Hinzu kommt, dass der Europäische Gesetzgeber unlängst mit der Harmonisierung des Lauterkeitsrechts in Europa begonnen hat.

II. Gesetz gegen den unlauteren Wettbewerb (UWG)

Ist ein Sachverhalt am Maßstab des deutschen Wettbewerbsrechts zu beurteilen, ist zunächst an das **UWG** denken. Die dort normierten Regelungen gelten grundsätzlich auch im Zusammenhang mit Internetgeschäften. Neben einigen Sonderbestimmungen, die z.B. Konkurswarenverkäufe (§ 6 UWG), Sonderveranstaltungen (§ 7 UWG) und Räumungsverkäufe (§ 8 UWG) regeln, sollen insbesondere § 1 UWG als „große" Generalklausel sowie § 3 UWG als „kleine" Generalklausel für die Lauterkeit des Wettbewerbs sorgen. Voraussetzungen für die Anwendung der §§ 1, 3 UWG ist eine Handlung, die zum einen **im geschäftlichen Verkehr** und zum anderen **zum Zwecke des Wettbewerbs** erfolgt. 17

[27] Gesetz über rechtliche Rahmenbedingungen für den elektronischen Rechtsverkehr (EGG) vom 14. 12. 2001, BGBl. I 2001 S. 3271; ausführlich dazu *Sack,* WRP 2001, 1408 ff.

[28] Im Bereich der Mediendienste erfolgte die Umsetzung durch § 5 MDStV i. d. F. des 6. RdfÄndStV vom 21. 12. 2001.

[29] Vgl. Erwägungsgrund Nr. 57 der E-Commerce-Richtlinie.

[30] Zu dieser Befürchtung insbesondere *Bodewig,* GRUR Int. 2000, 475 ff.; *Ohly,* GRUR Int. 2001, 899 (906).

1. Handeln im geschäftlichen Verkehr

18 Ausgehend davon, dass unter dem Handeln im geschäftlichen Verkehr jede Tätigkeit zu verstehen ist, die in irgendeiner Weise der Förderung eines beliebigen – eigenen oder fremden – Geschäftszwecks dient[31], lässt sich dieses Merkmal bei **wirtschaftlich** auftretenden Online-Anbietern oftmals sehr schnell bejahen. Dabei sind im Internet die gleichen Kriterien heranzuziehen wie im Offline-Bereich. Da jedoch eine Vielzahl an Homepages von **Privatpersonen** angeboten werden, stellt sich die Frage, inwieweit auch diese am geschäftlichen Verkehr teilnehmen und somit den Regeln des UWG unterliegen. Grundsätzlich wird rein privates – wie auch rein hoheitliches – Handeln von diesem Gesetz nicht erfasst. Liegt aber ein Handeln im geschäftlichen Verkehr schon vor, wenn ein Schüler eine Hobby-Seite bereithält, auf der er per **Link** auf eine kommerzielle Seite verweist oder den **Werbebanner** eines Online-Shops integriert hat?

> **Praxistipp:** Die gleiche Frage stellt sich mit markenrechtlichen Schutzansprüchen, die ebenfalls ein „Handeln im geschäftlichen Verkehr" voraussetzen.[32] Insoweit ist der Begriff „im geschäftlichen Verkehr" in beiden Rechtsgebieten identisch zu behandeln.[33] Daher gilt: Verneint man dieses Merkmal im Markenrecht, so scheidet auch die Anwendung der §§ 1, 3 UWG aus.

19 Bei Beantwortung der Frage, ob eine Privatperson mit dem Angebot einer Homepage im geschäftlichen Verkehr handelt, ist nach der bisherigen Rechtsprechung wie folgt zu differenzieren:

- Verfolgt die Privatperson dem Inhalt ihres Internetauftritts nach **keinerlei wirtschaftliche Zwecke,** und erhält sie für Werbung oder Links **keinerlei Vergütung,** liegt ein rein privates Handeln vor, solange sich der Anbieter die Inhalte der kommerziellen Seiten **nicht zueigen macht.**[34] Wettbewerbsrechtliche Bestimmungen kommen dann nicht zur Anwendung.[35]
- Unterhält eine Privatperson eine Homepage, auf der sich ein **Werbebanner** eines kommerziellen Unternehmens befindet, durch dessen Einblendung sich die Privatperson lediglich höhere **Providerkosten erspart (Sponsoring),** liegt ebenfalls kein Handeln im geschäftlichen Verkehr vor. Auch hier scheidet demzufolge die Anwendung des UWG aus.[36]
- Integriert die Privatperson ein Werbebanner eines kommerziellen Anbieters auf seiner **privaten Homepage** und erhält dafür eine **Vergütung,** muss wohl von einem Handeln im geschäftlichen Verkehr ausgegangen werden. Die Privatperson

---

[31] Ausführlich dazu *Baumbach/Hefermehl,* Einl. UWG, Rdnr. 208 ff.; *Köhler/Piper,* Einf. Rdnr. 203 ff., jeweils m. w. N.

[32] Dazu oben § 7 Rdnr. 253.

[33] *Fezer,* § 14 Rdnr. 40.

[34] Zum Zueigenmachen von fremden Inhalten § 4 Rdnr. 125 ff.

[35] Vgl. *OLG Schleswig,* MMR 2001, 399 – Swabedoo.

[36] Vgl. *LG München I,* MMR 2001, 545 – saeugling.de. Gleiches gilt für „Pop-Up"-Werbefenster, welche zahlreiche Domain-Provider in die werbesubventionierten Homepages ihrer Kunden einblenden.

fördert durch das Anbieten einer Werbefläche gezielt einen (fremden) Geschäftszweck – nämlich den des Werbenden.[37]

Bei alledem bleibt zu beachten, dass auch eine Privatperson in analoger Anwendung des **§ 1004 Abs. 1 BGB** für Wettbewerbsverletzung Dritter als **Störer** haften kann, da Wettbewerbsverstöße in allen Stadien ihrer Verwirklichung bekämpft werden sollen. Störer ist zumindest nach traditioneller Lehre jeder, der willentlich adäquat kausal mitwirkt, einen wettbewerbswidrigen Zustand zu schaffen oder zu erhalten. Nach neuerer Rechtsprechung wird jedoch die Haftung der mittelbaren oder sekundären Verletzer durch die Einbeziehung von Prüfpflichten begrenzt.[38] 20

2. Handeln zum Zwecke des Wettbewerbs

Auch im Internet ist nicht jedes Handeln geeignet, einen Wettbewerbsverstoß zu begehen. Vielmehr muss die Handlung zu Wettbewerbszwecken erfolgen. Dieses Tatbestandsmerkmal setzt sich aus zwei Elementen zusammen: Zum einen muss das Handeln **objektiv geeignet** sein, den eigenen oder einen fremden Absatz auf Kosten eines Mitbewerbers zu fördern und zum anderen muss dies subjektiv von einer entsprechenden **Absicht** getragen sein.[39] 21

Die objektive Eignung, den eigenen oder fremden Absatz auf Kosten eines Mitbewerbers zu fördern, ist gegeben, wenn die Beteiligten in einem **Wettbewerbsverhältnis** stehen, wobei jedoch eine Branchengleichheit nicht erforderlich ist.[40] Die darüber hinaus erforderliche Wettbewerbsförderungsabsicht wird bei Vorliegen des Wettbewerbsverhältnisses in der Regel vermutet. Eine Ausnahme bilden jedoch mit Blick auf Art. 5 Abs. 1 GG Meinungsäußerungen, insbesondere im Rahmen der redaktionellen Tätigkeit von Presseorganen, wobei im Zusammenhang mit dem Internet vor allem **Internetzeitschriften** (**„E-Zines"**) zu erwähnen sind. In derartigen Fällen muss die Wettbewerbsabsicht stets positiv festgestellt werden.[41] Im Übrigen bestehen im Online-Wettbewerb gegenüber dem Offline-Wettbewerb hinsichtlich dieser Tatbestandsvoraussetzung aber keine Unterschiede. 22

3. Sittenwidrigkeit nach § 1 UWG

Sittenwidrig im Sinne des § 1 UWG ist ein Handeln immer dann, wenn es dem Anstandsgefühl der beteiligten Verkehrskreise widerspricht oder von der Allgemeinheit missbilligt und für untragbar gehalten wird.[42] Dieser Grundsatz gilt auch im Internet. Gleichermaßen finden die im Laufe der Jahre, vornehmlich von der Rechtsprechung, gebildeten **Fallgruppen**[43] – wie Kundenfang, Behinderung, Ausbeutung, Rechtsbruch und Marktstörung – einschließlich deren Untergruppen im Onlinegeschäft uneingeschränkte Anwendung. Daher sind Handlungen, wie Täuschungen, Belästigungen, übertriebenes Anlocken, gefühlsbetonte Werbung, Diskriminierung, 23

[37] Vgl. *LG Hamburg,* MMR 2000, 436 – luckystrike.de.

[38] *BGH* GRUR 1997, 313, 315 – Architektenwettbewerb; *BGH* MMR 2001, 671 – ambiente.de m.w.N. Vgl. dazu § 4 Rdnr. 17f.

[39] Vgl. *Köhler/Piper,* Einf. UWG Rdnr. 210ff.

[40] Vgl. *Baumbach/Hefermehl,* Einl. UWG Rdnr. 215ff.

[41] Dazu ausführlich *Köhler,* WRP 1998, 349 (351ff.).

[42] Umfassend dazu *Baumbach/Hefermehl,* Einl. UWG Rdnr. 66ff.

[43] Vgl. *Baumbach/Hefermehl,* Einl. UWG Rdnr. 158ff.

Preiskampf usw. auch im Internet sitten- und somit wettbewerbswidrig im Sinne des § 1 UWG.

4. Irreführung nach § 3 UWG

24 Neben § 1 UWG konkretisiert § 3 UWG einen speziellen Aspekt unlauteren Handelns, nämlich die Irreführung des Verbrauchers im geschäftlichen Verkehr. Unlauter verhält sich, wer im geschäftlichen Verkehr **irreführende Angaben über geschäftliche Verhältnisse** macht, wobei die Begriffe *Angaben* sowie *Verhältnisse* weit ausgelegt werden.[44] Obschon § 3 UWG irreführende „Angaben" verlangt und somit enger gefasst ist als das Täuschungsverbot, wie es sich aus § 1 UWG ergibt, ist § 3 UWG gegenüber § 1 UWG nicht *lex specialis.*[45] Beide Normen sind vielmehr nebeneinander anwendbar.

25 Insbesondere fallen unter das Irreführungsverbot des § 3 UWG Allein- oder Spitzenstellungsbehauptungen, Werbung mit Testergebnissen, die Angabe von Firmenzusätzen, aber auch Täuschungen über die Lieferbarkeit von Waren oder Herkunftstäuschungen. Bei alledem müssen die „Angaben" jedoch der **Nachprüfbarkeit** zugänglich sein, da reine Werturteile von § 3 UWG nicht erfasst werden.[46] **Irreführend** sind die Angaben dann, wenn die Gefahr besteht, dass sie von einer nicht unerheblichen Zahl der angesprochenen Verkehrskreise falsch verstanden wird. Auf die **Mittel,** mit der irreführende Angaben gemacht werden, kommt es nicht an, so dass es keine Rolle spielt, ob dies z. B. wörtlich oder bildlich, offline oder online geschieht, solange jedenfalls eine Wettbewerbshandlung vorliegt.

5. Ergänzender wettbewerbsrechtlicher Leistungsschutz

26 Im Internet kommt einem von § 1 UWG abgeleiteten Rechtsinstitut besondere Bedeutung zu: In bestimmten Fällen ist nach der Prüfung von Sonderschutzbestimmungen des gewerblichen Rechtsschutzes und Urheberrechts, wie das Patent-, Gebrauchsmuster-, Geschmacksmuster-, Marken- und das Urheberrechtsgesetz auch die Anwendung des § 1 UWG im Wege eines **ergänzenden wettbewerbsrechtlichen Leistungsschutzes**[47] in Erwägung zu ziehen, wenn die Spezialgesetze keinen Schutz bieten. Werden fremde Leistungen übernommen, die dem Sonderrechtsschutz aus irgend einem Grunde nicht zugänglich sind, können diese im Wege des ergänzenden Leistungsschutzes vor allem unter dem Aspekt der **unmittelbaren Leistungsübernahme** und der **(sklavischen) Nachahmung** wettbewerbsrechtlichen Schutz genießen.[48]

27 Gleichwohl ist zu beachten, dass § 1 UWG die nachgeahmte oder übernommene Leistung nicht als solche schützt, sondern lediglich Schutz gegen besonders anstö-

---

[44] Vgl. nur *Köhler/Piper,* § 3 Rdnr. 90 (zu „Angaben") und Rdnr. 219 (zu „Verhältnisse") jeweils m. w. N.

[45] *BGH* GRUR 1952, 582 (584) – Sprechstunden, st. Rspr.; *Köhler/Piper,* § 3 Rdnr. 15.

[46] *BGH* GRUR 1992, 66 (72) – Königlich-Bayerische Weisse; *BGHZ* 123, 13 (21) – Lohnkiller; *BGH* NJW 1999, 2736 – Verdachtsdiagnose; *Baumbach/Hefermehl,* § 3 UWG Rdnr. 12 f. m. w. N.

[47] Zum wettbewerbsrechtlichen Leistungsschutz *Nirk,* GRUR 1993, 247; *Fezer,* WRP 1993, 63 ff.

[48] Beispiele aus der jüngeren Rechtsprechung: *BGH* GRUR 1997, 754 – grau/magenta (Schutz einer Farbkombination); GRUR 1998, 943 – Farbkennnummern; *BGHZ* 138, 143 – Les-Paul-Gitarren (Gestaltung einer berühmten Gitarre); GRUR 1999, 751 – Güllepumpen (Nachahmung technischer Geräte); GRUR 1999, 923 – Tele-Info-CD; GRUR 2000, 521 – Modulgerüst.

ßige **Unlauterkeitsmomente** bietet,[49] da anderenfalls die Tatbestandsmerkmale des Sonderrechtsschutzes umgangen würden und so unter Zuhilfenahme des § 1 UWG neue „Ersatzausschließlichkeitsrechte"[50] geschaffen würden. Es entspricht dem gesetzgeberischen Willen, gewisse Leistungen gerade nicht unter einen speziellen Schutz zu stellen. So ist die Imitation von Leistungen ein grundlegender Bestandteil des Wettbewerbs, da nur so eine angemessene Versorgung der Nachfrager gewährleistet wird, ohne dass es zur Monopolbildung kommt. Gleichenfalls wäre bei einem generellen Verbot der Nachahmung wirtschaftlicher, technischer und kultureller Stillstand zu befürchten. Infolgedessen ist die Nachbildung von Leistungen, für die kein Sonderrechtsschutz besteht, grundsätzlich zulässig. Es müssen vielmehr besondere Umstände hinzutreten, die eine Handlung als solche unlauter erscheinen lassen.[51] Der ergänzende wettbewerbsrechtliche Leistungsschutz kann nur vor besonders anstößigem, unlauterem Verhalten einen Schutz bieten.

Es leuchtet ein, dass nicht jede noch so unbedeutende Leistung einen Schutz genießen kann. 28 Für die Bejahung eines Leistungsschutzes muss folglich verlangt werden, dass die streitbefangene Leistung selbst eine **wettbewerbsrechtliche Eigenart** aufweist. Eine Leistung besitzt dann eine wettbewerbsrechtliche Eigenart auf, wenn sie Merkmale aufweist, die geeignet sind, auf die betriebliche Herkunft oder auf die Besonderheit eines Erzeugnisses hinzuweisen, wobei es allerdings nicht auf die Bekanntheit ankommt.[52]

III. Wettbewerbsrechtliche Neben- und Spezialgesetze

Neben dem UWG bestehen auch eine Reihe wettbewerbsrechtlicher Neben- bzw. 29 Spezialgesetze, die ebenfalls bei der rechtlichen Beurteilung von Internetsachverhalten heranzuziehen sind. Verstöße gegen außerhalb des UWG liegende Normen können unter dem Aspekt des **Vorsprungs durch Rechtsbruch** auch eine Sittenwidrigkeit nach § 1 UWG begründen. Anders als vertragliche Rechtsbrüche, die in der Regel nur zivilrechtliche Folgen *inter partes* haben, sind außervertragliche Rechtsbrüche grundsätzlich geeignet, auch den Wettbewerb zu beeinträchtigen. Nicht jeder Gesetzesverstoß führt aber zur Wettbewerbswidrigkeit nach § 1 UWG. Vielmehr muss geprüft werden, ob es sich bei der betreffenden Bestimmung um eine wertneutrale oder wertbezogene Norm handelt. **Wertbezogene Normen** sind vornehmlich solche, die dem Schutze der Volksgesundheit oder der Rechtspflege dienen oder aber unmittelbar wettbewerbsbeeinflussend sind. Wird gegen sie verstoßen, so ist die Verletzungshandlung gewöhnlich auch gleichzeitig wettbewerbswidrig i. S. d. § 1 UWG, ohne dass es weiterer Umstände bedarf.[53]

Demgegenüber sind **wertneutrale Normen** meist ordnungsrechtlicher Natur. Sie 30 enthalten weder ein sittliches Gebot noch dienen sie dem Schutze überragender Gemeinschaftsgüter. Bei der Verletzung solcher Normen bedarf es zur Annahme eines Verstoßes gegen § 1 UWG weiterer besonderer Umstände, die eine Unlauter-

---

[49] *Nirk*, GRUR 1993, 247 (249).

[50] *Emmerich*, S. 122; aus der Rechtsprechung zuletzt etwa *BGHZ* 138, 349 = GRUR 1999, 161 – MAC Dog; *BGH* WRP 2001, 1294 – Laubhefter.

[51] Vgl. hierzu etwa *Nirk*, GRUR 1993, 247 (250) m. w. N. sowie die in Fn. 49 aufgeführten Urteile.

[52] *BGH* NJW 1991, 2211 (2212).

[53] Dazu *Baumbach/Hefermehl*, § 1 Rdnr. 613 ff. m. w. N.

keit begründen.[54] Dies ist vor allem der Fall, wenn der Handelnde bewusst und planmäßig gegen die Bestimmungen verstößt, obwohl für ihn erkennbar ist, dass er dadurch einen sachlich ungerechtfertigten Wettbewerbsvorsprung vor seinen Mitbewerbern erlangen kann.[55]

31 Die **Preisangabenverordnung** (PAngVO) enthält verbraucherschützende Bestimmungen, die sowohl die Preiswahrheit als auch die Preisklarheit gewährleisten. Der Gesetzgeber hatte hier im Blick, dass dem Verbraucher Klarheit über die Preise und deren Gestaltung verschafft werden soll und zudem verhindert werden soll, dass er seine Preisvorstellungen anhand untereinander nicht vergleichbarer Preise gewinnen muss. Da es sich bei der PAngVO um eine wertneutrale Bestimmung handelt,[56] bedarf es zur Bejahung eines Verstoßes gegen § 1 UWG im Allgemeinen weiterer unlauterer Umstände.

32 Ebenfalls dem Schutze des Verbrauchers dienen die auf Grund der EG-Fernabsatzrichtlinie (FARL)[57] nunmehr in das BGB integrierten Bestimmungen über **Fernabsatzgeschäfte** (§§ 312 b ff. BGB).[58] Sie finden auf alle Verbraucherverträge Anwendung, die im Wege des Fernabsatzes – also auch über das Internet – zwischen Unternehmern und Verbrauchern geschlossen werden (vgl. § 312 b Abs. 1, Abs. 2 BGB). Die sich aus § 312 c BGB und § 312 e BGB in Verbindung mit der Verordnung über Informationspflichten nach dem Bürgerlichen Recht (**BGB-InfoVO**) ergebenen Hinweispflichten des Unternehmers sowie die weitreichende Widerrufsrechte des Verbrauchers (§ 312 d BGB) tragen dem Umstand Rechnung, dass der Verbraucher bei Fernabsatzgeschäften typischerweise keine Möglichkeit hat, Waren oder Dienstleistungen vor Abschluss des Vertrages zu prüfen.[59]

33 Sowohl der landesrechtliche **Mediendienste-Staatsvertrag (MDStV)** als auch das bundesrechtliche **Teledienstegesetz** (TDG) enthalten unmittelbar anwendbare wettbewerbsrechtliche Bestimmungen. So wurden im MDStV der Schutz der Jugend vor Werbung (§ 13 Abs. 1 MDStV), das Trennungsgebot von Werbung (§§ 10 Abs. 4; 13 Abs. 2 MDStV) sowie die **Anbieterkennzeichnungspflicht** (§ 10 MDStV) aufgenommen. Geschäftsmäßige Teledienste unterliegen dieser Kennzeichnungspflicht nach § 6 TDG. Da es sich bei der Impressungspflicht nach § 6 TDG/§ 10 MDStV um eine wertbezogene Norm handelt (str.), wird bei einem Verstoß zugleich § 1 UWG verletzt.[60]

34 Ferner sind im Internet auch spezielle **standes- und berufsrechtliche Regelungen** zu beachten. Bei diesen handelt es sich meist um wertbezogene Normen, so dass ein Verstoß zugleich eine Verletzung des § 1 UWG darstellt. Hervorzuheben sind vor allem gesundheitsschützende Regelungen, wie das **Heilmittelwerbegesetz** (HWG), das **Lebensmittel- und Bedarfsgegenständegesetz** (LMBG), das **Arzneimittelgesetz**

---

[54] Vgl. *Baumbach/Hefermehl*, § 1 Rdnr. 630 ff.

[55] St. Rspr., z. B. *BGH* GRUR 1974, 280 – Divi; GRUR 1995, 427 – Schwarze Liste.

[56] *BGH* NJW 1991, 2706 (2707) – Nebenkosten; *Köhler/Piper*, Einf. PAngV Rdnr. 18 m. w. N.

[57] Richtlinie 97/7/EG des Europäischen Parlaments und des Rates vom 20. 5. 1995 über den Verbraucherschutz bei Vertragsabschlüssen im Fernabsatz, Abl. EG L Nr. 144/19.

[58] Bejahend *OLG Frankfurt*, MMR 2001, 529 (530).

[59] Zum Ganzen: *Hoenike/Hülsdunk*, MMR 2002, 415 ff. sowie *dies.* MMR 2002, 516 ff.

[60] *Landgericht Düsseldorf*, Urteile vom 7. 11. 2002 – 34 O 172/02 – sowie vom 25. 11. 2002 – 34 O 188/02 –. A. A. jedoch LG Hamburg JurPC Web-Dok. 150/2002. Einen Verstoß bejaht aber das LG Hamburg, JurPC Web-Dok. 370/2002: „Selbst wenn § 6 TDG als wertneutral einzustufen ist, so verschafft sich die Ag. doch einen wettbewerblichen Vorteil, wenn sie Geschäfte über Warenlieferungen abschließt, ohne die Nutzer ihrer Teledienste über ihren Vertragspartner ins Bild zu setzen."

(AMG) sowie Vorschriften zum Schutze der Rechtspflege, wie das **Rechtsberatungsgesetz** (RBerG), das **Steuerberatungsgesetz** (StBerG) und die **Bundesrechtsanwaltsordnung** (BRAO).

Nicht zuletzt dem der E-Commerce-Richtlinie entsprungenen Herkunftslandprinzip ist es zu verdanken, dass sowohl das **Rabattgesetz** (RabattG)[61] als auch die **Zugabeverordnung** (ZugabeVO)[62] als wettbewerbsrechtliche Spezialgesetze zum Erliegen kamen. In Deutschland ansässige Unternehmen, die bei der Vergabe von Rabatten und Zugaben an die einschränkenden Bestimmungen gebunden wären, hätten gegenüber den internationalen Konkurrenten, die ihrerseits diesen Beschränkungen nicht unterliegen würden, erhebliche Wettbewerbsnachteile. Gleichwohl ist man sich einig, dass in besonders schwerwiegenden Fällen vor allem die §§ 1, 3 UWG gleichsam als Wächter über die Lauterkeit des Wettbewerbs die durch den Fall der Spezialgesetze entstandenen Lücken schließen werden müssen.[63] 35

IV. Selbstregulierung und Empfehlungen

Zum Zwecke der Ersetzung fehlender, aber auch Ergänzung bestehender gesetzlicher Regelungen haben Verbände, Organisationen, Interessensgruppen aber auch einzelne Anbieter Regelungswerke[64] entwickelt, um selbstregulativ und selbstverpflichtend bestimmte Verhaltenweisen zu kontrollieren und zu sanktionieren bzw. Fehlverhalten präventiv zu verhindern. Die als „Netiquetten", „Verhaltensregeln", „Freiwillige Selbstkontrollen", „Richtlinien" oder „Empfehlungen" vorzufindenden Bestimmungen entziehen sich dabei bewusst der staatlichen Kontrolle. Da sie keinerlei Drittwirkung entfalten, gelten sie lediglich für die Mitglieder der jeweiligen Gruppe bzw. für diejenigen, die sich ihnen vertraglich unterworfen haben. Dritte sind mithin an diese Bestimmungen nicht gebunden, da sie ihnen nicht aufgezwungen werden können.[65] Wenngleich der Ruf nach Selbstregulierung des Internet nicht verstummen mag,[66] wird ihr auch auf absehbare Zeit keine größere Bedeutung zukommen. 36

VI. Europäisches Gemeinschaftsrecht

Wettbewerbshandlungen sind grundsätzlich auch auf deren Vereinbarkeit mit dem **Gemeinschaftsrecht,** das vor allem den freien Warenverkehr in der Gemeinschaft garantieren will, zu überprüfen. Neben dem EGV (siehe etwa Art. 28 f. EVG und Art. 48 EGV) regeln insbesondere zahlreiche europäische Richtlinien konkretisierend bestimmte Aspekte des Wettbewerbs. Die **Irreführungsrichtlinie**[67] von 1984 37

---

[61] Aufgehoben durch das Gesetz zur Aufhebung des Rabattgesetzes und zur Anpassung anderer Vorschriften vom 23. 7. 2001, BGBl. 2001 I, S. 1663.

[62] Aufgehoben durch das Gesetz zur Aufhebung der Zugabeverordnung und zur Anpassung weiterer Rechtsvorschriften vom 23. 7. 2001, BGBl. I 2001 S. 1661.

[63] Zu den Auswirkungen der Aufhebung von RabattG und ZugabeVO *J. Nordemann,* NJW 2001, 2505 ff.; *Heermann,* WRP 2001, 855 ff.; *Haedicke,* CR 2001, 788 ff.

[64] Zum Ganzen *Christiansen,* MMR 2000, 123 ff. m. w. N.; *Jung,* GRUR Int. 1998, 841 ff.; Beispiele finden sich bei *Leupold/Bräutigam/Pfeiffer,* WRP 2000, 575 (586 ff.).

[65] Allg. Ansicht, vgl. *Christiansen,* MMR 2000, 123 (125); *Schack,* MMR 2000, 59 f.; *Dustmann,* S. 223 f. m. w. N.

[66] Grundlegend insoweit *Johnson/Post,* Stanford L. Rev. 48 (1996), 1367 ff.

[67] Richtlinie 84/450/EWG des Rates über irreführende und vergleichende Werbung vom 10. 9. 1984, ABl. EG Nr. L 250/17.

etwa verbietet es den Unternehmen, Verbraucher bei dem Einsatz von Werbung irrezuführen, wobei die Definition des Begriffes „Irreführung" indessen den nationalen Rechtsordnungen und den Gerichten überlassen wurde. Änderungen und Ergänzungen erfuhr sie durch die **Richtlinie über irreführende und vergleichende Werbung**[68] von 1997, die in Deutschland bereits in nationales Recht umgesetzt wurde (vgl. § 2 UWG). Im Kontext des Gemeinschaftsrechts seien schließlich erneut die **Fernabsatzrichtlinie**[69] und **E-Commerce-Richtlinie**[70] genannt.

C. Wettbewerbsrecht im Internet

38 Nachfolgend werden die wichtigsten Erscheinungsformen wettbewerbsrelevanten Handelns im Internet dargestellt und auf ihre rechtliche Zulässigkeit untersucht. Freilich bleibt dies auf eine Auswahl typischer Problemen beschränkt. Zu mannigfaltig sind die Handlungsmöglichkeiten im Internet, um alle wettbewerbsrechtlichen Fallkonstellationen aufzuzeigen. Die Darstellung wird aber zeigen, dass die im Offline-Bereich aufgestellten Grundsätze zum Schutze des lauteren Wettbewerbs durchweg im Internet zum Tragen kommen. Während die *Abschnitte I.* und *II.* die – im Internet besonders bedeutsame – Werbung in ihren verschiedensten Erscheinungsformen behandeln, widmet sich *Abschnitt III.* den sonstigen wettbewerbsrelevanten Handlungen im Internet.[71]

I. Werbeformen im Internet

39 Wie eingangs erwähnt bietet das Internet eine Vielzahl an Werbemöglichkeiten. Kaum eine technische Innovation wird ausgelassen, um sie nicht auch für die Werbung einzusetzen. Werbung ist im Internet allgegenwärtig. Dabei haben sich einige typische Varianten herauskristallisiert, die im Internetalltag häufig vorzufinden sind. Mitunter erscheinen diese aber unter wettbewerbsrechtlicher Sicht bedenklich.

1. Bannerwerbung und werbende Linkverwendung

40 Der Einsatz von Werbebannern ist eine der ältesten Erscheinungsformen der Werbung im Internet und auch die wohl heute noch am weitesten verbreitete.[72] Immerhin wurden im Jahr 2000 rund 60% der Onlinewerbeausgaben in Bannerwerbung investiert.[73] Dies ist zum einen auf die vergleichsweise günstigen Kosten zurückzuführen, zum anderen auf deren nachgewiesene Effizienz: Studien belegen, dass die Internetnutzer beim Surfen Werbebanner durchaus wahrnehmen und sich

---

[68] Richtlinie 97/55/EG des Europäischen Parlamentes und des Rates über irreführende Werbung zwecks Einbeziehung der vergleichenden Werbung vom 6. 10. 1997, ABl. EG Nr. L 290/18.

[69] Richtlinie 97/7/EG des Europäischen Parlaments und des Rates vom 20. 5. 1995 über den Verbraucherschutz bei Vertragsabschlüssen im Fernabsatz, ABl. EG Nr. L 144/19.

[70] Siehe oben Fn. 22 Richtlinie 2000/31/EG des Europäischen Parlaments und des Rates vom 17. 6. 2000 über bestimmte rechtliche Aspekte der Dienste der Informationsgesellschaft, insbesondere des elektronischen Geschäftsverkehrs, im Binnenmarkt, ABl. EG Nr. L 178/1.

[71] Die wettbewerbrechtlichen Probleme von Internet-Domains werden in § 6 Rdnr. 104 ff. dargestellt.

[72] Zu den damit einhergehenden Verträgen § 13 Rdnr. 342 ff.

[73] G+J Electronic Media Sales, Das Handbuch zur Online-Werbewirkung, 2001, S. 22, http://ems.guj.de/ [abgerufen am 1. 5. 2002].

jeder vierte, der die Werbung registriert hat, sogar an dessen Inhalte erinnert.[74] Nach wie vor erweisen sich Banner also als verlässliche Werbeträger.

a) Arten der Bannerwerbung

41 In den Anfängen des Internet waren lediglich **statische Banner**[75] vorzufinden, die aber noch heute vielfach eingesetzt werden. Es handelt sich dabei um grafisch und/oder textlich gestaltete – jedoch nicht animierte – Werbeflächen, die mit normalen Anzeigen in den Printmedien vergleichbar sind. Sie enthalten beispielsweise die Marke oder die Unternehmensbezeichnung des Inserenten, Abbildungen von Produkten oder Werbeslogans. Da aber statische Banner auf Grund ihrer Schlichtheit von den Internetnutzern mitunter übersehen werden, wurden und werden diese um weitere Elemente erweitert. So entstanden **animierte Banner**, mittels derer mehrere Einzelbilder hintereinander eingeblendet werden können, so dass kleinere Animationen entstehen, die die Aufmerksamkeit der Nutzer auf sich ziehen sollen. Ein statischer oder animierter Banner fungiert letztlich als optisch aufbereiteter **Link** zu dem Internetauftritt des Inserenten, d. h. durch das Anklicken dieser Banner gelangt man unmittelbar auf das Webangebot des Werbenden. Für die Bannerwerbung haben sich mittlerweile einige Standardgrößen[76] durchgesetzt, die international weitgehend freiwillig eingehalten werden und auch eine einheitliche Vergütungsgrundlage bieten.

42 Neue Bannerarten bestehen nicht mehr nur aus einer einzelnen anklickbaren statischen oder animierten Grafik, sondern können beispielsweise in verschiedene Zonen, sog. „Hotspots", aufgeteilt werden (**Hotspot-Banner**). Je nachdem, welcher Bereich des Banners angeklickt wird, werden dem Anwender unterschiedliche Inhalte präsentiert, so dass direkt auf das „Klickverhalten" des Verbrauchers reagiert werden kann. Andere Banner enthalten darüber hinaus komplette Menüs, die es ebenfalls ermöglichen, dass der Nutzer gezielte Informationen abzurufen vermag (**HTML-Banner**). Zudem werden Banner multimedial aufbereitet, indem Musik, Sprache und Geräuscheffekte integriert werden (**Rich-Media-Banner**). Die wohl neueste Entwicklungsstufe stellen **Nanosite-Banner** dar: Hierbei handelt es sich um komplette Internetseiten in Banner-Größe. Der Anwender navigiert innerhalb der Werbung so, als befinde er sich auf einer separaten Homepage, ohne jedoch die zuvor angewählte – die werbetragende Seite – verlassen zu müssen. Mit den **Mouse-Move-Bannern** geht man einen anderen Weg: Statt der Präsentation eines Banners auf einer Internetseite, „heften" sich diese kleinen Werbeflächen an die Seite des Maus-Zeigers und verlassen diese relative Position zum Cursor auch dann nicht, wenn die Computer-Maus bewegt wird. Mit dem Umherfahren der Maus bewegt man also gleichzeitig ein Werbebanner über den Bildschirm. Dies eignet sich zum Beispiel zur ständiger Anzeige der Marke oder der Firmenbezeichnung.[77]

b) Trennungsgrundsatz und redaktionelle Werbung

43 Die technische Entwicklung der Banner macht deutlich, dass die Bestrebungen dahin gehen, Werbung immer auffälliger zu gestalten, um von der Zielgruppe über-

---

[74] EMS/MediaTransfer-Banner-Studie, 1999, S. 34, http://ems.guj.de/ [abgerufen am 1. 5. 2002].

[75] Beispiele zu einzelnen Bannerarten finden sich unter http://www.werbeformen.de.

[76] Z. B. „Vollbanner" (468 x 60 Pixel), „Halbbanner" (234 × 60 Pixel), „Drittelbanner" (156 × 60 Pixel).

[77] Vgl. zu den Verträgen über Bannerwerbung § 13 Rdnr. 342 ff.

haupt wahrgenommen zu werden. Denn mittlerweile stellt sich bei den Anwendern bereits ein **Gewöhnungseffekt** ein, der bisweilen dazu führt, dass Werbung schlichtweg übersehen wird. Neben diesem Streben nach Aufmerksamkeit wird aber auch – im Gegensatz dazu – versucht, Werbung gerade unauffällig in Webinhalte einzubinden, damit sie nicht mehr als solche identifiziert werden kann. So wird bezahlte Werbung als **redaktioneller Beitrag** getarnt oder innerhalb eines tatsächlich vorliegenden, vermeintlich objektiven und kritisch reflektierenden, redaktionellen Beitrages **Neutralität** oder **Objektivität** der Berichterstattung vorgetäuscht.[78] Die Situation ist in diesen Fällen letztlich immer die Gleiche: Der Verbraucher geht irrigerweise von einer Situation aus, die augenscheinlich vorzuliegen scheint, jedoch tatsächlich nicht gegeben ist.

44 Im **Presserecht** besteht seit jeher das Gebot, Werbung von den übrigen Inhalten zu trennen.[79] Dies bedeutet, dass bezahlte Werbung als solche erkennbar sein muss. Notfalls geschieht das durch ergänzende Hinweise wie „Anzeige“ oder „Werbung“. Daneben ist bei redaktionellen Beiträgen zu prüfen, inwieweit die notwendige Neutralität und Objektivität gewahrt wurde. Im Zuge dessen muss stets hinterfragt werden, in welchem Maß Neutralität oder Objektivität von den Leserkreisen überhaupt erwartet wird bzw. erwartet werden kann. So dürften etwa die Leser eines kostenlosen (Offline-)Anzeigenblattes ihre Erwartungen an deren Neutralität nicht allzu hoch ansetzen,[80] so dass dort gewisse werbende Effekte einer Berichterstattung hinzunehmen sind. Diese differenzierte Betrachtungsweise dürfte auch im Internet anzustrengen sein.

45 Geht es um Pressetätigkeiten ist – wie bereits erwähnt[81] – darauf zu achten, dass die für einen Wettbewerbsverstoß erforderliche **Wettbewerbsförderungsabsicht** positiv festgestellt werden muss. Während diese im **Anzeigengeschäft** der Presse grundsätzlich gegeben ist,[82] ist sie im redaktionellen Bereich meist zu verneinen. Mit Blick auf die verfassungsrechtlich garantierte Meinungsfreiheit kann der Presse grundsätzlich eine **positive Berichterstattung** nicht verwehrt werden. Es bedarf vielmehr besonderer Umstände, welche die Absicht, einen fremden Wettbewerb zu fördern, erkennen lassen. Dies kann etwa bei marktschreierischen, unsachgemäßen Anpreisungen der Fall sein. Die Schwelle zur Unzulässigkeit ist dann überschritten, wenn innerhalb eines Berichtes bewusst unwahre Angaben gemacht werden, um den Absatz eines Produktes zu fördern. Spätestens hier ist von einer unzulässigen redaktionellen Werbung auszugehen.

46 Anfänglich umstritten war die Frage, ob das Trennungsgebot auch im **Onlinebereich** – insbesondere bei der Verwendung von Bannern und sonstigen Links – gilt. Da es sich bei Online-Publikationen nicht um „Druckwerke“ handelt, kam die Anwendung der Landespressegesetze nicht in Betracht.[83] In TDG und MDStV ist das Trennungsgebot nunmehr eindeutig gesetzlich verankert: Für **Mediendienste** bestimmt § 13 Abs. 2 Satz 1 MDStV[84], dass Werbung als solche klar erkennbar und

---

78 Zur redaktionellen Werbung im Ganzen *Köhler,* WRP 1998, 349 (353 ff.).
79 Vgl. etwa für NRW § 10 LPG; Baden-Württemberg § 10 LPG; Bayern § 9 LPG; Brandenburg § 11 LPG.
80 *Köhler,* WRP 1998, 349 (355).
81 Vgl. oben Rdnr. 22.
82 Vgl. etwa *BGH* NJW-RR 1994, 872 – Kosmetikstudio.
83 *Gummig,* ZUM 1996, 573 (578); *Leupold/Bräutigam/Pfeiffer,* WRP 2000, 575 (584).
84 Die Vorschrift entspricht § 9 Abs. 2 S. 1 MDStV a. F.

vom übrigen Inhalt der Angebote eindeutig getrennt sein muss. Für **Teledienste** sieht nun § 7 Nr. 1 TDG in Umsetzung von Art. 6 ECRL vor, dass „kommerzielle Kommunikation" als solche klar erkennbar sein muss,[85] d.h. sie muss in ihrem Charakter als kommerzielle Kommunikation von anderen Informationen klar abgehoben sein.[86] Der Begriff der „kommerziellen Kommunikationen"[87] ist dabei denkbar weit gefasst und umfasst auch Formen der mittelbaren Absatzförderung. Zu Recht verweist die Begründung des Regierungsentwurfs des EGG darauf, dass die Regelung lediglich das bisherige Transparenzgebot deklaratorisch bestätige, wie bisher **aus dem UWG** bestätigt.[88]

Täuscht ein Anbieter z.B. durch die optische Gestaltung seiner Werbung einen redaktionellen Beitrag vor oder erweckt der Autor einer Publikation den Eindruck einer neutralen, unbefangenen Information, liegt die Fallgruppe des **Kundenfangs durch Täuschung** nach § 1 UWG vor, da hier unzulässig auf den Verbraucher eingewirkt und seine Entscheidungsfreiheit beeinträchtigt wird. Da die Leser eines redaktionell recherchierten Beitrages in der Regel auf die Sachkunde der Redakteure vertrauen, stehen sie diesen Beiträgen wesentlich unkritischer gegenüber, als sie es gegenüber einer Werbung tun.[89] Wird dieses Vertrauen durch eine Täuschung ausgenutzt, liegt ein unlauteres Handeln vor – ungeachtet dessen, ob Werbung getarnt oder redaktionelle Werbung betrieben wird. Anstatt den Kunden zu umwerben, wird er in diesen Fällen gleichsam „gefangen". 47

Sei es über die Anwendung des § 13 Abs. 2 S. 1 MDStV, § 7 Nr. 1 TDG oder des § 1 UWG: Da die Verbraucher im Internet nicht weniger eines Schutzes vor täuschenden Werbemethoden bedürfen, gilt das Trennungsgebot online wie offline. Dabei sind die Ansprüche an das Trennungsgebot stets dem jeweiligen Medium anzupassen. Bei dieser **medienspezifischen Differenzierung** ist auch die Erwartungshaltung der betroffenen Kreise, hier also die der Internetnutzer, zu berücksichtigen.[90] Der durchschnittlich versierte Internetanwender ist mittlerweile Onlinewerbung gewohnt und kann die standardisierten Werbeformen durchaus als solche identifizieren. Bei Bannern beispielsweise wird sich eine gesonderte Kennzeichnung („Anzeige" oder ähnliches) oftmals erübrigen, da sie meist auf Grund ihrer Gestaltung schon als Werbung zu erkennen sind. 48

Bei dem Einsatz einfacher **Textlinks,** bei denen nicht schon die Form einen Aufschluss über den Werbecharakter gibt, ist dagegen genau zu prüfen, inwieweit diese Werbecharakter besitzen und mithin gegebenenfalls entsprechend gekennzeichnet werden müssen. Dies gilt in besonderem Maße für redaktionell gestaltete **E-Zines,** dem internetspezifischen Pendant zu Zeitungen und Zeitschriften. Wird im Rahmen eines redaktionellen Beitrages per Link auf ein Produkt, auf eine Dienstleistung 49

---

[85] Ebenso § 8 Nr. 1 MDStV, wobei das Verhältnis zu § 13 Abs. 2 TDG offen bleibt.

[86] So die Begründung des EGG-Regierungsentwurfs vom 17. 5. 2001 zu § 7 TDG, BT-Drs. 14/6098, S. 22.

[87] Der Begriff wird in § 3 Nr. 5 TDG definiert als „jede Form der Kommunikation, die der unmittelbaren oder mittelbaren Förderung des Absatzes von Waren, Dienstleistungen oder des Erscheinungsbilds eines Unternehmens, einer sonstigen Organisation oder einer natürlichen Person dient, die eine Tätigkeit im Handel, Gewerbe oder Handwerk oder einen freien Beruf ausübt".

[88] *Kiethe,* WRP 2000, 616 (622) m.w.N.; *Ernst,* NJW-CoR 1997, 224 (227); *Hoeren/Sieber/Körner/Lehment,* Teil 11.1, Rdnr. 167; *Leupold/Bräutigam/Pfeiffer,* WRP 2000, 575 (588).

[89] *Marwitz,* MMR 1998, 188 (190).

[90] *Boehme-Neßler,* ZUM 2001, 547 (554).

oder ein Unternehmen verwiesen, muss untersucht werden, ob es sich um unzulässige **redaktionelle** bzw. **koppelnde Werbung** oder um eine der Informationsaufgabe gerecht werdende **sachliche Information** handelt.[91] Steht die sachliche Information im Vordergrund, sind die mit der Erwähnung und Verlinkung von Unternehmen einhergehenden Werbewirkungen hinzunehmende Nebenfolgen.[92] Keinen Unterschied macht es dabei, ob weiterführende Fundstellen im Internet **„anklickbar"** (also als Link) angeboten werden oder eine rein textliche Erwähnung stattfindet, auf Grund derer ein Anwender die Adresse selbst in den Browser eintippen bzw. dorthin kopieren muss.[93] Das gegen diese Auffassung angeführte Hauptargument, dass die Grenzen zwischen inhaltlicher Information und Werbung verschwimmen,[94] kann jedenfalls dann nicht überzeugen, wenn deutlich erkennbar ist, dass die hinter dem Link liegenden Angebote nicht mehr zum redaktionellen Inhalt gehören. Ist zuvor überprüft worden, ob die Erwähnung eines Unternehmens, eines Produktes oder einer Dienstleistung zu Informationszwecken oder zur Meinungsbildung erfolgte, ist es im nächsten Schritt unerheblich, ob der Anwender die Adresse anklickt, sie aus dem Artikel abschreibt oder in seine Adresszeile kopiert. Links stellen hier lediglich einen benutzerfreundlichen Zusatzdienst dar,[95] ohne dass der Nutzer dies als „besondere Empfehlung" empfinden würde. Ohne weitere Anhaltspunkte begründet allein das Setzen eines Hyperlinks – und sei es auch an einer vom Fließtext abgesonderten Stelle – nicht die besonders festzustellende Wettbewerbsförderungsabsicht.[96]

c) Unternehmens-Homepages

50 Wenngleich der Trennungsgrundsatz auch im Internet zu beachten ist, bleibt umstritten, ob dies ausnahmslos für alle Internetauftritte gilt oder im Einzelfall einer einschränkenden Korrektur bedarf. Zu denken ist vor allem an Internetpräsenzen von Unternehmen (**Unternehmens-Homepages**), auf denen unternehmenseigene oder fremde Produkte und Dienstleistungen beschrieben oder angepriesen werden. Muss beispielsweise die Deutsche Telekom AG auf ihrer Homepage darauf hinweisen, dass es sich bei Darstellung eines neuen Telefontarifes oder Faxgerätes um Werbung handelt?

aa) Unternehmens-Homepages als Werbung?

51 Im ersten Schritt wäre zu überlegen, ob Unternehmens-Homepages insgesamt und generell **selbst Werbung** darstellen, mit der Konsequenz, dass die gesamte Homepage als Werbung zu kennzeichnen wäre. Teilweise werden Unternehmens-Homepages generell als Werbung eingestuft, weil sie eine Unterscheidung zwischen Werbung und sonstigen Inhalten nicht mehr zuließen.[97] Dies ist aber zweifelhaft. Einen ersten Anhaltspunkt für die Beantwortung dieser Frage gibt die **Definition des Begriffes „Werbung"**, wie sie von der h. M. formuliert wird. Danach ist Werbung jede an eine andere Person gerichtete geschäftliche Anpreisung von Waren

[91] *Gummig,* ZUM 1996, 573 (581).
[92] *Hoeren,* Grundzüge, § 4, S. 55 m. w. N.
[93] A. A. *Hoeren,* Grundzüge, § 4, S. 55; *Hoeren/Sieber/Körner/Lehment,* Teil 11.1, Rdnr. 173.
[94] *Hoeren,* Grundzüge, § 4, S. 55.
[95] So auch Kammergericht, MMR 2002, 119 (120) – n. rkr.; *Gumming,* ZUM 1996, 573 (582).
[96] Kammergericht, MMR 2002, 119 (n. rkr.).
[97] So *Hoeren,* WRP 1997, 993 (995).

oder Leistungen,[98] wobei diese sich – im Gegensatz von Public Relations, die auf die Öffentlichkeit zielt – an den Verbraucher richtet.[99] Der Begriff wird weiterhin auf Gemeinschaftsebene definiert:[100] Nach Art. 2 Abs. 1 der Richtlinie über irreführende Werbung[101] ist unter Werbung jede Äußerung bei der Ausübung des Handels, Gewerbes, Handwerks oder freien Berufes mit dem Ziel des Warenabsatzes bzw. der Erbringung einer Dienstleitung zu verstehen. Von dieser Definition ausgehend ist auch der **Sinn und Zweck** des Trennungsgebotes zu beachten. Mit ihm soll verhindert werden, dass durch die Vermengung von Werbung und redaktionellem Teil Neutralität und Objektivität vorgetäuscht werden, wodurch der Verbraucher irregeführt wird und sich nicht mehr kritisch und vergleichend mit diesen Angeboten und deren Alternativen auseinander setzt. Dies gilt umso mehr, seit auch in Deutschland **vergleichende Werbung** grundsätzlich erlaubt ist (vgl. § 2 UWG) und diese möglicherweise mit einer kritischen Berichterstattung zu verwechseln ist.

Zieht man diese Kriterien in die Beurteilung mit ein, kommt man zu dem Ergeb- 52
nis, dass – wie so oft – allein im **Einzelfall** zu entscheiden ist, ob sich eine Homepage allein anpreisend an die Verbraucher richtet oder aber (zumindest auch) redaktionelle oder an die Öffentlichkeit gerichtete Inhalte enthält:[102] Ist die gesamte Homepage eines Unternehmens darauf gerichtet, Produkte oder Dienstleistungen bei Verbrauchern anzupreisen, kann durchaus die gesamte Homepage als „Werbung“ eingestuft werden. Eine deutliche Überstrapazierung des Trennungsgebotes wäre es aber, dann *generell* eine entsprechende Kennzeichnung des gesamten Webauftrittes zu verlangen. Solange erkenntlich ist, dass es sich um eine werbende Unternehmens-Homepage handelt, kann auf einen derartigen Hinweis verzichtet werden, da Verbraucherinteressen nicht tangiert sind.

Anders verhält es sich, wenn die Aufmachung der Homepage Anlass dazu gibt, 53
von einem redaktionellen Angebot auszugehen, ohne dass dabei der Internetauftritt als Unternehmens-Homepage zu erkennen ist. Ist etwa eine Homepage wie eine **elektronische Zeitschrift (E-Zine)** gestaltet, wäre im Einzelfall zu beurteilen, ob dadurch der Verbraucher getäuscht wird und gegebenenfalls eine Kennzeichnung zu verlangen ist.[103] Vergleichbar wäre dies mit Dauerwerbesendungen („Homeshopping“) im Fernsehen, die dem ersten Anschein nach den Eindruck erwecken, es handele sich um kritische Verbrauchersendungen. Aus diesem Grunde ist dort eine entsprechende Kennzeichnung erforderlich (vgl. § 7 Abs. 5 RStV). Enthält eine Webpräsenz neben Werbeseiten auch andere Teile (z. B. Jahresberichte für Aktio-

---

[98] *Baumbach/Hefermehl,* Vor §§ 3–8 UWG Rdnr. 1.

[99] Vgl. nur *Baumbach/Hefermehl,* Vor §§ 3–8 UWG Rdnr. 4 m. w. N.

[100] Für spezielle Bereiche gibt es hingegen spezielle Definitionen. Vgl. Art. 1 Abs. 3 Satz 1 der Richtlinie 92/28/EWG vom 31. 3. 1992 über die Werbung für Humanarzneimittel.

[101] Richtlinie 84/450/EWG des Europäischen Parlamentes und des Rates über irreführende Werbung vom 10. 9. 1984, ABl. EG Nr. L 250/17, geändert durch die Richtlinie 97/55/EG des Europäische Parlamentes und des Rates zwecks Einbeziehung der vergleichenden Werbung vom 6. 10. 1997.

[102] So wohl auch *Kiethe,* WRP 2000, 616 (622); *Leupold/Bräutigam/Pfeiffer,* WRP 2000, 575 (589); *Hoeren/Sieber/Marwitz,* Teil 11.2, Rdnr. 17.

[103] Anders hingegen *Marwitz,* MMR 1998, 188 (190), und *Hoeren/Sieber/Marwitz,* Teil 11.2, Rdnr. 65 f., die bei der Beschränkung der Gestaltungsmöglichkeiten auf die Gefahr des Verlustes der Attraktivität verweisen und weiter voraussetzen, dass alle Unternehmens-Homepages als solche zu erkennen sind.

näre, Seiten für Mitarbeiter, Pressemitteilungen o.ä.)[104], bedarf es einer Einzelbetrachtung der jeweiligen Seiten, ohne dass die gesamte Homepage als „Werbung" zu klassifizieren wäre.

bb) Kennzeichnungspflicht bei Produktwerbung

54 Werbung für **fremde** Produkte und Dienstleistungen ist stets als solche zu kennzeichnen.[105] Die Frage nach der Kennzeichnungspflicht bei der Anpreisungen **eigener** Produkte oder Dienstleistungen hingegen ist anhand der gleichen Kriterien zu beantworten, wie die Frage der generellen Kennzeichnungspflicht von Unternehmens-Homepages: Ist sich der Besucher des werbenden Charakters einer Homepage bewusst und geht nicht von einem kritischen, neutralen und objektiven Beitrag aus, bedarf es des Trennungsgebots nicht.[106] Insoweit kann auf eine spezielle Kennzeichnung verzichtet werden, wenn sich der Werbecharakter der Darstellung aus den Umständen ergibt.

55 Um das Beispiel der Telekom-Homepage wieder aufzugreifen, bedeutet dies, dass sich der Besucher darüber im Klaren ist, dass es sich bei den Informationen über den neuen Telefon-Tarif oder das neue Faxgerät um **subjektiv anpreisende Aussagen** handelt, ohne dass er dabei Neutralität oder Objektivität erwarten würde. Wird nun aber der Verbraucher in dieser Hinsicht nicht getäuscht, ist eine besondere Kenntlichmachung der Werbung überflüssig. Aufgrund der vielen für die Verbraucher kostenlosen, aber werbefinanzierten, Dienste im Internet sind die Erwartungen an die Objektivität und Neutralität ohnehin nicht so groß wie im Offline-Bereich.[107]

d) Bewusste Täuschungen („Fake-Banner")

56 Die Verwunderung ist groß, wenn ein Anwender einen Internetbeitrag von Anfang bis Ende liest und sodann durch einen Klick auf den mit „nächste Seite" beschrifteten Button die Fortführung des Artikels erwartet, tatsächlich aber unverhofft auf einer fremden Homepage landet. Vermehrt sind im Internet Links und Banner vorzufinden, die als solche auf den ersten Blick nicht zu erkennen sind und genau dieser Umstand von den Inserenten auch erwünscht ist. Hierbei werden Werbungen nicht als redaktionelle Beiträge getarnt, sondern vor allem als Navigationsbuttons. So befindet sich, wie im Ausgangsbeispiel, am unteren Bildschirmrand ein mit „weiter ..." oder „nächste Seite" bezeichneter Link, der nicht wirklich auf die nächste Seite des angewählten Angebotes verweist, sondern den Besucher auf eine fremde Seite leitet. Ebenfalls werden Rollbalken, Menüs oder Navigationsschaltflächen **vorgetäuscht,** die tatsächlich aber Werbebanner sind, ohne dass sie als solche auszumachen wären. In diesen Fällen merkt der durchschnittlich versierte Anwender meist erst nach einem Klick auf das Banner bzw. den Link, dass er auf eine Täuschung „hereingefallen" ist. Der Werbende hat zu diesem Zeitpunkt aber bereits einen Besucher auf seiner Homepage verzeichnet und somit seine wertsteigernden „Hits" erhöht. Mitunter wird sogar bewusst die Angst der Internetsurfer ausgenutzt, wenn beispielsweise ein Werbebanner Warnmeldungen, wie „Achtung! Ein Virus befindet sich auf Ihrem Computer! Hier klicken, um diesen zu löschen!" enthält.

---

[104] *Leupold/Bräutigam/Pfeiffer,* WRP 2000, 575 (589).

[105] *Leupold/Bräutigam/Pfeiffer,* WRP 2000, 575 (589).

[106] *Leupold/Bräutigam/Pfeiffer,* WRP 2000, 575 (588); *Boehme-Neßler,* ZUM 2001, 547 (551); vgl. auch *Marwitz,* MMR 1998, 188 (190).

[107] So auch *Boehme-Neßler,* ZUM 2001, 547 (554).

Selbst wenn man davon ausgeht, dass im Internet die Erwartungshaltung an die Trennung der Werbung nicht so hoch ist, wie etwa in den Printmedien,[108] so muss der Verbraucher gleichwohl nicht – auch nicht im Internet – Täuschungshandlungen hinnehmen. Dementsprechend sind diese sog. **„Fake-Banner"**[109] unter wettbewerbsrechtlichen Gesichtspunkten durchweg unzulässig, da Kunden allein durch einen „Trick" zum Besuch der Seiten des Inserenten gelockt werden. Es handelt sich hierbei gleichsam um die höchste Stufe der getarnten oder täuschenden Werbung, die den Betrachter bewusst in die Irre führt, so dass in aller Regel ein Verstoß gegen § 1 UWG unter dem Aspekt des **Kundenfanges durch Täuschung** gegeben ist. Der Unlauterkeitsvorwurf erhöht sich entsprechend, wenn die Ängste und Sorgen der Internetanwender für Werbezwecke ausgenutzt werden. 57

e) Exkurs: Werbeblocker

Werbung wird zuweilen als informativ, oftmals aber als lästig empfunden. Dies liegt nicht zuletzt an der Masse an Werbungen, mit denen der Nutzer während einer Internetsitzung konfrontiert wird. Um sich der Überflutung mit Werbbannern zu entziehen, setzen viele Internetnutzer Programme ein, die als **Werbeblocker**[110] oder **Ad-Blocker** bezeichnet werden. Mit diesen Programmen ist es möglich, die Anzeige von Bannern zu unterdrücken.[111] Sie leiten alle Internetseiten, bevor sie im Browser angezeigt werden, durch den Werbeblocker und werden dort gefiltert. Im Browser des Nutzers erscheinen nur noch die „bereinigten" Seiten ohne Banner. Durch den Wegfall der werbenden Elemente erfolgt ein spürbar schnellerer Seitenaufbau, so dass der Surfer vor allem **Zeit** und dadurch **Onlinekosten** einspart. Zugleich gestattet das Blocken der Werbung eine höhere Konzentration auf die eigentlichen Inhalte des Webangebotes, da der Anwender nicht mehr von Bannern abgelenkt wird. 58

Ist das Angebot derartiger Blocker zulässig? Bedenken kommen auf, da letztlich der Inserent um seinen Erfolg gebracht wird – seine teuer erkaufte Werbung wird schlichtweg ausgelöscht. Mithin könnten die Vertreiber dieser Software unter dem Aspekt des unlauteren **Behinderungswettbewerbs** gegen die guten Wettbewerbssitten verstoßen. Mit einer ähnlichen Problematik – freilich für ein anderes Medium – beschäftigten sich deutsche Gerichte bei der Frage, ob der Vertrieb von Werbeblockern im **Fernsehen („Fernseh-Fee")** einen Wettbewerbsverstoß darstellt. Diese Geräte schalten das Fernsehgerät, sobald die laufende Sendung durch Werbung unterbrochen wird, auf einen anderen – werbefreien – Sender um und kehren zu dem ursprünglichen Programm zurück, wenn die Werbung dort beendet ist. Sowohl das *LG Frankfurt/M.*[112] als auch die Berufungsinstanz[113] zweifelten schon daran, dass zwischen dem Vertreiber der „Fernseh-Fee" und dem werbefinanzierten privaten Fernsehsender ein **Wettbewerbsverhältnis** besteht, da die Parteien keine Produkte 59

---

[108] Vgl. oben Rdnr. 44.

[109] Vom englischen „fake" = Schwindel.

[110] Ein Beispiel stellt das von der *Siemens AG* entwickelte Programm *Webwasher* dar (http://www.webwasher.de).

[111] Zu der urheberrechtlichen Problemen im Zusammenhang mit Werbeblockern im Internet *Apel/Steden,* WRP 2001, 112 ff. sowie *Apel* in: FS Hertin, S. 361 ff.

[112] *LG Frankfurt,* MMR 1999, 613.

[113] *OLG Frankfurt,* MMR 1999, 720; dazu *Ulrich,* EWiR 2000, 47 f.

oder Dienstleistungen verwandter Art vertreiben.[114] Selbst dann, wenn man ein Wettbewerbsverhältnisses bejahe, läge in dem Vertreiben des Werbeblockers kein wettbewerbswidriges Verhalten.[115] Weder werde in die Rundfunkfreiheit nach Art. 5 Abs. 1 Satz 2 GG eingegriffen noch der Zuschauer durch das Gerät zur Ausblendung der Werbung gezwungen. Es stehe dem Zuschauer jederzeit frei, sich mit Werbung auseinander zu setzen oder diese zu ignorieren. Der Zuschauer sei zur Beachtung der Werbung nicht – auch nicht moralisch – verpflichtet. § 1 UWG gewähre zudem keinen allgemeinen und umfassenden Schutz vor Beeinträchtigungen Dritter. Vielmehr gehöre es zum Wesen des Wettbewerbs, dass neue Entwicklungen die gewerblichen Tätigkeiten ständig ändern. Ein Verstoß gegen § 1 UWG sei mithin nicht gegeben.[116] Dieser Auffassung schloss sich mit ähnlicher Argumentation auch das *Kammergericht*[117] unter Aufhebung der einstweiligen Verfügung des *LG Berlin* an.

60 Aufgrund der Wesensgleichheit in Hinblick auf die Wirkungsweise sowie auf die einhergehenden rechtlichen Probleme ist davon auszugehen, dass die Rechtsprechung wohl tendenziell die im Zusammenhang mit der „Fernseh-Fee" aufgestellten Grundsätze auch auf die Internet-Werbeblocker übertragen wird, so dass von der wettbewerbsrechtlichen Zulässigkeit von Internet-Werbe-Blockern auszugehen ist.

2. „Pop-Up"-Werbung

61 Bei der **„Pop-Up"-Werbung** handelt es sich um Werbeseiten, die sich meist ohne Zutun des Surfers in einem separaten Fenster öffnen, wenn er eine Homepage betritt oder verlässt. Die sich einblendenden kleinen Werbefenster überlagern die zuvor durch den Anwender angewählten Informationen, können aber meist durch einen Klick wieder geschlossen werden. Neben der wohl zutreffenden Feststellung, dass „Pop-Ups" gemeinhin als „nervend" empfunden werden, sind gleichwohl auch hier wettbewerbsrechtliche Überlegungen anzustrengen.

62 So könnte der Einsatz von „Pop-Ups" gegen § 1 UWG unter dem Gesichtspunkt der **Belästigung** verstoßen. Der Anwender wird – anders als bei der Bannerwerbung – gleichsam „genötigt", sich mit der Werbung zu beschäftigen. Da die zusätzlichen Fenster zumindest einen Teilbereich der aufgerufenen Seite verdecken, kann der Besucher die gewünschten Informationen nicht ungehindert lesen und ist gezwungen, die Werbung entweder in den Hintergrund zu klicken oder gänzlich zu schließen. Solange dies problemlos möglich ist, wird man „Pop-Ups" als zulässig betrachten müssen.[118] Zur Begründung sei erneut angeführt, dass viele Angebote im Netz allein durch **Werbung finanziert** werden und der Nutzer bei Inanspruchnahme dieser Dienste auch damit rechnet oder damit rechnen muss, mit Werbung konfrontiert zu werden. Im Gegenzug kann der Nutzer die Angebote immerhin kostenlos nutzen. Insoweit muss im Internet die Schwelle zur unlauteren Belästigung höher gesetzt

---

[114] Anderer Auffassung ist *Apel,* in: FS Hertin, S. 345 ff., der zwischen dem privaten Fernsehsender und dem Vertreiber der „Fernseh-Fee" zwar kein abstraktes, wohl aber ein konkretes Wettbewerbsverhältnis annimmt.

[115] *OLG Frankfurt,* MMR 1999, 720 (721); *LG Frankfurt,* MMR 1999, 613 (614).

[116] A. A. *Apel* in: FS Hertin, S. 345 ff.

[117] *Kammergericht,* MMR 2002, 483 sowie ZIP 2000, 334 unter Aufhebung der einstweiligen Verfügung des *LG Berlin,* MMR 1999, 610; dazu *Reichold,* EWiR 2000, 647 f.

[118] So auch *Leupold/Bräutigam/Pfeiffer,* WRP 2000, 575 (591).

werden als bei anderen Medien. Ist es dem Besucher möglich, sich der Werbung durch einen Klick zu entledigen, muss er diese Werbeform – so lästig sie auch sein kann – hinnehmen.

Ein **sittenwidriger Grad der Belästigung** ist allerdings erreicht, wenn sich nicht nur ein „Pop-Up"-Fenster öffnet, sondern gleich mehrere an unterschiedlichen Stellen des Bildschirms auf einmal. In diesem Falle ist die Belästigung, auch in Hinblick auf die entstehenden Onlinezeiten und -kosten, so groß, dass von einer unlauteren Handlung i.S.d. § 1 UWG auszugehen ist. Gleiches gilt, wenn das Schließen des Werbefensters dazu führt, dass sich immer wieder neue Pop-Ups auftun. Der Bildschirm kann sich mit diesen Methoden so füllen, dass der Anwender schon arge Schwierigkeiten hat, überhaupt noch an die gewünschten Informationen zu gelangen. 63

3. Interstitials (Vorschaltwerbung)

Ähnlich wie bei der das laufende Programm unterbrechenden Fernsehwerbung besteht die Möglichkeit, Werbung vor dem Betreten oder nach dem Verlassen einer Internetseite erscheinen zu lassen. Dies wird durch die Verwendung von **Interstitials**[119] realisiert. Im Unterschied zur „Pop-Up"-Werbung erscheint diese nicht in einem separaten Fenster, sondern wird in dem Fenster angezeigt, in dem der Anwender einen Link angeklickt oder die URL eingetippt hat. Nachdem die Werbung einige Sekunden sichtbar war, wird meist automatisch auf die Inhalte weitergeleitet, die der Nutzer ursprünglich betrachten wollte. Andernfalls befindet sich auf der Interstitial-Seite häufig ein Link, um zu der gewünschten Seite zu gelangen. Auch Interstitials sind nicht auf die Anzeige von einfachen Grafiken oder Texten beschränkt, sondern können interaktive Elemente, umfangreiche Animationen bis hin zu Videosequenzen beinhalten, so dass mitunter erhebliche Ladezeiten entstehen können. 64

Wie bei der Pop-Up-Werbung ist auch bei Interstitials der Grad der **Belästigung** zu ermitteln. Lässt sich die Interstitial-Werbung leicht durch den Klick auf einen Link unterbrechen, ist diese von dem Verbraucher hinzunehmen und wettbewerbsrechtlich nicht zu beanstanden. Gleiches gilt bei Werbeeinblendungen, die nur wenige Sekunden andauern. Anders muss aber entschieden werden, wenn der Surfer der Werbung nicht „entkommen" kann, so dass er gezwungen ist, sich über längere Zeit mit den Inhalten auseinander zu setzen. Aber auch hier sei der Aspekt, der Internetnutzer könne im Gegenzug kostenlose Dienste in Anspruch nehmen, abermals angeführt. 65

Interstitials werden nicht nur innerhalb eines Webangebotes eingesetzt, sie können auch **externen Links,** also Links auf Inhalte Dritter, vorgeschaltet werden. In diesem Falle kann leicht der Eindruck entstehen, die dargestellte Werbung gehöre zu dem verlinkten Angebot. Dieser mag aber mit den werbenden Unternehmen oder den beworbenen Produkten nicht in Verbindung gebracht werden – etwa weil er sein Angebot werbefrei anbieten oder mit Produkten Dritter werben möchte.[120] Ist nicht deutlich erkennbar, dass die vorgeschaltete Werbung von dem Linkanbieter 66

---

[119] Interstitial [engl.] = „in Zwischenräumen".

[120] Besonders problematisch ist dies bei „Newsportalen", die sich auf die Wiedergabe von verlinkten Titelüberschriften und Schlagzeilen beschränken, die auf die vollständigen Beiträge von Online-Zeitschriften verweisen. Zur urheberrechtlichen Problematik zuletzt etwa *OLG Köln,* ZUM 2001, 414 und *LG München I,* MMR 2002, 58.

stammt, wird das mit Werbung verbundene negative Image auf den Verlinkten abgewälzt und somit dessen berechtigte Interessen verletzt. Infolgedessen kann beim Einsatz von Interstitials auf externe Inhalte im Einzelfall eine **Irreführung nach § 3 UWG,** gegebenenfalls auch ein **Ausbeuten fremder Leistungen** nach § 1 UWG, gegeben sein.

4. E-Mail-Werbung und Spamming

67 Banner werden oft übersehen, Pop-Ups noch bevor sie vollständig geladen wurden, wieder geschlossen. Einer geschickt gestalteten, gezielten und direkten Ansprache per E-Mail kann sich ein Empfänger hingegen nicht so einfach entziehen. Zumindest muss sich der Empfänger für die Weile mit der E-Mail beschäftigen, bis er diese als Werbung erkennt. Eine beliebte – indessen rechtlich heftig umstrittene – alternative Werbeform stellt das Versenden von **Werbemails** dar. Werbetreibende bedienen sich der E-Mail-Werbung, um schnell, kostengünstig und gezielt Direktmarketing zu betreiben. Und der Erfolg gibt ihnen Recht: Immerhin reagieren 6% bis 23% der Anwender wenigstens gelegentlich auf unerbetene Mails.[121] Bedenklich ist E-Mail-Werbung aber, wenn sie von dem Empfänger **weder angefordert** wurde **noch erwünscht** ist **(Spamming).** Spätestens nach der wöchentlichen Einladung per E-Mail zu einem vermeintlichen Privat-Chat oder zu dem Kauf dubioser Medikamente oder Radarwarngeräte fragt sich der Internetanwender, ob er dies hinnehmen muss.

a) Rechsprechung zur Brief-, Telefon-, Fax- und BTX-Werbung

68 Die kontroversen Diskussionen, die sich mit der E-Mail-Werbung befassen, sind nicht ganz unbekannt: Ähnliche Streits wurden und werden in Bezug auf die **Brief-, Telefon-, BTX-** und **Faxwerbung** geführt. All diese Formen des Direktmarketings haben gemein, dass sich durch das **gezielte Eindringen** in den Empfangsbereich des potentiellen Kunden das Werbeinteresse und die Interessen des Empfängers unmittelbar gegenüber stehen. Diese Gemeinsamkeit vor Augen geführt, scheint die Fragestellung nahe zuliegen, ob die im Rahmen der Brief-, Telefon-, BTX- und Faxwerbung gewonnen Erkenntnisse und aufgestellten Grundsätze auf die E-Mail-Werbung übertragbar sind.

69 **Briefkastenwerbung** wird von der Rechtsprechung seit der Grundsatzentscheidung des *BGH*[122] aus dem Jahre 1973 toleriert und als wettbewerbsrechtlich **zulässig** betrachtet, da die Gefahr einer unzumutbaren Belästigung gering sei. Viele Empfänger hätten zudem ein berechtigtes Interesse an einer Information durch Werbeschriften. Dies gelte sowohl für den Versand der Werbung in den **privaten** als auch **geschäftlichen** Bereich. Empfänger von Brief- und Handzettelwerbungen können diese – ohne dass sie sich näher mit dem Inhalt befassen müssten – problemlos und schnell vernichten.[123] Anders sei zu entscheiden, wenn der Empfänger von Handzettel-Wurfsendungen – zum Beispiel durch Anbringen eines **Aufklebers „Keine Werbung"** – ausdrücklich zu erkennen gibt, dass er keine Werbungen erhalten

[121] Studie der Europäischen Kommission, Unsolicited Commercial Communications and Data Protection, Januar 2001, http://europa.eu.int/comm/internal_market/de/dataprot/studies/spam.htm [abgerufen am 11. 2. 2002].

[122] *BGHZ* 60, 296 = GRUR 1973, 552 – Briefwerbung.

[123] *BGH* GRUR 1992, 622 (623) – Verdeckte Laienwerbung.

möchte.[124] Werden dennoch Handzettel in den Briefkasten geworfen und somit die Wünsche des Empfängers missachtet, setzt sich das Interesse des Empfängers auf den Schutz seiner **Privatsphäre** gegenüber dem Werbeinteressen der Wirtschaft durch.

Weitaus kritischer steht die Rechtsprechung der **Telefonwerbung** gegenüber. Der 70
BGH befand in einer Reihe von Entscheidungen[125], dass Anrufe im Privatbereich grundsätzlich unzulässig sind, solange die Privatperson kein (ausdrückliches oder konkludentes) **Einverständnis** zu dieser Form der Werbung erteilt hat.[126] Dabei lässt er allerdings eine vorherige Anforderung von Werbematerial seitens des Verbrauchers als stillschweigende Zustimmung in der Regel nicht genügen.[127] Desgleichen könne allein aus dem Bestehen eines **Dauerschuldverhältnisses** zwischen dem Anrufer und dem Angerufenen ein derartiges Einverständnis ebenso wenig gefolgert werden, wie aus dem Umstand, dass die Telefonnummer des Angerufenen im **Telefonbuch** verzeichnet ist. Der Unterschied zu der Briefkastenwerbung besteht darin, dass sich der Angerufene der Werbemaßnahme nicht so leicht entziehen kann und sich somit gezwungenermaßen mit den Werbeinhalten unvermittelt auseinandersetzen muss. So gebietet es dem Angerufenen möglicherweise die Höflichkeit, das Gespräch nicht sofort zu beenden. Mithin dringt der Anrufer unkontrolliert in die **Privatsphäre** des Angerufenen ein. Weiterhin gibt der *BGH* zu bedenken, dass bei dieser Werbeform die Gefahr der **Verwilderung der Wettbewerbssitten** besteht, da andere Mitbewerber zur Nachahmung animiert würden.[128]

Die gleichen Grundsätze gelten auch bei Anrufen im **geschäftlichen Bereich.** Al- 71
lerdings wird hier in Hinblick auf das erforderliche Einverständnis ein vermutetes Interesse als ausreichend erachtet.[129] Erfolgt der Anruf im geschäftlichen Bereich, liegt zwar keine Störung der Privatsphäre vor, jedoch wird der **Geschäftsablauf** entschieden gestört.[130] Ebenso wie die Privatperson muss sich der geschäftlich Handelnde mit dem Anrufer spontan auseinandersetzen, wobei oft die Höflichkeit – mehr noch als im Privatbereich – es gebietet, das Gespräch fortzusetzen. Gleichzeitig wird der Telefonanschluss für die Dauer des Gespräches **blockiert,** so dass dem Angerufenen möglicherweise andere Gespräche entgehen.

Gleichermaßen ist die unaufgeforderte **Telefaxwerbung** nach ständiger Recht- 72
sprechung in aller Regel unlauter. Auch hier stellte der *BGH* fest, dass das Versenden von Telefaxen eine **Belästigung** im Sinne des § 1 UWG darstellt, wenn keine entsprechende Einwilligung vorliegt oder eine solche vermutet werden kann.[131] Dabei ist von einer noch größeren Betriebsstörung auszugehen als bei der Telefonwerbung: Der Empfang von Telefaxen verursacht nicht nur **Kosten** (Papier, Toner/ Tinte, Strom, Wartung des Gerätes), auch ist während der Übermittlungszeit das Versenden und Empfangen anderer Faxe nicht möglich. Das **Blockieren** der Leitung

---

[124] *BGH* GRUR 1989, 225 – Handzettel-Wurfsendung; GRUR 1992, 617 – Briefkastenwerbung.

[125] *BGH* GRUR 1970, 523 – Telefonwerbung I; *BGH* GRUR 1989, 753 – Telefonwerbung II; *BGH* GRUR 1990, 280 – Telefonwerbung III.

[126] Dazu auch *BGH* MMR 1999, 477. Hiernach stellt eine vorformulierte Klausel, in der ein Kunde sein Einverständnis zur Telefonwerbung erteilt, eine unangemessene Benachteiligung nach § 307 Abs. 2 BGB (= § 9 AGBG a. F.) dar.

[127] *BGH* GRUR 1990, 280 – Telefonwerbung III; *BGH* GRUR 1995, 220 – Telefonwerbung V.

[128] *BGH* GRUR 1970, 523 – Telefonwerbung I.

[129] *BGH* GRUR 1991, 764 – Telefonwerbung IV.

[130] *BGH* GRUR 1991, 764 (765) – Telefonwerbung IV.

[131] *BGH* GRUR 1996, 208 = NJW 1996, 660 – Telefaxwerbung.

und des Faxgerätes führt dazu, dass eine dem Zweck des Telefaxverkehrs gerechtwerdende Nutzung, nämlich die Rationalisierung des Schriftverkehrs, die schnelle und zuverlässige Kommunikation sowie die unverzögerte Erreichbarkeit für Mitteilungen, nicht mehr gewährleistet ist.

73 In seiner den **Bildschirmtext (Btx)** betreffenden Entscheidung[132] hat der *BGH* die technischen Gegebenheiten dieses Mediums in seine Urteilsfindung einbezogen. So war im Rahmen der Btx-Nutzung weder ein unkontrolliertes Eindringen in die Privatsphäre noch die Verursachung hoher Kosten anzunehmen. Allerdings musste sich der Nutzer die Btx-Nachrichten aus dem Inhaltsverzeichnis auf den Bildschirm laden, um den Inhalt der Mitteilung erkennen zu können. Dies verursachte einen **Zeitaufwand** von 8 bis 30 Sekunden, worin der *BGH* eine unzumutbare Belästigung sah.

74 **Zusammenfassend** kann also festgestellt werden, dass ein Direktmarketing dann unzulässig ist, wenn dadurch

- unkontrolliert in die Privatsphäre bzw. den eingerichteten und ausgeübten Gewerbebetrieb eingegriffen wird und sich der Betrachter der Werbung nur erschwert entziehen kann, oder
- eine Betriebsstörung verursacht wird, oder
- durch den Empfang Kosten entstehen, oder
- für den Empfang unfreiwillig Zeit aufgewendet werden muss, oder
- der Empfänger unzumutbar belästigt wird

und dafür kein Einverständnis des Betroffenen vorliegt bzw. ein solches nicht vermutet werden konnte. Weiter ist wertend der Aspekt der Verwilderung der Wettbewerbssitten durch Nachahmungen hinzuzuziehen.

b) Einordnung von E-Mail-Werbung

75 Sich die genannten Wertungsaspekte vor Augen führend, tendiert die **Rechtsprechung,** wie wohl auch das Schrifttum, dazu, E-Mail-Werbung als grundsätzlich wettbewerbswidrig einzustufen. Dabei ist man sich darüber einig, dass der Versender von E-Mails nicht unmittelbar in die Privatsphäre des Empfängers eindringt. Dies erkannte bereits das *LG Traunstein*[133], das sich – soweit ersichtlich – als erstes deutsches Gericht mit dem Spamming befasste. Seiner Auffassung nach werden zwar durch E-Mails die Empfangsanlagen auf Grund der geringen Übertragungszeiten nicht blockiert oder hohe Kosten verursacht, wie es beispielsweise bei der Faxwerbung der Fall ist. Das Gericht sah in der E-Mail-Werbung jedoch die Gefahr des **Anschwellens der Werbeflut,** da E-Mails unvergleichlich „billiger, schneller, arbeitssparender und gezielter" versendet werden können als es auf dem Postweg möglich wäre. Es drohe mithin ein **Sogeffekt nachahmender Konkurrenten.** Dies gelte jedenfalls für private E-Mail-Anschlüsse. Die Zulässigkeit von E-Mail-Werbung im kommerziellen Bereich ließ das Gericht offen.

76 Der überwiegende Teil der untergerichtlichen Rechtsprechung[134], vor allem das *LG Berlin*[135], schloss sich im Ergebnis der Ansicht des *LG Traunstein* an und geht

[132] *BGH* GRUR 1988, 614 – Btx-Werbung.

[133] *LG Traunstein,* NJW 1998, 1648.

[134] *LG Hamburg,* MMR 1999, 248; *LG Ellwangen,* MMR 1999, 675; *LG Augsburg,* NJW-CoR 99, 52; *LG Karlsruhe,* MMR 2002, 402; *AG Brakel,* MMR 1998, 492; *AG Essen-Borbeck,* MMR 2001, 261.

[135] *LG Berlin,* MMR 1998, 491; *LG Berlin,* MMR 2000, 571; *LG Berlin,* MMR 2000, 704; *LG Berlin,* MMR 2001, 60.

zutreffend von einer Sittenwidrigkeit nach § 1 UWG bzw. – bei Fehlen eines Wettbewerbsverhältnisses – von einem Unterlassungsanspruch gemäß §§ 823, 1004 BGB aus. Letzteres gilt vor allem für Privatpersonen, deren allgemeines Persönlichkeitsrecht durch das Spamming verletzt wird. Teilweise wird ebenfalls eine Verletzung der negativen Informationsfreiheit, das „Recht, in Ruhe gelassen zu werden", angenommen.[136] Zumeist stützen die Gerichte ihr Ergebnis hingegen darauf, dass der Empfang von E-Mails während der Übertragung **Online-Kosten** verursacht und sich der Empfänger mit deren Inhalten unter **Zeitaufwand** auseinander setzen muss.[137] Die gleichen Erwägungen führen dazu, dass auch der E-Mail-Versand an kommerzielle Nutzer als unzulässig betrachtet werden muss, da hier in den **eingerichteten und ausgeübten Gewerbebetrieb** eingegriffen wird und somit §§ 823, 1004 BGB ebenfalls zur Anwendung kommen.[138]

Soweit die herrschende Rechsprechung von einer generellen Unzulässigkeit des 77
unverlangten E-Mail-Versandes ausgeht, gilt das freilich nur, soweit der Empfänger nicht sein **Einverständnis** für den Empfang gegeben hat. Dieses sei nach Ansicht des *LG Augsburg*[139] bereits als erteilt anzusehen, wenn der Empfänger zuvor per T-Online ein kostenpflichtiges Angebot des Versenders (hier: 201 Sekunden lang) in Anspruch genommen hat.[140] Das *LG Berlin* befand unter Hinweis auf die Nachahmungsgefahr bereits in der einmaligen Zusendung einer Mail einen Eingriff in den Gewerbebetrieb.[141] Nach Ansicht des *OLG Hamburg*[142] begründet das einmalige unverlangte Versenden geschäftlicher E-Mail-Werbung allerdings noch keine **Wiederholungsgefahr,** wenn in der E-Mail das Angebot unterbreitet wird, eine einmalig auszuführenden Dienstleistung durchzuführen.[143]

Einige Gerichte halten E-Mail-Werbung dagegen für **grundsätzlich zulässig.** So 78
befand das *LG Kiel*[144] unter Bestätigung der vorinstanzlichen Entscheidung[145], dass der Versand von E-Mails an Privatpersonen weder das allgemeine Persönlichkeitsrecht verletze noch darin ein Verstoß gegen die negative Informationsfreiheit zu sehen ist. Das *LG Braunschweig*[146] vertrat unter Berufung auf die Fernabsatzrichtlinie[147] die Auffassung, das Versenden von E-Mails sei nur dann unzulässig, wenn der Betroffene den Empfang von Werbung **offenkundig abgelehnt** hat. Es sei dem Empfänger durchaus zumutbar, dem Versender eine E-Mail zukommen zu lassen,

---

136 So z. B. das *LG Berlin,* MMR 2000, 704.

137 Z. B. *LG Berlin,* MMR 2000, 441 (442); *LG Ellwangen,* MMR 1999, 675 (676); *AG Charlottenburg,* MMR 2000, 775.

138 *Kammergericht,* CR 2002, 759; *LG Berlin,* MMR 2002, 631. *LG Berlin,* MMR 2000, 441; *LG Berlin,* MMR 1999, 43; *LG Karlsruhe,* MMR 2002, 402; LG Hannover, Urt. v. 26. 7. 2001, Az.: 31 O 3607/01, JurPC Web-Dok. 101, 2002; *AG Frankfurt/Main,* MMR 2002, 490; *AG Charlottenburg,* MMR 2000, 775.

139 *LG Augsburg,* NJW 2000, 593.

140 In dem hier zugrundeliegenden Sachverhalt wurde über T-Online auf eine Immobiliendatenbank mit Zwangsversteigerungsterminen im KIT-Format zugegriffen.

141 *LG Berlin,* MMR 2000, 441 (442).

142 *OLG Hamburg,* CR 2000, 183.

143 In diesem Fall wurde per Werbe-Mail das Angebot unterbreitet, die Homepage des Empfängers zu überarbeiten und umzugestalten.

144 *LG Kiel,* MMR 2000, 704.

145 *AG Kiel,* MMR 2000, 51.

146 *LG Braunschweig,* MMR 2000, 50 (51).

147 Vgl. Fn. 61.

in der er den weiteren Empfang von Werbemails ablehne. Auch hinsichtlich des Zeitaufwandes und der Kosten sei die einhergehende Belästigung als gering einzustufen, da es sich lediglich um Sekunden handele, bis die E-Mails geladen und gesichtet wurden. Dies soll nach der sehr fragwürdigen Ansicht des *AG Dachau* sogar bei einem halbstündigen (!) Download einer 2,5 MB großen E-Mail gelten.[148] Dasselbe Gericht verneinte darüber hinaus einen Eingriff in den eingerichteten und ausgeübten Gewerbebetrieb, da eine werbende Kontaktaufnahme im Geschäftsverkehr „sozial üblich und notwendig [sei], um den Wirtschaftskreislauf in Schwung zu halten".

79 Diese Ansichten vermögen kaum zu überzeugen. Es ist dem Anwender weder zuzumuten, auf jede eingehende Werbe-Mail – und es können durchaus einige Dutzend pro Tag sein – mit einer Bitte zu reagieren, den E-Mail-Versand in Zukunft zu unterlassen,[149] noch muss er einen mehrminütigen Download dulden. Der dafür entstehende Zeitaufwand einschließlich der (Online-)Kosten wäre eine zu große Belastung für den Verbraucher. Letztere sind auch nicht nur unerheblich: Nach einer Studie der *Europäischen Kommission* kann das Spamming rechnerisch bei den Internetnutzern weltweit 10 Milliarden Euro pro Jahr verursachen.[150] Wenngleich dies sicher nur eine grobe Schätzung ist und Online-Zugänge zunehmend günstiger werden, ist nicht einzusehen, warum ein Empfänger überhaupt Kosten für Werbemaßnahmen übernehmen sollte.

c) Gemeinschaftsrecht

80 Auf *Gemeinschaftsebene* hat man sich mit der Neufassung der **Datenschutzrichtlinie für elektronische Kommunikation (2002/58/EG)**,[151] welche bis zum 31. Oktober 2003 in nationales Recht umzusetzen ist, nunmehr für die sog. **„opt-in-Lösung"** entschieden: Nach Art. 13 Abs. 1 der Richtlinie dürfen Werbemails nur nach vorheriger Einwilligung des Empfängers[152] versandt werden. Somit wurde der sog. **„opt-out-Lösung"**, wonach das Versenden von Werbemails zulässig ist, solange der Empfänger dies nicht offenkundig abgelehnt hat, eine Absage erteilt. Die Richtlinie ist bis zum 31. Oktober 2003 in nationales Recht umzusetzen.

81 Auf der Grundlage der noch geltenden Rechtslage ist die Frage der Zulässigkeit von E-Mail-Werbung auf der *Gemeinschaftsebene* heftig umstritten. Die Vertreter

---

[148] *AG Dachau,* NJW 2001, 3488 = MMR 2002, 179.

[149] Diese Vorgehensweise könnte im Übrigen genau die gegenteilige Wirkung haben: Durch die Beantwortung einer Werbemail gibt der Verbraucher nämlich Preis, dass die Werbemail auf einen tatsächlichen Empfänger gestoßen ist. Automatisierte Werbeverteiler werden dadurch veranlasst, die so verifizierte E-Mail-Adresse gerade jetzt auch weiter zu verwenden.

[150] Studie der Europäischen Kommission, Unsolicited Commercial Communications and Data Protection, Januar 2001, abzurufen unter: http://europa.eu.int/comm/internal_market/de/dataprot/studies/spam.htm [abgerufen am 1. 5. 2002]. Vgl. zu der Kostenproblematik auch *Jankowski,* K&R 2000, 499 ff. sowie *Schmittmann,* K&R 2002, 135 ff.

[151] Richtlinie 2002/58/EG des Europäischen Parlaments und des Rates vom 12. Juli 2002 über die Verarbeitung personenbezogener Daten und den Schutz der Privatsphäre in der elektronischen Kommunikation (Datenschutzrichtlinie für elektronische Kommunikation), veröffentlicht im *Amtsblatt der Europäischen Gemeinschaft* am 31. 7. 2002.

[152] Das Verbot gilt dabei nur gegenüber natürlichen Personen als Empfängern (Art. 13 Abs. 4 der Richtlinie); gegenüber juristischen Personen steht es den Mitgliedern frei, entsprechende Regelungen zu treffen.

der Ansicht, Spamming sei grundsätzlich zulässig, berufen sich vor allem auf eine Bestimmung der **Fernabsatzrichtlinie** (FARL). Nach § 10 Abs. 1 FARL bedarf die Verwendung von „Voice-Mail-Systemen" und Telefaxen im Fernabsatz einer vorherigen Zustimmung des Verbrauchers („opt-in"). Dahingegen verlangt Art. 10 Abs. 2 FARL bei allen anderen Telekommunikationstechniken, die eine individuelle Kommunikation erlauben – worunter auch E-Mails zählen –, dass die Mitgliedstaaten dafür Sorge tragen, dass diese Techniken nur eingesetzt werden, wenn ihre Verwendung zuvor nicht von dem Verbraucher offenkundig abgelehnt wurde („opt-out"). Da dieser Regelungsbereich der FARL trotz Verstreichens der Umsetzungsfrist[153] nicht in nationales Recht umgesetzt wurde, legten einige Gerichte in ihren Entscheidungen sowohl § 1 UWG als auch §§ 823, 1004 BGB mit Blick auf Art. 10 Abs. 2 FARL **richtlinenkonform** aus und kamen somit zu dem Ergebnis, dass der Werbemailversand grundsätzlich zulässig ist, solange der Empfänger den Empfang nicht offenkundig abgelehnt hat.

Die Kritiker berufen sich zurecht auf **Art. 14 Satz 1 FARL**, wonach die Mitgliedstaaten strengere Bestimmungen erlassen oder aufrecht erhalten können, um ein höheres Schutzniveau für den Verbraucher sicherzustellen. Zutreffend stellte der *BGH* in der „Telefonwerbung VI"-Entscheidung fest, dass unter den Begriff der **„Bestimmungen"** – neben Gesetzen und Verordnungen – auch die innerstaatliche Rechtsprechung fällt, da die FARL insoweit nur einen Mindestschutz darstelle, der von den Mitgliedstaaten erweitert werden könne.[154] Dem schlossen sich weite Teile der Literatur an übertrugen diesen Grundsatz auf die Rechtsprechung zu § 1 UWG und §§ 823, 1004 BGB hinsichtlich des unverlangten E-Mail-Versandes.[155] Diesem Ergebnis stehen auch nicht Art. 7 Abs. 1 oder Abs. 2 der **E-Commerce-Richtlinie** entgegen. Nach Art. 7 Abs. 1 ECRL haben die Mitgliedstaaten, die nicht angeforderte kommerzielle E-Mail-Kommunikation zulassen, sicher zu stellen, dass diese klar und unzweideutig als solche zu erkennen ist. Diese Formulierung gibt aber nichts dafür her, dass Spamming bei entsprechender Kennzeichnung stets zulässig wäre.[156] Gleiches gilt für Art. 7 Abs. 2 ECRL, wonach Mitgliedstaaten sicherzustellen haben, dass die Versender kommerzieller E-Mail-Werbung regelmäßig sog. **„Robinson-Listen"** konsultieren, in denen sich natürliche Personen, die keine E-Mail-Werbung erhalten wollen, eintragen lassen können. Vielmehr verdeutlicht die Formulierung des Absatzes 2 („Unbeschadet der Richtlinien 97/7/EG und 97/66/EG …"), so dass bewusst keine generelle Regelung getroffen werden soll. Nach alledem ist und bleibt der Versand unerwünschter Werbung per E-Mail in Deutschland – auch unter europarechtlichen Gesichtspunkten – **unzulässig**, wenn der Empfänger nicht zuvor sein Einverständnis zu erkennen gegeben hat bzw. von gewerblich Handelnden ein solches nicht vermutet werden kann. 82

[153] Die Fernabsatzrichtlinie musste bis zum 5. 6. 2000 umgesetzt werden.

[154] *BGH* MMR 2000, 607 (609) m. Anm. *Hoffmann.*

[155] *Hoffmann*, MMR 2000, 609; *Hoeren*, § 4, S. 52; *ders.* WRP 1997, 993 (995); *Spindler/Schmittmann*, MMR Beilage 8/2001, S. 10 (15); *Freitag/Busemann*, AfP 1998, 475 (478); *Schrick*, MMR 2000, 398 (403); a. A. dagegen: *Busche/Kraft*, WRP 1998, 1142 (1148 ff.); *Leupold/Bräutigam/Pfeiffer*, WRP 2000, 575 (592); *Vehslage*, GRUR 1999, 656 (658); *Ziem*, MMR 2000, 129 (133).

[156] Ebenso *Schrick*, MMR 2000, 399 (404); *Leupold/Bräutigam/Pfeiffer*, WRP 2000, 575 (585); vgl. ferner *Ziem*, MMR 2000, 129 (134) zu einer älteren Entwurfsfassung der Richtlinie.

83 *d) Darlegungs- und Beweislast für das Einwilligung*

Bedarf der Versand der Werbemail der vorigen Einwilligung des Empfängers, stellt sich die praktisch bedeutsame Frage, wer diesbezüglich **darlegungs- und beweisbelastet** ist. Dogmatisch handelt es sich bei der Einwilligung zum Empfang der Werbemail um einen Rechtfertigungsgrund, also einen rechtshindernden Einwand, weshalb nach allgemeinen Beweisregeln der **E-Mail-Versender** darlegungs- und beweisbelastet ist.[157] Das LG Berlin[158] vertritt insoweit die Auffassung, dass die Einwilligung nicht dadurch bewiesen ist, dass zum Empfang eines Newsletters die E-Mail-Adresse des Empfängers auf der Homepage des Versenders per **Online-Formular** eingetragen wurde. Daraus ergebe sich nicht, dass der Empfänger die Eintragung selbst vorgenommen habe. Da es der E-Mail-Versender sei, der in die Rechtssphäre eines Dritten eingreift, gingen etwaige Zweifel zu seinen Lasten. Für diese Risikoverteilung spräche auch, dass es durchaus Möglichkeiten gäbe, die Bestellung von Newsletters durch Dritte zu verhindern. Der Versender könne sich etwa dadurch schützen, dass ein Newsletters nicht durch Ausfüllen eines Onlineformulars, sondern durch **Übersendung einer E-Mail** durch den Newsletter-Interessenten erfolgt. Zwar verkennt das Landgericht, dass auch das Versenden von E-Mails unter Verwendung fremder E-Mail-Adressen möglich ist und daher kein ausreichender Schutz gewährleistet, jedoch ist ihm im Ergebnis zuzustimmen. Allein der Umstand, dass die E-Mail-Adresse in ein Online-Formular eingetragen wurde, kann nicht zu einer Beweislastumkehr führen. Insbesondere wäre dem Empfänger eine dahingehende Beweisführung, dass er selbst die E-Mail-Adresse nicht eingetragen hat, nahezu unmöglich. Zudem würde dem Missbrauch Tür und Tor geöffnet werden. So könnte der Versender die E-Mail-Adressen selbst in das Online-Formular eintragen und sich sodann auf die Beweislastumkehr berufen. Gleichwohl ist der Werbende nicht schutzlos. Es ist denkbar, dass mit der Bestellung eines Newsletters zum Beweis die **IP-Adresse** des Anfordernden gespeichert wird[159] oder – technisch aufwendiger – **digitale Signaturen** verwendet werden. In diesen Fällen wäre eine Zuordnung des Bestellers weitestgehend gesichert.

e) Trennungsgrundsatz

84 Werden E-Mails zulässigerweise versandt, etwa weil der Empfänger dem zugestimmt hat, ist im Weiteren zu prüfen, ob diese in ihrer **Ausgestaltung** lauterkeitsrechtlichen Ansprüchen genügen. Vor allem müssen Werbemails als solche für den Empfänger **erkennbar** sein. Auch im Bereich der E-Mail-Werbung werden Empfänger mitunter bewusst in die Irre geführt, um zu verhindern, dass Mails ungelesen gelöscht werden. So werden Werbemails mit einer **privaten Anrede** versehen („Hallo Peter") oder in der Betreffzeile ein **privat-intimer Bezug** hergestellt (Betreff: „Danke noch mal.", oder „Bist Du auch wieder allein?"). Damit wird der Eindruck erweckt, es handele sich um eine persönliche E-Mail, so dass sich der Empfänger veranlasst sieht, sich mit dem vermeintlich persönlichen Inhalt auseinander zu setzen. Erst nachdem der Empfänger die E-Mail gelesen hat, kann er die Werbung als solche identifizieren und danach löschen. Derartige E-Mails stellen eine sittenwid-

---

[157] *Kammergericht,* MMR 2002, 685 (685).

[158] *LG Berlin,* MMR 2002, 631 = CR 2002, 606.

[159] IP-Adressen sind freilich meist dynamisch angelegt und identifizieren nur den Zugangsanbieter des Kunden.

rige **Belästigung** dar und sind ferner über die Fallgruppe des **Kundenfangs durch Täuschung** unlauter nach § 1 UWG.

Insbesondere bei **„Newsletters“**, die oftmals sowohl redaktionelle Beiträge als auch werbende Passagen enthalten, besteht die Gefahr, dass deren Leser nicht mehr unterscheiden können, ob z.B. hinter einem Link ein zahlender Sponsor steckt oder es sich aber um einen redaktionell aufbereiteten Hinweis handelt. Zumeist enthalten Newsletter keine grafischen Elemente, so dass vornehmlich reine **Textlinks** in den Inhalt eingefügt werden, die auf Angebote Dritter verweisen. Um den Eindruck zu verhindern, dass diese Links zu dem redaktionellen Inhalten gehören, sind diese deutlich z.B. durch Trennlinien und der Überschrift „Werbung“ oder „Anzeige“ kenntlich zu machen, soweit sich der Werbecharakter nicht bereits aus anderen Umständen ergibt. 85

5. Keyword-Advertisement

Suchmaschinen sind ein elementarer Bestandteil des Internet. Ohne sie wäre die Suche nach Informationen langwierig und ineffektiv. Es sind die Suchmaschinen, welche die Top-Ten-Listen der meistbesuchten Internetdomains dominieren, weshalb sie für die Werbeindustrie allein schon auf Grund der hohen Besucherzahlen interessant sind. Wichtig für Unternehmen ist es aber auch, dass ihre Homepage von potentiellen Kunden unter Zuhilfenahme von Suchmaschinen **gefunden** werden – und dies nicht nur bei einer gezielten Suche nach dem Unternehmen, sondern möglichst auch „per Zufall“. Angesichts der Masse an abrufbaren Inhalten scheint dieser Wunsch schwerlich realisierbar zu sein. Der Index der Suchmaschine *google* umfasst beispielsweise nach Betreiberangaben über eine Milliarde URLs. Suchanfragen werden von Suchmaschinen häufig mit mehreren Tausend „Treffern“ beantwortet, die dem Anwender auf mehreren Seiten hintereinander präsentiert werden. Da der Suchende oft nicht die nötige Zeit und Geduld hat, sich die gesamte Trefferliste anzuschauen, fokussiert sich sein Interesse hauptsächlich auf die ersten paar Seiten der Ergebnisliste. Internetangebote, die sehr weit hinten erscheinen, werden von den Anwendern missachtet. 86

Eine Lösung scheint das **Keyword-Advertisement** zu liefern:[160] Um sich aus der Masse hervorzuheben, werden Schlüsselworte (**„Keywords“**) bei dem Suchmaschinenbetreiber „gekauft“ (daher auch: **„Keyword-Buys“**). Im Wesentlichen werden zur Erreichung des begehrten Zieles zwei alternative Arten von Vereinbarungen mit den Suchmaschinenbetreibern getroffen:[161] 87

- Bei der Eingabe bestimmter Schlüsselwörter erscheint das Webangebot des Unternehmens an **erster Stelle** oder zumindest weit oben in der Trefferliste.
- Bei der Eingabe bestimmter Schlüsselwörter erscheint in einem separaten Teil der Suchmaschinenseite ein Werbeblock, in dem beispielsweise ein **Werbebanner** des Unternehmens angezeigt wird.

Diese Form der Werbung ist für Werbetreibende nicht allein wegen der dadurch gewonnenen hohen Zugriffszahlen interessant, sondern sie bietet einen weiteren unschätzbaren Vorteil: Der Besucher der Suchmaschine – und damit der potentielle Kunde – gibt nämlich mit seiner Suchanfrage unmittelbar seine **persönlichen Inte-** 88

---

[160] Zu den dazugehörigen vertragsrechtlichen Gestaltungen vgl. § 13 Rdnr. 324 ff.

[161] Zu Keywords, die in der Eingabezeile des Browsers statt der Internet-Adresse eingegeben werden § 6 Rdnr. 217 ff.

ressen preis. Durch die Eingabe der Suchwörter lässt der Nutzer erkennen, dass er Interesse an den mit diesen Begriffen verbundenen Inhalten hat. Sucht er beispielsweise nach den Begriffen „Heizung + Solar", liegt es nahe, dass er nach Informationen bezüglich solarbetriebener Heizungsanlagen erwünscht und möglicherweise auch einem Kauf nicht abgeneigt ist. Die generell latente Gefahr der Werbung, bei dem Adressaten auf Desinteresse zu stoßen, wird somit auf ein Minimum reduziert. Geht es nun um die Frage, ob das Keyword-Advertisement einer wettbewerbsrechtlichen Überprüfung standhält, ist zu differenzieren, ob **Marken bzw. Unternehmensbezeichnungen** oder aber **allgemeine Begriffe** als Keywords gebucht werden.

a) Marken- und Unternehmensbezeichnungen als Keywords

89 Bucht ein Werbender Marken- oder Unternehmensbezeichnungen, ergeben sich vorerst marken- und zeichenrechtliche Probleme. Diese wurden an anderer Stelle bereits ausführlich erörtert,[162] so dass es in diesem Kapitel allein auf die wettbewerbsrechtlichen Aspekte einzugehen gilt.

90 Der Einsatz von Marken und Unternehmensbezeichnungen könnte einen Verstoß gegen § 1 UWG unter dem Gesichtspunkt der **Behinderung** durch gezieltes Abfangen von Kunden darstellen. Dieser Gedanke kommt auf, da der Werbende versucht, durch eine günstige Position in der Trefferliste oder durch die Einblendung eines gegenüber den normalen Listeneintragungen auffälligen Banners Kunden zu gewinnen, noch bevor sie die Angebote von Konkurrenten registrieren. Dieses „Abfangen" wird noch verstärkt, wenn das Banner zeitlich vor der Trefferliste auf dem Bildschirm eingeblendet wird. Die Situation erinnert an das Verteilen von **Handzetteln** oder dem **Ansprechen** von Kunden vor dem Geschäft eines Wettbewerbers, um dessen Kaufentschluss gewissermaßen „in letzter Sekunde" umzulenken. In diesen Fällen, in denen sich der Werbende gleichsam zwischen den Kunden und den Mitbewerber stellte, sah der *BGH* ein **unlauteres Abfangen** von Kunden und bejahte eine Verletzung des § 1 UWG.[163] Die diesbezügliche Rechtsprechung scheint auf Keyword-Buys, jedenfalls bei Marken und Unternehmensbezeichnungen, durchaus übertragbar zu sein. Bucht der Werbende derartige Wörter, so richtet er sich gezielt gegen einen bestimmten Wettbewerber – nämlich gegen den Rechteinhaber – und behindert dessen Absatz, da potentielle Kunden von dem Besuch des Internetauftritts der Konkurrenz abgehalten werden. Unter der Berücksichtigung der *BGH*-Rechtsprechung wird man hingegen voraussetzen müssen, dass der Kunde einen **Kaufentschluss** gehabt haben muss, bevor er von dem Werbenden „abgefangen" wurde, da nur in diesem Falle Kaufintentionen umgelenkt werden können. Dies wird dann zu bejahen sein, wenn der Inhaber der Marken oder Namensrechte auf seiner Homepage eine **Bestellmöglichkeit** anbietet.[164] Wird das Online-Angebot hingegen ausschließlich als Informations- und nicht als Einkaufsquelle genutzt, wird ein Kaufentschluss und ein Abfangen zu verneinen sein, solange keine weiteren Anhaltspunkte gegeben sind.

91 Daneben kommt eine **Rufausbeutung** im Rahmen des ergänzenden Leistungsschutzes in Betracht. Grundsätzlich ist ein gewisses Anhängen an einen fremden

[162] Vgl. oben § 7 Rdnr. 278 ff. zu Keywords als Ersatz von Internet-Adressen vgl. § 6 Rdnr. 217 ff.

[163] *BGH* GRUR 1960, 431 – Kraftfahrzeugnummernschilder; *BGH* GRUR 1986, 547 – Handzettelwerbung.

[164] So auch *Varadinek*, GRUR 2000, 279 (281).

Ruf nicht zu beanstanden, so dass es für die Annahme eines ergänzenden Leistungsschutzes weiterer Umstände bedarf, die das Handeln als unlauter erscheinen lassen.[165] Im Bereich des Keyword-Advertisement lehnt sich der Werbende, der Marken oder Unternehmensbezeichnungen eines Konkurrenten als Keywords bucht, bewusst an den Ruf des Rechteinhabers an und macht sich dessen Image und Prestige für den eigenen Absatz zunutze. Letzter Umstand, die Ausnutzung für den eigenen Absatz, macht das Vorgehen unlauter. Stellt ein Wettbewerber eine Verbindung zu einer fremden Marke oder Geschäftsbezeichnung nur deshalb her, um die eigenen Waren oder Dienstleistungen unter **Vorspann** fremder Leistungen eines Dritten aufzuwerten, muss der Rechteinhaber dies nicht hinnehmen.[166] Unlauter ist das Verhalten aber nicht nur, wenn der Werbende versucht, ein fremdes Image auf sich zu übertragen (**Imagetransfer**), sondern auch dann, wenn er die Bekanntheit eines Dritten ausnutzt, um den eigenen Absatz zu fördern.[167] Denn auch hier wird bewusst der gute Ruf für eigene Interessen ausgebeutet. Auf einen direkten Kaufentschluss des Kunden kommt es dabei nicht an.

Darüber hinaus sind Keyword-Buys unter dem Gesichtspunkt des **Kundenfangs** 92
durch Täuschung bedenklich. Wenn Suchmaschineneinträge nur deshalb angezeigt werden, weil bestimmte Begriffe „gekauft" wurden, ansonsten diese Eintrage aber nie erscheinen würden, wird der Kunde über den Inhalt der Webseite getäuscht. Der Internetnutzer erwartet nämlich, dass nach einer Suchanfrage nur diejenigen Seiten angezeigt werden, die vor allem die Begriffe enthalten, nach denen er gesucht hat. Wer „Sony" sucht, aber kostenpflichtige Erotikseiten findet, wird fehlgeleitet. Gegebenenfalls liegt in diesen Fällen auch eine nach § 3 UWG **unzulässige Irreführung** vor,[168] Dementsprechend besteht zur Vermeidung von Täuschungen mindestens eine deutliche **Kennzeichnungspflicht.**[169]

Auch die **Rechtsprechung** befasste sich bereits mit Keyword-Buys: In einem Ver- 93
fahren vor dem *LG Hamburg*[170] ging es um einen Kosmetik-Discounter, der bei dem Suchmaschinenbetreiber *excite.com* die Suchbegriffe „Estee Lauder", „Clinique" und „Origins" buchte. Bei diesen Begriffen handelt es sich um national und international geschützte Marken des Unternehmens Estee Lauder Companies Inc. Nach der Eingabe der Worte bei *excite.com* und Auslösung des Suchvorganges erschien ein Werbebanner des Kosmetik-Discounters, das mittels eines Links auf das Angebot des Discounters verwies. Neben markenrechtlichen Erörterungen hielt das Gericht vor allem § 1 UWG für einschlägig. Der Kosmetik-Discounter habe sich durch sein Handeln an den **guten Ruf** der sehr bekannten Marken angelehnt und für seine geschäftliche Tätigkeit bewusst **ausgebeutet.** Die für die Annahme eines ergänzenden Leistungsschutzes erforderlichen „besonderen Umstände" seien darin zu erkennen, dass das Unternehmen den guten Ruf in anstößiger Weise für den eigenen Warenabsatz ausnutze und somit „vom fremden Organismus" lebe.[171] Durch die Verwendung der Marken als bezahlte Keywords mache sich der Discounter den

---

[165] Dazu bereits oben Rdnr. 26.

[166] Vgl. dazu *BGHZ* 86, 90 – Rolls-Royce.

[167] A. A. *Varadinek,* GRUR 2000, 279 (285).

[168] *Geiss,* Recht im eCommerce, 2001, S. 121.

[169] So auch *Varadinek,* GRUR 2000, 279 (284); *Leupold/Bräutigam/Pfeiffer,* WRP 2000, 575 (590), fordern weitergehend die ausnahmslose Kennzeichnung aller bezahlten Suchmaschineneinträge.

[170] *LG Hamburg,* CR 2000, 392; vgl. dazu *Mann* in: FS Hertin, S. 609 ff.

[171] *LG Hamburg,* CR 2000, 392 (395).

Werbewert der Produkte planmäßig zunutze und leite potentielle Kunden unzulässig auf sein eigenes Angebot um.[172]

94 Nicht nur der werbende Discounter, sondern auch der **Suchmaschinenbetreiber** wurde zur Unterlassung verurteilt. Dieser habe nicht nur durch sein Keyword-Buy-System mittelbar an der Handlung des Werbenden mitgewirkt, sondern hafte darüber hinaus für **eigenes unlauteres Verhalten.** Denn der Suchmaschinenbetreiber nutze den guten Ruf eines Dritten für eigene wirtschaftliche Zwecke aus. Mit dem „Verkauf" bestimmter Keywords maße er sich widerrechtlich das Nutzungsrecht fremder Marken und Firmen an.

Praxistipp: In den Keyword-Buy-Fällen kommen also grundsätzlich zwei Anspruchsgegner in Betracht: Das Unternehmen, das die Keywords gebucht hat und der Suchmaschinenbetreiber bzw. dessen Vermarkter.

b) Allgemeine Begriffe als Keywords

95 Fraglich ist die Beurteilung des Keyword-Advertisement, wenn keine Marken oder Firmen, sondern **allgemeine Begriffe** verwendet werden. Das *LG Frankfurt/M.*[173] verneinte in einem solchen Fall das Vorliegen einer Behinderung durch das Buchen von **Sachbegriffen** als Keywords. Ein Hersteller von Heizkesseln hatte bei der Suchmaschine *„Yahoo.de"* die Keywords „Heizung" und „Solar" sowie die Katalogkategorie „Handel + Wirtschaft/Firmen/Bauwesen/Sanitär- und Klimatechnik" mit Bannerwerbung gebucht. Dagegen richtete sich eine Konkurrentin, da nach Eingabe ihrer Unternehmensbezeichnung („Buderus AG") als Suchbegriff und anschließendem Klick auf einen mit „In German: Information über Buderus in Yahoo! Deutschland" bezeichneten Link, neben Informationen über die Klägerin das Werbebanner der Beklagten erschien.

96 Das Gericht war der Auffassung, dass ein „Ausspannen" nicht gegeben sei, da **kein zielgerichteter Angriff** auf die Kunden der Klägerin erfolge. Dagegen spreche schon, dass die Beklagte nicht den Firmennamen der Klägerin als Keyword nutzte. Auch der Umstand, dass nach Eingabe der Keywords die Werbung auch im Umfeld der Klägerin erscheint, führe zu keinem anderen Ergebnis, da es dem Werbenden unbenommen bleiben müsse, „seine Werbung in einem Umfeld zu präsentieren, in dem sie auf fruchtbaren Boden fallen kann".[174] Der Internetnutzer sei so an Bannerwerbungen gewöhnt, dass auch keine unlautere **Belästigung** vorliege. Es stehe dem Anwender frei, sich von dem Banner ablenken zu lassen, ohne dass es ihm peinlich oder unangenehm sein müsse, das Banner anzuklicken oder nicht. Da Homepages in erster Linie der Information dienten, sei auch nicht – wie etwa in den Handzettel-Fällen – von einem **konkreten Kaufentschluss** auszugehen, der unmittelbar abgefangen wird. Dies gelte jedenfalls dann, wenn die konkreten Parteien keine direkten Bestellmöglichkeiten (Online-Shopping) anbieten.

97 Das Urteil verdient Zustimmung, soweit es das Vorliegen einer Behinderung mangels eines direkten Angriffes verneint. Auch eine Rufausbeutung oder eine Be-

[172] Zu dem gleichen Ergebnis kommt das *LG Berlin,* K&R 2001, 171 m. Anm. *Michael;* ähnliche Fallkonstellation *LG Berlin,* Beschl. v. 25. 9. 2001, 16 O 500/01, nicht veröffentlicht.

[173] *LG Frankfurt/M.,* K&R 2001, 173.

[174] *LG Frankfurt/M.,* K&R 2001, 173 (174).

lästigung kommt in dieser Konstellation nicht in Betracht. Gleichwohl kann das Keyword-Advertisment unter dem Gesichtspunkt des **Kundenfangs durch Täuschung** unzulässig sein. Bucht der Werbende etwa die Begriffe „Downloads", „MP3" oder „Bildschirmschoner", vertreibt aber ausschließlich Kosmetikprodukte, werden die nach diesen Begriffen suchenden Internetanwender in die Irre geführt. Den Irrtum erkennen sie erst, nachdem sie das Angebot des Werbenden aufgerufen haben. Zu diesem Zeitpunkt hat der Werbende den Kunden schon „gefangen".

6. Meta-Tags und Word-Stuffing

Ähnliche Probleme wie das Keyword-Advertisement werfen **Meta-Tags** und das **Word-Stuffing** auf. Hier werden – im Gegensatz zum Keyword-Advertisement – Suchbegriffe nicht „gekauft", sondern in die eigenen Webseiten integriert. Die meisten Suchmaschinen generieren und indexieren ihre Einträge zum einen anhand der Begriffe, die im Text der Webseiten vorzufinden sind, zum anderen analysieren sie die – für den Betrachter unsichtbaren – Begriffe, die der Ersteller der Webseite in Form von Meta-Tags in deren Quellcode eingefügt hat. Anhand dieser Informationen listen die Suchmaschinen bei einer Suchanfrage die Internetseiten auf. 98

Um Suchergebnisse zu beeinflussen, können nun gezielt bestimmte Meta-Tags in die Homepage eingefügt werden, die von den Suchmaschinen erkannt und aufgenommen werden sollen. Oder es werden Begriffe im – an sich sichtbaren – Text der Seite mehrfach wiederholt, aber mit der Hintergrundfarbe versehen, so dass sie zwar nicht vom Betrachter, wohl aber von den Suchmaschinen wahrgenommen werden (**„Word-Stuffing"**). Je öfter die Schlagworte von den Suchmaschinen erkannt werden, desto besser kann die Position der Webseite in den Trefferlisten sein. Wettbewerbsrechtlich ähneln diese Vorgehensweisen stark dem Keyword-Advertisement. Durch bewusste Manipulation der Suchmaschinen kommen erneut die **Behinderung** eines Wettbewerbers, **Rufausbeutung** Belästigung, übertriebenes Anlocken, gezieltes Abfangen und **Täuschung** nach § 1 UWG, sowie eine **Irreführung** nach § 3 UWG in Betracht. Geht es um Marken, kommen wiederum zunächst markenrechtliche Fragen auf, die bereits im markenrechtlichen Teil erläutert wurden.[175] 99

Wie beim Keyword-Advertisement stellt es eine **Behinderung** des Konkurrenten dar, wenn ein Kunde durch fehlleitende Meta-Tags oder durch das Word-Stuffing von dem Abschluss eines Geschäftes abgehalten und auf das eigene Angebot umgeleitet wird.[176] Voraussetzung ist wiederum das Vorliegen eines Kaufentschlusses, sowie die Bestellmöglichkeit auf den Seiten der Konkurrenten. Auch liegt eine nach § 1 UWG unzulässige **Rufausbeutung** vor, wenn sich der Werbende das Image eines anderen für seine Zwecke zunutze macht.[177] Obschon nicht sichtbar und direkt auf den Rechteinhaber Bezug genommen wird, so ist es bereits unlauter, die Bekanntheit eines Dritten dazu auszunutzen, um Kunden auf das eigene Angebot zu locken. Durch die Fehlleitung und die dadurch entstehende Kostenbelastung wird der Nutzer zudem in unzumutbarer Weise **belästigt**[178]. Wegen der unkomplizierten, schnel- 100

[175] Oben § 7 Rdnr. 267ff.

[176] So auch *Kotthoff,* K&R 1999, 157 (161); *Hoeren/Sieber/Viefhues,* Teil 6, Rdnr. 480; einschränkend *Menke,* WRP 1999, 982 (989f.).

[177] *Köhler/Arndt,* Recht des Internet, Rdnr. 408; *Strömer,* S. 137; a.A. sind *Kotthoff,* K&R 1999, 157 (161) und *Menke,* WRP 1999, 982 (987).

[178] *LG Düsseldorf,* MMR 2002, 557 = CR 2002, 610.

len und vor allem kostenlosen Realisierbarkeit ist bei dem Einsatz von Meta-Tags und dem Word-Stuffing auch eine **Rufbeeinträchtigung** denkbar. Wird der Internetnutzer beispielsweise bei der Eingabe einer bekannten Marke auf eine pornografische Internetseite geleitet, könnte der Markeninhaber mit diesem Inhalt in Verbindung gebracht werden und sein Ruf beeinträchtigt sein. Gleichwohl bedarf dies einer genauen Einzelfallüberprüfung, da vermutlich die konkrete Gefahr einer Imageübertragung in der Regel nicht wirklich besteht.[179] Eine Rufbeeinträchtigung dürfte beispielsweise ausscheiden, wenn der Surfer alsgleich bemerkt, dass er fehlgeleitet wurde und somit ein negatives Image nicht auf den Rechteinhaber überträgt.

101 Letzteres Argument wird oft angeführt, um eine **Irreführung nach § 3 UWG** zu verneinen. Wenn der Internutzer spätestens bei Erreichen der Homepage erkenne, dass eine Verbindung zwischen dem Angebot des gesuchten Anbieters und dem des gefundenen besteht,[180] sei diese kurzeitige Fehlvorstellung für § 3 UWG unerheblich. Dieses Argument kann aber nicht überzeugen. Der Zweck der Irreführung, nämlich das Anlocken potentieller Kunden auf die eigene Homepage, ist bereits erfüllt, wenn der Nutzer auf die Homepage gelangt.[181] Insoweit kann es auf die tatsächliche Dauer der Irreführung nicht ankommen. So müssen auch bei der **Blickfangwerbung** die blickfangmäßig herausgestellten Angaben als solche wahr sein. Spätere erläuternde, richtig stellende Angaben im Text beseitigen die Irreführungsgefahr nicht.[182] Im übrigen ist es für eine Täuschung unerheblich, dass der Nutzer die Meta-Tags nicht sieht.[183]

7. Websponsoring

102 Ähnlich wie im Bereich des Fernsehens („Diese Sendung wurde Ihnen präsentiert von ...“), werden auch Internetangebote von Dritten finanziert **(Websponsoring)**. Dies wird z.B. durch Dauerbanner, Interstitials oder Hinweisen, wie „powered by ...“ realisiert. Solange diese Werbung als solche erkennbar ist und keine sonstigen, etwa standesrechtlichen Bestimmungen verletzt, ist dies unbedenklich.

103 Besonderheiten gelten im Bereich des **Sozial- und Umweltsponsoring**, das an das Verantwortgefühl, Engagement oder gar Mitleid des Verbrauchers appelliert (sog. **gefühlsbetonte Werbung**). Man denke an einen Online-Buchhändler, der sich in seiner Werbung für eine Behinderteneinrichtung einsetzt oder sogar verspricht, einen Teil des Verkaufserlöses an eine Tierschutzorganisation zu spenden. Der *BGH* erachtete derartige Imagewerbung bislang als grundsätzlich sittenwidrig nach § 1 UWG, da das Kaufinteresse erweckt werde, ohne dass ein *sachlicher Zusammenhang* zwischen dem angesprochenen Gefühl bzw. sozialen Engagement und der beworbenen Ware bestehe.[184] Nach der jüngsten Rechtsprechung des *BVerfG* ist das

---

179 *Menke,* WRP 1999, 982 (987).

180 *Kotthoff,* K&R 1999, 157 (161); *Hoeren/Sieber/Viefhues,* Teil 6, Rdnr. 476f.

181 So auch *Menke,* WRP 1999, 982 (989); *Varadinek,* GRUR 2000, 279 (284).

182 Vgl. z.B. *BGH* GRUR 1967, 360 – Maßkleidung; *BGHZ* 139, 368 (376) = GRUR 1999, 264 (267) – Handy für 0.00 DM; weitere Nachweise bei *Köhler/Piper,* § 3 Rdnr. 132.

183 *LG Düsseldorf,* MMR 2002, 557 (559).

184 Vgl. etwa *BGH* GRUR 1987, 534 (535) – McHappy-Tag; *BGH* GRUR 1991, 542 (543) – Biowerbung mit Fahrpreiserstattung; *BGH* GRUR 1995, 598 – Ölverschmutzte Ente (Schockwerbung der Fa. Benetton); *OLG Stuttgart,* WRP 1999, 456 – Schokolade für die Umwelt.

Abstellen auf den fehlenden Sachzusammenhang aber nicht ausreichend, um die Sittenwidrigkeit zu begründen. Vielmehr müsse im Hinblick auf das Grundrecht nach Art. 5 Abs. 1 GG die Gefährdung des Leistungswettbewerbs anhand konkreter Umstände festgestellt werden.[185] Es spreche auch nichts dagegen, das soziale Engagement des Käufers als zulässiges Kaufmotiv anzusehen. Damit ist **zukünftig** die gefühlsbetonte Werbung (Websponsoring) nur noch unlauter, wenn sie aus **besonderen Gründen als anstößig** erscheint, z.B. durch Kaufzwang, Belästigung oder Persönlichkeits- und Menschenwürdeverletzungen.

8. Preisausschreiben und Gewinnspiele als Werbemittel

Großer Beliebtheit erfreuen sich im Internet Gewinnspiele und Preisausschreiben 104
aller Art. Es existieren Internetangebote, die allein den Zweck haben, die zurzeit abrufbaren Gewinnspiele – nach deren Art, den zu erwartenden Preisen und dem Spielaufwand sortiert – aufzuführen. Unternehmen bedienen sich dieser Werbemethode in erster Linie, um Aufmerksamkeit zu erlangen, wobei natürlich die Gestaltungsformen mannigfaltig sind. Mindestanforderungen legen insoweit § 7 Nr. 4 TDG und § 10 Abs. 4 Nr. 4 MDStV fest[186]: Preisausschreiben und Gewinnspiele müssen als solche erkennbar sein und die Teilnahmebedingungen jederzeit zugänglich, klar und unzweideutig angegeben werden. Ist dies nicht der Fall, liegt ohne weiteres ein Wettbewerbsverstoß vor, da die **Informations- und Aufklärungspflichten** des Anbieters erkennbar wertbezogener Art sind.[187] Das Appellieren an die **Spielleidenschaft** der Kunden, um sie zu einem Kauf oder zur Inanspruchnahme sonstiger Leistungen zu bewegen, kann zudem nach § 1 UWG unlauter sein (Ausnutzung aleatorischer Reize). Da die Durchführung von Gewinnspielen aber nicht *per se* wettbewerbswidrig[188] ist, müssen besondere Unlauterkeitsmerkmale hinzutreten, um von einer Wettbewerbswidrigkeit auszugehen.

Dies ist beispielsweise der Fall, wenn der Kunde über Begleitumstände des Ge- 105
winnspiels oder des Preisausschreibens getäuscht wird. So ist es unzulässig, einen falschen Eindruck über die Gewinnchancen, die Art, Qualität oder den Wert der Gewinne sowie über Art und Zweck der Veranstaltung zu erwecken.[189] Hierunter fallen vornehmlich im Vorfeld des Spieles ausgesprochene Gewinnversprechen („Mitmachen! Sie haben schon gewonnen!"). Ebenso ist die **Kopplung** von Gewinnspiel und Warenabsatz unlauter. Dies ist etwa der Fall, wenn die Teilnahme am Gewinnspiel vom Kauf einer Ware abhängig gemacht wird oder aber ein Kaufentschluss nicht von sachlichen Kriterien, sondern vordergründig von den Gewinnmöglichkeiten getragen wird.[190] Unbedenklich wird dagegen sein, wenn sich der Teilnehmer des Gewinnspieles gleichzeitig verpflichtet, einen kostenlosen **News-**

---

[185] *BVerfG* GRUR 2002, 455 (457) – Tier- und Artenschutz; *BVerfG* GRUR 2001, 170 (173); *BVerfG* GRUR 2001, 1058 – H.I.V. Positive/Ölverschmutzte Ente; zum Ganzen *Kießling/Kling*, WRP 2002, 615ff.

[186] Die Regelung geht auf Art. 6 lit. d) ECRL zurück.

[187] Vgl. oben Rdnr. 19ff. Entsprechend geht die Begründung des Regierungsentwurfs zum EGG, BT-Drs. 14/6098, S. 22 davon aus, dass die Informationspflichten des § 7 TDG die bisherige Rechtslage nach dem UWG deklaratorisch bestätige.

[188] St. Rspr. seit *BGH* GRUR 1959, 138 – Italienische Note; GRUR 1989, 757 – McBacon; WRP 1998, 724 – Rubbelaktion.

[189] *Vieregge/Strothmann* in: FS Quack, S. 141.

[190] *Schotthöfer* in: FS Nordemann, S. 213.

letter zu abonnieren, solange es ihm möglich bleibt, diesen jederzeit wieder abzubestellen.

106 Darüber hinaus darf ein Verbraucher durch ein Gewinnspiel nicht **übertrieben angelockt** werden. Der Anlockeffekt, der von einem Gewinnspiel ausgeht, darf nicht so stark sein, dass dieser die Kaufentscheidung auf Kosten sachgerechter Erwägungen (Güte und Preiswürdigkeit der Waren) überwiegend bestimmt.[191] Dies wäre mit dem Leistungswettbewerb nicht zu vereinbaren. Allerdings macht der *BGH* deutlich, dass die Attraktivität des ausgelobten Gewinnes allein in der Regel nicht zur Wettbewerbswidrigkeit führt, da sich bei den Verbrauchern auf Grund der Häufigkeit von Gewinnspielen ein gewisser Gewöhnungseffekt eingestellt hat und er sich deshalb nicht schon wegen der Attraktivität der Gewinne zu einem unkritischen Gebrauch des Warenangebotes verleiten lässt.[192] Daher bedarf es neben einer Anlockwirkung zumeist weiterer Umstände, die eine Wettbewerbswidrigkeit begründen.[193]

107 Ein solcher Umstand kann neben einer Täuschung oder Kopplung auch ein **psychischer Kaufzwang** sein. Wenngleich es in der Natur der Werbung liegt, dass Menschen durch sie psychisch beeinflusst werden, wird ein nach § 1 UWG unzulässiger Zwang ausgeübt, wenn in einem solchen Ausmaß auf die Willensentscheidung des Kunden eingewirkt wird, dass er zumindest anstandshalber nicht umhin kann, auf das Angebot einzugehen.[194] Im Internet ist diese Fallgruppe aber eher selten einschlägig: Da der Internetnutzer grundsätzlich anonym bleibt und **keinen persönlichen Kontakt** zu dem Anbieter oder dem Verkaufspersonal aufnimmt, ist er in der Regel keiner psychischen Zwangssituation ausgesetzt.[195] Ein Gefühl des Anstandes, doch etwas zu kaufen, wie es beim Betreten eines Ladenlokals der Fall sein mag, wird er kaum verspüren. Besonderheiten hinsichtlich der Veranstaltung von Preisausschreiben und Gewinnspielen ergeben sich im Zusammenhang mit bestimmten **Berufsgruppen.** Auf diese wird oben näher eingegangen.[196]

9. Warenproben und Gratisangebote

108 Das Internet ist nicht zuletzt deshalb so beliebt, weil eine Vielzahl der vorzufindenden Angebote **unentgeltlich** in Anspruch genommen werden kann. Dies gilt für die Nutzung der Internetangebote an sich, aber auch für kostenlose Produktangebote, die der Anwender durch den bloßen Eintrag in ein Formular beziehen kann. Grundsätzlich sind unentgeltliche Leistungen wettbewerbsrechtlich nicht zu beanstanden, solange sie nicht dazu genutzt werden, gezielt bestimmte Wettbewerber vom Markt zu drängen.[197] So ist etwa das kostenlose Anbieten von Domains[198], E-Mail-Konten, Webspeicherplätzen, Foren, Gästebüchern und Suchmaschineneinträgen usw. nicht zu beanstanden.

---

[191] *BGH* WRP 2000, 724 = ZIP 2000, 1313 – Space Fidelity Peep-Show; WRP 1998, 724 (726) – Rubbelaktion.

[192] *BGH* WRP 2000, 724 = ZIP 2000, 1313 – Space Fidelity Peep-Show.

[193] Vgl. dazu *Schotthöfer* in: FS Nordemann, S. 217f.; *Vieregge/Strothmann,* FS Quack 1991, S. 148.

[194] *BGH* WRP 2000, 724 = ZIP 2000, 1313 – Space Fidelity Peep-Show.

[195] *Köhler/Arndt,* Rdnr. 411.

[196] Rdnr. 112ff.

[197] Vgl. z.B. *BGH* WM 2000, 2355.

[198] *OLG Frankfurt,* ZUM-RD 2001, 501.

Auch das Verschenken von Produkten oder das Gewähren sonstiger Vorteile (**Wertreklame**) ist nicht per se wettbewerbswidrig. Dies gilt vor allem für das kostenlose Verbreiten von **Warenproben**, solange sie dazu dienen, dass der Kunde sich einen Eindruck über die Art und Güte der beworbenen Produkte oder Dienstleistungen verschaffen kann. Nimmt die Aktion aber Ausmaße an, dass die Gefahr einer Marktverstopfung entsteht, findet die Zulässigkeit spätestens hier ihre Schranken.[199] 109

Ähnliches gilt für **Werbegeschenke** und geschenkweise gewährte Vergünstigungen. Auch gegen sie ist wettbewerbsrechtlich grundsätzlich nichts einzuwenden,[200] solange der Kunde nicht übertrieben angelockt wird oder ein psychischer Kaufzwang entsteht. Teilweise prüft die Rechtsprechung, ob sich ein Geschenk nach Zweck und Wirkung noch im Rahmen einer Aufmerksamkeitswerbung entsprechend der Wort- und Bildreklame hält.[201] Dies ist zu verneinen, wenn die angesprochenen Verkehrskreise durch die besondere Art und Ausgestaltung des Geschenks in ihren wirtschaftlichen Entschließungen in unsachlicher Weise beeinflusst werden. Dem Verschenken von **Originalwaren** hingegen steht die Rechtsprechung traditionell skeptisch gegenüber,[202] da die Gefahr bestehe, dass Mitbewerber behindert oder gar vom Markt gedrängt werden. Insbesondere dann, wenn die unentgeltliche Verteilung nicht nur vorrübergehend und aus besonderem Anlass erfolgt, sondern ständig und massenhaft, ist dies bedenklich.[203] 110

10. Vergleichende Werbung

War früher bezugnehmende oder vergleichende Werbung in Deutschland grundsätzlich unzulässig, änderte sich dies spätestens mit der Umsetzung der EG-Richtlinie über vergleichende Werbung[204] in das deutsche Recht.[205] Der *BGH* wandte sich schon vor der legislativen Reform – ganz im Lichte der Richtlinie – von seiner bisherigen strengen Rechtsprechungspraxis ab.[206] Nunmehr ist die vergleichende Werbung nicht von vornherein wettbewerbswidrig, sondern nur in anstößigen Fällen. Während es also erlaubt ist, beispielsweise Dienstleistungen werbend miteinander zu vergleichen, um die eigenen Vorzüge hervorzuheben, verstößt es nach § 2 Abs. 2 UWG gegen die guten Sitten, wenn etwa unwahre, irreführende oder den Konkurrenten herabsetzende Aussagen getroffen werden. Im Internet ist auf jene Einschränkungen besonders zu achten, wenn z.B. **Links** auf Internetangebote des Konkurrenten gesetzt werden. Diese einfache Möglichkeit der Bezugnahme auf fremde Unternehmen birgt ein erhöhtes Risiko in sich, vorschnell unzulässige Vergleiche zu Konkurrenzangeboten zu treffen. 111

---

199 *Emmerich,* S. 172.

200 *BGH* NJW-RR 1998, 1420 – Schmuckset, m. w. N.

201 *BGH* NJW-RR 2000, 117 – Altkleider-Wertgutscheine.

202 Zum Beispiel *BGH* GRUR 1996, 778 – Stumme Verkäufer; *OLG München,* NJW-RR 1996, 490.

203 *Emmerich,* S. 169 m. w. N.

204 Richtlinie 97/55/EG des Europäischen Parlamentes und des Rates über irreführende Werbung zwecks Einbeziehung der vergleichenden Werbung vom 6. 10. 1997, ABl. EG Nr. L 290/18; abgedruckt in WRP 1998, 798.

205 Gesetz zur vergleichenden Werbung und zur Änderung wettbewerbsrechtlicher Vorschriften vom 1. 9. 2000, BGBl. I 2000 S. 1374. Ausführlich zu den Änderungen *Plaß,* NJW 2000, 3161 ff.

206 *BGH* MMR 1999, 31 – Testpreisangebot, m. Anm. *Ehmer.*

Praxistipp: Ebenfalls ist bei der Verwendung von Links als Mittel zur vergleichenden Werbung zu beachten, dass z. B. durch die Nennung fremder Produkte auch **Markenrechte** verletzt werden können.[207] Vergleichende Werbung sollte als Marketinginstrument grundsätzlich bedacht und restriktiv eingesetzt werden.

II. Werbung besonderer Berufsgruppen und Produkte

112 Unter dem Aspekt des **Vorsprungs durch Rechtsbruch** sind Verstöße gegen § 1 UWG besonders bei Internetauftritten bestimmter Berufsgruppen denkbar. Vor allem Angehörige der freien Berufe unterliegen besonderen Bestimmungen, die ihnen im Vergleich zu Kaufleuten weitreichende Werbebeschränkungen auferlegen. Gleiches gilt für bestimmte Produktgruppen, deren Bewerbung ebenfalls Restriktionen unterliegen.

1. Internetauftritte von Rechtsanwälten

113 Rechtsanwälte haben mittlerweile das Internet für sich entdeckt und sind zunehmend mit eigenen Homepages im World-Wide-Web vertreten. Insoweit besteht auch Einigkeit, dass Internetauftritte von Rechtsanwälten an sich nicht zu beanstanden sind.[208] Zu beachten ist aber, dass Werbung gemäß § 43 b BRAO nur zulässig ist, wenn sie in Form und Inhalt **sachlich unterrichtet** und nicht auf die Erteilung eines Auftrages im Einzelfall gerichtet ist. Verboten sind dem Anwalt in erster Linie alle aufdringlichen Werbemethoden. Damit soll das Vertrauen der Rechtssuchenden gestärkt werden, der Rechtsanwalt werde nicht aus Gewinnstreben zu Prozessen raten oder die Sachbehandlung an Gebühreninteressen ausrichten.

114 Dabei ist zu untersuchen, ob es sich bei der konkreten Außendarstellung des Rechtsanwaltes tatsächlich um Werbung handelt. Nicht jede Maßnahme, der ein gewisser Werbeeffekt innewohnt, stellt schon Werbung dar. Vielmehr muss diese von einem nur **werbewirksamen Verhalten** abgegrenzt werden. Zu dem letzteren wurde beispielsweise die Verwendung der Domain *„recht-freundlich.de"* gezählt.[209] Welche Maßnahmen als üblich, angemessen oder aber als übertrieben bewertet werden, unterliegt zeitbedingten Veränderungen.[210] Gewiss zulässig sind allgemeine Angaben, wie Informationen über den Standort, Kontaktinformationen, (drei) Tätigkeits- und (zwei) Interessensschwerpunkte, Sprachkenntnisse, Lebensläufe und Fotos der Anwälte.[211] Da das Internet eine Vielfalt von Präsentationsmöglichkeiten bietet, muss man sich aber fragen, wann der Boden der Sachlichkeit verlassen wird. Richtigerweise stellte das *BVerfG* zukunftsweisend fest, dass allein der Umstand,

---

[207] § 7 Rdnr. 281 ff.

[208] *Hoeren/Sieber/Marwitz,* Teil 11.2, Rdnr. 229; *Köhler/Arndt,* Rdnr. 377; *Strömer,* S. 146; *Rein,* MMR 1999, 490 (490) m. w. N.

[209] *OLG Celle,* MMR 2001, 811 – recht-freundlich.de. Zur Zulässigkeit der Registrierung von beschreibenden Domain-Namen durch Anwälte s. § 6 Rdnr. 46 sowie *LG München I,* MMR 2001, 179 – rechtsanwaelte.de; *OLG Celle,* ZUM-RD 2001, 503 – anwalt-hannover.de.

[210] *BVerfG* NJW 2000, 3195 (3195).

[211] *Kröger/Gimmy/Freitag,* S. 399; *Hoeren,* Grundzüge, S. 42; *Hoeren/Sieber/Marwitz,* Teil 11.2, Rdnr. 230 f.; *Flechsig,* ZUM 1997, 98 (98). Vgl. auch *AG Stuttgart,* MMR 2002, 766.

dass Werbung anders als bisher üblich gestaltet ist nicht schon zur Unzulässigkeit führt.[212]

Unzulässig ist eine Rechtsanwalts-Homepage, wenn sie unsachlich, reklamehaft anpreisend oder gar marktschreierisch gestaltet ist. Aufdringliche Werbemethoden, die Ausdruck eines geschäftsmäßigen, ausschließlich an Gewinn orientierten Verhaltens sind, lassen sich mit dem Berufsbild des Rechtsanwaltes nicht vereinbaren. Das *LG Berlin*[213] untersagte einem Rechtsanwalt, auf seiner Homepage mit **Qualitätsaussagen** wie „Fairness, Zuverlässigkeit und Spitzenqualität treffen Sie hier an." zu werben.[214] Weiterhin ist das Durchführen von **Gewinnspielen** ebenso unzulässig, wie das Einbinden sachfremder **Bannerwerbungen** oder **Video-Sequenzen.** Gerade noch im Bereich des Zulässigen ist wohl das Abspielen dezenter **Hintergrundmusik.**[215] 115

Das Anbieten eines elektronischen **Gästebuches** auf einer Rechtsanwalts-Homepage, in das Besucher – für jedermann einsehbar – Nachrichten hinterlassen können, erachtete das *OLG Nürnberg*[216], der Vorinstanz[217] folgend, richtigerweise als unzulässig. Zwar sei das Gästebuch vor dessen Nutzung an sich „inhaltslos"; es würde jedoch durch die Gäste mit Inhalten gefüllt. Es entspreche dabei der Lebenserfahrung, dass die Gäste sich darin auch lobend und anerkennend über die berufliche Tätigkeit des Rechtsanwaltes äußern, so dass dadurch – unabhängig vom Wahrheitsgehalt – die Grenzen einer sachlichen Unterrichtung überschritten werden. Zwar sei ein Rechtsanwalt nicht dazu verpflichtet, positive Äußerungen Dritter über seine berufliche Leistung zu unterbinden, jedoch verwehrt es ihm § 6 Abs. 4 der Berufsordnung für Rechtsanwälte (BORA) daran mitzuwirken, wenn Dritte für ihn Werbung betreiben. Dem *OLG Nürnberg* ist zuzustimmen.[218] Allerdings sind Gästebücher wohl dann zulässig, wenn die geschriebenen Inhalte nicht für andere einsehbar sind, sondern lediglich intern verwertet werden können. Unzulässig sind auch **Werbebanner,** die der Rechtsanwalt auf fremden Webseiten – etwa juristischen Portalen – für sich platzieren lässt, da es sich um ein reklamehaftes, von § 43 b BRAO nicht gedecktes Sichherausstellen handelt.[219] 116

Einige Rechtsanwälte bieten auf ihren Seiten umfangreiche **Rechtsinformationen**[220], wie aktuelle Urteilssammlungen, juristische Fachbeiträge und juristische Linklisten an. Obschon diesbezüglich Bedenken aufkommen können,[221] wird dies 117

[212] *BVerfG* NJW 2000, 3195 (3195); ähnlich *BVerfG* MMR 2002, 47.

[213] *LG Berlin,* MMR 2000, 490 m. Anm. *Roetzel.*

[214] Zulässig erachte dagegen das *LG Berlin,* MMR 2001, 836 die Aussage „Die Kanzlei für den Schutz des Privatvermögens". Das *BVerfG* MMR 2002, 47 sieht Werbeaussagen wie „Alles was Recht ist", „sorgfältige Beratung", „prozessvermeidende Strategien", „regelmäßige Fortbildung" als von Art. 12 Abs. 1 GG gedeckt. Weitere Beispiele bei *Härting,* K&R 2002, 561 (563).

[215] *Hoeren/Sieber/Marwitz,* Teil 11.2, Rdnr. 233; *Schneider,* MDR 2000, 133 (135); a. A. *Scheuerle,* NJW 1997, 1291 (1293).

[216] *OLG Nürnberg,* MMR 1999, 489 m. Anm. *Rein.*

[217] *LG Nürnberg-Fürth,* MMR 1998, 488.

[218] So auch *Köhler/Arndt,* Rdnr. 377; *Rein,* MMR 1999, 490 (490); *Schmittmann,* Mitt. 1997, 247 (248), dort allerdings für Patentanwälte; a. A. wohl *Hoeren/Sieber/Marwitz,* Teil 11.2, Rdnr. 234; *Scheuerle,* NJW 1997, 1291 (1293).

[219] Ebenso *Schmittmann,* MMR 2001, 792 (796) m.w.N.; *OLG Frankfurt,* BRAK-Mitt. 1999, 195 f.

[220] Zu der generellen Einordnung von Rechtsinformationssystemen im Internet ausführlich *Henssler/Kilian,* CR 2001, 682 ff.

[221] So *Hoeren/Sieber/Marwitz,* Teil 11.2, Rdnr. 238 f.

als zulässig erachtet werden müssen. Es muss dem Rechtsanwalt nämlich unter Berücksichtigung des Art. 5 Abs. 1 Satz 1 GG unbenommen bleiben, z. B. wissenschaftliche Abhandlungen auch im Internet zu veröffentlichen. Ebenfalls sind **Linklisten**, soweit sie nicht auf kommerzielle oder sonst sachfremde Inhalte verweisen, grundsätzlich zulässig.[222]

2. Internetauftritte von Notaren

118 **Notare** unterliegen gegenüber Rechtsanwälten noch strengeren Restriktionen. Gemäß § 29 Abs. 1 der Bundesnotarordnung (BNotO) haben Notare jedes gewerbliche Verhalten, insbesondere eine dem öffentlichen Amt widersprechende Werbung, zu unterlassen. Grundsätzlich wird daher auch Notaren der Internetauftritt nicht verwehrt werden dürfen, solange dieser keinerlei werbenden Charakter hat.[223] Sachliche Informationen (insbesondere Kontaktmöglichkeiten usw.) sind daher zulässig.

3. Internetauftritte von Steuerberatern und Wirtschaftsprüfern

119 Auch **Steuerberater** können sich grundsätzlich im Internet präsentieren.[224] Diese Berufsgruppe ist aber ebenfalls nach § 10 Abs. 2 ihrer Berufsordnung darauf beschränkt, sachlich zutreffend und objektiv überprüfbar über ihre Tätigkeit zu informieren. Reklamehafte Darstellungen sind indessen zu unterlassen (§ 10 Abs. 2 Satz 3 BO). Bei der Beurteilung der Zulässigkeit sind die Kriterien für die Gestaltung von Praxisbroschüren (§ 12 BO) heranzuziehen.[225] Danach sind etwa sachliche Informationen über die Person, Lebenslauf, beruflicher Werdegang, berufliche Erfahrungen, Art der Betätigung, Größe und Organisation der Praxis usw. nicht zu beanstanden (vgl. § 12 Abs. 2 BO). **Wirtschaftsprüfer** unterliegen einem entsprechenden Sachlichkeitsgebot nach § 52 der Berufsordnung für Wirtschaftsprüfer (WiPrO).

4. Internetauftritte von Ärzten und Zahnärzten

120 Lange Zeit unterlagen Ärzte einem generellen **Werbeverbot.** Dies ergab sich aus der Musterberufsordnung der deutschen Ärzte und Ärztinnen (MBO). Nach der Fassung der MBO von 1978 war den Ärzten Werbung gemäß § 21 MBO (1978) gänzlich untersagt. Eine **Lockerung** erfuhr diese Regel durch zwei Novellierungen in den Jahren 1997 und 2000. Nunmehr sind dem Arzt zunächst sachliche Informationen über seine Berufstätigkeit gestattet. Darüber hinaus gelten gem. § 27 MBO n. F. für „Praxisschilder, Anzeigen, Verzeichnisse, Patienteninformationen in Praxisräumen und öffentlich abrufbaren Arztinformationen, Computerkommunikationsnetzwerke" hinsichtlich Form, Inhalt und Umfang die Grundsätze des Kapitels D 1 Nr. 1 bis 5. Verboten ist dem Arzt aber weiterhin berufswidrige Werbung, namentlich insbesondere anpreisende, irreführende oder vergleichende Werbung.

121 Im Wesentlichen entspricht diese Vorschrift nun der **Rechtsprechung des BVerfG,** welches das absolute Werbeverbot zuvor für verfassungswidrig erklärt hatte, da

---

[222] *Schneider,* MDR 2000, 133 (134); *Scheuerle,* NJW 1997, 1291 (1293).
[223] *Hoeren/Sieber/Marwitz,* Teil 11.2, Rdnr. 274.
[224] *LG Nürnberg-Fürth,* CR 1997, 415.
[225] *Hoeren/Sieber/Marwitz,* Teil 11.2, Rdnr. 261.

vielmehr nur berufswidrige Werbung zu unterlassen sei.[226] Da die alten Berufsordnungen ohnehin verfassungsgemäß ausgelegt werden mussten, hat die Neuregelung allenfalls einen klarstellenden Charakter. Eine ähnliche Regelung, wie die für Ärzte, enthält auch die Berufsordnung für **Zahnärzte** (§ 20a Satz 1 BO).[227]

Damit haben auch Ärzte die Möglichkeit, sich im Internet zu präsentieren.[228] Unzulässig sind aber – wie bei den Berufen der Rechtspflege – **reklamehafte Anpreisungen** und unsachliche Darstellungen.[229] Kontaktinformationen (Adresse, Telefon, Telefax, E-Mail-Adresse), akademische Titel und Schwerpunkte können problemlos angegeben werden. Bei darüber hinausgehenden Angaben muss im Einzelfall geprüft werden, ob diese – vor allem in ihrer konkreten Gestaltung – anpreisend oder irreführend sind.[230] Jedenfalls Angebote, die Aufmerksamkeit erregen und von der Leistungsfähigkeit des Arztes überzeugen sollen, stellen das Gewinnstreben in den Vordergrund und sind unzulässig.[231] **Werbebanner, Glücksspiele, sachfremde Links** sowie **Gästebücher** sind in jedem Falle nicht sachlich und daher auf Ärzte-Homepages zu vermeiden. 122

5. Internetauftritte von Apothekern und Heilmittelwerbung

Das Internet bietet auch Apothekern eine Präsentationsplattform. Zu dieser Berufsgruppe hat das *BVerfG* festgestellt, dass Apotheker nicht nur Angehörige eines freien Berufes, sondern auch Kaufleute sind.[232] Aus diesem Grunde stehen sie hinsichtlich **rezeptfreier Arzneimittel** und dem **Randsortiment** (z.B. Kosmetik) mit anderen Berufsgruppen im Wettbewerb, so dass dementsprechend die Außendarstellung von Apothekern nicht wie die der Ärzte oder Rechtsanwälte auf sachliche Informationen über die berufliche Betätigung beschränkt ist, sondern auch Elemente der Anpreisung und Reklame enthalten können.[233] Nicht zu beanstanden sind daher **informativ-sachliche Angaben** zur Lage der Apotheke, Telefon- und Faxnummer, Öffnungszeiten, Notdienste usw.[234] Daneben kann aber auch Imagewerbung betrieben werden. 123

Geht es in der Werbung[235] um **verschreibungspflichtige und apothekenpflichtige Produkte,** erfährt die Werbung von Apothekern Einschränkungen. Der Begriff der Werbung im Zusammenhang mit Arzneimitteln wurde in der Richtlinie 92/28/EWG über die Werbung für Humanarzneimittel definiert. „Werbung für Arzneimittel" ist nach Art. 1 Abs. 3 Satz 1 der RL jede Maßnahme „zur Information, zur Marktuntersuchung und zur Schaffung von Anreizen mit dem Ziel, die Verschreibung, die Abgabe, den Verkauf oder den Verbrauch von Arzneimitteln zu fördern". Das **Heilmittelwerbegesetz** (HWG) findet auch im Internet, also bei Präsentationen 124

[226] *BVerfG* NJW 1986, 1533; *BVerfG* NJW 1993, 2988.
[227] Vgl. dazu *OLG Köln,* MMR 2001, 702 – Zahnarzt im Internet.
[228] *Hoeren/Sieber/Marwitz,* Teil 11.2, Rdnr. 286.
[229] Als unzulässig erachtete etwa das *VG Münster,* MedR 1999, 146ff. das Abspielen von Videofilmen und Werbung im Wartezimmer.
[230] So auch *Hoeren/Sieber/Marwitz,* Teil 11.2, Rdnr. 288.
[231] Zum Beispiel *OLG Koblenz,* NJW 1997, 1932 – email doctor.
[232] *BVerfG* NJW 1996, 3067.
[233] *BVerfG* NJW 1996, 3070 (3071).
[234] *Hoeren/Sieber/Marwitz,* Teil 11.2, Rdnr. 306.
[235] An dieser Stelle wird nur die *Werbung* für Arzneimittel erörtert. Die Zulässigkeit ihres *Versands* wird unter Rdnr. 159ff. dargestellt.

von Arzneimitteln auf Homepages, Anwendung.[236] Da die Definition von Werbung sehr weit gefasst ist, fallen darunter auch Informationen über die enthaltenen **Wirkstoffe, die Arzneimittelnamen, Packungsbeilagen** und **Pflichtangaben** nach § 4 Abs. 1 Nr. 5 HWG.[237]

125 Das Bewerben eines **Online-Shops,** über den **apothekenpflichtige Arzneimittel** bezogen werden können, verstößt gegen § 8 Abs. 1 Satz 1 des Heilmittelwerbegesetzes. Denn der Versand apothekenpflichtiger Arzneimittel ist nach § 43 Abs. 1 Satz 1 des Arzneimittelgesetzes (AMG) unzulässig. Das bloße Präsentieren apothekenpflichtiger Arzneimittel ist dagegen zulässig, solange deutlich wird, dass diese nur in der Apotheke erhältlich sind.[238] Ferner dürfen nach § 10 Abs. 1 HWG **verschreibungspflichtige Arzneimittel** nur bei Ärzten, Zahnärzten, Tierärzten, Apothekern und Personen, die mit diesen Arzneimitteln erlaubterweise Handel treiben, beworben werden. Die Werbung für **zulassungspflichtige Arzneimittel** ist grundsätzlich unzulässig, wenn diese nicht zugelassen sind oder nicht als zugelassen gelten (§ 3a HWG). Da sich das Internet in aller Regel an die Allgemeinheit richtet, d.h. von jedem abrufbar ist, muss auf das Werben für verschreibungspflichtige Arzneimittel im Internet wohl generell verzichtet werden, es sei denn, dass die Besucher der Homepage etwa durch **Passwortkontrollen** auf die zulässigen Personengruppen eingeschränkt werden.[239] Darüber hinaus enthält § 11 HWG einen **Katalog** mit Werbemethoden, mit denen außerhalb der Fachkreise generell nicht für Arzneimittel, Verfahren, Behandlungen, Gegenstände oder andere Mittel geworben werden dürfen. Irreführende Werbung ist nach § 3 HWG prinzipiell verboten. Schließlich ist auf die Pfichtangaben nach § 4 Abs. 1 HWG zu achten, die von den übrigen Werbeaussagen deutlich abgesetzt und gut lesbar sein müssen (§ 4 Abs. 4 HWG). Die Erreichbarkeit der Angaben über einen **Link** genügt diesen Anforderungen jedenfalls dann nicht, wenn mehrere Schritte erforderlich sind, um zu den Informationen zu gelangen.[240]

6. Tabakwerbung

126 Fraglich ist schließlich, ob und inwieweit Internetwerbung für Tabakwaren zulässig ist. Für **Rundfunk** und **Fernsehen** sieht § 22 Abs. 1 des Lebensmittel- und Bedarfsgegenständegesetzes (LMBG) ein generelles Verbot vor, für Tabakprodukte zu werben. Das Verbot erfasst Tabakerzeugnisse aller Art, also auch Rohtabak oder unter Verwendung von Rohtabak hergestellte Erzeugnisse oder ähnliche Waren, die zum Rauchen, Kauen oder anderweitigen oralen Gebrauch oder zum Schnupfen bestimmt sind (vgl. § 3 LMBG). Da § 22 Abs. 1 LMBG *expressis verbis* von Rundfunk und Fernsehen spricht, findet das Tabak-Werbeverbot auf **Internetwerbung** keine Anwendung.[241] Eine analoge Anwendung wäre im Hinblick auf Art. 12 Abs. 1 GG bedenklich.[242] Gleichwohl kann sich eine Unzulässigkeit aus § 22 Abs. 2

---

236 *Marwitz,* MMR 1999, 83 (83f.); *Köhler/Arndt,* Recht des Internet, Rdnr. 387.

237 *Marwitz,* MMR 1999, 83 (83) m.w.N.

238 *Hoeren/Sieber/Marwitz,* Teil 11.2, Rdnr. 307.

239 Vgl. *Pfälzisches OLG,* Urteil vom 13. 12. 2001, – 4 U 68/01 –, JurPC Web-Dok. 246/2002.

240 *OLG München,* CR 2002, 445.

241 Anders, wenn Tabakwerbung z.B. im Rahmen eines Web-TV-Kanals oder Web-Radio-Programmes versendet wird.

242 *Hoeren,* Grundzüge, S. 44.

Nr. 1 LMBG ergeben, wenn etwa die Werbung das Inhalieren des Tabakrauchs als nachahmenswert erscheinen lässt oder der Eindruck erweckt wird, der Tabakkonsum sei gesundheitlich unbedenklich.[243]

III. Sonstige wettbewerbsrelevante Handlungen und Probleme im Internet

Widmete sich der vorangegangene Abschnitt unmittelbar der Werbung im Internet, soll nunmehr auf sonstige wettbewerbsrelevante Handlungen eingegangen werden, die nicht der Werbung im engeren Sinne zuzuordnen sind. Wenngleich sicher jedem Internetauftritt ein Werbeeffekt innewohnt, stehen nachfolgend nicht einzelne Werbemaßnahmen im Vordergrund, sondern die Onlineangebote selbst. 127

1. Wettbewerbswidriger Einsatz von Links

Links sind das prägende Merkmal des Internet. Sie verbinden die einzelnen Angebote des World Wide Web zu einem Netz und ermöglichen dadurch einen schnellen Informationszugang.[244] Die einzelnen Erscheinungsformen von Links, sowie die Frage, ob ein Linkverwender dafür haftet, wenn er auf Internetseiten Dritter verweist, auf denen wettbewerbswidrige Informationen abrufbar sind, wurde bereits an anderer Stelle ausführlich erörtert.[245] Es bleibt zu untersuchen, inwieweit der Einsatz von Links auf fremde Angebote *als solcher* wettbewerbswidrig sein kann. 128

Vor allem **Deeplinks, Inlinelinks** und **Frames** sind in das wettbewerbsrechtliche Visier gelangt. Diese Linkformen haben gemein, dass für den Internetnutzer die wahre Quelle der abgerufenen Informationen oftmals auf den ersten Blick nicht erkenntlich ist. Aus diesem Grunde fällt die rechtliche Würdigung bei diesen Formen zumeist gleich aus. Häufig greifen bereits **Sonderschutzrechte,** die dem Verlinkten einen Schutz seines geistigen Eigentums bieten. So verletzen Frames und Inline-Links zumeist Urheberrechte des „verlinkten" Anbieters, wenn dessen Internetauftritt urheberrechtlich – z.B. als Datenbank nach § 87a UrhG – geschützt ist.[246] 129

Für die wettbewerbsrechtliche Beurteilung ist bei der Linkverwendung zunächst an eine **Ausbeutung** in Form einer **unmittelbare Leistungsübernahme** zu denken. Diese liegt dann vor, wenn fremde Leistungsergebnisse ohne einen ins Gewicht fallenden Schaffensvorgang übernommen werden. Wesentlich für die Annahme einer Leistungsübernahme ist der Umstand, dass sich der Handelnde die Ergebnisse fremden Schaffens unter der Ersparnis eigenen Aufwandes und eigener Kosten zunutze macht. So kann zum Beispiel der Betrieb einer **Meta-Suchmaschine**[247], die mehrere Suchmaschinen gleichzeitig nach Informationen durchsucht und diese einzelne Suchergebnisse auf einer „gemeinsamen" Seite vereint, eine unlautere Leistungsübernahme darstellen, da hier auf die Datenbanken von Konkurrenten – näm- 130

---

[243] *Köhler/Arndt,* Recht des Internet, Rdnr. 413 unter Hinweis auf *BGH* GRUR 1994, 304 – Zigarettenwerbung. Vgl. auch *Hoeren,* Grundzüge, S. 44, Fn. 112.

[244] *Boddien,* Mitt. 1999, 401.

[245] Vgl. § 4 Rdnr. 96ff.; zu markenrechtlichen Fallkonstellationen § 7 Rdnr. 281ff.; zu urheberrechtlichen Problemen § 8 Rdnr. 140ff.; zu Verträgen über Links vgl. § 13 Rdnr. 363ff.

[246] Beispiele aus der Rspr.: *LG Berlin,* AfP 1998, 649; *LG Köln,* CR 1999, 593; *OLG Hamburg,* ZUM 2001, 512; *OLG Düsseldorf,* CR 2000, 184; *LG München I,* MMR 2002, 58. Einzelheiten dazu in § 8 Rdnr. 118ff.

[247] Beispiel http:/www.metacrawler.de.

lich die Betreiber der Primärsuchmaschinen – zugegriffen und das eigene Angebot dadurch aufgewertet wird.[248]

131 Eine unlautere Handlung kann aber auch bei der einfachen Verwendung von **Deeplinks** anzunehmen sein, wenn unter Umgehung der Startseite eines Internetauftrittes gezielt auf Einzelinformationen tiefer liegender Ebenen zugegriffen wird, da rasch der Eindruck entsteht, dass die so verlinkten Angebote von dem Linkverwender selbst erstellt und bereitgehalten wurden.[249] Dieser Eindruck wird verstärkt, wenn die betreffenden Inhalte in **Frames** dargestellt und beispielsweise mit dem Firmenlogo des Linkverwenders umrahmt werden. Dabei wird meist nicht die Internetadresse des Verlinkten, sondern die des Linkverwenders in dem Browser angezeigt, so dass der Anwender oftmals davon ausgehen muss, dass er sich weiterhin auf der Seite des Linkverwenders befindet. Gleiches gilt, wenn der Anbieter **Inline-Links** einsetzt und so Informationen fremder Seiten in sein eigenes Angebot integriert, ohne dass es eines Klicks seitens des Anwenders bedarf.

132 Zutreffend befand das *OLG Celle* in der „Weyhe-Online"-Entscheidung[250], dass das Setzen eines **Deeplinks** auf eine fremde Seite dann eine unmittelbare Leistungsübernahme darstellt, wenn sich der Linkverwender fremde Arbeitsergebnisse unter der Ersparnis eigener Kosten und Aufwendungen zunutze macht. Es bestünde die Gefahr, dass Internetnutzer die Informationen, statt von der Homepage des „Verlinkten", regelmäßig von der Homepage des Linkverwenders abrufen, da sie dort dieselben Informationen erhalten und zudem darüber hinausgehende Angebote abrufen können. Der Linkverwender steigere die Attraktivität des eigenen Angebotes auf Kosten eines anderen mit der Folge, dass die Besucherzahlen[251] des Verlinkten zu sinken drohen.

133 In diesen Fällen ist allerdings immer auf die **Umstände des Einzelfalles** abzustellen. Allein das Verweisen auf eine tiefer liegende Ebenen vermag eine unlautere unmittelbare Leistungsübernahme nicht zu begründen. Auch Deep Links sind internetspezifisch und grundsätzlich hinzunehmen. Wer eine Internetpräsenz anbietet, muss damit rechnen, in das „Netz der Links" aufgenommen zu werden.[252] Sollte eine Verlinkung im Einzelfall nicht erwünscht sein, bestehen technische Möglichkeiten, das Einbeziehen des eigenen Inhalts mittels Deeplinks, aber auch dessen Darstellung in Frames zu verhindern.[253]

134 Zur Bejahung der Wettbewerbswidrigkeit von Deep Links bedarf es daher **zusätzlicher unlauterer Umstände,** die im Wesentlichen von der (vor allem optischen) Ausgestaltung und dem Umfang der Verweisung auf die fremden Leistungen ab-

---

248 Dazu *Hoeren,* MMR Beilage 8/2001, S. 8. Bei der Übernahme von Datensammlungen (Stellenbörsen, Lexika, Linklisten, usw.) wird meist der Schutz nach § 87a UrhG eingreifen.

249 *Boddien,* Mitt. 1999, 401 (408); *Dustmann,* S. 198 ff.

250 *OLG Celle,* CR 1999, 523 m. Anm. *Wiebe* = MMR 1999, 480 m. Anm. *Hoffmann.* Anders noch die Vorinstanz *LG Verden,* MMR 1999, 492.

251 Die Abrufhäufigkeit („Hits") einer Homepage ist für deren Betreiber bedeutsam, da sich an ihr der Wert der zur Verfügung gestellten Werbeflächen orientiert; vgl. zu den vertragsrechtlichen Fragen § 13 Rdnr. 264, 324 ff.

252 *OLG Düsseldorf,* CR 2000, 184, 186; *Dustmann,* S. 190.

253 Dies kann durch „Cookies" bzw. entsprechende Befehle im Quellcode einer Internetseite realisiert werden. Oder der Anbieter programmiert sein Webangebot mit Hilfe dynamischer, d. h. sich stets ändernder URL. Zutreffend aber *OLG Hamburg,* ZUM 2001, 512 (514): Das Fehlen solcher Sperren „kann nicht als Freigabe für jede beliebige Form gewerblicher Drittnutzung verstanden werden".

hängt. Ein deutlicher Hinweis darauf, dass es sich bei den folgenden Informationen um die eines Dritten handelt, wird den Vorwurf der Leistungsübernahme oftmals schon abwenden können. Dieser ist dagegen berechtigt, wenn der Verwender von Deeplinks bewusst den Eindruck erweckt, dass die verlinkten Webinhalte von ihm selbst erschaffen wurden.[254] Denn hier wird der Verlinkte in unlauterer Weise um die Früchte seiner Arbeit gebracht. Darüber hinaus kann in dem Verhalten eine **vermeidbare Herkunftstäuschung**[255] und eine **Irreführung nach § 3 UWG** vorliegen. Letzteres kommt etwa in Betracht, wenn über den Umfang und die Qualität des eigenen Angebotes getäuscht und der Internetanwender dadurch in die Irre geführt wurde.[256]

Darüber hinaus ist eine **unlautere Behinderung** denkbar. Diese diskutierte etwa das *OLG Köln*[257]: Ein Deeplink führte dazu, dass Werbung auf der Startseite des Verlinkten umgangen und der Betreiber dadurch bei der Erzielung von Werbeeinnahmen behindert wurde.[258] Das Gericht wog in seiner Entscheidung das Interesse der Webseitenbetreiber gegenüber dem Interesse des Internetnutzers ab und kam zu dem Ergebnis, dass Letzteres überwiege: Es bestünde ein allgemeines Interesse daran, Informationen aus dem Internet möglichst unmittelbar und direkt abzurufen. Ein Unternehmen, das durch eine Internetpräsentation genau diese Vorzüge des Internets für die eigenen Zwecke nutzt, müsse sich dieses Interesse entgegenhalten lassen.[259] Das Urteil verdient Zustimmung.[260] Der Verlust von Werbeeinnahmen allein wird – in der Regel[261] – kein Umstand sein, der eine Wettbewerbswidrigkeit begründet. 135

Die gleichen rechtliche Erwägungen wie bei Deeplinks gelten für **Inline-Links**[262] und **Frames**[263]. Auch diese beiden Formen sind – jedenfalls wettbewerbsrechtlich – nicht zu beanstanden. Allerdings besteht wie bei Deeplinks die Gefahr, den Anwender über die tatsächliche Herkunft der Informationen zu täuschen. Sollte also nicht erkennbar sein, dass die angezeigten Inhalte von einem Dritten stammen, liegt eine unmittelbare Leistungsübernahme und eine vermeidbare Herkunftstäuschung vor. Nach alledem erscheint der Weg, den die Zivilkammer 12 des *LG Hamburg*[264] eingeschlagen hat, sehr zweifelhaft. Sie unterstellte, dass ein **einfacher Link** auf die Homepage eines Konkurrenten unzulässigerweise den Eindruck vermittle, zwischen dem Linkenden und dem Verlinkten bestünde eine Geschäftsbeziehung. Die Her- 136

[254] *Sosnitza,* CR 2001, 693 (703).

[255] *Völker/Lührig,* K&R 2000, 20 (28); *Kröger/Gimmy/Freitag,* S. 396.

[256] *Köhler/Arndt,* Recht des Internet, Rdnr. 404; *Plaß,* WRP 2000, 599 (607).

[257] *OLG Köln,* CR 2001, 708 = MMR 2001, 387.

[258] Vgl. auch *Sosnitza,* CR 2001, 693 (702); *Wiebe,* CR 1999, 524 (525); *Mankowski,* GRUR Int. 1999, 995 (999).

[259] *OLG Köln,* CR 2001, 708 (712).

[260] So auch *Sosnitza,* CR 2001, 693 (702), der ergänzend das Argument des widersprüchlichen Verhaltens anführt und *Plaß,* WRP 2000, 599 (606).

[261] Anders wird hingegen zu entscheiden sein, wenn ein Mitbewerber bewusst Werbung auf den Seiten des Konkurrenten unterdrückt, um diesen zu schädigen. So zutreffend *Plaß,* WRP 2000, 599 (607).

[262] Näher *Boddien,* Mitt. 1999, 401 (409); *Ernst,* K&R 1998, 536 (539, 540); *Kröger/Gimmy/Freitag,* S. 396.

[263] Einzelheiten bei *Hoeren,* Grundzüge, S. 55; *Ernst,* NJW-CoR 1997, 224 (226); *Kröger/Gimmy/Freitag,* S. 396.

[264] *LG Hamburg,* CR 2001, 265 – Bundesliga Manager, m. Anm. *Metzger.*

stellung einer solchen Verbindung könne sich nachteilig und behindernd auswirken, was der Verlinkte nicht hinzunehmen bräuchte. Dieser Ansicht kann nach dem zuvor Gesagten nicht gefolgt werden. Vielmehr ist daran festzuhalten, dass derjenige, der einen Internetauftritt bereithält, grundsätzlich damit einverstanden ist, dass auf seine Seiten verwiesen wird.[265] Insoweit haben Dritte grundsätzlich eine **„Lizenz zum Linken"**.[266]

2. Onlineauktionen vor- und abwärts

137 Das Versteigern und Ersteigern von Waren im Internet hat sich in den letzten Jahren zu einem wahren Volkssport entwickelt.[267] Kaum eine Internet-Branche findet so regen Zulauf wie Onlineauktionen nach Art von *eBay.de, ricardo.de* usw. Das Angebot an zu ersteigernden Waren erstreckt sich von alten Comics, über Autos bis hin zu Flugreisen und Grundstücke. Wie bei den klassischen Auktionen ringen mehrere Interessenten um das begehrte Objekt durch das Bieten eines im Vergleich zum vorigen Gebot höheren Betrages. Derjenige, der bei Abschluss der Auktion das höchste Gebot abgegeben hat, erhält den „Zuschlag" und ist Käufer des Produktes. Zu unterscheiden sind diese „normalen" (vorwärts- oder forward-)Onlineauktionen von den sog. **„umgekehrten Versteigerungen" (reverse auctions)**[268], bei denen der Preis nicht steigt, sondern vielmehr sinkt. Diese sind zunächst in Form der **linearen Preissenkungen** (Abwärtsversteigerung) zu finden. Hierbei fällt der Preis in zuvor definierten zeitlichen Intervallen um einen ebenfalls zuvor bestimmten Betrag. Das Produkt erwirbt derjenige, der zuerst ein Gebot abgibt. In einer anderen Variante werden die Rollen der Beteiligten gänzlich getauscht: Bei den **Ausschreibungen** gibt ein Interessent den Maximalbetrag an, den er für ein Produkt investieren möchte. Daraufhin unterbieten sich verschiedene Produktanbieter gegenseitig, bis eine weitere Senkung des Preises nicht mehr erfolgt. Die Verkäuferseite erhält also derjenige, der das niedrigste Gebot abgegeben hat.

a) Vorwärtsauktionen

138 Zunächst bereiten Onlineauktionen in Form des stetigen Überbietens des Preises (forward auctions) **gewerberechtliche Probleme,** die im Rahmen des **Vorsprung durch Rechtsbruch** auch wettbewerbsrechtliche Auswirkungen haben könnten. Da Versteigerungen nach § 34b Abs. 1 der Gewerbeordnung (GewO) der behördlichen Erlaubnis bedürfen, stellt sich die Frage, ob dieser Erlaubnisvorbehalt auch für Onlineauktionen gilt. „Versteigern" bedeutet nach herrschender Ansicht, „innerhalb einer zeitlich und örtlich begrenzten Veranstaltung eine Mehrzahl von Personen

---

[265] *OLG Düsseldorf,* CR 2000, 184 m. Anm. *Leistner; Metzger,* CR 2001, 265 (266); vgl. auch die Entscheidung der 8. Zivilkammer des *LG Hamburg,* CR 2000, 776 m. Anm. *Metzger* = MMR 2000, 761.

[266] *Boddien,* Mitt. 1999, 401.

[267] Umfassend zu Rechtsfragen der Internet-Auktionen *Spindler/Wiebe,* Internet-Auktionen, 2001; zu den wirtschaftlichen Zusammenhängen § 1 Rdnr. 49.

[268] Die im Zusammenhang mit Internetauktionen stehenden Begriffe werden nicht einheitlich verwendet. Einige verstehen z. B. unter „reverse auctions" nur Ausschreibungen, andere nur die linearen Preissenkungen. Daneben wird der Begriff „umgekehrte Versteigerung" teilweise als Synonym für „reverse auctions", teilweise als Oberbegriff für verschiedene Erscheinungsformen, bei denen der Preis sinkt, aber auch als eigenständige Bezeichnung der Ausschreibungen, verwendet.

auffordern, eine Sache (oder ein Recht) in der Weise zu erwerben, dass diese Personen im gegenseitigen Wettbewerb, ausgehend von einem Mindestgebot, Vertragsangebote in Form des Überbietens dem Versteigerer angeben, der das höchste Gebot im eigenen oder fremden Namen annimmt."[269]

Ob Onlineauktion darunter subsumiert werden können, ist heftig umstritten. Der 139
BGH hat die Frage – die zivilrechtliche Wirksamkeit des Vertragsschlusses bei Onlineauktionen gleichwohl bejahend – ausdrücklich offengelassen.[270] Viele ordnen Onlineauktionen durchaus den Versteigerungen im Sinne der Gewerbeordnung zu.[271] Für das Merkmal der **räumlichen Begrenzung** genüge es, dass diese Veranstaltungen zumindest „virtuell" begrenzt – nämlich auf der Homepage – durchgeführt werden. Da Gebote regelmäßig nur innerhalb einer bestimmten Frist abgegeben werden können, sei zudem das **zeitliche Element** der Definition erfüllt. Viele gelangen deshalb zu dem Schluss, dass Onlineauktionen der Erlaubnis seitens der zuständigen Behörde bedürfen.[272] Wer sich nun bewusst und planmäßig über die Genehmigungspflicht hinwegsetzt und Onlineauktionen anbietet, verschafft sich gegenüber seinen (rechtstreuen) Konkurrenten in unlauterer Weise einen Wettbewerbsvorsprung, so dass dieses Verhalten gegen § 1 UWG verstößt.[273] Sind Onlineauktionen Versteigerungen im Sinne § 34b GewO, käme – streng genommen – auch die **Versteigerungsverordnung** zu Anwendung, nach der z.B. Auktionen zwei Wochen im Voraus angemeldet, vier Tage im Voraus ortsüblich bekannt gemacht und an Sonn- und Feiertagen gänzlich unterlassen werden müssten. Angesichts dieser Konsequenzen wollen einige die Regelungen der Versteigerungsverordnung wiederum nur eingeschränkt angewendet wissen.[274]

Die Subsumtion der Onlineauktionen unter den gewerberechtlichen Versteige- 140
rungsbegriff stößt berechtigterweise auf Kritik.[275] Vor allem das *Kammergericht*[276] sprach sich eindeutig gegen die Anwendbarkeit der Gewerbeordnung aus, da sich Onlineauktionen in ihrem Erscheinungsbild derart von klassischen Versteigerungen unterscheiden, dass die Anwendung des § 34b GewO nicht gerechtfertigt sei. Insbesondere seien die Bieter hier nicht in dem Maße schutzbedürftig, wie im Fall klassischen Versteigerungen, da es bei Onlineauktionen nicht zu augenblicks- oder situationsbedingten Entscheidungen käme. Im Übrigen würde auch nicht an den Meistbietenden verkauft, sondern an denjenigen, der zufällig im Moment des Zeitablaufs das höchste Gebot abgegeben hat. Der Druck, wie er bei klassischen Auktionen entstehe, sei nicht gegeben, da der Bieter das zeitliche Limit kenne, in aller Ruhe kalkulieren und sein Angebot einer weiteren Überprüfung unterziehen könne.

---

[269] Vgl. *KG*, MMR 2001, 764 m. w. N.
[270] *BGH*, MMR 2002, 95 – ricardo.de.
[271] So das *LG Hamburg*, MMR 1999, 678 – ricardo.de m. Anm. *Vehslage; Hoeren*, Grundzüge, S. 45; *Hess* in: FS Hertin, S. 401; *Ernst*, CR 2000, 304 (306); *Huppertz*, MMR 2000, 65 (67); *Stögmüller*, K&R 1999, 391 (393). Auch das *OLG Hamm*, NJW 2001, 1142 (1145) scheint davon auszugehen.
[272] So z.B. *Ernst*, CR 2000, 304 (306); *Hess* in: FS Hertin, S. 401; a.A.: *Stögmüller*, K&R 1999, 391 (393).
[273] *Ernst* in: Spindler/Wiebe, Internet-Auktionen, 2001, Teil C, Rdnr. 26; *Hess* in: FS Hertin, S. 402.
[274] *Ernst*, CR 2000, 304 (307); *Stögmüller*, K&R 1999, 391 (393).
[275] *Bullinger*, WRP 2000, 253 (255); *v. Welser*, ZUM 2000, 472, (474); *Vehslage*, MMR 1999, 680 (681); *Boehme-Neßler*, S. 172f.
[276] *KG*, MMR 2001, 764.

141 Die Ansicht des *Kammergerichts* verdient Zustimmung. Die für die Annahme einer erhöhten **Schutzbedürftigkeit** des Käufer maßgebliche Situation, sich unter Mitstreitern in einem Raum zu befinden, gegeneinander im schweißtreibenden Wettstreit Preise zu überbieten und dem „Nervenkitzel" des Moments ausgeliefert zu sein, ist im Internet nicht gegeben. Aus diesem Grunde überzeugt die Ansicht nicht, für die räumlich Begrenzung einer Versteigerung genüge ein „virtueller Raum". Der Bieter braucht sich in vielen Fällen zur Beteiligung an einer Auktion sogar nicht einmal in dem virtuellen Raum „aufzuhalten": Sogenannte (virtuelle) **„Bietagenten"** ermöglichen es, dass der Interessent den maximalen Betrag angibt, den er bereit ist, für ein begehrtes Produkt zu zahlen. Der Bietagent erhöht die Gebote für den Interessenten in kleinstmöglichen Schritten automatisch solange, bis entweder kein anderer mehr überbietet oder das zuvor angegebene finanzielle Limit erreicht ist. Hier kann kaum mehr von einer Zwangssituation gesprochen werden. Zudem hat das *Kammergericht* richtig herausgestellt, dass nicht etwa der Meistbietende den Zuschlag erhält, sondern derjenige, der am Schluss der Auktion das höchste Gebot abgegeben hat – unabhängig davon, ob möglicherweise andere noch zum Überbieten bereit wären. All diese Gründe sprechen dafür, die Gewerbeordnung nicht auf Onlineauktionen anzuwenden.

Praxistipp: Bei Zweifeln über die Notwendigkeit behördlicher Genehmigungen sollten Anbieter von Onlineauktionen die zuständige örtliche Behörde nach deren Rechtsauffassung befragen. Gelangt die Behörde zu dem Ergebnis, die Auktion sei nicht genehmigungspflichtig, darf der Anbieter darauf vertrauen,[277] weshalb ein Wettbewerbsverstoß mangels bewussten und planmäßigen Handelns nicht in Frage kommt.
Sollte die Behörde die Genehmigungspflicht verneinen und somit keine Versteigerung im gewerberechtlichen Sinne vorliegen, so kann das Webangebot gleichwohl als „Versteigerung" oder „Auktion" bezeichnet werden, wenn zumindest eine „versteigerungsähnliche Verkaufsveranstaltung" angeboten wird.[278]

142 Hinsichtlich der durch § 1 Abs. 1 Satz 1 der **Preisangabenverordnung** (PAngVO) vorgeschriebenen Pflicht, gegenüber Verbrauchern stets die Endpreise der Produkte oder Leistung anzugeben, können sich Versteigerer auf die Ausnahmevorschrift des § 9 Abs. 1 Nr. 5 PAngVO berufen. Da bei Versteigerungen naturgemäß keine Endpreise angegeben werden können, findet die PAngVO hier keine Anwendung. Dies gilt jedenfalls dann, wenn man von einer Versteigerung im Sinne der Gewerbeordnung ausgeht. Aber auch, wenn man dies verneint, ist § 9 Abs. 1 Nr. 5 PAngVO anzuwenden, da der Begriff der Versteigerung öffentlich-rechtlich und zivilrechtlich nicht notwendigerweise gleich auszulegen ist.[279] Da der Verbraucher sich sehr wohl bewusst ist, dass der Preis einer Ware im Rahmen von Auktionen steigt, bedarf es für die Preisklarheit keines gesonderten Verbraucherschutzes.

277 *LG Hamburg,* CR 1999, 526 (527); *LG Wiesbaden,* MMR 2000, 376 (377).
278 *OLG Frankfurt,* MMR 2001, 451.
279 *LG Hamburg,* CR 1999, 526 (528); *Ernst* in: Spindler/Wiebe, Internet-Auktionen, Teil C, Rdnr. 20; *Huppertz,* MMR 2000, 65 (68); *Stögmüller* K&R 1999, 391 (395); *Bullinger,* WRP 2000, 253 (256); kritisch hingegen *Hess* in: FS Hertin, S. 406, der insoweit von einer „Rosinentheorie" spricht.

Zu beachten ist, dass auch die **Bewerbung** von Onlineauktionen unlauter sein kann. So kann etwa das blickfangmäßige Herausstellen der Mindestgebote („Schon ab EUR 1,–") ein **übertriebenes Anlocken** darstellen. Dies gelte nach Auffassung des *OLG Hamburg* selbst für den Fall, wenn dem Verbraucher klar sei, dass es sich um eine Versteigerung handele.[280] Zumindest, wenn dies nicht erkennbar ist, wird eine **Irreführung** der Verbraucher anzunehmen sein.[281] Im Übrigen gelten für die Bewerbung von Internet-Auktionen die allgemeinen wettbewerbsrechtlichen Regeln. 143

b) Abwärtsauktionen (Lineare Preissenkungen)

Abwärtsauktionen, bei denen die Preise in vorher definierten Zeitintervallen schrittweise gesenkt werden, wurden vom *BGH* für den Offline-Bereich bereits in den 80er Jahren als unzulässig erklärt.[282] Dies wurde damit begründet, dass durch diese Veranstaltungen in unzulässiger Weise **aleatorische Elemente** eingesetzt werden, die den Verbraucher zu unsachgemäßen Kaufentscheidungen verleiten. Zudem sei zu befürchten, dass sich ein **Nachahmungseffekt** einstellt. Im Internet ist dies nicht anders, weshalb auch Abwärtsauktionen im Internet wettbewerbswidrig sind.[283] Denn der Reiz dieser Auktionsform liegt gerade darin, im richtigen Zeitpunkt den Zuschlag zu erteilen. Wartet ein Interessent zu lange, nimmt vielleicht ein Mitstreiter das Angebot vorher an. Erteilt er den Zuschlag zu früh, zahlt er womöglich mehr als notwendig. Der **Spielreiz** dominiert damit bei Abwärtsauktionen gegenüber einem Kauf nach kritischem Abwägen objektiver Kriterien. 144

Mitunter wird durch den „Zuschlag" nicht unmittelbar ein Kaufvertrag abgeschlossen. Das *OLG München*[284] hat insoweit bestätigt, dass es weder ein übertriebenes Anlocken noch ein Ausnutzen aleatorischer Reize darstellt, wenn der Käufer durch den Zuschlag nur eine **Option auf einen Kauf** erwirbt. In diesem Fall ist der Verbraucher nämlich hinreichend dadurch geschützt, dass er vor dem Abschluss des Kaufvertrages genügend Zeit hat, die – möglicherweise nur auf Grund des Spielreizes – gefasste Kaufentscheidung zu überdenken und sich auf Grund sachlicher Erwägungen schließlich doch von dem Angebot zu distanzieren. Gleiches gilt,[285] wenn zwar ein Kaufvertrag sofort mit Zuschlagserteilung zustande kommt, dem Käufer aber weitreichende Rücktrittsrechte zustehen.[286] 145

Aufgrund der weiten Auslegung des Begriffes „Versteigerung" im Sinne der **Preisangabenverordnung** werden wohl auch Veranstalter von Rückwärtsversteigerungen in den Genuss des § 9 Abs. 1 Nr. 5 PAngVO kommen, so dass auch in Hinblick auf die Preisangabenverordnung von einer Zulässigkeit auszugehen ist.[287] 146

---

[280] *OLG Hamburg,* MMR 2001, 748 = CR 2002, 291 – Auktionspreise „ab DM 1,–".

[281] *Ernst* in: Spindler/Wiebe, Internet-Auktionen, Teil C, Rdnr. 13.

[282] *BGH* GRUR 1986, 622 – Umgekehrte Versteigerung.

[283] So nun ausdrücklich das *OLG Hamburg,* CR 2001, 340 – Online-„Schnäppchen-Börse"; *OLG Hamburg,* CR 2002, 753 m. Anm. *Leible/Sosnitza; Ernst* in: Spindler/Wiebe, Internet-Auktionen, Teil C, Rdnr. 46.

[284] *OLG München,* MMR 2001, 233 – Umgekehrte Auktion.

[285] A. A. hingegen *OLG Hamburg,* CR 2002, 753 m. Anm. *Leible/Sosnitza.*

[286] So auch *Huppertz,* MMR 2000, 65 (67).

[287] *Huppertz,* MMR 2000, 65 (68);

3. Powershopping (Einkaufsgemeinschaften)

147 In Museen und Schwimmhallen, bei Bus- und Bahnfahrten, gibt es Gruppentarife – im Internet gibt es **Powershopping.**[288] Das hinter diesem Begriff liegende Konzept ist rasch erklärt: Mehrere Internetanwender, die sich für das gleiche Produkt interessieren, schließen sich vorübergehend zu **Einkaufsgemeinschaften** zusammen und bündeln so ihre Kaufkraft. Der Produktanbieter ist auf Grund der höheren angeforderten Stückzahl bereit, günstigere Verkaufspreise zu gewähren. Webangebote wie *Letsbuyit.com*[289] bieten dafür Plattformen an, auf denen sich Gleichgesinnte zu einer derartigen Gemeinschaft zusammenfinden können. Je mehr Interessenten sich zum Kauf des Produktes entschließen, desto niedriger ist der Preis. Die Produkte werden dabei in verschiedenen Preisstufen angeboten, für deren Erreichen jeweils eine bestimmte Anzahl von Käufern erforderlich ist. Letztlich handelt es sich dabei um eine gestaffelte Rabattgewährung seitens der Verkäufer.

148 Die deutsche **Rechtsprechung** begegnet dem Powershopping eher mit Skepsis. Das *OLG Hamburg* erblickte darin einen Verstoß gegen das Rabattgesetz.[290] Wenngleich Rabattgesetz und ZugabeVO mittlerweile der Vergangenheit angehören, haben die Gerichte dem Powershopping aber auch in Hinblick auf **§ 1 UWG** eine klare Absage erteilt, weshalb viele das baldige Ende des Powershopping in Deutschland befürchten.[291] So bewertet die Zivilkammer 31 des *LG Köln*[292] das Powershopping als ein **übertriebenes Anlocken.** Zudem bedienten sich die Betreiber dieser Plattformen der **Spiellust** der Verbraucher und nutzten diese zu einer unsachlichen Beeinflussung des Kaufentschlusses aus. Dieser Auffassung schloss sich die Zivilkammer 33 desselben Gerichts an.[293]

149 Das *OLG Köln*[294] betonte demgegenüber, dass es nicht über Powershopping-Systeme als solche zu befinden hätte, sondern lediglich über die streitgegenständliche Ausgestaltung. In dem zugrundeliegenden Sachverhalt war das Powershopping-Angebot zeitlich befristet und die Teilnehmerzahl in den einzelnen Preisstufen begrenzt. Das Gericht kam zu dem Schluss, dass die konkrete Form des Powershopping unlauter ist, da es die Teilnehmer davon abhalte, ihre Kaufentscheidung allein nach der **Preiswürdigkeit** der Ware zu fällen. Zwar rechtfertige allein die Preisgestaltung und der in Aussicht gestellte Preisnachlass – von hier bis zu 50% – den Unlauterkeitsvorwurf noch nicht, jedoch könne dies wertend in die Gesamtbetrachtung einbezogen werden. Das Gericht begründete seine Entscheidung vornehmlich mit den **aleatorischen Reizen,** die vom Powershopping ausgehen. Diese würden unlauter eingesetzt, da sich der Teilnehmer entscheiden müsse, ob er eine niedrigere Preisstufe wählt, wenn die vorherige Stufe die Höchstpersonenzahl bereits erreicht hat.

150 Zwar scheine dies für den Teilnehmer auf den ersten Blick vorteilhaft zu sein, da der Preis in der nachfolgenden Gruppe niedriger als in der vorherigen ist, jedoch

---

288 Auch Community Shopping (CoShopping), Powerbuying usw. genannt.

289 http://www.letsbuyit.com.

290 *OLG Hamburg,* MMR 2000, 278 – Powershopping = CR 2000, 182.

291 Bezeichnend der Titel des Aufsatzes von *Lange,* Steht das Powershopping in Deutschland vor dem Aus?, WRP 2001, 888.

292 *LG Köln,* ZUM 2000, 523 – Powershopping.

293 *LG Köln,* MMR 2001, 54 – Powershopping.

294 *OLG Köln,* MMR 2001, 523 – Powershopping.

setze er sich dabei dem Risiko aus, **die Ware gar nicht zu erhalten,** wenn die – für die nächste Stufe erforderliche – Gruppengröße nicht erreicht wird. Der Teilnehmer stehe vor der Wahl, ob er die Ware zu einem höheren Preis akzeptiert, dafür aber die Ware in jedem Fall erhält, oder aber das Risiko des Nichterwerbs eingeht. Das dabei entstehende spekulative und spielerische Element könne nun dazu führen, dass der Interessent sein eigentliches Ziel – nämlich das Erwerben der Ware zu einem günstigen Preis – aus den Augen verliere. Das Gericht verweis insoweit auf die Situation bei den „umgekehrten Auktionen".[295]

Die Haltung der Rechsprechung ist in der Literatur auf rege Kritik gestoßen.[296] 151
Zurecht kann man bezweifeln, dass der Spielreiz bei „normalen" Powershopping-Angeboten so groß ist, dass Produkte nur des Spielens willen gekauft werden und der Blick auf die Preiswürdigkeit verloren geht. Wenngleich ein gewisser **Spieleffekt** sicherlich gegeben ist, nimmt der Nutzer letztlich nur an dem Powershopping-System teil, weil er Interesse an dem jeweiligen Produkt hat.[297] Auch der ebenfalls nicht auszuschließende **Anlockeffekt** ist nicht zu beanstanden, da es zu den intendierten Folgen des Leistungswettbewerbs gehört, dass günstige Angebote eine Anlockwirkung entfalten.[298] Ein besonderer Umstand, der das Anlocken unlauter erscheinen lässt, ist indessen nicht ersichtlich. Gleichwohl kann man zu einem anderen Ergebnis gelangen, wenn weitere Faktoren hinzutreten, die den Interessenten z.B. unter einen erheblichen (vor allem Zeit-)Druck setzen.

Die weitere Entwicklung der Rechtsprechung hinsichtlich des Powershopping ist 152
ungewiss. Bislang haben sich zwei Oberlandesgerichte mit diesem Problem befasst, wobei das eine nicht auf Unlauterkeitsmerkmale eingegangen ist und das andere nur die konkrete Ausgestaltung des zugrundeliegenden Falles beurteilte.

> **Praxistipp:** Anbieter derartiger Plattformen sollten Powershopping-Angebote vermeiden, die über die normale Form hinaus **Gruppenmengenbegrenzungen** festlegen. Der so entstehende Spielreiz sowie der psychische Druck wird von den Gerichten wohl nach derzeitiger Rechtsprechungstendenz generell als unlauter eingestuft werden.

4. Informationspflichten nach §§ 312 ff. BGB

Die nunmehr in das BGB integrierten Bestimmungen über **Fernabsatzgeschäfte** 153
räumen Verbrauchern (§ 13 BGB) bei Fernabsatzverträgen (§ 312b BGB) ein weitreichendes Widerrufsrecht ein (§ 312d i.V.m. § 355 BGB). Damit wird den Unsicherheiten Rechnung getragen, die typischerweise bei Vertragsabschlüssen mittels Fernkommunikation entstehen können. Aus dem gleichen Grund ist der Unternehmer (§ 14 BGB) verpflichtet, die Verbraucher **im Vorfeld** des Vertragsschlusses über die wesentlichen Merkmale der Ware, Preise, sonstige Vertragsmodalitäten und

---

[295] Vgl. Rdnr. 144 ff.
[296] *Menke,* WRP 2000, 337 (344); *Stoffmehl,* MMR-Beilage 8/2001, 35 (38 f.); *Ernst,* CR 2000, 239 (241 f.); *Leible/Sosnitza,* ZIP 2000, 732 (736 f.); *Huppertz,* MMR 2000, 329 (332 f.).
[297] So auch *Huppertz,* MMR 2000, 329 (332 f.).
[298] *Lange,* WRP 2001, 888 (891); *Ernst,* CR 2000, 239 (242); insoweit folgend *OLG Köln,* MMR 2001, 523 (524).

über das Widerrufsrecht klar und verständlich zu informieren (§ 312c Abs. 1 BGB i.V.m. BGB-InfoVO). Zusätzlich muß der Unternehmer dem Verbraucher die nach der BGB-InfoVO erforderlichen Informationen **im Umfeld** des Vertragsschlusses – also alsbald, spätestens jedoch bis zur vollständigen Erfüllung des Vertrages bzw. bei Waren spätestens bei deren Lieferung – in Textform (§ 126b BGB) übermitteln. Schließlich sind die Vorgaben des § 312e BGB zu beachten, die speziell für den elektronischen Geschäftsverkehr gelten.

154 Hinsichtlich der **vorvertraglichen Informationspflicht** verlangt § 312c Abs. 1 BGB, dass die Informationen „in einer dem eingesetzten Fernkommunikationsmittel entsprechenden Art und Weise" zu erfolgen haben. Fraglich ist hier, ob es insoweit genügt, wenn die geforderten Informationen von dem Verbraucher im Wege eines **Links** aufgerufen werden *können*, ohne dass sie zwangsweise vorgeschaltet werden. Dies wird mit Blick auf die Übersichtlichkeit sowie auf die Parallelproblematiken aus dem Offline-Bereich[299] anzunehmen sein, wenn jedenfalls der Link für den Verbraucher vor Tätigung einer Willenserklärung deutlich erkennbar dargestellt und leicht aufzufinden ist.[300] In diesem Falle kann der Verbraucher frei entscheiden, ob er diese Informationen zur Kenntnis nehmen möchte, oder aber darauf verzichtet. Zur Kenntnisnahme zwingen kann man ihn freilich nicht. Die **Rechtsprechung** scheint indessen einen härteren Kurs einzuschlagen: Das *OLG Frankfurt/M.*[301] lässt allein die **Möglichkeit** einer Kenntnisnahme der nach § 2 Abs. 2 FernAbsG zwingend anzugebenen Informationen durch den Verbraucher nicht genügen. Vielmehr verlangt es, dass der Verbraucher die Informationen aufrufen *muss*, damit die Angaben ihre verbraucherschützende Funktion erfüllen können. Inwieweit die Rechtsprechung dieses strenge Verständnis der Informationspflicht aufrechterhält, bleibt hingegen abzuwarten.

Praxistipp: Das zwangsweise Vorschalten der in der BGB-InfoVO aufgeführten Informationen ist als „Plus" zur bloßen Einräumung der Möglichkeit einer Kenntnisnahme solange anzuraten, bis ein gegenteiliger Trend in der Rechtsprechung auszumachen ist.

155 Wird der Verbraucher über das Widerrufs- oder Rückgaberecht nicht oder nicht sachgerecht aufgeklärt, führt dies nicht nur dazu, dass die Widerrufsfrist nicht zu laufen beginnt (§ 312d Abs. 2 BGB)[302]. Das Verhalten ist auch wettbewerbswidrig nach § 1 UWG. Die Informationspflichten im Fernabsatzgeschäft haben die Funktion, die Gegebenheiten eines bestimmten Marktes festzulegen und gleiche rechtliche Voraussetzungen für die auf diesem Markt tätigen Wettbewerber zu schaffen. Wer diese Regeln nicht beachtet, verschafft sich gegenüber seinen gesetzestreuen Mitbewerbern einen ungerechtfertigten Vorsprung und handelt damit unlauter.[303]

156 Die Informationen nach § 312c Abs. 1 BGB hat der Unternehmer dem Verbraucher **„in Textform"** mitzuteilen. Insoweit wurde der noch im FernAbsG verwende-

---

[299] Zum Beispiel die Einbeziehung der AGB nach § 305 II BGB (= § 2 AGBG a.F.).

[300] So auch *Mankowski*, CR 2001, 767 (770) m.w.N.; *Steins*, MMR 2001, 530 (531); *Horn*, MMR 2002, 209 (212); *Hoenike/Hülsdunk*, MMR 2002, 415 (417).

[301] *OLG Frankfurt*, MMR 2001, 529 m. Anm. *Steins* = CR 2001, 782 m. Anm. *Vehslage*.

[302] Zu den Ausnahmen siehe § 312d Abs. 4 BGB.

[303] *OLG Frankfurt*, MMR 2001, 529 (530). Vgl. auch *LG Frankfurt/M.* MMR 2002, 395 (396).

te Begriff „dauerhafter Datenträger" ersetzt (vgl. § 2 Abs. 2 FernAbsG). Die Definition des Begriffes „in Textform" findet sich in § 126b BGB. Danach muss die Erklärung in einer Urkunde oder auf andere zur dauerhaften Wiedergabe in Schriftzeichen geeignete Weise abgegeben, die Person des Erklärenden genannt und der Abschluss der Erklärung durch Nachbildung der Namensunterschrift oder anders erkennbar gemacht werden. Allein die Darstellung der Informationen auf der Homepage vermag freilich nicht, diese geforderte **Dauerhaftigkeit** zu gewährleisten, da die dargestellten Informationen jederzeit geändert werden können.[304] Zwar mag es genügen, wenn sich der Verbraucher die angezeigten Informationen abspeichert und/oder ausdruckt, da er sodann die Informationen in einer zur dauerhaften Wiedergabe geeigneten Form im Sinne des § 126b BGB besitzt. Jedoch wird der Unternehmer den Beweis, dass dem Verbraucher die Informationen in dieser Form zugegangen sind, in aller Regel nicht erbringen können.[305] Daher sollten dem Verbraucher die Informationen per **E-Mail, Telefax** oder aber auf dem traditionellen **Postweg** zugeführt werden.[306]

5. Verstöße gegen die Preisangabenverordnung

Die Preisangabenverordnung will die Preisklarheit und die Preiswahrheit ge- 157
währleisten. So haben gewerbs-, geschäfts- oder regelmäßig handelnde Anbieter nach § 1 Abs. 1 Satz 1 PAngVO gegenüber Letztverbrauchern die **Endpreise** inklusive Umsatzsteuer anzugeben.[307] Werden gegenüber Verbrauchern lediglich Nettopreise angegeben, kann zugleich eine **irreführende Werbung** i. S. d. § 3 UWG gegeben sein.[308]

Durch die Verordnung zur Änderung der Preisangaben- und der Fertigpackungs- 158
verordnung[309] vom 28. 7. 2000 wurde die generelle Pflicht zur Angabe des **Grundpreises** eingeführt. Danach haben gewerbs- oder geschäftsmäßig handelnde Anbieter gegenüber Letztverbrauchern den Preis je Mengeneinheit (z. B. Kilogramm, Liter, Meter usw.), einschließlich der Umsatzsteuer und sonstiger Preisbestandteile anzugeben, soweit es sich um Waren handelt, die nach Gewicht, Volumen, Länge oder Fläche angeboten werden (vgl. § 2 PAngVO). Ist der Anbieter zu bestimmten Angaben nach der PAngVO verpflichtet, hat er diese eindeutig zuordenbar, leicht erkennbar und deutlich lesbar oder sonst gut wahrnehmbar zu machen (§ 1 Abs. 5 PAngVO). Die klassischen **„Sternchenhinweise"**, mit denen auf weitere Informationen über den Preis verwiesen wird, sind zwar auch im Internet zulässig. Allerdings genügt es nicht, nur einen mit „Details" beschrifteten **Link** anzuzeigen, der auf weitere Preiserläuterungen verweist.[310] Die in der Preisangabenverordnung anzutreffenden Normen sind zumeist **wertneutraler Natur.**[311] Dies bedeutet, dass bei

---

304 *Mankowski*, CR 2001, 767 (772); *Hoenike/Hülsdunk*, MMR 2002, 516 (517); *Horn*, MMR 2002, 209 (212).

305 *Palandt/Heinrichs*, § 312c Rdnr. 7.

306 *Hoeren/Sieber/Waldenberger*, Teil 13.4, Rdnr. 125; *Mankowski*, CR 2001, 767 (772).

307 Vgl. z. B. *OLG Düsseldorf*, WRP 2001, 291 – Werbung für Flugreisen im Internet.

308 *LG Ellwangen/J.*, MMR 1999, 675 (676).

309 Verordnung zur Änderung der Preisangaben – und der Fertigpackungsverordnung vom 28. 7. 2000 BGBl. I 2000, S. 1238, in Kraft getreten am 1. 9. 2000.

310 *OLG Frankfurt*, MMR 2001, 747. Hier wurde mit „T-Online flat – rund um die Uhr für null Pfennig" geworben.

311 *Baumbach/Hefermehl*, § 1 Rdnr. 634 m. w. N. S. oben Rdnr. 21.

deren Verletzung weitere Umstände hinzutreten müssen, die die Annahme eines gleichzeitigen Verstoßes gegen § 1 UWG rechtfertigen. Dies ist insbesondere der Fall, wenn der Handelnde bewusst und planmäßig gegen diese Regelungen verstößt, um sich dadurch gegenüber seinen Konkurrenten einen Vorteil zu verschaffen.

6. Arzneimittelversand über das Internet („Internet-Apotheken")

159 Im Ausland sind Internet-Apotheken zuweilen eine Selbstverständlichkeit. In Deutschland dürfen dagegen verschreibungspflichtige Arzneimittel nach § 43 Abs. 1 Arzneimittelgesetz (AMG) grundsätzlich nicht versendet werden. Ausnahmen gestattet lediglich § 47 AMG, wonach pharmazeutische Großunternehmen und Großhändler bestimmte Arzneimittel an Apotheken, Krankenhäuser, Ärzte oder andere pharmazeutische Großunternehmen und Großhändler versenden dürfen. Da es sich bei § 43 AMG um eine gesundheitsschützende Norm handelt, ist sie als **wertbezogen** anzusehen, so dass ein Verstoß unmittelbar § 1 UWG verletzt.[312] Insoweit ist die Rechtslage bei nationalem Versand eindeutig.

160 Probleme entstehen erst, wenn pharmazeutische Produkte aus dem **EU-Ausland** nach Deutschland versendet werden. Zwar legt § 73 Abs. 1 AMG auch insoweit fest, dass Arzneimittel aus dem Ausland nur an pharmazeutische Unternehmen, Großhändler, Tierärzte oder Apotheker versendet werden dürfen. Allerdings finden sich in § 73 Abs. 2 AMG Ausnahmen von diesem Grundsatz. So lässt vor allem § 73 Abs. 2 Nr. 6a AMG die Verbringung im Herkunftsland zulässiger Arzneimittel zu, wenn diese ohne gewerbs- oder berufsmäßige Vermittlung „in einer dem üblichen persönlichen Bedarf entsprechenden Menge aus einem Mitgliedstaat der Europäischen Gemeinschaften oder einem anderen Vertragsstaat des Abkommens über den Europäischen Wirtschaftsraum bezogen werden". Umstritten ist dabei die Auslegung des Tatbestandsmerkmales **„ohne berufs- oder gewerbsmäßige Vermittlung"**. Zweck dieser Ausnahmebestimmung ist es, dass Privatpersonen Arzneimittel für den eigenen Bedarf in andere Länder verbringen können.[313] Es muss etwa einem Reisenden ungenommen bleiben, seine Rheuma-Tabletten mit in den Urlaub zu nehmen. Bezieht aber eine Privatperson die Arzneimittel über eine **Internetseite,** stellt sich die Frage, ob die Produkte in diesem Falle „berufs- oder gewerbsmäßig" vermittelt wurden.

161 Dagegen wird eingewandt, dass es für die Annahme einer **„Vermittlung"** einer dritten Person bedarf, die gleichsam zwischen dem Endabnehmer und der Apotheke steht,[314] so dass man zu dem Ergebnis käme, dass der private Bezug von Arzneimitteln über das Internet zulässig ist. Dem kann allerdings nicht gefolgt werden.[315] Mit Blick auf § 43 und § 73 Abs. 1 AMG ist vielmehr anzunehmen, dass es sich bei § 73 Abs. 2 Nr. 6a AMG um eine Ausnahmevorschrift handelt, die eng auszulegen ist. Würde man diese Vorschrift bei dem Versandhandel anwenden, würde dies dazu führen, dass der Versandhandel aus dem EU-Ausland nach Deutschland zulässig

---

312 *Köhler/Arndt,* Rdnr. 386.

313 *Ernst,* WRP 2001, 893 (895).

314 So das *LG Berlin,* MMR 2001, 249 (250f.) – DocMorris, mit Anm. *Mankowski; OLG Frankfurt,* MMR 2001, 751 (752) – DocMorris, mit Anm. *Mankowski; Eichler,* K&R 2001, 144 (146); *Kammergericht,* Urteil vom 29. 5. 2001, – 5 U 10150/00 –, JurPC Web-Dok. 160/2002.

315 *LG Frankfurt/M.,* K&R 2001, 153 (156) und *LG Frankfurt/M.,* K&R 2001, 160 (163); *Ernst,* WRP 2001, 893 (895); *Mankowski,* MMR 2001, 754 (755).

wäre, während deutsche Apotheken hingegen der Versand nach § 43 AMG verwehrt bleibt.[316] Auch aus dem Wortlaut der Vorschrift geht nicht hervor, dass es einer dritten Person bedarf, um von einem „Vermitteln" zu sprechen. Vertreibt ein Unternehmen Arzneimittel über das Internet, stellt dies ein „berufs- oder gewerbsmäßiges" Vermitteln dar, so dass auch Arzneimitteleinfuhren aus dem Ausland unzulässig sind.[317]

D. Rechtsdurchsetzung

I. Wettbewerbsrechtliches Verfahrenrecht bei Internet-Sachverhalten

Recht zu haben und Recht zu bekommen ist bekanntlich zweierlei. Das deutsche wettbewerbsrechtliche Verfahrensrecht stellt freilich recht effektive Instrumentarien zur Verfügung, um wettbewerbsrechtliche Ansprüche durchzusetzen und Verstöße zu beseitigen. Genannt sei nur das Verfahren des Einstweiligen Rechtsschutz, mit dessen Hilfe der Großteil aller wettbewerbsrechtlichen Verfahren zumeist schnell erledigt werden. Die Wettbewerbskammern deutscher Landgerichte entscheiden oft binnen 24 Stunden über den Antrag auf den Erlass einer Einstweiligen Verfügung. Dies ist auch bei Internet-Sachverhalten so. Das wettbewerbsrechtliche Verfahrensrecht weist insoweit keine Besonderheit auf, weshalb an dieser Stelle auf die bewährte Standardliteratur verwiesen werden kann.[318] 162

II. Gerichtsstand

Besonderheiten ergeben sich bei Internet-Sachverhalten hinsichtlich des Gerichtsstandes. 163 Nach § 24 Abs. 2 Satz 1 UWG i.V.m. § 32 ZPO kann der Kläger frei zwischen dem Gericht des Handlungsortes und dem des Erfolgsortes wählen („**fliegender Gerichtsstand**").[319] Richtigerweise ist bei Internetsachverhalten auch bei der Ermittlung des Gerichtsstandes zu prüfen, ob an dem jeweiligen Ort der Wettbewerb beeinflusst wurde.[320] Innerhalb Deutschlands ist jedes Gericht zuständig, in dessen Bezirk die wettbewerbsrechtlichen Interessen aufeinander stoßen. Bei internationalen Streitigkeiten gilt das gleiche Prinzip über die Anwendung des Art. 5 Nr. 3 des Brüsseler Gerichtsstands- und Vollstreckungsübereinkommen[321] (**EuGVÜ**), soweit der Beklagte seinen Sitz in einem der **Vertragsstaaten** hat. Überall dort, wo das „schädigende Ereignis" eingetreten ist, sind die örtlichen Gerichte zuständig, wobei auch im Rahmen des EuGVÜ unter dem schädigenden Ereignis sowohl der Handlungs- als auch der Erfolgsort verstanden wird, zwischen denen der Verletzte frei wählen kann.[322] Findet das EuGVÜ keine Anwendung, weil etwa der

---

[316] *LG Frankfurt/M.*, K&R 2001, 153 (156).

[317] So nun auch das *KG*, MMR 2001, 759.

[318] Vgl. *Mellulis*, Handbuch des Wettbewerbprozesses, 3. Aufl. 2000; *Teplitzky*, Wettbewerbsrechtliche Ansprüche, 7. Aufl. 1997; *Pastor/Ahrens*, Wettbewerbsprozess, 4. Aufl. 1999.

[319] *Hoeren/Sieber/Pichler*, Teil 31, Rdnr. 64 m.w.N.

[320] *OLG Bremen*, CR 2000, 770 (771); *OLG Brandenburg*, MMR 2002, 463; *LG Bremen*, ZUM 2001, 257ff.; *LG Berlin*, MMR 2001, 833 (834); vgl. auch *LG München I*, MMR 1998, 448.

[321] Brüsseler EWG-Übereinkommen über die gerichtliche Zuständigkeit und die Vollstreckung gerichtlicher Entscheidungen in Zivil- und Handelssachen (EuGVÜ) vom 27. 9. 1968, BGBl. II 1972 S. 774 in der Fassung des 3. Beitrittsübereinkommens vom 26. 5. 1989, BGBl. II 1994 S. 518.

[322] *Hoeren/Sieber/Pichler*, Teil 31, Rdnr. 186 m.w.N.

Beklagte seinen Wohnsitz außerhalb der Vertragsstaaten hat, kommt das **internationale Privatrecht** (IPR) in seiner jeweiligen nationalen Ausgestaltung zur Anwendung.[323]

164 Als Beispiel aus der deutschen **Rechtsprechung** im Zusammenhang mit internationalen Internetstreitigkeiten sei das Urteil des *LG Hamburg*[324] angeführt. Dieses erklärte sich in einem unter marken- und wettbewerbsrechtlichen Aspekten zu beurteilenden Sachverhalt für sachlich und örtlich zuständig, in dem von Deutschland aus Produkte über die Homepage eines **U.S.-amerikanischen** Unternehmens bestellt wurden, obwohl die Webseiten offenbar nicht auf den **deutschen Markt** zielten. Es genügte hier insoweit, dass das Angebot von Deutschland aus in Anspruch genommen – also die Bestellmöglichkeit genutzt – wurde, da somit der Erfolg, zumindest auch, in Deutschland eingetreten ist. In dieser Entscheidung befand sich das deutsche Gericht ebenfalls dafür zuständig, die wettbewerbsrechtliche Haftung eines U.S.-amerikanischen **Suchmaschinen-Betreibers** – der ebenfalls als Verletzer in Betracht kam – zu beurteilen, da Suchmaschinen „von vornherein global angelegt", und damit „naturgemäß nicht auf ein Land beschränkt" seien.[325] Aus gleichem Grunde wurde im Übrigen auch deutsches Recht als Maßstab herangezogen.

> **Grundsatz:** Für die gerichtliche Geltendmachung von Ansprüchen kann jeder Ort gewählt werden, an dem die Verletzungshandlung zumindest auch begangen wurde oder der Verletzungserfolg zumindest auch eingetreten ist. Es empfiehlt sich, bei der Wahl des Gerichtsstandes die **Prozessökonomie** mit einzubeziehen. Kriterien zur Wahl können sein: Dauer und Kosten der Prozesse, unterschiedliche Beweisregeln, Verjährungen, Formvorschriften, die Höhe des zu erwartenden Schadenersatzes und vor allem die **Rechtsprechungspraxis** und Tendenzen der nationalen Gerichte.

[323] Im Einzelnen: § 3 Rdnr. 204ff. Zur internationalen Zuständigkeit U.S.-amerikanischer Gerichte *Hoeren/Sieber/Pichler,* Teil 31, Rdnr. 197.
[324] *LG Hamburg,* CR 2000, 392.
[325] *LG Hamburg,* CR 2000, 392 (394).

§ 12. Kartellrecht

Jan Bernd Nordemann

Übersicht

Literatur: *Bauer/de Bronett,* Die EU-Gruppenfreistellungsverordnung für vertikale Wettbewerbsbeschränkungen, 2001; *Beck,* Die Wettbewerbspolitische Relevanz des Internet, WuW 1999, 460 ff.; *Emmerich,* Kartellrecht, 8. Aufl. 1999; *Bücking,* Liberalisierung im Vergabewesen deutscher Domainadressen? DENIC und die „Essential Facilities" Doktrin, GRUR 2002, 27 ff.; *Frankfurter Kommentar,* Gesetz gegen Wettbewerbsbeschränkungen, 3. Aufl. Loseblatt, Stand: 10/1998; *Gassner,* Internet-Handelsplattformen im Spiegel des Kartellrechts, MMR 2001, 140 ff.; *Gemeinschaftskommentar,* Gesetz gegen Wettbewerbsbeschränkungen und europäisches Kartellrecht, 5. Aufl. ab 1999; *Gleiss/Hirsch,* Kommentar zum EG-Kartellrecht, 4. Aufl. ab 1993; *Grabitz,* Das Recht der Europäischen Union, Loseblattkommentar, Stand Januar 2000; *Groeben/Thiesing/Ehlermann,* Kommentar zum EG-Vertrag, 4. Aufl. 1991; *Hamann/Weidert,* E-Commerce und Recht, Kapitel 11 Kartellrecht (Karl), 1. Auflage 2002, S. 257 ff.; *F. A. Immenga/Lange,* Elektronische Marktplätze: Wettbewerbsbeschränkende Verhaltensweisen im Internet?, RIW 2000, 733 ff.; *U. Immenga/Mestmäcker,* EG-Wettbewerbsrecht, Kommentar, 1997 (Stand: 2. Ergänzung 01/2001); *Jestaedt,* Funktionalität, Effizienz und Wettbewerb: B2B-Marktplätze und das Kartellrecht, BB 2001, 581 ff.; *Kaminski/Henßler/Kolaschnik/Papathoma-Baetge,* Rechtshandbuch E-Business, 3. Kapitel J. Kartellrecht, 1. Auflage 2002, S. 427 ff.; *Kirchner,* Internetmarktplätze, Markttransparenz und Marktinformationssysteme, WuW 2001, 1030 ff.; *Köhler,* Gründung und Nutzung von Internetmarketplaces – Die Rahmenbedingungen des europäischen und deutschen Kartellrechts, K&R 2000, 569 ff.; *Koenig/Engelmann,* Internetplattformen im Gesundheitswesen auf dem Prüfstand des Kartellrechts WRP 2002, 1244 ff.; *Lampert/Michel,* B2B-Marktplätze im Internet, K&R 2002, 505 ff.; *Lange,* Unternehmenskooperation im Internet und EG-Kartellrecht, EWS 2000, 291 ff.; *Martineck/Semler,* Handbuch des Vertriebsrechts, 1997; *Möschel,* Recht der Wettbewerbsbeschränkungen, 1983; *J. B. Nordemann/Czychowski/Grüter,* Das Internet, die Nameserver und das Kartellrecht, NJW 1997, 1897 ff.; *dies.,* The Internet, The Name Server and Antitrust Law, [1998] ECLR 99 ff.; *Pautke/Schulze,* Internet- und Vertriebskartellrecht – Hausaufgaben für die Europäische Kommission, BB 2001, 317 ff.; *Pfeffer,* Die neue Gruppenfreistellungsverordnung (EG) Nr. 1400/2002 für die Automobilbranche, NJW 2002, 2910 ff.; *Rittner,* Wettbewerbs- und Kartellrecht, 6. Aufl. 1999; *Schricker,* Verlagsrecht, 3. Aufl. 2001; *Schwintowski,* Wettbewerbsrecht (GWB/UWG), 3. Aufl. 1999; *Seeliger,* EG-kartellrechtliche Probleme in Vertikalverhältnissen beim Vertrieb über das Internet, WuW 2000, 1174 ff.; *Ulmer,* Urheber- und Verlagsrecht, 3. Aufl. 1980; *Vajda/Gahnstrom,* IC Competition Law and the Internet, [2000] ECLR 94 ff.; *Weber,* Ansprüche aus § 1 UWG bei EG-Kartellrechtsverstößen, GRUR 2002, 485 ff. *Wiedemann,* Handbuch des Kartellrechts, 1999.

Wichtige amtliche Veröffentlichungen: Bekanntmachung der EU-Kommission zur Definition des relevanten Marktes im Wettbewerbsrecht, ABl. C 372/5 vom 9. 12. 1997 = Langen/Bunte II, S. 2992; Bekanntmachung der EU-Kommission über Vereinbarungen von geringer Bedeutung (Bagatellbekanntmachung) ABl. C 368/13 vom 22. 12. 2001; Leitlinie der EU-Kommission für vertikale Beschränkungen, ABl. C 291/1 vom 13. 10. 2000 = Bauer/de Bronett, S. 183 ff. = Immenga/Mestmäcker, EG-Wettbewerbsrecht, Ergänzungsband, Anhang 2 = Langen/Bunte II, S. 3018.

Internet: Das Bundeskartellamt bietet unter http://www.bundeskartellamt.de ein umfassendes Internationspertal, auf dem u. a. einschlägige Gesetzestexte, fast alle gültigen Bekanntmachungen des Bundeskartellamtes, die neuen Tätigkeitsberichte sowie alle neueren Entscheidungen des Bundeskartellamtes nebst einem Archiv, das bis 1999 zurückreicht, zu finden sind. Die EU-Kommission stellt unter http://europa.ew.int/comm/competition/antitrust die einschlägigen Gesetzesquellen des EU-Kartellrechts, alle VOen und Bekanntmachungen sowie die ihre neuere Fallpraxis zum Download zur Verfügung.

A. Einleitung

I. Schutzzweck

Nach der herkömmlichen juristischen Zeitrechnung sind das EU-Kartellrecht und das nationale Kartellrecht jung: Sowohl **Art. 81 ff. EGV** (damals noch Art. 85 ff. EWGV) als auch das nationale **GWB (KartellG)** traten am 1. Januar 1958 in Kraft. Nach der Zeitrechnung im Internet ist es damit zwar schon ein Fossil. Der Schutzzweck des Kartellrechts ist jedoch gerade im Internet besonders aktuell: Das Internet ist so rasant gewachsen, weil es für alle zugänglich, dezentral organisiert und unregiert war[1]. Nur durch den Gebrauch der Freiheit einzelner hat das Internet seine herausragende Bedeutung heute. 1

Das Kartellrecht will genau diese **Handlungsfreiheiten der Marktbeteiligten** schützen. Die Summe der Handlungsfreiheiten der Marktbeteiligten, in die ständig neue Aktion und Reaktion der Wettbewerber einfließen, wird als „Wettbewerb" definiert, den das Kartellrecht schützen soll. Es gibt also keine Idealform des Wettbewerbs, sondern Wettbewerb ist möglichst viel Freiheit für den Einzelnen[2]. Allerdings schützt das Kartellrecht nur vor Wettbewerbsbeschränkungen durch Unternehmen: Die Beschränkung des Wettbewerbs durch die Öffentliche Hand ist Gegenstand eigenständiger Regelungen, beispielsweise der Regelungen für staatliche Beihilfen (Art. 92 ff. EG). Rein privat veranlasste Wettbewerbsbeschränkungen fallen ebenfalls aus dem Anwendungsbereich des Kartellrechts heraus[3]. 2

II. Regelungsrahmen

1. EU-Kartellrecht

Eine der ganz zentralen Regelungen des EU-Kartellrechts ist zunächst **Art. 81 EGV** (früher Art. 85 EGV-Vertrag). Art. 81 Abs. 1 EGV verbietet alle Vereinbarungen und aufeinander abgestimmten Verhaltensweisen, die geeignet sind, den zwischenstaatlichen Handel in der EU spürbar zu beeinträchtigen und eine spürbare Wettbewerbsbeschränkung bezwecken oder bewirken. Art. 81 Abs. 1 EGV unterscheidet nicht danach, auf welcher Stufe die beteiligten Unternehmen stehen. Damit umfasst das Verbot des Art. 81 Abs. 1 EGV **horizontal und vertikal veranlasste Wettbewerbsbeschränkungen**[4]. 3

Unter **horizontal veranlassten** Wettbewerbsbeschränkungen versteht man wettbewerbsbeschränkende Verhaltensweisen zwischen Wettbewerbern, die auf dersel- 4

---

[1] Vgl. dazu oben § 1 Rdnr. 14 ff.

[2] EU-Kartellrecht: *EG-Kommission*, XII. Bericht über die Wettbewerbspolitik, 1993, Tz. 8; Nationales GWB: Begründung zum Regierungsentwurf 6. GWB-Novelle BT-Drs. 13/9720, S. 63 ff. I, 2 „Ziele und Gründe des Entwurfs" nennt „Wettbewerbsprinzip" als Schutzzweck; vgl. weiter grundlegend *Möschel,* Wirtschaftsrecht der Banken, 1972, S. 346 ff.; *ders.*, Recht der Wettbewerbsbeschränkungen, Rdnr. 67 ff.; *Immenga,* Politische Instrumentalisierung des Kartellrechts?, 1976, S. 9 f.; *J. B. Nordemann,* S. 64 ff.; *Herdzina,* FS *Benisch,* 1989, S. 7 ff.; *Schwintowski,* ZvglRWiss 92 (1993), 40, 53.

[3] Vgl. zur Anwendbarkeit des Kartellrechts auf Handlungen der öffentlichen Hand und auf private Handlungen, unten Rdnr. 17 ff.

[4] Ganz allgemeine Auffassung seit *EuGH* Slg. 1966, 282 – Société *Technique Miniere/Maschinenbau Ulm,* sowie *EuGH* Slg. 1966, 757, 485 – *Grundig*/Consten = WuW/E EWG/MUV 125, 129.

ben Handelsstufe tätig sind. Damit ist grundsätzlich jede Gleichschaltung des wettbewerblichen Verhaltens von Konkurrenten verboten, sei es durch Preisabsprachen oder durch Mengenbeschränkungen, Marktaufteilungen oder durch Beschränkungen des Einsatzes anderer Aktionsparameter wie Werbung[5].

5 **Vertikal veranlasste** Wettbewerbsbeschränkungen sind wettbewerbsbeschränkende Verhaltensweisen zwischen Unternehmen, die auf unterschiedlichen Wirtschaftsstufen tätig sind, also z.B. zwischen Hersteller und Händler, zwischen Großhändler und Einzelhändler. Klassische Beispiele sind die Bindung der Preise, zu denen die andere Wirtschaftsstufe weiter veräußern darf, Beschränkung der Freiheit der anderen Wirtschaftsstufe in der Verwendung der gelieferten Waren, Beschränkung der anderen Wirtschaftsstufe in der Freiheit, von Dritten Waren zu beziehen, oder die Verpflichtung, nicht sachlich dazugehörende Waren mitabzunehmen.

6 Aus Art. 81 Abs. 3 EGV ergibt sich bereits, dass das **Verbot** des Art. 81 Abs. 1 EGV nur **eingeschränkt** wirkt. Im Hinblick auf **horizontal** veranlasste Wettbewerbsbeschränkungen ist der Katalog der Ausnahmen aber eng begrenzt[6]. Demgegenüber fällt die Beurteilung von **vertikal** veranlassten Wettbewerbsbeschränkungen deutlich positiver aus, so dass es hier eine ganze Reihe von Ausnahmen vom Verbot des Art. 81 EGV gibt. Zunächst sind solche wichtigen Ausnahmen vom Verbot des Art. 81 EGV in sog. **Gruppenfreistellungsverordnungen** aufgeführt, die ganze Gruppen von eigentlich nach Art. 81 Abs. 1 EGV verbotenen Verhaltensweisen freistellen. In erster Linie zu nennen ist hier die sog. Schirm-Gruppenfreistellungsverordnung für vertikal veranlasste Wettbewerbsbeschränkungen, die zum 1. Januar 2000 die bis dahin bestehenden drei Gruppenfreistellungsverordnungen für bestimmte Wettbewerbsbeschränkungen in Alleinbezugs-, Alleinvertriebs- und Franchiseverträgen abgelöst hat[7]. Als Spezialregelungen der Schirm-Gruppenfreistellungsverordnung gehen die Gruppenfreistellungsverordnungen für Technologietransfer[8] sowie die Gruppenfreistellungsverordnung für den Kfz-Handel noch vor[9]. Auch ohne Bestehen einschlägiger Gruppenfreistellungsverordnungen sind **Tatbestandseinschränkungen** des Art. 81 Abs. 1 EGV zu beachten, die nach der Rechtsprechung des EuGH i.S. einer „rule of reason" bzw. eines „Immanenz-Gedankens" bestehen[10]. Daneben besteht die Möglichkeit, eigentlich verbotenes Verhalten über eine **Einzelfreistellung** der EU-Kommission nach Art. 81 Abs. 3 EGV zu legalisieren. Ab dem **1. Mai 2004** wird sich insoweit durch Inkrafttreten der VO 1/2003 eine wichtige Änderung ergeben: Sind die Voraussetzungen des Art. 81 Abs. 3 EG erfüllt, bedarf es keiner Einzelfreistellung durch die EU-Kommission mehr. Vielmehr sind solche Wettbewerbsbeschränkungen legalisiert (sog. **Legalausnahme, Art. 1 Abs. 2 VO 1/2003**), ohne dass es einer Entscheidung bedarf.

---

[5] Vgl. dazu weitergehend unten Rdnr. 66ff.

[6] Vgl. statt aller *Emmerich* in *Immenga/Mestmäcker*, EG-Wettbewerbsrecht, Art. 85 Abs. 1 A Rdnr. 257ff.; *ders.*, Kartellrecht, S. 420ff.

[7] VO Nr. 2790/1999, ABl. EG 1999, Nr. L 336/21 = WuW 2000, 151.

[8] GVO Nr. 240/96 ABl. EG 1996, Nr. L 31/2.

[9] GVO (EG) Nr. 1400/2002 = EuZW 2002, 563 = ABl. EG, Nr. L 203/30 vom 1. 8. 2002; die GVO ist am 1. 10. 2002 in Kraft getreten und hat damit die GVO Nr. 1475/95, ABl. EG 1995, Nr. L 145/25 abgelöst; vgl. dazu *Pfeffer* NJW 2002, 2910ff.

[10] Vgl. statt aller *Emmerich,* Kartellrecht, S. 420ff.; *ders.*, in *Immenga/Mestmäcker,* EG-Wettbewerbsrecht, Art. 85 Abs. 1 A Rdnr. 254ff.

Neben Art. 81 EGV kommt noch dem **Diskriminierungsverbot des Art. 82 EGV** grundlegende Bedeutung im EU-Kartellrecht zu. Art. 82 EGV verbietet marktbeherrschenden Unternehmen, diese marktbeherrschende Stellung missbräuchlich auf dem gemeinsamen Markt oder einem wesentlichen Teil desselben auszunutzen, soweit dies dazu führen kann, den Handel zwischen Mitgliedsstaaten zu beeinträchtigen. 7

Schließlich verfügt das EU-Kartellrecht auch über eine eigene Fusionskontrolle[11]. 8
Die **Fusionskontrollverordnung** gibt der EU-Kommission die Möglichkeit, Unternehmenszusammenschlüsse zu verbieten, die eine beherrschende Stellung begründen oder verstärken, durch die wirksamer Wettbewerb im gemeinsamen Markt oder in einem wesentlichen Teil desselben erheblich behindert würde (Art. 2 Fusionskontrollverordnung)[12].

2. Deutsches Kartellrecht

Das **deutsche Kartellrecht** ist vornehmlich im Gesetz gegen Wettbewerbsbeschränkungen (**GWB**) normiert. Daneben finden sich auch noch einige Spezialregelungen in anderen Normen, insbesondere im EnergiewirtschaftsG, im PostG im TelekommunikationsG. 9

Das GWB unterscheidet wegen der unterschiedlichen wettbewerblichen Wirkungen zwischen **horizontal veranlassten Wettbewerbsbeschränkungen (§§ 1 ff. GWB)** auf der einen Seite und **vertikal veranlassten Wettbewerbsbeschränkungen (§§ 14 ff. GWB)** auf der anderen Seite. Daher kommt das GWB – im Vergleich zu Art. 81 EGV – auch weitgehend ohne Aufweichungen der gesetzlichen Regelungen durch Gruppenfreistellungen oder Tatbestandsrestriktionen aus. 10

Die Regelungen der **horizontal** veranlassten Wettbewerbsbeschränkungen in den §§ 1 ff. GWB nehmen ihren Ausgangspunkt im grundsätzlichen Kartellverbot des § 1 GWB. Es finden sich dann allerdings in den §§ 2 bis 8 GWB Ausnahmefälle vom grundsätzlichen Verbot horizontal veranlasster Wettbewerbsbeschränkungen. Daneben besteht noch die sehr beschränkte Möglichkeit einer Tatbestandsrestriktion des § 1 GWB[13]. 11

Im Hinblick auf **vertikal** veranlasste Wettbewerbsbeschränkungen gilt grundsätzlich nur ein Missbrauchsprinzip, d.h. es sind alle vertikal veranlassten Wettbewerbsbeschränkungen grundsätzlich zulässig, und nur im Missbrauchsfall können die Kartellbehörden einschreiten (§ 16 GWB). Lediglich Preis- und Konditionsbindungen (§ 14 GWB, beachte allerdings die Ausnahme für Zeitungen und Zeitschriften in § 15 GWB)[14] sowie bestimmte Empfehlungen (§§ 22, 23 GWB)[15] sind auf Grund ihrer weitergehenden Eingriffe in die Handlungsmöglichkeiten der Beteiligten auch im deutschen Kartellrecht verboten. 12

Nach **§ 19 GWB ist der Missbrauch einer marktbeherrschenden Stellung** marktbeherrschenden Unternehmen verboten[16]. 13

---

[11] VO (EWG) Nr. 4064/89 des Rates über die Kontrolle von Unternehmenszusammenschlüssen vom 21. 12. 1989, erstmals geändert durch VO (EG) Nr. 1310/97 des Rates vom 30. 7. 1997, Abl. EG 1997 Nr. 180/1.

[12] Vgl. zur Europäischen Zusammenschlusskontrolle unten Rdnr. 192 ff.

[13] Vgl. statt aller *Zimmer* in *Immenga/Mestmäcker,* GWB, § 1 Rdnr. 268 ff. m.w.N.; *Bunte* in *Langen/Bunte,* § 1 Rdnr. 193 ff.; *Bechtold,* § 1 Rdnr. 23 ff., 33 ff.

[14] Vgl. unten Rdnr. 106 ff., 131.

[15] Vgl. unten Rdnr. 204 ff.

[16] Vgl. unten Rdnr. 154 ff.

14 Die **deutsche Zusammenschlusskontrolle** ist in §§ 35 ff. GWB geregelt[17].

3. Andere Kartellrechtsordnungen

15 Neben dem EU-Kartellrecht und dem deutschen Kartellrecht können auch andere Kartellrechtsordnungen auf den jeweiligen Internet-Sachverhalt anwendbar sein. In den meisten bedeutenden ausländischen Kartellrechtordnungen wird die internationale Anwendbarkeit des Kartellrechts genauso wie im europäischen und deutschen Kartellrecht nach dem sogenannten Auswirkungsprinzip entschieden. Das bedeutet, dass jede Kartellrechtsordnung einschlägig ist, in dessen Geltungsbereich der Sachverhalt eine (gewisse) wettbewerbliche Auswirkung zeigt[18].

16 Es würde den Rahmen dieses Handbuches sprengen, auch noch auf andere ausländische Kartellrechtsregelungen einzugehen. Der Betroffene kann jedoch davon ausgehen, dass jedes wichtige Industrieland der Welt eigene kartellrechtliche Regelungen hat. Das gilt insbesondere für die USA, Kanada oder Japan. **Die mögliche parallele Anwendung einer Vielzahl von Kartellrechtsordnungen** wirft nicht nur juristische, sondern auch praktische Probleme bei der Handhabung der unterschiedlichen Kartellverfahren auf.

III. Anwendbarkeit

1. Nur unternehmerische Tätigkeit (Unternehmensbegriff)

17 Die Artt. 81 und 82 EGV einschließlich der EU-Fusionskontrollverordnung sowie das GWB richten sich **nur an „Unternehmen"**. Der Unternehmensbegriff ist funktional und nicht institutionell zu verstehen und erfasst deshalb nach seinem Sinn und Zweck **jede selbstständige Tätigkeit einer Person im geschäftlichen Verkehr unabhängig von ihrer Rechtsform und der Art ihrer Finanzierung**[19]. Nicht als Unternehmen handelt, wer rein privat oder amtlich (hoheitlich) am Markt teilnimmt.

18 So wird der **DENIC** selbst, aber auch ihren Mitgliedern die Unternehmenseigenschaft kaum abzusprechen sein. Sie sind durchweg Unternehmen, die Kunden die Registrierung von Domains über die DENIC kommerziell anbieten[20]. Die DENIC selbst tritt zu ihren Mitgliedern auch in eine entgeltliche Registrierungsleistungsbeziehung, handelt also insoweit als Unternehmen.

19 Auch die Unternehmenseigenschaft der **ICANN** ist gegeben. Denn die ICANN eröffnet mit der Verwaltung des Adresssystems für das Internet über Top-Level-Domains die kommerzielle Möglichkeit für dritte Unternehmen, sich als Registrare dieser Top-Level-Domains zu betätigen. Zu diesen Registraren tritt die ICANN in eine Geschäftsverbindung. Darüber hinaus ist die ICANN keine öffentlich-rechtliche Stelle, sondern privat organisiert. Dass es an einem Erwerbscharakter oder an Gewinnerziehungsabsicht fehlt, ist unschädlich[21]. Auch findet das

---

[17] Vgl. unten Rdnr. 195 ff.

[18] Vgl. zum Auswirkungsprinzip eingehend oben § 3, Rdnr. 167 ff.

[19] Zum europäischen Recht: *EuGH* NJW 1993, 2597 – *Poucet; EuGH* EuZW 1994, 248, 249 – *Eurocontrol; EuGH* EuZW 1996, 277, 278 – *Shell; EuGH* EuZW 1994, 664, 666 – *Herlitz.* Deutsches Kartellrecht: BGHZ 36, 91, 102 – *Gummistrümpfe;* BGHZ GZS 67, 81, 84 – *Auto-Analyser; BGH* WuW/E 1661, 1662 – *Musikschule.*

[20] Vgl. zur DENIC allgemein oben § 6, Rdnr. 14 ff.

[21] Gleicher Ansicht zur Unternehmenseigenschaft der ICANN *Bücking,* GRUR 2002, 27, 28; für den Vorgänger der ICANN, das IHAC (dazu oben § 6 Rdnr. 12) genauso *J. B. Nordemann/Czychowski/Grüter,* NJW 1997, 1897, 1899; *dies.,* (1998) ECLR 99, 102; vgl. auch *EU-Kommission* WuW 1999, 863, 864.

Kartellrecht auf die **Mitglieder der ICANN** Anwendung. Sie sind durchgängig in der New Economy selbstständig tätig[22] und verfolgen deshalb geschäftliche Interessen.

20 **Rein privat** und damit **nicht unternehmerisch** handelt, wer nicht eine auf Dauer angelegte kommerzielle Tätigkeit ausübt. Umgekehrt ist jede selbstständige und nicht lediglich dem privaten Verbrauch dienende Tätigkeit eine Handlung als Unternehmen[23]. In jedem Fall vom Kartellrecht erfasst werden damit auch kommerzielle Aktivitäten von Einzelpersonen, ohne Rücksicht darauf, ob diese Beschäftigte haben oder in das Handelsregister eingetragen sind.

21 Die Internet-Aktivität eines Studenten kann also durchaus vom Kartellrecht erfasst werden, wenn dieser ein gewisses kommerzielles Ziel mit seiner Internet-Plattform verfolgt, beispielsweise vervielfältigte Vorlesungsskripten veräußert. Genauso ist ein selbstständiger Künstler als „Unternehmen" i.S. des Kartellrechts anzusehen, der über das Internet seine Kunst vertreibt. Ein Internet-begeisterter Surfer, der sein Know-How im Internet gegen Entgelt anbietet[24], ist genauso ein „Unternehmen" wie ein arbeitsloser Lehrer, der über das Internet virtuellen Unterricht gegen Entgelt erteilt[25]. Selbst wenn die Inhalte im Internet kostenlos zur Verfügung gestellt werden, beseitigt dies die Unternehmenseigenschaft so lange nicht, wie mit dem Internet-Auftritt in irgendeiner Form ein kommerzielles Interesse nachhaltig verfolgt wird, z.B. wenn sich der Internet-Auftritt durch Werbung finanziert oder der Internet-Auftritt Eigenwerbung für den Betroffenen ist. Der rein private Bereich ist allerdings erreicht, wenn in keiner Form irgendein Geschäftszweck erreicht werden soll. Das gilt beispielsweise für Internet-Auftritte verschiedener ehemaliger Schüler, die gemeinsam Fotos aus ihrer Abiturzeit in das Internet stellen. Rein privat sind auch private Meinungsforen im Internet, z.B. von Interessenvereinigungen von (privaten) Internetnutzern oder von Verbrauchergruppen, wenn sie zum Boykott bestimmter Produkte aufrufen oder sonst die Geschäftspolitik von Unternehmen gegenüber ihren (privaten) Mitgliedern kontrollieren. Solche Verbraucherboykotte oder gar Käuferstreiks können nur über § 826 BGB, nicht jedoch über das Kartellrecht erfasst werden[26].

22 Daneben ist eine Anwendung des GWB auch auf **amtliche (hoheitliche) Handlungen** ausgeschlossen. Die hoheitliche Beschränkung des Wettbewerbs durch die Öffentliche Hand ist teilweise Gegenstand eigenständiger Regelungen, beispielsweise Art. 92ff. EGV.

23 Ein Abgrenzungsproblem zwischen unternehmerischem Handeln und amtlichem Handeln kann nur dann auftreten, wenn die Öffentliche Hand in öffentlich-rechtlicher Form handelt. Ein hoheitliches Handeln im privater Rechtsform ist nicht

---

[22] Vgl. dazu oben § 6 Rdnr. 12ff.

[23] Vgl. *EuGH* EuZW 1994, 664, 666 – *Herlitz*; *Emmerich* in *Immenga/Mestmäcker*, EG-Wettbewerbsrecht, Art. 85 Abs. 1 Rdnr. 21; *BGH* NJW 1981, 1512 = BB 1981, 574 = WUW/E BGH 1841, 1842 – *Ganser-Dahlke; Zimmer* in *Immenga/Mestmäcker*, GWB, § 1 Rdnr. 30 jeweils m. w. N.

[24] Vgl. zur Einordnung der Know-How-Verwertung als unternehmerische Tätigkeit *BGH* WuW/E 1253, 1257 – *Nahtverlegung* = BB 1973, 59; EG-Kommission WuW-E EV 678 – *Reuter-BASF.*

[25] Vgl. hierzu im nichtvirtuellen Bereich *BGH* WuW/E 1661, 1636 – *Berliner Musikschule* = NJW 1980, 1046.

[26] Vgl. *Möschel,* Rdnr. 100; *Zimmer* in *Immenga/Mestmäcker,* GWB, § 1 Rdnr. 26; *Hootz,* in Gemeinschaftskommentar, § 1 Rdnr. 35.

denkbar[27]. Wenn also alle deutschen Bundesländer eine gemeinsame Internet-Plattform bilden, um darauf Stadtpläne und anderes Kartenmaterial zu verkaufen, handeln sie erwerbswirtschaftlich und damit in aller Regel privatrechtlich. Darauf ist das Kartellrecht ohne weiteres anwendbar[28].

24 Selbst wenn die **Leistungsbeziehung** der Öffentlichen Hand zu den Bürgern **öffentlich-rechtlicher** Natur ist, sagt dies aber noch nichts über die Anwendbarkeit des Kartellrechts auf diese Sachverhalte aus. Vielmehr wird heute wegen des Schutzzwecks des Kartellrechts nicht auf die Rechtsnatur der Leistungsbeziehung, sondern auf die Rechtsnatur der Wettbewerbsbeziehung abgestellt[29]. Als privatrechtlich und damit unternehmerisch ist die Wettbewerbsbeziehung zu qualifizieren, wenn sich Öffentliche Hand und private Wettbewerber mit gleichen Leistungen an den gleichen Kreis von Abnehmern wenden[30]. Das **Kartellrecht** ist danach immer anwendbar, wenn für die Kunden **Wahlfreiheit zwischen privaten Unternehmen und der Öffentlichen Hand** besteht. Wenn also die deutschen Bundesländer im vorgenannten Beispiel beim Eigenverkauf von Stadtplänen und sonstigem Kartenmaterial in öffentlich-rechtlicher Form Gebühren auf gesetzlicher Grundlage erheben, wäre das Kartellrecht anwendbar, solange die Verbraucher frei sind, ihr Kartenmaterial auch bei einem privaten Anbieter zu beziehen. Allerdings wäre das Kartellrecht nicht anwendbar auf gemeinsame Informationsplattformen staatlicher Stellen, die amtliche Verlautbarungen enthalten. Denn im Hinblick auf amtliche Verlautbarungen besteht kein Konkurrenzverhältnis zu Privaten. Eine Wettbewerbsbeziehung würde dann allerdings im Hinblick auf Werbemöglichkeiten für Private auf der Internet-Plattform neben den amtlichen Verlautbarungen bestehen. Genauso handelt eine öffentlich-rechtlich auftretende Krankenkasse als Unternehmen im Sinne des Kartellrechts, wenn sie – neben Privaten – auf einer Internet-Plattform bestimmte Hilfsmittel nachfragt[31].

2. Verhältnis von EU- zu deutschem Kartellrecht

a) Zwischenstaatlichkeitsklausel

25 Auch wenn der EG-Vertrag selbstverständlich auf dem Territorium der Bundesrepublik uneingeschränkt Geltung hat, finden die kartellrechtlichen Regelungen der Artt. 81, 82 EGV nicht auf jeden Sachverhalt Anwendung. Vielmehr werden – entsprechend dem Zweck des EG-Vertrages – nur zwischenstaatliche Sachverhalte erfasst. Deshalb setzen die Verbote der Artt. 81, 82 EGV voraus, dass die wettbewerbsbeschränkende Handlung geeignet ist, den Handeln zwischen den Mitgliedstaten zu beeinträchtigen (sog. Zwischenstaatlichkeitsklausel). Dieses Merkmal **grenzt den Anwendungsbereich des europäischen vom nationalen Kartellrecht**

---

27 Vgl. *BGH* GRUR 1964, 210, 211 – *Landwirtschaftsausstellung*; *BGH* GRUR 1987, 116, 117 – Kommunaler *Bestattungswirtschaftsbetrieb I*; *Nordemann*, Wettbewerbs- und Markenrecht, Rdnr. 84.

28 Vgl. zum Verkauf von KFZ-Schildern durch Kommunen *BGH* GRUR 1974, 733 – *Schilderverkauf;* dazu auch *Immenga*, NJW 1995, 1921, 1922.

29 BGHZ 66, 229, 233 – *Studentenversicherung;* BGHZ GMS OGB 102, 280, 285; BGHZ 110, 278, 284 – *Werbung im Programm.*

30 BGHZ 82, 375, 382 – *Brillenselbstabgabestellen; Harms*, BB 1986, Beilage 17, S. 5; *Koenig/Engelmann* WRP 2002, 1244, 1246; *Nordemann*, Wettbewerbs- und Markenrecht, Rdnr. 84.

31 *Koenig/Engelmann* WRP 2002, 1244, 1247.

ab. Fehlt es bei einer wettbewerbsbeschränkenden Handlung an der Eignung zur Beeinträchtigung des zwischenstaatlichen Handels, so kommt nur die Anwendung des nationalen Kartellrechts in Frage. Umgekehrt gilt beim Vorliegen der Eignung zur Beeinträchtigung des zwischenstaatlichen Handels, dass dann das europäische Kartellrecht Anwendung findet, daneben grundsätzlich aber auch noch das nationale Recht[32]. Die Zwischenstaatlichkeitsklausel wird vom EuGH und von EG-Kommission sehr weit ausgelegt.

Zunächst erfasst der Begriff des zwischenstaatlichen Handels nicht nur **Waren,** 26
sondern auch **Dienstleistungen**[33]. Damit können alle unternehmerischen Handlungen im Internet erfasst werden.

Der Begriff der Beeinträchtigung ist neutral auszulegen. Er erfasst nicht nur han- 27
delshemmende Verhaltensweisen, sondern auch handelsfördernde Verhaltensweisen[34]. Eine Gewissheit für die **Beeinträchtigung** des zwischenstaatlichen Handels wird nicht gefordert. Es genügt eine **hinreichende Wahrscheinlichkeit.** Zwischenstaatlichkeit ist dabei nicht nur gegeben, wenn eine wettbewerbsbeschränkende Handlung Unternehmen in unterschiedlichen EU-Mitgliedstaaten betrifft, also z.B. ein Name-Server Domains in der gesamten EU vergibt, ein Unternehmen aus Deutschland und ein Unternehmen aus Großbritannien einen gemeinsamen Internet-Marktplatz gründen oder ein deutsches Unternehmen über das Internet nach Frankreich hinein E-Commerce betreibt. EuGH und Kommission gehen auch dann von einer Beeinträchtigung des zwischenstaatlichen Handels aus, wenn an der wettbewerbsbeschränkenden Verhaltensweise **nur Unternehmen aus einem Mitgliedstaat** beteiligt sind, sofern die Wettbewerbsbeschränkung sich jedenfalls auf das Gebiet dieses Mitgliedstaates oder einen wesentlichen Teil des Mitgliedstaates bezieht. Dann liegt Zwischenstaatlichkeit unter der Voraussetzung vor, dass die eigentlich rein nationale Wettbewerbsbeschränkung zu einer **Abschottung des nationalen Marktes** führt und es für EU-ausländische Unternehmen erschwert, auf dem nationalen Markt anzutreten, wovon grundsätzlich bei jeder Wettbewerbsbeschränkung, die von Artt. 81, 82 EGV erfasst wird, auszugehen ist[35]. Also können durchaus auch gemeinsame Marktplätze rein nationaler Konkurrenten der Zwischenstaatlichkeitsklausel unterfallen, wenn der gemeinsame Marktplatz es für EU-ausländische Unternehmen erschwert, auf den nationalen Markt zu treten. Zwischenstaatlichkeit dürfte im Hinblick auf eine deutschlandweit aufgestellte Registrierungsstelle für „.de"-Domains gegeben sein, wenn es zumindest als möglich erscheint, dass **zwischenstaatlicher Wettbewerb** aus anderen EU-Mitgliedsstaaten abgeschottet wird. Ohnehin werden „.de"-Domains nicht nur von deutschen, sondern auch von Usern aus dem EU-Ausland gehalten, genauso wie Deutsche EU-ausländische Domains (z.B. „.at", „.fr", „.uk") registrieren.

---

[32] Vgl. aber zum Ausschluss der Anwendung deutschen Kartellrechts unten Rdnr. 30ff.

[33] *EuGH* Slg. 1987, 405, 458 – *Verband der Sachversicherer; EuGH* Slg. 1987, 3801, 3821 – *Flämmische Reisebüros; EuGH* Slg. 1988, 2479, 2514 – *Bodson/Pompes funebres.*

[34] *EuGH* Slg. 1966, 322, 389 – *Grundig/Consten; EuGH* Slg. 1967, 343, 356 – *Brasserie de Haecht.*

[35] Ständige Rechtsprechung vgl. *EuGH* Sgl. 1984, 2117, 2194 – *Belasco*; *EuGH* Slg. 1992 II-1995, 1998 – *Publisher's Association; Stockmann* in *Wiedemann*, Handbuch des Kartellrechts, § 7 Rdnr. 25 m.w.N.; *Rehbinder* in *Immenga/Mestmäcker,* EG-Wettbewerbsrecht, Einl. Rdnr. 15 m.w.N.

28 Allerdings soll auch nicht jede noch so geringfügige Beeinträchtigung des zwischenstaatlichen Handels ausreichen, um das EU-Kartellrecht anwenden zu können. Die Praxis hat deshalb das ungeschriebene Erfordernis der Spürbarkeit in die Zwischenstaatlichkeitsklausel integriert, ohne dass dies jedoch quantitativ oder qualitativ genau bestimmt wäre[36]. Abzustellen ist auf eine an den Zwecken des Kartellverbotes orientierte Gesamtbetrachtung. Zur Konkretisierung hat die EG-Kommission bereits mehrere sog. **Bagatell-Bekanntmachungen** erlassen, zuletzt im Jahr 2001[37]. Hier wird in erster Linie auf das quantitative Kriterium des Marktanteils abgestellt.

- Bei Vereinbarungen zwischen potenziellen oder aktuellen Wettbewerben soll unterhalb eines Marktanteils von 10% der Beteiligten insgesamt auf jedem der betroffenen Märkte keine Spürbarkeit vorliegen. Zwischenstaatlichkeit scheidet also beispielsweise aus, wenn sich zwei Konkurrenten mit weniger als 10% Marktanteil einer gemeinsamen Internetplattform bedienen.
- Für Wettbewerbsbeschränkungen zwischen Nicht-Konkurrenten führt die Bagatell-Bekanntmachung eine Schwelle von 15% ein.
- Nach der sog. Bündel-Theorie, die im Einklang mit der Entscheidungspraxis des EuGH steht, rechnet die Bagatell-Bekanntmachung allerdings kumulative Auswirkungen gleichartiger, gleichzeitig bestehender Beschränkungen zusammen. Zusammengerechnet werden also gleichartige Vertriebsbindungen eines Herstellers gegenüber E-Commerce-Händlern, mag die Vertriebsbindung auch gegenüber einem einzelnen Händler mit noch so wenig Marktanteil erfolgen. Allerdings interessiert sich die Kommission nach der Bagatell-Bekanntmachung nur für Vertragsnetze, die insgesamt einen Marktanteil von 30% erreichen, und die einzelnen Verträge jeweils weniger als 5% Marktanteil abdecken. Diese sog. Bündeltheorie gilt für Vereinbarungen zwischen Nicht-Wettbewerbern und für Vereinbarungen zwischen Wettbewerbern.
- Nicht von der Bagatell-Bekanntmachung erfasst werden „Hardcore"-Beschränkungen. Dazu zählen im horizontalen Bereich Preis- oder Gebietsabsprachen, im vertikalen Bereich die „schwarzen Klauseln" in Art. 4 Schirm-GruppenfreistellungsVO. Allerdings bedeutet dies nicht, dass solche Beschränkungen generell auch immer zwischenstaatlich sind, wenn es ansonsten, z. B. wegen der Regionalität der Wettbewerbsbeschränkung, an einer Beeinträchtigung des zwischenstaatlichen Handels fehlt.

29 Die Bekanntmachung ist lediglich eine **Verwaltungsvorschrift,** jedoch keine Rechtsnorm, so dass sie weder die nationalen noch die europäischen Gerichte noch die nationalen Kartellbehörden bindet. Nur die EU-Kommission selbst ist in ihrer Praxis wegen der **Selbstbindungswirkung** ihrer eigenen Bagatell-Bekanntmachung verpflichtet, nur bei außergewöhnlichen Umständen trotz Vorliegen der Voraussetzungen der Bagatell-Bekanntmachung einzuschreiten[38]. Nationale Gerichte orientieren sich jedenfalls häufiger daran[39].

---

[36] *EuGH* Slg. 1966, 281, 306 – *Maschinenbau Ulm;* s. auch *Rehbinder* in *Immenga/Mestmäcker,* EG-Wettbewerbsrecht, Einl. Rdnr. 16, 20 m. w. N.; *Stockmann* in *Wiedemann,* Handbuch des Kartellrechts, § 7 Rdnr. 26 ff. m. w. N.

[37] ABl. C 368/13 vom 22. 12. 2001.

[38] Vgl. statt aller *Stockmann* in *Wiedemann,* Handbuch des Kartellrechts, § 7 Rdnr. 28.

[39] Z. B. *KG* WuW-E OLG 5580, 5597 – *Spanische Reisebüros.*

b) Ausschluss deutschen Kartellrechts

30 Grundsätzlich sind europäisches und deutsches Kartellrecht nebeneinander anwendbar[40]. Dadurch entsteht allerdings die Gefahr, dass die Anwendung des EU-Kartellrechts gestört wird. Das gilt vor allem für Konstellationen, in denen das nationale Kartellrecht verbietet, was das EU-Kartellrecht erlaubt.

31 Nach der sogenannten **„Walt Wilhelm"**-Doktrin des EuGH haben deshalb **positive Eingriffe** der EU-Behörden Vorrang und schließen eine Anwendung nationalen Rechts aus[41]. Der Katalog von positiven Eingriffen ist noch nicht abschließend geklärt.

32 **Einzelfreistellungen** der Kommission fallen darunter, sofern das nationale Verbot die europäische Freistellung beeinträchtigt[42].

33 **Gruppenfreistellungsverordnungen** setzen sich ebenfalls nach der überwiegenden Auffassung in der Literatur[43], die von der EU-Kommission geteilt wird[44], gegenüber nationalem Recht durch. Das Bundeskartellamt geht im Rahmen seiner Ermessungsausübung nicht gegen Vereinbarungen vor, die nach einer Gruppenfreistellungsverordnung freigestellt wird, nach strengerem deutschem Recht aber verfolgt werden könnten[45]. Insoweit dürfte sogar eine Selbstbindung des Bundeskartellamtes vorliegen. Die in der Schirm-Gruppenfreistellungsverordnung enthaltenen Regelungen zum Internetvertrieb verdrängen also beispielsweise die nationalen Regelungen.

34 Im Rahmen von **Negativattesten** stellt die EG-Kommission fest, dass sie keinen Grund für ein Einschreiten nach Artt. 81, 82 EG sieht. Solche Negativatteste sollen keine positive Wirkung im Sinne der „Walt Wilhelm"-Doktrin[46] haben.

35 Auch wenn die Kommission **„Comfort Letters"** versendet, in denen sie mitteilt, dass nach ihrer Auffassung kein Verstoß gegen Art. 81, 82 EG vorliegt, soll nationales Kartellrecht weiter anwendbar sein[47]. Allerdings dürfen die nationalen Behörden und Gerichte die Comfort Letters bei ihrer Würdigung des EG-Rechts als tatsächlichen Umstand berücksichtigen[48], was nicht nur gegen eine Anwendung EU-Kartellrechts, sondern auch gegen ein Einschreiten der nationalen Behörden nach nationalem Kartellrecht im Rahmen ihres Ermessens spricht.

---

40 Vgl. dazu oben Rdnr. 25.

41 *EuGH* Slg. 1969, 1 – *Walt Wilhelm* = WuW/E EWG/MUV 201.

42 *Rehbinder* in *Immenga/Mestmäcker,* EG-Wettbewerbsrecht, Einl. F Rdnr. 19 ff.; *Bunte* in *Langen/Bunte*, Einf. zum EG Kartellrecht Rdnr. 79, jeweils m. w. N., im Einzelnen vieles streitig.

43 Vgl. *Rehbinder* in *Immenga/Mestmäcker,* EG-Wettbewerbsrecht, Einl. F Rdnr. 24 ff. m. w. N.

44 Vgl. 17. Begründungserwägung zur Schirm-GruppenfreistellungsVO, ABl. 2000 Nr. C 291/1 = WuW 2000, 151.

45 Vgl. *BKartA* Tätigkeitsbericht 1999/2000, BT-Drs. 14/6300, S. 58; siehe *Bauer/de Bronett,* S. 148.

46 *Rehbinder* in *Immenga/Mestmäcker,* EG-Kartellrecht, Einl. F Rdnr. 31; *Gleiss/Hirsch*, Einl. 68; *Schröter* in *Groeben/Thiesing/Ehlermann,* Vorbem. zu den Artt. 85 bis 92, Rdnr. 132; kritisch *Wiedemann* in *Wiedemann,* Handbuch des Kartellrechts, § 6 Rdnr. 9; differenzierend auch *GA Tesauro,* Schlussanträge zur Rechtssache VW und VAG Leasing, *EuGH* Slg. 1995, I-3477, 3504.

47 Vgl. *EuGH* Slg. 1980, 2327, 2374 – *Guerlain;* Rehbinder in *Immenga/Mestmäcker,* EG-Wettbewerbsrecht, Einl. F Rdnr. 31; *Wiedemann* in *Wiedemann,* Handbuch des Kartellrechts, § 6 Rdnr. 8; a. A. *Schwarze* JZ 1996, 57, 63, wegen Vertrauensschutzes.

48 *EuGH* Slg. 1980, 2327, 2374 – *Guerlain.*

Definitiv keine positiven Maßnahmen sind **Bekanntmachungen** der Kommission[49], **Auslegungsgrundsätze,** z.B. zu Gruppenfreistellungsverordnungen[50] sowie **Pressemitteilungen.**

36 Zum **1. Mai 2004** wird sich das Verhältnis von EU- und nationalem Recht auf der Grundlage der VO 1/2003 grundlegend ändern. Nach Art. 3 Abs. 1 VO 1/2003 können die Mitgliedsstaaten Art. 81 und Art. 82 EGV selbst anwenden. Allerdings darf nach Art. 3 Abs. 2 VO 1/2003 die Anwendung nationalen Kartellrechts nicht zu einem Verbot führen, wenn das Verhalten nach **Art. 81 Abs. 1 EGV nicht verboten oder von Art. 81 Abs. 3 EGV erlaubt** wird. Damit ist die „Walt-Wilhelm"-Doktrin aufgegeben und der **grundsätzliche Vorrang des EU-Kartellrechts** bei paralleler Anwendung beider Rechte festgeschrieben. Das Vorrangproblem entsteht aber nur, wenn das EU-Kartellrecht wegen Zwischenstaatlichkeit[51] überhaupt einschlägig ist, Art. 3 Abs. 2 VO 1/2003. Auf einseitige Maßnahmen und die Zusammenschlusskontrolle findet die Vorrangregelung der VO 1/2003 keine Anwendung (Art. 3 Abs. 2 und 3 VO 1/2003), so dass insbesondere die deutschen Diskriminierungs- und Behinderungsverbote (§§ 19, 20 GWB) und die deutsche Zusammenschlusskontrolle (§§ 35ff. GWB) neben EU-Recht anwendbar bleiben.

3. Internationaler Anwendungsbereich (Auswirkungsprinzip)

37 Die Anwendung des Kartellrechts richtet sich nach dem sogenannten Auswirkungsprinzip. Für das deutsche Recht ist das in § 102 Abs. 2 GWB ausdrücklich festgehalten, für das EU-Kartellrecht entspricht die Anwendung des Auswirkungsprinzips zumindest der Praxis. Es ist also für die Anwendung des Kartellrechts **nicht entscheidend,** von **wo** aus die Wettbewerbsbeschränkung **veranlasst** wird, solange sie sich in der EU oder in Deutschland auswirkt. Wo der Server eines Nameservers steht, ist genauso belanglos wie die Tatsache, dass eine gemeinsame Internetplattform von konkurrierenden Autoherstellern über ein schweizerisches Gemeinschaftsunternehmen betrieben wird[52]. Auch die Anwendung des deutschen bzw. europäischen Kartellrechts auf die **ICANN** ist nicht deshalb ausgeschlossen, weil die ICANN ihren Sitz in den USA hat. Es ist ausreichend, dass die Registrare in Deutschland bzw. einem EU-Mitgliedsstaat ihre Geschäftstätigkeit entfalten. Das ist absolut üblich; die Registrare bieten regelmäßig die Top-Level-Domains auch in Deutschland bzw. der EU an, ja zu den Registraren gehören sogar deutsche bzw. EU-ausländische Unternehmen[53].

IV. Rechtsfolgen

1. Zivilrechtlich

38 Ein Verstoß gegen **Art. 81 Abs. 1 EGV** hat die **Nichtigkeit** der betreffenden Vereinbarung bzw. des betreffenden Beschlusses zur Folge. Die Konsequenzen für die

[49] Z.B. die o.g. Bagatell-Bekanntmachung, vgl. Rdnr. 28, oder die Kooperationsbekanntmachung ABl. 1968 Nr. C 75/3.

[50] Z.B. die Leitlinien der Kommission zur Schirm-Gruppenfreistellungsverordnung, ABl. 2000 Nr. C 291/1.

[51] Dazu oben Rdnr. 25ff.

[52] Vgl. im Einzelnen zum Auswirkungsprinzip oben § 3, Rdnr. 167ff.

[53] Vgl. zur Struktur der ICANN oben § 6, Rdnr. 12.

übrigen abtrennbaren kartellrechtskonformen Bestimmungen des Vertrages oder Beschlusses richten sich nach nationalem Recht, also nach **§ 139 BGB,** wenn deutsches Recht auf den Vertrag Anwendung findet[54]. Folgeverträge mit Dritten, die nicht selbst gegen Art. 81 Abs. 2 EGV verstoßen, sind jedoch grundsätzlich wirksam. Keine Nichtigkeit tritt auch ein, wenn die Vereinbarung oder der Beschluss ordnungsgemäß zur Einzelfreistellung angemeldet worden ist und eine Freistellung grundsätzlich in Betracht kommt[55]. Jedoch sind solche Vereinbarungen und Beschlüsse bis zur Freistellungsentscheidung schwebend unwirksam, mithin nicht durchsetzbar[56]. Vereinbarungen und Beschlüsse, die von den Gruppenfreistellung legalisiert wurden, sind von Anfang an voll wirksam. Auch für einen Verstoß gegen **§ 1 GWB** gilt die zivilrechtliche Nichtigkeitsfolge, und zwar über **§ 134 BGB.** Das Gleiche gilt für Verstöße gegen § 14 GWB. Sowohl im Hinblick auf § 1 GWB als auch im Hinblick auf § 14 GWB kommt § 139 BGB zur Anwendung.

Deshalb ist schon bei geringen kartellrechtlichen Zweifeln, sei es nach EU- oder 39
nach deutschem Recht, die Aufnahme einer **salvatorischen Klausel** in die Vereinbarung oder den Beschluss empfehlenswert[57]. Mit einer solchen Klausel tritt Nichtigkeit nur dann ein, wenn die nichtige Bestimmung für den Vertrag oder den Beschluss grundlegende Bedeutung hat[58]. Ohne salvatorische Klausel ist auf den objektiven hypothetischen Parteienwillen abzustellen, der dann für eine Wirksamkeit der Restvereinbarung spricht, wenn Nebenpunkte oder standardmäßig aufgenommene Klauseln ohne nennenswerte wirtschaftliche Bedeutung nichtig sind[59].

Neben zivilrechtlicher Unwirksamkeit können von unmittelbar Verletzten **Un-** 40
terlassungs- und Schadenersatzansprüche nach Art. 81 Abs. 1 EGV, §§ 823 Abs. 2, 1004 BGB bzw. §§ 1, 14, 33 GWB geltend gemacht werden. Allerdings ist der Kreis der unmittelbar Verletzten je nach einschlägiger Norm begrenzt[60]. Im deutschen Recht sind darüber hinaus Wirtschaftsverbände aktivlegitimiert, § 33 S. 2 GWB. Für das europäische Recht wären Verbandsklagen möglich, wenn jeder Verstoß ge-

---

[54] Vgl. *EuGH* Slg. 1966, 281, 304 – *Maschinenbau Ulm*; *EuGH* Slg. 1983, 4173, 4184 – *Zementimport*; *EuGH* Slg. 1991, I-935, 990 – *Delimitis/Henninger Bräu; OLG Karlsruhe,* WuW/E OLG 2569, 2571 – *Fahrbare Ladegestelle; OLG Düsseldorf* WuW/E OLG 3018, 3025 – *Grundig-Vertriebsbindungssystem; Karsten Schmidt* in *Immenga/Mestmäcker,* EG-Wettbewerbsrecht, Art. 85 Abs. 2 Rdnr. 44 m. w. N.

[55] *EuGH* Slg. 1980, 2511, 2514 – *Lancôme*; vgl. auch *EuGH* Slg. 1991, I-935 (993) – *Delimitis/Henninger Bräu.*

[56] Vgl. *EuGH* Slg. 1973, 77, 87 – *Brasserie de Haecht;* zustimmend *Stockmann* in *Wiedemann,* Handbuch des Kartellrechts § 7 Rdnr. 30.

[57] „Sollte eine Bestimmung dieses Vertrages unwirksam sein, so wird die Gültigkeit der übrigen Bestimmungen nicht berührt."

[58] Vgl. BGH WuW/E DE–R 1031, 1032 – Tennishallenpacht = WRP 2003, 86 *OLG Hamburg,* WuW/E OLG 3913, 3914 – *Alster Brauhaus*; ausführlich zu salvatorischen Klauseln und Kartellrecht *Karsten Schmidt* in *Immenga/Mestmäcker,* EG-Wettbewerbsrecht, Art. 85 Abs. 2 Rdnr. 53 m. w. N.; ferner Strohe NJW 2003, 1780.

[59] *OLG Düsseldorf,* WuW/E OLG 3018, 3025 – *Grundig-Vertriebsbindungssystem; OLG Düsseldorf,* WuW/E OLG 3354, 3357 – *Schaumstoffplatten; OLG München,* WuW/E OLG 4423, 4425 – *Rohrverbindungen; Staudinger/Sack,* BGB, 13. Aufl. 1996, § 139 Rdnr. 81.

[60] Vgl. die ausführliche Darstellung bei *Emmerich* in *Immenga/Mestmäcker,* GWB, § 33 Rdnr. 41 ff.; *Karsten Schmidt* in *Immenga/Mestmäcker,* EG-Wettbewerbsrecht, Art. 85 Abs. 2 Rdnr. 73 ff.

gen Art. 81 Abs. 1 EGV zugleich ein Verstoß gegen § 1 UWG wegen Vorsprungs durch Rechtsbruch wäre. Dann wäre wegen § 13 Abs. 2 UWG der Kreis der Aktivlegitimierten sogar noch größer als für Ansprüche aus dem GWB[61]. Bislang hat sich eine Anwendung des § 1 UWG allerdings nichts durchgesetzt, obwohl Art. 81 EG unmittelbar wettbewerbsbezogen ist[62].

41 Auch Verstöße gegen **Art. 82 EGV** bzw. **§§ 19, 20 GWB** lösen für die unmittelbar Verletzten nach den vorgenannten Voraussetzungen über **§§ 823 Abs. 2, 1004 BGB** bzw. **§ 33 GWB** sowie möglicherweise **§ 1 UWG Unterlassungs- und Schadenersatzansprüche** aus. Eine **Nichtigkeit** von missbräuchlichen Vereinbarungen nach §§ 19, 20 GWB, Art. 82 EGV wird aber nur insoweit angenommen, als die Nichtigkeitsfolge des § 134 BGB im Einklang mit dem Normzweck steht[63]. Im Rahmen des Ausbeutungsmissbrauchs ist Preisausbeutungsmissbrauch nichtig, also z.B. überhöhte Preise in Vereinbarungen eines marktbeherrschenden Nameservers mit seinem Kunden[64].

2. Verwaltungsverfahren

42 Verstöße gegen Artt. 81, 82 EGV können durch die EU-Kommission auf der Grundlage der sogenannten **VO Nr. 17**[65] auch in Verwaltungsverfahren verfolgt werden. Hier sind Negativatteste[66] (Art. 2 VO 17), Einzelfreistellungen (Artt. 6, 8 VO 17) sowie Untersagungs- und Abstellungsverfügungen (Art. 3 VO 17, Art. 8 FusionskontrollVO) zu nennen. Außerdem existieren umfassende Ermittlungsbefugnisse der EU-Kommission (Artt. 11 ff. VO 17 und Artt. 11 ff. FusionskontrollVO). Ab **1 Mai 2004** wird die VO 17 durch die **VO 1/2003** ersetzt. Auch das Bundeskartellamt als nationale Behörde kann nach § 50 GWB bei Vollzug von EU-Kartellrecht tätig werden.

43 Im deutschen Kartellrecht hat das Bundeskartellamt oder im Fall des § 48 Abs. 2 S 2. GWB auch die Landeskartellbehörde die verwaltungsgerichtlichen Kompetenzen. Das Verfahren ist in **§§ 54 ff. GWB** geregelt. Neben Untersagungsverfügungen können die deutschen Kartellbehörden insbesondere umfassend ermitteln (vgl. §§ 57 ff. GWB).

3. Bußgeldverfahren

44 Außerdem können die EU-Kommissionen nach Art. 15 VO 17[67] bzw. Art. 14 FusionskontrollVO und die deutschen Kartellbehörden nach § 81 GWB auch Bußgeldverfahren führen. Verhängte Bußgelder können empfindlich sein. Schon Art. 15

---

[61] Für eine Anwendung des § 1 UWG auch auf Verstöße gegen das GWB: *Emmerich* in *Immenga/Mestmäcker,* GWB, § 33 Rdnr. 61 m. w. N.

[62] Dafür deshalb zurecht *Weber* GRUR 2002, 485 ff.; *Emmerich*, in *Immenga/Mestmäcker,* GWB, § 33 Rdnr. 62; *Nordemann,* Wettbewerbs- und Markenrecht Rdnr. 1323, 1385; sympathisierend wohl auch *Karsten Schmidt* in *Immenga/Mestmäcker,* EG-Wettbewerbsrecht, Art. 85 Abs. 2 Rdnr. 87 f.

[63] *van Venroy* BB 1979, *555*; *Bechtold,* § 19 Rdnr. 87; *Emmerich,* S. 220; *Möschel* in *Immenga/Mestmäcker,* GWB, § 19 Rdnr. 248; *ders. Immenga/Mestmäcker,* EG-Wettbewerbsrecht, Art. 86 Rdnr. 29 ff.; einschränkend auf „deutliche Verstöße" *Weyer,* AG 1999, 257, 258, sowie Frankfurter Kommentar/*Baur/Weyer,* Art. 82 Rdnr. 22.

[64] Vgl. *Möschel* in *Immenga/Mestmäcker,* GWB, § 19 Rdnr. 248.

[65] Allgemeine Durchführungsverordnung Nr. 17/62 auf der Grundlage des Art. 83 EG.

[66] Vgl. dazu oben Rdnr. 34.

[67] Ab 1. Mai 2004 Art. 23 VO 1/2003.

VO 17 gibt als Rahmen 1000 bis 1 Mio. Euro und darüber hinaus 10% des Umsatzes des betreffenden Unternehmens vor.

45 Das deutsche Kartellrecht sieht in Art. 81 Abs. 2 GWB eine Geldbuße bis zu 500 000 Euro und – wichtiger in der Praxis – einen Betrag bis zur dreifachen Höhe des durch die Zuwiderhandlung erlangten Mehrerlöses vor. Im Unterschied zu Art. 15 VO 17[68] können die Geldbußen nach GWB auch gegen handelnde natürliche Personen, etwa leitende Mitarbeiter der beteiligten Unternehmen, verhängt werden.

B. Marktabgrenzung

46 Die Marktabgrenzung im Kartellrecht erfolgt nach sachlichen und räumlichen Aspekten[69].

I. Sachliche Marktabgrenzung

47 Für die **sachliche Marktabgrenzung** ist das sogenannte Bedarfsmarktkonzept entscheidend. Sämtliche Erzeugnisse, die sich nach ihren Eigenschaften, ihrem wirtschaftlichen Verwendungszweck und ihrer Preislage so nahe stehen, dass der Verbraucher sie als für die Deckung eines bestimmten Bedarfs geeignet in berechtigter Weise abwägend miteinander vergleicht und als gegenseitig austauschbar ansieht, sind marktgleich[70].

1. Internet-Plattformen

Im Hinblick auf **Internet-Plattformen** nimmt die Praxis in zwei Richtungen **sachlich relevante Märkte** an:

a) IT-Dienstleistungen für den Plattformbetrieb

48 **Erstens** ist relevanter sachlicher Markt der Markt für die IT-Dienstleistungen, die die Internet-Plattform erbringt, also **die Erbringung von Informationstechnologie-Dienstleistungen für die elektronische Geschäftsabwicklung im Internet**[71]. Das gilt allerdings nur für die deutsche Praxis. Die EU-Kommission hat bislang offengelas-

---

[68] Ab 1. Mai 2004 Art. 23 VO 1/2003.

[69] Zeitliche Aspekte, die ausnahmsweise einen zeitlich eigenständigen Markt begründen können, sollen hier ausgeblendet werden, weil solche Aspekte in der Regel auch in die sachliche Marktabgrenzung einfließen können; Beispiele sind Fußballspiele (BGH WuW/E 2406, 2608 – *Inter Mailand-Spiel* = NJW 1987, 307 = BGHZ 101, 100) oder Messen (BGH WuW/E 1027, 1030 – *Sportartikelmesse II* = BGHZ 52, 65, 68; OLG Frankfurt WuW/E OLG 5027, 5029 – *Art Frankfurt;* OLG Stuttgart WRP 1992, 814, 815 – *Caravanbusse;* zum Ganzen *Möschel* in *Immenga/Mestmäcker,* GWB, § 19 Rdnr. 39 mwN.).

[70] Zuerst: *KG* WuW/E *OLG* 995, 996 – *Handpreisauszeichner;* genauso *BGH* WuW/E 1435, 1440 – *Vitamin B12*; *BGH* WuW/E 1433 – *Gruner & Jahr/Zeit II; BGH* WuW/E 3026, 3028 – *Backofenmarkt; Möschel* in *Immenga/Mestmäcker,* GWB, § 19 Rdnr. 23 ff.; *Richter* in *Wiedemann,* Handbuch des Kartellrechts, § 20 Rdnr. 7. Für das europäische Recht: siehe Bekanntmachung der Kommission über die Definition des relevanten Marktes im Sinne des Wettbewerbsrechts der Gemeinschaft, ABl. 1997 C 372/5, abgedruckt bei *Langen/Bunte* II. S. 2992 ff.; *EuGH* Slg. 1997, II-1689 – *Deutsche Bahn* m. w. N.

[71] *BKartA* WuW/E DE-V 321, 322 – *Covisint*; *BKartA* WuW/E DE-V 479, 480 – *Buy For Metalls/Steel* 247; zustimmend *Jestaedt,* BB 2001, 581, 585; *Gassner,* MMR 2001, 140, 143; *Lampert/Michel* K&R 2002, 505, 506.

sen, ob nicht der sachlich relevante Markt für die Erbringung von IT-Dienstleistungen für die elektronische Geschäftsabwicklung im Internet noch im Hinblick auf die gehandelten Produkte oder Dienstleistungen zu verengen ist[72].

49 Eine engere Marktabgrenzung im Hinblick auf IT-Dienstleistungen für die elektronische Geschäftsabwicklung im Internet für die über die Plattform vertriebenen Waren und Dienstleistungen erscheint vor allem dann als angezeigt, wenn **besondere Marktzutrittsschranken** für die Errichtung von Internet-Plattformen im speziellen Produkt- oder Leistungsbereich bestehen. Das kann beispielsweise der Fall sein, wenn für den elektronischen Handel mit bestimmten Produkten ein ganz besonderes technisches Know-How oder eine besondere Internet-Technologie erforderlich ist. Von daher wird in jedem Einzelfall erneut zu untersuchen sein, ob nicht doch auf Grund der speziellen Gegebenheiten der sachlich relevante Markt enger als das bloße Erbringen von IT-Dienstleistungen für die elektronische Geschäftsabwicklung im Internet zu ziehen ist. Richtigerweise hat die EU-Kommission beispielsweise für die Internet-Technologie zum Betreiben von Plattformen im Bereich von Leistungen auf dem Bank- und Finanzsektor eine engere Marktabgrenzung allein bezogen auf diesen Sektor erwogen[73].

b) Produkte und Leistungen (Content)

50 **Zweitens** ist bei dem Betrieb von Internet-Plattformen auch stets der Wettbewerb auf dem sachlichen Markt betroffen, dessen **Produkte und Leistungen über die Internet-Plattform angeboten** werden. Allerdings ist hier im Hinblick auf die Leistungserbringung über die Internet-Plattform zu differenzieren, und zwar zwischen Plattformen, die die Leistung Online erbringen auf der einen Seite und Plattformen, die die Leistung über eine reale Lieferung, z. B. durch Versand, erbringen auf der anderen Seite.

aa) Online-Leistungserbringung

51 Die **Online-Leistungserbringung** bildet grundsätzlich einen eigenständigen Markt im Vergleich zur Lieferung der betreffenden Waren oder Dienstleistungen in der nicht-virtuellen Welt. Eine Online-Leistungserbringung ist grundsätzlich mit einer nicht-virtuellen Leistung nicht austauschbar: Bei Download aus dem Internet ist die Leistung sofort verfügbar. Solche Online-Leistungen kann aber überhaupt nur in Anspruch nehmen, wer als Endkunde über die entsprechenden technischen Voraussetzungen verfügt. E-Books, die über das Internet zum Download bereitstehen, bilden einen eigenständigen Markt gegenüber Büchern, die als körperliche Ware über Internet-Kataloge vertrieben werden[74]. Außerdem existiert ein eigenständiger sachlicher Markt für die Online-Lieferung von Musik[75]. Die EU-Kommission ließ aber

---

[72] *EU-Kommission,* Entsch. vom 6. 10. 2000, COMP/M.2096, *Bayer/Deutsche Telekom/Infaserve/JV,* Celex Datenbank 300 M 2096 (Chemplorer), Tz. 12 *EU-Kommission* Entsch. vom 4. 8. 2000, COMP/M.1969 *UTC/Honeywell/i2/Myaircraft.com,* Celex-Database Nr. 300M1969, Tz. 11; *EU-Kommission,* Entsch. vom 13. 7. 2000, COMP/M2027, *Deutsche Bank/SAP/JV,* Celex-Datenbank 300M2027 Tz. 15.

[73] *EU-Kommission,* Entsch. vom 17. 4. 2000, COMP/M. 1875, *Reuters/EgnantProject Proton,* Celex Database Nr. 300M1875. Tz. 17; EU-Kommission WuW/E EU-V 679, 681 – *Identrus.*

[74] *EU-Kommission,* Entsch. vom 12. 5. 2000 COMP/JV 45, *Bertelsmann/CooperativaFörbundet/BOL Nordic,* CELEX Datenbank Nr. 300J0045, Tz. 16.

[75] *EU-Kommission,* Entsch. vom 13. 10. 2000, COMP/M 2050, *Vivendi/Canal+/Seagram,* CELEX Datenbank-Nr. 300M2050, Tz. 26 ff.

offen, ob noch zwischen Downloading und Streaming bzw. zwischen stationären und mobilen Nutzern unterschieden und jeweils separate Märkte abzugrenzen seien. Das ist abzulehnen, weil es aus Nachfragersicht keinen nennenswerten Unterschied macht, über welche Technologien oder an welchem Ort die Musik Online zur Verfügung gestellt wird[76].

Allerdings liegen die Märkte für die Online-Leistungserbringung und die Leistungserbringung außerhalb des Internet auch nicht weit auseinander, so dass zumindest gewisse Substitutionsbeziehungen erkennbar sind[77]. Das ist aber erst für die weitere kartellrechtliche Beurteilung relevant[78]. Die EU-Kommission will jedoch dort eigenständige Märkte für Online-Dienstleistungen verneinen, wo die Leistungen unentgeltlich erbracht werden, z. B. für kostenlose Such- und Navigationsdienste[79], für kostenlose Online-Spiele[80] oder für kostenlose Gesundheitsinformationen[81]. Zwar mag insoweit auf die vergleichbare Praxis bei Anzeigenblättern zurückgegriffen werden. Dort sind bei kostenloser Angabe des Blattes auch die Lesermärkte nicht relevant[82]. Jedoch gilt für das Internet die Besonderheit, dass zunächst praktisch alle Contents kostenlos angeboten werden, die Branche sich jetzt aber zunehmend Gedanken über eine Entgeltpflicht macht. Wenn die Kostenlosigkeit aber eine gewollte Vorstufe der Marktpenetration zum Bekanntmachen des Angebotes ist, um später diese Bekanntheit in umso höhere Entgelte umsetzen zu können, erscheint es nicht gerechtfertigt, hier wegen der (vorübergehenden) Unentgeltlichkeit einen eigenen Markt für Contents abzulehnen[83]. Bei kostenloser Bereitstellung des Contents erfolgt die Finanzierung des Dienstes regelmäßig über Werbung. Werden Internetangebote – ausschließlich oder zumindest auch – durch Werbung finanziert, ist auch noch der Werbemarkt, jedoch verengt auf Internet-Werbung[84], tangiert, so bei einem Joint Venture von Burda und Bertelsmann zur werbefinanzierten Bereitstellung von Gesundheitsinformationen über das Internet[85] oder bei einem Gemeinschaftsunternehmen zur Vermarktung, Entwicklung und Bereitstellung von interaktiven Internetdiensten für Privatkunden, die auch werbefinanziert waren[86]. Sofern der Content, der über die Werbung finanziert wird, kostenlos ist, bietet es sich an, den Internet-Werbemarkt noch zusätzlich contentbezogen zu verengen. Ansonsten könnten die Marktverhältnisse im Hinblick auf den kostenlosen Content – zu-

---

[76] Vgl. insoweit auch zur Gleichheit aus Nachfragersicht zwischen terrestrischem Fernsehen und Satellitenfernsehen BGH GRUR 1997, 215 – *Klimbim*, allerdings bezogen auf § 31 Abs. 4 UrhG.

[77] BKartA WuW/E DE-R 665, 668 – *berlin.de new media.*

[78] S. oben Rdnr. 159 ff., 164 ff.

[79] *EU-Kommission*, Entsch. vom 28. 9. 1998, COMP/JV 8 – *WSI Webseek.*

[80] *EU-Kommission*, Entsch. vom 5. 5. 1999, COMP/JV 16 – *Game Chanel.*

[81] *EU-Kommission*, Entsch. vom 15. 9. 1997, COMP/JV 973 – *HOS Lifeline.*

[82] Vgl. *Kiecker*, WuW 1990, 128, 130 ff.; *Monopolkommission*, Hauptgutachten VI, Tz. 584.

[83] Kritisch im Hinblick auf die Verneinung von Leser- oder Zuschauermärkten im Bereich der unentgeltlichen Presse und des unentgeltlichten Rundfunks auch *Möschel* in *Immenga/Mestmäcker* § 19 Rdnr. 30.

[84] Vgl. die Parallele der marktmäßigen Trennung von Werbung in Printmedien, Hörfunk und Fernsehen: *OLG München* WuW/E DE-R 313 – *Hörfunkwerbung; KG* WuW/E OLG 4811, 4825 – *Radio NRW; KG* WuW/E OLG 2228, 2232 – *Zeitungsmarkt München* = AG 1989, 362; *Mestmäcker*, GRUR Int. 1983, 553, 557; *Möschel* in *Immenga/Mestmäcker*, GWB, § 19 Rdnr. 31 m. w. N.; a. A. *Scholz*, AfP 1983, 261.

[85] *EU-Kommission*, Entsch. vom 15. 9. 1997, COMP/M 973 – *HOS Lifeline.*

[86] *EU-Kommission*, Entsch. vom 4. 8. 1998, COMP/JV 5 – *Cegetel/Canal+/AOL/Bertelsmann.*

mindest mit der obigen Auffassung der EU-Kommission – überhaupt nicht berücksichtigt werden. Zutreffend sieht das BKartA deshalb in der Internet-Werbung für Regionalportale einen eigenständigen sachlichen Markt[87]. Auch außerhalb des Internet sind gesonderte Werbemärkte angenommen worden, wenn es sich um Werbung handelte, die gezielt auf Grund des Inhaltes des Werbeträgers bestimmte Interessentengruppen ansprechen sollte; das galt insbesondere für Werbung in Fachzeitschriften[88], so dass eine solche Marktabgrenzung auch für Internetwerbung nahe liegt.

52 Der Inhalt des Online-Leistungsangebotes bestimmt auch den sachlichen Markt aus Nutzersicht. Es dürfte insoweit zu kurz greifen, wenn die Kommission im Bereich von Online-Leistungen Marktabgrenzungen zwischen Portalen nur anhand der Breite des Leistungsspektrums vornimmt: Horizontale Portale, die nicht nur content und commerce, sondern auch Foren und sonstige interaktive Angebote beinhalten, sind danach nicht marktgleich mit Portalen, die einen engeren Fokus haben[89]. Denn aus Nachfragersicht kommt es auf den Inhalt des Contents an. Websites mit politischen Inhalten sind nicht marktgleich mit Websites, die sich lediglich mit Sportnachrichten beschäftigen, beide Vorgenannten bilden keinen Markt mit einer Website, die Mercedes-Benz-Automobile gegenüber dem Endkunden bewirbt und über die Termine für Probefahrten vereinbart werden können[90]. Möglicherweise muss aber der Markt für die spezielle Online-Leistung noch weiter unterteilt werden, wenn horizontale Portale ein ganz anderes Leistungsspektrum bilden als Portale mit engerem Fokus, über die die Leistung ohne solchen Mehrwert verfügbar ist.

bb) Leistungserbringung außerhalb des Internet

53 Erfolgt die Leistungserbringung nicht Online, sondern die **Lieferung außerhalb des Internet,** so ist grundsätzlich nicht nur der über das Internet veranlasste Waren- oder Dienstleistungsabsatz einem Markt zuzuschlagen, sondern der gesamte Handel mit den Waren oder Dienstleistungen einschließlich des Bereichs außerhalb des Internet. Für eine gemeinsame Internet-Plattform von Stahlherstellern ist also auch der Markt für die Herstellung von Stahl relevant[91], bei der Errichtung einer gemeinsamen Plattform von Autoherstellern die Märkte für Autozulieferteile[92] oder bei einer gemeinsamen Internet-Plattform der Gummi verarbeitenden Industrie zum Rohstoffeinkauf auch die insoweit betroffenen Produktmärkte (Rohstoffe, Grundstoff, Produkte und Dienstleistungen)[93]. Das kann nicht mit dem Argument zurückgewiesen werden, ein B2B-Marktplatz verbinde die Teilnehmer nur, wie das auch ein Telefonnetz tue. Ein solcher Marktplatz sei nicht selbst im Vertrieb eines Produktes tätig, sondern diene nur als Kommunikationsplattform[94]. Es ist eben nicht so, dass

---

[87] BKartA Wuw/E DE-R 665, 667 – *berlin.de new media;* vgl. auch zur räumlichen Marktabgrenzung unten Rdnr. 57.

[88] BKartA WuW/E 1709, 1713 – *Bertelsmann-Deutscher Verkehrsverlag; Möschel* in *Immenga/Mestmäcker,* GWB, § 19 Rdnr. 31.

[89] *EU-Kommission,* Entsch. vom 13. 10. 2000, COMP/M 2050 – *Vivendi/Canal+/Seagram,* CELEX Datenbank Nr. 300M2050, Tz. 22 ff., unter Berufung auf die eigene Entscheidung *Vodafon/Vivendi/Canal+,* COMP/JV 48.

[90] Vgl. *BKartA* WuW/E DE-V 449, 450 – *Daimler Chrysler/T-Online.*

[91] *BKartA* WuW/E DE-V 479, 482 – *Buy For Metals/Steel 24–7.*

[92] *BKartA* WuW/E DE-V 321, 323 f. – *Covisint.*

[93] *BKartA* WuW/E DE-V 423, 425 – *RuberNetwork.com.;* eingehend auch *Seeliger,* WuW 2000, 1174, 1185.

[94] *Jestaedt,* BB 2001, 581, 586; dem folgend *Lampert/Michel* K&R 2002, 505, 507.

darüber, welche Geschäfte über das Internet getätigt werden, erst der Marktplatz bestimmt. Die den Marktplatz betreibenden Unternehmen entscheiden im Vorfeld, welche Geschäftsprozesse sie überhaupt über den Marktplatz abwickeln sollen und können insoweit sehr gewichtig auf die Wettbewerbsprozesse auf dem Markt für die gehandelten Waren und Leistungen eingreifen. Sofern Sie dies nicht tun und sich tatsächlich auf eine einer Telefongesellschaft vergleichbare Errichtung eines Netzes beschränken, so spielt dies erst für die materiell-kartellrechtliche Beurteilung der Internet-Plattform (z.B. mangelnder Verstoß gegen das Kartellverbot, keine Entstehung von Marktbeherrschung) eine Rolle, jedoch noch nicht für die Marktabgrenzung als solche.

Allerdings ist auch zu betonen, dass der Internet-Marktplatz im Hinblick auf die 54
gehandelten Waren und Dienstleistungen **nicht** auch noch darauf zu verengen ist, dass er **nur den Handel im Internet** erfasst, es sei denn, branchenspezifische Besonderheiten schließen eine Austauschbarkeit der über das Internet gehandelten Waren oder Dienstleistungen mit dem herkömmlichen Angebot aus[95]. Letzteres kann mit Einschränkungen für den **Internet-Buchhandel** angenommen werden. Zusammengefasst werden kann noch der gesamte Markt für „distant sales" für Bücher, also Buch-Clubs, herkömmlicher (Printkatalog)-Versandhandel und der Versandhandel über Internet-Kataloge.

2. ACCESS-Providing

Das **Access-Providing** stellt einen eigenen Markt dar[96]. Der sachlich relevante 55
Markt ist für **Nameserver** die Vergabe von Second-Level-Domains unterhalb der Top-Level-Domain. Die bislang existierenden weiteren landesspezifischen Top-Level-Domains sind für die Bildung von Second-Level-Domains für deutsche Nachfrager allerdings nicht austauschbar, weil es sich bei ihnen größtenteils um länderspezifische Top-Level-Domains („.be" für Belgien, „.ch" für die Schweiz, „.uk" für Großbritannien etc.) handelt, die für deutsche Nachfrager grundsätzlich uninteressant sind. Allenfalls „.com" oder auch „.net", „.info", „.org" bzw. „.biz" stellen eine Marktalternative dar und sind in den sachlichen Markt einzubeziehen, auch wenn nach wie vor nur sehr wenige deutsche Unternehmen z.B. mit einer „.com"-Adresse im Internet als Hauptadresse auftreten. Oft ist allerdings zu beobachten, dass die Wahl einer „.com"-Adresse deshalb erfolgt, weil die „.de"-Adresse schon belegt ist. Das spricht für Marktgleichheit[97]. **Micro-Payment Anbieter** werden auf einem eigenen Markt tätig[98], der jedoch noch weiter nach Zahlungsarten unterteilt werden muss. Zahlung per Kreditkarte, Lastschrift und insbesondere per Festnetz-Telefonrechnung sind aus Sicht des Abrechnungskunden nicht mit einander austauschbar; sie werden deshalb auch alternativ angeboten.

---

[95] *BKartA* WuW/E DE-V 423, 425 – *RuberNetwork.com.*

[96] *EU-Kommission* Entsch. vom 19. 6. 2000, COMP/JV46 – *Blackstone/CPPQ/Kabel Nordrhein-Westfalen,* Celex Datenbank Nr. 300J46, Tz. 26; *EU-Kommission,* Entsch. vom 4. 8. 1998, COMP/JV 5 – *Cegetel/Canal +/AOL/Bertelsmann;* BKartA, Entscheidung vom 7. März 2002, Az. B6 144/01 – *Bild/T-Online,* abrufbar unter www.bundeskartell-amt.de/Entscheidungen.

[97] Enger: *Bücking,* GRUR 2002, 27, 28; *J. B. Nordemann/Czychowski/Grüter,* NJW 1997, 1897, 1900; *dies.,* [1998] ECLR 99, 104.

[98] BKartA, Entscheidung vom 7. März 2002, Az. B6 144/02, S. 12ff. – *Bild/T-Online,* abrufbar unter www.bundeskartellamt.de/Entscheidungen.

II. Räumliche Marktabgrenzung

56 Mit Blick auf die **räumliche Marktabgrenzung** schafft ein Internet-Marktplatz trotz World Wide Web nicht per se einen weltweiten virtuellen Marktplatz[99]. Für einen weltweiten Markt können aber die Wesenszüge des E-Commerce sprechen[100]. Wenn schon für die über die Handelsplattform veräußerten Waren und Dienstleistungen ein weltweiter Markt besteht, spricht viel dafür, dass auch ein weltweiter Markt für die anderen betroffenen sachlichen Märkte, z. B. IT-Dienstleistungen für die elektronische Geschäftsabwicklung im Internet, zugrunde zu legen ist[101].

57 Für IT Dienstleistungen im Bank- und Finanzbereich ist wegen seiner Internationalität jedenfalls mindestens die EU räumlich als Markt zugrunde zu legen.[102] Auch für Online-Musik ist wegen ihrer Internationalität mindestens von einer räumlichen Ausdehnung des Marktes auf den EWR auszugehen[103], wahrscheinlich sogar von einem weltweiten Markt, bedenkt man die weltweit nachgefragten Musiktauschbörsen wie Napster etc. Für Bücher ist der Markt aber räumlich auf die Gebiete zu begrenzen, die über eine einheitliche Kultur und Sprache verfügen, z. B. Deutschland und Österreich oder die skandinavischen Länder. Selbst englischsprachige Bücher werden kaum (sprach-)grenzüberschreitend im Internet gehandelt, so dass auch hier der räumliche Markt eng zu ziehen ist[104]. Der Internet-Werbemarkt ist ebenfalls national bzw. sprachraumbezogen abzugrenzen, wenn der (unentgeltliche) Content[105] aus der Sicht des Werbekunden nur eine solche räumliche Verbreitung der Website nahe legt[106]. Das dürfte insbesondere bei nichtenglischsprachigen Sites oder bei inhaltlich ausschließlich nationalen Sites der Fall sein[107]. Für Regionalportale gilt im Hinblick auf die Internet-Werbung sogar ein noch anderer Markt, weil sich solche Portale nur an regionale Werbe-Kunden richten[108]. Für Access-Provider ist der räumliche Markt hingegen wegen der unterschiedlichen nationalen Infrastruktur national[109]. Räumlich besteht das Hauptabsatzgebiet der DENIC in Deutschland, so dass es naheliegt, Deutschland als räumlich relevanten Markt für die Vergabe von Registraturen für .de-Domains zugrunde zu

---

[99] *Lange,* EWS 2000, 293; *Gassner,* MMR 2001, 140, 144; *Vajda/Gahnström* [2000] ECLR 97; *Seeliger,* WuW 2000, 1174, 1185.

[100] *EU-Kommission* Entsch. vom 4. 8. 2000, COMP/M. 1969, *UTC/Honeywell/i2/Myaircraft.com,* Celex Database Nr. 300M1969 Rdnr. 14.

[101] EU-Kommission WuW/E EU-V 679, 681 – *Identrus; Gassner,* MMR 2001, 140, 144.

[102] *EU-Kommission,* Entsch. vom 17. 4. 2000 COMP/M. 1875 – *Reuters/Equant/Project Protan,* Celex Datenbank Nr. 300M 1875. Von einem weltweiten Markt geht EU-Kommission WuW/E EU-V 679, 681 – *Identrus,* für Authentifizierungssysteme aus.

[103] *EU-Kommission,* Entsch. vom 13. 10. 2000, COMP/M 2050 – *Vivendi/Canal+/Seagram,* Celex Datenbank Nr. 300M 2050, Tz. 30.

[104] *EU-Kommission,* Entsch. vom 12. 5. 2000 COMP/JV 45 – *Bertelsmann Kooperativa Förbundet/BOL Nordic,* Celex Datenbank Nr. 300J0045, Tz. 18.

[105] Vgl. oben Rdnr. 51.

[106] *EU-Kommission,* Entsch. vom 28. 9. 1998, COMP/JV 8 – *WSI Webseek.*

[107] *Lampert/Michel* K&R 2002, 505, 507.

[108] BKartA WuW/E DE-R 665, 667 – *berlin.de new media.*

[109] *EU-Kommission,* Entsch. vom 19. 6. 2000, COMP/JV.46 – *Blackstone/CDPQ/Kabel Nordrhein-Westfalen,* Celex Datenbank Nr. 300J0046; BKartA, Entscheidung vom 7. März 2002, Az B6 144/02 – *Bild/T-Online,* abrufbar unter www.bundeskartellamt.de/Entscheidungen.

legen[110]. Für die Registraturen ist ebenfalls Deutschland als Markt zugrunde zu legen, weil das Hauptabsatzgebiet gegenüber Internet-Nutzern in Deutschland liegt und deutsche Nutzer weitestgehend noch nicht bei ausländischen Registraturen registrieren.

C. Kartellverbot

I. Gemeinsame Marktplätze

Das Internet kann für die Abwicklung von Geschäftsprozessen geradezu dramatische Kostenvorteile mit sich bringen. So soll sich z.B. für Automobilhersteller das Einsparpotential auf bis zu 639 Dollar (Europa) bzw. 1200 Dollar (USA) pro Auto bei Verwendung von Internet-Plattformen bei der Beschaffung von Zulieferteilen belaufen[111]. Eine Studie der Unternehmensberatung Roland Berger fand heraus, dass bei direkt produktionsrelevanten Gütern sich die Beschaffungskosten um 8%, die Materialkosten aber um 65% reduzieren lassen. Bei indirekt produktionsrelevanten Gütern ist das Einsparpotential 6% bei den Beschaffungskosten und 18% bei den Materialkosten[112]. Insbesondere Informationskostensenkungen machen für die beteiligten Unternehmen Internetmarktplätze attraktiv. Es wundert kaum, dass die Zahl von Marktplätzen für den Handel zwischen Unternehmen (B2B Marktplätze) von 1995 mit 28 Marktplätzen über 1999 mit 332 Marktplätzen im Juni 2001 auf 1487 Marktplätze, davon in Deutschland auf 183 Marktplätze gestiegen ist[113]. 58

Kartellrechtlich von besonderem Interesse sind dabei Plattformen, die von mehreren Unternehmen betrieben werden. Handelt es sich bei den Unternehmen um (zumindest potentielle) Konkurrenten, kommt ein Konflikt mit dem Kartellverbot (Art. 81 EGV, § 1 GWB) in Betracht[114]. Außerdem ist für den häufigen Fall, dass ein Gemeinschaftsunternehmen als Plattformbetreiber gegründet wird oder sonstwie der Zusammenschlusstatbestand vorliegt, die Zusammenschlusskontrolle relevant (EU-FKVO, §§ 35 ff. GWB)[115]. Gründen ausschließlich Nicht-Konkurrenten eine gemeinsame Internetplattform, beispielsweise ein Hersteller mit zwei nicht miteinander konkurrierenden Händlern, kommt es jedoch ausschließlich auf die Zusammenschlusskontrolle an. Auch für den **(vertikalen) Vertrieb** über Plattformen zum Kunden – egal, ob die Plattform auf einer Unternehmenskooperation basiert oder von einem Unternehmen betrieben wird – macht das Kartellrecht gewisse Vorgaben. Diese sollen später erörtert werden[116]. 59

---

[110] *J.B. Nordemann/Czychowski/Grüter,* NJW 1997, 1897, 1900; *dies.,* [1998] ECLR 99, 104.

[111] Vgl. *Gassner,* MMR 2001, 140, 140, der sich auch eine Studie der Deutschen Bank und Roland Berger beruft.

[112] Vgl. FAZ vom 7. 2. 2002 (Nr. 32), S. 24.

[113] *BKartA* WuW/E DE-V 479, 481 – *Buy For Metals/Steel* 24–7; *Gassner* MMR 2001, 140, 140.

[114] Vgl. dazu sogleich Rdnr. 66 ff.

[115] Vgl. unten Rdnr. 192 ff.

[116] Vgl. dazu unten Rdnr. 92 ff.

1. Wettbewerbsverhältnis

60 Das Kartellverbot findet nur Anwendung, wenn die Parteien in einem Wettbewerbsverhältnis stehen. Das Wettbewerbsverhältnis muss nicht **aktuell,** sondern kann **auch nur potentiell** sein[117].

61 **Aktuell** ist Wettbewerb, wenn die Beteiligten auf dem einschlägigen Markt tatsächlich nebeneinander tätig sind, also entweder Informationstechnologie-Dienstleistungen für die elektronische Geschäftsabwicklung im Internet erbringen oder die Produkte und Leistungen herstellen und vertreiben, die über die gemeinsame Internet-Plattform gehandelt werden[118].

62 **Potentiell** ist Wettbewerb, wenn nach einem objektiven Maßstab der Marktzutritt wahrscheinlich ist, wobei auch berücksichtigt werden muss, ob die Marktteilnahme wirtschaftlich zweckmäßig und kaufmännisch vernünftig wäre[119]. Es ist ein gewichtiges Indiz für das Bestehen von potentiellem Wettbewerb, wenn die Beteiligten es für notwendig halten, die zukünftige Marktteilnahme mindestens eines Beteiligten oder sogar wechselseitig regeln zu müssen[120]. Auf einer gemeinsamen Gummi-Plattform liegt also potentieller Wettbewerb zwischen zwei Herstellern nahe, auch wenn der eine Gummidichtungen und der andere Gummischlauchbote herstellt, wenn beide sich wechselseitig verpflichten, nicht das andere Produkt herzustellen und über die Plattform anzubieten, genauso wie räumlich potentieller Wettbewerb zwischen Fertigbetonherstellern besteht, die zwar räumlich auf unterschiedlichen Märkten tätig sind, sich jedoch über eine Internet-Plattform im Betonbereich ihre räumlichen Märkte aufteilen[121].

63 Das Kartellverbot kann daneben auch auf **Austauschverhältnisse** angewendet werden, wenn die Parteien mindestens potentielle Wettbewerber sind und horizontal – also im mindestens potentiellen Wettbewerbsverhältnis – Wettbewerbsbeschränkungen vereinbaren. Das Kartellverbot ist danach nicht nur anwendbar auf Austauschverträge zwischen Herstellern und Händlern, wenn der Hersteller auch direkt vertreibt[122]. Vielmehr sind auch potentielle Wettbewerber solche Händler und Hersteller, die ohne weiteres über das erforderliche Know-How und die Mittel

---

117 So zum Tatbestandsmerkmal „Miteinander im Wettbewerb stehende Unternehmen" die Begründung zum Regierungsentwurf 6. GWB-Novelle, BT DS 13/9720 = *Jüttner/Kramny,* GWB, WuW-Sonderheft 1998, 65. Art. 81 EG benötigt ein entsprechendes Tatbestandsmerkmal zwar nicht, weil er sich gleichermaßen auf horizontal zwischen Wettbewerbern veranlasste Wettbewerbsbeschränkungen und auf vertikal veranlasste Wettbewerbsbeschränkungen zwischen Nichtwettbewerbern bezieht, vgl. oben Rdnr. 3 ff. Im Rahmen des in Art. 81 EG enthaltenen Verbotes von horizontal veranlassten Wettbewerbsbeschränkungen (Kartellverbot) ist jedoch ohne weiteres auch der potentielle Wettbewerb geschützt, vgl. statt aller *Emmerich* in *Immenga/Mestmäcker,* EG-Wettbewerbsrecht, Art. 81 Abs. 1 A Rdnr. 172 ff. m. w. N.; *Bunte* in *Langen/Bunte,* Art. 81 Generelle Prinzipien Rdnr. 53 ff. m. w. N.

118 Vgl. zur Marktabgrenzung oben Rdnr. 47 ff.

119 Vgl. *BGH* WuW/E 2050 – *Bauvorhaben Schramberg* = BB 1984, 364.

120 *BGH* WuW/E 1732 – *Fertigbeton II; BGH* WuW/E 732 *Klinker; BGH* WuW/E 1460 – *Glasglühkörper* = *BGH* NJW 1960, 145; *BKartA* WuW/E 1389, 1390 – *Butter-Export-Kontor.*

121 Vgl. *BGH* WuW/E 1732 – *Fertigbeton II.*

122 Vgl. z. B. *BGH* WuW/E 3115, 3119 – *Druckusteile* = NJW 1997, 2324 = GRUR 1997, 675; *BGH* WuW/E 3121, 3125 – *Bedside-Testkarten* = *BGH* NJW/E WettbR 1997, 211; *BGH* WuW/E 2285 – *Spielkarten* = BB 1987, 2010 = ZIP 1986, 1489.

verfügen, um zum Eigenvertrieb überzugehen, z. B. die Automobilhersteller[123]. Das gleiche gilt für **Lizenzverträge.**

64 Jedoch ist gerade für horizontal zwischen potentiellen Konkurrenten veranlasste Wettbewerbsbeschränkungen in Austauschverträgen eine großzügige Tatbestandsreduktion vorzunehmen, wenn die Wettbewerbsbeschränkung zur Erreichung des legitimen Zweckes des Austauschvertrages unerlässlich ist[124]. Das ist auch für Internetplattformen denkbar, z. B. wenn der Betreiber einer Plattform Nutzer der Plattform verpflichtet, keine anderen Plattformen zu nutzen oder keine eigene Plattform einzurichten. Dies stellt keine relevante Wettbewerbsbeschränkung dar, wenn Verpflichtungen des Nutzers erst ermöglichen, dass die Plattform überhaupt angeboten wird. Sind die Verpflichtungen dazu nicht zeitlich unbegrenzt erforderlich, sind sie aber entsprechend zu begrenzen, in der Regel auf 2 bis 3 Jahre[125].

65 Eine relevante **Wettbewerbsbeschränkung** liegt vor, wenn die Vereinbarungen über die gemeinsame Internet-Plattform den Einsatz der wettbewerblichen Handlungsfreiheit mindestens eines der potentiellen Konkurrenten beschränkt oder dies zumindest objektiv bezweckt wird[126]. Es ist also danach zu fragen, ob die verschiedenen Erscheinungsformen des Wettbewerbs in Form von sogenannten Wettbewerbsparametern nur noch beschränkt für **mindestens einen** potentiellen **Konkurrenten** einsetzbar sind.

2. Hardcore Kartelle

66 Sehr bedeutende Wettbewerbsparameter sind regelmäßig der **Preis** mit allen Preisbestandteilen (z. B. Rabatte), das **räumliche bzw. sachliche Wettbewerbsgebiet** oder **Herstellungsmengen (Quoten).** Daneben ist auch die **Qualität** des Produktes ein nicht unerheblicher Wettbewerbsparameter.

67 Beschränkende Abreden über solche Wettbewerbsparameter werden allgemein zu **„Hardcore"-Beschränkungen** gezählt, die grundsätzlich nicht ohne Verstoß gegen das Kartellverbot des Art. 81 EGV bzw. § 1 GWB im Rahmen einer Internet-Plattform vereinbart werden könnten. Konkurrenten sollten sich also von Preisabsprachen einschließlich Preisbestandteilen[127], Höchstpreisvereinbarungen[128], Qualitätsabspra-

---

[123] *Seifert,* FS *Lieberknecht,* 583, 588; *Baums,* ZIP 1998, 233, 234; a. A. *Wellenhofer-Klein,* WuW 1999, 557, 566; vgl. auch *J. B. Nordemann,* Gegenmacht und Fusionskontrolle, 1995, S. 145 ff.

[124] Vgl. *BGH* WuW/E 3115, 3119 – *Druckusteile* = NJW 1997, 2324 = GRUR 1997, 675; *BGH* WuW/E 3121, 3125 – *Bedside-Testkarten; BGH* WuW/E 3137, 3138 – *Sole* = GRUR 1997, 937; *BGH* WuW/E DE-R 131, 133 – *Eintritt in Gebäudereinigungsvertrag* = ZIP 1998, 1159 = GRUR 1998, 1047; siehe auch *Karsten Schmidt,* AG 1998, 551, 556; *Emmerich,* Seite 33 f.; *Huber* in Frankfurter Kommentar § 1 n. F. Kurzdarstellung Rdnr. 18.

[125] *Lampert/Michel* K&R 2002, 505, 515, allerdings zur Zusammenschlusskontrolle.

[126] Vgl. grundlegend *Bahr,* WuW 2000, 954, 961; vgl. sehr anschaulich *BGH* WuW/E 115, 117 – *Carpartner; BKartA* WuW/E DE-V 209, 212 – *Stellenmarkt für Deutschland II; Hootz* in Gemeinschaftskommentar § 1 Rdnr. 181; *Zimmer* in *Immenga/Mestmäcker,* GWB, § 1 Rdnr. 293 ff.

[127] Vgl. z. B. *BGH* WuW/E DE-R 349, 350 – *Beschränkte Ausschreibung; BGH* WuW/E 495, 497 – *Ausschreibung für Putzarbeiten II;* eingehen für Internetplattformen *F. A. Immenga/Lange,* RIW 2000, 733, 738.

[128] *BGH* WuW/E 1410, 1412 – *Kabinettartikel; Hootz* im Gemeinschaftskommentar § 1 Rdnr. 107 m. w. N. auch zu älteren Gegenauffassungen. Nur in zwischenstaatlichen Vertikalvereinbarungen sind Höchstpreisvereinbarungen wegen Vorrangs des EU-Rechts unter bestimmten Voraussetzungen erlaubt, vgl. dazu unten Rdnr. 106 ff.

chen[129] oder räumlichen und sachlichen Marktaufteilungen sowie Kundenschutz[130] fernhalten.

68 Auch **Werbung** dient der Absatzförderung und ist daher unmittelbar marktbezogen. Absprachen zwischen Wettbewerbern, ob und wie geworben werden soll, verstoßen also gegen das Kartellverbot[131]. Werbegemeinschaften sind jedoch zulässig, solange sie nicht die Freiheit der Mitglieder zur Eigenwerbung beschränken[132]. Wettbewerber, die eine gemeinsame Internet-Plattform betreiben, könnten also dafür durchaus auch Gemeinschaftswerbung betreiben, solange alle Wettbewerber völlig frei in der Eigenwerbung bleiben. Nicht mehr frei blieben sie jedoch dann, wenn in der Gemeinschaftswerbung feste Preise genannt sind[133].

3. Verkaufs- und Einkaufsgemeinschaften

69 Zu dem vom Kartellverbot geschützten Wettbewerbsparametern gehört auch der Absatzweg. Sofern im Rahmen einer Internet-Plattform ein gemeinsamer Verkauf von Konkurrenten (**Verkaufsgemeinschaft**) verabredet wird, so tangiert dies das Kartellverbot[134]. Nach Abschnitt 2 Ziff. 6 der Kooperationsbekanntmachung der EU-Kommission von 1968[135] schränken Vereinbarungen, die nur den gemeinsamen Verkauf zum Gegenstand haben, allerdings den Wettbewerb nicht ein, wenn die beteiligten Unternehmen hinsichtlich der vertriebenen Waren oder Dienstleistungen keine (zumindest potentielle) Wettbewerber waren. Das Gleiche gilt für die neuen Leitlinien für horizontale Wettbewerbsbeschränkungen[136]. Auch danach ist eine Zusammenarbeit von Vertragspartnern nur unbedenklich, wenn es sich um die Zusammenarbeit zwischen Nichtwettbewerbern, um die Zusammenarbeit zwischen Wettbewerbern, wenn sie die von der Zusammenarbeit erfasste Tätigkeit oder das Projekt nicht eigenständig durchführen können, oder um die Zusammenarbeit bei einer Tätigkeit, welche die relevanten Wettbewerbsparameter nicht beeinflussen, handelt.

70 Im Rahmen der **Internet-Plattform** muss man sich daher davon fernhalten, eine **Andienungspflicht** an das Internetportal für die sich beteiligenden konkurrierenden Unternehmen vorzusehen. Bei Einhaltung dieser Voraussetzung konnte im Fall *My-Aircraft.com* durchaus ein gemeinsamer Verkauf über die Plattform erfolgen. Zwar sind in der Entscheidung der Kommission, die allein im Hinblick auf die FKVO erfolgte, keine ausdrücklichen Feststellungen zu einer etwaigen Verkaufskooperation

---

[129] *Bunte* in *Langen/Bunte,* § 1 Rdnr. 198; *Zimmer* in *Immenga/Mestmäcker,* GWB, § 1 Rdnr. 234.

[130] *BGH* WuW/E 2637, 2701 – *Golden Toast; BGH* WuW/E 1597 = NJW 1980, 185; *BGH* WuW/E 1353 – *Schnittblumentransport; OLG Düsseldorf* WuW/E *OLG* 2715, 2718 – *Subterramethode; OLG Hamburg* WuW/E 1727 – *Miniaturgolfanlagen.*

[131] *BGH* WuW/E 2326, 2328 *Guten Tag Apotheke II; BGH* WuW/E 2688, 2690 *Warenproben aus Apotheken.*

[132] *LG Dortmund,* WuW/E LG/AG 338 – *Taxi-Funk-Zentrale; BKartA,* Tätigkeitsbericht 1977, 82.

[133] Vgl. *BGH* WuW/E 2697, 2701 – *Golden Toast.*

[134] *F. A. Immenga/Lange,* RIW 2000, 733; *Jestaedt,* BB 2001, 581, 586; *Kaminski/Henßler/Kolaschnik/Papathoma-Baetge,* 2. Kap. J. Rdnr. 15; *Zimmer* in *Immenga/Mestmäcker,* GWB, § 1 Rdnr. 428.

[135] Abgedruckt in ABl. 1968 C 75/3 sowie in *Langen/Bunte,* II, S. 3218 ff.

[136] Bekanntmachung der *EU-Kommission* von Leitlinien zur Anwendbarkeit von Art. 81 EG auf Vereinbarungen über horizontale Zusammenarbeit vom 6. 1. 2001, ABl. C 3/2, Tz. 143.

im Zusammenhang mit Art. 81 Abs. 1 EGV enthalten. Jedoch wird auch hier im Hinblick auf die Prüfungen von Marktmacht festgehalten, dass durch den Ausschluss eines exklusiven Bezuges von Produkten der Muttergesellschaft des Gemeinschaftsunternehmens im Hinblick auf die vorgenannten Anforderungen die Mindeststandards gewährleistet werden[137]. Sofern nicht ausdrücklich eine Andienungspflicht vereinbart wird, kann aber dennoch eine Wettbewerbsbeschränkung vorliegen. Das gilt dann, wenn das Geschäftsmodell so ausgestaltet ist, dass faktisch ein Andienungszwang erreicht ist, weil es beispielsweise wirtschaftlich vernünftig und rational ist, allein über die Internet-Plattform zu vertreiben[138], weil dort die Mengenvorteile wegen Zusammenfassung der konkurrierenden Volumina am größten sind.

Für **Einkaufsgemeinschaften** ohne Bezugszwang gilt das Gleiche[139]. Eine faktische 71
Bezugsbindung kann beispielsweise bei einer Internet-Plattform dadurch entstehen, dass Vorteile für den Einkäufer nur bei Bezug großer Mengen entstehen, so dass ein selbstständiger Bezug neben der Internet-Plattform unwahrscheinlich ist. Da dieses Phänomen bei Internet-Plattformen einfach zu erreichen ist, dürfte immer ein Verstoß gegen das Kartellverbot vorliegen, wenn Unternehmen ihren Einkauf über eine Internet-Plattform gleichschalten[140].

Letztlich kann ein **Verstoß** gegen das **Kartellverbot** nur dadurch **vermieden** wer- 72
den, dass über das Internet-Portal nur die Infrastruktur, also etwas mit einem Telefonnetz vergleichbares[141] zur Verfügung gestellt wird, ohne dass das Verkaufs- oder Beschaffungsverhalten gleichgeschaltet wird. Von daher verlangen die Kartellverbote bislang bei Internet-Plattformen auch stets, dass es sich um bloße Transaktionsplattformen handelt, auf denen die Geschäfte von Konkurrenten völlig unabhängig voneinander getätigt werden[142]. Allerdings sei noch erwähnt, dass sowohl das europäische als auch das deutsche Kartellrecht Einkaufsgemeinschaften bei geringen betroffenen Marktanteilen zulassen, weil diese dann nicht hinreichend spürbar sind. Für das europäische Recht legen die Kooperationsbekanntmachung von 2001 eine Marktanteilsschwelle von 15% fest, unterhalb derer Einkaufsgemeinschaften grundsätzlich legal sein sollen[143].

Schon gar keine Wettbewerbsbeschränkung liegt in dem Fall vor, dass **ein Anbieter** 73
oder Nachfrager von sich aus zwei oder mehr Geschäfte der Marktgegenseite zusam-

---

[137] *EU-Kommission,* Entsch. vom 4. 8. 2000, *UTC/Honeywell/i2/MyAircraft.com,* CELEX-Datenbank-Nr. 300M1969, Tz. 17ff.

[138] Vgl. *BGH* WuW/E 1367, 1373 – *Zementverkaufstelle Niedersachsen I.*

[139] *EU-Kommission* ABl. 1993 I 170/23 Rdnr. 47ff. – *EBU/Eurovisions-System*; vgl. auch EU-Kommission, Kooperationsbekanntmachung, vom 6. 1. 2001, ABl. C 3/2, Tz. 115; BGH WuW/E DE–R 1087, 1088 – Ausrüstungsgegenstände für Feuerlöschzüge; KG WuW/E 2745, 2750 – *HFGE* = WRP 1983, 25; *OLG Celle,* WuW/E Verg. 188, 189 – *Feuerwehrbedarfsartikel*; *OLG Koblenz,* WuW/E Verg 184, 185 – *Feuerlöschgerät*; zustimmend *Zimmer* in *Immenga/Mestmäcker,* GWB, § 1 Rdnr. 352; sehr kritisch *Bechtold,* § 1 Rdnr. 59; offen *Bunte* in *Langen/Bunte,* § 1 Rdnr. 177.

[140] *F. A. Immenga/Lange,* RIW 2000, 733; *Jestaedt,* BB 2001, 581, 586; *Zimmer* in *Immenga/Mestmäcker,* GWB, § 1 Rdnr. 428; *Kaminski/Henßler/Kolaschnick/Papathoma-Baetge,* 2. Kap. J Rdnr. 16.

[141] Anschaulich *Jestaedt,* BB 2001, 581, 586.

[142] *BKartA* WuW/E DE-V 423, 426 – *Rubbernetwork.com;* siehe auch *Jestaedt,* BB 2001, 581, 584; *F. A. Immenga/Lange,* RIW 2000, 733.

[143] Leitlinien zur Anwendbarkeit von Art. 81 EG auf Vereinbarungen über horizontale Zusammenarbeit, ABl. EG 2001 C 3/2, Tz. 130; vgl. eingehend *Lampert/Michel* K&R 2002, 505, 513.

menführt und gemeinsam befriedigt. Hier erfolgt die **Bündelung** nicht auf Grund einer horizontalen Abstimmung zwischen den Unternehmen der Marktgegenseite, sondern auf Grund einer autonomen Entscheidung des Bündelnden. Als Beispiel sei der Fall genannt, dass sowohl Ford eine Million Schrauben als auch General Motors zwei Millionen Schrauben gleicher Art über eine Einkaufsplattform der Autohersteller unabhängig voneinander nachfragen und ein Schraubenhersteller von sich aus beide Aufträge zusammenfasst, um auf Grund der größeren Stückzahl niedriger kalkulieren zu können[144]. Kartellrechtlich zweifelhaft ist es jedoch, wenn sich die Nachfrager – im Beispielsfall Ford und General Motors – über eine Zusammenführung abstimmen. Das gilt selbst dann, wenn es ad hoc, also nur von Fall zu Fall ohne Planmäßigkeit geschieht[145]. Das Kartellverbot schützt durchaus auch nur einzelne Geschäfte vor Kartellierung[146]. Im konkreten Fall würde ansonsten der Schraubenhersteller jede Möglichkeit verlieren, die Autohersteller gegeneinander auszuspielen.

74 **Legalisierbar** sind eigentlich verbotene Verkaufs- und Einkaufskooperationen als Ausnahmekartelle entweder über eine Einzelfreistellung nach Art. 81 Abs. 3 EGV oder über eines der Ausnahmekartelle der §§ 2 bis 8 GWB. Für Einkaufskooperationen kleinerer und mittlerer Unternehmen sei insbesondere auf § 4 Abs. 2 GWB oder – auch für Verkaufskooperationen – auf § 4 Abs. 1 GWB verwiesen. Ferner kommt eine Legalisierung nach § 5 Abs. 1 (Rationalisierungskartell) oder als Normen und Typenkartell bzw. Konditionenkartell (§ 2 GWB) in Betracht. Ab dem 1. Mai 2004 sind zwischenstaatliche Verkaufs- oder Einkaufsgemeinschaften ohne Freistellungsentscheidung legalisiert, wenn sie die Voraussetzungen des Art. 81 Abs. 3 EGV erfüllen, Art. 1 Abs. 2 VO 1/2003[147]. Das möglicherweise strengere deutsche Recht tritt zurück, Art. 3 Abs. 2 VO 1/2003[148].

4. Informationsaustausch

75 Kartellrechtliche Probleme entstehen bei gemeinsamen Internet-Plattformen von Konkurrenten auch regelmäßig im Hinblick auf einen möglichen **Informationsaustausch** zwischen den beteiligten Konkurrenten. Der Ausgangspunkt ist folgender: Ein Informationsaustausch zwischen Konkurrenten über die abgeschlossenen Geschäfte ist eine zwingende Voraussetzung dafür, dass die Konkurrenten ihr Marktverhalten gleichschalten können.

76 Deshalb ist die Praxis stets **identifizierenden Marktinformationsverfahren** entgegengetreten, wenn nahelag, dass dadurch eine Verhaltensgleichschaltung ermöglicht werden sollte[149].

77 Unabhängig von einer identifizierenden Marktinformation als Teil eines Gesamtplanes zur Verhaltensabstimmung kann aber eine fehlende Marktinformation auch

---

144 *Jestaedt,* BB 2001, 581, 584.

145 A. A. *Jestaedt,* BB 2001, 581, 584.

146 Vgl. *BGH* WuW/E DE-R 349, 350 – *Beschränkte Ausschreibung; OLG* Frankfurt, WuW/E 4475, 4476; *OLG Bremen,* WuW/E 4478, 4479 – *Versteigerung der Käuferprovision.*

147 Siehe oben Rdnr. 6.

148 Siehe oben Rdnr. 36.

149 *BGH* WuW/E 1337, 1344 – *Aluminiumhalbzeug* = BGHSt 26, 56, 65; *BGH* WuW/E 2313 – *Baumarktstatistik* = BB 1965, 1164; *KG* WuW/E OLG 1117, 1119 – *Fernmeldekabel-Gemeinschaft*; *Kirchner,* WuW 2001, 1030, 1033 f.; siehe auch *Zimmer* in *Immenga/Mestmäcker,* GWB, § 1 Rdnr. 391 ff. m. w. N.; zum EU-Recht *Stockmann* in *Wiedemann,* Handbuch des Kartellrechts, § 8 Rdnr. 238 m. w. N.

deshalb notwendig sein, weil es nach der Marktstruktur ansonsten zu einem Erlahmen des Wettbewerbs kommt. Insbesondere in der **Marktform des engen Oligopols** kommt dem **Geheimwettbewerb** eine Schlüsselrolle zur Erhaltung von wettbewerblichen Aktionen zu: Kennzeichnend für das enge Oligopol ist es, dass sich Vorstöße kaum lohnen, weil die übrigen Oligopolmitglieder regelmäßig die gleichen Parameter einsetzen, um dem Vorstoß zu begegnen, beispielsweise auch die Preise senken. In der Marktform des engen Oligopols kann sich deshalb die Einsicht durchsetzen, dass durch aggressives Marktverhalten die eigene Position kaum zu verbessern ist[150]. Das gilt allerdings nur, wenn der Ausbruch überhaupt zu identifizieren ist[151]. Deshalb versuchen private oligopolistische Nachfrager, z. B. Automobilproduzenten, Flugzeughersteller oder Handelsunternehmen, ihre Einkaufskonditionen geheimzuhalten. Die großen deutschen Einzelhandelsketten sehen in ihren Einkaufskonditionen sogar ihre „bestgehüteten Geheimnisse"[152]. In anderen Marktstrukturen kann eine erhöhte Transparenz hingegen die Wettbewerbsintensität erhöhen, ja „vollkommener Wettbewerb" soll in einem **Polypol mit vollkommener Markttransparenz** herrschen.

Deshalb ist im Hinblick auf einen Informationsaustausch auf einer Internet-Plattform und dadurch steigende Transparenz auf dem Markt für die dort gehandelten Waren und Dienstleistungen **zu differenzieren**[153]: 78

Wenn entweder die **Plattform Teil eines Planes zur Verhaltensabstimmung** ist **oder** jedenfalls auf Grund der **engen oligopolistischen Marktstruktur** die Markttransparenz als besonders schützenswert erscheint, muss durch die Struktur des Marktplatzes sichergestellt sein, dass die beteiligten Konkurrenten nichts über die einzelnen Geschäftsabschlüsse der anderen erfahren. Einzelne Geschäftsabschlüsse nicht identifizierende Meldesysteme, insbesondere Preismeldesysteme, sind jedoch kartellrechtlich unbedenklich, wenn sie beispielsweise Höchst- und Mindestpreise oder Durchschnittspreise nennen und ein Rückschluss auf Einzelgeschäfte ausgeschlossen ist[154]. Daher muss die Anzahl der Geschäftsabschlüsse und der erfasste Zeitraum so ausgestaltet sein, dass Rückschlüsse auf Details individueller Geschäftsabschlüsse nicht möglich sind. Sehr problematisch kann schon die Unterscheidung zwischen Höchst- und Mindestpreisen nach Regionen bei hoher Gliederungstiefe sein, wenn die Zahl der in Betracht kommenden Unternehmen gering ist[155]. 79

Die Geheimhaltung einzelner Geschäftsabschlüsse kann durch entsprechende **technische und organisatorische Maßnahmen** gewährleistet sein, wie Firewalls, Beschränkungen des physischen Zugangs, Nutzerkennungen und -verifizierungen, 80

---

150 Vgl. grundlegend *Heuss,* WuW 1974, 369, 373; *Kantzenbach,* WuW 1994, 294, 295; ferner *J. B. Nordemann,* Gegenmacht und Fusionskontrolle, 1995, S. 156.

151 *Zimmer* in *Immenga/Mestmäcker,* GWB, § 1 Rdnr. 392 ff.; *Bunte* in *Langen/Bunte,* § 1 Rdnr. 286 ff.; *J. B. Nordemann,* Gegenmacht und Fusionskontrolle, 1995, S. 163 f.

152 *Monopolkommission,* Sondergutachten 23, Marktstruktur und Wettbewerb im Handel, 1994, Tz. 224.

153 *Kirchner,* WuW 2001, 1030, 1036 ff.; *Gassner,* MMR 2001, 140, 142; *Jestaedt,* BB 2001, 581, 583; *F. A. Immenga/Lange,* RIW 2000, 733, 738; *Koenig/Engelmann,* WRP 2002, 1244, 1251; *Lampert/Michel* K&R 2002, 505, 511.

154 Vgl. *Bunte* in *Langen/Bunte,* § 1 Rdnr. 289; *Stockmann* in *Wiedemann,* Handbuch des Kartellrechts, § 8 Rdnr. 242.

155 Vgl. weiter auch die Bekanntmachung des *BKartA* Nr. 8/77 vom 24. 1. 1977 zur kartellrechtlichen Behandlung von Marktinformationsverfahren, abgedruckt in *Langen/Bunte,* II, S. 2779. Ferner BKartA Tätigkeitsbericht 1997/98, S. 78.

SSL-Verschlüsselungen sowie digitale Serverzertifikationen und Nutzerzugangsberechtigungen, begleitet von einer wechselseitigen Geheimhaltungsverpflichtung der Konkurrenten[156].

81 In engen Märkten wie den verschiedenen Märkten für Automobilzulieferteile[157], für den Handel mit Vorstoffen für Gummihersteller[158] oder für Stahlhersteller[159] ist deshalb darauf zu achten, dass der Geheimwettbewerb erhalten bleibt. Das gilt unabhängig von der Art der Plattform: Für Vorwärts- und Rückwärtsauktionen kann keine Ausnahme gemacht werden[160], weil es dann für die beteiligten Konkurrenten einfach wäre, über die Wahl der Veräußerungsmodalität die kartellrechtliche Problematik zu umgehen.

82 Selbstverständlich entsteht das Problem aber ohnehin nur, wenn die Konkurrenten sich im Hinblick auf ihre Teilnahme an der Plattform in irgendeiner Form abstimmen. Von Nicht-Konkurrenten ins Leben gerufene Auktions-Plattformen fallen schon mangels horizontal veranlasster Wettbewerbsbeschränkung aus dem Kartellverbot heraus.

83 Jedoch kann nicht aus dem Kartellverbot herausführen, wenn die Marktgegenseite bei schützenswertem Geheimwettbewerb entscheidet, ob und wie das Geschäft öffentlich gemacht wird, also die Marktgegenseite den Grad der Transparenz selbst festlegt. Das Kartellverbot schützt nicht nur die Marktgegenseite, sondern gerade auch die Wettbewerbsfreiheit des Anbieters (bzw. Nachfragers)[161]. Deshalb ist z.B. bei der Marktform eines engen Oligopols ein Mitglied durchaus davor zu schützen, dass sein Wettbewerbsverstoß, und sei es auch nur nach dem Willen der Marktgegenseite, entdeckt und damit konterkariert wird. Genauso ist es in dieser Marktform irrelevant, ob eine Meldung der Konditionen durch den Wettbewerber auf freiwilliger Basis erfolgt[162].

84 In allen anderen Fällen, in denen die Plattform nicht Teil eines Planes zur Verhaltensabstimmung oder der Markt nicht oligopolistisch geprägt ist, erscheint hingegen kartellrechtlich eine Sicherung der Vertraulichkeit von Geschäftsabschlüssen nicht notwendig. Vielmehr kann hier die Steigerung der Markttransparenz zu weiteren Kosteneinsparungen für die beteiligten Unternehmen führen[163].

5. Vereinheitlichung von Geschäftsprozessen

85 Keine Probleme hatten die Behörden bislang im Hinblick auf die Vereinheitlichung der geschäftlichen Standardprozesse über eine gemeinsame Internet-Plattform (z.B. Orders, Invoices, Sales, Reports, Stammdatenverwaltung)[164], obwohl

---

[156] Vgl. *BKartA* WuW/E DE-V 321, 322 – *Covisint;* vgl. auch *F.A. Immenga/Lange,* RIW 2000, 733, 737.

[157] Vgl. *BKartA* WuW/E DE-V 621 – *Covisint.*

[158] Vgl. *BKartA* WuW/E DE-V 423, 426 – *Rubbnetwork.com.*

[159] Vgl. *BKartA* WuW/E DE-V 479 – *Buy For Metalls/Steel 24–7.*

[160] A.A. offenbar *Jestaedt,* BB 2001, 581, 583.

[161] BGHZ 64, 232, 237 = NJW 1975, 1223; *OLG Düsseldorf,* WuW/E *OLG* 3271, 3275; *OLG Düsseldorf,* WuW/E *OLG* 5213, 5223; *OLG Stuttgart,* WuW/E *OLG* 4326, 4327; *Emmerich* in *Immenga/Mestmäcker,* GWB, § 33 Rdnr. 13 m.w.N.; *Bornkamm* in *Langen/Bunte,* § 33 Rdnr. 10 m.w.N.

[162] Vgl. *Bunte* in *Langen/Bunte,* § 1 Rdnr. 290f.

[163] Eingehend *Kirchner,* WuW 2001, 1030, 1036ff.; *Jestaedt,* BB 2001, 581, 583; *Gassner,* MMR 2001, 140, 142; *Koenig/Engelmann,* WRP 2002, 1244, 1251.

[164] Vgl. z.B. *BKartA* WuW/E DE-R 423. 426 – *Rubbernetwork.com.*

grundsätzlich auch solche Prozesse zu dem vom Kartellverbot geschützten Wettbewerbsparametereinsatz zählen. Regelmäßig sind die mit einer Gleichschaltung einhergehenden Wettbewerbsbeschränkungen aber nicht hinreichend spürbar, im Gegenteil: Die Vereinheitlichung über gemeinsame Internet-Plattformen kann zu höherer Markttransparenz und damit – bestimmte Marktstrukturen vorausgesetzt[165] – zu einem intensiveren Wettbewerb und außerdem zu niedrigeren Kosten für beide Marktseiten führen.

Problematisch können aber Kalkulationshilfen sein, die auf der Grundlage von Musterkalkulationen oder Kalkulationsbeispielen durch die Internet-Plattform zur Verfügung gestellt werden. Solche Hilfen können die Entschlussfreiheit der Unternehmen für eine individuelle Preisbildung stark berühren. Zumindest muss deshalb bei konkreten Kalkulationsbeispielen zu erkennen gegeben werden, dass dem Unternehmen nicht bestimmte Preise oder Preisbestandteile nahegelegt werden sollen[166]. 86

II. Die Nameserver

Alle derzeit handelnden Nameserver wie die ICANN oder auch die deutsche DENIC[167] setzen sich aus verschiedenen Mitgliedern zusammen, die ihre Interessen dort gleichschalten. Das wirft ganz zwangsläufig die Frage nach einem Verstoß gegen das Kartellverbot (Art. 81 EGV, § 1 GWB) auf. 87

1. ICANN[168]

Jedoch verletzt die ICANN mit ihrer Tätigkeit **nicht** das **Kartellverbot.** Denn dafür wäre Voraussetzung, dass zwischen den ICANN-Mitgliedern mindestens potentieller Wettbewerb beschränkt wird. Das ist nicht der Fall[169]. Denn mit der Errichtung der ICANN wird kein Wettbewerb zwischen den Mitgliedern verhindert, sondern Wettbewerb um die Registrierung von Internet-Domains überhaupt erst ermöglicht. Jedes einzelne Mitglied der ICANN wäre nicht in der Lage, ein eigenes mit anderen Mitgliedern der ICANN konkurrierendes Adresssystem im Internet aufzubauen. Das erfordert vielmehr zwingend eine einheitliche Entscheidung eines gemeinsamen Organs, das die Standards festlegt. Um ein Beispiel aus der realen Adresswelt zu benutzen: Auch reale Adresssysteme funktionieren nur, wenn die Adressstruktur einheitlich ist und insbesondere Adressen nicht mehrmals vergeben werden. 88

2. DENIC

Die DENIC scheint aber – im Vergleich zur ICANN – sich nicht auf eine zwingend notwendige Gleichschaltung der Aktivitäten ihrer Mitglieder bei der Vergabe 89

165 Vgl. dazu oben Rdnr. 77.

166 Vgl. *Bunte* in *Langen/Bunte,* § 1 Rdnr. 294; vgl. auch *Bundesminister für Wirtschaft,* Zwischenbetriebliche Zusammenarbeit im Rahmen des Gesetzes gegen Wettbewerbsbeschränkungen, sog. Kooperationsfibel, Neuaufl. 1976, Ziff. II. 1.6.2; vgl. auch *LKartB Bayern,* Kooperation und Wettbewerb, 5. Aufl. 2001, S. 20, abrufbar unter www.bayerische-landeskartellbehoerde.de.

167 Vgl. zu den Nameservern und ihrer administrativen Struktur oben § 6, Rdnr. 14 ff.

168 Vgl. zur Anwendbarkeit des europäischen und deutschen Kartellrechts oben Rdnr. 18 und Rdnr. 19.

169 Für den Vorgänger der ICANN, das IHAC (vgl. dazu oben § 6 Rdnr. 12) genauso *J. B. Nordemann/Czychowski/Grüter,* NJW 1997, 1897, 1900; *dies.* (1998) ECLR 99, 102.

und Registrierung der „.de“-Domains zu beschränken. Wie die Politik der ICANN zeigt, ist es ohne weiteres möglich, die Top-Level-Domain „.de“ auch durch einzelne Unternehmen nebeneinander zu vergeben. Ein Rückzug der DENIC auf eine reine Koordinierung des Registrierungsverfahrens weg von einer gemeinsamen Vergabestelle ist vorstellbar[170].

90 Für einen **Verstoß** gegen das **europäische** und **deutsche Kartellverbot** ist es jedoch genügend, wenn potentieller Wettbewerb beschränkt wird, solange man davon ausgehen kann, dass ein Marktzutritt wirtschaftlich zweckmäßig und kaufmännisch vernünftig für die beteiligten Unternehmen ist[171]. Die gemeinsame Vergabe von Domainnamen ohne zwingende technische Notwendigkeit dürfte gegen das Kartellverbot verstoßen[172]. Denn es ist kaufmännisch ohne weiteres denkbar, dass einzelne Mitglieder der DENIC wie Schlund (für 1&1) oder Strato/Teles eTrack, die für sich genommen schon mehrere Millionen Domains bei der DENIC registrieren ließen, dies selbst übernehmen und die DENIC nur die einheitliche Vergabe überwacht. Das gilt unabhängig davon, ob die DENIC nur für ihre Mitglieder registriert oder sogar direkt mit Endkunden in Registrierungsbeziehungen eintritt, wie es aktuell über „DENIC direct“ der Fall ist. Es ist insoweit insbesondere davon auszugehen, dass die gemeinsame Vergabe von „.de“-Domains nicht so kostengünstig wie im Wettbewerb angeboten wird.

91 Sofern kleinere und mittlere Mitglieder der DENIC das kaufmännische Risiko nicht eingehen wollen, steht beispielsweise ein Vorgehen nach § 4 Abs. 1 GWB zur Verfügung, was allerdings eine Freistellung durch das Bundeskartellamt voraussetzt. Das gilt auch für ein mögliches Spezialisierungskartell nach § 3 GWB, das nicht auf kleinere und mittlere Mitglieder beschränkt wäre. Nach Inkrafttreten der VO 1/2003 am 1. Mai 2004 kommt eine Legalisierung ohne Freistellung unter Art. 81 Abs. 3 EGV in Betracht, Art. 1 Abs. 2, Art. 3 Abs. 2 VO 2002[173].

D. Kartellvertriebsrecht

I. Internetvertrieb und Vertriebssysteme

1. Begriffsbestimmung

92 Der Begriff „Internetvertrieb“ ist durchaus schillernd. Vorliegend soll darunter nicht nur ein Vertrieb verstanden werden, bei dem sämtliche Schritte über das Internet abgewickelt werden, also nicht nur die Werbung und der Bestellvorgang im Internet geschehen, sondern auch noch die Lieferung des Produktes bzw. die Erbringung der Dienstleistung über das Internet erfolgt. Das ist für Computerspiele, Musikwerke, Filmwerke oder Dokumente, aber auch für Beratungsleistungen durchaus üblich.

---

[170] *Bücking,* GRUR 2002, 29, 35; *J. B. Nordemann/Czychowski/Grüter,* NJW 1997, 1897, 1900; *dies.,* (1998) ECLR 99, 102.

[171] Vgl. *BGH* WuW/E 2050 – *Bauvorhaben Schrammberg*; siehe zum Arbeitsgemeinschaftsgedanken *Bunte* in *Langen/Bunte,* § 1 Rdnr. 307 ff.; *Zimmer* in *Immenga/Mestmäcker,* GWB, § 1 Rdnr. 366 ff. jew. m. w. N.

[172] Ebenso *J. B. Nordemann/Czychowski/Grüter,* NJW 1997, 1897, 1900; *dies.,* (1998) ECLR 99, 102.

[173] Siehe dazu Rdnr. 6, 36.

Weiter fasst man jedoch auch noch unter „Internetvertrieb", wenn das Produkt zwar virtuell beworben und in einem „Click-Store" (im Gegensatz zu einem „Brick-Store") bestellt werden kann, die Auslieferung aber in der realen Welt auf dem Postweg erfolgt. Das ist letztlich nichts anderes als Versandhandel, bei dem aber nicht ein Printkatalog, sondern ein virtueller Katalog verwendet wird. 93

Letztlich wird man zum Stichwort „Internetvertrieb" noch die reine Internetwerbung zählen müssen, bei der der Anbieter seine Produkte auf einer Website anbietet, der Vertragsabschluss jedoch nicht in einem „Click-Store" erfolgt, sondern schriftlich, telefonisch oder persönlich. Hier weicht dann nur das Werbemedium von den bislang bekannten Sachverhalten ab[174]. 94

2. Rechtsgrundlagen

Direktverkäufe eines Unternehmens über das Internet an private Letztverbraucher sind beliebig gestaltbar, weil das Kartellrecht erst Anwendung findet, wenn Wettbewerbsbeschränkungen zwischen Unternehmen verabredet werden. Das Kartellrecht setzt auch **innerhalb eines Konzerns** keine Grenzen für eine Verabredung der Beschränkung des Internetvertriebs, sofern innerhalb des Konzerns keine wettbewerbsrechtlichen Freiheiten untereinander bestehen[175]. Auch gilt das Kartellrecht nicht für die Beziehung des Prinzipals zu seinem **Handelsvertreter,** so dass der Prinzipal gegenüber seinem Handelsvertreter beliebig bestimmen kann, ob und wie weit ein Internetvertrieb stattfindet[176], vorausgesetzt dass der Handelsvertreter keinerlei finanzielles oder geschäftliches Risiko im Hinblick auf die durch seinen Geschäftsherrn vermittelten Verträge übernimmt[177]. Deshalb wird das Vertriebskartellrecht auszublenden sein, wenn die Plattform Verträge vor an die hinter ihr stehenden Nachfrager vermittelt und nur von Provisionen bei Instandekommen von Geschäften lebt[178]. 95

Sofern sich Konkurrenten (horizontal) verabreden, den Internetvertrieb zu regulieren, gleich- und gar auszuschalten, greift das Kartellverbot[179]. Im Rahmen des Kartellvertriebsrechtes macht das Kartellrecht aber auch für den (vertikalen) Internetvertrieb von einer Vertriebsstufe (z.B. Hersteller) zur nächsten (z.B. Großhändler) gewisse Vorgaben. 96

Rechtsgrundlage sind im **deutschen Recht,** das zwischen horizontal und vertikal veranlassten Wettbewerbsbeschränkungen unterscheidet[180], die §§ 14 bis 18 GWB. Dabei ist jedoch von dem Grundsatz auszugehen, dass kein generelles Verbot und nur eine Missbrauchsaufsicht für vertikal veranlasste Wettbewerbsbeschränkungen besteht. Generell verboten sind jedoch die Preis- und Konditionenbindungen für den Weitervertrieb von Waren und Leistungen (sogenannte Drittverträge), ausgenommen für Verlagserzeugnisse (§§ 14, 15 GWB). Auch für Lizenzverträge und 97

---

174 Vgl. zum Ganzen auch *Bauer/de Bronett*, Die EU-GruppenfreistellungsVO für vertikale Wettbewerbsbeschränkungen, S. 135.

175 Speziell mit Bezug auf das Internet: *Seeliger* WuW 2000, 1174, 1177; allgemein: *Schröder* WuW 1988, 274, 277; *Zimmer* in *Immenga/Mestmäcker,* GWB, § 1 Rdnr. 147 ff. jeweils m.w.N.

176 *Seeliger,* WuW 2000, 1174, 1178.

177 Vgl. *EuGH* Slg. 1987, 3821 – *Flämische Reisebüros;* siehe auch *EU-Kommission,* Leitlinien für vertikale Vereinbarung, Tz. 13 ff.

178 *Koenig/Engelmann* WRP 2002, 1244, 1250.

179 Vgl. dazu oben Rdnr. 66 ff.

180 Vgl. dazu oben Rdnr. 10.

nicht geschützte Leistungen, die Gegenstand von Lizenzverträgen sein können (z. B. Patent, Know How) machen §§ 17, 18 GWB strengere Vorgaben in vertikaler Hinsicht als nur eine Missbrauchsaufsicht[181].

98 Das **EU-Kartellrecht** nach Art. 81 EGV unterscheidet nicht zwischen horizontal und vertikal veranlassten Wettbewerbsbeschränkungen[182]. Um eine Vielzahl von Einzelfreistellungen nach Art. 81 Abs. 3 EGV zu vermeiden, wurden deshalb **Gruppenfreistellungsverordnungen** (GVO) geschaffen, von denen der sogenannten SchirmGVO[183] die größte Bedeutung für vertikal veranlasste Wettbewerbsbeschränkungen im Internetvertrieb zukommt. Daneben ist die Technologie-Transfer-GVO[184] und im Kfz-Bereich die GVO 1400/2002[185] zu nennen. Die Technologie-Transfer-GVO hat insbesondere Bedeutung für das Lizenzkartellrecht im Bereich Patent und Know-How[186]. Die Anforderungen an vertikale Vertriebssysteme sollen nachfolgend anhand der Schirm-GVO dargestellt werden. Für speziell geregelte Sektoren, z. B. den Kfz-Sektor über die GVO 1400/2002, ergeben sich für den Internetvertrieb keine darüber hinausgehenden Besonderheiten.

Der Anwendungsbereich der neuen Schirm-GVO erstreckt sich gemäß Art. 2 Abs. 1 EGV

> „auf Vereinbarungen oder auf einander abgestimmte Verhaltensweisen zwischen zwei oder mehr Unternehmen, von denen jedes zwecks Durchführung der Vereinbarung auf einer anderen Produktions- oder Vertriebsstufe tätig ist, und welche die Bedingungen betreffen, zu denen Partner bestimmte Waren oder Dienstleistungen beziehen, verkaufen oder weiterverkaufen können."

Damit erfasst die Freistellung grundsätzlich sämtliche Formen vertikaler Wettbewerbsbeschränkungen gemäß Art. 81 EGV in Verträgen zwischen Unternehmen unterschiedlicher Wirtschaftsstufen, wenn sie sich auf den Bezug, Verkauf oder Weiterverkauf von Waren oder Dienstleistungen beziehen.

3. Anwendbarkeit

99 **Nicht** anwendbar ist die Schirm-GVO auf **horizontale Vereinbarungen** zwischen Unternehmen, die im Rahmen der Vertragsbeziehung auf derselben Wirtschaftsstufe tätig sind. Außerdem gilt die SchirmGVO nicht für Vereinbarungen mit nichtgewerblichen Verbrauchern, weil es hier schon an der Unternehmenseigenschaft einer der Parteien mangelt[187].

100 Eine sehr wichtige Einschränkung ist ferner, dass nur Vertikalvereinbarungen erfasst sind, die sich auf den **Bezug, Verkauf oder Weiterverkauf von Produkten** beziehen. Daraus ist zu folgern, dass Miet-, Pacht-, Leasing- oder ähnliche Verträge als solche nicht in den Anwendungsbereich der SchirmGVO fallen können. Das hat

---

[181] Vgl. dazu unten Rdnr. 123 ff.

[182] Vgl. dazu oben Rdnr. 3.

[183] Abgedruckt WuW 2000, 151 ff. = *Immenga/Mestmäcker,* EG-Wettbewerbsrecht, Ergänzungsband, Anhang 1 = *Bauer/de Bronett,* Die EU-GruppenfreistellungsVO für vertikale Wettbewerbsbeschränkungen, S. 174 ff. = *Langen/Bunte* II, S. 3014.

[184] Nr. 240/96 ABl. Nr. 31/2 vom 9. 2. 1996.

[185] Abgedruckt EuZW 2002, 563 ff.; Eingehend Pfeffer NJW 2002, 2910 ff.

[186] Dazu eingehend Rdnr. 124 ff.

[187] Vgl. zur Unternehmenseigenschaft oben Rdnr. 17 ff.

die EU-Kommission auch in den Leitlinien, mit denen sie die SchirmGVO unverbindlich kommentiert[188], festgestellt[189]. Einige wichtige Fallgestaltungen des Internetvertriebes nimmt dies von der Anwendung der SchirmGVO aus, z. B. den Internetvertrieb von Host-Providern, die Speicherplatz zur Verfügung stellen, und damit eine dem Mietvertrag ähnliche Leistung erbringen[190]. Für das Bereitstellen von Computerspielen, Musikwerken, Filmwerken oder Dokumenten zum entgeltlichen Download aus dem Internet dürfte aber die SchirmGVO Anwendung finden, sofern dem Downloadvorgang im Internet kein miet- oder pachtähnliches Dauerschuldverhältnis zugrunde liegt, sondern das Geschäft mit einer einmaligen Gegenleistungen entgolten wird. Dann ist es unerheblich, wie die bezogene Leistung zur Verfügung gestellt wird.

Für **begleitende Lizenzregelungen** stellt die Kommission in den – allerdings un- 101
verbindlichen[191] – Leitlinien zur Auslegung der SchirmGVO fünf Voraussetzungen auf, damit die SchirmGVO darauf Anwendung findet:

- die Bestimmungen müssen Bestandteil einer vertikalen Vereinbarung sein, die die Voraussetzungen, unter denen die Vertragsparteien bestimmte Waren oder Dienstleistungen beziehen, verkaufen oder weiterverkaufen dürfen enthält;
- die Bestimmungen müssen die Übertragung solcher Rechte auf den Käufer oder deren Nutzung durch den Käufer betreffen;
- die Bestimmungen dürfen nicht den Hauptgegenstand der Vereinbarung bilden;
- die Bestimmungen müssen unmittelbar mit der Nutzung, dem Verkauf oder dem Weiterverkauf von Waren oder Dienstleistungen durch den Käufer oder dessen Kunden zusammenhängen (bei Franchiseverträgen, bei denen der Zweck der Nutzung der Eigentumsrechte in der Vermarktung liegt, werden die Waren oder Dienstleistungen vom Hauptfranchisenehmer bzw. von den Franchisenehmern vertrieben);
- die Bestimmungen müssen im Verhältnis zu den Vertragswaren oder -dienstleistungen keine Wettbewerbsbeschränkung enthalten, die denselben Zweck oder dieselbe Wirkung wie vertikale Beschränkungen haben, die nicht von der GruppenfreistellungsVO freigestellt sind.

In solchen Fällen fallen auch begleitende Lizenzregelungen unter die SchirmGVO. Nicht Anwendung findet die SchirmGVO damit zwar auf reine Lizenzvereinbarungen wie Rezept-Lizenzen, Software-Lizenzverträge (bei denen nur eine Masterkopie überlassen wird), reine Markenlizenzverträge, Sponsorenverträge (z. B. „Offizieller Ausrüster der Fußballnationalmannschaft") sowie Urheberrechts-Lizenzverträge (z. B. Gewährung von Fernsehübertragungsrechten)[192]. Die vorgenannten Lizenzverträge sollten aber bei einem Internetvertrieb über Download an den Endkunden nicht vorliegen, selbst wenn Lizenzregelungen enthalten sind (z. B. Vervielfältigungsrecht beim Download von Filmen), weil diese Lizenzregelungen dann nur der Durchführung des Vertriebsvertrages dienen, mit ihm also in unmittelbarer Bezie-

---

[188] Vgl. zum Charakter von Bekanntmachungen oben Rdnr. 29.

[189] *EU-Kommission,* Leitlinien für vertikale Beschränkungen, Tz. 25.

[190] Vgl. dazu § 13, Rdnr. 293 ff.

[191] Vgl. zum Rechtscharakter der Leitlinien oben Rdnr. 29.

[192] *EU-Kommission,* Leitlinien für vertikale Beschränkungen, Tz. 32 ff.; *Bauer/de Bronett,* Die EU-GruppenfreistellungsVO für vertikale Wettbewerbsbeschränkungen, Seite 59; zu den einzelnen Lizenzvertragsarten unten Rdnr. 123 ff.

hung stehen[193]. Nicht unter die SchirmGVO fällt jedoch die Konstellation, in der ein Lizenzgeber dem Lizenznehmer im Wege der Downloadberechtigung eine Mutterkopie mit einer Lizenz zur Herstellung und Verteilung von Kopien überlässt.

102 Die SchirmGVO gilt allerdings dann, wenn es sich zwar um **Miet- und Pachtverträge** handelt, jedoch diese Verträge den **Vertrieb von Produkten** regulieren, z.B. ein Gaststättenpachtvertrag verbietet im Rahmen der Bierbezugsverpflichtung den Internetvertrieb.

103 Nach der Definition des Art. 2 Abs. 1 SchirmGVO fallen **Forschungs- und Entwicklungsverbote** nicht in ihren Anwendungsbereich. Insoweit macht die Technologie-Transfer GVO vielmehr eigene Vorgaben.

104 Außerdem gilt die SchirmGVO gemäß Art. 3 Abs. 1 SchirmGVO nur, wenn der **Anteil** des Lieferanten an den jeweiligen **Markt,** auf dem er die Vertragswaren oder -dienstleistungen verkauft, 30% nicht überschreitet. Im Fall von Alleinbelieferungsverpflichtungen findet die Freistellung Anwendung bei einem Anteil des Käufers an dem relevanten Markt, auf dem er die Vertragswaren oder -dienstleistungen einkauft, der nicht mehr als 30% ausmacht (Art. 3 Abs. 2 SchirmGVO)[194].

105 Art. 4 und Art. 5 SchirmGVO führen bestimmte vertikale Vereinbarungen auf, für welche die Freistellung nach Art. 2 SchirmGVO nicht gilt (sogenannte „schwarze Klauseln"). Für den Internetvertrieb ergeben sich jedoch soweit ersichtlich allein aus Art. 4 SchirmGVO Besonderheiten, so dass die Ausführungen nachfolgend darauf beschränkt werden.

4. Preisvorgaben

106 Im **EU-Recht** findet sich eine erste schwarze Klausel in Art. 4 lit. a) SchirmGVO. Danach können die Unternehmen den Vertriebshändlern für Verkäufe im Internet keine **Fest- oder Mindestpreise** vorschreiben. Das Verbot gilt nicht nur für ausdrücklich vereinbarte Mindest- und Fixpreisbindungen für den Händler, wie sich schon aus dem Eingangssatz von Art. 4 SchirmGVO ergibt[195]. Auch die Gewährung von Anreizen dazu kann Art. 4 lit. a SchirmGVO verletzen. In seinen unverbindlichen Leitlinien zur Auslegung der SchirmGVO nennt die Kommission einige Beispiele[196].

- Abmachungen über Absatzspannen oder über Nachlässe, die der Vertriebshändler auf ein vorgegebenes Preisniveau höchstens gewähren darf,
- Bestimmungen, denen zufolge die Gewährung von Nachlässen oder die Erstattung von Werbeaufwendungen von der Einhaltung eines vorgegebenen Preisniveaus abhängig gemacht wird oder der vorgeschriebene Wiederverkaufspreis an die Preise von Wettbewerbern gebunden wird oder
- Drohungen, Einschüchterungen, Warnungen, Strafen, Verzögerungen und Aussetzungen von Lieferungen und Vertragskündigung bei Nichteinhaltung eines bestimmten Preisniveaus.

---

193 *EU-Kommission,* Leitlinien für vertikale Beschränkungen ABl. C291/1 vom 13. 10. 2000, Tz. 34.

194 Eingehend: *Polley/Seeliger,* WRP 2000, 1203, 1210.

195 Vgl. auch *Bauer/de Bronett,* Die EU-Gruppenfreistellungsverordnung für vertikale Wettbewerbsbeschränkungen, Seite 64 ff.; *Seeliger,* WuW 2000, 1174, 1179.

196 *EU-Kommission,* Leitlinien für vertikale Beschränkungen, Tz. 47.

Besonders sensibel reagiert die EU-Kommission, wenn solche indirekten Mindest- 107
oder Fixpreisvereinbarungen mit Maßnahmen zur Ermittlung von abweichenden Vertriebshändlern kombiniert werden, z.B. mit Preisüberwachungssystemen oder Verpflichtungen für Einzelhändler, andere Mitglieder des Vertriebsnetzes zu melden, die das Standardpreisniveau verlassen. Erwähnenswert ist sicherlich, dass die schwarze Klausel nur Mindest- oder Fixpreisbindungen, nicht jedoch **Höchstpreisbindungen** erfasst, die danach nach der Schirm-GVO unter die Freistellung fallen. Das Gleiche gilt für **Preisempfehlungen.** Nach den Leitlinien der EU-Kommission wird der Umstand, dass der Lieferant dem Händler/Käufer eine Liste mit Preisempfehlungen oder Preisobergrenzen übergibt, für sich genommen nicht als Tatbestand gesehen, der eine freistellungsunfähige Preisbindung bewirkt[197].

Danach kann es mit dem **deutschen Kartellrecht** zu **Widersprüchen** kommen. Das 108
deutsche Kartellrecht verbietet nach der Rechtsprechung des Bundesgerichtshofes **Höchstpreisbindungen** (§ 14 GWB)[198]. Auch die Zulässigkeitsgrenzen für Preisempfehlungen werden nach §§ 22 Abs. 2, 23 GWB für Preisempfehlungen enger gezogen als nach der SchirmGVO. Sofern also wegen Zwischenstaatlichkeit EU-Recht und damit die SchirmGVO Anwendung findet, stellt sich das Problem der Legalität nach EU-Kartellrecht bei gleichzeitiger Unzulässigkeit nach deutschem Recht. Insoweit setzt sich EU-Kartellrecht durch[199]. Für nicht zwischenstaatliche Sachverhalte, auf die EU-Kartellrecht keine Anwendung findet[200], kann es jedoch zu einer Inländerdiskriminierung kommen. Allerdings will das Bundeskartellamt künftig entsprechende Fälle im Rahmen seines Aufgreifermessens nicht mehr beanstanden, um eine Inländerdiskriminierung zu verhindern[201].

Ein weiteres Auseinanderfallen von EU-Kartellrecht und deutschem Kartellrecht 109
ergibt sich bei **Verlagserzeugnissen.** Das Preisbindungsverbot gilt zunächst nicht für Bücher gem. §§ 3, 5 BuchpreisbindungsG. Hier besteht sogar eine Verpflichtung, einen Preis festzusetzen, § 5 BuchpreisbindungsG. Gem. § 2 BuchpreisbindungsG sind neben Büchern auch Musiknoten, kartografische Produkte, Produkte, die Musiknoten oder kartografische Produkte reproduzieren oder substituieren, oder kombinierte Objekte, bei denen eines der vorgenannten Produkte die Hauptsache bildet, als Waren anzusehen, die im Preis gebunden werden müssen. Seit Einführung des BuchpreisbindungsG regelt § 15 GWB nur noch Zeitungen und Zeitschriften sowie Produkte, die diese beiden reproduzieren oder substituieren und außerdem kombinierte Produkte, bei denen eines der vorgenannten Produkte im Vordergrund steht, § 15 Abs. 1 GWB. Nach § 15 GWB besteht allerdings nur ein Recht und keine Verpflichtung der Preisbindung, ein ganz bewusst vom Gesetzgeber im Vergleich

---

[197] *EU-Kommission,* Leitlinien für vertikale Beschränkungen, Tz. 47; zum Ganzen auch *Seeliger,* WuW 2000, 1174, 1179.

[198] *BGH* WuW/E 1787 – *Garant; BGH* NJW-RR 1986, 915 – *Herstellerpreiswerbung; OLG Frankfurt,* WuW/E *OLG* 2273 – *Freundschaftspreis;* speziell zu Internetplattformen *Koenig/Engelmann* WRP 2002, 1244, 1249f.; siehe auch *Klosterfelde/Metzlaff* in *Langen/Bunte,* § 14 Rdnr. 47; *Emmerich* in *Immenga/Mestmäcker,* GWB, § 14 Rdnr. 49 jeweils m.w.N.

[199] Vgl. dazu oben Rdnr. 30ff.

[200] Vgl. dazu oben Rdnr. 25ff.

[201] *BKartA* Tätigkeitsbericht 1999/2000, S. 58; *Bauer/de Bronett,* Die EU-GruppenfreistellungsVO für vertikale Wettbewerbsbeschränkungen, S. 66; *Polley/Seeliger,* WRP 2000, 1203, 1212; vgl. auch *Veelken* in *Immenga/Mestmäcker,* EG-Wettbewerbsrecht, Ergänzungsband, GFVO Rdnr. 179.

zur Buchpreisbindung vorgesehener Unterschied[202]. Im Hinblick auf Bücher gem. BuchpreisbindungsG bzw. Zeitungen oder Zeitschriften nach § 15 GWB ist unerheblich, ob urheberrechtlicher Schutz besteht. Da eine Ersatzfunktion für herkömmliche Verlagserzeugnisse vorliegt, sind auch elektronische Zeitschriften von § 15 GWB erfasst, z.B. eine NJW-Volltext CD-ROM[203].

110 Es spricht mit dieser Rechtsprechung einiges dafür, dass auch **elektronische Verlagserzeugnisse**, die über das Internet angeboten werden, z.B. **Internetzeitschriften** oder **e-books** vom Preisbindungsverbot ausgenommen sind, sofern sie Substitutionsprodukte für herkömmliche nicht-elektronische Verlagserzeugnisse sind. Die Körperlichkeit kann nicht zur Voraussetzung gemacht werden, weil die Substitutionswirkung auch ohne Körperlichkeit einsetzt[204]. Im Wege des Versandes über E-Commerce-Plattformen vertriebene körperliche Verlagserzeugnisse fallen unproblematisch unter das BuchpreisbindungsG bzw. § 15 GWB.

111 Bei zwischenstaatlichen Sachverhalten entsteht jedoch die Problematik, dass das EU-Kartellrecht eine Legalausnahme für die Preisbindung von Verlagserzeugnissen nicht kennt und die EU-Kommission deshalb eine **grenzüberschreitende Preisbindung** grundsätzlich ablehnt[205]. Obwohl auch von der verabredeten territorialen Ausdehnung her nationale Wettbewerbsbeschränkungen zwischenstaatliche Wirkungen haben können[206], hat sich der EuGH stets geweigert, Buchpreisbindungen nach EU-Kartellrecht zu beurteilen, sofern die Preisbindungen nur nationale Händler betrafen[207]. Deshalb stellt § 4 Abs. 1 BuchpreisbindungsG ausdrücklich klar, dass die Preisbindung für Bücher nicht für grenzüberschreitende Verkäufe innerhalb der EU gilt. Eine Ausnahme besteht nach § 4 Abs. 2 BuchpreisbindungsG, wenn die Ausfuhr zum Zwecke der Wiedereinfuhr erfolgt, also die Preisbindung umgangen werden soll.

Das war z.B. der Fall, als die österreichische Buchhandelskette **Libro** über ihre deutschen Ladengeschäfte die Möglichkeit eröffnete, über dort bereitgestellte Internetzugänge in Österreich Bücher zu bestellen, die dann unter Umgehung der geltenden gebundenen Buchpreise an die deutschen Besteller ausgeliefert wurden[208]. Kein Umgehungstatbestand dürfte aber vorliegen, wenn nicht die Möglichkeit eröffnet worden wäre, über im Ladengeschäft aufgestellte Computerterminals Titel deutscher Verlage unter dem gebundenen Preis in Österreich zur Auslieferung in Deutschland zu bestellen, sondern lediglich ein Vertrieb über das Netz stattgefunden hätte[209].

---

202 RegE zum BuchpreisbindungsG, BT DS 14/9196, S. 8; eingehend auch *Waldenberger* NJW 2002, 2914, 2916.

203 *BGH* NJW 1997, 1911 – *CD-ROM*; *OLG Hamburg* GRUR 1985, 830, 832; *BKartA* Tätigkeitsbericht 1991/92 S. 40; *Bunte* in NJW 1997, 3127; sehr kritisch allerdings *Ahrens/Jänisch*, GRUR 1998, 599, 600.

204 *Waldenberger* NJW 2002, 2914, 2918; *Fezer* NJW 1997, 2150, 2152; *Klosterfelde/Metzlaff* in *Langen/Bunte* § 15 Rdnr. 21; A.A. *Jungermann/Heine*, CR 2000, 526, 532.

205 *EU-Kommission* ABl. EG Nr. C 162 vom 10. 6. 2000, S. 25; vgl. auch *EuGH* WuW/E EU-R 375 *Französische Buchpreisregelung; EuGH* Slg. 1985 I, 36 – *Leclerc* = NJW 1987, 3069; zum Ganzen auch *Hofmann*, GRUR 2000, 555 ff.; *Jungermann*, NJW 2000, 3189.

206 Vgl. oben Rdnr. 27 ff.

207 *EuGH* WuW/E EU-R 375 – *Französische Buchpreisregelung; EuGH* NJW 1987, 3069.

208 *LG Berlin*, NJWE-WettbR 2000, 251, 252 – *Libro Disk*.

209 Ausdrücklich offengelassen eine Beurteilung dieses Sachverhaltes von *LG Berlin*, NJWE-WettbR 2000, 251, 253 – *Libro Disk*.

Bei Zeitungen und Zeitschriften im Sinne des § 15 GWB gilt etwas anderes. Grenzüberschreitende Preisbindungen, die mit einem Remissionsrecht für die Händler kombiniert sind, fallen schon gar nicht unter Art. 81 EGV, weil das Remissionsrecht das grenzüberschreitende Angebot erst ermöglicht und damit Wettbewerbseröffnend wirkt[210]. Beim grenzüberschreitenden Online-Vertrieb von Zeitschriften kann dieses Argument aber nicht verfangen, so dass grenzüberschreitender Online-Abruf von Zeitungen und Zeitschriften nicht preisgebunden werden darf. In der Praxis ergeben sich daraus aber keine Probleme, weil in der Regel die Verlage selbst die Inhalte im Netz anbieten und nicht über Wiederverkäufer gehen. 112

5. Beschränkungen des Gebiets- oder Kundenkreises

Grundsätzlich fallen Gebiets- und Kundenbeschränkungen nicht in die Freistellung der SchirmGVO, Art. 4 lit. d) SchirmGVO. Es muss also eine der Ausnahmen der „Spiegelstrichliste" aus Art. 4 lit. b) SchirmGVO vorliegen, damit ausnahmsweise eine Freistellung für Beschränkungen des Gebiets- oder Kundenkreises angenommen werden kann. 113

Freigestellt sind allein Beschränkungen des **aktiven Verkaufs** in Gebiete oder an Gruppen von Kunden, die der Lieferant sich selbst vorbehält oder ausschließlich einem anderen Käufer (Händler) zugewiesen hat und die dem unmittelbaren Abnehmer auferlegt werden. 114

Passive Verkäufe, also Lieferungen auf Anfrage aus anderen Gebieten als dem Vertragsgebiet oder auf Anfrage von Kundengruppen, die dem Vertriebshändler nicht ausschließlich zugewiesen werden, müssen immer möglich sein[211]. Nach Auffassung der Kommission, wie sie in den Leitlinien veröffentlicht ist, soll der allgemeine Verkauf und allgemeine Werbung über das Internet einen nicht beschränkbaren Passivverkauf darstellen[212]. 115

Ein beschränkbarer Aktivverkauf ist jedoch gegeben, wenn die **Website** gezielt bestimmte Kunden innerhalb des Gebietes oder der Kundengruppe zu erreichen versucht, die einem anderen Vertriebshändler zugeteilt sind. Dabei soll die auf der Website verwendete Sprache regelmäßig keine Rolle spielen. Wirksam beschränkt werden kann der Internetvertrieb also nach Art. 4 lit. b) 1. Spiegelstrich SchirmGVO für die Platzierung von Bannern oder Links auf die Internetseiten eines anderen Anbieters, die sich gezielt an eine Kundengruppe bzw. an Kunden in einem Vertragsgebiet richten, das einem anderen Händler exklusiv zugewiesen wurde. Als Beispiel lässt sich der Fall konstruieren, dass ein Lieferant einen Exklusivhändler in Deutschland und Frankreich eingesetzt hat. Nach Meinung der Kommission kann dann dem deutschen Händler untersagt werden, auf einem französischen Internetportal auf ihn hinweisende Banner bzw. einen entsprechenden Link zu platzieren[213]. 116

---

210 *Waldenberger* NJW 2002, 2914, 2916; *Bechtold,* § 15 Rdnr. 30; beide unter zutreffendem Verweis auf EU-Kommission, XXIX. Bericht über die Wettbewerbspolitik 1999, S. 181 ff.

211 Vgl. zur Abgrenzung zwischen Aktiv- und Passivverkauf eingehend *Bauer/de Bronett,* Die EU-Gruppenfreistellungsverordnung für vertikale Wettbewerbsbeschränkungen, Seite 68; *Broniger,* Das neue Vertriebskartellrecht, Art. 4 Rdnr. 13 ff.; *Polley/Seeliger,* WRP 2000, 1203, 1212; *Veelken* in *Immenga/Mestmäcker,* EG-Wettbewerbsrecht, Ergänzungsband GFVO, Rdnr. 197.

212 *EU-Kommission,* Leitlinien für vertikale Beschränkungen, Tz. 50.

213 Beispiel nach *Bauer/de Bronett,* Die EU-Gruppenfreistellungsverordnung für vertikale Wettbewerbsbeschränkungen, S. 138.

Dabei wird auch der durch die Website verwendeten Top-Level-Domain Bedeutung zukommen: Ist sie eine ausländische Länderkennung (im Beispielsfall „.fr“), so findet eine aktive Werbung statt. Das gilt allerdings nicht, wenn ein im Internet surfender Kunde auf eine für ihn ausländische Länderkennung stößt und ihm dort ein Warenbezug angeboten wird. Dann ist für den Kunden ein passiver Verkauf aus dem Ausland offensichtlich[214]. Eine aktive Verkaufsmaßnahme sind nach Auffassung der Kommission auch **e-mails,** die an einen Kunden ohne vorherige Aufforderung versandt werden[215]. Wenn der Händler **meta-tags** setzt und so ein Finden der Website aktiv unterstützt, so ist dies auch als eine Form des beschränkbaren Aktivverkaufs anzusehen[216].

117 Für **selektive Vertriebsverträge** gelten strengere Regelungen. Nach Art. 1 lit. d) SchirmGVO liegt ein selektives Vertriebssystem vor, wenn sich der Lieferant verpflichtet, die Vertragswaren oder -dienstleistungen unmittelbar oder mittelbar nur an Händler zu verkaufen, die auf Grund festgelegter Merkmale ausgewählt werden, und in denen sich diese Händler verpflichten, die betreffenden Waren oder Dienstleistungen nicht an Händler zu verkaufen, die zum Vertrieb nicht zugelassen sind. Nach Art. 4 lit. c) SchirmGVO ist – im Gegensatz zu Art. 4 lit. b) SchirmGVO für einfache Vertriebsverträge – jede Beschränkung des aktiven oder passiven Verkaufs an Endverbraucher von der Gruppenfreistellung ausgenommen. Art. 4 lit. c) SchirmGVO erfasst seinem Wortlaut nach auch jede Vertriebsformbeschränkung und somit auch das Verbot von aktiven oder passiven Verkäufen über das Internet[217].

6. Beschränkungen der Verkaufsstätte (Internetvertrieb)

118 Die Kommission erörtert das Problem, ob eine Beschränkung des Internet als Verkaufsstätte unter die SchirmGVO fällt, im Rahmen der Frage der Zulässigkeit einer Gebiets- und Kundenkreisbeschränkung[218]. Ein Totalverbot des Internetvertriebs soll nur bei Vorliegen sachlich gerechtfertigter Gründe zulässig sein. Leider lässt die Kommission offen, wann sie eine sachliche Rechtfertigung als gegeben betrachten will. Insbesondere Gründe der Gefahrenabwehr und des Gesundheitsschutzes sollten aber eine Rolle spielen[219].

119 Ohnehin erscheint es aber **nicht** als überzeugend, für die Frage der Zulässigkeit des (auch teilweisen) Verbotes des Vertriebes über das Internet auf die Zulässigkeit als **Gebiets- oder Kundenkreisbeschränkung** abzustellen[220]. Denn das Internet ist weder auf ein bestimmtes Gebiet noch auf bestimmte Kunden beschränkt. Etwas anderes mag ausnahmsweise dann gelten, wenn nur mit Hilfe des Internet bestimmte Kunden bzw. Gebiete erreicht werden können.

---

[214] *Seeliger,* WuW 2000, 1174, 1181.

[215] *EU-Kommission,* Leitlinien für vertikale Beschränkungen, Tz. 51.

[216] *Pautke/Schultze,* BB 2001, 317, 321.

[217] *Bauer/de Bronett,* Die EU-Gruppenfreistellungsverordnung für vertikale Wettbewerbsbeschränkungen, S. 143.

[218] *EU-Kommission,* Leitlinien für vertikale Beschränkungen, Tz. 51.

[219] Zutreffend *Bauer/de Bronett,* Die EU-Gruppenfreistellungsverordnung für vertikale Wettbewerbsbeschränkungen, S. 140.

[220] Kritisch ebenso *Pautke/Schulze,* BB 2001, 317; *Bauer/de Bronett,* Die EU-Gruppenfreistellungsverordnung für vertikale Wettbewerbsbeschränkungen, S. 139 f.; *Seeliger,* WuW 2000, 1174, 1180.

Das Kriterium der sachlich gerechtfertigten Gründe ist vielmehr an dem Wesen des Vertriebssystems zu messen. So kommt es zunächst darauf an, ob **„gute Gründe"** bestehen, die einen Lieferanten veranlassen können, von seinen Abnehmern eine Konzentration auf den „Brick-Store" zu verlangen, wobei jedoch geringe Umsätze über einen Internetvertrieb in Höhe von bis zu 10% stets zulässig sein sollten[221]. Die Notwendigkeit einer Konzentration auf den „Brick-Store" kann sich beispielsweise aus der Notwendigkeit von direkter persönlicher Beratung, praktischer Erlebbarkeit oder des Aufbaus und der Pflege eines Markenimages ergeben. Das gilt nicht nur im Rahmen von selektiven Vertriebsverträgen, sondern auch für einfache Vertriebsverträge, die solche Anforderungen an den Produktvertrieb stellen. Es galt bislang auch als unstreitig, dass zumindest Selektiv-Vertriebshändlern, die entsprechenden Systemen angehörten, der Vertrieb der Vertragsprodukte in der Form des Versandhandels untersagt werden konnte, wenn die Interessen des Lieferanten am selektiven Vertriebssystem mit dem Versandhandel kollidierten[222]. Allerdings darf dabei nicht außer Betracht bleiben, wie intensiv der Internetvertrieb überhaupt gehandhabt wird[223]. Handelt es sich lediglich um Internetwerbung, erfolgt der Abschluss des Geschäftes jedoch in einem „Brick-Store", so ist regelmäßig nicht davon auszugehen, dass der Ausschluss dieser Werbeform sachlich gerechtfertigt ist. Beim E-Commerce, sei es als andere Form des Versandhandels oder bei der Leistungserbringung über das Internet durch Download, können aber je nach Anforderungen an das Vertriebssystem gute Gründe für einen Ausschluss von Klick-Stores nach den oben genannten Voraussetzungen vorliegen[224]. Es darf dabei jedoch nicht übersehen werden, dass die Präsentation von Produkten im Internet der Präsentation in gedruckten Versandkatalogen überlegen ist. Es besteht von daher für einen Hersteller von Spitzenkosmetika kein sachlicher Grund, die Belieferung von reinen Internethändlern generell zu verweigern und zu verlangen, dass diese (auch) einen „brick store" betreiben, der 50% des Umsatzes ausmacht[225]. Dennoch weist der Internetvertrieb typische Parallelen mit dem Versandhandel auf, die es bei anderen Produkten, die z.B. eine Demonstration zwingend erfordern, rechtfertigen, den Internetvertrieb genauso wie den Versandhandel auszuschließen. Bislang lehnt die Kommission die parallele Beurteilung des Internetvertriebs mit dem bisherigen Versandhandel ab[226]. 120

---

221 Das schlagen auch *Bauer/de Bronett,* Die EU-Gruppenfreistellungsverordnung für vertikale Wettbewerbsbeschränkungen, S. 141, vor. Eine entsprechende Praxis der *EU-Kommission* existiert aber noch nicht, so dass eine vorherige Abstimmung mit der *EU-Kommission* empfehlenswert ist.

222 Vgl. nur *EU-Kommission,* ABl. EG 1985 L 233/1 – *Grundig-EG-Vertriebsbindung* = WuW/E EV 1251; *EU-Kommission* ABl. 1994 L 12/24 – *Yves Saint Laurent Parfums* = GRUR Int. 1992, 915; *EU-Kommission* ABl. 1994 L 20/15 – *Grundig-EG-Vertriebsverbindung II; BGH* WuW/E *BGH* 1995, 1998 – *Modelbauartikel III*; *OLG Hamburg,* WuW/W *OLG* 4195, 4198 – *Märklin; OLG München,* WuW/E *OLG* 5659 – *Versandparfümerien.*

223 Vgl. zur Begriffsbestimmung „Internetvertrieb" oben Rdnr. 92.

224 So auch *Cour d' Appel de Versailles* GRUR Int. 2000, 1035; *Kaminski/Henßler/Kolaschnick/Papathoma-Baetge,* 3. Kap. J. Rdnr. 28; kritisch *Seeliger,* WuW 2000, 1174, 1183.

225 OLG München MMR 2002, 162, 165 – *Internetvertrieb.*

226 Vgl. die zitierten Presseerklärungen der Kommission vom 17. 5. 2001 in Sachen *Yves Saint Laurent* und *B&W Loudspeakers* vom 17. 5. 2001 und 6. 12. 2000, zitiert nach *Bauer/de Bronett,* Die EU-Gruppenfreistellungsverordnung für vertikale Wettbewerbsbeschränkungen, S. 142 f.

121 Kein sachlich gerechtfertigter Grund ist ersichtlich, wenn der Lieferant seinem Händler aufgibt, nicht über das Internet zu verkaufen, um den Verkauf über das Internet sich selbst vorzubehalten[227].

122 **Konsequenzen eines Verstoßes** gegen Art. 81 EGV mangels Freistellungswirkung der SchirmGVO sind folgende: Besteht ein Vertrag zwischen den Parteien, der durch die Unwirksamkeit der Ausschaltung des Internetvertriebes nicht insgesamt entfällt[228], so hat der Händler einen Anspruch auf Belieferung ohne Beschränkungen für den Internetvertrieb. Existiert kein Vertragsverhältnis zwischen den Parteien, so kann ein Kontrahierungszwang für den Lieferanten nur bestehen, wenn die erforderlichen Marktmachtschwellen[229] des Art. 82 EGV bzw. der §§ 19, 20 GWB erreicht sind; ist dies der Fall, muss der Lieferant diskriminierungsfrei leisten und darf dabei nicht kartellrechtlich unzulässige Forderungen, wie z. B. eine Ausschaltung des Internetvertriebes ohne sachlich gerechtfertigten Grund verlangen. Ein solcher Kontrahierungsanspruch entfällt nicht etwa deshalb, weil die einschlägige GVO keinen Kontrahierungszwang vorsieht[230]. Denn die GVO regelt nur den Anwendungsbereich des Art. 81 EGV.

II. Lizenzkartellrecht

123 Wettbewerbsbeschränkungen in Lizenzverträgen haben im EU- und deutschen Kartellrecht teilweise unterschiedliche Regelungen erfahren. Wo nach EU-Recht Legalität besteht, stellt sich die Vorrangfrage[231]. Letztlich hat nationales Lizenzkartellrecht kaum noch eine eigenständige Bedeutung[232].

1. Rechtsgrundlagen

124 Rechtsgrundlagen des **EU-Rechts** sind neben Art. 81 EGV vor allem die Gruppenfreistellungsverordnungen zum Technologietransfer[233] und zum vertikalen Vertrieb (SchirmGVO)[234]. Die TechnologietransferGVO gilt für Patent-, für Know-How-Lizenzvereinbarungen und für gemischte Patent- und Know-How-Lizenzvereinbarungen. Für urheberrechtliche Nutzungsrechtseinräumungen und markenrechtliche Lizenzvereinbarungen existiert eine solche spezielle Gruppenfreistellung nicht. Vielmehr ist hier direkt an Art. 81 EGV anzuknüpfen. Eine Ausnahme muss allerdings gemacht werden, wenn die urheberrechtliche Nutzungsrechtseinräumung oder die Markenrechtlizenz nicht den Hauptgegenstand der Vereinbarung bilden und sich die Vereinbarung unmittelbar auf die Nutzung, den Verkauf oder den Weiterverkauf von Waren und Dienstleistungen bezieht. Dann ist die SchirmGVO einschlägig, Art. 3 Abs. 4 SchirmGVO[235]. Genauso ist die TechnologietransferGVO

---

[227] *EU-Kommission,* Leitlinien für vertikale Vereinbarungen, Tz. 51; *Seeliger,* WuW 2000, 1174, 1183.
[228] Vgl. dazu oben Rdnr. 38 ff.
[229] Vgl. dazu oben Rdnr. 154 ff., 159 ff., 189 ff., sowie *OLG München,* MMR 2002, 162 – *Internetvertrieb.*
[230] A. A. möglicherweise *Pfeffer* NJW 2002, 2910, 2912.
[231] Vgl. oben Rdnr. 30 ff.; zur Frage der Anwendbarkeit von EU-Recht vgl. oben Rdnr. 25 ff.
[232] So auch *Groß* in *Wiedemann,* Handbuch des Kartellrechts, § 13 Rdnr. 6.
[233] TechnologietransferGVO, ABl. L 31/2 vom 9. 2. 1996.
[234] SchirmGVO ABl. 1999 L 336/21, siehe zur SchirmGVO auch oben Rdnr. 99 ff.
[235] Zur Abgrenzung im Einzelnen oben Rdnr. 101 ff.

einschlägig, wenn andere Rechte des geistigen Eigentums lizenziert werden, solange solche Lizenzen im Vergleich zur Patent- oder Know-How-Lizenz nur Nebenbestimmungen darstellen, Art. 5 Abs. 1 Nr. 4 TechnologietransferGVO.

Rechtsgrundlagen des **deutschen Rechts** sind die §§ 17, 18 GWB und – wenn ein zumindest potentielles Wettbewerbsverhältnis zwischen den Parteien besteht – auch § 1 GWB[236]. Die §§ 17, 18 GWB beziehen sich auf Verträge über Veräußerung oder Lizenzierung von erteilten oder angemeldeten Patenten, Gebrauchsmustern, Topographien und Sortenschutzrechten, technischen Betriebsgeheimnissen (Know-How) und Saatgutsorten. Auf gemischte Verträge findet § 17 GWB entsprechende Anwendung, § 18 Nr. 2 GWB. Nach § 18 Nr. 3 GWB dürfen Lizenzvereinbarungen auch Nebenbestimmungen zu Marken- und Geschmacksmusterlizenzen sowie urheberrechtlichen Nutzungsrechtseinräumungen enthalten bzw. – sofern veräußerbar – solche Rechte veräußern. Ansonsten beurteilen sich Marken- und Geschmacksmusterlizenzen sowie urheberrechtliche Nutzungsrechtseinräumungen nach §§ 14 bis 16 GWB und § 1 GWB, weil – genauso wie im EU-Recht – Sonderregelungen kartellrechtlicher Art dafür fehlen. Auch eine analoge Anwendung scheidet aus, nachdem der Gesetzgeber zuletzt im Rahmen der 6. GWB-Novelle 1999 mit § 18 Nr. 3 GWB erneut bekräftigt hat, dass eine – auch analoge – Anwendung der §§ 17, 18 GWB auf andere Sonderrechte als die in §§ 17, 18 GWB genannten ausscheidet[237]. 125

Im Hinblick auf Lizenzverträge besteht zwischen Kartellrecht einerseits und Schutzrechten andererseits ein **Spannungsverhältnis:** Es lässt sich nicht leugnen, dass Schutzrechte schon für sich genommen eine besondere gesetzliche Rückendeckung haben, sei es im PatG, GebrMG, MarkenG, UrhG oder GeschMG. Sie sind darüber hinaus auch durch Art. 14 GG besonders abgesichert. Dies bedeutet zwar nicht, dass wettbewerbsbeschränkende Lizenzverträge generell der Anwendung des Kartellrechts einzogen wären. Je enger die wettbewerbsbeschränkenden Regelungen jedoch mit dem Inhalt des Schutzrechtes verbunden sind, desto weniger Rechtfertigungsaufwand bedarf es, um den Lizenzvertrag als kartellrechtlich unbedenklich einzustufen. 126

2. Urheberrecht

Für die Zulässigkeit von Wettbewerbsbeschränkungen in urheberrechtlichen Nutzungsrechtsrechtseinräumungen ist im **EU-Recht** zunächst auf Art. 81 EGV abzustellen. Wettbewerbsbeschränkende urheberrechtliche Nutzungsrechtseinräumungen sind zulässig, wenn sie nach dem Inhalt des Rechts gerechtfertigt sind. Dafür stellt das EU-Recht auf den spezifischen Gegenstand des jeweiligen Urheberrechts ab. 127

Spezifischer Gegenstand des Urheberrechts ist zunächst der Schutz der Besonderheiten des urheberrechtlich geschützten Werkes. Es ist nach dem betroffenen Recht 128

[236] Vgl. dazu oben Rdnr. 60 ff. sowie *Emmerich* in *Immenga/Mestmäcker,* GWB, § 17 Rdnr. 163; *Bräutigam* in *Langen/Bunte,* § 17 Rdnr. 147; *Groß* in *Wiedemann,* Handbuch des Kartellrechts, § 14 Rdnr. 2.

[237] HM; *Sack* WPR 1999, 592, 600; *Fezer,* Markenrecht, § 30 Rdnr. 54; *Ingerl/Rohnke,* MarkenG, § 30 Rdnr. 54 ff.; *Schricker/Schricker,* Urheberrecht, Einl. Rdnr. 45 f.; *Bechtold* § 17 Rdnr. 8; *Emmerich* in *Immenga/Mestmäcker,* GWB, § 17 Rdnr. 169; *Bräutigam* in *Langen/Bunte* § 18 Rdnr. 35 a.

zu differenzieren: Urheberrecht oder „nur" Leistungsschutzrecht. Auch kommt eine Differenzierung nach der betroffenen Werkgattung in Betracht: „klassische" Kunst mit großem persönlichen Einschlag des Künstlers oder persönlichkeitsfernerer Schutz von Software. Darüber hinaus ist es von Belang, wer als Verwerter auftritt. Dem Urheber als Schöpfer dürften auf Grund seiner ideellen Stellung mehr Wettbewerbsbeschränkungen zuzubilligen sein (vgl. auch Art. 12ff. UrhG) als einem Sekundärverwerter. So fällt eine bestimmte Nutzungsrechtsbeschränkung für den Verwerter nicht unter Art. 81 EGV, wenn sie sich aus dem Wesen des Werkes erklären lässt. Allgemein ist ein subjektiv geprägtes, **legitimes Bestimmungsrecht** vor allem **des Urhebers** – mit Einschränkungen auch des Verwerters – anzuerkennen, nach den jeweiligen Besonderheiten des Werkes die optimale Nutzungsstrategie mit Nutzungsarten selbst zu definieren.

129 Beispiele sind **Unterlizenz- und Übertragsverbote,** wenn die Person des Verwerters – wie regelmäßig – von Bedeutung ist[238], das **Verbot von Bearbeitungen** oder **Qualitätsvorgaben** bei der Herstellung von Vervielfältigungsstücken, sofern dies nicht erkennbar irrelevant ist[239]. Letzteres kann es zulässig machen, das **Internet als Nutzungsart** auszuschließen, beispielsweise wenn ein Werk der bildenden Kunst, dass sonst nur in Kunstblättern vervielfältigt und verbreitet wird, droht, über das Internet in weniger aufwendiger Form reproduziert zu werden. Zulässig sind auch Abreden zur Erhaltung und Sicherstellung des Schutzgegenstandes[240]. Im Fall von ausschließlichen Rechtseinsäumigen können Enthaltungspflichten für den Autor vereinbart werden, die den Verwerter davor schützen, dass der Autor andere Werke veröffentlicht, die eine Auswertung des ersten Werkes unmöglich machen oder in schwerer Weise beeinträchtigen[241]. Unzulässig dürften hingegen Wettbewerbsverbote sein, die vom verwerteten Werk losgelöst sind, beispielsweise das Verbot für den Autor, überhaupt keine Werke mehr bei anderen Verwertern auswerten zu lassen[242]. Bedenklich sind schließlich auch Wettbewerbsbeschränkungen, die über die Laufzeit des Urheberrechts hinausgehen.

130 Es ist auch nach dem jeweilig ausgeübten Verwertungsrecht zu differenzieren: Die Einräumung von Vervielfältigungs- und Verbreitungsrechten im Hinblick auf **körperliche Waren** rechtfertigt nicht territoriale Beschränkungen, sobald die Ware einmal mit Zustimmung des Rechteinhabers in Verkehr gebracht wurde. Dann ist das **Urheberrecht** ohnehin **erschöpft** (§ 17 Abs. 2 UrhG), und Beschränkungen der weiteren Verbreitung innerhalb der EU verstießen gegen Artt. 28 und 30 EGV[243]. Bei Koppelungen von Produkten, insbesondere der Nutzung von Software nur mit bestimmter Hardware (OEM-Version), erschöpft sich das Urheberrecht ebenfalls[244].

---

238 *von Gamm,* GRUR Int. 1983, 409; *Ulrich* in *Immenga/Mestmäcker,* EG-Wettbewerbsrecht, GRUR D Rdnr. 17.

239 *Ulrich* in *Immenga/Mestmäcker,* EG-Wettbewerbsrecht, GRUR D Rdnr. 17.

240 *Ulrich* in *Immenga/Mestmäcker,* EG-Wettbewerbsrecht, GRUR D Rdnr. 17.

241 Vgl. BGH GRUR 1973, 426, 427 Medizin – *Duden-Schricker,* Verlagsrecht, § 2 Rdnr. 8; *Hertin* in *Fromm/Nordemann,* Urheberrecht, vor § 31 Rdnr. 15.

242 *Schricker,* Verlagsrecht, Einl. Rdnr. 73.

243 *EuGH* Slg. 1971, 487, 500 – *Deutsche Grammopho/Metro*; *EuGH* Slg. 1982, 329, 346 *Polydor/Harleking*; *EuGH* Slg. 1989, 79, 96 – *EML/Patricia.*

244 *BGH* NJW 2000, 3571 = GRUR 2001, 153, 155 – *OEM-Version;* vgl. auch *KG* ZUM 2001, 592, 594 – *Postkarten in Pralinenschachteln.*

Damit dürfte eine entsprechende Nutzungsbeschränkung unter Art. 81 EGV fallen[245].

Für **unkörperliche Verwertungen** ist es hingegen anerkannt, dass der Rechtsinhaber das Gebiet für die Nutzung – auch innerhalb der EU – aufteilen kann[246]. Das gilt z. B. für das Senderecht. Insoweit **scheidet** dann auch eine **Erschöpfung der Urheberrechte aus**[247]. Für Verwertungsbeschränkungen im Internetvertrieb wird teilweise gefordert, ähnlich zu differenzieren: Für die während der Online-Nutzung mit Zustimmung des Rechtsinhabers hergestellten körperlichen Vervielfältigungsstücke soll Erschöpfung innerhalb der EU eintreten, während für den reinen Abruf eines Werkes und die nur temporäre Nutzung, bzw. für Sendung von Werken im Internet die Erschöpfung ausgeschlossen sein soll[248]. Gegen diese Differenzierung spricht jedoch der eindeutige Wortlaut[249] der Erwägungsgründe für die einschlägige EU-Richtlinie, so dass sich bei Online-Diensten generell nicht die Frage der Erschöpfung stellt, vgl. auch Art. 3 Abs. 3 der EU-Richtlinie[250]. Da das deutsche Recht, hier § 17 UrhG, sich an die Vorgaben des EU-Richtlinienrechts halten musste, bestand auch kein anderweitiger Gestaltungsspielraum für den deutschen Gesetzgeber. Ohne Erschöpfung droht aber keine Neutralisierung von Begrenzungen in der Nutzungsrechtseinräumung wie z. B. keine Neutralisierung der nur territorial begrenzten Einräumung. 131

Ohnehin sind solche **Begrenzungen** im EU-Kartellrecht tendenziell **kartellrechtfest,** die urheberrechtlich **mit dringlicher Wirkung,** also mit Wirkung gegenüber jedermann, abgespalten werden können[251]. Die Kartellrechtsfestigkeit besteht aber nur in der Tendenz; es ist dennoch – anders als im schutzrechtsfreundlicheren deutschen Kartellrecht[252] – stets zu fragen, ob die Bindung Ausfluss der legitimen Bestimmungsinteressen des Urhebers ist[253]. Für die begrenzte Einräumung von Nutzungs-

---

245 So offenbar auch *EU-Kommission,* Leitlinien für vertikale Wettbewerbsbeschränkungen, Tz. 41; jedoch erfolgt eine Freistellung nach der SchirmGVO, vgl. unten Rdnr. 131; offen *BGH* NJW 2000, 3571 = GRUR 2001, 153, 155 – *OEM-Version.*

246 *EuGH* Slg. 1980, 881 *Coditel/CineVog I; EuGH* Slg. 1982, 3381 – *Coditel/CineVog II; EU-Kommission* ABl. 1989 L 284/36 – *Filmeinkauf;* von *Stoephasius* in *Langen/Bunte,* Art. 81 Fallgruppen Rdnr. 288 m. w. N.

247 Vgl. *BGH* NJW-RR 2001, 38, 39 = GRUR 2000, 699, 700 – *Kabelweitersendung.*

248 *Hoeren,* MMR 2000, 515, 517; *Linnersorn,* K&R 2001, 394, 395; *Berger,* GRUR 2002, 198, 200; *Knies* GRUR Int. 2002, 314, 316 f.; *Kröger,* CR 2001, 318, zur einschlägigen EU-Richtlinie zur Harmonisierung bestimmter Aspekte des Urheberrechts und der verwandten Schutzrechte in der Informationsgesellschaft, 2001/29/EG vom 22. 5. 2001, ABl. EG L 167 vom 22. 6. 2001, S. 19; zum deutschen Urheberrecht vor dieser Richtlinie *Hoeren,* CR 1996, 517, 519; *Raue/Hegemann* in *Hoeren/Sieber,* Kap. 7.5, Rdnr. 134.

249 „Die Frage der Erschöpfung stellt sich weder bei Dienstleistungen allgemein noch bei Online-Diensten im Besonderen. Dies gilt auch für materielle Vervielfältigungsstücke eines Werkes oder eines sonstigen Schutzgegenstandes, die durch den Nutzer eines solchen Dienstes mit Zustimmung des Rechtsinhabers hergestellt worden sind", Erwägungsgrund 29 der EU-Richtlinie zur Harmonisierung bestimmter Aspekte des Urheberrechts und der verwandten Schutzrechte in der Informationsgesellschaft, ABl. EG C 167 vom 22. 6. 2001, S. 10.

250 *Loewenheim* in *Schricker,* § 17 Rdnr. 37; W. *Nordemann* in *Fromm/Nordemann,* § 17 Rdnr. 7; von *Lewinski,* MMR 1998, 115, 117; *Flechsig,* ZUM 1998, 139, 146; *ders.,* CR 1998, 225, 227; kritisch, aber auf Grund des klaren Wortlauts der Richtlinie letztlich gleicher Ansicht *Spindler,* GRUR 2002, 105, 110; vgl. auch oben § 8 Rdnr. 22 ff.

251 Vgl. dazu allgemein oben § 13, Rdnr. 228 ff. sowie *Schricker/Schricker* Vor §§ 28 ff. Rdnr. 52 ff. m. w. N.

252 Vgl. unten Rdnr. 133.

253 Vgl. Rdnr. 128.

rechten für bestimmte Produktkoppelungen, insbesondere für Koppelungen von Software an bestimmte Hardware in Form von **OEM-Versionen,** ist umstritten, ob es sich dabei um dringlich eigenständig abgespaltene Nutzungsarten handelt.[254] Sofern bei Download von Software aus dem Internet die Nutzung der Software auf die Verwendung mit einer anderen Hardware beschränkt wird, so fällt dies also schon nicht unter Art. 81 EGV, wenn eine dingliche Abspaltbarkeit befürwortet wird. Ohnehin stellt die SchirmGVO solche Beschränkungen von Art. 81 EGV frei[255], sofern sie auf das Geschäft anwendbar ist[256]. Eine ähnliche Problematik besteht für sog. **Open Source Software**[257]. Auch insoweit kann bei Download aus dem Internet zwar keine Erschöpfung eintreten. Jedoch sind insbesondere die Verpflichtungen des Nutzers, den Quellcode offenzulegen sowie die Software kostenlos weiterzugeben, kartellrechtlich problematisch. Es handelt sich hierbei jedenfalls um Konditionen- und Preisbindungen für Drittverträge, die das EU-Kartellrecht grundsätzlich genauso wenig zulässt wie das deutsche Kartellrecht (§ 14 GWB). Jedoch werden solche Bindungen wiederum als urheberrechtlich dinglich abspaltbar angesehen, was dann zur Folge hat, dass regelmäßig kein Kartellkonflikt entstünde[258]. Dem ist – bei Anerkennung einer dinglichen Abspaltbarkeit nach Urheberrecht – zuzustimmen, weil die Offenlegung der Quellcodes und die Kostenlosigkeit zu den legitimen Interessen des bindenden Urhebers im Rahmen der Open Source Bewegung zählen.

132 Klarzustellen ist noch, dass die Erschöpfungsproblematik nur innerhalb der EU bzw. des Europäischen Wirtschaftsabkommens relevant ist (vgl. § 17 UrhG, Art. 3 Abs. 1 EU-Richtlinie) und von daher Wettbewerbsbeschränkungen für Nutzer, die nur außerhalb dieses Gebietes gelegene Rechte betreffen, von vornherein nicht unter Art. 81 EGV fallen können.

133 Im **deutschen Recht** gelten die §§ 14 bis 16 GWB. Also existiert vom Verbot der Preis- und Konditionsbindung für Drittverträge abgesehen nur eine Missbrauchsaufsicht[259]. Das gilt auch für **OEM-Koppelungen von Software** an eine bestimmte Hardware[260], es sei denn, es handelt sich nur um Nebenbestimmungen zu Verträgen über die Lizenzierung von Patenten und Gebrauchsmustern nach § 17 GWB oder anderer in § 18 Nr. 1 GWB genannter Rechte (vgl. § 18 Nr. 3 GWB). Regelmäßig wird im deutschen Recht daher nur eine kartellrechtliche Problematik bei der Einräumung von urheberrechtlichen Nutzungsrechten auftreten, wenn die Parteien mindestens potentielle Wettbewerber sind und § 1 GWB Anwendung findet. Das Gleiche gilt, wenn beschränkte Nutzungsrechtseinräumungen mit Konditionen – oder sogar Preisbindungen für Drittverträge (§ 14 GWB) kombiniert werden. Aber auch im Rahmen des § 1 GWB sowie des § 14 GWB wird dem Inhalt des Urheberrechts besondere Bedeutung zugemessen. Im deutschen Recht ist die derzeit noch herrschende Auffassung im Vergleich zum EU-Kartellrecht schutzrechtfreundlicher

---

[254] *A. Nordemann/Czychowski* in *Hasselblatt,* Anwaltshandbuch gewerblicher Rechtsschutz, § 36, Rdnr. 86 m.w.N.

[255] *EU-Kommission,* Leitlinien für vertikale Wettbewerbsbeschränkungen, Tz. 41.

[256] Vgl. dazu oben Rdnr. 99ff.

[257] Vgl. dazu § 13, Rdnr. 268f.

[258] So *Koch,* CR 2000, 273, 280 und 344.

[259] *BGH* NJW 1986, 58 = WuW/E BGH 2190; *Emmerich* in *Immenga/Mestmäcker,* GWB, § 17 Rdnr. 174 m.w.N.

[260] *Bräutigam* in *Langen/Bunte,* § 17 Rdnr. 12; differenzierend *W. Nordemann,* CR 1996, 5, 10, allerdings zu den früheren §§ 19, 20 GWB a.F.

und erklärt jede Wettbewerbsbeschränkung für **kartellrechtsneutral**, die mit **dinglicher Wirkung**[261] als **Nutzungsrecht** zeitlich, räumlich oder inhaltlich abgespalten werden kann[262]. Auch hier kommt es also beispielsweise wieder darauf an, ob OEM-Kopplungen oder Open Source Bedingungen als dinglich abspaltbare Nutzungsart anerkannt werden[263]. Kartellrechtlich relevant sind hingegen Wettbewerbsverbote zu Lasten des Nutzungsberechtigten[264] oder alle Beschränkungen, die über die Laufzeit des Urheberrechts hinausgehen[265].

Für die Erschöpfungsproblematik sei auf die Ausführungen zum europäischen Recht verwiesen, die entsprechend gelten[266]. 134

Im Hinblick auf Verwertungsgesellschaften bleibt außerdem auf die Ausnahme des § 30 GWB zu verweisen. 135

3. Markenrecht

Das Markenrecht gewährleistet verschiedene Funktionen, die seinen **spezifischen Gegenstand** ausmachen. Die Hauptfunktion des Markenrechts liegt darin, dem Verbraucher die Identität des Warenursprungs zu garantieren[267]. Das ist die sogenannte **Herkunftsfunktion** (auch Zuordnungs- und Wiederkennungsfunktion). Daneben steht die sogenannte **Qualitätsfunktion.** Diese Funktion bezieht sich auf die Gewähr, dass alle gekennzeichneten Erzeugnisse unter der Kontrolle eines einzigen Unternehmens hergestellt wurden, das auch für ihre Qualität verantwortlich gemacht werden kann[268]. Das ergibt sich im deutschen Markenrecht – das auf einer EU-Richtlinie beruht[269] – aus der nahezu unbegrenzten Möglichkeit, Lizenzen zur Benutzung der Marke an Dritte zu vergeben (§ 30 Abs. 1 MarkenG). Als dritte Markenfunktion ist heute die **Werbefunktion** (auch Investmentfunktion) zumindest durch das deutsche Markengesetz anerkannt[270]. Die Werbefunktion der Marke 136

---

261 *Schricker* in *Schricker,* Urheberrecht, 2. Aufl. 1999, vor §§ 28 ff. Rdnr. 52 ff. m. w. N.; *Hertin* in *Fromm/Nordemann* Urheberrecht, §§ 31/32 Rdnr. 7 m. w. N.; *Ulmer,* Urheber- und Verlagsrecht, § 84 I, § 108 I m. w. N.

262 Jeweils zum Patentrecht *BGH* WuW/E 823 – *Schweißbolzen* = BGHZ 46, 365 ff.; *BGH* WuW/E 1034 f. – *Rüben-Verladeeinrichtung; Axster* in Gemeinschaftskommentar §§ 20, 21 GWB a. F. Rdnr. 152; *von Gamm,* § 20 GWB Rdnr. 12; *Gaul/Bartenbach,* Handbuch des gewerblichen Rechtsschutzes, Band II, Rdnr. 591 ff.; kritisch *Loewenheim,* GRUR 1982, 461 ff.; *Christoph,* Wettbewerbsbeschränkungen in Lizenzverträgen über gewerbliche Schutzrechte nach deutschem und europäischen Recht, S. 69 ff., 105.

263 Vgl. oben Rdnr. 131.

264 *BGH* WuW/E 823, 835 – *Schweißbolzen,* zum Patentrecht.

265 *BGH* WuW/E 100, 103 – *Kokillenguß; BGH* WuW/E 531, 535 – *Puder;* jeweils für das Patentrecht.

266 Vgl. oben Rdnr. 130 f.

267 *EuGH* Slg. 1974, 1183 – *Centrapharm/Winthrop; EuGH* Slg. 1990 I, 3711 – *Hag; EuGH* Slg. 1994 I, 2789 – *Ideal Standard.*

268 *EuGH* Slg. 1994 I, 2789 – *Ideal Standard; von Stoephasius* in *Langen/Bunte,* Art. 81 Fallgruppen Rdnr. 296.

269 EU-Richtlinie 89/104/EWG ABl. Nr. C/1 vom 31. 12. 1988 = Bl. für PMZ 1989, 189; berichtigt in ABl. 1989 Nr. L 159 vom 10. 6. 1989, 60 = Bl. für PMZ 1989, 350.

270 So ausdrücklich die Gesetzesbegründung zum MarkenG, § 30, BT-DS. 12/6581, S. 86; siehe auch *Harte-Bavendamm/Scheller,* WRP 1994, 571, 571; *Klaka,* FS *Traub,* 1994, S. 188; *Ingerl/Rohnke,* NJW 1994, 1247, 1251; *J. B. Nordemann,* DZWir 1995, 315, 317; *Grabitz/Koch,* Art. 85 Rdnr. 302; *von Stoephasius* in *Langen/Bunte,* Art. 81 Rdnr. 299; kritisch *von Gamm,* GRUR 1994, 775, 778.

meint einen Schutz der Marke auf Grund ihrer Werbewirksamkeit unabhängig davon, ob der Kunde über Herkunft oder Qualität getäuscht wird. Schutzgut ist damit nicht die Unterscheidungskraft einer Marke, sondern deren Suggestiv- und Attraktionskraft (Vgl. § 14 Abs. 2 Nr. 3 MarkenG)[271]. Für Gemeinschaftsmarken sollte nichts anderes gelten, weil die GemeinschaftsmarkenVO parallel zur EU-Markenrechtsrichtlinie gestaltet ist.

137 Für das **EU-Recht** ergibt sich aus der Anerkennung der vorgenannten Funktionen zunächst, dass jede Art von Beschränkungen, die die Markenlizenz auf einen bestimmten – auch gebietsmäßig genau bestimmten – **Produktionsbetrieb** festlegen oder Vorgaben für die Produktqualität machen, nicht unter Art. 81 EGV fallen[272]. Damit kann als „Produktionsstätte" allein das Internet festgelegt oder ganz ausgeschlossen werden. Auch ist es zulässig, die Lizenz auf ein ganz **bestimmtes Produkt** oder **eine ganz bestimmte Leistung** zu beschränken[273]. Auch kann es zulässig sein, als Leistungsort allein das Internet festzulegen oder es ganz auszuschließen, wenn die Leistungserbringung über das Internet als eigenständiger Markt aufzufassen ist[274].

138 Bei einer Markenlizenz für Leistungen eines Internet-Service-Providers können also sowohl Vorgaben für den Ort der Leistungserbringungen als auch Vorgaben für die Qualität der Leistungserbringung ohne Konflikt mit Art. 81 EGV gemacht werden. Genauso kann der Internetvertrieb auch ganz ausgeschlossen werden, wenn dies die Werbefunktion z. B. einer berühmten Marke notwendig macht[275].

139 An eine Grenze des Kartellrechts stoßen Lizenzvereinbarungen jedoch dann, wenn sie den Vertrieb eines mit einer Marke gekennzeichneten Produktes auch über das erstmalige Inverkehrbringen mit Zustimmung des Markeninhabers hinaus gebietsmäßig aufteilen wollen. Sobald ein mit einer Marke versehenes Produkt einmal mit Zustimmung des Markeninhabers in Verkehr gelangt ist, ist das **Markenrecht erschöpft,** weil dann der Markeninhaber hinreichende Möglichkeiten hatte, auf die Erfüllung der Herkunfts- und Qualitätsfunktion zu achten. Allenfalls auf Grund der Werbefunktion erforderliche Vorgaben, z. B. im Rahmen eines selektiven Vertriebssystem, sind dann noch möglich. Jedenfalls innerhalb der EU und auch im gesamten Gebiets des EWR kann das mit der Marke gekennzeichnete Produkt ohne gebietsmäßige Beschränkung zirkulieren, vgl. § 24 MarkenG[276].

140 Es erscheint allerdings zweifelhaft, ob dieser Grundsatz auch für ein **unkörperliches Inverkehrbringen** durch den Markeninhaber oder mit seiner Zustimmung Anwendung finden kann[277]. Jedenfalls ist eine Parallelität der urheberrechtlichen und markenrechtlichen Erschöpfung wünschenswert[278]. Dann ist aber im Einklang mit

---

[271] *Schweer,* Die erste Markenrechtsrichtlinie der EG und der Rechtsschutz bekannter Marken, 1992, S. 34 ff.; *Henning/Bodewig/Kur,* Marke und Verbraucher, Band I, 1988, S. 241 ff.; *Kouker,* WRP 1994, 444, 447; *J. B. Nordemann,* DZWir 1995, 315, 317.

[272] *EU-Kommission* ABl. 1998 L 70/69 vom 23. 12. 1977 – *Campari; Groß* in *Wiedemann,* Handbuch des Kartellrechts, § 13 Rdnr. 160; *von Stoephasius* in *Langen/Bunte,* Art. 81 Fallgruppen Rdnr. 298.

[273] *EU-Kommission* ABl. 1990 L 100/3, 35 – *Mousehead/Whitbread.*

[274] Vgl. dazu oben Rdnr. 120.

[275] Vgl. auch oben Rdnr. 120.

[276] *EuGH* GRUR Int. 1998, 188 = WRP 1998, 851 = NJW 1998, 3185 – *Silhouette; Joller,* GRUR Int. 1998, 751 ff.; *Fezer,* GRUR 1999, 99, 105; *Albert/Heath,* GRUR 1998, 642; *Loewenheim,* GRUR 1997, 307; *Beier,* GRUR Int. 1989, 603.

[277] Vgl. auch oben § 7, Rdnr. 244 ff.

[278] *Schack,* Urheber- und Urhebervertragsrecht, Rdnr. 481 a.

der urheberrechtlichen Erschöpfung davon auszugehen, dass bei unkörperlichem Inverkehrbringen eine Erschöpfungswirkung nicht eintritt[279]. Das gilt nicht nur für temporäre Nutzungen bzw. für die Sendung von Werken im Internet, sondern auch für mit Zustimmung des Rechtsinhabers hergestellte Vervielfältigungen von Produkten, z. B. bei Download aus dem Internet. Außerhalb des EWR ist eine Erschöpfung ohnehin abzulehnen[280], so dass außerhalb der EU ohne Konflikt mit Art. 81 EGV gebietsmäßige Aufteilungen der Marken auch nach Inverkehrbringen der Ware mit Zustimmung des Markeninhabers erfolgen können.

Wird die Markenlizenz im Rahmen einer **Franchisingvereinbarung** gewährt, so 141 fällt dies grundsätzlich unter die SchirmGVO, die die früher geltende Gruppenfreistellung für Franchisingvereinbarungen ersetzt hat. Allerdings findet die SchirmGVO auf Franchisevereinbarungen nur Anwendung, wenn die Regelungen zur Markenlizenz oder auch zur Know How-Lizenz nicht den Hauptgegenstand der Vereinbarung bilden[281]. Da die SchirmGVO keine Sonderregelungen für Franchisevereinbarungen enthält, kann im Hinblick auf die SchirmGVO auf die obigen Ausführungen zu Beschränkungen des Internetvertriebs in Vertriebsverträgen verwiesen werden[282]. Insbesondere wenn der Franchisegeber sein Vertriebs-Know How speziell für den Vertrieb eines Brick-Stores entwickelt hat oder das Vertriebskonzept auf den ausschließlichen Verkauf der Vertragsprodukte in einer bestimmten Form von Brick-Stores ausgerichtet ist, erscheint es ohne weiteres als notwendig, dass der Franchisegeber dem Franchisenehmer den klassischen Versandhandel untersagen darf[283]. Bei Vertriebsverträgen, die mit ausschließlichen Markenlizenzen kombiniert werden, handelt es sich dann um Alleinvertriebsvereinbarungen, auf die die besonderen Bestimmungen der SchirmGVO hierfür Anwendung finden können, sofern auch die übrigen Anwendungsvoraussetzungen der SchirmGVO vorliegen[284].

Im **deutschen Recht** ist für Markenlizenzvereinbarungen wieder grundsätzlich 142 auf die §§ 14 bis 16 GWB abzustellen. Es existiert also nur das Verbot der Preis- und Konditionenbindung für Drittverträge, bzw. eine Missbrauchsaufsicht. §§ 17, 18 GWB finden nur Anwendung, wenn es sich bei den Markenlizenzen um Nebenbestimmungen zu Verträgen über die Lizenzierung von Patenten und Gebrauchsmustern nach § 17 oder anderer in § 18 Nr. 1 GWB genannter Rechte handelt[285].

Eine über §§ 14 bis 16 GWB hinausgehende kartellrechtliche Problematik 143 entsteht dann, wenn die Parteien des Markenlizenzvertrages mindestens potentielle Wettbewerber sind und § 1 GWB Anwendung findet. Im Rahmen des § 1 GWB wird es jedoch wieder auf den Inhalt des Markenrechts ankommen. Es ist insoweit auf die Ausführungen zum Urheberrecht oben zu verweisen[286]: Vom theoretischen Ausgangspunkt unterscheidet sich die deutsche Lösung nach dem Inhalt des Schutz-

---

279 Vgl. oben zum Urheberrecht Rdnr. 131.

280 Vgl. nochmals *EuGH* GRUR Int. 1998, 188 = WRP 1998, 851 = NJW 1998, 3185 – *Silhouette.*

281 *EU-Kommission,* Leitlinien für vertikale Beschränkungen, Tz. 42 ff.; vgl. auch zur Abgrenzung der SchirmGVO von nicht darunter fallenden Lizenzregelungen oben Rdnr. 99 ff.

282 Vgl. oben Rdnr. 120.

283 *Bauer/de Bronett,* Die EU-Gruppenfreistellungsverordnung für vertikale Wettbewerbsbeschränkungen, S. 142; vgl. zum Ganzen auch oben Rdnr. 120.

284 *EU-Kommission,* Leitlinien für vertikale Beschränkungen, Tz. 38; vgl. zu den Anwendungsvoraussetzungen der SchirmGVO auch oben Rdnr. 99 ff.

285 Vgl. § 18 Nr. 3 GWB.

286 Vgl. oben Rdnr. 127 ff.

rechtes von der europäischen Lösung, die nach dem spezifischen Gegenstand fragt. Nach deutschem Recht sollen alle vertraglichen Bestimmungen kartellrechtsfest sein, die mit dinglicher Wirkung auf Grund des Inhaltes des Schutzrechtes vereinbart werden können[287]. Jedoch dürften die deutsche und europäische Praxis im Ergebnis nicht weit auseinander liegen[288].

4. Patente und Know How

144 Im **europäischen Recht** sind sowohl Patente als auch geheimes Know How als Schutzrechte anerkannt, auch wenn es sich bei Know How streng genommen gar nicht um ein echtes Schutzrecht handelt. Das Spannungsverhältnis zwischen Patentrecht und Know How mit dem Kartellrecht wird – wie bei allen anderen Schutzrechten auch – über die Lehre vom **spezifischen Gegenstand** des Schutzrechtes gelöst:

145 Konkretisiert wurde das Spannungsverhältnis zwischen Patentrecht und Know How auf der einen Seite sowie Kartellrecht auf der anderen Seite durch die Gruppenfreistellungsverordnung zum Technologietransfer (TechnologietransferGVO), die im Jahre 1996 in Kraft trat[289]. Die Struktur der TechnologietransferGVO ist wie folgt: Sie enthält in Art. 1 diejenigen Beschränkungen, die vom Verbot des Art. 81 Abs. 1 EGV freigestellt werden, in Art. 2 solche Beschränkungen, von denen vermutet wird, dass sie schon gar nicht wettbewerbsbeschränkend nach Art. 81 Abs. 1 EGV sind (sogenannte weiße Klauseln) und in Art. 3 alle Abreden, die unzulässig und auch nicht freistellungsfähig sind (sogenannte schwarze Liste). Außerdem sieht Art. 4 ein vereinfachtes Widerspruchsverfahren für solche Beschränkungen vor, die weder „weiß" noch „schwarz" sind, sondern zu denen das EU-Kartellrecht einen ambivalenten Standpunkt hat („graue" Klauseln).

146 Im **deutschen Recht** ist auf die Regelungen der §§ 17, 18 GWB und – sofern es sich um mindestens potentielle Konkurrenten bei den Lizenzvertragsparteien handelt – auch auf § 1 GWB zu verweisen, § 17 Abs. 4 GWB. Im deutschen Recht wird – wie beim Urheber- und Markenrecht – zur Lösung des Spannungsverhältnisses der Schutzrechte mit dem Kartellrecht darauf abgestellt, ob dinglich das Schutzrecht entsprechende Beschränkungen zulässt. Solche dinglich möglichen Beschränkungen sind dann kartellrechtsfest[290]. § 17 Abs. 1 GWB legt z. B. fest, dass Beschränkungen hinsichtlich Art, Umfang, technischem Anwendungsbereich, Menge, Gebiet oder Zeit der Ausübung des Schutzrechtes nicht über dessen Inhalt hinausgehen.

---

[287] Vgl. *Loewenheim,* GRUR 1982, 461, 468; *Christoph,* Wettbewerbsbeschränkungen in Lizenzverträgen über gewerbliche Schutzrechte nach deutschem und europäischen Recht, S. 69 ff.; beide auch zur Kritik an der herrschenden Auffassung im deutschen Recht.

[288] Vgl. *Christoph,* Wettbewerbsbeschränkungen in Lizenzverträgen über gewerbliche Schutzrechte nach deutschem und europäischen Recht, S. 94 ff.

[289] Verordnung der Kommission vom 31. 1. 1996, ABl. 1996 Nr. L 31/2; Vgl. dazu die Aufsätze von *Winkler/Jugel,* EuZW 1996, 364 ff.; *Stoffmehl,* CR 1996, 305; *Kleinmann,* EWS 1996, 149 ff.; *Kerse,* (1996) ECLR 331; *Lutz,* RIW 1996, 269; vgl. auch die Kommentierung bei *Ulrich* in *Immenga/Mestmäcker,* EG Wettbewerbsrecht, GRUR C Rdnr. 19 ff.

[290] *BGH* WuW/E 823 – *Schweißbolzen* = BGHZ 46, 365; *BGH* WuW/E 531, 534 – *Puder; BGH* WuW/E 988, 989 – *Metallrahmen; BGH* WuW/E 1034 – *Rübenverladeeinrichtung;* vgl. auch den Überblick – auch zur Kritik – bei *Loewenheim,* GRUR 1982, 461, 468, sowie *Christoph,* Wettbewerbsbeschränkungen in Lizenzverträgen über gewerbliche Schutzrechte nach deutschem und europäischen Recht, S. 69 ff.

Vergleicht man den europäischen und deutschen Ansatz miteinander, so ist der deutsche Ansatz wesentlich statischer. Im Bereich Patentrecht und Know How gibt es deshalb einige Unterschiede in der Beurteilung von Wettbewerbsbeschränkungen nach deutschem und europäischen Recht. Folgende Wettbewerbsbeschränkungen dürften vor allem für das Internet relevant sein: 147

Gebietsbeschränkungen sind nach deutschem Recht problemlos möglich, § 17 Abs. 1 S. 2 GWB[291]. Gebietsbeschränkungen im Ausland sind aber nur gestattet, wenn dort ebenfalls ein (paralleles) Schutzrecht besteht[292]. Im EU-Recht wird wiederum zwischen aktiven und passiven Verkäufen unterschieden, Art. 1 Abs. 1 Nr. 5 und 6, Art. 1 Abs. 2 TechnologietransferGVO. Das hat für den Internetvertrieb durchaus nachhaltige Konsequenzen[293]. 148

Preisbindungen waren früher im deutschen Recht nach § 20 Abs. 2 Nr. 2 GWB a.F. in begrenztem Umfang zulässig. Heute kennen weder das deutsche noch das europäische Recht eine Zulässigkeit von Preisbindungen[294], sieht man einmal von der Ausnahme des § 15 GWB für Zeitungen oder Zeitschriften bzw. von der Ausnahme des BuchpreisbindungsG für Bücher ab, die auch für über das Internet vertriebene Verlagserzeugnisse gilt[295]. 149

Beschaffenheits- und Bezugsbindungen verpflichten den Lizenznehmer, die auf Grund der Lizenz hergestellten Erzeugnisse unter Beachtung festgelegter Qualitätsvorschriften zu produzieren bzw. für die Herstellung der lizenzierten Produkte nur vom Lizenzgeber oder einem von diesem bezeichneten Dritten Materialien zu beziehen. Im deutschen Recht werden solche Bindungen über § 17 Abs. 2 GWB freigestellt, soweit und solange sie durch das Interesse des Lizenzgebers an einer technisch einwandfreien Ausnutzung des Gegenstandes des Schutzrechtes gerechtfertigt sind. Auch die Kommission und der EuGH halten im europäischen Recht Beschaffenheits- und Bezugsbindungen für unbedenklich, sofern sie notwendig sind, um die technisch einwandfreie Herstellung und Verwertung der lizenzierten Technologie zu sichern[296]. Anders kann es allerdings sein, wenn die Bindung eine verkappte Wettbewerbsbeschränkung ist. 150

Nach deutschem Recht ist die Pflicht des Lizenznehmers zum **Erfahrungs- und Informationsaustausch** und zur Gewährung von nicht ausschließlichen Rücklizenzen auf Verbesserungs- und Anwendungserfindungen erlaubt, soweit der Verpflichtung eine gleichartige Verpflichtung des Lizenzgebers gegenübersteht, § 17 Abs. 2 Nr. 2 GWB. Das gilt auch nach europäischem Recht, Art. 2 Abs. 1 Nr. 4 TechnologietransferGVO. 151

Nichtangriffspflichten sind nach § 17 Abs. 2 Nr. 3 GWB unbedenklich. Anders ist dies im europäischen Recht. Nichtangriffsabreden nehmen als sogenannte „graue Klausel" am vereinfachten Widerspruchsverfahren teil, Art. 4 Abs. 2 lit. B 152

---

291 Vgl. zum Ganzen *Emmerich* in *Immenga/Mestmäcker,* § 17 Rdnr. 82.

292 *BGH* WuW/E 1259, 1261 - BGHZ 60, 312, 315.

293 Vgl. im Einzelnen oben Rdnr. 114ff.

294 Vgl. auch Art. 3 Nr. 1 TechnologietransferGVO sowie Erwägungsgrund 24 zur TechnologietransferGVO.

295 Vgl. dazu oben Rdnr. 109.

296 *EuGH* Slg. 1986, 611, 655 – *Windsurfing International* = WuW/E EWG/MUV 725, 727; *EU-Kommission,* WuW/E EV 365, 366 – *Burroughs/GEHA*; EG-Kommission WuW/E EV 413, 415 – *Raymond/Nagoya; EU-Kommission,* WuW/E EV 759, 761 – *Campari; EG-Kommission,* WuW/E EV 1513, 1516 – *Mousehead/Whitbread.*

TechnologietransferGVO. Eine Freistellung liegt also zumindest im Bereich des Möglichen.

153 **Meistbegünstigungsklauseln des Lizenzgebers** sind nicht an § 17 GWB zu messen, weil § 17 GWB für Lizenzgeberbeschränkungen nicht einschlägig ist, vgl. § 17 Abs. 1 GWB. Meistbegünstigungsklauseln sind aber durch § 14 GWB verboten[297]. Im europäischen Recht ist die Kommission hier großzügiger: Nach ihrer Auffassung haben Meistbegünstigungsklauseln in der Regel nicht derart nachteilige Wirkungen für den Lizenzgeber, dass der von der Erteilung weiterer Lizenzen abgehalten würde. Folglich liege keine spürbare Wettbewerbsbeschränkung vor[298].

E. Diskriminierungs- und Behinderungsverbot

154 Ein Unternehmen ist marktbeherrschend, wenn es auf dem relevanten Markt **Freiräume** hat, die **nicht hinreichend vom Wettbewerb kontrolliert** werden. Art. 82 EGV und § 19 GWB legen dabei ein gleiches Marktmachtmodell für die Feststellung von Marktbeherrschung zugrunde. Detaillierte Kriterien stellt dabei vor allem das deutsche Recht auf. So kennt § 19 Abs. 2 GWB neben dem Tatbestand, dass kein Wettbewerber existiert oder der Marktbeherrscher keinem wesentlichen Wettbewerb ausgesetzt ist (Nr. 1), in Nr. 2 eine im Verhältnis zu den Wettbewerbern überragende Marktstellung, wobei insbesondere im Marktanteil, Finanzkraft, Zugang zu den Beschaffungs- oder Absatzmärkten, Verflechtungen mit anderen Unternehmen, rechtliche oder tatsächliche Schranken für den Marktzutritt anderer Unternehmen, der tatsächliche oder potentielle Wettbewerb durch innerhalb oder außerhalb des Geltungsbereiches dieses Gesetzes ansässige Unternehmen, die Fähigkeit, sein Angebot oder seine Nachfrage auf andere Waren oder gewerbliche Leistungen umzustellen, sowie die Möglichkeit der Marktgegenseite, auf andere Unternehmen auszuweichen, zu berücksichtigen sind. Ferner sei auf die Vermutungstatbestände der Marktbeherrschung ab Erreichen bestimmter Marktanteilsschwellen verwiesen, § 19 Abs. 3 GWB.

155 **Art. 82 EGV** verbietet marktbeherrschenden Unternehmen, diese marktbeherrschende Stellung missbräuchlich auf dem gemeinsamen Markt oder einem wesentlichen Teil desselben auszunutzen, soweit dies dazu führen kann, den Handel zwischen Mitgliedsstaaten zu beeinträchtigen. Als Beispiele nennt Art. 82 Abs. 2 EGV

- die Erzwingung von unangemessenen Einkaufs- und Verkaufspreise und sonstigen Geschäftsbedingungen (Buchstabe a),
- die Einschränkung der Erzeugung, des Absatzes oder der technischen Entwicklung zum Schaden der Verbraucher (Buchstabe b),
- die Anwendung unterschiedlicher Bedingungen bei gleichwertigen Leistungen gegenüber Handelspartnern, wodurch diese im Wettbewerb benachteiligt werden (Buchstabe c),

---

[297] *BGH* WuW/E 1787, 1788 – *Garant* = *BGHZ* 80, 43, 47; *BKartA* WuW/E 1583, 1584 – *Metro;* vgl. auch die Nachweise bei *Christoph,* Wettbewerbsbeschränkungen in Lizenzverträgen über gewerbliche Schutzrechte nach deutschem und europäischen Recht, S. 260 ff.

[298] *EU-Kommission,* WuW/E 617, 618 – *Kabelmetall/Luchaere;* vgl. auch Art. 2 Abs. 1 Nr. 10 TechnologietransferGVO.

– oder die an den Abschluss von Verträgen geknüpfte Bedingung, dass die Vertragspartner zusätzliche Leistungen annehmen, die weder sachlich noch nach Handelsbrauch in Beziehung zum Vertragsgegenstand stehen (Buchstabe d)[299].

In **§ 19 GWB** ist marktbeherrschenden Unternehmen der Missbrauch der marktbeherrschenden Stellung verboten. § 19 Abs. 4 GWB führt dabei als Beispiele für den Missbrauch einer marktbeherrschenden Stellung auf: **156**

– die Beeinträchtigung von Wettbewerbsmöglichkeiten anderer Unternehmen in einer für den Wettbewerb auf dem Markt erheblichen Weise ohne sachlich gerechtfertigten Grund,
– die Forderung von Entgelten oder sonstigen Geschäftsbedingungen, die von denjenigen abweichen, die sich bei wirksamem Wettbewerb mit hoher Wahrscheinlichkeit ergeben würden,
– die Forderung ungünstigerer Entgelte oder sonstiger Geschäftsbedingungen, als sie das marktbeherrschende Unternehmen selbst auf vergleichbaren Märkten von gleichartigen Abnehmern fordert, oder
– die Weigerung, einem anderen Unternehmen gegen angemessenes Entgelt Zugang zu den eigenen Netzen oder anderen Infrastruktureinrichtungen zu gewähren.

§ 20 GWB erweitert das Missbrauchsverbot in mehrfacher Hinsicht **unterhalb der Schwelle von Marktbeherrschung: Erstens** unterfallen nach § 20 Abs. 1 GWB nicht nur marktbeherrschende Unternehmen dem Diskriminierungsverbot, sondern auch **(erlaubte) Kartelle** nach §§ 2 bis 8, 28 Abs. 1 GWB sowie **Unternehmen,** die ihre **Preise** nach §§ 15, 28 Abs. 2, 29 Abs. 2, 30 Abs. 1 GWB **binden. Zweitens** dürfen sogenannte **marktstarke Unternehmen,** soweit von ihnen kleine oder mittlere Unternehmen als Anbieter oder Nachfrager abhängig sind, solche kleineren oder mittleren Unternehmen nicht unbillig behindern oder ohne sachlichen Grund unterschiedlich behandeln (§ 20 Abs. 2 iVm. Abs. 1 und § 20 Abs. 2 GWB). **Drittens** dürfen nach § 20 Abs. 4 GWB marktstarke Unternehmen mit gegenüber kleinen oder mittleren Wettbewerbern überlegener Marktmacht diese Marktmacht nicht dazu ausnutzen, solche Wettbewerber unbillig zu behindern. Insoweit geht das deutsche Kartellrecht also weiter als das EU-Kartellrecht, das eine Verhaltenskontrolle nur für marktbeherrschende Unternehmen kennt. **157**

Spezialgesetzliche Regelungen außerhalb des GWB finden sich für den Missbrauch einer marktbeherrschenden Stellung in EnergiewirtschaftsG, PostG sowie TelekommunikationsG. **158**

I. Internet-Marktplätze

1. Marktbeherrschung

Sofern eine Internet-Plattform auf den betroffenen Märkten IT-Dienstleistungen zur Abwicklung von Geschäftsvorgängen im Internet oder den über die Plattform gehandelten Waren und Dienstleistungen[300] eine beherrschende Stellung hat, ist nach Art. 82 EGV bzw. §§ 19, 20 GWB zu prüfen, ob nicht ein Anspruch auf Zugang **159**

[299] Vgl. dazu eingehend unten Rdnr. 167.
[300] Vgl. zur Marktabgrenzung oben Rdnr. 47 ff.

zur Internet-Plattform für außenstehende Dritte besteht. Regelmäßig wird die Plattform erst nach Gründung marktbeherrschend geworden sein, weil sie ansonsten schon mit Gründung durch die Kartellbehörden untersagt worden wäre[301]. Mit der anstehenden Marktbereinigung auch für gemeinsame Internet-Plattformen erscheint das Entstehen von marktbeherrschenden Stellungen aber durchaus als möglich. Insbesondere der sog. **essential facilities-Doktrin** kann hier Bedeutung zukommen. Dann muss es sich bei der Plattform um eine wesentliche Einrichtung handeln, dessen Nutzung unerlässlich ist, um auf dem abgeleiteten Markt tätig sein zu können. „Wesentlich" bedeutet dabei, dass nur solche Infrastruktureinrichtungen erfasst werden, die tatsächlich oder in wirtschaftlich verwertbarer Weise nicht substituierbar sind[302]. Die essential facilities-Doktrin ist in der Praxis zu Art. 82 EGV entwickelt worden, hat inzwischen aber auch in § 19 Abs. 4 Nr. 4 GWB ihren Niederschlag gefunden. Neben der Situation auf dem einschlägigen sachlichen und räumlichen Markt ist auch **Substitutionskonkurrenz** von anderen Märkten bei der Feststellung von Marktbeherrschung zu berücksichtigen, insbesondere bei regionalen Portalen die Substituationskonkurrenz der regionalen Leser- und Anzeigenmärkte für Tageszeitungen[303].

2. Marktstärke

160 Allerdings stellt das deutsche Recht für kleine und mittlere Unternehmen Zugangsansprüche auch unterhalb der Schwelle von Marktbeherrschung nach § 20 Abs. 1, Abs. 2 GWB bei sogenannter Marktstärke zur Verfügung. Diese Marktstärke ist schon anzunehmen, wenn der Internet-Marktplatz zur Spitzengruppe der Marktplätze gehört und es zur Erhaltung der eigenen Konkurrenzfähigkeit unverzichtbar für das kleine oder mittlere Unternehmen ist, an dem Marktplatz teilzunehmen (sog. **Spitzengruppenabhängigkeit**)[304]. Das Gleiche gilt, wenn der Marktplatz die allgemeine Spitzenstellung einnimmt, auch wenn er nicht marktbeherrschend, aber für die Erhaltung der Wettbewerbsfähigkeit des kleinen oder mittleren Unternehmens nicht verzichtbar ist (sog. **Spitzenstellungsabhängigkeit**). Eine Spitzengruppenabhängigkeit kann beispielsweise zu Lasten von medizinischen Hilfsmittelanbietern bestehen, wenn Krankenkassen solche Hilfsmittel über gemeinsame Internetplattformen nachfragen und dieser Marktplatz einen Marktanteil aufweist, der nicht ohne weiteres von den Hilfsmittelanbietern übergangen werden kann. Insoweit bildet die gemeinsame Plattform einen „bottleneck" für die Anbieter[305].

3. Diskriminierungsverbot

161 Sofern für eine Verweigerung keine berechtigten sachlichen Gründe bestehen, ist die marktbeherrschende oder zumindest marktstarke Plattform zu einer **diskriminierungsfreien Gewährung des Zugangs** verpflichtet. Sie muss sich bei der Zu-

[301] Vgl. unten Rdnr. 192ff. zur Zusammenschlusskontrolle.

[302] EuGH NJW 1999, 2259 – *Oscar Bronner* = WuW/E EU-R 127, 130.

[303] BKartA WuW/E DE-R 665, 668 – *berlin.de new media.*

[304] Vgl. *BGH* WuW/E 1391, 1394 – *Rossignol* = NJW 1976, 801; *BGH* WuW/E 1385, 1386 – *adidas; BGH* NJW-RR 2000, 1286 – *Designer-Polstermöbel* = WuW/E DE-R 481; siehe auch die weiteren Nachweise bei *Markert* in *Immenga/Mestmäcker,* GWB, § 20 Rdnr. 62ff.

[305] *Koenig/Engelmann,* WRP 2002, 1244, 1247f.

gangsgewährung objektiv sachgemäß sowie angemessen und nicht willkürlich verhalten[306].

Sachliche Gründe für eine Zurückweisung können finanzielle Unzuverlässigkeit sein, Kapazitätsprobleme (nur) dann, wenn diese nicht mit einfachem Aufwand behebbar sind. Eine qualitative Auswahl der Nutzer kommt nur in Betracht, wenn diese diskriminierungsfrei gehandhabt wird und ein (objektiv) sachlicher Grund für das Aufstellen der Qualitätsanforderungen – z.B. Markenpflege – besteht. Ein objektiver Ausschlussgrund von einer gemeinsamen Plattform für die Nachfrage nach medizinischen Hilfsmitteln wäre auf Anbieterseite die fehlende Zulassung des Hilfsmittelanbieters durch die Krankenkassenverbände[307]. Bei den bislang gegründeten Plattformen stellten die Kartellbehörden jeweils als ein Argument gegen das Vorliegen von Marktbeherrschung heraus, dass für jeden Interessenten ein offener und diskriminierungsfreier Zugang zur Plattform für alle möglich war[308]. Ganz offensichtlich lag dem auch die Sorge der Kartellbehörde zugrunde, dass mit der gemeinsamen Plattform doch jedenfalls eine gewisse Marktmacht entsteht. Ansonsten wäre ein diskriminierungsfreier Zugang gar kein relevantes Thema gewesen. 162

4. Behinderungsverbot

Marktbeherrscher dürfen ferner Konkurrenten durch die Internet-Plattform **nicht unbillig behindern**[309]. Für marktstarke Internet-Plattformen gilt dies nach deutschem Recht außerdem gegenüber kleineren und mittleren Konkurrenten (§ 20 Abs. 4 GWB). Die Behinderung muss nicht auf dem vermachteten Markt eintreten, sondern kann z.B. auch einen vor- oder nachgelagerten Markt betreffen[310]. Insbesondere kommen Unterpreisstrategien, nicht leistungsbezogene Rabatte und nicht leistungsgerechte Koppelungen mit Drittwaren (z.B. die Verpflichtung bei Teilnahme an einer Plattform, den allgemeinen Internet-Zugang über ein bestimmtes beteiligtes Unternehmen zu wählen) in Betracht. Den umgekehrten Fall betraf der Fall „Microsoft II“: Die Lizenznehmer des Microsoft-Betriebssystems erhielten den Internet-Explorer (Internet-Browser) vorinstalliert und ohne zusätzliche Lizenzgebühren mitgeliefert. Daraufhin nahm der Marktanteil der übrigen Anbieter von Internet-Browsern, z.B. „Netscape Navigator“ dramatisch ab. Insoweit läge auch nach europäischem bzw. deutschem Kartellrecht ein Verstoß gegen das Behinderungsverbot nahe, weil hier ein unbilliges Koppelungsgeschäft vorliegt. Die europäischen oder die deutschen Behörden haben jedoch bislang keine Verfahren eingeleitet[311]. 163

---

306 *BGH* WuW/E 1646, 1647 – *Vermittlungsprovision für Flugpassagiere; OLG Frankfurt,* NJW-RR 1990, 1069 – *Art Frankfurt; OLG Düsseldorf,* WuW/E OLG 4173, 4176 – *Art Cologne; OLG Celle,* WuW/E OLG 3897, 3899 – *Kunstmesse; BGH* GRUR 1999, 279, 280 – *Schilderpräger im Landratsamt; OLG Rostock,* WRP 1996, 465, 466 – *Kfz-Zulassungsstelle* m. Anm. *J.B. Nordemann,* WRP 1996, 383; *OLG Karlsruhe,* WRP 1996, 447, 449 – *Schilderprägebetrieb;* zum EU-Recht: *Möschel* in *Immenga/Mestmäcker,* EG-Wettbewerbsrecht, Art. 86 Rdnr. 131 ff. m.w.N.

307 *Koenig/Engelmann* WRP 2002, 1244, 1249.

308 Vgl. unten Rdnr. 201.

309 Art. 82 EG, §§ 19, 20 GWB.

310 Vgl. statt aller *Markert* in *Immenga/Mestmäcker,* GWB, § 20 Rdnr. 211, 217 m.w.N.; *Schultz* in *Langen/Bunte,* § 20 Rdnr. 139 ff. m.w.N.; *Möschel* in *Immenga/Mestmäcker,* EG-Wettbewerbsrecht, Art. 86 Rdnr. 160 ff. m.w.N.

311 Zum US-Verfahren eingehend *von Wallwitz* in Schwarz 5–4.1. Seite 27 ff.

II. Content-Provider

1. Marktbeherrschung und Marktstärke

164 Auch an einen Content-Provider[312] kommt eine Adressierung der Marktmachtvorschriften nach Art. 82 EG, §§ 19, 20 GWB in Betracht.

165 Unterhalb der Schwelle von **Marktbeherrschung** gilt ein Diskriminierungs- und Behinderungsverbot zumindest für **marktstarke Content-Provider,** allerdings nur **gegenüber kleinen und mittleren Unternehmen** (§ 20 Abs. 1, Abs. 2 GWB). Hier sind dann wieder **Spitzenstellungs- und Spitzengruppenabhängigkeit** zu nennen[313]. Eine solche Spitzengruppenabhängigkeit kommt vor allem im Hinblick auf die erfolgreichsten Content-Provider wie T-Online oder Heise-Online in Frage. Allerdings ist stets im Einzelfall nach dem aktuellen Markterfolg des Content-Providers zu beurteilen, ob die Sogwirkung seiner Spitzengruppenangehörigkeit hinreichend groß ist. Nur wenn das kleine oder mittlere Unternehmen den Content-Provider nicht vermeiden kann, ohne wesentliche Wettbewerbsnachteile zu erleiden, liegt Marktstärke vor.

166 Im Hinblick auf die Marktbeherrschungstatbestände des deutschen Rechts ist noch darauf zu verweisen, dass darunter auch **preisbindende Unternehmen** fallen, § 20 Abs. 1 GWB. Voraussetzung ist also eine (legale) Preisbindung für Verlagserzeugnisse nach § 16 GWB. Insoweit kommt sowohl eine Preisbindung eines Verlages gegenüber dritten Content-Providern für das zur Verfügung gestellte elektronische Verlagserzeugnis im Internet in Betracht als auch Preisbindungen im Hinblick auf andere Verlagsprodukte, insbesondere Printprodukte[314]. Die Marktbeherrschung besteht dann allerdings immer nur auf dem Markt, auf dem die Preise gebunden sind, nicht allgemein auf jedem Markt. Auf dem relevanten Markt können neben Missbräuchen der Preisgestaltung auch jegliches andere Verhalten des preisbindenden Unternehmens unter die besonderen Voraussetzungen von Diskriminierungs- und Behinderungsverbot des § 20 GWB gestellt werden[315].

2. Diskriminierungs- und Behinderungsverbot

167 Sofern der Content-Provider zum Adressatenkreis der Marktmachtvorschriften vom EG-Vertrag und GWB zählt, besteht ein **Diskriminierungsverbot.** Er muss den diskriminierungsfreien Zugang zu seiner Website gewähren. Das kann beispielsweise dann in Frage kommen, wenn ein marktmächtiger Content-Provider gegen Entgelt dritten Unternehmen die Möglichkeit eröffnet, Links von seiner Homepage auf das Angebot des Dritten zu legen und dies sogar möglicherweise mit einer kurzen textlichen Erläuterung für das Angebot des Dritten verbindet. Dann ist der marktmächtige Content-Provider verpflichtet, auch Konkurrenten des Dritten zu vergleichbaren Konditionen entsprechende Möglichkeiten einzuräumen. Etwas anderes gilt allerdings, wenn es sich um rein redaktionelle Nennungen von

[312] Vgl. zur Marktabgrenzung oben Rdnr. 47ff.
[313] Vgl. dazu oben Rdnr. 160.
[314] Vgl. dazu oben Rdnr. 109.
[315] *BGHZ* 49, 90, 94 – *Jägermeister; Markert* in *Immenga/Mestmäcker,* GWB, § 20 Rdnr. 33; *W. Nordemann/J. B. Nordemann,* AfP 1996, 111, 113; a.A. *Kracht,* NJW 1960, 1230, sowie *Roggen,* Pressevertrieb und Kartellrecht, S. 152f.

Dritten ohne Gegenleistung handelt. Insoweit ist der marktmächtige Content-Provider nicht zur Gleichbehandlung verpflichtet, weil die einseitige Nennung dann unter die Pressefreiheit fällt. Auch wenn die Grenze redaktioneller Werbung überschritten ist[316], also insbesondere bei einseitiger „Lobhudelei" des Content-Providers auf den Dritten, ist der Anwendungsbereich des Diskriminierungsverbotes nicht erreicht. Es bestehen dann nur Ansprüche wegen Verstoßes gegen §§ 1, 3 UWG.[317]

Für den Content-Provider besteht daneben auch ein **Behinderungsverbot** im Hinblick auf Konkurrenten. Auch hier muss die Behinderung nicht auf dem vermachteten Markt eintreten, sondern kann auch einen vor- oder nachgelagerten Markt betreffen[318]. Sobald sich im Hinblick auf Content-Providing die Entgeltlichkeit durchsetzt, können dies Unterpreisstrategien zur Verdrängung von Konkurrenten, nicht leistungsbezogene Rabatte, aber insbesondere auch nicht leistungsgerechte Koppelungen sein. Als Beispiel sei hier nur genannt, dass ein marktmächtiger Content-Provider dafür, dass ein Internetnutzer seinen Content nutzen darf, verlangt, dass auch der Internetzugang über den Content-Provider erfolgt oder dass sämtliche entgeltlichen Contents – auch solche, die nicht vom marktmächtigen Content-Provider angeboten werden – über das eigene Abrechnungssystem des marktmächtigen Content-Providers[319] erfolgen müssen[320].

Spezielle Probleme entstehen, wenn Content-Provider, die sowohl im Internet als 168
auch außerhalb, z. B. im Hinblick auf Printmedien, tätig sind, die Bedingungen für die Nutzung des Content innerhalb und außerhalb des Internet spreizen: So ist es möglich, dass beispielsweise ein auf dem Markt für politische Wochenzeitungen marktmächtiger Verleger gleichzeitig einen Internet-Content bereithält, jedoch seine Presse-Grossisten verpflichtet, die Printausgabe stets erst zwei Tage nach Ersterscheinung des Content im Internet verkaufen zu lassen. Das ist ein Verstoß gegen § 20 Abs. 2 GWB, wenn die Terminspreizung den Wettbewerb zwischen dem Internet und dem Printmedium verfälscht. Gerade im Hinblick auf Content, der sehr aktuell von den Nutzern nachgefragt wird, kommt es auf eine möglichst frühe selektive Verfügbarkeit der Informationen an. Bei Marktmacht des Verlegers auf dem Printmarkt besteht in solchen Fällen eine **Pflicht zur Gleichbehandlung des Printbereiches mit dem Internetbereich**[321]. Eine **Ausnahme** kann allenfalls für Spreizungen gemacht werden, die zur **Markteinführung** im Bereich des Internets zwingend erforderlich sind.

---

[316] Vgl. *BGH* GRUR 1997, 139, 140 – *Orangenhaut; BGH* GRUR 1993, 565 – *Faltenglätter; BGH* GRUR 1998, 481, 482 – *Auto '94; BGH* GRUR 1997, 139, 140 – *Orangenhaut;* dazu *J. B. Nordemann* in *Hasselblatt,* Münchener Anwaltshandbuch Gewerblicher Rechtsschutz, § 17 Rdnr. 13 m. w. N.

[317] Vgl. *BGH* GRUR 1998, 481, 482 – Auto '94; *BGH* GRUR 1998, 947, 948 – *Azubi '94; BGH* GRUR 1997, 139, 140 – *Orangenhaut;* dazu *J. B. Nordemann* in *Hasselblatt,* Münchener Anwaltshandbuch Gewerblicher Rechtsschutz, § 17 Rdnr. 12.

[318] Vgl. statt aller *Markert* in *Immenga/Mestmäcker,* GWB, § 20 Rdnr. 211, 217 m. w. N.; *Schultz* in *Langen/Bunte,* § 20 Rdnr. 139 ff. m. w. N.; *Möschel* in *Immenga/Mestmäcker,* EG Wettbewerbsrecht, Art. 86 Rdnr. 160 ff. m. w. N.

[319] Vgl. dazu auch Rdnr. 169.

[320] Vgl. BKartA vom 7. März 2002, Az. B6 144/01 – *Bild/T-Online,* abrufbar unter www.bundeskartellamt.de/Entscheidungen, allerdings für den Fall einer Marktmacht des Access-Providers.

[321] Vgl. eingehend *W. Nordemann/J. B. Nordemann,* AfP 1996, 111, 113 ff.

III. Access-Provider

169 Auf die Leistung des Access-Providing[322] finden die besonderen Diskriminierungs- und Behinderungsverbote des **Telekommunikationsrechts** Anwendung, insbesondere die Missbrauchsregeln der §§ 33 ff. TKG. Insoweit bildet sich auch schon die erste Praxis von Regulierungsbehörde und zuständigen Gerichten heraus, auf die an dieser Stelle verwiesen werden soll[323]. Die Praxis von Bundeskartellamt und der Regulierungsbehörde für Telekommunikation und Post geht von einer Spezialität des TKG gegenüber dem GWB, nicht aber gegenüber Art. 82 EGV, aus[324].

Als Marktbeherrscherin im Festnetzbereich ist die Deutsche Telekom beispielsweise verpflichtet, konkurrierende Verbindungsnetzbetreibern über die Festnetztelefonrechnung abrechnen zu lassen; das gilt auch für Internet-by-Call[325]. Insoweit verfügt die Deutsche Telekom mit der Festnetztelefoneinrichtung über eine unerlässliche, also „wesentliche" Leistung im Sinne des § 33 TKG. Denn wegen der niedrigen Beträge pro Kunde lohnt es sich für die meisten Konkurrenten nicht, die Rechnungsstellung selbst zu übernehmen[326].

Demgegenüber sind die Vorschriften des GWB anwendbar und damit die Kartellbehörden zuständig, wenn Access-Provider ihre beherrschende Stellung zur Monopolisierung weiterer Märkte benutzen. Das gilt beispielsweise, wenn T-Online seine Kunden zwingt, nur das eigene Micropayment-Angebot zu nutzen und dadurch dritte Anbieter von Micro-Payment-Leistungen behindert. Problematisch erscheint insoweit auch, wenn die Deutsche Telekom als Marktbeherrscher im Festnetzbereich als eigenes Micro-Payment-Unternehmen über T-Pay eine Abrechnung über die Festnetzrechnung anbietet, weil der dadurch entstehende Wettbewerbsvorsprung droht, den sich gerade erst entwickelnden Markt für Micropayment zu monopolisieren. Zumindest stellt die Festnetztelefonrechnung für den entsprechenden Markt für Micropayment[327] eine essential-facility gem. § 19 Abs. 4 Nr. 4 GWB, Art. 82 EG[328] dar. Denn die Vorteile des Abrechnens von Micropayment über die Festnetzrechnung (erleichterte Bonitätsprüfung, Ersparnis der Versendung einer separaten Rechnung, Entfall der Eingabe von Kontonummer und anderer sensibler Daten, geringere Zahlungswiderstände wegen Befürchtung einer Sperre des Festnetzanschlusses, langjährige Abrechnungsbeziehung und darauf fußendes Vertrauen) wiegen so schwer, dass diese Abrechnungsform ohne nennenswerte Substitutionskonkurrenz durch andere Abrechnungsarten (Lastschrift, Kreditkarte) ist. Damit ist die Festnetzrechnung aber eine unerlässliche, also wesentliche Infrastruktureinrichtung.

---

[322] Vgl. zur Marktabgrenzung dazu oben Rdnr. 47 ff.; zu Definitionen und vertragsrechtlichen Fragen vgl. § 13 Rdnr. 9 und 65 ff.

[323] Vgl. OVG NRW DE-R 658 – *Nicht diskriminierende ISP-Entgelte.*

[324] Vgl. den Überblick bei *Möschel,* Zwischenkonflikt und Kooperation: Regulierungszuständigkeit in der Telekommunikation, in Multimedia: Kommunikation ohne Grenzen – grenzenloser Wettbewerb, FIW-Symposium 1998, S. 53 ff. im Ergebnis allerdings kritisch; genauso *ders.,* K&R 2001, 619, 621; siehe auch *Schuster* in Beck'scher TKG-Kommentar, 2. Aufl. 2000, § 2 Rdnr. 32 ff.

[325] Reg TP MMR 2000, 298; *Schütz* MMR 2000, 313; a. A. VG Köln, Urteil vom 14. November 2002, Az A K 2788/00.

[326] Vgl. zum Merkmal „wesentlich" EuGH NJW 1999, 2259 – *Oskar Bronner* WuW/E EU-R 127, 130.

[327] Siehe Rdnr. 55.

[328] Siehe Rdnr. 159.

IV. Nameserver (NICs)

1. ICANN

Unterwirft man die ICANN[329] als Marktbeherrscher den Regeln der §§ 19, 20 GWB bzw. Art. 82 EGV, so stellen sich mehrere interessante Fragen: Kann das ICANN ohne Erschöpfung der bisherigen Kapazitäten gezwungen werden, neue Top-Level-Domains zu schaffen? Kann das ICANN zumindest bei Erschöpfung der bisherigen Top-Level-Domains verpflichtet werden, weitere Top-Level-Domains zuzulassen und damit neue Kapazitäten zu begründen? Darf das ICANN die Vergabe der Registraturen willkürlich handhaben? 170

a) Marktbeherrschung

Eine **beherrschende,** sogar monopolistische **Stellung** der ICANN im Sinne von § 19 Abs. 1 bzw. Art. 82 EGV sollte unproblematisch sein, sofern es um die Einrichtung und den Erhalt von Top-Level-Domains geht[330]. Zwar mag es keine normierte Kompetenzvergabe an die ICANN zur Einführung neuer und zum Erhalt der bisherigen Top-Level-Domains geben. Jedoch ist die ICANN jedenfalls faktisch die einzige Stelle, die Top-Level-Domains im offiziellen Domainsystem vergibt, das weltweit absolut vorherrscht. Es zeichnet sich insoweit nicht ab, dass der ICANN noch nennenswerte potentielle Konkurrenz von irgendeiner Seite erwächst. Denn das bisherige Adresssystem funktioniert nur als Monopol und wird deshalb auch – trotz fragwürdiger Legitimation – nicht nennenswert in Frage gestellt. 171

b) Kontrahierungszwang für die ICANN?

Eine **Verpflichtung** der ICANN zur **Schaffung neuer Top-Level-Domains** ohne jede Kapazitätsprobleme im bisherigen Adresssystem wird aber nicht anzunehmen sein. Auch marktbeherrschenden Unternehmen ist es freigestellt, ihr Vertriebssystem nach eigenem Ermessen zu gestalten[331]. Danach darf die ICANN bei vorhandenen Kapazitäten die Zahl der Top-Level-Domains begrenzt halten. 172

Bei **Erschöpfung der Kapazitäten** trifft die ICANN aber die Verpflichtung aus §§ 19 Abs. 4, 20 Abs. 1 GWB, Art. 82 Abs. 1 EGV, neue Top-Level-Domains zu schaffen[332]. Als Marktbeherrscher besteht für die ICANN die besondere Pflicht, die Wettbewerbsfreiheit auf dem Markt nicht aufzuheben. Bei fehlenden freien Kapazitäten wäre die Wettbewerbsfreiheit für die ausgeschlossenen Unternehmen aufgehoben. Der Adresshandel kann dies nicht ausgleichen, weil über den Adresshandel nicht genügend Adressen auf den Markt gebracht werden. Zudem ist die Einrichtung neuer Top-Level-Domains bei Erschöpfung der bisherigen auch nicht technisch so aufwändig für die ICANN, dass eine Unzumutbarkeit für die ICANN streiten 173

[329] Vgl. zur Aufgabe der ICANN oben § 6, Rdnr. 12, zur Unternehmenseigenschaft oben Rdnr. 19.

[330] *J. B. Nordemann/Czychowski/Grüter,* NJW 1997, 1897, 1901, für den Vorgänger IHAC; *dies.,* (1998) ECLR 1999, 104; vgl. zur Einführung neuer Top-Level-Domains auch oben § 6, Rdnr. 8.

[331] *BGH* NJW 1963, 293 – *Treuhandbüro; BGH* NJW 1979, 2515 – *Modellbauartikel; BGH* NJW-RR 1985, 485 – *Lüsterbehangstangen.*

[332] *J. B. Nordemann/Czychowski/Grüter,* NJW 1997, 1897, 1901; *dies.,* (1998) ECLR 99, 104; jeweils für den Vorgänger des ICANN, das IHAC.

würde. Dass es eine Pflicht für die ICANN zur Beschaffung neuer Top-Level-Domains gibt, zeigt auch ein vergleichender Blick auf die kartellrechtliche Beurteilung von Vertriebssystemen: Quantitative Beschränkungen sind tendenziell unzulässig, solange nicht objektive Gründe dies ausnahmsweise als zulässig erscheinen lassen[333].

174 Historisch zu erklären ist offensichtlich die Tatsache, dass die ICANN die **nationalen Länderkennungen** als Top-Level-Domain immer noch ausschließlich durch eine Stelle vergeben lässt. Denn die ICANN macht bei der Vergabe von „.com", „.net" oder „.org" Domains vor, dass die Vergabe auch durch mehrere Registrare nebeneinander erfolgen kann, sofern über gewisse technische Sicherungsmaßnahmen sichergestellt ist, dass nie eine Domain mehrfach vergeben wird. Danach besteht also kein sachlicher Grund, nationale Länderkennungen wie „.de" ausschließlich durch ein einziges Unternehmen (z. B. DENIC) vergeben zu lassen. Allerdings kann die ICANN den gesamten Registrierungsvorgang im Hinblick auf „.de"-Adressen an die DENIC vergeben, so dass ein Kontrahierungsanspruch gegen die ICANN ins Leere laufen würde, weil sie technisch nicht die Voraussetzungen für eine Aufnahme der Tätigkeit als „.de" Registrar zur Verfügung stellen könnte. Der Anspruch richtet sich dann vielmehr gegen die DENIC selbst[334].

c) Diskriminierungsfreie Vergabe der Registraturen

175 Ob die ICANN neu geschaffene Registraturen oder auch Registraturen für bislang schon bestehende Top-Level-Domains **in willkürlicher Form vergeben** darf, muss ebenfalls vor dem gleichen Hintergrund untersucht werden. **Quantitative Beschränkungen** in der Auswahl der Vertriebspartner sind – wie eben aufgezeigt – grundsätzlich unzulässig. Ausnahmen davon sind nicht ersichtlich. Das Domainnamesystem könnte wesentlich mehr Registrare als nur eine Hand voll vertragen, ohne funktionsunfähig zu werden. Jedoch dürfte die ICANN durchaus **qualitative Voraussetzungen** aufstellen, um Registrar zu werden. Zum Beispiel müssen zwingend die Registrierungsregeln beachtet werden, damit die Vergabe nicht im Chaos versinkt. Aber auch sonstige Anforderungen an die Zulässigkeit, insbesondere an die finanzielle und technische Leistungsfähigkeit, erscheinen ohne weiteres als kartellrechtlich zulässig[335]. Solange NSI eine (Mit-)Zustimmung für die Vergabe von Registraturen zukam, war auch NSI dem Diskriminierungsverbot unterworfen[336].

d) Durchsetzung

176 Allerdings dürfte die Durchsetzung deutschen bzw. europäischen Kartellrechts gegenüber der ICANN als in den USA beheimatetes Unternehmen auf Schwierigkeiten stoßen.

---

[333] Vgl. *KG* WuW/E OLG 1828, 1832 – *Englischwörterbuch; OLG Hamburg,* WuW/E OLG 3163, 3166 – *Seekartenvertrieb;* zum europäischen Recht *OLG München,* WuW/E OLG 5760, 5763 – *Graumarktparfümerie;* vgl. auch *Hoppe* in *Martinek/Semmler,* Handbuch des Vertriebsrechts, § 31 Rdnr. 24 m. w. N.; *Kirchhoff* in *Wiedemann,* Handbuch des Kartellrechts, § 10 Rdnr. 51, § 28 Rdnr. 9 ff.; *Markert* in *Immenga/Mestmäcker,* GWB § 20 Rdnr. 153 ff.

[334] Vgl. unten Rdnr. 177 ff.

[335] Ebenso *J. B. Nordemann/Czychowski/Grüter,* NJW 1997, 1897, 1901; *dies.,* (1998) ECLR 99, 104.

[336] Vgl. *EU-Kommission,* WuW 1999, 863, 864.

2. DENIC

Sofern der Anwendungsbereich des europäischen (Art. 82 EGV) bzw. des deutschen (§§ 19, 20 GWB) Diskriminierungsverbotes wegen Erreichen bestimmter Marktmachtschwellen für die DENIC eröffnet ist, treffen sie bestimmte Verhaltenspflichten bei der Vergabe der Domains an nachfragende Unternehmen. 177

a) Marktbeherrschung

Zurzeit hat die DENIC auf dem Markt für die Vergabe Domains in Deutschland[337] eine überragende Stellung nach § 19 Abs. 2 GWB inne[338]. Von einigen wenigen international agierenden Unternehmen abgesehen, ist für alle anderen Unternehmen eine „.de"-Domain am attraktivsten. Das schafft der DENIC typische Verhaltensspielräume eines Marktbeherrschers, die nicht vom Wettbewerb kontrolliert werden. Es ist auch – entgegen früheren Prognosen – nicht wahrscheinlich, dass diese marktbeherrschende Stellung abschmilzt, wenn die ICANN noch weitere Top-Level-Domains zur Vergabe schafft. Wie schon die existierenden Top-Level-Domains zeigen, die nicht länderspezifisch sind und deshalb auch für deutsche Unternehmen eine gewisse Alternative darstellen („.com", „.net", „.org"), werden diese oft nur gewählt, wenn die Second-Level-Domain unterhalb der Top-Level-Domains „.de" bereits belegt ist. Allenfalls für einige weltweit agierende deutsche Unternehmen kommt die Endung „.com" als bevorzugte Second-Level-Domain in Frage. Von daher ist der potentielle Wettbewerb, der von existierenden und später auch einmal von neu hinzukommenden anderen Top-Level-Domains ausgeht, nicht geeignet, die marktmächtige Stellung der DENIC bei der Vergabe von „.de"-Second-Level-Domains zu beseitigen. Vielmehr sind Second-Level-Domains unterhalb der Top-Level-Domain „.de" für deutsche Unternehmen nach wie vor so attraktiv, dass die für eine Marktbeherrschung kennzeichnenden wettbewerblichen Verhaltensspielräume der DENIC auf absehbare Zeit bestehen bleiben werden. 178

Die vorliegende Beherrschung des Marktes für die Vergabe von Second-Level-Domains in Deutschland wird nicht nur vom deutschen Diskriminierungsverbot der §§ 19, 20 GWB erfasst, sondern trotz der Beschränkung des räumlichen Marktes auf Deutschland auch von Art. 82 EGV[339]. 179

b) Besondere Verhaltenspflichten für die DENIC

Ein Marktbeherrscher als Adressat des europäischen und deutschen Diskriminierungsverbotes muss sich gegenüber Unternehmen[340] **objektiv sachgemäß und angemessen verhalten**[341]. Willkürliche Handlungen sind dem Marktbeherrscher grund- 180

---

[337] Vgl. zur Marktabgrenzung oben Rdnr. 47 ff.

[338] *BGH* GRUR 2001, 1038, 1041 – *ambiente.de; Bücking,* GRUR 2002, 27, 28; früher schon *J. B. Nordemann/Czychowski/Grüter,* NJW 1997, 1897, 1900.

[339] Vgl. zur Zwischenstaatlichkeit oben Rdnr. 25 ff.

[340] Vgl. zum Unternehmensbegriff oben Rdnr. 17 ff.

[341] Vgl. *BGH* WuW/E 1646, 1647 Vermittlungsprovision für Flugpassagen II; vgl. auch zur Notwendigkeit einer sachgerechten Vergabe bei räumlich begrenzten Messen durch Marktbeherrscher oder marktstarke Veranstalter *OLG Frankfurt,* NJW-RR 1990, 1069 – *Art Frankfurt; OLG Düsseldorf,* WuW/E OLG 4173, 4176 – *Art Cologne; OLG Celle,* WuW/E OLG 3897, 3899 – *Kunstmesse;* vgl. auch die *Kfz-Schilder*-Fälle *OLG Karlsruhe,* WRP 1996, 447, 449 – *Schilderprägebetrieb; OLG Rostock,* WRP 1996, 465, 466 – *Kfz-Zulassungsstelle,* jew. mit Anm. *J. B. Nordemann,* WRP 1996, 383, 383.

sätzlich verboten. Nur aus objektiv sachgemäßen Gründen kann die DENIC die Registrierung einer Domain verweigern. Ansonsten besteht **Kontrahierungszwang**[342].

181 Für die DENIC würde dies zunächst bedeuten, dass die Vergabe der Domainnamen nach sachgerechten Kriterien zu erfolgen hat. Der Bundesgerichtshof hat jedoch in *ambiente.de* von der DENIC als sachgerechtes Verhalten bei der Vergabe von Internet-Domains „.de" nur verlangt, dass die DENIC die Domain-Registrierungen auf **offenkundige, aus ihrer Sicht eindeutige Rechtsverstöße** prüft. Die DENIC sei regelmäßig nur dann verpflichtet, die Registrierung eines Domainnamens abzulehnen oder aufzuheben, wenn für sie unschwer zu erkennen sei, dass die Nutzung dieses Domainnamens Rechte Dritter beeinträchtige[343]. Das gilt nicht nur dann, wenn ein Dritter gegenüber der DENIC behauptet, eine registrierte Domain verletzte seine Marken- oder Namensrechte oder sei aus anderen Gründen ihm gegenüber unlauter beispielsweise nach § 1 UWG. Im Fall *ambiente.de* konnte der Dritte sogar eine strafbewehrte Unterlassungserklärung des Domain-Inhabers vorweisen, der sich jedoch weigerte, die Domain freizugeben. Auch in dieser Konstellation war die DENIC nach Auffassung des Bundesgerichtshofes nicht zu einer Entregistrierung der Domain verpflichtet.

182 Jedoch soll die DENIC dann haften, wenn sie zur Sperrung einer Domain durch einen Dritten aufgefordert wurde, nachdem der Dritte eine markenverletzende Registrierung und Nutzung einer Domain durch den Inhaber unterbunden hatte und der Inhaber die Domain zurückgab. Nachdem sich die DENIC weigerte, die Domain zu sperren und sie dann erneut von einem Unberechtigten registriert wurde, haftete die DENIC, weil ihr eine Sperrung ohne weiteres möglich gewesen wäre[344]. Das erscheint etwas zweifelhaft, weil es für den Dritten ohne weiteres die Möglichkeit über einen „Dispute-Eintrag" gegeben hätte, eine Sperrung der Domain von sich aus zu bewirken.

183 Klarzustellen ist in Zusammenhang mit der nur sehr eingeschränkten Prüfungspflicht der DENIC im Hinblick auf die Registrierung von marken-, namens- und wettbewerbsverletzenden Domains, dass der DENIC **das Recht** zusteht, von ihr erkannte Rechtsverletzungen zu beachten und deshalb **von sich aus eine Registrierung zu verweigern oder eine Kündigung auszusprechen**[345]. Für dieses Verhalten besteht dann ein sachlicher Grund. Denn was sachgerecht ist, richtet sich auch nach den Wertungen des GWB und – in diesem Fall entscheidend – anderer Rechtsvorschriften[346]. Als sachlicher Grund ist außerdem auch anzuerkennen, wenn die Registrie-

---

342 *J. B. Nordemann/Czychowski/Grüter,* NJW 1997, 1897, 1901; *Palandt/Heinrichs,* BGB, 61. Auflage 2002, Vor §§ 145 ff.

343 *BGH* GRUR 2001, 1038, 1039 – *ambiente.de; OLG Dresden,* CR 2001, 408 – *biedenkopf.de,* allerdings ohne Abstellen auf Kartellrecht; gleicher Auffassung ÖOGH Medien und Recht 2001, 328 – *FPO.AT; LG Frankfurt am Main,* CR 2001, 51; *LG Magdeburg,* MMR 1999, 607 = K&R 1999, 426, 428; *Bettinger/Freytag,* CR 1999, 28, 33; völlig gegen eine Prüfungspflicht *A. Nordemann,* NJW 1997, 1891, 1896; für eine generelle Prüfungspflicht der DENIC ohne Beschränkung auf offenkundige Rechtsverstöße noch *J. B. Nordemann/Czychowski/Grüter,* NJW 1997, 1897, 1900.

344 *LG Frankfurt am Main,* CR 2001, 51, 52.

345 *J. B. Nordemann/Czychowski/Grüter,* NJW 1997, 1897, 1900; *dies.,* [1998] ECLR 99, 103.

346 *BGH* WuW/E 1783, 1785 – *Neue Osnabrücker Zeitung; BGH* NJW 1988, 1877 – *Abwehrblatt II; BGH* NJW-RR 1990, 1190 – *Nora-Kunden-Rückvergütung.*

rung verweigert wird, um Gefahren zu vermeiden, die aus den technischen Gegebenheiten des Internet folgen. Die Nichtregistrierung einer Zahl als Second-Level-Domain unterhalb „.de" für eine Telefongesellschaft, deren call-by-call-Vorwahl diese Zahl darstellt, war daher kartellrechtlich nicht zu beanstanden[347]. Im konkreten Fall erscheint allerdings zweifelhaft, ob technische Gegebenheiten wirklich die Benutzung von Zahlen für „.de"-Domains ausschließen, weil andere Top-Level-Domains diese ohne weiteres verwenden.

c) Aufnahmeanspruch in die DENIC

Als marktbeherrschendem Registrar für „.de"-Adressen in Deutschland besteht darüber hinaus auch ein Anspruch, in die DENIC als Genosse aufgenommen zu werden, sofern kein berechtigter (sachlicher) Verweigerungsgrund besteht. Grundsätzlich besteht ein Aufnahmeanspruch, wenn die Marktgegenseite ausschließlich von einer Vereinigung bezieht[348]. Der wettbewerbsrechtliche Nachteil ist im Vorliegenden auch evident: Der kostengünstigste Zugang zum Marktsegment für die Registrierung von „.de"-Domains[349] besteht über eine DENIC-Genossenschaft, weil die DENIC Außenstehenden keine annähernd günstigen Tarife bietet. Auch die Möglichkeit der Registrierung über Genossen scheidet aus, weil hier immer ein Zuschlag für den zwischengeschalteten Genossen hinzukäme. Auch erscheint es unproblematisch, eine unbegrenzte Anzahl von Providern zu DENIC-Genossen zu machen, wie die heutige Genossenzahl zeigt. Sachliche Verweigerungsgründe sind die finanzielle Unzuverlässigkeit genauso wie die technische Unzuverlässigkeit beim Datenaustausch mit der DENIC. 184

Kein Anspruch auf Aufnahme in die DENIC besteht in entsprechender Anwendung der Taxi-Genossenschaftsfälle, sofern die DENIC Providern als „Großhändler" auch ohne Mitgliedschaft Domains zu einem Preis registriert, der mit denen vergleichbar ist, den Mitglieder zahlen[350]. 185

d) Liberalisierung im Vergabewesen

Spätestens seit dem die ICANN Second-Level-Domains „.com", „.net" oder „.org" von mehreren Registraren nebeneinander vergeben lässt[351], liegt klar zu Tage, dass auch „.de"-Domains dezentral, von mehreren Registraren nebeneinander vergeben werden könnten. Abgesehen von sich daraus ergebenden Bedenken im Hinblick auf das Kartellverbot[352] besteht aber auch ein Anspruch potentieller Registrare gegen die DENIC (nicht gegen die ICANN)[353], die technischen und unternehmerischen Voraussetzungen zu schaffen, damit **neben der DENIC noch andere Registrare** auftreten können[354]. Dieser Anspruch erfasst nicht nur die erforderliche technische Kooperation, sondern auch die Einräumung der erforderlichen Rechte, beispielsweise im Hinblick auf die Nutzung der DENIC-Datenbank (§ 87b UrhG). 186

[347] *LG Frankfurt am Main,* MMR 2000, 627, 628 – *01051.de.*

[348] *Markert* in *Immenga/Mestmäcker,* GWB, § 20 Rdnr. 165; vgl. § 20 Abs. 6 GWB.

[349] Vgl. zur Marktabgrenzung oben Rdnr. 55.

[350] *BGH* WuW/E 1495, 1496 – *Weigerungsverbot; OLG Koblenz,* GRUR 1989, 290, 291 – *Taxigemeinschaft; OLG Frankfurt,* WuW/E *OLG* 3011, 3013 – *Funktaxizentrale Langen.*

[351] Vgl. oben Rdnr. 88 ff. sowie § 6, Rdnr. 6 ff.

[352] Vgl. oben Rdnr. 89.

[353] Vgl. oben Rdnr. 88.

[354] Vgl. *Bücking,* GRUR 2002, 27, 31 ff.

187 Der Anspruch ergibt sich aus der sogenannten **„essential facilities"-Doktrin,** die sowohl im europäischen (Art. 82 EGV)[355] als auch im deutschen Kartellrecht (§ 19 Abs. 4 Nr. 4 GWB) Anwendung findet. Die DENIC stellt die technischen Voraussetzungen für die Tätigkeit als Registrar, also eine Infrastruktureinrichtung zur Verfügung. Man könnte sie plastisch, aber etwas schief, als „deutsches Ortsnetz" des DNS bezeichnen[356]. Wesentlich ist die Einrichtung auf Grund der zumindest faktischen Alleinverfügungsmacht der DENIC aus Gnaden der ICANN. Es besteht für einen potentiellen Registrar auch keine technische Möglichkeit, die Voraussetzungen für die Aufnahme seiner Tätigkeit zu duplizieren, weil er Zugang und Abgleich im Hinblick auf die bestehenden „.de"-Domains benötigt. Der kartellrechtliche Streit, ob ein Zugangsanspruch nach der „essential facilities"-Doktrin die fehlende technische Duplizierbarkeit oder nur eine kaufmännisch unzweckmäßige und wirtschaftlich unvernünftige Duplizierbarkeit voraussetzt[357], kann also dahinstehen. Ein sachlicher Grund für eine Verweigerung des Zugangs zu den erforderlichen technischen Einrichtungen für die potentiellen „.de"-Registrare ist es nicht, dass die DENIC sich nicht eigene Konkurrenz schaffen will. Es ist stets so, dass die Liberalisierung von Monopolmärkten eine Schwächung des Monopolisten mit sich bringt. Die „essential facilities"-Doktrin bürdet sogar dem Monopolisten eine Mitverantwortung für die Schaffung von Wettbewerb auf[358]. Umgekehrt ist die DENIC besonders wenig schützenswert im Hinblick auf ihr Monopol: Es basiert nicht auf eigener Leistung, sondern auf der (zufälligen) Akzeptanz durch die ICANN[359].

e) ENUMs

188 Im Hinblick auf ENUMs soll die DENIC die deutsche Tier 01 verwalten[360]. Mit der RegTP gibt es eine staatliche Einrichtung, die für die Rufnummernzuteilung zuständig ist, so dass es sich anböte, genauso wie in der Schweiz oder Österreich[361] die staatliche Behörde damit zu beauftragen. Durch ein weiteres Monopol der DENIC neben der Vergabe der „.de"-Domains käme es zu einer weiteren Konzentration auf einem entscheidenden Gebiet zukunftsträchtiger moderner Kommunikation.

V. Ausschluss des Internetvertriebs

189 Verschiedene Hersteller, z. B. Markenartikelhersteller, wehren sich des Öfteren dagegen, dass ihre Produkte über das Internet vertrieben werden. Sie setzen sich jedoch durch eine Weigerung, reine Internethändler oder Unternehmen zu beliefern, die neben dem stationären Handel („brick store") auch einen Internethandel betreiben, möglicherweise **Kontrahierungsansprüchen** aus.

---

[355] Vgl. nur EuGH NJW 1999, 2259 – *Oskar Bronner* = WuW/E EU-R 127, 130.

[356] *Bücking,* GRUR 2002, 27, 33.

[357] Vgl. *Schwintowski,* WuW 1999, 842, 849, der ohne die Voraussetzung der Duplizierbarkeit auskommt. Ferner Generalanwalt *Jacobs,* Schlussanträge zu *EuGH* GRUR Int. 1999, 262 – Oskar Bronner; *Fleischer/Weyer,* WuW 1999, 361, für das Fehlen einer kaufmännisch zweckmäßigen Duplizierbarkeit. Für das Fehlen einer technischen Duplizierbarkeit *von Wallenberg,* K&R 1999, 155.

[358] *Möschel* in *Immenga/Mestmäcker,* GWB, § 19 Rdnr. 205.

[359] *Bücking,* GRUR 2002, 27, 35.

[360] Vgl. zu ENUMs allgemein § 6, Rdnr. 213 ff.

[361] Siehe http://www.tkc.at/web.nst/deutsch/Telekommunikations-Numerierung-ENUM, abgerufen am 4. Mai 2002.

Das gilt jedoch nur, wenn das die Belieferung verweigernde Unternehmen die Marktmachschwellen erreicht, also entweder marktbeherrschend (Art. 82 EGV, §§ 19 Abs. 1, 20 Abs. 1 GWB) oder zumindest marktstark (§ 20 Abs. 2 GWB) ist. Letzteres kommt z.B. bei einem Markenartikelhersteller vor allem in Form der Spitzenstellungs- oder Spitzengruppenabhängigkeit in Betracht[362]. Ein Hersteller von Luxuskosmetika mit 18% Marktanteil in Deutschland ist wegen Spitzengruppenabhängigkeit der Einzelhändler marktstark im Sinne des § 20 Abs. 2 GWB[363]. 190

Ein marktmächtiger Hersteller darf die Belieferung von Internethändlern nur **verweigern,** wenn dafür ein **sachlicher Grund** besteht[364]. Für einen Hersteller von Luxuskosmetika besteht kein sachlicher Grund, den reinen Internetvertrieb zu verweigern[365]. 191

F. Zusammenschlusskontrolle

I. Zusammenschlusstatbestand

Der Zusammenschlusstatbestand ist nach Art. 3 Abs. 1 **EU-FKVO** erfüllt, wenn ein Unternehmen in irgendeiner Weise die unmittelbare oder mittelbare Kontrolle oder zumindest Teile eines anderen Unternehmens erwirbt. Dies erfordert zunächst **Mehrheitsbeteiligungen** oder – bei Hinzutreten weiterer Faktoren, wie z.B. eine niedrige Hauptversammlungspräsenz – auch **Minderheitsbeteiligungen.** Haben mehrere Unternehmen nebeneinander die Möglichkeit, entscheidenden Einfluss zu nehmen, ohne dass ein Unternehmen allein entscheiden kann, liegt ein Kontrollerwerb in Form der gemeinsamen Kontrolle (**Joint Control**) vor, so bei paritätischer Beteiligung von 50% durch zwei Muttergesellschaften an einem Gemeinschaftsunternehmen oder dreimal 33,33% etc. Auch disparitätische Beteiligungen können „Joint Control" darstellen, wenn nicht ein Unternehmen die alleinige Kontrolle hat. Häufig werden Internet-Plattformen in Form von **Gemeinschaftsunternehmen** geführt. Für eine Erfüllung des Zusammenschlusstatbestandes nach der FKVO ist dafür nicht nur Voraussetzung, dass eine alleinige oder gemeinsame Kontrolle (Joint Control) durch die Mütter erfolgen kann, sondern auch, dass das Gemeinschaftsunternehmen die **positive Funktion** einer selbstständigen wirtschaftlichen Einheit erfüllt (Art. 3 Abs. 2 FKVO). 192

Mit dieser letzten Voraussetzung soll die **Zusammenschlusskontrolle vom Kartellverbot** des Art. 81 EGV **abgegrenzt** werden, so dass Art. 81 EGV zu prüfen ist, wenn sie nicht vorliegt[366]. Erhellend ist die Bekanntmachung der EU-Kommission über die Unterscheidung zwischen konzentrativen (dann Zusammenschlusskontrolle) und kooperativen (dann Kartellverbot) Gemeinschaftsunternehmen, die eine verlässliche Richtschnur zur Beurteilung von Gemeinschaftsunternehmen darstellt[367]. 193

Um die positive Funktion nach Art. 3 Abs. 2 FKVO zu gewährleisten, muss es sich beim Gemeinschaftsunternehmen um ein sogenanntes **Vollfunktionsunterneh-** 194

362 Vgl. oben Rdnr. 160.
363 *OLG München,* MMR 2002, 162, 163 – *Internetvertrieb.*
364 Im Einzelnen oben Rdnr. 118ff.
365 *OLG München,* MMR 2002, 162, 165 – *Internetvertrieb;* vgl. eingehend oben Rdnr. 120.
366 Vgl. dazu oben Rdnr. 58ff.
367 Bekanntmachung ABl. 1994 C 385/1.

men handeln. *Chemplorer* war ein neugegründeter Internet-Marktplatz für die spezifischen Bedürfnisse der chemischen Industrie in der Beschaffung technischer und administrativer Güter und Dienstleistungen sowie im Bereich Verpackungen. Bayer (37%), die Deutsche Telekom (33%) sowie Infaserv (30%) waren im Wege der „Joint Control" beteiligt. Sie hatten jedoch Chemplorer mit eigenen finanziellen und personellen Ressourcen ausgestattet, die für die selbstständige Durchführung der Geschäftstätigkeit notwendig waren. Neben einer eigenen Geschäftsführung wies das Unternehmen eigene Abteilungen für Vertrieb, Marketing und Einkauf mit insgesamt zunächst 20 Mitarbeitern auf. Die Deutsche Telekom als Gesellschafter wurde mit dem technischen Betrieb des Marktplatzes beauftragt, jedoch zu marktüblichen Konditionen. Damit lag nach Auffassung der EU-Kommission ein Vollfunktionsgemeinschaftsunternehmen vor[368]. Im Fall *emaro* (Internet-Plattform für Anbieter von Büroausstattung) lagen die Voraussetzungen für ein Vollfunktionsgemeinschaftsunternehmen deshalb vor, weil die Mütter das Gemeinschaftsunternehmen zunächst mit erheblichem Kapital ausgestattet hatten. Zwar stellte ein Mutterunternehmen (SAP) die erforderlichen technischen Ressourcen zur Verfügung. Dies geschah jedoch wiederum über einen zeitlich unbeschränkten und nicht exklusiven Lizenzvertrag zu marktüblichen Konditionen. Das neugegründete Gemeinschaftsunternehmen war technisch auch nicht von anderen SAP-Produkten abhängig[369]. Der **Zusammenschlusstatbestand** und damit die Anwendung der Zusammenschlusskontrolle **kann vermieden werden,** wenn ein vorbestehendes selbstständiges Unternehmen die Plattform gründet und den übrigen Unternehmen den offenen Zugang gewährt, ohne dass diese sich daran in Form eines Zusammenschlusses beteiligen[370].

195 Im **deutschen Recht** ist der **Zusammenschlusstatbestand** etwas kasuistischer ausgestaltet, § 37 GWB. Auch Minderheitsbeteiligungen ohne gemeinsame Kontrolle können den Zusammenschlusstatbestand erfüllen, wenn z.B. mindestens 25% der Anteile erworben werden (§ 37 Abs. 1 Nr. 3 lit. b GWB) oder unterhalb einer solchen Beteiligungsschwelle eine sonstige Verbindung von Unternehmen vorliegt, auf Grund derer ein oder mehrere Unternehmen unmittelbar oder mittelbar einen wettbewerblich erheblichen Einfluss auf ein anderes Unternehmen ausüben können (§ 37 Abs. 1 S. 1 Nr. 4 GWB). Für die Gründung von Gemeinschaftsunternehmen stellt § 37 Abs. 1 S. 3 GWB die praktisch bedeutsame Regel auf, dass der Zusammenschluss auch im Hinblick auf die Mütterunternehmen unterstellt wird. Im deutschen Recht existiert im Hinblick auf Gemeinschaftsunternehmen – anders als nach EU-Recht – keine Regel, dass entweder die Zusammenschlusskontrolle oder das Kartellverbot einschlägig ist. Vielmehr werden beide Institute nebeneinander angewendet, so dass es grundsätzlich auch keiner Abgrenzung zwischen konzentrativen und kooperativen Gemeinschaftsunternehmen bzw. der Feststellung der Vollfunktionseigenschaften des Gemeinschaftsunternehmen bedarf.

196 Das führte z.B. bei der Gründung einer Internet-Plattform für den Kauf und Verkauf von Rohstoffen, Grundstoffen, Produkten und Dienstleistungen für die Reifen-

---

[368] *EU-Kommission*, Entsch. v. 6. 10. 2000, *Bayer/Deutsche Telekom/Infaserve/JV*, CELEX-Datenbank Nr. 300M2096.

[369] *EU-Kommission*, Entsch. v. 13. 7. 2000, *Deutsche Bank/SAP/JV*, CELEX-Datenbank Nr. 300 M2027.

[370] Vgl. *Lampert/Michel* K&R 2002, 505, 507.

und Gummiindustrie durch Goodyear, Michelin, Continental und andere Hersteller von Gummiprodukten dazu, dass die Gründung eines Gemeinschaftsunternehmens zum Betrieb der Internet-Plattform nicht nur nach der Zusammenschlusskontrolle, sondern auch nach § 1 GWB geprüft wurde[371]. Im Hinblick auf die Schaffung einer Plattform von konkurrierenden Stahlherstellern prüfte das Bundeskartellamt ebenfalls die Fusionskontrolle und behielt sich die kartellrechtliche Prüfung auf Grund anderer Kartellvorschriften, namentlich § 1 GWB, ausdrücklich vor[372]. Das galt auch für die gemeinsame Plattform von Autoherstellern zum Bezug von Autozulieferteilen[373]. Auch kann die Anwendung der Zusammenschlusskontrolle bei Gründung und Betrieb durch ein vorbestehendes selbstständiges Unternehmen vermieden werden[374].

II. Aufgreifkriterien (Schwellenwerte)

Damit die europäische oder die deutsche Fusionskontrolle greift, müssen bestimmte **Schwellenwerte** erfüllt sein. Nach § 35 GWB müssen die beteiligten Unternehmen im letzten Geschäftsjahr vor dem Zusammenschluss insgesamt weltweit Umsatzerlöse von mehr als 500 Mio. Euro und mindestens ein beteiligtes Unternehmen im Inland Umsatzerlöse von mehr als 25 Mio. Euro erzielt haben. Nach § 35 Abs. 2 GWB gelten Sonderregelungen insbesondere für den Verlagsbereich. Es ist wichtig, dass bei der Umsatzberechnung nicht nur die unmittelbar beteiligten Unternehmen einbezogen werden, sondern nach § 36 Abs. 2 GWB auch jedes abhängige oder herrschende Unternehmen im Sinne von § 17 AktG oder ein Konzernunternehmen im Sinne des § 18 AktG. Damit kann die Anwendbarkeit der Zusammenschlusskontrolle nicht dadurch umgangen werden, dass die unmittelbar beteiligten Unternehmen selbst nur einen sehr geringen Umsatz im Jahr vor dem Zusammenschluss aufweisen. 197

§ 35 Abs. 3 GWB legt jedoch auch schon fest, dass die deutsche Zusammenschlusskontrolle keine Anwendung findet, soweit die EU-FKVO einschlägig ist. Art. 1 Abs. 2 FKVO stellt die dafür relevanten Umsatzschwellen auf. 198

III. Eingreifkriterien

Zusammenschlüsse sind sowohl nach europäischem als auch nach deutschem Recht kartellrechtswidrig, wenn sie eine **marktbeherrschende Stellung** (Art. 2 Abs. 3 FKVO, § 36 Abs. 1 GWB) **begründen oder verstärken.** Das deutsche und europäische Recht stellen dafür weitgehend parallele Kriterien für die Ermittlung der Marktbeherrschung auf[375]. Es sei auf § 19 Abs. 2 GWB verwiesen. Art. 2 Abs. 1 S. 2b GWB geht von ganz ähnlichen Kriterien für die EU-FKVO aus. 199

Für **gemeinsame Internet-Plattformen** gibt es inzwischen eine breite Praxis der Kartellbehörden. Einschlägige Märkte sind insoweit erstens IT-Dienstleistungen für die elektronische Geschäftsabwicklung im Internet und zweitens die Waren und Dienstleistungen, die über die Plattform gehandelt werden[376]. Da im Hinblick auf 200

---

371 *BKartA* WuW/E DE-V 423, 424, 426 – *Rubbernetwork.com.*

372 *BKartA* WuW/E DE-V 479, 482 – *Buy For Metalls/Steel 24–7.*

373 *BKartA* WuW/E DE-V 321, 325 – *Covisint;* vgl. zu den Anforderungen an eine Internet-Plattform nach § 1 GWB, oben Rdnr. 58 ff.

374 Siehe soeben Rdnr. 194.

375 Vgl. dazu oben Rdnr. 154 ff.

376 Vgl. im Einzelnen oben Rdnr. 47 ff.

IT-Dienstleistungen für die elektronische Geschäftsabwicklung im Internet nicht nur auf produktspezifische Dienstleistungen, sondern auch völlig nichtspezifische Plattformen mit einbezogen werden[377], wird es nur in Ausnahmefällen zur Annahme einer marktbeherrschenden Stellung auf diesem Markt kommen, solange nicht auch hier eine bedeutende Konzentrationsbewegung einsetzt.

201 Problematischer ist die wettbewerbsrechtliche Beurteilung im Hinblick auf die über die Plattform gehandelten Produkte und Dienstleistungen, vor allem wenn bedeutende Anbieter oder Nachfrager an den Internet-Plattformen beteiligt sind. So waren beispielsweise an der Internet-Plattform *Covisint* Automobilhersteller beteiligt, auf die ein Drittel der europäischen Automobilproduktion entfiel, so dass grundsätzlich für die Zulieferer die Gefahr einer erheblichen Nachfragekonzentration entstand[378]. Dennoch kam das Bundeskartellamt trotz einer möglichen Erfüllung der Marktbeherrschungsvermutung nach § 19 Abs. 3 GWB nicht zur Annahme der Begründung einer marktbeherrschenden Stellung. Für das Gemeinschaftsunternehmen bestanden detaillierte Bestimmungen, die einen **offenen und diskriminierungsfreien Zugang** garantierten, namentlich das verbindliche „Supplement Memorandum of Understanding"[379]. Das Gleiche gilt für eine gemeinsame Plattform von Stahlherstellern, wenn diese einen diskriminierungsfreien Zugang gewährleisten[380]. Die damit über die Plattformen zu erzielenden Kostenvorteile konnten allen potentiellen Nutzern zugute kommen. Auch eine gemeinsame Plattform, die Authentifizierungsleistungen im Netz anbietet, stieß nicht auf Bedenken der EU-Kommission, weil der Beitritt zur Plattform für jedermann völlig offen gestaltet war[381]. Ein offener diskriminierungsfreier Zugang wird nicht dadurch ausgeschlossen, dass ein Entgelt verlangt wird. Dieses darf nur keine Ausschlussfunktion haben[382].

202 Die Kartellbehörden haben außerdem in aller Regel keinen Zuwachs an Marktmacht prognostiziert, wenn Angebot und Nachfrage durch die Internet-Plattform nicht gebündelt wird und es deshalb nicht zu Marktanteilsadditionen kommt. Deshalb haben sich die beteiligten Unternehmen regelmäßig dazu verpflichtet, sich auf eine **bloße Transaktionsplattform** zu beschränken, auf denen die beteiligten Unternehmen völlig unabhängig voneinander und durch technische und organisatorische Maßnahmen hinreichend voneinander abgeschirmt Geschäfte tätigen[383]. Übrigens gilt hier im Hinblick auf den Informationsaustausch dasselbe wie schon oben für das Kartellverbot ausgeführt[384]: Je nach vorliegenden Voraussetzungen, insbesondere je nach Marktstruktur, kann der Informationsaustausch wettbewerbsbeschrän-

[377] Vgl. *BKartA* DE-V 479, 482 – *Buy For Metalls/Steel 24–7; BKartA* WuW/E DE-V 423, 425 – *Rubbernetwork.com; BKartA* WuW/E DE-V 355 – *cc-markets; BKartA* WuW/E DE-V 321, 323 – *Covisint; EU-Kommission,* Entsch. v. 1. 9. 2000, *New House/Jupiter/Scudder/M&G/JV,* CELEX-Datenbank Nr. 300M2075 Tz. 15; vgl. zur Marktabgrenzung auch oben Rdnr. 48 f.

[378] *BKartA* WuW/E DE-V 321 – *Covisint.*

[379] *BKartA* WuW/E DE-V 321, 324 – *Covisint.*

[380] *BKartA* WuW/E 479, 482 – *Buy For Metalls/Steel 24–7.*

[381] EU-Kommission WuW/E EU-V 679, 682 – *Identrus.*

[382] *Koenig/Engelmann* WRP 2002, 1244, 1249; vgl. auch *Lampert/Michel* K&R 2002, 505, 514 f.

[383] *BKartA* WuW/E DE-V 423, 425 – *Rubbernetwork.com; BKartA* WuW/E DE-V 312, 323 *Covisint; BKartA* WuW/E DE-V 479, 482 – *Buy For Metalls/Steel; EU-Kommission,* Entsch. v. 1. 9. 2000, *New House/Jupiter/Scudder/M&G/JV,* CELEX-Datenbank Nr. 300M2075, Tz. 21; siehe zur Abschirmung der einzelnen Geschäfte untereinander ausführlich oben Rdnr. 80.

[384] Vgl. Rdnr. 75 ff.

kend oder wettbewerbsbelebend wirken. Es hängt also von den Umständen des Einzelfalles ab, ob die Transaktionsplattform wegen umfassenden Informationsaustausches zu einem Entstehen von Marktmacht auf Betreiberseite führt oder nicht.

Beschränkt sich die Plattform nicht nur auf Transaktionsleistungen, sondern 203 bündelt sie die Nachfrage der beteiligten Unternehmen, so bedeutet die sich daraus ergebende Marktanteilsaddition noch nicht zwingend das Erreichen von Marktbeherrschung. Eine solche Annahme liegt vielmehr nur bei einem **kumulierten Marktanteil** von ein Drittel nahe[385]. So hat das Bundeskartellamt im Fall *cc-markets* herausgestellt, dass sich das Beschaffungsvolumen der Gründungsgesellschafter im Bereich der von der Internet-Plattform erfassten Produkte und Dienstleistungen auf deutlich unter 20% belaufe[386]. Jedoch wird bei Bündelung des Angebotes oder der Nachfrage nach deutschem Recht regelmäßig ein Problem mit dem Kartellverbot des § 1 GWB entstehen. Im europäischen Recht, das eine Anwendung des Kartellverbotes neben der Zusammenschlusskontrolle nicht kennt[387], kommt zumindest ein Konflikt mit Art. 2 Abs. 4 FKVO in Betracht, weil durch die Bündelung der Wettbewerb zwischen den Müttern beschränkt wird und insoweit nichts anderes gilt als für eine Beurteilung nach dem Kartellverbot[388]. Das gilt jedenfalls solange, wie die Mütterunternehmen neben den Geschäften über die Internet-Plattform auch noch in der nicht-virtuellen Welt in Konkurrenz zueinander auftreten und das Gemeinschaftsunternehmen deshalb nur einen Teil des Angebotes bündelt. Eine solche Koordinierung des Wettbewerbsverhaltens der Gründerunternehmen im Verhältnis zueinander kommt in Betracht, wenn es auf dem Markt des Gemeinschaftsunternehmens oder auf einem diesem vor- oder nachgelagerten Markt oder auf einem benachbarten Markt eine nennenswerte und gleichwertige Präsenz von zwei oder mehr Gründerunternehmen gibt. Eine Koordinierung des Wettbewerbsverhaltens ist wahrscheinlich, wenn zwei oder mehr Gründer ihre Tätigkeiten in signifikantem Umfang im räumlichen oder im sachlichen Markt des Gemeinschaftsunternehmens weiterführen[389].

Das Entstehen oder die Verstärkung von Marktbeherrschung kann schließlich 204 auch auf anderen Märkten als den direkten betroffen (**sog. Drittmärkten**) prognostiziert werden und so zu einer Untersagung des Zusammenschlusses führen[390]. Im Fall des Zusammenschlusses der Portale www.bild.de (BILD-Zeitung) und www.t-online.de hatte das BKartA zunächst Bedenken, ob der Zusammenschluss nicht zum Entstehen einer marktbeherrschenden Stellung auf dem Markt für entgeltlichen Internet-Zugänge bzw. auf dem Markt für die Abrechnung der Inanspruchnahme von Internetinhalten führen konnte. T-Online, die die beiden letztgenannten Leistungen auch anbot, musste sich schließlich verpflichten, dass die Internetnutzer

---

[385] Vgl. § 19 Abs. 3 GWB.

[386] *BKartA* WuW/E DE-V 355 – *cc-markets.*

[387] Vgl. dazu oben Rdnr. 193.

[388] Vgl. dazu oben Rdnr. 66 ff.

[389] Vgl. Bekanntmachung der Kommission vom 31. 12. 1994 über die Unterscheidung zwischen konzentrativen und kooperativen Gemeinschaftsunternehmen, ABl. 1994 C 385/1, Rdnr. 18; siehe auch die weiteren Nachweise bei *Schroeder* in *Wiedemann*, Handbuch des Kartellrechts, § 8 Rdnr. 32; vgl. im Übrigen Rdnr. 193 f.

[390] Vgl. allgemein *Mestmäcker/Veelken* in *Immenga/Mestmäcker,* GWB, § 36 Rdnr. 121 ff., 141 m. w. N.; *Ruppelt* in *Langen/Bunte,* § 36 Rdnr. 24 m. w. N.; *Immenga* in *Immenga/Mestmäcker,* EG-Wettbewerbsrecht, Art. 2 FKVO Rdnr. 25 m. w. N.

auch über andere Zugangsanbieter auf das neue Portal gelangen konnten und die Abrechnung auch über Fremdfirmen möglich ist[391]. Beim Zusammenschluss von AOL und Time Warner bestand nach Auffassung der EU-Kommission das Problem, dass AOL mit dem Zusammenschluss nicht nur – wie bis dahin – auf die Musikinhalte von Bertelsmann hätte zugreifen können, sondern auch noch auf diejenigen von Time Warner. AOL habe insoweit durch die Stellung eines „Gate Keepers" eine marktbeherrschende Stellung erwerben können und wäre zusätzlich (angeblich) noch in die Lage versetzt worden, seine eigene Musikplayer-Software „Winmap" durchzusetzen[392].

205 Die unterschiedliche Anknüpfung der Koordinierungswirkung des Gemeinschaftsunternehmens auf das Wettbewerbsverhalten der Mütter im deutschen und im europäischen Recht hat eine interessante praktische Konsequenz: sofern es sich um ein Vollfunktionsgemeinschaftsunternehmen handelt[393], erfolgt die Prüfung und gegebenenfalls Freistellung im Hinblick auf die Koordinierungswirkung für das Wettbewerbsverhalten der Mütter auf EU-Ebene im Fusionskontrollverfahren, in dem Freistellungen grundsätzlich zeitlich unbefristet ergehen. Freistellungen vom Kartellverbot des Art. 81 EGV können nach der Verordnung Nr. 17[394] genauso wie im deutschen Recht zumindest für Ausnahmekartelle nach §§ 5 bis 8 GWB (vgl. § 10 Abs. 4 GWB) nur zeitlich befristet erfolgen.

G. Empfehlungsverbot

206 § 22 Abs. 1 GWB enthält das Verbot, Empfehlungen auszusprechen, die eine Umgehung der im GWB vorgesehenen Verboten bezwecken oder bewirken.

207 **Preisempfehlungen** sind danach, soweit sei sich an Dritte zur Weiterveräußerung richten, nur unter den engen Voraussetzungen des § 23 GWB erlaubt[395].

208 Das Empfehlungsverbot gilt schließlich auch für **Vertragsmuster**, die von Unternehmensverbänden für ihre Mitglieder erstellt werden. Allerdings können solche Empfehlungen unter den Voraussetzungen des § 22 Abs. 2 und Abs. 3 GWB kartellfrei organisiert werden, teilweise ist jedoch eine Anmeldung bei den Kartellbehörden erforderlich (§ 22 Abs. 4 und Abs. 5 GWB). Auf diesem Wege kartellrechtlich legalisiert sind beispielsweise die empfohlenen Vertragsmuster des Deutschen Multimedia Verbandes (dmmv)[396].

---

[391] BKartA, Entscheidung vom 7. März 2002, Az. B6 144/02, abrufbar unter www.bundeskartellamt.de/Entscheidungen; vgl. hierzu auch Rdnr. 169.

[392] *EU-Kommission,* Entsch. vom 11. 10. 2000. COMP/00/1145 – *AOL/Time Warner;* eingehend *von Wallwitz* in Schwarz 5–4.1., S. 19 ff.

[393] Vgl. dazu oben Rdnr. 194.

[394] Vgl. dazu oben Rdnr. 42 f.

[395] Vgl. oben Rdnr. 108.

[396] http://www.dmmv.de/de/7_P...themen/produktion/agenturverträge.ctm [abgerufen am 13. April 2002].

4. Teil Vertragsrecht

§ 13. Elektronischer Handel mit Geistigem Eigentum

*Christian Czychowski**

Übersicht

* Ich danke Frau Assessorin Susanne Bauditz für die Hilfestellung bei der Vorbereitung des Manuskriptes; Herrn Rechtsreferendar Hendrik Schumacher danke ich für die Hilfe bei der Materialzusammenstellung.

Literatur: *Alpert,* Kommerzielle Online-Nutzung von Computerprogrammen, CR 2000, 345; *Bär/Hoffmann,* Das Zugangskontrolldiensteschutz-Gesetz, MMR 2002, 654; *Bechthold,* Vom Urheber- zum Informationsrecht – Implikationen des Digital Rights Management, 2002; *Berrisch,* E-Commerce und WTO-Recht, K&R 2001, 562; *Börsenverein des Deutschen Buchhandels (Hrsg.),* Recht im Verlag, 1995; *Bothe/Kilian,* Rechtsfragen grenzüberschreitender Datenflüsse, 1992; *Braun,* „Filesharing"-Netze und deutsches Urheberrecht, GRUR 2001, 1106; *Briem,* Elektronische Lizensierung von urheberrechtlich geschützten Werken, MMR 1999, 256; *Cahn,* Produkthaftung für verkörperte geistige Leistungen, NJW 1996, 2899; *Cichon,* Internetverträge, 2000; *Czychowski/Bröcker,* ASP – Ein Auslaufmodell für das Urheberrecht?, MMR 2002, 81; *Däubler-Gmelin,* Die Entscheidung für die so genannte Große Lösung bei der Schuldrechtsreform, NJW 2001, 2281; *Davies,* Urheberrecht in der Informationsgesellschaft: Technische Mechanismen zur Kontrolle privater Vervielfältigung, GRUR Int. 2001, 915; *Deckers,* Allgemeine Geschäftsbedingungen in Web-

Design-Vertrag, CR 2002, 900; *Delp,* Der Verlagsvertrag, 7. Aufl. 2001; *Dietrich,* Der Zugang einer per E-Mail übermittelten Willenserklärung, K&R 2002, 138; *Dietz,* Das primäre Urhebervertragsrecht in der Bundesrepublik Deutschland und den anderen Mitgliedstaaten der EG, 1984; *ders.,* Das Urhebervertragsrecht in seiner Rechtspolitischen Bedeutung in: FS Schricker, S. 1; *Dreier,* Rechtsschutz von Computerprogrammen. Die Richtlinie des Rates der EG vom 14. 5. 1991, CR 1991, 577; *Erben/Zahrnt,* Die Rechtsprechung zur Datensicherung, CR 2000, 88; *Erber-Faller/Bettendorf,* Elektronischer Rechtsverkehr, 2000; *Ernst,* Der Mausklick als Rechtsproblem – Willenserklärungen im Internet, NJW-CoR 1997, 165; *Fischer/Reich,* Urhebervertragsrecht, 1993; *Gibault,* Copyright Limitations and Contracts – An Analysis of the Contractual Overidability of Limitations on Copyright, 2002; *Goldmann/Liepe,* Vertrieb von Kopiergeschützten Audio-CDs in Deutschland, ZUM 2002, 362; *Götting,* Urheberrechtliche und vertragsrechtliche Grundlagen in: FS Schricker, S. 53; *Grützmacher,* Open-Source-Software – die GNU General Public Licence, ITRB 2002, 84; *Günther,* Produkthaftung für Informationsgüter, 2002; *Hamann/Weidert,* E-Commerce und Recht, 2001; *Härting,* Fernabsatzgesetz, 2000; *ders.,* Gesetzentwurf zur Umsetzung der E-Commerce-Richtlinie, CR 2001, 271; *ders.,* Webdesign- und Providerverträge, ITRB 2002, 218; *v. Hartlieb,* Handbuch des Film-, Fernseh- und Videorechts, 3. Aufl. 1991; *Heermann,* Vertrags- und wettbewerbsrechtliche Probleme bei der E-Mail-Nutzung, K & R 1999, 6; *Höckelmann,* Die verschuldensunabhängige Produkthaftung für Verlagserzeugnisse und Neue Medien, UFITA (144) 2001, 425; *Hoeren/Schumacher,* Verwendungsbeschränkungen im Softwarevertrag. Überlegungen zum Umfang des Benutzungsrechts für Standardsoftware, CR 2000, 137; *Hoffmann,* Entwicklung des Internet-Rechts, NJW Beilage 14/2001; *ders.,* Die Entwicklung des Internet-Rechts von Anfang 2001 bis Mitte 2002, NJW 2002, 2602; *Hugenholtz (Hrsg.),* Copyright and Electronic Commerce – Legal Aspects of Electronic Copyright Management, 2000; *Huppertz,* The Pivotal Role of Digital Rights Management Systems in the Digital World, CRi 2002, 105; *Jaeger/Metzger,* Open Source Software, 2002; *Kaiser/Voigt,* Vertragsschluß und Abwicklung des Electronic Commerce im Internet – Chancen und Risiken, K&R 1999, 445; *Kamanabrou,* Vorgaben der E-Commerce-RL für die Einbeziehung von AGB bei Online-Rechtsgeschäften, CR 2001, 421; *Kilian/Heussen,* Computerrechtshandbuch, Loseblatt, Stand: 4/2001; *Kilian,* Datensicherheit in Computernetzen, CR 1991, 73; *Kitz,* Anwendbarkeit urheberrechtlicher Schranken auf das e-book, MMR 2001, 727; *Koch,* Zivilrechtliche Anbieterhaftung für Inhalte in Kommunikationsnetzen, CR 1997, 193; *ders.,* Internet Recht, 1998; *ders.,* Urheber- und kartellrechtliche Aspekte der Nutzung von Open-Source-Software, CR 2000, 273 und 333; *ders.,* Einbeziehung und Abwehr von Verkaufs-AGB im b2b-commerce, K&R 2001, 87; *Köhler, H.,* Die Rechte des Verbrauchers beim Teleshopping, NJW 1998, 185; *Köhler, P.,* Allgemeine Geschäftsbedingungen im Internet, MMR 1998, 289; *Korb,* Kaufprozesse im Electronic Commerce, 2000; *Kotthoff,* Softwareerstellungs-Verträge nach der Schuldrechtsmodernisierung, K&R 2002, 105; *Kreutzer,* Napster, Gnutella & Co.: Rechtsfragen zu Filesharing-Netzen aus der Sicht des deutschen Urheberrechts de lege lata und de lege ferenda – Teil 1 und 2, GRUR 2001, 193 und 307; *Lehmann,* Produkt- und Produzentenhaftung für Software, NJW 1992, 1721; *ders.,* Das Urhebervertragsrecht der Softwareüberlassung in: FS Schricker, S. 543; *Lejeune (Hrsg.),* Der E-Commerce-Vertrag nach amerikanischem Recht, 2001; *ders.,* UCITA – Vertragsrecht für „geistiges Eigentum" im E-Commerce-Zeitalter, CR 2000, 201; *Mankowski,* Wie problematisch ist die Identität des Erklärenden bei E-Mails wirklich?, NJW 2002, 2822; *Marly,* Softwareüberlassungsverträge, 4. Aufl. 2002; *Mehrings,* Vertragsschluß im Internet, MMR 1998, 30; *Meier/Wehlau,* Produzentenhaftung des Softwareherstellers, CR 1990, 95; *Meyer,* Die Haftung für fehlerhafte Aussagen in wissenschaftlichen Werken, ZUM 1997, 26; *Möschel/Bechthold,* Copyright-Management im Netz, MMR 1998, 571; *Moritz,* Quo vadis elektronischer Rechtsverkehr?, CR 2000, 61; *Müglich/Simon,* Datenaustausch im elektronischen Zahlungsverkehr per UN/EDIFACT, K&R, 2000, 282; *Münchener Vertragshandbuch:* Band 3 Wirtschaftsrecht, 4. Aufl. 1998; *Nimmer,* Napster and the Old Economy, CRi 2001, 46; *Nimmer/Dodd/Martin,* Open Source – Building a Cathedral over the Bazaar: Certain Licensing Practices in the Open Source and Free Software Communities, 2001; *Nordemann, W.,* Vorschlag für ein Urhebervertragsgesetz, GRUR 1991, 1; *Omsels,* Open Source und das deutsche Vertrag- und Urheberrecht, in: FS Hertin, S. 141; *Paefgen,* Forum: Bildschirmtext – Herausforderung zum Wandel der allgemeinen Rechtsgeschäftslehre, JuS 1988, 592; *Petri/Göckel,* Vertragsstruktur der Internet-Backbone-Betreiber: Backbone-Access, CR 2002, 329; *Podehl,* Internetportale mit journalistisch-redaktionellen Inhalten, MMR 2001, 17; *Redeker,* Der EDV-Prozeß, 2. Aufl. 2000; *Rehbinder/Schmauss,* Rechtsfragen beim E-Book-Verlagsvertrag, ZUM 2002, 167; *Ricke,* Ratgeber Online-Recht, 1998; *Riehmer/Hessler,* Rahmenbedingungen und Ausgestaltung von Provider-Verträgen, CR 2000, 170; *Röhrborn/Sinhart,* Application Service Providing – juristische Einordnung und Vertragsgestaltung, CR 2001, 69; *Schack,* Schutz digitaler Werke vor privater Vervielfältigung – Zu den Auswirkungen der Digitalisierung auf § 53 UrhG, ZUM 2002, 497; *Schäfer,* Welche Rolle spielt das Vervielfältigungsrecht auf der Bühne der Informationsgesellschaft? – Neue Herausforderungen an eine bewährte Rechtsfigur in: FS Nordemann, S. 191; *Scheffler/Dressler,* Vorschläge zur Änderung zivilrechtlicher Formvorschriften und ihre Bedeutung für den Wirtschaftszweig E-Commerce, CR 2000, 78; *Schneider,* Handbuch des EDV-Rechts, 2. Aufl. 1997; *Schneider, A.,* Verträge über Internet-Access, 2001; *Schricker/Bastian/Dietz,* Konturen eines europäischen Urheberrechts, 1996; *Schricker (Hrsg.),* Urheberrecht auf dem Weg zur Informationsgesellschaft, 1997 (Informationsgesellschaft); *Schulte,* Der Referentenentwurf eines Zweiten Gesetzes zur Änderung des Urheberrechtsgesetzes. Ausgewählte Auslegungsfragen der EG-Richtlinie über den Rechtsschutz von Computerprogrammen, CR 1992, 648; *Schulze, E.,* Urhebervertragsgesetz auf Raten?, UFITA 84 (1979), 147; *ders.,* Urhebervertragsrecht, Materialsammlung mit Erläuterungen, 3. Aufl. 1982; *ders.,* Tendenzen in der Entwicklung des Urhebervertragsrechts NJW 1995, 706; *Schulze, M. (Hrsg.),* Leitfaden zum Urhebervertragsrecht des Künstlers, 1997; *Schuster/Müller,* Entwicklung des Internet- und Multimediarechts von Juli 2000 bis März 2001, MMR Beilage 7/2001; *Schuster/Müller/Drewes,* Entwicklung des Internet- und Multimediarechts von April 2001 bis Dezember 2001, MMR Beilage 3/2002; *Schuppert,* Web-Hosting Verträge, CR 2000, 227; *Schuster,* Vertragshandbuch Telemedia, 2001; *Sedlmeier/Kolk,* ASP – Eine vertragstypologische Einordnung, MMR 2002, 75; *Söbbing,* Flexible Vertragsmodelle im IT-Umfeld und IT Contract Management, NJW-CoR 2000, 359; *Spautz,* Wann kommt das Urhebervertragsgesetz, ZUM 1992, 186; *Spindler,* Verschuldensunabhängige Produkthaftung im Internet, MMR 1998, 119; *ders.,* E-Commerce in Europa, Die E-Commerce-Richtlinie in ihrer endgültigen Fassung, MMR Beilage 7/2000, S. 4; *Spindler/Klöhn,* Neue Qualifikationsprobleme im E-Commerce-Verträge über die Verschaffung digitalisierter Informationen, CR 2003, 81; *Tettenborn/Bender/Lübben/Karenfurt,* Rechtsrahmen für den elektronischen Geschäftsverkehr, K&R Beilage 12/2001; *Thewald,* Softwareerstellung als Kaufvertrag mit werkvertraglichem Einschlag, CR 2002, 1; *Thome,* Electronic Commerce, 2000; *Ulmer, E.,* Gutachten zum Urhebervertragsrecht, insbesondere zum Recht der Sendeverträge. Herausgeber: Der Bundesminister der Justiz, 1977 (Gutachten); *ders.,* Urheber- und Verlagsrecht, 3. Aufl. 1980; *Ulmer, D.,* Online-Vertragsschluß – ein Verfahren wird populär?, CR 2002, 208; *Vassilaki,* Das Prinzip Vertrauen für Informationsdienste, CR 2002, 742; *Ventroni/Poll,* Musiklizenzerwerb durch Online-Dienste, MMR 2002, 648; *Vogel,* Kollektives Urhebervertragsrecht unter besonderer Berücksichtigung des Wahrnehmungsrechts in: FS Schricker, S. 117; *von Westerholt/Berger,* Der Application Service Provider und das neue Schuldrecht, CR 2002, 81; *Wand,* Dreifach genäht hält besser! – Technische Identifizierungs- und Schutzsysteme, GRUR Int. 1996, 897; *Wiebe/Leupold,* Recht der elektronischen Datenbanken, 2002; *Wischmann,* Rechtsnatur des Access-Providing, MMR 2000, 461; *Witzel,* Gewährleistung und Haftung in Application-Service-Providingverträgen, ITRB 2002, 183.

A. Einführung

1 Das folgende Kapitel soll nicht etwa einen umfassenden und erschöpfenden Überblick über den Rechtsrahmen des elektronischen Handels, neudeutsch: E-Commerce, geben.[1] Es soll vielmehr im größeren Zusammenhang dieses Handbuches einerseits die Regelungen des elektronischen Handels anreißen, da das Recht des Geistigen Eigentums im Internet zu großen Teilen von Verträgen abhängt. Andererseits soll es deren für das Recht des Geistigen Eigentums bedeutsamsten Schwerpunkte aufzeigen. Dieses Kapitel kann und will aber nicht

---

[1] Hierzu vgl. z. B. *Hoeren/Sieber,* passim; *Kröger/Gimmy,* passim; *Moritz/Dreier,* passim; *Schuster/Müller,* MMR Beilage 7/2001, S. 7ff.; *Hoffmann,* NJW Beilage 14/2001, S. 7ff.; zum Verhältnis zum WTO-Recht: *Berrisch,* K&R 2001, 562ff.

den ausführlicheren Vertragshandbüchern zu diesem Thema[2] „Konkurrenz machen".

2 Es hieße Eulen nach Athen tragen, in einem Praxishandbuch zum geistigen Eigentum im Internet die Bedeutung des elektronischen Handels herauszustellen.[3] Man braucht sich jedoch nur einige der gut besuchten Internet-Dienste anzusehen, um die Bedeutung des elektronischen Handels gerade auch im Geistigen Eigentum zu erkennen: Was wäre Napster und seine urheberrechtlichen Probleme, ohne die dahinter liegenden elektronischen Verträge zum Austausch der Musik? Gäbe es den weltgrößten Medienkonzern AOL/Time Warner, wenn Internet-Nutzer nicht Verträge über den Zugang zum Internet und Domainnamen benötigten? Was wäre Amazon, wenn nicht der Buchliebhaber seinen Vertrag zur Bestellung eines bestimmten Buches elektronisch abwickeln könnte? Und was wären elektronische Einkaufsplattformen, wie GoIndustry, wenn Unternehmen dort nicht ihre Transaktion elektronisch abwickeln könnten?

3 Man könnte das hinter dem elektronischen Handel liegende Gerüst sozialen Interagierens wie folgt charakterisieren:

- keine physische Begegnung der Vertragspartner und kein physischer Vertrag sowie daraus resultierende Unsicherheit im Bezug auf die Identität des Vertragspartners und Authentizität sowie Integrität der übermittelten Erklärungen, also erhöhter Vertrauensbedarf;
- Unterteilung der Geschäfte nach der Leistungserbringung offline (konventionell) und online (digitale) Erbringung der Leistung;
- Möglichkeit der schnelleren Abwicklung, damit erhöhte Gefahr eines übereilten Entschlusses; möglicherweise aber auch gerade keine Eile, da kein Entscheidungsdruck wie in einem Geschäft, sondern stehende Bildschirmmaske;
- fehlende Möglichkeit der Warenbesichtigung und -erprobung bei Leistungserbringung offline, aber auch gerade Warenbesichtigung und -erprobung bei Leistungserbringung online;
- Risiken bei Abwicklung und Rückabwicklung des Vertrages durch unseriöse Anbieter, falsche oder zu späte Lieferung, Internationalität der Vertragsbeziehungen;
- Möglichkeit des Missbrauchs der Kundendaten.

4 Viele dieser **Charakteristika des elektronischen Handels** sind uns oben[4] bereits als Wesensmerkmale des Internets begegnet. Im elektronischen Handel wiederholen sich also die Probleme des Internets, die in den besonderen Gebieten des Geistigen Eigentums bereits dargestellt wurden.

B. Gesetzliche und andere rechtliche Grundlagen

5 Weder in Deutschland noch in Europa gibt es ein einheitliches Gesetz über Verträge mit Geistigen Eigentum; erst Recht existiert keine solche Kodifikation für das Internet. In den USA hingegen hat die National Conference of Commissioners on

[2] Vgl. nur *Schuster*, Vertragshandbuch Telemedia, passim; *Spindler*, Vertragsrecht der Internet-Provider, passim.

[3] Manche jedoch behaupten, es würde bislang kaum Geld im Internet verdient; andere wiederum apostrophieren das Ende des nicht-elektronischen Handels. Laut http://www.webexpert.de/NET/Redaktion/Statistiken/Statistiken.htm [abgerufen am 1. 10. 2001] sind die Einkünfte aus dem elektronischen Handel in Europa immerhin seit 1997 von ca. 1 Milliarde US $ auf 30 Milliarden US $ im Jahr 2001 gestiegen; vgl. auch zur Bedeutung des Wettbewerbshandelns im Internet § 2 und § 11, Rdnr. 3.

[4] § 1, Rdnr. 51.

Uniform State Law bereits im Jahr 1999 den **Uniform Computer Information Transaction Act** (UCITA) verabschiedet[5] und damit eine lebhafte Diskussion entfacht, die – soweit ersichtlich – noch nicht dazu geführt hat, dass auch in der EU bzw. Deutschland über ein eigenes Gesetzbuch für den Elektronischen Handel diskutiert wird.[6] Dass eine solche Diskussion durchaus sinnvoll sein könnte, da die hergebrachten Gesetze an vielen Stellen den neuen Vertragsarten nur schwer gerecht werden, werden die folgenden Ausführungen zeigen.

6 In Deutschland besteht weitgehend Einigkeit, dass die allermeisten **bestehenden Normen** aus BGB, HGB, dem im BGB nunmehr integrierten AGBG oder etwa dem Produkthaftungsgesetz auch in einem Internet-Zusammenhang anwendbar sind.[7] Nichtsdestotrotz bringt der elektronische Handel – gerade im Bereich des Geistigen Eigentums – technisch bedingte Problemfälle, die Zweifel aufwerfen oder unangemessene Folgen herbeiführen können, mit sich. Rechtsprechung und Gesetzgeber sowie Literatur sind aufgerufen, diese Problemfälle einer interessengerechten Lösung zuzuführen, auch wenn ausdifferenzierte Vertragstypen in vielen Fällen noch fehlen, so dass es mangels ausdrücklicher Regelungen im Vertrag zu Streitigkeiten über Art, Umfang und Ausgestaltung der gegenseitigen Rechte und Pflichten kommen muss. In Zeiten, wie dem aufkommenden Internet-Zeitalter, gewinnt die beratende Vertragspraxis daher eine erhebliche Bedeutung. Schon immer orientiert sich die Rechtsprechung nicht nur am Wortlaut der Gesetze, sondern bildet das Recht jenseits des Gesetzeswortlauts fort. Gerade in Materien, die so noch wenig durchdrungen sind, stellen die **Vertragspartner** daher eine mächtige **rechtsetzende Instanz** dar. Man könnte also versucht sein zu sagen: Dies ist die Zeit der Vertragsfreiheit! Welche Rechte und Pflichten sich bei einem Webhosting-Vertrag gegenüberstehen oder was der Nutzer beim Herunterladen von Musik aus einer Musiktauschbörse beachten muss, wird sich schwerlich allein aus dem BGB ergeben. Aber auch komplexe Domainnamen-Verwaltungsverträge werden zuallererst am Tisch der Vertragsjuristen inhaltlich bestimmt. Die Parteien haben es also, ähnlich den Anfangszeiten des Leasings oder komplexer Softwareprojektverträge, in der Hand, ihr eigenes Recht innerhalb der gesetzlichen Grenzen „zu setzen". Wir werden diese neuen Verträge, soweit sie einen Bezug zum Geistigen Eigentum aufweisen, unten im „besonderen Teil" darstellen.

7 Nun aber zunächst zu dem **legislativen Rechtsrahmen.** Eines der ersten Gesetze, das spezifischen Internet-Charakter trug, war das **Informations- und Kommunikationsdienstegesetz,** das am 1. August 1997 in Kraft getreten ist.[8] Als Artikelgesetz enthielt es eine Reihe von internet-relevanten Regelungen, aus denen an dieser Stelle lediglich das **Signaturgesetz**[9] und die Signaturverordnung herausgegriffen werden sollen, da vor allem sie Bezug zum elektronischen Handel aufweisen können. Das in

---

[5] Abrufbar unter http://www.law.upenn.edu/bll/ulc/ulc_frame.htm [abgerufen am 2. 12. 2002]; hierzu vgl. *Leujeune,* passim und *Lejeune,* CR 2000, 201 ff.; vgl. auch das UNCITRAL Model Law on E-Commerce, World Internet Law Report 2002, 28.

[6] Die Electronic Commerce Working Group der Vereinten Nationen hat aber nach dem Model Law on Electronic Signatures auch bereits einen „E-Contracting-Treaty" diskutiert. Vgl. die Information in World Internet Law Report 2002/02, 36 ff. und http://www.uncitral.org/english/workinggroups/wg_ec [abgerufen am 1. 12. 2002].

[7] *Moritz,* CR 2000, 61 (62).

[8] Informations- und Kommunikationsdienstegesetz vom 22. 7. 1997, BGBl. I 1997 S. 1870.

[9] Zu diesem SigG a. F. vgl. oben § 5, Rdnr. 73 ff.

Art. 3 IuKDG enthaltene Signaturgesetz war zwar das weltweit erste Gesetz zur digitalen Signatur, stellte sich jedoch mit der es konkretisierenden Signaturverordnung bald als hohe Hürde für die Zulassung von digitalen Signaturen dar.[10] Nachdem der EU-Richtliniengeber Schritt gehalten hatte und mit der **Signaturrichtlinie**[11] vom nationalen Gesetzgeber nicht nur eine Erleichterung der Verwendung, sondern auch einen Beitrag zu ihrer rechtlichen Anerkennung forderte, war eine Anpassung des deutschen Signaturgesetzes notwendig. Dies erfolgte im Frühjahr 2001 mit dem **Gesetz über Rahmenbedingungen über elektronische Signaturen,**[12] das vor allem die strengen alten Regelungen auflockert und zwischen qualifizierten und einfachen elektronischen Signaturen unterscheidet. Einher hiermit geht eine Änderung des Bürgerlichen Gesetzbuches sowie der Zivilprozessordnung im sog. **Formgesetz** zur Anerkennung dieser elektronischen Signaturen.[13] Auch wenn nähere Erfahrungen hierzu noch fehlen, kann jetzt bereits gesagt werden, dass gerade letzteres Gesetz einen wesentlichen Schritt hin zu einem stärkeren Vertrauen in das Internet darstellt[14] und damit eine der wesentlichen oben dargestellten Voraussetzungen für eine weitere Verbreitung des Internets schafft.

Auf der Basis der **Fernabsatz-Richtlinie** sei sodann noch das **Fernabsatzgesetz** 8
erwähnt.[15] Das Fernabsatzgesetz diente dem Verbraucherschutz und sollte vor allem dem Endnutzer im Internet bestimmte Informationen über Anbieter und angebotene Ware/Dienstleistungen verschaffen. Auch dieser Regelungskomplex versteht sich also als Gesetz, das das Vertrauen in das Internet stärken soll. Mangels spezifischer Bedeutung für das Geistige Eigentum, bleiben seine detaillierten und zum Teil recht komplexen Regelungen in den folgenden Erläuterungen im Wesentlichen außer Betracht. Seit dem 1. 1. 2002 gehen die Vorschriften des Fernabsatzgesetzes weitgehend unverändert im BGB auf. Hierbei finden sich im BGB allerdings nur die Grundaussagen, während die Details der Informationspflichten in der sogenannten „Verordnung über Informationspflichten" untergebracht werden.[16]

Nicht nur für den elektronischen Handel, sondern auch für das Geistige Eigen- 9
tum im speziellen, ist die **EU-Richtlinie zum Elektronischen Handel** von besonderer Bedeutung,[17] die bis zum 16. 1. 2002 in nationales Recht umzusetzen war. Sie enthält Regelungen der wichtigsten wirtschafts- und zivilrechtlichen Rahmenbedingungen für den elektronischen Geschäftsverkehr im europäischen Binnenmarkt,

---

[10] *Hoeren/Sieber/Geis,* Teil 13.2., Rdnr. 9 ff. m. w. N.

[11] Richtlinie 1999/93/EG vom 13. 12. 1999 über gemeinsame Rahmenbedingungen für elektronische Signaturen Abl. EG Nr. L 13/12 und oben § 1, Rdnr. 71 sowie § 5, Rdnr. 81 ff.

[12] Gesetz über Rahmenbedingungen für elektronische Signaturen und zur Änderung weiterer Vorschriften vom 16. 5. 2001, BGBl. I 2001, S. 876, hierzu eingehend § 5, Rdnr. 96 ff.

[13] Gesetz zur Anpassung der Formvorschriften des Privatrechts und anderer Vorschriften an den modernen Rechtsverkehr vom 13. 7. 2001, BGBl. I 2001 S. 1542, hierzu eingehend § 5, Rdnr. 134 ff.

[14] Zu Vertrauen in der Wissensgesellschaft vgl. *Vassilaki;* CR 2002, 742 ff.

[15] Richtlinie 97/7/EG vom 20. 5. 1997 über den Verbraucherschutz bei Vertragsschlüssen im Fernabsatz, Abl. Nr. L 144/19; Fernabsatzgesetz vom 27. 6. 2000, BGBl. I 2000, S. 897 und oben § 1, Rdnr. 71.

[16] *Däubler-Gmelin,* NJW 2001, 2281, 2286.

[17] Richtlinie 2000/31/EG vom 8. 6. 2000 über bestimmte rechtliche Aspekte der Dienste der Informationsgesellschaft, insbesondere des elektronischen Geschäftsverkehrs, im Binnenmarkt, Abl. EG Nr. L 178/1 und oben § 1, Rdnr. 71.

stellt jedoch keine Gesamtlösung aller denkbaren Rechtsfragen dar, sondern erfasst punktuell die regelungsbedürftigen Bereiche.

10 Schwerpunkt ihrer Umsetzung ist das sogenannte **EGG,**[18] ein Artikelgesetz zur Änderung des Teledienstegesetzes, der Zivilprozessordnung und des Teledienstdatenschutzgesetzes. Nicht unerwähnt bleiben darf hier auch der **Mediendienstestaatsvertrag,** der in einer Novelle verabschiedet ist und durch die Länderparlamente ratifiziert wurden und der den landesrechtlichen Gegenpart zum Teledienstegesetz darstellt.[19] In diesem Zusammenhang sind auch das Gesetz zur Umsetzung der Verbrauchsgüterkaufrichtlinie und zur Modernisierung des Schuldrechts (**Schuldrechtsmodernisierungsgesetz**)[20] zu sehen sowie die bereits erwähnte Neufassung des Signaturgesetzes und das bereits erwähnte Gesetz zur Anpassung der Formvorschriften des Privatrechts und anderer Vorschriften an den modernen Rechtsgeschäftsverkehr.

C. Rechtssubjekte und „Rechtsobjekte“ im Internet – vor allem Geistiges Eigentum

11 Auch wenn das Internet in der sozialen Diskussion oftmals als neuartiger Raum – gewissermaßen als vierte Dimension – verstanden wird, daher nicht zuletzt der Begriff des **cyberspace** oder des **cyberlaw** – begegnen uns auch hier **Rechtssubjekte** und **Rechtsobjekte,** die wir aus dem „normalen Leben“ kennen. Gleichwohl sollen an dieser Stelle auch einige Begriffe geklärt werden, die immer wieder im elektronischen Handel, gerade auch mit Geistigem Eigentum, auftauchen.

I. Rechtssubjekte

12 Zunächst ist im Zusammenhang mit dem elektronischen Handel und anderen Verbraucherschutzgesetzen der **Begriff des „Verbrauchers“** in § 13 BGB eingeführt worden. Danach handelt es sich bei einem Verbraucher um jede natürliche Person, die ein Rechtsgeschäft zu einem Zweck abschließt, der weder ihrer gewerblichen noch ihrer selbstständigen beruflichen Zukunft zugerechnet werden kann. Auch wenn es schon bisher einen einheitlichen Verbraucherbegriff gab, ist dieser nunmehr gesetzlich normiert und hat gerade auch im elektronischen Handel eine nicht zu unterschätzende Bedeutung. Einzige Ausnahme zu § 13 BGB ist der Verbraucherbegriff des alten Verbraucherkreditgesetzes, zu dem nach wie vor auch Existenzgründer gehören.[21] Ebenso neu ist die **Definition des „Unternehmens“** in § 14 BGB; hierunter wird verstanden, wer in Ausübung seiner gewerblichen oder selbstständigen beruflichen Tätigkeit handelt. Dabei können Unternehmer natürliche oder auch juristische Personen und Personengesellschaften sein.

13 Nicht direkt gesetzlich normiert, und gewissermaßen ein Unterfall des Unternehmens, ist der **Begriff des „Providers“** oder **Diensteanbieters.** Allerdings bieten

---

[18] Gesetz über rechtliche Rahmenbedingungen für den elektronischen Geschäftsverkehr vom 14. 12. 2001, BGBl. I 2001, S. 3721 und oben § 1, Rdnr. 71.

[19] Zu den einzelnen Fundstellen vgl. MMR aktuell 8/2002, X.

[20] Gesetz zur Modernisierung des Schuldrechts vom 26. 11. 2001, BGBl. I 2001 S. 3138 und oben § 1, Rdnr. 71.

[21] Vgl. *Palandt/Putzo,* § 1 VerbrKrG, Rdnr. 4 .

die neuen §§ 8 ff. TDG, die die Verantwortlichkeit von Diensteanbietern regeln,[22] gewisse Anhaltspunkte für eine Einteilung. Zwar ist es sicherlich nicht notwendig, diese Erscheinungsform des Unternehmers gesetzlich zu normieren. Da sie uns folgend jedoch immer wieder begegnen wird und auch im Zusammenhang des Geistigen Eigentums bereits begegnet ist, wollen wir eine Begriffsklärung versuchen:

Access-Provider, zum Teil auch Internet- oder auch Serviceprovider genannt, stellen lediglich die Verbindung zum Internet entweder direkt oder über andere Provider her. Dabei gibt es noch einen Unterfall von Providern, die lediglich die Telekommunikationsverbindungen herstellen, und Link-Provider genannt werden. § 9 TDG spricht von Diensteanbietern, die in einem Kommunikationsnetz Informationen übermitteln oder zu diesen den Zugang zu Nutzung vermitteln.

Host-Provider ermöglichen einen Internet-Auftritt, hauptsächlich das Webhosting, indem sie Speicherkapazitäten auf Servern zur Verfügung stellen. § 11 TDG formuliert dies als Diensteanbieter, die Informationen für einen Nutzer speichern.

Content-Provider bieten alle Arten von Inhalten im Internet an; einen Unterfall stellen die Information-Provider dar, die Informationsdienste und Datenbanken betreiben. Dies sind die allgemeinen Diensteanbieter des § 8 TDG, die eigene Informationen zur Nutzung bereithalten.

Eine klare Trennung der einzelnen Tätigkeitsbereiche wird nur im Einzelfall bei 14
der jeweiligen Leistung des Diensteanbieters möglich sein, gibt es doch auch Anbieter weiterer Dienste (z. B. Webdesign), die zum Teil Provider genannt werden, aber auch Full-Service-Provider, die alle oben genannten Bereiche abdecken oder auch nur einzelne Inhalte in Leistungspaketen anbieten.[23]

II. „Rechtsobjekte"

Natürlich bringt das Internet keine neuen Arten von **Rechtsobjekten** hervor. Es 15
führt einem jedoch zum Einen die Trennung zwischen offline- und online-Geschäften vor Augen, zum Anderen macht es die Bedeutung immaterieller Güter, die über das Netz vertrieben werden können, deutlich. Es ist eben das Medium der Wissensverkehrsgesellschaft.

Der **Sachcharakter** von Informationen, Software oder allgemein von **Daten** im 16
Sinne des § 90 BGB ist nach wie vor ein nicht abschließend geklärtes Problem, da Daten nicht verkörpert sind.[24] Entschieden ist bislang nur, dass der Datenträger mit dem darin verkörperten Computerprogramm eine Sache ist.[25] Auch ist man sich weitgehend darüber einig, dass Computerprogramme, wenn sie Standardsoftware sind, schuldrechtlich wie Sachen behandelt werden, d.h. sie können Gegenstand von Kaufverträgen und Gewährleistungsansprüchen sein.[26] Die Frage der Sacheigenschaft von Computerprogrammen, auch und gerade wenn sie ausschließlich über das Internet verbreitet bzw. genutzt werden, wird seit neuestem insbesondere bei individuell erstellter Software virulent. Die Regeln über den Werklieferungsvertrag (§ 651 BGB) sind neu geordnet worden; danach ist nun weitgehend Kaufrecht anwendbar.[27] Damit könnte nun auch individuell erstellte Software, folgt

[22] Vgl. hierzu § 4.

[23] Für einen Überblick über den Markt für Provider vgl. BKartA, Beschl. v. 7. 3. 2002, Az. B6-144/01, zu dem Zusammenschlussverfahren Bild.de/T-Online.

[24] *Palandt/Heinrichs*, § 90, Rdnr. 2 m. w. N. Zu diesem Problem als zentraler Fragestellung nunmehr sehr instruktiv *Spindler/Klöhn*, CR 2003, 81 ff.

[25] *Palandt/Heinrichs*, § 90, Rdnr. 2; *OLG Karlsruhe*, CR 1996, 352.

[26] BGHZ 109, 101 (101); *LG Konstanz*, CR 1997, 84 (84).

[27] Vgl. im Einzelnen *Palandt/Sprau*, § 651, Rdnr. 1 ff. m. w. N.

man der Ansicht, die hierauf Werklieferungsrecht anwenden will, weitestgehend Kaufrecht unterstellt sein.[28] Ob dies sinnvoll ist, kann an dieser Stelle nicht vertieft behandelt werden, handelt es sich doch nicht um eine spezifische Frage des Internets.

17 Ob wegen schuldhaft gelöschter Daten oder Datenbanken ein Schadensersatzanspruch gemäß § 823 Abs. 1 BGB wegen Sachbeschädigung, also Eigentumsverletzung, entsteht, ist ebenfalls ungeklärt. Teilweise wird Daten in diesen Fällen der Sachcharakter aberkannt, weil elektronische Daten lediglich aus elektrischer Spannung bestehen und an ihnen wegen fehlender stofflicher Existenz und räumlicher Abgrenzbarkeit kein Eigentum entstehen könne.[29] Andererseits wurde eine Sachbeschädigung an Daten aber mit dem Argument bejaht, dass eine Einwirkung auf gespeicherte Sachdaten, die sich auf einem Datenträger befinden, der in jedem Fall eine körperliche Sache darstellt, den Eigentümer des Datenträgers daran hindert, mit ihm seinem Wunsch entsprechend zu verfahren.[30]

III. Exkurs: Produkthaftung

18 Nicht unwesentlich ist die Frage des Rechtsobjektes auch für die verschuldensunabhängige Produkthaftung. Nach überkommener Lehre ist die Anwendbarkeit von § 2 ProdHG problematisch, wenn keine bewegliche Sache vorliegt, da es an einer **Verkörperung** fehlt. Der *BGH* und die mittlerweile wohl überwiegende Meinung stellen wiederum darauf ab, ob die Daten auf Datenträgern verkörpert sind.[31] Problematisch bleiben somit nur die Fälle, in denen die digitalisierten Informationen online abgerufen werden, eine Verkörperung zunächst also nicht gegeben ist. Man könnte daran denken, in einer **Analogie zur Elektrizität** § 2 ProdHG dennoch anzuwenden. Da auch bei Elektrizität keine Körperlichkeit erforderlich ist, spricht viel dafür, die Übertragung von Daten mittels elektromagnetischer Strömungen als eine modifizierte Form von Elektrizität zu betrachten. Es wird daher auch vertreten, dass auf Grund der Zielsetzung der Produkthaftungsrichtlinie, nämlich den Verbraucher vor gefährlichen Gütern zu schützen, es nur auf den Warencharakter, die Austauschbarkeit des Produktes und seine Gefährlichkeit ankommt, nicht aber auf die Körperlichkeit.[32] Da ein Gefahrenpotential vorhanden sei und die Übertragung elektronisch verlaufe, solle auch die Übertragung online der Produkthaftung unterfallen.[33]

19 Elektrizität ist allerdings in § 2 ProdHaftG die einzige Ausnahme zum Tatbestandsmerkmal der Verkörperung. Dies deutet gerade darauf hin, dass der Gesetzgeber keinen Raum für die Annahme einer Regelungslücke schaffen wollte und daher eine Analogie für nicht körperlich in den Verkehr gebrachte Produkte von vornherein ausscheidet.[34]

---

[28] Zum Streitstand vgl. *Marly,* Rdnr. 57 m. w. N.; jetzt *Thewalt,* CR 2002, 1 ff.

[29] *LG Konstanz,* NJW 1996, 2662.

[30] *OLG Karlsruhe,* CR 1996, 352; *Erben/Zahrnt,* CR 2000, 88 (90).

[31] BGHZ 102, 144 (144); BGHZ 109, 101 (101) wendet zudem die Vorschriften über den Sachkauf entsprechend an; *Marly,* Rdnr. 89 ff.; *Cahn,* NJW 1996, 2899 (2903 ff.); *Lehmann,* NJW 1992, 1721 (1724).

[32] *Bothe/Kilian,* S. 373 f.; *Meyer,* ZUM 1997, 26 (28, 33).

[33] *Meier/Wehlau,* CR 1990, 95 (99); vgl. zum Ganzen auch *Günther,* passim.

[34] *Spindler,* MMR 1998, 119 (120).

20 Andererseits ist die Körperlichkeit aber nur deshalb für das Produkthaftungsgesetz von Bedeutung, weil nur in diesem Fall ein Benutzer ständig über ein Produkt verfügen kann, das Produkt der Einflussnahme des Herstellers dauerhaft entzogen ist und daher eine bei ihm **fortdauernde potentielle Gefährlichkeit** des Produkts besteht. Es kann aber für die Gefährlichkeit von Software keinen Unterschied machen, ob sie auf einem Datenträger verkörpert dem Benutzer übergeben wird oder dieser sich die Software online herunterlädt. Entscheidend nach dem Schutzzweck des Produkthaftungsgesetzes ist also, ob die heruntergeladenen Informationen bestimmungsgemäß **beim Nutzer verbleiben.** In dem Fall ist § 2 ProdHG anwendbar. Werden die Daten dagegen nur temporär **auf** dem **Bildschirm** des Nutzers **angezeigt,** ist das Produkthaftungsgesetz nicht anzuwenden, weil die Daten in diesem Fall nicht dem Einfluss des Herstellers dauerhaft entzogen sind. Zudem gilt zu beachten, dass jedenfalls dann kein willentliches In-Verkehr-Bringen durch den Hersteller (§ 1 Abs. 2 Nr. 1 ProdHG) vorliegt, wenn der Kunde zwar die Verkörperung der Information durchführt, diese aber nicht bestimmungsgemäß nutzt, sondern beispielsweise den Bildschirm, den Arbeits- oder Cachespeicher ausdruckt.

21 Ein weiteres Problem liegt darin, dass die Gefahren der Informationen nicht aus ihrer Körperlichkeit, sondern den dahinter liegenden Informationen resultieren, wobei die allgemeine Meinung dies jedoch wie bei Verlags- und Presseerzeugnissen als unerheblich ansieht.[35]

22 Alles in allem spricht also viel dafür, auf Daten die Regeln über Sachen zumindest **analog anzuwenden,** jedenfalls bis der Gesetzgeber reagiert hat und dieses wichtige Rechtsobjekt der Wissensgesellschaft als solches erkannt hat.

D. Verträge im Internet mit Bezug zu Geistigem Eigentum

23 Wir wollen versuchen, uns den Verträgen im Internet mit Bezug zu Geistigem Eigentum in einem **allgemeinen** und einem **besonderen Teil** zu nähern. Ersterer enthält die Regeln, die für alle Verträge – wie wir dies aus dem BGB kennen – gelten.[36] Hierbei haben wir uns allerdings im Wesentlichen auf die **Vertragsabschlusserfordernisse** beschränkt, da die speziellen „inhaltlichen" Anforderungen z.B. aus dem Fernabsatzgesetz über den Kern dieses Handbuchs – das Geistige Eigentum – hinausgehen würden. Im besonderen Teil werden wir sodann ausgewählte Verträge, die Bezug zum Geistigen Eigentum aufweisen, in ihren **gegenseitigen Rechten und Pflichten** der Vertragspartner darstellen.

I. Allgemeiner Teil

24 Im allgemeinen Teil wollen wir internetspezifische Besonderheiten beim Vertragsschluss und seiner Durchführung, die für alle Verträge im Internet gelten, darstellen.

1. Zustandekommen von Verträgen

25 Natürlich gelten auch im Internet die allgemeinen Regelungen des BGB bzw. allgemeiner des Zivilrechts zum Zustandekommen von Verträgen (§§ 145 ff. BGB); sie

[35] Vgl. *Spindler,* MMR 1998, 119 (122) m.w.N.; *Höckelmann,* UFITA (144) 2001, 425 ff.
[36] Zu international-privatrechtlichen Fragen des Vertragsrechts im Internet vgl. § 3, Rdnr. 182 ff.

erfahren jedoch, sei es bei der Beschaffung von Domainnamen, sei es beim Vertrag über die Nutzung von Musikwerken im Internet einige Abwandlungen.[37]

a) Willenserklärungen im Internet. aa) Einordnung rechtlicher Erklärungen

26 Wer immer ein Angebot des elektronischen Handels über eine Website in das Internet stellt, sollte sich über die rechtliche Bedeutung seines Handelns klar werden. Die erste Frage, die sich daher stellt, ist, ob die Website – gewissermaßen wie ein Schaufenster – als sogenannte ***invitatio ad offerendum*** oder als **Angebot *ad incertas personas*** gewertet wird. Die beiden Variationen unterscheiden sich, wie uns dies aus den allgemeinen Zivilrecht bekannt ist, im Hinblick auf ihren **Bindungswillen;** nur bei Letzterem ist der Anbieter rechtsgeschäftlich gebunden und kann etwa den Kaufwunsch eines Kunden, der sich auf das Angebot hin meldet, nicht zurückweisen.

27 So mannigfaltig die Möglichkeiten der Gestaltung und des Inhalts einer Website sind, so vielfältig dürfte auch die rechtliche Einordnung sein. Es wird, wie so oft, auf den Einzelfall ankommen. Geht man von einer Website aus, die ganz allgemein das Angebot eines bestimmten Unternehmens darstellt und zur Kontaktaufnahme einlädt, dürfte es sich um eine *invitatio ad offerendum* handeln.[38] Führt einen der Anbieter hingegen voll automatisch durch ein Kaufmenü, an dessen Ende man Details zur Zahlungsabwicklung eingeben muss, wird ohne Zweifel ein Angebot *ad incertas personas* vorliegen.[39] Dies dürfte insbesondere bei den immer weiter verbreiteten elektronischen Shops der Fall sein, da sie gerade darauf gerichtet sind, ohne weitere Zwischenschaltung eines menschlichen Mitarbeiters die Geschäfte abzuwickeln und unmittelbar zur rechtlichen Wirksamkeit des Geschäfts zu führen. Die Gefahr, die im wirklichen Leben einem Angebot *ad incertas personas* innewohnt – nämlich, dass die entsprechende Ware nicht verfügbar ist – dürfte im Internet kaum besonders groß sein, denn die vorhandene Shop-Software enthält in der Regel ein Modul, das die **Verfügbarkeit** automatisch im Lager abfragt, und so noch im Laufe des vollautomatischen Vertragsabschlusses des Verfahrens gegebenenfalls den Kunden darauf hinweisen kann, dass die Ware nicht mehr verfügbar ist. Der Anbieter wird also gut daran tun, auf einen solchen Vorbehalt hinzuweisen.

Praxistipp: Das Angebot von Unternehmen, die vollautomatisch ihre Waren im Internet anbieten, sollte also immer einen Hinweis auf die Verfügbarkeit und die Abfrage im Laufe des Vertragsabschlussverfahrens enthalten.

28 Nicht zuletzt statuierte der bisherige § 2 Abs. 2 Nr. 4 Fernabsatzgesetz (FernAG), nun geregelt in § 312c Abs. 1 BGB i.V.m. der Verordnung über Informations-

[37] Auf besondere Konstellationen, die nicht mit Geistigem Eigentum zusammenhängen, z.B. bei Auktionen (§ 156 BGB) gehen wir nicht ein; vgl. dazu aber z.B. *BGH* NJW 2002, S. 363 ff.; *KG*, NJW 2002, 1583 ff.

[38] So wohl auch *Ernst*, NJW-CoR 1997, 165; *Kaiser/Voigt*, K&R 1999, 445; anders wohl *Scheffler/Dressel*, CR 2000, 378; vgl. *Hoffmann*, NJW Beilage 14/2001, S. 7; für eine Invitatio bei jedem Warenangebot im Internet: *Kröger/Gimmy/Gimmy*, Kap. 3, S. 67 ff.; für die Freischaltung einer Angebotsseite bei einer Internet-Aktion anders: *BGH* NJW 2002, 363 (364).

[39] So für die Freischaltung eines Angebots durch einen „Anbieter" im Rahmen einer Internet-Auktion, das keine *invitatio ad offerendum* sein soll, vgl. *BGH* MMR 2002, 95 (96) – ricardo.de.

pflichten, eine solche Pflicht. Die weiteren Voraussetzungen, die – für den Fall, dass es sich hierum handelt – eine *invitatio ad offerendum* enthalten muss, legte das Fernabsatzgesetz in seinem § 2 Abs. 1 und Abs. 2 FernAG, jetzt geregelt in § 312c Abs. 1 und 2 BGB, für seinen Anwendungsbereich (§ 312b BGB) fest.[40]

bb) Wirksamkeit von Willenserklärungen im Internet

(1) Elektronisch übermittelte Willenserklärungen

Das Bürgerliche Gesetzbuch ist derart allgemein gefasst, dass es keine Schwierigkeiten mit der Wirksamkeit elektronisch übermittelter Willenserklärungen hat. Diese sind ohne weiteres als Erklärung eines menschlichen Willens anerkannt.[41] Dabei kommt es nicht darauf an, ob die elektronische Übermittlung z.B. per **E-Mail,** per **Instant Messaging** oder aber per Aktivierung eines **Icons** auf der Bildschirmoberfläche des Computers erfolgt.[42] Dergestalt abgegebene Erklärungen werden auch von der Rechtsprechung mittlerweile den allgemeinen Regeln des bürgerlichen Rechts unterworfen.[43] Dies eröffnet also nicht nur dem elektronischen Handel mit Waren alle Möglichkeiten, die er zur schnellen Abwicklung seiner Geschäfte über das Internet benötigt, sondern erleichtert insbesondere auch solche Vertragsabschlüsse, die ausschließlich oder im überwiegenden Maße über das Internet erfolgen: Herunterladen von urheberrechtlich geschützter Musik, Kauf eines Domainnamens oder reine Informationsverschaffung über Datenbanken.[44] 29

Von der Wirksamkeit derart elektronisch übermittelter Willenserklärungen zu unterscheiden, ist natürlich deren **Beweisfestigkeit,** zu der wir an anderer Stelle Stellung nehmen.[45] 30

(2) Wirksamkeit elektronisch erzeugter Willenserklärungen

Eine der Neuerungen des digitalen Zeitalters ist zwar noch nicht der oft prophezeite denkende Computer, jedenfalls aber die elektronisch erzeugte Willenserklärung. Hierbei gibt ein Computer ein bestimmtes Signal ab, das vom Empfänger als Willenserklärung verstanden wird. Es dürfte allgemein anerkannt sein, dass eine solche **„Erklärung eines Computers"** vom allgemeinen **Abschlusswillen** desjenigen getragen wird, der ihn programmiert hat bzw. der ihn einsetzt. Daher wird auch vertreten, dass zwar im Zeitpunkt der Herstellung und Übermittlung der Erklärung kein aktives menschliches Handeln erfolgt, obwohl eine Willenserklärung die Erklärung eines menschlichen Willen voraussetzt; jedoch soll dennoch eine Willenserklärung vorliegen, wenn der Einsatz des Computers auf den Willen des **Betreibers** beruht und dieser sich die vom Computer erstellte Erklärung als eigene Erklärung zurechnen lassen will oder muss.[46] Dies ist auch nachvollziehbar, denn die hinter dem Signal des Computers stehende menschliche Erklärung ist in allgemeiner Form im Quellcode des Computerprogrammes festgelegt und damit auf einen hypotheti- 31

---

[40] Vgl. hierzu unten Rdnr. 49ff. sowie allg. *Härting,* § 2, Rdnr. 17ff.

[41] *BGH* MMR 2002, 95 (96) – ricardo.de; *Palandt/Heinrichs,* Vor § 116, Rdnr. 1.

[42] *Moritz,* CR 2000, 61 (62); nun auch *BGH* NJW 2002, 363 (364) für im Rahmen einer Internet Auktion abgegebene elektronisch übermittelte Gebote.

[43] *BGH* MMR 2002, 95 (96) – ricardo.de; *LG Münster,* ZUM 2000, 515 für e-mail-Kommunikation.

[44] Vgl. auch *Ulmer,* CR 2002, 208.

[45] Sogleich unten Rdnr. 56.

[46] *Mehrings,* MMR 1998, 30 (31).

schen und vom Einzelfall gelösten menschlichen Willen zurückzuführen; dies gilt auch dann, wenn die Erklärung erst durch die Eingabe von Daten durch einen anderen Menschen erfolgt. Aus Sicht des bei der Deutung von Willenserklärungen maßgeblichen **Empfängerhorizontes** macht sich der Betreiber daher auch die Erklärung des Computers zu eigen, weil er sie in den Rechtsverkehr gelangen lässt, auch wenn er zunächst weder deren Inhalt noch deren Adressaten kennt.

(3) Willenserklärung unter Abwesenden oder unter Anwesenden?

32 Ebenso wie die Einordnung der rechtlichen Erklärungen im Internet dürfte die Frage der Bindungsdauer, also die Frage, ob eine Erklärung unter Abwesenden oder Anwesenden vorliegt, zu beantworten sein. Hier wird es auf den vielfältige Variationen kennenden Einzelfall ankommen.

33 Dabei kann ohne weiteres auf die Rechtsprechung aus dem „normalen Leben" zurückgegriffen werden, denn in diesem Fall stellt das Internet nicht mehr und nicht weniger dar als ein neues Medium; mit neuen Medien aber hatte die Rechtsprechung bei der Frage der Willenserklärung unter Abwesenden oder Anwesenden schon oft im Laufe des vergangenen Jahrhunderts zu tun.[47] Sofern es sich um Willenserklärungen in virtuellen Räumen, wie **Chat-Räumen,** handelt, wird es sich um eine Erklärung unter Anwesenden handeln, denn die Beteiligten an derartigen virtuellen Räumen wollen ihr Wirken gerade so verstanden wissen, als wenn sie zusammen in einem „normalen Raum" säßen. Ebenso dürfte die **elektronisch erzeugte Willenserklärung** als Erklärung unter Anwesenden verstanden werden, denn der Anbietende wird den Computer so programmiert haben, dass allenfalls eine kurze Verfügbarkeitsabfrage-Routine und Bonitätsprüfung durchgeführt wird, so dass innerhalb kürzester Zeit eine Reaktion erfolgen kann. Hinzu kommt, dass § 147 Abs. 1 S. 2 BGB n.F. nach den Wörtern „mittels Fernsprecher" die Wörter „oder eine sonstige technische Einrichtung" eingefügt hat.

34 Die **anderen Formen der elektronischen Kommunikation,** vor allem E-Mail, aber auch Instant-Messaging, über das Internet dürften als Willenserklärung unter Abwesenden aufzufassen sein.[48] Dann allerdings besteht die sich daran anknüpfende Annahmefrist fast ausschließlich aus Überlegungs- und Bearbeitungszeit des Annehmenden, da die lichtschnelle Übertragung der Daten im Internet eine Frist zur Übertragung der Erklärung kaum rechtfertigt. Etwas anderes kann nur gelten, wenn der E-Mail-Versand auf Grund der eingesetzten Programme einmal doch längere Zeit benötigt, z.B. weil ein Proxy-Server die E-Mails erst sammelt und dann nach einiger Zeit weiterleitet. Anders könnte man dies nur sehen, wenn man die o.g. Willenserklärungen als **nicht verkörperte Willenserklärungen** auffasst. Dann würden für sie die Regeln über Willenserklärung unter Anwesenden gelten.[49] Das bedeutete, dass sie wirksam würden, wenn der Empfänger sie wahrnimmt.[50] Unter Anwesenden wird dann gehandelt, wenn die Möglichkeit besteht, dass die Abgabe der Willenserklärung mit ihrer Kenntnisnahme unmittelbar zusammenfällt, was immer dann zutrifft, wenn bei körperlicher Anwesenheit die Mitteilung durch das Ohr sofort aufgenommen werden kann, aber auch dann, wenn trotz räumlicher

---

[47] Vgl. hierzu im Einzelnen *MünchKomm/Kramer,* § 147 Rdnr. 3; *Paefgen,* JuS 1988, 592 (596).
[48] Vgl. zum Überblick *Hoffmann,* NJW Beilage 14/2001, S. 7 m.w.N.
[49] Vgl. statt aller *Palandt/Heinrichs,* § 130, Rdnr. 14 m.w.N.
[50] Vgl. statt aller *Palandt/Heinrichs,* § 130, Rdnr. 14 m.w.N.

Trennung der Verhandelnden eine unmittelbar sinnliche Wahrnehmung stattfindet.[51] Dabei ist zu beachten, dass telefonische Erklärungen nur dann als Erklärung unter Anwesenden gelten, wenn sie gegenüber einer zur Abgabe von Annahmeerklärungen bevollmächtigten Person stammen; schriftliche Anträge, die einem Anwesenden übergeben werden, gelten als Angebote unter Abwesenden, zumal wenn sie umfangreicher sind und nicht sofort überschaut werden können.[52] Es spricht – auch angesichts der obigen Ausführungen zur Sacheigenschaft von Daten[53] – wohl mehr dafür, die hier behandelten Willenserklärungen, wie Erklärungen per E-Mail, als solche unter Abwesenden aufzufassen.

Ungeklärt ist zudem noch das Verhältnis des sich an eine Willenserklärung unter Abwesenden anschließenden **Widerrufsrechts** nach § 130 Abs. 1 BGB zum neuen Widerrufsrecht in den §§ 355–358 BGB n. F. Zwar wird die Auffassung vertreten, dass das Widerrufsrecht nach § 130 Abs. 1 BGB faktisch leerläuft, weil bei Abgabe einer Willenserklärung über das Internet ein zumindest gleichzeitiger Zugang der Widerrufserklärung nahezu ausgeschlossen ist.[54] Dies überzeugt jedoch nicht, da gerade bei E-Mails, abhängig vom jeweilig verwendeten Mailprogramm, es oftmals erst zu einem erheblich späteren Zugang der einzelnen Nachricht kommt. 35

(4) Zugang der Willenserklärung

Der Zeitpunkt des Zugangs einer Willenserklärung ist, wie soeben gesehen, im elektronischen Handel von immenser Bedeutung. An ihn knüpfen sich Nachweis- und Zurechnungsprobleme, aber auch Sorgfaltspflichten für bestimmte Personenkreise und Sonderregelungen für einzelne Beteiligte. 36

Einen der wichtigsten Grundsätze für die Nutzung neuer Kommunikationsmittel hat das Bundesverfassungsgericht bereits 1996 ausgesprochen: Bei **Eröffnung eines Übermittlungsweges** (hier durch Telefax) dürfen die aus den technischen Gegebenheiten dieses Kommunikationsmittels herrührenden besonderen **Risiken** nicht auf den Benutzer dieses Mediums abgewälzt werden.[55] Dies hat das Oberverwaltungsgericht Hamburg konkretisiert, indem es ein Verschulden des Absenders bezüglich der fehlgeschlagenen Übersendung bei einem Fehler in der Maschine des Empfängers (hier das Gericht) dann annahm, wenn der Übertragungsfehler für den Absender zu erkennen war und er zumutbare und nahe liegende Möglichkeiten der alternativen Versendung hatte.[56] Ausgehend von diesen beiden Entscheidungen lässt sich eine Tendenz der Rechtsprechung erkennen, hergebrachte Grundsätze auf neue Kommunikationsmittel anzuwenden, jedoch die besonderen Risiken eher dem Anbieter dieses Kommunikationsmittels zuzuordnen. 37

Man wird daher beim Zugang einer Willenserklärung wiederum nach den verschiedenen Kommunikationsvarianten des Internets zu differenzieren haben: 38

Eine Erklärung innerhalb eines **Chat-Forums** oder aber im **vollautomatisierten Verfahren** als elektronisch erzeugte Willenserklärung stellt nach den obigen Ausführungen die Zugangsproblematik nicht dar. Anders wird die Lage zu beurteilen sein, wenn es sich um die vielfach verwendeten **E-Mails** handelt oder um **Anklicken** 39

---

[51] *Staudinger/Coing,* § 147, Rdnr. 3.
[52] *Ernst,* NJW-CoR 1997, 165; *Mehrings,* MMR 1998, 30 (33).
[53] Vgl. oben Rdnr. 16f.
[54] *Heermann,* K&R 1999, 6 noch zu § 361a BGB.
[55] *BVerfG* NVwZ 1996, 2857.
[56] *OVG Hamburg,* JurPC Web-Dok. 153/2000.

eines Icons auf der Bildschirmoberfläche zur Auslösung einer Bestellung, die noch beim Empfänger verarbeitet werden muss. Die E-Mail oder auch den Datensatz nach dem Anklicken des Icons wird man als verkörperte Willenserklärung verstehen müssen, da der Verkehr sie als briefgleich versteht und sie zumindest vorübergehend verkörpert ist in einer Datei bzw. in einem Datensatz. Damit aber richtet sich der Zugang nach dem Zeitpunkt, in dem eine Kenntnisnahme durch den Empfänger nach dem gewöhnlichen Lauf der Dinge zu erwarten ist.[57] Es liegt daher nahe, eine Parallele zum Telefax zu ziehen: Danach ergeben sich Geschäftsleute, die mit Einrichtung eines elektronischen Briefkastens und Veröffentlichung ihrer Adresse einen elektronischen Briefverkehr eröffnen, der sich daraus ergebenden Obliegenheit, den Briefkasten zu öffnen bzw. sicherzustellen, dass dies geschieht. Eine **Kenntnisnahme ist also während der normalen Geschäftszeiten** anzunehmen.[58] Auch bei Privatleuten wird man möglicherweise von einer einmaligen Leerung pro Tag ausgehen müssen, wenn dies auch keineswegs zwingend erscheint: Denn viele E-Mail-Nutzer mit einer der kostenlosen E-Mail Adressen bei hotmail o. ä. schalten eben nicht jeden Tag ihren Computer ein. Dennoch spricht wohl aus Gründen der Rechtssicherheit einiges dafür, dass Zugang spätestens am folgenden Tag erfolgt.[59] Noch differenzierter betrachtet *Mehrings* die Situation. Ihm zufolge tritt die Erklärung dann in den Machtbereich des Empfängers, wenn – bei Verwendung eines Dritten (Mailbox) – die Erklärung im Computer des Dritten gespeichert und für den Empfänger abrufbar ist bzw. – bei direkter Versendung an den Empfänger –, sobald die Erklärung die interne Schnittstelle seines Systems passiert hat.[60] Der seit dem 1. 1. 2002 geltende neue § 312e Abs. 1 S. 2 BGB regelt nun explizit für den elektronischen Geschäftsverkehr zwischen Unternehmern und Kunden, dass eine Bestellung bzw. Empfangsbestätigung als zugegangen gilt, wenn die Parteien sie unter gewöhnlichen Umständen abrufen können.

40 Schwierig wird es wiederum bei der Frage des **Beweises.** Das Sendeprotokoll alleine wird hierzu in der Regel nicht ausreichen. Allerdings sehen viele E-Mail-Programme die Möglichkeit der Aktivierung einer **Empfangsbestätigung** vor, die den von der Nachricht genommenen Weg wiedergibt und dann dem Absender mitteilt, wer die Mitteilung wann bekommen hat. Hierin wird, vergleichbar der Telefax-Sendebestätigung, eine erste Beweismöglichkeit zu sehen sein. Allerdings sind auch hier Manipulationen nicht ausgeschlossen. Eine andere Möglichkeit bildet die in E-Mail-Programmen bestehende Möglichkeit der Aktivierung der **Lesebestätigung.** Sie kann jedoch meines Erachtens zuverlässig keine Auskunft darüber geben, ob und von wem der Inhalt der Nachricht zur Kenntnis genommen wurde.

41 Hinzuweisen bleibt noch auf die Möglichkeit eines sogenannten **Zeitstempels,** eines besonderen Dienstes im Internet, auch Timestamping genannt, wonach die E-Mail an diesen Dienst gesendet wird, der sie verschlüsselt und mit einer Zeitkennzeichnung versehen zurücksendet. Zwar kann hiermit der Zugangszeitpunkt grundsätzlich nicht bewiesen werden; im Zusammenhang mit besonderen Vereinbarungen[61] kann sich jedoch ein gewisser Beweiswert hieraus ergeben. Für den elekt-

[57] Vgl. statt aller *Palandt/Heinrichs,* § 130, Rdnr. 5 m. w. N.
[58] So auch *Ernst,* NJW-CoR 1997, 165.
[59] *Ernst,* NJW-CoR 1997, 165.
[60] *Mehrings,* MMR 1998, 30 (33).
[61] Hierzu vgl. unten Rdnr. 52ff.

ronischen Geschäftsverkehr zwischen Unternehmer und Kunde bestimmt der seit dem 1. 1. 2002 geltende § 312e Abs. 1 Nr. 3 BGB für seinen Anwendungsbereich, dass der Zugang einer Bestellung unverzüglich zu bestätigen ist.

Praxistipp: Ist die Organisationsstruktur eines Anbieters im elektronischen Handel nicht auf eine schnelle Bearbeitung eingerichtet, sollte der Anbieter also eine Bearbeitungsfrist angeben, um Schwierigkeiten mit der Wirksamkeit bzw. dem Zugang zu vermeiden.

Aus alledem ergibt sich, dass die **Kenntnisnahmemöglichkeit** im Sinne des Rechts der Willenserklärungen auf Grund der räumlichen Indifferenz des Internets nicht räumlich zu verstehen ist, sondern vielmehr in einem übertragenen Sinne: Die Erklärung ist dann zugegangen, wenn nach den getroffenen Vorkehrungen für die Kommunikationsverbindung die Möglichkeit der jederzeitigen Kenntnisnahme oder Reaktion besteht. 42

(5) Zusätzliche Voraussetzungen nach der E-Commerce-Richtlinie

Die mittlerweile in deutsches Recht umgesetzte E-Commerce-Richtlinie der EU regelt einige Teilbereiche der oben angesprochen Thematiken besonders.[62] Mittelpunkt der Umsetzung ist das EGG.[63] Die Regelungen der Richtlinie zu Verträgen, vor allem Art. 10 und 11 der Richtlinie, sind bereits durch Änderung des BGB durch das Schuldrechtsmodernisierungsgesetz umgesetzt worden. Art. 9 der Richtlinie hat eine Umsetzung durch das Formanpassungsgesetz gefunden. 43

Gemäß § 312e Abs. 1 Nr. 3 BGB hat der Unternehmer, der sich zum Zwecke des Abschlusses eines Vertrages über die Lieferung von Waren oder über die Erbringung von Dienstleistungen eines Tele- oder Mediendienstes bedient, nunmehr den Zugang einer Bestellung des Kunden unverzüglich elektronisch zu bestätigen; dabei bleibt aber die Rechtsqualität der Bestätigung offen, ebenso die Rechtsfolgen einer fehlenden Bestätigung. Die Empfangsbestätigung des Anbieters kann auch darin bestehen, dass dieser die Dienstleistung online erbringt. Zudem muss der Unternehmer nach § 312e Abs. 1 Nr. 1 BGB dem Kunden angemessene, wirksame und zugängliche technische Mittel zur Verfügung stellen, mit denen dieser Eingabefehler vor Abgabe der Bestellung erkennen und korrigieren kann. 44

Allerdings gelten nach § 312e Abs. 2 BGB die Empfangsbestätigung und die Korrekturmittel nicht bei einem Vertragsschluss, der durch Austausch von E-Mail oder vergleichbarer individueller Kommunikation zustande kommt (z.B. Chat). Das einseitige Absenden einer E-Mail aus einer Webseite heraus wird darunter jedoch nicht zu verstehen sein; dies ist geradezu ein klassischer Fall der Benutzung von Eingabemasken des Anbieters. 45

Art. 1 Abs. 1 der Richtlinie regelt sämtliche Kernbereiche des elektronischen Geschäftsverkehrs und will das einwandfreie Funktionieren dieser Geschäfte – insbesondere im Internet – sicherstellen. Art. 1 Abs. 2 der Richtlinie sorgt für eine Angleichung bestimmter für die Dienste der Informationsgesellschaft geltender in- 46

---

[62] Auf die besonderen Problematiken, z.B. des Herkunftslandsprinzips, wird hier nicht eingegangen, vgl. dazu aber § 3, Rdnr. 141 ff.

[63] Vgl. zur Richtlinie und der deutschen Umsetzung die „Kommentierung" von *Tettenborn/Bender/Lübben/Karenfurt*, K&R Beilage 12/2001, S. 1 ff., aber auch allg. *Kröger/Gimmy/Kröger*, Kap. 14.

nerstaatlicher Regelungen, die den Binnenmarkt, die Niederlassung der Diensteanbieter, kommerzielle Kommunikation, elektronische Verträge, die Verantwortlichkeit von Vermittlern, Verhaltenskodizes, Systeme zur außergerichtlichen Beilegung von Streitigkeiten, Klagemöglichkeiten sowie die Zusammenarbeit zwischen den Mitgliedsstaaten betreffen. Die Richtlinie erfasst Dienste von Unternehmen für Unternehmen (B2B), von Unternehmen für Verbraucher (B2C), kostenlose Dienste und Dienste, die Online-Transaktionen ermöglichen wie der interaktive Online-Kauf von Waren und Dienstleistungen (z. B. Online-Datenbanken, Online-Direktvertriebe, Online-Finanzdienste, Online-Dienstleistungen der freien Berufe, Online-Unterhaltungsdienste wie Video auf Abruf, Online-Werbung, Online-Zeitungen, Internet-Provider); sie erfasst allerdings keine Dienste aus Drittländern. Schließlich muss nach Art. 5–7 RL übermittelte kommerzielle Kommunikation wie Werbung und Direktmarketing klar als solche erkennbar sein, damit sich die Verbraucher ohne weiteres gegen Belästigungen wehren können. Diensteanbieter, die unerbetene kommerzielle Kommunikation durch E-Mail übermitteln, müssen regelmäßig sogenannte Robinson-Listen konsultieren und dort eingetragenen entsprechenden Sperrwünschen der Nutzer nachkommen.[64]

cc) Zurechenbarkeit der Willenserklärung

47 Eine der treffendsten Comiczeichnungen rund um das Internet stellt einen Hund vor einem Computer dar, der gerade dabei ist, sich z. B. ein Musikstück über das Internet herunter zu laden; es trägt die Bildunterschrift „Das großartige am Internet ist, dass niemand weiß, dass ich ein Hund bin".

48 Im Zusammenhang mit der oben[65] dargestellten dringenden Notwendigkeit, **Vertrauen** zu schaffen, stellen die Regeln über die Zurechenbarkeit der Willenserklärung im elektronischen Handel ein wesentliches Moment auf dem Weg zur größeren Akzeptanz des Internets im Wirtschaftsleben dar. Die Grundsätze der **Gehilfen- und Vertreterhaftung** sowie die Rechtscheinsgrundsätze aus dem allgemeinen Zivilrecht müssen also auch im Internet greifen. In diesem größeren Zusammenhang sind auch die Regeln zur digitalen Signatur zu sehen, auf die wir sogleich eingehen werden. Die überkommenen Regeln dürften jedoch für die technische Umgebung des Internets zu modifizieren sein. Zu denken wäre daran, dass eine Willenserklärung immer denen zuzurechnen ist, denen die Organisationskompetenz für die Abgabe der Willenserklärung zusteht. Demgemäß müsste man nach Rechtscheinsgrundsätzen eine Zurechnung vornehmen, wenn eine Person das Hinausgelangen einer Willenserklärung nicht fahrlässig verhindert hat.[66]

dd) Form der Willenserklärung

49 Einer der ersten epochalen Entwicklungsschritte der Menschheit, nicht nur in der Geschichte der Kommunikation, war die Erfindung der **Schrift.** Nachfolgende Ent-

[64] Vgl. im Einzelnen zur E-commerce Richtlinie, z. B. *Spindler,* MMR Beilage 7/2000, S. 4 ff.; *Kamanabrov,* CR 2001, 421 ff.; *Herting,* CR 2001, 271 ff.; *Schuster/Müller,* MMR Beilage 7/2001, S. 7 ff. m. w. N.

[65] Rdnr. 7 ff.

[66] Vgl. *Scheffler/Dressel,* CR 2000, 378 (383), die für eine Norm eintreten, die eine Duldungs- und Anscheinsvollmacht generell anerkennt; *Mankowski,* NJW 2002, 2822 tritt für einen Anscheinsbeweis ein, dass eine E-Mail von demjenigen stammt, unter dessen Adresse sie verschickt worden ist. Zu den beweisrechtlichen Fragen vgl. sogleich Rdnr. 56.

wicklungen, wie die des Papiers, des Buchdrucks und schließlich der Digitalisierung, sind zwar bedeutende Entwicklungsstadien der Entwicklung der Kulturgeschichte, sie halten diese Schrift jedoch nur unterschiedlich fest. Der in Handschrift gegossene Wille des Menschen bzw. dessen Unterschrift bleibt das wesentliche Merkmal des vertrauensgestützten Rechtsverkehrs. Vor diesem Hintergrund hat das Bürgerliche Gesetzbuch die gewillkürte und gesetzliche Schriftform, aber auch weitergehende **Formerfordernisse** (§§ 126 ff. BGB) eingeführt. Seit dem 1. 1. 2002 kommen neue Formen hinzu.[67] Nicht zuletzt ist die in § 267 StGB geregelte Urkundenfälschung nicht etwa an die Falschheit des Inhalts, sondern die Falschheit der Unterschrift angeknüpft. Es geht also um **Authentizität.** Jeder am Rechtsverkehr Beteiligte kann dann selbst entscheiden, ob er der Person, von der die Erklärung kommt, vertraut oder nicht.

Ausgehend von der neueren Rechtsprechung zu Telefaxen und Computerfaxen (also Telefaxe mit eingescannter Unterschrift) wird deutlich, dass elektronisch übermittelte Willenserklärungen den überkommenen Anforderungen an die Schriftform nicht genügen. Der *BGH* hat noch 1998 einer Bürgschaftserklärung per Telefax die Wirksamkeit abgesprochen.[68] Er hat auch erklärt, dass eine empfangsbedürftige Willenserklärung, die nach dem Gesetz der Schriftform bedarf, nicht dadurch wirksam wird, wenn sie dem Erklärungsempfänger lediglich per Telefax zugeht.[69] Der *gemeinsame Senat der obersten Bundesgerichte* hat jedoch in seiner Computerfax-Entscheidung, zumindest für die elektronische Übermittlung einer Textdatei mit eingescannter Unterschrift an Gerichte, die Erfüllung der damaligen gesetzlich erforderlichen Schriftform für derartige Schriftsätze (§ 130 Ziff. 6 ZPO a.F.) anerkannt.[70] Danach soll maßgeblich für die Beurteilung der Wirksamkeit des elektronisch übermittelten Schriftsatzes nicht die Kopiervorlage oder die Datei beim Absender, sondern die auf seine Veranlassung am Empfangsort erstellte körperliche Urkunde sein, denn der Zweck der Schriftform, aus dem Schriftstück den Inhalt der Erklärung und den Absender hinreichend zuverlässig zu entnehmen sowie sicherzustellen, dass es mit Wissen und Willen des Berechtigten dem Gericht zugeleitet worden ist, wird auch durch das Anfügen der eingescannten Unterschrift am Computerfax gewährleistet.[71] Dennoch: Auch nach diesem liberaleren Verständnis wird bei elektronisch übermittelten Dokumenten die Einhaltung der Schriftform nicht möglich sein, da eine elektronisch übermittelte Willenserklärung keine schriftlich verkörperte Erklärung und keine handschriftliche Unterschrift enthält, denn sie ist nicht in Schriftzeichen, sondern in digitalen Daten auf einem Datenträger verkörpert und ist erst mit weiteren Hilfsmitteln lesbar zu machen. 50

Dies hat natürlich auch der Gesetzgeber recht bald erkannt, auch wenn mit dem 1997 eingeführten Signaturgesetz der entscheidende Schritt zur Anerkennung derartiger Signaturen im bürgerlichen Recht nicht getan wurde. Das Gesetz zur Anpassung der Formvorschriften des Privatrechts an den modernen Rechtsverkehr[72] ent- 51

[67] Vgl. dazu § 5, Rdnr. 134 ff. und zu international-privatrechtlichen Fragen § 3, Rdnr. 197 ff.
[68] BGHZ 121, 224.
[69] *BGH* NJW-CoR 1998, 180.
[70] GMS NJW-CoR 2000, 366.
[71] GMS NJW-CoR 2000, 366.
[72] Gesetz zur Anpassung der Formvorschriften des Privatrechts und anderer Vorschriften an den modernen Rechtsverkehr vom 13. 7. 2001, BGBl. I 2001 S. 1542 und oben § 1, Rdnr. 71 sowie § 5, Rdnr. 134 ff.

hält daher, in Umsetzung der E-Commerce-Richtlinie der Europäischen Union gemeinsame Rahmenbedingungen für die Anerkennung **elektronischer Signaturen.** Dies sind zum Einen die **qualifizierten elektronische Signaturen,**[73] die dann verwendet werden müssen (§ 126a Abs. 1 BGB n.F.), wenn die gesetzlich vorgeschriebene schriftliche Form durch die **elektronische Form** ersetzt wird (§ 126 Abs. 3 BGB). Sie genügen wohl den weltweit strengsten Anforderungen. Zum Anderen gibt es die einfachen elektronisch signierten Dokumente, die dann genügen, wenn im Gesetz **Textform** vorgeschrieben wird (vgl. § 126b BGB).[74] Textform findet sich z.B. in den §§ 541b Abs. 2 S. 1, 552a, 651g Abs. 2 S. 3 BGB.

Praxistipp: Sorgen Sie bei wichtigeren Projekten bzw. wichtigen Abschnitten in größeren Projekten zumindest dafür, dass die entsprechende Dokumentation derart einfach elektronisch signiert erfolgt.

52 Mangels anderer Möglichkeiten, die in der Praxis schon vorkommende elektronische Kommunikation hinreichend rechtssicher zu machen, entwickelte sich in der Industrie das sogenannte **Electronic Data Interchange (EDI).** Mitte der 70er Jahre entwickelte eine Arbeitsgruppe innerhalb der **Vereinten Nationen** das sogenannte **UN/Edifact,** das im März 1987 von der UN/ECE in Genf verabschiedet wurde; es ist das Regelwerk mit der derzeit weltweit größten Verbreitung und Anwendung im elektronischen Geschäftsverkehr. UN/Edifact definiert einen Zeichensatz, die Syntax (also Regeln für die einheitliche Strukturierung der zwischen den Dialogpartnern auszutauschenden Nachrichten) und einen Wortschatz von Handelsdatenelementen. Dabei kann ein sogenanntes interchange, also eine Nachricht, bis zu 10000 Einzelrechnungen enthalten. Sinn ist die Straffung von Organisations- und Vertriebsstrukturen sowie die Kostensenkung durch vollautomatische Weiterverarbeitung einer Nachricht in der DV-Anlage ohne Medienbrüche. Die verarbeitende DV-Anlage gibt dabei eigenständig und voll automatisch Willenserklärungen ab, die im Rahmen des EDI-Rahmenvertrages zwischen den Partnern anerkannt werden.[75] Diese genormten Nachrichtentypen werden mit ihren Bestandteilen im Nachrichtenverzeichnis jährlich veröffentlicht. Dabei beziehen sich die Nachrichten auf bestimmte, häufig wiederkehrende Dokumente im Wirtschaftsverkehr, die auf diese Weise einheitlich und elektronisch verschlüsselt übermittelt werden können. Zu diesem System existieren verschiedene **Modell-Rahmenverträge,** die Regelungen über den Geltungsbereich, den Gegenstand, die Betriebsvoraussetzungen für EDI, die Sicherheit der Zuverlässigkeit des EDI-Netzwerkes, die Benutzung des Netzwerkes sowie in unterschiedlichem Umfang juristische Regelungen über die vertraglichen Beziehungen zwischen den EDI-Partnern enthalten.

53 Der **deutsche Rahmenvertrag** wurde 1994 unter Beteiligung von Verbänden, Behörden, Unternehmen und Wissenschaftlern entwickelt.[76] Er enthält Regelungen über den Zugang einer EDI-Nachricht inklusive Geschäftszeiten, um Reaktionszeiten für

[73] Vgl. oben § 5, Rdnr. 99, 105ff.
[74] Vgl. im Einzelnen hierzu ausführlich oben § 5, Rdnr. 139.
[75] *Müglich/Simon,* K&R 2000, 282.
[76] *Müglich/Simon,* K&R 2000, 282.

die Abwicklung von Leistungsbeziehungen kalkulieren zu können, zur Haftung, die nach Verantwortlichkeitsbereichen mit der Möglichkeit der Freistellung systematisiert ist sowie zur Tragung der Identifikationskosten für aufgetretene Fehler.

Wesentliches Manko des EDI im Verhältnis zur nun anerkannten elektronischen 54
Signatur bleibt aber, dass über EDI ausgetauschte Dokumente **keine Urkunden im Sinne der Zivilprozessordnung** sind, so dass eine Anwendung der §§ 416, 440 Abs. 2 ZPO an der fehlenden Unterschrift scheitert. Einen gewissen Beweiswert kann EDI aber bei einer Parteivereinbarung in Verbindung mit einer Schiedsklausel entfalten, da bei Verwendung einer Schiedsklausel das Beweisrecht der ZPO in gewissen Grenzen nach dem Willen der Parteien umgestaltet werden kann.

Zum Abschluss sei noch auf die **EG-Empfehlung zu EDI** mit einem Modellver- 55
trag hingewiesen.[77] Dieser Vertrag umfasst zunächst einen eigenen Modellvertrag, einen Kommentar sowie eine Checkliste, die von den Parteien ergänzt werden soll. Innerhalb dieses Modells ist der Vertragsschluss anzunehmen, wenn die Annahmeerklärung das Computersystem des Anbieters erreicht hat (Art. 3.3 des Modellvertrages); eine Rückbestätigung ist nur erforderlich, wenn sie ausdrücklich vereinbart wurde (Art. 5.2). Allerdings obliegt die Beweiserheblichkeit weiterhin nationalem Recht nach Art. 4 des Modellvertrages. Bei der Versendung personenbezogener Daten wird zudem die Datenschutzkonvention des Europarates von 1981 als Mindeststandard nach Art. 7.4 des Modellvertrages vereinbart. Der Modellvertrag enthält des weiteren Haftungsfreistellungen für direkte und indirekte Schäden sowie Folgeschäden, die im Zusammenhang mit der Anwendung des Modellvertrages entstehen, auch für Schäden, die mit verspäteter oder fehlerhafter Vertragserfüllung in Folge höherer Gewalt zusammenhängen (vgl. Art. 11 des Modellvertrages). Alles in allem scheint dieser Modellvertrag jedoch weniger empfehlenswert als der deutsche Modellvertrag, da er eine schwache Haftungsklausel enthält, viele Verweisungen aufweist und eine durch Verweis auf deutsches Recht unwirksame Beweisklausel beinhaltet sowie mit einer schwächeren Datenschutzregel zwingend dem deutschen Recht widerspricht.

ee) Beweisprobleme

Es wurde bereits mehrfach angesprochen: Die wesentlichen Probleme des Elekt- 56
ronischen Handels liegen beim Vertrauen und damit auch bei Beweisfragen. Eine E-Mail erfüllt nicht das Schriftformerfordernis, da selbst nach einem Ausdruck die eigenhändige Unterzeichnung fehlt. Daraus ergaben sich bisher einige Beweisprobleme, da ein EDV-Dokument mangels Urkundeneigenschaft der freien Beweiswürdigung durch den Richter unterlag (§ 371 ZPO).[78] Seit dem 1. 8. 2001 enthält aber § 292a ZPO einen Anscheinsbeweis für die Echtheit elektronischer Willenserklärungen, die gemäß § 126a BGB mit einer qualifizierten elektronischen Signatur nach dem Signaturgesetz versehen worden sind. Dieser Anschein kann nur durch Tatsachen erschüttert werden, die ernstliche Zweifel daran begründen, dass die Erklärung mit dem Willen des Signaturschlüssel-Inhabers abgegeben worden ist. Insoweit hat sich die Beweissituation für Willenserklärungen, die per E-Mail qualifiziert elektronisch signiert abgegeben worden sind, entscheidend verbessert. Für die

[77] Empfehlung der EG-Kommission zum Electronic Data Interchange vom 28. 12. 1994, ABl. EG Nr. L 338/98.
[78] *Erber-Faller/Bettendorf*, S. 14.

große Masse der anderen digitalen Dokumente bzw. Willenserklärungen gilt weiterhin § 371 ZPO.[79] Es wird abzuwarten bleiben, wie die Praxis auf diese etwas halbherzige Lösung reagiert.[80]

b) Einbeziehung von AGB in Verträge

57 Auch im elektronischen Handel stellt sich das alt bekannte Problem der Einbeziehung von AGB in (vor allem im Massengeschäft) geschlossene Verträge. Unser Handbuch will dieses Problem, das nicht spezifisch mit dem Geistigen Eigentum zusammenhängt, nicht vertiefen.[81] Wir wollen lediglich auf die Schwierigkeiten hinweisen: Als Möglichkeiten bieten sich die Bereitstellung der AGB offline an, vor allem aber die Platzierung auf der Website, entweder zum Herunterladen, zum Ansehen und/oder auch zum Ausdrucken. Einschränkungen sind sicherlich in Bezug auf Umfang und Form der AGB zu machen; hier ist an Parallelen zur BTX-Rechtsprechung zu denken. Zu diskutieren ist sicherlich auch, ob die Entgeltlichkeit des Zugangs zum Internet eine Unzumutbarkeit der Kenntnisnahme der AGB verursacht.

58 Im Einzelnen findet man zu all diesen Fragen an anderer Stelle mehr.[82] Es sei uns gestattet, hier nur einen kurzen Abriss anzufügen: Die **Zusendung** der AGB auf Anfrage oder etwa sogar zusammen mit der Ware wird sicherlich nicht zur wirksamen Einbeziehung genügen.[83] Andererseits dürfte ein zwingend anzuklickender **Hyperlink** auf eine Seite, die das problemlose Lesen und auch Ausdrucken der AGB ermöglicht, ausreichen. Hingegen dürfte die nachträgliche Einbeziehung von AGB über sogenannte **Schutzhüllenverträge** (also etwa, wenn man Software zugeschickt bekommt, die versiegelt ist) eher unwirksam sein, da der Vertrag bereits im Vorfeld geschlossen wird und es an einer nachträglichen ausdrücklichen Zustellung des Kunden zu einer Vertragsänderung in der Regel fehlen dürfte.[84] Erwähnenswert scheint uns aber, dass im Internet wohl – anders als im Massengeschäft beim Händler oder z.B. bei schnellen Geschäften, wie etwa bei der Einfahrt in ein Parkhaus –, der Kunde durchaus Gelegenheit und Zeit hat, sich die AGB anzusehen, ja gegebenenfalls auch auszudrucken. Das vielfach gegenüber langen AGB's verwendete Argument, diese seien nicht mehr erfassbar[85] dürfte bei genauer Betrachtung im Internet wohl nicht gelten.

---

[79] Für diese soll weder der Einzelverbindungsnachweis der Telekom noch ein Sendeprotokoll den Nachweis des Inhalts einer elektronisch übermittelten Nachricht überbringen: *OLG Hamburg,* MMR 2002, 677 – Honorar für Online-Veröffentlichung von Fotos; in diesem Zusammenhang vgl. die berechtigte Forderung *Mankowskis* nach einem Anscheinsbeweis oben Rdnr. 48.

[80] Vgl. hierzu auch *Hoffmann,* NJW Beilage 14/2001, S. 8 m.w.N.; das *OLG Köln,* K&R 2003, 83 jedenfalls wendet keinerlei Beweisumkehrregeln bei Vertragsschlüssen im Internet an.

[81] Vgl. hierzu *Palandt/Heinrichs,* § 2 AGBG, Rdnr. 12 m.w.N.; ausführlich auch *Hoffmann,* NJW Beilage 14/2001, S. 11ff. m.w.N.; *Kamanabrov,* CR 2001, 421ff.; *Kröger/Gimmy/Gimmy,* Kap. 3, S. 72ff.; zur Sonderproblematik, wenn die AGB bei Internet-Auktionen nicht von den Parteien des Vertrages, sondern von dem Auktions-Anbieter „verwendet" werden vgl. *BGH* NJW 2002, 363 (365) m.w.N.

[82] Vgl. im Einzelnen hierzu z.B. *Spindler/Spindler,* Teil IV Rdnr. 24ff.; *Koch,* S. 66.

[83] Der Abdruck auf dem Lieferschein genügt nicht, insbesondere wenn Streit über die vorherige Übermittlung bei Vertragsschluss besteht: *OLG Hamburg,* MMR 2002, 677 – Honorar für Onlineveröffentlichung von Fotos; und zu den Beweisproblemen oben Rdnr. 56.

[84] Wie hier *Ernst,* NJW-CoR 1997, 165; *Kaiser/Voigt,* K&R 1999, 445; *Heermann,* K&R 1999, 6; *Koch,* K&R 2001, 88.

[85] Vgl. *OLG Köln,* NJW-CoR 1998, 244 – umstritten; so kürzlich zum Transparenzgebot auch wieder *LG Köln* WRP 2003, 663 – *Online-Flugbuchung.*

Praxistipp: Ideal wäre eine technische Dokumentation, die sicherstellt, dass der Kunde die AGB abgerufen, für eine gewisse Zeit angezeigt und auf eine bestimmte Weise angenommen hat. Auch sollte man, schon aus Kundenfreundlichkeits-Gesichtspunkten, eine jederzeitige erneute Einsichtnahme ermöglichen. Im elektronischen Handel unterscheidet man begrifflich unter business to consumer (Endkundengeschäft) und business to business (Geschäftskundengeschäft). Bei Letzterem sei nur kurz darauf hingewiesen, dass nach § 310 Abs. 1 BGB der Hinweis auf diese und die zumutbare Kenntnismöglichkeit genügt.

§ 312e Abs. 1 Nr. 4 BGB, der Art. 10 Abs. 3 ECRL umgesetzt hat, erfordert nun allerdings sogar noch, dass das Abrufen und Speichern der AGB zwingend möglich sein muss.

Ein weiteres – in dieser Form wohl nur bei einem weltweiten Medium wie dem 59 Internet – auftauchendes Problem ist das der **Sprache der AGBs.** Es wäre denkbar, dem Verwender im Kundenschutzsinne aufzuerlegen, dass er die Sprache seines (potentiellen) Kunden zu verwenden hat. Es liegt auf der Hand, dass dies das Ende eines internationalen Endkundenhandels wäre; der Aufwand wäre kaum zu beherrschen. Bei der hier zu klärenden Frage gilt zu beachten, dass das Sprachproblem nicht nur den Text der AGB selber berührt, sondern auch und gerade den Einbeziehungshinweis, also die Voraussetzungen des § 305 Abs. 2 BGB (ehemals § 2 AGBG).

Zunächst ist anerkannt, dass es darauf ankommt, in welcher Sprache die beiden 60 Vertragspartner faktisch miteinander kommunizieren; ein eigenes Sprachstatut soll es nicht geben.[86] Daher gilt, dass derjenige, der sich auf eine bestimmte Sprache als Verhandlungssprache eingelassen hat, sich nicht mehr darauf berufen kann, dass er den Einbeziehungshinweis und die AGBs nicht verstanden hat.[87] Dies bedeutet aber, dass ein ausländischer Nutzer, der eine für ihn fremdsprachige deutsche Web-Seite aufruft, auch den in deutscher Sprache abgefassten Einbeziehungshinweis sowie die AGBs gegen sich geltend lassen muss. Letztendlich ist es dann aber auch denkbar, dass ein deutscher Verwender gegenüber einem deutschen Nutzer AGBs in einer fremden Sprache, beispielsweise Englisch, benutzt. Voraussetzung ist in einem solchen Fall allerdings, dass das Angebot des Verwender nicht nur auf den deutschen Markt beschränkt ist, denn nur in diesem Fall hat der Verwender ein legitimes Interesse daran, einheitliche – von der deutschen Sprache abweichende – Allgemeine Geschäftsbedingungen zu benutzen.[88]

Sollte der Verwender aber – z. B. für seine Werbung, die den Hinweis auf die Gel- 61 tung der AGB enthält – eine andere Sprache verwenden als für die AGBs, ist die Einbeziehung der AGBs dann abzulehnen, wenn der Kunde die fremde Sprache der AGBs nicht beherrscht.[89]

[86] *Ulmer/Brandner/Hensen,* Anhang § 2 AGBG, Rdnr. 14 ff.

[87] BGHZ 87, 112, 114; *Ulmer/Brandner/Hensen,* Anhang § 2 AGBG, Rdnr. 20; *Staudinger/Schlosser,* § 2 AGBG, Rdnr. 28 a; *Koehler,* MMR 1998, 289, 293.

[88] Vgl. *Spindler/Spindler,* Teil IV, Rdnr. 33.

[89] *Wolf/Horn/Lindacher,* Anhang, § 2 AGBG, Rdnr. 42.

c) Das Fernabsatzrecht und andere „inhaltliche" Anforderungen an Verträge

62 Der Gesetzgeber, allen voran die EU, hat frühzeitig das Verbrauchergefährdungspotential von Verträgen über neue Kommunikationsmittel erkannt. Ausfluss dessen ist u.a. das Fernabsatzgesetz, das auf Grund der Fernabsatzrichtlinie erlassen wurde[90] und seit dem 1. 1. 2002 im BGB bzw. der **„Verordnung über Informationspflichten"** und deren jüngster Neufassung aufgegangen ist; diese Vorschriften dienen der Sicherung des Vertragsverhältnisses bei einem Vertragsschluss, der dadurch gekennzeichnet ist, dass sich Verbraucher und Anbieter physisch nicht begegnen, sondern alle Arten von Fernkommunikationsmitteln einsetzen.

63 Wir wollen an dieser Stelle lediglich einen **Überblick** über diese Materie geben, die nicht spezifisch mit dem Recht des Geistigen Eigentums zusammenhängt.[91] Die Vorschriften gelten zwischen Unternehmern und Verbrauchern (§§ 13, 14 BGB). In § 312b Abs. 1 BGB ist der Fernabsatzvertrag definiert als ein Vertrag über die Lieferung von Waren oder die Erbringung von Dienstleistungen, der ausschließlich durch den Einsatz von Fernkommunikationsmitteln zustande kommt. Hierbei finden die Vorschriften nach § 312b Abs. 2 BGB stets dann Anwendung, wenn der Vertrag ohne gleichzeitige körperliche Anwesenheit der Vertragspartner abgeschlossen wird. Die Vorschriften haben also **über das Internet hinaus** erheblich weitreichendere **Bedeutung.** Ein primäres Problem ist, dass ein Käufer, der sich individuell beraten lässt und dann später einen Vertragsschluss online vornimmt, zwar unter das Gesetz fällt; ein schnell entschlossener Käufer, der sogleich kauft, jedoch nicht. Überlegenswert wäre daher eine teleologische Reduktion des Anwendungsbereichs dahingehend, dass der *gesamte* Prozess des Vertragsschlusses von der Distanz der Parteien gekennzeichnet sein müsste. Wir reden also über Internetangebote (Teledienste), aber auch Rundfunk- und Mediendienste (z.B. Shopping), ebenso wie Briefe, Kataloge (also der gesamte klassische Versandhandel), Telefonanrufe, Telekopien etc. Der Vertragsschluss muss im Rahmen eines für den Fernabsatz organisierten Vertriebs- und Dienstleistungssystems erfolgen, das heißt, der Unternehmer muss, durch eine hinreichend personelle und sachliche Ausstattung, eine Organisation geschaffen haben, die es ihm ermöglicht, regelmäßig Geschäfte im Fernabsatz zu bewältigen. Auch hier begegnet Einem das Problem der Abgrenzung der systematischen von gelegentlichen Fernabsatzgeschäften. Letztlich könnte so jede Buchbestellung über das Telefon dem Fernabsatzrecht unterfallen. Eine derartige Einschränkung der Privatautonomie würde sicherlich zu weit gehen.

64 Die Vorschriften **nehmen** daher ausdrücklich bestimmte **Tatbestände** von ihrem Anwendungsbereich **aus** (§ 312b Abs. 3 BGB). Sie gelten nicht für den Fernunterricht, die Teilzeitnutzung von Wohngebäuden, Grundstücksgeschäfte, Lebensmittellieferungen, Tourismusdienstleistungen und Finanzdienstleistungen.

65 Materiell enthält das Gesetz vor allem sogenannte **Unterrichtungspflichten.** Nach § 312c BGB soll durch die dort normierten Unterrichtungspflichten des Unternehmers sichergestellt werden, dass der Verbraucher, für den bei Geschäften im Fernabsatz die Informationsbeschaffung über Vertragspartner, Vertragsgegenstand und Vertragsbedingungen regelmäßig schwieriger ist als beim normalen Kauf, bereits vor Abschluss eines Fernabsatzvertrages hinreichend hierüber informiert wird. Die

[90] § 1, Rdnr. 71.

[91] Vgl. i.E. hierzu statt aller *Härting,* passim:, überblicksartig im Zusammenhang des Wettbewerbsrechts § 11, Rdnr. 90ff.

mitzuteilenden Informationen müssen nach § 312c Abs. 2 BGB dem Kunden spätestens bis zur vollständigen Erfüllung des Vertrages, bei Waren, spätestens bei Lieferung in Textform zur Verfügung gestellt werden. Ob für die **Zurverfügungstellung dieser Informationen** auch eine **E-Mail** ausreicht, scheint nach einem Urteil des *OLG München* erstaunlicherweise unklar.[92]

Wichtigster Ausfluss der Unterrichtungspflichten bzw. der Vorschriften insgesamt 66 ist das **Widerrufs- und Rückgaberecht** bei Verbraucherverträgen, das parallel zu bestehenden Instituten (wie aus dem Verbraucherkreditgesetz oder dem Haustürwiderrufsgesetz entwickelt wurde) und in den neuen §§ 355–358 BGB normiert ist. Nach § 312d BGB kann der Verbraucher seine Willenserklärung gemäß § 355 BGB ohne Angabe von Gründen innerhalb von zwei Wochen widerrufen. § 355 BGB regelt dabei eine einheitliche Ausgestaltung, Ausübung und Folgen aller verbraucherschützenden Widerrufsrechte: Die Rechtsfolge ist die fehlende Bindung an die Willenserklärung bei fristgerechtem Widerruf.

Die ordnungsgemäß zu erteilende Widerrufsbelehrung ist vom Verbraucher bei 67 anderen als notariell beurkundeten Verträgen gesondert zu unterschreiben oder mit einer qualifizierten elektronischen Signatur zu versehen (§ 355 Abs. 2 Satz 2 BGB); gerade letztere dürfte zu einigen praktischen Problemen führen. Die Rücksendungskosten trägt gemäß § 357 Abs. 2 BGB ab einem Betrag von € 40 zwingend der Unternehmer; für Beeinträchtigungen der Ware durch den Gebrauch bis zum Zeitpunkt des Widerrufs hat der Verbraucher Wertersatz zu leisten (§ 352 Abs. 3 BGB).

Der Widerruf nach **§ 312d BGB** für Fernabsatzverträge enthält als **speziellere** 68 **Norm** einige Besonderheiten. Die Widerrufsfrist beginnt nicht vor Erfüllung der Informationspflicht des Unternehmers nach § 312c Abs. 2 BGB, bei Lieferung von Waren nicht vor dem Tag ihres Eingangs beim Empfänger, bei der wiederkehrenden Lieferung gleichartiger Waren nicht vor dem Tag des Eingangs der ersten Teillieferung und bei Dienstleistungen nicht vor dem Tag des Vertragsabschlusses. Eine Unterzeichnung der Widerrufsbelehrung ist nicht erforderlich; das Widerrufsrecht bei Waren erlischt spätestens sechs Monate nach Eingang beim Empfänger (§ 355 Abs. 3 BGB), bei Dienstleistungen spätestens sechs Monate nach Vertragsschluss oder wenn der Unternehmer mit der Ausführung der Dienstleistung mit Zustimmung des Verbrauchers vor Ende der Widerrufsfrist begonnen hat oder der Verbraucher diese selbst veranlasst hat (§ 312d Abs. 3 BGB).

Schließlich kennt das Gesetz **Ausnahmen vom Widerrufsrecht** des Verbrauchers: 69 bei Lieferung von kundenspezifischen oder verderblichen Waren, nach der Entsiegelung von Audio- oder Videokassetten oder von Software, bei der Lieferung von Zeitungen und Zeitschriften, bei der Erbringung von Wett- und Lotteriedienstleistungen und bei Versteigerungen – das gilt für alle Online-Auktionen, obwohl ausdrücklich von § 156 BGB gesprochen wird und das Eingreifen dieser Norm hier fraglich ist (§ 312d Abs. 4 BGB).

Da § 312d Abs. 4 Nr. 2 BGB das Widerrufsrecht für solche Verträge ausschließt, 70 auf Grund derer Audio- oder Videoaufzeichnungen bzw. Software geliefert wurden und bei denen die Datenträger vom Verbraucher entsiegelt worden sind, scheint der

---

[92] *OLG München*, K&R 2001, 312 (316) – nicht rechtskräftig; dagegen *Härting*, K&R 2001, 310 (313) und *Dietrich*, K&R 2002, 138; zu der nun veröffentlichten „offiziellen" Muster-Widerrufsbelehrung vgl. http://217.160.60.235/BGBL/bgbl1f/bgbl102s2850.pdf [abgerufen am 1. 12. 2002].

Download solcher Daten nicht vom Ausschluss umfasst. Neben das Widerrufsrecht tritt das Rücktrittsrecht in § 356 BGB, das individuell vereinbart werden kann.

71 Umstritten ist schließlich, ob auch weitere **Verbraucherschutzgesetze,** wie das Haustürwiderrufsgesetz, welches seit dem 1. 1. 2002 in den §§ 312–312a BGB aufgegangen ist, im elektronischen Handel **anwendbar sind.**[93]

2. Abwicklung von Verträgen

72 Die Abwicklung von Verträgen im elektronischen Handel wird zu einem großen Teil am Einzelfall der unten näher zu beleuchtenden Vertragstypen zu erfolgen haben. Wir können an dieser Stelle nur einige allgemeine Besonderheiten der Abwicklung von Verträgen im elektronischen Handel beleuchten. Eine der wesentlichen Pflichten beider Parteien dürfte die **Dokumentation** der Vertragsabwicklung bzw. Durchführung sein, da – anders als im normalen Leben – Verträge des elektronischen Handels noch „flüchtiger" abgewickelt werden und so weniger Beweismaterial oder Indizmaterial hinterlassen.

73 Ein weiteres Thema dürfte bei allein elektronisch durchgeführten Geschäften die laufenden Informations- und Überwachungspflichten sein, die sich zum Beispiel aus dem Problem von **Computerprogrammviren** ergeben können. Anders als im normalen Leben sehen sich die Parteien elektronisch abgewickelter Verträge einem Integritätsrisiko für die gesamte Computeranlage ausgesetzt. Daraus folgt, dass der jeweils andere Partner einerseits Vorsicht walten zu lassen hat bei dem Austausch von Daten, andererseits er den anderen informieren muss, wenn es Hinweise auf Virenbefall gibt. Dies wird sicherlich einzelvertraglich ausgestaltet werden (können); aber auch ohne eine solche ausdrückliche Regelung dürfte eine derartige Nebenpflicht ganz allgemein im elektronischen Handel existieren.

3. Auflösung von Verträgen

a) Anfechtung

74 Natürlich ist auch die Anfechtung einer elektronisch übermittelten Willenserklärung grundsätzlich möglich.[94] Es bedarf aber einer Differenzierung nach Art des Fehlers: Handelt es sich um einen Übermittlungsfehler oder einen Eingabefehler oder liegt eine Fehlfunktion der Software oder Hardware vor? Hingegen ist die Anfechtbarkeit automatisierter Willenserklärungen praktisch wohl fast ausgeschlossen und dürfte lediglich bei Irrtümern innerhalb der Handlungsspielräume eingreifen. Dies liegt vor allem daran, dass hier kein Eingabefehler vorliegen kann und auch ein Übermittlungsfehler unwahrscheinlich ist. Die Fehlerhaftigkeit automatisierter Willenserklärungen wird vielmehr auf Software- oder Datenfehler zurückzuführen sein. Benutzte Software und eingegebene Daten bilden die Grundlage der Computererklärung. Diese sind mit den Motiven und Beweggründen des Erklärenden vergleichbar, der eine Willenserklärung persönlich abgibt. Ein Irrtum bei der Willensbildung ist aber der klassische Motivirrtum, bei dem eine Anfechtung anerkann-

[93] *Kaiser/Voigt,* K&R 1999, 445; *Scheffler/Dressel,* CR 2000, 378; *Ernst,* NJW-CoR 1997, 165; *Köhler,* NJW 1998, 185; vgl. aber *LG München I* gegen eine entsprechende Anwendung des Schriftformerfordernisses aus § 4 VerbrKG und für eine entsprechende Anwendung des § 8 VerbrKG, CR 2001, 50.

[94] Vgl. für Internet-Auktionen *BGH* NJW 2002, 363 (365).

termaßen ausscheidet. Differenziert man nach den Anfechtungsgründen, ergibt sich folgendes Bild:

75 Ein Fehler bei der Übermittlung zwischen Absender- und Empfängerschnittstelle im Netz, die zu einer Änderung der transportierten Erklärung führt, dürfte zur Anfechtung gemäß § 120 BGB berechtigen. Ein Eingabefehler hingegen kann nach § 119 Abs. 1 BGB angefochten werden, denn die elektronische Verarbeitung und Übermittlung hat auf die Einordnung keinen Einfluss.[95] Wie oben ausgeführt, ist es schwieriger bei den sogenannten Systemfehlern, insbesondere Softwarefehlern. Diese berechtigen grundsätzlich nicht zur Anfechtung, denn sie entsprechen einem Irrtum bei der Willensbildung; der Einsatz des DV-Systems ist eine Ausgangsgröße des Verarbeitungsprozesses zur Bildung der Computererklärung und entspricht den Beweggründen der Willensbildung.[96] Man könnte jedoch auch wie folgt argumentieren: wenn die Erklärung die übermittelte Nachricht ist, stimmt sie in ihrem Erklärungsinhalt nicht mit dem Willen des Erklärenden überein und begründet ein Anfechtungsrecht wegen Erklärungs- oder Inhaltsirrtum; erfolgt die Erklärung vor der Verarbeitung, liegt hingegen ein Übermittlungsfehler vor, der nach § 120 BGB zur Anfechtung berechtigt. Ausgehend hiervon hat die Rechtsprechung auch bereits einige dieser Grundsätze bestätigt.[97] Schlussendlich sei noch darauf hingewiesen, dass die Anfechtungserklärung natürlich digital erfolgen kann, mit all den oben[98] dargestellten Schwierigkeiten.[99]

b) Sonstige Regelungen zur Auflösung bzw. zur Vertragsstörung

76 Das neue Widerrufsrecht nach §§ 355–357 BGB bzw. das vertraglich zu vereinbarende Rücktrittsrecht hatten wir bereits dargestellt.[100]

77 Bisher waren im BGB nur die Leistungsstörungen Unmöglichkeit, Verzug und die Sonderregeln der Mängelhaftung geregelt, die dazu führen können, dass die ursprüngliche Leistungspflicht wegfällt und sich in eine Rückgewähr- oder Schadenersatzpflicht umwandelt oder durch eine Schadensersatzpflicht ergänzt wird. Diese Regeln gelten natürlich auch im elektronischen Handel, wenn auch in der durch das **Schuldrechtsmodernisierungsgesetz** geänderten Form. Seit dem 1. 1. 2002 sind nun die durch Rechtsprechung und Lehre entwickelten weiteren Rechtsinstitute des Leistungsstörungsrecht kodifiziert: culpa in contrahendo, §§ 241 Abs. 2 BGB, 311 Abs. 2 und 3; positive Forderungsverletzung in § 241 Abs. BGB; Wegfall der Geschäftsgrundlage, § 313 BGB. Auch diese Normen finden selbstverständlich im elektronischen Geschäftsverkehr Anwendung. Die Grundnorm für jeden Schadensersatzanspruch aus der Verletzung von Pflichten aus einem Schuldverhältnis wird § 280 BGB sein.[101] Soll Schadensersatz statt Leistung verlangt werden (bisher Scha-

[95] Vgl. auch *OLG Hamm,* NJW 1993, 2321.

[96] So auch *Mehrings,* MMR 1998, 30, 32.

[97] *LG Frankfurt am Main,* CR 1997, 738, wonach die Anfechtung einer auf Grund fehlerhaften Datenmaterials abgegebenen Erklärung nicht zulässig ist, da kein relevanter Irrtum im Sinne des § 119 BGB vorliegt; es sich vielmehr um einen Fehler in der vorangegangenen Willensbildung und somit um einen unbeachtlichen Motivirrtum handelt.

[98] Rdnr. 29 ff.

[99] Vgl. zu den Änderungen durch die E-Commerce-Richtlinie *Hoffmann,* NJW Beilage 14/2001, S. 8 ff.

[100] Rdnr. 66 f.

[101] *Däubler-Gmelin,* NJW 2001, 2284 (2281).

densersatz wegen Nichterfüllung), kommen nur die Vorschriften § 281 BGB (für Verzug und Schlechterfüllung), § 282 BGB (Nebenpflichtverletzung) und § 283 BGB (Unmöglichkeit) in Betracht. Besonderheiten für das Geistige Eigentum sind hier nicht erkennbar.

II. Besonderer Teil – einzelne ausgewählte Vertragsarten

78 Wir hatten in der Einleitung[102] dargestellt, dass es in der Wissensverkehrsgesellschaft weniger um Transferierung von Eigentum einer Person zu einer anderen Person (also **Zuordnungsveränderungen**) oder **klassische Dienstleistungen** geht, sondern immer mehr um **reinen Zugang.**[103] Wir wollen versuchen, diese Tendenz[104] auch in der nun folgenden Darstellung der einzelnen Vertragstypen des elektronischen Handels, die einen Bezug zum Geistigen Eigentum aufweisen, hervorzuheben und haben daher eine Gliederung gewählt, die die Verträge in solche einteilt, die eine Zuordnungsveränderung als wesentlichen Inhalt aufweisen, solche die klassische Dienstleistungen betreffen und solche die den neuartigen Zugang zum Thema haben. Da uns letztere als die typischen Verträge der neuen Wissensverkehrsgesellschaft erscheinen, wollen wir hiermit beginnen.

79 Zuvor gilt es jedoch, noch einmal den Umfang unserer Darstellung abzugrenzen: Elektronischer Handel mit Geistigem Eigentum berührt in vielen Bereichen das **Telekommunikationsrecht.** Reine Verträge aus diesem Gebiet können und wollen wir an dieser Stelle nicht behandeln.[105] Dies betrifft auch und gerade die **Verträge auf Zugang zum Backbone**[106] und die Verträge, die den internationalen Datenaustausch über **Peering-Agreements** im Internet bewerkstelligen.[107] Allerdings wird es nötig sein, an einzelnen Stellen Spezialvorschriften aus dem Telekommunikationsrecht zu beachten, sofern sie für die hier behandelten Verträge Geltung beanspruchen. Das wird insbesondere bei dem Access-Provider-Vertrag jenseits des Backbone der Fall sein, da nach § 3 Nr. 16 TKG Telekommunikation den technischen Vorgang des Aussendens, Übermittelns und Empfangens von Nachrichten jeglicher Art in der Form von Zeichen, Sprache, Bildern oder Tönen mittels Telekommunikationsanlagen darstellt.[108]

80 Schließlich behandeln wir in diesem Teil unseres Handbuchs, das den Schwerpunkt auf das Geistige Eigentum legt, auch nicht vertieft allgemein zivilrechtlichen Fragen.[109] Es ist dies auch nicht die Stelle, über die formale Gestaltung der Verträge zu sprechen. Der **Aufbau komplexer Verträge,** sei es im Baurecht, sei es vor allem im IT-Recht, ist ein allgemeines Problem, das nichts speziell mit Geistigem Eigentum und Internet zu tun hat. Um der Schnelllebigkeit, aber auch der notwendigen Flexibilität in IT-Projekten, auch im Internet, Rechnung zu tragen, hat sich ein **modularer Vertragsaufbau** herausgebildet: Ein knapper **Rahmenvertrag** gibt die ju-

---

[102] § 1, Rdnr. 45 ff.

[103] Vgl. hierzu wiederum *Rifkin,* S. 9 ff.

[104] In eine ähnliche Richtung gehend, wenn auch mehr den Sachcharakter von Informationen problematisierend, *Spindler/Köhn,* CR 2003, 81 ff.

[105] Vgl. hierzu nur *Schuster,* passim; *Moritz/Dreier/Petri/Göckel* B, Rdnr. 89 ff.

[106] Vgl. hierzu nur *Schuster,* Sechster Teil; *Petri/Göckel,* CR 2002, 32 a ff.

[107] Vgl. hierzu soweit ersichtlich ausschließlich *Moritz/Dreier/Petri/Göckel* B, Rdnr. 89 ff.

[108] Zur weiteren Abgrenzungsfragen vgl. *Spindler/Riehmer/Hessler,* Teil II, Rdnr. 95 ff.

[109] Vgl. hierzu z. B. *Schuster,* Sechster Teil, Kap. 12, Rdnr. 56 ff. für den Internet-Zugangsvertrag oder Kap. 13, Rdnr. 38 ff. für E-Mail-Verträge.

ristischen Regeln vor, **Einzelverträge** mit den entsprechenden **Anlagen** (Preise, Leistungsbeschreibung, auch Service Level Agreements [SLA] genannt) füllen die Details aus.[110] Wir stellen im Folgenden lediglich die zu regelnden Inhalte dar, ohne auf die allgemeine Aufbautechnik einzugehen. Gerade die nähere Leistungsbeschreibung über **Service Level Agreements,** die eigentlich nicht mehr und nicht weniger als eine Konkretisierung der Leistung sind, begegnet uns bei komplexen Zugangsverträgen[111] oder bei Softwarepflegeverträgen; letztere, bei denen z. B. Reaktionszeiten und Fehlerklassen definiert werden, sind ebenfalls nicht Gegenstand dieser Darstellung.

1. Verträge über den Zugang zu Daten

Auch wenn wir im Folgenden einige Vertragstypen darstellen, die als wesent- 81
lichen **Vertragsgegenstand** den **Zugang zu Daten** haben, bedeutet dies natürlich nicht, dass wir hiermit einen neuen, nicht im BGB vorhandenen Vertragstyp argumentieren wollen. Uns ist vielmehr daran gelegen, die Verschiebung der Leistungsschwerpunkte von den klassischen Vertragsarten hin zu neuartigen Vertragsverhältnissen darzustellen.

a) Vertrag über den Zugang zum Internet (Access-Provider-Vertrag)

Der Vertrag, der dem Nutzer den Zugang zum Internet mit seiner riesigen 82
Datenmenge ermöglicht, also der reine sog. Access-Provider-Vertrag, ist einer der klassischen Verträge dieser neuen Art. Er kommt jedoch selten als reiner Zugangsvertrag zur Anwendung, sondern wird in der Regel – gerade bei Internet-Providern[112] – mit weiteren Dienstleistungen z. B. dem Webhosting und/oder der Domainnamenvergabe verbunden.[113]

Der Access-Provider-Vertrag offenbart noch ein weiteres **Dilemma** dieser neuen 83
Rechtsmaterie, das die **Vertragsberatung für Access-Verträge** nicht einfacher macht: Anbieter müssen – sofern sie mit Endverbrauchern kontrahieren – für einen wirksamen Vertrag dieser Art nicht nur die klassischen Rechtsgebiete des Verbraucherschutzes, wie vor allem das AGB-Gesetz bzw. nun die in das BGB inkorporierten Regeln über Allgemeine Geschäftsbedingungen beachten, sondern zudem einen Blick in das Telekommunikationsrecht werfen. Dies gilt vor allem für die Telekommunikations-Kundenschutzverordnung (TKV). Die sich zum Teil widersprechenden und nicht in Einklang stehenden Regeln dennoch wirksam und verständlich in einem Vertrag oder gar Allgemeinen Geschäftsbedingungen „unterzubringen", dürfte nicht immer einfach sein. Hinzu kommt, dass viele der Begriffe aus der TKV noch nicht richterlich geklärt sind und es daher einigen Spielraum für Unklarheiten gibt. Dies dürfte die Rechtsprechung bei der Auslegung von Verträgen aus diesem Bereich zu berücksichtigen haben.

Wir wollen an dieser Stelle und im Folgenden weniger abstrakt-theoretisch (ge- 84
wissermaßen vor die Klammer gezogen) vertieft um die Einordnung derartiger Verträge in starre bestehende **Vertragstypen** des BGB ringen, sondern vielmehr die

---

110 Vgl. überblicksartig *Söbbing,* NJW-CoR 2000, 359 (360).

111 Vgl. hierzu unten Rdnr. 99 ff.

112 Zu einer Begriffsbestimmung dieser Rechtssubjekte vgl. oben Rdnr. 13.

113 Zu Webhosting vgl. Rdnr. 293 ff.; zur Domainnamenvergabe vgl. § 6, Rdnr. 14 ff. und unten Rdnr. 217 ff.; zum Überblick über den Markt gerade auch für Zugangsprovider vgl. BKartA, Beschl. v. 7. 3. 2002, Az. B6 – 144/01.

praktischen Inhalte derartiger Verträge darstellen,[114] denn unseres Erachtens ist eine allgemein gültige Einordnung *des* Access-Provider-Vertrages oder anderer hier besprochener Verträge in bestehende Vertragstypen nur schwer möglich. Wohl nur anhand der **einzelnen Vertragsurkunde** bzw. Vertragssituation wird man im Einzelfall in der Lage sein, diese mit den vorhandenen und hinlänglich bekannten Mitteln der juristischen Auslegung an den Stellen, an denen der Vertrag schweigt oder aber sich über zwingendes Gesetzesrecht hinwegsetzt, in die bestehenden Vertragstypen einzuordnen. Der Vertragsjurist gewinnt in dieser neuen Materie also eine erhebliche Bedeutung, denn er kann weitgehender als in bereits etablierten Vertragsarten autonomes Recht „setzen" und seiner Phantasie größeren Raum lassen.[115] Gleichwohl werden auch wir nicht umhin kommen, eine generelle Einordnung in bestehende Vertragstypen vorzunehmen.

85 Der Access-Provider-Vertrag dient dazu, dem Kunden über eine gewisse Dauer den entweder permanenten oder vorübergehenden (sogenanntes Call by Call-Verfahren) **Zugang** (neudeutsch: Access) zum Internet zu verschaffen.[116] Ein gewisses gesetzliches Leitbild – wenn auch aus Sicht der Verantwortlichkeitsfrage – bietet § 9 TDG, der derartige Diensteanbieter als solche versteht, die in einem Kommunikationsnetz Informationen übermitteln oder zu diesen den Zugang zur Nutzung vermitteln.

86 Demgemäß sind die **Pflichten des Providers** in erster Linie auf Zugang zum Internet gerichtet. Dieser wird bewerkstelligt über eine Telekommunikationsverbindung, die die Daten überträgt, und einen Netzzugangsknotenpunkt – also einen der Rechner, die permanent an das Internet angeschlossen sind –, der dafür sorgt, dass Daten in das Internet eingespielt werden können (Uploading), aber auch aus ihm heruntergeladen werden können (Downloading).[117]

87 Kern eines Access-Provider-Vertrages ist daher die Leistungsklausel, die Dauer, Umfang, Datendurchsatz und Geschwindigkeit des Zugangs regeln sollte. Sobald der Provider auch Mehrwertdienste (wie E-Mail oder Seitenplatz für eine Homepage) zur Verfügung stellt, entfernt sich der Vertrag von einem typischen reinen Access-Provider-Vertrag und gewinnt den Charakter eines typengemischten Vertrages, auf einzelne von dessen Teilen wir weiter unten eingehen.[118]

aa) Leistungspflichten des Anbieters

(1) Hauptleistung – Konkretisierung der Anbindung

88 Hauptpflicht des Providers ist die **Vermittlung des Zugangs** zum Internet.[119] Sie entspricht der Anbindung an das Internet, dient der Zugänglichmachung der In-

---

[114] Vgl. zur Einordnung in die Vertragstypen des BGB: *Wischmann,* MMR 2000, 461; aber auch z. B: *Schuster/Schmitz/von Netzer,* Sechster Teil, Kap. 12, Rdnr. 29 ff.

[115] Vgl. hierzu oben, Rdnr. 6.

[116] Zum Access-Provider-Vertrag vgl. i. Ü. *Spindler/Schuppert,* Teil II, Rdnr. 12 ff.; *Spindler/Spindler* Teil IV, Rdnr. 64 ff.; *Loewenheim/Koch/Roth,* S. 57 ff.; *Hoeren/Sieber/Komarnicki,* 12, Rdnr. 2 ff.; *Schwarz/Bräutigam,* 16–21, innerhalb der allg. Ausführungen zum „Provider-Vertrag"; *Kröger/Gimmy/Sengpiel/Klett/Gottschalk,* Kap. 8, S. 235 ff.

[117] Vgl. hierzu *Schuster/Schmitz/von Netzer,* Sechster Teil, Kap. 12, Rdnr. 4 ff.

[118] Vgl. z. B. Rdnr. 184 ff. zum Datenbank-Abrufvertrag oder Rdnr. 217 ff. sowie § 6, Rdnr. 16 ff. zum Domainnamen-Beschaffungsvertrag.

[119] *Spindler* hält auch die für die Nutzung der Netze grundlegenden Funktionen des Herauf- und Herunterladens von Daten für Hauptpflichten: *Spindler/Spindler,* Teil IV Rdnr. 64; m. E. ist das eher zweifelhaft, da viele der einfachen Internetnutzer niemals Daten in das Netz heraufspielen; umge-

formationen für den Internet-Nutzer und trägt wohl teils mietrechtlichen **Charakter,** teils dienst- und werkvertragsrechtliche Strukturen.[120] Es dürfte nicht unerheblich auf die Form der Vergütung ankommen, wie man diese Hauptpflicht bzw. den reinen Access-Provider-Vertrag einordnet. Bei **Call by Call-Verträgen,** die keine Grundvergütung kennen und die lediglich jede Verbindung mit alles (also auch Telekommunikationsentgelte) umfassenden Pauschalentgelten abrechnen, dürfte die Erfolgsbezogenheit im Vordergrund stehen, mithin Werkvertragsrecht einschlägig sein.[121] Spindler weist hingegen zu Recht darauf hin, dass dies bei den im Übrigen weit verbreiteten Angeboten, die eine **monatliche Pauschale mit zeitabhängigen Einzelverbindungsentgelten** koppeln, schwieriger zu beantworten ist.[122] Allerdings wird man auch bei diesen noch einmal zu unterscheiden haben zwischen den Teilen, die eher Mehrwertdienste betreffen (z. B. die diversen Funktionalitäten von AOL oder t-online mit Homebanking, Chat, Mitgliederlisten) und den mit angebotenen reinen Zugangsdiensten, und nur um die soll es in diesem Kapitel gehen. Denn erstere tragen klar einen Charakter als entgeltliche Geschäftsbesorgung mit Dienstvertragsschwerpunkt (§§ 675, 611 ff. BGB). Nur letztere stellen uns vor das Problem, dass Störungen beim Zugang auftreten können, die der Vertrag nicht durch die Tatsache abfängt, dass jede Verbindung einzeln betrachtet und einzeln abgerechnet wird, wie dies beim Call by Call-Verfahren der Fall ist. Die Leistungspflicht des Anbieters bei diesen Verträgen dürfte erfüllt sein, wenn der Anbieter die Informationen abrufbereit zur Verfügung stellt. Daher sprechen in diesem Fall wohl die überwiegenden Argumente für die **Einordnung als Dienstvertrag.**

Allerdings muss eine Risikoverteilung für **Verbindungsprobleme** erfolgen, wenn die Übermittlung der Daten gestört wird. Dabei wird man zu berücksichtigen haben, dass der Anbieter eher als der Kunde die technischen Vorgänge beim Datentransfer in seinem eigenen Netz und in Fremdnetzen verfolgen kann, Übertragungsfehler entdecken, beseitigen oder umgehen kann. Bei fehlender Konkretisierung im Vertrag muss dieser daher nach Treu und Glauben mit Rücksicht auf die Verkehrssitte ausgelegt werden und gefragt werden, was der Vertragspartner als Leistungspflicht berechtigterweise erwarten durfte. Fremdnetzbetreiber kann der Anbieter zwar nicht kontrollieren, bedient sich ihrer aber zur Vertragserfüllung und muss für sie daher nach § 278 BGB einstehen. Andererseits wäre eine derart nahezu verschuldensunabhängige Garantie mit solchen hochtechnisierten Vertragsgegenständen kaum vereinbar. Orientiert man sich daher nicht am Werkvertrag, sondern am Mietvertrag, bietet dieser über die bei fehlendem Zugang einsetzende teilweise Nichterfüllung genügend Handhabe, den Anbieter zur Verantwortung zu ziehen. 89

---

kehrt gehört das wirkliche Herunterladen, also Speichern der Daten auf dem Rechner des Nutzers, keineswegs zwingend zur Pflichtensphäre des Access-Providers. Vielmehr benötigt der Nutzer hierfür oftmals zudem Software, die er von der entsprechenden Seite im Internet für die Aktion des Herunterladens erhält.

[120] Zu dieser Frage wird alles vertreten: *Schuster/Schmitz/von Netzer,* Sechster Teil, Kap. 12, Rdnr. 29 ff.: teils Mietvertrag, teils Werkvertrag; *Kilian/Heussen/Moritz,* 43, Rdnr. 46 ff.: Mietvertrag; *Loewenheim/Koch/Roth,* S. 57 (66): Werkvertrag; *Koch,* S. 31: wohl Dienstvertrag; *Spindler/Spindler,* Teil IV, Rdnr. 69 ff.: differenzierend, wohl am ehesten Dienstvertrag; so auch *Palandt/Sprau,* Vor § 631, Rdnr. 19 und *Schneider,* S. 192.

[121] So auch *Spindler/Spindler,* Teil IV, Rdnr. 69.

[122] *Spindler/Spindler,* Teil IV, Rdnr. 70 ff.

Viel spricht daher dafür, diese Arten von Access-Provider-Verträge als Mietverträge einzuordnen.[123]

90 Die Hauptpflicht des Zugänglichmachens setzt die oben beschriebene **Anbindung** per Telekommunikationsleitung voraus, die entweder vom Anbieter oder vom Kunden bereitgestellt wird; der Vertrag wird hierzu Regelungen enthalten. Dabei gibt es neben der Möglichkeit einer Standleitung,[124] die insbesondere für Endverbraucher übliche Einwahl von Fall zu Fall über eine geografische Rufnummer,[125] eine Online-Diensterufnummer[126] oder eine sog. Freephone-Nummer (z.B. 0800).[127] In allen letztgenannten Fällen stellt der Anbieter lediglich den Einwahlknoten zur Verfügung. Alles, was der Kunde bis zur Einwahl in diesen Knoten unternimmt, liegt in seiner Verantwortung.[128]

91 In Verträgen ist es sodann essentiell, die **Schnittstelle,** mit der das Einspielen bzw. Herunterladen der Daten in das bzw. aus dem Internet ermöglicht wird, möglichst genau (technisch) zu **beschreiben.** Diese Schnittstelle verfügbar zu halten, gehört mit zur Hauptpflicht des Anbieters.[129]

92 Denklogisch nächster Schritt für die Beschreibung der Hauptpflicht des Anbieters ist die Frage, in welchem **Maße** der Anbieter den **Zugang** zum Internet **aufrechterhalten** muss. Der Kunde hat ein verständliches Interesse an einem möglichst dauerhaften Zugang. Dies gilt insbesondere für Unternehmen, die Zugangleistungen in Anspruch nehmen. Sie werden z.T. auf einen Zugang 24 Stunden pro Tag, 365 Tage im Jahr angewiesen sein. Umgekehrt ist der Anbieter nicht alleine von seiner Leistung abhängig; Störungen im Zugang können außerhalb seiner Einflusssphäre liegen (z.B. kappt ein Bagger die Telekommunikationsleitung des Kunden oder der Backbone-Provider des Anbieters bricht zusammen). Schließlich will der Anbieter sicherlich von Zeit zu Zeit seine Rechner warten oder die darauf laufende Software aktualisieren, weshalb es technisch nötig sein kann, das System kurzfristig abzuschalten.

93 Bei reinen Telekommunikationsverträgen scheint gängige Meinung zu sein, dass der Anbieter sein Netz permanent bereitstellen muss,[130] ihn allerdings keine Erfolgspflicht für jede Einzelverbindung trifft.[131] Dies wird man im Grundsatz auch auf Internet-Zugangsverträge außerhalb des Anwendungsbereichs des Telekommunikationsrechts für angemessen annehmen dürfen.

94 Schwierig wird es nur, diese Abstufung der „Erfolgshaftung" im Vertrag so umzusetzen, dass einerseits Rechtssicherheit für die Vertragsparteien besteht, ande-

---

[123] Im Zwischenergebnis ebenso *Spindler/Spindler,* Teil IV, Rdnr. 70ff. mit ausführlichen Nachweisen und Begründung, den dann allerdings „stört", dass der Kunde nicht nur einen Rechner benutzt, sondern ein „Mehr" als die Benutzung, nämlich die Durchleitung wünscht. *Spindler* gewichtet dabei aber m.E. den Gebrauch der Sache „Rechner" zu sehr und vernachlässigt den Gebrauch der Sache „Leitung" bzw. den Zugang als dauerorientierte Leistungspflicht.

[124] Vgl. hierzu *Schuster/Schmitz/von Netzer,* Sechster Teil, Kap. 12, Rdnr. 71ff.

[125] Vgl. hierzu *Schuster/Schmitz/von Netzer,* Sechster Teil, Kap. 12, Rdnr. 73.

[126] Vgl. hierzu *Schuster/Schmitz/*von *Netzer,* Sechster Teil, Kap. 12, Rdnr. 74.

[127] Vgl. hierzu *Schuster/Schmitz/von Netzer,* Sechster Teil, Kap. 12, Rdnr. 76.

[128] Etwas anderes kann gelten, wenn der Anbieter noch zusätzlich Software für die Einwahl (zumeist kostenlos) zur Verfügung stellt; für diese gelten dann die allgemeinen Regeln zur Softwareüberlassung.

[129] *Schuster/Schmitz/von Netzer,* Sechster Teil, Kap. 12, Rdnr. 5.

[130] *Schuster/Schmitz/von Netzer,* Sechster Teil, Kap. 12, Rdnr. 14.

[131] *Schuster/Schmitz/von Netzer,* Sechster Teil, Kap. 12, Rdnr. 15ff.

rerseits der Anbieter den Kunden nicht übervorteilt und damit in Konflikt mit zwingendem Recht, insbesondere AGB-Recht, gerät. Hierzu haben sich verschiedene Klauseln zur Regelung von Verfügbarkeit in der Praxis herauskristallisiert, ohne dass man sagen könnte, dass eine sich besonders bewährt hätte; es gibt noch zu wenig richterliche Überprüfung der Phantasie von Vertragsjuristen.

Bei **Verfügbarkeitsbeschreibungen** gilt – wie überall bei AGB – zu beachten, dass 95
Unklarheiten zuungunsten des Anbieters ausgelegt werden und Begrenzungen gerade in Haftungs- und Gewährleistungsklauseln unwirksam sein können. Man sollte daher versuchen, so weit es geht, derartige Regelungen als Leistungsbeschreibung zu formulieren, da die Leistungsbeschreibung selber nur beschränkt AGB-kontrollfähig ist.[132] Die Leistungsbeschreibung legt den Primärleistungsanspruch des Kunden genau fest. Ein Gewährleistungsanspruch kann dagegen nur entstehen, wenn eine geschuldete Primärleistungspflicht nicht oder nicht wie geschuldet erbracht wurde. Die Leistungsbeschreibung hat somit maßgeblichen Einfluss auf die weiteren Rechte des Kunden.

Es ist aber zu beachten, dass auf Grund der unterschiedlichen Kontrollmaßstäbe 96
die Regelungen der Primärleistung von der Sekundärleistungspflicht getrennt werden müssen. Die Primärleistungspflicht ist auf die Erfüllung der vertraglichen Bestimmungen gerichtet. Zu ihr gehören beim Access-Vertrag auch die Regelungen zur Störungsbeseitigung, da eine Nachbesserung wegen des absoluten Fixschuldcharakters des Vertrages – die Transportleistung oder Bereitstellung des Netzes ist nicht nachholbar – nicht denkbar ist. Hiervon strikt zu trennen ist die Sekundärleistungspflicht, z. B. ein Gewährleistungsanspruch, der entsteht, wenn für eine bestimmte Zeit die Leistung nicht vertragsgemäß erbracht wurde. Zulässig ist es, diese Gewährleistungsansprüche an die Störungsbeseitigung zu knüpfen, indem bestimmt wird, dass sie erst entstehen, wenn der Anbieter nicht innerhalb einer bestimmten Zeit die Störung beseitigt hat.

Bei der Leistungsbeschreibung sollte man beachten, dass man eine „positive" 97
Leistungsbeschreibung einfügt, da Einschränkungen einer pauschalen Beschreibung durch AGB nur begrenzt zulässig sind.[133]

Generell gilt es, einen sinnvollen **Ausgleich** zwischen den Anforderungen des 98
Nutzers und den Möglichkeiten des Anbieters zu finden. Essentiell dürfte dabei ein, die eingesetzten Technologien und Sicherheitsstandards möglichst genau, aber auch verständlich im Interesse des Kunden zu beschreiben. Der Anbieter dürfte mindestens verpflichtet sein, anerkannte Standards einzuhalten und eine übliche technische Ausstattung sowie eine ausreichende Anzahl von Zugangsmöglichkeiten vorzuhalten; darüber hinausgehende Anforderungen können sich bei einem mit dem Anbieter vereinbarten besonderen Vertragszweck (beispielsweise E-Commerce oder ständige Aktualisierung) ergeben.

Bei Verträgen, die nicht Endverbraucher betreffen, werden derartige Leistungsbe- 99
schreibungen in der Regel in einem sog. **Service Level Agreement** (SLA) geregelt.[134] Wie oben dargestellt, handelt es sich hierbei um eine Konkretisierung der Leistung, die hinsichtlich Inhalt, Umfang und ggf. Einbeziehung der allgemeinen Regeln, ggf.

---

132 *Ulmer/Brandner/Hensen*, § 8, Rdnr. 9 ff. m. w. N.

133 BGHZ 100, 173 (174).

134 Vgl. dazu allg. *Lediger*, Vereinbarung von Service-Leveln, http://www.graefe-partner.de [abgerufen an 1. 12. 2001].

auch des AGB-Rechts, folgt.[135] Mögliche Parameter zur Konkretisierung der Leistung sind:

- Verfügbarkeit,
- Bandbreite,
- Geschwindigkeit der Datenübertragung.

100 Während die Verfügbarkeit die Wahrscheinlichkeit beschreibt, mit der der Kunde auf das Internet zugreifen kann, regelt die Bandbreite den Umfang des Datendurchsatzes innerhalb einer gegebenen Zeiteinheit. Man könnte dies auch wie folgt übersetzen: Wie viele parallel Nutzungen sind innerhalb einer gegebenen Zeiteinheit möglich? Die **Bandbreite** bei Endverbraucherverträgen lag im Frühjahr 2001 in der Regel bei 9,6 Kbit/s bis zu 64 Kbit/s, ein Jahr später bereits bei bis zu 6 Mbit/s über ADSL-Lösungen. Dabei ist allerdings zu beachten, dass es sich hierbei lediglich um Maximalgrößen handelt. Dem Anbieter muss daher möglich sein, im Vertrag für nicht in seinem Verantwortungsbereich liegende Kapazitätsengpässe im Internet selber die vereinbarte Bandbreite zu reduzieren.

101 Die **Verfügbarkeit** hingegen ist nicht derart technologieabhängig wie die Bandbreite und variiert seit Jahren in der Praxis zwischen 97,5% und 99,9%.[136] Sie hat sich als sachgerechter Interessensausgleich der oben beschriebenen Imponderabilien des Internets zu Recht in der Praxis durchgesetzt.[137] Gleichwohl hegen Gerichte immer wieder Bedenken. Eingewandt wird, dass eine Klausel über die Verfügbarkeit für einen Durchschnittskunden unverständlich ist und daher wegen Intransparenz unwirksam sei.[138] Zu fragen ist aber zunächst, ob die Bestimmung über die Verfügbarkeit überhaupt einer Inhaltskontrolle nach AGB unterliegen kann. Wie bereits oben beschrieben, lässt sich anhand der Verfügbarkeitsklausel die geschuldete Leistung näher beschreiben. Damit ist die Bestimmung der Verfügbarkeit nur dahingehend kontrollierbar, ob die mit ihr beschriebene Leistung zu weit von einem Leistungsinhalt abweicht, den der Kunde nach Zweck und Gegenstand dieses Vertragstypus erwarten kann.[139] Dabei kommt es entscheidend auf die Auslegung des Vertrages nach Treu und Glauben und mit Rücksicht auf die Verkehrssitte an. Der Access-Provider kann weder vorhersagen, inwieweit das Netz von der Gesamtheit seiner Kunden in Anspruch genommen wird, noch hat er die Möglichkeit, jegliche Einflüsse Dritter auszuschließen, so dass nach der Verkehrssitte nicht erwartet wird, dass das Netz jederzeit zu 100% verfügbar ist. Solange sich daher eine Verfügbarkeitsklausel im Rahmen des Verkehrsüblichen hält, ist sie im Rahmen einer AGB-Kontrolle als wirksam anzusehen. Gegen das Argument der Intransparenz spricht auch, dass eine Verfügbarkeitsklausel natürlich so gestaltet sein muss, dass auch ein Nichttechniker sie versteht; ein gewisses technisches Verständnis darf allerdings vorausgesetzt werden, denn der Kunde erkauft sich schließlich auch eine technische Leistung, die er nutzen will.[140]

102 Weniger umstritten – vermutlich, weil technisch schlechter belegbar – ist die **Geschwindigkeit der Datenübertragung.** Dieser Parameter gibt an, wie lange eines der

---

[135] Vgl. Rdnr. 57 ff.

[136] So auch *Schuster/Schmitz/von Netzer,* Sechster Teil, Kap. 12, Rdnr. 82.

[137] So auch *Schuster/Schmitz/von Netzer,* Sechster Teil, Kap. 12, Rdnr. 84; a. A. *Riehmer/Hessler,* CR 2000, 172.

[138] *OLG Köln,* Urt. v. 15. 5. 1998 – 6 U 72/97, nicht veröffentlicht.

[139] So auch *Schuster/Schmitz/von Netzer,* Sechster Teil, Kap. 12, Rdnr. 85.

[140] So auch *Schuster/Schmitz/von Netzer,* Sechster Teil, Kap. 12, Rdnr. 87.

Datenpakete, die im Internet versendet werden,[141] vom Rechner des Kunden bis zu einem bestimmten Zielrechner benötigt.

Mit zu der Leistungsbeschreibung gehören **Reaktionszeiten** auf Fehlermeldungen 103
und benötigte Reparaturzeiten, zusätzliche **Sicherungsmaßnahmen** (Backup-Rechner, Dual-Host) und nicht zuletzt die Leistungsfähigkeit und Kompatibilität der verwendeten **Infrastruktur** wie Gateways, Schnittstellen und Standards für den Datentransfer. All dies beeinflusst nicht zuletzt die Erreichbarkeit der Informationen, die Schnelligkeit des Abrufs und die Fehleranfälligkeit bei der Datenübertragung. Weiterhin regelungsbedürftig sind Datenkomprimierung, die Versendung der Daten über spezielle Routing-Systeme und schließlich der mögliche Einsatz von Proxy-Servern.

Einher mit diesen Konkretisierungen der Leistung gehen auch **Regeln zur Fehler-** 104
beseitigung, die im unternehmerischen Verkehr in der Regel im Service Level Agreement spezifiziert werden, im Übrigen in AGB. Wichtigstes Element sind dabei die bereits erwähnten Antwort- und Reaktionszeiten. Unter Reaktionszeit versteht man die Zeit, die zwischen der Kenntnis von der Störung bis zum Beginn geeigneter Gegenmaßnahmen vergeht. Antwort- oder Fehlerbehebungszeit ist dagegen der Zeitraum, der ab der Ergreifung von Beseitigungsmaßnahmen bis zur tatsächlichen Behebung der Störung verstreicht. Die Störungsbeseitigung ist, wie oben dargestellt, bei Access-Provider-Verträgen als Primärleistungspflicht zu verstehen. Es gehört zur Erfüllungspflicht des Providers, den Internetzugang wieder störungsfrei anzubieten. Da die Regelungen zur Störungsbeseitigung also die Leistungsbestimmung betreffen, sind sie nur insofern kontrollfähig, soweit sie stark von dem Leistungsinhalt abweichen, der nach Zweck und Gegenstand eines solchen Vertrages erwarten werden kann. Zulässig sind somit Reaktions- und Antwortzeiten, die eine Störungsbeseitigung in einem Zeitraum vorsehen, den die Verkehrssitte zur Wiederherstellung erwartet. Welche Zeiten dabei genau angemessen sind, richtet sich nach dem jeweiligen konkreten Vertrag, beispielsweise ob der Internetzugang privat oder geschäftlich genutzt wird. Von den Regelungen zur Störungsbeseitigung, der Antwort- und Reaktionszeiten, ist wiederum die Gewährleistungspflicht zu unterscheiden, bei der im kaufmännischen Bereich oftmals vereinbart wird, dass diese erst zum Tragen kommt, wenn nach Ablauf der vereinbarten Antwortzeit die Störung noch nicht beseitigt ist. In komplexeren Großverträgen finden sich auch Regelungen zur Art und Weise sowie Überprüfbarkeit von Messungen dieser Verfügbarkeit sowie unmittelbar hiermit verknüpfte Minderungsklauseln.[142]

(2) Nebenpflichten

Zu diesen Hauptpflichten gesellen sich weitere Nebenpflichten: Das Interesse des 105
Kunden ist neben dem ausreichenden **Speicherraum,** auch auf die kurzfristige Befriedigung **erhöhten Speicherplatzbedarfs, Mitteilungen** über den aktuellen Stand des Host-Rechners, angemessene Sicherung der gespeicherten Daten gegen Beschädigung, Eingriffe Dritter oder Verlust sowie vor allem über den Standort des Servers gerichtet; letzteres dürfte den Nutzer wegen deliktischer oder wettbewerbsrechtlicher Haftung für Aussagen und Inhalte, Urheberrechtsschutz, Datenschutz und Übertragungsqualität interessieren.

---

[141] Vgl. hierzu § 1, Rdnr. 34.
[142] Rdnr. 150.

106 Auch ohne einzelvertragliche Regelungen wird man aus dem Vertragstyp generell Nebenpflichten als **Schutzpflichten** hineinzulesen haben. Diese beinhalten allen voran eine Absicherung des Systems gegen unbefugten Zugriff von Außen, sei es als Ausspähen, sei es als Veränderung von Daten, sei es als rein zerstörerischen Angriff, zum Beispiel im Wege des DSA – Denial Service Attack, nach dem jeweiligen Stand der Technik.[143] Hierzu wird daher nicht nur eine Datensicherung, sondern auch Vorkehrungen der Datensicherheit gehören, also regelmäßige Virenchecks, Kontrolle der Zugangsberechtigung von Nutzern, Einrichtung von Firewalls gegen nicht berechtigten Zugriff auf lokale Netze, all dies nach dem jeweiligen Stand der Technik.[144] Dennoch wird man im Einzelfall in Abhängigkeit vom konkreten Vertragsgegenstand abzuwägen haben, welche Maßnahmen notwendig, aber auch angemessen bzw. zumutbar sind. Dies kann durchaus auch dazu führen, dass in besonders sensiblen Bereichen – z.B. bei einem Auftrag von einer Patentanwaltskanzlei, die unveröffentlichte Patentanwandlungen transferieren möchte – diese Nebenpflicht zur Hauptpflicht erstarkt.[145]

107 Die **Datensicherung** sollte nach Gepflogenheiten sachgerechter Datensicherung im Netz erfolgen. Speziell zur Datensicherung gibt es zwar keine DIN-Vorschrift. Einigen Anhalt kann aber die zwischen der Öffentlichen Hand und der Industrie ausgehandelte Vertragsdefinition zur Datensicherung aus den Einkaufsbedingungen der öffentlichen Hand im IT-Bereich (**EVB-IT**) bieten.[146] Daneben lohnt sich ein Blick in die DIN-Norm 32757; sie beschreibt die Anforderung an Maschinen und Einrichtungen zur Vernichtung von Informationsträgern. Sie wendet sich in erster Linie zwar an die Hersteller solcher Geräte, hilft aber auch dem Anwender bei der Beurteilung des Angebots auf den Markt. Durch die Unterteilung in fünf verschiedene Sicherheitsstufen kann sie aber als Anhalt für das im Einzelfall erforderliche Ausmaß der Vernichtung dienen und einen gewissen Rückschluss auch auf Regeln der Datensicherung geben.

108 Man wird im Übrigen annehmen, dass eine regelmäßige Sicherung der Datenbestände durch den Anbieter auf seinem Rechner zu erfolgen hat, mindestens einmal pro Tag *und* zusätzlich eine regelmäßige Sicherung durch den Kunden, insbesondere direkt vor Übergabe der Daten;[147] die Verteilung der Risiken bei Fehlern der Datensicherungssoftware haben damit nichts direkt zu tun.[148] Anderes kann und sollte ggf. natürlich vertraglich vereinbart werden.

109 Weitere wichtige Nebenpflichten dürften die Rücksichtnahmepflichten sein, z.B. bei Terminierung von vorhersehbaren Betriebsunterbrechungen. Welche weiteren

---

[143] So auch *Spindler/Spindler,* Teil IV, Rdnr. 64; a.A. *Hoeren/Sieber/Komarnicki,* 12, Rdnr. 63, die hierfür eine ausdrückliche Regelung und zusätzliche Vergütung fordern.

[144] Zu dem Begriff „Stand der Technik“ vgl. *Weise,* Gibt es einen Stand der Datensicherung DuD 1985, 140–142, darunter ist die unter den kompetenten Fachleuten herrschende Meinung zu verstehen.

[145] Zu Recht so auch *Spindler/Spindler,* Teil IV, Rdnr. 64.

[146] Vgl. zu den EVB-IT allg. *Müller-Hengstenberg,* BVB Computersoftware, 5. Auflage, 2001 und im Netz: http://www.kbst.bund.de [abgerufen am 9. 3. 2002].

[147] Vgl. hierzu auch die allg. Rechtsprechung zur Datensicherung: *OLG Karlsruhe,* CR 1996, 346; *OLG Karlsruhe,* NJW 1996, 200; *BGH* NJW 1996, 2924; aus der Literatur: *Erben/Zahrnt,* CR 2000, S. 88ff.; *Kilian,* CR 1991, 73, 78; *Koch,* CR 1997, 193 (195) – zu den Pflichten des Kunden vgl. sogleich unten, Rdnr. 122; *Spindler/Spindler,* Teil IV, Rdnr. 65; *Hoeren/Sieber/Komarnicki,* 12, Rdnr. 64.

[148] Vgl. dazu *Erben/Zahrnt,* CR 2000, 88ff.

allgemeine Schutzpflichten bei Access-Providerverträgen gelten, ist noch offen: Dabei dürfte zu beachten sein, dass der Anbieter einen Wissensvorsprung bezüglich diverser Gefahren hinsichtlich der Informations- und Datensicherheit hat und ihn daher abhängig vom Vertrag Aufklärungspflichten helfen.

(3) Leistungsänderungen, weitergehende Leistungen

110 Wie in allen technologisch bestimmten Vertragsarten und wie bei allen komplexen Projektstrukturen ist auch bei einem Dauerschuldverhältnis wie dem Zugangsvertrag nicht abzusehen, wie sich die Wirklichkeit, vor allem technologisch, weiterentwickelt. Daher spielt die Frage von **Leistungsänderungen** eine besondere Rolle. Ein oft anzutreffender Änderungsvorbehalt als einseitiges Leistungsbestimmungsrecht kann nach § 315 BGB zulässig sein, wenn die Vertragsänderung unter Berücksichtigung der Interessen des Verwenders für den anderen Vertragsteil zumutbar ist (sowohl über § 308 Nr. 4 BGB ehemals § 10 Nr. 4 AGBG als auch im kaufmännischen Verkehr über § 307 Abs. 2 Nr. 1 BGB ehemals § 9 Abs. 2 Nr. 1 AGBG) und die Voraussetzungen und der Umfang des Leistungsbestimmungsrechtes hinreichend konkretisiert sind.[149] Diese Regelung derartiger Änderungsrechte dürfte bei größeren Vertragswerken einer der Kernbestandteile eines solchen Vertrages ausmachen und über das langfristige Gelingen eines Projektes mitentscheiden. Wir werden hierauf auch bei den Abschaltungsvorbehalten weiter unten noch eingehen.[150]

111 An dieser Stelle soll es darüber hinaus zunächst nur um **technische Verbesserungen** und Weiterentwicklungen gehen, die wohl grundsätzlich zulässig sind, weil sie im Interesse des Nutzers sind, es sei denn, sie verursachen diesem Kosten oder sind anderweitig nachteilig für ihn. Für den Bereich der Telekommunikationsdienstleistungen enthält § 28 Abs. 2 TKV zudem das Privileg, Änderungen der AGB, Leistungsbeschreibungen und Entgelte durch bloße **Veröffentlichung der Änderungen** im Amtsblatt der Regulierungsbehörde für Telekommunikation und Post wirksam werden lassen kann. Die Änderung erfolgt entsprechend § 305a Abs. 1 Nr. 2b BGB (§ 23 Abs. 2 Nr. 1a AGBG), in dem der Anbieter von Telekommunikationsdienstleistungen für die Öffentlichkeit das Privileg genießt, allein durch Veröffentlichung der AGB im Amtsblatt der Regulierungsbehörde die Bedingungen in den jeweiligen Vertrag einbeziehen zu können. Voraussetzung dafür ist, dass der Anbieter dem Kunden die Möglichkeit der Einsichtnahme in seinen Geschäftslokalen bietet, also am besten in seinen Auftragsformularen auf die Veröffentlichung und die Möglichkeit der Einsichtnahme hinweist. Dieses Privileg gilt allerdings ausschließlich für Anbieter von Telekommunikationsdienstleistungen für die Öffentlichkeit; problematisch ist dies, wenn ein Anbieter gleichzeitig Bedingungen für Leistungen regelt, die keine Telekommunikationsleistung ist, wie z.B. die Beantragung eines Domainnamens. Solange die weiteren Leistungen aber noch im Zusammenhang mit der Telekommunikationsleistung stehen, wie beim eben gewählten Beispiel, erscheint es vertretbar, dass diese noch als Annex mit in den Telekommunikations-AGB mitgeregelt werden.[151]

112 Das **Änderungsrecht** durch die TKV wird auf Basis von § 41 TKG bestimmt, so dass eine AGB-Kontrolle nicht stattfinden kann. Es stellt sich ferner die Frage, ob

[149] Vgl. hierzu *Schuster/Schmitz/von Netzer,* Sechster Teil, Kap. 12, Rdnr. 97ff. m.w.N.
[150] Rdnr. 123ff.
[151] Vgl. hierzu auch *Schuster/Schmitz/von Netzer,* Sechster Teil, Kap. 12, Rdnr. 60.

Anbieter, die nicht im Amtsblatt der Regulierungsbehörde veröffentlichen wollen, analog § 28 Abs. 2 TKV, mit einer entsprechenden Information des Kunden ihre Verträge ändern können. Dies dürfte letztendlich zu bejahen sein, da eine ausführliche Information, die der Kunde direkt erhält, für ihn gegenüber der Veröffentlichung im Amtsblatt keine Nachteile, vielleicht sogar Vorteile hat.[152] Dabei ist allerdings zu beachten, dass dem Kunden ein Sonderkündigungsrecht zusteht.

113 Darüber hinaus finden sich in Individualverträgen des kaufmännischen Verkehrs sog. **Change Request Klauseln,** die wirkliche substantielle Änderungen des Vertragsgegenstandes beinhalten. Diese wollen in der Regel verhindern, dass im Laufe eines langlaufenden Projekts Mitglieder des Projektteams untereinander im alltäglichen Projektgeschäft schnell einmal eine zusätzliche Funktionalität vereinbaren und man sich später über deren Durchsetzung und vor allem Vergütung streitet.[153]

114 Als **zusätzliche Leistungen** sind denkbar und kommen in der Praxis häufig vor: Die Übernahme und Auswertung von Statistiken oder die Anmeldung und Beschaffung von Domainnamen.[154] Zudem enthalten derartige Verträge oft die Eintragung bei Suchdiensten oder -verzeichnissen und die Auswahl passender Suchkriterien sowie die Einrichtung von E-Mail Accounts, Bulletin Boards, Diskussionsforen oder News Groups mit ausreichendem Speicherplatz und Zugangsmöglichkeiten.[155] Eine darüber hinausgehende Vergabe und Verwaltung von Nutzer-Accounts und die Zugangskontrolle zu dem Dienst wird vor allem bei kommerziellen Angeboten zu regeln sein. Besondere Leistungen können die Unterstützung von mehrsprachigen Dokumenten durch den Server sein, aber auch Datenbankanbindungen oder Real-Server mit Streaming-Technologien.

bb) Vergütungsregelungen

115 Bei den Vergütungsregelungen sind der Phantasie der Vertragsparteien eigentlich keine Grenzen gesetzt. Dennoch haben sich folgende Typen etabliert: Eine **monatliche Grundvergütung** für die Bereithaltung der Leitungskapazität sowie sonstige angebotene Leistungen, häufig auch für eine bestimmte Mindestnutzungsdauer zzgl. einer **nutzungsabhängigen Vergütung.** Der Anbieter besteht oft auf einer Vorleistung des monatlichen Entgelts. Sofern man den Access-Provider-Vertrag als Mietvertrag versteht,[156] widerspricht dies zwar auf den ersten Blick § 551 BGB; dieser ist aber nicht nur in einem gewissen Umfang in AGB abdingbar, es zeigt auch die neuartige Struktur derartiger Access-Provider-Verträge, die eben mehrere der überkommenen Vertragstypen vermischen.[157]

116 Der zweite wichtige Vergütungstyp sind **rein nutzungsabhängige Entgelte** pro Einwahl (Call by Call) für die Inanspruchnahme der Leistungen. Hinzutreten Entgelte für einmalige Zusatzleistungen wie Beschaffung eines Domainnamens und Aufschaltung der Webseite.

---

152 Vgl. hierzu auch *Schuster/Schmitz/von Netzer,* Sechster Teil, Kap. 12, Rdnr. 100.

153 Vgl. zu solchen Klauseln allg. aus dem Computerrecht *Redeker,* Rdnr. 260; *Marly,* Abschn. 33, Rdnr. 13.

154 Dazu als eigenständige Vertragsart unten, Rdnr. 217 ff. und § 6, Rdnr. 14 ff.

155 Zu solchen Mehrwertdiensten, die in der Regel keinen Bezug zum Geistigen Eigentum haben, vgl. z. B. *Schwarz/Bräutigam,* 16–21, S. 8 ff.

156 Vgl. oben, Rdnr. 88.

157 *BGH* NJW 1995, 254.

Wichtig ist, einerseits die genaue **Entstehung der Vergütung** zu regeln, andererseits die **Zahlungsmodalitäten und Abrechnungsbedingungen.**[158] Häufig anzutreffende **Preiserhöhungsklauseln** unterliegen den allgemeinen Einschränkungen: Sie sind zwar nicht nach § 309 Nr. 1 BGB (§ 11 Nr. 1 AGBG) grundsätzlich verboten, können aber auch nach § 307 BGB (§ 9 AGBG) überprüft werden. Im nichtkaufmännischen Bereich ist es erforderlich, die genauen Voraussetzungen und das Ausmaß der Preiserhöhung zu nennen und eine Kündigungsmöglichkeit bei nicht nur unwesentlichem Übersteigen des allgemeinen Lebenskostenanstieges vorzusehen. Im kaufmännischen Bereich ist bislang noch keine Preisklausel von der Rechtsprechung für unwirksam erklärt worden. Die Gefahr, der der Verbraucher durch unzulässige Preisänderungsklauseln ausgesetzt wird, besteht im kaufmännischen Bereich nur in Randzonen. Im Übrigen sorgt der allgemeine Wettbewerb in der Preisgestaltung dafür, dass Verwender unbilliger Preisklauseln auf den Markt nicht bestehen können.[159] **117**

Die **Sperrung der Leistungen** bei Zahlungsverzug ist i. d. R. Leistungsverweigerung im Sinne des § 320 BGB und nur unter engen Grenzen zulässig.[160] Dies gilt allerdings bei Vorleistungspflicht des Anbieters nur, wenn er entweder bereits die Leistungen für den vorangegangenen Abrechnungszeitraum erbracht hat oder dem Content-Provider die Leistungen anbietet[161] oder § 321 BGB vorliegt. **118**

cc) Nebenpflichten des Kunden

§ 242 BGB beschreibt für alle Schuldverhältnisse das Gebot, sich entsprechend Treu und Glauben zu verhalten. Seit je her werden hieraus Nebenpflichten hergeleitet. Um mehr Rechtssicherheit zu gewinnen, sollte ein Access-Provider-Vertrag allerdings hierzu Regelungen enthalten. **119**

Die Nebenpflichten des Kunden umfassen insbesondere vertragliche **Treue- und Obhutspflichten,** so z. B. aus den mietrechtlichen Regelungen des § 545 BGB hergeleitet. Der Kunde darf „die Sache" nur zu vertragsgemäßem Gebrauch benutzen und hat an der Sache schädliche Handlungen zu unterlassen sowie die allgemeinen Gesetze zu beachten. Hieraus wird oft allgemein eine solche Verpflichtung hergeleitet, das Netz des Anbieters „nicht übermäßig zu belasten". Derartige Klauseln, die nicht mehr auslegungsfähig sind, sondern in ihrem Kernbereich unklar bleiben, dürften gemäß § 307, 305 Abs. 2 Nr. 2 BGB (§§ 9, 2 Abs. 1 Nr. 2 AGBG) unwirksam sein,[162] weil der Inhalt dieser Verpflichtung kaum festzustellen ist und die Feststellung dem Kunden kaum möglich und zumutbar ist. Sinnvoller erscheint es da, das Missbrauchsverbot beispielhaft zu konkretisieren und bei schwerwiegenden Verstößen mit einem außerordentlichen Kündigungsrecht zu belegen.[163] Dies könnte in ihrem Kernbestand beispielhaft wie folgt aussehen:[164] **120**

---

158 Vgl. hierzu z. B. *Schuster/Schmitz/von Netzer,* Sechster Teil, Kap. 12, Rdnr. 115 ff. m. w. N.

159 *Ulmer/Brandner/Hensen,* § 11, Nr. 1 AGBGB, Rdnr. 19.

160 Vgl. dazu sogleich unten, Rdnr. 123 ff.

161 *Palandt/Heinrichs,* § 320, Rdnr. 15 ff.

162 *Palandt/Heinrichs,* § 5 AGBG, Rdnr. 8.

163 Dies spielt wiederum eine Rolle bei den unten behandelten Abschaltungsvorbehalten, vgl. Rdnr. 123 ff.

164 Zu einer ausführlicheren Klausel vgl. *Schuster/Schmitz/von Netzer,* Sechster Teil, Kap. 12, Rdnr. 130.

„Der Kunde verpflichtet sich, folgende Nutzungsregeln einzuhalten:
- Er wird keine Anwendungen ausführen, die zu einer Veränderung der physikalischen oder logischen Struktur der genutzten Netze führen können.
- Er wird seine Email nicht nutzen, um Ketten- und/oder Massen-Emails zu versenden und/oder weiterzuleiten (sog. „Junk mails" und sog. „Spamming") oder mailbombing zu betreiben.
- Er wird seinen Zugang nicht zum Abruf oder zur Verbreitung von sitten- oder rechtswidrigen Informationen benutzen.
- Er wird die Privatsphäre anderer respektieren und daher in keinem Fall belästigende, verleumderische oder bedrohende Inhalte in das Netz stellen und/oder per Email verschicken.
- Er wird urheber- oder sonst schutzrechtlich (z.B. Geschmacksmusterrecht, Patentrecht, Markenrecht) geschützte Gegenstände nicht ohne die ausdrückliche Erlaubnis des Rechtsinhabers nutzen.
- Er wird keine Inhalte verbreiten, deren Verbreitung gesetzlich verboten ist, insbesondere wird er keine pornographischer Schriften und Darstellungen verbreiten.
- Er wird nicht andere auffordern, Straftaten zu begehen oder sich daran zu beteiligen.

121 Weitere Pflichten des Nutzers umfassen die Einhaltung gesetzlicher Vorgaben, so insbesondere der **Bezeichnungspflicht** des Anbieters gemäß § 6 TDG, sofern sich der Nutzer im Anwendungsbereich dieses Gesetzes befindet.[165]

122 Schließlich ist eine weitere wesentliche Nebenpflicht die **Datensicherung,** die nach Gepflogenheiten sachgerechter Datensicherung im Netz erfolgen sollte und die mit einer entsprechenden Nebenpflicht des Anbieters korrespondiert.[166] Unklar ist allerdings, wie bei diesen parallel bestehenden (teil-)identischen Pflichten bei Verletzungen zu verfahren ist. Kommt es beispielsweise auf Grund einer Fahrlässigkeit des Anbieters zu einem Datenverlust beim Nutzer, ist zu berücksichtigen, ob der Nutzer seine Daten ausreichend gesichert hat. Ein dem Nutzer zustehender Schadensersatzanspruch ist gemäß § 254 Abs. 1 BGB wegen Mitverschulden zu kürzen, wenn der Datenverlust auch auf von ihm zu vertretender mangelhafter Datensicherung beruht. Unter Umständen verliert der Nutzer seinen Schadensersatzanspruch sogar vollständig.[167] Die Beweislast wird wegen § 282 BGB allerdings der Anbieter tragen. Da auch der Anbieter zur Datensicherung verpflichtet ist, ließe sich auch die Regel aufstellen, dass bis zum Absenden der Daten der Nutzer für die Datensicherung verantwortlich ist, danach der Anbieter.[168] Allerdings ist in einem solchen Fall schwer vorstellbar, dass der Anbieter überhaupt wegen eines Datenverlustes haftet, da es immer die Pflicht des Nutzers ist, seine Daten zu sichern und es bei ausreichender Sicherung auch zu keinem Verlust gekommen wäre.

dd) Abschaltungsvorbehalte

123 Vielfach finden sich in Access-Provider-Verträgen **Vorbehalte, den Zugang des Kunden abzuschalten oder einzuschränken.** Deren Zulässigkeit dürfte differenziert

[165] Vgl. zum Anwendungsbereich § 2 TDG: *Schuster/Schuster,* Erster Teil, Kap. 1, Rdnr. 18.
[166] Allg. zur Datensicherung vgl.: *OLG Karlsruhe,* CR 1996, 348; *OLG Karlsruhe,* NJW 1996, 200; *BGH* NJW 1996, 2924; *Kilian,* CR 1991, 73 (78); *Koch,* CR 1997, 193 (195) – zu den Pflichten des Anbieters vgl. oben, Rdnr. 86; *Spindler/Spindler,* Teil IV, Rdnr. 65.
[167] *OLG Karlsruhe,* CR 1996, 348.
[168] Vgl. *Kilian,* CR 1991, 73 (78).

zu betrachten sein. Für Verträge, die dem Telekommunikationsrecht unterfallen, sieht § 6 Abs. 3 Satz TKV einerseits vor, dass bei längeren, vorübergehenden Leistungseinschränkungen oder -beschränkungen der Kunde in geeigneter Form über Art, Ausmaß und Dauer der Leistungseinstellung zu unterrichten ist. Der Gesetzgeber berücksichtigt damit die besonderen technisch-bedingten Schwierigkeiten dieses Dienstleistungssektors. Andererseits statuiert § 308 Nr. 4 BGB (§ 10 Nr. 4 AGBG) die Grenze, wonach im nicht-unternehmerischen Rechtsverkehr, natürlich auch außerhalb des Telekommunikationsrechts, Vorbehalte in Bezug auf Leistungsänderungen nur zulässig sind, wenn sie unter Berücksichtigung der Interessen des Verwenders für den Kunden zumutbar sind.[169] Dabei ist aber erforderlich, dass die Voraussetzungen, Art, Grund und Ausmaß der vorbehaltenen Änderungen konkret und deutlich kenntlich gemacht werden, um für den Kunden abschätzbar zu werden. Das Verhältnis dieser beiden Vorschriften ist im Anwendungsbereich des Telekommunikationsrechts ungeklärt; man könnte annehmen, dass die speziellere Norm (§ 6 TKV) mit ihrer lediglich vorhandenen Informationspflicht die allgemeinere mit ihrem Verbot bestimmter Regelungen derogiert. Dies dürfte allerdings wenig interessensgerecht und auch nicht vom Gesetzgeber gewollt sein.[170]

Betrachtet man vor diesem Hintergrund die in der Praxis vorkommenden **Klauseln,** scheinen sich mehrere **Gruppen** herauszubilden: 124

- Klauseln, die Wartungsarbeiten bei mehr oder wenig konkreter Beschreibung derselben regeln;
- Klauseln, die die Leistung des Anbieters generell unter den Vorbehalt seiner Möglichkeiten stellen;
- Klauseln, die ein Abschalten bei Vertragsverstößen regeln;
- Klauseln, die ein Abschalten mit mehr oder wenig konkreter Beschreibung bei externen Störungen regeln.

Die Rechtsprechung hat sich mit derartigen Klauseln bislang kaum beschäftigt. 125
Einer der ganz wenigen Entscheidungen lässt sich nicht eindeutig entnehmen, wie die derartigen AGB-Klauseln aufgebaut und eingebunden waren; jedenfalls hielt der *BGH* in dem zu entscheidenden Fall eine Klausel, die eine jederzeitige Sperrung aus wichtigem Grund, insbesondere beim Verdacht einer missbräuchlichen Nutzung vorsieht, für unangemessen.[171]

Einher mit derartigen Klauseln gehen in der Regel **Beschränkungen von Sekundäransprüchen,** insbesondere Schadensersatzansprüchen, zu deren Zulässigkeit wir später kommen.[172] 126

Wartungsklauseln dürften sich, sofern sie zeitlich limitiert sind und eine vorherige Unterrichtung des Kunden vorsehen, im Rahmen des von § 10 Nr. 4 AGBG (§ 308 Nr. 4 BGB) und § 6 TKV geregelten Rahmens bewegen.[173] Sie dienen letztendlich dem Nutzer, da er von einer Weiterentwicklung und Störungsbeseitigung profitiert, und spiegeln nur die technische Notwendigkeit wider, das System vorü- 127

[169] Vgl. *Wolf/Horn/Lindacher,* § 10 Nr. 4 AGBG; BGHZ 82, 21 (25); BGHZ 89, 206 (211ff.); BGHZ 93, 29 (47ff.).

[170] Ausführlich hierzu *Spindler/Spindler,* Teil IV, Rdnr. 80ff.; a. A. wohl *Schuster/Schmitz/von Netzer,* Sechster Teil, Kap. 12, Rdnr. 134ff., der das Telekommunikationsrecht für abschließend hält.

[171] *BGH* MMR 2001, 225 – AGB-Klausel im Online-Banking.

[172] Vgl. sogleich unten, Rdnr. 142ff.

[173] So auch *Spindler/Spindler,* Teil IV, Rdnr. 82.

bergehend abzuschalten, da anders teilweise bestimmte Arbeiten nicht durchführbar sind.[174]

128 Anders zu beurteilen sind hingegen sehr **allgemein gehaltene Klauseln,** die dem Anbieter gestatten, den Zugang jederzeit nach seinen technischen Möglichkeiten abzuschalten. Sie widersprechen ohne weiteres § 308 Nr. 4 BGB (§ 10 Nr. 4 AGBG)[175] und kommen auch nicht der Unterrichtungspflicht nach § 6 Abs. 3 TKV nach.

129 Umgekehrt eindeutig zulässig dürften Klauseln sein, die ein Abschalten bei **Vertragsverstößen des Kunden** regeln, sofern dieser Vertragsverstoß so gravierend ist, dass er ein Recht zur fristlosen Kündigung gibt. Aus § 242 BGB folgt die Verpflichtung, die Rechtsgüter des Providers nicht zu gefährden. Zu empfehlen ist daher, das Missbrauchverbot und die Vertragsverstöße möglichst umfassend und ausführlich zu bestimmen und bei gravierenden Verstößen ein Kündigungsrecht aus wichtigem Grund ausdrücklich zu bestimmen. Für den Bereich des Telekommunikationsrechts regelt dies § 19 Abs. 2 Nr. 1 TKV. § 19 TKV regelt ferner die Sperre bei Verzug mit Zahlungsverpflichtungen von mindestens 75 Euro und setzt insbesondere voraus, dass der Anbieter die Sperre mindestens zwei Wochen zuvor schriftlich angedroht hat und darauf hingewiesen hat, dass der Kunde Rechtsschutz in Anspruch nehmen kann. Hat der Kunde Anlass für eine fristlose Kündigung gegeben, § 19 Abs. 2 Nr. 1 TKV, ist die Sperre ohne Ankündigung möglich. Bislang ungeklärt ist, ob diese Möglichkeit auch eingreift, wenn der Kunde das System des Anbieters in irgend einer Weise besonders überlastet. *Schmitz/von Netzer* sehen folgende Klausel vor:

> „[...] ist außerdem auch ohne Ankündigung zu einer Sperre berechtigt, wenn [...] eine Gefährdung der Einrichtungen von XYZ, insbesondere des Netzes, durch Rückwirkungen von Endeinrichtungen oder eine Gefährdung der öffentlichen Sicherheit droht [...] und die Sperre nicht unverhältnismäßig ist."[176]

130 So wünschenswert aus Sicht der Anbieter diese Möglichkeit ist, denn Nutzer können z. B. durch extensive Verwendung bestimmter Skripte (etwa CGI-Skripte) Systeme ohne weiteres „lahmlegen", so schwierig scheint ihre Zulässigkeit.[177] Dies gilt vor allem vor dem Hintergrund des **Transparenzgebots** (§ 2 AGBG; § 305 Abs. 2 BGB). Es wird dem Anbieter allerdings nicht möglich sein, sämtliche Formen eines vertragswidrigen Verhaltens vorauszusehen, so dass er letztendlich die Klausel nur allgemein halten kann. Hinzu kommt, dass es im Interesse aller Nutzer liegt, dass das Netz oder Teile davon nicht durch übermäßige Inanspruchnahme überlastet wird, da sonst für andere Kunden nicht mehr genügend Kapazitäten frei sind. Damit ist aber auch schon ohne ausdrückliche Verpflichtung jedem Nutzer klar, dass er das Netz beispielsweise durch fehlerhafte Skripte nicht unverhältnismäßig belasten darf. Nicht mehr verhältnismäßig wäre jedenfalls eine Nutzung, die zu einer Auslastung des Servers von 85% führt. Unter Berücksichtigung dessen, was jedem Nutzer klar sein muss, müsste ein Verstoß gegen das Transparenzgebot abzulehnen sein. Deutlich gemacht werden muss allerdings, dass das Recht zur Sperre besteht, wenn der Grund dafür gerade im Risiko- und Verantwor-

[174] Zu den technischen Details vgl. z. B. *Kralla,* So funktioniert das Internet, 2000.
[175] *Spindler/Spindler,* Teil IV, Rdnr. 81.
[176] *Schuster/Schmitz/von Netzer,* Sechster Teil, Kap. 12, Rdnr. 135.
[177] Andeutungsweise *AG Berlin-Charlottenburg,* CR 2002, 297 ff.

tungsbereich des Nutzers liegt. Dann liegt jedenfalls keine unangemessene Benachteiligung vor.[178] Es bleibt abzuwarten, wie die Rechtsprechung auf solche Klauseln reagiert.

Keinen Bedenken wiederum begegnet der Klauseltyp aus diesem Regelungszu- 131
sammenhang, der Sperren zulässt, wenn der **Anbieter** selber als **Störer** in Anspruch genommen werden könnte, z. B. wegen Wettbewerbs-, Urheber- oder Kennzeichenrechtsverletzungen des Kunden, auf die er über eine Abmahnung aufmerksam gemacht wird. Mit der sich aus den jeweiligen Unterlassungsgeboten (z. B. § 1 UWG, § 97 UrhG, §§ 4, 15 MarkenG oder allgemein aus §§ 823, 1004 BGB analog) ergebenden Pflicht zur Abschaltung korrespondiert ein entsprechenden Recht gegenüber dem Kunden, das sich aus dem allgemeinen Missbrauchsverbot (§ 242 BGB)[179] ergibt, das der Anbieter aber auch ausdrücklich regeln sollte.[180] Die eigentliche Schwierigkeit bei derartigen Klauseln liegt allerdings in der Tatsache, dass der Anbieter nicht immer mit hinreichender Sicherheit oder gar Rechtskraft sichergehen kann, dass es sich bei dem von Dritter Seite vorgeworfenen Verhalten wirklich um einen Rechtsverstoß handelt. Es würde die **Anforderungen** an Anbieter überstrapazieren, wollte man von ihnen eine detaillierte Prüfung erwarten. Selbst der vorgeschlagene „dringende Tatverdacht“ als Prüfungskriterium[181] erscheint eher ungeeignet, denn nicht nur zieht man damit Wertungen des Strafrechts in die überwiegend zivilrechtlich geprägte Materie, vor allem bleibt auch hier wieder eine Grauzone. Als Lösung bietet sich eine Analogie zu Rechtsgebieten an, die das Problem, dass ein unbeteiligter Dritter derartige Rechtsfragen nicht lösen kann, auch kennen: Genannt seien hier Streitigkeiten aus dem Urheberrecht unter Einbezug der GEMA, die in einem solchen Fall Auszahlungen stoppt und die beiden Beteiligten ihren Streit vor einem Gericht klären lässt. Oder die DeNic, die bei Setzen eines Dispute-Eintrages ebenso erst die Gerichte den Streit um die Berechtigung an einem Domainnamen klären lässt. Man könnte sich daher vorstellen, dass Provider in ihren Geschäftsbedingungen die Berechtigung zum *vorübergehenden* Herausnehmen von Daten auf jegliche Anforderung Dritter vorsehen.

Nach den neuen Haftungsregeln in §§ 9–11 TDG kommt es für Haftungsprivile- 132
gierungen der Provider entscheidend auf das unverzügliche Tätigwerden an (z. B. § 11 S. 1 Nr. 2 TDG), das allerdings unter Zumutbarkeitsgesichtspunkten abgewogen werden muss. Nicht zuletzt vor dem Hintergrund dieser Regelungen, in deren Genuss der Provider kommen können muss, sind Abschaltungsvorbehalte also unter den oben beschriebenen Voraussetzungen zulässig.

Wichtig zu erwähnen bleibt, dass dieser Teil des Access-Provider-Vertrages eng 133
verknüpft ist mit Regelungen zur **Freistellung,** die der Anbieter unbedingt benötigt, um die an dieser Stelle möglicherweise entstehenden Kosten sich beim Kunden erstatten lassen zu können.

Differenziert zu betrachten sind schließlich Klauseln, die ein Abschalten in 134
mehr oder wenig konkreter Beschreibung bei **externen Störungen** zulassen. Sofern

---

178 *OLG Köln,* MMR 2000, 755 (756).

179 Vgl. Rdnr. 119 f.

180 Vgl. z. B. den Klauselvorschlag bei *Schuster/Schmitz/von Netzer,* Sechster Teil, Kap. 12, Rdnr. 138, die allerdings wohl § 5 TDG a. F. (direkt oder analog) als Anspruchsgrundlage für etwaige Unterlassungsansprüche Dritter ansehen.

181 *Schuster/Schmitz/von Netzer,* Sechster Teil, Kap. 12, Rdnr. 139.

diese Voraussetzungen, Art, Grund und Ausmaß der vorbehaltenen Änderungen konkret und deutlich kenntlich machen, dürften sie einer Überprüfung anhand von § 308 Nr. 4 BGB (§ 10 Nr. 4 AGBG) stand halten; wenn sie zudem noch der Unterrichtungspflicht nach § 6 Abs. 3 TKV nachkommen, begegnen ihnen auch insofern keine Bedenken. Interessant werden diese Klauseln aber erst in ihrem Teil, der in einem Fall externer Störungen **Ansprüche des Kunden** versucht **auszuschließen.**

135 Ordnet man den Access-Provider-Vertrag **mietrechtlich** ein, muss nach § 536 BGB der vertragsgemäße Zustand während der gesamten Mietdauer vorliegen, der Kunde hat sonst gemäß § 537 BGB das Recht zur Minderung. Eine AGB-Klausel, die das Minderungsrecht beschneidet, ist gemäß § 307 BGB (§ 9 AGBG) unwirksam. Das Minderungsrecht entsteht über die Verfügbarkeitsklausel allerdings erst, wenn die Leistungsunterbrechung über die vertraglich zulässige Dauer hinausgeht. Nur wenn dem Anbieter die Beseitigung der Störung nicht zugemutet werden kann, gelten die allgemeinen Leistungsstörungsregeln, also insbesondere § 280 BGB.[182] Bei einer **dienstvertraglichen Einordnung** hingegen gelten die allgemeinen Regeln, da das Dienstvertragsrecht keine besonderen Regelungen für Schlechtleistung enthält. Anwendbar ist also insbesondere § 326 BGB, d.h. der Nutzer muss für die Zeit des Ausfalls nicht leisten. Denkbar wäre eine Modifikation durch § 615ff. BGB. Danach wäre eine Klausel, die eine Rückvergütung von Entgelten wegen eines extern verursachtem Ausfall erst dann vorsieht, wenn das Netz für mehr als einen Tag ausfällt, zulässig, da gemäß § 616 BGB der Vergütungsanspruch nicht entfällt, wenn der Dienstverpflichtete nur für eine unerhebliche Zeit ohne sein Verschulden außerstande war, die Pflichten zu erfüllen.[183] Eine Klausel, die dem Nutzer allerdings für einen Zeitraum von vier Wochen die Rückgewähr bereits bezahlter Entgelte verweigert, wäre unzulässig, weil sie gegen den Leitbildgedanken des § 326 BGB verstößt und auch nicht mehr durch § 616 BGB gerechtfertigt wäre.[184]

136 Führt **höhere Gewalt** zur objektiven oder subjektiven Unmöglichkeit der Leistung, so wird der Anbieter von der Leistungspflicht frei, ohne auf Schadensersatz haften zu müssen, §§ 275 BGB. Bei Dauerschuldverhältnissen, wie dem Access-Provider-Vertrag, ist die Leistung in der Regel nicht nachholbar, so dass eine vorübergehende Leistungshinderung Teilunmöglichkeit bedeutet.[185] Obwohl die Befreiung von der Leistungspflicht schon kraft Gesetzes eintritt, verwenden viele Anbieter die „Force-Majeure-Klausel“, die im Falle höherer Gewalt die Leistungspflicht des Anbieter ausschließt.[186]

ee) Vertragslaufzeit

137 Der Access-Provider-Vertrag ist ein **Dauerschuldverhältnis,** wenn er nicht als Call by Call-Zugang gewährt.[187] Damit gelten für ihn die allgemeinen Regeln. Der Vertrag wird über eine bestimmte Laufzeit geschlossen und enthält neben den ordentlichen Kündigungsmöglichkeiten Vorkehrungen für außerordentliche Kün-

---

182 *Palandt/Weidenkaff,* § 537 BGB, Rdnr. 7.
183 Vgl. *Spindler/Spindler,* Teil IV, Rdnr. 90.
184 *Spindler/Spindler,* Teil IV, Rdnr. 92.
185 BGHZ 10, 189.
186 Rdnr. 151.
187 Vgl. hierzu im Einzelnen *Schuster/Schmitz/von Netzer,* Sechster Teil, Kap. 12, Rdnr. 109ff. m.w.N.

digungen. Denkbar ist es – da der Vertrag möglicherweise als solcher über Dienste höherer Art eingestuft wird – die **Kündigungsmöglichkeit des § 627 BGB** (ggf. analog) auszuschließen, je nachdem auf welcher Seite der Vertragsparteien man berät.

Sofern der Access-Provider-Vertrag mit einer Datenübergabe einhergeht, ist in 138
diesem Zusammenhang auch die Frist regelungsbedürftig, innerhalb derer ggfs. bereits vor Vertragsbeendigung die Daten herauszugeben sind sowie die technischen Details der Herausgabe, da eine Überleitung des Systems auf einen neuen Provider erhebliche Zeit – wohl bis zu 6 Monaten – in Anspruch nehmen kann. Der frühere Provider verfügt an dieser Stelle über ein nicht zu unterschätzendes „Erpressungspotential".[188]

ff) Datenschutz/Vertraulichkeit

Zum Datenschutz gehört, soweit Einwilligung der Nutzer zur Erfassung persönli- 139
cher Daten erforderlich ist, dass der Content-Provider mit dem Anbieter die dafür erforderlichen **technischen Voraussetzungen** vereinbart.[189]

Die Übertragung erfassungstechnischer Aufgaben auf Anbieter kann als Funkti- 140
onsübertragung oder Auftragsdatenverarbeitung einzuordnen sein und als solche den speziellen Bestimmungen des § 11 BDSG unterliegen.[190] Eine häufig anzutreffende **Freizeichnung** von der Haftung für die Einhaltung datenschutzrechtlicher Bestimmungen im Rahmen einer Übertragung von Aufgaben ist unzulässig, weil die gesetzlichen Pflichten den Diensteanbieter treffen und von diesem im Außenverhältnis nicht übertragen werden können.[191]

Ein Access-Provider kann – je nach Stellung im Internet – darüber hinaus zu um- 141
fangreichen Maßnahmen der Vertraulichkeit, vor allem aus dem **Fernmeldegeheimnis,** verpflichtet sein[192] und muss ggfs. technische Schutzmaßnahmen vorhalten sowie an Überwachungsmaßnahmen des Staates mitwirken (vgl. §§ 85 ff. TKG).[193] Wichtigstes Kernstück ist dabei die **Telekommunikations-Überwachungsverordnung,**[194] die bereits – nur wenige Monate nach ihrem Erlass – geändert werden soll.[195] Sie enthält detaillierte Regelungen über Art und Umfang der vorzuhaltenden technischen Details zur TK-Überwachung, die Access-Provider in Verträgen mit ihren Kunden ggfs. ergänzend regeln sollten. Unklar ist allerdings das Verhältnis von TKÜV zu den nicht vorhandenen Überwachungspflichten z. B. nach § 8 TDG.[196]

---

[188] Vgl. hierzu im Detail unten, Rdnr. 242.

[189] Vgl. hierzu detailliert § 5.

[190] Eingehend hierzu *Moritz/Dreier/Wächter,* D Rdnr. 751 ff.

[191] Vgl. allg. zum Datenschutz oben § 5, Rdnr. 22 ff.

[192] Vgl. ausführlich hierzu *Moritz/Dreier/Petri/Göckel* B, Rdnr. 142 ff.; zu den haftungsrechtlichen Fragen vgl. § 4, Rdnr. 94.

[193] Vgl. hierzu die allg. Kommentarliteratur zu §§ 85 ff. TKG; z. B. Beck'scher *TKG-Kommentar/Büchner/Ehmer.*

[194] Verordnung über die technische und organisatorische Umsetzung von Maßnahmen zur Überwachung der Telekommunikation vom 22. 1. 2002, BGBl. I 2002, S. 458. und hierzu *Eckhardt,* CR 2001, 806 und *Holznagel,* Die TKÜV, 2002, passim.

[195] Entwurf für eine Erste Verordnung zur Änderung der Verordnung über die technische und organisatorische Umsetzung von Maßnahmen zur Überwachung der Telekommunikation, vgl. http://www.computerundrecht.de/docs/tkuev-aendv.pdf [abgerufen am 12. 4. 2002].

[196] *Spindler,* Das Gesetz zum elektronischen Geschäftsverkehr – Verantwortlichkeit der Diensteanbieter und Herkunftslandprinzip, NJW 2002, 921 (922).

gg) Sach- und Rechtsmängelhaftung

142 Wie so oft bieten die Klauseln zur Haftung nicht nur den höchsten Aufmerksamkeitsgrad, sondern auch die meisten Fußangeln. Hier nur eine Auswahl:[197] Eine **Einschränkung des Leistungsverweigerungsrechtes** nach § 320 BGB oder des **Zurückbehaltungsrechtes,** die auf dem selben Vertragsverhältnis beruhen, sind gegenüber Privatpersonen unzulässig § 309 Nr. 2 BGB (§ 11 Nr. 2 AGBG). Gegenüber Kaufleuten sind solche Klausel nach § 307 BGB (§ 9 AGBG) unzulässig, wenn sie pauschal auch das Zurückbehaltungsrecht bei unbestrittenen oder rechtskräftigen Gegenansprüchen ausschließen.[198]

143 Auch Einschränkungen des Rechtes, sich vom **Vertrag zu lösen** oder **Schadensersatz** zu verlangen, sind unzulässig, § 309 Nr. 8 BGB (§ 11 Nr. 8 AGBG). Dies gilt bei Kaufleuten aus § 307 BGB (§ 9 AGBG) nur hinsichtlich der Kündigungsmöglichkeit, weshalb pauschale Rechteeinschränkungen für den Fall von Leistungshindernissen ohne Differenzierung nach Verschulden unwirksam sind.

144 Darüber hinaus verschafft § 7 TKV eine gewisse Begrenzung der Haftung für Vermögensschäden, auf die hier nur hingewiesen sein soll,[199] und eröffnet die Möglichkeit, in Vereinbarungen zwischen Providern weitergehende Begrenzungen aufzunehmen (§ 7 Abs. 2 TKV).

145 Eine übermäßige **Beschränkung der Haftung** bei der Lieferung neu hergestellter Sachen ist beim Werkvertrag unwirksam § 309 Nr. 10 BGB (§ 11 Nr. 10 AGBG). Dies erstreckt sich auch auf mietrechtliche Vereinbarung, wenn keine klare Trennung der einschlägigen Klauseln vorliegt.

146 Pauschale Ausschlüsse der **Haftung für schadensverursachende Ereignisse** im Bereich der Leistung der Deutschen Telekom oder anderer Netzbetreiber oder insoweit, wie diese Drittanbieter nicht haften, sind unzulässig, soweit die Verschaffung des Zugangs zum Leistungsumfang gehört, denn dies betrifft die nicht einschränkbare Haftung für Erfüllungsgehilfen. Anderenfalls ist diese Klausel eine bloße Klarstellung.

147 Auch eine **Beweislastverteilung** für die verspätete, mangelhafte oder Nichterbringung der Leistungen und das Vertretenmüssen begegnet Bedenken. Dem Provider wird es wegen der technischen Komplexität kaum möglich sein, bei Unerreichbarkeit der Seite oder Fehlschlagen einer Übertragung festzustellen, ob der Anbieter sein Leistung ordnungsgemäß erbracht hat, also wo der Fehler aufgetreten ist. Eine **Beweislastumkehr** nach § 282 BGB greift im Übrigen nur ein, wenn die Unmöglichkeit auch wirklich feststeht. Der Provider muss daher die Unmöglichkeit bei Geltendmachung eines Schadensersatzanspruches bzw. das Vorliegen eines Mangels beweisen, der Anbieter hingegen muss die Unmöglichkeit bei Geltendmachung des Erfüllungsanspruches dartun. Die Anwendung dieser Beweislastverteilung nach Gefahren- und Verantwortungsbereichen setzt im Übrigen voraus, dass die Schadensursache im Verantwortungsbereich des Schuldners liegt. Überlegenswert wären daher Beweiserleichterungen durch eine Entlastungspflicht des Anbieters. Bislang ist die Rechtsprechung hier aber zögerlich.

148 Der Verwender von Klauseln, die Leistungsstörungsrechte einschränken, sollte sich im Übrigen angesichts der strengen deutschen AGB-Rechtsprechung fragen, ob

[197] Zu diesem allgemeinen Problem vgl. ausführlich *Spindler/Spindler,* Teil IV, Rdnr. 228–274.
[198] BGHZ 115, 324 (327).
[199] *Schuster/Schmitz/von Netzer,* Sechster Teil, Kap. 12, Rdnr. 149 ff.

die Einschränkungen seiner früher Gewährleistung genannten Haftung wirklich sinnvoll und erforderlich sind: Möglicherweise sind Kosten für diese vielleicht erreichten und zudem mit einer oft erheblichen Rechtsunsicherheit erkauften Klauseln besser in eine **Marketingkampagne,** wonach man solche Einschränkungen nicht nötig habe, und eine gute **Betriebsversicherung** investiert. Umgekehrt sollte ein Kunde auf eben eine solche Versicherung seines Anbieters bei größeren Projekten achten.

Sinnvoll hingegen sind **Regeln** zum **Ablauf der Fehlerbehebung** und zu etwaigen Einsatzzeiten. Wie bereits dargestellt, sind unter bestimmten Voraussetzungen Klauseln zulässig, die Reaktions- und Antwortzeiten zur Fehlerbehebung bestimmen.[200] Im kaufmännischen Geschäftsbereich ist es zudem zulässig, bei einem verschuldensunabhängigen Schadensersatzanspruch die Geltendmachung von Leistungsstörungsrechten an den Ablauf der vereinbarten Antwort- oder Fehlerbehebungszeit zu knüpfen. Dabei wird das Minderungsrecht nicht vollständig aufgehoben, dies würde gegen § 307 BGB (§ 9 AGBG) verstoßen, sondern nur ein Art „Aufschub" vereinbart. Ein solcher ist angemessen, wenn auch die Entstörungszeit von beiden Parteien als angemessen angesehen werden.[201] Es kann daher vereinbart werden, dass erst wenn eine Fehlerbeseitigung innerhalb der vereinbarten Zeit nicht möglich ist, der Kunde die Vergütung anteilig mindern oder nach erfolgloser Fristsetzung mit Ablehnungsandrohung den Vertrag kündigen bzw. Schadensersatz wegen Nichterfüllung verlangen kann.[202] Anders bei nicht-kaufmännischen Kunden, hier verstößt die Einschränkung des Minderungsrechtes wohl gegen § 309 Nr. 10 BGB (§ 11 Nr. 10 AGBG). 149

Gerade größere Access-Provider-Verträge von existentiellen Anwendungen (neudeutsch: „mission critical") für Kunden kennen schließlich im Rahmen der Gewährleistung differenzierte **Minderungsklauseln.** Diese setzen bei der Verfügbarkeit[203] an und regeln eine abgestufte, zum Teil drastische Minderung der Vergütung für den Fall von längeren Ausfällen. Sie gehen einher mit **Vertragsstraferegeln** für besonders schwere Ausfälle.[204] 150

hh) Sonstiges

Immer wieder tauchen in deutschen Verträgen, vermutlich durch Übersetzung von Standardverträgen aus dem anglo-amerikanischen Rechtskreis, Verträge auf, die eine Regelung zu höhere Gewalt, eine sog. **„Force-Majeur"-Klausel** enthalten. Diese sind im deutschen Rechtskreis, in dem die „höhere Gewalt" zur Unmöglichkeit (§§ 275, 326 BGB) gehören kann, nur eingeschränkt sinnvoll, im Prinzip aber nicht zu beanstanden. Als „höhere Gewalt" werden von der Rechtsprechung lediglich Vorfälle anerkannt, die für den Verwender unvorhersehbar und unvermeidbar waren und deren Vorkommen zudem außergewöhnlich ist.[205] Als Beispiele werden genannt Naturkatastrophen oder Arbeitskämpfe.[206] Damit aber konkretisieren derartige Klauseln lediglich §§ 275, 326 BGB, erfüllen also vermutlich nicht den 151

---

200 Rdnr. 123 ff.
201 Rdnr. 123 ff.
202 Vgl. eine entsprechende Klausel bei *Schuster/Schmitz/von Netzer,* Sechster Teil, Kap. 12, Rdnr. 147.
203 Vgl. oben, Rdnr. 90 ff.
204 Vgl. dazu auch unten im Zusammenhang mit dem Webhosting-Vertrag, Rdnr. 293 ff.
205 St. Rspr. *RGZ* 101, 94 (95); BGHZ 7, 338 (339); BGHZ 17, 199 (201).
206 *Spindler/Schuppert,* Teil V, Rdnr. 195.

Zweck, den sich viele Verwender davon versprechen, die glauben durch sie z.B. auch Leitungsausfälle von Backbone-Providern oder gar Probleme im eigenen Verantwortungsbereich abzudecken.[207] Zu Recht weist *Spindler* zudem darauf hin, dass „Haftungsausschlüsse" in diesem Zusammenhang, die etwa die Rückzahlung von vorgeleisteten Entgelten oder aber Rücktritte mit „Aufschubzeiten" regeln, unwirksam – weil mit dem gesetzlichen Leitbild des § 326 BGB unvereinbar – sein dürften.[208]

b) Verträge über den Zugang zu Diensten (Application Service Providing)

152 Den Paradigmenwechsel von Verträgen über Zuordnungsveränderung zu solchen über reinen Zugang hat vielleicht als erstes das Internationale Urheberrecht erkannt. Die WIPO hat mit dem WIPO Copyright Treaty (WCT)[209] bereits 1996 dafür den Weg geebnet. Der WCT enthält insbesondere das Recht des „Making Available to the Public", also der öffentlichen Zugänglichmachung (vgl. Art. 8 WCT).[210]

153 Bestes Beispiel für dieses Neue Nutzungsrecht, das man auch als ein solches auf Zugang beschreiben könnte, ist die **neue** Form der **Softwaredienstleistung,** das sogenannte Application Service Providing (ASP). Das ASP erobert seit einigen Monaten, wenn nicht ein bis zwei Jahren, die Welt der Softwarehäuser und wird insbesondere auch über das Internet eine wesentliche Rolle spielen. Hierbei handelt es sich um die **Bereitstellung** von Software-Produkten über Datennetze, **ohne** dass es zu einer **Installation** der Software auf dem System des Nutzers kommt. Der Nutzer erhält also eine Nutzungsmöglichkeit von Software durch Zugang auf das System des Anbieters gegen Entrichtung eines Entgelts. Der Vorteil für den Nutzer liegt auf der Hand: Er vermeidet hohe Anschaffungskosten, kann besser kalkulieren und erspart sich den Ärger mit der Unterhaltung der Software. Der Vorteil für den Anbieter liegt ebenso auf der Hand: Er kann seine Kosten durch eine Vielzahl von Nutzern verteilen und eröffnet sich einen neuen wirtschaftlichen Absatzmarkt, zu neu deutsch also eine typische win-win-Situation.

154 Darüber hinaus kann im Rahmen des **Outsourcing,** das schon lange im Softwarebereich praktiziert wird, ASP mit weiteren Leistungen verbunden werden, so etwa der Auslagerung des Betriebssystems oder des Betriebs von Rechenzentren und Datenbanken.[211]

155 Keine neue Dienstleistung im Computerbereich ohne verschiedene Ausformungen: Auch beim ASP gilt dieser eherne Grundsatz des Computerzeitalters. So einfach – wie oben beschrieben – gestalten sich ASP-Anwendungen in der Wirklichkeit nicht. Es gibt vielmehr durchaus **unterschiedliche Erscheinungsformen.**

156 Die reinste Form des ASP stellt das sogenannte **Emulations-ASP** dar, bei der der Nutzer lediglich über seinen Bildschirm das beim Anbieter ablaufende Computerprogramm sichtbar gemacht bekommt (= Emulation) und anwendet. Bei dieser Variante läuft also auf dem Computersystem des Nutzers kein Teil des von ihm ge-

---

[207] Zu diesem Risikobereich vgl. oben, Rdnr. 89 ff.; 142 ff.

[208] *Spindler/Spindler,* Teil IV, Rdnr. 92; umgekehrt erscheint eine vertraglich Gestaltung, die für einen Fall der wirklichen Höheren Gewalt maximale Unterbrechungszeiten regeln, unnötig, da § 323 BGB klar die Rechtsfolgen bei Unmöglichkeit regelt; so aber wohl *Schuster/Schuster/Müller,* Sechster Teil, Kap. 14, Rdnr. 87 für den Webhosting-Vertrag.

[209] Vgl. § 1, Rdnr. 58 ff. m. w. N.

[210] Vgl. hierzu die Kommentierung in *Reinbothe/v. Lewinski,* Art. 8, Rdnr. 1 ff.

[211] *Röhrborn/Sinnhart,* CR 2001, 69.

nutzten Computerprogramms ab. Der Nutzer benötigt lediglich einen Browser, um die Programme zu nutzen. Das eigentliche Computerprogramm liegt und läuft auf dem Server des ASP-Anbieters. Das Emulations-ASP vereinigt also die zentralen Charakteristika von ASP: Der ASP-Anbieter stellt dem Anwender Software-Anwendungen und Programmfunktionalitäten zur Verfügung und erhält dafür eine monatliche und/oder nutzungsabhängige Vergütung. Die Anwendungs-Software und die Daten werden nur auf einem zentralen Server im Rechenzentrum des ASP-Anbieters gespeichert, worauf der Nutzer über eine (zumeist) verschlüsselte Internet-Verbindung zugreift. Installation, Pflege, Update und Administration sind allein dem ASP-Anbieter überlassen.

Demgegenüber steht eine Form des ASP, die lediglich die Aufgaben zur Wartung und Bereithaltung des Computerprogramms auf den Anbieter verlagert. Dieses von uns einmal **Wartungs-ASP** genannte ASP lässt das Computerprogramm weiterhin voll beim Nutzer ablaufen. 157

Schließlich existiert eine vermittelnde Form des ASP (**Applets-ASP**), bei dem sogenannte Applets, also z.B. in Java geschriebene Programme, die mittels eines Browsers gelesen werden können, zum Nutzer übertragen werden. Das eigentliche (betriebssystemgebundene) Computerprogramm verbleibt jedoch weiterhin beim Anbieter. Insofern gleicht das Applets-ASP also dem Emulations-ASP. Der Umstand, dass dem Nutzer Programme übermittelt werden scheidet die beiden Varianten wiederum. 158

aa) Leistungspflicht des Anbieters

Die **Hauptpflicht** des Anbieters ist – wie bei dem eingangs beschriebenen reinen Zugangsvertrag zum Internet, dem Access-Provider-Vertrag – die Ermöglichung des Zugangs. Hier gewährt der Anbieter aber nicht Zugang zum Internet, sondern Zugang zu den Applikationen während der Vertragslaufzeit. Es stellt sich daher wieder einmal die Frage, wie das ASP rechtlich eingeordnet wird. Der Nutzer eines ASP-Vertrages erhält eine zeitliche Berechtigung, eine bestimmte Software zu nutzen, dauerhafte Nutzungsrechte, die über die Vertragsdauer hinausgehen, dagegen in der Regel nicht.[212] Ein entgeltlicher ASP-Vertrag wird daher je nach Ausgestaltung als Miete, Pacht oder Operating-Leasing angesehen werden.[213] Wie bereits ausgeführt,[214] ist anerkannt, dass Software Gegenstand von Miet-, Pacht- oder Leasingverträgen sein kann, da die Sachvorschriften zumindest analog auf Software angewendet werden und derartige Verpflichtungsverträge auch den urheberrechtlichen Nutzungsverträgen zugrunde liegen. Im Rahmen des ASP kommt es allerdings, anders als bei sonstigen Softwareüberlassungsverträge, nicht zur Übergabe oder Besitzverschaffung der Sache. Jedoch erfordert eine Überlassung i.S. des § 536 BGB lediglich, dass der Nutzer in der Lage ist, die Sache vertragsgemäß zu gebrauchen und ihm Zugang zu der Sache ermöglicht wird.[215] Damit genügt der Anbieter seinen Überlassungsverpflichtungen in dem Moment, indem er es ermöglicht, dass der Nutzer auf die gewünschte Software zugreifen und diese vertragsgemäß nutzen kann. Mietrecht beispielsweise kann immer dann auf den ASP-Vertrag angewandt 159

---

[212] Zu den urheberrechtlichen Fragen sogleich Rdnr. 162ff.

[213] Vgl. dazu im Einzelnen *Röhrborn/Sinnhart*, CR 2001, 69 (70ff.); *von Westerholt/Berger*, CR 2002, 81 (83f.); *Sedlmeier/Kolk*, MMR 2002, 75, z.T. auch für Werkvertrag.

[214] Rdnr. 16.

[215] *LG Köln*, ZMR 1997, 230; *BGH* NJW-RR 1989, 589.

werden, wenn dem Kunden ein einfaches „Nutzungsrecht“ – allerdings nicht unbedingt im urheberrechtlichen Sinn – an der Software eingeräumt wird.[216]

160 Der Zugang wird in der Regel durch eine **Verfügbarkeitsklausel** konkretisiert, wie sie uns bereits oben beim reinen Access-Provider-Vertrag begegnet ist.[217] D.h., der Anbieter verpflichtet sich also nicht dazu, dass der Nutzer jederzeit auf die Software zugreifen kann, sondern beschränkt die Zugangszeiten. Eine solche Beschränkung ist, wie bereits dargestellt,[218] als Beschreibung der Leistungspflicht in gewissem Rahmen zulässig.

161 Im „normalen“ Softwarerecht ist darüber hinaus mittlerweile anerkannt, dass eine schriftliche **Dokumentation** überreicht werden muss.[219] Man wird abzuwägen haben, ob eine solche strenge Pflicht auch im ASP Geltung beanspruchen kann. Der Dokumentationspflicht dürfte vermutlich damit genüge getan sein, dass beim ASP der Nutzer sich das Handbuch online abrufen kann und ihm die Möglichkeit des Ausdrucks gegeben wird.[220] Sollte ein Ausdruck des Handbuches auf Grund des Umfangs unzumutbar sein, so muss der Provider auf Verlangen eine schriftliche Dokumentation übergeben.[221]

bb) Urheberrechtliche Besonderheiten

162 ASP wirft auf verschiedenen Ebenen spezifische urheberrechtliche Probleme auf. Deren sachgerechte Behandlung dürfte wiederum maßgeblich von der Variationsbreite des ASP abhängig sein.[222] Die allgemeine Einführung in das Urhebervertragsrecht und die im Folgenden verwendeten Begriffe finden sich unten.[223]

(1) Eigenständige und auch neue Nutzungsart?

163 Zentraler Begriff im Urhebervertragsrecht – und auch bei der urheberrechtlichen Einordnung von ASP-Verträgen – ist der der **Nutzungsart.** Diese spielt für den Umfang der aus der Zweckübertragungstheorie (§ 31 Abs. 5 UrhG) gewonnenen Spezifizierungslast[224] zu Lasten des Rechtserwerbers ebenso eine Rolle, wie für die Frage, ob sie überhaupt vertraglichen Abreden zur Rechtseinräumung zugänglich ist, denn über unbekannte Nutzungsarten kann nach § 31 Abs. 4 UrhG kein wirksamer Vertrag geschlossen werden.

164 Unseres Erachtens spricht vieles dafür, dass es sich bei **ASP** um eine **eigenständige Nutzungsart** im Sinne der §§ 31 ff. UrhG handelt. Eine Nutzungsart ist nach mittlerweile gefestigter Rechtsprechung und Meinung im Schrifttum die verkehrsüblicherweise konkrete wirtschaftlich-technisch selbstständige und abgrenzbare Art und Weise der Auswertung.[225] Das ASP ist von dem Moment des Zugangs zu einem

---

[216] *BGH* NJW 1982, 597.
[217] Vgl. oben, Rdnr. 95 ff.
[218] Rdnr. 95 ff.
[219] Vgl. nur *BGH* NJW 1998, 2132; *OLG Hamm,* CR 1992, 335.
[220] *OLG Stuttgart,* CR 1999, 74; *Alpert,* CR 2000, 345 (350).
[221] *Röhrborn/Sinnhart,* CR 2001, 69.
[222] Insofern eher zurückhaltend *Röhrborn/Sinnhart,* CR 2001, 69 (73); allg. zum Urheberrecht in Zusammenhang mit ASP: *Czychowski/Bröcker,* MMR 2002, 81 ff.
[223] Rdnr. 220 ff.
[224] Vgl. hierzu nur *Schricker/Schricker,* §§ 31/32, Rdnr. 34.
[225] St. Rspr. und h. M., vgl. nur *BGH* GRUR 1986, 62 (65) – GEMA-Vermutung I; *BGH* GRUR 1990, 669 (670) – Bibelproduktion; *BGH* GRUR 1992, 310 (311 f.) – Taschenbuch-Lizenz; *Schricker/Schricker,* §§ 31/32, Rdnr. 38; *Fromm/Nordemann/Hertin,* Vor § 31, Rdnr. 5.

System geprägt. Es orientiert sich weniger an herkömmlichen Wirtschaftstransaktionen der Wirtschaftsveränderung, wie Kauf oder Miete. Damit steht es möglicherweise als Prototyp einer neuen Generation von Vertragstypen am Beginn der Wissensverkehrsgesellschaft, die im Hinblick auf das Geistige Eigentum wohl zu großen Teilen von derartigen Zugangsphänomenen leben dürfte (so wie etwa auch das sich immer stärker verbreitende Franchising, bei dem ganze Geschäftskonzepte in Lizenz vergeben werden[226]). Neben dieser sozioökonomischen Sichtweise spielt natürlich auch die neue Technik, die hinter ASP steht, eine bedeutende Rolle. Ohne die zunehmenden Übertragungskapazitäten über Netze wie das Internet und ohne größere Bandbreiten wäre ASP nicht denkbar. Dass es Softwareüberlassung bereits seit Jahren gibt, ändert an dieser Einordnung nichts, denn entscheidend ist eben, dass die wirtschaftliche und technische Art und Weise der Softwareüberlassung bei ASP erheblich von bislang praktizierten Modellen abweicht. Nicht zuletzt zeigt die ASP-Offensive von Microsoft im Jahr 2000, dass es sich um einen neuen Branchentrend handelt.[227] All dies dürfte dafür sprechen, dass es sich bei ASP um eine neue Nutzungsart im Sinne der §§ 31 ff. UrhG handelt.[228] Damit gilt es für ASP-Anbieter zu beachten, dass sie die neue Nutzungsart ASP zur Erfüllung der Spezifizierungslast als eigenständigen Bestandteil der Lizenzklausel in ihre Verträge mit den originären Inhabern der Urheberrechte, den Softwareentwicklern, aufnehmen.

Die weitergehende Frage ist, ab wann diese **Nutzungsart** im Sinne des § 31 165
Abs. 4 UrhG **bekannt** ist. Erforderlich für die Bekanntheit der Nutzungsart ist, dass sie sich als technisch möglich und wirtschaftlich relevant abzeichnet, wenn auch die Praktizierung noch in den Anfängen steckt.[229] Unter dieser Prämisse wird man mit Blick auf die Veröffentlichungen in den Fachzeitschriften sowie die zunehmenden Angebote auf dem Softwaremarkt – nicht zuletzt das oben genannte Microsoft-Angebot – von einem **Aufkommen im Jahr 2000** sprechen können. Auf der CeBiT 2000 haben sich neun Unternehmen zusammengefunden und eine sogenannte ASP-Initiative öffentlich gemacht.[230] Das ASP-Konsortium wurde am 23. 3. 2000 gegründet; im Januar 2001 waren gerade einmal 100 Unternehmen Mitglied in diesem Dachverband.[231] Anfang des Jahres 2001 soll lediglich 1% der Unternehmen weltweit Software im Wege des ASP genutzt haben.[232] Ob es sich danach heute schon um eine bekannte Nutzungsart i. S. d. § 31 Abs. 5 UrhG handelt, ist zumindest zweifelhaft.[233] Möglicherweise kann ASP zum jetzigen Zeitpunkt (Mitte 2001) zum Gegenstand eines sogenannten **Risikogeschäftes** gemacht werden: Nach der Definition des *BGH* handelt es sich hierbei um Geschäfte über technisch zwar bekannte, aber wirtschaftlich noch bedeutungslose Nutzungsar-

---

[226] *Rifkin,* S. 79 ff.: „Zugang durch Franchising".

[227] Zu Recht verweisen *Röhrborn/Sinnhart,* CR 2001, 69 (69) sub Fn. 1 auf die Untersuchungen der Marktforschungsgesellschaft Gartner Group, die ASP für eine „major computing revolution" hält.

[228] So im Ergebnis auch *Grützmacher,* IT-Rechtsberater 2001, 59 (62).

[229] *BGH* GRUR 1986, 62 (65) – GEMA-Vermutung I.

[230] http://www.cebit.de [abgerufen am 1. 7. 2000].

[231] http://www.asp-konsortium.de [abgerufen am 30. 8. 2001].

[232] http://www.asp-konsortium.de, unter Verweis auf *Forrester* Research [abgerufen am 30. 8. 2001].

[233] Zu apodiktisch daher *Grützmacher,* IT-Rechtsberater 2001, 59 (63), der (begründungslos) von der Bekanntheit der Nutzungsart ausgeht.

ten.[234] Nach Angaben des ASP-Konsortiums sind die technischen Fragen noch nicht allesamt gelöst, und auch wirtschaftlich rechnet man mit einem vollständigen Durchbruch erst binnen ca. 10 Jahren.[235] Derartige Nutzungsarten soll man dann unter Außerachtlassung von § 31 Abs. 4 UrhG zum Vertragsgegenstand machen können, wenn die neue Nutzungsart konkret benannt, ausdrücklich vereinbart und von den Vertragspartnern auch erörtert und damit erkennbar zum Gegenstand von Leistung und Gegenleistung gemacht wurde.[236]

(2) Primäre Ebene

166 Die erste Ebene, die im Urhebervertragsrecht auch als **primäres Urhebervertragsrecht** bezeichnet wird,[237] betrifft die vertraglichen Beziehungen zwischen Urheber und ASP-Anbieter. Hier wird man auf Seiten des ASP-Anbieters zu beachten haben, dass dieser sich die möglichst umfänglichen Nutzungsrechte (insbesondere an der neuen Nutzungsart ASP) von dem Inhaber der Urheberrechte am Computerprogramm wird einräumen lassen müssen. Dies natürlich nur für den Fall, dass Anbieter und Computerprogrammhersteller nicht ein und dieselbe Person ist, was in der Praxis durchaus bei Spezialanwendungen anzutreffen sein wird. Verträge zwischen Urheber und ASP-Anbietern beinhalten also eine umfängliche Nutzungsrechtsklausel, wie sie uns seit langem aus Softwareverträgen bekannt ist.[238] Ansonsten interessiert uns diese primäre Ebene im vorliegenden Fall nicht weiter, da sie keine urheberrechtlichen Besonderheiten aufweist.

(3) Sekundäre Ebene

167 Differenzierter gestaltet sich das Bild auf der sekundären Ebene. Für die urheberrechtliche Einordnung der vorstehend herausgearbeiteten eigenständigen Nutzungsart in Verträgen zwischen ASP-Anbietern und Nutzern wird man nach den oben dargestellten tatsächlichen Erscheinungsformen des ASP zu unterscheiden haben.

168 **Emulation-ASP.** Es erscheint uns **keineswegs selbstverständlich,** dass eine ASP-Nutzung von Computerprogrammen durch den Nutzer ein urheberrechtliches Verwertungsrecht bzw. **Nutzungsrecht** berühren muss.[239] Das Emulation-ASP (als reinste Form des ASP) transferiert – wie oben dargestellt – gerade keine Teile des Computerprogramms auf das Computersystem des Nutzers bzw. in seine Speichermedien. Daher kann es sich hierbei schon nicht um eine Vervielfältigung im Sinne des §§ 69c, 16 UrhG handeln,[240] denn für eine Vervielfältigung beim Nutzer ist

234 *BGH* ZUM 1995, 713, 715; *OLG München,* GRUR 1994, 115 (116); *OLG München,* ZUM-RD 1997, 354 (357); kritisch zu dieser Rechtsprechung *Schricker/Schricker,* §§ 31/32, Rdnr. 27.

235 5 Thesen des ASP-Konsortiums, http://www.asp-konsortium.de, [abgerufen am 30. 8. 2001].

236 *BGH* ZUM 1995, 713 (715); *OLG München,* GRUR 1994, 115 (116); *OLG München,* ZUM-RD 1997, 354 (357).

237 Zu diesem Begriff vgl. *Dietz,* S. 1 ff.

238 Vgl. zu den Gestaltungsmöglichkeiten nur *Marly,* Teil F.

239 Anders offenbar *Röhrborn/Sinnhart,* CR 2001, 73, die pauschal von einer „Überlassung an Dritte" als „einer Werkverwertung nach § 15 UrhG" sprechen.

240 Vgl. zum Begriff der Vervielfältigung im Bereich des Computerrechts beispielhaft *Schricker/Loewenheim,* § 69c, Rdnr. 6 ff.; *Fromm/Nordemann/Vinck,* § 69c, Rdnr. 3; *Schack,* Rdnr. 379; in: Kilian/Heusse, § 54, Rdnr. 61 jeweils m. w. N.; noch z. T. offengelassen in *BGH* GRUR 1991, 449 (453) – Betriebssystem; *BGH* GRUR 1994, 363 (365) – Holzhandelsprogramm; vgl. nun aber Art. 2 der Richtlinie 2001/29/EG des Europäischen Parlaments und des Rates vom 22. 5. 2001 zur Harmonisierung bestimmter Aspekte des Urheberrechts und verwandter Schutzrechte in der Informationsgesellschaft, Abl. L 167/10.

denklogisch – selbst wenn nur temporär – eine Dopplung von Dateien erforderlich. Genau das geschieht beim Emulation-ASP aber nicht. Selbst wenn man also zu Recht von einem denkbar weiten Vervielfältigungsbegriff[241] ausgeht, der sich am Partizipationsinteresse des Urhebers orientiert,[242] wird man in dieser Form des ASP keine **urheberrechtlich relevante Vervielfältigung** erkennen können. Daher ist es bislang auch völlig unbestritten, dass die Darstellung des Programms auf dem Bildschirm keine Vervielfältigung darstellt.[243] Ebensowenig wird die bloße Benutzung eines Computerprogramms als Vervielfältigung angesehen.[244]

Es wäre allerdings denkbar, ASP als einen Fall der unkörperlichen **öffentlichen** 169
Wiedergabe (§ 15 Abs. 2 UrhG) anzusehen.[245] In dieselbe Richtung geht auch, die Erscheinungsform des ASP unter dem Blickwinkel des neuen Rechts aus Art. 8 WCT – der Zugänglichmachung an die Öffentlichkeit – zu betrachten; dieses Recht wird bis zu seiner ausdrücklichen Inkorporation in das Urheberrechtsgesetz[246] allgemein als ungenannter Fall der nicht abschließend aufgezählten Arten öffentlicher Wiedergabe angesehen.[247] Alle diese Verwertungsrechte setzen jedoch eine, wenn auch unterschiedlich verstandene,[248] Öffentlichkeit voraus. Gerade hieran fehlt es aber bei den speziellen ASP-Anwendungen, die in der Regel im Rahmen eines zweiseitigen Vertragsverhältnisses für einen Kunden bereitgehalten werden. Etwas anderes könnte hier nur bei ASP-Anwendungen für die breite Öffentlichkeit gelten, wie sie etwa über das Internet angeboten werden.[249]

Es spricht also einiges dafür, dass bei der reinsten Form des ASP, dem Emulation- 170
ASP, bei Einzelanwendungen bzw. -aufträgen, dem Nutzer **keine urheberrechtlichen Nutzungsrechte** eingeräumt werden müssen. Die Verträge sind vielmehr **urheberrechtsneutral.**

Wartungs-ASP. Den Gegensatz zu diesem Befund bildet das sogenannte War- 171
tungs-ASP, die oben dargestellte zweite Variante. Hierbei werden, wie bislang bei der Installation von Computerprogrammen auch, **alle** dabei denkbaren urheberrechtlichen **Verwertungsrechte** betroffen sein,[250] also insbesondere das Vervielfältigungs- und Verbreitungsrecht, möglicherweise das bereits beschriebene neue Recht

241 Hierzu *Schricker/Loewenheim,* § 69c, Rdnr. 6, 8.

242 Hierzu *Schricker/Loewenheim,* § 69c, Rdnr. 6.

243 *Schricker/Loewenheim,* § 69c, Rdnr. 10; auf die weitere dort erörterte Frage, dass hierfür immer das Einspielen in den Arbeitsspeicher erforderlich ist, kommt es beim ASP gerade nicht an.

244 *BGH* GRUR 1991, 449, 453 – Betriebssystem; *Lehmann,* in *FS Schricker* S. 566; *Lehman/Haberstumpf,* Kap. 2, Rdnr. 122ff.; *Marly,* Rdnr. 132ff., 160ff., 884f.; *Kilian/Heusse/Hark-Basendamm,* § 54, Rdnr. 61; *Schricker/Loewenheim,* § 69c, Rdnr. 10; a. A. *Dreier,* CR 1991, 577 (579); *Schulte,* CR 1992, 648 (650ff.).; *Hoeren/Schumacher,* CR 2000, 137 (143ff).

245 So für den Fall der Ausgabe eines Computerprogramms auf dem Bildschirm *BGH* GRUR 1991, 449 (453) – Betriebssystem; *Dreier* in: *Schricker* (Hrsg.), Informationsgesellschaft, S. 113; *Marly,* Urheberrechtsschutz für Computersoftware in der Europäischen Union, 1995, S. 161f.

246 Diese ist gemäß Art. 3, 13 der EU-Richtlinie zur Harmonisierung bestimmter Aspekte des Urheberrechts und verwandter Schutzrechte in der Informationsgesellschaft bis zum 22. 12. 2002 zu gewährleisten.

247 Vgl. hierzu *Schricker/Schricker,* § 15, Rdnr. 28, 56 (59f.) m. w. N.

248 Vgl. zu den Unterschieden in der klassischen öffentlichen Wiedergabe und der neuen öffentlichen Wiedergabe bei elektronischen Werknutzungen statt aller *Schricker/Schricker,* § 15, Rdnr. 28, 56 (59ff).

249 Z. B. http://www.hotmail.com; http://www.gmx.de.

250 Vgl. zu den Gestaltungsmöglichkeiten wiederum nur *Marly,* S. 573.

auf Zugänglichmachung (Art. 8 WCT) sowie gegebenenfalls – je nach Vertragsgestaltung – Bearbeitungsrechte und möglicherweise auch Vermietrechte.

172 **Applet-ASP.** Schwierigkeiten bereitet die urheberrechtliche Einordnung des Applet-ASPs – als dritte Erscheinungsform des ASP. Hierbei werden nicht (im üblichen Sinne) Computerprogramme transferiert – wie beim Wartungs-ASP – es werden aber auch nicht etwa keinerlei urheberrechtlich relevanten Daten transferiert. Vielmehr werden lediglich sogenannte applets dem Nutzer zur Verfügung gestellt. Sofern derartige applets urheberrechtsschutzfähig sind,[251] dürften wiederum alle urheberrechtlich relevanten Nutzungs- und Verwertungsrechte, wie in der letzten Variante dargestellt, berührt sein, dann allerdings natürlich nur in Bezug auf die hier betroffenen applets. Ob applets urheberrechtsschutzfähig sind, wird man wiederum **nicht allgemeingültig,** sondern nur am Einzelfall nach den Regeln der §§ 2 Abs. 2, 69 a UrhG entscheiden können.

cc) Vergütungsregeln

173 Die **Gegenleistung** des Nutzers besteht in allen denkbaren Arten der Vergütung. Am häufigsten kommen zwei Zahlungsmodelle vor: Die Nutzer bezahlen entweder die in Anspruch genommenen Applikationsservice nach einzelnen Transaktionen oder errichten eine monatliche Gebühr je Nutzer. Entrichtet der Nutzer lediglich für die konkrete Inanspruchnahme der Software ein Entgelt, stellt sich die Frage, ob der ASP-Vertrag noch als Dauerschuldverhältnis angesehen werden kann, oder ob er lediglich als Rahmenvertrag dient. Die Beantwortung dieser Frage, ist für die Gewährleistungsregeln entscheidend, wie wir gleich zeigen werden.[252] Eine Qualifizierung des Vertrages kann jeweils nur am Einzelfall erfolgen. Viel spricht aber dafür, den ASP-Vertrag als Dauerschuldverhältnis zu qualifizieren. Es ist anzunehmen, dass die Parteien nicht bei jeder Nutzung einen neuen Vertrag schließen, sondern die Nutzung der Software abschließend regeln wollten.[253] Es ist daher davon auszugehen, dass trotz einer Vergütung, die jeweils nur für die einzelnen Leistungen erfolgt, ein einheitlicher Vertrag im Sinne eines Dauerschuldverhältnisses gewollt ist. Da aber je nach Vertrag mehrere Auslegungsmöglichkeiten bestehen können, sollte der ASP-Vertrag bezüglich dieser Frage eine Klarstellung enthalten.[254]

dd) Sicherheitsfragen/Datenschutz

174 Besondere Probleme des ASP dürften Sicherheit und Datenschutz sein. Daher wird in derartigen Verträgen besonderer Wert auf die technischen Sicherheitsklauseln, aber neben der üblichen Datensicherung auch auf Datenschutz gelegt. Die **Datensicherheit,** im Sinne von Überprüfung der Daten auf Viren oder Installation von Firewalls gehört vor allem dann zur Leistungspflicht des Anbieters, wenn der ASP-Vertrag zusätzlich die Vereinbarung enthält, dass dem Nutzer Speicherplatz zur Speicherung von eigenen Daten zur Verfügung gestellt wird (Datahosting) oder der

[251] Zur Schutzfähigkeit von Computerprogrammen vgl. nur *Fromm/Nordemann/Vinck,* § 69 a, Rdnr. 1 ff.; *Schricker/Loewenheim,* § 69 a, Rdnr. 2 ff. jeweils m. w. N.; zu apodiktisch insofern wohl *Röhrborn/Sinnhart,* CR 2001, 69 (73), die lediglich auf die Erwähnung von Computerprogrammen im Werkkatalog verweisen und daraus eine Schutzfähigkeit schlussfolgern.

[252] Vgl. Rdnr. 176 ff.

[253] Vgl. *Röhrborn/Sinnhart,* CR 2001, 69 (71).

[254] So auch *Röhrborn/Sinnhart,* CR 2001, 69 (72).

Nutzer in die Lage versetzt wird mit Hilfe vom Anbieter vorgegebenen Kriterien eine Datenbank zu erstellen und zu pflegen (Datawarehousing). Die Leistungsbeschreibung ist bei der Vertragsgestaltung daher besonders wichtig.

Sobald der Anbieter einer ASP-Dienstleistung Daten von Nutzern seines Vertrags- 175
partners verwaltet, gewinnt auch der **Datenschutz** besondere Bedeutung. Einschlägig sind das Bundesdatenschutzgesetz (BDSG), das Teledienstedatenschutzgesetz (TDDSG) und ggfs. auch die Datenschutzvorschriften des Telekommunikationsrechts. Entscheidend ist dabei zunächst, ob der Vertragspartner des Anbieters einer ASP-Dienstleistung seinen Server-Dienst wirklich auslagert. Dann kann es sich um eine **Auftragsdatenverwaltung (§ 11 BDSG)** handeln, so dass der Transfer der Daten zum ASP-Dienstleister nicht als Übermittlung i. S. d. Datenschutzrechts angesehen wird.[255] Sobald hingegen der ASP-Dienstleister rechtlich selbstständige Aufgaben für den Vertragspartner wahrnimmt, unterliegt er den allgemeinen datenschutzrechtlichen Bestimmungen.[256]

ee) Sach- und Rechtsmängelhaftung

Ordnet man den ASP-Vertrag hauptsächlich mietrechtlich ein, so ergibt sich eine 176
verschuldensunabhängige Haftung des Anbieters gemäß § 538 BGB für die Fehlerlosigkeit der Software, soweit der Fehler bereits bei Überlassung der Software bestand. Das bedeutet, dass der Anbieter auch bei einem versteckten, nicht erkennbaren Defekt haftet. Dies ist dann für den Anbieter besonders ungünstig, wenn der ASP-Vertrag als Rahmenvertrag ausgelegt wird, weil dann jeweils an den einzelnen Mietvertrag angeknüpft würde, es also zu einer verschuldensunabhängigen Haftung des Anbieters während der gesamten Vertragslaufzeit käme.[257] Aus diesem Grund scheint es angebracht, den ASP-Vertrag als **Dauerschuldverhältnis eigener Art** zu qualifizieren. Dem Anbieter ist zu raten, die Haftung nach § 538 BGB abzubedingen; dies ist nach der Rechtsprechung wegen der weiten, verschuldensunabhängigen Haftung auch formularmäßig in AGB's zulässig.[258] Ist im ASP-Vertrag zusätzlich **Datahosting** vereinbart, ist auch dieser Vertragsteil mietrechtlich zu qualifizieren, so dass sich hier keine Besonderheiten zu dem eben Gesagten ergeben. Ist dagegen **Datawarehousing** vereinbart, kommt es wiederum auf die einzelne Vereinbarung an, welches Vertragsrecht anzuwenden ist. Ist klar vereinbart, welche Struktur eine Datenbank aufweisen soll, kommt Werkvertragsrecht in Betracht. In diesem Fall richtet sich die Haftung nach den §§ 633 ff. BGB, der Nutzer hat einen Anspruch auf Mängelbeseitigung. In der Regel wird aber bei Abschluss des Vertrages noch nicht feststehen, welche Struktur die zu pflegende Datenbank haben soll, so dass von Dienstvertragsrecht auszugehen ist. Dann kommen bezüglich der Gewährleistung Schadensersatzansprüche aus positiver Forderungsverletzung in Betracht. In beiden Fällen ist aber wiederum zu empfehlen, in den AGB's die Haftung im Rahmen des Zulässigen auf fahrlässiges oder vorsätzliches Verhalten zu beschränken.

Von der Haftung streng zu trennen, sind die in den **Service-Level-Agreements** 177
(SLA) vereinbarten Leistungen, wie Instandhaltung, Fehlerbeseitigung, Aktualisie-

---

[255] Hierzu *Moritz/Dreier/Wächter,* D Rdnr. 751 ff.

[256] Zu diesen vgl. § 5.

[257] So auch *Röhrborn/Sinnhart,* CR 2001, 69 (72); zu dem gesamten Thema vgl. auch *Witzel,* ITRB 2002, 183 ff.

[258] *BGH* NJW-RR 1993, 519 (520); *BGH* NJW-RR 1991, 74 (75).

rung der Software. Die gesetzliche Sach- und Rechtsmängelhaftung geht jedoch vor, so dass das SLA nur zur Anwendung kommen kann, wenn dem Nutzer keine Leistungsstörungsrechte zustehen.[259] Das sollte vertraglich auch durch Trennung der beiden Punkte deutlich gemacht werden.

178 Schließlich hat der ASP-Vertrag dem Access-Provider-Vertrag ähnliche Interessenslagen in Bezug auf **Minderungen** und **Verfügbarkeiten,** so dass auf die obigen Ausführungen verwiesen werden kann.[260]

ff) Vertragsdauer und -beendigung

179 Die Vertragsdauer lässt sich wie im Mietrecht individuell regeln. Der Vertrag sollte daher Regelungen zur Vertragslaufzeit und Kündigung enthalten. Je nach Belieben ist es möglich, den Vertrag auf eine bestimmte Zeit zu schließen oder bei einem Vertrag auf unbestimmte Zeit eine Kündigungsmöglichkeit einzuräumen. Der Vertrag muss aber zwingend Regelungen zur **Datenherausgabe** am Vertragsende und zur Hilfestellung bei der **Migration** zu anderen Anbietern enthalten. Das „Erpressungspotenzial" des Altanbieters an dieser Stelle ist nicht zu unterschätzen.

180 Urheberrechtlich interessant dürfte sein, ob eine Vorschrift aus dem klassischen Verlagsrecht im ASP einen **Renaissance** erlebt. § 41 UrhG bestimmt die Möglichkeiten des **Rückrufs** von ausschließlichen Nutzungsrechten durch den Urheber. Im ASP ebenso wie im Outsourcing, haben sich **Entgeltmodelle** in der Praxis gezeigt, die – da es letztlich um die Einsparung von Kosten beim Nutzer geht – die Entgelte prozentual an den tatsächlich **eingesparten Kosten** orientieren. Für den Fall, dass der Anbieter urheberrechtliche Nutzungsrechte für die Nutzung der Software als ausschließliche Nutzungsrechte überträgt, ließe sich an eine (sicherlich so nicht bedachte) Anwendbarkeit des § 41 UrhG für den Fall denken, dass der Nutzer nicht die Kosteneinsparungen erreicht, die er wollte, also der Anbieter weniger einnimmt als geplant. Der Anbieter wäre dann in der Lage, seine Rechte zurückzurufen. Diese Frage stellt sich allerdings nur, wenn *überhaupt* Nutzungsrechte eingeräumt wurden[261] und wenn zudem *ausschließliche* Nutzungsrechte übertragen worden sind. Bei einfachen Rechten gilt § 41 UrhG nicht, da der Urheber noch die Möglichkeit der anderweitigen Verwertung hat.[262] Zweifelhaft ist auch, ob eine objektiv unzureichende Ausübung des Nutzungsrechts vorliegt. Darunter versteht man eine Ausübung des Nutzungsrechts, die zur Verwertung des Werkes weniger Mittel einsetzt, als zur Erreichung des Vertragszwecks erforderlich sind.[263] Eine nicht erreichte hohe Einsparung wird man aber wohl nicht als eine mangelhafte Verwertung ansehen können. Anderes kann aber gelten, wenn die nicht erreichte Einsparung tatsächlich darauf zurückzuführen ist, dass der Nutzer das ihm überlassene Produkt kaum oder überhaupt nicht genutzt hat.

c) Verträge über die Nutzung von Portalseiten

181 Internet-Dienstleister gehen verstärkt dazu über, eigene Portalseiten aufzubauen, die Nutzer an das Unternehmen binden sollen und in der unübersehbaren Informationsflut ein Eingangstor in das Internet darstellen sollen. Derartige Portalseiten

---

259 *Röhrborn/Sinnhart*, CR 2001, 69 (76).
260 Vgl. oben, Rdnr. 150.
261 Dazu, dass dies keineswegs selbstverständlich ist, vgl. oben, Rdnr. 160ff.
262 *Fromm/Nordemann*, § 41, Rdnr. 2.
263 *Fromm/Nordemann*, § 41, Rdnr. 3.

haben nicht nur den Zweck, dem jeweiligen Unternehmen Kunden zuzuführen und damit eine bessere Werbemöglichkeit und höhere Werbeeinnahmen zu generieren, sondern sollen auch ein **multifunktionales Instrument** zur Nutzung des Internets mit Suchdiensten, Nachrichtenservices und Push- bzw. Pulldiensten darstellen.

Auch dies stellt ein Beispiel für den neuen Vertragstyp für den Zugangsvertrag 182 dar, denn im Regelfall dienen diese Seiten dem **Zugang** und werden diese Informationen und kleinere Dienste **unentgeltlich** zur Verfügung gestellt.[264] Zu Recht wird darauf hingewiesen, dass in der Bereitstellung dieses tatsächlichen Angebots für die Öffentlichkeit mangels ausreichender Bestimmtheit und des Mangels eines **Rechtsbindungswillens** kein Vertragsangebot liegt.[265] Bei den auf solchen Portalseiten angebotenen Gratisdiensten, wie Email-Accounts, SMS-Versand oder Gratis-Homepages hingegen handelt es sich um Leistungen mit den allgemeinen Haftungsrisiken wegen möglicher Nicht- oder Schlechterfüllung. Dabei wird diesen Diensten regelmäßig eine Registrierung des Nutzers vorausgehen, so dass man den **Vertragsschluss** identifizieren kann. Die vertragstypologische Einordnung muss anhand der jeweils betroffenen Einzeldienste erfolgen. Um ein **Gefälligkeitsverhältnis** ohne Bindungswillen dürfte es sich jedenfalls in der Regel wohl **nicht** handeln.

Soweit es bei derartigen Portalseiten um den Zugang zu Informationen in Daten- 183 banken geht, behandeln wir diese sogleich.

d) Verträge über den Zugang zu Datenbanken

Unnötig zu erwähnen, dass Datenbanken in einer Wissensverkehrsgesellschaft 184 eine zunehmende Relevanz zukommt. Die Zeit und Mühen, die man spart, wenn man für Recherchen nicht mehr Archive aufsuchen muss, können enorm sein. Datenbanken tragen damit ganz erheblich zur weiteren Beschleunigung des Lebens – sei sie nun erwünscht oder nicht – bei.

Die Europäische Union hat als eine der ersten erkannt, dass in der Wissensver- 185 kehrsgesellschaft den Datenbanken, insbesondere elektronischen, eine erhebliche Bedeutung zukommt. Für einen Teilbereich, nämlich den **Investitionsschutz,** hat die EU daher frühzeitig einen dem Urheberrecht beigeordneten **sui-generis-Schutz** erarbeitet, der international nach wie vor einmalig ist.[266] Doch auch unabhängig von diesem sui-generis-Recht – und auch unabhängig von einem sogar möglicherweise bestehenden Urheberrecht nach § 4 Abs. 2 UrhG[267] – gilt es, die vertraglichen Regelungen über die Nutzung derartiger sonderrechtlich geschützter, aber auch nicht geschützter Datenbanken zu betrachten.[268]

aa) Leistung und Gegenleistung

Bei Verträgen über den Zugang zu Datenbanken stehen sich die **Hauptpflicht** des 186 Betreibers bzw. sonstigen Anbieters auf Zugänglichmachung der Daten der **Vergütungspflicht** des Nutzers gegenüber. Soweit der Zugang unentgeltlich angeboten wird, dürfte es sich um ein Rechtsverhältnis entsprechend der Leihe handeln.[269] Im Übrigen dürfte für den Zugang zur Datenbank und die Recherchemöglichkeit

---

264 Vgl. nur http://www.lycos.de; http://www.comundo.de; http://www.netscape.com etc.
265 Vgl. hierzu oben, Rdnr. 27 und *Podehl,* MMR 2001, 17.
266 Vgl. § 1, Rdnr. 67f.
267 Vgl. hierzu oben § 8, Rdnr. 84ff.
268 Vgl. für ein Vertragsmuster *Schwarz/Vogel,* 16–3.2
269 *Spindler/Schuppert,* Teil II, Rdnr. 60.

Pachtrecht (§§ 581 ff. BGB) Anwendung finden, für den Download von Daten aber wohl eher Geschäftsbesorgungsrecht ggf. verbunden mit Kaufrechtselementen vorliegen.[270] Es gilt aber zu beachten, dass diese Vertragstypen nicht statisch zu der vorliegenden neuen Vertragsart passen und zudem – insbesondere im Pachtrecht – unvollständig sind. Die gesetzlichen Regeln bedürfen daher dringend der Konkretisierung und Ausformung im jeweiligen Einzelvertrag. Dabei beschreibt der Anbieter natürlich zunächst möglichst genau die Datenbank, deren Zugang Vertragsgegenstand ist, um zu verhindern, dass der Kunde mehr erwartet, als tatsächlich Vertragsgegenstand sein soll, wobei dies nur dann rechtliche Probleme aufwerfen dürfte, wenn bereits die Recherche kostenpflichtig ist. **Umfang und Inhalt der Datenbank** werden in der Regel in einem Anhang konkretisiert. Sind Umfang und Inhalt einmal konkretisiert, begegnen uns bei diesem Vertragstyp die im Access-Provider-Vertrag abstrakt für den Zugang zum Internet beschriebenen[271] Interessenslagen bei der Ausformung der **Leistungsbeschreibung.** Auch beim Vertrag über den Zugang zu Datenbanken geht es also um

- Verfügbarkeit,
- Bandbreite,
- Geschwindigkeit der Datenübertragung.

187 Es gelten alle obigen Ausführungen zur Konkretisierung dieser Leistungsparameter.[272] Ergänzt wird diese Hauptleistungspflicht in der Regel durch eine Konkretisierung der **Art und Weise,** wie der Nutzer **recherchieren** kann.[273] Denkbar sind hier vielfältige Formen der Suchmasken, die sich in erheblicher technischer Fortentwicklung befinden. Darüber hinaus bieten viele Betreiber eine **Hotline** als **Nebenleistung** an, deren Umfang und Kosten auch im Vertrag niedergelegt wird.

188 Sodann wird der Datenbankbetreiber bestrebt sein, die Datenbank regelmäßig zu **aktualisieren** und zu erweitern. Es dürfte daher eine Klausel folgenden Inhalts aufzunehmen sein:

> „Der Vertrag bezieht sich auf die Datenbank in ihrem jeweils aktuellen Zustand. Dem Datenbankbetreiber bleibt es nach eigenem Ermessen überlassen, in welchen Bereichen und in welchem Umfang er die Datenbank aktualisiert."

189 Hinzu tritt, dass ein Vertrag über den Zugang zu Datenbanken nicht alleine abstrakt den Zugang regelt, sondern auch **inhaltliche Komponenten** aufweist. Der Nutzer ist in bestimmten Gebieten – etwa in der Juristerei oder der Medizin – darauf angewiesen, dass die Datenbank vollständig ist und richtige Informationen enthält. Dies betrifft das Thema der **Produkthaftung für immaterielle Leistungen.** Es können Gewährleistungsregeln, Minderungs- bzw. Wandlungsrechte, gegebenenfalls Schadensersatzansprüche, entstehen, wenn die Informationen mangelhaft sind, also beispielsweise falsche Literaturangaben liefern.[274] In aller Regel wird es aber an einem nachweisbaren Schaden fehlen.

---

[270] So wohl auch *Spindler/Schuppert,* Teil II, Rdnr. 59, der für die Recherche aber pacht- *und* mietrechtliche Regeln anwenden will.
[271] Vgl. oben, Rdnr. 95 ff.
[272] Vgl. oben, Rdnr. 99 ff.
[273] Vgl. hierzu *Schuster/Müller,* Siebter Teil, Kap. 17, Rdnr. 80.
[274] *Redeker,* Rdnr. 546 ff. und 8 ff.

Wie viele der Internet-Verträge setzt auch der Vertrag über den Zugang zu Datenbanken bestimmte **technische Vorgaben** auf Seiten des Nutzers voraus. Der Datenbankbetreiber wird daher vorgeben, in welchem Dateiformat die Daten zur Verfügung gestellt werden und auf welcher Art Server sie liegen; etwa einem solchen, der das TCP/IP Internet-Protokoll unterstützt. Dem Kunden wird daher im Vertrag die Verantwortung dafür auferlegt werden, dass sein Rechner den im Vertrag vorgegebenen Anforderungen entspricht. Für die Verbindung vom Rechner des Kunden bis zum Server des Datenbankbetreibers und für sämtliche erforderlichen technischen Einrichtungen dürfte daher der Kunde verantwortlich sein. Er trägt auch die Kosten für diese Einrichtungen und für die Verbindung zum Server des Datenbankbetreibers. 190

Regelungen, wonach der Datenbankbetreiber berechtigt ist, soweit erforderlich auch während der Betriebszeit Wartungsarbeiten am Server und an der Datenbank vorzunehmen, also **Verfügbarkeitsbeschränkungen,** begegnen uns hier ebenso wie beim allgemeinen Access-Provider-Vertrag.[275] 191

Der Vertrag wird in der Regel auch Vorschriften über die **Abwicklung von Anfragen** enthalten. Diese werden allgemein als **Zugangsberechtigung** bezeichnet. Sobald der Kunde sich angemeldet hat, richtet der Betreiber dem Kunden eine Zugangsberechtigung ein und teilt ihm einen Benutzernamen (ID-Nummer) und in der Regel auch ein Passwort zu. Dem Kunden obliegen sichere und getrennte Aufbewahrung und Geheimhaltung. Sollte der Kunde schuldhaft Verletzung diese Geheimhaltungspflicht verletzen und dadurch die Benutzung der Datenbank durch Dritte möglich sein, dürfte der Kunde hierfür verantwortlich sein; der Vertrag sollte Regeln hierzu enthalten. 192

Einige Betreiber sehen vor, dass eine ID-Nummer und ein Passwort jeweils nur eine natürliche Person zeitgleich zum Abruf berechtigen. Der Vertrag sieht daher besondere Regelungen für mehrere solcher **Zugangsaccounts** vor. Schließlich gehören an diese Stelle auch Vorschriften über den Umgang mit den Passwörter. Zum Schutz des Kunden wird in der Regel bei dreimaliger Eingabe eines nicht korrekten Passwortes der Zugriff automatisch gesperrt und der Kunde hiervon informiert. Der Datenbankbetreiber wird den Zugriff regelmäßig nach schriftlicher Aufforderung durch den Kunden freigeben und ein neues Passwort erteilen, wobei er es sich sinnvollerweise vorbehalten sollte, die Identität des Kunden zu überprüfen. 193

Der Kunde darf die Datenbank nur sachgerecht nutzen. Daher sehen die Verträge über den Zugang zu Datenbanken bestimmte näher konkretisierten **Pflichten des Kunden** vor. Diese beinhalten regelmäßig: 194

- dass der Kunde zum Schutz der Daten anerkannten Grundsätzen der Datensicherheit Rechnung trägt;
- dass er gesetzliche, behördliche und technische Vorschriften aber auch die im Internet geltende Netiquette[276] einhält;
- dass er die Zugriffsmöglichkeit auf die Datenbank nicht missbräuchlich, insbesondere nicht im Widerspruch zu den Nutzungsbedingungen, nutzt;
- dass er seine ausgehende Datenbankabfragen mit größtmöglicher Sorgfalt auf Viren überprüft.[277]

---

[275] Vgl. oben, Rdnr. 95 ff.; 123 ff.
[276] Vgl. hierzu Rdnr. 119.
[277] Vgl. zu diesem generellen Thema oben zum Access-Provider-Vertrag, Rdnr. 119 ff.

195 Die bereits angesprochene **Gegenleistung** besteht – sofern die Datenbank nicht kostenlos zur Verfügung gestellt wird – in der Vergütung. Für diese sind der Phantasie der Parteien keine Grenzen gesetzt: Denkbar sind monatliche Abogebühren, feste Gebühren pro Einzelabfrage, volumenabhängige Vergütungen oder sogar zeitabhängige Regelungen. Bei größeren Datenbanken hat sich eine einmalige **Installationsgebühr** etabliert, die von einer **Teilnehmergebühr** flankiert wird, die nach der Zahl der Zugangsberechtigten und danach differenziert, ob die Datenbank mit einem Einzelplatz genutzt wird oder in einem Netzwerk mit mehreren Arbeitsplätzen. Bei letzterem orientiert sich die Gebühr an der Zahl der angeschlossenen Arbeitsplätze. Aber auch eine **Abrechnung nach Recherchezeit** pro angefangene Minuten oder nach Download pro Dokument ist denkbar.

196 Der Datenbankbetreiber zeichnet die Nutzungs- und Abrechnungsdaten auf und speichert diese jeweils während der gesetzlich zulässigen Zeit. Auf Anforderung und gegen Erstattung des Aufwands erhält der Kunde in der Regel einen Nachweis seiner Anfragen. Das kostenfreie Auskunftsrecht des Kunden auf Einsichtnahme seiner gespeicherten Daten bleibt hiervon unberührt.

197 Auch der Vertrag über den Zugang zu Datenbanken enthält **Preisanpassungsklauseln.** So behalten sich Datenbankbetreiber oftmals vor, bei Änderung der eigenen Herstellungs- oder Bezugsbedingungen, Lohnsteigerungen oder sonstigen unternehmensbezogenen Kostenerhöhungen Preisänderungen vorzunehmen.[278]

bb) Rechte des Nutzers an den Ergebnissen der Recherche

198 Reglungsbedürftig ist schließlich, ob und wenn ja in welchem Umfang der Nutzer die Ergebnisse seiner Recherche weiter nutzen darf. Es ist denkbar und in vielen Fällen sinnvoll, dass der Vertrag hierzu Vorgaben enthält. Wo dies nicht der Fall ist, gilt das Gesetz. Hier wird man – für den Fall, dass die Datenbank oder die recherchierten Teile dem **Urheberrecht** unterfallen – unter Rückgriff auf die **Zweckübertragungstheorie**[279] im Einzelfall zu entscheiden haben. In der Regel dürfte eine Datenbank, die einem eine Recherche zu einem Fachthema ermöglicht, nicht zu dem Zweck weiterer Vervielfältigungen oder gar Verbreitungen zur Verfügung stehen, als die der privaten Nutzung durch den jeweiligen Nutzer. Dieser hat sich also jeder weiteren urheberrechtlich relevanten Nutzungshandlung zu enthalten. Ob die sonst für derartige private Nutzungen geltende Norm des § 53 UrhG in diesem Zusammenhang gilt, ist bestritten.[280] Angesichts der neuen Möglichkeiten, die neue Medien wie das Internet bieten, spricht einiges dafür, die Vorschriften über die private Vervielfältigung teleologisch zu reduzieren.[281] Anders wäre die wirtschaftliche Nutzbarkeit des neu in der EU-Urheberrechtsrichtlinie kodifizierten Rechts der Zugänglichmachung stark beeinträchtigt.[282] Daher mag man das Herunterladen bestimmter Informationen oder Dateien auf die Festplatte nicht mehr als private Vervielfältigung eines Inhalts ansehen, der zuvor unkörperlich zugänglich gemacht

---

278 Zur Zulässigkeit derartiger Klauseln und ihren Grenzen vgl. oben, Rdnr. 117.
279 Rdnr. 233.
280 Vgl. Rdnr. 215 m. w. N. und § 8, Rdnr. 160 ff.
281 Vgl. ausführlich *Schaefer,* S. 191 ff.; *Braun,* GRUR 2001, 1106 (1107 ff.)
282 Vgl. § 1, Rdnr. 69.

wurde, sondern hierzu eine zustimmungsbedürftige Nutzung eines Vervielfältigungsrechts erblicken, das je nach Vertrag allerdings auch eingeräumt sein kann bzw. über die neuen **Digital Rights Management-Systeme**[283] eingeräumt werden kann.

Interessant ist darüber hinaus, inwieweit der Datenbankanbieter **Nutzungen vertraglich untersagen** kann, wenn der Gegenstand nicht dem Urheberrecht unterfällt, also weder dem sui-generis-Recht der §§ 87a ff. UrhG, noch dem eigentlichen Urheberrecht nach § 2 UrhG. In diesem Fall dürfte eine analoge Anwendung des Urheberrechts über eine vertragliche Regelung möglich sein,[284] wenn diese auch selbstverständlich nur *inter partes* wirkt und keine dem Urheberrecht sonst zukommende *inter-omnes*-Wirkung entfaltet. 199

cc) Sach- und Rechtsmängelhaftung

Selbstverständlich ist, dass der Datenbankbetreiber die Gewähr für die **Zugriffsmöglichkeit** auf die Datenbank und die **Abrufbarkeit** der in dieser gespeicherten Daten während der eingangs beschriebenen Betriebszeit übernimmt. Denn nach § 581 BGB ist Hauptpflicht des Pächters, im Falle der entgeltlichen Zugangsgewährung, die Gebrauchsgewährung wie bei der Miete. 200

Die weitere Haftung dürfte sich danach unterscheiden, ob der Betreiber die Inhalte **„selber produziert"** hat oder nicht. In ersterem Fall muss er natürlich die Gewähr für die **inhaltliche Richtigkeit** der Daten übernehmen, ebenso selbstverständlich aber nicht für deren Brauchbarkeit für den Kunden. 201

Hat der Datenbankbetreiber die **Datenbank aus Daten Dritter** zusammengestellt, dürfte man zu differenzieren haben. In einem solchen Fall hat er nur dafür einzustehen, dass er bei der **Zusammenstellung** dieser Daten die **größtmögliche Sorgfalt** angewandt und stichprobenartig deren Richtigkeit, Vollständigkeit und Aktualität überprüft hat. Er sollte dann jedoch deutlich darauf hinweisen, dass es dennoch möglich ist, dass einzelne Daten unrichtig, unvollständig oder nicht aktuell sind. Ob der Datenbankbetreiber dann dafür Gewähr zu übernehmen hat, richtet sich nach den allgemeinen Regeln der Produkthaftung für geistige Leistungen[285] bzw. nach den sonst geltenden allgemeinen Störerregeln.[286] 202

Der Betreiber sollte darüber hinaus die Gewährleistung ausschließen für **unerhebliche Beeinträchtigungen** bei der Recherche, beim Datenabruf oder bezüglich des Inhalts der Daten (z.B. Schreibfehler), die den Gebrauch der Datenbank nicht wesentlich beeinträchtigen. Ebenso wirksam ausschließbar dürften Störungen sein, die aus Mängeln oder Unterbrechungen des Kundenrechners oder der Kommunikationswege oder aus missbräuchlicher Verwendung von ID-Nummern und Passwörtern entstehen. 203

Der Datenbankbetreiber sollte sich schließlich vorbehalten, **Nachbesserung** oder **Ersatzleistung** zu erbringen. Erst wenn diese fehlschlagen, ist der Kunde berechtigt, eine entsprechende Herabsetzung der Vergütung zu verlangen oder vom Vertrag zurückzutreten. In diesem Zusammenhang finden sich oftmals wieder Regeln über die 204

---

283 Vgl. dazu unten, Rdnr. 250 ff.

284 Vgl. zu dieser allgemeinen urheberrechtlichen Frage *OLG Köln*, GRUR 1996, 889 (892); *Hasselblatt/Nordemann/Czychowski*, § 36, Rdnr. 134. – nicht unumstritten.

285 Vgl. dazu oben, Rdnr. 12.

286 Vgl. hierzu allg. im gewerblichen Rechtsschutz und Urheberrecht *Hasselblatt/Nordemann, J.*, § 10, Rdnr. 44, 99 zum UWG und *Hasselblatt/Raab*, § 32, Rdnr. 176 zum MarkenR.

Beeinträchtigungen der Verfügbarkeit der Datenbank und die Minderung der Teilnahmegebühren.[287]

205 Auch bei den Regeln zur **Haftung** gleicht der Vertrag über den Zugang zu Datenbanken dem allgemeinen Access-Provider-Vertrag.[288] Ergänzt werden diese Regeln in aller Regel dadurch, dass der Datenbankbetreiber dafür einsteht, dass dem Abruf und der vereinbarten Nutzung von Daten keine Rechte Dritter entgegenstehen. Falls Dritte entgegenstehende Rechte behaupten, wird der Datenbankbetreiber nach seiner Wahl die Ansprüche abwehren oder befriedigen.

206 Der Kunde sollte schließlich entsprechend den Regeln zum **Datenschutz** davon unterrichtet werden, dass der Datenbankbetreiber seine vollständige Anschrift sowie weitere auftragsspezifische Details in maschinenlesbarer Form speichert und für Aufgaben, die sich aus dem Vertrag ergeben, maschinell verarbeitet.[289] Der Datenbankbetreiber muss natürlich die vertrauliche Behandlung dieser Daten gewährleisten.

dd) Vertragsdauer und -beendigung

207 Verträge über den Zugang zu Datenbanken haben in der Regel eine Mindestlaufzeit von einigen Monaten; es gilt, die Regeln aus § 308 Nr. 3, 7 BGB (§ 10 Nr. 3, 7 AGBG) zu beachten. Unberührt davon bleibt das Recht zur außerordentlichen Kündigung aus wichtigem Grund. Dabei sollte sich der Datenbankbetreiber insbesondere dann ein außerordentliches Kündigungsrecht einräumen, wenn der Kunde die Nutzungsbedingungen in besonderer Art und Weise verletzt.[290]

e) Peer-to-Peer-Verträge und andere vergleichbare Verträge

208 In der Warenverkehrsgesellschaft war es üblich, dass ein Interessent z.B. eines Musikstückes sich dieses auf CD in einem CD-Shop kaufte, sich mithin der Vertriebsorganisation des Tonträgerherstellers bediente. Gleichwohl war spätestens seit dem Tonband oder der Audio-Cassette klar, dass die Tonträgerhersteller ihr „Monopol" der Aufnahme von Tönen auf Trägern einbüßen würden. Die Versuche, die CD-R (R = recordable) durchzusetzen, stellten die letzten Rückzugsgefechte einer ganzen Industrie dar. Die Entwicklung ist mit dem Internet einen radikalen Weg weiter gegangen: Nicht nur gab es mit der digitalen Technologie nunmehr die Möglichkeit, **Tonaufnahmen** oder andere Daten **ohne jeden Qualitätsverlust** zu **kopieren.** Das Internet ermöglichte angesichts seiner weltweiten Vernetzung auch einen **direkten Tausch** dieser Kopien der Musikliebhaber untereinander; gewissermaßen die weltweite Clique, die früher lokal sehr beschränkt ihre selbstkopierten Audiocassetten tauschte. Nimmt man in Zeiten von Globalisierungsgegnern die teilweise anarchischen Strukturen des Internets hinzu wird schnell deutlich, dass die Tonträgerindustrie den idealen Sündenbock darstellte. So sind Phänomene wie **Napster** oder **Gnutella** als derartige **internet-basierte Tauschbörsen** verständlich. Sie umgehen herkömmliche Vertriebsstrukturen total.[291]

---

[287] Vgl. zu deren Grenzen und Wirksamkeit oben, Rdnr. 123 ff. die allgemeinen Regeln der Gewährleistung beim Access-Provider-Vertrag.

[288] Vgl. zu deren Grenzen und Wirksamkeit oben, Rdnr. 123 ff. die allgemeinen Regeln der Haftung beim Access-Provider-Vertrag.

[289] Eingehend hierzu § 5.

[290] Auch hier gleicht der Vertrag dem Access-Provider-Vertrag; vgl. Rdnr. 123 ff.

[291] Es gibt allerdings Stimmen, die den Tauschbörsen nicht die primäre „Schuld" an den Problemen der Musikindustrie geben: *Forrester Research,* Tauschbörsen nicht Schuld an der Krise der Musikindustrie, vgl. http://www.heise.de/newsticker/data/jk-14.08.2002-005 [abgerufen am 15. 8. 2002].

In diesen Tauschbörsen begegnen wir einem weiteren **Unterfall des Zugangsvertrages:** Der sogenannte **Peer-to-peer-Vertrag,**[292] also der Vertrag unter „Gleichen". Ein Besitzer z.B. von mp3-Dateien – die Übertragung auf mpeg-Dateien für Filme ist bereits im Gange – stellt diese einem anderen über eine Tauschbörse, auch als **File-Sharing-System** bezeichnet, die auf die eine oder andere Art die Technik hierfür stellt, zur Verfügung. Nun werden bei einem derartigen Vertrag zwar weiterhin Musikdateien von einem Nutzer zu einem anderen übertragen; wir wollen dieses neue Phänomen gleichwohl unter dem Oberbegriff der Zugangsverträge fassen, da es den Nutzern weniger um den Austausch von Dateien geht, als um den Zugang zur weltweiten Tauschmöglichkeit unter Gleichen. Es ist zu früh, diesen neuen Vertragstypus abschließend beschreiben zu können, zumal die meisten derartiger Tauschbörsen nicht von Deutschland, sondern den Vereinigten Staaten von Amerika aus operieren. Wir wollen an dieser Stelle auch nicht die wesentliche Frage der **Verantwortlichkeit** des Diensteanbieters klären.[293] Uns geht es lediglich darum, die **vertragsrechtlichen Strukturen** näher zu beleuchten. 209

aa) Arten von Systemen

Es haben sich zwei verschiedene Arten derartiger Tauschbörsen herausgebildet: Das **zentralistische Modell,** z.B. Napster, betreibt einen zentralen Server, auf dem Informationen zu allen zum Tausch angebotenen Daten und zu den das System benutzenden Nutzern bereitgehalten werden. Im Gegensatz dazu geht das **dezentrale Modell,** beispielsweise Gnutella, noch einen Schritt weiter und kommt sogar ohne derartige zentrale Server aus. Die notwendigen Daten über die zum Tausch angebotenen Musikstücke und die Nutzer fließen im Netz frei umher. Es ist offensichtlich, dass in letzterem Fall eine zentrale Kontrolle kaum noch möglich ist; technisch werden andere Wege beschritten werden müssen, um derartige Systeme zu kontrollieren. Allerdings spielt diese Unterscheidung mehr bei der Frage der Verantwortlichkeit eine Rolle und weniger bei den hier interessierenden vertragsrechtlichen Fragen.[294] 210

bb) Vertragsinhalte

Die Verträge, die derartigen File-Sharing-Systemen zugrunde liegen, dürften mehrstufig sein. Zunächst einmal geht der Nutzer im oben beschriebenen[295] **zentralistischen System** mit dem Anbieter des Portals einen Vertrag ein, der ihm den **Zugang zu den Informationen** auf dem zentralen Server über Musikstücke und andere Nutzer ermöglicht. Dieser Vertrag dürfte analog den obigen Ausführungen[296] zum Zugang zu Datenbanken ablaufen. Er sollte also Regeln über die Verfügbarkeit, die Bandbreite und die Geschwindigkeit der Datenübertragung enthalten, wobei alle obigen Ausführungen zur Konkretisierung dieser Leistungsparameter gelten.[297] 211

---

[292] Nicht zu verwechseln mit den Peering-Vereinbarungen der Backbone-Betreiber. Dazu vgl. *Moritz/Dreier/Petri/Glöckel* B, Rdnr. 156ff.

[293] Dies war z.B. die wesentliche Frage im mittlerweile berühmten Napster-Verfahren. vgl. zum Napster-Verfahren statt aller *Kreutzer,* GRUR 2001, 193 und 307; *Nimmer,* CR 2001, 46 jeweils m.w.N. und allg. zur Haftung *Dustmann,* passim.

[294] Zur Funktionsweise und zu einem Überblick über existierende File-Sharing-Systeme vgl. http://www.zeropaid.com [abgerufen am 25. 8. 2001].

[295] Rdnr. 210.

[296] Rdnr. 184ff.

[297] Vgl. oben, Rdnr. 186 und allg. zum Access-Provider-Verlag, Rdnr. 95ff.

Dennoch wird diese Konkretisierung hier eine eher untergeordnete Rolle spielen, da die Systeme **ohne geldliche Gegenleistung** arbeiten. Die Gegenleistung besteht vielmehr darin, dass der Nutzer seinerseits Daten zum „Tausch" mit anderen Nutzern anbietet. Es ist jedoch nicht zwingend, Dateien zum Tausch verfügbar zu machen. Der Zugang zum Netz und die weitere Nutzung sind davon unabhängig.[298]

212 Bei **dezentral organisierten Systemen** entfällt diese Stufe der Verträge zwischen Nutzer und Systembetreiber. Denn z. B. das Gnutella-Netzwerk gründet sich allein auf einer bestimmten Software bzw. eines darin enthaltenen Protokolls. Über die installierte Software wird der Nutzer direkt mit einem anderen Nutzer verbunden, der gerade online ist und auf Grund bestimmter Funktionen der Software gefunden wird. Über diesen Nutzer wiederum wird die Anfrage des Nutzers an alle anderen Rechner weitergeleitet, die gerade online sind.

213 Es schließt sich dann ein Vertrag mit dem anderen Nutzer über den **Austausch von Daten** an, der wiederum eher dem unten beschriebenen klassischen Austauschvertrag[299] entspricht, allerdings bezogen auf immaterielle Güter und Daten. Inhalt dieses Vertrages ist die Übermittlung von Daten, **ohne** dass hierfür eine direkte **Gegenleistung** erhoben wird. Es handelt sich mithin um einen klassischen Schenkungsvertrag, der nach §§ 516 ff. BGB zu betrachten ist – soweit internationale Sachverhalte vorliegen zumindest für den Fall, dass deutsches Recht nach Art. 27 ff. EGBGB anwendbar ist.

214 Der **Begriff** Musik*tausch*börse für derartige Systeme ist also eher **irreführend,** da er die moralische Verpflichtung des Nutzers zum seinerseitigen Einstellen eigener Daten, also die oben beschriebene Gegenleistung, mit der zweiten Vertragsstufe der Nutzer untereinander, vermengt.

cc) Urheberrechtliche Grenzen des „Tausches"

215 Auch die Nutzer derartiger File-Sharing-Systeme – nicht nur die Betreiber[300] – geraten möglicherweise in Konflikt mit dem Urheberrecht. Bis zur Umsetzung der neuen EU-Richtlinie über das Urheberrecht in der Informationsgesellschaft[301] galt allein § 53 Abs. 1 UrhG a. F., der eine **Vervielfältigung zum privaten Gebrauch** gestattete.[302] Die Norm wurde von einigen allerdings – wie oben ausgeführt[303] – teleologisch (nicht ohne gute Argumente) reduziert. Das Downloading begegnete also schon bislang Grenzen.[304] Die Vervielfältigung zum Angebot in derartigen File-Sharing-Systemen war und ist nicht mehr von § 53 Abs. 1 UrhG gedeckt, da dieser das öffentliche Angebot derartiger Kopien nicht erlaubt.[305] Auch einer erst nur „für sich" gemachten Kopie, die dann später beispielsweise in Napster eingestellt wird, stand und steht § 53 Abs. 6 UrhG entgegen. Umstritten war allein, ob die Vervielfältigung bei Herunterladen einer rechtswidrigen eingestellten Datei von § 53 UrhG gedeckt ist. Wie oben ausgeführt,[306] sprach viel dafür, § 53 UrhG teleologisch zu reduzieren und ein Verbot anzu-

---

298 *Kreutzer,* GRUR 2001, 193 (195).

299 Rdnr. 220 ff.

300 Zu diesen vgl. oben, Rdnr. 209 und die dortigen Nachw.

301 Vgl. zu dieser § 1, Rdnr. 69 und § 8, Rdnr. 24 ff.

302 Zu dem hier diskutierten Problem ausführlich aus Schrankensicht des Urheberrechts auch § 8, Rdnr. 155 ff.

303 Vgl. Rdnr. 198.

304 So auch *Schäfer* in FS Nordemann 191 ff.; a. A. *Kreutzer,* GRUR 2001, 193 (200).

305 Allg. M.: *Fromm/Nordemann,* § 53, Rdnr. 13; *Kreutzer,* GRUR 2001, 200; *Braun,* GRUR 2001, 1106 (1107).

306 Rdnr. 198 m. w. N.

nehmen. § 53 stellt in seiner neuen Fassung klar, daß die Privatkopie auch für digitale Träger geöffnet ist. Die Medienindustrie opferte an dieser Stelle im Laufe des Gesetzgebungsverfahrens ihre Auffassung, daß § 53 UrhG die digitale Privatkopie nicht zuläßt.[307] Erst durch eine Änderung, die noch im Vermittlungsausschuß eingefügt wurde, ist endgültig geklärt, daß jedenfalls die aus offensichtlich illegaler Quelle stammende Kopie keine Grundlage für eine rechtmäßige Privatkopie sein kann.[308] § 53 Abs. 1 Satz 1 UrhG in seiner neuen Form lautet: „*Zulässig sind einzelne Vervielfältigungen eines Werkes durch eine natürliche Person zum privaten Gebrauch auf beliebigen Trägern, sofern sie weder unmittelbar noch mittelbar Erwerbszwecken dienen und soweit nicht zur Vervielfältigung eine offensichtlich rechtswidrige Vorlage verwendet wird.*" Der dem Urheberrechtsgesetz bislang fremde Begriff der „Vorlage" dürfte dabei weiter sein, als der Begriff physischer Vervielfältigungsstücke. Man könnte hierunter mit Blick auf Sinn und Zweck dieser Änderung jedwede Quelle, die zur Herstellung von Vervielfältigungsstücken dienen kann, verstehen. Das neue Gesetz (sog. korb I)[309] hat dieses Thema also in letzter Minute noch geregelt; die eigentliche viel streitigere Frage zum Verhältnis von Pauschalabgaben zu individuellen Vergütungen im Rahmen des § 53 UrhG bleibt aber dem „korb II" vorbehalten.

Angesichts dieses partiellen Verbots dürften Peer-to-Peer-Verträge, die sich nicht 216
im Rahmen des neuen § 53 UrhG halten, generell **wegen § 134 BGB nichtig** sein. Die Peer-to-Peer Verträge stehen an dieser Stelle in enger Verknüpfung mit den unten behandelten technischen Schutzsystemen sowie elektronischen Lizenzierungssystemen,[310] denn derartige Systeme scheinen die einzige absehbare Möglichkeit, die technisch sonst kaum greifbaren dezentralen Peer-to-Peer Modelle urheberrechtlich „in den Griff zu bekommen".[311]

2. Verträge über Zuordnungsveränderungen

a) Verträge über die Beschaffung eines Domainnamens

Was in Zeiten des Wirtschaftswunders nach dem Zweiten Weltkrieg die eigene 217
Telefonnummer war, wird zunehmend in Zeiten des Internet-Booms der eigene Domainname. Da die dem Internet eigentlich zugrundeliegenden IP-Nummern[312] nicht einprägsam genug sind, hat sich der alphanumerische Domainname zur Identifikation von Webseiten durchgesetzt. Mehr und mehr Unternehmen[313] und zunehmend auch Einzelpersonen registrieren sich ihren eigenen Domainnamen und halten hierunter Werbung, Informationen oder auch einfach nur mehr oder wenig Nützliches für den geneigten Interessenten vor.

In der Regel im Rahmen von Leistungspaketen größerer Internet-Service-Provider 218
sind auch derartige Verträge[314] über die Beschaffung eines Domainnamens enthal-

---

[307] Vgl. zu dieser Auffassung des § 53 UhrG: *Schäfer* in FS Nordemann, aaO., S. 191, 195.

[308] Der Bundesrat hatte zuvor versucht, nicht nur § 53 UrhG zu ändern: BR-Drs. 271/1/03 und BT-Drs. 15/1066.

[309] § 1, Rdnr. 69.

[310] Rdnr. 250ff.

[311] So auch der Global Business Dialog on Electronic Commerce (GDBe) in seinen Tokyo Recommendations, September 13–14, 2001, S. 51, 58ff.

[312] Vgl. zur zugrundeliegenden Technik oben § 1, Rdnr. 30ff. und *Nordemann/Czychowski/Grüter*, NJW 1997, 1897, 1898.

[313] Vgl. zur Bedeutung der eigenen Domainnamen für Unternehmen die Zahlen oben § 6, Rdnr. 2ff.

[314] Vgl. hierzu auch *Spindler/Schuppert*, Teil VI; *Kröger/Gimmy/Sengpiel/Klett/Gottschalk*, Kap. 8, S. 243ff.; *Schwarz/Bräutigam*, 16–21. innerhalb des allg. „Provider-Vertrages".

ten. Es gibt aber auch Anbieter, die dies gesondert leisten. Man könnte den Vertrag durchaus vergleichen mit dem Auftrag an einen Rechtsanwalt, eine Marke beim Deutschen Patent- und Markenamt anzumelden, auch wenn die **Rechtsqualität eines Domainnamens** keinesfalls abschließend geklärt ist.[315] An dieser Stelle soll zunächst auch nur der Vertrag zwischen Endkunden und Anbieter betrachtet werden, nicht der zwischen Provider und der jeweiligen Registrierungsstelle.[316]

219 Wir hatten oben bereits dargestellt, dass bei der Registrierung von Domainnamen regelmäßig mindestens drei Personen beteiligt sind, deren Rechtsbeziehungen einer rechtlichen Zuordnung bedürfen. Wir wollen hier nur das wichtigste zusammenfassen: Eine Registrierung von Second-Level Domainnamen direkt bei der jeweiligen Registrierungsstelle (z.B. DENIC) ist für den Internetnutzer normalerweise nicht möglich.[317] Als Dritter kommt der Serviceprovider hinzu, der die Eintragung des Domainnamens vermittelt. Es entsteht damit ein Dreieck vertraglicher Beziehungen. Der Domainnameninhaber und die Registrierungsstelle sind durch den **Domainnamen-Registrierungsvertrag** verbunden. Hinzu kommt der durch entsprechende Beauftragung des Domainnameninhabers mit dem Serviceprovider abgeschlossene **Vermittlungs- und Pflegevertrag.** Das Rechtsverhältnis zwischen der Registrierungsstelle und dem Serviceprovider bestimmt sich maßgeblich durch das Statut bzw. die vertraglichen Beziehungen (mit) der jeweiligen Registrierungsstelle und das sich daraus ggfs. ergebende **Mitgliedschaftsverhältnis.** An dieser Stelle wollen wir die Details dieser Vertragsbeziehungen nicht vertiefen und verweisen auf die obigen Ausführungen.[318]

b) Sonstige Verträge über die Zuordnungsveränderung von Daten (z.B. das Herunterladen von Daten aus dem Internet – Exkurs in das Urhebervertragsrecht)

220 Der reine Vertrag über Zugang hat sich noch nicht überall durchgesetzt und wird sich auch nicht ausschließlich verwirklichen lassen. Verträge über die Zuordnungsveränderung von Daten aus dem Internet zur weiteren Nutzung dürften daher nach wie vor eine große Rolle spielen. Da es hier in der Regel – neben den eben dargestellten Domainnamenverträgen oder sonstigen Kennzeichenverträgen – vor allem um urheberrechtlich relevante Sachverhalte geht, werden wir an dieser Stelle – in Abweichung von unserer allgemeinen Regel, nur die Internet-Besonderheiten darzustellen – einen **Exkurs in das Urhebervertragsrecht** unternehmen.[319] Wir sind der Auffassung, dass es dieser kursorischen Erläuterung bedarf, da anderenfalls die nachfolgenden Bezüge schwer verständlich wären. Dabei stellen wir an dieser Stelle allerdings nur das **„individuelle"** Urhebervertragsrecht dar. Das **„kollektive" Urhebervertragsrecht der Verwertungsgesellschaften** findet sich an anderer Stelle.[320]

---

[315] Vgl. *OLG Köln* CR 2002, 832: keine Sachqualität; *LG Essen,* CR 2000, 247, das den Domainname-Namen als Rechtsinstitut suigeneris, vergleichbar einer Lizenz, einordnet, Domainname-Namen allerdings für pfändbar hält und für verkaufbar sowie vermietbar und versteigerbar, womit sie als übertragbares Recht zu gelten haben und einen eigenen wirtschaftlichen Wert darstellen. *LG München I,* MMR 2000, 565 hingegen hält eine Pfändung für unzulässig, wenn dadurch das Namensrecht gem. § 12 BGB verletzt wird; vgl. auch *Palandt/Heinrichs,* § 12, Rdnr. 10.

[316] Dazu vgl. oben § 6, Rdnr. 14ff.

[317] Zu Ausnahmen vgl. § 6, Rdnr. 14.

[318] § 6, Rdnr. 14ff.

[319] Vgl. zum Folgenden insbesondere *FS Schricker,* passim; *Schricker/Schricker,* Vor §§ 28ff., Rdnr. 1ff.; *Dietz,* passim; aus Anwaltssicht auch *Hasselblatt/Nordemann/Czychowski,* § 36, Rdnr. 20ff.

[320] § 8, Rdnr. 182ff.

aa) Allgemeines/Einführung in das Urhebervertragsrecht

221 Das Urhebervertragsrecht ist begrifflich nicht festgelegt. Manche verstehen darunter alle diejenige Verträge, die ein urheberrechtlich geschütztes Werk oder eine leistungsschutzrechtlich erfasste Leistung zum Gegenstand haben. Wir wollen die Unterscheidung von *Dietz* für die weiteren Ausführungen zu Grunde legen: Danach erfasst das sogenannte **„primäre Urhebervertragsrecht“** alle Verträge, an den mindestens ein Urheber oder Leistungsschutzberechtigter als eine Vertragspartei beteiligt ist, während das „sekundäre Urhebervertragsrecht“ die Vertragsbeziehungen ausschließlich unter Werkverwertern regelt.[321] Die einführende Darstellung des Urhebervertragsrechts ist im Wesentlichen beschränkt auf die Ebene des primären Urhebervertragsrechts, da nur hier die urheberrechtlichen Besonderheiten auftreten. Bei den Vertragsgestaltungen in besonderen Bereichen wird an einzelnen Stellen auch auf das sekundäre Urhebervertragsrecht eingegangen, sofern dies notwendig erscheint.

222 Das Urhebervertragsrecht birgt nicht unerheblichen sozialen „Sprengstoff“. Vielleicht ist dies einer der Gründe, warum es trotz fortdauernder amtlicher Bekundungen[322] erst kürzlich kodifiziert wurde.[323] Es ist, vergleichbar mit dem Arbeitsrecht, durch eine Unzahl von Gerichtsentscheidungen judikativ geprägt.

223 Das Urhebervertragsrecht steht zudem unter dem Brennglas des **Widerstreits zwischen** Interessen der Werkeverwerter an einer möglichst kostengünstigen, umfassenden Nutzung urheberrechtlich geschützter Werke und den Interessen der Urheber an Integrität und Hoheit über das Werk sowie angemessener Vergütung für alle Nutzungen des Werkes. Die rechtspolitische Diskussion um eine Kodifizierung des Urhebervertragsrechts ist dem bundesdeutschen Urheberrechtsgesetz von Anbeginn immanent; sie wurde sogar bewusst in die amtliche Begründung aufgenommen.[324] Sie gewann in letzter Zeit neue Kraft, nachdem das **Bundesjustizministerium** sich positiv zu einer Reform des Urhebervertragsrechts geäußert hat und sich einen Entwurf von *Dietz, Loewenheim, W. Nordemann, Schricker* und *Vogel* zu eigen gemacht hat.[325] Die **Europäische Union** hingegen hat dem Bereich des Urhebervertragsrechts trotz ihrer umfassenden Richtlinien-Politik im allgemeinen Urheberrecht bislang wenig Beachtung geschenkt. Soweit die Richtlinien urhebervertragsrechtliche Regelungen enthalten, die man in der Beratungspraxis beachten muss, werden diese an den jeweiligen Stellen dargestellt.

224 Aufgrund der lange Zeit nur **rudimentären gesetzlichen** Regelung ist das Urhebervertragsrecht wie kaum ein anderes Rechtsgebiet von Verträgen geprägt. Hieran wird sich auch durch die gesetzliche Neugestaltung vermutlich wenig ändern. Ne-

---

321 *Dietz,* S. 1 f.

322 Vgl. die Nachweise bei *Schricker/Schricker,* Vor §§ 28 ff. Rdnr. 1–3.

323 Gesetz zur Stärkung der vertraglichen Stellung von Urhebern und ausübenden Künstlern vom 22. 3. 2002, BGBl. 2002, I S. 1155.

324 Amtl. Begr. zum Entwurf eines Gesetzes im Urheberrecht und verwandte Schutzrechte (Urheberrechtsgesetz) der Bundesregierung vom 23. 3. 1962, BT-Drs. IV, 270, dazu *Ulmer,* S. 389 f.; *Dietz,* S. 3; *Dietz* in *FS Schricker* S. 6 f.; *Nordemann,* GRUR 1999, 1 ff. und die zahlreichen weiteren Nachweise bei *Schricker/Schricker,* Vor §§ 28 ff., Rdnr. 1–2.

325 Vgl. die Pressemitteilung 35/2000 v. 22. 5. 2000 des Bundesministeriums der Justiz; *Däubler-Gmelin,* ZUM 1999, S. 265 ff., und der Entwurf eines Gesetzes zur Stärkung der vertraglichen Stellung von Urhebern und ausübenden Künstlern, abgedruckt in GRUR 2000, 765 m. Stellungnahme *Däubler-Gmelin,* GRUR 2000, 764.

ben Tarifverträgen für angestellte Urheber[326] und seit der Einführung des § 12a TVG für arbeitnehmerähnliche Personen[327] spielen Normverträge, Vertragsmuster und sog. Empfehlungen eine große Rolle. Hinzu werden in Zukunft sog. gemeinsame Vergütungsregeln nach § 36 UrhG n.F. treten, die ein kollektivrechtliches Instrumentarium in das Urhebervertragsrecht einführen.

225 Geregelt ist der Kern des Urhebervertragsrechts in den **§§ 31–43 UrhG,** im **Verlagsgesetz** und ausschnittsweise auch im Wahrnehmungsgesetz. Dabei begegnet einem bei diesen Regeln sogleich die wesentliche Besonderheit des Urhebervertragsrechts. Die Regeln betreffen nur das Verfügungsgeschäft, also die eigentliche Einräumung der sogenannten Nutzungsrechte. Das zugrundeliegende Verpflichtungsgeschäft regeln sie nicht, es richtet sich vielmehr nach allgemeinen Regeln des BGB. Diese Dualität spiegelt sich jedoch kaum in der Vertragspraxis wieder.[328]

226 Rechtsdogmatisch ist das Urheberrecht unter Lebenden nicht übertragbar (**§ 28f. UrhG**), das Gesetz kennt vielmehr nur eine Belastung des Hauptrechts mit sogenannten Nutzungsrechten.[329] Welchen **Grenzen diese Einräumung von Nutzungsrechten** im primären Urhebervertragsrecht unterliegt, soll im Folgenden[330] überblicksartig dargestellt werden. Erwähnt werden soll an dieser Stelle bereits, dass auch rein schuldrechtliche Gestattungen zum Werkgebrauch denkbar sind, ohne dass Nutzungsrechte per Verfügung eingeräumt werden.[331]

227 Zu guter Letzt seien noch die **Geschäfte über Urheberpersönlichkeitsrechte** genannt, die bei einzelnen Verträgen – insbesondere im Foto- oder Designbereich – eine gewisse Rolle spielen, aber keinen Internet-spezifischen Bezug haben. Grundsätzlich sind Urheberpersönlichkeitsrechte, wie Persönlichkeitsrechte allgemein, nicht übertragbar. Dennoch setzt das Urheberrechtsgesetz selbst voraus, dass Rechtsgeschäfte über Urheberpersönlichkeitsrechte möglich sind, so etwa bei der Gestattung zur Erstveröffentlichung (vgl. § 12 UrhG). Weder Dogmatik noch Grenzen der Zulässigkeit solcher Rechtsgeschäfte sind abschließend geklärt.[332]

bb) Kursorischer Überblick über die einzelnen Regelungen des allgemeinen Urhebervertragsrechts

228 Das deutsche Urhebervertragsrecht kennt keine **Einschränkung des Vertragsgegenstandes** oder der **beteiligten Parteien.** Es herrscht insoweit Vertragsfreiheit.[333] Einzig die Verwertungsgesellschaften unterliegen dem sog. Abschlusszwang; sie können sich ihre Vertragspartner nicht aussuchen. Dieser Abschlusszwang ist geregelt in § 11 Wahrnehmungsgesetz (WahrnG). Auch der **Vertragsschluss** ist im deutschen Urhebervertragsrecht in der Regel nicht formpflichtig. Nur bei Verträgen über künftige Werke ist Schriftform erforderlich (§ 40 UrhG). Hinzu kommt, dass

---

326 Vgl. dazu allg. *Vogel* in *FS Schricker* S. 117 und unten, Rdnr. 62.

327 Vgl. dazu überblicksartig *Schricker/Schricker,* Vor §§ 28ff., Rdnr. 5 m.w.N. und unten, Rdnr. 62.

328 Vgl. hierzu vielmehr *Schricker/Schricker,* Vor §§ 28ff., Rdnr. 24ff. (43ff.), 58ff.; *Götting* in *FS Schricker* S. 53 (69.)

329 Zur Dogmatik vgl. *Ulmer* S. 53 (64ff.) und allgemein *Götting* in *FS Schricker* S. 92; *Schricker/Schricker,* Vor § 28ff., Rdnr. 17ff.

330 Rdnr. 230ff.

331 Vgl. hierzu *Schricker/Schricker,* Vor §§ 28ff., Rdnr. 25ff.

332 Vgl. *Schricker/Schricker,* Vor § 12ff., Rdnr. 26ff.

333 Zur Vertragsfreiheit als Ausgangspunkt mit dem Urheberrecht als „Schutz der Schwächeren" vgl. *Götting* in FS *Schricker* S. 53 (58ff.)

die Übertragung von Nutzungsrechten im sekundären Urhebervertragsrecht als Verfügung, nicht aber die Verpflichtung hierzu, nach § 34 UrhG zustimmungsbedürftig ist.

Die **Einbeziehung von Allgemeinen Geschäftsbedingungen** unterliegt im deutschen Urhebervertragsrecht keinen Besonderheiten. Allerdings hat die Rechtsprechung, zumindest in früheren Jahren, Allgemeine Geschäftsbedingungen im Urheberrecht nur einer sehr zurückhaltenden Inhaltskontrolle unterzogen, die vielfach auf Kritik gestoßen ist.[334] Dies ist nicht die Stelle, auf diese rechtspolitische Diskussion einzugehen. Es soll nur erwähnt werden, dass § 11 UrhG n. F. an dieser Stelle möglicherweise eine Änderung beschleunigt. Hier bleibt auch nicht der Platz, die einzelnen, möglicherweise unwirksamen Klauseln darzustellen.[335] 229

Einer der Kernpunkte des Urhebervertragsrechts – auch im Internet – ist die Frage, welche **Arten von Befugnissen** der Urheber einräumen kann, wie weit Nutzungsrechte **aufspaltbar sind.** § 31 UrhG spricht von räumlichen und zeitlichen und inhaltlich beschränkten einfachen und ausschließlichen Nutzungsrechten.[336] Zentraler Begriff ist dabei der der **Nutzungsart.** Dieser wird als wirtschaftlich zu bestimmender Begriff verstanden, der einen Ausschnitt oder das ganze Verwertungsrecht nach § 15 UrhG betrifft. Dabei kennt das Urhebervertragsrecht, anders als das Sachenrecht, keinen numerus clausus der möglichen gegenständlichen Rechte.[337] Rechtsprechung und Literatur ziehen allerdings im Interesse der Verkehrsschutzes gewisse Grenzen, die nur solche gegenständlichen Nutzungsrechte zulassen, die nach der Verkehrsauffassung hinreichend klar abgrenzbare, wirtschaftlich/technisch einheitliche und selbstständig sich abzeichnende Nutzungsarten betreffen.[338] Hieraus ergibt sich für die Vertragspraxis der Kern des Urhebervertragsrechts, der uns im Folgenden bei den einzelnen Vertragstypen noch detailliert begegnen wird. Es deutet sich an dieser Stelle an, dass das Internet und die damit einhergehende Möglichkeit des Digital Rights Managements dazu führen, dass technisch und wirtschaftlich eine zunehmende Zersplitterung von Nutzungsvorgängen ermöglicht wird. Dies sind in der Regel dann Nutzungsvorgänge, die in der „Offline-Welt" nicht als eigenständige Nutzungsart begriffen werden. Es bleibt abzuwarten, ob die Rechtsprechung hierauf reagiert und neue Nutzungsarten „zuschneidet".[339] 230

Zeitliche Befristungen sind üblich und eingeführt; ebenso **inhaltlich-quantitative Beschränkungen,** etwa solche der Auflagenzahl. Bei der **räumlichen Beschränkung** beginnen die Schwierigkeiten. Territoriale Segmentierung ist, nicht zuletzt auf Grund des allgemeinen, im gewerblichen Rechtsschutz geltenden Territorialitätsprinzips, möglich. Innerhalb eines Staates wird, zumindest bei Verträgen über 231

---

334 Vgl. statt aller *Schricker/Schricker,* Vor §§ 28 ff., Rdnr. 10 ff.; *Fromm/Nordemann/Hertin,* Vor § 31, Rdnr. 30.

335 Dazu *Schricker/Schricker,* Vor §§ 28 ff., Rdnr 10 ff.

336 Vgl. im Einzelnen hierzu aus Anwaltssicht *Hasselblatt/Nordemann/Czychowski,* § 36, Rdnr. 35 ff.

337 *Ulmer,* S. 361 ff.

338 St. Rspr. *BGH* GRUR 1991, 133 (136) – Videozweitauswertung; *BGH* GRUR 1997, 464 (465) – CB-Infobank II; vgl. statt aller *Schricker/Schricker,* Vor §§ 28 ff., Rdnr. 52. m. w. N.; allerdings lässt sich erkennen, dass der BGH möglicherweise den Begriff der Nutzungsart i. S. d. § 31 Abs. 4 und den des Abs. 5 UrhG geringfügig anders zuschneidet: BGH GRUR 1997, 215 – Klimbim.

339 Vgl. Rdnr. 259.

Werkstücke, eine Aufspaltung jedoch abgelehnt.[340] Eine Einschränkung einer Taschenbuchlizenz nur für Hessen dürfte also eher nicht möglich sein. Soweit Aufführungsrechte für Theaterstücke betroffen sind, wird allerdings auch eine regionale oder gar örtliche Aufspaltung zugelassen – also z. B. das Aufführungsrechte für „Das Phantom der Oper" nur in Stuttgart; ebenso bei Rundfunksendungen. Auch im Design hat sich dies durchgesetzt.[341] Gerade in letzterem Geschäftsfeld ist es durchaus üblich und wünschenswert, kleineren Unternehmen – etwa einem Bäcker – nur lokal begrenzte Nutzungsrechte für ihr Logo einzuräumen, während nachverhandelt werden muss, wenn dieser Bäcker sich als Bäckerei-Kette über die Bundesrepublik ausbreitet. Im Internet wird eine territoriale Segmentierung unterhalb der Staatenebene kaum möglich sein.

232 Schwierig ist oftmals die **inhaltliche Beschränkung** der Nutzungsrechte. Es würde zu weit führen, die von der Rechtsprechung anerkannten Aufspaltungen hier aufzuführen.[342] Als Beispiel mag der Buchhandel gelten: Dort haben sich Beschränkungen der Nebenrechte des Verlagsrechts (Vervielfältigung und Verbreitung) etabliert, die etwa eine Taschenbuchlizenz betreffen oder Buchclubausgaben; auch Vorabdrucke in Zeitungen sind als eigenständige inhaltliche Beschränkung anerkannt. All diese bilden einen der wesentlichen Wirtschaftsfaktoren des Urhebervertragsrechts, kann man mit diesen Beschränkungen doch den Vertrieb bzw. die Rechtevergabe gezielt lenken und jeweils dem Partner die Rechte zuteilen, von dem der Inhaber denkt, dass der jeweilige Partner sie am gewinnbringendsten verwertet. An dieser Stelle werden also die oben[343] aufgeworfenen Fragen der zunehmenden Aufspaltung von Nutzungsarten im Internet entschieden.

233 Sodann kennt das Urhebervertragsrecht eine Reihe von **Regeln für die Auslegung** von Verträgen. Überragende Bedeutung kommt hier insbesondere der **Zweckübertragungsregel** zu, die in § 31 Abs. 5 UrhG – nunmehr geringfügig modifiziert – Gesetzesform gefunden hat. Sie regelt, dass bei Zweifel über den Umfang der Einräumung von Nutzungsrechten der Zweck des Vertrages für dessen Auslegung entscheidend ist. Die Rechtsprechung hat hierzu, auch schon vor der Geltung des Urheberrechtsgesetzes, die urheberfreundliche Auslegung entwickelt, dass das Urheberrecht gleichsam die Tendenz habe, soweit wie möglich beim Urheber zurückzubleiben.[344] Die Zweckübertragungsregel ist der Grund, warum in der Vertragspraxis sich oft seitenweise Auflistungen von einzelnen Nutzungsarten bzw. Nutzungsrechten finden, denn die Verwerter haben natürlich recht bald erkannt, dass man die urheberfreundliche Regel des § 31 Abs. 5 UrhG dadurch umgehen kann, dass man möglichst detailliert alle Rechte auflistet; dies nennt man dann die sogenannte Spezifizierungslast.

234 Neben § 31 Abs. 5 UrhG ist die **Regel über unbekannte Nutzungsarten** im § 31 Abs. 4 UrhG einer der wesentlichen Grundpfeiler des Urhebervertragsrechts. Nach ihr sind Verträge über zum Zeitpunkt des Vertragsschlusses noch nicht bekannte

340 Vgl. statt aller *Schricker/Schricker,* Vor §§ 28 ff., Rdnr. 54 m. w. N.; *Fromm/Nordemann/Hertin,* Vor § 31, Rdnr. 5.

341 Vgl. den Vergütungstarifvertrag für Designleistungen zwischen den AGD und den SDSt, abgedruckt im *dtv/Beck-Band* Urheberrecht.

342 Vgl. die umfangreichen Nachweise bei *Schricker/Schricker,* Vor §§ 28 ff., Rdnr. 25 ff. und *Fromm/Nordemann/Hertin,* Vor § 31, Rdnr. 5ff.

343 Rdnr. 230.

344 *BGH* GRUR 1979, 637 (539) – White Christmas; zurückgehend auf *Ulmer,* S. 351 f.

Nutzungsarten unwirksam. Beispielhaft sei hier die Videoverwertung von alten Filmen[345] oder das Zurverfügungstellen von Inhalten auf einer Internet-Homepage im World Wide Web genannt, über das Ende der Achtziger/Anfang der Neunziger Jahre sicherlich noch keine Verträge geschlossen werden konnten.[346] Für § 31 Abs. 4 UrhG spielt neben dem Begriff der Nutzungsart insbesondere die Frage eine Rolle, ab wann eine solche „bekannt" ist. Dies wird zu Recht aus Urhebersicht zu beurteilen sein, dabei anhand der „einschlägigen Kreise"[347] oder durchschnittlichen Urheber.[348] Der *BGH* definiert die Bekanntheit wie folgt: Die Nutzungsart muss sich als **technisch möglich** und **wirtschaftlich relevant** abzeichnen, auch wenn die Praktizierung noch in den Anfängen steckt.[349] Dabei muss sich die Nutzungsart als wirtschaftlich bedeutsam und verwertbar darstellen.[350] Schwierig hierbei ist das sogenannte **„Risikogeschäft"**; also ein Rechtsgeschäft zu dem Zeitpunkt, an dem eine bestimmte Nutzungsart sich zwar abzeichnet, aber nach der Rechtsprechung noch wirtschaftlich bedeutungslos ist. Sofern eine solche Nutzungsart konkret bekannt ist, ausdrücklich vereinbart wurde und von den Vertragspartnern erörtert und damit zum Gegenstand von Leistung und Gegenleistung gemacht wurde, kann sie als bekannte Nutzungsart i. S. d. § 31 Abs. 4 UrhG gelten.[351] Diese enge Auffassung ist zu Recht auf Kritik gestoßen, da sie nicht nur die Grenzen des § 31 Abs. 4 UrhG und die deutliche Urheberschutzvorschrift verwischt,[352] sondern auch geschickten Vertragsjuristen Möglichkeiten schafft, § 31 Abs. 4 UrhG zu umgehen.

Darüber hinaus haben sich in der Vertragspraxis an dieser Stelle Klauseln einge- 235
übt, die für solche unbekannten Nutzungsarten dem Verwerter eine **Option** einräumen, nach der der Urheber ihm solche Nutzungsarten zu angemessenen Konditionen einräumen muss. Derartige Klauseln dürften in aller Regel wirksam sein, wenn der Urheber angemessen an einer solchen Nutzung beteiligt ist. Hat er hingegen bereits zu Beginn alle Rechte gegen eine einmalige Pauschalzahlung abgetreten, wird man Zweifel an der Wirksamkeit einer solchen Klausel haben dürfen.

Schließlich sind die Regeln und Usancen über die **Vergütung** eine der entschei- 236
denden Ansatzpunkte für urhebervertragsrechtliche Vorschriften. *Dietz* bezeichnet sie zu recht als zentrales Problem.[353] Der Regelung ist jedoch eine Entscheidung vorgelagert: Über Annahme oder Ablehnung zur Verwertung des Werkes entscheidet allein der Verwerter. Das Ergebnis dieser Entscheidung ist für den Urheber oft von viel größerer Bedeutung als die Höhe der Vergütung. Hier herrschen die freien Kräfte des Marktes. Sie bringen für Künstler oder Literaten, die sich nur selten gut „verkaufen" können, oft erhebliche Probleme. Ein gesetzlicher Eingriff an dieser Stelle würde dazu führen, den Markt weitgehend zu steuern. Das ginge über die

---

345 Vgl. dazu *BGH* GRUR 1991, 133 (136) – Videozweitverwertung I; *BGH* GRUR 1994, 41 (43) – Videozweitverwertung II; *BGH* GRUR 1995, 212 (214) – Videozweitverwertung III.

346 Vgl. unten, Rdnr. 258 ff.

347 *Schricker/Schricker,* §§ 31/32, Rdnr. 27; *Fromm/Nordemann/Hertin,* §§ 31/32, Rdnr. 10; *Möhring/Nicolini,* § 31, Rdnr. 10.

348 *Schricker/Schricker,* §§ 31/32, Rdnr. 27; *Fromm/Nordemann/Hertin,* §§ 31/32, Rdnr. 10.

349 *BGH* GRUR 1986, 62 (65) – GEMA Vermutung I.

350 *BGH* GRUR 1988, 296 (298) – GEMA Vermutung IV; *BGH* GRUR 1995, 212 (213 f.) – Video-Zweitauswertung III; *BGH* GRUR 1997, 464 (465) – CB infobank II.

351 *BGH* ZUM 1995, 713 (715); *OLG München,* ZUM-RD 1997, 354 (357).

352 *Schricker/Schricker,* §§ 31/32, Rdnr. 27 m. w. N.

353 *Dietz,* S. 13 m. w. N.; *Dietz* in *FS Schricker* S. 29 m. w. N.

Grenzen einer freien Marktwirtschaft hinaus. Zwingende Vergütungsregelungen können aber de facto zu einem ähnlichen Ergebnis führen. Dessen muss man sich bei einer Diskussion über die Vergütungsfrage bewusst sein. Dennoch darf der Urheber nicht beliebig unter einen Mindestvergütungssatz gedrückt werden.

237 Neben der Tendenz der Verwerter, sich Befugnisse zu niedrigen Pauschalsummen oder gegen vernachlässigenswerte Umsatzbeteiligungen übertragen zu lassen, hat sich ein anderer Missstand breitgemacht. Verwerter lassen sich bestimmte **Vergütungsansprüche,** zumeist solche, die durch die Verwertungsgesellschaften geltend gemacht werden, pauschal und ohne Gegenleistung **abtreten.**[354] Dem kann nur mit dem Verbot des Verzichts und der Abtretung dieser Ansprüche an andere Personen als die Verwertungsgesellschaften begegnet werden, wie dies z.B. § 27 Abs. 1 S. 2 UrhG kennt.

238 Vor diesem Hintergrund haben sich in den Urheberrechtsgesetzen Westeuropas zwei grundsätzliche Wege zur **Regelung der Vergütungsfrage** herausgebildet: Die **nachträgliche Korrektur** als ungerecht empfundener Vergütungsregelungen und die Normen über zwingende (Mindest-)Vergütungen. Die deutsche Rechtsprechung vertritt seit langem die Ansicht, dass der Urheber angemessen an den wirtschaftlichen Früchten zu beteiligen ist, die aus seinem Werk gezogen werden.[355] Der *BGH* bezeichnet dies als eine Mindestforderung zum Schutz der materiellen Interessen des Urhebers.[356] Dies zu modifizieren und zudem mit einer zwingenden Beteiligung zu versehen, war eines der wesentlichen Anliegen des o.g. Entwurfes zu einem Änderungsgesetz im Urhebervertragsrecht. Das Bundesverfassungsgericht hat demgemäß das Urheberrecht auch Art. 14 Abs. 1 GG unterstellt und entnimmt diesem die Aussage, dass dem Urheber die vermögenswerten Ergebnisse seiner schöpferischen Leistung zuzuordnen sind.[357] Dennoch gab es in § 36 UrhG bislang nur die **nachträgliche Korrektur** von Vergütungsregeln. In Deutschland hat sich angesichts der restriktiven Haltung zu § 36 UrhG gezeigt, wie schwer es in der Praxis sein kann, Vergütungsansprüche nachträglich durchzusetzen.[358] Deshalb sind Vereinbarungen in Tarifverträgen oder Marktübersichten über **angemessene Honorare** von nicht zu überschätzender Bedeutung für die Praxis. Sie geben Richtlinien für den Vertragsschluss, weisen allzu „knickrige" Verwerter in die Schranken und ziehen im äußersten Fall als „gute Sitten" über § 138 BGB eine Grenze der Ausbeutung.

239 Die **Novelle des Urhebervertragsrechts** hat diese Problemlage aufgegriffen und einen neuen § 32 UrhG eingeführt. Dieser sieht einen Anspruch des Urhebers gegenüber seinem Vertragspartner auf – soweit notwendig – Einwilligung in eine Änderung des Vertrages dergestalt vor, dass eine **angemessene Vergütung** vereinbart wird. Darüber hinaus ist der alte § 36 UrhG, der sog. **Bestsellerparagraph,** dem § 32 UrhG n.F. angeglichen worden, in seinen strengen Voraussetzungen teilweise gelockert

---

[354] *Hubmann,* UFITA 74 (1975) 5; *Nordemann W.,* GRUR 1991, 3.

[355] *RGZ* 123, 317 – Wilhelm Busch; *RGZ* 128, 113 – Schlagerliederbuch; *RGZ* 134, 201 – Schallplattenrechte; *BGH* GRUR 1954, 216 (216) – Lautsprecherübertragung.

[356] *BGH* GRUR 1955, 492 (492) – Grundig-Reporter.

[357] *BVerfG* GRUR 1972, 481 – Kirchen- und Schulgebrauch; *BVerfG* GRUR 1980, 44 – Kirchenmusik.

[358] Vgl. statt vieler *Fromm/Nordemann/Hertin,* § 36, Rdnr. 1ff. und *Dietz* in FS *Schricker* S. 29, der die Vorschrift als mit einem „Makel" behaftet bezeichnet. Der *BGH* hat sich mit § 36 UrhG erstmals 1991, also 25 Jahre nach seinem Inkrafttreten, befasst: *BGH* GRUR 1991, 901ff. – Horoskop-Kalender.

und nun in § 32a UrhG n.F. kodifiziert worden. Das Gesetz trat zum 1. 7. 2002 in Kraft und kennt zum Teil Übergangsregeln für Verträge, die ab dem 1. 7. 2001 geschlossen wurden, deren Rechtenutzung aber erst nach dem 1. 7. 2002 erfolgt.

Ohne auf die Details dieser Novelle an dieser Stelle einzugehen, sei noch angemerkt, dass die Angemessenheit durch **kollektivrechtlich** geprägte Absprachen zwischen Urheber- und Verwerterverbänden über sog. **Gemeinsame Vergütungsregeln** (§ 36 UrhG n.F.) vereinbart werden kann. Den jeweiligen Verbänden, auch im Internet-Bereich, wird also eine neue Aufgabe zuwachsen. Es wäre noch zu früh, diesen in ihrer Struktur u.a. auf *Dietz*[359] zurückgehenden Mechanismus zu würdigen bzw. seine Auswirkungen auf die Praxis darzustellen.[360] Für den Internet-Bereich gibt es, soweit ersichtlich, derartige Absprachen bislang nicht. 240

Zentrale Bedeutung in der Beratungspraxis zum Urhebervertragsrecht hat schließlich die Tatsache, dass es keinen **gutgläubigen Erwerb** von urheberrechtlichen Nutzungsrechten gibt.[361] Dies führt dazu, dass man bei Verträgen peinlich genau darauf achten muss, dass der Vertragspartner auch wirklich Inhaber der Rechte ist. 241

Weitere Folge der fehlenden Möglichkeit eines gutgläubigen Erwerbs ist, dass der Zweiterwerber gegebenenfalls ebenfalls leer ausgeht. Dies führt zu der in Verletzungsfällen angenehmen Situation für den Abmahnenden, dass er den vermeintlichen Zweiterwerber, der nichts Böses ahnt, auf Unterlassung und in der Regel – wegen der strengen Prüfungspflichten – auch Schadensersatz in Anspruch nehmen kann; eine Situation, die in den meisten Fällen eine starke Verhandlungsposition für den Schadensersatz ermöglicht, da der Zweiterwerber sich nicht lange zieren wird, sondern sich diese Position von dem ihn freistellenden Ersterwerber wiederholen wird. Dies ist bei Verhandlungen und bei der Frage, wen man in Anspruch nimmt, immer zu beachten. 242

Nach diesen allgemeinen Regeln über die Inhalte von Urheberrechtsverträgen, nun noch einige vorgeschobene Worte zur **Beendigung von Urheberrechtsverträgen.** 243

Allgemeine Regeln. Vertragsstörungen, die im allgemeinen Zivilrecht mit den neuen Regeln über Pflichtverletzungen (§§ 280ff. BGB; ehemals Unmöglichkeit, Verzug und Schlechtleistung) behandelt werden, spielen im Urhebervertragsrecht eine eher untergeordnete Rolle. Es wäre allerdings wünschenswert, dass bei einem auf so lange Zeit abgeschlossenen Vertrag (die Vertragsdauer kann mehr als hundert Jahre betragen) **Konfliktlösungsmechanismen** eingebaut würden, wie sie heutzutage bei komplexen Großverträgen, insbesondere aus dem EDV-Bereich üblich sind. Dass dies selten der Fall ist, mag an der strukturellen Schwäche der Urheber liegen. Wünschenswert wäre es allemal. An dieser Stelle sei lediglich auf die allgemeine Regel der §§ 280ff. BGB (ehemals speziell § 326 Abs. 1 BGB) hingewiesen, die durchaus dann von Bedeutung sein kann, wenn ein Verwerter seiner Pflicht, die vereinbarte Vergütung zu entrichten, nicht nachkommt. Praktisch relevanter sind die speziellen Regeln zur Beendigung von Urheberverträgen. Verständlicherweise sind es im Wesentlichen die Urheber, die sich meistens wegen persönlicher Zerwürfnisse oder aber aus ihrer Sicht fehlender Verwertungseinnahmen aus den Verträgen lösen möchten. Hier bietet das Urheber- und Verlagsrecht eine ganze Palette von Möglichkeiten, die über die **allgemeinen Regeln der §§ 280ff., 320ff. BGB** hinausgehen. 244

---

[359] *Dietz* in *FS Schricker,* S. 37ff.

[360] Vgl. dazu aber *Nordemann, W.,* Das neue Urhebervertragsrecht, 2002.

[361] St. Rspr. *BGH* GRUR 1952, 530 (533) – Parkstraße.

245 Das Urheberrecht kennt spezialgesetzliche Rücktrittsregeln wie den **Rücktritt nach Verlagsgesetz und BGB.**[362] Darüber hinaus kennt das Urheberrechtsgesetz den **Rückruf.** Es enthält zwei Rückrufregeln, von denen die Erste allerdings recht selten zur Anwendung kommt: § 42 UrhG, nach dem der Urheber seine Nutzungsrechte bei gewandelter Überzeugung zurückrufen kann. Als Ausprägung des urheberrechtlichen Persönlichkeitsrechts ist diese Regel praktisch eher von eingeschränkter Bedeutung. Wichtiger ist das Rückrufsrecht des § 41 UrhG. Danach kann ein Urheber die Nutzungsrechte zurückrufen, wenn seine berechtigten Interessen dadurch erheblich verletzt werden, dass der Inhaber eines ausschließlichen Nutzungsrechts dieses nicht oder nur unzureichend ausübt. Voraussetzung ist allerdings, dass der Verwerter bereits zwei Jahre Zeit hatte, das Nutzungsrecht auszuüben, und ihm eine angemessene Nachfrist zur hinreichenden Ausübung gesetzt wurde.[363] § 41 UrhG ist als zwingendes Recht nicht abdingbar.[364] Schließlich gibt es – wie bei jedem Dauerschuldverhältnis – die **fristlose Kündigung.** Nach den allgemeinen Regeln in § 314 BGB, ehemals §§ 626, 723 BGB analog, hat die Rechtsprechung stets eine fristlose Kündigung von Urheberrechtsverträgen akzeptiert;[365] sie hatte bald erkannt, dass dieser Vertrag als Dauerschuldverhältnis ein Vertrauensverhältnis begründet, das aus wichtigem Grund auflösbar ist.[366] Diese Rolle wird in Zukunft wohl dem neuen § 314 BGB zufallen. Die letzte Beendigungs- bzw. Anpassungsmöglichkeit bei Urheberverträgen ist der sog. **Wegfall der Geschäftsgrundlage** (nunmehr § 313 BGB). Auch er kann Grund zu einer fristlosen Kündigung sein.[367] Er spielt jedoch, ebenso wie die spezialgesetzliche Ausprägung für die Frage der Nachvergütung im Rahmen des § 36 UrhG a.F. (nunmehr § 32a UrhG), bislang nur eine untergeordnete Rolle. Wie im allgemeinen Vertragsrecht, legt die Rechtsprechung auch hier strenge Maßstäbe an; sie fordert, dass eine Anpassung oder Kündigung zur Vermeidung untragbarer, mit Recht und Gerechtigkeit schlechthin nicht vereinbarter und damit der weiteren Zusammenarbeit der Vertragsparteien nicht zumutbarer Folgen unausweichlich erscheinen muss.[368] Ob dieses allgemeine Rechtsinstitut neben dem neuen § 32a UrhG weiterhin Bestand haben wird, dürfte abzuwarten sein.

cc) Beteiligte Personen

246 In der urheberrechtlichen Beratungspraxis – gerade im Internet – gilt es zu beachten, dass ein Werk oftmals nicht alleine geschaffen wird. Der Vertragspartner, der mit Urheber(n) einen Vertrag schließt, aber auch Urheber untereinander, sollten sich darüber klar werden, ob sie mit den Richtigen die richtigen Verträge zur Verwertung des Werkes eingehen. Dafür ist es zunächst entscheidend, die verschiedenen beteiligten Personen und ihre rechtlichen Rollen im Urheberrecht zu kennen. Es

---

362 Vgl. im Einzelnen hierzu *Hasselblatt/Nordemann/Czychowski*, § 36, Rdnr. 46 ff.

363 Das Recht wurde aus dem allgemeinen Rechtsgedanken der §§ 17 und 32 VerlG entwickelt, vgl. amtliche Begründung zu § 41 UrhG BT-Drs. IV/270 S. 60.

364 *Bappert/Maunz/Schricker*, § 32, Rdnr. 9; *Rossbach/Joos* in *FS-Schricker*, S. 355.

365 Zu einem neuen Fall und den Folgen der Beendigung durch fristlose Kündigung vgl. *BGH* AfP 1999, 265 (265 ff.) – Hunger und Durst.

366 *Schricker/Schricker*, §§ 31/32, Rdnr. 20.

367 *Schricker/Schricker* §§ 31/32, Rdnr. 20.

368 *BGH* GRUR 1990, 1005 (1007) – Salomé; kritisch hierzu und zu den sich daraus ergebenden unbefriedigenden Ergebnissen *Fromm/Nordemann/Hertin*, § 36, Rdnr. 3.

sind dies Einzelurheber, Miturheber und Urheber verbundener Werke. Regelungen hierzu finden sich in den §§ 8, 9 UrhG. Sodann sollte man auch über die Besonderheiten des Arbeitnehmerurhebers im Vertragsrecht (§ 43 UrhG) informiert sein, die für den Bereich der Computerprogramme eine wichtige Spezialvorschrift (§ 69b UrhG) enthalten.[369]

Hinzutritt eine weitere, wohl bislang nicht hinreichend gelöste, Problemstellung, 247
die das Internet geschaffen hat: Im Internet finden sich oftmals an verschiedenen Punkten der Erde Menschen zusammen, um ein urheberrechtliches Werk – nach deutschem Recht als Miturheber – zu schaffen. Man denke nur an eine im Internet live aufgeführte Jam-Session oder an online erstellte „Gemälde" von Künstlern aus der ganzen Welt. Nicht nur stellt sich die Frage, welches Recht auf derartige **internationale Konstellationen** anwendbar ist, auch dürfte ungeklärt sein, wie das Verhältnis dieser „Mit"-Urheber untereinander zu verstehen ist?

dd) Besonderheiten des Urhebervertragsrechts im Internet

Die Besonderheiten des Urhebervertragsrechts im Internet liegen weniger in 248
rechtlichen Fragen, als in der neuartigen Struktur der Abwicklung von Urheberrechtsverträgen und den dazu entwickelten technischen Systemen. Derartige Systeme, die wiederum technische Schutzmaßnahmen voraussetzen, stellen im Grunde genommen nichts anderes dar als eine technische Plattform für die Abwicklung herkömmlicher (primärer) Urheberrechtsverträge. Dem Urheberrecht stehen insofern also keine umstürzenden Neuerungen seines Rechtssystems, das wir oben im Allgemeinen Teil des Urhebervertragsrechts beschrieben haben, bevor. Es wird vielmehr das überkommende Vertragswesen auf eine neue technische Grundlage gestellt.[370] Hinzu treten einige sogleich zu beschreibende Änderungen in der Vertragspraxis in Bezug u. a. auf neue Nutzungsarten.

Dabei werden die bereits erwähnten technischen Schutzvorrichtungen[371] eine we- 249
sentliche Voraussetzung für das reibungslose Funktionieren dieses neuen (technisch basierten) Urhebervertragsrechtssystems darstellen. Genau dies hat auch die EU erkannt, wenn sie in den Art. 6 und 7 der Richtlinie über Urheberrechte in der Informationsgesellschaft die Mitgliedstaaten auffordert, technologische Maßnahmen zu schützen und Systeme zur Information der Wahrnehmung der Rechte sicherzustellen.

(1) Elektronische Lizenzierungssystemen und technische Schutzmaßnahmen

All dies bildet den Hintergrund der **elektronischen Lizenzierungssysteme (Digital** 250
Rights Management, kurz: DRM),[372] deren Historie und Funktionalität wir im Folgenden kurz anreißen wollen:

---

369 Vgl. zu alledem oben § 8, Rdnr. 170ff. und *Hasselblatt/Nordemann/Czychowski,* § 36, Rdnr. 52ff.

370 Vgl. hierzu z.B. die Veranstaltungen „Management of Digital Rights" unter http://www.digital-rights-management.de oder die Jahrestagung der Internationalen Urheberrechtsvereinigung ALAI unter http://www.alai2001.org [abgerufen am 1. 2. 2002] sowie *Wand,* S. 7ff.

371 Dazu unter Rdnr. 250ff.

372 Aus wirtschaftlicher Sicht hierzu beispielhaft: *Einhorn,* Digital Rights Managements and Access Protections, An Economic Analysis, http://www.lecg.com [abgerufen am 1. 12. 2001]; *Schmidt,* Diebstahlschutz gesucht: Digital Rights Management, Internet World, 12/2000, S. 34ff. und ein Beispiel aus der Praxis: http://www.dersco.com [abgerufen am 15. 12. 2001]; aus rechtlicher Sicht vgl. *Davies,* GRUR Int. 2001, 915ff. und http://www.digital-rights-management.de [abgerufen am 1. 2. 2002] sowie mittlerweile umfassend: Bechthold, passim und auch § 8, Rdnr. 175ff.

251 Bereits im Zusammenhang mit dem Grünbuch der EU-Kommission über Urheberrecht und verwandte Schutzrechte in der Informationsgesellschaft[373] wurden verschiedene derartiger Copyright Managementsysteme aufgelegt.[374] Eines der ersten Projekte war das sog. CETID- Projekt der EU-Kommission, das im Rahmen der ESPRIT-Förderung durchgeführt wurde und das zusammen mit der International Standardization Organization (ISO) und der WIPO eine umfassende Studie über die technischen und rechtlichen Erfordernisse eines derartigen elektronischen Lizenzierungssystems zusammenstellte.[375] Hieraus ergaben sich weitere Projekte, die erste Anwendungsmöglichkeiten derartiger Systeme untersuchten: Copycat (Copyright Ownership Protection in Computerassistent Training), Copysmart und Talismann (Tracing Authorrights by Labeling Imagservices and Monitoring Access Network) sowie Copearms (Coordinating Project for Electronic Authorrights Management Systems). Auf der Basis dieser Vorarbeiten startete die EU-Kommission, wiederum im Rahmen der ESPRIT-Förderung im November 1995 das IMPRIMATUR-Projekt (Intellectual Multimedia Property Rights Model and Terminology for Universal Reference).[376] Bei diesem Projekt handelte es sich wohl um das international am breitesten angelegte Forschungsvorhaben, das zudem die verschiedenen Interessenseiten (Urheber, Verwerter, Verwertungsgesellschaften) berücksichtigte. Eine der deutsche Beteiligten war die Teles AG, die technisches Know How für derartige Systeme einbrachte.[377] Auf der Basis der Ergebnisse dieses Projektes, das ein Modell für ein elektronisches Lizenzierungssystem, das sogenannte IMPRIMATUR BUSINESS MODELL, ausgearbeitete hatte, laufen mittlerweile mehrere Versuchsprojekte.[378] Derzeit sind wir bereits mitten in der zweiten Phase derartiger DRM-Projekte, ohne dass diese neuen Schutzarchitekturen, wie sie *Bechtold* bezeichnet, hier alle aufgeführt werden könnten.[379]

252 All diese bereits angelaufenen Projekte basieren auf einem **mehrstufigen System,** das wohl auch für zukünftige derartige elektronische Lizenzierungssysteme Gültigkeit behalten wird:

– Zunächst muss das über elektronische Lizenzierungssysteme „gehandelte" urheberrechtlich geschützte Werk eindeutig identifizierbar sein. Hierzu dient der Ausbau international einheitlicher **Identifizierungssysteme des Inhalts,** der zu Beginn derartiger Projekte steht. Uns allen ist die ISBN-Nummer von Büchern oder die ISSN-Nummer von Zeitschriften bekannt. Diese Systeme werden bei der International Organization for Standardization (ISO) koordiniert. Mittlerweile gibt es aber auch bereits eine eindeutige Identifizierung für Aufnahmen auf Tonträgern, den sogenannten International Standard Recording Code (ISRC). Weitere Syste-

373 Vgl. § 1, Rdnr. 51.

374 *Wand,* GRUR Int. 1996, 897 ff.; *Moeschel/Bechthold,* MMR 1998, 571 ff.; vgl. auch die Seite des IMPRIMATUR-Projektes http://www.imprimatur.alcs.co.ok/expert.htm [abgerufen am 20. 2. 2002].

375 Vgl. hierzu und zum Folgenden *Briem,* MMR 1999, 256 (260) m. w. N..

376 Vgl. http://www.imprimatur.alcs.co.uk [abgerufen am 20. 2. 2002].

377 Vgl. http://www.teles.de.

378 Vgl. hierzu *Briem,* MMR 1999, 256 (261) und *Bechtold,* S. 20 f. m. w. N. zu den Projekten, die abrufbar sind z. B. unter http://www.alinari.it, http://www.musictrial.com und http://www.liquidaudio.com [abgerufen am 20. 2. 2002].

379 *Bechtold,* S. 122 ff.

me sind in Vorbereitung.[380] Zusätzlich zu dieser einheitlichen Identifizierungsnummer ist es notwendig, das Werk mit der Angabe des Ortes, an dem das Werk im Internet auffindbar ist, zu verbinden. Diesem Ziel dient z.B. der Digital Object Identifier (DOI), der von der International DOI Foundation in Genf[381] vergeben wird. Das auf diesem DOI basierende System enthält drei Elemente: Die einheitliche Identifizierungsnummer, das Routing-System sowie eine Datenbank. Die DOI-Nummer selbst enthält wiederum zwei Elemente: ein Präfix und ein Suffix. Das Präfix wird dem jeweiligen Verwerter vom Directoring Manager zugeteilt, das Suffix identifiziert den Inhalt und enthält die eben beschriebenen einheitliche Nummerierung auf der Basis der ISBN oder anderer internationaler einheitlicher Nummerierungssysteme.[382] Ganz wesentlich für das Funktionieren diesen ersten Schrittes eines elektronischen Lizenzierungssystems ist, dass das DOI oder ein vergleichbarer Parameter mit einem Routing-System verbunden ist, um das Werk, das an wechselnden Orten im Internet vorhanden sein kann, aufzufinden. Weitere System werden entwickelt, ohne dass sich eines bislang durchgesetzt hätte.[383]

- Nächstes ganz wesentliches Element eines elektronischen Lizenzierungssystems ist eine Technik, die sicherstellt, dass die eben beschriebenen eindeutigen Identifikationssysteme für Werke, aber auch weitergehende Informationen über das Werk mit demselben verbunden werden. Dem dient eine **Identifizierung der Nutzungsbedingungen und der Nutzer.**[384] Zu Recht wird darauf hingewiesen, dass eine derartige Kennzeichnung – wie auch beim DOI – im Idealfall weder durch Filter erkannt, noch durch eine Datenkompression verändert werden kann, sondern zu einem integralen Bestandteil des digitalen Objekts wird.[385] Die Wirklichkeit sieht jedoch anders aus: Derartige digitale Kennzeichnungen sind derzeit wohl noch verhältnismäßig missbrauchsanfällig.[386] An dieser Stelle – aber auch bei den oben genannten Identifizierungssystemen des Inhalts – setzt z.B. Art. 11 WCT bzw. Art. 18 WPPT und die parallelen Normen der entsprechenden EU-Richtlinie ein, der eine wesentliche Änderung oder Entfernung des Identifizierungscodes als Umgehung wirksamer technischer Maßnahmen ansieht. Ein derartiges Handeln dürfte damit auch gegen Art. 6 der EU-Richtlinie Urheberrecht in der Informationsgesellschaft verstoßen. Parallele Vorschriften gibt es in Art. 12 WCT, Art. 19 WPT und Art. 7 der Richtlinie in Bezug auf Informationen für die Wahrnehmung der Rechte.
- Drittes Element des hier beschriebenen elektronischen Lizenzierungssystems ist ein **Schutz der Werke** oder der geschützten Leistungen selber.[387] Hier zeigt sich eines der wesentlichsten Anwendungsfelder der in der Einleitung als eine der

---

380 Vgl. *Briem,* MMR 1999, 256 (257).

381 http://www.doi.org.

382 Zu einem Beispiel einer derartigen DOI vgl. wiederum *Briem,* MMR 1999, 256 (257).

383 Zu den Systemen vgl. *Bechthold,* S. 34 ff.

384 Zu technischen Details vgl. http://www.signumtech.com/technology.htm oder http://www.musiccode.com [jeweils abgerufen am 20. 2. 2002]; vgl. auch allg. *Bechthold,* S. 46 ff.

385 *Briem,* MMR 1999, 256 (258).

386 Vgl. http://www.digital rights-managements.de [abgerufen am 2. 2. 2002]; vgl. auch http://www.cl.cam.ac.uk~fapp2/papers [abgerufen am 2. 2. 2002].

387 Zu Verschlüsselungsverfahren allgemein vgl. § 1, Rdnr. 35 ff.; in diesem Zusammenhang vgl. *Bechthold,* S. 75 ff.

Kerntechnologien beschriebenen Verschlüsselungstechnik. Welche Art der Verschlüsselung sich schlussendlich durchsetzt und ob es überhaupt eine allgemein sinnvolle geben wird, bleibt abzuwarten. Jedenfalls dürfte auch die Verschlüsselung als eine „wirksame technologische Maßnahme" im Sinne des Art. 6 der Richtlinie über das Urheberrecht in der Informationsgesellschaft gelten.

- Letztes Element eines elektronischen Lizenzierungssystem, wie es in der Zukunft das Urhebervertragsrecht im Internet beherrschen wird, ist die **zentrale Datenbank,** gewissermaßen das Kernstück dieses Systems. Die Datenbank enthält nicht nur die Informationen über Werke, sondern auch über Rechteinhaber und – vor allem – über die Bedingungen der Urheberrechtsverträge, also all das, was wir oben zum allgemeinen Urhebervertragsrecht beschrieben haben.[388] Es gibt auch für diesen Bereich der elektronischen Lizensierung verschiedene Projekte, ohne dass eines sich bislang wirklich durchgesetzt hätte.[389] Im engen Zusammenhang mit der Datenbank ist natürlich die schlussendliche Nutzung der Werke über einen Provider zu sehen, der auf der Basis des einheitlichen Nummerierungssystems und der digital gekennzeichneten Werke, die ggfs. verschlüsselt sind, sich die notwendigen Informationen aus der Datenbank herauszieht, um sie dem Nutzer im Wege eines Urheberrechtsvertrages anzubieten.

253 Bei all dem eben beschriebenen, also den technischen Maßnahmen, die den rechtlichen Schutz flankieren sollen und die durch die Richtlinie zum Urheberrecht in der Informationsgesellschaft auch Eingang in deutsches Recht finden werden,[390] aber auch bei den durch diese Richtlinie umzusetzende Systeme des sogenannten **Digital Rights Management** begegnen uns die oben dargestellten Sorgen um die Überlagerung des Gesetzes durch Technik:[391] Dies ist eines der Anwendungsgebiete des **„Code as Law".**[392] Erst die nächsten Jahre werden zeigen, wie wir das Verhältnis bzw. den Widerstreit zwischen z.B. Kopiersperren und damit privat gesetzten technischen Barrieren einerseits und öffentlichen Gesetzen, die zu übertreten der Bürger bislang durch Technik kaum zu hindern war sowie dem Informationsinteresse andererseits, lösen.[393] *Bechthold* macht auf eindrucksvolle Art deutlich, dass sich hinter dem hier ansatz- und überblicksweise dargestellten Entwicklungen größere Zusammenhänge befinden, die in Europa – gerade auch in Bezug auf urheberrechtliche Nutzungsverträge – nicht einmal ansatzweise erfasst sind.[394]

254 Wie bereits erwähnt[395] setzt das Funktionieren elektronischer Lizenzierungssysteme – aber auch die Integrität des Urheberrechts im digitalen Kontext allgemein – voraus, dass die eingesetzten **technischen Schutzmaßnahmen** nicht umgangen werden. Dem dient das Verbot derartiger Umgehung aus Art. 11, 12 WCT, Art. 6 der

---

[388] Vgl. Rdnr. 220ff.

[389] Vgl. *Briem,* MMR 1999, 256 (259f.).

[390] § 1, Rdnr. 69.

[391] § 1, Rdnr. 4ff.

[392] Vgl. zu diesem Gedanken ausführlicher auch *Bechthold,* S. 252ff.; nun auch *Guibault,* S. 197ff. und § 8, Rdnr. 177f. m.w.N. dahinter steht (auch) die Frage, ob urheberrechtliche Schranken vertraglichen Vereinbarungen zugänglich sind. Dazu *Schack,* ZUM 2002, 497, 502ff.

[393] Diese Debatte ist bei der bisherigen Rechtsprechung zu Kopierschutzmechanismen im Computerrecht eher vernachlässigt worden! Vgl. aus der Rechtsprechung *BGH* CR 2000, 94; *OLG Düsseldorf,* CR 1997, 337; *OLG Köln,* CR 1998, 289.

[394] *Bechthold,* S. 387ff.

[395] Rdnr. 250ff.

EU-Richtlinie und flankierender, bereits existierender strafrechtlicher Schutz (z.B. § 202a StGB).

Dies ist nicht die Stelle, die **Umsetzung** der entsprechenden Regeln aus der **EU-Richtlinie** oder aber deren verfassungsrechtlichen Grenzen z.B. in Bezug auf Art. 5 GG zu kommentieren oder derartige Systeme in größerem Zusammenhang darzustellen.[396] Erwähnt sei aber, dass das Gesetz zur Umsetzung der EU-Richtlinie[397] die neuen §§ 95a bis 95c UrhG einführt, die den Schutz technischer Maßnahmen, die Durchsetzung von Schrankenbestimmungen sowie den Schutz der zur Rechtewahrnehmung erforderlichen Maßnahmen betreffen.[398] Ein Teil dieser Regelungen ist für den Verstoß straf- und/oder ordnungsgeldbewährt (§§ 108b, 111a UrhG). Zudem sind diese Regelungen im Zusammenhang zu sehen mit den Vorschriften des auf Grund der Conditional-Access-Richtlinie der EU[399] erlassenen Zugangskontrolldiensteschutz-Gesetz (ZKDSG),[400] das ebenso zivil-, straf- und ordnungsmittelbewehrte Regelungen zum Schutz von den technischen Schutzvorrichtungen des neuen Urheberrechts vergleichbaren Zugangskontrolldiensten vorsieht. Last, but not least sind die besonderen **datenschutzrechtlichen Fragen** wenigstens zu erwähnen, die mit derartigen Systemen einhergehen. 255

Ebenfalls nicht vergönnt ist uns, die **technischen Details** derartiger Systeme hier zu erläutern.[401] Wir wollen gleichwohl einige Begriffe für die spätere Diskussion klären. Technische Schutzmaßnahmen kann man nach *Wand* als alle diejenigen Technologien **definieren,** die dazu bestimmt sind, entweder die Verletzung von Urheberrechten und verwandten Schutzrechten oder einen unberechtigten Zugang zu geschützten Werken oder Leistungen zu verhindern, indem sie Handlungen in Bezug auf geschützte Werke oder Leistungen einschränken.[402] Letzten Halbsatz könnte man dahingehend konkretisieren, dass es Handlungen sind, die geschützte Werke oder Leistungen in ihrem urheberrechtlich gesicherten Bestand tangieren. Sodann sind nach den Zielrichtungen derartiger Maßnahmen deren **Arten** zu unterscheiden: Es gibt technische Schutzmaßnahmen der Zugangskontrolle, der Nutzungskontrolle und der Integritätskontrolle,[403] wobei sich auch andere Arten herausbilden dürften, denn letztendlich werden sich sicherlich für den gesamten Bestand der urheberrechtlichen Verwertungs-, Persönlichkeits- und sonstigen Rechte derartige Maßnahmen entwickeln. Wobei die technische Schutzmaßnahme, die z.B. unerlaubte Bearbeitungen (§ 23 UrhG) von freien Benutzungen (§ 24 UrhG) trennt, noch lange auf sich warten lassen wird. Das neue Gesetz definiert in § 95a UrhG hingegen technische Schutzmaßnahmen nur als Technologien, Vorrichtungen und Bestandteile, die dazu bestimmt sind, Handlungen einzuschränken oder zu beeinflussen, die urheberrechtliche Werke und andere Schutzgegenstände betreffen. Man darf sich also auch nicht zu viel von derartigen Systemen versprechen. Schließlich wollen wir einen **Versuch** unternehmen, erste **Anforderungen** an derartige technische Schutz- 256

---

[396] Dazu vgl. *Wand,* passim; *Bechthold,* passim; indirekt auch: *Lejeune/Dreier/Senftleben,* S. 81ff. in Bezug auf den UCITA; aus internationaler Sich *Huppertz,* CRi 2002, 105ff.

[397] § 1, Rdnr. 69 und eingehend § 8, Rdnr. 36ff.

[398] Vgl. dazu im Einzelnen oben § 8, Rdnr. 36ff.

[399] § 1, Rdnr. 69.

[400] § 1, Rdnr. 69; und zu diesem *Bär/Hoffmann,* MMR 2002, 654.

[401] Dazu vgl. *Bechthold,* S. 19ff.

[402] *Wand,* S. 8.

[403] *Wand,* S. 10 (16, 22).

systeme zu **definieren.** Nach Art. 6 Abs. 1 der EU-Richtlinie muss es sich um „wirksame“ technische Maßnahmen handeln, damit diese in den Genuss des Schutzes durch die neuen Regeln kommen, dies greift § 95 a Abs. 1 UrhG auf. Bei der Frage der Wirksamkeit dürften eine Reihe von Faktoren eine Rolle spielen, die hier andeutungsweise, ohne Anspruch auf Vollständigkeit oder gar (juristische) Notwendigkeit vorgestellt werden:[404]

- Ist das System anwendbar auf eine Mehrzahl von Inhalten und Geschäftsmodellen?
- Ist es effektiv und hinreichend robust?
- Ist es interoperabel mit anderen Systemen?
- Können Endnutzer es einfach bedienen?
- Ist es nach einem möglicherweise durchgeführten Hacking-Angriff erneuerbar?
- Kann es zu angemessenen Preisen angeboten werden?

257 Derzeit scheint auf dem sich entwickelnden Markt für technische Schutzmaßnahmen ein Versuch im Gange, de facto **Standards** zu setzen.[405] Auch die **EU-Kommission** hat dies erkannt und „droht“ gegebenenfalls mit einer gesetzlichen Regelung wie sie bereits aus anderen Bereichen – es sei nur an die berühmte Normierung der Traktorensitze erinnert – bekannt ist; sie bemüht sich aber auch darüber hinaus um Begleitung der Entwicklung und Hilfestellung bei der Informationsbeschaffung über derartige Systeme.[406] In ähnliche Richtung arbeitet der **Global Business Dialog on Electronic Commerce (GDBe)**, ein loser Zusammenschluss von Top-Managern internationaler Unternehmen des Elektronischen Handels. Er hat in seinen „Tokyo Recommendations“ die Bedeutung der Vereinheitlichung derartiger technischer Schutzsysteme herausgestellt.[407]

(2) Neue Nutzungsarten und Nutzungsrechte?

258 Stellen derartige elektronische Lizenzierungssysteme basierend auf technischen Schutzmaßnahmen den Kernbestand des Urhebervertragsrechts im Internet dar, wird es sicherlich aber auch **weitere Besonderheiten des Urhebervertragsrechts** im Internet geben. Die wichtigsten dieser Besonderheiten seien im Folgenden genannt: Hier gilt es zunächst, einen Blick auf die **Nutzungsarten**[408] zu werfen.

259 Der in vielen Verträgen verwendete **Begriff „Internetnutzung“** erscheint dabei viel zu unscharf, als dass er sich zur Abgrenzung von Nutzungsarten im Urheberverträgen eignete.[409] Es dürfte daher erforderlich sein, die konkrete Nutzung genauer anzugeben. Dies gilt vor allem vor dem Hintergrund der eben dargestellten elekt-

---

[404] Nach einem Urteil des Federal Court of Australia, CRi 2002, 138 muss eine technische Schutzmaßnahme unter den Bedingungen australischen Rechts technische Mittel einsetzen, um den Zugang zu einem urheberrechtlich geschützten Werk zu verhindern oder die Möglichkeit, Kopien von einem solchen Werk, zu dem Zugang gewährt wurden, zu machen begrenzen.

[405] Eine Gruppe von Unternehmen ruft zu einem sog. call for inputs auf: http://www.cenorm.be/isss/News/drm.htm [abgerufen am 19. 3. 2002].

[406] Commission Staff Working Paper vom 14. 2. 2002, Digital Rights – Background, Systems, Asessment, SEC (2002) 197.

[407] GDBe, Tokyo Recommendation, September 13 ,14, 2001, S. 51 ff.

[408] Zu dem allgemeinen urhebervertragsrechtlichen Fragen rund um Nutzungsarten, vgl. Rdnr. 230 ff.

[409] Vgl. *LG Berlin,* K&R 2000, 249 m. Anm. *Czychowski,* das insofern nicht differenziert und nur von „Internet-Nutzung“ bzw. „Nutzung auf einer Internet-Homepage“ spricht; nun aber in der 2. Instanz *KG,* CR 2002, 127.

ronischen Lizenzierungssysteme, die einen viel genaueren technischen Ausschnitt von bislang noch ungekannten Nutzungsarten erlauben.[410]

260 Die weiteren urhebervertragsrechtlichen Fragen, die sich rund um das Internet stellen, sind im Wesentlichen allgemeiner Natur: nämlich, seit wann einzelne Nutzungsarten im Internet, etwa eine www-Seite, eine Nutzung in Diskussionsforen oder aber die push- und pull-Technologien eine **bekannte Nutzungsart** im Sinne des § 31 Abs. 4 UrhG darstellen.[411] Eine in diesem Zusammenhang auftauchende Frage ist, ob Vertragspartner eine **Verpflichtung** trifft, **nachträglich Nutzungsrechte** für eine Nutzung im Internet – auf welche konkrete Art auch immer – dem Verwerter **einzuräumen.**[412]

261 Wichtig ist auch, welche **Nutzungsrechte** überhaupt von einer bestimmten Nutzungsart im Internet betroffen sind. Das Gesetz zur Regelung des Urheberrechts in der Informationsgesellschaft sieht in Umsetzung der entsprechenden EU-Richtlinie und des durch die WIPO-Verträge von 1996 einzuführenden **„right of communication to the public"** oder auch „making-available-right" genannt neue Bestimmungen vor: § 15 UrhG wird um ein sog. Recht der öffentlichen Zugänglichmachung ergänzt, das in einem neuen § 19a UrhG wie folgt definiert wird:

„Das Recht der öffentlichen Zugänglichmachung ist das Recht, das Werk drahtgebunden oder drahtlos der Öffentlichkeit in einer Weise zugänglich zu machen, dass es Mitgliedern der Öffentlichkeit von Orten und zu Zeiten ihrer Wahl zugänglich ist."

Die weiteren Besonderheiten des Gesetzes betreffen weniger das Urhebervertragsrecht, so dass sie an anderer Stelle zu finden sind.[413]

262 Schließlich noch ein Hinweis für die Praxis: Verträge, die aus Sicht des Verwerters möglichst kurz sind, aber dennoch eine möglichst umfassende Nutzung des Werkes sicherstellen sollen, könnten eine **Nutzungsrechtsklausel** für eine ausschließlich auf das Internet bezogene Verwertung folgenden Inhalts aufnehmen:

„Der A räumt dem B mit Zahlung der in § X vereinbarten Vergütung für eine Nutzung in sämtlichen Diensten des Internets sämtliche urheberrechtlichen Nutzungsrechte, insbesondere das Vervielfältigungs-, Verbreitungs- und das Recht der öffentlichen Zugänglichmachung, aber auch die Bearbeitungsrechte, an dem Vertragsgegenstand nach § Y weltweit, für die Dauer der Schutzfrist und als ausschließliche Rechte ein."

Auf die Schwierigkeiten einer solchen pauschalen Klausel vor dem Hintergrund der oben dargestellten Zweckübertragungstheorie und der Spezifizierungs-

---

410 Zu der Vielgestaltigkeit der denkbaren Nutzungsarten z. B. bei der Musikverwertung im Internet vgl. *Ventroni/Poll*, MMR 2002, 648, 649; und nun auch *KG*, ZUM 2002, 828 – Versendung von Pressespiegeln per e-mail.

411 Vgl. zur Frage der Bekanntheit einer Nutzungsart, Rdnr. 230 ff.; das Kammergericht setzt 1995/1996 als Bekanntheitszeitraum für die „Nutzung auf einer Internet-Homepage" an: *KG*, CR 2002, 127 (128).

412 Für die parallele Frage bei einer CD-ROM-Nutzung gewährt der *BGH* einen Unterlassungsanspruch, dem nicht der Einwand unzulässiger Rechtsausübung entgegengehalten werden könne, weil der Urheber möglicherweise zu einer Einräumung verpflichtet sei: *BGH* GRUR 2002, 248 (252) – Spiegel-CD-ROM; der *BGH* lässt aber erkennen, dass er einer vertraglichen Verpflichtung zur nachträglichen Einräumung unter bestimmten Umständen (besonderes Treueverhältnis) offen gegenübersteht. A. A. *Katzenberger,* AfP 1997, 434 (441); für die Internet-Nutzung ebenso wie der *BGH: KG*, CR 2002, 127; selbst für die USA ebenso: *U. S. Supreme Court* GRUR Int. 2002, 276 – Tasisi vs. New York Times.

413 § 8, Rdnr. 24 ff.

last[414] hatten wir hingewiesen. Sicherer ist also eine ausdrückliche Aufführung aller Nutzungsrechte und aller inhaltlichen Nutzungsarten.

263 Ferner werden sich im Urhebervertragsrecht des Internet **Vergütungsfragen** ebenso stellen, wie sie sich bei jeder Werknutzung stellen. Nicht zu vergessen sind **urheberpersönlichkeitsrechtliche** Fragen der Entstellung und der Verhinderung derselben.[415]

ee) Besonderes Urhebervertragsrecht – einzelne Internet-relevante Vertragstypen der Zuordnungsveränderung

264 Das eben dargestellte allgemeine Urhebervertragsrecht ist nur ein Teil des Urhebervertragsrechts. Angesichts der Mannigfaltigkeit der individuellen Besonderheiten in einzelnen Branchen hat sich ein besonderes Urhebervertragsrecht herauskristallisiert,[416] das im Folgenden dargestellt werden soll. Dabei werden nur die praktisch wichtigsten Regelungen mit Bezug zum Internet erläutern.

265 Man mag glauben, dass es darüber hinaus **spezielle Internet-Urheberrechtsverträge** gibt. Dies ist allerdings **nicht** der Fall; und dürfte weniger daran liegen, dass sich dieses Rechtsgebiet bislang noch nicht deutlich genug herausgebildet hat und eine Vertragspraxis in der Regel einige Zeit braucht, bis sie sich formt. Dieser Befund hat seine Ursache wohl vielmehr darin, dass das Internet in diesem Bereich lediglich ein neues Medium ist, das sicherlich einige technische Besonderheiten aufweist, urhebervertragsrechtlich – jenseits der oben dargestellten technischen Schutzmaßnahmen und elektronischen Lizenzierungssystemen[417] – jedoch keine Revolutionen bewirken wird.

266 **Jede Werkgattung** des § 2 Abs. 1 UrhG wird sicherlich auch spezifische urhebervertragsrechtliche Regelungen für eine Internetnutzung finden. Viel mehr dürfte sich urhebervertragsrechtlich aber nicht bewegen, und das alleine macht einen solchen Vertrag noch nicht zu einem eigenen Vertragstyp.[418] Es wird vielmehr nach wie vor Verlagsverträge geben, die literarische Werke zur Nutzung im Internet regeln, ebenso wie Künstlerverträge, die Regelungen dazu enthalten, wie die Aufnahmen einer Band im Internet genutzt werden dürfen. An dieser Stelle bleibt also nicht viel mehr als auf die allgemeinen Darstellungen zum besonderen Urhebervertragsrecht zu verweisen.[419]

267 Im Folgenden werden einige wenige ausgewählte Vertragstypen, die wesentlichen Bezug zum Internet haben, kurz behandelt.

(1) Open Source-Lizenzverträge

268 Bewusst nicht vertieft werden Open-Source-Lizenzverträge,[420] die die urhebervertragsrechtliche Grundlage für den Einsatz vieler Computerprogramme der

---

[414] Vgl. Rdnr. 233 f.

[415] Hierzu oben § 8, Rdnr. 99 ff.

[416] Vgl. nur FS *Schricker* mit ihrem 2. Teil „Besonderes Urhebervertragsrecht im Bereich traditioneller Werkkategorien" und aus Anwaltssicht *Hasselblatt/Nordemann/Czychowski*, § 36, Rdnr. 68 ff.

[417] Rdnr. 250 ff.

[418] So aber wohl *Schuster/Müller*, Sechster Teil, Kap. 16, Rdnr. 124 ff. zu den Content-Verträgen.

[419] Z. B. *Schricker/Schricker*, Vor § 68 ff.; FS *Schricker* Teil 2; *Schack*, Rdnr. 93 ff.; *Fromm/Nordemann*, Vor § 31, Rdnr. 1 ff.; aus Anwaltssicht: *Hasselblatt/Nordemann/Czychowski*, § 36, Rdnr. 68 ff.

[420] Vgl. hierzu nur *Koch*, CR 2000, 273 und 333; *Jaeger/Metzger*, passim; *Omsels* in FS *Hertin*, S. 141 ff.

Open-Source-Bewegung bilden. Auch wenn wir auf die Bedeutung dieser Bewegung für das Internet hingewiesen haben[421] und sie zudem im Patentrecht eine Rolle spielt,[422] enthalten derartige Verträge **keine spezifischen urhebervertragsrechtlichen Besonderheiten** in Bezug auf das Internet. Es gibt sie in verschiedensten Formen: die GNU General Public Licence[423] und die GNU Lesser General Public License[424] dürften die prominentesten sein. Diese Verträge zeichnen sich durch eine Benutzung der herkömmlichen urhebervertragsrechtlichen Werkzeuge – z. B. der in bestimmtem Umfang eingeschränkten Nutzungsrechte – aus.[425] Das eigentlich revolutionäre der Open-Source-Bewegung liegt vielmehr in ihrer **Philosophie der Softwareentwicklung:** Es geht den Vertretern dieser Bewegung darum, dass gemeinschaftlich zum allgemeinen Wohl eine Software entwickelt wird. Dabei sollen die Beteiligten sich nicht durch urheberrechtliche Fesseln „unnötig" beschränken. Diese gemeinschaftliche Entwicklung – übrigens ein Mechanismus, den das Urheberrecht mit der Anerkennung und Förderung von Miturheberschaft (§ 8 UrhG) längst kennt – soll effizienter sein, als eine Entwicklung in Lizenzketten. Dieses Modell wird von *Eric Raymond* plastisch als „bazaar" bezeichnet,[426] dem Raymond Nimmer anschaulich den „cathedral"-Mantel des herkömmlichen Urhebervertragsrechts – in seinem Fall aus Sicht des Copyright-Systems – überwirft und der es damit als urheberrechtlich „nichts Neues unter der Sonne" entzaubert.[427]

Darüber hinaus enthalten Open-Source-Lizenzverträge kartellrechtlich wohl nicht unproblematische Konditionenbindungen, wenn sie den Lizenznehmer verpflichten, seinen Vertragspartnern bestimmte Verpflichtungen hinsichtlich des Quellcodes und seiner Preise aufzuerlegen.[428] 269

(2) Verträge über Selbständiges Heraufladen von Daten

Mit dem Internet hat sich für viele Kreative die Möglichkeit eröffnet, unter Umgehung von Verlegern oder sonstigen Verwertern der Öffentlichkeit ihre **Werke** oder künstlerischen Darbietungen **direkt anzubieten.** Manche haben daher mit dem Internet das Ende des Verlagswesens apostrophiert. Die Tonträgerbranche leidet auch in der Tat ganz erheblich seit dem Aufkommen des Internets, wohl aber weniger, weil sie als Mittler ausgeschaltet würde und die Künstler ihre Tonträger selber vermarkten, sondern mehr wegen der aufkommenden Piraterie.[429] 270

Gleichwohl nutzen viele Endverbraucher die Möglichkeit, ihre Werke, die sonst sicherlich in vielen Fällen keine Verbreitung finden würden, über das Netz der Weltöf- 271

---

421 § 1, Rdnr. 5.

422 § 9, Rdnr. 6.

423 http://www.gnu.org [abgerufen am 13. 4. 2002]; zu ihr *Grützmacher,* ITRB 2002, 84 und angekündigte Neuerungen der Free Software Foundation unter http.//www.fsf.org/press/2002-03-19-Afferno.html [abgerufen am 15. 9. 2002].

424 http://www.gnu.org [abgerufen am 13. 4. 2002].

425 Vgl. *Koch,* CR 2000, 273, 280.

426 *Eric Steven Raymond,* The Cathedral and the Bazaar, http://www.tuxedo.org/~esr/writings/cathedral-bazaar [abgerufen am 13. 4. 2002].

427 *Nimmer/Dodd/Martin,* S. 1.

428 § 12, Rdnr. 131.

429 Vgl. *Schaefer* in FS *Nordemann,* S. 197.

fentlichkeit anzubieten.[430] Dies geschieht in der Regel nicht auf Grund explizit schriftlicher Verträge, sondern entweder ganz ohne schriftlichen Vertrag oder aber auf Grund von Allgemeinen Geschäftsbedingungen der großen Online-Dienste, die diesen Neuautoren Webspace zur Verfügung stellen.[431] Es fragt sich dann, ob und wenn ja in welchem Umfang der Nutzer wem **Nutzungsrechte** an seinen Werken einräumt.

272 *Müller* spricht davon, dass eine **„implied licence to copy"** dem deutschen Urheberrecht unbekannt sei.[432] Das ist zwar grundsätzlich sicherlich richtig, gleichwohl wird auch in diesem Fall die oben beschriebene **Zweckübertragungsregel**[433] Anwendung finden. Danach dürfte sich die Frage, ob ein weiterer Nutzer das von dem ersten Nutzer in das Netz gestellte Werk nutzen darf, danach richten, in welchem Zusammenhang dieses Werk in das Netz gestellt wurde. Dementsprechend wird der Urheber dem Diensteanbieter Nutzungsrechte, z.B. einfache weiterübertragbare Rechte zur Nutzung auf einer www-Seite, eingeräumt haben, die dieser dann dem Endnutzer über seine AGB einräumt. Möglich ist aber auch, dass der Endnutzer seine Nutzung nur auf Grund einer **Privilegierung der privaten Nutzung,** etwa nach Art. 5 Abs. 2 lit. b) der EU Richtlinie zum Urheberrecht in der Informationsgesellschaft, stützt, ohne irgendwelche Rechte eingeräumt bekommen zu haben. Dies ist auch im nicht-digitalen Leben oft genug der Fall.[434]

273 Im Einzelfall ist es aber durchaus denkbar, dass **weitergehende Rechte** eingeräumt werden, etwa, wenn ein Dokument mit dem Hinweis zur Weiterverbreitung eingestellt wird.[435] *Müller* weist allerdings zurecht darauf hin, dass die Diensteanbieter diese Unsicherheit in ihren AGB mit entsprechenden Klauseln zu regeln versuchen und daran auch gut tun.[436]

274 Eine solche Klausel könnte lauten:

„Der Autor räumt dem Datenbankbetreiber für die Dauer der gesetzlichen Schutzfrist [alternativ bestimmte Dauer einfügen] das räumlich unbeschränkte einfache/ausschließliche Recht ein, das Werk, wie es in [auf Definition verweisen] bezeichnet ist, in sämtlichen Diensten des Internet und der Neuen Medien zu nutzen. Danach ist der Datenbankbetreiber insbesondere berechtigt:

- das Werk in digitalisierter Form in Datennetze (z.B. Internet, Intranet) und innerhalb derer in Datenbanken jeder Art, gleich in welcher Form (z.B. world wide web, Foren, insbesondere auch im Wege der Push- und/oder Pulltechnologie) einzustellen und dort der Öffentlichkeit zugänglich zu machen und/oder an die Öffentlichkeit zu übermitteln;
- das Werk in digitalisierter Firm auf Speichermedien aller Art (Festplatten, Disketten, CD-ROMs, CD-I, DVD, Magnetbändern u.ä. [letzteres natürlich nur, wenn gewünscht]) zu vervielfältigen, zu verbreiten und sonst zu nutzen.

Der Datenbankbetreiber ist zur Weiterübertragung dieser Nutzungsrechte und/oder Einräumung weiterer einfacher Nutzungsrechte berechtigt.

---

[430] Einige sprechen davon, dass noch nie so viel „Müll" wie seit den Zeiten des Internets uns überschwemmt hat: *Darnton,* An Early Information Society, http://www.indiana.edv/~ahr/darnton/about.htm [abgerufen am 21. 12. 2001].

[431] Vgl. zu diesem Phänomen *Schuster/Müller,* Siebter Teil, Kap. 16, Rdnr. 149ff.

[432] *Schuster/Müller,* Siebter Teil, Kap. 16, Rdnr. 150.

[433] Vgl. oben Rdnr. 233f.

[434] Zu den dazu widerstreitenden Meinungen vgl. oben, Rdnr. 198f.; 215; m.w.N.

[435] Vgl. z.B. die Seite http://www.asp.com [abgerufen am 20. 12. 2001].

[436] *Schuster/Müller,* Siebter Teil, Kap. 16, Rdnr. 150.

Schließlich enthalten Uploading-Verträge Regelungen zur **Freistellung** bei Einstellung von urheber- oder sonstigen schutzrechtsverletzenden Inhalten durch die Nutzer.[437] Eine solche Klausel könnte lauten: 275

„Der Nutzer steht dafür ein, dass in [...] eingestelltes Werk Rechte Dritter nicht verletzt und dass er über die den Gegenstand dieses Vertrages bildenden Rechte noch nicht anderweitig verfügt hat.
Der Nutzer stellt daher den Diensteanbieter von sämtlichen Ansprüchen Dritter frei, die diese aus etwaig bestehenden Kennzeichen-, Patent-, Urheber- und/oder verwandten Schutzrechten sowie sonstigen Immaterialgüterrechten oder allgemein wegen [...] stellen.
Die dem Diensteanbieter diesbezüglich entstehenden Kosten einer angemessenen Rechtsverteidigung und -verfolgung gegenüber den Dritten gehen zu Lasten des Nutzers."

(3) E-Book-Verträge

Eine der wesentlichen neuen Möglichkeiten der Vervielfältigung und Verbreitung von Inhalten auch über das Internet sind sogenannte e-books. Ein e-book ist ein kleiner Computer, in etwa so groß wie ein Taschenbuch, und kann zurzeit bis zu ca. 18000 Text- und Grafikseiten speichern. Dies entspricht mehr als 50 Büchern. Da es in der Regel nur wenige hundert Gramm wiegt, kann es bequem in einer Hand gehalten und überall mit hingenommen werden, so dass man – leichter als bisher mit leinengebundenen Büchern – immer etwas zu lesen bei sich trägt.[438] E-Books enthalten in aller Regel sowohl die oben beschriebenen technische Schutzmaßnahmen als auch Komponenten elektronischer Lizenzierungssysteme.[439] 276

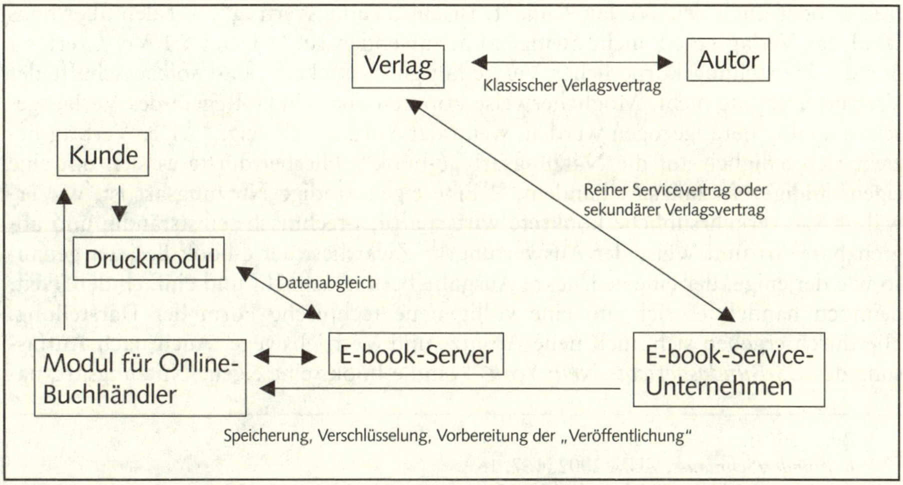

Abb. Rechtsbeziehungen und Handlungsabläufe bei e-books

---

437 *Schuster/Müller*, Siebter Teil, Kap. 16, Rdnr. 152.

438 Vgl. zum e-book allgemein und zu seinen urheberrechtlichen Schranken: *Kitz*, MMR 2001, 727ff.

439 Rdnr. 250ff.

277 Ein komplettes **e-book-System** besteht regelmäßig aus drei wesentlichen Modulen, die zusammengenommen die Veröffentlichung, den Verkauf und den Vertrieb leisten: Ein **Modul für Online-Buchhändler,** das es Kunden, die bereits ein e-book besitzen, ermöglicht, bei diesen neue Inhalte einzukaufen und zu bezahlen. Eine Art **Druckmodul,** mit dem die Bücher gespeichert, verschlüsselt und zum Käufer gesendet werden können. Und schließlich ein spezieller **e-book Server,** über den die Online-Buchhändler-Webseite mit dem Druckmodul verbunden ist. Auf diesem Server sind zudem die Informationen über die einzelnen e-books hinterlegt, die zur Verschlüsselung des Inhalts benötigt werden. Liegt nun ein Titel in dem jeweiligen e-book-Format, in der Regel ein HTML-Format, vor, kann der Verlag über das Druckmodul den Titel nachbearbeiten und dann veröffentlichen. Das Druckmodul wird vom Verlag für die Organisation und den Vertrieb der e-books über das Internet genutzt. Jeder Herausgeber eines e-books hat einen eigenen, sicheren Zugang zu diesem Server.[440]

278 Dieses eben beschriebene System führt neben Autor, Verlag und Buchhändler einen **neuen Dienstleister** ein, nämlich den, der das e-book-System verwaltet. Das Internet beschert uns an dieser Stelle also wieder einmal mehr beteiligte Personen und nicht die apostrophierten direkteren Wege. Es gibt aber auch andere Beispiele: Es gibt Institutionen, die in Kontakt mit „e-book-Autoren" stehen, die Vertragsangebote konventioneller Verlage oder e-book-Systembetreiber abgelehnt haben, um ihr Buch weiter selber als e-book verkaufen zu können. Diese Verlage denken, dass ein direktes Vorgehen rentabler für die Autoren ist. Die Autoren sollen direkt an den Einnahmen partizipieren und so mehr Gewinn pro verkauftem Exemplar haben. So sollen Beteiligungen von 20–30% des Kaufpreises möglich sein. Wie so oft wird sich auch hier zeigen, wer die größere Marketingmacht hat und schlussendlich den Kunden erreicht.

279 Der **primäre Urheberrechts-Vertrag**, den der Autor mit dem e-book-Systembetreiber oder auch dem Verlag schließt, ist ein **„Verlagsvertrag"**, auf den allerdings wohl das Verlagsgesetz nicht zwingend anzuwenden ist.[441] Denn § 1 VerlG erfasst nur die Herstellung körperlicher Vervielfältigungsstücke,[442] und solche schafft der Verwerter gerade nicht. Möglicherweise könnten aber einige Regeln des Verlagsgesetzes analog herangezogen werden, wenn der Vertrag schweigt.[443] Der Vertrag bezieht sich lediglich auf die Nutzungsart „e-book". Hierbei dürfte es sich um eine **eigenständige Nutzungsart** handeln.[444] Eine eigenständige Nutzungsart ist, wie erwähnt, die verkehrsübliche konkrete wirtschaftlich-technisch selbstständig und abgrenzbare Art und Weise der Auswertung.[445] Zwar liest der e-book Besitzer genauso wie derjenige, der eine gedruckte Ausgabe besitzt, schlicht und einfach den Text; dennoch handelt es sich um eine völlig neue technische Form der Darstellung. Hierdurch ergeben sich auch neue Absatz- und Vertriebswege. Auch nach Auffassung des *US-Bundesgerichts New York*[446] sind e-books eine eigene Nutzungsart, na-

---

[440] Rdnr. 250ff.

[441] *Rehbinder/Schmauss,* ZUM 2002, 167, 169.

[442] *Schricker,* § 1 Rdnr. 1; *Ulmer* S. 430; *Haberstumpf/Hintermeier* § 9 III.

[443] Zu solchen vgl. beispielhaft *Knaak* in FS *Schricker,* S. 263 und aus Anwaltssicht *Hasselblatt/ Nordemann/Czychowski,* § 36, Rdnr. 74, 75.

[444] So nun auch *Rehbinder Schmauss,* ZUM 2002, 167; *Loewenheim/J. Nordemann,* § 58 Rdnr. 99.

[445] Vgl. Rdnr. 132 zum ASP und 191ff. allgemein.

[446] Urteil unter http://www.rosettabooks/com/casedocs/Decision.pdf [abgerufen am 1. 2. 2002].

türlich im Sinne des von anderen Begriffen geprägten US-Rechts. Die **Nutzungsart** dürfte auch erst seit sehr kurzem **bekannt** im Sinne des Urhebervertragsrechts sein. Zwar gab es im Jahr 2000 insgesamt erst 600 e-books,[447] dennoch dürfte spätestens seit dem Jahr 2000 e-books als Nutzungsart bekannt sein. Im Oktober 2000 wurde auf der Frankfurter Buchmesse zum ersten Mal der „Frankfurter eBook Award" verliehen.

Sofern Verlage von ihren Urhebern älterer Werke die Rechte zur Verwertung der Werke auf einen e-book noch nicht eingeräumt erhalten haben, können sie dies natürlich nachträglich mit einer entsprechenden Ergänzungsvereinbarung einholen. Diese könnte wie folgt lauten: 280

„Der Urheber räumt dem Verlag in Ergänzung des Verlagsvertrages vom [...] und für die Dauer dieses Vertrages das ausschließliche, weltweite Recht zur digitalen Vervielfältigung und Verbreitung des Werkes, zur Zugänglichmachung des Werkes (Making Available) und zur sonstigen unkörperlichen öffentlichen oder privaten Übermittlung und Wiedergabe des Werkes ein. Dieses Recht schließt insbesondere ein,
- das Werk zu digitalisieren und in digitaler Form in einer verlagseigenen oder fremden Datenbank zu speichern;
- das so digitalisierte und gespeicherte Werk, auch vorab und/oder auszugsweise einem Nutzungsbefugten zum individuellen Abruf, auch online, zur Wiedergabe auf einen Bildschirm oder sonstigen Lesegerät des Nutzungsbefugten, insbesondere PC, Organizer, elektronische Bücher (e-books), zum Ausdruck in Papierform beim Nutzungsbefugten zugänglich zu machen, bereit zu halten, öffentlich anzubieten bzw. wiederzugeben und/oder sonst öffentlich verfügbar bzw. zugänglich zu machen;
- das digitalisierte und so gespeicherte Werk zum Nutzungsbefugten verschlüsselt oder unverschlüsselt, auch über Datennetze, z. B. Internet, zu übermitteln, übermitteln zu lassen und/oder zum Abruf bereit zu halten.

Die vorstehende Rechtseinräumung gilt für beliebig viele Übermittlungsvorgänge, online-Abrufe, Bildschirm- und sonstige Lesegerätewiedergaben oder Ausdrucke in Papierform."

Die **Vergütungsregeln** für diese neue Nutzungsart haben sich noch nicht etabliert. 281
Bislang finden sich die e-book-Rechte in Verlagsverträgen, so sie denn überhaupt genannt werden, eher bei den Nebenrechten; demgemäß werden die Einnahmen hieraus in aller Regel 50 : 50 zwischen Verleger und Autor geteilt. Es ist zu vermuten, dass die Verleger zu einer **direkten prozentualen Beteiligung** der Urheber übergehen, zumal beim e-book eine punktgenaue Abrechnung möglich ist. Urheber sollten dann allerdings darauf achten, dass nicht Anlaufkosten dieser neuen Technik auf ihre Vergütung umgelegt werden.

Komplexer und neuer dürfte der **sekundäre Urheberrechtsvertrag** sein, den ein 282
Verlag mit dem e-book-Systembetreiber schließt. Zunächst handelt es sich bei derartigen Verträgen ihrer Struktur nach um altbekannte Subverlagsverträge.[448] Diese sind allerdings angereichert um spezielle technische Regeln:

Sofern der Verlag das gesamte e-book-System nicht selber umsetzt, bedient er sich hierzu spezieller Unternehmen, die neben dem Lesegerät auch ein speziel-

[447] Urteil unter http://www.rosettabooks/com/casedocs/Decision.pdf [abgerufen am 1. 2. 2002].

[448] Zu solchen vgl. nur *Rossbach/Joos* in FS *Schricker,* S. 36 und aus Anwaltssicht *Hasselblatt/Nordemann/Czychowski,* § 36, Rdnr. 36.

les Softwaresystem entwickelt haben, das literarische Inhalte speichern kann, elektronische Bestellungen für literarische Werke empfangen und bearbeiten kann, die so bestellten Werke verschlüsseln kann und das literarische Werk in verschlüsselter Form direkt auf die Festplatte des PC des Kunden oder seines sonstigen Lesegerätes übertragen kann, um sie von dort in ein vom Kunden erworbenes e-book zu laden und dort zu lesen. Neben der **Nutzungsrechteinräumung,** die der herkömmlicher Subverlagsverträge folgt, erlegen die Verlage in der Regel den e-book-Systembetreiber strenge Pflichten hinsichtlich der **Konvertierung** und **Verschlüsselung** der vom Verlag zur Verfügung gestellten Kopie auf. Dabei behält sich der Verlag oftmals vor, das digitalisierte Werk vor einer Weitergabe freizugeben. Ebenso verpflichtet der Verlag den Systembetreiber auf die **Buchpreisbindung.** Dabei muss der Verlag sicherstellen, dass die Vervielfältigung, für deren quantitative Größen der Vertrag Grenzen enthält, nur von dem Systembetreiber durchgeführt wird, nicht etwa von sonstigen am Betrieb beteiligten Internethändlern.

283 Neben der Konvertierung und Verschlüsselung sollte der Verlag darauf Acht geben, dass jedes einzelne, auch vervielfältigte, Werk durch geeignete Vorkehrungen gegen den **unkontrollierten Zugriff Dritter** geschützt ist. Dies sollte sich an den Regelungen aus Art. 6 und 7 der Richtlinie zum Urheberrecht in der Informationsgesellschaft (sog. **Digital Rights Management Systeme** und **technische Schutzmaßnahmen**)[449] orientieren.

284 Die sonstigen Regelungen dieses sekundären Urheberrechtsvertrags orientieren sich an **Subverlagsverträgen.** Er enthält also Regeln zu den vom Verlag vorzunehmenden Handlungen (Zurverfügungstellung des Materials), zur Werbung und neben Gewährleistung und Haftung, vor allen Dingen zu den Lizenzgebühren sowie zur Nennung des Vertrages.

(4) Verträge über das Herunterladen von Daten (Downloading-Verträge)

285 Solange und soweit der Nutzer sich mit dem bloßen Zugang zu Inhalten nicht zufrieden geben (kann) – dann würde es sich um den oben beschriebenen Zugangsvertrag handeln[450] – wird es **Verträge über Zuordnungsveränderungen** wie den Downloadvertrag geben. Man sollte sich hierunter jedoch keinen eigenen Vertragstypen vorstellen, denn letztendlich bildet diese Vertragsart lediglich das digitale Gegenstück zu den geläufigen Vertragstypen des BGB, sei es Kauf, Miete, Schenkung oder anderes. Der Vertrag über das Herunterladen von Daten enthält im Übrigen je nach Ausgestaltung viele Elemente des oben beschriebenen Vertrages über den Zugang zu Datenbanken.[451]

286 **Gegenstand des Vertrages** sind im Einzelfall näher zu konkretisierende Daten. Die Konkretisierung kann über eine vorangegangene Recherche des Kunden aber auch des Anbieters für den Kunden erfolgen, wie dies zum Beispiel bei Datenbanken mit juristischen Informationen der Fall ist. Es ist aber auch denkbar, dass der Anbieter lediglich einige wenige auszuwählende Dateien zum Download bereithält, etwa eine Informationsseite einer Verbraucherschutzorganisation über Gebiete aktueller Maul- und Klauenseuchefälle in der EU.

---

[449] Rdnr. 250ff.
[450] Vgl. oben Rdnr. 81ff.
[451] Vgl. oben, Rdnr. 184ff.

Dem Anbieter obliegt als **Hauptpflicht** bei Verträgen über das Herunterladen von Daten, dem Nutzer eben dieses Herunterladen zu ermöglichen. Hierzu gehört zweifelsohne auch, sofern es sich um urheberrechtlich oder sonst schutzrechtlich geschützte Daten handelt, die entsprechende **Einräumung der notwendigen Nutzungsrechte.** Ob diese lediglich das Vervielfältigungsrecht zum Abspeichern auf dem Speicher des Nutzers umfassen oder weitergehende Nutzungs- oder gar Änderungsrechte, wird bzw. sollte der Vertrag im Einzelfall regeln. Sofern keine Regelungen enthalten sind, wird bei urheberrechtlich relevanten Daten die oben[452] dargestellte Zweckübertragungstheorie eingreifen, an Hand derer man den Umfang der Nutzungsrechte zu bestimmen hat. 287

Die **Gegenleistung des Nutzers** wird in aller Regel, wenn es nicht um kostenlose Dienste geht, in Form von volumenabhängigen Bezahlungen – ggfs. gekoppelt mit Mindestnutzungsvolumina – abgewickelt werden. Denkbar sind allerdings auch Vergütungsmodelle mit festen Monatsraten oder zeitabhängige Vergütungssätze.[453] 288

Als **Nebenpflichten** berühren derartige Verträge wohl vor allem Schutzpflichten, wie den Schutz vor Viren.[454] Wichtigster Merkposten für Anbieter ist an dieser Stelle eine derartige Risiken abdeckende Betriebshaftpflichtversicherung,[455] da Haftungsbeschränkungen – zumal im AGB-Bereich – kaum wesentliche Entlastung bringen dürften. 289

Regeln über **Haftung und Gewährleistung,** aber auch **Vertragsdauer und -beendigung** folgen den oben dargestellten allgemeinen Grundsätzen. 290

3. Dienstleistungsverträge im weiteren Sinne

Zu den Dienstleistungsverträgen im weiteren Sinne (also nicht nur Dienstverträge der §§ 611 ff. BGB), die auch im Internet Anwendung finden, zählen z.B. die Verträge über **Erstellung und Wartung einer Webseite.** Sie begegnen keinen wirklichen internet-spezifischen Besonderheiten. Dasselbe gilt für die ebenfalls anzutreffenden Verträge über **Werbung auf Webseiten,** die uns in allen Schattierungen, die das Werberecht auch im Offline-Bereich kennt, begegnen. Interessant dürfte bei ihnen allerdings die Art der Wirksamkeitsmessung und der Entgeltberechnung sein. Anders als in „normalen Leben" kann die Werbewirtschaft im Internet eine punktgenaue Messung der Nutzung Ihrer Werbung vornehmen, wenn auch weiterhin die magische Formel für eine wirkliche Werbewirksamkeit fehlen dürfte.[456] Daher finden sich in derartigen Verträgen auch regelmäßig Klauseln über detaillierte Lieferungen von Statistiken durch den Werbedurchführenden, die wir sogleich[457] darstellen. Im Zusammenhang mit den Werbeverträgen sind schließlich auch die Verträge über die **Einstellung einer Webseite in Suchmaschinen** oder **Linking-Verträge** zu sehen. 291

Alle diese Verträge wollen wir im Folgenden nur kurz anreißen, ohne sie zu vertiefen, da sie sich nur am Rande mit Geistigem Eigentum – dem Schwerpunkt dieses 292

---

452 Vgl. oben, Rdnr. 233 f.

453 Vgl. hierzu auch die oben beim Vertrag über den Zugang zu Datenbanken dargestellten Vergütungsmodelle, Rdnr. 195.

454 *Schuster/Müller,* Siebter Teil, Kap. 17, Rdnr. 54.

455 Zur Versicherbarkeit von IT-Risiken vgl. *Kilian/Heussen,* Abschn. 124.

456 Vgl. hierzu *Loewenheim/Koch/Niebber,* S. 244.

457 Rdnr. 351 ff.

Buches – beschäftigen. Wir denken dennoch, dass der Leser sie zur Abrundung seines Bildes vom Geistigen Eigentum im Internet benötigt; schon allein deshalb, weil in der Regel ähnliche Personen als Vertragspartner beteiligt sind wie bei den oben beschriebenen Kernverträgen des Geistigen Eigentums im Internet.

a) Webhosting

293 Die Websites der Menschen bzw. von Unternehmen im Internet sind mittlerweile von ihrer Funktion so unterschiedlich wie das „normale" Leben. Sie können Schaufenster, Kino, Ort der Selbstdarstellung, aber auch Verkaufsraum sein. Gemeinsam ist ihnen, dass sie in das Medium – gewissermaßen die virtuelle Welt – gestellt und dort zum Abruf bereitgehalten werden müssen. Dem dient der Webhosting-Vertrag.[458] Er betrifft das Geistige Eigentum nur am Rande, stellt aber gewissermaßen das Pendant zum Access-Provider-Vertrag dar, den wir als klassischen Typ der neuen Zugangsverträge eingangs behandelt haben.[459] Wir wollen daher auch diese Seite der Medaille kurz beleuchten.[460]

aa) Vertragsgegenstand und Charakter

294 Anders als beim reinen Zugangsvertrag enthält der Website-Hosting-Vertrag ebenso wie der Download-Vertrag eine inhaltliche Komponente. Zwar geht es auch hier um das Spiegelbild des Zugangs, nämlich das **Bereithalten der Daten des Kunden zum Abruf** durch Nutzer; ebenso wichtig ist aber der zweite Teil des Vertragsgegenstandes, nämlich die **Bereitstellung von Speicherplatz** auf dem System des Anbieters.

Entsprechend diesem zweigeteilten Vertragsgegenstand handelt es sich um einen gemischten Vertrag, der Elemente des entgeltlichen Geschäftsbesorgungsvertrages mit Dienstvertragsschwerpunkt (§§ 675, 611 ff. BGB) für das Bereithalten der Daten des Kunden mit den wohl eher mietvertraglich geprägten Pflichten zur Bereitstellung von Speicherplatz kombiniert.[461] Dabei versteht sich der Vertrag insgesamt natürlich als Dauerschuldverhältnis.

bb) Haupt- und Nebenpflichten

295 Die **Hauptpflicht** des Anbieters ist – wie eben dargestellt – zweigespalten: nämlich das Bereithalten der Daten des Kunden zum Abruf durch Nutzer und die Bereitstellung von Speicherplatz auf dem System des Anbieters.

(1) Bereitstellen von Speicherplatz

296 Die Vertragspartner werden den Umfang dieser Pflicht des Anbieters im Einzelfall konkretisieren, wobei der aus dem „allgemeinen Computerrecht" geltenden

---

[458] Es gibt mittlerweile sogar ein Leasing von Websites, das hier nur der Vollständigkeit halber erwähnt werden soll: http://www.websitelease.de [abgerufen am 27. 12. 2001]

[459] Vgl. oben, Rdnr. 81 ff.

[460] Eingehend zu Webhosting-Verträgen *Schuster/Schuster/Müller,* Sechster Teil, Kap. 14, Rdnr. 1 ff.; *Hoeren/Sieber/Komarnicki,* Kap. 12, Rdnr. 1 ff.; *Spindler/Schuppert,* Teil II, Rdnr. 42 ff. und Teil V, Rdnr. 1 ff.; *Schuppert,* CR 2000, 227 ff.

[461] So im Ergebnis auch *Schneider,* S. 205 und *Schuster/Schuster/Müller,* Sechster Teil, Kap. 14, Rdnr. 17 f., die allerdings den ersten Teil unmittelbar als Dienstvertrag einordnen, i. Ü. dort m. w. N. über den Streitstand hinsichtlich der Einordnung in das Mietrecht; zu Recht unter Verweis auf die Rechtsprechung des *BGH* zu Rechenzentrumsverträgen; anders: *AG Berlin-Charlottenburg,* CR 2002, 297: pauschal Mietrecht; nunmehr für Miet-/Pachtvertrag auch *OLG Köln* CR 2002, 832.

Grundsatz, dass der Partner mit Wissensvorsprung auf dem technischen Gebiet (in aller Regel der Anbieter) den Kunden ggfs. zu beraten hat.[462] Gemessen wird der Speicherraum (derzeit) in der Regel bei kleineren und mittleren Umfängen in Megabyte (MB), im Übrigen in Terrabyte (TB). Das Byte ist die Maßeinheit für die Informationsmenge und Speicherkapazität, ein Byte entsteht durch die Zusammenfassung von acht Bits, entspricht also einer achtstelligen Binärzahl. Eine Megabyte entspricht 1 048 576, ein Terrabyte einer Billion Byte.[463]

Wichtig zu klären ist in diesem Zusammenhang, in welcher Form das Webhosting vereinbart wird. Es ist denkbar, dass der Kunde lediglich einen Teil eines größeren Servers beim Anbieter erhält, gewissermaßen einen **„virtuellen Server"**[464] oder aber einen ganzen Server, womit das Webhosting zum **„Webhousing"** wird,[465] oder sogar die bloße Anmietung von Stell- und Lagerplatz für einen eigenen Server, das sog. **„Server-Housing"**. Inhaltlich dürften sich diese Varianten des Webhosting aber in ihrer rechtlichen Relevanz, mit Ausnahme des letztgenannten, das noch einfacher in hergebrachten Kategorien passt und deshalb hier nicht näher untersucht wird, nicht unterscheiden. 297

Schließlich ist noch zu beachten, dass für Nutzer, die auf die beim Anbieter bereitgestellten Daten des Kunden zugreifen, die Website den Eindruck erwecken kann, dass der Kunde einen eigenen Domainnamen hat oder aber lediglich als Unterdomain des Anbieters auftritt.[466] An dieser Stelle berühren sich Webhosting-Verträge mit denen über die **Beschaffung einer Domainnamens,**[467] bzw. sind mit ihnen verknüpft. Auch dies sollte also bei Vertragsschluss geregelt werden. 298

Es ist allerdings auch denkbar, dass sich der Anbieter seinerseits als **Subunternehmer** anderer Webhosting-Anbieter, oftmals dann Access-Provider, bedient, um den Speicherplatz zur Verfügung zu stellen, da er selber nicht über hinreichende Kapazitäten verfügt oder selber nicht die technische Umgebung bereithalten will.[468] Der Kunde sollte gut überlegen, ob er dies zulassen will, da die Entscheidung über einen Vertragsschluss in diesem Bereich maßgeblich von dem persönlichen Vertrauen zu dem Anbieter und in dessen Kapazitäten bzw. Sicherheitsarchitektur bestimmt sein dürfte. Wenn sich die Parteien für die Zulässigkeit derartiger Untervergaben entscheiden, sollte dies ausdrücklich in den Vertrag aufgenommen werden und zudem mit Regelungen über Vertragsstrafen sowie zumindestens Abtretung von etwaigen Ansprüchen verbunden werden.[469] 299

Schließlich muss ein Webhosting-Vertrag Regelungen zu technischen Details der **Abspeicherung der Daten** des Kunden enthalten sowie zu **Sicherungskopien.** Entweder der Kunde unternimmt diese nach Angabe der notwendigen technischen Details wie Speicheradresse, Aufbewahrungszeit und etwaigen Passwörtern selber oder 300

---

[462] Vgl. zu dieser bei der Konkretisierung von Vertragsgegenständen der Computerprogrammerstellung im Wege eines Pflichtenhefts nur *BGH* CR 1986, 79 (81); in diesem Fall des Webhosting-Vertrages *Schuster/Schuster/Müller,* Sechster Teil, Kap. 14, Rdnr. 27.

[463] Vgl. http://www.computerlexikon.com [abgerufen am 1. 2. 2002].

[464] Zu diesem Begriff *Cichon,* S. 79 ff.; *Schuster/Schuster/Müller,* Sechster Teil, Kap. 14, Rdnr. 28.

[465] Zu diesem Begriff *Cichon,* S. 73 ff.; *Schuster/Schuster/Müller,* Sechster Teil, Kap. 14, Rdnr. 29.

[466] Zum Beispiel: http://www.boehmert.de oder http://www.t-online.de/homepages/boehmert.htm.

[467] Vgl. oben, Rdnr. 217 m. w. N.

[468] *Schuster/Schuster/Müller,* Sechster Teil, Kap. 14, Rdnr. 32 ff.

[469] Vgl. hierzu *Schuster/Schuster/Müller,* Sechster Teil, Kap. 14, Rdnr. 33.

er überlässt dies dem Anbieter, der dann aber wohl für den Erfolg dieser als werkvertraglich zu qualifizierende zusätzlichen Aufgabe einzustehen hat.[470] Es sollten sich dann Regelungen zur Häufigkeit der Sicherungskopien, genannt Backups, finden sowie zu den genauen technischen Details von redundanten Sicherungssystemen, die im Falle eines längeren Ausfalls den Betrieb übernehmen können müssen. Die wichtige Frage, welche **Daten** bei Beendigung des Vertrages bzw. mit welchem Vorlauf bereits vor Ende des Vertrages **herausgegeben** werden müssen, behandeln wir sogleich.[471]

301 Ob der Anbieter für den Betrieb **urheberrechtliche Vervielfältigungsrechte** benötigt und wenn ja welche,[472] muss wohl nicht vertieft werden. Eine Website kann zwar durchaus urheberrechtlich geschützt sein, aber das Webhosten der Seite, also die Speicherung, ist gerade die Hauptpflicht des Anbieters, eventuell nötige Vervielfältigungsrechte wäre daher zumindest konkludent mit eingeräumt.

302 Als **Nebenpflicht** dürfte auch in diesem Vertragstyp das Thema Sicherheit eine nicht zu unterschätzende Bedeutung spielen. Der Kunde wird dem Anbieter hier strenge Pflichten auferlegen, da eine unbefugte Manipulation an den Daten des Kunden unabsehbare Konsequenzen haben kann.[473]

(2) Bereithalten zum Abruf durch Nutzer

303 Mögliche **Parameter zur Konkretisierung** der weiteren Leistung „Bereithalten zum Abruf durch Nutzer“ sind:
- Verfügbarkeit,
- Bandbreite,
- Geschwindigkeit der Datenübertragung.

Wir hatten dies oben beim allgemeinen Access-Provider-Vertrag bereits dargestellt,[474] so dass wir an dieser Stelle auf die obigen Ausführungen verweisen können; ein weiteres Beispiel, dass das Internet zwar nur wenige wirkliche Neuerungen bietet, diese allerdings wiederholt an verschiedenen Stellen vorkommen.

304 Hinzutreten wiederum **inhaltliche Komponenten**, nämlich den Aufstellort des Systems des Anbieters und die genaue Beschreibung der Anbindung an das Internet. Wegen der Details zur Konkretisierung dieser Parameter und zur (zulässigen) Einschränkung derselben, insbesondere im Rahmen von AGB, kann auf die obigen Ausführungen zum allgemeinen Access-Provider-Vertrag verwiesen werden.[475]

305 Je nach Bedeutung des Vertrages für die Parteien, vor allem für den Kunden, wird dieser versuchen, **Vertragsstraferegelungen** durchzusetzen, die **Systemausfälle** abfedern.[476] Die Vertragsstrafe ist ausdrücklich gesetzlich geregelt, §§ 339–343 BGB, und daher grundsätzlich in Individualverträgen zulässig vereinbar. Im nichtkaufmännischen Verkehr unterliegt sie allerdings der richterlichen Kontrolle gemäß

---

[470] Zu Recht so *Schuster/Schuster/Müller,* Sechster Teil, Kap. 14, Rdnr. 35 ff.

[471] Rdnr. 308.

[472] So *Schuster/Schuster/Müller,* Sechster Teil, Kap. 14, Rdnr. 36.

[473] Im Übrigen vgl. hierzu die allgemeinen Ausführungen oben, Rdnr. 174 f. und das Muster für Vertragsgestaltung bei der Vergabe von Internet-Hosting-Dienstleistungen (Stand 10. 1. 2001) des Bundesministerium für Wirtschaft, http://www.sicherheit-im-Internet.de/download/002-Muster-Internet-Hosting-Vertrag.pdf [abgerufen am 10. 1. 2003].

[474] Vgl. oben, Rdnr. 95 ff.

[475] Vgl. oben, Rdnr. 95 ff.

[476] Vgl. hierzu schon oben, Rdnr. 150.

§ 343 BGB, wenn sie unverhältnismäßig hoch vereinbart wurde. § 309 Nr. 6 BGB (§ 11 Nr. 6 AGBG), der eine Vertragsstrafe zugunsten des Verwenders der AGB, für unwirksam erklärt, wird hier keine Rolle spielen, da der Kunde im Gegensatz zum Anbieter zumeist keine AGB's benutzen wird.

Angesichts der zum Teil immensen wirtschaftlichen Bedeutung von Webhosting-Verträgen, über die ganze Geschäftsfelder großer Unternehmen abgewickelt werden, ist ein derartiger Versuch, das schwierige deutsche Schadensersatzrecht den praktischen Notwendigkeiten anzupassen, nur allzu verständlich. Dabei hält das deutsche Zivilrecht allerdings einige „Fallen" bereit, die man kennen sollte: 306

Praxistipp: So darf man nicht vergessen, die Bezugsgrößen der Vertragsstrafe anzugeben: Worauf bezieht sie sich also, auf die Verfügbarkeit im Monatsmittel, auf exklusive Wartungen, auf Updates etc?. Sie kann auch aufgespalten sein auf die oben[477] beschriebenen verschiedene Verfügbarkeiten in verschiedene Vertragsteilen (z. B. Ordnungsgemäßer Lauf der Applikationen, des Servers, des Netzwerkes).

Oftmals zeigen sich in der Praxis an dieser Stelle Probleme, da der eine Provider nur die Hardware hostet, eine etwaige Multimedia-Agentur aber für die Applikationen verantwortlich ist, die sie für den Kunden erstellt hat. Wer dann für welchen Bereich verantwortlich ist und wie technisch bedingte Ausfälle hinreichend sicher einem Vertragspartner zugeordnet werden können, ist ein weites Feld der Vertragsformulierung. Dies sollte man als Kunde dadurch zu umgehen versuchen, dass man nur einen Vertragspartner wählt, der für das gesamte Webhosting inklusive Applikationen verantwortlich ist. Hier grenzt der Webhosting-Vertrag an das oben dargestellte Application-Service-Providing.[478] 307

Schließlich wird der Kunde darauf angewiesen sein, im schlimmsten Fall des Totalausfalls ggfs. schnell an seine Daten und ggfs. notwendige Applikationen zu kommen, um diese bei anderen Anbietern einzustellen. Eine entsprechende **Herausgabepflicht** ist angesichts des teilweise mietvertragliche Charakters vertragsimanent (§ 547a Abs. 1 BGB analog), jedoch in Einzelfall, der in der Regel existenzbedrohend und äußerst eilig ist, nur sehr schwer schnell durchsetzbar.[479] Es bietet sich daher an, diese Pflicht vertraglich ggfs. durch **Hinterlegung** oder Vertragsstrafen zusätzlich abzusichern. Hierbei kann man auf die im Bereich der Hinterlegung von Quellcodes in Softwareentwicklungsverträgen gemachten Erfahrungen zurückgreifen. Regelungsbedürftig ist in diesem Zusammenhang auch die Frist, innerhalb derer ggfs. bereits vor Vertragsbeendigung die Daten herauszugeben sind, und die technischen Details der Herausgabe, da eine Überleitung des Systems auf einen neuen Provider erhebliche Zeit – wohl bis zu 6 Monaten – in Anspruch nehmen kann. An dieser Stelle steckt ein nicht zu unterschätzendes „Erpressungspotential" des alten Providers. 308

Schließlich sollte sich der Kunde bei größeren Webhosting-Verträgen ein regelmäßiges **Prüfungsrecht (Auditing)** aller Systeme des Anbieters vorbehalten, um et- 309

[477] Rdnr. 95 ff.
[478] Rdnr. 152 ff.
[479] Vgl. *LG Cottbus*, Beschl. v. 17. 8. 2001, 3 O 311/01 – spreewald.de, nicht veröffentlicht.

waige technische Schwachstellen frühzeitig durch sachverständige Dritter erkennen zu lassen. Ebenso wie beim Access-Provider-Vertrag und den Verträgen über die Beschaffung eines Domainnamens[480] handelt es sich hierbei um eine Kernfrage des Vertrages, deren Bedeutung keinesfalls unterschätzt werden sollte.

(3) Pflichten des Kunden

310 Sofern der Kunde eigene Inhalte über den Webhosting-Anbieter in das Internet stellt, stellt sich je nach Stellung des Webhosting-Anbieter die Frage der Verantwortlichkeit für diese Inhalte. Der Anbieter haftet gegebenenfalls gemäß den neuen Regeln des TDG/MDStV für fremde rechtswidrige Inhalte, wie in § 4 näher beleuchtet. Dem Anbieter ist zu raten, eine Klausel aufzunehmen, die es ihm ermöglicht, den Vertrag außerordentlich zu kündigen und die ihm das Recht gibt, die Inhalte vorübergehend zu sperren, wenn der Kunde rechtswidrige Inhalte auf seiner Website verwendet. Dieses Problem ist uns oben bereits beim Access-Provider-Vertrag begegnet.[481] Es wird zudem allgemein beim Kapitel „Verantwortlichkeit" behandelt.[482] Natürlich hat der Kunde im Übrigen die Gesetze zu beachten; wesentlichste internetspezifische Besonderheit ist sicherlich die Anbieterkennung nach § 6 TDG.[483]

cc) Vergütungsregelungen

311 Die Vergütung des Anbieters wird in aller Regel ein **monatliches Grundentgelt** beinhalten und zudem eine **volumenabhängige Komponente** aufweisen, also je nach zur Verfügung gestelltem Speicherplatz. Hinzutreten werden in größeren Verträgen gleitende Vergütungsregeln, die sich an wechselnder Inanspruchnahme einer bestimmten Bandbreite von Speicherplatz orientieren. Die Höhe der zugrundeliegenden Vergütung wird zudem – wie überall im sich schnell weiterentwickelnden IT-Bereich – maßgeblich von Verfügbarkeit und Datendurchsatz bestimmt. Natürlich müssen gegebenenfalls auch die für Applikationen eingeräumten Lizenzen vergütet werden.

312 Schließlich finden sich insbesondere in Webhosting-Verträgen, vermutlich da diese über nicht unerhebliche Zeitintervalle gelten, **Preisanpassungsklauseln.** Man unterscheidet dabei zwischen Gleitklauseln, Spannungsklauseln oder Leistungsvorbehalten.

313 **Gleitklauseln** sind Vereinbarungen, die die Höhe der Geldschuld an eine vertragsfremde Bezugsgröße binden und bei Änderung der Bezugsgröße eine automatische Anpassung vorsehen.[484] Dieses sind vor allem solche Klauseln, die die Vertragsanpassung an die Entwicklung eines Preisindexes binden. Dieses Klauseln sind nach § 2 Preisangaben-/und Preisklauselgesetz (PaPkG) genehmigungsbedürftig durch das Bundesamt für Wirtschaft in Eschborn. Die Genehmigung wird in der Regel nur bei sehr langfristigen Verträgen von mehr als 10 Jahren erteilt. Nicht genehmigungsbedürftig sind hingegen sogenannte Spannungsklauseln oder Leistungsvorbehalte.

314 **Spannungsklauseln** sind Vereinbarungen, die die Höhe der Geldschuld vom künftigen Preis oder Wert gleichartiger Güter oder Leistungen abhängig machen.[485] Die

---

[480] Vgl. oben, Rdnr. 217 f.
[481] Vgl. Rdnr. 123 ff.
[482] Vgl. § 4.
[483] Vgl. *Spindler/Schuppert,* Teil V, Rdnr. 109 ff.
[484] BGHZ 53, 318.
[485] BGHZ 14, 310.

Abgrenzungen gegenüber Gleitklauseln erfolgt danach, dass die Bezugsgröße für die Vertragsanpassung im Wesentlichen gleichartige oder vergleichbare Leistungen betrifft. Die Anpassung vollzieht sich bei Änderung der Vergleichsgröße *ipso facto*.

Leistungsvorbehalte hingegen sind Vereinbarungen, nach denen die Höhe der 315 Geldschuld bei Eintritt bestimmter Voraussetzungen (wie beispielsweise Zeitablauf, wesentliche Änderung, Änderung einer Vergleichsgröße) durch die Parteien oder Dritte neu festgesetzt werden soll.[486] Der Unterschied zu einer Gleitklausel liegt demnach darin, dass die Anpassung nicht automatisch erfolgt, sondern dass für sie ein, wenn auch begrenzter, Ermessensspielraum besteht. Die Anpassung wird im Zweifel mit dem Zugang einer Anpassungserklärung wirksam, gegebenenfalls mit dem Erlass des sie ersetzenden Urteils (gem. § 319 BGB) bei einem Leistungsvorbehalt der beschriebenen Art, die Anpassungserklärung der Partei oder eines Dritten von einer bestimmten Vergleichsgröße abhängig zu machen.

Es sollte also darauf geachtet werden, dass die Preisanpassungsklausel die einzel- 316 nen Erhöhungsgründe benennt, ein Grund wäre z. B. die Kostenerhöhung durch die Inanspruchnahme von Telekommunikationsleistungen von Zulieferern. Im kaufmännischen Verkehr reicht es, wenn das Recht zur Preiserhöhung an sinnvolle einschränkende Voraussetzungen geknüpft wird.[487] Im nicht-kaufmännischen Verkehr muss dem Kunden dagegen bei erheblichen Preiserhöhungen ein Kündigungsrecht eingeräumt werden.[488]

dd) Sach- und Rechtsmängelhaftung

Der Webhosting-Vertrag unterliegt als gemischter Vertrag **unterschiedlichen Leis-** 317 **tungsstörungsregeln.** Wie bereits erwähnt, stellt die Bereitstellung von Speicherplatz eine **mietvertragliche Pflicht** dar. Dies hat für die Sach- und Rechtsmängelhaftung weitreichende Folgen. Der vertragsgemäße Zustand muss gemäß § 536 BGB während der gesamten Mietdauer vorliegen, ist dies nicht der Fall, so hat der Kunde u. a. das Recht zur Minderung gemäß § 536 BGB. Fällt also der Server aus oder entsprechen die technischen Standards, wie Bandbreite, Verfügbarkeit, Größe des Speicherplatzes, nicht dem Vereinbarten, so kann der Kunde die vereinbarte Vergütung mindern. Eine AGB-Klausel, die ein solches Recht beschneidet, ist gemäß § 307 BGB (§ 9 AGBG) unwirksam. Zu beachten ist aber, dass über die Verfügbarkeitsklausel ein **Minderungsrecht** erst entsteht, wenn die Leistungsunterbrechung über die vertraglich zulässige Dauer hinausgeht. Gemäß § 536 Abs. 2 BGB führt auch eine nur unerhebliche Einschränkung der Gebrauchstauglichkeit zu dem Recht zu mindern, wenn eine **zugesicherte Eigenschaft** fehlt. Für eine Zusicherung ist jedoch immer erforderlich, dass über eine Beschreibung einer Sache hinaus, ein Einstandswille zu erkennen ist. Klarstellend empfiehlt es sich dennoch in den AGB's zu bestimmen, dass Angaben zu der Beschaffenheit keine Zusicherung sind. Ebenso anwendbar ist die weite, verschuldensunabhängige Haftung gemäß § 536a BGB für anfängliche Mängel, die in den AGB's des Anbieters auf jeden Fall abbedungen werden sollte.

Das **Bereithalten der Daten des Kunden** zum Abruf ist unter den entgeltlichen 318 **Geschäftsbesorgungsvertrages** mit Dienstvertragsschwerpunkt einzuordnen. Eine

[486] BGHZ 81, 142.
[487] *Ulmer/Brandner/Hensen,* § 11 Nr. 1 AGBGB, Rdnr. 18.
[488] *Ulmer/Brandner/Hensen,* § 11 Nr. 1 AGBGB, Rdnr. 15.

Gewährleistung für Mängel ist weder beim Geschäftsbesorgungsvertrag, noch im Dienstvertragsrecht gegeben. Es finden die Grundsätze der positiven Vertragsverletzung Anwendung, d.h. dem Kunden ist der Schaden zu ersetzen, der durch eine schuldhafte Verletzung von Vertragspflichten entsteht. Zu überlegen ist, ob die Vorschrift des § 616 BGB anzuwenden wäre, wenn der Anbieter eine verhältnismäßig nicht erhebliche Zeit an der Erbringung der Leistung gehindert ist, damit er den Anspruch auf Vergütung behält. Die Gründe des § 616 BGB sind aber in der Regel personenbezogen,[489] so dass eine Anwendung auf Verhinderungen aus dem Betrieb des Anbieters nicht in Betracht kommt.

319 Bedient sich der Anbieter zur Erbringung der von ihm geschuldeten Leistung Dritter, so haftet er gemäß **§ 278 BGB** für deren Verschulden selbst. Es kommt daher bezüglich der Haftung für Fehler Dritter auf den **Pflichtenkreis des Anbieters** an. Ein Anbieter, der seinem Kunden die direkte Anbindung an einen US-Knotenpunkt verspricht, haftet für die Fehler des Leitungsanbieters, dessen Leitung er sich bedient.[490] Dies allerdings nicht, soweit eine Leistungsunterbrechung auf **höherer Gewalt**[491] beruht. In diesem Fall hat weder der Anbieter, noch der Dritte das Ereignis zu vertreten, so dass schon nach dem Gesetz eine Haftung ausscheidet. Höhere Gewalt bedeutet aber lediglich Unvorhersehbarkeit, Unvermeidbarkeit und Außergewöhnlichkeit.[492]

320 Hat daher der Dritte, der als Erfüllungsgehilfe angesehen werden muss, die Leistungsunterbrechung zu vertreten, so kann sich auch der Anbieter nicht auf höhere Gewalt berufen. Auf jeden Fall sollte der Anbieter dem Kunden für den Fall einer längeren nicht mehr zumutbaren Unterbrechung ein **Kündigungsrecht** einräumen.[493] Die Dauer einer zumutbaren Unterbrechung wird vom Einzelfall abhängen, insbesondere, inwieweit der Kunde die Homepage privat oder kommerziell nutzt, es besteht also die Gefahr, dass eine entsprechende Klausel gegen § 307 BGB (§ 9 AGBG) verstößt.

321 Der Ausschluss der **Haftung in AGB's** ist nur eingeschränkt möglich. Wie überall gilt: Ein Haftungsausschluss für einfache Fahrlässigkeit verstößt regelmäßig gegen § 307 BGB (§ 9 ABGB), wenn dabei nicht die Haftung für Kardinalpflichten, d.h. die Hauptleistungspflichten und wesentliche Pflichten, ausgenommen ist. Aber auch dann droht ein Verstoß gegen das **Transparenzgebot,** da der Kunde in der Regel nicht erkennen kann, in welchen Fällen der Anbieter für einfache Fahrlässigkeit haftet, eine entsprechende Klausel ist also allenfalls im kaufmännischen Verkehr zu empfehlen.[494]

322 Gleichfalls ist ein **Haftungsausschluss für Folgeschäden** regelmäßig wegen § 307 Abs. 2 Nr. 2 BGB (§ 9 Abs. 2 Nr. 2 AGBG) unwirksam und auch die Haftung wegen Fehlens von **zugesicherten Eigenschaft** ist nicht ausschließbar.

223 Möglich ist aber eine Beschränkung der Haftung auf **nicht vorhersehbare Exzessrisiken,**[495] bei der Vereinbarung einer Höchstsumme besteht dagegen wieder die Gefahr der Unwirksamkeit, so dass zumindest, wenn eine solche Regelung gewünscht

---

[489] *Palandt/Putzo,* § 616, Rdnr. 8.
[490] Beispiel bei *Spindler/Schuppert,* Teil V, Rdnr. 190.
[491] Vgl. zu dem Begriff Rdnr. 151.
[492] BGHZ, 7, 338 (339); *v. Westphalen,* Vertragsrecht: Höhere Gewalt Rdnr. 2.
[493] *BGH* ZIP 1986, 919 (920).
[494] Vgl. *Spindler/Schuppert,* Teil V, Rdnr. 178.
[495] *BGH* ZIP 1994, 461 (465).

ist, die Höchstsumme in einer getrennte Klausel erfasst werden sollte und gleichzeitig eine weitere Klausel eine Beschränkung auf den typischerweise vorhersehbaren Schaden bestimmt.

Interessant für den Anbieter, bei der geringen Möglichkeit, die Haftung in AGB wirksam einzuschränken, bleibt, ob § 7 TKV für den Anbieter anwendbar ist. Auch wenn man die Anwendbarkeit bejaht, bezieht sich die Haftungsbeschränkung des § 7 TKV nur auf Schäden, die das Aussenden, Empfangen und Übermitteln von Nachrichten, nicht aber die gespeicherten Inhalte, betreffen.[496] 324

ee) Vertragsdauer und -beendigung

Als **Dauerschuldverhältnis** läuft der Webhosting-Vertrag zunächst mangels entgegenstehender vertraglicher Vereinbarung auf unbestimmte Zeit. Zu empfehlen ist es, die ordentliche Kündigung vertraglich festzulegen, da die gesetzlichen Kündigungsfristen nicht ausreichend die Investitionen des Anbieters berücksichtigen. In Betracht kommen die Regeln beim Mietvertrag (§ 565 Abs. 1 Nr. 3, 2. Var. oder § 565 Abs. 4 Nr. 2) oder die analoge Anwendung der §§ 624, 723 BGB, die der *BGH* bei allgemeinen Dauerschuldverhältnissen anwendet.[497] Folge der Beendigung sind die oben dargestellten Herausgabepflichten, die auch bereits vor endgültigem Auslaufen des Vertrages greifen können.[498] 325

Zu empfehlen ist eine bestimmte Grundlaufzeit von einem oder zwei Jahren und ein Kündigungsrecht zum Ablauf des Jahres oder weiterer jährlicher Vertragslaufzeiten. Gemäß § 309 Nr. 12 BGB (§ 11 Nr. 12 AGBG) ist im nicht-kaufmännischen Verkehr in jedem Fall eine Vertraglaufzeit von mehr als zwei Jahren, eine Verlängerung von mehr als einem Jahr oder eine Kündigungsfrist von mehr als drei Monaten unwirksam. Gemäß § 307 BGB (§ 9 AGBG) kann im Einzelfall auch eine Klausel unwirksam sein, die eine zweijährige Vertragslaufzeit vorsieht.[499] Dies wird aber nur der Fall sein, wenn die Vertragslaufzeit eine besonders gravierende Einschränkung des Kunden ist, eine geringe finanzielle Belastung begründet dies noch nicht.[500] Im kaufmännischen Verkehr ist allein § 307 BGB (§ 9 AGBG) zu beachten. 326

Zusätzlich sollte noch ein **außerordentliches Kündigungsrecht** vereinbart werden, beispielsweise bei Zahlungsverzug des Kunden oder bei einem Verstoß gegen wesentliche Vertragspflichten. Schon nach der gesetzlichen Regelung gemäß § 554 Abs. 1 BGB hat der Anbieter das Recht zu kündigen, wenn der Kunde für zwei aufeinander folgende Termine oder einen nicht unerheblichen Teil des geschuldeten Betrages mit der Zahlung schuldhaft in Verzug gerät; dieses Kündigungsrecht sollte klarstellend vertraglich vereinbart werden. Es sollte auch ein Kündigungsrecht für den Fall vereinbart werden, in dem der Kunde gegen seine Pflicht, keine **rechtswidrigen Inhalte** auf der Website zu speichern, verstößt. Der Anbieter haftet selbst für die Inhalte der Website, soweit ihm der Inhalt bekannt ist und ihm zumutbar ist, die Nutzung zu verhindern, § 11 TDGS. Hierin liegt sein Interesse, bei rechtswidrigen Inhalten sofort die Unterbrechung der Nutzung herbeizuführen. Da es sich bei Webhosting-Vertrag um ein Dauerschuldverhältnis handelt, ist der Kunde jedoch 327

[496] Vgl. ausführlich *Spindler/Schuppert,* Teil V, Rdnr. 225.
[497] *BGH* NJW 1972, 1129.
[498] Rdnr. 308.
[499] *Ulmer/Brandner/Hensen,* § 11 Nr. 12 AGBG, Rdnr. 3 a.
[500] *BGH* NJW 1997, 739 (749) für Fitnessverträge.

zunächst wegen der Rechtsverletzung abzumahnen.[501] Der Anbieter kann also zunächst nur die Website vorübergehend sperren, um selbst bei Verdacht der Rechtswidrigkeit die eigene Haftung zu vermeiden. Diese Sperre ist in der Regel auch angemessenes und verhältnismäßiges Mittel. Nach erfolgloser Abmahnung und Stellungnahme des Kunden hat der Anbieter dann das Recht, den Vertrag außerordentlich und fristlos zu kündigen. **Eine dauerhafte Sperre** der Inhalte ohne außerordentliche Kündigung ist dagegen unzulässig, da der Kunde weiterhin zur Zahlung der Vergütung verpflichtet wäre. Eine Sperrung der Inhalte ist somit nur für die Übergangszeit bis zur Klärung der Verantwortlichkeit des Kunden möglich, um das Haftungsrisiko des Anbieters zu senken und verstößt daher nicht gegen § 307 BGB (§ 9 AGBG).

328 Sollte die Sperrung unrechtmäßig gewesen sein, steht dem Kunden ein Schadensersatzanspruch gegen den Verursacher zu, beispielsweise bei einer schuldhaft falschen Abmahnung[502] an den Anbieter und einer Befolgung dieser Abmahnung durch den Anbieter.[503]

b) Verträge über Erstellung von Internetauftritten

329 Auch wenn Verträge über Erstellung von Internetauftritten – neudeutsch: Webdesign-Verträge – die wesentliche inhaltliche Voraussetzung dafür sind, dass z. B. Webhosting-Verträge überhaupt abgeschlossen werden können, enthalten sie nur wenige internet-spezifische Besonderheiten. Sie berühren zudem das Geistige Eigentum nur insofern, als ihr Gegenstand urheberrechtlich als Werk i. S. d. § 2 Abs. 1, Abs. 2 UrhG[504] oder Geschmacksmuster[505] geschützt sein kann oder etwa Marken auf der Seite eingestellt werden.

330 Derartige Verträge werden oftmals kombiniert mit einem Wartungsteil abgeschlossen.[506] Sie dürften hinsichtlich der **Erstellung der Website** einen **Werkvertrag** darstellen,[507] hinsichtlich der **Wartung** ein **Dauerschuldverhältnis mit Dienstvertragscharakter.** Dabei wird der Begriff der Wartung allerdings keineswegs einheitlich gebraucht; oftmals findet man auch den Begriff der **Pflege.**[508] Das Computerrecht kennt dieses Problem. Inhaltlich geht es bei der Wartung/Pflege darum, zu definieren, was der Provider zur Aufrechterhaltung der Website tun muss und welche sich im Laufe des Betriebs der Website ergebenden Änderungen und Anpassungen noch vom Provider

[501] *BGH* NJW 1981, 1265; *Palandt/Heinrichs,* Einl. Vor § 241, Rdnr. 19.

[502] BGHZ 38, 205 und allg. hierzu z. B. *Baumbach/Hefermehl,* Einl. UWG Rdnr. 652 ff.

[503] *OLG Hamm,* WRP 1980, 216; *BGH* NJW 1986, 1815.

[504] Zu Schutzvoraussetzungen vgl. oben § 8, Rdnr. 52 ff.

[505] § 10, Rdnr. 14 ff.

[506] Der Deutsche Multimedia Verband (dmmv) e. V. hat Muster-Verträge für die Internet-/Multimedia-Branche erarbeitet, vgl. http://www.dmmv.de/de/7_pub/homepagedmmv/themen/produktion/agenturvertraege.cfm [abgerufen am 13. 4. 2002]; Die Musterverträge sind als Konditionenempfehlungen vom Bundeskartellamt genehmigt (Bekanntmachung Nr. 44/2002) und veröffentlicht im Bundesanzeiger Nr. 31 vom 4. 2. 2002, S. 2607; praktische Tipps für Klauseln enthält der Beitrag von *Härting,* ITRB 2002, 218 ff. und auch *Deckers,* CR 2002, 900 ff.

[507] *Kröger/Gimmy/Sengpiel/Klett/Gottschalk,* S. 241; allerdings dürfte auch an dieser Stelle der Streit aus dem Softwareerstellungsrecht virulent werden, ob nicht Werklieferungsrecht (§ 651 BGB) anwendbar ist; vgl. hierzu statt aller *Marly,* Rdnr. 46 ff. und zu den Auswirkungen durch die Schuldrechtsmodernisierung: *Kotthoff,* K&R 2002, 105 ff. ohne Festlegung, aber wohl Werkvertragsrecht zugrundelegend: *LG Stuttgart,* CR 2002, 376 f.

[508] *Kröger/Gimmy/Sengpiel/Klett/Gottschalk,* S. 241.

erledigt werden sowie zu welchem Preis. Da dies jedoch ein allgemeines Phänomen derartiger Verträge darstellt, sei auf die einschlägige Literatur verwiesen.[509]

Herauszuheben ist an dieser Stelle lediglich, dass der Kunde möglichst viel Zeit und Mühe darauf verwendet, seine Vorstellungen von der Gestaltung der Website dem Anbieter zu kommunizieren und ggf. im Wege der Erstellung eines Pflichtenheftes – hinlänglich aus dem Computerrecht bekannt – an dem Prozedere zur Herausarbeitung des konkreten **Vertragsgegenstandes** mitwirkt. Dabei ist insbesondere darauf zu achten, dass die Website auch unter allen gängigen Browsern ordnungsgemäß aufrufbar ist. 331

Die **Hauptleistung** des Anbieters umfasst in der Regel die vollständige grafische Gestaltung, die Entwicklung der Inhalte und Funktionen sowie die vollständige technische Umsetzung und Programmierung. 332

Der Vertrag sollte konkretisieren, was der Anbieter im Rahmen der Konzeption und Einrichtung der Website zu erbringen hat. Oftmals gliedern sich die Verträge in zwei Teile: Der eigentlichen Vertragsumsetzung geht ein aufwandabhängig vergüteter Beratungsteil voran. Bei der Umsetzung wird der Provider zum einen das Website-Design erbringen, also die Entwicklung des Designs mit allen Designelementen, wie Aufbau des Screens, Menüs, anklickbare Felder, die Designumsetzung auf den Screens und die Designumsetzung auf allen Pages des Kunden. Sodann obliegt dem Anbieter die Programmierung, also die regelmäßige HTML-, Java- oder sonstige Programmierung inklusive Einfügen der Inhalte und Grafiken und der vereinbarten Funktionalitäten sowie die starre Verlinkung der Website, um zu testen, ob sie auf verschiedenen Rechnern abrufbar ist. Der Vertrag sollte, wenn es sich nicht um einen Alles-Inklusive-Vertrag handelt, auch eine Negativabgrenzung vornehmen, also etwa, dass nicht Gegenstand der Leistung die Beschaffung einer Internetdomain ist oder die Aktualisierung von Daten und/oder Software nach Abnahme der aus diesem Vertrag geschuldeten Leistungen, Lieferung oder Zurverfügungstellung von Hardware oder gar die Eintragung einer Marke. 333

Die Parteien sollten sich darüber hinaus einigen, ob und wenn ja in welchem Umfang der Anbieter verpflichtet ist, dem Kunden zu Ende des Auftrags die notwendigen Materialien, etwaige Programme und ihre Quellcodes der Website zur Verfügung stellen und das **Eigentum** hieran **übertragen.** Das Gleiche betrifft alle Unterlagen (Reinzeichnungen, Filmkopien, Ausdrucke, usw.). 334

Der Kunde ist bei derart komplexen Projekten natürlich zur Mitwirkung verpflichtet; man sollte diese **Mitwirkungspflichten** allerdings konkretisieren, wenn möglich – aus Sicht des Auftragnehmers – als eine der wesentlichen Pflichten mit sogleich geregelten Folgen bei Verstößen. Auch ohne ausdrückliche Regelung im Vertrag muss der Kunde dem Anbieter etwa die von ihm für die Erstellung der Website zu liefernden Informationen und Unterlagen, Grafiken sowie Bildmaterial rechtzeitig zur Verfügung stellen. Soweit Leistungen in den Geschäftsräumen des Anbieters erbracht werden müssen, stellt der Kunde die erforderlichen Sach- und Hilfsmittel zur Verfügung. Vor allem aber sollte der Kunde Texte und Grafikele- 335

[509] Zu Details vgl. *Schuster/Müller,* Siebter Teil, Kap. 17, Rdnr. 128ff.; *Spindler/Schmidt,* Teil VIII, Rdnr. 1ff.; *Schwarz/Peschel-Mechner/Poll,* 16–3.1, S. 49ff. mit einem Vertragsmuster „Erstellung einer Website"; in anderen vergleichbaren Vertragssituationen vgl. z.B. *Schwarz/Schwarz,* 16–3.1: Options- und Multimediaproduktionsvertrag, Vortrag über die Herstellung einer online-Produktion; *Kröger/Gimmy/Sengpiel/Klett/Gottschalk,* Kap. 8, S. 241ff. (49ff.).

mente sowohl in elektronischer Form, in einem anerkannten und gängigen Speicherformat, als auch in Hardcopy (Print) liefern.

336 Kommt der Kunde diesen Mitwirkungspflichten nicht nach und ist dadurch die Erstellung der Website gefährdet, so dürfte man Regelungen in den Vertrag aufzunehmen haben, wonach der Anbieter den Kunden hierauf hinzuweisen hat und ihm eine angemessene Frist zu setzen hat, innerhalb derer die Mitwirkung zu erfolgen hat. Folge müssen dann eine Verschiebung etwaiger Fristen und/oder des gesamten Terminplans sein. Geregelt werden sollten auch die durch Stillstandzeit des Projektes entstehenden Mehr- und/oder Minderkosten.

337 Wesentlich und praktisch bedeutsam sind schließlich die Regeln über die **Abnahme** der Website. Auf die Neuerungen des Werklieferungsrechts (§ 652 BGB)[510] und die sich daraus ergebenden Fragen der Anwendbarkeit der ebenfalls neuen Abnahmeregeln (§ 640 BGB) sei nur hingewiesen. Eine Abnahme der Website kann nur erfolgen, wenn die Website sämtliche im Vertrag vereinbarten Spezifikationen und ein ordnungsgemäßes Laufzeitverhalten im Internet aufweist. Die Abnahme der Website wird im Hause des Kunden und auf Anlagen des Kunden durchgeführt. Über die Funktionsprüfung der Website im Rahmen der Abnahme sollte ein Protokoll geführt werden, in dem die Funktionstüchtigkeit bzw. ggf. Mängel der in der Leistungsbeschreibung enthaltenen Spezifikationen festgehalten werden.

338 Tritt während der Abnahme kein Fehler auf, so ist im Protokoll die Abnahme vorbehaltlos zu erklären. Hiervon unberührt bleibt die Verpflichtung des Anbieters, sämtliche später auftretenden Fehler im Rahmen der gesetzlichen Gewährleistung zu beheben. Treten bei der Abnahme Fehler auf, so sind diese im **Abnahmeprotokoll** festzuhalten. Der Vertrag sollte regeln, dass der Kunde nicht berechtigt ist, die Abnahme lediglich auf Grund unerheblicher Mängel der Website zu verweigern.

339 Der Vertrag über die Erstellung einer Website berührt urheberrechtliches bzw. geschmacksmusterrechtliches Terrain, wenn die Website oder Teile derselben urheberrechtlich und/oder geschmacksmusterrechtlich geschützt sind. Dann bedarf es einer **Rechtseinräumung** an den Kunden. Um gar nicht erst in Diskussionen über die urheberrechtliche Schutzfähigkeit oder Schutzlosigkeit zu geraten, sollte der Vertrag dem Kunden für sämtliche Urheber- und Leistungsschutzrechte, die an vom Anbieter erstellten oder verwendeten Arbeitsergebnissen und deren Produkten bestehen, die inhaltlich, zeitlich und räumlich unbegrenzten, möglicherweise je nach Vertragsgestaltung auch ausschließlichen Nutzungsrechte zur Herstellung von beliebigen Produktionen und zur umfassenden Auswertung der daraus entstehenden Werke im Internet und anderen Online-Diensten einräumen.[511]

Praxistipp: Häufig stellt sich in der Praxis ein Problem, wenn Teile (grafische und/oder technische Elemente) einer Website nicht individuell für den Kunden erstellt wurden und/oder auch noch für andere Kunden eingesetzt werden sollen. Denn oft sind die Funktionalitäten einer Website gleichartig. Dann muss der Auftragnehmer darauf achten, dass er nur einfache Nutzungsrechte einräumt. Hier kann einem eine Liste helfen, die die Teile enthält, an denen ausschließliche Nutzungsrechte eingeräumt werden und die, an denen ausnahmsweise nur ein einfaches Nutzungsrecht eingeräumt wird.

[510] Zur (möglichen) Anwendbarkeit des Werklieferungsrechts, vgl. Rdnr. 11 und 330.
[511] Zur Ausgestaltung einer solchen Rechteklausel, vgl. oben, Rdnr. 262.

Natürlich enthält der Vertrag, selbst wenn dies nicht ausdrücklich geregelt sein sollte, eine **Rechtefreistellung,** falls Dritte doch eigene Rechte an der Produktion anmelden sollten.[512]

Oftmals werden schließlich weitergehende **Nebenpflichten** vereinbart, wie die Aufnahme der Website in Suchmaschinen, ein unbedingtes Muss um in der Informationsflut des Internet überhaupt gefunden zu werden.[513] Schließlich muss unbedingt – ggf. über einen sich anschließenden Pflege- oder Wartungsvertrag[514] – geregelt werden, ob und wenn ja in welchem Zeitabstand sowie Umfang eine Aktualisierung und Pflege stattfindet. 340

Anders als in den bislang dargestellten besonderen Internet-Verträgen, die oftmals volumenabhängige und an der Nutzung orientierte **Vergütungsregeln** kennen, begegnet einem bei diesem Vertrag eher das klassische Festpreismodell aus dem Werkvertragsrecht. Selten gibt es erfolgsabhängige Vergütungen, die sich z.B. an der Anzahl der Seitenzugriffe orientieren.[515] 341

c) Verträge über Werbung im Internet

Viele behaupten, dass im Internet noch kein wirkliches Geld verdient werden, dass allenfalls die Werbeindustrie bislang vom Internet profitiere.[516] Wenn dies zutrifft, dürfte den Verträgen über Werbung im Internet einige Bedeutung zukommen. Wir wollen daher die Vertragstypen in diesem Bereich wenigstens anreißen, wenn der Bezug zum Geistigen Eigentum auch eher marginal ist. 342

Werbeverträge im Internet gibt es viele. Das folgende Schaubild mag die **Beteiligten** veranschaulichen: 343

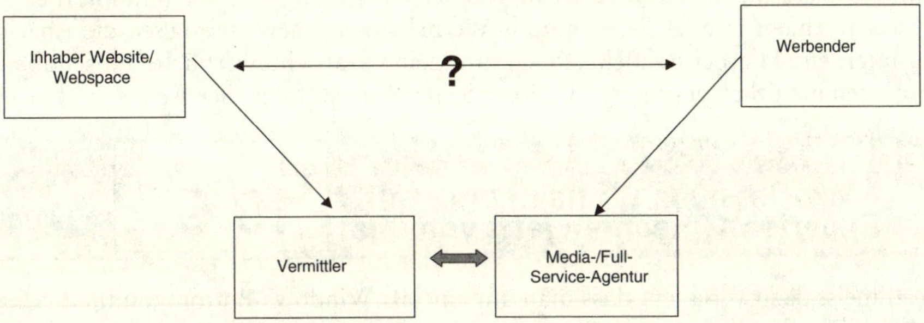

Die Vertragskonstellationen dürften sich bei Verträgen über Werbung im Internet nicht wesentlich vom „normalen" Leben unterscheiden. Der Vertrag, sollte er direkt zustande kommen, zwischen Werbendem und Inhaber des Werbeplatzes (in unserem Fall der Website bzw. dem Webspace) ist nach allgemeiner Meinung **Werkver-** 344

---

512 Zu einer entsprechenden Klausel, vgl. oben, Rdnr. 262.

513 Hierzu gibt es mittlerweile automatische Eintragungsdienste oder auch -Software, die diese Arbeit erheblich erleichtert; vgl. z.B. http://www.promoware2000.de.

514 Vgl. zu diesem Element des Website-Erstellungsvertrages, bereits oben, Rdnr. 330.

515 *Schuster/Müller,* Siebter Teil, Kap. 17, Rdnr. 142 ff., der zu Recht von derartigen Regelungen eher abrät.

516 Vgl. z.B. Unternehmen sind mit E-Business bisher nicht zufrieden, FAZ v. 18. 10. 2001, S. 31.

trag.[517] Sofern der Werbende eine Agentur dazwischenschaltet, ist der Vertrag zwischen Agentur – sei sie Fullservice- oder auch nur Mediaagentur – und dem Werbenden über die Schaltung der Werbung nach ebenso allgemeiner Meinung **Geschäftsbesorgungsvertrag** i.S.d. § 675 BGB.[518] Getrennt davon zu betrachten ist der Vertrag über die Gestaltung der Werbung, der ein klassischer Werkvertrag ist. Geschäftsbesorgungsvertrag ist aber wohl auch der Vertrag zwischen Werbeplatzinhaber und ggfs. eingeschaltetem Vermittler. In aller Regel wickelt sich der Werbeschaltungsauftrag also in diesen Vertragsketten ab; es besteht kein direktes Vertragsverhältnis zwischen Werbendem und Werbeplatzinhaber. Das kann – je nach Konstellation des Einzelfalls und Vertragsgestaltung – natürlich auch anders aussehen; möglicherweise ist es gerade im Interesse der Agentur bzw. des Vermittlers, den Vertrag direkt zwischen dem Werbeplatzinhaber und dem Webenden zustandezubringen, da – gerade im Internet-Business – das **Insolvenzrisiko** eines der Beteiligten nicht zu unterschätzen ist. So ist in der Praxis auch eine Tendenz in diese Richtung zu beobachten.[519]

345 Im Folgenden wollen wir den Geschäftsbesorgungsvertrag zwischen Agentur und Werbendem näher beleuchten. Die Werbeindustrie zeichnet sich durch eine erhebliche Spezialisierung aus: *Die* klassische Werbeagentur gibt es kaum noch, vielmehr hat sich bereits früh eine Teilung in Mediaagenturen, die Werbeschaltungen vornehmen und Kreativagenturen, die die Werbung gestalteten, durchgesetzt. Daneben gibt es zwar immer noch sog. Full-Service-Agenturen, diese untergliedern sich in aller Regel allerdings wieder in die eben genannten Bereiche. Hinzu treten vermehrt Spezialagenturen für einzelne Medien, hier vor allem das Internet. Zunehmend gründen etablierte große Agenturen daher auch Tochterunternehmen für diesen Bereich. Der Vertrag über Werbung im Internet handelt dabei weniger von der Gestaltung der Werbung, sondern vielmehr von der Platzierung derselben im Internet.

346 Dies geschieht in aller Regel mittels **Werbebannern**, gewissermaßen die Anzeigen des Internets. Hierbei handelt es sich um kleine grafische werbliche Einschübe auf ansonsten inhaltlich gestalteten Internet-Seiten[520] nach folgender Art,

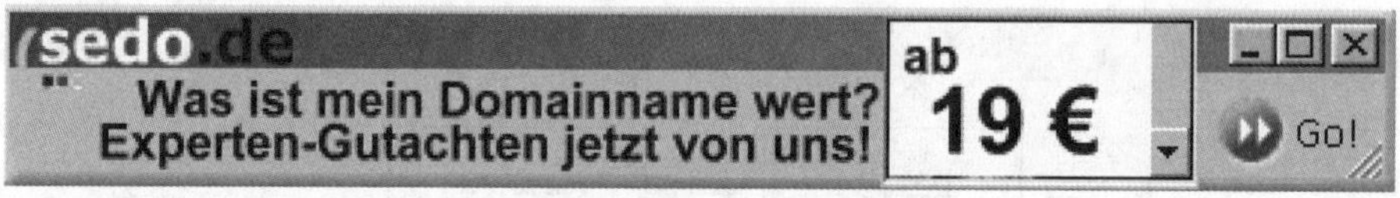

die zumeist dazu verleiten, dass man auf eine als Windows-Button gestaltete Schaltfläche klickt, bei der man oftmals gar nicht weiß, wo der dort offenbar hinterlegte Hyperlink hinführt:

---

[517] *LG Braunschweig,* NJW 1975, 782; *AG Iserlohn,* NJW 1997, 835; *Palandt/Sprau,* Vor § 631, Rdnr. 8; *Löffler/Ricker,* 47. Kap. Rdnr. 7 m.w.N.; für ein Vertragsmuster aus dem Anzeigengeschäft vgl. *Münchener Vertragshandbuch/Gloy/Klosterfelde/Schultz-Süchting,* Formular X. 4.

[518] *OLG Düsseldorf,* MDR 1972, 688; *Löffler/Ricker,* 47. Kap., Rdnr. 30 m.w.N.

[519] Die Rechtsprechung spricht sogar in Zweifelsfällen von einer Vermutung zugunsten der branchenüblichen Vertragsgestaltung: BVerfG AfP 1976, 88.

[520] Zu den Bannerformen vgl. § 11, Rdnr. 46f.

An dieser Stelle bestehen unmittelbare Verknüpfungen zum Wettbewerbsrecht; 347
ein nicht unwesentliches Thema z. B. ist die von § 1 UWG geforderte Trennung von Inhalt und Werbung.[521] Ein besonders gelagertes Beispiel für „Werbe"-Verträge im Internet sind sogenannte **Keywords.**[522]

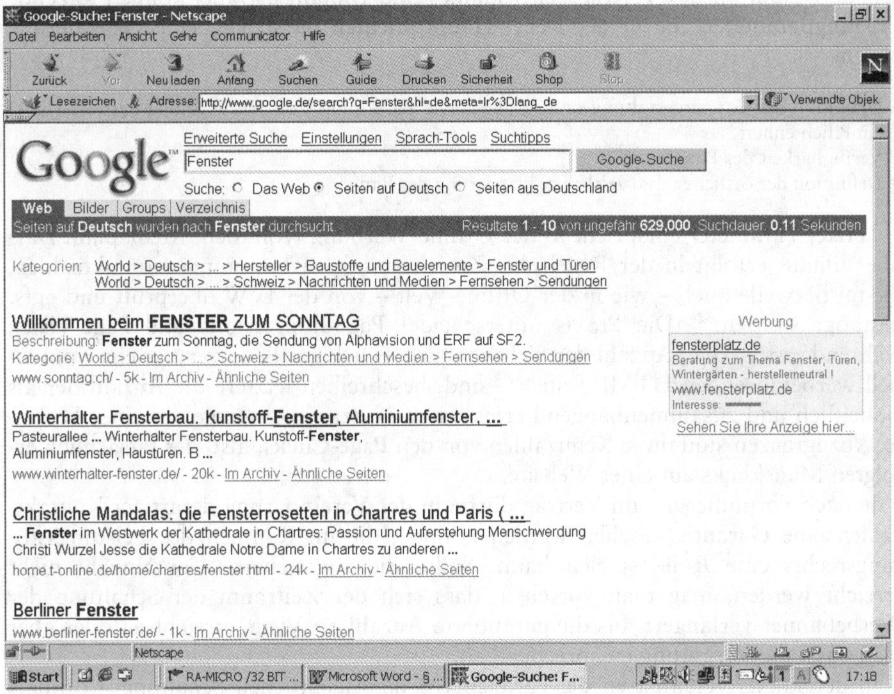

Hierbei stellt ein Suchmaschinen-Betreiber einem Kunden die Möglichkeit zur 348
Verfügung, Werbebanner neben der Trefferliste zu platzieren, wenn der Nutzer ein bestimmtes Suchword (sog. Keyword) in die Suchmaschine eingibt. Diese Werbeform bringt natürlich einige wettbewerbsrechtliche Fragen mit sich.[523]

Der **Inhalt** eines „Werbe"-Vertrages[524] im Internet ist vor diesem Hintergrund 349
also vielfältig. Er wird in der Regel zwischen einem werbenden Unternehmen und einer Agentur geschlossen und beinhaltet vor allem das Bereitstellen von Werbeplatz auf einem Banner im Internet nach ggf. vorangegangener Gestaltung, die als klassische Werkleistung hier aber außer Betracht bleiben soll. All die im Fol-

---

[521] Vgl. dazu und zu sonstigen wettbewerbsrechtlichen Fragen im Zusammenhang mit Bannerwerbung § 11, Rdnr. 43 ff.

[522] Zu ihnen überblicksartig vgl. § 11, Rdnr. 52 f.

[523] § 11, Rdnr. 86 ff.

[524] Für ein Vertragsmuster „Website-Promotion" vgl. *Schwarz/Peschel-Mehner/Poll*, 16–3.2, S. 9 ff. und für die von Zentralverband der deutschen Werbewirtschaft empfohlenen Online-AGB vgl. *Schwarz*, 16–3.4. Der Deutsche Multimedia Verband (dmmv) e. V. hat darüber hinaus Muster-Verträge für die Internet-/Multimedia-Branche erarbeitet, vgl. http://www.dmmv.de/de/7_pub/homepagedmmv/themen/produktion/agenturvertraege.cfm [abgerufen am 13. 4. 2002]; Die Musterverträge sind als Konditionenempfehlungen vom Bundeskartellamt genehmigt (Bekanntmachung Nr. 44/2002) und veröffentlicht im Bundesanzeiger Nr. 31 vom 4. 2. 2002, S. 2607.

genden dargestellten Leistungsinhalte gibt die Agentur in ihrem Vertrag mit dem Vermittler oder dem Werbeplatzinhaber direkt im Rahmen des Schaltvertrages weiter.

350 Die allgemeine Leistungsbeschreibung konkretisiert die Parteien durch möglichst genaue Definition des Vertragsgegenstandes und Umfangs. Dabei können folgende **Leistungparameter,** die in der Regel **Hauptpflichten** darstellen, eine Orientierung bieten:

- Definition der Bannergestaltung und -größe sowie -auflösung bzw. Entwicklung derselben über ein Pflichtenheft,
- Verfügbarkeit des Banners,[525]
- Definition der örtlichen und zeitlichen Platzierung des Banners.

351 Letzter Parameter entspricht in der Offline-Werbung wohl dem Mediaplan. Darüber hinaus erfolgt in der Regel eine Zusicherung von bestimmte **Kontaktzahlen,** die mittlerweile auch – wie in der Offline-Welt – von der IVW überprüft und ggfs. bestätigt werden.[526] Die Praxis unterscheidet **Page-Impressions** und **Page-Visits;** während erstere die „Anzahl der Sichtkontakte beliebiger Benutzer mit einer potentiell werbeführenden HTML-Seite“[527] sind, beschreiben letztere die Anzahl der als einheitlich und zusammenhängend erfassbaren Nutzungsvorgänge auf einer Website. Abzugrenzen sind diese Kennzahlen von den **Page-Clicks,** also der tatsächlich erfolgten Mausklicks auf einer Website.

352 Je nach Formulierung im Vertrag dürfte in der Vereinbarung derartiger Kontaktzahlen eine **Garantie** gesehen werden können, die im Rahmen des Leistungsstörungsrechts eine Rolle spielen kann. Sollte die zugesicherte Kontaktzahl nicht erreicht werden, mag man vorsehen, dass sich der Zeitraum der Schaltung der Werbebanner verlängert, bis die garantierte Anzahl an Visits erreicht ist oder aber man passt die Vergütung entsprechend an.

353 In der Praxis vereinbaren die Parteien vor der eigentlichen Schaltung – oftmals kostenlos – einen sog. **Rotation-Test.** Hierbei werden statt des später zu schaltenden einen Motivs mehrere Motive auf den Ad-Servern testweise geschaltet, um zu ermessen, welches Motiv „am besten läuft“. Das sich so herauskristallisierende Motiv ist dann Vertragsgegenstand. In einem solchen Rotation-Test ist wohl nichts anderes zu sehen als eine nachgelagerte Definition des Vertragsgegenstandes.

354 Werbebanner unterscheiden sich in ihrer **technischen Ausgestaltung.**[528] Es gibt solche, die statisch auf einer Seite stehen, solche, die abwechselnd andere Werbung zeigen oder gar solche, die selbst bei Wechsel der Seite noch stehen bleiben. Der Phantasie der Werbetreibenden und der Technik sind hier kaum Grenzen gesetzt. Nur sollten die Vertragsparteien auch diese Frage regeln. Die Werbeagentur wird die Werbebanner schließlich in der Regel via FTP (File Transfer Protocol) auf den näher zu bestimmenden Werbeserver zukommen lassen.

---

[525] Vgl. hierzu die oben im Rahmen des Access-Provider-Vertrages dargestellten Möglichkeiten der Ermittlung und Definition der Verfügbarkeit: Rdnr. 95 ff.

[526] Vgl. die Website der Informationsgemeinschaft zur Verbreitung von Werbeträgern e. V., dort Informationen zur Online-Werbung: http://www.ivwonline.de/home/start.php [abgerufen am 13. 4. 2002].

[527] Ziff. I. und Anlage 3 der IVW-Richtlinien für die Kontrolle von Online-Medien, vgl. http://www.ivwonline.de/richtlinien/richtlinien_kon.php [abgerufen am 13. 4. 2002].

[528] Vgl. die ausführliche Darstellung in § 11, Rdnr. 41 f.

Den **rechtlichen Charakter** des Vertrages zwischen Agentur und Werbendem hatten wir oben bereits als Geschäftsbesorgungsvertrag gekennzeichnet.[529] Er kann sich dabei – je nach individuellem Schwerpunkt – mehr am Werkvertrag orientieren oder auch stärkeren Dienstvertragscharakter tragen. Die Abgrenzung zwischen Werk- und Dienstvertrag erfolgt wie im allgemeinen Werberecht danach, ob ein bestimmter Arbeitserfolg, z.B. Entwurf eines Firmenlogos, oder eine vielfältige Tätigkeit, z.B. Planung und Durchführung von Werbeaktivitäten geplant ist. Indiz für einen Werkvertrag ist, ob die Vergütung an ein bestimmtes Arbeitsergebnis geknüpft ist. Ein monatliches Pauschalhonorar spricht eher für einen Dienstvertrag mit Geschäftsbesorgungscharakter. Überträgt man dies auf den Werbebanner-Vertrag spricht viel dafür, dass es sich um einen Geschäftsbesorgungsvertrag mit Dienstvertragscharakter handelt, denn die beratende Funktion bei der Platzierung und die auf Dauer orientierte Vergütung dürften eher Dienstcharakter haben.[530] Dies gilt allerdings sicher nicht für die eigentliche Gestaltung des Banners, die dem Werkvertrag bzw. ggfs. dem Werklieferungsvertrag untersteht. Ebenfalls anders dürfte die Situation sein, wenn über fest definierte Kontaktzahlen die Vergütung an einen Erfolg geknüpft ist; auch in einem solchen Fall dürfte eher Werkvertragsrecht einschlägig sein.[531]/[532] 355

Verträge über Werbebanner enthalten darüber hinaus eine ganze Reihe von weiteren **„Marketing-Ideen"**. So kann etwa die Agentur garantieren, durch die Schaltung der Werbebanner eine sogenannte Umwandlungsquote von einer bestimmten Prozentzahl zu erreichen, d.h., es registrieren sich eine bestimmte Anzahl Personen der über die Werbebanner im Online-Angebot auf die Website des Unternehmens gelenkten User für die Website. In einem solchen Fall, der sich vor allem bei Websites, die nicht lediglich Werbung enthalten, sondern eine Registrierung erfordern, anbietet, sollte der Terminus Registrierung weiter definiert werden. Darüber hinaus muss das Unternehmen dann natürlich dafür einstehen, dass seine Website ein ordnungsgemäßes Laufzeitverhalten aufweist und die erforderlichen Voraussetzungen für die Funktionsfähigkeit des Registrierungsvorgangs auf der Website vorliegen. 356

Werbeverträge enthalten auch im Internet natürlich **Freistellungen**[533] für die dort transportierten Inhalte. So steht das Unternehmen gegenüber der Werbeagentur für die Richtigkeit der von ihm gelieferten Inhalte der Werbebanner ein. 357

Sehr wesentlich sind weitere **Nebenpflichten:** Die Parteien verpflichten sich in der Regel, monatliche Statistiken über die durch die Werbebanner im Online-Angebot auf der Website generierten Page-Impressions, PageViews oder Page-Clicks und die Anzahl der Registrierungen bzw. Registrierungsversuche bis zu einer bestimmten Tagesanzahl nach Ablauf des jeweiligen Kalendermonats zu übermitteln.[534] Dieses sog. **Ad-Reporting** dient der Erfolgskontrolle und berührt datenschutzrechtliche Fragen.[535] Es erfolgt entweder durch ein spezielles Online-Tool, das dem Kunden einen direkten tages- oder gar sekundenaktuellen Zugriff ermöglicht, oder per 358

---

[529] Oben Rdnr. 264; für einen Mustervertrag aus der Offline-Welt vgl. *Münchener Vertragshandbuch/Gloy/Klosterfelde/Schultz-Süchting,* Formular X. 1.

[530] A. A. *Moritz/Dreier/Jessen/Müller,* B., Rdnr. 426: immer Werkvertrag.

[531] Zu Recht so *Schuster/Müller,* Siebter Teil, Kap. 17, Rdnr. 101.

[532] Vgl. hierzu *Münchener Vertragshandbuch/Gloy/Klosterfelde/Schultz-Süchting,* Formular X. 1.

[533] Vgl. zu einer solchen Klausel oben, Rdnr. 262.

[534] Vgl. *Schuster/Müller,* Siebter Teil, Kap. 17, Rdnr. 114.

[535] § 5, Rdnr. 6 ff.

e-mail-Nachricht. Der Deutsche Multimediaverband hat sich auf eine einheitliche Form der Auskunft geeinigt.[536] Gleichwohl messen beide Vertragspartner oftmals selbstständig. Dann bietet sich entweder an, sich auf eine einheitliche Messtechnik – ggfs. bei großen Projekten unter Aufsicht eines unabhängigen Dritten – zu einigen oder bei abweichenden Messergebnissen ab Über- oder Unterschreiten eines bestimmten Toleranzwertes sich auf einen Mittelwert zu einigen.

359 Die **Vergütung** ist bei Werbeverträgen im Internet vielfältig. Die Agentur erhält zunächst vom Unternehmen in der Regel für die Entwicklung und Schaltung der Werbebanner eine pauschale, nicht rückzahlbare Vergütung. Sodann finden sich alle Arten von erfolgsabhängigen Vergütungen, je nach den oben[537] dargestellten Page- bzw. Ad-Views oder Page- bzw. Ad-Clicks. Dabei spielt auch die Verweildauer von Nutzern auf einer Seite eine Rolle; der Phantasie der Preisverhandler sind hier dank der technischen Dokumentierbarkeit des Nutzerverhaltens keine Grenzen gesetzt.

360 Die **Basis** für derartige **nutzungsabhängige Vergütungen** ist der aus der Offline-Welt bekannte Tausenderkontaktpreis (TKP). Pro tausend vereinbarte Kontakte (z.B. Page-Impressions oder Page-Views[538]) wird ein bestimmter Preis vereinbart. Allerdings stellt dieser TKP – anders als bei Zeitungen und Zeitschriften, die sich nur an der IVW-geprüften verkauften Auflage und Leseranalysen über die Häufigkeit der Kontakte orientieren können, – eine durch die oben beschriebenen Messungen nutzergenau erfassbare Größe dar. Ggfs. wird – wie beschreiben – ein gesondert zu vergütender oder auch kostenloser **Rotation-Test** vorangeschickt.[539]

361 Ausgehend von diesem Preis gewähren Multimediaagenturen ihren Kunden **Rabatte** für besondere Schaltvolumina bzw. besondere „Erfolge" bei der Werbung. Auch an dieser Stelle sind der Phantasie der Preisverhandler keine Grenzen gesetzt.

362 Ebenso wie bei Webhosting-Verträgen tragen **Preisanpassungsklauseln** auch bei „Werbe"-Verträgen im Internet dem Dauerschuldcharakter derartiger Leistungsbeziehungen Rechnung. Zu Arten und Grenzen der Zulässigkeit derartiger Klauseln sei auf die Ausführungen zum Webhosting-Vertrag verwiesen.[540]

d) Linking-Verträge

363 In einem gewissen Zusammenhang mit den Werbeverträgen ist die nun zuletzt behandelte Vertragsart zu sehen: die sog. Linking-Verträge, denn auch sie regeln eine für das **Internet typische Art** der „Werbung" bzw. der **Inbezugnahme.**[541] Auch sie haben nur am Rande Bezug zum Geistigen Eigentum, weshalb die Darstellung relativ geringen Raum einnimmt.[542] Das Linking stellt eine der wesentlichen Faktoren für den Siegeszug des Internet dar. Es enthält eine Reihe von kennzeichen- und urheberrechtlichen Problemen.[543]

---

[536] http://www.dmmv.de/de/7_pub/homepagedmmv/themen/emarketing/media/zielemedia/ad-reportingstandards.cfm [abgerufen am 13. 4. 2002].

[537] Rdnr. 351.

[538] Zu den Begriffen und ihren Definitionen, vgl. Rdnr. 351.

[539] Rdnr. 351 ff.

[540] Rdnr. 312 ff.

[541] Zu dieser für das Internet im www wesentlichen Technik vgl. allg. § 11, Rdnr. 29 ff.

[542] Ausführlicher hierzu vgl. *Schuster/Müller,* Siebter Teil, Kap. 17, Rdnr. 155 ff.; *Spindler/Schuppert,* Teil X, Rdnr. 1 ff., für ein Vertragsmuster vgl. *Schwarz/Peschel-Mehner,* 16–3.3.

[543] Zum Urheberrecht vgl. oben § 8, Rdnr. 140 ff.; zum Kennzeichenrecht vgl. oben § 7, Rdnr. 281 ff.; zum Wettbewerbsrecht § 11, Rdnr. 128 ff.; zu Haftungsfragen vgl. § 4, Rdnr. 96 ff.

Mit dem Linking-Vertrag gestattet eine Person einer anderen, auf ihre (ggf. urheber- oder kennzeichenrechtlich geschützten) Daten **Bezug zu nehmen.** Der Bezug erfolgt aber nicht – wie wir dies aus dem Zitatrecht des § 51 UrhG kennen – durch den bloßen Hinweis. Vielmehr kann der Nutzer durch den Link mit einem einfachen Klick der Maus zu dem fremden Inhalt gelangen. Dies geschieht auf verschieden technische Art und Weise: Inline-Linking, Framing oder Hyperlinking.[544] **Vertragsgegenstand** ist also die direkte Bezugnahme wenn nicht die Einbeziehung fremder Daten in eigene Daten. Es dürfte sich daher um einen Nutzungsrechtsvertrag urheber- oder kennzeichenrechtlichen Charakters handeln.[545] Die Parteien werden in einem solchen Vertrag in der Regel die äußere und die technische **Gestalt des Links** sowie ggfs. eine Rückverlinkung der Website, auf die gelinkt wird, bestimmen. 364

Sehr wesentlich ist auch die Frage, ob und wenn ja wer und in welchem Umfang über Änderungen des in Bezug genommenen Inhalt informiert werden muss, denn nichts ist im Internet misslicher als ins Leere führende Links. 365

Eine **Vertragsausgestaltung** könnte so aussehen, dass ein Vertragspartner sich verpflichtet, in einem zeitlich festzusetzenden Rhythmus die näher definierten Inhalte in Form von „Clips" auf dem näher beschriebenen Server des anderen Vertragspartners zur Verfügung zu stellen. Der jeweils andere Vertragspartner erhält Zugriff für den Abruf der „Clips" auf dem Server. Diese „Clips" enthalten einen Hyperlink auf die mit den „Clips" zusammenhängenden Inhalte auf der Website des Vertragspartners. Die Auswahl der Inhalte sowie die Programmierung der „Clips" obliegen ausschließlich dem jeweiligen Vertragspartner. Die technischen Spezifikationen für die „Clips" sollte in einer Anlage beschrieben werden. 366

Erforderlich ist, dass der jeweilige Vertragspartner sich damit einverstanden erklärt, dass die „Clips" an einer beliebigen Stelle in dem Online-Angebot des Anderen installiert werden. Der Andere muss dann natürlich dafür Sorge tragen, dass im Falle der Einstellung der „Clips" die in den „Clips" enthaltenen Links zur Website des Vertragspartners aktiv sind. 367

Auch dieser Vertrag enthält eine wenn nicht ausdrücklich vereinbarte, dann stillschweigende **Freistellung**[546] wegen der Links für den Fall, dass die in den „Clips" enthaltenen Inhalte sowie die Inhalte der Website keine Rechte Dritter verstoßen. Denn Haftungsfragen[547] spielen bei Links eine nicht zu unterschätzende Bedeutung, da der linkende Vertragspartner in der Regel über keinen direkten Einfluss auf Inhalt und Aufbau der verlinkten Website verfügt. 368

Die Vertragsparteien sollten regeln, dass sie nicht für eventuelle **Ausfälle** des Online-Angebots einzustehen haben, da der Vertrag ohnehin in aller Regel unentgeltlich abgewickelt wird. Man kann in Einzelfällen natürlich abweichendes regeln, sofern dies auf Grund der Bedeutung der Links opportun erscheint. 369

Beide Vertragsparteien halten sich als **Nebenpflicht** gegenseitig mit monatliche Statistiken über die auf der Website bzw. dem Online-Angebot über die jeweiligen Links generierten Pageviews/Clickthrough-Raten auf dem Laufenden. 370

---

[544] Zu den technischen Möglichkeiten vgl. oben § 7, Rdnr. 281 ff.

[545] *Müller* spricht von einem Lizenzvertrag oder einen Verzicht auf die Geltendmachung von Unterlassungsansprüchen: *Schuster/Müller,* Siebter Teil, Kap. 17, Rdnr. 162.

[546] Vgl. zu einem Klauselbeispiel Rdnr. 262.

[547] Dazu vgl. § 4, Rdnr. 96 ff.

371 Auch dieser Vertrag enthält eine, zumeist stillschweigende, **Rechtseinräumung,** dahingehend, dass der Vertragspartner dem Anderen an den zur Verfügung gestellten Inhalten und den „Clips" die weltweiten einfachen Nutzungsrechte einräumt, die für eine uneingeschränkte Auswertung im Online-Angebot im Internet im Rahmen der Durchführung dieser Vereinbarung erforderlich sind, vorausgesetzt es handelt sich um urheberrechtlich geschützte Werke.[548] Sofern eine Änderung von Formaten und Gestaltungen eines Links im Rahmen des Einbaus in eine Website notwendig werden kann, sollte sich der Vertragspartner darüber hinaus Bearbeitungsrechte nach § 23 UrhG einräumen lassen.

372 Ob der linkende Vertragspartner auch urheberrechtliche Nutzungsrechte an der verlinkten Website benötigt, wird von der Art des Links abhängen. Unterschieden werden muss hierbei zwischen Links auf die Startseite in aktiver oder passiver Form sowie eben solchen Deeplinks.[549] Dieses Thema wird an anderer Stelle vertieft.[550] Die Vertragspartner können – je nach Interessenslage – jedoch diesen urheberrechtlichen Problemen dadurch aus dem Weg gehen, dass sie nicht nur hinsichtlich der zur Verfügung gestellten Inhalte und der „Clips" weltweite einfache Nutzungsrechte einräumen, sondern diese Nutzungsrechtseinräumung auch auf die verlinkte Seite und das dort enthaltene urheberrechtlich geschützte Material erstrecken.

373 **Laufzeit** derartiger Kooperationen ist in der Regel einen unbefristeter Zeitraum. Sie kann von beiden Seiten allerdings mit einer zu vereinbarenden Frist gekündigt werden.

374 **Vergütungen** werden – sofern es sich bei dem Linking-Vertrag nicht um einen gekoppelten Werbebannervertrag handelt – für Linking-Leistungen oftmals nicht gezahlt, wenn natürlich auch bei dieser Vertragsart der Phantasie der Parteien freier Raum eröffnet ist.

375 Jenseits von Vergütungen hat sich eine gegenseitige Bezugnahme auf die jeweils anderen Inhalte eingespielt (sog. Cross-Linking). Es kann allerdings auch vorkommen, dass – z. B. bei Markenkollisionen mit einem Domainnamen – zwar der Domainname übertragen wird, gleichwohl (für eine gewisse Zeit) noch ein Link zu der alten Seite, die nun Inhalte des neuen Inhabers enthält, geschaltet bleibt, um etwaig interessierte Altkunden weiterzuleiten.

---

[548] Zur Dynamik und Details einer solchen urheberrechtlichen Nutzungsrechtseinräumung vgl. oben, Rdnr. 262.

[549] *Moritz/Dreier/Jessen/Müller* B, Rdnr. 481 ff.

[550] Vgl. die Verweise oben, unter den Fußnoten zu Rdnr. 363.

Sachregister

Die halbfett gedruckten Ziffern bezeichnen die Paragraphen,
die mageren Ziffern die jeweiligen Randnummern. Umlaute sind wie ae, oe oder ue einsortiert.